Anita Woolfolk

Pädagogische Psychologie

10. Auflage

ps
psychologie

Anita Woolfolk

Pädagogische Psychologie

10. Auflage – bearbeitet und übersetzt von Prof. Dr. Ute Schönpflug

Mit über 150 Abbildungen

Ein Imprint von Pearson Education
München • Boston • San Francisco • Harlow, England
Don Mills, Ontario • Sydney • Mexico City
Madrid • Amsterdam

Bibliografische Information Der Deutschen Bibliothek
Die Deutsche Bibliothek verzeichnet diese Publikation in der
Deutschen Nationalbibliografie; detaillierte bibliografische Daten
sind im Internet über http://dnb.ddb.de abrufbar.

Umwelthinweis:
Dieses Produkt wurde auf chlorfrei gebleichtem Papier gedruckt.

10 9 8 7 6 5 4 3 2 1

10 09 08

ISBN 978-3-8273-7279-6

© 2008 Pearson Studium
ein Imprint der Pearson Education Deutschland GmbH
Martin-Kollar-Straße 10-12, D-81829 München
Alle Rechte vorbehalten
www.pearson-studium.de
Übersetzung: Prof. Dr. Ute Schönpflug, FU Berlin
Lektorat: Christian Schneider, cschneider@pearson.de
Korrektorat: Martin Asbach, München; Barbara Decker, München
Herstellung: Claudia Bäurle, cbaeurle@pearson.de
Einbandgestaltung: Thomas Arlt, tarlt@adesso21.net
Bildbearbeitung: ptp-graphics e.K., www.ptp-graphics.eu
Satz & Layout: PTP-Berlin Protago-TEX-Production GmbH, www.ptp-berlin.eu
Druck und Verarbeitung: Print Consult GmbH

Printed in the Slovak Republic

Inhaltsübersicht

Inhaltsverzeichnis

Kapitel 3   Persönlichkeits-, soziale und emotionale Entwicklung

Kapitel 5   Kultur und Vielfalt

Teil III Unterrichten und Leistungsmessung 541

Kapitel 12 Lernumgebungen schaffen 543

Vorwort zur amerikanischen Ausgabe

Dieses Lehrbuch der Pädagogischen Psychologie soll einem großen Leserkreis Kenntnisse über Lehren und Lernen, Beratung und Therapie und vor allem über Pädagogische Psychologie vermitteln. Die Inhalte des Lehrbuches sollten alle interessieren, die sich mit Erziehung, Bildung und Lernen beschäftigen: von der Erzieherin im Kindergarten bis zum Volkshochschuldozenten und Dozenten in Sonderschulungen für körperbehinderte Erwachsene, aber vor allem Studenten der Pädagogik und der Psychologie. Der Text ist so geschrieben, dass zu seinem Verständnis kein fortgeschrittenes Studium der Pädagogik oder Psychologie notwendig ist. Fachausdrücke werden eingeführt und erklärt, um Klarheit der Formulierungen wurde gerungen und die Lesemotivation wird durch interessante Exkurse, Kästen und Illustrationen aufrechterhalten.

Die zehnte Auflage setzt das Konzept des Lehrbuches fort, das die entwicklungspsychologischen Implikationen und Anwendungen der Forschung aus der Kinder- und Jugendpsychologie, der kognitiven Psychologie, der Lehr- und Lernpsychologie und der psychologischen Diagnostik und Leistungserfassung unterstreicht. Theorie und Praxis werden zusammen betrachtet. Der Text bietet Informationen und Ideen aus der pädagogisch-psychologischen Forschung, die dazu beitragen können, die Alltagsprobleme beim Unterrichten zu lösen. Um die Verbindung zwischen Wissen und Praxis zu knüpfen, werden viele Beispiele angeboten, Unterrichtsausschnitte, Fallstudien und Richtlinien sowie praktische Tipps von erfahrenen Lehrern. Während der Lektüre des gesamten Buches ist der Leser aufgefordert, die in jedem Kapitel angebotenen Konzepte zu bewerten und für seine Zwecke zu nutzen; so kann er die Grundlagen der Pädagogischen Psychologie in die Tat umsetzen. Die mit den ersten neun Auflagen vertrauten Dozenten und Studenten fanden den Aufbau und die Vorgehensweise der Darstellung sehr hilfreich. Die zehnte Auflage möchte dies fortsetzen.

Neue Inhalte der zehnten Auflage

Neue Kapitel

Die zehnte Auflage enthält ein neues Kapitel über „Lernen und soziales Engagement: Zusammenarbeit und Gemeinschaft". Pädagogen und Pädagogische Psychologen erkennen allmählich, was Eltern schon lange wussten: in der Schule geht es um mehr als nur Leistung; die sozialen Netzwerke im schulischen Kontext unterstützen das Lernen. In diesem Kapitel geht es um Forschung über kooperatives Lernen, Konfliktlösung und Klassengemeinschaft. Die nächste Dekade bietet Herausforderungen für unsere Fähigkeiten, unsere Schüler angemessen, kognitiv und emotional engagiert in den Lernprozess einzubinden und unsere Schule zu sicheren Einrichtungen zu gestalten, in denen sich Schüler und Lehrer wohlfühlen. Das Kapitel könnte dazu einen Beitrag leisten.

Neue Themen

Mehr als 400 neue Quellen wurden in dieser Ausgabe ausgewertet, um die neuesten Kenntnisse zu vermitteln. Die Themen sind:

- Geschichte der Pädagogischen Psychologie
- Wissenschaftlich begründete Forschung
- Kein-Kind-bleibt-zurück-Politik
- Gehirn und Unterricht
- Körperliche Entwicklung
- Bronfenbrenners Entwicklungstheorie
- Neo-piagetsche theoretische Ansätze
- Kulturtechniken beim Lernen
- Die bedeutsame Rolle des Lehrer/Schüler-Verhältnisses
- Theorie des Geistes
- Schikanieren und Beziehungsaggression
- Ethnische, rassische und Geschlechtsidentität
- Neue Sichtweisen des moralischen Urteilens
- Flynn-Effekt
- Visuell/verbale Lernstile
- Autismus und Asperger Syndrom
- Entwicklung von Resilienz

- Funktionale Verhaltensanalyse
- Blitzartige Erinnerungen
- Heuristiken
- Semantische Netzwerke
- Vermitteln von Selbstregulation
- Problemorientiertes Lernen
- Engagement beim Lernen
- Managen von Computern im Klassenzimmer
- Kultur- und Klassenmanagement
- Positive Verhaltensunterstützung in der Schule
- Hilfstechnologie
- Unterrichtsplanung und Verbesserung (lesson study)
- Informelle und alltagsnahe Unterrichtserfassung
- Entscheidendes Testen für die Weichenstellungen in der Schullaufbahn

Der Aufbau des Lehrbuches

Das *Einführungskapitel* geht von der Lage zukünftiger Lehrer aus und von den Fragen, die ihnen am Beginn ihrer beruflichen Tätigkeit als Lehrer durch den Kopf gehen mögen. Was ist guter Unterricht und wie wird man ein guter Lehrer? Was kann die Pädagogische Psychologie dazu beitragen, dass aus Lehreranfängern gute Lehrer werden?

Teil I behandelt den Lerner, hier in der Regel den „Schüler". Wie entwickeln sie sich kognitiv, körperlich, emotional und sozial und wie passen alle diese Aspekte zusammen? Wie lassen sich individuelle Unterschiede erklären und wie kann der Lehrer mit ihnen umgehen? Was heißt es, eine Klassengemeinschaft zu schaffen, in der auf kulturelle Unterschiede Rücksicht genommen wird, eine Klassengemeinschaft, die das Lernen aller befördert?

Teil II setzt sich mit „Lernen und Motivation" auseinander, aber auch mit den dem Lernen zugrunde liegenden kognitiven Prozessen. Drei Aspekte werden ausgeführt: der Verhaltens-, der kognitive und der konstruktivistische Aspekt, wobei der erste weniger stark zur Geltung kommt. Lerntheorien haben eine Reihe von Implikationen für verschiedene Unterrichtsebenen. Die kognitive Forschung beherrscht zurzeit alle Bereiche des Lernens und bringt sicher in den nächsten Jahren noch einige wichtige Ideen in die Diskussion ein. Engagiertes Lernen zu bewirken, ist das Ziel aller Lehrenden.

Teil III befasst sich mit „Unterrichten und Leistungsmessung" und überprüft, wie eine angemessene Lernumgebung geschaffen und wie wirksam unterrichtet und die Lernleistung erfasst werden kann. Die Materialien dieser Kapitel sind den neuesten Forschungsergebnissen aus Feldforschung in der Schule entnommen. Es werden verschiedene Lehrstrategien und unterschiedliche Formen des Testens und der Leistungserfassung analysiert.

Verstehenshilfen

Jedem Kapitel ist eine Gliederung mit Seitenangaben vorangestellt, so dass die Themen des Kapitels auf den ersten Blick zu ersehen sind. Dann wird die Frage gestellt: „Was würden Sie tun?", und ein Fall aus der Praxis vorgestellt, in dem die wichtigen Informationen des Kapitels aufgegriffen werden. Nach Durcharbeiten des Kapitels sollten die pädagogisch-psychologischen Implikationen des Falles klar sein, und es sollte möglich werden, eine Lösung für den Fall vorzuschlagen. Das fordert die ungeteilte Aufmerksamkeit des Lesers. Zusätzlich werden den Inhalten des Kapitels eine Vorschau und Schlüsselfragen vorangestellt, die ein gezieltes Durcharbeiten anregen sollen.

Im Kapitel weisen die Überschriften auf die angesprochenen Themen, Fragen und Problemstellungen hin, so dass gesuchte Informationen leicht zu finden sind. Sie erleichtern auch den schnellen Rückblick auf die wichtigsten Kapitelinhalte. Neue **Fachtermini** und **Begriffe** werden im Text durch Fettdruck hervorgehoben und deren Definition wird unten auf der Seite noch einmal aufgeführt. Am Ende jedes Kapitels werden die Inhalte noch einmal **zusammengefasst**, um das Lernen und Rekapitulieren der Kapitelinhalte zu erleichtern. Graphiken, Tabellen, Fotos und witzige Zeichnungen sind über das ganze Buch verteilt, um die Inhalte noch klarer zu vermitteln und den Text noch zu erläutern – aber auch, um die Lektüre etwas vergnüglicher zu gestalten.

Textgestaltung

Die Richtlinien

Ein wichtiger Grund für das Studium der Pädagogischen Psychologie besteht im Erwerb von Fertigkeiten, anfallende Unterrichtsprobleme und Probleme der Klassenleitung bewältigen zu können. Die meisten Lehrbücher stellen die relevanten Theorien und

Unterricht für das präoperationale Kind

Benutzen Sie konkrete Unterrichtsmaterialien und visuelle Hilfen, wann immer möglich.

Beispiele

1 Wenn Sie Konzepte diskutieren wie „Teil", „Ganzes" oder „Hälfte", nutzen Sie Formen auf einer „Pizza" aus Pappe, um diese Konzepte zu demonstrieren.

2 Lassen Sie Kinder addieren oder subtrahieren mit Stöckchen, Steinen oder farbigen Plättchen. Diese Technik ist auch hilfreich für Schüler im frühen konkret-operationalen Stadium.

Halten Sie Ihre Unterweisungen relativ kurz – nehmen Sie nicht zu viele Schritte auf einmal. Setzen Sie sowohl Handlungen als auch verbale Erklärungen ein.

Beispiele

1 Wenn Sie Anweisungen geben, wie der Klassenraum nach der Pause zu betreten ist und wie sich die Kinder auf den Sozialkundeunterricht vorbereiten können, bitten Sie einen Schüler, den Vorgang für die Klasse vorzumachen: leise hereinkommen, gleich an den Platz gehen und das Schulbuch, Papier und Bleistift auf den Tisch zu legen.

Forschungsergebnisse dar, bieten aber dadurch wenig Hilfe zur Anwendung der Kenntnisse in der Praxis. Dieses Lehrbuch verfolgt ein anderes Konzept. Ab dem zweiten Kapitel tauchen in jedem folgenden Kapitel die *Richtlinien* auf. Sie enthalten Tipps und praktische Ratschläge für den Unterricht, die sich aus den dargestellten Theorien und Forschungsbefunden ergeben. Jeder Vorschlag wird mit zwei bis drei Beispielen konkretisiert. Natürlich können die *Richtlinien* nicht alle möglichen Situationen erfassen, dennoch vermögen sie eine Brücke zu schlagen zwischen Wissen und Praxis und helfen, die Informationen aus dem Text auf neue Situationen anzuwenden. Weiterhin hat jedes Kapitel ab dem zweiten Richtlinien, die sich mit *Partnerschaft mit Familie und Gemeinde* beschäftigen; dieses Themenfeld wird gegenwärtig immer wichtiger genommen.

Aus dem Lehrernotizbuch: Was würden Lehrer tun?

Aus dem Lehrernotizbuch

Fallanalysen erfordern solide Kenntnisse in der Entwicklungspsychologie und vom Zusammenhang zwischen Entwicklung und Lernen. In den folgenden Ausschnitten können Sie einige Antworten von Expertenlehrern auf die eingangs skizzierte Situation nachlesen, in der Schülern der abstrakte Begriff „Symbol" verständlich gemacht werden soll. Sie greifen auf Theorien der kognitiven Entwicklung und des Spracherwerbs

Jedes Kapitel schließt mit Ratschlägen von erfahrenen guten Lehrern, die Lösungen für den eingangs geschilderten Problemfall vorschlagen. Die Diskussion erlaubt die Überlegungen von erfolgreichen Lehrern kennen zu lernen und ihnen eigene Lösungsvorschläge gegenüberzustellen. Ihre Vorschläge zeigen die Pädagogische Psychologie „bei der Arbeit" in verschiedenarti-

gen pädagogischen Alltagssituationen. Das Lehrernotizbuch greift noch einmal die Themen und wissenschaftlich begründeten Prinzipien jedes Kapitels auf und bringt sie in Unterrichts- und Klassenleitungssituationen ein.

Pro & Contra

In jedem Kapitel wird in *Pro & Contra* eine Debatte vorgestellt, die zwei gegensätzliche Standpunkte in einer zentralen Fragestellung der Pädagogischen Psychologie darstellen; Fragen wie Inklusion, Schulzweige, Anwendung von Verstärkung bei Kindern, Nulltoleranz und Persönlichkeitserziehung sind nur einige Beispiele. Viele der Themen der *Pro & Contra*-Debatten sind Tagesthemen in der öffentlichen Diskussion und bei den Bildungsreformern:

- *Kapitel 1* Welche Forschung sollte die Erziehung leiten?
- *Kapitel 2* Lernen auf neurowissenschaftlicher Grundlage

PRO & CONTRA

Lernen auf neurowissenschaftlicher Grundlage

Erzieher hören immer wieder vom Lernen auf neurowissenschaftlicher Grundlage, der Bedeutung des frühen Reizangebots für die Gehirnentwicklung, vom „Mozart-Effekt" und rechten bzw. linken Gehirnaktivitäten. Es gibt Untersuchungen, in denen Hinweise darauf gefunden wurden, dass nach 10-minütigem Hören von Mozart die räumlichen Schlussfolgerungen kurzfristig besser wurden (Rauscher & Shaw, 1998; Steele, Bass & Crook, 1999); nach diesen Ergebnissen schenkte der Gouverneur von Georgia jedem Neugeborenen eine Mozart-CD (Meece, 2002). Lässt sich allgemein aus neurowissenschaftlicher Sicht sagen, ob Schlussfolgerungen aus den Befunden für die Erziehung und das Lernen schon möglich sind?

Pro: Ja, Unterrichten sollte die Erkenntnisse über die Gehirnfunktionen berücksichtigen.
Wenn Sie mehr über pädagogische Programme, Strategien und Ansätze, die die Gehirnforschung berücksichtigen, wissen wollen, tippen Sie „Pädagogik auf neurowissenschaftliches Grundlage" in eine Internet-Suchmaschine. Sie gelangen dann zum Beispiel auf die Webseite der Jensen Learning Corporation (http://www.jlcbrain.com/).

- *Kapitel 3* Was sollte die Schule zur Verbesserung des Selbstwertes von Schülern tun?
- *Kapitel 4* Sind Schultypen und Schulzweige eine effektive Bildungsmaßnahme?
- *Kapitel 5* Lernen Jungen und Mädchen unterschiedlich?
- *Kapitel 6* Sollten Schüler für das Lernen belohnt werden?
- *Kapitel 7* Was ist denn so schlecht am Auswendiglernen?
- *Kapitel 8* Sollte Schülern die Benutzung von Taschenrechnern oder Programmen für Rechtschreibkorrektur erlaubt werden?
- *Kapitel 9* Sollte in der Schule kritisches Denken und Problemlösen unterrichtet werden?
- *Kapitel 10* Lernt man besser, wenn Lernen Spaß macht?

Verknüpfen und erweitern

Mehrmals in jedem Kapitel tauchen Randbemerkungen mit der Überschrift *Verknüpfen und erweitern* auf, in denen im Zusammenhang mit einzelnen Kapitelinhalten auf Forschungsergebnisse, Artikel in Fachzeitschriften, das Internet, Überlegungen und Vorwissen der Schüler, ihre Vorstellungen von gutem Unterricht und auf andere Kapitel des Buches verwiesen wird.

> **Verknüpfen und erweitern Sie Ihre Forschungskenntnisse**
>
> Sehen Sie sich das Sonderheft im Frühjahr 1995 der Zeitschrift *Educational Psychologist* an über

Halt! Denken Sie nach! Schreiben Sie!

Ein Vorspann mit dieser Überschrift leitet eine kleine Aufgabe ein, für die es Lösung(en) auszuarbeiten gilt. Der anschließende Text gibt dann Aufschlüsse über die richtige oder eine passende Lösung.

> **Halt! Denken Sie nach! Schreiben Sie!**
>
> Können Sie zugleich in Berlin und in Deutschland sein? Ist das für Sie eine schwierige Frage? Wie lang benötigten Sie für eine Antwort?

Was würden Sie dazu sagen?

Zwei- oder dreimal in jedem Kapitel werden mögliche Fragen in einem Vorstellungsgespräch für eine Lehrerstelle vorgestellt, die von den Kapitelinhalten ausgeht. Die Fragen haben sich Schulrektoren und Schulräte ausgedacht.

> **Was würden Sie dazu sagen?**
>
> Sie sind zu einem Vorstellungsgespräch für eine neue Stelle in einem großen Landkreis eingeladen – er ist bekannt für eine innovative Schulpolitik. Nach einigen Minuten fragt der Rektor: „Wissen Sie etwas über die neurowissenschaftlich basierten Lernprogramme? Ich habe darüber

Lerngeschichten: Das verdanke ich meinem Lehrer

Jedes Kapitel enthält eine kleine Geschichte, die veranschaulicht, was für einen großen Einfluss ein Lehrer auf das Leben eines Schülers haben kann. Die gesammelten Episoden zeigen, dass Lehrer für Schüler die Weichen stellen und sie zu wirksamem Lernen anleiten können.

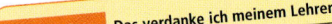

> **Lerngeschichten**   **Das verdanke ich meinem Lehrer**
>
> Der Erzbischof Desmond Tutu ging in eine Schule in Südafrika, die „alle Merkmale einer Ghettoschule hatte; keine nennenswerten Lernmittel und Räumlichkeiten. Nur einmal in den fünf oder sechs Jahren hatte ich Unterricht in einem Labor, es gab eine völlig unzureichende Bibliothek und sehr wenige Freizeitmöglichkeiten und Spielausstattungen." Die überfüllten Klassen mit gewöhnlich über 80 Kindern hatten Unterricht in einem ärmlich möblierten Kirchengebäude. Pfarrer Tutu bemerkte, dass Mathematik nicht sein Lieblingsfach war – er lernte es nur, weil er musste –, bis er Herrn Ndebele kennenlernte. Die Situation der Schüler veränderte sich grundlegend, nachdem Herr Nimrod Nebele vor der Klasse stand. Er war von mittlerer Größe und hatte eine schöne Altstimme. Er hatte immer ein freundliches Lächeln um seinen Mund, er sah sehr nett aus; er machte das Lernen in seinem Fach zum Vergnügen. Er brachte immer Gegenstände mit, um zu veranschaulichen, was bis dahin im tiefsten Nebel verborgen geblieben war. Er hatte ein ungewöhnliches Talent, die kompliziertesten und unklarsten Prinzipien so geradlinig, einfach und offensichtlich erscheinen zu lassen. Niemand, wirklich niemand von seinen Schülern ist in Mathematik bei der öffentlichen staatlichen Abschlussprüfung durchgefallen. Im Gegenteil, viele seiner Schüler erhielten Auszeichnungen.
> Ich danke Gott, Herrn Ndebele als Lehrer gehabt zu haben und dafür, dass er vielen von uns so viel gegeben hat.
>
> Quelle: Aus *Mentors, Masters, and Mrs. MacGregor* von J. Bluestein. Copyright © Health Communications.

Jeden Schüler erreichen

In jedem Kapitel, das erste und das letzte ausgenommen, gibt es einen Abschnitt mit der Überschrift *Jeden Schüler erreichen*. Er gibt Auskunft über die Leistungserfassung, das Unterrichten und Motivieren von Schülern unterschiedlicher Herkunft und von Schülern mit Lernschwierigkeiten.

2.4.3 Jeden Schüler erreichen: Kulturtechniken einsetzen

Luis Moll und seine Kollegen suchten einen besseren Weg, um Kinder aus mexikanisch-amerikanischen Familien der Arbeiterschicht im Südwesten der Vereinigten Staaten zu unterrichten (Moll et al., 1992). Sie wollten nicht einfach Defizite ausgleichen, sondern einen neuen Weg gehen. Sie griffen auf den **Wissens-**

Kapitel 2 Kulturtechniken einsetzen
Kapitel 3 Einsamkeit und behinderte Kinder
Kapitel 4 Höhere Denkprozesse
Kapitel 5 Erkennen von Hochbegabungen unter den zweisprachigen Schülern
Kapitel 6 Funktionale Verhaltensanalyse und Unterstützung für positives Verhalten
Kapitel 7 Metakognitive Strategien für Schüler mit Lernbehinderungen
Kapitel 8 Lernschwierigkeiten und Begriffserwerb
Kapitel 9 Zwei Klassen und die Familie
Kapitel 10 Angstbewältigung
Kapitel 11 Kooperatives Lernen mit Bedacht einsetzen
Kapitel 12 Fördern von positivem Verhalten durch die Schule
Kapitel 13 Wirksames Unterrichten in Inklusionsklassen
Kapitel 14 Schüler mit Behinderungen bei der Vorbereitung auf entscheidende Tests unterstützen
Kapitel 15 Anpassungen in der Notengebung

Unterschiede und Gemeinsamkeiten

Jedes Kapitel endet mit einem Abschnitt, der auf die *Unterschiede und Gemeinsamkeiten* in der Zusammensetzung der Schüler eingeht. Es werden jeweils die *Unterschiede* besprochen, die dem Thema des Kapitels entsprechen. In den *Gemeinsamkeiten* werden die für alle Schüler geltenden Prinzipien in einem bestimmten Themenbereich angesprochen. Die didaktische Absicht liegt in der Erläuterung und Bewertung von Unterschieden zwischen den Schülern; gleichzeitig soll aber auch auf die Ähnlichkeit zwischen ihnen und anderen Personen in ihrer Entwicklung, ihrem Lernen und ihrer Motivation hingewiesen werden.

Ergänzende Materialien für Dozenten und Studierende

Das Lehrbuch ergänzen zusätzliche Materialien unter **http://www.pearson-studium.de**.

Dozentenmaterialien

Für Dozenten steht ein Satz von Folien bereit, der die Kerninhalte des Lehrbuches in knapper und präziser Form darstellt. Sie können somit dem Dozenten während der Lehre als Leitfaden durch das Buch dienen. Als Zielgruppe für diese Lehrmaterialien sind Studierende in allen möglichen Institutionen ins Auge gefasst, in denen Pädagogische Psychologie vermittelt wird. Der Foliensatz kann durch eigene Folien noch ergänzt werden und somit kann der Dozent der Lehrveranstaltung zusätzliche von ihm als wichtig erachtete Informationen hinzufügen.

Studentenmaterialien

Das Lehrbuch enthält zahlreiche Hinweise auf *Webseiten im Internet*. Die Webseiten sind so weit wie möglich in deutscher Sprache verfasst, aber es gibt zu manchen Themen lediglich englischsprachige Webseiten. Die Qualität der Informationen spielt dabei als Kriterium eine entscheidende Rolle.

Darüber hinaus wird ein umfangreiches Glossar zur Verfügung gestellt, mit dessen Hilfe die relevanten Begriffe wiederholt und gelernt werden können.

Danksagung an alle Beteiligten

In den vielen Jahren, die ich bereits an diesem Lehrbuch arbeite, vom ersten Entwurf bis zu dieser zehnten Auflage, haben viele Personen dieses Projekt unterstützt. Ohne ihre Hilfe wäre dieser Text nicht entstanden.

Viele Pädagogen lieferten einen inhaltlichen Beitrag. Carol Weinstein schrieb den Abschnitt über Lernumgebungen in Kapitel 12. Nancy Perry (Universität von British Columbia) und Philip Winne (Simon Frazier Universität) schrieben Abschnitte über Selbstregulation in Kapitel 9. Gypsy M. Denzine (Northern

Arizona University) zeichnet verantwortlich für die Leistungserfassung und die richtigen Lösungen für die Testaufgaben. Nancy Knapp (Universität von Georgia) kommentierte Kapitel 2 und 3. Einige der Fragen zu den Einschüben „Was würden Sie dazu sagen?" dachten sich Dr. Michael DiPaola, Schulrat a. D., Pitman, New Jersey (College of Willima and Mary), Dr. Harry Galinsky, Schulrat a. D. in Paramus, New Jersey und Andrea Wong, Rektor der Hillside Grundschule in Needham, Massachussetts aus.

Meine Entscheidungen über Inhalte, die in der neuen Auflage überarbeitet wurden, bezogen die Vorschläge verschiedener Professoren aus verschiedenen Universitäten und Colleges in den USA ein. Sie füllten Fragebögen aus und beantworteten alle möglichen Fragen. Ich danke:

Grace M. Burton, University of North Carolina-Wilmington

E. J. Caropreso, University of North Carolina-Wilmington

Linda Chiang, Azusa Pacific University

Annemarie Conley, University of Michigan

Carol McDonald Connor, Florida State University

Karen Eifler, University of Portland

Michael Hardman, University of Utah

James Kauffman, University of Virginia

Nancy Knapp, University of Georgia

Patricia Kopetz, University of Tennessee–Chattanooga

William Lan, Texas Tech University

John Lloyd, University of Virginia

Jim McMillan, Virginia Commonwealth University

Avidan Milevsky, Kutztown University of Pennsylvania

Susan Avery Mitchell, Ohio University

Evan Powell, The University of Georgia

Thomas Ratliff, Central Connecticut State University

Marla Reese-Weber, Illinois State University

Catherine A. Rivoira, East Carolina University

Jeff Sandoz, University of Louisiana–Lafayette

Sue Schaar, California State University–Dominguez Hills

Rosa Hernandez Sheets, Texas Tech University

Ken Springer, Southern Methodist University

Deborah Switzer, Clemson University

Mary Ellen Tillotson, Rhode Island College

Sheryl White, Eastern Michigan University

Patricia Willems, Florida Atlantic University

Viele Schullehrer in den USA und in der ganzen Welt trugen mit ihren Erfahrungen, ihrer Kreativität und ihrem Expertenwissen zum *Lehrernotizbuch* bei. Ihre Sichtweisen von pädagogischen Problemen kennen zu lernen und zu veröffentlichen, halte ich für einen sehr wichtigen Beitrag zu einem Lehrbuch.

Jamaal Allan, J. W. Poynter Middle School, Hillsboro, Oregon

William Rodney Allen, Louisiana School for Math, Science, and the Arts, Natchitoches, Louisiana

Madya Ayala, Campus Garza Sada, Monterrey, N. L. Mexico

Suzy L. Boswell, Pickens County Middle School, Jasper, Georgia

Karen A. Boyarsky, Walter C. Black Elementary, Hightstown, New Jersey

Keith J. Boyle, Dunellen, New Jersey

Kimberly D. Bridgers, Dodson Elementary, Hermitage, Tennessee

Valerie Chilcoat, Glenmount School, Baltimore, Maryland

Katie Churchill, Oriole Parke Elementary School, Chicago, Illinois

Kelley Crockett, Meadowbrook Elementary School, Forth Worth, Texas

Ashley Dodge, Los Angeles Unified School District, Los Angeles, California

Margaret Doolan, St. Michael's School, Gordonvale, Australia

Daniel Doyle, St. Joseph's Academy, Hoffman Estates, Illinois

Michael J. Ellis, Quincy High School, Quincy, Massachusetts

Aimee Fredette, Fisher Elementary School, Walpole, Massachusetts

Pam Gaskill, Riverside Elementary School, Dublin, Ohio

Sandra Gill, Hudson Middle School, Hudson, New York

Linda Glisson, St. James Episcopal Day School, Baton Rouge, Louisiana

Jolita Harper, Weinland Park Elementary, Columbus, Ohio

Danielle Hartman, Claymont Elementary, Parkway School District, Ballwin, Missouri

Jeff D. Horton, Colton School, Colton, Washington

W. Sean Kearney, Galen R. Elolf Elementary School, Converse, Texas

Mitchell D. Klett, A. C. New Middle School, Springs, Texas

Vivian Lacolla, Noxon Road Elementary School, Poughkeepsie, New York

Kelly McElroy Bonin, Klein Oak Hill School, Spring, Texas

Susan Middleton, St. James Episcopal Day School, Baton Rouge, Louisiana

Felicia Lowman-Sikes, Meadowview Elementary, Meadowview, Virginia

Julie Mohok, Ponam Primary School, Papua New Guinea

Thomas Naismith, Slocum Independent School District, Slocum, Texas

Thomas W. Newkirk, Hamilton Heights Middle School, Arcadia, Indiana

Timothy Norfleet, Linden McKinley High School, Columbus, OH

Thomas O'Donnell, Malden High School, Malden, Massachusetts

Allan Osborne, Snug Harbor Community School, Quincy, Massachusetts

Carey Perkson, Brown School, Natick, Massachusetts

Katie Piel, West Park School, Moscow, Idaho

Deborah P. Reed, Darby Woods Elementary School, Galloway, Ohio

Thomas G. Reed, Darby Woods Elementary School, Galloway, Ohio

Randall G. Sampson, Genoa Middle School, Westerville, Ohio

Nancy Schaefer, Cincinnati Hills Christian Academy High School, Cincinnati, Ohio

Dr. Nancy Sheehan-Melzack, Snug Harbor Community School, Quincy, Massachusetts

Mark Smith, Medford High School, Medford, Massachusetts

Jennifer Hudson Thomas, Armidale High School, Armidale, Australia

Jacalyn Walker, Treasure Mountain Middle School, Park City, Utah

Michael Yasis, L. H. Tanglen Elementary, Minnetonka, Minnesota

Suzi E. Young, York Middle School, York, Maine

Debbie Youngblood, Hilliard City Schools, Hilliard, Ohio

Zu einem Projekt in der Größe dieses Buches tragen viele bei: Julie Brown, zuständig für die Copyrights, hat fleißig die Genehmigungen zum Abdruck für die in den Texten und ergänzenden Arbeitsbüchern reproduzierten Materialien eingeholt. Die Textdesignerin, Carol Somberg, und die Umschlagdesignerin, Linda Knowles, gestalteten den besten Umschlag für diese Ausgabe und das nach zehn Ausgaben. Kathy Smith, Projektmanagerin, bewirkte mit Routine kleine Wunder, und hatte alle Einzelheiten des Projektes stets im Kopf; sie erwies sich als intelligente Organisatorin. Ich frage sie manchmal, ob sie nicht mein ganzes Leben in die Hand nehmen könnte, denn sie kann vieles gleichzeitig erledigen. Annette Joseph von der Produktionsverwaltung und Elaine Ober, Produktmanagerin, koordinierten mit Geschick und Anmut alle Aspekte des Projektes. Sie sorgten für Ordnung, wo Chaos entstehen könnte, und für Spaß anstelle von Fronarbeit. Jetzt liegt das Buch in den fähigen Händen von Tara Kelly, Marketing Manager, Amy Cronin Jordan, Direktor der Marketing Abteilung von Allyn und Bacon Education, Jacqueline McDermott, Werbespezialistin, Kate Conway, Leiterin der Werbung und ihr Stab. Ich bin schon gespannt darauf, was sie jetzt wieder für mich planen. Was für eine talentierte und kreative Arbeitsgruppe – es ist mir eine Ehre mit allen von ihnen zu arbeiten.

Für diese zehnte Ausgabe durfte ich wieder mit einer hervorragenden Herausgebergruppe zusammen arbeiten: Nancy Forsyth, Vorsitzende von Allyn und Bacon, und Paul A. Smith, Stellvertretende Vorsitzende und Hauptherausgeber ihre Intelligenz, Kreativität, ihr gesundes Urteilsvermögen, Stil und hartnäckiger Qualitätsanspruch sieht man jeder Seite des Textes an. Ihnen gebühren mein Respekt und meine Freundschaft. Um mit ihnen zusammen zu arbeiten, würde ich ohne Ende schreiben. Anne Spear, die Assistentin des Herausgebers, sorgte für einen reibungslosen Ablauf und ließ mein Faxgerät und meine E-Mail brummen. Bei dieser Aufgabe hatte ich noch die Hilfe von Alicia Reilly, die als Herausgeberin für Entwicklung zuständig war, ihr Wissen und ihre organisatorischen Fähigkeiten ergänzten sich hervorragend. Sie begleitete uns durch alle Aspekte dieser Überarbeitung, uns immer einen Schritt voraus, sie kommunizierte dabei mit der ganzen Welt – außerordentlich. Die ausgezeichnete pädagogische Unterstützung hätte ohne ihre Bemühungen sicher nicht geklappt. Die zahlreichen Begleitmaterialien dieses Buches wurden von dem Mitherausgeber Adam Whitehurst scheinbar mühelos koordiniert.

Schließlich möchte ich meiner Familie und meinen Freunden für ihre freundliche Zuwendung und Unterstützung während der langen Tage und Nächte, in denen ich dieses Buch schrieb, herzlich danken. Meiner Familie, Marion, Bob, Eric, Suzie, Elsie, Liz, Wayne K., Marie, Kelly, Tom, Lisa, Lauren und Mike – ihr wart großartig!

Und zum Schluss danke ich Wayne Hoy, meinem Freund, Kollegen und Ehemann, meiner Inspiration und Leidenschaft – jeder Tag mit Dir ist ein Geschenk.

Anita Woolfolk Hoy

Vorwort zur deutschen Auflage

Diese deutsche Ausgabe ist eine Übersetzung der zehnten Auflage des Lehrbuches von Anita Woolfolk *Educational Psychology* aus dem Jahre 2007. Die amerikanische Originalausgabe enthält bemerkenswerte neue Entwicklungen der Pädagogischen Psychologie, die ausführlich im Vorwort zur amerikanischen Ausgabe angesprochen sind. Die erste deutsche Ausgabe hat diesen neuen Inhaltskatalog noch um einige Inhalte erweitert: Wichtige Informationen über das deutsche Schulwesen, die Lehrpläne und die Schüler der verschiedenen Schulzweige in Deutschland, den deutschen gesellschaftlichen Kontext und die Einbettung der deutschen Verhältnisse in die Europäische Gemeinschaft sind in den Text integriert. Ein vollständig neues 16. Kapitel stellt zwei weitere Themen vor: rechnergestütztes Lernen und kontinuierliches Lernen. Damit werden zwei weitere neue Entwicklungen in der Pädagogischen Psychologie vorgestellt, deren eingehende Analysen nicht nur im deutschen Sprachraum noch Aufgaben für die Zukunft bedeuten.

Der große Vorzug dieses Lehrbuches ist seine didaktische Aufbereitung; sie gelingt immer dann am überzeugendsten, wenn der Text ‚aus einer Feder' stammt. Die Herangehensweise des Lehrbuches versetzt den Leser und Lerner in die Rolle des Lehrerstudenten, der sich auf seinen Beruf vorbereitet. Dies ist für die Pädagogikstudenten eine motivierende Identifikationsmöglichkeit. Für Psychologiestudenten ist es ein Perspektivenwechsel, der ihnen ihr wichtigstes zukünftiges Tätigkeitsfeld vor Augen führt: Lehren und Lernen im schulischen Umfeld und durch die Medien. Aber dieser Text ist nicht nur ein Lehrbuch für Studierende verschiedener Fächer. In seinem umfassenden und systematischen Aufbau und seiner Praxisnähe kommt er einem Handbuch gleich, so dass er auch von ausgebildeten Lehrern und Ausbildern von Lehrern nutzbringend eingesetzt werden kann.

Verglichen mit deutschen Lehrbüchern der Pädagogischen Psychologie hat Anita Woolfolks Darstellung des Faches sehr viele entwicklungspsychologische Grundlagen einbezogen. Dies ist eine veränderungsorientierte Herangehensweise an die Pädagogische Psychologie, die ständig in Erinnerung ruft, dass Menschen in jedem Alter zunehmend in allen Entwicklungsbereichen Kompetenz erwerben, die das Ergebnis von Lernprozessen darstellen, die ihnen aber auch das Lernen erleichtern. Diese Orientierung hat in den letzten Jahrzehnten zu der Einsicht geführt, dass kontinuierliches Lernen und lebenslange Bildung durch pädagogisch-psychologische Erkenntnisse gefördert werden können.

Die Übersetzung und Überarbeitung des Textes verlangte eine Anpassung an das Verständnis des deutschsprachigen Lesers. Manche der amerikanischen, fest in der Pädagogischen Psychologie verankerten Termini fehlen in deutschen Fachtexten. Hier wurden mit Zurückhaltung entsprechende deutsche Übersetzungsäquivalente vorgeschlagen und die englischen Fachausdrücke in Klammern hinzugefügt. Manche Besonderheit des amerikanischen Bildungswesens musste in ihrem Stellenwert und ihrer Auswirkung analysiert und dann auf entsprechende deutsche Gegebenheiten übertragen werden. Es konnte nicht immer eine Lösung gefunden werden. Es stellte sich gelegentlich heraus, dass die Informationen für das deutsche Schulwesen irrelevant waren. Manche Einzelheiten dieser Art wurden jedoch im Text belassen, weil sie unter Umständen eine Anregung für das deutsche Bildungssystem darstellen könnten. Somit erfüllt dieses Buch für den deutschen Leser hoffentlich noch eine weitere Funktion: Es vermag den Ausblick auf neue Horizonte der pädagogisch-psychologischen Möglichkeiten und deren Effizienz zu eröffnen.

Ute Schönpflug

Lehrer, Unterrichten und Pädagogische Psychologie

1

ÜBERBLICK

Aus der Praxis des Lehrers

Was würden Sie tun?

Sie befinden sich im zweiten Jahr Ihrer Anstellung als Lehrer an einer Gesamtschule. Ihre Schule hat gerade Geld zur Verleihung einer Auszeichnung für herausragenden Unterricht erhalten. Der Rektor erwartet Vorschläge für die Nominierung von Kandidaten. Eine Kommission wird gegründet, bestehend aus erfahrenen Lehrern und einer jungen Lehrkraft – Ihnen. Als der Rektor bei Ihnen deswegen anfragt, können Sie schlecht „nein" sagen. Die ganze Woche gibt es intensiven Austausch unter den Lehrern. Manche Lehrer unken, es werde sicher eine politische Entscheidung geben. Andere sind zufrieden, dass individuelle Leistungen von Lehrern Anerkennung finden. Namen werden genannt als „sichere Gewinner", und manche Kollegen werden plötzlich sehr freundlich, als Ihre Mitgliedschaft in der Kommission bekannt wird. Das erste Kommissionstreffen ist nächste Woche. Wie werden Sie sich darauf vorbereiten?

Kritisch denken

- Was müssen Sie übers Unterrichten wissen, um eine angemessene Entscheidung treffen zu können?
- Was zeichnet hervorragendes Unterrichten aus?
- Geben verschiedene Erziehungsphilosophien unterschiedliche Antworten auf diese Frage?
- Was empfehlen Sie, und wie würden Sie Ihre Empfehlungen begründen?

Zusammenarbeit

Zeichnen Sie zusammen mit drei oder vier anderen Mitgliedern einen Konzeptentwurf, der grafisch „Gutes Unterrichten" darstellt. Ein Beispiel für einen Konzeptentwurf gibt Abbildung 8.2: „Das semantische Netzwerk einer Schülerin zum Begriff ‚Molekül' " im Kapitel 8 wieder.

---

*W*ie viele Studenten mögen Sie dieses Buch mit seinen 16 Lektionen mit einer Mischung aus Erwartung und Vorsicht beginnen. Vielleicht müssen Sie sich mit der Pädagogischen Psychologie als Teil Ihrer Lehrer-, Logopädie-, Krankenpflege- oder Beratungsausbildung beschäftigen. Was auch der Grund gewesen sein mag, Sie mögen Fragen zum Unterricht, zum Schulsystem, zu Schülern gehabt haben – oder vielleicht sogar zu sich selbst – und erwarten nun die Antworten aus diesem Buch zu erfahren. Diese 10. Auflage der Pädagogischen Psychologie gibt Antworten auf alle diese Fragen.

Das erste Kapitel behandelt das Thema Erziehung allgemein – genauer, Unterrichten unter gegenwärtigen gesellschaftlichen Bedingungen sowie den gesetzlichen Vorgaben. Lehrer werden gleichzeitig kritisiert und von manchen als Hoffnung der jungen Generation bezeichnet. Sind Lehrer wichtig für das Lernen der Schüler? Was macht gutes Unterrichten aus? Nur wenn Sie die Herausforderungen und die Möglichkeiten von Lehren und Lernen kennen, können Sie den Beitrag einer Pädagogischen Psychologie richtig einschätzen. Nach einer kurzen Einleitung in die Welt des Lehrers wenden wir uns einer Diskussion des Faches Pädagogische Psychologie zu. Wie können Prinzipien, die Pädagogische Psychologen erarbeitet haben, den Lehrern, Therapeuten, Eltern und anderen nützen, die sich für Lehren und Lernen interessieren? Was genau beinhaltet das Fach Pädagogische Psychologie, und woher kommen die Informationen? Nach dem Durcharbeiten dieses Kapitels werden Sie auf folgende Fragen antworten können:

- *Was ist das „Kein Kind bleibt zurück-Gesetz"?*
- *Macht guter Unterricht einen Unterschied?*
- *Was ist guter Unterricht?*
- *Was wissen erfahrene Lehrer?*
- *Worüber machen sich Lehreranfänger die meisten Gedanken?*
- *Warum soll ich Pädagogische Psychologie studieren?*
- *Welche Rolle spielen Theorie und Forschung in diesem Fach?*

Verknüpfen und erweitern Sie Ihren Unterricht

Was sind die realen und idealen Bildungsziele? Was macht den effektiven Lehrer aus? Beschreiben Sie den besten Lehrer, den Sie je hatten. Wie lernen Sie am besten? Was versprechen Sie sich von einer Lehrveranstaltung? Ihre Antworten stellen die Grundlage für die Entwicklung einer Philosophie des Unterrichts dar.

Kommt es auf den Lehrer an?

1.1

Vor einiger Zeit berichteten Forscher Befunde, aus denen zu entnehmen war, dass Reichtum und Sozialstatus und nicht der Unterricht die Leistung von Schülern bestimmten (Coleman, 1966). Die frühe Unterrichtsforschung wurde von pädagogischen Psychologen betrieben, die der Behauptung keinen Glauben schenkten, Lehrer seien machtlos angesichts der Armut und der gesellschaftlichen Probleme (Wittrock, 1986).

Wie kann man erkennen, ob Unterricht wirksam ist? Sie könnten auf Ihre Erfahrungen zurückgreifen. Gab es Lehrer, die Sie geprägt haben? Vielleicht hat ein Lehrer Ihre Entscheidung beeinflusst, Erzieher zu werden. Das Ziel der Pädagogischen Psychologie im Allgemeinen und dieses Buchs im Besonderen ist es jedoch, über die individuellen Erfahrungen und Berichte hinauszugehen (auch wenn sie sehr eindrucksvoll sein mögen), um sich größeren Gruppen zuzuwenden. Drei Studien sprechen für den Einfluss des Lehrers auf das Leben von Schülern. Die erste Studie folgte 179 Kindern von der Vorschule bis zur achten Klasse. Die zweite Untersuchung war eine groß angelegte Erhebung zur Erarbeitung von politischen Bildungsmaßnahmen mit Tausenden von Schülern in allen Staaten der USA. Die dritte Untersuchung beschäftigte sich mit Mathematikleistungen von Schülern in der dritten, vierten und fünften Klasse.

1.1.1 Lehrer-Schüler-Beziehung

Bridgett Harme und Robert Pianta (2001) folgten allen Vorschulkindern eines Jahrgangs in einem kleinen Schuldistrikt bis zur achten Klasse. Die Forscher zogen aus ihren Befunden den Schluss, dass die Lehrer-Schüler-Beziehung (definiert als Ausmaß des Konfliktes, Abhängigkeit des Kindes vom Lehrer und die Zuneigung des Lehrers zum Kind) in der Vorschule eine Reihe von Schulleistungs- und Verhaltensergebnissen bis zur achten Klasse vorhersagen konnte, vor allem dann, wenn die Schüler Problemverhalten aufwiesen. Auch wenn das Geschlecht, die ethnische Gruppenzugehörigkeit, kognitives Kompetenzniveau und Verhaltensbeobachtungen kontrolliert wurden, sagte die Lehrer-Schüler-Beziehung immer noch einige Aspekte des Schulerfolges vorher. Die Forscher schlussfolgerten, dass „die Verbindung zwischen der Qualität der Lehrer-Schüler-Beziehung und späterem Schulerfolg sehr stark und nachhaltig sein kann" (S. 636). Nach dieser sorgfältig durchgeführten Studie haben Schüler mit bedeutsamen Verhaltensproblemen in der frühen Kindheit anscheinend später weniger Probleme, wenn ihre Lehrer auf ihre Bedürfnisse eingehen und häufig und konsistent Rückmeldungen geben.

Lesen Sie *Lerngeschichten* (siehe S. 4), um eine wahre Begebenheit vom Einfluss der Lehrer-Schüler-Beziehung kennenzulernen.

1.1.2 Vorbereitung des Lehrers und Qualität des Unterrichts

In einer groß angelegten Schulerhebung aus den Jahren 1993–1994 in 50 Staaten der USA mit genauen Analysen der Verhältnisse in einzelnen Staaten (Darling-Hammond, 2000) wurden auch die Lehrer und der Nationalrat zur Erfassung des Bildungsfortschritts (NAEP, National Assessment of Educational Progress) einbezogen. Linda Darling-Hammond überprüfte im Staatenvergleich, inwieweit ein Zusammenhang zwischen Lehrerqualifikation und Schülerleistungen nachweisbar ist. Ihre Ergebnisse zeigten, dass die Lehrerqualifikation – ausgewiesen über entsprechende Studienabschlüsse und über die Tatsache, dass sie ihr Schwerpunktfach auch unterrichten konnten – und die Schülerleistungen zusammenhingen. Die festgelegten Maße für den Vorbereitungsgrad der Lehrer und ihre Abschlusszeugnisse waren bei Weitem die besten Prädiktoren für die Schülerleistungen im Lesen und in Mathematik, nachdem das Familieneinkommen und die Sprachbeherrschung in Englisch kontrolliert worden waren. ▶ Tabelle 1.1 (siehe S. 5) zeigt die Korrelation zwischen Lehrerqualifikation und Schülerleistung. Alle Korrelationen der ersten Zeile sind positiv und signifikant, d. h. je höher der Prozentanteil

---

Lerngeschichten **Das verdanke ich meinem Lehrer**

Maria hielt die Hand ihres vier Jahre alten Sohnes etwas fester als sie über den Bürgersteig hastete. Ein schwarzer Lastwagen hatte seine Fahrt neben ihnen verlangsamt. „Wer ist das, Mama?" „Lass uns weitergehen", sagte Maria.

Da sie den Lastwagen nicht kannte, erhöhte sie ihr Tempo. Da trat ihr Sohn auf einen herumliegenden Ast und zog an der Hand der Mutter, damit sie stehen blieb. Als sie anhielt, wurde das dunkle Fenster des Lastwagens heruntergerollt, und ein junger Mann mit Sonnenbrille lehnte sich heraus, um Mutter und Kind besser in Augenschein nehmen zu können. „Sind Sie Frau Jensen?" Maria hörte unsicher auf die irgendwie bekannte Stimme. Sie zog ihren Sohn hoch und trat einen Schritt auf den Bürger-

steig zurück. Der Fahrer hielt den Lastwagen an und parkte ihn. Dann rannte er zu ihr hinüber. Er nahm seine Sonnenbrille ab, sodass Maria ihn besser sehen konnte und sagte mit einer Spur von Enttäuschung: „Sie erinnern sich wohl nicht an mich?"

Ihre Besorgnis wandelte sich zur freudigen Überraschung, als sie ihren ehemaligen Schüler erkannte. „Natürlich erinnere ich mich an dich, Jan! Wer könnte dich vergessen?" „Ich habe Sie niemals vergessen, Frau Jensen. Sie haben mir als einzige eine Chance gegeben." Als sie ihn anschaute, sah sie immer noch den Zwölfjährigen vor sich, der sich gegen die Zwänge des Schulsystems wehrte. Als der große schwarze Lastwagen wegfuhr, lächelte Maria beim Lesen seiner Visitenkarte: „Jan Getz, Architekt."

---

der Lehrer mit abgeschlossener Lehrerausbildung und mit dem Unterrichtsfach als Hauptfach ist, desto höher fallen die Leistungen der Schüler in Mathematik und Lesen aus. Alle Korrelationen in der zweiten Zeile sind negativ und signifikant, das bedeutet: Je mehr Lehrer ein Fach unterrichten müssen, das nicht ihr Hauptfach ist, umso schlechter sind die Schülerleistungen. (Später in diesem Kapitel wird auf die Interpretation dieser statistischen Kennwerte eingegangen). Die Fachkenntnisse und die sprachliche Kompetenz des Lehrers sind für das Lernen der Schüler wichtig, aber die Vorbereitung und die Eignung des Lehrers wirken sich ebenfalls auf die Schülerleistungen aus (Darling-Hammond & Young, 2002). Also: ein erster Schritt auf dem langen Weg zum guten Lehrer besteht im Erreichen eines sehr guten Abschlusszeugnisses.

Verknüpfen und erweitern Sie Ihre Forschungskenntnisse

Eine andere Sichtweise der Qualifizierung von Lehrern liefern Borko et al. (2000). „Teacher Education Does Matter: A Situative View of Learning to Teach Secondary Mathematics." *Educational Psychologist, 35*, 193–206.

In einer anderen Studie untersuchten Forscher, wie sehr Schüler von mehreren effektiven oder nicht effektiven Lehrern hintereinander profitierten oder beeinträchtigt waren (Sanders & Rivers, 1996). Sie wählten die 5. Klassen zweier großstädtischer Schulen in Tennessee (USA) aus. Schüler mit effizienten Lehrern in der 3., 4. und 5. Klasse nahmen durchschnittlich den 83. bzw. den 96. Perzentilrangplatz ein in einem standardisierten Mathematiktest, in dem der höchste Wert der 99. Perzentilrangplatz war. Schüler mit weniger effizienten Lehrern in den gleichen drei Klassenstufen nahmen dagegen lediglich den 29. bzw. den 44. Perzentilrangplatz ein – eine Differenz von fast 50 Perzentilrangplätzen in beiden Fällen. Schüler mit guten und schlechten oder mittelmäßigen Lehrern hatten Mathematikwerte zwischen diesen beiden Extremen. Sanders und Rivers schlossen aus den Ergebnissen, dass die besten Lehrer alle Schüler zu guten bis ausgezeichneten Fortschritten in ihren Leistungen bringen konnten; mäßige und schlechte Schüler jedoch profitierten am meisten vom guten Unterricht.

Eine weitere Studie ermittelte, dass mindestens 7 % des Unterschieds in den Leistungszugewinnen von Schülern auf die Person des Lehrers zurückgeführt werden konnten (Rivkin, Hanushek & Kain, 2001). Die Auswirkungen des guten Unterrichts akkumulierten sich, blieben nachhaltig und konnten vorhergehenden

Tabelle 1.1

Korrelationen zwischen Lehrerqualität und Schülerleistung in der nationalen Erfassung des Bildungsfortschritts (Schülerarmut wurde kontrolliert)

	Klasse 4 Mathe 1992	Klasse 4 Mathe 1996	Klasse 8 Mathe 1996	Klasse 4 Lesen 1992	Klasse 4 Lesen 1994
Anteil der gut qualifizierten Lehrer (mit abgeschlossener Ausbildung)	.71**	.61**	.67**	.80**	.75**
Anteil der Lehrer, die nicht ihre Studienfächer unterrichten	−.48*	−.44*	−.42*	−.56*	−.33*

* Fehlerwahrscheinlichkeit $p < .05$
** $p < .01$

Quelle: Aus Teacher Quality and Student Achievement: A Review of State Policy Evidence von Darling-Hammond (2002), *Educational Policy Analysis Archives, 8,* 1–48. http://epaa.asu.edu/epaa/v8n1/. Copyright © Educational Policy Analysis Archives.

schlechten Unterricht zum Teil, aber nicht vollständig, kompensieren.

Effiziente Lehrer, die gute Beziehungen zu ihren Schülern aufbauen, haben einen nachhaltigen Einfluss auf das Leben der Schüler. Problemschüler profitieren am meisten von gutem Unterricht. Was macht den effizienten Lehrer aus? Was ist guter Unterricht?

1.2 Was ist guter Unterricht?

Was würden Sie dazu sagen?

Sie haben Ihr erstes Vorstellungsgespräch für eine Lehrerstelle. Der Rektor nimmt einen Schreibblock und einen Kuli für seine Notizen, schaut Sie intensiv an und sagt: „Sagen Sie mir, was Sie an Ihrem Lieblingslehrer am meisten bewundert haben. Was macht den guten Lehrer aus?" Was würden Sie antworten?

Erzieher, Psychologen, Philosophen, Schriftsteller, Journalisten, Filmemacher, Mathematiker, Naturwissenschaftler, Historiker, Bildungspolitiker und Eltern, um nur einige Berufsgruppen zu nennen, haben sich diese Frage durch den Kopf gehen lassen; es liegen zahlreiche Antworten auf diese Frage vor. Gutes Unterrichten ist nicht auf das Klassenzimmer beschränkt — es ist zu Hause und in Krankenhäusern, in Museen

und an Verkaufsstellen, im Behandlungszimmer eines Therapeuten und in Sommerlagern zu beobachten. In diesem Buch geht es hauptsächlich um Unterricht im Klassenzimmer, aber manches von dem zu Lernenden lässt sich auch auf andere Kontexte anwenden.

1.2.1 In vier Klassenzimmern

Um die Analyse zu beginnen, sollen vier hervorragende Lehrer in ihren Klassen aufgesucht werden. Alle folgenden Situationen sind tatsächlich vorgekommen. Über die ersten zwei Lehrer hat Carol Weinstein von der Rutgers-Universität in ihrem Buch über Management im Klassenzimmer geschrieben. Der dritte Lehrer wurde durch die Unterstützung eines Beraters Experte für Schüler mit Lernbehinderungen. Das letzte Beispiel ist ein Sekundarschullehrer, der von anderen Pädagogischen Psychologen untersucht worden ist.

Eine bilinguale 1. Klasse

Die Klasse einer jungen Grundschullehrerin hat 25 Schüler. Die meisten sind erst kürzlich aus der Dominikanischen Republik eingewandert; die anderen kommen aus Nicaragua, Mexiko, Puerto Rico und Honduras. Obgleich die Kinder beim Schuleintritt wenig oder gar kein Englisch sprachen, hat die Lehrerin bis zum Ende der ersten Klasse die Kinder so weit gefördert, dass sie das Pensum des ersten Schuljahres einer Regelklasse bewältigen konnten. Sie erreichte dies,

Verknüpfen und erweitern Sie mit anderen Kapiteln

Schreiben als Prozess, Schülerveröffentlichungen und Schülerzeitschriften sind Beispiele eines ganz auf Sprache beruhenden Unterrichtsansatzes, der in Kapitel 13 diskutiert wird. Die Zusammenstellung von „Grundrechten" eines Lehrers namens Klaus ist ein Beispiel für einen innovativen Ansatz, Regeln in der Klasse einzuführen, wie in Kapitel 12 diskutiert wird.

indem sie zu Beginn des Schuljahres auf Spanisch unterrichtete, damit die Schüler sie verstehen konnten; dann ging sie allmählich zum Unterricht in Englisch über, als sie bemerkte, dass die Schüler ausreichend darauf vorbereitet waren. Viviane möchte ihre Schüler nicht vom normalen Schulleben ausgrenzen oder als lernbehindert bezeichnet wissen. Sie ermutigt sie, sich zu ihrer spanischen Herkunft zu bekennen und benutzt gleichzeitig jede Gelegenheit, deren Englisch zu verbessern.

Das Anspruchsniveau für ihre Schüler ist hoch, und sie leitet ihre Schüler an, das, was sie können, einzusetzen. Sie stellt Material zur Verfügung – Bleistifte, Scheren, Buntstifte – sodass es keinem Kind an den notwendigen Lernmitteln fehlt. Und sie ermutigt beständig. „Ihr Engagement für ihre Schüler ist nicht zu übersehen. Mit sehr viel Energie motiviert, stachelt an, instruiert, wirkt als Vorbild, lobt sie und bindet ihre Schüler ein. Die Schüler werden bei ihr zum zügigen Arbeiten angehalten. Die junge Lehrerin spielt immer ein bisschen Theater: Sie setzt Musik ein, verwendet Gesten und Mimik; sie arbeitet mit auffälligen Betonungen beim Sprechen, um ihre Inhalte zu kommunizieren" (Weinstein & Mognano, 2003, S. 14). Um ihre Schüler besser kennenzulernen, sucht sie die Schüler einmal im Jahr zu Hause auf. Für die Lehrerin ist Unterrichten eben kein Job, sondern eine Lebensform.

Eine 5. Klasse im Vorstadtgebiet

Ein Lehrer der Sekundarstufe unterrichtet in einer Grundschule in der Vorstadt einer Großstadt im Westen Deutschlands. Die Schüler haben unterschiedliche rassische, ethnische und sprachliche Herkunft, aber kommen auch aus Familien mit unterschiedlichem Einkommensniveau. Der Lehrer betont das Schreiben als Prozess: Seine Schüler stellen zunächst einen Entwurf

her, diskutieren ihn mit anderen in der Klasse, verbessern, editieren und „veröffentlichen" ihre Arbeit. Die Schüler stellen auch eine Schülerzeitung her und benutzen sie oft, um mit Klaus ihre persönlichen Sorgen zu teilen. Sie erzählen ihm von Problemen zu Hause, von Auseinandersetzungen und Ängsten; er nimmt sich immer die Zeit, schriftlich zu antworten. Klaus gibt naturwissenschaftlichen Unterricht mit lebensnahen Materialien. Schüler lernen das Ökosystem Ozean durch ein Softwareprogramm mit dem Titel *Eine Exkursion an die See* kennen (Sunburst, 1999). Im sozialkundlichen Unterricht spielt die Klasse zwei Simulationsspiele, in denen Geschichte vermittelt wird. Das eine handelt vom Erwachsenwerden in indianischen Kulturen und das andere von der Völkerwanderung.

Im Laufe des Jahres nimmt der Sekundarlehrer regen Anteil an der sozialen und emotionalen Entwicklung seiner Schüler; er möchte ihnen Verantwortung und Fairness genauso vermitteln wie natur- und sozialwissenschaftliche Kenntnisse. Dies wird schon zu Beginn des Jahres deutlich, wenn er die Klassenregeln mit den Schülern zusammenstellt. Es geht weniger um „tu dies"- und „lass das"-Regeln für die Klasse, sondern es werden die Rechte der Schüler in den Vordergrund gestellt. Diese Rechte beziehen sich auf die meisten Situationen, die Regeln erfordern.

Verknüpfen und erweitern Sie Ihre Forschungskenntnisse

Robert Moses, Begründer des Algebra-Projektes an der Martin Luther King Schule in Cambridge, Massachusetts, USA, unterrichtet den Zahl- und Zeichenbegriff durch physikalische Vorgänge. Er und seine Schüler unternehmen eine U-Bahnfahrt; sie fangen an einer bestimmten Station an. Die Schüler lernen an den Richtungen „stadteinwärts" und „stadtauswärts" die Begriffe der positiven und negativen Zahlen. Sie übersetzen ihren U-Bahnausflug in mathematische Sprache, indem sie die Anzahl der U-Bahnhaltestellen und die Richtung miteinander kombinieren. Durch die Vermittlung solcher Erfahrungen vor der Einführung der formalen Algebra machte Moses Mathematik vergnüglicher und verständlicher (s. Moses, R. P. & Cobb, C. E. Jr. (2002). *Radical Equations: Civil Rights from the Mississipi to the Algebra Project*. Boston: Beacon Press).

Eine Regelklasse mit lernbehinderten Schülern (Inklusionsklasse)

Ernst war ein intelligenter Schüler, der sich gut ausdrücken konnte. Er behielt Geschichten mit Leichtigkeit, aber konnte selbst nicht lesen. Seine Defizite waren auf eine Beeinträchtigung in der auditiven und visuellen Integration von Informationen und im visuellen Langzeitgedächtnis zurückzuführen. Wenn er versuchte zu schreiben, geriet alles durcheinander. Eine Psychologin arbeitete mit Ernsts Lehrer zusammen, um eine Förderung auszuarbeiten, die speziell auf seine Lernstrategien und seine Fehler einging. Mit Hilfe seines Lehrers wurde Ernst in den folgenden Jahren ein Experte für sein eigenes Lernen und konnte selbstständig arbeiten; er wusste, welche Strategien er einsetzen musste und wann dies zu erfolgen hatte. Ernst meinte „Das Zeug zu lernen macht wirklich keinen Spaß, aber es hilft." (Hallahan & Kauffman, 2006, S. 184–185).

Unterricht für höhere Mathematik

Hilda Borko und Carol Livingston (1989) beschreiben, wie ein guter Mathematiklehrer der Oberstufe die Verwirrung seiner Schüler dazu nutzte, um mit ihnen Strategien zu erarbeiten, mit deren Hilfe sie Integralrechnung verstehen und ausführen konnten. Wenn ein Schüler sich beschwerte, dass ein bestimmter Abschnitt in einem Lehrbuch nicht systematisch aufgebaut sei, half er dem Schüler, das Material zu organisieren. Er befragte die Klasse, ob sie selbst nützliche Strategien zur Lösung von Integralaufgaben kennen. Er ordnete und verdeutlichte die Nennungen und verbesserte den einen oder anderen Vorschlag. Dann forderte er die Schüler auf, ihre Vorstellungen mit den im Mathematikbuch angeführten zu vergleichen.

Er hörte sich alle Vorschläge an, schrieb aber nur die wichtigsten an die Tafel. Am Ende dieses Lernabschnittes hatten die Schüler das unorganisierte Material im Buch in einen geordneten und brauchbaren Leitfaden zur Lösung von Integralaufgaben umgearbeitet. Sie hatten so auch gelernt, wie man schwierige Darstellungen liest und versteht.

Was kann man in diesen Klassen beobachten? Die Lehrer kümmern sich um ihre Schüler und fühlen sich für sie verantwortlich. Sie müssen mit großen Unterschieden in den Fähigkeiten und Belastungen der Schüler rechnen: unterschiedliche Herkunftssprachen, unterschiedliche häusliche und familiäre Situationen und unterschiedliche Fähigkeiten und Lerndefizite. Sie müssen ihre Anweisungen und ihre Leistungsüberprüfungen den Bedürfnissen ihrer Schüler anpassen. Sie müssen ihren Schülern abstrakte Konzepte wie ein Integral anschaulich und verstehbar nahebringen. Und dann sollen noch neue Technologien und Techniken erarbeitet werden. Die Lehrer sollen sie angemessen einsetzen, um wichtige Ziele zu erreichen, nicht etwa um Schülern damit eine unterhaltsame Stunde zu bereiten. Die ganze Zeit steuern diese Experten Schüler durch den schwierigen Stoff. Sie kümmern sich um die emotionalen Bedürfnisse ihrer Schüler, richten den beeinträchtigten Selbstwert wieder auf und ermutigen zu Eigenverantwortung. Wenn wir diesen Lehrern vom ersten Unterrichtstag an folgen würden, könnten wir beobachten, dass sie sorgfältig die Gruppendynamik der sozialen Klassengemeinschaft und des Lernens in der Klasse planen und die Schüler entsprechend unterweisen. Sie können mit Autorität Hausaufgaben einsammeln und sie effektiv korrigieren; sie können Schüler neuen Gruppen zuordnen, Zielrichtungen vorgeben, Material verteilen, Geld für verschiedene schulische Zwecke einsammeln und mit Störungen umgehen – alles dies erledigen Lehrer und denken noch nebenbei darüber nach, warum einer der Schüler heute so müde ist.

Also was ist gutes Unterrichten?

Ist gute Lehre eine Wissenschaft oder eine Kunst, ein lehrerzentrierter Vortrag oder eine schülerzentrierte Entdeckungsreise, die Anwendung allgemeiner Theorien oder die Erfindung situationsspezifischer Praktiken? Ist ein guter Lehrer ein guter Erklärer oder ein guter Fragesteller, ein „Gelehrter auf der Bühne" oder ein „Führer zur Seite"? Diese Debatten kann man seit Jahren verfolgen. In pädagogischen Lehrveranstaltungen hört man vielleicht Kritik am wissenschaftsorientierten, lehrerzentrierten, auf Theorien zurückgreifenden und Vorträge haltenden „gelehrten" Lehrer. Sie werden ermutigt, ein künstlerischer, erfinderischer, schülerzentrierter und durch Fragen anleitender Lehrer zu werden. Ist das der richtige Weg? Wir wollen das Für und Wider der beiden Pfade zum guten Lehrer überprüfen.

Eine Position ist, dass Lehren theoriebasiert erfolgen sollte. Psychologen erforschen seit Jahrzehnten, wie Kinder denken und fühlen, wie Lernen erfolgt, was die Lernmotivation beeinflusst und wie Unterricht sich auf den Lernprozess und den Lernerfolg auswirkt. Diese allgemeinen und abstrakten theoretischen Ansätze und Befunde beziehen sich auf ein breites Spektrum von Situationen. Warum sollten Lehrer dieses ganze Wissen neu entdecken? Andere Erzieher sind der Überzeugung, dass ein hervorragender Lehrer nicht nur Theorien anwendet, sondern dass er sie **reflektiert**, in überlegter und erfinderischer Weise beim Unterrichten mit ihnen umgeht (Schon, 1983). Erzieher, die diese Überzeugung übernehmen, glauben, dass Lehren „aufgaben-, situations-, teilnehmer- und inhaltsspezifisch sowie zeit- und ortsgebunden – und darüber hinaus auch fächerspezifisch ist" (Leinhardt, 2001, S. 334). Nach dieser Position ist Lehren ein so komplexer Prozess, dass er mit jeder neuen Klasse und jedem neuen Fach von Neuem erfunden werden muss.

Vorsicht bei Entweder/Oder-Auswahl

Die meisten Leute meinen, Lehrer müssten sowohl Theorien kennen als auch erfinderisch sein. Sie müssten über viele Strategien verfügen, und auch neue finden können. Sie sollten ihre Klassenroutinen managen und dies aus Forschungsergebnissen ableiten können; sie müssen aber auch bereit und in der Lage sein, von den Routinen abzuweichen, wenn es die Situation erfordert. Und Lehrer benötigen sowohl theoretisches Wissen als auch situationsspezifische Einsichten. Sie benötigen „Verständnis für Schüler allgemein – aber auch für ihre besonderen Verhaltensmuster, die von ihrer Altersstufe, ihrer Kultur, ihrer sozialen Schicht, ihrer regionalen Herkunft und ihrer Geschlechterrolle herrühren sowie für die typischen Schülereinstellungen bestimmten Sachthemen gegenüber" (Ball, 1997, S. 773). Aber sie müssen auch ihre eigenen Schüler kennen. „Lehrer müssen Kinder in einem bestimmten Alter, mit bestimmtem Geschlecht, bestimmter Kultur und sozialer Schicht als Individuen sehen und vom verallgemeinernden soziologischen und psychologischen Hintergrund abheben" (S. 773). Die Theorien in diesem Buch sollten als kognitives Instrumentarium verstanden werden, das hilft, die Forderungen, die Sie im Laufe Ihres Berufslebens hören und lesen werden, wahrzunehmen, zu überprüfen, und zu interpretieren. Ziel dieses Buches ist es, zukünftige Lehrer mit Kenntnissen auszustatten, Lehrer zu werden, die sowohl Gelehrte ihres Faches sind als auch auf der Seite ihrer Schüler stehen, wo immer sie auch tätig werden.

Die beschriebenen Lehrer und andere sind Beispiele von Expertenlehrern, die im Mittelpunkt zahlreicher neuer Untersuchungen in Psychologie und Erziehungswissenschaften stehen. Um noch eine andere Sichtweise bei der Beantwortung der Frage „Was ist gutes Unterrichten?" einzunehmen, berichtet der folgende Abschnitt über die Forschung darüber, was Expertenlehrer eigentlich wissen.

1.2.2 Expertenwissen

Expertenlehrer verfügen über ein *elaboriertes Wissenssystem*, um Probleme beim Unterrichten zu verstehen. Wenn z. B. ein Lehrerreferendar mit den falschen Antworten von Schülern in Klassenarbeiten in Mathematik und Geschichte konfrontiert wird, kommen ihm alle Antworten in gleicher Weise falsch vor. Aber für den Expertenlehrer sind falsche Antworten Teil eines reichen Wissenssystems, das unter Umständen zwischen unterschiedlichen falschen Antworten zu unterscheiden, das Missverständnisse oder den Mangel an Informationen hinter jedem Fehler zu entdecken und Abhilfe zu finden vermag, Missverständnisse ausräumen und den Stoff wiederholen kann, das Materialien und Aktivitäten, die in der Vergangenheit erfolgreich waren, erneut einsetzen und mögliche Ansätze zur Überprüfung des Ergebnisses von Wiederholungen erkennen kann. Weiterhin setzen sich Expertenlehrer klare Ziele und berücksichtigen individuelle Unterschiede, wenn sie für ihre Schüler Pläne für Unterrichtseinheiten aufstellen. Diese Lehrer sind reflektierte Praktiker (Floden & Klinzing, 1990; Hogan, Rabinowitz & Craven, 2003).

Was wissen Expertenlehrer, das sie so erfolgreich sein lässt? Lee Shulman (1987) ist dieser Frage nachgegangen und hat sieben Bereiche des Expertenwissens gefunden:

Expertenlehrer verfügen über Wissen

1 in dem Fachgebiet, das sie unterrichten – ihr inhaltliches Wissen ist tiefenverarbeitet und zusammenhängend;

Reflektiert Gedankenreich und erfinderisch. Reflektierte Lehrer denken im Voraus und nachträglich über Situationen nach, um zu analysieren, was sie gemacht haben und warum und wie sie den Lernprozess ihrer Schüler optimieren können.

Expertenlehrer Erfahrener, effektiver Lehrer, der Lösungen für die üblichen Probleme in den Klassen entwickelt hat. Sein Wissen über den Unterrichtsprozess und dessen Inhalte ist umfassend und gut organisiert.

2 über allgemeine Unterrichtsstrategien – in allen Fächern anwendbar (wie z. B. Prinzipien des Klassenmanagements, des effektiven Unterrichtens und der Evaluation, die alle diesem Buch zu entnehmen sind);

3 über Unterrichtsmaterialien und -programme – angepasst an das Fach und die Klassenstufe;

4 in fachspezifischer Didaktik – spezielle Lehrprogramme für bestimmte Schüler und besondere Konzepte, wie z. B. die beste Art und Weise, lernschwachen Schülern negative Zahlen zu erklären;

5 über Persönlichkeit und über den kulturellen Hintergrund der Lerner;

6 über die Lernumgebung – Lernen in Paaren, kleinen Gruppen, Teams, Klassen, Schulen und der Gemeinde;

7 über Ziele und Zwecke des Unterrichtens.

Ein Schlüsselmerkmal von Expertenlehrern, das aus dieser Liste nicht hervorgeht, ist die Selbsterkenntnis – die eigenen Stärken und Schwächen sowie die blinden Flecke, aber auch die eigene kulturelle Identität zu kennen. Nur wenn man sich über sich selbst im Klaren ist, kann man die kulturelle Identität der Schüler verstehen und respektieren. Jay Dee und Allen Henkin (2002) bemerken, dass Schüler bereit sein müssen, über ihre eigene *Wohlbehagenszone* hinaus zu explorieren und als Mitglieder einer Gesellschaft und Kulturgemeinschaft den sozialen Kontext aufzunehmen und sich zu eigen zu machen. Wünschenswert wären auch Kenntnisse der Entwicklungspsychologie, um den Entwicklungsstand des Kindes und die schulischen Anforderungen in Einklang bringen zu können.

Dies ist sehr viel; es ist klar, dass ein Buch allein nicht alle Informationen, die für das Unterrichten notwendig sind, vermitteln kann. Auch nicht ein ganzes Lehrveranstaltungsprogramm würde aus Ihnen einen Expertenlehrer machen. Das benötigt Zeit und Erfahrung. Aber das Studium der Pädagogischen Psychologie kann unser Expertenwissen vermehren, weil im Zentrum der Pädagogischen Psychologie die Beschäftigung mit Lehren und Lernen steht, in welcher Form auch immer. Um ein guter Lehrer zu werden, müssen Sie alles über Ihre *Schüler* (Teil 1 dieses Buches), ihre Art zu *lernen*, ihre *Motivation* (Teil 2) und alles über *Unterrichten und Leistungsmessung* (Teil 3) wissen.

Expertenlehrer kennen sich nicht nur in ihrem Fach gut aus, sondern wissen auch, wie sie ihre Fachkenntnisse mit der Welt außerhalb der Schule in Beziehung setzen können und wie sie Schüler das Lernen lehren.

Die Rolle der Pädagogischen Psychologie 1.3

So lange die **Pädagogische Psychologie** besteht – etwa seit 100 Jahren – gibt es Diskussionen darüber, wie das Sachgebiet abzugrenzen ist. Manche meinen, Pädagogische Psychologie sei nichts weiter als die Übertragung psychologischen Wissens auf Aktivitäten im Klassenzimmer. Wiederum andere glauben, die Pädagogische Psychologie wende die Methoden der Psychologie auf die schulischen Fragestellungen an (Brophy, 2003; Wittrock, 1992). Ein Blick auf die Geschichte zeigt die enge Verbindung zwischen Pädagogischer Psychologie und Lehre oder Unterricht.

Pädagogische Psychologie Die Fachdisziplin, die sich mit Lehren und Lernen beschäftigt, Methoden und Theorien der Psychologie anwendet, aber diese auch eigenständig weiterentwickelt (siehe auch S. 11).

Verknüpfen und erweitern Sie Ihre Forschungskenntnisse

Das Frühjahrsheft des Jahres 2001 der Fachzeitschrift *Educational Psychologist, 36* (*2*), ist ein Sonderheft mit dem Thema „Educational Psychology: Yesterday, Today and Tomorrow" mit Artikeln über selbstgesteuertes Lernen, Klassenleitung/Klassenmanagement, Auswirkungen von Lehrererwartungen, Lehrprogrammentwicklung und Lernkonzepten.

1.3.1 Interessante Fachgeschichte in Ausschnitten

Einerseits ist die Pädagogische Psychologie sehr alt. Sie umschließt Themen, die bereits Platon und Aristoteles diskutierten – die Rolle des Lehrers, die Beziehung zwischen Lehrer und Schüler. Die Methode der Unterweisung, das Wesen und die Stufen des Lernprozesses, die Rolle der Emotionen beim Lernen, alles dies wird auch heute noch von Pädagogischen Psychologen untersucht. Im 16. Jahrhundert hatte Juan Luis Vives überraschend moderne Gedanken über den Wert der Praxis, die Notwendigkeit, auf die Interessen der Schüler einzugehen, bei der Unterweisung auf individuelle Unterschiede Rücksicht zu nehmen, und die Vorteile des ipsativen Vergleichs (Vergleich zwischen eigenen Leistungen) gegenüber einem kompetitiven Vergleich mit anderen Schülern bei der Bewertung der Schülerleistungen. Im 18. Jahrhundert führte Comenius die bildliche Gestaltung von Lehrinhalten in Schulbüchern und im Unterricht ein; er forderte, dass das Verstehen und nicht das Auswendiglernen das Ziel des Lehrens sein sollte (Berliner, 1993). Aber nun soll zur Psychologie übergegangen werden.

Von Beginn an interessiert sich die amerikanische Psychologie für Lehren und Lernen. Im Jahre 1890 gründete William James von der Harvard Universität das Fach Psychologie in den Vereinigten Staaten; er schrieb eine Folge von Vorlesungen für Lehrer mit dem Titel *Gespräche mit Lehrern über Psychologie*. Diese Vorlesungen wurden in Sommerschulen für Lehrer im ganzen Land gehalten und schließlich im Jahre 1899 veröffentlicht. Ein Schüler James', G. Stanley Hall, gründete den Verband Amerikanischer Psychologen (*American Psychological Association*, APA). Das Thema seiner Doktorarbeit handelte davon, wie Kinder die Welt verstehen. Lehrer halfen ihm, die Untersuchung durchzuführen. Hall ermunterte Lehrer, detaillierte Beobachtungen über die Entwicklung ihrer Schüler durchzuführen – so wie es seine Mutter getan hatte, als sie noch Lehrerin war. Halls Schüler, John Dewey, gründete die Laborschule an der Universität von Chicago und wurde damit zum Vater einer fortschrittlichen Bildungsbewegung (Hilgard, 1996).

Ein anderer Schüler von Willliam James war E. L. Thorndike; er schrieb das erste Lehrbuch zur Pädagogischen Psychologie im Jahre 1910. Thorndike initiierte den Wechsel vom Klassenzimmer ins Labor, um Lernen zu untersuchen – ein Wechsel, der sowohl von James als auch von Hall beschrieben wurde. Thorndikes Ansatz erwies sich als zu eng, da er glaubte, er könne Lerngesetzmäßigkeiten, die er im Labor gefunden hatte, auf Lernsituationen außerhalb des Labors anwenden, ohne sie zuerst zu evaluieren – es dauerte dann immerhin noch 50 Jahre, bis wieder Studien über Lernen im Klassenzimmer durchgeführt wurden (Hilgard, 1996).

Entwicklungen im Lehren und Unterrichten waren in der ersten Hälfte des 20. Jahrhunderts auch weiterhin eng mit der Psychologie verknüpft. Für Psychologen wie Thorndike oder seine Schüler war es nichts Ungewöhnliches, zugleich Präsident der APA und Autor von Lernmaterialien oder Entwickler von Leistungstests zu sein. In dieser Epoche war die Pädagogische Psychologie die „führende Wissenschaft von der Schule" (Cubberly, 1919, S. 755). In den Jahren von 1940 bis 1950, konzentrierte sich die Forschung der Pädagogischen Psychologie auf individuelle Unterschiede, auf ihre Erfassung und auf Lernverhalten.

Diese Schüler nehmen am kooperativen Lernen teil, bei dem handelnd mit dem Wissensgegenstand umgegangen und so Wissen erworben wird. Verbessert sich durch diese Methode der Wissenserwerb in den Naturwissenschaften? Gibt es effizientere Wege, Biologie zu lernen? Pädagogisch-psychologische Forschung sollte solche Fragen klären.

In den Jahren ab 1960 bis etwa 1980 verlagerte sich der Forschungsschwerpunkt auf kognitive Entwicklung und Lernen, besonders auf die Frage, wie Schüler Begriffe erwerben und sie behalten. In den neueren Forschungen wird die Rolle der Kultur und sozialer Faktoren beim Lernen und in der Entwicklung berücksichtigt (Pressley & Roehrig, 2003).

Die Geschichte der Pädagogischen Psychologie in Deutschland beginnt mit den Ideen von Johann Heinrich Pestalozzi, Johann Friedrich Herbart und Friedrich Fröbel, deren Wirken im 18. Jahrhundert einsetzte und sich bis in die erste Hälfte des 19. Jahrhundert erstreckte. Ihre Vorstellungen über Erziehung fanden Eingang in die Pädagogische Psychologie. Die Pädagogische Psychologie verselbstständigte sich gegen Ende des 19. bis zum Beginn des 20. Jahrhunderts. Der Beginn der Psychotechnik (Münsterberg, 1914) war auf das Testen von psychischen Leistungen ausgerichtet, die in den Erziehungs- und Unterrichtsprozess eingingen. Die erste Entwicklung des Intelligenztests durch Binet und Simon (1905) begann auch in dieser Zeit. Das Fach Pädagogische Psychologie etablierte sich durch die Einrichtung von Lehrstühlen; der erste wurde 1906 in Leipzig eingerichtet.

Was ist Pädagogische Psychologie heute? Allgemein akzeptiert ist die Definition der **Pädagogischen Psychologie** als eine eigenständige Disziplin mit eigenen Theorien, Forschungsmethoden, Fragestellungen und Techniken. Sowohl in der Vergangenheit als auch in der Gegenwart beschäftigen sich Pädagogische Psychologen mit Lernen und Lehren, und gleichzeitig streben sie nach Verbesserungen der pädagogischen Praxis (Pintrich, 2000). Sind aber angesichts dieser relativ langen Fachgeschichte mit ihrem Interessensschwerpunkt in Lehren und Lernen, die von Pädagogischen Psychologen gefundenen Ergebnisse wirklich so hilfreich für Lehrer? Schließlich ist Unterrichten meist mit gesundem Menschenverstand zu bewältigen oder? Diesen Fragen wenden sich die folgenden Abschnitte zu.

> ### Verknüpfen und erweitern Sie mit anderen Kapiteln
>
> Lesen Sie in Kapitel 10 nach, dort steht mehr über die unbeabsichtigten Bedeutungen von gutgemeinten Lehreraktionen.

1.3.2 Kommt es nur auf den gesunden Menschenverstand an?

In vielen Fällen hören sich die von Pädagogischen Psychologen verkündeten Prinzipien – die sie mit viel Überlegung, Zeit und Geld – zusammenstellen konnten doch sehr nach Alltagswissen an. Die Leute sind versucht zu kommentieren – und tun dies auch: „Das weiß doch jeder!" Schauen Sie sich einmal diese Beispiele an:

Frage: **Abwechselnd Aufrufen?**

Welche Methode sollte ein Lehrer einsetzen, um Schüler für das Vorlesen im Unterricht auszuwählen?

- *Antwort* **(mit gesundem Menschenverstand):** Lehrer sollten Schüler nach dem Zufallsprinzip aufrufen, sodass jeder Schüler jederzeit darauf gefasst sein muss zu antworten und mit voller Aufmerksamkeit den Unterricht verfolgen muss. Wenn ein Lehrer eine bestimmte Reihenfolge einhält, können sich Schüler ausrechnen, wann sie aufgerufen werden.
- *Antwort* **(aufgrund von Forschung):** Schon vor Jahren ergab eine Untersuchung von Ogden, Brophy und Evertson (1977), dass die Antwort auf die Frage des Abwechselns beim Aufrufen nicht so einfach ist. Im ersten Schuljahr kam es zu besseren Leseleistungen, wenn das Vorlesen im Kreis der Reihe nach durchgeführt wurde, da die Schüler sich dann darauf einstellen konnten. Der maßgebende Faktor bei der Reihenfolge im Kreis könnte sein, dass jedes Kind gleichermaßen eine Chance bekommt, vorlesen zu können. Die Forschungsergebnisse legen jedoch bessere Alternativen für das laute Vorlesen nahe als die Kreisreihenfolge; auf alle Fälle aber sollten die Lehrer darauf achten, dass jeder Schüler gleich häufig lesen üben kann und Rückmeldungen erhält (Tierney, Readance & Dishner, 1990). In Kapitel 13 wird der Leseunterricht ausführlicher behandelt.

Frage: **Hilfe für Schüler?**

Wann sollten Lehrer leistungsschwachen Schülern bei ihren Aufgaben im Unterricht helfen?

- *Antwort* **(mit gesundem Menschenverstand):** Lehrer sollten Schülern oft Hilfe anbieten. Leistungsschwache Schüler können nicht erkennen, wann sie

Hilfe benötigen oder sich schämen, um Hilfe zu bitten.

- *Antwort* **(aufgrund von Forschung):** Sandra Graham (1996) fand heraus, dass bei angebotener Lehrerhilfe, bevor die Schüler darum baten, die anderen Schüler den Eindruck vermittelt bekommen, der Lehrer traue dem Schüler nicht zu, allein die Aufgabe erfolgreich abzuschließen. Schüler schreiben (*attribuieren*) mit höherer Wahrscheinlichkeit ihre Misserfolge ihren mangelnden Fähigkeiten zu, sodass in Folge die Leistungsmotivation sinkt.

Frage: Eine Klasse überspringen?

Sollte eine Schule leistungsstarken Schülern erlauben, eine Klasse zu überspringen?

- *Antwort* **(mit gesundem Menschenverstand):** Nein! Sehr intelligente Schüler, die ein oder sogar zwei Jahre jünger sind als ihre Mitschüler, passen mit ihrem körperlichen und sozialen Entwicklungsstand nicht in die Klasse. Sie sind weder körperlich noch emotional vorbereitet für den Umgang mit älteren Schülern und würden sich in Interaktionssituationen unterlegen fühlen; diese sind aber für die Klassengemeinschaft sehr wichtig.
- *Antwort* **(aufgrund von Forschung):** Vielleicht. Nach Samuel Kirk und seinen Kollegen (1993) berichten Forschungsuntersuchungen mit Früheinschulern und jünger als normalen Schülern eine gute bis bessere Anpassung im Vergleich zu Schülern, die alles zur üblichen Zeit absolvieren (S. 105). Ob eine beschleunigte Schulkarriere die beste Lösung für Schüler darstellt, hängt von individuellen Eigenschaften wie Intelligenz und Reife ab und ob noch andere Möglichkeiten verfügbar sind. Für manche Schüler ist das zügige Durcharbeiten von Lernmaterialien und die Teilnahme an Fortgeschrittenenkursen mit älteren Schülern eine gute Sache. Siehe Kapitel 4 über die Anpassung des Unterrichts und die Fähigkeiten der Schüler.

Naheliegende Antworten?

Lily Wong (1987) machte darauf aufmerksam, dass man bei der Lektüre von Forschungsergebnissen dazu tendiert, diese für bare Münze zu nehmen. Sie wählte zwölf Ergebnisse aus der Unterrichtsforschung aus, ein Ergebnis war die Antwort auf die Frage nach Hilfen, die oben berichtet wurde. Sie legte Studenten und Expertenlehrern sechs Forschungsergebnisse korrekt berichtet vor und sechs verkehrte sie in ihr Gegenteil. Sowohl die Studenten als auch die Lehrer beurteilten die Hälfte der falschen Ergebnisse als „offensichtlich" korrekt. In einer Nachuntersuchung wurden die zwölf Ergebnisse einer neuen Gruppe von Urteilern vorgelegt, damit sie die richtigen Ergebnisse heraussuchen sollten. Von zwölf berichteten Ergebnissen suchten die Urteiler acht falsche heraus, nur vier waren richtig.

Man könnte nun auf den Gedanken kommen, die Pädagogischen Psychologen verbrächten ihre Zeit damit, das sowieso Bekannte zu erforschen. Die bisher berichteten Beispiele zeigen die Gefahren dieser Art zu denken. Ein ähnliches Phänomen tritt auf, wenn wir einen begabten Tänzer oder Sportler beobachten; beim hochtrainierten Sportler sehen alle Übungen leicht aus. Doch wir sehen nur das Ergebnis des Trainings, nicht die Anstrengungen, die jede Bewegung während des Lernens kostete. Und man sollte nicht vergessen: Es geht nicht darum, was vernünftig *klingt*, sondern was durch die Ergebnisse bewiesen wird, wenn sie auf den Prüfstand gelegt werden (Gage, 1991).

> ## Verknüpfen und erweitern Sie Ihre Forschungskenntnisse
>
> Lesen Sie und diskutieren Sie den Artikel von Gage, N. L. (1991). „The Obviousness of Social and Educational Research Results". *Educational Researcher, 10*(1), 10–16. Zentrale Fragestellungen: Warum erscheinen Ergebnisse von pädagogischer Forschung so „selbstverständlich"? Worin besteht die Gefahr dieser Art zu denken?

1.3.3 Einsatz von Forschung beim Verstehen und Verbessern von Lernen

> **Halt! Denken Sie nach! Schreiben Sie!**
> Zählen Sie schnell die Ihnen bekannten verschiedenen Forschungsmethoden auf!

Forschung durchzuführen, um etwas über mögliche Zusammenhänge herauszufinden, ist eine der beiden Hauptaufgaben der Pädagogischen Psychologie. Die andere ist, die Ergebnisse verschiedener Studien in Theorien einzuarbeiten, die versuchen, Erklärungsansätze für Lehren, Lernen und Entwicklung zu integrieren.

Deskriptive Studien

Pädagogische Psychologen planen und führen viele verschiedene Arten von Untersuchungen durch. Einige von ihnen sind „deskriptiv", d. h. ihr Zweck besteht einfach darin, Ereignisse in einer bestimmten Klasse oder in verschiedenen Klassen zu beschreiben. Berichte über **deskriptive Studien** beinhalten oft Resultate von Erhebungen, Interviewantworten, Auszüge aus Dialogen im Klassenzimmer oder Audio- und Videoaufnahmen von Klassenaktivitäten.

Ein deskriptiver Ansatz, die **Ethnografie** des Klassenzimmers, wurde den Methoden der Ethnologie entlehnt; er besteht darin, die natürlich vorkommenden Ereignisse im Leben einer Gruppe zu analysieren und zu versuchen, die Bedeutung dieser Ereignisse für die betroffenen Menschen zu erkunden. Zum Beispiel stammt die Beschreibung des Expertenlehrers für Mathematik an einer Höheren Schule im Eingangsteil dieses Kapitels aus einer Ethnografiestudie von Borko und Livingston (1989). Die Forscher unternahmen detaillierte Beobachtungen in den Klassen der teilnehmenden Lehrer, begleitet von Audio- und Videoaufnahmen von Interviews mit den Lehrern, um die Unterschiede zwischen neuen und Expertenlehrern vorstellen zu können.

In einigen deskriptiven Studien setzt der Forscher **teilnehmende Beobachtungen** ein und arbeitet in der Klasse oder Schule, um die Handlungen aus den Perspektiven der Lehrer und Studenten zu verstehen. Forscher verwenden auch **Fallstudien**. Eine Fallstudie untersucht in die Tiefe gehend, wie z. B. ein Lehrer seine Unterrichtseinheiten plant oder wie ein Schüler versucht, bestimmte Materialien zu lernen.

Korrelationsstudien

Oft kommen in Berichten über deskriptive Untersuchungen Korrelationen vor. Eine Korrelation ist eine grundlegende statistische Größe, die bekannt sein sollte, wenn man Tabelle 1.1. verstehen will. Übrigens werden Ihnen noch mehr Korrelationen in den kommenden Kapiteln begegnen. Eine Korrelation ist eine Zahl, die sowohl die Stärke als auch die Richtung eines Zusammenhanges zwischen zwei Ereignissen (Variablen) oder Messungen wiedergibt. **Korrelationen** können Werte zwischen $r = +1.00$ und $r = -1.00$ annehmen. Je enger der Zusammenhang ist, umso näher liegt die Korrelation an den Werten $r = +1.00$ oder $r = -1.00$. Zum Beispiel beträgt die Korrelation zwischen Größe und Gewicht .70 (ein starker Zusammenhang); die Korrelation zwischen Größe und Anzahl der beherrschten Sprachen liegt bei .00 (kein Zusammenhang).

Das Zeichen vor der Korrelation gibt die Richtung des Zusammenhangs an. Eine **positive Korrelation** gibt an, dass die beiden Variablen zusammen zu- oder abnehmen. Je größer die Werte einer Variablen werden, umso größer werden die Werte der anderen Variablen. Größe und Gewicht sind positiv korreliert, weil die größeren Menschen gewöhnlich auch die schwereren sind. Wie aus Tabelle 1.1 zu ersehen, ist der Zusammenhang zwischen dem Prozentanteil der Lehrer mit abgeschlossener Lehrerausbildung und den Mathematikleistungen der Schüler positiv (wenn der Prozentanteil von Lehrern mit abgeschlossener Lehrerausbildung ansteigt, steigt auch die Durchschnittsnote in Mathematik). Eine **negative Korrelation** bedeutet, der Anstieg der Werte einer Variablen geht einher mit dem Abfall der Werte der anderen Variablen. Tabelle 1.1

Deskriptive Studien Untersuchungen, die detaillierte Informationen über spezifische Situationen sammeln; sie verwenden oft die Beobachtungsmethode, Erhebungen, Aufzeichnungen oder eine Kombination dieser Methoden.

Ethnografie Ein deskriptiver Forschungsansatz, in dessen Mittelpunkt das Leben innerhalb einer Gruppe steht, und der versucht, die Bedeutung von Ereignissen für die betroffenen Menschen zu erkunden.

Teilnehmende Beobachtung Eine Methode zur Durchführung einer deskriptiven Untersuchung, in der ein Forscher Teilnehmer der Situation ist, die er untersuchen will; so kann er besser das Gruppengeschehen verstehen.

Fallstudie Intensive Untersuchung einer Person oder einer Situation.

Korrelation Statistischer Kennwert von der Enge des Zusammenhanges zweier Variablen.

Positive Korrelation Ein Zusammenhang zwischen zwei Variablen, in dem die beiden Variablen zusammen ansteigen oder vermindert werden. (Beispiel: Kalorieneinnahme und Gewichtszunahme).

Negative Korrelation Ein Zusammenhang zwischen zwei Variablen, in dem der hohe Wert einer Variablen mit niedrigen Werten einer anderen Variablen einhergeht. (Beispiel: Bewegung und Gewichtszunahme).

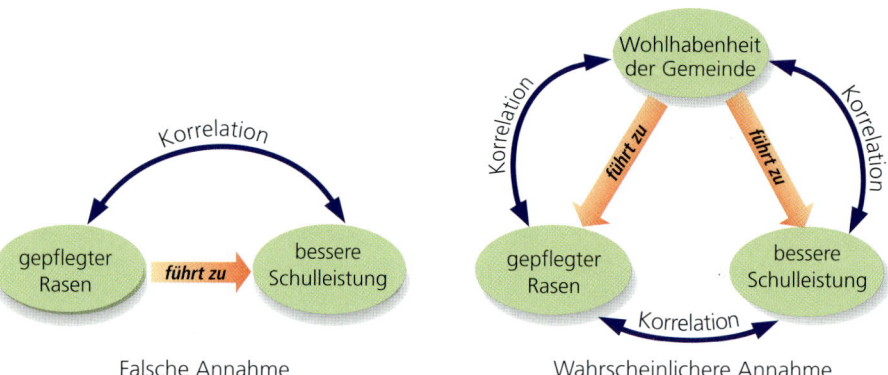

Abbildung 1.1: **Korrelationen sagen nichts über Kausalität aus.** Wenn ein Forschungsergebnis besagt, dass gepflegte Rasen und durchschnittliche Schulleistung korrelieren, zeigt dies keinen kausalen Zusammenhang. Die Wohlhabenheit einer Gemeinde, ein dritter Faktor, könnte die Ursache für beide Variablen, Schulleistung und gepflegter Rasen, sein.

Verknüpfen und erweitern auf das Alltagsleben

Eine *perfekte positive* (+1.00) *Korrelation* weisen auf: der Radius und Umfang eines Kreises.

Eine *perfekte negative Korrelation* (−1.00) erhält man bei: die Anzahl der Minuten mit Tageslicht und die Anzahl der Minuten mit Dunkelheit am Tag. Eine *weniger perfekte Korrelation*: Die Kosten eines Autos und die Kosten der Kraftfahrzeugsversicherung

Eine *sehr mäßige Korrelation* ergibt sich bei: die Kosten einer Theaterkarte und die Entfernung von der Bühne.

Nullkorrelation besteht bei: die Bevölkerungsstärke von Indien und die Anzahl der Gewinne der deutschen Nationalelf.

zeigt, dass mit dem Anstieg der Lehrer ohne abgeschlossene Lehrerausbildung oder solchen, die nicht Mathematik studiert haben, die durchschnittliche Mathematiknote der Schüler sinkt. Es ist wichtig zu wissen, dass Korrelationen keine Auskunft über Ursache-Wirkungsverhältnisse geben (▶ Abbildung 1.1). Größe und Gewicht sind korreliert – größere Menschen wiegen in der Regel mehr als kleine Menschen. Doch an Gewicht zuzulegen, hat nicht zur Folge, dass man größer wird. Aber wenn man die Größe einer Person kennt, kann man in etwa deren Gewicht schätzen. Pädagogische Psychologen errechnen Korrelationen, damit sie Vorhersagen über wichtige Ereignisse im Klassenkontext treffen können.

Experimentelle Untersuchungen

Eine zweite Forschungsmethode – das **Experiment** – erlaubt den Pädagogischen Psychologen, über die Vorhersagewahrscheinlichkeit hinaus Aussagen über Ursache und Wirkungsverhältnisse zu machen. Anstelle des reinen Beobachtens und Beschreibens von bestehenden Situationen führen die Experimentatoren Veränderungen ein und beobachten das Ergebnis. Zuerst werden vergleichbare Gruppen mit Versuchsteilnehmern zusammengestellt. In der Psychologie bezeichnet „**Versuchsteilnehmer**" (oder **Versuchsperson** genannt) die untersuchten Personen – wie z. B. die Achtklässler. Ein üblicher Weg, sicherzustellen, dass die Teilnehmer vergleichbar sind, ist, sie nach dem Zufallsprinzip einer der experimentell geplanten Gruppen zuzuordnen. Nach dem **Zufallsprinzip** zuordnen heißt, dass jeder Teilnehmer die gleiche Chance hat, jeder der experimentellen Gruppen zugeteilt zu werden.

Experiment Forschungsmethode, in der Variablen oder Bedingungen manipuliert und die Auswirkungen der Manipulationen erfasst werden.

Versuchsteilnehmer/Versuchsperson Menschen oder Tiere, die in Forschungsstudien untersucht werden.

Zufall Regelloses Muster von Ereignissen oder Verhalten, ohne erkennbare Ursachen.

Verknüpfen und erweitern Sie mit Ihrem vorhandenen Wissen

Sind die folgenden Untersuchungen deskriptiv (D) oder experimentell (E)?

1 Forscher beobachten Lehrer in Klassen mit hohem Leistungsstandard, um herauszufinden, was diesen Lehrern gemeinsam ist.

2 Lehrer geben drei Gruppen von impulsiven Kindern unterschiedliches Training, um herauszufinden, welches Training die Impulsivität mindert.

3 Forscher führen IQ-Tests mit Gruppen von Jungen und Mädchen durch, um zu klären, ob verbale Fähigkeiten geschlechtspezifisch sind.

4 Lehrer unterweisen zwei unterschiedliche Gruppen von Mathematikschülern, indem sie zwei verschiedene Unterrichtsmethoden einsetzen und dann überprüfen, welche der Methoden die bessere Mathematikleistung in einem Test erbracht hat.

Lösungen: 1. D, 2. E, 3. D, 4. E

In einer oder mehrerer dieser Gruppen verändern die Experimentatoren einige Aspekte der Situation, um zu sehen, ob diese Veränderungen oder Manipulationen (auch im Deutschen meist „Treatments" genannt) die erwarteten Auswirkungen haben. Die Ergebnisse in den unterschiedlich veränderten Gruppensituationen werden dann gemessen. Gewöhnlich werden die gewonnenen Messungen statistisch ausgewertet. Wenn sich die Unterschiede als **statistisch signifikant** erweisen, heißt das, dass das Ergebnis nicht auf den Zufall zurückzuführen ist. Schauen Sie noch einmal Tabelle 1.1 an. Die Formulierung $p < .05$ bedeutet, dass dieses Ergebnis nur mit der Wahrscheinlichkeit in 5 von 100 Fällen zufällig auftritt; und $p < .01$ bedeutet nur in 1 von 100 Fällen. Einige der von uns ausgesuchten Forschungen versuchen, die Kausalitätsbeziehung zu erkennen, indem sie z. B. die folgende Frage stellen: Wenn Lehrer nicht beachten, dass Schüler ohne Erlaubnis ihren Platz verlassen und Schüler loben, die auf ihrem Platz

bleiben und konzentriert arbeiten (Ursache), werden die Schüler dann mehr Zeit arbeitend an ihrem Platz verbringen (Folge)?

In vielen Fällen gehen deskriptive und experimentelle Forschung zusammen. Die am Anfang des Kapitels vorgestellte Untersuchung über Abwechseln von Ogden, Brophy und Evertson (1977) ist ein gutes Beispiel. Um Fragen über die Beziehung zwischen der Auswahlmethode für das Vorlesen in der ersten Klasse und der Leseleistung zu beantworten, beobachteten die Untersucher Lehrer und Schüler in mehreren Klassen und erfassten dann die Leseleistung der Schüler. Sie fanden heraus, dass Schüler bessere Leseleistungen an den Tag legten, wenn sie antizipieren konnten, wann sie an die Reihe kommen; die Antizipation des Vorlesens und die Leseleistung waren also positiv korreliert. Mit einer so einfachen Anordnung konnten die Untersucher aber nicht sicher sein, dass die Antizipationsstrategie die Ursache für die verbesserte Leseleistung ist. Im zweiten Teil der Untersuchung hatten Ogden und ihre Kollegen deshalb die Lehrer gebeten, jeden Schüler einzeln aufzurufen. Sie verglichen dann die Leseleistung unter dieser Bedingung mit derjenigen in anderen Vorgehensweisen. Der zweite Teil der Forschung war deshalb experimentell – speziell handelt es sich um ein *Feldexperiment*, weil es im Klassenraum und nicht im Labor stattfand.

Experimentelle Fallstudien

Das Ziel von **experimentellen Fallstudien** ist es, die Auswirkungen einer Therapie oder einer Unterrichtsmethode oder anderer Interventionen zu klären. Eine Vorgehensweise ist, den Versuchsteilnehmer erst einmal über eine bestimmte Zeit zu beobachten, um seine *Basisrate* (A) in den interessierenden Verhaltensausschnitten zu ermitteln; dann wird eine Intervention (B) eingeführt und die Auswirkung erfasst; danach wird die Intervention entfernt und die Basisrate (A) wird wieder erfasst; sodann wird erneut die Intervention (B) eingesetzt und deren Folgen gemessen. Diese Art der experimentellen Fallstudie wird ABAB-Experiment genannt. Zum Beispiel könnte ein Lehrer eine Woche lang registrieren, wie oft einzelne Schüler ohne Erlaubnis nicht an ihren Plätzen sitzen (Ba-

---

Statistisch signifikant Mit definierter Wahrscheinlichkeit kein Zufallsereignis.

Experimentelle Fallstudie Systematische Interventionen werden eingeführt, um deren Auswirkungen auf eine Person zu beobachten; meist wird die Intervention erst eingeführt und dann wieder eingestellt.

sisrate A); dann lobt er diejenigen Schüler, die auf ihren Plätzen blieben (Intervention B); in der darauf folgenden Woche erfasst er wieder die Anzahl der sich im Raum bewegenden Schüler (A) und verfährt danach wieder nach der Lob- und Ignorieren-Strategie (B) (Landrum & Kaufman, 2006). Als die Methode vor einigen Jahren getestet wurde, erwies sich die Lob- und Ignorieren-Strategie als wirksam zur Verlängerung der „Sitzzeiten" von Schülern (Madsen, Becker, Thomas, Koser & Plager, 1968).

Mikrogenetische Untersuchungen

Das Ziel **mikrogenetischer Untersuchungen** ist es, kognitive Prozesse während ihrer Veränderungen zu überprüfen – gerade dann, wenn sich die Veränderungen vollziehen. Zum Beispiel könnten Forscher untersuchen, wie Kinder eine Strategie für die Addition von zweistelligen Zahlen innerhalb einiger Wochen erwerben. Der mikrogenetische Ansatz hat drei Grundsätze: (a) Die Veränderungen müssen über ihren ganzen Verlauf erfasst werden – vom Beginn der Veränderungen an bis zur Erreichung erneuter relativer Stabilität. (b) Viele Beobachtungen werden zusammengetragen – oft werden Video- oder Audioaufnahmen von Interviews eingesetzt, der genaue Wortlaut des Versuchsteilnehmers wird dann transkribiert; (c) Das beobachtete Verhalten wird „unters Mikroskop gelegt", d. h. jede kleine Zeiteinheit wird analysiert. Das Ziel ist, die Mechanismen der Veränderung zu erkennen – zum Beispiel, welches neue Wissen oder welche neue Fertigkeit entwickelt wurde, um die Veränderung zu ermöglichen (Siegler & Crowley, 1991).

Diese Art von Forschung ist zeitraubend, deshalb werden oft nur ein Kind oder wenige Kinder untersucht.

Die Rolle der Zeit in der Forschung

Eine weitere Unterscheidung ist nützlich für das Verständnis der Forschung – die Unterscheidung aufgrund der Zeitdimension. Viele Sachverhalte, die Psychologen untersuchen wollen – wie z. B. die kognitive Entwicklung – ereignen sich über die gesamte Entwicklungszeit. Idealerweise verfolgen Forscher die Entwicklungsveränderungen über diese gesamte Zeit, manchmal über Jahre. Diese Untersuchungen heißen *Längsschnittstudien*. Sie liefern viele Informationen, sind aber zeitaufwendig, teuer und nicht immer möglich: Man muss über Jahre Kontakt zu den Teilnehmern halten, denn sie wachsen heran und verändern ihren Schul- oder Wohnort. Deshalb wird die meiste Forschung als *Querschnitt* geplant mit einem Vergleich unterschiedlicher Altersgruppen. Zum Beispiel verändert sich der Begriff „Lebewesen" bei Kindern zwischen 3 und 16 Jahren; für eine Untersuchung dieses Entwicklungsausschnittes können die Forscher Kinder verschiedener Altersstufen in dieser Altersspanne hinsichtlich ihres Begriffsverständnisses vergleichen, statt eine kontinuierliche Längsschnittstudie von 14 Jahren durchzuführen.

Lehrer als Forscher

Forschung kann auch Verbesserungen des Unterrichts in einer Klasse oder einer Schule nach sich ziehen. Die gleiche Art der sorgfältigen Beobachtung, Intervention, Datensammlung und Auswertungen, die in großen Untersuchungsprojekten üblich sind, kann in jeder Klasse angewendet werden, um Fragen wie die folgenden zu klären: „Welche Aufforderungen zum Schreiben ermutigen die Schüler, die besten Aufsätze zu schreiben?" „Wann fällt es einem Kind schwer, sich auf eine schulische Aufgabe zu konzentrieren?" „Führt die Zuteilung einer bestimmten Teilaufgabe in einer naturwissenschaftlichen Arbeitsgruppe zu einer ausgeglicheneren Teilnahme von Jungen und Mädchen am naturwissenschaftlichen Arbeiten?" Diese Art von Problemlöse-Untersuchung wird **Handlungs- oder Aktionsforschung** genannt. Lehrer können viel über ihr eigenes Unterrichten und ihre Schüler lernen, wenn sie sich auf eine bestimmte Fragestellung konzentrieren und sorgfältig beobachten.

1.3.4 Was ist wissenschaftliche Forschung?

Seit dem Jahre 2002 findet in den USA eine große Debatte über den Wert der Forschung im Bildungs-

---

Mikrogenetische Untersuchung Genaue Beobachtung und Analyse von Veränderungen eines ablaufenden kognitiven Prozesses über mehrere Tage oder Wochen.

Handlungs- oder Aktionsforschung Systematisches Beobachten oder Testen von Methoden durch Lehrer oder Schulen, um Unterricht und Lernen zu verbessern.

wesen statt. Eine Forderung im nationalen Bildungsprogramm „Kein Kind bleibt zurück" wurde in diesem Jahr ergänzt: Erziehungsprogramme und -praktiken können finanziert werden, wenn sie auf wissenschaftlich gewonnenen Ergebnissen beruhen. Die Gesetzgeber sind der Meinung, dass wissenschaftlich begründete Forschung verlässliche und gültige Erkenntnisse hervorbringe, denn die Forschung wird kontrolliert, systematisch und objektiv durchgeführt. Und wirklich – die Formulierung „wissenschaftlich begründete Forschung" erschien 110 Mal in einem Grundsatzpapier. Speziell sagt das „Kein Kind bleibt zurück-Gesetz", dass wissenschaftlich begründete Forschung:

- systematisch Beobachtungen oder Experimente einsetzt, um gültige und zuverlässige Ergebnisse zu erhalten;

- objektive und angemessene Auswertungsverfahren verwendet;

- mit experimentellen oder quasi-experimentellen Versuchsplänen Daten erhebt, möglichst mit zufälliger Zuweisung von Versuchsteilnehmern zu Versuchsbedingungen;

- sicherstellt, dass experimentelle Untersuchungen sorgfältig dargestellt werden, sodass andere Forscher sie *replizieren* können oder aufgrund der Ergebnisse weiterarbeiten können;

- sich rigorosen, objektiven, wissenschaftlichen Beurteilungen durch eine wissenschaftliche Zeitschrift oder einer Gruppe von unabhängigen Wissenschaftlern unterzieht.

Diese Festlegungen für wissenschaftlich begründete Forschung passen besser auf die oben definierte experimentelle Methode als auf andere Methoden wie den ethnografischen Ansatz oder die Fallstudien. Da die Schulen ihre Programme auf wissenschaftlicher Forschung – wie in dem „Kein Kind bleibt zurück-Gesetz" definiert – begründen müssen, gibt es eine ständige Debatte darüber, was das bedeutet, wie aus *Pro & Contra* (siehe S. 18) zu ersehen ist.

1.3.5 Theorien für die Lehre

Das Hauptziel der Pädagogischen Psychologie besteht darin, die Prozesse des Lehrens und Lernens zu verstehen; die Forschung ist dabei das Hauptwerkzeug. Der Weg zu diesem Ziel ist lang. Es gibt sehr wenige richtungsweisende Studien, die bestimmte Fragen endgültig beantwortet haben. Menschen sind zu kompliziert. Die Forschung der Pädagogischen Psychologie überprüft eingegrenzt und kontrolliert nur einige Aspekte einer Situation – vielleicht eine begrenzte Anzahl von Variablen zu einer Zeit in einer oder zwei Klassen. Wenn ausreichend viele Untersuchungen in einem bestimmten Bereich durchgeführt werden und deren Ergebnisse wiederholt die gleichen Schlussfolgerungen erlauben, kommt man schließlich zu einer Regelhaftigkeit, zu einem **Prinzip**. Dies ist die Bezeichnung für eine etablierte Beziehung zwischen zwei oder mehr Faktoren – zwischen zum Beispiel einer bestimmten Unterrichtsstrategie und der Schülerleistung.

Ein anderes Mittel zur Entwicklung eines besseren Verstehens des Lehr- und Lernprozesses ist die Theoriebildung. Die Alltagsvorstellung einer Theorie (wie etwa in „Es war ja nur eine Theorie") ist „eine Vermutung oder Ahnung". Aber die wissenschaftliche Bedeutung einer **Theorie** ist ganz anders. „Eine Theorie in der Wissenschaft ist ein Netzwerk von Begriffen, das eingesetzt wird, um Daten zu erklären und um Vorhersagen treffen zu können über die möglichen Ergebnisse zukünftiger Experimente" (Stanovich, 1992, S. 21). Durch eine Anzahl von etablierten Prinzipien haben Pädagogische Psychologen Erklärungen für Beziehungen zwischen vielen Variablen und systemartigen Netzwerken von Variablen festgelegt. Es gibt Theorien darüber, wie Sprache erworben wird, worauf Intelligenzunterschiede zurückzuführen sind, und – wie bereits früher angesprochen – wie Menschen lernen.

Nur wenige Theorien erklären Phänomene und sagen sie perfekt vorher. In diesem Buch lernen Sie eine Reihe von Beispielen kennen, in denen Pädagogische Psychologen unterschiedliche Theorien vertreten und bei Fragen des Lernens und der Motivation in ihren Meinungen sehr stark voneinander abweichen. Da keine der Theorien alle Antworten bereithält, neigt wohl mancher dazu zu sagen, es lohne sich nicht zu prüfen, was jede Theorie anzubieten hat.

Warum sollte man sich mit Theorien beschäftigen? Warum nicht einfach nur Prinzipien aufstellen?

Prinzip Zuverlässig bestätigte Beziehung zwischen Faktoren oder Variablen.

Theorie Integrierte Aussagen über Prinzipien, die ein Phänomen erklären können und Vorhersagen erlauben.

Welche Forschung sollte die Erziehung leiten?

Pro: Forschung sollte wissenschaftlich sein; Bildungsreformen sollten auf soliden wissenschaftlichen Ergebnissen aufbauen.

Nach Robert Slavin ist „Bildung fast schon wissenschaftliche Revolution; sie hat das Potenzial, tiefgreifende Änderungen in der Politik, der Praxis und der Forschung" (Slavin, 2002, S. 15) in Gang zu setzen. Er beschreibt einige Bildungsreformen in den USA, für die die Bundesregierung Gelder bereitstellt, aber nur wenn die Reformen auf wissenschaftlichen Grundlagen beruhen. Unter diesen Fördermaßnahmen ist auch das im Jahre 2002 gesetzlich festgelegte „Kein Kind bleibt zurück"-Programm. Das beste Beispiel für diese Art von Forschung ist nach Grover Whitehurst, dem Staatssekretär des U.S.-Instituts für Bildungsforschung und Bildungsförderung, das Experiment mit seinen Zuweisungen der Versuchspersonen zu experimentellen Bedingungen nach dem Zufallsprinzip. Slavin malt für die Bildungsreform eine rosige Zukunft aus, vorausgesetzt, sie verlässt sich auf Experimente mit zufällig den experimentellen Bedingungen zugeordneten Versuchspersonen:

> Es ist möglich, dass diese Bildungsreformpolitik einen Forschungsprozess und die Entwicklung von Programmen in Gang setzt, von denen Kinder überall betroffen sind. Dieser Prozess könnte mit der Zeit systematische Verbesserungen herbeiführen, die charakteristisch sind für die erfolgreichen Teile unsere Wirtschaft und Gesellschaft im 20. Jahrhundert; für erfolgreiche Bereiche wie Medizin, Landwirtschaft, Transportwesen und Technologie. In jedem dieser Bereiche gab es einen Prozess der Weiterentwicklung, der rigorosen Bewertung und der Verbreitung; er hat Innovationsschritte und Verbesserungen eingeleitet, die beispiellos in der Geschichte sind ... Diese Innovationen haben die Welt verändert. Aber die Bildung wurde von dieser Dynamik nicht erfasst, und folglich bewegt sich die Bildung von einem Trend zum anderen. Erziehungs- und Bildungspraxis verändern sich mit der Zeit, aber der Veränderungsprozess ähnelt mehr den Pendelbewegungen der Kunst- und Modetrends als den Fortschritten, die in den Wissenschaften und Technologien zu verzeichnen sind (S. 16).

Contra: Experimentelle Forschung sollte und kann nicht ausschließlich die beste wissenschaftliche Erkenntnisquelle sein.

David Olson (2004) widerspricht Slavins Position heftig. Er weist darauf hin, dass wir Bildung und Medizin nicht analog behandeln dürfen. „Manipulationen" oder „Treatments" in der Bildung sind wesentlich komplexer und unvorhersagbarer, als in der Medizin, die eine oder andere Arznei zu verabreichen. Jedes Bildungsprogramm hängt von den konkreten Bedingungen z. B. in der Schulklasse und der Art, wie es eingeführt wird, ab. Patti Lather von der Ohio State Universität sagt: „Wenn wir die Qualität der Praxis verbessern wollen, müssen wir die Komplexität und das Durcheinander der Praxis in konkreten Kontexten wahrnehmen. Wird das nicht versucht, folgt daraus Einschränkung der Erkenntnismöglichkeiten und nicht Fortschritt. Diese Verarmung entsteht dann bei den Kindern, den Lehrern und den Verwaltungskräften in den Schulen." (2004, S. 30). David Berliner (2002) bringt ein ähnliches Argument:

> Wissenschaftlich zu arbeiten und nach wissenschaftlichen Erkenntnissen vorzugehen, ist in der Pädagogik so schwierig, weil Menschen in Schulen in komplexe und sich verändernde Netzwerke von Interaktionen eingebettet sind. Die Mitglieder eines solchen Netzwerkes haben unterschiedlich viel Einfluss, gegenseitig in alltäglichen Situationen aufeinander einzuwirken. Die alltäglichen Lebensereignisse (wie ein krankes Kind, eine chaotische Scheidung, eine leidenschaftliche Liebesaffäre, Migräne, Müdigkeit, eine Geburtstagsfeier, Alkoholmissbrauch, ein neuer Rektor, ein neues Kind in der Klasse, Regen, der die Kinder davon abhält, die Pause auf dem Schulhof zu verbringen) – alles wirkt sich auf die wissenschaftliche Forschung in der Schule aus und setzt der Verallgemeinerung so gewonnener wissenschaftlicher Erkenntnisse in der Pädagogik Grenzen. Verglichen mit dem Entwerfen von Brücken oder Stromkreisen oder dem Spalten von Atomen oder Genen, bereitet die Gewinnung wissenschaftlicher Erkenntnisse zur Verbesserung des Schulwesens größere Schwierigkeiten, da der Kontext nicht sorgfältig kontrolliert werden kann (S. 20).

Berliner schließt seine Überlegungen mit dem Postulat, dass die komplexen pädagogischen Gegebenheiten eine Reihe von Methoden erfordern: „Ethnografische Forschung ist genauso wichtig wie Fallstudien, Erhebungen, Zeitreihenuntersuchungen, Versuchsplanungen und andere Verfahren, die zu verlässlichen Belegen in Debatten über pädagogische Themen führen können. Eine Regierung sollte keinesfalls nur eine Methode befürworten." (Berliner, 2002, S. 20)

Welchen Standpunkt haben Sie?

Die Antwort ist, beide sind nützlich. *Prinzipien* des Klassenmanagements z. B. leisten Hilfestellung bei bestimmten Problemen. Eine gute *Theorie* des Klassenmanagements, vermittelt andererseits einen neuen Denkansatz zu disziplinarischen Problemen; er wird kognitive Strategien anbieten zur Schaffung neuer Lösungen zu unterschiedlichen Problemen und zur Vorhersage, was in neuen Situationen mit einer definierten Wahrscheinlichkeit wirksam ist. Ein Hauptziel dieses Buches ist es, die besten und nutzbringendsten Theorien des Lehrens vorzustellen – solche, die auf solider wissenschaftlicher Grundlage beruhen. Obwohl vielleicht eine Theorie der anderen vorgezogen werden mag, sollten alle als ein Angebot gewertet werden, das hilft, die Herausforderungen zu verstehen, denen sich angehende Lehrer stellen müssen.

Helmke (2004, 2006) stellt ein Rahmenmodell für guten Unterricht vor, das verschiedene Aspekte der Unterrichtsqualität integriert und deren mögliche Zusammenhänge aufzeigt. Die Vielfalt der miteinander verbundenen Wirkgrößen und die verschiedenen Zielkriterien für den Unterricht, die manchmal zueinander in Widerspruch stehen, verdeutlichen, dass es nicht die Theorie des Unterrichts oder des Lehrens und Lernens geben kann. Vielmehr ergibt sich daraus die Notwendigkeit, je nach Fragestellung unterschiedliche theoretische Ansätze zu erarbeiten, Helmke zählt hierzu in Anlehnung an Anderson (1995) die folgenden Aspekte: kognitiv-entwicklungspsychologisch, orientiert an Prozessen der Informationsverarbeitung, sozialpsychologisch, linguistisch und soziolinguistisch, heuristisch, orientiert an Fähigkeit und Intervention sowie implizit. Zwei übergeordnete Aspekte sind in allen Ansätzen zu erkennen: die Orientierung an den Prozessen des Lehrens und Lernens auf der einen Seite und die Orientierung an deren Ergebnis auf der anderen.

1.3.6 Wie wird man ein guter Lehrer?

> **Halt! Denken Sie nach! Schreiben Sie!**
> Stellen Sie sich vor, es ist Ihr erster Tag als Lehrer. Sammeln Sie Ihre Bedenken, Ängste und Sorgen. Welche guten Voraussetzungen bringen Sie für Ihre Arbeit mit?

Bedenken

Lehreranfänger teilen viele Bedenken, unter anderem auch, wie sie die Disziplin in der Klasse aufrecht erhalten, Schüler motivieren, mit den individuellen Unterschieden der Schüler umgehen, Schülerarbeiten bewerten, mit den Eltern interagieren und mit den anderen Lehrern auskommen werden (Conway & Clark, 2003; Veenman, 1984). Viele Lehrer erfahren auch einen sogenannten „Realitätsschock", wenn sie ihre erste Stelle antreten, sie können sich so schnell nicht an ihre Verantwortung gewöhnen. Am ersten Tag ihrer ersten Stelle ergeben sich für Lehreranfänger wie für erfahrene Lehrer die gleichen Anforderungen. Auch wenn vorher schon Unterricht gegeben wurde, so muss man zu Beginn eines Schuljahres in einer neuen Klasse anfangen. Wenn Sie eines dieser Bedenken in den Kasten *Halt! Denken Sie nach! Schreiben Sie!* eingetragen haben, sollten Sie sich keine Sorgen machen. Sie treten bei Lehrern am Anfang ihrer Tätigkeit fast immer auf (Borko & Putnam, 1996; Cooke & Pang, 1991). Aber selbst wenn diese Bedenken vorhanden sind, muss es nicht unbedingt Jahre dauern, bis man sich zu einem guten Lehrer entwickelt hat. Viele Studenten erweisen sich schon im Schulpraktikum als gute Lehrer. Eine Lehrerin der fünften Klasse erinnert sich an ihr erstes Jahr:

Ich denke schon, dass wir in diesem Jahr interessante Sachen gemacht haben. Am liebsten mochte ich Folgendes: Wenn wir z. B. das Thema Elektrizität durchgenommen haben, dann veranstalteten wir ein Quizspiel übers Lichtanschalten. Wenn wir Licht durchgenommen haben, haben wir Schattenspiele mit Marionetten durchgeführt. Wenn das Thema mittelalterliche Geschichte auf dem Unterrichtsplan stand, haben wir eine Burg genau nachgebaut, sie mit farbigen Süßigkeiten geschmückt und in unsere Märchenbuchausstellung gestellt. Wenn wir über Luft gelernt haben, stellten wir bei einer kleinen Party Seifenblasen her. Wenn wir Asien durchnahmen, aßen wir Sushi. Wir haben Werbevideos gedreht, um unsere Lieblingsbücher bekannt zu machen. Wir verkleideten uns, um in die Rolle einer Figur aus einem Buch zu schlüpfen. Um den Umgang mit Geld und Wirtschaftsvorgängen zu lernen, richteten sich die Kinder ein Konto in einem „Geldinstitut" der Klasse ein. Wir hatten einen Supermarkt mit Müslipackungen, die Kinder lernten mit Wechselgeld umzugehen. Meine Kinder schreiben die besten Sachaufsätze. Sie führen internationale Brieffreundschaften. Sie haben Illustrationen zu Gedichtsbänden gezeichnet. Sie lesen und zeichnen Schatzkarten. Sie kennen alle Tänze der 60iger Jahre (Codell, 2001, S. 177–178).

Mit wachsender Erfahrung, harter Arbeit und guter Unterstützung finden Lehrer mehr Zeit, um mit neuen Methoden oder Materialien zu experimentieren. Wenn schließlich das Selbstvertrauen wächst, können Lehrer noch intensiver auf die Bedürfnisse der Schüler eingehen. In dieser fortgeschrittenen Phase beurteilen Lehrer ihren eigenen Erfolg nach dem Erfolg ihrer Schüler (Fuller, 1969; Pigge & Marso, 1997). Wie ein Mentor einer jungen Lehrerin einmal sagte: „Der Unterschied zwischen einem Lehreranfänger und einem erfahrenen Lehrer ist der, dass der Anfänger fragt, ‚Mache ich das gut?' der erfahrene Lehrer dagegen fragt: ‚Wie gut machen es die Kinder?' " (Codell, 2001, S. 191).

Gut anfangen

Es dauert einige Zeit und es müssen Erfahrungen gesammelt werden, bis aus einem Anfänger ein Expertenlehrer geworden ist, aber Sie können jetzt schon ein guter Anfänger sein. Sie können ein Repertoire an effektiven Regeln und Praktiken in ihrem ersten Jahr als Lehrer aufbauen, sodass Tätigkeiten schnell automatisiert werden. Sie können sich auch angewöhnen zu fragen und die etablierten Praktiken und ihren eigenen Unterricht zu analysieren, um eventuell neue Problemlösungen zu finden. Sie können lernen, die sich

---

Tabelle 1.2

Ratschläge für Lehrerstudenten von ihren Schülern

Am letzten Tag übergaben die Schüler einer Grundsschule dem Lehrerstudenten, der bei Ihnen ein schulisches Praktikum absolviert hatte, folgende Ratschläge:

1. Bringen Sie uns so viel wie möglich bei.
2. Geben Sie uns Hausaufgaben auf.
3. Helfen Sie uns, wenn wir mit unseren Aufgaben nicht zurechtkommen.
4. Helfen Sie uns, Fehler zu vermeiden.
5. Helfen Sie uns, dass die Menschen in der Schule eine Familie werden.
6. Lesen Sie uns Bücher vor.
7. Bringen Sie uns das Lesen bei.
8. Helfen Sie uns, über ferne Länder zu schreiben.
9. Loben Sie uns oft, wie „Oh, das ist richtig schön!"
10. Lächeln Sie uns an.
11. Machen Sie mit uns Ausflüge und Klassenfahrten.
12. Zeigen Sie, dass Sie uns respektieren.
13. Helfen Sie uns, unseren Schulabschluss zu schaffen.

Quelle: Aus *Affirming Diversity: The Sociopolitical Context of Multicultural Education* von Sonja Neito. Boston, MA: Allyn & Bacon.

in der Forschung als effizient herausstellenden Techniken zu hinterfragen: Warum klappte dieser Ansatz mit diesen Schülern? Was ist genauso effizient, was vielleicht noch besser? Die Antworten auf diese Fragen und Ihre Fähigkeit, die Situationen zu analysieren, sind viel wichtiger als eine bestimmte Technik. Wenn Sie Fragen stellen und Antworten finden, verbessern Sie Ihre Kenntnisse der Theorien des Lehrens.

Das Ziel dieses Buches ist es, Ihnen die Kenntnisse für einen guten Beginn Ihrer Tätigkeit als Lehrer zu verschaffen. Weiterhin soll Ihnen dieses Buch eine neue Sichtweise auf die Schüler und Lehrer vermitteln, sodass Sie die Grundlagen für Ihre weitere Professionalisierung als Expertenlehrer erhalten. In ▶ Tabelle 1.2 sind Ratschläge einer ersten Klasse an ihren Lehrerpraktikanten zusammengestellt. Anscheinend wissen Erstklässler auch, was gutes Unterrichten ist.

Unterschiede und Gemeinsamkeiten in der Pädagogischen Psychologie

1.4

Der letzte Abschnitt in jedem Kapitel dieses Buches wird mit der Überschrift „Unterschiede und Gemeinsamkeiten" überschrieben. Dieser Abschnitt behandelt die Themen und die Diskussion des Kapitels mit Bezug auf rassische, ethnische, schichtspezifische, Fähigkeits- oder Geschlechtsunterschiede. Dann werden die Übereinstimmungen in den Prinzipien und Praktiken angesprochen, die auf alle Schüler anwendbar sind. Das erste Kapitel handelt von Unterschieden und Gemeinsamkeiten in der Lehre und im Unterricht und vom Gegenstand der Pädagogischen Psychologie.

1.4.1 Unterschiede

Die Unterschiede in den schulischen Leistungen bei unterschiedlichen Schülergruppen waren unter anderen die Beweggründe, die zum „Kein Kind bleibt zurück-Gesetz" in den USA führten. Dieses Gesetz definiert den jährlichen Fortschritt auch für Kinder aus rassischen und ethnischen Minderheiten, Schüler mit Leistungsschwächen, Schüler mit anderen Muttersprachen als Englisch und Schüler aus Familien mit niedrigem Einkommen. Dieses Kapitel betrachtet auch die Vielfalt der Forschungsmethoden – von den deskriptiven über die experimentellen Untersuchungen bis zur Aktionsforschung von Lehrern.

1.4.2 Gemeinsamkeiten

Zwei Übereinstimmungen sind diesem Kapitel zu entnehmen: Unabhängig davon, wie Erzieher und Lehrer über das „Kein Kind bleibt zurück-Gesetz" denken oder welche Ansichten sie über gute Lehre und gutes Unterrichten haben, alle stimmen darin überein, dass in der Vergangenheit Kinder zurückblieben und dass dieses aufhören muss. Die Pädagogische Psychologie macht denjenigen Lehrern ein großes Angebot, die alle Schüler erfolgreich fördern wollen. Unabhängig davon, welche Forschungsmethoden eingesetzt werden, Pädagogik und Psychologie haben eine lange wissenschaftliche Verbindung. Die Pädagogische Psychologie ist in zwei Welten verankert: Wissenschaft und Praxis. Merle Wittrock (1992, S. 138) fasst diese Situation gut zusammen: Sie meint, die Pädagogische Psychologie befasse sich mit „der psychologischen Untersuchung von Alltagsproblemen der Erziehung; daraus werden Prinzipien, Modelle, Theorien, Unterrichtsmethoden und praktisches Vorgehen bei der Unterweisung und Evaluation, ebenso wie Forschungsmethoden, statistische Analysen, Mess- und Erfassungsverfahren abgeleitet. Das aus den Untersuchungen abgeleitete Instrumentarium ist dann geeignet, das Denken und die emotionalen Abläufe beim Lerner und die sozial und kulturell so komplexen Prozesse des Schulkontextes zu untersuchen." Diese Aussage stellt eine gute Zusammenfassung des Gegenstandes der Pädagogischen Psychologie dar.

ZUSAMMENFASSUNG

Kommt es auf den Lehrer an? (S. 3–5)

Was gibt es für Hinweise, dass es auf den Lehrer ankommt? Drei Untersuchungen belegen den Einfluss des Lehrers auf das Leben der Schüler. Im ersten Beleg wird berichtet, dass die Qualität des Lehrer-Schüler-Verhältnisses in der Vorschule verschiedene Aspekte des Schulerfolges in der 8. Klasse vorhersagt. Die zweite Untersuchung von Tausenden von Schülern und Lehrern in 50 Staaten der USA fand, dass die Qualität des Lehrers am besten die Leistungen der Schüler in Mathematik und beim Lesen vorhersagte. Die letzte Untersuchung überprüfte Mathematikleistungen von Schülern in zwei großen Schulbezirken in der 3., 4., und 5. Klasse. Wieder kam es auf die Qualität des Lehrers an – Schüler mit sehr guten Lehrern in allen drei Klassen waren denjenigen Schülern weit voraus, die ein oder mehrere Jahre Unterricht bei nicht so qualifizierten Lehrern hatten.

Was ist guter Unterricht? (S. 5–9)

Was wissen Expertenlehrer? Es braucht Zeit und Erfahrung, bis man ein guter Lehrer wird. Diese Lehrer haben einen breiten, gut strukturierten Wissensfundus über die unterschiedlichen Unterrichtssituationen. Dieser Fundus schließt das Fachwissen ein, dass sie ihre Schüler kennen, allgemeine Unterrichtsstrategien, fachspezifisches Unterrichten, Lernumgebung, Curriculum-Materialien und Unterrichts- sowie Erziehungsziele.

Die Rolle der Pädagogischen Psychologie (S. 9–21)

Was ist Pädagogische Psychologie? Die Aufgaben der Pädagogischen Psychologie bestehen im Verstehen und Verbessern der Lehr- und Lernprozesse. Pädagogische Psychologen entwickeln Wissen und Methoden; sie verwenden das Wissen und die Methoden der Psychologie und anderer verwandter Disziplinen, um Lernen und Unterweisungen in Alltagssituationen zu untersuchen.

Was sind deskriptive Untersuchungen? Berichte über deskriptive Studien beinhalten oft Ergebnisse von Erhebungen, Interviewantworten, Beispiele von festgehaltenen Dialogen im Klassenzimmer oder Beobachtungen von Aktivitäten im Klassenraum. Ethnografische Methoden werden eingesetzt, wenn es darum geht, sich mit natürlich vorkommenden Ereignissen im Leben einer Gruppe zu befassen; sie helfen, die Bedeutung dieser Ereignisse für das Leben der Gruppe zu klären. Eine Einzelfallstudie versucht, eine in die Tiefe gehende Analyse zu leisten, wie z. B. ein Lehrer seinen Unterricht plant oder wie Schüler spezifisches Material lernen.

Was sind Korrelations- und experimentelle Studien? Eine Korrelation ist ein Kennwert, der sowohl die Stärke als auch die Richtung eines Zusammenhangs zwischen zwei Variablen, Ereignissen oder Messungen angibt. Je näher der Kennwert an $r = +1.00$ oder $r = -1.00$ liegt, umso stärker ist der Zusammenhang. Experimentelle Untersuchungen erlauben Ursache-Wirkungs-(Kausalitäts-)Aussagen; sie sind hilfreich für die Einführung von erwünschten Veränderungen. Statt lediglich zu beobachten und zu beschreiben, führt der Experimentator Veränderungen in einem experimentellen Ablauf ein und beobachtet die Auswirkungen.

Was sind Einzelfall- und mikrogenetische Studien? In experimentellen Einzelfallstudien überprüfen Forscher die Auswirkungen von Interventionen („Treatments") auf eine Person, meist indem sie eine Grundrate/Intervention/Grundrate/Intervention oder ABAB-Versuchsanordnung wählen. Mikrogenetische Studien beobachten Versuchspersonen detailliert, um die fortschreitenden Veränderungen von Anfang an bis zu einem quasi-stabilen Veränderungszustand zu erfassen.

Was ist Aktions-(Handlungs-)forschung? Wenn Lehrer oder Schüler systematische Beobachtungen vornehmen oder Methoden erproben, um Lehre und Lernen für ihre Schüler zu verbessern, führen sie Aktionsforschung durch.

Unterscheiden zwischen Prinzipien und Theorien. Ein Prinzip ist ein zuverlässig beobachteter Zusammenhang zwischen zwei oder mehr Faktoren – zwischen z.B. einer bestimmten Vorgehensweise im Unterricht und den Leistungen der Schüler. Eine Theorie ist ein Netzwerk von Begriffen oder Konzepten, die dazu dienen, Daten zu erklären und Vorhersagen zu ermöglichen. Die aus der Forschung gewonnenen Prinzipien geben Antworten auf spezifische Fragestellungen, die Theorien dagegen bieten Sichtweisen zur Analyse und Interpretation für ein breiteres Spektrum von Situationen und Bedingungen.

Was sind die Bedenken der Anfänger im Lehrerberuf? Unterrichtenlernen ist ein zeitaufwendiger Prozess. Die Sorgen und Probleme der Lehrer ändern sich mit den Lernfortschritten. Während der ersten Jahre stehen die Disziplin in der Klasse, die Motivierung der Schüler, die Bewertung ihrer Leistungen und der Kontakt mit den Eltern im Vordergrund. Selbst mit diesen Sorgen bringen Lehrer Kreativität und Energie in ihren Unterricht ein und verbessern sich jedes Jahr. Die erfahreneren Lehrer können sich schon mit ihrer wachsenden Professionalisierung und Effektivität mit den unterschiedlichsten Schülern beschäftigen.

SCHLÜSSELBEGRIFFE

Deskriptive Studien (S. 13)

Ethnografie (S. 13)

Experiment (S. 14)

Experimentelle Fallstudie (S. 15)

Expertenlehrer (S. 8)

Fallstudie (S. 13)

Handlungs- oder Aktionsforschung (S. 16)

Korrelation (S. 13)

Mikrogenetische Untersuchung (S. 16)

Negative Korrelation (S. 13)

Pädagogische Psychologie (S. 9)

Positive Korrelation (S. 13)

Prinzip (S. 17)

Reflektiert (S. 8)

Statistisch signifikant (S. 15)

Teilnehmende Beobachtung (S. 13)

Theorie (S. 17)

Versuchsteilnehmer/Versuchsperson (S. 14)

Zufall (S. 14)

ZUSAMMENFASSUNG

Aus dem Lehrernotizbuch

Fallanalysen können Prüfungsstoff sein. Dieses Buch vermittelt Kenntnisse aus der Praxis und von Fachexperten über die Anwendung von Pädagogischer Psychologie in Fallstudien. Der hier vorgestellte Einzelfall soll Sie anregen, darüber nachzudenken, was hervorragendes Lehren oder Unterrichten ausmacht. Ausgezeichnete Lehrer sind reflektiert – sie überprüfen kritisch jeden Aspekt ihrer Lehrerfahrungen, legen Erfindungsreichtum in der Praxis an den Tag, und sie bilden sich ständig weiter fort, um ihr Wissen und ihre Fertigkeiten auf dem neuesten Stand zu halten.

Was würden Lehrer tun?

Lehrer äußern sich zu der zu Beginn des Kapitels geschilderten Situation aus der Praxis, wie man sich als unerfahrenes Kommissionsmitglied auf die Auswahl für die Verleihung einer Auszeichnung von hervorragenden Lehrern auf die Auswahlkriterien vorbereiten kann.

■ T. N., Lehrer für naturwissenschaftliche Fächer, Klassen 7–12

Der Auswahlprozess für die Auszeichnung für „hervorragende Lehrer" muss so objektiv wie möglich sein, damit die Auswahl fair ist. Vor der ersten Kommissionssitzung sollte man sich mit anderen beraten, welche Kriterien herangezogen werden sollten. Die Kriterien können nach ihrer Wichtigkeit bewertet werden und könnten Punkte enthalten wie: standardisierte Testwerte, vergeben von den Schülern der Lehrer, produktive Teilnahme der Lehrer an verschiedenen Schulkommissionen oder Eltern-Lehrer-Gremien usw. Kopien dieser Einschätzungen nach Kriterien sollten den anderen Kommissionsmitgliedern zugänglich sein, damit sie diese in ihre Einschätzungen einbeziehen können. Die anderen Mitglieder der Kommission sollten die Vorbereitungen ihres neuen Kollegen anerkennen, schließlich erspart er ihnen auch Zeit.

■ M. A., Lehrerin an einer höheren Schule

Als Erstes würde ich vorschlagen, eine Liste von Auswahlkriterien festzulegen. Wir wissen, dass alle Lehrer ihre Stärken und Schwächen haben und womit wir am besten zurechtkommen. Die Liste der Bewertungskriterien könnte sich von Zeit zu Zeit ändern, je nach nationalen, internationalen, aber auch regionalen Bedürfnissen und Wertorientierungen. Diese Faktoren beeinflussen ebenso die Einordnung der psychologischen, pädagogischen und epistemologischen Stärken des Lehrers.

Die Länge der Erfahrung sollte nicht entscheidend für die Auswahl sein, nur die herausragenden Leistungen als Lehrer zählen. Das Hauptanliegen sollte sein, Lehrer darauf aufmerksam zu machen, was von ihnen erwartet wird und Vorbilder zu schaffen.

■ K. C., Lehrerin einer 3. Klasse, Grundschule

Ich würde mich auf die erste Sitzung vorbereiten, indem ich versuche herauszufinden, wie andere Schulen Lehrer für die Auszeichnung ausgewählt haben. Wir sollten verschiedene Exzellenzkategorien herausarbeiten, um entscheiden zu können, wer die Auszeichnung verdient hat.

Sie werden sicher in ihrer professionellen Entwicklung davon profitieren, wenn Sie lernen, wie die nominierten Kandidaten ihre eigene Arbeit reflektieren. Praxis ist ohne Reflexion nicht denkbar, sie ist ein wichtiger Beitrag zur Entwicklung von Expertenlehrern. Reflektierte Praxis schließt auch den Kontakt mit Kollegen in der täglichen Arbeit, die Mitgliedschaft in Fachverbänden, den Überblick über die Fachliteratur als Wissensquelle mit ein, ebenso wie die Kompetenz, die gegenwärtigen Fachdiskussionen und -ansichten sowie die Forschung über effiziente Unterrichtspraxis.

Die Auszeichnungen sollten in einem fairen Verfahren vergeben werden – nur nach Leistungen als Lehrer. Dann würde ich noch vorschlagen, die Schüler einzubeziehen; sie sollten ihre Meinung äußern, welcher Lehrer die Auszeichnung verdient hat.

■ C. P., Lehrerin einer 2. Klasse, Grundschule

Ich würde mich vor der Kommissionssitzung mit den erfahrenen Kollegen unterhalten, um herauszufinden, nach welcher Art von Qualifikation wir eigentlich bei unseren Kandidaten Ausschau halten. Wir müssen zuerst eine Definition des „herausragenden Lehrers" festlegen und eine Liste von Empfehlungen, um sicherzustellen, dass alle Kommissionsmitglieder nach derselben Qualifikation urteilen. Durch das Aufstellen einer Liste von Schlüsselqualifikationen und Leistungen für jeden Kandidaten könnten wir erfassen, wer der qualifizierteste für die Auszeichnung ist.

■ A. F., Lehrerin einer 2. Klasse, Grundschule

Es gibt viele Facetten, wenn es um die Qualifikation eines Lehrers geht: An erster Stelle sollte ein Lehrer um jeden Preis seine Schüler erreichen. Effiziente Lehrer werden die Lehrpläne und den Unterricht an die Schüler anpassen, um allen Leistungsniveaus der Schüler gerecht zu werden, sodass diese erfolgreich lernen können. Sie werden die Lernumgebung so zu optimieren versuchen, dass der Selbstwert ihrer Schüler aufgebaut wird. Die Umgebung und das Selbstvertrauen werden Kinder zu eigenen Lernerfolgen ermutigen.

Effiziente Lehrer werden die Interessen ihrer Kinder anregen und entfalten. Das wird den Kindern helfen, ihre eigene Motivation zum Lernen zu entwickeln.

Ich meine auch, dass der Lehrer für jedes einzelne der Kinder in der Klasse einen Platz sichern sollte, unabhängig von deren Fähigkeiten. Effiziente Lehrer passen alle von ihnen gestellten Aufgaben den Fähigkeitsunterschieden ihrer Schüler an. Sie schaffen eine positive Lernerfahrung durch ein kooperatives Verhältnis zwischen den Lehrern, den Schülern und dem Elternhaus.

TEIL I

Die Schüler

Kognitive Entwicklung und Spracherwerb

2

ÜBERBLICK

Was würden Sie tun?

Der Unterrichtsplan verlangt eine Unterrichtseinheit über Dichtung; darin sollen auch Stunden dem Symbolismus in Gedichten gewidmet werden. Sie haben Bedenken, ob Ihre Viertklässler bereits dieses abstrakte Konzept verstehen können. Um sich ein Bild vom Verständnis des Begriffes „Symbol" in Ihrer Klasse zu verschaffen, fragen Sie Ihre Schüler, was ein Symbol sei. „Es ist so ein metallenes Ding, das so zusammengeschlagen wird", sagt ein Schüler und schwingt seine Hände wie ein professioneller Schlagzeuger. „Ja, meine Schwester spielt das im Schulorchester", fügt ein anderer hinzu. Sie erkennen, dass die Schüler in die falsche Richtung denken. Sie geben einen Hinweis. „Ihr denkt an ein Musikinstrument, ich dachte eher an etwas, das für etwas anderes steht: Ein Symbol wie z. B. ein Ring ein Symbol für die Ehe ist oder ein Herz ein Symbol für Liebe." Sie begegnen fragenden Blicken. „Meinen Sie so etwas wie die olympische Fackel?", fragt eine Schülerin nach. „Was symbolisiert denn die Fackel?", fragen Sie zurück. „Na, wie ich gesagt habe, eine Fackel", wundert sich die Schülerin, wie man nur so dumm sein kann.

Kritisch denken

- Was sagen die Schülerantworten über das Denken der Kinder?
- Wie würden Sie diese Unterrichtseinheit angehen?
- Was würden Sie sonst noch tun, um herauszufinden, wie Ihre Schüler denken, damit Sie Ihren Unterricht an deren kognitiven Entwicklungsstand anpassen?
- Was würden Sie sonst noch tun, um Ihren Schülern konkrete Erfahrungen mit Symbolen und Symbolismus zu vermitteln?
- Wie können Sie herausfinden, ob die kognitive Entwicklung Ihrer Schüler die Verarbeitung dieses Stoffes bereits zulässt?

Zusammenarbeit

Planen Sie zusammen mit drei oder vier anderen Kommilitonen eine Unterrichtsstunde über Symbolismus in der Dichtung, der für diese vierte Klasse geeignet wäre. Schließen Sie sich dann mit einer anderen Gruppe zusammen und führen Sie die Unterrichtsstunde durch.

Was geht in dieser Schülerin vor? Dieses Kapitel wird Ihnen darüber Auskunft geben. Eingangs gibt es eine Einführung und Diskussion von allgemeinen Prinzipien der menschlichen Entwicklung; zunächst steht das menschliche Gehirn dabei im Mittelpunkt. Dann folgen die Überlegungen zwei der einflussreichsten Theoretiker der kognitiven Entwicklung, Jean Piaget und Lev Wygotski. Piagets Ideen haben Implikationen für Lehrer, denn sie geben Auskunft darüber, was Schüler in welchem Alter lernen können. Aber wir betrachten auch seine Überlegungen durchaus kritisch. Der theoretische Ansatz des russischen Psychologen Lev Wygotski wird immer mehr beachtet. Seine Theorie hebt die wichtige Rolle der Lehrer und Eltern für die kognitive Entwicklung des Kindes hervor. Das Kapitel schließt mit der Darstellung des Spracherwerbs und dem Einfluss der Schule auf die Entwicklung der sprachlichen Fertigkeiten. Am Ende dieses Kapitels sollten Sie folgende Fragen beantworten können:

- Was sind die wichtigen allgemeinen Prinzipien der menschlichen Entwicklung?
- Wie verändert sich das Denken der Kinder in den vier von Piaget unterschiedenen Stufen der kognitiven Entwicklung?
- Was ist ähnlich, was unterschiedlich konzipiert in den theoretischen Ansätzen zur kognitiven Entwicklung von Piaget und Wygotski?
- Was sind die Implikationen der Theorien Piagets und Wygotskis für den Unterricht mit Schülern verschiedener Altersstufen?
- Wie entwickelt sich Sprache in den Schuljahren, und wie verläuft die Sprachentwicklung zweier parallel zu lernender Sprachen?

Verknüpfen und erweitern Sie Ihre Forschungskenntnisse

Schauen Sie sich die Herbstausgabe 2004 von *Theory into Practice* über das Thema an: „Developmental Psychology: Implications for Teaching" (Vol. 43(4)). Gastherausgeber: Chris Andersen. F. E. Weinert fasst die Rolle der Entwicklungspsychologie im Lern- und Erziehungsprozess zusammen in „Entwicklung, Lernen, Erziehung" in D. H. Rost (Hrsg.), *Handwörterbuch der Pädagogischen Psychologie* (S. 120–131). Weinheim: Beltz

Was ist Entwicklung?
Eine Definition

2.1

Der Begriff **Entwicklung** bedeutet in der Psychologie allgemein Veränderungen eines Menschen (oder eines Tieres) zwischen Empfängnis und Tod. Der Begriff bezieht sich jedoch nicht auf alle Arten von Veränderungen, vielmehr auf solche, die sich altersgraduiert und nachhaltig, d. h. für längere Zeit, einstellen. Eine kurzfristige Veränderung durch z. B. eine Krankheit wird nicht als Entwicklung betrachtet. Das Urteil der Psychologen darüber, was eine Entwicklung ist, stellt ein Werturteil dar. Besonders die Veränderungen in der frühen Kindheit werden allgemein als „Fortschritt" angesehen; sie erhöhen die Anpassungsfähigkeit, führen zu besserer Organisation, größerer Effizienz und Komplexität der psychischen Funktionen und der biologischen Ausstattung (Mussen, Conger & Kagan, 1984).

Die menschliche Entwicklung kann von verschiedenen Aspekten aus betrachtet werden. **Körperliche Entwicklung** umfasst alle Veränderungen des Körpers, wie z. B. das Wachstum. Die **Persönlichkeitsentwick-**

lung bezieht sich auf Veränderungen in der Persönlichkeit des Menschen. **Soziale Entwicklung** umfasst alle Veränderungen in den Beziehungen zu anderen Menschen, zur sozialen Umwelt. Die **kognitive Entwicklung** beinhaltet Veränderungen in der Wahrnehmung, im Denken und im Gedächtnis.

Viele Änderungen im Laufe der Entwicklung sind einfach durch *Wachstum* oder **Reifung** hervorgerufen. Reifung bedeutet natürlich und spontan auftretende Veränderungen, die weitgehend genetisch programmiert sind. Solche Veränderungen ergeben sich mit der Zeit und sind relativ unabhängig von Einflüssen der Umgebung, es sei denn, es treten Unterernährung und schwere Krankheiten auf. Ein großer Teil der körperlichen Veränderungen des Menschen fällt in die Kategorie „Veränderung durch Reifung". Andere Veränderungen sind das Ergebnis von Lernvorgängen, die die Interaktion des Menschen mit seiner Umwelt in Gang setzt. Derartige Veränderungen stellen einen hohen Anteil der Veränderungen der sozialen Entwicklung dar. Aber wie steht es mit den Veränderungen im Bereich der kognitiven und der Persönlichkeitsentwicklung? Die meisten Psychologen teilen die Auffassung, dass für diese Entwicklungsbereiche eine Wechselwirkung von Reifung und Umwelteinflüssen (oder, wie manchmal auch formuliert wird, von Anlage und Umwelt) anzunehmen ist. Sie sind jedoch unterschiedlicher Meinung über den Anteil beider Komponenten am Entwicklungsverlauf.

2.1.1 Allgemeine Prinzipien der Entwicklung

Obwohl es keine einheitliche Lehrmeinung über die Entwicklungsmechanismen und Verläufe gibt, herrscht über einige allgemeine Prinzipien der Entwicklung Übereinstimmung:

Entwicklung Altersgraduierte Veränderungen aller psychischen und biologischen Funktionen in Form von Anpassungen an die Umwelt und Entfaltung genetischer Programme von der Empfängnis bis zum Tod.

Körperliche Entwicklung Veränderungen in Körperformen und -Funktionen über die Zeit.

Persönlichkeitsentwicklung Veränderungen in allen dem Verhalten zugrunde liegenden Verhaltensdispositionen oder Eigenschaften im Laufe der Entwicklung.

Soziale Entwicklung Individuelle Veränderungen in den Beziehungen zu anderen Menschen über die Zeit.

Kognitive Entwicklung Allmähliche altersgraduierte Veränderungen der Denk-, Wahrnehmungs-, Gedächtnis-, Lern- und Sprachverarbeitungs-Prozesse in Richtung auf höhere Komplexität und Differenziertheit.

Reifung Genetisch programmierte, natürlich auftretende Entwicklungsveränderungen.

1 *Der Mensch entwickelt sich in unterschiedlichem Tempo.* In Ihrer Klasse gibt es sicher eine große Streuung von Schülern in verschiedenen Entwicklungsstufen. Manche sind schon sehr groß, andere haben bereits eine gute Bewegungskoordination, wiederum andere können bereits abstrakte Schlussfolgerungen ziehen oder haben fest gefügte soziale Beziehungen. Andere sind in den gleichen Bereichen noch nicht so weit entwickelt. Mit Ausnahme einiger Extremfälle sind solche Unterschiede in einer Schulklasse normal.

2 *Die Entwicklung verläuft altersgraduiert.* Menschen entwickeln ihre Fähigkeiten in einer logischen Aufeinanderfolge. In der frühen Kindheit, kommt das Sitzen vor dem Laufen, das Lallen vor dem Sprechen, und kleine Kinder sehen zunächst alles aus ihrem Blickwinkel, bevor sie die Perspektive von anderen einnehmen können. In der Schulzeit können Kinder zuerst addieren, und dann erst beherrschen sie andere Rechenarten, sie lesen erst Bambi und später Shakespeare usw. Theoretiker können darüber uneins sein, was denn genau was vorausgeht, doch alle postulieren eine altersgraduierte logische Reihenfolge. Aber „altergraduiert" bedeutet nicht notwendigerweise linear oder vorhersagbar – Menschen können Fortschritte machen, unverändert bleiben oder Rückschritte machen, d. h. regredieren.

3 *Entwicklung verläuft allmählich.* Selten treten Veränderungen über Nacht auf. Ein Schüler mit mangelnder Feinmotorik beim Bleistifthalten oder der mangelnden Fähigkeit, eine hypothetische Frage zu beantworten, mag diese Kompetenzen entwickeln, aber diese Entwicklung benötigt Zeit.

2.1.2 Gehirn und kognitive Entwicklung

Wenn Sie zu Beginn Ihres Studiums eine Einführung in die Psychologie gehört haben, wurden sicher auch das Gehirn und das Nervensystem behandelt. Sie erinnern sich bestimmt, dass es verschiedene Gehirnareale gibt und dass diesen Arealen unterschiedliche Funktionen zugeordnet werden. Zum Beispiel koordiniert und organisiert das federähnlich aussehende Kleinhirn (Cerebellum) das Gleichgewicht und geschmeidige, geschickte Bewegungen – von den anmutigen Bewegungen des Tänzers bis zu den alltäglichen Handlungsabläufen beim Essen, ohne dass man sich mit der Gabel in die Nase sticht. Das Kleinhirn spielt auch eine Rolle in der Ausübung höherer kognitiver Aktivitäten wie Lernen: Der Hippocampus ist wichtig bei der Erinnerung neuer Informationen und kurz zurückliegender Erfahrungen, während der Mandelkernkomplex (Corpora amygdaloida) vor allem mit Wut und Angststeuerung zu tun hat – vor allem durch Verbindungen zu anderen Zentren, die Gefühle steuern. Der Thalamus sorgt für das Behalten neuer Informationen, besonders verbaler Art. Die Retikulärformation steuert die Aufmerksamkeit und die Aktivierung, blockiert einige Informationen und sendet andere zur weiteren Verarbeitung an höhere Gehirnzentren weiter, und der Balken (Corpus callosum) bewegt Informationen von einer Hirnhälfte zur anderen.

Manche Forscher haben das Gehirn als einen Dschungel von Schichten und Verbindungsschleifen beschrieben, ein netzwerkartig verbundenes und komplexes organisches System (Edelmann, 1992). Der äußere, etwa 3,18 mm dicke „Deckmantel" des Gehirns ist der vielfach gefaltet aussehende zerebrale Kortex – das größte Areal des Gehirns. Der zerebrale Kortex liegt den komplexesten Leistungen des Menschen zugrunde, wie z. B. dem Problemlösen und der Sprache. Beim Menschen ist der Kortex wesentlich ausgedehnter als bei niederen Tierarten. Der Kortex hat sich in der Evolutionsgeschichte der Lebewesen als letzter Gehirnteil entwickelt. Daraus wurde die Hypothese entwickelt, dass der Kortex empfänglicher für Umgebungseinflüsse sein müsse als andere Gehirnteile (Berk, 2005; Meece, 2002; Wood, Wood & Boyd, 2005). Der zerebrale Kortex macht 85 % des Gewichtes des gesamten Gehirns im Erwachsenenalter aus und enthält die größte Anzahl von **Neuronen** – den winzigen Strukturen, die Informationen speichern und weiterleiten. Wie entwickeln sich Neuronen?

Das sich entwickelnde Gehirn: Neuronen

Etwa einen Monat nach der Befruchtung des weiblichen Eis fängt die Gehirnentwicklung an. In der winzigen Röhre (Neuralrohr), dem Anfangsstadium des Gehirns, entstehen Neuronenzellen mit der unfassbaren Geschwindigkeit von 50 000 bis 100 000 Stück pro Sekunde in der Folgezeit von etwa drei Monaten. Diese

---

Neuronen Nervenzellen, die Informationen speichern und weiterleiten.

Zellen entwickeln lange arm- und zweigähnliche Fasern, um sie mit anderen Neuronenzellen zu verbinden und Informationen zu teilen, indem Chemikalien ausgeschüttet werden, die winzige Zwischenräume zwischen den Faserenden, den sogenannten **Synapsen**, überbrücken können. Zum Zeitpunkt der Geburt haben wir bereits die maximale Anzahl von Neuronen, etwa 100 bis 200 Billionen; auf jedes Neuron entfallen etwa 2500 Synapsen. Die Anzahl der Fasern, die von den Neuronen aus wachsen (Dendriten), und die Anzahl der Synapsen zwischen den Fasern vermehren sich im ersten Lebensjahr stark und danach schwächer bis zur Adoleszenz und wahrscheinlich sogar auch im Alter.

Im Alter von zwei bis drei Jahren hat jedes Neuron bereits 15 000 Synapsen; Kinder haben in diesem Alter weitaus mehr Synapsen, als sie als Erwachsene haben werden. Sie sind *überversorgt* mit Neuronen und Synapsen, um sich an ihre jeweilige Umgebung anpassen zu können. Jedoch überleben nur solche Neuronen und Synapsen, die auch in Funktion sind, ungenutzte Neuronen sterben ab (Bransford, Brown & Cocking, 2000). Dieses Auswahlverfahren ist notwendig und unterstützt die kognitive Entwicklung. Es gibt Erkenntnisse darüber, dass manche Formen des geistig Zurückgebliebenseins mit Gendefekten zusammenhängen, die diese Neuronenselektion stören (Cook & Cook, 2005).

Zwei Formen der Überproduktion und Auswahlverfahren finden statt. Eine Form wird *erfahrungserwartend* genannt, weil Synapsen in bestimmten Teilen in bestimmten Entwicklungsstadien überproduziert werden und Stimulation (Erfahrung) erwarten. Zum Beispiel erwartet das Gehirn in den ersten Lebensmonaten visuelle und auditive Reize. Wenn ein normales Ausmaß an Seh- und Hörreizen auftaucht, entwickeln sich die visuellen und auditiven Areale des Gehirns. Aber vollkommen taub geborene Kinder können keine auditive Reizung verarbeiten und folglich verlagert sich die Reizaufnahme ins visuelle Zentrum; flexibel funktionierende auditive Gehirnareale werden in die visuelle Reizverarbeitung einbezogen. Umgekehrt übernehmen bei angeborener Blindheit flexible auditive Areale die Verarbeitung visueller Informationen (Nelson, 2001; Siegler, 1998).

Erfahrungserwartende Überproduktion und Selektionsprozesse sind verantwortlich für die allgemeine Entwicklung in großen Teilen des Gehirns. Das mag erklären, warum Erwachsene mit der Aussprache von Lauten, die nicht ihrer Muttersprache entstammen, Schwierigkeiten haben. Zum Beispiel unterscheiden japanische Sprecher nicht die Laute „r" und „l". Die japanischen Kleinkinder können diese Phoneme noch unterscheiden, aber die Neuronen und Synapsen, deren Funktion es ist, diese Laute zu unterscheiden, sind wahrscheinlich einem Auswahlverfahren zum Opfer gefallen, weil sie beim Japanischlernen nicht beansprucht wurden. Deshalb erfordert das Lernen dieser Laute im Erwachsenenalter eine intensive Unterweisung und Übung (Bransford et al., 2000).

Die zweite Form der Überproduktion von Synapsen und deren Auswahlverfahren wird *erfahrungsabhängig* genannt. Diese Form beschreibt, wie auf der Grundlage von Erfahrungen synaptische Verbindungen hergestellt werden. Neue synaptische Verbindungen werden als Reaktion auf neuronale Aktivitäten in eng umschriebenen Gehirnarealen aufgebaut, wenn das Individuum Informationen nicht effizient verarbeiten kann. Wiederum werden mehr Synapsen produziert, als nach dem Auswahlverfahren beibehalten werden. Erfahrungsabhängige Prozesse sind beim Lernen beteiligt, wie z. B. beim Lernen der Produktion unbekannter Laute aus einer zweiten Sprache, die erworben wird.

Die Anregung und das Reizangebot sind wichtig für die Entwicklung (erfahrungserwartende Prozesse) und für das Lernen (erfahrungsabhängige Prozesse). Tieruntersuchungen haben ergeben: Wenn Ratten in einer anregenden Umgebung aufwachsen (mit Spielzeugen und Lernaufgaben, mit anderen Ratten und Umgang mit Menschen), entwickeln und behalten sie 25 % mehr Synapsen als isoliert und reizarm aufwachsende Ratten. Beide Arten von Reizangeboten, die soziale Anregung (Interaktionen mit anderen Ratten und Menschen) und die körperliche/Sinnesanregung (Spielzeuge, Lernaufgaben) sind wichtig; manche Untersuchungen konnten keinen stimulierenden Effekt von körperlichen und Sinnesanregungen allein auf die Gehirnentwicklung entdecken (Bransford et al., 2000). Das Alter könnte auch eine Rolle spielen. Eine anregende Umgebung kann bei den Selektionsprozessen, denen die Synapsen und Nervenfortsätze unterliegen, eine hilfreiche Rolle spielen (erfahrungserwartendes Stadium) und auch zur Synapsenvermehrung im Erwachsenenalter beitragen (erfahrungsabhängiges Stadium) (Cook & Cook, 2005).

Synapsen Die winzigen Zwischenräume zwischen Zellen, in denen chemische Botenstoffe Informationen übertragen.

Frühe Anregung ist auch für Menschen wichtig. Es ist offensichtlich, dass extreme Deprivation negative Auswirkungen auf die Gehirnentwicklung hat; jedoch bringt übermäßige Anregung nicht notwendigerweise weitere positive Auswirkungen auf Kinder, die einem angemessenen, altersangepassten Reizangebot ausgesetzt sind (Byrnes & Fox, 1998; Kolb & Whishaw, 1998). Teure Spielzeuge oder Kleinkinderförderprogramme könnten mehr als die optimale Anregung bedeuten. Töpfe und Pfannen, Bausteine und Bücher, Sand und Wasser sind anregende Materialien – besonders wenn sie von Zuwendungen in Form von Unterhaltungen mit Eltern oder Erziehern begleitet werden.

Obwohl sich das Gehirn im frühen Kindesalter sehr schnell entwickelt, wird während der gesamten Lebensspanne gelernt. Frühe Deprivation kann einen dauerhaften Schaden anrichten, aber wegen der **Plastizität des Gehirns** oder seiner Anpassungsfähigkeit können kompensatorisch entwickelte Funktionen die schädlichen Folgen der Deprivation ausgleichen. Natürlich beeinflussen noch weitere Faktoren neben der Reizdeprivation, wie z. B. der Drogengebrauch der Mutter (Alkohol, Nikotin und Koffein einbezogen) während der Schwangerschaft, Gifte in der Umgebung des Kindes, wie z. B. bleihaltige Farben oder schlechte Ernährung, direkt und stark negativ die Gehirnentwicklung des Kindes.

Ein weiterer Faktor wirkt sich ebenfalls auf das Denken und Lernen aus: die **Myelinisierung** oder die Ummantelung der Neuronenfasern mit einer isolierenden, fetthaltigen Schicht. Dieser Prozess ist etwa vergleichbar mit der Gummi- oder Plastikummantelung von ungeschützten Elektrokabeln. Die Ummantelung der Nervenfasern beschleunigt die Weitergabe von Informationen und macht sie sicherer. Die Myelinisierung läuft in der frühen Kindheit schnell ab, sie wird aber bis in die Adoleszenz fortgesetzt; sie ist der Grund für das schnelle Hirnwachstum in den ersten Lebensjahren.

Das sich entwickelnde Gehirn: zerebraler Kortex

Wir kommen von den Neuronen zum Gehirn: Der zerebrale Kortex entwickelt sich langsamer als andere Gehirnteile und die einzelnen Teile des Kortex entwickeln sich auch unterschiedlich schnell. Die mit der Körpermotorik verbundenen Areale des Kortex reifen zuerst, danach entwickeln sich die Teile, die die komplexen Sinnesprozesse, das Sehen und das Hören, steuern, und schließlich wächst der Frontallappen des Kortex, der an den Funktionen der Bewusstseins- und Impulskontrolle und an Sprechprozessen beteiligt ist, über die gesamte Schulzeit und vielleicht auch noch im Erwachsenenalter.

Die Neurowissenschaftler beginnen jetzt erst zu verstehen, wie die Gehirnentwicklung und Prozesse wie Planen, Risikoverhalten, Entscheidungsfindung und Kontrolle von impulsivem Verhalten in der Kindheit und Adoleszenz zusammenhängen. Wütend werden oder auf Rache sinnen, wenn wir uns beleidigt oder verletzt fühlen, sind normale menschliche Gefühle. Die Aufgabe des präfrontalen Kortex ist es, durch Einsetzen von Verstandestätigkeiten wie Planen oder Aufschub von Belohnungen diese Impulse unter Kontrolle zu bringen. Die impulskontrollierende Funktion ist jedoch noch nicht bei der Geburt vorhanden (wie bei der ersten Elternschaft sehr bald festgestellt wird). Ein unreifer Präfrontallappen erklärt, warum Zweijährige so impulsiv sind und zu Trotzanfällen neigen: Die Emotionskontrolle ist in diesem Alter sehr schwierig. Zahlreiche Untersuchungen können das Wachstum des Präfrontallappens im Alter zwischen drei und vier Jahren nachweisen (Berger, 2006), aber es dauert fast zwei Jahrzehnte, bis der biologische Wachstumsprozess des Gehirns zu einem voll funktionsfähigen präfrontalen Kortex geführt hat (Weinberger, 2001). Schülern der Real- oder Mittelschulen und Gymnasiasten mangelt es demnach immer noch an einem Ausgleich ihres impulsiven Verhaltens durch Vernunfts- und Planungsprozesse. Weinberger schlägt vor, dass Eltern ihren Kindern ihren präfrontalen Kortex „ausleihen", indem sie ihnen Grenzen aufzeigen und vorausschauendes Verhalten und Pläne mit ihnen entwickeln, so lange, bis das Kind selbst über die notwendigen kortikalen Voraussetzungen dafür verfügt. Schule und Lehrer können auch eine wichtige Rolle in der kognitiven und emotionalen Entwicklung einnehmen, wenn sie eine geeignete Umwelt bereitstellen für diese sich entwickelnden, aber auch manchmal noch impulsiven Gehirne (Meece, 2002).

Plastizität Die Tendenz der biologischen Grundausstattung des Menschen, insbesondere des Gehirns, sich flexibel (aber nicht unbegrenzt) an Umwelten anzupassen.

Myelinisierung Vorgang der Ummantelung von Nervenfasern mit einer fetthaltigen Eiweißschicht, dem Myelin. Das Myelin macht die Weiterleitung von Informationen in den Nervenfasern effizienter.

Spezialisierung und Integration

Unterschiedliche Areale des Kortex haben unterschiedliche Funktionen, wie in der ▶ Abbildung 2.1 zu sehen ist. Die unterschiedlichen Areale haben zugleich sehr spezifische und grundlegende Funktionen. Um eine komplexe Funktion wie etwa das Sprechen oder Lesen auszuführen, müssen die einzelnen Areale des Kortex miteinander kommunizieren und zusammenarbeiten (Byrnes & Fox, 1998).

Ein anderes Funktionsprinzip, das für die kognitive Entwicklung wichtig ist, ist die **Lateralisierung** oder die Spezialisierung der beiden Hirnhälften (*Hemisphären*) des Gehirns. Es ist bekannt, dass eine Hirnhälfte jeweils die andere Seite des Körpers steuert. Eine Störung in der rechten Hirnhälfte beeinträchtigt die Bewegungen der linken Seite des Körpers und umgekehrt. Weiterhin steuern bestimmte Hirnareale bestimmtes Verhalten. Sprache wird bei den meisten Menschen in der linken Hirnhälfte verarbeitet, während die rechte Hirnhälfte einen großen Teil der visuell-räumlichen Informationen und Emotionen (nicht-sprachliche Informationen) verarbeitet. Für einige linkshändige Menschen und tendenziell auch für weibliche Personen lässt sich eine geringere Spezialisierung der beiden Hirnhälften beobachten (Berk, 2005; O'Boyle & Gill, 1998). Bevor die Lateralisierung abgeschlossen ist, kann bei einem Trauma oder einer Störung die Funktion der beschädigten Areale oft von anderen Hirnteilen übernommen werden. Aber nach Abschluss der Lateralisierung ist das Gehirn weniger in der Lage zu kompensieren.

Diese Unterschiede in den Leistungen der beiden Hirnhälften sind jedoch eher relativ als absolut; eine Hemisphäre ist bei bestimmten Leistungen der anderen überlegen. Fast alle Aufgaben, besonders die komplexen Fertigkeiten und Fähigkeiten, mit denen Lehrer zu tun haben, erfordern die Mitwirkung von vielen unterschiedlichen Gehirnteilen und beständige Kommunikation zwischen den Arealen. Zum Beispiel übernimmt die rechte Seite die Analyse der Kernideen einer Geschichte, aber die linke Seite verarbeitet die Syntax; deshalb müssen beide Funktionsbereiche beim Lesen zusammenwirken. „Die erste Implikation dieses Befundes ist, dass die Praxis der getrennten Übung einer bestimmten Hirnhälfte von neurowissenschaftlichen Erkenntnissen nicht gestützt wird" (Byrnes & Fox, 1998, S. 310). Also Vorsicht vor pädagogischen

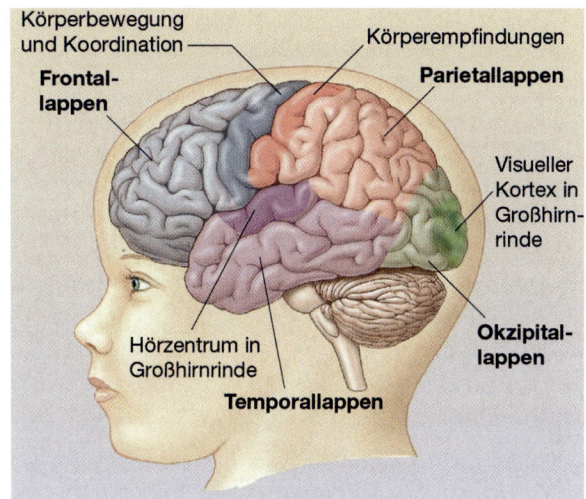

Abbildung 2.1: Sicht auf den zerebralen Kortex. Dies ist eine vereinfachte Seitenansicht von links auf einen Teil des menschlichen Gehirns, den zerebralen Kortex. Der Kortex ist in verschiedene Areale oder „Lappen" unterteilt, wovon jedes wiederum eine Vielfalt von Regionen mit unterschiedlichen Funktionen enthält. Einige der wichtigsten Funktionen und Areale sind hier eingezeichnet.

Ansätzen, die sich auf die vereinfachende Sicht der Funktionsweisen des Gehirns berufen – was Keith Stanovich (1998) mit „linke Hirnhälfte – rechte Hirnhälfte-Unsinn, der unsere Pädagogik in Arbeitsgruppentreffen, in Diensten und in populären Publikationen überflutet hat" bezeichnete (S. 420). Merken Sie sich: Keine geistige Tätigkeit ist allein auf die Verarbeitung in einem einzigen Teil des Gehirns zurückzuführen – es gibt also keinen „rechtseitige Hirnhälfte-Schüler", es sei denn, der betreffenden Person wurde die linke Hirnhälfte entfernt, eine seltene und radikale Behandlung für einige Formen der Epilepsie.

Training und Gehirnentwicklung

Forschung aus Untersuchungen mit Tieren und Menschen zeigt, dass Erfahrung und direktes Training Veränderungen in der Organisation und Strukturierung des Gehirns hervorrufen. Zum Beispiel lassen sich bei tauben Personen, die die Zeichensprache benutzen, andere elektrophysiologische Aktivierungsmuster im Gehirn nachweisen als bei Personen, die keine Zeichensprache einsetzen. Die intensive Unterweisung und Übung bei Schlaganfallpatienten kann dazu führen, dass der Patient einige Funktionen dadurch zu-

---

Lateralisierung Die Spezialisierung der beiden Hirnhälften (Hemisphären) des Gehirnmantels (zerebraler Kortex).

Verknüpfen und erweitern mit Internet

Schauen Sie sich die Adresse **http://www.nih.gov/ news/** an. Dort werden Sie nach Eingabe des Suchwortes „Shaywitz" Zusammenfassungen einiger Untersuchungen von Shaywitz et al. finden.

rückgewinnt, dass neue Verbindungen geschaffen und neue Hirnareale einbezogen werden (Bransford et al., 2000). Bennett Shaywitz und seine Kollegen (2004) berichteten über eine bemerkenswerte Demonstration von Hirnveränderungen bei Kindern nach intensiver Unterweisung. Die Forscher untersuchten 28 gut lesende Kinder zwischen 6 und 9 Jahren und 49 schlecht lesende Kinder. Ein bildgebendes Verfahren, das auf dem Prinzip der magnetischen Resonanz beruht (MRT, Magnetresonanztomografie) zeigte Unterschiede in der Hirnaktivität beider Gruppen. Die schlechten Leser vernachlässigten Teile ihrer linken und überbeanspruchten ihre rechte Hemisphäre. Nach über 100 Stunden intensiver Unterweisung in Buchstaben-Laut Zuordnungen, fing das Gehirn der schlechten Leser an, in etwa so zu funktionieren wie das der guten Leser, und dieser Effekt hielt ein Jahr später auch noch an. Schlechte Leser mit dem üblichen Leseförderunterricht wiesen keine Veränderung der Gehirnaktivitäten auf.

In einem anderen Forschungszweig fanden einige Studien, dass Kinder und Erwachsene mit ADHS (Aufmerksamkeitsdefizit- und Hyperaktivitätsstörung) kleinere Frontallappen, kleinere Basalganglien und ein kleineres Kleinhirn hatten als Personen ohne ADHS. Diese Regionen sind assoziiert mit Selbstregulation des Verhaltens sowie Koordination und Kontrolle der Motorik (Hallahan & Kauffman, 2006).

Verknüpfen und erweitern mit Internet

Schauen Sie sich die Adresse **http://www.amen clinic.com/bp/atlas/ch12.php** an, um Gehirnaufnahmen von Menschen mit ADHS zu sehen.

Eine klare Beziehung zwischen Gehirn und Lernen in der Schule ist im Bereich Emotionen und Stress zu finden. Wie das Kapitel 10 zeigen wird, stören Ängste das Lernen, während Herausforderungserleben, Interesse und Neugier das Lernen fördern können. Wenn Schüler sich unsicher und ängstlich fühlen, wenden sie ihre Aufmerksamkeit eher weniger ihren schuli-

schen Aufgaben zu (Sylvester, 2003). Aber wenn Schüler nicht gefordert werden oder nicht interessiert sind, wird schlechter gelernt. Man sollte das Ausmaß der Forderung und Unterstützung den Möglichkeiten der Schüler anpassen, beides sollte „stimmen", sonst wird das Lernen beeinträchtigt. Ein wichtiges Ziel der Erziehung besteht darin, den Schülern zu helfen, ihre Emotionen und Motivationen zu steuern (siehe Kapitel 3).

Was würden Sie dazu sagen?

Sie sind zu einem Vorstellungsgespräch für eine neue Stelle in einem großen Landkreis eingeladen – er ist bekannt für eine innovative Schulpolitik. Nach einigen Minuten fragt der Rektor: „Wissen Sie etwas über die neurowissenschaftlich basierten Lernprogramme? Ich habe darüber in letzter Zeit schon viel gehört." Was würden Sie antworten?

Implikationen für die Lehrer

Wie man sehen kann, sind Gehirn und Lernen eng miteinander verknüpft, aber was bedeutet das für die Lehrer? Marcy Driscoll (2005) zieht die folgenden Schlussfolgerungen:

1. Viele kognitive Funktionen sind differenziert – sie sind assoziiert mit unterschiedlichen Teilen des Gehirns. So können Lerner bevorzugte Modalitäten der Informationsverarbeitung entwickeln (visuell oder verbal z. B.), ebenso wie verschiedene Fähigkeiten in diesen Modalitäten. Unterschiedliche Formen von Unterweisung und Aktivitäten, die auf verschiedene Sinnesmodalitäten zurückgreifen, können das Lernen fördern – z. B. Karten lesen und Lieder kennenlernen im Geografieunterricht.

2. Das Gehirn ist verhältnismäßig plastisch, deshalb kann eine Umwelt mit einem reichen Reizangebot und Handlungsspielräumen sowie flexiblen Unterrichtsstrategien wahrscheinlich die kognitive Entwicklung jüngerer Kinder, aber auch Erwachsener unterstützen.

3. Manche Lernstörungen haben eine neurologische Grundlage; so kann eine neurologische Untersuchung dabei helfen, eine Diagnose zu erstellen, eine Behandlung vorzunehmen und die Auswirkungen von Behandlungen einzuschätzen.

Lernen auf neurowissenschaftlicher Grundlage

Erzieher hören immer wieder vom Lernen auf neurowissenschaftlicher Grundlage, der Bedeutung des frühen Reizangebots für die Gehirnentwicklung, vom „Mozart-Effekt" und rechten bzw. linken Gehirnaktivitäten. Es gibt Untersuchungen, in denen Hinweise darauf gefunden wurden, dass nach 10-minütigem Hören von Mozart die räumlichen Schlussfolgerungen kurzfristig besser wurden (Rauscher & Shaw, 1998; Steele, Bass & Crook, 1999); nach diesen Ergebnissen schenkte der Gouverneur von Georgia jedem Neugeborenen eine Mozart-CD (Meece, 2002). Lässt sich allgemein aus neurowissenschaftlicher Sicht sagen, ob Schlussfolgerungen aus den Befunden für die Erziehung und das Lernen schon möglich sind?

Pro: Ja, Unterrichten sollte die Erkenntnisse über die Gehirnfunktionen berücksichtigen.

Wenn Sie mehr über pädagogische Programme, Strategien und Ansätze, die die Gehirnforschung berücksichtigen, wissen wollen, tippen Sie „Pädagogik auf neurowissenschaftliches Grundlage" in eine Internet-Suchmaschine. Sie gelangen dann zum Beispiel auf die Webseite der Jensen Learning Corporation (**http:/www.jlcbrain.com**).

> *„Lernen, das auf Gehirnforschung basiert, ist weder ein Universalheilmittel noch eine Wundertüte, um die Probleme der Pädagogik zu lösen. Jeder, der dies so darstellt, führt die Leser an der Nase herum. Es gibt jetzt noch kein Programm, Modell oder Material für den Gebrauch in Schulen. Ein Kritiker des neurowissenschaftlichen Lernens sagte: „Es wird noch mindestens 25 Jahre dauern, bevor die Erkenntnisse der Neurowissenschaften im Klassenzimmer ankommen." Es folgt ein Beispiel, um zu demonstrieren, warum Menschen damit nicht übereinstimmen können.*

Das Programm zur Verbesserung des Lesens *FastForward* wurde von zwei Neurowissenschaftlern entwickelt: Dr. Michael Merzenich von der Stanford und Dr. Paula Tallal von der Rutgers Universität. Dieses Produkt ist bereits in Tausenden von Klassen im Land in Gebrauch. Es hat schon vielen Schülern geholfen. Es wendet besonders Entdeckungen von neuronaler Plastizität an, um die Fähigkeit des Gehirns zu verbessern, gedruckte Wörter zu lesen ...

Lehrpläne sollten nicht nur auf die biologischen Grundlagen des Gehirns zentriert sein. Natürlich wäre es auch unverantwortlich zu ignorieren, was wir über die Funktionsweisen des Gehirns wissen. Lernen nach den Erkenntnissen der Neurowissenschaften kann richtungsweisend für die Pädagogen sein, die eine fundierte Pädagogik wollen.

Contra: Nein, die Implikationen dieser Forschung sind noch nicht klar.

John Bruer, Präsident der *James S. McDormell Foundation*, hat Artikel veröffentlicht, die den bisherigen neurowissenschaftlichen Lernansätzen kritisch gegenüber stehen. Er äußert, dass viele sogenannte Anwendungen der Gehirnforschung mit gut fundierter wissenschaftlicher Forschung anfangen, aber dann zu unhaltbaren Spekulationen übergehen. Er schlägt vor, dass der Pädagoge bei jeder Aussage die Frage stellt: „Wo endet die Wissenschaft und wo fängt die Spekulation an?" Zum Beispiel stellt Bruer das Konzept des linksseitigen-rechtsseitigen Lernens in Frage:

> *„Rechte Hirnhälfte – linke Hirnhälfte ist eine der populären Ideen, die nie aussterben werden. Spekulationen über die pädagogische Bedeutung der Hemisphärenspezialisierung kreisen seit 30 Jahren in der pädagogischen Literatur. Obwohl wiederholt von Psychologen und Neurowissenschaftler kritisiert und verworfen, gehen die Spekulationen weiter. David Sousa widmet ein Kapitel dem Thema „Wie lernt das Gehirn"; er erklärt darin die Lateralität und stellt Strategien vor, die Lehrer anwenden können, damit sie sichergehen, dass beide Hirnhälften beim Lernen beansprucht werden ... Wir wollen die wissenschaftliche Literatur über das Gehirn einmal daraufhin durchsehen, ob sie Unterstützung für bestimmte Unterrichtsstrategien liefert, die Sousa empfiehlt. Um die rechte Hemisphäre beim Lernen zu beanspruchen – so schlägt Sousa vor – sollten die Lehrer die Schüler ermuntern, sich Inhalte bildlich vorzustellen, um so Vorstellungsbilder zu erzeugen. Was Gehirnspezialisten derzeit über räumliches Schlussfolgern und mentale Vorstellungsbilder wissen, stellt eigentlich Gegenbeispiele für so allzu einfache Forderungen dar. Solche Aussagen entstammen einer Populartheorie der Funktionsweisen der Lateralität des Gehirns*

und nicht der neurowissenschaftlichen Forschung ... Verschiedene Hirnareale sind auf unterschiedliche Aufgaben spezialisiert, doch diese Spezialisierung tritt auf einer differenzierteren Analyseebene auf als „mentale Vorstellungsbilder einsetzen". Der Gebrauch von mentalen Vorstellungsbildern könnte eine nutzbringende Lernstrategie sein, aber wenn sie nützlich ist, ist sie das nicht, weil sie die sonst unterbeanspruchte rechte Hemisphäre beim Lernen einbezieht (Bruer, 1999, S. 653–654).

Welchen Standpunkt haben Sie?

Vieles wurde in letzter Zeit über die neurowissenschaftlich basierten Lernprogramme geschrieben. Viele dieser Publikationen für Eltern und Lehrer haben nützliche Ideen, aber man sollte sich vor Vorschlägen hüten, die stark vereinfachend die komplexe Funktionsweise des Gehirns wiedergeben. Wie Sie in *Pro & Contra* (siehe S. 37) lesen können, lässt sich noch kein endgültiges Urteil über diese Programme fällen.

Piagets Theorie der kognitiven Entwicklung 2.2

> **Halt! Denken Sie nach! Schreiben Sie!**
> Können Sie zugleich in Berlin und in Deutschland sein? Ist das für Sie eine schwierige Frage? Wie lange benötigten Sie für eine Antwort?

Der Schweizer Entwicklungspsychologe Jean Piaget arbeitete ein theoretisches Modell aus, das zu klären versucht, wie Menschen der Welt um sie herum durch Sammeln und Organisieren von Informationen Bedeutung verleihen (Piaget, Gesammelte Werke, 2002). Wir werden uns genau mit Piagets Überlegungen beschäftigen, weil sie eine Erklärung der Entwicklung des Denkens vom Säuglingsalter an bis zum Erwachsenwerden anstreben.

Nach Piaget (2003, Bd. 2) sind manche Denkweisen für Erwachsene sehr einfach, wie z. B. die oben gestellte Frage durch eine Schlussfolgerung richtig zu beantworten, aber für ein Kind ist das schwierig. Zum Beispiel fragte Piaget eine Neunjährige:

Was ist deine Nationalität? – Ich bin Schweizerin. – Wie kommt das? – Weil ich in der Schweiz lebe. – Bist du auch eine Genferin? – Nein, das ist nicht möglich, denn ich bin ja schon Schweizerin. Ich kann nicht auch noch Genferin sein (Piaget, 1965/1995, S. 252).

Stellen Sie sich vor, Sie müssten diese Schülerin in Geografie unterrichten. Die Schülerin hat Schwierigkeiten mit der Klassifikation von Begriffen und Unterbegriffen. Sie klassifiziert nicht die Stadt Genf als Unterklasse des Landes Schweiz. Es gibt noch andere Unterschiede im Denken zwischen Kindern und Erwachsenen. Der kindliche Zeitbegriff ist wahrscheinlich anders als derjenige Erwachsener. Jüngere Kinder denken, dass sie eines Tages ihre Geschwister altersmäßig einholen. Oder sie verwechseln die Vergangenheit mit der Zukunft. Piaget wollte herausfinden, warum das so ist.

> **Verknüpfen und erweitern Sie Ihren Unterricht**
>
> Um einige Unterschiede im Denken zwischen Kindern und Erwachsenen kennenzulernen, stellen Sie Kindern in unterschiedlichen Altersstufen die folgenden Fragen:
>
> - Was bedeutet es, lebendig zu sein?
> - Kannst du einige Dinge nennen, die lebendig sind?
> - Ist der Mond lebendig?
> - Wo kommen Träume her?
> - Wohin gehen sie?
> - Was ist weiter, vom Fuß eines Hügels ganz nach oben zu gehen oder von oben ganz nach unten zu gehen?
> - Kann ein Mensch gleichzeitig in Sachsen und in Dresden leben?
> - Wirst du eines Tages genauso alt sein wie dein Bruder/deine Schwester dann ist?
> - Wann ist gestern?
> - Wohin geht die Sonne in der Nacht?

2.2.1 Entwicklungseinflüsse

Kognitive Entwicklung ist weitaus mehr als das Hinzufügen verschiedener Tatsachen und Ideen zu einem Vorrat an Informationen im Langzeitspeicher. Nach Piaget verändern sich unsere Denkprozesse radikal, aber langsam von der Geburt bis zur Reife, weil wir ständig danach trachten, unseren Erfahrungen Bedeutung zu verleihen. Wie fangen wir das an? Piaget hat vier Faktoren ausfindig gemacht – biologische Reifung, Aktivität, soziale Erfahrungen und Gleichgewicht (Äquilibration) – die interagieren und unser Denken beeinflussen (Piaget, 1970a). Lassen Sie uns kurz die drei Faktoren näher betrachten. Im darauf folgenden Abschnitt diskutieren wir dann die Äquilibration.

Einer der wichtigsten Einflüsse auf den Prozess der Bedeutungszuschreibung ist die Reifung, das Entfalten eines genetischen Programms und der damit verbundenen biologischen Veränderungen. Eltern und Lehrer haben wenig Kontrolle über diesen Aspekt der kognitiven Entwicklung, außer natürlich, dass Kinder die notwendige Pflege, Ernährung und Fürsorge erhalten, damit sie gesund bleiben.

Aktivität ist ein anderer Einfluss. Mit der körperlichen Reifung wachsen die körperlichen Fähigkeiten, auf die Umwelt einzuwirken und aus ihr zu lernen. Wenn die Bewegungskoordination eines Kindes einigermaßen normal entwickelt ist, kann das Kind, z. B. das Prinzip des Gleichgewichts durch Experimentieren mit einer Wippe, entdecken. Folglich werden Denkprozesse mit dem Einwirken auf die Umwelt verändert, indem Informationen erkundet, getestet, beobachtet und schließlich organisiert werden.

Im Laufe der Entwicklung interagieren wir auch mit den Menschen in unserer sozialen Umwelt. Nach Piaget wird unsere kognitive Entwicklung durch *soziale Transmission* beeinflusst, oder durch Lernen von anderen. Ohne soziale Transmission müssten wir alles Wissen, was unsere Kultur uns anbietet, neu entdecken. Wie viel Menschen durch soziale Transmission lernen können, hängt von der Stufe der kognitiven Entwicklung ab (vgl. Schönpflug, 2008b).

Reifung, Aktivität und soziale Transmission wirken zusammen auf die kognitive Entwicklung ein. Wie reagieren wir auf diese Einflüsse?

2.2.2 Grundtendenzen des Denkens

Als Ergebnis seiner früheren Forschung in der Biologie erkannte Piaget, dass alle Arten über zwei Grundtendenzen oder „invariante Funktionen" verfügen. Die erste Tendenz ist auf **Organisation** ausgerichtet – das Kombinieren, Arrangieren, Neukombinieren und Neuarrangieren von Verhalten und Gedanken zu einem kohärenten System. Die zweite Tendenz ist auf **Adaptation** ausgerichtet oder Anpassung an die Umwelt.

Organisation

Menschen werden mit einer Tendenz geboren, ihre Denkprozesse in psychologische Strukturen zu ordnen. Diese psychologischen Strukturen sind unsere Systeme zum Verständnis und zur Interaktion mit der Umwelt. Einfache Strukturen werden ständig kombiniert und koordiniert, um somit differenziertere und effektive übergeordnete Strukturen zu schaffen. Sehr junge Kinder z. B. können entweder ein Objekt betrachten oder es greifen, aber nicht beides zusammen. Im Laufe ihrer Entwicklung können sie jedoch diese beiden Verhaltenseinheiten in eine koordinierte Einheit höherer Ordnung überführen, die besteht aus: schauen, Hand ausstrecken und greifen. Sie können natürlich immer noch jede Verhaltenseinheit unabhängig von den anderen einsetzen (Flavell, Miller & Miller, 2002; Miller, 2002).

Piaget bezeichnet diese Strukturen als **Schemata**. In seiner Theorie bilden die Schemata die Grundbausteine des Denkens. Sie sind organisierte Verhaltens- oder Denksysteme, die uns erlauben, Objekte und Ereignisse aus der uns umgebenden Welt mental zu repräsentieren oder sie zum Gegenstand unseres Denkens zu machen. Schemata können sehr klein und spezifisch sein, zum Beispiel das Mit-einem-Strohhalm-Saugen-Schema oder das Eine-Rose-Wiedererkennen-Schema. Oder sie können umfassender und allgemeiner sein, zum Beispiel, das Trinken-Schema oder das Pflanzen-Systematik-Schema. Da die Denkprozesse organisierter werden, und sich neue Schemata entwickeln, wird das Verhalten differenzierter und besser an die Umwelt angepasst.

Organisation Prozess des Ordnens von Informationen und Erfahrungen zu mentalen Systemen oder Kategorien.

Adaptation Prozess des Anpassens an die Umwelt.

Schema Innere Repräsentation in grundlegender, allgemeiner Form, um Informationen zu strukturieren.

Adaptation

Zusätzlich zu der Tendenz zur Organisation der psychologischen Strukturen erben Menschen noch die Tendenz, sich ihrer Umwelt anzupassen. Zwei Grundprozesse wirken an der Adaptation mit: die Assimilation und die Akkomodation.

Assimilation findet dann statt, wenn die Menschen ihre bereits vorhandenen Schemata auf neue Informationen anwenden, um ihnen Bedeutung zu verleihen. Assimilation heißt, etwas zu verstehen, indem wir es in unser vorhandenes Wissen einordnen. Manchmal muss das vorhandene Wissen etwas „verzerrt" werden, damit es die neue Information verarbeiten kann. Zum Beispiel, wenn Kinder zum ersten Mal einen Waschbären sehen, nennen sie ihn Katze. Sie versuchen eine neue Erfahrung in ein bestehendes Schema einzuarbeiten, damit sie diese identifizieren können.

Akkomodation kommt vor, wenn eine Person ein bestehendes Schema ändern muss, um auf eine neue Situation reagieren zu können. Wenn die Daten nicht an das bestehende Schema angepasst werden, müssen angemessenere Strukturen entwickelt werden. Wir passen unser Denken den neuen Informationen an und nicht umgekehrt. Kinder zeigen Akkomodation, wenn sie ein neues Schema, das des Waschbären, entwickeln, und zu ihren anderen Schemata hinzufügen, mit denen sie Tiere erkennen können.

Menschen adaptieren sich an ihre zunehmend komplexer werdenden Umwelten, indem sie existierende Schemata einsetzen, wann immer die Schemata passen (Assimilation) und durch Ändern und Neuerarbeiten von Schemata, wenn dies erforderlich ist (Akkomodation). Meistens sind beide Prozesse gefordert. Selbst bei einem so einfachen und vertrauten Schema wie das des Strohhalmsaugens ist noch Akkomodation notwendig, wenn der Strohhalm dicker oder länger als üblich ist. Wenn Sie einmal versucht haben, Saft aus einer Papppackung zu trinken, konnten Sie sicher bemerken, dass es eine neue Geschicklichkeit zu erwerben gilt: Die Packung darf nicht gedrückt werden, sonst quillt Saft durch den Strohhalm in die Luft oder auf ihren Schoß. Immer wenn neue Erfahrungen in ein existierendes Schema assimiliert werden, wird das Schema breiter und leicht geändert; so gesehen schließt jede Assimilation auch etwas an Akkomodation ein.

Aber es gibt auch Fälle, in denen weder Assimilation noch Akkomodation stattfinden. Wenn Menschen etwas sehr Unvertrautem begegnen, können sie es ignorieren. Die einströmenden Informationen unterliegen einem Filter, um die Denkmöglichkeiten einer Person in einer bestimmten Situation nicht zu überfordern. Zum Beispiel werden sie beim Anhören einer Unterhaltung in einer fremden Sprache abschalten, bis sie die Sprache etwas kennen, sodass ein minimales Verstehen möglich ist.

Äquilibration

Nach Piaget versucht das kognitive System die Prozesse Organisieren, Assimilieren und Akkomodieren in einem komplexen Gleichgewicht zu halten. In seiner Theorie werden die eigentlichen Veränderungen im Denken durch diesen Ausgleichsprozess bzw. durch diese Suche nach Gleichgewicht – der **Äquilibration** – bewirkt. Piaget nimmt an, dass Menschen beständig die Angemessenheit ihres Denkens überprüfen, um ein Gleichgewicht zu erreichen oder aufrechtzuerhalten. Kurz gefasst vollzieht sich der Prozess der Äquilibration folgendermaßen: Wenn wir ein bestimmtes Schema auf eine Situation anwenden und es geeignet ist, die Informationen zu verarbeiten, dann kommt es zum Gleichgewicht oder Äquilibrium. Wenn das Schema ungeeignet für die Verarbeitung der neuen Situation ist, dann kommt es zum **Disäquilibrium** (Ungleichgewicht), und ein Gefühl des Unbehagens entsteht. Das motiviert uns, durch erneute Assimilations- und Akkomodationsprozesse nach einer Auflösung des Ungleichgewichtes zu suchen. So verändert sich unser Denken und macht Fortschritte in der Erfassung und Verarbeitung der Umwelt. Natürlich muss dafür das Ausmaß des Ungleichgewichts genau richtig sein oder optimal – ist es zu gering, haben wir kein Interesse, es zu beseitigen, ist es zu groß, vermeiden wir eine Änderung.

Assimilation   Neue Informationen vorhandenen Schemata/Kategorien anpassen.

Akkomodation   Die Veränderung bestehender kognitiver Schemata oder die Bildung neuer als Reaktion auf neue Informationen.

Äquilibration   Das Bestreben, ein mentales Gleichgewicht zwischen kognitiven Schemata und Informationen aus der Umwelt herzustellen.

Disäquilibrium   In Piagets Theorie der Zustand des Ungleichgewichtes, der entsteht, wenn eine Person erkennt, dass sie mit ihrem Problemlöseansatz nicht zu einer Lösung oder zum Verständnis einer Situation kommen kann.

Tabelle 2.1

Piagets Stufen der kognitiven Entwicklung

Stufe	Ungefähres Alter	Merkmale
Sensomotorisch	0–2 Jahre	Beginnt zu imitieren, zu erinnern, zu denken; erkennt, dass Objekte weiter existieren, wenn es sie nicht sieht; von Reflexen zu zielgerichtetem Verhalten
Präoperational	2–7 Jahre	Spracherwerb und Erwerb des symbolischen Denkens; denkt monokausal oder unidimensional: kann sich den Standpunkt anderer schwer vorstellen (Egozentrismus)
Konkret operational	7–11 Jahre	Denkt logisch in anschaulichen (konkreten) Kontexten; versteht das Prinzip der Konservierung, Klassifizierungen und Seriation; versteht das Prinzip der Reversibilität
Formal operational	11–Erwachsenenalter	Kann abstrakte Probleme logisch lösen; denkt wissenschaftlicher; bedenkt zunehmend gesellschaftliche Belange; Suche nach Identität

Quelle: Aus *Piaget's Theory of Cognitive and Affective Development.* 5. Aufl. von B. Wadsworth. Boston, MA: Allyn & Bacon. Copyright © 1996 Pearson Education.

2.2.3 Vier Stufen der kognitiven Entwicklung

Was würden Sie dazu sagen?

Ihr Vorstellungsgespräch mit dem Rektor nimmt einen guten Verlauf. Die nächste Frage ist: „Schüler in einigen unserer 11. Klassen denken noch sehr konkret, aber andere sind in ihrer kognitiven Entwicklung schon weiter. Wie würden Sie auf dieses unterschiedliche Niveau in Ihrem Unterricht eingehen?" Was würden Sie antworten?

Im Folgenden werden die einzelnen Stufen vorgestellt, die im Laufe der kognitiven Entwicklung von Kindern durchschritten werden. Piaget nahm an, dass sich die Entwicklung aller Menschen in den gleichen vier Stufen (sensomotorische, präoperationale, konkret operationale und formal operationale Stufe) in der gleichen Reihenfolge vollzieht. Diese Stufen sind altersgraduiert, wie ▶ Tabelle 2.1 zeigt; natürlich sind das nur allgemeine Angaben, die nicht auf alle Kinder in einem bestimmten Alter zutreffen. Piaget bemerkt, dass Individuen durch lange Übergangszeiten zwischen den Stufen gehen und dass eine Person Merkmale einer Stufe in einer Situation und Merkmale einer höheren oder niedrigeren Stufe in einer anderen Situation zeigen kann. Das Alter eines Schülers zu kennen, heißt nicht, schon zu wissen, wie das Kind denkt (Orlando & Machado, 1996).

Säuglingsalter: die sensomotorische Stufe

Die früheste Stufe der kognitiven Entwicklung bezeichnet Piaget mit **sensomotorischer** Stufe, weil das Denken des Kindes eng gekoppelt ist an die Wahrnehmung (sehen, hören, tasten, schmecken, sich bewegen). In dieser Zeit entwickeln Säuglinge die **Objektpermanenz**, sie verstehen, dass Objekte in ihrer Umwelt weiter existieren, auch wenn sie diese nicht wahrnehmen. Damit entwickelt sich die wichtige Fähigkeit zur mentalen Objektrepräsentation. Eltern wissen, vor dieser Phase ist es relativ leicht, den Kindern etwas wegzunehmen. Sie benutzen den Trick, das Kind abzulenken und dann ein Objekt aus dem Blickfeld des Kindes zu entfernen („Aus den Augen, aus dem Sinn"). Ältere Säuglinge krabbeln dem Ball hinterher, wenn er

---

Sensomotorisch Sinnestätigkeiten und Motorik sind an Handlungen beteiligt.

Objektpermanenz Das Verständnis von Objekten als beständig und unabhängig von der Wahrnehmung existierend.

unter den Sessel gerollt ist, sie zeigen damit das Verständnis für die Existenz von Gegenständen außerhalb ihres Gesichtsfeldes an (Moore & Meltzoff, 2004). Neue Forschung hat ergeben, dass 3 bis 4 Monate alte Säuglinge diese Erkenntnis des Weiterexistierens bereits erworben haben, ihnen mangelt es jedoch noch an „Gedächtnis", um diese Erkenntnis, wo sich das Objekt außerhalb des Blickfeldes aufhalten könnte, im Langzeitspeicher zu speichern; sie haben auch noch nicht die Bewegungskoordination, um Suchverhalten zu zeigen (Baillargeon, 1999; Flavell et al., 2002).

Eine zweite große Neuerwerbung auf der sensomotorischen Stufe ist der Beginn der **zielgerichteten Handlungen** mit einfachen logischen Überlegungen. Ein großer durchsichtiger Behälter mit Deckel und einigen bunten Spielzeugen darin, die herausgeschüttet und wieder hereingeräumt werden können, bildet die Ausgangssituation. Ein 6 Monate alter Säugling versucht vergeblich, an die sichtbaren Spielzeuge zu kommen und wird frustriert. Ein sensomotorisch etwas weiter entwickeltes Kind kann mit dieser Anforderungssituation schon besser umgehen; es hat ein „Spielzeugkisten-Schema" erworben mit folgenden Merkmalen: (1) Den Deckel kann man abheben, (2) den Behälter mit der offenen Seite nach unten drehen, (3) schütteln, wenn die Spielzeuge sich verhakt haben

FAMILIENZIRKUS

„Das kann ich jetzt nicht sagen, ich habe meine Fausthandschuhe an."

und nicht herausfallen und (4) beobachten, wie die Spielzeuge herausfallen. Verschiedene einfache Schemata wurden zu einem Schema höherer Ordnung integriert, um ein Ziel zu erreichen.

Das Kind ist schon sehr bald in der Lage, die umgekehrte Handlungsfolge auszuführen, den Behälter zu füllen. In der sensomotorischen Stufe beginnt die Fähigkeit, Handlungen umzukehren (*Reversibilität*). Aber Reversibilität im Denken allgemein, d. h. sich vorzustellen, wie eine Handlungsfolge umgekehrt werden kann, entwickelt sich erst später.

Frühe Kindheit bis frühes Grundschulalter: die präoperationale Stufe

Am Ende des sensomotorischen Stadiums stehen dem Kind schon viele Handlungsschemata zur Verfügung. Solange diese Schemata mit körperlichen Aktionen verbunden sind, helfen sie nicht, sich an Vergangenes zu erinnern, Informationen im Kopf zu behalten oder in Form von Planungsverhalten Zukünftiges zu berücksichtigen. Dafür benötigen Kinder etwas, was Piaget **Operationen** nennt oder auch Handlungen, die mental und nicht körperlich ausgeführt und umgekehrt werden. Im **präoperationalen** Stadium hat das Kind diese mentalen Operationen noch nicht gemeistert, aber nähert sich ihnen an.

Nach Piaget wird das Denken dann symbolisch, wenn keine ausgeführten Handlungsabläufe damit verbunden sind. Die Fähigkeit, Symbole zu bilden und einzusetzen – Worte, Gesten, Zeichen, Vorstellungsbilder usw. –, ist deshalb eine der Haupterrungenschaften des präoperationalen Stadiums und bringt Kinder näher an die Beherrschung der Operationen der nächsten kognitiven Entwicklungsstufe heran. Diese Fähigkeit, mit Symbolen umzugehen, wie etwa das Wort „Pferd" zu gebrauchen oder das Bild eines Pferdes oder auch nur so tun, als ob das Kind ein Pferd reitet, um ein wirkliches, nicht anwesendes Pferd darzustellen, heißt **semiotische Funktion**.

Kinder nutzen schon früh diese semiotische Funktion, wenn sie „Als-ob-Spiele" ausüben. Bereits Kinder im vorsprachlichen Alter können so tun, als ob sie

---

Zielgerichtete Handlungen Absichtliche, auf ein Ziel ausgerichtete Handlungen.

Operationen Handlungen, die eine Person durchdenkt, statt sie sichtbar auszuführen.

Präoperational Die kognitive Entwicklungsstufe vor der Entwicklung von formalen Operationen.

Semiotische Funktion Die Fähigkeit, Symbole zu verwenden – Sprache, Bilder, Zeichen oder Gesten –, um Handlungen oder Objekte mental zu repräsentieren.

aus einer leeren Tasse trinken oder einen Kamm zu ihren Haaren führen und damit zeigen, dass sie wissen, wofür dieser Gegenstand da ist. Dieses Verhalten deutet auch darauf hin, dass ihre Schemata allgemeiner werden und nicht nur mit speziellen Handlungsabfolgen verbunden werden. Das Essschema kann z. B. beim „Familie" spielen verwendet werden.

Im präoperationalen Stadium wird auch das Symbolsystem der Sprache sehr schnell erworben. Im Alter zwischen 2 und 4 Jahren erweitern Kinder ihr Lexikon von 200 auf 2000 Wörter.

Im Verlauf der präoperationalen Stufe bleibt die Fähigkeit in Symbolen zu denken immer noch etwas eingeschränkt: Das Kind bezieht nur eine Dimension und eine Richtung in seine Überlegungen ein. Für das Kind ist es schwierig, sich Handlungsfolgen oder Lösungsschritte rückwärts vorzustellen. **Reversibles Denken** ist in vielerlei Aufgaben enthalten, die dem präoperationalen Kind Schwierigkeiten bereiten, wie etwa die Konservierung von verschiedenen Stoffen.

Konservierung ist das Prinzip, dass eine Menge oder eine Anzahl von etwas gleich bleibt, auch wenn die Anordnung oder die Erscheinungsweise sich verändert hat, solange nichts hinzugefügt oder weggenommen wird. Es ist ja bekannt, dass ein in Stücke zerrissenes Papier nur seine Erscheinungsform, aber nicht seine Größe verändert hat. Um das zu belegen, können Sie die Stücke wieder zusammenkleben und sehen dann die gleiche Papiergröße. Ein klassisches Beispiel der Schwierigkeiten des präoperationalen Kindes mit der Konservierung ist in der folgenden Antwort auf eine piagetsche Aufgabenstellung zu finden. Der fünfjährigen Lea werden zwei identische Gläser gezeigt, beide kurz und breit in der Form. Beide haben genau die gleiche Menge gefärbten Wassers zum Inhalt. Lea stimmt zu, dass die Mengen genau gleich sind. Dann gießt der Versuchsleiter das Wasser aus einem der beiden Behälter in ein höheres schmaleres Gefäß und fragt: „In welchem Glas ist jetzt mehr Wasser oder ist in beiden Gefäßen gleich viel Wasser?" Lea meint, in dem höheren schmalen Gefäß sei mehr Wasser, weil es „höher hin-

aufreicht"; sie zeigt dabei an die höhere Wasseroberfläche in dem schmaleren Gefäß.

Piagets Erklärung für Leas Antwort lautet so: Sie fokussiert oder zentriert ihre Aufmerksamkeit auf die Dimension „Höhe". Mehr als nur diese eine Dimension zu berücksichtigen, zu **dezentrieren**, fällt ihr schwer. Das präoperationale Kind kann nicht begreifen, dass ein kleinerer Durchmesser die größere Höhe kompensiert, denn dazu müsste es zwei Dimensionen gleichzeitig berücksichtigen. Kinder im präoperationalen Stadium haben also Schwierigkeiten, von ihren eigenen Wahrnehmungen der Welt unabhängige Urteile abzugeben.

Das bringt uns zu einem anderen Merkmal der präoperationalen Stufe. Präoperationale Kinder neigen nach Piaget zu *egozentrischer* Sichtweise der Welt und sie sehen die Erfahrungen anderer nur aus ihrer Perspektive. Das Konzept des **Egozentrismus**, wie Piaget es verstand, bedeutet nicht egoistisch; egozentrisch bedeutet lediglich, dass Kinder meist annehmen, dass alle anderen ihre Gefühle teilen und die gleichen Reaktionen und Wahrnehmungen haben. Wenn zum Beispiel ein kleiner Junge in diesem kognitiven Entwicklungsstadium Angst vor Hunden hat, nimmt er an, dass alle Kinder diese Angst teilen. Sehr junge Kinder zentrieren auf ihre eigenen Wahrnehmungen und auf die Art und Weise, wie ihnen eine Situation erscheint. Das ist ein Grund, warum es für Kinder schwierig ist einzusehen, warum Ihre rechte Hand nicht an der gleichen Stelle ist wie die eines anderen Kindes, wenn Sie einander gegenüberstehen.

Egozentrismus zeigt sich auch in der Kindersprache. Sie haben sicher schon Kinder gesehen, die sich fröhlich mit sich selbst unterhalten, sie sprechen aus, was sie tun, ohne dass ein Zuhörer zu sehen ist. Das kann passieren, wenn das Kind allein im Raum ist, aber auch – und das häufiger –, wenn das Kind in einer Gruppe ist; jedes Kind spricht aufgeregt, aber ohne sichtbare Interaktion oder Unterhaltung. Piaget hat diese Situation als **kollektiven Monolog** bezeichnet.

Die Forschung hat jedoch gezeigt, dass junge Kinder nicht völlig egozentrisch in allen Situationen sind.

Reversibles Denken Eine Reihe von Schritten durchdenken und dann im Geiste die Schrittfolge umdrehen und an den Ausgangspunkt zurückkehren (siehe Reversibilität S. 46).

Konservierung Das Prinzip des Gleichbleibens von Eigenschaften eines Objektes bei wechselnder äußerer Form.

Dezentrierung Sich auf mehr als einen Aspekt zur gleichen Zeit konzentrieren.

Egozentrismus Die Annahme, dass andere Menschen die Welt genauso wahrnehmen wie man selbst.

Kollektiver Monolog Form des Selbstgespräches bei Kindern in der Gruppe, ohne dass eine Interaktion oder Kommunikation stattfindet.

Unterricht für das präoperationale Kind

Benutzen Sie konkrete Unterrichtsmaterialien und visuelle Hilfen, wann immer möglich.

Beispiele

1 Wenn Sie Konzepte diskutieren wie „Teil", „Ganzes" oder „Hälfte", nutzen Sie Formen auf einer „Pizza" aus Pappe, um diese Konzepte zu demonstrieren.

2 Lassen Sie Kinder addieren oder subtrahieren mit Stöckchen, Steinen oder farbigen Plättchen. Diese Technik ist auch hilfreich für Schüler im frühen konkret-operationalen Stadium.

Halten Sie Ihre Unterweisungen relativ kurz – nehmen Sie nicht zu viele Schritte auf einmal. Setzen Sie sowohl Handlungen als auch verbale Erklärungen ein.

Beispiele

1 Wenn Sie Anweisungen geben, wie der Klassenraum nach der Pause zu betreten ist und wie sich die Kinder auf den Sozialkundeunterricht vorbereiten können, bitten Sie einen Schüler, den Vorgang für die Klasse vorzumachen: leise hereinkommen, gleich an den Platz gehen und das Schulbuch, Papier und Bleistift auf den Tisch zu legen.

2 Erklären Sie ein Spiel, indem Sie selbst mitspielen.

3 Führen Sie den Kindern vor, wie eine Hausarbeit auszusehen hat. Setzen Sie einen Overhead-Projektor ein oder zeigen Sie Beispiele, wo sie den Schülern leicht zugänglich sind.

Helfen Sie den Schülern bei der Entwicklung der Fähigkeit, die Welt mit den Augen anderer zu sehen.

Beispiele

1 Knüpfen Sie in Ihrem Sozialkundeunterricht über verschiedene gesellschaftliche Gruppen an die Erfahrungen der Schüler an und weisen Sie auf Ähnlichkeiten und Unterschiede hin.

2 Geben Sie klare Regelungen vor für Teilen oder die Verwendung von Materialien. Helfen Sie den Kindern, den Wert dieser Regelungen zu verstehen; entwickeln Sie die Fähigkeit zur Empathie durch Fragen, wie sie wohl gern in einer bestimmten Situation behandelt werden würden. Vermeiden Sie lange Vorträge über Themen wie „Teilen" oder „Nett sein".

Achten Sie darauf, dass Schüler möglicherweise mit Wörtern andere Bedeutungen verbinden oder für dieselbe Bedeutung andere Wörter verwenden. Schüler erwarten auch, dass jeder die von ihnen erfundenen Wörter (Neologismen) versteht.

Beispiele

1 Wenn ein Schüler unter Protest sagt: „Ich mache kein Mittagsschläfchen. Ich ruhe mich nur aus!", könnte er das deshalb sagen, weil er mit Schlafen Schlafanzug anziehen und zu Hause ins Bett gehen verbindet.

2 Lassen Sie die Kinder ihre erfundenen Wörter definieren.

Geben Sie Ihren Schülern viele Gelegenheiten durch Handhabungen Fertigkeiten zu erwerben; diese Fertigkeiten sind die Bausteine für komplexere Kompetenzen wie etwa Leseverständnis oder Zusammenarbeiten.

Beispiele

1 Stellen Sie Buchstaben zum Ausschneiden zur Verfügung, um daraus Wörter zusammenzusetzen.

2 Bieten Sie Papier-und-Beistift-Rechenaufgaben an mit Aktivitäten, die Messen erfordern – Kochen, Ausstellungsecke im Klassenzimmer, eine Tüte Popcorn gleichmäßig verteilen.

3 Schlagen Sie den Kindern vor, aus älteren Zeitschriften Leute herauszuschneiden, die zusammenarbeiten und sich gegenseitig helfen – Familien, Arbeiter, Erzieher, Kinder.

Bieten Sie den Kindern einen großen Erfahrungsspielraum, damit sie die Grundlagen für ihre Begriffsbildung und den Spracherwerb erhalten.

Beispiele

1 Unternehmen Sie Ausflüge in den Zoo, Gärten und Konzerte; laden Sie Geschichtenerzähler in die Klasse ein.

2 Geben Sie Schülern Worte vor für das, was sie gerade tun: hören, sehen, fühlen, schmecken und riechen.

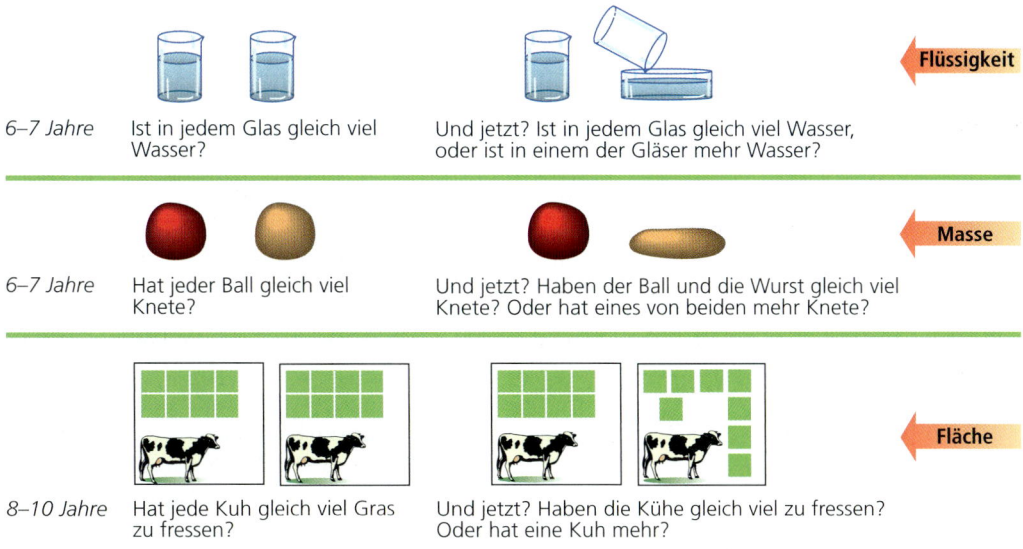

Abbildung 2.2: Einige der Konservierungsaufgaben Piagets. Zusätzlich zu den hier gezeigten Aufgaben hat Piaget noch andere entworfen, in denen es um die Konservierung von Anzahl, Länge, Gewicht und Volumen geht. Alle diese Aufgaben können Kinder im Laufe der konkret-operationalen Phase lösen.
Quelle: Aus *Child Development* von Laura E. Berk. Boston, MA: Allyn & Bacon, 4. Aufl. Copyright © 1997 Pearson Education.

Kinder ab 2 Jahren beschreiben ihren Eltern mehr Einzelheiten über eine Situation, in der die Eltern nicht anwesend waren im Vergleich zu einer Situation, in der sie es waren. Kleine Kinder erscheinen schon in der Lage zu sein, die Bedürfnisse und unterschiedlichen Perspektiven anderer in Betracht zu ziehen, wenigstens in einigen Situationen (Flavell et al. 2002). Um den kleinen Kindern gerecht zu werden: Auch Erwachsenen nehmen manchmal an, dass andere so fühlen oder denken wie sie. Haben Sie zum Beispiel schon einmal ein Geschenk bekommen, das dem Schenker gefiel, für Sie aber völlig ungeeignet war? Die *Richtlinien* geben Ihnen Hinweise, wie man mit Kindern in der präoperationalen Denkphase umgehen kann.

Späteres Grundschulalter bis zur Mittelstufe: die konkret-operationale Stufe

Piaget prägte den Begriff **konkrete Operationen**, um das Stadium des anschaulichen, an Objekte gebundenen Denkens zu bezeichnen. Die Grundmerkmale dieser Stufe sind das Erkennen der logischen Stabilität der physikalischen Welt, die Erfahrung, dass Elemente verändert oder transformiert werden und trotzdem noch viele ihrer ursprünglichen Merkmale beibehalten sowie das Verständnis, dass diese Veränderungen rückgängig gemacht werden können.

Schauen Sie sich die ▶ Abbildung 2.2 an, in der Beispiele der verschiedenen Aufgaben abgebildet sind, um die Konservierung zu testen und die ungefähren Altersspannen zu erfahren, in denen diese Aufgaben üblicherweise gelöst werden können. Nach Piaget hängt die Fähigkeit, solche Konservierungsaufgaben zu lösen, von folgenden drei Aspekten des logischen Denkens ab: *Identität*, *Kompensation* und *Reversibilität*. Mit einer Beherrschung des Konzeptes der **Identität** weiß der Schüler, dass das Material gleich bleibt, wenn nichts hinzugefügt oder weggenommen wird. Mit dem Verstehen der **Kompensation** weiß der Schüler, dass eine anscheinende Veränderung in einer Richtung durch eine entsprechende Veränderung in der anderen Richtung wieder ausgeglichen werden kann. Das heißt, wenn das Glas schmaler ist, wird die Flüssigkeit im Glas hö-

Konkrete Operationen Mentale Vorgehensweisen, die an konkrete Aufgaben und Situationen gebunden sind.

Identität Das Prinzip, dass ein Objekt oder Mensch über die Zeit das/derselbe bleibt.

Kompensation Das Prinzip, dass eine Veränderung in einer Dimension durch Veränderungen in einer anderen Dimension ausgeglichen werden kann.

her reichen. Und mit dem Verstehen der *Reversibilität* kann der Schüler die Veränderungen wieder rückgängig machen. Lea wusste offensichtlich, dass es dasselbe Wasser war (Identität), aber ihr fehlten noch die Konzepte Kompensation und Reversibilität, also befand sie sich in einem Übergangsstadium zur kognitiven Stufe, in der Konservierung möglich wird.

Eine weitere wichtige Operation wird in dieser Stufe gemeistert: die **Klassifikation**. Die Klassifikation hängt von der Fähigkeit des Schülers ab, nur ein Merkmal eines Objektes zu beachten (z.B. nur die Form oder nur die Farbe) und Objekte nach diesem Merkmal zusammen zu fassen. Eine differenzierte Klassifikation für dieses Alter besteht darin zu erkennen, dass eine Kategorie oder Klasse eine Unterkategorie/-klasse einer anderen ist. Eine Stadt kann sich in einer Region befinden, aber auch gleichzeitig in einem Land, wie aus der vorher berichteten Testfrage an die Kinder zu ersehen war. Wenn Kinder diese höhere Art der Klassifikation auf Orte anwenden, sind sie oft fasziniert von kompletten Adressen wie Joseph Rosenbaum, Ringstraße 196, München, Bayern, Deutschland, Europa, Nördliche Halbkugel, Erde, Sonnensystem, Milchstraße, Universum.

Die Klassifikation hängt auch mit der **Reversibilität** zusammen. Die Fähigkeit, einen Prozess rückgängig zu machen, erlaubt nun dem konkret-operationalen Schüler zu erkennen, dass es mehr als nur einen Weg zur Gruppierung von Objekten gibt. Der Schüler versteht zum Beispiel, dass Knöpfe nach Farbe sortiert werden können, dann neu sortiert nach Größe oder nach der Anzahl der Löcher.

Serienbildung oder **Seriation** ist der Prozess, eine Folge von groß nach klein oder umgekehrt zu bilden. Dieses Verstehen der Sequenz erlaubt dem Schüler eine logische Serie zu bilden, in der A < B < C (A ist weniger als B ist weniger als C) und so weiter. Anders als das präoperationale Kind kann das konkret-operationale Kind das Konzept begreifen, dass B größer als A, aber doch kleiner als C ist.

Mit der Fähigkeit, Operationen wie Konservierung, Klassifikation und Seriation zu vollziehen, hat der Schüler in der konkret-operationalen Stufe schließlich

Die Fähigkeit, konkrete Objekte zu manipulieren, hilft den Kindern beim Verstehen abstrakter Zusammenhänge wie z.B. die Verknüpfung von Symbolen und Mengen.

den Einstieg in das logische Denken geschafft. Dieses Denksystem ist jedoch immer noch an die physikalische Welt gebunden. Die Logik bezieht sich auf konkrete Situationen, die organisiert, klassifiziert und manipuliert werden können. Kinder in diesem Alter können sich verschiedene andere Anordnungen der Möbel in ihrem Raum vorstellen, bevor sie sie dann tatsächlich umstellen. Sie müssen das Problem nicht durch Versuch und Irrtum durch Ausprobieren von Umstellungen lösen. Aber das konkret-operationale Kind ist jetzt noch nicht fähig, hypothetische, abstrakte Probleme zu lösen, die eine Koordination von vielen Faktoren auf einmal erfordern. Diese Art der Koordination ist Teil von Piagets nächster und letzter kognitiver Entwicklungsstufe.

Klassifikation Objekte in eine Kategorie einordnen.

Reversibilität Ein Merkmal der piagetschen logischen Operationen – die Fähigkeit, eine Folge von Schritten zu durchdenken, dann im Geiste die Schrittfolge umzudrehen und an den Ausgangspunkt zurückzukehren. Heißt auch reversibles Denken (siehe S. 43).

Serienbildung/Seriation Objekte in einer Reihe nach der Ausprägung eines Merkmals (z.B. Größe, Gewicht, Volumen) anordnen.

Unterricht für das konkret-operationale Kind

Benutzen Sie auch weiterhin anschauliche Unterrichtsmaterialien und visuelle Hilfen, wann immer möglich.

Beispiele

1 Arbeiten Sie mit einer Zeitleiste in der Geschichtsstunde und mit dreidimensionalen Modellen im naturwissenschaftlichen Unterricht.

2 Zeigen Sie Diagramme, um hierarchische Beziehungen zu veranschaulichen, zum Beispiel bei der Darstellung der Bundesregierung und ihrer Gremien in allen Verzweigungen.

Benutzen Sie auch weiterhin Unterrichtsmaterialien zum Anfassen und Explorieren.

Beispiele

1 Führen Sie einfache physikalische Experimente vor, wie etwa das folgende zur Erläuterung des Zusammenhanges von Sauerstoff und Feuer: Was geschieht mit Feuer, wenn man es aus einer Entfernung anbläst? (Wenn Sie es nicht ausblasen, dann wird die Flamme kurz größer, weil sie mehr Sauerstoff bekommen hat). Was passiert, wenn Sie einen Topf über die Flamme stülpen?

2 Lassen Sie die Schüler Kerzen basteln, indem sie eine Kordel in Wachs tauchen, einen Stoff auf einem einfachen Webstuhl weben, Brot backen, Hand drucken oder andere Handwerkskünste ausüben lassen, die die täglichen Beschäftigungen von Menschen in früherer Zeit vor Augen führen.

Darstellungen und Lesestoff sollten möglichst kurz und gut aufgebaut sein.

Beispiele

1 Geben Sie Geschichten oder Bücher mit kurzen, logischen Kapiteln als Unterrichtsstoff oder Hausaufgabe auf; gehen Sie erst zu längeren Lesestücken über, wenn die Schüler dazu in der Lage sind.

2 Brechen Sie eine Darstellung ab, um die Gelegenheit zu geben, erste Schritte zu üben, bevor Sie zu den nächsten übergehen.

Benutzen Sie bekannte Beispiele, um komplexe Sachverhalte darzustellen.

Beispiele

1 Vergleichen Sie das Leben der Schüler mit denen von Figuren aus einer Geschichte. Nach der Lektüre von *Die Höhlenkinder* (die Geschichte von zwei Kindern, die sich verirrten und dann in einem abgelegenen Tal in einer Höhle wie Steinzeitmenschen lebten) könnten Sie Fragen stellen wie „Hat jemand von euch schon einmal eine Zeit lang allein gelebt? Wie hast du dich gefühlt?"

2 Vermitteln Sie den Begriff „Fläche", indem Sie Schüler zwei Klassenzimmer ausmessen und deren unterschiedliche Größe vergleichen lassen.

Geben Sie die Gelegenheit, auf zunehmend komplexerem Niveau Objekte und Begriffe zu gruppieren und klassifizieren.

Beispiele

1 Geben Sie Schülern Papierschnitzel mit darauf geschriebenen einzelnen Sätzen und stellen Sie die Aufgabe, die Sätze zu Textabschnitten zusammenzustellen.

2 Vergleichen Sie einzelne Systeme des Körpers mit anderen Systemen: das Gehirn mit einem Computer, das Herz mit einer Pumpe. Unterteilen Sie Geschichten in einzelne Komponenten, vom Allgemeinen zum Spezifischen: Autor; Geschichte; Figuren, Handlung, Thema; Ort, Zeit; Dialog, Beschreibung, Handlungsanweisung.

Stellen Sie Aufgaben, die logisches, analytisches Denken erfordern.

Beispiele

1 Setzen Sie Gehirnakrobatik und Rätsel ein, lassen Sie „harte Nüsse" knacken.

2 Diskutieren Sie freie Antworten, die das Denken anregen: „Sind das Gehirn und der Geist dasselbe?", „Wie sollte die Stadt mit Tieren umgehen?", „Was ist die größte Zahl?"

3 Benutzen Sie Sportfotos oder Bilder von Krisensituationen (Rotes Kreuz im Einsatz bei einer Katastrophe, Armuts- oder Kriegsopfer, hilfsbedürftige Senioren), um eine Diskussion über Möglichkeiten der Bewältigung solcher Krisensituationen zu erarbeiten.

Für mehr Vorschläge suchen Sie die Website **http://chiron.valdosta.edu/whuitt/col/cogsys/piagtuse.html** auf.

Für jede Klasse, die Sie unterrichten, ist das Wissen über das konkret-operationale Denken hilfreich (siehe S. 47, *Richtlinien*). In den ersten Klassenstufen entwickeln die Kinder allmählich die Fähigkeit, in einem logischen System zu denken. In den mittleren Klassenstufen können sie damit gut umgehen; sie sind gut darauf vorbereitet, durch Ihren Unterricht noch Erweiterungen und Anwendungen zu lernen. Schüler in den höheren Klassenstufen und auch noch Erwachsene greifen auf konkrete Denkoperationen zurück, besonders in neuen und unbekannten Bereichen.

Höheres Schulalter und Grundstudium in der Hochschulausbildung *formal operational*

Manche Schüler bleiben in ihrem gesamten Schuldasein, manchmal sogar ein Leben lang, in der konkretoperationalen Stufe der kognitiven Entwicklung. Aber in der Schulzeit werden die Schüler schon mit Aufgaben konfrontiert, deren Lösungen über konkrete Operationen hinausgehen.

> ### Halt! Denken Sie nach! Schreiben Sie!
> Sie wollen für eine längere Reise packen, aber das Gepäck soll leicht sein. Wie viele Ausstattungen mit drei Stücken (Hose, Hemd/Bluse, Jacke) haben Sie, wenn Sie drei Hosen, drei Hemden/Blusen und drei Jacken mitnehmen wollen (wir nehmen an, dass sie alle modisch aufeinander abgestimmt sind)? Halten Sie Ihre eigene Überlegungszeit bis zur Antwort fest!

Was geschieht, wenn eine Anzahl von Variablen in Wechselwirkung treten (interagieren), wie in einem Laborexperiment oder wie in der oben gestellten Frage? Dann wird ein mentales System zur Kontrolle eines Satzes von Variablen gebraucht, und es müssen mehrere Möglichkeiten durchgespielt werden können. Diese Art zu denken, gehört nach Piaget zu den formalen Operationen.

Auf dem Niveau der **formalen Operationen** wechselt der Fokus der Aufmerksamkeit von dem, was *ist* zu dem, was *sein könnte*. Situationen müssen nicht Teil der Erfahrung gewesen sein, um vorstellbar zu werden. Fragen Sie ein kleines Kind, ob das Leben anders

wäre, wenn wir nicht mehr schlafen könnten, dann könnte das Kind antworten: „Die Leute schlafen aber!" Der Adoleszente hingegen, der die formalen Operationen gemeistert hat, kann sich nicht-reale Situationen vorstellen. Wenn er eine richtige Antwort gibt, zeigt er eine wichtige formale Operation – das **hypothetisch-deduktive Denken**. Der formale Denker kann eine hypothetische Situation (Leute schlafen nicht) durchdenken und deduktive Schlussfolgerungen daraus ableiten (aus der allgemeinen Annahme zur spezifischen Implikation, wie etwa längere Arbeitstage, mehr Geld ausgeben für Elektrizität und andere Haushaltsenergien, kleinere Häuser ohne Schlafzimmer, eine ganz neue Unterhaltungsindustrie). **Formale Operationen** umfassen auch induktive Schlussfolgerungen, d. h. Beobachtungen nutzen, um ein allgemeines Prinzip zu erkennen. Zum Beispiel beobachtet ein Wirtschaftsfachmann zahlreiche Veränderungen in den Börsenkursen und versucht daraus, allgemeine Prinzipien wirtschaftlicher Zyklen zu erkennen.

Formal-operationale Denker können Hypothesen aufstellen, mental Experimente entwerfen, um die Hypothesen zu testen, und Variablen isolieren und kontrollieren, um einen gültigen Test der Hypothesen herbeizuführen. Diese Art von Schlussfolgerungen ist notwendig für den Erfolg in vielen Leistungskursen der höheren Schulen und Lehrveranstaltungen an den Universitäten (Meece, 2002).

Nach der Grundschule ist die Fähigkeit, abstrakte Möglichkeiten zu erwägen, Voraussetzung für große Teile der Mathematik und Naturwissenschaften. Die meisten Aufgaben in der Mathematik beschäftigen sich mit hypothetischen Situationen, Annahmen, und Vorgaben: „Es sei $x = 10$" oder „Es wird angenommen $x^2 + y^2 = z^2$" oder „Gegeben seien zwei Seiten und der eingeschlossene Winkel …". Arbeit in den Sozialwissenschaften und der Literatur erfordert auch abstraktes Denken: „Was hat Wilson wohl gemeint, als er den Ersten Weltkrieg einen Krieg nannte, ‚der alle anderen Kriege beenden würde'?" „Was sind einige Metaphern für Hoffnung und Verzweiflung in Shakespeares Sonetten?" „Was für ein Symbolgehalt hat der Kleinwuchs von Oskar in der *Blechtrommel* von Günther Grass?" „Wie werden menschliche Charaktereigenschaften in Äsops Fabel durch Tiere dargestellt?"

Formale Operationen Mentale Vorgehensweisen, die abstraktes Denken und Koordination mehrerer Variablen erfordern.

Hypothetisch-deduktives Denken Eine formallogische Problemlösestrategie, an deren Beginn die Identifikation aller für den Problemlösevorgang relevanten Faktoren steht, auf welche die Ableitung (Deduktion) und die systematische Bewertung spezifischer Lösungen folgen.

Lerngeschichten   Das verdanke ich meinem Lehrer

Der Erzbischof Desmond Tutu ging in eine Schule in Südafrika, die „alle Merkmale einer Ghettoschule hatte; keine nennenswerten Lernmittel und Räumlichkeiten. Nur einmal in den fünf oder sechs Jahren hatte ich Unterricht in einem Labor, es gab eine völlig unzureichende Bibliothek und sehr wenige Freizeitmöglichkeiten und Spielausstattungen." Die überfüllten Klassen mit gewöhnlich über 80 Kindern hatten Unterricht in einem ärmlich möblierten Kirchengebäude. Pfarrer Tutu bemerkte, dass Mathematik nicht sein Lieblingsfach war — er lernte es nur, weil er musste —, bis er Herrn Ndebele kennenlernte. Die Situation der Schüler veränderte sich grundlegend, nachdem Herr Nimrod Nebele vor der Klasse stand. Er war von mittlerer Größe und hatte eine schöne Altstimme. Er hatte immer ein freundliches Lächeln um seinen Mund, er sah sehr nett aus; er machte das Lernen in seinem Fach zum Vergnügen. Er brachte immer Gegenstände mit, um zu veranschaulichen, was bis dahin im tiefsten Nebel verborgen geblieben war. Er hatte ein ungewöhnliches Talent, die kompliziertesten und unklarsten Prinzipien so geradlinig, einfach und offensichtlich erscheinen zu lassen. Niemand, wirklich niemand von seinen Schülern ist in Mathematik bei der öffentlichen staatlichen Abschlussprüfung durchgefallen. Im Gegenteil, viele seiner Schüler erhielten Auszeichnungen.

Ich danke Gott, Herrn Ndebele als Lehrer gehabt zu haben und dafür, dass er vielen von uns so viel gegeben hat.

Quelle: Aus *Mentors, Masters, and Mrs. MacGregor* von J. Bluestein. Copyright © Health Communications.

Desmond Tutu, ein geschätzter Reformer und religiöser Führer in Südafrika, beschreibt einen Lehrer, der wusste, wie man abstrakte mathematische Begriffe unterrichtete, selbst wenn die Klassen über 80 Schüler hatten. Er beschreibt seine Vorgehensweise in *Lerngeschichten: Das verdanke ich meinem Lehrer*.

Das organisierte, wissenschaftliche Denken mit formalen Operationen erfordert, dass der Schüler systematisch an verschiedene Möglichkeiten in einer bestimmten Situation denkt. Wenn zum Beispiel das Kind gefragt wird, „Wie viele verschiedene Ausstattungen mit Hemd(Hose/Jacke lassen sich mit drei von jedem der drei Ausstattungsstücke zusammenstellen?", wird ein Kind, das schon über formale Operationen verfügt, ausrechnen, dass es 27 mögliche Kombinationen gibt (Haben Sie dasselbe herausgefunden?)

Ein konkreter Denker könnte eine beschränkte Anzahl von Kombinationen nennen, indem er jedes Kleidungsstück nur einmal einbezieht. Die systematische Kombination ist noch nicht entwickelt.

Ein anderes Merkmal dieser Stufe ist der **adoleszente Egozentrismus**. Aber im Gegensatz zum egozentrischen jüngeren Kind sehen egozentrische Jugend-

> ### Verknüpfen und erweitern Sie Ihren Unterricht
>
> Was sind die Unterschiede (und Gemeinsamkeiten) zwischen dem Egozentrismus kleiner Kinder und demjenigen von Jugendlichen?

liche durchaus ein, dass andere Menschen andere Wahrnehmungen und Überzeugungen haben können, doch sie sind sehr mit sich selbst beschäftigt. Sie analysieren in erster Linie ihre eigenen Überzeugungen und Einstellungen. Dies führt zu dem, was Elkind (1981) die Vorstellung von einem *imaginären Publikum* nennt — das Gefühl, ständig beobachtet zu werden. Jugendliche glauben, dass andere sie analysieren. „Jedem ist aufgefallen, dass ich dieses Hemd diese Woche schon einmal anhatte." „Die ganze Klasse hat meine Antwort dumm gefunden." Es ist offensichtlich, dass soziale „Schnitzer" oder Unvollkommenheiten in der äußeren Erscheinung sehr beeinträchtigend wirken können, wenn „jeder hinschaut". Glücklicherweise er-

---

Adoleszenter Egozentrismus Die Annahme, dass alle die eigenen Überzeugungen, Gedanken, Gefühle und Bedenken teilen.

reicht dieses Gefühl „immer auf der Bühne zu sein" seinen Höhepunkt zwischen 14 und 15 Jahren, obwohl wir in unvertrauten Situationen alle einmal das Gefühl haben können, unsere Fehler fallen allen auf.

Die Fähigkeit, hypothetisch zu denken, alle Möglichkeiten zu erkennen, und das eigene Denken zu reflektieren, hat für Jugendliche bemerkenswerte Konsequenzen. Da sie über nicht-existierende Welten nachdenken, interessieren sie sich für Science Fiction. Weil sie von allgemeinen Prinzipien auf spezielle Handlungen schließen können, setzen sie sich oft mit Menschen kritisch auseinander, deren Handlungen ihren Prinzipien widersprechen. Jugendliche können „beste" Möglichkeiten aus Prinzipien ableiten, sich ideale Welten vorstellen (oder ideale Eltern und Lehrer). Schüler beschäftigen sich schon in diesem Alter mit Utopien, politischen Anliegen und Sozialfragen. Sie entwerfen

bessere Welten, und dank ihrer Denkfähigkeiten können sie das auch. Adoleszente können sich auch für sich selbst verschiedene mögliche Zukunftsgestaltungen vorstellen. Sie können jetzt schon eine Entscheidung anstreben. Ihre Ideale vertreten sie mit großem emotionalem Einsatz.

Erreichen wir alle die vierte Stufe der kognitiven Entwicklung?

Viele Psychologen stimmen darin überein, dass es ein differenzierteres und wissenschaftlicheres Denken gibt als konkret operationales. Aber bis heute wird diskutiert, was formallogisches Denken, auch bei Erwachsenen, eigentlich ausmacht. Die ersten drei Stufen des Denkens sind fest programmiert durch die Entwicklung und die physikalische Außenwelt. Objekte sind

---

Den Gebrauch formaler Operationen bei Schülern fördern

Setzen Sie auch weiterhin konkret-operationale Unterrichtsmaterialien und Strategien ein.
Beispiele

1 Verwenden Sie visuelle Unterrichtshilfsmittel wie Anzeigen und Veranschaulichungen, aber auch anspruchsvollere Grafiken und Diagramme; dies ist besonders wichtig bei neuem Stoff.

2 Vergleichen Sie die Erfahrungen von Figuren in Geschichten mit den Erfahrungen Ihrer Schüler.

Geben Sie den Schülern die Gelegenheit, viele hypothetische Fragestellungen anzugehen.
Beispiele

1 Lassen Sie Schüler Abhandlungen über ihre Position in einer bestimmten Frage schreiben, dann sollen die Aufsätze ausgetauscht werden mit Schülern, die der gegenteiligen Meinung sind, und Debatten angeregt werden über soziale Fragen – Umwelt, Wirtschaft, Gesundheitswesen.

2 Bitten Sie Schüler, eine eigene Utopie zu entwerfen; z.B. über eine Welt zu schreiben, die keine zwei Geschlechter kennt oder eine Welt zu beschreiben, nachdem die Menschen ausgestorben sind.

Geben Sie den Schülern Gelegenheiten, Probleme zu lösen und wissenschaftlich zu denken.
Beispiele

1 Bilden Sie Arbeitsgruppen, in denen die Schüler Experimente entwerfen, die bestimmte Ergebnisse bringen könnten.

2 Bitten Sie Schüler, zwei unterschiedliche Standpunkte über Tierrechte zu begründen mit logischen Argumenten für jede Seite.

Wenn es möglich ist, sollten Sie umfassendere Konzepte verwenden, nicht nur Tatsachen, indem Sie Materialien und Ideen einbringen, die aus dem Erfahrungsbereich der Schüler stammen (Delpit, 1995).
Beispiele

1 Beim Thema Zweiter Weltkrieg könnte man die Begriffe „Heimat" und „Volk" diskutieren und analysieren.

2 Im Deutschunterricht könnten Sie Schüler die Texte von Schlagern heraussuchen lassen, um Regeln für Reimbildung herauszufinden. Sie könnten diskutieren, wie effektiv diese Formeln es schaffen oder nicht schaffen, die intendierten Bedeutungen und Gefühle der Liedermacher zu kommunizieren.

dauerhaft vorhanden. Die Wassermenge verändert sich nicht allein dadurch, dass sie in ein anderes Gefäß gegossen wird. Formale Operationen, sind jedoch nicht so eng an die physikalische Welt gekoppelt. Sie sind abhängig vom Grad der Übung im Lösen hypothetischer Probleme und formal wissenschaftlicher Fragestellungen – Kompetenzen, die in Schriftkulturen besonders hoch bewertet und in höheren Bildungseinrichtungen wie Universitäten, unterrichtet werden. Noch 50 % der jungen Studenten versagen bei Piagets Aufgaben zum formallogischen Denken (Berk, 2005).

Piaget selbst (1974) nahm an, dass Erwachsene nur in bestimmten Bereichen, in denen sie viel Erfahrung und Expertise angesammelt haben, formallogisch denken. Nach einer Lehrveranstaltung an der Universität können Studenten in diesem Themenbereich durchaus formallogische Operationen ausführen, aber nicht notwendigerweise in anderen (Lehman & Nisbett, 1990). Deshalb kann man von Mittelschülern oder auch Schülern der höheren Schule nicht ohne Weiteres formallogisches Denken erwarten, besonders dann nicht, wenn sie etwas Neues lernen.

Manchmal finden Schüler Abkürzungen, um Lösungen für ihnen unverständliche Probleme zu finden; dann gehen sie dazu über, Formeln oder Folgen von Lösungsschritten auswendig zu lernen. Das kann hilfreich sein, wenn es darum geht, eine Klassenarbeit zu schreiben oder einen Test zu bestehen, aber ein tiefergehendes Verständnis setzt nur dann ein, wenn mehr begriffen wird als nur oberflächlich die Lösungsschritte auswendig zu lernen. Die *Richtlinien* können Ihnen wieder helfen, das formallogische Denken Ihrer Schüler zu fördern.

2.2.4 Informationsverarbeitung und neo-piagetscher Ansatz in der kognitiven Entwicklung

Wie in Kapitel 7 zu sehen sein wird, gibt es Erklärungen dafür, warum es für junge Kinder schwierig ist, die Konservierungs- und andere piagetsche Aufgaben zu bewältigen. Diese Erklärungen gründen auf den Kompetenzen der Informationsverarbeitung wie Aufmerksamkeit, Gedächtniskapazität und den Lernstrategien. Mit dem Reifungsprozess und der Gehirnentwicklung

sind sie besser imstande, ihre Aufmerksamkeit gerichtet einzusetzen, Informationen schneller zu verarbeiten, eine größere Informationsmenge im Gedächtnis zu behalten und Denkstrategien leichter und flexibler einzusetzen. Siegler (1998; 2000) schlägt vor, dass mit fortschreitendem Alter der Kinder sie auch zunehmend besseres Regel- und Strategienverständnis für die Lösung von Problemen und das logische Denken aufweisen. Lehrer können Schülern helfen, ihre Kapazitäten für Strategieverständnis beim Problemlösen zu entwickeln und logisch zu denken durch Herausfordern ihres logischen Denkens und die Vermittlung von Erfahrung mit Fehlschlüssen. Sieglers Ansatz beschäftigt sich also mit *Regelorientierung,* weil er sich konzentriert auf das Verstehen, infragestellen und Verändern von Denkregeln, die Schüler anwenden.

Einige Entwicklungspsychologen haben **neo-piagetsche Theorien** formuliert; sie beinhalten die piagetschen Erkenntnisse über die Konstruktion des Weltwissens bei Kindern und die kindlichen Denkweisen, fügen dem aber Ergebnisse aus der Forschung über Informationsverarbeitungprozesse wie Aufmerksamkeitsverteilung, Gedächtnis und kognitive Strategien hinzu. Zum Beispiel hat Robbie Case (1992; 1998) eine Erklärung der kognitiven Entwicklung vorgeschlagen, die von einer stufenartigen Entwicklung in einzelnen Denkbereichen ausgeht, wie z. B. im Gebiet der Zahl- und räumlichen Begriffe, der sozialen Aufgaben, im Geschichtenerzählen, in Schlussfolgerungsprozessen im Bereich der physikalischen Objekte und der motorischen Entwicklung. Mit zunehmender Übung im Einsatz von Schemata in einem bestimmten Bereich (z. B. Zählschemata im Bereich der Zahlbegriffe), fällt es leichter, die Schemata zu vervollständigen und nimmt weniger Aufmerksamkeit in Anspruch. Die Schemata werden automatischer eingesetzt, weil das Kind nicht so angestrengt darüber nachdenken muss. Das setzt wieder mentale Ressourcen und Gedächtniskapazität frei, um mehr zu verarbeiten. Das Kind kann einfache Schemata zu umfassenderen und komplexen Schemata integrieren, auch neue Schemata erfinden, wenn es sich als notwendig erweist (durch den Einsatz von Assimilation und Akkomodation).

In jedem Bereich wie etwa den Zahlbegriffen oder sozialen Zusammenhängen entwickeln sich Kinder vom Begreifen einfacher Schemata in den frühen Vor-

Neo-piagetsche Theorien Neuere Theorien, die Befunde über Aufmerksamkeit, Gedächtnis und Strategiengebrauch mit Piagets Erkenntnissen über das Denken und die Konstruktion des Wissens beim Kinde verbinden.

schuljahren hin zu dem Integrieren zweier Schemata zu einer neuen Einheit (zwischen 4 und 6 Jahren), und schließlich mit 9 bis 11 Jahren bilden sie komplexere Einheiten, die breitere Anwendungen ermöglichen (Berk, 2005; Case, 1992, 1998). Kinder durchschreiten diese qualitativ unterschiedlichen Stufen in jedem Bereich, aber Case macht geltend, dass ein Fortschritt in einem Bereich nicht notwendigerweise auch Fortschritte in anderen Bereichen bedeutet. Das Kind muss Erfahrungen und Engagement beim Inhalt und den Denkformen in jedem Bereich gesammelt haben, um immer komplexere und nutzbringende Schemata und koordiniertes Verstehen der Begrifflichkeit in einem Bereich auszubilden.

2.2.5   Grenzen der Theorie Piagets

Die meisten Psychologen können den einsichtsvollen Beschreibungen Piagets, von der Art, wie Kinder denken, zustimmen, viele widersprechen ihm aber bei seinen Erklärungen, über den Weg der Kinder zu diesen Formen des Denkens.

Das Problem der Entwicklungsstufen

Manche Psychologen stellen die Existenz von vier getrennten Stufen der kognitiven Entwicklung infrage, obwohl sie an den von Piaget beschriebenen Veränderungen selbst keinen Zweifel hegen (Miller, 2002). Ein Problem des Stufenmodells ist der Mangel an Übereinstimmung im Denken der Kinder. Zum Beispiel können Kinder Mengen konservieren (sie erkennen, dass die Menge der Bauklötze sich nicht verändert, wenn sie anders angeordnet werden) ein oder sogar zwei Jahre früher als sie die Konservierung von Masse erkennen (die Masse eines Kneteklumpens ändert sich nicht, wenn er zu einer lang gestreckten Wurst umgeformt wird). Warum können sie nicht gleichzeitig in allen Bereichen konservieren? Um Piaget gerecht zu werden, muss erwähnt werden, dass er in seinen späteren Arbeiten weniger Wert auf die Stufenkonzeption in der kognitiven Entwicklung legt, sondern mehr die Rolle der Äquilibration in den Veränderungen im Denken hervorhob (Miller 2002).

Ein anderes Problem einer Stufenkonzeption ist in einem möglicherweise kontinuierlichen Prozess der Veränderungen des Denkens zu sehen. Zum Beispiel könnte die Objektpermanenz allmählich mit der wachsenden Gedächtniskapazität entstehen und nicht mit einem Schlag nach dem Alles-oder-Nichts-Prinzip in

Erscheinung treten. Je länger man Säuglinge mit der Suche nach einem versteckten Objekt warten lässt – je länger sie sich an das Objekt erinnern müssen –, umso älter müssen sie sein, um die Suche erfolgreich enden zu lassen. Siegler (1998) bemerkt, dass Veränderungen sowohl kontinuierlich als auch diskontinuierlich verlaufen können, wie in einem mathematischen Ansatz, der *Katastrophentheorie*. Plötzlich auftretenden Veränderungen, wie der Zusammenbruch einer Brücke, gehen eine Reihe von allmählichen Veränderungen voraus wie etwa das langsame Verrosten der Metallteile an der Brücke. Ähnliches kann man bei Veränderung von Fähigkeiten bei allmählich sich entwickelnden Kindern beobachten; die Veränderungen schleichen sich ein bis sie schließlich ein großes Ausmaß angenommen und als „abrupt" wahrgenommen werden (Fischer & Pare-Blagoev, 2000).

Fähigkeiten von Kindern werden unterschätzt

Gegenwärtig besteht der Eindruck, Piaget habe die kognitiven Fähigkeiten von Kindern unterschätzt, vor allem die der kleinen Kinder. Die Aufgaben, die er für die Kleinen entwarf, könnten zu schwierig gewesen sein, und die Instruktionen zu verwirrend. Seine kleinen Versuchspersonen könnten mehr gewusst haben, als sie in den Testsituationen haben äußern können. Zum Beispiel zeigen die Arbeiten von Gelman und ihren Kollegen (Gelman, 2000; Gelman & Cordes, 2001), dass Vorschulkinder viel mehr über Zahlen wissen, als Piaget angenommen hatte, auch wenn sie manchmal Fehler machen und durcheinander kommen. Solange Kindergartenkinder mit drei oder vier Objekten gleichzeitig

Eine der Beschränkungen von Piagets Theorie der kognitiven Entwicklung ist das Unterschätzen der kognitiven Fähigkeiten kleiner Kinder. Zum Beispiel erklärt seine Theorie nicht, wie diese kleinen Mädchen auf demselben Niveau Schach spielen können wie viele Erwachsene.

umgehen, können sie erkennen, dass die Anzahl trotz wechselnder Lage die gleiche bleibt; dies erkennen sie auch, wenn die Objekte zusätzlich noch weiter auseinander oder enger zusammengelegt werden. Daraus kann man schließen, dass Menschen mit einer größeren kognitiven Ausstattung geboren werden, als Piaget erklärte. Einige grundlegende kognitive Verarbeitungsmöglichkeiten wie die Objektpermanenz oder ein rudimentärer Mengen- bzw. Zahlbegriff könnte Teil unserer durch Evolution erworbenen Grundausstattung und für die menschliche Entwicklung abrufbar sein (Geary & Bjorklund, 2000).

Piagets Theorie erklärt nicht, wie schon kleine Kinder auf höherem Niveau Leistungen vollbringen können in Bereichen, in denen sie Erfahrung und Expertise angesammelt haben. Ein neunjähriger Schachspieler kann vielleicht schon abstrakt über Schachzüge nachdenken, während ein 20-jähriger Neuling auf konkrete Strategien zurückgreifen muss, Züge zu planen und zu erinnern (Siegler, 1998). Piaget kennt dieses Phänomen der unterschiedlichen Leistungs-(Denk-)fähigkeit bei gleichem Alter oder anders formuliert: die gleiche Art der Denkleistung wird in verschiedenen Bereichen in unterschiedlichen Altersstufen erreicht. Er wählte dafür die Bezeichnung *horizontale Verschiebung* (Piaget, 1983/1932).

Kognitive Entwicklung und Kultur

Schließlich noch ein letzter kritischer Punkt: Die Theorie Piagets vernachlässigt den sozialen und kulturellen Kontext. Kinder in westlichen Ländern können wissenschaftlich denken und formale Operationen lernen, weil sie das in der Schule lernen müssen (Berk, 2005; Geary, 1998). Sogar konkrete Operationen wie die Klassifikation erwerben Kinder in unterschiedlichen Kulturen auf verschiedene Weise. Wenn Menschen aus dem Stamm der Kpelle in Afrika z. B. gebeten werden, zwanzig Objekte zu sortieren, schaffen sie zunächst Gruppierungen, die ihnen sinnvoll erscheinen – ein Haufen bestehend aus Kartoffeln, Messer und einer Orange. Der Versuchsleiter konnte die Kpelle nicht dazu bringen, ihre Klassifikationen oder Kategorien zu ändern; sie sagten, so würde das ein weiser Mann anordnen. Als schließlich der Versuchsleiter leicht verzweifelt fragte: „Wie würde es denn ein Dummkopf an-

ordnen?", gruppierten die Kpelle die vier Kategorien, die der Versuchsleiter erwartet hatte – Esswaren, Werkzeuge usw. (Rogoff & Morelli, 1989).

Es gibt noch eine andere immer einflussreicher werdende Theorie der kognitiven Entwicklung. Sie wurde vor etlichen Jahren von Lev Wygotski vorgeschlagen und vor Kurzem wiederentdeckt. Diese Theorie verbindet kognitive Entwicklung und kulturellen Kontext miteinander.

Wygotskis soziokultureller Ansatz   2.3

Psychologen erkennen heute an, dass die Kultur die kognitive Entwicklung formt; sie bestimmt, was und wie ein Kind von der Umwelt lernt. Zum Beispiel lernen die Mädchen bei den Zinacanteco-Indianern in Süd-Mexiko Stoffe mit komplizierter Webtechnik und Mustern zu weben, durch die informelle Unterweisung von Erwachsenen in ihrem Dorf. In Brasilien lernen Kinder – ohne je zur Schule gegangen zu sein – komplizierte Rechenaufgaben zu lösen, um vom Großhändler zu kaufen, dann wieder zu verkaufen, indem sie handeln und noch einen Gewinn dabei herausschlagen. Kulturen, die Wert auf Kooperation und Teilen legen, lehren diese Fähigkeiten schon kleinen Kindern, während Kulturen, die den Wettbewerb befürworten, ihren Kindern jene Fertigkeiten vermitteln, mit denen sie den Wettbewerb bestehen können (Bakerman et al., 1990; Ceci & Roazzi, 1994). Die von Piaget beobachteten Stufen sind nicht unbedingt „natürlich" für alle Kinder, weil sie bis zu einem gewissen Grade die Erwartungen und Aktivitäten der westlichen Kulturen widerspiegeln (Kozulin, 2003; Rogoff, 2003).

Ein Hauptvertreter dieser soziokulturellen Theorie (auch soziohistorisch genannt) war ein russischer Psychologe, dessen Tod etwa 70 Jahre zurückliegt. Lev Semenowitsch Wygotski war erst 38 Jahre alt, als er an Tuberkulose starb, aber während seines kurzen Lebens schrieb er 100 Bücher und Artikel. Manche Werke sind übersetzt (Wygotski, 1985, 1986, 1987). Wygotskis Arbeit begann mit Untersuchungen über Lernen und Entwicklung, um seinen eigenen Unterricht als Lehrer zu verbessern. Er schrieb weiterhin über den Zusammenhang von Sprache und Denken, Kunstpsychologie

---

Soziokulturelle Theorie Betont die Rolle von kooperativen Dialogen zwischen Kind und erfahreneren Erwachsenen in der Gesellschaft. Kinder lernen die Kultur ihrer Gesellschaft (u. a. Lebensformen und kognitive Orientierungen) durch diese Interaktionen.

Verknüpfen und erweitern Sie Ihre Forschungskenntnisse

Sehen Sie sich das Sonderheft im Frühjahr 1995 der Zeitschrift *Educational Psychologist* an über „Lev S. Wygotsky and Contemporary Educational Psychology".

und Behindertenpädagogik. In Russland blieben seine Schriften viele Jahre lang verboten, weil er Psychologen aus dem westlichen Ausland zitierte. Aber in den vergangenen 30 Jahren wurden seine Arbeiten wiederentdeckt; dadurch wurden Wygotskis Ideen für die Psychologie und die Pädagogik einflussreich; sie verdrängten manche der Überlegungen Piagets und wurden als Alternative zu Piagets Ansatz diskutiert (Kozulin, 2003; McCaslin, & Hickey, 2001; Wink & Putney, 2002).

Wygotski nahm an, dass sich die menschlichen Tätigkeiten im kulturellen Kontext vollziehen und ohne diesen Kontext nicht verstanden werden können. Eine seiner Kernideen bestand in der Annahme, dass unsere spezifischen mentalen Strukturen und Prozesse auf unsere Interaktionen mit anderen zurückgeführt werden. Diese sozialen Interaktionen sind mehr als nur einfache Einflüsse auf die kognitive Entwicklung, sie schaffen erst unsere kognitiven Strukturen und Denkprozesse (Palincsar, 1998). Wie John-Steiner und Mahn (1996) äußern: „Wygotski verstand Entwicklung als eine Transformation von gemeinsamen sozialen Tätigkeiten in internalisierte Prozesse" (S. 192). Die folgenden drei Themen in Wygotskis Schriften, die erklären, wie soziale Prozesse das Lernen und Denken formen, sollen näher betrachtet werden: die sozialen Wurzeln des individuellen Denkens; die Rolle der Kulturtechniken beim Lernen und in der Entwicklung, hiervon besonders die Sprache sowie die Zone der proximalen Entwicklung (Wertsch & Tulviste, 1992; Driscoll, 2005).

2.3.1 Die sozialen Wurzeln individueller Denkvorgänge

Wygotski nahm an, dass „jede Funktion in der kulturellen Entwicklung (Enkulturation) des Kindes zwei-

mal in Erscheinung tritt: zum ersten Mal auf der sozialen Ebene und später auf der individuellen; zuerst zwischen Menschen (‚interpsychisch') und dann im Kind (‚intrapsychisch')" (1985, S. 349). Mit anderen Worten, höhere mentale Prozesse werden im Laufe von geteilten Tätigkeiten zwischen dem Kind und einer anderen Person zuerst ko-konstruiert. Danach werden die Ko-Konstruktionen vom Kind internalisiert und werden ein Teil der kognitiven Entwicklung des Kindes. Zum Beispiel setzen Kinder Sprache erst bei Tätigkeiten mit anderen ein, um das Verhalten der anderen zu steuern („Nein – slafen!"; oder „Kek(s)!"). Später kann das Kind auch sein eigenes Verhalten regulieren durch „Selbstgespräche" (englisch: *private speech*) wie z. B. „Vorsicht – nicht kleckern". Darauf wird später noch eingegangen. Für Wygotski kommen Interaktionen also mehr Funktionen als nur soziale Einflussnahme zu, sie sind der Ursprung der höheren geistigen Prozesse wie etwa des Problemlösens. Ein Beispiel:

Eine Sechsjährige hat ein Spielzeug verloren und bittet ihren Vater, ihr beim Suchen zu helfen. Der Vater fragt sie, wo sie das Spielzeug zuletzt gesehen hat; das Kind antwortet. „Ich weiß das nicht mehr". Er stellt weitere Fragen wie „Hast du es in deinem Zimmer zuletzt gehabt?" oder „War es draußen oder bei deiner Freundin nebenan?" Das Kind antwortet immer mit „nein". Als er dann fragt, ob sie das Spielzeug zuletzt im Auto gehabt hat, sagt sie: „Ich glaube" und geht zum Auto, um das Spielzeug zu holen (Tharp & Gallimore, 1988, S. 14).

Wer erinnert sich? Die Antwort ist: weder der Vater noch das Kind, sondern die Erinnerung ist das Ergebnis ihrer Interaktion. Das Erinnern und Problemlösen waren ko-konstruiert – zwischen Interaktionspartnern. Aber das Kind kann aus diesem Ko-Konstruktionsprozess Strategien lernen und sie internalisieren, damit es sie später ohne Interaktion einsetzen kann, wenn es wieder etwas sucht. Irgendwann kann das Kind diese Art von Aufgabenstellung unabhängig von anderen allein lösen. Ähnlich wie die Strategie, das Spielzeug wiederzufinden, tauchen Funktionen allgemein erst zwischen einer kenntnisreicheren anderen Person und dem Kind auf, um dann vom Kind verinnerlicht und selbstständig eingesetzt zu werden (Kozulin, 1990, 2003).

Ko-Konstruktion Ein sozialer Prozess, in dem Menschen interagieren und aushandeln (meist mit sprachlichen Mitteln), um eine gemeinsame Verständigungsbasis zu finden oder ein Problem zu lösen. Das Endprodukt wird durch alle Teilnehmer mitbestimmt.

Ein weiteres Beispiel für die sozialen Wurzeln des individuellen Denkens stammt von Richard Anderson und seinen Kollegen (2001); sie untersuchten, wie Viertklässler in kleinen Arbeitsgruppen Argumentationsfiguren, die in Diskussionen auftauchten, übernahmen und nutzten. Eine Argumentationsfigur ist eine bestimmte Form des Argumentierens, etwa wie „Ich denke {POSITION}, weil {BEGRÜNDUNG}", die der Schüler mit speziellen Inhalten bei POSITION und BEGRÜNDUNG füllen kann. Der Schüler könnte z. B. aussagen: „Die Wölfe sollten in Ruhe gelassen werden, weil sie ja niemanden verletzen". Eine andere Argumentationsfigur ist: „Wenn {HANDLUNG}, dann {SCHLECHTE KONSEQUENZEN}", wie z. B. in: „Wenn sie den Wölfen keine Fallen stellen, werden die Wölfe die Kühe anfallen". Andere Formen steuern die Teilnahme, wie etwa: „Was denkst du {NAME?} oder „Lass {NAME} mal reden!"

Die Forschung Andersons fand 13 unterschiedliche Argumentationsfiguren oder -strategien heraus, die in Gruppendiskussionen eingesetzt werden, um jeden in die Diskussion einzubeziehen, ihre Positionen darzustellen und zu verteidigen, und Unklarheiten zu beseitigen. Die Forscher fanden, dass die Verwendung dieser Argumentationsfiguren und -strategien sich unter den Schülern ausbreitete – wenn einmal ein Schüler ein überzeugendes Argument anbrachte, übernahmen andere Schüler diese Formen und sie tauchten immer öfter in den Diskussionen auf. Offene Diskussionen – d. h. Schüler stellen und beantworten sich gegenseitig Fragen – waren besser als lehrer-dominierte Diskussionen zum Erwerb dieser Argumentationsformen. Mit der Zeit können diese Formen von Darstellung, Angriffen und Verteidigung von Positionen internalisiert werden und zu Schlussfolgerungs- und Denkprozessen sowie zu Entscheidungsprozessen beim einzelnen Schüler führen.

Beide, Piaget und Wygotski, betonen die Bedeutung der sozialen Interaktionen für die kognitive Entwicklung, aber Piaget schrieb der Interaktion eine andere Funktion zu. Er war der Meinung, dass Interaktionen die Entwicklung fördern, indem sie ein Disäquilibrium (Ungleichgewicht) schaffen – kognitive Konflikte, die Veränderungen motivieren. Piaget glaubte, dass die hilfreichsten Interaktionen zwischen Altersgenossen (Peers) ablaufen, weil Altersgleiche auf der Grundlage der Gleichheit interagieren und sich gegenseitig fordern können. Wygotski (1985, 1986, 1987) schlägt dagegen vor, dass die kognitive Entwicklung des Kindes mehr durch erfahrene und kenntnisreichere Menschen gefördert wird, wie etwa Eltern oder Lehrer (Moshman, 1997; Palinscar, 1998). Natürlich lernen Schüler sowohl von Erwachsenen als auch von Peers.

2.3.2 Kulturtechniken und kognitive Entwicklung

Wygotski glaubte, dass **Kulturtechniken** – damit sind einmal materielle Mittel wie Druckpressen, Pflüge, Lineale, Rechenschieber, moderne PCs, das Internet gemeint, und psychologische Mittel wie Zeichen- und Symbolsysteme (Zahlen und mathematische Systeme, die Brailleschrift, die Gebärdensprache, Landkarten, Kunstwerke, Codes und Sprache) – eine wichtige Rolle bei der kognitiven Entwicklung spielen. In der römischen Kultur mit ihren römischen Zahlen z. B. lassen sich manche mathematischen Operationen wie Teilen und andere Grundrechenarten nur mit Schwierigkeit lernen. Aber wenn ein mathematisches System einen Nullwert sowie positive und negative Zahlen und eine unendliche Anzahl von Zahlen kennt, dann lässt sich die höhere Mathematik ohne Weiteres ausarbeiten. Das Zahlsystem ist eine psychologische Kulturtechnik, die Lernen und kognitive Entwicklung fördert und den Denkprozess verändert. Dieses Symbolsystem wird von den Erwachsenen an das Kind weitergegeben (transmittiert) durch formale und informelle Interaktionen und Unterweisung. Wygotski glaubte, dass alle geistigen Prozesse höherer Ordnung durch psychologische Kulturtechniken wie z. B. Sprache, Zeichen und Symbole vermittelt werden. Erwachsene unterweisen Kinder in diesen Kulturtechniken in den Alltagstätigkeiten, und die Kinder verinnerlichen sie. Dann können die internalisierten Kulturtechniken den Schülern helfen, ihre eigene Entwicklung voranzutreiben (Karpov & Haywood, 1998). Der Prozess geht etwa so vor sich: Die Kinder beginnen Tätigkeiten mit Erwachsenen oder fähigeren Peers, sie tauschen Ideen, Denkformen oder Begriffsrepräsentationen aus, indem sie z. B. Landkarten zeichnen, um Vorstellungen über Raum

---

Kulturtechniken Die technischen Hilfsmittel (Computer, Skalen usw.) und psychologischen Symbolsysteme (Zahlsystem, Sprache, Piktogramme), die den Menschen einer Gesellschaft erlauben zu kommunizieren, gemeinsam zu denken und Probleme zu lösen sowie Wissensbestände auszubauen.

Wygotski betont die Kulturtechniken, die das Denken unterstützen und fordert, dass Kindern diese Kulturtechniken zugänglich gemacht werden, um ihr eigenes Verständnis der physikalischen und sozialen Welt zu konstruieren.

und Zeit auszutauschen. Diese durch Austausch ko-konstruierten Ideen werden internalisiert. Das Wissen der Kinder, ihre Ideen, Einstellungen und Werte entwickeln sich zu „Verselbstständigungen" der Art zu handeln und zu denken – ausgehend von der Kultur und anderen Mitgliedern ihrer sozialen Umwelt (Kozulin & Presseisen, 1995).

In diesem Austausch von Zeichen, Symbolen und Deutungsmustern, entwickeln Kinder ihre eigenen Kulturtechniken, um der Welt Bedeutung zu verleihen und sie kennenzulernen (Wertsch, 1991). Diese Kulturtechniken bestehen aus materiellen Hilfsmitteln wie Bleistift oder Lineal, die zur Außenwelt gehören und psychologischen Mitteln wie Begriffen oder Problemlösestrategien, mit denen geistige Operationen ausgeführt werden. Wie wir von Piaget lernen konnten, konstruieren Kinder Deutungsmuster anders als Erwachsene. In der wechselseitigen Kommunikation von Zeichen und Symbolen wie das Zahlensystem entwickeln Kinder ihr eigenes Verständnis (ein Waschbär ist ein Kätzchen). Dieses Verständnis wird allmählich

verändert (ein Waschbär ist ein Waschbär), da Kinder sich weiterhin in soziale Aktivitäten begeben und Deutungsmuster für ihre Welt ausarbeiten (John-Steiner & Mahn, 1996; Wertsch, 1991). In Wygotskis theoretischem Ansatz ist Sprache das wichtigste Symbolsystem unter den Kulturtechniken, und es ist eines, das hilft, weitere Kulturtechniken zu erwerben.

2.3.3 Die Rolle der Sprache und der Selbstgespräche

Sprache ist eine der Hauptkomponenten der kognitiven Entwicklung, weil sie ein Medium darstellt, mit dessen Hilfe Ideen ausgedrückt und Fragen gestellt werden können, sie vermittelt die Begriffs- und Kategorienbildung für das Denken und verbindet Vergangenheit und Zukunft miteinander. Sprache befreit uns von dem Hier und Jetzt und erlaubt uns, über das, was war und das, was sein wird, nachzudenken und zu sprechen (Das, 1995; Driscoll, 2005). Wygotski schrieb:

Die spezifisch menschliche Befähigung zur Sprache ermöglicht Kindern, weitere Hilfsmittel für die Lösung schwieriger Probleme einzuholen, Handlungsimpulse zu kontrollieren, eine Lösung für eine Aufgabe vorwegzunehmen, bevor sie erledigt wurde und ihr eigenes Verhalten zu steuern (1978, S. 28).

Wenn wir Sprache über Kulturen hinweg untersuchen, erkennen wir, dass die einzelnen Sprachen unterschiedliche Sprach- und Kulturtechniken hervorbringen.

Sprache und Kulturunterschiede

Im Allgemeinen entwickeln Kulturen Wörter für Begriffe, die ihnen wichtig sind: Zum Beispiel: Wie viele unterschiedliche Rotschattierungen können Sie nennen? Schauen Sie sich die Farbbenennungen von Lippenstiften an. Manche haben Farbbezeichnungen wie „warmes Blau-Violett" oder „529A" (die billigen Lippenstifte haben keine sprachlichen Farbbezeichnungen mehr). In Deutsch sprechenden Ländern gibt es über 3000 Farbnamen. Farbnamen sind wichtig im Alltag, etwa wenn es um Mode oder Inneneinrichtungen geht, um künstlerischen Ausdruck, Filme und Fernsehen und Schminkutensilien – um nur einige Bereiche zu nennen (Price & Crapo, 2002). In anderen Kulturen haben die Farben nicht einen so hohen Stellenwert. Zum Beispiel haben die Hanunoo von den Midori-Inseln in den Philippinen und die

Dani in Neu Guinea weniger als 5 Farbnamen, obwohl sie sehr viele Farbschattierungen erkennen können. Eskimos haben natürlich nicht über 100 Wörter für Schnee, aber die Ulgunigamiut-Eskimo haben mehr als 160 Wörter für Eis, weil sie Eis in unterschiedlichen Zustandsformen erkennen müssen, um in ihrer Umwelt sicher jagen und leben zu können. Wer auf einem Bauernhof auf dem Lande aufwuchs, kennt viele Wörter für Pferde: Mähre, Fohlen, Hengst, Wallach, Stute, Pony, Ackergaul, Schimmel, Rappen usw. Kulturen, in denen die Emotionen eine zentrale Rolle einnehmen, kennen differenzierte Emotionsbezeichnungen (Heiterkeit, Freude, Ausgelassenheit, Wut, Verachtung, Ekel, Gekränktheit, Grimm, Verzweiflung, Zorn, Feindseligkeit, Verbitterung usw.).

Sprachen wandeln sich mit der Zeit, um sich an die gewandelten kulturellen Bedürfnisse und Werte anzupassen. Die Shoshoni-Indianer in den USA haben ein Wort, um das „Knirschen der Schritte im Sand auszudrücken". Das Wort war nützlich bei der Jagd, um sich Geräusche mitzuteilen. Heute weist die Shoshoni-Sprache eine Reihe von Lehnwörtern auf, die für neue Kulturtechniken stehen, da der Stamm jetzt nicht mehr auf die Jagd geht. Um einen Eindruck von der Menge der Wörter zu bekommen, die für neue Kulturtechniken im 21. Jahrhundert stehen, hören Sie einmal PC-Experten über ihre Computer sprechen (Price & Crapo, 2002).

Wygotski betonte mehr als Piaget die Rolle von Lernen und Sprache in der kognitiven Entwicklung. Er glaubte, dass „Denken vom Sprechen abhängt, vom Medium, in dem gedacht wird, und von der soziokulturellen Erfahrung des Kindes" (Wygotski, 1987, S. 120). Wygotski glaubte in der Tat, dass Sprache in der Form von Selbstgesprächen die kognitive Entwicklung steuert.

Selbstgespräche: ein Vergleich der Standpunkte Wygotskis und Piagets

Wenn Sie sich viel mit kleinen Kindern beschäftigen, können Sie beobachten, dass sie im Spiel oft mit sich selbst reden. Piaget nennt diese Selbstgespräche „egozentrisches Sprechen". Er nahm an, dass dieses egozentrische Sprechen ein weiterer Indikator dafür ist, dass Kinder sich in andere nicht hineinversetzen können. Sie sprechen darüber, was ihnen etwas bedeutet, ohne darauf Rücksicht zu nehmen, ob es den Zuhörer interessiert. Wenn sie dann reifer werden und wenn sie Auseinandersetzungen mit Gleichaltrigen haben, entwickeln Kinder nach Piaget die soziale Sprache. Sie lernen zuzuhören und Ideen auszutauschen oder zu argumentieren. Wygotski lieferte eine andere Deutung der **Selbstgespräche** (**inneres Sprechen**, *private speech*): Selbstgespräche sind nach Wygotski keine Anzeichen für kognitive Unreife, sondern sie spielen eine wichtige Rolle in der kognitiven Entwicklung. Sie bringen die Kinder voran in ihrer Selbstregulation, ihrer Fähigkeit zu planen, zu kontrollieren und das eigene Denken und Problemlösen zu leiten.

Wygotski setzte die Entwicklung der Selbstregulation in verschiedenen Stufen an. Zuerst wird das Verhalten des Kindes durch andere Mittel als Sprache wie etwa durch Zeichen, meist Gebärden, gesteuert. Zum Beispiel sagen die Eltern „nein", wenn ein kleines Kind in eine Kerzenflamme greifen will. Als Nächstes lernt das Kind das Verhalten anderer durch Einsetzen der gleichen sprachlichen Mittel zu dirigieren. Das Kind sagt „nein" zu anderen Kindern, die sein Spielzeug wegnehmen wollen und ahmt dabei den Ton der Eltern nach. Das Kind fängt an, Selbstgespräche zu führen, um das eigene Verhalten zu steuern; es sagt leise zu sich selbst „nein", wenn es in Versuchung gerät, in eine Flamme zu fassen. Schließlich lernt das Kind, das eigene Verhalten durch lautloses inneres Sprechen zu regulieren (Karpov & Haywood, 1998). Zum Beispiel kann man im Vorschulklassenraum Vier- bis Fünfjährige sagen hören „Nein, das passt nicht. Mal hier versuchen. Drehen, drehen. Vielleicht geht das", während sie ein Puzzle legen. Mit fortschreitender Entwicklung wird das hörbare Selbstgespräch unterdrückt: Sie verläuft vom gesprochenen über das geflüsterte zum lautlosen Sprechen, bei dem nur noch die Lippen bewegt werden. Am Ende „denken" die Kinder nur noch die steuernden Worte. Die Selbstgespräche hören etwa mit 9 Jahren auf, eine Studie hingegen fand, dass noch 11- bis 17-Jährige spontan vor sich hinmurmeln, während sie nach Lösungen für eine Aufgabe suchen (McCafferty, 2004; Winsler, Carlton & Barry, 2000; Winsler & Naglieri, 2003). Auch Erwachsene erwischen sich manchmal dabei, leise zu fluchen oder sich zu fragen: „Wo könnte das sein?", wenn sie etwas suchen.

Selbstgespräche/inneres Sprechen Kinder sprechen laut mit sich selbst, während sie sich gedanklich mit Sachverhalten beschäftigen oder während sie Handlungen ausführen. Im Laufe des Vorschulalters werden diese Selbstgespräche dann verinnerlicht (internalisiert) zu lautlosem innerem Sprechen.

Tabelle 2.2

Unterschiede zwischen den Theorien Piagets und Wygotskis über egozentrisches Sprechen und Selbstgespräche

	Piaget	Wygotski
Bedeutung für die Entwicklung	Stellt die Unfähigkeit dar, die Perspektive eines anderen einzunehmen und sich auf gegenseitige Kommunikation einzulassen.	Stellt externalisierte Gedanken dar; sie sind das Medium, mit sich selbst zu kommunizieren zum Zwecke der Selbstregulation und Selbstanleitung.
Entwicklungsverlauf	Nimmt mit dem Alter ab.	Nimmt in der frühen Kindheit zunächst zu, um dann lautlos zu werden und in inneres Sprechen überzugehen.
Zusammenhang mit sozialem Sprechen	Negativ; die sozial und kognitiv unreiferen Kinder verwenden mehr egozentrisches Sprechen.	Positiv; Selbstgespräche entwickeln sich aus sozialen Interaktionen mit anderen.
Verhältnis zur Umwelt		Steigt mit der Aufgabenschwierigkeit an. Selbstgespräche dienen einer hilfreichen selbststeuernden Funktion in Situationen, in denen kognitive Anstrengung gefordert ist, um zu einer Lösung zu kommen.

Quelle: Aus Development of Private Speech Among Low-income Apalachian Children von L. E. Berk und R. A. Garvin (1984). *Developmental Psychology, 20,* S. 272. Copyright © 1984 American Psychological Association.

Diese Folge vom gesprochenen Wort zur inneren Sprache ist ein weiteres Beispiel dafür, wie höhere geistige Funktionen zuerst in der zwischenmenschlichen Kommunikation auftauchen und das Verhalten der Interaktionspartner gegenseitig steuern und dann erneut im Individuum als kognitive Prozesse in Gang gesetzt werden. Im Laufe dieses grundlegenden Prozesses benutzt das Kind Sprache, um bedeutsame kognitive Tätigkeiten wie Aufmerksamkeit zu steuern, Probleme zu lösen, zu planen, Begriffe zu bilden und Selbstkontrolle meistern zu können. Einige Untersuchungen bestätigen den theoretischen Ansatz Wygotskis (Berk & Spuhl, 1995; Emerson, & Miyake, 2003). Kinder und Erwachsene neigen zu mehr Selbstgesprächen, wenn sie verwirrt sind, auf Schwierigkeiten stoßen oder ihre Fehler bemerken (Duncan & Cheyne, 1999). Das Selbstgespräch hilft uns nicht nur beim Problemlösen, sondern ermöglicht auch die Regulation des eigenen Verhaltens. Haben Sie nicht auch irgendwann selbst so etwas gedacht wie: „Also, der erste Schritt wäre" oder „Wo habe ich meine Brille zuletzt benutzt?" oder „Wenn ich bis zum Ende der Seite weiterarbeite, kann ich ...?" Damit ist klar, dass Sie inneres Sprechen benutzt haben, um sich selbst Hinweise zu geben, zu ermutigen oder anzuleiten. In einer wirklichen Drucksituation, wie eine wichtige Klausur schreiben, können Sie sich vielleicht selbst dabei ertappen, wie Sie hörbar vor sich hinmurmeln. ▶ Tabelle 2.2 stellt die Unterschiede zwischen den Theorien über egozentrisches Sprechen und Selbstgespräche von Piaget und Wygotski einander gegenüber. Wir können sehen, dass Piaget viele der wygotskischen Argumente akzeptierte und später sogar mit ihm übereinstimmte, dass Sprache sowohl egozentrisch als auch problemlösend eingesetzt werden kann (Piaget, 1962).

Selbstgespräche und Lernen

Selbstgespräche unterstützen das Denken der Schüler, es erscheint deshalb sinnvoll, den Schülern Selbstgespräche zu erlauben oder sogar zu ermutigen. Lehrer, die auf absoluter Stille bei Klassenarbeiten beharren, könnten den Schülern die Arbeit erschweren. Achten Sie einmal auf den anwachsenden Geräuschpegel in ihrer Klasse – es könnte ein Zeichen dafür sein, dass ihre Schüler Hilfe brauchen. Der Ansatz der *kognitiven Selbstinstruktion* schlägt als Methode beim Lernen Selbstgespräche vor. Zum Beispiel werden Schüler angewiesen, sich selbst daran zu erinnern, langsamer und sorgfältiger vorzugehen.

2.3.4 Die Zone der proximalen Entwicklung

Nach Wygotski gibt es zu jedem Zeitpunkt der Entwicklung Probleme, die das Kind versucht zu lösen. Das Kind benötigt dazu strukturierende Vorgaben, Hinweise, Erinnerungen, Erinnerungshilfen für bestimmte Einzelheiten oder zu unternehmende Schritte, Ermutigungen, bei den Versuchen, nicht nachzulassen usw. Manche Probleme übersteigen jedoch noch die Fähigkeiten des Kindes, auch wenn es alle möglichen guten Erklärungen erhält. Die **Zone der proximalen Entwicklung** ist der Bereich zwischen dem gegenwärtigen Entwicklungsstand des Kindes, „bestimmt durch die derzeitige Fähigkeit zum selbstständigen Problemlösen" und dem Entwicklungsstand, den das Kind erreichen könnte „durch die Unterstützung von Erwachsenen und die Zusammenarbeit von fortgeschritteneren Peers" (Wygotski, 1978, S. 86). Es ist der Bereich, in dem Unterweisungen erfolgreich umgesetzt werden können, weil deutliche Lernfortschritte möglich sind. Kathleen Berger (2006) nannte diesen Bereich „die magische Mitte" – angesiedelt irgendwo zwischen dem, was der Schüler schon weiß, und dem, was der Schüler ohne weitere Unterstützung von sich aus nicht lernt (siehe ▶ Abbildung 2.3).

Selbstgespräche und die proximale Zone

Es ist offensichtlich, wie Wygotskis Auffassung über die Rolle der Selbstgespräche in der kognitiven Entwicklung mit seinem Konzept der *proximalen Zone der Entwicklung* übereinstimmt. Oft setzt ein Erwachsener sprachliche Aufforderungen und Strukturierungshilfen ein, um das Kind bei der Lösung eines Problems zu unterstützen oder eine Aufgabe fertigzustellen. Diese Art von abgestufter, unterstützender Anleitung kann mit der wachsenden Selbstständigkeit des Kindes reduziert werden, unter Umständen können die begleitenden Maßnahmen zunächst durch Selbstgespräche und später durch inneres Sprechen des Kindes ersetzt werden. Man versetze sich einmal in die zukünftige Lage des Mädchens (siehe S. 54), das sein Spielzeug verloren hatte und belausche ihre Gedanken, als sie ein Schulbuch vermisst. Sie könnte etwa Folgendes denken:

Abbildung 2.3: Unterrichten in der „Magischen Mitte". Die Zone der proximalen Entwicklung zwischen Langeweile und Unmöglichkeit. Sie ist ein Zwischenbereich der Entwicklung, in dem durch unterstützende Anleitung von Lehrern, Eltern oder Gleichaltrigen das Lernen gefördert wird.
Quelle: Adaptiert nach K. S. Berger (2004). *Development Through the Lifespan*. New York: Worth, S. 50.

Wo ist mein Mathebuch? Hab's doch in der Klasse noch gehabt. Ich hab's nach der Schule in meine Tasche getan, glaub' ich. Im Bus hab' ich meine Tasche abgestellt. Lars, der Blödmann, hat dagegengetreten, vielleicht …

Das Mädchen kann jetzt verschiedene Möglichkeiten über das verlorene Buch in Betracht ziehen, ohne dass ihm jemand dabei hilft.

2.3.5 Die Rolle von Lernen und Entwicklung

Piaget hat *Entwicklung* als die aktive Konstruktion von Wissen und *Lernen* als die passive Bildung von Assoziationen definiert (Siegler, 2000). Ihn interessierte die Wissenskonstruktion und er glaubte, dass kognitive Entwicklung vor dem Lernen erfolgen muss – das Kind muss kognitiv auf das Lernen vorbereitet sein. Er sagte, dass „Lernen der Entwicklung untergeordnet ist und

---

Zone der proximalen Entwicklung Entwicklungsphase eines Kindes, in der es mit Unterstützung anderer aus seiner Umgebung eine Aufgabe lösen kann.

nicht umgekehrt" (Piaget, 1964, S. 17). Schüler können z. B. auswendig lernen, dass Berlin in Deutschland liegt, aber immer noch darauf beharren, dass sie nicht zugleich Berliner und Deutsche sein können. Kinder können diesen Sachverhalt nur richtig verstehen, wenn sie bereits die Operation der Klasseninklusion beherrschen – eine Kategorie kann Teil einer Oberkategorie sein. Wygotski dagegen glaubte, dass Lernen ein aktiver Prozess sei, der nicht auf einer altersgraduierten kognitiven Entwicklung aufbaut. Eher führt angemessen strukturiertes Lernen zu einer geistigen Entwicklung, es setzt eine Reihe von Entwicklungsveränderungen in Bewegung – Lernen befördert die Entwicklung auf höhere Ebenen, und soziale Interaktionen bewirken das Lernen (Glassman, 2000; Wink & Putney, 2002). Wygotskis Überzeugung, dass Lernen in sozialen Situationen die Entwicklung voranbringt, weist den Interaktionspartnern des Kindes, den Eltern, Lehrern, Peers eine große Bedeutung für die kognitive Entwicklung zu.

2.3.6 Grenzen der Theorie Wygotskis

Wygotskis Theorie fügte den Entwicklungstheorien wichtige Überlegungen hinzu, da sie die Rolle der Kultur und sozialer Prozesse in der kognitiven Entwicklung betont; er könnte jedoch in manchen Punkten etwas zu weit gegangen sein. Wie aus diesem Kapitel zu ersehen ist, werden wir anderen Untersuchungen nach mit einer weitaus größeren kognitiven Ausstattung geboren als sowohl Piaget als auch Wygotski dies vermuten konnten. Einige selbstverständlich erscheinende Vorstellungen, wie z. B., dass Hinzufügen die Quantität erhöht, könnten Teil unserer biologischen Grundausstattung sein, aus denen die kognitive Entwicklung ihren Nutzen ziehen kann. Neugeborene z. B. erforschen anscheinend ihre Umwelt, noch bevor sie die Gelegenheit nutzen, von ihrer Kultur, insbesondere Lehrern, zu lernen (Schunk, 2004). Weiterhin hat Wygotski nicht differenziert zwischen einzelnen kognitiven Prozessen und ihren Veränderungen im Laufe der Entwicklung – welche kognitiven Prozesse erlauben dem Schüler, sich auf eine anspruchsvolle und selbstständige Teilhabe an sozialen Aktivitäten einzulassen? Der wichtigste Einwand gegen Wygotskis Theorie ist zweifellos, dass er nur allgemeine Hypothesen aufstellte; Wygotski starb, bevor er seine Überlegungen elaborieren und weiterentwickeln und seine Forschungen vorantreiben konnte. Seine Nachfolger setzten seine Forschung fort, aber viele dieser Arbeiten wurden vom Stalin-Regime in Russland bis 1950 und sogar bis 1960 unterdrückt (Gredler, 2005; Kozulin, 1990, 2003). Letztlich hatte Wygotski nicht die Zeit, die Anwendungen seiner Theorie auf den Unterricht auszuarbeiten, obwohl er sehr am Prozess der Unterweisung interessiert war. So stammen die meisten Anwendungen heute von anderen – und wir wissen nicht einmal, ob Wygotski sie gut geheißen hätte.

Implikationen der Theorien Piagets und Wygotskis für Lehrer 2.4

Piaget hat keine spezifischen Empfehlungen für die Erziehung der Kinder in verschiedenen Altersstufen gegeben. Wygotski war nicht ausreichend Zeit geblieben, um alle möglichen Anwendungen seiner Theorie zu formulieren. Aber wir können den Schriften beider einige Hinweise entnehmen.

2.4.1 Was können wir von Piaget lernen?

Piaget kam es mehr darauf an, das Denken der Kinder zu erforschen als Anleitungen für Lehrer zu erarbeiten. Er hat aber einige allgemeine Überlegungen zu einer pädagogischen Philosophie geäußert. Seiner Meinung nach sollten alle pädagogischen Bemühungen darauf ausgerichtet sein, dem Kind zu helfen zu lernen, wie man lernt, und Erziehung sollte dem Geist eines Kindes „die Form geben, aber nicht die Inhalte" (Piaget, 1969, S. 70). Piaget selbst entwarf keine Programme, die auf seinem theoretischen Ansatz aufbauten, aber andere nahmen diese Aufgabe in Angriff. Zum Beispiel erarbeitete die *National Association for the Education of Young Children* Richtlinien für die Erziehung kleiner Kinder, die Piagets Theorie einbeziehen. (Bredekamp & Copple, 1997). Piaget hat uns gelehrt, dass wir eine Menge über das kindliche Denken erfahren können, wenn wir den Kindern aufmerksam beim Lösen von Problemen zuhören. Wenn wir das Denken im Kindes- und Jugendalter verstehen, können wir unsere Unterrichtsmethoden besser dem Wissens- und Fähigkeitsstand der Kinder anpassen.

Den kognitiven Entwicklungsstand der Schüler verstehen und darauf aufbauen

Die Schüler in jeder Klasse variieren stark in ihrem kognitiven Entwicklungsstand und im Umfang ihres Wissens. Wie können Sie als Lehrer erkennen, ob ein Schüler noch nicht die notwendigen kognitiven Entwicklungsvoraussetzungen hat oder ob er notwendiges Grundwissen noch nicht gelernt hat? Um das herauszufinden, schlägt Robbie Case (1985b) vor, dass Sie Ihre Schüler sorgfältig beim Lösen ihrer Aufgaben beobachten. Welche logischen Regeln wenden Sie an? Konzentrieren sie sich nur auf einen Aspekt der Situation? Lassen sie sich durch Erscheinungsformen täuschen? Arbeiten sie systematisch Lösungen aus oder durch Raten und Vergessen von bereits gewonnenen Lösungen? Fragen Sie Ihre Schüler selbst, wie sie zu Lösungen gekommen sind. Hören Sie sich ihre Strategien an. Welche Art zu denken steckt hinter ihren Fehlern und Schwierigkeiten? Die Schüler sind selbst die beste Informationsquelle über ihr eigenes Denken (Confrey, 1990a).

Eine wichtige Implikation von Piagets Theorie für den Unterricht ist das von Hunt vor Jahren (1961) sogenannte „Problem der Passung". Schüler sollte man weder langweilen, weil die Anforderungen zu niedrig sind, noch sollte man sie überfordern durch Aufgaben, die sie nicht verstehen. Nach Hunt muss das Ungleichgewicht (Disäquilibrium) gerade so groß sein, dass die Schüler motiviert sind, dazuzulernen. Situationen mit unerwarteten Ergebnissen bereitzustellen, kann dazu beitragen, ein angemessenes Ausmaß an Disäquilibrium herbeizuführen. Wenn Schüler Konflikte erleben zwischen dem, was sie erwarten (z. B. ein Stück Holz sollte im Wasser untergehen, weil es groß ist) und dem, was sie wirklich erleben (es schwimmt an der Wasseroberfläche), überdenken sie vielleicht die Situation noch einmal und sie sammeln neues Wissen an. Sich das Unerwartete zunutze zu machen ist eine Strategie für den naturwissenschaftlichen Unterricht, der auf Änderung von Begriffen abzielt.

Viele Materialien und Unterrichtseinheiten können auf verschiedenen Niveaus verstanden werden und können für eine Reihe von kognitiven Fähigkeiten „genau richtig" sein. Klassiker wie *Alice im Wunderland*, Mythen und Märchen kann man auf konkreter und auf symbolischer Ebene genießen. Es besteht für eine Schülergruppe die Möglichkeit, zusammen in ein Thema eingeführt zu werden, um das Thema dann individuell später aufzuarbeiten, so wie jeder Schüler es

für ein nachhaltiges Lernen braucht. Tom Good und Jere Brophy (2003) schlagen vor, Aktivitätskarten einzuführen für drei oder vier unterschiedliche Differenzierungsebenen beim Nacharbeiten. Eine der Karten sollte auf den Schüler genau passen. Oft ist es sinnvoll, die Schüler ihre eigene Form der Nacharbeit aussuchen zu lassen – begleitet von der Ermutigung des Lehrers, Herausforderungen nicht aus dem Wege zu gehen. Mehrebenen-Unterricht wird auch *differenzierte Unterweisung* genannt (Tomlinson, 2005b). Dieser Ansatz wird etwas genauer in Kapitel 13 behandelt.

Aktivität und Wissenskonstruktionen

Piagets zentrale Erkenntnis bestand darin, dass Individuen Verstehen durch *Konstruktion* erlangen; Lernen ist ein konstruktiver Prozess. Auf jedem Niveau kognitiver Entwicklung sollen Schüler aktiv im Lernprozess engagiert sein. In Piagets Worten:

Wissen ist keine Kopie der Realität. Einen Gegenstand, ein Ereignis zu kennen, heißt nicht, es einfach anzuschauen und eine mentale Kopie oder ein Vorstellungsbild davon herzustellen. Einen Gegenstand zu kennen, heißt, mit ihm umzugehen. Etwas zu wissen, heißt, es zu ändern, zu transformieren und den Prozess der Transformation nachvollziehen können. Am Ende dieses Prozesses steht dann das Verständnis des Gegenstandes (Piaget, 1964, S. 8).

Schon in den ersten Schuljahren sollte diese aktive Erfahrung nicht auf die physikalische Manipulation von Objekten beschränkt bleiben. Hinzukommen sollte noch die mentale Manipulation von Vorstellungen oder Ideen, die aus Projekten oder Experimenten hervorgehen (Gredler, 2005). Zum Beispiel könnte eine Grundschullehrerin nach einer Sozialkundestunde über Berufe ihren Schülern das Bild einer Frau zeigen und fragen, welchen Beruf die Frau auf dem Bild wohl haben könnte. Nach Antworten wie: „Lehrerin", „Ärztin", „Sekretärin", „Rechtsanwältin", Verkäuferin" und so weiter könnte die Lehrerin vorschlagen, „Wäre nicht auch ‚Tochter' möglich?" Nun würden wahrscheinlich Antworten wie: „Schwester", „Mutter", Tante" und „Enkelin" folgen. Diese Frage sollte den Schülern helfen, die Dimension ihrer Klassifikation zu wechseln und auf einen anderen Aspekt der Vorlage zu achten. Als Nächstes könnte die Lehrerin „Deutsche" vorschlagen, „Sportlerin" oder „blond". Bei älteren Kindern könnte auch eine hierarchische Klassifikation versucht werden: Es ist das Bild einer

Maria Montessori sagte: „Spiel ist die Arbeit des Kindes". Durch die Spiele lernen Kinder Kooperation, Fairness und Gerechtigkeit, Verhandlungen, Gewinnen und Verlieren – alles wichtige Fertigkeiten für ihre spätere Arbeit. Ohne Kooperation gibt es kein Spiel.

Frau, die ein menschliches Wesen ist; Menschen sind Primaten, Primaten sind Säugetiere, diese wiederum sind Tiere, die zu den Lebewesen gehören.

Alle Schüler müssen mit Lehrern und Altersgenossen interagieren, um ihr Denken auf den Prüfstein zu legen, gefordert zu werden, Rückmeldungen zu erhalten und um zu beobachten, wie andere Probleme anpacken. Disäquilibrium wird oft ganz natürlich dadurch ausgelöst, dass ein Lehrer oder ein anderer Schüler einen neuen Denkansatz bei einer Aufgabe vorschlägt. Allgemein müssen Schüler Gegenstände handhaben, sie manipulieren, erforschen und dann über sie schreiben und/oder sprechen (zum Lehrer oder zu Mitschülern). Konkrete Erfahrungen stellen das Rohmaterial für das Denken dar. Durch die Kommunikation mit anderen werden Schüler dazu veranlasst, ihre Denkfähigkeiten zu gebrauchen, sie zu überprüfen und manchmal auch zu verändern.

Der Wert des Spiels

Maria Montessori bemerkte einmal: „Das Spiel ist die Arbeit des Kindes", und Piaget würde dem wohl zustimmen. Allgemein lässt sich aussagen, dass das Gehirn sich mit Anreizen oder Stimulation entwickelt, und das Spiel eine solche Stimulation in jedem Alter darstellt. Säuglinge in der sensomotorischen Stufe lernen durch Explorieren, Saugen, Klopfen, Schütteln, Werfen – eben durch Einwirken auf die Umwelt. Präoperationale Vorschüler spielen gern „Als-ob-Spiele" und sie setzen dieses „So-tun-als-ob" ein, um Symbole zu schaffen, Sprache zu gebrauchen und mit anderen zu interagieren. Sie beginnen, einfache Spiele mit klaren Regeln zu spielen.

Kinder im Grundschulalter mögen Phantasiespiele, fangen aber auch schon mit komplexeren Spielen und Sport an; auch dadurch lernen sie Kooperation, Fairness, Verhandeln, Gewinnen und Verlieren, und sie entwickeln dadurch aber auch eine differenziertere und kontextfreie Sprache, die höheren Ansprüchen genügen kann. Wenn aus Kindern Jugendliche werden, hören sie nicht auf zu spielen; Spiele bleiben Teil ihrer körperlichen und sozialen Entwicklung (Meece, 2002).

Piaget hat uns gelehrt, dass Kinder nicht wie Erwachsene denken. Sein Einfluss auf die Entwicklungspsychologie und die Pädagogik war außerordentlich groß, auch wenn die neue Forschung nicht alle seiner Ergebnisse bestätigen konnte.

2.4.2 Was können wir von Wygotski lernen?

Es gibt mindestens drei Möglichkeiten, wie Kulturtechniken weitergegeben werden können: (i) durch nachahmendes Lernen (eine Person imitiert eine andere), (ii) Lernen durch Unterweisung oder Instruktion (Lerner verinnerlichen die Unterweisungen der Lehrer und benutzen diese Instruktion, um sich selbst zu steuern) und (iii) interaktives Lernen (eine Gruppe von Peers ist bestrebt, sich gegenseitig zu verstehen und während dieses Prozesses wird gelernt) (Tomasello, Kruger & Ratner, 1993). Wygotski kümmerte sich sehr um Lernen durch direkten Unterricht oder durch Strukturierung der Erfahrungen anderer, die das Lernen ermöglicht oder erleichtert, aber seine Theorie stützt auch die anderen Formen des kulturellen Lernens. So sind Wygotskis Ideen wichtig für Pädagogen, die unmittelbar unterrichten, die aber auch eine Lernumgebung schaffen (Das, 1995; Wink & Putney, 2002). Ein zentraler

Aspekt des Lehrens in beiden Situationen ist die Unterstützung des Lernprozesses.

Die Rolle der Erwachsenen und Altersgenossen

Wygotski glaubte, dass kognitive Entwicklung sich entfaltet durch die Unterhaltungen und Interaktionen der Kinder mit fähigeren Mitgliedern der Kulturgemeinschaft – Peers oder Erwachsenen. Diese Menschen dienen als Mentoren und Lehrer, die für die intellektuellen Fortschritte des Kindes die notwendigen Informationen bereitstellen. Das Kind ist also nicht allein in der Welt, wenn es die Operationen der Konservierung oder der Klassifikation entdeckt. Diese Entdeckung wird unterstützt oder vermittelt durch Familienmitglieder, Lehrer und Altersgenossen. Meistens ist die Sprache das Medium der Anleitungen, jedenfalls in westlichen Kulturen. In einigen Kulturen wird die Beobachtung der Fertigkeiten anderer ohne Sprache zum Lernen genutzt (Rogoff, 1990). Jerome Bruner hat die Begleitung Erwachsener als **abgestufte Unterstützung/Anleitung (scaffolding)** (Wood, Bruner & Ross, 1976) bezeichnet. Der Terminus besagt, dass Kinder diese ihrem kognitiven Entwicklungsstand angepasste Anleitung anderer (und/oder auch computergestützte Lernprogramme) nutzen, um ein gründliches Verständnis zu erwerben, das ihnen ermöglicht, Aufgaben allein zu lösen.

Tutorisiertes (unterstütztes) Lernen

Wygotskis Theorie fordert, dass Lehrer mehr beitragen müssen als nur die Umgebung der Schüler so zu gestalten, dass sie allein Entdeckungen machen können. Von Kindern kann man und sollte man nicht erwarten, dass sie den Fundus des Kulturwissens erneut erfinden und entdecken. Vielmehr sollten sie beim Lernen angeleitet werden – demnach sind nach Wygotski Lehrer, Eltern und andere Erwachsene wichtig für das Lernen und die Entwicklung des Kindes (Karpov & Haywood, 1998).

Tutorisiertes/unterstütztes Lernen ist einmal eine Form der angeleiteten Teilnahme am Unterricht und erfordert die oben beschriebene abgestufte unterstützende Anleitung (scaffolding): informieren, Hinweise

Nach Wygotski wird ein Großteil des kindlichen Lernens unterstützt oder vermittelt durch Lehrer und Hilfsmittel aus der Umgebung des Lerners, und meistens findet die Unterstützung durch sprachliche Kommunikation statt.

geben, jemanden erinnern und zur rechten Zeit und in angemessener Intensität ermutigen, aber auch erkennen, wann der Schüler selbstständiger arbeiten kann. Lehrer können das Lernen unterstützen durch Anpassen des Unterrichtsmaterials oder der Aufgaben an den gegenwärtigen Kenntnisstand; durch Vorführen von Fertigkeiten oder Denkprozessen; mit den Schülern die einzelnen Schritte eines komplizierten Problems durchgehen; einen Teil der Aufgabe selbst erledigen (zum Beispiel in Algebra stellen die Schüler die Gleichung auf, und der Lehrer rechnet sie aus oder umgekehrt); ins Einzelne gehende Rückmeldungen geben und Korrekturen zulassen; oder Fragen zu

---

Abgestufte Unterstützung/Anleitung (scaffolding) Helfende, nach Entwicklungsstand des Kindes abgestufte Begleitung von Erwachsenen oder Programmen beim Lernen und Problemlösen. Die Hilfe kann bestehen aus Hinweisen, Erinnern, Ermutigen, Unterteilen des Problems in Teilprobleme, Beispiele Anführen oder sonstige Maßnahmen, die dem Schüler erlauben, zunehmend selbstständiger zu werden.

Tutorisiertes/unterstütztes Lernen Während des Lernens leistet der Lehrer strategische Hilfe und nimmt sie mit der wachsenden Kompetenz der Schüler zunehmend zurück.

Tabelle 2.3

Tutorisiertes/unterstütztes Lernen: Strategien zur unterstützenden Anleitung des komplexen Lernens

- *Erleichterung des Lernvorgangs.* Diese Hilfen stellen eine Unterstützung des Schülers bereit, implizite Fertigkeiten zu erlernen. Zum Beispiel kann ein Lehrer Schülern vorschlagen, „Signalwörter" wie *wer, was, wo, wann, warum* und *wie* einzusetzen, um nach dem Lesen eines Abschnittes Fragen anzuregen.

- *Vorführen als erleichternde Maßnahme.* Der Lehrer könnte im oben angegebenen Beispiel vormachen, wie Fragen zum Lesestoff gestellt werden können.

- *Lautes Denken.* Der Lehrer denkt laut nach und führt dabei die Gedanken eines Experten vor; dadurch lernen Schüler die Überlegungen zur Bewältigung einer Aufgabe mit ihren Korrekturen und Entscheidungsmöglichkeiten kennen und die Lernerleichterungen nutzen.

- *Schwierige Stellen voraussehen.* Während der Vorführ- und Präsentationsphase der Unterweisung sieht der Lehrer z. B. mögliche Fehler voraus und diskutiert sie.

- *Einführen von Hinweiszetteln.* Erleichterungen für den Lernvorgang werden auf „Hinweiszetteln" geschrieben; die Schüler können sich daran bei ihrer Arbeit orientieren.

- Mit fortschreitender Übung werden die Zettel überflüssig. Diese Maßnahme ist ähnlich kurzen Gebrauchsanweisungen für Computer oder Faxgeräte.

- *Die Schwierigkeiten abstufen.* Aufgaben zum Erlernen impliziter Fertigkeiten werden nach Schwierigkeit gestaffelt eingeführt: Zunächst werden einfache Aufgaben gestellt, dann wird stufenweise die Komplexität der Aufgaben erhöht; auf jeder Stufe wird ausreichend Gelegenheit zur Übung gegeben.

- *Halbfertige Beispiele vorgeben.* Die Vorgabe halbfertiger Beispiele von Problemen mit der Aufforderung, sie einer Lösung zuzuführen, kann eine effektive Form der Unterweisung sein, und führt allmählich zum selbstständigen Problemlösen.

- *Gegenseitiges Unterrichten.* Lehrer und Schüler wechseln sich in ihren Rollen ab. Der Lehrer gibt Hinweise, wie man Diskussionen führt und Fragen stellt.

- *Abhaklisten einführen.* Schüler können angeleitet werden, ihre eigene Kontrollliste zum Abhaken zu erstellen, damit sie bei der Bewältigung von Aufgaben an alles denken.

stellen, die einen neuen Fokus der Aufmerksamkeit herbeiführen (Rosenshine & Meister, 1992). Kognitive Selbstanweisungen sind auch ein Beispiel für unterstütztes Lernen. Eine kognitive „Lehrlingszeit" und belehrende Unterhaltungen (Kapitel 9) sind andere Beispiele. ▶ Tabelle 2.3 gibt Beispiele für Strategien an, die in jeder Unterrichtsstunde eingesetzt werden können.

Unterrichten und die „magische Mitte"

Piaget und Wygotski hätten wahrscheinlich darin übereingestimmt, dass Schüler in der „magischen Mitte" (Berger, 2006) bzw. dem Bereich der Passung (Hunt, 1961), in dem sie weder gelangweilt noch überfordert sind, Unterricht benötigen. Schüler sollten in Situationen angeleitet werden, in denen sie sich anstrengen müssen, um alles zu verstehen, aber in denen sie auch Hilfen durch andere Schüler erfahren. Manchmal ist der beste Lehrer ein Mitschüler, der gerade ge-

lernt hat, wie eine Aufgabe zu lösen ist, denn der Mitschüler befindet sich vielleicht gerade in der *proximalen Zone der Entwicklung* des Lerners. Schüler sollten durch Erklärungen, durch Demonstrationen und durch Arbeit mit anderen Schülern angeleitet werden – alles das sind Gelegenheiten für kooperatives Lernen. Einen Schüler mit einem Mitschüler zusammenarbeiten lassen, der nur um Weniges besser ist in den anstehenden Aufgaben, bewährt sich, denn beide Schüler profitieren vom Austausch der Erklärungen, von den Elaborationen und Fragen. Hinzu kommt noch, dass Schüler ihre Gedanken verbalisieren lernen und über ihre Leistungen sprechen sollten.

Dialog und Diskussion sind wichtige Lernpfade (Karpov & Bransford, 1995; Kozulin & Presseisen, 1995; Wink & Putney, 2002). Die folgenden *Richtlinien* stellen noch mehr Vorschläge zur Anwendung von Wygotskis Ideen zusammen.

Anwendung von Wygotskis Ideen auf den Unterricht

Abgestufte unterstützende Anleitungen – zugeschnitten auf die Bedürfnisse der Schüler

Beispiele

1 Wenn Schüler neue Aufgaben beginnen, sollten Sie Vorbilder, Hinweise, Satzanfänge, Training und Rückmeldungen zur Verfügung stellen. Mit zunehmender Kompetenz der Schüler sollten die unterstützenden Maßnahmen zurückgenommen werden und mehr Gelegenheit zur unabhängigen Erledigung von Aufgaben gegeben werden.

2 Schüler sollten zwischen verschiedenen Schwierigkeits- und Selbstständigkeitsgraden in ihren Projekten wählen können; sie sollen ermutigt werden, sich selbst zu fordern, aber auch Hilfe einzuholen, wenn sie irgendwo steckenbleiben.

Stellen Sie sicher, dass Schüler Zugang zu effizienten Hilfsmitteln haben, die sie im Denken unterstützen.

Beispiele

1 Weisen Sie Ihre Schüler auf Lern- und Organisationsstrategien, Forschungsmittel, sprachliche Mittel (Wörterbücher oder Suchsysteme), Organisationstafeln und Textverarbeitungsprogramme hin.

2 Führen Sie den Gebrauch von Hilfsmitteln vor; zeigen Sie, wie man z. B. einen Terminkalender führt oder ein elektronisches Notizbuch bedient, um Vorhaben vorauszuplanen und die Zeit einzuteilen,

Bauen Sie auf dem Fundus des Kulturwissens der Schüler auf (Moll et al. 1992).

Beispiele

1 Lassen Sie Familiengeschichte und -informationen sammeln durch gegenseitiges Interviewen von Familien der Schüler über ihre Arbeit und ihr Wohnen (Ackerbau, Wirtschaftliches, Handwerken, Haushaltsmanagement, Gesundheit, Religion, Kinderversorgung, Küche usw.).

2 Verknüpfen Sie die Hausarbeiten mit dem kulturellen Wissensfundus und laden Sie Gemeindefachleute ein, diese Hausarbeiten zu begutachten.

Setzen Sie auf Dialoge und Arbeitsgruppen.

Beispiele

1 Experimentieren Sie mit Peer-Tutorien; bringen Sie den Schülern bei, wie man gute Fragen stellt und geben Sie hilfreiche Erklärungen.

2 Experimentieren Sie mit kooperativen Lernstrategien (vgl. Kapitel 11).

Mehr Information über Wygotski und seiner Theorie können Sie der Internetadresse **http://tip.psychology.org/vygotsky.html** *entnehmen.*

2.4.3 Jeden Schüler erreichen: Kulturtechniken einsetzen

Luis Moll und seine Kollegen suchten einen besseren Weg, um Kinder aus mexikanisch-amerikanischen Familien der Arbeiterschicht im Südwesten der Vereinigten Staaten zu unterrichten (Moll et al., 1992). Sie wollten nicht einfach Defizite ausgleichen, sondern einen neuen Weg gehen. Sie griffen auf den **Wissensfundus** an Kulturtechniken und **Kulturwissen** in den Familien zurück. Sie interviewten die Familien und fanden, dass eindrucksvolle Wissensbestände vorla-

Wissensfundus Wissensbestände in verschiedenen Bereichen wie Arbeit, Wohnen und Religion, die Familien und Gemeindemitglieder gemeinsam haben; kann als Voraussetzung für den Unterricht dienen.

Kulturwissen Wissen über alle Inhalte, die unter dem Begriff Kultur zusammengefasst werden: z. B. soziale Lebensformen, kognitive Orientierungen, Lebensraum.

Tabelle 2.4

Beispiel eines Wissensfundus: rund um den Lebensunterhalt

Ackerbau
Ackerbau und Viehzucht, Reiten, Tierhaltung
Bodenbearbeitung und Bewässerungssysteme, Ernten,
Jagen, Spurenlesen, Kleidung

Bergbau
Mineralien, Holzwirtschaft,
Sprengen, Ausrüstung, Durchführung und Erhaltung

Wirtschaft
Geschäfte, Marktwerte, Preisschätzungen
Mieten und Verkauf
Kredit aufnehmen, Arbeitsgesetze, Gebäudesicherung
Verbraucherwissen
Buchführung, Sonderangebote

Haushaltsführung
Haushaltsgeld, Kinderpflege, Kochen, Reparaturen

Materialkunde und wissenschaftliche Kenntnisse
Bauen, Tischlerhandwerk, Dachstuhl errichten, Zimmer-
mannsarbeit, Anstreichen
Entwurf und Architektur

Reparaturen
Auto, Traktor, Haus

Gesundheit
Zeitgemäße Medizin, Medikamente
Erste-Hilfe-Verfahren, Anatomie, Hebammenwissen
Volksmedizin, Kräuterkunde,
Volksheilkunde für Tiere

Religion
Katechismus, Bibelstunden, kirchliche Feiertage
Moralisches Wissen und Ethik

Quelle: Aus Funds of knowledge for teaching: Using a qualitative approach to connect homes and classrooms von L. C. Moll, C. Armanti, D. Nett & N. Gonzalez. *Theory into Practice*, *31*, S. 133. Copyright © 1992 College of Education, Ohio State University.

Verknüpfen und erweitern Sie Ihre Forschungskenntnisse

Eine ausführliche Diskussion über Möglichkeiten, den Wissensfundus von Schülern zu ermitteln, liefern Moll, L. C., Amanti, C., Neff, D. & Gonzalez, N. (1992). Fundus of knowledge: Using a qualitative approach, to connect home and classroom. *Theory into Practice*, 31, 132–141 oder besuchen Sie die Internetseite **http://www.learningpt.org**

gen in verschiedenen Bereichen, die in ▶ Tabelle 2.4 zusammengefasst sind.

Wenn Lehrer in ihren Aufgaben an diese Wissensbestände anknüpften, waren die Schüler motivierter. Hilde Angiula ist ein Beispiel für die Lehrer und Lehrerinnen, die mit Moll zusammenarbeiteten; sie erreichte überraschende Ergebnisse in ihrer bilingualen 6. Klasse. H. A.'s Ansatz, die Schulbücher zu ergänzen durch Romane, Tageszeitungen und Zeitschriften, brachte zunächst nicht den erwarteten Erfolg:

Dann aber – als Reaktion auf die an ihren Schülern gewonnenen Forschungsergebnisse – entwickelte H. A. eine Unterrichtseinheit zu einem die Schüler interessierenden Thema, nämlich Bauen und Konstruieren.

Sie nahm das Risiko auf sich, ein Thema zu wählen, über das sie nicht viel wusste. Sie wusste jedoch, dass ihre Schüler, deren Familien und die ganze Gemeinde gute Kenntnisse übers Bauen hatten.

Zunächst bat sie ihre Schüler aus der Bücherei, Bücher und Zeitschriften zum Thema herauszusuchen. Sie selbst brachte auch einige Bücher über das Bauen mit. Dann wies sie die Schüler an, als Hausarbeiten Modelle von Bauten zu basteln. Sie schrieben dazu kleine Abhandlungen in Englisch oder Spanisch über ihre neu erworbenen Kenntnisse über das Bauen.

H. A. lud Fachleute aus dem Bauwesen und andere Gemeindemitglieder ein zu einem Erfahrungsaustausch mit den Kindern. Einige Eltern erklärten, welche Werkzeuge sie benötigten, und was sie alles vermessen mussten bei ihrer Arbeit. Andere Anwesende sprachen über die von ihnen ausgewählten Verfahren und wie sie Probleme bewältigt haben.

Schließlich nahmen die Schüler ihre Modelle mit, um sie zu einer Modellgemeinde zusammenzustellen mit Straßen, Parks, und anderen Teilen. Die Nacharbeit erforderte nochmals Durchsicht von Büchern und Schriften, was die Schüler aber mit Begeisterung erledigten.

Die Schüler schrieben ihre Nachforschungen weiter auf und hielten Referate vor der Klasse. Schülergrup-

pen setzten sich zusammen, um bei der Verschriftlichung in Englisch oder Spanisch zu helfen. Am Ende des Halbjahres, hatten 20 Eltern und Gemeindemitglieder die Klasse besucht und mit den Schülern ihre Erfahrungen ausgetauscht. Bis dahin hatten Schüler bereits einen großen Lesestoff und Schreibumfang bewältigt.

Die Schüler lernten viel, aber H. A. auch, nämlich über die wertvollen kognitiven Ressourcen der Gemeinde – den Wissensfundus eben; ihr Respekt vor ihren Schülern und deren Familien wuchs erheblich.

Piaget und Wygotski würden darin übereinstimmen, dass Sprache eine Hauptrolle beim Lernen spielt, sowohl in als auch außerhalb der Klasse. Der nächste Abschnitt beschäftigt sich jetzt mit dieser grundlegenden Fähigkeit des Menschen.

Sprachentwicklung 2.5

Alle Kinder in allen Kulturen meistern das komplizierte System ihrer Muttersprache, es sei denn, das Kind ist extremen deprivierenden Lebensbedingungen ausgesetzt oder leidet unter körperlichen Behinderungen. Die Voraussetzungen für den Spracherwerb sind bemerkenswert: Es müssen zumindest Laute, Bedeutungen, Wörter, und Sequenzen von Wörtern, Lautvolumen, Stimmtönung, Tonveränderungen und Dialoge mit abwechselndem Sprechen koordiniert werden, bevor das Kind richtig in Unterhaltungen kommunizieren kann.

Wahrscheinlich spielen viele Faktoren – biologische und erfahrungsabhängige – eine Rolle in der Sprachentwicklung. Wir haben vorher gesehen, dass Kultur weitgehend bestimmt, welche sprachlichen Mittel für das Leben von Menschen wichtig sind. Hervorzuheben ist, dass Kinder Sprache zusammen mit der Entwicklung kognitiver Fähigkeiten erwerben, und zwar dadurch, dass sie selbst versuchen, den gehörten Lauten einen Sinn zu entnehmen. Sie achten dabei auf Lautmuster und versuchen, Regelhaftigkeiten zu erkennen. Diese geschlussfolgerten Regelhaftigkeiten fügen sie dann puzzleartig zu Sprachwissen zusammen. Manche Spracherwerbstheoretiker nehmen an, dass beim Menschen in diesem Prozess angeborene „Voreinstellungen" zutage treten, Regeln und Vorgaben über Sprache, die dafür sorgen, dass nur bestimmte Reizmuster gelernt werden. Zum Beispiel gehen kleine Kinder immer davon aus, dass sich eine Bezeichnung für ein Objekt auf das Objekt als Ganzes bezieht und nicht auf einen Teil des Objektes. Eine weitere Voreinstellung besteht darin, dass Kinder annehmen, dass sich eine Objektbezeichnung immer auch auf ähnliche Objekte erstreckt. Also, wenn ein Kind den Namen „Kaninchen" für ein Tier lernt, nimmt es an, dass mit „Kaninchen" das ganze Tier bezeichnet wird, nicht nur die Ohren und dass ähnlich aussehende Tiere auch mit Kaninchen bezeichnet werden (Markman, 1992). Belohnung und ständige Verbesserungen helfen mit beim korrekten Spracherwerb, aber das Zusammenfügen der Einzelinformationen zu einem komplizierten System ist doch nur durch die Denkfähigkeit des Kindes möglich (Flavell et al., 2002). In ▶ Tabelle 2.5 sind die Meilensteine der Sprachentwicklung im Alter zwischen 1 und 6 Jahren für den westlichen Kulturkreis zusammengestellt, zusammen mit Vorschlägen, den Spracherwerb anzuregen.

Tabelle 2.5

Meilensteine der Sprachentwicklung und ihre Förderung in den ersten 6 Jahren

Altersbereich	Meilenstein	Strategie der Entwicklungsförderung
Ca. 1 Jahr	Spricht 1–2 Wörter; erkennt Namen; ahmt vertraute Laute nach; versteht einfache Anweisungen.	■ Reagieren Sie auf Lautäußerungen (Gurren, Lallen). ■ Sagen Sie Kinderreime auf und singen Sie Lieder. ■ Lehren Sie die Bezeichnungen der vertrauten Gegenstände. ■ Spielen Sie einfache Spiele wie „Topf-schlagen".

wird fortgesetzt

Meilensteine der Sprachentwicklung und ihre Förderung in den ersten 6 Jahren (Fortsetzung)

Altersbereich	Meilenstein	Strategie der Entwicklungsförderung
1–2 Jahre	Spricht 5–20 Wörter, Namen mitgerechnet; Zwei-Wort-Sätze; Lexikon nimmt zu; winkt „Tschüss"; macht Tierlaute nach, von Tieren, die es kennt; verwendet Wörter wie „mehr", um Wünsche kundzutun; versteht „nein".	■ Belohnen und ermutigen Sie frühe Bemühungen, neue Wörter zu sprechen. ■ Sprechen Sie alles aus, was sie tun, wenn das Kind dabei ist. ■ Sprechen Sie einfach, klar und langsam. ■ Schauen Sie das Kind an, wenn es mit Ihnen spricht. ■ Beschreiben Sie, was das Kind tut, fühlt oder hört. ■ Lassen Sie das Kind Kinder-CDs oder -videos hören/sehen.
2–3 Jahre	Kennt Körperteile; sagt „mir/mich" von sich selbst anstelle des eigenen Namens; kombiniert Nomen und Verb; hat einen Lexikonumfang von 450 Wörtern; verwendet kurze Sätze; kennt 3–4 Farbbezeichnungen; kennt „groß" und „klein"; hört gern wiederholt der gleichen Geschichte zu; bildet einige Plurale; beantwortet „Wo"-Fragen.	■ Helfen Sie dem Kind, auf Anweisungen zu hören und ihnen zu folgen, indem Sie kleine Spiele einführen. ■ Wiederholen Sie neue Wörter immer wieder. ■ Beschreiben Sie, was Sie tun, fühlen, denken. ■ Lassen Sie das Kind einfache Botschaften ausrichten. ■ Zeigen Sie dem Kind, dass Sie verstehen, was es sagt, indem Sie ihm antworten, es anlächeln und mit dem Kopf nicken. ■ Erweitern Sie, was das Kind sagt. Z. B. Kind: „Mehr Saft", Sie sagen: „Sag, ich möchte mehr Saft".
3–4 Jahre	Kann eine Geschichte erzählen; Satzlänge 4–5 Wörter; Lexikon hat etwa 1000 Wörter; kennt seinen Nachnamen, Straßennamen, verschiedene Kinderreime.	■ Erklären Sie, in welcher Weise Gegenstände „gleich" oder „anders" (verschieden) sind. ■ Unterstützen Sie das Kind beim Geschichtenerzählen mit Hilfe von Büchern und Bildern. ■ Vermitteln Sie Spiele mit anderen Kindern. ■ Sprechen Sie über Orte, wo Sie waren oder wo Sie hingehen wollen.
4–5 Jahre	Satzlänge etwa 4–5 Wörter; verwendet Vergangenheitsform; Lexikon hat etwa 1500 Wörter; erkennt Farben, Formen; stellt viele Fragen wie „Warum?" und „Wer?"	■ Helfen Sie dem Kind Gegenstände zu gruppieren (z. B. Dinge zum Essen, Tiere). ■ Bringen Sie dem Kind das Telefonieren bei. ■ Beziehen Sie das Kind in Ihre Planungen von Aktivitäten ein. ■ Hören Sie nicht auf über das zu sprechen, was das Kind interessiert. ■ Lassen Sie das Kind Geschichten erzählen oder für Sie erfinden.
5–6 Jahre	Satzlänge etwa 5–6 Wörter; durchschnittlich hat ein Sechsjähriger etwa einen Lexikonumfang von 10 000 Wörtern; definiert Objekte durch ihre Funktion; kennt räumliche Beziehungen („oben" und „weit") und Gegenteile; kennt seine Anschrift; versteht „gleich" und „anders" (verschieden); verwendet alle Typen von Sätzen	■ Loben Sie das Kind, wenn es über seine Gefühle, Gedanken, Hoffnungen und Ängste spricht. ■ Singen Sie Lieder, Reime. ■ Sprechen Sie zu ihm wie zu einem Erwachsenen.
Jedes Alter		■ Hören Sie dem Kind zu und zeigen Sie Vergnügen an der Unterhaltung. ■ Unterhalten Sie sich mit dem Kind. ■ Stellen Sie Fragen, um das Kind zum Denken und Sprechen anzuregen. ■ Lesen Sie dem Kind jeden Tag vor, steigern Sie die Länge im Laufe seiner Entwicklung.

Quelle: Übernommen und adaptiert von http://www.idonline.org/ld_indepth/speech-language/lda_milestones.html, http://www.med.umich.edu/1libr/yourchild/devmile.htm

2.5.1 Sprachunterschiede: Erwerb zweier Sprachen

Im Jahre 2003 waren in den USA etwa 15 % der Schulkinder zweisprachig und sprachen zu Hause eine andere Sprache als Englisch. Diese Anzahl wächst von Jahr zu Jahr. Zum Beispiel wird geschätzt, dass im Jahr 2035 ungefähr 50 % der Vorschulkinder in Kalifornien zu Hause nicht Englisch sprechen (Winsler, Dias, Espinosa & Rodriquez, 1999). In Deutschland sind es schätzungsweise 10,26 % aller Kinder unter 18 Jahren und 9,20 % aller Schulkinder zwischen 6 und 12 Jahren (Statistisches Bundesamt, Strukturdaten und Integrationsindikatoren über die ausländische Bevölkerung in Deutschland, 2002).

Die Vorstellung, kleine Kinder lernten eine Zweitsprache schneller als Jugendliche und Erwachsene, ist falsch. Ältere Schüler durchlaufen schneller die einzelnen Stufen des Fremdspracherwerbs als kleine Kinder. Erwachsene verfügen über mehr Lernstrategien und größeres Sprachwissen (Metalinguistik) und setzen das nutzbringend beim Sprachenlernen ein (Diaz-Rico & Weed, 2002). Das Alter ist eine kritische Größe.

Beim Fremdsprachenerwerb, aber „nicht wegen einer sensiblen Phase, die das Sprachlernpotenzial zeitlich für Erwachsene begrenzt" (Marinova-Todd, Marshall & Snow, 2000, S. 28). Es gibt jedoch anscheinend eine kritische Periode für den Erwerb einer muttersprachengleichen Aussprache. Je früher die zweite Sprache gelernt wird, je ähnlicher ist die Aussprache derjenigen eines Muttersprachensprechers. Nach der Adoleszenz ist es schwierig, die neue Aussprache ohne Akzent zu lernen (Anderson & Graham, 1994). Kathleen Berger (2006) schließt daraus, dass die beste Zeit mit dem *Fremdsprachenunterricht* anzufangen, zwischen früher und mittlerer Kindheit liegt, aber die beste Zeit, mit dem natürlichen *Fremdspracherwerb* anzufangen, ist die frühe Kindheit (vor allem wegen der Aussprache) (Bialystok, 2004; Schönpflug 2001a).

Glücklicherweise gibt es keine negativen Auswirkungen des Fremd- oder Zweitspracherwerbs auf das Verständnis in der Erstsprache. Je besser aber ein Sprecher seine Erstsprache beherrscht, desto schneller und besser wird er eine zweite Sprache lernen (Cummins, 1984, 1994). Für die meisten Kinder mit gleichzeitigem Erwerb zweier Sprachen vor dem dritten Lebensjahr gibt es eine Zeit zwischen zwei und drei Jahren, in der Fortschritte im Spracherwerb langsamer vonstatten gehen, weil sie noch nicht erkannt haben, dass sie zwei Sprachen lernen. Sie mischen die Syntax, aber auch das Lexikon beider Sprachen. Aber die Forschung zeigt, dass Kinder spätestens mit vier Jahren die Sprachen unterscheiden und beim Sprechen trennen. Bei ausgeglichenen Lernbedingungen für beide Sprachen sprechen sie beide so gut wie die jeweiligen monolingualen Gleichaltrigen in beiden Sprachgemeinschaften (Baker, 1993; Reich, 1986). Bilinguale Kinder trennen die beiden Lexika ihrer Sprachen nicht immer sauber, aber Erwachsene tun das auch nicht. Erst zwischen drei und fünf Jahren werden bilinguale Kinder wirklich kompetent in ihrer zweiten Sprache (Berk, 2002; Bhatia & Richie, 1999).

Es gibt keine fundiert nachgewiesenen dauerhaften kognitiven Nachteile für zweisprachige Schüler. Es haben sich aber einige Vorteile herausgestellt: Je besser die Zweisprachigkeit, desto höhere Leistungen in der Begriffsbildung, Kreativität und kognitiven Flexibilität. Weiterhin haben diese Schüler eine höhere metalinguistische Bewusstheit; z. B. bemerken sie schneller Syntaxfehler. Diese Ergebnisse sind dann zu beobachten, wenn die Bilingualität nicht stigmatisiert wird und wenn die Erstsprache nicht zugunsten der Zweitsprache aufgegeben werden muss (Berk, 2005; Bialystok, 1999; Galambos & Golden-Meadow, 1990; Garcia, 1992; Ricciardelli, 1992). Zweisprachigkeit ist allgemein vorteilhaft, auch im Berufsleben, besonders in der Geschäftswelt (Mears, 1998).

Obwohl die Vorteile der Zweisprachigkeit auch in der Schule auf der Hand liegen (wie das Kapitel 5 zeigt), vernachlässigen Schüler und Erwachsene ihre

Je besser ein Sprecher seine Erstsprache beherrscht, desto besser lernt er eine Zweitsprache.

Herkunftssprache. In einer groß angelegten Erhebung in 8. und 9. Klassen mit Immigrantenkindern der ersten und zweiten Generation in Florida und Kalifornien fanden Portes und Hao (1998), dass nur 16 % ihre Herkunftssprache noch sprechen konnten. Von diesen gaben 72 % an, sie bevorzugten Englisch in ihrer Kommunikation. Die Sprachen der Ureinwohner Amerikas, der Indianer, schwinden ebenfalls. Nur etwa ein Drittel der Sprachen sind noch lebendig, und davon werden neun von zehn von Kindern nicht mehr gesprochen (Krauss, 1992).

2.5.2 Sprachentwicklung im Schulalter

Etwa mit fünf oder sechs Jahren haben die meisten Kinder die Grundlagen ihrer Muttersprache erworben. Was muss das Kind im Schulalter denn noch lernen?

Aussprache

Die meisten Erstklässler beherrschen fast alle Laute ihrer Muttersprache, aber einige müssen noch präzisiert werden; z. B. im Deutschen die Unterscheidung von stimmhaftem und stimmlosem s, im Englischen das th, s, z und im Französischen die Differenzierung der Nasallaute on, an, en (Rathus, 1988). Spezifische Laute für eine Einzelsprache werden zuletzt gelernt (vgl. Schönpflug, 1990). Kleine Kinder verstehen viele Wörter, aber sie bevorzugen für ihre Sprachproduktion leicht aussprechbare Wörter.

Grammatik/Syntax

Kinder beherrschen die Grundregeln des Zusammenfügens von Wörtern zu Sätzen, die **Grammatik** oder **Syntax**, früh. Aber die komplizierteren Formen, wie z. B. das Passiv (Das Auto wurde von einem Lastwagen angefahren), beanspruchen eine längere Lernzeit. In den ersten Jahren der Grundschule ist der Erwerb des Passivs abgeschlossen; die Kinder benutzen diese Form in ihren alltäglichen Unterhaltungen jedoch nicht, es sei denn, diese Form ist in ihrer Kultur üblich. Andere sprachliche Errungenschaften im Grundschulalter sind das Verstehen und die nachfolgende Verwendung von komplexeren Satzstrukturen wie Relativsätze, Adverbien und Konjunktionen. Im Jugendalter verstehen und verwenden sie elaboriertere grammatische Strukturen – eingeschobene Nebensätze, zusammengesetzte Nomina, längere Sätze usw. (Berk, 2005).

Lexikon und Bedeutung (Semantik)

Der durchschnittliche Sechsjährige hat einen **Lexikon**umfang von etwa 8000 bis 14 000 Wörtern; er steigt auf 40 000 Wörter bei Elfjährigen an. Einige Untersuchungen ergaben für die ersten Grundschuljahre einen Wortschatzanstieg von etwa 20 Wörtern am Tag (Berger, 2003).

Schulkindern bereiten Wortspiele Vergnügen und Witze, deren Pointen auf Wortspielen beruhen. In den ersten Grundschuljahren fällt den Kindern noch das Verstehen von Wörtern mit abstrakter Bedeutung wie Gerechtigkeit oder Wirtschaft schwer. Auch Konjunktivsätze wie „Wenn ich ein Schmetterling wäre" werden nicht richtig verstanden, weil es ihnen noch an den Voraussetzungen für die kognitive Verarbeitung von irrealen Gegebenheiten fehlt – von Dingen, die es gar nicht gibt. Sie neigen dazu, alles wörtlich zu verstehen, sie bemerken also nicht ironische oder sarkastische Aussagen und sehen die übertragene Bedeutung von Metaphern nicht. Zum Beispiel werden Fabeln als bloße Geschichten aufgenommen ohne den moralischen Gehalt. Viele Kinder sind bereits in der Vorpubertät, bevor sie unterscheiden können, ob sie geneckt oder verhöhnt werden oder sie herausgefunden haben, dass sarkastische Bemerkungen nicht wörtlich gemeint sind. Aber in der Adoleszenz benutzen die Schüler ihre entwickelten kognitiven Fähigkeiten, um abstrakte Wortbedeutungen (die **Semantik** eines Wortes) zu lernen und dichterische, metaphorische Sprache zu sprechen oder zu schreiben (Berk, 2005; Gerdner, 1982).

Herkunftssprache Die Sprache der Kultur, aus der Migranten stammen, die noch in den Familien und von älteren Mitgliedern einer Ethnie in der Migration gesprochen wird.

Syntax Regeln des Zusammenfügens von Wörtern zu Sätzen.

Grammatik Regeln des Zusammenfügens von Wörtern zu Sätzen unter Berücksichtigung des Bedeutungsgehaltes (Semantik).

Lexikon Wortschatz einer Sprache.

Semantik Bedeutungsgehalt von sprachlichen Einheiten (Lauten, Silben, Worten, Sätzen).

Pragmatik

Die **Pragmatik** einer Sprache zu kennen, heißt zu wissen, wann man zu wem in welcher sprachlichen Form kommuniziert. Zum Beispiel müssen Kinder lernen, dass in Dialogen oder Unterhaltungen abwechselnd gesprochen wird. Bereits Säuglinge lernen in ihren Lalläußerungen zu ihren Bezugspersonen durch die Kommunikationssteuerung der Mutter allmählich die Äußerungspause der Mutter abzuwarten, bevor sie selbst wieder vokalisieren (Papousek, 1994). Richtige Dialoge mit Informationsaustausch sind aber noch selten bis zum Grundschulalter. Erst in den letzten Grundschuljahren klingen die Unterhaltungen der Kinder ähnlich denjenigen Erwachsener. Die Beiträge der Kinder bleiben bei einem Thema. In der mittleren Kindheit kann die vom Wortlaut abweichende Funktionalität von Sätzen wie „Ich sehe zu viele Kinder am Bleistiftspitzer" erkannt werden: Es handelt sich scheinbar um eine Beobachtung, ist aber eine Anweisung, vom gleichzeitigen Bleistiftspitzen abzusehen. Jugendliche können ihren Sprachstil sozialen Situationen anpassen. Zu ihren Altersgenossen können sie in ihrem Jugendjargon sprechen, der bei Erwachsenen auf Unverständnis stößt, aber Jugendliche als Mitglieder ihrer Generation ausweist. Die gleichen Schüler können mit Erwachsenen sehr höflich reden (besonders, wenn sie eine Frage stellen) und sich gewählt ausdrücken, wenn sie einen Geschichtsaufsatz schreiben. Mit wachsendem Alter können sie immer besser einschätzen, ob ihre Formulierungen von anderen verstanden werden. In der Interaktion mit Erwachsenen und Peers, die unklare Mitteilungen sofort kritisieren, wird die Fertigkeit, sich verständlich auszudrücken, geschult.

Metalinguistische Kognitionen

Etwa im Alter zwischen drei und fünf Jahren entwickeln Kinder **metalinguistische Kognitionen**. Sie fangen an, über ihre Sprache(n) zu reflektieren, dass es z. B. unterschiedliche Einzelsprachen gibt und dass Verständigung nur möglich ist, wenn beide Kommunikationspartner die Sprache(n) verstehen. Sie wissen, welche Wörter ihnen vertraut, welche neu sind, dass zwei unterschiedliche Wörter die gleiche Bedeutung haben

Erfahrungen mit der Schriftkultur im Elternhaus sind wichtig für die Sprachentwicklung des Kindes.

können (*Synonyme*) und dass das gleiche Wort zwei unterschiedliche Bedeutungen haben kann (*Homonyme*). Sie folgen ihrem „Sprachgefühl", weil sie die Intuition haben, dass sie implizit über Regelwissen (z. B. Syntax oder Aussprache) verfügen. Kinder erkennen den Akzent von Nicht-Muttersprachen-Sprechern sehr früh (Nazzi, Juczyk & Johnson 2000). Metalinguistische Kognitionen werden über die gesamte Lebensspanne mit der sich entwickelnden Sprachkompetenz erworben. Ein Ziel aller Beschulung ist die Förderung der Sprachkompetenz, einschließlich der Schriftsprachkompetenz.

Partnerschaften und Familien

Besonders die Erfahrungen im familiären Umfeld in den ersten Lebensjahren sind ausschlaggebend für den Spracherwerb allgemein, aber auch für den Schriftspracherwerb (Roskos & Neuman, 1993; Whitehurst et al., 1994). In Elternhäusern mit einer positiven und selbstverständlichen Einstellung zum Schriftsprachgebrauch wird z. B. gern und viel vorgelesen und überall liegen Bücher und Zeitschriften herum. Eltern nehmen ihre Kinder mit zum Bücherkauf und Bücherausleihen, schränken den Fernsehkonsum ein und spielen Spiele, in denen Schriftmaterial benutzt oder hergestellt wird (z. B. einen Brief schreiben, Post spielen) (Pressley, 1996; Roskos & Neuman, 1998; Sulzby & Teale, 1991). Natürlich bietet nicht jedes Elternhaus ein so reiches

---

Pragmatik Regeln für das „Wann", „Wie" und „Wo" des Gebrauchs sprachlicher Äußerungen, unerlässlich für die effektive Kommunikation in einer bestimmten Kultur.

Metalinguistische Kognitionen Wissen über Sprache(n), Verstehen der eigenen und fremden Sprachverarbeitung.

Angebot, aber hier können Lehrer hilfreich zur Seite stehen, wie wir aus dem nächsten Kasten über *Richt-* *linien für Partnerschaft mit Familie und Gemeinde* ersehen können.

Partnerschaft mit Familie und Gemeinde: Förderung der Schriftsprache

Tauschen Sie sich mit den Familien Ihrer Schüler über die Ziele und Unternehmungen Ihres Unterrichtsprogramms aus.

Beispiele

1 Alle Unterrichts-und Informationsmaterialien, die dem Elternhaus zugesandt werden sollen, müssen übersetzt werden.

2 Zu Beginn des Schuljahres sollen alle Lernziele für das kommende Schuljahr klar beschrieben werden.

3 Bevor Sie eine neue Unterrichtseinheit beginnen, schicken Sie ein Informationsblatt an die Eltern; schlagen Sie zusätzliche, den Unterricht ergänzende Unternehmungen und Maßnahmen für zu Hause vor (z. B. Besuch im Zoo).

Beteiligen Sie die Familien Ihrer Schüler an Entscheidungen über den Lehrplan, soweit dies möglich ist.

Beispiele

1 Setzen Sie vorbereitende oder begleitende Arbeitstreffen mit den Eltern zu einer Zeit an, zu der sie kommen können. Für die Betreuung jüngerer Geschwister muss gesorgt werden, aber Eltern und Schulkinder sollten zusammen planen und arbeiten.

2 Laden Sie Eltern in die Klasse ein: zum Vorlesen, zum Diktieren oder Erzählen einer Geschichte, zur Erstellung einer Bücherkartei oder zum Buchbinden und allgemein, um Fertigkeiten zu zeigen, die für den Schüler nützlich sind (z. B. verschiedene Knoten binden).

Beziehen Sie die vorhandenen Stärken der Familien ein (Delpit, 2003).

Beispiele

1 Was sind die Lebensgeschichten und Kompetenzen der Familienmitglieder? Die Schüler können diese Informationen zeichnen oder besser noch schreiben.

2 Nehmen Sie die Sprache(n) der Schüler ernst und beziehen Sie Gedichte und Lieder der jeweiligen Sprache in den Unterricht ein.

Planen Sie Unternehmungen im Elternhaus der Schüler zusammen mit Familienmitgliedern.

Beispiele

1 Ermuntern Sie Familienmitglieder, mit Kindern zusammen einfache Rezepte zu lesen und zu kochen, Sprachspiele zu spielen, ein Tagebuch für die Familie zu führen (z. B. im Urlaub) und Büchereien aufzusuchen. Holen Sie sich Rückmeldungen von der Familie ein, inwieweit die Ratschläge umgesetzt wurden.

2 Geben Sie den Eltern Rückmeldebögen und bitten Sie um Mithilfe bei der richtigen Bewertung der Schulleistungen des Kindes.

3 Stellen Sie eine Liste mit Kinderbüchern zusammen, die am Ort auch auszuleihen, in den Gemeindehäusern der Kirchen oder in Jugendclubs vorhanden sind.

Mehr Informationen über Partnerschaften mit Familien zur Förderung der Schriftkultur unter
http://www.famlit.org/

Unterschiede und Gemeinsamkeiten in der kognitiven Entwicklung

2.6

Die Forschung in verschiedenen Kulturen hat die Theorie Piagets weitgehend bestätigt. Die von Piaget postulierte Vier-Stufen-Sequenz ist belegt, aber die Altersstufen entsprechen nicht genau den von Piaget angegebenen.

2.6.1 Unterschiede

In westlichen Ländern erreichen die Kinder die Stufen der kognitiven Entwicklung um zwei bis drei Jahre früher als in nicht-westlichen Gesellschaften. Genauer ergaben die Untersuchungen, dass das Alter von dem kognitiven Bereich abhängt und wie das kulturelle Umfeld das Wissen in den einzelnen Bereichen bewertet und vermittelt. Zum Beispiel können Kinder in Brasilien, die Süßigkeiten in den Straßen verkaufen, statt in die Schule zu gehen, eine der piagetschen Aufgaben, nämlich die Klasseninklusionsaufgabe, sehr gut lösen (Beispielaufgabe: „Gibt es mehr Tulpen oder Rosen oder mehr Blumen auf dem Bild"?). Sie können sie besser lösen als brasilianische Kinder, welche die Schule besuchen (Ceci & Roazzi, 1994). Wenn in einer Kultur oder einem Kontext kognitive Kompetenz betont wird, dann lernen die Kinder in dieser Kultur eine bestimmte kognitive Fähigkeit früher. In einer anderen Untersuchung, in der chinesische Erst-, Dritt- und Fünftklässler mit amerikanischen Schülern aus den gleichen Klassen verglichen werden, ergab sich eine Überlegenheit der chinesischen Schüler in einer Piaget-Aufgabe, in der Distanz, Zeit und Geschwindigkeitsverhältnis zweier Fahrzeuge berechnet werden mussten; die chinesischen Schüler hatten einen Vorsprung von fast zwei Jahren vor den amerikanischen. Das chinesische Schulsystem legt sehr viel mehr Wert auf Rechnen und Naturwissenschaften in den ersten Grundschuljahren (Zhou, Peverly, Beohm & Chongde, 2001).

Wir haben auch gesehen, dass es individuelle Unterschiede in der Sprachentwicklung gibt. Manche Kinder lernen zwei oder sogar drei Sprachen im Laufe ihrer Kindheit, andere nur eine. Kinder lernen in jeder Umgebung ihre Muttersprache, aber sie können sehr wohl unterschiedliche Sprachpragmatik lernen, wann und wo welche sprachlichen Mittel einzusetzen sind – etwa je nach Zugehörigkeit zu einer sozialen Schicht. Zum Beispiel verbrachte Shirley Brice Heath (1989) viele Stunden damit, weiße Mittelklassenfamilien und arme afroamerikanische Familien zu beobachten. Sie bemerkte, dass die Erwachsenen unterschiedliche Fragen stellten und unterschiedliche Gespräche anregten. Weiße Eltern stellten test-ähnliche Fragen zu denen es jeweils eine richtige Antwort gab, wie etwa „Wie viele Autos stehen da?" oder „Welches Auto ist größer?" Diese Art von Fragen finden afroamerikanische Mütter seltsam, denn sie fragen nicht nach Dingen, die Kinder schon wissen. Ein afroamerikanisches Kind würde sich wundern über solche Fragen wie: „Warum fragt mich meine Tante, wie viele Autos da stehen? Sie sieht doch, dass es drei sind." Afroamerikanische Eltern ermuntern ihre Kinder, Geschichten zu erzählen oder zu erfinden; sie legen Wert auf Neckspiele, die die Schlagfertigkeit und Selbstsicherheit ihrer Kinder schärft.

Die türkische Sprache ist reich an Metaphern, auf die türkische Kinder von ihren Eltern aufmerksam gemacht werden. Türkische Eltern stehen aufgrund ihrer eigenen Schulerfahrungen dem Auswendiglernen oft sehr positiv gegenüber; es herrscht zudem in den Koranschulen vor. Türkische Lehrer und Eltern legen Wert auf einen umfangreichen Wissensfundus aus ihrer Kultur (Hedegaard, 2003).

2.6.2 Gemeinsamkeiten

Trotz dieser kulturellen Unterschiede in der kognitiven Entwicklung, gibt es auch eine Reihe von Gemeinsamkeiten. Piaget, Wygotski und jüngere Forscher der kognitiven und Gehirnentwicklung könnten sich sicher auf folgende Prinzipien einigen:

1. Kognitive Entwicklung erfordert sowohl körperliche als auch soziale Anregung.
2. Zur Förderung der Denkfähigkeit müssen Kinder geistig, körperlich und sprachlich aktiv sein. Sie müssen die Gelegenheit haben zu sprechen, zu beschreiben, reflektieren, schreiben und zum Problemlösen. Aber sie profitieren auch vom Unterricht, von Anleitungen, Fragen, Erklärungen, Vorführungen und Herausforderung ihres Denkens.
3. Spielen ist wichtig. Es ist wie Probehandeln; sie lernen mit anderen zu interagieren.
4. Unterweisungen von bekannten Sachverhalten sind langweilig. Aber etwas zu unterrichten, was der Schüler noch nicht aufnehmen kann (weil zu schwierig, zu komplex, zu wenig Hintergrundwissen), ist frustrierend und wenig effektiv.
5. Herausfordern und gleichzeitig unterstützen hält die Motivation der Schüler wach und lässt sie angstfrei lernen.

ZUSAMMENFASSUNG

Was ist Entwicklung? Eine Definition (S. 31–38)

Welche verschiedenen Arten von Entwicklung gibt es? Die menschliche Entwicklung wird in verschiedene Entwicklungsbereiche unterteilt: körperliche Entwicklung (Veränderungen im Körper), Persönlichkeitsentwicklung (Veränderungen in der Persönlichkeit), soziale Entwicklung (Veränderungen in den Beziehungen zu anderen Menschen) und kognitive Entwicklung (Veränderungen im Denken, der Wahrnehmung, des Gedächtnisses und der Sprache).

Was sind drei wichtige Prinzipien der Entwicklung? Theorien der Entwicklung stimmen darin überein, dass sich Menschen in verschiedenem Tempo entwickeln, dass Entwicklung ein altersgraduierter Prozess ist, der allmählich verläuft.

In welchem Teil des Gehirns sind die höheren geistigen Prozesse lokalisisiert? Der Kortex ist eine vielfach gefaltete Oberfläche bestehend aus Neuronen, die die Hauptfunktionen des Zentralnervensystems erfüllen: von Sinnesorganen Signale empfangen (etwa visuelle oder auditive Signale), Kontrolle der Willkürbewegungen und Erwerb von Assoziationen. Der für die Kontrolle der Willkürbewegungen zuständige Teil des Kortex reift zuerst, gefolgt von den Kortexarealen, die für die komplexen visuellen und auditiven Sinnesreize zuständig sind, und zuletzt entwickelt sich der Vorderlappen, der höhere Denkprozesse kontrolliert.

Was ist Lateralisierung und warum ist sie wichtig? Lateralisierung ist die Spezialisierung beider Hirnhälften (Hemisphären). Die Lateralisierung setzt bereits kurz nach der Geburt ein. Für die meisten Leute wird Sprache in der linken Hirnhälfte verarbeitet, und die rechte Hemisphäre ist dominant, wenn es um die Verarbeitung räumlicher und visueller Informationen geht. Obwohl bestimmte Funktionen bestimmten Hirnarealen zugeordnet werden können, arbeiten doch die einzelnen Hirnareale und Funktionssysteme weitgehend zusammen, um so komplexe Aktivitäten zu lernen und auszuführen wie z. B. Lesen und Verstehen.

Piagets Theorie der kognitiven Entwicklung (S. 38–53)

Welche wichtigen Einflussfaktoren auf die kognitive Entwicklung gibt es nach Piaget? Piagets Theorie der kognitiven Entwicklung geht von der Voraussetzung aus, dass Menschen die Welt erkunden und ihr Bedeutung verleihen wollen; sie bauen aktiv ihr Weltwissen aus durch Erfahrungen mit Objekten, Menschen und Ideen. Reifung, Aktivitäten, soziale Transmission, und das Bedürfnis nach Gleichgewicht beeinflussen die Entwicklung der kognitiven Prozesse und des Wissenserwerbs. Als Reaktion auf diese Einflüsse passen sich die Denk- und Wissensentwicklung durch Veränderungen in der Denkorganisation (Entwicklung von Schemata) und durch Adaptation mit den komplementären Prozessen der Assimilation (die für die Einarbeitung neuer Informationen in die vorhandenen Schemata sorgt) und Akkomodation (die vorhandene Schemata auf neue Informationen umstellt).

Was ist ein Schema? Schemata sind die Grundbausteine des Denkens. Sie sind zu organisierten Denksystemen zusammengefasst, die ermöglichen, die Welt, ihre Gegenstände, Sachverhalte und Ereignisse mental zu repräsentieren und denkend zu verarbeiten. Schemata können sehr spezifisch und eng (z. B. ein Quadrat erkennen oder begreifen) oder sehr breit und allgemein sein (z. B. einen Stadtplan benutzen). Menschen passen sich an ihre Umwelt an, indem sie ihre Schemata vermehren und strukturieren.

Welche wichtigen Veränderungen treten beim Übergang vom sensomotorischen zum formal-operationalen Denken auf? Piaget erkannte vier Entwicklungsstufen der kognitiven Entwicklung: sensomotorische, präoperationale, konkret-operationale und formal-operationale Stufe. Auf der sensomotorischen Stufe explorieren die Säuglinge die Umwelt durch ihre Sinnesorgane und motorischen Aktivitäten; ihre Umweltverarbeitung zieht Objektpermanenz und zielgerichtete Tätigkeiten nach sich. Auf der präoperationalen Stufe beginnen das symbolische Denken und erste logische Operationen. Auf der konkret-operationalen Stufe können Kinder bereits logisch denken – aber nur bei anschaulichem Material; darüber hinaus können sie Konservierung, Reversibilität, Klassifikation und Seriation bewältigen. Die Fähigkeit zu hypothethisch-abtraktem, formallogischem Denken mit mehreren Dimensionen und Vorstellungen von einer nicht-vorhandenen Welt sind charakteristisch für diese letzte Stufe.

Wie erklären die Vertreter der Neo-Piaget-Schule und des Informationsverarbeitungsansatzes der kognitiven Entwicklung zeitliche Veränderungen im kindlichen Denken? Informationsverarbeitungsansätze beschäftigen sich mit Aufmerksamkeitsprozessen, mit Gedächtniskapazität, Lernstrategien und anderen kognitiven Prozessen; sie erklären, wie Kinder Regeln und Strategien erlernen, um der Welt Bedeutungen zuzuschreiben und Probleme zu lösen. Die Vertreter der Neo-Piaget-Schule konzentrieren sich ebenfalls auf Aufmerksamkeits- und Gedächtnisprozesse sowie Strategieerwerb, vor allem aber darauf wie sich das Denken in verschiedenen Bereichen entwickelt – z. B. in den Bereichen des Zahlbegriffes und der räumlichen Vorstellungen.

Was sind die Grenzen der Theorie Piagets? Piagets Theorie wurde kritisiert, weil Kinder und Erwachsene Denkweisen zeigen, die mit der Hauptannahme Piagets von den invarianten Stufen der kognitiven Entwicklung nicht übereinstimmen. Alternative Erklärungen legen großen Wert auf die sich entwickelnden Informationsverarbeitungsstrategien und wie Lehrer sie fördern können. Piaget wird auch vorgeworfen, er vernachlässige die Rolle der Kultur in der Entwicklung des Kindes.

Wygotskis soziokultureller Ansatz (S. 53–60)

Welche drei wichtigen Einflussfaktoren auf die kognitive Entwicklung gibt es nach Wygotski? Wygotski glaubt, dass menschliche Tätigkeiten nur in ihrem kulturellen Umfeld verstanden werden können. Er geht davon aus, dass unsere geistigen Prozesse in Interaktionen mit anderen Menschen entstehen; dass Kulturtechniken, insbesondere sprachliche, eine Schlüsselrolle in der Entwicklung einnehmen; und dass die Zone der proximalen Entwicklung

ein Bereich ist, in dem Lernen und Entwicklung möglich ist.

Was sind psychologische Repräsentationsebenen und warum sind sie wichtig? Psychologische Repräsentationsebenen wie etwa die Zeichen- und Symbolsysteme der Zahlen oder der Mathematik, der Codes und der Sprache unterstützen Lernprozesse und kognitive Entwicklung – sie verändern Denkprozesse, ermöglichen sie erst und formen sie dann. Viele diese Repräsentationsformen werden von Erwachsenen an Kinder weitergegeben in formalen und informellen Interaktionen und Unterweisungen.

Wie wird aus der Entwicklung sozialer Interaktionen interne psychische Entwicklung? Höhere geistige Prozesse erscheinen zuerst zwischen Menschen bei gemeinsamen Tätigkeiten als Ergebnis eines Ko-Konstruktionsprozesses. In der Interaktion mit Erwachsenen oder weiterentwickelten Peers tauschen Kinder Ideen, Denkformen oder Begriffe aus. Die ko-konstruierten Ideen werden von Kindern verinnerlicht (internalisiert). Die Vorstellungen, Begriffe, Einstellungen und Werte entstehen also durch Aneignung oder „Sich-zu-eigen-machen" der Art und Weise zu denken und zu handeln, die die Kultur vorgibt und die durch fähigere Mitmenschen ihrer Kulturgemeinschaft transmittiert werden.

Welche Unterschiede gibt es zwischen Piagets und Wygotskis Ansichten über Selbstgespräche und deren Rolle in der Entwicklung? Wygotskis soziokulturelle Theorie geht davon aus, dass kognitive Entwicklung in der Entwicklung sozialer Interaktionen und der Sprachentwicklung verankert ist. Als Beispiel führt Wygotski die Rolle der Selbstgespräche bei der Steuerung des Denkens und beim Problemlösen an. Piaget dagegen deutet Selbstgespräche als Hinweis auf den kindlichen Egozentrismus. Wygotski hob, mehr noch als Piaget, die Rolle der Erwachsenen und fähigeren Peers beim kindlichen Lernen hervor. Die Hilfe Erwachsener sorgt für frühe Unterstützung, so lange, bis Schüler ihre Anforderungen allein bewältigen können.

Was ist die Zone der proximalen Entwicklung eines Schülers? Zu jedem Zeitpunkt in der Entwicklung gibt es Anforderungen, die der Schüler schon oder fast schon bewältigen kann, und andere, zu denen er die notwendigen Voraussetzungen noch nicht besitzt. Die Zone der proximalen Entwicklung ist der Bereich, in dem das Kind Probleme noch nicht allein lösen kann, aber mit Hilfe und Anleitung von Erwachsenen oder in Zusammenarbeit mit einem fähigeren Peer erfolgreich sein kann.

Was sind die Grenzen der Theorie Wygotskis? Wgyotski hat die Rolle der sozialen Interaktionen überschätzt. Kinder explorieren und gewinnen auch Erkenntnisse selbstständig. Er starb sehr früh und konnte deshalb seine Theorie nicht weiter ausarbeiten. Nachfolger haben versucht, seine Vorstellungen weiter auszuführen.

Implikationen der Theorien Piagets und Wygotskis für Lehrer (S. 60–67)

Was ist das „Problem der Passung" nach Hunt? Das „Problem der Passung" besteht in der Bereitstellung von Aufgaben mit optimalem Schwierigkeitsgrad – weder zu leicht noch zu schwierig für Schüler verschiedenen Alters. Nach Hunt muss das Ungleichgewicht (Disäquilibrum) sorgfältig abgewogen werden, um in Lernfortschritten zu münden. Aufgabensituationen, die zu Fehlern führen, können ein produktives Ausmaß von Ungleichheit hervorrufen.

Was ist aktives Lernen? Warum stimmt Piagets Theorie der kognitiven Entwicklung mit aktivem Lernen überein? Piagets Grunderkenntnis bestand in der Annahme, dass Verstehen ein Prozess der Konstruktion ist; Lernen beruht ebenfalls auf Konstruieren. Auf jeder Stufe der kognitiven Entwicklung müssen Schüler Informationen in ihre eigenen kognitiven Schemata integrieren. Um dies leisten zu können, müssen sie die Informationen irgendwie verarbeiten. Diese aktiven Erfahrungen sollten bereits in den ersten Klassen sowohl die körperliche Handhabung der Gegenstände als auch die geistige Manipulation von Vorstellungen umfassen. Als allgemeine Regel ist zu beachten, dass Schüler ihre Erfahrungen handelnd und manipulierend verarbeiten sollen; sie sollen auch beobachten und sprechen und/oder schreiben. Konkrete Erfahrungen bilden das Rohmaterial für das Denken. Mit anderen zu kommunizieren, führt zum Gebrauch, zur Überprüfung und manchmal auch zu Veränderungen der Denkfähigkeit.

Was ist tutorisiertes Lernen, und welche Rolle spielt die unterstützende Anleitung? Tutorisiertes Lernen oder tutorisierte Teilnahme erfordert unterstützende Anleitung – Informationen bereitstellen, Hinweise geben, an Dinge erinnern und Ermunterungen oder Ermutigungen zur rechten Zeit und in der richtigen Stärke einstreuen, aber auch zur richtigen Zeit dem Schüler Selbstständigkeit einräumen. Lehrer können tutorisiertes Lernen in der Klasse durchführen durch Anpassung von Lernmaterial oder Aufgaben an die Fähigkeiten der Schüler, indem sie Fertigkeiten oder Denkfiguren vorführen, die Schüler Schritt für Schritt durch komplizierte Aufgaben geleiten. Teilweise lösen die Schüler die Aufgaben selbst, teilweise teilen die Lehrer Rückmeldungen aus und lassen Korrekturen zu oder sie stellen auch Fragen, um die Aufmerksamkeit der Schüler auf andere Aspekte zu lenken.

Sprachentwicklung (S. 67–72)

Wie ist die biologische Grundausstattung des Menschen beschaffen, die den Spracherwerb ermöglicht? Welche Rolle spielen dabei Lernvorgänge? Kinder erwerben Sprache mit allgemeinen kognitiven Fähigkeiten, indem sie aktiv Deutungsmuster und Regeln in den auf sie einströmenden Lautfolgen zu erkennen versuchen. In diesem Prozess gibt es angeborene Voreinstellungen und Vorgaben, die den Erkennungsprozess und damit auch die erkannten Muster bestimmen. Belohnung und Korrekturen helfen den Kindern, den richtigen Sprachgebrauch zu lernen, doch dies geht nicht ohne die Entwicklung bestimmter Denkformen.

Was ist Pragmatik und metalinguistische Kognition? Pragmatik ist Wissen darüber, wie man Sprache gebraucht – wann, wo, wie und mit wem man spricht. Metalinguistische Kognitionen entstehen zwischen drei und fünf Jahren und entwickeln sich über die gesamte Lebensspanne.

SCHLÜSSELBEGRIFFE

Abgestufte Unterstützung/Anleitung (scaffolding) (S. 63)

Adaptation (S. 39)

Adoleszenter Egozentrismus (S. 49)

Akkomodation (S. 40)

Äquilibration (S. 40)

Assimilation (S. 40)

Dezentrierung (S. 43)

Disäquilibrium (S. 40)

Egozentrismus (S. 43)

Entwicklung (S. 31)

Formale Operationen (S. 48)

Grammatik (S. 70)

Herkunftssprache (S. 70)

Hypothetisch-deduktives Denken (S. 48)

Identität (S. 45)

Klassifikation (S. 46)

Kognitive Entwicklung (S. 31)

Ko-Konstruktion (S. 54)

Kollektiver Monolog (S. 43)

Kompensation (S. 45)

Konkrete Operationen (S. 45)

Konservierung (S. 43)

Körperliche Entwicklung (S. 31)

Kulturtechniken (S. 55)

Kulturwissen (S. 65)

Lateralisierung (S. 35)

Lexikon (S. 70)

Metalinguistische Kognitionen (S. 71)

Myelinisierung (S. 34)

Neo-piagetsche Theorien (S. 51)

Neuronen (S. 32)

Objektpermanenz (S. 41)

Operationen (S. 42)

Organisation (S. 39)

Persönlichkeitsentwicklung (S. 31)

Plastizität (S. 34)

Pragmatik (S. 71)

Präoperational (S. 42)

Reifung (S. 31)

Reversibilität (S. 46)

Reversibles Denken (S. 43)

Schema (S. 39)

Selbstgespräche/inneres Sprechen (S. 57)

Semantik (S. 70)

Semiotische Funktion (S. 42)

Sensomotorisch (S. 41)

Serienbildung/Seriation (S. 46)

Soziale Entwicklung (S. 31)

Soziokulturelle Theorie (S. 53)

Synapsen (S. 33)

Syntax (S. 70)

Tutorisiertes/unterstütztes Lernen (S. 63)

Wissensfundus (S. 65)

Zielgerichtete Handlungen (S. 42)

Zone der proximalen Entwicklung (S. 59)

Z U S A M M E N F A S S U N G

Aus dem Lehrernotizbuch

Fallanalysen erfordern solide Kenntnisse in der Entwicklungspsychologie und vom Zusammenhang zwischen Entwicklung und Lernen. In den folgenden Ausschnitten können Sie einige Antworten von Expertenlehrern auf die eingangs skizzierte Situation nachlesen, in der Schülern der abstrakte Begriff „Symbol" verständlich gemacht werden soll. Sie greifen auf Theorien der kognitiven Entwicklung und des Spracherwerbs zurück. Ihr Verständnis dieser Theorien kann Ihnen helfen, Unterrichtsstrategien zu entwerfen und einzuführen, die der Entwicklungsstufe Ihrer Schüler entsprechen und die Ihnen Aufklärung verschaffen können über die Lernschwierigkeiten Ihrer Schüler.

Was würden Lehrer tun?

Lehrer äußern sich zu der zu Beginn des Kapitels geschilderten Situation aus der Unterrichtspraxis, wie man abstrakte Konzepte wie den Begriff „Symbol" vermitteln kann.

■ L. G. und S. M., Lehrerteam für die 5. Klasse

Zu Beginn der Stunde würde ich die Schüler anweisen, ein Wörterbuch aufzuschlagen, um eine Definition des Wortes *Symbolismus* (Wortstamm *Symbol*) nachzulesen. Sie werden entdecken, dass Symbol etwas ist, „das für etwas steht oder etwas darstellt bzw. repräsentiert". Dann würde ich den Schülern eine fächerübergreifende Übung geben, in der sie mit Symbolen und Symbolismus in ihrem Alltag konfrontiert werden. Zum Beispiel (Sozialkunde, deutsche Geschichte): Die deutsche Nationalfahne ist nur ein Stück Stoff. Warum müssen Soldaten dann die Fahne bei bestimmten Gelegenheiten grüßen? Warum müssen sie in „Hab-Acht-Stellung" vor der Fahne stehen bleiben oder mit dem Kopf ihr zugewandt in Paraden an ihr vorbeimarschieren? Wofür steht die Fahne? Im Kontext von deutscher Literatur, Fabeln und Märchen: Wofür steht der Wolf? Der Löwe? Das Lamm? Im Kontext von bildender Kunst: Welche Farbe steht für einen wunderschönen warmen Sommertag? Für das Böse? Für Güte und Reinheit? Ich würde dann mit Mathematiksymbolen, wissenschaftlichen Symbolen und Musiksymbolen fortfahren und die Schüler dann veranlassen, weitere Symbole zu finden, wie z. B. Symbole für Feiertage. Ich würde ihnen dann ihren eigenen Symbolgebrauch vor Augen führen, den ich mir gemerkt habe. Die Beiträge der Schüler und ihr Interesse für die Übungen würden mir dann zeigen, ob die Schüler mit dem Thema schon etwas anfangen können.

■ Dr. N. S.-M., Lehrerin für Kunst und Musik

Jedes Kind kann Symbole verstehen, wenn das Symbol zuerst dargeboten wird und danach die Erklärung folgt. Eine Zeichnung eines Achtecks auf einem Pfosten löst automatisch die Antwort „Stopp-Schild" aus. Kinder erkennen Symbole, aber der Lehrer muss sich von dem konkreten Wissen der Schüler zum abstrakten Begriff vorarbeiten. Es gibt eine Menge Symbole im Alltag der Kinder, auf die man zurückgreifen kann. Bereits Kinder in der ersten Klasse kennen die Formen von Verkehrszeichen, Buchstaben und Zahlen, und sie wissen auch, wofür sie stehen: für Richtungen, Klänge und vieles andere mehr. Beim Gebrauch dieser Symbole erkennen die Schüler auch, dass sie feste Bedeutungen haben.

■ V. A. C., Lehrerin einer 5./6. Klasse

Beispiele für Symbolismus müssen zunächst aus der Welt der Schüler eingeführt werden. Straßenschilder, besonders Piktogramme ohne Text, eignen sich sehr gut. Diese Art von Symbolen ist aber noch zu konkret. In der Dichtung gibt es noch abstraktere Symbole, und es muss eine Verbindung vom Konkreten zum Abstrakten gezogen werden. „Unsinnsdichtung" wie der Dadaismus ist ein Weg, diese Verbindung herzustellen. Sie hält das Interesse der Schüler wach und enthält viele Beispiele, wie eine Sache sich auf die andere auswirkt. Diese Strategie kann auch in den ersten Klassen verwendet werden, um Kinder einfach mit Dichtung vertraut zu machen, die Symbole einbezieht.

■ K. B., Lehrerin einer 5. Klasse

Sie können eine Menge über Denkformen der Schüler erkennen einfach nur durch eine Deutung ihrer Reaktionen. Die Reaktionen der Schüler richtig zu interpretieren ist genauso wichtig wie andere Formen von Tests. In diesem Fall ist es klar, dass die Schüler den Begriff Symbolismus nicht einordnen können. Für Fünftklässler ist das ein schwieriges, unverständliches Thema und sollte behutsam angegangen werden. Ein möglicher Weg ist, zunächst vertraute Symbole vorzustellen, wie etwa die gelb-goldenen Bögen des McDonald-Logos oder die weißen Adidas-Streifen auf schwarzem Grund. Die Schüler könnten zuerst die Bedeutung dieser Symbole erklären. Dann könnte man diskutieren, warum Unternehmen lieber Symbole ohne Text statt nur Text verwenden. Dann könnte eine Übung zur richtigen Verwendung von „wie" („ist wie") folgen. Zum Beispiel: „Susi ist genauso hübsch wie eine Rose". Der Lehrer kann dann die Erklärung folgen lassen, dass der Schriftsteller die Rose als Symbol für das Aussehen von Susi einsetzt.

Persönlichkeits-, soziale und emotionale Entwicklung

3

ÜBERBLICK

Was würden Sie tun?

Aus der Praxis des Lehrers

Sie haben das früher schon erlebt, aber in diesem Jahr ist die Situation in Ihrer Klasse an einer Realschule besonders unangenehm. Eine Clique von beliebten Mädchen macht einigen früheren Freundinnen das Leben schwer – sie lehnen sie ab. Bei den abgelehnten Freundinnen stimmt ihrer Ansicht nach nichts: sie passen nicht in die Clique. Sie tragen die falschen Klamotten oder sehen nicht gut genug aus oder interessieren sich noch nicht für Jungen. Um den Statusunterschied zwischen sich und „den anderen" deutlich zu machen, streuten die Cliquenmitglieder Gerüchte über ihre ehemaligen Freundinnen aus und scheuten auch nicht davor zurück, intime Geheimnisse aus der Zeit, als sie noch die besten Freundinnen waren, überall herumzuerzählen. Die Freundschaften lagen erst ein paar Monate zurück. Heute entdecken Sie, dass Stefanie, eines der abgelehnten Mädchen, eine herzzerreißende E-Mail – Nachricht an ihre ehemalige Freundin Elise – geschrieben hat mit der Frage, warum sie so gemein sei. Die jetzt beliebte Elise schickte die E-Mail an alle Schüler und Schülerinnen der Schule, und Stefanie fühlte sich gedemütigt. Seit diesem Vorfall war sie seit drei Tagen nicht mehr in der Schule.

Kritisch denken

- Was würden Sie jedem der Mädchen sagen?
- Was – wenn überhaupt – würden Sie den anderen Schülern sagen?
- Können Sie diese kritische Situation in Ihren Unterricht einbauen?
- Wenn Sie an Ihre eigene Schulzeit zurückdenken. Ginge es Ihnen eher so wie Stefanie oder wie Elise?

Zusammenarbeit

Inszenieren Sie zusammen mit drei oder vier anderen Schülern Ihrer Klasse ein Rollenspiel mit einer Diskussionsrunde über den Vorfall. Die Rollen von Stefanie, Elise oder ihren Familien werden von anderen Schülerinnen oder Schülern übernommen.

In die Schule zu gehen bedeutet mehr als nur sich kognitiv weiterzuentwickeln. Wenn Sie an Ihre eigenen Schuljahre zurückdenken, was steht im Vordergrund Ihrer Erinnerungen – was Sie alles gelernt haben oder Ihre Gefühle, Freundschaften und Ängste? In diesem Kapitel befassen wir uns näher mit Persönlichkeits-, sozialer und emotionaler Entwicklung.

Zu Beginn gehen wir auf einen grundlegenden Bereich der Entwicklung ein, der Auswirkungen auf alle anderen hat – körperliche Veränderungen im Reifungsprozess der Kinder. Dann wenden wir uns Eric Erikson und Urie Bronfenbrenner zu, deren weitreichende Überlegungen einen theoretischen Rahmen für Untersuchungen über Persönlichkeits- und soziale Entwicklung bereitstellen. Dann überprüfen wir die verschiedenen Einflüsse auf die Persönlichkeits- und Sozialentwicklung: Familie, Peers und Lehrer. Die Familienformen von heute sind durch viele Zwischenformen zu dem geworden, was wir heute beobachten

können. Dies wirkt auch auf die Lehrer zurück. Als Nächstes erkunden wir theoretische Ansätze über die Entwicklung unseres Selbstverständnisses, indem wir Wissen über das Selbstkonzept und die persönliche, ethnische und Geschlechtsidentität zusammenstellen. Schließlich wenden wir uns der emotionalen und moralischen Entwicklung zu. Welche Einflüsse bestimmen unsere moralischen Ansichten? Was können Lehrer tun, um persönliche Tugenden wie Ehrlichkeit oder Kooperationsfähigkeit, aber auch den allgemein wichtigen Selbstwert zu fördern?

Nach Durcharbeiten dieses Kapitels werden Sie auf folgende Fragen antworten können:

- *Wie hängen körperliche Entwicklung und Persönlichkeits-, soziale und emotionale Entwicklung zusammen?*
- *Was sind Eriksons Stufen der psychosozialen Entwicklung und was sind die Implikationen dieser Theorie für den Unterricht?*

- *Wie beschreibt Bronfenbrenners theoretischer Rahmen die sozialen Systeme und deren Einfluss auf die Entwicklung?*
- *Welche Rolle spielen Peers, Cliquen und Freundschaften im Leben der Schüler?*
- *Was können Lehrer gegen Aggressionen und Schikanieren in den Schulen tun?*
- *Wie können Lehrer einen angemessenen Selbstwert bei den Schülern fördern?*
- *Wie entwickelt sich ethnische Identität?*
- *Was sind die Stufen des moralischen Urteils nach Kohlberg und welche Kritik wird gegen Kohlberg vorgebracht?*
- *Was ermutigt die Schüler bei Klassenarbeiten zu mogeln und wie sollten Lehrer darauf reagieren?*

Körperliche Entwicklung

Für die meisten jüngeren Kinder bedeutet „Heranwachsen" größer werden, stärker werden, bessere Bewegungskoordination zu erreichen. Das kann für Kinder eine Ängste weckende, verwirrende, enttäuschende, aber auch aufregende Zeit sein.

3.1.1 Die Vorschuljahre

Vorschulkinder sind sehr aktiv. Die Geschicklichkeit ihrer Grobmotorik verbessert sich im Alter von zwei bis fünf Jahren (siehe ▶ Tabelle 3.1). Zwischen zwei und fünf Jahren werden ihre Muskeln stärker, ihr Gleichgewicht verbessert sich und ihr Schwerpunkt rutscht

> **Verknüpfen und erweitern Sie Ihren Unterricht**
>
> Erklären Sie, wie sich die Entwicklung in einem bestimmten Bereich (z. B. körperlich oder emotional) auf andere Bereiche auswirken kann.

vom Kopf nach unten. So können sie sicherer laufen, springen, klettern und hüpfen. Die meisten dieser Bewegungsformen entwickeln sich natürlich, wenn das Kind keine Behinderungen und genügend Gelegenheit für Bewegungsspiele hat. Kinder mit körperlichen Problemen benötigen spezielle Übungen, um die gleichen Fertigkeiten zu entwickeln (Berk, 2005). Für kleine Kinder – wie auch für viele Jugendliche und Erwachsene – kann körperliche Bewegung ein Ziel an sich sein. Es macht einfach Spaß, beweglicher zu werden. Weil kleinere Kinder von sich aus nicht aufhören, sollten ihnen Ruhepausen zwischen den Übungen auferlegt werden (Darcey & Travers, 2006).

Feinmotorische Geschicklichkeiten wie Schleife binden oder Jacke zuknöpfen, die die Koordination von kleinen Bewegungen erfordern, verbessern sich ebenfalls in den Vorschuljahren (Tabelle 3.1). Kinder sollten mit großen Pinseln arbeiten, mit dicken Blei- und Buntstiften, auf großem Malpapier und mit großen Legosteinen. Zur Entwicklung ihrer Fertigkeiten und ihrer Phantasie sollten sie mit Knete oder Ton Gegenstände formen. In die Kindergarten- und Vorschulzeit fällt auch die Präferenz für Rechts- oder Linkshändigkeit. Mit etwa fünf Jahren bevorzugen 90 % der Kinder die rechte Hand und etwa 10 % die linke. Mehr Jungen

| Tabelle 3.1 |

Motorische Fertigkeiten in den Vorschuljahren

Die motorische Geschicklichkeit der Schüler verbessert sich im Laufe der Vorschuljahre.

Ungefähres Alter	Grobmotorische Fertigkeiten	Feinmotorische Fertigkeiten
Geburt bis 3 Jahre	Sitzt und krabbelt; beginnt zu laufen	Hebt Sachen auf; greift; lässt Objekte los; stapelt
3 bis 4,5 Jahre	Geht die Treppen hinauf und hinunter	Hält den Bleistift; gebraucht Utensilien; knöpft Kleidung zu; zeichnet Formen nach
4,5 bis 6 Jahre	Hüpft; fährt Fahrrad ohne Stützräder; fängt einen Ball; macht Sport	Benützt einen Bleistift; zeichnet gegenständliche Bilder; schneidet mit der Schere; schreibt Briefe in Druckbuchstaben

als Mädchen sind Linkshänder (Feldman, 2004). Diese Präferenz hat eine genetische Grundlage und sollte deshalb, wenn überhaupt, behutsam umtrainiert werden, so lange noch Beidhändigkeit zu beobachten ist.

3.1.2 Die Grundschuljahre

Während der Grundschuljahre entwickeln sich Kinder körperlich kontinuierlich weiter. Sie werden größer, schmaler und stärker. So können sie Sport und Bewegungsspiele besser ausführen. Es gibt jedoch große individuelle Unterschiede. In diesem Alter kann ein Kind größer oder kleiner als der Durchschnitt sein und doch ganz gesund. Weil Grundschulkinder die körperlichen Unterschiede sehr genau wahrnehmen und nicht sehr taktvoll sind, kann man Kommentare hören wie: „Für die fünfte Klasse bist du zu klein. Was ist mit dir los?" oder „Warum bist du so fett?"

In der Grundschulzeit sind viele Mädchen genauso groß oder sogar größer als die gleichaltrigen Jungen, zwischen 11 und 14 Jahren sind Mädchen in der Regel größer (Cook & Cook, 2005). Der Größenunterschied bringt den Mädchen Vorteile bei körperlichen Aktivitäten, obwohl das für manche Mädchen ambivalent sein dürfte und sie folglich ihre körperlichen Fähigkeiten herunterspielen (vgl. Berk, 2005).

3.1.3 Adoleszenz

Die **Pubertät** markiert den Beginn der Geschlechtsreife. Viele Veränderungen des gesamten Körpers treten zu dieser Zeit in Erscheinung. Der Geschlechtsunterschied in der körperlichen Entwicklung, der schon in den letzten Grundschuljahren einsetzte, wird zu Beginn der Pubertät noch ausgeprägter. Im Allgemeinen treten Mädchen etwa mit 10 bis 11 Jahren in die Pubertät ein, ungefähr zwei Jahre früher als Jungen. Sie erreichen ihre endgültige Größe etwa mit 16 oder 17 Jahren. Die meisten Jungen wachsen weiter bis etwa 18 Jahre, aber sowohl Mädchen als auch Jungen können noch ein wenig bis zum Alter von 25 Jahren an Größe zulegen. Ungefähr 80 % der amerikanischen Mädchen haben ihre Menarche zwischen 11 und 14 Jahren. In Deutschland wurde in einer Erhebung des Bundesgesundheitsamtes (Schwerpunktbericht der Gesundheitsberichterstattung des Bundes, 2004, herausgegeben vom Robert

Koch Institut, Berlin) eine Rückwärtsentwicklung des Menarchezeitpunktes festgestellt. Im Jahre 2003 lag das Durchschnittsalter wieder bei 13 Jahren, nachdem es vorher zeitweise bei 11–12 Jahren lag. Eine Quelle innerer Spannung ist die Diskrepanz zwischen der körperlichen und sexuellen Reife und der erst nachfolgenden psychologischen und sozialen Reife. Die Jugendlichen können zur Zeit ihrer sexuellen Reife noch nicht die finanziellen und psychologischen Belastungen der Verantwortlichkeiten Erwachsener für Familie und Kinder schultern.

Die körperlichen Veränderungen der Adoleszenz haben bedeutsame Auswirkungen auf die individuelle Identität. Psychologen sind besonders interessiert an sozialen und emotionalen Differenzen, aber auch an Unterschieden in schulischen Leistungen. Sie fanden solche Unterschiede zwischen frühreifen und spätreifen Jugendlichen. Frühe Reifung hat für Jungen besondere Vorteile. Der athletische Körperbautypus mit breiten Schultern und größerem Höhenwachstum erfüllt das kulturelle Stereotyp für das männliche Ideal. Frühreife Jungen gewinnen mit größerer Wahrscheinlichkeit einen höheren sozialen Status; sie sind beliebter und tendieren dazu, Anführer zu werden. Aber sie neigen auch zu problematischem Verhalten wie (Klein)Delinquenz und Drogengebrauch, Spätentwicklung stellt bei Jungen ein gewisses Entwicklungsrisiko dar (Silbereisen & Schmitt-Rodermund, 1999). Einige Untersuchungen zeigen jedoch, dass spät reifende männliche Jugendliche dafür als Erwachsene kreativer, toleranter und aufmerksamer für ihre Umwelt sind. Vielleicht entwickeln die spätreifen Jungen durch ihre unangenehmen Erfahrungen und Ängste bessere Bewältigungsstrategien (Brooks-Gunn, 1988; Steinberg, 2005). Diese Befunde treffen anscheinend für die meisten männlichen Jugendliche gleichermaßen zu: für weiße, afroamerikanische, mexikanischamerikanische in den USA (Cota-Robles, Neiss & Rowe, 2003) und auch für deutsche Jugendliche (Silbereisen & Schmitt-Rodermund, 1999).

Für frühreife Mädchen kehren sich die Effekte um. Früher reif als die anderen Mädchen in der Klasse zu sein, kann sich sehr zum Nachteil auswirken. In vielen Kulturen legen Mädchen keinen großen Wert darauf, größer als andere in der Klasse zu sein (Jones, 2004). Frühreife Mädchen weisen als erste die Anzeichen der Pubertät auf. Sie zeigen emotionale Störun-

---

Pubertät Körperliche Veränderungen in der Adoleszenz, die zur Geschlechtsreife führen.

gen wie depressive Verstimmungen, Ängste und Essstörungen, die besonders in Kulturen, in denen Wert auf Schlankheit gelegt wird, zu beobachten sind (Steinberg, 2005). Frühreife Mädchen zeigen ein ähnliches Entwicklungsrisiko wie Jungen, vor allem wenn sie die Gesellschaft älterer Peers bevorzugen (Graber, Levinson, Seeley & Brooks-Gunn, 1997; Stattin & Magnusson, 1991). Spät reifende Mädchen haben dagegen weniger Probleme, aber sie werden manchmal von der Angst geplagt, dass etwas mit ihnen nicht in Ordnung sein könnte. Für alle Schüler wäre es beruhigend, wenn sie wüssten, dass in ihrem Alter eine große Streubreite im körperlichem Entwicklungsstand möglich und normal ist und dass sowohl Abweichungen nach oben als auch nach unten ihre guten Seiten haben.

Adoleszente setzen sich stark mit ihrem Körper auseinander. Dies war zu allen Epochen so, aber gegenwärtig wird sehr viel Wert auf Fitness und äußere Erscheinung gelegt, sodass die Jugendlichen ständig Bedenken haben, ob sie den Maßstäben ihrer Umgebung gerecht werden. Mädchen und Jungen gleichermaßen können in der Adoleszenz mit ihrem Körper unzufrieden sein: Jungen, weil sie glauben, dass sie an die Muskelpakete von männlichen Modellen nicht heranreichen und Mädchen, weil sie ebenfalls nicht dem kulturell gängigen Schönheitsideal entsprechen. Mädchen werden durch Unterhaltungen mit ihren Freundinnen noch unzufriedener (Jones, 2004). Bei einigen wächst die Unzufriedenheit übermäßig an. Eine Konsequenz sind Essstörungen wie **Bulimie** (übermäßiges Essen mit Erbrechen) und **Magersucht (Anorexia nervosa)**. Beide kommen häufiger bei weiblichen als bei männlichen Personen vor. Bulimiekranke neigen zur Völlerei, sie essen z. B. eine Riesenpackung Eiscreme oder einen ganzen Kuchen. Um nicht zuzunehmen, führen sie Erbrechen herbei oder sie nehmen starke Abführmittel, damit sie die überflüssigen Kalorien loswerden. Bulimiekranke haben in der Regel ein normales Gewicht, aber ihr Magen-Darmtrakt wird durch die Krankheit dauerhaft geschädigt.

Magersucht ist eine noch gefährlichere *Störung*, denn Magersüchtige weigern sich zu essen oder essen zu wenig und treiben exzessiv Sport. Sie können so 20 % bis 25 % ihres Körpergewichtes verlieren, und

> **Verknüpfen und erweitern Sie Ihre Forschungskenntnisse**
>
> Sehen Sie sich die Herbstausgabe 2004 von *Theory into Practice* an über „Developmental Psychology: Implications for Teaching" (Vol. 43 (4)), Gastherausgeber: Chris Anderson. Eine deutsche Einführung in das Thema von F. E. Weinert über „Entwicklungsgemäßer Unterricht. Probleme der Anpassung des Unterrichts an den kognitiven Entwicklungsstand der Schüler" finden Sie in der Zeitschrift *Unterrichtswissenschaft* (1977), 5(1), 1–13.

manche (etwa 20 % der Betroffenen) hungern sich buchstäblich zu Tode. Magersüchtige Schüler(innen) werden sehr dünn, sie erscheinen sehr blass, haben brüchige Fingernägel und ihr Körper ist überzogen mit feinen schwarzen Härchen. Sie erkälten sich leicht, weil ihr Körper wenig Widerstandskraft hat. Sie neigen zu depressiven Verstimmungen, Unsicherheit, Stimmungsschwankungen und Einsamkeitsgefühlen. Bei Mädchen bleibt oft auch die regelmäßige Menstruation aus. Die Essstörungen beginnen in der Adoleszenz und nehmen dann an Häufigkeit zu – etwa 1 % der Jugendlichen (meistens, aber nicht nur Mädchen) werden magersüchtig (Rice & Dolgin, 2002). Diese Schüler benötigen professionelle Hilfe – die Warnsignale sollten nicht übersehen werden. Aber weniger als ein Drittel der Personen mit Essstörungen erhalten tatsächlich eine professionelle Behandlung (Stice & Shaw, 2004). Ein Lehrer könnte eine solche Behandlung für diese tragischen Fälle anregen und entsprechende Stellen einschalten. Die *Richtlinien* (siehe S. 84) geben ein paar Hinweise, wie mit körperlichen Unterschieden in der Klasse umgegangen werden kann.

3.1.4 Das Gehirn und die Entwicklung in der Adoleszenz

Zusammen mit allen anderen Veränderungen in der Pubertät treten auch Veränderungen im Gehirn und im

---

Bulimie Essstörung, bei der auf übermäßiges Essen Erbrechen oder Einnehmen von starken Abführmitteln folgt, um die überflüssigen Kalorien wieder loszuwerden.

Magersucht (Anorexia nervosa) Essstörung, die durch geringe Nahrungsaufnahme gekennzeichnet ist.

Umgang mit individuellen Unterschieden in der körperlichen Entwicklung der Schüler

Die körperlichen Unterschiede der Schüler sollten so thematisiert werden, dass nicht unnötig die Aufmerksamkeit auf die große Streubreite gelenkt wird.

Beispiele

1 Kleinere Schüler sollten einen Platz erhalten, von dem aus sie gut sehen und an Klassenaktivitäten teilnehmen können. Vermeiden Sie aber Sitzanordnungen, die offensichtlich nach der Körpergröße ausgerichtet sind.

2 Versuchen Sie Sportarten und Spiele abzuwechseln, bei denen es zum einen auf die Körpergröße und zum anderen auf kognitive, soziale, künstlerische oder musikalische Fähigkeiten ankommt, z. B. bei Silbenrätseln oder Zeichnungen.

3 Halten Sie Schüler davon ab, sich gegenseitig Spitznamen zu geben, die auf Körpermerkmale anspielen.

4 In Vorschulklassen sollten die technischen Hilfsmittel für Linkshänder vorrätig sein, z. B. besondere Scheren.

Verhelfen Sie Schülern zu objektiven Informationen über Unterschiede in der körperlichen Entwicklung.

Beispiele

1 Im Rahmen des Biologieunterrichts könnte ein kleines Projekt über Geschlechtsunterschiede und unterschiedliches Wachstum durchgeführt werden.

2 Halten Sie Lesematerial bereit über Unterschiede zwischen frühreifen und spätreifen Jungen und Mädchen. Achten Sie auf ausgeglichene Informationen.

3 Informieren Sie sich, was die Schulpolitik über geschlechtsspezifische Erziehung und informelle Betreuung von Schülern aussagt. In einigen Schulen wird befürwortet, mit Mädchen über ihre Menarche zu sprechen, falls sie sichtbar verstört darüber sind. In anderen Schulen werden solche Mädchen zu ihrem behandelnden Kinderarzt geschickt.

4 Geben Sie den Schülern Vorbilder in der Literatur oder in der Gemeinde. Es sollten gut ausgebildete und teilnahmsvolle Vorbilder sein, deren äußere Erscheinung nicht dem gängigen Körperstereotyp entspricht.

Akzeptieren Sie, dass die Beschäftigung mit der äußeren Erscheinung und dem anderen Geschlecht viel Zeit und Energie der Jugendlichen beansprucht.

Beispiele

1 Räumen Sie am Ende des Unterrichts etwas Zeit ein für soziale Kontakte der Schüler untereinander.

2 Gehen Sie im Rahmen Ihrer Unterrichtsplanung auf Fragen der körperlichen Entwicklung ein.

Mehr Informationen über mögliche Vorgehensweisen bei der Thematisierung von körperlichen Unterschieden finden Sie im Internet unter

www2.hu-berlin.de/sexology/ und

www.psychohelp.at/html4/psychologie_nachrichten/gastkommentar/integration.shtml

Nervensystem auf, die die Persönlichkeits- und soziale Entwicklung beeinflussen. In der Adoleszenz sorgen Gehirnveränderungen für wachsende Mathematikfähigkeiten, aber auch für Fähigkeiten, das eigene Verhalten in Situationen mit geringem oder hohem Stress zu kontrollieren. Die Gehirnveränderungen ermöglichen zielgerichtetes und organisiertes Verhalten und Impulskontrolle. Diese Fähigkeiten sind jedoch erst mit etwa 20 Jahren so weit entwickelt, dass Adoleszente, zumindest in Situationen mit geringem Stress, erwachsen wirken. Ihr Gehirn hat sein Wachstum jedoch noch nicht beendet. Es kann immer noch zu Schwierigkeiten mit der Verhaltenskontrolle und dem realistischen Einschätzen von Risiken kommen (Berk, 2005). Adoleszente benötigen anscheinend eine verstärkte emotionale Ansprache im Vergleich zu Kindern und Erwachsenen, deshalb suchen sie Abenteuer und Risiken. Lehrer können diese emotionale Energie umleiten auf politisches Engagement, auf Umwelt- oder soziale Fragen (Price, 2005) oder die Adoleszenten anleiten, sich mit historischen Personen oder Figuren aus der Literatur emotional auseinanderzusetzen.

Andere neurologische Veränderungen in der Adoleszenz betreffen den Schlaf. Schüler benötigen etwa neun Stunden Schlaf während der Nacht, aber die biologischen Uhren mancher Schüler werden in der Pubertät neu gestellt, sodass sie nicht vor Mitternacht einschlafen. In manchen Schulen fängt die Schule jedoch bereits um 7:15 Uhr an (0. Stunde) an. Damit kommen die späten Einschläfer nicht auf ihre neun Stunden Schlaf und leiden deshalb unter permanentem Schlafentzug. Unterrichtsstunden, in denen die Schüler viel zuhören und Notizen machen müssen, schläfern sie ein. Da sie keine Zeit für das Frühstück und nur wenig Zeit für das Mittagessen haben, ist auch ihre Ernährung oft mangelhaft (Sprenger, 2005).

Wir wenden uns nun der Persönlichkeits- und sozialen Entwicklung zu. Zwei Psychologen haben umfassende Theorien ausgearbeitet, die uns helfen, Entwicklung im Kontext zu verstehen: Erik Erikson und Urie Bronfenbrenner.

Erikson: Stufen der individuellen Entwicklung 3.2

Wie Piaget begann Erikson seine Karriere nicht als Psychologe. Erikson hat nie einen Gymnasialabschluss erreicht. In seinen ersten Erwachsenenjahren studierte er Kunst und reiste durch Europa. In Wien traf er Sigmund Freud, der ihn einlud, sich der Psychoanalyse zu widmen. Erikson emigrierte in die Vereinigten Staaten von Amerika, um die Psychoanalyse zu praktizieren und Hitler zu entkommen. In seinem einflussreichen Buch *Kindheit und Gesellschaft* (1957) bot Erikson einen theoretischen Rahmen an. Durch diesen sollte das Verständnis für die Bedürfnisse junger Menschen vor dem Hintergrund der Gesellschaft, in die sie hineinwachsen, in der sie lernen und an der sie später teilhaben, geweckt und verstärkt werden. In seinen Büchern *Jugend und Krise* (1980) und *Identität und Lebenszyklus* (1959/1966) arbeitete er diesen theoretischen Ansatz weiter aus.

Eriksons **psychosoziale** Theorie betont die Entstehung des Selbst, die Suche nach Identität, die Beziehung des Einzelnen zu anderen und die Rolle der

Erik Erikson stellt eine Theorie der psychosozialen Entwicklung vor, in der Konflikte definiert werden, deren Bewältigung zu bestimmten Zeitpunkten im Leben ansteht.

Kultur in der Entwicklung über die Lebensspanne. Wie Piaget sah Erikson auch die Entwicklung als Übergänge in einer Stufenfolge. Jede Stufe hat ihr eigenes definiertes Ziel, ihre Schwierigkeiten, Errungenschaften und Risiken. Die Stufen sind voneinander abhängig: Errungenschaften auf späteren Stufen hängen davon ab, wie Konflikte auf den vorherigen Stufen bewältigt wurden. Auf jeder Stufe nimmt Erikson die Konfrontation mit einer neuen **Entwicklungskrise** an – ein Konflikt zwischen einer positiven und einer potenziell problematischen Alternative. Die Art und Weise, wie das Individuum den jeweiligen Konflikt löst, hat einen nachhaltigen Einfluss auf das Selbstbild eines Menschen und auf sein Bild der Gesellschaft, in der er lebt. Die acht Stufen der eriksonschen Theorie oder – wie er sie selbst bezeichnet – „die acht Alter des Menschen" sind in ▶ Tabelle 3.2 (siehe S. 86) zusammenfassend beschrieben.

Psychosozial Beschreibt die Beziehung zwischen individuellen emotionalen Bedürfnissen und der sozialen Umwelt.

Entwicklungskrise Ein spezifischer psychischer Konflikt, dessen Bewältigung die nächste Entwicklungsstufe vorbereitet.

Tabelle 3.2

Eriksons acht Stufen der psychosozialen Entwicklung

Stufen	Ungefähres Alter	Wichtiges Ereignis	Beschreibung
Urvertrauen vs. Misstrauen	0–12/18 M.	Stillen/Füttern	Der Säugling muss eine erste liebende und vertrauensvolle Beziehung zu seiner Bezugsperson aufbauen oder er entwickelt Misstrauen.
Autonomie vs. Scham/Zweifel	18 M.–3 J.	Reinlichkeitserziehung	Die Energien des Kindes richten sich auf die Entwicklung körperlicher Fertigkeiten wie Gehen, Greifen, Kontrolle der Schließmuskulatur. Das Kind lernt die Kontrolle, empfindet aber Scham oder Schuld, wenn sie misslingt.
Initiative vs. Schuldgefühl	3–6 J.	Selbstständigkeit	Das Kind wird selbstsicherer und ergreift häufiger die Initiative. Dies kann aber zu heftig geschehen, sodass Schuldgefühle aufkommen.
Fleiß vs. Minderwertigkeit	6–12 J.	Schule	Das Kind muss auf Anforderungen reagieren, um neue Fertigkeiten zu lernen, sonst riskiert es Minderwertigkeitsgefühle, Misserfolgs- und Inkompetenzerleben.
Identität vs. Identitätsdiffusion	Adoleszenz	Peerbeziehungen	Die Jugendlichen müssen sich berufliche, politische, religiöse und Geschlechtsidentität erarbeiten.
Intimität vs. Isolation	Junges Erwachsenenalter	Liebesbeziehungen	Der junge Erwachsene muss intime Partnerschaften aufbauen oder er leidet unter dem Gefühl der Isolation.
Generativität vs. Stagnation	Mittleres Erwachsenenalter	Elternschaft/ Mentorenschaft	Jeder Erwachsene muss einen Weg finden, die Bedürfnisse der nächsten Generation zu befriedigen und sie zu unterstützen.
Ich-Integrität vs. Verzweiflung	Spätes Erwachsenenalter	Reflexionen über das eigene Leben und dessen Akzeptanz	Selbst-Akzeptanz und das Gefühl der Erfüllung stellen sich ein.

Quelle: Aus *Psychology*, 5. Aufl., von Lester A. Lefton. Boston, MA: Allyn & Bacon. Copyright © 1994 Pearson Education.

3.2.1 Die Vorschuljahre: Vertrauen, Selbstständigkeit, Initiative

Erikson erkennt als den Grundkonflikt des Säuglingsalters *Vertrauen versus Misstrauen*. Nach Erikson entwickelt das Kind Vertrauen, wenn seine Bedürfnisse nach Nahrung und Pflege regelmäßig befriedigt werden und es sich durch die Zuwendung von Bezugspersonen wohlfühlen kann. In der sensomotorischen Stufe des ersten Lebensjahres beginnen Kinder zu lernen, dass sie eigenständige Wesen getrennt von ihrer Umwelt sind. Diese Erkenntnis ist ein Teil dessen, was

Vertrauen so wichtig macht: Kinder müssen den Aspekten der Welt vertrauen, die außerhalb ihrer Kontrolle liegen (Isabella & Belsky, 1991; Posada et al., 2002).

Eriksons zweite Stufe, definiert durch **Autonomie** *versus Scham und Zweifel*, markiert den Beginn der Selbstkontrolle und des Selbstvertrauens. Junge Kinder übernehmen allmählich selbst die Kontrolle ihrer eigenen Versorgung, z. B. Nahrungsaufnahme, Reinlichkeit und Anziehen. In dieser Zeit müssen Eltern auf einem schmalen Grat wandern; sie müssen beschützen – dürfen aber nicht alle Anforderungen von den Kindern fernhalten. Eltern sollten eine vertrauensvolle

Autonomie Selbstständigkeit, Unabhängigkeit.

RICHTLINIEN

Initiativen von Vorschulkindern fördern

Vorschulkinder sollten ermutigt werden, Entscheidungen herbeizuführen und zu treffen.
Beispiele

1 Halten Sie eine Auswahl an Aktivitäten und Spielen bereit, sodass die Kinder frei wählen können.

2 Kinder sollten möglichst nicht bei ihren Aktivitäten gestört werden.

3 Wenn Kinder eine Unternehmung vorschlagen, sollten Sie ihren Vorschlägen möglichst folgen oder wenigstens ihre Ideen aufgreifen.

4 Bieten Sie positive Wahlalternativen. Statt zu sagen „Jetzt gibt es keine Kekse" fragen Sie lieber „Möchtest du die Kekse lieber nach dem Essen oder nach dem Mittagsschlaf?"

Richten Sie es so ein, dass jedes Kind eine Erfolgschance hat.
Beispiele

1 Wenn Sie ein neues Spiel oder eine neue Strategie einführen, erklären Sie es in kleinen Schritten.

2 Vermeiden Sie Wettbewerbsspiele, wenn es in der Klasse große individuelle Unterschiede gibt.

Ermuntern Sie die Kinder, unterschiedliche Rollenspiele zu initiieren.
Beispiele

1 Halten Sie Kostüme und Requisiten bereit, die zu beliebten Geschichten passen. Ermuntern Sie die Kinder, die Geschichten nachzuspielen oder neue Abenteuer ihres Lieblingshelden zu erfinden.

2 Haben Sie ein Auge auf das Theaterspielen der Kinder, damit nicht immer dieselben Kinder dieselben Rollen übernehmen („Vater", „Mutter", „Lehrer" oder andere Rollen).

Seien Sie nachsichtig bei Pannen und Fehlern, besonders wenn Kinder etwas ganz allein versuchen.
Beispiele

1 Verwenden Sie Tassen und Krüge, aus denen man nicht so leicht Flüssigkeit verschütten kann.

2 Erkennen Sie den Versuch an, auch wenn das Ergebnis nicht zufriedenstellend ist.

3 Wenn Fehler gemacht werden, zeigen Sie den Kindern, wie man säubert, repariert oder etwas erneut angeht.

4 Wenn ein Kind immer wieder aus der Reihe tanzt oder sich unakzeptabel verhält, holen Sie sich Rat von der schulpsychologischen Beratungsstelle oder einem anderen Kinderpsychologen. Die beste Zeit, Kindern bei ihren psychosozialen Problemen zu helfen, ist das frühe Kindesalter.

Mehr Möglichkeiten finden Sie im Internet unter **http://www.vtaide.com/blessing/ERIK3.htm**

und beruhigende Haltung einnehmen und die Bemühungen des Kindes verstärken, grundlegende Fähigkeiten zu erwerben und kognitive Anforderungen zu meistern. Andernfalls können Kinder Scham empfinden und ihre eigene Kompetenz anzweifeln, ihr Leben wenigstens ausschnittweise zu meistern. Erikson glaubt, dass Kinder, die auf dieser Stufe zu sehr von Zweifeln geplagt sind, kein Urvertrauen entwickeln, das sie ihr ganzes Leben begleiten wird.

Die nächste Stufe **Initiative** *versus Schuld* fügt nach Erikson zur Autonomie den Aspekt des Unternehmens und Planens sowie den des Angehens von Aufgaben um der Lust an der Funktion willen hinzu (Erikson, 1963, S. 255). Die Herausforderung dieser Phase besteht in der Erhaltung eines „Aktivitätseifers" und der gleichzeitigen Erkenntnis, dass nicht auf jeden Impuls reagiert werden kann. Wieder müssen Erwachsene einen schmalen Grat beschreiten, denn sie müssen ihre Kinder beaufsichtigen, ohne in deren Aktivitäten einzugreifen. Wenn Kindern nicht der notwendige Freiraum eingeräumt wird, Dinge selbstständig zu erledigen, können sich Schuldgefühle entwickeln. Es entsteht die Erwartung, dass das, was sie tun wollen, immer „falsch" ist. Die *Richtlinien* machen Vorschläge, wie die Initiativen von Vorschulkindern gefördert werden können.

Initiative Bereitschaft, neue Aktivitäten anzufangen und neue Richtungen zu explorieren.

Kinder brauchen Gelegenheiten, Fertigkeiten selbstständig zu lernen, damit sie Initiativen entwickeln können.

3.2.2 Die Primar- und die Mittelstufenjahre: Fleiß versus Minderwertigkeit

Im Alter zwischen fünf und sieben Jahren, wenn die meisten Kinder in die erste Klasse der Grundschule kommen, schreitet die kognitive Entwicklung schnell voran. Die Kinder verarbeiten Informationen schneller, und ihre Gedächtnisspanne wird länger. Sie gehen von der präoperationalen Stufe der kognitiven Entwicklung zur konkret-operationalen Stufe über. Gleichzeitig mit diesen kognitiven Veränderungen verbringen die Kinder viele Stunden am Tag in dem neuen physischen und sozialen Umfeld der Schule. Sie müssen die Konfliktbewältigungen der durchlaufenen Stufen der psychosozialen Entwicklung nach Erikson noch einmal in diesem neuen Umfeld absichern. Sie müssen lernen, zunächst fremden neuen Erwachsenen zu vertrauen, selbstständig in der neuen komplexen Situation zu handeln und Initiativen zu entwickeln für Aktionen, die den Anforderungen der neuen Umgebung entsprechen.

Die neue psychosoziale Herausforderung für die Schuljahre besteht in der Lösung des Konfliktes zwischen Fleiß und Minderwertigkeit. Die Schüler begreifen den Zusammenhang zwischen Ausdauer und der Befriedigung, eine Arbeit fertiggestellt zu haben. In modernen Gesellschaften bewegen sich Kinder zwischen ihrer Welt zu Hause, der Nachbarschaft und der Schule und bewältigen ihre schulischen Anforderungen, Gruppenaktivitäten und Freundschaften. Dies alles führt zu einem wachsenden Gefühl der Kompetenz. Schwierigkeiten, diese Herausforderungen zu meistern, können ein Minderwertigkeitsgefühl entstehen lassen. Kinder müssen neue Kompetenzen erwerben und auf ein Ziel hinarbeiten, während sie gleichzeitig mit anderen verglichen werden und Misserfolge riskieren.

Wie Kinder mit diesen Anforderungen umgehen, hat Implikationen für die Erfahrungen, die sie während der gesamten Schulzeit machen. Zwei der besten Prädiktoren für einen fehlenden Schulabschuss sind eine schlechte Durchschnittsnote in der dritten Klasse und Sitzenbleiben in den ersten Grundschuljahren (Paris & Cunningham, 1996). „Wie gut Schüler in den ersten Schuljahren sind, bestimmt mehr den zukünftigen Schulerfolg als ihre Schulleistungen zu jedem anderen Zeitpunkt" (Entwisle & Alexander, 1998, S. 354). Weil die Schule Werte- und Normorientierungen der Mittelklasse vertritt, wird der Übergang in die Schule für Kinder aus der Unterschicht oder aus anderen Kulturen besonders erschwert. Der Unterschied in den Leistungspunkten zwischen Schülern aus der sozioökonomischen Mittel- und Unterschicht ist in der ersten Klasse noch gering, aber in der sechsten Klasse hat sich der Unterschied verdreifacht. Diese Leistungsunterschiede werden ausführlicher in Kapitel 5 besprochen. Die *Richtlinien* schlagen Maßnahmen vor, wie Fleiß angeregt werden kann.

Beim Übergang zur Sekundarstufe I und II stehen Schüler dem starken Fokus auf Noten und Leistung sowie Wettbewerb an allen Fronten gegenüber – sowohl im Bereich schulischer Leistungen, als auch im sozialen und sportlichen Bereich. Zu einer Zeit, in der sie darauf bedacht sind, eigene Entscheidungen zu treffen und größere Selbstständigkeit zu erreichen, stoßen die sich entwickelnden Schüler auf mehr Regeln, Pflichtkurse und Hausaufgaben. Sie müssen sich von einem Lehrer als ganzjährige Bezugsperson umgewöhnen auf mehrere Fachlehrer ohne die gewohnte enge Bindung.

Fleiß Mit Eifer produktiv arbeiten.

Fleiß fördern

Sorgen Sie dafür, dass Schüler die Gelegenheit erhalten, realistische Ziele zu setzen und für sie zu arbeiten.
Beispiele

1 Beginnen Sie mit kurzen Hausaufgaben und gehen Sie dann zu längeren über.

2 Weisen Sie die Schüler darauf hin, sich vernünftige Ziele zu setzen. Schreiben Sie die Ziele auf und veranlassen Sie sie, ein Logbuch über den Fortschritt in Richtung auf das Ziel zu führen.

Geben Sie den Kindern die Chance, ihre Selbstständigkeit und ihr Verantwortungsgefühl unter Beweis zu stellen.
Beispiele

1 Lassen Sie ehrlich zugegebene Fehler gelten.

2 Lassen Sie Schüler kleine Pflichten übernehmen wie z. B. Pflanzen gießen, Material einsammeln und verteilen, den Computerraum beaufsichtigen, Hausarbeiten benoten, die Rückgabe von Elternunterschriften auf Formularen kontrollieren usw.

Unterstützen Sie entmutigte Schüler.
Beispiele

1 Führen Sie Buch über die individuellen Fortschritte und Abmachungen mit einzelnen Schülern.

2 Bewahren Sie frühere Arbeiten von Schülern auf, sodass sie ihre Fortschritte sehen können.

3 Verteilen Sie Preise für die größte Verbesserung in den Leistungen, für die größte Hilfsbereitschaft, für die härteste Arbeit.

Mehr Möglichkeiten finden Sie im Internet unter **http://www.vtaide.com/blessing/ERIK4.htm**

Während sie in der familiären Grundschule die ältesten und reifen Schüler waren, zählen sie dann durch den Eintritt in die Sekundarstufe zu den „Babys" in einer großen und unpersönlichen Schule (Meece, 2002; Murdock, Hale & Weber, 2001; Rudolph, Lambert, Clark & Kurlakowsky, 2001; Wigfield, Eccles, MacIver, Rueman & Midgley, 1991).

3.2.3 Adoleszenz: die Suche nach Identität

Wenn die Schüler in die Pubertät kommen, tritt die kognitive Entwicklung nach Piaget in die höchste Stufe, das abstrakt-logische Denken, ein. Nunmehr ist die Fähigkeit zur Übernahme der Perspektiven anderer voll ausgeprägt. Im Bereich der körperlichen Entwicklung sind die Veränderungen noch einschneidender. Mit der Wandlung der Körperformen und der psychischen Fähigkeiten müssen sich Jugendliche auf die Suche nach ihrer Identität begeben, die sich im Erwachsenenalter dann fest etablieren soll. Menschen entwickeln schon im Säuglingsalter ein Gefühl des Selbstseins.

Aber in der Adoleszenz wird zum ersten Mal die drängende Frage gestellt: „Wer bin ich?". Der Konflikt, der diese psychosoziale Entwicklungsstufe bestimmt, heißt Identität versus Identitätsdiffusion. **Identität** umfasst die Organisation der Triebe, Bedürfnisse, Fähigkeiten, Überzeugungen und die eigene Lebensgeschichte. Sie schließt absichtliche Wahlfreiheit und Entscheidungen, besonders über die Arbeit, Werte, Ideologien und die Hingabe an Ideen und Fürsorge für Menschen ein (Marcia, 1987; Penuel & Wertsch, 1995). Wenn Adoleszente diese vielen Facetten und Entscheidungen nicht integrieren können, oder wenn sie sich nicht entscheiden können, droht Identitätsdiffusion mit Rollenkonfusion.

Halt! Denken Sie nach! Schreiben Sie!

Haben Sie sich schon für eine bestimmte Berufslaufbahn entschieden? Welche Alternativen haben Sie bedacht? Wer oder was hat Ihre Entscheidungsfindung beeinflusst?

Identität (personale) Die komplexe Antwort auf die Frage „Wer bin ich?"; Aufbau eines Selbstbildes und Zuordnung zu einer sozialen Gruppe.

Verknüpfen und erweitern Sie Ihren Unterricht

William Glasser spricht über das Selbstkonzept in Form von Misserfolgs- und Erfolgsidentitäten. Einsamkeit, Apathie und Rückzug oder Delinquenz charakterisieren die Misserfolgsidentität. Die Erfolgsidentität ist definiert durch die Fähigkeit, Liebe zu geben oder zu erhalten, und durch das Gefühl, etwas Wichtiges für sich selbst oder für andere zu tun (Glasser, W. (1969). *Schools Without Failure*. New York: Harper & Row). Was für Erfahrungen kann ein Lehrer bereitstellen, um Schülern aus der Misserfolgsidentität zur Erfolgsidentität zu verhelfen, d. h. ein positiveres Selbstbild zu entwickeln?

In einer intensiven Phase körperlicher Entwicklung stehen Adoleszente zugleich dem zentralen Problem ihrer Identitätsentwicklung gegenüber, die ihnen einen festen Halt im Erwachsenenleben geben soll. Mit dem Eintritt in die Adoleszenz beginnt die drängende Frage: „Wer bin ich?"

Identitätsstatus

James Marcia (1991, 1994, 1999) schlägt vor, dass es vier Identitätsoptionen für Jugendliche gibt, je nachdem, ob sie Optionen *erkundet* und *sich festgelegt* haben. Die erste Option, die **Identitätsdiffusion**, tritt ein, wenn Individuen nicht explorieren oder tätig werden. Sie kommen zu keinem Entschluss, wer sie sind oder was sie mit ihrem Leben anfangen wollen. Sie haben keine feste Richtung. Adoleszente im Zustand der Identitätsdiffusion können apathisch oder sozial zurückgezogen leben und wenig Hoffnung für ihre Zukunft haben. Sie können aber auch rebellisch werden. Diese Jugendlichen schließen sich der Mehrheit an, sie neigen zu Drogenkonsum (Archer & Waterman, 1990; Berger & Thompson, 1995; Kroger, 2000).

Übernommene Identität bedeutet Festlegung ohne Exploration. Adoleszente mit übernommener Identität haben nicht mit unterschiedlichen Identitäten experimentiert oder eine Reihe von Identitätsoptionen exploriert, sondern haben sich den Zielen, Werten und Lebensstilen anderer angeschlossen – meist ihrer Eltern, aber manchmal auch von Sekten oder anderen radikalen Gruppen. Adoleszente mit übernommener Identität neigen zu Rigidität, Dogmatismus und Defensivität (Frank, Pirsch & Wright, 1990).

Solange Adoleszente noch mit ihren Entscheidungsalternativen kämpfen, befinden sie sich im **Moratorium**. Erikson verwendete den Ausdruck Moratorium, um Exploration mit hinausgezögerter Festlegung auf persönliche und Berufswahlen zu bezeichnen. Diese Verzögerung ist sehr weit verbreitet unter heutigen Jugendlichen, und vielleicht ist sie sogar gesund. Erikson glaubte, dass Jugendliche in komplexen Gesellschaften während des Moratoriums eine Identitätskrise haben. Heute wird diese Phase nicht mehr als Krise gedeutet, denn die meisten Jugendlichen erleben eher eine allmähliche Exploration als einen traumatischen Aufruhr (Grotevant, 1998).

Erarbeitete Identität bezieht sich auf einen Zustand der getroffenen Entscheidungen und deren Umsetzungen nach der Exploration realistischer Optionen. Allem Anschein nach erreichen wenige Schüler am Ende der höheren Schule diesen Identitätszustand. Schüler, die eine Universitätsausbildung anstreben oder begonnen haben, benötigen mehr Zeit für Lebensentscheidungen. Da heutzutage ein höherer Anteil an jungen Menschen eine Hochschulausbildung beginnt, kommt es nicht selten vor, dass sie sich noch mit Anfang zwanzig im Moratorium befinden und explorieren. Etwa 80 % der Studenten wechseln ihr Hauptfach mindestens einmal. Und manche Erwachsene erreichen eine gefestigte Identität in einer Phase ihres Lebens, nur um sie spä-

---

Identitätsdiffusion Verwirrung darüber, wer man ist und was man will.

Übernommene Identität Übernehmen der elterlichen oder einer anderen Identität ohne Prüfung von Alternativen.

Moratorium Identitätskrise; Verschieben von Entscheidungen wegen einer inneren Unsicherheit.

Erarbeitete Identität Erleben starker Verbindlichkeit von Lebensentscheidungen nach freier Prüfung der Alternativen.

RICHTLINIEN

Die Identitätsbildung unterstützen

Stellen Sie den Schülern viele Vorbilder für die Berufswahl und andere Erwachsenenrollen vor.
Beispiele

1 Weisen Sie auf Vorbilder aus der Literatur und der Geschichte hin. Führen Sie einen Kalender mit den Geburtstagen herausragender Frauen, Führerpersönlichkeiten aus sozialen Minoritäten. Berücksichtigen Sie auch unbekanntere Personen, die weniger öffentliche Aufmerksamkeit für ihre Beiträge zu den von Ihnen im Unterricht behandelten Themen erhalten haben. Berichten Sie kurz über deren Leistungen am Geburtstag dieser Person.

2 Laden Sie Gäste ein, die ihren Beruf vorstellen und begründen, warum sie ihn gewählt haben. Sorgen Sie für eine breite Palette der Berufe.

Weisen Sie die Schüler auf Möglichkeiten hin, sich Hilfe bei ihren persönlichen Problemen zu holen.
Beispiele

1 Ermutigen Sie die Schüler zum Vertrauenslehrer der Schule zu gehen.

2 Sprechen Sie mit ihnen über Beratungseinrichtungen außerhalb der Schule.

Seien Sie tolerant bei modischen Trends der Teenager und ertragen Sie deren Launen, solange sie andere und das Lernen nicht gefährden.
Beispiele

1 Sprechen Sie über modische Erscheinungen in früheren Zeiten (Neonhaare, gepuderte Perücken, Liebesperlen).

2 Führen Sie keine strengen Vorschriften über Kleidung und Haartracht ein.

Die Rückmeldungen über Arbeiten sollten realistisch sein, damit Schüler sich verbessern können. Adoleszente benötigen oft eine „zweite Chance".
Beispiele

1 Wenn Schüler sich daneben benehmen oder schlechte Leistungen zeigen, weisen Sie sie auf die Konsequenzen ihres Verhaltens hin – die Auswirkungen auf sich selbst und auf andere.

2 Geben Sie den Schülern Musterantworten vor oder zeigen Sie ihnen die beendeten Arbeiten anderer, damit sie ihre eigenen Arbeiten mit guten Beispielen vergleichen können.

3 Da Schüler Rollen „ausprobieren", trennen Sie Rolle und Person. Tadeln Sie das Verhalten, aber stellen Sie nicht die Person in Frage.

Mehr Möglichkeiten Zugang zu Adoleszenten nach der Theorie Eriksons zu finden, ersehen Sie im Internet unter **http://www.cde.ca.gov/ls/cg/pp/documents/erikson.pdf**

Verknüpfen und erweitern Sie Ihre Forschungskenntnisse

Lesen Sie das Sonderheft der Zeitschrift von *Educational Leadership* (2005), *62(7)* über „The Adolescent Learner".

ter zugunsten einer neuen wieder abzulegen. Demnach muss eine einmal erarbeitete Identität nicht für jeden auf immer festgelegt sein (Kroger, 2000; Nurmi, 2004).

Beide, das Moratorium und die erarbeitete Identität, werden als günstig für das Individuum angese-hen. Schulen, die den Schülern die Möglichkeit bieten, Dienst in den Gemeinden zu tun, ihnen bezahlte Arbeit vermitteln sowie Lehrer und Mentoren zur Seite stellen, fördern die Identitätsbildung (Cooper, 1998). In den *Richtlinien* gibt es weitere Vorschläge zur Förderung der Identitätsbildung.

Nach der Schulzeit

Die Krisen auf den Stufen des Erwachsenenalters haben alle mit der Qualität der mitmenschlichen Beziehungen zu tun. Die erste Stufe im Erwachsenenalter bezeichnet Erikson mit **Intimität** *versus Isolation*. In-

---

Intimität Bei Erikson die Bereitschaft, mit anderen Personen enge Bindungen einzugehen.

timität bedeutet hier die Bereitschaft, mit anderen Personen enge Bindungen einzugehen, also mehr als nur die gegenseitige Befriedigung von Bedürfnissen anzustreben. Menschen mit schwacher Identität neigen zu der Befürchtung, von einer Beziehung zu sehr vereinnahmt zu werden, und zum Rückzug in die Isolation. Die nächste Stufe heißt **Generativität** *versus Stagnation*. *Generativität* umfasst die Fähigkeit, für eine andere Person zu sorgen, sich über das Wohlergehen der nächsten und zukünftiger Generationen Gedanken zu machen. Generativität hat also eine breitere Bedeutung als nur eigene Kinder zu haben und sie großzuziehen, sie erstreckt sich auf Produktivität und Kreativität allgemein. Die letzte der eriksonschen Stufen heißt **Integrität** *versus Verzweiflung* und beschreibt die Fähigkeit, sich mit der eigenen Sterblichkeit abzufinden. Ich-Integrität zu erreichen bedeutet, das eigene Selbstbild zu konsolidieren und die eigene einzigartige und nicht mehr änderbare Lebensgeschichte zu akzeptieren. Diejenigen, die diese Ich-Integrität und das Erleben der eigenen Lebensleistung nicht erreichen, fallen einem Zustand der Verzweiflung anheim.

Eriksons Arbeit war der Anfang der entwicklungspsychologischen Perspektive „Entwicklung über die Lebensspanne". Dieser Ansatz hat zum Verständnis der Adoleszenz sehr viel beigetragen. Aber Feministinnen haben seine These, dass Identität vor der Intimität zu bewältigen ist, kritisiert. Ihre Forschung ergibt für Frauen eine Verschmelzung der Erarbeitung von Ich-Identität mit der Intimität (Miller, 2002). Und wie Sie weiter unten sehen werden, hat die gegenwärtige Forschung Fragen aufgegriffen, die Erikson nicht ganz durchdacht hat: das Problem der ethnischen und rassischen Identität.

Bronfenbrenner: der soziale Kontext für Entwicklung   3.3

Erikson hob die Rolle des sozialen und kulturellen Kontextes in der sozialen und Persönlichkeitsentwicklung hervor. Urie Bronfenbrenner ging über ihn hinaus und arbeitete die Wechselwirkungen zwischen verschiedenen sozialen Kontexten, die Entwicklung mitbestimmen, heraus. Sein **bio-ökologisches Modell der Entwicklung** (Bronfenbrenner, 1989; Bronfenbrenner & Evans, 2000) beinhaltet weiterhin eine biologische Ausstattung, die ihrerseits auch mit den verschiedenen Kontexten im Laufe der individuellen Entwicklung interagiert. Die Bezeichnung „ökologisch" spielt auf die Zugehörigkeit der Entwicklungskontexte zu einem Ökosystem an, da sie in ständiger Interaktion miteinander stehen. In der ▶ Abbildung 3.1 lebt eine Person im Zentrum eines Ökosystems und zwar in dem von Bronfenbrenner so bezeichneten *Mikrosystem*. Das Mikrosystem ist Teil eines *Mesosystems*, dieses ist wiederum eingebettet in das *Exosystem* und alle sind Teile des *Makrosystems*.

Im Mikrosystem sind die unmittelbaren Beziehungen und Aktivitäten einer Person angesiedelt. Für ein Kind können das die eigene Kernfamilie, Freunde, auch Lehrer sein und die Spiel- sowie Schulaktivitäten. Die Beziehungen im Mikrosystem sind reziprok – Bindungen bestehen beidseitig. Zum Beispiel beeinflussen die Eltern das Kind, und umgekehrt. Das Mesosystem umfasst alle Wechselwirkungen und Beziehungen zwischen den Komponenten des Mikrosystems – die Interaktion der Familienmitglieder untereinander oder mit dem Lehrer. Auch hier sind alle Beziehungen reziprok: Die Eltern beeinflussen die Lehrer und die Lehrer die Eltern, und die Interaktionen wirken sich auf das Kind aus. Das Exosystem beinhaltet alle sozialen Umwelten, die auf das Kind einwirken, obwohl das Kind nicht direkt am Exosystem teilhat. Beispiele sind die Kontakte der Lehrer mit der Schulverwaltung, die Arbeitswelt der Eltern, der Gesundheitsdienst der Gemeinde, die Freizeit der Eltern oder die Religionszugehörigkeit der Familie. Das Makrosystem ist die Gesamtgesellschaft – ihre Werte, Gesetze, Normen und Traditionen. Ein weiteres Beispiel ist das eigene bio-ökologische System des Lehrers. Der Lehrer ist Teil des Mikrosystems mit Rektor, Kollegen und Schülern, das Mesosystem besteht aus den Interaktionen zwischen diesen Komponenten. Das Exosystem der landes- und bundespolitischen Bildungsmaßnahmen und das Makrosystem bestehen

---

Generativität Sorge um die Zukunft der nachfolgenden Generationen.

Integrität Selbstakzeptanz und Selbsterfüllung einer Person.

Bio-ökologisches Modell der Entwicklung Bronfenbrenners Modell der kontextuell bestimmten Entwicklung, in der verschiedene einflussreiche, nahe und ferne soziale Kontexte die Entwicklung formen: Jede Person entwickelt sich in einem Mikrosystem und einem Mesosystem, die beide in einem Exosystem eingebettet sind und Teil eines Makrosystems einer Kultur sind.

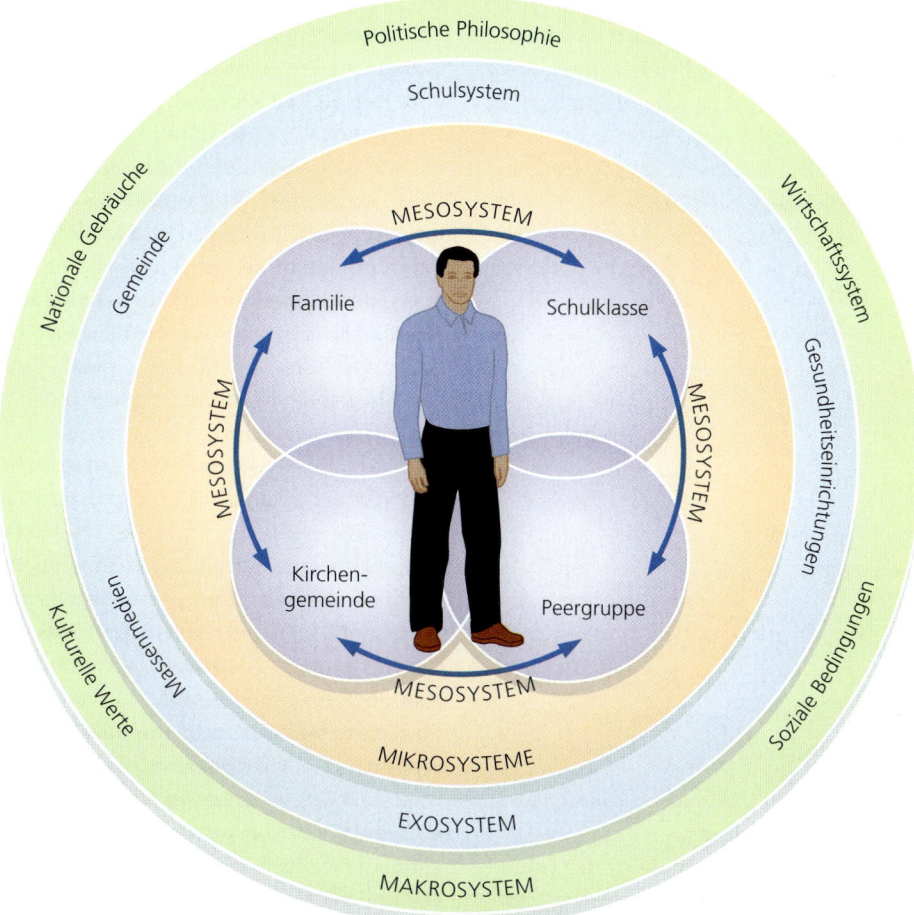

Abbildung 3.1: **Urie Bronfenbrenners bio-ökologisches Modell der menschlichen Entwicklung.** Jeder Mensch entwickelt sich in einem Mikrosystem (Familie, Freunde, Schule, Lehrer) und in einem Mesosystem (bestehend aus den Interaktionen der Bestandteile des Mikrosystems). Diese sind wiederum in einem Exosystem eingebettet (soziale Umfeldkonstellationen (Settings), die das Kind beeinflussen, obwohl das Kind nicht Bestandteil von ihnen ist – wie Gemeindeeinrichtungen, Arbeitswelt der Eltern usw.). Alle untergeordneten Systeme gehören dem Makrosystem an (die umfassende Gesellschaft mit ihren Gesetzen, Sitten, Werten usw.).
Quelle: Adaptiert nach K.S. Berger (2004). *The Developing Person Through the Lifespan.* New York: Worth, S. 3

aus den Normen und Werten des kulturellen Rahmens einer Gesellschaft (Woolfolk, Hoy, Davis & Pape, 2007). Bronfenbrenners Theorie beinhaltet für Lehrer mindestens zwei Erkenntnisse: Erstens sind die Einflüsse in allen sozialen Systemen wechselseitig. Zweitens gibt es viele wechselseitig sich beeinflussende dynamische Kräfte, die den Kontext für individuelle Entwicklung darstellen. Als Nächstes werden die wichtigsten Kontexte näher vorgestellt: Familie, Peers und Lehrer.

3.3.1 Familien

Man sollte von den Familien der Schüler nichts erwarten. Immer mehr verbreitet sich die Zwei- und auch die Ein-Kind-Familie oder auch die sogenannten **Patchwork-Familien** mit Stiefgeschwistern und einem Stiefelternteil, mit denen die Schüler oft nur vorübergehend in einem Haushalt wohnen. Manche Schüler leben mit einer Tante, mit den Großeltern, mit

---

Patchwork-Familien Eltern, Kinder und Stiefkinder bilden nach Wiederheirat eines Elternteils eine neue Familie.

nur einem Elternteil, in Pflege- oder Adoptivfamilien oder sogar nur mit älteren Geschwistern. Sie sind gut beraten, Bemerkungen wie „deine Eltern" und „deine Mutter und dein Vater" zu unterlassen und stattdessen von „deiner Familie" zu sprechen. Scheidung ist ein Grund, warum Familienstrukturen so stark variieren.

Scheidung

Die Scheidungsrate in den Vereinigten Staaten ist die höchste auf der ganzen Welt (4,2 pro 1000 bestehenden Ehen), über ein Drittel höher als bei den zweit- und drittplatzierten Nationen Großbritannien (2,9 pro 1000) und Neuseeland/Australien (2,8 pro 1000) (Berk, 2005). Deutschland liegt an siebter Stelle mit 2,3 Scheidungen pro 1000 Eheschließungen (Statistisches Jahrbuch der Bundesrepublik Deutschland, 2002). In den USA schätzen Bevölkerungsstatistiker, dass zwischen 40 % und 50 % der Erstheiraten in den Neunziger Jahren mit einer Scheidung enden werden (Amato, 2001). In Deutschland wird jede dritte Ehe im Laufe ihres Bestehens geschieden, der Trend zur Scheidung ist zurzeit aber rückläufig (Statistisches Bundesamt Deutschland, 2006). (Beim Vergleich der Angaben ist jeweils auf die vergleichbare Bezugszahl zu achten.) Viele von uns haben die Erfahrung in unseren Familien machen müssen, dass Trennung und Scheidung für alle Betroffenen stressreiche Ereignisse darstellen, selbst wenn sie glimpflich ablaufen. Der endgültigen Trennung gehen meist konfliktreiche Jahre des Streits voraus oder die Trennung kommt als unerwarteter Schock für alle, auch für Freunde und Kinder. Während der Scheidung können die Konflikte noch weiter eskalieren wegen Eigentumsverteilungen, Aushandeln von Fürsorgerechten und vielem mehr.

Nach der Scheidung können noch mehr Veränderungen für einen Bruch im Leben der Kinder sorgen. Der Elternteil, dem das Sorgerecht zugesprochen wurde, muss oft aus finanziellen Gründen in eine preiswertere Wohnung umziehen, neue Einkommensquellen erschließen, vielleicht sogar überhaupt zum ersten Mal erwerbstätig sein oder länger arbeiten. Für das Kind bedeutet dies oft, Freundschaften in der alten Nachbarschaft oder Schule aufgeben zu müssen, und das zu einem Zeitpunkt, an dem die vertraute Unterstützung am meisten benötigt wird. Das Kind muss jetzt häufig mit nur einem Elternteil leben, der weniger Zeit für das Kind hat. Etwa zwei Drittel der Eltern heiraten wieder und etwa die Hälfte davon lässt sich zum

zweiten Mal scheiden. Die Kinder erwartet also eine Reihe von Anpassungen (Nelson, 1993). Selbst in den seltenen Fällen, in denen es wenige Konflikte gibt, viele gute Ressourcen vorhanden sind und ständige Unterstützung durch Freunde und Verwandte gewährleistet ist, fällt eine Scheidung allen schwer.

Die ersten zwei Jahre nach der Scheidung sind die schwierigsten für Jungen und Mädchen. In dieser Zeit können bei den Kindern Schwierigkeiten in der Schule auftreten. Sie bleiben der Schule einfach fern, verlieren Gewicht oder nehmen stark zu, haben Schlafstörungen oder andere Schwierigkeiten. Unter Umständen schreiben sie sich selbst die Schuld für den Bruch in den Familienbeziehungen zu oder setzen unrealistische Hoffnungen auf eine Versöhnung (Hetherington, 1999). Die langfristigen Anpassungen werden gestört. Die Söhne geschiedener Eltern entwickeln mehr Verhaltensprobleme zu Hause und in der Schule als Mädchen oder als Jungen aus intakten Familien. Die Töchter aus geschiedenen Ehen neigen zu Schwierigkeiten mit männlichen Partnern. Sie mögen sexuell aktiver sein, sind aber auch misstrauischer männlichen Partnern gegenüber. Das Abfinden mit der Scheidung ist jedoch individuell unterschiedlich. Einige Kinder reagieren mit erhöhtem Verantwortungsgefühl, Reife und dem Erwerb von Bewältigungsstrategien (Amato, Loomis & Booth, 1995; Berk, 2005). Mit der Zeit finden sich etwa 75 % bis 80 % der Kinder aus Scheidungsfamilien mit ihrer Lage ab und passen sich ausreichend an (Hetherington & Kelly, 2002). Schmidt-Denter (2001) beobachtete in seiner Kölner Längsschnittstudie über differentielle Entwicklungsverläufe von Scheidungskindern besonders für Vorschul- und Grundschulkinder nachhaltigere negative Folgen der elterlichen Scheidung. Lesen Sie die *Richtlinien*, um Hinweise zu bekommen, wie man Schülern nach der Scheidung ihrer Eltern helfen kann.

Erziehungsstile

Wenn Sie einige Zeit im Lehrerzimmer verbringen, können Sie so manches über die Eltern der Schüler hören, auch Schuldzuweisungen für die Schwierigkeiten der Schüler. Aber die neueren Forschungsergebnisse aus der Entwicklungspsychologie zeigen, dass die Sachverhalte nicht so einfach liegen. Wie das bioökologische Modell von Bronfenbrenner uns zeigt, gibt es viele Einflussquellen für die Entwicklung der Kinder. Aber der Einfluss der Eltern ist natürlich wichtig (Berger, 2006).

Scheidungskindern helfen

Nehmen Sie jede plötzliche Verhaltensänderung zur Kenntnis, sie könnte häusliche Probleme ankündigen.
Beispiele

1 Bei körperlichen Symptomen wie häufigen Kopfschmerzen oder Magenschmerzen, schnellen Gewichtsveränderungen, Erschöpfung oder exzessiven Energieschüben sollten Sie das Kind aufmerksam beobachten.

2 Achten Sie auf Anzeichen von emotionalem Stress, wie schlechte Laune, Wutanfälle, Aufmerksamkeits- und Konzentrationsschwankungen.

Sprechen Sie allein mit Schülern über deren Einstellungs- oder Verhaltensänderungen. So haben Sie unter Umständen eine Chance, etwas über außergewöhnlichen Stress wie die Scheidung der Eltern zu erfahren.
Beispiele

1 Hören Sie zu. Es könnte sein, dass der Schüler außer Ihnen keinen Erwachsenen hat, der sich seine Sorgen anhört.

2 Sagen Sie dem Schüler, dass Sie immer zu einem Gespräch bereit sind und dass der Schüler den Zeitpunkt und das, worüber gesprochen wird, selbst bestimmen kann.

Passen Sie auf, was Sie sagen. Spielen Sie nicht auf Stereotypen an wie „glückliches (Zwei-)Elternhaus".
Beispiele

1 Sagen Sie einfach „eure (deine) Familie" statt „deine Mutter" oder „dein Vater" in Klassengesprächen.

2 Vermeiden Sie Aussagen wie „Wir brauchen Mütter für freiwillige Ämter" oder „dein Vater kann dir helfen".

Helfen Sie Ihren Schülern, deren Selbstwert aufrechtzuhalten.
Beispiele

1 Erkennen Sie gute Arbeiten an.

2 Überprüfen Sie, dass der Schüler seine Aufgaben versteht und die Arbeitsbelastung bewältigen kann. Es ist jetzt für den Schüler eine ungünstige Zeit, neue und schwierige Arbeit zu schultern.

3 Die Schüler können auf ihre Eltern sehr böse sein und ihren Ärger auf den Lehrer umleiten. Nehmen Sie die negativen Emotionen des Schülers nicht persönlich.

Erkundigen Sie sich nach den Beratungs- und Hilfsmöglichkeiten an Ihrer Schule.
Beispiele

1 Sprechen Sie mit dem Schulpsychologen, dem Vertrauenslehrer, dem Sozialarbeiter oder auch dem Rektor über Schüler, die Hilfe von außen benötigen.

2 Überlegen Sie die Gründung einer Diskussionsrunde mit einem ausgebildeten Erwachsenen als Diskussionsleiter, in der sich Schüler mit in Scheidung lebenden Eltern regelmäßig aussprechen können.

Seien Sie darauf bedacht, das Informationsrecht beider Eltern nicht zu verletzen.
Beispiele

1 Wenn beide Eltern das Fürsorgerecht haben, haben beide ein Anrecht auf Informationen und auf Teilnahme an den Elternabenden.

2 Auch wenn nur ein Elternteil das Sorgerecht bekommen hat, kann der andere Elternteil Interesse an den schulischen Fortschritten des Kindes haben. Informieren Sie sich über die rechtliche Lage des Elternteils ohne Sorgerecht.

Seien Sie sich der langfristigen Probleme von Schülern bewusst, die zwischen beiden Eltern hin- und herpendeln müssen.
Beispiele

1 Bücher, Aufgabenhefte und Turnkleidung können in dem einen Elternhaushalt zurückgeblieben sein, wenn der Schüler gerade vom anderen Elternhaushalt aus in die Schule kommt.

2 Eltern können unter Umständen ihr Kind nicht von der Schule abholen oder einen Elternabend verpassen, weil sie den Benachrichtigungszettel nicht erhalten haben.

Mehr Ideen für den Umgang mit Scheidungskindern finden Sie im Internet unter
http://www.muextension.missouri.edu/xplor/hesguide/humanrel/gh6600.htm

Eine bekannte Beschreibung der **Erziehungsstile** gründet auf der Forschung von Diane Baumrind (1991). Ihre ersten Arbeiten gehen von einer sorgfältig durchgeführten Längsschnittstudie mit 100 (meist europäisch-amerikanische Mittelschicht-) Vorschulkindern. Durch die Beobachtung der Kinder und ihrer Eltern und Interviews mit den Eltern erschlossen Baumrind und andere Forscher vier Erziehungsstile, je nachdem, ob Eltern einen mehr oder weniger ausgeprägten verständnisvoll-warmen Stil pflegen bzw. geringe oder starke Kontrolle ausüben (Berger, 2006):

- *Autoritäre* Eltern (wenig Wärme, starke Kontrolle) erscheinen kalt und kontrollierend in der Interaktion mit ihren Kindern. Von den Kindern wird reifes Verhalten und Gehorsam erwartet. Es erfolgen wenig Erklärungen von Seiten der Eltern („Weil ich das sage!"). Es wird nicht viel über Emotionen gesprochen. Die Strafen sind streng, aber nicht hart. Die Eltern lieben ihre Kinder, aber sie zeigen ihre Gefühle nicht.
- *Autoritatives* Erziehen (viel Wärme, starke Kontrolle) setzt dem Kind auch klare Grenzen, stellt Regeln auf und erwartet reifes Verhalten. Aber es ist mit mehr Wärme verbunden. Die autoritativen Eltern hören sich den Kummer ihrer Kinder an, geben Erklärungen für ihre Regeln und räumen mehr demokratische Entscheidungsfreiheit ein. Es gibt weniger strenge Bestrafungen und mehr Anleitung. Die Eltern helfen ihren Kindern, die Konsequenzen ihrer Handlungen zu überblicken (Hoffman, 2001).
- *Permissive* Eltern (viel Wärme, wenig Kontrolle) sind herzlich und fürsorglich, aber sie stellen wenige Regeln auf oder lassen ihre Kinder die Konsequenzen ihres Handelns kaum spüren; sie haben geringe Erwartungen an reifes Verhalten, weil sie meinen „Es sind doch noch Kinder".
- *Ablehnende, vernachlässigende* Eltern (wenig Wärme, wenig Kontrolle) scheinen emotional wenig an ihre Kinder gebunden und möchten mit der Beaufsichtigung, der Kommunikation oder der Fürsorge nicht belästigt werden.

Kultur und elterliche Erziehung

Autoritäre, autoritative und permissive Eltern lieben ihre Kinder und meinen es gut mit ihnen. Sie haben lediglich unterschiedliche Vorstellungen darüber, was das Beste für ihr Kind ist. Ganz grob skizziert, lassen sich unterschiedliche Persönlichkeiten bei den Kindern feststellen, je nachdem, mit welchem Erziehungsstil sie groß geworden sind. Zumindest bei den euro-amerikanischen Mittelschichtfamilien sind die Kinder autoritativer Eltern zufrieden mit sich und haben gute Beziehungen zu anderen. Kinder von autoritären Eltern können sich dagegen schuldig fühlen und depressiv verstimmt sein. Kinder permissiver Eltern tendieren zu Problemen in ihren Interaktionen mit Gleichaltrigen, weil sie gewöhnt sind, ihren Willen zu bekommen. Die extreme Nachgiebigkeit der Eltern wird zum Verwöhnen. Sie erfüllen ihren Kindern jeden Wunsch, da ihnen das leichter fällt als eine unbeliebte Entscheidung zu fällen. Aber Verwöhnen und Vernachlässigen sind gleichermaßen schädlich für das Kind.

Einzelne Kulturen befürworten unterschiedliche Erziehungsstile. Die Forschung weist darauf hin, dass ein stärker kontrollierender Erziehungsstil sich für afroamerikanische und amerikanische Schüler asiatischer Herkunft günstig auf die Schulnoten auswirkt (Glasgow, Dornbusch, Troyer, Steinberg & Ritter, 1997). Strenger und direktiver Erziehungsstil mit klaren Regeln und Konsequenzen, verbunden mit einem hohen Grad an Wärme und emotionaler Unterstützung, korreliert mit guten Schulleistungen und größerer emotionaler Reife bei Stadtkindern (Garner & Spears, 2000; Jarrett, 1995). Unterschiede in kulturellen Werten und Gefährdung der Sicherheit in einzelnen Stadtteilen lassen eine stärkere Kontrolle durch die Eltern angebracht und notwendig erscheinen (Smetana, 2000). Auch kann das Verhalten der Eltern in Kulturen missverstanden und als autoritär eingestuft werden, in denen Respekt vor der älteren Generation verbreitet ist und in denen eine eher *kollektivistische, gruppenzentrierte Orientierung* herrscht als eine individualistische (Nucci, 2001). In *individualistischen (westlichen) Kulturen* können Erzieher Umweltbedingungen schaffen, die Kinder dazu anregen, ihren Lern- und Erfahrungshorizont im Sinne von Entwicklungs- bzw. Lernzielen zu erweitern. Eltern wie Lehrer können die Rolle von „Türöffnern" übernehmen und Kinder in neue Erfahrungswelten entlassen, in denen sie ohne ihr direktes Einwirken erzogen werden. Im Sinne Bronfenbrenners (1979) haben diese Erfahrungswelten die Funktion von sekundären Entwicklungskontexten, in denen Kinder selbstständig neue Erfahrun-

---

Erziehungsstil Art und Weise, wie Kinder erzogen werden.

gen machen und sich so neue Handlungsspielräume erschließen. Wie Domke (1997) bemerkt, trägt dies zur „Entschärfung" der Erziehungssituation bei, da nicht unmittelbar auf die Kinder eingewirkt wird.

3.3.2 Peers

Gleichaltrigenkontakte und Freundschaften bilden den Mittelpunkt des Schülerlebens. Wenn ein Schüler auffällig geworden oder ein Streit entstanden ist, wenn ein Kind nicht zum Übernachten eingeladen wurde, wenn Gerüchte kreisen und Verbündete gegen einen anderen gesucht werden, den man zusammen ausgrenzen will (wie zu Beginn des Kapitels über Stefanie und Elise berichtet wurde), dann können die Folgen für den betroffenen Schüler verheerend sein. Die Unreife und die Impulsivität der Jugendlichen in Verbindung mit der Macht der Jugendkulturen lassen diese Probleme noch wahrscheinlicher werden.

Jugendkulturen

Erst kürzlich haben Psychologen die starke Rolle der Jugendkulturen in der Entwicklung untersucht. Jugendkulturen haben ihre eigenen Regeln – wie man sich kleidet, spricht oder welche Haarfrisur man trägt. Die Gruppe gibt vor, welche Aktivitäten, Musik oder andere Schüler gerade nachgefragt sind. Zum Beispiel hatte Jessica, eine beliebte Schülerin in der höheren Schule, keine Schwierigkeiten, die Regeln ihrer Clique zu beschreiben:

O.k. Nummer 1: Klamotten. Jeans kann man nur am Freitag anziehen und einen Pferdeschwanz oder Turnschuhe nur einmal in der Woche. Montag ist der schicke Tag mit schwarzen Hosen oder sogar einem Rock. Man muss die Leute daran erinnern, wie süß man ist, falls sie das übers Wochenende vergessen haben sollten. Nummer 2: Partys. Natürlich besprechen wir, auf welche wir gehen, denn es ist witzlos, toll aufgemacht auf eine Party zu gehen, die dann lahm ist. (Talbot, 2002, S. 28)

Die Jugendkulturen fordern Konformität im Hinblick auf die Gruppenregeln. Wenn ein anderes Mädchen aus der Gruppe am Montag mit Jeans in der Schule erscheint, fährt Jessica sie an: „Warum ziehst du heute Jeans an? Hast du vergessen, dass heute Montag ist?" (Talbot, 2002, S. 28). Jessica erklärte, dass sie die Abtrünnige bereits einige Male ausgeschlossen hatten und

ihr nicht erlaubten, mit ihnen zusammen Mittag zu essen.

Um die Macht der Peers zu verstehen, müssen wir Situationen betrachten, in denen die Wertorientierungen der Eltern mit den Interessen der gleichaltrigen Freunde kollidieren und dann schauen, welche Seite die stärkere ist. In dieser Art von Kräftemessen gewinnen gewöhnlich die Peers. Jedoch nicht alle Aspekte der Peerkultur sind schlecht oder grausam. Manche Gruppen haben Normen, die Leistung und netten Umgang untereinander vertreten. Jugendkulturen sind sehr dominant, wenn es um Fragen des Stils und der Umgangsformen geht. Eltern und Lehrer hingegen dominieren immer noch bei Fragen der Moral, Berufswahl und Religion (Harris, 1998).

Über das unmittelbare Trauma „in" oder „außerhalb" der Gruppe zu sein, spielen Peerbeziehungen eine bedeutsame positive und negative Rolle in einer normalen Persönlichkeits- und sozialen Entwicklung. Peergruppen beeinflussen die Motivation und die Leistungen ihrer Mitglieder in der Schule (A. Ryan, 2001). In einer Untersuchung zeigten Sechstklässler ohne Freunde niedrigere schulische Leistungen und weniger positives Sozialverhalten und waren auch emotional stärker beeinträchtigt als Schüler der gleichen Klassenstufe, die wenigstens einen guten Freund (eine gute Freundin) hatten (Wentzel, Barry & Caldwell, 2004). Einige Merkmale (Persönlichkeitseigenschaften, soziale Einstellungen, Interessen) der Freunde und die Qualität der Freundschaft machen einen großen Unterschied. Feste, sich gegenseitig helfende Beziehungen mit kompetenten und reifen Freunden fördern die Entwicklung, vor allem in schwierigen Zeiten wie bei Scheidung der Eltern oder Wechsel auf eine neue Schule (Hartup & Stevens, 1999). Von Gleichaltrigen

Peerbeziehungen in der Schule wirken sich bedeutsam auf den Selbstwert, den Erfolg in der Schule und im Erwachsenenleben aus.

abgelehnte Kinder neigen dazu, nicht an den Lernaktivitäten im Klassenraum teilzunehmen. Sie verlassen mit höherer Wahrscheinlichkeit vorzeitig die Schule und können als Erwachsene mehr Probleme haben. Zum Beispiel werden aggressive Jugendliche, wenn sie älter werden, mit höherer Wahrscheinlichkeit straffällig (Coie & Dodge, 1998; Coie et al., 1995; Fredricks, Blumenthal & Paris, 2004).

Wer hat wahrscheinlich Probleme mit Gleichaltrigen?

Kinder und Erwachsene tolerieren manchmal keine Abweichungen. Neue Schüler, die anders sind hinsichtlich ihrer Körpermerkmale, ihrer Intelligenz, ihrer ethnischen oder rassischen Herkunft, im sozioökonomischen Status oder in der Sprache, können in Klassen mit etablierten Peergruppen abgelehnt werden. Aggressive, zurückgezogene und unaufmerksam-hyperaktive Schüler werden eher zurückgewiesen. Aber auch der Klassenkontext spielt eine Rolle, besonders für aggressive oder stille Schüler. In Klassen mit hohem allgemeinem Aggressionsniveau werden aggressive Schüler weniger abgelehnt. In Klassen mit vielen Einzelaktivitäten bei Spiel und Arbeit werden sozial zurückgezogene Kinder weniger ausgegrenzt. In der Regel werden solche Kinder abgelehnt, die zu sehr von der Norm abweichen. Weiterhin hängen prosoziale Verhaltensweisen wie Teilen, Zusammenarbeiten und freundliche Interaktionen mit Akzeptiertwerden durch Gleichaltrige zusammen, unabhängig vom Klassenkontext. Vielen aggressiven und zurückgezogenen Schülern mangelt es an sozialem Geschick. Unaufmerksam-hyperaktive Kinder missdeuten oft soziale Signale oder können nur schwer ihre Impulse in Schach halten, sodass auch ihre soziale Kompetenz beeinträchtigt ist (Coplan, Prakash, O'Neil & Armer, 2004; Stormshak, Bierman, Bruschi, Dodge & Coie, 1999). Ein Lehrer sollte sich vergewissern, wie gut ein Schüler mit seiner Gruppe zurechtkommt. Gibt es Ausgeschlossene? Spielen sich manche als „Schikanierer" oder „Mobber" auf? Behutsame Intervention von Erwachsenen kann hier korrigierend

wirken, besonders noch am Ende der Grundschulzeit und zu Beginn der Sekundarstufen.

Was würden Sie dazu sagen?

Im Vorstellungsgespräch für eine Lehrerstelle an einer höheren Schule werden Sie gefragt: „Wie können Sie herausfinden, ob es an der Schule Gewalt zwischen Schülern gibt? Welche Warnsignale kennen Sie?" Was würden Sie antworten?

Peeraggression

Es gibt verschiedene Formen der Aggression. Die häufigste Form ist **instrumentelle Aggression** zur Erreichung eines Objekts oder eines Vorrechts, wie etwa sich vordrängeln oder einem anderen Kind ein Spielzeug wegnehmen. Die Absicht besteht darin, etwas zu erreichen, nicht ein anderes Kind zu verletzen, aber das passiert trotzdem oft. Eine zweite Form der Aggression ist die **feindselige Aggression**, bei der jemandem mit Absicht Schaden zugefügt wird. Die feindselige Aggression kann in zwei Formen in Erscheinung treten. Die eine ist die **offene Aggression** – also Bedrohungen und körperliche Angriffe (Kinder drücken es so aus: „... dann verkloppe ich dich!"). Die andere ist die **Beziehungsaggression**, in der soziale Beziehungen bedroht oder beschädigt werden („Mit dir rede ich nie mehr!"). Jungen neigen mehr zur offenen Aggression und Mädchen mehr zur Beziehungsaggression – wie Elise in der Fallschilderung zu Beginn des Kapitels (siehe S. 80) (Berk, 2005). Aggression sollte nicht mit Bestimmtheit verwechselt werden, mit der man ein Recht verteidigt. Helen Bee (1981) erklärt das so: „Ein Kind, das sein Spielzeug mit den Worten verteidigt ‚Das ist mein Ball' zeigt auf bestimmte Art, dass das Recht auf seiner Seite ist. Wenn ein Kind dem anderen einen Stoß versetzt, um den Ball zu verteidigen, zeigt es offene Aggression" (S. 350).

Vorbilder spielen beim Ausdruck von Aggression eine wichtige Rolle (Bandura, Ross & Ross, 1963). Ag-

---

Instrumentelle Aggression Heftige Aktionen, um einen Gegenstand, einen Platz oder ein Privileg zu fordern. Es liegt keine Absicht vor, Schaden zuzufügen. Dies kann jedoch als Folge eintreten.

Feindselige Aggression Dreiste, direkte Aktion, ohne vorherige Provokation, mit der Absicht jemanden zu verletzen.

Offene Aggression Eine Form feindseliger Aggression, verbunden mit körperlichen Angriffen.

Beziehungsaggression Eine Form feindseliger Aggression, verbunden mit verbalen Angriffen und anderen, dem Kontrahenten Schaden zufügenden Handlungen.

Verknüpfen und erweitern Sie Ihre Forschungskenntnisse

Galen, B. R. & Underwood, M. K. (1997). A Developmental Investigation of Social Aggression Among Children. *Developmental Psychology, 33,* 589–600.

gression bei Kindern als Form der Problembewältigung kommt immer dann häufiger vor, wenn bei ihnen zu Hause streng bestraft wird und in der Familie Gewalt vorkommt (Patterson, 1997). Eine sehr naheliegende Quelle für aggressive Vorbilder findet sich in fast allen Haushalten – der Fernseher. In den USA kommen 82 % der Fernsehprogramme nicht ganz ohne Gewalt aus. Die Häufigkeit von Gewalt bei Kindersendungen ist besonders hoch – etwa 32 Gewaltakte in der Stunde, Zeichentrickfilme sind am schlimmsten. In über 70 % der Gewaltszenen bleibt die Gewalt ungesühnt (Mediascope, 1996; Waters, 1993). Weil Kinder mehr Zeit vor dem Fernseher verbringen als mit irgendeiner anderen Aktivität (ausgenommen Schlafen), sollte der Fernsehkonsum mit dem inhärenten Gewaltpotenzial mit Sorge betrachtet werden (Timmer, Eccles, & O'Brien, 1988).

Erhöht die Gewalt in Fernsehsendungen die Gewaltbereitschaft beim Zuschauer? Die Ergebnisse einer neuen Längsschnittstudie bejahen dies uneingeschränkt. Rowell, Huesmann und Kollegen überprüften den Zusammenhang zwischen dem Anschauen von gewalthaltigen Fernsehsendungen im Alter von sechs bis zehn Jahren und aggressivem Verhalten mit 15 Jah-

Aggressive Kinder und Jugendliche neigen zu der Überzeugung, dass Gewalt belohnt wird. Sie setzen Aggression ein, um zu bekommen, was sie wollen. Einer der besten Interventionsansätze, um zukünftige Aggressionen zu verhindern, ist frühe Intervention.

ren bei über 300 Teilnehmern. Ihre Schlussfolgerung: „Gewalttätigen Sendungen in der Kindheit ausgesetzt zu sein, sagt aggressives Verhalten im jungen Erwachsenenalter für Frauen und Männer voraus ... Dieser Zusammenhang behält seine Gültigkeit, auch wenn die Effekte des sozioökonomischen Status, der Intelligenz, und eine Reihe von elterlichen Erziehungsfaktoren kontrolliert werden" (Huesmann, Moise-Titus, Podolski & Eron, 2003, S. 201). Wenn Kinder sich mit gewalttätigen Helden identifizierten (sie sagten, sie hätten das Gleiche gemacht wie eine Fernsehfigur) und wenn sie den Gewaltszenen einen hohen Realitätsgrad zuschrieben, waren sie als Erwachsene aggressiver.

Sie können die Auswirkungen von Gewalt im Fernsehen auf ihre Schüler reduzieren, wenn Sie drei Punkte betonen: (1) Die meisten Leute verhalten sich nicht so aggressiv wie in den Fernsehsendungen; (2) die Gewaltakte im Fernsehen sind nicht real, sondern werden durch spezielle Effekte und Artisten dargestellt; und (3) Konflikte lassen sich auch anders lösen, und im wirklichen Leben wählen Menschen diese anderen Vorgehensweisen (Huesmann et al., 2003). Man sollte den Fernsehkonsum auch nicht als Belohnung oder Bestrafung einsetzen, denn das macht das Fernsehen noch attraktiver für Kinder (Slaby et al., 1995). Aber aggressive Vorbilder gibt es nicht nur im Fernsehen. Viele beliebte Filme und Videospiele bringen auch Gewaltszenen. Oft ist der „Held" derjenige, der durch Gewalt sich und andere aus einer schwierigen Lage rettet. Schüler aus den Slumvierteln sehen unter Umständen Gewalt auf der Straße, wenn Banden ihr Unwesen treiben. In den Zeitungen wimmelt es von Berichten über Raubüberfälle, Morde und Vergewaltigungen.

Schikanieren (Bullying)

Aggressive Kinder leben in dem Glauben, dass Gewalt belohnt wird und dass sie dadurch bekommen, was sie wollen. Sie sind der Überzeugung, dass Schikanieren und körperliche Übergriffe akzeptabel sind: „Och, das kann man doch machen, wenn man wütend ist" (Egan, Monson & Perry, 1998). Wenn Gewalttätigkeiten straflos hingenommen werden, dann werden diese Überzeugungen noch bestärkt. Wenn Kinder, vor allem Jungen, von Gewalt umgeben sind und glauben, sie müssten sich ebenfalls mit Gewalt wehren, ist es wahrscheinlicher, dass sie die Absichten anderer missdeuten (Dodge & Pettit, 2003; Zelli, Dodge, Lochman & Laird, 1999). Sie nehmen an, dass das andere Kind mit Absicht aggressiv gehandelt hat, wenn es gegen

> ## Verknüpfen und erweitern Sie Ihre Forschungskenntnisse
>
> Graham, S. (1998). Self-blame and Peer Victimisation in Middle School: An Attributional Analysis. *Developmental Psychology, 34*, 587–599.

den Turm aus Bauklötzen gestoßen ist, wenn es beim Besteigen des Busses geschubst hat oder wenn eine andere Fehlhandlung vorkam. Gegenaggression ist die Folge und der Teufelskreis der Aggression setzt ein. Erfahren die Kinder Hilfe bei der Regulation ihrer aggressiven Impulse, kann dies ihr Leben dauerhaft ändern. Zum Beispiel baten finnische Forscher Lehrer um die Einschätzung der Aggressivität ihrer Schüler. Sie legten Fragen vor, die mit „niemals", „manchmal" oder „häufig" zu beantworten waren. Die einzuschätzenden Aussagen lauteten z. B. „verletzt andere Kinder, wenn wütend". Die von Lehrern eingeschätzte Aggression von achtjährigen Kindern sagte Probleme mit der Schulanpassung in der frühen Adoleszenz und Langzeitarbeitslosigkeit im Erwachsenenalter voraus (Kokko & Pulkkinen, 2000). Ähnliche Ergebnisse fanden sich in einer Untersuchung in Kanada, Neuseeland und den Vereinigten Staaten. Jungen (aber nicht Mädchen), die häufig körperlich aggressiv in der Grundschule wurden, bildeten eine Risikogruppe mit Neigung zu ständigen, gewalttätigen, aber auch gewaltlosen Formen der Kriminalität im Laufe der Adoleszenz (Broidy et al., 2003).

Einer der besten Ansätze, um Probleme mit Aggression im späteren Leben zu vermeiden, ist frühzeitig zu intervenieren. Zum Beispiel fand eine Untersuchung heraus, dass aggressive Kinder, deren Lehrer mit ihnen Konfliktmanagement geübt hatten, von Aggression und Gewalt als Handlungsstrategien abließen (Aber, Brown & Jones, 2003). Sandra Graham (1996) hat erfolgreich mit Ansätzen experimentiert, die aggressiven Jungen der fünften und sechsten Klassen halfen, die Intentionen anderer besser aus deren Verhalten erschlie-

> ## Verknüpfen und erweitern Sie Ihren Unterricht
>
> Eine gute Quelle für Lehrer über Schikanieren und Peerbeziehungen ist Keith Sullivans (2002). *The Anti-Bullying Handbook.* Oxford University Press.

ßen zu können. Die Strategien umfassten Rollenspiele und Gruppendiskussionen über persönliche Erfahrungen, Interpretieren von sozialen Hinweisreizen auf Fotos, Pantomimenspiele, Videos drehen und Geschichten vollenden. Die Jungen zeigten nach einem Training von zwölf Sitzungen eine klare Verbesserung bei der Deutung von Intentionen anderer und reagierten mit weniger Aggression. All diese Ansätze werden in Kapitel 12 näher vorgestellt.

Beziehungsaggression

Beleidigungen, Gerüchte, Ausgrenzen, Verhöhnen sind Formen von Beziehungsaggression, manchmal auch als *soziale Aggression* bezeichnet. Die Absicht dieser Art von Aggression ist, sozialen Beziehungen Schaden zuzufügen. Jungen und Mädchen setzen Beziehungsaggression ein, aber nach der zweiten oder dritten Klasse greifen Mädchen häufiger zu Beziehungsaggressionen als Jungen. Eine Erklärung dafür könnte sein, dass Mädchen mit der Verfestigung von Geschlechtsstereotypen sich „mädchenhafter" verhalten und eher zu verbaler und nicht zu offener körperlicher Aggression neigen. Diese Art der Aggression kann noch mehr Schaden anrichten als körperliche Aggression – beim Opfer und beim Täter. Opfer, wie Stefanie zu Beginn des Kapitels, können dadurch stark verstört werden. Beziehungsaggressoren werden von Lehrern und anderen Schülern als problematischer angesehen als körperliche Aggressoren (Berger, 2006; Crick, Casas & Mosher, 1997). Schon in der Vorschule lernen Kinder, wie man in sozialen Situationen verhandelt, ohne auf Aggressionen zurückgreifen zu müssen.

Opfer

Manche Schüler werden eher zu Angreifern, andere eher zu Opfern. Untersuchungen aus Europa und den USA belegen, dass etwa 10 % der Kinder chronische Opfer und ständig von körperlichen und verbalen Übergriffen bedroht sind. Ein bestimmter Opfertyp besitzt einen niedrigen Selbstwert und neigt dazu, sich einsam, unsicher, unglücklich und ängstlich zu fühlen. Diese Schüler brechen leicht in Tränen aus und ziehen sich zurück; wenn sie angegriffen werden, wehren sie sich im Allgemeinen nicht. Neuere Forschungsergebnisse legen nahe, dass sich Opfer selbst die Schuld an ihrer Lage geben. Sie glauben, sie werden abgelehnt, weil sie Charakterschwächen haben, die sie nicht ändern oder kontrollieren können – kein Wunder, dass sie sich depressiv und hilflos fühlen. Ein zweiter Opfertyp sind sehr emotionale Schüler mit hitzigem Temperament, die aggressive Reaktionen anderer Gleichaltriger herausfordern. Mitglieder dieser Kategorie werden von fast allen Gleichaltrigen abgelehnt und haben nur wenige Freunde (Pellegrini, Bartini & Brooks, 1999).

Garbarino und de Lara (2002) schätzen, dass in den USA 160 000 Kinder täglich die Schule schwänzen und Tausende vorzeitig die Schule verlassen, „weil sie immer vor der Schule Angst haben" (S. 43). Kinder, die während ihrer ganzen Grund- und Mittelstufenzeit in der Opferrolle waren, sind depressiver als an-

dere Schüler und begehen im jungen Erwachsenenalter mit höherer Wahrscheinlichkeit Selbstmordversuche (Graham, 1998; Hodges & Perry, 1999). Selbstmord

> ### Verknüpfen und erweitern Sie Ihre Forschungskenntnisse
>
> Die ganze Märzausgabe 2001 des *Journal of School Psychology* ist dem Thema Schule und seelische Gesundheit gewidmet.

RICHTLINIEN

Mit Aggressionen umgehen und Kooperation ermutigen

Stellen Sie sich vor den Schülern als nicht-aggressives Vorbild dar.

Beispiele

1 Drohen Sie nie, um Gehorsam bei den Schülern zu erreichen.

2 Wenn Probleme entstehen, machen Sie vor, wie man gewaltlose Konfliktlösungsstrategien einsetzen kann (Kapitel 11).

Stellen Sie sicher, dass Ihr Klassenraum groß genug ist und ausreichend geeignete Unterrichtsmaterialien vorhanden sind.

Beispiele

1 Sorgen Sie dafür, dass der Klassenraum nicht überfüllt ist.

2 Es sollten zahlreiche gute Spielzeuge oder andere Freizeitmaterialien vorhanden sein.

3 Nehmen Sie den Schülern Spielzeuge ab, die Aggressionen herausfordern, wie z. B. Spielzeuggewehre.

4 Vermeiden Sie auf Wettbewerb ausgerichtete Aktivitäten und Bewertungen.

Stellen Sie sicher, dass Schüler keinen Gewinn aus Aggressionen ziehen.

Beispiele

1 Trösten Sie das Opfer von Aggressionen und ignorieren Sie den Aggressor.

2 Das Strafmaß sollte vernünftig und ausgewogen sein, besonders bei älteren Schülern.

Unterrichten Sie direkt positive soziale Verhaltensweisen.

Beispiele

1 Bauen Sie in Ihre Unterrichtsstunde durch Auswahl des Lesestoffes und Diskussionen soziale Ethik/Moral ein.

2 Diskutieren Sie die Auswirkungen von antisozialen Aktionen wie Diebstahl, Schikanieren und Gerüchte verbreiten.

3 Stellen Sie Vorbilder vor und sorgen Sie für Ermutigungen und Rollenspiele, die angemessene Lösungen für Konflikte ausarbeiten helfen.

4 Helfen Sie, Selbstwert durch den Ausbau von Fertigkeiten und Wissen zu entwickeln.

5 Suchen Sie Hilfe für Schüler, die isoliert und viktimisiert (in der Opferrolle) scheinen.

Geben Sie den Schülern die Gelegenheit, Toleranz und Kooperation zu lernen.

Beispiele

1 Heben Sie die Ähnlichkeiten zwischen den Menschen und nicht die Unterschiede hervor.

2 Geben Sie Projekte vor, die Kooperation erfordern.

Mehr Ideen sind unter National Youth Violence Prevention Resource Center im Internet zu finden:
http://www.safeyouth.org/scripts/index.asp

wird ein Thema in Kapitel 4 sein. Unter den Schülern, die andere in der Schule verletzen oder sie sogar töten, sind häufiger Opfer als Aggressoren (Reinke & Herman, 2002a, 2002b). Im vergangenen Jahr haben einige Amokläufe von Schülern mit Schusswaffen zu sinnlosem Morden in Schulen in den USA und Europa geführt. Die Amokschützen wehrten sich so gegen ihre „Peiniger". Interviews mit Opfer-Jugendlichen zeigten, wie sehr diese Adoleszenten mit der Unterstützung und dem Schutz Erwachsener in der Schule rechnen. Obwohl Adoleszente immer mehr Autonomie für sich fordern, wollen und benötigen diese Schüler Ihre Hilfe (Garbarino & de Lara, 2002). Die *Richtlinien* (siehe S. 101) vermitteln Ihnen Vorschläge, wie Sie mit Aggressionen umgehen und Kooperation ermutigen können.

> ### Verknüpfen und erweitern Sie Ihre Forschungskenntnisse
>
> Eine neue Organisation, die Collaborative for Academic, Social, and Emotional Learning (Zusammenarbeit für schulisches, soziales und emotionales Lernen) (**www.CASEL.org**), wurde vor einigen Jahren gegründet, um Informationen über qualitativ hochstehende, kulturell angemessene soziale und emotionale Lernprogramme zu sammeln.

Soziale Kompetenz

In unterschiedlichen Altersstufen sind jeweils verschiedene soziale Fertigkeiten wichtig. ▶ Tabelle 3.3 gibt Beispiele aus den Trainingssequenzen des sozialen Entwicklungsprogramms einer Schule in New Haven, USA, für die dritte, sechste und elfte Klasse (nach Shri-

---

Tabelle 3.3

Ablauf des Programms zur Entwicklung sozialer Kompetenzen

Durchgeführt im Schuldistrikt New Haven, USA, in den 3., 6. und 11. Klassen.

3. Klasse	6. Klasse	11. Klasse
36–55 Unterrichtsstunden werden in jeder Klasse 2–3 mal wöchentlich im Schuljahr unterrichtet	45 Unterrichtsstunden bei drei Stunden in der Woche für 1 Schuljahr im Fach Lebenskunde	37 Unterrichtsstunden integriert im Fach amerikanische Geschichte im ganzen Schuljahr und 3 Stunden im Fach Englisch
Projekt Charlie ■ Selbstbewusstsein ■ Soziale Beziehungen ■ Entscheidungen fällen ■ Chemikaliengebrauch in der Gesellschaft ■ Gewaltprävention	**Soziales Problemlösen** ■ Selbstkontrolle. ■ Stressmanagement ■ Problemlösen ■ Entscheidungen fällen ■ Kommunikation ■ Gewaltprävention	**Eine Welt voller Unterschiede (im Geschichtsunterricht)** ■ Überzeugungen und Werte ■ Vorurteile, Stereotype und Diskriminierung ■ Sündenböcke und Rassismus ■ Gewaltprävention
Bausteine: ein AIDS-Curriculum für Grundschullehrer und Erzieher (4–6 Unterrichtseinheiten zusammen mit Projekt Charlie) ■ Bakterien, Viren, Krankheitskeime ■ Ansteckende Krankheiten ■ Krankheit und Medizin ■ Immunsystem ■ Einholen von Gesundheitsinformationen ■ Sich von anderen unterscheiden ■ HIV/AIDS	**Prävention von Drogengebrauch** ■ Dem sozialen Druck der Peers widerstehen **Wachstum und Entwicklung beim Menschen, AIDS Prävention und Verhütung von Schwangerschaften in der Adoleszenz** ■ Pubertät ■ Fortpflanzung ■ Heterosexuelle Beziehungen ohne Sex ■ HIV/AIDS	**Prävention von Drogengebrauch (im Geschichtsunterricht)** ■ Auswirkungen von Drogengebrauch in der Schwangerschaft und Video *Unschuldige Abhängige* **HIV/AIDS-Erziehung und Prävention (in der Englischstunde)** ■ Überblick über Grundtatsachen der HIV-Infektion ■ Hindernisse für die Prävention ■ Leben mit AIDS

Quelle: Aus *Educating Minds and Hearts. Social Emotional Learning and the Passage into Adolescence* von J. Cohen. Copyright © 1991 Teachers' College Columbia University.

ver, Schwab-Stone & DeFalco, 1999). So werden in der sechsten Klasse den Schülern die folgenden sechs Lösungsschritte mit einem Ampelbild erläutert:

ROT
STOP, BERUHIGE DICH und DENKE NACH, bevor du handelst

Nenne das PROBLEM und sage, wie du dich FÜHLST

GELB
Setze ein POSITIVES ZIEL
Denke dir viele LÖSUNGEN aus
Sehe die KONSEQUENZEN voraus

GRÜN
MACHE weiter und VERSUCHE den BESTEN PLAN auszuführen

3.3.3 Jeden Schüler erreichen: Einsamkeit und behinderte Kinder

Jakob ist ein 14-jähriger Schüler mit Hörproblemen. Er war schon immer schüchtern, aber seit Neuestem zieht er sich noch mehr zurück. Er hat aufgehört, mit seinen Freunden herumzuhängen und wirkt immer depressiver. Maria ist eine Zehnjährige mit Lernschwierigkeiten, die die vierte Klasse wiederholt. Sie fühlt sich allein gelassen und glaubt, sie habe nichts mit den anderen gemeinsam. Sie sehnt sich nach Freundinnen und Freunden, aber es fehlt ihr die Fähigkeit, Bindungen aufzubauen. Beide Schüler werden von Shireen Pavri (2003) als einsam beschrieben. Kinder mit Behinderungen, besonders solche mit Lernbehinderungen oder geistig zurückgebliebene Kinder, sind sehr anfällig für Einsamkeitsgefühle (Pavri & Luftig, 2000). Ein Grund dafür mag darin liegen, dass Schüler mit Behinderungen in der Regel Schwierigkeiten beim Erkennen und Verstehen von Verhaltensweisen anderer haben. Ihre Reaktionen auf die Peers können deshalb sonderbar sein. Schüler mit Behinderung werden oft von ihren Peers getrennt zum Zwecke des Testens oder für Sonderförderungen; sie sind somit nicht immer in der Lage, an den Klassenaktivitäten teilzunehmen. Deshalb haben sie weniger Gelegenheiten, Freunde zu finden (Hallahan & Kaufman, 2006). Was kann hier unternommen werden? Zunächst können Lehrer erste Anzeichen von Einsamkeitsgefühlen entdecken. Beobachten Sie aufmerksam, wer abgelehnt wird und wer allein spielt. Sprechen Sie mit den betroffenen Schülern über ihre Freunde und mit den Eltern über die Peerbeziehungen ihres Kindes. Pavri (2003) schlägt folgende Interventionsmaßnahmen für Kinder vor:

- Alle Kinder sollten an Trainingsmaßnahmen zur Förderung sozialer Kompetenz teilnehmen, in denen geübt wird, Interaktionen einzuleiten und zu beenden und Konflikte zu bewältigen.
- Lehrer sollten Gelegenheiten schaffen für Interaktionen durch kooperative Lernaufgaben, strukturierte Freizeit und Spielangebote; sie sollten Peertutoren an die Seite des Kindes stellen und Aktivitäten nach der Schule wie Mädchen- oder Jungenklub oder „Olympiaden" für Behinderte initiieren.
- Nutzen Sie die besonderen Fähigkeiten von Behinderten im Unterricht.
- Sorgen Sie für eine verständnisvolle Klassenatmosphäre (s. Kapitel 11).
- Helfen Sie dem Kind, Bewältigungsstrategien zu entwickeln, die ihm die Anpassung erleichtern, wie z. B. sich kreativ zu betätigen, wenn es keine Gesellschaft hat oder Kontakt zu anderen aufzunehmen, wenn es sich einsam fühlt.
- Fördern Sie die Selbstwertentwicklung dieser Kinder durch Verantwortungsübernahme in der Klasse und positive Verstärkung für gut erledigte Arbeiten.

3.3.4 Lehrer

Die erste und wichtigste Aufgabe des Lehrers ist es zu unterrichten, jedoch wird das Lernen der Schüler beeinträchtigt durch Probleme in der Persönlichkeits- und sozialen Entwicklung. Lehrer sind für viele Stunden die wichtigsten Bezugspersonen im Leben der Schüler. Sie nehmen deshalb eine entscheidende Rolle in der persönlichkeits- und sozialen Entwicklung der Schüler ein. Für die emotionalen und sozialen Probleme sind die Lehrer oft die besten Ansprechpartner für Hilferufe. Wenn Schüler zu Hause ein chaotisches und deshalb schwer zu kalkulierendes Familienleben haben, bedürfen sie eines fest strukturierten und liebevoll begleiteten Schulablaufs. Für diese Fälle sollten Lehrer klare Grenzen vorgeben, konsistent sein, auf Regeln bestehen, aber ohne Strafandrohungen, die Schüler respektieren und Anteilnahme zeigen. Als Lehrer können Sie sich für Gespräche über persönliche Probleme bereithalten, ohne dass der Schüler dieses Angebot annehmen muss. Eine studentische Lehrerpraktikantin hat einmal einem Jungen aus ihrer Klasse ein Heft gegeben mit dem Titel: „Sehr schwierige Gedanken", sodass er etwas über die Scheidung seiner Eltern schreiben konnte. Manchmal sprach er mit ihr über die Einträge in das Heft, aber zu anderen Zeiten schrieb er lediglich seine Gefühle auf, sprach aber nicht darüber.

Die Praktikantin war sehr darauf bedacht, die Privatsphäre des Schülers in seinen schriftlichen Äußerungen zu respektieren und behielt alles für sich.

Anteilnahme an den Schulleistungen und an der Person des Schülers

Wenn man Schüler einen „guten Lehrer" beschreiben lässt, stehen drei Eigenschaften im Vordergrund der Beschreibung: Erstens haben gute Lehrer positive interpersonale Beziehungen – sie nehmen am Leben der Schüler Anteil. Zweitens organisieren gute Lehrer den Unterrichtsablauf und die Klassengemeinschaft und behalten ihre Autorität, auch ohne rigide und „gemein" zu sein. Drittens sind gute Lehrer starke Motivierer; sie können Lernen in Spaß verwandeln durch innovative und kreative Aspekte (Woolfolk, Hoy & Weinstein, 2006). Pedro Noguera (2005) berichtet, dass Schüler einer Hauptschule bei Lehrern auf drei Dinge schauen: „Erstens, ob er sich etwas aus den Schülern macht; … zweitens ob sie streng, aber berechenbar sind; und drittens, ob sie ihnen etwas beibringen können" (S. 17 f.). In Kapitel 12 geht es um Klassenmanagement und in Kapitel 10 um Motivation, deshalb können wir uns hier auf die Anteilnahme und das Unterrichten beschränken.

In den letzten 15 Jahren hat die Forschung den Wert und die Wichtigkeit von positiven Lehrer-Schüler-Verhältnissen in jeder Klassenstufe dokumentiert (Davis, 2003). Tamera Murdock und Angela Miller (2003) fanden heraus, dass Achtklässler, die den Eindruck hatten, dass der Lehrer sich um sie kümmerte, signifikant höhere Leistungsmotivation hatten, auch wenn der motivierende Einfluss der Eltern und der Gleichaltrigen kontrolliert wurden. Schüler legen Wert auf Respekt, Zuneigung, Vertrauen, jemanden zum Zuhören und Geduld in ihren Beziehungen zu den Lehrern (Bosworth, 1995; Phelan et al. 1992; Wentzel, 1997). Häufig ist die Entscheidung eines Schülers für eine Zusammenarbeit auf Sympathie für den Lehrer begründet. Ein Schüler in einer Untersuchung von Stinson (1993) kommentierte das so: „Ich mag die nicht … für die tu ich gar nichts" (S. 221). Schüler meinen mit Anteilnahme zweierlei: Einmal das Interesse an den Schulleistungen – hohes, aber doch vernünftiges Anspruchsniveau setzen und Schülern bei der Erreichung des Anspruchsniveaus unterstützen; zum zweiten meinen sie persönliche Anteilnahme – Geduld haben, Respekt haben, Humor zeigen, Zuhören können, interessiert an Anliegen der Schüler und an deren persönlichen Problemen sein.

Für leistungsstärkere Schüler ist Interesse an den Schülerleistungen besonders wichtig, aber für leistungsschwache Schüler, die den schulischen Anforderungen aus dem Wege gehen, ist die persönliche Anteilnahme kritischer (Cothran, & Ennis, 2000; Woolfolk, Hoy & Weinstein, 2006). In einer Untersuchung in einer mexikanisch-amerikanischen Schule gaben die Schüler an, dass sie sich erst dann um die Schule kümmerten, wenn der Lehrer sich um sie bemühte (Valenzuela, 1999). Leider waren die latein-amerikanischen Lehrer dieser Schule genau der gegenteiligen Ansicht. Sie meinten, dass sich die Schüler zuerst in der Schule engagieren müssten, bevor sie sich als Lehrer um die Schüler bemühen würden. Für diese Lehrer bedeutet schulisches Engagement, dass sich die Schüler wie Kinder aus der sozialen Mittelschicht benehmen.

Diese konträren Ansichten von Schülern und Lehrern können zu einer Abwärtsspirale führen. Schüler halten ihre Kooperation zurück, bis die Lehrer sie „verdient" haben durch ihr fürsorgliches Interesse. Lehrer halten ihre Anteilnahme zurück, bis die Schüler es sich „verdient" haben durch Respekt vor ihrer Autorität und durch Kooperation. Schüler am Rande der Klassengemeinschaft erwarten unfaire Behandlung und verhalten sich defensiv, wenn sie Ungerechtigkeiten vermuten. Lehrer reagieren streng und strafen. Schüler meinen, sie würden zu Recht misstrauisch sein, und sind auf der Hut und trotzig. Lehrer fühlen sich im Recht, wenn sie kontrollieren und Strafen einsetzen, und so weiter. Dieser Teufelskreis ist ein klassisches Beispiel für gegenseitigen Determinismus, ein Element von Albert Banduras sozial-kognitiver Lerntheorie (s. Kapitel 9).

Natürlich benötigen Schüler sowohl die Betreuung ihrer Leistungen als auch Hilfe in ihren persönlichen Belangen. Katz (1999) interviewte acht lateinamerikanische Schüler aus Immigrantenfamilien in einer Realschule und schloss daraus:

Hohe Erwartungen zu setzen und dann keine Betreuung anzubieten, kann dazu führen, dass Ziele gesetzt werden, die unmöglich ohne Unterstützung durch Erwachsene erreicht werden können. Auf der anderen Seite, wenn keine hohen Ziele gesetzt werden, kann das in gefährliches „Bemuttern" übergehen. Der Lehrer bemitleidet dann den „unterprivilegierten" Schüler, aber er fordert den Schüler nicht, bessere Leistungen zu bringen. Aber beides zusammen, angemessenes Anspruchsniveau und Betreuung, kann das Leben eines Schülers in die richtigen Bahnen lenken (S. 814).

Diese Befunde lassen sich so zusammenfassen: Betreuung heißt, einen Schüler und seine Lernbemühungen nicht aufgeben, sowie Freundlichkeit an den Tag legen, und bei den Schülern in der Klassengemeinschaft anregen (Davis, 2003). Im Kapitel 11 lernen Sie Strategien und Programme kennen, die den Schülern ein Gefühl der Zugehörigkeit zu ihrer Schule vermitteln sollen.

Lehrer und Kindesmissbrauch

Ein wichtiger Aspekt der Betreuung von Schülern ist, dass Lehrer wachsam auf mögliche Kindesmisshandlungen und -missbrauch achten und eingreifen, wenn sich ihr Verdacht bestätigt. Es gibt keine genauen Zahlen über Kindesmisshandlungen und -missbrauch, denn es gibt eine große Dunkelziffer. In den USA werden durchschnittlich 2455 Kinder als misshandelt oder vernachlässigt gemeldet (Children's Defense Fund, 2005; National Clearing House on Child Abuse and Neglect, 2005). In den entsprechenden Statistiken des Bundeskriminalamtes für den Berichtszeitraum 2006 werden 3131 Fälle von Kindesmisshandlung gemeldet; der Anzahl der sexuellen Missbrauchsfälle an Kindern im Berichtszeitraum liegt allerdings wesentlich höher 12 765 für das gesamte Bundesgebiet.

Natürlich sind die Eltern nicht die einzigen Personen, die Kindesmisshandlungen und -missbrauch begehen können. Geschwister, andere Verwandte und sogar Lehrer wurden bereits für körperlichen und sexuellen Missbrauch bestraft.

Lehrer müssen zunächst den Schulrektor, den Schulpsychologen und den Vertrauenslehrer einschalten, wenn sie Anzeichen für Kindesmisshandlungen und -missbrauch festgestellt haben. Die rechtliche Festlegung eines Kindesmissbrauchs wurde erweitert und erstreckt sich nun auch auf Vernachlässigung (z. B. in der Körperpflege), Verletzung der Aufsichtspflicht und mangelnde Versorgungsmöglichkeiten. Die meisten Gesetze schützen denjenigen Lehrer, der eine ent-

---

Lerngeschichten   ## Das verdanke ich meinem Lehrer

Es fiel nicht leicht, David zu mögen, aber der Sportlehrer mochte ihn. David war hyperaktiv und erforderte viel Aufmerksamkeit. Anderen Lehrern ging er auf die Nerven. Aber David mochte Turnen. Oder mochte er nur die Freundlichkeit und Geduld des Turnlehrers? Aus welchem Grund auch immer, David kam immer als Erster in die Turnhalle und verausgabte seine Kräfte, ja legte sein ganzes Selbst in die Turnübungen und Spiele. Er war nicht unbedingt ein Teamspieler. Er hielt sich sogar von den anderen Kindern fern, wenn nicht gerade etwas Gemeinsames erledigt werden musste. Er zog sich nie zusammen mit den anderen um und alberte mit ihnen herum.

Eines Tages wurde er beim Basketballspiel verletzt. Der Lehrer untersuchte, ob er sich ernstlich verletzt hatte. Er hob prüfend das Hemd des Jungen hoch, um mögliche Verwundungen festzustellen und traute seinen Augen nicht: auf dem bloßen Oberkörper des Jungen waren hässliche Prellungen und Verbrennungen zu sehen. Die Verletzungen zeigten klar die unterschiedlichen Heilungsstadien und es war offensichtlich, dass sie über einen längeren Zeitraum zugefügt worden waren.

„Was ist passiert, David?", fragte der Sportlehrer. David fing leise an zu weinen und das Weinen ging in ein herzzerreißendes Schluchzen über, das dem Lehrer sehr naheging. „Mein Vater", schluchzte er, aber er konnte nicht weitersprechen. Stattdessen umarmte er den Lehrer mit einer Verzweiflung, die der junge, mitfühlende Lehrer niemals vergessen würde. Später erfuhr er dann, dass der Vater den Jungen in den letzten Jahren dermaßen heftig verprügelt hatte, dass er innere Verletzungen erlitt. Der Lehrer erkannte, dass der Junge einen Rechtsbeistand brauchte – jemanden, der dem Jungen half, aus dieser Gefährdungssituation herauszukommen.

Jahre später besuchte David den Lehrer und bedankte sich dafür, dass er ihm in all den Jahren zur Seite gestanden hatte und dafür gesorgt hatte, dass er aus dem Elternhaus in eine Pflegefamilie kam.

Quelle: *Aus When Children are Abused: An Educators Guide to Intervention.* Von Cynthia Crosson-Tower. Boston, MA: Allyn & Bacon. Copyright © 2002 Pearson Education.

Tabelle 3.4

Indikatoren für Kindesmissbrauch

In der Tabelle sind einige Anzeichen für Missbrauch zusammengestellt. Nicht jedes Kind, das die Anzeichen aufweist, wird missbraucht, aber den Anzeichen sollte in jedem Fall nachgegangen werden.

	Körperliche Indikatoren	Verhaltensindikatoren
Körperlicher Missbrauch	▪ Prellungen unbekannten Ursprungs (in verschiedenen Heilstadien), Striemen, menschliche Bisswunden, blaue Flecken ▪ Verbrennungen unbekannten Ursprungs, durch brennende Zigaretten oder durch Eintauchen in kochendes Wasser (handschuhförmig) ▪ Unerklärliche Brüche, Hautfetzen und Abschürfungen	▪ Selbstdestruktiv ▪ Zurückgezogen und aggressiv – Verhaltensextreme ▪ Scheut vor Körperkontakt zurück ▪ Kommt früher in die Schule und bleibt länger ▪ Läuft ständig von zu Hause weg ▪ Klagt über Wundsein oder bewegt sich wie mit Schmerzen ▪ Trägt für das Wetter unpassende Kleidung, um den Körper zu bedecken
Körperliche Vernachlässigung	▪ Mangelnde medizinische Versorgung ▪ Ständiger Mangel an Fürsorge ▪ Ständiger Hunger, unangemessene Kleidung, keine Körperpflege ▪ Läuse, geschrumpfter Magen, Abmagerung	▪ Zeigt regelmäßig Übermüdung und Lustlosigkeit, schläft während des Unterrichts ein ▪ Entwendet Essen oder bettelt Klassenkameraden an ▪ Sagt, dass zu Hause niemand auf ihn aufpasst ▪ Fehlt häufig oder kommt zu spät ▪ Selbstdestruktiv ▪ Schulabbruch (Adoleszenz)
Sexueller Missbrauch	▪ Zerrissene, fleckige oder blutige Unterkleidung ▪ Schmerzen oder Jucken im Genitalbereich ▪ Schwierigkeiten beim Gehen oder Sitzen ▪ Prellungen oder Bluten im äußeren Genitalbereich ▪ Geschlechtskrankheiten ▪ Häufige urologische oder Pilzerkrankungen	▪ Zurückgezogen, chronisch depressiv verstimmt ▪ Exzessives verführerisches Verhalten ▪ Rollentausch ▪ Niedriger Selbstwert, Selbstabwertungen, Mangel an Vertrauen ▪ Probleme mit Gleichaltrigen, Mangel an Engagement ▪ Massive Gewichtsveränderungen ▪ Selbstmordversuche (besonders in der Adoleszenz) ▪ Hysterie, mangelnde emotionale Kontrolle ▪ Plötzliche Schulschwierigkeiten ▪ Sexspiele und verfrühtes sexuelles Wissen ▪ Fühlt sich bei Körperkontakt oder Nähe bedroht ▪ Keine festen heterosexuellen Bindungen (Adoleszenz)

sprechende Meldung in bester Absicht erstattet (Beezer, 1985). Angehende Lehrer sollten sich frühzeitig über die bestehenden gesetzlichen Regelungen und ihre Verantwortung als Lehrer sachkundig machen. In den USA sterben täglich mindestens vier Kinder an den ihnen zugefügten Misshandlungen, in den meisten Fällen, weil sich niemand helfend eingemischt hat (Children's Defense Fund. 2005). In Deutschland sind täglich 1,5 Todesfälle nach gewaltsamen und fahrlässigen Einwirkungen auf Kinder polizeilich erfasst (Bundeskriminalamt (2007). Polizeiliche Kriminalstatistik 2006, Tabelle 91). Die Angaben können nicht unmittelbar zueinander in Beziehung gesetzt werden, da sie eine unterschiedliche Berechnungsgrundlage haben. Der Kasten *Lerngeschichten: Das verdanke ich meinem Lehrer* (siehe S. 105) veranschaulicht an einem Fall, wie wichtig die Person des Lehrers in Missbrauchssituationen sein kann. Auf welche Anzeichen sollten sie bei vermutetem Kindesmissbrauch achten? ► Tabelle 3.4 stellt mögliche Anzeichen zusammen.

Selbstkonzept: sich selbst verstehen 3.4

Was ist das Selbstkonzept? Unterscheidet sich das Selbstkonzept vom Selbstwert oder der Identität? Wie verstehen wir andere Menschen oder uns selbst? Es hat sich herausgestellt, dass diese Bereiche ein ähnliches Entwicklungsmuster aufweisen wie die kognitive Entwicklung. Junge Kinder haben zunächst eine konkrete Vorstellung von sich selbst. Die ersten Vorstellungen von sich selbst und von Freunden bauen auf konkreten beobachteten Verhaltensweisen und auf der äußerlichen Erscheinung auf. Kinder nehmen an, dass andere ihre Gefühle und Wahrnehmungen teilen. Sie denken über sich und andere in sehr einfacher Weise nach, nicht als integriertes Ganzes und flexibel, jedoch regelgebunden. Am Ende der späten Kindheit können Kinder abstrakt über ihre inneren Prozesse nachdenken – über ihre Überzeugungen, Absichten, Werte und Motivationen. Mit dieser Entwicklung im abstrakten Denken kann auch das Wissen über sich, die anderen und Situationen abstraktere Qualitäten annehmen (Berk, 2005; Harter, 2003).

3.4.1 Selbstkonzept und Selbstwert

Psychologen interessieren sich mehr und mehr für alle Facetten des Selbst. Im Jahre 1970 betrug das Verhältnis von Publikationen zum Thema „Selbst" zu anderen Themen 1:20. Im Jahre 2000 betrug das Verhältnis 1:7 (Tesser, Stapel & Wood, 2002). In der Pädagogischen Psychologie ist ein großer Teil der Forschung dem Selbstkonzept und dem Selbstwert gewidmet.

Der Begriff Selbstkonzept kommt in unseren Alltagsgesprächen vor. Wir sprechen über Leute, die einen geringen Selbstwert haben oder über Menschen, deren Selbstkonzept nicht sehr stark ist, als ob die Regulation des Selbstkonzeptes vergleichbar wäre mit derjenigen eines Ölstandes an der Heizung oder der Darmmuskulatur. Diese Begriffsverwendungen sind falsch. In der Psychologie bezieht sich Selbstkonzept auf das Wissen und die Überzeugungen eines Individuums über sich selbst – seine Ideen, Gefühle, Einstellungen und Erwartungen (Pajares & Schunk, 2001). Wir könnten das Selbstkonzept als Versuch ansehen, uns selbst für uns selbst zu erklären, um ein Schema aufzubauen (im Sinne Piagets), das unsere Eindrücke, Gefühle und Überzeugungen von uns selbst strukturiert. Aber dieses Schema ist nicht dauerhaft fixiert, integriert oder unveränderbar. Unsere Selbstwahrnehmungen variieren von Situation zu Situation und von einer Phase unseres Lebens zur anderen.

> **Halt! Denken Sie nach! Schreiben Sie!**
>
> Wie stark können Sie diesen Aussagen zustimmen?
>
> ■ Insgesamt bin ich mit mir zufrieden.
> ■ Ich finde, ich habe eine Reihe von Vorzügen.
> ■ Ich wünschte, ich könnte mehr Respekt vor mir haben.
> ■ Manchmal denke ich, ich bin zu nichts gut.
> ■ Ich fühle mich manchmal ziemlich nutzlos.
> ■ Ich denke positiv über mich.

Die Aussagen im Kasten *Halt! Denken Sie nach! Schreiben Sie!* wurden einer weitverbreiteten Skala zur Erfassung des Selbstwertes (Rosenberg, 1979; Hagborg, 1993) entnommen. **Selbstwert** ist eine affektive

---

Selbstkonzept Wissen und Überzeugungen eines Individuums über sich selbst – bestehend aus Ideen, Gefühlen, Einstellungen und Erwartungen.

Selbstwert Die Wertschätzung, die jeder für seine Eigenschaften, Fähigkeiten und Verhaltensweisen hegt.

Reaktion, eine bewertende Stellungnahme über den Selbstwert, wie z. B. die eigene Geschicklichkeit beim Basketballspiel positiv zu bewerten. Wenn Menschen sich selbst positiv einschätzen, wenn sie mögen, was sie an sich selbst wahrnehmen, sagen wir, dass sie einen hohen Selbstwert haben (Pintrich & Schunk, 2020). Bemerken Sie die bewertenden Urteile in den Aussagen im Kasten *Halt! Denken Sie nach! Schreiben Sie!?*

Die Begriffe Selbstkonzept und Selbstwert werden oft synonym verwendet, obwohl sie unterschiedliche Bedeutungen haben. Selbstkonzept ist eine kognitive, strukturierte Einheit, eine Vorstellung davon, wer man ist – z. B. die Überzeugung, dass man ein guter Basketballspieler ist. Manchmal wird Selbstwert als eine Facette des Selbstkonzeptes, seinen bewertenden Aspekt, angesehen. Der Selbstwert ist beeinflusst durch den Kontext, ob das kulturelle Umfeld die Eigenschaften und Fähigkeiten positiv bewertet (Bandura, 1997). In der Forschung war es schwierig, Unterschiede zwischen den beiden Konstrukten ausfindig zu machen, deshalb benutzen einige Autoren sie synonym. Aber es sind unterschiedliche Konstrukte.

Die Struktur des Selbstkonzeptes

Das globale Selbstkonzept eines Schülers besteht noch aus weiteren spezifischeren Facetten, z. B. das Fähigkeits-Selbstkonzept, das soziale Selbstkonzept sowie das eigene Körperbild und noch spezifischer das mathematische oder künstlerischere Selbstkonzept. Die Selbstkonzepte zweiter Ordnung haben wiederum spezifischere getrennte Selbstkonzepte. Zum Beispiel lässt sich das soziale Selbstkonzept noch einmal untergliedern in das Selbstkonzept von Beziehungen zu Peers, Lehrern und anderen Erwachsenen und die Familie (besonders Eltern) (Byrne & Shavelson, 1996; Vispoel, 1995; Yeung, McInerney, Russell-Bowie, Suliman, Chui & Lau, 2000). Diese Konzeptionen beruhen auf vielen Erfahrungen und Ereignissen, wie z. B. Sportaktivitäten oder Leistungssituationen, körperliche Untersuchungen, Freundschaften, künstlerische Fähigkeiten, Beiträge zu Gruppen in der Gemeinde usw. Für ältere Jugendliche und Erwachsene sind die einzelnen Selbstkonzepte nicht notwendigerweise in ein globales Selbstkonzept integriert. Das Selbstkonzept ist also im Erwachsenenalter situations- und kontextspezifischer (Byrne & Worth Gavin, 1996; Marsh & Ayotte, 2003).

Die Entwicklung des Selbstkonzeptes

Das Selbstkonzept entwickelt sich durch ständige Selbstbewertung in verschiedenen Situationen. Kinder und Adoleszente fragen sich fortwährend: „Wir gut mache ich das?" Sie taxieren die verbalen und nicht-verbalen Reaktionen von wichtigen anderen Personen ihres Umfeldes – Eltern und andere Familienmitglieder in den frühen Jahren, und Freunde, Schulkameraden und Lehrer später –, um zu eigenen Urteilen zu kommen (Harter, 1998). Kleinere Kinder bewerten ihr Selbstkonzept nach ihren eigenen Verbesserungen über die Zeit. Forscher folgten 60 Schülern von der Einschulung bis zur Mitte der dritten Klasse (Chapman, Tunmer & Prochnow, 2000). In den ersten beiden Schulmonaten begann sich schon das Fähigkeits-Selbstkonzept für den Lesebereich zu entwickeln. Es gründete auf der Schwierigkeit oder Leichtigkeit, mit der das Kind lesen lernte. Schulanfänger mit Vorkenntnissen in Lauten und Buchstaben lernten leichter lesen und entwickelten ein positiveres Lesefähigkeits-Selbstkonzept. Mit der Zeit wurde der Unterschied im Lesen von Kindern mit positivem und negativem Leseselbstkonzept immer ausgeprägter. Deshalb kann man sagen, dass die ersten Erfahrungen mit der wichtigen Fähigkeit Lesen einen starken Einfluss auf das Selbstkonzept haben.

In den Sekundarjahren werden Schüler selbstbewusster (hier sei an den jugendlichen Egozentrismus erinnert und Elkinds eingebildete Zuschauer aus Kapitel 2). In diesem Alter ist das Selbstkonzept noch sehr mit der körperlichen Erscheinung, der sozialen Akzeptanz und den Schulleistungen verbunden. Deshalb können diese Jahre für Stefanie, die zu Beginn des Kapitels vorgestellt wurde, äußerst schwierig sein (Wigfield, Eccles & Pintrich, 1996). Im Leistungsbereich vergleichen die Schüler ihre Leistungen mit ihren eigenen Standards – ihre Leistungen in Mathematik mit denjenigen in Englisch und den Naturwissenschaften –, um ihr Selbstkonzept auszubilden. Soziale Vergleiche werden in der Adoleszenz ebenfalls üblicher, jedenfalls in westlichen Kulturen. Das mathematische Fähigkeits-Selbstkonzept wird geformt durch die eigenen Mathematikleistungen im Vergleich zu den Leistungen anderer in Mathematik und auch durch Bemerkungen, die andere über den Schüler machen (Altermatt, Pomerantz, Ruble, Frey & Greulich, 2002; Pintrich & Schunk, 2002). Ein Schüler mit guten Mathematikleistungen in einer mittelmäßigen Schule hat ein höheres Fähigkeits-Selbstkonzept in Mathematik als ein gleich fähiger Schüler, der eine Schule mit hohem Leistungsniveau besucht. Marsh (1990) nennt dies den „Großer-Fisch-im-kleinen-Teich-Effekt". Eine Erhebung mit über 100 000 Fünfzehnjährigen in der ganzen Welt fand diesen Effekt in allen 26 teilnehmenden Ländern (Marsh & Hau, 2003). Die Teilnahme an einem Programm für Hochbegabte scheint umgekehrte Auswirkungen zu haben. Das Fähigkeitskonzept von Schülern, die an solchen Hochbegabten-Programmen teilnahmen, sank nach Eintritt in die Hochbegabtenklassen mit der Zeit – Selbstkonzepte in anderen Bereichen waren jedoch nicht beeinträchtigt (Marsh & Craven, 2002).

Selbstkonzept und Leistung

Viele Psychologen betrachten das Selbstkonzept als Grundlage, auf der die soziale und emotionale Entwicklung aufbaut. Die Forschung hat das Selbstkonzept mit einer Reihe von Leistungen verbunden – von den Leistungen in Sportwettbewerben bis zur Arbeitszufriedenheit und zu den Schulleistungen (Byrne, 2002; Davis-Kean & Sandler, 2001; Marsh & Hau, 2003). Das Selbstkonzept kann sich z. B. durch Kurswahlmöglichkeiten auf das Lernen auswirken. Denn Schüler wählen die Leistungskurse aus, in denen sie gute Noten haben. Herbert Marsh und Alexander Yeung (1997) überprüften, welche 246 Jungen in der Sekundarstufe II der höheren Schule in Sydney welche Kurse auswählten. Das Fähigkeitskonzept verbunden mit einem spezifischen Fach (Mathematik, Naturwissenschaften usw.) war der beste Prädiktor für die Wahl des Leistungskurses – wichtiger als die Noten in den betreffenden Fächern oder das globale Selbstkonzept. Dies traf noch stärker zu, wenn das Fähigkeits-Selbstkonzept verbunden mit einem bestimmten Fach die Selbstkonzepte in den anderen Fächern überragte. Die Auswahl der Kurse stellt in gewisser Weise die Weichen für die Zukunft, deshalb können fächerspezifische Fähigkeits-Selbstkonzepte Einfluss auf das Leben der Schüler ausüben. Aber der *Pro & Contra*-Kasten (siehe S. 110) zeigt, dass Erzieher sich über die Rolle der Schule nicht einig sind.

3.4.2 Schulleben und Selbstwert

Der Selbstwert ist ein Produkt der Selbstbewertung und der selbstbezogenen Gefühle. Lehrer sollten zwei Fragen zum Selbstwert stellen: (1) Wie wirkt sich der Selbstwert auf das Verhalten des Schülers in der Schu-

Die Leistungskurse, die sich Schüler der Oberstufe auswählen, stellen die Weichen für die Zukunft. Deshalb können fächerspezifische Fähigkeits-Selbstkonzepte Einfluss auf das Leben der Schüler ausüben.

le aus? Und (2) Welchen Einfluss hat das Leben in der Schule auf den Selbstwert? In Beantwortung der ersten Frage kann man anführen, dass Schüler mit höherem Selbstwert tendenziell bessere Leistungen zeigen, obwohl dieser Zusammenhang sehr stark vom Schüler und von der Methode der Untersuchung abhängt (Ma & Kishor, 1997; Marsh & Holmes, 1990). In Längsschnittuntersuchungen weisen positive Selbstbeurteilungen und bessere Leistungen einen Zusammenhang auf, besonders wenn die Beurteilungen eng mit dem Thema der Leistungen verbunden sind. Aber der Zusammenhang ist eher schwach (Valentine, Du-Bois & Cooper, 2004). Natürlich wissen wir aus Kapitel 1, dass, wenn zwei Variablen einen Zusammenhang aufweisen (korreliert sind), dies keinesfalls ein Ursache-Wirkungs-Verhältnis bedeutet. Es kann sein, dass hohes Leistungsniveau und Beliebtheit zu gutem Selbstwert führen oder umgekehrt. Wahrscheinlich sind beide Wirkungsrichtungen aktiv (Guay, Larose & Boivin, 2004; Marsh & Ayotte, 2003).

Zur zweiten Frage, wie sich die Schule auf den Selbstwert auswirkt, soll noch einmal auf die Kontroverse in *Pro & Contra* (siehe S. 110) hingewiesen werden. Hier wird die Rolle der Schule bei der Ent-

Was sollte die Schule zur Verbesserung des Selbstwertes von Schülern tun?

Mehr als 2000 Bücher gibt es über das Thema, wie man den Selbstwert erhöhen kann. Schulen und Programme für seelische Gesundheit entwickeln immer mehr Übungen zur Entwicklung des Selbstwertes (Slater, 2002). Es lassen sich zwei Ansätze unterscheiden, den Selbstwert von Schülern zu verbessern: Maßnahmen zur Persönlichkeitsentwicklung wie Sensitivitätstraining; Selbstwertprogramme, in denen der Lehrstoff sich mit der Verbesserung des Selbstwertes beschäftigt und strukturelle Veränderungen in den Schulen, die mehr auf Kooperation, Teilnahme der Schüler, Gemeindeengagement und Stolz auf die eigene ethnische Herkunft ausgerichtet sind.

Pro: Die Selbstwertbewegung ist vielversprechend.

Über die „Wohlfühl-Psychologie" der Selbstwert-Bewegung hinaus gibt es eine grundlegende Erkenntnis: „Selbstwert ist eine zentrale Komponente der menschlichen Würde und darum ein unveräußerliches menschliches Recht. Deswegen haben Schulen und andere Einrichtungen die moralische Verpflichtung, ihn aufzubauen und eine Schwächung zu verhindern" (Beane, 1991, S. 28). Wenn wir den Selbstwert berechtigterweise ansehen als ein Produkt unserer Wahrnehmung, unseres Denkens und unseres Handelns – unserer Werte, Ideen, Überzeugungen und unsere Interaktionen mit anderen – dann ist die Schule natürlich in der Pflicht. Praktiken, die authentische Partizipation, Kooperation, Problemlösen und Leistungen erlauben, sollten Maßnahmen ersetzen, die dem Selbstwert Schaden zufügen, wie z. B. Wettbewerbsklima bei der Benotung. Beane (1991) schlägt vier Prinzipien für Erzieher vor:

> Erstens ist nett zu sein ein Teil dieser Bemühungen, aber es ist nicht genug. Zweitens gibt es einen Platz für einige direkte Unterweisungen in emotionalen Fragen, aber das ist auch nicht genug. Selbstwert und Gefühle sind nicht ein weiteres Schulfach, das man in einem festen Stundenplan unterbringen kann. Drittens ist das negative Gefühl der Abhärtungspolitik kein vielversprechender Weg zum Selbstwert und zur Selbstwirksamkeit. Dies schiebt den jungen Menschen die Schuld zu für Probleme, die sie weitgehend nicht verschuldet haben. Selbstwahrnehmungen sind sehr stark durch den kulturellen Kontext bestimmt. Daher lenkt es viertens vom Ziel ab und ist unproduktiv, wenn man den Selbstwert zwar über verschiedene kulturelle Kontexte vergleicht, aber nicht aufklärt, was die Ursachen der kulturellen Unterschiede sind (S. 29–30).

Die Psychologin Lauren Slater (2002) schreibt in ihrem Artikel „Das Problem mit dem Selbstwert", wir sollten den Selbstwert überdenken und uns in Richtung auf eine ehrliche Selbstbewertung bewegen, die zur Selbstkontrolle führt.

> Vielleicht sollte Selbstkontrolle den Selbstwert ersetzen in einer möglichen neuen Konzeption. Selbstkontrolle muss keine Selbstbeschränkung sein. Auf die ursprüngliche Bedeutung zurückgeführt, könnte sie eine Art antrainierte Meisterschaft wie bei einem Sportler darstellen, mit Muskeln, die trainiert und nicht eingeengt sind, sodass die Sprünge mit großer Kraft ausgeführt werden können, der Rücken elastisch bleibt und die Energie gebündelt und zielgerichtet eingesetzt werden kann (S. 47).

Contra: Die Selbstwertförderkurse sind problematisch.

Viele der Selbstwertkurse werden kommerziell angeboten – teuer für die Schulen und ohne soliden Nachweis, dass sie etwas nützen (Crisci, 1986; Leming 1981). Wie Beane (1991) äußerte: „Vor einer Gruppe zu sagen ‚Ich mag mich und andere' bedeutet nicht, auch wirklich so zu empfinden, besonders dann nicht, wenn es klar ist, dass ich das tun muss. Nett sein ist schon Teil der Selbstwertförderung, aber es ist nicht genug" (S. 26). Einige Kritiker haben den Schulen vorgeworfen, sie befürworteten Programme, „in denen die Schüler mit Lob überhäuft werden, unabhängig von ihren Leistungen" (Slater, 2002, S. 45). Aber Erik Erikson (1980) warnte schon vor etlichen Jahren: „Kinder kann man nicht an der Nase herumführen mit falschem Lob und herablassenden Ermutigungen. Es bleibt ihnen nichts anderes übrig als diese Aufblähung ihres Selbstwertes, denn sie haben meist nichts Besseres aufzuweisen ..." Erikson erklärte weiter, dass eine starke und positive Identität nur „von einer konsistenten und uneingeschränkten Anerkennung von wirklichen Leistungen kommt, d. h. von Leistungen, die im kulturellen Kontext auch anerkannt werden" (S. 95).

Sensitivitätstraining und Selbstwert-Seminare haben ein gemeinsames konzeptuelles Problem. Sie nehmen an, dass der Selbstwert gestärkt wird durch Einstellungsänderungen des Individuums, die motivieren sollen, gegen die Benachteiligungen anzugehen. Aber was geschieht, wenn die Umgebung des Schülers wirklich unsicher ist, ihm Unterstützung versagt und ihm seine Kräfte raubt, statt ihn zu stärken? Manche Menschen haben enorme Probleme überwunden, aber das kann man nicht von jedem erwarten. Denn täte man das, „ignoriere man die Tatsache, dass es für viele junge Leute fast unmöglich ist, einen positiven Selbstwert zu entwickeln unter den gegebenen beklagenswerten Umständen, die ihnen durch die Chancenungleichheit in unserer Gesellschaft aufgezwungen werden" (Beane, 1991, S. 27). Schlimmer noch, meinen jetzt manche Psychologen, ein niedriger Selbstwert sei das kleinere Problem verglichen mit einem hohen Selbstwert. Zum Beispiel vertreten sie die Ansicht, Leute mit hohem Selbstwert fügen anderen leichter Schmerzen zu und bereiten ihnen eher Kummer (Slater, 2002). Und wenn jemand Selbstwert als sein Hauptziel im Leben definiert, so kann er das Ziel in einer Weise verfolgen, die ihm langfristig schadet. Er kann z. B. konstruktiver Kritik oder herausfordernden Aufgaben komplett aus dem Wege gehen (Crocker & Park, 2004).

Frank Pajares und Dale Schunk (2002) weisen auf ein anderes Problem hin. „Wenn Kindern von klein an mitgeteilt wird, dass nichts so wichtig ist wie ihr Zustand, wie sie sich fühlen und wie viel Selbstvertrauen sie haben sollten, kann man sicher sein, dass bald negative und ernüchternde Rückmeldungen kommen, die schwer verdaulich sind. Eine Überbewertung der Beschäftigung mit sich selbst ist verantwortlich für einen alarmierenden Anstieg der Depression und anderer psychischer Schwierigkeiten bei Kindern und Jugendlichen" (S. 16).

Welchen Standpunkt haben Sie?

Quelle: Aus The Trouble with Self-esteem von L. Slater, *The New York Times Magazine*, 3. Februar 2002, S. 44–47 und Beane, J. A. (1991) Sorting Out the Self-Esteem Controversy, *Educational Leadership*, 49, S. 25–30. Copyright © 1991 Association for Supervision and Curriculum Development.

wicklung des Selbstwertes diskutiert. Eine Untersuchung mit 322 Sechstklässlern konnte den Einfluss der Schule bestätigen. Hoge, Smit und Hanson (1990) fanden, dass die Zufriedenheit der Schüler mit der Schule, ihr Empfinden, dass der Unterricht interessant war und die Lehrer sich um die Schüler kümmerten ebenso wie die Rückmeldung und die Benotungen der Lehrer den Selbstwert der Schüler bestimmten. Im Sportunterricht war die Ansicht des Lehrers über die sportlichen Leistungen wichtig für die Beurteilung der eigenen sportlichen Fähigkeiten. Die Platzierung in eine Gruppe mit niedrigen Leistungen oder in der Schule nicht zum Zuge kommen können, wirkt sich negativ auf den Selbstwert aus. Jedoch hat das kooperative Lernen in Zusammenarbeit mit anderen einen positiven Effekt (Covington, 1992; Deci & Ryan, 1985). Bemerkenswerterweise hatten Sonderprogramme wie „Schüler des Monats" oder die Zulassung zu einem Leistungskurs Mathematik kaum eine Auswirkung auf den Selbstwert. (Siehe den letzten Befund mit dem „Großer-Fisch-im-kleinen-Teich-Effekt".)

Vor über 100 Jahren meinte William James (1890), dass der Selbstwert von unserem *Erfolg* bei der Erledigung von Aufgaben oder vom Erreichen eines uns wertvollen Zieles abhängt. Wenn eine Fertigkeit oder Leistung *nicht* wichtig ist, bedroht die Inkompetenz in diesem Bereich nicht den Selbstwert. Schüler müssen Erfolg in Aufgaben haben, die ihnen wichtig sind. Die Zuweisung des Erfolgs oder Misserfolges ist auch wichtig. Schüler müssen ihre Erfolge auf ihre eigenen Handlungen und Anstrengungen beziehen und nicht dem Zufall oder irgendeiner Hilfeleistung zuschreiben, um ihren Selbstwert zu stärken.

Die Rückmeldung des Lehrers, seine Benotungspraxis, seine Bewertungen und seine an den Tag gelegte Fürsorge macht für die Schüler einen großen Unterschied, wie sie ihre Fähigkeiten in verschiedenen Fächern wahrnehmen. Aber der größte Zuwachs im Selbstwert tritt dann auf, wenn die Schüler kompetenter werden in den von ihnen als wichtig beurteilten Bereichen – die sozialen Bereiche, die in der Adoleszenz so zentral werden, eingeschlossen. *Folglich ist die größte Herausforderung eines Lehrers, den Schülern zu helfen, Sachverständnis und Fertigkeiten zu erwerben.* Akzeptiert man diese Verantwortung, was können Lehrer unternehmen, um dieses Ziel zu erreichen? Die Empfehlungen in ▶ Tabelle 3.5 (siehe S. 112) bilden den Anfang einer Reihe von Möglichkeiten.

Tabelle 3.5

Vorschläge zur Verbesserung des Selbstwertes

1 Zeigen Sie eine positive und bejahende Einstellung allen Schülern, ihren vergeblichen Versuchen und ihren gelungenen Leistungen gegenüber.

2 Sorgen Sie für ein Klima, in dem die Schüler körperlich und psychisch unversehrt lernen können.

3 Machen Sie sich ihre eigenen Voreingenommenheiten und Erwartungen klar (Jeder Mensch hat Vorurteile).

4 Prüfen Sie, ob es wirklich für Ihren Unterricht nötig ist, die Schüler in andere Gruppen zu platzieren oder ob es nicht nur aus Bequemlichkeit geschieht, um besser mit Problemschülern fertig zu werden oder den Kontakt mit einigen Schülern zu vermeiden.

5 Machen Sie Ihre Leistungsstandards transparent; helfen Sie den Schülern, sich über ihre eigenen Leistungen ein klares Bild zu verschaffen.

6 Seien Sie selbst ein Vorbild für Selbstkritik, Ausdauer und Selbstverstärkung.

7 Vermeiden Sie destruktive Vergleiche und Wettbewerb; ermutigen Sie Schüler, ihre eigenen früheren Leistungen zu übertreffen.

8 Zeigen Sie einem Schüler, dass Sie ihn akzeptieren, auch wenn Sie ein bestimmtes Verhalten oder Ergebnis ablehnen müssen. Schüler sollten das Vertrauen haben, dass eine schlechte Note oder ein Verweis sie nicht als allgemein schlecht vor der ganzen Klasse abstempelt.

9 Erinnern Sie sich daran, dass ein positives Selbstkonzept nach Erfolgen im Leben entsteht und wächst *und* durch die positive Bewertung von wichtigen Menschen in der sozialen Umgebung.

10 Ermutigen Sie Ihre Schüler, Verantwortung zu übernehmen für ihre Reaktionen auf Ereignisse; weisen Sie sie auf Entscheidungsmöglichkeiten in möglichen Reaktionsformen hin.

11 Stellen Sie Arbeitsgruppen oder Peertutoren zusammen und weisen Sie die Schüler darauf hin, wie sie sich gegenseitig helfen können.

12 Helfen Sie Schülern, klare Ziele zu setzen; lassen Sie sich Ideen sagen, welche guten Voraussetzungen sie haben, ihre Ziele zu erreichen.

13 Fassen Sie die wichtigsten Vor- und Nachteile von ethnischen Gruppen zusammen – ihren Kulturen und ihren Leistungen.

Quelle: Aus Improving Students' Self-esteem von J. Canfield, 1990. *Educational Leadership, 48(1)*, S. 48–50. Kash, M. M. & Borich, G. (1976). *Teacher Behavior and Student Self-Concept.* Menlo Park, CA: Addison-Wesley; Marshall, H. H. (1989). The Development of Self-Concept *Young Children, 44(5)*, S. 44–51.

Gruppenunterschiede und Identität **3.5**

Was würden Sie dazu sagen?

In einer Realschule soll eine Lehrerstelle neu besetzt werden. In dem Bewerbungsinterview werden Sie gefragt: „Was würden Sie tun, um allen Schülern das Gefühl der Zufriedenheit mit sich selbst zu verschaffen?"

Junge Kinder tendieren zu positiver und optimistischer Sichtweise der eigenen Person. In einer Untersuchung dachten 80 % der Schüler der ersten Klasse, sie seien Klassenbeste (Stipek, 1981). Mit zunehmender Reife werden die Schüler realistischer, aber viele beurteilen ihre Fähigkeiten nicht genau genug (Paris & Cunningham, 1996). Manche Schüler leben mit der Illusion, inkompetent zu sein – sie unterschätzen sich (Phil-

lips & Zimmermann, 1990). Geschlecht und ethnische Stereotypisierungen können auf die Unterschätzungen einen Einfluss ausüben.

3.5.1 Gruppenunterschiede und Selbstwahrnehmung

In einer Untersuchung folgten die Forscher (Jacobs, Lanza, Osgood, Eccles & Wigfield, 2002) 761 euroamerikanischen Jugendlichen aus der mittleren sozioökonomischen Gesellschaftsschicht von der ersten Klasse bis zur Oberstufe. Längsschnittdaten sind sehr schwierig zu erhalten, deshalb ist diese Untersuchung sehr wertvoll. In der ersten Klasse hatten Jungen und Mädchen vergleichbare Wahrnehmungen ihrer eigenen Fähigkeiten in sprachlichen Fächern, aber Jungen stuften sich selbst als signifikant kompetenter in Mathematik und Sport ein. Die ▶ Abbildung 3.2 zeigt darüber hinaus, dass die positive Selbstwahrnehmung über die Jahre abnahm. Die der Jungen von Mathematik fällt stärker ab als die der Mädchen, sodass zu Beginn der Oberstufe beide sich etwa gleich kompetent in Mathematik einstufen. Auch in den sprachlichen Fächern fielen nach der ersten Klasse die Selbsteinschätzungen der Jungen stärker ab als die der Mädchen, aber im Laufe der Oberstufe zeigt sich ein gleichmäßig niedriger (asymptotischer) Verlauf. In Sport sanken die Kompetenzeinstufungen für Jungen und Mädchen gleichermaßen, aber Jungen waren über die ganzen 12 Jahre überzeugter von ihrem sportlichen Können als Mädchen.

Andere Untersuchungen fanden aber auch, dass Mädchen sich besser als Jungen im Lesen und in engen Freundschaften einstuften. Jungen dagegen beurteilen sich besser in Mathematik und Sport. Manche der Unterschiede in den Selbsteinschätzungen reflektieren wahre Leistungsunterschiede – Mädchen lesen im Allgemeinen auch besser als Jungen. Wahrscheinlich bedingen sich Selbsteinschätzung und Leistung gegenseitig – jedes wirkt sich auf das andere aus (Cole, Martin, Peeke, Seroczynski & Fier, 1999); Eccles, Wigfield, & Schiefele, 1998; Wilgenbusch & Merrell, 1999). In den meisten ethnischen Gruppen (mit Ausnahme der Afroamerikaner) haben Jungen das bessere Selbstvertrauen in Mathematik und Naturwissenschaften. Unterschiede zwischen männlichen und weiblichen Schülern sind meist gering, jedoch konsistent über verschiedene Untersuchungen hinweg (Grossman & Grossman, 1994; Kling, Hyde, Showers & Buswell, 1999). Bedauerlicherweise gibt es keine Langzeitstudien von anderen ethnischen Gruppen, sodass wir nicht erkennen können, ob die Befunde nur für Euroamerikaner gelten.

Wie denken die Schüler allgemein über sich in der Schulzeit? Jean Twenge und Keith Campbell (2001) analysierten über 150 Stichproben aus Untersuchungen zwischen 1968 und 1994. Sie schauten sich nur die globalen Selbstwert-Einstufungen an, nicht die fachspezifischen Fähigkeitseinschätzungen. Sie stellten fest, dass der Selbstwert für beide Geschlechter zum Zeitpunkt des Übergangs von der Grundschule in die höhere Schule langsam sank. In der höheren Schule stieg der Selbstwert der Jungen stark an, während derjenige der Mädchen gleich blieb. Am Ende der höheren Schule war der Selbstwert der Mädchen deutlich niedriger als der der Jungen. Diese Befunde lassen sich mit denjenigen von Jacobs et al. (2002), dass nämlich Jungen und Mädchen sich in ihren fachspezifischen Kompetenzeinschätzungen unterscheiden und denjenigen von Mash und Yeung (1997), dass die Selbstwahrnehmungen eigener Kompetenzen die Kurswahl

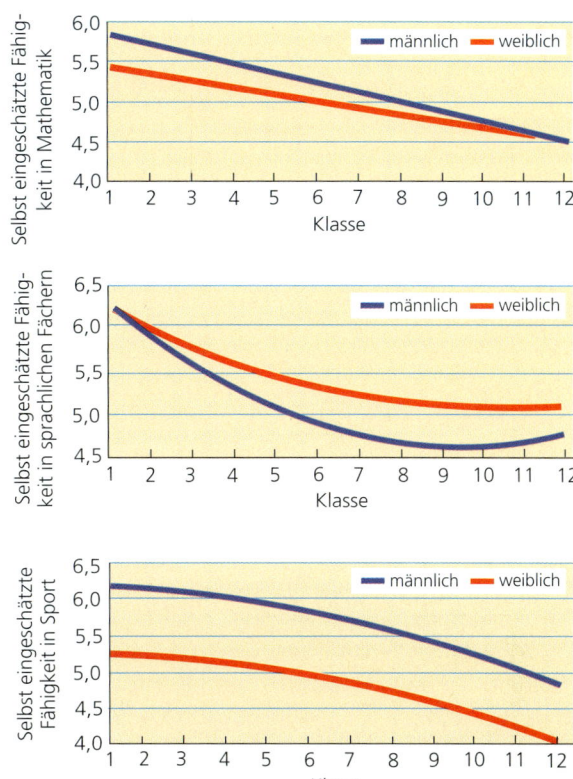

Abbildung 3.2: Geschlechtsunterschiede in den Veränderungen der selbst eingeschätzten Kompetenz über die gesamte Schulzeit. Über die Schuljahre fallen die Einschätzungen der eigenen Kompetenz für Jungen und Mädchen ab, aber die Abfallkurve ist unterschiedlich für beide Geschlechter in Mathematik, sprachlichen Fächern und Sport. Quelle: Aus Changes in Children's Self-Competence and Values: Gender and Domain Differences across Grades 1 through 12. Von J. E. Jacobs, S. Lanza, D.W. Osgood, J. S. Eccles & A. Wigfield (2002). *Child Development, 73*, S. 516. Copyright © 2002 Society for Research in Child Development, University of Michigan Center for Growth & Human Development.

beeinflusst, vergleichen. So erhärtet sich der Eindruck, dass Schüler Entscheidungen über ihre Leistungskurse treffen, die ihre Optionen im Leben deutlich einschränken. Oft sind diese Entscheidungen nicht durch ihre Fähigkeiten begründet, sondern durch ihre Selbsttäuschungen über ihre Kompetenz oder ihren Mangel an Kompetenz.

3.5.2 Ethnische und rassische Identität

Schon im Jahre 1903 schrieb W. E. B. DuBois über die „doppelte Bewusstheit" von Afroamerikanern. Afroamerikaner – wie andere ethnische oder rassische Gruppen auch – sind sich ihrer ethnischen Identität sehr wohl bewusst. Sie vermitteln zwischen den Kulturen, den Mitgliedern der Majoritätskultur und der Minorität, der sie angehören. Da Schüler aus ethnischen Minderheiten zugleich auch Mitglieder der Mehrheitskultur sind, ist es für sie komplizierter, eine eindeutige Identität zu entwickeln. Werte, Lernstile und Kommunikationsmuster der Schüler aus ethnischen Minderheiten können von den Erwartungen der Schule und der Mehrheitsgesellschaft abweichen. Den Wertvorstellungen der Mehrheit gerecht zu werden, widerspricht unter Umständen den Werten der eigenen ethnischen Gruppe. Schüler aus ethnischen Minderheiten müssen durch „das Sieb von zwei kulturellen Wertorientierungen und Identitätsalternativen", um eine gefestigte Identität zu entwickeln; sie benötigen unter Umständen mehr Zeit, um alle Möglichkeiten zu explorieren – ein längeres *Moratorium*, wie Erikson es ausdrücken würde (Markstrom-Adams, 1992, S. 177). Die Exploration ist sehr wichtig; manche Psychologen betrachten die ethnische Identität als dominante Identität, die andere Facetten der Identität bestimmt (Herman, 2004).

Ethnische Identität: Prozess und Ergebnis

Jean Phinney (1990; 2003) beschreibt vier Formen der Anpassung von Jugendlichen aus ethnischen Minderheiten nach Berry (1997). Sie können versuchen, sich zu *assimilieren*, indem sie die Wertorientierungen und Verhaltensmuster der Mehrheitskultur übernehmen und diejenigen ihrer Herkunftskultur ablegen. Im Gegensatz dazu können sie sich von der Majorität fernhalten (*separieren*) und sich nur an die Mitglieder ihrer eigenen Ethnie halten. Eine dritte Möglichkeit, ist, an den Rand beider Gesellschaften gedrängt zu werden, sich zu *marginalisieren*. Das bedeutet in der Majoritätsgesellschaft zu leben, aber sich fremd und unwohl in ihr zu fühlen, zugleich aber auch nicht mehr der Herkunftskultur verbunden zu sein. Die letzte Möglichkeit wird mit *Bikulturalismus* (oder *Integration*) bezeichnet, d. h. es bestehen Bindungen an beide Kulturen. Man kann auf dreierlei Weise bikulturell sein: Man kann zwischen beiden Kulturen hin- und herwechseln, also sich in der einen Situation wie ein Mitglied der Majorität und in einer anderen Situation ganz wie eines der eigenen Minderheit fühlen und verhalten. Man kann auch versuchen, die beiden Kulturen zu vereinigen, indem man sich auf die gemeinsamen Elemente, wie z. B. gemeinsame Werte und Verhaltensmuster, zurückzieht. Schließlich können die beiden Kulturen so

Wenn Jugendliche der Majorität gut informiert über ihre eigene ethnische Herkunft und sich ihrer sicher sind, zeigen sie auch mehr Respekt vor der Herkunft anderer.

verschmelzen, dass eine neue Kultur entsteht (Phinney & Devich-Nevarro, 1997). Unabhängig davon, welches die persönlich gewählte Identitätsoption ist, wichtig bleibt eine gute psychische Gesundheit und eine starke positive Einstellung der eigenen Ethnie gegenüber (Steinberg, 2005).

Manche Psychologen haben Marcias Identitätsstatus-Ansatz herangezogen, um den Prozess der Entwicklung einer ethnischen Identität zu verstehen. Kinder können mit einer *ungeprüften ethnischen Identität* beginnen, wenn sie entweder gar keine Identitätsoptionen ausprobieren (*Diffusion*) oder aber von vorne herein sich auf die ethnische Identität anderer maßgebender Personen festlegen (*Übernahme*). Viele euro-amerikanische Jugendliche lassen sich der „ungeprüften" Kategorie zuordnen. Eine Phase der *Exploration ethnischer Identität* (*Moratorium*) kann durch eine *Auflösung* (Resolution) des Identitätskonfliktes abgelöst werden (*erarbeitete Identität*).

Verknüpfen und erweitern Sie mit anderen Kapiteln

Verbinden Sie diese Informationen mit Konzepten aus Kapitel 2. Welche Aspekte des formallogischen Denkens sind hilfreich (oder vielleicht sogar notwendig), um Identitätsbildung abzurunden? Fallen Ihnen Menschen ein, die ihre Identität bereits etabliert, die jedoch die formal-operationale Denkstufe noch nicht erreicht haben? Ist die Identitätsbildung notwendigerweise ein bewusster Prozess?

Rassische Identität: Prozess und Ergebnis

William Cross (1991) entwickelte einen Ansatz, der auf die *rassische Identität* speziell von Afroamerikanern zugeschnitten ist. Der Prozess der **rassischen Identifizierung** hat fünf Stufen:

- **Vorbegegnung:** In diesem Stadium – so meint Cross – variiert die Einstellung von Afroamerikanern zu ihrer rassischen Zugehörigkeit von „ignorieren" über „neutral" bis „negativ". Afroamerikaner können Einstellungen von weißen Amerikanern übernehmen, auch die Anerkennung der Überlegenheit der Weißen. Ein gewisser Selbsthass ist als Konsequenz möglich. In der Vorbegegnungsstufe identifizieren sich Menschen nicht mit der Gruppe der Menschen mit schwarzer Hautfarbe – sie legen Wert auf andere Aspekte wie Religion, Beruf oder Sozialstatus.
- **Begegnung:** Das Erreichen dieser Stufe wird oft durch Begegnungen mit offenem, verstecktem oder institutionalisiertem Rassismus eingeleitet. Zum Beispiel, wenn ein Afroamerikaner in einem vornehmen Geschäft ständiger Kontrolle ausgesetzt ist, von der Polizei beleidigt wird oder Berichte über solche Übergriffe liest. Dann werden ihm die Augen geöffnet über die Realität: Rassenzugehörigkeit spielt eine Rolle in der Gesellschaft. Afroamerikaner werden so auf die Begleiterscheinungen ihrer schwarzen Hautfarbe eingestimmt.
- **Immersion/Emersion:** Cross sieht diese Stufe als Übergang an – ein Zwischenstadium, in dem Menschen unsicher sind, ob sie wirklich den richtigen Zugang zu einer Identität als Mensch mit schwarzer Hautfarbe haben (Cross, 1991, S. 202). Als Reaktion auf Erfahrungen mit Diskriminierung sammeln manche afroamerikanische Symbole, kaufen Bücher mit Schilderungen der Erlebnisse Schwarzer und suchen die Gesellschaft von anderen Afroamerikanern. Sie wollen ihre afrikanische Herkunft besser verstehen.
- **Internalisierung:** Individuen sind fest verbunden und sicher aufgehoben in ihrer rassischen Identität. Sie machen sich keine Gedanken darüber, was Menschen mit anderer Hautfarbe darüber denken – sie haben ihre eigenen „schwarzen" Standards.
- **Internalisierung/ethnische Verpflichtung:** Diese Stufe ist sehr stark mit der Internalisierung verbunden. Der Hauptunterschied besteht im beständigen Interesse und in der dauernden Verpflichtung den Angelegenheiten der schwarzen Minderheit gegenüber. Solche Individuen richten ihr Leben nach ihrer schwarzen Identität aus; z. B. widmet ein Maler sein Lebenswerk Bildern mit schwarzen Personen oder ein Forscher seine wissenschaftliche Karriere afroamerikanischen Kindern und ihrer Verarbeitung von Erfahrungen im allgemeinen Bildungssystem.

Eine rassische Identität kann um vieles komplizierter sein für gemischt-rassische Jugendliche. Die Eltern, mit denen sie zusammenleben, ihre Nachbarschaft, ihre äußere Erscheinung und ihre Diskriminations- oder Unterstützungserfahrungen können ihre Entscheidung für eine bestimmte rassische Identität beeinflussen. Manche Psychologen meinen sogar, dass diese vielfältigen Herausforderungen gemischt-rassischen Jugendlichen helfen, eine starke und komplexe Identität zu entwickeln. Aber manche Forscher argumentieren, dass diese Herausforderungen eine zusätzliche Last in dem nicht einfachen Leben dieser Jugendlichen bedeutet (Herman, 2004). Vielleicht hängt das Ergebnis zum Teil ab von der Unterstützung, die die Jugendlichen bei der Bewältigung der Herausforderungen erfahren.

> ### Verknüpfen und erweitern Sie Ihre Forschungskenntnisse
>
> Schauen Sie sich die Sommerausgabe 2003 der Zeitschrift *Theory into Practice* an, die das Thema „Teacher Reflection and Race in Cultural Context" hat (Band 42, Nr. 3). Gastherausgeber: Richard Milner.

Rassischer und ethnischer Stolz

Für alle Schüler ist der Stolz auf die Familie und die Gemeinde die Grundlage für eine stabile Identität. Besondere Anstrengungen, den **rassischen und ethnischen Stolz** zu ermutigen, sind sehr wichtig. Denn Schüler, wenn sie ihre Identitäten überprüfen, sollten nicht den Eindruck bekommen, dass Unterschiede gleichbedeutend mit Defiziten sind (Spencer & Markstrom-Adams, 1990). In einer Untersuchung wurde festgestellt, dass afroamerikanische Vorschüler, deren Zuhause reich

---

Rassische Identifizierung Prozess der eigenen Zuordnung zu einer Rasse.

Rassischer und ethnischer Stolz Ein positives Selbstkonzept, verbunden mit der eigenen rassischen und ethnischen Herkunft.

an afroamerikanischer Kultur war, mehr Faktenwissen und bessere Problemlösefertigkeiten hatten. Von Kindern, die erzogen wurden, zu ihrer rassischen Identität zu stehen, wurden weniger Verhaltensprobleme berichtet (Caughy, O'Campo, Randoplph & Nickerson, 2002). In anderen Forschungsarbeiten war positive rassische Identität mit höherem Selbstwert und weniger emotionalen Störungen verbunden. Dies galt sowohl für die afroamerikanischen als auch für die weißen Jugendlichen (DuBois, Burk-Braxton, Swenson, Tevendale & Hardesty, 2002). Schönpflug (2005a) ermittelte in einer Studie mit türkischen Migrantenjugendlichen eine Überzahl an Mädchen in der Gruppe mit geringer ethnischer Identität und eine Überzahl an Jungen in der stark ethnisch gebundenen. In einer Gruppe mit ausgewogenem (integriertem) Verhältnis beider ethnischer Identitäten waren beide Geschlechter gleich verteilt. Die stark gebundene Gruppe verfügte über wenig hilfreiche Bewältigungsstrategien, die nicht zur Problemlösung beitrugen, sie hatten einen geringeren Selbstwert und etwas mehr psychosomatische Beschwerden.

Jeder hat eine ethnische Herkunft. Janet Helms (1995) schrieb über Stufen der Identitätsentwicklung weißer Amerikaner. Richard Milner (2003) hat auf die Wichtigkeit der rassischen Identitätsentwicklung und Bewusstheit der eigenen Rasse hingewiesen, besonders im Unterricht. Wenn Adoleszente der Majorität über ihre ethnische Herkunft Bescheid wissen und sich ihrer sicher sind, gehen sie auch mit mehr Respekt auf die ethnische Herkunft anderer ein. Wenn man also auf die ethnischen und rassischen Wurzeln aller Schüler eingeht, sollte dies den Selbstwert und die Akzeptanz anderer fördern (Rotherham-Borus, 1994).

Emotionale und moralische Entwicklung   3.6

Während der Suche nach Identität und der Formung von Vorstellungen über uns selbst lernen wir auch unsere Emotionen zu steuern und die uns umgebenden wichtigen Personen zu verstehen. Wie lernen wir das Denken und die Gefühle anderer zu deuten?

3.6.1 Emotionale Kompetenz

Andere zu verstehen und ihre Perspektive einzunehmen, sind Teil der Entwicklung emotionaler Kompetenz oder der Fähigkeit, emotionale Situationen zu verstehen und zu steuern. Soziale und emotionale Kompetenz sind kritisch für die schulische und Persönlichkeitsentwicklung. In einer Reihe von Untersuchungen, in denen die Entwicklung von Schülern über mehrere Jahre in den USA und in Italien verfolgt wurden, wurde festgestellt, dass pro-soziales Verhalten und soziale Kompetenz in den ersten Klassenstufen mit schulischen Leistungen und Beliebtheit bei Gleichaltrigen fünf Jahre später korrelierten (Elias & Schwab, 2006). ▶ Tabelle 3.6 beschreibt vier Bestandteile der emotionalen Kompetenz. Wie können Lehrer die Entwicklung emotionaler Kompetenz ihrer Schüler fördern? In den Richtlinien werden einige Vorschläge unterbreitet. In Kapitel 9 schauen wir uns Unterrichtsstrategien und Programme an, die die Entwicklung der Selbstregulation unterstützen.

3.6.2 Theorie des Geistes und das Verstehen von Intentionen

Etwa mit zwei bis drei Jahren fangen Kinder an, eine **Theorie des Geistes** zu entwickeln. Sie erlangen ein Verständnis dafür, dass andere Menschen auch Menschen sind, mit eigenem Bewusstsein, Denken, Gefühlen, Überzeugungen, Wünschen und Wahrnehmungen (Flavell, Miller & Miller, 2002; Sodian, 2007). Kinder benötigen eine Theorie des Geistes, um das Verhalten anderer Menschen deuten zu können. Warum weint Sarah? Fühlt sie sich traurig, weil niemand mit ihr spielen will? Aus Kapitel 4 ist eine Erklärung für den kindlichen Autismus zu ersehen. Autistische Kinder haben keine Theorie des Geistes entwickelt, die ihnen hilft, ihre eigenen Emotionen und Verhaltensweisen oder die anderer zu verstehen.

Etwa mit zwei Jahren entwickeln Kinder einen Sinn für *Intentionen*, jedenfalls für ihre eigenen Absichten. Sie äußern Wünsche wie: „Schoko haben". Mit der Entwicklung der mit der Theorie des Geistes verbundenen Fähigkeiten erkennen sie, dass andere auch Intentionen haben. Vorschulkinder, die mit gleichaltrigen

---

Theorie des Geistes (Theory of Mind) Das Verständnis dafür, dass andere Menschen auf gleiche Weise wahrnehmen, denken, fühlen und handeln wie man selbst.

Tabelle 3.6

Wichtige sozial-emotionale Fertigkeiten

Hier werden einige Beispiele für vier wichtige sozial-emotionale Fertigkeiten und die Kompetenzen, die für jede der vier benötigt werden, zusammengetragen. Die Liste wurde zusammengestellt durch Collaborative for Academic, Social and Emotional Learning (CASEL); http://www.casel.org/home/index.php

Lernen Sie sich selbst und andere kennen

- *Identitätsgefühle* – erkennen Sie Gefühle und bezeichnen Sie diese bei Ihnen selbst oder bei anderen.
- *Seien Sie verantwortungsbewusst* – verstehen und handeln Sie bei Verpflichtungen in ethischen, Sicherheits- und Rechtsangelegenheiten.
- *Lernen Sie Stärken zu erkennen* – identifizieren und pflegen Sie positive Qualitäten.

Treffen sie verantwortungsbewusste Entscheidungen

- *Halten Sie ihre Gefühle zurück* – regulieren Sie Ihre Gefühle, sodass sie hilfreich und nicht hinderlich bei der Bewältigung von Situationen sind.
- *Verstehen Sie Situationen* – verstehen Sie Ihre Umstände genau.
- *Setzen Sie Ziele und machen Sie Pläne* – arbeiten Sie auf das Erreichen von kurz- und langfristigen Ergebnissen hin.
- *Finden Sie kreative Problemlösungen* – engagieren Sie sich in einem kreativen, aber disziplinierten Prozess der Exploration alternativer Möglichkeiten und zielgerichteter Aktivitäten, die Überwindung von Hindernissen bei der Umsetzung von Plänen eingeschlossen.

Nehmen Sie Anteil an anderen Menschen

- *Zeigen Sie Mitgefühl* – erkennen und verstehen Sie die Gedanken und Gefühle anderer.
- *Zeigen Sie Respekt vor anderen* – gehen Sie mit anderen so um, dass Ihr Respekt vor ihnen und die Überzeugung zum Ausdruck kommen, dass jeder Mensch Freundlichkeit und Mitleid verdient.

- *Erkennen Sie Unterschiede an* – verstehen Sie, dass individuelle und Gruppenunterschiede sich gegenseitig ergänzen und in unserer Welt für Stärke und Anpassungsfähigkeit sorgen.

Wissen Sie, was zu tun ist

- *Kommunizieren Sie effektiv* – verwenden Sie verbale und nicht-verbale Fertigkeiten, um sich mitzuteilen und sich effektiv mit anderen auszutauschen.
- *Bauen Sie Netzwerke von Beziehungen auf* – etablieren Sie und erhalten Sie gesunde und lohnende Beziehungen mit anderen Individuen oder Gruppen. – Gehen Sie mit anderen so um, dass Ihr Respekt vor ihnen und die Überzeugung zum Ausdruck kommen, dass jeder Mensch Freundlichkeit und Mitleid verdient.
- *Verhandeln Sie fair* – streben Sie nach gegenseitig befriedigenden Konfliktlösungen, indem Sie auf die Bedürfnisse aller eingehen.
- *Weisen Sie Provokationen zurück* – kommen Sie zu effektiven Entscheidungen, nicht auf unerwünschtes, unsicheres und unethisches Verhalten einzugehen.
- *Bitten Sie um Hilfe* – erkennen Sie Ihre Notwendigkeit, um Hilfe zu bitten und holen Sie sich Unterstützung bei der Verfolgung Ihrer Ziele und Bedürfnisse.
- *Handeln Sie nach ethischen Prinzipien* – Ihre Entscheidungen und Handlungen sollten von Standards gesteuert werden, die aus dem anerkannten Rechts- und Berufskodex oder allgemeinen moralischen Prinzipien oder religiösen Handlungsvorschriften stammen.

Quelle: Aus Compliance to Responsibilty; Social and Emotional Learning and Class Management von M. J. Elias & Y. Schwab in *Handbook for Classroom Management: Research, Practice and Contemporary Issues* von C. Evertson & C. Weinstein (Hrsg.). Copyright ©2006 Lawrence Erlbaum Association, Inc. und Dr. Maurice J. Elias.

Kindern gut auskommen, können absichtliche von unabsichtlichen Handlungen trennen und sich entsprechend verhalten. Zum Beispiel werden sie nicht ärgerlich, wenn ein Kind unabsichtlich ihren Turm aus Bauklötzen umstößt. Aber aggressiven Kindern fällt es schwer, Intentionen einzuschätzen. Sie neigen dazu, alle Kinder anzugreifen, die ihren Turm umwerfen, auch wenn es unabsichtlich geschah (Dodge & Petri, 2003). Im Laufe des Reifungsprozesses lernen sie, die Intentionen besser zu erkennen und einzubeziehen.

Mit den sich entwickelnden Fähigkeiten, die mit der Theorie des Geistes verbunden sind, verstehen Kinder zunehmend, dass andere Menschen andere Gefühle und Erfahrungen haben und deshalb eine andere Perspektive einnehmen. Diese **Fähigkeit zur Perspektivenübernahme** entwickelt sich mit der Zeit bis zur dif-

Fähigkeit zur Perspektivenübernahme Das Verständnis, dass andere Menschen andere Gefühle und Erfahrungen haben.

Emotionale Kompetenz fördern

Schaffen Sie emotionale Kompetenz in Ihrer Klasse

Beispiele

1 Hören Sie sich keine Klatschgeschichten über Ihre Schüler an.

2 Verfolgen Sie Ihre Absichten mit Fairness.

3 Vermeiden Sie unnötige Vergleiche und geben Sie Schülern Gelegenheiten, ihre Arbeit zu verbessern.

Helfen Sie Schülern, ihre eigenen Gefühle zu erkennen und auszudrücken.

Beispiele

1 Stellen Sie die Bezeichnungen von Emotionen vor und weisen Sie auf Beschreibungen von Emotionen bei literarischen Figuren oder in Geschichten hin.

2 Seien Sie klar bei der Beschreibung Ihrer Gefühle.

3 Ermutigen Sie Schüler in Schülerzeitungen über ihre eigenen Gefühle zu schreiben. Halten Sie die Autorenschaft anonym (schützen Sie das Vertrauen).

Helfen Sie Schülern die Emotionen anderer zu erkennen.

Beispiele

1 Bei kleinen Kindern hilft die Methode: „Schau dir Sandras Gesicht an. Was fühlt sie jetzt wohl? Wie fühlt sie sich, wenn du solche Sachen sagst?"

2 Bei älteren Schülern setzen Sie Lesematerial, Filme oder Rollentausch ein, damit die Emotionen anderer besser erkannt werden.

Weisen Sie auf Strategien hin, die helfen, Emotionen unter Kontrolle zu bringen.

Beispiele

1 Diskutieren und üben Sie Alternativen wie z. B. aufhören daran zu denken, wie sich eine Person fühlt, Hilfe suchen, Kontrolle von Ärgerreaktionen durch Selbstgespräche oder weggehen.

2 Führen Sie den Schülern Strategien vor. Sprechen Sie darüber, wie mit Ärger, Enttäuschung oder Angst umgegangen werden kann.

Helfen Sie Schülern, kulturelle Differenzen in emotionalen Ausdrucksformen zu erkennen.

Beispiele

1 Lassen Sie Schüler darüber schreiben oder diskutieren, wie sie in ihrer Familie Emotionen zeigen.

2 Lehren Sie Schüler, die Emotionen anderer in Erfahrung zu bringen – wie man Menschen danach fragt, was sie gerade empfinden.

Mehr Möglichkeiten über die Förderung sozialer Kompetenz sind im Internet zu finden:
http://www.vanderbilt.edu/csefel/modules-archive/inventory-of-practices.html

ferenzierten Form im Erwachsenenalter. Das Verständnis für die Denkweisen und Gefühle anderer ist eine wichtige Voraussetzung, um Kooperation und die moralische Entwicklung zu fördern, Vorurteile zu reduzieren, Konflikte zu lösen und positive soziale Verhaltensweisen zu pflegen (Gehlbach, 2004).

Robert Selman (1980) hat ein Stufenmodell der Perspektivenübernahme erarbeitet. Im Laufe der Entwicklung bis zur Stufe des formal-operationalen Denkens berücksichtigen Kinder mehr Informationen und haben bereits erfahren, dass Menschen in derselben Situation unterschiedlich reagieren können. Irgendwann zwischen 10 und 15 Jahren entwickeln Jugendliche die Fähigkeit, mehrere Perspektiven von Betroffenen zu trennen von der Perspektive eines unbeteiligten Zuschauers. Schließlich können ältere Jugendliche und Erwachsene sogar Überlegungen anstellen, wie der kulturelle Kontext und soziale Wertorientierungen die Wahrnehmungen des Unbeteiligten beeinflussen könnten. Obwohl alle Kinder diese Stadien durchwandern, gibt es doch größere Variationen in einer Altersstufe. Schüler mit einer geringen Ausprägung der Fähigkeit zur Perspektivenübernahme empfinden sicher wenig Bedauern, wenn sie sich gegenüber ihren Peers oder Erwachsenen schlecht verhalten haben. Training in der Perspektivenübernahme durch den Lehrer kann helfen, wenn dieses Fehlverhalten des Schülers nicht durch eine größere emotionale oder Verhaltensstörung bedingt ist (Berk, 2005).

3.6.3 Entwicklung der Moral

Zusammen mit einer entwickelteren Theorie des Geistes und Verständnis für Intentionen verändern Kinder auch ihre Urteile darüber, was richtig oder was falsch ist. Dieser Abschnitt beschäftigt sich mit den **moralischen Urteilen** von Kindern, ihrem *Denken* darüber, was richtig und falsch ist und ihrer aktiven Konstruktion von moralischen Urteilen. Eine schon früh auftauchende moralische Fragestellung in der Kindergartengruppe und später in der Schulklasse ist die **(distributive) Verteilungsgerechtigkeit** (Damon, 1994). Für kleinere Kinder (5–6 Jahre) besteht eine gerechte Verteilung in der *Gleichheit* der Mengen für jeden. Lehrer hören oft: „Kevin hat mehr als ich bekommen – das ist unfair!" In den folgenden Jahren verändert sich diese Ansicht zugunsten des *Verdienstprinzips* – Kinder mit höheren Leistungen oder größerem Bemühen sollten mehr erhalten. Schließlich dann mit acht Jahren können Kinder auch die *Bedürfnisse* mitberücksichtigen – sie urteilen nach dem Prinzip der *Bedürftigkeit (Billigkeit)*. Sie sehen ein, dass bestimmte Schüler mehr Zeit und Zuwendung vom Lehrer benötigen.

Ein zweiter Aspekt der Moralentwicklung ist das Verstehen von Regeln. Vielleicht konnten Sie schon die Erfahrung mit Kindern in dieser Hinsicht sammeln. In einem bestimmten Alter kann man sagen „Im Wohnzimmer wird nicht gegessen!", und das Kind beachtet dieses Verbot. Kleinere Kinder akzeptieren die Existenz von Regeln meist widerspruchslos. Piaget (1965) nannte dies **moralischer Realismus**. Auf dieser Stufe der Moralentwicklung glaubt das fünf- bis sechsjährige Kind an die Absolutheit der Regeln im Spiel und im täglichen Verhalten; die Regeln sind unveränderbar. Wenn Regeln nicht beachtet werden, hält das Kind eine Strafe für berechtigt, deren Stärke nach der Höhe des Schadens zu bemessen ist. Die Unabsichtlichkeit der Regelverletzung oder situative Umstände spielen dabei keine Rolle. In den Augen des Kindes ist das unbeabsichtigte Zerbrechen dreier Tassen schlimmer als das beabsichtigte Zerbrechen einer Tasse und deshalb sollte der Schaden von drei Tassen eine größere Strafe nach sich ziehen.

Kinder interagieren miteinander und entwickeln die Fähigkeit, sich in den emotionalen Zustand eines anderen hineinzuversetzen; sie erkennen, dass unterschiedliche Menschen verschiedenen Regeln folgen. Es gibt einen allmählichen Übergang zur **kooperativen Moral**. Kinder beginnen zu verstehen, dass Menschen Regeln aufstellen und sie auch ändern können. Bei Regelverletzungen werden der angerichtete Schaden und die Absicht des Regelverletzers bei der moralischen Beurteilung berücksichtigt.

Kohlbergs Theorie der Moralentwicklung

Lawrence Kohlbergs (1963, 1975, 1981; deutsch 1985) Theorie der Moralentwicklung hat teilweise die Theorie Piagets zur Grundlage (siehe oben).

> ### Halt! Denken Sie nach! Schreiben Sie!
> Eine Frau liegt im Sterben. Eine bestimmte Medizin könnte ihr Leben retten, aber diese ist sehr teuer. Der Apotheker will sie nicht billiger verkaufen, sodass sie für den Ehemann der Frau nicht erschwinglich ist. Der Mann ist ganz verzweifelt und überlegt, ob er die Medizin für seine Frau stehlen soll. Was sollte der Mann tun? Und warum?

Kohlberg hat das moralische Urteilen von Kindern und Erwachsenen erfasst, indem er ihnen **moralische Dilemmata** vorlegte oder hypothetische Situationen wie die im Kasten *Halt! Denken Sie nach! Schreiben Sie!* beschriebene. Es müssen schwierige Entscheidungen

---

Moralisches Urteilen Der Denkprozess beim Urteilen darüber, ob eine Handlung richtig oder falsch ist.

(Distributive) Verteilungsgerechtigkeit Überzeugung, wie eine gerechte Verteilung von Ressourcen oder Privilegien in einer Gruppe auszusehen hat; folgt einer Entwicklungsfolge vom Prinzip der Gleichheit über das des Verdienstes zum Billigkeitsprinzip.

Moralischer Realismus Entwicklungsstufe, in der Kinder Regeln als absolut annehmen.

Kooperative Moral Stufe der Moralentwicklung, in der Kinder erkennen, dass Regeln von Menschen gemacht sind und sie deshalb geändert werden können.

Moralisches Dilemma Situation, in der keine Entscheidung unanfechtbar richtig ist.

Tabelle 3.7

Kohlbergs Theorie des moralischen Urteils

Stufe I. Präkonventionelles moralisches Urteilen

Die Urteile sind in den persönlichen Bedürfnissen und von anderen auferlegten Regeln begründet.

Stufe 1 Orientierung an Bestrafung – Gehorsam

Regeln werden befolgt, um Bestrafungen zu entgehen. Eine gute oder schlechte Handlung bestimmt sich durch die positiven oder negativen Konsequenzen.

Stufe 2 Orientierung an persönlicher Belohnung

Persönliche Bedürfnisse bestimmen falsch und richtig. Gefälligkeiten werden ausgetauscht.

Stufe II. Konventionelles moralischen Urteilen

Die Urteile berücksichtigen die Anerkennung durch andere: Familie, Tradition, Gesetze und Loyalität dem Land gegenüber

Stufe 3 Orientierung an „Guter-Junge-nettes-Mädchen"-Ideal

Gut heißt hier „nett". Es zählt, was gefällt, hilft oder was die anderen gut heißen.

Stufe 4 Gesetz-und-Ordnung-Orientierung

Gesetze sind absolut gültig. Autorität muss respektiert und die soziale Ordnung muss aufrechterhalten werden.

Stufe III. Postkonventionelles moralisches Urteilen

Stufe 5 Orientierung an Gesellschaftsvertrag

Gut ist das, was die gesellschaftlichen Normen an individuellen Rechten einräumen. Das ist eine Moralorientierung, ähnlich der in Verfassungen festgelegten.

Stufe 6 Orientierung an universale ethische Prinzipien

Was gut und richtig ist, bestimmt das Gewissen des Einzelnen; beruht auf abstrakten Konzepten wie Gerechtigkeit, menschlicher Würde und Gleichheit.

Später bezweifelte Kohlberg, ob die Stufen 5 und 6 zu trennen seien. Stufe 6 wird selten empirisch beobachtet.

Quelle: Aus The Cognitive-Developmental Approach to Moral Reasoning von L. Kohlberg, 1975, *Phi Delta Kappan, 56*. Copyright ©1975 Journal of Philosophy.

gefällt und begründet werden. Auf der Grundlage der Entscheidungen und Begründungen stellt Kohlberg seine Stufenfolgen der Moralentwicklung zusammen, die als Stufen der Entscheidungen über richtig oder falsch gelten können. Er teilte die Moralentwicklung in drei Hauptstufen ein: (1) *präkonventionelle Stufe*, auf der Urteile lediglich auf den Bedürfnissen und Wahrnehmungen des Urteilers beruhen; (2) *konventionelle Stufe*, auf der die Erwartungen der Gesellschaft und der Gesetze berücksichtigt werden; (3) *postkonventionelle Stufe*, auf der abstrakte, individuelle Gerechtigkeitsprinzipien herangezogen werden, die nicht notwendigerweise mit den gesellschaftlich begründeten Gesetzen übereinstimmen. Schauen Sie sich ► Tabelle 3.7 an. In ihr finden sich die weiteren Ausdifferenzierungen der drei Hauptstufen Kohlbergs. Können Sie Ihre Entscheidung und Begründung für das moralische Dilemma in *Halt! Denken Sie nach! Schreiben Sie!* in der Tabelle wiederfinden?

Kritik an Kohlbergs Theorie

Obwohl es Unterstützung für die hierarchisch geordnete Stufenfolge der Moralentwicklung gibt (Boom, Brugman & van der Heijden, 2001; Heidbrink, 1991),

wird Kohlberg kritisiert. Erstens sind in den empirischen Daten die Stufen nicht immer getrennt, geordnet und konsistent. Die Urteiler scheinen Antworten zu geben, die auf mehreren Stufen gleichzeitig einzuordnen sind. Oder eine Person beurteilt ein Dilemma auf einer Stufe und ein weiteres auf einer anderen. Wenn gefragt wird, ob man anderen helfen oder seine eigenen Bedürfnisse befriedigen will, fallen die Urteile von Kindern und Erwachsenen höher aus, als wenn nach Gesetzesbrüchen oder dem Risiko der Bestrafung gefragt wird (Arnold, 2000; Eisenberg et al., 1987; Sobesky, 1983).

Zweitens hängen moralische Urteile in Alltagssituationen nicht nur von Schlussfolgerungsprozessen ab. Emotionen, alternative Ziele, Beziehungen und praktische Erwägungen wirken alle bei den Urteilen mit. Personen könnten vielleicht auf einer höheren Stufe urteilen, aber sie treffen ihre Entscheidungen auf einer niedrigeren aufgrund der aufgeführten Faktoren (Carpendale, 2000). Kohlberg betonte den kognitiven Anteil der moralischen Urteile, aber er übersah andere Aspekte der moralischen Reife, wie Charakter oder Tugend, die in den Prozess des moralischen Urteilens im Alltag hineinwirken (Walker & Pitt, 1998).

Geschlechtsunterschiede: die Moral der Fürsorge

Die meistdiskutierte Kritik ist die, dass die Stufen sich an den Urteilen von männlichen weißen Personen ausrichten, die eine individualistische Wertorientierung vertreten. Die Stufen repräsentieren nicht die Entwicklung des moralischen Urteilens bei Frauen oder in anderen Kulturen, da die Stufenfolge ausschließlich anhand der Urteile von amerikanischen Männern in einer Längsschnittstudie definiert wurde (Gilligan, 1982; Gilligan & Attanucci, 1988).

Carol Gilligan (1982) hat eine andere Folge der Moralentwicklung vorgeschlagen, eine „Ethik der Fürsorge". Gilligan geht davon aus, dass Individuen sich von einer Konzentration auf die eigenen Interessen zum moralischen Urteilen auf der Grundlage von Verpflichtung bestimmten Personen und Beziehungen gegenüber entwickeln. Hierauf gehen sie zur höchsten Stufe der Moralität über, der Stufe der Verantwortung und Fürsorge für die Menschheit (ähnlich den Kohlberg'schen Stufen 5–6). Wenn Frauen niemals die höchste kohlbergsche Stufe der Gerechtigkeit erreichen, sind sie dann moralisch unreif?

Neue Studien fanden ebenfalls bedeutsame Unterschiede zwischen Männern und Frauen oder Jungen und Mädchen im Niveau des moralischen Urteilens nach dem Verfahren Kohlbergs (Eisenberg, Martin & Fabes, 1996; Turiel, 1998). Walker und seine Kollegen (Walker, Pitts, Hennig & Matsuba, 1995) baten Kinder, Jugendliche und Erwachsene ein eigenes moralisches Dilemma zu beschreiben und die Aufgaben von Kohlberg zu beurteilen. Für beide Arten von Aufgaben lieferten männliche und weibliche Personen Lösungen nach dem Prinzip der moralischen Fürsorge *und* dem der Gerechtigkeit. Als Andrew Garrod und seine Kollegen (1990) in ersten und dritten Klassen Fabeln vorlasen, fanden sie keinen Altersunterschied im moralischen Urteilen. Einige Jungen der fünften Klasse jedoch (keine Mädchen) schlugen Lösungen mit Tricks oder Gewaltanwendung vor. Gerechtigkeit und Fürsorge sind die Grundlage für das moralische Urteilen beider Geschlechter. Obwohl Männer und Frauen beide, Gerechtigkeit und Fürsorge, hoch einschätzen, gibt es doch einige Hinweise darauf, dass Frauen im Alltag die Verletzung der Fürsorgepflicht (rücksichtslos und unzuverlässig sein) stärker negativ bewerten. Männer dagegen fühlen sich schuldiger, wenn sie aggressiv sind (sich schlagen oder Eigentum beschädigen) (Williams & Bybee, 1994). Männer und Frauen

können sich aber jeweils an beiden Prinzipien ausrichten (Skoe, 1998).

Die Fürsorgepflicht gegenüber Schülern und die Schüler zu lehren, fürsorglich zu sein, ist ein Leitthema für viele Erzieher. Zum Beispiel drängte Nel Noddings (1995) darauf, dass der Unterrichtsplan um das Fürsorgethema herum organisiert wird. Mögliche Einzelthemen sind „Fürsorge für sich selbst", „Fürsorge für die Familie und Freunde" und „Fürsorge für Fremde und die Welt". Zu diesem letzten Thema gehören Unterrichtseinheiten zu Verbrechen, Krieg, Armut, Toleranz, Ökologie und Technologie. Die Ereignisse nach den großen Flutkatastrophen mit ihren Evakuierungen und Verlusten an Wohnungen und Häusern könnten als Ausgangspunkt dieser Unterrichtseinheiten dienen. ▶ Tabelle 3.8 (siehe S. 122) stellt dar, wie die Themen Kriminalität und Fürsorge für Fremde in den Unterricht in verschiedenen Klassen eingesetzt werden kann.

3.6.4 Moralische Urteile, soziale Konventionen und persönliche Entscheidungen

> ### Halt! Denken Sie nach! Schreiben Sie!
>
> **1** Wenn es keine Gesetzesverletzung darstellen würde, wäre es in Ordnung, jemandem das Augenlicht zu rauben?
>
> **2** Wenn es keine gegenteilige Verhaltensregel gäbe, wäre es in Ordnung, in der Klasse Kaugummi zu kauen?
>
> **3** Wer sollte entscheiden, was dein Lieblingsgemüse ist oder welche Haarfrisur du tragen solltest?

Wir könnten uns sicher darauf einigen, dass es ein großes Unrecht ist, jemandem das Augenlicht zu nehmen, ein geringeres, die Klassenregeln zu verletzen und jemandem Nahrungsbevorzugungen oder Haarfrisuren vorzuschreiben – aber in jedem dieser Fälle handelt es sich um ein anderes Unrecht. Die erste Frage zielt auf eine Handlung ab, die in sich unmoralisch ist. Die Antwort auf diese Frage ist verbunden mit Vorstellungen von Gerechtigkeit, Fairness, Menschenrechten und menschlichem Wohlbefinden. Sogar kleinere Kinder wissen, dass es nicht in Ordnung ist, jemanden zu verletzen oder ihm etwas zu stehlen – unabhängig vom Ge-

Tabelle 3.8

Fürsorge für Fremde und die Welt als Unterrichtsthema

Als Teil einer Unterrichtseinheit „Fürsorge für Fremde und die Welt" wird in verschiedenen Klassen das Thema Kriminalität behandelt. Kriminalität wird dargestellt unter den Gesichtspunkten der Fürsorge, der Sicherheit, der Verantwortung, des Vertrauens in unsere Mitmenschen und in die Gemeinde und des Engagements für eine sicherere Zukunft.

Thema	Einzelheiten
Mathematik	Statistik: Informationen sammeln über die Kriminalitätsrate und -orte, Alter der Täter und die Kosten der Kriminalität für die Gesellschaft. Gibt es eine Korrelation zwischen Strenge der Strafen und Verbrechenshäufigkeit? Was sind die tatsächlichen Kosten für Verfolgung und Verurteilung von Tätern?
Deutsch und Sozialkunde	Lesen Sie *Oliver Twist*. Betrachten Sie die Charaktere in ihrem sozialen und historischen Kontext. Welche Faktoren erhöhten die Kriminalitätsrate im 19. Jahrhundert in England? Lesen Sie mit den Schülern Kriminalromane. Kann man sie zur Literatur rechnen? Liefern Sie genaue Beschreibungen unserer Kriminaljustiz?
Naturwissenschaften	Genetik: Gibt es eine kriminelle Veranlagung? Gibt es Geschlechtsunterschiede im aggressiven Verhalten? Sind Frauen weniger kompetent als Männer bei moralischen Urteilen (und warum haben manche Sozialwissenschaftler das angenommen)? Wie würden Sie diese Hypothese testen?
Kunst	Sind Graffiti wirklich Kunst?

Quelle: Aus Teaching Themes of Care von L. Kohlberg, 1975, *Phi Delta Kappan, 76*, 675–679. Copyright © 1995 Nel Noddings.

setz. Aber einige Regeln, wie keinen Kaugummi kauen, sind **soziale Konventionen** (vgl. Turiel, 1986), also vereinbarte Regeln und Verhaltensweisen für bestimmte Situationen. Schüler (jedenfalls die meisten) kauen keinen Kaugummi, wenn die Klassenregeln (Konventionen) das vorsehen. Das Kaugummikauen ist an sich nichts Schlechtes, es verstößt nur gegen die Regeln. Die Regeln in den einzelnen Klassen sind unterschiedlich, aber in allen Klassen stellen sie ein geordnetes Zusammenleben her. Es ist nicht unmoralisch, dicke Bohnen zu mögen oder als Frau kurze Haare zu tragen; dies sind persönliche Entscheidungen, es sind individuelle Bevorzugungen und Privatangelegenheiten.

Andere Kritikpunkte an Kohlbergs Stufen beziehen sich auf die Vermischung von moralischen Sachverhalten mit sozialen Konventionen und die Vernachlässigung persönlicher Präferenzen. Larry Nucci (2001) bietet eine Erklärung moralischen Verhaltens an, die alle drei Aspekte einbezieht: moralisches Urteilen, soziale Konventionen und persönliche Entscheidungen. Das kindliche Denken und Schlussfolgern entwickelt sich über alle Bereiche, aber das Tempo der Entwicklung ist nicht das gleiche in allen Bereichen.

Moralische versus konventionelle Bereiche

Für Lehrer besteht die häufigste „Richtig-oder-falsch-Situation" im moralischen oder konventionellen Bereich. Im moralischen Bereich fangen Kinder mit einigen rudimentären Grundsätzen über richtig oder falsch an (z. B. „man darf anderen nicht weh tun") und machen dann eine Entwicklung in den folgenden Stufen durch: Gerechtigkeit als gleiche Behandlung aller, Gerechtigkeit als Eingehen auf besondere Bedürfnisse und schließlich die Moralität Erwachsener, die Wohltätigkeit und Fairness umfasst und davon ausgeht, dass moralische Prinzipien unabhängig von den Normen einer bestimmten Gruppe existieren (Turiel, 1986).

Im Bereich der Konventionen gehen Kinder davon aus, dass die konventionell geregelten Verhaltensmuster richtig sind – Männer haben kurze Haare, Frauen haben längere, so muss es sein. Im Laufe der Entwicklung bemerken Kinder die Ausnahmen (Männer mit Pferdeschwanz, Frauen mit sehr kurzen Haaren) und sie erkennen, dass Konventionen willkürlich gesetzt sind. Als Nächstes lernen Kinder zu verstehen, dass die willkürlichen Regeln ihren Sinn haben, indem sie Ord-

---

Soziale Konventionen Soziale Übereinkunft über Regeln und Verhaltensmuster in bestimmten Situationen.

nung herstellen und dass Regeln von den Menschen aufgestellt werden, die Ordnung wollen. Aber schon in der frühen Adoleszenz werden diese Regeln infrage gestellt. Weil sie willkürlich sind und von Menschen aufgestellt, sind Regeln nichts anderes als soziale Erwartungen. Im Verlauf der Adoleszenz gibt es noch eine Wende im Verständnis von Konventionen; von den Konventionen als Regulatoren des sozialen Zusammenlebens zu der Auffassung, sie seien lediglich nützliche soziale Standards. Erwachsene erkennen dann, dass Konventionen wegen ihrer Regulationsfunktion im gesellschaftlichen Leben nützlich, aber eben auch änderbar sind. Der Unterschied zum kindlichen Verständnis liegt nur darin, dass Jugendliche und Erwachsene toleranter sind gegen andere, die andere Konventionen und Sitten vertreten.

Implikationen für Lehrer

Nucci (2001) schlägt verschiedene Möglichkeiten vor, eine Atmosphäre in Klassen zu schaffen, in der moralische Prinzipien eine Chance haben, umgesetzt zu werden. Zunächst ist es wichtig, eine Atmosphäre des gegenseitigen Respekts und der Zuneigung herzustellen, in der die Regeln konsistent und fair angewendet werden. Ohne dieses Klima in der Schul- oder Klassengemeinschaft werden wahrscheinlich die Bemühungen um die Einhaltung moralischer Regeln unterminiert. Dann sollten die Reaktionen der Lehrer auf das Verhalten der Schüler dem Verhaltensbereich angemessen sein – dem moralischen wie dem konventionellen. Als Beispiel folgen hier einige Reaktionen auf *moralische Fragen* nach Nucci (2001, S. 146):

1 Wenn eine Verhaltensweise verletzend und ungerecht ist, betonen Sie das Leid, das zugefügt wurde: „Hans, das hat Jörn wirklich wehgetan!"

2 Ermutigen Sie Perspektivenübernahme: „Chris, wie würdest du dich fühlen, wenn dir jemand was gestohlen hätte?"

Zwei mögliche Reaktionen auf Regel- oder Konventionsfragen:

3 Wiederholen Sie die Regel: „Lisa, es ist nicht erlaubt aufzustehen, wenn ich etwas ankündige."

4 Anweisung: „Hör auf zu fluchen!"

In allen vier Fällen ist die Reaktion des Lehrers auf den Bereich abgestimmt. Um eine unangemessene Reaktion kennenzulernen, vertauschen Sie die Reaktion 1 oder 2 mit 3 oder 4. Zum Beispiel „Jens, wie wür-

Verknüpfen und erweitern Sie Ihren Unterricht

In einer Diskussion über Diebstahl hört der Lehrer, dass manche Schüler Stehlen durchaus vertretbar finden, wenn man sich nicht erwischen lässt. Wie würde der Lehrer darauf reagieren? Würde die Rassenzugehörigkeit, der kulturelle Hintergrund, das Geschlecht oder der sozioökonomische Status des Schülers die Antwort des Lehrers beeinflussen?

dest du dich fühlen, wenn andere in der Klasse bei Ankündigungen aufstehen?" Jens wird sich wahrscheinlich wohlfühlen. Es ist eine schwache Antwort, auf eine Verletzung einer moralischen Regel zu erwidern „Hans, es widerspricht unseren Regeln, den anderen zu schlagen". Es ist mehr als nur gegen die Regeln. Es tut weh und ist Unrecht.

Im dritten, persönlichen Bereich müssen Kinder erst herausfinden, welche Entscheidungen und Aktionen sie bevorzugen und welche Entscheidungen sie nicht beeinflussen können. Dieser Prozess ist die Grundlage für die Entwicklung moralischer Vorstellungen verbunden mit Begriffen wie „Rechte des Einzelnen", „Fairness" und „Demokratie". In diesen Begriffen mag sich das Verständnis von individueller Entscheidungsfreiheit, Privatheit und der Rolle des Individuums in der Gesellschaft in verschiedenen Kulturen unterscheiden. Zum Beispiel zeigen einige Forschungsergebnisse, dass sowohl Eltern in Kulturen, die Individualismus betonen, als auch Eltern in Kulturen, die Wert auf Interdependenz in Gruppen legen, glauben, dass Kindern eine gewisse Wahlfreiheit zugestanden werden sollte, damit sie ihre Fähigkeit, besonnene Entscheidungen zu treffen, ausbilden können. Eltern aus der Mittelschicht in westlich-individualistischen Gesellschaften räumen ihren Kindern schon vor der

Verknüpfen und erweitern Sie Ihre philosophischen Kenntnisse

Die Ausgabe des *U.S. News World Report* vom 3. Juni 1996 hatte eine Titelgeschichte mit der Überschrift „How to Raise a Moral Child: Let's Hear It for Honesty, Self-Discipline, and Empathy" (S. 52–59). Der Artikel ist eine interessante Mischung aus Forschung und Meinung und ein guter Ausgangspunkt für eine Diskussion.

Pubertät eine gewisse Entscheidungsfreiheit ein. Es ist vielleicht nicht angebracht, in Armut aufwachsenden Kindern zu viele Entscheidungen zu früh abzufordern, da sie in einem Kontext voller Risiken leben (Nucci, 2001).

3.6.5 Gruppenunterschiede im Denken

Es gibt eine Reihe von Kulturdimensionen, die das moralische Urteil bestimmen. Eine solche Dimension ist Traditionalismus. Traditionellere Kulturen legen größeren Wert auf Gebräuche und Rituale, die sich nur langsam über die Zeit verändern. In modernen Kulturen ändern sich beide jedoch ziemlich schnell. Nucci (2001) schlägt als Erklärung für die unterschiedliche Veränderungsgeschwindigkeit die Verknüpfung von Sitten und Gebräuchen mit moralischen Prinzipien vor. Zum Beispiel ist das Tragen eines Kopftuches außerhalb des Hauses für kulturell Außenstehende eine Frage der Konvention. Aber für Mitglieder der betroffenen Kultur handelt es sich um eine Frage der Moral, besonders wenn das Kopftuchtragen einem religiösen Verhaltenskodex entstammt. In einer Untersuchung bat Nucci fromme Hindus, 35 Verhaltensweisen zu nennen, die gegen die Normen der Gemeinde verstoßen. Wenn der älteste Sohn einen Tag nach dem Tod seines Vaters Hühnchen aß, wurde das als schwerster Verstoß gegen die Gemeinde gewertet. Eine ungehorsame Ehefrau körperlich zu züchtigen wurde dagegen als der leichteste Verstoß angesehen.

In eher familien- oder gruppenorientierten (kollektivistischen) Kulturen herrscht eine Wertorientierung vor, die ein moralisches Primat der Gruppenwerte vertritt gegenüber den Gewissensentscheidungen jedes Einzelnen. Die Forschung hat erkannt, dass Kinder in vielen untersuchten Kulturen ähnlich denken, wenn es um Fragen der Moral, der Konventionen und der persönlichen Belange geht (Berk, 2005). Sogar in Gesellschaften wie der chinesischen, die Autoritätsgehorsam verlangen, sagen Kinder aus, dass Erwachsene kein Recht haben, Kindern vorzuschreiben, wie sie ihre Freizeit verbringen. Weiterhin meinen sie, dass man auch Anweisungen von Leuten ohne Autorität befolgen sollte, wenn sie gerecht und fair sind. Unmoralische oder ungerechte Anweisungen sollte man jedoch nicht erfüllen (Helwig, Arnold, Tan & Boyd, 2003; Kim, 1998).

In seinen letzten Jahren untersuchte Kohlberg das moralische Verhalten in Schulen. Wir wenden uns jetzt diesen Forschungsarbeiten zu.

3.6.6 Moralisches Verhalten

Im Laufe ihrer moralischen Entwicklung erkennen Menschen zunehmend die Bedeutung von Teilen, Helfen und dem Schutz der Opfer vor Ungerechtigkeiten. Die Beziehung von moralischer Haltung und moralischem Handeln ist jedoch nicht sehr stark (Berk, 2005). Viele andere Faktoren als nur das moralische Urteilen wirken sich auf das entsprechende Verhalten aus. Drei wichtige Einflussgrößen auf das moralische Verhalten sind *Lernen von einem Modell, Verinnerlichung* (Internalisierung) und *Selbstkonzept.* Zum Modelllernen ist festzustellen, dass Kinder mit fürsorglichen und großzügigen Eltern sich mehr um die Rechte und Gefühle anderer kümmern (Cook & Cook, 2005; Eisenberg & Fabes, 1998). Die Internalisierung wird erst über den Umweg der Kontrolle durch andere Personen in der Kindheit umgesetzt. Andere Personen in der sozialen Umgebung des Kindes weisen es an, beaufsichtigen, belohnen, bestrafen und verbessern es. Aber mit der Zeit **internalisieren** sie die moralischen Werte und Prinzipien der Autoritätsfiguren, die sie angeleitet haben, das heißt, sie nehmen deren (äußere) Standards als ihre eigenen an. Wenn Kindern gute Gründe benannt werden, die sie verstehen können – besonders Gründe, die die Auswirkungen des Verhaltens auf andere betreffen –, dann internalisieren sie moralische Prinzipien nachhaltiger. Sie lernen, sich moralisch zu verhalten, auch „wenn niemand zuschaut" (Hoffman, 2000).

Schließlich müssen im Verlauf der Moralentwicklung die moralischen Überzeugungen und Prinzipien in das Selbstkonzept integriert werden.

Die Neigung einer Person zu moralischem Verhalten wird weitgehend vom Ausmaß der Integration der moralischen Prinzipien und Werte in die Persönlichkeit und in das Selbstbild bestimmt. Der Einfluss, den die moralischen Werte auf unser Leben haben, hängt deshalb mit der persönlichen Wichtigkeit dieser Überzeugung zusammen – sie müssen als unsere eigenen erkannt und beachtet werden (Arnold, 2000, S. 372).

Die *Richtlinien* geben einige Hinweise, wie die moralische Entwicklung gefördert werden kann.

Internalisieren Prozess, durch den sich Kinder an sie herangetragene Handlungsstandards aneignen.

Persönlichkeits- und Moralentwicklung fördern

Helfen Sie Schülern, ihre derzeitigen und künftigen Dilemmata zu verarbeiten.
Beispiele

1 In der Grundschule eignen sich Geschwisterrivalität, Ärgern, Stehlen, Vorurteile und Umgang mit neuen Schülern oder behinderten Kindern in der Klasse zur Besprechung.

2 In der höheren Schule eignen sich Themen wie Täuschen, Konformität zeigen, um beliebter zu sein, und einen Freund beschützen, der eine Regel verletzt hat.

Helfen Sie Schülern, die Perspektiven anderer zu erkennen.
Beispiele

1 Bitten Sie einen Schüler, sein Verständnis der Perspektive eines anderen zu erläutern. Dann lassen Sie den anderen Schüler diese Schilderung bestätigen oder korrigieren.

2 Schlagen Sie einen Rollentausch vor, in dessen Verlauf ein Schüler versucht, die Position des anderen in der Diskussion so weit wie möglich zu verinnerlichen.

Helfen Sie Schülern, die Verbindung zwischen geäußerten Werten und Handlungen herzustellen.
Beispiele

1 Nach einer Diskussion über die Frage „Was sollte getan werden?" weitere folgen lassen über „Wie würdet ihr handeln? Was wäre euer erster Schritt? Welche Probleme könnten auftauchen?"

2 Helfen Sie Schülern, die mangelnde Übereinstimmung zwischen ihren Wertorientierungen und ihren eigenen Handlungen zu erkennen. Bitten Sie die Schüler, die mangelnden Übereinstimmungen zuerst bei anderen, dann bei sich selbst zu entdecken.

Schützen Sie die Privatsphäre aller Teilnehmer.
Beispiele

1 Erinnern Sie Schüler daran, dass sie in einer Diskussion Fragen unbeantwortet lassen können.

2 Intervenieren Sie, wenn ein Schüler unter Druck gerät, mehr zu sagen, als er will.

3 Verstärken Sie nicht die Angewohnheit, „Geheimnisse" auszuplaudern.

Stellen Sie sicher, dass die Schüler einander zuhören.
Beispiele

1 Halten Sie die Gruppen klein.

2 Hören Sie selbst gut zu.

3 Zollen Sie Schülern Anerkennung, wenn sie Aufmerksamkeit füreinander aufbringen.

Stellen Sie sicher, dass die Schüler sich über Fragen der Moral und Werteorientierung Gedanken machen.
Beispiele

1 Treffen Sie eine klare Unterscheidung zwischen Regeln, die aus Verwaltungsgründen (Raumreinigung) eingeführt wurden und moralisch begründeten Regeln.

2 Standards sollten für alle gelten. Bevorzugen Sie niemanden.

Mehr Möglichkeiten finden Sie bei The Collaborative for Academic, Social and Emotional Learning:

http://www.casel.org/home/index.php

Quelle: Aus What Criteria Should Public School Moral Education Programms Meet? von J. W. Eiseman, 1981, *Oxford Review of Education, 7,* 226–227. Copyright © 1981 Taylor & Francis Ltd. **http://www.tandf.co.uk/journals**

3.6.7 Täuschungen

Die frühe Forschung hat gezeigt, dass Täuschungsmanöver mehr mit situativen Konstellationen als mit einer allgemeinen Unehrlichkeit einer Person zu tun haben (Burton, 1963). Ein Schüler, der in Mathematik mogelt, versucht wahrscheinlich auch Täuschungsmanöver in anderen Fächern. Aber es kann durchaus sein, dass er einen Freund nie belügen und schon gar nicht etwas aus dem Supermarkt entwenden würde. Viele Schüler mogeln, wenn der Leistungsdruck sehr hoch ist und wenn die Chancen erwischt zu werden, gering sind. In einer Untersuchung gaben 66 % der Schüler in der Realschule bzw. der Mittelstufe und 70 % der Oberstufenschüler von höheren Schulen zu, dass Mogeln in ihrer Schule ein großes Problem sei (Evans & Craig, 1990). Steinberg berichtete im Jahre 1996, dass 66 % der Jugendlichen zugaben, im letzten Jahr schon einmal bei einer Klassenarbeit getäuscht zu haben. Studenten im Grundstudium gaben sogar eine Ziffer von 90 % an (Jensen, Arnett, Feldman & Cauffman, 2001). Unerfreulich ist, dass während der letzten 20 Jahre die Täuschungsversuche zugenommen haben (Jensen, Arnett, Feldman & Cauffman, 2002; Murdock, Hale & Weber, 2001).

Es gibt einige individuelle Unterschiede bei Täuschungen. Die meisten Untersuchungen mit Schülern und Studenten weisen darauf hin, dass männliche Jugendliche und Erwachsene eher zu Betrügereien neigen als weibliche und leistungsmäßig schlechte Schüler und Studenten eher als gute. Schüler, denen mehr an guten Noten und Ansehen liegt (Performanzziel) betrügen eher als solche, denen etwas daran liegt zu lernen. Schüler mit niedriger Selbstwirksamkeit im Leistungsbereich (also mit der Überzeugung, sie können keine guten Leistungen bringen) neigen eher zu Täuschungen.

In Täuschungsversuchen spielt die Situation neben den individuellen Unterschieden eine große Rolle. Die Anzahl der Täuschungsversuche sinkt, wenn Schüler von einer wettbewerbs- und notenorientierten Klassenatmosphäre in einen auf Verständnis und Lernen ausgerichteten Unterricht kommen (Anderman & Midgley, 2004). Schüler mogeln vor allem, wenn sie hinter dem Stoff der Klasse herhinken oder zu viele Tests geschrieben werden. Sie tun dies aber auch dann, wenn sie meinen, ihre Lehrer kümmerten sich nicht um sie. Zum Beispiel hat eine Schülerin folgende Ansicht:

Ich gehöre zu den besten Schülerinnen; ich glaube, es gibt verschiedene Grade der Täuschungen. Ich bin fleißig, aber wenn mich mein Geschichtslehrer mit 50 Fragen bombardiert, die ich bis zum nächsten Tag beantwortet haben muss und wenn ich dann noch einen Arbeitsbogen mit einem Lückentest bekomme, den ich an einem Abend ausfüllen soll, an dem ich Schwimmtraining, Aerobic oder Konfirmationsunterricht habe, dann schreibe ich natürlich von einer Freundin ab. Da ich das nur in Notfällen mache, ist das natürlich kein notorisches Betrügen. Das tut doch jeder, der in einer Notlage ist (Jensen et al., 2002, S. 210).

Die Implikationen für Lehrer sind klar. Um Täuschungen zu vermeiden, sollte man Schüler nicht allzu großem Zeit- oder Leistungsdruck aussetzen. Sorgen Sie dafür, dass sie gut auf Klassenarbeiten, Projekte und Hausaufgaben vorbereitet sind, sodass sie befriedigende Leistungen auch ohne Betrug erzielen können. Lenken Sie die Aufmerksamkeit auf Lernen und nicht auf Noten. Regen Sie Zusammenarbeit bei Hausaufgaben an und experimentieren sie mit Klassenarbeiten, zu denen Unterlagen eingesehen, Nachbarn gefragt oder die zu Hause erledigt werden können. Man kann auch vorher Kernbegriffe des Themas nennen und damit eine Vorbereitung, auch durch Diskussion, sicherstellen. Sie können noch zusätzliche Hilfe organisieren für solche Schüler, die sie benötigen. Machen Sie von vornherein klar, was die Folgen von Täuschungsmanövern sind und bleiben Sie bei Ihren Regeln. Unterstützen Sie Schüler bei ihrem Widerstand gegen Betrug und beaufsichtigen Sie die Schüler sorgfältig.

Unterschiede und Gemeinsamkeiten in der Persönlichkeits- und Moralentwicklung 3.7

In den Bereichen der körperlichen, Persönlichkeits- und sozialen Entwicklung gibt es Unterschiede, die auf verschiedene soziale und kulturelle Kontexte zurückgehen.

3.7.1 Unterschiede

- Afroamerikanische Mädchen sind frühreifer als z. B. mexikanisch-amerikanische und noch mehr als euroamerikanische Mädchen (Chumlea et al., 2003).
- Mädchen treten früher in die Pubertät ein als Jungen.

- Erziehungsstile sind in vielen afroamerikanischen und asiatisch-amerikanischen Familien strenger in Bezug auf Erwartungen an Gehorsam; dies ist begründet in dem Bedürfnis nach Schutz der Kinder vor einer unsicheren Umwelt und in der Respekttradition vor der älteren Generation dieser Kulturen.
- Die Familie ist ein Gut, das über den individuellen Anliegen steht.

Leistungsfähige Schüler aus der Mittelschicht wollen vor allem in Leistungssituationen Unterstützung erhalten. Leistungsschwache oder leistungsverweigernde Schüler dagegen schätzen persönliche Anteilnahme. Sie möchten, dass Lehrer sich um ihr Leben oder ihre Zukunft kümmern. Die schwachen Schüler wollen sich erst um die Schule bemühen, wenn die Schule sie persönlich unterstützt. In Kapitel 12 wird dargestellt, dass ein herzlicher und fürsorglicher Unterrichtsstil verbunden mit hohen Anforderungen an die Einhaltung von Regeln in afroamerikanischen Schulen sehr erfolgreich ist. Dies erinnert an den vorher schon eingeführten autoritativen Erziehungsstil.

Die individuellen Unterschiede im Selbstkonzept zeigen unterschiedliche Muster für Jungen und Mädchen im Laufe der Schuljahre in ihren selbsteingeschätzten Fähigkeiten in Mathematik, Sport und sprachlichen Fächern. Des Weiteren beurteilen sich Mädchen als fähiger im Lesen und in der Regulation freundschaftlicher Beziehungen, während Jungen sich bessere Fähigkeiten in Mathematik und Sport zuschreiben. Leider gibt es keine Langzeituntersuchungen mit anderen ethnischen Gruppen außer den euroamerikanischen, sodass Rückschlüsse auf andere ethnische Gruppen nicht gezogen werden können. Bei der Bildung des Selbstwertes spielt die Familie eine entscheidende Rolle. Eine Untersuchung von John Fantuzzo, Gwendolyn Davis und Marika Ginsburg (1995) griff auf den Einfluss der Familie zurück, um den Selbstwert von Schülern zu heben. Die *Richtlinien für Partnerschaft mit Familie und Gemeinde* (siehe S. 128) stellen die Strategien zusammen, die positive Auswirkungen auf den Selbstwert und die Mathematikleistungen von afroamerikanischen Großstadtschülern aus der 4. und 5. Klasse hatten.

Bei der Erkundung der eigenen Identität stellt sich heraus, dass weiße Schüler oft ihre ethnische Identität leugnen, während ethnische Minderheitengruppen zwei Identitäten miteinander in Einklang bringen müssen. Sie durchwandern Identitätszustände von unbewusster oder undifferenzierter Identität bis zum Erreichen einer integrierten ethnischen Identität mit Elementen aus beiden Kulturen.

Aus der Darstellung der Moralentwicklung geht hervor, dass in einigen Kulturen Konventionen und Gebräuche als Regeln angesehen werden, die das Zusammenleben erleichtern. In traditionelleren Kulturen können Konventionen den Wert von moralischen Prinzipien annehmen. Auch der persönliche Entscheidungsspielraum variiert je nach Kultur. Individualistische Kulturen legen größeren Wert auf persönliche Wahlfreiheit in zahlreicheren Bereichen als traditionelle kollektivistische Kulturen.

3.7.2 Gemeinsamkeiten

Trotz der zahlreichen Unterschiede gibt es doch einige Übereinstimmungen in den Bereichen der Persönlichkeits- und sozialen Entwicklung. Sowohl Erikson als auch Bronfenbrenner betonen, dass Individuen durch ihren sozialen und kulturellen Kontext bestimmt werden. Es folgen einige Beispiele für diese Überlegungen:

- Schüler mit in Scheidung lebenden Eltern können von autoritativen Lehrern, die herzlich sind und klare Anforderungen stellen, am meisten profitieren.
- Für alle Schüler differenziert sich das Selbstkonzept mit der Zeit immer mehr aus – sie mögen sich in einem Bereich sehr befähigt fühlen, dafür aber in anderen kaum; oder sie können sich als Familienmitglied oder Freund(in) sehr kompetent einschätzen, aber sich als schlecht in ihren Schulleistungen wahrnehmen.
- Für alle Schüler ist es eine Herausforderung, eine Identität zu erarbeiten, die ihre Entscheidungen über Berufslaufbahn, Religion, Ethnizität, Geschlechtsrolle und Teilhabe an der Gesellschaft integriert. Lehrer können an dieser Entwicklungsaufgabe mitwirken.
- Von Gleichaltrigen zurückgewiesen zu sein, ist für alle Schüler schmerzvoll. Viele Schüler bedürfen noch der Anleitung für die Entwicklung sozialer Fertigkeiten, beim genauen Verstehen der Intentionen anderer, beim Lösen von Konflikten und bei der Bewältigung von Aggressionen. Auch hier können Lehrer Hinweise geben.
- Wenn Schüler unter hohem Druck arbeiten, mit einer unvernünftig hohen Arbeitsbelastung kämpfen, und wenn die Wahrscheinlichkeit gering ist, dass sie erwischt werden, neigen viele Schüler zum Mogeln. Es liegt an den Lehrern und an der Schule, solche negativen Bedingungen zu vermeiden.

Partnerschaft mit Familie und Gemeinde: Selbstwert fördern

1 Arbeiten Sie mit der Familie des Schülers zusammen, um sie am Schulleben zu beteiligen. Bieten Sie eine Reihe von Teilnahmemöglichkeiten an. Sorgen Sie dafür, dass die Vorschläge umsetzbar sind und zur Familie passen.

2 Beachten Sie, dass manche Familien negative Erfahrungen mit Schulen und Lehrern gemacht haben. Sie fürchten sie oder misstrauen ihr. Finden Sie andere Möglichkeiten für die Zusammenarbeit, z. B. vor oder nach einem Fußballspiel, in der Kirchengemeinde oder in einem Freizeitklub. Gehen Sie dahin, wo die Familie hingeht, erwarten Sie nicht, dass sie immer zur Schule kommen.

3 Halten Sie den Kontakt zwischen Schule und Familie aufrecht durch Telefonate oder Benachrichtigungen. Wenn eine Familie kein Telefon hat, machen Sie eine Kontaktperson ausfindig (Verwandte oder Freunde), die Benachrichtigungen überbringen kann. Wenn in der Familie niemand lesen oder schreiben kann, setzen sie Bildmaterial, Symbole oder andere Zeichen ein, um sich mitzuteilen.

4 Formulieren Sie alle Kommunikation positiv, betonen Sie Verbesserungen, Fortschritt und Leistungen der Schüler.

5 Entwerfen Sie zusammen mit den Familien kleine Feiern für die Leistungen, Erfolge und Bemühungen der Schüler (Film, Lieblingsessen, Ausflug, Eis oder Pizza essen gehen).

6 Schicken Sie regelmäßig eine kurze Benachrichtigung nach Hause über den Fortschritt der Schüler. Fragen Sie in den Familien nach, wie Sie gute Fortschritte gefeiert haben und bitten Sie um Rückmeldung.

7 Rufen Sie nach der Benachrichtigung der Familie noch einmal an, um über den Fortschritt des Schülers zu sprechen. Beantworten Sie Fragen, erbitten Sie Vorschläge und heben Sie die Beiträge der Familie hervor.

8 Stellen Sie sicher, dass die Familie im Klassenzimmer gern gesehen ist.

Mehr Informationen über die Partnerschaft von Familie und Schule in

http://www.gse.harvard.edu/hfrp/projects/family.html

Quelle: Aus Effects of Parent Involvement in Isolation or in Combination with Peer Tutoring on Student Self-Concept and Mathematics Achievement von J. Fantuzza, G. Davis & M. Ginsburg (1995). *Journal of Educational Psychology, 87*, 272–281. Copyright © 1995 American Psychological Association.

Z U S A M M E N F A S S U N G

Körperliche Entwicklung (S. 81–85)

Beschreiben Sie die Veränderungen in der körperlichen Entwicklung in der Vor-, der Grund- und in der Oberschule. Während der Vorschuljahre gibt es eine schnelle Entwicklung der fein- und grobmotorischen Entwicklung der Kinder. Die körperliche Entwicklung schreitet fort in den Grundschuljahren und Mädchen sind oft den Jungen in der Größe voraus. Mit der Adoleszenz treten die Jugendlichen in die Pubertät ein und damit in die emotionalen Spannungen, die mit der Bewältigung aller damit zusammenhängenden Veränderungen verbunden sind.

Nennen sie einige der Konsequenzen der frühen oder späten körperlichen Reifung für Jungen und Mädchen. Weibliche Jugendliche reifen körperlich etwa zwei Jahre vor den männlichen. Frühreife Jungen besetzen in der Regel einen hohen Rangplatz in der sozialen Hierarchie der Gleichaltrigen. Sie sind beliebter und nehmen mit höherer Wahrscheinlichkeit eine Führerrolle ein. Aber sie neigen auch eher zu delinquentem Verhalten – jedenfalls weiße, afroamerikanische und mexikanisch-amerikanische Jungen. Frühe Reifung ist für Mädchen nicht vorteilhaft.

Welche Anzeichen für Essstörungen gibt es? Anorexische Schüler sind blass, haben brüchige Fingernägel und feine dunkle Haare auf dem ganzen Körper. Es wird ihnen schnell kalt, weil sie wenig Fettpolster als Schutz gegen die Kälte haben. Sie sind oft depressiv, unsicher, unterliegen Stimmungsschwankungen und fühlen sich einsam. Die Menstruation der Mädchen kann unterbrochen werden.

Erikson: Stufen der individuellen Entwicklung (S. 85–92)

Warum wird Eriksons Theorie als psychosozialer Ansatz bezeichnet? Eriksons Ansatz betont die Beziehung zwischen Individuum und Gesellschaft und stellt damit eine psychosoziale Theorie der Entwicklung dar – eine Theorie, die persönliche Entwicklung (psycho) mit der sozialen Umwelt (sozial) verbindet.

Welche Stufen der psychosozialen Entwicklung unterscheidet Erikson? Erikson war überzeugt, dass die Entwicklung des Menschen in acht Stufen verläuft. Auf jeder Stufe spielt sich eine zentrale Lebenskrise ab. Die angemessene Bewältigung der Krise führt zu höherer persönlicher und sozialer Kompetenz und zu einer stärkeren Kraft, um zukünftigen Krisen zu begegnen. Auf den ersten beiden Stufen muss beim Säugling Vertrauen aufgebaut und Misstrauen verhindert werden, und es muss sich Autonomie gegen Scham und Zweifel durchsetzen. Als Kleinkind muss es auf der dritten Stufe Initiativen entwickeln und Schuldgefühle abwehren. In den Grundschuljahren gewinnt für das Kind der Fleiß an großem Wert, und Minderwertigkeitsgefühle müssen zurückgedrängt werden. Auf der fünften Stufe, deren Thema die Identitätsfindung ist, muss der Jugendliche gegen Rollendiffusion ankämpfen, um seine Identität zu festigen. Nach Marcia können diese Bemühungen zu Identitätsdiffusion, übernommener Identität, Moratorium oder einer erarbeiteten Identität führen. Eriksons drei Stufen der Erwachsenentwicklung beinhalten das Ringen um intime Partnerschaft, Generativität und Integrität.

Bronfenbrenner: der soziale Kontext für Entwicklung (S. 92–107)

Wie lauten die Grundannahmen des bio-ökologischen Modells der Entwicklung? Das Modell berücksichtigt sowohl interne individuelle Faktoren als auch externe soziale und kulturelle Bedingungen, die die Entwicklung bestimmen. Jede Person entwickelt sich in einem Mikrosystem (soziale Beziehungen und Aktivitäten in unmittelbarer Nähe) und in einem Mesosystem (Beziehungen zwischen Mikrosystemen). Dieses ist wiederum eingebettet in ein Exosystem (größere soziale Einheit wie eine Gemeinschaft, in der das Individuum zwar größtenteils nicht selbst agiert, aber an dem es über die Beziehungen des Mikrosystems teilhat). Alle bisher genannten Systeme sind Teil des Makrosystems.

Nennen Sie einige Aspekte der Familie, die Schüler in der Schule beeinflussen. Schüler sind verschiedenen Erziehungsstilen durch die Eltern ausgesetzt, und diese Erziehungsstile können sehr stark auf die soziale Anpassung der Schüler abfärben. In euroamerikanischen Mittelschichtfamilien herrscht ein autoritativer Erziehungsstil vor. Die Kinder sind den Beobachtungen nach zufrieden mit sich und bauen gute Beziehungen zu anderen auf. In Familien mit autoritären Eltern wachsen mit höherer Wahrscheinlichkeit Kinder mit der Neigung zu depressiven Verstimmungen und Schuldgefühlen auf. In Familien mit permissiv erziehenden Eltern haben die Kinder oft Schwierigkeiten, Beziehungen zu anderen aufzubauen. Kulturen unterscheiden sich in den vorherrschenden Erziehungsstilen. Die Forschung zeigt, dass in den asiatischen und afroamerikanischen ethnischen Minderheiten stärkere Kontrolle die Schulleistungen der Kinder beeinflusst.

Wie wirkt sich eine Scheidung der Eltern auf die Schüler aus? Während der Scheidung entstehen ständig neue Konflikte beim Aufteilen des Besitzes und beim Sorgerecht für die Kinder. Nach der Scheidung muss der Partner mit Sorgerecht meist umziehen in eine billigere Wohnung, vielleicht zum ersten Mal erwerbstätig sein oder mehr arbeiten. Das Kind muss dadurch unter Umständen wichtige Freundschaften aufgeben, gerade dann, wenn es sie am nötigsten zur Unterstützung braucht. Mit nur einem Elternteil, an das es sich wenden kann, und das auch noch weniger Zeit als vorher für die Belange des Kindes hat, braucht es anderweitige Unterstützung. Es muss sich unter Umständen auch an eine neue Familienstruktur anpassen, wenn sich Eltern wieder verheiraten.

Was sind Jugendkulturen und wie entwickelt sich Aggression? Jugendcliquen entwickeln ihre eigenen Normen für ihre äußere Erscheinung und ihr Sozialverhalten. Gruppenloyalitäten können zu Ablehnungen einiger Schüler führen, die dann verunsichert und unglücklich sind. Peeraggression kann instrumental eingesetzt werden (Mittel sein, um einen Gegenstand oder ein Privileg zu erreichen) oder feindselig (mit der Absicht, andere zu verletzen). Feindselige Aggression kann die Form von offener Bedrohung, von körperlichen Übergriffen oder von Beziehungsaggression annehmen. Die letzte Form bedroht oder zerstört soziale Beziehungen. Jungen neigen mehr zu offener Aggression, Mädchen mehr zu Beziehungsaggression.

Warum sind Gleichaltrigenbeziehungen wichtig? Peerbeziehungen spielen eine bedeutsame Rolle in der gesunden Persönlichkeits- und sozialen Entwicklung des Kindes. Erwachsene mit guten Freundschaften in der Kindheit weisen einen höheren Selbstwert auf und sind vorbereiteter auf intime Partnerschaften als Erwachsene, die als Kinder einsam waren. Erwachsene, die als Kinder abgelehnt wurden, haben mehr Probleme, geben z. B. schneller ihr Studium auf oder nehmen den Weg in die Delinquenz.

Wie kann die Fürsorge der Lehrer für die Schulleistungen und die persönlichen Umstände den Schüler positiv beeinflussen? Schüler schätzen es sehr, wenn die Lehrer sich um sie kümmern. Die Bemühungen der Lehrer können sich auf das Lernen in der Schule beschränken, aber sie können sich auch auf die persönlichen Probleme des Schülers ausdehnen. Guten Schülern mit höherem Sozialstatus sind die Schulleistungen wichtiger. Schlechten Schülern dagegen, die ungern in die Schule gehen, bedeutet es mehr, wenn sich der Lehrer um ihre persönlichen Probleme kümmert.

Wie erkennt man Anzeichen von Kindesmissbrauch? Indikatoren für Kindesmissbrauch-/misshandlungen oder Vernachlässigung können unerklärliche Prellungen, Verbrennungen, Bisse oder andere Verletzungen sowie Müdigkeit, depressive Verstimmungen, häufiges Fehlen, schlechte Körperhygiene, unangemessene Kleidung, Probleme mit Gleichaltrigen und noch vieles mehr sein. Lehrer müssen solche Verdachtsfälle melden, denn so können sie den Schülern helfen, auch die Folgerisiken zu bewältigen.

Selbstkonzept: sich selbst verstehen (S. 107–112)

Unterscheidung zwischen Selbstkonzept und Selbstwert. Beides, das Selbstkonzept und der Selbstwert, sind Einstellungen zu sich selbst. Das Selbstkonzept ist der Versuch, unsere Eindrücke, Gefühle und Überzeugungen in einem Schema über uns selbst zu organisieren. Aber das Schema ist nicht dauerhaft fixiert. Selbstwahrnehmungen variieren von Situation zu Situation und in einzelnen Lebensabschnitten. Selbstbewertung ist eine Einschätzung dessen, was man ist. Wenn Menschen sich positiv bewerten, haben sie einen hohen Selbstwert. Selbstkonzept und Selbstwert werden oft gleichbedeutend benutzt, sie haben aber unterschiedliche Bedeutung. Selbstkonzept ist eine kognitive Struktur und Selbstwert eine affektive Bewertung.

Wie entwickeln sich Selbstkonzept und Selbstwert in der Kindheit? Das Selbstkonzept (Definition des Selbst) und der Selbstwert (Bewertung des Selbst) werden zunehmend komplexer, differenzierter und abstrakter. Das Selbstkonzept formt sich durch beständige Selbstreflexion, soziale Interaktion und Erfahrungen in und außerhalb der Schule. Schüler entwickeln ein Selbstkonzept durch den persönlichen Vergleich mit ihren eigenen Standards (intern) und durch den sozialen Vergleich mit den Standards anderer (extern). Geschlecht und ethnische Stereotype sind ebenfalls entscheidende Faktoren.

Gruppenunterschiede und Identität (S. 112–116)

Gibt es Unterschiede im Selbstkonzept zwischen Jungen und Mädchen? Von der ersten bis zur zwölften Klasse wird die selbsteingeschätzte Kompetenz für Mädchen und Jungen gleichermaßen geringer in den Fächern Mathematik. Mädchen haben ein höheres Fähigkeits-Selbstkonzept in sprachlichen Fächern und Jungen in Sport. Jungen und Mädchen berichten einen sinkenden globalen Selbstwert während des Übergangs in die Mittelstufe, aber der Selbstwert der Jungen steigt wieder in der höheren Schule, während der Selbstwert der Mädchen relativ geringer bleibt.

Beschreiben Sie die Entwicklung der ethnischen, rassischen und Geschlechtsidentität. Schüler aus ethnischen und rassischen Minderheiten sind vor die Aufgabe gestellt, eine Identität aufzubauen, die zwei Welten in sich aufnehmen muss. Auf der einen Seite stehen die Werte, Einstellungen und Verhaltensmuster aus der Herkunftsgruppe und auf der anderen Seite die aus der Majoritätskultur, mit der sie auch leben müssen. Die meisten theoretischen Ansätze für die Entwicklung der Identität sehen Stufenfolgen vor. Diese gehen von einem unbewussten Identitätszustand, der zwischen Minderheits- und Mehrheitskultur nicht differenziert, über verschiedene Wege des Aushandelns zu einer Integration der Kulturen.

Emotionale und moralische Entwicklung (S. 116–126)

Welche Fertigkeiten beinhaltet die emotionale Kompetenz? Emotional kompetente Personen sind sich ihrer eigenen Gefühle bewusst und erkennen auch die Gefühle anderer. Sie wissen, dass innerlich empfundene Gefühle und Ausdruckserscheinungen nicht immer übereinstimmen. Sie können über Gefühle sprechen und äußern sie in einer ihrer Kultur angemessenen Form. Sie können sich in andere Personen in Notlagen hineindenken und auch mit ihrem eigenen Leid umgehen. Sie können Stress bewältigen. Emotional kompetente Personen wissen, dass Beziehungen zum Teil auf der Fähigkeit gründen, die eigenen Gefühle mitzuteilen. Alle diese Fertigkeiten zusammengenommen machen die Fähigkeit zur emotionalen Selbstwirksamkeit aus.

Was ist die Theorie des Geistes und wofür ist sie wichtig? Die Theorie des Geistes ist das Verständnis, dass andere Menschen ebenfalls Bewusstsein, Gedanken, Gefühle, Überzeugungen, Wünsche und Wahrnehmungen haben. Kinder benötigen die Theorie des Geistes, um dem Verhalten anderer Bedeutungen zu entnehmen. Kinder entwickeln diese Theorie und lernen dadurch zu verstehen, dass andere Menschen mit den gleichen Absichten handeln wie sie selbst.

Wie verändert sich die Fähigkeit zur Perspektivenübernahme im Laufe der Entwicklung? Es gelingt den Kindern im Laufe ihrer Entwicklung immer besser, die Absichten anderer zu verstehen. Bei aggressiven Kindern jedoch fehlt es an angemessenen Bedeutungszuschreibungen für die Intentionen anderer. Die soziale Perspektivenübernahme verändert sich auch im Laufe des Reifungsprozesses. Kleine Kinder glauben, dass jeder das Gleiche denkt und fühlt wie sie. Erst später lernen sie zwischen ihren eigenen inneren Prozessen und denen der anderen zu unterscheiden. Damit erkennen sie auch unterschiedliche Identitäten und deren Perspektive auf Ereignisse und Sachverhalte.

Was sind die Hauptunterschiede zwischen den präkonventionellen, konventionellen und postkonventionellen Stufen des moralischen Urteilens? Kohlbergs Theorie der Moralentwicklung geht von drei Hauptstufen aus: (1) einer präkonventionellen Stufe I, in der die Urteile vom Selbstinteresse diktiert werden; (2) einer konventionellen Stufe II, in der die Urteile auf traditionellen Familienwerten und sozialen Erwartungen gründen und (3) einer postkonventionellen Stufe III, in der Urteile auf abstrakten und persönlichen ethischen Prinzipien beruhen. Kritiker bringen vor, dass Kohlbergs Hypothesen mögliche kulturelle Unterschiede im moralischen Urteilen nicht berücksichtigen und auch nicht auf die Kluft zwischen moralischem Urteilen und moralischem Handeln eingehen.

Beschreiben Sie die Stufen des moralischen Urteilens nach Gilligan. Carol Gilligan brachte gegen Kohlbergs Überlegungen vor, dass seine Stufentheorie von einer Längsschnittstudie mit Männern abgeleitet ist. Deshalb stellen die Stufen die Moralentwicklung von männlichen Personen dar und die weibliche Moralentwicklung ist nicht angemessen repräsentiert. Sie schlägt eine „Ethik der Fürsorge" vor. Gilligan ist der Überzeugung, dass Individuen sich entwickeln von einer Moral des Selbstinteresses über eine Moral des Einsatzes für einzelne Individuen und Beziehungen zu der höchsten Moralstufe der Verantwortung und Fürsorge für alle Menschen. Frauen tendieren mehr zu einer Fürsorgehaltung, aber Untersuchungen zeigen, dass sowohl Männer wie Frauen beide Orientierungen einnehmen können.

Wie verändert sich das Urteilen in moralischen und konventionellen Bereichen über die Zeit? Moralische Überzeugungen gehen zunächst von einem Gerechtigkeitskonzept der Gleichbehandlung aus. Sie verändern sich dann bis zur erwachsenen Auffassung, dass Moral Wohltätigkeit und Fairness beinhaltet und dass moralische Prinzipien unabhängig von den Normen der Gesellschaft existieren. Die Überlegungen zur Entwicklung des Verständnisses von Konventionen fangen bei der kindlichen Überzeugung an, Konventionen für absolut zu nehmen. Nach Durchschreiten verschiedener Stadien erkennen Erwachsene, dass Konventionen nützlich sind, weil sie das soziale Leben regeln und sie begreifen, dass sie verändert werden können.

Was beeinflusst das moralische Verhalten? Zunächst üben Erwachsene Kontrolle über das moralische Handeln der Kinder aus durch direkte Anweisungen, Beaufsichtigungen, Belohnungen, Bestrafungen und Verbesserungen. Ein weiterer wichtiger Einfluss auf die Entwicklung des moralischen Verhaltens des Kindes ist das Modelllernen. Kinder mit fürsorglichen, großzügigen elterlichen Vorbildern neigen zu besserem Verständnis der Rechte und Gefühle anderer. Die Welt und die Medien stellen jedoch viele negative Modelle bereit. Mit der Zeit internalisieren die Kinder die moralischen Regeln und Prinzipien ihrer Autoritätsfiguren, die sie anleiten. Wenn Kinder Erklärungen erhalten – besonders solche, die die Auswirkungen auf das Verhalten anderer betonen –, verstehen sie besser die Korrekturen ihrer Erzieher und internalisieren die Regeln nachdrücklicher. Einige Schulen haben Programme entwickelt, die Bereitwilligkeit, sich um andere zu kümmern, zu fördern. In Schulen sind Täuschungsversuche ein weit verbreitetes moralisches Problem. Guten Schüler setzen Täuschung oft auf Grund von Überlastung ein, schlechte Schülern aus Mangel an Engagement für schulische Belange.

SCHLÜSSELBEGRIFFE

Autonomie (S. 86)

Beziehungsaggression (S. 98)

Bio-ökologisches Modell der Entwicklung (S. 92)

Bulimie (S. 83)

Entwicklungskrise (S. 85)

Erarbeitete Identität (S. 90)

Erziehungsstil (S. 96)

Fähigkeit zur Perspektivenübernahme (S. 117)

Feindselige Aggression (S. 98)

Fleiß (S. 88)

Generativität (S. 92)

Identität (personale) (S. 89)

Identitätsdiffusion (S. 90)

Initiative (S. 87)

Instrumentelle Aggression (S. 98)

Integrität (S. 92)

Internalisieren (S. 124)

Intimität (S. 91)

Kooperative Moral (S. 119)

Magersucht (Anorexia nervosa) (S. 83)

Moralischer Realismus (S. 119)

Moralisches Dilemma (S. 119)

Moralisches Urteilen (S. 119)

Moratorium (S. 90)

Offene Aggression (S. 98)

Patchwork-Familien (S. 93)

Psychosozial (S. 85)

Pubertät (S. 82)

Rassische Identifizierung (S. 115)

Rassischer und ethnischer Stolz (S. 115)

Selbstkonzept (S. 107)

Selbstwert (S. 107)

Soziale Konventionen (S. 122)

Theorie des Geistes (Theory of Mind) (S. 116)

Übernommene Identität (S. 90)

(Distributive) Verteilungsgerechtigkeit (S. 119)

ZUSAMMENFASSUNG

Aus dem Lehrernotizbuch

Ob Kinder im Kindergartenalter oder Kinder mit Trennungsängsten, arbeitsmüde Gymnasiasten in der Oberstufe oder Schülercliquen einer Realschule, Schüler sind mehr als nur Lernende. Sie bringen persönliche, soziale, emotionale und moralische Erfolge und Enttäuschungen sowie ihre Herausforderungen – vergangene oder zukünftige – in die Klasse mit. Alle diese Faktoren bestimmen die Effektivität Ihres Unterrichts und das Lernen der Schüler zum großen Teil mit.

Was würden Lehrer tun?

Lehrer äußern sich zu der zu Beginn des Kapitels geschilderten Situation aus der Praxis, den Fall einer Clique in einer Realschule und den Schwierigkeiten mancher Schüler akzeptiert zu werden.

■ T. N., Lehrer für naturwissenschaftliche Fächer für die Klassen 7–12

Um dieser Klasse Anstand beizubringen, würde ich die Situation in zwei Schritten angehen. Zunächst würde ich mit den beiden Mädchen jeweils allein reden, die in den Vorfall verwickelt waren. Ich würde der einen vor Augen führen, dass ihr Verhalten völlig unangebracht ist und weit unter ihrem Niveau liegt. Ich würde ihr eine Brücke bauen und bemerken, dass das wohl nur ein Ausrutscher von ihr war und dass sie dies sicher nicht wieder tun würde. Ich würde sie auch bitten, sich daran zu beteiligen, dass solche und ähnliche Vorfälle nicht wieder in der Klasse vorkommen.

Der betroffenen Stefanie würde ich klar machen, dass ihr das Ganze nicht peinlich sein sollte, denn die Klasse würde sicher positiv vermerken, dass sie einen Versuch unternommen hat, eine alte „Freundschaft" wieder aufleben zu lassen. Ich würde ihre positiven Seiten ins Gespräch bringen, ihr sagen, dass sie mit sich zufrieden sein kann und ihr raten, sie solle sich anderen anschließen, die für ihre Freundschaft offener seien.

Der zweite Schritt wäre, mit der ganzen Klasse den Vorfall zu besprechen. Ich würde zunächst nicht spezifisch auf die Einzelheiten eingehen, aber ich würde unmissverständlich darlegen, dass der Klatsch und andere Formen von unangenehmem Verhalten aufzuhören habe. Ich würde erklären, dass eine Klasse eine Minigesellschaft ist und deshalb jeder die Verantwortung für freundliche Behandlung der anderen hat. Weiterhin müsse nicht jeder der Freund oder die Freundin des anderen sein, aber jeder habe ein Anrecht auf Respekt und Würde im täglichen Umgang.

■ J. D. W., Naturwissenschaftliche Lehrerin in der 8. Klasse

Man sollte nie in einem Vakuum arbeiten. Das ist besonders in einer Realschule oder in der Mittelstufe der höheren Schule wichtig. Arbeiten Sie mit dem Vertrauenslehrer Ihrer Schule, mit anderen Lehrern der gleichen Klassenstufe und mit den Eltern zusammen. Wenn das gelingt, stehen Ihnen mehrere Möglichkeiten offen, mit dem Fall umzugehen. Sie können nicht nur so tun, als würden Sie sich um die 12-, 13- und 14-Jährigen kümmern. Sie finden heraus, ob das wirklich so gemeint ist. Man muss mit dieser Altersgruppe zusammenarbeiten, weil man sie mag. Man muss ihren Sinn für Humor und ihre Fähigkeiten schätzen. Gelingt es eine fürsorgliche, vertrauensvolle und respektvolle Beziehung herzustellen, werden sich die Schüler auf Unterstützung und Anleitung einlassen. Eltern kümmern sich in dieser Altersstufe oft nicht um das, was in der Klasse passiert, aber es gibt großartige Programme, wie man Eltern einbeziehen kann.

■ N. S., Klasse 9–12

Ich würde zuerst die Eltern von Stefanie anrufen. Unter dem Vorwand, es gehe um Hausaufgaben für die Tage, die sie in der Schule gefehlt habe, würde ich das Gespräch mit einem Elternteil oder einer Aufsichtsperson suchen. Ich würde versuchen herauszufinden, ob die Eltern von der Situation in der Schule wussten. Manchmal verschweigen Mädchen wie Stefanie solche Vorfälle aus Scham. Ich würde dann versuchen, Stefanie am Telefon zu überreden, die Geschichte ihren Eltern zu erzählen, sodass sie sich nicht mehr schämen muss.

Ich würde dann mit Stefanie und ihren Eltern zusammen die Rückkehr in die Schule vorbereiten. Ein Vertrauenslehrer könnte sich noch zusätzlich einschalten. Die Erwachsenen müssten Stefanie Ratschläge geben, wie sie sich in der schwierigen Situation nach ihrer Rückkehr in die Schule am besten verhalten sollte. Sie sollte vorbereitet sein auf direkte Begegnungen mit ihrer ehemaligen Freundin aber auch mit anderen alten Freundinnen. Sie muss auch damit rechnen, gemeine Briefchen während der Schulzeit zu bekommen oder sich unschöne Kommentare anhören zu müssen. Wir alle würden ihr zur Seite stehen und mit ihr diese Situationen durchdenken und durchspielen, sodass sie weiß, wie sie reagieren könnte. Ich würde ihr auch eine sichere Anlaufstelle in der Schule verschaffen, an die sie sich halten kann, solange die Situation noch nicht bereinigt ist. Zu dieser Person oder an diesen Ort kann sie sich flüchten, wenn sie es nicht mehr aushält oder

der Druck zu groß wird. Wenn noch weitere Maßnahmen notwendig sein sollten, würde ich die Klassenlehrerin von Stefanie ansprechen, damit sie die Mädchen auseinandersetzt und vielleicht unauffällig andere Freundschaften vermittelt. Ein(e) ältere(r), respektierte(r) Schüler(in) sollte auf Stefanie zugehen, um mit ihr ins Gespräch zu kommen. Da fast jeder solche Geschichten mit untreuen Freunden schon einmal erlebt hat, könnte es für Stefanie hilfreich sein, wenn sie mit erfahreneren Schülern darüber reden könnte, wie sie neue Freunde gefunden haben. Schließlich würde ich versuchen, die beiden ehemaligen Freundinnen einmal zu einer Unterredung zusammenzubringen. Ich

würde dabeibleiben. Dies könnte Stefanie ermutigen, sich ihre Betroffenheit von der Seele zu reden, ohne dass sie oder die Freundin zu unfairen Mitteln greifen können.

Jemand sollte aber auch die Freundin in die Pflicht nehmen, damit nicht noch weitere Vorfälle passieren. Das könnte ein Mitglied des Disziplinarausschusses der Schule sein, wenn Schulregeln verletzt wurden, oder der Vertrauenslehrer oder ein anderer Lehrer, der ein gutes Verhältnis zu ihr hat. Dann würde ich auch die Eltern der ehemaligen Freundin einschalten, besonders wenn das nicht der erste bösartige Vorfall wäre.

Individuelle Unterschiede im Lernen und Lernstörungen

4

ÜBERBLICK

Was würden Sie tun?

Das neue Schuljahr fängt an und Ihr Schulbezirk hat neue Regelungen beschlossen. Die Sonderschulmaßnahmen wurden alle eingestellt, und alle Schüler werden nun ganz in Regelklassen unterrichtet. Es ist Ihnen klar, dass Sie Schüler mit einem großen Spektrum an intellektuellen Fähigkeiten, sozialen Fertigkeiten und Lernmotivation haben werden, aber nun auch noch einen tauben Schüler, zwei mit geringen Deutschkenntnissen und ein stark lernbehindertes Kind. Da Kinder nicht sitzenbleiben sollen, müssen alle Schüler am Ende des Jahres Lernfortschritte aufweisen.

Kritisch denken

- Welchen Unterrichtsplan würden Sie ausarbeiten, damit kein Schüler zu kurz kommt und die erwünschten Lernziele am Ende des Jahres erreicht werden?
- Was können Sie tun, um auf die besonderen Bedürfnisse von lernschwachen oder lernbehinderten Kindern einzugehen?

Zusammenarbeit

Arbeiten Sie zusammen mit zwei oder drei Schülern aus der Klasse einige Strategien zur Unterrichtshilfe und zur Betreuung von allen Schülern aus.

Die Beantwortung beider Fragen setzt das Verständnis von individuellen Unterschieden voraus. Bisher wurden individuelle Unterschiede noch nicht erläutert, sondern nur allgemeine überindividuelle Prinzipien der Entwicklung – Stufen, Prozesse, Konflikte und Aufgaben. Die Entwicklung verläuft in großen Teilen bei allen Menschen auf die gleiche Weise, aber eben nicht in allen Teilen. Sogar bei den Mitgliedern aus einer Familie gibt es deutliche Unterschiede im Aussehen, in den Interessen, in den Fähigkeiten und im Temperament; die Berücksichtigung dieser individuellen Unterschiede ist sehr wichtig im Unterricht. In jeder Klasse und auf jeder Klassenstufe gibt es mindestens einen Schüler mit Sonderschulvoraussetzungen. Die einzelnen Problembereiche werden nacheinander durchgegangen, auf die dabei auftauchenden möglichen Schwierigkeiten für Lehrer wird hingewiesen, Hilfe wird angeboten und Unterrichtspläne werden erstellt.

Am Ende des Kapitels sollten Sie folgende Fragen beantworten können:

- *Welche Probleme ergeben sich, wenn Schüler bestimmten Kategorien zugeordnet und damit abgestempelt werden?*

- *Was stellen Sie sich unter Intelligenz vor?*

- *Wie ist Ihre Einstellung zu Leistungsklassen?*

- *Sollten Sie sich in Ihrem Unterricht an die unterschiedlichen Lernstile Ihrer Schüler anpassen?*

- *Was sind die Implikationen des Schulrechts für Schüler mit Lernstörungen und Lernbehinderungen?*

- *Wie können Sie in Ihrer Klasse diagnostizieren, ob Schüler Hör-, Seh-, oder Sprachbeeinträchtigungen bzw. Verhaltensprobleme oder spezifische Lernbehinderungen haben oder ob sie hochbegabt sind?*

Intelligenz 4.1

In diesem Kapitel werden einige Seiten darauf verwandt zu erklären, warum das Konzept der Intelligenz so wichtig und gleichzeitig so kontrovers in der Erziehung ist, auch oft missverstanden wurde. Es wird das Konzept definiert. Vorher soll jedoch die Gewohnheit mancher Leute näher analysiert werden, andere Leute mit Etiketten aus dem Intelligenz-, Fähigkeits- und Behinderungsbereich abzustempeln.

4.1.1 Etikettierung

Jedes Kind verkörpert ein klar abgrenzbares Bündel von Talenten, Fähigkeiten und Beschränkungen. In diesem Sinne sind alle Kinder **Ausnahmeschüler**. Manche Kinder sind von außergewöhnlich hohen, andere von außergewöhnlich geringen körperlichen oder intellektuellen Fähigkeiten oder motorischen Fertigkeiten. Sie weichen in all diesen Bereichen von der Norm ab. Sie können besondere Talente oder Fähigkeiten haben, Lernbehinderungen, Kommunikationsstörungen, emotionale oder Verhaltensstörungen, intellektuelle Defizite oder körperliche Behinderungen, Seh- oder Hörbeeinträchtigungen, Autismus, traumatische Hirnverletzungen oder sogar Kombinationen von einigen dieser Störungen (Hardman, Drew & Egan, 2005). Sie werden diese Etikettierungen im ganzen Kapitel finden, aber man sollte mit diesen Etiketten vorsichtig umgehen und Schüler nicht damit abstempeln.

Eine Bezeichnung sagt nichts darüber aus, wie mit einzelnen Schülern umgegangen werden sollte. Zum Beispiel folgen wenige Interventionsmaßnahmen automatisch einer Diagnose von intellektueller Behinderung; viele Unterrichtstrategien und -maßnahmen können angebracht sein. Einige Etikette wirken wie eine *„sich selbst erfüllende Prophezeiung"*. Alle – Lehrer, Eltern, Klassenkameraden und sogar die Schüler selbst – sehen manche Etikette als unveränderliches Stigma an. Etikette werden manchmal als Erklärungen gewertet, wie z. B. in der Aussage: „Sebastian wird immer wieder in körperliche Auseinandersetzungen verwickelt, weil er verhaltensgestört ist", „Woher wissen

Wenn Etikettierung andere Eigenschaften einer Person zurückdrängen, dann ist das auch ein Handicap oder eine Benachteiligung. Stereotype von Rollstuhlfahrern könnten die anderen positiven Eigenschaften dieses Mädchens und ihre Individualität zurückdrängen.

Sie, dass er eine Verhaltensstörung hat?" „Weil er immer in Auseinandersetzungen verwickelt ist".

Auf der anderen Seite argumentieren einige Erzieher, dass die Etikettierung von jüngeren Schülern als „behindert" auch dem betroffenen Schüler einen Schutz bieten kann. Zum Beispiel, wenn die Lernbehinderung bekannt ist, können seine Klassenkameraden eher sein Verhalten akzeptieren. Natürlich verschaffen solche Etikette auch Zutritt zu Förderprogrammen, nützlichen Informationen, besonderer Technologie und Ausstattung oder finanzieller Unterstützung. Etikette stigmatisieren und helfen also zugleich (Hallahan, Lloyd, Kauffman, Weiss & Martinez, 2005; Hardman, Drew & Egan, 2005).

Ausnahmeschüler Schüler mit außergewöhnlichen Fähigkeiten oder Problemen, sodass besonders Bildungs- und unterstützende Maßnahmen notwendig werden, damit ihr Potenzial besser genutzt wird.

Zuerst die Person in sprachlichen Formulierungen

Wenn wir von einem „lernbehinderten Kind" sprechen, so stellen wir die Behinderung als wichtigsten Aspekt der Person voran, wenn wir über ein „Kind mit Lernbehinderung" schreiben, so steht die Person des Kindes an erster Stelle. Eine Person oder ein Kind haben viele liebenswerte Seiten, die zunächst im Vordergrund stehen sollten. Beispiele sind bei Meece (2002, S. 317): ein Schüler mit Lernbehinderung statt ein lernbehinderter Schüler. Diese Art der Voranstellung (linguistisch *Topikalisierung*) der Person sollte sich überall einbürgern.

Störung, Behinderung und Benachteiligung

Eine weitere sprachliche Unterscheidung ist noch wichtig: Eine **Störung** ist ein Begriff mit breiter Bedeutung – eine Unregelmäßigkeit in der körperlichen oder mentalen Funktionstüchtigkeit, zum Beispiel eine Kommunikationsstörung. Eine **Behinderung** ist genau das, was das Wort sagt, eine mehr oder weniger große Unfähigkeit, eine spezifische Funktionsleistung zu erbringen, wie Worte auszusprechen oder zu gehen. Eine **Benachteiligung (Handicap)** ist ein spezifischer Funktionsausfall oder Funktionsschwäche, aber nicht in allen Kontexten. Zum Beispiel, blind zu sein (eine Behinderung im visuellen Bereich) ist eine Benachteiligung oder ein Handicap beim Autofahren. Aber Blindheit ist keine Benachteiligung beim Komponieren von Musik oder beim Sprechen. Stephen Hawkins, der berühmte Physiker, leidet an der Lou-Gehrig-Krankheit und kann weder gehen noch sprechen. Er sagte einmal, er sei froh, dass er sich für die theoretische Physik entschieden habe, denn sie werde ganz aus der Kraft des Verstandes geschaffen. „So ist meine Krankheit keine Benachteiligung für meinen Beruf." Es ist sehr wichtig, dass keine neuen Benachteiligungen geschaffen werden durch die Art, wie auf Behinderungen reagiert wird. Einige Erzieher wollen den Terminus „Handicap" ganz aufgeben, denn sie finden ihn demütigend. Er rührt von der Lebenssituation Behinderter her, die gezwungen waren mit der Mütze in der Hand (cap in the hand) ihren Lebensunterhalt durch Betteln zu verdienen (Hardman, Drew & Egan, 2005).

Die menschlichen Eigenschaften werden in der Psychologie meist als kontinuierlich vorgestellt, von scharfem Hören bis zur Taubheit z. B. Jeder kann sich irgendwie auf dem Kontinuum zwischen den Extremen anordnen, aber wir verändern uns auch im Laufe unseres Lebens. Beim Altern, zum Beispiel, gibt es Veränderungen im Hören, Sehen, in intellektuellen Fähigkeiten, wie im Laufe dieses Kapitels zu erfahren ist.

Intelligenz ist ein viel benutzter Begriff in der Pädagogik, aber auch in Alltagskontexten. Zunächst soll die Grundfrage nach der Natur der Intelligenz geklärt werden.

4.1.2 Was bedeutet Intelligenz?

> **Halt! Denken Sie nach! Schreiben Sie!**
> Wer war die intelligenteste Person in Ihrer Schule? Schreiben Sie ihren Namen und die ersten vier oder fünf Wörter auf, die Ihnen in den Sinn kommen, wenn Sie sich diese Person vorstellen. Warum haben Sie sich diese bestimmte Person ausgesucht?

Die Idee, dass sich Menschen in dem unterscheiden, was wir **Intelligenz** nennen, hat sich in der Alltags- und in der wissenschaftlichen Psychologie gleichermaßen ausgebreitet. Plato hat ähnliche Überlegungen bereits vor 2000 Jahren angestellt. Die frühesten Theorien über das Wesen der Intelligenz haben mindestens eine der folgenden Komponenten enthalten: (1) Fähigkeit zu lernen; (2) das gesamte Wissen, das eine Person angesammelt hat und (3) allgemein die Fähigkeit, sich erfolgreich an neue Situationen und an die Umwelt anzupassen.

Im Laufe des letzten Jahrhunderts gab es eine heftige Kontroverse über die Bedeutung der Intelligenz. Im Jahre 1921 trafen sich 13 Psychologen und im Jahre 1986 waren es 24 Fachleute, um den Intelligenzbegriff zu diskutieren. Zu beiden Treffen äußerten die Psychologen unterschiedliche Ansichten über die Beschaffenheit der Intelligenz (Neisser et al. 1996; Sternberg & Detterman, 1986). Zu beiden Zeiten vertrat etwa die Hälfte

---

Störung (Lern-, körperliche) Ein breiter Begriff, der alle körperlichen und psychischen Störungen umfasst.

Behinderung Die Unfähigkeit, bestimmte Funktionsleistungen zu erbringen, wie z. B. Sehen oder Hören.

Benachteiligung/Handicap Ein Nachteil in einer speziellen Situation, manchmal verursacht durch Behinderungen.

Intelligenz Fähigkeit oder Fähigkeiten, Wissen zu erwerben und einzusetzen, um Probleme zu lösen und sein Leben zu bewältigen.

der Experten die Auffassung, Intelligenz sei nichts anderes als ein Sammelbegriff für höhere Denkprozesse wie abstraktes Denken und Problemlösen. Die Definition, die im Jahre 1986 erarbeitet wurde, fügten noch Metakognition und Exekutivprozesse (Überwachung des eigenen Denkens) hinzu, weiterhin die Interaktion von Wissen mit anderen mentalen Prozessen und der kulturelle Kontext – d. h. was die Kultur als Komponenten der Intelligenz hoch bewertet. In beiden Treffen gab es Diskussionen über die Struktur der Intelligenz – ob sie aus einer allgemeinen Fähigkeit oder aus mehreren spezifischen bestehe (Gustafsson & Undheim, 1996; Louis, Subotnik, Breland & Lewis, 2000; Sattler, 2001; Sternberg, 2004).

Intelligenz: eine allgemeine Fähigkeit oder mehrere?

Manche Theoretiker sind der Überzeugung, dass Intelligenz eine einheitliche Grundfähigkeit ist, mit der alle kognitiven Anforderungen von der Computernutzung bis zum Schreiben von Gedichten oder dem Lösen von Rätseln angegangen werden. Nachweise für die Ein-Faktoren-Theorie kommen aus zahlreichen Unter-

suchungen, in denen beträchtliche positive Korrelationen zwischen Einzeltestleistungen gefunden wurden, die eigentlich unabhängig voneinander sein sollten (Carroll, 1993; McNemar, 1964). Wie kann man diese Befunde erklären? Charles Spearman (1927) vertritt die Auffassung, es gibt nur eine allgemeine Fähigkeit, einen allgemeinen Intelligenzfaktor, den er mit g bezeichnet. Er liegt allen mentalen Tests zugrunde; aber für jeden Subtest werden auch spezifische Fähigkeiten zusätzlich zu g benötigt. Zum Beispiel erfordert der Test für die Gedächtnisspanne g und eine Befähigung zum kurzzeitigen Behalten von Gehörtem. Spearman formulierte seine Auffassung so, dass jeder Mensch sowohl g als auch spezifische Fähigkeiten einsetzen muss, um bestimmte Aufgaben zu lösen.

Ein weiterer Ansatz wurde ursprünglich von Raymond Cattell und John Harris vorgebracht, es ist die Zwei-Faktoren-Theorie der fluiden und kristallinen Intelligenz (Cattell, 1963; Horn, 1998). **Fluide Intelligenz** ist eine mentale Leistungsdisposition, die frei von kulturellen Einflüssen und sprachfrei ist. Dieser Intelligenzaspekt entwickelt sich bis zur Adoleszenz, weil er stark von der Gehirnentwicklung abhängt. Mit dem Abbau von Gehirnstrukturen und -funktionen im Alter nimmt die fluide Intelligenz deshalb auch ab. Sie reagiert empfindlich auf Verletzungen. Die **kristalline Intelligenz** hingegen ist die Fähigkeit, Problemlösemethoden und angesammeltes Wissen einzusetzen, sie wächst über die gesamte Lebensspanne, denn Lernen von Fertigkeiten und Akkumulation von Wissen findet das ganze Leben lang statt. Erweiterungen des Lexikons und des Tatsachenwissens (*deklaratives Wissen*) und wie man z. B. ein Taxi herbeiwinkt, einen Teppich knüpft oder effizient studiert (*prozedurales Wissen*) finden ständig statt. Die Investition von fluider Intelligenz in die Lösung eines Problems führt zu einer Erweiterung der kristallinen Intelligenz, aber viele Aufgaben im Leben wie etwa mathematische Schlussfolgerungen, gründen auf beiden Faktoren der Intelligenz (Finkel, Reynolds, McArdle, Gatz & Peterson, 2003; Hunt, 2000).

Am stärksten gestützt wird ein Ansatz, der Intelligenz, aber auch das Selbstkonzept einschließt, viele Facetten und eine Hierarchie von Fähigkeiten postu-

---

Fluide Intelligenz Mentale Grundmechanismen der Informationsverarbeitung, wie z. B. Reaktionsgeschwindigkeit oder andere nicht-verbale Fähigkeiten, die von der Gehirnentwicklung abhängen.

Kristalline Intelligenz Fähigkeit, Wissensbestände zu speichern und zu organisieren und für aktuelle Leistungssituationen abzurufen sowie kulturell erwünschte Methoden des Problemlösens einzusetzen.

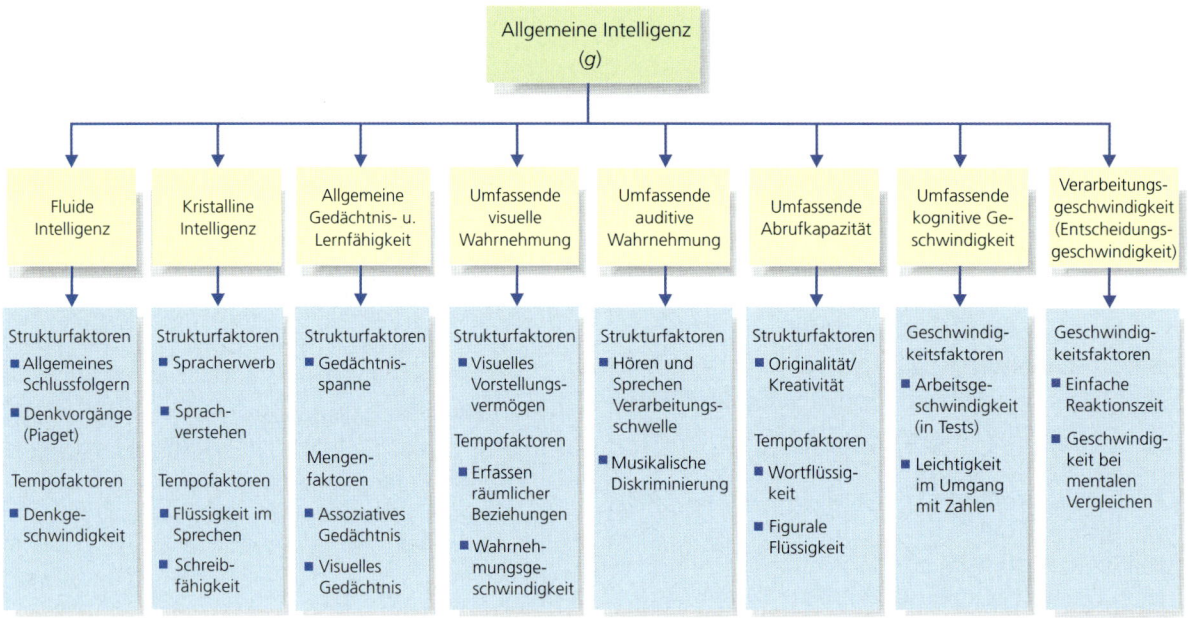

Abbildung 4.1: Ein Beispiel eines hierarchischen Modells der Intelligenz. Die spezifischen Fähigkeiten der untersten Ebene sind nur Beispiele von zahlreichen möglichen. Caroll identifizierte mehr als 70 spezifische Fähigkeiten.
Quelle: Aus The Three-Stratum Theory of Cognitive Abilities von J. B. Carroll. In D. B. Flanagan, J. L. Genshaft & P. L. Harrison (1996) (Hrsg.) *Contemporary Intellectual Assessment: Theories, Tests and Issues.* New York: Guilford Publ. Copyright © 1996 Guilford Publications, Inc.

liert mit *g* an der Spitze und spezifischeren Fähigkeiten weiter unten in der Hierarchie angesiedelt (Sternberg, 2000). Earl Hunt (2000) fasste das gegenwärtige Denken über die Struktur der Intelligenz folgendermaßen zusammen:

Nach fast einem Jahrhundert Forschung ist diese Intelligenzstruktur gut etabliert. Es gibt ausreichend Unterstützung für die beiden Grundebenen des Drei-Ebenen-Modells der Intelligenz. Auf der untersten Ebene sind elementare Informationsverarbeitungsprozesse und auf der darüber liegenden Ebene sind acht Sekundärfähigkeiten angesiedelt. Diese sind breit definierte Fähigkeiten wie Halten und Abrufen von Informationen im Kurz- und Langzeitgedächtnis und – sehr wichtig – das Trio der intellektuellen Fähigkeiten: die kristalline Intelligenz, die fluide Intelligenz und die visuell-räumlichen Fähigkeiten; diese mögen die bemerkbaren Fähigkeiten zur Informationsverarbeitung sein, die in einer bestimmten Sinnesmodalität kodiert sind (S. 123).

Das in der ▶ Abbildung 4.1 dargestellte Drei-Ebenen-Modell der Intelligenz ist ein Beispiel aus einer Reihe von Modellen. Es stammt von John Carroll (1997) und enthält einen allgemeinen Intelligenzfaktor, dann noch umfassende Fähigkeiten (kristalline und fluide Intelligenzanteile, Lernen und Gedächtnis, visuelle und auditive Wahrnehmung, Verarbeitungsgeschwindigkeit) und weiterhin mindestens 70 spezifische Fähigkeiten wie Spracherwerb, Gedächtnisspanne und einfache Reaktionszeit. Der allgemeine Intelligenzfaktor könnte mit der Reifung und den Funktionen des Vorderhirnlappens zusammenhängen, während spezifische Fähigkeiten mit anderen Teilen des Gehirns assoziiert sind (Byrnes & Fox, 1998).

4.1.3 Multiple Intelligenzen

Einige Psychologen beharren auf ihrer Auffassung der voneinander unabhängigen mentalen Fähigkeiten, obwohl die Testleistungen, die den verschiedenen Fähigkeiten zugeschrieben werden, untereinander korrelieren (Gardner, 1983; Guilford, 1988). Nach Gardners (1983; 2003) **Theorie der multiplen In-**

Theorie der multiplen Intelligenzen In der Intelligenztheorie Gardners acht unabhängige Fähigkeiten: Logisch-mathematische, linguistische, musikalische, räumliche, körperlich-kinästhetische, interpersonale, intrapersonale und ökologische.

Tabelle 4.1

Acht Intelligenzen

Howard Gardners Theorie der multiplen Intelligenzen nimmt acht kognitive Fähigkeiten an: Ein Individuum kann Stärken und Schwächen in nur einer oder in mehreren Fähigkeiten aufweisen.

Intelligenz	Mögliches Entwicklungsergebnis	Kernbestandteile
Logisch-mathematisch	Wissenschaftler Mathematiker	Feine Differenzierungsfähigkeit, logische oder numerische Muster, Fähigkeit, lange Schlussfolgerungsketten zu bewältigen.
Linguistisch	Schriftsteller Journalist	Sensibilität für den Klang, den Rhythmus und die Bedeutung von Worten; Sensibilität für die verschiedenen Funktionen der Sprache.
Musikalisch	Komponist Geiger	Fähigkeit zur Wahrnehmung und Ausführung von Rhythmen, Tonhöhen und Stimmqualität; Wertschätzung für Formen musikalischer Ausdruckskraft.
Räumlich	Navigation, Radarkontrollen Bildhauer	Kapazität, die visuell-räumliche Welt genau zu erfassen und Transformationen des bereits Wahrgenommenen vorzunehmen.
Körperlich-kinästhetisch	Tänzer Athlet	Fähigkeit, die eigenen Körperbewegungen zu kontrollieren und Geschicklichkeit beim Umgang mit Gegenständen.
Interpersonal	Therapeut Verkäufer	Fähigkeit zur feinen Unterscheidung und angemessenen Reaktion auf die Stimmungen, Temperamente, Motivationen und Wünsche anderer Leute.
Intrapersonal	Person mit detailliertem, genauem Wissen über sich selbst	Zugang zu seinen eigenen Gefühlen und der Fähigkeit, sie genau zu unterscheiden und sie zur Steuerung des Verhaltens einzusetzen.
Ökologisch	Botaniker Farmer Jäger	Bestimmen von Pflanzen und Tieren, die Natur analysieren, Systeme verstehen und Kategorien definieren (vielleicht sogar Kategorien der Intelligenz).

Quelle: Aus Multiple Intelligences Go to School von H. Gardner & T. Hatch (1989), *Educational Researcher*, *18(8)*, S. 6. Copyright © 1989 American Research Association. Auch: *Educational Information and Transformation*, herausgegeben von J. Kane (2002). Copyright © 2002 Prentice Hall.

telligenzen gibt es mindestens acht unabhängige Intelligenzen: linguistisch (verbal), musikalisch, räumlich, logisch-mathematisch, körperlich-kinästhetisch (Bewegung), interpersonal (verstehen anderer), intrapersonal (sich selbst verstehen) und ökologisch (beobachten und verstehen natürlicher und von Menschen erzeugter Muster und Systeme). Gardner betont, dass es mehr Arten von Intelligenz gibt – acht sei keine magische Anzahl. In neuen Veröffentlichungen denkt er über mehr Fähigkeiten nach, so über eine spirituelle und eine existenzielle Intelligenz – die Fähigkeit über große Fragen wie den Sinn des Lebens nachzudenken (Gardner, 2003). Gardner gründet seine Annahme von unabhängigen Fähigkeiten auf der Erkenntnis, dass Hirnschäden (durch einen Schlaganfall z. B.) oft die Funktionen eines bestimmten Areals beeinträchtigen, zum Beispiel die Sprachfunktionen; diese Beeinträchtigungen erstrecken sich nicht auf andere Areale. Individuen können also in einem dieser acht Bereiche herausragende Leistungen erbringen, in den anderen sieben aber keine bemerkenswerten Fähigkeiten aufweisen. ▶ Tabelle 4.1 fasst diese acht Intelligenzfaktoren zusammen.

Welche Intelligenzen gibt es?

Gardner (1998, 2003) bestimmt Intelligenz als die Fähigkeit, Probleme zu lösen und Ergebnisse zu erreichen, die vom kulturellen Kontext positiv bewertet werden. In verschiedenen Kulturen und Epochen in der Geschichte werden jeweils unterschiedliche Intelligenzen geschätzt. Eine ökologische Intelligenz ist wichtig im Kontext einer Agrarkultur, verbale und mathematische Intelligenz sind notwendig in technisch ausgerichteten Kulturen. Weiterhin glaubt Gardner an eine biologische Grundlage der Intelligenz. Intelligenz ist „ein biologisches und psychologisches Potenzial; das Potenzial wird mehr oder weniger realisiert, dadurch, dass sich Erfahrungs-, kulturelle und motivationale Faktoren auf eine Person auswirken" (1998, S. 62).

Gardners Multiple-Intelligenzen-Theorie hat keine weite Akzeptanz in der wissenschaftlichen Gemeinschaft gefunden, obwohl viele Erzieher in diesem Rahmen gearbeitet haben. Einige Kritiker meinen, dass einige der „Intelligenzen" eher als Talente zu betrachten sind (körperlich-kinästhetische Fertigkeiten, musikalische Fertigkeiten) oder Persönlichkeitseigenschaften (interpersonale Fähigkeit). Andere „Intelligenzen" sind nicht neu. Viele Forscher konnten die Auffassung erhärten, dass die verbale und die mathematische Fähigkeit Intelligenzfaktoren sind. Weiterhin sind die acht Intelligenzen nicht unabhängig; es gibt Korrelationen zwischen den als unabhängig gedachten Faktoren: Die logisch-mathematische und die räumliche Intelligenz sind hoch korreliert (Sattler, 2001). Demnach sind die „unabhängigen Fähigkeiten" so unabhängig auch wieder nicht. In neuen Untersuchungen wird auch die musikalische mit der räumlichen Fähigkeit in Verbindung gebracht, was Gardner veranlasste, seine Auffassung zu revidieren und auch abhängige „Intelligenzen" anzunehmen (Gardner, 1998). Auf weitere Entwicklungen in diesem Bereich sollte man achten, denn es könnten sich wichtige Erkenntnisse ergeben.

Gardner (1998, 2003) hat auf die Kritik geantwortet, indem er auf eine Reihe von Mythen und Missverständnissen über multiple Intelligenzen und deren Ausbildungsmöglichkeiten in Schulen hinwies. Eine irrtümliche Annahme ist, dass Intelligenzen so etwas wie Lernstile sind. (Gardner glaubt allerdings nicht, dass es so etwas gibt wie konsistente Lernstile). Ein anderes Missverständnis ist, dass die Theorie der multiplen Intelligenzen einen allgemeinen g-Faktor nicht einbezieht. Zwar gesteht Gardner seinen Kritikern zu, dass es einen g-Faktor gibt, aber er stellt den Erklärungswert eines solchen allgemeinen Intelligenzfaktors für psychische Leistungen infrage.

Tabelle 4.2

Anwendungen und Missbrauch der Multiplen-Intelligenz-Theorie

Howard Gardner hat in einer neuen Veröffentlichung diese negativen und positiven Anwendungen seiner Theorie aufgelistet. Die einzelnen Punkte folgen seinen Aussagen.

Missbräuchliche Verwendung:

1 **Alle Begrifflichkeiten und Fächer unterrichten, indem alle Intelligenzen angesprochen werden:** „Es ist sinnlos und eine Energieverschwendung, jedes Thema in mindestens siebenerlei Weisen anzugehen."

2 **Nur eine bestimmte Intelligenz einzubeziehen, ist wenig hilfreich:** Für die körperlich-kinästhetische Intelligenz z. B. „haben zufällige Muskelbewegungen mit Intelligenz und deren Förderung nichts zu tun".

3 **Intelligenz als Hintergrund für andere Aktivitäten einsetzen:** z. B. Musik abspielen beim Lösen von Mathematikaufgaben, denn „die Wirkung von Musik ist wahrscheinlich ähnlich der eines tropfenden Wasserhahns oder eines surrenden Ventilators."

4 **Intelligenzen mit anderen wünschenswerten Eigenschaften verwechseln:** z. B. wird die interpersonale Intelligenz oft als „Lizenz zum kooperativen Lernen" gewertet, und intrapersonale Intelligenz oft als „Begründung für Selbstwert-Programme".

5 **Direkte Bewertung oder Benotung der Intelligenz ohne Bezug zum Kontext:** „Ich sehe keinen Sinn darin, Noten für ‚linguistische' oder ‚körperlich-kinästhetische Intelligenz' zu vergeben".

Anwendungen:

1 **Die Kultivierung von erwünschten Kompetenzen:** „Schulen sollten solche Fertigkeiten und Kompetenzen vermitteln, die in der Gemeinde und der Gesellschaft hoch angesehen sind".

2 **Einen Begriff, ein Thema, ein Fach von verschiedenen Seiten aus angehen:** Schulen versuchen zu viel abzudecken. „Es macht mehr Sinn, die nötige Zeit auf die Vermittlung von Schlüsselbegriffen zu verwenden, produktive Ideen und Fragestellungen zu entwickeln und den Schülern Zeit einzuräumen, sich mit ihnen vertraut zu machen und ihre Implikationen kennenzulernen."

3 **Die Personalisierung von Erziehung:** „Die Grundidee der multiplen Intelligenz besteht – in der Theorie und in der Praxis – darin, individuelle Unterschiede ernst zu nehmen."

Quelle: Aus Reflections About Multiple Intelligences: Myths and Messages von H. Gardner (1998), in A. Woolfolk (Hrsg.), *Readings in Educational Psychology* (2. Aufl., S. 64–66). Boston: Allyn & Bacon. Copyright © 1998 Phi Delta Kappan.

Erfolg im Leben erfordert mehr als kognitive Fertigkeiten: Es ist auch wichtig, emotional „schlau" zu sein. Lehrer können Schülern helfen, emotional und kognitiv intelligent zu werden.

Die Schulung multipler Intelligenzen

Ein Vorteil der Perspektive Gardners ist, dass sie den Denkrahmen der Lehrer über Fähigkeiten und deren Förderung durch die Schule erweitert. Die Theorie wurde jedoch missbraucht. Einige Lehrer erfassten nur eine vereinfachte Version. Sie bezogen alle „Intelligenzen" in jede Unterrichtsstunde ein, auch wenn das gar nicht passte. ▶ Tabelle 4.2 listet einige Missbräuche und positive Anwendungen von Gardners Überlegungen auf.

Viele Lehrer und Schulen sind begeistert von Gardners Ideen, aber es gibt bisher noch keine unanfechtbaren Forschungsergebnisse dafür, dass der Multiple-Intelligenzen-Ansatz das Lernen fördert. In einer der wenigen sorgfältigen Überprüfungen fanden Callahan, Tomlinsin und Plucker (1997) keine bedeutsamen Fortschritte im Leistungs- oder Selbstkonzeptbereich für am Programm START teilnehmende Schüler. Bei START handelt es sich um ein Programm zur Feststellung von Fähigkeitsschwerpunkten und deren Förderung bei Schülern, denen das Sitzenbleiben droht. Lernen ist anstrengend, auch wenn es verschiedene Wege zum Erfolg gibt. Perry Klein (2002) führt das Argument an, dass die Theorie der multiplen Intelligenz zu unspezifisch ist, um Lehrern Anwendungen im Unterricht zu ermöglichen. „Zum Beispiel, das Wissen, das Basketball ‚körperlich-kinästhetische Intelligenz' erfordert, sagt dem Trainer nichts über die konkreten Fertigkeiten, die die Spieler zu lernen haben" (S. 228).

4.1.4 Emotionale Intelligenz

Was würden Sie dazu sagen?

Als Teil eines Vorstellungsgespräches für eine Lehrerstelle an einer Realschule werden Sie Folgendes gefragt: „Was halten Sie von der Idee einer emotionalen Intelligenz? Würden Sie das Thema unterrichten?"

Howard Gardners Theorie der multiplen Intelligenzen schließt intrapersonale und interpersonale Intelligenzen bzw. selbstbezogene und partnerbezogene Intelligenz ein. Das Konzept der **emotionalen Intelligenz** basiert auf einer ähnlichen Sichtweise.

Überall gibt es Menschen, die intellektuell und künstlerisch sehr begabt sind, aber keinen Erfolg haben. Sie haben Probleme in der Schule, in ihren Beziehungen, mit ihrer Arbeit; sie scheinen keinen Ausweg zu finden. Nach der Meinung einiger Psychologen könnte die Ursache der Schwierigkeiten in einem Mangel an emotionaler Intelligenz liegen. Sie wurde zuerst definiert von Peter Salovey und John Meyer als die Fähigkeit, emotionale Informationen richtig und effizient zu verarbeiten (Mayer & Cobb, 2000; Mayer & Salovey, 1997; Roberts, Zeidner & Matthews, 2001). Daniel Goleman (1995) machte die Idee der emotionalen Intelligenz (E-IQ oder EQ) in seinem weitverbreiteten Buch, das die Arbeiten von Salovey und Mayer aufgriff, populär.

Emotionale Intelligenz Die Fähigkeit, emotionale Informationen richtig und effizient zu verarbeiten.

Was ist der EQ?

Im Mittelpunkt der emotionalen Intelligenz gibt es vier umfassende Fähigkeiten: Wahrnehmen, Integrieren, Verstehen und Regulieren von Emotionen (Mayer & Cobb, 2000). Wenn man seine eigenen Gefühle nicht wahrnehmen kann, wie kann man dann eine gute Wahl treffen zwischen Berufsmöglichkeiten, Beziehungen, Zeitmanagement oder sogar Freizeitunterhaltungen (Baron, 1998)? Menschen, die die Emotionen anderer wahrnehmen und verstehen (meist durch Wahrnehmen der nicht-verbalen cues) und angemessen darauf reagieren, interagieren erfolgreicher mit anderen Personen zusammen und entwickeln sich zu Führerpersönlichkeiten (Wood & Wood, 1999). Wenn man seine Gefühle und sein Denken über Sachverhalte und Situationen nicht integriert und seine eigenen Emotionen nicht versteht, wie kann man sie dann anderen genau mitteilen? (Etwa wenn Freunde beständig fragen: „Was ist denn schiefgegangen?" kommt dann die Antwort: „Ach nichts!")

Emotionen bedürfen der Regulation in unserer Kultur, besonders negative Emotionen wie Ärger und depressive Verstimmungen. Das Ziel ist nicht unbedingt, Emotionen zu unterdrücken, aber man sollte sich auch nicht von ihnen überwältigen lassen. Gefühle zu regulieren, heißt, seine Energien zu kanalisieren, Ausdauer zu entfalten, Impulse zu kontrollieren und unmittelbare Befriedigungen oder Belohnungen zu verschieben. Die Regulierung von Gefühlen ist im Schulkontext sehr wichtig. Zum Beispiel werden vierjährige Kinder, die ihren Impulsen sofort nachgeben, verglichen mit Vierjährigen, die Belohnungen aufschieben können, mit höherer Wahrscheinlichkeit schlechtere Schüler in der höheren Schule (Shoda, Mischel & Peake, 1990).

Einige Forscher kritisieren das Konstrukt EQ; sie meinen, die emotionale Intelligenz stelle kein Bündel von Fähigkeiten dar, sondern von Persönlichkeitseigenschaften oder die Anwendung von allgemeiner Intelligenz auf soziale Situationen (Izard, 2001; Nestor-Baker, 1999). Steht die Intelligenz mit Gefühlen in Verbindung, in dem sie diese „schlau macht" und zur Kontrolle von Gefühlen und Impulsen befähigt oder verhält es sich umgekehrt: die Emotionen vermitteln Informationen an die Intelligenz, sodass gute Entscheidungen und das Verstehen anderer Menschen möglich werden? Vielleicht stimmt beides. Die Kernannahme besagt jedenfalls, Erfolg im Leben hängt nicht allein von kognitiven Kompetenzen ab, und Lehrer sind wichtige Helfer bei der Entwicklung *aller* notwendigen Fertigkeiten.

Der EQ und die Schule

Einige Untersuchungen zeigen, dass Programme zur Förderung der emotionalen Kompetenzen fördernde Wirkungen aufweisen, auch auf das kooperative Verhalten; anti-soziales Verhalten wie Schikanieren und Verunglimpfungen anderer werden reduziert. Zum Beispiel entwickelte Norma Feshbach (1998, 1997) ein 36-Stunden-Programm für Grundschüler zur Entwicklung von Empathie. Das Programm enthält Übungen wie Einschätzen, was jedes Familienmitglied sich zum Geburtstag wünschen könnte oder sich in die Rolle einer Katze hineinversetzen und deren Weltsicht schildern. Schüler erzählen auch Geschichten aus der Perspektive einer der Figuren, dann wird die Rolle durchgespielt und das Spiel mit einer Videokamera gefilmt. Die Schüler analysieren das Video, um zu lernen, wie die Ausdruckformen verschiedener Menschen in einzelnen Zuständen beschaffen sind und wie sie sich verhalten. Sandra Grahams (1996) Programm für aggressive Jungen geht ähnlich vor, damit diese Jungen lernen, die Intentionen anderer richtig zu erkennen. Sie setzt ebenso Rollenspiele und Übungen zur Wahrnehmung der Intentionen und Gefühle anderer ein. Die Vorteile der Aggressionsreduktion in der Schule liegen auf der Hand, aber diese Programme bereiten die Schüler auch auf das Leben außerhalb der Schule vor.

Warnungen

Eines der Probleme mit Neuerungen in der Pädagogischen Psychologie ist, dass sie oft gründlich missverstanden oder falsch beschrieben werden durch die Medien und deren Schreiber oder Reporter, die keine Psychologie- oder Pädagogikausbildung haben. Das Konzept der emotionalen Intelligenz scheint dieses Schicksal zu erleiden. Stellen Sie sicher, dass die von Ihnen gelesenen Berichte auf guten Belegen aus der Forschung basieren.

4.1.5 Intelligenz als Prozess

Wie Sie sehen konnten, beschreiben die Theorien von Spearman, Cattell, Horn und Gardner eher, wie Individuen sich in der *inhaltlichen Strukturierung* ihrer Intelligenz unterscheiden – in ihren verschiedenen Fä-

Tabelle 4.3

Sternbergs triarchische Theorie der Intelligenz

Sternberg schlägt vor, dass intelligentes Verhalten das Ergebnis von Anwendungen von Denkstrategien, vom kreativen und schnellen Angehen neuer Probleme und von der Anpassung an den Kontext ist; die Anpassung erfolgt durch Auswahl und Umformen von Umgebungselementen.

	Analytisch *Strukturelle Intelligenz*	Kreativ *Erfahrungen schöpferisch verarbeitende Intelligenz*	Praktisch *Kontextuelle Intelligenz*
Definition	Fähigkeit, abstrakt zu denken, Informationen zu verarbeiten, verbale Fähigkeiten	Fähigkeit, neue Ideen zu entwickeln und unverbundene Fakten zu integrieren; Kreativität als Fähigkeit mit neuen Situationen umzugehen und automatisch neue Lösungen zu finden	Fähigkeit, sich an eine sich wandelnde Umgebung anzupassen und so auf die Umgebung einzuwirken, dass neue Möglichkeiten entstehen; Probleme lösen in spezifischen Situationen
Beispiele	Analogien oder Syllogismen zu lösen, Vokabeln zu lernen	Einen Motorschaden in einem Auto diagnostizieren, Ressourcen auftun für ein neues Projekt	Den Hörer neben das Telefon legen oder ein „Bitte-nicht-stören-Zeichen" an die Türklinke hängen, um Störungen während des Lernens abzustellen

higkeiten. Neuere Arbeiten aus der kognitiven Theorie betonen stattdessen die *Denkprozesse*, die bei allen Menschen ablaufen. Wie sammeln und nutzen Menschen Informationen zum Lösen von Problemen und wie verhalten sie sich intelligent? Aus dieser Arbeit erwachsen neue Sichtweisen der Intelligenz.

Robert Sternbergs (1985; 2004) **triarchische Theorie der Intelligenz** ist ein Ansatz zum Verstehen kognitiver Prozesse. Erfolgreiche Intelligenz schließt „die Fertigkeiten und das Wissen ein, die für eine erfolgreiche Bewältigung der Lebensanforderungen notwendig sind, wobei erfolgreich rein subjektiv und mit Bezug auf den sozialen Kontext definiert wird" (Sternberg, 2004, S. 326). Sternberg zieht den Terminus erfolgreiche Intelligenz vor, um hervorzuheben, dass Intelligenz mehr als das ist, was Intelligenztests messen – Intelligenz heißt, Erfolg im Leben haben. Wie der Name schon sagt, sieht die Intelligenztheorie drei Komponenten vor: die analytische, die kreative und die praktische Intelligenz (siehe ▶ Tabelle 4.3).

Analytisch/strukturelle Intelligenz bezieht sich auf alle mentalen Prozesse, deren Ergebnis intelligentes Verhalten ist. Diese Prozesse gliedern sich nach Komponenten – elementare Informationsverarbeitungsprozesse, die nach den Funktionen klassifiziert werden und danach, wie allgemein sie sind. *Metakomponen-*

ten führen Funktionen höherer Ordnung durch wie Planen, Strategieauswahl und Überwachen. Das Ausführen der ausgewählten Strategien wird dann von Performanzkomponenten besorgt. Neues Wissen zu verarbeiten, ist die Aufgabe der Wissenserwerbskomponente, wie etwa relevante von irrelevanten Informationen zu unterscheiden, wenn ein neuer Begriff oder Sachverhalt erlernt werden soll (Sternberg, 1985).

Einige Komponenten sind spezifisch; d. h. sie werden nur für eine Aufgabe benötigt, wie z. B. für die Lösung von Analogieaufgaben. Andere Komponenten sind sehr allgemein und sind an der Lösung fast aller Aufgaben beteiligt. Zum Beispiel Metakognitionen dienen der Auswahl von Strategien und sie verfolgen den Fortschritt im Lösungs- oder Lernprozess. Der allgemeine Einsatz von Metakognitionen hilft, die Korrelationen zwischen fast allen Typen von mentalen Tests zu verstehen. Personen, die sich auf die Auswahl geeigneter Problemlösestrategien oder Überwachungsstrategien verstehen und die einen neuen Weg einschlagen, wenn der erste fehlschlägt, bestehen mit einiger Wahrscheinlichkeit erfolgreich alle Arten von Tests. Metakomponenten könnten die neue Variante von Spearmans *g*-Faktor sein.

Der zweite Teil von Sternbergs triarchischer Theorie, ist *die kreative/die Erfahrungen schöpferisch ver-*

Triarchische Theorie der Intelligenz Eine Dreikomponententheorie der mentalen Fähigkeiten (Denkprozesse, Verarbeitung neuer Erfahrungen und Anpassung an den Kontext), die mehr oder weniger intelligentes Verhalten ermöglichen.

arbeitende Intelligenz; sie hilft bei der Bewältigung neuer Anforderungen. Intelligentes Verhalten ist gekennzeichnet durch zwei Merkmale: (1) **Einsicht** oder die Fähigkeit, effektiv mit neuen Situationen umzugehen, und (2) **Automatizität** – die Fähigkeit automatisch (d. h. fmit geringem Verbrauch mentaler Ressourcen) und schnell zu denken und Probleme zu lösen. Diese Komponente von Intelligenz sorgt also für das Finden neuer Lösungen und für das Umsetzen von neuen Lösungen in Routinevorgänge, die ohne nennenswerte kognitive Anstrengung angewendet werden können.

Die dritte Komponente der sternbergschen Theorie, die *praktische/kontextuelle Intelligenz*, weist auf die Wichtigkeit hin, einen Lebensstil und eine Arbeit in einem Kontext auszuwählen, der erfolgversprechend ist, an den man sich anpasst und den man auch gestalten kann. In diesem Zusammenhang ist die Kultur ein zentraler Faktor, der bestimmt, was eine erfolgreiche Auswahl, Anpassung und Gestaltung ist. Zum Beispiel, Fähigkeiten, die eine Person erfolgreich in einer Bauernsiedlung werden lassen, sind in einer Großstadt nicht funktional. Erfolgreiche Menschen bringen sich meist in Situationen ein, in denen ihre Fähigkeiten zur Geltung kommen, sie arbeiten hart, um ihre Fähigkeiten nutzbringend einzusetzen, und sie kompensieren ihre Schwächen. Die intelligenten Leistungen der dritten Komponente setzen sich also zusammen aus praktischem Vorgehen wie Berufswahl oder sozialem Geschick. In einer Feldstudie in einer russischen Großstadt fanden Elena Grigorenko und Robert Sternberg (2001), dass Erwachsene mit hoher praktischer und analytischer Intelligenz den körperlichen und psychischen Stress der politischen Wendesituation in dem ehemaligen Ostblockland besser bewältigten.

Praktische Intelligenz besteht zum großen Teil aus handlungsorientiertem **implizitem Wissen**. Dieses implizite Wissen wird weitgehend in der alltäglichen Lebensbewältigung erworben und nicht in der Schule. Es ist *prozedurales Wissen* (Wissen, wie) und nicht *deklaratives Wissen* (Wissen, was) (Sternberg, Wagner, Williams & Horvarth, 1993). Sternberg und seine Kollegen haben inzwischen ein Programm entworfen zur Förderung der praktischen Intelligenz für den Schuler-

folg durch Unterweisung der Schüler im Lesen, Schreiben, Hausarbeiten erledigen und Schreiben von Tests (Sternberg, 2002; Williams et al., 1996). Wie bald vorgestellt wird, werden adaptive Fertigkeiten (ähnlich der praktischen Intelligenz) als Kriterium herangezogen, um Schüler mit intellektuellen Defiziten identifizieren zu können (American Association on Mental Retardation (AAMR), 2002; Cuskelly, 2004).

4.1.6 Messen der Intelligenz

> **Halt! Denken Sie nach! Schreiben Sie!**
> Können Sie die folgenden Aufgaben lösen?
>
> - Wie heißt die Hauptstadt von Frankreich?
> - Was haben ein Zentimeter und ein Kilometer gemeinsam?
> - Was bedeutet *turbulent*?
> - Wiederholen Sie diese Zahlen rückwärts, die letzte zuerst usw.: 8 5 7 3 0 2 1 9 7.
> - Welche zwei Vorteile hat eine Lampe gegenüber einer Kerze?
> - Wenn ein Anzug die Hälfte des regulären Preises, nämlich € 223 kostet, wie viel hat der Anzug ohne Ermäßigung gekostet?

Diese von Sattler (2001, S. 222) übernommenen Aufgaben sind ähnlich denen aus einem verbalen Intelligenztest für Kinder. Ein anderer Subtests fragt das Kind, welches Teil auf einem Bild fehlt, Bilder werden in einer Reihenfolge geordnet, um eine Bildergeschichte zu ergeben, ein Mosaikbild nachlegen, Puzzleteile zu einer ganzen Figur zusammenlegen, Labyrinthe durchwandern und Zeichen nachschreiben. Obwohl Psychologen sich nicht darüber einigen können, was Intelligenz ist, stimmen sie doch dahingehend überein, dass Intelligenz, so wie sie von standardisierten Tests erfasst wird, einen großen Einfluss auf das Lernen in der Schule hat. Worauf kann man diesen Einfluss zurückführen? Die Antwort ist in den Bedingungen zu suchen, die zur Entwicklung von Intelligenztests geführt haben.

Einsicht Plötzliches Erkennen einer Lösung, die Fähigkeit, produktiv mit neuen Situationen umzugehen.

Automatizität Das Ergebnis eines Lernprozesses, in dem ein bestimmtes Verhalten oder ein Denkvorgang so gründlich erworben wird, dass eine Ausführung automatisch und ohne Anstrengung erfolgt.

Implizites Wissen „Wissen, wie" und nicht „Wissen, dass"; dieses Wissen wird im Alltag und nicht durch schulischen Unterricht erworben.

Binets Dilemma

Im Jahre 1904 stand Alfred Binet dem folgenden Problem des Ministers für Bildung und Erziehung gegenüber: Wie lassen sich Schüler, die Sonderförderung benötigen, schon früh in ihrer Schulzeit erkennen, noch bevor sie in Regelklassen versagen? Binet war auch politisch aktiv und setzte sich für die Rechte von Kindern ein. Er glaubte, wenn er die Lernfähigkeit objektiv erfassen könnte, so sei es möglich, die Schüler aus armen Familien zu schützen, welche die Schule verlassen mussten, weil sie Diskriminierungen ausgesetzt waren, und als langsame Lerner abgestempelt wurden.

Binet und sein Mitarbeiter Theodore Simon wollten nicht nur die Schulleistungen messen, sondern auch deren intellektuelle Voraussetzungen. Sie probierten viele Testaufgaben aus und verwarfen unbrauchbare, die nicht die guten von den schlechten Schülern trennten, schließlich blieben 58 Testaufgaben übrig, für jede der Altersstufen zwischen 3 und 13 Jahren einige. Binets Tests erlauben dem Untersucher, das **mentale Entwicklungsalter** des untersuchten Kindes zu bestimmen. Einem Kind, das fast alle Aufgaben von Sechsjährigen richtig erledigen kann, wird das mentale Entwicklungsalter von 6 Jahren zugeschrieben, unabhängig davon, ob es 4, 6 oder 8 Jahre alt ist.

Das Konzept des **Intelligenzquotienten (IQ)** kam auf, nachdem Binets Test in den Vereinigten Staaten eingeführt und an der Stanford Universität überarbeitet wurde. Das Ergebnis ist der bekannte Stanford-Binet-Test. Ein IQ-Wert wurde errechnet durch den Vergleich des intellektuellen Alters mit dem chronologischen Alter. Die Formel lautet:

$$\text{Intelligenzquotient} = \frac{\text{Mentales Entwicklungsalter in Jahren}}{\text{chronologisches Alter}} \times 100$$

Der erste Stanford-Binet-Test wurde fünfmal überarbeitet, das letzte Mal im Jahre 2003 (Roid, 2003). Die Praxis, das Entwicklungsalter zu errechnen, hat sich als problematisch herausgestellt, denn der IQ, errechnet auf der Grundlage des mentalen Entwicklungsalters, hat in der Schulzeit dann nicht mehr die gleiche Bedeutung wie in der Vorschulzeit. Um diesem Problem zu begegnen, wurde der Abweichungs-IQ eingeführt. Der **Abweichungs-IQ** ist eine Maßzahl, die aussagt, um wie viele Einheiten über oder unter dem Durchschnitt seiner Altersstufe der Wert eines Kindes liegt.

Gruppen- oder individuelle IQ-Tests

Der Stanford-Binet-Test ist ein individueller Intelligenztest. Er kann nur als Einzeltest von ausgebildeten Psychologen eingesetzt werden und dauert insgesamt zwei Stunden. Die meisten Fragen werden mündlich gestellt und beantwortet, es ist also nicht erforderlich, lesen und schreiben zu können. Ein Schüler arbeitet in der Regel aufmerksamer und motivierter mit Erwachsenen zusammen.

Psychologen haben auch Gruppentests entwickelt, um sie in einer Klasse oder einer ganzen Schule gleichzeitig einzusetzen. Verglichen mit einem Einzeltest liefert ein Gruppentest mit geringerer Wahrscheinlichkeit ein genaues Bild der Fähigkeiten einer Person. Wenn Schüler einen Test in einer Gruppe durchführen, können sie schlechter abschneiden, da sie die Instruktionen nicht verstehen und keiner unmittelbar hilft. Dafür gibt es verschiedene Gründe: weil die Schüler Schwierigkeiten beim Lesen haben, weil die Spitze an ihrem Bleistift abbricht, oder weil sie beim Ausfüllen des Formblattes sich in der Zeile geirrt haben, weil andere Schüler sie ablenken oder weil sie durch das Antwortformat verwirrt werden (Sattler, 2001). Als Lehrer sollte man die Ergebnisse von Gruppentests mit Vorsicht interpretieren.

Was bedeutet ein IQ-Wert?

Viele Intelligenztests sind so entworfen, dass sie bestimmte statistische Kennzeichen haben. Zum Beispiel, der Mittelwert ist auf 100 gesetzt; 50 % der Testpopulation, die sich dem Test unterziehen, haben einen Wert von 100 oder höher und 50 % liegen unter dem Wert von 100. Ungefähr 68 % erhalten einen IQ-Wert zwischen 85 und 115. Nur 16 % erreichen einen Wert von über 115 und ein gleicher Prozentsatz Werte unter 85. Diese Angaben treffen auf eine bestimmte Population wie weiße Amerikaner zu, deren Erstsprache Englisch ist oder deutschsprachige Mitteleuropäer, kurz auf alle Gruppen, die den Normstichproben eines Tests

---

Mentales Entwicklungsalter Eine Leistung in einem Intelligenztest, die der Durchschnittsleistung in einem bestimmten Alter entspricht.

Intelligenzquotient (IQ) Ein Leistungswert, der das mentale Entwicklungsalter im Verhältnis zum chronologischen Alter widerspiegelt.

Abweichungs-IQ Ein Leistungswert, der auf einem statistischen Vergleich zwischen einer individuellen Leistung mit der Durchschnittsleistung der entsprechenden Altersgruppe beruht.

Verknüpfen und erweitern Sie mit anderen Kapiteln

Der Abweichungs-IQ berücksichtigt Variationen in der Leistung in verschiedenen Altersstufen durch Errechnen der individuellen Abweichung vom Altersdurchschnitt. Diese Überlegungen werden in Kapitel 14 ausführlicher diskutiert.

entsprechen. Ob IQ-Tests bei Minderheiten eingesetzt werden sollen, deren Erstsprache nicht Englisch oder Deutsch usw. ist, wird kontrovers diskutiert. Die *Richtlinien* sollen einige Anhaltspunkte für eine realistische Interpretation des IQ geben.

Der Flynn-Effekt: Werden wir immer schlauer?

Seit Einführung der IQ-Tests zu Beginn des 20. Jahrhunderts stiegen die durchschnittlichen Wertpunkte, welche die Probanden in den Tests erreichten, in 20 verschiedenen Industrieländern, aber auch in einigen traditionellen Kulturen stetig an (Daley, Whaley, Sigman, Espinosa & Neumann, 2003). In einer Generation erhöhte sich der IQ um 18 Punkte, vielleicht ist die junge Generation ja wirklich intelligenter als die Elterngeneration (*mentale Akzeleration*). Dieser Anstieg wird mit **Flynn-Effekt** bezeichnet, nach James Flynn, einem Politikwissenschaftler, der das Phänomen dokumentierte. Einige Erklärungen gehen von besserer Ernährung, besserer Gesundheitsfürsorge für Eltern und Kinder aus, von einer zunehmenden Komplexität des Lebenskontextes, der das Denken anregt, von kleineren Familien, die mehr Sorgfalt auf die Erziehung der Kinder verwenden, von zunehmender Schulbildung der Eltern, zahlreicheren und besseren Schulen und einer höheren Vorbildung, die sich auf steigende Leistungen im Test auswirkt. Eine Folge des Flynn-Effektes ist, dass die Normen, die als Richtlinien für die Interpretation von Einzelwerten dienen (mehr über Normen in Kapitel 14), beständig auf einen neuen Stand gebracht werden müssen. Anders formuliert, um einen Wert von 100 als Durchschnitt behalten zu können, müssen die Testfragen mit den Jahren schwieriger werden. Diese zunehmende Schwierigkeit hat Implikationen für alle jene Ausbildungsprogramme, die IQ-Werte als Teil ihrer Aufnahmebedingungen eingeführt haben. Zum Beispiel, einige „Durchschnitts"schüler der Elterngeneration könnten jetzt intellektuell unterdurchschnittlich abschneiden, weil die Testfragen schwieriger geworden sind (Kanaya, Scullin, & Ceci, 2003).

Intelligenz und Leistung

Intelligenztestergebnisse sagen die Schulleistungen ziemlich gut voraus, wenigstens für große Gruppen. Zum Beispiel liegt die Korrelation etwa bei $r = 0,40$ bis $r = 0,50$ zwischen Schulnoten und Wertpunkten in einem weitverbreiteten Intelligenztest (für Einzeluntersuchungen), dem revidierten Hamburg-Wechsler-Intelligenztest für Kinder (HAWIK-R, 2007). Die Korrelationen zwischen einem standardisierten Leistungstest und Intelligenztestwerten sind höher — etwa zwischen $r = 0,50$ und $r = 0,70$ (Sattler, 2001). Das sollte nicht überraschen, denn die Tests wurden entwickelt, um Schulleistungen vorhersagen zu können. Es sei daran erinnert, dass Binet Testaufgaben verwarf, die nicht zwischen guten und schlechten Schülern diskriminieren konnten.

Erreichen Schüler mit hohem IQ mehr im Leben? Auf diese Frage gibt es keine klare Antwort. Es gibt Hinweise darauf, dass g oder allgemeine Intelligenz, „mit lebensnahen schulischen, sozialen und beruflichen Leistungen korreliert" (Ceci, 1991), aber es gibt eine große Debatte über die Höhe und die Bedeutung dieser Korrelationen (*Current Directions in Psychological Science*, 1993; McClelland, 1993). Personen mit höheren IQ-Werten weisen mehr Bildungsjahre auf und sie haben höher bewertete Arbeitspositionen inne. Jedoch, wenn die Anzahl der Bildungsjahre konstant gehalten wird, sind IQ-Werte und Schulleistungen nicht hoch korreliert mit Einkommen und selbst eingeschätztem Erfolg im Leben. Andere Faktoren wie Motivation, soziale Fertigkeiten und Glück, könnten die unterschiedlich hohen Korrelationen vielleicht besser aufklären (Goleman, 1995; Neisser et al., 1996; Sternberg & Wagner, 1993).

Intelligenz: Erbe oder Umwelt

In keinem anderen psychologischen Bereich gab es eine so heftige Debatte wie über das Thema Intelligenz. Sollte Intelligenz als Potenzial angesehen wer-

---

Flynn-Effekt Beschreibt die Auswirkungen von besserer Gesundheit, kleineren Familien, steigender Komplexität der Umgebung sowie längerer und besserer schulischer Ausbildung auf die steigenden IQ-Werte in Intelligenztests (mentale Akzeleration).

IQ-Werte interpretieren

Stellen Sie fest, ob der IQ-Wert auf einem Einzel- oder Gruppentest beruht. Seien Sie vorsichtig in der Interpretation der Ergebnisse von Gruppentests.

Beispiele

1 Einzeltests sind z. B. Der Hamburg-Wechsler-Intelligenztest für Kinder (HAWIK-R) für Kinder von 6–16;11 Jahren, und die Kaufman Assessment Battery For Children (K-ABC) für Kinder von 2;5 bis 12;5 Jahren sind nur zwei der bekanntesten der gemischt verbalen und nicht-verbalen Intelligenztests. Ein weitverbreiteter, rein nicht-verbaler Intelligenztests zur Erfassung des logischen Denkens ist der Progressive-Matrizen-Test (CPM, SPM, APM) von Raven.

2 Gruppenintelligenztests gibt es wenige: Der Gruppenintelligenztest für lernbehinderte Sonderschüler (CMM-LB), den kognitiven Fähigkeitstest (KFT-K und KFT-3) gibt es in einer Kindergarten- und einer Schulversion bis zur 3. Klasse und den Heidelberger Intelligenztest (HIT) für 3. und 4. Klassen, er kann als Einzel- und Gruppentest eingesetzt werden.

Vergessen Sie nie, dass IQ-Tests nur Schätzungen der allgemeinen Lernfähigkeit sind.

Beispiele

1 Kleine Unterschiede in den Testwerten zwischen Schülern sollten nicht interpretiert werden.

2 Die Werte unterliegen aus verschiedenen Gründen zeitlichen Schwankungen, das kann auch auf Messfehler zurückzuführen sein.

3 Vergessen Sie nicht, dass der Gesamtscore gewöhnlich das Durchschnittsergebnis vieler Fragen darstellt. Ein Intelligenzwert im mittleren Bereich bedeutet entweder, dass der Schüler alle Aufgaben durchschnittlich gut gelöst hat oder dass er in manchen Aufgaben gut (z. B. in den sprachlichen Aufgaben) und in anderen (z. B. in den Aufgaben mit Zahlen) schlechter abgeschnitten hat.

Vergessen Sie nicht, dass IQ-Werte die Erfahrungen und das Lernergebnis von Schülern darstellen.

Beispiele

1 Betrachten Sie diese Werte als Prädiktoren für Fähigkeiten, die in der Schule benötigt werden, nicht als Indikatoren für angeborene intellektuelle Fähigkeiten.

2 Wenn ein Schüler in Ihrer Klasse gute Leistungen zeigt, ändern Sie Ihr Urteil oder Ihr Anspruchsniveau für den Schüler nicht, nur weil das Ergebnis eines Subtests schwach ausgefallen ist.

3 Vergessen Sie nicht, dass die Interpretation der IQ-Werte für Schüler aus Minderheiten und für Schüler mit Deutsch als L2 deren besondere Umstände berücksichtigen muss. Auch die sogenannten „kulturfreien" Tests benachteiligen Schüler aus Minderheitengruppen,

4 Erinnern Sie sich daran, dass sowohl Anpassungsfähigkeit als auch IQ-Testwerte verwendet werden, um intellektuelle Stärken und Schwächen zu erkennen und den Schüler besser fördern zu können.

Mehr Informationen über die Interpretation von IQ-Werten finden Sie im Internet unter
http://www.wilderdom.com/personality/L2-1UnderstandingIQ.html

den, dass durch die Erbausstattung weitgehend vorbestimmt ist? Oder bedeutet Intelligenz einfach das Niveau des intellektuellen Funktionierens zu einem bestimmten Zeitpunkt und beeinflusst durch Erfahrung und Bildung? Es ist unmöglich, genetisch festgelegte Intelligenzanteile von erfahrungsabhängigen zu trennen. Gegenwärtig sind Psychologen der Überzeugung, Intelligenzunterschiede seien sowohl genetisch als auch durch Erfahrung bestimmt, bei Kindern vielleicht sogar zu gleichen Anteilen (Petrill & Wilkerson,

2000). „Gene legen das Verhalten nicht fest. Vielmehr lassen sie Variation in den möglichen Reaktionsformen auf eine Vielfalt durch die Umwelt bereitgestellter Erfahrungen zu" (Weinberg, 1989, S. 101). Umgebungseinflüsse schließen alles ein, von der Gesundheit der Mutter während der Schwangerschaft über den Bleigehalt in der nahen Umgebung des Kindes bis zur Qualität des Unterrichts in der Schule.

Für einen Lehrer ist besonders wichtig zu erkennen, dass kognitive Fertigkeiten, wie andere auch, verbessert werden können. Intelligenz ist ein Zustand zu einem gegebenen Zeitpunkt, bestimmt durch Erfahrungen in der Vergangenheit und offen für die Zukunft. Intelligenz hat ein begrenztes, aber doch großes Potenzial, sie fordert Lehrer heraus. Zum Beispiel weisen chinesische und japanische Schüler bessere Mathematikkenntnisse auf als amerikanische, doch ihre Intelligenzwerte unterscheiden sich kaum. Diese Überlegenheit in Mathematik mag an der unterschiedlichen Didaktik und an besonderen Lernstrategien in den drei Ländern liegen, aber asiatische Schüler zeichnen sich auch durch höhere *intrinsische Leistungsmotivation* aus (Baron, 1998; Stevenson & Stigler, 1992).

Nachdem nun verschiedene Aspekte der Intelligenz dargestellt wurden, wird im Folgenden die Berücksichtigung von interindividuellen Unterschieden in den kognitiven Fähigkeiten im Unterricht besprochen.

Fähigkeitsunterschiede und Unterricht

Was würden Sie dazu sagen?

Sie haben ein Interview für eine Lehrerstelle an einer Realschule, die im Herbst eröffnet werden soll. Nach etwa vier Minuten Konversation sagt der für die Lehrpläne zuständige Lehrer zu Ihnen: „Wir führen eine heftige Diskussion in diesem Schulbezirk, ob wir Schüler nach Leistungsgruppen einteilen und ob wir verschiedene Schulzweige einrichten sollen. Welchen Standpunkt haben Sie in diesen Fragen?" Was würden Sie antworten?

In diesem Abschnitt stellen wir Alternativen für den Umgang mit Unterschieden in der Leistungsfähigkeit von Schülern vor. Am Ende dieses Abschnittes sollten Sie in der Lage sein, die obige Frage zu beantworten. Sind Leistungskurse (Niveaukurse, Eignungskurse) statt Altersklassen die Lösung für die immer auftretenden Unterschiede in den Fähigkeiten, Leistungen zu erbringen?

4.2.1   Schultypen und Leistungskurse

Wenn Klassen nach dem Leistungsstand der Schüler gebildet werden, so werden diese als **Leistungskurse** bezeichnet oder auf der Schulebene als **Schulzweig** oder **Schultyp**. Dies ist ab der Sekundarstufe I, schwerpunktmäßig in der Sekundarstufe II in Deutschland üblich. Durch Förderunterricht einerseits und durch selektive Privatschulen gibt es auch Leistungsdifferenzierungen auf der Kurs- und Schulebene in der Grundstufe. Solche Differenzierungen scheinen zunächst sehr effizient zu sein, doch zeigen Untersuchungen immer wieder, dass begabte Schüler zwar davon profitieren, weniger begabte jedoch nicht (Castle, Deniz & Tortora, 2005; Garmon, Nystrand, Berends & LePore, 1995; Committee on Increasing High School Students' Engagement and Motivation to Learn, 2004; Oakes and Wells, 1998; Robinson & Clinkenbeard, 1998).

Weniger leistungsfähige Schüler erhalten im Allgemeinen eher schlechteren Unterricht als leistungsstarke. Die Lehrer setzen niedrige Lernziele, setzen eher auf leichtere Routinetätigkeiten mit geringerer Leistungszentrierung. Darüber hinaus gibt es bei diesen Schülern mehr Verhaltensprobleme und damit einhergehend eine größere Belastung für die Lehrer; dieser Stress beeinträchtigt wiederum die Einsatzbereitschaft der Lehrer. Die Unterschiede im Unterrichtsniveau und die negative Einstellung der Lehrer bedeutet gleichzeitig, dass an die Schüler niedrigere Erwartungen herangetragen werden. Die Beaufsichtigung und auch das Selbstvertrauen leiden darunter. Die weniger anspruchsvollen Schultypen oder Verzweigungen innerhalb einer Schule haben in der Regel überdurchschnittlich viele Schüler aus Minderheiten und aus ökonomisch benachteiligten Sozialschichten; eine Klassifikation der Schüler nach Leistung bedeutet damit gleichzeitig eine soziale Segregation von Schülergruppen. Gelegenheiten für Freundschaften beschränken sich dann auf Schüler mit ähnlichem Leistungsniveau.

Die Zuweisung zu Leistungskursen erfolgt aufgrund von IQ-Werten aus Gruppentests; diese stellen jedoch keinen guten Richtwert dafür bereit, was jemand in einem bestimmten Fach leisten kann und will (Corno & Snow, 1986; Garmon, Nystrand, Berends & LePore, 1995; Kulik & Kulik, 1982; Slavin, 1990).

Leistungskurse, -gruppen System von Klassen-/Gruppenvergleich, in dem Schüler Kursen/Gruppen zugewiesen werden, die ihren gemessenen Fähigkeiten oder Leistungen entsprechen.

Schulzweig/Schultyp Nach Leistungsfähigkeit der Schüler differenziertes Schulsystem (Hauptschule, Mittelschule, Gymnasium).

Gegenwärtig ist der Trend zu einem stark verzweigten Schulsystem wieder rückläufig zugunsten eines Trends zur **Gesamtschule** und zu *integrierten Klassen*. In den Klassen werden alle Schüler zusammen unterrichtet, die leistungsschwachen Schüler erhalten darüber hinaus noch Förderunterricht, die leistungsstarken werden mit Vertiefungen und Erweiterungen gefördert (Corno, 1995a; Oakes & Wells, 2002). In Deutschland bleiben Sonderschulen aber immer noch bestehen. Jeannie Oaks und Amy Wells (2002) beschrieben verschiedene Möglichkeiten in den Sekundarstufen I und II ohne Leistungsverzweigungen zu unterrichten:

- Keine Förderkurse für die leistungsschwachen Schüler, lediglich Regelklassenunterricht für alle und einen Leistungskurs für leistungsstarke Schüler.
- Angebot von bestimmten Arbeiten als Auszeichnung oder von Sonderaktivitäten im Regelunterricht.
- Alle Schüler müssen zuerst eine bestimmte Anzahl von Kernkursen nehmen, dann erst haben sie die freie Auswahl für bestimmte Aufbaukurse für Fortgeschrittene.
- Schüler aus Minderheiten sollten ermutigt werden, sich Aufbaukurse auszuwählen.
- Sehen Sie mehr Zeit zwischen den Unterrichtsstunden vor, sodass schwache Schüler noch gesonderte Unterstützung erhalten können.
- Stellen sie noch ein Tutorensystem vor und nach dem Unterricht bereit.
- Richten Sie einen Hausarbeitszirkel ein mit Lehrern, Eltern und Freiwilligen aus der Gemeinde.
- Statt den Lernstoff so zu vereinfachen, dass auch lernschwache Schüler ihn verstehen, vermitteln Sie Lernstrategien, sodass auch schwierige Themen verstanden werden können.

Nicht alle Fachleute und Laien haben eine positive Einstellung zur Gesamtschule oder integrierten Klassen. Dieses Konzept wird eher für die Grundschule gut geheißen, weniger für die Sekundarstufen. *Pro & Contra* (siehe S. 152) stellt die Argumente für beide Standpunkte zusammen.

Es gibt zwei Ausnahmen zum allgemeinen Befund, dass Leistungsklassifikation zur Verringerung der Leistung der schwachen Schüler führt. Das erste Argument ist im Bereich der Hochbegabten-Klassen zu finden. Hochbegabte Schüler profitieren von einer homogeneren Klassenzusammensetzung mehr als ebenso begabte Schüler in Regelklassen (Kulik & Kulik, 2997). Ein in USA eingeführtes System, der **Joplin-Plan**, sieht vor, Schüler in leistungsheterogenen Klassen zu belassen, aber z. B. für den Leseunterricht je nach Note Leistungskurse zusammenzustellen. An einem solchen Leistungskurs in Lesen können Schüler aus verschiedenen Klassenstufen teilnehmen, die alle etwa gleich weit im Lesenlernen sind.

4.2.2 Binnendifferenzierung in Klassen

Halt! Denken Sie nach! Schreiben Sie!

Sie bereiten eine Unterrichtseinheit über Biotope für Ihre Schüler vor. Sie wollen es genauso machen, wie Ihr ehemaliger Professor für Pädagogische Psychologie es empfohlen hatte: Sie führen erst einen Vortest durch, der abfragt, was vom Wissensstoff schon bekannt ist. Sie sollten die Schüler natürlich beruhigen, dass sie nicht benotet würden, dass Sie nur Anregungen für die Gestaltung der Unterrichtseinheit sammeln wollen. Die Schüler machen mit und nehmen den Test ernst. Am Abend schauen Sie sich die Tests an. Sie stellen fest, dass etwa ein Viertel über 90 % des Stoffes schon kennt. Ziemlich viele Schüler können etwa die Hälfte der Fragen beantworten, und der Rest hat keinen blassen Schimmer. Am nächsten Tag fragen Sie eine der Schülerinnen, die zu den Besten gehörte, woher sie das alles wüsste. Sie erklärt, dass sie im naturwissenschaftlichen Unterricht im letzten Jahr das Thema Biotop als Spezialthema gewählt hatten. Sie starren auf Ihre Unterrichtseinheit und stellen fest, dass sie eigentlich keinem Schüler richtig gerecht wird. Was unternehmen Sie?

Gesamtschulsystem Ersetzen bestehender Schultypen, Schulverzweigungen und Leistungskurse durch ein Schulsystem mit integrierten leistungsheterogenen Klassen.

Joplin-Plan/Grundschule ohne Altersklassen Schulform, in der Schüler nach Fähigkeiten in verschiedenen Fächern zusammengestellt werden, unabhängig von ihrem Alter und ihrer Klassenstufe.

Sind Schultypen und Schulzweige eine effektive Bildungsmaßnahme?

Seit langer Zeit gibt es schon Bildungsverzweigungen oder Schultypen im deutschen Schulsystem (Berufsschulen, Sonderschulen, grundständige (humanistische) Gymnasien, Real- oder Mittelschulen, Gesamtschulen, Fachschulen usw., aber haben sie die gewünschte Wirkung? Kritiker sagen, Differenzierungen im Schulniveau sind schädlich, andere behaupten, es sei sehr nützlich, obwohl die Anforderungen hoch sind.

Pro: Die Abschaffung der Schultypen und der Verzweigungen wird vielen Schülern schaden.

Die Forscher, die sich die Effekte der Verzweigungen und Schultypen auf die Schulleistung und andere Variablen genau angesehen haben, sagen aus, dass Differenzierung manchmal für manche Schüler gut ist, aber nicht immer für alle Schüler. Zunächst stimmen viele darin überein, dass Leistungsdifferenzierung in Klassen oder Schulen positive Auswirkungen auf gut- und hochbegabte Schüler haben. Programme für Hochbegabte, Leistungskurse mit hohem Niveau und Überspringen von Klassen scheinen sich positiv auszuwirken (Fuchs, Fuchs, Hamlett & Karns, 1998; Robinson & Clinkenbeard, 1998), und niemand möchte diese positiven Effekte abschaffen. Auch werden nicht wenige Schüler aus sonst benachteiligten Minderheiten in diese Kurse mit hohem Niveau zugelassen (10 % wahrscheinlicher für afroamerikanische im Vergleich zu weißen Schülern) (Cameron & Mare, 1989), eine Abschaffung der Leistungskurse würde diesen Schülern einen schlechten Dienst erweisen.

Was wären die Folge eines ausschließlich zur Verfügung stehenden Gesamtschultyps? Loveless (1999) führt einige versteckte Kosten an. Erstens hat eine große nationale Erhebung ergeben, dass wenn Zehntklässler in eine leistungsheterogene Klasse statt in eine homogene Klasse mit niedrigerem Leistungsniveau gehen, rücken sie um 5 Perzentilrangplätze höher. Dies wäre also gut. Aber mittelmäßige Schüler verlieren 2 Perzentilpunkte, wenn sie in heterogenen Klassen beschult werden und begabte Schüler verlieren etwa 5 Perzentilpunkte.

Die Leistungskluft wird in der Tat kleiner in heterogenen Klassen, aber auf Kosten der mittelmäßigen und guten Schüler, und diese machen etwa 70 % der Schüler in den zehnten Klassen in den USA aus (Loveless, 1999, S. 29). Vergleichbare Zahlen für Deutschland können wegen des unterschiedlichen Schulsystems nicht berichtet werden.

Eine andere Folge des Gesamtschulsystems wäre die *Abwanderung* der guten Schüler in andere Schulen (englisch: *bright flight*). Sowohl afroamerikanische als auch weiße Eltern misstrauen dem integrierten Schulsystem; sie glauben nicht, dass es den Bedürfnissen ihrer Kinder gerecht wird (Public Agenda Foundation, 1994). In einigen der integrierten Klassen scheint die Leistung aller Schüler zu sinken. Zum Beispiel lernen Schüler in heterogenen Algebraklassen nicht so viel wie Schüler in leistungshomogeneren Klassen – auf allen Fähigkeitsniveaus (Epstein & MacIver, 1992). Eine Metaanalyse von Studien über den Selbstwert von Schülern fand, dass Schüler in den niedrigen Leistungsgruppen keinen geringeren Selbstwert hatten als Schüler in heterogenen Leistungsklassen (Kulik & Kulik, 1997).

Wie lautet also die Antwort? Wie gewöhnlich ist sie komplizierter als einfach nur die Entscheidung zwischen Verzweigungen ja oder nein. Eine sorgfältige Beachtung der Leistungen jedes Schülers könnte verschiedene Antworten zu verschiedenen Zeiten erfordern.

Contra: Schulverzweigungen oder Schultypen schaden den Schülern und sollten abgeschafft oder sehr spät in der Schulzeit eingeführt werden.

Nach Tom Loveless (*Educational Leadership*, April 1999) „argumentieren bekannte Forscher und anerkannte nationale Bulletins für eine Abschaffung des differenzierenden Schulsystems, denn es stehe dem Grundsatz der Gleichheit von Bildungschancen entgegen" (S. 28).

Loveless zitiert die Arbeiten von Braddock und Slavin (1993), Carnegie Council on Adolescent Development (1995); Oakes (1985) und Wheelock (1992) – alle liefern Argumente gegen Schulverzweigungen und Schultypen. Worauf gründet sich ihre Argumentation? Die Belege für die Argumente machen keine klare und direkte Aussage. Zum Beispiel haben gut kontrollierte Untersuchungen ergeben, dass die Differenzierung der Schüler nach Leistung zu einer Verschlechterung der schwachen Schüler führt und die Leistungen der guten Schüler allzu sehr in die Höhe treibt (Gamoran, 1987; Kerckhoff, 1986). Gameron fand auch, dass die Leistungskluft zwischen Schülern der höheren Schulen und denjenigen in Schultypen mit niedrigerem Niveau größer ist als zwischen vorzeitigen Schulabgängern und Schülern mit Schulabschluss. In den USA sind Schüler aus Familien mit niedrigem Einkommen und farbige Schüler in den Schultypen mit niedrigeren Leistungsanforderungen überrepräsentiert, deshalb wird ihnen der größte Schaden durch die Verzweigungen zugefügt; sie sollten von einer Abschaffung der Leistungsdifferenzierungen im Schulsystem am meisten profitieren (Oakes, 1990b; Oakes & Wells, 2002). Ist das wahrscheinlich?

Welchen Standpunkt haben Sie?

Unterschiede, wie die im Kasten *Halt! Denken Sie nach! Schreiben Sie!* beschriebenen, kommen in allen amerikanischen Schulen und Klassen vor, die nach Leistungskursen oder -gruppen differenzieren. Es ist nicht ungewöhnlich 3–5 Jahre Altersunterschied in einer Leistungsgruppe zu haben (Castle, Deniz & Tortora, 2005). In leistungsheterogenen altersgruppierten Klassen wird gewöhnlich keine Rücksicht auf Fähigkeitsunterschiede genommen. In einer Untersuchung mit 46 Klassen, waren 84 % aller Aktivitäten für leistungsstarke und durchschnittliche Schüler dieselben (Westberg, Archambault, Dobyns & Slavin, 1993). Die Unterschiede im Wissenshintergrund der Schüler sind für jeden Lehrer eine Herausforderung, besonders in Fächern, die auf vorher erworbenem Wissen und bekannten Techniken aufbauen wie Mathematik und Naturwissenschaften (Loveless, 1998).

Zur Zeit werden in vielen Grundschulen die Klassen in Gruppen mit verschiedenen Lesefertigkeiten eingeteilt, in manchen Klassen gibt es auch Mathematikgruppen; es ist allerdings nicht klar, ob diese **Binnendifferenzierung nach Fähigkeiten** bessere Lernergebnisse bringt als andere Unterrichtsmethoden. Überlegt zusammengestellte und gut unterrichtete Leistungsgruppen in Mathematik und Lesen können effizient sein, aber es stehen auch andere Ansätze, wie z. B. das kooperative Lernen, zur Verfügung. Die Kernidee jeder Gruppierungsstrategie ist das Schwierigkeitsniveau und die Unterstützung zu optimieren – d. h. die Kinder in ihrer *„Zone der proximalen Entwicklung"* zu erreichen (Wygotski, 1997). Flexible Gruppierungen sind eine mögliche Antwort.

Flexible Gruppierung

Beim **flexiblen Gruppieren** werden Schüler in Gruppen eingeteilt und erneut gruppiert, je nach ihren Lernbedürfnissen. Die Gruppen werden ständig getestet, sodass sie auch jeweils in ihrer Zone der proximalen Entwicklung lernen. Es lassen sich viele Organisationsformen denken: kleine Gruppen, Partnerlernen, individuelles Lernen und sogar die ganze Klasse zusammen – je nachdem in welcher Gruppierung die Schüler am besten einen bestimmten Unterrichtsstoff lernen. Flexible Gruppierungen gehen einher mit Unterricht auf hohem Niveau und hohen Erwartungen an alle Schüler, unabhängig in welcher Leistungsgruppe sie sich befinden. In einer fünfjährigen Längsschnittuntersuchung über flexible Gruppierungen in Klassen mit lernschwachen Schülern in einer Grundschule in der Großstadt (Castle, Denis & Tortora, 2005) konnte der Anteil der Schüler, die erfolgreich eine Klassenstufe bestanden haben von 10 % auf 57 % angehoben werden, je nachdem um welches Fach es sich handelte. Die Lehrer hatten Training und Unterstützung bei der Leistungserfassung, der Gruppierung und den notwendigen Lehrstrategien, und am Ende der Untersuchung setzten 95 % der Lehrer die flexible Gruppierung in ihren Klassen ein. Die Lehrer in der Untersuchung glaubten, dass die Lernerfolge zum Teil auch auf die stärkere Aufmerksamkeitszuwendung der Schüler auf die Lernaufgaben und ihre größere Zuversicht im Hinblick auf die Unterrichtssituation zurückzuführen sei.

Eine andere Art des flexiblen Gruppierens ist das Unterrichten ohne Klassen. Schüler verschiedenen Alters (etwa zwischen sechs und acht Jahren) sind in einer

---

Binnendifferenzierung nach Fähigkeiten Innerhalb einer Klasse werden die Schüler nach Fähigkeitsniveau gruppiert, um den Leistungsunterschieden gerecht zu werden.

Flexible Gruppierungen Schüler werden nach ihren jeweiligen Lernbedürfnissen Lerngruppen zugeordnet; ändern sich die Bedürfnisse, werden Neuzuordnungen vorgenommen.

Gruppieren nach Leistung

Bilden Sie Gruppen auf der Grundlage der gegenwärtigen Leistung in den unterrichteten Fächern.
Beispiele

1 Nehmen Sie die letzte Note für Lesen, um Lesegruppen zu bilden, und bilden Sie Mathematikgruppen nach den letzten Mathematiknoten.

2 Ändern Sie so häufig wie nötig die Zuordnung zu Gruppen, wenn sich die Leistungen der Schüler ändern.

Entmutigen Sie Vergleiche zwischen Gruppen und ermutigen Sie Schüler, die Klasse als Einheit zu betrachten.
Beispiele

1 Lassen Sie die Fachgruppen nur in dem entsprechenden Unterricht zusammensitzen.

2 Führen Sie keine besonderen Bezeichnungen der Gruppen ein, lassen Sie nur Namen für die ganze leistungsgemischte Klasse zu.

Gruppierungen sollten nur für ein oder maximal zwei Fächer vorgenommen werden.
Beispiele

1 Sehen Sie viele Unterrichtsstunden und Projekte mit der gesamten Klasse vor.

2 Experimentieren Sie mit Lernstrategien, in denen Kooperation gefragt ist (beschrieben in Kapitel 11).

3 Halten Sie die Zahl der Gruppen klein (höchstens zwei oder drei), sodass sich so viel Gelegenheit wie möglich zum direkten Unterrichten ergibt; lässt man Schüler zu lang allein, lernen sie weniger.

Stellen Sie sicher, dass Lehrer, Lernmethoden und Lerngeschwindigkeit auf die Bedürfnisse der Schüler abgestimmt sind.
Beispiele

1 Organisieren und unterrichten Sie Gruppen so, dass leistungsschwache Schüler mehr Unterweisungen erhalten – nicht einfach dasselbe Material wiederholen.

2 Experimentieren Sie mit alternativen Gruppierungen. Es gibt Alternativen zu Gruppierungen innerhalb der Klasse, die für manche Fächer effizienter erscheinen. DeWayne Mason und Tom Good (1993) fanden, dass der Unterricht in Mathematik in der ganzen Klasse ergänzt werden kann durch Techniken wie Fehler ausmerzen und anreichern, wenn die Schüler es brauchten, und dass diese Methode besser ist, als die Klasse in zwei Leistungsgruppen zu teilen und die Gruppen dann getrennt zu unterrichten.

Mehr Informationen über Gruppieren innerhalb von Klassen finden Sie im Internet unter
http://www.nasponline.org/about-nasp/pospaper_ag.aspx und **unter http://nwrel.org/scpd/sirs/1/cu2.html**

Klasse zusammengefasst, aber sie werden für den Unterricht flexibel innerhalb der Klasse unterteilt nach Leistung, Motivation oder Interesse an verschiedenen Fächern. Diese Art der Gruppierung ist für Schüler aller Fähigkeitsniveaus geeignet, solange der Lehrer hierdurch verstärkt direkt unterrichten kann. Aber *Vorsicht bei altersheterogenen Gruppen*. Dritt-, Viert- und Fünftklässler für den Mathematik- oder Leseunterricht zusammenzufassen, macht noch Sinn. Aber einen großen Viertklässler in die zweite Klasse zu schicken, in der er der einzige ältere Schüler ist und sehr auffällt, wird wahrscheinlich nicht erfolgreich sein. Es ist auch nicht gut, wenn altersheterogene Klassen zusammengestellt werden, weil sonst zu wenig Schüler in der Klasse wären und nicht, weil die Bedürfnisse der Schüler dies erforderten. Diese Klassen arbeiten nicht erfolgreich (Veenman, 1997). Wie wiederholt in diesem Buch zu erkennen sein wird, ist es anregender für Motivation und Lernen, auf einem optimalen Anforderungsniveau zu arbeiten, d. h. auf einer Schwierigkeitsstufe, die mit Anstrengung und Unterstützung bewältigt werden kann.

Wenn Sie jemals Leistungsgruppen in Ihrer Klasse zusammenstellen, lesen Sie die *Richtlinien* durch, damit Sie den Unterricht effizient durchführen können (Good & Brophy, 2003).

Lernstile 4.3

Was würden Sie dazu sagen?

Während eines Interviews für einen Lehrauftrag sagt der Geschäftsführende Direktor eines Institutes: „Wir denken an ein professionelles Entwicklungsprogramm für Lernstile. Wissen Sie schon etwas darüber?"

Die Art, wie jemand an das Lernen und Studieren herangeht, nennt man seinen **Lernstil**. Obwohl viele verschiedene Lernstile schon beschrieben wurden, lassen sie sich alle auf einer Dimension anordnen: der Tiefen- bzw. Oberflächenverarbeitung von Informationen in Lernsituationen (Snow, Corno & Jackson, 1996). Individuen, welche die *Tiefenverarbeitung* bevorzugen, betrachten die Lernaktivität als ein Mittel zum Verständnis dahinterstehender Konzepte oder Bedeutungen. Sie lernen um des Lernens willen und kümmern sich weniger darum, wie ihre Leistungen bewertet werden, die Motivation spielt also auch eine Rolle. Schüler, die zur oberflächlichen Verarbeitung neigen, lernen auswendig und suchen kein in die Tiefe gehendes Verständnis. Diese Schüler werden durch *extrinsische Motivationen* wie Belohnungen, Noten, externen Leistungsstandards und dem Wunsch nach Anerkennung durch andere gesteuert. Natürlich kann auch die Situation eher Tiefen- oder Oberflächenverarbeitung nahelegen. Es gibt jedoch eine gut gesicherte Beobachtungsgrundlage, dass Personen eine der beiden Vorgehensweisen und auch noch andere beim Lernen bevorzugen (Biggs, 2001; Coffield, Moseley, Hall & Eccestone, 2004; Pintrich & Schrauben, 1992; Tait & Entwistle, 1998).

4.3.1 Vorsicht bei Lernpräferenzen

Seit Ende der 1970er Jahre ist viel über unterschiedliche **Lernpräferenzen** von Schülern geschrieben worden (Dunn, Dunn & Price, 2000; Dunn & Griggs, 2003; Gregorc, 1982; Keefe, 1982). Lernpräferenzen in diesem Forschungszusammenhang heißen auch Lernstile, aber Präferenzen sind eine genauere Bezeichnung, denn ein „Stil" ist das Produkt von Bevorzugungen für bestimmte Lernumwelten (Licht, Musik) – zum Beispiel, wo (zu Hause, im Hort), wann (direkt nach der Schule, nach einer Pause), mit wem (allein, mit bestem Freund) oder womit (Buch, Computer). Die Lernpräferenzen eines Professors könnten darin bestehen, längere, ununterbrochene Zeitspannen zum Lesen und Schreiben zu haben, einen vollen unterrichtsfreien Tag, wenn möglich. Er lässt sich gewöhnlich jede Woche auf irgendeine Verpflichtung oder einen Abgabetermin ein, sodass er ausdauernd durcharbeiten muss, um rechtzeitig etwas vor dem Termin fertigzustellen. Dann nimmt er sich einen Tag frei. Wenn er plant oder über etwas nachdenkt, muss er sich seine Überlegungen schriftlich vor Augen führen. Manche fertigen sich Diagramme an, wenn sie verstehen wollen, was andere ihnen sagen, oder wenn sie einen Artikel entwerfen. Trotz der unterschiedlichen Lernpräferenzen können alle effektiv arbeiten. Sind dann die Lernbevorzugungen überhaupt für das Lernen relevant?

Es gibt eine Reihe von Instrumenten zur Erfassung von Lernpräferenzen von Schülern: Das Learning Style Inventory (Dunn, Dunn & Price, 1989), Learning Styles Inventory (überarbeitet, Kolb, 1985) und das Learning Style Profile (Keefe & Monk, 1986). Im deutschen Sprachraum gibt es einen Test im Internet (**http://www.lerno.de/MPX_content.php?PHPSESSID =&content_id=653**) von F. J. Röll. Aber diese Art der mehr oder weniger standardisierten Erfassung von Lernstilen ist stark kritisiert worden, da gute Nachweise für die Reliabilität und Validität der Tests fehlen (Snider, 1990; Wintergerst, DeCapua & Itzen, 2001). Bei einer breit angelegten Untersuchung von Lernstiltests, fanden die Untersucher vom Learning Skill Research Center in England „für die Messinstrumente von Dunn und Dunn, Gregore, und Riding wurde keine befriedigende Reliabilität und Validität festgestellt, sie sollten weder im pädagogischen Kontext noch bei der Personalauslese eingesetzt werden". Einige der Ideen zur effektiven Gestaltung des Unterrichts mögen nützlich sein, aber nicht notwendigerweise deshalb, weil sie auf Lernstilen aufbauen (Coffield et al., 2004, S. 127). Dies mag auch für den noch nicht ausreichend überprüften deutschen Lernstiltest von Röll gelten.

Einige Befürworter des Lernstilkonzeptes bringen vor, dass Schüler in ihrer bevorzugten Umgebung und

---

Lernstile Individuell unterschiedliche Art, Lernaufgaben anzugehen.

Lernpräferenzen Die vom Lerner bevorzugte Art zu lernen oder zu studieren durch Veranschaulichung mit Bildern anstelle von reinem Text, einzeln oder in Gruppen, in strukturierten oder unstrukturierten Situationen usw.

in ihrer präferierten Art und Weise am besten lernen (Dunn, Beaudry & Klavas, 1989; Lovelace, 2005). Es gibt auch Hinweise darauf, dass aufgeweckte Schüler keine so genau strukturierte Lernsituation benötigen und ungestörte Einzelarbeit bevorzugen (Torrance, 1986). Aber die meisten pädagogischen Psychologen betrachten die Frage der Lernstile mit Skepsis. „Der Grund, warum Forscher die Lernstildebatte überflüssig finden, ist die dürftige Befundlage in Forschungsansätzen, in denen Lernstile sowie darauf abgestimmte Unterrichtsmethoden und deren Auswirkungen auf den Lernerfolg untersucht wurden" (Stahl, 2002, S. 99). Warum sind diese Ideen so populär? Ein Teil der Antwort ist: „Eine kräftig sich entwickelnde Industrie hat sich darauf spezialisiert, Lehrern, Tutoren und Managern Beratung zu Lernstilen anzubieten; diese besteht zum größten Teil aus unrealistischen Anforderungen und ungerechtfertigten Schlussfolgerungen, die weit über den gegenwärtigen Kenntnisstand und die Hinweise von Theoretikern aufgrund ihres Ansatzes hinausgehen" (Coffield et al., 2004, S. 127). Einige der Unterrichtskonzepte mögen nützlich sein, aber sie sind es nicht notwendigerweise deshalb, weil sie auf dem Lernstilansatz beruhen.

Bevor Sie also Ihren Unterricht auf die vielfältigen Lernstile Ihrer Schüler einstellen, sollten Sie sich vor Augen halten, dass Schüler, besonders die jüngeren, nicht unbedingt beurteilen können, wie sie am besten lernen. Manchmal bevorzugen die Schüler (und es sind meistens nicht die guten), eine bequeme und leichte Lösung, aber Lernen kann anstrengend und harte Arbeit sein. Manchmal lernen Schüler auch auf eine bestimmte Art und Weise, weil sie keine Alternative sehen; es ist für sie der einzig mögliche Weg, an die Lernaufgaben heranzugehen. Die Schüler könnten mit einer neu zu entwickelnden und vielleicht effektiveren Herangehensweise bessere Ergebnisse erzielen. Eine letzte Überlegung: Viele der Vertreter des Lernstilkonzepts verweisen auf die unterschiedlichen Lerner als wichtiges Element des Ansatzes hin. Die gegenwärtige Forschung geht von einem Ansatz aus, der die Person im Kontext betrachtet – sowie vom ganzen Lehren-Lernen-System als ein Zugang zum besseren Verständnis des Lernens (Coffield et al., 2004). Im nächsten Kapitel wird diesen Fragen weiter nachgegangen werden, wenn der Zusammenhang von Lernstilen und Kultur betrachtet wird.

4.3.2 Visuelle/verbale Verarbeitungsformen

Eine Differenzierung im Bereich der Lernstile wird durch Forschung erhärtet. Richard Mayer beschäftigte sich mit der Unterscheidung zwischen visuel-

---

Tabelle 4.4

Drei Facetten der Visualisierungs-Verbalisierungs-Dimension

Es gibt drei Facetten des visuellen vs. verbalen Lernens: Fähigkeit, Stil und Präferenzen. Personen können hohe oder niedrige Werte in einer oder in allen dieser Facetten haben.

Facette	Lernertypen	Beschreibung
Kognitive Fähigkeit	Hohe Verarbeitungsfähigkeit für räumliche Informationen	Gute Fähigkeiten, Vorstellungsbilder und räumliche Informationen zu erzeugen, zu erinnern und zu verändern.
	Geringe Verarbeitungsfähigkeit für räumliche Informationen	Geringe Fähigkeiten, Vorstellungsbilder und räumliche Informationen zu erzeugen, zu erinnern und zu verändern.
Kognitiver Stil	Visuelle Verarbeitung	Denkt mit Vorstellungsbildern und visuellen Informationen.
	Verbale Verarbeitung	Denkt sprachlich und mit sprachlichen Informationen.
Lernpräferenzen	Visueller Lerner	Bevorzugt Unterweisung mit Bildmaterial.
	Verbaler Lerner	Bevorzugt Unterweisung mit sprachlichem Material.

Quelle: Aus Three Facets of Visual and Verbal Learners: Cognitive Ability, Cognitive Style and Learning Preference von R. E. Meyer & L. J. Massa (2003) *Journal of Educational Psychology, 95*, S. 838.

lem und verbalem Lerner von computergestützten multimedialen Lernprogrammen. Er findet eine Visualisierungs-Verbalisierungs-Dimension mit drei Facetten: kognitiv-räumliche Fähigkeit (niedrig-hoch), kognitiver Stil (Visualisierung vs. Verbalisierung) und Lernpräferenz (verbaler vs. visueller Lerner) wie in ▶ Tabelle 4.4 zusammengestellt ist (Mayer & Massa, 2003). Die Sachlage ist komplexer als einfach nur Personen einzuteilen in visuelle oder verbale Lerner. Schüler können z. B. lieber mit Bildern lernen, aber bei wenig ausgeprägter räumlicher Verarbeitungsfähigkeit könnte das genau der falsche Weg sein und zu geringen Leistungen führen. Solche Unterschiede lassen sich gut beschreiben, aber der Forschung ist es noch nicht gelungen, die Auswirkungen von Unterricht auf diese Stile zu erfassen. Eines gilt jedoch als ziemlich sicher: Informationen in verschiedenen Modalitäten anzubieten, wirkt sich positiv auf das Lernen aus.

Welchen Wert hat die Lernstilforschung?

Der Zusammenhang zwischen Lernstilen und dem Stil angepasstem Unterricht ist nicht gesichert, die Methoden sind unzuverlässig und die Erwartungen überspannt, und trotzdem sind die Überlegungen über Lernstile nicht nutzlos. Zunächst einmal sorgen sie dafür, dass Schüler ihre Lernweise überdenken und dabei sich selbst beobachten und sich ihrer Lernstrategien bewusst werden. In den folgenden Kapiteln geht es dann um den Nutzen solchen selbstbezogenen Wissens für das Lernen und die Lernmotivation. Dann hilft die Beobachtung des individuellen Lernens bei Schülern sicher auch den Lehrern, die Vorgehensweisen der Schüler beim Lernen zu verstehen, zu akzeptieren und sich danach – so weit es geht – zu richten (Coffield et al. 2004; Rosenfeld & Rosenfeld, 2004).

Bisher standen nur die verschiedenen Fähigkeiten und Stile der Schüler im Mittelpunkt dieses Kapitels. Die folgenden Abschnitte sind den Bedingungen gewidmet, die das Lernen stören können. Alle Lehrer sollten diese Störfaktoren beachten, denn in den letzten Jahrzehnten werden die Lehrer durch Gesetzesänderungen und durch Erweiterungen der Schulpolitik mehr und mehr für den Lernerfolg der Schüler verantwortlich gemacht.

Individuelle Unterschiede und Schulgesetze

4.4

Halt! Denken Sie nach! Schreiben Sie!

Waren Sie schon jemals in der Situation, dass Sie der Einzige in der Gruppe waren, dem es schwer fiel, eine Aufgabe zu erledigen? Wie würden Sie sich fühlen, wenn Sie Tag für Tag in der Schule überfordert wären, während alle anderen die Aufgaben leicht finden? Welche Art von Unterstützung benötigen Sie, damit Sie nicht einfach die Flinte ins Korn werfen?

In den Vereinigten Staaten wurde 1975 das Gesetzespaket zur Förderung von Behinderten eingeführt; es führte zu revolutionär anmutenden Veränderungen in der Erziehung von Kindern mit Behinderungen. Das Gesetzespaket wurde mehrmals revidiert (in den Jahren 1990, 1997, 2004) und heißt jetzt *Individuals with Disabilities Improvement Act* (*IDEA* oder *IDEIA*). Das Gesetz sichert das allgemeine Recht auf freie und angemessene öffentliche Schulbildung für alle Schüler, auch für Sonderschüler. Das Gesetz erlaubt nicht, dass jemand abgelehnt wird. Dieses Gesetz schützt auch Schüler mit ansteckenden Krankheiten wie AIDS. Die Kosten für die Erziehung dieser Kinder müssen durch die Finanzierung der öffentlichen Hand abgedeckt werden. Das Gesetzespaket beinhaltet drei wichtige Punkte für die Lehrer: die individualisierte Erziehung, der Schutz der Schüler mit Behinderungen und deren Eltern und das Konzept der *Umgebung mit minimalen Einschränkungen*. In Deutschland befasste sich die Kultusministerkonferenz (KMK) seit 1994 mit Fragen der sonderpädagogischen Förderung, um für Deutschland einheitliche Richtlinien zu erarbeiten. Der Beschluss der KMK vom 1.10.1999 beinhaltet zum Beispiel Empfehlungen zum Förderschwerpunkt Lernen (**http://www.kmk.org/schul/home.htm**). Hierin wird das Recht der Kinder mit Behinderungen und Störungen verschiedenster Art auf sonderpädagogische Förderung festgehalten und die Entscheidung über deren Zuweisung zu den verschiedenen möglichen Bildungseinrichtungen (Sonderschule, integrierte Schule, Regelschule) den Eltern, Pädagogen, Psychologen und Ärzten überlassen. Die letzte Entscheidung trifft dann die Schulaufsicht oder eine einzelne Schule (siehe Punkt 3.2). In den einzelnen Bundesländern werden die Empfehlungen und Beschlüsse der KMK im All-

gemeinen in deren Schulgesetzen und -verordnungen umgesetzt.

4.4.1 Programm für individuelle Erziehung

Die Gesetzgeber in den USA erkennen an, dass jeder Schüler einzigartig ist und ein auf ihn zugeschnittenes Ausbildungsprogramm benötigt, um sich weiterzuentwickeln. Das *Individualized Education Program* (*IEP*) ist ein Abkommen zwischen den Eltern und der Schule über die Dienstleistungen, die die Schule bereitstellt. Das IEP wurde verfasst von einer Gruppe, die sich zusammensetzt aus Eltern oder Personen mit Sorgerecht für die Kinder, ein Lehrer ohne und ein Lehrer mit Sonderschulausbildung, ein abgeordneter Lehrer der Schule, der die Auswahlkriterien für Schüler mit und ohne besondere Bedürfnisse gut beurteilen kann und (wenn es angebracht erscheint) auch ein Schüler. Wenn die Schule und die Eltern damit einverstanden sind, können auch noch andere Personen hinzugezogen werden, die Erfahrung mit und Wissen über Kinder haben, z. B. ein Kinderpsychotherapeut. Das Programm kann jedes Jahr auf einen neuen Stand gebracht werden, und es muss schriftlich festgehalten sein:

1. Der gegenwärtige Leistungsstand des Schülers und inwieweit sein Verhalten der schulischen Situation angemessen ist.
2. Die messbaren Leistungsziele für das kommende Schuljahr. Die Eltern müssen mindestens so häufig Zeugnisse über die Fortschritte in Richtung auf das Lernziel erhalten wie die Eltern aller anderen Schüler.
3. Eine Feststellung der Sonderfördermaßnahmen und damit verbundener Sonderleistungen, welche die Schule für den Schüler mit besonderen Bedürfnissen bereitstellen muss, sowie die Festlegungen, wann die einzelnen Leistungen bereitgestellt werden sollen.
4. Eine Erklärung, inwieweit das Programm *nicht* als Teil des regulären Unterrichts und in der Schule stattfinden kann.
5. Eine Festlegung, in welcher Form der Schüler an den allgemeinen Bewertungsmaßnahmen teilnehmen kann, besonders denjenigen, die durch das *„Kein Kind bleibt zurück"*-Gesetz vorgeschrieben sind.
6. Im Alter von 14 und 16 Jahren müssen hilfreiche Maßnahmen für den Übergang zu weiterführenden Schulen oder zur Berufsausbildung festgelegt werden.

Die ▶ Abbildung 13.3 in Kapitel 13 stellt einen Auszug aus dem IEP eines 15-jährigen Jungen mit Verhaltensproblemen dar.

4.4.2 Die Rechte von Schülern und Familien

Einige Festlegungen in diesem Gesetzespaket schützen die Rechte der Eltern und Schüler. Die Schulen müssen die Datenschutzbestimmungen bei den Personaldaten der Schüler und ihrer Familien einhalten. Tests sollten die Schüler mit anderem kulturellen Hintergrund nicht benachteiligen. Die Schüler sollen in ihrer Mutter- oder Erstsprache getestet werden, wann immer das möglich ist.

Die Eltern müssen der Eingangsuntersuchung und auch dem Sonderschulprogramm für ihr Kind schriftlich zustimmen. Eltern haben das Recht, alle Untersuchungsberichte und Protokolle über Platzierungs- und Unterrichtsmaßnahmen für ihr Kind einzusehen. Wenn die Eltern dies wünschen, können sie auch unabhängige Gutachten über die schulischen Möglichkeiten ihres Kindes einholen. Eltern können auch einen Rechtsanwalt oder einen Vertreter in die Kommissionssitzung des IEP mitbringen. Wenn die Eltern eines Schülers verhindert sind, müssen Ersatzerziehungsberechtigte für sie eintreten, um die Planung des individualisierten Förderprogramms mitzugestalten. Eltern müssen eine schriftliche Nachricht (in ihrer Muttersprache) erhalten haben, bevor eine Evaluation und eine Platzierung in einem der Fördermaßnahmen umgesetzt werden kann. Die Eltern können das ausgearbeitete Programm auch anfechten und vor Gericht gehen. Wenn Unterredungen mit der Familie des Schülers anstehen, können die in den *Richtlinien* zur Gestaltung der Unterredungen gegebenen Ratschläge helfen, dass sie nicht ergebnislos verlaufen.

Partnerschaft mit Familie und Gemeinde: Hilfen für Unterredungen mit Eltern

Bereiten Sie sich auf die Unterredung vor, damit sie nicht ergebnislos verläuft.

Beispiele

1 Gehen Sie mit einem klaren Ziel in die Unterredung und halten Sie alle notwendigen Informationen bereit. Wenn Sie über den Fortschritt in den Leistungen des Schülers sprechen wollen, bringen Sie Arbeitsproben mit.

2 Schicken Sie eine Liste mit Fragen nach Hause und bitten Sie die Eltern, die Antworten mit zur Unterredung zu bringen. Einige Beispiele für mögliche Fragen sind nach Friend und Bursuck (2002):

- Was macht Ihr Kind am liebsten im Unterricht?
- Was bereitet dem Kind im Unterricht Schwierigkeiten?
- Was hat für Sie in der Erziehung Ihres Kindes Vorrang?
- Welche Fragen haben Sie zum Lehrplan Ihres Kindes in diesem Jahr?
- Was kann die Schule dazu beitragen, dass dieses Schuljahr für Ihr Kind besonders erfolgreich verläuft?
- Möchten Sie über ein Thema sprechen, auf dass sich der Lehrer noch vorbereiten muss? Wenn ja, bitte geben Sie rechtzeitig das Thema weiter!
- Möchten Sie noch jemanden zur Teilnahme an der Unterredung vorschlagen? Wenn ja, bitte reichen Sie die Namensliste rechtzeitig ein.
- Möchten Sie Informationen aus der Schule haben, die der Lehrer mitbringen soll? Bitte geben Sie das rechtzeitig bekannt?

Sorgen Sie während der Unterredung für ein positives Gesprächsklima, das Zusammenarbeit und Respekt signalisiert.

Beispiele

1 Richten Sie den Raum für eine private Unterredung her. Hängen Sie ein Schild außen an die Tür, um Störungen zu vermeiden. Setzen Sie sich um einen runden Konferenztisch, um die Zusammenarbeit zu erleichtern. Halten Sie Papiertücher bereit.

2 Sprechen Sie Familienmitglieder mit „Herr" und „Frau" an, nicht mit Mutter oder Vater; reden Sie von den Schülern, indem Sie diese beim Namen nennen.

3 Gehen Sie auf die Besorgnisse und Vorschläge der Familie ein.

Fertigen Sie nach der Unterredung Protokolle für Ihre Schülerkartei an und prüfen Sie später nach, ob die Entscheidung umgesetzt wurde.

Beispiele

1 Halten Sie Kostüme und Requisiten bereit, die zu beliebten Geschichten passen. Ermuntern Sie die Kinder, die Geschichten nachzuspielen oder neue Abenteuer ihres Lieblingshelden zu erfinden.

2 Haben Sie ein Auge auf das Theaterspielen der Kinder, damit nicht immer dieselben Kinder dieselben Rollen übernehmen („Vater", „Mutter", „Lehrer" oder andere Rollen).

Seien Sie nachsichtig bei Pannen und Fehlern, besonders wenn Kinder etwas ganz allein versuchen.

Beispiele

1 Fertigen Sie für sich Notizen an und ordnen Sie diese ein.

2 Fassen Sie die unternommenen Schritte oder die Entscheidungen schriftlich zusammen und schicken Sie eine Kopie an die Familie und an andere an dem Fall beteiligte Lehrer oder zuständige Personen.

3 Kommunizieren Sie mit der Familie auch anlässlich anderer Gelegenheiten, besonders wenn erfreuliche Neuigkeiten zu berichten sind.

Mehr Informationen über Unterredungen mit Eltern finden Sie im Internet unter
http://www.scholastic.com/parent-teacherconferences/

4.4.3   Umgebung mit minimalen Einschränkungen

In den USA erfordern die Schulgesetze, dass für jedes Kind Maßnahmen entworfen werden sollen, die ihm eine **minimal restriktive Umgebung** (Umgebung mit minimalen Einschränkungen) verschaffen mit einem größtmöglichen Anteil an Teilnahme am regulären Unterricht. Das Programm für individuelle Förderung muss auf diese Gesetzesvorgabe zugeschnitten werden und optimal auf die besonderen Bedürfnisse des Kindes eingehen. Im Laufe der Jahre gab es mehrere Bewegungen, um das zu erreichen: von einer **teilweisen Teilnahme an Regelklassen** (englisch *mainstreaming*) über **Integration in Klassen** (Kinder mit besonderen Bedürfnissen in die Struktur von Regelklassen einpassen) bis zur **Inklusion** (bestehende pädagogische Bedingungen an alle Schüler anpassen, damit sie sich zugehörig fühlen) (Avarmidis, Bayliss & Burden, 2000; Friend & Bursuck, 2002).

Vertreter der Inklusion glauben, dass Schüler mit Behinderungen von den Klassenkameraden ohne Behinderungen profitieren und dass sie deshalb in den dem Bezirk zugehörigen Schulen zusammen beschult werden sollten; dies sollte auch dann geschehen, wenn die schulischen Erfordernisse, die besonderen Stützmaßnahmen, Dienstleistungen, Trainings- sowie Beratungsmaßnahmen für die Lehrer der Regelklassen verändert werden müssten (Haager & Klingner, 2005; Stainback & Stainback, 1992). Aber einige Forscher warnen davor anzunehmen, Inklusionsklassen wären gut für alle Kinder (Johnson, Duffelt, Farkas & Wilson, 2002). Zum Beispiel berichten Naomi Zigmond und ihre Kollegen (1995) in ihrer Untersuchung mit sechs Inklusionsklassen der Grundschule, dass nur ungefähr die Hälfte der Schüler mit Behinderung von Inklusionsklassen profitierten. Ein ganzes Spektrum von unterstützenden Maßnahmen muss eingeführt werden, damit der Unterricht tatsächlich in einer effizienten Umgebung stattfinden kann; dies kann bedeuten, dass in der praktischen Umsetzung alles von einer teilweisen bis zur vollständigen Inklusion und zu Sonderschulen vorgesehen ist.

4.4.4   Anti-Diskriminierungserlasse

Nicht alle Schüler mit besonderen Bedürfnissen werden vom IDEIA erfasst oder können für andere Maßnahmen ausgewählt werden. Aber für diese Bedürfnisse gibt es andere Gesetze im Bürgerlichen Gesetzbuch der USA. Als Folge der Bürgerrechtsbewegung in den 1960er und 1970er Jahre verabschiedete die amerikanische Bundesregierung 1973 das Gesetz zur beruflichen Förderung für Behinderte. Sektion 504 legt fest, dass es keine Diskriminierung gegen Personen mit Behinderung in einer öffentlich finanzierten Bildungseinrichtung oder Ausbildungsprogramm geben darf. In Deutschland unterliegt jedes Kind ab fünf bis sieben Jahren, unabhängig von Herkunft, Gesundheitszustand und Entwicklungsstand der Schulpflicht.

Jedes Kind muss nach seinen Möglichkeiten unterrichtet werden. Gegebenenfalls müssen sonderpädagogische Maßnahmen eingeleitet und im Falle von Kindern mit Migrationshintergrund sprachliche Fördergruppen eingerichtet werden. Die Schulpflicht ist Inhalt der entsprechenden Paragraphen der Landesverfassungen (Kulturhoheit der Länder), und die damit verbundenen Rechte der Kinder auf sonderpädagogische Maßnahmen werden aus dieser Schulpflicht abgeleitet.

Alle Kinder und Jugendliche im Schulalter sollen die gleichen Chancen auf eine Ausbildung haben und auf Teilhabe an allen schulischen Aktivitäten. Die Definition von Behinderung ist meist sehr breit gefasst. Wenn ein Schüler so behindert ist, dass er nur begrenzt an schulischen Aktivitäten teilnehmen kann, muss die Schule trotzdem ein individuelles Programm für ihn erarbeiten, auch wenn sie dafür keine zusätzlichen Mittel erhält. Um mit Hilfe dieses Gesetzes Mittel zu erhalten, muss der Schüler genau untersucht und diagnostiziert und es muss ein Lernprogramm für ihn ausgearbeitet werden. Im Unterschied zu IDEIA gibt es jedoch allgemein weniger Vorschriften, wie das zu erfolgen hat, deshalb entwerfen einzelne Schulen ihre eigenen Verfahrensweisen (Friend & Bursuck, 2002). In ► Tabelle 4.5 sind einige Anpassungsmaßnahmen für einen Schüler zusammengestellt. Einige

---

Minimal restriktive Umgebung   Jedes Kind möglichst vollständig mit Gleichaltrigen in Regelklassen erziehen.

Teilweise Teilnahme an Regelklassen   Schüler werden teilweise oder so lange wie möglich in Regelklassen unterrichtet.

Integration in Klassen   Kinder mit besonderen Bedürfnissen in eine Klassenstruktur einpassen.

Inklusion   Alle Schüler, auch die mit schweren Behinderungen, in einer Regelklasse unterrichten.

Tabelle 4.5

Beispiele für eine Umsetzung des Gesetzes gegen Diskriminierung von Schülern mit Behinderung in der Schule

Es gibt zahlreiche Möglichkeiten zur Umsetzung des Antidiskriminierungsgesetzes in den Schulen. Manches bezieht sich auf bauliche Maßnahmen, um den Bedürfnissen von Körperbehinderten gerecht zu werden (wenn z. B. Luftfilter installiert werden müssen, um allergene Bestandteile aus der Luft herauszufiltern). Viele der Schüler, für die das Anti-Diskriminierungsgesetz angewendet wird, sind eher in speziellen funktionalen Bereichen lernbehindert oder verhaltensgestört, und ihre Bedürfnisse ähneln denjenigen anderer Schüler mit weniger speziellen Behinderungen. Ein Plan zur Umsetzung des Anti-Diskriminierungsgesetzes könnte folgende Hinweise enthalten:

- Der Schüler sollte in der Nähe des Lehrers sitzen, dort wo dieser in der Regel seine Erklärungen und Anweisungen gibt.

- Der Schüler sollte neben einem Klassenkameraden sitzen, der ihm im Bedarfsfalle helfen kann.

- Der Schüler sollte nicht am Fenster oder in der Nähe der Tür sitzen, um Ablenkungen zu vermeiden.

- Falten Sie das Aufgabenblatt nach der Hälfte der Aufgaben, damit der Schüler von der Menge der Aufgaben nicht abgeschreckt wird.

- Die Anweisungen sollten telegrammartig sein, d. h. kurz und klar.

- Erlauben Sie den Gebrauch von Taschenrechnern oder Tonaufnahmegeräten.

- Installieren Sie auf dem PC-Rechner Programme mit Erkennen gesprochener Sprache, damit schriftliche Arbeiten auf diese Art erledigt werden können.

- Haken Sie richtige Aufgaben ab, statt falsche zu markieren.

- Überlassen Sie dem Schüler einige Textbücher für zu Hause, damit er nicht immer daran denken muss, welche mitzunehmen.

- Besorgen Sie Bücher auf Tonträgern wie CD, sodass Schüler mit Leseproblemen damit arbeiten können, anstelle von Büchern zum Lesen.

Diese Hinweise erscheinen sehr sinnvoll. Es sind effektive praktische Unterweisungsmaßnahmen, die Schülern mit besonderen Bedürfnissen helfen, im Unterricht erfolgreich mitarbeiten zu können.

Quelle: Aus *Including Students with Special Needs: A Practical Guide for Classroom Teachers* von Marilyn Friend & William D. Bursuck (2002). (3rd edition). Boston, MA: Allyn & Bacon. Copyright © 2002 Pearson Education.

---

der Ideen sind nichts anderes als „gutes Unterrichten". Aber es gibt auch überraschendes Verhalten von Lehrern: Behinderte Schüler wurden z. B. davon abgehalten, Video- oder Tonbandgeräte selbst zu betätigen, denn „sie sollten das nicht lernen wie alle anderen!" Das Antidiskriminierungsgesetz Sektion 504 in den USA trifft vor allem auf zwei Gruppen zu: Schüler mit besonderen Medikamenten und Gesundheitsbedürfnissen wie Diabetiker, Allergiker, Schüler mit ansteckenden Krankheiten, vorübergehend Behinderte wie Personen nach Unfällen, Alkoholiker und Schüler mit Aufmerksamkeits-Hyperaktivitäts-Störungen (ADHS), falls sie noch nicht durch IDEIA geschützt sind.

Das *amerikanische Behindertengesetz* aus dem Jahre 1990 verhindert Diskriminierung gegen Behinderte auf der Arbeitsstelle, im öffentlichen Verkehr, öffentlichen Einrichtungen, Regionalregierungen und Telekommunikation. Dieses umfassende Gesetzeswerk dehnt den Schutz weit über die Schule und den Arbeitsplatz aus auf Büchereien, Regional- und Landesregierungen, Restaurants, Hotels, Theater, öffentlicher Verkehr und viele andere Orte. Das *deutsche Behindertengesetz* stammt aus dem Jahre 2001 und ist Teil der Sozialgesetzgebung (9. Buch, SGB IX). Es wurde seitdem ergänzt, sodass jetzt die Bereiche Förderung der Teilhabe und Selbstbestimmung, Vermeidung von Diskriminierung abgedeckt sind.

Der nächste Abschnitt beschäftigt sich mit den Herausforderungen, die Schüler mit Behinderungen bewältigen müssen.

Häufige Störungen

Schauen Sie sich ▶ Tabelle 4.6 (siehe S. 162) an. Sie werden sehen, dass fast 3 Millionen Schüler, auf die sich IDEIA bezieht, spezielle Lerndefizite haben und eine weitere Million hat Sprech- und Sprachstörungen. Wenn man noch alle diejenigen Kinder mit intellektuellen Defiziten hinzufügt (in Tabelle 4.6 auch als *geistig zurückgeblieben* bezeichnet) sowie Kinder mit emo-

Tabelle 4.6

Anzahl der Schüler zwischen 6 und 21, auf die das Behindertengesetz in den USA, IDEA, angewendet wurde

Beachten Sie den großen Anstieg zwischen 1991 in den meisten Kategorien. Die Meldung von Fällen mit Autismus und Gehirnverletzungen war zwischen 1991 und 1992 freiwillig, ab 1992 und 1993 aber Pflicht; der steile Anstieg der Anzahl in einigen Kategorien ist also auf die pflichtmäßigen Angaben zurückzuführen.

Art der Behinderung	1991–1992 USA	2000–2001 USA	Veränderung in Prozent	2003 BRD
Besondere Lernbehinderung	2 247 004	2 887 217	28,5	258 618
Sprech- oder Sprachbehinderungen	998 904	1 093 808	9,5	45 837
Geistiges Zurückgebliebensein	553 262	612 978	10,8	72 277
Emotionale Störungen	400 211	473 663	18,4	42 627
Multiple Beeinträchtigungen	98 408	122 559	24,5	–
Hörschäden	60 727	70 767	16,5	13 717
Orthopädische Beeinträchtigungen	51 389	73 057	42,2	27 324
Andere Beeinträchtigungen der Gesundheit	58 749	291 850	396,8	9 844
Visuelle Beeinträchtigungen	24 083	25 975	7,9	6 167
Autismus	5 415	78 749	1 354,3	–
Taub-, Blindheit	1 427	1 320	–7,5	–
Traumatische Hirnverletzung	245	14 844	5 958,8	–
Entwicklungsverzögerungen	–	28 935	–	–
Alle Behinderungen	4 499 824	5 775 722	28,4	492 721

Quelle: Aus U.S. Department of Education, Office of Special Education Programs, Dataanalysis System (DANS) (2002). Zitiert nach *Twenty-fourth Annual Report to Congress on the Implementation of the Individuals with Disabilities Education Act* (2002), S. 11–21. Deutsche Quelle: *Schulstatistiken der Kultusministerkonferenz 2003* (**http://www.kmk.org/Statistik/Dokumentation177.pdf**, Tabelle 1)

tionalen Störungen, so steigt die Summe aller, auf die IDEIA angewendet wird, auf 90 %. Mit den neuen Veränderungen der Gesetze und neuen politischen Richtlinien über die Inklusion aller Schüler, setzt sich eine Klasse aus Schülern aller Kategorien zusammen.

Etwa die Hälfte aller Schüler mit Sonderförderung in den öffentlichen Schulen wird als *lernbehindert* diagnostiziert – sie bilden die größte Gruppe der Schüler mit Behinderungen. Dies gilt ebenso für die deutsche Schülerschaft. Die absoluten Angaben, nach der Art der Behinderung aufgeschlüsselt, lassen sich zwischen den USA und der BRD natürlich nicht vergleichen, da die USA wesentlich mehr Einwohner hat, die Rangreihe der vorkommenden Behinderungen können

jedoch mit Vorsicht miteinander verglichen werden. Die angegebenen Kategorien von Behinderungen sind nicht übereinstimmend definiert. Die zweithäufigste Art der Behinderung in den USA sind die Sprech- und Sprachbehinderungen, in Deutschland jedoch das geistige Zurückgebliebensein, welches in den amerikanischen Statistiken die dritte Stelle einnimmt. In beiden Statistiken nehmen die emotional/sozialen Störungen den vierten Rangplatz in der Auftretenshäufigkeit ein. Eine weitere Abweichung der beiden Rangreihen ist bei den Angaben zu orthopädischen Beeinträchtigungen zu finden, in der Statistik der Kultusministerkonferenz unter körperlicher und motorischer Entwicklung aufgeführt.

4.5.1 Schüler mit Lernbehinderungen

Wie lässt es sich erklären, dass ein Schüler Mühe hat, das Lesen, Schreiben, die Rechtschreibung oder Mathematik zu lernen, obwohl er oder sie keine intellektuellen Defizite, emotionalen Probleme oder Bildungsnachteile aufweisen kann; außerdem sieht, hört und spricht er oder sie normal? Eine mögliche Erklärung ist, dass der Schüler eine **Lernbehinderung** hat. Das ist eine relativ neue und auch kontrovers diskutierte Kategorie von Schülern mit besonderem Förderbedarf. Es gibt keine Übereinstimmung in den Definitionen dieser Kategorie. Eine neue Veröffentlichung über Lernbehinderungen zählt acht Definitionen auf (Hallahan et al. 2005), unter ihnen befindet sich auch die Definition aus IDEIA: „eine Störung in einer oder mehreren grundlegenden psychischen Prozessen, die an der mündlichen oder schriftlichen Sprachwahrnehmung und -produktion beteiligt sind" (S. 15). Den meisten Definitionen ist gemeinsam, dass Schüler mit Lernbehinderungen Leistungen deutlich unter den Erwartungen erbringen, die aufgrund ihrer anderen Fähigkeiten berechtigt erscheinen.

Im Jahre 2001 berief die Abteilung für Rehabilitationspädagogik des US.-Ministeriums für Bildung, Gesundheit und Sport ein Gipfeltreffen über Lernbehinderungen ein. In diesem Treffen wurde eine Definition der speziellen Lernbehinderungen erarbeitet:

Der Begriff „Spezielle Lernbehinderung" umfasst Störungen des Lernens und anderer kognitiver Funktionen, die im Individuum selbst begründet sind. Spezielle Lernbehinderungen betreffen nur einen eng umschriebenen Bereich von schulischen, aber auch anderen Leistungen. Spezielle Leistungsstörungen können zusammen mit anderen Beeinträchtigungen auftreten, aber sie können nicht auf allgemeine Störungen wie geistiges Zurückgebliebensein, Verhaltensstörungen, Mangel an lernfördernder Umgebung oder Beeinträchtigungen der sensorischen Systeme zurückgeführt werden (Bradley, Danielson & Hallahan, 2002, S. 792).

Einige Pädagogen und Psychologen sind der Meinung, dass das Etikett „Lernbehinderung" überbeansprucht und sogar missbräuchlich herangezogen wird. Sie weisen darauf hin, dass viele der Schüler, die

> ### Verknüpfen und erweitern Sie Ihre Forschungskenntnisse
>
> Die Januar 2001 Ausgabe des *The Elementary School Journal* wird von Russell Gersten und Sharon Vaughn herausgegeben und ist ganz dem Thema „Instructional Interventions for Students with Learning Disabilities" gewidmet. Die Ausgabe umfasst Beiträge wie ausdrucksvolles Schreiben, Alphabetisierung, Selbstkonzept und komplexeres Lernen.

als lernbehindert bezeichnet werden, in Wirklichkeit sein können: langsame Lerner in Regelklassen, durchschnittliche Lerner in Hochleistungsschulen, Schüler mit Zweisprachigkeitsproblemen oder einfach Schüler, die durch längere Abwesenheit vom Unterricht den Unterrichtsstoff versäumt haben oder oft die Schule wechseln mussten (Finlan, 1994).

Schülermerkmale

Schüler mit Lernbehinderungen sind nicht alle gleich. Die häufigste Form sind spezielle Schwierigkeiten in einem oder mehreren Leistungsbereichen; schlechte Koordination von Einzelhandlungen; Aufmerksamkeitsprobleme; Hyperaktivität und Impulsivität; Probleme bei der Organisation und Bedeutungszuschreibung von visuellen und auditorischen Informationen; Störungen des Denkens, Gedächtnisses, Sprechens sowie Hörens und Schwierigkeiten, Freundschaften zu schließen und zu pflegen (Hallahan & Kauffman, 2006; Hunt & Marshall, 2002). Wie aus der Aufzählung zu ersehen ist, haben Schüler mit anderen Störungen (wie z. B. das Aufmerksamkeitsdefizit-Syndrom) und auch unauffällige Schüler einzelne dieser Merkmale. Die Situation ist noch komplizierter: nicht alle lernbehinderten Schüler zeigen diese Merkmale und nur wenige haben alle diese Symptome. Ein Schüler kann im Lesen drei Jahre zurück sein, aber in Mathematik ein Jahr seiner Altersstufe voraus; bei einem anderen Schüler kann das wieder genau umgekehrt sein und ein dritter tut sich schwer mit der Arbeitsorganisation beim Lernen, was sich auf alle Fächer auswirkt.

Fast alle Schüler mit Lernbehinderungen haben Leseschwierigkeiten. ▶ Tabelle 4.7 (siehe S. 164) stellt

---

Lernbehinderung Probleme beim Erwerb und Gebrauch von Sprache; sie kann sich beim Lesen, Schreiben, Schlussfolgern oder in Mathematik zeigen.

Tabelle 4.7

Lesegewohnheiten und Fehler von Schülern mit Lernschwierigkeiten

Zeigt irgendeiner Ihrer Schüler diese Anzeichen? Es sind Indikatoren für Lesebehinderungen.

Schlechte Lesegewohnheiten

- Verliert öfters die Stelle, an der weitergelesen werden sollte.
- Wirft den Kopf von einer Seite zur anderen.
- Erscheint verunsichert, weint und weigert sich, weiterzulesen.
- Liest lieber mit dem Buch dicht vor den Augen.
- Zeigt Angespanntheit beim Lesen wie lesen mit hoher Stimme, sich auf die Lippen beißen und zappeln.

Worterkennungsfehler

- Ein Wort auslassen (z. B. „er kam in den Park" wird gelesen als ‚er kam in Park').
- Ein Wort hinzufügen (z. B. „er kam in den {schönen} Park")
- Ein Wort austauschen (z. B. „er kam in den *Bank* ").
- Verdrehungen von Buchstaben (z. B. Leider (am Satzanfang) und Lieder).

- Falsche Aussprache von Wörtern (z. B. lesen und lasen).
- Umstellen von Buchstaben oder Wörtern (z. B. „Der Hund fraß hastig" wird gelesen als „Der Hund hastig fraß"
- Kein Versuch, ein unvertrautes Wort in vertraute Untereinheiten zu gliedern.
- Langsames, mühsames Lesen, weniger als 20 bis 30 Wörter in der Minute.

Verständnisfehler

- Kein Erinnern an Grundelemente eines Textes (kann z. B. nicht auf direkte Fragen zum Text antworten).
- Kein Erinnern an die Abfolge von Ereignissen (kann z. B. nicht die Reihenfolge von Ereignissen in einer Geschichte erklären).
- Kein Erinnern an die Kernidee (kann z. B. nicht das zentrale Thema einer Geschichte wiedergeben).

Quelle: Aus *Child and Adolescent Development for Educators* von J. L. Meece (1997). New York: McGraw-Hill. Copyright © 1997 McGraw-Hill.

die häufigsten Probleme vor, aber: nicht alle Schüler mit einem dieser Probleme haben Leseschwierigkeiten. Die Leseprobleme hängen damit zusammen, dass Laute und Buchstabieren nicht gut verbunden werden und sich zu Wörtern zusammenfügen können; dadurch wird das Lesen und die Rechtschreibung beeinträchtigt (Stanovich, 1994; Willcutt et al., 2001).

Mathematik, und zwar Rechnen und Textaufgaben, ist der zweite Problembereich für Schüler mit Lernbehinderungen. Die Schüler schreiben unleserlich und ihre gesprochene Sprache ist stockend und wenig organisiert. Schüler mit Lernschwierigkeiten verfügen oft nicht über effektive Strategien für schulische Leistungen. Sie können Wichtiges nicht von Unwichtigem trennen, sie zentrieren ihre Aufmerksamkeit nicht auf relevante Informationen, sie organisieren die einzelnen Arbeitsschritte nicht, wenden keine Lernstrategien und Lerntechniken an, sie gehen nicht zu einer anderen Strategie über, wenn eine sich als ineffektiv herausstellt und sie bewerten ihr Lernergebnis nicht. Sie

sind passive Lerner, weil sie nicht wissen, *wie* man lernt. Selbstständig zu arbeiten, ist besonders fordernd, deshalb bleiben Hausarbeiten und andere eigenständig zu bearbeitende Arbeitsblätter oft unvollständig (Hallahan et al., 2005).

Eine frühe Diagnose ist wichtig, sodass Schüler mit Lernbehinderungen erst gar nicht frustriert und entmutigt werden. Die Schüler selbst verstehen ihre Schwierigkeiten nicht, und sie können Opfer der **erlernten Hilflosigkeit** werden. Die Bedingungen für erlernte Hilflosigkeit wurden zuerst in Lernexperimenten mit Tieren entdeckt. Die Tiere erfuhren im Experiment Bestrafungen (Elektroschocks), die sie nicht kontrollieren konnten. Später als die Situation sich änderte und sie den Elektroschocks hätten entkommen oder sie sogar hätten abstellen können, versuchten die Tiere dies erst gar nicht (Seligman, 1975). Sie hatten gelernt, wie man ein hilfloses Opfer wird. Schüler mit Lernbehinderungen gelangen allmählich zu der Überzeugung, dass sie ihr eigenes Lernen nicht kontrollieren oder verbessern

Erlernte Hilflosigkeit Die auf vorausgehende Erfahrung von fehlender Kontrolle gründende Erwartung, dass alle Anstrengungen mit Misserfolg enden.

Verknüpfen und erweitern Sie mit anderen Kapiteln

Das Konzept der erlernten Hilflosigkeit wird noch einmal in Kapitel 5 aufgegriffen als Erklärung für die geringe Leistung von Kindern in Armutsverhältnissen und dann noch einmal im Kapitel 10 als ein die Motivation beeinflussender Faktor.

können. Diese Überzeugung hält sich sehr hartnäckig. Die Schüler bemühen sich nie, zu entdecken, dass sie ihr eigenes Lernen verbessern können; sie bleiben passiv und hilflos.

Schüler mit Lernbehinderungen versuchen manchmal, ihre Schwierigkeiten zu kompensieren, und sie entwickeln dabei schlechte Lerngewohnheiten oder sie meiden bestimmte Fächer, weil sie befürchten, sie könnten die Anforderungen nicht bewältigen. Um diese Entwicklungen zu vermeiden, sollte der Lehrer die Schüler möglichst früh in eine schulpsychologischen Beratung vermitteln.

Schüler mit Lernbehinderungen unterrichten

Es gibt kontroverse Ansichten darüber, wie man den lernbehinderten Schülern am besten helfen kann. Ein erfolgversprechender Ansatz ist, zunächst die Lernstrategien und Techniken in einem Fach wie Lesen oder Mathematik zu betonen. Viele der Prinzipien des kognitiven Lernens aus Kapitel 7 und 8 sind für alle Schüler geeignet und können ihnen helfen, ihre Aufmerksamkeit, ihr Gedächtnis und ihre Problemlösefähigkeiten zu verbessern (Sawyer, Graham & Harris, 1992). Hier sind einige allgemeine Strategien von Hardman, Drew und Egan (2005):

Vorschuljahre

- *Verbale Anweisungen kurz und einfach halten.*
- *Das Niveau des Inhaltes sorgfältig auf den Entwicklungsstand des Kindes abstimmen.*
- *Mehrere Beispiele vorgeben, um Bedeutungen klarzumachen.*
- *Mehr Übungen als gewöhnlich vorsehen, besonders wenn das Material neu ist.*

Grundschuljahre

- *Verbale Anweisungen kurz und einfach halten; lassen Sie die Schüler die Anweisungen wiederholen, um zu zeigen, dass sie diese verstanden haben.*

- *Erklären Sie den Schülern, wie man mit mnemonischen Verfahren (Gedächtnisstrategien) das Gelernte besser behalten kann.*
- *Wichtige Punkte mehrfach wiederholen.*
- *Sehen Sie zusätzlich mehr Zeit zum Lernen und Üben vor – wiederholen Sie alles noch einmal.*

Sekundarstufe I und II

- *Unterweisen Sie die Schüler in Selbstüberwachungsstrategien, z. B. mittels Fragen wie: „Habe ich auch gut genug aufgepasst?"*
- *Verknüpfen Sie neues Material mit Stoff, den sie schon kennen.*
- *Bringen Sie den Schülern bei, externe Gedächtnishilfen einzusetzen wie Tonbänder, Notizen machen und Erledigungshilfen.*

Man könnte jetzt denken, dass die Vorschläge gut für alle Schüler wären, die etwas mehr Unterstützung und eine direkte Unterweisung in Lernstrategien benötigen. Das ist richtig.

Beim Leseunterricht sind (phonologisches) Wissen von Buchstaben-Laut-Kombinationen und Unterstützung von Strategien des Wortwiedererkennens wichtig. Zum Beispiel unterwiesen Maureen Lovett und ihre Kollegen (Lovett et al., 2000) in Kanada Schüler mit schwerer Lesebehinderung, vier unterschiedliche Wortidentifizierungsstrategien beim Lesen anzuwenden: (1) Identifikation von Worten durch Analogien; (2) den Teil des Wortes herauszusuchen, den sie kennen; (3) verschiedene Vokalkombinationen aussprechen und (4) Vorsilben (Präfixe) sowie Nachsilben (Suffixe) aus einem mehrsilbigen Wort hervorheben. Lehrer arbeiteten mit jedem Schüler einzeln an der Anwendung dieser Strategien und zusätzlich ließen sie Wortlaute analysieren und Laute zu Worten zusammenfügen (phonologisches Wissen). Direktes Vermitteln der Strategien und Fertigkeiten und das phonologische Training zusammen sind besonders günstig für Schüler mit Lesebehinderungen.

4.5.2 Schüler mit Hyperaktivität und Aufmerksamkeitsstörungen

Halt! Denken Sie nach! Schreiben Sie!

Wenn ein Schüler seine Zeit nicht einteilen kann und auch sonst nicht gut organisiert ist, wie kann man seine Situation erleichtern?

Schüler mit verschiedenen Lernbehinderungen (Aufmerksamkeitsdefizit-Hyperaktivitätssyndrom, Lernstörungen und anderen Behinderungen) haben in der Regel auch Schwierigkeiten in ihren sozialen Beziehungen.

Der Begriff „Hyperaktivität" ist Ihnen vielleicht schon bekannt, er wird zurzeit viel verwendet. Es ist eine neue Bezeichnung; vor 50 bis 60 Jahren gab es keine hyperaktiven Kinder. Kinder wie Mark Twains Huckleberry Finn wurde als aufmüpfig, faul oder „zappelig" bezeichnet (Nylund, 2000). Heute wird der Begriff zu oft und zu ungenau benutzt. Viele Lehrerstudenten im Praktikum unterrichten in Klassen mit fünf oder sechs Schülern mit der Diagnose „hyperaktiv", in manchen Klasse sind es sogar zehn Schüler. Hyperaktivität ist nicht ein spezielles Symptom, sondern es handelt sich um zwei Probleme, die zusammen oder einzeln auftreten können – Aufmerksamkeitsstörung und impulsiv-hyperaktives Verhalten.

Definitionen

Heute stimmen viele Psychologen darin überein, dass die Hauptschwierigkeit für hyperaktive Kinder in der Ausrichtung und im Aufrechterhalten der Aufmerksamkeit liegt und nicht einfach nur in der Kontrolle ihrer motorischen Aktivitäten. Die American Psychiatric Association hat eine diagnostische Kategorie etabliert, die sie mit **Aufmerksamkeitsdefizit-Hyperaktivitätsstörung (ADHS)** bezeichnet. ▶ Tabelle 4.8 gibt einen Überblick über die Symptome, die dieser Störung zugeordnet werden.

Kinder mit ADHS sind nicht nur körperlich aktiver und unaufmerksamer als andere Kinder, sie haben auch Schwierigkeiten, angemessen zu reagieren und stetig auf Ziele hinzuarbeiten (auch wenn es ihre eigenen sind). Außerdem sind sie oft nicht imstande, ihr Verhalten auf Anweisung zu kontrollieren, auch nicht für eine kurze Zeit. Das Problemverhalten tritt in der Regel in allen Situationen auf und bei jedem Lehrer. Es ist kaum möglich, die Zahl der hyperaktiven Kinder zu schätzen. Die am weitesten verbreitete Schätzung liegt bei 3 % bis 5 % der Grundschüler in den USA, und mehr als die Hälfte haben beides, die Aufmerksamkeitsstörung und die Hyperaktivität (Hardman et al., 2005; Sagvolden, 1999; in Deutschland: von Schubert et al., Robert-Koch-Institut, 2004). Schubert et al. berichten von einer hessischen Untersuchung mit 427 Kinder und Jugendlichen zwischen 3 und 15 Jahren aus dem Jahre 2001. Ungefähr drei- bis viermal mehr Jungen (3,81 %) als Mädchen (0,98 %) werden als hyperaktiv klassifiziert. Der Durchschnitt aller Kinder mit ADHS zwischen 3 und 15 Jahren liegt bei 2,43 %. Der höchste Anteil ist bei den 6- bis 10-Jährigen Jungen und Mädchen zu finden. Döpfner (1995) weist darauf hin, dass 30–50 % Kinder mit hyperkinetischen (-aktiven) Störungen auch Störungen des Sozialverhaltens zeigen. Er führt die Störungen auf gestörte Bezugsperson-Kind-Beziehungen zurück.

Noch vor einigen Jahren glaubten die meisten Psychologen, die Symptome würden bis zur Adoleszenz langsam verschwinden. Sie gehen nach der hessischen Untersuchung auch zurück, aber die Probleme können auch noch im Erwachsenenalter bestehen (Hallowell & Ratey, 1994). Die Adoleszenz mit dem erhöhten Stress, der die Pubertät mit sich bringt, dem Übergang in die Real- und höhere Schule, den höheren Leistungsanforderungen und den erweiterten sozialen Beziehungen kann für den Schüler mit ADHS eine schwierige Zeit bedeuten (Taylor, 1995). Eine groß angelegte repräsentative Untersuchung Berliner Schüler (N = 9704) (WHO-Jugendgesundheitsstudie 2002 in Berlin, Ravens-Sieberer & Thomas, 2003) ergab einen Anstieg an ADHS-Fällen von der 5. Klasse bis zur 7. Klasse von 8,5 % auf 10,7 % und einen leichten Abfall von der 7. bis zur 9. Klasse auf 9,9 %. Geschlechtsunterschiede wurden zwar bei anderen Untersuchungen beobachtet (Döpfner, Fröhlich & Lehmkuhl, 2000), aber in den WHO-Untersuchungen waren sie unbedeutend. Großstadtkinder weisen also höhere Prävalenzraten für ADHS auf als der gesamte Durchschnitt in Deutschland.

Aufmerksamkeitsdefizit-Hyperaktivitätsstörung (ADHS) Bezeichnung für eine Störung der Aufmerksamkeitszuwendung, gekennzeichnet durch Überaktivität, auffallende Schwierigkeiten beim Aufrechterhalten der Aufmerksamkeit oder Impulsivität.

Tabelle 4.8

ADHS Indikatoren: die Aufmerksamkeitsdefizit-Hyperaktivitätsstörung

Zeigt irgendeiner Ihrer Schüler diese Anzeichen? Es sind Indikatoren für ADHS.

Aufmerksamkeitsstörungen

- Gibt oft nicht auf Einzelheiten Acht oder macht Schusseligkeitsfehler.
- Hat Probleme, die Aufmerksamkeit auf Aufgaben oder Spielaktivität für längere Zeit aufrechtzuhalten.
- Scheint nicht zuzuhören, wenn man ihn direkt anspricht.
- Führt Anweisungen nicht bis zum Ende aus und beendet seine Aufgaben in der Schule nicht (obwohl er die Anweisungen und die Aufgaben verstanden hat).
- Zeigt Schwierigkeiten bei der Organisation von Aufgaben oder Tätigkeiten.
- Vermeidet, lehnt ab oder zögert, sich bei Aufgaben zu engagieren, bei denen man sich über längere Zeit anstrengen muss (Arbeiten in der Schule oder Hausarbeiten).
- Verliert Gegenstände, die er unbedingt für seine Arbeiten benötigt.
- Wird leicht durch äußere Ereignisse abgelenkt.
- Ist bei täglichen Unternehmungen vergesslich.

Probleme mit der Impulskontrolle

- Platzt mit seiner Antwort heraus, noch bevor die Frage zu Ende formuliert ist.

- Zeigt Schwierigkeiten beim Warten, bis er an der Reihe ist.
- Unterbricht oft oder drängt sich anderen beim Spielen und bei Unterhaltungen auf.

Hyperaktivität

- Fuchtelt oft mit seinen Händen oder Füßen oder rutscht auf seinem Stuhl hin und her.
- Steht häufig von seinem Stuhl auf, wenn er sitzen bleiben soll.
- Rennt oft herum oder klettert unaufhörlich in Situationen, in denen es nicht angebracht ist (bei Jugendlichen kann es sich auch um ein subjektives Erleben von innerer Unruhe handeln).
- Hat häufig Schwierigkeiten, sich ruhig bei Freizeitspielen oder -aktivitäten zu betätigen.
- Spricht oft unaufhörlich.
- Verhält sich oft wie von einem Motor angetrieben und kann nicht still bleiben.

Quelle: *Diagnostic and Statistical Manual of Mental Disorders (Diagnostisches and statistisches Manuals für psychische Störungen DSM-IV-TR)*, 4. Aufl. Copyright © 2000 American Psychiatric Association.

Behandlung und Unterrichten von Kindern mit ADHS

Heute verlässt sich die Psychiatrie zunehmend auf medikamentöse Maßnahmen bei ADHS-Fällen. In den Jahren 1990 bis 1998 gab es einen Anstieg von 700 % in der Herstellung von Ritalin in den Vereinigten Staaten (Diller, 1998). Ritalin (Methylphenidat) und andere im Falle von ADHS verschriebenen Medikamente wirken stimulierend, aber in einer bestimmten Dosierung haben sie eine paradoxe Wirkung auf Kinder mit ADHS: Kurzfristige Wirkungen können in der Verbesserung des sozialen Verhaltens, der Kooperation, der Aufmerksamkeit und der Bereitwilligkeit mitzumachen bestehen. Einschlägige medikamentöse Therapieforschung ergab, dass etwa 70 % bis 80 % der Kinder mit ADHS dann zugänglicher sind, wenn sie Medikamente eingenommen haben. Aber einige Kinder weisen auch Nebenwirkungen auf wie erhöhte Herzrate oder erhöhten Blutdruck, Wachstumsstörungen, Schlaflosigkeit, Ge-

wichtsverlust und Brechreiz (Friend & Bursuck, 2002; Hallahan et al. 2005; Panksepp, 1998). Die Langzeitwirkungen dieser medikamentösen Therapie sind bisher jedoch noch nicht bekannt, deshalb ist Vorsicht angeraten. Viele Untersuchungen ergaben, dass die Medikamente zwar das Verhalten positiv beeinflussen können, selten jedoch die schulischen Leistungen oder die Beziehungen zu Gleichaltrigen; in diesen Bereichen liegen aber die größten Probleme der ADHS-Kinder. Weil die Kinder nach Einnahme von Ritalin oft deutliche Verhaltensverbesserungen zeigen, könnten die Eltern oder die Lehrer schlussfolgern, dass das Kind geheilt sei. Dies ist jedoch eine Wunschvorstellung. Die Schüler benötigen immer noch spezielle Unterstützung beim Lernen (Doggett, 2004; Purdie, Hattie & Carroll, 2002). Eine große Untersuchung in Australien kam zu dem Ergebnis:

Multimodale Ansätze zur Intervention erwiesen sich als sehr effektiv in ihren langfristigen Auswirkungen.

Für die meisten, aber nicht für alle Kinder und Jugendliche hat die medikamentöse Behandlung mit Psychostimulantien positive Auswirkungen, vorausgesetzt, sie wird ständig kontrolliert, es erfolgt Beratung und Verhaltensmanagement durch Eltern/Lehrer, je nach Erfordernis. Es sollte Beratung aus den verschiedenen Blickwinkeln einiger Fächer erfolgen (van Kraayenoord, Rice, Carrol, Fritz, Dillon & Hill, 2001, S. 7).

Was können Lehrer tun? Lange Aufgabenblätter können Schüler mit ADHS überfordern; es ist anzuraten, ihnen nur wenige Aufgaben oder Abschnitte aufzugeben mit klaren Ankündigungen der Konsequenzen, wenn sie nicht die Aufgaben bis zu Ende abarbeiten. Ein anderer Ansatz vereint Unterweisung in Lern- und Gedächtnisstrategien mit motivationalem Training. Das Ziel dieser Maßnahmen besteht darin, dem Schüler zu helfen, Fertigkeiten und den Willen zur Leistung zu stärken, um die schulischen Leistungen dann zu verbessern (Paris, 1988). Sie werden auch trainiert, ihr eigenes Verhalten selbst zu überwachen, Ausdauer zu entwickeln und sich unter Kontrolle zu halten (Reid & Borkowski, 1987).

Die Idee, sich unter Kontrolle zu haben, ist Teil einer neuen Strategie zur Therapie von ADHS, eine, die

auf dem Menschenbild gründet, das Kind und der junge Mensch seien der Agent seiner eigenen Entwicklung. Die Probleme eines Kindes sollen nicht im Zentrum der Behandlung stehen, sondern nach der Vorstellung von Nyland (2000) sollen die Stärken des Kindes hervorgehoben werden, um so indirekt die Probleme anzugehen und die Selbstkontrolle des Kindes aufzubauen. Nyland sieht Probleme des Kindes wie Desinteresse, ADHS, Ärger und andere „Lernfeinde" nicht im Kind selbst, sondern von außen an das Kind herangetragen, als böse Geister, die man überwinden muss, um sie für das Lernen nutzbar zu machen. Im Mittelpunkt der Maßnahmen steht ein Programm START, das folgende Schritte vorsieht:

- ■ ***S**tart (Beginnen): Die Probleme des ADHS von der Person des Kindes trennen*
- ■ ***M**apping (Zusammenführen): Die ADHS-Auswirkungen auf Kind und Familie zusammen betrachten*
- ■ ***A**ttending (Aufmerksam verfolgen): Ausnahmen des ADHS im Auge behalten*
- ■ ***R**eclaiming (Anerkennen): Auf besondere Stärken von Kindern mit ADHS eingehen*
- ■ ***T**elling (Neu bewerten): Die erarbeitete veränderte Sichtweise formulieren und sie gebührend würdigen (Nyland, 2000, S. xix)*

Lehrer merken, wenn der sich Schüler beschäftigt, auch wenn es nur für kurze Zeit ist. Was passiert in diesen Beschäftigungsphasen? Die Stärken des Schülers sollten in diesen Phasen anerkannt werden. Der Unterricht sollte so verändert werden, dass auf die zutage tretenden Stärken eingegangen werden kann. Nyland gibt das folgende Beispiel: Christoph (9 Jahre alt) und sein Lehrer wurden Partner, die zusammenarbeiteten, um die Aufmerksamkeit des Jungen auf die erforderlichen Aufgaben zu lenken; er sollte deren Erledigung schließlich selbst kontrollieren können. Der Lehrer setzte Chris in die vorderste Reihe. Die beiden hatten ein unauffälliges Zeichen vereinbart, dass die Konzentration auf den Unterricht wiederherstellen sollte. Chris räumte das Durcheinander auf seinem Tisch auf. Dies sind ähnliche Maßnahmen wie in Tabelle 4.5 (*Beispiele für eine Umsetzung des Gesetzes gegen Diskriminierung von Schülern mit Behinderung in der Schule*, siehe S. 162) vorgeschlagen. Als die Maßnahmen Erfolge zeigten, wurde eine Party für Chris veranstaltet, auf der er einen Preis erhielt. Chris beschrieb, wie er es schaffte, sich zu konzentrieren: „Man muss einen starken Willen haben und ADHS und Langeweile sagen,

---

Verknüpfen und erweitern Sie Ihren Unterricht

Schüler mit ADHS empfehlen ihren Lehrern Folgendes (Nyland, 2000):

- ■ Setzen Sie viele Bilder ein (visuelle Lernhilfen), um mein Lernen zu unterstützen
- ■ Achten Sie auf meine soziale und ethnische Identität
- ■ Erkennen Sie, wann es angebracht ist, eine Schulregel flexibel anzuwenden
- ■ Achten Sie auch darauf, wenn ich einmal etwas gut mache
- ■ Sagen Sie den anderen Kindern nicht, dass ich Ritalin einnehme
- ■ Geben Sie mir immer eine Auswahl vor
- ■ Halten Sie keine Vorträge, das ist langweilig
- ■ Erkennen Sie, dass ich intelligent bin
- ■ Lassen Sie mich im Klassenraum herumgehen
- ■ Geben Sie nicht so viele Hausaufgaben auf
- ■ Lassen Sie mir mehr Pausen
- ■ Haben Sie Geduld

dass sie einen in Ruhe lassen sollen" (Nyland, 2000, S. 166).

Die oben beschriebenen Maßnahmen sollten erst ausprobiert werden, wenn eine medikamentöse Therapie eingeleitet wird. Wenn es einige Schüler in der Klasse gibt, die Medikamente einnehmen, so sollte zusätzlich sichergestellt sein, dass sie die notwendigen Strategien erwerben, um sich in ihren Leistungen zu verbessern. Das geschieht nicht von allein, auch nicht allein dadurch, dass sich das Verhalten der Schüler gebessert hat (Purdie et al. 2002).

4.5.3 Jeden Schüler erreichen: höhere Denkprozesse

Leseunterricht für Schüler mit Lernbehinderungen darf sich nicht nur auf einfache kognitive Fertigkeiten beschränken. Joanna Williams (2002) entwickelte das *Themen-Identifikations-Programm*, um Schülern mit Lernstörungen in der Sekundarstufe I und II beim Verstehen von abstrakten Themen in der Literatur zu helfen. ▶ Tabelle 4.9 gibt einen kurzen Überblick über dieses Programm.

Tabelle 4.9

Verstehen abstrakter Themen bei schwerer Lernbehinderung

Im Themen-Identifikations-Programm (Williams, 2002) lernen Schüler mit schweren Lernbehinderungen in den Sekundarstufen I und II abstrakte Themen in der Literatur zu erkennen und beim Verstehen von Literatur zu verwenden. Lehrer unterrichten 12 verschiedene Unterrichtseinheiten mit 12 Geschichten. Kurz dargestellt verläuft das Arbeiten mit Themen folgendermaßen (siehe auch unten den Artikel in der Quellenangabe an).

Vorausgehendes Lesen: Der Lehrer definiert ein Thema und diskutiert dessen Bedeutung für das Verstehen von Geschichten, welche die Schüler kennen.

Lesen: Der Lehrer liest die kritische Geschichte vor und streut Fragen ein, um den Schülern bei der Verknüpfung ihres Hintergrundwissens und der Geschichte zu helfen. Nach dem Lesen diskutiert die Klasse die Kernidee der Geschichte, und der Lehrer liest eine Zusammenfassung vor, welche die wichtigen Punkte der Geschichte enthält.

Diskussion mit Verwendung des Themenschemas: Der Lehrer und die Schüler diskutieren die wichtigen Informationen, indem sie sechs Fragen zur Strukturierungshilfe stellen. Die ersten vier Fragen zielen auf den Inhalt der Geschichte:
- Wer war die Hauptfigur?
- Welches Problem hatte die Hauptfigur?
- Was hat die Hauptfigur unternommen?
- Wie endet die Geschichte?

Die letzten beiden Fragen ermutigen die Schüler, Urteile über erkannte Themen abzugeben:
- War die Handlung in der Geschichte gut oder schlecht?
- Warum war sie gut oder schlecht?

Das Thema erkennen: Die Schüler geben dann das Thema in einem Standardformat an:
(Die Hauptfigur erfuhr), dass er/sie (nicht) sollte _____ .
Das Thema der Geschichte ist _____ .

Anwendung des Themas: Die Schüler lernen, drei Fragen zu beantworten, um das Thema zu verallgemeinern:
- Kannst Du jemanden nennen, der (nicht) sollte _____ ?
- Wann ist es wichtig, für diese Person, etwas (nicht) zu tun?
- In welcher Situation hilft es, das zu tun?

Multimodale Aktivität: Jede Unterrichtsstunde nach der ersten beinhaltet ein Rollenspiel mit der Darstellung des Hauptthemas der Geschichte; die Schüler stellen die Hauptfiguren dar und werden kreativ im Umkreis des Themas tätig: Ein Kunstwerk stellt das Thema dar (Bild, Skulptur) oder eine musikalische Darbietung, wie z. B. einen Rap-Song schreiben, der von dem Thema handelt.

Rückschau: eine Wiederholung des Themenschemas und eine Vorausschau auf die nächste Unterrichtseinheit.

Quelle: Für eine Zusammenfassung der Forschung über das Vermitteln komplexer höherer kognitiver Fertigkeiten an Schüler mit Lernbehinderungen lesen Sie in: Research on Interventions for Adolescents with Learning Disabilities: A Meta-Analysis of Outcomes Related to Higher-Order Processing von H. L. Swanson, 2001, *The Elementary School Journal, 101*. 332–348. Copyright © 2001 The University of Chicago Press.

Schüler mit Lernstörungen haben oft noch eine andere Beeinträchtigung, eine Aufmerksamkeitsstörung. Manche Forscher schätzen diese zwischen 25 % bis 70 % Überlappung der Lernbehinderungen mit der Aufmerksamkeitsdefizit-Hyperaktivitätsstörungen (Hardman et al., 2005). Hochbegabte Schüler, genauso wie Schüler mit Störungen wie Verhaltensstörungen, Depression, Bleivergiftung, epileptischen Krankheitsformen oder dem fötalen Alkoholsyndrom (mit geistigen Behinderungen) können zusätzlich noch ADHS-Symptome aufweisen (Doggett, 2004).

4.5.4 Schüler mit Kommunikationsstörungen

Die Altersgruppe von 6 bis 21 Jahren mit Lernbehinderungen bilden die zweitgrößte Gruppe, die Sonderförderung erhalten. Insgesamt sind dies 19 % der Schüler mit Sondermaßnahmen. Sprachstörungen können viele Ursachen haben, weil viele psychische und körperliche Teilfunktionen am Spracherwerb beteiligt sind. Ein Kind mit Hörschäden wird nicht lernen, normal zu sprechen. Kinder, denen man nicht zuhört, oder deren Wahrnehmung der Welt durch emotionale Probleme gestört ist, übertragen diese Probleme auf ihre Sprachentwicklung. Weil Sprechen Bewegungen der Artikulationsmuskulatur bedeutet, kann jede Störung der entsprechenden motorischen Funktionen zu Sprachstörungen führen. Und weil Sprachentwicklung und Denken so miteinander verwoben sind, kann jedes Problem beim Auftreten der kognitiven Funktionen die Fähigkeit des Sprachgebrauchs beeinträchtigen.

Sprechstörungen

Schüler, die Laute nicht klar beim Sprechen produzieren können, haben eine **Sprechstörung**. Ungefähr 5 % der Kinder im Schulalter in den USA haben eine solche Form der Sprachbeeinträchtigung. Artikulationsprobleme und Stottern sind die zwei häufigsten Störungsformen. In Deutschland haben etwa 2,8 % der Schüler im Grundschul- und Sekundarschulbereich

Sprach- und Sprechstörungen, Jungen mehr als Mädchen (3,8 % bzw. 1,8 %). Die Prävalenzdaten basieren auf einer Stichprobe von N = 27054 Grundschülern in verschiedenen Regionen Deutschlands (Berg & Tisdale, 2004). Im Schwerpunktbericht Gesundheit von Kindern und Jugendlichen des Robert-Koch-Institutes (Schubert et al., 2004) wird von 5–6 % Kindern mit Artikulationsstörungen berichtet. Ausgeprägte Sprachstörungen – etwa 5 % der Kinder sind davon betroffen – sind gekennzeichnet durch ein eingeschränktes aktives Vokabular und zahlreiche grammatikalische Fehler. Im Schulalter kommt häufig noch eine Lese-Rechtschreibstörung hinzu (Esser, 1995). Zwei Drittel der betroffen Kinder sind Jungen.

Artikulationsstörungen umfassen solche Symptome wie Ersetzen eines Lautes durch einen anderen (Teller statt Keller), einen Laut verfälschen (Suppen statt Schuppen), einen Laut hinzufügen (Ideer statt Idee) oder einen Laut auslassen (Poi für Pony) (Smith, 1998). Beachten Sie jedoch, dass Kinder erst mit sechs bis acht Jahren alle Laute ihrer Muttersprache in einer normalen Unterhaltung aussprechen können. Die Laute der Konsonanten l, r, y, s und z sind im Englischen die zuletzt gelernten neben den Lautkombinationen, die zu einem einzigen verschmelzen wie sch, ch, zh und th im Englischen. Im Deutschen sind dies z. B. die Unterscheidung von sp, s, ch und sch, g und k in verschiedenen Wortkontexten, eu und äu und z. Es gibt darüber hinaus noch Dialektbesonderheiten, die natürlich keine Artikulationsstörung darstellen. Im Hessischen sagt man „noi" statt nein, was natürlich nicht heißt, dass der Diphtong „ei" nicht ausgesprochen werden kann. Eine Stotterphase erscheint oft zwischen drei und vier Jahren. Die Ursachen für Stottern sind unklar, aber es könnten emotionale oder neurologische Probleme oder auch gelerntes Verhalten daran beteiligt sein. Was auch immer die Ursache ist, Stottern löst peinliche Empfindungen und Angst beim Kind aus. Hält das Stottern länger an, sollte eine Logotherapie eingeleitet werden. Frühe Interventionen sind am aussichtsreichsten (Hardman et al., 2005).

Stimmführungsstörungen sind der dritte Typ von Sprechstörungen; darunter versteht man Sprechen mit

---

Sprechstörung Unfähigkeit, Laute deutlich und richtig zu produzieren.

Artikulationsstörung Verschiedene Ausspracheschwierigkeiten wie Ersetzen oder Auslassen von Vokalen oder Konsonanten und Entstellen von Lauten.

Stimmführungsstörungen Unangemessene Tonlage, Stimmqualität, Lautstärke oder Betonung.

unangemessener Tonhöhe, Tonqualität oder Lautstärke oder mit monotoner Stimme (Hallahan & Kauffman, 2006). Ein Schüler mit einer dieser Störungen sollte eine Logotherapie anfangen. Das Problem zu erkennen, ist der erste Schritt zur Heilung. Achten Sie auf Schüler, deren Aussprache, Lautstärke, Stimmqualität, Sprechflüssigkeit, Ausdrucksspektrum oder Sprechtempo sehr von den Gleichaltrigen abweicht. Übersehen Sie auch keine Schüler, die selten sprechen. Sind sie nur schüchtern oder haben sie auch Sprachschwierigkeiten?

Sprachstörungen

Unterschiede in der Sprachkompetenz sind nicht unbedingt Sprachstörungen. Schüler mit Sprachstörungen haben deutliche Defizite im Verstehen und in der Produktion von Sprache verglichen mit Gleichaltrigen aus ihrer Kultur (Owens, 1999). Schüler, die selten sprechen, die ein begrenztes Lexikon haben, nur kurze Sätze formulieren und bei ihren Kommunikationen stark auf Gesten zurückgreifen, sollten eine schulpsychologische Beratungsstelle aufsuchen zur näheren Untersuchung. ▶ Tabelle 4.10 (siehe S. 172) gibt einige Hinweise zur Förderung der Sprachentwicklung bei allen Schülern.

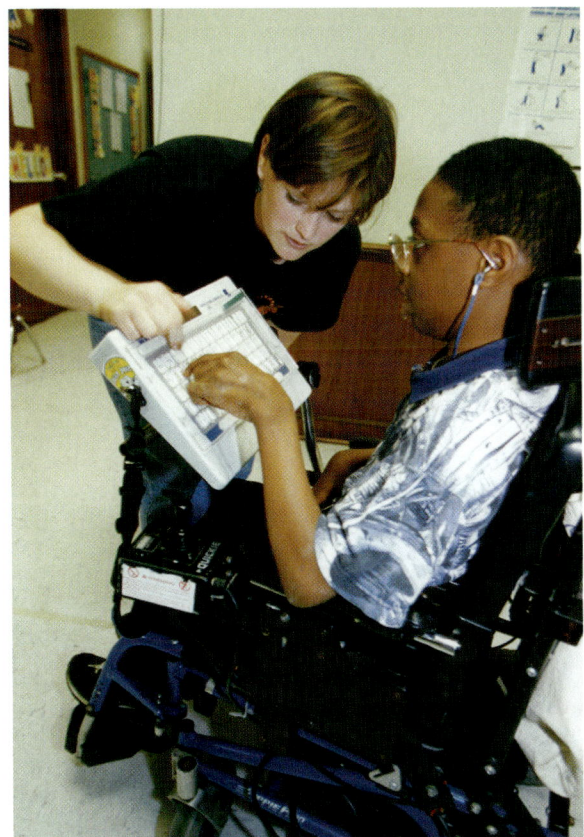

Die Vermittlung von Kommunikationskompetenz ist ein wichtiger Teil des individualisierten Förderprogramms eines Schülers mit Behinderungen. Technische Hilfen, die Kommunikationsstörungen kompensieren können, helfen, dass Schüler mit Sprachstörungen am Unterricht teilnehmen können.

4.5.5 Schüler mit intellektuellen Behinderungen

Intellektuelle Behinderung ist eine andere Bezeichnung für **geistiges Zurückgebliebensein**. Die American Association on Mental Retardation (AAMR) (2002, S. 1) definiert: „Geistiges Zurückgebliebensein ist eine Behinderung, gekennzeichnet durch erhebliche Einschränkungen in den intellektuellen Funktionen und in der Anpassungsfähigkeit des Verhaltens, wie sie sich in der begrifflichen, sozialen und den praktischen adaptiven Fertigkeiten äußern. Diese Behinderung entsteht vor dem 18. Lebensjahr."

Intellektuelle Funktionen werden gewöhnlich durch einen Intelligenztest gemessen, sie werden in IQ-Punkten quantitativ erfasst. Der Durchschnittswert ist 100 (siehe Abschnitt 4.1.6), und 70 ist der Grenzwert, von dem ab geistiges Zurückgebliebensein diagnostiziert wird. Aber dieser Wert allein reicht noch

nicht aus, um von intellektueller Behinderung zu sprechen. Es müssen noch Probleme in der alltäglichen Lebensbewältigung und der Anpassung an Alltagsanforderungen und im sozialen Umgang mit Menschen in der unmittelbaren Umgebung hinzukommen. Diese zusätzlichen Kriterien sind vor allem wichtig, wenn es sich um die Diagnose von Kindern aus anderen Kulturen handelt. Sich nur auf Testergebnisse zu verlassen, kann zu dem führen, was Kritiker den „6-Stundenretardierten Schüler" genannt haben, der nur behindert für die Zeit in der Schule erscheint.

Nur ungefähr 1 % der Bevölkerung entsprechen der AAMR-Definition der mentalen Retardierung in den intellektuellen Funktionen und dem adaptiven Verhal-

---

Intellektuelle Behinderung/Geistiges Zurückgebliebensein Bedeutsam unter dem Durchschnitt liegende intellektuelle Funktion und Anpassungsfähigkeit im Sozialverhalten, die vor dem 18. Lebensjahr in Erscheinung tritt.

Tabelle 4.10

Förderung des Spracherwerbs

- Sprechen Sie mit dem Kind über Themen, die es interessieren.
- Gehen Sie auf das Kind ein, wenn es Themen vorgibt. Antworten Sie ihm auf seine Beiträge und Kommentare. Teilen Sie seine Begeisterung.
- Fragen Sie nicht zu viel. Wenn Fragen angebracht sind, benutzen Sie die Formen: „Wie macht(e) er/sie das?", „Warum machte er/sie das?", „Was ist passiert?", sie regen die Kinder so zu elaborierteren Erklärungen an.
- Ermuntern Sie Kinder, Fragen zu stellen. Antworten Sie offen und ehrlich. Wenn Sie eine Frage nicht beantworten wollen, sagen Sie das und geben Sie den Grund an. („Die Frage möchte ich nicht beantworten, sie ist zu persönlich.")
- Sprechen Sie in angenehmem Ton. Sie müssen dazu kein Komödiant sein, aber sie können sich mit Leichtigkeit und Humor ausdrücken. Kinder haben es gern, wenn Erwachsene sich ein bisschen albern geben.

- Beurteilen Sie nicht und machen Sie sich nicht lustig über die Sprache des Kindes. Wenn Sie sich zu kritisch äußern oder ständig auf Fehler achten und sie korrigieren, wird das Kind bald aufhören mit Ihnen zu sprechen.
- Räumen Sie den Kindern genug Zeit für eine Antwort ein.
- Gehen Sie höflich mit Kindern um und unterbrechen Sie sie nicht.
- Beziehen Sie die Kinder in eine Klassen- oder Familiendiskussion ein. Ermuntern Sie deren Teilnahme und hören Sie auf sie.
- Akzeptieren Sie Kinder und ihre Art zu sprechen. Umarmen Sie sie und zeigen Sie Ihre Akzeptanz, so kann ein gutes Verhältnis aufrechterhalten werden.
- Sorgen Sie für Gelegenheiten für Kinder, in denen sie ihre sprachlichen Mittel einsetzen und damit ihre Ziele erreichen zu können.

Quelle: Aus *Language Disorders*, 3. Aufl., von Robert E. Owens Jr., 1999. Boston, MA: Allyn & Bacon. Copyright © 1999 Pearson Education.

Tabelle 4.11

Klassifikationsschema der American Association on Mental Retardation

Dieses neue Klassifikationsschema gründet auf dem Ausmaß an Unterstützung, das ein Schüler benötigt, um optimal zu funktionieren.

Nach Bedarf	Unterstützung, wenn notwendig. Vorkommen je nach Gelegenheit, die Person ist nicht ständig auf Unterstützung angewiesen, benötigt nur kurzfristig Hilfe bei kritischen Lebensereignissen (Arbeitsverlust, akute Krankheitskrise). Unterstützung nach Bedarf kann stark oder gering sein.
Begrenzt	Geringe, aber ständige Unterstützung, auch für begrenzte Zeit, aber nicht nach Bedarf; erfordert weniger Personal und Kosten als starke Unterstützung (z. B. zeitbegrenztes Anstellungstraining oder vorübergehende Unterstützungsleistungen während des Übergangs vom Jugend- in das Erwachsenenalter).
Umfassend	Unterstützungsleistungen mit regelmäßigem Engagement in wenigstens einigen der Kontexte (Arbeitswelt oder zu Hause) und nicht zeitbegrenzt (z. B. häusliche Betreuung auf Dauer).
Ständig	Ständige Unterstützungsleistungen gekennzeichnet durch hohe Intensität, in allen Lebenskontexten des Kindes; kann lebenserhaltend sein. Ständige Unterstützung hat einen höheren Personalbedarf und stellt eine weitgehendere Versorgung bereit als dies die anderen Formen tun.

Quelle: Aus *Mental Retardation: Definition, Classification and Systems of Support* 10. Aufl., S. 152 von AAMR Ad Hoc Committee on Terminology and Classification, 2002. Copyright © 2002 American Association of Mental Retardation.

Unterrichten von Schülern mit unterdurchschnittlicher Intelligenz

1 Testen, wie bereit der Schüler ist, Neues zu lernen. Ein Kind mag sehr wenig wissen, aber es sollte zum Lernen bereit sein.

2 Die Unterrichtsgegenstände sollten einfach dargestellt werden.

3 Bestimmte Lernziele sollten sich nach den Lernstärken und -schwächen des Kindes richten.

4 Stellen Sie den Stoff in kleinen, logischen Schritten dar. Bevor Sie zum nächsten Schritt übergehen, sollten Sie das vorgestellte Material ausführlich üben.

5 Arbeiten Sie an praktischen Fertigkeiten und Begrifflichkeiten, die sich an den Forderungen des Erwachsenenlebens orientieren.

6 Lassen Sie keinen Schritt aus. Schüler mit durchschnittlicher Intelligenz können konzeptuelle Brücken von einem Schritt zum nächsten schlagen, aber Kinder mit unterdurchschnittlicher Intelligenz sind darauf angewiesen, alle Schritte und Brücken explizit dargestellt zu erhalten. Erwarten Sie nicht, dass Verknüpfungen ohne Hinweise gesehen werden.

7 Stellen Sie sich darauf ein, den gleichen Lernschritt auf vielerlei Weise anzugehen.

8 Gehen Sie einfacher vor, wenn die Schüler Ihnen nicht folgen können.

9 Achten Sie besonders darauf, die Schüler zu motivieren und ihre Aufmerksamkeit aufrechtzuerhalten.

10 Finden Sie Material, das die Schüler nicht verletzt. Eine Geschichte mit einfachen Worten erzählt, mag wohl angebracht sein, aber der Inhalt und die Figuren sollten für die Altersstufe angemessen sein.

11 Bleiben Sie bei wenigen Verhaltensweisen und Fertigkeiten, sodass Sie und die Schüler eine Chance auf Erfolg haben. Jeder kann eine positive Verstärkung gebrauchen.

12 Halten Sie sich stets vor Augen, dass Schüler mit unterdurchschnittlicher Intelligenz stärker überlernen, mehr wiederholen und üben müssen als Kinder mit durchschnittlicher Intelligenz. Sie müssen in Lerntechniken und -strategien unterwiesen werden. Sie müssen ihre Lerntechniken in neuen Anforderungssituationen gegenwärtig haben und in verschiedenen Bereichen immer wieder üben.

13 Achten Sie sehr genau auf soziale Beziehungen. Schüler mit unterdurchschnittlicher Intelligenz einfach in Regelklassen aufzunehmen, gibt keine Garantie, dass sie auch tatsächlich von der Klasse voll akzeptiert werden oder dass sie neue Freundschaften gewinnen und aufrechterhalten können.

Mehr Informationen über das Unterrichten von Schülern mit unterdurchschnittlicher Intelligenz finden Sie im Internet unter **http://www.ed.wright.edu/~prenick/karen.htm**

ten. Für viele Jahre galt die Unterteilung in Debilität leichteren (IQ 50-69), mittleren (IQ 35-49), schwereren (IQ 20-34) und ganz schweren (IQ unter 20) Grades. In vielen Schuldistrikten wird diese Einteilung noch verwendet; auch in der Weltgesundheitsorganisation ist sie noch üblich. Diese Klassifikationen sagen das Niveau des individuellen Funktionierens nicht perfekt voraus, deshalb empfiehlt der AAMR ein Kategorienschema, das von dem Ausmaß der Unterstützung ausgeht, das eine Person benötigt, um „optimal zu funktionieren" (Taylor, Richards & Brady, 2005). ▶ Tabelle 4.11 fasst das neue Klassifikationssystem zusammen.

Lehrer für Regelklassen haben wahrscheinlich keine Schüler, die umfassende oder ständige Unterstützung benötigen, es sei denn die Schule nimmt an einem Inklusionsprogramm für Schüler mit speziellen Bedürfnissen teil (wie früher in diesem Kapitel beschrieben).

Aber sie werden vielleicht Schüler mit einer geringen geistigen Retardierung haben. In den Grundschuljahren mögen diese Schüler einfach langsamer lernen als ihre Gleichaltrigen. Sie benötigen mehr Zeit und längere Übungen zum Lernen. Sie übertragen das Gelernte nicht auf neue Situationen oder setzen einfachere Fertigkeiten zusammen, um eine komplexere Aufgabe zu lösen. In den *Richtlinien* sind einige Vorschläge für den Unterricht mit Kindern mit unterdurchschnittlicher Intelligenz zusammengestellt.

Die Lernziele für viele Schüler mit intellektuellen Behinderungen in der Altersspanne zwischen 9 und 13 Jahren sind: einfache Lesekompetenz, Schreiben, Rechnen, Heimatkunde, soziales Verhalten und eigene Interessen. In der Sekundarstufe I und II liegt der Schwerpunkt auf Alphabetisierung für die grundlegende Lebensbewältigung (Telefonbücher lesen, Verkehrszeichen, Schilder lesen und Anzeigen in Zeitungen; einen Bewerbungsbogen ausfüllen), berufliche und Haushaltsfertigkeiten, arbeitsrelevantes Verhalten wie Höflichkeit und Pünktlichkeit; Gesundheitsverhalten und -pflege und Bürgerpflichten. Gegenwärtig wird **die Vorbereitung auf den Übergang ins Berufsleben und selbstständige Erwachsenenleben** in der Gemeinde stark betont. Wie vorher im Kapitel schon angesprochen, fordert das Gesetz, dass Schulen individuelle Förderprogramme für jedes Kind mit Behinderung zusammenstellen. Teil dieses Programms kann ein individueller Förderplan für den Übergang ins Erwachsenenleben sein (Friend, 2005).

4.5.6 Schüler mit emotionalen und Verhaltensstörungen

Schüler mit **emotionalen und Verhaltensstörungen** gehören zu den am schwierigsten zu unterrichtenden Schülern in einer Regelklasse und bereiten vielen zukünftigen Lehrern manches Kopfzerbrechen (Avramidis, Bayliss & Burden, 2000). Professionelle Pädagogen sind der Meinung, dass Verhaltensstörungen Verhaltensweisen beinhalten, die so weit von der Norm abweichen, dass sie das Wachstum und die übrige Entwicklung, auch das Leben anderer in der sozialen Umgebung des gestörten Schülers, stark negativ beeinflussen. Eine Abweichung impliziert eine Differenz zu einem Standard; Verhaltensstandards unterscheiden sich von einer Situation, Altersgruppe, Kultur, ethnischen Gruppe und historischer Epoche zur anderen voneinander. Was noch als Teamgeist beim Fußball durchgehen mag, ist völlig unangebracht in einer Bank oder in einem Restaurant. Die Abweichung muss mehr sein als eine vorübergehende Stressreaktion; sie darf sich mit der Zeit und in unterschiedlichen Situationen nicht verändern, und der Schüler muss auf direkte Interventionen in den allgemeinen Bildungsmaßnahmen nicht ansprechen (Forness & Knitzer, 1992).

Es gibt aber noch andere Definitionen. In der Sprache der IDEIA sind emotionale Störungen beschrieben durch unangemessenes Verhalten oder unverhält-

nismäßiges Reagieren, Unglücklichsein und Depression, Befürchtungen, Ängste und Probleme mit sozialen Beziehungen. Die American Psychological Association und die Mediziner benutzen die Bezeichnung *psychische Störungen* (Friend, 2006). ▶ Tabelle 4.12 beschreibt einige der speziellen Störungen, die im *Diagnostischen und Statistischen Manual psychischer Störungen*, auch mit DSM-IV-TR bezeichnet, beschrieben werden (Saß, Wittchen & Zaudig, 2003).

Wenn sich auch die definitorischen Feinheiten unterscheiden mögen, so gab es in den USA im Schuljahr 2000/2001 fast 475 000 Schüler mit identifizierbaren emotionalen Störungen; damit ist diese Störungskategorie die viertgrößte Gruppe in den Beratungs- und Therapieeinrichtungen. Die Anzahl bekannter Fälle ist um 18 % gestiegen seit 1991–1992. Ähnlich wie bei Lernbehinderungen und ADHS sind tendenziell mehr Jungen als Mädchen davon betroffen. Ein bedenklicher Befund ist, dass afroamerikanische Schüler in dieser Kategorie überrepräsentiert sind. Sie machen etwa 15 % der Population aus, aber etwa 27 % der Schüler mit emotionalen und Verhaltensstörungen. In Deutschland stellt diese Kategorie mit 42 627 Schülern ebenfalls die vierthäufigste Störungskategorie dar (siehe Tabelle 4.6, S. 162).

Das Spektrum an möglichen emotionalen und Verhaltensstörungen ist groß. Schüler mit anderen Behinderungen – Lernbehinderungen, kognitiven/intellektuellen Behinderungen oder ADHS zum Beispiel – können auch emotionale oder Verhaltensstörungen in ihren Auseinandersetzungen mit den schulischen Anforderungen aufweisen. Methoden der angewandten Verhaltensanalyse (Kapitel 6) und direktes Unterrichten sozialer Fertigkeiten (Kapitel 3) sind zwei der möglichen Ansätze. Eine andere, für diese Schüler sehr hilfreiche Möglichkeit besteht in der Vorgabe von Strukturen und Gliederungen, Organisationshilfen und Auswahl. Hier sind einige der Vorschläge von Terry Swanson (2005):

- Die Umgebung strukturieren *durch Mindern der visuellen und auditorischen Stimulation, klare visuelle Grenzen zwischen Bereichen aufrichten, in*

Vorbereitungsprogramm für den Übergang ins Berufsleben und selbstständige Erwachsenenleben Allmähliches Vorbereiten von Schülern mit besonderen Bedürfnissen auf den Übergang von der Oberschule zu weiterführender Ausbildung oder Trainingsmaßnahmen, ins Berufsleben oder Teilhabe am Gemeindeleben.

Emotionale und Verhaltensstörungen Verhaltensweisen oder Emotionen, die so stark von der Norm abweichen, dass sie mit dem Wachstum und der Entwicklung des Kindes und/oder dem Leben anderer interferieren; es sind unangemessene Verhaltensweisen, Sich-Unglücklichfühlen, Depression, Befürchtungen und Ängste und Probleme mit sozialen Beziehungen.

Tabelle 4.12

Beispiele für emotionale und Verhaltensstörungen aus dem diagnostischen und statistischen Manual psychischer Störungen (DSM-IV-TR)

Die Definition der emotionalen und Verhaltensstörungen in IDEA ist allgemein: Es werden keine bestimmten Anzeichen aufgezählt. Mediziner haben aber eine Reihe von spezifischen Störungen festgestellt, und diese wurden im diagnostischen und statistischen Manual psychischer Störungen (4. überarb. Aufl.) festgelegt (englisch: Diagnostic and Statistical Manual of Mental Disorders (DSM-IV-TR). Anstelle der Bezeichnungen emotionale und Verhaltensstörungen tritt der Terminus *psychische Störungen*. Die folgende Liste aus dieser Veröffentlichung ist nicht vollständig; sie schließt Beispiele von psychischen Störungen ein, die Pädagogen als emotionale oder Verhaltensstörungen bezeichnen würden:

- **Angststörungen.** Angststörungen treten auf, wenn Schüler von Furcht oder Schrecken überwältigt werden. Ein Beispiel ist *das obsessiv-zwanghafte Syndrom*; darunter leidende Schüler können exzessive Sorgen um eine bestimmte Gegebenheit, z. B. Krankheitskeime, nicht abschalten. Andere Beispiele sind *Phobien* (Furcht vor bestimmten Dingen, wie z. B. Spinnen) oder Furcht vor bestimmten Tätigkeiten (wie z. B. zur Schule gehen) und das *Posttraumatische Stress Syndrom*, bei dem Schüler durch Albträume oder durch überfallartige Erinnerungen miterlebte schreckliche Ereignisse noch einmal durchleben.

- **Störungen der Aufmerksamkeit, der Aktivität und des Sozialverhaltens.** Diese Kategorie schließt drei Typen von Störungen ein:

  - *Die Aufmerksamkeitsdefizit-Hyperaktivitätsstörung*: gekennzeichnet durch Unaufmerksamkeit, hohes Aktivitätsniveau und Impulsivität oder eine Kombination aus allen drei Symptomen. Beachten Sie aber, dass es meist nicht als Behinderung bezeichnet wird.

  - *Aktivitätsstörung*

  - *Störung des Sozialverhaltens*

  - *Störung mit oppositionellem Trotzverhalten* wird diagnostiziert, wenn Schüler ständig gegen Erwachsene opponieren und die Interaktion mit Gleichaltrigen von Rachsucht oder Beschuldigungen geprägt sind.

- *Sozial störendes Verhalten: Dissoziales Verhalten* wird diagnostiziert, wenn Schüler Kämpfe austragen, schikanieren, grausam gegen Tiere oder wehrlose Menschen sind oder ständig grundlegende Regeln verletzen.

- **Essstörungen.** Die häufigste Essstörung ist die *anorexia nervosa*; betroffene Schüler sind der Überzeugung, dass sie übergewichtig sind, und sie weigern sich zu essen, auch wenn sie bereits beinahe verhungern.

- **Affektive Störungen/Verstimmungen.** Zu diesen Störungen gehört die Depression/depressive Verstimmung und die phasische oder manisch-depressive Störung, in der die Stimmungslage des Schülers zwischen Hochstimmung (starker Euphorie oder Manie) und Stimmungstiefs (Depression) schwankt.

- **Störungen der Psychomotorik/Tics.** Tics sind unwillkürliche, schnelle, stereotype Bewegungen bestimmter Muskelgruppen. Schüler mit Tics können häufiges Augenblinzeln oder wiederholtes Schniefen zeigen. Die bekannteste ticartige Störung ist das Tourette-Syndrom, eine milde bis schwere Störung mit Gesichts- und anderen körperlichen Tics, auch stimmlichen, wie z. B. das sogenannte Bellen oder Fluchen.

Quelle: Aus *Diagnostic and Statistical Manual of Mental Health in Special Education: Contemporary Perspectives for School Professionals* von M. Friend (2006). Boston, MA: Allyn & Bacon. Copyright © 2006 Pearson Education. *Diagnostisches und statistisches Manual psychischer Störungen (DSM-IV_TR)* (2003). Übersetzt aus dem Amerikanischen nach der 4. Aufl. Deutsche Bearbeitung und Einführung von H. Saß, H.-U. Wittchen & M. Zaudig. Göttingen: Hogrefe.

denen unterschiedliches Verhalten erwartet wird oder organisationsfördernde Hilfsmittel in einfach zu handhabenden Halterungen.

- Strukturierung des Stundenplans *durch Anschlagen der monatlichen und täglichen Stundenpläne mit klaren Anfangs- und Endmarkierungen und klare Abläufe für Arbeitswechsel.*

- Strukturfördernde Maßnahmen *wie farbliche Gestaltung von Heften in verschiedenen Fächern (blau für Mathematik usw.), Anweisungen mit vi-*suellen Hinweisen versehen oder alles Material für eine fachspezifische Arbeit in eine Schachtel für naturwissenschaftlichen Unterricht stecken.

- Strukturierende Regeln und Routinen, *zum Beispiel Schülern durch Spiele mit Mitschülern mentale Skripte bereitstellen, positiv formulierte Regeln vorgeben oder Schüler auf Veränderungen von Routinen durch Ferienpausen vorbereiten, indem ihnen auf sie zukommende Ereignisabläufe schon vorweg vorgestellt werden.*

Disziplinarmaßnahmen für Schüler mit emotionalen Störungen

Schüler haben ein Anrecht darauf zu wissen, wie sie sich verhalten sollen; Schüler und Eltern müssen das von ihnen erwartete Verhalten und dessen Konsequenzen kennen.

Beispiele

1 Teilen Sie Ihre Erwartungen klar und schriftlich mit.

2 Bitten Sie die Eltern und die Schüler, die für die Klassengemeinschaft aufgestellten Regeln zu unterschreiben und eine Kopie mit nach Hause zu nehmen.

3 Hängen Sie die Regeln und deren Konsequenzen und die Konsequenzen für Regelverletzungen in der Klasse aus.

Sie sollten möglichst keine Strafe vorsehen, bei der sich die Schüler für längere Zeit aus der Klasse entfernen müssen. Das würde eine Veränderung in dem individuellen Förderprogramm des Schülers bedeuten und dieses muss entsprechend verändert werden.

Beispiele

1 Mehr als zehn Tage aus der Klasse entfernt werden, bedeutet eine Programmänderung und muss berücksichtigt werden.

2 Länger dauernde Verweise aus der Klasse während der Unterrichtszeit bedeutet eine Programmänderung und muss berücksichtigt werden.

Strafmaßnahmen bei Schülern mit emotionalen Problemen müssen einem klaren erzieherischen Ziel dienen.

Beispiele

1 Geben Sie eine klare Begründung für Strafen oder Korrekturen, verknüpfen Sie eine Maßnahme klar mit dem Lernen des Schülers selbst oder dem Lernen anderer Schüler in der Klasse.

2 Verfassen Sie Verhaltensverträge mit klaren Begründungen.

Stellen Sie sicher, dass die Regeln und die Strafen verhältnismäßig sind.

Beispiele

1 Beziehen Sie das Alter und den körperlichen Zustand des Kindes in Ihre Überlegungen ein.

2 Ist die Strafe der Regelverletzung angemessen und in welchem Verhältnis steht sie zu den Strafen, die Mitschüler erhalten?

3 Wie verhalten sich die anderen Lehrer in ähnlichen Situationen?

4 Versuchen Sie es erst mit weniger einschneidenden Maßnahmen. Haben Sie Geduld. Gehen Sie erst zu strengeren Maßnahmen über, wenn die milderen Strafen ihre Wirkung verfehlen.

Protokollieren Sie alle Maßnahmen und arbeiten Sie mit allen Beteiligten zusammen, sodass alle informiert sind.

Beispiele

1 Führen Sie das Klassenbuch sorgfältig, aber daneben auch noch ein Protokollbuch, in dem ausführlich alle Strafen aller Schüler festgehalten werden. Schreiben Sie auch auf, was der Strafe voranging, wie vorgegangen wurde, wie lange die Strafe dauerte, das Ergebnis der Bestrafung, Änderungen der Strafmaßnahmen und letzte Ergebnisse beim Schüler.

2 Notieren Sie Treffen mit der Familie, mit Sonderschullehrern und dem Rektor.

3 Führen Sie Veränderungen nur zusammen mit der Familie und anderen Lehrern durch.

Negative Konsequenzen dürfen nie ohne positive aufgeführt werden.

Beispiele

1 Wenn Schülern Punkte abgezogen werden für Regelverletzungen, informieren Sie sie gleichzeitig, wie sie die Punkte durch angemessenes Verhalten wieder zurückholen können.

2 Erkennen Sie wirkliche Leistungen an und kleine Schritte in die richtige Richtung. Sagen Sie nicht: „Jetzt wird's aber Zeit, dass du endlich ... "

Mehr Informationen über Disziplinierungsmaßnahmen für Schüler mit emotionalen Störungen unter
http://www.schwablearning.org/

■ *Bieten Sie eine kurze Liste mit* Auswahlmöglichkeiten *an, wie Schüler ihre Aufgaben oder Projekte erledigen können.*

Da Schüler mit emotionalen und Verhaltensstörungen oft Regeln missachten und bis an die Grenzen gehen, sind Lehrer viel mit Disziplinierungsmaßnahmen beschäftigt. Machen Sie sich sachkundig über die gesetzlich erlaubten Disziplinierungsmöglichkeiten bei Schülern mit schweren emotionalen und/oder Verhaltensstörungen (Yell, 1990). Die *Richtlinien* geben Ihnen wieder Hinweise, wenn Sie solchen Situationen gegenüber stehen.

Verknüpfen und erweitern Sie mit anderen Kapiteln

In Kapitel 12 finden Sie Vorschläge, wie Lehrer mit leichten bis mittelschweren Verhaltensstörungen ihrer Schüler umgehen können.

Im nächsten Abschnitt wird ein Bereich angesprochen, in dem der Lehrer Probleme entdecken und anpacken kann: dem Selbstmord.

Selbstmord

Natürlich denkt nicht jeder Schüler mit emotionalen Störungen an Selbstmord, und auch viele Leute ohne diese Probleme können dies tun. Aber Depression mündet nicht selten in einen Selbstmordversuch. Bis zu 10 % der Jugendlichen haben irgendwann einen Selbstmordversuch unternommen, aber noch mehr haben daran gedacht. Die Indianer der USA und Schüler in ländlichen Gemeinden weisen ein erhöhtes Suizidrisiko auf. Es gibt vier allgemeine Risikofaktoren, die gleichermaßen bei weiblichen und männlichen afroamerikanischen, lateinamerikanischen und weißen Jugendlichen entdeckt wurden: Depression und Drogenmissbrauch, Suizidvorkommnisse in der Familie, Stresszustände und Ablehnung durch die Familie oder Familienkonflikte. Die Suizidgefahr erhöht sich besonders, wenn mehr als ein Risikofaktor zutrifft (Steinberg, 2005). Es besteht auch die Vermutung, dass manche der Medikamente gegen die Depression die Suizidgefahr erhöhen.

Selbstmordgedanken treten oft auf als Reaktion auf Lebensprobleme – Probleme, die Eltern und Lehrer nicht wahrhaben wollen. Es gibt viele Warnzeichen für nahendes Unheil. Achten Sie auf Veränderungen in den Ess- und Schlafgewohnheiten, im Gewicht, in den Noten, in der Stimmungslage, im Aktivitätsniveau oder im Interesse an Freunden oder an sonst beliebten Freizeitaktivitäten. Schüler in Selbstmordgefahr verschenken manchmal wertvollen Besitz, wie z. B. eine Stereoanlage oder CDs, Kleider oder Haustiere. Sie können depressiv oder hyperaktiv sein und Sätze sagen wie „Mir ist alles egal", „Um mich musst du dir keine Sorgen mehr machen" oder „Ich frage mich, wie es ist, wenn man stirbt". Sie fangen an, die Schule zu schwänzen oder nicht zur Arbeit zu gehen. Besondere Gefahr ist im Verzug, wenn der Schüler nicht nur von Selbstmord redet, sondern auch einen festen Plan hat, ihn auszuführen.

Wenn Sie den Verdacht hegen, dass es ein solches Problem gibt, sprechen Sie direkt mit dem Schüler. Ein Gefühl ist vielen Selbstmordgefährdeten eigen, nämlich dass niemand sie ernst nimmt. „Eine Frage zu möglichem Selbstmord provoziert noch keinen. Die Betroffenen können Erleichterung empfinden, wenn jemand sich mit ihnen beschäftigt und ihre Probleme eine Frage wert sind." (Range, 1993, S. 145). Seien Sie realistisch, nähern Sie sich dem Problem Selbstmord nicht mit dichterischer Phantasie. Stellen Sie spezifische Fragen und nehmen Sie den Schüler ernst. Denken Sie daran, dass Selbstmorde im Jugendalter ansteckend sind. Wenn über einen Schülerselbstmord in den Medien berichtet wird, können andere Jugendliche den Selbstmord nachahmen (Lewinsohn, Rohde & Seeley, 1994); Rice & Dolgin, 2002). ▶ Tabelle 4.13 (siehe S. 178) nennt einige der Selbstmordmythen und -tatsachen.

Drogenmissbrauch

Obwohl der Drogenmissbrauch nicht immer mit emotionalen oder Verhaltensstörungen einhergeht und obwohl auch ohne diese Störungen Drogen konsumiert werden, nehmen doch viele Jugendliche mit emotionalen Problemen Drogen ein. In moderne Gesellschaften ist das Heranwachsen ein sehr verwirrender Vorgang. Man muss sich nur die Aussagen aus Filmen und auf Plakaten ansehen. „Schöne", beliebte Menschen trinken Alkohol und rauchen Zigaretten, ohne sich Sorgen um ihre Gesundheit zu machen. Es gibt legale Mittel gegen alle Wehwehchen. Kaffee weckt uns auf und eine Schlaftablette schenkt uns eine ruhige Nacht. Aber wir ordnen an, die Schüler sollen „Nein" zu Drogen sagen.

Aus vielen Gründen, nicht nur, weil es so viele widersprechende Botschaften gibt, ist Drogengebrauch

Tabelle 4.13

Mythen und Tatsachen über Selbstmord

Mythos:	Personen, die von Selbstmord sprechen, führen ihn nicht aus.
Tatsache:	Acht von 10 Personen, die Selbstmord begehen, sagen vorher, dass sie sich etwas antun werden.
Mythos:	Nur bestimmte Typen von Menschen begehen Selbstmord.
Tatsache:	Alle Arten von Menschen können Selbstmord begehen: männliche oder weibliche, junge oder alte, reiche oder arme, Leute vom Lande oder aus der Großstadt. Selbstmorde kommen in allen gesellschaftlichen, ethnischen und religiösen Gruppe vor.
Mythos:	Wenn jemand über Selbstmord spricht, sollte man ihn von diesem Thema ablenken.
Tatsache:	Sie sollten die selbstmordgefährdete Person ernst nehmen. Hören Sie gut zu, was sie sagt. Geben Sie ihr Gelegenheit, ihre Gefühle auszudrücken. Lassen Sie erkennen, dass Ihnen das Anliegen der Person am Herzen liegt. Helfen Sie, Hilfe zu organisieren.
Mythos:	Viele Personen, die sich töten, wollen wirklich sterben.
Tatsache:	Viele Leute, die aus dem Leben scheiden, sind verwirrt; sie sind nicht immer fest entschlossen zu sterben. Selbstmord kann auch ein Hilfeschrei sein.

Quelle: Aus *Changing Bodies, Changing Lives: A Book for Teens on Sex and Relationships* (S. 142) von R. Bell (1980). New York: Random House.

ein Problem für Schüler geworden. Genaue Statistiken sind selten, aber Schätzungen aus der Erhebung *Monitoring the Future* der Universität Michigan lagen im Jahr 2005 bei 15 % der Achtklässler und 39 % der Zwölftklässler mit illegalem Drogengebrauch, Marihuana liegt an der Spitze aller eingenommenen Drogen. Der Drogengebrauch bei Schülern der Sekundarstufe I ist seit 2001 konstant geblieben oder sogar zurückgegangen, mit Ausnahme der Schnüffelstoffe. Schnüffelstoffe (Klebstoff, Farbverdünner, Nagellackentferner, Aerolsolsprays usw.) sind preiswert und frei zu kaufen. Schüler sind sich der lebensgefährlichen Wirkungen dieser Stoffe nicht bewusst. Der Anteil der Acht- und Zehnklässler, die glauben, dass Schnüffelstoffe gefährlich sind, geht zurück (Johnston, O'Malley, Bachman & Schulenberg. 2004). Die vergleichbaren Zahlen für das Jahr 2001 für deutsche Schüler der 8. Klasse liegen bei 12 % Lebenszeitprävalenz, im Alter vergleichbar der 12. Klasse (17–19 J.) bei 33,5 % (hier sind auch im Beruf oder in der beruflichen Ausbildung befindliche Jugendliche mitgezählt). Der Bundesdurchschnitt liegt niedriger: bei 13,5 % Jahresprävalenz und 27 % Lebenszeitprävalenz insgesamt, davon entfallen 31 % auf Cannabis (Schubert et al. Schwerpunktbericht der Gesundheitsberichterstattung des Bundes, Robert-Koch-Institut, 2004; Europäische Jugendstudie, HBSC Jugendgesundheitsstudie 2002 im Auftrag der WHO, hg. Ravens-Sieberer & Thomas, 2003).

Es sollte zwischen mit Drogen experimentieren und Missbrauch unterschieden werden. Viele Schüler fangen auf einer Party mit dem Experimentieren an, aber sie werden nicht abhängig. Der beste Weg, Schülern zu helfen, Drogenangebote abzulehnen, ist durch Peerprogramme, die vermitteln, wie man „nein" sagt. Je älter die Schüler sind, wenn sie mit dem Experimentieren anfangen, umso eher treffen sie verantwortungsvolle Entscheidungen, deshalb ist es besonders wichtig, jüngere Schüler vom Drogengebrauch abzuhalten.

Prävention

Die Aufklärung und Abschreckung vieler Drogenprogramme scheinen wenig positive Auswirkungen zu haben und mögen sogar die Neugier und die Experimentierfreude anregen (Dusenburg & Falco, 1997; Tobler & Stratton, 1997). Die effektiven Präventionsprogramme greifen auf eine dem Entwicklungsstand angemessene Sprache und Begriffe zurück und vermitteln, wie man dem sozialen Druck widersteht; sie stellen gut fundierte Informationen über Gebrauchshäufigkeiten bereit (nicht jeder nimmt sie); sie setzen interaktive Lehrmethoden ein wie Rollenspiel oder Unterweisung in kleinen Gruppen; sie trainieren Fertigkeiten, die in vielen Situationen hilfreich sind, wie etwa die Problemlösestrategie in sechs Schritten (siehe Kapitel 12); sie geben umfassende Aufklärung zum Themenbereich mit einer nachträglich Überprüfung; sie üben, wie man kulturelle Besonderheiten berücksichtigen kann.

Debra Stipek und ihre Kollegen (1999) beschreiben zahlreiche Wege, wie Lehrer lebensnahe Situationen in den Unterricht und in informelle Diskussionen einbeziehen können. Zum Beispiel, Klassenregeln betonen den Respekt („es gibt keine dummen Fragen"); Schüler lernen, wie man andere aufrichten kann und nicht, wie man sie heruntermacht; das Leben historischer Figuren gibt Anschauungsmaterial für Lebensentscheidungen und für die Bewältigung von Stress; Konflikte zwischen Schülern werden zu Lehren für das Leben im sozialen Bereich. Schülern wird ein Repertoire an Bewältigungsstrategien vermittelt. Das Repertoire bezieht das Anheften von Notizzetteln mit den Sorgen und Nöten der Schüler mit ein; dies erlaubt, sich zur gegebenen Zeit mit einem Anliegen zu beschäftigen. Ausfahrt- und U-Kurvenschilder weisen den Schüler darauf hin, dass er in einer Situation aus dem Felde gehen kann. „Eine Situation ohne Erklärung verlassen, wird als eine angemessene Reaktion vermittelt, die das Gesicht wahrt und möglicherweise das eigene Leben rettet." (Stipek et al., 1999, S. 443). Frühe Hinweise auf erfolgreiches Bewältigen sind, dass die Schüler lernen, die erworbenen Bewältigungsstrategien einzusetzen.

Seltenere Störungsbilder/ starke Behinderungen 4.6

In diesem Abschnitt soll der Umgang mit stark behinderten Kindern vorgestellt werden. Lehrer in einer Regelklasse haben kaum mit solchen Kindern zu tun. Wenn dies jedoch der Fall sein sollte, muss der Lehrer auf die besonderen Bedürfnisse dieser Schüler vorbereitet sein.

4.6.1 Schüler mit Beeinträchtigungen der Gesundheit

Manche Schüler sind auf spezielle Hilfstechniken wie Stützen, orthopädische Schuhe, Krücken oder einen Rollstuhl angewiesen, um am Unterricht in einer Regelklasse teilzunehmen. Wenn die Schuleinrichtung auf Behinderte eingestellt ist und Rampen, Aufzüge und spezielle Toiletten eingebaut hat und wenn die Lehrer sich auf die Einschränkungen, denen die Schüler unterliegen, eingestellt haben, muss der Regelunterricht nicht angepasst werden. Zwei Krankheitsbilder erfordern jedoch spezielle Maßnahmen.

Zerebrale Lähmung und multiple Behinderungen

Gehirnschädigungen vor oder während der Geburt können Bewegungseinschränkungen und Koordinationsschwierigkeiten beim Kind hervorrufen. Die Beeinträchtigungen können gering sein, sodass das Kind nur ein wenig ungeschickt wirkt, oder stark ausgeprägt, sodass die Willkürbewegungen praktisch unmöglich sind. Die häufigste Form der **zerebralen Lähmung** ist die **Spastik** (überangespannte Muskulatur). Viele Kinder mit zerebralen Lähmungen haben sekundäre Beeinträchtigungen (Kirk, Gallagher & Anastasiow, 1993). In der Klasse sind diese sekundären Beeinträchtigungen das größte Anliegen, bei dem die Lehrer noch am meisten bewirken können. Zum Beispiel haben Kinder mit zerebralen Lähmungen auch Seh- und Sprechstörungen und geringere intellektuelle Defizite. Die in diesem Kapitel angesprochenen Strategien des Umgangs mit diesen Kindern können für solche Situationen hilfreich sein.

Körperliche Hilfsmaßnahmen und angemessener Unterricht versetzen Schüler mit verschiedenen Behinderungen in die Lage, am Unterricht in Regelklassen teilzunehmen. Ein besonders konstruierter Tisch ermöglicht dem Mädchen mit einer zerebralen Lähmung selbstständig im Unterricht mitzuarbeiten.

Zerebrale Lähmung Zustände mit einem Spektrum an motorischen oder Koordinationsschwierigkeiten, die auf Lähmungserscheinungen im Gehirn zurückgeführt werden müssen.

Spastik Überangespannte Muskeln, charakteristisch für einige Formen der zerebralen Lähmung.

Krampfanfälle (Epilepsie)

Ein Krampf umfasst eine Reihe von Verhaltensweisen, die durch abnorme neurochemische Aktivitäten im Gehirn hervorgerufen werden (Hardman, Drew & Egan, 2005). Menschen mit **Epilepsie** leiden unter immer wiederkehrenden Krampfanfällen, aber nicht alle Krämpfe sind auf Epilepsie zurückzuführen: vorübergehende Krankheitszustände wie hohes Fieber oder Infektionen können auch Krämpfe hervorrufen. Krampfanfälle können viele Formen annehmen und unterscheiden sich in Länge, Häufigkeit und Bewegungsmuster. Die *Absence* (Abwesenheit des Bewusstseins für 5 bis 20 Sekunden, auch *petit mal* genannt) rührt von einer kleineren betroffenen Hirnregion her, der **allgemeine** oder **tonisch-klonische Krampfanfall** wird durch größere Anteile des Gehirns ausgelöst.

Die meisten allgemeinen Krampfanfälle, die gewöhnlich zwei bis fünf Minuten dauern (früher wurden sie *grand mal* genannt), werden begleitet von unkontrollierten ruckartig zuckenden Bewegungen, Verlust der Kontrolle über die Blasen- und Darmschließmuskulatur, unregelmäßigem Atmen gefolgt von tiefem Schlaf oder Koma. Nach dem Aufwachen kann der Schüler sehr ermattet und desorientiert sein und ein großes Schlafbedürfnis verspüren. Die Krampfanfälle können durch Medikamente beeinflusst werden. Sollte ein Schüler einen Krampfanfall in der Schule bekommen, muss der Lehrer vor allem darauf achten, dass er sich nicht verletzt. Die Hauptgefahr ist, dass der Schüler durch die heftigen Bewegungen an harte Gegenstände stößt und sich dabei verwundet.

Wenn sich ein solcher epileptischer Anfall ereignet, sollte der Lehrer die Ruhe bewahren und die Klasse ebenfalls beruhigen. Es hat keinen Sinn, die Bewegungen des Betroffenen einzuschränken, wenn der Anfall einmal begonnen hat, ist er nicht aufzuhalten. Der Kranke wird sanft auf eine freie Stelle des Bodens gelegt, sodass er nirgendwo anstoßen kann, und Schals oder Krawatten werden gelockert, damit das Atmen nicht behindert wird. Der Kopf wird zur Seite gedreht und etwas Weiches unter den Kopf gelegt – eine Jacke oder eine Decke. Niemals etwas in den Mund stecken – es trifft NICHT zu, dass bei dieser Art von Krampfanfällen der Betroffene sich in die Zunge beißen kann. Zunächst benötigt der Krampfende keine künstliche Beatmung, es sei denn, der Atem stockt nach Beendigung des Anfalls. Der Lehrer sollte die Eltern des Kindes fragen, was bei Krampfanfällen zu tun ist. Wenn ein Anfall nach dem anderen auftritt und der Schüler zwischendurch nicht zu Bewusstsein kommt, wenn eine Schülerin schwanger ist oder einen Gesundheitspass hat, der nicht den Vermerk „Epilepsie, Krampfstörungen" trägt, wenn es Anzeichen für Verletzungen gibt, oder wenn die Krämpfe länger als fünf Minuten dauern, sollte sofort der Notarzt verständigt werden (Friend, 2005). Mayer und Haverkamp (2001) weisen auf entwicklungspsychologische Aspekte kindlicher Epilepsien hin. Der Reifungsprozess berührt nicht nur die Wahrscheinlichkeit des Auftretens von Anfällen, deren Auslösung oder Hemmung, sondern er beeinflusst auch entscheidend die Auswirkungen der Anfälle auf die Gehirnentwicklung und damit indirekt auch die Entwicklung neuropsychologischer Funktionen. Vor diesem Hintergrund muss die Entwicklung von Kindern und Jugendlichen mit Epilepsie als risikobehaftet eingestuft werden.

Nicht alle Krampfanfälle sind dramatisch. Manchmal verliert der Schüler nur kurz den Kontakt zur Umwelt. Der Schüler blickt starr, antwortet nicht mehr auf Fragen, lässt Gegenstände fallen und nimmt für 1 bis 30 Sekunden nicht wahr, was um ihn herum vorgeht. Früher wurden sie *petit mal* genannt, heute werden sie als **Absencen** bezeichnet; sie können leicht unentdeckt bleiben. Wenn ein Kind in der Klasse häufig in Tagträume versunken zu sein scheint, oft nicht weiß, was los ist und vergessen hat, was gerade passiert ist, wenn danach gefragt wird, sollte ein Schulpsychologe eingeschaltet werden. Das Hauptproblem für Schüler mit Absence-Anfällen ist, dass sie dem Klassengeschehen nicht folgen können – diese Anfälle können bis zu 100 Mal am Tag auftreten. Wenn ihre Anfälle häufig vorkommen, kommen die Schüler im Unterricht nicht mehr zurecht. Fragen Sie nach, um sicherzustellen, dass die Schüler orientiert sind und dem Unterricht folgen können. Stellen Sie sich darauf ein, dass Sie in Abständen Wiederholungen anbieten.

Epilepsie Störung mit Krampfanfällen, hervorgerufen durch abnorme elektrische Aktivität im Gehirn.

Allgemeiner (tonisch-klonischer) Krampfanfall Krampfanfall, der weite Teile des Gehirns betrifft.

Absence Anfall, der nur einen kleinen Teil des Gehirns betrifft und mit einer kurzen Zeit der völligen Geistesabwesenheit einhergeht.

4.6.2 Schüler mit verschiedenen Formen der Schwerhörigkeit/Taubheit

Sie werden die Bezeichnung „hörgeschädigt" schon einmal gehört oder gelesen haben, aber der Kreis der Betroffenen und Forscher lehnen diesen Terminus ab, deshalb werden hier die von ihnen bevorzugten Bezeichnungen „taub" und „schwerhörig" verwendet. Die Anzahl tauber Schüler ist in den letzten drei Jahrzehnten zurückgegangen, aber wenn sie in Erscheinung tritt, sind die Auswirkungen auf das Lernen der Schüler erheblich (Hunt & Marshall, 2002). Anzeichen für Hörprobleme sind das Drehen des Kopfes in Richtung der Schallquelle, das Hören mit einem Ohr wird in Unterhaltungen bevorzugt oder vermehrte Missverständnisse, wenn der Sprecher nicht gesehen werden kann. Andere Hinweise sind, dass Anweisungen nicht befolgt werden, der Schüler erscheint abgelenkt oder verwirrt; fragt oft nach und bittet um Wiederholungen, falsches Aussprechen neuer Wörter und Namen und nimmt zurückhaltend an Klassendiskussionen teil. Es sollte auf alle Fälle notiert werden, welche Schüler häufig Sinusinfektionen oder Allergien haben.

In der Vergangenheit gab es eine Diskussion darüber, ob mündliche oder Zeichensprache besser für taube oder hörgeschädigte Kinder seien. Die mündliche Kommunikation der Tauben besteht im Ablesen der Lautformungen vom Mund des Sprechers und Gebrauch auch der minimalen verbliebenen Hörmöglichkeiten. Der Einsatz von Handgebärden umfasst die formalisierte Zeichensprache und das Fingeralphabet. Forschungen ergaben, dass die Zeichensprache sich günstiger auf die Schulleistungen und auf die soziale Reife auswirkt als die Mundablese-Methode. Gegenwärtig werden beide Methoden zusammen eingesetzt (Hallahan & Kauffman, 2006).

Eine andere Sichtweise schreibt tauben Menschen eine Kultur mit einer anderen Sprache, anderen Werten, sozialen Institutionen und Literatur zu. Hunt und Marshall (2002) zitieren einen tauben Psychologen, der bemerkte: „Wie würde es Frauen gefallen, wenn man sie mann-geschädigt, oder Weiße, wenn man sie farbiggeschädigt nennt? Ich bin nicht hörgeschädigt, ich bin taub!" (S. 348). Aus dieser Sichtweise heraus ist es das Ziel, tauben Kindern zu helfen, zweisprachig und bikulturell zu werden, um sie für das Leben in zwei Welten vorzubereiten. Technische Errungenschaften, wie z. B. die Teleschreibmaschine zu Hause oder öffentliche Telefonanlagen mit Bildschirmen, zusammen mit elektronischer Internet-Kommunikation und Internet haben die Kommunikationsmöglichkeiten für alle, eben auch für Personen mit Hörproblemen erweitert.

4.6.3 Schüler mit Sehstörungen

In den U.S.A. hat nur eines von 1000 Kindern so starke visuelle Beeinträchtigungen, dass Sonderschulförderung notwendig wird. Die meisten Kinder dieser Gruppe haben eine **sehr geringe Sehschärfe**. Sie lesen mit einem Vergrößerungsglas oder aus einem Buch mit sehr großer Schrift. Eine kleine Gruppe von Schülern, einer von 2500 ist *im Hinblick auf die Anforderungen des Schulunterrichts als blind* zu bezeichnen. Die Schüler müssen sich beim Lernen überwiegend auf ihr Gehör und ihren Tastsinn verlassen (Kirk, Gallagher & Anastasiow, 1993). Sie sind auf die Braille-Schrift angewiesen.

Schüler mit Sehschwierigkeiten halten ihr Buch entweder sehr nahe oder sehr weit weg von ihren Augen. Sie blinzeln häufig, reiben ihre Augen oder beklagen sich, dass ihre Augen brennen oder wehtun. Die Augen können tatsächlich geschwollen sein, rot oder verklebt. Schüler mit Sehproblemen können sich an der Tafel verlesen, können angeben, dass sie alles unscharf sehen, sie können sehr lichtempfindlich sein oder ihren Kopf schief halten. Sie können leicht reizbar werden, wenn sie schreiben oder malen müssen oder sie verlieren Interesse an einer Tätigkeit, die weiter weg am anderen Ende des Klassenzimmers liegt (Hunt & Marshall, 2002). Das Kind sollte einem Augenarzt vorgestellt werden, dem jedes dieser Anzeichen berichtet werden muss.

Besondere Maßnahmen und Ausstattungen, die dem Kind helfen, in einer Regelklasse mitzuarbeiten, betreffen Bücher mit großer Schrift, Software-Programme, die Schrift in gesprochene Sprache oder in Braille-Blindenschrift umwandeln können, Notizbücher oder Adressbücher mit gesprochener Sprache, Tonbänder mit variabler Geschwindigkeit (die Lehrern erlauben, zeitlich komprimierte Tonbänder herzustellen, ohne dass sich die Tonhöhe und die Sprache stark verändern), besondere Taschenrechner, einen Abakus, dreidimensionale Karten, Diagramme und Modelle sowie

---

Geringe Sehschärfe Nur nahe Gegenstände können scharf gesehen werden.

besondere Messinstrumente. Für Schüler mit Sehproblemen ist die Qualität der Druckschrift oft wichtiger als die Schriftgröße, deshalb sollte auf die Lesbarkeit von Handzetteln und auf deutliche Kopien geachtet werden.

Die Anordnung im Raum ist auch ein Problem. Schüler mit Sehproblemen müssen wissen, wo sich Gegenstände befinden, deshalb ist Ortskonstanz wichtig – ein Platz für jeden Gegenstand und jeder Gegenstand an seinem Platz. Räumen Sie viel Bewegungsraum ein und achten Sie auf Hindernisse wie Papierkörbe und offene Schranktüren. Wenn Sie in der Klasse umräumen, müssen Schüler mit Sehbehinderungen erst die neue Anordnung lernen, ehe sie sich frei bewegen können. Ordnen Sie dem betroffenen Schüler einen Mitschüler zu, der ihm im Falle von Feueralarmübungen und anderen Notfällen zur Seite steht (Friend & Bursack, 2002).

4.6.4 Autismus

Sie haben sicher den Ausdruck **Autismus** schon einmal gehört. Im Jahre 1990 wurde Autismus in die IDEA-Liste der Behinderung aufgenommen, die der besonderen Förderungen bedürfen. Autismus wird definiert als „eine Entwicklungsbehinderung, die sich stark auf verbale und nicht-verbale Kommunikation und soziale Interaktionen auswirkt; sie tritt vor dem dritten Lebensjahr in Erscheinung, und sie hat negative Auswirkungen auf die Leistungsfähigkeit des Kindes" (34 Federal Code of Regulations § 300.7). Autismus umfasst mehrere Störungsbilder von geringem bis sehr starkem Autismus. Schon sehr früh zeigt sich die soziale Kontaktstörung der Kinder. Sie nehmen keine Beziehungen zu anderen Menschen auf, vermeiden Augenkontakt und teilen auch keine Gefühle wie Freude oder Interesse mit anderen. Die Kommunikation ist gestört. Etwa die Hälfte der autistischen Schüler spricht überhaupt nicht, sie verfügen über wenige oder keine Sprachfertigkeiten. Andere sprechen in einer unverständlichen Sprache. Sie können sehr zwanghaft auf einer Regelund Gleichmäßigkeit in ihrer Umwelt bestehen – Veränderungen verstören sie sehr. Sie können einen Wiederholungszwang entwickeln und sehr eingeschränkte Interessen haben; zum Beispiel sehen sie sich die gleiche DVD immer wieder an. Sie können sehr empfindlich auf Licht, Klang, Berührung oder andere Sinnesinformationen reagieren – Klänge z. B. können sehr schmerzend sein. Sie können unter Umständen Wörter oder Schritte in einem Problemlöseablauf auswendig lernen, sie aber dann nicht richtig anwenden; sie mögen auch verwirrt sein, wenn sich kleine Änderungen in der Situation ergeben oder eine Frage etwas anders gestellt wird (Friend, 2006).

Das *Asperger Syndrom* gehört zur autistischen Störungsform. Kinder mit dieser Form der Störung haben viele der oben beschriebenen Symptome, aber das größte Problem ist im Bereich der sozialen Beziehungen zu finden. Die Sprache ist weniger beeinträchtigt. Sie können sehr flüssig sprechen, aber mit ungewöhnlichem Sprachgebrauch: statt „ich", verwenden sie z. B. „du" (Friend, 2006). Viele autistische Schüler haben mittlere bis schwere intellektuelle Beeinträchtigungen, aber Asperger-Autisten weisen in der Regel eine durchschnittliche bis hohe Intelligenz auf.

Theorie des Geistes

Eine der Grundlagen von Autismus und auch des Asperger-Syndroms ist die mangelnde Theorie des Geistes – die Betroffenen verstehen also nicht, dass sie selbst und andere Menschen Bewusstsein und Emotionen haben und auf die gleiche Weise denken wie sie. Sie können ihr eigenes Verhalten kaum erklären, können nicht in Rechnung stellen, dass andere Menschen andere Gefühle haben und wie sich Verhalten auf Gefühle auswirken kann. So kann ein autistischer Schüler vielleicht nicht verstehen, warum sich Mitschüler bei ständigen Wiederholungen von Geschichten oder beim Anhören von abwegigen Einzelheiten zu für ihn faszinierenden Themen langweilen. Der autistische Schüler kann zu nah oder zu weit weg von Interaktionspartnern stehen und nicht bemerken, wie unwohl sich der andere dabei fühlt (Friend, 2006),

Interventionen

Frühe und intensive Interventionen, die auf Kommunikation und sozialen Beziehungen abzielen, sind besonders wichtig für Kinder mit autistischen Störungen. Wenn sie in die Grundschule kommen, werden einige in Regelklassen mit einem Inklusionsprogramm aufgenommen, andere in Sonderklassen und manche

---

Autismus Entwicklungsstörung mit bedeutsamen Auswirkungen auf die affektiv-sprachliche und nichtverbale Kommunikation sowie die soziale Interaktion, tritt im Allgemeinen bereits vor dem 3. Lebensjahr in schwacher bis starker Form auf.

in einer Kombination beider. Eine Zusammenarbeit zwischen der Familie und der Schule ist in allen Fällen besonders wichtig. Unterstützungsmaßnahmen wie kleine Klassen, eine gut strukturierte und organisierte Umwelt, die eine sichere „Zone des Wohlbehagens" in Zeiten mit Stress darstellt, in sich stimmige oder gleich bleibende Anweisungen, technische, besonders visuelle Hilfsmittel können Teil des auf Zusammenarbeit aufbauenden Förderplans der Schule sein (Friend, 2006). Während der Adoleszenz und dem Übergang zum Erwachsenenalter sind die Lebensbewältigung, die Arbeit und die sozialen Fertigkeiten wichtige Erziehungsziele.

Der letzte Abschnitt dieses Kapitels ist den hochbegabten Schülern gewidmet, die von den bisher besprochenen Gesetzen nicht geschützt werden.

Hochbegabte Schüler 4.7

Den Einstieg in das Thema dieses Abschnittes soll eine wahre Geschichte bilden:

Laura konnte schon gut lesen, als sie in die erste Klasse einer Grundschule in einem großen Schulbezirk kam. Ihre Lehrerin bemerkte, dass Laura schon dicke Bücher in die Schule mitbrachte und mühelos las. Nach einem Lesetest stand fest, dass sie wie eine Schülerin aus der fünften Klasse lesen konnte. Lauras Eltern berichteten stolz, dass sie von ganz allein mit drei Jahren anfing, lesen zu lernen und „seitdem jedes Buch las, das ihr in die Hände fiel" (Reis et al., 2002).

Die Schule hatte keine Ressourcen, um sie besonders zu fördern. In der 5. Klasse las sie nur noch etwas besser als eine Fünftklässlerin. Ihre Lehrerin in der 5. Klasse wusste nicht, dass sie einmal als hochbegabte Leserin galt.

Laura steht mit ihrem Werdegang nicht allein da. Es gibt eine Gruppe von Kindern mit besonderen Bedürfnissen, die in der Schule oft übersehen werden: die **hochbegabten Schüler**. In der Vergangenheit wurde es als undemokratisch und elitär angesehen, auf die besonders intelligenten und talentierten Schüler einzugehen. Inzwischen sehen die Schulen ein, dass sie ein zu geringes Angebot für hochbegabte Schüler haben. Eine nationale Erhebung in den USA ergab, dass etwa die Hälfte der hochbegabten Schüler Leistungen unter ihren Möglichkeiten bringen (Tomlinson-Keasey, 1990). Im Jahre 1988 gab schließlich die Bundesregierung der Vereinigten Staaten den Bildungserlass für Hochbegabte heraus. Darin wird anerkannt, dass den besonderen Bedürfnissen von Hochbegabten Rechnung getragen werden muss, aber es werden keine konkreten Maßnahmen und Bereitstellung von Mitteln vorgeschrieben, die den Hochbegabten wie Laura eine angemessene Förderung garantieren.

4.7.1 Wer ist ein hochbegabter Schüler?

Es gibt viele Definitionen von „hochbegabt", weil Schüler viele verschiedene Begabungen haben können. Es sei an Gardiner (2003) erinnert, der acht unterschiedliche Intelligenzen postuliert und an Sternbergs (1997) triarchisches Modell. Renzulli und Reis (2003) haben ein anderes Drei-Komponenten-Modell der Hochbegabung: überdurchschnittliche allgemeine Intelligenz, ein hohes Niveau an Kreativität und eine hohe Leistungsmotivation. Eine der umfassendsten Definitionen von Hochbegabung stammt aus dem Erziehungsministerium der USA (1993):

Kinder und Jugendliche mit Hochbegabung zeigen oder haben das Potenzial für Leistungen auf bemerkenswert hohem Niveau verglichen mit Gleichaltrigen mit ähnlichem Erfahrungshintergrund und vergleichbarer Umwelt. Diese Kinder und Jugendliche zeigen hohe Fähigkeiten in intellektueller, kreativer und/oder künstlerischer Hinsicht, besitzen ungewöhnliche Führungskapazitäten oder sind hervorragend in einzelnen Fächern. Sie haben ein Anrecht auf besondere Maßnahmen, die sonst nicht in Schulen angeboten werden. Hochbegabte gibt es in allen ethnischen und kulturellen Gruppen, in allen ökonomischen Schichten und in allen Tätigkeitsfeldern (S. 26).

Wirklich hochbegabte Kinder sind nicht die Schüler, die schnell und mühelos lernen. Die Leistungen von hochbegabten Schülern sind originell, extrem ihrem Alter voraus und möglicherweise weitreichend wichtig. Diese Kinder können bereits mit drei oder vier Jahren fließend lesen ohne große Anleitung. Sie können ein Musikinstrument wie ein normal talentierter Erwachsener spielen, sie können aus einem Einkauf

Hochbegabte Schüler Sehr intelligente, kreative und talentierte Schüler.

Lerngeschichten **Das verdanke ich meinem Lehrer**

Tülay ist eine türkische Schülerin in der dritten Klasse. Sie wurde von beiden Eltern sehr geliebt und unterstützt. Ihre Mutter ist Reinigungskraft in einem Krankenhaus und ihr Vater hilft in einem Döner-Imbiss mit. Sie wohnen jetzt in einem anderen Schulbezirk, aber sie besucht immer noch ihre alte Schule in einem anderen Bezirk. Die Arbeitsstelle der Mutter ist in dem alten Bezirk und die Mutter nimmt Tülay jeden Morgen im Bus mit. Die Busfahrt ist lang. Tülay kommt gelegentlich fast eine Stunde zu spät, doch kaum ist sie eingetroffen, ist sie auch schon ganz vom Unterricht absorbiert. Die Lehrerin findet, der weite Weg lohnt sich für Tülay, da die Schule sich sehr um Tülays Familie gekümmert hat und ein besonderes Förderprogramm zu Beginn der Schulzeit war „wahrscheinlich das Sahnehäubchen auf der Torte, das die Familie und Tülay bei der Stange hält."

Tülay hat einen großen Wissensdurst. Sie bittet sogar um Sonderaufgaben, die sie zu Hause noch zusätzlich erledigen möchte. Ihre derzeitige Lehrerin bezeichnet sie als „wahre Freude. Ich freue mich, dass sie in meiner Klasse ist. Wenige Kinder sind so intrinsisch motiviert wie Tülay. Sie würde wahrscheinlich alles machen. Sie ist klug, sprudelt vor Ideen, von überschäumender Motivation und ist auch sehr gesellig. Sie schreibt. Sie erfindet Geschichten. Sie übernimmt unauffällig die Führerrolle in Gleichaltrigengruppen. Sie übt keine direkte Macht aus, sondern gibt Anregungen wie: „Vielleicht sollten wir das so machen". In Mathematik ist sie ihrer Klasse um ein Jahr voraus. Auch die Lehrerin der zweiten Klasse urteilt sehr positiv über das Mädchen. Sie weist auf ein Bild hin, dass Tülay in der zweiten Klasse gemalt hat und jetzt im Schulflur hängt.

Weitere Informationen zu Möglichkeiten für hochbegabte Schüler finden Sie auf der Webseite des Johns Hopkins Universitätszentrums für begabte Jugendliche: **http://cty.jhu.edu/gifted/**

Quelle: Aus Challenging Expectations: Case Studies of High Potential. Culturally Diverse Young Children von Tomlinson, C. Callahan, C. & Lelli, K. (1997). *Gifted Child Quarterly, 41(2)*, 5–17.

---

beim Lebensmittelhändler ein mathematisches Rätselspiel machen, und sie sind fasziniert von Rechenproblemen, wenn ihre Altersgenossen noch versuchen,

Verknüpfen und erweitern Sie Ihre Forschungskenntnisse

Eine Nachfolgeuntersuchung von Termans Teilnehmern an seiner Untersuchung von vor 60 Jahren zeigte, dass gesellige und offene Kinder später als ältere Erwachsene wenig intellektuell interessiert waren. Die Autoren äußern die Auffassung, dass ein aktives Sozialleben von intellektuellen Zielen ablenkt (Tomlinson-Keasey & Little, 1990). Es stimmt, hochbegabte Kinder sind eher introvertiert – es macht ihnen nichts aus, allein zu sein, und sie brauchen vielleicht auch das Alleinsein, um ihren Begabungen nachgehen zu können (Winner, 200). Jeder Entwicklungspfad hat seine Vor- und Nachteile für den betreffenden Menschen.

einfach Zahlen zusammenzurechnen (Winner, 2000). Neue Auffassungen über Hochbegabung beziehen auch das kulturelle Umfeld, die Sprache und außergewöhnliche Bindungen des Kindes mit ein (Association for the Gifted, 2001). Diese neuen Auffassungen eignen sich besser für das Erkennen hochbegabter Kinder, Kinder wie Karla in *Lerngeschichten: Das verdanke ich meinem Lehrer*.

Was wissen wir von hochbegabten Personen? Eine klassische Untersuchung von den kennzeichnenden Merkmalen von Personen mit hervorragenden Leistungen und intellektuellen Fähigkeiten wurde vor einigen Jahrzehnten von Lewin Terman und seinen Kollegen (1925; 1947; 1959; Holahan & Sears, 1995) begonnen. Das riesige Projekt mit 1528 hochbegabten männlichen und weiblichen Personen verfolgte deren Lebenslauf von Kindheit an bis zum Jahre 2010. Die Teilnehmer haben alle einen IQ von 140 oder höher im Stanford-Binet-Test, den nur 1 % der Bevölkerung aufweisen. Sie wurden ausgesucht aufgrund des Intelligenztestergebnisses und durch Empfehlungen der Lehrer.

Terman und seine Kollegen fanden, dass diese hochbegabten Kinder größer, stärker und gesünder als der Durchschnitt ihrer Altersgenossen waren. Sie fingen früher an zu laufen und waren sportlicher. Sie waren emotional stabiler und waren als Erwachsene besser angepasst. Weiterhin wiesen sie eine geringe Kriminalitätsrate auf, weniger emotionale Schwierigkeiten, weniger Scheidungen und Drogenmissbrauch usw. Es ist jedoch nicht auszuschließen, dass die Lehrer zu Beginn der Untersuchung nur solche Schüler empfahlen, die auch gut angepasst waren. Zudem waren die Teilnehmer an Termans Untersuchung nur intellektuell hochbegabt; es gibt ja noch Hochbegabungen in anderen Bereichen.

Woher kommen die Begabungen?

Seit Jahren herrscht in der Ursachenfrage für besondere Begabungen die Anlage/Umwelt-Debatte vor. Wie immer gibt es Hinweise darauf, dass beides eine Rolle spielt. Untersuchungen über Wunderkinder und Genies in vielen Bereichen zeigen jedoch, dass extensive und intensive Übung notwendig ist, um Leistungen auf höchstem Niveau zu vollbringen. Zum Beispiel benötigte Newton 20 Jahre, um von seiner anfänglichen Idee zu seinen außergewöhnlichen Beiträgen zur Physik, Astronomie und Mathematik zu gelangen (Howe, Davidson & Sloboda, 1998; Winner, 2000).

In den ersten Berichten von Blooms Untersuchung über Begabung (1982) beschreiben er und sein Forscherteam Interviews mit berühmten Tennisspielern, ihren Trainern, Eltern, Geschwistern und Freunden. Ein Trainer erzählte, dass er einmal einen Vorschlag für einen bestimmten Bewegungsablauf gemacht hatte und ein paar Tage später beherrschte der zukünftige Tennischampion ihn vollständig. Die Eltern erzählten, wie das Kind stundenlang übte, nachdem es den Hinweis vom Trainer erhalten hatte. Konzentrierte intensive Übung spielt also eine wichtige Rolle bei Leistungen von begabten Kindern. Die Eltern von Wunderkindern sind in der Regel kindzentriert und unterstützen das Kind stundenlang bei der Entwicklung seiner Begabung. Blooms Forschungsteam erfuhr von großer Einsatzfreude der Eltern; sie fuhren ihre Kinder frühmorgens weite Strecken zum Training in eine andere Stadt; sie nahmen zwei Jobs an, um die entstehenden Sonderausgaben aufzubringen oder zogen mit der ganzen Familie dahin, wo gute Lehrer oder Trainer zu finden waren. Die Kinder erkannten die Bemühungen ihrer Familien an und reagierten mit noch mehr Anstrengung

beim Training. Die Familie zeigte infolge dann noch mehr Einsatz – eine Aufwärtsspirale von Investition und Leistung war in Gang gesetzt.

Aber harte Arbeit macht nur wenige zu Weltklassespielern oder zu einem Newton. Die natürlichen Anlagen sind biologische Vorgaben. Die Kinder in Blooms Untersuchung zeigten früh und deutlich ihre Begabung in einem Gebiet, das sie auch durch Übung gepflegt hatten. Als Kinder haben Bildhauer ständig gezeichnet und Mathematiker waren fasziniert von allem, was mit Zahlen zu tun hatte. Die Investition der Eltern kam meistens erst, nachdem das Kind außerordentliche Leistungen zeigte (Winner, 2002, 2003). Neue neurologische Forschung deutet an, dass hochbegabte Kinder mit hervorragenden Leistungen in Mathematik, Musik oder bildenden Künsten eine besondere Gehirnorganisation haben könnten – was Vor- und Nachteile hätte. Hochbegabung in Mathematik, Musik oder bildenden Künsten ist verknüpft mit besonders guten visuell-räumlichen Fähigkeiten und einer besonders starken Entwicklung der rechten Hirnhälfte. Kinder mit diesen Erscheinungen sind in der Regel nicht rechtshändig dominant und tendieren zu Sprachproblemen. Diese Beobachtungen weisen darauf hin, dass hochbegabte Kinder, Wunderkinder und Gelehrte nicht durch die Umwelt entwickelt werden, sondern ihre ungewöhnliche funktionale Gehirnanatomie ermöglicht schnelles Lernen in bestimmten funktionalen Bereichen (Winner, 2000, S. 160).

Welchen Problemen stehen Hochbegabte gegenüber?

Auch angesichts der Befunde Termans und Blooms wäre es nicht angebracht zu sagen, dass jeder hochbegabte Schüler auch besonders angepasst und emotional ausgeglichen sei. Hochbegabte, besonders Mädchen, sind oft depressiv verstimmt und berichten über soziale und emotionale Probleme (Berk, 2005). Die Schwierigkeiten hochbegabter Kinder sind meist Langeweile und Frustration bzw. Isolation in der Schule mit gelegentlichem lächerlich Gemachtwerden durch Mitschüler. Mitschüler sind voll damit beschäftigt, Baseball zu spielen oder mit der Sorge um die nächste Mathematikarbeit, während das hochbegabte Kind von Mozart fasziniert ist, sich mit sozialen Problemen beschäftigt, ganz vom Computer oder vom Schauspielen oder von der Geologie beansprucht wird. Hochbegabte Kinder können ungeduldig gegenüber Freunden, Eltern und sogar Lehrern sein, die ihre Interessen nicht teilen oder

> **Verknüpfen und erweitern Sie Ihre Forschungskenntnisse**
>
> Die September 2001 Ausgabe des *Psychology in the School* enthält verschiedene Artikel darüber, wie man die in Ihrer Anzahl vielleicht unterschätzten Hochbegabten erkennen und unterrichten kann.

nicht so begabt sind wie sie. Weil sie sprachlich gut entwickelt sind, wirken sie leicht angeberisch, wenn sie sich einfach ausdrücken wollen. Sie haben eine niedrige Schwelle für die Wahrnehmung der Gefühle und Erwartungen anderer und mögen deshalb sehr verletzlich sein, wenn ihnen Kritik oder gar höhnende Äußerungen entgegenkommen. Da sie sehr zielgerichtet und konzentriert sind, erscheinen sie stur und wenig kooperativ. Ihr Sinn für Humor kann ihnen als Schutz gegen Lehrer und Mitschüler dienen. Die am höchsten Begabten und Leistungsstärksten haben relativ mehr Anpassungsprobleme (z. B. Personen mit einem IQ über 180) (Hardman, Drew & Egan, 2005; Robinson & Clinkenbeard, 1998).

4.7.2 Hochbegabte Schüler erkennen und unterrichten

> **Was würden Sie dazu sagen?**
>
> In einem Vorstellungsgespräch für eine neue Stelle taucht folgende Aufforderung auf: „Beschreiben Sie eine Lernaktivität, die Sie für den Unterricht geplant haben und wie Sie den Lernanforderungen einzelner Schüler gerecht wurden!" Was würden Sie antworten?

Es ist schwierig, hochbegabte Kinder zu erkennen, und sie angemessen zu unterrichten, ist noch herausfordernder. Viele Eltern versuchen, ihren hochbegabten Kindern möglichst früh Lernangebote bereit zu stellen. Aber auch sehr frühes Lesen garantiert nicht, dass die Schüler auch noch Jahre später hervorragende Leistungen vollbringen können (Mills & Jackson, 1990). In der Mittel- und Oberstufe legen es manche der Hochbegabten darauf an, keine guten Noten zu bekommen. Dies macht eine Diagnose ihrer Hochbegabung ziemlich schwierig. Mädchen neigen besonders dazu, ihre Fähigkeiten zu verbergen (Berk, 2005).

Lehrer können nur mit 10- bis 50 %iger Sicherheit hochbegabte Schüler erkennen (Fox, 1981). Es sollen nun einige von Marilyn Friend (2005) vorgeschlagene Indikatoren vorgestellt werden. Wer kann gut mit abstrakten Symbolsystemen umgehen, wie sie in der Mathematik vorherrschen? Wer kann sich lange Zeit konzentrieren, wenn eigene Interessen dabei berücksichtigt werden? Wer erinnert sich ohne Anstrengungen? Wer fing früh mit der Sprachentwicklung an und hat vorzeitig gelesen, wie dies zu Beginn dieses Abschnittes beschrieben wurde? Wer ist neugierig und hat viele Interessen? Wer stellt originelle und kreative Arbeiten her? Diese Schüler, für die diese Fragen bejaht werden können, arbeiten auch in der Regel lieber allein, haben einen ausgeprägten Sinn für Gerechtigkeit und Fairness, sind energiegeladen und leben intensiv, fühlen sich stark für Freunde verantwortlich – meist ältere Schüler – und wollen möglichst perfekt sein.

Gruppenleistungen und Intelligenztests unterschätzen den IQ der sehr intelligenten Kinder. Gruppentests eignen sich zwar für einen ersten Überblick über die Leistungsmöglichkeiten, aber ihre Ergebnisse eignen sich nicht für die Auswahl von Schülern für bestimmte Kurse, Preise etc.

Viele Psychologen empfehlen eine Fallstudie durchzuführen, um hochbegabte Schüler zu erkennen. Das heißt, viele verschiedene Informationen über den Schüler in verschiedenen Kontexten zu sammeln: Testergebnisse, Noten, Arbeitsproben, Projekte, Sammelmappen, Unterlagen aus der Gemeinde oder der Kirchengemeinde, Selbsteinschätzungen, Nennungen von Lehrern oder Peers usw. (Renzulli & Reis, 2003; Sisk, 1988). Besonders für das Erkennen künstlerischer Talente müssen Experten bemüht werden; sie sollten die Kunstwerke der Kinder beurteilen. Naturwissenschaftliche Projekte, Ausstellungen, Anhörungen, Interviews, alles ist grundsätzlich möglich. Kreativitätstests können einige Kinder erkennen, die von anderen Methoden nicht erfasst werden, besonders Kinder aus Minderheiten, die bei dieser Art von Tests stark benachteiligt sind (Makler, 1987).

Es sei daran erinnert, dass Schüler in manchen Bereichen sehr stark sind, in anderen aber gleichzeitig schwach sein können. In amerikanischen Schulen gibt es etwa 180 000 hochbegabte und lernbehinderte Schüler (Davis & Rimm, 1985). Laut Statistik der Deutschen Gesellschaft für das hochbegabte Kind (DGhK) gibt es in der Bundesrepublik etwa 300 000 hochbegabte Kinder, das entspricht 2–3 % der Gesamtbevölkerung, andere

Verknüpfen und erweitern Sie Ihre Forschungskenntnisse

In den Sonderkursen für Hochbegabte sind Kinder aus drei Gruppen nicht angemessen vertreten: Frauen, Schüler mit Lernbehinderungen und Schüler aus Armutsfamilien (Stormont, Stebbins & Holliday, 2001).

Mädchen und Hochbegabung

Wenn junge Mädchen in der Adoleszenz ihre Identität aufbauen, lehnen sie es oft ab, als hochbegabt zu gelten. Akzeptiert zu werden oder beliebt zu sein – zu einer Gruppe zu „passen" kann in dieser Zeit wichtiger sein, als etwas zu leisten (Basow & Rubin, 1999; Stormont et al. 2001). Wie können Lehrer hochbegabte Mädchen erreichen? Hierzu einige Ideen:

- Passen Sie auf, wenn die Noten von Mädchen von der Mittel- zur Oberstufe schlechter werden.
- Fördern Sie Selbstsicherheit, Leistung, hohes Anspruchsniveau und fordernde Arbeit von allen Schülern.
- Stellen Sie Leistungsträger als Vorbilder vor, laden Sie diese zu Vorträgen ein, vermitteln Sie Praktika oder entsprechende Lektüre.
- Suchen Sie nach Begabungen und fördern Sie diese, auch außerhalb der schulischen Leistungen.

Hochbegabte Schüler mit Lernschwierigkeiten: doppelte Ausnahmeschüler

Hierzu einige Förderideen (McCoach, Kehle, Bray & Siegle, 2001):

- Hochbegabungen sollte man längsschnittlich diagnostizieren.
- Sorgen Sie für einen Ausgleich von Fertigkeitsdefiziten, aber Begabungen und Stärken sollten ebenfalls erkannt und gefördert werden.
- Unterstützen Sie die Schüler emotional, das ist für alle Schüler wichtig, aber besonders für die Ausnahmeschüler.
- Helfen Sie Schülern, mit ihren Lernschwierigkeiten umzugehen und ihre eigenen Stärken einzusetzen und Schwächen zu kompensieren.

Hochbegabte Schüler in Armutsverhältnissen

Gesundheitsprobleme, Mangel an Ressourcen, Obdachlosigkeit, Angst um die eigene Sicherheit und Verantwortung für andere Familienmitglieder, alles das erschwert den hochbegabten Schülern ihr Leben in und außerhalb der Schule. Um hochbegabte Schüler zu erkennen,

- setzen Sie alternative Tests ein;
- achten Sie auf kulturelle Werteunterschiede für Kooperation oder Einzelleistungen (Ford, 2000),
- nutzen Sie multikulturelle Strategien, um sowohl Leistung als auch Entwicklung von ethnischer/rassischer Identität zu fördern.

Institutionen geben etwas niedrigere Prozentzahlen an (Scheidt, 2004).

Hochbegabte Schüler unterrichten

Manche Pädagogen meinen, dass hochbegabte Schüler Klassen oder Kurse überspringen sollten. Andere befürworten einen reichhaltig ergänzten Unterricht, der differenzierteres und gedanklich anregendes Material enthält, der erlaubt, die Schüler mit ihren gleichaltrigen Klassenkameraden zusammenzulassen. Beide Maßnahmen können unter Umständen angebracht sein (Torrance, 1986).

Ein Weg, dies zu erreichen, ist durch Erfassen des Wissens über den Lehrstoff und dann nur noch die Inhalte unterrichten, die noch nicht bekannt sind. Die dadurch gesparte Zeit kann wiederum für noch nicht bekannten Unterrichtsstoff, für Vertiefungen und Exkurse genutzt werden (Reis & Renzulli, 2004). ▶ Tabelle 4.14 (siehe S. 188) zeigt, wie Lerninhalte durch schnelleres Vorangehen, Vertiefen, Differenzieren und Exkurse anspruchsvoller gemacht werden können.

Tabelle 4.14

Beispiele für Änderungen des Lernstoffs für hochbegabte Schüler

Änderungen	Fächer			
	Mathematik	**Naturwissenschaften**	**Sprachen**	**Sozialkunde**
Schnelles Vorangehen	Algebra bereits in der 5. Klasse	Chemie und Physik vorziehen	Syntaktische Strukturen früh lernen	Frühe Einführung in die Weltgeschichte
Elaboration	Unterschiedliche Basis für Zahlensysteme	Experimentieren und Daten erheben	Kurzgeschichten und Gedichte schreiben	Biographien lesen, um seine Geschichtskenntnisse zu erweitern
Differenzierung	Mathematische Gesetze beherrschen	Physikalische Gesetze erkennen	Den Aufbau von Theaterstücken, Sonetten usw. beherrschen	Die Gesetzmäßigkeiten der Wirtschaft erkennen
Neuheit	Wahrscheinlichkeitsrechnung Statistik	Einfluss von Wissenschaften auf die Gesellschaft	Die Tragödien Shakespeares mit einem guten Ausgang neu schreiben	Zukünftige Gesellschaften und deren Regierungsform ausdenken

Quelle: Aus *Teaching the Gifted Child*, 4. Aufl. von J. J. Gallagher & S.A. Gallagher. Boston, MA: Allyn & Bacon. Copyright © 1994 Pearson Education.

Viele Betroffene haben Einwände gegen frühes Einschulen und Überspringen von Klassen für hochbegabte Schüler. Aber hochbegabte Schüler, die früh in die Grundschule, Realschule, Gymnasium, Universität eintreten, schneiden genauso gut oder besser ab als Schüler, die normal eingeschult und entsprechend im üblichen Alter die Schule durchlaufen. Die Kritiker meinen, die soziale und emotionale Anpassung scheint dadurch gefährdet zu sein. Hochbegabte bevorzugen die Gesellschaft von älteren Mitschülern und Freunden, sie langweilen sich mit Gleichaltrigen. Eine Klasse zu überspringen, ist nicht immer die beste Lösung für jeden hochbegabten Schüler, aber sie wird oft einfach vorschnell verworfen (Jones & Southern, 1991; Kulik & Kulik, 1984; Richardson & Benbow, 1990). Eine Alternative zum Überspringen einer Klasse ist die frühe Zulassung zu Leistungskursen in bestimmten Fächern oder das gleichzeitige Einschreiben für verschiedene Oberstufenkurse der 11. und 12. Klasse. So können sie im Klassenverband ihrer Altersgleichen bleiben und sozial davon profitieren, während sie für einzelne Fächer ihrer Hochbegabung nach gefördert werden können (Robinson & Clinkenbeard, 1998). Für extrem vorsprüngige Schüler (mit einem IQ von 160 oder höher in einem Intelligenztest), ist das Überspringen von Klassen die einzige Möglichkeit, ihre Schulbildung zu fördern (Hardman, Drew & Egan, 2005; Hunt & Marshall, 2002).

Eine Didaktik für Hochbegabte sollte das abstrakte Denken (die formallogischen Operationen), die Kreativität, die Lektüre von Originaltexten mit hoher Schwierigkeitsstufe und das unabhängige Denken fördern und nicht nur das Faktenlernen. Das kooperative Lernen in heterogenen Leistungsgruppen eignet sich allerdings nicht für hochbegabte Schüler. Hochbegabte lernen besser zusammen mit anderen hochbegabten Schülern (Fuchs, Fuchs, Hamlett & Karns, 1998; Robinson & Clinkenbeard, 1998). Hochbegabte zu unterrichten erfordert Phantasie, Flexibilität, Toleranz und Selbstsicherheit, der Lehrer sollte sich durch die Fähigkeiten der Schüler nicht einschüchtern lassen. Der Lehrer sollte sich ständig fragen, welche Bedürfnisse die Schüler haben, was sie jetzt schon lernen können, welche Herausforderungen ihnen schon gestellt werden können. Herausforderung und Unterstützung sind auch für hochbegabte Schüler sehr wichtig. Aber Herausforderungen für hochbegabte Schüler bereitzustellen, die mehr über Musik, Geschichte oder Informatik wissen als andere, ist für den Lehrer eine Herausforderung! Hier können unter Umständen Dozenten von Universitäten, Professoren im Ruhestand, Bücher, Museen oder ältere begabte Schüler mithelfen. Manchmal hilft es auch schon, die Kinder in der Klasse über ihrer eigenen in einem bestimmten Fach mitlernen zu lassen. Sommerkurse, Kurse an Universitäten, Seminare von Künstlern, Musikern oder Tänzern, unabhängige For-

Tabelle 4.15

Einen Schüler zur Sonderförderung an eine entsprechende Einrichtung überweisen

1 Nehmen Sie Kontakt mit den Eltern des Schülers auf. Es ist unbedingt notwendig, die Probleme des Schülers mit ihnen zu besprechen.

2 Bevor Sie den Schüler überweisen, gehen Sie noch einmal alle Eintragungen in seine Schülerkartei und den Klassenbüchern durch.

- Ist der Schüler jemals psychologisch untersucht worden?
- Ist der Schüler für besondere Maßnahmen geeignet?
- Hat der Schüler bereits an anderen Programmen teilgenommen? (z. B. für benachteiligte Kinder; Sprachtherapie)?
- Liegen die Ergebnisse von standardisierten Tests weit unter dem Durchschnitt?
- Wurde der Schüler jemals zurückgestellt?

Deuten die Protokolle darauf hin, dass

- gute Fortschritte in einigen Bereichen, in anderen aber keine gemacht wurden?
- körperliche oder gesundheitliche Probleme vorliegen?
- Medikamente eingenommen werden?

3 Sprechen Sie auch mit den anderen Lehrern des Schülers über den Schüler und was Sie mit ihm vorhaben. Hatten andere Lehrer auch Schwierigkeiten mit dem Schüler? Hatten Sie guten Zugang zum Schüler? Dokumentieren Sie Ihr Vorgehen, um den besonderen Bedürfnissen des Schülers gerecht zu werden. Diese Dokumentation hilft den Gremien, die über die Förderung des Kindes entscheiden, ihre Entscheidungen zu treffen. Zeigen Sie durch Ihre Dokumentation, wie sehr Sie sich um den Jungen bemühen.

Ihre Notizen sollten folgende Punkte ansprechen:

- was Sie auffällig finden
- warum Sie etwas auffällig finden
- was, wo und wann Sie etwas beobachtet haben
- was genau Sie unternommen haben, um ein Problem zu lösen
- ob Sie bei Ihrem Vorgehen unterstützt wurden
- Hinweise, wie erfolgreich bestimmte Maßnahmen waren

Sie sollten nicht vergessen, dass Sie die Beratungsgremien überzeugen müssen, dass ein Handicap vorliegt, welches besonderen Förderungsbedarf nach sich zieht.

Eine solche Überweisung ist ein langwieriger und stressreicher und unter Umständen auch kostspieliger Prozess, der dem Schüler schaden könnte und verschiedene rechtliche Implikationen hat.

Quelle: Aus *What should I know About Special Education? Answers for Classroom Teachers* von P. L. Pullen & J. M. Kauffman (1987). Copyright © 1987 PRO-ED, Austin, Texas.

schungsprojekte, spezielle Arbeitsgemeinschaften und Clubs mit besonderen Zielsetzungen sollten angeboten werden (Mitchell, 1984).

Neben der Herausforderung bedürfen hochbegabte Schüler auch einer gewissen Unterstützung. Eltern, Trainer oder Lehrer haben es in der Hand, ob hochbegabte Schüler die Freude am Lernen behalten. Wenn diese Erzieher einen allzu großen Perfektionismus und zu viel Üben fordern, verliert das Kind sein Interesse und hört unter Umständen auf, seine Begabungen auszubauen. Erzieher sollten auch darauf achten, die intrinsische Motivation der Kinder nicht zu zerstören, indem sie Druck ausüben und Belohnungen anbieten.

Dieser Abschnitt konnte nur einen kurzen Einblick in die besonderen Bedürfnisse der Ausnahmeschüler geben. Wenn Kinder durch besondere Angebote noch gefördert werden können, sollten sie an eine entsprechende Einrichtung überwiesen werden. Wie geht man bei einer solchen Überweisung vor? ▶ Tabelle 4.15 gibt dazu Hinweise. In Kapitel 12 über guten Unterricht wird ausführlicher besprochen, wie auf alle Schüler eingegangen werden kann.

Unterschiede und Gemeinsamkeiten in den Lernfähigkeiten **4.8**

4.8.1 Unterschiede

Obwohl es viele gute Tests und sorgfältig durchdachte Vorschriften für die Überweisung in Sonderschulmaßnahmen gibt, sind Schüler aus rassischen und ethnischen Minderheiten in den Behinderungskategorien über- und in den Programm für Hochbegabte unterrepräsentiert. Zum Beispiel sind etwa 20 % der Behinderten nach IDEIA afroamerikanischer Herkunft, aber insgesamt sind nur 15 % aller Schüler Afroamerikaner. Die Überrepräsentation stellt sich noch schlimmer dar, wenn einzelne Unterkategorien betrachtet werden: 34 % aller intellektuell behinderten/geistig zurückgebliebenen Schüler und 27 % der emotional gestörten Schüler sind afroamerikanischer Herkunft – zweimal so viel, wie man erwarten sollte aufgrund des Anteils der afroamerikanischen Schüler an allen Schülern in den USA. Diese Untergruppe von Schülern mit Behinderungen wird mit höherer Wahrscheinlichkeit als weiße oder asiatische Schüler für den größten Teil des Tages in das Sonderschulsystem eingegliedert. Im Gegensatz dazu machen afro- und lateinamerikanische Schüler nur 8 % der Kinder und Jugendlichen in den Hochbegabtenförderungen aus (Friend, 2006).

Seit fast vier Jahrzehnten bemühen sich Pädagogen um die Aufklärung dieser Ungleichverteilungen. Erklärungen umfassen die Armut der genannten unterrepräsentierten Minderheiten, die zu geringe pränatale Fürsorge, schlechtere Ernährung und Gesundheitsfürsorge; systematische Voreingenommenheiten der Lehrer, der Lehrplan, die Anweisungen und der Überweisungsprozess in besondere Schulen können ebenfalls eine Rolle spielen; weiterhin können Lehrer auf den Unterricht mit Schülern aus ethnisch-kulturellen Minderheiten nicht gut genug vorbereitet sein (Friend, 2006). Dem Problem der Überweisung wird begegnet durch besseres Sammeln von Informationen über den Schüler: Wie lange ist der Schüler schon in den Vereinigten Staaten? Wie gut spricht er Englisch? Gibt es zu Hause ungewöhnlich belastende Umstände, wie z. B. eine Familie ohne festen Wohnsitz? Baut der Unterricht auf dem kulturellen Wissensfundus des Schülers auf (Kapitel 3)? Ist die Einrichtung des Klassenzimmers auf die kulturelle Herkunft des Schülers abgestimmt

(Kapitel 5) und lässt kulturelles Engagement zu (Kapitel 11)? Kennt sich der Lehrer im kulturellen Hintergrund der Schüler aus und respektiert er ihn? Können die Besonderheiten des Schülers auch durch alternative Instrumente wie Kreativitätstests oder Leistungen in der Schule oder Arbeitsmappen erfasst werden (Kapitel 15)? Größere Kenntnisse über den Schüler und seine Lebensumstände sollten dem Lehrer helfen, bessere Entscheidungen über die Zuordnung von Schülern zu Fördermaßnahmen zu treffen (Friend, 2006; Gonzales, Brusca-Vega & Yawkey, 1997; National Alliance of Black School Educators, 2002). Der Unterricht sollte differenziert werden, um besser den Bedürfnissen aller Schüler gerecht zu werden, wie in Kapitel 13 zu sehen sein wird.

4.8.2 Gemeinsamkeiten

Das ganze Kapitel 4 handelt von Unterschieden – den zahlreich gefächerten Unterschieden in den Fähigkeiten und Behinderungen, Lernstilen und Bevorzugungen, Stärken und Herausforderungen. Aber die Unterschiede sind in der Regel nicht sehr groß, wenn man sie mit den starken Gemeinsamkeiten vergleicht. Nehmen wir zum Beispiel das Merkmal „Rasse"; für jeweils zwei völlig zufällig ausgewählte Individuen sind nur 0,012 % der alphabetischen Reihenfolge ihres genetischen Codes auf rassische Unterschiede zurückzuführen (Myers, 2005).

Eine weitere Übereinstimmung liegt im Gebrauch von Testinstrumenten. Dieses Kapitel zeigte, dass die ersten Intelligenztests entwickelt wurden, um Kinder aus sozial ärmeren Schichten davor zu schützen, aus dem mittelständisch orientierten Schulsystem herauszufallen, weil sie angeblich nicht lernen können. Das Kapitel stellte auch dar, dass der Schulerfolg bei Schülern verschiedener Rassen und aus verschiedenen Einkommensschichten in gleicher Weise durch die Intelligenz vorhergesagt werden kann. Dies trifft zu, obwohl Testergebnisse nie ganz frei von kulturellen Einflüssen sind und deshalb auch ein Rest Voreingenommenheit beteiligt ist. Dies sollte nicht vergessen werden, wenn Lehrer die Testergebnisse von Schülern interpretieren. Alle Testergebnisse sollten nur der Entwicklung und Unterstützung eines Schülers und der Bereitstellung von effektiven Maßnahmen dienen. Sie dürfen unter keinen Umständen dazu benutzt werden, der Verweigerung von Ressourcen oder angemessenen Unterrichtsmaßnahmen Vorschub zu leisten.

ZUSAMMENFASSUNG

Intelligenz (S. 137–150)

Was sind die Vorteile und Nachteile von Etikettierungen? Feststehende Bezeichnungen und diagnostische Klassifikationen sind Etikettierungen von Schülern, die Sonderförderung in der Schule benötigen. Die Etikette können als Stigma und sich selbst erfüllende Prophezeiung wirken, aber sie können auch Türen öffnen zu Sonderförderprogrammen; sie helfen Lehrern, angemessene Unterrichtsstrategien zu entwickeln.

Was ist die „Person-zuerst"-Konvention? Die sprachliche Konvention besagt, dass bei Beschreibungen von Personen mit Beeinträchtigungen die Person zuerst aufgeführt werden sollte und dann erst die nähere Bezeichnung ihrer Beeinträchtigung (z. B. Schüler mit geistiger Retardierung). Formulierungen wie der „geistig Zurückgebliebene" rufen den Eindruck hervor, als sei die geistige Beeinträchtigung das Hauptkennzeichen dieser Person. Die „Person-zuerst"-Konvention rückt die Person in den Vordergrund und ordnet die Beeinträchtigung nach.

Unterscheiden Sie zwischen Behinderung und Benachteiligung (Handicap). Eine Behinderung ist eine spezifische Unfähigkeit, bestimmte Leistungen zu erbringen wie Sehen oder Gehen. Eine Benachteiligung oder ein Handicap ist eine Unfähigkeit in einer bestimmten Situation. Manche Behinderungen führen zu einem Handicap, aber nicht in allen Kontexten. Lehrer müssen das Entstehen solcher Handicaps für behinderte Lerner vermeiden.

Was ist der *g*-Faktor? Spearman schlägt eine geistige Fähigkeit vor, die er *g* oder allgemeine Intelligenz nennt; sie bestimmt die Leistungen im Problemlösen und andere Aufgaben oder Tests. Aber jede Leistung erfordert über *g* hinaus auch eine spezifische Fähigkeit. Eine neuere Version der multidimensionalen Intelligenztheorie mit *g* und spezifischen Fähigkeiten ist die Theorie von Carroll. Er nimmt einige umfassende Intelligenzfaktoren an (Lernen, Gedächtnis, visuelle Wahrnehmung, verbale Flüssigkeit) und mindestens 70 spezifische Fähigkeiten. Die meisten Intelligenzforschungen gehen zurzeit von zwei Grundfaktoren der Intelligenz aus: kristalline und fluide Intelligenz.

Wie denkt Gardner über Intelligenz und den *g*-Faktor? Gardner geht davon aus, dass Intelligenz ein biologisches und psychologisches Potenzial zum Problemlösen darstellt und Produkte hervorzubringen vermag, die von einer Kultur hoch geschätzt werden. Diese Intelligenzen werden mehr oder weniger als Folgen der Erfahrungen, von kulturellen und motivationalen Faktoren in der Umgebung einer Person gesehen. Die Intelligenzfaktoren sind: linguistischer, musikalischer, räumlicher, logisch-mathematischer, körperlich-kinästhetischer, interpersonaler, intrapersonaler, ökologischer und (vielleicht) existentieller Intelligenzfaktor. Gardner weist die Vorstellung eines *g*-Faktors keineswegs zurück, aber stellt den Erklärungswert eines *g*-Faktors für menschliche Leistungen infrage. Das Konzept der emotionalen Intelligenz oder EQ ähnelt den interpersonalen und intrapersonalen Intelligenzfaktoren von Gardner.

Was sind die Bestimmungsstücke der sternbergschen Theorie der Intelligenz? Sternbergs triarchische Theorie der Intelligenz ist eine prozessorientierte Intelligenztheorie: Die analytisch/komponentielle Intelligenz umfasst geistige Prozesse, die in Form von Komponenten definiert werden: metakognitive Komponenten, Leistungskomponenten und Wissenserwerbskomponenten. Kreative/Erfahrungsintelligenz umfasst das Bewältigen neuer Erfahrungen durch Einsicht und automatisierte Routinen. Praktisch/kontextuelle Intelligenz beinhaltet die Wahl eines Kontextes mit einiger Erfolgswahrscheinlichkeit für die Lebensgestaltung und Arbeit, Anpassung an diesen Kontext und ihn gegebenenfalls gestalten.

Wie wird Intelligenz gemessen und was bedeutet ein IQ-Wert? Intelligenz wird erfasst durch individuelle Tests (HAWIK IV, Hamburg-Wechsler-Intelligenztest für Kinder, deutsche Bearbeitung von Petermann & Petermann, 2007; K-ABC, Kaufman Assessment Battery for Children, deutsche Bearbeitung von Melchers & Preuß, 2001) und durch Gruppentests (z. B. HIT, Heidelberger Intelligenztest für 3. und

4. Klassen, deutsche Bearbeitung von Kratzmeier, 1993; Gruppentest für lernbehinderte Sonderschüler (CMM-LB), bearbeitet von Eggert & Schuck, 1999). Im Vergleich zu einem Einzeltest vermag ein Gruppentest die unter Intelligenz zusammengefassten Fähigkeiten nicht so genau zu erfassen. Der Durchschnittswert ist 100. Ungefähr 65 % der allgemeinen Bevölkerung wird einen IQ-Wert zwischen 85 und 115 erreichen. Diese Zahlen treffen nur auf die weiße Bevölkerung in den USA und auch in Deutschland bzw. Europa zu, deren Muttersprache auch die Testsprache ist. Intelligenz sagt den Erfolg in der Schule, aber nicht im Leben voraus, wenn das Bildungsniveau kontrolliert wird.

Was ist der Flynn-Effekt und was sind seine Implikationen? Seit etwa 1900 sind die IQ-Werte ständig angestiegen. Um immer den Durchschnitt 100 halten zu können, müssen die Fragen schwieriger werden. Diese wachsende Schwierigkeit hat Implikationen für jedes Programm, das IQ-Werte als Aufnahmekriterium benutzt. Zum Beispiel können mit den gegenwärtig gültigen schwierigeren Testversionen Schüler als geistig behindert erkannt werden, die vor einer Generation noch nicht Werte unter 85 erhielten.

Fähigkeitsunterschiede und Unterricht (S. 150–154)

Welche Probleme ergeben sich bei klassenübergreifenden Leistungsgruppierungen? Leistungsgruppierungen haben Vor- und Nachteile für Schüler und Lehrer. Für Schüler mit geringer Intelligenz jedoch haben die Leistungsgruppierungen über Klassen hinweg im Allgemeinen einen negativen Einfluss auf die Leistung, die soziale Anpassung und den Selbstwert. Lehrer von Klassen mit niedrigem Leistungsniveau neigen dazu, geringere Ansprüche zu stellen und weniger komplexe Vorgehensweisen vorzugeben, die weniger leistungszentriert sind. Oft gibt es vermehrt Verhaltensprobleme bei den Schülern, größere Belastung der Lehrer, geringere Erwartungen und weniger Begeisterung. Leistungsgruppen können Segregation in der Schule bewirken.

Was sind die Alternativen zu klassenübergreifenden Leistungsgruppen und flexibleren Gruppierungen? Gruppierungen über die Altersgrenze hinweg nach Fächern, um Leistungsunterschiede aufzufangen, kann ein effizienter Weg sein. Leistungsgruppen innerhalb von Klassen können Erfolge bringen, vorausgesetzt, sie werden flexibel und mit Feingefühl gehandhabt; aber kooperatives Lernen kann unter Umständen bessere Effekte auf die Leistung haben.

Lernstile (S. 155–157)

Unterscheiden Sie zwischen Lernstilen und Lernpräferenzen! Lernstile beschreiben die charakteristische Art und Weise, wie eine Person Lern- und Studieraufgaben angeht. Lernpräferenzen sind individuelle Bevorzugungen für bestimmte Lernformen und Lernumgebungen. Lernstile und -präferenzen haben keinen Zusammenhang mit der Intelligenz oder mit der Mühe, die man sich gibt, aber sie haben trotzdem einen Einfluss auf die Schulleistung.

Sollten sich Lehrer in Ihrem Unterricht auf individuelle Lernstile der Schüler einstellen? Einige Forschungsergebnisse deuten an, dass Schüler besser lernen, wenn sie in ihrer bevorzugten Umgebung und auf ihre Weise lernen können, aber die Forschungen zeigen keine eindeutigen Verbesserungen der Lernergebnisse. Viele Schüler würden besser abschneiden, wenn sie eine neue, effektivere Art zu lernen annehmen würden.

Welche Lernstile lassen sich aufgrund von Forschungsergebnissen unterscheiden? Eine in den Forschungsergebnissen immer wieder auftauchende Unterscheidung ist die zwischen Tiefen- und Oberflächenverarbeitung. Personen mit Tiefenverarbeitung sehen die Erarbeitung des Lernmaterials als eine Gelegenheit an, zugrunde liegende Konzepte oder Bedeutungen zu verstehen. Schüler, die zur Oberflächenverarbeitung neigen, konzentrieren sich eher auf das Auswendiglernen des Lernmaterials ohne gründliches Verstehen. Eine zweite Unterscheidung stammt von Mayer, der den visuellen vom verbalen Lernstil trennt. Diese Dimension hat drei Facetten: kognitiv-räumliche Fähigkeit (gering oder hoch), kognitiver Stil (visuell oder verbal) und Lernpräferenz (visueller Lerner oder verbaler Lerner).

Individuelle Unterschiede und Schulgesetze (S. 157–161)

Beschreiben Sie die gesetzlichen Voraussetzungen für den Unterricht von Kindern mit verschiedenen Formen der Behinderung. Jedes Kind mit besonderen Anforderungen an die Beschulung hat ein Anrecht auf Bildung. Kein Kind darf von Bildungsmaßnahmen ausgeschlossen werden. Diese Maßnahmen müssen individuell auf das Kind zugeschnitten werden. Die Eltern müssen in ihren Bemühungen unterstützt werden. In keiner öffentlichen Schule darf diskriminiert werden. Alle Kinder sollen die gleichen Bildungschancen haben.

Häufige Beeinträchtigungen (S. 161–179)

Was ist eine Lernbehinderung? Kinder mit spezifischen Lernbehinderungen weisen Störungen in einem oder mehreren grundlegenden psychologischen Prozessen auf, die mit verschiedenen Formen der Sprachverarbeitung zusammenhängen. Hören, Sprechen, Lesen, Schreiben, Denken und mathematische Fähigkeiten könnten beeinträchtigt sein. Diese Störungen sind intrinsisch verursacht, es spricht einiges für die Erklärung einer zentralnervösen Dysfunktion, sie können über die gesamte Lebensspanne auftreten. Schüler mit Lernstörungen können das Opfer von erlernter Hilflosigkeit sein, wenn sie erleben, dass sie ihr eigenes Lernen nicht kontrollieren oder verbessern können und deshalb auch keine Erfolge erzielen. In den Mittelpunkt des Unterrichtens dieser Schüler sollte deshalb die Vermittlung von Strategien sein, dies verbessert oft schulische Leistung merklich.

Was ist ADHS und wie wird es in der Schule behandelt? Das Aufmerksamkeitsdefizit-Hyperaktivitätssyndrom (ADHS) ist die Bezeichnung zur Beschreibung von hyperaktiven und aufmerksamkeitsgestörten Individuen. Die Gabe von Medikamenten ist kontrovers, nimmt aber gegenwärtig ständig zu. Für viele Schüler ist die medikamentöse Behandlung nicht frei von Nebenwirkungen. Man weiß auch nichts Genaues über Langzeitfolgen einer medikamentösen Therapie. Es gibt auch keine Hinweise darauf, dass eine solche Therapie in schulischen Leistungen und in den Beziehungen zu Gleichaltri-

gen zu einer nachhaltigen Besserung führen kann. Zwei vielversprechende Ansätze sind Verhaltensmodifikation und Techniken, die motivationales Training beinhalten und Hinweise für Vorgehensweisen beim Lernen und Behalten von Informationen. Der SMART-Ansatz fokussiert auf die vorhandenen Fähigkeiten der Kinder.

Was sind die häufigsten Kommunikationsstörungen? Häufig vorkommende Kommunikationsstörungen schließen Sprechbeeinträchtigungen (Artikulationsstörungen, Stottern und Stimmlagen/Betonungsstörungen) und Störungen der gesprochenen Sprache ein. Wenn diese Probleme früh behandelt werden, ist großer Fortschritt möglich.

Wie werden intellektuelle Behinderungen definiert? Vor dem Alter von 18 Jahren müssen Schüler einen IQ-Wert unter 70 aufweisen und sie müssen Probleme bei der selbstständigen Bewältigung von alltäglichen Lebensanforderungen und in ihren sozialen Bezügen aufweisen.

Was sind die besten methodischen Ansätze zur Behandlung von Schülern mit emotionalen und Verhaltensstörungen? Methoden aus dem Bereich der angewandten Verhaltensanalyse und der direkten Unterweisung von sozialen Fertigkeiten sind zwei nützliche Ansätze. Schüler können auch positiv auf Strukturierungen und Organisation in ihrer Umgebung, ihrem Stundenplan und Tagesablauf, ihren Aktivitäten und Regeln reagieren.

Was sind mögliche Warnsignale für einen möglichen Selbstmord? Schüler, die sich mit dem Gedanken an Selbstmord beschäftigen, können Veränderungen in ihren Ess- und Schafgewohnheiten, in ihrem Gewicht, ihren Noten, ihrer allgemeinen Stimmungslage, Aktivitätsniveau oder Interesse an Freunden aufweisen. Sie geben plötzlich für sie wertvolle Gegenstände weg wie Stereoanlagen, CDs, Kleider oder Haustiere. Sie erscheinen manchmal depressiv oder hyperaktiv und sie fangen an, die Schule zu schwänzen oder die Arbeitsstelle zu kündigen. Besonders gefährlich ist es, wenn ein Schüler nicht nur über Selbstmord spricht, sondern auch schon einen Plan hat, wie er ihn ausführen kann.

Seltenere Störungsbilder/starke Behinderungen (S. 179–183)

Wie können sich Schulen auf die Bedürfnisse von Schülern mit körperlichen Behinderungen einstellen? Wenn der Schulausbau Rampen, Aufzüge und leicht zugängliche Toiletten berücksichtigt hat, und wenn der Lehrer Rücksicht auf die körperliche Behinderung nimmt, muss wenig am normalen Unterrichtsplan geändert werden. Es ist sehr gut für die Klasse, wenn ein Mitschüler die „Betreuung" übernimmt, wenn in einen anderen Raum gewechselt oder neues Material geholt werden muss.

Wie werden Sie handeln, wenn ein Schüler einen epileptischen Anfall in der Klasse bekommt? Versuchen Sie nicht, die Bewegungen des Schülers einzuzwingen. Legen Sie das Kind sanft auf den Boden – in Entfernung zu Möbeln oder Wänden. Alle harten Objekte müssen außer Reichweite sein. Drehen Sie den Kopf des Kindes zur Seite und unterlegen Sie ihn mit einer weichen Jacke oder Decke; lockern Sie eng anliegende Kleidung. Niemals sollte etwas in den Mund gesteckt werden. Fragen Sie die Eltern des Schülers, ob Sie noch besondere Maßnahmen bei Anfällen ihres Kindes ergreifen. Wenn ein Anfall auf den anderen folgt und der Schüler zwischendurch nicht sein Bewusstsein wiedergewinnt, wenn eine epileptische Schülerin schwanger ist und wenn der Anfall länger als fünf Minuten dauert, muss sofort ärztlicher Beistand geholt oder das Kind mit geschulten Sanitätern ins Krankenhaus gebracht werden.

Was sind Anzeichen von Hör- oder Sehstörungen? Anzeichen von Hörproblemen sind die Zuwendung eines Ohres zur Sprechquelle, oder häufiges Missverstehen, wenn das Gesicht eines Sprechers nicht zu sehen ist. Andere Anzeichen sind, Anweisungen nicht befolgen zu können, manchmal abgelenkt oder desorientiert zu erscheinen, andere oft auffordern, ihre Äußerung zu wiederholen, und das falsche Aussprechen von neuen Wörtern oder Namen; weiterhin nehmen Schüler mit Hörschädigungen ungern an Klassendiskussionen teil. Achten Sie auf Schüler, die oft Ohrenschmerzen haben, Sinusinfektionen oder Allergien. Bücher sehr nahe an die Augen zu halten oder sehr weit weg, mit Kreide an die Tafel geschriebene Schrift nicht lesen zu können, den Kopf in ungewöhnlicher Richtung angewinkelt zu halten, sind mögliche Anzeichen von visuellen Beeinträchtigungen.

Wie unterscheidet sich Autismus vom Asperger-Syndrom? Das Asperger Syndrom ist eines der Störungsbilder, die summarisch mit Autismus bezeichnet werden. Viele Schüler mit Autismus haben auch mittlere bis schwere intellektuelle Störungen, aber Schüler mit Asperger-Syndrom haben in der Regel eine mittlere bis gute Intelligenz; sie verfügen auch über bessere sprachliche Fähigkeiten als Kinder mit anderen Formen des Autismus.

Hochbegabte Schüler (S. 183–189)

Welche Kennzeichen von Hochbegabung gibt es? Hochbegabte Schüler lernen leicht und schnell und behalten das Gelernte auch; sie verfügen über einen ausgeprägten gesunden Menschenverstand und praktisches Wissen; sie haben mehr Allgemeinwissen als andere Kinder, haben einen großen Wortschatz mit genauen Definitionen; sie erkunden Beziehungen zwischen Gegebenheiten und Bedeutungen, sie sind hellwach, beobachten genau und antworten schnell; sie sind ausdauernd und hoch motiviert bei einigen Aufgaben und kreativ in anderen; sie stellen interessante Verbindungen her. Lehrer sollten besonders bemüht sein, die wenigen als „hochbegabt" erkannten Schüler zu unterstützen – insbesondere Mädchen. Das Gleiche gilt auch für Schüler mit speziellen Lernbehinderungen und mit Armutshintergrund.

Sollte man hochbegabte Schüler Klassen überspringen lassen? Viele Fachleute wenden sich gegen eine Beschleunigung der Schulbildung, aber einige sorgfältig durchgeführte Untersuchungen deuten darauf hin, dass hochbegabte Schüler, denen durch Überspringen höhere Anforderungen gestellt wurden, genauso gut oder besser lernen als vergleichbar begabte Schüler in der Regelklassenfolge. Hochbegabte Schüler pflegen lieber Umgang mit älteren Mitschülern und Freunden und könnten sich langweilen mit Kindern ihres Alters. Eine Klasse überspringen ist nicht die beste Lösung für einen hochbegabten Schüler, aber für Schüler mit extrem hoher Intelligenz (einem IQ von 160 und höher in einem Einzelintelligenztest) ist es eine praktikable Lösung, ihre Schulbildung zu beschleunigen.

SCHLÜSSELBEGRIFFE

Absence (S. 180)

Abweichungs-IQ (S. 147)

Allgemeiner (tonisch-klonischer)

Krampfanfall (S. 180)

Artikulationsstörung (S. 170)

Aufmerksamkeitsdefizit-Hyperaktivitätsstörung
(ADHS) (S. 166)

Ausnahmeschüler (S. 137)

Autismus (S. 182)

Automatizität (S. 146)

Behinderung (S. 138)

Benachteiligung/Handicap (S. 138)

Binnendifferenzierung nach Fähigkeiten (S. 153)

Einsicht (S. 146)

Emotionale Intelligenz (S. 143)

Emotionale und Verhaltensstörungen (S. 174)

Epilepsie (S. 180)

Erlernte Hilflosigkeit (S. 164)

Flexible Gruppierungen (S. 153)

Fluide Intelligenz (S. 139)

Flynn-Effekt (S. 148)

Geringe Sehschärfe (S. 181)

Gesamtschulsystem (S. 151)

Hochbegabte Schüler (S. 183)

Implizites Wissen (S. 146)

Inklusion (S. 160)

Integration in Klassen (S. 160)

Intellektuelle Behinderung/Geistiges
Zurückgebliebensein (S. 171)

Intelligenz (S. 138)

Intelligenzquotient (IQ) (S. 147)

Joplin-Plan/Grundschule ohne
Altersklassen (S. 151)

Kristalline Intelligenz (S. 139)

Leistungskurse, -gruppen (S. 150)

Lernbehinderung (S. 163)

Lernpräferenzen (S. 155)

Lernstile (S. 155)

Mentales Entwicklungsalter (S. 147)

Minimal restriktive Umgebung (S. 160)

Schulzweig/Schultyp (S. 150)

Spastik (S. 179)

Sprechstörung (S. 170)

Stimmführungsstörungen (S. 170)

Störung (Lern-, körperliche) (S. 138)

Teilweise Teilnahme an Regelklassen (S. 160)

Theorie der multiplen Intelligenzen (S. 140)

Triarchische Theorie der Intelligenz (S. 145)

Vorbereitungsprogramm für den Übergang
ins Berufsleben und selbstständige
Erwachsenenleben (S. 174)

Zerebrale Lähmung (S. 179)

ZUSAMMENFASSUNG

Aus dem Lehrernotizbuch

Im Laufe eines Schuljahres treffen Lehrer Tausende von Entscheidungen, die auf ihren Kenntnissen über Intelligenz, für die Schule wichtigen Fähigkeiten, Gruppierungen nach Leistungskriterien, aber auch integrativen Maßnahmen, Lernbehinderungen, Hochbegabungen, Lernstilen, körperlichen Behinderungen sowie Bildungsgesetzgebung und Schulverordnungen beruhen. Dieses Kapitel 4 wurde mit einem Fall eingeleitet, der selbst den erfahrensten Lehrer herausfordern würde. Die erste Klasse dürfte für einen Lehreranfänger ähnlich schwierig sein.

Was würden Lehrer tun?

Hier sind einige Äußerungen von Lehrern zum Umgang mit Klassen, in denen Kinder mit unterschiedlichsten Fähigkeiten und Behinderungen in einer Klasse zusammen unterrichtet werden müssen (siehe die Fallbeschreibung zu Beginn von Kapitel 4).

■ D. P. R., Grundschullehrerin und T. G. R., Lehrer an einer höheren Schule

Einen Unterrichtsplan zu entwerfen, der allen möglichen Standards für die unterschiedlichen Lernergruppen mit oder ohne besondere Bedürfnisse gerecht wird, sollte mit einer genauen Erfassung der verschiedenen Leistungsniveaus beginnen und Tests einsetzen, die den Standards der von offiziellen Schulbehörden eingesetzten Leistungstests entsprechen.

Der tägliche Unterricht sollte so geplant sein, dass alle Schüler an allen Facetten des Lernstoffes beteiligt sind; es sollten häufige Zwischentests durchgeführt und Berichte angefertigt werden in Bereichen, die Aufschluss darüber geben, ob ein Schüler mitkommt oder nicht. Lesen und Mathematik sind dafür sehr geeignet. Sie werden auch von Programmen wie „Kein Kind bleibt zurück" als besonders aufschlussreich angesehen und für den jährlich festzustellenden Lernfortschritt herangezogen.

Wenn notwendig, stellen Sie multiple Gruppenaufteilungen her, um Schüler mit ähnlichen Unterrichtsanforderungen anzusprechen. Wenn möglich sollten Hilfslehrer und zuverlässige Freiwillige mit einzelnen Schülern arbeiten. Wenn andere Erwachsene nicht zur Verfügung stehen, sollte man auf kollaboratives Lernen zurückgreifen, das die Interaktion zwischen Schülern fördert; Schüler können so von anderen Schülern lernen, die sich den Stoff bereits angeeignet haben.

■ D. Y., Sportlehrerin in der 6. Klasse

Um einen Lehrplan nach den Standards der Schulbehörden zu erstellen, würde ich mir diese Standards für die Klassenstufe, die ich unterrichten muss und für eine Klassestufe höher und niedriger besorgen; so hätte ich die Klassenstandards, die ich für die Streubreite der Fähigkeiten in meiner Klasse benötige. Natürlich beträfe das nur die Kernfächer. Dann würde ich mir einen Überblick über die Leistungen und Noten der Schüler verschaffen, um ihre Stärken und Schwächen kennenzulernen. Dann würde ich nachsehen, ob einige meiner Schüler besondere individuelle Ausbildungspläne haben. Dann habe ich einen Einblick, ob den Schulverordnungen gefolgt wurde. Dann würde ich damit beginnen, individuellen Lernbedürfnisse der Schüler Rechnung zu tragen und für sie einen angemessenen Schwierigkeitsgrad im allgemeinen Lehrplan einbauen. Ich würde z. B. die Empfehlungen des vorherigen Deutschlehrers aufgreifen, um einen guten Anfang zu schaffen; dann würde ich auch Muttersprachensprecher in der Sprache von Schülern mit anderem kulturellen Hintergrund auftun, um Vermittler zwischen Elternhaus und Schule zu bekommen. Dann würde ich mir ein genaues Bild verschaffen, welche Hörschäden bei dem Schüler mit Hörschwierigkeiten vorliegen und versuchen, ihm durch Sitzanordnung, technische Hilfsmittel etc. die Wahrnehmung von auditiven Informationen zu ermöglichen.

■ R. G. S., Vertretung des Rektors einer Realschule

Aufgrund der verschiedenen Testergebnisse muss die pädagogische Leitung einer Schule (der Rektor) ein individuelles Leistungsprofil für jeden Schüler erstellen lassen und diese auf dem jeweils neuesten Stand halten. Nur so kann ein begründeter Jahresbericht über die Leistungsfortschritte jedes Schülers erstellt werden. Um diese Fortschritte zu erzielen, muss auf die notwendigen unterschiedlichen Lernbedürfnisse der Schüler eingegangen und die erforderlichen Unterrichtsstrategien eingesetzt werden.

■ W. S. K., ehemalige Vertretung des Rektors einer Grundschule

Man muss sich in den Schulverordnungen auskennen und wenn nötig eine Zusatzausbildung absolvieren. Einzelne Schüler haben Anrecht auf ihre individuelle Sonderförderung, auch wenn der Schule nicht alle notwendigen Ressourcen zur Verfügung stehen. Sobald Sie wissen, welche besonderen Bedürfnisse bei ihren Schülern vorliegen, stellen Sie Anträge an die Schulbehörden für ein Training in speziellen Sonderförderungen. Mit der Zeit wird dann ein qualitativ hochwertiger Unterricht für die einzelnen Schülergruppen möglich sein. Arbeiten Sie mit ihren Kollegen zusammen. Wenn es sich um neue Maßnahmen handelt, sind ja alle Lehrer im gleichen Boot. Sie können sich mit ihnen zusammen vorbereiten und nach Strategien Ausschau halten, die erfolgreich eingesetzt werden können.

■ F. L.-S., Vorschullehrerin

Ich nutze die räumlichen Möglichkeiten des Klassenzimmers aus, um den Unterricht unterschiedlich zu gestalten. Das spricht die unterschiedlichen Lernstile der Schüler an, die aber im Klassenverband bleiben können. Ich habe vier verschiedene Ecken, es wird rotiert, und die Schüler verbringen etwa 15 Minuten in jeder Ecke. In meiner Bücherecke sind die Bücher nach Leseschwierigkeit gestaffelt in den Bücherregalen untergebracht. Dadurch können die Schüler mit unterschiedlicher Lesefähigkeit sehr schnell die für sie passenden Bücher, auch Bilderbücher für die Kinder mit starker Lesebehinderung finden. In der Tonecke können die Kinder Tonaufnahmen mit Buchstabenlauten abhören auf Anlagen, die sie selbst betätigen können, und dazu Tierbilder sortieren, die mit dem Buchstaben anfangen. Wenn die Kinder in die Wortschatzecke gehen, benutzen sie neue Wörter. Anstatt zu schreiben, können Kinder auch Bilderlexika mit den zu lernenden Wörtern herstellen, anstelle von Sätzen können sie lediglich Wörter schreiben. Die Schüler mit Lernbehinderungen können das Wort des Tages mit Bildern beschreiben. Dann arbeiten wir alle zusammen, und die Schüler erarbeiten mit mir zusammen Konzepte und Begriffe, die noch gelernt werden müssen. Jede Lerngruppe erhält eine Farbe zugeteilt und ihre Leistungen werden in einer Ordnungsmappe mit der gleichen Farbe abgeheftet. Kinder mit ähnlichem Leistungsniveau arbeiten jeweils zusammen, so kann der Unterricht ihren Möglichkeiten angepasst werden. Diese Vorgehensweise kann für andere Fächer leicht abgeändert werden, um den Leistungen in Mathematik, den naturwissenschaftlichen und sozialkundlichen Fächern gerecht zu werden.

Kultur und Vielfalt

5

ÜBERBLICK

Was würden Sie tun?

Ihre Klasse an einer höheren Schule hat Schüler aus vier Kulturen: die Mehrzahl sind deutsche Schüler, aber es gibt auch einige türkischer, osteuropäischer, afrikanischer und asiatischer Herkunft. Die Schüler nicht-deutscher Herkunft halten zusammen und lassen andere nicht an ihren Aktivitäten teilnehmen. Wenn es darum geht, einen Teilnehmerkreis für ein Projekt auszuwählen, spalten sich die Teilnehmer nach der ethnischen Zugehörigkeit auf. Gelegentlich werden auch Beleidigungen ausgetauscht, und die Atmosphäre in der Klasse erscheint sehr angespannt. Die Asiaten und Osteuropäer unterhalten sich oft in ihren eigenen Muttersprachen, die niemand sonst beherrscht; es entsteht so leicht der Verdacht, dass sie sich mit ihren Witzen über andere in der Klasse lustig machen, auch weil sie in Richtung der anderen blicken und lachen.

Kritisch denken

- Was ist hier das Kernproblem?
- Wie würden Sie in dieser Situation vorgehen?
- Wie würden Sie auf die Klasse einwirken, um den Schülern zu einer entspannteren Atmosphäre in der Klassengemeinschaft zu verhelfen?
- Welche Ziele würden Sie sich zuerst setzen, um die Situation zu verbessern?
- Würden Sie für einzelne Klassenstufen anders vorgehen?

Zusammenarbeit

Arbeiten Sie mit vier oder fünf Schülern verschiedener ethnischer Herkunft aus der Klasse zusammen; alle Beteiligten sollten erst einmal alle möglichen Ideen zur Lösung des Problems auf den Tisch legen. Es sollte dann eine Einigung über die zwei besten Lösungsvorschläge erzielt werden. Diese werden danach der Klasse vorgestellt und mit guten Argumenten begründet.

Die ethnisch/kulturelle Zusammensetzung von Klassen in Deutschland verändert sich. Das gilt auch für die Vereinigten Staaten und andere Länder. Ein sehr kundiger Pädagogischer Psychologe der American Educational Research Association, Frank Pajares, bemerkte dazu: „Die kritischen Fragen im Bildungsbereich lassen sich durch allgemeingültige, universale Verordnungen nicht lösen, Sie erfordern die Berücksichtigung kultureller Einflüsse auf das Leben jedes Einzelnen." (Pajares, 2000, S. 5). Er hat recht, deshalb wird in diesem Kapitel ausführlich die Rolle der unterschiedlichen Kulturen in unserer Gesellschaft diskutiert. Zunächst wird die Reaktion der Schulen auf die unterschiedlichen ethnischen und kulturellen Gruppen und das Konzept der multikulturellen Erziehung beschrieben. Mit einem umfassenden Konzept von Kultur als Ausgangsposition werden drei wichtige Aspekte der sozialen Identität überprüft: soziale Klasse, ethnische Zugehörigkeit und Geschlecht.

Danach werden die Problembereiche Sprache und bilinguale Erziehung aufgegriffen. Der letzte Abschnitt dieses Kapitels stellt drei allgemeine Prinzipien des Unterrichts für Schüler verschiedener ethnischer Herkunft vor.

Nach dem Durcharbeiten des Kapitels sollten Sie folgende Fragen beantworten können:

- Was ist der Unterschied zwischen einem Schmelztiegel verschiedener ethnischer Gruppen und der multikulturellen Erziehung?
- Was ist Kultur und durch welche Gruppen werden ethnische Identitäten definiert?
- Warum sind die Schulleistungen von Schülern aus niedrigeren Einkommensschichten oft schwächer als die aus mittleren bis hohen?
- Welche Beispiele verdeutlichen Konflikte und Vereinbarkeiten zwischen dem Elternhaus und den Schulkulturen?

- *Welche Rolle spielt die Schule in der Entwicklung der Geschlechtsunterschiede?*
- *Was ist effektiver bilingualer Unterricht?*
- *Was sind Beispiele von kulturbewusster Erziehung, die einzelne Klassenstufen und Fächer berücksichtigen?*
- *Wie kann eine resiliente, gegen ethnische Spannungen immune Klassengemeinschaft entstehen?*

Ethnisch heterogene Klassen

Welche Schüler gibt es derzeit in deutschen Klassen? Der Anteil ausländischer Schüler in der Bundesrepublik Deutschland betrug im Jahre 2000 insgesamt 9,2 % in allen Schularten. Schüler türkischer Herkunft machten den größten Teil der ausländischen Schüler aus: 43,4 %, aus den EU-Ländern stammende Schüler stellten 16,9 % (Italien 7,9 %; Griechenland 3,7 %; Ex-Jugoslawische Länder 12,9 %; Polen 2,1 %) und aus Ländern außerhalb der EU gingen im Jahre 2000 17,9 % in Deutschland zur Schule (Angaben nach Kultusministerkonferenz (2002). Ausländische Schüler und Schulabsolventen 1991–2000. Heft 162).

Wie sieht die Zusammensetzung der Schülerschaft in den Vereinigten Staaten aus? Die Angaben erscheinen in folgenden Statistiken: Banks, 2002; Children's Defense Fund, 2005; Duncan und Brooks-Gunn, 2000; Grant und Sleeter, 1989; Halford, 1999; McLeod, 1998; Meece und Kurtz-Costes, 2001; Payne und Biddle, 1999.

- Von 6 amerikanischen Kindern lebt 1 in Armutsverhältnissen und 1 von 14 in extremer Armut. Fast 50 % der afroamerikanischen Kinder sind arm. In Deutschland wird Armut in den offiziellen Statistiken definiert durch den Empfang von Sozialhilfe auf längere Zeit. Nach diesem Kriterium lebte 1999 1 von 15 Kinder und Jugendlichen unter 18 in Armutsverhältnissen. Je jünger die Kinder, umso höher ist die Zahl der armen Kinder (Gesundheitsberichterstattung des Bundes, Heft 03/01 Armut bei Kindern und Jugendlichen, hrsg. Von A. Klocke, 2003).
- Nach Woolfolk ist die Anzahl der Kinder in Armut in den USA 50 % höher als in jedem anderen hoch entwickelten westlichen Land und fünf- bis achtmal höher als in vielen wichtigeren Industrienationen. Dies trifft für Deutschland nicht zu. Die Zahlen stimmen überein: 1 von 14 Kindern und Jugendlichen unter 15 Jahren lebt mit den Eltern von Sozialhilfe.
- In Armut lebende Kinder bleiben mit doppelt so hoher Wahrscheinlichkeit wie bessergestellte Kinder einmal sitzen, gehen ohne Abschluss von der Schule ab oder erleben ein Gewaltverbrechen. In Deutschland gehen 12,8 % der Kinder mit Migrationshintergrund in der Grund- und Sekundarstufe I unregelmäßig zur Schule im Vergleich zu 5,4 % der deutschen Kinder. Die Schulabbruchquote in der Hauptschule liegt bei ausländischen Schülern etwa bei 16,6 %, bei deutschen Schülern bei 8,5 % (Angaben nach Kultusministerkonferenz (2002). Ausländische Schüler und Schulabsolventen 1991–2000. Heft 162).
- Ein Drittel der Kinder hat unverheiratete Eltern, ein Fünftel hat eine Mutter, die keinen Schulabschluss hat, ein Drittel hat ein allein erziehendes Elternteil, meist eine erwerbstätige Mutter. In Deutschland hat der Anteil der Alleinerziehenden stark zugenommen. Insgesamt sind 17 % aller Familien in Westdeutschland und 30 % in Ostdeutschland Einzelelternfamilien. Von diesen lebt knapp ein Drittel an der Armutsgrenze (Gesundheitsberichterstattung des Bundes, Heft 03/01 Armut bei Kindern und Jugendlichen, hrsg. Von A. Klocke, 2003).
- Etwa 18 % der amerikanischen Bevölkerung spricht zu Hause eine andere Sprache als Englisch – etwa die Hälfte von diesen spricht Spanisch. Eine vergleichbare Anzahl für Deutschland kann nicht genau ermittelt werden. Aufschluss über die Größenordnung gibt jedoch die Zahl der „Personen mit Migrationshintergrund". Das sind Ausländer, aber auch deutsche Staatsangehörige und zwar sowohl die direkt Zugewanderten (Spätaussiedler, eingebürgerte Ausländer) als auch nicht-direkt Zugewanderte, also die in Deutschland Geborenen (Kinder von Spätaussiedlern, Ausländer der 2. und 3. Generation, eingebürgerte, in Deutschland geborene Ausländer, Kinder von Eingebürgerten). Von den in Deutschland lebenden Menschen hat annähernd jede 5. Person einen Migrationshintergrund (Bundesministerium des Inneren 2005, **http://www.zuwanderung.de/1_statistik.html**). Geht man davon aus, dass die Familien mit Migrationshintergrund zu Hause ihre Herkunftssprache sprechen, könnte man den zu Hause eine andere Sprache als Deutsch sprechenden Anteil der Bevölkerung in Deutschland auf etwa 20 % schätzen. Dies wäre eine Maximalschätzung, wahrscheinlich liegt die Zahl

jedoch niedriger, also durchaus in vergleichbarer Höhe der amerikanischen Angaben.

Die Zusammensetzung der Schüler in den Klassen wird immer heterogener in rassischer, ethnischer, sprachlicher und ökonomischer Hinsicht, die der Lehrer jedoch nicht – der Prozentsatz der weißen Lehrer steigt in den USA an (er liegt jetzt etwa bei 91 %), die farbigen Lehrer machen gegenwärtig nur noch 7 % aus. Es ist für alle Lehrer wichtig, alle Schülergruppen gleichermaßen zu verstehen.

5.1.1 Individuen, Gruppen und die Gesellschaft

Seit den 20er Jahren wurden die USA, England, Westeuropa, Kanada und Australien und auch Entwicklungsländer von Immigranten überflutet. Von den meist europäischen, neu in die USA Eingewanderten wurde erwartet, dass sie sich assimilieren, d. h. sich dem **kulturellen Schmelztiegel** nicht entziehen und sich so eingliedern wie alle anderen, die vorher bereits ins Land gekommen waren. Seit Jahrzehnten ist das Ziel der amerikanischen Bildungseinrichtungen, als Feuer unter dem Schmelztiegel zu fungieren. Immigrantenkinder verschiedener Sprachen und verschiedener religiöser und kultureller Herkunft waren schulpflichtig, sollten Englisch lernen und sich amerikanisieren. Die meisten Schulen vermittelten Werte und Einstellungen der europäisch-amerikanischen Mittelklasse. Die Anpassung wurde von den Schülern an die Schulen und nicht von den

> ### Verknüpfen und erweitern Sie Ihre Forschungskenntnisse
>
> Lesen Sie Banks, J. et al. (2001). Diversity Within Unity: Essential Principles for Teaching and Learning Within a Multicultural Society. *Phi Delta Kappan, 83*, 196–212.

Schulen an die Schüler erwartet. Unfreiwillige Immigranten, die Nachkommen der ehemaligen nach USA deportierten Sklaven, waren in den Schulen des Schmelztiegels zunächst nicht willkommen. In Deutschland gab es erst in den 70er-Jahren eine erste Welle der Arbeitsmigration von türkischen und etwas später von jugoslawischen Gastarbeitern (Schönpflug, 2007). Auch von ihnen wurde Anpassung erwartet, aber da es sich nicht um endgültige Einwanderungen handelte, wurde eine begrenzte Segregation toleriert, vor allem im privaten und familialen Bereich.

In den 1960er- und 1970er-Jahren brachten einige Pädagogen in den USA vor, farbige Schüler und Schüler aus Armutsverhältnissen hätten Schulprobleme, weil sie „kulturell benachteiligt" seien. Die Annahme eines **Kulturdefizit-Modells** war weitverbreitet; die Annahme beinhaltet, dass der kulturelle Hintergrund der Schüler sie wenig auf die Schule vorbereitet und deshalb schulische Nachteile bei Schülern nicht amerikanischer Herkunft entstehen. Heutzutage verwerfen die Pädagogen die Defizitannahme; sie setzen dagegen, dass kein Schüler Defizite habe, sondern dass Unvereinbarkeiten zwischen dem kulturellen Hintergrund im Elternhaus des Schülers und dem der Schule bestehen (Gallimore & Goldenberg, 2001).

Im selben Zeitraum wuchs die Beschäftigung mit zivilrechtlichen Fragen und den Menschenrechten, und die ethnischen Gruppen brachten zunehmend vor, dass sie sich nicht vollständig an die Hauptströmungen der amerikanischen Kultur assimilieren möchten. Sie wollten lieber ihre Kultur und ihre Identität behalten und doch von der amerikanischen Majorität respektiert werden. Ihr Ziel war Multikulturalität.

Die gegenwärtige Debatte in Deutschland zielt nicht immer in die gleiche Richtung. Einerseits wird im schulischen Bereich immer mehr auf Integration gedrängt (Schüler sollen Deutsch auch in den Pausen sprechen, auch Nicht-Deutsche untereinander), ebenso werden private Lebensformen dem deutschen Rechtssystem untergeordnet, doch wird die Vielfalt der ethnischen Lebensformen durchaus positiv im Sinne einer multikulturellen Vielfalt gesehen.

Kultureller Schmelztiegel Eine Metapher für das vollständige Aufgehen und die Assimilation der Immigranten an die Mehrheitsgesellschaft, sodass die ethnischen Unterschiede verschwinden.

Kulturdefizit-Modell Ein Modell, das die Schulprobleme der Schüler aus ethnischen Minderheiten durch die Annahme erklärt, dass ihr kultureller Hintergrund sie nicht ausreichend auf die schulischen Anforderungen der durch die Mehrheitskultur geprägten Schulen vorbereitet.

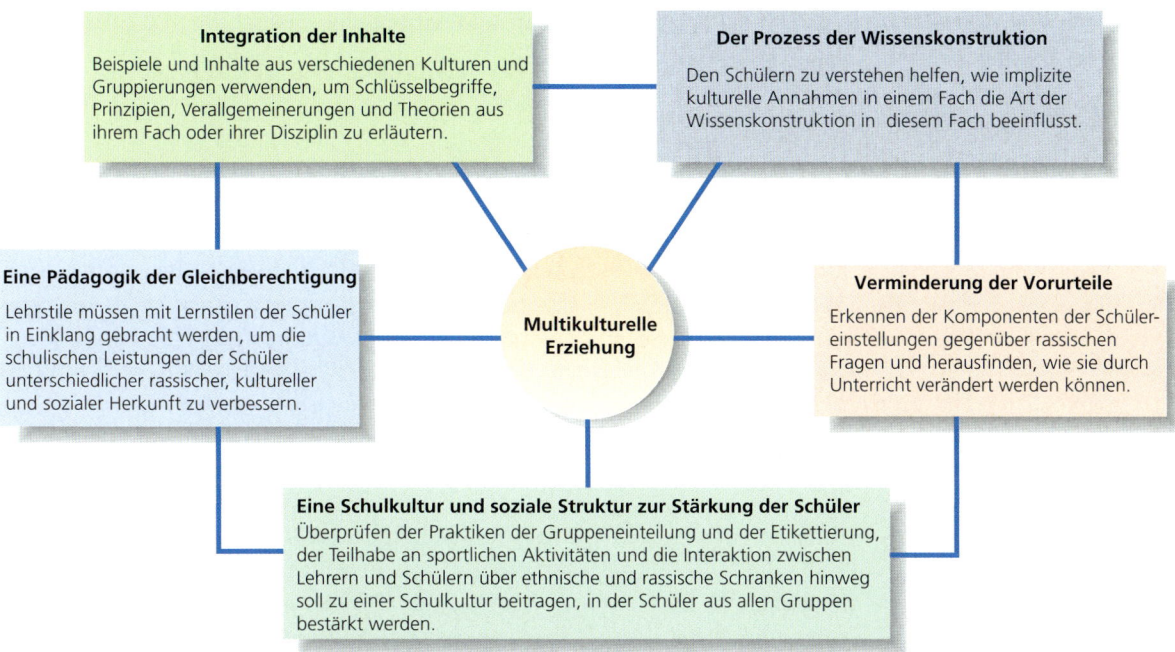

Integration der Inhalte
Beispiele und Inhalte aus verschiedenen Kulturen und Gruppierungen verwenden, um Schlüsselbegriffe, Prinzipien, Verallgemeinerungen und Theorien aus ihrem Fach oder ihrer Disziplin zu erläutern.

Der Prozess der Wissenskonstruktion
Den Schülern zu verstehen helfen, wie implizite kulturelle Annahmen in einem Fach die Art der Wissenskonstruktion in diesem Fach beeinflusst.

Eine Pädagogik der Gleichberechtigung
Lehrstile müssen mit Lernstilen der Schüler in Einklang gebracht werden, um die schulischen Leistungen der Schüler unterschiedlicher rassischer, kultureller und sozialer Herkunft zu verbessern.

Multikulturelle Erziehung

Verminderung der Vorurteile
Erkennen der Komponenten der Schülereinstellungen gegenüber rassischen Fragen und herausfinden, wie sie durch Unterricht verändert werden können.

Eine Schulkultur und soziale Struktur zur Stärkung der Schüler
Überprüfen der Praktiken der Gruppeneinteilung und der Etikettierung, der Teilhabe an sportlichen Aktivitäten und die Interaktion zwischen Lehrern und Schülern über ethnische und rassische Schranken hinweg soll zu einer Schulkultur beitragen, in der Schüler aus allen Gruppen bestärkt werden.

Abbildung 5.1: Banks (2001) Dimensionen der multikulturellen Erziehung. Multikulturelle Erziehung ist mehr als nur eine Veränderung in den Lehrplänen. Um in der Erziehung allen Schülern gerecht zu werden, müssen auch andere Aspekte betrachtet werden. Die Sportaktivitäten und die Beratungseinrichtungen müssen umstrukturiert werden; die Lehrmethoden, die Unterrichtseinheiten über Vorurteile, angestrebter Kenntnisstand – alles das und noch mehr trägt zu einer multikulturellen Erziehung bei.
Quelle: *Cultural Diversity and Education: Foundations, Curriculum, and Teaching.* 5. Aufl. von J. Banks (2006). Pearson Education. Boston, MA: Allyn & Bacon. Copyright © 2006.

5.1.2 Multikulturelle Erziehung

Multikulturelle Erziehung ist „ein Bereich, der die Gleichberechtigung in der Erziehung für alle Schüler herstellen möchte" (Banks & Banks, 1995, S. xii). Multikulturelle Erziehung ist nur eine der möglichen Reaktionen auf die wachsende Vielfalt der Schülerpopulationen, aber auch auf die steigende Dringlichkeit der Forderung nach Gleichberechtigung aller Gruppen. Eine Prüfung der alternativen Ansätze in der multikulturellen Erziehung würde den Rahmen dieses Buches sprengen; es gibt keine allgemeine Übereinstimmung über den besten Ansatz.

James Banks (2006) sieht für die multikulturelle Erziehung fünf Aspekte vor, wie sie in ▶ Abbildung 5.1 dargestellt sind. Die meisten Personen kennen nur den Aspekt der *Integration der Inhalte*; sie verwenden Beispiele und Inhalte aus einer Vielzahl von Kulturen beim Fachunterricht. Da sie der Meinung sind, dass

multikulturelle Erziehung einfach nur eine Veränderung des Lehrplans ist, nehmen manche Lehrer an, dass naturwissenschaftliche Fächer und Mathematik davon nicht betroffen sind. Aber wenn man die restlichen vier Aspekte nimmt – den Schülern zu verstehen helfen, wie Wissen durch Überzeugungen beeinflusst wird, wie Vorurteile reduziert, wie soziale Strukturen in Schulen etabliert werden, die das Lernen und die Entwicklung aller Schüler fördern und den Einsatz bestimmter Lehrmethoden, die alle Schüler ansprechen –, dann kann man erkennen, dass diese Sichtweise der multikulturellen Erziehung alle Fächer und alle Schüler betrifft.

Multikulturelle Erziehung verwirft die Vorstellung eines Schmelztiegels und unterstützt eine Gesellschaft, die Vielfalt befürwortet – ähnlich einem gemischten Salat (Banks, 1997; 2006; Sleeter, 1995). Das Mosaik der kulturellen Vielfalt soll im Folgenden näher beleuchtet werden.

Multikulturelle Erziehung Erziehung, die Gleichberechtigung im Schulsystem für alle Schüler fordert.

5.1.3 Kulturelle Vielfalt in den USA und in Deutschland

> **Halt! Denken Sie nach! Schreiben Sie!**
>
> Genehmigen Sie sich eine kleine Pause und schalten Sie den Fernseher ein! (Machen Sie das nicht, wenn Sie erst nächste Woche wieder zum Lesen kommen). Wählen Sie einen Kanal mit Werbung (es gibt mehr mit als ohne Werbung). Schauen Sie sich etwa 15 Werbesendungen an. Wie ist die Geschlechterverteilung? Wie die Altersverteilung? Erscheinen die Darsteller wohlhabend oder arm? Welcher ethnischen Gruppe oder Rasse gehören sie an? Machen Sie eine kurze Zusammenstellung der Auswahl aus diesen Kategorien, die in den Sendungen angesprochen werden.

Dieses Buch geht von einer umfassenden Definition von Kultur und multikultureller Erziehung aus, deswegen bezieht es auch soziale Schicht, Ethnizität und Geschlechtsrolle als Einzelaspekte der kulturellen Vielfalt ein. Zunächst soll die Bedeutung des Begriffs „Kultur" analysiert werden. Die meisten Leute verbinden mit Kultur die Kulturseite der Tageszeitung, Kunstgalerien, Museen, Theater, klassische Musik und Volkstanz. Kultur hat aber eine viel breitere Bedeutung; sie umfasst alle Lebensbereiche einer Gemeinschaft.

> **Verknüpfen und erweitern Sie Ihre Forschungskenntnisse**
>
> Die Frühjahrsausgabe des Jahres 1998 von *Theory into Practice* ist dem Thema gewidmet „Preparing Teachers for Cultural Diversity" (siehe **http://www.coe.ohio-state.edu/TIP**). Diese Zeitschrift beschäftigt sich nur mit pädagogischen Fragen.
>
> Ebenso die *Review of Educational Research*, Frühjahr 2000, widmet eine ganze Ausgabe der kulturellen Kompetenz und deren Vermittlung.
>
> *Educational Leadership, 60(4)* (2003) hat eine ganze Ausgabe über „Equity and Opportunity" eingerichtet.

Kultur und Gruppenmitgliedschaft

Es gibt viele Definitionen von **Kultur**. Die meisten schließen ein: Weltwissen, Fertigkeiten und Techniken, Regeln, Traditionen, Überzeugungen und Werte, die alle Lebensbereiche der Mitglieder der Kulturgemeinschaft beeinflussen, sowie die Erzeugnisse der Kultur (Artefakte) wie etwa Kunst und Technik. Diese Bestandteile von Kultur werden an die nächsten Generationen weitergegeben und dabei verändert (vertikale Transmission von Kultur, Betancourt & Lopez, 1993; Pai & Adler, 2001; Schönpflug, 2008b). Die Kulturgemeinschaft schafft ihre Kultur zu einem gewissen Teil also selbst – sozusagen ein Programm zum Leben, das unter den Mitgliedern einer Generation durch Kommunikation verbreitet wird (horizontale Transmission). Gruppen innerhalb einer Kulturgemeinschaft ergeben sich durch regionale, ethnische, religiöse, rassische Zugehörigkeit, Geschlechtszugehörigkeit, Zugehörigkeit zu einer sozialen Klasse oder andere Abgrenzungen. Jeder ist Mitglied verschiedener Gruppen und hat damit auch Teil an unterschiedlichen „Subkulturen". Manche der Mitgliedschaften sind nicht miteinander vereinbar oder widersprechen sich sogar. Zum Beispiel eine Feministin und römisch-katholisch zu sein, ist schwer zu vereinbaren, wenn es um die Einstellung zur Frage weiblicher Priester geht. Die individuellen Überzeugungen hängen davon ab, welcher der Gruppen ein Individuum sich stärker zugehörig fühlt (Banks, 1994).

In modernen Staaten sind in der Regel verschiedene Kulturen vertreten. In einer Kleinstadt in den weiten Ebenen Wyomings im Norden der Vereinigten Staaten gibt es andere kulturelle Subgruppen als in einer der Großstädte wie New York. In Deutschland ist die kulturelle Zusammensetzung eines Dorfes in Bayern sicher weniger vielfältig als in der Hauptstadt Berlin. Kind eines Bauern in Bayern zu sein, bedeutet einer anderen Kultur anzugehören, als Kind eines Zahnarztes in Berlin zu sein. Menschen mit kulturellem Hintergrund aus Afrika, Asien, Lateinamerika, Indianerstämmen oder Europäer haben eine eigene Geschichte und Tradition. Die Erfahrungen von Männern und Frauen unterscheiden sich in den meisten ethnischen und sozioökonomischen Gruppen. Jeder, der in einem bestimmten Land lebt, teilt mit den anderen Landesbewohnern viele Erfahrungen und Wertorientierungen, besonders durch

---

Kultur Das Wissen, die Wertorientierungen, Einstellungen, Normen und Traditionen, die das Verhalten einer Gemeinschaft leiten und ihr erlauben, ihr Leben in ihrer Umwelt zu bewältigen.

Verknüpfen und erweitern Sie Ihre Forschungskenntnisse

Der amerikanische Kinderschutzbund (Children's Defense Funds) hat im August 2004 einen Bericht veröffentlicht mit dem Titel: *Where America Stands.*

Unter den hochindustralisierten Ländern halten die USA folgende Rängplätze inne:

1. in der Militärtechnologie, im militärischen Export, im Bruttosozialprodukt, in der Anzahl der Millionäre und Billionäre, in der Gesundheitstechnologie, in Ausgaben für Verteidigung
12. im Lebensstandard des untersten Fünftels der Bevölkerung
13. in der Kluft zwischen Armen und Reichen
14. bei den Maßnahmen, Kinder von der Armut zu befreien
16. bei Geburten mit Untergewicht
18. bei der Anzahl der Kinder, die in Armut leben
23. bei Kindersterblichkeit
***Letzter** im Schutz der Kinder gegen Waffengewalt.*

den Einfluss der Massenmedien. Weitere Aspekte des Lebens werden durch andere kulturelle Hintergründe bestimmt. Diese Einflüsse gilt es zu integrieren in einem Prozess, der *Akkulturation* genannt wird (Schönpflug, 2008a).

Vorsicht bei der Interpretation von Kulturunterschieden

Bevor die Voraussetzungen für kulturelle Unterschiede überprüft werden können, müssen zwei Warnungen ausgesprochen werden. Die erste Warnung zielt darauf ab, soziale Klasse, Ethnizität und Geschlecht getrennt zu behandeln, denn die vorhandene Forschung basiert meist nur auf einer dieser Variablen. Natürlich sind Kinder nicht nur weiblich oder aus der Mittelklasse oder türkisch, sondern sie sind komplexe Lebewesen und Mitglieder verschiedener Gruppen.

Die zweite Warnung stammt von James Banks (1993), der mehrere Bücher über multikulturelle Erziehung geschrieben hat:

Die Mitgliedschaft in sozialen Gruppen nach Geschlecht, Rasse, Ethnie, soziale Klasse oder Religion kann uns wichtige Hinweise über individuelles Verhalten liefern, aber sie erlaubt uns nicht, Verhalten vorherzusagen. Die Mitgliedschaft in einer Gruppe bestimmt nicht Verhalten, sie macht einzelne Verhaltensmuster nur wahrscheinlicher (S. 13–14).

Erinnern Sie sich daran, wenn Sie die Verhaltensweisen ökonomisch benachteiligter Schüler oder von Schülern aus asiatischen Migrantenfamilien oder von männlichen Schülern kennenlernen. Diese Kenntnisse sagen nichts aus über Ihre Schüler, die Sie unterrichten müssen. Wenn z. B. ein Schüler aus einer der ethnischen Minderheiten in Ihrer Klasse ständig zu spät kommt, kann das daran liegen, dass er vor der Schule noch einen Job hat, dass er einen weiten Weg hat, verantwortlich dafür ist, dass seine jüngeren Geschwister jeden Morgen in die Schule gehen oder dass er oder sie Angst vor der Schule hat etc.

Sozio-ökonomische Unterschiede 5.2

Die meisten Forscher stimmen darin überein, dass die sozioökonomische Schicht eine bedeutungsvolle kulturelle Dimension im Alltag der Menschen ist; dieselben Forscher tun sich aber schwer, sozioökonomische Schicht zu definieren (Liu et al. 2004). Unterschiedliche Begriffe werden dafür verwendet – soziale Klasse, sozioökonomischer Status (SÖS), ökonomischer Hintergrund, Reichtum, Armut, Privilegierte. Einige betrachten nur ökonomische Differenzen; andere berücksichtigen noch Macht, Einfluss, Mobilität, Kontrolle über Ressourcen und Prestige.

5.2.1 Soziale Schicht und sozioökonomischer Status

In modernen Gesellschaften ist die Hierarchie in Bezug auf Reichtum, Macht und Prestige nicht immer konsistent. Universitätsprofessoren z. B. haben einen Beruf mit relativ hohem Prestige, sie haben aber keinen hohen Rangplatz nach den Kriterien Reichtum oder Macht. Andere Personen haben hohe politische Macht, sind aber nicht reich, wiederum andere haben hohes soziales Ansehen in der Stadt, obwohl ihr Familienvermögen längst entschwunden ist. Die meisten Menschen sind sich ihrer sozialen Klasse bewusst, d. h. sie wissen, dass es noch in der Hierarchie Menschen über ihnen, aber auch unter ihnen gibt. Sie können sogar

Tabelle 5.1

Ausgewählte Merkmale der einzelnen sozialen Schichten (Deutschland (BRD), USA)

Merkmal	Obere	mittlere	Arbeiter	untere
Einkommen ($/Jahr, €/Monat)	€	€	€	€
BRD	3725	2404	1713	1041
USA	$ 160 000 + (€ 9523)	$ 40 000 – $ 160 000 (€ 2947 – € 9523)	$ 25 000 – $ 40 000 (€ 1488 – € 2947)	Unter $ 25 000 (unter € 1488)
Jobstatus				
BRD	Leitender Angestellter, Selbstständiger, Familienbesitz	Angestellter, Facharbeiter, Handwerker	Gelernter Arbeiter	Gelernter Arbeiter, Mindestlohn, ungelernter Arbeiter
USA	Leitender Angestellter, Selbstständiger, Familienbesitz	Angestellter, Facharbeiter, Handwerker	Gelernter Arbeiter	Gelernter Arbeiter, Mindestlohn, ungelernter Arbeiter
Bildungsgrad				
BRD	Abitur, Universität, Fachhochschule	Mittelschule, Fach(hoch)schule, Universität	Abgeschlossene Haupt- oder Realschule	Hauptschule oder nicht abgeschlossene Schulbildung, weniger Realschule
USA	High School, College, Universität, Fachhochschule	High School, College, Universität, Fachhochschule	Abgeschlossene Haupt- oder Realschule	Hauptschule oder nicht abgeschlossene Schulbildung, weniger Realschule
Hausbesitz				
BRD	63 % Eigenheim	54,8 % Eigenheim	41,8 % Eigenheim	18,8 % Eigenheim
USA	Mindestens ein Haus	Meist ein Haus	Etwa die Hälfte ein Haus	Nein
Kranken-versicherung				
BRD	Vollständig	Vollständig	Vollständig	Vollständig
USA	Vollständig	Gewöhnlich	Eingeschränkt	Nein
Wohnbezirk				
BRD	Vornehm, gut bürgerlich	Gut bürgerlich	Bescheiden, kleinbürgerlich	Arbeiterbezirk
USA	Vornehm, gut bürgerlich	Gut bürgerlich	Bescheiden, kleinbürgerlich	Von Verwahrlosung bedroht
Geld für höhere Ausbildung der Kinder				
BRD	Reichlich	Meist vorhanden	Selten vorhanden	Nein
USA	Reichlich	Meist vorhanden	Selten vorhanden	Nein
Politischer Einfluss				
BRD	National, regional, lokal	Regional, lokal	Begrenzt	Nein
USA	National, regional, lokal	Regional, lokal	Begrenzt	Nein

Quelle: *Sociology* (9. Aufl.) (S. 276–280) von J. J. Macionis, 2003, Prentice Hall. Deutsche Daten nach ALLBUS 2005, errechnet von Katja Rackow, Zentrales Datenmanagement Wissenschaftszentrum für Sozialforschung GmbH Berlin.

sehr „klassenbewusst" sein, sich als etwas „Besseres" empfinden und keine Kontakte zu Personen aus niedrigeren sozialen Schichten pflegen.

Man kann über Schichtunterschiede auch noch anders denken, und das wird in der Forschung meist so gehandhabt. Soziologen und Psychologen kombinieren Variationen in Reichtum, Macht, Kontrolle über Ressourcen und Prestige in einem Index, dem **sozioökonomischen Status (SÖS)**. Im Gegensatz zur sozialen Klasse oder Schicht sind sich Menschen in der Regel ihres sozioökonomischen Status nicht bewusst. Der SÖS von Personen wird meist in der Forschung bestimmt, und unterschiedliche Kriterienwahl kann zu unterschiedlichen Zuweisungen führen (Liu et al. 2004). Keine einzelne Variable, nicht einmal das Einkommen, ist eine valide Schätzung des SÖS. Die meisten Forscher unterscheiden drei Ebenen des SÖS: hoher, mittlerer und niedriger Status. In den USA wird noch die Arbeiterschicht hinzugenommen. Die Hauptmerkmale dieser vier Ebenen sind in ▶ Tabelle 5.1 zusammengefasst. Denken Sie noch einmal an die Fragestellung in *Halt! Denken Sie Nach! Schreiben Sie*: Wie viele Personen mit niedrigem Sozialstatus haben Sie in den Werbefilmen gesehen?

5.2.2 Armut und Schulleistung

Etwa ein Sechstel der Amerikaner unter 18 Jahren lebt in Armutsverhältnissen. Als arm wurde im Jahre 2005 vom Gesundheitsministerium der Vereinigten Staaten eine vierköpfige Familie definiert, die mit einem Einkommen von unter 20 000 $ im Jahr auskommen muss. Das sind in absoluten Zahlen 13 Millionen Kinder. Die USA hat die höchste Armutsquote für Kinder von allen entwickelten Nationen, fünf- bis achtmal höher als andere vergleichbar entwickelte Länder. Etwa die Hälfte davon lebt in großer Armut, d. h. 50 % unter dem für die Armutsgrenze festgelegten Einkommen. Für eine gewisse Zeit gab es Verbesserungen, etwa im Jahre 2000 sank die Anzahl der armen Familien auf den niedrigsten Stand seit 21 Jahren – auf etwa 6,2 Millionen (U.S. Census Bureau, 25. September, 2001), aber die Zahlen sind seitdem wieder gestiegen. In Deutschland liegt die Armutsgrenze bei dem Satz für Sozialhilfe oder bei 50 % des Durchschnittseinkommens (zur Zeit für eine Familie mit zwei Kindern bei 2000 Euro im Monat).

Für die USA gilt – arme Kinder bleiben doppelt so häufig in der Schule sitzen wie Kinder aus wohlhabenderen Familien, und Armut in den Vorschuljahren eines Kindes scheint den größten negativen Einfluss zu haben.

Im Jahre 2003 betrug die absolute Anzahl der in Armut lebenden weißen Kinder in den USA 4,2 Millionen, die der lateinamerikanischen Kinder 4,1 Millionen und die der afroamerikanischen Kinder 3,9 Millionen. Aber der Prozentanteil der in Armut lebenden Kinder ist am höchsten für afroamerikanische und lateinamerikanische Kinder, nämlich 34 % und 30 % im Jahre 2003, aber nur rund 12,5 % der asiatischen und 9,8 % der nicht-weißen hispanischen Kinder waren als arm zu bezeichnen. Entgegen dem Stereotyp vieler leben mehr arme Kinder in Vorstädten und ländlichen Gegenden als in den Großstädten selbst, und arme Familien in den USA haben im Durchschnitt nur 2,2 Kinder (Children Defense Fund, 2005).

Sozio-ökonomischer Status (SÖS) Relative Position in der Gesellschaft nach Einkommen, gesellschaftlichem Einfluss, Bildungsgrad und Prestige.

Verknüpfen und erweitern Sie Ihre Forschungskenntnisse

Lesen Sie die Winterausgabe 2005 von *Theory into Practice* über die „Closing the Achievement Gap: What Will it Take?" Vol. *44(1)*. Gastherausgeber: Cynthia L. Uline und Joseph F. Johnson, Jr.

Hohe SÖS-Schüler aller ethnischen Gruppen zeigen ein höheres durchschnittliches Leistungsniveau, und sie erhalten mehr Bildungsjahre als Schüler mit niedrigem SÖS (Gutman, Sameroff & Cole, 2003; McLoyd, 1998). Arme Kinder bleiben mindestens doppelt so häufig sitzen wie besser gestellte Kinder. Armut während der Vorschulzeit wirkt sich stark negativ auf die späteren Schulleistungen aus. Bedauerlicherweise gehören junge Familien mit kleinen Kindern zu den einkommensschwachen Gruppen, da sie noch nicht gut oder gar nicht verdienen. Je länger das Kind unter Armutsverhältnissen lebt, desto größer ist der Schaden im Bereich der Schulleistungen. Auch wenn z. B. die Bildungsjahre der Eltern berücksichtigt werden, erhöht jedes Jahr, in dem das Kind in Armut lebt, die Wahrscheinlichkeit um 2 % bis 3 %, das Ziel der Klasse nicht zu erreichen (Ackerman, Brown & Izard, 2004; Bronfenbrenner, McClelland, Wethington, Moen & Ceci, 1996; Sherman, 1994).

Wie lassen sich die negativen Auswirkungen von niedrigem SÖS erklären? Viele Faktoren erhalten den Teufelskreis der Armut aufrecht, es gibt nicht nur eine Ursache (Evans, 2004). Schlechte Gesundheitspflege von Mutter und Kind, gefährliche und ungesunde Umgebung, begrenzte Ressourcen, familiäre Belastungen, Unterbrechungen im Schulbesuch, Erfahrung von Gewalt in der unmittelbaren Umgebung, zu viele Haushaltsmitglieder für die Größe der Wohnung, Obdachlosigkeit, diskriminiert werden und andere Faktoren führen zu Misserfolgen in der Schule; sie können nur schlecht bezahlte Arbeit bekommen, was wiederum zu einer neuen Generation in Armut führt. Garcia (1991), Evans (2004) und McLoyd (1998) beschreiben andere mögliche Erklärungen. Diese sollen im folgenden Abschnitt kurz beschrieben werden.

Gesundheit, Umwelt und Stress

Arme Kinder atmen mehr verschmutzte Luft ein und trinken mehr verschmutztes Wasser (Evans, 2004). Kinder, die in alten Häusern mit Bleifarben und Bleiroh-ren leben, die es noch in vielen Altstadthäusern in Städten gibt, weisen auch höhere Bleikonzentrationen in ihrem Blut auf. Das Risiko für eine Bleivergiftung ist bei armen Kindern mindestens zweimal so hoch; diese Art der Vergiftung erhöht wiederum die Wahrscheinlichkeit für Schulversagen und für langfristige neurologische Beeinträchtigungen (McLoyd, 1998). Pedro Noguera (2005) glaubt, dass „wenn alles Blei aus der Umwelt verschwunden ist, könnten sich die IQ-Punkte im Stanford-Binet beträchtlich erhöhen" (S. 13). Etwa 55 % der armen Amerikaner erleben ernsthaften Mangel und Stresssituationen im Laufe eines Jahres – Mangel an Nahrung, Abstellen der Zufuhr von Haushaltsenergie, überfüllte Wohnungen unter den Vorschriften für Wohnungsausstattung sowie kein Ofen oder Kühlschrank. Arme Kinder erleben mit 15-mal höherer Wahrscheinlichkeit Hunger (Children's Defense Fund, 2005). Familien in Armut haben weniger Zugang zu guter medizinischer Schwangerschafts- und Säuglingsfürsorge und Ernährung. Über die Hälfte der Mütter im Jugendalter erhält überhaupt keine Schwangerschaftsfürsorge. Arme Mütter und Schwangere im Jugendalter haben häufiger Frühgeburten, und Frühgeburten sind oft verbunden mit intellektuellen und Lernproblemen. Kinder in Armut kommen häufiger in Kontakt mit legalen Drogen (Alkohol, Nikotin) und illegalen Drogen (Kokain, Heroin) noch vor ihrer Geburt. Kinder, deren Mütter Drogen in der Schwangerschaft genommen haben, tragen ein erhöhtes Risiko für Beeinträchtigungen der Verhaltensorganisation, der Aufmerksamkeit und der Sprachverarbeitung.

Geringe Erwartungen – geringes Fähigkeitsselbstkonzept

Schüler aus armen Verhältnissen sind schlecht angezogen, sprechen Dialekt, Bücher und schulische Aktivitäten sind ihnen wenig vertraut; Lehrer und Mitschüler könnten deshalb meinen, diese Schüler seien weniger aufgeweckt als die anderen. Lehrer könnten sie weniger

Verknüpfen und erweitern Sie mit anderen Kapiteln

Die Begriffe „Lehrererwartung" und „selbsterfüllende Prophezeiung" sind sehr wichtig für die Analyse von Kulturunterschieden in einer Klasse. Diese Begriffe werden ausführlicher in Kapitel 13 eingeführt.

aufrufen, weil sie diese Schüler nicht in Verlegenheit bringen wollen oder weil die Lehrer sich irgendwie unwohl im Umgang mit ihnen fühlen. So werden geringe Leistungserwartungen verfestigt und die pädagogische Betreuung bleibt unzureichend (Borman & Overman, 2004). Schließlich resignieren die Kinder und kommen zu der Überzeugung, dass sie in der Schule nicht gut sind (Elrich, 1994). Die folgende wahre Begebenheit zeigt, wie sehr dieser Effekt das Fähigkeitsselbstkonzept beeinflusst. Der Rektor einer Grundschule in New York verbringt einige Vormittage in einem Wohnhaus für Sozialhilfeempfänger, etwa sechs Häuserblocks von seiner Schule entfernt; er serviert ihnen Kaffee und Kuchen und versucht sie dabei zu überzeugen, dass sie ihre Kinder in die Schule schicken sollten.

Im letzten Frühjahr wurde Jacqueline, eine Sechstklässlerin aus dem Wohnheim, ausgewählt, die Abschiedsrede für die Schulabgänger zu halten. Einen Monat vor dem Ereignis betrat sie das Büro des Rektors und wollte ihn privat sprechen. Sie fragte ihn besorgt: „Kann denn jemand aus einer Familie mit Sozialhilfe wirklich die Abschiedsrede halten?" (Reed & Sautter, 1990, S. K2)

Geringe Erwartungen gepaart mit Erfahrungen einer geringeren pädagogischen Qualität, kann gelernte Hilflosigkeit erzeugen wie im letzten Kapitel beschrieben wurde. Das heißt, dass ökonomisch benachteiligte Schüler (aber auch jeder andere Schüler mit ständigem Misserfolgserleben) allmählich zu der Überzeugung gelangen, dass es unmöglich ist, in der Schule erfolgreich zu lernen. Tatsächlich verlassen ein Viertel dieser Schüler vorzeitig die Schule (Bennett, 1995). Ohne ein Abschlusszeugnis warten nach der Schule nicht viele

> ### Verknüpfen und erweitern Sie mit anderen Kapiteln
>
> Der Begriff der erlernten Hilflosigkeit wurde in Kapitel 4 diskutiert; erlernte Hilflosigkeit dient als Erklärung für die geringen Leistungen von Schülern mit Lernbehinderungen. Sie wird noch einmal in Kapitel 10 als ein die Lernmotivation beeinflussender Faktor eingeführt.

positive Erlebnisse bei der Arbeitssuche auf sie. Die Bezahlung in der schließlich gewonnenen Arbeitsstelle reicht kaum zum Leben. Wenn ein Familienoberhaupt einer dreiköpfigen Familie mit dem Mindestlohnsatz nach Hause kommt, liegt das Familieneinkommen an der Armutsgrenze. Kinder aus der unteren sozioökonomischen Schicht, vor allem solche, die zusätzlich rassischen Diskriminierungen ausgesetzt sind, „gelangen zu der Überzeugung, dass es für sie schwierig oder gar unmöglich ist, sich in der Schule zu bewähren." (Goleman, 1988).

Peereinflüsse und Widerstandskultur

Manche Forscher äußern die Bedenken, dass Kinder aus der unteren sozioökonomischen Schicht Teil einer **Widerstandskultur** werden. Für Mitglieder dieser Kultur bedeutet Mitmachen in der Schule so viel, wie seine Prinzipien aufgeben, sich den Mittelklassestandards anzupassen. Um ihre Identität und ihren Status in der Gruppe zu wahren, müssen Schüler aus der unteren sozioökonomischen Schicht alle Verhaltensweisen ablehnen, die ihnen Erfolg in der Schule bringen könnten: lernen, mit Lehrern zusammenarbeiten, sogar in die Schule gehen (Bennett, 1995; Ogbu, 1987, 1997). John Ogbu schrieb die Identifikation mit einer Widerstandskultur in erster Linie den lateinamerikanischen, afroamerikanischen und indianischen Gruppen in den USA zu, aber solche Verhaltensmuster können auch bei armen Schülern aus der weißen Bevölkerung in den USA und in England beobachtet werden (Willis, 1977) und bei Schülern der höheren Schulen in Papua-Neuguinea (Woolfolk, Hoy, Demerath & Pape, 2002). Dies soll nun nicht heißen, dass alle Unterschichtkinder Leistungsverweigerer sind. Jugendliche, deren Eltern wert auf gute Leistungen legen, wählen sich auch leistungsbereite Freunde (Berndt & Keefe, 1995). Viele Jugendliche wie z. B. Jacqueline sind leistungsstark, trotz der Herkunft aus der Gruppe der Sozialhilfeempfänger oder negativen Peereinflüsse (O'Connor, 1997). Und es sollte auch nicht vergessen werden, dass einige Aspekte in der Schule wie Benoten im Wettbewerb, öffentliche Rügen und Verweise, Testen und Klassenarbeiten unter Druck, und sich ständig wiederholende Arbeiten, die zu schwer oder zu leicht sind, alle Schüler zum Widerstand reizen können (Okagaki, 2001).

Widerstandskultur Wertorientierungen und Überzeugungen in einer Minderheitengruppe, die Einstellungen und Verhaltensweisen der Mehrheitskultur ablehnt.

Aufteilung nach Leistung in Schulzweige: schlechter Unterricht

Eine andere Erklärung für die schlechten Leistungen der Kinder aus niedrigen sozioökonomischen Schichten ist, dass diese Kinder bei der Aufteilung in *Schulzweige* dem Zweig für Schüler mit geringen Fähigkeiten zugeteilt werden; sie haben dadurch andere Sozialisationserfahrungen, sie werden unterschiedlich unterrichtet (Oakes, 1990b). Sie müssen mehr auswendig lernen und eher passiv den Lernstoff aufnehmen. Mittelklassekinder werden eher aufgefordert, im Unterricht selbst nachzudenken und kreativ zu sein (Anyon, 1980). Wenn Kinder mit niedrigem SÖS eine schlechte Bildung erhalten, werden sie nicht so effektive Leistungsstrategien erwerben und deshalb weniger Chancen im Leben erhalten. Adam Gameron (1987) fand, dass die Leistungsunterschiede zwischen einem Schulzweig mit geringen Anforderungen und einem mit hohem größer waren als die Unterschiede zwischen den Schulabbrechern und Schülern mit Abschluss in der höheren Schule. In einem Interview mit Marge Scherer (1993) beschrieb Jonathan Kozol das grausame Zutreffen von Vorhersagen für die einzelnen Schulzweige:

Schulzweige erhöhen die Trefferquote von Vorhersagen. Das kleine Mädchen, dass in die Gruppe der schlechten Leser in der 2. Klasse zugeteilt wird, wird mit einiger Wahrscheinlichkeit auch gezwungen sein, Kosmetik anstelle von Mathematik in der 8. Klasse zu wählen; in der 10. Klasse wird es eher in den berufskundlichen Fächern landen und nicht in Kursen, die auf das College vorbereiten, wenn sie bis dahin nicht schon von der Schule abgegangen ist (S. 8).

Selbst wenn sie nicht Schulzweige auswählen müssen, Schüler mit niedrigem Einkommen besuchen eher Schulen mit geringen Ressourcen und weniger effektiven Lehrern (Evans, 2004).

> ### Verknüpfen und erweitern Sie mit anderen Kapiteln
> Hierzu ergänzende Informationen über Gruppierungen nach Leistungen und Schulzweige gibt es in Kapitel 4.

Häusliche Umwelt und Ressourcen

Arme Familien haben selten Zugang zu qualitativ hochwertiger Vorschulerziehung für ihre Kinder. Die Forschung kann belegen, dass eine gute Vorschulerziehung die kognitive und soziale Entwicklung fördert (Duncan & Brooks-Gunn, 2000). Arme Kinder lesen weniger und verbringen mehr Zeit vor dem Fernseher; sie haben weniger Zugang zu Büchern, Computern. Büchereien, Museen und machen weniger Ausflüge (Evans, 2004). Diese Ressourcen zu Hause und im Wohnviertel scheinen einen großen Einfluss auf die Leistungen der Schüler zu haben, denn sie ersetzen ja die Schule in den Ferien. Vor der Schule schaffen sie einige Möglichkeiten für die Vorbereitung. Zum Beispiel konnten Entwisle, Alexander und Olson (1997) feststellen, dass Kinder mit niedrigem SÖS und Schüler mit hohem während der Schulzeit vergleichbare Lernfortschritte in Lesen und Mathematik machten, aber in den langen Sommerferien fielen die Schüler mit niedrigem SÖS zurück, während die Schüler mit mittlerem bis hohem SÖS weiterhin Fortschritte machten. Eine nationale Untersuchung rechnete aus, dass mangelnde kognitive Anregung in der häuslichen Umgebung für etwa ein Drittel bis die Hälfte der Nachteile in sprachlichen Fertigkeiten, im Lesen und mathematischen Fertigkeiten von armen Kindern verantwortlich war (Korenman, Miller, & Sjaastad, 1995).

Aber: Nicht alle Familien mit niedrigem Einkommen haben keine Ressourcen. Viele dieser Familien können eine reichhaltige Lernumgebung für ihre Kinder bereitstellen. Wenn Eltern aus allen Schichten ihre Kinder unterstützen und ermutigen – indem sie ihnen vorlesen, indem sie Bücher bereitstellen, pädagogisch wertvolles Spielzeug schenken, mit den Kindern in die Bücherei gehen, ihnen Zeit und Raum zum Lernen geben, werden die Kinder bessere und begeisterte Leser (Morrow, 1983; Peng & Lee, 1992; Shields, Gordon & Dupree, 1983).

Ethnische und Rassenunterschiede 5.3

Ethnien sind „Gruppen mit gemeinsamer Nationalität, Kultur oder Sprache" (Betancourt & Lopez, 1993, S. 631). Wir haben alle irgendeine ethnische Herkunft:

Ethnie Ein kulturelles und in begrenztem Umfang genetisches Erbe, geteilt von einer Gruppe von Menschen.

Es gibt viele Kulturen, Rassen und Ethnien in Deutschland, und es werden einschneidende demographische Veränderungen vorhergesagt.

Verknüpfen und erweitern Sie Ihre Forschungskenntnisse

Lesen Sie den *Educational Psychologist*, Winterausgabe 2001. Die ganze Ausgabe ist dem Thema „Schooling of Ethnic Minority Children and Youth" gewidmet. Die Gastherausgeber sind Judith Meece und Beth Kurtz-Costes.

deutsch, italienisch, russisch, chinesisch, afrikanisch usw., um nur einige zu nennen. **Rasse** wird dagegen definiert als „eine Kategorie von Männern und Frauen, die genetische Informationen teilen, die sozial von Bedeutung sind", wie z. B. Hautfarbe oder Haarbeschaffenheit (Macionis, 2003, S. 354). Je nachdem, welche Merkmale betrachtet werden und welcher Theorie gefolgt wird, gibt es zwischen 5 und 300 Rassen auf der Welt. Rasse ist auch ein Etikett, das Menschen auf sich selbst und auf andere anwenden, wenn sie bestimmte körperliche Merkmale ansprechen wollen. Es gibt keine biologisch unvermischte Rasse (Betancourt & Lopez, 1993). Wie wir aus Kapitel 4 schon ersehen konnten, gibt es für jedes beliebig zusammengestellte Paar aus einer rassischen Gruppe nur 0,012 % gemeinsame Gene, die auf rassische Zugehörigkeit zurückzuführen sind (Myers, 2005). Doch Rasse hat immer noch einen hohen Stellenwert, denn individuell gesehen ist Rasse Teil unserer Identität, Rasse spielt bei politischen und ökonomischen Strukturen eine wichtige Rolle (Omi & Winant, 1994).

Soziologen verwenden manchmal die Bezeichnung **Minderheit**, wenn sie von einer Gruppe von Leuten sprechen, die benachteiligt ist und diskriminiert wird. Genau genommen bezieht sich die Bezeichnung nur auf die Tatsache, dass eine Gruppe von Leuten weniger Mitglieder hat als eine andere. Ethnische und rassische Gruppen als „Minderheiten" zu bezeichnen, ist in manchen Situationen unangebracht. Regional kann die

nationale Minderheit, z. B. die Türken in Deutschland, die Mehrheit darstellen, wie z. B. im Bezirk Kreuzberg in Berlin. Der Gebrauch des Begriffes Minderheit kann deshalb in bestimmten Kontexten irreführend sein.

5.3.1 Demographische Veränderungen: kulturelle Unterschiede

Zwischen den Jahren 1981 und 1990 war die Einwanderungswelle in die Vereinigten Staaten auf einem Höhepunkt. Im Jahre 2020 werden etwa zwei Drittel der Schüler aus Einwandererländern wie Afrika, Asien, Lateinamerika und anderen Ländern in den Schulen sein (Meece & Kurtz-Costes, 2001). So sind viele unterschiedliche Kulturen in den Vereinigten Staaten vertreten. In Deutschland gab es nach dem Zweiten Weltkrieg eine erste große Einwanderungswelle in den 70er-Jahren bis hin zu den 80er-Jahren. Dann wurden Einwanderungen erschwert, und nur kleine Kinder konnten nachziehen. So bekamen die Grundschulen einen höheren Anteil an Ausländerkinder, der sich inzwischen auf die Oberschule erstreckt.

Ricardo Garcia (1991) vergleicht Kultur mit einem Eisberg. Ein Drittel des Eisbergs ist sichtbar, die unteren beiden Drittel sind unsichtbar und unbekannt. Die sichtbaren Zeichen der Kultur wie Hochzeitszeremonien und -kleidung spiegeln nur einen kleinen Teil der Unterschiede zwischen den Kulturen wider. Viele der Unterschiede liegen unter der Oberfläche. Es sind implizite, unausgesprochene, unbewusste Voreingenommenheiten und Überzeugungen (Casanova, 1987; Sheets, 2005). Kulturen unterscheiden sich in ihren Regeln für den mitmenschlichen Umgang, z. B. wird in manchen Kulturen nur leicht mit dem Kopf genickt

Rasse Eine Gruppe von Leuten, die eine gemeinsame genetische Ausstattung bei bestimmten Merkmalen haben, und die Personen zur Selbstdefinition und zur Definition anderer heranziehen.

Minderheit Eine Gruppe von Menschen mit sozialer Benachteiligung – nicht nur eine Minderheit der Anzahl der Mitglieder nach.

und vielleicht noch „hm" gesagt, um anzuzeigen, dass man zuhört. In andere Kulturen hören Menschen zu, ohne dass sie ein Zeichen geben, sie haben die Augen aus Respekt niedergeschlagen. In weiteren Kulturen können nur die höhergestellten Personen eine Unterhaltung beginnen und Fragen stellen, und niedriggestellte Personen dürfen nur antworten; in wiederum anderen Kulturen ist es umgekehrt.

Kulturelle Einflüsse sind weitverbreitet und durchdringend. Einige Psychologen meinen sogar, dass die Intelligenz durch die Kultur bestimmt wird. Zum Beispiel steht körperliche Anmut für Balinesen sehr im Vordergrund. Die graziösen Bewegungen balinesischer Tänze zu beherrschen, ist deshalb ein Zeichen von Intelligenz in dieser Kultur. Mit Wörtern und Zahlen umgehen zu können, ist wichtig für den westlichen Kulturkreis, deshalb wird der Umgang mit Wörtern und Zahlen als Zeichen der Intelligenz gewertet (Gardner, 1983). Aber natürlich haben nicht alle Mitglieder einer Kultur gleiche Überzeugungen in ihren Aktivitäten oder Werthaltungen. Eugene Garcia (2002) schlägt deshalb als Definition für Kultur vor, „Kultur besteht aus Attributen, die bereitgestellt werden, damit sie die Kulturmitglieder übernehmen können, aber sie werden nicht von allen tatsächlich geteilt" (S. 93).

Kulturelle Konflikte

Die Unterschiede zwischen einzelnen Kulturen können sehr offensichtlich sein, wie z. B. Gewohnheiten der Freizeitgestaltung, oder sie können sehr subtil sein, wie z. B. sich in einer Unterhaltung erfolgreich zu Wort zu melden. Je subtiler und unbewusster die Unterschiede, umso schwieriger ist es, sie zu verändern (Casanova, 1987). Kulturelle Konflikte werden meist durch Unterschiede hervorgerufen, die unterhalb der Bewusstseinsschwelle liegen, denn wenn solche subtilen Unterschiede aufeinanderprallen, gibt es leicht Missverständnisse. Diese Konflikte treten vor allem dann in der Schule auf, wenn die Mehrheitskultur nach ihren Werten und Kompetenzen entscheidet, was „normales" oder angemessenes Verhalten in der Schule ist. In diesen Fällen können Kinder, die in einer anderen Kultur sozialisiert werden, als ungezogen, ohne Rücksicht auf Regeln, ruppig und respektlos wahrgenommen werden.

Rosa Hernandez Sheets (2005) beschreibt ein fünfjähriges mexikanisch-amerikanisches Mädchen, das jeden Tag ein Brötchen von ihrem Schulessen mit nach Hause nahm, um es ihrem kleinen Bruder zum Essen zu geben. Die Eltern waren sehr stolz auf sie, doch die Schulvertreter verboten es ihr, da es nicht erlaubt sei, Essen aus der Cafeteria herauszutragen. Das Mädchen war nun im Konflikt zwischen den Schulregeln und den Werten ihrer Familie.

In diesem Fall sprach der Lehrer mit dem Leiter der Cafeteria, er hat das Brötchen gleich in eine Tüte gepackt, in den Schulranzen des Mädchens gesteckt, sodass sie es unauffällig mit nach Hause nehmen konnte.

Vereinbarkeit von kulturellen Elementen

Nichtkulturelle Unterschiede führen zu Zusammenstößen in der Schule. Eine Untersuchung mit Müttern aus der Volksrepublik China, chinesisch-amerikanischen Müttern und kaukasisch-amerikanischen Müttern, ergab deutliche Unterschiede in den Überzeugungen und Werthaltungen zum Thema Erziehung (Hess, Chih-Mei & McDevitt, 1987). Zum Beispiel attribuierten chinesische Mütter Misserfolge in der Schule stärker auf einen Mangel an Anstrengung als kaukasischamerikanische Mütter. Die Angaben der chinesischen Mütter in den Vereinigten Staaten lagen genau in der Mitte zwischen den Müttern aus der Volksrepublik China und den kaukasisch-amerikanischen Müttern.

Das bedeutet nicht, dass chinesisch-amerikanische Kinder sich besser auf die Schule einstellen, weil sie anstrengungsbereiter sind. Kinder können sehr gut in Tests und Klassenarbeiten abschneiden, sich aber unwohl in sozialen Situationen fühlen, da sie die subtilen Regeln des sozialen Umgangs nicht völlig verinnerlicht haben (Casanova, 1987; Yee, 1992). Später in diesem Kapitel wird noch darauf eingegangen, wie die Herkunftskultur zu Hause und die der Klassengemeinschaft miteinander vereinbart werden können. Zunächst jedoch sollen Auswirkungen von kulturbedingten Konflikten und Diskriminierung auf die schulischen Leistungen von Schülern analysiert werden.

5.3.2 Ethnische und Rassenunterschiede in schulischen Leistungen

Eine Hauptsorge der Schule ist die ständig unterdurchschnittliche Leistung der Schüler aus einigen ethnischen Gruppen (Byrnes, 2003; Uline & Johnson, 2005). Dieser Befund ergibt sich aus allen standardisierten Testergebnissen, aber die Kluft hat sich in den letzten beiden Jahrzehnten ständig verringert. Das Niveau der Schulleistungen steigt ständig an, wie aus ▶ Abbildung 5.2 zu entnehmen ist. Im Jahre 2000 hatten in

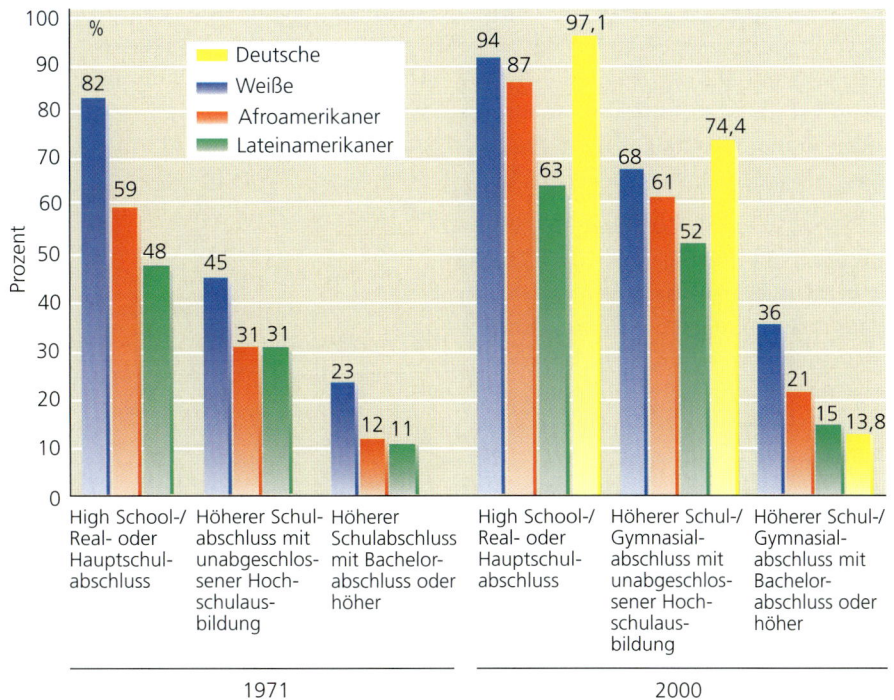

Abbildung 5.2: Bildungsabschlüsse. Diese Abbildung vergleicht den Prozentsatz der Schulabschlüsse von 25- bis 29-jährigen weißen, afroamerikanischen und lateinamerikanischen sowie deutschen Erwachsenen im März 1971 und März 2000 (siehe 5.3.2).
Quelle: Aus *National Center for Education Statistics*, US Department of Education, aus dem Internet am 5/14/02 unter **http://nces.ed.gov/programs/coe/2001/section3/indicator31.html#info** und aus Statistische Veröffentlichungen der Kultusministerkonferenz (Hrsg.): Schule in Deutschland: Zahlen, Fakten, Analysen. Heft 155, Juli 2001

den USA 94 % der Weißen, 87 % der Afroamerikaner und 63 % der lateinamerikanischen Immigranten zwischen 25 und 29 Jahren eine höhere Schule abgeschlossen. In Deutschland erreichen 97,1 % der Haupt- und Realschüler und 74,4 % der Gymnasiasten einen Abschluss, aber nur 13,8 % der Gymnasiasten schließen auch eine Universitätsausbildung ab.

Obwohl es beständige Unterschiede zwischen den ethnischen Gruppen in Tests für kognitive Fähigkeiten gibt, erklären die Forscher, dass diese Unterschiede das Erbe der Diskriminierung sind, das Produkt von kulturellen Missverhältnissen oder das Ergebnis von einer Sozialisation in einer benachteiligenden Umwelt, wie etwa einem geringen SÖS-Milieu. Da Schüler aus Minderheitengruppen in der Regel auch ökonomisch benachteiligt sind, muss man die Auswirkungen beider Faktoren auf die Bildungsabschlüsse trennen. Kontrolliert man bei einem Vergleich der Abschlüsse der verschiedenen ethnischen und rassischen Gruppen den sozioökonomischen Status, dann schwinden die Unterschiede zwischen den Gruppen bei den Bildungsabschlüssen (Gleitman, Fridlund & Reisberg, 1999). Zum

Beispiel fand James Byrne (2003) in einer nationalen Testserie der Mathematikleistungen, dass weniger als 5 % der Varianz in den Testwerten für Mathematik auf die Rasse zurückzuführen ist, dagegen 50 % auf die SÖS-Unterschiede, auf Motivation und auf lernanregende Umwelt (Kursbesuche, Rechnergebrauch, Hausaufgaben) usw.

5.3.3 Das Erbe langer Diskriminierung

Was würden Sie dazu sagen?

Als Teil eines Interviews für eine Lehrerstelle an einer sehr heterogenen Realschule fragt einer der zuständigen Leiter für die Schule-Elternhaus-Zusammenarbeit: „Was kann Ihre Lebenserfahrung zu unserem Ziel beitragen, ein aktives, antirassistisches Schulsystem zu schaffen?"

Als die Erklärungen analysiert wurden, warum Schüler aus unteren SÖS-Schichten vermehrt Schulschwierigkeiten haben, waren vor allem die geringen Erwartungen und die starken Voreingenommenheiten der Lehrer und der Mitschüler als Gründe genannt worden. Diese Erkenntnis teilen die Schüler der vielen ethnischen Minderheiten. Stellen Sie sich vor, das unten beschriebene Kind wäre Ihr eigenes. Was würden Sie tun?

In einer Stadt im mittleren Westen ging ein farbiger Pfarrer mit seiner siebenjährigen Tochter Hand in Hand zu einer Grundschule, die etwa vier Häuserblocks von ihrem Haus entfernt war. Linda Brown sollte dort in die zweite Klasse eingeschult werden, aber die Schule nahm sie nicht auf. Stattdessen sollte sie nach Anweisung der Schulbehörde in eine andere Schule gehen, die viel weiter weg war. Um diese Schule zu erreichen, musste sie erst eine Viertelstunde bis zur Bushaltestelle gehen und dann mit dem Bus zur Schule fahren ... Bei schlechtem Wetter würde sie nass werden und sich erkälten. Warum konnte sie nicht in die nähergelegene Schule gehen? (Macionis, 2003, S. 353).

Die Antwort ihrer Eltern auf die Zurückweisung war, dass sie zusammen mit anderen betroffenen Familien gegen die Schulentscheidung klagten. Der Ausgang der Klage im Jahre 1954 führte zu einer Änderung der Schulpolitik: die Festschreibung von segregierten Schulen (getrennt, doch gleichwertig) wurde als sozial ungleich aufgehoben. Seitdem sind segregierte Schulen illegal. Und trotzdem gehen zwei Drittel der afroamerikanischen Kinder immer noch in Schulen, in denen 50 % der Kinder aus Minderheitengruppen stammen. Segregation in den Wohnungen und Wohnbezirken dauert bis heute noch an, und manche der Schulbezirke haben ihre schulischen Einzugsgebiete nach den Segregationsgrenzen der Wohnbezirke angelegt (Kantor & Lowe, 1995; Ladson-Billings, 2004; Schofield, 1991).

Viele Jahre lang wurden die Auswirkungen der aufgehobenen Segregation in den USA (Desegregation) beobachtet, und es wurde festgestellt, dass eine gesetzlich vorgeschriebene Integration keine schnelle Lösung der jahrhundertelang durch Rassentrennung entstandenen Benachteiligungen ermöglicht. Zum Teil deswegen, weil weiße Schüler integrierte Schulen verließen, als die Anzahl der schwarzen Schüler anstieg; viele Schulen sind heute weniger integriert als zu dem

Zeitpunkt, zu dem die Desegregation in Schulen und Bussen gesetzlich eingeführt wurde. Die öffentlichen Schulen in großen Städten wie Los Angeles, Miami, Baltimore, Chicago, Dallas, Memphis, Houston und Detroit haben weniger als 11 % nicht-spanische weiße Studenten. In fast 90 % der Schulen, die überwiegend afroamerikanische und lateinamerikanische Schüler haben, gehören die Schüler zu armen Familien, die rassische Segregation wird damit auch eine ökonomische Segregation (Ladson-Billings, 2004; Orfield & Frankenberg, 2005).

Allzu oft werden Minderheitenschüler, auch in integrierten Schulen, „resegregiert" durch Platzierungen in niedrigen Leistungszweige oder Kurse. Schüler im gleichen Gebäude müssen nicht notwendigerweise deshalb schon gut miteinander auskommen, sich respektieren oder die gleiche Erziehung erhalten (Ladson-Billings, 2004; Pettigrew, 1998).

Was ist ein Vorurteil?

Der Begriff Vorurteil bedeutet wörtlich „vorher urteilen". Ein **Vorurteil** ist eine festgefahrene und irrationale Verallgemeinerung – ein Urteil ohne genaue Kenntnis über eine ganze Kategorie von Menschen. Vorurteil basiert auf Überzeugungen, Emotionen und Neigungen zu bestimmten Handlungsweisen. Zum Beispiel könnten Sie Vorteile gegen fettleibige Menschen haben, weil Sie meinen, sie seien faul (Überzeugung), Sie fühlen sich abgestoßen (Emotion) und Sie vermeiden den Umgang mit ihnen (Handlung) (Myers, 2005). Es gibt positive und negative Vorurteile, d. h. man kann positive und negative irrationale Überzeugungen über eine Gruppe von Menschen haben. Der Begriff bezieht sich in der Regel aber auf negative Überzeugungen. Vorurteile können abzielen auf: Rasse, Ethnie, Religion, Politik, geografischer Ort, Sprache, sexuelle Orientierung, Geschlecht oder äußere Erscheinung und vieles mehr.

Rassische Vorurteile sind sehr nachhaltig. Die Vereinigten Staaten sind eine Gesellschaft mit Rassenvorurteilen, und diese Vorurteile zielen nicht nur auf eine Gruppe ab (Clark, Anderson, Clark & Williams, 1999). Unverhohlene Vorurteile sind in den letzten 30 Jahren zurückgegangen. Zum Beispiel im Jahre 1970 meinten 50 % der Amerikaner, es sei besser, Minderheiten von

---

Vorurteil Urteilen vor Kenntnis der genauen Informationen, auch irrationale Verallgemeinerung über ein Mitglied oder alle Mitglieder einer sozialen Kategorie.

ihren Wohnbezirken fernzuhalten. Im Jahre 1995 sank die Zahl auf 10 % (Myers, 2005). Aber subtile Vorurteile – sozusagen unter der Oberfläche – dauern an. Nachdem sich in den USA verschiedene Vorfälle ereignet hatten, in denen Polizisten auf unbewaffnete Farbige schossen, stellte ein Forscherteam ein Videoband her, das eine Reihe von weißen und schwarzen Männern zeigt, die entweder eine Pistole oder einen anderen Gegenstand wie eine Taschenlampe oder eine Brieftasche in der Hand hielten. Die Versuchsteilnehmer wurden instruiert, immer dann zu „schießen", wenn sie im Film eine Waffe in der Hand eines Mannes sahen. Die unterschiedliche Hautfarbe der dargestellten Männer wurde nicht erwähnt. Die Versuchsteilnehmer schossen schneller, wenn der Wahrgenommene mit Waffe ein Schwarzer war, im Vergleich zu einem Weißen mit Waffe (Greenwald, Oakes & Hoffman, 2003). In einer anderen Untersuchung waren die Versuchsteilnehmer Polizisten; sie schossen eher auf unbewaffnete schwarze Verdächtige als auf weiße (Plant & Peruche, 2005).

Die Entwicklung von Vorurteilen

Vorurteile fangen früh an. Etwa im Alter von 6 Jahren sind bei etwa 50 % der weißen Kinder in einer amerikanischen Stichprobe und 85 % einer kanadischen Stichprobe die pro-weißen und anti-schwarzen Vorurteile bereits entwickelt. Eine weitverbreitete Überzeugung ist, dass Kinder Merkmale wie die Hautfarbe nicht bemerken, dass sie auch keine Vorurteile entwickeln, es sei denn, sie übernehmen sie von ihren Eltern. Obwohl einiges für diese Überzeugung spricht, belegt die Forschung sie nicht. Auch ohne direkte Transmission durch die Eltern, entwickeln Kinder Rassenvorurteile. Gegenwärtige Erklärungen für die Entstehung der Vorurteile gehen von Persönlichkeits- und sozialen Faktoren aus (Katz, 2003).

Eine Ursache für die Entstehung von Vorurteilen ist die Tendenz des Menschen, die soziale Welt in zwei Kategorien aufzuteilen: *wir* und *die anderen* oder die *Wir-Gruppe* (in-group) und die *Fremdgruppe* (out-group). Die Einteilung kann getroffen werden aufgrund von Rasse, Religion, Ethnie, dem Geschlecht oder Mitgliedschaft in einem Sportverein. Mitglieder der Fremdgruppe sehen wir negativer als unsere eigene Gruppe und als verschieden von uns, aber untereinander als ähnlich – „sie sehen alle gleich aus" (Aboud, 2003; Lambert, 1995). Diejenigen, die mehr haben (mehr Geld, höheren Sozialstatus, mehr Prestige), glauben,

ihre Privilegien verdient zu haben, weil sie den Nicht-Priviligierten überlegen sind. Das kann dazu führen, dass man den Opfern die Schuld gibt: Die Ursache für Armut oder für Vergewaltigung von Frauen wird im Verhalten der Opfer selbst gesehen: „Sie haben bekommen, was sie verdient haben". Emotionen spielen auch eine Rolle. Wenn etwas schiefgeht, halten wir nach einem Schuldigen Ausschau, das kann auch eine ganze Gruppe sein. Zum Beispiel nach den tragischen Ereignissen am 11. September 2001 attackierten einige Leute unschuldige Amerikaner arabischer Herkunft, um ihre Wut abzureagieren (Myers, 2005).

> ## Halt! Denken Sie nach! Schreiben Sie!
> Schreiben Sie drei typische Eigenschaften auf von einem
>
> Student im ersten Semester _____
>
> Politiker _____
>
> Sportler _____
>
> Buddhist _____
>
> Mitglied eines Schützenvereins _____

Aber Vorurteile zu haben, bedeutet, mehr als eine Wir-Gruppe zu bilden, als eine Selbstrechtfertigung oder als eine emotionale Reaktion. Vorurteile sind auch kulturelle Werte. Kinder lernen, was eine geschätzte Eigenschaft ist, durch ihre Familien, Freunde, Lehrer und die Welt um sie herum. Denken Sie noch einmal an die Analyse der Werbefilme: Haben Sie viele Farbige gesehen? Vor einigen Jahren waren die Vorbilder aus Büchern, Filmen, Fernsehen und Werbung aus der Mittel- und Oberschicht der Amerikaner europäischer Herkunft. Menschen mit anderem ethnischem und rassischem Hintergrund waren selten die „Helden" (Ward, 2004). Das ändert sich nun langsam. Im Jahre 2002 ging der Oskar-Preis für die beste Schauspielerin und den besten Schauspieler an einen Afroamerikaner, doch Denzel Washington gewann den Preis für die Darstellung eines Bösewichts. Im Jahre 2005 wird Jamie Fox Oskar-Preisträger für seine bemerkenswerte Darstellung von Ray Charles – einem Helden – ausgezeichnet.

Vorurteile sind schwierig abzubauen, weil sie untrennbar mit unseren Denkprozessen verbunden sind. In Kapitel 2 wurde dargestellt, wie Kinder *Schemata* entwickeln – strukturiert durch ihr Wissen über Gegenstände, Ereignisse und Handlungen. Menschen haben Schemata, die das Wissen über bekannte Menschen organisieren, über die Bedeutung von Wörtern, wie man mit einem Strohhalm trinkt, und alle unsere täglichen Aktivitäten. Wir können auch Schemata über Gruppen von Personen bilden. Die Frage nach den drei typischen Eigenschaften der verschiedenen Personen zu beantworten und drei Eigenschaften zu nennen, fiel Ihnen bestimmt nicht schwer. Das zeigt, dass hier ein **Stereotyp** wirksam wird, ein vereinfachendes Schema, das Ihr Wissen (und Ihre Überzeugungen) über eine Gruppe strukturiert (Wyler, 1988).

Wie bei allen anderen Schemata benutzen wir Stereotype, um die Welt um uns herum zu deuten. In Kapitel 7 wird dargestellt, wie ein Schema die Informationsverarbeitung unterstützt, sie beschleunigt und effizienter macht, aber Schemata können die Information auch verzerren, um sie besser an ein bestehendes Schema anzupassen (Macrae, Milne & Bodenhausen, 1994). Diese Gefahr ist besonders hoch bei Rassen- und ethnischen Stereotypen. Wir nehmen überwiegend Informationen wahr, die unserem Stereotyp – unserem Schema – entsprechen, und wir ignorieren oder verpassen Informationen, die nicht im Einklang mit unserem Stereotyp stehen. Wenn z. B. ein Geschworener ein negatives Stereotyp von Amerikanern asiatischer Herkunft hat, wird er die vorgelegten Indizien negativer sehen als ein anderer Geschworener, der kein solches Stereotyp hat. Der Geschworene mit negativem Stereotyp kann die Zeugenaussagen, die für den Angeklagten sprechen, vergessen, und stattdessen nur die für den Angeklagten nachteiligen Zeugenaussagen im Kopf behalten. Informationen, die dem Stereotyp entsprechen, werden schneller verarbeitet (Anderson, Klatzky & Murray, 1990; Baron, 1998).

Ständige Diskriminierung

Ein Vorurteil besteht aus Überzeugungen und Gefühlen (meist negativen) gegenüber einer Kategorie von Menschen. Die dritte Komponente eines Vorurteils ist die Tendenz, in bestimmter Weise zu handeln; die Handlungsweise wird als Diskriminierung bezeichnet. **Diskriminierung** ist die ungleiche Behandlung einer bestimmten Kategorie von Menschen im Vergleich zu anderen Kategorien. Viele Menschen sehen

sich täglich Vorurteilen und Diskriminierungen ausgesetzt, manche sind eher subtil, manche sind sehr grob. Zum Beispiel sind nur 0,6 % der älteren Manager in Dienstleistungs- und Produktionsunternehmen Afroamerikaner. Im Schuljahr 2001–2002, erwarben 465 US-Bürger den Doktorgrad in Mathematik. Davon waren 6 % lateinamerikanischer, afroamerikanischer oder indianischer Herkunft. Weniger als 10 % der Wissenschaftler, Ingenieure und Mathematiker in den USA sind entweder Afroamerikaner oder Amerikaner mit mexikanischem Hintergrund; in der amerikanischen Bevölkerung haben diese Gruppen einen Anteil von 25 % inne. Obwohl die Schüler aus diesen Gruppen positivere Einstellungen zu naturwissenschaftlichen Fächern und Mathematik mitbringen als weiße Schüler, bleiben die farbigen und hispanischen Schüler schon in der Grundschule in diesen Fächern zurück. Sie werden weniger häufig Gruppen mit Hochbegabten zugeteilt, ein Überspringen einer Klasse wird seltener befürwortet, und sie nehmen seltener an Arbeitsgemeinschaften teil. Sie werden eher den Grundkursen zugeordnet. Auf ihrem Weg durch die höhere Schule und das Grundstudium an der Universität führt ihr Studium sie immer weiter weg von der Laufbahn, die in den Beruf des Wissenschaftlers mündet. Wenn sie jedoch beharrlich diesen Weg verfolgen und schließlich Wissenschaftler oder Ingenieure werden, erleiden sie dasselbe Schicksal wie Frauen, sie werden für die gleiche Arbeit schlechter bezahlt als weiße Angestellte (National Science Foundation, 1996). In Deutschland soll das Allgemeine Gleichbehandlungsgesetz (seit August 2006 inkraftgesetzt) solchen Diskriminierungen begegnen.

Es gibt noch ein anderes Problem, das durch Stereotype und Vorurteile hervorgerufen wird und die akademische Leistung beeinträchtigen kann – die Furcht vor Stereotypen.

5.3.4 Furcht vor Stereotypen

Furcht vor Stereotypen ist eine „Besorgnis, man könne Stereotype bestätigen" (Aronson, 2002, S. 282). Die zugrunde liegende Idee ist, dass Individuen in Situatio-

---

Stereotyp Vereinfachendes Schema, das Wissen oder Wahrnehmungen einer bestimmten Kategorie strukturiert.

Diskriminierung Menschen einer bestimmten Kategorie im Vergleich zu Menschen einer anderen Kategorie unfair behandeln.

Furcht vor Stereotypen Die besondere emotionale und kognitive Belastung, dass die in einer Leistungssituation erbrachten Leistungen ein Stereotyp über die eigene Gruppe bestätigen könnte.

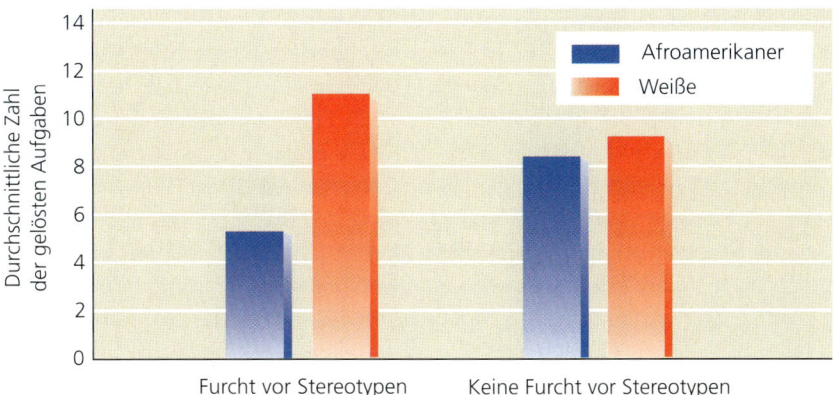

Abbildung 5.3: **Die Auswirkungen von Furcht vor Stereotypen auf die Leistung von Studenten in standardisierten Tests.** Wenn afroamerikanischen Studenten mitgeteilt wird, dass sie einen Test durchführen werden, der ihre individuelle verbale Fähigkeit testet („Furcht vor Stereotypen"-Bedingung), lösten sie nur etwa die Hälfte der Aufgaben im Vergleich zu einer Gruppe von Afroamerikanern, der das nicht mitgeteilt wurde. Die Leistung der weißen Studenten war etwa gleich in beiden Bedingungen.
Quelle: Aus *The Effect of Stereotype Threat on the Standardized Test Performance of College Students* von J. Aronson, C. M. Steele, M. F. Salinas & M. J. Lustina in Readings About the Social Animal, 4. Aufl. Elliott Arosnon (Hrsg.). Worth Publisher, 1999.

nen kommen können, in der die Gefahr stereotyper Informationsverarbeitung besteht, und in der sie emotional und kognitiv belastet sind, weil sie Angst haben, dieses Stereotyp zu bedienen. Die Belastung besteht in der Möglichkeit, diesem negativen Stereotyp gemäß zu denken und zu handeln – nach ihrer eigenen Meinung oder derjenigen anderer. Wenn Mädchen z. B. komplizierte mathematische Aufgaben lösen sollen, riskieren sie, dem weitverbreiteten Stereotyp zu entsprechen, dass Mädchen in Mathematik schlechter sind als Jungen. Es ist nicht notwendig, dass sie an das Stereotyp glauben. Kritisch ist, wenn einer Person das Stereotyp bewusst ist und sie entschlossen ist, so gute Leistungen abzuliefern, dass das Stereotyp entkräftet wird; dabei stellt sich dann die Furcht ein, diesem Stereotyp entsprechend beurteilt zu werden (Aronson et al., 1999). Was sind die Auswirkungen dieser Furcht vor Stereotypisieren?

Kurzzeiteffekte: Testergebnisse

Kurzfristig gesehen kann die Furcht, bestimmten Stereotypen zu entsprechen, Testangst hervorrufen und die Leistungen dadurch mindern. Joshua Aronson, Claude Steele und ihre Kollegen haben in einer Reihe von Experimenten gezeigt, dass wenn afroamerikanische oder lateinamerikanische Studenten in eine Situation geraten, die Furcht vor Stereotypen erzeugt, vermindern sich ihre Leistungen (Aronson, 2002; Aronson & Salinas, 1998; Aronson & Steele, 2005; Aronson, Steele, Salinas & Lustina, 1999). Zum Bei-

spiel, in einem Experiment an der Stanford Universität mit afroamerikanischen und weißen Studienanfängern wurde den Teilnehmern mitgeteilt, dass der Test, den sie gleich absolvieren würden, sehr genau ihre verbalen Fähigkeiten zu erfassen vermag. Einer anderen Gruppe von Teilnehmern wurde gesagt, dass mit dem Experiment etwas über die Psychologie des Problemlösens herausgefunden werden und nicht die individuelle Fähigkeit des Problemlösens gemessen werden sollte. Wie die ▶ Abbildung 5.3 zeigt, wenn der Test als individuelles Messinstrument ausgegeben wurde, lösten die afroamerikanischen Studenten nur etwa die Hälfte der Aufgaben von der Anzahl der Lösungen von weißen Studenten. In der weniger bedrohlichen Bedingung lösten beiden Gruppen etwa gleich viele Aufgaben.

Alle Gruppen, nicht nur Studenten aus Minderheiten, empfinden diese Art von Furcht vor Stereotypen. In einer anderen Untersuchung waren die Teilnehmer weiße männliche Studenten, die sehr gut in Mathematik waren. Einer Gruppe wurde gesagt, dass der im Experiment verwendete Test dazu beitragen sollte herauszufinden, warum asiatische Studenten in der Regel besser in diesem Test abschnitten als weiße. Eine andere Gruppe unterzog sich dem Test ohne weitere Erklärung. Die Gruppe, die in einer Situation waren, in der Furcht vor Stereotypen ausgelöst wurde (Mitteilung, dass Asiaten besser sind als Weiße), schnitt deutlich schlechter ab als die Gruppe in der neutralen Situation (Aronson et al., 1999).

Die Empfänglichkeit für solche Bedrohungen durch Stereotype variiert zwischen Individuen. Aronson und

Inzlicht (2004) fanden, dass afroamerikanische Studenten, die unter Bedrohungssituationen durch Stereotype mehr litten, ihre eigene Testleistung schlecht einschätzen konnten. Die Einschätzung ihrer Fähigkeiten schwankte von Tag zu Tag. Und wer leidet mehr unter dieser Art von Bedrohung? Diejenigen Personen, die sich am meisten um ihre Leistungen sorgen und die am meisten in hohe Leistungen investieren. Hinzu kommt oft noch der Leistungsdruck, wenn es beim Testen um die Platzierung in bestimmten Leistungsgruppen oder Schulzweige geht, wie z B. in der Testserie gegen Ende der Sekundarstufe I in solchen Ländern, die eine Reform des Schulsystems hatten und nach der 6. Klasse erst in die Verzweigungen der Sekundarstufe II übergehen.

Warum wirkt sich die Furcht vor Stereotypen auf die Testleistung aus? Eine Erklärung ist Angst. Jason Osborne (2001) untersuchte eine große Stichprobe von weißen, afroamerikanischen und lateinamerikanischen Schülern der Oberstufe der höheren Schule; sie war repräsentativ für die Bevölkerung in den USA. Die Schüler waren testerfahren; sie wurden verschiedenen Leistungstests und Angsttests unterzogen. Die weißen Schüler schnitten besser in den Leistungstest ab, aber Angst spielte auch eine Rolle bei dem Ergebnis. Nachdem die vorherigen Leistungen in der Schule kontrolliert wurden, erklärte das Ausmaß der Angst noch ein Drittel der Varianz in den Leistungsdifferenzen zwischen den Gruppen. Angst und Ablenkung sind anscheinend die Hauptprobleme von Studenten beim Lernen. Die afroamerikanischen Studenten denken dabei öfter an die Stereotypen, die man ihrer sozialen Gruppe entgegenbringt (Spencer, Steele & Quinn, 1999).

Langfristige Auswirkungen: Deidentifikation

In Kapitel 10 wird dargelegt, wie Schüler oft selbsterniedrigende Strategien einsetzen, um ihren Selbstwert im schulischen Kontext zu schützen. Sie ziehen sich zurück, geben vor, dass es ihnen egal ist, strengen sich nicht an oder geben sogar die Schule auf – sie distanzieren sich psychologisch vom Erfolg in einem Fach und behaupten, „Mathe ist für Streber" oder „Schule ist für Versager". Wenn einmal Schüler Leistungen für „uncool" erklären, ist es unwahrscheinlich, dass sie sich genügend anstrengen, um richtig zu lernen. Es gibt einige Hinweise darauf, dass farbige männliche Schüler eher zu dieser Art von *Deidentifikation* neigen als weibliche farbige Schülerinnen und männ-

liche weiße Schüler; farbige männliche Schüler lösen also die Grundlage ihres Selbstwerts vom schulischen Leistungsbereich ab (Cokley, 2002; Major & Schmader, 1998; Steele, 1992). Andere Untersuchungen stellen dieses Ergebnis infrage. In der Vergangenheit wurde in afroamerikanischen Gemeinden Bildung sehr hoch geschätzt (Walker, 1996); Eine Untersuchung fand auch heraus, dass afroamerikanische Jugendliche mit starker Identifikation mit ihrer rassischen Gruppe auch ein höheres Anspruchsniveau in schulischen Leistungen und einen höheren Selbstwert hatten im Vergleich zu Jugendlichen, die sich eher mit der weißen Mehrheit identifizierten (Spencer, Noll, Stoltzfus & Harpalani, 2001). Die Lehrer können aus den Ergebnissen entnehmen, Schüler sollte man darin unterstützen, gute Leistungen als Teil ihrer ethnischen, rassischen und Geschlechtsidentität anzusehen.

Der Kampf gegen die Furcht vor Stereotypen

Stereotype sind langlebig und schwierig zu verändern. Statt auf Veränderungen zu warten, sollte man akzeptieren, dass solche vereinfachenden Vorstellungen von anderen Gruppen existieren. Es sollten vielmehr die Strategien zur Veränderung solcher Stereotypen oder zur Bewältigung der negativen Folgen vermittelt werden. Im Kapitel 10 besprechen wir Testangst, und wie man die negativen Effekte der Angst beseitigen kann. Viele dieser Strategien sind auch angebracht zur Unterstützung von Schülern, ihre Furcht vor Stereotypen loszuwerden.

Aronson (2002) wies auf den starken Effekt der sich verändernden Auffassungen über die Intelligenz hin. Afroamerikanische und weiße Studenten wurden gebeten, Briefe an leistungsschwache Schüler einer Realschule zu schicken, um sie zu ermutigen, die Schule nicht aufzugeben. Einigen der Studenten wurde mitgeteilt, dass Intelligenz *verbessert* werden kann und dass sie den Schülern dies mitteilen sollten. Anderen wurden Informationen über multiple Intelligenzen weitergegeben, aber nicht, dass sich die Intelligenz verbessern lässt. Es gab die Realschüler in Wirklichkeit gar nicht, aber die experimentelle Manipulation in Form des Hinweises über die möglichen positiven Veränderungen von Intelligenz erwies sich als sehr wirkungsvoll. Die afroamerikanischen Studenten, weniger die weißen Studenten, die die Mitteilung über die Verbesserungsmöglichkeit der Intelligenz erhalten hatten, hatten am Ende des Semesters einen besseren Notendurchschnitt und empfanden ihre Situation als angenehmer als die Gruppe, die die Mitteilung nicht erhalten hatte. Die Überzeugung, dass Intelligenz verbessert werden kann, hat wahrscheinlich die Studenten gegen die Furcht vor Stereotypen immunisiert.

Mädchen und Jungen: Geschlechtsunterschiede in der Klasse

Was würden Sie dazu sagen?

Sie werden für eine Lehrerstelle für die 2./3. Klassen in einer Schule in einem wohlhabenden Bezirk interviewt. Nach einigen einleitenden Fragen will man von Ihnen wissen: „Glauben Sie, dass Jungen und Mädchen unterschiedlich lernen?" Wie würden Sie antworten?

Die Autorin dieses Buches korrigierte die Fahnenabzüge für eine frühere Ausgabe dieses Buches im Zug, als der Schaffner zu ihr kam und fragte: „Tut mir wirklich leid, dass ich Sie bei Ihren Hausaufgaben störe, meine Liebe, aber haben Sie auch eine Fahrkarte?" Über seinen Sexismus musste sie lachen (er war sicher unbeabsichtigt). Sicher hätte er eine solche Bemerkung nicht bei einem Mann gemacht, der ebenfalls schrieb. Die sexistische Diskriminierung kann genauso subtil sein wie die rassistische.

In diesem Abschnitt wird die Entwicklung von zwei eng zusammenhängenden Identitäten, der Geschlechtsidentität und Geschlechtsrollenidentität analysiert. Es geht vor allem darum, wie Männer und Frauen sozialisiert werden und die Aufgabe des Lehrers, für beide Geschlechter eine gleichwertige Lehre bereitzustellen.

5.4.1 Geschlechtsidentität

Das Wort *Geschlechtsrolle* bezieht sich gewöhnlich auf Eigenschaften, die das kulturelle Umfeld Männern und Frauen zuschreibt. Das Wort *Geschlecht* wird dagegen für biologische Unterschiede verwendet (Brannon, 2002; Deaux, 1993). **Geschlechtsidentität** schließt Geschlechtsrollenidentät, Geschlechtsrollenverhalten

und sexuelle Orientierung ein (Patterson, 1995). Geschlechtsidentität bedeutet die Selbstkategorisierung eines Individuums als Mann oder Frau. Geschlechtsrollenverhalten sind solche Verhaltensweisen, die das kulturelle Umfeld mit jedem Geschlecht verbindet, und sexuelle Orientierung bezeichnet die Wahl eines Geschlechtspartners. Die Zusammenhänge zwischen den drei Bestimmungsstücken sind komplex. Zum Beispiel kann eine Frau sich dem weiblichen Geschlecht zuordnen, sich aber nicht sehr „weiblich" verhalten und z. B. boxen, und zugleich könnte sie alle möglichen sexuellen Orientierungen haben: heterosexuell, bi- oder homosexuell. Geschlechtsidentität ist also ein komplexes Ganzes aus Überzeugungen, Einstellungen und Verhalten.

Verknüpfen und erweitern Sie Ihre Forschungskenntnisse

Lesen Sie die Frühjahrsausgabe 2004 von *Theory into Practice, 43(2)* über „Sexual Identity and Schooling". Gastherausgeber: Mollie V. Blackburn und Randal Donelson.

Sexuelle Orientierung

In der Adoleszenz berichten 8 % der Jungen und 6 % der Mädchen über eine gewisse gleichgeschlechtliche Aktivität oder Gefühle oder über ein sich stark Angezogenfühlen von gleichgeschlechtlichen Personen. Frauen experimentieren später mit ihrer sexuellen Orientierung, meist erst im jungen Erwachsenenalter. Wenige Adoleszente haben eine dauerhafte homosexuelle oder bisexuelle Orientierung – nur 4 % erklären, sie seien homosexuell oder schwul (männliche Jugendliche wählen männliche Personen zum Geschlechtspartner), lesbisch (weibliche Jugendliche wählen weibliche Personen als Geschlechtspartner) oder bisexuell (Personen mit Geschlechtspartnern beiderlei Geschlechts). Diese Anzahl erhöht sich auf 8 % für Erwachsene (Savin-Williams & Diamond, 2004; Steinberg, 2005).

Wissenschaftler debattieren über den Ursprung der Homosexualität. Der größte Teil der Forschung ist über Männer, es werden weniger Frauen untersucht. Die bis-

---

Geschlechtsidentität Eine komplexe Verbindung von Überzeugungen über Geschlechtsrollen und Geschlechtsorientierung.

Erkennen von Geschlechtsschemata als mögliche Barriere auf dem Weg zum Erfolg kann bewirken, dass Kinder mehr Wahlmöglichkeiten haben und nicht nach geschlechtsspezifischen Mustern suchen. Der im Jahre 2002 entstandene Film „Kick it like Beckham", der die Geschichte von einem indischen Mädchen aus einer traditionellen Familie erzählt, das professionelle Fußballspielerin werden möchte; es exploriert, wie Gesellschaft und verschiedene Kulturen die für Mädchen und Jungen angemessenen Aktivitäten definieren.

■ *Sich anders fühlen* – etwa mit sechs Jahren fängt das Kind an, sich zurückzuziehen, es ist weniger an Kindern des gleichen Geschlechts interessiert.

■ *Sich desorientiert fühlen* – in der Adoleszenz nehmen sich solche Jugendliche, die sich vom gleichen Geschlecht angezogen fühlen, als verwirrt, aufgewühlt, einsam und unsicher darüber, was sie tun sollen, wahr.

■ *Akzeptanz* – als junge Erwachsene festigt sich die sexuelle Orientierung. Sie können ihre Orientierung öffentlich bekanntmachen, sie können sie aber auch nur mit wenigen Freunden teilen.

Das Problem mit Phasenmodellen der Identität ist, dass sie annehmen, die Identität sei – wenn einmal gefestigt – nicht weiter veränderbar. Neuere Modelle betonen, dass sexuelle Orientierung flexibel, komplex und vielseitig ist; sie kann sich über die gesamte Lebensspanne verändern. Zum Beispiel, können Menschen heterosexuelle Partner gehabt haben oder mit solchen verheiratet gewesen sein, später in ihrem Leben fühlen sie sich jedoch zu gleichgeschlechtlichen Partnern hingezogen oder umgekehrt (Garnets, 2002).

Eltern und Lehrer sind selten die ersten, die von den Gedanken der Jugendlichen über ihre sexuelle Identität etwas erfahren. Aber wenn ein Schüler ihren Rat suchen sollte, finden Sie in ▶ Tabelle 5.2 einige Vorschläge, wie sie mit der Situation umgehen können.

5.4.2 Geschlechtsrollenidentität

Geschlechtsrollenidentität ist das Bild, das jeder von sich hat als männliche oder weibliche Person mit ihren charakteristischen Eigenschaften – es ist Teil des Selbstkonzeptes. Erikson und viele andere frühere Psychologen dachten, dass die Identifikation mit dem eigenen Geschlecht und die Akzeptanz der Geschlechtsrolle geradlinig verlaufen; man bemerkt die eigene Geschlechtszugehörigkeit und verhält sich dementsprechend. Aber heute wissen wir, dass einige Menschen unter Konflikten wegen ihrer Geschlechtsidentität leiden. Zum Beispiel berichten Transsexuelle, dass sie sich im eigenen Körper gefangen fühlen; sie empfinden weiblich, aber ihr biologisches Geschlecht ist männlich oder umgekehrt (Berk, 2005; Yarhouse, 2001).

herigen Ergebnisse deuten darauf hin, dass sowohl biologische als auch soziale Faktoren eine Rolle spielen. Zum Beispiel sind sich eineiige Zwillinge in ihrer sexuellen Orientierung ähnlicher als zweieiige Zwillinge, aber nicht alle eineiigen Zwillinge sind auf gleiche Weise sexuell orientiert (Berk, 2005). Es gibt eine Reihe von Erklärungsmodellen, die versuchen, Aufschluss über die Entwicklung der sexuellen Orientierung zu geben. Die meisten konzentrieren sich darauf, wie sich bei Adoleszenten eine schwule, lesbische oder bisexuelle Orientierung entwickelt. Im Allgemeinen enthalten die Modelle die folgende Stufen (Berk, 2005; Yarhouse, 2001):

Geschlechtsrollenidentität Einstellungen zu geschlechtsgebundenen Merkmalen und Verhaltensweisen.

Tabelle 5.2

Schülern die Hand reichen, die unter Konflikten wegen ihrer sexuellen Identität leiden

Diese Ratschläge kommen von einer Organisation (siehe Quellenangabe unten), in der gleichaltrige Erzieher in einem speziellen Training sich um Jugendliche und um Einrichtungen für Jugendliche in der Schule, in Organisationen und Gesundheitszentren bemühen.

Wenn eine lesbische Jugendliche oder ein schwuler oder bisexueller Jugendlicher oder eine jugendliche Person unsicher über ihre Geschlechtsidentität ist und Sie um Rat fragt, können die folgenden fünf Hinweise für Sie von Nutzen sein:

Zuhören. Es ist ganz klar, dass das Beste, was man zu Beginn des Gespräches tun kann, ist, dem Jugendlichen zuzuhören und ihm die Möglichkeit zu geben, seinen Gedanken und Gefühlen Ausdruck zu verleihen.

Bestätigen. Sagen Sie dem Ratsuchenden, er sei nicht allein, das ist äußerst wichtig. Viele der betroffenen Jugendlichen fühlen sich isoliert und haben keine Freunde, mit denen sie über ihre Situation reden können. Sie sollten wissen, dass es andere Jugendliche in der gleichen Situation gibt. Ihre Äußerungen sollten wertfrei sein.

Vermitteln. Sie müssen nicht Experte für die Fragen der Geschlechtsidentität sein; sie sollten sich aber orientieren, an welche Experten die Jugendlichen weitervermittelt werden können. Weitervermitteln ist nicht gleichbedeutend mit der Ablehnung von Verantwortung.

Ansprechen. Gehen Sie auf Mobber zu – achten Sie auf Vorgänge, die auf soziale oder auch körperliche Schikanen abzielen. Es ist wichtig, eine für alle Jugendliche angenehme Atmosphäre zu erzeugen.

Nachhaken. Kümmern Sie sich – auch nach Maßnahmen – in Abständen um den Jugendlichen, um zu sehen, ob sich seine Situation gebessert hat, und ob Sie noch etwas für ihn tun können.

Einiges können sie besser für betroffene Jugendliche tun, die auf der Suche nach ihrer sexuellen Orientierung sind oder sie sogar schon gefunden haben:

- Sorgen Sie dafür, dass Sie unbefangen über sexuelle Fragen reden können.
- Unterziehen Sie sich einem Training, wie man Informationen über sexuelle Orientierungen am besten anbietet.
- Werden Sie die Mythen los, die um die sexuellen Orientierungen ranken, lernen Sie Fakten kennen und geben Sie diese weiter.
- Arbeiten Sie daran, ihre eigenen Voreingenommenheiten beiseite zu schieben, um besser mit Schülern umgehen zu können, die Fragen über Sexualität und sexuelle Orientierung mit Ihnen besprechen möchten.

Quelle: Copyright © The Attic Speakers Bureau und Carrie L. Jacob.

Wie entwickeln sich Geschlechtsrollenidentitäten? Schon im Alter von zwei Jahren sind sich Kinder ihrer Geschlechtsidentität bewusst – sie wissen, ob sie ein Junge oder ein Mädchen sind und dass Mamas weiblich und Papas männlich sind. Wahrscheinlich spielen dabei die biologischen Körpermerkmale eine Rolle. Schon sehr früh bestimmen die Hormone das Aktivitätsniveau und das Ausmaß der Aggression, wobei Jungen die aktiveren, lauteren und raueren Spiele bevorzugen. Mit etwa vier Jahren beginnen Kinder Geschlechtsrollen zu verstehen – sie sind überzeugt, dass bestimmte Spielzeuge für Jungen (z. B. Lastwagen) und andere für Mädchen sind (z. B. Puppen) und dass manche Berufe besser für Frauen (Krankenschwester) und andere mehr für Jungen (Polizist) geeignet sind (Berk, 2005). Die unterschiedliche Art zu spielen zwischen Kindern unterschiedlichen Geschlechts lässt Kinder eher gleichgeschlechtliche Spielkameraden bevorzu-

gen, weil sie ähnliche Interessen haben. Mit vier Jahren spielen Kinder etwa dreimal so häufig mit gleichgeschlechtlichen Spielkameraden als mit Kindern des anderen Geschlechts; mit sechs Jahren beträgt das Verhältnis schon 11 : 1 (Benenson, 1993; Maccoby, 1998). Das sind natürlich Durchschnittangaben und individuelle Kinder können vom Durchschnitt abweichen. Viele andere soziale und kognitive Faktoren bestimmen ebenfalls die Geschlechtsrollenidentität.

Verknüpfen und erweitern Sie Ihre Forschungskenntnisse

Eine lebhafte Debatte über die Begriffe Geschlecht und Geschlechtsrolle gibt es in der Märzausgabe 1993 der *Psychological Science.*

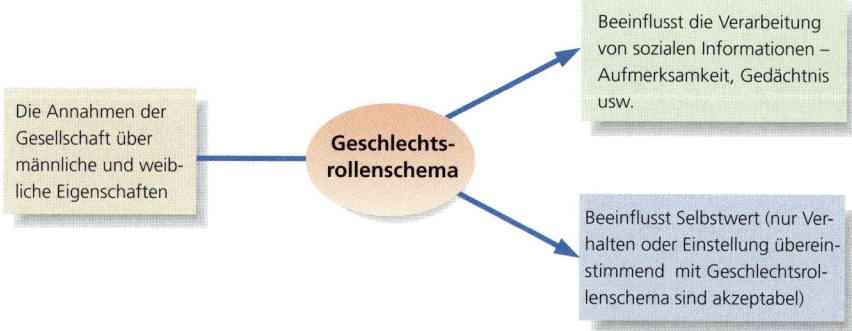

Abbildung 5.4: Geschlechtsschematheorie. Nach der Geschlechtsschematheorie verwenden Kinder und Erwachsene das Geschlecht als eine strukturierende mentale Repräsentation, um ihre Wahrnehmungen über die Welt zu klassifizieren und zu verstehen.

Eltern reagieren deutlich positiver auf bestimmtes Verhalten von Söhnen und auf emotionale Empfindsamkeit von Töchtern (Brody, 1999; Fagot & Hagan, 1991). Durch die Interaktionen mit Familie, Gleichaltrigen, Lehrern und der Umwelt im Allgemeinen bilden Kinder **Geschlechtsrollenschemata** aus oder bauen vernetztes Wissen darüber auf, was es bedeutet, ein Mädchen oder Junge zu sein. Geschlechtsrollenschemata helfen Kindern, die Welt zu verstehen und dienen als Leitlinie für ihr Verhalten (siehe ▶ Abbildung 5.4). Wenn das Geschlechtsrollenschema eines kleinen Mädchens besagt, dass „Mädchen mit Puppen und nicht mit Lastwagen spielen" oder „Mädchen können keine Wissenschaftler werden", dann werden die Mädchen den für Mädchen angemessenen Aktivitäten und Spielzeugen mehr Aufmerksamkeit schenken, sich auch besser an sie erinnern und mehr mit ihnen umgehen und z. B. Tätigkeiten, die „wissenschaftlich" sind, vermeiden (Berk, 2005; Leaper, 2002; Liben & Signorella, 1993).

Stereotype von Geschlechtsrollen in den Vorschuljahren

Unterschiedlicher Umgang mit beiden Geschlechtern und Stereotypisierung der Geschlechtsrollen entwickeln sich von der frühen Kindheit an weiter. Forscher fanden heraus, dass Jungen mehr Freiraum gegeben wird, sich in der Nachbarschaft zu bewegen, und sie werden nicht so lange beschützt wie Mädchen vor eventuellen Gefahren, z. B. wenn scharfe Scheren gebraucht werden oder wenn die Straße allein über-

quert werden soll. Eltern laufen schnell herbei, um ihrer Tochter beizustehen, aber bestehen bei Söhnen eher darauf, ihre Probleme selbstständig zu lösen. Bei Jungen werden also mehr Initiative und Selbstständigkeit betont als bei Mädchen (Brannon, 2002; Fagot, Hagan, Leinbach & Kronsberg, 1985).

Und dann gibt es ja noch das Spielzeug! Man muss nur durch ein Spielwarengeschäft laufen und das Angebot für Mädchen und Jungen sehen. Puppen und Küchen für Mädchen und Waffen für Jungen kennen wir schon seit Jahrzehnten, aber was ist mit den subtilen Mitteilungen beim Kaufen? Margot Mifflin ging für einen vierjährigen Jungen ohne besondere Geschlechtsrollensozialisation einkaufen und fand eine Packung mit Zubehör für einen Bauernhof. Sie entdeckte den Traktor, in den „der Bauer hineingesetzt werden konnte, aber die Mutter passte nicht" (Mifflin, 1999, S. 1). Aber die Spielzeugindustrie ist nicht allein schuld. Erwachsene kaufen für Kinder geschlechtsstereotypes Spielzeug und besonders Väter halten ihre kleinen Söhne vom Spielen mit „Mädchenspielzeug" ab (Brannon, 2002).

Etwa mit vier oder fünf Jahren haben Kinder ein Geschlechtsrollenschema entwickelt, das Kleider, Spielzeuge, Verhaltensweisen und Berufslaufbahnen als „richtig" für Mädchen oder Jungen kennzeichnet; diese Vorstellungen sind ziemlich rigide (Brannon, 2002). Viele Lehrerpraktikanten sind erstaunt, wenn sie Schüler bereits in den ersten Klassen über Geschlechtsrollen reden hören. Auch jetzt noch in einer Epoche mit großem Fortschritt in Richtung auf Chancengleichheit hört man von Mädchen mehr den Berufswunsch Kran-

---

Geschlechtsrollenschemata Strukturiertes vernetztes Wissen über die Bedeutung, männlich oder weiblich zu sein.

kenschwester als Ingenieur. Eine Professorin gab ein Seminar über Geschlechtsrollenstereotype. Sie hatte ihre kleine Tochter mitgebracht. Die Studenten fragte die Kleine, was sie denn einmal werden möchte. Das Mädchen antwortete „Arzt". Ihre Professorinnenmutter war stolz. Dann aber sagte sie leise zu einer Studentin neben ihr: „Eigentlich möchte ich Krankenschwester werden, aber meine Mama lässt mich nicht". Das ist keine ungewöhnliche Situation für kleine Kinder. Im Vorschulalter haben Kinder stereotypisiertere Vorstellungen von Geschlechtsrollen als ältere Kinder; in allen Altersstufen herrschen rigidere und traditionellere Berufsvorstellungen für Männer im Vergleich zu Frauen vor (Berk, 2005).

Voreingenommenheit einem Geschlecht gegenüber im Unterricht

Im Verlauf der Grundschule lernen Kinder weiterhin, was es bedeutet, weiblich oder männlich zu sein. Schulen verstärken manchmal diese **Geschlechtsvorurteile** (*Voreingenommenheit einem Geschlecht gegenüber*) in verschiedenerlei Hinsicht. Die meisten Schulbücher für die ersten Schuljahre vor 1970 beinhalten Männer und Frauen in stereotypen Rollenmustern. Die Verlage haben seitdem Richtlinien ausgearbeitet, um diesem Problem zu begegnen, aber zur Sicherheit sollten Sie Ihr Unterrichtsmaterial noch einmal auf Stereotype hin durchforsten. Zum Beispiel gibt es jetzt zwar eine gleiche Anzahl von Jungen und Mädchen als Hauptfiguren in den Titeln und Illustrationen, aber die handelnden Personen zeigen stereotype Verhaltensmuster (besonders Jungen). Jungen werden aggressiver und argumentativer und Mädchen expressiver und gefühlsbetonter dargestellt. Weibliche Hauptfiguren überschreiten manchmal die Grenzen des geschlechtsrollentypischen Verhaltens, sie werden aktiver beschrieben, Jungen dagegen werden selten mit „femininen" Eigenschaften dargestellt (Brannon, 2002; Evans & Davies, 2000). Videos, Computerprogramme und Testmaterial zeigen mehr Jungen als Mädchen als Hauptfiguren (Meece, 2002).

Bevor Kinder in die Schule kommen, sind sie bereits dem Fernsehen ausgesetzt. Es sei hier an die Werbesendungen zu Beginn des Kapitels erinnert. Hier zeigte sich, dass die Gruppe weißer Männer am häufigsten vertreten war. Auch wenn man nur auszählt, wie viele Stimmen jeden Geschlechts zu hören waren, ergibt sich eine zehnmal so häufige Verwendung männlicher Stimmen in Werbesendungen im Vergleich zu weiblichen. Also schon vor der Schule werden Kinder mit einer Bevorzugung männlicher Eigenschaften und Verhaltensmuster konfrontiert.

Geschlechtsdiskriminierung in der Klasse

Es gibt eine Reihe von Untersuchungen über den unterschiedlichen Umgang von Lehrern mit Mädchen und Jungen. Es muss allerdings klargestellt werden, dass die Untersuchungsergebnisse weitgehend mit weißen Teilnehmern gewonnen wurden. Eines der bestbelegten Untersuchungsergebnisse der letzten 25 Jahre ist, dass Lehrer mehr mit Jungen als mit Mädchen interagieren und dass diese Interaktionen eher negativ sind (Jones & Dindia, 2004). Das trifft zu von der Vorschule bis zur Universität. Lehrer stellen eher Fragen an Jungen, geben Jungen eher Rückmeldung (Lob, Kritik und Verbesserungen) und geben detailliertere und nützlichere Hinweise. Wenn Mädchen in die folgenden Klassen aufrücken, haben sie immer weniger zu sagen. Wenn Mädchen schließlich zur Universität gehen, initiieren sie nur etwa die Hälfte der Bemerkungen, die männliche Studenten machen (Bailey, 1993; Sadker & Sadker, 1994). Die Auswirkung dieser Unterschiede sind, dass von der Vorschule bis zur Universität Mädchen im Durchschnitt 1800 Stunden weniger von anderen beachtet und unterwiesen werden als Jungen (Sadker, Sadker & Klein, 1991). Natürlich sind diese Unterschiede ungleich verteilt. Leistungsstarke Jungen erhalten mehr Zuwendung als ihnen zukommen, während leistungsstarke Mädchen die geringste Aufmerksamkeit erhalten.

Die ungleiche Verteilung der Aufmerksamkeit auf die beiden Geschlechter ist ganz offensichtlich im naturwissenschaftlichen und Mathematikunterricht. In einer Untersuchung wurden Jungen 80 % häufiger gefragt als Mädchen (Baker, 1986). Lehrer warten bei Jungen länger auf eine Antwort und geben mehr ins Einzelne gehende Rückmeldungen (Meece, 2002; Sadker & Sadker, 1994). Beim Gebrauch von Labor- und anderen Ausrüstungen dominieren die Jungen, sie haben den Apparat oft schon auseinandergenommen noch bevor die Mädchen ihre Experimente durchführen konnten (Rennie & Parker, 1987).

Geschlechtsvorurteile Positive oder negative Voreingenommenheit einem Geschlecht gegenüber.

Stereotype dauern hartnäckig an, einige sehr offensichtlich, andere sehr subtil. Jungen mit hohen Werten in einem standardisierten Mathematiktest werden eher zu einer hochbegabten Klasse zugelassen als Mädchen mit demselben Testwert. Lehrer und Eltern protestieren bei Mädchen weniger, wenn sie ein naturwissenschaftliches Fach oder Mathematik abwählen wollen, bei einem Jungen gleicher Fähigkeit aber wohl. Mehr Frauen als Männer gehen in den Lehrerberuf, Männer sind eher in der Verwaltung, sind Seminarleiter und Mathematiklehrer und/oder Lehrer für die naturwissenschaftlichen Fächer in den Leistungskursen der Oberstufe. Auf diese subtile Weise werden die stereotypen Erwartungen von Schülerinnen und Schülern bestärkt (Sadker & Sadker, 1994).

5.4.3 Geschlechtsunterschiede bei intellektuellen Fähigkeiten

Nur 23 % der Wissenschaftler und Ingenieure und nur 10 % der Ärzte sind in den USA Frauen, obwohl etwa die Hälfte aller Bachelorabschlüsse in Chemie, Biologie und Mathematik von Frauen erreicht werden, und etwa 20 % in Physik und Ingenieurwesen (Angier & Chang, 2005; Bleeker & Jacobs, 2004). In Deutschland zeigen die Statistiken der Studierenden und der Studienabschlüsse auch Geschlechterunterschiede in einzelnen Fächern: Die technischen und naturwissenschaftlichen Fächer haben einen Frauenanteil von ca. 9 %, bei den Ärzten liegt er bei 30 %. (Bundesministerium für Bildung und Forschung Bericht 2002: Studierende und Studienanfänger an Hochschulen. Fächergruppen, Studienbereiche, Länder, Geschlecht). Aber es gibt auch Gebiete, in denen Jungen hinter den Mädchen herhinken. Zum Beispiel erreichen 30 % mehr Mädchen den Bachelorabschluss und 50 % mehr den Magisterabschluss. Afroamerikanische Frauen schaffen jetzt doppelt so viele Universitätsabschlüsse als afroamerikanische Männer (Hulbert, 2005). In einem internationalen Vergleich der Lesefähigkeit in der vierten Klasse (Mullis, Martin, Gonsalez & Kennedy,

> **Verknüpfen und erweitern Sie Ihre Forschungskenntnisse**
>
> Lesen Sie Latham, A. S. (1998). „Gender Differences on Assessments". *Educational Leadership, 55(4)*, 88–89.

2003) stellte sich heraus, dass männliche Viertklässler schlechter lasen als die Mädchen in ihrer Klasse. Ist dieser Unterschied auf unterschiedliche Fähigkeiten, Interessen, Kultur, sozialen Druck, Diskriminierung zurückzuführen? Der Frage soll im folgenden Abschnitt weiter nachgegangen werden.

Vom Säuglingsalter an bis zur Vorschule konnten wenige Geschlechtsunterschiede in der allgemeinen Intelligenz, den spezifischen Fähigkeiten und der motorischen Entwicklung festgestellt werden. In den folgenden Schuljahren und danach fanden Psychologen keine Geschlechtsunterschiede in der allgemeinen Intelligenz in den standardisierten Intelligenztests. Aber die Aufgaben sind auch so zusammengestellt, dass Geschlechtsunterschiede minimiert sind. Aber einige Untertests, die spezifische Fähigkeiten erfassen, zeigen Unterschiede. Zum Beispiel von der Grundschule bis in die höhere Schule zeigen Mädchen bessere Lese- und Schreibleistungen, und weniger Mädchen benötigen einen Förderunterricht (Berk, 2005; Halpern, 2000). Aber intellektuell fähige Jungen schneiden besser als Mädchen in Tests für höhere Mathematik ab. Im Jahre 2001 lagen doppelt so viele Testwerte von Jungen über 700 (Mathematiktest SAT), aber Jungen eher als Mädchen versagten in dem Test (Angier & Chang, 2005). Die Testwerte von Jungen streuten breiter, es gibt also mehr Jungen als Mädchen mit extrem hohen und extrem niedrigen Testwerten (Berk, 2005; Willingham & Cole, 1997). Mehr Jungen als Mädchen werden als lernbehindert, mit ADHS und Autismus diagnostiziert. Diane Halpern (2004) fasste die Forschungsergebnisse folgendermaßen zusammen:

Weibliche und männliche Personen zeigen unterschiedliche Leistungs- und Fähigkeitsprofile in einem kognitiven Fähigkeitstest. Schülerinnen haben bessere Noten in der Schule, erreichen höhere Testwerte in Schreib- und Wissenstests, vorausgesetzt das Lernmaterial und die Testfragen sind sich ähnlich. Später erreichen sie mehr Universitätsabschlüsse und rücken in männliche Berufe auf. Im Gegensatz dazu erreichen Schüler bessere Testergebnisse in standardisierten Mathematik- und Naturwissenschaftentests, die nicht das in der Schule gelernte Wissen abfragen, sie sind im Vorteil bei visuell-räumlichen Aufgaben (besonders solchen, die Urteile über Geschwindigkeit und Navigieren durch einen dreidimensionalen Raum erfordern), und sie kennen sich in Geografie und Politik besser aus als Frauen (S. 135).

Das muss jedoch mit Vorsicht aufgenommen werden. In den meisten Untersuchungen über Geschlechtsunterschiede werden Rassen- und SÖS-Unterschiede nicht berücksichtigt. Wenn rassische Gruppen getrennt untersucht werden, dann schneiden afroamerikanische Schülerinnen besser ab als afroamerikanische Schüler in Mathematik, bei asiatischen Schülern und Schülerinnen sind keine Unterschiede in Mathematik und Naturwissenschaften zu finden (Grossman & Grossman, 1994; Yee, 1992). Mädchen erhalten jedoch allgemein bessere Noten im Mathematikunterricht (Halpern, 2004). Ebenso zeigen internationale Studien in 41 Ländern keine Geschlechtsunterschiede in den Mathematikleistungen bei der Hälfte der teilnehmenden Länder. In Island überragten die Schülerinnen sogar die Leistungen der Schüler in allen Mathematiktests, was üblicherweise auch das Ergebnis ihrer nationalen Mathematikprüfungen war (Angier & Chang, 2005). Die Ergebnisse der TIMSS-Studie (Third International Mathematics and Science Study) für Deutschland zeigen entsprechend für die Altersgruppen der Primar- und Sekundarstufe I keine nennenswerten Geschlechtsunterschiede, jedoch schneiden die Jungen der Sekundarstufe II besser in Mathematik ab (Baumert et al., 1997; Baumert, Bos & Waterman, 1998). Hanna (2000) stellt eine epochalen Trend fest: Geschlechtsunterschiede traten in den ersten Untersuchungen stärker hervor als in den späteren.

Wo liegt die Ursache für diese unterschiedlichen Ergebnisse? Die Antworten sind komplex. Zum Beispiel sind Männer in der Regel in Tests besser, in denen eine figurale Darstellung im Raum mental rotiert oder wenn die Vorhersage von Flugbahnen sich bewegender Gegenstände und Navigieren gefordert wird. Einige Forscher argumentieren, dass im Laufe der Evolution diese für Männer nützlichen Eigenschaften ausgebildet wurden (Buss, 1995; Geary, 1995, 1999). Andere nehmen an, dass die aktiveren Spiele der Jungen und ihre verstärkte Sportaktivität diese Fähigkeiten fördern (Linn & Hyde, 1989; Newcombe & Baenninger, 1990; Stumpf, 1995). Kulturvergleichende Forschung legt nahe, dass die Mathematikvorteile der männlichen Personen auf Lernvorgänge zurückzuführen sind und nicht auf die biologische Ausstattung. Weiterhin berichten Angier und Chang (2005), dass ein Aufsatz über ein mathematisches Problem mit einer männlichen Autorenangabe um einen Punkt besser auf einer 5-Punkte-Skala bewertet wurde als der gleiche Aufsatz mit einem weiblichen Autorennamen unterschrieben (Angier & Chang, 2005).

Bonnie Bessler, Professorin für Molekularbiologie an der Princeton Universität, untersucht den chemischen Signalmechanismus, den Bakterien einsetzen, um mit anderen Bakterien zu kommunizieren; sie widerspricht Stereotypen von der Erfolglosigkeit von Frauen in den Naturwissenschaften.

5.4.4 Vorurteile ausräumen

Es gibt einige Hinweise, dass Lehrer mit Jungen und Mädchen im Mathematikunterricht unterschiedlich umgehen. Zum Beispiel verbringen Grundschullehrer im Mathematikunterricht mehr Zeit mit Jungen, und wenn gelesen wird, mehr Zeit mit Mädchen. Ein Mathematiklehrer richtete in Geometrie die meisten Fragen an Jungen, obwohl die Mädchen Fragen stellten und öfters Antworten gaben. Einige Forscher fanden, dass Lehrer von Mädchen eher falsche Antworten annahmen mit der Bemerkung: „Du hast es wenigstens versucht". Wenn Jungen falsche Antworten geben, sagen Lehrer eher: „Du musst dich schon ein bisschen mehr anstrengen, wenn du das rauskriegen willst". Diese immer wieder wiederholten Bemerkungen können Mädchen schon überzeugen, dass sie für Mathematik nicht geeignet sind („Girls' Math Achievement", 1986; Horgan, 1995). Sollten Sie sich nichts aus Mathematik machen, dann geben Sie diese Einstellung nicht an Ihre Schüler weiter. Sie könnten selbst das Opfer von Geschlechtsdiskriminierung sein. Die *Richtlinien* (siehe S. 226) beinhalten noch ein paar Vorschläge, wie man sexistische Voreingenommenheiten im Unterricht ausmerzen kann; einige hat Rop (1997/1998) beigetragen.

Vermeiden von Sexismus im Unterricht

Überprüfen Sie Ihre Unterrichtsmaterialien daraufhin, ob Sie Chancengleichheit für Jungen und Mädchen vermitteln.

Beispiele

1 Sind die Geschlechtsrollen sowohl traditionell als auch modern in der Arbeitswelt, in der Freizeit und zu Hause beschrieben?

2 Diskutieren Sie das Ergebnis Ihrer Analyse mit Ihren Schülern und bitten Sie diese, in anderen Materialien (Zeitschriftenwerbung, TV-Programmen, Nachrichten) nach Voreingenommenheiten bei der Auffassung von Geschlechtsrollen zu suchen.

Halten Sie Ausschau nach unbeabsichtigten Voreingenommenheiten in Ihrem eigenen Umgang mit der Klasse.

Beispiele

1 Gruppieren Sie Schüler nach dem Geschlecht für bestimmte Aktivitäten? Gibt es dafür gut nachvollziehbare Gründe?

2 Richten Sie für bestimmte Themen eher eine Frage an Jungen als an Mädchen? Zum Beispiel in Mathematik mehr an Jungen und bei der Besprechung von Gedichten mehr an Mädchen?

3 Achten Sie auf Ihre Metaphern. Fordern Sie Schüler auf, das Problem des Sexismus anzugehen und eine Lösung zu finden.

Prüfen Sie, ob Ihre Schule vielleicht die Chancengleichheit für Jungen und Mädchen in einigen Punkten vernachlässigt.

Beispiele

1 Welche Ratschläge werden Jungen und Mädchen bei der Kursauswahl und in der schulischen Berufsberatung gegeben?

2 Gibt es sowohl für Jungen als auch für Mädchen gute Sportprogramme?

3 Werden Mädchen ermuntert, auch Leistungskurse in Mathematik und den Naturwissenschaften zu wählen? Dasselbe für Jungen in Deutsch oder Fremdsprachen?

Verwenden Sie eine geschlechtsneutrale Sprache, wann immer möglich.

Beispiele

1 Sagen Sie „Führungsposition" statt „Führer" und „hat den Vorsitz" statt „Vorsitzender".

2 Möglich ist auch die Form „Schüler(in)".

Stellen Sie Rollenmodelle vor.

Beispiele

1 Geben Sie Artikel als Hausaufgabe auf, die von weiblichen Mathematikerinnen oder Naturwissenschaftlerinnen stammen.

2 Weisen Sie auf Schulabgängerinnen hin, die jetzt ein Studium in Mathematik, Naturwissenschaften oder einem technischen Fach begonnen haben.

3 Installieren Sie elektronische Mentorenprogramme für Schüler und Schülerinnen, um sie mit der Arbeitswelt der Erwachsenen in einem Beruf vertraut zu machen, der sie interessiert.

Stellen Sie sicher, dass alle Schüler und Schülerinnen eine Chance erhalten, komplexe, technische Arbeit zu erledigen.

Beispiele

1 Experimentieren Sie mit gleichgeschlechtlichen Gruppen im Labor, sodass die Mädchen nicht immer als Schreibkräfte enden und die Jungen als Techniker.

2 Lassen Sie Jobs und Verantwortung in der Gruppe oder nach dem Zufallsprinzip rotieren.

Wenn Sie als Lehrerstudent Zeuge von sexistischem Verhalten sein sollten, können Sie folgende Webseite aufsuchen, um sich Rat zu holen: **http://www.tolerance.org/teach/magazine/features.jsp?p=0&is=36&ar=563#**

Einige beliebte Autoren haben argumentiert, dass Jungen und Mädchen unterschiedlich lernen und dass Schulen das passive kooperative Verhalten von Mädchen verstärken (Gurian & Henley, 2001). Andere Autoren meinen, dass Mädchen in der Schule zu kurz kommen und unfair behandelt werden (American Association of University Women, AAUW, 1991; Sadker & Sadker, 1995). Der *Pro & Contra*-Diskussionskasten (siehe S. 228) geht noch näher auf einzelne Punkte ein.

> ### Verknüpfen und erweitern Sie Ihren Unterricht
>
> Sadker, D. (1998). „Gender Equity. Still Knocking at the Classroom Door". *Educational Leadership, 56(7)*, 22–27. Sonderteil über Gleichheit der Geschlechter in *Phi Delta Kappan* (2002) *84(3)*, 235–245.

Sprachunterschiede in der Klasse 5.5

In der Klasse läuft sehr viel über die Sprache ab: Kommunikation steht im Mittelpunkt des Unterrichts, aber dieses Kapitel 5 hat auch gezeigt, dass Kultur die Kommunikation sehr stark beeinflussen kann. In diesem Abschnitt werden zwei Arten von Sprachunterschieden behandelt – Dialektunterschiede und Zweisprachigkeit.

5.5.1 Dialekte

> ### Halt! Denken Sie nach! Schreiben Sie!
> Wenn Sie Kartoffeln essen wollen, wie nennen Sie sie? Ist die Bezeichnung überall in Deutschland gleich?

In Norddeutschland verlangt man Kartoffel als Beilage, im ländlichen Süddeutschland Erdäpfel – unterschiedliche Regionen haben unterschiedliche Bezeichnungen und unterschiedliche Akzente beim Sprechen. Ein **Dialekt** ist eine Sprachvariante einer bestimmten Einzelsprache, die in einer bestimmten Region von einer bestimmten Gruppe gesprochen wird. Die regionalen Variationen einer Sprache können eine eigene Grammatik, ein eigenes Lexikon und eine eigene Aussprache haben (Garcia, 2002, S. 218). Der Dialekt ist Teil der sozialen Identität einer Gruppe. Es gibt keine Gruppe, die reines Hochdeutsch spricht, es gibt eine Reihe von regionalen Dialekten wie bayrisch, schwäbisch, hessisch, friesisch, plattdeutsch usw.

Die Abweichungen der Dialekte von der Standardsprache sind keine Fehler. Jeder Dialekt ist in sich regelhaft, komplex und auch logisch. Ein Beispiel: Im berlinischen Stadtdialekt wird der Austausch von mir und mich konsequent durchgehalten: „Jib mich das" ebenso wird j konsequent für g eingesetzt. Im Schwäbischen wird oft eine Variante des hochdeutschen Verkleinerungssuffixes „lein", nämlich „le" an Nomen gehängt: das „Wägele" ist der Wagen.

Dialekte und Aussprache

Die Aussprache ist oft der auffälligste Unterschied zwischen Hochsprache und den einzelnen Dialekten, dies kann auch zu Rechtschreibfehlern bei Schülern beitragen, wie das Beispiel von „jib" und „gib" deutlich macht. Durch das Verschlucken von Endungen in einzelnen Dialekten können ebenso Rechtschreibfehler entstehen: „Fraue" (statt Frauen) führt zur Auslassung des „n" beim Schreiben. In der Sprache gibt es einige Homonyme, d. h. Wörter mit gleicher Schreibweise und Aussprache, aber unterschiedlicher Bedeutung. „Bank" (Geldinstitut) und „Bank" (Sitzmöbel). Solche Homonyme können durch die Dialektvariation eines Wortes entstehen, die dann gleich klingt mit einem anderen hochdeutschen Wort: „Senkel" (Senkblei im Schweizerischen, im Hochdeutschen „Schnürsenkel"). Der Lehrer sollte diese Dialektvarianten kennen, um die Schüler auf den Unterschied zwischen Dialekt und Hochsprache hinweisen zu können.

Dialekte und Unterricht

Was bedeutet das alles für den Unterricht? Wie können Lehrer mit dieser linguistischen Vielfalt in der Klasse umgehen? Zunächst sollten sie ihre eigenen Stereotype über Dialektgruppen überprüfen. Dann können Lehrer die Dialektvarianten in den Unterricht einbauen; sie können das Verständnis für Dialekte fördern, indem

---

Dialekt Regelhafte Sprachvariante, die von einer bestimmten, meist regionalen Gruppe gesprochen wird.

Lernen Jungen und Mädchen unterschiedlich?

Wie wir aus der bisherigen Darstellung im Kapitel 5 ersehen konnten, gibt es einige wenige Geschlechtsunterschiede bei intellektuellen Fähigkeiten. Führen diese zu unterschiedlichen Lernstilen und deshalb zu unterschiedlichen Anforderungen an den Unterricht?

Pro: Ja, Jungen und Mädchen lernen unterschiedlich.

Mindestens seit den 1960iger Jahren kam immer wieder die Frage auf, ob die Schule den Mädchen besser gerecht werde als den Jungen. Es wurden Vorwürfe laut, dass die Schule die „Kultur der Jungen" zerstöre und sie in eine „feminine" Welt führe; diese Vorwürfe erregten einiges Aufsehen in der Öffentlichkeit (Connell, 1996):

Die Diskriminierung gegen Mädchen ist beendet, das Argument wirkt. Der Feminismus hat erreicht, dass es besondere Behandlung von und besondere Programme für Mädchen gibt. Wie steht es mit den Jungen? Jungen lernen langsamer lesen, gehen vorzeitig von der Schule ab, werden eher disziplinarisch belangt und sind mit höherer Wahrscheinlichkeit in Programmen mit besonderem Förderbedarf (Connell, 1996, S. 207).

In ihrem Buch *Boys and Girls Learn Differently* bringen Michael Gurian und Patricia Henley (2001) ähnliche Argumente vor, dass nämlich Jungen und Mädchen auf unterschiedliche Lehrmethoden ansprechen. In seiner Buchbesprechung schreibt J. Steven Svoboda (2001):

Unsere Schulen scheinen bei Mädchen offene Depressionen hervorzurufen und bei Jungen latente Gewalt auszulösen. Rufen männliche Hormone und Gehirne nach einer anderen Art von Schule, die durch engere Bindungen, kleinere Klassen, mehr Verbalisierungen, weniger männliche Isolation, bessere Disziplin und mehr Beachtung des männlichen Lernstils geprägt ist? Jungen benötigen vor allem Männer in der Schule und jetzt sind 90 % der Lehrer weiblich. Sie benötigen nicht nur männliche Lehrer, sondern auch männliche Hilfslehrer, männliche Praktikanten, Väter, die freiwillig aushelfen und ältere Schüler als Mentoren. Diese Peermentoren über Klassenstufen hinweg helfen allen Beteiligten.

Für Mädchen empfehlen Gurian und Henley die Entwicklung von Führerqualitäten, die Beteiligung an einem fairen Wettbewerb, leichten Zugang zu Technologien und Hilfe beim Verstehen des Medieneinflusses auf ihr Selbstbild.

Contra: Nein, die Geschlechtsunterschiede sind zu unbedeutend und inkonsistent, um sie in die Erziehung einzubeziehen.

Viele der Behauptungen von Gurian und Henley über Geschlechtsdifferenzen im Lernen basieren auf Geschlechtsunterschiede im Gehirn. Aber John Bruer (1999) warnt:

Obwohl Männer den Frauen in der mentalen Rotation von Objekten überlegen sind, scheint es die einzige Aufgabe dieser Art zu sein, für die ein Geschlechtsunterschied gefunden wurde. Wenn Geschlechtsunterschiede gefunden wurden, dann waren sie immer sehr klein. Die übereinstimmende Meinung der zuständigen Psychologen und Neurowissenschaftler, die diese Art von Forschung betreiben, ist, dass die Befunde das Wissen über das Gehirn zwar erweitern, aber keinerlei praktische oder Unterrichtsimplikationen hat.

Es gibt Jungen, die gut in der Schule und Jungen, die schlecht sind; es gibt Mädchen, die gut Mathematik lernen und solche, die es nicht tun; manche Jungen lernen hervorragend Sprachen und andere nicht. Es gibt einige Hinweise darauf, dass die soziale Lernsituation eine Rolle spielt: Mädchen in der Grundschule lernen besser, wenn sie kooperativ und nicht kompetitiv lernen können. Sicher ist es besser, beide Unterrichtsmethoden einzusetzen, damit für jeden Schüler das richtige angeboten wird (Fennema & Peterson, 1988).

Es macht auch Sinn, eine Vielzahl an Wegen zum Lernen anzubieten, sodass alle Schüler Zugang zu dem von Ihnen angebotenen Stoff erhalten. Ihre Einstellung und Ermunterung macht für die Schüler, ob weiblich oder männlich, einen großen Unterschied, denn Sie benötigen beides, um an sich zu glauben, an sich als Schriftsteller, als Mathematiker, als Maler oder als Leistungssportler.

Welchen Standpunkt haben Sie?

sie Schüler bitten, hochdeutsche Anweisungen in Dialekte zu „übersetzen" oder Dialektbeispiele zu geben.

Aber inwieweit sollte Unterricht in Dialekt abgehalten werden? Der beste Ansatz für Unterricht ist, die Kinder zu verstehen und ihre Sprache als ein korrektes und gültiges Kommunikationsmittel zu akzeptieren. Gleichzeitig sollte die hochdeutsche Standardvariante unterrichtet werden, um den Kindern vor Augen zu führen, welche Sprache in formellen Arbeitszusammenhängen und in Schriftstücken gebraucht wird; dies ermöglicht dem Schüler, vielerlei Angebote wahrzunehmen und nicht nur die wenigen, die mit Dialektgebrauch möglich sind. Zum Beispiel beschreibt Lisa Delpit (1995), eine eingeborene Lehrerin in Alaska, die athabaskanische Kinder in einem kleinen Dorf unterrichtete. Die Lehrerin hatte es sich zum Ziel gesetzt, dass die Kinder in ihrer Herkunftssprache und Standardenglisch gleichermaßen gut sprechen sollten. Sie erklärte den Kindern, dass Leute außerhalb des Dorfes sie nach ihrer Sprache und ihrem Schreiben beurteilen würden. Sie erklärt weiter:

Die anderen Leute sollten uns leid tun. Denn sie können nur auf eine Art sprechen. Wir können uns auf zweierlei Art und Weise ausdrücken: einmal in unserer Herkunftssprache und einmal in der Hochsprache. Wenn ihr dann auf Arbeitssuche geht, könnt ihr euch so ausdrücken, wie die Leute, die euch einstellen. Wenn ihr dann angestellt seid, könnt ihr ihnen auch noch eure zweite Sprache beibringen. Das ist ein gutes Gefühl. Wir sprechen wie sie, wenn es sein muss, aber wir wissen auch, dass unsere Art zu sprechen die beste ist (S. 41).

Zwischen den beiden Sprechweisen hin und her zu wechseln, heißt **Code-switching**, die Sprache (den Code) wechseln. Es hängt von der Kommunikationssituation und den Kommunikationspartnern ab, ob die formelle Standardsprache gewählt wird oder die informelle Herkunftssprache. Meist wird die Standardsprache in Ausbildungszusammenhängen eingesetzt, während die Herkunftssprache für die Kommunikation mit Freunden und der Familie ausgesucht wird. Manchmal wird auch zwischen zwei verschiedenen Dialekten gewechselt. Selbst sehr junge Kinder bemerken das. Delpit (1995) beschreibt die Reaktion eines Erstklässlers auf ihre erste Lesestunde. Die Lehrerin erklärte in gu-

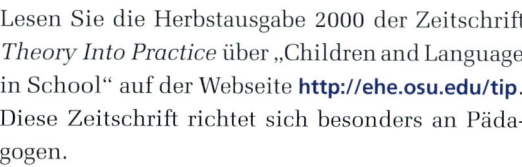

Verknüpfen und erweitern Sie Ihre Forschungskenntnisse

Lesen Sie die Herbstausgabe 2000 der Zeitschrift *Theory Into Practice* über „Children and Language in School" auf der Webseite http://ehe.osu.edu/tip. Diese Zeitschrift richtet sich besonders an Pädagogen.

tem Englisch, was beim Lesen zu beachten ist, und ein Schüler hob die Hand und fragte: „Wie kommt es, dass Sie wie eine weiße Frau sprechen? Sie sprechen wie meine Mutter am Telefon".

Zwei alternative Kommunikationsformen zu lernen, fällt Kindern leicht, vorausgesetzt, sie haben gute Vorbilder, klare Anweisungen und viel Gelegenheit, die beiden Sprachen (Codes) authentisch zu lernen.

5.5.2 Zweisprachigkeit

Zweisprachigkeit oder *Bilingualismus* ist ein Thema, an dem sich heiße Debatten entzünden und das viele Emotionen weckt. Etwa 18 % der Bevölkerung der Vereinigten Staaten spricht eine andere Sprache außer Englisch – für die Hälfte von ihnen ist diese Sprache Spanisch. In den vergangenen zehn Jahren stieg die Zahl der Spanisch sprechenden Schüler um 65 % an und die der eine asiatische Sprache sprechenden Schüler erhöhte sich um 100 %. In einigen Staaten der Vereinigten Staaten haben etwa ein Viertel eine andere Muttersprache als Englisch – eben meistens Spanisch (Gersten, 1996a). Im Jahr 2050 wird schätzungsweise ein Viertel der Bevölkerung der USA lateinamerikanischer Herkunft sein (Yetman, 1999). Zurzeit gibt es in den USA nur einen qualifizierten Lehrer für 100 Englisch lernende Schüler (Hawkins, 2004). In Deutschland wird Deutsch als Zweitsprache von allen das Fach Deutsch unterrichtenden Lehrern mit betreut. Sind die Deutschkenntnisse zu gering, können Schüler in Vorgruppen auf die deutsche Beschulung vorbereitet werden.

Zwei Termini sind im Zusammenhang mit Zweisprachigkeit wichtig: Lerner mit einer anderen Muttersprache, die die Majoritätssprache und ihre Herkunfts-

---

Code-switching Wechseln zwischen Kulturen durch Sprach-, Dialekt- oder Körpersprachenwechsel, um sich in einer Kommunikationssituation anzupassen.

sprache parallel lernen, und Lerner, die die zweite Sprache zeitlich nachgeordnet lernen.

Was bedeutet Bilingualismus?

Es gibt unterschiedliche Auffassungen darüber, was **Bilingualismus** bedeutet. Einige Definitionen konzentrieren sich nur auf eine linguistische Definition. Bilinguale Personen sprechen zwei Sprachen. Diese Bestimmung ignoriert wichtige Probleme, denen zweisprachige Schüler gegenüberstehen. Hier die Beschreibung zweier Schüler:

Ein Neuntklässler, der vor Kurzem aus Mexiko nach Kalifornien kam, meinte: „Es gibt so viel Diskriminierung und Hass hier. Sogar von anderen Kindern aus Mexiko, die schon länger hier sind. Sie behandeln uns nicht wie Brüder. Sie hassen uns noch mehr. So können sie sich wie Amerikaner fühlen. Sie sprechen nicht spanisch mit uns; sie können schon englisch und wissen, wie man sich verhält. Wenn sie mit uns zusammen sind, werden sie (von weißen Schülern, d. B.) schlechter behandelt, deswegen versuchen sie, uns aus dem Weg zu gehen (Olson, 1988, S. 36, leicht bearbeitet).

Ein chinesisch-amerikanisches Mädchen aus der 10. Klasse, die schon seit einigen Jahren in den Vereinigten Staaten lebt, äußert: „Ich weiß nicht, wer ich bin. Bin ich die gute chinesische Tochter? Bin ich ein amerikanischer Teenager? Ich habe immer das Gefühl, ich verrate meine Eltern, wenn ich mit meinen Freundinnen zusammen bin; ich benehme mich dann so amerikanisch. Ich fühle mich nicht mehr wohl in meiner Haut (Olson, 1988, S.30).

Die Erfahrungen dieser zwei Schüler zeigt deutlich, dass bilingual zu sein mehr bedeutet, als nur zwei Sprachen zu sprechen. Sie müssen zwischen zwei Kulturen hin- und herpendeln und doch eine individuelle Identität wahren (Hakuta & Garcia, 1989). Bilingual und bikulturell zu sein, bedeutet, sich in zwei Kulturen so gut auszukennen, dass erfolgreich in beiden kommuniziert werden kann und dass die Diskriminierungen bewältigt werden können. Lehrer müssen ihren Schülern helfen, alle diese Kompetenzen zu erwerben.

Zweisprachig werden

Kompetenzen in einer zweiten Sprache zu erwerben, ist mit zwei Aspekten verbunden: mit direkter Kommunikation (Grundkenntnisse oder kontextualisierte Sprachfertigkeiten) und mit dem akademischen Gebrauch der Sprache, wie Lesen oder Sprechen über alle Schulfächer (akademisch oder hochdeutsch) (Fillmore & Snow, 2000; Garcia, 2002). Schüler benötigen drei bis vier Jahre guten Unterricht, um einfache direkte Kommunikation in einer Zweitsprache bewältigen zu können. Für die Beherrschung der akademischen Sprachkompetenz in einer neuen Sprache benötigen sie mindestens fünf bis sieben Jahre. Es können also Schüler durchaus in der Lage sein, eine Unterhaltung in ihrer Fremdsprache zu führen und damit zu zeigen, dass sie die Sprache bis zu einem gewissen Grad beherrschen, wenn es aber um komplexere Hausaufgaben geht, können sie immer noch große Schwierigkeiten haben (Cummins, 1994; Ovando, 1989). Eine spanisch sprechende internationale Studentin, die promovierte und dann an einer Universität unterrichtete, beschrieb ihre Kämpfe mit Texten in ihrem Studium:

Ich konnte nicht verstehen, warum ich mich so schwertat. Schließlich waren meine Grammatik und meine Rechtschreibung ausgezeichnet. Ich brauchte eine ziemlich lange Zeit, bis ich erkannte, dass ein Text in Deutsch anders organisiert ist als in einer romanischen Sprache, dem Spanischen z. B. Der Lernprozess schließt eine Reihe von rhetorischen Regeln ein, die kulturell begründet sind. Ich hatte vorher noch nichts über These, Organisationsregeln, Kohärenz oder andere Merkmale eines Diskurses gehört (Sotillo, 2002, S. 280).

Es gibt eine Reihe von falschen Vorstellungen über den Erwerb der Zweisprachigkeit (vgl. Schönpflug, 2001b). ▶ Tabelle 5.3 fasst einige von diesen falschen Vorstellungen zusammen (nach Brice, 2002). Weil sie sich mit akademischem Deutsch schwer tun, obwohl sie über sehr gute Sprachkenntnisse verfügen, können sie bei der Zusammenstellung von Leistungskursen für Hochbegabte nicht berücksichtigt werden. Der nächste Abschnitt gibt Auskunft, wie man solche Situationen vermeiden kann.

Bilingualismus Zwei Sprachen mehr oder weniger ausgeglichen beherrschen.

Tabelle 5.3

Falsche Vorstellungen über bilinguale Schüler

In dieser Tabelle steht L1 für die Erstsprache und L2 für die zweite gelernte Sprache; bei ausländischen Schülern in Deutschland ist die L2 die deutsche Sprache.

Falsch	Richtig
Eine L2 wird mühelos und schnell gelernt.	Es dauert 2–3 Jahre, um deutsch als L2 für die mündliche Kommunikation zu lernen, und 5–7 Jahre für den Schriftsprachgebrauch.
Alle sprachlichen Fertigkeiten (hörverstehen, sprechen, lesen, schreiben) werden von der L1 auf die L2 übertragen.	Lesefertigkeiten übertragen sich am schnellsten von einer Sprache auf die andere.
Sprachwechsel ist ein Anzeichen einer Sprachstörung.	Sprachwechsel kommt bei guten Sprachkenntnissen in beiden Sprachen vor.
Allen Bilingualen fällt es nicht schwer, beide Sprachen gleich gut zu beherrschen.	Nur mit Anstrengung und Aufmerksamkeit kann man in beiden Sprachen kompetent bleiben.
Kinder verlieren ihre L1 nicht.	Der Verlust der L1 und eine wenig entwickelte L2 schaffen eine problematische Situation für den L2-Lerner (sogenannte Semilingualität von L1 und L2).
In einer L2-Sprachumgebung zu leben, reicht für den L2-Erwerb aus.	L2-Lerner benötigen einen Anlass für die Kommunikation in L2, einen Ansprechpartner, der L2 als Erstsprache spricht, sie müssen Gelegenheit zu Interaktionen mit L2-Sprechern haben, Unterstützung erfahren, Rückmeldungen erhalten und sich Zeit nehmen.
Um die L2 besser zu lernen, sollten die Eltern des Schülers zu Hause nur die L2 sprechen.	Kinder sollten beide Sprachen in vielen Kontexten sprechen.
In der L1 zu lesen, behindert den L2-Erwerb.	Wenn Kinder in einer Umgebung mit viel Schriftsprachgebrauch in L1 oder L2 leben, wird dadurch die Vorbereitung auf das Lesenlernen gefördert.
Sprachstörungen sollten in L2-Tests ermittelt werden.	Kinder müssen in L1 und L2 getestet werden, um Sprachstörungen diagnostizieren zu können.

Quelle: Aus *The Hispanic Child: Speech, Language, Culture and Education* von Alejandro E. Brice (2002). Boston, MA: Allyn & Bacon. Copyright © 2002 Pearson Education.

5.5.3 Jeden Schüler erreichen: erkennen von Hochbegabungen unter den zweisprachigen Schülern

Um eine Hochbegabung bilingualer Schüler zu erkennen, können Sie eine Fallstudie beginnen und eine Reihe von Hinweisen sammeln: Interviews mit Eltern und Gleichaltrigen, formale und informelle Erfassung von Leistungen, Proben von Schülerarbeiten und -leistungen und Selbstbeurteilungen der Schüler. Die Liste von Castellano und Diaz (2002) ist ein nützlicher Leitfaden. Bei bilingualen Schülern sollte darauf geachtet werden, ob sie

- ihre Zweitsprache schnell lernen
- das Risiko von Fehlern auf sich nehmen, um in ihrer Zweitsprache zu kommunizieren
- ihre Zweitsprache auch allein üben
- Unterhaltungen mit Muttersprachensprechern ihrer Zweitsprache suchen
- nicht schnell frustriert sind
- sie neugierig sind, die Bedeutungen neuer Wörter oder Phrasen kennenzulernen und zu üben.
- Wortbedeutungen hinterfragen; zum Beispiel: „Wie kann eine Maus ein Tier sein und zugleich ein Steuergerät für einen Computer?"
- nach Ähnlichkeiten in ihrer Muttersprache und ihrer Zweitsprache suchen
- ihre Sprechweise an das Sprachniveau des Kommunikationspartners anpassen können
- ihre Zweitsprache einsetzen, um eine führende Rolle zu übernehmen; zum Beispiel die Zweitsprache verwenden, um Konflikte zu lösen oder um kooperatives Lernen in Gruppen einzurichten

- lieber mit Schülern lernen, deren Zweitsprachenkompetenz höher ist als ihre eigene
- mit begrenztem Lexikon abstrakte verbale Begriffe ausdrücken können
- die Zweitsprache kreativ verwenden können; zum Beispiel, ob sie Wortspiele, Gedichte, Witze oder originelle Geschichten in ihrer Zweitsprache erfinden können
- schnell gelangweilt sind durch Routinetätigkeiten oder stures Üben
- sehr neugierig sind
- ausdauernd sind, bei der Sache bleiben
- selbstständig und selbstgenügsam sind
- eine lange Aufmerksamkeitsspanne haben
- ganz von selbstausgesuchten Aufgaben, Themen und Fragestellungen absorbiert werden
- sich neue Informationen gut und schnell behalten
- soziale Reife zeigen, besonders zu Hause und in der Gemeinde

5.5.4 Bilinguale Erziehung

Alle Bürger eines Landes stimmen darin überein, dass jeder die Amtssprache seines Landes lernen sollte. Aber ab wann und wie sollte die Sprache gelernt werden? Die Debatte darüber wird zum Teil sehr verbissen geführt, die meisten Länder haben dafür noch keine optimale Lösung gefunden.

Ist es besser, **Zweitsprachenlerner** zuerst in ihrer Erstsprache lesen lernen zu lassen oder gleichzeitig auch mit dem Lesen in der Zweitsprache anzufangen? Benötigen diese Kinder zuerst mündlichen Unterricht in der Zweitsprache, bevor sie effektiv lesen lernen können? Sollten die inhaltlichen Fächer wie Mathematik und Sozialkunde in der Erstsprache unterrichtet werden, bis sie die Zweitsprache gut beherrschen? Es gibt zwei Positionen in diesen Fragen, die zu zwei sich gegenüberstehenden Unterrichtsansätzen führen; eine drängt darauf, den Übergang zur Zweitsprache so früh wie möglich zu leisten, die andere fordert, die Erstsprache zu erhalten und fortzuentwickeln und sie als erste Unterrichtssprache einzuführen, bis die Zweitsprache besser erworben ist.

Vertreter des frühen Übergangs zur Zweitsprache meinen, es ginge wertvolle Lernzeit verloren, wenn die Schüler nur ihre Muttersprache oder durch ihre Muttersprache lernten. Die meisten bilingualen Erziehungsprogramme folgen diesem Ansatz. Vertreter des muttersprachlichen Ansatzes bringen vier wichtige Punkte vor (Gersten, 1996b; Goldenberg, 1996; Hakuta & Garcia, 1989): Der Punkt bezieht sich auf die Schwierigkeit von bilingualen Kindern, Mathematik oder Naturwissenschaften in der wenig beherrschten Zweitsprache zu lernen. Was wäre wohl gewesen, wenn Sie Brüche oder Biologie in einer Zweitsprache hätten lernen müssen, die Sie nur ein Semester lang gelernt haben? Einige Psychologen glauben, dass Schüler, die auf diese Art lernen, nur eine **doppelte Halbsprachigkeit (Semilingualität)** erwerben; das heißt, sie sind weder in der einen noch in der anderen Sprache kompetent. Diese doppelte Halbsprachigkeit ist mit ein Grund für die hohe Schulabbrecherquote der Migrantenkinder mit niedrigem SÖS (Ovando & Collier, 1998). Die Statistiken des Bundesministeriums für Bildung und Strukturdaten (Bildungsbericht 2004) belegen den gleichen Trend für Deutschland.

Weiterhin können Migrantenschüler den Eindruck gewinnen, dass ihre Herkunftssprache (und deshalb auch ihre Familie und Kultur) nur zweitklassig sind. Diese Art von Gefühlen finden sich auch in den Erzählungen der beiden Schüler zu Beginn des Abschnittes über Zweisprachigkeit wieder. Schließlich werden die schulischen Inhalte (Mathematik, Naturwissenschaften, Geschichte usw.), die den Schülern in ihrer Herkunftssprache vermittelt werden, ja gelernt – sie vergessen ihr Wissen und ihre Fertigkeiten nicht und wenn sie dann ihre Zweitsprache ausreichend beherrschen, können sie die Inhalte in der zweiten Sprache auch wiedergeben.

> ### Verknüpfen und erweitern Sie Ihre Lektüre von Fachzeitschriften
>
> Thomas, W.P. & Collier, V.P. (1998). „Two Languages are Better Than One". *Educational Leadership, 55(4)*, 23–27. Dieser Artikel weist darauf hin, wie sehr Muttersprachen- und NichtMuttersprachensprecher davon profitieren, dass sie zusammen in einer Klasse unterrichtet werden.

Zweitsprachenlerner Schüler, deren Erstsprache nicht Deutsch ist und die in der Schule zusätzlich gesonderten Deutschunterricht erhalten.

Doppelte Halbsprachigkeit (Semilingualität) Keine der beiden Sprachen eines Bilingualen wird angemessen beherrscht.

Der vierte Punkt ist, was Kenji Hakuta (1986) „eine paradoxe Einstellung der Bewunderung und des Stolzes für in der Schule erworbene Zweisprachigkeit auf der einen Seite und Verachtung und Scham für den im Heim entstandenen Immigrantenbilingualismus auf der anderen" nennt (S. 229). Ironischerweise werden Jugendliche dann aufgefordert, eine Fremdsprache zu lernen, wenn sie die akademische Variante ihrer Zweitsprache bewältigt haben und ihre Herkunftssprache entweder allmählich schwindet oder fossiliert ist (d. h. die Sprachentwicklung erzielt keine Fortschritte mehr). Hakuta (1986) schlägt vor, die Ziele des Erziehungssystems könnten sein, *alle Schüler* als funktionale Bilinguale zu erziehen. In den Vereinigten Staaten wie auch in Deutschland wird jedoch Wert auf die Feststellung gelegt, dass in der offiziellen Kommunikation nur eine Sprache gesprochen wird (Noguera, 2005, S. 13).

Ein Ansatz, dieses Ziel weiter aufrechtzuerhalten, besteht in gemischten Klassen mit Zweitsprachen- und Muttersprachensprechern. Für beide Gruppen besteht der Anspruch, in beiden Sprachen flüssig zu sprechen, zu lesen und zu schreiben (Sheets, 2005). Für eine wirklich bilinguale Erziehung benötigt das Bildungssystem viele bilinguale Lehrer. Wenn Lehrer eine Kompetenz in einer bestimmten Sprache haben, sollten sie diese weiter entwickeln, damit sie in den Unterricht einbezogen werden kann.

Forschung über Zweisprachigkeitsprogramme

Es ist schwierig, Verordnungen und Praxis in der bilingualen Erziehung auseinanderzuhalten. Natürlich hat ein gut konzipiertes und durchgeführtes bilinguales Unterrichtsprogramm positive Ergebnisse: Schüler verbessern sich in den Fächern, in denen sie in ihrer Herkunftssprache unterrichtet wurden, sie verbessern ihre Zweisprachenkenntnisse und durch die wachsenden Kenntnisse auch ihren Selbstwert (Crawford, 1997; Hakuta & Gould, 1987; Wright & Taylor, 1995). Lehrpläne, die auf den **Unterricht in der Zweitsprache** beruhen, weisen positive Wirkungen auf das Leseverständnis auf (Fitzgerald, 1995). Aber in den gegenwärtigen Debatten geht es weniger um die allgemeinen Ansätze als um effektive Unterrichtsstrategien. Wie aus

Obwohl die meisten Menschen darin übereinstimmen, dass alle Bürger die Amtssprache (offizielle) Sprache ihres Landes beherrschen sollten, bleibt es noch kontrovers, wie die Schulen dieses Ziel erreichen sollen.

den Ausführungen in diesem Buch immer wieder zu ersehen ist, erscheinen folgende Unterrichtsstrategien in ihrer Wechselwirkung effektiv: Klarheit der Lernziele und direkte Anweisungen, welche Fertigkeiten benötigt werden, Lernstrategien und Techniken, Übungsanleitungen durch Lehrer oder Gleichaltrige, die in selbstständiges Lernen münden, wirkliche Aufgaben, für die es lohnt, sich anzustrengen, Gelegenheit für Interaktionen und Unterhaltungen, die sich um Sachfragen drehen, und auch herzliche Ermunterungen vom Lehrer (Chamot & O'Malley, 1996; Gersten, 1996b; Goldenberg, 1996). ▶ Tabelle 5.4 (siehe S. 234) stellt eine Reihe von Konzeptionen zusammen, die Lernen und Spracherwerb methodisch effektiv fördern können.

In diesem Kapitel haben wir ein breites Spektrum an interindividuellen Unterschieden gelernt. Wie können Lehrer eine angemessene Erziehung für alle ihre Schüler bereitstellen? Eine Antwort ist, kulturelle Inklusion in der Klassengemeinschaft und im Unterricht herzustellen.

Kulturelle Inklusionsklassen 5.6

Sheets (2005) spricht von „kulturell inklusiven" Klassen, wenn Schüler aus verschiedenen Herkunftskulturen in einer Klasse gleichberechtigten Zugang zum Lehr-Lernprozess erhalten. Das Ziel, **kulturelle Inklusionsklassen** einzurichten, bedeutet, Rassismus,

Unterricht in der Zweitsprache Bezeichnung für ein Erziehungsprogramm mit Unterricht aller Fächer in der Zweitsprache für Schüler mit anderer Sprachherkunft.

Kulturelle Inklusionsklasse Kulturell heterogene Klasse, in der jeder Schüler die gleichen Bildungschancen erhält.

Tabelle 5.4

Vorschläge zur Förderung des Lernens von Deutsch als Zweitsprache für Schüler nicht-deutscher Herkunft

Effektiver Unterricht für Schüler mit bilingualem Unterricht und Deutsch als Zweitsprache muss mehrere Strategien vereinen: direkter Unterricht, Mediation, Training, Rückmelden, Vorführen, Ermutigen, Herausfordern und eigene Aktivitäten.

1 Strukturierungen, Vorgaben, abgestufte Unterstützung und Strategien

- Unterstützen Sie Schüler durch lautes Denken über das, was die Schüler gesagt haben – wirkt klärend
- Setzen Sie visuelle Organisationshilfen, Geschichtendiagramme oder andere Hilfen ein, die den Schüler bei der Strukturierung des Materials und dem Herstellen von Zusammenhängen unterstützen

2 Relevantes Hintergrundwissen und Wörter für Schlüsselbegriffe

- Überprüfen Sie das Hintergrundwissen der Schüler und stellen Sie die fehlenden Informationen bereit
- Erwähnen Sie weitgehend nur die Schlüsselbegriffe und benutzen Sie konsistent bestimmte Termini
- Berücksichtigen Sie die Sprache der Schüler

3 Mediation/Rückmeldung

- In den Rückmeldungen sollte die Bedeutung im Vordergrund stehen und nicht die Syntax, Grammatik oder Aussprache
- Häufig und verständlich rückmelden
- Geben Sie Schülern Hinweise oder vermitteln Sie Strategien
- Fragen Sie Schüler, sodass sie gezwungen sind, ihre Aussagen zu elaborieren oder klären
- Geben Sie Aufträge zu Aktivitäten oder Aufgaben vor, die Schüler erledigen können

- Machen Sie den Schülern klar, wann sie erfolgreich gearbeitet haben
- Die Aufgaben sollten vernünftig sein und keine Frustration auslösen
- Erlauben Sie den Gebrauch der Muttersprache (wenn der Kontext dafür geeignet ist)
- Achten Sie auf die üblichen Probleme im Zweitspracherwerb

4 Engagement

- Stellen Sie die aktive Teilnahme aller Schüler sicher, auch derjenigen mit schwachen Leistungen
- Pflegen Sie die Kommunikation mit den Schülern

5 Herausforderung

- Implizit (kognitive Herausforderung, Fragen über Sachverhalte)
- Explizit (Hohe aber vernünftige Erwartungen)

6 Achtung vor – und Sensibilität für kulturelle und individuelle Unterschiede

- Zeigen Sie Achtung vor Schülern als Individuen, antworten Sie auf Äußerungen von Schülern, zeigen Sie Respekt vor Kultur und Familie und verfügen Sie über Wissen von kulturellen Unterschieden
- Nutzen Sie die Erfahrungen der Schüler in deren schriftlichen Arbeiten
- Verknüpfen Sie die Unterrichtsinhalte mit dem Alltag und den Erfahrungen der Schüler, um ihr Verständnis zu erhöhen
- Sehen Sie Unterschiede als einen Vorzug an, lehnen Sie die Vorstellung von kulturellen Defiziten ab.

Quelle: Aus Literacy Instruction for Language Minority Students: The Transision Years von R. Gersten (1996). *The ElementarySchool Journal, 96,* 241–242. Copyright ©1996 University of Chicago Press. Änderungen mit Genehmigung.

Sexismus, soziales Schichtbewusstsein und Vorurteile aus dem Unterricht und aus der Klassengemeinschaft zu verbannen und die Unterrichtsmethoden und -inhalte an die unterschiedlichen Kulturen anzupassen. In der Vergangenheit wurde in der pädagogischen Diskussion auf die kompensatorische Förderung von ökonomisch deprivierten Schülern aus rassischen, ethnischen und sprachlichen Minderheiten im Unterricht mit wahrgenommenen Defiziten hingewiesen. Die gegenwärtigen Ansichten gehen mehr von den Stärken und der Widerstandskraft der Schüler aus. In diesem Abschnitt werden zwei positive Ansätze vorgestellt:

die *kulturbezogene Pädagogik* und die Förderung der Widerstandskraft.

5.6.1 Kulturbezogene Pädagogik

Einige Untersuchungen befassen sich mit Lehrern, die besonders erfolgreich farbige und arme Schüler unterrichten (Delpit, 1995; Ladson-Billings, 1994, 1995; Moll, Amanti, Neff & Gonzalez, 1992; Siddle Walker, 2001). Die Arbeiten von Gloria Ladson-Billings (1990, 1992, 1995) sind ein gutes Beispiel. Drei Jahre lang untersuchte sie ausgezeichnete Lehrer in einem Schulbezirk in Kalifornien, der vor allem in einem afroamerikanischen Einzugsgebiet lag. Für die Auswahl der Lehrer bat sie zunächst den Rektor und die Eltern um Namensnennungen. Eltern nannten Lehrer, die ihnen mit Respekt begegneten, die es verstanden, die Kinder zu begeistern und die die Situation der Kinder verstanden, sich in zwei verschiedenen Welten zu bewegen – in der eigenen Gemeinde und in der Welt der weißen Mehrheit. Die Rektoren benannten Lehrer, die wenig disziplinarische Vorfälle und hohe Anwesenheitsraten hatten und in ihren Klassen gute Testwerte bei den Schülern erzielten. Ladson-Billings konnte acht der neun Lehrer mithilfe eines Tiefeninterviews befragen, die sowohl von den Eltern als auch von den Rektoren benannt worden waren.

Auf der Grundlage ihrer Forschung entwickelte Ladson-Billings eine Konzeption der Lehrexzellenz. Sie verwendet den Begriff **kulturbezogene Pädagogik**, um Lehrmethoden zu beschreiben, die auf drei Forderungen beruhten. Schüler müssen:

Kulturell kompetente Lehrer glauben an ihre Schüler, kümmern sich um sie und ihren kulturellen Hintergrund: sie finden heraus, wie die Schüler wirklich sind.

■ **Erfolg in schulischen Leistungen erleben**

„Trotz ihrer gegenwärtigen sozialen Benachteiligung und z. T. feindseligen Klassen- und Schulgemeinschaften, müssen Schüler ihre Kompetenzen entwickeln. Die Art, wie die Kompetenzen entwickelt werden, kann sehr verschieden sein, aber alle Schüler müssen Lesen und Schreiben lernen, die Zahlen kennen, technische, soziale und politische Fertigkeiten erwerben, um aktive Teilnehmer einer demokratischen Gesellschaftsordnung zu werden" (Ladson-Billings, 1995, S. 160).

■ **Ihre kulturelle Kompetenz weiterentwickeln und erhalten**

Auch wenn die Schüler in ihrer schulischen Entwicklung Fortschritte machen, behalten sie noch kulturelle Kompetenz. „Lehrer, die die kulturelle Herkunft der Schüler berücksichtigen, nutzen diese sogar als Instrument zum Lernen." (Ladson-Billings, 1995, S. 161). Zum Beispiel setzte ein Lehrer Rap-Musik ein, um wörtliche und übertragene Bedeutung, Reime, Alliterationen und Onomatopöie (Lautmalerei) in Gedichten zu erklären. Eine andere Lehrerin brachte eine Frau mit in den Unterricht, die eine sehr gute Pastete mit süßen Kartoffeln backte, damit die Schüler es von ihr lernen konnten. Danach wurde die Backstunde theoretisch aufgearbeitet; woher die süße Kartoffel stammt, chemi-

sche Geschmacksanalysen, Werbekampagnen entwerfen für den Verkauf der Pastete, und Informationssammeln über die berufliche Ausbildung zum Koch oder zur Köchin.

■ **Ein kritisches Bewusstsein entwickeln, um bestehende Verhältnisse in Frage zu stellen**

Zusätzlich zur Entwicklung von schulischen Fertigkeiten unter Beibehaltung der kulturellen Kompetenz, helfen ausgezeichnete Lehrer den Schülern „ihr breiteres soziopolitisches Bewusstsein zu entwickeln, das ihnen erlaubt, die herrschenden sozialen Normen, Werte, Sitten und Institutionen, die soziale Ungleichheit hervorbringen und aufrechterhalten, kritisch zu betrachten." (Ladson-Billings, 1995, S. 162). In einer Schule nahmen die Schüler z.B. Anstoß an den veralteten Schulbüchern. Sie fanden heraus, wie neue Bücher durch Spenden finanziert werden könnten und schrieben Briefe an den Herausgeber einer Zeitung, einen Artikel darüber zu schreiben; sie selbst schrieben Ergänzungen zu ihren alten Schulbüchern aus anderen Quellen.

> ## Verknüpfen und erweitern Sie Ihre Forschungskenntnisse
>
> Lesen Sie die Sommerausgabe 2003 von *Theory into Practice* über „Teacher Reflection and Race in Cultural Contexts", *Vol. 42(3)*. Gastherausgeber: H. Richard Milner.

Kulturbezogene Pädagogik Hervorragender Unterricht für Schüler aus verschiedenen Ethnien, in der alle erfolgreich lernen und ihre kulturelle Kompetenz bewahren können; gleichzeitig soll der Unterricht zu kritischem Überdenken der bestehenden sozialen Verhältnisse anregen.

Lerngeschichten — Das verdanke ich meinem Lehrer

Für mich war Fürsorge immer personifiziert durch meine Lehrerin für Haushaltslehre, Frau Thompson. Frau Thomson war wie eine dritte Mutter für mich – zuerst kam meine Mutter und dann meine Lieblingstante. Wie meine Freunde auch, lebten wir alle in derselben Nachbarschaft (wie die meisten Lehrer und auch der Rektor). Die meisten Familien gehörten einer der vier Kirchen für Farbige an. Deshalb unterrichteten uns manche der Lehrer auch in der Sonntagsschule der Kirche. Wir waren bei Frau Thompson immer willkommen und konnten sie jederzeit besuchen, ohne uns anzumelden. Es überrascht deshalb wohl niemanden, dass Haushaltslehre mein liebstes Fach sein würde, wenn ich wählen könnte. Mir gefiel es, dass ich das Gelernte unmittelbar anwenden konnte, und meiner Familie schmeckten die neuen Gerichte meistens gut oder auch nicht. Die Schule hat meinen Horizont erweitert, ich lernte, dass man etwas auf verschiedene Weise erledigen kann. Dank Frau Thompson, machte ich die meisten Kleider selbst, nachdem ich in der 7. Klasse bei ihr Handarbeit hatte. Aber ich war in der glücklichen Lage, auch andere ausgezeichnete und fürsorgliche Lehrer zu haben.

Das klingt, als würde ich ein zu idyllisches Bild von meinen Schulerfahrungen wiedergeben, deshalb möchte ich auch erwähnen, dass die Kinder in meiner Schule nicht anders waren als die Kinder heute. Schikanen von anderen Kindern gehörten auch zu meinen Schulerinnerungen. In der ersten Klasse wollten mich einige Schüler ärgern und warfen Steine nach mir auf dem Heimweg. Ich erzählte die Geschichte meiner Klassenlehrerin. Sie schritt ein, und die Kinder haben ein für alle Mal damit aufgehört.

Quelle: Aus „No More Cotton-Picking: African American Voices from a Small Southern Town" von Vivian Gunn Morris & C.L. Morris (2002). In Gloria Swindler Boutte (Hrsg.), Resounding Voices: School Experiences of People from Diverse Ethnic Backgrounds. Boston, MA: Allyn & Bacon. Copyright © 2002 by Pearson Education.

Ladson-Billings (1995) sagte, dass sie als Kommentar zu ihren drei Prinzipien gehört habe, sie seien nichts anderes als „guter Unterricht". Sie stimmt dem zu, aber sie wundert sich, „dass sie in den gegenwärtigen Unterrichtsansätzen mit afroamerikanischen Kindern nichts dergleichen beobachten konnte" (S. 159). Geneva Gay (2000) verwendet den Terminus *kultursensitives Unterrichten*, um einen ähnlichen Ansatz, der „kulturelles Wissen, vorherige Erfahrungen, Bezugssysteme und Verhaltensstile von kulturell unterschiedlicher Herkunft nützt, um Lernen für sie interessanter und effektiver zu machen. Es spricht die *Stärken der Schüler* an und *nützt sie* für das Lernen. Unterrichten sollte von der Kultur ausgehen, sie *bestätigen* (S. 29).

Lisa Delpit (2003) beschreibt drei Schritte im Unterrichten von afroamerikanischen Schülern mit der kulturbezogenen Pädagogik: (1) Lehrer müssen überzeugt von den intellektuellen Fähigkeiten, von der Menschenwürde und den höheren geistigen Interessen aller Schüler sein – sie müssen an die Schüler glauben. Es gibt viele Beispiele von afroamerikanischen Schülern mit niedrigem SÖS-Hintergrund, die überragende Leistungen in höherer Mathematik vorlegen. Wenn sie schlechte Noten erhalten, liegt es an der Erziehung und nicht am Schüler. (2) Lehrer müssen die Torheit bekämpfen, dass hohe Testwerte oder schriftliche Unterrichtseinheiten schon allein gutes Unterrichten ausmachen und gutes Lernen fördern. Delpit äußert, dass erfolgreiches Unterrichten „konstant, straff, interdisziplinär integrierend, sich auf die gelebte Herkunftskultur und deren intellektuelles Erbe stützend sein sollte; es sollte kritisches Denken und Problemlösen fördern, das auch außerhalb der Schule nützlich ist" (S. 18). (3) Lehrer müssen herausfinden, wer ihre Schüler wirklich sind und welche intellektuellen Anlagen sie mitbringen. Schüler können auch ihre eigenen intellektuellen Anlagen erkunden und die Gründe verstehen lernen, ein gutes schulisches, soziales, körperliches und moralisches Niveau zu erreichen – „nicht einfach einen Job zu ergattern, sondern einen Beruf, der der Gemeinde, den Vorfahren und den Nachkommen zur Ehre gereicht" (S.19).

Die Qualität guter Lehrer und die Beschreibung ihrer praktischen Tätigkeit durch Ladson-Billings und Gay erscheinen in den Merkmalen guter Schulen wieder, so wie sie von afroamerikanischen Familien noch in den Zeiten der Segregation im Süden der Vereinigten Staaten eingeschätzt worden waren (Siddle-Walker, 2001). Vorbildliche Lehrer wurden von ihren Schülern als sehr anspruchsvoll beschrieben mit einem fordernden Unterrichtsstil. Sie bestanden darauf, dass ihre Schüler lernten, und weigerten sich, ihr Anspruchsniveau zu senken, auch wenn dies noch Sonderstunden mit Schülern nach der Schule bedeutete. In Übereinstimmung mit den Forschungsergebnissen über Lehrerqualitäten hatten diese vorbildlichen Lehrer meist eine bessere Ausbildung als andere Lehrer. Die Lehrer waren auch respektierte Mitglieder der Gemeinde, denen ihre Schüler sehr am Herzen lagen, wie sie aus der Geschichte von Vivian Gunn Morris, jetzt Professor für Pädagogik, in den *Lerngeschichten: Das verdanke ich meinem Lehrer* entnehmen können.

5.6.2 Widerstandskraft aufbauen

In jeder Woche erhalten 12 % bis 15 % der Schulkinder keine soziale und emotionale Unterstützung, die sie dringend benötigen. Die Beratungsstellen der Gemeinden und des schulpsychologischen Dienstes erreichen Schüler aus Hochrisikogruppen oft nicht. Aber viele Kinder, die schlechte Voraussetzungen für die Schule mitbringen, überleben nicht nur – sie gedeihen. Es sind Schüler mit **Widerstandskraft** oder **Resilienz**. Was können wir von diesen Schülern lernen? Was können Lehrer und Schulen tun, um Resilienz aufzubauen?

Resiliente Schüler

Schüler unterscheiden sich in ihrer Widerstandkraft. Schüler entwickeln sich kräftig, und sind, trotz ernsthafter Bedrohungen in ihrer Entwicklung, in der Schule sehr engagiert. Sie haben guten Kontakt zu anderen Menschen, glauben an ihre Fähigkeit zu lernen, haben der Schule gegenüber eine positive Einstellung, sind stolz auf ihre ethnische Zugehörigkeit und haben hohe Erwartungen (Borman & Overmann, 2004; Lee 2005). Schüler mit guten persönlichen Ressourcen wie hohe Intelligenz oder Talent in einem hochgeschätzten Bereich wie etwa Musik sind geringen Risiken ausgesetzt. Auch die Art, Dinge leicht zu nehmen und Optimismus machen Menschen resilient. Äußere Faktoren wie gute soziale Beziehungen und soziale Unterstützung tragen auch zur Resilienz bei. Weiterhin ist eine herzliche Beziehung zu einem Elternteil mit hohem Anspruchsniveau, das beim Lernen unterstützt und für geeigneten Raum und Zeit für die Hausaufgaben zu Hause sorgt, wichtig. Aber sogar ohne solche Eltern hilft eine starke Bindung an eine kompetente Person, Großeltern, Tante/Onkel, Lehrer, Mentor oder ein anderer Erwachsener, der sich um das Kind kümmert, um eine ähnliche Wirkung hervorzurufen. Sich in der Schule, der Gemeinde oder in der Kirche zu engagieren, kann weitere Verbindungen zu Erwachsenen einbringen, die sich um das Kind kümmern und kann dem Kind Erfahrungen im sozialen Umgang und Führerqualitäten vermitteln (Berk, 2005).

Resiliente Klassen

Die Persönlichkeit und die Eltern Ihrer Schüler können Sie sich nicht aussuchen. Selbst wenn sie dies könnten, wäre Stress für selbst den widerstandsfähigsten Schüler nicht zu vermeiden. Beth Doll und ihre Kollegen (2005) meinen, dass vielmehr Klassen verändert werden müssten statt Kinder, denn „alternative Strategien sind dauerhafter und erfolgreicher, wenn sie integriert werden, in ein natürlich erscheinendes Unterstützungssystem (wie Schulen), das Kinder umgibt" (S. 3). Weiterhin gibt es Hinweise darauf, dass Änderungen in der Klassenzusammensetzung, wie z. B. die Klassengröße und besondere Unterstützung durch bestimmte Lehrer, bessere Auswirkungen auf die Schulleistungen von afroamerikanischen Schülern haben im Vergleich zu lateinamerikanischen und weißen Schülern (Borman & Overman, 2004; Lee, 2005). Wie lässt sich eine Klasse gestalten, die die Entwicklung von Widerstandskraft bei ihren Schülern unterstützt?

Borman und Overman (2004) machten zwei Schulmerkmale aus, die mit Resilienz im schulischen Kontext verbunden sind: In ihrem Buch über resiliente Klassen leiten Doll und ihre Kollegen (2005) aus ihrer Forschung in Erziehung und Psychologie die besten praktischen Hinweise für den Umgang mit Kindern aus ökonomisch deprivierten Verhältnissen und Kindern mit Behinderungen ab, um resiliente Klassen aufzubauen. Es gibt zwei Voraussetzungen, die Schüler an

---

Widerstandskraft (Resilienz) Die Fähigkeit, sich erfolgreich anzupassen, trotz schwieriger Verhältnisse und Bedrohungen für die eigene Entwicklung.

Partnerschaft mit Familie und Gemeinde: Lerngemeinschaften aufbauen

Joyce Epstein (1995) beschreibt sechs Typen von Familie/Schule/Gemeindepartnerschaften. Die folgenden Richtlinien bauen auf sechs Kategorien auf:

Erziehungspartnerschaft: Zeigen Sie allen Familien, wie sie für ihre Kinder eine gute Lernumgebung einrichten können.

Beispiele

1 Bieten Sie Arbeitstreffen an, Videos, Kurse, Familienlese- und Schreibveranstaltungen und andere Informationsveranstaltungen, um den Eltern zu helfen, ihre wichtigen Erziehungssituationen zu bewältigen.

2 Richten Sie Familienberatungsstellen ein, um sie in Ernährungs-, Gesundheits- und sozialen Fragen zu beraten.

3 Finden Sie Wege, Familien in einen Informationsaustausch mit der Schule einzubeziehen, über den kulturellen Hintergrund, seine Begabungen und Bedürfnisse – lernen Sie von der Familie.

Kommunikation: Finden Sie effektive Wege für die Schule-Elternhaus- und die Elternhaus-Schule-Kommunikation.

Beispiele

1 Stellen Sie sicher, dass die Kommunikation auf die Bedürfnisse der Familie zugeschnitten ist. Stellen Sie Übersetzungen zur Verfügung, visuelle Hilfen, Großdruck – was immer die Kommunikation effektiv macht.

2 Besuchen Sie die Familien zu Hause, wenn sie es erlauben. Erwarten Sie nicht, dass Familienmitglieder in die Schule kommen, bevor nicht ein Vertrauensverhältnis entstanden ist.

3 Versuchen Sie, ein Gleichgewicht zwischen positiven und negativen Nachrichten über den Schüler herzustellen.

Freiwilligenaushilfe: Elternhilfe zusammenstellen und organisieren.

Beispiele

1 Führen Sie eine jährliche Postkartenerhebung durch, in der nach Begabungen, Interessen, Zeitplänen in Familien gefragt wird und nach Vorschlägen für Verbesserungen.

2 Richten Sie eine Infrastruktur ein (Telefonkette usw.). Stellen Sie sicher, dass auch Familien ohne Telefon benachrichtigt werden.

3 Wenn möglich, reservieren Sie einen Raum für Treffen der freiwilligen Helfer und Projekte.

Lernen zu Hause: Halten Sie Informationen und Vorstellungen für Familien bereit, wie Kinder bei den Schulaufgaben und anderen Lernvorgängen geholfen werden kann.

Beispiele

1 Teilen Sie die Zeitpläne für Aufgabenblätter mit, was Sie mit den Hausarbeiten erreichen wollen, und geben Sie Tipps, wie man bei den Hausaufgaben helfen kann, ohne sie selbst zu erledigen.

2 Wenn möglich, lassen Sie die Familie auch Vorschläge für den Unterricht machen – tauschen Sie Ideen und Aktivitäten aus.

3 Schicken Sie „Lernpakete" nach Hause und schlagen Sie vergnügliche Lernaktivitäten vor, besonders wenn Feiertage und Ferien bevorstehen.

Partnerschaft für Entscheidungen: Beziehen Sie Familien in die Schulentscheidungen ein, die Familien- und Gemeindevertreter einrichten wollen.

Beispiele

1 Richten Sie eine Familienberatungskommission in der Schule ein, in denen Elternvertreter sitzen.

2 Stellen Sie sicher, dass alle Familien in einem Netzwerk über ihre Vertreter verankert sind.

Gemeindepartnerschaften: Ressourcen und Dienstleistungen in der Gemeinde ausfindig machen, um die Schulprogramme zu stärken, Familienverbundenheit und das Lernen und die Entwicklung der Schüler zu stärken.

Beispiele

1 Lassen Sie Schüler und Eltern bestehende Ressourcen in der Gemeinde auskundschaften – stellen Sie eine Datei zusammen.

2 Machen Sie Dienstleistungsprojekte für Schüler ausfindig – fangen Sie mit dem Lernen von Dienstleistungen an.

3 Machen Sie Gemeindemitglieder ausfindig, die früher auf Ihre Schule gingen und bitten Sie sie um Engagement in Ihrem Schulprogramm.

Mehr Vorschläge über die Partnerschaft von Familie und Schule finden Sie unter
http://saskschoolboards.ca/

Quelle: Auszug S. 704–705, School/Family/Community Partnerships: Caring for Children We Share, von J. L. Epstein *Phi Delta Kappan, 76,* 701–712. 1995, Copyright © 1995 Phi Delta Kappan.

---

ihre Klassengemeinschaft binden. Die eine Voraussetzung ist das Bewusstsein, selbst seine Umstände bestimmen (Handelnder sein, *self-agency*) und Ziele verfolgen zu können; die andere besteht in fürsorglichen und vernetzten Beziehungen in der Klasse und in der ganzen Schule.

1. Voraussetzung: selbst Handeln

■ *Schulische Selbstwirksamkeit*, der Glaube an ihre eigene Fähigkeit zu lernen, ist eine der besten Voraussetzungen für schulische Leistungen. Wie in Kapitel 9 und 10 zu ersehen sein wird, entsteht Selbstwirksamkeit, wenn Schüler herausfordernde und sinnvolle Aufgaben mit Unterstützung erfolgreich erledigen und beobachten, wie andere Schüler dasselbe tun. Genaue und ermutigende Rückmeldung von Lehrern hilft ebenfalls.

■ *Selbstkontrolle der Verhaltens-* oder *Selbstregulation* des Schülers ist wichtig für eine sichere und geordnete Lernumgebung. Die Kapitel 6, 9 und 12 werden Ihnen einige Hinweise geben, wie Schülern geholfen werden kann, Wissen über Selbstregulation und Fertigkeiten zu erwerben.

■ *Schulische Selbstbestimmung.* Auswahl haben, Entscheidungen treffen können, Ziele setzen und verfolgen können ist die dritte Voraussetzung. Wie aus Kapitel 10 zu ersehen ist, sind selbstbestimmte Schüler motivierter und lernen mit mehr Hingabe.

2. Voraussetzung: Beziehungen

■ *Fürsorgliche Lehrer-Schüler-Beziehungen* sind regelmäßig verbunden mit besseren schulischen Leistungen, besonders bei Schülern mit ernsten Beeinträchtigungen. Im Kapitel 3 wurde schon der starke Einfluss von fürsorglichen Lehrern dargestellt, und im Kapitel 11 wird das Thema noch einmal aufgegriffen.

■ *Erfolgreiche Peerbeziehungen* sind kritisch für eine Bindung der Schüler an die Schule.

■ *Gute Elternhaus-Schule-Beziehungen* sind das letzte Element für Schüler, um ein unterstützendes Netzwerk aufzubauen. In einem Schulentwicklungsprogramm fand James Comer, dass Schüler bessere Noten und Testwerte erreichten, wenn Eltern an der Schule interessiert sind (Comer, Haynes & Joyner, 1996). Die *Richtlinien über Partnerschaft mit Familie und Gemeinde* geben einige Hinweise auf die Verbindung zu den Eltern.

Eine resiliente Klasse schaffen

Um die beiden Resilienzkomponenten „Agent seiner Handlungen sein" und „Beziehungen" bei ihren Schülern aufzubauen, stellen Doll und ihre Kollegen (2005) Schülerfragebögen vor, um Informationen aus der Klasse zu sammeln. ► Abbildung 5.5 (siehe S. 240) gibt ein Beispiel eines solchen Fragebogens und zwar des Teils über Beziehung zum Lehrer. Ein Lehrer setzte diesen Fragebogen ein und fand, dass etwa die Hälfte der Schüler nicht richtig zuhörte oder Quatsch in der Klasse machte. Sie sagten, die Lehrer seien nicht fair und würden ihnen nicht helfen, sie nicht respektieren oder ihnen glauben. Abbildung 5.5 zeigt den Plan, den die Lehrerin entwickelte, nachdem sie die Ergebnisse der Fragebogenerhebung ausgewertet hatte.

Fragebogen

Markiere mit einem Kreis eine der drei Antwortmöglichkeiten JA, MANCHMAL oder NIEMALS auf die folgenden Fragen:

1. Mein Lehrer hört mir aufmerksam zu, wenn ich spreche.	JA	MANCHMAL	NIEMALS
2. Mein Lehrer hilft mir, wenn es nötig ist.	JA	MANCHMAL	NIEMALS
3. Mein Lehrer respektiert mich.	JA	MANCHMAL	NIEMALS
4. Mein Lehrer glaubt, dass ich für die Klasse wichtig bin.	JA	MANCHMAL	NIEMALS
5. Mein Lehrer schafft es, dass es Spaß macht, in der Klasse zu sein.	JA	MANCHMAL	NIEMALS
6. Mein Lehrer ist mir gegenüber fair.	JA	MANCHMAL	NIEMALS

Protokoll der Maßnahmen

Klasse: _Ellies 3. Klasse_   Protokoll der Woche von _____ bis _____

		Wurde sie umgesetzt?
Maßnahme 1		JA
Was wird unternommen?	_Extrazeit für die drei Kinder vorsehen, die sich am meisten abmühen: Matthias, Lisa und Anne._	
Wer wird es durchführen?	_Ellie._	TEILWEISE
Wann?	_Jeden Dienstag und Donnerstag mittags._	
Wo?	_Im Klassenraum._	NEIN
Maßnahme 2		JA
Was wird unternommen?	_Ein Lernspiel, das Spaß macht in der Mittagspause._	
Wer wird es durchführen?	_Ellie und die Klasse._	TEILWEISE
Wann?	_Täglich von 10 bis 12:00 h._	
Wo?	_Im Klassenraum._	NEIN
Maßnahme 3		JA
Was wird unternommen?	_Freundschaftsbänder anfertigen als Mahnung, nett zu Klassenkameraden zu sein._	
Wer wird es durchführen?	_Klassenkameraden._	TEILWEISE
Wann?	_In der ersten Woche._	
Wo?	_Im Klassenraum._	NEIN

Abbildung 5.5: Eine resiliente Klasse schaffen. Ein Beispiel eines Schülerfragebogens über die Wahrnehmung von Beziehungen zum Lehrer. Auf der Grundlage der mit diesem Fragebogen gewonnen Ergebnisse können Lehrer-Schüler-Beziehungen verbessert werden. Quelle: Aus *Resilient Classrooms: Creating Healthy Environments for Learning* von B. Doll, S. Zucker & K. Brehm. Copyright © 2004 Guilford Press.

Unterschiede und Gemeinsamkeiten  5.7

Das gesamte Kapitel 5 handelt von Unterschieden, deshalb sollen in diesem Abschnitt vier Bereiche herausgegriffen werden, die das Lernen in der Klasse beeinflussen können: die soziale Organisation der Klassengemeinschaft, kulturelle Werte und Lernbevorzugungen, Soziolinguistik und digitale Techniken. Das Kapitel endet mit einigen Vorschlägen für alle Schüler.

5.7.1 Lernen im heterogenen Klassenkontext

Roland Tharp (1989) beschreibt einige Dimensionen von Klassen, die die Unterschiede unter den Schülern

Verknüpfen und erweitern Sie Ihre Forschungskenntnisse

Dem Thema „Lernen mit Schülern aus Risikogruppen" widmen Stringfield, S. & Land, D. (2002). *Educating at Risk Students: Yearbook of the National Society for the Study of Education* (NSSE), Bd. 2. Chicago, IL: University of Chicago Press.

widerspiegeln. Die Dimensionen – soziale Organisation, kulturelle Werte und Lernstile und Soziolinguistik – können verbessert werden, um der Herkunft der Schüler besser gerecht zu werden.

Soziale Organisation

Tharp (1989) erklärt, dass „die zentrale Aufgabe der Bildungsentwürfe sein sollte, die Organisation von Lehren, Lernen und Leistung mit den sozialen Strukturen vereinbar zu machen, in denen die Schüler am produktivsten, engagiertesten sind und am besten lernen." (S. 350). *Soziale Struktur* oder *soziale Organisation* bedeutet in diesem Kontext die Art und Weise wie Leute interagieren, um ein bestimmtes Ziel zu erreichen. Zum Beispiel, die soziale Organisation der hawaiianischen Gesellschaft ist auf gemeinsames Arbeiten und Kooperation gegründet. Kinder spielen zusammen in Freundesgruppen und mit Geschwistern, die älteren passen auf die jüngeren auf. Wenn kooperative Arbeitsgruppen von vier oder fünf Jungen in einer hawaiianischen Klasse zusammengestellt wurden, wurde besser gelernt und die Teilnahme am Unterricht intensiviert (Okagaki, 2001). Der Lehrer arbeitete intensiv mit einer Gruppe, während die Kinder in den anderen Gruppen sich gegenseitig halfen. Aber, als man dieselbe soziale Organisation in einer Navahoschule ausprobierte, arbeiteten die Schüler nicht zusammen. Die Navahoschüler werden mehr als Einzelgänger sozialisiert, und vor allem sind Spiele mit Kindern des anderen Geschlechts nicht üblich. Aber wenn gleichgeschlechtliche Arbeitsgruppen gebildet wurden mit nur zwei oder drei Schülern, dann halfen die Schüler sich gegenseitig. Wenn in einer Klasse Schüler verschiedener kultureller Herkunft sind, muss unter Umständen eine Auswahl von verschiedenen Gruppenbildungen zugelassen werden.

Kulturelle Werte und Lernpräferenzen

Rosa Hernandez Sheets (2005) beschreibt drei Merkmale von Lehrern, die eine kulturell inklusive Klasse gestalten möchten. Die Lehrer (1) erkennen die unterschiedlichen Formen an, in der alle Schüler ihre Fähigkeit zeigen; (2) antworten auf die bevorzugte Lernart der Schüler; (3) verstehen, dass einzelne kulturelle Praktiken, Werthaltungen, und Lernpräferenzen nicht auf alle in der Gruppe zutreffen.

Einige Forschungsergebnisse sagen aus, dass spanisch sprechende amerikanische Schüler mehr familienorientiert sind und loyaler ihren Gruppen gegenüber. Das kann bedeuten, dass diese Schüler kooperative Unternehmungen bevorzugen und es gar nicht mögen, wenn sie mit ihren Mitschülern in Wettbewerb treten sollen (Garcia, 1992; Vasquez, 1990). Vier Wertorientierungen sind lateinamerikanischen Schülern gemeinsam (nicht alle – erinnern Sie sich an Sheets drittes Merkmal, s.o.):

- *Familienorientierung/Familismo* – eng geknüpfte Familienbande. Die Diskussion von Familienproblemen oder –angelegenheiten könnte als unloyal angesehen werden.
- *Interpersonale Harmonie/Simpatia* – Wert der interpersonalen Harmonie. Eine persönliche Meinung sehr bestimmt zu äußern oder Argumente auszutauschen, kann als unangemessen angesehen werden.
- *Respekt/Respecto* – Autoritätspersonen respektieren, zum Beispiel, Lehrer und Regierungsvertreter,
- *Soziale Nähe/Personalismo* – hohe Wertschätzung für nahe interpersonale Beziehungen; Unbehangen mit distanzierten, kalten und professionellen Beziehungen (Dingfelder, 2005).

Die Lernstile afroamerikanischer Schüler können unvereinbar sein mit den Lehransätzen in den meisten Schulen. Einige der Merkmale dieses Lernstils sind eher ein visuell/globaler Ansatz als ein verbaler/analytischer Ansatz; eine Präferenz für induktives Schlussfolgern (Inferenzen ziehen) mehr als für formaldeduktive Logik; eine Konzentration auf Menschen und soziale Beziehungen; eine Präferenz für energiegeladene Hingabe an verschiedene Aktivitäten gleichzei-

Verknüpfen und erweitern Sie Ihre wissenschaftliche Lektüre

O'Neil, J. (1990). Link between Style, Culture Process Divisive. *Educational Leadership, 48(2)*, 8.

Zentrale Fragestellung: Warum argumentieren manche Erzieher gegen eine Verknüpfung von Lernstilen mit kulturellen Unterschieden?

tig und nicht für Routinetätigkeiten mit kleinen Lernschritten; eine Tendenz, Zahlen auf- und abzurunden, für ungefähre Raum- und Zeitangaben; und eine größere Abhängigkeit von nicht-verbaler Kommunikation. Farbige Schüler mit einer Bindung an ihre jeweiligen Herkunftskulturen antworten besser auf offene Fragen, auf die man mehr als eine Antwort geben kann, als auf Fragen, auf die es nur eine richtige Antwort gibt. Fragen nach Bedeutungen oder nach einem Überblick können produktiver sein als Fragen nach Einzelheiten (Bennet, 1999; Gay, 2000; Sheets, 2005).

Indianer, die Ureinwohner von Nordamerika wie z. B. die Navaho, weisen einen globalen visuellen Lernstil auf, sie hören eine Geschichte gern zu Ende, bevor sie Teile der Geschichte diskutieren. Lehrer, die eine Geschichte unterbrechen, um Fragen zu stellen, finden Navahoschüler seltsam, weil dies den Lernprozess ihrer Meinung nach unterbricht (Tharp, 1989). Weiterhin bevorzugen die Navahoschüler manchmal eher eigenständig zu lernen, durch Versuch und Irrtum, damit ihre Fehler nicht öffentlich bekannt werden (Vasquez, 1990).

Es gibt wenig Forschungsarbeiten über den Lernstil der Amerikaner asiatischen Ursprungs, vielleicht weil sie als erfolgreiche Minderheitengruppe gelten. Einige Erzieher äußern, dass sie Lob von Lehrern sehr schätzen, dass sie lieber in einer ruhigen, gut strukturierten Umgebung arbeiten mit klaren Zielen und sozialer Unterstützung (Manning & Baruth, 1996). Aber die Gefahr besteht, dass man asiatische Schüler als ruhig, hart arbeitend und passiv abstempelt. Suzuki (1983) schlägt vor, „dass diese Stereotypisierung „Konformität fördert und Kreativität verhindert". Asiatische Schüler und solche aus dem Pazifik, entwickeln deshalb oft nicht die Fähigkeit, sich zu behaupten und verbal auszudrücken, sie werden in einem überproportionalen Anteil in die technischen und naturwissenschaftlichen Fächer gedrängt. Als Folge dieser Sozialisierung sind asiatische Schüler und Schüler aus dem Pazifikraum sehr konformistisch und ihre akademische und soziale Entwicklung ist eng begrenzt" (S. 9).

Suzukis Warnungen werden von vielen Kritikern der Forschung über ethnische Unterschiede in Lernstilen (Yee, 1992) aufgegriffen.

Vorsicht bei Forschung über Lernstile

Bei der Verarbeitung der Forschung über Lernstile, sollte man zwei Punkte im Auge behalten. Zuerst wurde die Gültigkeit einiger Lernstile infrage gestellt, wie bereits im vorigen Kapitel berichtet wurde. Zweitens entbrannte in der Gegenwart eine heftige Debatte darüber, ob die Suche nach ethnischen Gruppendifferenzen in Lernstilen und Lernbevorzugungen nicht an sich schon eine gefahrvolle, rassistische und sexistische Übung sei. In unserer Gesellschaft wechselt die Auffassung schnell von „Unterschieden" zu „Defiziten" der Schüler aus ethnischen Minderheiten (Gordon, 1991; O'Neil, 1990). Die Unterschiede in den Lernstilen sind in diesem Kapitel jedoch berücksichtigt, weil diese Informationen hilfreich sein könnten, die Schüler aus ethnischen Minderheiten zu verstehen.

Es ist jedoch gefährlich und unrichtig anzunehmen, dass jedes Individuum in einer Gruppe den gleichen Lernstil hat. Der beste Rat, den man den Lehrern geben kann, ist, aufmerksam auf individuelle Unterschiede bei allen Schülern zu achten und alternative Lernmöglichkeiten aufzuzeigen. Ziehen Sie keine Rückschlüsse auf die beste Art zu lernen, indem sie nur die ethnische oder rassische Zugehörigkeit eines Schülers berücksichtigen. Lernen Sie den individuellen Schüler kennen.

Soziolinguistik

Soziolinguistik ist die Lehre von den „Höflichkeitsformen und Konventionen von Unterhaltungen über Kulturen hinweg" (Tharp, 1989, S. 351). Das Wissen über Soziolinguistik wird Ihnen helfen zu verstehen, warum die Kommunikation in einer Klasse manchmal zusammenbricht. Die Klasse ist ein besonderer Kontext für die Kommunikation; sie hat ihre eigenen Regeln für das Wann, das Wie, mit Wem, und über Was sowie über die Art des Sprachgebrauchs. Manchmal erfüllen die soziolinguistischen Fertigkeiten eines Schülers nicht die Erwartungen der Lehrer oder Berater, wie früher schon dargestellt.

Um erfolgreich zu kommunizieren, muss ein Schüler Kommunikationsregeln kennen, d. h. er muss die *Pragmatik* (siehe Kapitel 2, S. 71) der Klassenkommunikation verstehen – das Wann, Wo und Wie des Kommunizierens. Das ist keine so leichte Aufgabe.

Soziolinguistik Die Lehre von den formellen und informellen Regeln in Unterhaltung in einer Gruppe in einem bestimmten kulturellen Kontext für den Gebrauch der Sprache.

Mit den Veränderungen der Klassenaktivität verändern sich auch die Regeln. Manchmal muss man die Hand heben (während der Lehrer spricht), aber manchmal muss man das auch nicht (wenn im Lesekreis auf dem Teppich Geschichten vorgelesen werden). Manchmal ist es gut, eine Frage zu stellen (während einer Diskussion), aber dann ist es wieder nicht so gut (wenn der Lehrer einen Verweis erteilt). Diese unterschiedlichen Regeln für Aktivitäten in der Klasse werden auch **Teilnahmestrukturen** genannt. In den meisten Klassen gibt es viele unterschiedliche Teilnahmeregeln. Um kompetente Kommunikatoren in einer Klasse zu werden, müssen die Schüler manchmal sehr subtile, nicht verbale Hinweise erkennen können, die ihnen andeuten, welche der Teilnahmeregeln gerade angebracht sind. In einer Klasse war es z. B. ein Zeichen für die Schüler, wenn die Lehrerin ihre Hände in die Hüften stemmte und sich nach vorne beugte, mit ihren gerade laufenden Aktivitäten sofort „aufzuhören und zu erstarren", die Lehrerin anzusehen und auf eine Mitteilung zu warten (Shultz & Florio, 1979).

Ursachen von Missverständnissen

Einige Kinder sind einfach besser als andere darin, bestimmte Situationen in der Klasse zu deuten, weil die Teilnahmeregeln in der Schule denjenigen in ihrem Elternhaus entsprechen. Die Kommunikationsregeln der meisten Schulsituationen sind ähnlich denjenigen in Mittelklassefamilien. Deshalb erscheinen Kinder aus Mittelklassefamilien auch kompetentere Kommunikatoren zu sein. Sie kennen die ungeschriebenen Regeln. Schüler mit unterschiedlichem kulturellen Hintergrund mögen Teilnahmeregeln erworben haben, die im Widerspruch zu dem in der Schule erwarteten Verhalten stehen. Zum Beispiel stellte eine Untersuchung fest, dass der Kommunikationsstil hawaiianischer Kinder nahelegt, beim Vorlesen ins Wort zu fallen mit Beiträgen zur Geschichte. In der Schule wird dieses Einmischen als Unterbrechung gewertet. Als die Lehrer in einer Schule diesen Unterschied erkannten und ihre Vorlesezeit so gestalteten, dass die Schüler sich wie zu Hause verhalten konnten, verbesserten die jungen hawaiianischen Kinder ihre Leseleistung (Au, 1980; Tharp, 1989).

Die Ursache von Missverständnissen kann ein subtiler soziolinguistischer Unterschied sein, wie z. B. wie

Verknüpfen und erweitern Sie Ihre Forschungskenntnisse

Die Herbstausgabe 2003 von *Theory into Practice* über „Classroom Management in a Diverse Society", *42(4)*, hat als Gastherausgeber Carol Weinstein betreut.

lange der Lehrer wartet, bis er einem Schüler eine Antwort gibt. White und Tharp (1988) fanden, wenn Navahoschüler eine Pause machten, bevor sie antworteten, glaubte der Lehrer englischer Herkunft, dass sie ihren Redebeitrag beendet hätten. Folglich hatte der Lehrer die Schüler öfters unabsichtlich unterbrochen. In einer anderen Untersuchung fanden Forscher bei Schülern aus dem Stamm der Puebloindianer eine doppelt so hohe Teilnahme am Unterricht, wenn die Lehrer länger auf Antworten der Schüler warteten. Länger auf Antworten warten hilft auch Mädchen, sich mehr am Mathematik- und naturwissenschaftlichen Unterricht zu beteiligen (Grossman & Grossman, 1994).

Schüler können immer noch Kommunikationsschwierigkeiten und folglich auch Schulschwierigkeiten haben, selbst wenn sie die gleiche Erstsprache sprechen wie die Lehrerin. Der Grund dafür kann im mangelhaften Erwerb der Pragmatik liegen, die in der Schule angemessen ist. Was können Lehrer hier ausrichten? Besonders in den ersten Klassen sollten diese Kommunikationsregeln deshalb explizit und klar sein. Nehmen Sie nicht an, dass Schüler angemessen kommunizieren können. Erklären Sie den Schülern und machen Sie es ihnen vor, wann sie die Stimme erheben müssen, wann sie flüstern, wann sie etwas still für sich sagen sollten. Ein Lehrer z. B. erläuterte Kindern eine Kommunikationsregel so: „Wenn ihr mich unterbrechen müsst, und ich gerade mit anderen Kindern arbeite, dann stellt euch still neben mich und wartet, bis ich euch helfen kann!" Seien Sie in Ihrem Verhalten Schülern gegenüber konsistent. Wenn Schüler die Hand heben sollen, um sich zu melden, dann rufen Sie nicht solche Schüler auf, die diese Regel missachten. Auf diese Art und Weise können Sie den Kommunikationsprozess und folglich auch den Lernprozess verbessern.

Ursachen für Missverständnisse können sehr subtil sein. Die Familien von Schülern aus rassischen und

---

Teilnahmestrukturen Die formellen und informellen Regeln für die Teilnahme an einer Aktivität.

Verknüpfen und erweitern Sie Ihren Unterricht

Eine konkrete Diskussion von kulturellen Stilen und den möglichen Konflikt zwischen den Stilen in der Klasse ist bei Hilliard, A.G. III (1989), Teachers and Cultural Styles in a Plural Society. *NEA Today, 7(6)*, 65–69 nachzulesen. Hilliard bemerkt: „Ein Missverständnis bei Verhaltensstilen führt dazu, dass Lehrer Leistungen z. B. im kreativen Bereich nicht richtig einschätzen können. Viele Lehrer aus eurozentrischen Kulturen haben einen linearen Erzählstil bei Geschichten. Viele afroamerikanische Kinder zeigen einen mehr spiralförmigen Erzählstil mit vielen Erzählsträngen, die alle von einem Ausgangspunkt ausgehen, aber dahin auch wieder zurückkehren, um eine Geschichte abzurunden. Viele Lehrer solcher Kinder können dieser Art von Geschichte nicht folgen und meinen, die Erzählweise sei inkohärent. Einige Lehrer verlieren dann die Geduld und sagen den Kindern, dass sie das schlecht finden" (S. 69).

ethnischen Minderheiten müssen sehr auf Diskriminierung achten, um ihre Kinder zu schützen. Sie können ihre Kinder lehren, mögliche Diskriminierungen wahrzunehmen und sich dagegen zu wehren. Lehrer können diese Familien unbeabsichtigt verletzen, wenn die Lehrer nicht aufmerksam auf Anzeichen von Diskriminierung bei sich selbst achten. Carol Orange (2005) beschreibt eine Lehrerin, die eine Klassenliste angefertigt hat und nachdem sie bereits vervielfältigt war, kamen noch drei Schüler hinzu. Deren Namen vermerkte sie handschriftlich am Rande der langen Liste. Es waren die Namen von drei Schülern lateinamerikanischer und afroamerikanischer Herkunft. Diese Marginalisierung im wörtlichen Sinne wurde von der afroamerikanischen Mutter auch entsprechend gedeutet; sie reagierte verstört. Hätte die Lehrerin die Liste ganz neu geschrieben, hätte jeder Schüler seinen Platz gehabt, und die Situation wäre nicht entstanden.

Die digitale Technologiekluft

Ein Unterrichtsgebiet spaltet die Schüler besonders: die digitale Technologie. Viele Schüler haben nur sehr begrenzten Zugang zu dieser Technologie zu Hause

oder in ihrer Nachbarschaft. Die Universität Hannover führte eine Umfrage an über 6000 Schülern von weiterführenden Schulen durch. Im Gymnasium hatten 93 % der Schüler einen Computer zu Hause, an Fachgymnasien und Fachschulen nur 13,1 % und an Hauptschulen/Realschulen nur 5,2 %. Damit bestimmt die soziale Herkunft deutlich die Bildungschancen in diesem Bereich (Lohse, 2001). Zum Beispiel lebten im Jahre 2003 26 % der Weißen über drei Jahre in einem Haushalt mit Internetanschluss, dagegen nur 14 % der Afroamerikaner, aber 34 % der asiatischen und pazifischen Amerikaner und 13 % Amerikaner mit lateinamerikanischer Herkunft. Wenn das Familieneinkommen bei allen Gruppen zusammen etwa $24 000 oder weniger im Jahr betrug, sank die Zahl auf unter 10 %, bei über $150 000 hatten 58 % einen Internetanschluss (Nationale Telekommunikation und Informationsverwaltung, 2004). Die soziale Trennung im Zugang zu dieser Art von Technologie nennt man die **digitale Technologiekluft**.

5.7.2 Gemeinsamkeiten: jeden Schüler unterrichten

Was würden Sie dazu sagen?

Das Interview für eine Lehrerstelle an einer sehr heterogenen Realschule geht weiter, die nächste Frage lautet: „Beschreiben Sie, was Sie unternehmen würden, um Ihren Schülern zu zeigen, was Sie für sie empfinden?" Was würden Sie antworten?

Das Ziel dieses Kapitels ist es, einen Eindruck von den Unterschieden in den gegenwärtigen und zukünftigen Schulen zu vermitteln und Ihnen zu helfen, die Herausforderungen eines Unterrichts in einer multikulturellen Schule zu bewältigen. Wie kann man alle Kulturen verstehen und auf ihnen aufbauen? Wie geht man mit den verschiedenen Erstsprachen in der Klasse um? Drei allgemeine Lehrprinzipien geben Antworten auf diese Fragen.

Schüler gut kennenlernen

Die Lehrer sollten ihre Schüler und vor allem ihr kulturelles Erbe gut kennenlernen (Delpit, 2003). Ein Ka-

---

Digitale Technologiekluft Die Chancenungleichheit zwischen den armen und wohlhabenden Schülern, sich mit digitaler Technologie vertraut zu machen.

pitel über kulturelle Unterschiede allein reicht nicht aus, um das Leben aller Schüler zu verstehen. Wann und wo auch immer Lehrer sich über andere Kulturen informieren können, sollte das geschehen. Lesen und studieren reicht nicht aus, die Familien und Gemeinden sollten bekannt sein. Eine erfolgreiche bilinguale Lehrerin für Kinder mit körperlichen Beeinträchtigungen beschreibt ihre Vorgehensweise:

Gewöhnlich lerne ich Eltern am besten bei ihnen zu Hause in ihrer eigenen Welt kennen. Zu Hause gewinnt man am ehesten ihr Vertrauen und lernt, ihre Perspektive zu verstehen. Machen Sie sich zuerst mit der Gemeinde vertraut. Informieren Sie sich, wo sich der Lebensmittelladen befindet und wie die Kinder ihre Freizeit verbringen. Vereinbaren Sie dann einen Termin mit den Eltern für einen Besuch. Zu Hause fühlen sich die Eltern nicht so sehr von Misserfolgen verfolgt. Zu Hause funktionieren Kinder gewöhnlich besser, sie helfen der Mutter oft ganz geschickt oder fahren ein bisschen mit dem Fahrrad herum (Bos & Reyes, 1996, S. 349).

Lehrer sollten mit ihren Schülern und Eltern auch Freizeitprojekte durchführen. Sie sollten Eltern bitten, in der Klasse auszuhelfen, von ihrer Arbeit, ihren Hobbys oder über die Geschichte und das kulturelle Erbe ihrer ethnischen Gruppe zu erzählen. In der Grundschule sollte man nicht auf Probleme mit den Schülern warten, um die Eltern kennenzulernen. Es sollte darauf geachtet werden, wie die Schüler mit kleinen und großen Gruppen interagieren. Schüler können z. B. dem Lehrer schreiben und dieser schreibt zurück. Lehrer sollten mit dem einen oder anderen Schüler etwas essen gehen oder etwas Zeit außerhalb des Unterrichts mit ihnen verbringen.

Die Schüler respektieren

Aus einer besseren Kenntnis der Schüler heraus können Sie seine Stärken besser beurteilen und den Schülern Respekt entgegenbringen für die Hindernisse, die sie überwunden und die Kämpfe, die sie noch durchzustehen haben. Wir müssen an unsere Schüler glauben (Delpit, 2003). Für ein Kind ist Akzeptanz die notwendige Voraussetzung, um Selbstwert zu erlangen und zu erhalten. Manchmal verschlechtern sich das Selbstbild und die beruflichen Ansprüche von Kindern aus Minderheiten in den ersten Grundschuljahren, vielleicht weil die Werte, die Geschichte und die Errungenschaften der Majoritätenkultur zu stark betont werden. Die Errungenschaften der in der Klasse vertretenen Min-

derheitenkulturen sollten in den Unterricht mit einbezogen werden (in der Form von Literatur, Musik, Kunst oder Kulturwissen), sodass die Lehrer den Schülern dazu verhelfen, stolz auf ihre ethnische Zugehörigkeit sein zu können. Diese Integration verschiedener Kulturen muss über bloße Äußerlichkeiten (landesübliches Essen oder Kostüme) hinausgehen. Die Schüler müssen die wichtigsten sozialen und intellektuellen Beiträge der verschiedenen ethnischen Gruppen kennenlernen. Es gibt verschiedene ausgezeichnete Literaturhinweise über unterschiedliche kulturelle Hintergründe, Geschichte, und angemessene Lehrstrategien (z. B. Banks, 2002; Gay, 2000; Irvine & Armento, 2001; Ladson-Billings, 1995).

Die Schüler unterrichten

Das Wichtigste, was für die Schüler getan werden kann, ist ihnen lesen, schreiben, sprechen, Computer bedienen, denken und kreatives Schaffen beizubringen, durch beständigen, nachhaltigen und kulturbezogenen Unterricht (Delpit, 2003). Zu oft wurden die Lehrziele für Schüler aus unteren SÖS zu niedrig angesetzt und zielen nur auf Grundfertigkeiten ab. Schülern werden zuerst Worte und Klänge und später die Bedeutung einer Geschichte vermittelt. Knapp, Turnball und Shields (1990, S. 5) machen folgende Vorschläge:

- Legen Sie den Schwerpunkt der Lehre auf die Vermittlung von Bedeutungen von Anfang bis Ende – zum Beispiel indem der Lesestoff vor allem verstanden werden muss; in Texten sollten wichtige Ideen kommuniziert oder bei Zahlen sollten vor allem die Zahlenkonzepte verstanden werden.
- Gleichen Sie Routinetätigkeiten mit neuen und komplexen Aufgaben aus.
- Stellen Sie Kontexte für das Lernen von Fertigkeiten bereit, die rechtfertigen, warum eine bestimmte Fertigkeit gelernt werden soll.
- Nehmen Sie Einfluss auf Einstellungen und Überzeugungen über einzelne Fächerinhalte, Fertigkeiten und Wissensbereiche.
- Lassen Sie den überflüssigen Stoff aus Ihrem Lehrplan weg (z. B. Anweisungen für mathematische Fertigkeiten Jahr für Jahr wiederholen).

Schließlich bringen Sie ihren Schülern bei, wie Schüler sich zu verhalten haben. In den ersten Grundschuljahren heißt das, den höflichen Umgang und die Konventionen des Verhaltens in der Klasse zu vermitteln: Wie man an die Reihe kommt mit reden, wie und wann man

Kulturbezogenes Unterrichten

Experimentieren Sie mit unterschiedlichen Gruppenarrangements, um soziale Harmonie und Kooperation zu erreichen,

Beispiele

1 Regen Sie Lernkameradschaften und Paare an.

2 Organisieren Sie heterogene Vierer- oder Fünfergruppen.

3 Richten Sie für ältere Schüler größere Arbeitsgruppen ein.

Lassen Sie Freiraum für verschiedene Lernstile, indem Sie unterschiedliches Lernmaterial anbieten.

Beispiele

1 Geben Sie Schülern verbales Material mit unterschiedlichem Leseschwierigkeitsgrad.

2 Bieten Sie visuelles Material an – Schaubilder, Diagramme, Modelle.

3 Stellen Sie DVDs zum Anhören und Anschauen bereit.

4 Demonstrieren Sie, wie man auf angemessene Art mit einem Mitschüler Meinungsverschiedenheiten austragen oder einen anderen Mitschüler herausfordern kann.

Lernen Sie die unterschiedliche Bedeutung einzelner Verhaltensweisen für Ihre Schüler.

Beispiele

1 Fragen Sie Schüler, wie sie sich fühlen, wenn Sie sie korrigieren oder sie loben. Wie erkennen Schüler, ob es sich um eine Korrektur oder ein Lob handelt?

2 Sprechen Sie mit Familien und Gemeindemitgliedern und anderen Lehrern, um die Bedeutung von Ausdruckserscheinungen im Gesicht, von Gesten oder anderen unvertrauten Verhaltensweisen zu verstehen.

Betonen Sie die Bedeutung beim Lernen.

Beispiele

1 Versichern Sie sich, dass die Schüler verstehen, was sie lesen.

2 Versuchen Sie auch, das Verstehen ohne schriftliche Texte zu fördern: Geschichtenerzählen u.ä.

3 Gebrauchen Sie Beispiele, die abstrakte Konzepte mit Alltagserfahrungen verknüpfen; zum Beispiel negative Zahlen mit Kontoüberziehung bei der Bank.

Lernen Sie die Gebräuche, Traditionen und Werte Ihrer Schüler kennen.

Beispiele

1 Nutzen Sie die Ferienzeit aus, um die Ursprünge und Bedeutungen von Sitten und Gebräuchen mit den Schülern zu thematisieren.

2 Analysieren Sie verschiedene Traditionen für den gleichen Anlass (z. B. Weihnachten).

3 Gehen Sie zu Gemeindetreffen und -festen.

Helfen Sie Schülern, rassistische und sexistische Botschaften zu entdecken.

Beispiele

1 Analysieren Sie Unterrichtsmaterial nach Voreingenommenheiten.

2 Machen Sie Schüler zu „Vorurteilsdetektiven" in den Medien.

3 Diskutieren Sie die Art, wie Schüler vorurteilsbehaftet über sich gegenseitig reden und was getan werden sollte, um das zu vermeiden.

4 Diskutieren Sie Ausdrucksweisen, die von Vorurteilen, wie z. B. Antisemitismus, zeugen.

Mehr Vorschläge über den Einsatz von kulturbezogenem Unterricht finden Sie unter
http://preservicetech.edreform.net/techindicator/culturallyrelevantpedagogy/

den Lehrer unterbrechen kann, wann geflüstert werden muss, wie man Hilfe in einer Gruppe bekommt, wie man eine notwendige Erklärung abgibt. In den späteren Klassen bedeutet das, die Lerntechniken zu vermitteln, die für ein bestimmtes Fach angemessen sind. Sie können dieses Strategien- und Praxiswissen vermitteln, ohne das zweite Prinzip zu verletzen, den Schülern Respekt entgegenzubringen. Die Art, wie zu Hause Fragen gestellt werden und die Fragenformen in der Schule müssen beide von den Schülern beherrscht und beantwortet werden. Schüler schaffen das auch und müssen nicht notwendigerweise entscheiden, welche Art zu fragen die bessere ist. In der Schule können auch ver-schiedene Fragestellungen vermittelt werden, um den Horizont der Schüler zu erweitern. Lesen Sie in den *Richtlinien* noch einige weitere Vorschläge nach.

> **Verknüpfen und erweitern Sie Ihre Forschungskenntnisse**
>
> Die Sommerausgabe 1995 von *Theory into Practice* ist dem Culturally Relevant Teaching gewidmet. Die Zeitschrift befasst sich ausschließlich mit dem Thema Pädagogik. Lesen Sie auch unter **http://www.ehe.osu.edu/tip/** nach.

Z U S A M M E N F A S S U N G

Ethnisch heterogene Klassen (S. 201–205)

Was sind die Unterschiede zwischen einem „kulturellen Schmelztiegel" und Multikulturalismus? Die Statistiken weisen auf die wachsende kulturelle Vielfalt in der amerikanischen und deutschen Gesellschaft hin. Frühere Ansichten, dass die Mitglieder von Minoritätengruppen und Immigranten ihre kulturellen Besonderheiten aufgeben sollten, um sich vollständig zu assimilieren, um nicht als „mit kulturellen Defiziten behaftet" angesehen zu werden, werden nun allmählich ergänzt durch Multikulturalismus, durch Chancengleichheit in der Bildung und durch positive Einstellungen gegenüber kultureller Vielfalt.

Was ist multikulturelle Erziehung? Multikulturelle Erziehung ist ein Programm, das die Chancengleichheit für alle Schüler anstrebt. Eine Gesellschaft mit multikulturellen Idealen schätzt die kulturelle Vielfalt. James Banks schlägt vor, dass die multikulturelle Erziehung fünf Dimensionen umfasst: die Inhalte integrieren, Schülern zu verstehen helfen, wie Wissen durch Überzeugungen beeinflusst wird, reduzieren von Vorurteilen, soziale Strukturen in der Schule schaffen, die allen Schülern Lernen und Entwicklung ermöglicht, und Lehrmethoden einsetzen, die alle Schüler ansprechen.

Was ist Kultur? Es gibt viele Konzeptionen von Kultur, aber die meisten schließen Wissen, Fertigkeiten, Regeln, Traditionen, Überzeugungen und Werte ein; alle diese Elemente steuern das Verhalten einer bestimmten Gruppe von Personen: Jeder ist Mitglied in verschiedenen kulturellen Gruppen, von geografischen Regionen, Nationalitäten, Ethnien, Rassen, in seltenen Fällen auch Geschlecht, soziale Klassen und Religionen. Mitgliedschaft in einer bestimmten Gruppe allein bestimmt nicht das Verhalten oder die Wertorientierung, aber sie macht bestimmte Werthaltungen und Verhaltensweisen wahrscheinlicher.

Sozio-ökonomische Unterschiede (S. 205–210)

Was ist eine sozioökonomische Schicht und wie unterscheidet sie sich von der sozialen Klasse? Soziale Klasse spiegelt das Prestige und die Macht in einer Gesellschaft wider. Die meisten Menschen sind sich ihrer sozialen Klassenzugehörigkeit bewusst, die sie mit anderen Gleichaltrigen teilen. Sozioökonomischer Status oder Schicht (SÖS) ist ein soziologischer Terminus für Wohlhabenheit, Macht, Kontrolle über Ressourcen und Prestige. Der sozioökonomische Status ist durch verschiedene Faktoren bestimmt – nicht nur das Einkommen – und setzt manche andere kulturelle Faktoren außer Kraft. Keine einzige Variable allein ist ein effektives Maß des SÖS, aber die meisten Forscher erkennen vier allgemeine Stufen des SÖS: Ober-, Mittel- und Unterschicht (unterteilt in Arbeiter und ungelernte Arbeiter). Die Hauptmerkmale dieser Schichten sind in Tabelle 5.1 zusammengefasst.

Was ist die Beziehung zwischen SÖS und Schulleistung? Sozioökonomischer Status und schulisches Leistungsniveau sind eng miteinander verknüpft. Schüler aus der Oberschicht zeigen in allen ethnischen Gruppen durchschnittlich ein höheres Leistungsniveau bei Testergebnissen und erhalten eine längere Schulbildung als Schüler aus der Unterschicht. Ist ein Kind in der Vorschulzeit arm, ergibt das eine schlechte Prognose für die Schülerleistung. Warum korreliert SÖS mit Schulleistungen? Unterschichtkinder haben unter Umständen Folgendes zu bewältigen: eine schlechte Gesundheitsfürsorge, niedrige Erwartungen der Lehrer, niedriger Selbstwert, gelernte Hilflosigkeit, Teilhabe an einer „Kultur des Widerstandes", in einen wenig anspruchsvollen Schulzweig eingestuft zu werden und in einer häuslichen Umgebung ohne Anregung zu leben. Ein beachtenswertes Ergebnis ist, dass Unterschichtkinder über die langen Sommerferien ein in der Schulzeit erarbeitetes Niveau wieder verlieren, während Ober und Mittelschichtkinder kontinuierlich Fortschritte machen.

Ethnische und Rassenunterschiede (S. 210–219)

Unterscheiden Sie zwischen Ethnizität und Rasse! Ethnizität ist weitgehend kulturell transmittiertes Verhalten, und Rasse machen biologisch transmittierte körperliche Merkmale aus. Es sind beides sozial bedeutsame Kategorien, die Menschen verwenden, um sich selbst und andere zu beschreiben. Minderheitengruppen (entweder durch ihre geringe Anzahl oder durch ihre Geschichte machtlos) nehmen in der Bevölkerung zu.

Wie können Unterschiede in der Ethnizität von Lehrern und Schülern die Leistungen in der Klasse beeinflussen? Aus den Unterschieden zwischen Lehrern und Schülern in aus der Kultur herrührenden Überzeugungen, Werten und Erwartungen können Konflikte entstehen. Kulturelle Konflikte entstehen oft durch Unterschiede, die unterhalb der Oberfläche liegen, denn wenn solche subtilen Unterschiede aufeinandertreffen, sind Missverständnisse an der Tagesordnung. Schüler aus bestimmten Kulturen lernen Einstellungen und Verhaltensweisen, die mit den Schulerwartungen übereinstimmen. Unter-

schiede zwischen ethnischen Gruppen in kognitiven und schulischen Fähigkeiten sind weitgehend das Erbe der Rassentrennung und der andauernden Vorurteile und Diskriminierungen.

Unterscheiden Sie zwischen Vorurteil, Diskriminierung und Furcht vor Stereotypen! Vorurteil ist eine festgefahrene und irrationale Verallgemeinerung – ein vorschnelles Urteilen oder eine schlecht begründete Einstellung über eine ganze Kategorie von Personen. Vorurteile können auf Leute in bestimmten rassischen, ethnischen, religiösen, politischen, geografischen oder Sprachgruppen abzielen, oder sie können auf die sexuelle Orientierung oder das Geschlecht einer Person ausgerichtet sein. Diskriminierung ist die Ungleichbehandlung von oder Aktionen gegen bestimmte Kategorien von Menschen. Die Furcht vor Stereotypen ist die besondere emotionale und kognitive Belastung durch die Angst, die zu erbringenden oder erbrachten Leistungen könnten ein Stereotyp bestätigen, das andere vom Schüler haben. Der Schüler muss nicht notwendigerweise selbst an das Stereotyp glauben. Was zählt, ist, dass dem Schüler das Stereotyp bewusst ist und dass ihm sehr daran liegt, gute Leistungen zu erbringen, um das Stereotyp zu widerlegen. Kurzfristig kann die Furcht vor negativen Stereotypen Testangst herbeiführen und das Leistungsniveau senken. Langfristig gesehen kann das Erleben von Furcht vor Stereotypen zu Deidentifikation mit den schulischen und intellektuellen Leistungen führen.

Mädchen und Jungen: Geschlechtsunterschiede in der Klasse (S. 219–227)

In welchen Stadien entwickelt sich die homosexuelle Orientierung? Die Stufen der lesbischen und schwulen Orientierung folgen einem Muster von zunächst Unbehagen über Verwirrung bis zur Akzeptanz. Einige Forscher gehen davon aus, dass sexuelle Identität nicht dauerhaft besteht, sondern sich über die Jahre ändern kann.

Was ist Geschlechtsrollenidentität und wie entwickelt sie sich? Geschlechtsrollenidentität ist die Vorstellung, die jede Person sich von sich selbst macht als Mensch mit männlichen oder weiblichen Eigenschaften – als Teil eines Selbstkonzeptes. Die Biologie (Hormone) spielt eine Rolle. Das geschlechtsspezifische Verhalten der Eltern und Lehrer männlichen und weiblichen Kindern gegenüber ist ebenso maßgebend. Durch ihre Interaktionen mit der Familie, den Gleichaltrigen, Lehrern und der sozialen Umwelt im Allgemeinen beginnen Kinder Geschlechtsschemata zu bilden oder organisierte Wissensnetzwerke über die Bedeutung von „männlich" oder „weiblich". Die Forschung zeigt, dass Geschlechtsrollenstereotype bereits in den Vorschuljahren beginnen und in Form der Voreingenommenheit einem Geschlecht gegenüber oder durch Diskriminierung eines Geschlechtes die ganze Schulzeit hindurch andauern können. Lehrer tragen oft unabsichtlich zur Festschreibung dieses Problems bei.

Gibt es Geschlechtsdifferenzen in kognitiven Fähigkeiten? Einige Leistungsergebnisse und Resultate allgemeiner Fähigkeitstests haben wenige geschlechtsgebundene Differenzen ergeben, es sind vor allem verbale und räumliche Fähigkeiten sowie Mathematik. Männer schneiden in mentalen Rotationsaufgaben und Mathematik besser ab. Frauen sind besser in Aufgaben, die den Erwerb und Gebrauch von verbalen Informationen beinhalten. Forschungen über die Ursachen dieser Geschlechtsunterschiede sind nicht aufschlussreich, aber sie deuten an, dass schulische Sozialisation und der Umgang der Lehrer mit Schülern und Schülerinnen im Mathematikunterricht eine Rolle spielen. Lehrer können eine Reihe von Strategien anwenden, um die Voreingenommenheit einem bestimmten Geschlecht gegenüber abzubauen.

Sprachunterschiede in der Klasse (S. 227–233)

Woher kommen die Sprachunterschiede in den Klassen? Sprachunterschiede bei den Schülern umfassen Dialekte, Bilingualismus und in der Kultur begründete Kommunikationsstile. Dialekte sind keine defizitären Sprachen und sollten anerkannt werden, aber in der Schule sollte die Hochsprache als Gegenstand und als Medium für die einzelnen Fächer unterrichtet werden. Dialekte verändern oft die Aussprache von Wörtern, der Lehrer sollte deshalb dialektspezifische Fehler beim Sprechen und Schreiben korrigieren, aber auch als verständlich erklä-

ren. Schüler mit Dialekt und zweisprachige Schüler wechseln oft zwischen den beiden Sprachformen (Codes) hin und her, je nachdem, mit welcher Gruppe sie sprechen.

Was ist bilinguale Erziehung? Bilinguale Schüler haben in der Regel eine andere Erstsprache als die Landes- und Schulsprache; sie lernen Deutsch als Zweitsprache und haben deshalb Beeinträchtigungen in der Sprachkompetenz der Zweitsprache. Damit einher können soziale Anpassungsschwierigkeiten gehen, die von der Bikulturalität herrühren. Es gibt zwar eine lebhafte Debatte darüber, wie man die Zweitsprachenkompetenz verbessern kann, aber es ist nicht anzuraten, die Erstsprache aufzugeben. Je besser die Schüler in ihrer Erstsprache sind, desto schneller werden sie die Zweitsprache lernen. Eine zweite Sprache so zu lernen, dass man alle Anforderungen in der Schule in ihr bewältigen kann, dauert fünf bis sieben Jahre.

Kulturelle Inklusionsklassen (S. 233–240)

Was ist kulturbezogene Pädagogik? „Kulturbezogene Pädagogik ist ein Unterrichtsansatz, der den Wissensfundus einer Kultur, die vorherigen Erfahrungen, die Bezugssysteme und Lernstile einer Kultur einbezieht beim Unterrichten von Schülern unterschiedlicher ethnischer Herkunft. So kann der Unterricht effektiver verlaufen und für die Schüler interessanter sein. Kulturbezogene Pädagogik spricht die Stärken der Schüler an und nutzt sie für den Unterricht" (Gay, 2000). Gloria Ladson-Billing (2004) beschreibt einen Unterricht, der auf drei Säulen ruht: Schüler müssen in der Schule Erfolg erleben, ihre kulturelle Kompetenz entwickeln/aufrechterhalten und ein kritisches Bewusstsein gegenüber den bestehenden Zuständen aufbauen.

Was sind die Elemente einer resilienten Klasse? Es gibt zwei Bündel von Elementen, die die Schüler an ihre Klassengemeinschaft binden. Ein Bündel von Elementen betont das Selbstbild des Agenten seiner Handlungen bei Schülern – ihre Fähigkeit, Ziele zu setzen und zu verfolgen. Dieses Selbstbild schließt auch die schulische Selbstwirksamkeit, Selbstkontrolle und Selbstbestimmung der Schüler ein. Das zweite Bündel betont Fürsorge und vernetzte soziale Beziehungen mit Lehrern, Peers und Zuhause.

SCHLÜSSELBEGRIFFE

ZUSAMMENFASSUNG

Aus dem Lehrernotizbuch

Eine Klasse sollte eine Gemeinschaft von Lernern sein, und die eingangs beschriebene Klassengemeinschaft ist hinsichtlich dieses Ziels gespalten. Es gibt Schüler mit Einstellungen, die das Ziel der Lernergemeinschaft, nämlich zu lernen, untergraben. Auf diesem Ziel muss der Lehrer aber bestehen, auf faire Art und Weise, fest und mit Feingefühl. Die Erreichung des Ziels liegt in der Hand des Lehrers, seine Praktiken und Einstellungen sind Hauptfaktoren, die bestimmen, ob die Klassengemeinschaft diesem Ziel näherkommt.

Was würden Lehrer tun?

Hier sind einige Äußerungen von erfahrenen Lehrern zum Umgang mit Klassen, in denen eine Spaltung der Schüler nach ethnischer Zugehörigkeit erfolgt ist (s. Fallbeschreibung zu Beginn von Kapitel 5).

■ **J. A., Sprachlehrer, 7. Klasse**
Wenn man in einer Realschule unterrichtet, sind die sozialen Probleme oft dringlicher als das Lernen. Das Hauptanliegen ist die Identität jedes Schülers innerhalb seiner Gruppe und die allgegenwärtige Furcht, dass die Identität über die kulturellen Grenzen hinweg nicht aufrechterhalten werden kann. Beim Sprachunterricht ergeben sich zahlreiche Aktivitäten, die das Kulturbewusstsein pflegen und somit zur Festigung des Team- und Gemeinschaftsgeistes in heterogenen Klassen beitragen. Schüler müssen in diesem Alter die vorhandenen Unterschiede positiv verarbeiten lernen und ihnen nicht aus dem Weg gehen. Das Problem darf nicht ignoriert, sondern muss angepackt werden; es muss ein Dialog zwischen den unterschiedlichen Gruppen in Gang gesetzt werden, um die kulturellen Fragen anzugehen. Jeder Schüler muss die Gewissheit bekommen, dass seine kulturelle Identität gewahrt bleibt, wenn er sich in die Klassengemeinschaft (und größere Gemeinschaften) eingliedert. (Um die Integration bei Sitzordnungen und Gruppierungen zu „forcieren", schreiben Sie die Schülernamen auf einen Zettel, und jeder Schüler kann einen Zettel ziehen; der darauf stehende Schülername soll dann sein Nachbar oder in seiner Gruppe sein).

■ D. P. R., T. G. R., Grundschullehrerin und Lehrer an einer höheren Schule

Kulturelle Unterschiede, die in der ethnischen Herkunft, der sozialen Klasse oder der Geografie liegen, können zu Erleben der Befremdung und zur Distanzierung von der Schule führen. Diese Erscheinungen können symptomatisch für eine größere Schulgemeinschaft oder sogar für die ganze Gemeinde sein. Sie können kulturelle Spannungen minimieren und zu einem größeren Verständnis individueller und kultureller Differenzen führen.

Zum Beispiel sollten zu Beginn des Schuljahres alle Gruppierungen von Schülern sorgfältig ausgesucht werden; sie sollten kurzfristig (nicht länger als 10 bis 15 Minuten) zusammenarbeiten. Während dieser Aktivitäten erhalten sie den Teamgeist fördernde Aufgaben; während des Lösungsprozesses lernen sich die Schüler als Einzelpersonen näher kennen und sehen sich nicht nur als Vertreter einer größeren kulturellen Gruppe. Erwachsene aus der Gemeinde sollten eingeladen werden, um zu zeigen, wie man im Team arbeitet und wie kulturelles Verständnis geweckt werden kann.

Wenn die Klassengemeinschaft die kulturellen Barrieren und Voreingenommenheiten überwunden hat, können auch wieder interethnische Gruppierungen zugelassen werden für standardisierte Lernprojekte, und es können die Aufgaben in einer kulturspezifischen Form angegangen werden. In den Besprechungen zu den einzelnen Projekten kann der Lehrer nach Worten und Phrasen in den einzelnen Sprachen fragen, die Respekt ausdrücken. Das schafft guten Kontakt zu den Schülern und macht ihnen deutlich, dass ihre Beiträge gewürdigt werden.

■ D. Y. , Sportlehrer, 6. Klasse

Mein oberstes Ziel ist ein Gefühl der Sicherheit in der Klasse aufkommen zu lassen, eine fürsorgliche, unterstützende Atmosphäre, in der Schikanen keinen Platz haben und Unterschiede zwischen den Schülern gutgeheißen werden. Ich würde den Schülern ein Vorbild sein in Verhaltensweisen, die ich meinerseits von ihnen erwarte, und sie fragen, welches Verhalten ihrer Meinung nach zu einem guten Klima in der Klassengemeinschaft beiträgt. Danach würde die Klasse eine Art Bekenntnis zu diesen Verhaltensweisen schriftlich festlegen, und jeder in der Klasse müsste das unterschreiben. Dann würde ich diese Verhaltensregeln ans Schwarze Brett heften. Eine andere Aufgabe wäre aus Zeitungen Fotos, Zeichnungen, Karikaturen, Familiendarstellungen und andere Sätze oder Artikel auszuschneiden, um die Fragestellung zu beantworten: „Was würdest du auf die Frage antworten, wer du bist?" Wenn wir so viel wie möglich über einander erfahren, würden wir die Wände des Missverstehens einreißen und Vorurteile abbauen. Ich würde alles daran setzen, dass Klima zu verbessern, sodass jeder sich gut aufgehoben fühlt und lernen unter günstigen Bedingungen stattfinden kann.

■ R. G. S., Vertretung des Rektors einer Realschule

Die Zusammenarbeit von Pädagogen in leitenden Stellungen und Lehrern ist wesentlich. Als Pädagoge in einer leitenden Stellung schlage ich vor, dass der Lehrer verschiedene Wege bereithält, den Unterrichtsstoff zu personalisieren, damit der Stoff der Herkunftskultur der Schüler angemessen ist und gleichzeitig auch schulischen Leistungsstandards gerecht wird. Der Lehrer sollte auf diese Art und Weise das persönliche Wohlbehagen und den Stolz der Schüler auf ihre individuelle Herkunft durch Schreiben, Erkundungen und verschiedene Medien der Präsentation bestärken. Der Lehrer sollte eine Gelegenheit für die Schüler bieten, mit Respekt auf ihre Kultur zu blicken; dadurch werden das schulische Leistungsniveau und die Beherrschung des Lehrstoffes und der Lerntechniken verstärkt. Mit solchen Grundlagen verstehen die Schüler eher die Erfahrungswelt ihrer Mitschüler; sie führen zu einer Peerkultur des Respekts.

■ W. S.-K., ehemaliger stellvertretender Rektor einer Grundschule

Es ist ein enormer Vorzug, so viele Sprachen und Kulturen in einer Klasse zu haben! Leute fühlen sich am wohlsten, wenn sie Vertrautes um sich haben. Aber mischen Sie die Peergruppen neu oder erlauben Sie den Schülern, ihre eigene Kultur in den Unterricht zu tragen. Das könnte in Form von Musik, Essen, Kleidung oder Gebräuchen sein. Viele Schulen haben einen Kulturtag eingeführt, das könnte man für jede der in der Schule vertretenen Kulturen im Laufe des Jahres so machen. Wenn in der Klasse Schüler mit verschiedenen Muttersprachen sind, so könnte man die betreffenden bilingualen Schüler in ihrer Muttersprache verschiedene Wörter oder Sätze zum Lernen sagen lassen. So können diese „Experten" das Weltwissen aller Schüler verbessern.

TEIL II

Lernen und Motivation

Behavioristische Sichtweise des Lernens

6

ÜBERBLICK

Was würden Sie tun?

Sie wurden mitten im Schuljahr in einer Schule angestellt, um einen Lehrer zu ersetzen, der in eine andere Stadt umgezogen war. Die Schule und die Schulverwaltung des Bezirks haben einen guten Ruf. Wenn Sie Ihre Sache gut machen, könnten Sie im nächsten Schuljahr eine feste Stelle an der Schule bekommen. Als Sie in der Schule den anderen Lehrern vorgestellt werden, werden Ihnen mitleidige Blicke zugeworfen, und es kommen zahlreiche – viel zu viele – Unterstützungsangebote: „Sagen Sie mir Bescheid, wenn ich Ihnen irgendwie helfen kann."

Nach der ersten Stunde wird Ihnen klar, warum so viele Lehrer ihre Hilfe angeboten hatten. Mehrere Schüler laufen während des Unterrichts im Klassenraum herum und unterbrechen Sie, wenn Sie gerade bei einer anderen Arbeitsgruppe sind. Die Schüler ärgern sich gegenseitig und fangen an, während des Unterrichts ihr Pausenbrot zu essen oder sogar das von Mitschülern – ganz nach ihren eigenen Bedürfnissen. Es gibt einen charismatischen Anführer in der Klasse, der regelmäßig stört, sich Ihren Anordnungen widersetzt und Ihre Anstrengungen durchkreuzt, eine Lerngemeinschaft zu bilden. Einfach die ersten Unterrichtsaktivitäten einzuführen, dauert schon 10 Minuten. Am Ende Ihres ersten Arbeitstages sind Sie erschöpft und entmutigt, Sie haben Ihre Stimme und Ihre Geduld verloren. Sie fragen sich, wie Sie die Klassengemeinschaft organisieren und managen können, um sicherzustellen, dass die Schüler lernen, was sie lernen sollen, um die Leistungsüberprüfungen zu überstehen.

Kritisch denken

- Wie würden Sie diese verfahrene Situation angehen?
- Welches Problemverhalten würden Sie zuerst ins Auge fassen?
- Würden Belohnungen oder Bestrafungen in dieser Situation etwas nützen?
- Warum ja oder warum nicht?

Zusammenarbeit

Führen Sie mit zwei Schülern aus Ihrer Klasse ein Rollenspiel durch: ein Orientierungstreffen zwischen einem neuen Lehrer und seinem aus der Lehrerschaft zugewiesenen Mentor. Wie sollte der Mentor seine Schutzbefohlenen auf die neuen Aufgaben vorbereiten? Welche Pläne könnten entworfen werden, um die Situation zu verbessern?

Das sechste Kapitel fängt mit einer Definition des Lernens an, welche die widersprechenden Ansichten verschiedener theoretischer Ansätze berücksichtigt. Die Verhaltenstheoretiker sind eine wichtige Gruppe, auf die in diesem Kapitel besonders eingegangen wird. Eine andere wichtige Gruppe sind die Kognitivisten (siehe Kapitel 7 und 8). In Kapitel 9 kommen dann die gegenwärtigen sozial-kognitiven Theoretiker und die Konstruktivisten zu Wort.

Die Diskussion in diesem Kapitel stellt vier Verhaltenstheorien des Lernprozesses vor: Kontiguitätslernen, klassisches Konditionieren, operationales Konditionieren und Beobachtungslernen, mit stärkerer Berücksichtigung der letzten beiden Lernprozesse. Nach einer Analyse der Bedeutung der angewandten Verhaltensanalyse für die Lehre werden zwei gegenwärtige Richtungen in der Verhaltenstheorie des Lernens vorgestellt: Selbstmanagement und kognitive Verhaltensmodifikation. Nach Durcharbeiten dieses Kapitels sollten folgende Inhalte beherrscht werden:

- Was ist Lernen?
- Welche Ähnlichkeiten und Unterschiede bestehen zwischen Kontiguitätslernen, klassischem Konditionieren und operantem Konditionieren?
- Was sind Beispiele für vier verschiedene Folgeerscheinungen der genannten Art von Lernprozessen und welche Auswirkungen kann jeder auf zukünftiges Verhalten haben?
- Wie könnten Sie die angewandte Verhaltensanalyse (Gruppenkonsequenzen, Kontingenzverträge,

Münzwirtschaft oder funktionale Verhaltensanalyse) einsetzen, um übliche Schul- oder Verhaltensprobleme zu lösen?

■ *Was und wie können Schüler durch Beobachtung lernen?*

■ *Was ist kognitive Verhaltensmodifikation und wie kann man sie im Unterricht anwenden?*

Das Lernen verstehen  6.1

Beim Hören des Wortes *Lernen* denken die meisten an Schule oder Studium. Man denkt an Fächer und zu beherrschenden Lehrstoff wie Algebra, Spanisch, Chemie oder Karate. Lernen ist nicht nur auf die Schule beschränkt. An jedem Tag wird etwas gelernt. Säuglinge lernen bestimmte Bewegungen mit ihren Beinchen, um ein Mobile über ihrem Bettchen zum Schwingen zu bringen. Jugendliche lernen die Texte aller ihrer Lieblingslieder. Personen mittleren Alters lernen, ihre Ernährungsgewohnheiten zu ändern und erwerben Bewegungsmuster für die körperliche Ertüchtigung. In jedem Jahr finden Leute die neue Mode schön. Dieses Beispiel zeigt, dass Lernen nicht immer angestrebt wird. Die neue Mode wird entworfen, in allen Schaufenstern ausgestellt, und plötzlich erscheint diese Mode attraktiv und die alte unattraktiv. Bei der Wahrnehmung eines Zahnarztbohrers wollen wir nicht unruhig und verspannt werden, und wenn wir eine Bühne betreten, wollen wir kein Lampenfieber haben. Trotzdem erleben viele Menschen diese Zustände. Was ist also Lernen?

6.1.1 Lernen: eine Definition

Im weiteren Sinne tritt Lernen auf, wenn Erfahrung eine relativ dauerhafte Veränderung im individuellen Wissen oder Verhalten schafft. Die Veränderung kann beabsichtigt oder unbeabsichtigt, zum Besseren oder Schlechteren, richtig oder falsch und bewusst oder unbewusst sein (Hill, 2002). Um als Lernen zu gelten, muss durch die Interaktion einer Person mit ihrer Umgebung eine Veränderung durch Erfahrung zu-

stande gekommen sein. Auf Reifung zurückzuführende Veränderungen, wie wachsen und graue Haare bekommen, gelten nicht als Lernen. Vorübergehende Veränderungen durch Krankheit, Müdigkeit oder Hunger fallen auch nicht unter die allgemeine Definition von Lernen. Ein Mensch, der zwei Tage ohne Essen auskommen muss, lernt den Hunger nicht, und eine kranke Person lernt nicht langsamer zu laufen. Natürlich spielt Lernen bei unseren Reaktionen auf Hunger oder Krankheit eine Rolle.

Die vorgegebene Definition grenzt Lernen auf Veränderungen im Wissensstand und im Verhalten ein. Die meisten Psychologen würden der Definition zustimmen, aber einige betonen mehr die Veränderungen im Wissensstand, andere mehr die Veränderungen im Verhalten. Für kognitive Psychologen steht die Wissensveränderung stärker im Vordergrund. Sie meinen, Lernen sei ein innerer Prozess, der nicht direkt beobachtbar sei. Kognitive Psychologen mit Interesse am Lernprozess untersuchen nicht beobachtbare mentale Aktivitäten wie Denken, Gedächtnis und Problemlösen (Schwartz, Wasserman & Robbins, 2002). Die Psychologen, die in diesem Kapitel vorgestellt werden, beschäftigen sich mit **behavioristischen Lerntheorien.** Die behavioristische Sichtweise verliert allgemein an Bedeutung, sie postuliert, dass Lernen zu *Verhaltens*änderungen führt. Sie hebt die Rolle äußerer Reizeinflüsse als Ursache dieser Änderungen hervor. Frühe Behavioristen wie J. B. Watson nahmen die radikale Position ein, dass Denken, Intentionen und andere mentale Abläufe nicht beobachtet und daher wissenschaftlich nicht genau genug unter-

Was ist Lernen? Verhaltenstheoretiker betonen die Rolle der äußeren Reizeinwirkungen. Sie betrachten nur das Verhalten und die beobachtbaren Reaktionen.

Lernen Ein Prozess, der Erfahrungen verarbeitet und mehr oder weniger dauerhafte Veränderungen im Wissen und Verhalten hervorbringt.

Behavioristische Lerntheorien Erklärungen des Lernens durch Einwirkung äußerer Ereignisse als Ursache für Veränderungen im Verhalten.

sucht werden können. Diese „mentalisms", wie Watson sie nannte, sollten in einer Definition von Lernen nicht vorkommen. Im Folgenden wird zunächst eine Unterrichtsstunde vorgestellt und erst danach eine tiefergehende Analyse der Lernergebnisse vorgenommen.

6.1.2   Lernen ist nicht immer das, was es zu sein scheint

Nach einigen Wochen des Unterrichtens in einer 8. Klasse zusammen mit einem anderen Lehrer fühlte sich die Praktikantin Elizabeth bereit, die Klasse allein zu unterrichten. Als sie sich vor die Klasse stellen wollte, sah sie eine andere Person auf sich zukommen, Herrn Ross, ihren Betreuer von der Universität. Ihr Gesicht und Hals versteiften sich plötzlich, und ihre Hände fingen an zu zittern.

„Ich komme vorbei, um Ihren Unterricht zu beobachten", sagte Herr Ross. „Dies ist der erste von sechs Besuchen. Ich habe gestern Abend versucht Sie anzurufen, aber Sie waren nicht zu Hause."

Elizabeth versuchte, ihre Aufregung zu verstecken, aber ihre Hände zitterten beim Zusammensuchen ihrer Unterlagen für den Unterricht.

„Wir wollen heute mit einem Spiel anfangen. Ich sage ein Wort, dann sollt ihr das erste Wort, das euch daraufhin einfällt, laut sagen. Ihr braucht euch vorher nicht zu melden, aber ihr müsst laut sprechen. Ich schreibe die Wörter an die Tafel. Aber nicht alle auf einmal sprechen, wartet mit eurem Wort, bis der vorherige Sprecher ausgeredet hat. Hier ist das erste Wort: Sklaverei."

„Bürgerkrieg", „Kolonien", „Freiheit", „Befreiung", die Antworten kamen schnell und Elizabeth war erleichtert, dass die Schüler das Spiel verstanden.

„Ja, prima, sehr gut", sagte sie, „jetzt ein anderes Wort: Süden."

„Süddeutschland", „Südeuropa", „Stern des Südens", „Südsee", Elizabeth sagte lachend „Ja, da möchte ich auch einmal hin". Alle lachen mit.

„Nun noch: Norden."

„Nordsee", „Nordlicht", „Nordseefischerei", „Gestank" (der Schüler hielt sich die Nase zu), „glitschig". Jetzt hielten sich alle die Nase zu und machten Bewegungen, als ob sie einen lebenden Fisch in der Hand hielten.

„Halt, jetzt kommt ihr vom Thema ab!", warf Elizabeth ein.

„Kein Thema", „kein Wort" . . . die Schüler fingen an, mit Papierkügelchen in der Klasse herumzuwerfen als Untermalung für ihre wenig hilfreichen Assoziationen.

„Also, über die Sklaverei scheint ihr noch am meisten zu wissen, holt einmal Stifte und Hefte heraus!", ordnete Elizabeth verärgert an. Sie teilte ein Arbeitsblatt aus, das sie ursprünglich als Gemeinschaftsarbeit mit Einsicht in Bücher vorgesehen hatte. „Ihr habt 20 Minuten Zeit."

„Das ist nicht fair", „Sie haben davon nichts gesagt", „Das haben wir noch nicht durchgenommen." Alle stöhnten und protestierten. „Das sage ich dem Rektor, das ist gegen die Rechte der Schüler!"

Diese Proteste trafen Elizabeth hart. Die Schüler hatten die Menschenrechte als Vorbereitung für das Thema Sklaverei gerade erst durchgenommen. Wie sollte sie diese Klassenarbeit bewerten? Der erste Teil des Tests fragte nach Fakten über die Sklaverei und im zweiten sollte eine Interviewserie entworfen werden für eine Befragung von Bürgern zur Sklaverei.

„Na gut, eine Klassenarbeit ist das nicht, aber eine Note gibt es schon. Ich wollte euch ja eigentlich in Gruppen arbeiten lassen, aber dazu seid ihr ja nicht bereit. Wenn ihr den ersten Teil selbstständig und ruhig erledigt habt, könnt ihr beim zweiten Teil zusammenarbeiten." Elizabeth wusste, dass ihre Schüler gern zusammen die Interviews entwerfen würden.

Elizabeth hatte Angst, ihren Betreuer anzuschauen. Was schrieb er eigentlich in den Protokollbogen?

Augenscheinlich hatte – oberflächlich betrachtet – wenig Lernen stattgefunden. Elizabeth hatte ein paar gute Ideen gehabt, aber sie machte Fehler in ihrer Anwendung von Lernprinzipien. Auf den misslungenen Verlauf des Unterrichts wird im Laufe des Kapitels noch mehrmals eingegangen. Zunächst werden vier Episoden aus dem Unterricht herausgegriffen, die jede einen anderen Lernprozess beinhalten.

Die erste Episode zeigt, dass die Schüler auf das Wort Süden bestimmte Wörter assoziieren konnten: Süddeutschland, Südeuropa. Die zweite ist das Zittern der Hände, als Elizabeths Betreuer den Klassenraum betrat. Die dritte ist das störende Verhalten eines Schülers mit völlig abwegigen Assoziationen. Der vierte Lernprozess ist mit Elizabeths Lachen über eine Assoziation verbunden, als die Klasse in ihr Lachen einstimmte. Die vier Lernprozesse sind psychologisch gesehen: *Kontiguitätslernen, klassisches Konditionieren, operantes Konditionieren* und *Beobachtungslernen*. Auf diese vier Lernprozesse wird in den folgenden Abschnitten in der vorgegebenen Reihenfolge eingegangen.

Frühe Erklärungen des Lernens: Kontiguität und klassisches Konditionieren 6.2

Eine der frühesten Erklärungen des Lernens stammt von Aristoteles (384–322 v. C.). Er schrieb, dass wir Ereignisse zusammen erinnern, (1) wenn sie sich ähnlich sind, (2) wenn Sie im Kontrast zueinander stehen und (3) wenn sie in räumlicher oder zeitlicher Nähe zueinander stehen, in Kontiguität. Das Lernprinzip der **Kontiguität** besagt, dass zwei Ereignisse assoziiert werden, wenn sie oft zusammen vorkommen. Wenn später nur eines der beiden Ereignisse vorkommt (der **Reiz** oder **Stimulus**), wird das andere auch erinnert (**Reaktion**) (Rachlin, 1991; Wasserman & Miller, 1997). Wenn Elizabeth zum Beispiel „Süden" vorgab, assoziierten die Schüler „Süddeutschland" und „Südeuropa". Sie hatten diese Wortverbindung schon sehr oft gehört. Andere Lernprozesse können dabei auch eine Rolle spielen, aber Kontiguität ist eine wirksame Lernbedingung. Kontiguität spielt ebenfalls eine Rolle beim *klassischen Konditionieren.*

Halt! Denken Sie nach! Schreiben Sie!

Schließen Sie Ihre Augen und konzentrieren Sie sich auf den Geruch von Pommes frites; auf eine sehr peinliche Szene in der Schule, auf den Geschmack eines Schokoladenmixgetränks, auf das Geräusch eines Zahnbohrers. Was haben Sie bemerkt, als Sie diese Vorstellungsbilder heraufbeschworen?

Wenn es Ihnen so ergeht wie vielen anderen, dann verspannen sich die Nackenmuskeln beim Anhören des Geräuschs eines Zahnbohrers. Beim Gedanken an salzige Pommes frites oder zarte Schokolade (besonders bei großem Hunger) läuft der Speichel im Munde zusammen. Das erste peinliche Ereignis in der Schule ist etwa, unvorbereitet vor allen Schülern ein Lied singen zu müssen. Die begleitenden Gefühle bleiben mit dem Ereignis assoziiert. **Klassisches Konditionieren** ist das Lernen von *unwillkürlichen* emotionalen oder physiologischen Reaktionen wie Angst, anwachsende Muskelspannung, Speichelfluss oder Schwitzen. Diese Reaktionen sind oft **automatische Reaktionen** auf Reize. Durch den Prozess des klassischen Konditionierens können Menschen und Tiere trainiert werden, unwillkürlich auf einen Reiz zu reagieren, der vorher keine oder eine andere Reaktion hervorgerufen hat. Der Reiz *ruft (elizitiert)* die Reaktion automatisch *hervor.*

Klassisches Konditionieren wurde in den 1920er-Jahren durch Pawlow, einen russischen Physiologen, entdeckt. Er versuchte zunächst zu klären, wie lange ein Hund nach der Fütterung benötigte, bis seine Verdauungssäfte sich einschalteten. Doch die Intervalle zeigten beträchtliche Schwankungen. Zuerst entwickelten die Hunde erwartungsgemäß Speichelfluss während des Fütterns. Dann floss der Speichel bereits beim Anblick der Speisen und später schon, wenn die Schritte des Experimentators auf dem Flur zu hören waren. Pawlow änderte seinen experimentellen Plan und versuchte, diesen unerwarteten Schwankungen nachzugehen.

In einem seiner ersten Experimente schlug Pawlow an eine Stimmgabel und registrierte die Reaktion des Hundes. Wie erwartet, gab es keinen erhöhten Speichelfluss. Der Klang der Stimmgabel war zu diesem Zeitpunkt ein **neutraler Reiz (Stimulus)**, weil er keinen Speichelfluss auslöste. Dann fütterte Pawlow den Hund. Die Reaktion war Speichelfluss. Das Essen war ein **unkonditionierter Reiz**, weil es vorher kein Training oder Konditionieren gegeben hatte, das den Zusammenhang zwischen Reiz und Speichel-

---

√ **Kontiguität** Assoziation zweier Ereignisse durch wiederholte räumlich-zeitliche Paarung.

√ **Reiz/Stimulus** Ereignis, das Verhalten aktiviert.

√ **Reaktion** Beobachtbare Antwort auf einen Reiz.

√ **Klassisches Konditionieren** Verknüpfung von unwillkürlichen Reaktionen mit neuen Reizen.

√ **Automatische Reaktion** Meist unwillkürliche oder automatische Antworten auf spezifische Reize.

√ **Neutraler Reiz** Reiz ohne feste Verbindung mit einer bestimmten Reaktion.

√ **Unkonditionierter Reiz** Reiz löst automatisch eine bestimmte emotionale oder physiologische Reaktion aus.

reaktion festgestellt hatte. Der Speichelfluss war deshalb auch eine **unkonditionierte Reaktion**, sie wurde automatisch ausgelöst – ein Konditionieren war nicht nötig.

Mit Hilfe dieser drei Elemente – dem Futter, dem Speichelfluss und der Stimmgabel – demonstrierte Pawlow, dass ein Hund konditioniert werden konnte, mit erhöhtem Speichelfluss zu reagieren, nachdem die Stimmgabel ertönte. Er hatte dies durch die Kontiguität oder die Paarung von Stimmgabelton und Futter erreicht. Er schlug die Stimmgabel an und fütterte dann schnell den Hund. Nachdem Pawlow das verschiedene Male wiederholt hatte, begann der Hund, nach Vernehmen der Stimmgabel, aber vor dem Füttern, Speichel zu produzieren. Nun war der Ton zum **konditionierten Reiz** geworden, der allein den Speichelfluss auslösen konnte. Die Speichelreaktion nach dem Ton wurde zur **konditionierten Reaktion**.

Das pawlowsche Konditionieren ist nicht nur von historischem Interesse. Der folgende Zeitungsausschnitt, der eine Werbekampagne für ein Produkt anpreist, das für die „Generation Y" bestimmt ist, jener Generation, die zwischen 1977 und 1994 geboren wurde, zeigt dies:

Die Werbefachleute haben ihre eigene Bezeichnung für diese Werbestrategie: die Pawlow-Assoziation. Durch das Verteilen von Proben bei Surf-, Skateboard- und Schneebrett-Turnieren „schaffen wir eine Verbindung zwischen der Produktmarke und den aufregenden Erlebnissen", sagt Dave Burvich, ein hochrangiger Marketingexperte von Pepsi Cola (Horovitz, in *Today*, April, 22, 2002, S. B2).

Vielleicht könnte das für Mathematikhausarbeiten von Schülern auch klappen. Es ist möglich, dass viele unserer emotionalen Reaktionen auf verschiedene Situationen teilweise durch klassisches Konditionieren gelernt werden. Ärzte haben eine Bezeichnung – das „Weißer-Kittel-Syndrom" – für eine Reaktion von Patienten, deren Blutdruck steigt (eine unwillkürliche, automatische Reaktion), wenn sie vom Arzt (meist im weißen Kittel) untersucht werden. Ein anderes Beispiel: Die zitternden Hände einer Studentin beim An-

blick ihres Praktikumbetreuers von ihrer Universität können auf frühere unerfreuliche Bewertungen ihrer Leistungen zurückzuführen sein. Jetzt reicht schon das Bewusstsein aus, beobachtet zu werden, um Herzklopfen und feuchte Hände zu bekommen. Klassisches Konditionieren ist für Lehrer so wichtig wie für Vertriebsleiter. Es sei daran erinnert, dass Emotionen und Einstellungen, aber auch Fakten und Ideen in der Klasse gelernt werden. Dieses emotionale Lernen kann manchmal das schulische Lernen stören. Interventionsmaßnahmen, die auf dem Prinzip des klassischen Lernens gründen, können Menschen helfen, ihre emotionalen Reaktionen besser auf ihre Umwelt einzustellen. Die *Richtlinien* zeigen einige Anwendungen des klassischen Konditionierens.

Operantes Konditionieren: neue Reaktionen versuchen   6.3

Bisher war nur vom automatischen Konditionieren unwillkürlicher Reaktionen wie Speichelfluss oder Angst die Rede. Natürlich ist nicht jedes Verhalten unwillkürlich oder automatisch. Die meisten Verhaltensweisen sind nicht unwillkürlich. Leute wirken aktiv auf ihre Umgebung ein, um bestimmte Folgen herbeizuführen. Diese willkürlichen, auf bestimmte Folgen abzielenden Handlungen werden als **Operanten** bezeichnet. Der Lernprozess mit Operanten heißt **operantes Konditionieren**.

Das operante Konditionieren geht auf B. F. Skinner (1953) zurück. Skinner erkannte, dass die Prinzipien des klassischen Konditionierens nur einen Teil des gelernten Verhaltens erklären können. Zahlreiche menschliche Verhaltensweisen sind Operante und nicht konditionierte Reaktionen. Das klassische Konditionieren beschreibt nur, wie bestehendes Verhalten mit einem neuen Reiz verknüpft wird. Es erklärt nicht, wie neues operantes Verhalten entsteht.

Verhalten ist eine Bezeichnung, wie Reaktion oder Aktion, für das, was eine Person in einer bestimmten

---

Unkonditionierte Reaktion   Natürlich vorkommende emotionale oder physiologische Reaktion.

Konditionierter Reiz   Ein Reiz, der eine emotionale oder physiologische Reaktion nach einem Konditionierungsvorgang hervorruft.

Konditionierte Reaktion   Gelernte Antwort auf einen vorher neutralen Reiz.

Operante   Willkürliches (und allgemein Ziel gerichtetes) Verhalten einer Person oder eines Konfliktes.

Operantes Konditionieren   Lernen, bei dem willkürliches Verhalten durch Konsequenzen oder Antezedenzien gestärkt oder geschwächt wird.

Anwendungen des klassischen Konditionierens

Assoziieren Sie Lernaufgaben mit positiven, angenehmen Ereignissen.

Beispiele

1 Legen Sie mehr Wert auf Gruppenwettbewerbe und Zusammenarbeit als auf individuellen Wettbewerb. Viele Schüler zeigen negative emotionale Reaktionen auf individuelle Wettbewerbe, die auf anderes Lernen übertragen werden können.

2 Beim Lernen der Division kann man z. B. Getränke oder Süßigkeiten teilen lassen, dann können die Schüler ihren Anteil verzehren.

3 Freiwilliges Lesen sollte attraktiv gemacht werden durch gemütliche Leseecken mit Sitzkissen, farbenfrohe Regale und Leserequisiten, wie z. B. Marionetten, die Hauptfiguren aus Büchern entsprechen (sehen Sie Morrow & Weinstein, 1986, für weitere neue Ideen).

Helfen Sie Schülern, sich freiwillig in Angst erzeugende Situationen zu begeben und sie erfolgreich zu bewältigen.

Beispiele

1 Übergeben Sie einem schüchternen Schüler die Verantwortung, zwei Mitschülern beizubringen, wie sie Landkarten für den Geografieunterricht holen und in der Klasse verteilen oder aufhängen.

2 Unterteilen Sie ein Hauptziel in verschiedene Unterziele. Zum Beispiel lassen Sie prüfungsängstliche Schüler jeden Tag einen kleinen unbenoteten Test durchführen, später dann wöchentlich.

3 Wenn ein Schüler Angst hat, vor der Klasse zu sprechen, lassen Sie den Schüler zunächst im Sitzen einen kurzen Bericht einer kleinen Gruppe vorlesen. Danach sollte er im Stehen lesen, anschließend den Bericht mit Notizen frei vortragen und nicht wörtlich ablesen. Dann kann er in kleinen Schritten die Angst so weit abbauen, bis er einen Bericht vor der Klasse angstfrei vortragen kann.

Helfen Sie Schülern Unterschiede und Ähnlichkeiten zwischen Situationen zu erkennen, sodass sie angemessen unterscheiden und generalisieren können.

Beispiele

1 Erklären Sie, dass Kinder Fremde meiden sollten, die Geschenke oder Autofahrten anbieten, dass sie aber natürlich Geschenke von Fremden annehmen dürfen, wenn ihre Eltern zugegen sind.

2 Machen Sie Schülern, die vor der Aufnahmeprüfung für die Universität stehen, klar, dass diese Prüfung nicht anders sein wird als die vielen Prüfungen vorher.

Wenn Sie mehr über die Anwendungen des klassischen Konditionierens erfahren wollen, gehen Sie zu:

http://www.class.uidaho.edu/psyc390/lessons/lesson02/lesson2.htm
http://www.dushkin.com/connectext/psy/ch06/ccapps.mhtml

Situation tut. Verhalten kann vorgestellt werden als zwischen vorausgehenden **(antezedenten)** und nachfolgenden **(konsequenten) Bedingungen** eingezwängt (Skinner, 1950). Diese Beziehung kann einfach nur als antezedente Kette Ereignisse → Verhalten → Konsequenzen angesehen werden. Forschung über operantes Konditionieren kann zeigen, dass operantes Verhalten durch Ändern der antezedenten Ereignisse oder auch der Konsequenzen oder durch beide verändert werden kann. Frühe Arbeiten konzentrierten sich auf die Konsequenzen. Sie setzten meist Tauben oder Ratten als Versuchstiere ein.

Antezedente Bedingungen Ereignisse, die einem Verhalten vorausgehen.

Konsequente Bedingungen/Konsequenzen Ereignisse, die einem Verhalten folgen.

6.3.1 Arten von Konsequenzen

Halt! Denken Sie nach! Schreiben Sie!

Versuchen Sie sich an Lehrer zu erinnern, die Belohnungen und Bestrafungen eingesetzt haben.

Erinnern Sie sich an verschiedene Typen von Belohnungen:

Konkrete Belohnungen (Aufkleber, Preise, Urkunden) _____ *Pos. Verst* _____

Belohnung durch Aktivitäten (Freizeit, Puzzles, freies Lesen) _____ *P. V* _____

Befreiungsbelohnung (keine Hausaufgaben, keine wöchentlichen Tests) _____ *neg. Verstärkung* _____

Soziale Belohnungen (Lob, Anerkennung) _____
_____ *Sekundäre Verstärker* _____ *pos. Verst.* _____

... an verschiedene Bestrafungen:

Verlust von Privilegien (kann nicht sitzen, wo er will, kann nicht mit Freunden zusammenarbeiten)
_____ *Bestr Typ 2* _____

Bußmaßnahmen (verlorene Punktwerte, Noten, Geld) _____ *Typ2* _____

Sonderaufgaben (zusätzliche Hausaufgaben, Liegestütze) _____ *Typ 1* _____

Vom behavioristischen Standpunkt aus bestimmen die Konsequenzen eines Verhaltens zu einem großen Teil, ob eine Person dieses betreffende Verhalten wiederholt oder nicht. Die Art der Konsequenz und der Zeitpunkt, wann sie eintritt, können das Verhalten verstärken oder abschwächen.

Verknüpfen und erweitern Sie Ihren Unterricht

Um die Allgegenwart von Verstärkung im täglichen Leben zu erkennen, sollten Sie ein Protokollbuch führen, in dem jede Verstärkung, die Sie erhalten oder geben, vermerkt ist. Halten Sie Ausschau nach positiven und negativen Verstärkungen, und vermerken Sie auch den **Verstärkungsplan**.

Verstärkung

Obwohl der Begriff **Verstärkung** gewöhnlich verstanden wird als „Belohnung", hat er doch eine eigene Bedeutung. Ein Verstärker ist jede Art von Konsequenz, die das Verhalten, auf das sie folgt, festigt. Verstärktes Verhalten tritt deshalb häufiger auf oder dauert länger. Wenn immer ein Verhalten dauerhafter oder stärker wird, kann man annehmen, dass die Folgen des Verhaltens für ein bestimmtes Individuum als Verstärker wirken (Landrum & Kauffman, 2000). Der Verstärkungsprozess kann etwa so veranschaulicht werden:

FOLGE	WIRKUNG
Verhalten → Verstärker →	gefestigtes oder wiederholtes Verhalten

Wir können sicher sein, dass Futter für hungrige Tiere ein Verstärker ist, aber ist das auch beim Menschen so? Es ist noch ungeklärt, warum ein Ereignis für eine bestimmte Person ein Verstärker ist. Aber es gibt einige Theorien darüber, warum Verstärker wirkungsvoll sind. Zum Beispiel erklären einige Psychologen, Verstärker befriedigen die Bedürfnisse, während andere Psychologen glauben, Verstärker reduzieren Spannungen oder stimulieren bestimmte Hirnzentren (Rachlin, 1991). Ob die Konsequenzen von Handlungen verstärkend wirken, hängt vielleicht von der Wahrnehmung einer handelnden Person und der Bedeutung, die sie den Konsequenzen zuschreibt, ab. Zum Beispiel könnten Schüler, die öfter wegen Fehlverhaltens zum Rektor geschickt wurden, andeuten, dass sie diese Konsequenz als verstärkend wahrnehmen, obwohl es anderen nicht so erscheinen mag. Übrigens hat Skinner nicht darüber spekuliert, warum Verstärker Verhalten festigen oder schwächen. Er meinte, es sei nutzlos, über „geistige Konstrukte" wie Bedeutung, Erwartung, Bedürfnis oder Spannung zu sprechen. Skinner beschrieb einfach die Tendenz eines Operanten, nach einer bestimmten Konsequenz häufiger aufzutreten (Hill, 2002; Skinner, 1953, 1989).

Es gibt zwei Arten von Verstärkern. Der erste, der **positive Verstärker (Belohnung)**, tritt immer dann auf, wenn das Verhalten einen neuen Reiz produziert. Beispiele sind etwa, wenn das Picken einer Taube auf

---

√ **Verstärkungsplan** Festlegung der Reihenfolge und der zeitlichen Abstände von Verstärkungen.

√ **Verstärkung** Konsequenzen, die ein bestimmtes Verhalten stärken.

√ **Positiver Verstärker (Belohnung)** Jedes Ereignis, das einem bestimmten Verhalten folgt und das die Auftretenswahrscheinlichkeit des Verhaltens erhöht.

einen roten Hebel zu Futtergaben führt, ein neues Kleidungsstück zu vielen Komplimenten oder der Fall vom Stuhl zu Gelächter von Klassenkameraden.

Es sei darauf hingewiesen, dass **positive Verstärkung** auch dann auftreten kann, wenn das verstärkte Verhalten (vom Stuhl fallen) aus der Sicht des Lehrers nicht „positiv" ist. Unbeabsichtigte positive Verstärkung von unerwünschtem Verhalten kommt im Klassenkontext häufig vor. Lehrer tragen dazu bei, Problemverhalten aufrechtzuerhalten, indem sie es ohne Absicht verstärken. Zum Beispiel könnte die Lehrerin durch ihr Lachen über die Assoziation „Südsee" unabsichtlich das alberne Verhalten der Schüler verstärkt haben. Das alberne Verhalten könnte ebenso durch andere Ereignisse verstärkt worden sein. Wenn die ein Verhalten festigende Konsequenz in der Erscheinung (dem Hinzufügen) eines neuen Reizes besteht, wird die Situation als *positiv verstärkend* definiert. Wenn dagegen die Konsequenz, die ein Verhalten stärkt, im Verschwinden (Abziehen) eines Reizes besteht, wird sie **negative Verstärkung** genannt. Wenn eine bestimmte Aktion zur Vermeidung oder zur Flucht aus einer **aversiven** (unangenehmen) Situation führt, wird diese Handlung auch verstärkt und in ähnlichen Situationen wiederholt. Ein bekanntes Beispiel ist der Summer für die Sicherheitsgurte im Auto. Sobald der Sicherheitsgurt angelegt ist, wird der Summer abgestellt. Man legt den Sicherheitsgurt in Zukunft mit erhöhter Wahrscheinlichkeit an, weil in der Vergangenheit der unangenehme Summton beim Anlegen aufhörte. Die Reaktion von Schülern, die immer vor Tests „krank" werden, wird teilweise durch negative Verstärkung aufrechterhalten. Sie ist negativ, weil der Reiz, also die Testsituation, verschwindet; sie ist verstärkend, weil das Verhalten (krank werden), das den Reiz zum Verschwinden bringt, häufiger auftritt. Möglich ist auch, dass klassisches Konditionieren dabei eine Rolle spielt. Die Schüler mögen auf die Erfahrung unangenehmer physiologischer Reaktionen auf den Test konditioniert sein. Das Negative bei der negativen Verstärkung impliziert jedoch nicht, dass das Verhalten negativ oder schlecht ist. Die Bedeutung ähnelt mehr dem „negativ" von negativen Zahlen, d. h. etwas wird

> ### Verknüpfen und erweitern Sie Ihren Unterricht
>
> *Positive Verstärkung:* Loben Sie bei guten Noten, geben Sie Bonuspunkte bei Tests, organisieren Sie eine Pizza-Party, wenn alle in der Klasse mit mehr als 85 Punkten im Rechtschreibtest abgeschnitten haben. *Negative Verstärkung:* Das Nachlassen des Schmerzes nach Entfernen eines Steins aus dem Schuh; ein Kind hört auf zu brüllen, weil es endlich beachtet wird; sich entschuldigen, bevor der Partner böse wird. *Bestrafung durch Reizdarbietung:* Mehrarbeiten; Verbote; schlechte Noten; körperliche Strafen. *Bestrafung durch Entzug:* Stubenarrest, Fernsehentzug; Ausflug nicht mitmachen dürfen; entlassen werden.

abgezogen. *Positive* und *negative* Verstärkung kann mit dem Addieren und Subtrahieren von etwas verglichen werden, das einem Verhalten folgt und welches das Verhalten festigt (verstärkt).

Bestrafung

Negative Verstärkung wird oft verwechselt mit Bestrafung. Der Prozess der Verstärkung (positiv oder negativ) schließt immer auch die Festigung von Verhalten ein. **Bestrafung** auf der anderen Seite umfasst das Abschwächen oder die Unterdrückung von Verhalten. Ein Verhalten, das von einer Bestrafung gefolgt wird, wird mit verringerter Wahrscheinlichkeit in ähnlichen zukünftigen Situationen erneut auftreten. Es ist der Effekt, der eine Konsequenz als Bestrafung definiert. Verschiedene Menschen haben unterschiedliche Ansichten über Bestrafung. Der eine Schüler mag einen erzwungenen Schulwechsel als Strafe empfinden, einem anderen macht das vielleicht gar nichts aus. Der Prozess der Bestrafung lässt sich mit Hilfe eines Schaubildes veranschaulichen:

FOLGE	WIRKUNG
Verhalten → Bestrafung →	abgeschwächtes oder weniger häufiges Verhalten

---

Positive Verstärkung Verhalten stärken durch Darbietung eines erwünschten Reizes nach dem Verhalten.

Negative Verstärkung Verhalten stärken durch Entfernen eines aversiven Stimulus, wenn das Verhalten auftritt.

Aversiv Unangenehm oder irritierend.

Bestrafung Prozess, der zur Schwächung oder Unterdrückung von Verhalten führt.

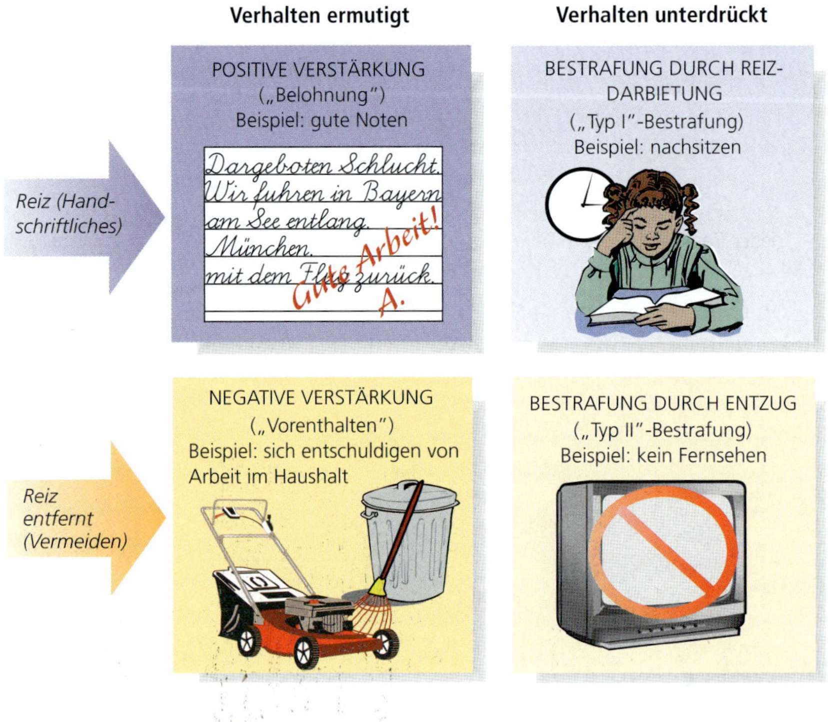

	Verhalten ermutigt	**Verhalten unterdrückt**

Verhalten ermutigt

POSITIVE VERSTÄRKUNG
(„Belohnung")
Beispiel: gute Noten

Verhalten unterdrückt

BESTRAFUNG DURCH REIZ-DARBIETUNG
(„Typ I"-Bestrafung)
Beispiel: nachsitzen

Reiz (Hand-schriftliches)

Dargeboten Schlucht.
Wir fuhren in Bayern
am See entlang.
München.
mit dem Flug zurück.
Gute Arbeit! A.

NEGATIVE VERSTÄRKUNG
(„Vorenthalten")
Beispiel: sich entschuldigen von Arbeit im Haushalt

BESTRAFUNG DURCH ENTZUG
(„Typ II"-Bestrafung)
Beispiel: kein Fernsehen

Reiz entfernt (Vermeiden)

Abbildung 6.1: Verstärkungs- und Bestrafungsarten. Negative Verstärkung und Bestrafung werden oft nicht unterschieden. Als Erinnerungshilfe: Verstärkung erhöht die Intensität und die Häufigkeit von Verhalten, und Bestrafung führt zu Abschwächung, Verminderung und Unterdrückung von Verhalten.

Wie die Verstärkung kann die Bestrafung auch zwei Formen annehmen: Die erste Form heißt Typ-I-Bestrafung, aber da der Name nicht sehr bedeutungshaltig ist, wird hier die Bezeichnung **Bestrafung durch Reizdarbietung** vorgeschlagen. Diese Bestrafung tritt dann ein, wenn ein Reiz nach dem Verhalten auftritt, und das Verhalten entweder reduziert oder unterdrückt. Wenn Lehrer Strafpunkte verteilen oder Strafarbeiten aufgeben, bestrafen sie durch Darbietung eines Reizes. Die zweite Form, Typ-II-Bestrafung, wird mit **Bestrafung durch Entzug** bezeichnet, weil ein Reiz entfernt wird. Wenn Lehrer nach Fehlverhalten Privilegien wegnehmen, wenden sie Bestrafung durch Entzug an. Die Wirkung beider Arten von Bestrafungen besteht in der Abschwächung von Verhaltensintensität und der Verminderung der Verhaltenshäufigkeit. Die ▶ Abbildung 6.1 fasst den Prozess der Verstärkung und Bestrafung zusammen.

> ### Verknüpfen und erweitern Sie Ihren Unterricht
>
> Erinnern Sie sich an einen Vorfall in Ihrem Leben, bei dem Sie bestraft wurden? Welche Gefühle hatten Sie bei der Bestrafung?
>
> Zählen Sie die Gefühle auf (negative Gefühle wie *peinlich berührt sein, Verachtung, verletzt sein, Ärger* usw. werden 90 % der genannten Gefühle ausmachen).
>
> Hatte die Bestrafung die gewünschte Wirkung? Welche anderen, negativen Auswirkungen hatte die Bestrafung?
>
> Wenn die Bestrafung nicht effektiv ist und auch negative Nebenwirkungen hat, warum setzen dann so viele Lehrer die Bestrafung ein?

Bestrafung durch Reizdarbietung Durch Darbietung eines aversiven Reizes nach einem Verhalten wird die Auftretenswahrscheinlichkeit dieses Verhaltens reduziert; wird auch Typ-I-Bestrafung genannt.

Bestrafung durch Entzug Durch Entzug eines angenehmen Folgereizes wird die Auftretenswahrscheinlichkeit eines Verhaltens reduziert; wird auch Typ-II-Bestrafung genannt.

Tabelle 6.1

Verstärkungspläne

Verstärkungsplan	Definition	Beispiel	Reaktionsmuster	Reaktion bei Aufhören der Verstärkung
Kontinuierlich	Verstärkung nach jeder Reaktion	Fernsehen anschalten	Schnelles Lernen einer Reaktion	Schnelles Abbauen der erhöhten Reaktionshäufigkeit
Festes Intervall	Verstärkung nach einem festgelegten Intervall	Wöchentliches Quiz	Häufigkeit der Reaktion steigt an mit dem zeitlichen Annähern an die Verstärkung, danach fällt sie ab	Wenig dauerhafte Veränderung der Reaktionshäufigkeit, wenn die Zeit der Verstärkung vorüber ist
Variables Intervall	Verstärkung nach einem variablen Intervall	Schießen an einer Kirmesbude	Langsame, gleichbleibende Reaktionshäufigkeit; kaum eine Pause nach der Verstärkung	Längere Dauer; langsamer Abbau der Reaktionshäufigkeit
Feste Ratio	Verstärkung nach einer festgelegten Anzahl von Reaktionen	Stückarbeit	Schnelle Aufeinanderfolge von Reaktionen; Pause nach der Verstärkung	Geringe Dauer; schneller Abfall der Reaktionshäufigkeit, wenn die erwartete Anzahl von Verstärkungen erfolgt ist und keine weitere folgt
Variable Ratio	Verstärkung nach einer variablen Anzahl von Reaktionen	Glücksspiel	Sehr hohe Reaktionshäufigkeit; wenig Pause nach der Verstärkung	Längste Dauer; die Reaktionshäufigkeit bleibt hoch und fällt erst ganz allmählich ab

6.3.2 Verstärkungspläne

Wenn Menschen ein neues Verhalten lernen, werden sie es schneller lernen, wenn jede richtige Reaktion belohnt wird. So zu verfahren, bedeutet einen **kontinuierlichen Verstärkungsplan** anzuwenden. Wenn dann aber das Verhalten beherrscht wird, ist es für das Behalten besser, wenn ein **intermittierender Verstärkungsplan** eingesetzt wird. Hier wird keine konstante Belohnung erwartet, und deshalb wird das Verhalten auch dauerhafter hervorgerufen.

Es gibt zwei Arten von intermittierenden Verstärkungsplänen. Der eine – **Intervallverstärkung** genannt – variiert die zeitliche Länge der Abstände zwischen den Verstärkern. Der andere – die **Ratioverstärkung** – variiert die Anzahl der unverstärkten Verhaltensweisen zwischen den verstärkten. Intervall- und Ratioverstärkung können mit Regelmäßigkeit festgelegt und damit vorhersagbar sein. Oder sie können unregelmäßig variabel eingerichtet werden und damit nicht vorhersagbar sein. ▶ Tabelle 6.1 fasst die fünf möglichen Verstärkungspläne (die kontinuierliche Verstärkung und die vier Arten von intermittierenden Verstärkungsplänen) zusammen.

Welche Auswirkungen haben die verschiedenen Verstärkungspläne? Die Schnelligkeit der Verhaltensausführung hängt von der Kontrolle ab. Wenn die Verstärkung auf der Anzahl der Reaktionen beruht, dann

Kontinuierlicher Verstärkungsplan Ein Verstärker wird nach jedem angemessenen Verhalten verabreicht.

Intermittierender Verstärkungsplan Ein Verstärker wird nach einigen, aber nicht allen angemessenen Verhaltensweisen eingesetzt.

Intervallverstärkung Ein regelmäßiger Zeitabstand zwischen den Verstärkern.

Ratioverstärkung Verstärkung nach einer regelmäßigen Anzahl von Verhaltensweisen.

hat man Kontrolle über die Verstärkungen. Je schneller die richtigen Reaktionen erfolgen, umso schneller werden Verstärkungen erscheinen. Wenn ein Lehrer sagt: „Sobald ihr diese zehn Aufgaben richtig gelöst habt, könnt ihr in die Pause gehen", kann er schnelleres Abarbeiten der Aufgaben erwarten, als wenn er sagt: „Bearbeitet diese zehn Aufgaben in den nächsten 20 Minuten. Dann schaue ich eure Aufgaben durch und wer zehn richtig hat, kann in die Pause gehen".

Ausdauer im Verhalten hängt von der Unvorhersagbarkeit ab. Kontinuierliche Verstärkungen und beide Arten von festen Verstärkungen (Ratio- und Intervallverstärkung) sind relativ gut vorhersagbar. Die Verstärkung wird an bestimmten Zeitpunkten oder nach bestimmten Reaktionsanzahlen erwartet und schnell aufgegeben, wenn die Verstärkungen nicht den Erwartungen entsprechen. Um die Dauer des Auftretens von Reaktionen zu erhöhen, sollten variable Verstärkungspläne eingesetzt werden. Wenn dann der Verstärkungsplan allmählich geändert wird und die Verstärkungen immer sparsamer erfolgen (nach einem längeren Zeitintervall oder vermehrten Zwischenreaktionen), können Menschen lernen, für eine längere Zeit auch ohne Verstärkung auszukommen. Man muss nur Glücksspieler an einem „einarmigen Banditen" beobachten, um zu sehen, wie wirksam sparsame Verstärkungen sein können.

Verstärkungspläne üben einen Einfluss auf die Ausdauer unserer Reaktionen aus, wenn Verstärkungen ausbleiben. Was ereignet sich, wenn die Verstärkungen vollständig eingestellt werden?

Löschung/Extinktion

Beim klassischen Konditionieren wird die konditionierte Reaktion gelöscht (verschwindet), wenn nur der konditionierte Reiz auftaucht und der unkonditionierte Reiz nicht folgt (d. h. Ton, aber kein Futter). Beim operanten Konditionieren behält der Lerner (Tier oder Mensch) sein Verhalten nicht bei, wenn der gewöhnliche Verstärker lange zurückgehalten wird. Das Verhalten wird allmählich gelöscht (hört auf). Zum Beispiel, wenn Studenten ihrem Professor wiederholt E-Mails schreiben, aber nie eine Antwort bekommen, hören sie auf, E-Mails zu schreiben. Der Entzug von Verstärkern führt allgemein zur **Löschung/Extinktion** eines Verhal-

Glücksspielautomaten in einem Spielcasino sind ein gutes Beispiel für die Effektivität von intermittierender Verstärkung: Menschen „lernen", fortlaufend ihr Geld zu verlieren, weil sie eine Chance sehen, einen Gewinn ausgezahlt zu bekommen, wenn auch sehr selten und unverhofft.

tens. Der Abbau mag aber eine Weile dauern, wie man bei den Trotzanfällen eines Kindes beobachten kann, die man ignoriert. Oft gewinnt das Kind – die Strategie des Ignorierens wird aufgegeben, und statt einer Löschung tritt intermittierende Verstärkung ein. Als Folge löst das noch ausdauerndere Trotzanfälle aus.

6.3.3 Antezedente Bedingungen und Verhaltensänderung

Beim operanten Konditionieren stellen antezedente Bedingungen – die dem Verhalten vorausgehenden Ereignisse – Informationen darüber bereit, welches Verhalten positive Konsequenzen nach sich zieht und welches unangenehme. Skinners Tauben lernten, bei Licht auf eine Scheibe oder einen Hebel zu picken, um Futter zu erlangen. Bei ausgeschaltetem Licht gab es bei Picken kein Futter. Mit anderen Worten lernten sie, die antezedente Bedingung Anwesenheit von Licht als Hinweisreiz auf Futterausgabe und Abwesenheit von Licht als Futterentzug zu erkennen. Die Anwesenheit oder Abwesenheit erlaubte ihnen zwischen einer positiven und negativen Folge ihres Pickens zu „diskriminieren". Das Picken geschah unter **Reizkontrolle**, kontrolliert durch den diskriminativen Reiz „Licht".

Wir alle lernen zu diskriminieren, Situationen zu „lesen". Wann sollte man fragen, ob man das Auto ei-

---

Löschung/Extinktion Das Verschwinden einer gelernten Reaktion durch Entzug von Verstärkern.

Reizkontrolle Fähigkeit der Anwesenheit oder Abwesenheit von antezedenten Ereignissen, Verhalten zu verursachen.

Verknüpfen und erweitern Sie Ihren Unterricht

Beispiele von Reizkontrolle: Man kann unwillkürlich immer wieder einmal auf seinen alten Parkplatz fahren, obwohl man längst in einem anderen Gebäude arbeitet. Die alten Hinweisreize führen einen automatisch an die alte Stelle. Beim roten Licht an einer Ampel zu halten, ist ebenfalls ein vertrautes Beispiel für automatische Reizkontrolle.

ner WG-Mitbewohnerin ausleihen kann – nach einer Meinungsverschiedenheit mit ihr oder nach einer angenehmen Zeit mit ihr auf einer Party? Wenn der Rektor einer Schule in der Eingangshalle steht, ist das ein Hinweisreiz darauf, nicht zu rennen oder ein Schließfach aufzubrechen, da sonst unangenehme Konsequenzen drohen. Das rote Licht der Verkehrsampel ist für Autofahrer schon automatisiert als Hinweisreiz zum Anhalten. Auf Hinweisreize wird oft automatisch oder unwillkürlich reagiert, ohne dass erkannt wird, dass sie uns beeinflussen. Jeder Lehrer kann Hinweisreize absichtlich in der Klasse einsetzen.

Hinweisreize

Hinweisreize bereitstellen heißt, antezedente Bedingungen unmittelbar vor dem gewünschten Verhalten einsetzen. Hinweisreize sind besonders wirksam, wenn ein Verhalten zu einem gewünschten Zeitpunkt erscheinen soll, aber leicht vergessen wird. Bei der Arbeit mit jungen Leuten korrigieren Lehrer einen Fehler oft erst, nachdem er aufgetreten ist. Lehrer fragen dann ungehalten: „Wann wirst du dir endlich merken, dass …?" Das führt oft zu Irritationen, denn der Fehler ist gemacht. Der Schüler hat dann nur zwei Möglichkeiten: Entweder sagt er, er werde das nächste Mal bestimmt daran denken oder er fordert die Lehrer auf, ihn in Ruhe zu lassen. Beide Reaktionen führen zu keinem befriedigenden Ergebnis. Diese negativen Begegnungen können durch einen „wertfreien" Hinweis-

reiz vermieden werden. Wenn sich ein Schüler nach dem Hinweisreiz richtig verhält, kann der Lehrer noch zusätzlich eine Belohnung geben, statt den Fehler zu bestrafen.

Aufforderung

Manchmal benötigen Schüler Hilfe, wenn sie auf einen Hinweisreiz in der gewünschten Form reagieren sollen, sodass der Hinweisreiz zu einem diskriminierenden Reiz wird. Ein weiterer Hinweisreiz wird eingeführt, die **Aufforderung** (englisch **prompt**) folgt dem Hinweisreiz. Es gibt zwei Prinzipien, die den Einsatz von Hinweisreizen und Aufforderungen beim Erlernen neuer Reaktionen regeln. Das erste Prinzip fordert, dass der Hinweisreiz unmittelbar vor der Aufforderung erfolgt, sodass die Schüler auch den Hinweisreiz lernen und nicht nur auf die Vorgabe reagieren. Das zweite Prinzip besagt, die Aufforderung so bald wie möglich zu entfernen, sodass die Schüler von der Aufforderung nicht abhängig werden (Alberto & Troutman, 2006).

Ein Beispiel für Hinweisreiz und Aufforderung ist, Schülern eine Liste zum Abhaken als Erinnerungsstütze zu geben. ▶ Abbildung 6.2 (siehe S. 268) stellt eine solche Liste zum Abhaken dar für einzelne Schritte beim Peertutorenprogramm. Das Arbeiten in Paaren ist der Hinweisreiz, die Liste zum Abhaken ist die Aufforderung. Wenn die Schüler den ganzen Vorgang kennen, kann die Liste zum Abhaken weggelassen werden. Als Zwischenschritt kann der Lehrer an einzelnen Stellen noch mündlich Erinnerungsstützen geben. Wenn keine mündlichen oder schriftlichen Aufforderungen mehr notwendig sind, hat der Schüler gelernt, auf den Hinweisreiz „in Paaren arbeiten" richtig in Tutorensituationen zu reagieren. Der Lehrer sollte das Tutorenprogramm jedoch im Auge behalten, um Fehler zu vermeiden und richtiges Verhalten zu belohnen. Vor einer Tutorenstunde kann der Lehrer die Schüler auffordern, ihre Augen zu schließen und sich jeden Schritt in der Liste zum Abhaken vorzustellen. Während die Schüler arbeiten, kann er ihre Interaktionen überprüfen und die Schüler weiterhin in ihrer Tutorentätigkeit unterstützen.

Hinweisreiz Einen Reiz bereitstellen, der auf ein gewünschtes Verhalten hindeutet.

Aufforderung Eine Vorgabe, auf einen Hinweisreiz mit dem erwünschten Verhalten zu reagieren.

Erinnere dich daran …

_____ 1. Die vorbereitete Stunde muss bereitliegen.

_____ 2. Sprich klar und deutlich.

_____ 3. Sei freundlich.

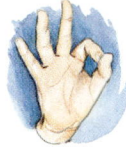

_____ 4. Sag, wenn eine Antwort richtig ist.

_____ 5. Korrigiere Fehler. STOPP! Gib die richtige Antwort. Lass den Schüler arbeiten.

_____ 6. Lobe gute Arbeit!

_____ 7. Die Stunden sollen Spaß machen.

_____ 8. Gib nicht ZU VIELE Hilfen.

_____ 9. Führe täglich Protokoll.

_____ 10. Eigene Vorschläge?

Abbildung 6.2: Schriftliche Aufforderung: Eine Liste zum Abhaken für ein Peertutorenprogramm. Durch diese Liste zum Abhaken werden die Schüler an die einzelnen Schritte eines effektiven Tutorenprogramms erinnert. Je besser sie sich auskennen, desto überflüssiger wird die Liste zum Abhaken.

Angewandte Verhaltensanalyse

6.4

Die **angewandte Verhaltensanalyse** wendet die Lernprinzipien der behavioristischen Lerntheorien an, um Verhalten zu ändern. Die Methode wird auch manchmal mit **Verhaltensmodifikation** bezeichnet, aber die-

> ### Verknüpfen und erweitern Sie Ihre Forschungskenntnisse
>
> Für eine Übersicht über die Forschung zur angewandten Verhaltensanalyse nach dem neuesten Stand der Forschung, lesen Sie: Kazdin, A. E. (2001). _Behavior Modification in Applied Settings_ (6. Aufl.). Belmot, CA: Wadsworth; Alberto, P. A. & Troutman, A. C. (2006). _Applied Behavior Analysis for Teachers_ (6. Aufl.). Saddle River, NJ: Prentice Hall.

ser Terminus hat negative Konnotationen für viele Menschen und wird oft missverstanden (Alberto & Troutman, 2006; Kazdin, 2001).

Im Idealfall erfordert die angewandte Verhaltensanalyse eine klare Definition des zu ändernden Verhaltens. Hierauf folgt sorgfältiges Erfassen einzelner Verhaltensweisen und eine Analyse der antezedenten Bedingungen und Verstärker, die das unerwünschte Verhalten aufrechterhalten. Hinzu kommen noch Interventionsmöglichkeiten, die auf Lernprinzipien zur Verhaltensänderung beruhen. In der Forschung über angewandte Verhaltensanalyse wird meist ein _ABAB_-Versuchsplan (siehe Kapitel 1) verwendet: Zuerst wird eine Grundrate des Verhaltens (A) erfasst. Dann wird die Intervention (B) eingesetzt. Danach wird sie abgesetzt, um zu sehen, ob das Verhalten zur Grundrate (A) zurückkehrt. Und schließlich wird die Intervention (B) noch einmal eingeführt.

Lehrer können die ABAB-Schritte in der Arbeit mit den Klassen meist nicht vollständig durchführen, aber sie können Folgendes tun:

Angewandte Verhaltensanalyse Die Anwendung von behavioristischen Lernprinzipien, um Verhalten zu verstehen und zu ändern.

Verhaltensmodifikation Systematische Anwendung von antezedenten und nachfolgenden Bedingungen, um Verhaltensänderungen herbeizuführen.

1 Das zu ändernde Verhalten wird klar umschrieben, und die gegenwärtige *Grundrate* wird festgehalten. Wenn zum Beispiel ein Schüler zerstreut ist, heißt das, er macht zwei, drei, vier oder noch mehr Rechenfehler in zehn Aufgaben?

2 Eine spezifische *Intervention* muss antezedente Bedingungen, Konsequenzen oder beides berücksichtigen. Bieten Sie dem Schüler zum Beispiel eine kurze zusätzliche Zeit an, um Fehler zu erkennen.

3 Behalten Sie die *Ergebnisse* Ihres Versuchsplans ständig im Auge, damit Sie gegebenenfalls Änderungen vornehmen können.

Nun sollen einige spezifische Methoden zur Durchführung von Schritt 2 vorgestellt werden – die *Intervention*.

6.4.1 Methoden zur Ermutigung von Verhalten

Wie schon früher diskutiert, muss man Verhalten verstärken, damit es häufiger auftritt. Lesen Sie die *Lerngeschichten: Das verdanke ich meinem Lehrer*, in der eine Erziehungsberaterin sich nach fast einem halben Jahrhundert an die positive Vorgehensweise ihrer Lehrerin erinnert.

Es gibt mehrere spezifische Arten, bereits bestehendes Verhalten zu verstärken oder neues Verhalten hervorzurufen. Diese Arten sind: *Lob*, das *Premack-Prinzip*, *schrittweise Verhaltensformung* und *positives Vorgehen*.

Verstärkung durch die Aufmerksamkeit des Lehrers

Viele Psychologen raten Lehrern, das Positive in den Vordergrund zu stellen, den Schüler für gutes Verhalten zu loben und Fehlverhalten zu ignorieren. Einige Forscher meinen, „dass die systematische Anwendung von Lob und Tadel wohl das beste Mittel der Lehrer für die Motivation und die Organisation der Klasse sei (Alber & Heward, 1997, S. 277; Alber & Heward, 2000). Eine ähnliche Strategie ist die *differenzierende Verstärkung* oder das Ignorieren von unerwünschten und das Verstärken von erwünschten Verhaltensweisen, sobald sie auftreten. Wenn, zum Beispiel, ein Schüler dazu

---

Das verdanke ich meinem Lehrer

„Sie haben mir als Einzige eine Chance gegeben."
Meine Lehrerin in der dritten Klasse hat umfassend unterrichtet. Sie war ein gutes Vorbild. Sie hat Haushaltsführung unterrichtet, sie hat Geschichten vorgelesen, sie brachte viele Anwendungen in den Unterricht ein. Wir Schüler gewannen den Eindruck, wir könnten in der Welt alles erreichen.

Ich erinnere mich, von ihr von New York durch die Lektüre eines Buches erfahren zu haben. Ich hatte dann sofort die Idee: „Eines Tages fahre ich nach New York."

Sie erzählte uns von den Wohnungen hoch über der Stadt und den Aufzügen, und ich konnte mir lebhaft vorstellen, wie ich mit dem Aufzug in den Hochhäusern hinauf- und hinunterfuhr. Dabei hatte ich noch nie einen Aufzug gesehen, denn wir lebten zu der Zeit auf dem Lande.

Sie gab uns immer einen Anreiz, etwas zu tun. Sie lud etwa jeweils zwei Mitschüler aus der Klasse wöchentlich oder monatlich zu sich nach Hause zum Essen ein. Dieses Privileg konnte man sich auf verschiedene Art und Weise verdienen. Manche verdienten es sich durch tägliches Zur-Schule-Kommen, durch tägliches Hausaufgabenmachen oder durch Tätigkeiten in der Gemeinde – alles Mögliche eben. Aber alle konnten sich dieses Geschenk verdienen. Man musste kein Einserschüler sein, es zählten auch andere Dinge. Sicherlich hat sie es so eingerichtet, dass jeder einmal im Schuljahr an die Reihe kam. Jeder war ein Gewinner, niemand verlor bei ihren Maßnahmen. Bei ihr zu Hause halfen die Schüler mit, das Essen zuzubereiten. Sie brachte uns bei, wie man den Tisch deckt, denn bei uns zu Hause gab es nicht so viel Besteck und Geschirr: Die Gabel kommt auf die linke Seite des Tellers, das Messer auf die rechte Seite und der Suppenlöffel und der Nachtischlöffel an den oberen Rand.

V. B., Erziehungsberaterin

Lob richtig einsetzen

Loben Sie mit klaren und deutlichen Worten, die den Zusammenhang zum erwünschten Verhalten herausheben.

Beispiele

1 Das Lob muss sich direkt auf das richtige Verhalten beziehen.

2 Stellen Sie sicher, dass der Schüler die spezifische Handlung oder Leistung versteht, die gelobt wird. Sagen Sie etwa: „Du hast das Poster pünktlich und in gutem Zustand zurückgegeben" und nicht „Du hast verantwortlich gehandelt".

Erkennen Sie wirkliche Leistungen an.

Beispiele

1 Belohnen Sie das Erreichen spezifischer Ziele und nicht nur die Teilnahme an Aktivitäten.

2 Loben Sie keine Schüler, die nur ruhig dabeigesessen haben.

3 Verknüpfen Sie Lob mit der wachsenden Kompetenz des Schülers oder mit dem Wert ihrer Leistung. Sagen Sie: „Mir ist aufgefallen, dass du alle Aufgaben noch einmal kontrolliert hast. Dies schlägt sich in der Note nieder."

Die Standards für Lob sollten je nach individueller Leistungsfähigkeit verschieden sein.

Beispiele

1 Loben Sie Fortschritte und Leistungen mit Bezug auf vorherige Bemühungen der Schüler.

2 Der Schüler soll nur auf seinen eigenen Fortschritt achten, sich nicht mit anderen vergleichen.

Attribuieren Sie den Erfolg des Schülers nur auf seine Anstrengungen und Fähigkeiten, sodass der Schüler das Zutrauen gewinnt, Erfolge seien immer wieder möglich.

Beispiele

1 Lassen Sie nicht den Eindruck entstehen, für Erfolg müsse man Glück haben oder besondere Unterstützung oder leichte Aufgaben.

2 Sprechen Sie mit den Schülern die Probleme durch, die bei der Lösung von Aufgaben auftauchen und wie man sie lösen kann.

Lob sollte wirklich verstärkend wirken.

Beispiele

1 Einzelne Schüler sollten nicht mit Lob besonders hervorgehoben werden, um den Rest der Klasse zu beeinflussen. Diese Taktik schlägt oft fehl, weil Schüler schnell die Absicht dahinter erkennen. Dann kann man den gelobten Schüler damit auch in Verlegenheit bringen.

2 Schüler sollten nicht unverdient gelobt werden, nur damit sie auch einmal gelobt werden. Das tröstet wenig und zieht die Aufmerksamkeit auf die Unfähigkeit der Schüler, wirkliche Anerkennung zu erreichen.

Mehr Informationen über Einsatz und Wirkung von Lehrerlob finden Sie unter:
http://www.csu.edu.au/research/staff/burnett/PraisePercScale.htm

neigt, unangebrachte Bemerkungen zu äußern (wann ist das Fußballspiel am Freitag?), sollten Sie diese für die Aufgabenerledigung abwegigen Äußerungen ignorieren. Für die Aufgabenlösung nützliche Hinweise sollten Sie dagegen sofort loben (Landrum & Kauffman, 2006).

Die Loben-und-Ignorieren-Methode kann hilfreich sein, aber sicherlich kann sie nicht alle problematischen Verhaltensweisen in einer Klasse regeln. Einige

Untersuchungen belegen, dass Störverhalten bestehen bleibt, wenn Lehrer positive Konsequenzen (meist Lob) als ihre einzige Strategie einsetzen (McGoey & DuPaul, 2000; Pfiffner & O'Leary, 1987; Sullivan & O'Leary, 1990). Wenn die Aufmerksamkeit von Gleichaltrigen das Verhalten aufrechterhält, dann hilft das Ignorieren des Lehrers nicht viel.

Es gibt noch eine zweite Überlegung bei der Anwendung von Lob. Die positiven Ergebnisse der Forschung treten dann ein, wenn der Lehrer seine Schüler mit Bedacht und systematisch lobt (Landrum & Kauffman, 2006). Nur „Komplimente zu verteilen" führt keine Verhaltensänderung herbei. Um effektiv zu sein, muss Lob (1) in räumlicher und zeitlicher Nähe zum erwünschten Verhalten sein, (2) das erwünschte Verhalten muss klar definiert sein und (3) es muss glaubwürdig sein (O'Leary & O'Leary, 1977). Mit anderen Worten, das Lob muss eine aufrichtige Anerkennung eines klar definierten Verhaltens darstellen, sodass die Schüler verstehen, was sie gemacht haben, um die Anerkennung zu verdienen. Lehrer ohne besonderes Training verstoßen oft gegen diese drei Grundsätze (Brophy, 1981). Vorschläge zur effektiven Anwendung von Lob nach der umfassenden Übersicht von Brophy über das Thema werden in den *Richtlinien* vorgestellt.

Einige Psychologen haben vorgeschlagen, Lehrer sollten darauf achten, dass Schüler nicht ausschließlich nur für das Lob, sondern auch um des Lernens willen lernen. Der beste Rat für Lehrer besteht darin, auf die möglichen Gefahren von allzu häufigem Gebrauch und auch Missbrauch des Lobes zu achten und entsprechend zu verfahren.

Die Auswahl der Verstärker: das Premack-Prinzip

In jeder Klasse gibt es neben der Lehreraufmerksamkeit viele weitere Möglichkeiten zu verstärken, wie z. B. sich mit Mitschülern zu unterhalten oder die Tiere im Schulzoo zu füttern. Aber Lehrer greifen auf diese Möglichkeiten nur unsystematisch zurück. Diese Privilegien wirken genauso wie Lob, wenn sie unmittelbar mit dem erwünschten Verhalten verknüpft werden; der Lehrer kann dadurch beides, das Lernen und das erwünschte Verhalten verbessern.

Eine hilfreiche Anleitung für effektive Verstärker ist das Premack-Prinzip, benannt nach David Premack (1965). Nach dem **Premack-Prinzip** kann eine bevorzugte Verhaltensweise (mit großer Häufigkeit) ein effektiver Verstärker sein für eine Verhaltensweise mit geringer Häufigkeit. Das wird auch manchmal als „Großmutter-Regel" bezeichnet: Tue erst, was ich dir sage, dann kannst du tun, was du gerne möchtest. Die Praktikantin Elizabeth wendete dieses Prinzip an, als sie den Schülern in Aussicht stellte, sie könnten zusammenarbeiten, wenn sie den ersten Teil des Tests über die Sklaverei allein für sich erledigt hätten.

Wenn Schüler nicht zu lernen hätten, was würden sie dann tun? Auf diese Frage gibt es viele verschiedene Antworten, die genannten Aktivitäten könnten alle als Verstärker dienen. Für die meisten Schüler gehören Unterhaltungen, sich im Klassenraum frei bewegen, neben einem Freund sitzen, von einem Test oder Hausaufgaben befreit werden, Zeitschriften lesen, den Computer benutzen oder Spiele zu den bevorzugten Tätigkeiten. Am besten beobachtet man die Schüler in ihrer Freizeit, dadurch erkennt man die bei ihnen beliebtesten Tätigkeiten und damit mögliche Verstärker.

Die Effektivität des Premack-Prinzips hängt von der Reihenfolge der zu verstärkenden und der verstärkenden Verhaltensweise ab: das seltenere (weniger beliebte) Verhalten muss zuerst erfolgen. Im folgenden Dialog ist zu erkennen, wie ein Lehrer eine Gelegenheit, das Premack-Prinzip anzuwenden, vergibt:

Schüler: „Oh nein, nicht schon wieder Grammatik! Die anderen Klassen dürfen über den Film von heute morgen reden."

Lehrer: „Die andere Klasse hat diese Unterrichtseinheit über Sätze schon gestern beendet. Wir sind ja auch fast fertig. Wenn wir heute das Thema nicht beenden, vergesst ihr wahrscheinlich alle Regeln, die wir gestern schon dazu zusammengestellt haben."

Schüler: „Warum beenden wir die Sätze nicht am Ende der Stunde und sprechen zuerst über den Film?"

Lehrer: „Na gut, wenn ihr die Sätze später zu Ende führt."

Die Besprechung des Films hätte als Verstärker dienen können für die Vollendung der Unterrichtseinheit. So wie es jetzt geregelt wurde, können die Schüler die ganze Stunde über den Film reden. Auch wenn die Diskussion spannend wird, muss der Lehrer sie jetzt unterbrechen, um zur Grammatikstunde zurückzukehren.

Verhaltensformung

Was passiert, wenn Schüler beständig keine Verstärkungen erhalten können, weil sie bestimmte Fertigkeiten nicht gelernt haben? Betrachten Sie sich diese Beispiele:

- Ein Schüler aus der 4. Klasse schaut sich die Punktwerte in seinem Mathematiktest an: „Keine Punkte bei fast der Hälfte der Aufgaben, weil ich in jeder

---

Premack-Prinzip Der Grundsatz, dass eine stärker bevorzugte Tätigkeit als Verstärker für eine weniger bevorzugte Tätigkeit dienen kann.

Aufgabe einen dummen Fehler gemacht habe. Ich hasse Mathe!"

■ Ein Schüler aus der 10. Klasse erfindet immer wieder neue Ausreden, um nicht am Volleyball im Sportunterricht teilzunehmen. Der Schüler kann keinen Ball übers Netz schmettern und hat deshalb eine Aversion gegen das Spiel entwickelt. Er versucht es erst gar nicht mehr.

In beiden Fällen erhalten die Schüler keine Verstärkung für ihr Verhalten, weil das Ergebnis des Verhaltens nicht verstärkungswürdig ist. Eine sichere Vorhersage ist, dass die Schüler bald gelernt haben werden, ihre Klasse, das Fach, und vielleicht auch Lehrer und Schule allgemein abzulehnen. Eine Strategie, mit einer solchen Situation umzugehen, ist die **Verhaltensformung**, auch als **sukzessive Annäherung** bezeichnet. Die Verhaltensformung verstärkt jede Annäherung an das gewünschte Verhalten und wartet nicht mit der Verstärkung bis die perfekte Ausführung erscheint.

Die Verhaltensformung verlangt vom Lehrer, dass er das komplexe erwünschte Verhalten in Verhaltenseinheiten auflöst und diese dann einzeln verstärkt. Dieses Aufbrechen von komplexen ganzen Verhaltensmustern nennt man **Aufgabenanalyse**. Sie wurde ursprünglich von R. B. Miller (1962) entwickelt, um der Personalabteilung der Armee zu ermöglichen, die Armeeangehörigen zu trainieren. Millers Ansatz besteht in der Festlegung des endgültigen erwünschten Verhaltens, d. h. was der Armeeangehörige am Ende des Trainings tun muss. Dann werden die einzelnen Schritte oder Unterziele festgelegt. Die Vorgehensweise unterteilt einfach Fertigkeiten und Prozesse in untergeordnete Fertigkeiten und Teilprozesse.

Denken Sie an ein Beispiel einer Aufgabenanalyse, in der die Schüler nach Nachforschungen in der Bibliothek ein Positionspapier schreiben müssen. Wenn der Lehrer dieses Positionspapier ohne Aufgabenanalyse aufgeben würde, was könnte dann passieren? Einige der Schüler wissen vielleicht schon, wie man mithilfe des Computers recherchiert. Sie können Enzyklopädien aufsuchen und dann die entsprechenden Artikel zusammenfassen. Eine andere Schülergruppe kann vielleicht mit einem Textverarbeitungssystem umgehen und eine Gliederung und einen Index verfassen, aber mit inhaltlichen Schlussfolgerungen Schwierigkeiten haben. Sie reicht dann lange Texte ein, in denen alle Ideen nacheinander abgehandelt werden. Andere Schüler wiederum können Schlussfolgerungen ziehen, aber sie können ihre Texte nicht gut formatieren oder auch grammatische Fehler machen, sodass der Lehrer nicht genau herausfinden kann, was die Schüler aussagen wollen. Jede der Schülergruppen wäre dann der Aufgabe nicht gerecht geworden.

Eine Aufgabenanalyse ergibt ein Bild von den logischen Schritten, die zum übergeordneten Ziel führen. Anhand dieser Analyse kann der Lehrer überprüfen, ob die Schüler für alle Zwischenschritte über die notwendigen Fertigkeiten verfügen. Wenn nun die Schüler auf Schwierigkeiten stoßen, kann der Lehrer auf Problembereiche hinweisen. Viele Verhaltensweisen können durch Verhaltensformung verbessert werden, besonders Fertigkeiten, zu denen man Ausdauer, Hartnäckigkeit, erhöhte Genauigkeit, größere Geschwindigkeit oder ausgedehnte Übung benötigt, um sie zu beherrschen. Verhaltensformung ist jedoch ein zeitraubender Prozess. Sie sollte deshalb nicht eingesetzt werden, wenn man einfacher zum Ziel kommen kann, wie z. B. durch Hinweisreize.

Positive Übung

Bei der **positiven Übung** ersetzen Schüler ein Verhalten mit einem anderen. Dieser Ansatz ist besonders angebracht bei Leistungsfehlern. Wenn Schüler einen Fehler machen, müssen sie ihn so bald wie möglich korrigieren und die richtige Antwort üben (Gibbs & Luyben, 1985; Kazdin, 1984). Dasselbe Prinzip kann angewendet werden, wenn Schüler eine Klassenregel verletzen. Anstelle einer Strafe sollte der Schüler besser die richtige Verhaltensweise einüben.

Die *Richtlinien* fassen verschiedene Ansätze zusammen, die positive Übung vorschlagen.

Verhaltensformung Jeder kleine Schritt oder Fortschritt in Richtung auf ein erwünschtes Verhalten wird verstärkt.

Sukzessive Annäherung Kleine Komponenten, aus denen sich ein komplexes Verhalten zusammensetzt, werden nacheinander verstärkt, um sich dem erwünschten Verhalten anzunähern.

Aufgabenanalyse Eine systematische Untergliederung einer Aufgabe in grundlegende und untergeordnete Fertigkeiten.

Positive Übung Die richtigen Antworten direkt nach dem Auftreten von Fehlern einüben.

RICHTLINIEN

Positives Verhalten ermutigen

Positives Verhalten sollte so anerkannt werden, dass die Schüler eine positive Einstellung dazu bekommen.
Beispiele

1 Wenn Klassenregeln vereinbart werden, sollten positive Konsequenzen bei Regelbeachtung und negative bei Regelverletzung mit vereinbart werden.

2 Erkennen Sie ehrliches Zugeben von Fehlern an und geben Sie jedem Schülern eine zweite Chance: „Weil du ehrlich zugegeben hast, dass du deinen Aufsatz aus einem Buch abgeschrieben hast, gebe ich dir eine zweite Chance. Du kannst ihn noch einmal neu schreiben."

3 Bieten Sie begehrte Belohnungen für schulische Leistungen an, wie mehr Pausenzeit, Befreiung von Hausaufgaben oder Tests oder Sonderpunkte für die Teilnahme an Projekten.

Wenn Schüler versuchen, sich neues Material anzueignen oder neue Fertigkeiten zu erwerben, sparen Sie nicht mit Lob oder anderen Verstärkern.
Beispiele

1 Finden Sie möglichst etwas Richtiges bei jedem Schüler und kommentieren Sie es auch positiv.

2 Verstärken Sie Schüler, wenn sie sich gegenseitig Mut machen. „Zunächst ist die französische Aussprache schwierig und komisch. Wir wollen uns nicht gegenseitig auslachen, wenn jemand etwas auf Französisch sagt."

Wenn die Schüler neue Verhaltensweisen erworben haben, geben sie variable (unvorhersehbare) Verstärkung, damit das Verhalten gefestigt wird.
Beispiele

1 Bieten Sie überraschende Belohnungen für gute Teilnahme an.

2 Fangen Sie den Unterricht mit einer kurzen Frage an. Die Schüler müssen nicht antworten, können sich aber Extrapunkte verdienen.

3 Stellen Sie sicher, dass gute Schüler von Zeit zu Zeit auch gelobt werden. Nehmen Sie gute Leistungen nicht für selbstverständlich.

Nutzen Sie das Premack-Prinzip, um effektive Verstärker ausfindig zu machen.
Beispiele

1 Beobachten Sie, was Schüler mit ihrer Freizeit anfangen.

2 Schauen Sie sich an, welche Schüler gern zusammenarbeiten. Die Chance, mit Freunden zusammenzuarbeiten, ist meist ein guter Verstärker.

Setzen Sie Hinweisreize ein, um neues Verhalten zu etablieren.
Beispiele

1 Bringen Sie humorvolle Zeichnungen oder Nachrichten im Klassenzimmer an, um die Schüler an die Klassenregeln zu erinnern.

2 Weisen Sie die Schüler zu Beginn des Schuljahres auf die Liste mit den nötigen Unterrichtsmaterialien am Anschlagbrett hin, damit sie alles anschaffen und mitbringen können.

Stellen Sie sicher, dass alle Schüler, auch die Problemschüler, hin und wieder Lob, Belohnungen oder andere Verstärkungen erhalten.
Beispiele

1 Gehen Sie ab und zu Ihre Notizen über die Schüler durch, damit alle Verstärkungen für etwas erhalten, was sie gut gemacht haben.

2 Richten Sie die Maßstäbe für Verstärkungen so ein, dass alle Schüler die Kriterien einmal erfüllen können.

3 Überprüfen Sie Ihre eigenen Voreingenommenheiten. Erhalten Jungen mehr Verstärkungen als Mädchen oder umgekehrt? Deutsche Schüler mehr als ausländische oder umgekehrt?

Wechseln Sie Ihre Verstärkungen ab.
Beispiele

1 Schüler können auch selbst Verstärkungen vorschlagen oder aus einem „Verstärkermenü" das „Angebot der Woche" heraussuchen.

2 Fragen Sie Eltern oder andere Lehrer, ob sie noch Ideen für Verstärkungen haben.

Wenn Sie noch mehr Informationen über den Erwerb positiven Verhaltens suchen, schauen Sie nach unter
http://www.afcec.org/tipsforteachers/tips_c4.html

6.4.2 Richtiger Umgang mit unerwünschtem Verhalten

Auch wenn Sie es schaffen, positives Verhalten zu wecken, so gibt es immer wieder Konfrontationen mit unerwünschtem Verhalten, entweder weil die bisherigen Methoden nicht erfolgreich waren oder weil das Verhalten selbst riskant ist. Dann müssen Sie eingreifen. In dieser Situation bieten negative Verstärkung, Sättigung, Unterdrücken von schlechtem Verhalten, Handlungskosten und soziale Isolation weitere Möglichkeiten, wie Sie vorgehen können.

Negative Verstärkung

Erinnern Sie sich an das Grundprinzip der negativen Verstärkung: Wenn eine Handlung etwas Unangenehmes abstellen oder vermeiden kann, dann wird diese Handlung mit erhöhter Wahrscheinlichkeit in ähnlichen Situationen wieder auftreten. In Elizabeths Klasse herrschte negative Verstärkung vor. Als die Schüler murrten und sich beschwerten, mussten sich die Schüler dem Test nicht unterziehen. So mögen sie gelernt haben, sich tüchtig zu beschweren, um einer unangenehmen Sache zu entgehen; sie wurden damit negativ verstärkt.

Negative Verstärkung kann auch zur Förderung des Lernens eingesetzt werden. Um das zu erreichen, versetzen Sie die Schüler in eine leicht unangenehme Situation, und zwar so, dass sie dieser Situation entgehen können, wenn sich ihre Leistungen verbessern. Betrachten Sie diese Beispiele:

Eine Lehrerin zu einer 3. Klasse: „Wenn das Material wieder in den Schrank geräumt ist und jeder wieder ruhig an seinem Platz sitzt, können wir nach draußen gehen. So lange das nicht erledigt ist, werden wir leider einen Teil der Pause verpassen."

Ein Gymnasiallehrer zu einem Schüler, der selten seine Arbeiten in der Stunde vollständig schafft: „Sobald du alles fertig hast, kannst du zu den anderen in die Aula gehen. Aber du musst hier im Klassenzimmer bleiben, bis alles erledigt ist."

Ein Behaviorist könnte gegen die geschilderten Situationen als Beispiele für negative Verstärkungen Einwände erheben, weil zu viele Denk- und Verstehensvorgänge beteiligt sind, damit sie funktionieren. Lehrer können Schüler nicht wie Tiere im Labor behandeln, die einen leichten elektrischen Schlag gegen die Füße

bekommen, damit sie richtig reagieren und dann bei richtiger Reaktion dem Schock entgehen können. Aber Lehrer können sicherstellen, dass eine unangenehme Situation aufgebessert wird, wenn sich das Verhalten der Schüler bessert.

Sie mögen sich fragen, warum die negativen Verstärkungen nicht als Strafe gelten. Natürlich ist die Tatsache, dass man nicht in die Pause nach draußen oder nicht zu einer Sonderveranstaltung in die Aula darf, so etwas wie eine Strafe. In beiden Fällen steht aber die Festigung spezifischer Verhaltensweisen im Vordergrund (Material wegräumen oder Aufgaben in der Klasse fertigstellen). Der Lehrer festigt (verstärkt) Verhaltensweisen durch Beseitigung von aversiven Begleitumständen, sobald das erwünschte Verhalten erscheint. Weil die Folge des Verhaltens in der Beseitigung oder dem „Abziehen" eines Reizes besteht, ist die Verstärkung negativ.

Die negative Verstärkung gibt Schülern auch eine Chance, Kontrolle auszuüben. Eine Pause zu verpassen und im Klassenzimmer zurückbleiben zu müssen, sind unangenehme Situationen, aber in jedem Fall behält der Schüler die Kontrolle. Sobald die Schüler das angemessene Verhalten zeigen, endet die unangenehme Situation. Bestrafung dagegen erfolgt nach dem Verhalten, und Schüler haben es nicht in der Hand, sie abzustellen.

Für negative Verstärkung gibt es verschiedene Grundregeln. Beschreiben Sie die erwünschten Veränderungen in einer positiven Weise. Unternehmen Sie keine Täuschungsversuche. Stellen Sie sicher, dass Sie die unangenehme Situation so lange durchhalten, bis sich das Verhalten bessert, auch wenn die Schüler sich beschweren. Bestehen Sie auf Umsetzung der Verbesserungen und verlassen Sie sich nicht auf Versprechungen. Wenn Sie die unangenehme Situation auf Versprechungen hin schon beenden, dann haben Sie Versprechungen verstärkt und nicht die notwendigen Verbesserungen (Alberto & Troutman, 2006; O'Leary, 1995).

Sättigung

Eine andere Möglichkeit, unerwünschtes Verhalten bei Schülern abzustellen, besteht in der ständigen Fortführung des Verhaltens, bis die Schüler das Verhalten „satt haben". Diese Vorgehensweise, die man **Sättigung**

Sättigung Eine Person muss ein störendes Verhalten so lange wiederholen, bis sie das Interesse und die Motivation zum Verhalten verloren hat.

nennt, sollte mit Vorsicht angewendet werden. Schüler zur Fortsetzung eines Verhaltens zu zwingen, könnte unter Umständen körperlich und emotional schädlich sein oder sogar gefährlich.

Ein Beispiel für einen angemessenen Einsatz der Sättigung wird von Krumholtz und Krumholtz (1972) berichtet. Mitten im Mathematikunterricht in der 9. Klasse bemerkte der Lehrer, dass vier Schüler ungewöhnliche Bewegungen machten. Nach eingehender Befragung gaben die Schüler schließlich zur Antwort, dass sie imaginäre Bälle in die Luft würfen. Der Lehrer begeisterte sich zum Schein für diesen Zeitvertreib und schlug vor, dass alle bei diesem Spiel mitmachen sollten. Zuerst lachten alle und hatten Spaß, aber bereits nach einer Minute verging ihnen der Spaß und der erste Schüler stieg aus. Der Lehrer bestand jedoch darauf, dass alle weitermachten. Nach weiteren fünf Minuten und einigem erschöpften Stöhnen erlaubte der Lehrer den Schülern, mit dem Spiel aufzuhören. Das Spiel war ein für allemal erledigt.

Beim Einsatz von Sättigung muss der Lehrer darauf achten, nicht vor den Schülern aufzugeben. Er muss auch sicherstellen, dass das wiederholte Verhalten dasjenige ist, das beendet werden soll. Wenn der Mathematiklehrer auf einer Strafarbeit bestanden hätte, die im 500-maligen Abschreiben des Satzes „Ich werde keine imaginären Bälle mehr in der Klasse herumwerfen" bestanden hätte, wären die Schüler vom Schreiben gesättigt, aber nicht vom Wurfspiel mit imaginären Bällen.

Zurechtweisungen und Tadel

In der Schulzeitung einer Grundschule las ich die folgenden Zeilen in einer Geschichte mit dem Titel „Warum ich gern zur Schule gehe", geschrieben von einem Viertklässler: „Ich mag auch meine Lehrerin. Sie hilft mir beim Lernen und Verstehen. Sie ist zu jedem nett, ich mag aber auch, wenn sie sich über jemanden ärgert. Sie schreit nämlich nie jemanden vor der Klasse an, sondern spricht allein mit ihm."

Leise und nicht-aggressive **Zurechtweisungen** sind effektiver als laute, öffentliche **Tadel**, um ein störendes Verhalten abzubauen (Landrum & Kauffman, 2006). Die Forschung hat gezeigt, dass laute, von allen in

Die Forschung zeigt, dass das Ausschimpfen eines Schülers vor der Klasse sein störendes Verhalten verstärken kann, weil dadurch die Aufmerksamkeit auf den/die Schüler(in) gelenkt wird; deshalb kann eine ruhige und nicht-öffentliche Zurechtweisung effektiver sein.

der Klasse hörbare Zurechtweisungen das Störverhalten allgemein erhöhen und länger aufrechterhalten. Einige Schüler verlieren nicht gern gegen den Lehrer oder sie genießen, im Mittelpunkt des Geschehens zu stehen. Wenn davon nicht zu oft Gebrauch gemacht wird und wenn die Klassengemeinschaft eher positiv und freundlich eingestellt ist, dann reagieren Schüler schnell auf nicht-öffentliche Zurechtweisungen (Kaplan, 1991; van Houten & Doleys, 1983).

Kosten einer Reaktion

Die Vorstellung, dass eine Reaktion Kosten verursacht, ist jedem vertraut, der schon einmal ein Bußgeld bezahlt hat. Für bestimmte Regelverletzungen müssen Personen Verstärker aufgeben – Geld, Zeit, Privilegien (Walker, Shea & Bauer, 2004). In der Klasse können die **Kosten einer Reaktion** auf verschiedene Weise deutlich gemacht werden. Wenn ein Schüler zum ersten Mal eine Regel verletzt, verwarnt der Lehrer. Beim zweiten Mal schreibt der Lehrer einen Tadel ins Klassenbuch. Der Schüler verliert zwei Minuten von der großen Pause für jeden Tadel. Für ältere Schüler können die Kosten im Verlust der Gruppenarbeit oder der Teilnahme an einem Klassenausflug bestehen.

Zurechtweisung/Tadel Kritik an Fehlverhalten, auch formal festgehalten, z. B. durch Eintrag ins Klassenbuch.

Kosten einer Reaktion Bestrafung durch Verlust einer positiven Verstärkung.

Strafen einsetzen

Versuchen Sie die Situation so zu gestalten, dass Sie negative Verstärkung statt Strafen einsetzen können.
Beispiele

1 Erlauben Sie, dass die Schüler unangenehme Situationen beseitigen können (z. B. durch Erledigen von Zusatzarbeiten, wöchentliche Tests des Unterrichtsstoffes in Mathematik), vorausgesetzt sie haben ein bestimmtes Leistungsniveau erreicht.

2 Bestehen Sie darauf, dass die Anforderungen erledigt werden, geben Sie sich nicht mit Versprechungen zufrieden. Sie sollten nicht die Bedingungen auf Drängen der Schüler nachträglich ändern.

Seien Sie konsistent in der Handhabung von Strafen.
Beispiele

1 Achten Sie darauf, dass Sie nicht unmerklich das zu bestrafende Verhalten verstärken.

2 Die Schüler sollten vorgewarnt werden über die Konsequenzen von Regelverletzungen. Die Regeln und die Konsequenzen bei Regelverletzungen sollten am Anschlagbrett ausgehängt werden.

3 Sie sollten vorher ankündigen, dass es nur eine Vorwarnung gibt, bei der nächsten Verfehlung jedoch die negativen Konsequenzen eintreten werden.

4 Bestrafungen sollten so unausweichlich und zeitlich so unmittelbar wie nur eben möglich erfolgen.

Konzentrieren Sie sich auf die Handlungen der Schüler, nicht auf deren persönliche Eigenschaften.
Beispiele

1 Tadeln Sie mit ruhiger, aber fester Stimme.

2 Vermeiden Sie, mit dem Unterton von Rachsucht und Sarkasmus zu sprechen. Sie könnten durch Schüler nachgeahmt werden.

3 Stellen Sie in den Vordergrund, dass das Fehlverhalten abgestellt werden soll und vermeiden Sie irgendwelche Äußerungen über Ihre Abneigung einem Schüler gegenüber.

4 Achten Sie auf faires Verhalten gegenüber Schülern aus Minderheiten, denn Statistiken zeigen, dass diese mit höherer Wahrscheinlichkeit bestraft, in Polizeigewahrsam genommen oder von der Schule gewiesen werden.

Die Strafe muss dem Vergehen angemessen sein.
Beispiele

1 Ignorieren Sie geringfügige Vergehen, die die Klasse nicht stören oder beendigen Sie diese mit einem strengen Blick oder gehen Sie zum Schüler, um ihn aufmerksam zu machen.

2 Wählen Sie angemessene und zulässige Strafen für Fehlverhalten – Schüler sollten z. B. ihre Freizeit behalten (Landrum & Kauffman, 2006).

3 Hausaufgaben sollten nicht mit Strafen in Verbindung gebracht werden wie z. B. für Schwätzen während des Unterrichts.

4 Bei manchen Schülern dient das Fehlverhalten dazu, von ihrer Clique anerkannt zu werden. Hier kann eine Entfernung aus der Clique nützlich sein, denn sie verschafft eine Auszeit von den Verstärkungen durch die Gruppe.

5 Hält das Problemverhalten an, sollte die Situation analysiert und ein anderer Weg gewählt werden. Vielleicht ist Ihre Bestrafung keine strenge Strafe oder Sie verstärken unbemerkt das Fehlverhalten.

Mehr Informationen über den Einsatz von Strafen finden Sie unter
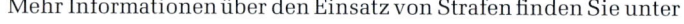
http://www.ext.vt.edu/pubs/family/350-111/350-111.html

Soziale Isolierung

Eine der fragwürdigsten Verhaltensregelungen, um unerwünschte Reaktionen zu vermeiden, ist die Strategie der **sozialen Isolierung**, auch **Auszeit** (englisch *time out*) genannt. Der Schüler erhält keine Gelegenheit, sich positive Verstärkungen zu holen. Ein stark störender Schüler wird für fünf bis zehn Minuten aus dem Klassenverband ausgeschlossen. Der Schüler wird allein in einen leeren, langweiligen Raum gesetzt – die Bestrafung besteht in einer kurzen Isolation von anderen Menschen. Ein Gang zum Rektor oder in der Ecke stehen im gleichen Klassenzimmer hat nicht denselben Effekt wie die paar Minuten der Isolation.

Einige Vorsichtsmaßnahmen

Bestrafung an und für sich führt nicht zu positivem Verhalten. Harte Bestrafung könnte dem Schüler signalisieren, dass „der Mächtige immer Recht hat", und er könnte sich rächen (Alberto & Troutman, 2006; Walker et al., 2004). Wann immer Sie planen, Schüler zu bestrafen, sollten Sie zweispurig verfahren: Zuerst sollten Sie die Bestrafung einsetzen und das unerwünschte Verhalten unterdrücken. Als Zweites sollten Sie klarstellen, was der Schüler stattdessen tun sollte und diese erwünschten Verhaltensweisen verstärken. Während das Problemverhalten unterdrückt wird, werden erwünschte Alternativen gefestigt. Die neuen Ansätze legen alle Wert auf die Unterstützung von positivem Verhalten. Die *Richtlinien* vermitteln Ihnen Ideen, wie man Strafen sinnvoll für positive Zwecke einsetzen kann.

6.4.3 Jeden Schüler erreichen: funktionale Verhaltensanalyse und Unterstützung für positives Verhalten

Regel- und Sonderschullehrer haben mit einem neuen pädagogischen Ansatz erfolgreich gearbeitet, der von der Frage ausgeht „Welche Funktion erfüllt das Fehlverhalten oder welchem Zweck dient es für den Schüler?" oder anders gefragt, „Warum treten Fehlverhaltensweisen auf?" und nicht „Was ist es für eine Fehlverhaltensweise?" (Lane, Falk & Wehby, 2006). Die Gründe für Fehlverhalten lassen sich vier Kategorien zuordnen (Barnhill, 2005; Maag & Kemp, 2003). Schüler zeigen Verhaltensauffälligkeiten, wenn:

1. sie die Aufmerksamkeit anderer erregen wollen – von Lehrern, Eltern oder Gleichaltrigen;
2. sie aus einer unangenehmen Situation entkommen wollen – einer schulischen oder sozialen Anforderung;
3. sie etwas unbedingt haben oder tun wollen;
4. sie ein Bedürfnis nach Anregung oder Körperkontakt haben – etwa im Falle von Kindern mit Autismus, die gern geschaukelt werden oder deren Arme hin- und hergeschwungen werden.

Sind die Gründe für bestimmtes Fehlverhalten bekannt, kann der Lehrer eine positive Verhaltensalternative verstärken, die dem gleichen Zweck dient. Das Fallbeispiel eines Jungen gibt Aufschluss darüber, wie das ablaufen kann: Ein Rektor einer Realschule machte sich Gedanken um einen Jungen, der vor einiger Zeit seinen Vater verloren hatte und in einer Reihe von Fächern schlechte Leistungen zeigte, besonders in Mathematik. Der Schüler unterbrach mindestens zweimal in der Woche den Mathematikunterricht und wurde dann zum Rektor geschickt. Dort bekam er nach einem kurzen Tadel dessen ungeteilte Aufmerksamkeit. Sie unterhielten sich über Sport, denn der Rektor mochte den Schüler und dachte, es fehle ihm ein männliches Rollenvorbild. Es war leicht, die Funktion des Störverhaltens in der Klasse zu ermitteln: die Störungen führten zu (1) einer Flucht aus dem Mathematikunterricht (negative Verstärkung) und (2) einer direkten und ungeteilten Interaktion mit dem Rektor (positive Verstärkung nach einem kleinen Tadel). Nach einer Analyse dieser Situation wurde folgender Plan entwickelt: Dem Schüler wurde ein Tutor in Mathematik zur Seite gestellt. Er musste zunächst sein Mathematikpensum erledigen und anschließend konnte er sich als positive Verstärkung mit dem Rektor unterhalten. Diese neue positive Verhaltensweise der Teilnahme am Mathematikunterricht diente der gleichen Funktion wie das Störverhalten und konnte dieses deshalb ablösen.

Soziale Isolierung Entfernung eines störenden Schülers für fünf bis zehn Minuten aus der Klasse.

Auszeit Die Entfernung aller Verstärkungen. Die soziale Isolation eines Schülers aus dem Klassenverband für eine kurze Zeit.

Unterstützung für positives Verhalten

Die **Unterstützung für positives Verhalten** ist eine Intervention, die Fehlverhalten ersetzen möchte durch neues Verhalten, das für den Schüler den gleichen Zweck erfüllt. Zunächst muss also das Verhalten durch eine **funktionale Verhaltensanalyse** untersucht werden. Das ist „eine Sammlung von Methoden oder Verfahren, die eingesetzt werden, um Informationen über die antezedenten Bedingungen, das Verhalten selbst und dessen Konsequenzen zu gewinnen. Daraus werden Schlussfolgerungen über die Funktion oder Ursache einer Verhaltensweise gezogen" (Barnhill, 2005, S. 132). Das Ergebnis dieser Analyse geht dann in einen Interventionsplan ein, wie am Beispiel des Störverhaltens eines Jungen im Mathematikunterricht zu ersehen ist.

Die Unterstützung positiven Verhaltens mit ihren Belegen aus der funktionalen Verhaltensanalyse kann Schülern mit Behinderungen helfen, wenn sie an einem Integrationsprogramm in einer Regelklasse teilnehmen. Zum Beispiel konnte das störende Verhalten eines Fünfjährigen mit geistiger Behinderung in relativ kurzer Zeit durch Unterstützung positiven Verhaltens fast beseitigt werden. Vorausgegangen war eine funktionale Verhaltensanalyse durch die Lehrer der Regelklasse und einen Sonderschullehrer. Die Intervention umfasste Maßnahmen wie an das Fähigkeitsniveau des Schülers angepasste Aufgaben, das Angebot von Hilfestellungen bei diesen Aufgaben, die Anleitung, wie man um Hilfe und um Pausen bei den Arbeiten in der Schule bittet (Soodak & McCarthy, 2006; Umbreit, 1995). Aber diese Maßnahmen sind nicht nur für Schüler mit besonderen Bedürfnissen. Die Forschung zeigt, dass bei Anwendung dieser Vorgehensweise auf alle Schüler die disziplinarischen Vorkommnisse zurückgehen (Lewis, Suggai & Colvin, 1998). Weil nur etwa 5 % der Schüler an den disziplinarischen Verfahren beteiligt sind, sollte man Interventionen für diese Risikogruppe entwerfen. Interventionen mit positivem Verhalten gegründet auf einer funktionalen Verhaltensanalyse können Fehlverhalten um 80 % reduzieren (Crone & Horner, 2003).

Die Durchführung der funktionalen Verhaltensanalyse

Viele verschiedene Verfahren könnten Ihnen helfen, die Funktion einer bestimmten Verhaltensweise zu erkennen. Sie können Schüler einfach über ihr Verhalten befragen. In einer der Untersuchungen wurde Schülern die Frage gestellt, was der Auslöser für die disziplinarischen Maßnahmen der Lehrer war, also was geschehen war, direkt bevor sie störten. Obwohl die Schüler selbst auch nicht immer verstanden, warum sie etwas getan hatten, half es ihnen doch, sich darüber mit einem Erwachsenen auszusprechen, der sich Sorgen machte und versuchte, sie zu verstehen, statt sie zurechtzuweisen (Murdock, O'Neill & Cunningham, 2005). Lehrer können Schüler auch beobachten und dabei die Fragen im Hinterkopf haben, wann und wo das Fehlverhalten jeweils auftritt; welche anderen Personen und welche Tätigkeiten spielen dabei eine Rolle; was ereignet sich kurz vor Auftreten des Verhaltens, was sagen die beteiligten Personen und was sagt und tut der betroffene Schüler; was passiert direkt nach dem Verhalten – was tun und sagen der Lehrer, die Mitschüler und der betroffene Schüler. Was gewinnt der Schüler, wovor ergreift er die Flucht – was verändert sich, wenn der Schüler stört. Ein struktureller Ansatz ist in der ▶ Abbildung 6.3 dargestellt – ein Beobachtungs- und Planformblatt für die Anwendung der funktionalen Verhaltensanalyse.

Behavioristische Ansätze im Unterricht und im Klassenmanagement

6.5

Der behavioristische Lernansatz hat viele wichtige Beiträge zum Unterricht geleistet, einschließlich einer systematischen Herangehensweise an die Festlegung von Lernzielen, an das Lernen bis zur Beherrschung des Materials und an die direkte Unterweisung (in Kapitel 13 wird darauf noch weiter eingegangen werden). Solche Beiträge sind auch für das System des Klassenmanagements zu verzeichnen mit seinen Konsequenzen für die Gruppe, den Kontingenzverträgen und der

---

Unterstützung für positives Verhalten Interventionen mit dem Ziel, Problemverhalten durch neue Verhaltensweisen zu ersetzen, die für den Schüler den gleichen Zweck erfüllen.

Funktionale Verhaltensanalyse Verfahren zur Erlangung von Informationen über antezedente Bedingungen, das Verhalten selbst und dessen Konsequenzen, um die Ursache und die Funktion des Verhaltens zu ergründen.

Name des Schülers: _____ Datum: _____

Verhalten unter Beobachtung: Definieren Sie durch beobachtbare Verhaltensaspekte das am meisten in der Klasse störende Benehmen; beurteilen Sie auch die Intensität (stark, mittel, schwach), die Häufigkeit und die Dauer des Verhaltens.

_____

_____

Wann, wo, mit wem und in welcher Situation tritt das Verhalten *am wenigsten* auf?

_____

In welcher Situation oder in welchem Kontext (Hunger, Schlafentzug, Medikamenteneinnahme, Probleme im Bus):

_____

Unmittelbare vorausgehende und nachfolgende Bedingungen

Antezedente	*Problematische Situation*	*Konsequenzen*
___ Anforderung/Anfrage	___ Unstrukturierte Situation	___ Verhalten ignoriert
___ Schwierige Aufgabe	___ Unstrukturierte Aktivität	___ Tadel
___ Tageszeit	___ Einzelarbeit am Platz	___ Verbale Neuausrichtung
___ Unterbrechung der Routine	___ Gruppenarbeit	___ Auszeit (Dauer: ___)
___ Neckerei von Mitschülern/Provokation	___ Besondere Situation	___ Verlust der Anreize
___ Keine Materialien/Aktivitäten	___ Bestimmtes Fach/Aufgabe	___ Körperliche Neuausrichtung
___ Konnte erwünschte Sache nicht	___ Überfüllung in Situation	___ Körperliche Einengung erhalten
___ Leute _____	___ Laute Situation	___ Zum Büro des Rektors geschickt
___ Allein	___ Andere _____	___ Suspendierung
___ Anderes _____	___ Anderes _____	___ Anderes _____

Welche Funktionen erfüllt das beobachtete Verhalten für den Schüler?

___ Flucht vor: ___ Anforderung/Anfrage   ___ Person   ___ Aktivität/Aufgabe   ___ Schule   ___ anderes _____

___ Aufmerksamkeit von: ___ Erwachsener   ___ Gleichaltriger   ___ andere _____

___ Erwünschter Gewinn: ___ Objekt   ___ Aktivität   ___ Bereich   ___ anderes _____

___ Automatische sensorische Stimulation: _____

Hypothesen:

Wenn _____ auftritt im Kontext von _____
       (antezedente Bedingung)   (problematische Situation)

zeigt der Schüler _____ um zu _____ .
            (Verhalten unter Beobachtung)   (wahrgenommene Funktion)

Dieses Verhalten erscheint mit erhöhter Wahrscheinlichkeit, wenn _____
                                                  (Situation/Kontext-Variablen)

Ersatzhandlung oder Alternativen, die dieselbe Funktion erfüllen konnten:

_____

Ist die Ersatzhandlung bereits im Verhaltensrepertoire des Schülers oder muss er direkt unterwiesen werden? _____

Wenn ja, wie wird es vermittelt? _____

Nennen Sie einige mögliche motivierende Bedingungen für den Schüler: _____

Abbildung 6.3: **Strukturierte Beobachtungsanleitung für eine funktionale Verhaltensanalyse.**
Quelle: Aus Functional behavior assessment in schools von G. P. Barnhill, *Intervention in School and Clinic, 40*, S. 138. Copyright © 2005 PRO-ED, Inc.

Münzwirtschaft (Landrum & Kauffman, 2006). Diese Herangehensweisen sind nützlich, wenn es darum geht, explizite Informationen zu lernen oder Verhalten zu ändern, und wenn das Material sequenziell angeordnet ist und aus Fakten besteht.

Zuerst soll ein Element betrachtet werden, das Teil jedes behavioristischen Lernprogramms ist. Entgegen der Volksweisheit macht Übung nicht den Meister. Aber Übung festigt das Verhalten nachhaltig. Deshalb ist es wichtig, das richtige Verhalten zu üben. Devin

Gordon (2001) schreibt in der Zeitung *Newsweek* über einen Golfspieler:

Der Golfspieler pflegte auch während eines Turniers, ständig Bälle zur eigenen Übung auf schwierige Löcher zu schlagen. Er sagte, er übe Löcher. Diese Übung könne er später einmal in einem internationalen Turnier gebrauchen. Die Leute rümpften ihre Nasen – bis er das internationale Turnier gewann (S. 45, frei übersetzt).

Ohne Zweifel hat der Golfspieler spezifische Übungen für bestimmte Löcher vollzogen.

Als Beispiel für einen behavioristischen Ansatz sollten die Gruppenkonsequenzen betrachtet werden.

6.5.1   Gruppenkonsequenzen

Ein Lehrer kann die Verstärkungen für die ganze Klasse vom Verhalten aller in der Klasse abhängig machen; dies geschieht oft, wenn die Punktzahl jedes einzelnen Schülers zu einem Klassenpunktwert beiträgt. Das **Gutes-Benehmen-Spiel** ist ein Beispiel für eine solche Vorgehensweise. Lehrer und Schüler diskutieren, wie man das Klassenzimmer verbessern kann. Dann werden Verhaltensweisen gesucht, die dem effektiven Lernen im Wege stehen. Je nach Ergebnis dieser Diskussion werden Klassenregeln aufgestellt, und die Klasse wird in zwei Gruppen aufgeteilt. Immer wenn ein Schüler eine Regel verletzt, wird seiner Gruppe ein Verweis erteilt. Die Gruppe mit den wenigsten Verweisen erhält am Ende jedes Quartals eine besondere Belohnung oder ein Privileg (längere Pausen, die ersten beim Gang zum Mittagstisch usw.). Wenn beide Teams weniger als die vorher festgesetzte Punktzahl erreichen, erhalten beide Gruppen Verstärkungen. Die meisten Untersuchungen belegen, dass die schulischen Leistungen dadurch nicht angehoben werden, aber das Problemverhalten der Schüler wird deutlich verringert, und die Regeln für gutes Benehmen werden besser beachtet (Embry, 2002).

Sie können **Gruppenkonsequenzen** einführen, ohne die Klasse in Teams aufzuteilen: das heißt, man kann Verstärkungen nach dem Verhalten der ganzen Klasse vergeben. Wilson und Hopkins (1973) führten eine Untersuchung durch, in der Gruppenkonsequenzen angekündigt wurden, wenn sich der Lärmpegel in der Klasse nicht senke. Radiomusik beim Arbeiten diente als Verstärkung im Fachunterricht für Haushaltsökonomie. Immer wenn der Lärm sich leiser als vorher eingepegelt hatte, konnten die Schüler Radio hören; wenn der festgesetzte Lärmpegel überschritten war, wurde das Radio ausgeschaltet. Nachdem diese einfache Vorgehensweise so erfolgreich ist, könnte man sie in jeder Klasse bei Arbeiten einführen, bei denen Musik nicht stört.

Für diese Gruppenstrategien ist jedoch Vorsicht angeraten. Die ganze Gruppe sollte unter dem abweichenden Verhalten eines Einzelnen nicht leiden, besonders dann nicht, wenn die Gruppe keinen Einfluss auf diesen Schüler ausüben kann (Epanchin, Townsend & Stoddard, 1994). Einmal jubelte eine ganze Klasse, als ein ständiger Störenfried in eine andere Schule versetzt wurde. „Keine Klassenverweise mehr, keine Strafpunkte mehr!" Die Punkte bezogen sich auf Negativpunkte nach Regelverletzungen. Durch jeden Punkt verlor die Klasse fünf Minuten Pause. Der auf eine andere Schule übergewechselte Schüler hatte der Klasse viele dieser Minuspunkte eingebracht. Er war von Anfang an nicht sehr beliebt, aber durch das Punktesystem wurde er von der Klassengemeinschaft ausgestoßen.

Sozialer Druck durch Unterstützung und Ermunterung kann dagegen einen positiven Einfluss ausüben. Gruppenkonsequenzen sind dann besonders wirksam, wenn die Anerkennung der Mitschüler besonders wichtig erscheint (Theodore, Bray, Kehle & Jenson, 2001). Wenn das Fehlverhalten einiger Schüler durch die Aufmerksamkeit und das Gelächter der Mitschüler verstärkt wird, können Gruppenkonsequenzen wirksam werden. Lehrer können Schülern zeigen, wie man Klassenkameraden Unterstützung und konstruktive Rückmeldungen gibt. Wenn es einigen Schülern Spaß macht, das System zu sabotieren, so sind Sondermaßnahmen nötig.

6.5.2   Kontingenzverträge

In einem Programm auf der Grundlage von **Kontingenzverträgen** entwirft der Lehrer eine individuelle Abmachung mit jedem Schüler, die genau beschreibt, was zu tun ist, um bestimmte Privilegien oder Belohnungen zu erhalten. Die Verhandlungen können zur erzieherischen Erfahrung werden, denn Schüler lernen dabei, realistische Ziele zu setzen und die einzelnen Teile des Vertrages einzuhalten. Wenn die Schüler bei den Ziel-

---

Gutes-Benehmen-Spiel Die Klasse wird in zwei Teams aufgeteilt, und jede Gruppe erhält Strafpunkte für Verletzungen von Regeln des guten Benehmens, auf die man sich vorher geeinigt hatte.

Gruppenkonsequenzen Belohnungen oder Bestrafungen einer Klasse als ganze für die Beachtung oder Missachtung von Verhaltensregeln.

Kontingenzvertrag Ein Vertrag zwischen Lehrer und Schüler, der genau festhält, was ein Schüler tun muss, um bestimmte Belohnungen oder Privilegien zu erhalten.

Schularbeiten erledigt – hurra!

Kap. 14 – Sozialkunde
Kap. 13 – Sozialkunde
Buchbesprechung
Kap. 12 – Sozialkunde
Matheaufgaben 9
Mathenotizen zum Lesen 9
Kap. 11 – Sozialkunde
Laborbericht – Naturwissenschaften
Matheaufgaben 8
Mathenotizen zum Lesen 8
Referat – Literatur
Schriftliche Darstellung – Literatur
Lesen eines Theaterstücks
Matheaufgaben 7
Mathenotizen zum Lesen 7
Kap. 10 – Sozialkunde
Lesen des letzten Aktes – Theaterstück
Laborbericht – Naturwissenschaften
Kap. 9 – Naturwissenschaften
Kap. 9 – Sozialkunde
Matheaufgaben 6
Mathenotizen zum Lesen 6
Lesen des 2. Aktes – Theaterstück
Kap. 8 – Sozialkunde
Laborbericht – Naturwissenschaften
Kap. 5 – Naturwissenschaften
Lesen des 1. Aktes – Theaterstück
Auswahl eines Theaterstücks
Matheaufgaben 5
Mathenotizen zum Lesen 5
Geschäftsprojekt erledigt

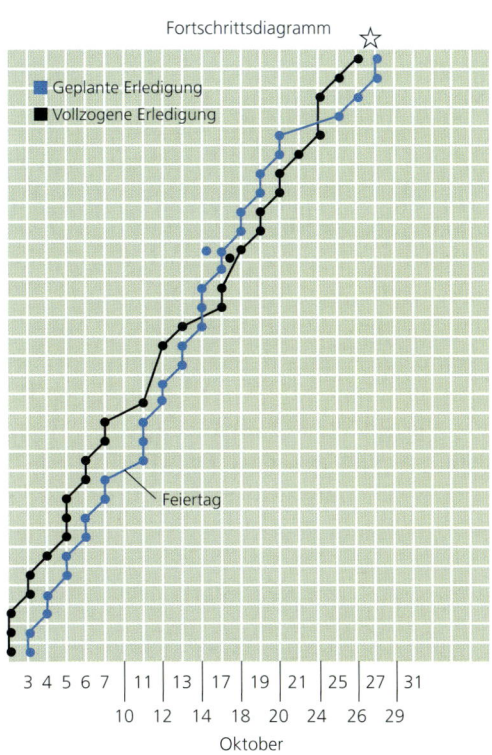

Fortschrittsdiagramm

■ Geplante Erledigung
■ Vollzogene Erledigung

Feiertag

3 4 5 6 7 11 13 17 19 21 25 27 31
         10 12 14 18 20 24 26 29

Oktober

Abbildung 6.4: Ein Kontingenzvertrag für die Erledigung von Schularbeiten. Lehrer und Schüler einigen sich über den Abgabetermin für Schularbeiten; diese Termine werden auf dem Diagramm blau eingezeichnet. Jedes Mal, wenn eine Arbeit eingereicht wird, wird der Tag der Erledigung schwarz eingezeichnet. So lange die tatsächliche Erledigungslinie über der Abgabeterminlinie liegt, erhält der Schüler Freizeit oder andere im Vertrag vorgesehene positive Verstärkungen.
Quelle: Aus *Achieving Educational Excellence: Behavior Analysis for School Personnel* (Abb. S. 89), von B. Sulzer-Azaroff und G. R. Meyer, 1994. San Marco, CA: Western Image, P.O. Box 427. Copyright © 1994 Beth Sulzer-Azaroff und G. R. Meyer.

setzungen mitbestimmen können, fällt es ihnen auch leichter, sie zu erreichen (Locke & Latham, 2002; Pintrich & Schunk, 2002).

Ein Beispiel eines Vertrages zur Erledigung von Arbeiten in der Schule, der für Schüler der Mittel- und Oberstufe geeignet ist, zeigt ▶ Abbildung 6.4. Dieses Diagramm dient als Vertrag, als Aufgabenblatt und Fortschrittsprotokoll. Informationen über den Fortschritt können die Schülermotivation anregen (Schunk, 2004). Eine solche Vorgehensweise würde sich auch für Studienanfänger eignen.

Die wenigen Zeilen, die hier der Münzwirtschaft und dem Kontingenzvertrag gewidmet sind, können nur kurz den methodischen Ansatz vorstellen. Sollten Sie den Ansatz in großem Umfang in Ihrer Klasse einführen wollen, dann sollten Sie professionelle Hilfe suchen. Meist können die schulpsychologische Beratungsstelle oder der Rektor weiterhelfen.

6.5.3 Münzwirtschaft

Halt! Denken Sie nach! Schreiben Sie!

Haben Sie jemals an einem Programm teilgenommen, in dem Sie Punkte oder ein Guthaben erwirtschaften konnten, die Sie dann gegen eine Belohnung umtauschen konnten? Sind Sie Mitglied eines Vielflieger-Programms oder können Sie Punkte auf Ihrer Kreditkarte ansammeln? Oder sammeln Sie die Treuepunkte in Ihrem Supermarkt? Werben Sie neue Abonnenten für Ihre Zeitung an und erhalten dafür eine schicke Brieftasche? Wirkt sich die Mitgliedschaft in solchen Sammelaktionen auf Ihre Kaufbereitschaft aus? Wie?

Oft ist es schwierig, positive Konsequenzen für alle Schüler bereitzustellen, die sie verdienen. Ein System der **Münzwirtschaft** kann Ihnen helfen, dieses Problem anzugehen; es erlaubt allen Schülern, Münzen (eine Spielwährung) für schulische Arbeit und für positives Verhalten in der Klasse zu verdienen. Die Münzen können auch in Punkten, Schecks, einer gelöcherten Karte, Chips, Spielgeld oder sonstigen Objekten bestehen; alles, was sich leicht sammeln lässt, ist möglich. Von Zeit zu Zeit tauschen die Schüler die angesammelten Punkte oder Chips gegen eine erwünschte Belohnung aus (Kazdin, 2001; Alberto & Troutman, 2006).

Je nach Alter des Schülers können die Belohnungen in kleinen Spielzeugen bestehen, in Schulmaterialien, Freizeit, Sonderfunktionen in der Klassengemeinschaft oder anderen Privilegien. Wenn man die „Münzwirtschaft", wie dieses Belohnungssystem heißt, einführt, dann sollte man kontinuierliche Verstärkungen geben mit leicht zu erreichenden Belohnungen. Sobald das System akzeptiert ist, sollte man auf einen intermittierenden Verstärkungsplan übergehen und „Münzen" oder Punkte über einen etwas längeren Zeitraum ansammeln lassen, bevor sie gegen ein Spielzeug oder Ähnliches eingetauscht werden können.

Eine andere Variante ist, die Schüler Punktwerte in der Schule verdienen zu lassen, um sie dann zu Hause in Belohnungen umzutauschen. Das kommt bei den Schülern gut an, setzt aber die Zusammenarbeit zwischen Eltern und Lehrern voraus. Dazu erhalten die Eltern täglich oder zweimal wöchentlich einen kurzen Zwischenbericht mit der Mitteilung über den letzten Punktestand. Die Eltern können die Punktwerte dann eintauschen gegen Fernsehminuten, ein besonderes Spielzeug oder kleine Unternehmungen mit den Eltern. Die Punkte können auch längerfristig angesammelt werden, um eine kleine Reise zu ermöglichen. Verwenden Sie dieses Verfahren jedoch nicht, wenn das Kind für niedrige positive Punktwerte oder hohe Strafpunkte zu Hause ernsthafte Schwierigkeiten bekommt.

Die Münzwirtschaft ist kompliziert und aufwendig. Im Allgemeinen sollte man sie nur in drei Situationen einführen: (1) um Schüler zu motivieren, wenn sie völlig uninteressiert an ihrer Arbeit sind; (2) um Schüler zu ermutigen, die eine Misserfolgsgeschichte hinter sich haben; (3) um mit einer Klasse umzugehen, die außer Kontrolle geraten ist. Einige Schülergruppen schei-

nen besser auf die Münzwirtschaft anzusprechen als andere. Kinder mit geistiger Retardierung, Kinder mit häufigen Misserfolgen, Schüler mit geringen Fähigkeiten und solche mit Verhaltensproblemen sprechen alle gut auf die direkten und konkreten Verstärkungen der Münzwirtschaft an.

Bevor Sie eine Münzwirtschaft einführen, sollten Sie Ihre Unterrichtsmethoden und -materialien auf den Prüfstand legen, ob sie für die Schüler geeignet sind. Manchmal deuten Unterbrechungen des Unterrichts oder mangelnde Motivation der Schüler darauf hin, dass die Unterrichtspraxis geändert werden muss. Vielleicht sind die Klassenregeln unklar und Regelverletzungen oder -einhaltungen werden nur unregelmäßig negativ oder positiv verstärkt. Vielleicht ist der Text zu leicht oder zu schwer. Vielleicht ist das Unterrichtstempo zu schnell oder zu langsam. Wenn diese Schwierigkeiten bestehen, kann die Münzwirtschaft vorübergehend Besserung bringen, aber die Schwierigkeiten des Schülers mit schulischen Leistungen bleiben.

Viele der systematischen Anwendungen von behavioristischen Lernprinzipien beziehen sich auf den Bereich Klassenmanagement. Der nächste Abschnitt beschreibt zwei Beispiele, in denen die behavioristischen Grundsätze erfolgreich angewendet werden, um das Verhalten von Schülern mit Sonderförderbedarf zu verbessern.

6.5.4 Jeden Schüler erreichen: schwere Verhaltensstörungen

Schüler mit schweren Verhaltensstörungen stellen für Lehrer die größte Herausforderung dar. Zwei Untersuchungen zeigen, wie nützlich behavioristische Lernprinzipien für die Förderung dieser Schüler sein können.

Lea Theodore und ihre Kollegen (2001) arbeiteten mit den Lehrern von fünf männlichen Jugendlichen mit der Diagnose „schwer emotional gestört". Eine kurze Liste von sehr klaren Regeln wurde aufgestellt (z. B. verwende keine Flüche oder Schimpfwörter, gehe auf die Fragen des Lehrers binnen fünf Sekunden ein, verwende keine verbalen Herabsetzungen). Die Regeln wurden auf Karteikärtchen geschrieben und an das Pult der betreffenden Schüler geheftet. Der Lehrer führte

---

Münzwirtschaft Ein System, bei dem die Münzen durch schulische Arbeit und positives Verhalten in der Klasse verdient werden und gegen erwünschte Belohnungen ausgetauscht werden können.

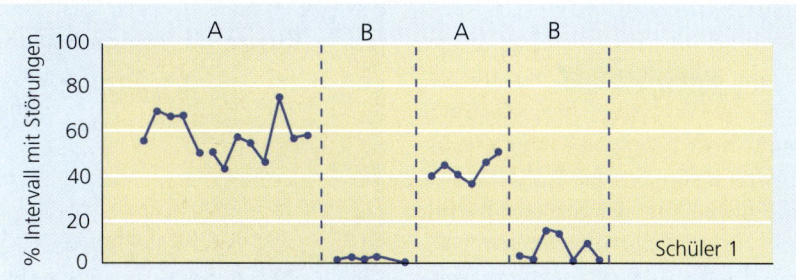

Abbildung 6.5: Ein ABAB Versuchplan wurde eingeführt, um eine Verbesserungsstrategie für einen Schüler zu evaluieren, der starkes Problemverhalten aufwies.

Quelle: Um Einzelheiten beider Ansätze vergleichen zu können, lesen Sie Randomisation of Group Contingencies and Reinforcers to Reduce Classroom Disruptive Behavior von L.A. Theodore, M.A. Bray, T.J. Kehle & W.R. Jenson (2001), *Journal of School Psychology*, *39*, 267–277 und Token Reinforcement and Response Cost Procedures: Reducing Disruptive Behavior of Preschool Children with Attention-Deficit/Hyperactivity Disorder von K.E. McGoey & G.J. DuPaul, 2000, *School Psychology Quarterly*, *15*, 330–343.

eine Liste mit den Namen der Schüler, die gegen die Regeln verstießen. Die Liste lag auf dem Pult aus, sodass jeder Schüler immer nachschauen konnte, wie viele Verweise er und die anderen schon hatten. Am Ende der 45-minütigen Teststunde zog ein Schüler ein „Kriterium" aus einer Schachtel. Die möglichen Kriterien waren: Verhalten der ganzen Gruppe, Schüler mit den höchsten Verweispunkten, Schüler mit der niedrigsten Verweishäufigkeit, der Durchschnitt aller Schüler oder der Punktwert eines einzelnen Schülers. Wenn der oder die Schüler, die als Kriterium ausgewählt wurden, nur fünf oder weniger Verweise für Regelverstöße aufwiesen, dann bekam die ganze Klasse eine Belohnung, die zufällig aus einer Schachtel herausgesucht wurde. Die möglichen Belohnungen waren Dinge wie Eiscreme, eine Tüte Kartoffelchips, ein Lutscher oder eine Vorabentschuldigung für Verspätungen zum Unterricht. Ein ABAB-Versuchsplan wurde eingeführt – Grundrate, zwei Wochen dauernde Intervention, zwei Wochen gültiger Verspätungsschein und zweiwöchige Rückkehr zu den Gruppenkonsequenzen. Alle Schüler zeigten deutliche Verbesserungen so lange das Verstärkungssystem eingerichtet blieb, wie aus der ▶ Abbildung 6.5 zu entnehmen ist. Sie zeigt das Diagramm eines Schülers. Die Schüler mochten das System und der Lehrer hatte keine Mühe, die Schüler darauf einzustellen.

In der zweiten Untersuchung arbeiteten Kara McGoey und George DuPaul (2000) mit Lehrern in drei Vorschulklassen, um das Problemverhalten von vier Schülern anzugehen, deren Diagnose Aufmerksamkeits-Defizit-Hyperaktivitäts-Störung (ADHS) lautete.

Die Lehrer versuchten beides, ein Münzwirtschaftsprogramm (Schüler verdienten für das Einhalten der Regeln kleine und große Steckplättchen für ein Diagramm) und ein Verhaltenskostensystem (Schüler bekamen zu Beginn fünf Steckplättchen und ein größeres Plättchen für jede tägliche Aktivität; sie verloren Plättchen bei Regelverstößen). Beide Verfahren senkten effektiv die Regelverletzungen, doch die Lehrer fanden das Verhaltenskostensystem leichter einzuführen.

Da die auf das Lernen angewandten behavioristischen Ansätze weiterentwickelt wurden, fügten einige Forscher noch neue Elemente hinzu – das Nachdenken über Verhalten.

Lernen durch Beobachtung und kognitive Verhaltensmodifikation: nachdenken über Verhalten

6.6

In den letzten Jahren fanden die meisten behavioristisch orientierten Psychologen, dass operantes Konditionieren einen zu engen Erklärungsrahmen abgibt für den komplexen Lernprozess. Viele haben diese enge Sichtweise erweitert auf das Lernen als komplexen kognitiven Prozess, der nicht direkt beobachtet werden kann. Erwartungen, Gedanken, kognitive Landkarten und Überzeugungen etwa lassen sich nicht direkt erfassen. Drei Beispiele dieser erweiterten Sichtweise sind *Beobachtungslernen*, *Selbstmanagement* und *kognitive Verhaltensmodifikation*.

6.6.1 Beobachtungslernen

Vor über 30 Jahren schrieb Albert Bandura, dass die traditionelle behavioristische Sichtweise zwar eine richtige Sicht des Lernprozesses liefere, aber unvollständig sei. Ihre Lernprinzipien könnten das Verhalten nur teilweise erklären, wichtige Elemente des Lernprozesses würden übersehen, vor allem die sozialen Einflüsse. Banduras erste Arbeiten gründeten auf den Verhaltensprinzipien von Lohn und Strafe; er fügte dem das Prinzip des Lernens von anderen Personen hinzu. Dieser Erklärungsansatz wird mit sozialer Lerntheorie bezeichnet; er wurde als neobehavioristischer Ansatz betrachtet (Bandura, 1977; Hill, 2002; Zimmerman & Schunk, 2003).

Um einige Grenzen des behavioristischen Modells erklären zu können, unterschied Bandura zwischen Wissenserwerb (Lernen) und der beobachtbaren Ausführung des Verhaltens, die auf dem erworbenen Wissen beruht. Bandura bringt damit zum Ausdruck, dass wir alle mehr wissen als wir zeigen. Ein Beispiel findet sich in einer frühen Untersuchung Banduras (1965). Vorschulkinder sahen einen Film mit einer aufgeblasenen Gummipuppe namens „Bobo". Das Kind im Film tritt die Puppe und schubst sie hin und her. Eine Gruppe beobachtete, wie das Modell (das Kind) für seine Aggressionen belohnt, eine andere Gruppe, wie das Modell bestraft wurde und eine dritte Kontrollgruppe, wie keine Konsequenzen auf das Verhalten des Kindes folgten. Sie wurden dann im Anschluss an den Film in einen anderen Raum geführt, in dem ebenfalls eine Bobo-Puppe stand. Die Kinder, die im Film die aggressive Behandlung gesehen hatten, behandelten auch die Puppe aggressiv. Diejenige Gruppe, welche die Bestrafung des Filmmodells gesehen hatte, zeigte nur geringe aggressive Verhaltensweisen. Aber wenn den Kindern Belohnungen für die Nachahmung des Modells versprochen worden waren, zeigten alle, dass sie das Verhalten des Modells gelernt hatten.

Anreize können also die Ausführung von Verhalten beeinflussen. Auch wenn Lernen stattgefunden hat, kann es sich erst dann zeigen, wenn die passende Situation eingetreten ist oder wenn Anreize auftreten, das Gelernte auszuführen. Dies kann erklären, warum

Albert Bandura erweiterte die behavioristischen Lerntheorien, um auf das Beobachtungslernen aufmerksam zu machen.

Schüler schlechtes Verhalten wie Rauchen oder Fluchen nicht zeigen, obwohl Erwachsene, Gleichaltrige und die Medien es ihnen vormachen. Persönliche Konsequenzen des Verhaltens können sie von der Ausführung abhalten. Ein anderes Beispiel: Schüler können das Alphabet schreiben gelernt haben, führen es aber schlecht aus, weil ihre Feinmotorik nicht so entwickelt ist, oder sie haben gelernt, wie man auf einfache Weise Brüche rechnet, und sie schneiden trotzdem bei einer Prüfung nicht gut ab, weil sie Prüfungsangst haben. In diesen Fällen entspricht ihre Ausführung nicht dem Gelernten.

Seit Kurzem konzentriert sich Bandura auf kognitive Faktoren wie Überzeugungen, Selbstwahrnehmungen und Erwartungen. Deshalb wird seine Theorie auch sozial-kognitive Theorie genannt (Hill, 2002). Die

---

Soziale Lerntheorie Theorie, die Lernen durch Beobachtung anderer betont.

Sozial-kognitive Theorie Eine Theorie, die kognitive Faktoren wie Überzeugungen, Selbstwahrnehmungen und Erwartungen in sozialen Lernprozessen berücksichtigt.

Verknüpfen und erweitern Sie Ihre Forschungskenntnisse

Für einen Einblick in den Zusammenhang von sozial-kognitiver Theorie und Schulleistung, lesen Sie Schunk (1999), Social-Self Interaction and Achievement Behavior. *Educational Psychologist*, *34*, 219–227.

sozial-kognitive Theorie (sie wird noch ausführlicher in Kapitel 9 und 10 behandelt) unterscheidet zwischen prozeduralem und stellvertretendem Lernen bzw. Lernen durch Beobachtung. Das *prozedurale Lernen* ist handelndes Lernen, bei dem die Konsequenzen der gelernten Handlungen spürbar werden. Das sieht auf den ersten Blick so aus, als ob es sich wieder um operantes Konditionieren handele. Dies ist nicht der Fall, und die Unterschiede sind auf die Konsequenzen zurückzuführen. Die Vertreter des operanten Konditionierens nehmen an, dass die Konsequenzen das Verhalten entweder festigen oder abschwächen. Beim prozeduralen Lernen liefern die Konsequenzen jedoch Informationen. Unsere Interpretation der Konsequenzen erzeugen Erwartungen, beeinflussen die Motivation und formen die Überzeugungen (Schunk, 2004). In diesem Buch gibt es viele Beispiele von Lernen durch Handeln.

Stellvertretendes Lernen ist Lernen durch Beobachtung anderer. Menschen und Tiere können einfach dadurch lernen, dass sie andere Menschen oder Tiere bei deren Lernen beobachten. Diese Tatsache fordert die behavioristischen Lerntheoretiker heraus, denn sie vertreten die Ansicht, kognitive Faktoren stellen unnötige Konstrukte für die Erklärung von Lernen dar. Damit Menschen durch Beobachten lernen können, müssen sie ihre Aufmerksamkeit konzentrieren, mentale Repräsentationen erzeugen, sich erinnern, analysieren und Entscheidungen treffen, die sich auf das Lernen auswirken. Vor der Ausführung von Gelerntem und vor der Verstärkung laufen verschiedene geistige Prozesse ab. Die „kognitive Lehrzeit" (siehe Kapitel 9) selbst ist ein Beispiel von stellvertretendem Lernen – Lernen durch das Beobachten anderer.

6.6.2 Elemente des Beobachtungslernens

Halt! Denken Sie nach! Schreiben Sie!

Das Vorstellungsgespräch für eine Stelle in der Realschule läuft gut. Die nächste Frage ist. „Welche Vorbilder haben Sie als Lehrer? Sagen Sie oder tun Sie in etwa die gleichen Sachen wie andere Lehrer? Welchem Lehrer aus einem Film oder Buch möchten Sie ähnlich sein?"

Durch **Beobachtungslernen** lernen wir nicht nur, wie wir etwas tun sollen, sondern auch, welche Folgen unsere Handlungen in bestimmten Situationen haben. Beobachtung kann einen sehr effizienten Lernprozess in Gang setzen. Wenn Kinder das erste Mal Haarbürsten, Tassen oder Tennisschläger halten, dann führen sie auch Bürstbewegungen aus, trinken oder bewegen den Arm hin und her, so gut sie können mit dem ihnen eigenen Stand der muskulären Entwicklung und Koordination. Wir wollen einen näheren Blick daraufwerfen, wie das Beobachtungslernen entsteht. Bandura (1986) bemerkt, dass Beobachtungslernen vier Elemente beinhaltet: *Aufmerksamkeitszuwendung, Informationen oder Sinneseindrücke behalten, Verhalten produzieren* und *motiviert sein*, das Verhalten zu wiederholen.

Aufmerksamkeit

Um durch Beobachtung lernen zu können, müssen wir aufmerksam auf unsere Umwelt achten. Im Unterricht muss die Aufmerksamkeit der Schüler auf die kritischen Sachverhalte des Unterrichtes gelenkt, indem Sie klar vortragen und wichtige Punkte herausstreichen. Bei der Vorführung einer Fertigkeit (z. B. eine Nähmaschine einfädeln oder eine Drehscheibe bedienen) ist es am besten, wenn die Schüler ihnen über die Schulter schauen. Wenn sie Ihre Hände aus derselben Perspektive sehen können wie ihre eigenen, dann richten sie automatisch die Aufmerksamkeit auf die richtigen Aspekte des Vorgangs, und das erleichtert das Beobachtungslernen.

Stellvertretendes Lernen Es wird gelernt, ohne dass das beobachtete Verhalten selbst ausgeführt wird.

Beobachtungslernen Lernen durch Beobachtung und Nachahmung anderer.

Behalten

Um das Verhalten eines Modells zu imitieren, muss man es im Gedächtnis behalten. Die Handlung des Modells muss mental repräsentiert sein, vielleicht sogar als verbal ausformulierte Schritte, als prozedurale Information („Hwa-Rang, die achte Form im Tae Kwon Do ist eine Bewegung von der Handfläche zum Schuhabsatz, dann eine Schlagbewegung, dann …) oder als visuelles Vorstellungsbild oder beides. Behalten kann durch mentale Übung verbessert werden (indem man sich vorstellt, wie man das Verhalten nachahmt) oder durch tatsächliche Übung. In der Behaltensphase des Beobachtungslernens hilft uns Übung, die Elemente des erwünschten Verhaltens zu erinnern, wie z. B. eine Schrittabfolge.

Theorien des Beobachtungslernens machen darauf aufmerksam, dass beides, Lernen durch Handeln und Lernen durch Beobachten, wichtig ist.

Produktion des beobachteten Verhaltens

Auch wenn wir erst einmal wissen, wie das Verhalten aussehen soll und wie die einzelnen Schritte beschaffen sind, müssen wir das erlernte Verhalten noch nicht vollkommen beherrschen. Manchmal benötigen wir noch viel Übung und Training für einige subtile Punkte, bevor wir das Verhalten eines Modells reproduzieren können. In der Produktionsphase glättet die Übung das Verhalten und vervollkommnet es.

Motivation und Verstärkung

Wie früher erwähnt, unterscheidet die soziale Lerntheorie zwischen Erwerb und Ausführung. Wir können eine neue Fertigkeit oder ein neues Verhalten durch Beobachten lernen, aber wir müssen das Verhalten nicht unbedingt ausführen; es kann erst dann auftreten, wenn ein Anreiz oder ein Auslöser für das Verhalten erscheint. Wenn wir eine positive Verstärkung für die Nachahmung des Verhaltens eines Modells erwarten, sind wir eher motiviert und aufmerksam, erinnern uns leichter und zeigen schließlich eher das beobachtete Verhalten. Verstärkungen sind wichtig für die Fortdauer des Lernens. Eine Person, die ein neues Verhalten ausprobiert, wird ohne Verstärkungen nicht ausdauernd lernen (Ollendick, Dailey & Shapiro, 1983; Schunk, 2004). Wenn zum Beispiel ein unbeliebter Schüler sich so kleidet, wie es in einer beliebten Clique üblich ist, und dafür lächerlich gemacht oder ignoriert wird, dann wird er bald aufhören zu imitieren.

Bandura identifiziert drei Formen der Verstärkung, die das Beobachtungslernen festigen können. Zuerst kann der Lerner das Verhalten des Modells direkt übernehmen und dafür unmittelbar belohnt werden, etwa wenn ein Turner erfolgreich eine Drehung am Reck ausführt und der Trainer sagt: „Ausgezeichnet!" Aber die Belohnung muss nicht direkt sein – die **Verstärkung** kann **durch Beobachtung** erfolgen – also eine **stellvertretende Verstärkung** sein. Der Beobachter mag einfach sehen, wie andere für bestimmtes Verhalten verstärkt werden und daraufhin dieses Verhalten produzieren. Wenn Sie zum Beispiel zwei Schülern für ihren Laborbericht Komplimente wegen der schönen Zeichnungen machen und andere hören dies, werden diese mit erhöhter Wahrscheinlichkeit das nächste Mal auch einen Laborbericht mit sauberen Zeichnungen abliefern. Die meisten Werbefilme im Fernsehen sollen diese Funktion erfüllen. Die Personen in den Werbefilmen erscheinen enthusiastisch, wenn sie ein bestimmtes Auto fahren oder einen bestimmten Saft trinken und vom Zuschauer wird dieselbe Reaktion erwartet. Das Verhalten des Zuschauers wird dann stellvertretend durch die Belohnung des Modells verstärkt. Strafe kann auch stellvertretend sein: Sie werden sicher auch langsamer fahren, wenn Sie beobachten, dass andere vor Ihnen durch ein Radargerät wegen Geschwindigkeitsüberschreitung erfasst werden und später Bußgeld zahlen müssen.

Verstärkung durch Beobachtung/stellvertretende Verstärkung Die Wahrscheinlichkeit erhöhen, dass ein Verhalten wiederholt wird, weil der Lerner beobachtet, wie ein Modell für dieses Verhalten verstärkt wird.

Tabelle 6.2

Einflussgrößen beim Beobachtungslernen

Spezifische Effekte des Modelllernens

Entwicklungsstand	Verbesserungen mit fortschreitender Entwicklung betreffen die längere Aufmerksamkeitsspanne und erhöhte Kapazität zur Informationsverarbeitung. Strategiengebrauch, Leistungen mit Gedächtnisrepräsentationen vergleichen und intrinsische Motivationen ausbilden.
Modellprestige und Kompetenz	Beobachter sind aufmerksamer für kompetente Modelle mit hohem Ansehen. Die Konsequenzen des Verhaltens eines Modells sagen etwas aus über den funktionalen Wert. Beobachter versuchen, solche Aktionen zu lernen, von denen sie annehmen, dass sie sie später einmal gebrauchen können.
Verschiedene Konsequenzen	Konsequenzen, die Modelle für ihr Verhalten erfahren, sagen etwas aus über die Angemessenheit von Verhalten und die wahrscheinlichen Ergebnisse von Handlungen. Hochgeschätzte Konsequenzen motivieren die Beobachter. Ähnlichkeit in den Eigenschaften oder Kompetenzen signalisiert Angemessenheit und erhöht die Motivation.
Ergebniserwartungen	Beobachter führen mit höherer Wahrscheinlichkeit Handlungen von Modellen aus, die sie für richtig halten und von denen sie erwarten, dass sie zu erwünschten Konsequenzen führen.
Zielsetzung	Beobachter achten eher auf Modelle, die Verhalten demonstrieren, das ihnen hilft, bestimmte Ziele zu erreichen.
Selbstwirksamkeit	Beobachter achten auf Modelle, wenn sie glauben, dass sie das vorgeführte Verhalten selbst ausführen können. Beobachtungen von ähnlichen Modellen beeinflusst die Selbstwirksamkeit („Wenn die das können, kann ich das auch").

Quelle: Aus *Learning Theories: An Education Perspective* (4. Aufl.) von D. H. Schunk. Prentice Hall. Copyright © 2004 Prentice Hall.

Schließlich gibt es noch die **Selbstverstärkung**, die von einer Eigenkontrolle der Verstärkungen ausgeht. Diese Art der Verstärkung ist wichtig für beide Parteien, Lehrer und Schüler. Schüler sollen sich nicht wegen der von außen kommenden Belohnungen verbessern, sondern weil die Schüler ihre wachsende Kompetenz schätzen und auch genießen. Und auch Lehrer leben mit Selbst-Verstärkung – oft die einzige, die alles in Gang hält. Wenn Kinder älter werden, wächst ihre Aufmerksamkeitsspanne, sie setzen Gedächtnisstrategien ein, um Informationen zu behalten und sie motivieren sich, selbst zu üben. Eine zweite Einflussgröße ist das Ansehen (der Status) des Modells. Kinder ahmen mit höherer Wahrscheinlichkeit einen Erwachsenen nach, der kompetent, einflussreich, geachtet und enthusiastisch ist; Eltern, Lehrer, ältere Geschwister, Sportler, Filmhelden, Rockstars können als Modelle dienen, je nach Alter und Interessen des Kindes. Eine dritte Ein-

flussquelle ist das Beobachten anderer; dadurch lernen wir, welches Verhalten wann und mit wem angemessen ist. Die Modelle sind in der Regel dem Lerner ähnlich, „passen also zu ihm" (Pintrich & Schunk, 2002). Alle Schüler brauchen erfolgreiche Modelle, die sich wie sie selbst verhalten und aussehen wie sie, unabhängig von ihrer ethnischen Zugehörigkeit, ihrem sozioökonomischen Status oder Geschlecht.

Aus ► Tabelle 6.2 ist zu ersehen, dass die letzten drei Einflussgrößen Ziele und Erwartungen beinhalten. Wenn Beobachter erwarten, dass bestimmte Handlungen von Modellen zu bestimmten Konsequenzen führen (etwa ein bestimmter Trainingsplan mit einer Steigerung der Hochleistung einhergeht) und wenn die Beobachter diese Folgen oder Ziele schätzen, dann wenden die Beobachter ihre Aufmerksamkeit bevorzugt den Modellen zu und versuchen, deren Verhalten nachzuahmen. Beobachter lernen auch verstärkt von

---

Selbstverstärkung Die eigenen Verstärkungen einsetzen.

Verknüpfen und erweitern Sie mit anderen Kapiteln

Das Erleben der eigenen Wirksamkeit (Selbstwirksamkeit) wird in Kap. 9 diskutiert, genauso wie das Konzept der Lehrerwirksamkeit. Hintergrund: Zwei Bücher von Bandura, A. (1997). *Self-efficacy. The exercise of Control.* New York: Freeman. Bandura, A. (Hrsg.) (1995). *Self-effiacy in Changing Societies.* New York: Cambridge University Press.

Modellen, wenn sie als Lerner eine hohe **Selbstwirksamkeit** haben – d. h. wenn sie sich für fähig halten, Handlungen auszuführen, die zum Ziel führen oder wenigstens sich für fähig halten zu lernen, wie das Ziel erreicht werden kann (Bandura, 1997; Pintrich & Schunk, 2002). Diese Ziele, Erwartungen und die Selbstwirksamkeit werden ausführlicher in Kapitel 10 über Motivation diskutiert.

6.6.3 Beobachtungslernen im Unterricht

Halt! Denken Sie nach! Schreiben Sie!

Wie kann man Beobachtungslernen in den Unterricht einbauen? Welche Fertigkeiten, Einstellungen und Strategien können bei Ihrem Fachunterricht modellhaft vorgeführt werden?

Es gibt fünf mögliche Ergebnisse des Beobachtungslernens: Aufmerksamkeitssteuerung, bestehendes Verhalten ermutigen, Hemmungen abbauen, neues Verhalten und Einstellungen lehren und Emotionen wecken. Jedes der Ergebnisse soll im Zusammenhang mit seinem Auftreten in einer Schulklasse besprochen werden.

Aufmerksamkeitssteuerung

Durch das Beobachten anderer lernen wir nicht nur deren Handlungen, sondern auch die Gegenstände, die in die Handlungen eingehen. Wenn zum Beispiel im Kindergarten ein Kind begeistert mit einem Spielzeug spielt, das für Tage unbeachtet herumlag, möchten auf einmal viele Kinder damit spielen, auch wenn sie damit ganz anders umgehen oder es nur herumtragen. Das geschieht zum Teil, weil das Spielzeug die Aufmerksamkeit der Kinder erregt hat.

Bereits gelerntes Verhalten differenzieren

Jeder achtet in unsicheren und unvertrauten Situationen auf Hinweisreize von anderen Personen. Das Verhalten anderer zu beobachten gibt Hinweise, welche unserer bereits gelernten Verhaltensweisen jetzt zum Einsatz kommen soll: Welche Gabel man verwenden soll, um den Salat zu essen, wann man eine Versammlung verlassen kann, welcher Sprachstil angebracht ist und so weiter. Die Kleidung und den eigenen Lebensstil von Fernsehstars oder Musikidolen zu übernehmen, ist ein weiteres Beispiel für diese Art von Wirkung.

Hemmungen festigen oder schwächen

Wenn Mitschüler beobachten, wie ein Klassenkamerad gegen eine Klassenregel verstößt, ohne dass er eine Strafe dafür bekommt, werden sie lernen, dass nicht immer auf die Regelverletzungen unerwünschte Konsequenzen folgen. Wenn der Regelverletzer ein beliebter und angesehener Schüler ist, wird der Vorbildeffekt noch stärker sein, wie aus dem Fall zu Beginn des Kapitels zu ersehen ist. Dieser sich ausbreitende **Dominoeffekt** (Kounin, 1970) kann auch für den Leh-

„Papa, kannst du lesen?"

Was lernt dieses Kind, wenn es seinen Vater beobachtet?
Quelle: © The New Yorker Collection 1990 Peter Steiner von cartoonbank.com

---

Selbstwirksamkeit Das subjektive Erleben einer Person, eine bestimmte Aufgabe effektiv meistern zu können.

Dominoeffekt Sich ausbreitenden Wellen gleich wird Verhalten weitergegeben – es ist „ansteckend".

rer arbeiten. Wenn ein Lehrer geschickt mit einem Regelverletzer umgeht, besonders wenn dieser eine Anführerposition in der Klasse hat, kann der Lehrer den Welleneffekt aufhalten. Das bedeutet nicht, dass der Lehrer jeden Regelverletzer tadeln muss, aber wenn er einmal eine bestimmte Reaktionsweise bei dem Anführer durchgesetzt hat, kann der Dominoeffekt auch gewünschte Auswirkungen haben.

Neues Verhalten lehren

Vorbildwirkungen werden oft eingeplant beim Tanzen lernen, beim Sport, bei Handwerksarbeiten, aber auch bei der Vermittlung von Fertigkeiten in Fächern wie Ernährungswissenschaften und Chemie. **Modelllernen** kann auch absichtlich in der Klasse eingesetzt werden, um mentale Fertigkeiten zu vermitteln und den geistigen Horizont zu erweitern sowie neue Denkansatze vorzustellen. Lehrer dienen als Modelle für ein breites Spektrum an Verhaltensweisen, von der Aussprache von Wörtern über die Reaktion auf einen epileptischen Anfall eines Schülers bis zur Begeisterung für das Lernen. Zum Beispiel kann der Lehrer ein Modell sein für gut begründetes kritisches Denken, indem er laut über die Frage eines Schülers nachdenkt. Oder eine Lehrerin der Oberstufe möchte die stereotypen Vorstellungen ihrer Schülerinnen über Frauenkarrieren abbauen und lädt Frauen aus nicht-traditionellen Frauenberufen ein, sich den Schülerinnen vorzustellen. Untersuchungen können belegen, dass bei Beachtung aller Faktoren, besonders wenn Verstärkung und Übung eingesetzt werden, das Beobachtungslernen sehr effektiv sein kann.

Aber auch Modelle im Alter des Schülers können sehr wirksam Verhalten vermitteln. Schunk und Hanson (1985) verglichen zum Beispiel zwei Methoden, die Subtraktion in der 2. Klasse Schülern zu vermitteln, die mit dieser Rechenart Schwierigkeiten hatten. Eine Schülergruppe beobachtete andere Zweitklässler, welche die Subtraktion lernten, und eine andere beobachtete den Lehrer, wie er die Subtraktion vormachte. Dann nahmen beide Gruppen an einem Lehrprogramm teil. Die Schüler mit den gleichaltrigen Modellen schnitten bei Subtraktionstests nicht nur besser

ab nach der Unterweisung, sondern erwarben auch mehr Zutrauen in ihre eigene Leistungsfähigkeit. Für Schüler mit Selbstzweifeln an ihren Fähigkeiten ist ein gutes Modell ein mittelmäßiger Schüler, der sich immer bemüht und schließlich den Stoff auch beherrscht (Schunk, 2004).

Emotionen aktivieren

Durch Beobachtungslernen können beim Menschen emotionale Reaktionen entstehen, deren Auslöser sie nie selbst bei sich erlebt haben, wie z. B. Segelfliegen oder Rennen fahren. Ein Kind, das beobachtet, wie ein anderes Kind von der Schaukel fällt und sich wehtut, kann von da an Angst vor der Schaukel zeigen. Nach den schrecklichen Ereignissen des 11. September 2001 können Kinder schon Angst bekommen, wenn ein Flugzeug sich dem Boden nähert. Zeitungsberichte über Haifischattacken machen das Schwimmen an manchen Küsten zu angsterfüllten Erfrischungen. Das Hören und Lesen einer Situation sind auch Formen der Beobachtung. Einige schreckliche Nachahmungsvorgänge ereigneten sich in Schulen in den USA: Tierquälereien in Form von „Katzen umbringen" nachmachen. Wenn Schüler Schrecken und Angst erzeugende Vorfälle erleben, benötigen sie Gespräche, um ihre Erfahrungen verarbeiten zu können. Die *Richtlinien* (siehe S. 290) geben Ihnen einige Ideen, wie Beobachtungslernen in der Klasse eingesetzt werden kann.

6.6.4 Selbstmanagement

Wenn ein Ziel der Erziehung ist, Menschen hervorzubringen, die sich selbst erziehen können, dann müssen die Schüler lernen, ihr eigenes Leben zu organisieren, ihre eigenen Ziele zu setzen und ihre eigenen Verstärkungen bereitzustellen. Im Leben der Erwachsenen sind die Belohnungen manchmal unbestimmt und die Ziele sind oft langfristig. Denken Sie darüber nach, wie viele kleine Schritte erforderlich sind, um eine Erziehung zu vollenden und die erste Arbeitsstelle zu finden. Das Leben ist erfüllt von Aufgaben, die diese Art von **Selbstmanagement** erfordern (Rachlin, 2000).

Modelllernen Veränderungen im Verhalten, Denken oder in Emotionen, die sich durch das Beobachten eines anderen Menschen, des Modells, einstellen.

Selbstmanagement Steuerung des eigenen Verhaltens und Übernahme von Verantwortung für die eigenen Handlungen mit Hilfe von behavioristischen Lernprinzipien.

Anwendungen des Beobachtungslernens

Vermitteln Sie als Modell Verhalten und Einstellungen, die Ihre Schüler lernen sollen.

Beispiele

1 Zeigen Sie Begeisterung für das Fach, das Sie gerade unterrichten.

2 Führen Sie bereitwillig die geistigen und körperlichen Anforderungen von Aufgaben vor, welche die Schüler zu erfüllen haben. Einmal sah ich eine Erzieherin in einem Sandkasten sitzen und einer Vierjährigen den Unterschied zwischen „Sand werfen" und „mit Sand spielen" durch Vorführen erklären.

3 Wenn Schülern vorgelesen wird, führen Sie gutes Problemlösen vor: Halten Sie zwischendurch inne und fragen Sie sich laut selbst: „Jetzt möchte ich mal sehen, was ich bisher schon von der Geschichte weiß" oder „Das war ein schwerer Satz. Ich lese ihn noch einmal."

4 Seien Sie Vorbild für gutes Problemlösen – denken Sie laut nach, wenn Sie ein schwieriges Problem lösen.

Nutzen Sie gleichaltrige Modelle, insbesondere Anführer in der Klassengemeinschaft.

Beispiele

1 In der Gruppenarbeit sollten Zweiergruppen aus einem guten und einem schwachen Schüler bestehen.

2 Bitten Sie Schüler, den Unterschied zwischen „Flüstern" und „Schweigen – nicht sprechen" vorzumachen.

Achten Sie darauf, dass Schüler bemerken können, wie positive Verstärkungen auch zu Verstärkungen für andere führen.

Beispiele

1 Weisen Sie auf die Verbindungen zwischen positivem Verhalten und positiven Konsequenzen in Geschichten hin.

2 Bei der Verteilung von Belohnungen sollten Sie gerecht sein. Für die problematischen und die guten Schüler sollten die gleichen Kriterien für eine Verstärkung gelten.

Binden Sie die Hilfe von Klassenanführern mit ein, um einzelnen Schülern oder der ganzen Klasse als Modell für erwünschte Verhaltensweisen zu dienen.

Beispiele

1 Bitten Sie einen beliebten Schüler zu einem isolierten, ängstlichen Mitschüler nett zu sein.

2 Hoch angesehene Schüler sollten Gruppenarbeit leiten, wenn Sie auf Kooperation in der Klasse angewiesen sind oder wenn die Schüler die Arbeit nur widerstrebend beginnen. Beliebte Schüler können in Dialogen im Fremdsprachenunterricht als Vorbilder fungieren oder als erste sich an Sezierverfahren im Biologieunterricht wagen.

Wenn Sie mehr über die Anwendungen des Beobachtungslernens erfahren wollen, gehen Sie zu:
http://www.mentalhelp.net/psyhelp/chap4/chap4g.htm

Was würden Sie dazu sagen?

Die Abteilung Physiotherapie, die Sie um ein Vorstellungsgespräch gebeten hat, ist eine Einrichtung auf dem neuesten Stand. Sie haben das Gefühl, das Interview für die Stelle eines Pädagogischen Betreuers nimmt einen guten Verlauf. Die nächste Frage, die man Ihnen stellt, lautet: „Unser größtes Problem hier in unserer Rehabilitation ist, dass die Patienten den ausgearbeiteten Übungsplan nicht einhalten. Wie können Sie den Patienten helfen, die Übungspläne einzuhalten?"

Schüler können an einzelnen oder allen Schritten der Einrichtung eines Programms zur Verhaltensänderung beteiligt sein. Sie können mitwirken, Ziele festzulegen, ihre eigenen Arbeiten zu beaufsichtigen oder ihre eigenen Leistungen festzuhalten und zu bewerten. Schließlich können sie ihre Verstärkungen selbst auswählen und sich selbst verabreichen.

Ziele setzen

Die Phase des Zielefestlegens ist sehr wichtig beim Selbstmanagement (Pintrich & Schunk, 2002; Reeve, 1996). Einige Forschungsergebnisse legen nahe, dass das Festlegen bestimmter Ziele und die anschließende

Bekanntgabe zentrale Elemente des Selbstmanagementprogramms sind.

Zum Beispiel machten S. C. Hayes und seine Kollegen Studenten ausfindig, die große Schwierigkeiten im Studium hatten; sie unterwiesen sie im Festlegen bestimmter Teilziele in ihrem Studium. Studenten, die sich Teilziele setzten und sie laut verkündeten, zeigten wesentlich bessere Lernergebnisse für das Studienmaterial, das gerade getestet wurde, als Studenten, die nur still für sich Ziele setzten (Hayes, Rosenfarb, Wulfert, Munt, Korn & Zettle, 1985).

Höhere Standards führen zu höherer Leistung (Locke & Latham, 2002). Leider tendieren die Schüler bei ihren Zielsetzungen zu immer niedrigeren Anspruchsniveaus. Lehrer können Schülern helfen, ein hohes Anspruchsniveau aufrechtzuerhalten, indem sie ein Auge auf die gesetzten Ziele haben und hohes Anspruchsniveau verstärken.

Fortschritte im Auge behalten und einschätzen

Schüler können auch in der Beaufsichtigungs- und Bewertungsphase eines Programms zur Verhaltensänderung beteiligt werden (Mace, Belfiore & Hutchinson, 2001). Einige Beispiele für Verhaltensweisen, die für die Selbstüberwachung geeignet sind, sind die Anzahl der erledigten Aufgabenblätter, die Übungszeit für eine Fertigkeit, die Anzahl der gelesenen Bücher, die Anzahl richtiger Aufgaben und die Laufzeit für einen Kilometer. Aufgaben, die ohne Beaufsichtigung der Lehrer erledigt werden müssen, wie Hausaufgaben oder Lernen, eignen sich auch zum Selbstmanagement. Schüler machen ein Diagramm oder eine Liste zum Abhaken, welche die Häufigkeit oder die Dauer der betreffenden Verhaltensweisen festhalten. Ein Diagramm, das den Fortschritt festhält, ist für ältere Schüler bei der Aufstellung von Zielhierarchien mit kleinen Teilzielen, bei der Festlegung der besten Schrittabfolge zur Erreichung der Teilziele und bei der Registrierung des täglichen Fortschritts durch täglich neue Unterziele sehr hilfreich. Das Protokolldiagramm selbst kann als Aufforderungsreiz eingesetzt werden, der dann aber allmählich verschwinden sollte.

Selbstbewertung ist etwas schwieriger als einfache Protokolle über die eigene Leistung, denn man muss ein Qualitätsurteil fällen. Schüler können ihr eigenes Verhalten verhältnismäßig genau beurteilen, besonders wenn sie Beurteilungsstandards lernen. Zum Beispiel unterwiesen Sweeney, Salva, Cooper und Talbert-Johnson (1993) Schüler der Sekundarstufe, wie man

> ### Verknüpfen und erweitern Sie Ihre Forschungskenntnisse
>
> Hier ist eine Liste zum Abhaken von Belfiore & Hornyak (1998, S. 190), um Schülern bei der Organisation ihrer Hausarbeiten zu helfen:
>
> **1** Habe ich gestern meine Hausaufgaben abgegeben?
>
> **2** Habe ich alle Hausaufgaben in mein Hausaufgabenheft eingetragen?
>
> **3** Sind alle Hausaufgaben in meinem Hefter?
>
> **4** Habe ich die Hausaufgaben begonnen?
>
> **5** Sind alle Materialien beisammen, um meine Hausaufgaben fertig zu stellen?
>
> **6** Hat jemand meine Hausaufgaben durchgesehen?
>
> **7** Ist nach dem Durchsehen alles wieder zurück in der Mappe?
>
> **8** Habe ich diese Liste – ausgefüllt – dem Lehrer gegeben?

eine Handschrift nach Größe, Schräglage, Form und Abständen beurteilt. Für den Lehrer liegt ein Schlüssel zur genauen Selbsteinschätzung darin, in Abständen die Selbsttests der Schüler zu überprüfen und genaue Selbsteinschätzungen zu verstärken. Ältere Schüler sind eher bereit, sich genau einzuschätzen als jüngere. Bonuspunkte können vergeben werden, wenn die Lehrer- und Schülerurteile übereinstimmen (Kaplan, 1991). Selbstkorrektur kann die Selbstbewertung begleiten. Schüler bewerten sich zunächst, dann ändern und verbessern sie ihre Arbeit und schließlich vergleichen sie ihre Verbesserungen erneut mit den Leistungsstandards (Mace, Belfore & Hutchinson, 2001).

Selbstverstärkung

Der letzte Schritt des Selbstmanagementprozesses ist die Selbstverstärkung. Die Ansichten von Experten stimmen jedoch nicht überein, ob Selbstverstärkung wirklich notwendig ist. Einige Psychologen glauben, dass Zielsetzungen und Fortschrittsüberwachung allein ausreichen und dass die Selbstverstärkung ihrer Wirkung nichts hinzufügt (Hayes et al., 1985). Andere glauben aber, dass die Leistungen, verglichen mit einer einfachen Erfolgsbilanz, steigen, wenn man sich für eine gut gelungene Arbeit selbst belohnt (Bandura, 1986). Wenn man wirklich hart zu sich selbst sein will und wirklich alles aufschiebt, bis das Ziel erreicht ist,

Partnerschaft mit Familie und Gemeinde: Selbstmanagement bei Schülern

Führen Sie die Eltern und Schüler in positiver Form in das Selbstmanagement ein.
Beispiele

1 Laden Sie die ganze Familie ein und betonen Sie die Vorteile von Selbstmanagement für die ganze Familie.

2 Überlegen Sie sich, ob Sie das Programm nur mit Freiwilligen durchführen.

3 Beschreiben Sie Ihre eigene Handhabung des Selbstmanagements.

Helfen Sie Schülern und deren Familien, erreichbare Ziele zu setzen.
Beispiele

1 Halten Sie Beispiele für mögliche Ziele für das Selbstmanagement eines Schülers bereit, wie z. B. die Hausaufgaben noch vor dem Abendessen erledigen oder alle gelesenen Bücher auflisten.

2 Zeigen Sie Familien, wie Ziele gut sichtbar in der Wohnung angeschlagen und deren Erreichen überprüft werden können. Jeder in der Familie sollte aufgefordert werden können, auf ein Ziel hin zu arbeiten.

Geben Sie Familien die Gelegenheit, die Fortschritte ihres Kindes (oder auch ihre eigenen) festzuhalten.
Beispiele

1 Gehen Sie die Arbeit in kleinen Schritten an.

2 Weisen Sie auf Vorbilder für gute Arbeit hin, wenn die Beurteilung der Arbeit etwas schwierig ist wie bei kreativem Schreiben.

3 Geben Sie Kindern für die Familien einen Protokollbogen oder eine Abhakliste, um den Fortschritt des Kindes festzuhalten.

Die Familie sollte von Zeit zu Zeit überprüfen, ob ihr Kind seinen Protokollbogen genau ausfüllt, und ihm zeigen, wie Selbstverstärkung zu bewerkstelligen ist.
Beispiele

1 Solange der Schüler noch lernt, sollten seine Eintragungen öfter überprüft werden, später nicht mehr.

2 Die Geschwister können gegenseitig ihre Protokollbögen durchsehen.

3 Die Fertigkeiten, die der Schüler zu Hause erwerben soll, sollten von Ihnen in der Schule hin und wieder überprüft werden. Die Übereinstimmung der Selbsteinschätzung von Schülern mit ihren Leistungen sollte belohnt werden.

4 Kinder sollten mit ihren Familien überlegen, welche Formen der Selbstverstärkung für gute Arbeit es gibt.

Mehr über die Selbstmanagement-Abhakliste unter
http://www.coun.uvic.ca/learning/motivation/self-management.html

dann kann die Verstärkung noch einen zusätzlichen Anreiz für Mehrarbeit darstellen. Mit dieser Überlegung im Hinterkopf könnten Sie sich eine Belohnung ausdenken, die Sie sich nach Durcharbeiten dieses Kapitels selbst verabreichen (schon beim Schreiben des Kapitels ist die Autorin so verfahren).

Manchmal kann Familien nahegelegt werden, bei ihren Kinder Fähigkeiten zum Selbstmanagement zu entwickeln. Lehrer und Eltern sollten für fest definierte Ziele zusammenarbeiten, aber gleichzeitig auch die wachsende Unabhängigkeit der Schüler unterstützen. Die *Richtlinien* vermitteln wieder einige Möglichkeiten der Realisierung dieses Konzeptes.

Manchmal kann das Vermitteln von Techniken des Selbstmanagements an Schüler ein Problem des Lehrers beheben und nebenbei auch noch Vorteile bringen.

Zum Beispiel haben Trainer von Kinder- und Jugendsportklubs oft Mühe, Kindern die hohe Trainingsbelastung nahe zu bringen. In einem Schwimmklub von 9- bis 16-Jährigen griff der Trainer zu folgendem Mittel: Er ließ die Kinder ihre eigenen Trainingsdiagramme aufstellen; die Diagramme stellte er dann neben das Trainingsbecken. Die Schwimmer trugen dann selbst ihre abgeleisteten und ausgelassenen Trainingseinheiten ein. Weil die Diagramme für jeden sichtbar aufgestellt wurden, hatten die Schwimmer ihre eigenen Fortschritte und die ihrer Teammitglieder stets vor Augen und sie hatten stets einen genauen Überblick. Die Trainingsarbeit erhöhte sich daraufhin um 27 %. Die Trainer mochten das Verfahren, denn die Sportler benötigten nicht mehr ständig Anweisungen (McKenzie & Rushall, 1974).

6.6.5 Kognitive Verhaltensmodifikation und Selbstinstruktion

Selbstmanagement einzuführen bedeutet nichts anderes als die Schüler in die Grundschritte der Verhaltensmodifikation einzuweisen. Die **kognitive Verhaltensmodifikation** fügt dem noch die Betonung von Denken und Selbstgesprächen hinzu. Deswegen sehen viele Psychologen die kognitive Verhaltenstheorie auch eher als kognitiven denn als behavioristischen Ansatz. Er wird hier eingefügt, weil er als Brücke zu Kapitel 7 und 8 über kognitives Lernen dienen kann.

Wie in Kapitel 2 eingeführt, gibt es einen Stand der kognitiven Entwicklung, in dem sich kleine Kinder durch Selbstgespräche selbst steuern. Indem sie zu sich selbst sprechen, wiederholen sie oft die Worte ihrer Eltern oder Erzieher. In der kognitiven Verhaltensmodifikation lernen die Schüler die **Selbstinstruktion** direkt. Meichenbaum (1977, S. 32) gibt folgende Schritte an:

1. Ein Erwachsenenmodell führt eine Aufgabe aus und währenddessen spricht er/sie laut mit sich selbst (kognitives Vorbild).
2. Das Kind erledigt dieselbe Aufgabe mit den Anweisungen des Vorbildes (offene, externe Instruktion).
3. Das Kind erledigt die Aufgabe mit lauten Selbstgesprächen (offene Selbstinstruktion).
4. Das Kind flüstert die Instruktionen bei den einzelnen Lösungsschritten zu sich selbst (nachlassende offene Selbstinstruktion).
5. Das Kind führt die Aufgaben mit stillen Selbstgesprächen aus (verdeckte Selbstinstruktion).

Brenda Manning und Beverly Payne (1996) zählen vier Fertigkeiten auf, die das Lernen von Schülern verbessern können: *Zuhören, Planen, Durchführen* und *Kontrollieren*. Wie kann die kognitive Selbstinstruktion die Entwicklung dieser Fertigkeiten unterstützen? Eine Möglichkeit ist, kleine persönliche Notizbücher oder Klassenaushänge anzubringen, welche die Schüler anregen, mit sich selbst über diese Fertigkeiten zu sprechen. Zum Beispiel hat eine fünfte Klasse die vier Fertigkeiten als Hinweise für das Lernen im Unterricht in der Klasse aufgehängt. Die Aufforderungen zum richtigen Zuhören lauteten: „Macht das Sinn?", „Habe ich das verstanden?", „Ich muss jetzt fragen, bevor ich es vergesse!", „Ich muss aufpassen!" „Kann ich das, was der Lehrer mir sagt?". Die Aufforderungen zum Vorausplanen sind: „Habe ich alle meine Sachen?", „Habe ich meine Freunde davon überzeugt, dass man die Dinge richtig machen muss?", „Lass mich erst alles organisieren!", „In welcher Reihenfolge mache ich das am besten?", „Das kenne ich schon!" Mögliche Aushänge für die vier Fertigkeiten sind in ▶ Abbildung 6.6 (siehe S. 294) zusammengestellt. Ein Teil des Einflusses, den diese Vorgehensweise hat, liegt sicher in der Beteiligung der Schüler. Sie arbeiten an ihrer eigenen Arbeitsanleitung und motivieren sich selbst durch Aufforderungen beim Lernen.

Natürlich hat die kognitive Verhaltensmodifikation, so wie sie von Meichenbaum und anderen ausgeübt wird, noch viele andere Komponenten als nur die Selbstinstruktion der Schüler. Meichenbaums Methoden umfassen auch Dialoge und Interaktionen zwischen Lehrern und Schülern, Vorbilder bereitstellen, Entdecken unter Anleitung, motivierende und Motivation erhaltende Strategien, Rückmeldung, sorgfältiges Abstimmen der Aufgabe auf den Entwicklungsstand des Schülers und andere Prinzipien eines guten Unterrichts. Der Schüler ist sogar am Entwurf eines Programms beteiligt (Harris, 1990; Harris & Pressley, 1991). Wenn alle diese Bedingungen erfüllt sind, verwundert es nicht, dass der Schüler seine Fertigkeiten, die er in der kognitiven Verhaltensmodifikation erworben hat, auf neue Situationen übertragen kann (Harris, Graham & Pressley, 1992).

Probleme und Fragestellungen 6.7

Die vorangehenden Abschnitte haben einen Überblick gegeben über mehrere Strategien, das Verhalten von Schülern in der Klasse zu verändern. Diese Strategien können in verantwortlicher, aber auch in unverantwortlicher Weise eingesetzt werden. Welche Punkte sollte man im Auge behalten?

Kognitive Verhaltensmodifikation Maßnahmen, die auf Verhaltens- und kognitive Lernprinzipien zurückgreifen, um Verhalten zu ändern; dabei werden Selbstgespräche und Selbstinstruktionen eingesetzt.

Selbstinstruktion Sich selbst mittels eigener Anweisungen durch einzelne Aufgabenschritte leiten.

Poster 1

Während du zuhörst:

1. Macht das Sinn?
2. Habe ich das verstanden?
3. Ich muss jetzt fragen, bevor ich es vergesse.
4. Ich muss aufpassen.
5. Kann ich das tun, was der Lehrer mir sagt?

Poster 3

Während du arbeitest:

1. Arbeite ich schnell genug?
2. Starr meine Freundin nicht so an, arbeite weiter.
3. Wie viel Zeit habe ich noch?
4. Muss ich hier aufhören und alles noch mal machen?
5. Das ist ganz schön schwer, aber ich schaffe das.

Poster 2

Beim Planen:

1. Habe ich alle meine Sachen?
2. Habe ich meine Freunde davon überzeugt, dass man die richtigen Dinge tun muss?
3. Lass mich erst alles organisieren.
4. In welcher Reihenfolge muss man das machen?
5. Ich kenn das schon!

Poster 4

Beim Nachprüfen:

1. Habe ich alles zu Ende gemacht?
2. Was muss ich noch einmal nachprüfen?
3. Habe ich alle Wörter geschrieben? Zähle sie.
4. Ich glaube, ich bin fertig. Ich habe alles organisiert. Habe ich mit offenen Augen geträumt?
5. Kann ich stolz auf meine Arbeit sein?

Abbildung 6.6: Anschläge mit Erinnerungsstützen für Schüler, sich selbst zu instruieren beim Zuhören, Planen, Arbeiten und Überprüfen in der Schule. Diese Poster wurden mit Schülern einer fünften Klasse erarbeitet, damit sie an die Selbstinstruktion erinnert werden. Einige der Erinnerungsstützen spiegeln die besondere Welt dieser Kinder unmittelbar vor der Adoleszenz wider.
Quelle: Aus *Self-Talk for Teachers and Students: Metacognitive Strategies for Personal and Classroom Use* von Brenda H. Manning & Beverly D. Payne. Boston, MA: Copyright © 1996 Pearson Education.

6.7.1 Kritik der behavioristischen Methoden

Was würden Sie dazu sagen?

Während Ihres Vorstellungsgesprächs für eine Lehrerstelle fragt der Rektor: „Im letzten Jahr bekam ein Lehrer Schwierigkeiten; man warf ihm vor, seine Schüler mit Befreiung von den Hausaufgaben für gutes Benehmen in der Klasse bestochen zu haben. Wie denken Sie über Belohnungen und Bestrafungen beim Unterrichten?" Was würden Sie antworten?

Während Sie über die Antwort nachdenken, schauen Sie sich den *Pro & Contra*-Kasten über „Sollten Schüler für das Lernen belohnt werden?" an, um unterschiedliche Sichtweisen kennenzulernen. Richtig eingesetzt stellen die Verstärkungen effektive Mittel dar, den Schülern zu helfen, ihre Leistungen zu verbessern und selbstständig zu arbeiten. Effektive Mittel bringen jedoch nicht *automatisch* ein effektives Ergebnis, und Verhaltenstrategien werden oft planlos, unregelmäßig, falsch und oberflächlich verwendet (Landrum & Kauffman, 2006). Der wahllose Einsatz auch von besten Methoden kann Schwierigkeiten mit sich bringen.

Einige Psychologen befürchten, dass Schüler das Lernen um des Lernens willen durch Verwenden

Sollten Schüler für das Lernen belohnt werden?

Seit Jahren diskutieren Pädagogen und Psychologen, ob Schüler für ihre Arbeiten in der Schule und schulische Leistungen verstärkt werden sollten. In den frühen 1990er-Jahren tauschten Paul Chance und Alfie Kohn ihre Ansichten darüber in einigen Ausgaben der Zeitschrift *Phi Delta Kappan* aus (März, 1991; November, 1992; Juni, 1993). Dann publizierten Judy Cameron und W. David Pierce (1996) einen Artikel über Verstärkungen im *Review of Educational Research*, der ausführliche Kritiken und Gegendarstellungen auslöste von Mark Lepper, Mark Keavney, Michael Drake, Alfie Kohn, Richard Ryan und Edward Deci. Viele aus diesem Kreis tauschten auch im November 1999 ihre Ansichten im *Psychological Review* aus. Was sind ihre Argumente?

Pro: Schüler werden durch Verstärkungen bestraft.

Alfie Kohn (1993) argumentiert, der „angewandte Behaviorismus, der dazu führt zu sagen „Tue dies, dann kriegst du das" ist eine Technik, um andere Menschen zu kontrollieren. In der Schule tut man Kindern damit etwas an, statt *mit* ihnen zu arbeiten" (S. 784). Er bringt vor, wie ineffektiv Belohnungen sind, denn wenn das Lob und die Belohnungen aufhören, hört auch das verstärkte Verhalten mehr oder weniger schnell auf. Nach einer Durchsicht von 128 Untersuchungen über den Einsatz extrinsischer Belohnungen schlossen Edward Deci, Richard Koestner und Richard Ryan (1999), dass „konkrete Belohnungen einen nachhaltigen Einfluss auf die intrinsische Motivation haben können mit den bekannten Einschränkungen. Wenn konkrete Belohnungen für gute Arbeiten angeboten werden, senken sie typischerweise die intrinsische Motivation für interessante Aktivitäten" (S. 658–659).

Das Problem mit Belohnungen hört aber damit nicht auf. Nach Kohn sinkt das Interesse von Schülern für das Lernen nach Belohnungen:

> *Alles das bedeutet, dass Kinder anfangen, über Lernen als einen Weg zu einem Sticker, einem goldenen Stern oder einer Note nachzudenken – oder noch schlechter –, Geld oder ein Spielzeug für eine gute Note zu bekommen, heißt nichts anderes als eine extrinsische Verstärkung gegen eine andere extrinsische Verstärkung auszutauschen; das Lernen wird vom Ziel zum Mittel herabgewürdigt. Das Lernen muss man durchstehen, um die Belohnung zu erhalten. Nehmen wir zum Beispiel die leider weitverbreiteten Programme, in denen Kinder Gutscheine für Pizzas bekommen, wenn sie eine bestimmte Anzahl von Büchern gelesen haben. John Nicholls von der Universität von Illinois kommentiert solche Praktiken mit den Worten „Sie erzeugen eine Menge fetter Kinder, die nicht gern lesen" (S. 207).*

Contra: Lernen sollte belohnt werden.

Nach Paul Chance (1993):

> *Verhaltenspsychologen betonen besonders, dass wir durch Handeln auf unsere Umwelt einwirken können. Wie B. F. Skinner es formulierte: „Leute wirken auf die Umwelt ein und verändern sie, und sie selbst werden durch die Folgen ihres Handelns auch verändert." Im Unterschied zu Kohn verstand Skinner, dass Menschen am besten in einer Umgebung lernen, die reagiert. Lobende oder Leistungen belohnende Lehrer bilden eine solche Umgebung ... Wenn es unethisch sein sollte, Schüler wissen zu lassen, dass sie richtig geantwortet haben, Schülern auf die Schultern zu klopfen, wenn sie sich angestrengt haben, sich sichtlich zu freuen, wenn ein Schüler einen Begriff richtig verstanden hat oder wenn das Erreichen eines Zieles anerkannt wird durch eine kleine Auszeichnung mit einem goldenen Stern – wenn das unmoralisch ist, dann will ich ein Sünder sein (S. 788).*

Untergraben Belohnungen das Interesse? In ihrem Forschungsüberblick schlossen Cameron und Pierce (1994): „Wenn konkrete Belohnungen (z. B. goldene Sterne, Geld) für die gute Erledigung von Aufgaben und nicht nur für die Beteiligung an der Aufgabe ausgegeben werden oder einfach unerwartet ausgeteilt werden, vergeht die intrinsische Motivation nicht (S. 49). In einem späteren Forschungsüberblick bemerkten Eisenberg, Pierce und Cameron (1999), dass „Belohnungen, die eine sehr gute Leistung erfordern und eine hohe persönliche oder soziale Bedeutung erkennen lassen, die intrinsische Motivation erhöhen" (S. 677). Sogar Psychologen wie Edward Deci und Mark Lepper, die vorbringen, dass Belohnungen die intrinsische Motivation untergraben, stimmen dem Argument zu, dass Belohnungen auch positiv eingesetzt werden können. Wenn nämlich die Belohnungen dem Schüler seine wachsende Kompetenz in einem bestimmten Fach signalisieren oder wenn Belohnungen anzeigen, dass eine Arbeit gut erledigt worden ist, dann stärken sie das Selbstvertrauen und machen die Aufgaben interessanter. Dies gilt besonders für Schüler, die zu Beginn eher wenig für eine Aufgabe befähigt schienen oder wenig Interesse zeigten. Nichts ist so erfolgreich wie der Erfolg. Chance stellt die Frage: Wenn Schüler mit Belohnungen bestimmte Rechenarten oder Lesen erlernen, werden sie das Gelernte nicht vergessen, wenn die Belohnung ausbleibt? Aber hätten sie es ohne die Belohnung auch erlernt? Einige wohl sicher, andere aber nicht. Würden Sie für eine Firma weiterarbeiten, die Sie nicht bezahlt, obwohl Ihnen die Arbeit gefällt? Wird der freie Schriftsteller Alfie Kohn deswegen sein Interesse am Schreiben verlieren, weil er Honorare oder Prozente erhält?

Welchen Standpunkt haben Sie?

äußerer Belohnungen verlernen (Deci, 1975; Deci & Ryan, 1985; Kohn, 1993, 1996; Lepper & Greene, 1978; Lepper, Keavney & Drake, 1996; Ryan & Deci, 1996). Untersuchungen legen nahe, dass der Einsatz von Belohnungsprogrammen bei Schülern, die sowieso schon Interesse an einer Sache haben, dazu führen kann, dass der Schüler bis zum Ende des Verstärkungsprogramms sein Interesse verloren hat, wie aus *Pro & Contra* zu entnehmen ist. Wenn man Schüler lobt, dass sie intelligent seien, wenn sie eine Arbeit gut erledigt haben, kann das ihre Motivation untergraben, wenn sie das nächste Mal nicht so gute Leistungen zeigen. Wenn sie dann versagt haben, können diese für ihre Intelligenz belobigten Schüler ihre Ausdauer verlieren und das Erledigen der Aufgaben als lästige Pflicht empfinden im Vergleich zu Schülern, die für ihre Anstrengungsbereitschaft gelobt wurden (Mueller & Dweck, 1998).

Neben den Auswirkungen eines Verstärkungsplanes auf den Schüler selbst muss man auch noch die Wirkungen der Verstärkungen auf andere Schüler mit einbeziehen. Ein Verstärkungssystem für einen Schüler mit der erhöhten Aufmerksamkeit, die er dabei erhält, kann gleichzeitig eine nachteilige Wirkung auf andere Schüler in der Klasse ausüben. Möglich wäre z. B., dass andere Schüler lernen, sich schlecht zu benehmen, nur um in das Verstärkungsprogramm mit aufgenommen zu werden. Die Belege sprechen jedoch dagegen; wenn Lehrer gut erklären, warum manche Schüler ein- und andere ausgeschlossen werden, lassen sich keine nachteiligen Auswirkungen auf nicht beteiligte Schüler feststellen. Nach Interviews mit 98 Schülern aus den ersten bis sechsten Klassen schlossen Cindy Fulk und Paula Smit (1995), dass „Lehrer sich vielleicht mehr Gedanken über die Gleichbehandlung von Schülern machen als die Schüler selbst" (S. 416). Wenn das Benehmen mancher Schüler schlechter wird, wenn ihre Mitschüler an besonderen Programmen teilnehmen, dann sollten die in diesem Kapitel vorgeschlagenen Verfahren den Schülern helfen, wieder zu ihrem vorherigen angemessenen Verhalten zurückzufinden (Chance, 1992, 1993).

6.7.2   Ethische Fragen

Die ethischen Fragen, die sich aus dem Einsatz von Strategien ergeben, sind ähnlich bei allen Praktiken, die auf die Beeinflussung von Menschen abzielen. Was sind die Ziele? Wie passen sie zu den Zielen der Schule? Welche Auswirkung hat eine Strategie auf die Betroffenen? Wird zu viel Kontrolle auf die Lehrer oder eine Mehrheit übertragen?

Ziele

Die in diesem Kapitel beschriebenen Strategien könnten ausschließlich dafür eingesetzt werden, die Schüler zum Stillsitzen zu bewegen, ihre Hände zu heben und sonst zu schweigen (Winett & Winkler, 1972). Das wäre ein ethisch nicht zu rechtfertigender Einsatz dieser Techniken. Natürlich muss ein Lehrer eine gewisse Ordnung und Organisation in der Klasse herstellen, aber besseres Benehmen erhöht nicht die Schulleistungen. Auf der anderen Seite können Verbesserungen in den Schulleistungen das gute Benehmen fördern. Verbesserte Schulleistungen führen eher zu positiven Änderungen in anderen Bereichen als gutes Benehmen in der Klasse.

Strategien

Bestrafungen können negative Nebenwirkungen haben: Sie könnten als Signal für aggressives Verhalten dienen und negative emotionale Reaktionen auslösen. Bestrafung ist unnötig und auch unethisch, wenn positive Verstärkungen ohne ähnliches Risiko möglich sind. Wenn ein einfacheres, weniger restriktives Vorgehen fehlschlägt, dann sollten etwas kompliziertere Verfahren versucht werden.

Eine zweite Überlegung in der Auswahl der Strategien ist der Einfluss von bestimmten Strategien auf einzelne Schüler. Zum Beispiel organisieren einige Lehrer die Belohnungen von guten Leistungen eines Schülers in Form von Geschenken oder Unternehmungen mit deren Eltern außerhalb der Schule. Doch wenn ein Schüler zu Hause für schlechte Noten hart bestraft wird, dann könnte eine solche Verlagerung von Belohnungen in das Elternhaus des Kindes Schaden anrichten. Zeugnisse, die von unbefriedigenden Fortschritten in der Schule berichten, könnten noch mehr Bestrafung zu Hause nach sich ziehen.

Unterschiede und Gemeinsamkeiten beim Verhaltenslernen 6.8

6.8.1 Unterschiede

In der Lernbiografie der Schüler gibt es große Unterschiede. Jedes Kind in der Klasse wird mit unterschiedlichen Ängsten und Befürchtungen ankommen. Einige Schüler schrecken vor dem Sprechen vor der Klasse oder vor eigenen Misserfolgen bei Sportwettbewerben zurück. Andere haben Angst vor verschiedenen Tieren. Unterschiedliche Aktivitäten oder Gegenstände können für einige Schüler als Verstärker dienen, für andere aber nicht. Manche Schüler arbeiten, um gute Noten zu erhalten – anderen sind Noten gleichgültig. Alle Schüler haben jedoch von unterschiedlichen Vorbildern zu Hause, in der Nachbarschaft, in der Kirche und in der Gemeinde gelernt.

Die Forschung und Theorien in diesem Kapitel sollten helfen zu verstehen, wie die Lernbiografien der Schüler sie gelehrt haben, automatisch in bestimmter Weise z. B. auf Tests zu reagieren: mit feuchten Händen und klopfendem Herzen – möglicherweise die Wirkung von klassischem Konditionieren. Ihre Lerngeschichte könnte beinhalten, für Ausdauer oder für Betteln um Ausnahme belohnt worden zu sein – das

---

Tabelle 6.3

Was gefällt dir? Ideen für Belohnungen von Schülern

Name _____	Klasse _____	Datum _____

Beantworte bitte alle Fragen so vollständig wie möglich.

1 Meine liebsten Schulfächer sind: _____

2 Meine drei liebsten Beschäftigungen sind: _____

3 Wenn ich täglich 30 Minuten freie Zeit in der Schule hätte, wüsste ich schon, was ich tun würde, nämlich _____

4 Meine beiden Lieblingsessen sind: _____

5 In der Pause tue ich am liebsten (3 Tätigkeiten angeben) _____

6 Wenn ich einen Euro ausgeben könnte, würde ich dafür kaufen: _____

7 Drei Klassenämter würde ich gerne ausüben: _____

8 Die Kinder, mit denen ich am liebsten in der Schule zusammenarbeite, sind: _____

9 Zu Hause mache ich am liebsten (3 Dinge): _____

Quelle: Aus *Modification of Child and Adolescent Behavior* (3. Aufl.) von G. Blackman und A. Silberman. Belomont, CA: Wadsworth. Copyright © 1979 Wadsworth Publishing Co.

operante Konditionieren zeigt seinen Erfolg. Die Möglichkeit in der Gruppe zu arbeiten ist für manche Schüler eine Belohnung, für andere aber eine Strafe. Manche Lehrer verwenden Fragebögen wie den aus ▶ Tabelle 6.3 (siehe S. 297), um wirksame Belohnungen für Schüler ausfindig zu machen. Bedenken Sie, was für einen Schüler geeignet ist, muss es nicht für alle anderen auch sein. Und Schüler können auch „zu viel des Guten" erhalten; werden Verstärker zu oft eingesetzt, werden sie wirkungslos.

Zusätzlich zur Bereitstellung von einem Spektrum an Verstärkern, Lehrern, Klassen und Schulen sollten verschiedene Vorbilder vorgestellt werden, denn Schüler lernen durch Beobachtung. Finden Schüler sich besser in einem Lehrbuch der Sozialkunde oder einem der Naturwissenschaften wieder? Gibt es Helden und handelnde Personen in der Literatur, die die Werteorientierung und den sozialen Hintergrund der Schüler widerspiegeln? Poster welcher Künstler hängen an den Wänden? Wer erhält die Privilegien und Verantwortlichkeiten?

6.8.2 Gemeinsamkeiten

Obwohl die Klasse aus vielen verschiedenen Lernbiografien zusammengesetzt ist, gibt es Gemeinsamkeiten oder Prinzipien, die für alle Menschen zutreffen:

1 Niemand wiederholt gern Verhalten, das einmal bestraft oder ignoriert wurde. Ohne einigen Fortschritt ist es schwierig, Ausdauer zu entwickeln.

2 Wenn Handlungen zu positiven Konsequenzen führen, werden diese Handlungen mit höherer Wahrscheinlichkeit wiederholt.

3 Lehrer setzen oft keine Verstärkung ein, um ein erwünschtes Verhalten zu belohnen; sie belegen stattdessen unangemessenes Verhalten mit Aufmerksamkeit.

4 Damit Lob wirkt, muss eine aufrichtige Anerkennung einer wirklichen Leistung vorliegen.

5 Unabhängig vom derzeitigen Funktionieren können Schüler lernen, besseres Selbstmanagement zu betreiben.

ZUSAMMENFASSUNG

Das Lernen verstehen (S. 257–259)

Was ist lernen? Die Lerntheoretiker stimmen in ihrer Definition des Lernens nicht überein; die meisten würden aber von Lernen sprechen, wenn eine Erfahrung eine Veränderung im Verhalten oder Wissen einer Person hervorruft. Veränderungen, die auf Reifungsprozesse, Krankheit, Ermüdung oder Hunger zurückgeführt werden können, werden nicht als Lernen bezeichnet. Verhaltenstheoretiker betonen die Rolle der Umgebungseinflüsse beim Lernen und konzentrieren sich auf Verhalten – auf beobachtbare Reaktionen. Prozesse des Lernens von Verhalten umfassen das Kontinuitätslernen, das klassische und das operante Konditionieren und das Beobachtungslernen.

Frühe Erklärungen des Lernens: Kontiguität und klassisches Konditionieren (S. 259–260)

Wie wird ein neutraler Reiz ein konditionierter Reiz? Beim klassischen Konditionieren (entdeckt von Pawlow) wird ein vorher neutraler Reiz (Stimulus) wiederholt gepaart mit einem Stimulus, der automatisch eine emotionale oder physiologische Reaktion hervorruft. Später löst dann der ehemals neutrale Reiz die Reaktion hervor – das heißt, der neutrale Reiz wurde auf die Reaktion konditioniert. Der neutrale Reiz wurde dadurch zum konditionierten Stimulus.

Welche alltäglichen Beispiele von klassischem Konditionieren gibt es? Hier sind einige Beispiele; Sie können selbst beliebig viele ergänzen. Wenn Sie Ihr Lieblingsessen riechen, läuft Ihnen das Wasser im Munde zusammen, wenn Sie einen Bohrer beim Zahnarzt hören, verkrampfen Sie sich, Sie werden nervös, wenn Sie eine Bühne betreten ...

Operantes Konditionieren: neue Reaktionen versuchen (S. 260–267)

Was definiert eine Folge als positiv verstärkend, was als bestrafend? Wie unterscheiden Sie sich? Der Prozess der Verstärkung (positiv oder negativ) beinhaltet immer die Festigung eines Verhaltens. Der Lehrer festigt (verstärkt) erwünschtes Verhalten durch Entfernen eines aversiven Reizes, *sobald das erwünschte Verhalten erscheint*. Weil die Konsequenz darin besteht, einen Stimulus zu entfernen oder „abzuziehen", ist die Verstärkung negativ. Bestrafung ist dagegen verbunden mit immer schwächer werdendem Verhalten bis hin zu seiner Unterdrückung. Ein Verhalten, gefolgt von einer Bestrafung, wird in Zukunft mit verringerter Wahrscheinlichkeit in ähnlichen Situationen wiederholt.

Wie kann man Ausdauer im Verhalten erreichen? Ratio-Verstärkungspläne (bezogen auf die Anzahl der Reaktionen) führen zu höheren Reaktionsanzahlen; variable Verstärkungspläne (verbunden mit Verstärkungen nach unterschiedlich vielen Reaktionen oder unterschiedlich langen Zeitintervallen) verstärken die Ausdauer der Reaktionen.

Was ist der Unterschied zwischen einer Aufforderung und einem Hinweisreiz? Ein Hinweisreiz ist ein vorausgehender Reiz, dem erwünschtes Verhalten unmittelbar folgen soll. Eine Aufforderung ist ein zusätzlicher Hinweis und erscheint unmittelbar nach dem ersten Hinweisreiz. Der Umgebungsreiz, der als Hinweisreiz dienen soll, muss direkt vor der Aufforderung erscheinen. So lernt der Schüler auf den Hinweisreiz zu reagieren und verlässt sich nicht nur auf die Aufforderung. Dann sollte die Aufforderung so schnell wie möglich entfernt werden, damit keine ausschließliche Abhängigkeit von der Aufforderung entsteht.

Angewandte Verhaltensanalyse (S. 268–278)

Was sind die einzelnen Schritte der angewandten Verhaltensanalyse? Die Schritte sind: (1) Definieren Sie klar das zu ändernde Verhalten und halten Sie den Jetzt-Zustand fest. (2) Planen Sie eine bestimmte Intervention, indem sie antezedente, konsequente oder beide Bedingungen erkennen. (3) Behalten Sie Veränderungen im Auge und modifizieren Sie Ihren Plan unter Umständen.

Wie kann das Premack-Prinzip helfen, Verstärkungen herauszufinden? Das Premack-Prinzip besagt, dass ein sehr häufiges Verhalten (eine bevorzugte Aktivität) als Verstärkung für ein wenig ausgeübtes Verhalten (unbeliebtes Verhalten) dienen kann. Der beste Weg, einen angemessenen Verstärker für einen Schüler zu finden, ist seine Freizeitaktivitäten zu beobachten. Für die meisten Schüler sind sich unterhalten, sich im Raum bewegen, neben einem Freund sitzen, von Aufgaben befreit zu werden, Zeitschriften lesen oder Spiele spielen beliebte Freizeitaktivitäten.

Wann ist Formung des Verhaltens eine angemessene Methode? Die Verhaltensformung hilft Schülern, neue Verhaltensweisen in kleinen Schritten zu erwerben; sie ist deshalb nützlich beim Aufbau komplexer Verhaltensweisen, beim Arbeiten auf ein Ziel hin und für die Erhöhung der Ausdauer, der Genauigkeit oder Geschwindigkeit. Weil die Verhaltensformung ein zeitraubender Vorgang ist, sollte sie nicht angewendet werden, wenn einfachere Vorgehensweisen möglich sind, wie etwa der Einsatz von Hinweisreizen.

Worauf muss man bei der Bestrafung achten? Strafen an und für sich führen nicht zu positivem Verhalten. Wann immer Sie von Bestrafungen Gebrauch machen, sollten Sie dies in einer zweistufigen Herangehensweise tun. Bestrafen Sie zunächst und unterdrücken Sie so das unerwünschte Verhalten. Machen Sie anschließend klar, was der Schüler stattdessen tun sollte und verstärken Sie diese erwünschten Verhaltensweisen. So wird das Problemverhalten unterdrückt und alternative positive Reaktionen werden gestärkt.

Wie können die funktionale Verhaltensanalyse und positive Verhaltensstützen eingesetzt werden, um das Verhalten von Schülern zu verbessern? Wenn ein Lehrer eine funktionale Verhaltensanalyse vornimmt, untersucht er antezedente und konsequente Bedingungen des Problemverhaltens, um den Grund oder die Funktion eines Verhaltens zu erkennen. Dann werden positive Verhaltensstützen geplant, um das Problemverhalten durch neue Verhaltensweisen zu ersetzen, die für den Schüler dieselbe Funktion haben, aber keine nennenswerten negativen Begleiterscheinungen.

Behavioristische Ansätze im Unterricht und im Klassenmanagement (S. 278–283)

Beschreiben Sie die Management-Strategien der Gruppenkonsequenzen, des Kontingenzvertrages und der Münzwirtschaft. Gruppenkonsequenzen einführen heißt, die Verstärkungen vom Verhalten der ganzen Klasse abhängig zu machen. In einem Verstärkungsprogramm mit Kontingenzvertrag entwirft der Lehrer einen Vertrag mit einem einzelnen Schüler, worin detailliert beschrieben wird, was der Schüler tun muss, um ein bestimmtes Privileg oder eine Belohnung zu erhalten. In der Münzwirtschaft verdienen sich die Schüler Einheiten in einer Spielwährung (Punkte, Schecks, gelochte Karten, Coupons usw.) für schulische Leistungen und positives Verhalten in der Klasse. In Abständen werden die „Münzen" in konkrete beliebte Belohnungen umgetauscht. Ein Lehrer muss diese Programme mit Vorsicht einsetzen, es sollen nämlich die Leistungen verbessert werden und nicht das gute Benehmen.

Lernen durch Beobachtung und kognitive Verhaltensmodifikation: nachdenken über Verhalten (S. 283–293)

Unterscheiden Sie zwischen sozialem Lernen und sozial kognitiven Theorien. Die soziale Lerntheorie war eine der frühen neobehavioristischen Theorien, die die rein behavioristische Sichtweise von Belohnung und Bestrafung erweiterten. Aus behavioristischer Sicht beeinflussen Belohnung und Bestrafung unmittelbar das Verhalten. In der sozialen Lerntheorie kann die Beobachtung von Belohnungen oder Bestrafungen eines anderen, eines Modells, einen ähnlichen Effekt auf das Verhalten des Beobachters haben. Die sozial-kognitive Theorie erweitert die soziale Lerntheorie um kognitive Faktoren wie Überzeugungen, Erwartungen und Selbstwahrnehmung.

Unterscheiden Sie zwischen aktivem und „stellvertretendem" Lernen durch Beobachtung. Aktives Lernen ist Lernen durch Handeln und die Erfahrung der Folgen dieses Handelns. „Stellvertretendes" Lernen durch Beobachtung widerspricht der Vorstellung, dass zur Erklärung des Lernens keine kognitiven Einflüsse notwendig sind. Vor der Ausführung der Handlung und der nachfolgenden Verstärkung laufen einige kognitive Prozesse ab.

Was sind die Komponenten des Beobachtungslernens? Um durch Beobachtung lernen zu können, muss die Aufmerksamkeit auf die Aspekte des Verhaltens gerichtet sein, die dem Lernen dienlich sind. Die Nachahmung des Verhaltens eines Modells erfordert das Behalten von verhaltensrelevanten Informationen. Weiterhin muss der Beobachter eine geistige Repräsentation aufbauen, vielleicht sogar in verbal kodierten Schritten. In der Produktionsphase sorgt die Übung für einen reibungslosen Handlungsablauf und für größere Expertise. Manchmal benötigt der Lerner viel Übung, Rückmeldung und Training in subtilen Einzelheiten, bevor er das Verhalten des Modells genau wiedergeben kann. Die Motivation formt das Beobachtungslernen durch Anreize und Belohnungen. Belohnung kann die Aufmerksamkeit auf einzelne Aspekte lenken, um die Wiedergabe oder die Übung zu verstärken und so das neu Gelernte aufrechtzuerhalten.

Aus welchen Schritten baut sich das Selbstmanagement auf? Schüler können die Verhaltensanalyse auf das eigene Selbstmanagement ihres Verhaltens anwenden. Lehrer können die Entwicklung von Fertigkeiten des Selbstmanagements anregen durch Beteiligung der Schüler an den Zielsetzungen, an der Kontrolle des Fortschritts, an der Bewertung von Leistungen und an der Auswahl und Verteilung der Verstärker. Lehrer können auch die kognitive Verhaltensmodifikation einsetzen; das ist ein Programm von Meichenbaum zur Änderung des Verhaltens, in dem Schüler unmittelbar zur Selbstinstruktion angeleitet werden.

Probleme und Fragestellungen (S. 293–297)

Was sind die Hauptkritikpunkte der behavioristischen Ansätze? Der Missbrauch der behavioristischen Lernmethoden ist unethisch. Die Kritiker der behavioristischen Ansätze weisen auf die Gefahr hin, dass Verstärkungen das Interesse am Lernen mindern könnten, weil die Belohnung überbetont und die Leistung selbst nicht genug thematisiert wird und weil die Belohnung eines Schülers die anderen demotivieren könnte. Lehrer sollten die behavioristischen Lernprinzipien angemessen und ethisch anwenden.

SCHLÜSSELBEGRIFFE

Angewandte Verhaltensanalyse (S. 268)

Antezedente Bedingungen (S. 261)

Aufforderung (S. 267)

Aufgabenanalyse (S. 272)

Auszeit (S. 277)

Automatische Reaktion (S. 259)

Aversiv (S. 263)

Behavioristische Lerntheorien (S. 257)

Beobachtungslernen (S. 285)

Bestrafung durch Entzug (S. 264)

Bestrafung durch Reizdarbietung (S. 264)

Bestrafung (S. 263)

Dominoeffekt (S. 288)

Funktionale Verhaltensanalyse (S. 278)

Gruppenkonsequenzen (S. 280)

Gutes-Benehmen-Spiel (S. 280)

Hinweisreiz (S. 267)

Intermittierender Verstärkungsplan (S. 265)

Intervallverstärkung (S. 265)

Klassisches Konditionieren (S. 259)

Kognitive Verhaltensmodifikation (S. 293)

Konditionierte Reaktion (S. 260)

Konditionierter Reiz (S. 260)

Konsequente Bedingungen/Konsequenzen (S. 261)

Kontiguität (S. 259)

Kontingenzvertrag (S. 280)

Kontinuierlicher Verstärkungsplan (S. 265)

Kosten einer Reaktion (S. 275)

Lernen (S. 257)

Löschung/Extinktion (S. 266)

Modelllernen (S. 289)

Münzwirtschaft (S. 282)

Negative Verstärkung (S. 263)

Neutraler Reiz (S. 259)

Operante (S. 260)

Operantes Konditionieren (S. 260)

Positive Übung (S. 272)

Positive Verstärkung (S. 263)

Positiver Verstärker (Belohnung) (S. 262)

Premack-Prinzip (S. 271)

Ratioverstärkung (S. 265)

Reaktion (S. 259)

Reiz/Stimulus (S. 259)

Reizkontrolle (S. 266)

Sättigung (S. 274)

Selbstinstruktion (S. 293)

Selbstmanagement (S. 289)

Selbstverstärkung (S. 287)

Selbstwirksamkeit (S. 288)

Sozial-kognitive Theorie (S. 284)

Soziale Isolierung (S. 277)

Soziale Lerntheorie (S. 284)

Stellvertretendes Lernen (S. 285)

Sukzessive Annäherung (S. 272)

Unkonditionierte Reaktion (S. 260)

Unkonditionierter Reiz (S. 259)

Unterstützung für positives Verhalten (S. 278)

Verhaltensformung (S. 272)

Verhaltensmodifikation (S. 268)

Verstärkung durch Beobachtung/stellvertretende Verstärkung (S. 286)

Verstärkung (S. 262)

Verstärkungsplan (S. 262)

Zurechtweisung/Tadel (S. 275)

Z U S A M M E N F A S S U N G

Aus dem Lehrernotizbuch

Ob Sie Ihre Lehrerlaufbahn am ersten Schultag des Schuljahres in Ihrer eigenen Klasse oder als Vertretungslehrer mitten im Schuljahr anfangen, früheste sichtbare Anzeichen Ihrer Kompetenz als Lehrer sind das Benehmen Ihrer Schüler und Ihr eigenes Management der Klasse. Wenn Sie dieses Kapitel gelesen und diskutiert haben, haben Sie sicher einige behavioristische Prinzipien entdeckt, die Sie in der Klasse anwenden können, um die Klasse zu gutem Benehmen anzuhalten und wirksame Routinen und Verfahren einzurichten. Diese Prinzipien können auch benutzt werden, um einige der Lernvorgänge in der Klasse zu erklären; sie sind nützlich zum Verständnis der komplexen Faktoren, die Schüler beim Lernen motivieren. (Erinnern Sie sich, wie der tägliche Blick auf den Kalender im Kindergarten dazu beitrug, die Zahlen zu lernen, die Bezeichnungen der Wochentage und der Monate? Hat einer Ihrer Grundschullehrer an einem Buch-Leseprogramm teilgenommen?) Lesen Sie die Ratschläge der Lehrer, die behavioristische Prinzipien einsetzen, um Situationen in der Klasse zu meistern.

Was würden Lehrer tun?

Hier lesen Sie Lehrerstimmen, die den eingangs dieses Kapitels geschilderten Fall einer außer Kontrolle geratenen Klasse kommentieren.

■ T. N., Oberstufenlehrer, Klassen 9–12

Der erste Schritt, die Ordnung in der Klasse wiederherzustellen, ist das Einsetzen täglicher Routinen, denen die Schüler nachkommen müssen. Nachdem die ersten Tätigkeiten erledigt sind, „kommen" die Schüler in der Schule „an"; die Ziele und Aufgaben des Tages gleich morgens auszuhängen, motiviert die Schüler sofort mit der Arbeit zu beginnen. Das nächste Ziel ist es, Klassenregeln aufzustellen, Belohnungen und Konsequenzen festzulegen, alles mit Beteiligung der Schüler. Schüler reagieren positiv auf ein faires Management, zu dem sie beitragen können. Sie halten sich so eher an die Regeln, und die Gleichaltrigen helfen mit, dass alle die Regeln einhalten. Ich lasse Klassenmanager für diesen Zweck wählen; das sind Schüler mit bestimmten Funktionen und Verantwortung für einzelne Aufgaben beim Klassenmanagement wie z. B. Pausenaufsicht, Hausaufgaben einsammeln und Besucher an der Tür empfangen, wenn es klopft. Wenn Schüler Funktionen beim Klassenmanagement übernehmen können, können sie ihre Führungsqualitäten unter Beweis stellen. Die Funktionsträger können dann ausgetauscht werden, sodass auch andere Schüler die Gelegenheit erhalten, ihre Führungsqualitäten zu entwickeln.

■ J. H., Lehrerin einer 3. Klasse

Zu Beginn des Tages mit meiner neuen Klasse pflegte ich die Klassenregeln gemeinsam festzulegen. Es ist wichtig, die Klassenregeln mit der Klasse gemeinsam zusammenzustellen. Schüler wissen am besten, wer wie und wann stört und woher die Probleme kommen. Das nächste Ziel sollte darauf ausgerichtet sein, ein Klima gegenseitigen Respekts herzustellen, wenn nötig mit Hilfe eines sehr beliebten und einflussreichen Kindes. Stellt sich dieses Klima ein, werden andere Schüler diesen „Anführer" in seinen Lernanstrengungen nachahmen. Dann würde ich meine Schüler hin und wieder an die Klassenregeln erinnern, indem ich Schüler, die sich an die Regeln halten, lobe. Die Aufmerksamkeit auf angemessenes Verhalten zu lenken, ist effektiver als zu brüllen und öffentlicher Tadel, welche die Aufmerksamkeit auf Fehlverhalten lenken und dieses möglicherweise verstärken.

■ J. A., Literatur- und Sprachlehrerin einer 7. Klasse

Die unstrukturierte Klassensituation hat diesen Schülern einen Freiraum gegeben, in dem sie nach ihren eigenen Regeln verfahren können. Als neue Lehrerin in dieser Klasse könnte ich ganz von vorne anfangen. Um eine Organisation einzurichten, die dem Lernen zuträglich ist, würde ich mich zuerst vorstellen und dann meine Lernziele und meine Erwartungen an die Klasse vortragen. Die Erwartungen müssen einfach und verständlich formuliert sein. Die Erwartung „jeden in der Klasse mit Respekt behandeln" ist sozusagen das Dachkonzept, unter dem alle Regeln subsumiert werden können. Man könnte dann noch hypothetische Problemsituationen durchdiskutieren und dabei entscheiden, welches Verhalten akzeptabel ist und welches nicht. Weil die Schüler an der Aufstellung der Klassenregeln beteiligt sind, werden sie diese auch eher befolgen. Sobald die Erwartungen an ihr Verhalten verstanden sind, ist eine Lernumgebung entstanden, die für das Lernen förderlich ist.

■ D. H., Lehrerin einer 2. Klasse

In so eine Situation zu geraten ist nie einfach. Man muss aber versuchen, positiv zu bleiben. Man sollte sich stets vor Augen halten, dass die Kinder nicht schlecht sind. Sie wissen meist nicht, was von ihnen erwartet wird. Deshalb muss man am Anfang Zeit darauf verwenden, eine Klassengemeinschaft zu entwickeln und die Erwartungen klar zu formulieren. Das kann einen längeren Zeitrahmen beanspruchen. Man darf sich deshalb nicht grämen, wenn man für einige Wochen nicht ganz seinen Lehrplan einhalten kann. Das zahlt sich am Ende schon aus. Machen Sie einen Arbeitsplan und richten Sie Routinen ein. Schüler brauchen und wollen einen strukturierten Unterrichtsablauf. Ich würde versuchen, den Hauptstörenfried näher kennenzulernen. Ich würde versuchen herauszufinden, warum er stört. Vielleicht erwartet er nur mehr Aufmerksamkeit. Man muss ihm zeigen, dass er und sein Schulerfolg einem nicht egal sind.

Ein Weg, eine Klassengemeinschaft aufzubauen, ist einen Morgenkreis einzurichten, um erst einmal die Sorgen und Nöte der Schüler zu besprechen und ihre Probleme zu lösen. Tauschen Sie auch Lob aus und besprechen Sie positive Ereignisse. Diese Treffen vermitteln den Schülern das Gefühl, dass sie Herr der Lage in ihrer Klasse sind. Wenn einmal ein positives Klima existiert, haben auch der Lehrer und die Schüler mehr Zeit, sich auf das Lernen zu konzentrieren.

■ F. L.-S., Vorschullehrerin

Vertretungslehrer, die mitten im Schuljahr kommen, müssen viel Geduld mitbringen und eine feste Haltung einnehmen. Veränderungen im Verhalten der Schüler kommen nicht von heute auf morgen. Die Schüler müssen sich an neue Klassenregeln und an Konsequenzen für Regeleinhalten und -verletzungen gewöhnen. Wenn der Lehrer seinen klar vorgezeichneten Weg mit einem disziplinarischen Konzept geht, werden die Schüler lernen, was akzeptabel ist und was nicht, und die Klassenatmosphäre beruhigt sich. Lehrer und Schüler lernen, sich gegenseitig zu respektieren; alle, die an diesem Entwurf mitarbeiten, können schließlich Stolz empfinden.

Kognitive Theorien des Lernens

7

ÜBERBLICK

Was würden Sie tun?

Die älteren Schüler in Ihrem Oberstufenkurs in Geschichte scheinen Lernen mit Auswendiglernen gleichzusetzen. Sie bereiten sich auf die Geschichtsstunden durch wörtliches Auswendiglernen der geforderten Textabschnitte vor. Sogar die besten Schüler meinen, dass kleine Karteizettel die einzige Strategie für die Aneignung des Lernstoffs seien. Wenn man versucht, sie zum Nachdenken über geschichtliches Geschehen durch Lektüre von Originalquellen zu bringen oder geschichtliche Fragen in der Klasse zu diskutieren oder auch die Kunst und Musik aus der betreffenden geschichtlichen Epoche zu untersuchen, protestieren Sie: „Kommt das im Test dran?" „Warum schauen wir die Bilder an? Müssen wir wissen, wer sie gemalt hat und wann?" „Was hat das mit Geschichte zu tun?" Sogar Schüler, die sich an der Diskussion beteiligen, übernehmen die Formulierungen aus den Schulbüchern, oft ohne sie zu durchleuchten, Schlussfolgerungen zu ziehen oder sie zu hinterfragen.

Kritisch denken

- Was sind die Überzeugungen und Erwartungen dieser Schüler und wie wirken sie sich auf das Lernen aus?
- Warum bevorzugen diese Schüler Ihrer Meinung nach das Auswendiglernen?
- Wie könnte man den Schülern mit dem, was sie schon wissen, helfen, sinnvoller und besser zu lernen?
- Wie wirken sich diese Fragen auf dem der Oberstufe angemessenen Schwierigkeitsniveau aus?

Zusammenarbeit

Führen Sie mit zwei oder drei Schülern aus Ihrer Klasse ein Gespräch über Ihre ehemaligen Lehrer, die Ihnen zu einer tieferen Verarbeitung Ihres Wissens in einem bestimmten Gebiet verholfen haben. Haben die Lehrer Ihnen geholfen, jenseits des Auswendiglernens von Texten, den Lernstoff vollständig zu verstehen und zu durchdenken?

In diesem Kapitel wird die kognitive Sichtweise des Lernens betont, die behavioristische Perspektive tritt dabei in den Hintergrund, wird aber nicht ungültig. Nur in einzelnen Punkten handelt es sich bei beiden Sichtweisen um unvereinbare Alternativen. Der Wechsel bedeutet, dass die Sichtweise „der Lerner und sein Verhalten sind Produkte der aus der Umwelt einwirkenden Reize" abgelöst wird durch den Lernenden als „Quelle von Plänen, Absichten, Zielen, Vorstellungen, Erinnerungen und Emotionen; diese werden aktiv eingesetzt, um aufmerksam wahrzunehmen, auszuwählen und um Bedeutung aus einer Reizkonstellation zu konstruieren und Wissen aus der Vielfalt der Erfahrungen zu extrahieren und zu vernetzen" (Wittrock, 1989, S. 1–2). Zu Beginn erfolgt eine Diskussion des allgemeinen kognitiven Ansatzes bei der Analyse der Lern- und Gedächtnisprozesse und der Rolle des Wissens beim Lernen. Zum besseren Verständnis der Funktionsweise des Gedächtnisses wird ein weitverbreitetes kognitives Modell der Informationsverarbeitung vorgestellt, das von der Informationsverarbeitung in mehreren funktionalen Speichereinheiten ausgeht. Anschließend wendet sich der Text den Metakognitionen zu, ein Untersuchungsfeld, in dem sich wichtige Erkenntnisse über individuelle und Entwicklungsunterschiede beim Lernen ergeben haben. Schließlich sollen einige Vorschläge darüber unterbreitet werden, wie Lehrer ihren Schülern zu mehr gut vernetztem Wissen verhelfen können. Nach Durcharbeiten dieses Kapitels sollten folgende Inhalte beherrscht werden:

- Was ist die Rolle des Wissens beim Lernen?
- Gibt es ein allgemeingültiges Modell der Informationsverarbeitung im Gedächtnis?
- Wie beeinflussen die Wahrnehmung, die Aufmerksamkeit, die Schemata und Skripte das Lernen, Behalten und das Abrufen von Behaltenem?

Wissen über Baseball und fast so viel wie gute Leser mit viel Wissen über Baseball. Schlechte Leser mit wenig Wissen verstanden und behielten am wenigsten. Eine gute Wissensgrundlage ist also wichtiger als gutes Lesen beim Verstehen und Behalten – aber natürlich sind breites Wissen und gutes Lesen am besten.

Allgemeines und spezifisches Wissen

In der kognitiven Sichtweise schließt Wissen einmal fachspezifisches Verständnis (in Mathematik, Geschichte, Fußball usw.) mit ein, aber auch allgemeine kognitive Fähigkeiten wie Planen, Problemlösen und Sprachverstehen (Greeno, Collins & Resnick, 1996). Es gibt also verschiedene Arten von Wissen: **bereichsspezifisches Wissen**, das sich nur auf ein bestimmtes Fachgebiet bezieht (z. B. wann der Schiedsrichter einen Strafstoß verordnet) und **allgemeines Wissen**, das sich auf viele verschiedene Situationen anwenden lässt (z. B. lässt sich der Gebrauch eines Computers auf viele verschiedene Computertypen, Text-, Zeichenaufgaben, Kommunikationsformen innerhalb und außerhalb der Schule anwenden). Es gibt natürlich keine scharfe Trennlinie zwischen allgemeinem und bereichsspezifischem Lernen. Wenn man mit dem Lesen anfängt, lernt man zunächst etwas über die den Buchstaben entsprechenden Laute. Zu diesem Zeitpunkt gehört das Wissen über die Lautentsprechungen von Buchstaben zum Wissensbereich des Lesens. Aber später kann dann der Leser sein Wissen über Laute und Lesen viel allgemeiner verwenden (Alexander, 1992; Schunk, 2004).

Was wir wissen, wird im Gedächtnis gespeichert. Etwas zu wissen, heißt, es später – wenn es benötigt wird – aus dem Gedächtnis abrufen zu können. Psychologen haben das Gedächtnis schon seit Langem untersucht, im folgenden Abschnitt werden wichtige Ergebnisse zusammengefasst.

Das Informationsverarbeitungsmodell des Gedächtnisses 7.2

Es gibt zahlreiche Gedächtnistheorien, aber am weitesten verbreitet sind die Erklärungen, die von Informationsverarbeitungsprozessen ausgehen (Ashcroft, 2006; Hunt & Ellis, 1999; Sternberg, 1999). Dieser gut untersuchte theoretische Rahmen wird zuerst dargestellt.

Frühe Ansätze zu einem Gedächtnismodell der **Informationsverarbeitung** benutzten die Analogie zum Computer, um sich Gedächtnisvorgänge klarzumachen. Der menschliche Geist nimmt wie ein Computer Informationen auf, verarbeitet sie, indem er die Informationen in Form und Inhalt verändert, die Informationen dann speichert, gegebenenfalls abruft und Reaktionen auf sie erzeugt. Die Verarbeitung beinhaltet also Informationen zu sammeln, sie zu dem vorhandenen Wissen in Beziehung zu setzen, d. h. die Informationen zu *enkodieren*, die Informationen zu behalten oder zu *speichern* und die Information wieder zu aktivieren oder *abzurufen*. Der ganze Verarbeitungsprozess wird durch Kontrollprozesse gesteuert, deren Funktion es ist zu entscheiden, welche Information wie und wann in das System eingeschleust wird.

Für die meisten kognitiven Psychologen ist das Computermodell nur eine Metapher für die geistigen Aktivitäten des Menschen. Aber andere Kognitionswissenschaftler, besonders jene, die sich mit künstlicher Intelligenz beschäftigen, versuchen Computerprogramme zu entwickeln, die wie Menschen „denken" und Probleme lösen können (Anderson, 2005; Schunk, 2000). Einige Theoretiker behaupten, dass die Funktionsweise des Gehirns einer großen Anzahl von kleinen langsamen Computern ähnelt, die alle gleichzeitig arbeiten; jedem Computer ist eine andere spezifische Aufgabe zugeordnet (Ashcroft, 2006).

► Abbildung 7.1 (siehe S. 310) stellt ein Schema eines typischen Informationsverarbeitungsprozesses dar, das auf den Vorstellungen verschiedener Theoretiker aufbaut (Atkinson & Shiffrin, 1968; R. Gagné, 1985;

Bereichsspezifisches Wissen Informationen, die nur für eine bestimmte Situation interessant sind oder sich nur auf ein bestimmtes Fachgebiet beziehen.

Allgemeines Wissen Informationen, die für viele verschiedene Aufgaben interessant sind oder sich auf viele verschiedene Situationen anwenden lassen.

Informationsverarbeitung Die Aktivität des menschlichen Geistes bestehend aus Aufnahme, Speichern, Abrufen und Anwenden von Informationen.

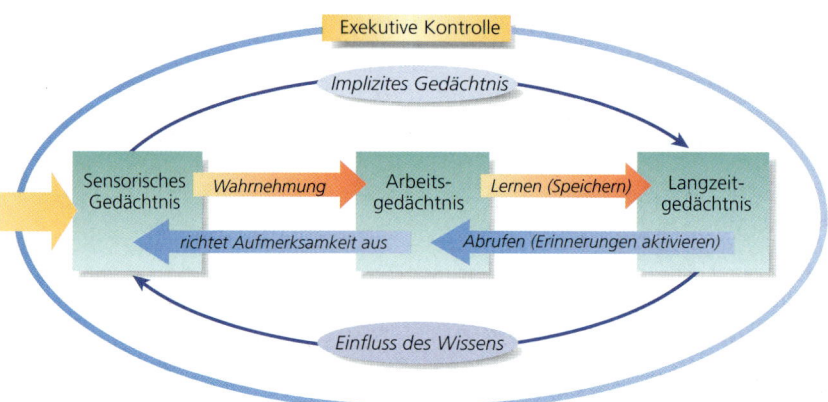

Abbildung 7.1: Das System der Informationsverarbeitung. Informationen werden über die Sinnesorgane aufgenommen und im sensorischen Gedächtnis kodiert; dort bestimmen die Wahrnehmung und die Aufmerksamkeit, was ins Arbeitsgedächtnis überführt wird. Im Arbeitsgedächtnis werden die neuen Informationen zuerst mit Wissen aus dem Langzeitgedächtnis verknüpft. Sorgfältig verarbeitete und vernetzte Informationen werden im Langzeitspeicher aufgehoben. Von dort können Wissensbestände aktiviert und ins Arbeitsgedächtnis zurückgerufen werden. Implizite Gedächtnisinhalte werden ohne bewusste Anstrengungen geformt.

Neisser, 1976). Um das Modell zu verstehen, soll im Folgenden jede Komponente erläutert werden.

7.2.1   Das sensorische Gedächtnis

Reize aus der Umgebung (Gesehenes, Gehörtes, Gerüche usw.) treffen ständig auf die Mechanismen für sensorische Informationsaufnahme wie Sehen, Hören, Riechen und Fühlen unseres Organismus. Das **sensorische Gedächtnis** ist die erste Funktionseinheit im Gehirn, auf welche die Reize treffen und in der die Reize dann in Informationen enkodiert werden; erst danach kann eine erste Bedeutungszuschreibung erfolgen. Obwohl Gesehenes und Gehörtes in dieser Einheit nur einen Bruchteil einer Sekunden verweilt, werden hier erste Transformationen der Sinnesinformationen vorgenommen. Es erfolgt in diesem *sensorischen Register* oder *sensorischen Speicher* eine erste Enkodierung (Driscoll, 2005; Sperling, 1960).

Kapazität, Dauer und Inhalt des sensorischen Gedächtnisses

Die Kapazität des *sensorischen Gedächtnisses* ist sehr groß und kann deshalb auch mehr Informationen aufnehmen als wir gleichzeitig verarbeiten können. Aber diese riesengroße Menge sensorischer Informationen

bleibt nur kurzfristig erhalten. Sie bleibt zwischen einer und drei Sekunden.

> ### Halt! Denken Sie nach! Schreiben Sie!
> Schwenken Sie einen Bleistift (oder Ihren Finger) vor Ihren Augen vor und zurück, während Sie fixiert geradeaus schauen. Was sehen Sie? Kneifen Sie sich in den Arm und lassen Sie wieder los. Was fühlen Sie direkt nachdem Sie losgelassen haben?

Sie haben diese Reizeinwirkung des bewegten Bleistiftes gerade empfunden. Sie können eine Spur des Bleistiftes nach der aktuellen Reizeinwirkung noch bemerken, und das Gefühl des Gekniffenwerdens dauert auch noch kurz an, wenn Sie schon losgelassen haben. Das sensorische Register hat also sehr kurz Informationen über den Reiz gehalten, nachdem der Reiz selbst schon aufgehört hatte (Lindsay & Norman, 1977).

Der *Inhalt* der Informationen des sensorisches Gedächtnisses ähnelt den Empfindungen des ursprünglichen Reizes. Visuelle Empfindungen werden kurz durch das sensorische Register als Vorstellungsbilder kodiert, fast fotografieartig. Hörempfindungen werden als Lautmuster kodiert und ähneln Echos. Die anderen Sinnesmodalitäten haben auch ihre eigenen Codes. In der Sekunde nach Auftreten eines komplexen Reizmusters bleibt also die sensorische Empfindung

---

Sensorisches Gedächtnis   Funktionale Speichereinheit, die Informationen nur sehr kurzfristig behält.

a. Figur-Grund-Gesetz
Was sehen Sie? Gesichter oder eine Vase? Durch Konzentration auf das schwarze Feld lässt sich ein Gesicht als Figur erkennen, dadurch wird das weiße Feld zum (Hinter-)Grund. Konzentriert man sich auf das weiße Feld, wird eine Vase zur Figur, das schwarze Feld wird (Hinter-)Grund.

b. Gesetz der Nähe
Diese neun Linien werden in Gruppen zu je drei wahrgenommen, weil sich jeweils drei Linien näher beieinander befinden.

c. Gesetz der Ähnlichkeit
Diese unterschiedlich langen Linien werden als abwechselnde Gruppierung von je drei gleichlangen Linien zu unterschiedlich langen Liniengruppen geordnet (wellenartiges Muster).

d. Gesetz der Geschlossenheit
Es wird ein Kreis statt einer gestrichelten runden Linie gesehen.

Abbildung 7.2: Beispiele von Gestaltgesetzen. Gestaltprinzipien der Wahrnehmung erklären, wie wir Muster in unserer Umwelt „sehen". Quelle: Aus *Learning Theories: An Educational Perspective* (4. Aufl.) von D. H. Schunk. Copyright © 2004 Prentice Hall.

weitgehend erhalten. In dieser Sekunde kann die Information ausgewählt und für die weitere Verarbeitung organisiert werden. Die Wahrnehmung und die Aufmerksamkeit sind für den Verlauf dieser Verarbeitungsphase kritische Einflussgrößen.

Wahrnehmung

Der Prozess der Entdeckung eines Reizes und seiner Bedeutungszuschreibung heißt **Wahrnehmung**. Die Bedeutung wird konstruiert auf der Grundlage der physikalischen Repräsentationen der Außenwelt und des vorhandenen Wissens. Zum Beispiel das Zeichen I3. Auf die Frage, was das für ein Buchstabe ist, kommt sicherlich die Antwort „B". Auf die Frage, was das für eine Zahl sei, folgt die Antwort 13. Das Zeichen bleibt dasselbe, aber es hat seine Bedeutung gewechselt in Abhängigkeit von der Erwartung eines Buchstabens oder einer Zahl. Für ein Kind, das weder Buchstaben noch Zahlen kennt, bleibt es ein bedeutungsloses Zeichen (F. Smith, 1975).

Einiges, was wir heute über die Wahrnehmung wissen, wurde in Untersuchungen in Deutschland zu Beginn des 20. Jahrhunderts durch die sogenannten *Gestalttheoretiker* gefunden. Später wurden auch Meilensteine der Wahrnehmungsforschung in den USA gesetzt. Der Begriff **Gestalt** bedeutet so viel wie „Muster" oder „Konfiguration". Die Psychologen jener Zeit nahmen an, den Menschen wohne eine Tendenz zur Organisation der sensorischen Empfindungen zu Mustern oder Beziehungsgefügen inne. Ihrer Ansicht nach nehmen wir also nicht Bits oder kleine zusammenhanglose Informationseinheiten wahr, sondern organisierte, bedeutungsvolle Ganze, eben Gestalten. ▶ Abbildung 7.2 gibt eine Reihe von Gestaltprinzipien wieder.

Die Gestaltprinzipien sind vernünftige Erklärungen für verschiedene Aspekte der Wahrnehmung, aber sie stellen keine vollständige Theorie der Wahrnehmung dar. Es gibt noch zwei andere Erklärungen im Rahmen eines Ansatzes der Informationsverarbeitung für das Erkennen von Mustern und der Bedeutungszuschreibung von sensorischen Ereignissen. Die erste Erklärung heißt *Merkmalsanalyse* oder **Verarbeitung von unten nach oben** bzw. **Bottom-up-Verarbeitung**, weil der Reiz auf seine Merkmale oder Komponenten hin analysiert und erneut zusammengesetzt wird zu bedeutungshaltigen Mustern – und dies „von Grund auf" (bottom up). Zum Beispiel setzt sich der Buchstabe A aus zwei schräg gestellten Geraden zusammen, die sich im 45-Grad-Winkel treffen und einer horizontalen Linie in

Wahrnehmung Organisation und Deutung von Sinnesempfindungen.

Gestalt Muster oder ganzheitliches Ergebnis des Wahrnehmungsprozesses. Gestalttheoretiker vertreten die Auffassung, dass beim Menschen die Wahrnehmung so organisiert wird, dass kohärente ganzheitliche Repräsentationen entstehen.

Verarbeitung von unten nach oben/Bottom-up-Verarbeitung Die Wahrnehmung geht von einzelnen bestimmenden Merkmalen aus; sie setzt die Merkmale zu einem erkennbaren Muster zusammen.

der Mitte der beiden anderen. Wann immer wir diese Merkmale erkennen, oder ein Muster, das dem nahekommt (z. B. *A*, **A**, $\mathcal{A}$), erkennen wir ein A (Anderson, 2005). Das erklärt, wie wir Wörter in der besonderen Handschrift anderer Leute erkennen können. Wir haben auch einen **Prototypen** (ein typisches Exemplar einer Kategorie), hier der As, in unserem Langzeitgedächtnis gespeichert. Dies hilft bei der aktuellen Merkmalsanalyse zur Entdeckung des Buchstaben A (Driscoll, 2005).

Wenn die ganze Wahrnehmung nur auf Merkmalsanalyse und Prototypen beruhen würde, würde der Lernprozess recht langsam verlaufen. Glücklicherweise sind Menschen auch noch zu einer anderen Art von Wahrnehmung fähig, die auf Wissen und aus Erfahrung abgeleiteten Erwartungen gründen; diese Art der Wahrnehmung wird auch **Verarbeitung von oben nach unten** bzw. **Top-down-Verarbeitung** genannt. Um Muster schnell zu erkennen, führen wir erst eine Merkmalsanalyse durch und ziehen zusätzlich heran, was wir schon über die Situation wissen, wie der allgemeine Ablauf von Ereignissen oder der besondere eines Einzelereignisses war. Wenn wir zum Beispiel das Alphabet nicht kennen würden, würde die dritte Version des A, das $\mathcal{A}$, sicher nicht als A erkannt. Deshalb lässt sich formulieren, wir sehen nur, was wir schon wissen. Die Rolle des Wissens in der Wahrnehmung wird in der ▶ Abbildung 7.1. (siehe S. 310) durch die nach links gerichteten Pfeile angedeutet: vom Langzeitgedächtnis (gespeichertes Wissen) zum Arbeitsgedächtnis und dann zum sensorischen Gedächtnis/Register.

Die Rolle der Aufmerksamkeit

Wenn jede Variation der Farbe, der Bewegung, des Klanges, des Geruchs, der Temperatur usw. im Arbeitsgedächtnis enden würde, wäre ein Leben unmöglich. Aber unsere Aufmerksamkeit ist selektiv, manches beachten wir, anderes ignorieren wir auch, dadurch schränken wir unsere Wahrnehmung ein und verarbeiten nur ausschnittweise. Auf was wir unsere Aufmerksamkeit richten, hängt bis zu einem gewissen Grade davon ab, was wir schon wissen und was wir noch wissen müssen. Die Aufmerksamkeit wird also von allen drei

Prozesskomponenten der Abbildung 7.1. beeinflusst. Die Aufmerksamkeit hängt auch von Nebenbedingungen ab, von der Komplexität der Aufgabe und von der Fähigkeit, die eigene Aufmerksamkeit unter Kontrolle zu halten und zu fokussieren (Driscoll, 2005). Fahranfänger können z. B. nicht gleichzeitig fahren und Radio hören. Nach Jahren der Übung kann man während des Fahrens Radio hören, eine Unterhaltung führen und die nächste Unterrichtsstunde entwerfen. Diese vielen gleichzeitigen Tätigkeiten werden ermöglicht durch die fortschreitende **Automatisierung** aller Tätigkeiten, sie benötigen dann keine Aufmerksamkeit und Konzentration mehr. Automatisierung stellt sich allmählich ein, und nicht alle unsere Aktivitäten automatisieren sich mit gesteigerter Übung, das hängt von der Situation ab. Zum Beispiel wird die Aufmerksamkeit selbst erfahrener Autofahrer angespannt und konzentriert, wenn Blitze ihn zu blenden drohen.

Verknüpfen und erweitern Sie Ihre Forschungskenntnisse

Vor über 20 Jahren beschrieb Flavell (1985) vier Aspekte der Aufmerksamkeit im Laufe der Entwicklung im Kindesalter. Die Aufmerksamkeit ist:

- *Kontrolliert:* Im Laufe der Entwicklung wird die Aufmerksamkeitsspanne immer länger und sie kann sich auf wichtige Einzelheiten konzentrieren und unwichtige ignorieren.
- *Auf eine Aufgabe zugeschnitten:* Ältere Kinder richten ihre Aufmerksamkeit auf die schwierigsten Punkte einer Aufgabe oder eines Lernstoffes (Berk, 2002).
- *Gerichtet:* Kinder entwickeln ein Gefühl für Hinweisreize (die Stimme des Lehrers, seine Gestik); sie sagen ihm, wann/wie sie ihre Aufmerksamkeit ausrichten.
- *Selbst-Überwacht:* Kinder lernen zu entscheiden, ob sie die richtige Strategie einsetzen, und sie können ihre Strategie ändern, wenn sie nicht wirksam ist.

Prototyp Typischer (bester) Vertreter einer Kategorie.

Verarbeitung von oben nach unten/Top-down-Verarbeitung Funktionale Speichereinheit, die Informationen nur sehr kurzfristig behält.

Automatisierung Die Fähigkeit, gründlich gelernte Aufgaben ohne große geistige Anstrengung zu erledigen.

Aufmerksamkeit und Unterricht

Der erste Schritt zum Lernen ist das Aufpassen. Schüler können keine Informationen verarbeiten, die sie vorher nicht erkannt oder wahrgenommen haben (Lachter, Forster & Ruthruff, 2004). In der Klasse beeinflussen viele Faktoren die Aufmerksamkeit der Schüler. Auffallende oder erschreckende Vorkommnisse oder Handlungen können die Aufmerksamkeit der ganzen Klasse zu Beginn der Unterrichtsstunde auf sich ziehen. Ein Lehrer könnte z. B. eine Physikstunde über den Luftdruck mit dem Aufblasen eines Luftballons beginnen, bis er platzt. Leuchtende Farben, unterstreichen, hervorheben von geschriebenen oder gesprochenen Worten, Schüler mit Namen aufrufen, Überraschungsereignisse, knifflige Fragen, Abwechslung in den Aufgaben und Unterrichtsmethoden und Wechsel in der Dynamik der Stimme (lauter – leiser, heller – dunkler, dramatisch – sachlich, neutral) und der Sprechgeschwindigkeit können alle die Aufmerksamkeit auf eine Aussage lenken. Schüler müssen die Aufmerksamkeit über mehrere Stunden aufrechterhalten – sie müssen sich auf die wichtigen Elemente der Lernsituation konzentrieren. Die *Richtlinien* (siehe S. 314) bieten noch weitere Vorschläge, mit deren Hilfe es gelingt, die Aufmerksamkeit der Schüler zu gewinnen und aufrechtzuerhalten.

7.2.2 Das Arbeitsgedächtnis

Die Informationen im sensorischen Speicher stehen für die weitere Verarbeitung zur Verfügung, sobald sie erkannt und damit in ein Bild- oder Klangmuster überführt worden sind (oder vielleicht in andere Formen von sensorischen Codes). Das **Arbeitsgedächtnis** ist die „Werkstatt" des Gedächtnissystems, der Schnittpunkt, an dem Informationen vorübergehend gehalten werden und mit Wissensbeständen aus dem Langzeitgedächtnis verknüpft werden, um z. B. Probleme zu lösen oder einen Vortrag zu verstehen. Das Arbeitsgedächtnis enthält alles, woran wir in einem gegebenen Augenblick denken. Aus diesem Grund setzen manche Psychologen das Arbeitsgedächtnis gleich mit dem Bewusstsein (Sweller, van Merrienboer & Paas, 1998). Im Gegensatz zum sensorischen und zum Langzeitgedächtnis ist die

Kapazität des Arbeitsgedächtnisses begrenzt – etwas, das viele Professoren zu vergessen scheinen, wenn sie durch eine Vorlesung hetzen, während die Studenten versuchen, die Informationen zu verarbeiten und zu halten.

Früher konnte man den Begriff **Kurzzeitgedächtnis** lesen oder hören. Kurzzeitgedächtnis ist ein Sammelname für alle Formen kurzfristigen Behaltens im Informationsverarbeitungssystem. Das Kurzzeitgedächtnis ist nicht genau das Gleiche wie das Arbeitsgedächtnis. Das Arbeitsgedächtnis schließt sowohl die vorübergehende Speicherung als auch die Bearbeitung der Informationen ein – eben die Werkbank des Gedächtnissystems; die alten und neuen Informationen werden mit geistiger Anstrengung bearbeitet. Aber die Funktion des Kurzzeitgedächtnisses besteht nur in der Speicherung – eben das kurzfristige Behalten für etwa 15 bis 20 Sekunden (Baddeley, 2001). Frühe Experimente legen nahe, dass das Arbeitsgedächtnis sieben bis neun neue Einheiten zugleich aufnehmen kann (Miller, 1956). Später konnte dargelegt werden, dass diese begrenzte Kapazität durch Strategien wie das Bilden größerer Einheiten (chunking) oder Gruppieren von Einheiten erweitert werden kann. Fünf bis neun Einheiten sind jedoch die Grenze für die im Alltag üblichen Leistungen. Es ist üblich, sich eine neue Telefonnummer zu merken, die man gerade nachgeschlagen hat und die man bis zum Wählen der Nummer im Kopf behalten muss. Was geschieht aber, wenn man zwei Telefonate nacheinander erledigen muss? Zwei neue Telefonnummern mit insgesamt 14 Ziffern kann man nicht kurzfristig auf einmal speichern. Sie überschreiten unsere *Gedächtnisspanne*, die maximale Anzahl von Einheiten, die wir im Arbeitsgedächtnis kurzfristig aufbewahren können.

Die gegenwärtige Auffassung vom Arbeitsgedächtnis sieht drei Komponenten des Arbeitsgedächtnisses vor: die zentrale Exekutive, welche die Aufmerksamkeit und andere geistige Ressourcen steuert (der „Arbeiter" im Arbeitsgedächtnis), die phonologische Schleife mit ihrer Haltefunktion für verbale und akustische (Laut-) Informationen und der visuell-räumliche „Notizblock" (sketchpad) mit seiner spezialisierten Bearbeitung von visueller und räumlicher Information (Gathercole, Pickering, Ambridge & Wearing, 2004).

Arbeitsgedächtnis Hält die Informationen, die gerade bearbeitet werden und im Mittelpunkt der Aufmerksamkeit stehen; arbeitet mit dem Langzeitgedächtnis zusammen.

Kurzzeitgedächtnis Hält die Informationen kurzfristig ungefähr 20 Sekunden lang.

Aufmerksamkeit bekommen und aufrechterhalten

Setzen Sie Signale ein.

Beispiele

1 Vereinbaren Sie ein Signal, das den Schülern anzeigt, dass sie mit ihren Nebentätigkeiten aufhören sollen, um sich auf Sie zu konzentrieren. Manche Lehrer begeben sich dazu zu einem bestimmten Platz im Klassenzimmer, knipsen das Licht kurz an und aus, klopfen auf den Tisch oder spielen einen Akkord auf dem Klavier im Klassenzimmer. Visuelle und auditorische Signale sollten gemischt werden.

2 Vermeiden Sie auch selbst ablenkendes Verhalten wie mit dem Bleistift den Takt zu Ihrem Sprechen schlagen; dieses könnte mit den vereinbarten Zeichen und der notwendigen Aufmerksamkeit für das Lernen interferieren.

3 Hinweise und Erklärungen sollten vor und nicht während einer neuen Tätigkeit abgegeben werden.

4 Gehen Sie mit kleineren Kindern nicht so ernst um: Sprechen Sie mit verschiedenen Stimmen, ziehen Sie sich einen lustigen Hut auf oder beginnen Sie ein Spiel mit Händeklatschen (Miller, 2005).

Holen Sie ein Kind, statt es zu rufen.

Beispiele

1 Gehen Sie zu einem Kind und schauen Sie ihm in die Augen.

2 Sprechen Sie mit einer festen, aber nicht bedrohlichen Stimme.

3 Nennen Sie das Kind beim Namen.

Stellen Sie sicher, dass die Schüler die Aufgaben richtig verstehen.

Beispiele

1 Schreiben Sie die Ziele/Zwecke der Aufgaben an die Tafel und diskutieren Sie diese mit den Schülern vor Beginn der Erledigung. Bitten Sie die Schüler um eine Zusammenfassung der Aufgaben und um eine Wiederholung der Zielstellungen.

2 Machen Sie Schülern klar, warum Sie etwas lernen und fragen Sie die Schüler nach Beispielen, wie sie ihr Gelerntes einsetzen werden.

3 Verknüpfen Sie das neue Material mit zurückliegenden Unterrichtsstunden – zeigen Sie eine Gliederung oder einen Plan, wie das neue Thema den vorherigen und den nachfolgenden Stoff ergänzt.

Beziehen Sie Abwechslungen, Neugier und Überraschung in Ihren Unterricht ein.

Beispiele

1 Wecken Sie die Neugier der Schüler mit Fragen wie: „Was würde passieren, wenn …?"

2 Schaffen Sie eine Schocksituation durch Inszenieren eines unerwarteten Ereignisses, wie z. B. einen lauten Meinungsstreit direkt vor einer Unterrichtsstunde zum Thema Kommunikation.

3 Ändern Sie die physikalische Umgebung durch Umstellen der Möbelanordnung im Raum oder durch Platzierung von Arbeitsgruppen in die einzelnen Funktionsecken des Klassenzimmers oder durch Wechsel in andere Räume z. B. den Musiksaal oder die Turnhalle.

4 Beanspruchen Sie wechselnde sensorische Kanäle – oder planen Sie Geruchs-, Berührungs- oder Geschmacksempfindungen in den Unterricht ein.

5 Setzen Sie Bewegungen, Gesten und Stimmvariationen im Unterricht ein – gehen Sie im Raum herum, zeigen Sie auf etwas und sprechen Sie mal sanft, mal nachdrücklich. (Ein Professor pflegte auf einen Tisch zu springen, wenn er einen wichtigen Punkt vorbringen wollte.)

Stellen Sie Fragen und geben Sie einen Rahmen für die Antworten vor.

Beispiele

1 Fragen Sie die Schüler, warum der Lehrstoff wichtig ist, wie sie ihn lernen wollen und welche Strategien sie benutzen wollen.

2 Geben Sie Schülern Möglichkeiten, sich selbst zu überprüfen; weisen Sie auf häufige Fehler hin oder lassen Sie sie in Dyaden arbeiten, um sich gegenseitig verbessern zu können – seine eigenen Fehler erkennt man oft nicht.

3 Verknüpfen Sie das neue Material mit zurückliegenden Unterrichtsstunden – zeigen Sie eine Gliederung oder einen Plan, wie das neue Thema den vorherigen und den nachfolgenden Stoff ergänzt.

Wenn Sie mehr über Möglichkeiten, die Aufmerksamkeit der Schüler zu gewinnen, erfahren wollen, suchen Sie die folgende Webseite auf: **http://www.inspiringteachers.com/tips/management/attention.html**

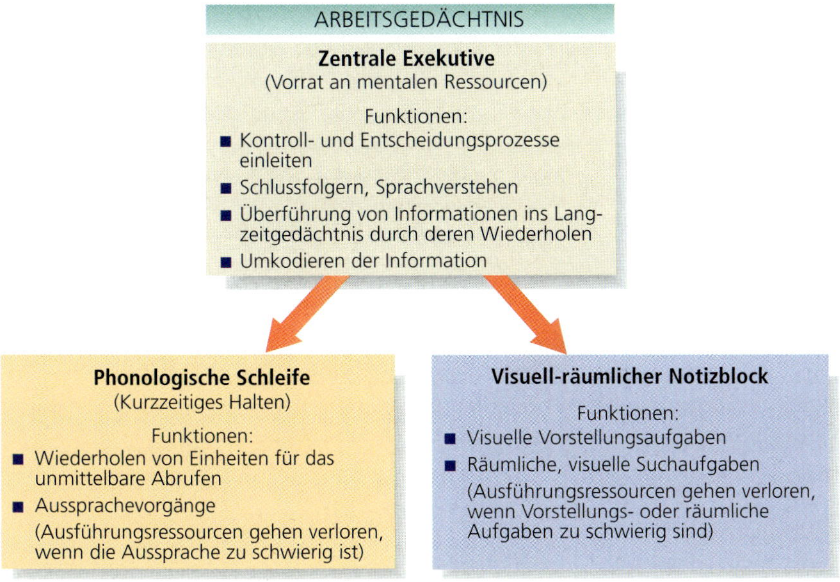

ARBEITSGEDÄCHTNIS

Zentrale Exekutive
(Vorrat an mentalen Ressourcen)

Funktionen:
- Kontroll- und Entscheidungsprozesse einleiten
- Schlussfolgern, Sprachverstehen
- Überführung von Informationen ins Langzeitgedächtnis durch deren Wiederholen
- Umkodieren der Information

Phonologische Schleife
(Kurzzeitiges Halten)

Funktionen:
- Wiederholen von Einheiten für das unmittelbare Abrufen
- Aussprachevorgänge

(Ausführungsressourcen gehen verloren, wenn die Aussprache zu schwierig ist)

Visuell-räumlicher Notizblock

Funktionen:
- Visuelle Vorstellungsaufgaben
- Räumliche, visuelle Suchaufgaben

(Ausführungsressourcen gehen verloren, wenn Vorstellungs- oder räumliche Aufgaben zu schwierig sind)

Abbildung 7.3: Die drei Teilsysteme des Arbeitsgedächtnisses. Die zentrale Exekutive beinhaltet mentale Ressourcen für kognitive Aktivitäten wie die Konzentration der Aufmerksamkeit, Schlussfolgern und Verstehen. Die phonologische Schleife hält verbale und Lautinformationen, und der visuell-räumliche Notizblock hält visuelle und räumliche Informationen bereit. Das System unterliegt Beschränkungen und kann bei zu vielen und zu komplexen Informationen überlastet sein.
Quelle: Aus *Cognition* (3. Aufl.) von M. H. Ashcraft. Copyright © 2002 Prentice Hall.

Halt! Denken Sie nach! Schreiben Sie!

Lösen Sie diese Aufgabe von Ashcraft (2006, S. 190) und geben Sie acht, welche Lösungsschritte Sie machen:

$$\frac{(4 + 5) \times 2}{3 + (12/4)}$$

Die zentrale Exekutive

Während Sie die oben stehende Aufgabe lösten, hat die zentrale Exekutive Ihres Arbeitsgedächtnisses Ihre Aufmerksamkeit auf die benötigten Zwischenschritte und -ergebnisse (was ist 4 + 5? 9 × 2?) eingestellt und sie hat die Regeln für die Rechenoperationen und ihre Reihenfolge abgerufen (Klammeroperationen müssen vorrangig ausgeführt werden, dann das Klammerergebnis in die weiteren Operationen einfließen lassen, danach die Teilergebnisse dividieren). Die **zentrale Exekutive** überwacht die Aufmerksamkeit, stellt Pläne auf, ruft ab und integriert Informationen. Sprachverstehen, Schlussfolgern, Informationen wiederholen, um sie ins Langzeitgedächtnis zu überführen – alle diese Funktionen und noch mehr werden von der zentralen Exeku-

tive ausgeübt, wie aus ▶ Abbildung 7.3 zu entnehmen ist. Zwei Systeme sind Hilfssysteme und unterstützen die zentrale Exekutive – die phonologische Schleife und der visuell-räumliche Notizblock.

Die phonologische Schleife

Die **phonologische Schleife** ist ein Teilsystem, das für die Übung von Worten und Lauten im Arbeitsgedächtnis zuständig ist. Das ist der „Ort", an dem das Zwischenergebnis 18 ((4 + 5) × 2 = 9 × 2 = 18) des Zählers hingeschoben wird, während der Nenner ausgerechnet wird (3 + 3 = 6). Baddeley (1986, 2001) meint, man könne in der phonologischen Schleife so viel aufnehmen, wie man in 1,5 bis 2 Sekunden wiederholen kann. Die siebenstellige Telefonnummer hält diese Grenze ein. Aber was, wenn ein Satz wie der folgende die 2-Sekunden-Grenze überschreitet: *Die Prävention kann die Approbation und Zuständigkeit des Mediziners nur dokumentieren* (Gray, 2002, deutsche Version adaptiert)? Spricht man diesen Satz vor sich hin, nimmt man den Mund sehr voll, aber nicht nur das, es nimmt auch mehr als 2 Sekunden in Anspruch, ihn zu wiederholen. Dieser Satz ist schwieriger zu behalten als 7 Zahlen oder 7 kurze Wörter.

Zentrale Exekutive Teilsystem des Arbeitsgedächtnisses, dessen Funktion es ist, Aufmerksamkeit und andere mentale Ressourcen zu überwachen und zu lenken.

Phonologische Schleife Teilsystem des Arbeitsgedächtnisses. Ein Übungssystem des Gedächtnisses für Worte und Laute, die man in 1,5 bis 2 Sekunden wiederholen kann.

Das Arbeitsgedächtnis kann neue Informationen vorübergehend halten. Im täglichen Leben können wir mehr als 5 bis 9 Bits oder 1,5 bis 2 Sekunden lang Informationen auf einmal halten. Während man die Telefonnummer wählt, muss man etwa aufschauen, wer zur Tür hereinkommt, man muss die Wahltasten betätigen, man muss behalten, wen man anruft und warum. Man muss auf diese Dinge nicht achten, sie stellen keine neuen Informationen dar. Einiges ist auch automatisiert, wie das Betätigen der Wahltasten. Die Beschränkungen des Arbeitsgedächtnisses zeigen sich jedoch bei denselben Tätigkeiten, wenn sie in einem anderen Land ausgeführt werden müssen; wenn die Telefone anders gebaut sind, muss man auf den Wählvorgang achten und vergisst dabei die Telefonnummer, denn die zentrale Exekutive hat durch den Wählvorgang die Aufmerksamkeit bereits beansprucht. Sogar ein paar Bits einer neuen Information können für das Behalten zu viel sein, wenn die neue Information komplex oder unvertraut ist oder wenn einzelne Informationen integriert werden müssen, um eine Bedeutung entnehmen zu können (Sweller, van Merrienboer & Paas, 1998).

Der visuell-räumliche Notizblock

Lösen Sie jetzt diese Aufgabe von Gray (2002).

> **Halt! Denken Sie nach! Schreiben Sie!**
> Wenn Sie ein *p* um 180 Grad drehen, erhalten Sie dann ein *b* oder *d*?

Die meisten Menschen beantworten die oben stehende Frage durch eine in der Vorstellung vollzogene Drehung (*mentale Rotation*). Der **visuell-räumliche Notizblock** ist die Funktionseinheit, in der das Vorstellungsbild manipuliert wurde (nachdem die zentrale Exekutive realisiert hat, was eine Drehung um 180 Grad bedeutet). Arbeiten mit dem visuell-räumlichen Notizblock hat ähnliche Aspekte, wie ein Bild oder Objekt tatsächlich anzuschauen. Wenn Sie das „p"-Problem lösen und außerdem noch ein Bild auf einem Bildschirm anschauen, werden Sie das Problem langsamer lösen, genauso wie Sie durch das abwechselnde Beachten zweier Objekte langsamer wären. Wenn Sie das „p"-Problem lösen würden und gleichzeitig die Zahlen von eins bis zehn aufsagen müssten, würden Sie

sich kaum verlangsamen. Die phonologische Schleife und der visuell-räumliche Notizblock können gleichzeitig arbeiten, aber jede dieser Funktionseinheiten ist schnell gefüllt und überlastet. Jede Art von Aufgabe – verbal oder visuell – hat ihr Aktivierungszentrum an verschiedenen Stellen des Gehirns. Wie später zu sehen sein wird, gibt es auch einige wichtige individuelle Unterschiede in den Kapazitäten des Systems (Ashcraft, 2006; Gray, 2002).

Haltezeit und Inhalt des Arbeitsgedächtnisses

Es dürfte inzwischen klar geworden sein, dass die Haltezeit der Information im Arbeitsgedächtnis kurz ist. Sie beträgt etwa 5 bis 20 Sekunden, es sei denn man wiederholt die Information ständig oder bearbeitet sie auf andere Weise. Es könnte der Eindruck entstehen, dass ein Gedächtnissystem mit nur 20 Sekunden maximaler Haltezeit nicht sehr nützlich ist. Aber ohne dieses System hätten Sie hier schon vergessen, was Sie gerade im ersten Teil des Satzes gelesen haben. Das würde das Satzverstehen sehr stark behindern.

Der Inhalt der Informationen im Arbeitsgedächtnis kann die Form von Lauten und Bildern annehmen, die den Repräsentationen im sensorischen Register entsprechen oder die Information kann auch abstrakter, als Bedeutung, repräsentiert sein.

Halten von Informationen im Arbeitsgedächtnis

Die Information im Arbeitsgedächtnis ist instabil und geht schnell verloren. Sie muss aktiviert sein, um im Arbeitsgedächtnis erhalten zu bleiben. Die Aktivierung bleibt bestehen, solange die Aufmerksamkeit auf Informationen gerichtet ist. Aber sie verblasst oder zerfällt, wenn die Aufmerksamkeit sich auf andere Informationen ausrichtet. Eine Information im Arbeitsgedächtnis zu halten, ist wie ein Balanceakt, in dem Teller auf einem Stock rotierend jongliert werden: Erst wird der erste Teller zur Rotation gebracht, dann der nächste usw., dann muss wieder der erste in Schwung gehalten werden, weil seine Rotationsgeschwindigkeit stark nachgelassen hat. Wenn die Information im Arbeitsgedächtnis nicht aktiviert bleibt, verblasst sie und wird „vergessen" (Anderson, 2005, 1995); dieses Geschehen verdeutlicht ▶ Abbildung 7.4. Um die Informationen

---

Visuell-räumlicher Notizblock Teilsystem des Arbeitsgedächtnisses, dessen Funktion es ist, visuelle und räumliche Informationen zu halten und zu bearbeiten.

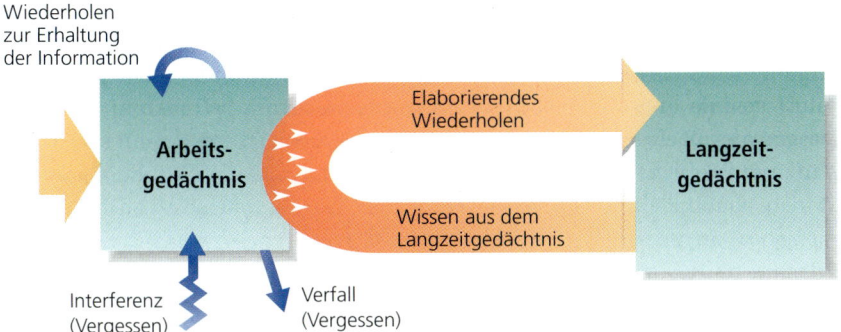

Abbildung 7.4: **Das Arbeitsgedächtnis.** Informationen können im Arbeitsgedächtnis durch einfaches Wiederholen aktiviert gehalten oder durch Verknüpfung mit Informationen aus dem Langzeitgedächtnis (elaborierendes Wiederholen) ins Langzeitgedächtnis überführt werden.

länger als 20 Sekunden im Arbeitsgedächtnis zu halten, muss sie mental wiederholt werden.

Es gibt zwei Arten von **Übung** durch **Wiederholen** (Craik & Lockhart, 1972). Wiederholen zur Erhaltung der Information erfordert das ständige mentale Wiederholen. Solange man die Information wiederholen kann, bleibt sie dem Gedächtnis erhalten. Wiederholen zur Erhaltung von Informationen ist geeignet, Informationen so lange im Gedächtnis aufzubewahren, wie man sie benötigt; danach werden sie vergessen. Alltägliche Beispiele sind etwa das Behalten von Telefonnummern oder eines bestimmten Ortes auf einer Straßenkarte.

Elaborierendes Wiederholen beinhaltet eine Verknüpfung der zu behaltenden Information mit Wissen, welches schon im Langzeitspeicher abgelegt ist. Zum Beispiel trifft man gelegentlich auf eine Person, die den gleichen Vornamen hat wie der eigene Vater. Diesen Vornamen muss man nicht durch ständiges Wiederholen ins Gedächtnis einprägen; es muss nur die Information mit Wissensbeständen aus dem Langzeitgedächtnis hergestellt werden. Diese Verknüpfung unterstützt nicht nur das Behalten der Informationen im Arbeitsgedächtnis, sondern sie fördert auch deren Überführung ins Langzeitgedächtnis. Die zentrale Exekutive kontrolliert das Wiederholen, um den Informationsfluss durch das Informationsverarbeitungssystem zu steuern.

Die begrenzte Kapazität des Arbeitsgedächtnisses kann durch den Prozess des Zusammenfassens von Einheiten zu Einheiten höherer Ordnung, dem **chun-**king **(Gruppieren)**, erweitert werden. Da die Anzahl der Bits, aber nicht deren Umfang, die Beschränkung des Arbeitsgedächtnisses ausmachen, kann man mehr Informationen halten durch deren Gruppierung. Zum Beispiel wird das Behalten der sechs Ziffern 3, 5, 4, 8, 7, 0 erleichtert durch das Bilden von drei Zweiergruppen (35, 48, 70) oder von zwei Dreiergruppen (354, 870). Durch diese Veränderungen ergeben sich lediglich drei oder zwei Bits anstelle von sechs, die gehalten werden müssen. Das Gruppieren ist eine effektive Strategie beim Behalten längerer Ziffernfolgen, wie die Matrikelnummer von Studenten oder die Sozialversicherungsnummer von Erwerbstätigen (Driscoll, 2005).

Vergessen

Informationen können dem Arbeitsgedächtnis durch Interferenz oder durch Verfall verloren gehen (vgl. Abbildung 7.4). Interferenz ist ein gut nachvollziehbares Geschehen: Wenn neue Informationen nach bereits vorhandenen eintreffen, stört der neue Verarbeitungsprozess den vorangegangenen. Die alte Information kann dadurch vollständig aus dem Arbeitsgedächtnis verschwinden. Dies kann aber auch mit der Zeit durch **Spurenverfall** geschehen. Wenn einer aktivierten Information die Aufmerksamkeit entzogen wird, reduziert sich das Aktivierungsniveau schließlich so sehr, dass die Information nicht wieder reaktiviert (abgerufen) werden kann – sie ist vergessen.

Wiederholen/Übung Informationen erneut aktivieren zu ihrer Erhaltung.

Elaborierendes Wiederholen Informationen im Arbeitsgedächtnis halten durch Verknüpfung mit bekannten Wissensbeständen aus dem Langzeitgedächtnis.

Gruppieren/chunking Unverbundene Informationseinheiten/Bits in größere, übergeordnete (bedeutungshaltigere) Einheiten überführen.

Spurenverfall Das Verblassen und Schwächerwerden von Erinnerungen mit der Zeit.

Vergessen ist nicht nur bedauerlich, es kann auch sehr nützlich sein: Menschen wären sehr schnell mit Informationen in ihrem Arbeitsgedächtnis überlastet und würden nicht mehr dazulernen, wenn ungenutzte Informationen nicht verschwinden würden. Es gäbe auch sicher persönliche Probleme, wenn jedes gelesene Wort, jeder gehörte Laut und jedes gesehene Bild noch im Gedächtnis wäre. Das Abrufen spezifischer Informationen wäre dann enorm erschwert, wenn nicht gar ganz unmöglich. Deshalb ist die Filterfunktion des Arbeitsgedächtnisses äußerst wichtig: Es hält vorübergehend die eingehenden Informationen und überführt nur bestimmte Informationen ins Langzeitgedächtnis.

Im nächsten Abschnitt wird das Langzeitgedächtnis vorgestellt. Es ist ein sehr wichtiges Thema, deshalb wird es ausführlich behandelt.

Das Langzeitgedächtnis: das Ziel allen Unterrichtens 7.3

Das Arbeitsgedächtnis hält die Informationen, die zu einem bestimmten Zeitpunkt aktiviert sind, wie z. B. eine gerade herausgesuchte Telefonnummer zum Wählen, um einen Freund anzurufen. Das **Langzeitgedächtnis** dagegen hält die gelernte Information lange fest, wie z. B. alle Telefonnummern, die man auswendig kann.

7.3.1 Kapazität, Haltezeit und Inhalt des Langzeitgedächtnisses

Es gibt einige deutliche Unterschiede zwischen dem Arbeits- und dem Langzeitgedächtnis, wie aus ▶ Tabelle 7.1 zu ersehen ist. Informationen erreichen sehr schnell das Arbeitsgedächtnis. Die Überführung der Informationen ins Langzeitgedächtnis benötigt mehr Zeit und kostet unter Umständen auch Anstrengung. Die Kapazität des Arbeitsgedächtnisses ist begrenzt, die des Langzeitgedächtnisses praktisch unbegrenzt. Wenn eine Information im Langzeitgedächtnis gut verankert ist, kann sie dort für immer verbleiben. Unser Zugang zu den Informationen im Arbeitsgedächtnis ist unmittelbar, weil wir uns gerade mit

ihnen beschäftigen. Der Zugang zu Informationen im Langzeitgedächtnis ist langwieriger und mühsamer. Vor wenigen Jahren erst haben Psychologen erklärt, es gäbe die beiden getrennten Speichereinheiten (Arbeitsgedächtnis und Langzeitgedächtnis) nicht. Sie sind der Ansicht, dass das Arbeitsgedächtnis Teil des Langzeitgedächtnisses ist, es übernimmt die Verarbeitung der gerade aktivierten Informationen; seine Funktion besteht also in der Verarbeitung, nicht in der Speicherung von Informationen (Wilson, 2001). Eine andere Vorstellung ist die eines von Kintsch (1998) vorgeschlagenen langfristigen Arbeitsgedächtnisses. Das **Langzeitarbeitsgedächtnis** besitzt die Abruffunktionen und -strategien, die gerade benötigten Informationen aus dem Langzeitgedächtnis herbeizuholen. Wenn man Wissen und Expertise in einem bestimmten Bereich entwickelt, schafft man effiziente Strukturen im Langzeitarbeitsgedächtnis, um Probleme in diesem Bereich zu lösen. Das Langzeitgedächtnis besitzt also bereichsspezifische Informationen, die mit wachsender Expertise immer effizienter werden.

Inhalte des Langzeitgedächtnisses: deklaratives, prozedurales und pragmatisches/ konditionales Wissen

Alles, was wir wissen, befindet sich in unserem Langzeitgedächtnis. Früher war schon von allgemeinem und speziellem Wissen die Rede. Eine andere Art, den Wissensfundus zu kategorisieren, stellen die Kategorien, *deklaratives, prozedurales* oder *konditionales Wissen* dar (Paris & Cunningham, 1996; Paris, Lipson & Wixson, 1983). **Deklaratives Wissen** ist Wissen, das durch Worte oder andere Symbole aller Art erklärt werden kann: Blindenschrift, Zeichensprache, Musiknoten, mathematische Symbole usw. (Farnham-Diggory, 1994). Deklaratives Wissen ist „wissen, dass" etwas der Fall ist. Die Schüler im Fach Geschichte aus der Fallstudie zu Beginn des Kapitels hatten sich ganz auf deklaratives Wissen über Geschichte eingestellt. Die Reichweite des deklarativen Wissens ist enorm. Man kann sehr spezifische Einzelheiten wissen (z. B. dass das Atomgewicht von Gold 196.967 ist) oder über Allgemeinwissen verfügen (die Blätter mancher Bäume

---

Langzeitgedächtnis Dauerhafte Speicherung von Informationen/Wissen.

Langzeitarbeitsgedächtnis Funktionseinheit mit Strategien, um die Informationen aus dem Langzeitgedächtnis in das Arbeitsgedächtnis abzurufen.

Deklaratives Wissen Verbal gefasstes Wissen; „wissen, dass" etwas der Fall ist.

Tabelle 7.1

Arbeits- und Langzeitgedächtnis

Gedächtniseinheit	Eingang	Kapazität	Haltezeit	Inhalte	Abruf
Arbeitsgedächtnis	Sehr schnell	Begrenzt	Kurz, ~ 5–20 Sek.	Wörter, Vorstellungsbilder, Ideen, Sätze	Unmittelbar
Langzeitgedächtnis	Relativ langsam	Praktisch unbegrenzt	Praktisch unbegrenzt	Netzwerk von Propositionen, Schemata, Produktionen, Episoden, evtl. Vorstellungsbilder	Hängt von der Form der Repräsentation und Organisation ab

Quelle: Aus *Comprehension and Learning: A Conceptual Framework for Teachers* von F. Smith, 1975. New York: Holt, Rinehart & Winston. Copyright © 1975 Holt, Rinehart & Winston.

verfärben sich im Herbst), persönliche Bevorzugungen kennen (Kinder mögen keinen Spinat) oder Regeln beherrschen (um Brüche zu dividieren, muss man den Divisor umkehren und dann multiplizieren). Kleine Einheiten des deklarativen Wissens können in größere überführt werden; zum Beispiel kann das Wissen über Verstärkung und dasjenige über Bestrafung zu einer behavioristischen Theorie des Lernens vereint werden (Gagné, Yekovich & Yekovich, 1993).

Prozedurales Wissen ist „Wissen, wie" etwas auszuführen ist – wie etwa Brüche zu dividieren oder den Vergaser eines Autos zu reinigen. Es ist Wissen über eine angemessene Ausführungsweise einer Handlung. Prozedurales Wissen muss vorgeführt werden. Die Regel des Teilens von Brüchen (um einen Bruch zu dividieren, muss man den Bruch im Nenner umkehren und dann multiplizieren) offenbart *deklaratives* Wissen – der Schüler kann die Regel anführen. Aber um *prozedurales* Wissen zu zeigen, muss der Schüler handeln. Wenn der Schüler einen Bruch zu dividieren hat, muss er die Division richtig ausführen. Schüler demonstrieren unter anderem auch prozedurales Wissen, wenn sie einen Text ins Spanische übersetzen, eine geometrische Figur richtig kategorisieren oder einen Textabschnitt kohärenter gestalten.

Pragmatisches (konditionales) Wissen ist „Wissen, wann und warum" für das deklarative und prozedurale Wissen eine bestimmte Regel angebracht ist, um eine bestimmte Aufgabe zu lösen. Man braucht pragmatisches (konditionales) Wissen, um entscheiden zu können, wann etwas angewendet wird. Da es sehr viele Arten von Mathematikaufgaben gibt, muss man wissen, wann welche Regel angebracht ist, wann ein Text Wort für Wort gelesen werden muss oder wann man einen Text überfliegen kann. Für viele Schüler kann das pragmatische Wissen zu einem Stolperstein werden. Sie kennen die Fakten und die Prozeduren, aber sie wissen oft nicht, wann sie einzusetzen sind.

▶ Tabelle 7.2 (siehe S. 320) erläutert, wie deklaratives, prozedurales und pragmatisches (konditionales) Wissen entweder allgemein oder bereichsspezifisch eingesetzt werden kann.

Inhalte des Langzeitgedächtnisses: Worte und Vorstellungsbilder

Allan Paivio (1971, 1986; Clark & Paivio, 1991) schlägt vor, dass Informationen im Langzeitgedächtnis entweder als visuelle Vorstellungsbilder oder als verbale Einheiten oder in beiden Formen gespeichert werden. Mit Paivio übereinstimmende Psychologen glauben, dass Informationen, die sowohl durch Vorstellungsbilder als auch verbal gespeichert werden, am leichtesten zu lernen sind (Mayer & Sims, 1994). Darin könnte ein Grund liegen, warum die Erklärung eines Konzeptes oder einer Theorie mit Worten und mit visuellen Veranschaulichungen zu besseren Lernergebnissen führt im Vergleich zu nur einer der beiden Darstellungsformen. Zum Beispiel fanden Richard Mayer und seine Kollegen (Mayer, 1999a, 2001; Mautone & Mayer, 2001), dass Veranschaulichungen wie in Abbildung 7.8 für

---

Prozedurales Wissen Wissen, das vorgeführt wird, wenn wir eine Aufgabe ausführen; „wissen, wie".

Pragmatisches (konditionales) Wissen „Wissen, wann und warum" deklaratives und prozedurales Wissen eingesetzt werden soll.

Tabelle 7.2

Wissensformen

	Allgemeines Wissen	Bereichspezifisches Wissen
Deklarativ	Öffnungszeiten der Geschäfte Grammatikregeln	Die Definition der „Hypotenuse" Zeilen eines Gedichtes
Prozedural	Wie ein Textverarbeitungsprogramm benutzt wird Wie man Auto fährt	Wie eine Gleichung zur Oxydationsreduktion gelöst wird Wie man einen Tontopf von einem Töpferrad nimmt
Pragmatisch/ konditional	Wann man eine Vorgehensweise aufgibt und dafür eine andere wählt Wann man diagonal liest und wann man jedes Wort beachtet	Wann die Formel für die Berechnung des Volumens benutzt werden muss Wann man beim Tennis den Ball in die Nähe des Netzes schlagen muss

Abbildung 7.5: Das Langzeitgedächtnis: explizit und implizit. Explizite und implizite Gedächtnissysteme folgen unterschiedlichen Regeln und sind auch an unterschiedliche Areale im Gehirn gebunden. Die verschiedenen Subsysteme des Gedächtnisses können auch unterschiedliche Areale des Gehirns beanspruchen.
Quelle: Aus *Psychology* von Peter Gray. Copyright © 1991, 1994, 1999, 2002 Worth Publishers.

Gedächtnis

Explizites Gedächtnis (bewusst)

- **Episodisches Gedächtnis** (eigene Erfahrungen mit Raum und Zeitinformationen)
- **Semantisches Gedächtnis** (Fakten, allgemeines Wissen) *deklaratives Wissen*

Implizites Gedächtnis (unbewusst)

- **Klassische Konditionierungseffekte** (z.B. konditionierte emotionale Reaktionen)
- **Prozedurales Gedächtnis** (Fertigkeiten, Gewohnheiten, unausgesprochene Regeln) *prozedurales Wissen*
- **Priming/Bahnen** (implizite Aktivierung von Begriffen und Konzepten im Langzeitgedächtnis)

Schüler hilfreich sind, naturwissenschaftliche Begriffe zu verstehen. Paivios Überlegungen finden Unterstützung, aber Kritiker meinen, dass viele Vorstellungsbilder verbal kodiert sind und dann in visuelle Informationen übertragen werden, wenn ein Vorstellungsbild gefordert ist (Driscoll, 2005).

Die meisten kognitiven Psychologen unterscheiden zwei Arten von Langzeitgedächtnis, das explizite und das implizite, mit weiteren Unterteilungen, wie sie in Abbildung 7.5 zu sehen sind. **Explizites Gedächtnis** beinhaltet Wissen aus dem Langzeitgedächtnis, das erinnert und bewusst bearbeitet werden kann. Wir sind uns dieser Erinnerungen bewusst – wir wissen, wir haben sie erinnert. Das **implizite Gedächtnis** dagegen verfügt über Wissen, das wir nicht bewusst erinnern, das aber unser Verhalten oder unsere Gedanken beeinflusst, ohne dass wir es merken. Diese unterschiedlichen Gedächtnisformen sind auch in unterschiedlichen Gehirnarealen lokalisiert (Ashcraft, 2006).

7.3.2 Explizite Erinnerungen: semantisch und episodisch

▶ Abbildung 7.5 gibt Auskunft über explizite Erinnerungen; sie können entweder semantisch oder episodisch sein. Das **semantische Gedächtnis** ist für die Schule sehr wichtig, es ist das Gedächtnis für Bedeutungen, auch Wortbedeutungen, Fakten, Theorien und

Explizites Gedächtnis Beinhaltet Langzeiterinnerungen, die absichtlich und bewusst abgerufen werden.

Implizites Gedächtnis Wissen, das wir nicht bewusst abrufen, das aber unser Verhalten und unsere Gedanken beeinflusst, ohne dass es bemerkbar ist.

Semantisches Gedächtnis Gedächtnis für Bedeutungen.

Konzepte – kurz: für das deklarative Wissen. Diese Erinnerungen sind nicht an bestimmte Erfahrungen geknüpft, sondern werden in Form von Propositionen, Vorstellungsbildern und Schemata gespeichert.

Propositionen und propositionale Netzwerke

Eine Proposition ist die kleinste Wissenseinheit, die als wahr oder falsch beurteilt werden kann. Die Aussage: „Ida borgte sich die antike Tischdecke aus" lässt sich in zwei Propositionen zerlegen:

1 sich ausborgen (Ida, Tischdecke)
2 „sein" (Tischdecke, antik)

Vor der Klammer steht das Prädikat (wenn in Anführungsstrichen, dann nicht explizit im Satz aufgeführt), in der Klammer stehen z. B. – wenn vorhanden – der Agent oder das Objekt; die Komponenten in der Klammer werden auch als Argumente bezeichnet (Kintsch, 1998).

Propositionen mit einer gemeinsamen Komponente, wie im Beispiel das Tischtuch, sind dadurch zu einem **propositionalen Netzwerk** verknüpft, wie es von den kognitiven Psychologen genannt wird. Das propositionale Netzwerk speichert die Bedeutung und nicht die wörtliche Formulierung oder die genaue Wortstellung im Satz. Dem Satz: „Das antike Tischtuch wurde von Ida ausgeliehen" würden die gleichen Propositionen zugeordnet wie dem Beispielsatz oben, denn die Bedeutung ist die gleiche und nur diese wird in Form von Beziehungen der Bedeutungselemente untereinander abgespeichert.

Möglicherweise werden die meisten Informationen in einem propositionalen Netzwerk gespeichert und dort entsprechend repräsentiert. Wenn eine Information erinnert werden soll, kann ihre im propositionalen Netzwerk repräsentierte Bedeutung in vertraute Satzformen und Phrasen oder auch mentale Bilder übersetzt werden. Da die propositionalen Informationen vernetzt sind, kann die Erinnerung einer Informationseinheit auch die Erinnerung an andere Informationen aktivieren. Diese Netzwerke sind nicht im Bewusstsein repräsentiert (Anderson, 1995a). Ähnlich unbewusst wirken auch die gelernten grammatischen Strukturen, wenn ein Satz produziert werden soll; beim Sprechen findet zwar Sprachplanung statt, aber sie läuft unbewusst ab.

Vorstellungsbilder (Images)

Vorstellungsbilder oder **Images** sind bilderartige Informationsstrukturen von Merkmalen der äußeren Erscheinung von Gegenständen oder Personen (Anderson, 1995a). Wenn Vorstellungsbilder geformt werden (wie z. B. im „p"-Problem), werden die physischen Attribute und die räumliche Struktur von Informationen erinnert oder konstruiert. Wenn zum Beispiel plötzlich in einem Gespräch die Frage auftaucht, wie viele Fenster in der Wohnung sind, dann stellt man sich jeden Raum in der Wohnung oder im Haus vor und zählt die so visualisierten Fenster ab. Je mehr Fenster das eigene Zuhause hat, umso länger dauert das Zählen. Wäre die Information über die Anzahl der Fenster propositional abgelegt, wie z. B. haben (Wohnung, Fenster), sein (Fenster, sieben) würde eine größere Anzahl von Fenstern das Abrufen der Information nicht verlängern (Mendell, 1971). Es gibt jedoch keine einhellige Meinung darüber, wie Vorstellungsbilder im Gedächtnis gespeichert werden. Einige Psychologen vertreten die Meinung, dass Vorstellungsbilder fotografieartig abgelegt sind; andere wiederum erklären, dass alle Inhalte des Langzeitgedächtnisses in Propositionsform gespeichert sind und gegebenenfalls im Arbeitsgedächtnis in Vorstellungsbilder umgewandelt werden.

Vielleicht sind alle postulierten Prozesse beteiligt – ein Gedächtnis für die Vorstellungsbilder und verbale und propositionale Beschreibungen der Vorstellungsbilder. Wenn man ein Bild „mit dem inneren Auge" betrachtet, ist es nicht das gleiche wie das Betrachten eines Bildes in der Außenwelt (Driscoll, 2005; Matlin & Foley, 1997). Wenn man zum Beispiel ein „p" aus Plastik hätte, könnte es sehr schnell rotiert werden. Dies mental zu tun, erfordert für die meisten Menschen mehr Zeit. Trotzdem sind Vorstellungsbilder sehr nützlich, praktische Entscheidungen zu treffen, z. B., wie ein Sofa im Wohnzimmer aussehen könnte oder wie die Schussbahn eines bestimmten Golfschlages ist. Aber Vorstellungsbilder können auch hilfreich bei Schlussfolgerungsprozessen sein. Physiker wie Faraday und Einstein behaupteten, sie hätten bei komplexen Problemen zunächst Vorstellungsbilder erzeugt, die ihnen einen ersten Zugang zu Lösungsmöglichkeiten eröffneten. Einstein schrieb, dass er einen Lichtstrahl visuell verfolgt hätte; als er ihn mit seinen Blicken eingeholt

---

Propositionales Netzwerk Untereinander verbundene Begriffe und Beziehungen, die das Wissen im Langzeitgedächtnis darstellen.

Vorstellungsbilder/Images Repräsentationen, die auf physischen Attributen von Informationen, ihrer äußeren Erscheinung beruhen.

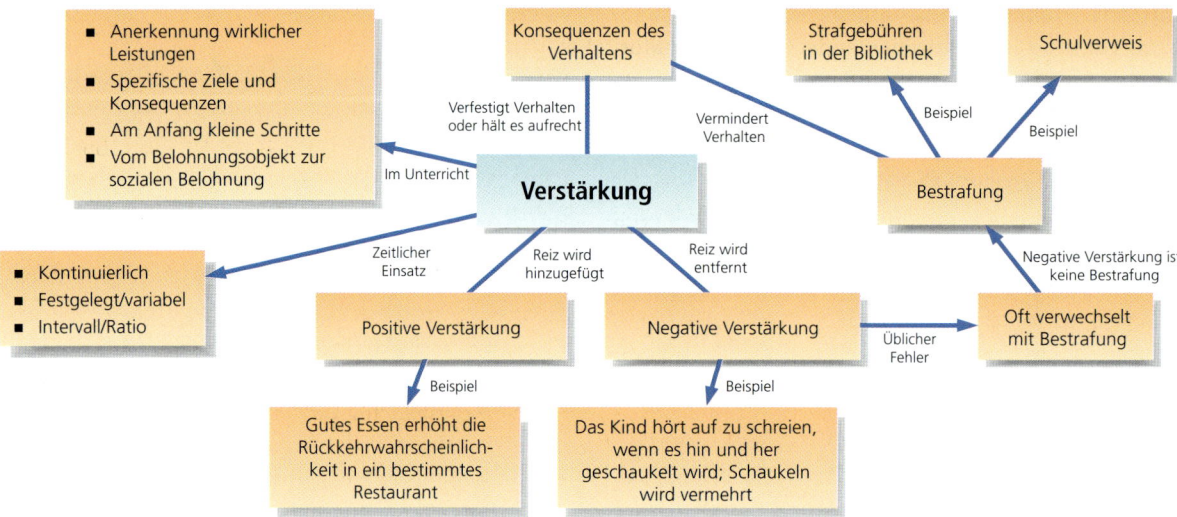

Abbildung 7.6: Ein Teilschema für „Verstärkung". Der Begriff der „Verstärkung" gehört zur allgemeinen Kategorie der „Konsequenzen". Er steht in Beziehung zu anderen Konsequenzen, wie z. B. ein gutes Essen in einem bestimmten Restaurant oder das Schaukeln eines Kleinkindes auf einer Schaukel.

hatte, wurde ihm plötzlich das Relativitätskonzept klar (Kosslyn & Koenig, 1992).

Schemata

Propositionen und einzelne Vorstellungsbilder sind nützlich, um einzelne Ideen und Beziehungen zu repräsentieren, aber oft stellt unser Wissen über ein Thema eine Mischung aus Vorstellungsbildern und Propositionen dar. Um dieses komplexe Wissen erklären zu können, arbeiteten Psychologen den Begriff des **Schemas** aus (Gagné, Yekovich & Yekovich, 1993). Schemata sind abstrakte Wissensstrukturen, die eine sonst unübersichtliche Menge von Informationen strukturieren. Ein Schema ist ein Muster oder eine Anleitung zur Repräsentation einer Gegebenheit oder eines Begriffes. Zum Beispiel ist die ▶ Abbildung 7.6 eine teilweise Repräsentation eines Schemas für mögliches Wissen über das Thema „Verstärkung".

Das Schema sagt aus, welche Merkmale typisch für eine Kategorie sind, was von einem Objekt oder einer Situation zu erwarten ist. Das Muster hat „Platzhalter", die mit spezifischen Informationen gefüllt werden, wenn das Schema auf eine bestimmte Situation angewendet wird. Schemata sind persönlich. Zum Beispiel ist bei manchen Individuen das Schema der Ver-

stärkung schwächer ausgebildet als es nach Skinners Schema sein sollte. In der kognitiven Entwicklungstheorie Piagets gibt es ebenfalls den Schemabegriff (siehe Kapitel 2).

Wenn man den Satz hört: „Ida borgte sich das antike Tischtuch", weiß man unter Umständen noch mehr über das Thema als nur die beiden Propositionen, weil bereits Schemata über „borgen", „Tischtücher", „antik" und „Ida" selbst vorhanden sind. Für jeden ist klar, dass der Leiher das Tischtuch nicht hat, weil Ida es jetzt hat, und dass Ida verpflichtet ist, das Tischtuch dem Leiher zurückzugeben (Gentner, 1975). Keine dieser Informationen werden explizit ausgesagt, aber es ist Teil unseres Schemas vom Begriff „borgen". Andere Schemata erlauben zu erkennen, dass es sich nicht um ein Plastiktischtuch handelt (wenn es wirklich antik ist) und dass Ida vielleicht Gäste zum Essen eingeladen hat. Wenn man Ida besser kennt, erlaubt einem das Schema von Ida vielleicht vorherzusagen, wie pünktlich und in welchem Zustand sie das Tischtuch zurückgibt.

Eine andere Art des Schemas ist die **Geschichtengrammatik** (auch Textschema oder Textstruktur genannt); sie hilft dem Schüler, Geschichten zu verstehen und zu behalten (Gagné, Yekovich & Yekovich, 1993; Rumelhart & Ortony, 1977). Eine Geschichten-

---

Schema Innere Repräsentation in grundlegender, allgemeiner Form, um Informationen zu strukturieren.

Geschichtengrammatik Typische Struktur oder Organisation für eine Kategorie von Geschichten.

grammatik könnte etwa so aussehen: Mord entdeckt, Suche nach Spuren, entscheidender Fehler des Mörders herausgefunden, Verdächtigen in eine Falle gelockt, sodass er ein Geständnis ablegen muss, Mörder fällt auf den ausgelegten Köder herein, geheimnisvoller Mordfall aufgeklärt. Mit anderen Worten, eine Geschichtengrammatik ist eine allgemeine Gliederung einer Geschichte in typische Episoden, die auf viele spezifische Geschichten passen könnte. Um eine Geschichte zu verstehen, greifen wir auf ein passendes Geschichtenschema zurück. Dann benutzen wir das Schema, um festzulegen, welche Details wichtig sind, nach welcher Information wir an welcher Stelle suchen müssen und was behalten werden sollte. Das Schema ist so etwas wie eine Theorie über das, was in einer Geschichte enthalten sein sollte. Das Schema leitet uns an, Fragen an den Text zu stellen, sodass bestimmte Informationen angezielt werden, die wir in der Geschichte erwarten und die der Geschichte für uns einen Sinn verleihen. Wenn wir unser „Geheimnisvoller Mord"-Schema aktivieren, achten wir besonders auf Spuren oder den entscheidenden Fehler. Wenn wir versuchen, ohne ein Schema eine Geschichte, ein Buch oder den Unterricht verstehen zu wollen, so geschieht das langsam und ist mit Schwierigkeiten verbunden, genau so, als ob wir einen Weg in einer fremden Stadt ohne Stadtplan suchen wollten. Ein Schema, das die typische Abfolge von Ereignissen in einer alltäglichen Situation repräsentiert, nennt man **Skript** oder *Ereignisschema*. Kinder verfügen schon mit drei Jahren über grundlegende Skripte von vertrauten Ereignissen in ihrem Leben (Nelson, 1986).

Was würden Sie dazu sagen?

Während Ihres Vorstellungsgesprächs für eine Lehrerstelle an einer Grundschule fragt Sie der Seminarleiter für die Lehrer der Grundschulklassen: „Was ist Ihr Skript für einen typischen Tag? Erzählen Sie, wie ein guter Tag bei Ihnen aussieht, was Sie planen und wie viel Zeit Sie für verschiedene Tagesabschnitte vorsehen würden?"

Weltwissen in Schemata oder Skripten zu speichern, hat sowohl Vorteile als auch Nachteile. Ein Schema kann in vielen Kontexten angewendet werden, je nachdem, welcher Teil des Schemas gerade passt. Was Sie über Verstärkung wissen, können Sie in einem Test in Pädagogischer Psychologie anwenden, um zu erklären, warum ein Schüler sich so bereitwillig zum Rektor schicken lässt, oder wie Sie einen Verstärkungsplan für Ihre Schüler ausarbeiten können. Wenn Sie ein gut entwickeltes Schema von der Person Ida haben, können Sie sie jederzeit wiedererkennen (auch wenn sie sich verändert hat), Sie können ihre Eigenheiten erinnern und Vorhersagen für ihr Verhalten treffen. Aber ein Schema lässt auch Irrtümer zu; vor allem dann, wenn sie falsche Informationen in das Ida-Schema aufgenommen haben. Wenn zum Beispiel in Ihrem Schema enthalten ist, dass Ida einer ethnischen Gruppe angehört, die als betrügerisch gilt, dann könnten Sie annehmen, Ida würde das Tischtuch nicht zurückgeben. Auf diese Weise können rassische und ethnische Stereotype als Schema funktionieren, die zu Missverständnissen und zu ethnischer Diskriminierung führen (Sherman & Bessenoff, 1999).

Die zweite Komponente des expliziten Gedächtnisses ist das episodische Gedächtnis, das im Folgenden vorgestellt werden soll.

Episodisches Gedächtnis

Das **episodische Gedächtnis** ist das Gedächtnis für Informationen, die mit einer bestimmten Zeit und einem bestimmten Ort aus dem eigenen Leben verbunden sind. Es hat als Inhalte Ereignisse, die wir erlebt haben, deshalb können wir uns meist auch erinnern, *wann* und *wo* ein bestimmtes Geschehen stattgefunden hat. Wann wir eine Bedeutung erworben haben, können wir meist jedoch nicht sagen. Zum Beispiel lässt sich kaum rekonstruieren, wann man die Bedeutung des abstrakten Begriffs „Ungerechtigkeit" erworben hat. Aber Sie können sich sicher noch an ein Ereignis erinnern, in dem Sie ungerecht behandelt wurden. Das episodische Gedächtnis bewahrt auch die Abfolge von Geschehnissen auf. Aus dieser Quelle werden auch unsere Erinnerungen an Witze, Klatsch oder Handlungsstränge in Filmen gespeist.

Skript Schema oder erwarteter Geschehensablauf in einem häufig vorkommenden Ereignis, wie z. B. Lebensmitteleinkauf oder eine heiße Pizza zum Mitnehmen bestellen.

Episodisches Gedächtnis Information des Langzeitgedächtnisses, gebunden an eine bestimmte Zeit und einen bestimmten Ort; Erinnerungen über Ereignisse aus dem Leben der sich erinnernden oder einer anderen Person.

Erinnerungen an dramatische oder emotionale Augenblicke in Ihrem Leben können wie Blitzlichtaufnahmen auftauchen, die sogenannten **blitzartigen Erinnerungen** (*flashbulb memories*). Diese Erinnerungen sind lebhaft und vollständig, als ob das Gehirn forderte, „den Augenblick festzuhalten". In Stresszuständen wird mehr Glucose-Energie frei, um die Hirnaktivität zu ermöglichen, während Stress induzierte Hormone Signale an das Gehirn senden, dass sich etwas Wichtiges ereignet (Myers, 2005). Wenn wir also starke emotionale Reaktionen haben, speichern wir lebhafter und nachhaltiger. Viele Menschen besitzen lebhafte Erinnerungen an positive und negative Ereignisse in der Schule, wie sie einen Preis gewonnen haben und wie sie einmal gedemütigt wurden. Sie erinnern sich vielleicht noch, was Sie am 11. September 2001 unternommen haben, als der Terroranschlag auf das World Trade Center in New York verübt wurde. Oder ältere Menschen erinnern sich an den Tag, an dem der Zweite Weltkrieg offiziell durch die bedingungslose Kapitulation der deutschen Machthaber am 9. Mai 1945 beendet wurde.

7.3.3 Implizites Gedächtnis

Gehen Sie noch einmal zurück zur Abbildung 7.5 (siehe S. 320). Dort sind drei Arten von impliziten Gedächtnisfunktionen ohne Bewusstseinsanteile aufgeführt: klassisches Konditionieren, prozedurales Gedächtnis und Bahnungs-/Primingeffekte. Nach dem klassischen Konditionieren können einige unbewusste Erinnerungen eine ängstliche Stimmung in einer Testsituation hervorrufen, oder die Herzfrequenz kann beim Geräusch eines Zahnarztbohrers erheblich ansteigen in Erinnerungen an vergangene unangenehme Erlebnisse mit dem Bohrer.

Die zweite Form des impliziten Gedächtnisses ist das **prozedurale Gedächtnis** für Fertigkeiten, Gewohnheiten und alle Handlungsvollzüge – mit anderen Worten, der Speicher für prozedurales Wissen. Manchmal braucht es etwas Zeit, bis ein Handlungsvollzug gelernt ist – wie z. B. Skifahren, einen Tennisball zurückschlagen, eine Gleichung ausrechnen. Aber wenn der Vollzug einmal gelernt ist, bleibt der prozedurale Wissensbestand lange im Speicher. Prozedurale Erinnerungen sind in der Form von *Bedingungs-Handlungsregeln*, oft auch als *Handlungsvollzugsregeln* bezeichnet, gespeichert. **Handlungsvollzugsregeln** legen fest, was beim Eintreten bestimmter Bedingungen zu tun ist: Wenn A erscheint, dann B tun. Ein Handlungsvollzug ist etwa: „Wenn man schneller Ski fahren möchte, sollte man sich etwas zurücklehnen" oder „Wenn es das Ziel ist, die Aufmerksamkeit der Schüler zu erhöhen, dann loben Sie einen Schüler, der länger als gewöhnlich zugehört hat." Menschen sprechen ihre Handlungsvollzugsregeln nicht notwendigerweise aus oder sie wissen nicht einmal, dass sie nach solchen Regeln handeln, aber sie folgen ihnen bei ihren Handlungen. Je geübter eine Prozedur ist, umso automatischer ist die Tätigkeit und umso impliziter das Gedächtnis dafür (Anderson, 1995a).

> **Halt! Denken Sie nach! Schreiben Sie!**
> Tragen Sie die fehlenden Buchstaben auf die kleinen Linien ein, sodass ein vollständiges Wort entsteht:
>
> GE _ _ _ _ _ _ _

Die dritte Form des impliziten Gedächtnisses ist die **Bahnung** oder das **Priming**; es handelt sich um die unbewusste Aktivierung von Inhalten des Langzeitgedächtnisses. Wenn Sie oben GEDÄCHTNIS geschrieben haben, so ist das wohl das Resultat des Bahnens oder Primings, denn der Begriff ist im Text häufig vorgekommen. In einem anderen Kontext hätten Sie vielleicht GEMEINHEIT geschrieben. Das Bahnen ist ein grundlegender Mechanismus für den Abruf, da Assoziationen aktiviert werden und die Aktivierung sich über das Gedächtnissystem ausbreitet (Ashcroft, 2005).

7.3.4 Speichern und Abrufen von Informationen im Langzeitgedächtnis

Wie schafft man es, Informationen dauerhaft zu speichern – explizite und implizite Gedächtnisinhalte an-

---

Blitzartige Erinnerungen Klare, lebhafte, scheinbar unvorbereitet auftauchende Erinnerungen an emotional wichtige Ereignisse im Leben.

Prozedurales Gedächtnis Langzeitgedächtnis für das Wissen, wie Handlungen ausgeführt werden müssen.

Handlungsvollzugsregeln Die Inhalte des prozeduralen Gedächtnisses; Regeln über die Auswahl von Aktionen unter bestimmten Bedingungen.

Bahnen/Priming Einen Begriff im Gedächtnis aktivieren oder die Ausbreitung von Aktivierung von einem Begriff zum anderen.

zulegen? Wie können wir den effektivsten Gebrauch von unserer praktisch unbegrenzten Lernkapazität machen und alles erinnern? Zunächst einmal spielt *die Art, wie etwas gelernt wird*, wie etwas im Arbeitsgedächtnis anfänglich verarbeitet wird, eine entscheidende Rolle für das Abrufen des Gespeicherten. Eine wichtige Voraussetzung ist, dass die neuen Informationen mit den im Langzeitgedächtnis vorhandenen integriert werden, um Verstehen zu konstruieren. Hierbei spielen die *Elaboration*, die *Organisation* und der *Kontext* eine Rolle.

Die **Elaboration** fügt der neuen Information durch Verknüpfung mit bereits existierendem Wissen Bedeutung hinzu. Mit anderen Worten: Wir wenden unsere Schemata an und greifen auf bereits existierendes Wissen zurück, um Bedeutungen zu konstruieren. Wir elaborieren automatisch. Zum Beispiel ruft ein Paragraph über eine historische Figur im alten Rom auch gleichzeitig unser Wissen über diese geschichtliche Epoche wach; wir benutzen das alte Wissen, um das neue zu verstehen.

Das beim Lernen schon elaborierte Material ist später leichter zu erinnern. Wie vorher schon erläutert, ist die Elaboration eine Form der Wiederholung. Es hält die Information im Arbeitsgedächtnis lange genug aktiviert, sodass die neue Information Gelegenheit erhält, sich mit der alten zu verknüpfen. Dann erhöht die Elaboration die Anzahl der Verbindungen zu anderen Wissensbeständen. Je intensiver eine Informationseinheit oder ein Wissenselement mit anderen Einheiten verknüpft wird, desto mehr Pfade muss die Aktivierung durchlaufen, um zur originalen Information durchzukommen. Anders formuliert: Es gibt verschiedene Aufhänger oder Priming-/Abruf-Hinweise, um die gesuchte originale Information wieder zu erkennen (Schunk, 2004).

Je intensiver Schüler neue Ideen elaborieren, desto mehr eignen sie sich diese an, desto tiefergehend ist ihr Verständnis und desto besser sind ihre Behaltensleistungen. Die Aufforderung an Schüler, das Gehörte noch einmal mit eigenen Worten auszudrücken, ein Beispiel zu geben, einem Mitschüler etwas zu erklären, eine Beziehung zwischen Wissensinhalten in einem Diagramm aufzuzeichnen oder mit Gestik zu zeigen oder das integrierte Wissen in einer Problemlösesituation einzubringen, können Elaborationshilfen sein. Aber natürlich werden auch falsche Verknüpfungen und Bedeutungszuweisungen behalten.

Die **Organisation** ist eine zweite Komponente des Verarbeitungsprozesses, das Lernen verbessert. Gut organisiertes Material ist leichter zu lernen und zu erinnern als Einzelinformationen und Informationsstücke, besonders wenn die Informationen komplex und weit ausholend sind. Einen Begriff in eine Struktur einzubetten, hilft, allgemeine Informationen und spezifische Beispiele zu lernen. Die Struktur dient der Rückverfolgung zu den einzelnen Informationen, wenn dies nötig sein sollte. Zum Beispiel gibt Tabelle 7.1 (siehe S. 319) einen gut organisierten Überblick über die Kapazität, Haltezeit, Inhalte und den Abruf von Informationen aus dem Arbeits- und Langzeitgedächtnis; Tabelle 7.2 (siehe S. 320) organisiert Informationen über Formen des Wissens; Abbildung 7.6 (siehe S. 322) organisiert das Wissen einer Person über Verstärkung.

Kontext ist eine dritte Verarbeitungskomponente, die Lernen beeinflusst. Aspekte der physikalischen Umwelt und des emotionalen Kontextes – Plätze, Räume, Stimmungen, Anwesende – werden zusammen mit anderen Informationen gelernt. Wenn man später die Information erinnern soll, wird dies erleichtert, wenn der Kontext beim Abrufen der gleiche ist wie der Kontext beim Lernen. Der Kontext kann als Bahner für die Aktivierung der Information dienen. Das wurde im Labor demonstriert. Schüler können einen Lernstoff in einer Umgebung lernen, und wenn der Wissenstest dann in der gleichen Umgebung stattfindet, erhalten sie mehr Punkte im Vergleich zu einem Umgebungswechsel beim Test (Smith, Glenberg & Bjork, 1978). Es kann deshalb zu besseren Leistungen führen, für einen Test unter testähnlichen Bedingungen zu lernen. Aber man kann nicht immer zur selben Lernumgebung zurückkehren, um sich an etwas zu erinnern. Natürlich kann man sich die ursprüngliche Umgebung vorstellen, an die Tageszeit und an die Mitlerner denken und dann allmählich zu den Informationen vordringen, die man abrufen möchte.

Elaboration Hinzufügen und Erweitern von Informationen durch Verknüpfen neuer Informationen mit bereits gespeicherten.

Organisation von Begriffen Geordnetes und logisches Netzwerk von Verbindungen zwischen Begriffen.

Kontext Der physikalische und emotionale Hintergrund eines Ereignisses.

Theorie der Mehrebenenverarbeitung

Craik und Lokhart (1972) schlugen als erste die **Theorie der Mehrebenenverarbeitung** als Alternative zu den Kurzzeit-/Langzeit-Gedächtnismodellen (levels-of-processing-approach) vor. Die Verarbeitungsstufen sind eng verbunden mit dem Begriff der Elaboration, der vorher schon angesprochen wurde. Craik und Lokhart schlussfolgern aus ihren Versuchen, dass die Menge, die Güte und die Haltezeit des Erinnerten von der Verarbeitungstiefe abhängt, d. h. wie intensiv und extensiv das Gelernte analysiert worden ist und wie stark es mit anderen Informationen verbunden wurde. Je vollständiger eine Information verarbeitet ist, umso größer ist die Wahrscheinlichkeit, dass sie behalten wird. Zum Beispiel wird man nach der Theorie der Verarbeitungsstufen wenige Informationen über Bilder von Hunden behalten, wenn man sie nur nach der Farbe ihres Fells sortiert. Wenn man jedoch die Bilder danach beurteilen lässt, mit welcher Wahrscheinlichkeit jeder Hund einem beim Joggen anspringt, so würde man sicherlich mehr von den Hundebildern behalten. Um die Hunde einzeln beurteilen zu können, müssen auch Einzelheiten erkannt werden, die dann in Beziehung zur Gefährlichkeit eines Hundes gebracht werden müssen, usw. Dieser Beurteilungsvorgang erfordert eine tiefergehende Verarbeitung und größere Aufmerksamkeit für die *Bedeutung* der einzelnen auf dem Bild zu erkennenden Merkmale.

Abrufen von Informationen aus dem Langzeitgedächtnis

Wenn wir Informationen aus dem Langzeitgedächtnis abrufen müssen, setzt ein Suchvorgang ein. Manchmal ist der Suchvorgang bewusst, etwa wenn man nach den Namen einer Person sucht, die sich gerade nähert. Zu anderen Gelegenheiten läuft der Suchvorgang und die Anwendung der Information automatisch ab, wenn man z. B. eine Telefonnummer wählt oder eine Mathematikaufgabe löst, ohne jeden Schritt bewusst zu vollziehen oder wenn einem das Wort „Gedächtnis" in den Sinn kommt, wenn man G E liest. Das Langzeitgedächtnis muss man sich voll mit Hilfsmitteln (Fertigkeiten,

Handlungsvollzüge) und Repräsentationen (Schemata, Wissensbestände) vorstellen, die bereitliegen, um das Arbeitsgedächtnis in seinen Funktionen zu unterstützen. Das Langzeitgedächtnis enthält viele Informationen, es kann also schwierig sein, die gewünschte Information zu finden. Das Arbeitsgedächtnis hat zwar relativ geringe Kapazität, aber alle Inhalte sind leicht verfügbar. Die begrenzte Kapazität bringt es mit sich, dass einige Informationen bei Überlastung des Arbeitsgedächtnisses oder durch Interferenz neuer Informationen mit der alten (oder umgekehrt) verloren gehen können (E. Gagné, 1985).

Sich ausbreitende Aktivierung

Die Größe des Netzwerkes im Langzeitgedächtnis ist enorm, aber zu einer gegebenen Zeit ist nur ein kleiner Teil aktiviert. Die Information in diesem Netzwerk wird durch **sich ausbreitende Aktivierung** abgerufen. Wenn wir gerade an eine bestimmte Proposition oder ein Vorstellungsbild denken, können auch damit verbundene andere Informationen gebahnt oder aktiviert werden, und so kann die Aktivierung sich im Netzwerk ausbreiten (Anderson, 2005; Gagné, Yekovich & Yekovich, 1993). Wenn zum Beispiel eine Proposition angezielt wird wie: „Ich möchte eine Autofahrt in den Herbstwald machen", kommen auch damit zusammenhängende Ideen wie „Ich müsste das Laub rechen" und „Der Wagen benötigt einen Ölwechsel" in den Sinn. Wenn sich die Aktivierung von „Autoausflug" zu „Ölwechsel" ausbreitet, verschwindet der ursprüngliche Gedanke oder das aktive Erinnern aus dem Arbeitsgedächtnis, denn dieses verfügt nur über begrenzte Kapazität. Der **Abruf** aus dem Langzeitgedächtnis erfolgt teilweise durch die Ausbreitung der Aktivierung von einer Information zu anderen mit ihr im Netzwerk zusammenhängenden Informationen. Manchmal schlägt der Abrufer die Aktivierungsfolge auch rückwärts ein, um zum Beispiel die einzelnen Phasen einer Unterhaltung durchzugehen: „Bevor wir darauf zu sprechen kamen, wie wir den Ölwechsel vornehmen können, worüber haben wir da noch gesprochen? Ach ja, dass wir uns das Herbstlaub ansehen wollen." Der Lern- und Ab-

---

Theorie der Mehrebenenverarbeitung Theorie, die besagt, dass das Behalten von Informationen davon abhängt, wie tief (gründlich) sie verarbeitet wurden.

Sich ausbreitende Aktivierung Abrufen von Informationseinheiten über ihre Verbindungen untereinander. Das Erinnern einer Informationseinheit aktiviert (stimuliert) das Erinnern einer anderen Informationseinheit.

Abruf Suchprozess nach und finden von Informationen im Langzeitgedächtnis.

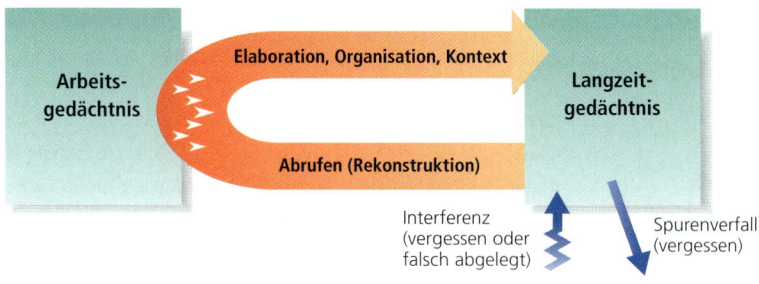

Abbildung 7.7: Langzeitgedächtnis. Wir aktivieren Informationen aus dem Langzeitgedächtnis, denn dies hilft uns, neue Informationen im Arbeitsgedächtnis zu verstehen. Mit mentalen Informationsverarbeitungsprozessen (Elaboration, Organisation, Kontext) kann die neue Information dauerhaft im Langzeitgedächtnis gespeichert werden. Vergessen wird durch Interferenz und Spurenverfall.

rufprozess im Langzeitgedächtnis ist in der ▶ Abbildung 7.7 verdeutlicht.

Rekonstruktion

Im Langzeitgedächtnis sind die Informationen immer vorhanden, auch wenn sie nicht aktiviert sind und sie nicht Gegenstand von Denkprozessen sind. Wenn beim Abrufen eine Information nicht gefunden wird, kann trotzdem eine Antwort gegeben werden, nämlich durch **Rekonstruktion**. Die Rekonstruktion ist ein kognitives Hilfsmittel oder ein Problemlöseprozess, der durch Logik, Hinweisreize und anderes Wissen hilft, eine plausible Antwort durch Auffüllen von Lücken zu konstruieren (Koriat, Goldsmith & Pansky, 2000). Manchmal sind rekonstruierte Erinnerungen falsch. Zum Beispiel führte F. C. Bartlett eine Serie von sehr bekannt gewordenen Untersuchungen über das Behalten von Geschichten durch. Er las seinen Studenten an der Cambridge University eine komplexe unbekannte Indianergeschichte vor, und nach verschiedenen Zeitintervallen fragte er die Studenten, was sie behalten haben. Die wiedererzählten Geschichten waren kürzer als die Vorlage und wurden in die Erzählschemata und die Sprache der Cambridge-Studenten-Kultur übertragen. Die Geschichte erzählte z. B. von einem Seehund, aber die meisten Studenten erinnerten sich an einen (rekonstruierten) Angelausflug, eine Tätigkeit, die eher in ihren Erfahrungsbereich und in ihre Schemata passte.

Ein Bereich, in dem die Rekonstruktion sehr ernst zu nehmen ist, sind Augenzeugenberichte. Elizabeth Loftus und ihre Kollegen haben eine Reihe von Untersuchungen durchgeführt, in denen sie zeigen konnten, dass irreführende Fragen oder andere Informationen während der Befragung das Gedächtnis beeinträchtigen können. Zum Beispiel zeigten Loftus und Palmer (1974) ihren Versuchspersonen Bilder von einem Auto-

wrack. Später fragte der Versuchsleiter einige Versuchspersonen: „Wie schnell fuhren die Autos, als sie zusammenstießen? Während eine andere Gruppe gefragt wurde: „Wie schnell fuhren die Autos, als sie aufeinanderkrachten?" Die unterschiedliche Verbwahl reichte schon aus, um die Erinnerungen zu beeinflussen. Im Durchschnitt schätzten die Mitglieder der „Zusammenstoßen-Gruppe" die Geschwindigkeit geringer ein (ca. 50 km/h), während die „Aufeinander-Krachen-Gruppe" die Geschwindigkeit höher einschätzte (etwa 60 km/h). Und eine Woche später gaben 32 % der „Aufeinander-Krachen-Gruppe" an, sie hätten zerbrochene Scheiben gesehen, während von der „Zusammenstoßen-Gruppe" nur 14 % dies angaben (es gab kein zerbrochenes Glas auf dem Wrackbild).

Vergessen und Langzeitgedächtnis

Informationen im Arbeitsgedächtnis verschwinden vollständig, wenn sie nicht in die Netzwerke des Langzeitgedächtnisses überführt werden. Keine Anstrengung oder gezielte Suche kann die Information zurückbringen. Die Informationen des Langzeitgedächtnisses können jedoch zurückgeholt werden, wenn die richtigen Hinweisreize vorhanden sind. Manche meinen, dass aus dem Langzeitgedächtnis nichts für immer verloren geht; aber Forschungsergebnisse lassen Zweifel daran aufkommen (Schwartz, Wasserman & Robbins, 2002).

> **Halt! Denken Sie nach! Schreiben Sie!**
> Im Rahmen eines Vorstellungsgespräches sagt der Rektor: „Wir müssen so viel Stoff durchnehmen, um unsere Schüler für die staatlich anerkannten Prüfungen vorzubereiten. Was würden Sie tun, um Ihren Schülern das Behalten des Lernstoffs zu erleichtern?"

Rekonstruktion Informationen wiederherstellen durch Erinnerungen, Erwartungen, Logik und existierendes Wissen.

Anwenden der Informationsverarbeitungstheorie im Unterricht

Stellen Sie sicher, dass die Aufmerksamkeit der Schüler auf den Unterricht gerichtet ist.

Beispiele

1 Verabreden Sie ein Signal, das den Schülern mitteilt, mit dem aufzuhören, was sie gerade tun, und sich auf Sie zu konzentrieren. Stellen Sie sicher, dass die Schüler auf Ihr Signal reagieren – lassen Sie es nicht zu, dass die Schüler es ignorieren. Üben Sie den Gebrauch des Zeichens.

2 Bewegen Sie sich im Raum, verwenden Sie Gestik und vermeiden Sie es, mit monotoner Stimme zu sprechen.

3 Fangen Sie eine Unterrichtsstunde mit einer Frage an, die das Interesse der Schüler am Thema anregt.

4 Stellen Sie sich in die Nähe bestimmter Schüler, damit sie wieder ihre Aufmerksamkeit auf Sie richten.

Helfen Sie Schülern, wichtige von nicht wichtigen Einzelheiten zu unterscheiden und sich auf die wichtigen Informationen zu beschränken.

Beispiele

1 Fassen Sie die Unterrichtsziele zusammen, um klarzustellen, was die Schüler lernen sollten. Verbinden Sie im Unterricht den dargebotenen Stoff mit den Lernzielen: „Nun erkläre ich im Einzelnen, wie Ihr zu den Informationen gelangt, die Ihr braucht, um Ziel 1 hier an der Tafel zu erreichen – den Grundtenor der Geschichte zu bestimmen."

2 Wenn Sie einen wichtigen Punkt vorbringen möchten, machen Sie erst eine kleine Pause, wiederholen Sie dann, bitten Sie einen Schüler, den Sachverhalt noch einmal umzuformulieren, schreiben Sie die Informationen an die Tafel in bunter Kreide oder bitten Sie die Schüler, ihre Überlegung in ihren Notizen auszuführen oder in ihrer Lektüre zu vertiefen.

Helfen Sie Schülern neue Informationen mit dem, was sie schon wissen, zu verknüpfen.

Beispiele

1 Geben Sie einen Überblick über Voraussetzungen, die Schüler erfüllen müssen, um ausreichend auf das Verstehen des neuen Materials vorbereitet zu sein; „Wer kann uns die Definition eines Rechteckes geben? Was ist ein Rhombus? Ist ein Quadrat ein Rechteck? Ist ein Quadrat ein Rhombus? Was sagten wir gestern, wie man diese geometrischen Figuren unterscheiden kann? Heute lernen wir noch einige andere Rechtecke kennen."

2 Benutzen Sie einen Überblick oder ein Diagramm, um zu zeigen, wie neue Informationen in den Rahmen derjenigen passen, die schon behandelt wurden. Zum Beispiel: „Jetzt, da ihr schon die Aufgaben des FBI kennt, wo gehört diese Institution in diesem Diagramm der Aufgabenverteilung der US-Regierung hin?"

3 Stellen Sie Aufgaben, die besonders die Verwendung der neuen Informationen zusammen mit den bereits gelernten verlangen.

Planen Sie die Zeit ein, Informationen zu wiederholen und zusammenzufassen.

Beispiele

1 Fangen Sie den Unterricht mit einer schnellen Durchsicht der Hausaufgaben an.

2 Führen Sie häufige und kurze Tests durch.

3 Übungen und Wiederholungen sollten in Spiele integriert werden; oder Schüler können mit Mitschülern ein Quiz durchführen.

Stellen Sie das Unterrichtsmaterial in klarer, organisierter Form dar.

Beispiele

1 Stellen Sie den Zweck des Unterrichts sehr klar heraus.

2 Geben Sie den Schülern eine Gliederung in die Hand, damit sie der Abfolge des Unterrichts folgen können. Wenn Sie dann dieselbe Gliederung auf eine Folie schreiben und sie auflegen, können Sie sich selbst auch jederzeit orientieren. Fragen oder Kommentare der Schüler können jederzeit den entsprechenden Punkten der Gliederung zugewiesen werden.

3 Fassen Sie den Stoff in der Mitte und am Ende der Stunden zusammen.

> **Betonen Sie das Erfassen der Bedeutung und nicht das Auswendiglernen.**
>
> *Beispiele*
>
> **1** Beim Unterrichten neuer Wörter helfen Sie Schülern, ein neues Wort mit Wörtern zu verknüpfen, die sie bereits verstehen: „Feindschaft und Feinde haben die gleiche Wortwurzel."
>
> **2** Bei Mathematikaufgaben, die nur mit Rest aufgehen, lassen Sie die Schüler zwölf Objekte in Gruppen zu je zwei, drei, vier, fünf, sechs zusammenstellen und lassen Sie den Rest auszählen.
>
> Mehr Informationen über Informationsverarbeitung sind unter
> **http://chiron.valdosta.edu/whuitt/col/cogsys/infoproc.html** zu finden.

Informationen gehen im Langzeitgedächtnis anscheinend durch Spurenverfall mit der Zeit und durch **Interferenz** mit anderen Informationen verloren. Zum Beispiel vermindert sich das Gedächtnis für Spanisch-Englischvokabeln nach etwa drei Jahren nach Beendigung des Spanischkurses, dann bleibt es etwa gleich für die nächsten 25 Jahre und fällt dann innerhalb der nächsten 25 Jahre noch einmal ab. Eine Erklärung für diesen Gedächtnisschwund ist, dass die Nervenverbindungen geschwächt werden wie Muskeln, die nicht in Funktion sind. Nach 25 Jahren können Erinnerungen sich noch irgendwo im Gehirn lokalisiert finden, aber sie sind zu schwach, reaktiviert zu werden (Anderson, 1995, 2005). Einige Neuronen sterben einfach ab. Neue Gedächtnisinhalte können mit den Alten interferieren oder sie überdecken und ältere Inhalte können mit neuen interferieren.

Sogar mit Verfall und Interferenz arbeitet das Langzeitgedächtnis noch ausgezeichnet. In einem Überblick über etwa 100 Untersuchungen über das Behalten von Schulwissen zogen George Sam und John Ellis (1994) die Schlussfolgerung, dass „im Gegensatz zur allgemeinen Überzeugung Schüler viel vom Unterrichtsstoff behalten" (S. 279). Den Ergebnissen nach sind Lehrstrategien dann langfristig erfolgreich, wenn sie die Anstrengungsbereitschaft der Schüler erhöhen und gleich zu Anfang zu erhöhten Lernerfolgen führen (wie z. B. häufiges Wiederholen und Testen, elaborierte Rückmeldung, hohe Standards, Lerneinheiten zwischendurch, bis zum vollständigen Beherrschen lernen und aktive Teilnahme an Lernprojekten). Dies führt dann zu langfristigem Behalten. Die *Richtlinien* geben Auskunft über Anwendungen von Informationsverarbeitungen im Unterricht.

Eine Frage irritiert viele kognitive Psychologen: Warum lernen einige Menschen mehr und erinnern sich an mehr als andere? Für die Anhänger des Informationsverarbeitungsansatzes liegt ein Teil der Antwort im Konzept der Metakognition.

Metakognition 7.4

Die **exekutiven Kontrollprozesse** in der Abbildung 7.1 leiten den Informationsfluss durch das informationsverarbeitende System. Eine Reihe von Kontrollprozessen wurde bereits besprochen: Aufmerksamkeit, Erhalten der Information durch Wiederholung, elaborierendes Wiederholen, Organisation und Elaboration (Abbildung 7.4, siehe S. 317). Diese exekutiven Kontrollprozesse werden manchmal auch mit metakognitiven Fertigkeiten oder Strategien bezeichnet, weil sie absichtlich eingesetzt werden können, um Kognitionen zu steuern.

7.4.1 Metakognitives Wissen und Steuerung

Donald Meichenbaum und seine Kollegen beschrieben **Metakognition** als „die Bewusstheit einer Person über ihre kognitiven Mechanismen und wie diese ab-

---

Interferenz Ein Störprozess, der auftritt, wenn die Gegenwart einer Information eine andere behindert.

Exekutive Kontrollprozesse Prozesse wie selektive Wahrnehmung, Wiederholung, Elaboration und Organisation, die das Enkodieren, Speichern und Abrufen von Informationen im Gedächtnis beeinflussen.

Metakognition Wissen über unsere eigenen kognitiven Funktionen (Denken, Gedächtnis, Lernen, Wahrnehmen).

laufen" (Meichenbaum, Burland, Gruson & Cameron, 1985, S. 5). Metakognition bedeutet wörtlich Wissen über kognitive Sachverhalte und Vorgänge wie Wissen und Lernen. Das metakognitive Wissen besteht aus Kognitionen höherer Ordnung, deren Funktion es ist, kognitive Prozesse (wie Schlussfolgerungen ziehen, Probleme zu lösen, Lernen usw.) zu überwachen und zu steuern (Metcalfe & Shimamura, 1994). Weil Menschen sich in ihren metakognitiven Fähigkeiten und Fertigkeiten unterscheiden, gibt es auch interindividuelle Differenzen, wie gut und wie schnell Menschen lernen können (Brown, Bransford, Ferrara & Campione, 1983; Morris, 1990).

Metakognitionen schließen die drei Arten des Wissens ein, die früher schon vorgestellt wurden: (1) *deklaratives* Wissen über sich selbst als Lerner, die Faktoren, die das eigene Lernen und Gedächtnis beeinflussen und die Fertigkeiten, Strategien und die für die Durchführung einer Aufgabe benötigten Ressourcen – wissen, was zu tun ist, (2) *prozedurales* Wissen oder wissen, wie Strategien einzusetzen sind und (3) *pragmatisches/konditionales* Wissen, um eine Aufgabe zu Ende zu bringen – wissen, wann und warum Handlungsvollzüge und Strategien anzuwenden sind (Bru-

ning, Schraw, Norby & Ronning, 2004). Metakognition ist die strategische Anwendung dieser drei Wissensformen, um Ziele zu erreichen und Probleme zu lösen (Schrunk, 2004).

Metakognitives Wissen reguliert das Denken und das Lernen (Brown, 1987; Nelson, 1996). Es gibt drei Grundfertigkeiten, die uns verschiedene Funktionen ermöglichen: Planen, Überwachen und Bewerten. Das *Planen* besteht in Entscheidungen über die Zeit, die für eine bestimmte Aufgabe zur Verfügung steht, welche Strategien anzuwenden sind, wie man beginnen soll, welche Ressourcen zu mobilisieren sind, welche Reihenfolge eingehalten werden sollte, was ausgelassen werden kann, was besonders beachtet werden sollte usw. *Überwachen* ist die ständige Frage an sich selbst, „Wie erledige ich meine Aufgaben" und „Macht das Sinn? Gehe ich zu schnell vor?" *Bewerten* beinhaltet das Urteilen über den Prozess und die Resultate des Denkens und Lernens. „Sollte ich die Strategien wechseln? Hilfe holen? Jetzt erst einmal aufgeben? Ist dieses Manuskript (Bild, Modell, Gedicht, dieser Plan) beendet?"

Natürlich arbeiten unsere Metakognitionen nicht ununterbrochen. Einige Aktionen werden zur Routine.

Tabelle 7.3

Unterrichtsstrategien zur Verbesserung von kognitivem Wissen und Fertigkeiten

Diese 8 Leitlinien stammen von Pressley und Woloshyn (1995) und sollen Ihnen helfen, metakognitive Strategien zu vermitteln.

- Vermitteln Sie nur ein paar Strategien zur gleichen Zeit, diese aber intensiv und extensiv innerhalb einer Unterrichtseinheit.
- Führen Sie neue Strategien einfach vor und erklären Sie diese.
- Wenn Teile der Strategie nicht verstanden werden, führen Sie diese noch einmal vor und erklären Sie sie erneut; gehen Sie besonders auf die Aspekte ein, die leicht verwirrend sind und schnell missverstanden werden.
- Erklären Sie den Schülern auch, wann und wo die Strategie am besten einzusetzen ist.
- Räumen Sie den Schülern so viel Zeit zum Üben und zum Strategiengebrauch ein, wie benötigt wird.

- Regen Sie die Schüler an, ihre eigenen Fortschritte bei der Anwendung der Strategien zu überwachen.
- Erhöhen Sie die Motivation der Schüler, die Strategien zu übernehmen; intensivieren Sie deren Bewusstheit für den Wert der Strategien, sodass sie erkennen, dass diese Fertigkeiten den Kern des kompetenten Funktionierens bilden.
- Betonen Sie, dass reflektiertes Verarbeiten vor Geschwindigkeit geht; unternehmen Sie alles Mögliche, um Ängste bei Schülern abzubauen; regen Sie Schüler an, sich selbst vor Ablenkungen zu bewahren, sodass sie sich voll auf die Schulleistungen konzentrieren können.

Unter **http://www.une.edu/csi/bank.html** finden Sie eine Liste von Strategien und wie sie zu vermitteln sind.

Quelle: Adaptiert nach Pressley, M. & Woloshyn, V. (1995). *Cognitive Strategy Instruction That Really Improves Children's Performance*. Cambridge, MA: Brookline Books, S. 18.

Metakognitionen sind am nützlichsten bei herausfordernden, aber nicht zu schwierigen Aufgaben. Dann kann Planen, Überwachen und Bewerten sehr hilfreich sein. Und wenn wir planen, überwachen und bewerten, sind diese Prozesse nicht notwendigerweise bewusst, besonders nicht bei Erwachsenen. Wir können sie automatisch anwenden, ohne dass wir uns einer Anstrengung bewusst sind (Perner, 2000). Für Experten in einem Gebiet ist das Planen, Überwachen und Bewerten zur zweiten Natur geworden; sie haben Schwierigkeiten, ihr metakognitives Wissen und ihre Fertigkeiten explizit zu beschreiben (Bargh & Chartrand, 1999; Reder, 1996).

7.4.2 Jeden Schüler erreichen: metakognitive Strategien für Schüler mit Lernbehinderungen

Für Schüler mit Lernbehinderungen sind exekutive Kontrollprozesse (d. h. metakognitive Strategien) wie Planen, Organisieren, Fortschritte überwachen und Anpassungen vornehmen besonders wichtig, aber meist unterentwickelt (Kirk, Gallagher, Anastasiow & Colemen, 2006). Es erscheint sinnvoll, diese Strategien direkt zu vermitteln. Manche Ansätze ziehen die Mnemotechnik heran, damit die einzelnen Schritte behalten werden. Zum Beispiel können Lehrer älteren Schülern helfen, eine Strategie für das Schreiben zu erlernen (DEFENDS, Deshler, Ellis & Lenz, 1996):

- Entscheide über die Leserschaft, die Ziele und den Standpunkt. (Decide …)
- Finde die Kernideen und die ausschmückenden Einzelheiten heraus. (Estimate …)
- Finde die beste Reihenfolge der Kernideen und Einzelheiten. (Figure …)
- Äußere deinen Standpunkt gleich in der Einleitung. (Express …)
- Schreibe jede Kernidee und die sie unterstützenden Argumente auf. (Note …)
- Packe die Kernaussage in den letzten Satz. (Drive home …)
- Suche nach Fehlern und verbessere sie. (Search …)

Natürlich müssen Sie mehr tun, als den Schülern nur von den Strategien zu erzählen – Sie müssen sie vermitteln. Michael Pressley und seine Kollegen (1995) entwickelten das *Modell der kognitiven Strategien* als Anleitung für Schüler, ihre metakognitiven Strategien zu verbessern. ▶ Tabelle 7.3 beschreibt die Schritte beim Unterrichten dieser Strategien.

> **Verknüpfen und erweitern Sie Ihre Forschungskenntnisse**
>
> Lesen Sie das gesamte Heft der Zeitschrift *Learning and Individual Differences* (1996, Nr. 4) über individuelle Differenzen in Metakognitionen.

Nachdem wir den Erklärungsansatz der Informationsverarbeitung näher kennengelernt haben – wie nämlich Wissen in unserem kognitiven System repräsentiert ist, langfristig gespeichert und bei Bedarf abgerufen wird –, wenden wir uns der sehr wichtigen Frage zu: Wie können Lehrer die Entwicklung von Wissensbeständen unterstützen?

Wissenserwerb: einige Grundprinzipien 7.5

Will man ein Konzept wie das der Verstärkung verstehen, benötigt man deklaratives Wissen über Merkmale und bildhafte Vorstellungen. Man braucht aber auch prozedurales Wissen darüber, wie man Regeln für die Kategorisierung von Folgen einzelner Handlungen anwenden kann. In den nächsten Abschnitten werden der Erwerb des deklarativen und des prozeduralen Gedächtnisses getrennt behandelt, aber dabei muss beachtet werden, dass Lernen beide Komponenten integriert.

7.5.1 Der Erwerb des deklarativen Wissens

Im Rahmen des Informationsverarbeitungsansatzes besteht der Erwerb des deklarativen Wissens vor allem darin, neue Begriffe und Vorstellungen in das bestehende Wissen zu integrieren, um ein tiefergehendes Verständnis zu konstruieren. Wie bereits vorher ausgeführt, lernen Menschen am besten, wenn sie bereits einen guten Wissensfundus in dem Wissensbereich haben, zu dem sie noch hinzulernen sollen. Angeleitet von vielen gut ausgearbeiteten Schemata und Skripten gewinnt das Material an Bedeutung durch die Verknüpfung der neuen Wissensbestände mit den alten. Aber Schüler verfügen nicht immer über eine gute Wissensgrundlage. In den frühen Lernphasen müssen die Schüler aller Altersstufen das „Terrain sondieren", um Orientierungspunkte und die Richtung für Verknüpfungen zu finden. Sogar Experten in einem bestimmten Bereich müssen bei neuem Material oder neuen Aufgaben Lernstrategien einsetzen (Alexander, 1996, 1997; Garner, 1990; Perkins & Salomon, 1989; Shuell, 1990).

Was sind einige mögliche Strategien? Vielleicht ist die beste Methode für das Lernen der Schüler, wenn in jeder Unterrichtsstunde möglichst tiefgehend auf die Bedeutung des neuen Wissensstoffes eingegangen wird.

Bedeutung vermitteln

Wenn Unterrichtsstunden möglichst viel von der Bedeutung des Lernstoffes vermitteln sollen, muss der Unterricht in einer den Schülern angemessenen Sprache gehalten sein. Neue Fachbegriffe müssen mit vertrauten Wörtern und Ideen verknüpft werden. Bedeutungsvermittelnde Unterrichtseinheiten sind gut organisierte Stunden mit klaren Bezügen zwischen den einzelnen Teilen des Lernstoffes. Bedeutungsvermittelnde Stunden beziehen bekannte Informationen ein, um neue klar zu machen; dies geschieht meist durch Beispiele und Analogien.

Die wichtige Rolle von bedeutungshaltigen Unterrichtsstunden wird an einem Beispiel von Smith (1975) dargestellt.

> ### Halt! Denken Sie nach! Schreiben Sie!
> Sehen Sie sich die unten aufgeführten drei Zeilen an. Decken Sie die unteren beiden Zeilen zu, schauen Sie die erste Zeile für eine Sekunde an und schließen Sie das Buch. Schreiben Sie dann alle Buchstaben auf, an die Sie sich erinnern. Dann wiederholen Sie den Vorgang mit der zweiten und der dritten Zeile.
>
> **1** KBVODUWGPJMSQTXNOGMCTRSODUBKQJ
> **2** LESEN SPRING WEIZEN ARM ABER SUCHEN
> **3** RITTER RITTEN AUF PFERDEN IN DEN KRIEG

Jede Zeile hat die gleiche Anzahl von Buchstaben, aber Sie werden mit Sicherheit mehr Buchstaben von der dritten und zweiten Zeile behalten als von der ersten. Die erste Zeile ist eine Folge von sinnlosen Buchstaben. Auf den ersten Blick lässt sich kein Organisationsprinzip erkennen. Das Arbeitsgedächtnis kann diese Fülle von Einzelheiten nicht behalten und weiter verarbeiten. Die zweite Zeile ist bedeutungshaltiger. Man muss nicht jeden einzelnen Buchstaben wahrnehmen, denn das Langzeitgedächtnis verfügt über

Rechtschreibregeln und ein Lexikon, um diese Aufgabe zu bewältigen. Die dritte Zeile enthält die meiste Bedeutung. Mit einem Blick lässt sich die gesamte Bedeutung erfassen, denn im Allgemeinen sind nicht nur die notwendigen Rechtschreibregeln, das Lexikon und auch die Syntaxregeln vorhanden, sondern auch einiges Geschichtswissen über Ritter (z. B. dass sie nicht mit Panzern in den Krieg zogen). Dieser Satz ist so bedeutungshaltig, weil die notwendigen Schemata vorhanden sind, um die Informationen in die Schemata assimilieren zu können. Es ist relativ einfach, Wörter und Bedeutungen mit anderen Informationen im Langzeitgedächtnis zu verknüpfen (Sweller, van Merrienboer & Paas, 1998).

Lehrer sollten den Unterricht so gestalten, dass er dem Lernen der dritten Zeile und nicht dem Lernen der ersten gleichkommt. Obwohl das offensichtlich ist, können Sie sich sicher auch an Augenblicke in der Vorlesung eines Professors erinnern, die eher der ersten Zeile KBVODUWGPJMSQTXNOGMCTRSODUBKQJ entsprachen. Aber wenn man die gewohnte Vorgehensweise der Schüler beim Lernen sieht (etwa beim Auswendiglernen zur Erfassung der Bedeutung wie in der eingangs vorgestellten „Was würden Sie tun?"-Situation), dann nehmen die Schüler dies nicht immer mit Begeisterung auf. Die Schüler könnten Bedenken wegen ihrer Noten äußern; wenn man alles auswendig kann, ist dies eine sichere Eins, denn der Schüler weiß ja alles auswendig, was getestet werden könnte. Lernen der Bedeutungen ist risikoreicher und auch anspruchsvoller. In den Kapiteln 8, 9, 11 und 13 überprüfen wir eine Reihe von Methoden, welche die Lehrer in der Vermittlung von Bedeutung betonendem Lernen und von tieferem Verständnis unterstützen können. In den *Lerngeschichten: Das verdanke ich meinem Lehrer* ist dargestellt, wie ein Lehrer die Bedeutung des Lernstoffes für neue Schüler vermittelte.

Visuelle Vorstellungsbilder und Illustrationen

Ersetzt beim Unterrichten ein Bild 1000 Worte? Richard Mayer (1999a, 2001) geht dieser Frage seit einigen Jahren nach und fand heraus, dass eine gute Mischung von beidem eine sehr effektive Art der Wissensvermittlung ist. Mayers kognitive Theorie des multimedialen Lernens umfasst drei Grundideen:

- *Zweifache Kodierung:* Visuelles und verbales Material werden in unterschiedlichen Systemen verarbeitet (Clark & Paivio, 1991).

Lerngeschichten

Das verdanke ich meinem Lehrer

Susanne lebte scheinbar in einer normalen Mittelklasseumgebung, aber sie hatte einen gewalttätigen Vater, der viele Probleme in die Familie brachte. Sie konnte deswegen nicht immer aufmerksam dem Unterricht folgen. Susanne dachte, sie sei dumm; sie mochte Kunst und Tanzen und wurde von einigen Familienmitgliedern sehr unterstützt. Als ihre Mutter sich scheiden ließ und in ein anderes Bundesland umzog, traf Susanne auf einige wunderbare Lehrer, die ihre Vorstellungsgabe und ihre Talente förderte. Susanne besuchte schließlich eine Universität und studierte Kleinkindpädagogik und -beratung und schloss mit der Promotion ihr Studium ab. Sie nutzte ihre eigene Biografie, in der sie sich als resilientes Kind erwies, um anderen Kindern zu helfen. Sie beschreibt ihren Englischlehrer:

Der Umzug gab mir eine Chance für einen Neuanfang in der Schule. Ich konnte einen Leistungskurs Englisch wählen, und auch die anderen Kurse waren gut.

Ich werde niemals vergessen, wie ich meinen Englischlehrer, Herrn Bord, zum ersten Mal in seinem Unterricht erlebte. Zum ersten Mal war es mir möglich, dem Unterricht mit voller Aufmerksamkeit zu folgen und mich auf den Lehrstoff zu konzentrieren. Das hat mich sehr beeindruckt, und ich hatte ein sehr gutes Gefühl dabei. Mir kam es so vor, als wäre mein Kopf offen und der ganze Nebel um mein Gehirn und um mein Leben verzöge sich. Ich konnte endlich meinen Verstand richtig gebrauchen. Ich konnte endlich arbeiten, ohne mir Sorgen zu machen, was zu Hause wohl passierte und wie es wohl meiner Mutter ginge.

Ich lernte nun mit Begeisterung, auch weil mein Englischlehrer einen begeistern konnte. Er schlug uns auch Projekte vor. Ich habe ein Shakespeare-Projekt begonnen. Ich zeichnete eine der Shakespeare-Figuren mit vielen Einzelheiten. Auch in den anderen Fächern wurde ich gut, obwohl ich immer dachte, ich sei zu dumm. Ich habe Laborbilder für den Biologieunterricht meiner Cousine gezeichnet. Für Kunst war ich begabt, und dazu benötigte ich nicht viel Intelligenz, dachte ich, aber trotzdem war ich stolz. Dies alles war für meine Mutter und für mich eine große Überraschung.

Quelle: Aus Hidden Lives. Examining the Lives of European-American Children von S. G. Hendley. In Gloria Swindler Boutte (Hrsg.), *Resounding Voices. School Experiences of People from Diverse Ethnic Backgrounds.* Boston, MA, Allyn & Bacon. Copyright © 2002 Pearson Education.

- *Beschränkte Kapazität:* Das Arbeitsgedächtnis für verbales und visuelles Material ist sehr eingeschränkt (Baddeley, 2001).
- *Generatives Lernen:* Lernen von Bedeutungen findet immer dann statt, wenn sich die Schüler auf relevante Informationen konzentrieren oder über Konstruktionen Bedeutungsstrukturen erstellen (Mayer, 1999a).

Das Problem besteht darin, wie man ein umfassendes Verständnis herstellen kann aufgrund von visuellen (Bildern, Diagrammen, Grafiken, Filmen) und verbalen (Texten, Vorträgen) Quellen unter den Beschränkungen des Arbeitsgedächtnisses. Die Antwort: Beide Arten von Informationen sollten gleichzeitig vorhanden und verpackt in kleine Informationseinheiten sein. Mayer und Gallini (1990) stellen ein Beispiel vor. Sie verwendeten drei Arten von Texten, um zu erklären, wie eine Fahrradpumpe funktioniert. Ein Text bestand nur aus Worten, der zweite hatte Bilder, die nur die Teile des Bremssystems und die einzelnen Funktionsschritte enthielten, und der dritte (dieser führte zu einer Verbesserung des Lernens und des Behaltens bei Schülern) zeigte die Pumpe in Funktion und im unbenutzten Zustand mit den Bezeichnungen für jeden Funktionsschritt (siehe ▶ Abbildung 7.8, S. 334).

Und die Moral von der Geschichte? Schüler sollten Lernstoff in vielerlei Formen kennenlernen und verstehen – am besten in Bildform und mit verbalen Erklärungen. Aber überladen Sie das Arbeitsgedächtnis der Schüler nicht – verpacken Sie die Information in kleine „Pakete" von visuellen und verbalen Informationen, sodass das Gedächtnis sie ohne Probleme aufnehmen kann.

Eine andere Gedächtnisstrategie, die auf Bildern aufbaut, ist die Mnemotechnik.

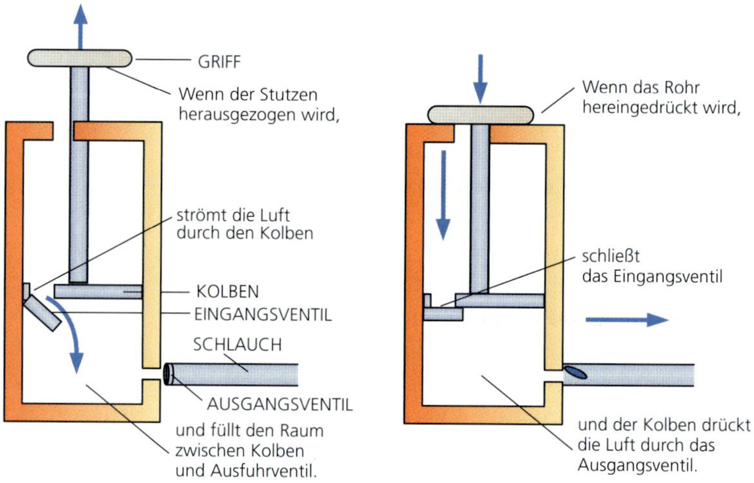

Abbildung 7.8: Bilder und Wörter, die Schülern das Verstehen erleichtern. Kann ein Bild 1000 Wörter ersetzen? Die richtige Mischung von Bildern und Wörtern, wie diese Abbildung mit den richtigen Bezeichnungen, kann den Schülern das Lernen sehr erleichtern.

Quelle: Adaptiert nach *The World Book Encyclopedia*. Copyright © 2003 World Book. www.worldbook.com

Mnemotechnik

Mnemotechnik ist ein systematischer Ansatz zur Verbesserung der Behaltensleistungen (Atkinson et al. 1999; Levin, 1994; Rummel, Levin & Woodward, 2003). Wenn Informationen für sich keine Bedeutung haben, bauen mnemotechnische Verfahren sie auf durch Verknüpfung neuer zu lernender Wörter und Bilder mit vorhandenen, gelernten.

Die **Loci-Methode (Ortsmethode)** hat ihren Namen vom lateinischen „locus" (der Ort), im Plural „loci" (die Orte). Bei dieser Vorgehensweise muss man sich zunächst einen vertrauten Ort vorstellen, wie z. B. das eigene Haus oder die eigene Wohnung und darin wiederum einige spezielle Plätze. Jedes Mal, wenn eine Liste erinnert werden muss, erfüllen die speziellen Plätze die Funktion von „Klammern", mit denen man bestimmte Erinnerungen „aufhängen" kann. Man muss einfach die zu erinnernden Einzelheiten der Liste über die Orte verteilen, an jedem Ort eine. Zum Beispiel eine Einkaufsliste: Sie sollen Brot, Butter, Milch und Müsli in einem Supermarkt kaufen. Stellen Sie sich nun eine große Flasche vor, die die Tür zum Flur verstellt, ein faules Brot, das auf dem Wohnzimmersofa „schläft", Butter, die auf dem Esstisch schmilzt und Müsli, verstreut über den Küchen-

boden. Wenn Sie sich dann wieder an die Liste erinnern wollen, unternehmen Sie einfach einen Gang durchs Haus. Andere mnemotechnische Verfahren, die nach der „Klammermethode" verfahren, verwenden eine Standardliste von Wörtern (1 ist Bus, 2 ist Schuh) als Klammern. Dann werden die zu erinnernden Anteile der Liste mit den Klammern durch Bilder oder Geschichten verbunden. Reime können dabei die Liste der „Klammern" bahnen oder als Bahnungsreize oder „primes" fungieren.

Wenn man Informationen über lange Zeit behalten soll, kann man auf ein Akronym zurückgreifen. Ein **Akronym** ist eine Art Abkürzung – ein Wort, das aus den ersten Buchstaben jedes Wortes eines Satzes oder einer Bezeichnung mit mehreren Worten besteht, zum Beispiel NATO. Akronyme werden gebildet, um den langen Namen abzukürzen und um sich den Namen North Atlantic Treaty Organization besser zu merken. Eine andere Methode bildet Phrasen oder Sätze aus den ersten Buchstaben der Worte einer Liste. Zum Beispiel lassen sich die Töne der G-Dur-Tonleiter E, G, B, D, F gut merken mit dem Satz: Ein Gutes Buch Darf Fallen. Da die ausgesuchten Wörter einen sinnvollen Satz ergeben müssen, kann man hier auch von **Kettenmnemonik** sprechen. Das sind Verfahren, in denen die erste Information mit der darauf folgenden zweiten verknüpft

---

Mnemotechnik Systematischer Ansatz zur Verbesserung der Behaltensleistungen.

Loci-Methode (Ortsmethode) Gedächtnistechnik, bei der zu erinnernde Einzelheiten mit vertrauten Orten verbunden werden.

Akronym Gedächtnistechnik zum Merken von Namen, Sätzen oder Schritten durch Benutzung des ersten Buchstabens jedes Wortes, um ein neues, besser zu behaltendes Wort zu bilden.

Kettenmnemonik Gedächtnisstrategie, die ein Element mit einer Serie von folgenden Elementen verbindet.

wird, die zweite mit der dritten usw. In einem Kettenverfahren werden die Einzelinformationen durch visuelle Verknüpfungen oder eine Geschichte verbunden. Ein anderes Kettenverfahren schließt alle Informationen zu einer Art klingendem Reim zusammen, wie etwa: „Bier auf Wein, das lass' sein, Wein auf Bier, das rat' ich dir".

Ein mnemonisches Verfahren wurde ausführlich im Rahmen von Unterrichtsforschung untersucht: die **Methode der Schlüsselwörter**. Joel Levin und seine Kollegen benutzen die Mnemonik (die RVA-Regel, engl. 3 R-Regel), um die mnemonische Methode der Schlüsselwörter zu vermitteln:

■ **R**ekodieren (engl. **R**ecode) der zu lernenden Vokabeln in ein besser vertrautes, konkreteres Wort – das ist das Schlüsselwort.

■ **V**erbinden (engl. **R**elate) des Schlüsselwortes mit der Definition der Vokabel durch einen Satz.

■ **A**brufen (engl. **R**etrieve) der gesuchten Definition.

Um sich daran erinnern zu können, dass das altmodische Wort *kieseln* (er)wählen bedeutet, überführt man den Wortstamm in Kiesel. Nun muss noch ein Satz das Schlüsselwort mit der Definition des Wortes verbinden: *Kiesel wählen ist schwierig*. Wenn man dann nach der Bedeutung von *kieseln* gefragt wird, denkt man an den Satz mit Kiesel, der die Bedeutung des Wortes „wählen" enthält (Jones, Levin, Levin & Beitzel, 2000).

„Wie oft muss ich das noch sagen – es heißt ‚Katze' vor ‚Tempel', außer nach ‚Sklave'."
Quelle: Bo Brown, Copyright © Phi Delta Kappan

Die Schlüsselwortmethode wurde umfassend beim Fremdsprachenerwerb eingesetzt. Zum Beispiel klingt das spanische Wort *carta* (Brief) wie das deutsche Wort „Karte". *Karte* wird nun das Schlüsselwort. Ein Satz wie „Man sollte lieber einen Brief statt eine Karte schreiben" hilft dann, an *carta* zu erinnern (Pressley, Levin & Delaney, 1982). Einen ähnlichen Ansatz kann man verwenden, wenn es darum geht, berühmte Maler mit bestimmten Merkmalen ihrer Gemälde zu verknüpfen. Zum Beispiel wird Schülern gesagt, sie sollten sich vorstellen, die schweren Linien der Gemälde von Rouault seien mit einem Lineal (engl. *ruler*) gemalt, das in schwarze Farbe getaucht wurde (Carney & Levin, 2000).

Die Schlüsselwortmethode funktioniert dann nicht gut, wenn es kein passendes Schlüsselwort gibt. Viele Wörter und Ideen, die Schüler behalten sollen, sind ziemlich schwierig mit Schlüsselwörtern zu verbinden (Hall, 1991; Pressley, 1991). Außerdem können Vokabeln, die mit Schlüsselwörtern und Bildern zusam-

---

Methode der Schlüsselwörter System von assoziierten neuen Wörtern oder Konzepten mit ähnlich lautenden Hinweiswörtern und/oder -bildern.

Was ist denn so schlecht am Auswendiglernen?

Seit Jahren lernen Schüler auswendig: Vokabeln, Handlungsvollzüge, Schrittfolgen, Namen und Fakten. Ist das denn so schlecht?

Pro: Auswendiglernen kann effektiv sein.

Auswendiglernen ist vielleicht gar nicht so schlecht, um neue Informationen zu erwerben, die noch wenig sinnvoll sind, wie z. B. die Vokabeln einer Fremdsprache. Alvin Wang, Margarete Thomas und Judith Ouellette (1992) verglichen die Effektivität zweier Bedingungen, unter denen Tagalog (die nationale Sprache der Philippinen), gelernt worden war. In der ersten Bedingung durch Auswendiglernen und in der zweiten durch das Schlüsselwortverfahren. Die Schlüsselwortmethode schafft neue Verknüpfungen und Bedeutungen durch Assoziation neuer Wörter mit bereits bekannten Wörtern oder Bildern. In ihrer Untersuchung führte die Schlüsselwortmethode anfänglich zwar zu schnellerem und besserem Lernen, das langfristige Vergessen war in dieser Gruppe aber auch höher im Vergleich zur Bedingung, in der auswendig gelernt worden war.

Bei manchen Gelegenheiten lernt man besser auswendig, und man erweist den Schülern einen schlechten Dienst, wenn man ihnen nicht vermittelt, wie man am besten auswendig lernt. Jedes Fach hat seine eigene Fachterminologie, Namen, Fakten und Regeln. Als Erwachsene bevorzugen wir Ärzte, die ihre Fachterminologie beherrschen, die z. B. die Namen der Knochen, der Körperorgane oder die Namen der Heilmittel kennen, mit denen man Infektionen wirksam bekämpft. Natürlich können sie auch Informationen nachschlagen oder bestimmten Bedingungen nachforschen, aber sie müssen wissen, wo man das kann. Wir wollen mit Steuerberatern arbeiten, welche die neuen Steuerbedingungen im Kopf haben; diese Information mussten sie wahrscheinlich auswendig lernen, weil die Steuergesetzgebung sich von Jahr zu Jahr nicht immer nachvollziehbar ändert. Wir wollen Kontakt zu Computerfachleuten halten, die genau wissen, welcher Drucker zu welchem Computer passt. Nur weil etwas auswendig gelernt wurde, muss es noch lange nicht unflexibles Wissen sein. Die Kernfrage – so sagt Gardner – ist, ob mit den Informationen flexibel und effektiv umgegangen werden kann, um Probleme zu lösen.

Contra: Auswendiglernen schafft unflexibles Wissen.

Vor Jahren beschrieb William James (1912) die Grenzen des Auswendiglernens, indem er eine Geschichte vom Auswendiglernen und seinen Folgen erzählt:

Eine Bekannte besuchte eine Schule und wurde gebeten, eine der Anfangsklassen in Erdkunde zu prüfen. Sie warf einen Blick in das Buch und sagte: „Stellt euch vor, ihr sollt ein Loch in den Erdboden mehrere hundert Meter tief graben. Wie ist die Temperatur unten – wärmer oder kälter als oben?" Keiner aus der Klasse antwortete. Dann sagte die Lehrerin: „Ihr wisst das bestimmt, vielleicht habe ich euch nur die Frage falsch gestellt. Noch ein Versuch." Sie nahm das Buch und fragte „In welchem Zustand ist das Innere des Erdballs?" Darauf erhielt sie von etwa der Hälfte der Klasse die schnelle Antwort: „Im Inneren des Erdballs ist eine glühende, geschmolzene Masse" (S. 150).

Die Schüler hatten die Antworten auswendig gelernt, aber sie hatten keine Vorstellung von dem, was es bedeutet. Vielleicht kannten sie die Bedeutung der Wörter „Inneres", „Erdball" oder „glühende, geschmolzene Masse" nicht. Wie dem auch sei, das Wissen half ihnen, die Testfragen richtig zu beantworten, aber nur, wenn die Fragen die gleichen Wörter wie das Schulbuch benutzten, aus dem sie auswendig gelernt hatten. Schüler greifen meist dann auf das Auswendiglernen zurück, wenn sie meinen, sie würden das zu lernende Material doch nicht verstehen oder wenn Lehrer für ungenaue Definitionen Punkte abziehen.

Howard Gardner war eine kritische Stimme gegen das Auswendiglernen und ein Vertreter des „Lehrens zum Verstehen". In einem Interview in *Phi Delta Kappan* (Siegel & Shaughnessy, 1994) sagte Gardner:

Meine größten Bedenken hinsichtlich unserer amerikanischen Bildung beziehen sich darauf, dass auch unsere guten Schüler in unseren besseren Schulen lediglich durch unser Bildungssystem durchgeschleust werden. In meinem Buch „The Unschooled Mind" zitiere ich sehr viele Hinweise darauf, dass ohne Verständnis gelernt wird; daraus erklärt sich die Unfähigkeit der Schüler, ihr Wissen, ihre Fertigkeiten und anderes, was sie noch erworben haben, erfolgreich in neuen Situationen anzuwenden. In Abwesenheit solcher Flexibilität und Anpassungsfähigkeit ist die Ausbildung der Schüler wenig wert (S. 563–564).

Welchen Standpunkt haben Sie?

men gelernt werden müssen und zu denen die Schüler keinen Bezug haben, den gewünschten Lerneffekt beeinträchtigen. Wenn der Lehrer Schlüsselwörter als Gedächtnisstütze einführt, die dem Wissensstand der Schüler nicht entsprechen, und deshalb später mit anderen leicht verwechselt oder vergessen werden können, wird die Behaltensleistung beeinträchtigt (Wang & Thomas, 1995; Wang, Thomas & Ouelette, 1992). Jüngeren Schülern bereitet es einige Schwierigkeiten, ihre eigenen Vorstellungsbilder zu formen. Für sie sind Reimwörter wirksamer, denn sie bilden auditorische Hinweisreize. Reime wie „Wer nämlich mit ‚h' schreibt ist dämlich" werden besser behalten (Willoughby, Porter, Belsito & Yearsley, 1999).

Viele Lehrer benutzen ein mnemonisches System, um schnell die Namen ihrer Schüler zu lernen. Bis wir etwas Wissen angesammelt haben, das unser Lernen steuert, könnte es helfen, mnemonische Verfahren zum Behalten von Vokabeln oder Fachtermini und Fakten einzusetzen. Nicht alle Pädagogen können dem jedoch zustimmen, wie aus *Pro & Contra* zu ersehen ist.

Auswendig lernen

Nur wenige Dinge muss man auswendig lernen. Die größte Herausforderung für den Lehrer ist die effektive Unterstützung der Schüler beim Denken und Verstehen, nicht nur beim Auswendiglernen. Leider unterscheiden Schüler – wie diejenigen in der Fallstudie zu Beginn des Kapitels – nicht zwischen Lernen und Auswendiglernen (Iran-Nejad, 1990).

Nur selten müssen wir etwas wort-wörtlich auswendig wissen, wie etwa bei einem Gedicht, einem Lied oder für ein Theaterstück. Wie würden Sie das anfangen? Wenn Sie eine Liste von ähnlichen Wörtern lernen müssen, dann werden Sie selbst schon die Erfahrung gemacht haben, dass man den Anfang und das Ende der Liste besser behält als die Mitte. Dieses Phänomen heißt **Positionseffekt**. Will man diesen Effekt vermeiden, sollte man die zu lernende Liste aufteilen; diese Vorgehensweise wird als **fragmentiertes Lernen** bezeichnet. Wenn man mehrere Teillisten herstellt, schrumpft die Menge der mittleren Einheiten, die schnell vergessen werden, deutlich.

Eine weitere Strategie zum Auswendiglernen einer größeren Auswahl von Einheiten oder einer Liste ist die des **verteilten Lernens**. Wenn ein Schüler versucht, den ganzen Monolog Hamlets in Abschnitten verteilt über das Wochenende zu erlernen, wird er ihn nachher besser beherrschen als ein anderer Schüler, der ihn am Sonntagabend noch lernen will. Den ganzen Stoff in einem einzigen Zeitabschnitt zu lernen, heißt massiertes Üben. **Massiertes Lernen** zieht Müdigkeit und sinkende Motivation nach sich. Verteiltes Üben bringt Zeit für eine tiefergehende Verarbeitung und die Gelegenheit, Informationen ins Langzeitgedächtnis zu überführen (Mumford, Costanza, Baughman, Threlfall & Fleishman, 1994). Was bei verteiltem Üben in einem Übungsabschnitt an Gelerntem verloren geht, kann im nächsten wieder erlernt werden.

7.5.2 Ein Experte werden: der Erwerb prozeduralen und konditionalen Wissens

Experten haben in bestimmten Bereichen umfangreiches spezifisches Wissen angesammelt; es handelt sich um Wissen, das nur in einem festgelegten Bereich angewendet werden kann. Es schließt *deklaratives Wissen* (Fakten und verbale Information), *prozedurales Wissen* (wie man verschiedene kognitive Aktivitäten ausführt) und *konditionales Wissen* (wissen, wann und warum man das Wissen anwendet) ein. Darüber hinaus haben Experten anscheinend ein gut entwickeltes Langzeitgedächtnis im Bereich ihrer Expertise; dadurch können sie schnell relevante Informationen abrufen und effektive Strategien einsetzen.

Ein anderes Merkmal unterscheidet noch Experten von Novizen (Neulingen). Ein großer Anteil des deklarativen Wissens eines Experten hat sich „prozeduralisiert", d. h. es wurde in Routinen eingebettet, die, sofort eingesetzt, automatisiert werden können, ohne große Anforderungen an das Arbeitsgedächtnis zu stellen. Explizite Erinnerungen sind implizit geworden und der Experte ist sich ihrer nicht mehr bewusst. Fertigkeiten, die ohne bewussten Einsatz von Überlegungen

---

Positionseffekt Tendenz, den Anfang und das Ende einer Liste besser zu behalten als die Mitte.

Fragmentiertes Lernen Aufteilen einer Liste in mehrere Teillisten.

Verteiltes Lernen Strategie zum Auswendiglernen einer größeren Auswahl in einzelnen Einheiten.

Massiertes Lernen Strategie zum Auswendiglernen in einem einzigen Zeitabschnitt.

eingesetzt werden, werden automatische Grundfertigkeiten genannt.

Ein Beispiel ist das Betätigen der Gangschaltung im Auto. Zuerst musste man über jeden Handgriff nachdenken, aber mit wachsender Expertise wird die Handlung immer automatischer. Aber nicht alle Handlungsvollzüge können automatisiert werden, auch nicht für Experten in einem bestimmten Bereich. Wenn man zum Beispiel noch so viel Routine im Autofahren hat, muss man doch den Verkehr aufmerksam beobachten. Diese Art von bewusstem Vorgehen nennt man bereichsspezifische Strategie. Automatisierte Grundfertigkeiten und bereichsspezifische Strategien werden auf verschiedene Art und Weise gelernt (Gangé, Yekovich & Yekovich, 1993).

> ### Halt! Denken Sie nach! Schreiben Sie!
> Sie stellen sich beim geschäftsführenden Direktor vor. Er fragt: „Was sind die Grundfertigkeiten, die Ihre Studenten beherrschen sollten – was gehört zu ihrem fortgeschritteneren Lernen und wie würden Sie es ihnen vermitteln?"

Automatisierte Grundfertigkeiten

Von den meisten Psychologen werden drei Stufen in der Entwicklung der automatisierten Fertigkeiten vorgeschlagen: die *kognitive*, die *assoziative* und die *autonome Stufe* (Anderson, 1995b; Fitts & Posner, 1967). In der ersten, der *kognitiven Stufe*, wenn wir anfangen zu lernen, verlassen wir uns auf deklaratives Wissen und allgemeine Problemlösestrategien, um unser Ziel zu erreichen. Wenn wir zum Beispiel ein Bücherregal zusammenbauen wollen, lesen wir die einzelnen Bauschritte in der Bauanweisung durch; wir haken vielleicht sogar jeden durchgeführten Schritt ab, um unseren Fortschritt im Auge zu behalten. Auf dieser Stufe müssen wir noch über jeden Schritt nachdenken. Vielleicht müssen wir sogar die Abbildungen der einzelnen Teile genau anschauen, damit wir wissen, wie der „metallene Stift mit der Schraubwinde am Ende" aussieht und wo er eingebaut werden muss. Die Belastung des Arbeitsgedächtnisses ist hoch. In diesem Stadium kann es ziemlich viel Versuch- und Irrtum-Lernen geben, wenn z. B. der infrage kommende Stift nicht passt.

Auf der *assoziativen Stufe* werden einzelne Schritte einer Vorgehensweise kombiniert oder in größere Einheiten (engl. chunks) gebündelt. Wir finden den richtigen Stift und führen ihn in das richtige Loch ein. Ein Schritt zieht den anderen zwingend nach sich. Mit wachsender Übung geht die assoziative in die *autonome Stufe* über, auf der die Abläufe ohne großen Aufmerksamkeitsaufwand erledigt werden können. Nach einer Reihe von Bücherregalen, die wir zusammensetzen mussten, können wir noch andere Tätigkeiten nebenbei erledigen, wie uns unterhalten, ohne dass unsere Arbeit stockt. Diese Entwicklung von der kognitiven über die assoziative zur autonomen Stufe gilt für alle Arten von grundlegenden kognitiven Fertigkeiten in verschiedenen Gebieten. Aber Fertigkeiten in den Naturwissenschaften, in der Medizin und in Mathematik sowie im Schach sind am genauesten untersucht worden.

Was können Lehrer unternehmen, um die Entwicklung ihrer Schüler durch diese drei Stufen zu begleiten und sie zu „Experten"-Lernern zu erziehen? Zwei Faktoren erscheinen wichtig: *Vorwissen* und *Übung mit Rückmeldung*. Wenn Schüler nicht über das notwendige Wissen verfügen (Schemata, Fertigkeiten usw.), wird die Belastung des Arbeitsgedächtnisses groß. Um zum Beispiel ein Gedicht in einer Fremdsprache zu verfassen, muss man die notwendigen Vokabeln und etwas Grammatik dieser Fremdsprache kennen und außerdem etwas über Formen von Gedichten wissen. Dies alles während des Gedichtschreibens zu lernen – Vokabeln, Grammatik, Gedichtformen – ist natürlich viel zu aufwendig.

Übung mit Rückmeldung führt zur Bildung von Assoziationen, zum automatischen Erkennen von Hinweisreizen und zur Bündelung von kleinen Schritten in übergeordnete Bedingungs-Handlungs- oder *Handlungsvollzugsregeln* (siehe 7.3.3). Schon in einem frühen Lernstadium sollte die Übung eine vereinfachte Version eines ganzen Handlungsablaufs in einer realen Aufgabensituation beinhalten. Übungen in realen Situationen helfen den Schülern zu lernen, wie man eine Fertigkeit durchführt, warum und wann sie angebracht ist (Collins, Brown & Newman, 1989; Gagné, Yekovich & Yekovich, 1993). Wie jeder Sporttrainer weiß, können bestimmte Teilübungen Probleme bereiten, dann müssen sie so lange wiederholt werden, bis sie automatisiert sind; dann müssen sie wieder in den gesamten Übungsablauf eingegliedert werden, damit die Anforderungen an das Arbeitsgedächtnis gemindert werden (Anderson, Reder & Simon, 1996).

Bereichsspezifische Strategien

Wie wir schon früher erfahren haben, kann manches prozedurale Wissen nicht automatisch eingesetzt werden, wie zum Beispiel beim Autofahren im Verkehr; hier wechselt die Situation ständig. Wenn man einmal den Entschluss gefasst hat, den Fahrstreifen zu wechseln, erfolgt der Wechsel selbst ziemlich automatisch, aber der Entschluss selbst war bewusst und bezog Überlegungen über die Verkehrssituation ein.

Bereichsspezifische Strategien sind bewusst eingesetzte Fertigkeiten, die Überlegungen und Ziele organisieren. Um dieses Lernen zu fördern, müssen Lehrer sich um geeignete Übungssituationen kümmern – zum Beispiel sollte Lesen mit Zeitungen, Verpackungsetiketten, Illustrierten, Briefen und Bedienungsanleitungen geübt werden. Im nächsten Kapitel werden das Problemlösen und Lernstrategien abgehandelt: es werden darin andere bereichsspezifische Strategien besprochen. Aber zunächst werden im nächsten Abschnitt Unterschiede und Gemeinsamkeiten in den Formen des kognitiven Lernens zusammengetragen.

Unterschiede und Gemeinsamkeiten beim kognitiven Lernen 7.6

Viele der Konzepte und Prozesse, die in diesem Kapitel besprochen wurden – die wichtige Rolle des Wissens beim Lernen, das sensorische Arbeits- und Langzeitgedächtnis, Metakognitionen – sind allgemein, sie gelten für alle Lerner. Aber es gibt durch Entwicklung bedingte und individuelle Unterschiede, was Schüler, wissen und wie sie von ihren Gedächtnisfunktionen Gebrauch machen.

7.6.1 Unterschiede

Wie zu erwarten ist, gibt es sowohl durch Entwicklung bedingte als auch individuelle Unterschiede im Arbeitsgedächtnis. Davon sollen einige hier vorgestellt werden. Zunächst aber:

> **Halt! Denken Sie nach! Schreiben Sie!**
> Lesen Sie die folgenden Sätze und auch die Wörter in Großbuchstaben einmal laut vor:
>
> *Seit vielen Jahren arbeiten meine Familie und meine Freunde auf dem Bauernhof.* LAST
> *Da das Zimmer so stickig war, ging Robert nach draußen, um frische Luft zu schnappen.* SPUR
> *Erst nach 50 Meilen auf hoher See sahen wir das Land nicht mehr.* BAND
>
> Nun decken Sie die Sätze zu und beantworten Sie die folgenden Fragen (nicht mogeln!):
> Nennen Sie die Worte in Großbuchstaben! Wer war in dem stickigen Zimmer? Wer hat auf dem Bauernhof gearbeitet?

Sie haben gerade einige Aufgaben aus einem Test zur Gedächtnisspanne des Arbeitsgedächtnisses durchgeführt (Engle, 2001). Der Test erforderte sowohl das Verarbeiten der Satzbedeutungen als auch die Speicherung der Wörter (Ashcraft, 2006). Wie haben Sie abgeschnitten?

Entwicklungsunterschiede

Entwicklungspsychologische Untersuchungen haben gezeigt, dass kleine Kinder über eine sehr begrenzte Kapazität des Arbeitsgedächtnisses verfügen, die Gedächtnisspanne wächst aber mit dem Alter an. Die gegenwärtige Forschung weist darauf hin, dass alle drei Komponenten des Arbeitsgedächtnisses, die zentrale Exekutive, die phonologische Schleife und der visuell-räumliche Notizblock, ab dem Alter von vier Jahren bis zur Adoleszenz immer effizienter arbeiten (Gathercole, Pickering, Ambridge & Wearing, 2004). Es ist nicht klar, ob diese Unterschiede durch die Veränderungen der *Gedächtniskapazität* oder durch die Verbesserungen des *Strategiengebrauchs* zustande kommen. Case (1998) schlägt vor, dass die gesamte Kapazität, die für die Informationsverarbeitung zur Verfügung steht, in jedem Alter die gleiche ist. Aber kleine Kinder benötigen einen relativ hohen Anteil davon schon für die Durchführung grundlegender Handlungsvollzüge, wie z. B. das Erreichen eines Gegenstandes außerhalb der

---

Bereichsspezifische Strategien Bewusst eingesetzte Fertigkeiten, die Überlegungen und Ziele organisieren.

Es gibt eine Reihe von Entwicklungsunterschieden im Einsatz von Informationsverarbeitungsstrategien im Arbeits- und Langzeitgedächtnis.

eigenen Reichweite, das richtige Wort für den Gegenstand zu finden oder das Zählen. Eine neue Handlung auszuführen nimmt einen erheblichen Teil des kindlichen Arbeitsgedächtnisses in Anspruch. Sobald ein Handlungsvollzug beherrscht ist, wird Kapazität des Arbeitsgedächtnisses frei, um neue Informationen im Arbeitsgedächtnis zu halten. Für sehr kleine Kinder spielt die biologische Ausstattung auch eine Rolle. Mit der zunehmenden Reifung des Gehirns und des zentralen Nervensystems des Kindes wird das Informationsverarbeitungssystem effizienter, sodass mehr Kapazität im Arbeitsgedächtnis frei wird (Bransford, Brown & Cocking, 2000).

Mit zunehmendem Alter entwickeln Kinder effektivere Strategien zum Behalten von Informationen. Etwa mit vier Jahren fangen Kinder an zu verstehen, dass Erinnern dafür steht, etwas aus der Vergangenheit abzurufen. Vor dem Alter von vier Jahren meinen Kinder, dass Erinnern etwas jetzt sehen oder wissen bedeutet, und vergessen heißt für sie nicht wissen (Perner, 2000). Die meisten Kinder entdecken spontan das Wiederholen etwa im Alter von fünf oder sechs Jahren. Siegler (1998) beschreibt einen neun Jahre alten Jungen, der einen Diebstahl beobachtete, dann ständig das Autokennzeichen des Diebes vor sich hersagte, bis er die Nummer einem Polizeibeamten sagen konnte. Jüngeren Kindern kann man die Wiederholungsstrategie vermitteln, und sie setzen sie auch effektiv ein, wenn sie daran erinnert werden, aber sie wenden die Strategien nicht spontan an. Kinder von etwa zehn bis elf Jahren verfügen erst über ein Arbeitsgedächtnis, dessen Leistung dem eines Erwachsenen ähnelt.

Nach Case (1998) verwenden Kinder oft akzeptable aber unrichtige Strategien, um Probleme zu lösen, weil sie eine begrenzte Gedächtniskapazität haben. Sie versuchen deshalb die Aufgaben zu vereinfachen, indem sie wichtige Informationen ignorieren oder wichtige Schritte bei der Lösung eines Problems überspringen. Das reduziert die Belastung ihres Arbeitsgedächtnisses. Zum Beispiel bedenken Kinder beim Vergleich von Mengen nur die Wasserhöhe im Glas, aber nicht dessen Durchmesser, denn diese Vereinfachung fordert weniger Gedächtniskapazität. Für Case liegt in diesen Gegebenheiten die Erklärung für das Versagen jüngerer Kinder bei der klassischen Konservierungsaufgabe nach Piaget (siehe Abbildung 2.2).

Es gibt verschiedene Entwicklungsunterschiede im Gebrauch von Organisation, Elaboration und Wissen bei der Informationsverarbeitung im Arbeitsgedächtnis. Etwa im Alter von sechs Jahren erkennen Kinder den Nutzen von Organisationsstrategien und mit neun oder zehn Jahren setzen sie diese auch spontan ein. Wenn also die folgenden Worte gelernt werden sollen:

> Sofa, Orange, Ratte, Lampe, Birne, Schaf, Banane, Teppich, Ananas, Pferd, Tisch, Hund

werden ältere Kinder und Erwachsene die Wörter in drei kurze Listen mit jeweils Möbel, Früchten und Tiernamen ordnen. Jüngere Kinder können das auch, aber sie müssen darauf hingewiesen werden. Kinder können zunehmend besser elaborieren, aber erst in der späten Kindheit. Vorstellungsbilder oder Geschichten zu entwerfen, um Konzepte und Ideen zu behalten, ist erst gegen Ende der Grundschule und in der Adoleszenz möglich (Siegler, 1998).

Individuelle Unterschiede

Neben den Entwicklungsunterschieden gibt es andere individuelle Variationen in der Funktion des Arbeitsgedächtnisses, und diese Unterschiede haben Implikationen für das Lernen. Zum Beispiel beträgt die Korrelation zwischen einem Test der Gedächtnisspanne des Arbeitsgedächtnisses (wie dem in der *Halt! Denken Sie nach! Schreiben Sie!*-Übung, siehe S. 339) und dem verbalen Teil des Scholastic Assessment Tests (SAT), der die schulischen Leistungsmöglichkeiten von Schülern testet, etwa $r = .59$. Aber es gibt keine Korrelation zwischen dem SAT und einfachen Tests der Kurzzeit-gedächtnisspanne (Zahlen wiederholen). Die Spanne des Arbeitsgedächtnisses weist auch einen Zusammenhang mit Intelligenztestwerten auf. Wenn eine Aufgabe kontrollierte Aufmerksamkeit oder höhere Denkprozesse erfordert, dann hat die Arbeitsgedächtnisspanne wahrscheinlich einen Einfluss auf die Durchführung einer Aufgabe (Ashcraft, 2006; Hambrick, Kane & Engle, 2005, Ackerman, Beier & Boyle, 2005; Unsworth & Engle, 2005).

Manche Menschen haben ein effizienteres Arbeitsgedächtnis als andere (Cariglia-Bull & Pressley, 1990; DiVesta & Di Cintio, 1997; Jurden, 1995). Unterschiede im Arbeitsgedächtnis können auch zu ausgezeichneten Leistungen in Mathematik oder verbalen Fächern führen. Zum Beispiel wurden in einer Untersuchung die Versuchspersonen gebeten, sich Zahlenreihen, die Orte von Markierungen auf einer Seite sowie Buchstaben und Worte zu merken (Dark & Benbow, 1991). Teilnehmer, die gut in Mathematik waren, konnten die Zahlen und die Orte signifikant besser behalten als Teilnehmer, die gut in verbalen Bereichen waren; diese behielten die Worte besser. Aufgrund dieser Ergebnisse glaubten Dark und Benbow aussagen zu können, dass Grundunterschiede in der Fähigkeit, Informationen zu verarbeiten, eine Rolle bei der Entwicklung von mathematischen und verbalen Begabungen spielen.

7.6.2 Unterschiede: individuelle Unterschiede im Langzeitgedächtnis

Der größte individuelle Unterschied, der sich im langfristigen Behalten auswirkt, liegt im Wissensumfang. Wenn Schüler über mehr bereichsspezifisches, deklaratives und prozedurales Wissen verfügen, lernen und behalten sie besser das Material aus ihren Bereichen (Alexander, 1997). Stellen Sie sich vor, Sie müssten ein sehr technisch geschriebenes Lehrbuch aus einem Fach lesen, von dem Sie wenig Ahnung haben. Jede Zeile fiele Ihnen schwer. Sie müssten ständig innehalten und Wörter nachschlagen oder noch einmal zurückblättern, um einzelne Stellen noch einmal zu lesen. Das Gelesene würde schlecht behalten, denn Sie würden lesen und sich die Sachinformationen gleichzeitig einprägen. Mit einem guten Wissenshintergrund fielen Ihnen Verstehen und gleichzeitiges Behalten wesentlich leichter. Je mehr Sie schon wissen, umso leichter fällt es Ihnen, neues Wissen aufzunehmen. Das trifft schon

deshalb zu, weil Wissenserwerb auch gleichzeitig Strategieerwerb und -einsatz mit sich bringt. Ein weiterer Einflussfaktor für Verstehen und Behalten ist das Interesse. Um Expertenwissen und Abruf dieses Wissens in einem bestimmten Bereich zu entwickeln, benötigt man das ständige Wechselspiel von Können oder Wissen und Motivation oder Interesse (skill and thrill) (Alexander, Kulikovich & Schulze, 1994, S. 334).

Menschen unterscheiden sich in ihrer Fähigkeit, Vorstellungsbilder einzusetzen. Es gibt sowohl Entwicklungsunterschiede als auch individuelle Differenzen. Kinder greifen mehr als Erwachsene auf Vorstellungsbilder zurück. Mit wachsender kognitiver Reife ersetzen Kinder zunehmend Vorstellungsbilder durch verbale Propositionen. Unter Erwachsenen neigen manche Menschen eher zu Vorstellungsbildern als andere, aber auf jeden Fall kann man den Einsatz von Vorstellungsbildern trainieren (Schunk, 2004).

Wie im Laufe dieses Buches klar wurde, wachsen Menschen in verschiedenen kulturellen Kontexten auf, sie haben einen unterschiedlichen Wissensfundus (Moll, 1994; Nieto, 2004). Tabelle 2.4 (siehe S. 66) stellt mögliche Wissensfelder von Familien lateinamerikanischer Herkunft in Luis Molls Untersuchungen des kulturellen Wissens dar. Es sei an die früher in diesem Kapitel geschilderte Baseballuntersuchung erinnert – Aufmerksamkeit, Lernen und Gedächtnis werden gefördert, wenn das Training auf Vorwissen von Schülern aufbaut.

7.6.3 Individuelle Unterschiede in der Metakognition

Einige Unterschiede in den metakognitiven Fähigkeiten sind das Ergebnis von Entwicklung. Jüngere Kinder zum Beispiel machen sich den Zweck einer Unterrichtsstunde nicht klar – sie mögen der Meinung sein, es gehe nur darum, etwas fertigzustellen. Sie können auch die Schwierigkeiten einer Aufgabe schwer einschätzen – sie meinen unter Umständen, das Lesen einer anregenden Geschichte und eines naturwissenschaftlichen Textes sei das Gleiche (Gredler, 2005). Wenn Kinder dann älter werden, kontrollieren sie ihre Strategien besser. Sie können die angemessenen Strategien besser auswählen, wenn sie die Instruktionen verstanden haben (Markman, 1977, 1979) oder wissen, ob sie schon genug gelernt haben, um bestimmtes Material zu beherrschen (Flavell, Friedrichs & Hoyt, 1970). Metakognitive Fähigkeiten beginnen sich nach Flavell,

Tabelle 7.4

Die Ursachen von Aufmerksamkeitsschwierigkeiten infrage stellen

Wenn wir eine ganzheitliche Perspektive bei der Analyse des Schülers einnehmen, können wir die individuellen Differenzen zwischen den Schülern verstehen und ausnützen; besonders für die Arbeit mit Schülern mit ADHS sind die folgenden Fragen sehr hilfreich.

Perspektive	Schlüsselfragen	Schlüsselexperten	Beispiele möglicher Tests	Beispiele möglicher Interventionen
Soziokulturell	Welcher Anteil an Aufmerksamkeits- und Verhaltensstörungen ist auf kulturelle Besonderheiten zurückzuführen?	Kulturbewusste Sozialarbeiter, Psychologen, Lehrer	Hausbesuche; Beobachtungen im Klassenraum	Erarbeiten eines kulturbewussten Lehrplans; positive Einstellung zu kulturellen Unterschieden
Emotional	Wie viele der Aufmerksamkeits- und Verhaltensstörungen rühren von emotionalen Traumata, von Angst/Depression oder von Temperamentsunterschieden her?	Klinische Psychologen; Psychiater; ausgewiesene Berater	Erfassung von Depression; Angst; Temperamentserfassung	Psychotherapie; Familientherapie; Sorge tragen für eine emotional unterstützende Klassengemeinschaft
Entwicklung	Welcher Anteil der kindlichen Aufmerksamkeits- und Verhaltensschwierigkeiten hat seine Ursachen in Entwicklungsverzögerungen oder -beschleunigungen?	Kinderarzt; Entwicklungspsychologen	Entwicklungsindices; Beobachtungen in natürlicher Umgebung	Bereitstellung eines der Entwicklung angemessenen Lehrplans; Anpassung an Verhaltenserwartungen
Kognitiv	Welche Anteile der kindlichen Aufmerksamkeits- und Verhaltensstörungen rühren von kreativem Verhalten oder anderen positiven kognitiven Abweichungen des Kindes her?	Hochbegabte und talentierte Spezialisten; kognitive Psychologen	Kreativitätstests; Tests zur Erfassung kognitiver Stile	Nutzen von bildenden Künsten; Lehrplan mit kreativer Betätigung; Lehrplan für Hochbegabte und zur Ausbildung besonderer Talente; andere kreative Ansätze
Biologisch	Welche Anteile der kindlichen Aufmerksamkeits- und Verhaltensstörungen rühren von biologischen Problemen oder neurobiologischen Unterschieden her?	Familienarzt; Facharzt (z. B. Neurologe, Psychiater)	Medizinische Untersuchung, medizinische Spezialtests	Medikamente (z. B. Ritalin); Behandlung für zugrunde liegende körperliche Probleme
Pädagogisch	Welche Anteile der kindlichen Aufmerksamkeits- und Verhaltensstörungen rühren von Unterschieden im Lernen her	Kognitive Psychologen; Klassenlehrer	Lernstiltests; Tests zur Erfassung des multiplen Intelligenzprofils; lebensnahe Erfassung natürlicher Leistungsbefähigung; Arbeitsmappen des Kindes	Lehrstrategien auf den individuellen Lernstil/ multiples Intelligenzprofil des Kindes zugeschnitten

Partnerschaft mit Familie und Gemeinde: Lernen organisieren

Vermitteln Sie den Familien spezifische Strategien, ihren Kindern beim Üben und Behalten des Lernstoffs zu helfen.

Beispiele

1 Entwickeln Sie Sonderhausaufgaben für gute Lerner, die zusätzliches Lernmaterial beinhalten, und eine „Eltern-Trainingskarte" mit einer Beschreibung einer einfachen Lernstrategie, die dem Lernmaterial angemessen ist und welche die Eltern den Kindern vermitteln können.

2 Arbeiten Sie ein paar Fragen aus, die das Verständnis des Lernstoffes überprüfen. So können Familienmitglieder sehen, ob das Gelesene auch verstanden wurde.

3 Beschreiben Sie den Vorteil von verteiltem Üben und vermitteln Sie den Familienmitgliedern Ideen darüber, wie und wann man die Übung von Fertigkeiten in den häuslichen Alltag und in Unterhaltungen in der Familie einflechten kann.

Bitten Sie Familienmitglieder, ihre Organisations- und Behaltensstrategien auszutauschen.

Beispiele

1 Legen Sie einen Familienkalender an.

2 Regen Sie Diskussionen über Vorhaben an, in denen Familienmitglieder Schülern helfen, lange Aufgaben in kleine Teileinheiten zu zerlegen, Ziele aufzustellen und Mittel zu deren Erreichung ausfindig zu machen.

Diskutieren Sie die Wichtigkeit der Aufmerksamkeit beim Lernen.

Beispiele

1 Schlagen Sie den Familien vor, Arbeitsplätze für die Erledigung der Hausaufgaben einzurichten, die keinen Ablenkungen ausgesetzt sind.

2 Stellen Sie sicher, dass die Eltern wissen, welchen Zwecken bestimmte Hausaufgaben dienen.

Eine Website, die sich mit Lernstrategien von Schülern der höheren Schule beschäftigt und die nützliche Ratschläge für Eltern liefert, ist **http://www.mtsu.edu/~studskl/hsindex.html**

Green und Flavell (1995; Garner, 1990) etwa ab dem Alter von fünf Jahren durch das ganze Schuljahr hindurch zu entwickeln. In ihrer Untersuchung von Erst- und Zweitklässlern fand Nancy Perry erhöhtes metakognitives Funktionieren, wenn man entsprechende Fragen stellte. Die Fragen waren: „Was hast du heute an dir beim Lesen/Schreiben bemerkt?" und „Was hast du gelernt, was du immer wieder tun möchtest?" Wenn Lehrer diese Fragen regelmäßig in der Klasse stellten, zeigten auch Schüler in den ersten Klassenstufen ein ziemlich weit entwickeltes metakognitives Verstehen und Handeln (Perry et al., 2000).

Nicht alle Unterschiede in kognitiven Fähigkeiten sind auf Alter und Reifung zurückzuführen. Es gibt große Variabilität in metakognitiven Fähigkeiten bei gleichem Entwicklungsstand, die jedoch nicht auf unterschiedliche intellektuelle Fähigkeiten zurückzuführen sind. Im Gegenteil können sehr gut entwickelte metakognitive Fähigkeiten wenig ausgeprägte intellektuelle Fähigkeiten bis zu einem bestimmten Ausmaß kompensieren. Deshalb sind metakognitive Fähigkeiten sehr wichtig für Schüler mit Schulschwierigkeiten (Schunk, 2004; Swanson, 1990). Einige Unterschiede in metakognitiven Fähigkeiten lassen sich auf biologische Ursachen oder auch auf unterschiedliche Lernerfahrungen zurückführen. Schüler unterscheiden sich in ihrer Fähigkeit, sich selektiv Informationen in ihrer Umgebung zuzuwenden. Viele Schüler mit der Diagnose „Lernstörungen" leiden tatsächlich eher an Aufmerksamkeitsstörungen (Hallahan & Kauffman, 2006), besonders bei langen Aufgaben (Pelham, 1981). Andere Aufmerksamkeits- und Verhaltensstörungen haben soziokulturelle, emotionale, durch die Entwicklung bedingte, kognitive oder pädagogische Ursachen, wie dies in ▶ Tabelle 7.4 zusammengestellt ist.

7.6.4 Gemeinsamkeiten: Vernetzung mit den Familien

Einige der letzten Abschnitte dieses Kapitels haben beschrieben, wie Schüler Wissen erwerben – Gedächtnisstrategien, Mnemotechnik und metakognitive Fertigkeiten (wie Planen oder das eigene Verarbeiten von Informationen und den Erwerb und Einsatz kognitiver Fertigkeiten überwachen). Einige Schüler lernen diese Strategien und Fertigkeiten schon zu Hause und sind dadurch im Vorteil. Man kann diesen Umstand ausnut-

zen und sich mit der Familie kurzschließen, um so das Kind besser fördern zu können. Die *Richtlinien* (siehe S. 343) vermitteln Ideen, wie man mit Familien zusammenarbeiten kann, um alle Schüler besser zu fördern und ihnen zu helfen, die notwendigen kognitiven und metakognitiven Fertigkeiten zu entwickeln.

ZUSAMMENFASSUNG

Die kognitive Sichtweise (S. 307–309)

Stellen Sie kognitive und behavioristische Ansätze beim Lernen dar und berücksichtigen Sie dabei sowohl was gelernt wird als auch die Rolle der Verstärkung. Die Lerntheoretiker stimmen in ihrer Definition des Lernens nicht überein; die meisten würden aber von Lernen sprechen, wenn eine Erfahrung eine Veränderung im Verhalten oder Wissen einer Person hervorruft. Veränderungen, die auf Reifungsprozesse, Krankheit, Ermüdung oder Hunger zurückgeführt werden können, werden nicht als Lernen bezeichnet. Verhaltenstheoretiker betonen die Rolle der Umgebungseinflüsse beim Lernen und konzentrieren sich auf Verhalten – auf beobachtbare Reaktionen. Prozesse des Lernens von Verhalten umfassen das Kontiguitätslernen, das klassische und das operante Konditionieren und das Beobachtungslernen.

[handschriftlich:] Kognitive

[handschriftlich:] behavioristische

Wie wirkt sich das Wissen auf das Lernen aus? Der kognitive Ansatz macht klar, dass Wissen eine wichtige Komponente beim Lernprozess darstellt; das Wissen bringt der Lerner mit in die Lernsituation. Unser Wissen lenkt unsere Aufmerksamkeit auf bestimmte Informationen, die wir wahrnehmen, lernen, behalten und vergessen.

Das Informationsverarbeitungsmodell des Gedächtnisses (S. 309–318)

Geben Sie zwei Erklärungen des Wahrnehmungsprozesses an. Die Gestaltgesetze sind gültige Informationen von einzelnen Aspekten der Wahrnehmung. Aber es gibt noch zwei weitere Erklärungsansätze in der Informationsverarbeitungstheorie dafür, wie wir Muster erkennen und Wahrnehmungseindrücken Bedeutung verleihen. Der erste Ansatz wird mit *Merkmalsanalyse* oder *Von-unten-nach-oben-Verarbeitung* bezeichnet, weil die Reizgegebenheit

[handschriftlich:] bottom-up

erst nach Merkmalen durchforstet wird und dann zu einem bedeutungshaltigen Muster zusammengesetzt wird. Die zweite Art der Wahrnehmung, die *Von-oben-nach-unten-Verarbeitung,* gründet auf Wissen und Erwartung. Um Muster schnell erkennen zu können, setzen wir neben der Merkmalsanalyse unser Wissen über die Situation ein.

[handschriftlich:] top-dow

Was ist ein Arbeitsgedächtnis? Das Arbeitsgedächtnis ist sowohl Kurzzeitgedächtnis in Form der phonologischen Schleife und des visuell-räumlichen Notizblocks (das sind Funktionen, die von der zentralen Exekutiven gesteuert werden) als auch der Arbeitsplatz für bewusste Gedanken. Um die Informationen im Arbeitsgedächtnis für länger als 20 Sekunden aktiv zu halten, wird die geistige Wiederholung der Informationen als Strategie, aber auch die elaborierende Wiederholung (Verknüpfung mit Wissen im Langzeitgedächtnis) eingesetzt. Die Elaboration unterstützt auch die Überführung neuer Informationen ins Langzeitgedächtnis. Die begrenzte Kapazität des Arbeitsgedächtnisses kann durch den Kontrollprozess der Gruppierung von Informationen zu umfassenderen Einheiten erweitert werden.

Das Langzeitgedächtnis: Ziel allen Unterrichtens (S. 318–329)

Vergleichen Sie deklaratives, prozedurales und pragmatisches/konditionales Wissen. Deklaratives Wissen ist erklärendes, definierendes Wissen und meist verbal oder mit anderen Symbolen enkodiert. Deklaratives Wissen ist „wissen, dass" etwas der Fall ist. Prozedurales Wissen ist „wissen, wie man etwas macht"; es muss zum Lernen vorgeführt werden. Pragmatisches/Konditionales Wissen ist „wissen, wann und warum" deklaratives und prozedurales Wissen angewendet werden kann.

[handschriftlich:] deklaratir

[handschriftlich:] prozedural

[handschriftlich:] Konditiona

Wie ist die Information im Langzeitgedächtnis repräsentiert, und welche Rolle spielen dabei die Schemata? Erinnerungen können explizit sein (semantisch oder episodisch) oder implizit (prozedural, klassisch konditioniert oder gebahnt durch Priming). Im Langzeitgedächtnis können Informationseinheiten gespeichert und durch propositionale Netzwerke, Vorstellungsbilder oder in Schemata miteinander verknüpft werden; dies sind Repräsentationsformen von Informationen oder Daten, die erlauben, sehr große und komplexe Datenmengen zu speichern, daraus Schlussfolgerungen zu ziehen und neue Informationen einzugliedern und zu verstehen.

Welche Lernprozesse verbessern das Langzeitgedächtnis? Die Art und Weise, wie eine Information eingespeichert wurde, wirkt sich auf das spätere Abrufen aus. Eine grundlegende Anforderung ist, den neuen Lernstoff mit dem bereits abgespeicherten Wissen durch Elaboration, Organisation und Kontext zu verknüpfen. Ein anderer Ansatz unter den Gedächtnistheorien ist die Mehrebenenverarbeitung (levels-of-processing- approach); dieser Ansatz sieht vor, dass die Behaltensleistung von der Verarbeitungstiefe, d. h. der Vollständigkeit der Verarbeitung, abhängt.

Warum wird etwas vergessen? Informationen aus dem Arbeitsgedächtnis verschwinden vollständig, wenn sie nicht ins Langzeitgedächtnis überführt werden. Aber aus dem Langzeitgedächtnis können bei richtigen Hinweisreizen Informationen abgerufen werden. Informationen aus dem Langzeitgedächtnis können durch Spurenverfall (neurale Verbindungen werden ohne Gebrauch schwächer – wie Muskeln) und Interferenz (neuere Erinnerungen können alte überlagern, und alte Erinnerungen können neue stören) verloren gehen.

Metakognition (S. 329–331)

Welche drei metakognitiven Fertigkeiten sind bekannt? Die drei metakognitiven Fertigkeiten, die das Denken und Lernen steuern, sind Planen, Überwachen und Bewerten. Planen bezieht sich auf das Berechnen von Zeitaufwand für eine Aufgabe, welche Strategie einzusetzen ist, wie in eine Aufgabe einzusteigen ist usw. Überwachen ist die Bewusstheit davon „wie ich etwas mache, ob ich Fortschritte ma-

che". Bewerten heißt Urteile abgeben über die Denk- und Lernprozesse und die eigenen Handlungen und deren Ergebnisse, aber auch umgekehrt die Rückwirkung des Denkens, Lernens und Handelns auf die Bewertungen.

Wie kann das Einsetzen besserer metakognitiver Strategien das Arbeits- und Langzeitgedächtnis von Kindern verbessern? Kleineren Kindern kann man das Organisieren des Lernstoffes vermitteln, um ihre Gedächtnisleistungen zu verbessern; sie wenden die Strategie jedoch ohne Hinweise in der Regel nicht an. Kinder werden mit steigendem Alter befähigter, die Strategie der Elaboration anzuwenden, sie beherrschen sie jedoch noch nicht vor Ende der Kindheit bzw. Beginn der Adoleszenz. Vorstellungsbilder oder Geschichten zu erfinden, um Ideen zu behalten und abzurufen, lässt sich erst gegen Ende der Grundschulzeit bei Schülern beobachten.

Wissenserwerb: einige Grundprinzipien (S. 331–339)

Beschreiben Sie drei Arten der Förderung des deklarativen Wissenserwerbs. Deklaratives Wissen entwickelt sich, wenn wir neue Informationen in das vorhandene Wissen integrieren. Die nützlichste und effektivste Form des Lernens und Erinnerns ist das Verstehen neuer Informationen. Die zu behaltende Information muss bedeutungshaltig sein, um behalten zu werden; dies ist für den Lehrer die größte Herausforderung. Mnemotechnische Methoden helfen dabei. Sie umfassen Verfahren mit sogenannten Aufhängern wie die Methode der Orte (loci), Akronyme, Kettenmnemonik und die Schlüsselwortmethode. Eine in ihrer Effektivität begrenzte Herangehensweise ist das mechanische Auswendiglernen, das am besten durch Lernen von Teileinheiten und verteilter Übung bewerkstelligt wird.

Beschreiben Sie einige Verfahren zum Erwerb prozeduralen Wissens. Automatisierte Grundfertigkeiten und bereichsspezifische Strategien sind zwei Typen des prozeduralen Wissens, die jedoch unterschiedlich gelernt werden. Es gibt drei Stadien in der Entwicklung von automatisierten Fertigkeiten: das kognitive (das deklarative Wissen schreibt bestimmte Schritte und die Richtung vor), das assoziative (einzelne Schritte werden zu größeren Einheiten zusammengefasst) und das autonome Stadium (in dem die gesamte Vorgehensweise ohne Aufmerksamkeitsaufwand erledigt werden kann). Vorwissen und Übung mit Rückmeldung unterstützen die Entwicklung in den drei Stadien. Bereichsspezifische Strategien sind bewusst angewandte Fertigkeiten zur Organisation von Gedanken und Handlungen, um ein Ziel zu erreichen. Um diese Art des Lernens zu fördern, müssen Lehrer viele unterschiedliche Gelegenheiten zur Übung und Anwendung bereitstellen.

SCHLÜSSELBEGRIFFE

Abruf (S. 326)

Akronym (S. 334)

Allgemeines Wissen (S. 309)

Arbeitsgedächtnis (S. 313)

Automatisierung (S. 312)

Bahnen/Priming (S. 324)

Bereichsspezifische Strategien (S. 339)

Bereichsspezifisches Wissen (S. 309)

Blitzartige Erinnerungen (S. 324)

Deklaratives Wissen (S. 318)

Elaboration (S. 325)

Elaborierendes Wiederholen (S. 317)

Episodisches Gedächtnis (S. 323)

Exekutive Kontrollprozesse (S. 329)

Explizites Gedächtnis (S. 320)

Fragmentiertes Lernen (S. 337)

Geschichtengrammatik (S. 322)

Gestalt (S. 311)

Gruppieren/chunking (S. 317)

Handlungsvollzugsregeln (S. 324)

Implizites Gedächtnis (S. 320)

Informationsverarbeitung (S. 309)

Interferenz (S. 329)

Kettenmnemonik (S. 334)

Kognitive Sicht des Lernens (S. 307)

Kontext (S. 325)

Kurzzeitgedächtnis (S. 313)

Langzeitarbeitsgedächtnis (S. 318)

Langzeitgedächtnis (S. 318)

Loci-Methode (Ortsmethode) (S. 334)

Massiertes Lernen (S. 337)

Metakognition (S. 329)

Methode der Schlüsselwörter (S. 335)

Mnemotechnik (S. 334)

Organisation von Begriffen (S. 325)

Phonologische Schleife (S. 315)

Positionseffekt (S. 337)

Pragmatisches (konditionales) Wissen (S. 319)

Propositionales Netzwerk (S. 321)

Prototyp (S. 312)

Prozedurales Gedächtnis (S. 324)

Prozedurales Wissen (S. 319)

Rekonstruktion (S. 327)

Schema (S. 322)

Semantisches Gedächtnis (S. 320)

Sensorisches Gedächtnis (S. 310)

Sich ausbreitende Aktivierung (S. 326)

Skript (S. 323)

Spurenverfall (S. 317)

Theorie der Mehrebenenverarbeitung (S. 326)

Verarbeitung von oben nach unten/Top-down-Verarbeitung (S. 312)

Verarbeitung von unten nach oben/Bottom-up-Verarbeitung (S. 311)

Verteiltes Lernen (S. 337)

Visuell-räumlicher Notizblock (S. 316)

Vorstellungsbilder/Images (S. 321)

Wahrnehmung (S. 311)

Wiederholen/Übung (S. 317)

Zentrale Exekutive (S. 315)

ZUSAMMENFASSUNG

Aus dem Lehrernotizbuch

Die Aussage des folgenden Lehrernotizbuchs macht klar, wie vernetzt die einzelnen Themen der Pädagogischen Psychologie sind. Stellen Sie sich die folgenden Fragen: Haben meine Schüler die Möglichkeit zu selbstgesteuertem Lernen? Kennen sie den Wert und die Anforderungen von Lernaufgaben, die ich ihnen stelle? Über wie viele anspruchsvolle Lernstrategien verfügen sie? Die Forschung im Rahmen der kognitiven Perspektive geht auf diese und andere Fragen ein.

Das Wissen über das menschliche Gedächtnis und Lernen hat fast alle Aspekte der Übungen im Unterricht von der Lehrplanung und Klassenarbeiten bis zum Entwurf eines Lehrbuches und den Programmen für rechnergestütztes Lernen beeinflusst.

Was würden Lehrer tun?

Hier lesen Sie Antworten von praktizierenden Lehrern zu dem eingangs dieses Kapitels geschilderten Fall von Schülern im Fach Geschichte und ihren Ansichten darüber, was in Geschichte und wie man lernen sollte.

■ M. S., Oberstufenlehrer, Klassen 9–12

Die Schüler haben Geschichte immer auswendig gelernt, und sie hatten bis zu einem gewissen Punkt damit auch Erfolg. Aber höhere Anforderungen können nur mit komplexeren Lern- und Denkprozessen erfüllt werden. Es handelt sich nun um eine Oberstufenklasse, und die Schüler werden bald zur Universität gehen wollen, deshalb müssen sie anspruchsvollere Verarbeitungsmethoden übernehmen.

Ein wichtiges Lernelement ist die Diskussion über ein Thema mit überzeugenden Argumenten. Wenn ich Lehrer in dieser Klasse wäre und die Schüler so besorgt wegen der Tests und der Noten vorfände, würde ich mehr Referate und schriftliche Ausarbeitungen verlangen. Damit würde ich die Schüler zwingen, sich mit Hintergründen und Implikationen der geschichtlichen Fakten auseinanderzusetzen. Nur die Fakten und Einzelheiten zu wissen, ist nicht so wichtig wie das Verständnis dafür, wie sie in die Gegenwart hereinreichen und warum sie wichtig sind für die Gegenwart und die Zukunft.

■ A. D., Lehrer, Klassen 9–10

Diese Schüler verwenden offensichtlich Strategien, die ihnen in der Vergangenheit gute Dienste geleistet haben (auswendig lernen und halb verdautes Wissen vorbringen). Auf der Strecke blieb das kritische Denken. Viele Schüler bringt das mechanische Lernen ziemlich weit. Sie befassen sich nur mit dem absolut notwendigen Lernstoff, um in die nächste Jahrgangsstufe versetzt zu werden.

Um diesen Schülern die Gelegenheit zu geben, in der Geschichte mehr als nur eine Zeitleiste zu sehen, würde ich in der der Klasse ankündigen, dass es nach der nächsten Unterrichtseinheit keinen Test geben wird. Stattdessen würden wir kleine Projekte entwerfen, in denen über die behandelte Geschichtsepoche reflektiert werden muss. Man könnte z. B. ein Theaterstück schreiben, eine Modenschau mit Kostümen aus der betreffenden Epoche veranstalten oder ein Fest, wie es zu jener Zeit gefeiert wurde. Manche Schüler könnten ein Stadtmodell bauen und dabei lernen, welcher Unterschied zwischen den Städten damals und den heutigen besteht. Die Schüler müssten den Geschichtstext sehr genau durchlesen, um das alles geschichtsgetreu zu entwerfen, aber sie müssten nichts auswendig lernen. Sie würden nach der Originalität ihrer Entwürfe und der Qualität ihrer Arbeit beurteilt; die Projektnote würde dann die Noten zweier Unterrichtseinheiten ersetzen.

■ M. K., Lehrer einer 12. Klasse

Schüler müssen in Geschichte verstehen, dass die vergangenen Ereignisse eine Wirkung bis in die Gegenwart haben. Die sprichwörtliche Redensart „diejenigen, die keine Geschichte gelernt haben, müssen sie noch einmal durchleben" trägt einen Kern Wahrheit in sich. Ich würde die Schüler vergleichend auf Ursache-Wirkungsbeziehungen in der Geschichte hinweisen. Wenn man seine Aufmerksamkeit auf die Ursachen bestimmter Ereignisse richtet, wie z. B. auf die ökonomischen Verschlechterungen als Ursache von Revolutionen, begreifen die Schüler besser die zyklische Natur von Revolutionen. Die Französische und die Russische Revolution z. B. könnte man so durch Stellen von Fragen lernen, durch Gruppendiskussionen oder Rollenspiele. Schüler sollten die Gelegenheit erhalten, Revolutionen zu analysieren und das neu gelernte Wissen auch anwenden können.

■ M. A., Lehrerin an einer höheren Schule, 12. Klasse

Ich sehe zwei Konflikte: Erstens passen die den Schülern zur Verfügung stehenden kognitiven Strategien (Auswendiglernen) nicht für die gestellten Anforderungen (höhere Denkprozesse wie Schlussfolgerungen ziehen). Zweitens können die Schüler keine Verbindung der gegenwärtigen Situation zur Vergangenheit herstellen. Im Falle des ersten Konflikts würde ich kognitive Strategien wie Erstellen kognitiver Landkarten, Schemata, vergleichender Diagramme und Zusammenfassungen, die zur Erleichterung des Lernens beitragen können, vorschlagen. Zweitens würde ich eine Beziehung der Vergangenheit zur Gegenwart herstellen, indem ich die Aufmerksamkeit der Schüler auf wichtige Ereignisse in der Vergangenheit lenke und sie auffordere, diese auf gegenwärtige internationale, nationale, lokale oder soziale Probleme zu beziehen; vielleicht sogar auf schulisches Geschehen.

■ **K. B., Vorschullehrerin**
Legen wir doch die Klassenarbeitshefte beiseite. Die Geschichte muss lebendig werden, damit die Schüler „anbeißen". Ich schildere zuerst die epochale Situation und nenne dann erst die geschichtliche Epoche. Zum Beispiel handelt die Amerikanische Revolution im Wesentlichen von Leuten, die überleben wollen, während einige reiche „Großkopferten" ihnen das bisschen Geld, das sie haben, wegnehmen wollen, um noch reicher zu werden. Wenn man so die Situation wiedergibt, verstehen meine städtischen Schüler sofort und stellen sich auf die Seite der frühen Siedler. Plötzlich wollen sie dann wissen, was die Siedler unternommen haben, um den König daran zu hindern, ihnen alles wegzunehmen. Dann führen wir ein Rollenspiel durch, in dem sie sich sehr engagiert äußern. Wenn dann die historische Situation für sie zu einer persönlichen geworden ist, dann sind sie auch bereit, ins Buch zu schauen, weil sie dann noch spannende Einzelheiten erfahren können.

Komplexe kognitive Prozesse

8

ÜBERBLICK

Aus der Praxis des Lehrers

Was würden Sie tun?

Lehrer wissen sehr wohl, dass Schüler gute Lernstrategien benötigen, um in den jetzigen und späteren Klassenstufen gute Leistungen zu zeigen. Viele Schüler verfügen nicht über diese Lernstrategien. Sie können keinen längeren Text lesen, ihn verstehen oder behalten, was sie gelesen haben. Es fällt ihnen schwer, längerfristige Projekte bis zum Ende durchzuführen – viele warten bis zur letzten Minute. Sie können ihre Arbeiten nicht organisieren oder Prioritäten setzen. Die Lehrer sind besorgt über diese Situation, weil Schüler all diese Fertigkeiten und Strategien benötigen, um ihren Bildungsweg zu gehen. Die Lehrer müssen einen umfangreichen Lernstoff durchnehmen, um die Lehrpläne zu erfüllen. Dabei drohen viele Schüler durch die Überlastung zurückzubleiben.

Kritisch denken

- Welche Studientechniken benötigen die Schüler für das Schulfach, das Sie vertreten?
- Was können Sie unternehmen, um den Schülern die notwendigen Strategien zu vermitteln, und dann noch den Lehrstoff vollständig zu unterrichten, der in den Klassenarbeiten und Tests gefordert wird?

Zusammenarbeit

Stellen Sie mit drei oder vier Schülern aus Ihrer Klasse die Lernstrategien und Studientechniken zusammen, welche die Schüler in Ihrer Klassenstufe benötigen. Dann prüfen Sie, inwieweit die in diesem Buch vorgeschlagenen Lernstrategien für Ihre Klasse nützlich sind.

Im letzten Kapitel wurde der Wissenserwerb analysiert – wie Menschen Informationen und Ideen Bedeutung zuschreiben und sie im Gedächtnis behalten. In diesem Kapitel betrachten wir komplexe kognitive Prozesse, die dem Verstehen zugrunde liegen. Verstehen ist mehr als Auswendiglernen. Es ist auch mehr als nur mit eigenen Worten etwas wiedergeben. Verstehen impliziert, Wissen, Konzepte und Fertigkeiten angemessen umzuwandeln und anzuwenden. Diese Verstehensprozesse sind als höhere kognitive Zielstellungen anzusehen im Rahmen eines Systems allgemeiner Bildungsziele (Anderson & Krathwohl, 2001; Bloom, Engelhart, Frost, Hill & Krathwohl, 1956). Wir setzen uns mit den Implikationen der kognitiven Theorien für die alltägliche Praxis des Unterrichtens auseinander.

Da die kognitive Perspektive aus einer philosophischen Orientierung abgeleitet ist und keine einheitliche Theorie darstellt, sind auch die Methoden, die sich aus ihr ableiten lassen, sehr verschieden. In diesem Kapitel werden vier wichtige Bereiche vorgestellt, in denen die Kognitivisten Vorschläge für Lernen und Lehren vorbringen: Begriffslernen, Problemlösen, Kreativität und Lernstrategien und -techniken. Schließlich werden wir noch die Frage ausloten, wie man den Transfer des Lernens von einer Situation auf die andere bewerkstelligen kann, um Lernen effektiver zu machen.

Wenn Sie das Kapitel durchgearbeitet haben, dann sollten Sie folgende Fragen beantworten können:

- *Was sind die Merkmale einer guten Unterrichtsstunde, die einen bestimmten Schlüsselbegriff in Ihrem Fach vermitteln soll?*
- *Was sind die einzelnen Schritte beim Problemlösen?*
- *Was ist die Rolle der Problemrepräsentation, der Algorithmen und Heuristiken beim Problemlösem?*
- *Wie können Lehrer Kreativität fördern?*
- *Wie können Sie neue Lernstrategien und -techniken anwenden, um Tests und Aufgaben in Ihrem gegenwärtigen Unterricht vorzubereiten?*
- *Welche drei Möglichkeiten hat der Lehrer, positiven Lerntransfer zu erreichen?*

Lernen und Lehren von Begriffen

Begriffe haben viele Merkmale oder Eigenschaften; diese sind keineswegs immer konstant. Zum Beispiel haben viele neue technologische Anwendungen, wie schnell übermittelte elektronische Botschaften, unseren Begriff von „Unterhaltung" verändert.

Halt! Denken Sie nach! Schreiben Sie!

Was macht eine Tasse zur Tasse? Nennen Sie die Merkmale von „Tassenhaftigkeit"! Was ist Obst? Ist eine Banane Obst? Ist eine Tomate Obst? Was ist mit dem Kürbis? Mit der Wassermelone? Einer süßen Kartoffel? Einer Olive? Woher wissen Sie, dass eine Frucht eine Frucht ist?

Fast unser ganzes Wissen über Tassen und Obst und der ganzen Welt beinhaltet Begriffe und die Beziehungen zwischen Begriffen (Ashcroft, 2006). Aber was genau ist ein Begriff? Ein **Begriff** ist eine Kategorie, der ähnliche Einheiten, Ereignisse, Ideen, Gegenstände oder Menschen zugeordnet werden. Wenn wir über einen bestimmten Begriff reden, wie z. B. „Student", sprechen wir eine Kategorie von Menschen an, deren Ähnlichkeit darin besteht, dass sie alle ein Fach studieren. Die Menschen können jung oder alt sein, in einer Schule oder nicht, sie mögen Fußball spielen oder Bach, sie sind alle Studenten. Begriffe sind Abstraktionen. Sie existieren nicht in der realen Welt wie Gegenstände. Nur individuelle Vertreter einer Kategorie existieren. Begriffe helfen uns, enorme Informationsmengen in leichter zu verarbeitende Einheiten zu bündeln. Zum Beispiel gibt es 7,5 Millionen unterscheidbare Farbnuancen. Indem wir die Farbnuancen in einige Dutzend Farbnamen zusammenfassen, können wir die Vielfalt der Nuancen bewältigen (Bruner, 1973).

8.1.1 Theorien des Begriffserwerbs

In den frühen Untersuchungen nahmen Psychologen an, dass Begriffe aus sie **definierenden Eigenschaften** oder unterscheidenden Merkmalen bestehen. Zum Beispiel haben alle Bücher Seiten, die irgendwie zusammengebunden sind (aber was ist mit elektronischen „Büchern"?). Die Theorie der definierenden Eigenschaften besagt, dass wir bestimmte Vertreter eines Begriffs an ihren definierenden Merkmalen erkennen.

Seit etwa 1970 wird dieser theoretische Ansatz infrage gestellt (Ashcroft, 2006). Lediglich manche Begriffe, wie z. B. der des gleichseitigen Dreiecks, haben klare definierende Eigenschaften, die meisten Begriffe sind jedoch nicht eindeutig. Zum Beispiel der Begriff „Bank". Die Attribute einer Bank sind unklar definiert – muss sie vier Beine, muss sie eine Lehne haben? Wenn man eine Bank sieht – erkennt man sie jedoch (es sei denn, es handelt sich um ein Geldinstitut oder um eine Datenbank). Wie ist es mit dem Begriff „Vogel". Der erste Gedanke ist natürlich, dass es sich um Tiere handelt, die fliegen können. Aber ist dann ein Strauß ein Vogel? Was ist mit einem Pinguin oder einer Fledermaus?

Prototypen und Exemplare

Eine der gegenwärtigen Ansichten über den Erwerb von Begriffen ist die Prototypentheorie: Wir haben eine prototypische Vorstellung von einer Bank oder einem Vogel, welche die wesentlichen Merkmale eines Begriffs beinhaltet. Ein **Prototyp** ist der beste (typischste) Vertreter einer Begriffskategorie. Zum Beispiel ist der typischste Vertreter des Begriffs „Vogel" für Nordamerikaner das Rotkehlchen (Rosch, 1973), für Deutsche der Spatz. Für Nordamerikaner ist der Spatz dem Prototypen Rotkehlchen sehr ähnlich, anderes Geflügel wie

---

Begriff Eine allgemeine Kategorie von Vorstellungen, Gegenständen, Menschen oder Sachverhalten und Ereignissen, deren Vertreter bestimmte Merkmale gemeinsam haben.

Definierende Eigenschaften Unterscheidbare Merkmale, die Vertreter einer Kategorie gemeinsam haben.

Prototyp Typischer (bester) Vertreter einer Kategorie.

Hühner oder Strauße sind dem Prototypen in einigen Merkmalen ähnlich (z. B. Körperbau, Gefieder), aber in anderen wieder unähnlich: sie fliegen z. B. nicht oder sind wesentlich größer. Je näher ein Vertreter einer Kategoriengrenze kommt, umso schwieriger ist es zu entscheiden, ob er der Kategorie noch zuzuordnen ist. Ist zum Beispiel ein Telefon ein Vertreter der Kategorie „Möbel"? Ist ein Aufzug ein „Fahrzeug"? Eine Olive „Obst"? Die Zugehörigkeit zu einer Kategorie ist graduell abgestuft zu denken. Kategorien haben also unklare Grenzen. Einige Ereignisse, Gegenstände oder Ideen sind typischere Vertreter einer Kategorie als andere (Ashcroft, 2006).

Ein zweiter Ansatz zur Erklärung des Begriffserwerbs besagt, dass Vertreter einer Kategorie aus unserer Erfahrung mit den Gegenständen, Personen, Sachverhalten, Ereignissen stammen. Wir haben also eine bestimmte Variante oder ein Beispiel, ein **Exemplar** einer Kategorie als Begriff gespeichert. Eine neu auftauchende Variante wird mit diesem Exemplar verglichen und ihm als ähnlich oder unähnlich zugeordnet. Zum Beispiel könnte man beim Anblick einer seltsamen Stahl- und Steinkonstruktion in einem öffentlichen Park diese mit dem Sofa zu Hause vergleichen. Somit kann man ein Urteil darüber fällen, ob sich die unbequeme Konstruktion zum Sitzen eignet oder ob sie schon die unklar definierte Grenze zur Kategorie „Skulptur" überschritten hat.

Prototypen bauen auf Erfahrungen mit vielen Exemplaren auf. Das ereignet sich auf natürliche Weise, weil manche episodischen Erinnerungen an bestimmte Ereignisse oder Gegenstände sich überlagern und dadurch ein durchschnittlicher oder typischer Vertreter, z. B. des Sofas, also ein Prototyp aller wahrgenommenen Sofa-Exemplare, entsteht (Schwartz & Reisberg, 1991).

Konzepte und Schemata

Es gibt neben den Prototypen und Exemplaren noch eine dritte Art von Begriff, den wir bei der Zuordnung einer Gegebenheit zu einer Kategorie benutzen: das in Schemata verankerte Wissen. Woher wissen wir, dass Falschgeld kein „wirkliches" Geld ist, obwohl es genau auf unseren Prototypen oder unser Exemplar von Geld passt? Wir wissen es, weil wir die Geschichte kennen.

Die „falschen" Leute haben das Geld gedruckt. Mit unserem Verständnis von Geld sind auch die Vorstellungen von Verbrechen, Münzprägung, Staatsschatz und vielem mehr verbunden.

Jacob Feldman (2003) spricht einen weiteren Aspekt des Begriffslernens an: das Prinzip der Einfachheit. Feldman sagt, dass Menschen jeweils nach der einfachsten Kategorie suchen, wenn sie einem Exemplar oder einem Prototypen begegnen; diese einfache Kategorie sollte möglichst alle definierenden Merkmale umfassen. Manchmal ist es leicht, mit einer bestimmten Regel die Kategorie zu bestimmen, wie im Falle des Dreiecks. Manchmal ist es schwieriger, wie im Falle der Kategorie Frucht. Die menschliche Kognition tendiert dazu, die einfachste Hypothese aufzustellen und alle vorhandenen Exemplare unter einen Begriff zu subsumieren. Feldman erklärt, dass dieses Prinzip der Einfachheit eine der ältesten Hypothesen der kognitiven Psychologie ist: „Organismen suchen ihre Umwelt zu verstehen, indem sie die einströmenden Informationen auf eine einfachere, kohärentere und nützliche Form reduzieren" (S. 231). Diese Aussage erinnert an die Gestaltgesetze der Wahrnehmung in Kapitel 7.

8.1.2   Lehrstrategien für Begriffserwerb

> **Was würden Sie dazu sagen?**
>
> Während eines Vorstellungsgesprächs für eine Lehrerstelle an einer Schule mit vielen Migrantenschülern fragt Sie der Rektor: „Wie würden Sie einer Schülerin abstrakte Begriffe vermitteln, die gerade aus Somalia gekommen ist und nicht einmal in ihrer Muttersprache lesen kann, geschweige denn in Deutsch?"

Beides, die Prototypen und die definierenden Merkmale, sind wichtig für das Lernen. Kinder lernen viele Konzepte aus ihrer Umwelt durch die besten Exemplare oder Prototypen, die ihnen Erwachsene vermitteln (Tennyson, 1981). Aber wenn Exemplare mehrdeutig sind (ist die Olive eine Frucht?), greifen wir unter Umständen auf die definierenden Eigenschaften zurück, um eine Entscheidung über die Kategorienzugehörigkeit zu fällen. Oliven haben einen Kern, umge-

---

Exemplar Ein bestimmtes Beispiel für eine Kategorie, das zur Kategorisierung von Vorstellungen, Gegenständen, Menschen oder Sachverhalten und Ereignissen verwendet wird.

ben von Fruchtmasse, also müssen sie zu den Früchten gehören, obwohl sie nicht typische oder prototypische Früchte sind (Schunk, 2004).

Wie das Lernen von Konzepten, kann das Lehren von Begriffen beides, die definierenden Merkmale und die Prototypen, einbeziehen. Ein Ansatz für die Vermittlung von Begriffen ist die *Begriffsbildung*: den Schülern helfen, das Verständnis eines bestimmten Begriffes zu konstruieren und bestimmte Fertigkeiten zu üben, wie etwa das Hypothesentesten (Joyce, Weil & Calhoun, 2006; Klausmeier, 1992).

Ein Beispiel für eine Unterrichtseinheit zum Begriffserwerb

Ein Lehrer der 5. Klasse gab folgende Unterrichtsstunde, um zugleich bekannte Konzepte und Denkfertigkeiten zu vermitteln (Eggen & Kauchak, 2001, S. 148–151). Er leitete den Unterricht mit dem Satz ein: „Ich denke an etwas, und ich möchte, dass ihr herausfindet, was es ist." Er stellte zwei Schilder auf den Tisch, eines lautete „Beispiel", das andere „Kein Beispiel". Dann legte er einen Apfel vor das Beispiel-Schild und einen Stein vor das Kein-Beispiel-Schild. Dann fragte er die Schüler: „was für eine Idee könnte das sein?" „Etwas zum Essen" war die erste Antwort. Der Lehrer schrieb „Hypothesen" an die Tafel und erklärte, was eine Hypothese sei. Darunter schrieb er „Etwas zum Essen". Dann fragte er noch nach weiteren Vermutungen. „Lebendige Dinge" und „Dinge, die an Pflanzen wachsen" kamen als nächste Antworten. Nach einigen weiteren Antworten holte der Lehrer eine Tomate und legte sie auf die Beispielseite. Dann legte er eine Karotte auf die Kein-Beispielseite. Eine lebhafte Diskussion entbrannte um andere Hypothesen, und eine neue wurde schließlich an die Tafel geschrieben: „Rote Dinge". Nun kamen noch weitere Beispiele (Pfirsich, Kürbis, Orange) und Nicht-Beispiele (Salat, Artischocken, Kartoffel). Die Schüler engten ihre Hypothese ein auf „Dinge mit Samen im Teil, den man essen kann". Die Schüler hatten den Begriff „Obst" konstruiert – Nahrung mit Samen im essbaren Teil (oder genauer ausgedrückt: jeder mit Samen gefüllte Fruchtknoten wie z. B. eine Erbsenschote, eine Nuss, Tomate, Ananas oder allgemeiner: den essbaren Teil einer Pflanze, der sich aus einer Blüte entwickelt hat).

Die einzelnen Teile der Unterrichtseinheit

Welche Strategie auch immer eingesetzt wird, um den Begriffserwerb anzuregen, es werden dafür vier Komponenten benötigt: Beispiele und Nicht-Beispiele, zutreffende und nicht-zutreffende Merkmale, die Bezeichnung des Begriffs und eine Definition (Joyce, Weil & Calhoun, 2006). Weiterhin braucht man visuelle Unterrichtsmittel wie Bilder, Diagramme oder Karten, die das Lernen vieler Begriffe erleichtern können (Anderson & Smith, 1987; Mayer, 2001).

Beispiele

Für den Unterricht jüngerer Kinder oder solcher mit geringem Vorwissen werden Sie mehr Beispiele benötigen, um Begriffsbedeutungen zu vermitteln. Beides, Beispiele und Nicht-Beispiele (manchmal auch mit positiven oder negativen Anwendungsfällen bezeichnet), sind notwendig, um die Kategoriengrenzen klar zu ziehen. Die Diskussion, warum eine Fledermaus kein Vogel ist (Nicht-Beispiel), wird den Schülern helfen, die Kategoriengrenze des Begriffs „Vogel" klar zu ziehen.

Zutreffende und nicht zutreffende Eigenschaften

Die Fähigkeit zu fliegen ist kein für den Begriff „Vogel" zutreffendes Merkmal. Obwohl viele Vögel fliegen, können es manche nicht (z. B. der Strauß), und manche Tiere fliegen, obwohl sie keine Vögel sind (z. B. die Fledermaus). Die Schüler müssen verstehen lernen, dass „Fliegen können" allein nicht genügt, ein Tier der Kategorie „Vogel" zuzuordnen.

Bezeichnung

Lernen der Bezeichnung allein reicht zum Verstehen eines Begriffes nicht aus. Die Schüler müssen den Begriff verstehen. Die Bezeichnung ist dabei durchaus wich-

Großstadtkinder tun sich schwer mit dem Begriff „Ernte".
Quelle: *Phi Delta Kappan.* Copyright © Martha Campbell.

Abbildung 8.1: **Das Verstehen komplexer Begriffe.** Illustrationen können Lernern helfen, einen komplexen Begriff zu verstehen.
Quelle: Aus *Educator's Handbook: A Research Perspective* von V. Richardson-Koehler. Boston, MA: Allyn & Bacon. Copyright © 1989 Pearson Education.

F. Wenn Licht auf einen Baum fällt, kann man ihn besser sehen. Wie kommt das?

A. Ein Anteil des Lichtes, der auf den Baum fällt, wird zurückgeworfen (reflektiert) auf das Auge des Betrachters.

tig. Im Beispiel oben haben die Schüler bereits die Bezeichnung „Frucht" gekannt, aber es waren ihnen nicht alle Implikationen klar, dass z. B. Tomaten, Kürbisse und Avocados auch zu den Früchten zählen, wenn man den Begriff richtig versteht.

Definition

Eine gute Definition hat zwei Bestimmungselemente: Einen Bezug zu einer allgemeineren Kategorie für den neuen Begriff und eine Aussage über seine definierenden Eigenschaften (Klausmeier, 1976). Zum Beispiel: eine Frucht ist ein Nahrungsmittel (allgemeine Kategorie) mit Samen im essbaren Teil (definierende Eigenschaft). Ein gleichseitiges Dreieck ist eine Fläche, eine einfache, geschlossene Figur (allgemeine Kategorie) mit drei gleich langen Seiten und drei gleich großen Winkeln (definierende Eigenschaften). Diese Art der Definition erleichtert die Verknüpfung des Begriffes in das Netzwerk der Begriffe, die das Wissen ausmachen.

Beim Vermitteln von Begriffen „ersetzt ein Bild 1000 Worte" – oder wenigsten ein paar 100 wie in Kapitel 7 dargestellt. Spezifische Beispiele oder Bilder von Beispielen zu finden, fördert den Begriffserwerb jüngerer Kinder. Schüler in jedem Alter lernen Begriffe in Geschichte, Naturwissenschaften und Mathematik leichter durch Diagramme oder Grafiken. Zum Beispiel fanden Anderson und Schmidt (1983) beim Erwerb des Begriffes „Licht" durch Lesen eines Textes, dass nur 20 % die Rolle des reflektierenden Lichtes beim Sehvorgang

verstehen konnten. Aber wenn ein Diagramm wie das in ▶ Abbildung 8.1 gezeigt wurde, verstanden 80 % den Begriff.

Gliederung des Unterrichts

Die Unterrichtseinheit über Früchte ist aus verschiedenen Gründen ein gutes Beispiel. Zunächst ist es effektiver, Beispiele und Nicht-Beispiele zu analysieren, bevor man die Merkmale oder Definitionen diskutiert (Joyce, Weil & Calhoun, 2000). Man sollte im Unterricht, wenn Begriffe erworben werden sollen, mit Prototypen oder den typischen Vertretern einer Kategorie anfangen, damit die Schüler die Kategorie erfassen. In der Unterrichtseinheit über Früchte begann der Lehrer mit einem klassischen Beispiel für Früchte, dem Apfel, um dann zu den weniger typischen Früchten überzugehen, der Tomate oder dem Kürbis. Diese Beispiele führen den Spielraum an Vertretern der Kategorie vor, aber auch die Vielfalt der irrelevanten Merkmale, die bei diesen Vertretern zu finden ist. Erweitert man die Vertreter der Kategorie auf Anwendungsfälle mit nur einem Samen oder mehreren, mit dünner oder mit dicker Haut, so vermeidet man **Untergeneralisierung**, d. h. den Ausschluss einiger Nahrungsmittel, wie z. B. Kürbis von der für sie angemessenen Kategorie „Frucht".

Nicht-Beispiele sollten konzeptnah bleiben und sich nur in einem oder ganz wenigen Eigenschaften von den definierenden Merkmalen einer Kategorie unterscheiden. Zum Beispiel sind Süßkartoffeln oder Rha-

---

Untergeneralisierung Ausschließen eines einer Kategorie zugehörigen Vertreters; Einengung eines Begriffs.

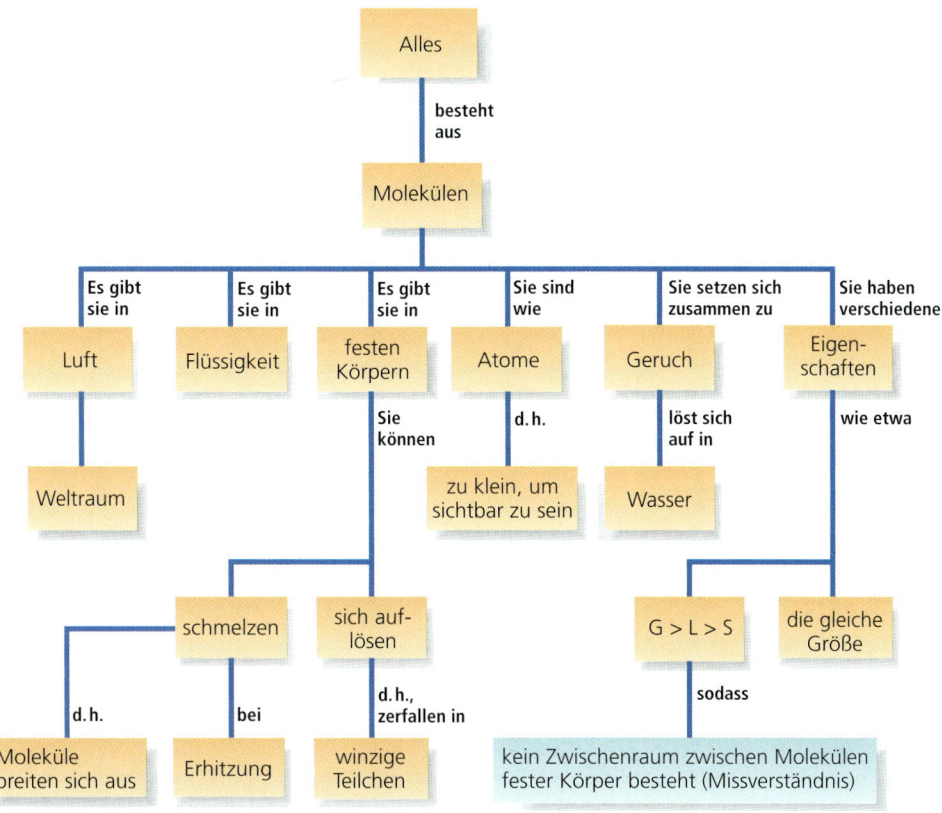

Abbildung 8.2: **Das semantische Netzwerk einer Schülerin zum Begriff „Molekül".** Ihr Begriffsverständnis beinhaltet ein Missverständnis – dass es keinen Zwischenraum zwischen den Molekülen eines festen Stoffes gibt.
Quelle: Aus A Twelve-Year Longitudinal Study of Science Concept Learning von J. D. Novak und D. Musonda (1991) *American Educational Resource Journal, 28,* Abbildung S. 137. Coyright © 1991 American Educational Research Association.

barber keine Früchte, obwohl Süßkartoffeln süß sind und Rhabarber für Marmelade verwendet wird. Nicht-Beispiele einzubeziehen, vermeidet **Übergeneralisierung** oder die Einbeziehung von falschen Anwendungsfällen.

Wenn die Schüler einen Begriff verstanden haben, empfiehlt es sich, nachzufragen, wie sie ihre Hypothesen über die Kategoriezugehörigkeit eines Anwendungsfalles aufgestellt und überprüft haben. Eine Rückschau zu halten, fördert die metakognitiven Fertigkeiten der Schüler und zeigt ihnen, dass Menschen Probleme unterschiedlich angehen (Joyce, Weil & Calhoun, 2006).

Erweitern und Verknüpfen von Begriffen

Wenn Schüler einmal ein angemessenes Begriffsverständnis haben, sollten sie dies auch nutzen. Das kann bedeuten, dass sie Üben, Probleme lösen, Schreiben, Lesen, Erklären oder andere Tätigkeiten durchführen müssen, welche die Begriffsanwendung erfordern. Dies verknüpft dann den Begriff mit dem vernetzten Wissen über andere damit in Zusammenhang stehende Begriffe. Ein Ansatz aus anderen Text- oder Arbeitsbüchern für Schüler nach der Grundstufe ist das **semantische Netzwerk** (Novak & Musonda, 1991). Schüler zeichnen ihr Begriffsverständnis systematisch in einem Diagramm auf. Wie in ▶ Abbildung 8.2 zu ersehen ist, zeigt das aufgezeichnete Diagramm des Begriffsverständnisses einer Schülerin ein brauchbares Verständ-

---

Übergeneralisierung Einschließen eines Nicht-Vertreters in eine Kategorie; Ausweitung eines Begriffs.

Semantisches Netzwerk Individuelles Diagramm eines Schülers, das sein Verständnis eines Begriffes wiedergibt.

Tabelle 8.1

Phasen des Begriffserwerbs – ein Modell

Beim Lehren von Begriffsmodellen sind drei Phasen zu unterscheiden. Zunächst bringt der Lehrer Beispiele und Nicht-Beispiele, und die Schüler konstruieren den Begriff; dann überprüft der Lehrer das richtige Verständnis des Begriffs und schließlich analysieren die Schüler selbst ihre Denkstrategien.

Phase I: Vorstellen von Daten (Beispiele/Nicht-Beispiele) und Konstruieren des Begriffs	Phase II: Überprüfen des Begriffserwerbs	Phase III: Analyse der Denkstrategien
Lehrer stellt Beispiele vor und bezeichnet sie.	Schüler identifizieren weitere Beispiele ohne Kenntnis der Bezeichnungen als zugehörig zur Kategorie oder nicht.	Schüler denken laut nach.
Schüler vergleichen Eigenschaften von positiven und negativen Beispielen.	Lehrer bestätigt die Hypothesen, nennt Begriffe und definiert neu mit Hilfe der wesentlichen Eigenschaften.	Schüler diskutieren die Rolle der Hypothesen und Eigenschaften.
Schüler stellen Hypothesen auf und testen sie.	Schüler suchen nach Beispielen.	Schüler diskutieren Form und Anzahl der Hypothesen.
Schüler definieren mittels der wesentlichen Attribute.		

Quelle: Aus *Models of Teaching* (2000, 6. Aufl.) von Bruce Joyce & Marsha Weil. Boston, MA: Allyn & Bacon. Copyright © 2000 Pearson Education.

nis des Begriffs „Molekül", offenbart aber auch ein Missverständnis. Sie meint, es gibt keine Zwischenräume zwischen den Molekülen fester Gegenstände. ► Tabelle 8.1 stellt die Phasen des Begriffserwerbs zusammen.

8.1.3 Vermitteln von Begriffen durch Entdecken

Die frühe Forschung Jerome Bruners über Denken (Bruner, Goodnow & Austin, 1956) regte sein Interesse an pädagogischen Fragestellungen an, die den Begriffserwerb und die Entwicklung des Denkens fördern. Bruners Arbeit betont die Wichtigkeit, die Wissensstruktur eines zu lernenden Themas zu verstehen, die Notwendigkeit, das Bedürfnis nach aktivem Lernen als Grundlage wirklichen Verstehens und den Wert des induktiven Schlussfolgerns für das Lernen von Begriffen.

Struktur und Entdeckung

Die Gliederung eines Themas bezieht sich auf die Grundideen und -beziehungen von Begriffen und be-

stimmten Denkfiguren eines Fachgebietes – also die Kerninformation. Da die Struktur keine Einzelheiten oder spezifische Informationen enthält, kann die Grundstruktur einer Idee durch ein Diagramm, einen Satz von Prinzipien oder eine Formel dargestellt werden. Nach Bruner ist das Gelernte für Schüler sinnvoller, nützlicher und auch besser zu behalten, wenn das Verstehen der Themenstruktur im Mittelpunkt aller Bemühungen beim Lernen steht.

Um die Struktur einer Information zu begreifen, so glaubt Bruner, müssen Schüler aktiv sein. Sie müssen Schlüsselbegriffe und -prinzipien selbst konstruieren und nicht einfach die Erklärungen des Lehrers akzeptieren. Dieser Prozess wurde von ihm **Lernen durch Entdecken** genannt. Beim Lernen durch Entdecken stellt der Lehrer Beispiele vor, und die Schüler arbeiten so lange mit den Beispielen, bis sie deren Beziehungen untereinander erkennen – das ist die Struktur des Themas. Bruner meint, dass Lernen in der Klasse durch **induktives Schlussfolgern** erfolgen sollte, d. h. verschiedene Beispiele werden analysiert und die Erkenntnisse zu einem allgemeinen Prinzip zusammengefasst. Die Unterrichtsstunde zum Erwerb des Begriffes „Frucht" zeigt diesen Ansatz.

Lernen durch Entdecken Der Ansatz Bruners, Schüler selbstständig Begriffe erarbeiten zu lassen durch Entdecken der wesentlichen Eigenschaften.

Induktives Schlussfolgern Formulieren allgemeiner Prinzipien aufgrund der Kenntnis von Beispielen und Einzelheiten.

Handelnd Entdecken

Induktives Vorgehen erfordert **intuitives Denken** des Schülers. Bruner schlägt vor, das intuitive Denken der Schüler zu fördern, indem sie Vermutungen äußern sollen, die auf zu geringen Informationen beruhen; dann sollen die Vermutungen systematisch bestätigt oder entkräftet werden (Bruner, 1960). Nachdem die Schüler gelernt haben, wie die Ozeanströmungen verlaufen und welche Wege die Frachtschiffe nehmen, kann man ihnen z. B. alte Karten von drei Häfen zeigen und fragen, welcher der drei sich wohl am besten zu einem großen Umschlagplatz für Frachtgüter eigne. Ihre Vermutungen könnten sie danach durch systematische Nachforschungen erhärten oder verwerfen. Bedauerlicherweise werden die Schüler in der Praxis oft vom intuitiven Denken abgehalten, weil sie für falsche Vermutungen bestraft und für „sichere", unkreative Antworten belohnt werden.

Gewöhnlich wird eine Unterscheidung zwischen reinem Lernen durch Entdecken, indem die Schüler weitgehend selbstständig arbeiten, und **Entdecken unter Anleitung** gemacht, indem die Lehrer die Richtung der Exploration vorgeben. Ein Überblick über 30 Jahre Forschung über reines Entdeckungslernen ließ Richard Mayer (2004) zu folgenden Schlussfolgerungen kommen:

Wie ein Gruftie, der immer wieder aus dem Grab aufsteht, hat auch das Lernen durch Entdecken immer wieder Anhänger. Aber jeder, der auf Belege für die Gültigkeit eines pädagogischen Ansatzes in der Praxis Wert legt, muss sich dieselbe Frage stellen: Wo sind die Belege, die aussagen, dass es funktioniert? Trotz aller Rufe nach freiem Entdecken in jedem der vergangenen Jahrzehnte, lassen sich kaum ausreichende Belege für den Erfolg dieses Ansatzes finden (S. 17).

Reines Entdecken ohne Anleitung kann für Vorschulkinder angemessen sein, aber in einer typischen Klasse der Grundstufe oder der Sekundarstufe I ist das kaum machbar und auch nicht produktiv. Für diese Situationen ist das Entdecken unter Anleitung vorzuziehen. Schülern werden knifflige Fragen, verwirrende Situationen oder interessante Probleme vorgestellt: Warum geht eine Flamme aus, wenn wir einen Krug darüber stülpen? Warum sieht ein Bleistift wie abgeknickt aus, wenn wir ihn halb ins Wasser halten? Nach welcher Regel werden die Worte zusammengefasst? Statt die Lösung vorzugeben, stellt der Lehrer nur die erforderlichen Materialien zur Verfügung, um Beobachtungen zu machen, Hypothesen aufzustellen und Lösungen testen zu können. Die *Richtlinien* (siehe S. 358) sollen bei der Anwendung der Bruner'schen Vorschläge helfen.

8.1.4 Begriffe lehren durch Darstellung

Im Gegensatz zu Bruner glaubte David Ausubel (1963, 1977, 1982), dass Leute Wissen primär rezeptiv und nicht entdeckend erwerben. Begriffe, Prinzipien und Ideen werden vorgestellt und dann verstanden über **deduktives Schlussfolgern**, dessen Richtung von der allgemeinen Idee zu den spezifischen Anwendungsfällen verläuft. Die Entdeckung verläuft genau umgekehrt vom speziellen Anwendungsfall zu den allgemeinen Begriffen. Ausubels Ansatz des **expositorischen Lehrens** (durch Darstellung) betont das **bedeutungshaltige verbale Lernen** – verbaler Informationen, Ideen und Verknüpfungen von Ideen. Auswendiglernen ist nicht bedeutungsbetontes Lernen, weil das mechanisch gelernte Material nicht mit vorhandenem Wissen *vernetzt* ist.

Vorstrukturierende Lernhilfen

Ausubels Unterrichtsstrategie beginnt mit einer **vorstrukturierenden Lernhilfe**. Es handelt sich dabei um einleitende Aussagen, welche die Kernideen aller folgenden Aussagen knapp umfassen. Die Lernhilfen kön-

---

Intuitives Denken Phantasiereiches sprunghaftes Denken, um Wahrnehmungen zu korrigieren oder funktionierende Lösungen zu finden.

Entdecken unter Anleitung Eine Anpassung des Lernens durch Entdecken, in welcher der Lehrer bis zu einem gewissen Ausmaß die Richtung vorgibt.

Deduktives Schlussfolgern Schlussfolgerungen ziehen nach logischen Denkregeln; aus Vorraussetzungen werden Folgerungen abgeleitet.

Expositorisches Lehren Ausubels Methode – Lehrer präsentieren Material in vollständiger, organisierter Form, sie beginnen mit allgemeinen und schreiten fort zu spezifischen Begriffen.

Bedeutungshaltiges verbales Lernen Fokussierte und organisierte Beziehungen zwischen Ideen und verbalen Informationen.

Vorstrukturierende Lernhilfe Aussagen über Begriffe, um das folgende Material einzuführen und zusammenzufassen.

Anwendungen der Ideen Bruners

Stellen Sie sowohl Beispiele als auch Nicht-Beispiele für einen bestimmten Begriff vor, den Sie vermitteln wollen.

Beispiele

1. Wenn Sie den Begriff „Säugetier" vermitteln wollen, dann stellen Sie Menschen, Kängurus, Wale, Katzen, Delfine und Kamele als Beispiele und Hühner, Fische, Krokodile, Frösche und Pinguine als Nicht-Beispiele vor.

2. Lassen Sie sich von den Schülern noch zusätzliche Beispiele und Nicht-Beispiele sagen.

Ermuntern Sie die Schüler, intuitive Vermutungen zu äußern.

Beispiele

1. Statt eine Definition zu geben, fordern Sie die Schüler auf, zu raten, was ein Wort bedeuten könnte, indem sie sich den verbalen Kontext des Wortes (etwa den Satz oder den Text) anschauen.

2. Geben Sie den Schülern eine topografische Karte des antiken Griechenlands und lassen Sie die Schüler bestimmen, wo die bedeutendsten Städte gelegen haben könnten.

3. Geben Sie nach den ersten Vermutungen noch keine Kommentare ab; lassen Sie noch einige Aussagen zu, bevor Sie die Antwort geben.

4. Stellen Sie einige richtungsweisende Fragen, wenn Entdeckungsfahrten der Schüler sie auf Abwege führen.

Helfen Sie den Schülern, Verknüpfungen zwischen den Begriffen herzustellen.

Beispiele

1. Stellen Sie etwa folgende Fragen: Wie kann man den Apfel noch bezeichnen? (Frucht) Was tun wir mit Früchten? (Essen) Wie nennen wir Dinge zum Essen? (Nahrungsmittel)

2. Nutzen Sie Diagramme, Gliederungen und Zusammenfassungen, um Zusammenhänge zu verdeutlichen.

Stellen Sie eine Frage und lassen Sie die Schüler allein die Antwort finden.

Beispiele

1. Wie könnte man die menschliche Hand noch verbessern?

2. In welchem Verhältnis steht eine Fliese zum ganzen Fußboden eines Raumes?

Wenn Sie mehr über Bruner und das Lernen durch Entdecken erfahren wollen, suchen Sie die folgende Webseite auf: **http://www.learning-theories.com/discovery-learning-bruner.html**

---

nen drei verschiedenen Zwecken dienen: Sie richten die Aufmerksamkeit auf die wichtigen Teile des folgenden Materials, sie heben die Verbindungen zwischen Ideen hervor und sie erinnern an relevante Informationen, die bereits bekannt sind.

Allgemein kann man zwei Formen von vorstrukturierenden Lernhilfen erkennen: die *vergleichenden* und die *expositorischen* (darstellenden) *Lernhilfen* (Mayer, 1984). *Vergleichende Lernhilfen* aktivieren (befördern ins Arbeitsgedächtnis) bereits vorhandene Schemata. Sie erinnern an das bereits Bekannte, heben aber die wichtigen Informationen nicht deutlich hervor. Eine vergleichende Lernhilfe in einer Geschichtsstunde über die Revolutionen könnte eine Aussage sein, die Militärputschs mit den damit verbundenen ökologischen und sozialen Veränderungen in der in-

dustriellen Revolution vergleicht; man könnte auch die Gemeinsamkeiten der französischen, englischen, russischen, mexikanischen, iranischen und amerikanischen Revolutionen vergleichen (Salomon & Perkins, 1989).

Im Gegensatz dazu stellen *expositorische Lernhilfen* neues Wissen bereit, das benötigt wird, um die bevorstehende Information zu strukturieren und zu verstehen.

Die allgemeine Schlussfolgerung aus der Forschung über vorstrukturierende Lernhilfen (Corkill, 1992; Langan-Fox, Waycott & Albert, 2000; Morin & Miller, 1998) ist, dass diese Lernhilfen Schülern das Lernen von unvertrautem, komplexem oder schwierigem Material erleichtert, vorausgesetzt zwei Bedingungen sind erfüllt: Die erste ist, dass der Schüler die Lernhilfe auch verste-

Expositorische Unterrichtsmethoden bieten Lernern Informationen in einer organisierten, vollständig aufbereiteten Form; selbstständiges Entdecken ist dabei nicht eingeplant.

hen muss. Dies wurde deutlich in einer Untersuchung von Dinnel und Glover (1985). Sie fanden, dass eine Instruktion an die Schüler, die vorstrukturierende Lernhilfe mit eigenen Worten wiederzugeben (was natürlich erfordert, dass sie verstanden wurde), den Nutzen der Vorausschau erhöhte. Zweitens muss die Vorausschau wirklich vorstrukturieren: Sie muss die Beziehungen zwischen den Grundbegriffen und den Begriffen des Textes klären. Konkrete Modelle, Diagramme oder Analogien sind besonders gute Strukturierungshilfen (Robinson, 1998; Robinson & Kiewra, 1995).

Schritte in einer expositorischen Unterrichtseinheit

Nach der vorstrukturierenden Lernhilfe besteht der nächste Schritt in der Darstellung der Sachinhalte; Ähnlichkeiten und Unterschiede werden an einzelnen Beispielen aufgezeigt, die vielleicht sogar von Schülern selbst eingebracht werden. Angenommen, Sie nehmen das Thema Erwachsenwerden durch und greifen auf das *Tagebuch der Anne Frank* und die *Abenteuer des Huckleberry Finn* zurück. Während der Lektüre sollten die Schüler die Hauptfiguren der Texte mit Figu-

ren aus anderen Romanen, Theaterstücken und Filmen vergleichen: die Art, wie sie heranwachsen, ihre psychische Verfassung, ihre gesellschaftliche Position. Die Vergleichsliteratur oder -filme sollten den Schülern natürlich bekannt sein. Dann können die Schüler die innere Reise der Anne Frank mit dem Ausflug Huckleberry Finns den Mississipi hinunter vergleichen. Im Laufe der verschiedenen Vergleiche sollten Sie die Ziele der Unterrichtseinheit hervorheben und die vorstrukturierende Lernhilfe weiter ausführen.

Der beste Weg, Ähnlichkeiten und Unterschiede auszumachen, ist durch Beispiele. Huck Finns und Anne Franks Dilemmata müssen klar sein. Wenn dann alles Material vorgestellt worden ist, bitten Sie die Schüler zu diskutieren, wie die Beispiele genutzt werden können, um die ursprüngliche vorstrukturierende Lernhilfe noch auszubauen. Die Phasen des expositorischen Lehrens sind aus der ▶ Abbildung 8.3 zu ersehen.

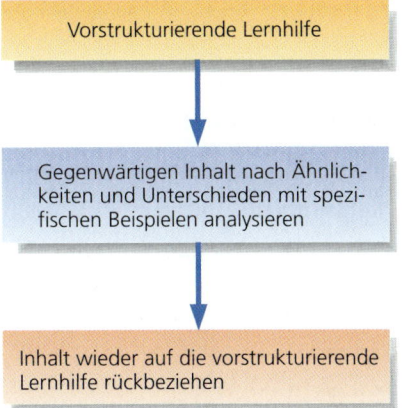

Abbildung 8.3: Phasen des expositorischen Lehrens.

Expositorisches Lehren ist der Entwicklung der Schüler nach der Grundschule eher angemessen, also Schülern aus der 5. und 6. Klasse und darüber (Luiten,

Anwendungen der Ideen Ausubels

Verwenden Sie vorstrukturierende Lernhilfen.
Beispiele

1 *Englisch*: Shakespeare verwendete die sozialen Ideen seiner Zeit als Rahmen für seine Theaterstücke – *Julius Cäsar, Hamlet* und *Macbeth* beinhalten natürliche Begriffe, wie z. B. eine Nation als menschlicher Körper usw.

2 *Sozialkunde*: Die geografischen Gegebenheiten diktieren die Ökonomie in vorindustrialisierten Regionen oder Nationen.

3 *Geschichte*: Wichtige Begriffe in der Zeit der Renaissance waren Symmetrie, Bewunderung für die klassische Antike, der menschliche Geist steht im Mittelpunkt.

Verwenden Sie Beispiele.
Beispiele

1 In der Mathematikklasse werden die Schüler gebeten, alle Beispiele für einen rechten Winkel zu nennen, die sie im Klassenraum entdecken können.

2 Wenn Sie das Thema Inseln und Halbinseln im Unterricht behandeln, nehmen Sie topografische Karten, Dias, Modelle oder Postkarten zu Hilfe.

Konzentrieren Sie sich auf Gemeinsamkeiten und Unterschiede.
Beispiele

1 In der Geschichtsstunde könnten Sie z. B. fragen, inwieweit die Königreiche Preußen und Bayern sich vor der Vereinigung im großdeutschen Kaiserreich ähnlich waren oder unterschieden haben.

2 In einer Biologiestunde könnten Sie die Frage stellen, wie die Schüler eine Spinne in ein Insekt oder eine Amphibie in ein Reptil verwandeln könnten.

Wenn Sie mehr über vorstrukturierende Lernhilfen erfahren wollen, suchen Sie die folgende Webseite auf:
http://wik.ed.uiuc.edu/index.php/Advance_organizers

Ames & Ackerson 1980). Die *Richtlinien* sollen die Hauptschritte des expositorischen Lehrens noch einmal verdeutlichen.

8.1.5 Jeden Schüler erreichen: Lernschwierigkeiten und Begriffserwerb

Ein neuer Ansatz, Begriffe zu vermitteln, der auch gleichzeitig die Verknüpfung mit vorher erworbenem Wissen betont, ist die **Begriffsvermittlung durch Analogien** (Bulgren, Deshler, Schumaker & Lenz, 2000). Dieser Ansatz hat sich als hilfreich für den Unterricht in den naturwissenschaftlichen Fächern oder in der Vermittlung von Kulturwissen in heterogenen Klassen der Sekundarstufe I mit Schülern erwiesen, die wenig auf die schulischen Anforderungen vorbereitet sind, und natürlich mit solchen, die Lernschwierigkeiten haben. In den Klassen der Sekundarstufe I, wenn der Lernstoff immer umfangreicher und komplexer wird, sind diese beiden Schülergruppen Risikogruppen für Misserfolg in der Schule. Das Ziel der Begriffsvermittlung durch Analogie besteht darin, das bereits vorhandene Wissen der Schüler herauszufinden, um einen Ansatzpunkt für das Lernen des neuen, komplexen Materials zu erhalten. Analogien sind beim Problemlösen schon lange üblich, wie im nächsten Abschnitt zu erkennen sein wird, aber bislang wurden fast keine Untersuchungen darüber berichtet.

Begriffsvermittlung durch Analogien Lehren von Begriffen mittels Verknüpfung mit vorher erworbenem und bereits verstandenem Wissen.

Problemlösen 8.2

Was würden Sie dazu sagen?

Sie werden vom Schulrat Ihres Bezirks wegen einer ausgeschriebenen Stelle als Schulpsychologin in einem Vorstellungsgespräch befragt. Er hat den Ruf, unorthodoxe Fragen zu stellen. Er händigt Ihnen einen Papierblock und ein Lineal aus und fragt: „Wie dick genau ist ein Blatt Papier?"

Das ist eine wahre Geschichte. Die richtige Antwort erhält man, wenn man die Dicke des gesamten Blocks misst und durch die Anzahl der Blätter im Block teilt. (In Deutschland steht oft die Papierdicke auf Blocks oder Paketen mit Druck/Kopierpapier.) Die Frage diente wahrscheinlich der Überprüfung, wie der Kandidat in Stresssituationen Probleme löst.

Ein **Problem** hat einen Ausgangszustand (die gegenwärtige Situation), ein Ziel (ein gewünschtes Ergebnis) und einen Weg, auf dem das Ziel zu erreichen ist (einschließlich der Vorgehensweisen und anderer Aktivitäten, die näher an das Ziel heranführen). Problemlöser müssen oft auf dem Weg zur endgültigen Lösung Teilziele setzen und erreichen. Wenn z. B. Ihr Ziel der Strand ist, Sie aber bei der ersten Kreuzung feststellen, dass Sie nicht halten können, dann müssen Sie zuerst Ihre Bremsen richten lassen, bevor Sie Ihr ursprüngliches Ziel weiter ansteuern können (Schunk, 2004). Probleme können von gut bis schlecht strukturiert variieren; die Strukturiertheit hängt davon ab, wie klar das Ziel und wie eindeutig der Lösungsweg ist. Eine Mathematikaufgabe ist ein gut strukturiertes Problem, das richtige Hauptfach für ein Studium zu finden, ist dagegen ein schlecht strukturiertes Problem.

Problemlösen wird meist definiert als das Finden einer guten Antwort oder Lösung jenseits der gelernten Lösungsmuster und -regeln. Problemlösen ereignet sich dann, wenn keine offensichtliche Lösung in Sicht ist – wenn Ihnen z. B. die Bremsen zu teuer sind (Mayer & Wittrock, 1996). Einige Psychologen vertreten die Ansicht, dass Menschen meist durch das Lösen von Problemen lernen (Anderson, 1993).

Es gibt eine Debatte über die Allgemeinheit der Problemlösestrategien. Manche Psychologen gehen davon aus, dass Problemlösestrategien spezifisch für bestimmte Problembereiche sind. Das bedeutet, dass die Problemlösestrategien in Mathematik nur für diesen Bereich gelten, die Strategien für Literaturanalysen speziell für Literatur usw. Die Gegenseite behauptet, dass es allgemeine Lösungsstrategien gibt, die in vielen Bereichen nutzbringend angewendet werden können. Für beide Argumente lassen sich Belege finden. Robert Kail und Linda Hall (1999) führten Untersuchungen mit 9–12-jährigen Kindern durch und fanden sowohl spezifische als auch allgemeine Lösungsstrategien bei Textaufgaben in Mathematik. Die Leistungen in diesen Aufgaben waren beeinflusst durch *mathematisches Wissen* – erfasst durch die benötigte Zeit und die Fehlerzahl bei einfachen Additions- und Subtraktionsaufgaben – und durch allgemeine Fertigkeiten, Informationen zu verarbeiten, wie z. B. Lesen und die für die Informationsverarbeitung benötigte Zeit sowie – von untergeordneter Bedeutung – die Gedächtnisspanne.

Problemlöser wechseln von allgemeinen zu spezifischen Strategien, je nach Situation und Expertenwissen. In einem frühen Stadium nutzen wir meistens allgemeine Lern- und Lösungsstrategien, um die Problemlösesituation zu strukturieren. Mit wachsendem bereichspezifischem Wissen (insbesondere prozeduralem Wissen darüber, wie in bestimmten Situationen zu verfahren ist), greifen wir immer weniger auf allgemeine Strategien zurück, und die spezifischen Strategien werden immer automatischer eingesetzt. Aber wenn wir auf ein Problem stoßen, das unser gegenwärtiges Wissen übersteigt, greifen wir unter Umständen wieder auf allgemeine Strategien zurück (Anderson, 1992, 1996; Shuell, 1990). Zunächst werden die allgemeinen Problemlösestrategien vorgestellt. Eine allgemeine Strategie ist z. B., sich eine Grobgliederung zu erarbeiten. Solch eine Strategie hat gewöhnlich fünf Phasen (Derry, 1991; Gallini, 1991; Gick, 1986). John Bransford und Barry Stein (1993) verwenden das Akronym IDEAL, um die fünf Phasen festzuhalten:

I   *Identifizieren von Problemen und Möglichkeiten*
D   *Definieren des Ziels und Darstellung des Problems*
E   *Exploration möglicher Strategien*
A   *Antizipation von Ergebnissen und Handeln*
L   *Lernen und Rückschau*

Problem Jede Situation, in der man versucht, ein Ziel zu erreichen, und dafür Hindernisse überwinden muss.

Problemlösen Das Finden einer guten Antwort oder Lösung jenseits der gelernten Lösungsmuster und -regeln.

Diese Schritte sind in fast allen Problemlöseansätzen umzusetzen.

8.2.1 Identifizieren von Problemen

Der erste Schritt des Problemlöseprozesses besteht in der Festlegung, dass ein Problem besteht und in der Herausforderung, es einer Lösung zuzuführen. Das ist nicht immer möglich. In einem Fall erhielt der Besitzer eines Gebäudes die Beschwerde, der Aufzug führe zu langsam. Ein Berater von einer Aufzugsfirma wurde bestellt, der die Geschwindigkeit des Aufzuges als normal einstufte und anmerkte, dass eine Erhöhung der Geschwindigkeit sehr kostspielig sein würde. Eines Tages beobachtete der Hausmeister, wie Leute auf den Aufzug warteten. Sie sahen sehr gelangweilt aus. Das Problem war also nicht die Fahrgeschwindigkeit des Aufzuges, sondern die Langeweile beim Warten. Nachdem nun das Problem ausgemacht war, war die Lösung einfach: Um die Wartezeit angenehmer zu gestalten, wurden links und rechts vom Aufzug Spiegel angebracht.

Das Problem zu identifizieren, ist der erste kritische Schritt auf dem Weg zum Problemlösen. Ungeübte Problemlöser eilen oft durch diese Phase und definieren das Problem auf naheliegende Weise, z. B. mit „Der Aufzug ist zu langsam!" Experten eines bestimmten Problembereiches suchen sorgfältiger nach der Definition der Problemsituation (Bruning, Schraw, Norby & Ronning, 2004). Ein lösbares Problem zu finden und seine Herausforderung anzunehmen standen am Beginn vieler erfolgreicher Erfindungen, wie z. B. der Erfindung des Kugelschreibers, der Müllabfuhr, des Weckers, des Herdes mit Selbstreinigung und tausend anderen Dingen.

Und was kommt nach der Identifikation des Problems und der Erkenntnis, dass es lösbar/unlösbar ist?

8.2.2 Zieldefinition und Darstellung des Problems

Wir wollen einmal ein reales Problem untersuchen: Eine Tomatenpflückmaschine beschädigt die Tomaten beim Pflücken. Wenn das Problem darin gesehen wird, dass der Entwurf der Maschine falsch ist, muss die Maschine verbessert werden. Wenn dagegen der Fehler in der „falschen" Beschaffenheit der Tomaten liegt, dann müssen andere (z. B. festere) Tomaten gezüch-

tet werden. Der Problemlöseprozess verfolgt also zwei ganz unterschiedliche Wege, je nachdem, wie die Problemlage und das daraus resultierende Ziel definiert werden (Bransford & Stein, 1993). Um ein Problem darzustellen und das Ziel zu definieren, muss man sich den relevanten Informationen zuwenden, die verbale Formulierung des Problems verstehen und das richtige *Problemschema* aktivieren, um das ganze Problem zu verstehen.

> **Halt! Denken Sie nach! Schreiben Sie!**
> Wenn Sie schwarze und weiße Socken in Ihrer Schublade im Verhältnis 4 : 5 haben, wie viele Socken müssen Sie herausnehmen, bis Sie ein Paar von der gleichen Farbe haben? (adaptiert nach Sternberg & Davidson, 1982).

Konzentration der Aufmerksamkeit

Die Darstellung des Problems erfordert, dass das Augenmerk auf die relevanten Informationen gerichtet und die irrelevanten ignoriert werden. Welche Information ist z. B. relevant bei dem oben beschriebenen Sockenproblem? Ist Ihnen aufgefallen, dass die Information über das Mengenverhältnis 4 : 5 irrelevant ist? So lange es nur zwei Farben gibt, braucht man höchstens drei Socken, bis man ein Paar gleicher Farbe zusammen hat.

Verstehen von Aufgabenformulierungen

Die zweite Phase des Problemlöseprozesses besteht im Verstehen der verbalen Aufgabenformulierung (Wörter oder Sätze) (Mayer, 1992). Schüler stolpern meistens über Teil-Ganze-Verhältnisse (Cummins, 1991). Schüler finden es schwierig auszumachen, was Teil von was ist. Dies kommt in dem folgenden Dialog zum Ausdruck:

Lehrer: Peter hat drei Äpfel. Ann hat auch einige Äpfel. Beide zusammen haben neun Äpfel. Wieviele hat nun Ann gehabt?

Schüler: Neun

Lehrer: Wieso?

Schüler: Das haben Sie doch gerade gesagt.

Lehrer: Kannst du die Geschichte noch einmal erzählen?

Schüler: Peter hat drei Äpfel. Ann hat auch einige Äpfel. Ann hat neun. Peter hat auch neun Äpfel (adaptiert nach De Corte & Verschaffel, 1985, S. 19).

Der Schüler hat die Formulierung „beide zusammen haben" (das Ganze) missverstanden als „jeder hat" (die Teile).

Das ganze Problem verstehen

Der dritte Schritt der Problemdarstellung besteht im Zusammentragen der relevanten Informationen und Sätze, um ein Verständnis des ganzen Problems zu ermöglichen. Die Schüler müssen dazu ein konzeptuelles Modell des Problems erstellen und die von der Aufgabe gestellten Forderungen erkennen und aufgreifen (Jonassen, 2003). Denken Sie über die folgende Aufgabe nach:

> **Halt! Denken Sie nach! Schreiben Sie!**
> Zwei Bahnhöfe liegen 50 km auseinander. An einem Samstag um 14 Uhr fährt von beiden Bahnhöfen je eine Bimmelbahn los. Gerade als die Züge losfahren wollten, springt ein Vogel vor dem einen Zug in die Höhe und fliegt zu dem anderen Zug. Als er bei dem zweiten Zug angekommen ist, fliegt er wieder zurück zu dem ersten Zug. Dasselbe macht er, als er gerade beim zweiten Zug angekommen ist: er fliegt umgehend zum ersten zurück. Der Vogel macht das so lange, bis sich die Züge treffen. Wenn beide Züge etwa 25 km in der Stunde fahren, und der Vogel 100 km die Stunde fliegt, wie viele Kilometer hat der Vogel insgesamt zurückgelegt, bevor sich die Züge treffen? (Posner, 1973).

Ihre Deutung des Problems wird *Transformation* oder *Übersetzung* genannt. Wenn Sie die Textaufgabe so verstehen, dass nach der Entfernung gefragt wird, dann setzen Sie die Ziele: „Ich muss die Entfernung errechnen, die der Vogel zurückgelegt hat, bevor er den anderen Zug erreicht und sich in die Gegenrichtung gedreht hat, dann wie weit er geflogen ist, bevor er sich wieder umdrehen muss, und dann alle diese Strecken hin und

zurück aufaddieren". Dies ist eine schwierige Aufgabe. Aber man kann diese Aufgabe auch einfacher strukturieren: Sie fragen nach der Zeit, die der Vogel in der Luft ist. Die Lösung könnte etwa so lauten:

Die Züge fahren mit derselben Geschwindigkeit, also werden sie sich in der Mitte zwischen beiden Bahnhöfen treffen, etwa 25 km von jedem Bahnhof entfernt. Das dauert eine Stunde, denn die Bimmelbahn fährt nur 25 km/h. In einer Stunde fliegt der Vogel 100 km/h. Leicht!

Die Forschung hat ergeben, dass Schüler in der Regel zu schnell entscheiden, wonach bei einem Problem gefragt wird. Sobald ein Problem kategorisiert ist („Aha, es handelt sich um ein Distanzproblem"), wird ein bestimmtes Schema aktiviert. Dieses Schema lenkt die Aufmerksamkeit auf die relevanten Informationen und erzeugt Erwartungen über die richtige Antwort (Kalyuga, Chandler, Tuovinen & Sweller, 2001; Reimann & Chi, 1989).

Wenn Schüler nicht über die notwendigen Schemata verfügen, um das Problem darzustellen, verlassen sie sich auf die Oberflächeninformationen eines Problems. Dadurch stellen sie es falsch dar, wie etwa der Schüler der zur Aufgabe; „Johanna hat 15 Bonuspunkte und Luise hat 24. Wie viel mehr hat Luise?" die Antwort gab: 15 + 24 = 39". Dieser Schüler sah zwei Zahlen und das Wort „mehr" und wendete die „Addiere-und-du-bekommst-mehr-Regel" an. Wenn Schüler kritische und relevante Informationen übersehen, holen sie das falsche Schema hervor; dadurch können sie Informationen falsch lesen oder missdeuten. Wenn aber Schüler das richtige Schema aktivieren, übersehen sie weniger relevante Informationen oder missverstehen weniger eine verzwickte Wortwahl, wie etwa „mehr" in einer Aufgabe, die Subtraktion erfordert (Resnick, 1981). Die ▶ Abbildung 8.4 gibt vier Beispiele wieder, wie man die Lösung einer Mathematikaufgabe darstellen kann.

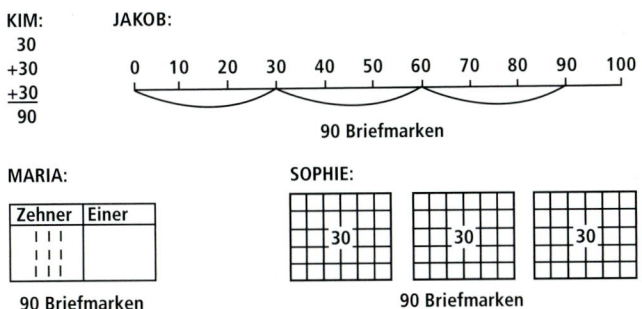

Abbildung 8.4: Vier unterschiedliche Darstellungen eines Problems. Die Lehrerin fragt: „Wie viele Briefmarken mit Bildern aus der Wildnis muss Johanna haben, um ihr Buch zu füllen? Das Buch hat drei Seiten und auf jede Seite passen 30 Briefmarken." Der Lehrer gibt kariertes Papier und eine Zahlenleiste aus und regt die Schüler an, so viele Darstellungen der Lösung wie möglich abzugeben. Hier sind vier mögliche richtige Darstellungen der Lösung.
Quelle: Aus *Essentials of Classroom Teaching: Elementary Mathematics* von James E. Schwartz & C. Alan Riedesel. Boston, MA: Allyn & Bacon. Copyright © 1994 Pearson Education.

Transformation und Schema Training

Wie können Schüler die Transformation von Aufgaben und die Auswahl der richtigen Schemata üben? Um diese Frage beantworten zu können, muss eine Wende von den allgemeinen Problemlösestrategien zu den spezifischen vollzogen werden, denn Schemata gehören immer einem spezifischen Inhaltsbereich an. In Mathematik werden den Schülern sehr viele richtige Lösungen vorgeführt. Die übliche Praxis, den Schülern ein paar Beispiele zu zeigen, um sie dann zum selbstständigen Arbeiten anzuhalten, ist weniger effektiv. Vorgegebene Lösungswege sind nützlicher bei unbekannten und schwierigen Problemen und wenn die Schüler wenig wissen (Cooper & Sweller, 1987). Wenn die Schüler neue Aufgabenlösungen lernen sollen, sollten die vorgegebenen Lösungsschritte nur eine Art von Information beinhalten und erst später weitere folgen (Marcus, Cooper & Sweller, 1996). Bitten Sie Schüler, die Beispiele zu vergleichen. Was bleibt bei den Lösungen gleich? Was ändert sich? Warum?

Die gleiche Vorgehensweise mag auch in nichtmathematischen Gebieten effektiv sein. Adrienne Lee und Laura Hutchinson (1998) fanden, dass junge Studenten in den Anfangssemestern besser mit Beispielen lernten, z. B. durch die Veranschaulichung der von Experten angestellten Überlegungen zur Problemlösung von Chemieaufgaben an kritischen Stellen. In Australien fanden Slava Kalyuga und Kollegen (2001), dass gut ausgedachten Beispielen den Lehrlingen halfen, den Stromkreis zu lernen, wenn sie noch wenig Erfahrungen hatten. Es war aber auch förderlich, wenn die Lehrlinge aufgefordert wurden, über das Beispiel zu reflektieren; Nachdenken und gut ausgearbeitete Beispiele geben sind gleichermaßen effektiv. Die Effektivität von gut ausgedachten Beispielen rührt vor allem daher, dass die Lernenden den Sachverhalt Schritt für Schritt nachvollziehen und überdenken können. Sie können ihr Verstehen überprüfen, indem sie den nächsten Schritt vorhersagen und so bei der Sache bleiben (Atkinson, Renkl & Merrill, 2003).

Bekannte Beispiele können als Analogien oder als Modelle für einzelne Problemlösevorgänge dienen. Aber Vorsicht! Neulinge in einem bestimmten Bereich erinnern sich eher an die Oberflächenmerkmale eines Beispiels oder eines Falles und nicht so sehr an die tiefere Bedeutung. Nur die Erarbeitung der tieferen Bedeutungen, nicht jedoch die Oberflächenstruktur, hilft, neue analoge Probleme zu lösen (Gentner, Lowenstein & Thompson, 2003). Schüler beschweren sich zuweilen, dass z. B. in Mathematik als Vorbereitung die Strömung von Wasser als Beispiel diente, in der Mathematikklausur aber dann die Windgeschwindigkeit herangezogen werde. Die Schüler protestieren, dass in der Arbeit nichts „von dem Boot" vorkommt. Dabei lässt sich die Windaufgabe auf die gleiche Weise lösen wie die Wasseraufgabe, aber die Schüler haben nur die Oberflächeninformationen verarbeitet. Eine Möglichkeit, die Schüler zu weniger oberflächlicher Verarbeitung anzuhalten, ist, ihnen mehrere Beispiele zu geben und sie vergleichen zu lassen. So können sie ein allgemeingültigeres Problemlöseschema aufbauen, das die gemeinsame zugrunde liegende Struktur enthält und nicht die Oberflächenmerkmale eines Anwendungsfalles (Gentner et al. 2003).

Wie sonst können Schüler Schemata entwickeln, die sie für die Darstellung von Problemlöseprozessen benötigen? Mayer (1983b) empfiehlt mit Schülern Folgendes zu üben: (1) eine Reihe von Problemtypen zu erkennen und einzuordnen; (2) Probleme darzustellen – entweder konkret in Bildern, Symbolen oder Grafiken oder auch in Worten und (3) relevante und irrelevante Informationen von Problemen zu unterscheiden.

Ergebnisse der Problemdarstellung

Es gibt zwei Hauptergebnisse im Stadium der Problemrepräsentation, wie in ▶ Abbildung 8.5 gezeigt wird. Wenn die Darstellung eines Problems eine direkte Lösung nahelegt, ist die Aufgabe erledigt. Eigentlich hat man in diesem Fall gar kein Problem gelöst; das neue Problem ist lediglich als eine Version eines alten Problems „im neuen Gewand" aufgetreten, von dem der Lösungsweg bekannt ist. Dies wird als **schemagebundenes Problemlösen** bezeichnet. In der Darstellung der Abbildung 8.5 wurde der schema-aktivierte Weg eingeschlagen, der direkt zur Lösung führt. Aber was ist, wenn kein Schema für die Lösung vorliegt oder wenn ein vorhandenes Schema keine oder eine falsche Lösung bringt? Jetzt muss nach einer Lösung gesucht werden!

Schemagebundenes Problemlösen Ein Problem als ein altes Problem „in neuem Gewand" erkennen und damit auch schon eine Lösung bereithaben.

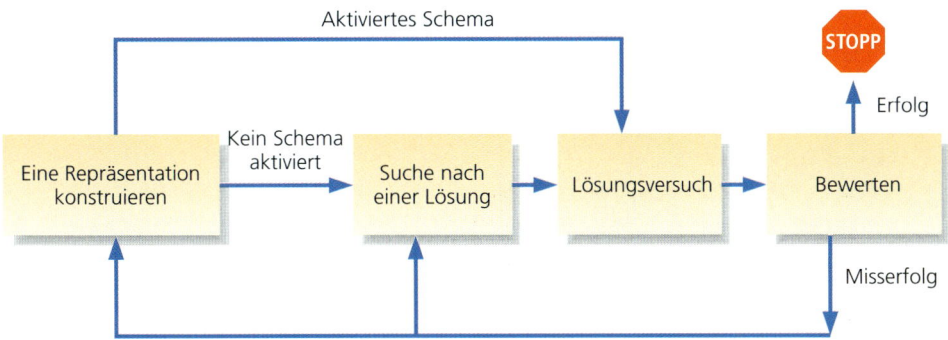

Abbildung 8.5: Diagramm des Problemlöseprozesses. Pfade auf dem Weg zur Lösung eines Problems. Der erste besteht in der Aktivierung des richtigen Schemas, und die Lösung ist offensichtlich. Wenn dagegen kein passendes Schema zur Verfügung steht, dann steht noch ein zweiter Lösungsweg offen, der des Ausprobierens.
Quelle: Aus Problem-Solving-Strategies von M. L. Glick, *Educational Psychologist, 21*, 1986, S. 101.

8.2.3 Neue Strategien explorieren

Wenn keine Schemata vorhanden sind, die eine unmittelbare Lösung nahelegen, dann muss *nach einer Lösung gesucht* werden, wie in Abbildung 8.5 nahegelegt wird. Dieser Weg ist natürlich nicht so effizient wie nach dem richtigen Schema zu suchen, aber manchmal ist es der einzige Weg. Es gibt zwei Möglichkeiten, um nach einem Lösungsweg zu suchen: Algorithmen und Heuristiken.

Algorithmus

Ein **Algorithmus** ist eine schrittweise vorgehende Vorschrift, um eine Lösung oder ein Ziel zu erreichen. Er ist gewöhnlich bereichsspezifisch, d. h. er ist an ein bestimmtes Themengebiet gebunden. Während des Problemlösens wählt man einen passenden Algorithmus, führt ihn in den Lösungsprozess ein, und die richtige Antwort ist sichergestellt. Leider wenden Schüler Algorithmen immer unsystematisch an. Sie probieren erst den einen, dann den anderen Algorithmus aus. Sie können unter Umständen sogar die richtige Lösung treffen, können aber dann nicht rekonstruieren, wie sie die Lösung gefunden haben. Für einige Schüler bedeutet dieses Versuch-und-Irrtum-Vorgehen, dass sie noch nicht das formal-logische kognitive Stadium nach Piaget erreicht haben; vor allem können sie ein Problem nicht systematisch angehen. Viele Probleme lassen sich nicht per Algorithmus lösen – was dann?

Heuristik

Eine **Heuristik** ist eine allgemeine Suchstrategie, die zu einer richtigen Antwort führen kann. Viele der realen Lebensprobleme (Karriere, Beziehungen etc.) sind nicht klar definiert und geradlinig zu lösen, sie haben auch keinen Algorithmus. Die Entdeckung oder die Entwicklung effektiver Heuristiken ist wichtig (Korf, 1999). Im Folgenden sollen einige wichtige Heuristiken vorgestellt werden.

In der **Ziel-Mittel-Analyse** wird das Problem in eine Vielzahl von Zielen oder Unterzielen unterteilt und dann setzen Bemühungen ein, jedes Ziel zu erreichen. Zum Beispiel kann sich eine Hausarbeit von 20 Seiten vor manchen Schülern wie ein Berg auftürmen. Sie täten besser daran, kleine Teilziele festzulegen, wie z. B. Themenauswahl, Informationsquellen sammeln, lesen und organisieren des Materials, eine Gliederung anfertigen usw. Sobald ein Teilziel in Angriff genommen wird, kann auch schon ein neues auftauchen. Es kann, zum Beispiel, bei der Literatursuche vorkommen, dass man erst noch einmal das Suchsystem der Bibliothek wiedererlernen muss. Psychologen müssen aber noch eine effektive Heuristik für solche Schüler erfinden, die am Abend vor dem Abgabetermin erst mit ihrer Hausarbeit anfangen.

Algorithmus Schritt-für-Schritt-Verfahren beim Problemlösen; Vorschriften für Lösungswege.

Heuristik Allgemeine Strategie zur Lösung von Problemen.

Ziel-Mittel-Analyse Heuristik, die das Ziel in Unterziele und Wege, diese zu erreichen, aufteilt.

Ein Vorteil des Problemlösens in Gruppen in der Klasse ist die sich daraus ergebende Notwendigkeit, alles zu verbalisieren, um es mitteilen zu können. Probleme zu verbalisieren, verbessert gewöhnlich das Problemlösen.

Ein zweiter Aspekt der Ziel-Mittel-Analyse ist die *Distanzreduktion*; hierbei wird ein Weg eingeschlagen, der die Distanz zwischen Problemlage und endgültigem Zielzustand geradlinig verfolgt und dann Strategien ermittelt, welche die Distanz reduzieren. Umwege und Bewegungen, die nicht direkt zum Ziel führen, werden vermieden. Wenn also bei der Anfertigung der Hausarbeit entdeckt wird, dass noch der Umweg über das Erlernen des Computersystems der Bibliothek genommen werden muss, dann kann dies als nicht zieldienlich empfunden und abgeblockt werden (Anderson, 1993).

Einige Probleme legen eine **Strategie des Rückwärtsarbeitens** nahe; man beginnt am Ziel und geht auf den ungelösten Ausgangszustand zurück. Sich vom Ziel zum Anfang durchzuarbeiten, ist manchmal eine effektive Heuristik, wie etwa bei geometrischen Beweisen. Es ist auch ein guter Weg, Zwischenziele zu setzen („Wenn ich das Kapitel in drei Wochen abgeben soll, dann muss ich es am 28. in die Post geben. Ein erster Entwurf müsste dann am 11. fertig sein").

Eine andere nützliche Heuristik ist das **Analogie-Denken** (Copi, 1961; Genter et al., 2003). Es schränkt die Suche nach Lösungen für Situationen ein, die mit der gerade anstehenden etwas gemeinsam haben. Als zum Beispiel die ersten Unterseeboote entworfen wurden, mussten Ingenieure erst herausfinden, wie Kriegsschiffe die Lokalisierung von Schiffen tief im Meer

ausmachen könnten. Die Untersuchung von Fledermäusen, die sich im Dunkeln durch Echoschallwellen orientieren, führte zur Erfindung des Sonarorientierungsverfahrens (Echolotverfahren).

Analogie-Denken kann auch zu falschen Lösungen führen. Als die Textverarbeitung zuerst auf den Markt kam, handhaben manche dieses Computerprogramm wie eine Schreibmaschine und nutzten deshalb die Vorteile gar nicht aus. Ihre Handhabung beruhte auf der oberflächlichen Ähnlichkeit. Um eine Analogie effektiv zu nutzen, muss man beide Aspekte der Analogie gut kennen (Gagné, Yekovich & Yekovich, 1993). Weiterhin muss die Bedeutung beider Aspekte ausgelotet sein, und es dürfen nicht nur die oberflächlichen Ähnlichkeiten beachtet werden, wenn Analogien gebildet werden.

Wenn man seinen Problemlöseplan in Worte fasst und begründet, warum man ihn ausgewählt hat, kann dies die Lösung eines Problems vorantreiben. Manche Menschen entdecken nur zufällig die Effektivität von **Verbalisierungen**, wenn eine Lösung ihnen plötzlich klar wurde, als sie gerade die Problemlage jemandem anderen darlegten.

8.2.4   Vorwegnahme, Handeln und Rückblick

> **Was würden Sie dazu sagen?**
> Während Ihres Vorstellungsgesprächs für eine Lehrerstelle fragt Sie der Rektor: „Was halten Sie davon, wenn Schüler Taschenrechner und Rechtschreibhilfen benutzen dürfen? Machen sie das Lernen zu leicht?"

Nach der Darstellung des Problems und der Erkundung neuer Möglichkeiten ist der nächste Schritt, eine Lösung auszuwählen und die *Konsequenzen vorherzusehen*; zum Beispiel, bei der Lösung des Problems mit den beschädigten Tomaten, widerstandsfestere Tomaten zu züchten. Wie wird der Verbraucher darauf reagieren? Wenn Sie sich die Zeit nehmen, ein neues Grafikprogramm zu lernen, um die eigene Semesterarbeit zu ver-

---

Strategie des Rückwärtsarbeitens   Heuristik, in der mit dem Ziel begonnen und rückwärts gearbeitet wird, um das Problem zu lösen.

Analogie-Denken   Heuristik, in der die Suche nach Lösungen für Problemsituationen auf ähnliche Situationen beschränkt bleibt.

Verbalisierung   Den Problemlöseplan und seine Logik in Worte fassen.

bessern (und die Note), werden Sie trotzdem noch genug Zeit haben, ihre Arbeit zu beenden?

Nachdem Sie eine Lösungsstrategie gefunden haben und nach ihr vorgehen, können Sie die Ergebnisse kontrollieren, indem Sie nach Belegen für und gegen Ihre Lösung suchen. Viele Leute hören schon auf zu arbeiten, bevor sie die richtige Lösung gefunden haben, und sie nehmen einfach eine Antwort an, die manchmal funktioniert. Bei mathematischen Aufgaben kann die Bewertung einer Antwort darin bestehen, eine Routinekontrolle durchzuführen, wie die Summe errechnen, um eine Subtraktion zu überprüfen, oder, bei einer langen Additionsaufgabe, am Ende der Reihe anzufangen statt am Anfang. Eine andere Möglichkeit ist, die Rechnung zu „überschlagen", also einen groben Schätzwert zu ermitteln. Zum Beispiel: Besteht die Aufgabe in der Multiplikation 11×21, sollte die richtige Antwort einen Wert um die 200 betragen, denn 10×20 ist 200. Wenn ein Schüler Lösungen errechnet wie 2311, 23 oder 562 sollte er durch Überschlagen einen Annäherungswert gefunden haben, der ihm sagt, jede der drei Antworten kann nicht richtig sein. Eine Antwort grob zu schätzen, ist besonders wichtig, wenn man mit Taschenrechnern oder Computern rechnet, denn man kann rückwirkend die Zahlen nicht mehr kontrollieren und Fehler verbessern. Lesen Sie dazu die folgende *Pro & Contra*-Argumentation (siehe S. 368).

8.2.5 Was verhindert Problemlösungen?

> ### Halt! Denken Sie nach! Schreiben Sie!
> Sie betreten einen Raum. Es hängen zwei Seile von der Decke. Sie werden vom Versuchsleiter gebeten, die beiden Enden zu verknoten, und es wird Ihnen versichert, dass die Aufgabe lösbar ist. Auf einem Tisch liegen einige Werkzeuge: ein Hammer und eine Zange. Sie nehmen das Ende des einen Seiles in die Hand und gehen zum anderen Ende, aber das erste Seil ist zu kurz, um gleichzeitig das andere anzufassen. Sie versuchen, Ihren Arm durch die Zange zu verlängern, aber auch diese Verlängerung reicht nicht aus. Was führt zur Lösung der Aufgabe?

Funktionale Gebundenheit

Problemlösen erfordert in der Regel, dass man Sachverhalte im neuen Licht sieht. Die Zange kann als Gewicht an das eine Seil gehängt werden, dann lässt sich das beschwerte Seil wie ein Pendel hin und her schwingen. Während man das unbeschwerte Seil festhält, kann man das andere mit einer Hand auffangen und die beiden Enden verknoten. Dieses Problem lässt sich nicht lösen, wenn man die Werkzeuge nur in ihren konventionellen Gebrauchsgewohnheiten sieht. Diese konventionelle Sichtweise heißt **funktionale Gebundenheit** (Duncker, 1945). Im täglichen Leben begegnet uns diese funktionale Gebundenheit immer wieder. Wenn z. B. eine Schraube am Griff einer Schublade locker ist, werden Sie dann zehn Minuten nach einem Schraubenzieher suchen oder nehmen Sie ein Lineal oder eine Münze als Ersatz?

Eine andere Art von Gebundenheit, die effektives Problemlösen verhindert, ist die **Rigidität (response set)**. Sie bezeichnet eine Voreinstellung, auf eine bestimmte Art und Weise zu reagieren. Man beharrt auch auf einer bestimmten Art, ein Problem anzugehen. Versuchen Sie diese Aufgaben zu lösen:

> ### Halt! Denken Sie nach! Schreiben Sie!
> In den folgenden Streichholzaufgaben muss jeweils nur ein Streichholz bewegt werden, um die Gleichung so zu verändern, dass beide Seiten gleichwertig sind wie z. B. V = V.
> $$V = VII \qquad VI = XI \qquad XII = VII \qquad VI = II$$

Sie haben das erste Beispiel wahrscheinlich schnell gelöst. Sie bewegen ein Streichholz einfach von der rechten Seite auf die linke Seite des Gleichheitszeichens, um VI = VI herauszufinden. Das beiden folgenden Beispiele können vergleichbar schnell gelöst werden, um das V in ein X zu verwandeln. Aber das vierte Beispiel muss durch einen neuen Ansatz gelöst werden, der erfordert, dass die Voreinstellungen aufgegeben werden. Der Lösungsweg erfordert das Umwandeln der römischen Ziffern in arabische und Wurzelziehen. Ein Streichholz kann von rechts nach links bewegt werden, um das Zeichen für Wurzelziehen zu legen. Die Gleichung heißt dann $\sqrt{1} = 1$. Vor Kurzem hat ein kreativer

---

Funktionale Gebundenheit   Unfähigkeit, Werkzeuge und Gegenstände auf neue Art und Weise einzusetzen.

Rigidität (response set)   Die Tendenz, auf die übliche Weise zu reagieren.

Sollte Schülern die Benutzung von Taschenrechnern oder Programmen für Rechtschreibkorrektur verboten werden?

Nicht alle Pädagogen sehen es gern, wenn Lehrer Schülern erlauben, Taschenrechner beim Ausrechnen und Überprüfen von Aufgaben zu benutzen.

Pro: Rechner und Programme für Rechtschreibkorrekturen unterstützen das Lernen.

Schüler lernten in der Vergangenheit Mathematik mit Papier und Bleistift, das bedeutet aber noch lange nicht, dass das die beste Methode ist. Heutzutage muss man in jeder Unterrichtssituation von Fall zu Fall beurteilen, ob die Papier- und Bleistiftmethode oder technische Verfahren oder beide zusammen den optimalen Lernerfolg bringen (Waits & Demana, 2000). Zum Beispiel wurde in der Dritten Internationalen Untersuchung zu Mathematik und Naturwissenschaften (Third International Mathematics and Science Study, TIMSS, 1998) in jedem Test auf fortgeschrittenem Niveau festgestellt, dass Schüler, die angaben, täglich Rechner zu benutzen, in den Testergebnissen besser abschnitten als Schüler, die selten oder gar keinen Rechner benutzten. In den letzten zehn Jahren hat sich immer wieder herausgestellt, dass das Benutzen von Taschenrechnern und Computern keineswegs das Beherrschen der Grundrechenarten verdrängt, sondern die Problemlösefähigkeiten fördert und zu einer positiven Einstellung zu Mathematik führt (Waits & Demana, 2000).

Welche Auswirkungen haben Textverarbeitungsprogramme? Pricilla Norton und Debra Sprague (2001) meinen, dass kein anderes technisches Programm so viel Einfluss gehabt hat wie Textverarbeitungsprogramme (S. 78). Sie nennen die folgenden Auswirkungen: Textverarbeitung führt bei den Benutzern zur Selbstwahrnehmung als wirkliche „Schreiber", sie gibt Schülern die Gelegenheit, über das Geschriebene nachzudenken. Es fördert die Zusammenarbeit beim Schreiben und hilft Schülern, sich kritischer und kreativer mit ihren Texten auseinanderzusetzen. Ein Dozent, der Studenten des Ingenieurswesens in den Anfangssemestern unterrichtete, wies noch auf einen weiteren Vorteil hin: „Wir haben viele ausländische Studenten, die durchschnittlich bis gut Deutsch können. Meiner Meinung nach benötigen sie die Rechtschreibkorrekturfunktion, um einwandfreie Texte abliefern zu können und um aus den Korrekturen zu lernen. Die Rechtschreibkorrekturfunktion kann für Schüler oder Studenten, die in ihrer Muttersprache schreiben, höchst überflüssig sein, weil sie z. B. jeden Namen und alle Fachausdrücke infrage stellt. Aber für Schüler/Studenten mit Deutsch als Zweitsprache und für Korrekturlesen sind sie unentbehrlich."

Contra: Taschenrechner und Programme für Rechtschreibkorrektur sind Krücken, die Lernen verhindern.

In der Lehrerfortbildung kann man dazu Äußerungen hören wie: „Wenn Schüler schon in der Grundschule Taschenrechner beim Rechnen benutzen dürfen, dann lernen sie keine mathematischen Begriffe, sie lernen lediglich den Taschenrechner zu benutzen." Oder „Zum Rechnen lernen benötigen Schüler häufige Wiederholungen und Übung im Anwenden der Begriffe und Rechenvorgänge – Taschenrechner verhindern das". In einer Zusammenfassung der gegenwärtigen Diskussion im Internet schrieb Nancy Ayres „David Gelernter, ein Professor für Informatik an der Yale-Universität, ist der Meinung, dass Computer völlig aus der Schule verschwinden sollten (**http://www.math.twsu.edu/history/topics/calculators.html#calc**). Wenn Kinder in der Schule Taschenrechner benutzten, würden sie im Erwachsenenalter keinen Zugang zu mathematischen Begriffen und Denkvorgängen finden; ihr Schicksal wäre dann, in einem ‚Zahlennebel herumzuirren'. Im Jahre 1997 war der Gebrauch von Taschenrechnern in Kalifornien bis zur 6. Klasse untersagt. Der US-Staat Virginia kaufte dagegen 200 000 Computer mit einer Grafikkarte, die in allen mittleren und höheren Schulen von Schülern benutzt werden konnten." Die Textverarbeitungsprogramme haben sich als wenig hilfreich für die Förderung der Rechtschreibung erwiesen: das National Assessment of Educational Progress (1997) gab bekannt, dass der Gebrauch von Textverarbeitungsprogrammen in der 11. Klasse um 19 % im Jahre 1984 auf 96 % im Jahre 1997 angestiegen ist. Die durchschnittliche Aufsatznote sank in diesen Jahren.

Welchen Standpunkt haben Sie?

Leser eine andere Lösung geschickt: Jede Gleichung ist lösbar, wenn man statt des = Zeichens ein ≠ setzt. Das letzte Beispiel ist dann V ≠ II oder 5 ist nicht gleich 2, also eine richtige Aussage. Er schlug auch vor, dass man nur ein Streichholz verschieben muss, um aus = < oder > zu machen und die Aussage würde immer noch zutreffen (aber es wäre eine Ungleichung und keine Gleichung, wie oben in der Aufgabe gefordert). Gibt es noch andere Lösungen?

Einige Probleme mit der Heuristik

Wir wenden Heuristiken meist automatisch an, um schnelle Urteile zu fällen, das spart Zeit beim täglichen Problemlösen. Unser kognitives System kann sofort und automatisch reagieren, aber diese Vorgehensweise hat auch ihren Preis: Oft erkennt man so nicht die besten Lösungen, und das kann kostspielig werden. Auch die Urteile intelligenter Leute können auf Stereotypen basieren und deshalb dumm sein. Wir können z. B. die **Repräsentativitätsheuristik** heranziehen, um Urteile über Möglichkeiten zu fällen, die auf Prototypen basieren – was wir für repräsentativ für eine bestimmte Kategorie halten. Überlegen Sie Folgendes:

> ### Halt! Denken Sie nach! Schreiben Sie!
> Wenn ich Sie fragte, ob ein schlanker, kleiner Fremder, der an Gedichten Gefallen findet, mit höherer Wahrscheinlichkeit ein Lastwagenfahrer oder ein Professor der klassischen Literatur ist, was würden Sie antworten?

Sie könnten versucht sein, aufgrund Ihres Prototyps eines Lastwagenfahrers zu antworten. Aber überschlagen Sie die folgenden Wahrscheinlichkeiten: Mit etwa 10 Universitäten und etwa 4 Professuren für klassische Literatur in jeder Universität kommen etwa 40 Professuren zusammen. Wenn davon 10 klein und schlank sind und die Hälfte Gedichte mögen, bleiben noch 5 übrig. Es gibt dagegen 400 000 Lastwagenfahrer. Wenn nur ei-

ner von 800 klein und schlank ist und Gedichte mag, dann bleiben noch 500 Lastwagenfahrer, auf welche die Beschreibung passt. Somit ist die Wahrscheinlichkeit einfach höher, dass der Fremde ein Lastwagenfahrer ist (Myers, 2005).

Lehrer und Studenten sind sehr beschäftigt, und sie gründen ihre Entscheidungen oft auf den Überlegungen, denen sie gerade nachhängen. Wenn Urteile auf den Informationen gründen, die leicht aus dem Gedächtnis abgerufen werden können, dann folgen wir einer **Verfügbarkeitsheuristik**. Wenn einzelne Ereignisse leicht abgerufen werden können, dann halten wir sie für häufige Ereignisse. Das ist aber nicht notwendigerweise der Fall, im Gegenteil, es führt häufig zu einem Irrweg. Geschichten werden lebhaft erinnert und werden für die Norm gehalten, aber das ist oft falsch. Vielleicht erinnern Sie sich noch an die Aussage in Kapitel 5, dass die durchschnittliche Familie in Armutsverhältnissen 2,2 Kinder hat. Vergleichen Sie das mit dem Ausspruch „in armen Familien werden laufend Kinder geboren" oder mit einem eindrucksvollen Film, der von einer armen kinderreichen Familie handelt. Die Tatsachen widersprechen diesen Urteilen. Aber die **Überzeugungsperseveranz** oder die Neigung, an einer Überzeugung festzuhalten, auch wenn die Tatsachen dagegen sprechen, führt dazu, sich gegen Änderungen zu sträuben.

Die **Tendenz zur Bestätigung** ist die Tendenz, nach Informationen zu suchen, welche die eigenen Überzeugungen bestätigen. Dies kommt von unserem Eifer, gute Lösungen zu suchen. Sicher haben Sie schon einmal gehört: „Kommen Sie mir nicht mit Tatsachen". Dieser Ausspruch entspricht ganz der Suche nach Bestätigung. Die meisten Menschen suchen bereitwilliger nach Belegen für ihre Überzeugungen als nach Tatsachen, die den Überzeugungen widersprechen (Myers, 2005). Wenn Sie sich z. B. für eine bestimmte Automarke entschieden haben, dann lesen Sie bevorzugt positive Berichte über ihre Automarke und ignorieren positive Berichte über andere Automarken. Der automatische Gebrauch von Heuristiken beim Fällen von

---

Repräsentativitätsheuristik Die Auftretenswahrscheinlichkeit eines Ereignisses wird danach eingeschätzt, wie stark es einem Prototyp ähnelt – was repräsentativ für eine Kategorie erscheint.

Verfügbarkeitsheuristik Beurteilung der Wahrscheinlichkeit eines Ereignisses nach der Verfügbarkeit der betreffenden Informationen im Gedächtnis unter der Voraussetzung, dass die leicht erinnerbaren Ereignisse auch die häufigsten sind.

Überzeugungsperseveranz Die Tendenz, an Überzeugungen auch bei widersprechenden Informationen festzuhalten.

Tendenz zur Bestätigung Suche nach Informationen, die unsere Entscheidungen und Überzeugungen bestätigen, während widersprechende Informationen ignoriert werden.

Urteilen, der Eifer, die eigene Meinung zu bestätigen, und die Neigung, Fehler wegzudiskutieren, führt zu einer *Selbstüberschätzung*. Studenten überschätzen ihre eigenen Möglichkeiten, wenn es um die Fertigstellung einer Hausarbeit geht; meistens dauert es doppelt so lang, wie sie vorhergesehen haben (Buehler, Griffith & Ross, 1994). Obwohl sie bemerken, dass sie die Zeit zur Anfertigung unterschätzen, überschätzen sie sich wieder bei ihrer nächsten Vorhersage, d. h. sie setzen abermals eine zu kurze Zeit an.

Flexibilität

Funktionale Gebundenheit, Voreinstellung bei Antworten, Suche nach Bestätigung und perseverierende Überzeugungen weisen auf die zentrale Rolle der Flexibilität beim Problemlösen hin. Wenn ein Problem falsch und wenig nutzbringend dargestellt wird, wird es schwierig oder zumindest sehr zeitaufwendig, nach einer Lösung zu suchen. Manchmal ist es hilfreich, mit dem Problem zu „spielen". Fragen Sie sich dann, „Was weiß ich? Was muss ich wissen, um die Frage zu beantworten? Kann ich das Problem auch noch von einer anderen Seite aus betrachten?" Versuchen Sie, sich verschiedene Bedingungen vorzustellen und nicht rigide vorzugehen, und vor allem divergent und nicht konvergent zu denken. Fragen Sie sich: „Was könnte das sein?" und nicht „Was ist es?" (Benjafield, 1992).

Wenn Sie offen sind für verschiedene Möglichkeiten, können Sie eine Erkenntnis gewinnen; Gestaltpsychologen nennen das eine Einsicht. *Einsicht* ist die plötzliche Umstrukturierung oder Reorganisation eines Problems, welche die Ausgangslage des Problems klärt und eine machbare Lösung vorschlägt. Der Hausmeister in dem früheren Beispiel, der erkannte, dass nicht die Langsamkeit des Aufzuges, sondern die Langeweile der Wartenden die Ursache für das Missbehagen der Aufzugbenutzer war, hatte eine Einsicht, die ihn veranlasste, Spiegel neben die Aufzüge zu hängen.

8.2.6 Effektive Problemlösungen: Was unternehmen Experten?

Die meisten Psychologen stimmen überein, dass effektives Problemlösen nur mit einem breiten Wissensfundus in einem Problembereich möglich ist. Um z. B. das Streichholzproblem zu lösen, müsste man römische und arabische Ziffern und außerdem die Rechenoperation des Wurzelziehens kennen. Sie müssen auch wissen, dass die Wurzel aus 1 gleich 1 ist. Das Expertenwissen soll im Folgenden kurz analysiert werden.

Expertenwissen

Neuere Untersuchungen begannen mit der Untersuchung von Schachmeistern (Simon & Chase, 1973). Die Ergebnisse wiesen darauf hin, dass Schachmeister sehr schnell 50 000 verschiedene Schachstellungen überblicken können. Sie können eine Stellung für wenige Sekunden anschauen und sich dann erinnern, wo welche Schachfiguren standen. Es hat den Anschein, als ob sie ein Lexikon mit 50 000 Einträgen hätten. Michelene Chi (1978) zeigte, dass Schachspieler aus der dritten bis achten Klasse auch schon über diese bemerkenswerte Gedächtnisleistung verfügten. Für alle Schachexperten sind die Spielzüge wie Worte. Wenn ein Wort aus dem gespeicherten Lexikon nur kurz gezeigt wird, kann jeder, der Rechtschreibung beherrscht, das Wort richtig buchstabieren.

Aber eine Zufallsfolge von Buchstaben kann man sehr schlecht behalten, wie in Kapitel 7 ausgeführt wurde. Eine analoge Situation ergibt sich für Schachspieler. Wenn Schachfiguren zufällig auf einem Schachbrett verteilt werden, können Schachmeister sich die Platzierung der Figuren ebenso wenig merken wie durchschnittliche Schachspieler.

Etwas Ähnliches lässt sich auch bei anderen Mustern beobachten. Man kann vielleicht ein Problem unter Umständen durch Wiedererkennen von Figurenkonstellationen und den daraus folgenden Schachzügen intuitiv lösen. Fachphysiker z. B. organisieren ihr Wissen, indem sie auf einige zentrale physikalische Gesetzmäßigkeiten zentrieren, während Anfänger in Physik ihr Wissen um einige Problemeinzelheiten aus ihrem kleinen Wissensfundus herumstrukturieren (Ericsson, 1999). Wenn zum Beispiel Studienanfänger in Physik gebeten werden, Aufgaben aus einem Lehrbuch zu sortieren, gehen Anfänger dabei nach oberflächlichen Merkmalen vor, z. B. welche Apparate gebraucht werden – ein Hebel oder ein Knopf. Die Experten hingegen wenden das entsprechende physikalische Gesetz, das boylesche oder das newtonsche Gesetz an (Hardiman, Dufresne & Mestre, 1989). Fachleute können ein Problem schnell darstellen und wissen, welcher Schritt als Nächstes zu unternehmen ist. Sie haben einen großen Vorrat an *Ausführungs- oder Bedingungs-Handlungsschemata* für zu unternehmende Schritte in den einzelnen Anforderungssituationen. Das Verstehen des Problems und die

Lösungsfindung laufen gleichzeitig und ziemlich automatisch ab (Ericsson & Charness, 1999). Natürlich bedeutet das, dass sie über zahlreiche Schemata verfügen. Zum größten Teil besteht der Werdegang eines Experten darin, sich Fachwissen oder fachspezifisches Wissen anzueignen (Alexander, 1992). Um das zu erreichen, muss er viele Probleme und deren Lösungen durch andere kennengelernt haben; er muss auch selbst viele Lösungen üben. Einige Schätzungen für den Erwerb des Fachwissens in den meisten akademischen Berufssparten belaufen sich auf 10 Jahre oder 10 000 Stunden Studium und Ausbildung (Simon, 1995). Das heißt, dass nach dem Regelstudium an der Universität noch einige Jahre Fachwissen – etwa in der Praxis – erworben werden muss.

Der reiche Wissensfundus eines Experten ist elaboriert und gut eingeübt, sodass der Abruf aus dem Langzeitgedächtnis bei Bedarf leichtfällt (Anderson; 1993). Experten können ihr extensives Wissen nutzen, um Informationen so zu strukturieren, dass sie leichter gelernt und abgerufen werden können. Verglichen mit Viertklässlern mit wenig Fußballwissen lernen beispielsweise Fußballexperten aus der vierten Klasse wesentlich mehr Fachtermini aus dem Fußballbereich, obwohl die Fähigkeiten der beiden Gruppen im Lernen und Behalten von Wörtern, die nichts mit Fußball zu tun haben, gleich sind. Die Fußballexperten organisieren und gruppieren die Fußballwörter, damit sie diese leichter behalten können (Schneider & Bjorklund, 1992). Sogar sehr junge Kinder, die Experten in einem bestimmten Themenbereich sind, verfügen über Strategien, ihr Wissen zu organisieren. Ein Beispiel ist der Gebrauch von Kategorien bei der Strukturierung des Wissens über Dinosaurier. Zwei Vorschulkinder im Alter von vier und fünf Jahren schauten eine Liste von verschiedenen pflanzen- und fleischfressenden Dinosauriern (ihre Kategorien) durch, von den bekannten Stegosauriern (große Pflanzenfresser) bis zu den weniger bekannten Ceolophysis (kleine Fleischfresser).

Die Organisation wird von Planungs- und Überwachungsvorgängen begleitet. Experten verbringen mehr Zeit damit, Probleme zu analysieren, Diagramme zu zeichnen, umfangreiche Probleme in Unterprobleme zu zerlegen und Pläne zu schmieden.Ein Anfänger beginnt, ohne zu zögern, Gleichungen für eine Aufgabe in Physik aufzustellen, oder einen Entwurf für einen ersten Absatz für eine Hausarbeit anzufertigen, während ein Experte die Lösungsschritte vorausplant und dadurch die Aufgabenlösung vereinfacht. Experten behalten beim Arbeiten ihre Fortschritte im Auge, es geht

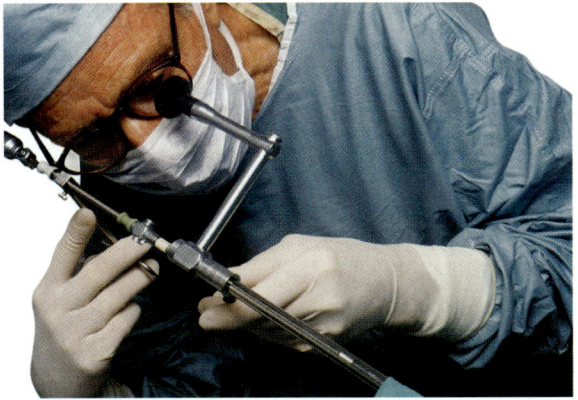

Experten haben einen reich gefüllten Wissensspeicher von deklarativem, prozeduralem und konditionalem Wissen. Die allgemeine Intelligenz spielt dabei sicher eine Rolle, aber auch harte Arbeit und Praxis sind notwendig, um Experte auf einem bestimmten Gebiet zu werden.

keine Zeit durch Irrwege und Sackgassen oder nicht haltbare Einfälle verloren (Schunk, 2004).

Chi, Glaser und Fan (1988) fassen die überlegenen Fähigkeiten von Experten zusammen. Experten (1) nehmen große, bedeutungshaltige Muster in Informationsmengen wahr, (2) führen Aufgaben schnell und ohne viele Fehler durch, (3) befassen sich tiefergehend mit Aufgaben, (4) halten mehr Informationen im Arbeits- und Langzeitgedächtnis, (5) verbringen mehr Zeit mit der Analyse von Problemen und (6) überwachen besser ihre Aufgabendurchführung. Wenn der Bereich, aus dem die Aufgabe stammt, gut abgegrenzt ist, wie z. B. im Falle von Schach- oder Physikaufgaben oder Programmieren von Computern, dann sind die Leistungen von Experten gut vorhersagbar. Ist der Problembereich aber vage und fußt auf wenigen Grundprinzipien, wie z. B. Problemlösen im Bereich der Wirtschaft oder Psychologie, dann treten die Unterschiede zwischen Anfängern und Experten nicht so deutlich zutage (Alexander, 1992).

Wissen von Anfängern

Untersuchungen über die Unterschiede zwischen Experten und Novizen in verschiedenen Bereichen haben überraschende Erkenntnisse darüber zutage gefördert, wie Anfänger ein Thema verstehen bzw. missverstehen. Die Physik hält dafür viele Beispiele bereit. Viele Anfänger nähern sich der Physik mit zahlreichen Missverständnissen, teilweise deswegen, weil viele ihrer intuitiven Ideen über die physikalische Welt falsch sind. Viele Grundschulkinder meinen, dass uns das Licht

Problemlösen

Fragen Sie die Schüler, ob sie das Problem verstehen.

Beispiele

1 Können sie relevante von irrelevanten Informationen unterscheiden?

2 Machen sie sich ihre impliziten Annahmen klar?

3 Regen Sie die Schüler an, sich das Problem durch ein Diagramm oder eine Zeichnung zu veranschaulichen.

4 Fordern Sie die Schüler auf, das Problem jemandem zu erklären. Wie sähe eine gute Lösung aus?

Fordern Sie die Schüler auf, das Problem von verschiedenen Blickwinkeln aus zu betrachten.

Beispiele

1 Schlagen Sie selbst verschiedene Möglichkeiten vor, und fordern Sie dann die Schüler auf, eigene beizutragen.

2 Geben Sie den Schülern die Gelegenheit, verschiedene Standpunkte einzunehmen und zu argumentieren.

Lassen Sie die Schüler nachdenken: Geben Sie die Lösung nicht vor.

Beispiele

1 Geben Sie sowohl Einzel- als auch Gruppenaufgaben vor, sodass jeder Schüler die Möglichkeit zum Üben bekommt.

2 Geben Sie auch positive Rückmeldungen, wenn die Schüler „gute" Fehler machen.

3 Wenn die Schüler nicht mehr weiterkommen, widerstehen Sie der Versuchung, zu viele Hinweise zu geben. Geben Sie den Schülern Zeit, etwa über Nacht, über das Problem nachzudenken.

Schulen Sie die Kinder, systematisch Alternativen in ihre Überlegungen einzubeziehen.

Beispiele

1 Denken Sie laut über Probleme nach.

2 Fragen Sie: „Was wird geschehen, wenn?"

3 Halten Sie eine Liste mit Vorschlägen bereit.

Vermitteln Sie Heuristiken.

Beispiele

1 Benutzen Sie Analogien, um das Problem des Mangels an Parkplätzen im Stadtzentrum zu lösen. Wie werden andere Probleme der „Lagerung" gehandhabt?

2 Benutzen Sie die Strategie des Rückwärtsarbeitens, um ein Fest zu planen.

Wenn Sie mehr über für das Problemlösen notwendige Ressourcen wissen wollen, schauen Sie auf die folgende Webseite: **http://www.hawaii.edu/suremath/home.html**

beim Sehen dadurch hilft, dass es die Gegenstände und deren Umgebung erhellt. Sie wissen nicht, dass das Licht vom Objekt reflektiert wird und durch unsere Augenlinse auf die Netzhaut fällt. Diese Vorstellung passt nicht in die tägliche Erfahrung, dass beim Anschalten des Lichtes die Dunkelheit im Zimmer aufgehellt wird. Die Versuchsleiter eines Naturwissenschaften-Projektes für Grundschulen in der Michigan State University fanden, dass nach einer solchen Aufklärungsstunde über die physikalischen Reflektionsvorgänge bei der Wahrnehmung von Helligkeiten immer noch die meisten Fünftklässler – etwa 78 % – an ihren intuitiven Vorstellungen festhielten. Aber wenn neue Materialien ausgearbeitet wurden, in denen die Schüler direkt mit ihren Missverständnissen konfrontiert wurden, missverstanden nur noch 20 % die physikalischen Vorgänge (Smith, Anderson & Smith, 1984).

Offensichtlich ist es für Lehrer im naturwissenschaftlichen Unterricht wichtig, die intuitiven Alltagstheorien und -begriffe ihrer Schüler zu kennen. Wenn die intuitiven Alltagsmodelle der Schüler Missverständnisse und falsche Angaben enthalten, dann können die Schüler auch keine angemessene Problemdarstellung entwickeln. (Achtung! Manche Forscher benutzen nicht die Bezeichnungen „Missverständnis" oder „Fehler" zur Bezeichnung von Ausgangsvorstellungen von Schülern in einem bestimmten Fachgebiet, sondern sprechen stattdessen von *naiven* oder *intuitiven Vorstellungen*). Um neue Informationen und Problemlösungen zu lernen, müssen Schüler die Alltagsmodelle und -begriffe „verlernen". Ihre intuitiven Ideen über die Konzepte beinhalten auch die Motivation. Pintrich, Marx und Boyle (1993) schlagen vier notwendige Bedingungen für die Änderung von naiven Konzepten vor: (1) Schüler müssen mit ihren gegenwärtigen Vorstellungen unzufrieden sein; d. h. sie müssen ihre naiven Vorstellungen als falsch, unvollständig oder nicht nützlich erkennen. (2) Sie müssen das neue Konzept verstehen. (3) Das neue Konzept muss plausibel sein – es muss in das hineinpassen, was die Schüler schon wissen. (4) Das neue Konzept muss produktiv angewendet werden können – es muss sich als nützlich beim Problemlösen oder beim Beantworten von Fragen erwiesen haben. Die *Richtlinien* geben einige Hinweise, wie Schüler zu Experten beim Lösen bestimmter Probleme werden können.

Kreativität und kreatives Problemlösen 8.3

Das Arbeitsgedächtnis hält die Informationen, die zu einem bestimmten Zeitpunkt aktiviert sind, wie z. B. eine gerade herausgesuchte Telefonnummer zum Wählen, um einen Freund anzurufen. Das Langzeitgedächtnis dagegen hält die gelernte Information lange fest, wie z. B. alle Telefonnummern, die man auswendig kann.

8.3.1 Kreativität – eine Definition

Zunächst soll festgestellt werden, was Kreativität nicht ist. Es gibt vier Mythen über Kreativität (Plucker, Beghetto & Dow, 2004):

1 *Menschen werden kreativ geboren.* Jahrelange Forschung zeigt, dass Kreativität entwickelt und gefördert werden kann durch Umgebungseinflüsse.

2 *Kreativität ist mit negativen Begleiterscheinungen verbunden.* Es stimmt, dass manche kreativen Menschen non-konformistisch sind oder mentale oder emotionale Probleme haben, aber vielen nichtkreativen Menschen geht es ebenso. Die Gefahr dieses Mythos ist, dass Lehrer bei kreativen Schülern befürchten, sie bereiteten nur Ärger, und ihnen deshalb nicht objektiv gegenübertreten (Scott, 1999).

3 *Kreativität ist ein unscharfes, schwammiges Konstrukt.* Manche Leute betrachten Kreative als Hip-

pies eines neuen Zeitalters. Obwohl kreative Menschen allgemein offen für neue Erfahrungen sind und eher non-konformistisch, können sie doch sehr konzentriert, organisiert und flexibel sein.

4 *Kreativität wird in der Gruppe gefördert.* Es stimmt, dass das Zusammentragen von Einfällen in einer Gruppe zu kreativen Lösungen führen kann. Aber diese Gruppenanstrengungen können kreativer ausfallen, wenn Individuen zuerst eigene Einfälle für sich allein zusammentragen.

Wie kann man also Kreativität definieren? **Kreativität** ist die Fähigkeit, Arbeit zu produzieren, die originell, aber doch angemessen und nützlich ist (Berk, 2005). Die meisten Psychologen stimmen darin überein, dass es keine „Kreativität für jede Gelegenheit" gibt; Menschen sind *in einem bestimmten Bereich* kreativ, wie Günther Grass als Schriftsteller für große Romane. Aber um kreativ zu sein, muss das Erschaffene beabsichtigt sein. Ein zufälliges Ausschütten von Farbe auf der Leinwand ist kein kreatives Gemälde, es sei denn der Maler erkennt darin eine Idee oder er nutzt diese Technik absichtlich, um ein neues Werk zu schaffen (Weisberg, 1993). Obwohl häufig die Kunst mit Kreativität verbunden wird, können grundsätzliche alle Produkte mit Kreativität erzeugt werden.

Eine Definition (Pluckert et al., 2004), die viele Aspekte der Kreativität in sich vereint, legt Kreativität fest als:

- Produkt von meist mehr als einer Person,
- herbeigeführt durch die Anwendung besonderer Fähigkeiten, unterstützt durch einen hilfreichen Prozess in einer unterstützenden Umgebung und
- Ergebnisse in Form eines identifizierbaren Produkts, das zugleich neu und nützlich in einem bestimmten kulturellen Rahmen oder einer Situation ist.

8.3.2 Ursprünge der Kreativität

Forscher untersuchen kognitive Prozesse, Persönlichkeitsfaktoren, Motivationskonstellationen und Hintergrundwissen, um Kreativität zu erklären (Simonton, 2000). Aber um Kreativität wirklich zu verstehen, muss man auch die soziale Umgebung einbeziehen. Beide, intrapersonale (Kognition, Persönlichkeit) und soziale Faktoren, fördern die Kreativität (Amabile, 1996; 2001,

---

Kreativität Schöpferisches, originelles Denken oder Problemlösen.

Simonton, 2000). Teresa Amabile (1996) veröffentlichte ein Drei-Komponenten-Modell der Kreativität. Individuen oder Gruppen müssen haben:

1 *Bereichsspezifische Fertigkeiten* einschließlich Talent und Kompetenzen, die in dem betreffenden Bereich gebraucht werden. Als Beispiel kann Michelangelos Fertigkeit als Steinmetz dienen; er lernte Steine zu bearbeiten, als er als Kind bei der Familie eines Steinmetzes wohnte.

2 *Mit Kreativität verbundene Prozesse*, die auch Arbeitsverhalten und Persönlichkeitseigenschaften wie diejenige von Thomas Mann beinhalten, für den der Morgen die produktivste Arbeitszeit war und die er regelmäßig pünktlich einhielt.

3 *Intrinsische Aufgabenmotivation* oder von der Aufgabe geweckte intensive Neugier und Faszination. Dieser Aspekt der Kreativität kann stark durch die soziale Umgebung beeinflusst werden (wie in Kapitel 10 zu lesen sein wird), indem sie Autonomie, anregende Neugier und Phantasie sowie Herausforderungen bereithält.

Kreativität erfordert Wissen, Flexibilität und Ausdauer; soziale Unterstützung spielt aber auch eine wichtige Rolle.

Ein anderer sozialer Faktor, der Kreativität beeinflusst, ist die *Akzeptanz* der kreativen Leistung durch die Vertreter eines bestimmten Gebietes (Nakamura & Csikszentmihalyi, 2001). Die Geschichte hat viele kreative Durchbrüche zu verzeichnen, die jedoch in ihrer Epoche nicht anerkannt wurden (z. B. Galileos Theorie, dass die Sonne im Zentrum des uns zugänglichen Universums steht), es gab aber auch Rivalitäten zwischen kreativen Individuen, die ihre kreativen Möglichkeiten bis an den Rand der Möglichkeiten herausforderten (z. B. die freundliche und produktive Rivalität zwischen Picasso und Matisse).

Kreativität und Kognition

Einen umfangreichen Wissensvorrat in einem bestimmten Gebiet zu haben, ist die Voraussetzung für Kreativität, aber es ist mehr vonnöten. Für viele Probleme ist dieses „Mehr" die Fähigkeit, das Problem „aufzubrechen", es *neu zu strukturieren*, die Sachverhalte in neuem Licht sehen; das passiert häufig, wenn eine Person sich mit einem Problemprojekt herumgeschlagen hat, und es dann einige Tage liegengelassen hat. In dieser *Inkubationszeit* wird eine Lösung „ausgebrütet", ohne dass der Problemlöser sich dessen bewusst ist. Wahrscheinlich werden in dieser Zeit rigide Ansätze beim Problemlösen abgebaut und neue Sichtweisen der Ausgangslage eines Problems tun sich auf (Gleitman, Fridlund & Reisberg, 1999). Kreativität erfordert ein breites Wissen, Flexibilität und ständige Neuordnung der Ideen. Weiterhin wurde durch die bisherige Forschung klar, dass Motivation, Ausdauer und soziale Unterstützung eine wichtige Rolle bei kreativen Prozessen spielen.

8.3.3 Kreativität erfassen

> **Halt! Denken Sie nach! Schreiben Sie!**
> Wie viele Verwendungszwecke eines Ziegelsteines fallen Ihnen ein? Denken Sie einen Moment nach und schreiben Sie alle auf, die Ihnen einfallen!

Paul Torrance, ein bekannter Pädagogischer Psychologe, hatte Lernschwierigkeiten; sein Interesse an der Pädagogischen Psychologie begann bereits in den Jahren, in denen er Englischlehrer an einer Höheren Schule war (Neumeister & Cramond, 2004). Torrance wurde später als der „Vater der Kreativität" bekannt. Er entwickelte zwei Typen von Kreativitätstests: verbale

Abbildung 8.6: Ein Zeichentest zur Erfassung der Kreativität eines 8-jährigen Mädchens. Den Zeichnungen gab das Mädchen von links nach rechts folgende Titel: „Dracula", „Einäugiges Monster", „Kürbis", „Hula-Hoop", „Plakat", „Rollstuhl", „Erde", „Mond", „Planet", „Filmkamera", „Trauriges Gesicht", „Bild", „Ampel", „Strandball", „Der Buchstabe O", „Auto", „Brille".
Quelle: A Graphic Assessment of the Creativity of an Eight-Year-Old aus *The Torrance Test of Creative Thinking* von E. P. Torrance (1986, 2000). Copyright © Scholastic Test Service, Inc.

den. **Konvergentes Denken** ist die häufiger vorkommende Fähigkeit, nur eine richtige Antwort zu finden. Die Lösungen dieser Kreativitätstests werden ausgewertet nach Originalität, Flüssigkeit und Flexibilität, drei Aspekte divergenten Denkens. Originalität wird gewöhnlich statistisch erfasst. Um eine Lösung als originell bezeichnen zu können, sollte sie nicht häufiger als 5 bis 10 mal pro 100 Lösungen genannt worden sein. Flüssigkeit ist die Menge der verschiedenen Antworten. Flexibilität wird allgemein gemessen durch die Anzahl der verschiedenen Antwortkategorien. Wenn man zum Beispiel 20 Verwendungszwecke eines Ziegelsteins nennen könnte, von denen jeder bedeutet, dass etwas anderes gebaut werden soll, dann wäre der Flüssigkeitstestwert hoch, aber der Flexibilitätswert gering. Von den drei Maßen ist Flüssigkeit (die Anzahl der Antworten) das beste Maß für divergentes Denken, aber Kreativität im Leben bedeutet mehr als nur divergentes Denken (Plucker et al., 2004).

Lehrer können oft Kreativität nicht gut beurteilen. Torrance (1972) berichtet Ergebnisse einer Nachfolgeuntersuchung nach 12 Jahren, die aussagten, dass es keinen Zusammenhang zwischen der Beurteilung der Kreativität eines Schülers durch den Lehrer und der tatsächlichen Kreativität des Schülers im Erwachsenenalter gab. Einige mögliche Indikatoren für Kreativität bei Schülern sind Neugier, Konzentration, Anpassungsfähigkeit, hohe Energie, Humor (manchmal etwas bizarr), Unabhängigkeit, spielerisches Verhalten, mangelnde Konformität, Risikoverhalten, sich von komplexen und geheimnisvollen Sachverhalten angezogen fühlen, Bereitschaft, Fantasien und Tagträumen nachzuhängen, Intoleranz für Langeweile und Erfindungsgeist (Sattler, 1992).

und nicht-verbale (graphische) (Torrance, 1972; Torrance & Hall, 1980). Im verbalen Test könnte man etwa die Instruktion erhalten, möglichst viele Verwendungszwecke für Ziegelsteine zu finden (wie oben) oder gefragt werden, wie ein bestimmtes Spielzeug abgeändert werden könnte, damit es mehr Spaß beim Spielen bereitet. In einem Zeichentest könnten etwa 30 Kreise vorgelegt werden, in die jeweils eine Zeichnung oder in mehrere Kreise jeweils eine hineingemalt werden sollen. Die ▶ Abbildung 8.6 gibt die Zeichnungen eines 8-jährigen Mädchens wieder.

Diese Art von Tests erfordert **divergentes Denken**, eine wichtige Komponente vieler Konzeptionen von Kreativität. Divergentes Denken ist die Fähigkeit, viele verschiedene Ideen zu haben oder Antworten zu fin-

8.3.4 Kreativität in der Klasse

Die komplexen Probleme der Gegenwart und Zukunft erfordern kreative Lösungen. Kreativität ist wichtig für das psychologische, körperliche, soziale und berufliche Wohlergehen eines Menschen (Plucker et al., 2004). Wie können Lehrer kreatives Denken fördern? Nur zu oft im alltäglichen Unterrichtsablauf gehen Lehrer nicht auf kreative Antworten ein, ohne dass sie

Divergentes Denken Viele verschiedene mögliche Lösungen finden.

Konvergentes Denken Die möglichen Lösungen auf die am besten passende beschränken.

Kreativität anregen

Akzeptieren Sie und regen Sie divergentes Denken an.

Beispiele

1 Fragen Sie in Diskussionen in der Klasse: „Fällt jemandem eine andere Ansicht zu dieser Fragestellung ein?"

2 Verstärken Sie Versuche, ungewöhnliche Lösungen für Probleme zu finden, auch wenn das Endprodukt nicht perfekt ist.

3 Bieten Sie Wahlfreiheit für verschiedene Projektthemen oder Darstellungsformen an (schriftlich, mündlich, zeichnerisch/visuell oder mit technischen Hilfsmitteln).

Dulden Sie abweichende Meinungen.

Beispiele

1 Bitten Sie Schüler, die abweichenden Meinungen anderer zu unterstützen.

2 Stellen Sie sicher, dass nonkonformistische Schüler genauso viele Vorrechte und Belohnungen erhalten wie andere.

Ermuntern Sie Schüler, ihrem eigenen Urteil zu trauen.

Beispiele

1 Wenn Schüler Fragen stellen, von denen Sie meinen, sie könnten sie selbst beantworten, formulieren Sie die Frage um und stellen Sie diese erneut.

2 Stellen Sie hin und wieder unbenotete Tests.

Betonen Sie, dass jeder zu einem gewissen Grade kreativ sein kann.

Beispiele

1 Vermeiden Sie es, die großen kreativen und erfinderischen Leistungen als etwas ganz Außergewöhnliches zu beschreiben.

2 Erkennen sie das Bemühen um kreative Leistungen in jeder Schülerarbeit an. Benoten Sie bei einigen Aufgaben die Kreativität gesondert.

Stellen Sie Zeit, Räumlichkeiten und Materialien zur Verfügung, um kreative Projekte zu unterstützen.

Beispiele

1 Sammeln Sie gefundene Materialien für Collagen und Kreationen – Knöpfe, Steine, Muscheln, Papier, Stoffreste, Perlen, Samen, Zeichen-/Malutensilien sowie Papier und Ton – möglichst vom Flohmarkt und bei Freunden, die Materialien spenden können. Halten Sie Spiegel und Bilder bereit, um Gesichter zu malen.

2 Richten Sie einen Arbeitsplatz mit guten Lichtverhältnissen ein, wo die Kinder an ihren Projekten arbeiten, und sie aber auch stehen lassen können, um sie später zu beenden.

3 Sprechen Sie über denkwürdige Unternehmungen (Ausflüge, neue Vorkommnisse, Feiertage), von denen die Kinder Zeichnungen anfertigen können, die sie beschreiben oder in Musik umsetzen können.

Regen Sie selbst kreative Leistungen an.

Beispiele

1 Lassen Sie die Klasse ihre Einfälle zusammentragen, wann immer das möglich ist.

2 Seien Sie Vorbild für kreatives Problemlösen und schlagen Sie ungewöhnliche Lösungen für Aufgaben in der Klasse vor.

3 Machen Sie die Schüler darauf aufmerksam, dass sie einen bestimmten Vorschlag nicht gleich beurteilen sollen, bis alle Möglichkeiten in Erwägung gezogen wurden.

das merken. Lehrer sind in der privilegierten Position, kreative Ideen anzuerkennen oder sie zu ignorieren, indem sie ungewöhnliche und fantasievolle Ideen entweder anerkennen oder verwerfen. Die *Richtlinien*, abgeändert übernommen von Fleith (2000) und Sattler (1992), beschreiben andere Möglichkeiten, Kreativität anzuregen.

DILBERT

Dilbert führt die „Brainstorming"-Sitzung seiner Mitarbeiter an. Quelle: Dilbert, 21. Februar 2002. Copyright © 2002 Scott Adams.

Brainstorming

Kreativität sollte im Schulalltag angeregt werden, aber zusätzlich können Lehrer regelmäßig Einfälle und Ideen von Schülern sammeln; sie können versuchen, eine Art Brainstorming einzuführen. Die Grundidee des **Brainstormings** ist, die Einfälle von deren Bewertung zu trennen, denn die Bewertung der Ideen unterdrückt oft die freie Produktion von Einfällen (Osborn, 1963). Bewertung, Diskussion und Kritik werden hinausgezögert, bis alle Vorschläge geäußert worden sind. Auf diese Weise kann eine Idee die andere hervorrufen; die Beteiligten halten ihre Einfälle nicht zurück aus Furcht vor Kritik. John Baer (1997, S. 43) gibt folgende Regeln für das Brainstorming vor:

1. Halten Sie sich mit Urteilen zurück.

2. Vermeiden Sie es, dass Ideen von Schülern für sich reklamiert werden. Wenn Menschen Einfälle sich selbst zuschreiben, hindert ihre Ich-Zentriertheit sie daran, kreativ zu denken. Sie verteidigen sich später, wenn ein Einfall kritisiert wird, und sie sind weniger bereit, ihre Ideen zu ändern.

3. Scheuen Sie sich nicht, die Einfälle anderer zu nutzen. Sie können Bestandteile dieser Ideen in Ihre Vorschläge einbauen oder die Einfälle anderer abändern.

4. Ermuntern Sie die Äußerungen ungezügelter Ideen. Unmögliche Ideen können andere dazu bringen, nach weiteren, machbaren Ideen zu suchen. Es kann leichter sein, eine nicht umsetzbare Idee aufzugreifen und sie den Zwängen der Realität anzupassen als eine langweilige Idee in eine interessante umzuwandeln, die es lohnt, verfolgt zu werden.

Individuen und Gruppen können gleichermaßen vom Brainstorming profitieren. Wenn man z. B. ein Kapitel

Verknüpfen und erweitern Sie Ihre Forschungskenntnisse

Neue Forschungsergebnisse über Brainstorming finden Sie in Brown, V. R. & Paulus, P. B. (2002). Making Brainstorming more Effective. Recommendations from an associative memory perspective. *Current Directions in Psychological Science, 11*, 208–212.

für ein Lehrbuch wie dieses schreibt, kann man erst alle Themen aufschreiben, die darin enthalten sein könnten. Nach einer Pause können dann die Ideen danach bewertet werden, inwieweit sie für das Kapitel geeignet sind.

Nehmen Sie sich Zeit und spielen Sie!

Vor fast hundert Jahren verknüpfte Sigmund Freud (1972) Kreativität und Spiel: „Können wir nicht feststellen, dass jedes Kind sich wie ein kreativer Schriftsteller verhält, der sich eine eigene Welt schafft, oder die Gegebenheiten seiner eigenen Welt neu zurechtrückt, wie es ihm gefällt? Der kreative Schriftsteller verhält sich genauso wie ein spielendes Kind. Er schafft sich eine Fantasiewelt, die er sehr ernst nimmt. Er investiert Emotionen" (S. 214–216). Einige Untersuchungsergebnisse deuten darauf hin, dass Vorschulkinder mit intensivem Fantasie- und „Als-ob"-Spiel kreativer sind. In einer Untersuchung hatten Kinder einen höheren Kreativitätswert in einem entsprechenden Test, wenn sie vorher Fantasiespiele durchgeführt hatten (Berk, 2001; Bjorklund, 1989). Lehrer können Schüler jeder Altersstufe zu mehr Überlegungen anregen, sich Zeit zu nehmen für neue Einfälle, sie wach-

---

Brainstorming Einfälle produzieren, ohne sie zu bewerten.

sen zu lassen und sie unter Umständen umzustrukturieren.

8.3.5 Das große K: revolutionäre Erneuerung

Ellen Winner (2000) beschreibt „das große K" oder die Erneuerung im Bereich der Kreativität, die ein neues Forschungsfeld eröffnet bzw. ein altes Feld revolutioniert. Kinder mit außerordentlichen Leistungen werden nicht notwendigerweise auch als Erwachsene Erneuerer oder Erfinder. Kinder mit außerordentlichen Leistungen beherrschen ein bestimmtes Feld früh sehr gut, aber Erneuerer verändern den ganzen Bereich. „Individuen, die schließlich einen Durchbruch erreichen, explorieren von Anfang an mehr, führen Neuerungen ein und gehen unter Umständen wenig gründlich und systematisch vor. Oft wird diese Abenteuerlust als mangelnde Bereitschaft sich anzupassen interpretiert. Besser akzeptierte Entdecker erhalten von Lehrern und Mitschülern Ermunterungen zum Experimentieren" (Gardner, 1993a, S. 32–33). Was können Eltern und Lehrer tun, um diese möglichen Erfinder zu fördern? Winner nennt vier Gefahren, die es zu vermeiden gilt:

1 Kinder sollten keinem starken Druck ausgesetzt werden, der die intrinsische Motivation zerstört. Sie sollten nicht auf äußere Belohnungen aus sein.

2 Man sollte keinen so starken Druck ausüben, dass das Kind sich später über eine verlorene Kindheit beklagt.

3 Das Kind sollte nicht ausschließlich Verhaltensformen einüben, die durch ihre technische Perfektion Preise oder andere Auszeichnungen nach sich ziehen.

4 Denken Sie daran, dass ein Kind, das in einem Bereich als ein Art Wunderkind gilt, als Erwachsener emotionale Wunden erhält, wenn er dann vergessen ist und nichts anderes im Leben anfangen kann als weiterhin perfekt zu funktionieren, ohne jemals etwas Neues geschaffen zu haben.

Eltern und Lehrer können Schüler mit außerordentlichen Fähigkeiten und kreativen Talenten dazu anregen, der Gesellschaft, die ihnen Ressourcen und Unterstützung gegeben hat, zurückzugeben, was in ihrer Macht steht. Das Lernen durch den Dienst an der Gemeinde, in Kapitel 11 diskutiert, ist nur eine von vielen Möglichkeiten.

Wir mögen nicht revolutionär in unserer Kreativität sein, aber wir können alle Experten in einem Bereich sein: dem Lernen.

Als Schüler Experte werden: Lern- und Studienstrategien **8.4**

Was würden Sie dazu sagen?

Der Direktor einer Schule sagt: „Viele unserer Schüler gehen auf Universitäten mit hohem Leistungsdruck und wissen nicht, wie man studiert, wenn sie nicht täglich Abgabetermine für Hausaufgaben haben. Wie würden Sie die Schüler auf die Arbeitsbelastung in der Universität vorbereiten?"

Viele Lehrer sagen, dass ihre Schüler „lernen sollen, wie man lernt". Jahre der Forschung haben ergeben, dass der Einsatz von guten Lernstrategien Schülern und Studenten beim Lernen hilft und dass diese Strategien lernbar sind (Hamman, Berthelot, Saia & Crowley, 2000). Aber wurde Ihnen beigebracht, „wie man lernt?" Wirkungsvolle und ausgearbeitete Lernstrategien werden selten direkt vor der höheren Schule oder sogar vor dem Universitätsstudium vermittelt. Schüler haben deshalb wenig Übung, sie einzusetzen. Sie entdecken selbst meist nur das Wiederholen und Auswendiglernen; in diesen Strategien haben sie dann sehr viel Übung. Bedauerlicherweise sind auch manche Lehrer der Überzeugung, dass Auswendiglernen die Grundform des Lernens ist (Hofer & Pintrich, 1997; Woolfolk, Hoy & Murphy, 2001). Das mag erklären, warum viele Schüler an Karteikarten und Auswendiglernen festhalten – sie kennen keine anderen Strategien (Willoughby, Porter, Belsito & Yearsley, 1999).

Wie wir in Kapitel 7 lesen konnten, ist die Art, wie wir etwas gelernt haben, maßgebend für das, was wir später behalten und wie wir das Gelernte später anwenden können. Schüler müssen sich *kognitiv mit dem Lernstoff beschäftigen*, um richtig lernen zu können – sie müssen sich auf die relevanten oder wichtigen Aspekte des Lernstoffes konzentrieren. Zweitens müssen sie *sich anstrengen*, Verbindungen herstellen, elaborieren, übersetzen, organisieren und umorganisieren, umdenken und den Lernstoff tiefer verarbeiten: Je größer die Übung und je gründlicher die Verarbeitung, umso besser ist das Lernergebnis. Schließlich müssen Schüler ihr eigenes Lernen steuern und überwachen – herausfinden, was sinnvoll ist, und erkennen, wann anders vorgegangen werden muss. Gegenwärtig wird betont, dass die Lernstrategien der Schüler gefördert werden müssen. Außerdem müssen die Techniken der Konzentration von Aufmerksamkeit und Anstrengung, der Tiefenverarbeitung und der Kontrolle des eigenen Verstehens vermittelt werden.

8.4.1 Lernstrategien und Lerntechniken

Lernstrategien sind Vorstellungen davon, wie ein Lernziel am besten zu erreichen ist, eine Art Generalplan, wie man das Ziel angeht. **Lerntechniken** sind die spezifischen Mittel, die in den Generalplan eingehen (Derry, 1989).

Derrys Untersuchung testete die Effektivität der Strategie der verbalen Elaboration (ausführen, warum eine Tatsache wahr ist), des bildlichen Vorstellens (ein inneres Bild erzeugen) und der Schlüsselwörter (Vorstellungsbilder erzeugen über die Schlüsselwörter), um Zweit-, Viert- und Sechstklässlern in Kanada zu helfen, Informationen aus Geschichten zu behalten. Die Elaborationsstrategie war in allen drei Klassenstufen hilfreich, besonders wenn Schüler schon über Hintergrundwissen verfügten, das für die Geschichte relevant war. Vorstellungsbilder erzeugen war effektiver für ältere Schüler, wenn die Schüler wenig Hintergrundwissen besaßen, aber die Zweitklässler mussten bei der Erzeugung von Vorstellungsbildern unterstützt werden.

Ihre Lernstrategie für den Lernstoff dieses Kapitels kann z. B. den Gebrauch von folgenden Strategien einschließen: Mnemotechnik, um Schlüsselbegriffe zu behalten, das Kapitel diagonal lesen, um die Organisation zu erkennen, und Antworten auf Testfragen niederschreiben. Der Gebrauch von Strategien und Techniken spiegelt metakognitives Wissen wider. Der Einsatz von Lernstrategien führt zu besseren Testleistungen in der höheren Schule und zu höheren Schulabschlüssen, die dann den Übergang zur Universität ermöglichen und dort einen vorzeitigen Studienabbruch verhindern (Robbins et al., 2004). Forscher haben einige wichtige Prinzipien erkannt:

Verknüpfen und erweitern Sie Ihre Forschungskenntnisse

Willoughby, T. Porter, L., Belsito, L & Yearsley, T. (1999). Use of elaboration strategies by grades two, four and six. *Elementary School Learning*, *99*, 221–231.

1. Schüler müssen *verschiedene Lernstrategien* kennenlernen können; nicht nur allgemeine Lernstrategien, sondern auch unterschiedliche Techniken wie die grafischen Strategien, die später noch behandelt werden.

2. Schüler sollten *konditionales Wissen* erwerben können, wann, wo und warum die verschiedenen Strategien eingesetzt werden können. Obwohl das offensichtlich erscheint, wird dieser Teil oft vernachlässigt. Eine Strategie wird besser und öfter eingesetzt, wenn Schüler wissen, wann, wo und warum sie anzuwenden ist.

3. Schüler wissen oft, wann und wie eine Strategie anzuwenden ist, aber bevor sie nicht *bestrebt sind, die Strategie einzusetzen*, wird das allgemeine Lernergebnis nicht verbessert. Viele Programme zur Vermittlung von Lernstrategien enthalten eine motivierende Komponente. In Kapitel 11 gehen wir auf die wichtige Komponente der Motivation noch näher ein.

4. Schüler sollten *schematisches Wissen direkt vermittelt bekommen*. Das ist ebenfalls eine wichtige Komponente des Strategientrainings. Um zentrale Ideen identifizieren zu können – eine wichtige Fertigkeit für eine Reihe von Lernstrategien – muss ein angemessenes Schema des Lernstoffes vorliegen. Es ist schwierig, einen Abschnitt über Ichthyologie zusammenzufassen, wenn man nicht viel über Fische

Verknüpfen und erweitern Sie mit anderen Kapiteln

Eine direkte Unterweisung in Lernstrategien ist besonders wichtig für Schüler mit Lernschwierigkeiten, wie in Kapitel 4 bereits dargestellt.

Lernstrategien Generalpläne für Lernaufgaben.

Lerntechniken Spezifische Vorgehensweisen beim Lernen wie etwa Mnemotechniken oder eine Gliederung für einen Abschnitt anfertigen.

Tabelle 8.2

Beispiele für Lerntechniken

	Beispiele	Wann einsetzen?
Techniken zum Lernen von verbalen Informationen	**1** Aufmerksamkeit zentrieren ▪ Gliederungen entwerfen, unterstreichen ▪ Nach Titeln und einleitenden Sätzen Ausschau halten	Mit leichten, gut strukturierten Materialien; für gute Leser
	2 Aufbau von Schemata ▪ Geschichtengrammatik ▪ Theorieschemata ▪ Netzwerke aufbauen und kognitive topografische „Landkarten" entwerfen	Mit schlechter Textstruktur; Ziel ist, aktives Verstehen zu verbessern
	3 Elaboration von Ideen ▪ Selbstbefragung ▪ Vorstellungsbilder	Spezielle Ideen verstehen und erinnern
Techniken zum Lernen prozeduraler Informationen	**1** Musterlernen ▪ Hypothesenaufstellen ▪ Gründe für Unternehmungen herausfinden	Attribute von Konzepten verstehen Handlungsvollzüge an Situationen anpassen
	2 Selbstinstruktion ▪ Eigene Leistung mit einem Expertenmodell	Komplexe Fertigkeiten anpassen
	3 Praxis ▪ Teilübungen ▪ Vollständige Übung	Wenn nur wenige spezifische Aspekte einer Leistung Aufmerksamkeit benötigen Fertigkeiten aufrechterhalten und verbessern

Quelle: Aus Putting Learning Strategies to Work von S. Derry, 1989, *Educational Leadership, 47(5)*, S. 5–6.

weiß. ▶ Tabelle 8.2 fasst verschiedene Techniken zum Lernen von deklarativem (verbalem) Wissen und prozeduralen Fertigkeiten zusammen (Derry, 1989).

Entscheiden, was wichtig ist

Aus Tabelle 8.2 ist zu ersehen, dass der erste Schritt in der Konzentration der Aufmerksamkeit auf wichtige Inhalte besteht; es muss in der Fülle des Lernstoffes erkannt werden, was wichtig ist; dies ist aber nicht immer leicht. Oft richten die Schüler ihre Aufmerksamkeit auf die „verführerischen Details" von Beispielen; wahrscheinlich sind sie interessanter (Gardner, Brown, Sanders & Menke, 1992). Sie selbst haben sicher auch schon ein eingängiges Beispiel oder einen Witz aus der Vorlesung behalten, aber die allgemeine Aussage des Professors nicht erfasst. Eine Kernidee zu erkennen fällt oft schwer, wenn man über das Hintergrundwissen in einem bestimmten Bereich nicht verfügt, oder es sehr viele neue Informationen gibt. Leh-

rer können Schülern in Texten Signale geben, indem sie Überschriften setzen, fett gedruckte Begriffe oder Gliederungen oder andere Zeichen einführen, die helfen, die Kernideen oder Schlüsselbegriffe eines Text zu erkennen. Schülern zu vermitteln, wie man Zusammenfassungen schreibt, kann auch hilfreich sein (Lorch, Lorch, Ritchey, McGovern & Coleman, 2001).

Zusammenfassungen

Das Anfertigen von Zusammenfassungen kann den Schülern beim Lernen helfen, aber Schüler müssen lernen, wie man zusammenfasst (Byrnes, 1996; Palincsar & Brown, 1984; siehe auch Summary Street, ein Programm des Instituts of Cognitive Science an der Universität von Colorado). Jeanne Ormrod (2004) gibt die folgenden Vorschläge für Schüler zur Anfertigung von Zusammenfassungen. Für jede Zusammenfassung sollten Schüler:

- einen das Thema einleitenden Satz für jeden Abschnitt oder Paragraphen finden,

- umfangreichere Ideen, die einige speziellere Punkte umfassen, identifizieren,
- einige Informationen aufsuchen, die bestimmte Punkte belegen,
- überflüssige (redundante) Informationen oder Einzelheiten ausmerzen.

Zunächst sollte man mit Zusammenfassungen von kurzen, gut organisierten Lesestücken anfangen. Dann können allmählich längere, weniger gut organisierte Texte eingeführt werden. Bitten Sie die Schüler, ihre Zusammenfassungen zu vergleichen und die wichtigen Ideen und die Begründung für ihre Wichtigkeit, zusammenzustellen. Welche Belege gibt es für die Wichtigkeit von Ideen?

Zwei andere Lernstrategien, die darauf beruhen, Schlüsselideen hervorzuheben, bestehen darin, im Text die wichtigen Stellen zu markieren und Notizen anzufertigen.

> ### Halt! Denken Sie nach! Schreiben Sie!
> Wie fertigen Sie beim Lesen Notizen an? Schauen Sie auf die zurückliegenden Seiten dieses Kapitels. Sind wichtige Stellen mit Farbe markiert? Gibt es Hinweise oder Zeichnungen am Rande und wenn ja, beziehen sich die Randanmerkungen auf das Kapitel oder sind es Einkaufslisten und E-Mail-Addressen?

Unterstreichen und Hervorheben

Unterstreichen Sie oder heben Sie auf andere Weise Schlüsselwörter hervor? Unterstreichen und Hervorheben werden von Studenten zu Studienbeginn oft, aber auch wenig effektiv genutzt. Ein Hauptproblem ist dabei, dass Studenten zu viel unterstreichen und hervorheben. Man sollte vielmehr selektiv sein. In Untersuchungen, in denen die Studenten nur einen Satz pro Absatz unterstreichen durften, ergaben sich gute Lernresultate (Snowman, 1984). Weiterhin sollten die Informationen in eigene Worte gefasst werden beim Notizenanfertigen. Verlassen Sie sich nicht auf die Formulierungen im Buch. Erkennen Sie Verbindungen zwischen dem, was Sie lesen und dem, was Sie schon wissen. Malen Sie Diagramme, um Beziehungen zu veranschaulichen. Achten Sie darüber hinaus auf das Organisationsprinzip im Lernmaterial und nutzen Sie dieses beim Unterstreichen oder Notizenanfertigen (Irwin, 1991; Kiewra, 1988).

Notizen anfertigen

Wenn Sie in einer Vorlesung sitzen und Ihr Notizbuch mit Worten füllen oder wenn Sie hektisch versuchen, mit dem Sprechtempo des Dozenten oder Professors Schritt zu halten, fragen Sie sich vielleicht, ob Notizen irgendwelche Vorteile haben. Die Antwort ist: Ja, wenn man sie gut nutzt:

- Notizen anfertigen richtet die Aufmerksamkeit in der Vorlesung oder Klasse auf den dargebotenen Stoff aus, sodass er in das Langzeitgedächtnis überführt werden kann. Um die Schlüsselideen in Ihren eigenen Worten festzuhalten, müssen Sie diese in Ihre eigene Sprache übertragen, sie verknüpfen, elaborieren und organisieren. Auch wenn die Schüler oder Studenten ihre Notizen vor einem Test nicht noch einmal durchsehen, hat das erste Anfertigen der Notizen bereits das Lernen verstärkt, besonders dann, wenn die Lerner über kein Hintergrundwissen in einem bestimmten Gebiet verfügen. Wenn natürlich das Anfertigen von Notizen Sie vom Zuhören und inneren Strukturieren des Gehörten abhält, dann ist das Notizenmachen wenig effektiv (Kiewar, 1989; Van Meter, Yokoi & Pressley, 1994).
- Notizen stellen ausgedehnte externe Speicher dar, die dem Lerner erlauben, auf schon Gelerntes zurückzugreifen und es noch einmal durchzusehen. Schüler oder Studenten, die ihre Notizen zum Lernen benutzen, um bei Tests besser abzuschneiden, besonders wenn Sie Notizen von hoher Qualität angefertigt haben, können die Erfahrung machen, dass der Lerner umso besser abschneidet, desto mehr Schlüsselideen, Konzepte und Beziehungen – und nicht nur Einzelheiten – er erfasst (Kiewra, 1985, 1989; Peverly, Brobst, Graham & Shaw, 2003).
- „Experten"schüler passen ihre Notizen dem von ihnen vorgesehenen Gebrauch an und modifizieren sie je nachdem, was sie im Test oder in den Hausaufgaben an Fragen erwarten; sie benutzen persönliche Markierungen, die für andere schwierig und unbekannt sind; sie füllen Lücken durch Informationen aus relevanten Quellen (sie nehmen auch Informationen von Mitschülern oder Mitstudenten an); Sie verhalten sich also *strategisch* beim Anfertigen und Gebrauch von Notizen (Van Meter, Yokoi & Pressley, 1994).
- Um Schülern beim Notizenanfertigen zu helfen, führen manche Lehrer Matrizen oder Mind Maps ein. Wenn die Schüler anfänglich den Gebrauch dieser Maps erlernen, kann der Lehrer einige Einträge

an der richtigen Stelle selbst vornehmen. Wenn Sie Matrizen oder Mind Maps im Unterricht verwenden, schlagen Sie den Schülern vor, ihre ausgefüllten Mind Maps auszutauschen und ihre Überlegungen den anderen zu erläutern.

8.4.2 Visuelle Organisationshilfen

Um das Unterstreichen nutzbringend einsetzen zu können, müssen Kernideen erkannt werden. Die *Organisation* des Textes oder der Vorlesung muss ebenfalls verstanden werden – also die Verknüpfungen und Beziehungen zwischen den Ideen. Es wurden einige visuelle Strategien entwickelt, um den Schülern beim Erkennen der Kernelemente eines Textes zu helfen (Van Meter, 2001). Einige Befunde deuten darauf hin, dass grafische Organisationshilfen wie proportionale Netzwerkkarten (Mind Maps) oder Grafiken effektiver sind als die Gliederung eines Textes zu erstellen (Robinson, 1998; Robinson & Kiewra, 1995). Die Aufzeichnungen von Beziehungsgefügen mit kausalen Verbindungen, Vergleichs-/Kontrastverknüpfungen und Beispielen konnten die Wiedergaben verbessern. Schüler sollten solche Mind Maps vergleichen und deren Unterschiede herausarbeiten. Abbildung 8.2 (siehe S. 355) zeigt die Vorstellung einer Schülerin von einem Molekül als ein hierarchisches Diagramm der Beziehungen zwischen Begriffen. Es gibt andere Möglichkeiten, Organisationen visuell darzustellen, wie z. B. das *Venn-Diagramm*, das zeigt, wie sich Begriffe und Ideen überlappen, und das *Baumdiagramm*, das darstellt, wie sich Begriffe und Ideen verzweigen. Zeitleisten können die Reihenfolge der Ereignisse darstellen und sind für den Unterricht in den Fächern Geschichte und Geografie sehr nützlich.

Eine weitere brauchbare Möglichkeit, visuell Lernstoff zu organisieren, sind die **Cmaps** (concept maps, topografische Karten von Begriffen), entwickelt durch Forscher des Instituts für Human Machine Cognition (IHMC). Der maßgebende Forscher dieses Institutes Joseph Novak entwickelte die semantische Darstellung von Begriffen in den 1970er-Jahren an der Cornell Uni-

versität (die Abbildung 8.2 greift auch auf seine Arbeiten zurück). In den letzten Jahren haben Novak und das IHMC Hilfsmittel entwickelt, um Cmaps zu erstellen, die man aus dem Internet kostenlos herunterladen kann. Die Studenten nutzen diese Hilfsmittel sogar für die Vorbereitung ihrer Abschlussprüfungen. Computer-Cmaps können über das Internet Studenten und Schüler aus den verschiedensten Ländern miteinander verbinden und eine Zusammenarbeit ermöglichen. Die Internetadresse für die Cmaps-Hilfsmittel lautet **http://cmap.ihmc.us**.

8.4.3 Lesestrategien

Wie oben bereits erläutert, sollten Lernstrategien und -techniken Schülern helfen, ihre Aufmerksamkeit zu konzentrieren. Sie sollten sich anstrengen durch Elaborieren, Organisieren, Zusammenfassen, Verknüpfen, Übertragen eine Tiefenverarbeitung zu erreichen und ihren Verstehensprozess zu überwachen. Es gibt eine Reihe von Strategien, die den Verarbeitungsprozess beim Lesen fördern. Viele benutzen die Mnemotechnik, um den Schülern das Erinnern einzelner Schritte zu erleichtern. Zum Beispiel ist eine mögliche Strategie für die Sekundarstufe das Verfahren **READS**:

R (*Review*) *Überblicken Überblicke Titel und Untertitel,*

E (*Examine*) *Überprüfen Überprüfe fett gedruckte Wörter,*

A (*Ask*) *Fragen: „Was erwarte ich zu lernen?",*

D (*Do*) *Tue es – lese!*

S (*Summarize*) *Fasse zusammen – mit eigenen Worten* (*Friend & Bursuck, 1996*)

Eine weitere Strategie, die bei der Lektüre von Literatur angewendet werden kann, ist **CAPS**:

C   Wer sind die wichtigen Charaktere?

A   Was ist das Hautpziel (Aim) der Geschichte?

P   Welches Problem macht die Handlung aus?

S   Wie wird das Problem gelöst (Solved)?

Anderson (1995) bringt einige Gründe vor, warum Strategien wie CAPS oder READS nutzbringend eingesetzt werden können. Die Abfolge der einzelnen Schritte

---

Cmaps Hilfsmittel zur Herstellung von proportionalen Netzwerkkarten (Mind Maps) von Begriffen, entwickelt durch das Institut für Human Machine Cognition, die mit vielen semantischen Wissensrepräsentationen und anderen Internetressourcen verknüpft sind.

READS Ein 5-Schritte-Programm fürs Lesen: **R** (*Review*) Überblicke Titel und Untertitel, **E** (*Examine*) Überprüfe fett gedruckte Wörter, **A** (*Ask*) Frage „Was erwarte ich zu lernen?", **D** (*Do*) Tue es – lese! **S** (*Summarize*) Fasse mit eigenen Worten zusammen.

CAPS Eine Strategie, die beim Lesen von Literatur eingesetzt werden kann: **C** *Charaktere;* **A** *Hauptziel (Aim);* **P** *Problem;* **S** *Lösung (Solved).*

Eine neue Lernstrategie für kooperatives Lernen, die von vielen Lehrern im Unterricht verwendet wird, um das Lesen und die Nachfragen an den Lernstoff zu begleiten, heißt KWL: Was weiß (**k**now) ich? Was **w**ill ich wissen? Was habe ich ge**l**ernt?

sorgt dafür, dass Schüler und Studenten sich die Organisation eines Kapitels bewusst vor Augen führen. Wie oft überliest man die Überschriften und hat so die Haupthinweise für die Organisation eines Kapitels übersehen? Die Schritte erfordern weiterhin, dass das Kapitel in Abschnitten und nicht als Ganzes hintereinander gelernt wird. Es wird auf das Prinzip des verteilten Lernens zurückgegriffen. Fragen stellen und beantworten aus dem Lernstoff zwingt die Schüler, die Informationen tiefergehend und mit größerer Elaboration durchzuarbeiten (Doctorow, Wittrock & Marks, 1978; Hamilton, 1985).

Viele Lehrer benutzen eine Strategie **KWL**, um den Leseprozess und die Befragung des Lernstoffes zu begleiten. Dieser allgemeine Rahmen ist in den meisten Klassenstufen zu verwenden. Die Schritte sind:

K (**K**now) *Was weiß ich tatsächlich über dieses Thema?*

W (**W**ant) *Was will ich wissen?*

L (**L**earned) *Was werde ich am Ende der Lektüre oder der Nachfragen gelernt haben?*

Unabhängig davon, welche Strategie sie verwenden, müssen Schüler deren Gebrauch lernen. Direkte Unterweisung, Erklärung, Vorführen und Übung mit Rückmeldung sind notwendig. Direkte Unterweisung von Lern- und Lesestrategien ist besonders wichtig für Schüler mit besonderen Lernvoraussetzungen und Schülern mit z. B. Deutsch als Zweitsprache. Marilyn

Verknüpfen und erweitern Sie Ihren Unterricht

READS ist eine bekannte Strategie für effektives Lesen, eine andere weitverbreitete ist **PQ4R** (Thomas & Robinson, 1972):

- *Vorschau* (*Preview*). Verschaffen Sie sich einen Überblick über die Hauptthemen und -abschnitte und entwickeln Sie eine Fragestellung für das Lesen.
- *Frage* (*Question*). Schreiben Sie für jeden Hauptabschnitt Fragen auf, die Ihre Fragestellung für das Lesen betreffen. Ein Weg, das zu tun, ist, jede Überschrift in eine Frage zu verwandeln.
- *Lesen* (*Read*). Endlich! Ihre Fragen können durch das Lesen beantwortet werden.
- *Überlegen* (*Reflect*). Während Sie lesen, versuchen Sie Beispiele zu finden oder erzeugen Sie Vorstellungsbilder des Materials. Elaborieren und verknüpfen Sie das, was Sie gerade lesen und das, was Sie schon wissen.
- *Erneut durchgehen* (*Recite*). Nach der Lektüre der einzelnen Abschnitte lehnen Sie sich zurück und denken Sie über die ursprüngliche Fragestellung und die einzelnen Fragen nach. Können Sie die Fragen beantworten, ohne ins Buch zu schauen?
- *Überprüfung* (*Review*). Effektive Überprüfung umfasst auch das Einbeziehen neuen Materials und überträgt den Lesestoff gründlicher in das Langzeitgedächtnis. Mit fortschreitendem Lernen sollte die Überprüfung kumulativ verlaufen, sie sollte die vorher gelesenen Abschnitte und Kapitel einschließen.

Verknüpfen und erweitern Sie mit anderen Kapiteln

Im Kapitel 16 wird die PQ4R-Methode noch ausführlicher dargestellt.

KWL Eine Strategie zur Begleitung des Lesens und der Nachfragen: Vorher – was *weiß* (**k**now) ich schon? Was *will* ich wissen? Nachher – Was habe ich *gelernt* (**l**earned)?

Verknüpfen und erweitern Sie Ihre Forschungskenntnisse

Lesen Sie Peterson, D. & Van der Wege, C. (2002). Guiding Children to Be Strategic Readers. *Phi Delta Kappan, 83*, 437–440.

Friend und William Bursuck (2002) beschreiben, wie ein Lehrer die KWL-Strategie vorführt und diskutiert. Nach der Besprechung der Schritte, führt der Lehrer ein Beispiel und ein Nicht-Beispiel für die Anwendung der KWL-Strategie auf „Buntstifte" vor.

Lehrer: Was tun wir jetzt, da wir den Abschnitt zum Lesen genannt bekommen haben? Zuerst fördern wir alles Wissen zutage, was wir zu diesem Thema angesammelt haben, und dann schreiben wir diese Wissenselemente auf.

Der Lehrer schreibt bekannte Eigenschaften von Buntstiften an die Tafel oder auf eine Folie, wie etwa „aus Holz" gefertigt, „wird in verschiedenen Farben hergestellt", „kann angespitzt werden" und „es gibt verschiedene Herstellerfirmen".

Lehrer: Wir nehmen dann die bereits bekannten Informationen und kategorisieren sie, wie etwa „woraus Buntstifte gemacht sind" und „Farben von Buntstiften". Dann schreiben wir alle Fragen auf, die wir während der Lektüre beantworten wollen, wie etwa „Wer hat die Buntstifte erfunden?" „Wann wurden sie erfunden?" „Wie werden Buntstifte hergestellt?" „Wo werden sie angefertigt?" Jetzt sind wir auf das Lesen vorbereitet und fangen mit dem Lesen des Abschnittes über Buntstifte an. Dann müssen wir aufschreiben, was wir aus dem Lesestoff gelernt haben. Wir müssen all jene Informationen einbringen, die wir aus dem Text gelernt haben und die Fragen beantworten und darüber hinausgehende Informationen enthalten. Zum Beispiel haben wir so erfahren, dass Buntstifte in den Vereinigten Staaten zuerst im Jahre 1903 durch Edwin Binney und E. Harold Smith hergestellt wurden. Wir haben auch gelernt, dass die Firma Crayola diejenige Firma ist, die als erste die Wunderstifte angefertigt hatte. Ja, und dann müssen wir noch diese Informationen in einer Art topografischer Landkarte organisieren, sodass wir verschiedene Kernpunkte und deren Belege leichter erkennen können.

An dieser Stelle zeichnet der Lehrer eine topografische Karte auf die Tafel oder auf eine Folie.

Lehrer: Lasst uns noch einmal die einzelnen Schritte durchgehen und anschauen, was wir vor und nach der Lektüre erledigt haben.

Es folgte eine Klassendiskussion.

Lehrer: Jetzt lese ich den Abschnitt noch einmal vor, und ich möchte, dass ihr mein Lesen dieses Lehrbuches durch die KWL-Plus-Strategie bewertet.

Der Lehrer führt dann die falsche Strategie vor.

Lehrer: Der Abschnitt handelt von Buntstiften? Was ist von Buntstiften wissenswert? Dass es Hunderte von Farben gibt und dass sie immer abbrechen? Buntstifte sind für kleine Kinder und ihr geht schon in die höhere Schule, deshalb muss keiner in diesen Klassenstufen viel über sie wissen. Ich überlese den Abschnitt und lese einfach weiter, denn ich muss nicht viel über die Buntstifte wissen. Ich lasse den Abschnitt aus und gehe an die Beantwortung der Fragen. Nun, wie habe ich die strategischen Schritte eingesetzt?

Die Klasse diskutiert den unangemessenen Gebrauch der Strategie durch den Lehrer. Achten Sie darauf, dass der Lehrer sowohl ein Beispiel als auch ein Nicht-Beispiel benutzt – ein gutes Beispiel für Begriffslernen.

Die *Richtlinien* bieten eine Zusammenfassung von Ideen über das Studieren.

Verknüpfen und erweitern Sie mit anderen Kapiteln

Die Richtlinien für den Erwerb von Lerntechniken sollten von jedem beachtet werden, der ein Experte im Lernen werden möchte und seine metakognitiven Fähigkeiten und exekutiven Kontrollprozesse (siehe Kapitel 7) entwickeln möchte. Die Diskussion über deklaratives, prozedurales und konditionales Wissen in Kapitel 7 sollte dabei einbezogen werden.

8.4.4 Lernstrategien anwenden

Angenommen, Schüler verfügen über einige wirkungsvolle Lernstrategien, werden sie diese anwenden? Mehrere Bedingungen müssen zuerst erfüllt sein (Ormrod, 2004). Zunächst muss die Lernaufgabe für die Anwendung von Strategien geeignet sein. Warum sollten Schüler komplexere Lernstrategien einsetzen, wenn die vom Lehrer gestellte Aufgabe darauf abzielt, eher wörtliche Formulierungen zu wiederholen? Mit dieser

Ein Expertenschüler werden

Stelle sicher, dass du das notwendige deklarative Wissen (Fakten, Begriffe, Ideen) besitzt, um neue Informationen zu verstehen.

Beispiele

1 Halte während des Lernens Definitionen der Schlüsselwörter zur Verfügung.

2 Überprüfe Fakten und Begriffe, bevor du neues Material angehst.

Finde heraus, welche Art von Test der Lehrer geben wird (Essay, kurze Antworten), und eigne dir den Lernstoff im Hinblick auf die Tests an.

Beispiele

1 Für einen Test mit ins Einzelne gehenden Fragen kannst du die Antworten auf mögliche Fragen üben.

2 Wende für einen Test mit zur Auswahl vorgegebenen Antworten mnemotechnische Verfahren an, um Definitionen der Schlüsselwörter zu behalten.

Stelle sicher, dass du mit dem Aufbau des Lernstoffs vertraut bist.

Beispiele

1 Suche dir vorweg einen Überblick über Titel, Einführungen, themeneinleitende Sätze und Zusammenfassungen.

2 Passe auf Wörter und Sätze auf, die Beziehungen beinhalten, wie etwa *andererseits, weil, erstens, zweitens, jedoch, da.*

Kenne deine eigenen kognitiven Fertigkeiten und setze sie bewusst ein.

Beispiele

1 Benutze Beispiele und Analogien, um neues Material mit etwas zu verknüpfen, was dir wichtig ist und was du gut verstehst wie Sport, Hobbies oder Filme.

2 Wenn eine Lerntechnik nicht so gut funktioniert, gehe zu einer anderen über – das Ziel ist, sich weiter mit der Sache zu beschäftigen, nicht der Gebrauch einer bestimmten Strategie.

Lerne die richtige Information auf die richtige Art.

Beispiele

1 Stelle sicher, dass du möglichst genau weißt, was der Test abfragt und was du gelesen haben musst.

2 Verwende die meiste Zeit auf die wichtigen, schwierigen und unvertrauten Teile des Lernstoffes für den Test oder für die Schulaufgaben.

3 Fertige dir eine Liste der Teile des Textes an, die dir Schwierigkeiten bereiten, und widme ihnen mehr Zeit.

4 Verarbeite die wichtigen Informationen gründlich durch Einsetzen von Mnemotechnik, Erzeugen von Vorstellungsbildern, Finden von passenden Beispielen, Fragen beantworten, Notizen anfertigen in eigenen Worten, und Elaborieren des Textes. Versuche nicht, die Worte des Autors zu wiederholen, benutze bei der Bearbeitung des Textes deine eigenen Worte.

Überprüfe, ob du alles richtig verstanden hast.

Beispiele

1 Stelle Fragen und beantworte sie, um das richtige Verständnis zu überprüfen.

2 Wenn sich die Lesegeschwindigkeit verlangsamt, entscheide, ob in dem gerade gelesenen Abschnitt wichtige Informationen enthalten sind. Wenn ja, schreibe die schwierigen Stellen auf, um sie noch einmal nachzulesen oder bei jemandem nachzufragen. Wenn die Stelle keine wichtigen Informationen enthält, ignoriere sie.

3 Überprüfe das eigene Verständnis, indem du mit einem Freund zusammenarbeitest oder ihr euch gegenseitig Fragen stellt.

Wenn Sie mehr über Studien- und Lerntechniken wissen wollen, suchen Sie die folgenden Webseiten auf:
http://www.ucc.vt.edu/stdysk/stdyhlp.html oder **http://www.d.umn.edu/student/loon/acad/strat/**

Quelle: Aus Research Synthesis on Study Skills von B. B. Armbruster und T. H. Anderson (1993) *Educational Leadership, 39.* Copyright © 1993 Association for Supervision and Curriculum Development. Die Association for Supervision and Curriculum Development ist eine internationale Gemeinschaft von Lehrern und Erziehern, die für gut begründete Maßnahmen und Methoden eintreten, die den Lernerfolg jedes Schülers sicherstellen sollen. Um mehr darüber zu erfahren, besuchen Sie die Website von ASCD unter **www.ascd.org**.

Art der Aufgabenstellung wird das Auswendiglernen belohnt; die besten Strategien umfassen verteiltes Lernen und vielleicht Mnemotechnik (beschrieben in Kapitel 7). Es ist zu hoffen, dass einige dieser Aufgabentypen im gegenwärtigen Unterricht enthalten sind; wenn die Aufgabe im Verstehen und nicht im Auswendiglernen besteht, welche Strategien sind dann angebracht?

Lernen bewerten

Die zweite Bedingung für die Anwendung differenzierterer Strategien ist, dass Schüler bemüht sind zu lernen und zu verstehen. Sie müssen Lernziele haben, die auch mit effektiven Lernstrategien erreicht werden können (Zimmerman & Schunk, 2001). In einer Ausgabe der Zeitung *USA Today* erschien ein Artikel, dessen Hauptaussage darin bestand, dass Studenten ihre Vorlesungsnotizen ständig neu schreiben und revidieren sollten, sodass zum Ende der Lehrveranstaltung der so verarbeitete Lernstoff in einer oder zwei Seiten zusammenfassbar ist. Natürlich wird zu diesem Zeitpunkt der größte Teil des Wissens neu organisiert und mit vorhandenen Wissensanteilen verknüpft sein. Man sieht, dass die Erkenntnisse der Pädagogischen Psychologie auch in der Öffentlichkeit rezipiert werden. Gute und fleißige Studenten werden seufzen, sie hätten bereits eine so große Belastung durch die Lehrveranstaltungen, dass sie die Lernstrategien und -techniken nicht auch noch lernen könnten. Aber nur durch die Kenntnis und Anwendung dieses Lehrstoffes lassen sich die hohen Anforderungen bewältigen, auch wenn zunächst Zeit investiert werden muss.

Anstrengung und Tüchtigkeit

Für Studenten ist wichtig, wofür sie ihre Anstrengungen einsetzen. Die dritte Bedingung für die Anwendung der Lernstrategien setzt voraus, dass Studenten überzeugt sein müssen, Investitionen und Anstrengungen bei Lernstrategien seien vernünftig, weil man davon auch letztlich etwas hat (Winne, 2001). Natürlich müssen Studenten und Schüler an ihre eigenen Fähigkeiten, diese Lernstrategien richtig einsetzen zu können, auch glauben; das heißt, sie müssen über Selbstwirksamkeit hinsichtlich des effektiven Einsatzes der Lernstrategien verfügen oder diese aufbauen (Schunk, 2004). Dies wiederum führt zu einer weiteren Bedin-

gung: Schüler und Studenten müssen eine Wissensgrundlage und/oder Erfahrung in dem betreffenden Bereich aufweisen. Keine Lernstrategie ist hilfreich bei der Erledigung von Lernaufgaben, wenn sie jenseits der derzeitigen Möglichkeiten des Lernenden liegen.

Epistemologische Überzeugungen

Welche **epistemologischen Überzeugungen** Studenten und Schüler über Wissen und Lernen haben, beeinflusst die Art der Strategien, die sie beim Lernen heranziehen.

Halt! Denken Sie nach! Schreiben Sie!

Wie würden Sie diese von Chan und Sachs (2001) übernommenen Fragen beantworten?

1 Das Wichtigste beim Lernen von Mathematik ist (a) sich erinnern an das, was der Lehrer einmal gesagt hat; (b) zahlreiche Problemlösungen üben; (c) das Problem wirklich verstehen.

2 Das Wichtigste, was man beim Lernen von Naturwissenschaften tun kann, ist, zu (a) genau nach Anweisungen vorzugehen; (b) zu versuchen zu erkennen, wie weit die Erklärungen für Vorgänge tragen; (c) sich an alles zu erinnern, was man schon wissen sollte.

3 Wenn man alles über eine Sache wissen wollte, z. B. über Tiere, wie lange müsste man dafür lernen? (a) weniger als ein Jahr bei sehr intensivem Lernen; (b) etwa ein bis zwei Jahre; (c) unaufhörlich.

4 Mit fortschreitendem Lernen (a) werden die Fragen zunehmend komplexer; (b) die Fragen werden zunehmend leichter; (c) die Fragen werden alle beantwortet.

Fragen wie die in *Halt! Denken Sie nach! Schreiben Sie!* aufgeführten wurden von Forschern eingesetzt; die Antworten ergaben einige Dimensionen der epistemologischen Überzeugungen (Chan & Sachs, 2001; Schommer, 1997; Schommer-Aikins, 2002; Schraw & Olafson, 2002). Zum Beispiel:

■ **Wissensstruktur:** Ist das Wissen in einem bestimmten Bereich eine Ansammlung von Tatsachen oder

---

Epistemologische Überzeugungen Auffassungen über die Struktur, Stabilität und Sicherheit des Wissens und darüber, wie man Wissen am besten erwirbt.

eine komplexe Struktur von Konzepten und deren Beziehungen untereinander?

- **Stabilität/Sicherheit des Wissens:** Ist das Wissen ein fester Bestand oder ist es mit der Zeit gewachsen oder werden Teile vergessen?
- **Fähigkeit zum Lernen:** Ist die Fähigkeit zum Lernen festgelegt (eine angeborene Fähigkeit) oder veränderbar?
- **Geschwindigkeit des Lernens:** Können wir Wissen schnell erwerben oder benötigt der Wissenserwerb längere Zeit?
- **Die Natur des Lernens:** Heißt Lernen Auswendiglernen von Lernstoff, der von Autoritäten angeboten wird, bzw. Verarbeitung unverbundener Tatsachen, oder heißt Lernen, den Lernstoff zu integrieren und gründlich zu verstehen?

Die Meinungen der Schüler und Studenten über Wissen und Lernen beeinflussen den Gebrauch der Lernstrategien. Wer sich, zum Beispiel, Wissen schnell aneignen will, sollte schnell ein oder zwei Lernstrategien einsetzen (den Text einmal lesen, zwei Minuten lang die Wortaufgabe lösen) und dann aufhören. Wer überzeugt ist, dass Lernen bedeutet, sich Lernstoff integrierend anzuzeigen, wird ihn tiefergehend verarbeiten, ihn mit bereits vorhandenem Wissen verknüpfen, neue Beispiele finden oder Diagramme anfertigen und die Informationen elaborieren (Hofer & Pintrich, 1997; Kardash & Howell, 2000). In einer Untersuchung verarbeiteten Schüler der 4. und 6. Klasse einen Text gründlicher, wenn sie der Überzeugung waren, dass Lernen Verstehen bedeute, im Vergleich zu Schülern, die meinten, dass Lernen in der Wiedergabe von Fakten bestehe (Chan & Sachs, 2001). Die Fragen, was Lernen sei, die im Kasten *Halt! Denken Sie nach! Schreiben Sie!* dargestellt werden, wurden in dieser Untersuchung verwendet, um die Überzeugungen der Schüler herauszufinden. Die Antworten 1c, 2b, 3c und 4a geben Auskunft über die Auffassung eines Lerners, dass komplexes, all-

mählich wachsendes Verstehen von Wissensinhalten Zeit braucht und durch aktives Lernen erreicht werden kann.

Eine wichtige Frage soll in diesem Zusammenhang noch gestellt und beantwortet werden: Was hat das Lernen für einen Sinn, wenn das Wissen nicht angewendet wird – wenn es niemals auf neue Situationen übertragen wird?

Lerntransfer   8.5

Halt! Denken Sie nach! Schreiben Sie!

Denken Sie einen Augenblick über Ihren Unterricht in der höheren Schule in einem Fach nach, das Sie nicht auf der Universität studiert haben. Stellen Sie sich den Lehrer, den Klassenraum, das Schulbuch vor. Nun erinnern Sie sich daran, was Sie tatsächlich im Unterricht gelernt haben. Wenn es ein naturwissenschaftliches Fach war, welche Formeln haben Sie behalten? Redoxreaktion? Boylesches Gesetz?

Wenn es Ihnen ergeht, wie den meisten Menschen, dann können Sie sich daran erinnern, dass Sie diese Dinge gelernt haben, aber genaue Einzelheiten fallen Ihnen wahrscheinlich nicht ein. War es also Zeitverschwendung? Die Frage zielt auf den Lerntransfer ab. Diesem Thema wenden wir uns jetzt zu. Zunächst soll eine Definition von Transfer vorgeschlagen werden.

Immer wenn etwas vorher Gelerntes das gegenwärtige Lernen beeinflusst oder wenn das Lösen eines vorausgegangenen Problems das Lösen einer folgenden Aufgabe bestimmt, hat **Transfer** (Übertragung) stattgefunden (Mayer & Wittrock, 1996). Erik de Corte (2003) bezeichnet mit Transfer „die produktive Verwendung von kognitiven Hilfsmitteln und Motivationen" (S. 142). Diese Bedeutung von Transfer betont, dass etwas Neues (Produktives) getan werden muss und nicht nur eine vorher erfolgte Anwendung der Hilfsmittel reproduziert wird. Wenn Schüler ein mathematisches Prinzip im Unterricht lernen und es dann eine Woche oder einen Monat später im Physikunterricht auf ein Problem anwenden, dann wurde Wissen transferiert. Der Einfluss von in der Vergangenheit Gelerntem auf das gegenwärtige Lernen ist nicht immer positiv. Funktionale Gebundenheit und Voreingenommenheiten bei Antworten (früher in diesem Kapitel bereits dargestellt) sind Beispiele negativen Transfers. Sie stellen Versuche dar, bekannte, aber unangemessene Strategien auf neue Situationen zu übertragen.

8.5.1 Ansichten über Transfer

Über **Transfer** wird bereits seit 100 Jahren in der Pädagogischen Psychologie geforscht. Schließlich ist die produktive Anwendung von Wissen, Fertigkeiten und Motivationen über die gesamte Lebensspanne ein grundlegendes Anliegen der Pädagogischen Psychologie (De Corte, 2003). Frühe Arbeiten konzentrierten sich auf den spezifischen Transfer von Fertigkeiten und den allgemeinen Transfer von geistiger Disziplin und logischem Denken, der durch das Lernen von systematischen Lerninhalten wie alte Sprachen (Latein, Griechisch) oder Mathematik zustande komme. Aber bereits im Jahre 1924 ließ E. L. Thorndike wissen, dass von Latein kein positiver Einfluss auf die geistige Disziplin allgemein ausgehe. Seine Untersuchungsergebnisse zeigen, Latein hilft nur Latein zu lernen. Dank der thorndikeschen Erkenntnis wurde Latein in den USA nicht zum Pflichtfach an höheren Schulen. Andere Untersuchungen beschäftigen sich mehr mit positivem und negativem Transfer, wie z. B. die angemessene und unangemessene Anwendung von Heuristiken beim Problemlösen.

Erst in Untersuchungen neueren Datums unterscheiden Forscher zwischen dem automatischen, direkten Gebrauch einer Fertigkeit wie etwa Lesen oder Schreiben bei alltäglichen Anwendungen und dem ungewöhnlichen Wissens- und Strategientransfer, um zu kreativen Problemlösungen zu kommen (Bereiter, 1995; Bransford & Schwartz, 1999; Salomon & Perkins, 1989). Diese beiden Transferarten werden von Gabriel Salomon und David Perkins beschrieben; sie werden mit einfachem Transfer und höherem Transfer (low-road und high-road transfer) bezeichnet. **Einfacher Transfer** umfasst „den spontanen, automatischen Transfer von hochgeübten oder überlernten Fertigkeiten, die keiner weiteren Überlegungen bedürfen" (S. 118). Der Schlüssel zu einfachem Transfer ist häufiges Üben in verschiedenen Situationen, bis die Aus-

führung automatisch ist. Wenn Sie einen Sommer lang Arbeit in einem Sekretariatsservice annehmen und in verschiedene Büros mit unterschiedlichen Computern geschickt werden, werden Sie am Ende des Sommers sehr leicht mit jedem neuen Computer umgehen können. Ihre Übung mit verschiedenen Rechnern erlaubt Ihnen einen automatischen Transfer auf andere Computer. Bransford und Schwartz (1999) bezeichnen diese Art von Transfer als *Transfer mit direkter Anwendung*.

Höherer Transfer dagegen beinhaltet die bewusste Anwendung von abstraktem Wissen oder Strategien von der Lernsituation auf eine neue Situation. Das kann auf eine von zwei Arten passieren: Zum einen kann ein Prinzip oder eine Strategie mit der Absicht gelernt werden, sie in Zukunft anwenden zu wollen – der *vorwärts gerichtete* Transfer. Wenn man zum Beispiel die in einer Vorlesung erworbenen Anatomiekenntnisse in einem Zeichenkurs anwenden will, sucht man nach Regelmäßigkeiten in den menschlichen Proportionen, Muskelverläufen usw. Zum anderen können Sie angesichts eines Problems versuchen, sich an früher Gelerntes zu erinnern, das Ihnen vielleicht nützlich sein könnte – dann versuchen Sie *rückwärts gerichteten* Transfer. Analogie-Denken ist ein Beispiel für diese Art von Transfer. Es wird nach anderen Situationen gesucht, die Hinweise auf die vorliegende Problemsituation enthalten. Bransford und Schwartz (1999) betrachten diese Art von Transfer höherer Ordnung als *Vorbereitung für zukünftiges Lernen*.

Der Schlüssel zum höheren Transfer ist eine Abstraktion unter Beachtung möglicher Anwendungen oder das bewusste Erkennen eines Prinzips, einer Kernidee, Strategie oder Prozedur, die nicht an eine spezielle Situation oder ein bestimmtes Problem gebunden sind, sondern auf viele anwendbar sind. Solch eine Abstraktion wird Teil des metakognitiven Wissens für die Steuerung zukünftigen Lernens und des Problemlösens. Bransford und Schwarz (1999) fügen noch einen weiteren Schlüssel hinzu – eine Umgebung, die reich an Ressourcen ist und produktiven, angemessenen Transfer unterstützt. ▶ Tabelle 8.3 fasst die Transferformen zusammen.

Transfer Einfluss von früher Gelerntem auf neues Material oder neue Situationen.

Einfacher Transfer Spontaner und automatischer Transfer von hochgeübten Fertigkeiten.

Höherer Transfer Anwendung von in einer Situation gelerntem abstraktem Wissen auf eine von der Lernsituation unterschiedliche Situation.

Tabelle 8.3

Transfertypen

	Einfacher Transfer (direkte Übertragung)	Höherer Transfer (Vorbereitung für künftiges Lernen)
Definition	Automatischer Transfer von hochgeübten Fertigkeiten	Bewusste Anwendung von abstraktem Wissen auf eine neue Situation Produktiver Gebrauch von kognitiven Hilfsmitteln und Motivationen
Notwendige Bedingungen	Ausgedehntes Üben Zahlreiche Settings und Bedingungen Überlernen bis zur Automatisierung	Aufmerksames Achten auf Abstrahieren eines Prinzips, Kernideen oder Prozeduren, die in vielen Situationen nützlich sein können. Lernen in vielseitig anwendbaren Lehr-Lernumgebungen
Beispiele	Viele verschiedene Autos fahren Das Abflugterminal in einem Flugplatz finden	KWL- oder READS-Strategien anwenden Lösungswege in Mathematik bei der Seitenaufteilung einer Schülerzeitung anwenden

8.5.2 Unterricht für positiven Transfer

Jahre der Forschung und Erfahrung zeigen, dass Schüler neues Wissen, neue Problemlöse- und Lernstrategien zwar beherrschen können, aber sie wenden ihre Kenntnisse gewöhnlich nicht an, wenn sie nicht angeregt und angeleitet werden. Zum Beispiel zeigen Untersuchungen über Mathematik im Alltag, dass auch Erwachsene ihre Mathematikkenntnisse bei Alltagsaufgaben oft nicht anwenden, um praktische Probleme zu lösen (Lave, 1988; Lave & Wenger, 1991). Lernen erfolgt situations- und kontextspezifisch: d. h. Lernen findet in bestimmten Situationen statt. Es werden Lösungen für spezifische Probleme gelernt und nicht allgemeine Lösungswege für alle möglichen Aufgabentypen. Wissen wird im Zusammenhang mit bestimmten Problemlöseanforderungen erworben, und in anderen Problemlösesituationen kann unter Umständen nicht klar werden, dass dieses Wissen auch dort anzuwenden wäre. Dies wird oft nicht erkannt, weil die Oberflächenmerkmale nicht übereinstimmen (Driscoll, 2005; Singley & Anderson, 1989). Wie kann man sichergehen, dass Schüler das Gelernte auch anwenden, vor allem, wenn die Situation sich verändert?

Was ist lernenswert?

Zunächst muss die Frage beantwortet werden „Was ist es wert, gelernt zu werden?" Das Lernen der Grundfertigkeiten wie Lesen, Schreiben, Computer bedienen, Zusammenarbeiten und Sprechen transferiert auf andere Situationen, weil sie in unterschiedlichen Situationen benötigt werden: für die spätere Arbeit, für Bewerbungsschreiben, Romane lesen, Rechnungen bezahlen, Teamarbeit und vieles mehr. Alles andere Lernen hängt vom positiven Transfer dieser Grundfertigkeiten auf neue Situationen ab.

Lehrer müssen sich über die zukünftigen Anforderungen an die ganze Schülergeneration *und* an einzelnen Schülern orientieren. Was wird die Gesellschaft von ihnen fordern? Die Schülergeneration der 50er- und 60er-Jahre des vergangenen Jahrhunderts lernte in der Schule noch nicht mit Computern umzugehen, heute als Erwachsene gehören Computerkenntnisse zum täglichen Geschäft in den meisten Berufen. Solche extremen Veränderungen sind nicht vorhersagbar. Deshalb ist der allgemeine Transfer von Prinzipien, Einstellungen. Lernstrategien, Motivationen und Problemlösungen genauso wichtig wie der spezifische Transfer der Grundfertigkeiten.

Wie können Lehrer helfen?

Für die Grundfertigkeiten kann ein größerer Transfer durch **Überlernen** erreicht werden, d. h. eine Fertigkeit noch über die vollständige Beherrschung hinaus weiter einzuüben. Viele dieser Grundfertigkeiten lernen Schüler bereits in der Grundschule, wie etwa das kleine

---

Überlernen Eine Fertigkeit über die vollständige Beherrschung hinaus noch üben.

Lerngeschichten

Das verdanke ich meinem Lehrer

Eine Grundschullehrerin der ersten Klasse einer städtischen Grundschule erzählt, wie sie ihren Schülern half, eine schwierige lebensnahe Aufgabe zu lernen und zu meistern: vor Publikum sprechen.

12. Mai
Die AG „Geschichtenerzählen" läuft gut. Ich habe einen kleinen Zuschuss bekommen. Nach der Schule probe ich mit etwa einem Dutzend Kindern, Volksmärchen als Theaterstück aufzuführen. Ich habe besonders die schüchternen Kinder angesprochen oder solche, die Schwierigkeiten mit dem Lesen oder Sprechen haben. Wir haben einen Ausflug zu einem Berufserzähler unternommen, und alle besitzen das Buch, aus dem sie vortragen sollen. Für die letzten sechs Wochen habe ich mit ihnen geprobt, ihnen vorgespielt und sie auch etwas unter Druck gesetzt. Ich ließ sie auf „Tournee" in andere Klassen während des Unterrichts gehen, damit sie Selbstvertrauen gewinnen und Rückmeldungen erhalten. Wir sind in zwei Wochen Gastgeber eines schulübergreifenden Geschichtenerzählfests.
Laura wollte zuerst nicht vor der vierten Klasse vorsprechen. Ihre braune Haut wurde aschgrau vor Lampenfieber. Ich habe sie zusammen mit Ruben
und Lela geschickt, damit sie Unterstützung hat. Sie hat gebettelt, nicht gehen zu müssen. Heimlich hatte ich Bedenken, sie könnte sich übergeben. Ich habe sie trotzdem aus der Tür geschoben mit den Worten, sie solle ihren Auftrag erledigen, sie könne das. Nach fünfzehn Minuten kam sie – ich sollte besser sagen hüpfte sie – zur Tür herein und sah wieder gesund und braun aus.
„Ich hab's geschafft! Ich hab meine Sache gut gemacht" weinte und lachte sie zugleich und wir umarmten uns.
Ruth, ein anderes Mädchen, das ich in andere Klassen schickte, um sich zu erproben, kam heftig atmend zurück. „Sie haben recht gehabt! Die Kinder haben beim Refrain mitgemacht." Mich machen die Erfolge meiner Schüler stolz. Natürlich sind das nur kleine Siege angesichts der Anforderungen, die in dieser Welt noch auf sie warten, aber manchmal hört man auch gern das Gezwitscher eines kleinen Vogels, auch wenn ein Orchester großartigere Musik hervorbringt.

Quelle: Aus Codell, E. R. (2001). *Educating Esme: Diary of a Teacher's First Year.* Chapel Hill, N.C.: Algonquin Books, S. 156–158.

Einmaleins; sie sind traditionell überlernt. Überlernen hilft den Schülern, die Informationen schnell und automatisch abzurufen, wenn sie gebraucht werden. Lesen Sie die *Lerngeschichten: Das verdanke ich meinem Lehrer* für ein Beispiel des aktiven Engagements und Überlernens.

Für einen höheren Transfer müssen die Schüler erst lernen und dann verstehen. Schüler transferieren mit höherer Wahrscheinlichkeit ihr Wissen auf neue Situationen, wenn sie sich aktiv im Lernprozess engagieren. Sie müssen angeregt werden, Abstraktionen für die spätere Anwendung zu erzeugen. Erik De Corte (2003) meint, dass Lehrer den Transfer und den produktiven Gebrauch von kognitiven Werkzeugen und Motivationen fördern, wenn sie einflussreiche Lehr-Lernumgebungen nach den folgenden Prinzipien schaffen:

- Die Lernumgebung sollte konstruktive Lernprozesse bei allen Schülern fördern.
- Die Lernumgebung sollte die Entwicklung der Selbstregulation bei Schülern fördern, sodass die Lehrer allmählich die Verantwortung für die Lernergebnisse an die Schüler übergeben können.
- Lernen sollte Interaktionen und Zusammenarbeit mit sich bringen.
- Lerner sollten mit Problemen umgehen, die ihnen persönlich etwas bedeuten, Probleme wie sie ihnen in Zukunft begegnen werden.
- Das Klassenklima sollte Schüler anregen, sich ihre kognitiven und motivationalen Prozesse bewusst zu machen, um sie zu entwickeln. Um diese Funktionen produktiv zu nutzen, müssen Schüler sie kennen und richtig einschätzen.

Die nächsten drei Kapitel beschäftigen sich eingehend mit der Anregung von konstruktivem Lernen, der Lernmotivation, Selbstregulation, Zusammenarbeit und Selbstaufmerksamkeit bei allen Schülern.

Es gibt eine Art von Transfer, die besonders wichtig für Schüler ist – der Transfer von Lernstrategien, die im vorherigen Abschnitt vorgestellt wurden. Lernstrategien und Lerntechniken sollten über viele Situationen hinweg anwendbar sein, aber das geschieht oft nicht – wie aus den unten stehenden Ausführungen zu ersehen ist.

Stufen des Strategientransfers

Manchmal wissen die Schüler nicht, dass eine bestimmte Strategie in einer neuen Situation anwendbar ist oder sie wissen nicht, wie man sie an die Situation anpassen kann. Wie oben bereits zu ersehen war, denken Schüler oft, eine Strategie zu lernen und einzusetzen, erfordere zu lange Zeit (Schunk, 2004).

Gary Phye (1992, 2001, Phye & Sanders, 1994) schlägt vor, den Transfer von Lernstrategien als Mittel zu betrachten, das man mit Achtsamkeit einsetzt, um kognitive Probleme zu lösen. Er beschreibt drei Stufen der Entwicklung des Transfers von Lernbedingungen. In der *Erwerbsphase* erhalten die Schüler nicht nur Instruktionen über Strategien und deren Anwendung, sondern sie müssen auch die Strategien einüben und sich Rechenschaft darüber ablegen, wann und wie sie diese verwenden. In der *Behaltensphase* gibt es mit zunehmender Übung mehr Rückmeldung und die Schüler können ihre Strategien noch differenzieren. In der *Transferphase* sollte der Lehrer neue Situationen schaffen, in denen die Strategien eingesetzt werden können, obwohl das neue Problem –oberflächlich betrachtet – sich unterschiedlich darstellt. Um die Motivation der Schüler zu erhöhen, muss man ihnen klar machen, dass mit den gelernten Strategien viele Probleme angegangen und gelöst werden können. Diese Schritte bauen sowohl prozedurales als auch pragmatisches/konditionales Wissen auf – wie, wann und warum die Strategie zu nutzen ist.

Unterschiede und Gemeinsamkeiten in komplexen Problemlöseprozessen 8.6

Dieses Kapitel hat ein großes Gebiet abgedeckt, teilweise weil die kognitive Perspektive so viele Implika-

Begriffslernen, Problemlösen und Strategielernen werden durch vorheriges Wissen, Überzeugungen und Fertigkeiten beeinflusst; diese wiederum beruhen auf individueller Erfahrung und Kultur.

tionen für die Lehre hat. Obwohl diese Implikationen sehr verschiedenartig sind, heben die meisten kognitiven Vorstellungen über das Lehren von Begriffen, von kreativen Problemlösefertigkeiten und von Lernstrategien die Rolle des Vorwissens bei den Schülern und die Notwendigkeit des aktiven und reflektierten Lernens hervor.

8.6.1 Unterschiede

Begriffslernen, Problemlösen und Strategielernprozesse mögen für alle Schüler gleich sein, aber das Vorwissen, Überzeugungen und Fertigkeiten, die sie mit in den Unterricht bringen, variieren, denn ihre Erfahrungen und ihr kultureller Unterschied sind unterschiedlich. Zum Beispiel fragten sich Zhe Chen und seine Kollegen (2004), ob Studenten bekannte Volksmärchen – eine Art von Kulturwissen – als Analogie zur Lösung von Problemen heranziehen. Dies trat tatsächlich ein. Chinesische Studenten schnitten besser bei einem Problem ab, in dem das Wiegen einer Statue gefordert war, denn das Problem war einer Volkslegende ähnlich, die erzählt, wie ein Elefant gewogen wurde (durch Wasserverdrängung). Amerikanische Studenten lösten eine Aufgabe besser, in denen ein Weg aus einer Höhle gefunden werden musste (eine Spur wurde gelegt); sie stellten eine Analogie zu Hänsel und Gretel her (das deutsche Märchen ist auch in der amerikanischen Literatur bekannt). In einer anderen Untersuchung aus Australien fand Volet (1999), dass einiges in der Kultur verwurzelte Wissen und die Motivation asiatischer Studenten – wie etwa hohe Leistungsmotivation, Tiefenverarbeitung und Anstrengungsbereitschaft beim

Partnerschaft mit Familie und Gemeinde: Transfer fördern

Halten Sie die Familie auf dem Laufenden über den Lehrplan des Kindes, sodass sie das Kind unterstützen kann.

Beispiele

1 Zu Beginn der Unterrichtseinheiten oder von wichtigen Projekten sollten Sie einen Brief an die Eltern schicken, der die Hauptziele, die wichtigen Aufgaben und einige der häufigen Probleme beim Lernmaterial der betreffenden Unterrichtseinheit anspricht.

2 Bitten Sie Eltern um Vorschläge, wie die Interessen des Kindes bei der Unterrichtsplanung berücksichtigt werden können.

3 Laden Sie die Eltern zu einem Elternabend über „Strategielernen" ein.

Beraten Sie die Familien, wie sie ihre Kinder anregen könnten, das in der Schule Gelernte zu üben, auszuweiten oder anzuwenden.

Beispiele

1 Um die Kinder zum Schreiben auch außerhalb der Schule anzuregen, sollten die Eltern ihre Kinder Briefe oder E-Mails an Organisationen oder Unternehmen schreiben lassen, in denen sie Informationen oder Werbegeschenke einholen. Geben Sie einen Musterbrief vor, in dem der Aufbau und die Ideen enthalten sind. Schließen Sie auch Adressen von Unternehmen ein, die Werbegeschenke oder Informationen verschicken.

2 Bitten Sie Familienmitglieder, für ihre Kinder einige Projekte zu beginnen, in denen gemessen, halbiert oder verdoppelt werden muss, z. B. bei Rezepten oder geschätzten Kosten.

3 Schlagen Sie den Eltern vor, dass die Kinder mit den Großeltern zusammen ein Familienerinnerungsbuch ausarbeiten. Kombinieren Sie geschichtliche Nachforschungen und Schreiben.

Zeigen Sie die Verknüpfungen zwischen Lernen in der Schule und dem Lernen außerhalb der Schule auf.

Beispiele

1 Bitten Sie die Familien, über die Fertigkeiten ihrer Kinder mit ihnen zu sprechen und weisen Sie die Familien darauf hin, wie sie die Fertigkeiten der Kinder, die sie in ihren Jobs, Freizeittätigkeiten oder anderen Gemeindeprojekten lernen, nutzen können.

2 Bitten Sie Familienmitglieder, mit in den Unterricht zu kommen, um vorzuführen, wie sie von ihren Lese-, Schreib-, Mathematik-, naturwissenschaftlichen oder anderen Kenntnissen bei ihrer Arbeit Gebrauch machen.

Gehen Sie mit den Familien eine Partnerschaft beim Üben von Lernstrategien ein.

Beispiele

1 Konzentrieren Sie sich auf eine Lerntaktik zu einer Zeit – bitten Sie die Familien, ihre Kinder einfach daran zu erinnern, eine bestimmte Technik bei ihren Hausaufgaben anzuwenden.

2 Bauen Sie eine Leihbücherei auf mit Büchern und Videos, um Familien in den Gebrauch der Lernstrategien einzuweisen.

3 Geben Sie den Eltern eine Kopie des Richtlinienkastens *Ein Expertenschüler werden* (siehe S. 385), jeweils für ihre Klassenstufe angepasst.

Mehr über die Förderung von Transfer unter **http://www.kidsource.com/education/motivation.lang.learn.html**

Lernen und die Anerkennung der Vorteile der Zusammenarbeit – sehr gut auf westlich orientierte Schulen transferierten. Andere kulturell bedingte Überzeugungen, wie z. B. die positive Bewertung des Auswendiglernens oder individuelles Lernen könnten mit den Erwartungen westlicher Schulen in Konflikt stehen. Zum Beispiel geht aus Kapitel 5 hervor, dass der hawaiianische Interaktionsstil von nicht-hawaiianischen Lehrern als störend empfunden wurde, bis die Lehrer den Kommunikationsstil in Familien ihrer Schüler näher kennenlernten.

Kreativität und Unterschiede

Obwohl Kreativität schon seit Jahrhunderten analysiert wird, meint Dean Simonton: „Psychologen haben noch einen weiten Weg vor sich, bevor sie Kreativität bei Frauen und Minderheiten wirklich verstehen" (2000, S. 156). Im Mittelpunkt der Kreativitätsforschung und Veröffentlichungen steht die Gruppe der weißen Männer. Kreativitätsmuster in anderen Gruppen sind komplex – manchmal passen sie zu dem, was in der traditionellen Forschung gefunden wurde – manchmal weichen sie auch davon ab. Die *Richtlinien* beinhalten einige Ideen, wie die Familie Lerntransfer bei den Schülern fördern kann.

In einem anderen Zusammenhang von Kreativität und Kultur ergab die Forschung, dass Außenseiter einer Gesellschaft oder bilingual zu sein oder mit anderen Kulturen in Kontakt zu stehen, die Kreativität anregt (Simonton, 1999, 2000). In der Tat brechen Innovatoren oft bestehende Traditionen und Regeln. „Schöpferische Menschen haben das Bedürfnis, Dinge aufzurütteln oder aufzubrechen. Sie sind ruhelos, rebellisch und unzufrieden mit dem Status quo" (Winner, 2000, S.167).

8.6.2 Gemeinsamkeiten

Wie im gesamten Kapitel zu ersehen ist, neigen Kinder zu Beginn des Lernprozesses für Problemlösen oder für den Transfer von kognitiven Funktionen in neuen Situationen zur ausschließlichen Beachtung von Oberflächenmerkmalen. Für alle Neulinge ist das Begreifen der Abstraktionen eine Herausforderung: Zugrunde liegende Prinzipien, Strukturen, Strategien oder Kern-

ideen müssen herausgearbeitet werden. Erst diese umfassenden Ideen führen zum Verständnis und begründen das zukünftige Lernen (Chen & Mo, 2004).

Eine zweite Gemeinsamkeit: Für alle Schüler besteht eine positive Beziehung zwischen dem Gebrauch der Lernstrategien und den schulischen Anerkennungen wie Preise, Stipendien, Empfehlungen für Sonderausbildungen (Robbins, Le & Lauver, 2005). Einige Schüler lernen produktive Strategien von ganz allein, aber alle Schüler profitieren von direkter Unterweisung, dem Bereitstellen von Vorbildern und Üben von Lernstrategien und Studierfertigkeiten. Dies ist ein wichtiger Weg, alle Schüler auf ihre Zukunft vorzubereiten. Neu gemeisterte Konzepte, Prinzipien und Strategien müssen in sehr verschiedenartigen Situationen und auf unterschiedliche Probleme angewendet werden (Chen & Mo, 2004). Positiver Transfer wird angeregt, wenn Fertigkeiten unter authentischen Bedingungen geübt werden, ähnlich denjenigen, die später im Ernstfall auftauchen werden. Schüler können lernen, besser zu schreiben, wenn sie mit Brieffreunden in anderen Ländern per Brief oder Internet korrespondieren. Sie können historische Forschungsmethoden durch Nachforschungen in ihrer eigenen Familiengeschichte lernen. Einige dieser Anwendungen sollten auch in komplexen, ungenau umrissenen und unstrukturierten Problemen bestehen, denn die Schüler werden mit vielen Problemen innerhalb und außerhalb der Schule im späteren Leben konfrontiert, denen keine Gebrauchsanweisungen beigefügt sind.

Z U S A M M E N F A S S U N G

Das Lernen und Lehren von Begriffen (S. 351–360)

Unterscheiden Sie zwischen Prototypen und Beispielen. Konzepte sind Kategorien zur Gruppierung von ähnlichen Ereignissen, Ideen, Menschen oder Gegenständen. Ein Prototyp ist der beste Vertreter seiner Kategorie. Zum Beispiel ist der beste Vertreter der Kategorie „Vögel" für die meisten Deutschen der Spatz. Beispiele oder Exemplare sind Erinnerungen an tatsächlich erlebte bestimmte Vögel, die wir mit einem uns begegnenden Vogel vergleichen, um zu erkennen, ob er der gleichen Kategorie angehört. Wir

lernen wahrscheinlich Konzepte durch Prototypen oder Kategorienbeispiele, verstehen durch unser in Schemata verankertes Wissen und differenzieren dann unsere Begriffe durch zusätzliche Erfahrungen von relevanten und irrelevanten Merkmalen.

Welche vier Elemente werden für das Lehren von Begriffen benötigt? Unterrichtseinheiten über Begriffe umfassen vier Grundelemente: Begriffsbeispiele (und Nicht-Beispiele), relevante und irrelevante Merkmale, Bezeichnung und Definition. Das Modell des Begriffserwerbs ist ein Ansatz, Begriffe darüber zu bilden, warum bestimmte Beispiele Vertreter einer Kategorie sind und um welche Kategorie (oder um welchen Begriff) es sich handeln könnte.

Was sind die Hauptkennzeichen des brunerschen Entdeckungslernens? Beim Entdeckungslernen stellen Lehrer Beispiele vor, und die Schüler arbeiten mit den Beispielen, bis sie die Zusammenhänge erkennen – die subjektive Struktur. Bruner meint, dass Lernen in der Schule durch induktives Schlussfolgern erreicht werden sollte, d. h. durch die Analyse bestimmter Beispiele zur Erkenntnis eines allgemeinen Prinzips zu gelangen.

Was sind die Stufen des ausubelschen expositorischen Lehrens? Ausubel glaubt, dass Lernen deduktiv erfolgen sollte: vom Allgemeinen zum Spezifischen oder vom Prinzip (von der Regel) zu den Beispielen. Er stellt zuerst eine vorstrukturierende Lernhilfe vor, und in einem nächsten Schritt bietet er Inhalte an durch Herausarbeiten von Gemeinsamkeiten und Unterschieden verschiedener Beispiele. Wenn schließlich alles Material vorgestellt ist, sollten die Schüler diskutieren, wie sie die Beispiele für die vorstrukturierende Lernhilfe erweitern können.

Wie können Begriffe durch Analogien vermittelt werden? Durch das Erkennen bekannter Informationen an einem neuen Begriff ziehen Lehrer und Schüler die Analogie zwischen dem Bekannten und dem Neuen; dann fassen sie ihr Verständnis des neuen Begriffs zusammen, indem sie die Gemeinsamkeiten und Unterschiede zwischen dem bekannten und dem neuen Begriff erklären.

Problemlösen (S. 361–373)

Welche Phasen gibt es im allgemeinen Problemlöseprozess? Problemlösen ist sowohl allgemein als auch bereichsspezifisch. Die fünf Phasen des Problemlöseprozesses sind in dem Akronym IDEAL zusammengefasst: **I**dentifizieren des Problems und der Möglichkeiten; **D**efinieren der Ziele und Darstellung des Problems; **E**xplorieren möglicher Strategien; **A**ntizipieren des Ergebnisses und Aktionen einleiten und **L**ernen und Rückblick.

Warum ist die Phase der Problemdarstellung so wichtig? Um das Problem genau darzustellen, müssen das ganze Problem, aber auch einzelne abgrenzbare Teile, verstanden sein. Übungen in der Bildung

und im Abrufen von Schemata erhöhen die Fähigkeit, Probleme zu verstehen. Der Problemlöseprozess geht ganz unterschiedliche Wege, je nachdem welche Darstellungsform und welches Ziel ausgewählt wurden. Wenn die Darstellung des Problems eine schnelle Lösung erfordert, ist die Aufgabe erledigt; das neue Problem wurde als eine Version eines alten Problems mit klarer Lösung erkannt. Aber wenn es keine eindeutige Lösung gibt oder wenn das aktivierte Schema fehlschlägt, muss der Schüler nach einer Lösung suchen. Die Anwendung von Algorithmen und Heuristiken – wie z. B. Mittel-Ziel-Analysen, analoges Denken, rückwärts Abarbeiten und Verbalisierung – kann Schülern beim Problemlösevorgang helfen.

Welche Faktoren interferieren mit dem Problemlösen? Zu den Bedingungen, die dem erfolgreichen Problemlösen entgegenstehen, gehören funktionale Gebundenheit und Rigidität (voreingenommene Antworten). Diese behindern die notwendige Flexibilität bei der Problemdarstellung und die Einsichten in mögliche Lösungen. Wenn wir Entscheidungen und Urteile fällen, können wir wichtige Informationen übersehen, weil wir unser Urteil auf die Informationen stützen, die repräsentativ für eine Kategorie sind (Repräsentativitätsheuristik) oder denjenigen, die aus dem Langzeitgedächtnis zur Verfügung stehen (Verfügbarkeitsheuristik). Dann achten wir nur auf solche Informationen, die unsere Überzeugungen und Entscheidungen bestätigen (Bestätigungstendenz), sodass wir an Überzeugungen festhalten, auch gegen ihr widersprechende Belege (Überzeugungsperseveranz).

Welche Unterschiede bestehen zwischen Experten und Neulingen in einem bestimmten Bereich? Experten beim Lösen von Problemen haben einen großen Schatz an deklarativem, prozeduralem und konditionalem Wissen. Sie organisieren dieses Wissen um ein allgemeines Prinzip oder ein Lösungsmuster herum, das auf ganze Problemgruppen zutrifft. Sie arbeiten schneller, erinnern relevante Informationen und überwachen ihren Fortschritt besser als Neulinge.

Wie interferieren falsche Vorstellungen mit dem Lernen? Wenn die intuitiven Modelle der Schüler falsche Vorstellungen und falsche Fakten einschließen, dann bilden die Schüler unangemessene und irreführende Problemdarstellungen. Um neue Informationen zu lernen und Probleme zu lösen, müssen die Schüler manchmal mit gesundem Menschenverstand gebildete Vorstellungen „verlernen".

Kreativität und kreatives Problemlösen (S. 373–378)

Welche Mythen über Kreativität gibt es? Die folgenden vier Aussagen über Kreativität sind teilweise oder völlig falsch: Kreativität ist genetisch bestimmt. Kreativität ist begleitet von negativen Charaktereigenschaften. Kreative Menschen sind unorganisierte Aussteiger. Gruppenarbeit fördert die Kreativität. Die Fakten sind: Kreativität kann entwickelt werden. Einige, aber bei Weitem nicht alle kreativen Menschen sind nicht-konformistisch oder haben emotionale Probleme. Viele Kreative konzentrieren sich, sind organisiert und liegen im Mittelfeld des gesellschaftlichen Lebens. Gruppen können Kreativität sowohl einschränken als auch fördern.

Was ist Kreativität und wie wird sie erfasst? Kreativität ist ein Prozess, der selbstständiges Neustrukturieren von Problemen beinhaltet; er führt zu einer neuen Sicht von Sachverhalten und Dingen aus einem schöpferischen Potenzial heraus. Kreativität ist schwierig zu messen, aber Tests von divergentem Denken können Originalität, Flüssigkeit und Flexibilität des Denkens erfassen. Originalität wird gewöhnlich statistisch bestimmt. Um als originell bewertet zu werden, muss eine Antwort von weniger als fünf bis zehn Prozent der Testteilnehmer gegeben werden. Flüssigkeit wird durch die Anzahl der unterschiedlichen Antworten gemessen. Die Anzahl der unterschiedlichen Antwortkategorien erfasst Flexibilität. Lehrer können Kreativität durch Möglichkeiten zum Spielen anregen, durch Brainstormingtechniken und Akzeptieren von divergenten Ideen.

Was können Lehrer tun, um Kreativität in der Klasse zu fördern? Lehrer können Kreativität in ihrem Umgang mit Schülern fördern, indem sie ungewöhnliche und fantasiereiche Einfälle fördern, kreatives, divergentes Denken vorführen, das Brainstormingverfahren einsetzen und Abweichungen tolerieren.

Ein Expertenschüler werden: Lernstrategien und Studiertechniken (S. 378–387)

Unterscheiden Sie zwischen Lernstrategien und -techniken. Lernstrategien sind Vorstellungen zur Erreichung bestimmter Lernziele, eine Art Generalplan, ein Ziel anzugehen. Lerntechniken sind die konkreten Verfahren, mit denen die Lernziele erreicht werden sollen. Eine Lernstrategie kann verschiedene Lerntechniken umfassen, wie z. B. die Mnemotechnik zum Erinnern von Schlüsselbegriffen, Querlesen zur Identifikation der Organisation des ganzen Textes, um dann die Antworten auf mögliche Textfragen niederschreiben. Die Verwendung von Lernstrategien und -techniken reflektiert metakognitives Wissen.

Welche Schlüsselfunktionen haben die Lernstrategien? Lernstrategien helfen den Schülern, sich kognitiv zu engagieren und die Aufmerksamkeit auf die relevanten oder wichtigen Aspekte des Lernstoffes zu konzentrieren. Weiterhin regen sie Schüler an, Anstrengungen zu investieren, Verbindungen zu ziehen, zu elaborieren, zu übertragen, zu organisieren und neu zu organisieren, um eine Tiefenverarbeitung beim Lernen und Denken zu erreichen; je intensiver die Übung und je tiefer die Verarbeitung, umso besser ist das Lernergebnis. Schließlich helfen die Strategien den Schülern, ihr eigenes Lernen zu steuern und zu überwachen – im Auge zu behalten, was sinnvoll eingesetzt werden kann, und zu erkennen, wann ein neuer Ansatz erforderlich ist.

Beschreiben Sie einige Vorgehensweisen beim Erwerb der Lernstrategien. Schüler sollten verschiedene Lernstrategien kennenlernen; nicht nur allgemeine Strategien, sondern auch spezifische Taktiken, wie z. B. die Technik, mit grafischen Veranschaulichungen zu arbeiten. Es sollte pragmatisches/ konditionales Wissen darüber, wann, wo und warum verschiedene Strategien eingesetzt werden, vermittelt werden. Die Motivation, bestimmte Strategien und Techniken einzusetzen, lässt sich bei Schülern deutlich erhöhen, wenn man nachweisen kann, wie sich ihr Lernergebnis dadurch verbessert. Strategienlernen muss ergänzt werden durch eine direkte Unterweisung in bestimmten Wissensinhalten, welche die Verwendung bestimmter Lernstrategien erfordern.

Wann wenden Schüler Lernstrategien an? Wenn Schüler den Erfolg von Lernstrategien erfahren konnten, werden sie diese angesichts einer Aufgabe, die gute Lernstrategien erfordert, auch einsetzen. Meist ist ihnen an der erfolgreichen Erledigung der Aufgabe gelegen, sie sind überzeugt, dass sich die Mühe lohnt und ihnen Erfolg einbringen wird. Um Strategien der Tiefenverarbeitung anzuwenden, müssen die Schüler annehmen, dass das Wissen komplex ist und Zeit zum Lernen beansprucht und dass Lernen seine eigenen aktiven Anstrengungen erfordert.

Lernen für den Transfer (S. 387–391)

Was ist Transfer? Transfer erscheint, wenn eine Regel, Tatsache oder Fertigkeit in einer Situation gelernt und in einer anderen angewendet wird; zum Beispiel wendet man die Regeln der Zeichensetzung an, wenn man eine Bewerbung schreibt. Transfer bedeutet die Prinzipien auf eine neue, oft unähnliche Situation anzuwenden.

Unterscheiden Sie zwischen einfachem und höherem Transfer. Spontaner und automatischer Transfer in vertrauten Situationen wird als einfacher Transfer bezeichnet. Der höhere Transfer schließt Überlegungen und bewusste Anwendung von abstraktem Wissen auf neue Situationen ein. Lernumgebungen sollten aktives konstruktives Lernen unterstützen sowie Selbstregulation und Kollaboration und Sie sollten auf die kognitiven Funktionen und motivationalen Prozesse achten. Schüler sollten mit Problemen umgehen, die für ihr Leben bedeutsam sind. Lehrer können Schüler anleiten, ihre Lernstrategien auf andere Situationen zu übertragen, indem sie ihnen das direkt vermitteln, ihnen Gelegenheit zu Übungen mit Rückmeldung verschaffen und dann die Übertragung auf neue und unbekannte Situationen ausdehnen.

Unterscheiden Sie zwischen aktivem und „stellvertretendem" Lernen durch Beobachtung. Aktives Lernen ist Lernen durch Handeln und die Erfahrung der Folgen dieses Handelns. „Stellvertretendes" Lernen durch Beobachtung widerspricht der Vorstellung, dass zur Erklärung des Lernens keine kognitiven Operationen notwendig sind. Vor der Ausführung der Handlung und der nachfolgenden Verstärkung laufen jedoch einige kognitive Prozesse ab.

Was sind die Komponenten des Beobachtungslernens? Um durch Beobachtung lernen zu können, muss die Aufmerksamkeit auf die Aspekte des Verhaltens gerichtet sein, die dem Lernen dienlich sind. Die Nachahmung des Verhaltens eines Modells erfordert das Behalten von verhaltensrelevanten Informationen. Weiterhin muss der Beobachter eine geistige Repräsentation aufbauen, vielleicht sogar in verbal kodierten Schritten. In der Produktionsphase sorgt die Übung für einen reibungslosen Handlungsablauf und für größere Expertise. Manchmal benötigt der Lerner viel Übung, Rückmeldung und Training in subtilen Einzelheiten, bevor er das Verhalten des Modells genau wiedergeben kann. Die Motivation formt das Beobachtungslernen durch Anreize und Belohnungen. Belohnung kann die Aufmerksamkeit auf einzelne Aspekte lenken, um die Wiedergabe oder die Übung zu verstärken und so das neu Gelernte aufrecht zu erhalten.

SCHLÜSSELBEGRIFFE

Intuitives Denken (S. 357)

Konvergentes Denken (S. 375)

Kreativität (S. 373)

KWL (S. 383)

Lernen durch Entdecken (S. 356)

Lernstrategien (S. 379)

Lerntechniken (S. 379)

Problem (S. 361)

Problemlösen (S. 361)

Prototyp (S. 351)

Repräsentativitätsheuristik (S. 369)

READS (S. 382)

Rigidität (response set) (S. 367)

Schemagebundenes Problemlösen (S. 364)

Semantisches Netzwerk (S. 355)

Strategie des Rückwärtsarbeitens (S. 366)

Tendenz zur Bestätigung (S. 369)

Transfer (S. 388)

Übergeneralisierung (S. 355)

Überlernen (S. 389)

Überzeugungsperseveranz (S. 369)

Untergeneralisierung (S. 354)

Verbalisierung (S. 366)

Verfügbarkeitsheuristik (S. 369)

Vorstrukturierende Lernhilfe (S. 357)

Ziel-Mittel-Analyse (S. 365)

Z U S A M M E N F A S S U N G

Aus dem Lehrernotizbuch

Zukünftige und ausgebildete Lehrer sollten aus diesem Kapitel die Erkenntnis mitnehmen, dass Schüler gute Studientechniken benötigen, um jetzt in der Schule und später beruflich weiterzukommen. Aber wie können Lehrer die Schüler beim Erwerb dieser Fertigkeiten unterstützen und auch noch das Unterrichtspensum, das der Lehrplan vorschreibt, schaffen?

Was würden Lehrer tun?

Die folgenden Antworten sollen zeigen, wie einzelne erfahrene Lehrer vorgehen würden.

▪ V. M. L., Sonderschullehrer

Die meisten Schüler müssen darauf hingewiesen werden, „wie man richtig lernt". Die Vermittlung von Lernfertigkeiten sollte mit kleinen Aufgaben zum Lesen und zur Rechtschreibung bereits in der ersten Klasse anfangen. Einige bekannte Programme wie SQRW (Survey, Question, Ready, Write) und REDW (Read, Examine, Decide, Write) liefern Informationen über Lernstrategien, die in kürzeren Abschnitten eingeübt werden können für das Lesen, Verstehen und Erinnern von längeren Abschnitten. Notizen anfertigen, Entwürfe erstellen, Karteikarten, Akronyme und Mnemotechnik sind wesentliche Fertigkeiten, die bei Leistungstests sehr nützlich sind. Um den Studenten bei der Organisation ihrer Zeiteinteilung bei großen Projekten zu helfen, sollte man ihnen nahelegen, die Gesamtzeit zu unterteilen und machbare Abgabetermine auszuhandeln. Das kann in der ganzen Gruppe geschehen; es werden Prioritätenlisten aufgestellt mit Abhaklisten für alle Aufgaben. Es müssen also die Organisationsfertigkeiten schon früh durch Benutzung eines Kalenders, Terminfestlegungen und Abhaklisten gefördert werden.

▪ D. P. R., Grundschullehrerin, und T. J. R., Lehrer an einer höheren Schule

Bei der Vermittlung effektiver Lernstrategien und organisatorischer Fertigkeiten an die Schüler sollten beispielhaft Vorgehensweisen vorgeführt und viel Gelegenheit zur Übung gegeben werden. Um Beispiele vorgeben zu können, kann man einen längeren Abschnitt auf einer Folie projizieren und zeigen, welche Hauptideen der Text enthält, wie die Organisation der Informationen aussehen könnte und wie die Verbindungen zu eigenen Erfahrungen gezogen werden können. Mit der zunehmenden Kompetenz der Schüler in den Lernstrategien sollten sie die Möglichkeit erhalten, ihre Lernprozesse, ihre Entscheidungen und ihre Verbindungen mit der Klasse abzustimmen. Die beste Gelegenheit, Lernstrategien und -techniken zu üben, sind längere Projekte mit Logistikbesprechungen, in denen die Schüler sich überprüfen können. Unterteilt man das Projekt in kürzere Zeitabschnitte von drei bis sieben Tagen, erfordert das von den Schülern auch, dass sie einzelne Aufgaben für das Projekt in dieser Zeit erledigen; dann kann man auch kurzfristige Rückmeldungen über die Beiträge geben, welche die Schüler eingereicht haben. Wenn ein Schüler dann nicht mitkommt, muss der Lehrer verschiedene Interventionen versuchen, um ihn wieder in den Zeitplan zurückzuholen.

▪ D. Y., Sportlehrerin, 6. Klasse

Ich würde mit der Vermittlung von Organisationsstrategien beginnen. Die Rahmenpläne, die Fragestellungen, an denen die Schüler gerade arbeiten, und Symbole für jeden Inhaltsbereich würde ich an einem Anschlagbrett in der Klasse anheften; tägliche Ziele würden an die Tafel geschrieben, dann könnten die Schüler sich auf die notwendigen Aufgaben konzentrieren. An die Schüler könnte eine Liste von erforderlichen Hilfsmitteln für die Organisationsaufgaben ausgeteilt werden, z. B. ein altersgemäßer täglicher Planer, der nach Kerninhaltsbereichen aufgeteilt ist, mit Ringbindung, Trennblättern, Bleistiften, Kulis und Textmarkern. Zu Beginn muss einige Unterrichtszeit darauf verwendet werden, die Schüler in den Planer für die verschiedenen Fächer einzuführen. Die anstehenden Aufgaben müssen täglich in den Planer eingetragen werden. Durch Rückwärtsarbeiten von den Abgabeterminen aus könnte man mittels einer Zeitleiste die für die Erledigung einzelner Aufgaben benötigte Zeit vorher festlegen. Größere Projekte müssen in kleinere Aufgaben mit häufigen Zwischenprüfungen über den Stand der Arbeiten unterteilt werden.

▪ R. G. S., stellvertretender Direktor einer Realschule

Die Fähigkeit der Schüler zur Synthese sollte demonstriert und ihr neu erworbenes Wissen bewertet werden; dies kann der Höhepunkt der Erfassung der Lernfortschritte sein. Die Lehrer sollten alle Schüler dazu ermutigen zu schreiben, um Informationen zusammenzufassen. Ich möchte empfehlen, dass Lehrer den Schülern kurzfristige Ziele und eine Zusammenschau vorgeben und ihnen ein Gefühl der eigenen Tüchtigkeit vermitteln, dass sie ihr Pensum schaffen können.

■ **W. S. K., ehemaliger stellvertretender Direktor einer Grundschule**

Überlegen Sie sich, wie Material in der Klasse ausgeteilt wird. Werden die unterschiedlichen Lernstile der Schüler berücksichtigt (kinästhetisch, auditorisch und visuell)? Wenn nicht, dann muss man den Unterrichtsplan einsehen und schauen, wie man die Materialien ändern kann, damit sie besser behalten werden. Die meisten Universitäten bieten einen Kurs über Studientechniken für Studienanfänger an und vermitteln auch andere Studieninformationen. Lehrer können Dozenten der Universität in die Schule einladen, sodass die Schüler sich die Informationen direkt einholen können. Versäumen Sie nicht, die Eltern als Ressourcen einzuplanen. Telefongespräche oder Konferenzen mit Eltern ermöglichen, den Lernerfolg zu Hause zu kontrollieren, damit individuelle Leistungsverbesserungen entsprechend gewürdigt werden können.

Sozial-kognitive und konstruktivistische Lernansätze

9

ÜBERBLICK

Was würden Sie tun?

Endlich haben Sie Ihre Stelle als Deutsch- und Englischlehrer in einer höheren Schule bekommen. An Ihrem ersten Schultag betreten Sie die Klasse und Sie bemerken, dass die Schüler gerade etwas für den Deutschunterricht lesen. Sie machen sich im Geiste eine Notiz, dass Sie mit ihnen über den zukünftigen Lesestoff reden werden. Um einen Einblick in die Interessen der Klasse zu bekommen, bitten Sie die Schüler, eine Buchbesprechung ihres letzten Buches zu schreiben, als ob sie im Fernsehen an einer Sendung – wie etwa der Sendung „Lesen" von und mit Elke Heidenreich – teilnehmen würden. Zunächst kommt leiser Widerspruch, doch die Schüler beginnen zu schreiben. Sie nehmen Kontakt zu einem Schüler auf, der Schwierigkeiten mit der deutschen Sprache zu haben scheint.

Noch am gleichen Abend schauen Sie sich die Buchbesprechungen an. Entweder wollen die Schüler Ihnen Schwierigkeiten bereiten oder niemand hat in letzter Zeit etwas gelesen. Einige Schüler erwähnen einen Text aus einer anderen Klasse, aber ihre Besprechungen bestehen lediglich aus einem einzigen Satz – meist kommt das Wort „lahm" oder „zu nichts nütze" vor (oft falsch geschrieben). Dazu im starken Gegensatz stehen die Besprechungen dreier Schüler – sie sind ein Vergnügen zu lesen –, wert, in einer Schülerzeitung veröffentlicht zu werden. Sie spiegeln ein differenziertes Verständnis guter Literatur wider.

Kritisch denken

- Wie könnten Sie sich in Ihrer Unterrichtsplanung auf diese Gruppe einstellen?
- Was werden Sie morgen unternehmen?
- Welche Lehrstrategien sind für diese Klasse angebracht?
- Wie werden Sie mit den drei fortgeschrittenen Schülern arbeiten und dabei die Schüler mit den mangelnden Deutschkenntnissen nicht vernachlässigen?

Zusammenarbeit

Nehmen Sie mit zwei oder drei Schülern aus Ihrer neuen Klasse die Hausaufgaben unter die Lupe, damit sich die Schüler mehr engagieren. Wie kann man Schüler darauf vorbereiten, von ihrem Wissen bei der Buchbesprechung Gebrauch zu machen?

In den letzten Kapiteln wurden verschiedene Aspekte des Lernens analysiert. Es wurden behavioristische Erklärungen herangezogen und solche, die auf den theoretischen Ansätzen zur Informationsverarbeitung gründen, um herauszufinden, was und wie Menschen lernen. Es wurden komplexe kognitive Prozesse wie Begriffserwerb und Problemlösen auf den Prüfstein gelegt. Diese Erklärungsansätze für Lernen konzentrieren sich auf das Individuum und auf das, was in seinem Kopf vor sich geht. Neue Sichtweisen des Lernprozesses rücken in den Mittelpunkt der Aufmerksamkeit; sie beinhalten die Berücksichtigung weiterer kritischer Faktoren – sozialer und kultureller. In diesem Kapitel werden die Rolle anderer Personen und die des kulturellen Kontextes beim Lernprozess betrachtet.

Zwei allgemeine theoretische Rahmen schließen soziale und kulturelle Faktoren als Hauptbestandteile ein. Der erste theoretische Rahmen, die sozial-kognitive Lerntheorie, hat seine Wurzeln in Banduras früher sozialer Lerntheorie und der Theorie des Beobachtungslernens sowie der stellvertretenden Verstärkung. Die frühen Ansätze wurden bereits in Kapitel 6 vorgestellt. Die zweite Gruppe der theoretischen Ansätze, die soziokulturellen, konstruktivistischen Theorien, haben ihre Wurzeln in kognitiven Perspektiven, haben sich aber weit über die Anfänge hinaus entwickelt. Es sollen jetzt weniger die Verdienste der einzelnen Ansätze besprochen werden, sondern ihre Beiträge zu verschiedenen Lehrmodellen, die auf verschiedenen Lerntheorien gründen. Es besteht nicht die Notwendigkeit, sich für einen Ansatz als den besten zu entscheiden – es gibt keinen besten. Theoretiker argumentieren für den einen oder anderen Ansatz, gute Lehrer verwenden jedoch alle.

Wenn Sie das Kapitel durchgearbeitet haben, sollten Sie folgende Fragen beantworten können:

- Was ist reziproker Determinismus, und welche Rolle spielt er in den sozial-kognitiven Theorien?

- Was ist Selbstwirksamkeit, und wie wirkt sie sich auf das Lernen in der Schule aus?

- Wie ist das Erleben der eigenen Wirksamkeit des Lehrers?

- Wie können Lehrer die Entwicklung der Selbstwirksamkeit und das selbstgesteuerte Lernen fördern?

- Welche Ansichten finden sich in den drei konstruktivistischen Sichtweisen des Lernens?

- Wie können Lehrer die Erarbeitung der Fragestellungen problemzentriertes Lernen, lehrreiche Unterhaltungen und kognitive Lehrzeit in ihren Unterricht einfügen?

- Vor welchem Dilemma stehen Lehrer mit einem konstruktivistischen Ansatz?

Die sozial-kognitive Theorie 9.1

In Kapitel 6 ist dargestellt, wie Albert Bandura in den frühen 1960er-Jahren zeigte, dass Menschen lernen können, indem sie ihre Mitmenschen und die Konsequenzen, die deren Verhalten ihnen einbringt, beobachten. Die **soziale Lerntheorie** Banduras betont die Beobachtung, das Modellverhalten und die stellvertretende Verstärkung. Mit der Zeit berücksichtigte Banduras Modell für soziales Lernen auch vermehrt kognitive Faktoren wie Erwartungen und Überzeugungen. Seine gegenwärtige Sichtweise kann man mit sozial-kognitiver Theorie bezeichnen.

9.1.1 Reziproker Determinismus

In der **sozial-kognitiven Theorie** sind sowohl interne als auch externe Faktoren wichtig. Ereignisse in der Umgebung, persönliche Faktoren und Verhaltensweisen treten im Lernprozess in Wechselwirkung zueinander. Persönliche Faktoren (Überzeugungen, Erwartungen, Einstellungen und Wissen), das physikalische und soziale Umfeld (Ressourcen, Folgen von Handlungen, andere Menschen und physikalisches Setting) und Verhalten (individuelle Aktionen, Entscheidungen und verbale Aussagen) üben alle einen Einfluss aus und beeinflussen andere. Bandura nennt diese Interaktion von Kräften **reziproken Determinismus**.

▶ Abbildung 9.1 (siehe S. 404) zeigt die Interaktion einer Person mit der Umwelt und dem Verhalten in Lernsettings (Schunk, 2004). Soziale Faktoren wie Vorbilder, Unterrichtsstrategien oder Rückmeldungen (Bestandteile des Umfeldes der Schüler) können auf die *persönlichen* Faktoren des Schülers einwirken. Hierzu gehören z. B. Ziele, Selbstwirksamkeitserleben in Bezug auf eine Aufgabe (wird im nächsten Abschnitt beschrieben), Attributionen (Überzeugungen über die Ursachen von Erfolg und Misserfolg) und Prozesse der Selbststeuerung wie Planen, Überwachen und Kontrollmechanismen. Zum Beispiel kann die Rückmeldung des Lehrers zu einer Erhöhung des persönlichen Anspruchsniveaus des Schülers führen. Soziale Einflüsse im Umfeld und persönliche Faktoren regen *Verhaltensweisen* an, die zu einem hohen Leistungsniveau beitragen, wie auch zu Ausdauer und Anstrengungsbereitschaft (Motivation) beim Lernen. Aber diese Verhaltensweisen wiederum üben einen reziproken Einfluss auf die persönlichen Faktoren aus. Wenn Schüler eine Leistung erbringen, steigt z. B. ihr Selbstvertrauen, und ihr Interesse und Verhalten wirkt auch auf das soziale Umfeld ein. Wenn zum Beispiel Schüler keine Ausdauer haben oder wenn sie einen Sachverhalt missverstehen, können Lehrer ihre Lehrstrategien oder ihre Rückmeldungen ändern.

Aus der Annahme eines reziproken Determinismus in der Klasse ergibt sich die folgende Überlegung: Wenn persönliche Faktoren, Verhaltensweisen und das Um-

---

Soziale Lerntheorie Eine Theorie, die Lernen durch Beobachten anderer postuliert.

Sozial-kognitive Theorie Eine Theorie, die kognitive Faktoren wie Überzeugungen, Selbstwahrnehmungen und Erwartungen in sozialen Lernprozessen berücksichtigt.

Reziproker Determinismus Eine Verhaltenserklärung, die von den gegenseitigen Auswirkungen auf das Individuum und seine Umgebung ausgeht.

Abbildung 9.1: Reziproke Einflüsse. Alle drei Faktoren – persönliche, soziale/ökologische und Verhaltensfaktoren – stehen in ständiger Wechselwirkung zueinander. Sie üben Einfluss aus und beeinflussen sich gegenseitig.
Quelle: Aus Social-Self-Interaction and Achievement Behavior von D. H. Schunk (1999), *Educational Psychologist, 34,* S. 221.

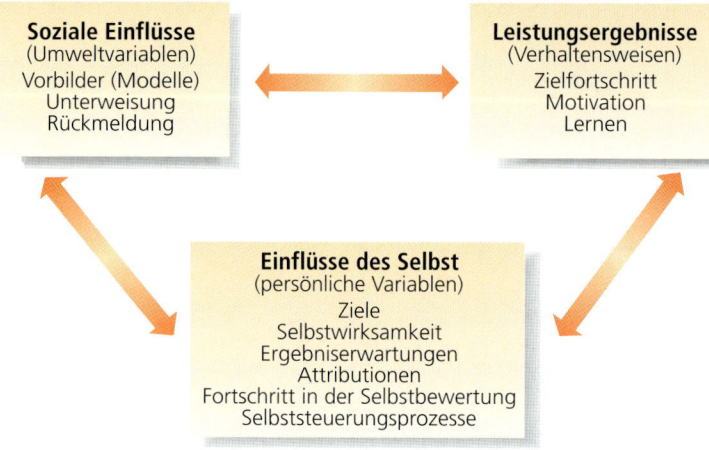

feld in ständiger Interaktion stehen, dann sind Ereigniszyklen als progressiv und selbsterhaltend vorzustellen. Angenommen, ein neuer Schüler verirrt sich im Schulgebäude und kommt deshalb zu spät in den Unterricht; der Schüler hat eine Tätowierung und mehrere Ohrringe. Er hatte sehr gehofft, in dieser Schule einen Neuanfang machen zu können; die erste Reaktion des Lehrers bei seinem verspäteten Erscheinen ist jedoch etwas ablehnend. Der Schüler fühlt sich verletzt und reagiert entsprechend; im Lehrer bilden sich Erwartungen im Hinblick auf das Verhalten des neuen Schülers, er ist auf der Hut. Der Schüler spürt das Misstrauen. Er kommt zu dem Schluss, dass ihm diese Schule genauso wenig bringen wird wie die Schule vorher; er fragt sich, ob er es überhaupt versuchen soll. Der Lehrer bemerkt die zunehmende Distanz des Schülers, er gibt sich mit dem Schüler im Unterricht keine besondere Mühe und der Teufelskreis geht weiter.

Ein positives Beispiel des komplexen Zusammenspiels der Kräfte, welche die Erfahrungen eines Schü-

lers in der Schule und im Leben bestimmen können, wird in den *Lerngeschichten: Das verdanke ich meinem Lehrer* beschrieben.

9.1.2 Selbstwirksamkeit

> **Was würden Sie dazu sagen?**
>
> Die letzte Frage in Ihrem Vorstellungsgespräch für eine Stellenbesetzung als Lehrer der 8. Klasse lautet: „Wir haben einige sehr entmutigte Schüler und Eltern, weil die Testergebnisse im letzten Jahr so schlecht ausfielen. Was würden Sie unternehmen, um das Selbstvertrauen Ihrer Schüler zu verbessern?"

Albert Bandura (1986, 1997) ist der Meinung, dass Vorhersagen über die möglichen Folgen von Verhalten für das Lernen kritisch sind, weil sie die Motivation beeinflussen. „Werde ich das schaffen oder nicht? Werde ich anerkannt oder ausgelacht werden?" „Bekomme ich in der neuen Schule von den Lehrern mehr Anerkennung?" Diese Vorhersagen sind von der **Selbstwirksamkeit** stark beeinflusst – unsere Überzeugungen von unserer eigenen Kompetenz oder Tüchtigkeit *in einem bestimmten Bereich.* Bandura (1997) definiert Selbstwirksamkeit als „Glaube an die eigenen Fähigkeiten, den Verlauf und die Ausführung der eigenen Handlungen so zu steuern, dass ein bestimmtes Ergebnis erzielt wird" (S. 3).

> **Verknüpfen und erweitern Sie mit anderen Kapiteln**
>
> Das Erleben der eigenen Selbstwirksamkeit wird noch einmal in Kapitel 10 aufgegriffen. Hintergrund: Zwei Bücher von Bandura über Selbstwirksamkeit: Bandura, A. (1997). *Self-Efficacy: The Exercise of Control.* New York. Freeman. Bandura, A. (Hrsg.) (1995). *Self-Efficacy in Changing Societies.* New York: Cambridge University Press.

Selbstwirksamkeit Das subjektive Erleben einer Person, eine bestimmte Aufgabe effektiv meistern zu können.

Lerngeschichten **Das verdanke ich meinem Lehrer**

Der Einfluss von Lehrern ist eindrucksvoll in vielen Romanen, Erzählungen oder Biografien beschrieben. Die folgende Schilderung zeigt den Einfluss von Lehrern und die Gefahren, die sich aus Verhalten aufgrund negativer Erwartungen ergeben (ausführlicher in Kapitel 13).

Eine Lehrerin traf auf den Jungen Teddy im zweiten Jahr ihrer Lehrtätigkeit in einer fünften Klasse. Teddy war schmutzig und roch schlecht. Er blieb mehr und mehr hinter den Lernanforderungen zurück. Sie erinnerte sich:

Natürlich habe ich den Jungen nicht öffentlich lächerlich gemacht, aber meine Einstellung konnte die Klasse schon erahnen, denn er wurde bald zum Sündenbock, der Ausgegrenzte: den man nicht mögen konnte und den man auch nicht mochte. Er wusste, dass ich ihn nicht mochte, aber er wusste nicht warum. Alles, was ich wusste, war, dass sich niemand um ihn kümmerte, und ich gab mir mit ihm keine Mühe. Ich wusste, Teddy würde die Versetzung in die sechste Klasse nicht schaffen. Um dieses Urteil zu rechtfertigen, sah ich mir noch einmal seine Schülerakte an. Erste Klasse: Teddy zeigt vielversprechende Arbeiten und Einstellungen, aber das häusliche Milieu bietet keine Unterstützung. Zweite Klasse: Er könnte bessere Leistungen erbringen. Die Mutter hat eine unheilbare Krankheit. Er erhält keine Hilfe zu Hause. Dritte Klasse: Teddy ist ein vergnügter Junge. Hilfreich, aber zu ernst. Er lernt langsam. Tod der Mutter am Jahresende. Vierte Klasse: Sehr langsam, aber gutes Benehmen. Vater zeigt kein Interesse. Nachdem er nun vier Jahre versetzt worden war, werden sie ihn die fünfte Klasse wiederholen lassen. Wird ihm gut tun, sagte ich zu mir selbst.

Dann am letzten Tag vor den Weihnachtsferien verteilten wir Geschenke. Sie wurden unter einem kleinen Baum gestapelt. Ich öffnete auch Teddys Geschenkpäckchen: Es enthielt ein Armband aus schönen Halbedelsteinen (einige fehlten allerdings) und eine halbgefüllte kleine Flasche mit Eau de Cologne. Ich konnte das Geflüster vernehmen, als ich mir das Armband anlegte. „Teddy kannst du mir helfen, es zuzumachen?" Er lächelte schüchtern, als er den Verschluss zusammenfügte. Ich hielt meinen Arm hoch, dass alle es sehen konnten. Manche machten „ooh"

oder „aah"; als ich mir dann etwas von dem Eau de Cologne hinter die Ohren tupfte, hielten die Mädchen nicht mehr an sich, alle wollten ebenfalls einen Tupfer hinters Ohr.

Als alle Schüler schon weg waren, kam Teddy noch einmal zu mir: „Sie riechen wie meine Mama", sagte er weich. „Das Armband steht Ihnen gut, schön, dass es Ihnen gefällt." Er verließ dann schnell das Klassenzimmer. Ich blieb zurück, und mir kamen die Tränen. Was habe ich ihm alles vorenthalten im letzten Schuljahr, was er so dringend brauchte! Ich war keine Lehrerin, die sich um ihn gekümmert hatte. Nach den Weihnachtsferien blieb ich nachmittags in der Schule und bereitete meine Stunden vor oder sah Klassenarbeiten durch. Er blieb im gleichen Raum, um seine Hausaufgaben zu machen. Manchmal erklärte ich ihm etwas, oft erledigte er seine Aufgaben auch allein. Langsam holte er auf und war dann auf dem Kenntnisstand der Klasse. Am Ende des Schuljahres war er unter den Schülern mit den besten Noten.

Ich hörte sieben Jahre lang nichts mehr von Teddy. Dann kam plötzlich ein Brief von ihm:
Liebe Frau Thompson,
Sie sollen die Erste sein, die erfährt, dass ich im nächsten Monat meinen höheren Schulabschluss schaffen werde – als zweitbester.

  Mit aufrichtigem Dank, Ihr Teddy Stallard
Vier Jahre später schrieb Teddy wieder:
Liebe Frau Thompson,
Sie sollen es als Erste erfahren. Ich habe gerade erfahren, dass ich als Jahrgangsbester meine Universitätsabschlussprüfung bestanden habe. Es war nicht leicht, es hat mir trotzdem gefallen.

  Mit aufrichtigem Dank, Ihr Teddy Stallard.
Und jetzt wieder ein Brief, der dritte:
Liebe Frau Thompson,
Sie sollen es als Erste erfahren: Ab heute bin ich Dr. med. Theodore Stallard. Wie finden Sie das??? !!!??? Am 27. Juli werde ich heiraten. Ich wollte Sie einladen und bitten, auf dem Platz zu sitzen, wo meine Mutter gesessen hätte, wenn sie noch lebte. Ich habe keine Eltern mehr, denn Vater starb im letzten Jahr.

  Ihr aufrichtiger Teddy Stallard

Quelle: Elizabeth Silance Ballard. Alle Rechte vorbehalten.

Selbstwirksamkeit bezieht sich auf das Wissen um die eigene Fähigkeit, eine Aufgabe erfolgreich zu beenden, ohne dabei Vergleiche mit anderen ziehen zu müssen – die Frage ist: „Kann ich das?" und nicht: „Sind die anderen besser als ich?"

Selbstwirksamkeit, Selbstkonzept und Selbstwert

Die meisten Menschen nehmen an, dass Selbstwirksamkeit etwas Ähnliches ist wie Selbstkonzept oder Selbstwert. Selbstwirksamkeit ist zukunftsorientiert, „eine kontextspezifische Erfassung der eigenen Kompetenz, eine bestimmte Aufgabe zu meistern" (Pajares, 1997, S. 15). Selbstkonzept ist ein globaleres Konstrukt, das viele verschiedene Selbstwahrnehmungen umfasst, darunter auch die Selbstwirksamkeit. Das Selbstkonzept entwickelt sich als Ergebnis der externen und internen Vergleiche, indem andere Personen oder andere Aspekte des Selbst als Bezugsrahmen gesetzt werden. Aber Selbstwirksamkeit konzentriert sich auf die *eigene* Fähigkeit, eine bestimmte Aufgabe zu meistern, ohne Vergleich mit anderen – die Frage ist allein, ob eine bestimmte Person die Aufgabe erfolgreich erledigen kann und nicht, ob andere das können. Selbstwirksamkeitsüberzeugungen sind starke Prädiktoren für Verhalten, während das Selbstkonzept weniger Vorhersagekraft hat (Bandura, 1997).

Verglichen mit dem Selbstwert ist die Selbstwirksamkeit relevant für die Beurteilung persönlicher Fähigkeiten, der Selbstwert dagegen für die Beurteilung des eigenen Wertes. Es gibt keine direkte Beziehung zwischen Selbstwert und Selbstwirksamkeit. Man kann sich in einem Bereich als sehr wirksam erleben und doch keinen hohen Selbstwert haben und umgekehrt (Valentine, DuBois & Cooper, 2004). Zum Beispiel haben die meisten Menschen in Bezug auf Singen eine sehr geringe Selbstwirksamkeit, aber der Selbstwert ist dadurch nicht in Mitleidenschaft gezogen, vielleicht, weil Singen für ihre Lebensgestaltung unwichtig ist. Aber wenn die Selbstwirksamkeit eines Hochschullehrers für das Unterrichten nach einigen negativen Erfahrungen sinkt, dann würde gewiss auch der Selbstwert darunter leiden.

Ursachen der Selbstwirksamkeit

Bandura hat vier Ursachen für die Erwartungen von Selbstwirksamkeit identifiziert: Kompetenzerleben, physiologische und emotionale Aktivierung, stellvertretende Erfahrungen und soziale Überredung (Persuasion). **Kompetenzerleben** ist der Ausdruck unserer eigenen direkten Erfahrungen, dass wir etwas gemeistert haben: Kompetenzerleben ist die einflussreichste Quelle unserer Wirksamkeitsinformationen. Das Aktivierungsniveau beeinträchtigt die Selbstwirksamkeit, je nachdem, wie die **Aktivierung** interpretiert wird. Angesichts einer Aufgabe können Angst und Bedenken eintreten (vermindern Selbstwirksamkeit) oder Begeisterung und leichte Euphorie (erhöhen Selbstwirksamkeit) (Bandura, 1997; Pindrick & Schunk, 2002).

In **stellvertretenden Erfahrungen** führt jemand anderer erfolgreiche Handlungen aus. Je mehr sich der Schüler mit dem Vorbild identifiziert, desto größer ist der Einfluss auf die Selbstwirksamkeit. Wenn das Vorbild gut abschneidet, wächst auch die Selbstwirksamkeit, wenn das Vorbild scheitert, sinkt das Erleben der Selbstwirksamkeit. Eigene Kompetenzerlebnisse sind im Allgemeinen die einflussreichste Ursache für Wirk-

---

Kompetenzerleben Unser eigenes Erleben, etwas zu meistern, etwas zu können; die unmittelbare Grundlage für Informationen über Selbstwirksamkeit.

Aktivierung Die körperlichen und psychologischen Reaktionen, die bei Personen zu hellwachen, aufmerksamen und angespannten psychischen Zuständen führen.

Stellvertretende Erfahrungen Die durch einen anderen Menschen (Vorbild) erlebten, lediglich durch Beobachtung gewonnenen Erfahrungen.

samkeitsüberzeugungen im Erwachsenenalter. Keyser und Barling (1981) fanden jedoch bei Kindern (Sechstklässlern) einen größeren Einfluss des Modellverhaltens auf die Selbstwirksamkeit; es fand **Modelllernen** statt.

Soziale Überredungskünste oder **soziale Persuasion** können Argumentationen sein oder eine Rückmeldung nach dem Handlungsvollzug. Soziale Persuasion allein kann keine dauerhafte Erhöhung der Selbstwirksamkeit herbeiführen, aber eine durch Persuasion herbeigeführte Selbstwirksamkeitserhöhung kann einen Schüler zu erhöhter Anstrengung motivieren, ihn veranlassen, neue Lernstrategien auszuprobieren oder sich intensiv an der Aufgabe zu versuchen, bis sie erfolgreich erledigt ist (Bandura, 1982). Soziale Persuasion kann gelegentliche Rückschläge überwinden, die zu Selbstzweifeln und Unterbrechen der Ausdauer führen. Die Macht der Persuasion hängt von der Glaubwürdigkeit, Vertrauenswürdigkeit und der Expertise des Überredenden ab (Bandura, 1997).

Anwendungen der sozial-kognitiven Theorie

9.2

Selbstwirksamkeit und selbstgesteuertes Lernen sind zwei Schlüsselelemente der sozial-kognitiven Theorie, die besonders wichtig für Lernen und Lehren sind.

9.2.1 Selbstwirksamkeit und Motivation

> **Halt! Denken Sie nach! Schreiben Sie!**
> Wie sicher sind Sie, dass Sie dieses Kapitel bis zum Ende lesen werden? Geben Sie ein Urteil ab auf einer Skala von 1 bis 100.

Angenommen, Ihr Sicherheitsgefühl liegt bei etwa 90, dass Sie das Kapitel bis zum Ende durcharbeiten werden. Höhere Selbstwirksamkeit führt zu größerer Anstrengungsbereitschaft und Ausdauer bei Rückschlägen; auch wenn Sie beim Lesen unterbrochen werden, kehren Sie wahrscheinlich wieder zu dieser Aufgabe zurück. Da kann es am Abend dann spät werden, mor-

gens muss man trotzdem früh aufstehen, was bei höherer Selbstwirksamkeit auch gelingt. Selbstwirksamkeit beeinflusst die Motivation weiterhin durch das Setzen von Zielen. Wenn wir in einem Bereich eine hohe Selbstwirksamkeit haben, setzen wir uns auch ein hohes Anspruchsniveau, wir haben weniger Angst vor Misserfolgen und finden neue Strategien, wenn die alten fehlgeschlagen sind. Wenn die Selbstwirksamkeit für das Verstehen dieses Kapitels hoch ist, wird auch ein hohes Anspruchsniveau für das Durcharbeiten dieses Kapitels gesetzt – es werden vielleicht sogar Notizen notwendig sein. Wenn die Selbstwirksamkeit gering ausgeprägt ist, vermeidet man das Lesen sogar oder gibt leicht auf, wenn Probleme entstehen (Bandura, 1993, 1997; Zimmerman, 1995).

Was ist die optimale Ausprägung der Motivation? Sollten Schüler realistisch, optimistisch oder pessimistisch in ihren Vorhersagen sein? Es gibt Belege dafür, dass höheres Selbstwirksamkeitserleben die Motivation erhöht, auch wenn die eigene Selbstwirksamkeit überschätzt wird. Kinder und Erwachsene, die ihrer Zukunft optimistisch entgegensehen, sind körperlich und psychisch gesund, weniger deprimiert und leistungsbereiter (Flammer, 1995). Nach Durchsicht von etwa 140 Motivationsuntersuchungen schloss Sandra Graham, dass diese Qualitäten bei vielen Afroamerikanern zu finden sind. Sie fand, dass die untersuchten Afroamerikaner ein starkes Selbstkonzept und hohe Erwartungen hatten, sogar angesichts von Schwierigkeiten (Graham, 1994, 1995).

Erwartungsgemäß gibt es Risiken, wenn man die Fähigkeiten der Schüler unterschätzt, weil sie sich dann nur wenig anstrengen und schnell aufgeben. Aber es ist auch riskant, die Fähigkeiten ständig zu überschätzen. Schüler, die ihre eigene Lesefähigkeit überschätzen, sind wenig motiviert, noch einmal zurückzublättern, um Missverständnisse auszuräumen. Sie erkennen dann nicht rechtzeitig, dass sie den Lesestoff nicht richtig verstanden haben (Pintrich & Zusho, 2002).

Die Forschung weist darauf hin, dass die Schulleistungen und die Selbstwirksamkeit ansteigen, wenn Schüler (a) kurzfristige Ziele ansetzen, sodass man den Erfolg besser überprüfen kann; (b) bestimmte Lernstrategien lernen wie einen Text gliedern oder zusammen-

---

Modelllernen Veränderungen im Verhalten, Denken oder in Emotionen, die sich durch das Beobachten eines anderen Menschen, des Modells, einstellen.

Soziale Persuasion Andere Menschen überreden oder eine bestimmte Rückmeldung geben – eine Ursache für Selbstwirksamkeit.

fassen, damit die wichtigen Punkte erkannt werden; (c) Belohnungen erhalten aufgrund guter Leistungen und nicht nur wegen der dafür notwendigen Anstrengungen, weil Leistungsverstärkungen ein Anzeichen für wachsende Kompetenz sind (Graham & Weiner, 1996).

9.2.2 Selbstwirksamkeit des Lehrers

Die Forschungen von Woolfolk (Hoy & Woolfolk, 1990, 1993; Tschannen-Moran & Woolfolk Hoy, 2001; Tschannen-Moran, Woolfolk Hoy & Hoy, 1998; Woolfolk & Hoy, 1990; Woolfolk Hoy & Burke-Spero, 2005) beschäftigen sich mit einer speziellen Art der Selbstwirksamkeit. Die **Selbstwirksamkeit des Lehrers**, die Überzeugung eines Lehrers, dass er auch mit schwierigen Schülern umgehen und ihnen beim Lernen helfen kann, hat sich bisher als eine der wenigen Lehrervariablen herausgestellt, die mit der Schülerleistung korrelieren.

Die Selbstwirksamkeitstheorie sagt vorher, dass Lehrer mit einem ausgeprägten Bewusstsein eigener Selbstwirksamkeit härter und ausdauernder arbeiten, wenn sie sehr schwierige Schüler unterrichten müs-

Die Forschung zeigt, dass das Bewusstsein für die eigene Wirksamkeit aus den Erfolgen in der Arbeit mit Schülern herrührt. Erfahrung oder Training, die den Lehrern die Bewältigung ihrer Anforderungen in den alltäglichen Aufgaben erleichtern, beeinflussen die Selbstwirksamkeit der Lehrer.

sen; dies geschieht auch, weil sie an die Schüler und an sich glauben. Auch leiden sie weniger an Stress- oder Burn-out-Symptomen (Fives, Hamman & Olivarez, 2005).

Die Arbeiten von Woolfolk und ihren Kollegen erbrachten das Ergebnis, dass die persönliche Selbstwirksamkeit von Lehrern steigt, wenn sie Erfolge beim Unterrichten aufweisen. Aber nach dem ersten Unterrichtsjahr sinkt der Selbstwert in der Regel, vielleicht, weil die Unterstützung, die Lehreranfängern gewährt wird, dann nachlässt (Woolfolk Hoy & Burke-Spero, 2005). Das Bewusstsein der eigenen Selbstwirksamkeit von Lehrern ist höher in Schulen, in denen die Lehrer und die Schulverwaltung hohe Erwartungen an die Schüler haben, und in denen die Lehrer vom Rektor Unterstützung für Unterrichts- und Verwaltungsprobleme erhalten (Capa, 2005; Hoy & Woolfolk, 1993). Eine andere wichtige Schlussfolgerung aus diesen Forschungsergebnissen ist, dass die Selbstwirksamkeit mit wirklichem Erfolg ansteigt, nicht nur durch moralische Unterstützung von Professoren und Kollegen. Jede Erfahrung oder jedes Training, das in der Bewältigung der alltäglichen Unterrichtsaufgaben hilfreich ist, ist Teil der Grundlage, auf die sich Selbstwirksamkeit im Hinblick auf die berufliche Entwicklung aufbaut.

Die Überschätzung von Fähigkeiten kann sowohl Vorteile als auch Gefahren mit sich bringen. Optimistische Lehrer setzen sich ein höheres Anspruchsniveau, arbeiten härter, wiederholen den Lehrstoff falls nötig und bleiben auch bei Schwierigkeiten ausdauernd. Aber an seinen Fähigkeiten zu zweifeln, kann ebenfalls vorteilhaft sein. Zweifel können zu Überlegungen führen, zu Lernmotivation, zu größerer Empfänglichkeit für unterschiedliche Ansätze, zu produktiver Zusammenarbeit und zu einem Ungleichgewicht, das wie von Piaget beschrieben wurde, zu Änderungen von bestehenden Schemata führen kann (Wheatley, 2002). Vermutlich muss der Lehrer auch eine Selbstwirksamkeit für sein eigenes Lernen beim Unterrichten entwickeln. Eine unverändert hohe Selbstwirksamkeit angesichts schlechter Leistungen kann Meidungsverhalten anstelle von aktivem Angehen der Aufgaben nach sich ziehen.

Selbstwirksamkeit des Lehrers Das Bewusstsein des Lehrers, dass er auch mit dem schwierigsten Schüler umgehen und ihn beim Lernen unterstützen kann.

9.2.3 Selbstgesteuertes Lernen

Halt! Denken Sie nach! Schreiben Sie!
Wie studieren Sie gerade jetzt? Welche Ziele haben Sie sich für Ihre Lektüre gesetzt? Welchen Plan haben Sie für Ihr Lernpensum aufgestellt und welche Strategien benutzen Sie jetzt zum Lernen? Wie lernen Sie diese Strategien?

Selbstgesteuerte Lerner verfügen über eine Kombination von Lernfähigkeiten und Selbstkontrolle, die ihnen das Lernen erleichtert; sie haben die notwendigen Fertigkeiten und den Willen zu lernen.

Barry Zimmerman (2002) definiert Selbststeuerung als einen Prozess, der in Gang gesetzt wird, wenn Gedanken, Verhalten und Emotionen aktiviert werden und aufrechterhalten bleiben, um unsere Ziele zu erreichen. Wenn die Ziele Lernen beinhalten, wird dies als selbstgesteuertes Lernen bezeichnet.

Gegenwärtig wechseln Menschen in den USA etwa siebenmal ihre Arbeitsstelle, bevor sie in den Ruhestand gehen. Viele dieser Berufswechsel erfordern neues Lernen, das selbstinitiiert und selbstgesteuert ist (Martinez-Pons, 2002; Weinstein, 1994). Deshalb sollte ein schulisches Erziehungsziel sein, die Schüler zu selbstständigem Arbeiten zu erziehen, sodass sie sich ein Leben lang unabhängig von Erziehern fortbilden können. Um lebenslang selbstständig lernen zu können, muss das Lernen selbstgesteuert sein. Selbstgesteuerte Lerner verfügen über Studiertechniken und Selbstkontrolle, die das Lernen erleichtern, sodass sie motivierter sind; mit anderen Worten, sie haben die Fertigkeiten und den Willen zu lernen (McCombs & Marazano, 1990; Murphy & Alexander, 2000). Selbstgesteuerte Lerner setzen ihre geistigen Fähigkeiten in Lern- oder Studiertechniken und -strategien um (Zimmerman, 2002). Viele Untersuchungen verknüpfen den Strategiengebrauch mit unterschiedlichen Maßen von Lernleistungen, besonders bei Realschülern und Schülern höherer Schulen (Fredrick et al., 2004).

Was beeinflusst die Selbststeuerung?

Das Konzept des selbstgesteuerten Lernens integriert vieles von dem, was unter effektivem Lernen und Motivation zusammengefasst werden kann. Wie man aus den oben beschriebenen Prozessen ersehen kann, beeinflussen drei Faktoren die Fertigkeiten und den Willen: Wissen, Motivation und Selbstdisziplin oder Willensprozesse.

Um ein selbstregulierter Lerner zu sein, müssen die Schüler oder Studenten sich selbst kennen, ihre Lerninhalte, die Aufgabe, Strategien fürs Lernen und den Kontext, in dem sie lernen. Expertenschüler/-studenten kennen ihre eigenen Möglichkeiten und wissen, wie sie am besten lernen. Zum Beispiel kennen sie ihren bevorzugten Lernstil; was leicht und was schwierig für sie ist; wie sie die schwierigen Teile meistern können; was ihre Interessen und Talente sind; und wie sie ihre Stärken einsetzen können (siehe Kapitel 4). Diese Experten wissen auch ziemlich viel über das Fach, das sie gerade lernen oder studieren – und je mehr sie wissen, umso leichter ist es für sie, noch mehr zu lernen (Alexander, 2006). Sie verstehen, dass verschiedene *Lernaufgaben* unterschiedliche Vorgehensweisen erfordern. Eine einfache Behaltensaufgabe verlangt zum Beispiel nach einer mnemonischen Strategie (siehe Kapitel 7), während eine komplexe Verständnisaufgabe eher durch ein Begriffsnetz der Kernideen angegangen werden sollte (siehe Kapitel 8). Diese selbstgesteuerten Lerner wissen, dass Lernen schwierig ist und dass Wissen selten absolut ist; es gibt meist unterschiedliche Art und Weisen, Probleme und verschiedene Lösungen zu betrachten (Pressley, 1995; Winne, 1995).

Die Expertenschüler wissen nicht nur, was jede Aufgabe erfordert, sie können auch die notwendige Strategie herausfinden. Sie können ihre Lektüre durchblättern oder sorgfältig lesen. Sie können Gedächtnisstrategien einsetzen oder das Material neu organisieren. Je mehr sie in einem bestimmten Bereich wissen, desto automatischer wenden sie eine passende Strategie an. In kurzer Zeit haben sie ein großes Repertoire an Lernstrategien und -techniken eingesetzt (siehe Kapitel 8).

Expertenlerner denken über *Kontexte* nach, in denen sie ihr Wissen einbringen können – wann und wo sie lernen werden, sodass sie motivierende Ziele setzen und ihre gegenwärtige Arbeit mit zukünftigen Errungenschaften verbinden können (Wang & Palincsar, 1989; Weinstein, 1994; Winne, 1995).

Selbstgesteuerte Lerner sind motiviert zu lernen (Kapitel 10). Sie finden viele Aufgaben in der Schule interessant, weil sie Lernen hoch schätzen, es kommt ihnen nicht nur auf das sichtbare gute Ergebnis an. Aber auch wenn sie nicht intrinsisch motiviert sind durch eine bestimmte Aufgabe, sind sie ernsthaft bemüht, das Beste daraus zu machen. Sie wissen, *warum* sie lernen, ihre Handlungen und Entscheidungen sind selbstbestimmt und nicht durch andere kontrolliert. Wissen und Motivation reichen jedoch nicht immer aus. Selbstgesteuertes Lernen erfordert Willenskraft oder Selbstdisziplin. „Motivation bedeutet Engagement, Willenskraft bedeutet eine Sache bis zum Ende durchzuführen" (Corno, 1992, S. 72).

Es bedarf einer guten Portion Willenskraft, um zum Beispiel ein Lehrbuch wie dieses zu Ende zu schreiben. **Willenskraft** ist eine etwas altmodische Bezeichnung; manche sprechen auch von Volition. Die technische Definition von Volition ist, Gelegenheiten zu ergreifen, um Ziele durch selbstgesteuertes Lernen zu erreichen. Selbstgesteuerte Lerner wissen, wie man sich vor Ablenkungen schützt – wo man am besten lernt, damit man zum Beispiel nicht unterbrochen wird. Sie wissen, wie man mit der eigenen Angst, der eigenen Müdigkeit oder Faulheit umgeht (Corno, 1992, 1995b; Snow, Corno, & Jackson, 1996). Sie wissen auch, was zu tun ist, wenn sie versucht sind, die Arbeit liegen zu lassen, um noch eine Tasse Kaffee zu trinken oder an den Strand zu gehen.

Natürlich werden nicht alle unsere Schüler zu selbstgesteuerten Expertenlernern, wenn es um Schulleistungen geht. Einige Psychologen schlagen vor, diese Kapazität als eine von vielen individuellen Vorzügen zu betrachten (Snow, Corno & Jackson, 1996). Einige Schüler sind bessere selbstgesteuerte Lerner als andere. Was kann der Lehrer dazu beitragen, dass sich diese Gruppe in der Schule vermehrt? Was gehört dazu, selbstgesteuert zu lernen?

Modelle des selbstgesteuerten Lernens und autonomen Handelns

Vorbilder für selbstreguliertes Lernen beschreiben, wie Lerner ihre Entscheidungen treffen, welche Fertigkeiten sie beim Lernen ausbilden und einsetzen und wie sie mit Bedingungen umgehen, die das Lernen beeinträchtigen. Es gibt einige Modelle dazu (Puustinen & Pulkkinen, 2001). Wir wollen eines von Phil Winne und Allyson Hadwin (1998) betrachten. Es ist in der ▶ Abbildung 9.2 abgebildet. Es hat viele Facetten, wie es nicht anders zu erwarten ist, da das Thema die Organisation des gesamten schulischen oder Studentenlebens ist.

Das Modell des selbstregulierten Lernens in Abbildung 9.2 gründet auf dem Standpunkt, dass Lerner selbstbestimmt Handelnde sind. **Selbstbestimmt Handelnder** zu sein umfasst die Fähigkeit, Lernfertigkeiten, Motivation und Emotionen zu koordinieren, um Ziele zu erreichen. Handelnde sind keine Marionetten, die von Lehrern, Lehrbuchautoren oder Webseitengestaltern gehandhabt werden. Selbstbestimmt Handelnde kontrollieren viele Faktoren, die beeinflussen, wie sie lernen. Selbstgesteuerte Lerner sind erfolgreich, wenn sie sich in einem Zyklus von vier Phasen bewegen: der Phase der Aufgabenanalyse, der Zielsetzung und Planung, des Lernens und der Anpassung ihrer Vorgehensweisen an die Erfordernisse der Aufgaben:

1. Die Lernaufgaben analysieren

Diese Phase des selbstgesteuerten Lernens ist schon bekannt. Was können Sie tun, wenn ein Professor eine Klausur ankündigt? Sie können nach den Bedingungen fragen, um das Lernen auf die Testsituation einzustellen. Wird der Test eine freiformulierte Abhandlung oder ein Multiple-Choice-Test? Wissen andere mehr darüber? Im Allgemeinen überprüfen die Lerner alle Informationen, die Auskunft über die Testbedingungen geben – welche Ressourcen zu mobilisieren sind und welche Einstellung zu der bevorstehenden Arbeit vorhanden ist.

Willenskraft/Volition   Willensstärke; Selbstdisziplin; Arbeitsstil, der Möglichkeiten zur Zielerreichung bietet, indem er selbstgesteuertes Lernen einsetzt.

Selbstbestimmtes Handeln   Die Fähigkeit, Lernfertigkeiten, Motivation und Emotionen zu koordinieren, um das Lernziel zu erreichen.

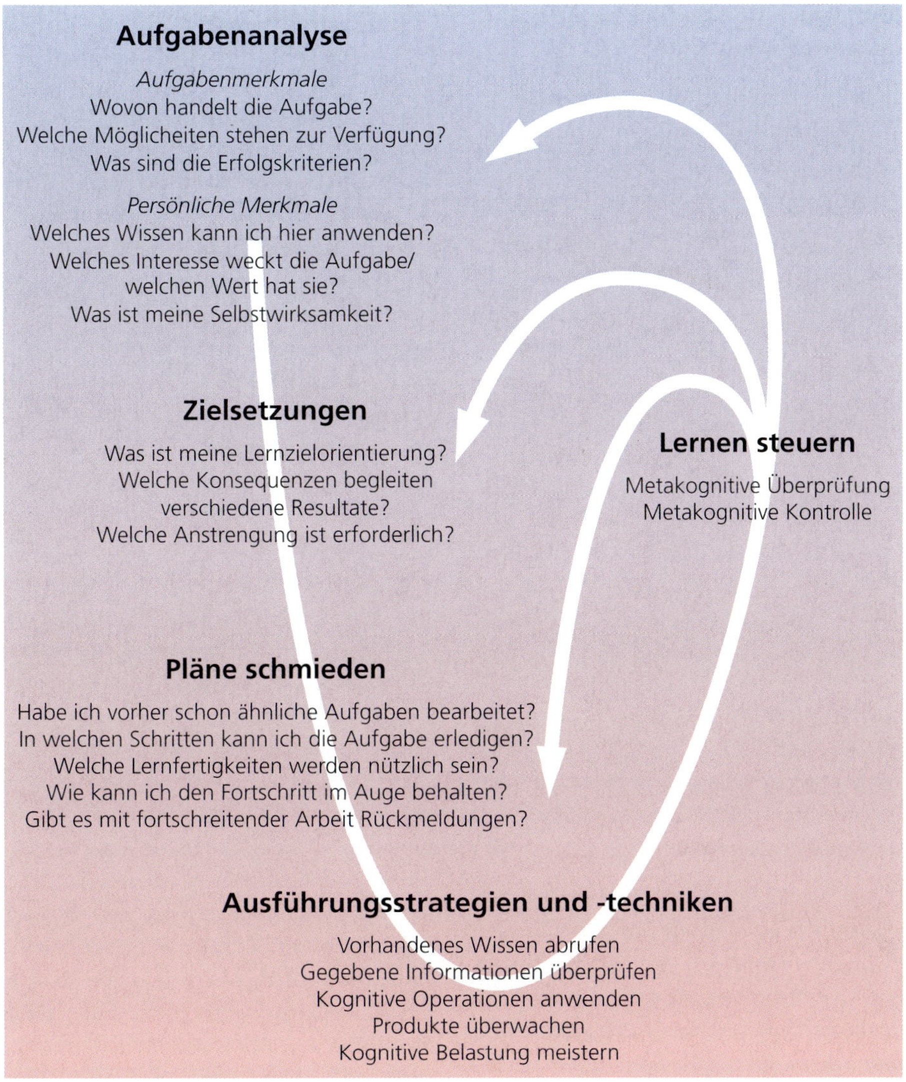

Aufgabenanalyse

Aufgabenmerkmale
Wovon handelt die Aufgabe?
Welche Möglicheiten stehen zur Verfügung?
Was sind die Erfolgskriterien?

Persönliche Merkmale
Welches Wissen kann ich hier anwenden?
Welches Interesse weckt die Aufgabe/
welchen Wert hat sie?
Was ist meine Selbstwirksamkeit?

Zielsetzungen

Was ist meine Lernzielorientierung?
Welche Konsequenzen begleiten
verschiedene Resultate?
Welche Anstrengung ist erforderlich?

Lernen steuern

Metakognitive Überprüfung
Metakognitive Kontrolle

Pläne schmieden

Habe ich vorher schon ähnliche Aufgaben bearbeitet?
In welchen Schritten kann ich die Aufgabe erledigen?
Welche Lernfertigkeiten werden nützlich sein?
Wie kann ich den Fortschritt im Auge behalten?
Gibt es mit fortschreitender Arbeit Rückmeldungen?

Ausführungsstrategien und -techniken

Vorhandenes Wissen abrufen
Gegebene Informationen überprüfen
Kognitive Operationen anwenden
Produkte überwachen
Kognitive Belastung meistern

Abbildung 9.2: **Der Zyklus des selbstgesteuerten Lernens.**
Quelle: The Cycle of Self-Regulated Learning aus *Educational Psychology* (2006, 3. kanadische Aufl.) von A. E. Woolfolk, P. H. Winne und N. E. Perry. Toronto: Pearson, S. 307, Abb. 8.9.

2. Ziele setzen und Pläne schmieden

Wenn Bedingungen bekannt sind, die Einfluss auf die Aufgabenerledigung haben, stellen sie Informationen dar, die Lerner benutzen können, um sich Ziele für das Lernen zu setzen. Dann können Pläne entwickelt werden, wie man die Ziele erreichen kann. Welche Lernziele sollte man sich setzen, wenn nur ein Kapitel eines Buches abgefragt wird und das Testergebnis nur 3 % zur Gesamtnote beiträgt? Würden sich die Ziele verändern, wenn die letzten sechs Kapitel abgefragt würden und das Testergebnis 30 % zur Gesamt-note beitragen würde? Was sind die Kernanforderungen des Testes: Definitionen wiederholen, Diskussion von Anwendungsmöglichkeiten der Lehrbuchinhalte im Schulunterricht oder Kritik von theoretischen Positionen?

Die Auswahl von Zielen bestimmt das Lernprogramm des Lerners. Ist die Konzentration der Übungen auf eine zusammenhängende Zeitspanne (massierte Übung) die beste Vorgehensweise? Ist es ein besserer Plan, jeden Tag eine halbe Stunde mit Überlappung der Lerninhalte von einem Tag zum nächsten (verteilte Übung) zu lernen?

3. Ausführungsstrategien und -techniken, um die Aufgabe zu erledigen

Selbstgesteuerte Lerner sind besonders aufmerksam in dieser Phase, da sie ständig überprüfen müssen, ob der Plan aufgeht. Das ist metakognitives Überwachen (siehe Kapitel 7). Werden die Ziele erreicht? Ist das Lernen zu aufwendig für die zu erwartenden Resultate? Stellen sich die Fortschritte schnell genug ein, um für den Test gut vorbereitet zu sein?

4. Steuerung des Lernens

In der Phase des selbstgesteuerten Lernens treffen Lerner Entscheidungen, ob Veränderungen in den drei vorherigen Phasen notwendig werden. Wenn das Lernen z. B. zu langsam vorangeht, sollte man dann mit Freunden lernen? Muss früherer Lernstoff noch einmal wiederholt werden, weil sonst die Grundlagen für den aktuellen Lernstoff fehlen?

9.2.4   Ein Fallbeispiel

Schüler sind heutzutage ständigen Ablenkungen ausgesetzt. Barry Zimmerman (2002, S. 64) berichtet von einer Schülerin der höheren Schule:

Zwei Wochen vor einer Klassenarbeit in Mathematik hat sie mit dem Lernen begonnen; sie hört dazu Schlagermusik, um sich zu entspannen. Sie hat sich selbst keine Ziele gesetzt, stattdessen sagt sie sich ständig, sie wolle so gut abschneiden, wie es eben geht. Sie wendet keine besonderen Lernstrategien an, um wichtige Lerninhalte zusammenzufassen und sie zu behalten. Kurz vor der Klassenarbeit lernt sie dann massiert für einige Stunden. Sie hat nur vage Standards für ihre Selbstbewertung und kann ihr Leistungsniveau schlecht abschätzen. Sie attribuiert ihre Lernschwierigkeiten auf ihre mangelnde mathematische Begabung und verteidigt ihre schlechten Lerntechniken. Sie bittet jedoch nicht um Hilfe, weil sie Angst hat, als „dumm" zu gelten. Sie geht auch nicht auf elementarere Mathematikübungen zurück, um ihre Grundlagen zu festigen, weil sie „schon so viel zu lernen hat". Das Lernen macht ihr Angst, sie hat wenig Selbstvertrauen, dass sie Erfolg haben wird und sieht wenig intrinsischen Wert darin, Mathematik zu lernen.

Mit ziemlicher Sicherheit wird die Schülerin keine gute Klassenarbeit schreiben. Wie könnte hier Abhilfe geschaffen werden? Eine mögliche Antwort sind Zim-

mermans Zyklen des selbstgesteuerten Lernens. Sein Zyklus hat drei Phasen, sie ähneln den Bestandteilen des Modells von Winne und Hadwin (1998), die bereits oben vorgestellt wurden. Die Phase 1, die *Planungsphase*, in der im Voraus vernünftige Ziele gesetzt und Lernstrategien ausgewählt werden müssen, ähnelt den ersten beiden Schritten von Winne und Hadwin (Aufgabenanalyse und Zielsetzungen). Die Ansichten der Schülerin über ihre eigene Motivationslage wirken sich zusätzlich aus. Wenn die Schülerin Selbstwirksamkeit bei der Anwendung der geplanten Strategien erleben würde, wenn sie davon überzeugt wäre, dass die Strategien zu besseren Lern- und damit auch Testergebnissen führen würden, wenn sie einen Zusammenhang zwischen ihren Interessen und Mathematiklernen herstellen könnte und wenn sie wirklich versuchen würde, den Lernstoff zu meistern – nicht nur so, dass es für Unbeteiligte nach Lernen aussieht – dann wäre sie auf dem richtigen Weg zum selbstgesteuerten Lernen.

In der zweiten Phase tritt nach der Planungszeit die *Ausführungsphase* ein (ähnlich dem Schritt 3 der Strategienausführungen nach Winne und Hadwin), die wiederum neue Herausforderungen bringt. In dieser Phase muss die Schülerin schon über ein Repertoire an Selbstkontrolle (volitional) und Lernstrategien verfügen, einschließlich des Gebrauchs von Vorstellungsbildern, Mnemotechnik, Aufmerksamkeitskonzentration und anderen Techniken, wie die in den Kapiteln 7 und 8 (Kiewra, 2002) beschriebenen. Sie muss sich selbst beobachten, d. h. sie muss überprüfen, wie das Lernen verläuft, damit sie notfalls ihre Strategien ändern kann. Ein Blick auf die benötigte Zeit, die schon gelösten Probleme oder geschriebenen Seiten kann Hinweise auf eine gute Nutzung der Lernzeit geben. Keine Begleitmusik einschalten hilft auch.

Die Schülerin muss dann in die dritte Phase übergehen, die dem Schritt 4 von Winne und Hadwin ähnelt (Steuerung des Lernens). In dieser Phase sollte sie eine Rückschau halten und *überlegen*, was bisher geschehen ist. Sie wird dann das Erleben von Selbstwirksamkeit entwickeln können, wenn sie Erfolge und effektiven Einsatz von Lernstrategien sich selbst zuschreiben kann und beeinträchtigende Handlungen und Überzeugungen vermeidet wie z. B. wenig Anstrengung zeigen, vorgeben, sich nichts daraus zu machen oder generell anzunehmen, dass sie „nicht gut in Mathematik ist".

Die beiden Modelle von Zimmerman und von Winne und Hadwin betonen die zyklische Natur des selbstgesteuerten Lernens. Jede Phase geht in die nächste über, und der Zyklus wird fortgesetzt, wenn Schüler auf neue Anforderungen beim Lernen treffen. Beide Modelle setzen den gleichen Beginn, nämlich dass der Lerner über die Aufgabenstellung informiert ist und infolgedessen realistische Ziele setzen kann. Beide Modelle sehen die Beherrschung von Lernstrategien und -techniken als notwendig an. Die Eigenkontrolle des Fortschritts gefolgt von möglichen Änderungen der Pläne sind ebenfalls für beide Modelle zentrale Komponenten. Wichtig ist auch, ob sich die Schüler die Aufgaben zutrauen und wie sie über die Aufgaben denken – kurz: ihre Überzeugung der eigenen Wirksamkeit für Selbststeuerung.

9.2.5 Jeden Schüler erreichen: zwei Klassen und die Familie

Schüler unterscheiden sich in ihrem Wissen über Selbststeuerung und ihrer Kompetenz, die Selbststeuerung durchzuführen. Aber Lehrer müssen die ganze Klasse im Auge behalten und trotzdem auf jeden Einzelnen eingehen. Es folgen zwei Beispiele von realen Situationen, in denen die Lehrer genauso vorgingen. Im ersten Beispiel geht es um Schreiben, im zweiten um das Lösen von Mathematikaufgaben – beides komplexe Aufgaben.

Schreiben

Nancy Perry und Lynn Drummond (2003) beschreiben eine Schülerin aus einer zweiten Klasse, die große Schwächen beim Schreiben aufwies. Carol bereitete es Schwierigkeiten, Tatsachen zu finden, und diese dann in eine verständliche Schriftform zu bringen. Sie hatte schon mit den Schreibbewegungen Schwierigkeiten, die sie nach Perry und Drummond behinderten.

Im Laufe des Schuljahres arbeiteten die zweiten und dritten Klassen an drei Tierprojekten. Durch den schriftlichen Bericht über diese Projekte wollten Perry und Drummond folgende Aspekte fördern: (a) die Durchführung eines Forschungsprojektes, (b) das Schreiben einer Sachabhandlung, (c) die richtige schriftliche Form erstellen und Korrekturen durchführen und (d) den Computer als Forschungs- und Schreibinstrument einsetzen. Für den ersten Bericht arbeitete die Klasse zusammen an einem Thema (Eichhörnchen). Alle zusammen suchten nach den Tatsachen und sie schrieben zusammen, weil sie erst noch lernen mussten, wie man Forschung durchführt und sie nachher beschreibt. Die Klasse hatte auch einen Rahmen für die Zusammenarbeit in einer Lerngemeinschaft entworfen. Beim Schreiben des zweiten Berichtes (über Pinguine) boten Perry und Drummond mehr Auswahl an und ermutigten sie, sich mehr auf sich selbst und ihre Mitschüler zu verlassen. Für den dritten Bericht konnten die Schüler sich eine Tierart selbst aussuchen, das Forschungsprojekt selbst entwerfen und einen Bericht verfassen. Zu diesem Zeitpunkt wussten sie schon, wie man Forschungsaufgaben durchführt und den Bericht schreibt; sie hatten die Wahl, allein oder mit Mitschülern zusammenzuarbeiten, und konnten das komplexe Projekt erfolgreich durchführen.

Eine schwache Schülerin aus der zweiten Klasse arbeitete mit einem Schüler aus der dritten zusammen, der etwas Ähnliches bearbeitete. Er zeigte ihr, wie man eine Gliederung verfasst und bot ihr an, ihr beim Formulieren im Bericht zu helfen. Die Schülerin hatte alle Wörter unterstrichen, die ihr falsch geschrieben erschienen, damit sie sie später bei der Formatierung des Berichtes nachschlagen oder fragen konnte. Wie viele schwache Schüler, die nicht über angemessene Strategien für selbstgesteuertes Lernen verfügen, nahm sie sehr schwierige Aufgaben in Angriff, und sie war optimistisch, dass sie „Schriftstellerin" werden könnte. Als sie über ihre Fortschritte im Laufe des Schuljahres reflektierte, sagte die Schülerin: „Seit meiner ersten Klasse habe ich viel gelernt, denn ich hatte damals große Schwierigkeiten".

Problemlösen in Mathematik

Lynn Fuchs und ihre Kollegen (2003) untersuchten den Wert von selbstgesteuerten Lernstrategien für den Mathematikunterricht in einigen Klassen. Die Forscher arbeiteten mit 24 Lehrern zusammen. Alle Lehrer unterrichteten die gleichen Inhalte in ihren dritten Klassen. Einige zufällig ausgesuchte Lehrer unterrichteten wie immer. Eine andere zufällig ausgesuchte Gruppe von Lehrern regte den *Transfer* von Lösungswegen an – den Gebrauch von Fertigkeiten und Wissen aus dem Unterricht, die sich auf andere Situationen übertragen lassen. Hier sind einige der im Unterricht vorgestellten selbstgesteuerten Lernstrategien und ihr Transfer zusammengestellt:

- Mit einem Auswertungsschlüssel sahen die Schüler ihre Aufgaben selbst durch und gaben sie dann einem Schüler ab, der sie einsammelte.
- Die Schüler trugen die Erledigung ihrer Hausaufgaben in eine Grafik ein.

- Die Schüler verwendeten individuelle Grafiken – ähnlich wie ein Thermometer –, um ihre Fortschritte dort einzutragen; sie hoben die täglichen Eintragungen in einer Mappe auf.
- Zu Beginn jeder neuen Stunde sahen sich die Schüler ihre Werte an und setzten sich Ziele, ihre alten Werte zu übertreffen.
- Schüler diskutierten mit ihren Mitschülern, wie sie Problemlösestrategien auch außerhalb der Schule anwenden könnten.
- Vor einigen Unterrichtsstunden berichteten Schüler der ganzen Gruppe, wie sie außerhalb der Schule gelernte Problemlösestrategien eingesetzt haben.

Der Transfer und die Strategien des selbstgesteuerten Lernens halfen den Schülern, Mathematikaufgaben zu lösen und dieses Wissen auf neue Aufgaben anzuwenden. Die Vermittlung von Strategien des selbstgesteuerten Lernens erwies sich als besonders erfolgreich, wenn völlig neue Aufgaben außerhalb des Unterrichts angegangen werden sollten. Schüler aller Leistungsstufen, aber auch Schüler mit Lernschwierigkeiten, profitierten von diesen Lernstrategien.

Familien und selbstgesteuertes Lernen

Kinder lernen Selbststeuerung zuerst zu Hause. Die Eltern können das selbstgesteuerte Lernen durch ihr eigenes Vorbildverhalten vermitteln und fördern, sie können es erleichtern, entsprechende Zielsetzungen verstärken, guten Strategiengebrauch einleiten, aber auch noch weitere Prozesse aktivieren, die im nächsten Abschnitt erläutert werden (Martinez-Pons, 2002). Die *Richtlinien* geben uns einige Ideen, wie Schüler zu mehr Selbststeuerung erzogen werden können.

9.2.6 Selbstwirksamkeit und selbstgesteuertes Lernen vermitteln

Die meisten Lehrer stimmen darin überein, dass Schüler Fertigkeiten und Einstellungen entwickeln sollen, die ihnen das selbstgesteuerte Lernen über die gesamte Lebensspanne erleichtern (selbstgesteuertes Lernen und das Erleben der Selbstwirksamkeit für Lernen). Glücklicherweise nimmt die Forschung dazu ständig zu; sie bietet eine Anleitung zur Zusammenstellung von Aufgaben und Interaktionen in der Klasse, die das selbstgesteuerte Lernen vermitteln können (Neuman & Roskos, 1997; Perry, 1998; Turner, 1995; Wharton-McDonald, Pressley, Rankin, Mistretta, Yokoi & Ettenberger, 1997: Woolfolk, Perry & Winne, 2006; Zimmerman, 2002). Diese Forschungen belegen, dass Schüler effektives selbstgesteuertes Lernen und Selbstwirksamkeit erwerben können, wenn sie von Lehrern komplexe sinnvolle Aufgaben gestellt bekommen, die sich über eine längere Zeit erstrecken, ähnlich wie die konstruktivistischen Aktivitäten, die vorher schon beschrieben wurden.

Um selbstgesteuertes Lernen und Selbstwirksamkeit für Lernen zu entwickeln, müssen Schüler Kontrolle über ihren eigenen Lernprozess und dessen Ergebnis haben – sie müssen in der Lage sein, Entscheidungen treffen zu können. Selbstüberwachen und Selbstbewerten sind der Kern des effektiven selbstgesteuerten Lernens und der Selbstwirksamkeit. Lehrer können Schülern helfen, ihr Lernen selbst zu steuern, indem sie Kriterien für die Bewertung ihres Lernprozesses und der Lernergebnisse vorgeben; die Schüler können dann selbst beurteilen, ob sie Fortschritte machen und den Standards genügen. Diese Standards unterstützen auch die Zusammenarbeit mit Mitschülern, denn alle können die eigene Leistung durch Rückmeldungen anderer an den Standards messen.

Komplexe Aufgaben

Lehrer wollen Schülern keine allzu schwierigen Aufgaben geben, damit diese nicht frustriert werden. Das gilt besonders für Schüler mit Lernschwierigkeiten. Die Forschung zeigt, dass die motivierendsten und leistungsmäßig besten Aufgaben für Schüler Aufgaben mit mittlerem Schwierigkeitsgrad sind, die herausfordern, aber nicht überfordern (Heckhausen, 1989; Rohrkemper & Corno, 1988; Turner, 1997); komplexe Aufgaben sollten für die Schüler nicht zu schwierig sein.

Das Attribut „komplex" bezieht sich auf die Aufgabenstruktur, nicht auf den Schwierigkeitsgrad. Aufgaben sind komplex, wenn sie verschiedene Ziele ansprechen und große Bedeutungseinheiten beinhalten, wie etwa Projekte oder thematische Einheiten. Weiterhin erstrecken sich komplexe Aufgaben über eine längere Zeitspanne, sie fordern von Schülern, sich auf eine Reihe von kognitiven und metakognitiven Aktivitäten einzulassen, und außerdem lassen sie eine Reihe von Ergebnissen zu (Perry, VandeKamp, Mercer & Nordby, 2002; Wharton-McDonald et al. 1997). Zum Beispiel könnte die Untersuchung der ägyptischen Pyramiden in die Produktion von schriftlichen Berichten, Landkarten, Diagrammen und Modellen münden.

Selbstgesteuertes Lernen fördern

Betonen Sie den Wert von Anregung und Ermunterung.

Beispiele

1 Vermitteln Sie den Schülern, wie sie sich gegenseitig anregen und ermuntern können.

2 Klären Sie die Eltern auf, in welchen Gebieten ihr Kind sich noch anstrengen muss und in welchen es am meisten Ermutigung benötigt.

Führen Sie selbst vor, wie man sein eigenes Lernen steuert.

Beispiele

1 Zielen Sie kleine Schritte an, um die schulischen Fertigkeiten zu verbessern. Die Ziele für das Kind sollten auf das Leistungsniveau des Kindes zugeschnitten sein.

2 Diskutieren Sie mit ihren Schülern, wie man Ziele setzt und die Fortschritte auf das Ziel hin im Auge behält.

3 Bitten Sie die Eltern, ihren Kindern zu zeigen, wie man im Alltag tägliche oder wöchentliche Ziele setzt, sich Erledigungslisten macht oder einen Terminkalender führt.

Sorgen Sie dafür, dass aus der Familie gute Ideen zu Lernstrategien vorgebracht werden.

Beispiele

1 Händigen Sie kurzes, einfaches Material aus, das die „Strategie des Monats" beschreibt, die man auch zu Hause einsetzen kann.

2 Legen Sie eine Leihbibliothek an mit Büchern, in denen Zielsetzungen, Motivation, Lernen und Zeitmanagement-Strategien für Schüler eine Rolle spielen.

3 Ermutigen Sie Familien, ihren Kindern zu helfen, sich auf die Aufgabenlösungen zu konzentrieren und bei den Hausaufgaben nicht gleich die Lösungen am Ende des Buches nachzuschlagen.

Stellen Sie Richtlinien für die Selbstbewertung auf.

Beispiele

1 Entwickeln Sie Materialien für die Selbstbewertung der Kinder (siehe Kapitel 15). Führen Sie vor, wie man sie gebrauchen kann.

2 Teilen Sie zu Beginn des Schuljahres Protokollblätter aus, um die Erledigung von Aufgaben zu protokollieren. Im Laufe des Schuljahres sollen die Schüler dann sich selbst überprüfen.

3 Fordern Sie die Eltern auf, ihren Kindern Selbstbewertung in den Bereichen vorzuführen, auf die sie Wert legen.

4 Für die Elternabende sollten Sie Beispiele für Materialien aus anderen Familien vorstellen, die erfolgreich eingesetzt worden waren, um den Lernfortschritt der Kinder festzuhalten.

Wenn Sie mehr Ideen anderer Eltern erfahren möchten, suchen Sie die folgende Webseite auf:

http://www.pbs.org/wholechild/parents/building.html

Wichtiger ist es jedoch, dass komplexe Aufgaben für Schüler Informationen über ihren Lernprozess bereithalten. Diese Art von Aufgaben erfordert, dass die Schüler tiefgehend und elaborierend zugleich verarbeiten und Probleme lösen. Bei dieser Vorgehensweise können die Schüler ihre kognitiven und metakognitiven Strategien entwickeln und differenzieren. Wenn Schüler eine komplexe Aufgabe erfolgreich abschließen, erhöht das die Selbstwirksamkeit und die intrinsische Motivation (McCaslin & Good, 1996; Turner, 1997). Rohrkemper und Corno (1988) rieten Lehrer zu komplexen Aufgaben, weil diese den Schülern die Gelegenheit bieten, ihre Lernbedingungen zu ändern, um herausfordernde Probleme zu meistern. Lernen mit stressreichen Situationen umzugehen und gewisse Anpassungen vorzunehmen, ist ein wichtiges Erziehungsziel. Erinnern Sie sich an das vierte Kapitel, dass nach Sternberg jeder Aspekt der Intelligenz sich seine kongeniale Umgebung aussucht beziehungsweise sich an sie anpasst, damit so eine erfolgreiche Bewältigung von Anforderungen möglich wird.

Um selbstgesteuertes Lernen und Selbstwirksamkeit zu entwickeln, müssen Schüler eine gewisse Kontrolle über ihren Lernprozess und ihre Lernergebnisse haben: Lehrer können sie unterstützen, wenn sie den Schülern nahelegen, ihren Lernprozess, ihre Lernergebnisse und ihre Fortschritte zu bewerten.

Kontrolle

Lehrer können mit Schülern Kontrolle teilen, indem sie ihnen Wahlfreiheit einräumen. Wenn Schüler Entscheidungen treffen können (z. B. was sie in Projekten erreichen wollen, wie sie es erreichen können, wo sie arbeiten und mit wem), sind sie optimistischer in ihren Erfolgserwartungen (erhöhtes Selbstwirksamkeitserleben) und sie verstärken entsprechend ihre Anstrengungen und ihre Ausdauer bei Schwierigkeiten (Turner & Paris, 1995). Wenn Schüler in Entscheidungen miteinbezogen werden, fordern Lehrer die Schüler auf, Verantwortung für ihr Lernen zu übernehmen, sich Ziele zu setzen, ihren Fortschritt zu überwachen und Ergebnisse zu bewerten (Turner, 1997). Dies sind alles Qualitäten eines sehr effektiven, selbstgesteuerten Lerners.

Gibt man Schülern Wahlfreiheit, so schafft das Möglichkeiten für sie, den Schwierigkeitsgrad einer Aufgabe bis zu einem gewissen Grad selbst zu bestimmen (z. B. können sie sich leichten oder schwierigen Lesestoff aussuchen, sie können die Art und die Länge des Schreibens in einem Bericht selbst bestimmen und sie können noch weitere Formen, ihr Gelerntes auszudrücken, hinzunehmen). Aber was geschieht, wenn die Schüler für ihre Schulleistungen sehr ungünstige Entscheidungen treffen? Gute Lehrer mit einem Programm zum selbstgesteuerten Lernen überlegen sich sorgfältig die Wahlfreiheit, die sie ihren Schülern gewähren. Sie stellen sicher, dass die Schüler auch über das notwendige Wissen und die Fertigkeiten verfügen, um selbstständig vorgehen und gute Entscheidungen treffen zu können (Perry & Drummond, 2002). Wenn Schüler zum Beispiel neue Fertigkeiten und Routinen lernen, können Lehrer eine Entscheidungsfreiheit mit gewissen Einschränkungen anbieten (z. B. Schüler schreiben mindestens vier Sätze/Abschnitte/Seiten, aber sie können auch mehr schreiben; sie müssen zeigen, dass sie wichtige Fakten über Tierreviere, Ernährung und Säuglinge kennen und einordnen können, aber sie können dies in schriftlicher, zeichnerischer oder mündlicher Form tun).

Erfolgreiche Lehrer vermitteln und führen vor, wie man gute Entscheidungen trifft. Wenn es zum Beispiel darum geht, sich für eine bestimmte Aktivität Partner auszuwählen, muss man sich fragen, was der Partner in die gemeinsame Tätigkeit einbringen sollte (z. B. gemeinsame Interessen und Engagement, vielleicht bestimmtes Wissen oder Fertigkeiten, dass sie selbst noch erwerben müssen). Wenn Schüler darüber entscheiden, wie sie am besten ihre Zeit verbringen sollen, können Lehrer fragen: „Was könnt ihr machen, wenn ihr fertig seid? Was könnte ihr tun, wenn ihr darauf wartet, dass ich euch helfen komme?" Oft werden Listen geschrieben und ausgehängt, sodass die Schüler etwas während der Arbeit nachschauen können. Schließlich geben effektive Lehrer den Schülern Rückmeldung über ihre getroffenen Entscheidungen, und sie versuchen, ihre Wahlvorgaben auf die besonderen Bedürfnisse jedes Schülers abzustimmen. Zum Beispiel könnten sie einige Schüler ermutigen, Projektthemen auszusuchen, für die alles Material bereits bereitsteht und für die es auch bereits Literatur von einem den Schülern angemessenem Schwierigkeitsgrad gibt. Aber sie können auch einigen Schülern die Wahl lassen, ob sie allein oder lieber mit Mitschülern zusammenarbeiten möchten, wenn sie auf die Unterstützung anderer angewiesen sind, um eine Aufgabe erfolgreich zu erledigen.

Selbstbewertung

Bewertungen, die selbstgesteuertes Lernen unterstützen, haben nichts Bedrohliches an sich. Sie werden in Tätigkeitsabläufe eingebettet, beziehen sich auf Vorgänge wie auf Ergebnisse, beziehen sich auf den persönlichen Fortschritt und helfen Schülern dabei, ihre Fehler positiv als Gelegenheit zum Lernen zu verstehen. In diesen Kontexten gedeihen Schüler und suchen auch die herausfordernden Aufgaben, weil die Kosten für ein Engagement nicht hoch sind (Paris & Ayres, 1994). Beteiligt man die Schüler an der Ausarbeitung von Bewertungskriterien und an der Bewertung ihrer eigenen Arbeit, so wird dadurch die Angst vermindert, die Schüler oft vor der Erfassung ihrer Leistungen haben, da sie das Gefühl der Kontrolle über die Leistungsstandards entwickeln können. Schüler können ihre Arbeit beurteilen, indem sie verschiedene Qualitäten anschauen, die von ihnen und ihren Lehrern mit „GUT" bezeichnet werden. Sie können die Effektivität ihres Lernansatzes begutachten und ihr gesamtes Verhalten so darauf einstellen, dass ihr Lernen gefördert wird (Winne & Perry, 2000).

In Klassen mit viel Selbststeuerung gibt es sowohl formale als auch informelle Möglichkeiten für die Bewertung des eigenen Lernens. Zum Beispiel bat eine Lehrerpraktikantin Schüler der vierten und fünften Klassen, Protokolle über Überlegungen zu einem in Zusammenarbeit mit Mitschülern entworfenen Spiel in einer Unterrichtseinheit über Wahrscheinlichkeit und Statistik anzufertigen (Perry, Phillips & Dowler, 2004). Ihre Protokolle enthielten Erklärungen über ihren Beitrag zur Gruppenarbeit und hielten fest, was sie durch die Zusammenarbeit lernen konnten. Die Lehrerpraktikantin bezog die Überlegungen mit in ihre Beurteilung der entworfenen Spiele ein. Auf informellere Weise fragten Lehrer ihre Schüler: „Was hast du über dich heute gelernt?" „Was unternehmen gute Forscher und Schriftsteller?" „Was können wir jetzt, was wir vorher nicht konnten?" Fragen wie diese werden einzelnen Personen oder innerhalb einer Klassendiskussion gestellt. Sie lösen Metakognitionen sowie das strategische Handeln aus und motivieren – alle drei Komponenten gehören zum selbstgesteuerten Lernen.

Zusammenarbeit

Die *Committee on Increasing High School Students' Motivation to Learn (Kommission zur Erhöhung der Lernmotivation von Schülern der höheren Schulen)* (2004) kam zu dem Schluss, dass Schüler schwierige Aufgaben eher übernehmen, wenn sie sich mit anderen darüber beraten können – damit übernehmen sie Aufgaben, die ihre Selbststeuerung erhöhen.

Kooperation kann auch dazu beitragen, dass Schüler lernen, besser zusammenzuarbeiten. Sie hilft, eine Lerngemeinschaft zu bilden, die sich für ihr Lernen gegenseitig verantwortlich fühlt und nicht im Wettbewerb untereinander steht. Wettbewerb entfremdet die Schüler untereinander, besonders wenn sie nicht so gut im Wettbewerb mit ihren Mitschülern bestehen können (S. 51).

Der effektivste Gebrauch von Kooperation für die Unterstützung von selbstgesteuertem Lernen ist derjenige, der Gemeinschaftsgeist und gemeinsames Problemlösen vermittelt (Perry & Drummond, 2002; Perry, VandeKamp, Mercer & Nordby, 2002). In diesen Kontexten ko-regulieren Lehrer und Schüler sich gegenseitig im Lernprozess (McCaslin & Good, 1996), sie bieten Hilfe bei der Arbeit allein und in der Zusammenarbeit in Dyaden oder kleinen Gruppen an. Diese Unterstützung dient der individuellen Entwicklung und dem Einsatz von Metakognitionen, von intrinsischer Motivation und von strategischen Handlungen (z. B. Austausch von Ideen, Vergleich von Problemlösestrategien, Erkennen der bereichsspezifischen Expertise *aller* Beteiligten). Lehrer mit starker Tendenz zu selbstgesteuertem Lernen nehmen sich zu Beginn des Schuljahres Zeit, Routinen und Normen für die Beteiligung am Unterricht zu vermitteln (z. B. wie konstruktive Rückmeldung gegeben wird und wie Vorschläge von Mitschülern interpretiert werden können und wie darauf geantwortet werden kann). Wie in Kapitel 12 noch dargelegt wird, kostet es zu Beginn des Schuljahres Zeit, ein sinnvolles Management und Vorgehensweisen beim Lernen sowie Routinen auszuarbeiten, aber die Zeit ist nutzbringend angewendet. Wenn einmal Routinen und Interaktionsmuster eingerichtet sind, können Schüler sich auf das Lernen konzentrieren, und Lehrer können sich dem Vermitteln von schulischen Inhalten und Lernfertigkeiten zuwenden.

Das letzte Element in der Vermittlung von Selbststeuerung und Zusammenarbeit ist ein wichtiger Bestandteil des konstruktivistischen Lernens. Wir werden den Rest dieses Kapitels damit zubringen, diese wichtige und neue Perspektive zu erkunden.

Kognitiver und sozialer Konstruktivismus

9.3

Betrachten Sie die folgende Situation:

Ein kleines Kind, völlig ohne Krankenhauserfahrung, liegt jetzt in einem Bett in der Kinderklinik. Die Krankenschwester spricht über das Kommunikationssystem der Station auch das kleine kranke Mädchen an: „Hallo Sarah, wie geht es dir, brauchst du irgendetwas?" Das Mädchen ist verwirrt und antwortet nicht. Die Krankenschwester ruft noch einmal an – wieder erfolgt keine Reaktion. Schließlich sagt die Krankenschwester nachdrücklich: „Hallo Sarah, bist du da? Sag etwas!" Das kleine Mädchen antwortet schließlich: „Hallo Wand – ich bin hier!"

Sarah ist in eine neue Situation geraten – eine sprechende Wand. Die Wand fragt hartnäckig, sie klingt, als wäre sie erwachsen. Sie durfte nicht mit Fremden sprechen, aber wie es sich mit einer Wand verhält, wusste sie nicht. Sie verwendet, was sie schon weiß und was die Situation nahelegt, um Bedeutung zu konstruieren und zu handeln.

Hier ist ein anderes Beispiel aus Berk (2001, S. 31), in dem Bedeutung konstruiert wird. In diesem Fall ko-konstruieren ein Vater und sein vierjähriger Sohn gemeinsame, von beiden geteilte Bedeutungen auf ihrem Gang am Strand von Kalifornien, auf dem sie Abfälle nach einem Tag mit vielen Besuchern einsammeln:

Ben: (rennt voraus und ruft) Einige Flaschen und Dosen. Ich hol sie.

> ### Verknüpfen und erweitern Sie Ihre Forschungskenntnisse
>
> Das Jahrbuch 2000 der *National Society for the Study of Education* (NSSE) legt den Konstruktivismus auf den Prüfstein. Phillips, D. C. (Hrsg.) (2000). *Constructivism in Education: Opinions and Second Opinions on controversial issues.* Chicago, IL.: University of Chicago Press.

Vater: Wenn die Flaschen zerbrochen sind, kannst du dich schneiden, lass mich das lieber machen. (Er holt Ben ein und hält die Tasche auf, in die Ben seine bisher gesammelten Gegenstände steckt.)

Ben: Papa, schau diese Muschel an. Sie ist noch ganz und wirklich groß. Innen hat sie viele Farben.

Vater: Könnte eine Seeohrmuschel sein.

Ben: Was ist Seeohr?

Vater: Erinnerst du dich, was ich gestern auf der Werft auf meinem Brot hatte? Das Fleisch war von der Seemohnmuschel.

Ben: Kann man das essen?

Vater: Ja, das kann man. Man isst den fleischigen Teil, mit dem sich die Muschel an den Felsen festklammert.

Ben: Iih. Das will ich nicht essen. Kann ich die Muschel behalten?

Vater: Ich denke doch. Vielleicht kannst du sie in deinem Zimmer irgendwo aufstellen. (Zeigt auf die Farben der Muschel). Manchmal stellen Leute daraus Schmuck her.

Ben: Wie Mamas Halskette?

Vater: Ja, richtig. Mamas Halskette ist aus einer Art Seeohrmuschel hergestellt, eine Art mit einer sehr farbenprächtigen Schale – rosa, violett, blau. Die Muschel heißt Paua. Wenn man sie dreht, wechseln die Farben.

Ben: Wir wollen eine Paua suchen.

Vater: Hier kann man sie nicht finden, nur in Neuseeland.

Ben: Wo ist das? Bist du dort schon einmal gewesen?

Vater: Nein, jemand hat Mama die Kette geschenkt. Aber ich zeige dir Neuseeland auf dem Globus. Es ist weit weg – man muss um den halben Erdball reisen.

Entnehmen Sie aus der Unterhaltung, wie Wissen über Seetiere und ihre Verwendung als Nahrungsmittel oder als Schmuckstücke ko-konstruiert wird; wie Begriffe wie Sicherheit, Verantwortung für die Umwelt und sogar Erdkunde vermittelt werden. Konstruktivistische Lerntheorien konzentrieren sich darauf, wie Menschen Bedeutung erkunden, ganz selbstständig wie Sarah und in Interaktion mit einem, der sich auskennt, wie Ben.

9.3.1 Konstruktivistische Sichtweise des Lernens

Konstruktivismus ist ein sehr breiter Begriff, der von Philosophen, Ausarbeitern von Lehrplänen, Psychologen, Pädagogen und anderen verwendet wird. Ernst von Glasenfeld nennt den Konstruktivismus „ein riesiges, nebulöses Gebiet in der gegenwärtigen Psychologie, Epistemologie und Pädagogik" (1997, S. 204). Konstruktivistische Perspektiven gehen auf die Forschungen von Piaget, Wygotski, die Gestaltpsychologen, Bartlett und Bruner ebenso wie auf die Philosophie John Deweys zurück, um nur einige intellektuelle Wurzeln des Konstruktivismus zu nennen.

Es gibt nicht eine einzige konstruktivistische Lerntheorie, sondern „die meisten Konstruktivisten haben einige Kernideen gemeinsam" (Bruning, Schraw, Norby & Ronning, 2004, S. 195). Der Konstruktivismus sieht Lernen nicht nur als das Empfangen und Verarbeiten von Informationen, die von Lehrern oder Texten übermittelt werden. Lernen ist die aktive und individuelle Konstruktion von Wissen (de Kock, Sleegers und Voeten, 2004). Viele Theorien in den Kognitionswissenschaften schließen eine Variante des Konstruktivismus ein, denn diese Theorien nehmen an, dass Individuen ihre eigene kognitive Struktur aus ihren Erfahrungen in bestimmten Situationen erarbeiten (Palincsar, 1998). Es gibt konstruktivistische Ansätze in der Pädagogik der Naturwissenschaften und der Mathematik, in der Pädagogischen Psychologie und Anthropologie und im computergesteuerten Unterricht. Obwohl viele Psychologen und Pädagogen die Bezeichnung Konstruktivismus verwenden, meinen sie damit meist ganz verschiedene Dinge (Driscoll, 2005; McCaslin & Hickey, 2001; Phillips, 1997).

Konstruktivistische Sichtweisen lassen sich in zwei Ansätze aufteilen: in psychologische und soziale Formen des Konstruktivismus (Palinscar, 1998; Phillips, 1997). Etwas vereinfachend kann man sagen, dass der psychologische Konstruktivismus sich mit der *individuellen* Verwendung von Informationen, von Ressourcen und der Unterstützung durch andere beschäftigt, um ihre mentalen Modelle und Problemlösestrategien aufzubauen und zu verbessern. Im Gegensatz dazu betrachten die *sozialen* Konstruktivisten das Lernen als fördernd für unsere Fähigkeiten, an solchen Aktivitä-

Konstruktivistische Theorien gründen auf der Annahme, dass der Lerner sein Wissen aktiv sozusagen „portionsweise" entwickelt und die Informationen nicht passiv, vermittelt durch Lehrer oder andere äußere Quellen, auf sich einwirken lässt.

ten mit anderen teilzuhaben, die innerhalb des kulturellen Rahmens einen Stellenwert haben (Windschitl, 2002). Beide Arten von Konstruktivismus sollen im Folgenden näher betrachtet werden.

Psychologischer/individueller Konstruktivismus

Psychologische Konstruktivisten „beschäftigen sich damit, wie Individuen bestimmte Komponenten ihrer kognitiven und elementaren Ausstattung aufbauen" (Phillips, 1997, S. 153). Diese Konstruktivisten interessieren sich für *individuelles* Wissen, Überzeugungen, Selbstkonzept oder Identität, sodass sie manchmal individuelle oder *kognitive* Konstruktivisten genannt werden. Sie konzentrieren sich auf das psychologische Innenleben der Menschen. Im Beispiel von Sarah und dem Gespräch mit der Wand im Krankenhaus ist diese Deutung durch ihren eigenen Wissenshintergrund gegeben, der ihr sagte, wie man jemandem antworten sollte, der einen anspricht. Sie machte von ihren kognitiven Schemata Gebrauch (Piaget, 1971; Windschitl, 2002).

An diesen Kriterien gemessen, sind die neuesten Theorien der Informationsverarbeitung konstruktivistisch (Mayer, 1996). Ansätze zur Informationsverarbeitung des Lernens betrachten den menschlichen Geist als ein System der Symbolverarbeitung. Dieses System verwandelt die Sinnesempfindungen in eine Symbolstruktur (Propositionen, Vorstellungsbil-

---

Konstruktivismus Die theoretische Sichtweise, welche die aktive Rolle des Lerners beim Aufbau des Verstehens und der Erschließung der Bedeutungen von Informationen hervorhebt.

Vielleicht ist es keine falsche Antwort – nur eine andere Antwort.

Quelle: Die *New Yorker Collection* 2001 Barbara G. Smaller von cartoonbank.com.

der oder Schemata) und verarbeitet dann (wiederholt oder elaboriert) diese Symbolstrukturen, sodass sie besser im Gedächtnis behalten und später wieder abgerufen werden können. Die Außenwelt ist die Quelle für Informationen, die auf das menschliche Informationsverarbeitungssystem einströmen, aber sobald die Empfindungen wahrgenommen und in das Arbeitsgedächtnis eingetreten sind, wird die hauptsächliche Verarbeitung von Informationen „in das Innere des Kopfes verlegt" (Schunk, 2000; Vera & Simon, 1993). Einige Psychologen glauben jedoch, dass Informationsverarbeitung einen „trivialen" oder „schwachen" Konstruktivismus darstellt, weil der einzige konstruktivistische Beitrag darin besteht, genaue Repräsentationen der Außenwelt aufzubauen (Derry, 1992; Garrison, 1995; Marshall, 1996; Windschitl, 2002).

Im Gegensatz dazu beschäftigt sich die konstruktivistische Perspektive Piagets weniger mit „richtigen" Repräsentationen, sondern interessiert sich mehr für die vom Individuum konstruierten Bedeutungen. Wie aus Kapitel 2 zu ersehen ist, schlug Piaget eine Folge von kognitiven Entwicklungsstufen vor, die alle Menschen durchlaufen. Die Denkprozesse auf jeder Stufe bauen auf und schließen zugleich die vorherigen Stu-

fen ein, auf jeder Stufe werden Denkprozesse neu organisiert und adaptiert und zunehmend weniger an konkrete Ereignisse gebunden. Piagets besonderes Anliegen war die Logik und die Konstruktion universalen Wissens, die nicht direkt durch Umweltfaktoren beeinflusst werden, wie etwa die Konservierung oder die Reversibilität (Müller, 2002). Solches Wissen rührt von den Reflektionen unserer eigenen Kognitionen oder Gedanken und deren Koordination her und nicht von der Zuordnung von Außenwelt zu innerer Repräsentation. Piaget sah das soziale Umfeld als einen wichtigen Faktor für die Entwicklung des Menschen an, aber war nicht davon überzeugt, dass sie Änderungen im Denken herbeiführen konnte (Moshman, 1997). Einige Pädagogische und Entwicklungspsychologen haben den Piagetschen Konstruktivismus als „**Frühen Konstruktivismus**" (Konstruktivismus der ersten Welle) oder individuellen Konstruktivismus bezeichnet, weil individuelle Bedeutungszuschreibungen im Vordergrund stehen (De Corte, Greer & Verschaffel, 1996; Paris, Byrnes & Paris, 2001).

Eine extreme Position im Rahmen des individuellen Konstruktivismus ist der **radikale Konstruktivismus**. Diese Perspektive beinhaltet, dass es in der Welt keine Realität oder Wahrheit gibt, nur die individuelle, subjektive Sichtweise in Form der individuellen Wahrnehmungen und Überzeugungen. Jeder konstruiert Bedeutung aus seinen eigenen Erfahrungen und Verstehensweisen; die konstruierte Realität der anderen kann nicht einbezogen werden (Woods & Murphy, 2002). Eine Schwierigkeit dieser Position ist, dass hier letztlich ein vollständiger Relativismus gerechtfertigt wird: Alles Wissen und alle Überzeugungen sind gleichermaßen gültig, weil keiner Konstruktion den Vorrang eingeräumt werden kann. Für Pädagogen bringt diese Art des Konstruktivismus Probleme mit sich. Lehrer müssen von Berufs wegen bestimmte Werte wie Ehrlichkeit oder Gerechtigkeit höher ansetzen als Lügen oder Scheinfrömmigkeit. Alle Wahrnehmungen und Überzeugungen sind nicht gleichwertig. Lehrer fordern von den Schülern, hart zu arbeiten, um etwas zu lernen. Wenn das Lernen das Verstehen nicht fördern kann, weil jede Sichtweise gleichwertig ist, dann – so schreibt Moshman (1997): „können wir die Schüler auch weiterhin glauben lassen, was sie wol-

---

Früher Konstruktivismus Die individuellen und psychologischen Quellen des Wissens, wie in Piagets Theorie.

Radikaler Konstruktivismus Wissen wird als individuelle Konstruktion gesetzt; es gibt kein „richtig" oder „falsch".

len" (S. 230). Einiges Wissen erscheint nicht konstruiert, sondern universal, so wie das Rechnen oder 1 : 1-Entsprechungen zwischen Wahrnehmungen und deren Repräsentationen. Diese 1 : 1-Entsprechungen zwischen Sinneseindrücken und mentalen Repräsentationen sind Teil der bio-psychologischen Ausstattung des Menschen (Geary, 1995; Schunk, 2000).

Wygotskis Sozialer Konstruktivismus

Wie bereits in Kapitel 2 dargestellt, beinhaltet die Theorie Wygotskis, dass soziale Interaktionen, kulturelle Hilfsmittel und Tätigkeiten die individuelle Entwicklung und das Lernen formen; das Beispiel von Ben und seinem Vater, die auf einem Strandspaziergang zusammen dazu beitragen, dass Ben etwas über Seetiere, Sicherheit, ökologische Verantwortung und Erdkunde lernt, zeigt, wie diese Konstruktion verlaufen kann. Durch Teilhabe an einem breiten Spektrum von Aktivitäten mit anderen, *eignen* (internalisieren oder verinnerlichen) Lerner sich die Ergebnisse der gemeinsamen Aktivitäten *an*; diese Ergebnisse könnten neue Strategien und Wissen beinhalten. Das Lernen in sozialen und kulturellen Kontexten ist Inhalt des **„Späteren Konstruktivismus"** (Konstruktivismus der zweiten Welle) (Paris, Byrnes & Paris, 2001).

Weil seine Theorie sich in der Erklärung des Lernens sehr stark auf soziale Interaktionen und den kulturellen Kontext stützt, ordnen die meisten Psychologen Wygotski als sozialen Konstruktivisten ein (Palincsar, 1998; Prawat, 1997). Andere Psychologen kategorisieren ihn jedoch als psychologischen Konstruktivisten, weil er vor allem am individuellen Entwicklungsgeschehen interessiert war (Moshman, 1997; Phillips, 1997). Wygotski war vielleicht beides. Ein Vorteil seiner Lerntheorie ist, dass sie uns einen Weg weist, beide Aspekte, den psychologischen und den sozialen, zu integrieren: Er überbrückt die Kluft zwischen den beiden Lagern. Zum Beispiel wurde Wygotskis Begriff der *Zone der proximalen Entwicklung* – dem Bereich, in dem ein Kind Anforderung mit den gut dosierten unterstützenden Maßnahmen von nahestehenden Erwachsenen (scaffolding) oder einem kompetenteren Altersgenossen zu bewältigen lernt – als ein Konzept interpretiert, das eine gegenseitige Befruchtung von Kultur und Kognition vorsieht (Cole, 1985). Kultur schafft

Kognitionen, wenn der Erwachsene Kulturerzeugnisse und Praktiken (Sprache, Landkarten, Computer, Webstühle oder Musik) anwendet, um das Kind auf kulturell erwünschte Ziele anzusetzen (Lesen, Schreiben, Weben, Tanzen). Kognitionen erschaffen Kultur, wenn Erwachsene und Kinder zusammen neue Praktiken und Problemlösungen erzeugen, um sie in das Repertoire einer Kulturgruppe einzugliedern (Serpell, 1993). Eine Möglichkeit, den individuellen und sozialen Konstruktivismus zu integrieren, ist, Wissen als individuell konstruiert und sozial vermittelt anzusehen (Windschitl, 2002).

Der Terminus Konstruktivismus wird gelegentlich auch im Zusammenhang mit der Erzeugung allgemein verbreiteten Wissens gebraucht. Obwohl dies nicht im Mittelpunkt der Pädagogischen Psychologie steht, soll dieser Begriffsaspekt kurz vorgestellt werden.

Konstruktivismus

Soziale Konstruktivisten konzentrieren sich nicht auf individuelles Lernen. Ihr Anliegen liegt vielmehr in der Analyse der in der Bevölkerung stattfindenden Wissenskonstruktion im Bereich der Naturwissenschaften, der Mathematik, der Wirtschaft oder der Geschichte. Über dieses wissenschaftliche Wissen hinaus, interessieren sie sich auch für „Alltagstheorien", Theorien des gesunden Menschenverstandes, Alltagsüberzeugungen und wie allgemein geteiltes Verständnis über Menschen und die Welt allgemein neuen Mitgliedern einer sozio-kulturellen Gruppe nahegebracht werden (Gergen, 1997; Phillips, 1997). Die aufgeworfenen Fragen können solche einschließen, die danach fragen, was Geschichte konstituiert, was die richtigen Anstandstandsregeln in der Öffentlichkeit sind oder wie man Vorstandsmitglied wird. Alles Wissen ist sozial konstruiert und – noch wichtiger – einige Menschen verfügen über mehr Macht als andere zu bestimmen, was die Wissensinhalte sein sollen. Beziehungen innerhalb der Lehrerschaft und zwischen Lehrern, Schülern, Familien und der Gemeinde sind zentrale Fragestellungen. Zusammenarbeit im Verstehen diverser Sichtweisen wird gefördert, und traditionelles Wissen wird dabei oft in Frage gestellt (Gergen, 1997). Die Philosophie von Jacques Dierrida und Michel Foucault sind wichtige Quellen der Konstruktivisten. Wygotskis

---

Späterer Konstruktivismus Im Mittelpunkt steht die soziale und kulturelle Herkunft des Wissens, ähnlich wie in Wygotskis Theorie der Entwicklung des Menschen.

Theorie mit ihrer Kernannahme, dass Kognitionen Kultur erzeugen, hat einige Aspekte mit den Konstruktivisten gemeinsam.

Diese unterschiedlichen Sichtweisen auf den Konstruktivismus ziehen einige Fragen nach sich, und die Antworten auf diese Fragen stimmen nicht überein. Diese Fragen können niemals befriedigend beantwortet werden, und unterschiedliche Theorien favorisieren verschiedene Antworten. Es sollen nun einige Fragen aufgeworfen werden, um Antworten zu versuchen.

9.3.2 Wie wird Wissen konstruiert?

Eine Differenzierung zwischen unterschiedlichen Ansätzen innerhalb des Konstruktivismus gründet darauf, wie Wissen konstruiert wird. Moshman (1982) beschreibt drei Erklärungen.

1 *Die Realitäten und Wahrheiten der externen Welt leiten die direkte Wissenskonstruktion an.* Individuen *rekonstruieren* die äußere Realität durch abbildhafte genaue mentale Repräsentationen wie propositionale Netzwerke, Konzepte, Ursache-Wirkungs-Muster und Bedingungs-Handlungs-Vollzugsregeln, die „das widerspiegeln, was wirklich ist". Je mehr eine Person lernt und je tiefer und breiter ihre Erfahrung ist, umso eingehender wird die objektive Realität abgebildet. Der Informationsverarbeitungsansatz vertritt diese Ansicht des Lernens (Cobb & Bowers, 1999).

2 *Interne Prozesse wie die Organisation, Assimilation und Akkomodation steuern die Wissenskonstruktion.* Neues Wissen wird aus altem abstrahiert. Wissen ist kein Spiegel der Realität, sondern eine Abstraktion, die wächst und sich entwickelt mit der Ausübung der kognitiven Funktionen. Wissen ist nicht wahr oder falsch; es vermehrt sich nur im Laufe der Entwicklung immer konsistenter und strukturierter.

3 *Externe und interne Faktoren steuern die Wissenskonstruktion.* Wissen wächst durch die *Wechselwirkungen* von internen (kognitiven) und externen (Umwelt- und soziale) Faktoren. Wygotskis Beschreibung der kognitiven Entwicklung durch die Aneignung und den Gebrauch der kulturellen Hilfsmittel und Fertigkeiten wie Sprache stimmt mit dieser Ansicht überein (Bruning, Schraw, Norby & Ronning, 2004). Ein anderes Beispiel ist Banduras Theorie der reziproken Wechselwirkungen zwischen Personen, Verhaltensformen und Umfeld (Schund, 2000). ▶ Tabelle 9.1 fasst die drei allgemeinen Erklärungen für die Konstruktion des Wissens zusammen.

Tabelle 9.1

Wie Wissen konstruiert wird

Typ	Annahmen über Lernen und Wissen	Beispieltheorien
Externe Steuerung	Wissen wird erworben durch Konstruktion einer Repräsentation der äußeren Welt. Direkte Unterweisung, Rückmeldung und Erklärungen beeinflussen das Lernen. Wissen ist in dem Maße genau, wie es die Verhältnisse in der Außenwelt widerspiegelt.	Informationsverarbeitung
Interne Steuerung	Wissen wird konstruiert durch Transformation, Organisation und Reorganisation vorherigen Wissens. Wissen ist kein Spiegel der Außenwelt, obwohl Erfahrungen das Denken beeinflussen und das Denken wiederum das Wissen aufbaut. Exploration und Entdeckung sind wichtiger als Unterweisung.	Piaget
Sowohl externe als auch interne Steuerung	Wissen wird konstruiert auf der Grundlage von sozialen Interaktionen und Erfahrungen. Wissen spiegelt die Außenwelt wider; dies jedoch gefiltert und beeinflusst durch Kultur, Sprache, Überzeugungen, Interaktionen mit anderen, direkter Unterweisung und durch Vorbildwirkung. Entdecken durch Anleitung, Lehren, Vorbilder vorführen und Training ebenso wie das Vorwissen des Individuums, die Überzeugungen und das Denken wirken auf das Lernen ein.	Wygotski

9.3.3 Wissen: allgemein oder situationsgebunden?

Eine zweite Frage, die sich durch viele konstruktivistische Perspektiven hindurchzieht, ist, ob Wissen internal, allgemein und übertragbar oder an die bestimmte Zeit und an den bestimmten Ort gebunden ist, in der es erworben wurde. Psychologische Vertreter der sozialen Konstruktion des Wissens und des situationsspezifischen Lernens befürworten Wygotskis Konzept, das Lernen sozial und in bestimmte soziale kulturelle Settings einbindet (Cobb & Bowers, 1999). Was zu einer bestimmten Zeit und für einen bestimmten Ort wahr ist – wie etwa die „Tatsache" vor Christopher Columbus, dass die Erde eine flache Scheibe ist, kann sich zu einer anderen Zeit und an einem anderen Ort als falsch erweisen. Bestimmte Ideen können sich in einer Gemeinde mit ähnlich ausgeübten Praktiken, der „*Praxisgemeinde*", wie z. B. die Seenavigatoren im 15. Jahrhundert, als nützlich, aber außerhalb dieser Gemeinde als wenig brauchbar erweisen. Was als neues Wissen zählt, wird teilweise davon bestimmt, wie die neuen Ideen in die derzeitige Praxis passen. Mit der Zeit kann die ausgeübte Praxis infrage gestellt und sogar über Bord geworfen werden, aber bis solche Umstellungen erfolgen, werden die gegenwärtigen Praktiken den Wert von Theorie und Praxis bestimmen.

Situationsspezifisches Lernen betont, dass Lernen im realen Alltag nicht das Gleiche ist wie Lernen in der Schule. Lernen im Alltag kommt einer Lehrzeit gleich, in der Lehrlinge unter der Führung eines Experten und eines Vorbildes zunehmend Verantwortung übernehmen, bis sie selbstständig die Tätigkeiten ausführen können. Vertreter dieser Sichtweise glauben, dass situationsspezifisches Lernen das Lernen in Fabriken, am Esstisch, in den Schulräumen, in Jugendbanden auf der Straße, im Geschäftsbüro und auf dem Spielplatz erklären kann.

Situationsspezifisches Lernen wird auch als „**Enkulturation**" bezeichnet oder als Übernahme von Normen, Verhaltensweisen, Fertigkeiten, Überzeugungen, Sprache und Einstellungen einer bestimmten Gemeinde oder Kulturgruppe. Die Gruppe können Mathematiker sein, Bandenmitglieder, Schriftsteller oder Schüler der achten Klasse oder Fußballspieler – jede Gruppe, die eine bestimmte Art zu denken oder zu handeln aufweist. Wissen wird *nicht* als eine individuelle kognitive Struktur aufgefasst, sondern als die Schöpfung einer Gemeinschaft in einer Zeitspanne. Die Praktiken einer Gemeinde – die Art der Interaktionen und wie die Gemeinde Dinge erledigt, wie auch die Hilfsmittel, die eine Gemeinschaft hervorgebracht hat – stellen das Wissen dieser Gemeinde dar. Lernen bedeutet, zunehmend fähiger zu werden, an diesen Praktiken teilzuhaben, von den Hilfsmitteln Gebrauch zu machen und die Identität als Gruppenmitglied anzunehmen (Derry, 1992; Garrison, 1995; Greeno, Collins & Resnick, 1996; Rogoff, 1998).

Die grundlegende Bedeutung von situationsspezifischem Lernen ist, dass „situationsspezifisches Lernen die Idee propagiert, dass vieles von dem, was man lernt, spezifisch für die Situation ist, in der es gelernt wird" (Anderson, Reder & Simon, 1996, S. 5). Folglich argumentieren einige, Rechnen in der Schule hilft nur Rechnen in der Schule zu meistern, aber nicht bei der Buchführung von Einnahmen und Ausgaben im Haushalt, weil die Fertigkeiten nur im gleichen Kontext anwendbar sind, in dem sie gelernt wurden, nämlich in der Schule (Lave, 1997; Lave & Wenger, 1991). Aber anscheinend können Wissen und Fertigkeiten doch in neuen Kontexten angewendet werden, wie z. B. das Rechnen bei der Steuererklärung, das ja auch nicht Teil des Lehrplans allgemeinbildender Schulen ist (Anderson, Reder & Simon, 1996).

Lernen, das spezifisch für die Schulsituation ist, muss deshalb nicht dem Vergessen anheim fallen oder seine Bedeutung verlieren (Bereiter, 1997). Wie in Kapitel 8 zu sehen war, ist ein Hauptanliegen der Pädagogischen Psychologie und der Pädagogik im Allgemeinen der *Transfer* des Wissens von einer Situation auf die andere. Wie lässt sich dieser Transfer intensivieren? Der nächste Abschnitt gibt Aufschluss darüber.

Verknüpfen und erweitern Sie Ihre Forschungskenntnisse

Mehr über Konstruktivismus und Erziehung in Marshall, H. H. (Hrsg.) (1992). *Redefining Student Learning: Books of Educational Change*. Norwood, NJ: Ablex.

Enkulturation Situationsspezifisches Lernen in Form von Übernahme von Normen, Verhaltensweisen, Fertigkeiten, Überzeugungen, Sprache und Einstellungen einer bestimmten Gemeinde oder Kulturgruppe.

9.3.4 Gemeinsamkeiten der konstruktivistischen Ansätze

> **Halt! Denken Sie nach! Schreiben Sie!**
>
> Wann wird eine Unterrichtsstunde als schülerzentriert bezeichnet? Nennen Sie die Merkmale und Besonderheiten, die den Schüler in den Mittelpunkt des Lernens rücken.

Bisher wurden einige Unterschiede in den konstruktivistischen Ansätzen herausgearbeitet, aber worin sind sich Konstruktivisten einig? Alle konstruktivistischen Theorien nehmen an, dass Wissen sich dann einfindet, wenn Lerner wie Sarah und Ben ihre Erfahrungen deuten wollen. „Lerner sind keine leeren Gefäße, die nur darauf warten, gefüllt zu werden, sondern aktive Organismen, die nach Deutungen suchen" (Driscoll, 2005, S. 487). Diese Lerner konstruieren mentale Modelle oder Schemata und hören nicht auf, sie zu revidieren, um sie ihren Erfahrungen besser anzupassen. Ihre Konstruktionen müssen nicht notwendigerweise der externen Realität ähneln; sie sind vielmehr einzigartige Interpretationen des Lerners, wie z. B. die freundliche und hartnäckige Wand im Krankenzimmer von Sarah. Das bedeutet nicht, dass alle Konstruktionen gleichermaßen nützlich und überdauernd sind. Lerner testen ihr Verständnis gegen ihre Erfahrungen und gegen das Verständnis anderer Personen – sie verhandeln und ko-konstruieren Bedeutungen wie Ben und sein Vater.

Konstruktivisten verfolgen ähnliche Ziele. Sie betonen Wissen, das aktiv eingesetzt wird, und nicht das Ansammeln von nicht anwendbaren Fakten, Begriffen und Fertigkeiten. Lernziele aufzustellen, schließt ein, Fähigkeiten zu entwickeln, mit denen schlecht abgegrenzte Probleme, kritisches Denken, Fragestellungen, Selbstbestimmung und Offenheit für multiple Ansätze gefunden und gelöst werden können (Driscoll, 2005).

Obwohl es keine einheitliche konstruktivistische Theorie gibt, empfehlen viele konstruktivistische Ansätze fünf Bedingungen fürs Lernen:

1   Lernen sollte in komplexe, realistische und relevante Lernumwelten eingebettet sein.

2   Als Teil des Lernens sollten soziale Verhandlungen und geteilte Verantwortung vorgesehen sein.

3   Unterstützen von vielfältigen Ansätzen und Benutzen von multiplen Repräsentationen des Inhaltes.

4   Pflegen Sie die Selbstaufmerksamkeit und das Verständnis, dass Wissen konstruiert ist.

5   Regen Sie an, dass der Urheber beim Lernen immer im Auge behalten wird (Driscoll, 2005; Marshall, 1992).

Bevor einige Lehransätze diskutiert werden, sollen die oben aufgezählten Dimensionen der konstruktivistischen Lehre näher betrachtet werden.

Komplexe Lernumgebungen und lebensnahe Aufgaben

Konstruktivisten sind der Meinung, Schüler sollten keine „abgespeckten" vereinfachten Aufgaben erhalten und nicht in Grundfertigkeiten gedrillt werden. Sie sollten vielmehr in **komplexe Lernumgebungen** eingeführt werden, die nicht genau umrissene, schlecht strukturierte Probleme bereithalten. Nach Beendigung der Schule hält die Welt kaum einfache Probleme und deren Schritt-für-Schritt-Lösungen bereit, so sollten die Schulen sicherstellen, dass jeder Schüler Erfahrungen mit unstrukturierten komplexen Aufgaben sammeln konnte. Komplexe Probleme sind nicht einfach nur schwierig; sie bestehen aus vielen Einzelheiten.

Konstruktivistische Ansätze empfehlen Erziehern, komplexe, realistische und relevante Lernumgebungen zu betonen, ebenso wie die Wichtigkeit der sozialen Interaktionen im Lernprozess. Zum Beispiel kooperieren hier Schüler, um Informationen für ein fächerübergreifendes Projekt zusammenzustellen.

Komplexe Lernumgebung   Aufgaben und Lernsituationen, die den ungenau strukturierten Alltagsproblemen entsprechen.

Bei komplexen Problemen gibt es viele miteinander in Wechselwirkung stehende Teile, und oft gibt es viele mögliche Lösungen. Es gibt nicht nur einen Lösungsweg, und manchmal zieht eine Lösung andere Probleme nach sich. Diese komplexen Probleme sollten in lebensnahe Aufgaben und Unternehmungen eingebettet sein, die Art von Anforderungen darstellen, die auf Schüler zukommen, wenn sie Gelerntes auch außerhalb der Schule anwenden wollen (Needles & Knapp, 1994). Schüler benötigen vielleicht Hilfe bei der Bearbeitung dieser komplexen Probleme. Lehrer sollten Hinweise geben, wo Schüler Materialien finden; Lehrer sollten den Fortschritt der Aufgabenbearbeitung im Auge behalten, die Aufgaben in Teilaufgaben zerlegen usw. Dieser Aspekt des konstruktivistischen Ansatzes passt zur Selbststeuerung und zum situationsspezifischen Lernen, denn er betont Lernen in *Situationen*, in denen das Gelernte angewendet wird.

Soziale Verhandlungen

Viele Konstruktivisten teilen die Überzeugung Wygotskis, dass höhere mentale Prozesse durch **soziale Verhandlungen** und Interaktionen in Gang gesetzt und gehalten werden, deshalb ist die Zusammenarbeit beim Lernen wertvoll. Die *Language Development and Hypermedia Group (Sprachentwicklung und Hypermedia Gruppe)* (1992) äußert die Ansicht, dass ein Hauptziel des Unterrichtens ist, die Fähigkeiten der Schüler zur Entwicklung und Verteidigung einer eigenen Position zu fördern, dabei aber die Position der anderen zu respektieren und miteinander Bedeutungen auszuhandeln oder zu ko-konstruieren. Um diesen Austausch zu bewerkstelligen, müssen Schüler miteinander reden und sich gegenseitig zuhören. Für Schüler in individualistischen und wettbewerbsorientierten kulturellen Kontexten, wie z. B. in den Vereinigten Staaten, ist es eine Herausforderung, eine solche **intersubjektive Haltung** einzunehmen – geprägt von der Überzeugung, gemeinsame Bedeutungen zu finden und Deutungsmuster auszutauschen.

Multiple Perspektiven und Repräsentationen des Inhaltes

Wenn Schülern nur ein Vorbild zur Verfügung steht, nur eine Analogie oder Verstehensweise, vereinfachen sie zu stark bei der Anwendung dieses einen Ansatzes auf alle Situationen. Ein Beispiel: Studenten eines Seminars über Pädagogische Psychologie trugen einen Beispielfall für entdeckendes Lernen unter Anleitung vor. Die Darstellung entsprach ziemlich genau dem, was die Studenten in der Vorlesung ihrer Professorin gehört hatten, enthielt aber einige Missverständnisse. Die Studenten kannten nur diese eine Sichtweise des entdeckenden Lernens. Der Lehrstoff der Studenten hätte eine **vielseitige Darstellung des Inhaltes** enthalten sollen mit mehreren Beispielen, Analogien und Metaphern.

Rand Spiro und seine Kollegen (1991) schlagen vor, „dasselbe Material zu verschiedenen Zeiten neu durchzusehen, in neu zusammengestellten Kontexten, für unterschiedliche Fragestellungen und aus unterschiedlichen konzeptuellen Perspektiven, um den Erwerb von fortgeschrittenem Wissen sicherzustellen." (S. 28). Diese Idee ist konsistent mit Jerome Bruners (1966) **Spiral-Lehrplan**, eine Zusammenstellung von Lehrinhalten, welche die Grundstruktur aller Fächer offenlegt – die großen „Ideen" sozusagen – und damit schon in den frühen Schuljahren beginnt. Die gleichen Inhalte, nur in zunehmend komplexerer Form, werden in den folgenden Klassen immer wieder angeboten.

Den Prozess der Wissenskonstruktion verstehen

Die Ansätze der Konstruktivisten beinhalten, dass Schüler auf ihre eigene Rolle bei der Wissenskonstruktion hingewiesen werden sollen (Cunningham, 1992). Die Annahmen, Überzeugungen und Erfahrungen formen, was jeder an Weltwissen erwirbt. Wenn Schüler sich der Einflüsse auf ihr Denken bewusst sind, können sie besser ihre Entscheidungen treffen, eigene Standpunkte selbstkritisch entwickeln und verteidigen und die Standpunkte anderer respektieren.

Soziale Verhandlungen Ein Aspekt eines Lernprozesses, der auf der Zusammenarbeit mit anderen und Respekt vor anderen Standpunkten beruht.

Intersubjektive Haltung Die Einstellung, dass mit anderen geteilte Bedeutungen aufzubauen sind, indem nach einer gemeinsamen Grundlage gesucht wird und Interpretationen ausgetauscht werden.

Vielseitige Darstellung des Inhaltes Auf Problemlösungen sinnen durch Heranziehen von Analogien, Beispielen und Metaphern.

Spiral-Lehrplan Bruners Entwurf für den Lehrplan, der vorsieht, die Grundlagen für alle Schulfächer bereits in den frühen Grundschuljahren einzuführen; dann werden die einzelnen Themen in späteren Schuljahren immer wieder aufgegriffen, aber in zunehmend komplexerer Form durchgenommen.

Verknüpfen und erweitern Sie Ihre Forschungskenntnisse

Confrey, J. (1990). What Constructivism Implies for Teaching. In R. Davis, C. Maher & N. Noddings (Hrsg.), *Constructivist Views on the Teaching and Learning of Mathematics* (S. 107–122). Monograph 4 of the National Council of Teachers of Mathematics, Boston, VA.

Lernen schafft geistigen Besitz bei Schülern

„Es gibt viele Interpretationen, was die konstruktivistische Theorie eigentlich ausmacht; die meisten stimmen überein, dass sie eine Änderung in dem bewirkt, was im Mittelpunkt des Unterrichtens steht; die Bemühungen der Schüler, Inhalte zu verstehen, werden ins Zentrum aller pädagogischen Unternehmungen gestellt" (Prawat, 1992, S. 357). Die geistige Inbesitznahme des Lehrstoffes von Schülern führt nicht dazu, dass Lehrer die Verantwortung für den Unterricht abgeben. Da der Aufbau der Lehre in diesem Buch einen zentralen Stellenwert hat, soll das restliche Kapitel verschiedenen Beispielen der geistigen Inbesitznahme beim Lernen und dem schülerzentrierten Unterricht gewidmet sein.

Anwendungen der konstruktivistischen Perspektive 9.4

Obwohl es viele Anwendungen der konstruktivistischen Sichtweise auf das Lernen gibt, können wir konstruktivistische Ansätze in den Tätigkeiten der Lehrer und Schüler erkennen. Mark Windschitl (2002) schlagen vor, dass die folgenden Aktivitäten sinnvolles Lernen ermöglichen:

- Lehrer regen Ideen und Erfahrungen von Schülern in Bezug auf Schlüsselthemen an, dann richten sie Lernsituationen ein, die den Schülern helfen, ihr gegenwärtiges Wissen auszubauen oder es neu zu strukturieren.

- Schülern wird häufig Gelegenheit gegeben, sich in komplexen, sinnvollen, auf Problemen beruhenden Aktivitäten zu engagieren.
- Lehrer versorgen Schüler mit einem breiten Fächer an Informationsressourcen und -hilfsmitteln (technologische und konzeptuelle), die zur Vermittlung von Lernen notwendig sind.
- Schüler arbeiten zusammen und erhalten Unterstützung, um untereinander in einen aufgabenzentrierten Dialog einzutreten.
- Lehrer denken laut nach und ermuntern die Schüler, dies auch zu tun, indem sie sich in Dialogform, Schreiben, Zeichnen oder anderen Repräsentationsformen äußern.
- Schüler werden routinemäßig darauf hingewiesen, ihr Wissen in unterschiedlichen und lebensnahen Kontexten anzuwenden, Ideen zu erläutern, Texte zu interpretieren, Phänomene vorherzusagen und auf Argumente zu sinnen, die auf Belegen beruhen, und sich nur auf die Anwendung von vorher festgelegten richtigen „Antworten" zu konzentrieren.
- Lehrer regen das gründliche und selbstständige Nachdenken in Verbindung mit den oben aufgeführten Bedingungen an.
- Lehrer setzen eine Vielfalt von Verfahren ein, um zu erfassen und zu verstehen, wie sich die Ideen der Schüler entwickeln; sie geben ihnen Rückmeldung über ihre Gedankengänge und die Ergebnisse ihres Nachdenkens (S. 137).

In diesem Abschnitt prüfen wir drei spezifische methodische Ansätze für die Lehre, in denen der Schüler im Mittelpunkt steht: Fragestellungen entwickeln und problemorientiertes Lernen, Dialoge und lehrreiche Unterhaltungen sowie kognitive Lehrzeiten. Zwei andere, dem Konstruktivismus verwandte Ansätze sind das kooperative Lernen (Kapitel 11) und das Lernen durch Veränderung von Begriffen (Kapitel 13).

9.4.1 Lernen durch Fragen und problemorientiertes Lernen

John Dewey beschrieb die Grundlage des **Lernens durch Fragen** bereits im Jahre 1910. Es gibt viele Versionen dieser Strategie, aber diese Form des Lernens schließt die folgenden Elemente ein (Echevarria, 2003;

Lernen durch Fragen Lehrmethode, in der ein Lehrer eine verwirrende Situation vorstellt, und die Schüler Hypothesen vorschlagen, dann Belege sammeln und anschließend ihre Schlussfolgerungen überprüfen.

Lashley, Matczynski & Rowley, 2002): Der Lehrer stellt ein verwirrendes Ereignis vor, eine Frage oder ein Problem. Die Schüler

- formulieren eine Hypothese, um das Ereignis zu erklären oder das Problem zu lösen,
- sammeln Belege, um die Hypothese zu überprüfen,
- ziehen Rückschlüsse aus den Belegen und
- denken über das ursprüngliche Problem und die zu seiner Lösung notwendigen Denkprozesse nach.

Beispiele für das Lernen durch Fragen

In dieser Vorgehensweise stellt der Lehrer ein Problem vor und die Schüler stellen Ja/Nein-Fragen, um Belege zu sammeln und Hypothesen zu prüfen. Dieses Vorgehen erlaubt dem Lehrer, die Denkprozesse der Schüler zu überprüfen und zu leiten. Hier ein Beispiel:

1 *Der Lehrer stellt ein nicht alltägliches Phänomen vor* (nachdem er physikalische Grundregeln erläutert hat). Der Lehrer bläst sanft über das obere Ende eines DIN-A4-Blattes, und das Papier steigt in die Luft. Er bittet die Schüler herauszufinden, warum es steigt.

2 *Die Schüler stellen Fragen*, um Informationen zu sammeln und relevante Variablen zu isolieren. Der Lehrer beantwortet Fragen mit „ja" oder „nein". Die Schüler fragen z. B., ob die Temperatur wichtig sei

(„nein"). Sie fragen, ob es sich um ein Spezialpapier handelt („nein"). Sie fragen, ob der Luftdruck etwas mit dem Ansteigen des Papiers zu tun hat („ja"). Sie testen dann die entdeckte physikalische Regel mit anderen Materialien, z. B. einer dünnen Plastikscheibe.

3 *Die Schüler verallgemeinern* (formulieren ein Prinzip): „Wenn die Luft am oberen Ende sich schneller bewegt als die Luft am unteren Ende der Oberfläche, dann lässt der Luftdruck oben nach, und der Gegenstand steigt nach oben." Nachfolgende Unterrichtsstunden erweitern das Verständnis der Schüler von physikalischen Regeln und Gesetzen durch neue Experimente.

4 *Der Lehrer führt die Schüler durch eine Diskussion über den Verlauf ihrer eigenen Überlegungen.* Was waren die wichtigen Variablen? Wie kann man die Ursachen und die Wirkungen zusammenbringen? (Pasch, Sparks-Langer, Gardner, Starko & Moody, 1991, S. 188–189).

Shirley Magnusson und Annemarie Palincsar haben eine Lehreranleitung entwickelt für die Planung, Einführung und Erfassung der unterschiedlichen Phasen des Fragens im naturwissenschaftlichen Unterricht (Palincsar, Magnusson, Marano, Ford & Brown, 1998). Das Modell heißt „*Guides Inquiry Supporting Multiple Literacies*" oder GIsML und wird in der ▶ Abbildung 9.3 dargestellt.

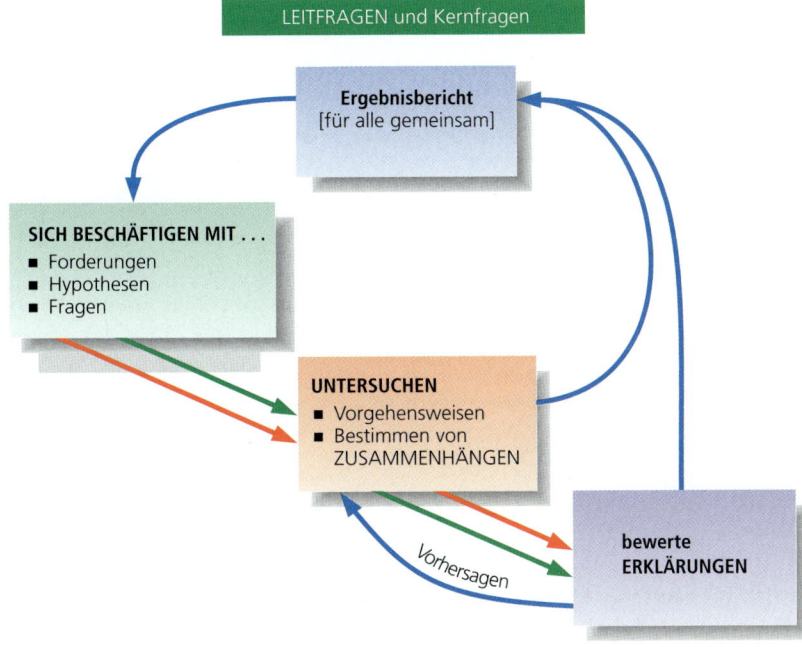

Abbildung 9.3: **Ein Modell zur Anleitung für den naturwissenschaftlichen Unterricht in Form von Lehrerfragen.** Eine gerade Linie zeigt die Folge der Phasen bei der Unterweisung, die gekrümmten Linien zeigen Zyklen, die im Unterricht wiederholt werden können.

Quelle: Aus Designing a Community of Practice. Principles and Practices of the GisML Community von A. S. Palincsar, S. J. Magnusson, N. Marano, D. Ford & N. Brown (1998) *Teaching and Teacher Education*, 14, S. 12.

Der Lehrer legt zunächst einen Bereich des Lehrplans fest und stellt einige allgemeine Leitfragen und macht mit einigen erstaunlichen Phänomenen oder verwirrenden Problemen bekannt. Zum Beispiel wählt ein Grundschullehrer das Sachgebiet der Kommunikation und stellt die allgemeine Frage: „Warum kommunizieren Menschen und Tiere?" Dann werden einige spezifische zentrale Fragen gestellt: „Wie kommunizieren Wale?" „Wie kommunizieren Gorillas?" Die Kernfragen müssen sorgfältig ausgesucht werden, damit die Schüler Zugang zu der Fragestellung finden. Eine Leitidee zum Verständnis der Tierkommunikation ist, dass man den *Bauplan* eines Tieres, dessen Überlebensfunktion und seinen *Lebensraum* (*Habitat*, *Biotop*) kennen muss. Tiere haben bestimmte Baupläne, wie z. B. große Ohren oder kurze Vorderbeine, deren Funktion es ist, Nahrung zu finden, Geschlechtspartner anzulocken, die Beute zu erkennen oder schnell zu fliehen, und diese Baupläne und Funktionen stehen wiederum in Zusammenhang mit dem Lebensraum der Tiere. Die Kernfragen müssen die verschiedenen Tiere und deren für die Kommunikation unterschiedlich geeigneten Bauplänen, deren unterschiedlichen Funktionen für das Überleben und deren Adaption an den Lebensraum anschneiden. Fragen über Tiere mit den gleichen Bauplänen oder dem gleichen Lebensraum wären keine guten Themen für die Kernfragen (Magnusson & Palincsar, 1995).

In der nächsten Phase werden die Schüler in das Lernen durch Fragen stärker einbezogen, etwa durch Vorführen einzelner Tierlaute, durch Vermutungen der Schüler über Tierkommunikation und Rückfragen an die Schüler über ihre Vermutungen und Annahmen. Dann fangen die unmittelbaren und mittelbaren Untersuchungen an. Unmittelbare Untersuchungen sind direkte Erfahrungen und Experimente, zum Beispiel, das Ausmessen der Augen- und Ohrgröße einer Fledermaus und anschließendes In-Beziehung-setzen zur Körpergröße (durch Einsatz von Bildern oder Videos – nicht an lebenden Fledermäusen!). In mittelbaren Untersuchungen holen sich die Schüler Informationen aus Büchern, dem Internet, Interviews mit Experten und anderen Ressourcen, um spezifische Informationen zu finden und neue Ideen zu entwickeln. Als Teil ihrer Untersuchungen sollen die Schüler Regelmäßigkeiten identifizieren. Schüler können durch verschiedene Zyklen von Untersuchungen, Muster erkennen und Berichte schreiben gehen. Ein anderer möglicher Zyklus besteht in der Bewertung von Erklärungen vor dem Bericht, in dem erst Vorhersagen aufgestellt und dann überprüft werden, sodann werden die Erklärungen in neuen Situationen angewendet.

Unterrichten durch Fragen bietet den Schülern die Gelegenheiten gleichzeitig Inhalte und Prozesse zu lernen. In den oben aufgeführten Beispielen lernen die Schüler über die Auswirkungen des Luftdrucks, wie Flugzeuge fliegen, wie Tiere kommunizieren und wie die Baupläne der Tiere mit ihrem Lebensraum zusammenhängen. Gleichzeitig lernen sie selbst Fragen zu formulieren – wie Probleme gelöst, Lösungen bewertet werden können und wie man kritisch denkt.

Problemorientiertes Lernen

Die Ziele des **problemorientierten Lernens** bestehen darin, Schülern beim Erwerb flexiblen, in vielen Situationen anwendbaren Wissens zu unterstützen; im Gegensatz dazu steht das rigide Wissen. Rigides Wissen ist auswendig gelernt und wird selten angewendet (Cognition and Technology Group at Vanderbilt [CTGV], 1996; Whitehead, 1929). Andere Ziele problemorientierten Lernens bestehen darin, die intrinsische Motivation und Fertigkeiten beim Problemlösen, die Zusammenarbeit und das selbstgesteuerte lebenslange Lernen zu verstärken. Beim problemorientierten Lernen werden Schüler mit einem Problem konfrontiert, das ihnen das Formulieren von Fragen leicht macht, wenn sie mit anderen zusammenarbeiten, um Lösungen auszuarbeiten. Die Vorgehensweise beim problemorientierten Lernen ist ähnlich der beim GisML in der ▶ Abbildung 9.3 (siehe S. 427). Den Schülern wird ein Problemszenario vorgestellt; sie identifizieren und analysieren das Problem, wie es durch die Gegebenheiten des Szenarios erscheint; dann fangen sie an, Annahmen über die Lösungen aufzustellen. Beim Formulieren der Hypothesen stellen sie fest, welche Informationen ihnen noch fehlen – was müssen sie noch wissen, um ihre Lösungsvorschläge überprüfen zu können? Hiermit beginnt eine Phase des selbstgesteuerten Lernens und Forschens. Anschließend wenden die Schüler ihr neues Wissen an, testen ihre Lösungsvorschläge, kehren – wenn nötig – zurück zu Untersuchungen und reflektieren schließlich über ihr so gewonnenes Wissen und ihre neuen Fertigkeiten (Hmelo-Silver, 2004).

Problemorientiertes Lernen Methode, die Schülern flexibles, in vielen Situationen anwendbares Wissen vermittelt.

Tabelle 9.2

Die Rolle des Lehrers beim problemorientierten Lernen

Phase	Lehrerverhalten
Phase 1 Schüler auf das Problem einstellen	Der Lehrer gibt einen Überblick über die Ziele der Unterrichtseinheit, erläutert wichtige Erfordernisse für einen reibungslosen Ablauf und motiviert die Schüler, selbst bestimmte Problemlöseansätze auszusuchen.
Phase 2 Organisieren der Schüler für das Lernen	Der Lehrer hilft den Schülern ihre Problemaufgaben zu definieren und organisieren.
Phase 3 Hilfe bei Einzel- und Gruppenuntersuchungen	Der Lehrer regt die Schüler an, passende Informationen zu sammeln, Experimente durchzuführen und nach Erklärungen und Lösungen zu suchen.
Phase 4 Anfertigen und Ausstellen von Produktionen	Der Lehrer hilft Schülern beim Planen und Vorbereiten von passenden Produktionen wie Berichten, Videos und Modellen und hilft den Schülern, die Ergebnisse mit anderen zu teilen.
Phase 5 Analyse und Bewertung des Problemlöseprozesses	Der Lehrer hilft den Schülern, ihre Untersuchungen und die dabei beteiligten Prozesse zu analysieren.

Quelle: Aus *Classroom Instructions and Management* (S. 161) von R. I. Arends. Copyright © 1997 McGraw-Hill.

Beim problemorientierten Lernen ist das Problem real vorhanden, und die Lösungen der Schüler sollen Abhilfe schaffen. In einem Beispiel nutzte der Lehrer Tagesmeldungen im Nachrichtenteil von Zeitungen usw. aus, um die Schüler zum Lesen, Schreiben und zum Lösen sozialer Konflikte anzuregen:

Katjas Klasse in der Grundschule lernte über die Erdölverschmutzung in Alaska. Sie selbst brachte einen Zeitungsartikel mit in den Unterricht, der in einer Art Tagebuch die Ereignisse der Ölverschmutzung in Alaska darstellte. Um die Schüler auf den Artikel vorzubereiten, lasen die Schüler einen anderen Artikel über die Hilfe anderer Bundesländer bei der Beseitigung der Ölverschmutzung in Alaska. Die Lehrerin fragte die Schüler, ob sie auch helfen würden und sie erwiderten ein begeistertes „Ja". Die Schüler entwarfen Plakate und Ansprachen, um Spenden in Form von sauberen saugfähigen Tüchern zu erhalten, um die öligen Tiere zu säubern. Die Klasse konnte schließlich vier große Pakete mit Handtüchern für die Reinigung der Tiere an die umweltgeschädigte Stelle in Alaska schicken. Die Bemühungen des Lehrers und der Schüler mit ihrem Lesen, Schreiben, ihrer Forschung und ihren Ansprachen zielten darauf ab, ein real bestehendes Problem zu lösen (Espe, Worner & Hotkevich, 1990).

Andere lebensnahe Probleme für Projekte der Schüler könnten sein, die Verschmutzung von Flüssen in der Umgegend, Schülerkonflikte in der Schule, Geldspenden einsammeln für Tsunami- oder Orkanopfer oder einen Spielplatz für kleine Kinder im Wohnblock zu planen. Die Rolle des Lehrers beim problemorientierten Lernen ist in ▶ Tabelle 9.2 zusammengefasst.

Einige Aufgabenstellungen sind nicht lebensnah in dem Sinne, dass sie das Leben der Schüler berühren, aber sie führen zu Engagement beim Lösen. Zum Beispiel hat die *Cognition and Technology Group* von der Vanderbilt Universität (1990, 1993) eine Lernumgebung mit Video-DVDs für Mathematikunterricht in der 5. und 6. Klasse geschaffen. Diese Serie, genannt *Die Abenteuer des Jasper Woodbury*, gibt den Schülern komplexe Situationen vor, die Problemdefinitionen, Setzen von Unterzielen und die Anwendung von Mathematik, Naturwissenschaften, Geschichte und Begriffen aus der Literatur für die Lösung von Problemen erfordert. Obwohl die Situationen komplex und lebensnah sind, kann das Problem gelöst werden, weil die grundlegenden Daten in den Geschichten eingebet-

Tabelle 9.3

Drei Ansätze beim problemorientierten Lernen

Problemorientiertes Lernen, Verankerung im Unterricht und projektbasierter naturwissenschaftlicher Unterricht, alle beginnen mit zu lösenden Problemen.

	Problemorientiertes Lernen	Verankerung im Unterricht	Projektbasierter naturwissenschaftlicher Unterricht
Problem	Lebensnahe, wenig strukturierte Probleme	Videobasiertes, narratives Vorstellen eines komplexen Problems	Fragen, die das Lernen vorantreiben
Rolle des Problems	Lerninformation und Denkstrategien stehen im Mittelpunkt	Sorgen Sie für gemeinsame Erfahrungen, sodass die Schüler sehen können, wie Wissen das Problemlösen unterstützt Videotechnik unterstützt das Problemverständnis	Wissenschaftliche Fragestrategien, die zu Projektresultaten führen
Prozess	Fakten identifizieren, Ideen und Lernfragen, selbstgesteuertes Lernen, neu bearbeiten und Überlegungen anstellen	Planen unter Anleitung und Aufstellen von Unterzielen	Zyklen von Vorhersagen (Hypothesen aufstellen), Beobachten und Erklären
Rolle des Lehrers	Erleichtern des Lernprozesses und Vorbild für Denkabläufe	Vorwissen des Schülers einbeziehen, Vorführen von Problemlösestrategien, Vermittlung von inhaltlichem Wissen, wenn von Schülern benötigt	Einführen von relevanten Inhalten vor und während der Entwicklung von Fragen
Zusammenarbeit	Aushandeln von Ideen Einzelne Schüler bringen neues Wissen in die Gruppe, das auf die Aufgabe anwendbar ist	Aushandeln von Ideen und Strategien in kleinen Gruppen und in der Klasse	Anleitung zum Fragen Aushandeln von Ideen mit Mitschülern und Gemeindemitgliedern
Hilfsmittel	Aushängen von Plänen und Übersichten Schüler definieren die Lernsituation und die Lernressourcen	Videokontrolliertes Lernen Aufgabenspezifische Hilfsmittel (z. B. Karten, Kompass)	Computerbasierte Hilfsmittel, die das Planen, die Datenerhebung und -auswertung, das Vorführen und das Informationssammeln unterstützen

Quelle: Aus Problem-Based Learning: What and How do Students Learn?, *Educational Psychology Review*, *16*, S. 238, von C. E. Hmelo-Silver. Plenum Publishing Corporation, 2004.

tet sind. Oft ziehen die Abenteuer wirkliche Nachfolgeprobleme nach sich, die auf dem bis dahin erworbenen Wissen aufbauen. Zum Beispiel nach dem Bau eines Spielplatzes für eine fiktive Kindergruppe in einem Jasper-Abenteuer können die Lerner auf ihrem eigenen Spielplatz für die Vorschulklasse eine Hütte bauen.

Die Vanderbiltgruppe nennt ihren Problemlöseansatz **Verankerung im Unterricht (anchored instruc-** tion). Der *Anker* ist die vielfältige, interessante Situation. Dieser Anker stellt einen Fokus dar – ein Grund, sich Ziele zu setzen, zu planen, mathematische Hilfsmittel einzusetzen, um Lösungen zu erreichen. Das beabsichtigte Ergebnis ist, Wissen zu entwickeln, das nützlich und flexibel und nicht rigide ist. Projektbasierte Wissenschaft ist ein Ansatz, ähnlich dem problemorientierten Lernen. ▶ Tabelle 9.3 vergleicht diese

Verankerung im Unterricht (anchored instruction) Eine problemorientierte Lehrmethode, die eine komplexe interessante Situation als Anker für das Lernen einsetzt.

drei Lernansätze, die auf Problemlöseerfahrungen beruhen.

Forschung über richtiges Fragen und problemorientiertes Lernen

Die Methode des Fragens ähnelt der des entdeckenden Lernens, und beide Methoden haben auch einige Aufgabenstellungen gemeinsam; Fragen müssen sorgfältig geplant und organisiert werden, besonders für wenig vorbereitete Schüler, denen das notwendige Hintergrundwissen und die notwendigen Problemlösestrategien fehlen, um sie nutzbringend bei der Beantwortung der Fragen einzusetzen. Einige Forschungsarbeiten haben erwiesen, dass die Entdeckungsmethode für die wenig begabten Schüler nicht effektiv und sogar nachteilig ist (Corno & Snow, 1986; Mayer, 2004). Als Ted Bredderman (1983) die Ergebnisse der 57 Vergleiche von aktivitätsbasiertem Lernen und traditionelleren Lernansätzen für den naturwissenschaftlichen Unterricht analysierte, schlussfolgerte er, dass mit Aktivitäten verbundenes Lernen dem inhaltsorientierten, traditionellen Ansatz überlegen ist: Die Schüler verstehen die naturwissenschaftlichen Ansätze und auch die Kreativität besser, aber beide Lernansätze sind etwa gleich, wenn es um die Vermittlung von naturwissenschaftlichen Inhalten geht.

1993 wurde ein ähnlicher Vergleich gemacht, in dem der problemorientierte Unterricht im Medizinstudium erprobt wurde. Studenten, die problemorientierte Lehre erhielten, erwiesen sich anderen Studenten mit herkömmlicher Lehre in den klinischen Semestern als überlegen in einigen kognitiven Fertigkeiten wie Problemdefinition und sachlich angemessenen Schlussfolgerungen, aber ihr Grundwissen in den naturwissenschaftlichen Grundlagenfächern im Vorphysikum war geringer, und sie fühlten sich auch in den Naturwissenschaften unsicher (Albanese & Mitchell, 1993). In einer anderen Untersuchung mit medizinischen Bachelorstudenten, die einen medizinischen Begriff lernten, konnten sie diesen Begriff besser erklären als Studenten, die den Begriff in einer Vorlesung oder einer Diskussion kennengelernt hatten (Capon & Kuhn, 2004). Schüler mit besserer Selbststeuerung profitieren am meisten vom problembasierten Lernansatz (Evenson, Salisbury-Glennon & Glenn, 2001). Problembasierte Methoden können Schülern mit der Zeit zu verbesserter Selbststeuerung beim Erwerb von Problemlösefertigkeiten verhelfen.

Cindy Hmelo-Silver (2004) überprüfte die Forschung über die schon erwähnten Ziele des problemorientierten Lernens und fand gute Belege dafür, dass Lernen flexibles Wissen und Fertigkeiten zum Lösen von Problemen und zum selbstgesteuerten Lernen aufbaut, aber es gab keine zuverlässigen Hinweise darauf, dass problemzentriertes Lernen intrinsisch motiviert oder dass es die Zusammenarbeit der Schüler fördert. Die Forschung wurde meist mit Studenten, in der Mehrzahl Medizinstudenten, und nicht mit Schülern durchgeführt. Weitere Untersuchungen im schulischen Rahmen wären wünschenswert.

Der beste Ansatz in der Grund- und der Sekundarstufe in Schulen ist wohl ein ausgewogenes Verhältnis zwischen inhaltszentriertem und mit Fragen arbeitendem, problemzentriertem Ansatz (Arends, 2004). Zum Beispiel testeten Eva Toth, David Klahr und Zhe Chen (2000) ein solches ausgewogenes Vorgehen im Unterricht einer 4. Klasse mit einem Thema, in dem die Strategie der Bedingungskontrollen in naturwissenschaftlichen Experimenten erklärt wurde. Sie gingen in drei Phasen vor: (1) in kleinen Gruppen explorierten die Schüler zunächst, welche Bedingungen eine Rolle spielen könnten, um den Ball schneller eine Rampe herabrollen zu lassen; (2) der Lehrer führte eine Diskussion an, in der die Bedingungskontrolle der Variablen erklärt wurde und in der er vorführte, an was man alles denken sollte, bevor man ein gut kontrolliertes Experiment durchführt und (3) die Schüler entwarfen und führten dann Experimente durch, in denen sie das Gelernte anwendeten, um die Variablen ausfindig zu machen, die den Ball weiterrollen ließen. Die Kombination von Fragemethode, Diskussion, Erklärung und Vorführen war offensichtlich erfolgreich, den Schülern die Bedingungskontrolle von Variablen in Experimenten verständlich zu machen.

Ein weiterer konstruktivistischer Ansatz, der weitgehend auf Interaktionen aufbaut, ist die *lehrreiche Unterhaltung*.

9.4.2 Dialoge und lehrreiche Unterhaltungen

Eine Implikation von Wygotskis Theorie der kognitiven Entwicklung ist, dass wichtige Lernvorgänge und Verstehen Interaktionen und Unterhaltungen erfordern. Schüler müssen sich mit den Problemen in ihrer *Zone der proximalen Entwicklung* auseinandersetzen, und sie benötigen die abgestufte *Unterstützung (scaf-*

folding) durch Interaktionen mit einem Lehrer oder einem Mitschüler oder Freund. Eine gute Definition von abgestufter Unterstützung, die das Wissen des Lehrers und des Schülers als Experten für einen Bereich einbeziehen, geben McCaslin & Hickey, 2001): „Abgestufte Unterstützung (scaffolding) ist ein wirksames Lehr- und Lernkonzept, bei dem Lehrer und Schüler sinnvolle Verbindungen zwischen dem Kulturwissen des Lehrers und der Alltagserfahrung und dem Alltagswissen des Schülers herstellen" (S. 137). Die Unterhaltung von Ben und seinem Vater am Strand zu Beginn des vorherigen Abschnittes veranschaulicht diese Definition. Der Vater knüpfte an das Muschelbrot und das Muschelhalsband an – Teile des Erfahrungsraumes und des Wissens des Kindes –, um Bens Verständnis dosiert zu unterstützen.

Lehrreiche Unterhaltungen sind deshalb *lehrreich*, weil Kinder durch sie etwas lernen, aber es sind Unterhaltungen, nicht Vorlesungen oder die üblichen Diskussionen. Hier ist ein Ausschnitt aus einer Unterhaltung einer Literaturgruppe in einer bilingualen dritten Klasse (Moll & Whitmore, 1993). Der folgende Dialog gibt wieder, wie sich die Beteiligten gegenseitig aufgrund gemeinsamer Erfahrung Wissen vermitteln:

Lehrerin: Sylvester und der Zauberkieselstein. Wie denkst du über diese Geschichte?

Rita: Die haben sich sehr um ihn gekümmert.

Lehrerin: Wen meinst du mit „die"? Seine Eltern?

Rita: Ja.

Lehrerin: Was in der Geschichte hat diesen Eindruck erweckt?

Rita: Weil sie sich um ihn richtig Sorgen gemacht haben.

Lehrerin: Wer möchte noch etwas zu der Geschichte sagen? Jeder sollte sich dazu äußern. Danach können wir entscheiden, über was wir ausführlicher sprechen wollen. Ja, Sarah?

Sarah: Ich glaube, es ist ihm der Gedanke gekommen, als er noch klein war, oder vielleicht verlief sich ja auch ein Freund oder so?

Lehrerin: Was meinst du damit, es kam ihm der Gedanke?

Sarah: Es kam ihm der Gedanke, dass seine Eltern glaubten, Sylvester hätte sich verlaufen.

Lehrerin: Du meinst, wie Wilhelm Steig auf diese Einfälle kam?

Sarah: Ja.

Lehrerin: Dass ihm selbst vielleicht so etwas passiert sein könnte oder jemanden, den er kennt. Oft bekommen Geschichtenschreiber ihre Ideen aus ihren eigenen Erfahrungen, oder? Jon, was hast du dir zu dieser Geschichte überlegt?

Jon: Es war wie eine moralische Geschichte. Man kann sich eben nicht alles wünschen. Aber dann, es ist ihm alles passiert, als ihn Panik überkam.

Lehrerin: Wann, glaubst du, geriet er in Panik?

Jon: Als er den Löwen sah.

Richard: Und er sich in einen Felsblock verwandelte.

Jon: Ja, er sagte: „Ich wünschte, ich wäre ein Felsen".

Lehrerin: Richtig. Und dann wurde er wirklich ein Felsen.

Richard: Das war dumm von ihm.

Lehrerin: Also dachte er nicht an das, was kommen wird? Was hättest du dir gewünscht, statt ein Felsblock zu sein? (S. 24–25).

Die Unterhaltung geht weiter und die Schüler tragen unterschiedlich tiefgehende Deutungen der Geschichte bei. Die Lehrerin fasst die Unterhaltung so zusammen: „Schaut einmal, was ihr für verschiedene Gesichtspunkte zusammengetragen habt: Rita hat sich mit den Personen in der Geschichte beschäftigt und damit, was sie wohl empfunden haben, Sarah sah durch die Brille des Verfassers und du, Jon, hast die Erzählung als eine Moralgeschichte eingeordnet."

In lehrreichen Unterhaltungen sollte es das Ziel des Lehrers sein, in einer ertragreichen Diskussion alle mit ihren Gedanken bei der Sache zu halten. In der beschriebenen Unterhaltung ergreift der Lehrer immer wieder das Wort. Wenn die Schüler dann mit diesem Lernansatz vertrauter sind, äußern sich die Schüler auch mehr untereinander, ohne dass der Lehrer immer wieder etwas sagt. Diese Unterhaltungen müssen nicht lange dauern. Zum Beispiel kann auch beim Einsammeln von Essensgeld eine lehrreiche Unterhaltung aufkommen:

Zu Beginn des Schultages fragte die Lehrerin, Frau Weiß, wie viele Kinder an diesem Tag ein warmes Mittagessen haben möchten. Achtzehn Kinder zeigten auf. Sechs Kinder wollten ein kaltes Essen. Frau Weiß fragte: „Wie viele Kinder essen heute hier zu Mittag?"

Lehrreiche Unterhaltung Eine Kommunikationssituation, in der Schüler durch verbale Interaktionen mit dem Lehrer und/oder anderen Schülern lernen.

Tabelle 9.4

Bestandteile der lehrreichen Unterhaltung

Eine gute lehrreiche Unterhaltung muss sowohl Elemente des Unterrichts als auch der Unterhaltung aufweisen.

Unterricht

1 *Thematische Ausrichtung.* Der Lehrer sucht ein Thema für eine Diskussion aus und erstellt einen Entwurf, wie die Diskussion in das Thema einführen soll und wie der Text aufgeteilt werden kann, damit das Thema optimal ausgelotet wird.

2 *Abruf und Einsatz von Hintergrundwissen.* Der Lehrer „klinkt sich" in das einschlägige Hintergrundwissen ein oder stellt es bereit, damit der Text verstanden werden kann; die Informationen werden in die Diskussion eingeflochten.

3 *Direkte Unterweisung.* Wenn nötig, vermittelt der Lehrer direkt eine bestimmte Fertigkeit oder einen Begriff.

4 *Förderung einer komplexen Sprache und Ausdrucksweise.* Der Lehrer fordert die Schüler zu längeren Beiträgen in der Diskussion auf; er setzt dafür eine Reihe von Techniken ein: Er legt ihnen nahe, sich ausführlicher zu äußern, fragt nach, lässt neu formulieren, aber weist auch auf gliedernde Pausen hin.

5 *Förderung von Belegen für Aussagen und Standpunkte.* Lehrer fördern den Gebrauch von Texten, Bildern und Schlussfolgerungsprozessen, um ein Argument oder eine Position zu belegen mit den Worten: „Wie kommst du darauf?" oder „Zeige uns, wo das steht _____."

Unterhaltung

6 *Weniger Fragen, die eindeutig zu beantworten sind.* Die Diskussion sollte sich um Fragen drehen, für die es mehr als nur eine richtige Antwort gibt.

7 *Auf die Beiträge der Schüler eingehen.* Der Lehrer hat einen vorher angefertigten Entwurf für die Diskussion und sorgt dafür, dass sie beim Thema bleibt und nicht in verschiedene Richtungen ausufert; der Lehrer geht auf die Bemerkungen der Schüler und die Möglichkeiten, die diese eröffnen, ein.

8 *Kohärenter Diskurs.* In der Diskussion sollten abwechselnd alle das Wort ergreifen können; Äußerungen bauen aufeinander auf und ergänzen und erweitern sich gegenseitig.

9 *Herausfordernde, aber keine bedrohliche Atmosphäre.* Der Lehrer schafft eine Atmosphäre der positiven Herausforderung, die ergänzt wird durch ein positives emotionales Klima. Der Lehrer arbeitet mit den Schülern zusammen und ist nicht der Zensurengeber. Die Schüler werden aufgefordert, die Bedeutung des Textes „auszuhandeln" und diese zu konstruieren.

10 *Allgemeine Teilnahme, einschließlich selbst ausgewählter Reihenfolge der Beiträge.* Der Lehrer hat nicht allein das Recht zu bestimmen, wer an der Reihe ist; Schüler können auch Beiträge vorschlagen oder auf andere Art die Sprecher bestimmen.

Quelle: Aus *Instructional Conversation and their Classroom Application* (S. 7) von Claude Goldenberg, 1991, Santa Cruz, CA und Washington, DC: National Center for Research on Cultural Diversity and Second Language Learning. Copyright © 1991 National Center for Research on Cultural Diversity and Second Language Learning.

Einige Kinder zählten von 18 aus 6 weiter und gaben richtig 24 zur Antwort. Ein Kind addierte 6 + 18 = 24.

Frau Weiß fragte dann weiter: „Wie viel mehr Kinder essen warm als kalt zu Mittag?" Einige Kinder zählten von 18 aus 6 rückwärts und kamen bei 12 an. Das Kind mit den Zahlenblöcken rechnete 18 – 6 = 12. Frau Weiß fragte dann nach weiteren Rechenwegen, bis niemand mehr andere Wege nennen konnte (Peterson, Fennema & Carpenter, 1989, S. 45).

Frau Weiß schuf eine Lernsituation, in der das Rechnen Sinn macht und Aufklärung bringt. Um dieses Ziel zu erreichen, sollte das Unterrichten die Schüler bei ihrem gegenwärtigen Verständnis „abholen". Lehrer können die natürlichen Zählstrategien der Schüler ausnützen, um zu sehen, auf wie viele Weisen Schüler zu einer Lösung kommen. Die Betonung liegt auf dem mathematischen Denken, nicht so sehr auf mathematischen „Fakten" oder der Beschränkung auf den einen richtigen (weil vom Lehrer vorgeschlagenen) Rechenweg. Der Lehrer gibt Anleitungen und hilft den Schülern, ihr eigenes Verständnis durch Dialoge zu entwickeln (Putnam & Borko, 1997).

▶ Tabelle 9.4 fasst die Bestandteile der produktiven lehrreichen Unterhaltung zusammen.

9.4.3 Kognitive Lehrzeiten

Über die Jahrhunderte haben sich Lehrzeiten als effektive Ausbildungsform erwiesen. In Zusammenarbeit mit dem Meister und anderen Lehrlingen lernen junge Menschen viele Fertigkeiten, Handwerke und Handelssparten. Meister mit guten Fachkenntnissen stellen Vorbilder dar, führen vor und verbessern und bauen auch eine persönliche Bindung zu den Lehrlingen auf, die motiviert. Die Leistungen der Lehrlinge sind Produkte, die benötigt werden und wichtig sind; sie werden zunehmend komplizierter mit fortschreitendem Können (Collins, Brown & Holum, 1991; Collins, Brown & Newman, 1989; Hung, 1999). Mit der *angeleiteten Teilnahme* erfolgt die *Aneignung durch Teilnahme*: An realen Aufgaben erwerben die Lehrlinge das nötige Wissen, die Fertigkeiten und die Werte für die Erledigung der Arbeiten (Rogoff, 1995; 1998). Sowohl die Neulinge als auch die „alten Hasen" tragen beide dazu bei, dass eine Übungsgemeinschaft entsteht, in der Fertigkeiten immer wieder neu gemeistert werden müssen, wobei sie sich auch immer wieder verbessern können (Lave & Wenger, 1991).

Allan Collins und seine Kollegen (1989) bringen vor, dass sich das in der Schule vermittelte Wissen und die Fertigkeiten von den realen Anforderungen in der täglichen Lebensbewältigung entfernt haben. Um diesen Mangel zu beheben, empfehlen Pädagogen, dass in der Schule einige gute Seiten der Lehrlingsausbildung übernommen werden. Anstelle von Drechseln, Tanzen oder Kommoden schreinern, befassen sich „Lehrlinge" in der Schule mit kognitiven Aufgaben wie Leseverständnis, Schreiben oder Rechenaufgaben lösen. Es gibt zahlreiche Modelle für **kognitive Lehrzeit**, ihnen gemeinsam sind meist die folgenden sechs Merkmale:

- Schüler beobachten einen Experten (meist den Lehrer), der ihnen eine bestimmte Leistung vorführt.
- Schüler erhalten von außen Unterstützung durch Training oder Tutorien (einschließlich Tipps, Rückmeldungen, Modellen und Erinnerungsstützen).
- Schüler erhalten dosierte Unterstützung in der Begriffsbildung, die dann mit wachsendem Können der Schüler zurückgenommen wird.
- Schüler äußern ständig ihr Wissen, formulieren in Sätzen, was sie an Vorgängen verstehen und was sie an Inhalten gelernt haben.
- Schüler denken über ihren Fortschritt nach, vergleichen ihre Lösungen mit denen von Experten und mit ihren eigenen früheren Leistungen.
- Schüler sollen neue Anwendungsmöglichkeiten für das Gelernte erkunden, Wege, die sie mit ihrem „Meister" noch nicht erprobt haben.

Im Verlauf des Lernprozesses werden die Schüler an immer komplexere Begriffe und Fertigkeiten herangeführt, damit diese auch in verschiedenen Situationen und Umwelten angewendet werden können (Roth & Bowen, 1995; Shuell, 1996).

Wie kann Unterrichten eine kognitive Lehrzeit vermitteln? Eine Möglichkeit besteht darin, dass sich Lehrer als Mentoren einführen; ein andere ist, altersübergreifende Lerngruppen zusammenzustellen. Schüler verschiedenen Alters arbeiten Seite an Seite für wenige Stunden am Tag an einer gemeinsamen Aufgabe, etwa einem Handwerkstück oder einem Thema, ganz wie in einer Lehre. Als Beispiele können Gartengestaltung und -pflege, Architektur und auch „Geld verdienen" angeführt werden. Expertise kann auf verschiedenem Niveau sein, dem Alter der Schüler angemessen, sodass die Schüler in angemessenem Tempo Fortschritte machen können und dabei immer einen „Meister" zur Seite haben. Freiwillige aus der Gemeinde, auch viele Eltern, kommen in die Schule, um eine bestimmte Technik oder Fertigkeit vorzuführen, die mit dem Thema der Arbeitsgemeinschaftn zu tun haben.

Ein anderer, sehr erfolgreicher Ansatz für kognitive Lehrzeiten ist das gegenseitige Unterrichten, um Gelesenes besser zu verstehen; es wird in Kapitel 13 näher beschrieben.

Eine kognitive Lehrzeit für Mathematiklernen

Schoenfelds (1989; 1994) Unterrichtsmethode für Mathematik ist ein weiteres Beispiel für das Modell der kognitiven Lehrzeit. Schoenfeld fand, dass unerfahrene Problemlöser zunächst bei wenig effektiven Lösungswegen anfingen und sie auch weiter beschritten, obwohl sie nicht zu einer Lösung führten. Im Vergleich dazu näherten sich Experten einer Lösung, indem sie vorher verschiedene kognitive Prozesse einsetzten wie planen, Hilfsmittel besorgen und Belege prüfen sowie ihr Verhalten gemäß den Urteilen über die Gültigkeit ihres Lösungsweges änderten.

Um den Schülern zu helfen, Problemlöseexperten zu werden, stellt Schoenfeld drei zentrale Fragen: Was tust du? Warum tust du das? Und: Wie helfen dir erfolgreiche Schritte auf dem Weg zur Lösung eine richtige Gesamtlösung zu finden? Diese Fragen helfen Schülern die einzelnen Schritte zu kontrollieren und bilden ihre metakognitive Bewusstheit aus. Hier ein Beispiel:

Kognitive Lehrzeit Ein Lehrling oder weniger erfahrener und sachkundiger Lerner erwirbt Wissen unter der Anleitung eines Meisters oder Experten.

Verknüpfen und erweitern Sie Ihre Forschungskenntnisse

Perkins, D., Jay, E. & Tishman, S. (1993). New Conceptions of Thinking: From Ontology to Education. *Educational Psychologist, 28*, 67–85; lesen Sie auch Tishman, S., Perkins, D. & Jay. E. (1995). *The Thinking Classroom: Learning and Teaching in a Culture of Thinking.* Boston: Allyn & Bacon.

Die Problemlösesituation fängt an, wenn ich eine Liste mit Fragen austeile ... Oft hat ein Schüler einen Einfall ... Meine Aufgabe besteht nicht im Bestätigen oder Ablehnen oder im Bewerten der Vorschläge. Vielmehr sollen Fragestellungen für die Diskussion aufgeworfen werden ... Üblicherweise sagen manche Schüler zunächst, dass sie die Aufgabe nicht verstehen. Wenn dann der Sinn verdeutlicht ist, verstehen sie einen bestimmten Vorschlag X nicht ... Wenn das so weitergeht, gebe ich meine Rolle als Diskussionsleiter auf und mache der ganzen Klasse klar: Zuerst müsst ihr das Problem richtig verstehen und dann erst nach einer Lösung suchen, sonst kommt ihr schnell in eine Sackgasse (Schoenfeld, 1987, S. 201).

Dieses Überwachen des Verstehensprozesses beim Problemlösen hilft den Schülern, allmählich das mathematische Denken und Vorgehen zu übernehmen. Im Verlaufe dieses Prozesses wiederholt Schoenfeld seine drei Fragen (Was tust du? Wie? Wie hilft das?). Jede dieser Komponenten ist unentbehrlich bei der Förderung der Schüler in der bewussten Wahrnehmung und Steuerung ihrer eigenen Verhaltensweisen.

9.4.4 Lehrzeit für Denken

Viele Pädagogische Psychologen glauben, dass richtiges Denken in der Schule entwickelt werden sollte und kann. Aber natürlich, Denken zu unterrichten erfordert nicht nur die üblichen Übungen in der Klasse, die darin bestehen, Nachdenkfragen am Ende jeder Unterrichtseinheit zu stellen oder an vom Lehrer geleiteten Diskussionen teilzunehmen. Was ist dazu außerdem notwendig? Ein Ansatz besteht darin, *Denkstrategien* und deren Entwicklung in den Mittelpunkt zu stellen, entweder durch selbstständige Programme, die direkt Denkstrategien vermitteln, oder durch indirekte Methoden, welche die Vermittlung von Denkstrategien in den normalen Unterrichtsplan einbetten. Der Vorteil der unabhängigen Programme für Denkstrategien ist, dass Schüler kein großes Fachwissen benötigen, um aus dem Programm lernen zu können. Schüler, denen der übliche Unterricht Schwierigkeiten bereitet, können erfolgreich abschneiden und vielleicht durch diese Programme auch ein Gefühl der Selbstwirksamkeit vermittelt bekommen. Der Nachteil ist aber, dass die vermittelten allgemeinen Denkstrategien in Anwendungssituationen nicht eingesetzt werden, wenn nicht die Lehrer sich gemeinsam anstrengen, den Schülern die Anwendungen der Denkstrategien in bestimmten Themenbereichen zu zeigen (Mayer, & Wittrock, 1996; Prawat, 1991).

In jeder Unterrichtsstunde Denken entwickeln

Ein anderer Weg, um die Denkfähigkeit der Schüler zu entwickeln, ist eine kognitive Lehrzeit für die Analyse, für das Problemlösen und für Schlussfolgerungen im Regelunterricht einzustreuen. David Perkins und seine Kollegen (Perkins, Jay & Tishman, 1993) schlagen vor, dass Lehrer eine „Denkkultur" im Unterricht erzeugen sollten. Das bedeutet, bohrende und kritische Fragen zu stellen, die zum Nachdenken anregen, und Achtung vor schlussfolgerndem Denken und Kreativität aufzubauen. Sie sollten auf der Erwartung gründen, dass Schüler Verständnis entwickeln und lernen werden. Unterricht in diesem Geiste bedeutet gleichzeitig eine Art *Enkulturation*, ein umfassender und komplexer Prozess der Aneignung von kulturellem Wissen und Verstehen, in Übereinstimmung mit Wygotskis Theorie des sozial vermittelten Lernens. Ähnlich wie die heimische Kultur den Gebrauch der Sprache vermittelt, kann die Schulkultur Denkformen lehren durch Vorbilder, die gutes Denken vorführen; die Schulkultur kann durch direkte Unterweisung Denkprozesse entwickeln; sie kann Übung im Denken anregen, in dem sie Interaktionen mit anderen fördert.

Kritisches Denken

Die Fertigkeiten im **kritischen Denken** sind in allen Lebenssituationen nützlich – sogar bei der Bewertung von Werbung in Medien, mit denen wir ständig bombardiert werden. Beim Anblick einer Gruppe von gut

---

Kritisches Denken Schlussfolgerungen durch logische und systematische Überprüfung des Problems und Bewertung der Belege und der Lösung.

Sollte in der Schule kritisches Denken und Problemlösen unterrichtet werden?

Die Frage, ob Schulen eher auf den Lernprozess oder die Lerninhalte abzielen, Problemlösestrategien oder Grundwissen, komplexere Denkformen oder schulisches Wissen vermitteln sollen, wird seit Jahren diskutiert. Einige Pädagogen schlagen vor, dass Schüler erst lernen müssen, wie man denkt und Probleme löst, während andere Pädagogen die Meinung vertreten, komplexere Denkformen könne man nicht ohne Denkinhalte sozusagen abstrakt erwerben. Schüler müssen über etwas nachdenken können – einen Denkinhalt haben. Sollten Lehrer sich auf Wissen oder auf Denken konzentrieren?

Pro: Problemlösen und komplexere Denkprozesse können und sollten unterrichtet werden.
Ein Artikel der Ausgabe des *Chronicle of Higher Education* vom 28. April 1995 stellt diese Forderung auf:

> *Kritisches Denken liegt jedem effektiven Lesen, Schreiben, Sprechen und Zuhören zugrunde. Es versetzt uns in die Lage, die Beherrschung des Inhaltes mit verschiedenen anderen Zielen zu verknüpfen wie etwa Selbstwert, Selbstdisziplin, multikulturelle Erziehung, wirksames kooperatives Lernen und Problemlösen. Es ermöglicht allen Lehrern und Verwaltungsangestellten, das Niveau der eigenen Lehre und des eigenen Denkens anzuheben. (S. A-71)*

Wie können Schüler kritisches Denken lernen? Einige Pädagogen empfehlen, Denkstrategien direkt durch weitverbreitete Techniken wie die vom *Productive Thinking Program or Cognitive Research Trust* (CoRT) zu vermitteln. Andere Forscher argumentieren, dass das Lernen von Programmiersprachen wie etwa LOGO das logische Denken fördert. Zum Beispiel war Papert (1980) überzeugt, dass Kinder, die sich selbst beibrachten, wie Befehle für den Computer in LOGO geschrieben wurden, „wirksame intellektuelle Fertigkeiten in diesem Lernprozess entwickelten" (S. 60). Da gute Leser automatisch bestimmte metakognitive Strategien anwenden, empfehlen viele Pädagogen und Psychologen, schlechten Lesern oder Anfängern zu vermitteln, wie diese Strategien anzuwenden sind. Michael Pressleys Modell des Anwendens guter Strategien und Palincsar und Browns (1984) reziproker Lernansatz sind erfolgreiche Beispiele des direkten Unterrichtens von metakognitiven Strategien. Die Forschungsergebnisse zu diesen Ansätzen weisen allgemein Verbesserungen im Leistungs- und Verstehensbereich bei den teilnehmenden Schülern aller Altersstufen auf (Pressley, Barkowski & Schneider, 1987; Rosenshine & Meister, 1994)

Contra: Denk- und Problemlösefertigkeiten zeigen keinen Transfer
Nach E. D. Hirsch (1996), eine kritische Stimme zu Programmen des kritischen Denkens:

> *Aber ob solch eine direkte Unterweisung im kritischen Denken oder in der Selbstüberprüfung wirklich eine Verbesserung der Leistung nach sich zieht, wird in der wissenschaftlichen Gemeinschaft immer wieder diskutiert. Zum Beispiel sind die Forschungsergebnisse zum kritischen Denken nicht eindeutig. Die Unterweisung im kritischen Denken ist in einigen Ländern schon seit hundert Jahren eingeführt. Doch die Forschung ergab für Studierende aus so unterschiedlichen Ländern wie Israel, Deutschland, Australien, den Philippinen und den Vereinigten Staaten, dass sie immer noch logische Fehlschlüsse zogen, und das, obwohl sie im kritischen Denken geschult waren (S. 136).*

Das CoRT wurde in über 5000 Klassen in zehn Nationen eingesetzt. Aber Polson und Jeffries (1985) berichten, dass „nach zehn Jahren weitverbreiteter Anwendung keine Belege für die Wirksamkeit des Programms vorliegen" (S. 445). Weiterhin bemerken Mayer und Wittrock (1996), dass Feldstudien im Problemlösen in Alltagssituationen zeigen, wie wenig Menschen von ihren in der Schule gelernten Kenntnissen in Mathematik in den tatsächlichen Fragestellungen des Alltags, etwa im Lebensmittelladen oder zu Hause, Gebrauch machen.
Obwohl Pädagogen erfolgreicher waren im Unterrichten von metakognitiven Strategien, mahnen die Kritiker zur Vorsicht: Bei manchen Gelegenheiten wären die gelernten Strategien eher hinderlich als hilfreich beim Lernen. Robert Siegler (1993) meint sogar, dass die Vermittlung von Selbstüberwachung an schwache Schüler interferieren könnte mit dem Erwerb von adaptiven Strategien. Wenn man Schülern die Strategien von Experten aufdrängt, könnte beim Versuch, sie einzusetzen, zu sehr das Arbeitsgedächtnis belastet werden; die Folge wäre, dass sie den Lernstoff nicht aufnehmen, weil sie zu stark mit der Umsetzung der Strategien beschäftigt sind. Zum Beispiel wäre es besser, Schüler auf das Lernen von Vokabeln hinzuweisen, als Wörter aus einem Kontext heraussuchen zu lassen.

Welchen Standpunkt haben Sie?

Tabelle 9.5

Beispiele für kritisches Denken

Definition und Klärung des Problems

- Zentrale Fragestellungen des Themas oder Problems herausarbeiten.
- Vergleichen von Gemeinsamkeiten und Unterschieden.
- Relevante Informationen bestimmen.
- Formulieren von angemessenen Fragen.

Bewerten von Informationen für die Lösung des Problems

- Unterscheiden von Fakten, Meinungen und Schlussfolgerungen.

- Informationen auf Widersprüchlichkeit überprüfen.
- Unausgesprochene Annahmen überprüfen.
- Erkennen von Stereotypen und Klischees.
- Erkennen von Urteilsverzerrungen, emotionalen Faktoren, Werbung und semantischem „Frisieren" auf bestimmte Zielgruppen zu.
- Erkennen unterschiedlicher Wertsysteme und Ideologien.

Erkennen von Problemen/Schlussfolgerungen ziehen

- Erkennen, ob die Daten angemessen sind.
- Vorhersagen von wahrscheinlichen Konsequenzen.

Quelle: Aus California Assesses Critical Thinking von P. Kneedler. In A. Costa (Hrsg.), *Developing Minds: A Resource Book for Teaching Thinking*, S. 277. Copyright © 1985 National Center for Research on Cultural Diversity and Second Language Learning.

aussehenden jungen Leuten, welche die Vorzüge einer bestimmten Orangensaftmarke preisen, während sie in knappen Badeanzügen herumspringen, muss der Betrachter entscheiden, ob Attraktivität ein relevanter Faktor ist, einen Fruchtsaft zu bevorzugen (es sei an die pawlowschen Befunde in Kapitel 6 erinnert). Wie *Pro & Contra* zeigt, stimmen Pädagogen nicht überein, wenn es um den Weg zur Förderung von kreativem Denken in der Schule geht.

Unabhängig davon, welcher spezifische Ansatz zur Förderung des kritischen Denkens eingesetzt wird, nachher muss fortwährend geübt werden. Eine Stunde ist hier nicht genug. Wenn z. B. im Unterricht in einer Klasse ein historisches Dokument durchgenommen wird mit der Fragestellung, ob darin Urteilsverzerrungen oder Propaganda enthalten sind, sollte das noch weiter mit anderen historischen Schriftstücken vertieft werden, aber auch mit zeitgenössischen Anzeigen oder Zeitungsgeschichten. Denkfertigkeiten werden erst auf andere Situationen und Kontexte übertragen, wenn sie überlernt und relativ automatisiert sind. Vorher verwenden Schüler diese Fertigkeiten nur für die Aufgaben in ihrer Sozialkundestunde und nicht, wenn die Anforderungen ihrer Freunde, Politiker, Spielzeughersteller oder Essenspläne kritisch bewertet werden sollen. ▶ Tabelle 9.5 stellt eine repräsentative Liste von kritischen Denkfertigkeiten zusammen.

Halt! Denken Sie nach! Schreiben Sie!

Wie viele verschiedene Wörter können Sie aufführen, die Aspekte des Denkens bezeichnen? Es sollten Ihnen mindestens 20 verschiedene Wörter einfallen.

Die Sprache des Denkens

Mein Computerwörterbuch fand über 100 Wörter, die mit Denken zusammenhängen. Die sprachlichen Bezeichnungen für Denken bestehen aus Wörtern der natürlichen Sprache, die geistige Prozesse und Produkte bezeichnen: „Wörter wie denken, glauben, raten, vermuten, Hypothese, Evidenz, Begründung, Schätzung, Verdacht, Zweifel und Theoretisieren – um nur einige zu nennen" (Tishman, Perkins & Jay, 1995, S. 8). Im Unterricht sollte klares Denken und eine elaborierte, verständliche und präzise Sprache vorherrschen. Der Lehrer sollte nicht sagen: „Was denkst du über Janas Antwort?", sondern vielmehr Fragen stellen, die das Nachdenken anregen, wie etwa: „Was lässt sich für oder gegen Janas Antwort vorbringen?" „Welche Annahmen macht Jana?" „Wie könnte man das noch erklären?" Schüler, in deren Kontext eine elaborierte Sprache gesprochen wird, wenn es um Denken geht, denken

DENKEN

VANSELOW

„Das haben wir doch schon letztes Jahr durchgenommen – warum noch einmal in diesem Jahr?"

Quelle: Copyright © W. A. Vanslow – aus *Phi Delta Kappan.*

mit einiger Wahrscheinlichkeit auch tiefgehender über Denken nach. Schüler lernen mehr dazu, wenn in ihrer Umgebung in interpretativer Weise gesprochen wird und Analysen und Erklärungen gegeben werden. Eine mehr beschreibende Art, sich auszudrücken, hilft weniger beim Lernen als eine Kommunikationsweise, die erklärt, begründet, Bestandteile hervorhebt, ein Anliegen vorträgt, einen Standpunkt verteidigt oder Belege bewertet (Palinscar, 1998).

9.4.5 Ein integriertes konstruktivistisches Programm: Lernergemeinschaften pflegen

Die *Pflege von Lernergemeinschaften* ist ein „System von interaktiven Unternehmungen, die eine bewusst aktive und reflektierte Lernumgebung schaffen" (Brown & Campione, 1996, S. 292). Dies ist ein gesamtes Programm, das auf konstruktivistischen Lerntheorien beruht.

Die Versuchung ist groß, die komplexen Prozesse und das Verstehen, die mit der Pflege von Lernergemeinschaften verbunden sind, zu vereinfachen und in einfache Schritte aufzulösen. Aber die Entwickler dieses Förderprogramms, Ann Brown und Joseph Campione, heben hervor, dass die Philosophie und die

Prinzipien im Vordergrund stehen sollten und nicht Vorgehensweisen und Schritte. Im Kern der Pflege von Lernergemeinschaften liegt ein Prozess, der aus drei Komponenten besteht. Schüler beschäftigen sich bei unabhängiger und in Gruppen organisierter Forschung mit einem Aspekt eines Themas – z. B. Adaptation und Überleben bei Tieren. Das Lernziel für die gesamte Klasse besteht in einem gründlichen Eindringen in das Thema. Weil der Lernstoff so umfassend und komplex ist, können einzelne Schüler nur eine Expertise für einen einzelnen Aspekt erwerben; sie müssen sich dann mit anderen Experten austauschen. Der Austausch ist begründet durch eine nachfolgende Aufgabe – die für die Beurteilung der Schüler durch den Lehrer wichtig ist. Die Aufgabe kann ein traditioneller Test sein oder eine Vorführung, ein Projekt oder ein Wettbewerb. Das Hauptanliegen der Pflege von Lernergemeinschaften ist die *Forschung*, damit ein Bestand an gemeinsamen Informationen entsteht und damit die folgende Aufgabe erledigt werden kann (Brown, 1997; Brown & Campione, 1996).

Die zyklisch angeordnete Serie von Fragen mag nicht neu sein, aber das Besondere an der Pflege von Lernergemeinschaften ist, dass in jeder Phase mit *Forschung* gearbeitet wird und dass jeder Schritt daraufhin überprüft wird, ob er den Schülern einen intellektuellen, sozialen und einen Leistungsfortschritt bringen kann. Die Forschung der Schüler kann viele Formen annehmen, wie z. B. Lesen, Studieren, Forschungsseminare, Schreiben unter Anleitung, Beratung mit Experten – persönlich oder elektronisch – oder Peer- und altersgemischtes Tutorium. Damit Studenten oder Schüler in die Lage versetzt werden, Forschung durchzuführen, werden sie in Strategien des Überprüfens und Erweiterns von Sachverständnis eingeführt; die Strategien bestehen im Zusammenfassen und Vorhersagen aufstellen für die Jüngeren und für Ältere im Analogieschlüsse ziehen, kausale Erklärungen geben, Belege suchen und gut begründete Argumente ausdenken sowie Vorhersagen treffen. Studenten werden explizit unterwiesen, *Informationen auszutauschen*, indem sie Informationen einholen und Hilfe anbieten, sich auf einen Bereich besonders einlassen und dort eine Expertise entwickeln, Lernen durch gegenseitiges Zeigen von Leistungsergebnissen, Teilnehmen an kooperativ arbeitenden Gruppen, Teilnehmen an Diskussionen mit dem ganzen Seminar, dem Praktikum oder der ganzen Klasse, in denen die Fortschritte der einzelnen Forschungsgruppen vorgestellt werden.

Die *Erledigung von nachfolgenden Aufgaben* umfasst solche Anforderungen wie Forschungsberichte schreiben, Forschungspläne entwerfen, Alltagsprobleme lösen, Ausstellungen zusammenstellen, Vorführungen arrangieren, Tests, Quizspiele und andere Verfahren zur Erfassung von Leistungen auf sich nehmen, sodass kaum noch ein Unterschied zur Lehre besteht.

Gute Überlegungen und Fachwissen in unmittelbarer Umgebung unterstützen den Zyklus bestehend aus Forschung, Austausch und Leistung. Die Pflege von Lernergemeinschaften schaffen eine Denkkultur – selbstbewusste Reflexion über wichtige und komplexe Teile des Fachwissens. Brown und Campione (1996) weisen darauf hin, dass wir „von Studenten oder Schülern nicht erwarten können, Neugierde und Fragestellungen für triviale Sachverhalte zu entwickeln" (S. 306). In einer Klasse, in der Pflege von Lernergemeinschaften stattfindet, besteht die Haupt„list" des Lehrers darin, die Studenten/Schüler in die „Falle des gründlichen Überlegens" über komplexe Inhalte zu locken (Brown & Campione, 1996, S. 302).

9.4.6 Dilemmata der konstruktivistischen Praxis

Vor Jahren beobachtete Larry Cremin (1961), dass fortschrittliche, innovative Pädagogik hochqualifizierte Lehrer erfordert. Heute könnte man dasselbe über die konstruktivistische Lehre sagen. Es ist bisher schon klar geworden, dass es viele verschiedene Arten von Konstruktivismus gibt und viele Praktiken, die aus diesen verschiedenen Ansätzen entstehen. Es ist auch klar, dass die Lehre heutzutage im Rahmen von wichtigen Prüfungen und ständigem Rechtfertigungsdruck stattfindet. In diesen Situationen sehen sich konstruktivistische Lehrer vielen Schwierigkeiten gegenüber. Mark Windschitl (2002) erkannte vier Praxisdilemmata des Konstruktivismus, wie aus ▶ Tabelle 9.6 (siehe S. 440) zu ersehen ist. Das erste Dilemma ist ein konzeptuelles: Wie kann man die kognitiven und sozialen Konstruktivismusrichtungen miteinander und mit meiner Ausübung des Lehrerberufs in Einklang bringen? Das zweite Dilemma ist pädagogischer Natur: Wie unterrichte ich im Sinne des Konstruktivismus; sodass das selbstständige Denken der Schüler anerkannt wird, sie sich aber auch den Lernstoff aneignen? Das dritte Dilemma ist kulturell: Welche Aktivitäten, welches kulturelle Wissen und welche Form des verbalen Austausches schafft eine Klassengemeinschaft bei sehr unter-

schiedlicher Schülerzusammensetzung? Dann gibt es noch politische Dilemmata: Wie muss ein Unterricht beschaffen sein, der ein gründliches Verständnis und kritisches Denken fördert, aber dennoch den Forderungen nach Verantwortlichkeiten vonseiten der Eltern und den Ansprüchen des *Kein Kind bleibt zurück-Programms* gerecht wird?

Unterschiede und Gemeinsamkeiten in Lerntheorien

9.5

Was würden Sie dazu sagen?

Als Teil eines Vorstellungsgesprächs für eine Lehrerstelle in einem großen Schulbezirk fragt der Schulrat: „Welche Auffassung vertreten Sie über das Lernen? Wie lernen Schüler?"

9.5.1 Unterschiede

Individuelle Unterschiede und Differenzierungen sind Teil der theoretischen Ansätze der sozial-kognitiven und konstruktivistischen Lerntheorien. Sozial-kognitive Theorien beschreiben die einzigartigen reziproken Interaktionen zwischen persönlichen, kontextuellen und Verhaltensfaktoren, die auf das Lernen und die Motivation des Individuums einwirken. Kultur, sozialer Kontext, persönliche Biografie, Ethnizität, Sprache und rassische/ethnische Identität – um nur ein paar Faktoren zu nennen –, alle formen die persönlichen Eigenheiten eines Individuums wie sein Wissen und seine Überzeugungen, die Umgebungsfaktoren wie Ressourcen und Herausforderungen sowie Aktivitäten und Verhaltensentscheidungen. Eine Hauptannahme der konstruktivistischen Theorien ist, dass Wissen sozial konstruiert ist – geformt durch die Kultur und die Familien, in denen die Wissensträger lernen, sich entwickeln und ihre Identitäten schaffen.

Eines der politischen Dilemmata für Lehrer führt Tabelle 9.6 (siehe S. 440) auf: Familien kritisieren oft pädagogische Reformen und stellen sie infrage. Viele Lehrer mit nicht-traditionellen Lernansätzen sehen sich in die Lage versetzt, sich vor den Familien der Schüler rechtfertigen zu müssen. Die *Richtlinien* (siehe

Tabelle 9.6

Dilemmata für Lehrer in der Anwendung des Konstruktivismus

Lehrer stehen konzeptuellen, pädagogischen, kulturellen und politischen Dilemmata bei der Umsetzung des Konstruktivismus in die Praxis gegenüber. Es folgen Erklärungen dieser Dilemmata und einige repräsentative Fragen an Lehrer angesichts dieser Dilemmata.

Kategorie des Lehrerdilemmas	Repräsentative Fragen zum Thema
Konzeptuelle Dilemmata: Verstehen der Hintergründe des kognitiven und sozialen Dilemmas; gegenwärtige Einstellungen über Pädagogik mit den Überzeugungen in Einklang bringen, die notwendig für den Erhalt einer konstruktivistischen Lernumgebung sind.	Welche Version des Konstruktivismus passt zu meinem Unterricht? Besteht die Klasse aus lauter Individuen, deren Konzepte verändert werden sollen, oder ist sie eine Lernergemeinschaft, deren Fortschritte durch Teilnahme an Fachübungen gemessen werden? Wenn bestimmte Ideen von Experten als richtig beurteilt werden, sollten Schüler diese Ideen übernehmen und kein eigenes Wissen konstruieren?
Pädagogisches Dilemma: Die Versuche zum selbstständigen Denken der Schüler anerkennen, aber trotzdem nicht vom notwendigen Fachwissen abweichen; gründlicheres Fachwissen vermitteln; die Kunst beherrschen, das Lernen zu erleichtern; neue Diskurse zu meistern und Zusammenarbeit in der Klasse zu erreichen.	Gründe ich meinen Unterricht auf dem bereits vorhandenen Wissen und nicht auf den Lernzielen? Welche Fertigkeiten und Strategien benötigt ein Lehrer, um den Erwerb des Fachwissens zu erleichtern? Wie kann ein Lehrer eine Klasse managen, in der die Schüler unter sich reden und nicht mit dem Lehrer? Sollte man der Konstruktion eigenen Wissens durch die Schüler Grenzen setzen? Welche Arten von Prüfungen erfassen am besten die konstruktivistische Art des Wissenserwerb?
Kulturelle Dilemmata: Sich die Kultur in der Klasse bewusst machen; implizite Annahmen über hoch bewertete Aktivitäten im gegebenen kulturellen Kontext infrage stellen; Vorteile aus den Erfahrungen ziehen, den Diskursmustern und dem lokalen Wissen der Schüler über verschiedene kulturelle Hintergründe.	Wie kann man entgegen den traditionellen, effizienten Klassenroutinen handeln und neue Übereinkünfte zwischen Schülern und Lehrern schaffen über das, was als gut oder schlecht zu bewerten ist und welche Belohnungen es geben sollte? Inwieweit hindern mich meine eigenen Vorstellungen darüber, was richtig und möglich in einer Klasse ist, daran, die Möglichkeiten einer anderen Lernumgebung zu erkennen? Wie kann der Lehrer die Weltbilder der Schüler von unterschiedlicher Herkunft zurechtrücken, während er gleichzeitig die „Klassenkultur" verändert? Kann der Lehrer sich darauf verlassen, dass die Schüler für ihr eigenes Lernen Verantwortung übernehmen?
Politische Dilemmata: Fragen der Verantwortlichkeit mit wichtigen Entscheidungsträgern der Gemeinde diskutieren; mit Personen in Schlüsselpositionen aushandeln, dass die eigene konstruktivistische Ausrichtung unterstützt wird.	Wie kann der Lehrer die Unterstützung der Verwaltung und der Eltern bekommen, wenn er so radikal von der üblichen Unterrichtsform abweicht? Sollte der Lehrer von anerkannten Lehrplänen Gebrauch machen, die auf die Bedürfnisse der Schüler nicht genug eingehen, oder sollte der Lehrer eigene erstellen? Wie können unterschiedliche problembasierte Erfahrungen den Schülern helfen, den besonderen Standards des Bundeslandes und des Schulbezirks gerecht zu werden? Können die konstruktivisitischen Ansätze die Schüler angemessen für Zulassungsprüfungen für die höhere Ausbildung vorbereiten?

S. 442) geben einige Hinweise für das Gespräch mit Eltern über innovatives konstruktivistisches Unterrichten und Lernen.

In den letzten vier Kapiteln wurden verschiedene Lernaspekte vorgestellt. Es wurden Verhaltens- sowie Informationsverarbeitungsprozesse, sozial-kognitive, konstruktivistische und situationsspezifische Lernerklärungen erarbeitet für das, was Menschen lernen und wie sie es lernen. ▶ Tabelle 9.7 fasst diese verschiedenen Perspektiven des Lernens zusammen.

Tabelle 9.7

Vier Sichtweisen des Lernens

Innerhalb der vier Perspektiven des Lernens gibt es Unterschiede in den Schwerpunkten. Es gibt aber auch eine Überschneidung in den konstruktivistischen Sichtweisen.

| | Sichtweisen/Aspekte | | | |
| | Kognitive | | Konstruktivistische | |
	Verhalten *Skinner*	**Informations- verarbeitung** *J. Anderson*	**Psychologisch/ individuell** *Piaget*	**Sozial/ Situationsspezifisch** *Wygotski*
Wissen	Ein festgelegter Wissensfundus wird erworben Lernanreize von außen	Ein festgelegter Wissensfundus wird erworben Lernanreiz von außen Vorwissen bestimmt, wie Informationen gelernt werden	Sich verändernder Wissensfundus, individuell in einer sozialen Welt konstruiert Baut auf Voraussetzungen des Lerners auf	Sozial konstruiertes Wissen Baut auf dem auf, was die Teilnehmer mitbringen und was sie zusammen konstruieren
Lernen	Erwerb von Wissen, Tatsachen und Begriffen Mechanisches Üben, Üben unter Anleitung	Erwerb von Fakten, Fertigkeiten und Strategien	Aktive Konstruktion, Rekonstruktion von Vorwissen Erscheint durch die vielen Gelegenheiten und unterschiedlichen Prozesse, um mit dem Vorwissen zu verknüpfen	Kooperative Konstruktion von sozial definiertem Wissen und Werten Erscheint durch sozial konstruierte Gelegenheiten
Lehre	Transmission Vortragen (Erzählen)	Transmission Schüler/Studenten zu genauem und vollständigem Wissen anleiten	Herausfordern, zu vollständigem Wissen anleiten	Mit Schülern/Studenten Wissen ko-konstruieren
Rolle des Lehrers	Manager, Aufsichtführender Falsche Antworten verbessern	Vermitteln und vorführen von effektiven Strategien Falsche Vorstellungen korrigieren	Erleichtern, anleiten Auf die gegebenen Vorstellungen und Überlegungen der Schüler achten	Erleichtern, anleiten Mit-Teilnehmer ko-konstruieren unterschiedliche Wissensdeutungen; Anhören der sozial konstruierten Konzeptionen
Rolle der Gleichaltrigen	Gewöhnlich nicht einbezogen	Nicht notwendig, aber kann Informationsverarbeitung beeinflussen	Nicht notwendig, aber kann das Denken anregen, Fragen aufwerfen	Teil des Prozesses der Wissenskonstruktion
Rolle der Schüler/Studenten	Passive Aufnahme des Wissens Aktive Zuhörer, Befolger von Anweisungen	Aktiver Verarbeiter von Unterweisungen, Strategienutzer Organisierer und Reorganisierer von Informationen Abrufer von Informationen	Aktive Konstruktion (im Geiste) Aktiver Denker, Erklärer, Deuter, Frager	Aktive Ko-konstruktion mit anderen und sich selbst Aktiver Denker, Erklärer, Deuter und Frager Aktive soziale Teilnahme

Quelle: Aus *Reconceptualizing Learning for Restructured Schools* von H. H. Marshall. Vortrag bei dem Annual Meeting of the American Educational Research Association, April 1992. Copyright © 2002 Hermine H. Marshall.

Partnerschaft von Familie und Gemeinde: über Innovationen sprechen

Seien Sie zuversichtlich und ehrlich.

Beispiele

1 Begründen Sie Ihre Unterrichtsmethoden schriftlich; nehmen Sie dabei schon durch gut fundierte Antworten mögliche Einwände vorweg.

2 Geben Sie Fehler oder das Übersehen von Einzelheiten zu.

Behandeln Sie Eltern wie gleichberechtigte Partner.

Beispiele

1 Hören Sie sich die Einwände der Eltern aufmerksam an, machen Sie sich Notizen und folgen Sie Nachfragen oder Vorschlägen – Eltern und Lehrer wollen ja beide das Beste für das Kind.

2 Geben Sie Eltern die Telefonnummer eines Ansprechpartners in der Schulverwaltung, der ihre Fragen über neue Schulprogramme oder -initiativen beantworten kann.

3 Laden Sie die Eltern in ihr Dienstzimmer ein oder bei bestimmten Projekten auszuhelfen.

Pflegen Sie einen effektiven Kommunikationsstil.

Beispiele

1 Erklären Sie in einfacher Sprache und vermeiden Sie Fachjargon. Wenn Sie einen Fachausdruck benutzen müssen, erklären Sie ihn so, dass er verstanden wird. Setzen Sie Ihre didaktischen Fähigkeiten ein, um Eltern von neuen Unterrichtsansätzen zu überzeugen.

2 Regen Sie in den lokalen Zeitungen oder dem regionalen Fernsehen an, einen Artikel oder eine Sendung über Ihre innovativen Unterrichtsmethoden einzuplanen.

3 Legen Sie eine kleine „Bibliothek" mit Artikeln und Büchern über Ihren neuen Unterrichtsansatz an.

Stellen Sie für die Elternabende eine Liste der Projekte und Aufgaben zusammen.

Beispiele

1 Regen Sie die Eltern an, zu Hause praktische Mathematik zu üben. Zeigen Sie den Eltern, wie das am effektivsten zu bewerkstelligen ist, und weisen Sie die Eltern auf erfolgreiche Strategien hin.

2 Legen Sie eine Liste der Lieblingsbeschäftigungen der Kinder für deren Eltern an.

Entwickeln Sie ein Bündel von Möglichkeiten für praktisches Familienengagement.

Beispiele

1 Schicken Sie den Eltern durch die Kinder einmal im Monat Beschreibungen und Beispiele von Mathematik-, naturwissenschaftlichen oder sprachlichen Aufgaben, in denen die entsprechenden Fertigkeiten vorgestellt werden, die in den kommenden Unterrichtseinheiten gefördert werden sollen. Beziehen Sie Aktivitäten, die Kinder mit ihren Eltern durchführen können, mit ein.

2 Werten Sie diese Familienaktivitäten auf, indem Sie sie in die Benotung mit einbeziehen.

Quelle: Aus „Addressing Parents' Concerns Over Curriculum Reforms" von M. Meyer, M. Delgardelle und J. Middleton. *Educational Leadership, 53(7)*. Copyright © 1996 Association for the Supervision and Curriculum Development. Die Association for Supervision and Curriculum Development ist eine internationale Gemeinschaft von Lehrern und Erziehern, die für gut begründete Maßnahmen und Methoden eintreten, die den Lernerfolg jedes Schülers sicherstellen sollen. Um mehr darüber zu erfahren, besuchen Sie die Website von ASCD unter **www.ascd.org**.

9.5.2 Gemeinsamkeiten

Es sollen hier weniger die Vorteile jedes Ansatzes besprochen werden, sondern ihr jeweiliger Beitrag zur Verbesserung des Verständnisses des Lernprozesses und der Lehrmethoden. Sie müssen nicht unbedingt den „besten" Ansatz herausfinden – den gibt es nicht. Chemiker, Biologen und Ernährungswissenschaftler haben unterschiedliche Theorien darüber, wie man gesund lebt. Verschiedene Lernansichten können zusammen eine produktive Lernumgebung für die unterschiedlichen Schüler schaffen, die Sie unterrichten müssen. Die Verhaltenstheorie hilft uns, die Rolle der Hinweisreize für das Verhalten und die Rolle von dessen Konsequenzen für die Verstärkung oder Übung von Verhaltensweisen zu verstehen. Aber das Leben der Menschen besteht nicht nur aus Verhalten. Und Lernen ist mehr als nur das Verändern von Verhalten.

Sprache und höhere Denkprozesse erfordern komplexes Informationsverarbeiten und Gedächtnis – etwas, was kognitive Vorbilder in der Form von intelligenten Computern uns zu verstehen geholfen haben. Und was ist mit der Person, die kreativ Wissen erschafft und konstruiert und nicht nur Informationen verarbeitet? Hier haben Konstruktivisten viel anzubieten.

Die drei Lerntheorien in der Tabelle 9.7 (siehe S. 441) können als Säulen der Lehre gedacht werden. Die Schüler/Studenten müssen zuerst die Bedeutung des Lehrstoffes erkennen (konstruktivistisch); dann müssen sie sich an das Gelernte und Verstandene erinnern (kognitiv – informationsverarbeitend) und die neuen Fertigkeiten anwenden (verhaltenstheoretisch) und es verstehen, um das Erworbene leichter abrufbar und automatisch zu machen – es zu einem dauerhafteren Bestand des Verhaltensrepertoires werden lassen. Ignoriert man einen einzelnen Teil des Prozesses, führt dies zu weniger gutem Lernen.

ZUSAMMENFASSUNG

Die sozial-kognitive Theorie (S. 403–407)

Unterscheiden Sie zwischen sozialer Lerntheorie und sozial-kognitiven Theorien. Soziale Lerntheorien schaffen eine breitere Basis für die Erklärung des Lernens als Verstärkungs- und Bestrafungstheorien. Aus behavioristischer Sicht bestimmen Verstärkungen und Bestrafungen direkt das Verhalten. Die soziale Lerntheorie besagt, dass die Beobachtung einer anderen Person, eines Vorbildes oder eines Modells, wie sie verstärkt oder bestraft wird, allein schon ausreichen kann, das Verhalten des Beobachters zu verändern. Sozial-kognitive Theorien verbreitern die Basis der sozialen Lerntheorien noch weiter, denn sie ziehen kognitive Faktoren wie Überzeugungen, Erwartungen und Selbstwahrnehmungen mit ein.

Was ist reziproker Determinismus? Persönliche Faktoren (Überzeugungen, Erwartungen, Einstellungen und Wissen), die physikalische und soziale Umwelt (Ressourcen, Folgen von Handlungen, andere Personen und physikalische Umweltgegebenheiten) und Verhalten (individuelle Handlungsweisen, Entscheidungen und verbale Aussagen) beeinflussen sich alle und werden voneinander beeinflusst.

Was versteht man unter Selbstwirksamkeit und wie unterscheidet sie sich vom Selbstkonzept? Selbstwirksamkeit unterscheidet sich von anderen Selbstschemata durch Erleben der eigenen Fähigkeiten *in bestimmten Leistungsbereichen.* Selbstkonzept ist ein globaleres Konstrukt, in das zahlreiche Wahrnehmungen des eigenen Selbst eingehen, darunter auch die Selbstwirksamkeit. Verglichen mit dem Selbstwert erstreckt sich die Selbstwirksamkeit auf Urteile der persönlichen Fähigkeiten; Selbstwert dagegen umfasst Urteile über den eigenen Wert – oft gemessen an der Akzeptanz durch andere oder am Nutzen für sie.

Was ist die Grundlage für die Selbstwirksamkeit? Vier Ursachen können ausgemacht werden: Erfahrung, dass man etwas meistern kann (direkte Erfahrung), Aktivierungsniveau angesichts der Aufgabe, stellvertretende Erfahrungen (Leistungen/Verhalten werden von einer anderen Person ausgeführt) und soziale Persuasion (Überredungskünste oder spezifische Rückmeldungen für Verhaltensweisen).

Anwendungen der sozial-kognitiven Theorie (S. 407–417)

Wie beeinflusst Selbstwirksamkeit die Motivation? Stärkeres Erleben der eigenen Wirksamkeit führt zu erhöhter Anstrengung, Ausdauer bei Rückschlägen oder Misserfolgen, höher gesteckten Zielen und der Suche nach neuen Strategien, wenn die alten nicht erfolgreich sind. Wenn die Selbstwirksamkeit gering ausgeprägt ist, können Aufgaben ganz vermieden oder beim Auftauchen von Schwierigkeiten abgebrochen werden.

Was versteht man unter der Selbstwirksamkeit des Lehrers? Eine der wenigen persönlichen Eigenheiten von Lehrern, die sich auf die Leistungen der Schüler auswirken, ist die Überzeugung der eigenen Wirksamkeit, dass sie auch schwierige Schüler beim Lernen unterstützen können. Lehrer mit ausgeprägtem Selbstwirksamkeitserleben arbeiten härter, beweisen längere Ausdauer und sind weniger dem Risiko von Stress- oder Burn-out-Symptomen ausgesetzt. Die Selbstwirksamkeit ist höher bei Lehrern in Schulen, in denen Lehrer und die Schulverwaltung hohe Erwartungen an die Schüler haben und in denen die Lehrer Unterstützung durch den Rektor bei didaktischen und Management-Problemen erhalten. Das Wirksamkeitserleben steigt bei Erfolgen mit Schülern, deshalb führen alle möglichen Erfolge im täglichen Unterrichten von Schülern zur Steigerung der Selbstwirksamkeit des Lehrers.

Welche Faktoren spielen beim selbstgesteuerten Lernen eine Rolle? Ein wichtiges Unterrichtsziel ist, die Schüler auf das lebenslange Lernen vorzubereiten. Um dieses Ziel zu erreichen, müssen Schüler zu selbstgesteuertem Lernen erzogen werden; das bedeutet, dass sie eine Mischung aus Kenntnissen, Lernmotivation und freiem Willen entwickelt haben, welche die notwendigen Fertigkeiten bereitstellt, selbstständig und effektiv zu lernen.

Was ist ein selbstgesteuerter Lernzyklus? Es gibt verschiedene Modelle für selbstgesteuertes Lernen. Winne und Hadwin beschreiben ein Vier-Phasen-Modell: die Aufgabe analysieren, Ziele setzen und Pläne schmieden, Techniken einsetzen, um die Aufgabe erledigen zu können, und das Lernen steuern. Zimmerman erkennt drei ähnliche Phasen: Vorausdenken (Ziele setzen, Pläne schmieden, Selbstwirksamkeit und Motivation); Leistung (Selbstkontrolle und Selbstüberprüfung); und Reflektion (Selbstbewertung und Anpassungen, die wieder auf Vorausdenken in der Planungsphase zurückgreifen).

Wie können Lehrer die Entwicklung der Selbstwirksamkeit und des selbstgesteuerten Lernens fördern? Lehrer sollten für Schüler komplexe bedeutungshaltige Aufgaben vorsehen, die sich über eine lange Zeit erstrecken; Schüler sollten ihre eigenen Lernprozesse und deren Ergebnisse kontrollieren — sie müssen Entscheidungen treffen können. Schüler sollten Kriterien entwickeln, ihr eigenes Lernen und die Lernergebnisse bewerten, dann sollten sie die Gelegenheit bekommen, ihre eigenen Fortschritte anhand der Kriterien einzuschätzen. Schüler sollten zur Zusammenarbeit mit anderen Gleichaltrigen angeregt werden und von ihnen auch Rückmeldungen erhalten können.

Kognitiver und sozialer Konstruktivismus (S. 418–426)

Beschreiben Sie zwei Versionen des Konstruktivismus und unterscheiden Sie beide vom Konstruktionismus. Psychologische Konstruktivisten wie etwa Piaget beschäftigen sich damit, welches Weltbild sich *Individuen* zurechtzimmern, indem sie Wissen ansammeln, ihre Überzeugungen, Selbstkonzepte oder ihre Identität aufbauen – sie gehören den *Konstruktivisten der ersten Generation* an. *Soziale* Konstruktivisten wie Wygotski glauben, dass soziale Interaktionen, kulturelle Hilfsmittel und Aktivitäten die individuelle Entwicklung formen und das Lernen beeinflussen – sie werden als *Konstruktivisten der zweiten Generation* bezeichnet. Durch die Teilnahme an zahlreichen Aktivitäten mit anderen eignen sich die Lerner die Ergebnisse der Zusammenarbeit an; sie erwerben neue Strategien und Weltwissen. Konstruktivisten sind auch daran interessiert zu erfahren, wie das allgemeine Wissen in einzelnen Disziplinen konstruiert wird und wie Alltagstheorien über die Welt neuen Mitgliedern einer soziokulturellen Gruppe kommuniziert werden.

Auf welche Weise unterscheiden sich die Grundlagen, die Genauigkeit und die Allgemeinheit des Wissens? Konstruktivisten diskutieren, ob Wissen durch das Zuordnen von Gegebenheiten der Außenwelt zu inneren Repräsentationen, durch das Anpassen und die Veränderung der inneren Repräsentationen konstruiert wird oder durch eine Wechselwirkung von externen Einwirkungen und inneren Repräsentationen. Die meisten Psychologen räumen beiden Faktorengruppen eine Rolle ein, aber sie unterscheiden sich darin, welche der beiden Kategorien von Faktoren dominiert. Auch gibt es eine Diskussion darüber, ob Wissen in einer Situation konstruiert und in einer anderen angewendet wird oder ob Wissen situations- und kontextspezifisch ist, d. h. gebunden an die Situation und den Kontext, in dem es erworben wird.

Was sind einige gemeinsame Elemente der meisten konstruktivistischen Lerntheorien? Es gibt keine einheitliche konstruktivistische Theorie, viele konstruktivistischen Ansätze empfehlen komplexe, herausfordernde Lernumwelten und lebensnahe Aufgaben; soziale Verhandlungen und Ko-Konstruktionen; multiple Repräsentationen des Inhaltes und das Verständnis von Wissen gelten als situations-spezifisch, d. h. spezifisch für eine Situation und an den Lernkontext gebunden.

Anwendungen der konstruktivistischen Perspektive (S. 426–439)

Unterscheiden Sie zwischen der Fragemethode und dem problembasierten Lernen? Die Frage-strategie fängt mit dem Vorstellen eines verwirren-den Ereignisses an, einer Frage oder einem Pro-blem. Die Schüler stellen Fragen (bei einigen Vor-gehensweisen nur Ja/Nein-Fragen) und stellen dann Hypothesen auf, die das Ereignis erklären und das Problem lösen sollen; sie sammeln dann Daten, um den in der Hypothese aufgestellten Ursache-Wirkungszusammenhang zu belegen; sie ziehen Schlussfolgerungen und verallgemeinern; sie reflek-tieren über das ursprüngliche Problem und den Denkprozess, der zu einer Lösung führen könnte. Problembasiertes Lernen mag einen ähnlichen Weg einschlagen, das Lernen fängt jedoch mit einem le-bensnahen Problem an, eines, für das sich der Schü-ler interessiert. Das Ziel ist, Mathematik, Naturwis-senschaften, Geschichte oder ein anderes wichtiges Fach zu lernen, während eine echte Lösung auf ein reales Problem gesucht wird.

Was sind lehrreiche Unterhaltungen? Lehrreiche Unterhaltungen sind deshalb *lehrreich*, weil sie da-rauf abzielen, das Lernen voranzubringen, aber es sind eben Unterhaltungen, nicht Vorlesungen oder die üblichen Diskussionen. Sie gehen auf die Äu-ßerungen der Schüler ein, sie fordern heraus, aber drohen nicht, sie vernetzen das Gelernte und sind in-teraktiv – aber mit allen Schülern. Die Absicht des Lehrers besteht darin, das Engagement jeden Schü-lers in einer sachlichen Diskussion aufrechtzuhal-ten.

Beschreiben Sie sechs gemeinsame Merkmale der meisten Ansätze zu kognitiven Lehrzeiten. Schü-ler beobachten ein Expertenvorbild/-modell (meist

ein Lehrer) wie es eine Leistung vorführt; sie erhalten Unterstützung von außen durch Training oder Tuto-rien; sie erhalten konzeptuell dosierte Unterstützung (scaffolding), die allmählich mit der zunehmenden Kompetenz und dem Können der Schüler abgebaut wird. Schüler äußern ständig ihr Wissen – sie fas-sen ihr Verständnis der Lernprozesse und der Lern-inhalte in Worte. Sie denken über ihren Fortschritt nach und über ihre eigenen früheren Leistungen. Schüler explorieren neue Wege, ihr gelerntes Wissen anzuwenden, neue Vorgehensweisen, die sie an der Seite der Experten nicht gelernt haben.

Was heißt Denken als Enkulturation? Enkultu-ration ist ein breiter und komplexer Prozess des Wissenserwerbs und der Entwicklung von geteilten Bedeutungen in Übereinstimmung mit Wygotskis Theorie des sozial vermittelten Lernens. Ähnlich wie in der häuslichen Familienkultur der Spracherwerb erfolgte, kann die Schulkultur Unterricht im Denken geben, indem sie uns Modelle richtigen Denkens vor-führt; die *direkte Unterweisung* in Denkprozessen ist im Lehrplan vorgesehen; die Praxis des Denkens wird angeregt durch Interaktionen mit anderen.

Was bedeutet „Pflege der Lernergemeinschaften"? Die Pflege von Lernergemeinschaften ist ein An-satz, die Klassengemeinschaft und die ganze Schule zum Zwecke des Lernens zu organisieren. Im Mit-telpunkt der Pflege der Lernergemeinschaften steht die Forschung, um Informationen austauschen, eine nachfolgende Aufgabe erledigen zu können, für die gründliches Fachwissen gefordert wird. Schüler en-gagieren sich in unabhängigen oder in Gruppenfor-schungsprojekten, sodass die ganze Klasse ein Ver-ständnis für das Forschungsthema entwickeln kann. Weil das Material komplex ist, müssen sich einzelne Gruppen oder Schüler in der Klasse auf jeweils einen anderen Aspekt des umfassenden Themas konzen-trieren und ihr Fachwissen austauschen. Der Aus-tausch ist motiviert durch die nachfolgend zu lö-sende Aufgabe, eine für jeden Schüler für seine Be-urteilung wichtige Leistung.

SCHLÜSSELBEGRIFFE

Aktivierung (S. 406)

Enkulturation (S. 423)

Früher Konstruktivismus (S. 420)

Intersubjektive Haltung (S. 425)

Kognitive Lehrzeit (S. 434)

Kompetenzerleben (S. 406)

Komplexe Lernumgebung (S. 424)

Konstruktivismus (S. 419)

Kritisches Denken (S. 435)

Lehrreiche Unterhaltung (S. 432)

Lernen durch Fragen (S. 426)

Modelllernen (S. 407)

Problemorientiertes Lernen (S. 428)

Radikaler Konstruktivismus (S. 420)

Reziproker Determinismus (S. 403)

Selbstbestimmtes Handeln (S. 410)

Selbstwirksamkeit des Lehrers (S. 408)

Selbstwirksamkeit (S. 404)

Sozial-kognitive Theorie (S. 403)

Soziale Lerntheorie (S. 403)

Soziale Persuasion (S. 407)

Soziale Verhandlungen (S. 425)

Späterer Konstruktivismus (S. 421)

Spiral-Lehrplan (S. 425)

Stellvertretende Erfahrungen (S. 406)

Verankerung im Unterricht (anchored instruction) (S. 430)

Vielseitige Darstellung des Inhaltes (S. 425)

Willenskraft/Volition (S. 410)

ZUSAMMENFASSUNG

Aus dem Lehrernotizbuch

Eine aus konstruktivistischer Perspektive des Lernens vielbeachtete Idee ist, dass Lernstoff in verschiedenen Kontexten zu verschiedenen Zwecken den Wissenserwerb fördern kann. So gesehen streifen Lehrer und Schüler quer durch die Lernlandschaft. Die Lehrernotizen dieses Kapitels bieten eine solche Landschaft, die man in verschiedenen Besuchen durchstreifen kann. Gut durchdachte Lernaktivitäten über Themen wie Motivation, Lernumgebungen, Evaluation und didaktische Strategien könnten sehr wohl durch die Herausforderungen des täglichen Unterrichts erkundet werden.

Als ersten Ausflug durch diese Landschaft sollen schülerzentrierte Unterrichtsmodelle geprüft werden, eines der Hauptthemen dieses Kapitels. Ein Problem dieses Szenarios ist das bestehende Missverhältnis zwischen Schülern und dem Lehrplan. Viele der Schüler erscheinen ohne Motivation. Vielleicht sehen die Schüler die Aufgaben ohne Zusammenhang mit ihrem Alltag oder sie haben keine Verantwortung für ihr eigenes Lernen übernommen. Das Wissen von Modellen des schülerzentrierten Unterrichts kann dabei helfen, diese Themen anzuwenden und die Schüler zu aktivem, sinnvollem Lernen in der Klasse zu veranlassen.

Was würden Lehrer tun?

Hier lesen Sie Lehrerstimmen, die zu den schlechten „Buchbesprechungen" Stellung nehmen.

■ M. H. Smith, Lehrer einer höheren Schule der Klassen 9–12

Erfahrung ist der beste Lehrer. In einer idealen Welt kann man seinen Unterricht mit großartigem Lernmaterial gestalten, um das Niveau zu erreichen, was man anstrebt. Aber die Realität bricht über einen herein, wenn man die Fähigkeiten der Schüler näher kennenlernt. Hohe Standards und Erwartungen sind hehre Ziele, aber sie müssen vernünftig auf die Schüler abgestimmt sein. Der Beruf des Erziehers erfordert ständige Flexibilität und Anpassung an neue Situationen. Schüler lernen auf verschiedene Art und Weisen und Lehrer, die sich auf neue Klassen und Lehrpläne einstellen können, haben bessere Erfolgschancen.

Weil die beschriebene Klasse verschiedene Leistungsniveaus umfasst, muss eine gemeinsame Grundlage gefunden werden, dir ihr Interesse am Lernen weckt und wach hält. Es ist ratsam, verschiedene Aktivitäten einzuleiten und vielleicht sogar die drei bes-

ten Schüler als Tutoren für die schwachen Schüler einzusetzen. Es wird sicher nicht leicht sein, alle im gleichen Tempo zu beschäftigen, man muss das ziemlich ausführlich planen, aber mit Geduld und einigen Mühen findet man schließlich doch ein Niveau, bei dem sich alle angesprochen fühlen.

■ T. W. N., Lehrerin einer 8. Klasse einer Realschule

Es wäre natürlich schön, wenn man eine Klasse mit der Weltliteratur bekannt macht, aber wahrscheinlicher ist, dass die Klasse darauf ablehnend reagiert: Noch ein „lahmes" Buch lesen! Deshalb ist es wichtig, Bücher ausfindig zu machen über Themen, die den Schülern zusagen. Auf der Bücherliste gibt es bereits einige Vorschläge von Büchern, die auch verfilmt wurden, Musikfilme, Fernsehfilme oder auch Werbefilme. Je enger Literatur mit dem Leben der Schüler verknüpft ist, umso mehr lassen sich Schüler zur Lektüre motivieren.

■ J. D. H., Lehrerin einer 7. Klasse

Die Schullektüre ist zweifellos ein Problem. Ich bin der Meinung, dass man Schüler an die klassische Literatur heranführen sollte. Lehrer motivieren sich selbst, die klassische Literatur zu lesen und zu analysieren. Bei Schülern geht das anders. Der Lehrer muss die klassische Literatur so darstellen, dass das Interesse der Schüler wachgehalten wird. Anstelle der Lektüre eines ganzen Buches sollte man typische und zentrale Stellen herausgreifen, die den Schriftsteller charakterisieren. Andere Teile sollten mit anderen Unterrichtstechniken vorgestellt werden; z. B. durch Filme, welche die Schüler meistens ansprechen. Was immer man auch als didaktisches Mittel im Unterricht einsetzt, es sollte immer ein Lerneffekt eintreten.

Drei Schüler weisen schon ein differenziertes Verständnis von Literatur auf, jeder Schüler kann jedoch eine neue Einsicht in die Diskussion einbringen und dafür Anerkennung finden. Zusätzlich zur Klassendiskussion können noch andere individuelle und Gruppenaktivitäten geplant werden, welche die Schüler an die Literatur heranführen. Angesichts der unterschiedlichen Leistungsniveaus in der Klasse würde ich die Bewertung der Schüler auf ihren unterschiedlichen Niveaus versuchen.

■ M. J. E., Lehrerin von 10. und 11. Klassen

Der Englischunterricht in den 10. und 11. Klassen soll dem Lehrplan nach die Schüler an eine breite Auswahl an großartiger Literatur heranführen. Das ist ein anspruchsvolles Ziel. Beim Unterrichten müssen die hohen Ziele sich auch als durchführbar erweisen. Das oberste Gebot der Erziehung ist, den Erwerb der notwendigen Fertigkeiten zu vermitteln. Siegfried Lenz zu lesen, ist nicht unbedingt der beste Weg, das zu erreichen. Den Lehrplan kann man vielleicht mit den drei herausragenden Schülern erreichen. Ich würde sie erst einmal von der Klasse etwas abtrennen. Das kann ein logistischer Albtraum werden, außerdem verdoppelt es die Vorbereitungszeit. Es gibt aber keinen anderen Weg, ihnen gerecht zu werden und sie gleichermaßen zu fördern, während man sich mit dem Rest beschäftigt.

Für den Rest der Klasse muss die Lektüreliste durchforstet werden. Man kann einfach nicht längere Romane in einer Klasse von schlechten Lesern durchnehmen, das wäre Selbstmord auf Raten über 40 Wochen. Stattdessen sollte man kürzere Literatur aussuchen und Romane für junge Erwachsene mit leicht reißerischen Titeln, dann hat man vielleicht eine Chance, dass die Lektüre bis zu Ende gelesen wird. Man sollte es auch mit Videos zwischendurch versuchen.

Motivation
im Lehr- und Lernprozess

10

ÜBERBLICK

Was würden Sie tun?

Es ist Juli, und endlich haben Sie Ihre Stelle als Lehrer in einer höheren Schule erhalten. Die Stelle war nicht in Ihrem bevorzugten Schulbezirk, aber es gab wenige offene Stellen. Sie sind deshalb froh, eine Stelle in Ihrem Fach gefunden zu haben. Nun entdecken Sie, dass der Schule geringe bis gar keine Mittel zur Verfügung stehen. Die wenigen Lernmaterialien sind veraltete Schul- und begleitende Arbeitsbücher. Alle Vorschläge von Ihrer Seite für neue Computerprogramme, Simulationsspiele, visuelle Unterrichtsmittel oder andere, mehr Aktivität erfordernde Hilfsmittel, wurden immer wieder abgewiesen mit dem Hinweis auf die fehlenden Mittel. Sie schauen sich die vorhandenen Bücher an und sind der Meinung, dass die Schüler nicht umhin können, sich zu langweilen. Darüber hinaus erscheinen die Bücher auch zu anspruchsvoll für die Schülergruppe. Aber die Lernziele in den Büchern sind wichtig. Die Lehrpläne erfordern das Durcharbeiten des in den Büchern enthaltenen Stoffes. Die Schüler werden über den Lehrstoff im nächsten Frühjahr eine von den Schulbehörden ausgearbeitete zentrale Prüfung ablegen müssen.

Kritisch denken

- Wie könnten Sie die Neugier und das Interesse der Schüler an diesen Themen und Aufgaben aus den Schulbüchern wecken?
- Wie können Sie den Schülern den Wert des Materials vermitteln?
- Wie würden Sie mit dem Schwierigkeitsgrad des Materials umgehen?
- Was müssen Sie über ihre Schüler wissen, damit sie motiviert werden können, solche Aufgaben zu lösen?

Zusammenarbeit

Führen Sie mit zwei oder drei Schülern aus Ihrer Klasse eine Brainstorming-Sitzung durch, um Vorschläge zu bekommen, wie man die Schüler motivieren kann, den Lehrstoff in diesen Büchern zu lernen.

Die meisten Lehrer stimmen darin überein, dass die Motivierung der Schüler ein kritischer Punkt im Unterricht ist. Um zu lernen, müssen sich Schüler kognitiv, emotional und mit ihrem Verhalten produktiv an Klassenaktivitäten beteiligen. Die erste Frage dieses Kapitels lautet daher: „Was ist Motivation?"; es gilt, die vielen möglichen Antworten auf diese Frage näher zu betrachten, darunter auch die Frage, was ist intrinsische und extrinsische Motivation. Außerdem werden vier Theorien der Motivation vorgestellt: die behavioristische, humanistische, kognitive und soziokulturelle.

Danach werden in diesem Kapitel weitere Faktoren näher betrachtet, die häufig in Diskussionen über Motivation auftauchen: Bedürfnis, Zielorientierung, Interesse und Emotion sowie Überzeugungen oder Einstellungen, zu denen auch die Selbstwirksamkeit gehört.

Wie integriert man all diese Information in der Lehre? Wie sorgt man als Lehrer für eine günstige Lernumgebung, Lernsituation und für Beziehungen, die Motivation und Anstrengungsbereitschaft beim Lernen anregen? Zunächst wird betrachtet, wie die persönlichen Einflussfaktoren auf die Lernmotivation einwirken. Dann wird überprüft, wie die Motivation durch die schulischen Leistungen der Klasse, den Wert der Arbeit und die Lernsituation beeinflusst wird. Schließlich erfolgt eine Diskussion über eine Anzahl von Strategien zur Entwicklung der Motivation – der allgemeinen Motivationslage in der Klasse und der individuellen dauerhaften Motivationsdisposition der einzelnen Schüler.

Wenn Sie das Kapitel durchgearbeitet haben, dann sollten Sie folgende Fragen beantworten können:

- *Was ist intrinsische und extrinsische Motivation?*
- *Wie wird Motivation aus der behavioristischen, humanistischen, kognitiven und soziokulturellen Sichtweise erklärt?*
- *Wie sind die möglichen motivationalen Auswirkungen von Erfolg und Misserfolg, und in welcher Beziehung stehen diese Effekte zur Wahrnehmung der eigenen Fähigkeiten?*
- *Welche Rolle spielen das Ziel und Interesse sowie die Emotionen und Selbstüberzeugungen in der Motivation?*
- *Welche externen Faktoren können Lehrer beeinflussen, um die Motivation der Schüler zu stärken?*
- *Welche Strategie setzen Sie in Ihrem Fachunterricht ein, wenn Sie es mit einem uninteressierten Schüler zu tun haben?*

Was ist Motivation? 10.1

Motivation wird gewöhnlich definiert als interner Zustand, der Verhalten aktiviert, die Richtung des Verhaltens vorgibt und es aufrechterhält. Psychologen, die Motivation untersuchen, stellen fünf Fragestellungen in den Mittelpunkt ihrer Analysen:

1 *Wie entscheiden sich Menschen in ihrem Verhalten?* Warum erledigen manche Schüler ihre Hausaufgaben und andere setzen sich vor den Fernseher?

2 *Wie lange benötigt ein Mensch, bis er mit seiner Tätigkeit anfängt?* Warum fangen einige Schüler sofort mit ihren Aufgaben an und andere zögern das hinaus?

3 *Wie stark ist jemand mit der ausgewählten Aufgabe beschäftigt?* Wenn einmal die Aufgaben begonnen wurden, ist dann der Schüler bei der Sache oder erledigt er die Aufgaben ganz mechanisch?

4 *Was veranlasst jemanden bei der Sache zu bleiben und nicht aufzugeben?* Wird der Schüler einen ganzen Abschnitt aus einer Tragödie von Schiller lesen oder nur ein paar Seiten?

5 *Was denkt und fühlt jemand, der gerade mit einer Aufgabe beschäftigt ist?* Macht es dem Schüler Spaß, Schiller zu lesen, fühlt er sich der Lektüre gewachsen oder macht er sich schon über die bevorste-

Verknüpfen und erweitern Sie Ihre Forschungskenntnisse

Eine gründliche Diskussion aller Begriffe aus dem Motivationsbereich liefert Murphy, P. K. & Alexander, P. A. (2000). A Motivated Exploration of Motivation Terminology. *Contemporary Educational Psychology, 25*, 3–53.

hende Klassenarbeit Gedanken (Graham & Weiner, 1996; Pintrich, Mars & Boyle, 1993)?

10.1.1 Einige Schüler werden vorgestellt

Aus diesem und dem nächsten Kapitel ist zu ersehen, dass viele Faktoren auf die Motivation und das engagierte Lernen einwirken. Um einen Eindruck von der Komplexität zu bekommen, sollen einige Schülerprofile, beurteilt nach deren Verhalten im naturwissenschaftlichen Unterricht in einer Realschule, vorgestellt werden (nach Stipek, 2002); die Schüler erhielten gerade eine Einführung in die Unterrichtsstunde durch den Lehrer:

Der *hoffnungslose Gerald* fängt erst gar nicht mit der Aufgabe an – wie gewöhnlich. Er sagt immer wieder: „Das verstehe ich nicht" oder „Das ist mir zu schwer". Wenn er Fragen richtig beantwortet, hat er entweder „geraten" oder „er weiß es nicht sicher". Die meisten Zeit starrt er in die Luft, er bleibt mehr und mehr hinter den anderen zurück.

Die *sicherheitsorientierte Susie* fragt bei jedem Schritt nach – sie will perfekt sein. Einmal hat sie eine gute Note für eine farbige Zeichnung einer Versuchsanordnung bekommen, nun liefert sie jedes Mal ein Kunstwerk ab. Susie möchte unbedingt eine bessere Note als eine Zwei erhalten; jedoch, wenn etwas nicht sein muss, hat sie kein Interesse.

Der *selbstgenügsame Paul* ist dagegen am Projekt interessiert. Er weiß mehr als der Lehrer über das Thema. Augenscheinlich verbringt er Stunden damit, über Chemie nachzulesen und Experimente durchzuführen. Aber seine Noten sind eher durchschnittlich, denn er bekommt schon einmal eine Vier, wenn er überhaupt nicht lernt.

Die *defensive Diana* hat ihre Laboranweisungen vergessen – schon wieder, nun muss sie in das Heft ihrer Nachbarin schauen. Dann gibt sie vor zu arbeiten, aber meistens macht sie sich über die Aufgabe lustig oder versucht, die Antworten von anderen Schülern einzuholen. Sie hat Angst, die Aufgaben anzugehen, denn bei Misserfolg könnten ja alle denken, sie sei „dumm".

Die *ängstliche Anne* ist in den meisten Fächern eine gute Schülerin, aber bei Tests in den naturwissenschaftlichen Fächern „vergisst" sie alles, was sie weiß, auch wenn sie im Unterricht Fragen beantworten muss. Ihre Eltern sind Naturwissenschaftler und erwarten, dass sie die gleiche Laufbahn einschlägt, aber ihre Aussichten dafür sind sehr unsicher.

> **Halt! Denken Sie nach! Schreiben Sie!**
> Jeder der oben geschilderten Schüler hat Probleme mit mindestens einem von fünf Motivationsbereichen: Entscheiden, Anfangen, Intensität, Ausdauer oder Denken und Fühlen. Können Sie die Probleme diagnostizieren? Die Antworten stehen auf S. 454.

Jeder Schüler stellt eine unterschiedliche Herausforderung für die Motivierung durch den Lehrer dar, aber es muss ja die ganze Klasse unterrichtet werden. Auf den nächsten Seiten wird den verschiedenen Bedeutungen von **Motivation** nachgegangen; das kann helfen, diese Schüler besser zu verstehen.

10.1.2 Intrinsische und extrinsische Motivation

Wir alle kennen den Zustand, wenn wir motiviert sind, uns energiegeladen einem Ziel nähern und hart arbeiten, auch wenn uns die Aufgabe langweilt. Was versorgt unser Verhalten mit Energie und steuert es in eine bestimmte Richtung? Die Erklärungen könnten in Trieben, Bedürfnissen, Anreizen, Furcht, Zielen, sozialem Druck, Selbstvertrauen, Interesse, Neugier, Überzeugungen, Erwartungen und noch einigem mehr bestehen. Einige Psychologen haben Motivation als überdauernde Persönlichkeitseigenschaft oder -disposition angesehen. Einige Personen haben ein starkes Leis-

tungsbedürfnis oder Prüfungsangst oder eine beständige Liebe zur Kunst, so arbeiten sie also hart, vermeiden Prüfungen, verbringen Stunden in Kunstgalerien. Andere Psychologen sehen Motivation mehr als Zustand in vorübergehenden Situationen an. Wenn Sie z. B. diesen Abschnitt lesen, weil Sie morgen darüber geprüft werden sollten, dann sind Sie durch die Situation motiviert. Natürlich ist die Motivation, die wir zu jedem Zeitpunkt verspüren, jeweils eine Mischung aus überdauernder Eigenschaft und vorübergehendem Zustand. Man kann studieren, weil man Lernen sehr wichtig nimmt *und* weil man sich auf einen Test vorbereitet.

Wie Sie sehen können, stützen sich einige Erklärungen der Motivation auf internale, persönliche Faktoren wie Bedürfnisse, Interessen und Neugierde. Andere Erklärungen beziehen sich auf externe Umweltfaktoren wie Belohnung, sozialer Druck, Bestrafung usw. Eine klassische Unterscheidung in der Motivationslehre ist die zwischen intrinsischer und extrinsischer Motivation. **Intrinsische Motivation** ist die natürliche Tendenz, sich Herausforderungen auszusuchen und sie zu meistern, während persönlichen Interessen nachgegangen wird und Fähigkeiten umgesetzt werden (Deci & Ryan, 1985, 2002; Reeve, 1996). Wenn wir intrinsisch motiviert sind, benötigen wir keine Anreize oder Bestrafungen, weil die Tätigkeit als solche als Belohnung fungiert. Der selbstgenügsame Paul lernt Chemie auch außerhalb der Schule, einfach weil er diese Tätigkeit mag, niemand sagt ihm, dass er es tun soll.

Im Unterschied dazu, wenn wir etwas unternehmen, um eine gute Note zu bekommen, einer Bestrafung zu entgehen, dem Lehrer einen Gefallen zu erweisen, also etwas, was mit der Aufgabe selbst nichts zu tun hat, erleben wir **extrinsische Motivation**. Wir sind nicht an der Aufgabe selbst interessiert, sondern kümmern uns nur darum, was sie für Vorteile bringen wird. Die sicherheitsorientierte Susie arbeitet für eine gute Note; sie hat wenig Interesse an den Aufgabeninhalten und am Fach.

Psychologen, die von der Unterscheidung intrinsische/extrinsische Motivation ausgehen, können vom Anschein her nicht unterscheiden, ob ein Verhalten intrinsisch oder extrinsisch motiviert ist. Das unterschei-

---

Motivation Ein innerer Zustand, der Verhalten aktiviert, ihm die Richtung weist und es aufrechterhält.

Intrinsische Motivation Eine Person wird durch Aktivitäten zu Handlungen veranlasst; sie möchte die Handlungen ausführen, weil sie an den Aktivitäten selbst interessiert ist.

Extrinsische Motivation Eine Person wird durch Aktivitäten zu Handlungen veranlasst, die nicht Teil der Aktivitäten sind und außerhalb ihrer Person liegen, wie etwa Belohnung und Bestrafung durch andere.

dende Merkmal liegt in dem Handlungsgrund, d. h. ob der **Ursachen„ort" für die Handlung** (der „Ort", an dem Ursache angesiedelt ist) intern oder extern, d. h. im Innern oder außerhalb der Person zu suchen ist. Schüler, die lesen, den Rückschlag beim Tennis üben, schwimmen oder malen weil sie die Aktivität frei und aus Interesse gewählt haben, haben einen internen Ursachen„ort"/sind intrinsisch motiviert; solche, die etwas tun, weil etwas außerhalb ihrer selbst sie dazu bewegt, haben einen externen Ursachen„ort", sie haben eine extrinsische Motivation (Reeve, 1996).

Wenn man über die eigene Motivation nachdenkt, erkennt man wahrscheinlich, dass die Einteilung in intrinsische/extrinsische Motivation allzu vereinfachend vorgeht, zu sehr nach dem Alles-oder-Nichts-Prinzip verfährt. Eine Erklärung ist, dass unsere Aktivitäten einem Kontinuum zuzuordnen sind, dessen einer Endpol die intrinsische (ganz selbstbestimmt) und der andere die extrinsische Motivation (ganz fremdbestimmt) darstellt. Zum Beispiel können Schüler frei entscheiden, ob sie an einer Aufgabe hart arbeiten, die sie nicht besonders vergnüglich finden, weil sie auf ein Ziel zuarbeiten – dem Ziel, stundenlang Pädagogische Psychologie zu studieren, um ein guter Lehrer zu werden. Ist das intrinsische oder extrinsische Motivation? Es ist wohl irgendwo in der Mitte zwischen beiden: Die Person hat die Wahl, sich äußere Belohnungen – wie etwa eine bestandene Prüfung – einzuholen und davon dann zu profitieren. Die Person hat eine von *außen an sie herangetragene Anforderung verinnerlicht.*

In neueren Überlegungen wird die Annahme eines zweipoligen Kontinuums infrage gestellt. Eine alternative Erklärung ist, dass Motivation sowohl Eigenschaften als auch Zustände umfasst, sowohl intrinsische als auch extrinsische Faktoren. Intrinsische und extrinsische Handlungstendenzen sind zwei unabhängige Möglichkeiten, und zu jeder beliebigen Zeit können wir etwas von beiden Tendenzen in Handlungen überführen (Covington & Müller, 2001). Unterrichten kann intrinsische Motivation erzeugen, indem es an die Interessen der Schüler anknüpft und die zunehmende Kompetenz der Schüler fördert. Aber das lässt sich nicht immer erreichen. Kann man lange Divisionsaufgaben von sich aus als interessant empfinden? Können unregelmäßige Verben Neugierde erwecken? Wenn Lehrer mit der intrinsischen Motivation aller ihrer Schüler rechnen, müssen sie notwendigerweise ent-

täuscht werden. In manchen Situationen muss man mit äußeren Belohnungen und Anreizen arbeiten. Lehrer müssen die intrinsische Motivation ihrer Schüler bewahren und sogar fördern, während einzelne Aspekte des Lernprozesses nur mit externaler Motivation angegangen werden (Brophy, 1988, 2003; Deci, Koestner & Ryan, 1999; Ryan & Deci, 1996). Lehrer müssen also über die Motivation sehr gut Bescheid wissen, um dies zu bewerkstelligen.

10.1.3 Vier Ansätze in der Motivationstheorie

> ### Halt! Denken Sie nach! Schreiben Sie!
> Warum lesen Sie dieses Kapitel? Sind Sie neugierig darauf, mehr über Motivation zu erfahren? Oder müssen Sie etwa bald einen Test darüber schreiben? Benötigen Sie den Schein in diesem Seminar für Ihren Studienabschluss? Vielleicht glauben Sie, Sie schneiden in diesem Seminar gut ab, und deshalb arbeiten Sie ausdauernd dafür. Vielleicht ist es eine Kombination dieser Beweggründe. Was motiviert Sie, etwas über Motivation zu erfahren?

Motivation ist ein umfassendes und kompliziertes Thema, zu dem es viele Theorien gibt. Einige Theorien wurden durch die Forschung an Tieren in Laboratorien entwickelt. Andere gründen auf Forschung mit Menschen in Spiel- und Dilemma-Situationen. Einige Theorien entstanden aus der klinischen oder Arbeits- und Organisationspsychologie. Die Analyse des Themas in diesem Kapitel wird sehr selektiv vorgehen, andernfalls würde das Thema ausufern und kein Ende finden.

> ### Verknüpfen und erweitern Sie Ihre Forschungskenntnisse
> Lesen Sie die gesamte Ausgabe des *Educational Leadership, September 2002, 60(1)* mit 14 Artikeln über „Do students care about learning?" Diese Artikel besprechen, wie man Begeisterung für das Lernen weckt und Schüler zu Anstrengungen anspornt.

Ursachen„ort" für eine Handlung Die Lokalisierung einer Ursache des Verhaltens – in oder außerhalb einer Person.

Halt! Denken Sie nach! Schreiben Sie!

Antworten zu S. 452

Der **hoffnungslose Gerald** hat Schwierigkeiten bei Frage 2 (Anfangen) und Frage 5; während der Aktivität fühlt er sich niedergeschlagen und hilflos. Die **sicherheitsorientierte Susie** trifft (1) gute Entscheidungen, (2) fängt gleich an zu arbeiten und (3) hat Ausdauer. Aber sie ist nicht wirklich an der Sache interessiert, und es macht ihr deshalb keinen Spaß (4 und 5). Solange er seinen eigenen Interessen folgen kann, fängt der **selbstgenügsame Paul** an zu arbeiten, ist engagiert, ausdauernd, und der Lernstoff macht ihm Spaß. Die **defensive Diana** trifft schlechte Entscheidungen, zögert mit dem Arbeitsbeginn, vermeidet Engagement und gibt leicht auf, weil sie daran denkt, wie andere sie wohl beurteilen mögen. Die Probleme der **ängstlichen Anne** haben mit der Frage 5 zu tun — was sie denkt und wie sie sich während der Arbeit fühlt. Ihre Sorgen und Bedenken können zu schlechten Entscheidungen und zum Trödeln führen, was Prüfungs- und Testängste hervorruft.

Behavioristische Ansätze der Motivation

Nach der behavioristischen Sichtweise beginnt die Analyse der Schülermotivation mit einer sorgfältigen Untersuchung der Anreize und Belohnungen in der Klasse. Eine **Belohnung** ist ein begehrter Gegenstand oder ein Ereignis, der oder das sich als Folge einer bestimmten Verhaltensweise oder Leistung einstellt. Zum Beispiel wurde die sicherheitsorientierte Susie mit einer guten Note belohnt, als sie das sehr gute Diagramm zeichnete. Ein **Anreiz** ist ein Gegenstand oder Ereignis, das Verhalten anregt oder entmutigt. Die Erwartung der Note Eins+ war ein Anreiz für Susie. Die Note zu erhalten, war eine Belohnung für sie.

Wenn für bestimmte Verhaltensweisen Belohnungen und Anreize verteilt werden, entwickeln sich aus diesen Verhaltensweisen *Gewohnheiten* und *Verhaltenstendenzen*. Wenn ein Schüler durch den Lehrer wiederholt mit Zuneigung, Geld, Lob oder Privilegien für gute Treffer im Fußballspielen belohnt wurde, aber für seine Leistungen in der Schule wenig Anerkennung fand, wird er seine Anstrengungen auf den Fußball konzentrieren und nicht auf Geometrie. Wenn es Noten, Sternchen, Klebebilder und andere Verstärker für gutes Lernen gibt – oder Strafmaßnahmen für Fehlverhalten –, ist das der Versuch, Schüler zu motivieren durch extrinsische Maßnahmen wie Anreize, Belohnungen oder Strafen.

Humanistischer Ansatz der Motivation

In den Jahren zwischen 1940 und 1950 erklärten Vertreter der humanistischen Psychologie wie etwa Carl Rogers, dass weder die beherrschenden Schulen der Psychologie, die behavioristische und die psychoanalytische erklären könnten, warum Leute so handeln wie sie das eben tun. Der **humanistische Ansatz in der Motivationspsychologie** betont solche intrinsischen Beweggründe wie das Bedürfnis nach „Selbstverwirklichung" (Maslow, 1968, 1970), die angeborene „Selbstverwirklichungstendenz" (Rogers & Freiberg, 1994) oder das Bedürfnis nach „Selbstbestimmung" (Deci, Vallerand, Pelletier & Ryan, 1991). Aus der humanistischen Perspektive bedeutet die Motivierung von Menschen, sie dazu zu veranlassen, innere Ressourcen zu entfalten und einzusetzen – ihr Kompetenzerleben, ihren Selbstwert, ihre Selbstbestimmung und ihre Selbstverwirklichung. Maslows Theorie der hierarchischen Bedürfnisse stellt eine einflussreiche humanistische Erklärung für motivationales Geschehen dar.

Maslows Hierarchie

Abraham Maslow (1970) ist der Auffassung, dass die menschlichen *Bedürfnisse* in einer **Bedürfnishierarchie** angeordnet sind: Auf der unteren Ebene sind die Grundbedürfnisse (nach Nahrung, Sauerstoff usw.) an-

---

Belohnung Ein attraktiver Gegenstand oder Ereignis, das als Konsequenz eines Verhaltens auftritt.

Anreiz Ein Gegenstand oder Ereignis, das Verhalten anregt oder entmutigt.

Humanistischer Motivationsansatz Theoretischer Ansatz in der Motivationsforschung, der die persönliche Freiheit, die Entscheidungsfreiheit, die Selbstbestimmung und das Streben nach persönlicher Entfaltung betont.

Bedürfnishierarchie Maslows Modell der sieben Ebenen der menschlichen Bedürfnisse, von den physiologischen Grundbedürfnissen bis zum Bedürfnis nach Selbstverwirklichung.

gesiedelt, über Bedürfnisse wie das nach Sicherheit werden die Bedürfnisse der höchsten Stufe erreicht: das Leistungsstreben und das Bedürfnis nach Selbstverwirklichung. **Selbstverwirklichung** ist Maslows Bezeichnung für Selbsterfüllung, die Verwirklichung des eignen Potenzials. Jedes der niedrigeren Bedürfnisse muss zuerst erfüllt werden, bevor das nächsthöhere angegangen werden kann.

Maslow (1968) nannte die vier Grundbedürfnisse – das Überlebens-, das Sicherheits-, das Zugehörigkeitsbedürfnis und das Bedürfnis nach Anerkennung – es sind **Mangelbedürfnisse**. Wenn die mit den Bedürfnissen verbundenen Mängel beseitigt sind, ist das Bedürfnis (meist zeitweise) befriedigt. Die drei höchsten Bedürfnisse – nach intellektueller Leistung, das ästhetische Bedürfnis und das Bedürfnis nach Selbstverwirklichung sind **Daseinsbedürfnisse**. Wenn diese Bedürfnisse befriedigt sind, hört die Motivation in diesen Bereichen nicht auf, sondern sie steigt, um weitere Befriedigung zu suchen. Ähnlich wie die Bedürfnisse, die auf Mangel beruhen, können die Daseinsbedürfnisse niemals ganz befriedigt werden. Zum Beispiel – je erfolgreicher man in seiner Ausbildung als Lehrer ist, desto mehr strengt man sich an, noch besser zu werden.

Die maslowsche Theorie wurde aus dem offensichtlichen Grund kritisiert, dass sich Menschen nicht so verhalten, wie die Theorie es vorhersagt. Die Bedürfnisbefriedigung folgt nicht der Hierarchie, und es können sogar mehrere Bedürfnisse zugleich aktiviert sein. Einige Menschen versagen sich selbst Sicherheit oder Freundschaft, um stattdessen Wissen, Verständnis oder einen stärkeren Selbstwert zu erreichen.

Abgesehen von der Kritik an Maslow vermittelt uns seine Theorie eine Sichtweise auf die ganze Schülerpersönlichkeit, deren körperliche, emotionale und intellektuelle Bedürfnisse alle zusammenhängen. Wenn die Bedürfnisse eines Kindes nach Sicherheit und Zugehörigkeit durch eine Scheidung bedroht sind, verspürt es wahrscheinlich wenig Neigung, die Bruchrechnung zu lernen. Wenn die Schule ein angstbesetzter Platz mit unvorhersehbaren Ereignissen ist, wo weder die Lehrer noch die Schüler einen sicheren Platz innehaben, dann werden sich die Lehrer weniger um den Unterricht und die Schüler weniger um das Lernen kümmern. Für Schüler ist es besonders wichtig, einer Gruppe anzugehören, und den Selbstwert nicht zu gefährden. Wenn das, was der Lehrer ihnen aufträgt, mit den Gruppenregeln in Konflikt steht, können Schüler auch die Anordnungen der Lehrer ignorieren oder sie sogar offen abwehren.

Ein neuerer Ansatz in der Motivationspsychologie konzentriert sich ebenfalls auf menschliche Bedürfnisse, er wird von seinen Vertretern als *Selbstbestimmungstheorie* bezeichnet (Deci & Ryan, 2002); sie wird später in diesem Kapitel dargestellt werden.

Nach der maslowschen Hierarchie der Bedürfnisse können Schüler sich erst dann den intellektuellen Bedürfnissen und dem nach Selbstverwirklichung zuwenden, wenn ihre Bedürfnisse nach Zuneigung und Zugehörigkeit erfüllt wurden.

Selbstverwirklichung Sein eigenes Potenzial in die Tat umsetzen.

Mangelbedürfnisse Maslows vier Grundbedürfnisse, die einen (physiologischen) Mangelzustand darstellen (z. B. Überlebensdrang, Sicherheit, Zugehörigkeit). Diese Grundbedürfnisse müssen zuerst befriedigt werden.

Daseinsbedürfnisse Maslows drei höhere Bedürfnisse, manchmal auch Selbstverwirklichungsbedürfnisse genannt.

Kognitive und sozial-kognitive Ansätze in der Motivationspsychologie

In kognitiven Theorien wird eine Person als aktiv, neugierig, auf der Suche nach Informationen gesehen; sie ist imstande, ihre eigenen persönlichen Probleme zu lösen. Kognitive Theoretiker betonen also die intrinsische Motivation. Die kognitiven Motivationstheorien sind teilweise als Reaktionen auf die behavioristischen entstanden. Kognitive Theoretiker meinen, dass das Verhalten durch unser Denken bestimmt wird, nicht nur weil in der Vergangenheit ein bestimmtes Verhalten belohnt oder bestraft wurde (Stipek, 2002). Verhalten wird initiiert und reguliert durch Pläne (Miller, Galanter & Pribram, 1960), durch Ziele (Locke & Latham, 2002), Schemata (Ortony, Clore & Collins, 1988), Erwartungen (Vroom, 1964) und Attributionen (Weiner, 2000). Ziele und Attributionen werden später in diesem Kapitel behandelt.

Erwartungs-x-Wert-Theorie

Solche Theorien, die das behavioristische Prinzip der Verhaltensfolgen als Verstärker akzeptieren, aber auch das Interesse der Kognitivisten an den Auswirkungen von Denkprozessen, können als **Erwartungs-x-Wert-Theorien** (Heckhausen, 1989) gelten. Die Kernhypothese besagt, dass die Motivation als das Produkt zweier Faktoren angesehen wird: die individuelle Erwartung, ein bestimmtes Ziel zu erreichen, und den Wert, den das Ziel für den Betreffenden hat. Mit anderen Worten, die wichtigen Fragen in diesem Zusammenhang sind: „Wenn ich mich anstrenge, werde ich dann mein Ziel erreichen?" und „Wenn ich erfolgreich abschneide, wird der Erfolg dann für mich einen Wert haben?" Motivation ist also das Produkt dieser beiden Kräfte, denn wenn einer der Faktoren den Wert 0 annimmt, ist das ganze Ergebnis des Produktes 0, d. h. es gibt keine Motivation, auf ein Ziel zuzuarbeiten. Zum Beispiel, wenn ein Schüler erwartet, in einem Fußballspiel das entscheidende Tor zu schießen (hohe Erwartung), und wenn ihm das sehr wichtig ist (hoher Wert), dann sollte seine Motivation sehr hoch sein. Wenn aber einer der beiden Faktoren 0 ist (er weiß, er trifft im

entscheidenden Moment nicht, oder der Ausgang des Spiels ist ihm gleichgültig), dann wird auch keine Motivation vorhanden sein (Tollefson, 2000).

Jacqueline Eccles und Allan Wigfield fügen noch die Komponente der Kosten zum Erwartungs-x-Wert-Produkt hinzu. Werte müssen noch im Hinblick auf die Kosten, die sie verursachen, überprüft werden. Wie viel Anstrengung kostet das? Was kann man anders machen? Wie hoch ist das Risiko eines Misserfolges? Leidet das Ansehen des Betroffenen? (Eccles & Wigfield, 2001; Wigfield & Eccles, 1992)? Banduras Theorie der Selbstwirksamkeit, die später noch einmal aufgegriffen wird, ist eine *sozial-kognitive Erwartungs-x-Wert-Theorie der Motivation* (Feather, 1982; Pintrich & Schunk, 2002).

Soziokulturelle Auffassung von Motivation

Vervollständigen Sie diesen Satz: „Ich bin ein(e) ____." Was ist Ihre Identität? Mit welcher Gruppe identifizieren Sie sich am stärksten? **Soziokulturelle Auffassungen von Motivation** betonen die Teilhabe an Gemeinschaften mit gemeinsamer Handlungspraxis. Menschen beteiligen sich an Aktivitäten, um ihre Identität und ihre Beziehung zur Gemeinschaft aufrechtzuerhalten. Schüler lernen bereitwilliger, wenn sie in einer Klasse oder einer Schule sind, in der Lernen hoch angesehen ist. Wie im Sozialisierungsprozess durch Beobachtung bereits sozialisierter Modelle oder ständige Anweisung von anderen Mitgliedern der Gesellschaft oder Kultur gelernt wird, wie man spricht, sich kleidet oder Essen in einem Restaurant bestellt – so lernen Schüler in der Schulgemeinschaft von älteren oder besseren Schülern, wie man sich als Schüler verhält. Jeder lernt durch andere Mitglieder seiner Gruppe (Hickey, 2003; Rogoff, Turkanis & Bartlett, 2001).

Der Begriff der Identität ist zentral in der soziokulturellen Sichtweise der Motivation. Wenn man sich als Fußballspieler versteht oder als Bildhauer, Ingenieur, Lehrer oder Psychologe, jeder hat eine Identität in einer Gruppe. Ein Teilziel der Sozialisation besteht darin, Mitglieder vom Rande einer Gruppe ins Zentrum zu versetzen durch Vermittlung der erforderlichen Einstellungen, Verhaltensweisen, Denkweisen und Emo-

---

Erwartungs-x-Wert-Theorien Erklärungen der Motivation, in die das Produkt aus individueller Erfolgserwartungen und Wertschätzung des Zieles eingeht.

Soziokulturelle Auffassung von Motivation Perspektiven, die Teilhabe, Identität und interpersonale Beziehungen in einer Gemeinschaft mit gemeinsamer Praxis hervorheben.

Tabelle 10.1

Vier Ansätze in der Motivationspsychologie

	Behavioristisch	Humanistisch	Kognitiv	Soziokulturell
Quelle der Motivation	Extrinsisch	Intrinsisch	Intrinsisch	Intrinsisch
Wichtige Einflüsse	Verstärker, Belohnungen, Anreize, Bestrafungen	Bedürfnis nach Selbstwert, Selbsterfüllung, Selbstbestimmung	Überzeugungen, Attributionen für Erfolg und Misserfolg, Erwartungen	Engagierte Teilhabe an Lerngemeinschaften; Aufrechterhaltung von Identitäten durch Teilnahme an Gruppenaktivitäten
Hauptvertreter der Theorie	Skinner	Maslow Deci	Weiner Graham	Lave Wenger

tionen. Die **berechtigte marginale Teilhabe** an einer Gruppe bedeutet, dass auch Einsteiger mit noch nicht entwickelten Eigenschaften am Gruppenleben teilnehmen, wenn auch mit unbedeutenden Beiträgen. Der unerfahrene Weber lernt erst die Wolle zu färben und dann zu spinnen und zu weben; der Lehrerstudent im Praktikum beschäftigt sich erst mit wenigen Kindern und später mit einer ganzen Klasse. Jede Aufgabe gehört bereits zu den Aufgaben eines Experten. Neulinge und Experten arbeiten gleichermaßen an den gemeinsamen Aufgaben mit. Die Neulinge sind motiviert, die Werte und die Praxis der Gruppe zu erlernen, um ihre Identität mit der Gruppe zu festigen (Lave & Wenger, 1991; Wenger, 1998). Die *Lerngeschichten: Das verdanke ich meinem Lehrer* (siehe S. 458) beschreiben, wie ein Dozent und Freunde eine koreanische Studentin bei ihren schwierigen Studienanfängen unterstützten.

Manche Klassen sind von vorneherein mit Absicht als Lerngemeinschaft strukturiert. Zum Beispiel entwickelten Brown und Campione (1996) Lerngemeinschaften für Schüler der Realschule in Verbindung mit dem naturwissenschaftlichen Projektunterricht, wie in Kapitel 9 berichtet wurde. Scardamalia und Bereiter (1996) entwarfen eine Lerngemeinschaft mit Hilfe eines Computerprogramms namens CSILE (Computer-Supported Intentional Learning Environment = computergestützte absichtliche Lernumgebung), das die Zusammenarbeit von Schülern oder Studenten beim Entwerfen von Fragestellungen und Hypothesen sowie bei der Erhebung von Daten erfordert. Alle Schüler sollen als vollwertige Mitglieder der Lerngemeinschaft fungieren, denn Motivation rührt von Identität und der Berechtigung teilzunehmen her. Daniel Hickey (2003) sagt es in der ihm eigenen Art: Engagement ist die „sinnvolle Teilhabe an einem Kontext, in dem zu lernendes Wissen anerkannt und angewendet wird" (S. 411).

Die behavioristischen, humanistischen, kognitiven und soziokulturellen Ansätze in der Motivationspsychologie sind in ▶ Tabelle 10.1 zusammengefasst. Diese Theorien unterscheiden sich in den Antworten auf die Frage: „Was ist Motivation?", aber jede trägt auf ihre eigene Weise zum Verständnis des gesamten Problemkomplexes Motivation bei.

Um die vielen Vorstellungen über Motivation in einer nützlichen Weise für den Unterricht zu ordnen, sollen vier Themenbereiche besprochen werden. Viele der gegenwärtigen Erklärungen der Motivation schließen eine Diskussion der Bedürfnisse, Ziele, Interessen, Emotionen und Selbstwahrnehmungen ein (Murphy & Alexander, 2000).

Berechtigte marginale Teilhabe Periphere Beteiligung an der Gruppenarbeit, auch wenn die Fähigkeiten unterentwickelt sind und die Beiträge gering ausfallen.

Das verdanke ich meinem Lehrer

Die folgende Schilderung stammt von Lea Lee, einer jungen koreanischen Frau, die in die Vereinigten Staaten kam, um eine Professorin und Wissenschaftlerin zu werden. Sie musste weit von ihrer heimatlichen Kultur und ihrer Familie ihren Traum verfolgen, aber Lea wurde von ihren Dozenten und Freunden unterstützt, die sie in die neue Kultur aufnahmen und ihrer koreanischen verständnisvoll gegenüberstanden:

Alle meine Erfahrungen in der Universität waren für mich schwierig. Das fing bei den Notizen in den Vorlesungen an und hörte beim Schreiben von Hausarbeiten und Tests auf. Ich habe mit der Sprachbarriere gekämpft. Ich wollte die ganze Vorlesung verstehen, schaffte jedoch nur 30 bis 40 % der erhaltenen Informationen in meinem ersten Semester. Ich benötigte einen Tutor, der mir zeigen konnte, wie man studiert und ausgezeichnete Leistungen liefert. Oft denken Dozenten nicht daran, auf die ausländischen Studenten mit ihren besonderen Bedürfnissen einzugehen. Eine Möglichkeit wäre gewesen, mir einen Helfer zur Seite zu stellen, von

dem ich die Vorlesungsnotizen hätte abschreiben können. Trotz der vielen Probleme am Anfang gab ich nie auf. Ich habe mich immer um Lösungen bemüht, die mir erlaubten, weiter mein Ziel zu verfolgen. Zum Beispiel konnte ich die Inhalte einzelner Fächer nicht begreifen. Ich las die Textbücher immer wieder. Ich lernte sie auswendig, damit ich in den Klausuren gute Noten schreiben konnte.

Nach vielen leidvollen Jahren wurde ich schließlich Wissenschaftlerin und Professorin in den Vereinigten Staaten. Meine unaufhörlichen Bemühungen waren notwendig, aber nicht ausreichend, um mein Ziel zu erreichen. Ohne die Hilfe meiner Dozenten und Freunde wäre das nicht gegangen, ohne sie wäre ich nicht, was ich heute bin. Viele meiner koreanischen Freunde lebten mit der koreanischen Kultur und ermutigten mich, stolz auf meine Kultur zu sein. Die Namen dieser Freunde bewahre ich in meinem Herzen.

Quelle: Aus Six Buckets of Tears: Korean Americans School Experiences von Lea Lee. In Gloria Swindler-Boutte (Hrsg.), *Resounding Voices. School Experiences of People from Diverse Ethnic Backgrounds.* Boston, MA: Allyn und Bacon. Copyright © 2002 Pearson Education.

Bedürfnisse: Kompetenz, Selbstbestimmung und Zugehörigkeit

10.2

Es wurde bereits eine Motivationstheorie vorgestellt, die maslowsche Theorie der hierarchischen Bedürfnisse. Andere frühe Motivationstheorien verstehen Motivation als eigenschaftsähnliche Bedürfnisse oder dauerhafte Persönlichkeitsdispositionen. Drei der ausführlich untersuchten Hauptbedürfnisse sind die Bedürfnisse nach Leistung, Macht und Geselligkeit (Pintrich, 2003). Eine neuere Theorie geht von einem ähnlichen Ansatz aus, stellt aber die Selbstbestimmung in den Mittelpunkt des motivationalen Geschehens.

10.2.1 Selbstbestimmung

Die Selbstbestimmungstheorie geht davon aus, dass alle Menschen sich kompetent und fähig in ihrem Umgang mit anderen Menschen fühlen, über einen gewissen Entscheidungsspielraum und Kontrolle über ihr Leben verfügen und dabei auch Beziehungen zu anderen Menschen aufnehmen und aufrechterhalten, kurz: sich einer Gruppe zugehörig fühlen können. Die Ähnlichkeit zu früheren Konzeptionen der Grundbedürfnisse ist gegeben: Kompetenz (Leistungsbedürfnis), Autonomie und Kontrolle (Machtbedürfnis) und Beziehungen (Geselligkeitsbedürfnis).

Das **Bedürfnis nach Selbstbestimmung** steht im Zentrum der Selbstbestimmung, es steht im Mittel-

---

Bedürfnis nach Selbstbestimmung Das Streben, sein Verhalten nach den eigenen Wünschen und unabhängig von externen Belohnungen oder Druck auszurichten.

punkt unseres Handelns, weil es dem Streben nach eigenen Wünschen entspricht und nicht von externen Belohnungen oder Druck abhängt (Deci & Ryan, 2002; Reeve, Deci & Ryan, 2004; Ryan & Deci, 2000). Menschen streben danach, sich ihr Leben selbst einrichten zu können. Sie kämpfen ständig gegen den Druck von äußeren Regeln, Zeitplänen, Terminen, Anordnungen und Grenzen, die von anderen herrühren. Manchmal schlägt ein Hilfebedürftiger sogar Hilfe aus, nur damit er Herr seiner Lage bleiben kann (deCharms, 1983).

Selbstbestimmung in der Klasse

Die Klasse kann ein unterstützender Kontext für Selbstbestimmung und Autonomie sein; der Kontext kann das Interesse der Schüler, ihre Kompetenz, Kreativität, ihr Begriffslernen und ihre Vorliebe für Herausforderungen wecken und pflegen. Dieser Zusammenhang ist von der Grundschule bis zum Hauptstudium an der Universität festzustellen (Deci & Ryan, 2002; Williams, Wiener, Markakis, Reeve & Deci, 1993). Wenn Schüler Entscheidungen selbst fällen können, erscheint ihnen etwas als wichtiger, auch wenn es keinen Spaß macht. Auf diese Weise internalisieren sie Erziehungsziele und eignen sie sich an.

Im Gegensatz zu autonomiefördernden Klassenkontexten können kontrollierende Kontexte nur Fortschritte im mechanisch Gelernten erreichen. Wenn die Schüler vortragen sollen, suchen sie den schnellsten und einfachsten Weg. Auf der anderen Seite scheint es, dass Schüler und Eltern eine eher kontrollierende Umgebung bevorzugen, obwohl die Schüler besser lernen, wenn ihnen die Lehrer Selbstständigkeit zugestehen (Flink, Boggiano & Barrett, 1990). Wenn jemand gegen diese allgemein verbreitete Auffassung angehen möchte, wie lässt sich die Autonomie der Schüler fördern? Eine mögliche Antwort ist, sich im Umgang mit Schülern auf Informationen zu konzentrieren, nicht auf Kontrolle.

Information und Kontrolle

Schüler erleben im Laufe des Schultages allerlei. Sie werden gelobt oder kritisiert, an Abgabetermine erinnert, sie erhalten Noten, können bestimmte Entscheidungen treffen, werden über Regeln belehrt, usw. Die **kognitive Bewertungstheorie** (Deci & Ryan, 2002;

Verknüpfen und erweitern Sie Ihre Forschungskenntnisse

Um den Unterschied zwischen Selbst- und Fremdbestimmung begreiflich zu machen, benutzte Richard deCharms (1976, 1983) die Metapher von Leuten, die sich als „Agent" oder „Faustpfand" definieren. Sich als Agent zu definieren, heißt Ursache seiner eigenen Absichten und Handlungen zu sein. Leute, die sich als Faustpfand sehen, erleben sich als machtlose Teilnehmer in einem Geschehen, das von anderen kontrolliert wird. Wenn Leute sich als Faustpfand sehen, wird das Spiel zur Arbeit, die Freizeit wird Verpflichtung und intrinsische Motivation wird zur extrinsischen. Zum Beispiel haben Sie vielleicht früher schon einmal die Erfahrung gemacht, wenn Sie sich gerade entschlossen hatten, ihr Zimmer aufzuräumen oder ihr Fahrrad zu putzen und ihre Mutter kam, um genau darauf zu bestehen, dass Ihre Motivation schwand. Ihre gute Gelegenheit, die Ursache Ihrer Handlungen zu sein, wurde verdorben durch die Kontrollversuche Ihrer Mutter. Sie wollen das Fahrrad oder Ihr Zimmer nun nicht mehr reinigen, weil Ihnen Ihre Selbstbestimmung genommen wurde. DeCharms musste feststellen, dass Schüler zu wenig intrinsisch motiviert handeln und äußeren Kontrollen machtlos gegenüberstehen. Er entwickelte daraufhin Programme für Lehrer, mit deren Hilfe sie die Selbstbestimmung der Schüler fördern können. Das Programm beinhaltet das Setzen realistischer Ziele, persönliches Planen von Unternehmungen, um sich einem Ziel zu nähern, und die Entwicklung von Selbstvertrauen.

Ryan & Deci, 2000) erklärt, wie diese Ereignisse die intrinsische Motivation durch Selbstbestimmung und Kompetenz beeinflussen. Nach dieser Theorie haben alle die aufgeführten Ereignisse zwei Aspekte, den Kontroll- und den Informationsaspekt. Wenn ein Ereignis eine stark kontrollierende Wirkung ausübt, d. h. wenn es Schüler dazu zwingt, auf bestimmte Weise zu handeln oder zu empfinden, dann erleben Schüler eine geringere Eigenkontrolle und ihre intrinsische Motivation sinkt. Wenn aber auf der anderen Seite das

---

Kognitive Bewertungstheorie Theorie, die besagt, dass Ereignisse die intrinsische Motivation durch die Wahrnehmung dieser Ereignisse als Kontrollverhalten oder Informationsvermittlung beeinflussen.

Selbstbestimmung und Autonomie unterstützen

Erlauben Sie den Schülern, sich zwischen verschiedenen Möglichkeiten zu entscheiden.
Beispiele

1 Stellen Sie verschiedene Wege vor, wie ein Lernziel zu erreichen ist (durch Hausarbeit, verschiedene Interviews, einen Test, eine neue Hörsendung) und erlauben Sie die Entscheidung zwischen diesen Möglichkeiten. Regen Sie die Schüler an, ihre Gründe für eine Entscheidung darzulegen.

2 Ernennen Sie eine Kommission, um Vorschläge für die Organisation bestimmter Aufgaben zu erarbeiten, wie z. B. für die Pflege von Tieren, die von der Klasse gehalten werden, oder für das Austeilen von Ausrüstung für bestimmte Unternehmungen.

3 Stellen Sie Zeit für unabhängige und längerfristige Projekte zur Verfügung.

Helfen Sie Schülern, Pläne aufzustellen, um selbstgesteckte Ziele zu erreichen.
Beispiele

1 Probieren Sie Zielkarten aus. Die Schüler schreiben ihre kurz- und langfristigen Ziele auf und berichten dann drei oder vier spezifische Handlungen, die sie ihrem Ziel näherbringen. Zielkarten sind persönlich zugeordnet, etwa wie Kreditkarten.

2 Ermutigen Sie Schüler der Mittel- und höheren Schule, sich in jedem Fach Ziele zu setzen, sie in einer Art Logbuch festzuhalten oder auf einer Diskette zu speichern und regelmäßig den Fortschritt mit Blick auf das Ziel zu überprüfen.

Machen Sie die Schüler für die Folgen ihres Verhaltens verantwortlich.
Beispiele

1 Wenn Schüler mit Freunden zusammenarbeiten wollen und ihr Projekt so nicht beendet haben, weil sie zu viel rein soziale Interaktionen hatten, benoten Sie das Projekt nur nach sachlichen Gesichtspunkten, damit die Schüler den Zusammenhang zwischen verlorener Zeit und schlechter Leistung erkennen können.

2 Wenn Schüler ein Thema gefunden haben, das ihre Fantasie anregt, diskutieren Sie die Verknüpfung zwischen der eigenen Investition in die Arbeit und der Qualität des Ergebnisses.

Erklären Sie die Gründe für Grenzen, Regeln und Einschränkungen.
Beispiele

1 Erklären Sie die Gründe für Regeln.

2 Respektieren Sie selbst die Regeln und Einschränkungen in Ihrem eigenen Verhalten.

Sehen Sie ein, dass negative Emotionen eine natürliche Folge von Kontrolle durch den Lehrer sind.
Beispiele

1 Äußern Sie, dass es ganz normal ist, sich z. B. beim Schlangestehen zu langweilen.

2 Machen Sie den Schülern klar, dass man beim Lernen wichtiger Inhalte oft zuerst Frustration, Verwirrung und auch Müdigkeit empfindet.

Setzen Sie nicht-kontrollierende, positive Rückmeldung ein.
Beispiele

1 Betrachten Sie schlechte Leistungen und schlechtes Verhalten als ein Problem, für das man nach einer Lösung suchen sollte, und kritisieren sie nicht.

2 Vermeiden Sie Formulierungen, die Kontrolle ausdrücken, wie „du solltest", „du musst", „du kannst jetzt nicht anders als".

Mehr Informationen über die Selbstbestimmungstheorie auf der Webseite:
http://www.psych.rochester.edu/SDT/

Quelle: Aus *150 Ways to Increase Instrinsic Motivation in the Classroom* von James P. Raffini. Boston, MA: Allyn & Bacon. Copyright © 1996 Pearson Education; weiterhin *Motivating Others: Nurturing Inner Motivational Resources* von Johnmarshall Reeve. Boston, MA: Allyn & Bacon. Copyright © 1996 Pearson Education.

Ereignis Informationen liefert, die das Kompetenzerleben steigern, dann erhöht sich auch die intrinsische Motivation. Natürlich, wenn die Information nicht das Kompetenzerleben steigert, wird die Motivation sinken (Pintrich, 2003).

Zum Beispiel kann ein Lehrer einen Schüler folgendermaßen loben: „Das ist gut; siehst du, wenn du meinen Anweisungen folgst, kriegst du eine Eins!" Das ist eine hochkontrollierende Belobigung, die den Erfolg dem Lehrer zuschreibt; sie untergräbt die Selbstbestimmung und die intrinsische Motivation der Schüler. Der Lehrer könnte die Leistung auch mit den Worten loben: „Das ist gut; du verstehst jetzt viel besser, wie der Autor die Metaphern verwendet. Du hast die Eins verdient!" Diese Formulierung erhöht das Kompetenzerleben der Schüler und die intrinsische Motivation.

Was können Lehrer an Unterstützung für die Autonomie und Kompetenz der Schüler bereitstellen? Ein offensichtlicher erster Schritt ist, kontrollierende Kommunikation zu unterlassen und die Mitteilungen so zu halten, dass sie die wachsende Kompetenz des Schülers ansprechen. Die *Richtlinien* geben einige Hinweise, wie das zu bewerkstelligen ist.

Das Bedürfnis nach Zugehörigkeit oder Geselligkeit

Das Bedürfnis, zu anderen Menschen zu gehören, entspricht dem Verlangen nach emotionaler Bindung an Mitmenschen. Wenn Lehrer und Eltern auf die Kinder eingehen und zeigen, dass sie die Interessen und das Wohl des Kindes berücksichtigen, entwickeln die Kinder hohe intrinsische Motivation. Aber wenn Kindern diese Möglichkeiten von den Erwachsenen nicht eingeräumt werden, wenn z. B. Erwachsene nicht auf die Interessen der Kinder eingehen, verlieren die Kinder ihre intrinsische Motivation (Solomon, Battistich, Watson, Schaps & Lewis, 2000). Schüler, die sich mit ihren Lehrern, Eltern oder Freunden verbunden fühlen, sind emotional engagierter in der Schule (Furrer & Skinner, 2003). Zusätzlich entstehen emotionale und somatische Probleme, die von Essstörungen bis zum Selbstmord reichen, wenn Menschen sozial isoliert sind (Baumeister & Leary, 1995). In einer sozialen Beziehung zu stehen, ist ganz ähnlich dem Gefühl, zu bestimmten Menschen zu gehören – wie bereits in Kapitel 3 angesprochen. Im nächsten Kapitel wird der Zusammenhang von Zugehörigkeitsgefühl und engagiertem Lernen dargestellt werden (Osterman, 2000).

10.2.2 Bedürfnisse: Lektionen für Lehrer

Von der frühen Kindheit bis ins hohe Alter wollen Menschen sich kompetent fühlen und zu anderen Menschen Beziehungen aufbauen. Schüler nehmen eher an Aktivitäten teil, in denen sie ihre Kompetenz entfalten können, als an Unternehmungen, mit denen sie einiger Wahrscheinlichkeit nach scheitern werden. Das bedeutet, dass Schüler Aufgaben erhalten sollen, die weder zu leicht noch zu schwer für sie sind. Sie profitieren auch davon, wenn sie die Fortschritte in ihrer Kompetenz beobachten, sie überprüfen können, etwa durch ein Berichtsheft, einen Sammelordner oder andere systematische Vorgehensweisen. Um sich zugehörig zu fühlen, müssen Schüler das Gefühl haben, in der Schule kümmert man sich um sie; sie müssen darauf bauen können, dass die Lehrer ihnen helfen.

Was ist noch wichtig für die Motivation? Viele Theoretiker verstehen Ziele als Kernkomponente der Motivation.

Zielorientierungen und Motivation 10.3

> **Halt! Denken Sie nach! Schreiben Sie!**
> Wie würden Sie diese Fragen auf einer Skala von 1 (stimme völlig zu) bis 5 (lehne völlig ab) beantworten?
>
> Ich fühle mich in der Schule wohl, wenn
> ____ ich schwierige Probleme durch harte Arbeit lösen kann.
> ____ die ganze Arbeit leicht ist.
> ____ ich mehr als die anderen weiß.
> ____ ich etwas Neues lerne.
> ____ ich nicht so hart arbeiten muss.
> ____ ich als Einziger eine Eins habe.
> ____ ich gut beschäftigt bin.
> ____ ich mit meinen Freunden zusammen bin.
> ____ ich zuerst fertig werde.

Ein **Ziel** ist ein Ergebnis oder ein Zustand, das oder den ein Individuum anstrebt (Locke & Latham, 2002). Wenn Schüler anstreben, ein Kapitel durchzulesen oder in ei-

Ziel Was sich ein Individuum zu erreichen vorgenommen hat.

> ### Verknüpfen und erweitern Sie Ihre Forschungskenntnisse
>
> Eine Synthese der Forschung über Zielsetzungen von zwei Psychologen im Bereich der Zieltheorie: Locke, E. A. & Latham, G. P. (2002). Building a Practically Useful Theory of Goal Setting and Task Motivation: A 35-Year Odyssey. *American Psychologist*, *57*, 705–717.

nem Leistungstest eine Eins zu bekommen, zeigen sie *zielgerichtetes Verhalten*. Bei der Verfolgung ihres Zieles nehmen die Schüler im Allgemeinen einen gegenwärtigen IST-Zustand wahr (Ich habe noch nicht einmal mein Buch geöffnet.), einen idealen SOLL-Zustand (Ich habe jede Seite verstanden.) und die Diskrepanz zwischen IST- und SOLL-Zustand. Ziele motivieren Menschen, so zu handeln, dass die Diskrepanz zwischen „wo sie sind" und „wo sie sein möchten" verkleinert wird. Zielsetzungen sind gewöhnlich effektiv. Zusätzlich zu Routineaufgaben, wie etwa zu Mittag essen, das ohne große Aufmerksamkeitsanstrengung vonstatten gehen kann, setzen sich viele Menschen Ziele für den Tag. Zum Beispiel kann die Zielsetzung für den Tag sein, ein Kapitel dieses Buches fertigzustellen, sechs Kilometer zu joggen und eine Waschmaschine voll mit schmutziger Wäsche zu waschen (alles nicht sehr aufregend). Nach dem Beschluss, alles das zu tun, fühlt man sich unwohl, wenn die Liste nicht abgearbeitet wird.

Nach Locke und Latham (2002), gibt es vier Hauptgründe, warum Zielsetzungen zu besseren Leistungen führen. Ziele haben folgende Funktionen:

1. *Sie lenken die Aufmerksamkeit* auf die anstehenden Aufgaben und von den Zerstreuungen ab. Jedesmal, wenn die Gedanken vom Schreiben dieses Textes abwandern, hilft die Zielsetzung, dieses Kapitel heute noch zu beenden, die Gedanken auf den Text zu konzentrieren.
2. *Sie liefern die Energie für die Anstrengungen.* Je herausfordernder das Ziel – bis zu einem gewissen Punkt –, desto größer die Anstrengung.
3. *Sie erhöhen die Ausdauer.* Wer ein klares Ziel vor Augen hat, gibt weniger leicht auf und hält durch, bis er das Ziel erreicht hat: Hohe Ziele verlangen An-

strengungen, und ein enger Terminplan fordert eine schnellere Arbeit,

4. *Sie fördern den Erwerb neuen Wissens und neuer Strategien*, wenn die alten Strategien nicht greifen. Zum Beispiel, wenn es das Ziel eines Studenten ist, eine Eins in der Klausur zu schreiben, und er erreicht das Ziel beim der ersten Mal nicht, könnte ein neuer Lernversuch für die nächste Klausur gestartet werden; er könnte darin bestehen, einem(r) Freund(in) die Kerninhalte des Lernstoffes zu erzählen.

10.3.1 Zielkategorien und Zielorientierungen

Die Zielkategorien, die wir einsetzen, beeinflussen die Motivation, mit der wir ein Ziel verfolgen. Besonders Ziele, die klar sind, von mittlerem Schwierigkeitsgrad und in der näheren Zukunft mit einiger Wahrscheinlichkeit erreicht werden können, fördern die Motivation und die Ausdauer (Pintrich & Schunk, 2002; Stipek, 2002). Spezifische Ziele stellen klare Standards für die Beurteilung der Leistung dar. Wenn die Leistung hinter der Zielsetzung zurückbleibt, sorgt die Ausdauer für weitere Anstrengungen auf das Ziel hin. Zum Beispiel den Abschnitt in einem Buch fertigzuschreiben, ist ein spezifisches Ziel im Vergleich zu „am Buch arbeiten". Alles, was nicht mit dem Ergebnis endet, den Abschnitt abzuschicken, bedeutet, weiterzuarbeiten, bis dieser Zustand erreicht ist, auch wenn es darüber nach Mitternacht wird. Mäßig schwierige Aufgaben stellen eine Herausforderung dar, aber unvernünftige Aufgaben motivieren nicht. Der Abschnitt kann beendet werden, wenn man nur dabeibleibt. Ziele, die bald erreicht werden können, werden im Allgemeinen nicht durch Dringenderes beiseite geschoben. Gruppen wie die Anonymen Alkoholiker zeigen immer wieder, dass sie um die motivierende Kraft der kurzfristigen Ziele wissen; sie ermutigen ihre Mitglieder, sich für den jeweils kommenden Tag neu vorzunehmen, nichts zu trinken.

Vier Zielorientierungen in der Schule

Zielorientierungen sind Überzeugungen darüber, wie Ziele mit Schulleistungen zusammenhängen. Zielorientierungen schließen die Gründe ein, deretwegen wir Ziele verfolgen und die Maßstäbe, an denen der Fort-

---

Zielorientierung Sich einstellen auf Leistungsziele in der Schule.

schritt gemessen wird. Zum Beispiel könnte ein Ziel sein, eine Eins in einem Seminarreferat zu erhalten. Warum eine Eins? Weil die Pädagogische Psychologie ein Prüfungsfach ist und man darauf gut vorbereitet sein sollte oder weil man vor Freunden und der Familie gut dastehen will? Es gibt vier Zielorientierungen: Können/Beherrschen (Lernen), Auftreten und Ansehen (gut dastehen), Vermeiden von Arbeit und soziale Zielsetzungen (Murphy & Alexander, 2000; Pintrich & Schunk, 2002). Kann man aus den Antworten der Übung *Halt! Denken Sie nach! Schreiben Sie!* die Zielorientierungen herauslesen? Die meisten Antworten sind aus einer Untersuchung über die subjektiven Theorien der Schüler über den Erwerb mathematischer Kenntnisse entnommen (Nicholls, Cobb, Wood, Yackel & Patashnik, 1990).

Die übliche Unterscheidung von Zielen in der Forschung über Zielorientierungen der Schüler ist diejenige zwischen Zielen, die mit Können zusammenhängen (*Aufgabenziele oder Lernziele*), und solchen, die mit der Erledigung von Arbeiten zu tun haben (*Leistungsziele oder Ich-Ziele*) (Midgley, 2001). Das Hauptanliegen der **Lernziele** ist, sich zu verbessern, zu lernen, gleichgültig, wie sie vor anderen dastehen. Schüler mit Zielen suchen die Herausforderung und zeigen bei Schwierigkeiten Ausdauer. Weil sie sich auf die Aufgaben konzentrieren und sich über ihr Abschneiden dabei im Vergleich zu anderen in der Klasse keine Gedanken machen, werden sie als **aufgabenzentrierte Lerner** bezeichnet (Nicholls & Miller, 1984). Es heißt oft, diese Menschen „gehen ganz in der Arbeit auf". Aber sie suchen sich auch angemessene Hilfe, verarbeiten gründlicher, setzen effektivere Lernstrategien ein und gehen mit Selbstvertrauen an ihre Aufgaben (Butler & Neuman, 1995; Midgley, 2001; Young, 1997).

Die zweite Zielorientierung hat mit der Durchführung der Aufgaben zu tun. Die Ziele, die damit zusammenhängen, durch die Erledigung von Aufgaben vor anderen in bestimmter Weise dazustehen, heißen **Selbstdarstellungsziele.** Menschen mit dieser Zielori-

entierung zeigen anderen gern ihre Fähigkeiten. Sie konzentrieren sich darauf, eine hohe Punktzahl und gute Noten zu erhalten oder sie wollen gewinnen und besser sein als andere (Wolters, Yu & Pintrich, 1996). Schüler, die besser als andere und „schlau" erscheinen wollen, lesen einfache, dafür aber viele Bücher (Young, 1997). Diese Schüler werden als **ichzentrierte Lerner** oder als **folgeorientierte Lerner** bezeichnet, weil sie mit ihrer Selbstdarstellung beschäftigt sind. Schüler, die sich um ihr Ansehen sorgen, können unter Umständen ihre eigenen Leistungen behindern. Zum Beispiel neigen sie zu Täuschungsversuchen oder sie kürzen die Aufgabenlösung ab; sie arbeiten nur hart, wenn die Arbeit benotet wird, sie verstecken Arbeiten mit schlechten Noten, wählen leichte Aufgaben und fühlen sich sehr unwohl, wenn Aufgaben keine eindeutigen Bewertungskriterien haben (Stipek, 2002).

Sind Selbstdarstellungsziele immer schlecht?

Leistungsziele erscheinen nach der bisherigen Darstellung als ziemlich dysfunktional. Die frühere Forschung ergab, dass die Zentrierung auf das eigene Auftreten in der Leistungssituation dem Lernen abträglich war, aber ähnlich wie bei der extrinsischen Motivation muss das Bemühen um die in Erscheinung tretende Leistung nicht immer nachteilig sein. In einigen Untersuchungen stellte sich heraus, dass beide Arten von Zielen, etwas zu können und auf die Folgen zu achten oder gut dazustehen, mit dem Gebrauch aktiver Lernstrategien und hoher Selbstwirksamkeit einhergehen (Midgley, Kaplan & Middleton, 2001; Stipek, 2002). Wie bei intrinsischer und extrinsischer Motivation auch verfolgen Schüler und Studenten meist beide Arten von Zielen, die Lern- und die Selbstdarstellungsziele, gleichzeitig.

Um diesen neuen Befunden Rechnung zu tragen, schlagen Pädagogische Psychologen zur Unterscheidung zwischen Können und Selbstdarstellung noch eine weitere Differenzierung vor, diejenige zwischen

---

Lernziel Die persönliche Absicht, die eigenen Fähigkeiten auszubilden (Kompetenzzuwachs) und zu lernen, ohne Rücksicht darauf, wie man vor anderen dasteht.

Aufgabenzentrierte Lerner Lerner, deren Ziel in der Beherrschung von Anforderung und in der Verbesserung ihres Könnens besteht.

Selbstdarstellungsziel Die Absicht, als kompetenter und guter Arbeiter in den Augen der anderen zu erscheinen.

Ichzentrierte Lerner Lerner, deren Anliegen es ist, eine gute Selbstdarstellung bei der Aufgabenlösung sicherzustellen und von den anderen als gut wahrgenommen zu werden.

Folgeorientierte Lerner Lerner, die von Erwartungen der Folgen des Lernens beeinflusst sind.

Tabelle 10.2

Zielorientierungen

Schüler neigen zum Aufsuchen oder Meiden von Situationen mit Zielen, in denen sie entweder auf Können oder auf Selbstdarstellung ausgerichtet sind.

Zielorientierung	Aufsuchen/Annäherung	Meiden
Lernen (Kompetenzuwachs)	*Im Mittelpunkt:* die Aufgabe meistern, lernen, verstehen	*Im Mittelpunkt:* Vermeiden von Missverständnissen und Aufgaben, die sie nicht können
	Maßstäbe: Selbstverbesserung, Fortschritt; gründliches Verstehen (aufgabenzentriertes Ziel)	*Maßstäbe:* niemals Fehler machen, perfekt sein (aufgabenzentriertes Ziel)
Leistung	*Im Mittelpunkt:* Besser als andere sein, gewinnen, der Beste sein	*Im Mittelpunkt:* Vermeiden, dumm dazustehen; vermeiden zu verlieren
	Maßstäbe: Normativ – beste Note erhalten; den Wettbewerb gewinnen (ich-zentriertes, folgezentriertes Ziel)	*Maßstäbe:* Normativ – nicht der Schlechteste sein; nicht die schlechteste Note bekommen oder der Langsamste sein (ich-zentriertes, folgezentriertes Ziel)

Quelle: Aus *Motivation in Education: Theory, Research, and Application* (2. Aufl.) von P. Pintrich & D. Schunk. Copyright © 2002 Prentice Hall.

Annäherung und Meidung. Schüler können also motiviert sein, die Leistungssituationen aufzusuchen, um ihr Können zu vermehren, oder sie können solche Situationen meiden, um Missverständnissen und Misserfolgen aus dem Weg zu gehen. Ebenso können sie Situationen anstreben, in denen sie gut dastehen, oder sie können sie meiden, um nicht dumm dastehen zu müssen. ▶ Tabelle 10.2 zeigt Beispiele für Zielorientierungen und deren Auswirkungen. Mit welcher Zielorientierung sind die meisten Probleme verbunden? Die wirklichen Probleme hängen zweifellos mit Meidungsverhalten zusammen. Schüler, die Missverständnisse und Misserfolge vermeiden wollen (Vermeiden von Situationen, in denen sie erst lernen, etwas zu beherrschen), sind wahrscheinlich perfektionistisch – sie wollen eine Sache wirklich gründlich beherrschen. Schüler, die nicht dumm erscheinen wollen (Vermeiden von Leistungsproben), greifen zu defensiven Strategien, um Fehler zu vermeiden, wie etwa die oben beschriebene defensive Schülerin Diana. Diese Schüler tun so, als ob ihnen die Anforderungssituationen gleichgültig seien und sie sich nicht richtig anstrengen würden, oder sie greifen zu Täuschungsmanövern (Harackiewiz, Barron, Pintrich, Elliott & Thrash, 2002).

Jenseits von Lernen und Leistung

Manche Schüler wollen einfach nicht lernen oder als schlau erscheinen, sie wollen einfach der Arbeit aus dem Weg gehen. Diese Schüler erledigen ihre Aufgaben mit minimalem Aufwand möglichst schnell (Pintrich & Schunk, 2002). John Nicholls (1984) nannte diese Schüler **arbeitsmeidende Lerner** – sie erleben Erfolg, wenn sie etwas ohne Anstrengung erledigen können, wenn die Arbeit leicht ist, oder wenn sie herumalbern können.

Mit zunehmendem Alter werden für Schüler **soziale Ziele** wichtig. In der Adoleszenz schließen Schüler mehr Peers in ihre Netzwerke ein. Unternehmungen jenseits der schulischen Leistungen wie Sport, sich Verabreden und „Abhängen" werden genauso wichtig wie Schularbeiten (Urdan & Maehr, 1995). Soziale Ziele

---

Arbeitsmeidende Lerner Schüler, die nicht lernen wollen und auch nicht intelligent erscheinen möchten, sie wollen einfach so wenig wie möglich arbeiten.

Soziale Ziele Eine große Auswahl an Bedürfnissen und Motiven, die mit den Beziehungen zu anderen zu tun haben oder mit der Mitgliedschaft in einer Gruppe.

schließen eine Reihe von Bedürfnissen und Motiven ein, die nicht gleichermaßen dem Lernen zugute kommen – manche sind hilfreich, andere behindern das Lernen eher. Zum Beispiel das für Heranwachsende zentrale Ziel, Freundschaften zu pflegen, steht manchmal effektivem Lernen im Weg, denn wenn bei Zusammenarbeit alle rücksichtsvoll zueinander sein wollen und keine kritischen Rückmeldungen oder Widersprüche erfolgen, können auch keine effektiven Leistungsverbesserungen erreicht werden (Anderson, Holland & Palincsar, 1997). Natürlich stehen die Ziele, einfach Spaß mit Freunden zu haben oder nicht als Streber bezeichnet zu werden, dem Lernen entgegen. Auf der anderen Seite kann das Motiv, der Familie oder der eigenen Mannschaft durch harte Arbeit Ehre zu machen, das Lernen fördern (Urban & Maehr, 1995). Soziale Ziele wie die Mitgliedschaft in einer Gleichaltrigengruppe, können dann das Lernen fördern, wenn die Gruppenziele Lernen oder Leistung beinhalten (Pintrich, 2003; A. Ryan, 2001).

Schüler müssen verschiedene Zielkategorien koordinieren, sodass sie zu Entscheidungen über Handlungsmöglichkeiten und -formen kommen. Wie oben schon erwähnt sind soziale und Leistungsziele nicht immer vereinbar. Wenn zum Beispiel Schüler keinen Zusammenhang zwischen Leistung in der Schule und Erfolg im Leben sehen, besonders dann, wenn sie durch Diskriminierung diesen Zusammenhang nicht erfahren können, dann geben solche Schüler die Leistungsziele auf. Diese Schülergruppen mit leistungsablehnenden Einstellungen gibt es wahrscheinlich in jeder höheren Schule (*Committee on Increasing High School Students' Engagement and Motivation to Learn, 2004; Kommission zur Erhöhung der Leistungsbereitschaft und Lernmotivation von Schülern in der höheren Schule; Wentzel, 1999*). Manchmal schließt der Erfolg in der Gleichaltrigengruppe den Erfolg in der Schule aus – und in diesem Alter ist der Erfolg in der Peergruppe sehr wichtig. Das Bedürfnis nach sozialen Beziehungen ist jedoch grundlegend für die meisten Menschen.

10.3.2 Rückmeldung und Zielakzeptanz

Neben spezifischen Zielen und dem Aufbau unterstützender sozialer Beziehungen gibt es zwei weitere Faktoren, die das Zielsetzen in der Klasse effektiv machen. Der erste Faktor ist die *Rückmeldung*. Wenn eine Diskrepanz zwischen dem IST- und dem SOLL-Zustand

„Was für eine Note gibt's für Ordentlichkeit?"
Quelle: Copyright © Glenn Bernhardt.

motivieren soll, muss eine realistische Einschätzung des derzeitigen IST-Zustandes und dessen, was erreichbar ist, des SOLL-Zustandes, vorliegen. Rückmeldungen, die den Fortschritt kommentieren, sind die effektivsten (nach einer Untersuchung von Bandura, 1997). In der Untersuchung wurde einmal eine Rückmeldung gegeben, die den Teilnehmern sagte, dass sie 75 % dessen, was sie erreichen sollten, auch geschafft hatten und in einer anderen Bedingung, dass sie 25 % unter der Zielvorgabe zurückgeblieben waren. In der Bedingung mit der positiven Rückmeldung stiegen das Selbstvertrauen und das analytische Denken an; die Aufgabenerledigung verbesserte sich ebenfalls.

Der zweite Faktor, der die Motivation, ein Ziel zu erreichen, erhöht, ist die Zielakzeptanz. Wenn die Schüler ein von anderen gesetztes Ziel ablehnen oder sich weigern, ihre eigenen Ziele zu setzen, dann werden sie unmotiviert. Allgemein kann man sagen, dass Schüler solche von anderen eingeführten Ziele akzeptieren, wenn sie realistisch, nicht zu schwierig und sinnvoll erscheinen und wenn die Ziele gut begründet sind (Grolnick, Gurland, Jacob & Decourcy, 2002). Das Engagement zählt – der Zusammenhang zwischen höheren Zielen und besserer Leistung ist am engsten, wenn Menschen sich diesen Zielen verschreiben (Locke & Latham, 2002).

10.3.3 Ziele: Lektionen für Lehrer

Schüler arbeiten mit höherer Wahrscheinlichkeit auf Ziele hin, die klar umrissen, vernünftig, mäßig herausfordernd und innerhalb einer relativ kurzen Zeit auch erreichbar sind. Wenn Lehrer sich auf die sichtbare Leistung von Schülern konzentrieren, auf gute Noten und auf Wettbewerb, können sie Schüler zum Setzen von Selbstdarstellungszielen ermutigen. Das wiederum könnte dazu führen, dass Schüler nicht aufgabenorientiert sind und zentriert auf die Verbesserung ihres Könnens hinarbeiten (Anderman & Maehr, 1994). Nicht alle Schüler lernen mit der Zeit, sich selbst schulische Ziele zu setzen und sie ständig im Auge zu behalten, deshalb sind genaue Rückmeldungen und Ermutigungen notwendig. Wenn Lehrer mit Anreizen und Belohnungen erziehen, sollten sie im Auge behalten, dass das Kernziel das *Lernen* und die *verbesserte Beherrschung des Lernstoffes und der Lernstrategien* sein sollte und nicht nur die momentan vorgeführte Leistung und der äußerlich wahrnehmbare kluge Eindruck. Auf keinen Fall sollte das Ziel zu schwierig sein. Ähnlich wie Erwachsene wenden sich Schüler von Aufgaben und Lehrern ab, die ihnen ein Gefühl der Unsicherheit und der Inkompetenz vermitteln.

Welche Erkenntnisse über Motivation sind noch bekannt? Emotionen scheinen in der Motivation eine Rolle zu spielen.

Interessen und Emotionen **10.4**

Welches Gefühl haben Sie beim Lernen? Finden Sie Lernen aufregend, langweilig, regt es Ihre Neugierde an oder Ihre Angst? Die gegenwärtige Psychologie geht davon aus, dass Lernen nicht nur mit „kühlem Kopf" zu tun hat, mit *sachlichen (kalten) Schlussfolgerungen und Kognitionen* sowie Problemlösungen. Am Lernen und der Informationsverarbeitung sind auch Emotionen beteiligt: *Unsachliche (heiße) Kognitionen* spielen ebenso eine Rolle (Miller, 2002; Pintrich, 2003). Schüler wenden mit höherer Wahrscheinlichkeit ihre Aufmerksamkeit Ereignissen, Bildern und Lesestoff zu, die Emotionen hervorrufen (Alexander & Murphy, 1998; Cowley & Underwood, 1998; Reisberg & Heuer, 1992) oder mit ihren Interessen übereinstimmen (Renninger, Hidi & Krapp, 1992); das Gleiche gilt für Lern- und Gedächtnisprozesse. Manchmal stören Emotionen das Lernen, denn sie beanspruchen die Aufmerksamkeit oder das Arbeitsgedächtnis, und beides wird für das Lernen benötigt (Pekrun, Goetz, Titz & Perry, 2002). Wie können wir diese Ergebnisse nutzen, um das Lernen in der Schule zu fördern?

Das Interesse an und die Begeisterung der Schüler über das, was sie lernen, ist einer der wichtigsten Faktoren in der Erziehung.

10.4.1 Auf Interessen eingehen

Was würden Sie dazu sagen?

Als Teil eines Vorstellungsgesprächs für eine Lehrerstelle in einem großen Schulbezirk fragt der Schulrat: „Wie können Sie das Interesse der Schüler am Lernen wecken? Können Sie auf deren Interessen im Unterricht eingehen?"

Bei einer Erhebung von Walter Vispoel und James Austin (1995) gaben 200 Realschulschüler als häufigsten Grund für schulische Misserfolge „Mangel an inhaltlichem Interesse an". Interesse nahm in der Liste der Begründungen, warum man sich für Erfolge anstrenge, jedoch nur die zweite Stelle ein.

Es gibt zwei Arten von Interessen – das persönliche (individuelle) und das situationsspezifische Interesse; diese Unterscheidung kommt wieder einer Unterscheidung zwischen Disposition und Zustand gleich. Persönlich-individuelle Interessen sind überdauernde Aspekte einer Persönlichkeit, wie z. B. die langfristige Vorliebe für Fächer wie Sprachen, Geschichte oder Ma-

Verknüpfen und erweitern Sie Ihre Forschungskenntnisse

Vispoel, W. P. & Austin, J. R. (1995). Success and Failure in the Junior High School. A Critical Incident Approach to Understanding Students' Attributional Beliefs. *American Educational Journal*, *32*, 377–412.

thematik oder Aktivitäten wie die Ausübung von Sport und Musik oder das Anschauen von Filmen. Schüler mit Interesse am Lernen, die allgemein stets nach neuen Informationen suchen, stehen der Schule wesentlich positiver gegenüber. Aktivitäten, Texte oder Materialien, welche die Aufmerksamkeit der Schüler auf sich ziehen oder aufrechterhalten, sind oft nur von kurzlebigem situationsspezifischem Interesse. Beide Arten von Interessen, die dispositionellen und die situationsspezifischen, treten beim Lernen durch Texte hervor; größeres Interesse führt zu einer stärkeren emotionalen Reaktion auf den Lernstoff, dies wiederum führt zu größerer Ausdauer, gründlicherer Verarbeitung, besserem Behalten des Textinhaltes und insgesamt zu besseren Leistungen (Ainley, Hidi, & Berndorf, 2002; Pintrich, 2003; Schraw & Lehman, 2001). Interessen steigern sich, wenn Schüler sich kompetent fühlen; auch wenn sie anfänglich kein Interesse für ein Thema oder eine Aktivität haben, kann sich dieses entwickeln, wenn sie Erfolge in dem betreffenden Themenbereich erleben (Stipek, 2002).

Interesse erwecken und aufrechterhalten

Wann immer möglich, sollten schulische Inhalte den überdauernden Interessen von Schülern entsprechen. Da der Unterrichtsstoff aber den Lehrplänen entsprechen muss, ist es unter Umständen schwierig, auf die Interessen einzelner Schüler einzugehen. Lehrer müssen sich mehr auf das situationsspezifische Interesse der Schüler stützen. Hier kommt es darauf an, nicht nur das Interesse der Schüler zu wecken, sondern auch, es wach zu erhalten (Pintrich, 2003). Zum Beispiel fand Mathew Mitchell (1993), dass der Einsatz von Computern, Gruppen und Puzzles das Interesse der Schüler der Sekundarstufe I zwar weckte, aber es hielt nicht lange an. Unterrichtsstunden, die das Interesse länger wachhielten, waren z. B. alltagsnahe Mathematikaufgaben und aktive Teilnahme an Experimenten im naturwissenschaftlichen Unterricht und in Projekten. Man muss jedoch vorsichtig sein, wenn man den Interessen der Schüler folgt, wie aus *Pro & Contra* (siehe S. 468) zu ersehen ist.

Interessen haben noch einen anderen Ursprung, nämlich in der Fantasie. Zum Beispiel fanden Cordova und Leeper (1996), dass Schüler besser Mathematik in einer herausfordernden Computerübung lernten,

in der sie die Rolle eines Raumschiffkapitäns einnahmen, der auf dem Weg durch das Weltall verschiedene mathematische Probleme zu lösen hatte. Die Schüler mussten noch zusätzlich den Raumschiffen Namen geben, die Vorratskammern mit Astronautennahrung auffüllen und alle Mitglieder der Mannschaft nach ihren Freunden benennen.

10.4.2 Aktivierung: Erregung und Angst beim Lernen

Genauso, wie wir alle wissen, wie wir uns fühlen, wenn wir motiviert sind, wissen wir auch, wie man sich in aktiviertem Zustand fühlt. Die **Aktivierung** umfasst sowohl psychologische als auch körperliche Reaktionen – Veränderungen der Aktivierungsmuster im Gehirn, im Blutdruck, der Geschwindigkeit des Herzschlags und des Atemrhythmus. Wir fühlen uns konzentriert, hellwach, sogar ein bisschen erregt oder gespannt. Um die Auswirkungen der Aktivierung auf die Motivation zu verstehen, sollen zwei extreme Aktivierungszustände vorgestellt werden. Der erste Zustand ist derjenige spät am Abend. Sie lesen schon zum dritten Mal Ihre vorgeschriebene Lektüre, Sie sind jedoch zu müde, um das Gelesene zu begreifen. Ihre Gedanken fangen an zu wandern, und Ihre Augen fallen langsam zu. Sie entschließen sich, erst einmal zu schlafen und am nächsten Morgen sehr früh aufzustehen, um weiterzulesen (Sie wissen selbst, dass das selten klappt). Der zweite Zustand entsteht einen Tag vor einem wichtigen Examen, das darüber entscheidet, ob Sie dann an der Universität Ihrer Wahl studieren können. Am nächsten Tag müssen Sie also Ihr Bestes geben. Dazu sollten Sie ausgeschlafen sein, aber Sie sind hellwach. Im ersten Fall ist Ihre Aktivierung zu gering, im zweiten zu hoch.

Psychologen wissen schon seit Jahrzehnten, dass es ein optimales Aktivierungsniveau für die meisten Aktivitäten gibt (Yerkes & Dodson, 1908). Es gilt die allgemeine Aussage: Einfache Routinetätigkeiten wie Wäschesortieren werden am besten bei erhöhtem Aktivierungsniveau erledigt, aber komplexe Aufgaben profitieren mehr von einem niedrigerem Aktivierungsniveau wie dem, einen Wissenstest durchzuführen. Im nächsten Abschnitt wird berichtet, wie sich die Aktivierung durch Neugierde erhöht.

Aktivierung Die körperlichen und psychologischen Reaktionen, die bei Personen zu hellwachen, aufmerksamen und angespannten psychischen Zuständen führen.

Lernt man besser, wenn Lernen Spaß macht?

Wenn Lehreranfänger gefragt werden, wie man am besten Schüler motiviert, antworten sie oft, dass Lernen Spaß machen sollte. Aber muss Lernen unbedingt Spaß machen, um effektiv zu sein?

Pro: Lehrer sollten dafür sorgen, dass Lernen Spaß macht

Wer mit Hilfe von Google.com im Internet nach „Lernen sollte Spaß machen" sucht, findet zehn Seiten mit Quellen- und Literaturangaben. Zweifellos findet das Thema Interesse; die Forschung hat auch ergeben, dass mit Spaß gelerntes Material besser behalten wird (Pintrich & Schunk, 2002). Zum Beispiel, wenn Schüler Bücher lesen, die sie interessieren, lesen sie ausdauernder, sie lesen mehr Wörter in Büchern und haben eine positive Einstellung zum Lesen (Guthrie & Alao, 1997). Spiele und Simulationen können auch zum vergnüglichen Lernen beitragen.

Zum Beispiel spielten in einer achten Klasse alle Schüler drei Tage lang ein Spiel mit Namen ULTRA, das ihr Lehrer entworfen hatte. Die Schüler wurden in zwei Gruppen aufgeteilt und formten ihr eigenes „Land". Jedes Land wählte sich einen Namen, eigene Symbole, eine Landesblume und einen Landesvogel. Sie schrieben eine Nationalhymne und wählten Regierungsvertreter. Jedes Land erhielt eine Reihe von Ressourcen. Um ihre Regierungsaufgaben zu erfüllen, mussten Ressourcen ausgetauscht werden. Es gab ein Geldsystem und eine Börse. Die Schüler mussten zusammenarbeiten, um verschiedene kooperativ angelegte Aufgaben zu erledigen. Einige Länder mogelten beim Handeln mit anderen Ländern; dies setzte eine Debatte über internationale Beziehungen, Vertrauen und Krieg in Gang. Den Schülern machte das Spiel Spaß, doch berichteten sie auch, dass sie Zusammenarbeit in der Gruppe lernten ohne Aufsicht der Lehrer und dass sie Einsichten gewannen in das weltwirtschaftliche Geschehen und internationale Konflikte.

Eine Lehrerin einer dritten Klasse baute zusammen mit ihrer Klasse ein Postamt für die ganze Schule auf. Jede Klasse bekam eine Adresse mit einer Postleitzahl. Schüler bekamen kleine Stellungen bei der Post, und alle schrieben Briefe an andere Schüler und an die Lehrer. Die Briefe wurden dann ausgetragen. Die Schüler entwarfen ihre eigenen Briefmarken und legten die Gebühren fest. Die Lehrerin sagte, dass das Spiel „das kreative Schreiben fördert, ohne dass die Schüler das merken" (Dolezal, Welsh, Pressley & Vincent, 2003, S. 254).

Contra: Spaß behindert das Lernen

Bereits um 1900 warnten Pädagogen davor, den Spaß beim Lernen in den Vordergrund zu stellen. Kein anderer als John Dewey, der über die Rolle von Interessen beim Lernen schrieb, warnte davor, langweilige Stunden dadurch interessanter zu gestalten, dass man für Spaß sorgt, ähnlich wie man eine schlechte Mahlzeit durch starke Gewürze schmackhafter macht. Dewey schrieb: „Wenn Lernstoff interessanter wird, dann nur, weil das Interesse geweckt wird. Es ist also eine falsche Formulierung. Der Lernstoff, der Gegenstand, bleibt so interessant, wie er nun einmal ist" (Dewey, 1913, S. 11–12).

Neue Forschungsergebnisse zeigen, dass man einen Text nicht durch faszinierende, aber irrelevante Details interessanter machen sollte, denn das erschwert das Erkennen der wichtigen Informationen. Diese „verführerischen Einzelheiten", wie sie genannt wurden, erschweren das Verständnis der Kernideen eines Textes (Harp & Meyer, 1998). Beim Lesen von Biografien entgeht man oft dieser Gefahr nicht: Schüler lasen Biografien historischer Persönlichkeiten und behielten nach der Lektüre mehr sehr interessante, aber unwichtige Informationen als die nicht ganz so interessante Leitlinie des Lebenslaufes (Wade, Schraw, Buxton & Hayes, 1993).

Shannon Harp und Richard Meyer (1997) fand ähnliche Ergebnisse bei der Lektüre von naturwissenschaftlichen Texten für den Unterricht an höheren Schulen. Diese Texte enthielten noch kleine emotional getönte, „verführerische" Einschübe über Verletzungen von Golfspielern beim Schwimmen durch Blitzeinschlag und in einer Lektion über die Entstehung von Blitzen. Sie schlossen aus den Ergebnissen, dass „bei emotionalem Interesse im Gegensatz zum kognitiven Interesse die Sachlage klar ist: Emotional getönte Einschübe erhöhen keineswegs das Verständnis des wissenschaftlichen Textes" (S. 100). Die „verführerischen" Einzelheiten lenken die Aufmerksamkeit vom Argumentationsfaden der wissenschaftlichen Erklärungen ab und behindern so das Textverständnis. Harp und Meyer ziehen daraus die Schlussfolgerung, „der beste Weg, einem Schüler einen Text interessant zu machen, ist, ihn beim Verstehen zu unterstützen" (S. 100).

Welchen Standpunkt haben Sie?

Die Interessen und die Neugierde von Schülern nutzen

Die inhaltlichen Ziele des Lernstoffes mit der Erfahrungswelt der Schüler verknüpfen.

Beispiele

1 Tauschen Sie mit einem Lehrer in einer anderen Schule Adressen für Brieffreunde für die Schüler Ihrer Klasse aus. Durch den Briefaustausch können Schüler erfahren, wie andere Schüler leben, sie können Fotos, Zeichnungen und Aufsätze hin und her schicken und sich gegenseitig Fragen stellen und beantworten wie: „Hast du schon Schreibschrift gelernt?" „Was nehmt ihr in Mathe gerade durch?" „Was lest ihr gerade in Deutsch?" Die Briefe können als Sammelbrief abgeschickt werden, das spart Porto.

2 Finden Sie heraus, wer in der Klasse gut Zeichnungen mit Hilfe eines Grafikprogramms herstellen kann. Wer kann Internetsuchen durchführen? Wie kocht man? Wer kann Stichworte in einem Index suchen?

3 Führen Sie einen „Tag des Rollenwechsels" ein, an dem Schüler die Rollen mit Lehrern tauschen. Die Schüler müssen ihre Rollen kennenlernen, indem sie die Lehrer befragen, sich auf ihren Unterricht vorbereiten, sich für diesen Tag entsprechend anziehen, um dann am Ende ihr Rollenverhalten zu beurteilen.

Finden Sie die Interessen, Hobbys und Freizeitaktivitäten Ihrer Schüler heraus, die in den Unterricht und in Diskussionen einbezogen werden können.

Beispiele

1 Die Schüler können Interviews ausarbeiten und durchführen, um etwas über die Interessen ihrer Mitschüler zu erfahren.

2 Schaffen Sie Bücher für die Schulbibliothek an, welche auf die Interessen und Hobbys der Schüler eingehen.

3 Bieten Sie eine Auswahl von Aufgaben an (sprachliche oder naturwissenschaftliche), sodass die Schüler ihren Vorlieben nachgehen können.

Unterstreichen Sie Ihre Anweisungen durch Humor, persönliche Erlebnisse und Anekdoten, die den Schülern die menschliche Seite des Unterrichtsstoffes nahebringen sollen.

Beispiele

1 Lassen Sie andere an Ihren Interessen, Hobbys und ihren Lieblingstätigkeiten teilnehmen.

2 Kündigen Sie einen Überraschungsbesuch an, verkleiden Sie sich dann als Schriftsteller und erzählen Sie aus dem Leben eines Schriftstellers und von dem, was Sie gerade schreiben.

Besorgen Sie Originaldokumente mit interessantem Inhalt oder Einzelheiten.

Beispiele

1 Im Geschichtsunterricht sind Briefe und Tagebücher hilfreich.

2 Im Biologieunterricht können Sie Notizen Darwins besorgen.

Sorgen Sie für Überraschungen und wecken Sie die Neugierde der Schüler.

Beispiele

1 Lassen Sie Schüler die Ergebnisse eines Experimentes vorhersagen und demonstrieren Sie dann, ob sie richtig vermutet haben.

2 Stellen Sie Zitate von Persönlichkeiten aus der Geschichte vor und lassen Sie die Schüler raten, von wem das Zitat stammt.

Mehr Informationen über die Interessen und die Motivation von Schülern finden Sie auf der Webseite:
http://mathforum.org/~sarah/Discussion.Sessions/biblio.motivation.html

Quelle: Aus *150 Ways to Increase Instrinsic Motivation in the Classroom* von James P. Raffini. Boston, MA: Allyn & Bacon. Copyright © 1996 Pearson Education; weiterhin *Motivation in Education* (2. Auflage) von P. Pintrich und D. Schunk, Copyright © 2002 Merrill/Prentice Hall, S. 298–299.

Verknüpfen und erweitern Sie Ihre Forschungskenntnisse

Lowenstein, G. (1994). The Psychology of Curiosity: A Review and Reinterpretation. *Psychological Bulletin*, *117*, 75–98. Dieser Artikel zeigt, wie durch Neugierde Informationslücken geschlossen werden können.

Neugierde: Neuheit und Komplexität

Interesse und Neugierde erfüllen ähnliche Funktionen. Neugierde kann als eine Tendenz bezeichnet werden, sich für zahlreiche Bereiche zu interessieren (Pintrich, 2003). Vor fast 40 Jahren kamen Psychologen zu der Erkenntnis, dass Menschen auf natürliche Weise motiviert sind, sich neuen Ereignissen, Zuständen oder Gegenständen zuzuwenden, sich Überraschungen zu verschaffen und Komplexität zu bevorzugen (Berlyne, 1966). Die Unterrichtsforschung hat ergeben, dass verschiedenartige Lehrmethoden und Aufgaben das Lernen fördern (Brophy & Good, 1986; Stipek, 2002). Für jüngere Schüler sind das Manipulieren und die Exploration von Gegenständen, die im Lehrstoff genannt werden, eine sehr wirksame Vorgehensweise zur Anregung der Neugierde. Für ältere Schüler können gut formulierte Fragen, logische Puzzles und Paradoxien den gleichen Effekt haben. Aber es sei daran erinnert, dass es nicht ausreicht, nur das Interesse der Schüler zu wecken, es muss auch aufrechterhalten werden, damit die Fragen und Puzzles in sinnvolles Lernen übergehen können.

George Lowenstein (1994) ist der Meinung, dass Neugierde dann geweckt ist, wenn sich die Aufmerksamkeit einer Wissenslücke zuwendet. „Solche Informationslücken erzeugen ein Gefühl des Mangels oder der Deprivation, was als *Neugierde* bezeichnet wird. Die neugierige Person ist motiviert, den Informationsmangel oder das Gefühl der Deprivation zu reduzieren" (S. 87). Diese Idee ist ähnlich dem piagetschen Begriff des Disäquilibriums (siehe Kapitel 2) und hat eine Reihe von Implikationen für die Lehre: Erstens müssen Schüler schon ein Grundwissen haben, ehe sie Wissenslücken empfinden können, die ihre Neugier anregen. Zweitens müssen Schüler die Lücken wahrnehmen, damit Neugierde erzeugt werden kann. Dieser Prozess kann durch gezieltes Raten und nachfolgende Rückmeldung in Gang gesetzt werden. Auch Fehler können bei richtiger Vorgehensweise die Neugierde anregen, wenn das fehlende Wissen entsprechend hervorgehoben wird. Drittens hat sich herausgestellt, dass mit zunehmendem Wissen die Neugierde, mehr über das Thema zu erfahren, wächst. Wie es Maslow (1970) bereits ausdrückte, den Wissensdurst zu befriedigen, reduziert diesen nicht etwa, sondern erhöht ihn. Die *Richtlinien* (siehe S. 469) geben wieder Hinweise, wie Interesse und Neugierde in der Klasse angeregt werden können.

Wie bereits erwähnt, ist die Aktivierung manchmal zu stark. Im schulischen Kontext werden Schüler getestet und benotet, deshalb kann hohe Aktivierung durch Angst entstehen. Diese Art von Motivation hat jedoch besondere Auswirkungen.

Angst in der Schule

Irgendwann hat jeder einmal **Angst**, ein Gefühl der inneren Unruhe und Verspannung oder der starken Verunsicherung verspürt. Die Auswirkungen von Angst auf Schulleistungen sind eindeutig. „Von den ersten Pionierarbeiten über dieses Problem von Yerkes und Dodson (1908) bis zur gegenwärtigen Forschung haben Forscher immer wieder einen negativen Zusammenhang zwischen allen Aspekten der Schulleistungen und verschiedenartigen Verfahren zur Erfassung von Angst feststellen müssen" (Covington & Omelich, 1987, S. 393). Angst kann sowohl die Ursache als auch die Wirkung von Schulmisserfolgen sein – Schüler legen aus Angst schlechte Leistungen an den Tag, und ihre schlechten Leistungen lösen weitere Angstzustände aus. Angst ist sowohl ein vorübergehender Zustand als auch eine überdauernde Eigenschaft; in überdauernder Form wird sie als **Ängstlichkeit** bezeichnet. Einige Schüler sind in den meisten Situationen ängstlich (sie haben die Eigenschaft Ängstlichkeit), aber manche Situationen erzeugen auch Angst (den vorübergehenden Zustand) (Covington, 1992; Zeidner, 1998).

Angst hat sowohl kognitive als auch affektive Komponenten. Die kognitive Seite schließt Bedenken und negative Gedanken ein – Grübeln darüber, wie schlimm es wäre zu versagen und sich Sorgen darüber machen, dass man versagen wird. Die affektive Seite umfasst physiologische und emotionale Reaktionen wie

Angst/Ängstlichkeit Zustand (Angst) oder Eigenschaft (Ängstlichkeit), die mit einem Gefühl der inneren Unruhe und Spannung einhergeht.

Schweißhände, Magenbeschwerden, rasendes Herzklopfen oder Furcht (Pintrich & Schunk, 2002; Zeidner, 1995, 1998). Immer wenn Leistungsdruck entsteht oder die Folgen von Misserfolgen gravierend sind, wenn Wettbewerb zwischen Schülern entsteht oder gefördert wird, kann dies Angst hervorrufen (Wigfield & Eccles, 1989). Weiterhin zeigt die Forschung an Kindern im Grundschulalter einen Zusammenhang zwischen der Qualität von Schlaf (wie schnell man einschläft und wie gut man durchschläft) und Ängstlichkeit oder Angstzuständen. Bessere Schlafqualität steht in Beziehung zu positiver Aktivierung oder der Bereitschaft zu lernen. Manche konnten diese Beziehung auch bei sich selbst im Laufe ihrer Schulzeit feststellen (Meijer & van den Wittenboer, 2004).

Wie beeinträchtigt Angst/Ängstlichkeit die Leistung?

Angst oder Ängstlichkeit beeinträchtigt das Lernen und die Prüfungsleistungen in dreifacher Weise: in der Aufmerksamkeitszentrierung, im Lernen und in Prüfungen. Schüler müssen neues Material aufmerksam verarbeiten. Sehr ängstliche Schüler können dies aber nicht ungeteilt tun, denn sie teilen ihre Aufmerksamkeit zwischen dem neuen Material und ihrer Beschäftigung mit ihren Sorgen und ihrer Nervosität. Statt sich zu konzentrieren, machen sie sich Sorgen wegen des Engegefühls in der Brustgegend; es gehen ihnen Gedanken durch den Kopf wie „Ich bin so verspannt. Ich verstehe das nie!" Ängstliche Schüler können schon von Anfang an wichtige Lerninformationen verpassen, weil ihre Gedanken auf ihre Sorgen und Bedenken gerichtet sind (Cassady & Johnson, 2002; Paulman & Kennelly, 1984).

Aber die Probleme enden hier nicht. Auch wenn sie sich aufmerksam ihrem Lernstoff zuwenden, haben ängstliche Schüler Schwierigkeiten, unstrukturiertes und schwieriges Material zu lernen, wobei sie sich auf ihr Gedächtnis verlassen müssen. Das meiste Material in der Schule ist aber von dieser Art. Hinzu kommt noch, dass viele ängstliche Schüler schlechte Lerngewohnheiten haben. Es genügt nicht, sie etwas aufzulockern; das allein führt nicht zu besseren Prüfungsleistungen, ihre Lernstrategien und Lerngewohnheiten müssen ebenfalls verändert werden (Naveh-Benjamin, 1991).

Ängstliche Schüler wissen meist mehr als sie in einer Prüfung oder in einem Test zeigen. Es fehlt ihnen an Prüfungserfahrung oder – auch wenn sie den Lernstoff beherrschen – können sie in Prüfungen oder Tests völlig blockiert sein und nichts reproduzieren (Naveh-Benjamin, McKeachie & Lin, 1987).

10.4.3 Jeden Schüler erreichen: Angstbewältigung

Einige Schüler, besonders solche mit Lernschwierigkeiten oder emotionalen Störungen, können Schulangst entwickeln. Angesichts stressreicher Anforderungssituationen, wie etwa Tests, können sie drei Arten von Bewältigungsstrategien einsetzen: *problemlösende*, *emotionsregulierende* oder *vermeidende Bewältigung*. Problemlösende Bewältigungsstrategien können etwa darin bestehen, einen Zeitplan für das Lernen aufzustellen oder einen ruhigen Platz zum Lernen zu finden. Emotionsregulierende Bewältigungsstrategien versuchen, die Angstgefühle zu reduzieren, z. B. durch Entspannungsübungen oder durch Äußern der Gefühle einem Freund gegenüber. Natürlich kann die letztgenannte Strategie in eine Vermeidungsreaktion übergehen, ähnlich wie sich eine Pizza holen oder ein großes Aufräumen anzufangen, weil man angibt, man könne erst mit dem Lernen anfangen, wenn der Schreibtisch aufgeräumt ist. Die unterschiedlichen Strategien sind für unterschiedliche Situationen hilfreich, z. B. problemlösende vor und emotionsregulierende Strategien während der Prüfung. Unterschiedliche Strategien sind für unterschiedliche Personen und Situationen geeignet (Zeidner, 1995, 1998).

Lehrer sollten sehr ängstlichen Schülern zu realistischen Zielen verhelfen, weil diese oft Schwierigkeiten haben, kluge Entscheidungen zu treffen. Sie wählen entweder zu schwere oder zu leichte Aufgaben. Im ersten Fall werden sie höchstwahrscheinlich scheitern und ihr Gefühl der Hoffnungslosigkeit und Angst im Schulkontext wird sich steigern. Im zweiten Fall werden sie die leichten Aufgaben wahrscheinlich schaffen, aber dies wird sie nicht so befriedigen und deshalb wird die Anstrengungsbereitschaft, die von einer erfolgreich gelösten Aufgabe auf die nächste übergeht, ausbleiben, und ihre Leistungsängste werden nicht vermindert. Zielkarten, Diagramme über den Leistungsfortschritt oder abgestufte tägliche Zielsetzungen können hier abhelfen.

Angstbewältigung

Gehen Sie mit Wettbewerb zwischen den Schülern vorsichtig um.

Beispiele

1 Beaufsichtigen Sie Aktivitäten, um sicherzustellen, dass kein unangemessener Druck ausgeübt wird.

2 Bei Wettbewerbsspielen muss darauf geachtet werden, dass jeder Schüler eine vernünftige Gewinnchance hat.

3 Experimentieren Sie mit kooperativem Lernen.

Vermeiden Sie Situationen, in denen sehr ängstliche Schüler vor einer großen Gruppe auftreten müssen.

Beispiele

1 Stellen Sie ängstlichen Schülern Fragen, die man nur mit „ja" oder „nein" oder mit einem kurzen Satz beantworten kann.

2 Üben Sie mit ängstlichen Schülern, erst vor einer kleinen Gruppe zu sprechen.

Sorgen Sie für klare Anweisungen. Unsicherheit kann Angst hervorrufen.

Beispiele

1 Schreiben Sie die Anweisungen für die Klassenarbeiten und Tests an die Tafel oder auf das Aufgabenblatt, statt sie mündlich zu geben.

2 Schauen Sie bei den Schülern nach, ob sie die Anweisungen richtig verstanden haben. Fragen Sie bei einigen Schülern nach, wie sie die erste Frage beantworten würden; lassen Sie eine Übungsaufgabe durchführen oder eine Beispielfrage beantworten. Korrigieren Sie, wenn etwas falsch verstanden wird.

3 Wenn Sie ein neues Format einführen oder eine neue Art von Aufgaben beginnen, geben Sie Beispiele oder Vorbilder, wie vorgegangen werden sollte.

Vermeiden Sie unnötigen Zeitdruck.

Beispiele

1 Geben Sie hin und wieder Tests mit nach Hause.

2 Stellen Sie sicher, dass alle Klassenarbeiten in der vorgeschriebenen Zeit erledigt werden können.

Es sollte nicht alles von den Klassenarbeiten und Prüfungen abhängen.

Beispiele

1 Vermitteln Sie Teststrategien und -fertigkeiten; geben Sie Übungstests; sehen Sie Lernanweisungen vor.

2 Die Note auf dem Zeugnis sollte nicht nur von einzelnen Klassenarbeiten abhängen.

3 Sehen Sie Zwischenarbeiten vor, mit denen noch Punkte zur Verbesserung der Note gesammelt werden können.

4 Benutzen Sie verschiedene Formate für die Fragen, denn manche Schüler haben mit einzelnen Formaten Schwierigkeiten.

Entwickeln Sie Alternativen zu schriftlichen Tests.

Beispiele

1 Versuchen Sie es mit mündlichen Prüfungen, mit Klassenarbeiten, bei denen Bücher zum Nachschlagen mitgebracht werden können, oder mit Gruppentests.

2 Lassen Sie die Schüler Projekte in Angriff nehmen, eine Sammelmappe anlegen, Referate halten oder etwas herstellen.

Vermitteln Sie den Schülern Strategien der Selbststeuerung (Schultz & Davis, 2000).

Beispiele

1 Vor dem Test: Machen Sie den Schülern klar, dass der Test wichtig ist, sie aber die nötigen Voraussetzungen haben, ihn zu bestehen. Helfen Sie Schülern, bei der Sache zu bleiben und so viele Informationen über den Test wie möglich zu sammeln.

2 Während des Tests: Erinnern Sie noch einmal daran, dass die Arbeit wichtig ist (aber nicht zu sehr!). Die Schüler sollen in den Antworten die Sache auf den Punkt bringen und die Kernideen herausarbeiten. Verbreiten Sie keine Hektik, bleiben Sie entspannt.

3 Nach dem Test: Denken Sie darüber nach, was gut verlaufen ist und was noch verbessert werden kann. Konzentrieren Sie sich dabei auf steuerbare Aspekte wie Lernstrategien, Anstrengung, sorgfältiges Lesen der Fragen, Entspannungsstrategien.

Wenn Sie mehr über Testangst oder -ängstlichkeit erfahren wollen, schauen Sie nach unter:

http://www.couns.uiuc.edu/Brochures/testanx.htm

10.4.4 Interessen und Emotionen

Die Aktivierung sollte einer Aufgabe angemessen sein. Wenn Schüler im Unterricht einschlafen, sollten Lehrer sie durch Abwechslung, durch Wecken ihrer Neugierde, durch Überraschungen oder durch kurze körperliche Betätigung wieder munter machen. Lehrer sollten die Interessen ihrer Schüler herausfinden und diese in den Unterricht und die Schulaufgaben einbauen. Ist die Aktivierung der Schüler zu hoch, kann man die *Richtlinien zur Angstbewältigung* anwenden.

Subjektive Theorien und Selbstschemata 10.5

Bisher wurde über Bedürfnisse, Ziele, Interessen und Emotionen gesprochen, aber es gibt noch einen weiteren Faktor, der für die Erklärung von Motivation herangezogen werden kann. Welche Einstellungen haben Schüler zu sich selbst – ihrer eigenen Kompetenz und den Ursachen für Erfolg und Misserfolg? Eine Ausgangsfrage bezieht sich auf die subjektiven Theorien der Schüler über das Konzept der Fähigkeit.

10.5.1 Subjektive Theorien über das Konzept der Fähigkeit

Einige der wirksamsten Überzeugungen mit Einfluss auf die Motivation in der Schule beziehen sich auf die *Fähigkeit*. Die Analyse dieser Überzeugungen von den eigenen Fähigkeiten wird erhellen, wie sie die

Halt! Denken Sie nach! Schreiben Sie!

Stufen Sie die folgenden Aussagen von Dweck (2000) auf einer Skala von 1 (stimme völlig zu) bis 6 (lehne völlig ab) ein:

____ Jeder besitzt ein bestimmtes Intelligenzniveau, und daran kann man nicht viel ändern.

____ Man kann neue Dinge lernen, aber die Intelligenz ändert sich dadurch nicht.

____ Intelligenz lässt sich unabhängig von der Person ändern.

____ Unabhängig davon, wie intelligent jeder ist, ist Intelligenz veränderbar.

Motivation bestimmen; aus der Analyse lässt sich eine Erklärung ableiten, warum manchmal unangemessene und nicht motivierende Ziele gesetzt werden; warum manche Schüler für sich selbst schädliche Strategien einsetzen und warum andere Schüler es ganz aufgeben, in der Schule zu Erfolg zu kommen.

Erwachsene gehen von zwei Fähigkeitskonzepten aus (Dweck, 1999, 2002): die **Fähigkeit als angeborene Disposition** zu sehen ist eine Überzeugung, in der Fähigkeit als stabile, nicht steuerbare Disposition angesehen wird – eine Eigenheit eines Individuums, die nicht verändert werden kann. Nach dieser Sichtweise verfügen einige Individuen über größere Fähigkeiten als andere, doch der Umfang ist für jedes Individuum festgelegt. **Fähigkeit als veränderbare Größe** zu verstehen, impliziert eine Auffassung von Fähigkeit als instabil und steuerbar – „ein immer weiter sich ausbreitendes Repertoire an Fertigkeiten und Wissen" (Dweck & Bem-

Fähigkeit als angeborene Disposition Die Überzeugung, dass Fähigkeit eine unveränderliche Eigenheit einer Person ist.

Fähigkeit als veränderbare Größe Die Überzeugung, dass Fähigkeit ein Bündel von Fertigkeiten umfasst, die sich verbessern, aber auch verschlechtern können.

pechat, 1983, S. 144). Durch hartes Arbeiten, ständiges Lernen oder Üben kann das Wissen vermehrt und die Fähigkeit ausgebaut werden. – Welche Auffassung von Fähigkeit hatten Sie in dem Kasten *Halt! Denken Sie nach! Schreiben Sie!* geäußert? Schauen Sie noch einmal nach!

Kleine Kinder fassen Fähigkeit ausschließlich als veränderbare Größe auf. In den Grundschuljahren sind die Kinder überzeugt, dass Anstrengung dasselbe wie Intelligenz ist. Einige strengen sich an, und sich anstrengen heißt klüger werden. Wenn ein Kind versagt, bedeutet dies für es, dass es sich nicht genug angestrengt hat (Dweck, 2000; Stipek, 2002). Erst im Alter von elf oder zwölf Jahren können Kinder zwischen Anstrengung, Fähigkeit und gezeigter Leistung unterscheiden. Etwa in diesem Alter schlussfolgern sie auch, dass jemand, der ohne Anstrengung zum Erfolg kommt, wirklich sehr klug sein muss. Jetzt beginnt sich auch die subjektive Theorie über die Natur der Fähigkeiten auf die Motivation auszuwirken (Anderman & Maehr, 1994).

Schüler mit der dispositionellen Auffassung von (unveränderlicher) Intelligenz neigen zu einem Anspruchsniveau bei Leistungen, das darauf ausgerichtet ist, in den Augen der anderen nicht schlecht dazustehen. Sie suchen Situationen auf, in denen sie intelligent auftreten und ihren Selbstwert schützen können. Wie die auf Sicherheit bedachte Susie erledigen sie, was sie gut können, aber ohne sich allzu sehr anzustrengen oder einen Misserfolg zu riskieren, denn für sie ist beides, sich allzu sehr anzustrengen und zu versagen, ein Zeichen von geringer Intelligenz. Hart zu arbeiten und dennoch zu versagen kommt einer Katastrophe gleich. Schüler mit Lernschwierigkeiten tendieren eher zu einer Auffassung von Intelligenz als unveränderlicher Größe.

Lehrer mit einer dispositionellen Auffassung von Fähigkeiten bilden sich schneller als andere Lehrer ein Urteil über Schüler und weichen davon weniger leicht ab, wenn gegenteilige Informationen bekannt werden (Stipek, 2002). Lehrer mit einer Auffassung von Intelligenz als veränderbare Größe setzen den Schülern Lernziele und stellen Situationen bereit, in denen Schüler ihre Fertigkeiten verbessern können, denn sich verbessern heißt intelligenter werden. Versagen ist keine Katastrophe, es zeigt nur an, dass noch mehr gearbeitet

werden muss. Die Fähigkeit wird dabei nicht infrage gestellt. Lehrer mit der Überzeugung, Fähigkeit sei veränderbar, setzen mittelschwere Ziele, von denen in diesem Kapitel bereits gesagt wurde, sie seien die motivierendsten.

Auffassungen über Fähigkeiten stehen in Zusammenhang mit anderen Überzeugungen darüber, was man beim Lernen steuern und nicht steuern kann.

10.5.2 Überzeugungen über Ursachen und Kontrolle: Attributionen

Eine bekannte Erklärung für Motivation beginnt mit der Annahme, dass jeder Mensch versucht, seinem Erleben und Verhalten und auch dem Verhalten anderer Sinn zu verleihen, indem er nach Erklärungen und Ursachen sucht. Um eigene Erfolge und Misserfolge zu verstehen, besonders unerwartete, fragen wir „Warum?". Studenten können sich fragen, „Warum bin ich bei der Abschlussklausur durchgefallen?" oder „Warum ist das Referat so gut gelaufen?" Sie können die Erfolge und Misserfolge auf Fähigkeit, Anstrengung, Stimmung, Wissen, Glück, Hilfe, Interesse, Klarheit der Instruktion, Störungen durch andere, unfaire Verwaltungsmaßnahmen usw. schieben. Um den Erfolg und Misserfolg anderer zu verstehen, werden auch Attributionen vollzogen – z. B. dass die anderen klug sind, Glück haben oder hart arbeiten. **Attributionstheorien** der Motivation beschreiben, wie die individuellen Erklärungen, Rechtfertigungen und Entschuldigungen des Selbst oder anderer die Motivation beeinflussen.

Bernard Weiner ist einer der maßgebenden Pädagogischen Psychologen, der sich um die Anwendung der Attributionstheorie auf das Lernen in der Schule bemüht hat (Weiner, 1979, 1986, 1992, 1994a, 1994b, 2000; Weiner & Graham, 1989). Nach Weiner können die meisten attribuierten Ursachen für Erfolge und Misserfolge in drei Kategorien eingeordnet werden:

1 *„Ort" der Attribution* (wo liegt die Ursache – in oder außerhalb der Person?),

2 *Stabilität* (bleibt die Ursache die gleiche in der näheren Zukunft oder kann sie sich verändern?),

3 *Kontrollierbarkeit* (ob die Person die Ursache unter Kontrolle hat).

Attributionstheorie Theoretischer Ansatz, der aufklärt, wie individuelle Erklärungen, Rechtfertigungen und Entschuldigungen die Motivation und das Verhalten beeinflussen.

Tabelle 10.3

Weiners Theorie der Kausalattribuierung

Schüler oder Studenten können viele Erklärungen dafür angeben, warum sie einen Test nicht bestanden haben. Unten werden acht Gründe genannt, die durch Kombination von Ort, Stabilität und Verantwortung oder Kontrolle in Weiners Attributionstheorie systematisiert werden.

Kombination der Kategorien	Gründe für Misserfolge
Intern-stabil-kontrollierbar	Lernt niemals
Intern-stabil-unkontrollierbar	Geringe Fähigkeiten
Intern-instabil-kontrollierbar	Hat für diesen Test nicht gelernt
Intern-instabil-unkontrollierbar	Am Testtag krank
Extern-stabil-kontrollierbar	Der Lehrer ist voreingenommen
Extern-stabil-unkontrollierbar	Die Schule stellt hohe Anforderungen
Extern-instabil-kontrollierbar	Ein Freund hat nicht geholfen
Extern-instabil-unkontrollierbar	Pech gehabt

Quelle: Aus *Human Motivation: Metaphers, Theories and Research*, von B. Weiner. Veröffentlicht bei Sage Publications, Newbury Park, CA. Copyright © 1992 Sage Publications.

Das Kategoriensystem ist erschöpfend, jede Ursache kann eingeordnet werden. Zum Beispiel ist Glück extern (Ort), instabil (Stabilität) und unkontrollierbar (Kontrollierbarkeit). ▶ Tabelle 10.3 zeigt einige häufige Attributionen auf Erfolg und Misserfolg, aber Vertreter der Intelligenz als veränderbare Größe würden auch die Intelligenz als instabil, jedoch auch als intern lokalisiert und kontrollierbar ansehen. Weiners Kategorien des Ortes und der Kontrollierbarkeit hängen eng mit Decis Konzept des „locus of causality" (Ursachen„ort"), der *Kausalitätsattribuierung* zusammen (Deci & Ryan, 2002).

Weiner glaubt, dass diese drei Kategorien wichtige Implikationen für die Motivation beinhalten, denn sie beeinflussen die Erwartung und den Wert. Die *Stabilitätskategorie* bestimmt mit, welche Erwartungen an die Zukunft eine Person hat. Wenn Schüler oder Studenten ihren Misserfolg auf stabile Faktoren wie die Schwierigkeit des Lehrstoffes zurückführen, dann erwarten Schüler auch weiterhin Misserfolg in diesem Bereich. Wenn sie aber den Misserfolg auf instabile Faktoren wie Glück, Zufall oder Stimmung attribuieren, können sie auf bessere Resultate in zukünftigen Unternehmungen hoffen. Interne oder externe Ursachenattribuierungen wirken auf den Selbstwert ein (Weiner, 2000). Wenn Erfolg oder Misserfolg auf interne Faktoren zurückgeführt wird, zieht er das Erleben von Stolz und verstärkter Motivation nach sich; jedoch im Falle von Misserfolg wird der Selbstwert gemindert. Die Kontrollierbarkeit hängt mit Emotionen wie Ärger, Mitleid, Dankbarkeit oder Scham zusammen. Wenn wir uns für unseren Misserfolg selbst verantwortlich fühlen, mögen wir Scham empfinden, wenn wir unsere Erfolge selbst verantworten, sind wir stolz. An einer Aufgabe zu arbeiten, die man nicht unter Kontrolle hat, lässt Emotionen wie Scham oder Ärger aufkommen.

Das Erleben der Eigenkontrolle beim Lernen geht einher mit der Wahl schwieriger Aufgaben, größeren Anstrengungen beim Lernen, besserer Auswahl an Strategien und größerer Ausdauer bei der Arbeit in der Schule (Schunk, 2000, Weiner, 1994a, 1994b). Einflussfaktoren wie ständige Diskriminierung gegenüber Frauen, Farbigen und Behinderten kann deren Wahrnehmung der Kontrolle über ihr eigenes Leben verzerren (Beane, 1991; van Laar, 2000).

Attributionen im Klassenkontext

Wenn gute Schüler einen Misserfolg haben, attribuieren sie oft internal und kontrollierbar: Zum Beispiel, sie hätten die Anweisungen falsch verstanden, verfügten nicht über das notwendige Wissen oder hätten einfach nicht genug gelernt. Folglich bemühen sie sich, Strategien zu übernehmen, mit denen sie das nächste Mal besser abschneiden. Diese Art der Reaktion führt dann meist zu besserer Leistung, Erleben des Stolzes und einem verstärkten Gefühl der Kontrolle (Ames, 1992; Stipek, 2002).

Das größte motivationale Problem entsteht, wenn Schüler oder Studenten Misserfolge auf stabile und unkontrollierbare Ursachen attribuieren. Solche Schüler ergeben sich in ihr Misserfolgs-„Schicksal", sind depressiv verstimmt, hilflos – was allgemein mit „unmotiviert" umschrieben wird (Weiner, 2000). Diese Schüler reagieren auf Misserfolge durch verstärkte Konzentration auf ihre eigenen Unzulänglichkeiten; ihre Einstellung den Schularbeiten gegenüber wird immer negativer (Ames, 1992). Apathie ist eine plausible Reaktion auf Misserfolg, wenn Schüler glauben, dass die Misserfolge stabil, unveränderlich und außerhalb ihrer Kontrolle eintreten. Schüler, die ihre Misserfolge solchermaßen wahrnehmen, erbitten selten Hilfe; sie sind davon überzeugt, dass nichts und niemand ihnen helfen kann (Ames & Lau, 1982).

Lehrerverhalten und Schülerattributionen

Wie urteilen die Schüler über die Ursachen ihrer Erfolge und Misserfolge? Es sei daran erinnert, dass wir auch die Erfolge und Misserfolge anderer attribuieren: Wenn ein Lehrer den Eindruck hat, ein Schüler trägt für sein Versagen nicht selbst die Schuld, wird er mit Mitleid reagieren und ihn nicht tadeln. Wenn jedoch der Misserfolg z. B. auf mangelnde Anstrengung zurückzuführen ist, wird die Reaktion des Lehrers eher irritiert oder verärgert ausfallen und Strafmaßnahmen könnten folgen. Diese Reaktionstendenzen auf die unterschiedlichen Attributionen sind zu verschiedenen Zeiten und in unterschiedlichen Kulturen beobachtet worden (Weiner, 1986, 2000).

Wie interpretieren die Schüler diese Lehrerreaktionen? Sandra Graham (1991, 1996) gibt einige überraschende Antworten. Es gibt Hinweise darauf, dass Lehrer, wenn sie auf die Fehler ihrer Schüler mit Mitleid, Lob, mit der Bemerkung „guter Versuch" oder mit unerbetener Hilfe reagieren, sie ihre Fehler eher auf eine unkontrollierbare Ursache attribuieren – meist dem Mangel an geeigneten Fähigkeiten. Zum Beispiel baten Graham und Barker (1990) Personen verschiedenen Alters, die Anstrengung und die Fähigkeit zweier Jungen in einem Video einzustufen. Auf dem Video ging ein Lehrer in der Klasse herum, während die Schüler arbeiteten. Der Lehrer hält bei den beiden Jungen an, sagt nichts zu dem ersten Jungen, aber zu dem zweiten bemerkt er: „Ich gebe dir einen Tipp, vergiss nicht die Zehner mit dazuzurechnen". Der zweite Junge hatte nicht um Hilfe gebeten und schien auch keine Schwierigkeiten bei der Rechenaufgabe zu haben. Alle Altersgruppen, die den Film gesehen hatten, beurteilten den zweiten Jungen als weniger fähig als denjenigen, der keine Hilfe erhielt. Es scheint so zu sein, als ob die Zuschauer das Verhalten des Lehrers so deuteten: „Armes Kind! Du kannst diese schwierigen Aufgaben einfach nicht, ich helfe dir!"

Bedeutet das nun, dass Lehrer nicht helfen sollen? Natürlich nicht! Aber es soll darauf hingewiesen werden, dass Lob als Trostpreis für Versagen (Brophy, 1985) oder allzu bereitwillig angebotene Hilfe unbeabsichtigte Folgen haben kann, weil sie falsch interpretiert werden. Graham (1991) meint, die Schüler aus Minderheiten würden oft zu schnell und manchmal unberechtigt mit Hilfeleistungen bedacht. Wenn Lehrer die wirklichen Probleme der Schüler bemerken, erleichtern sie manchmal die Anforderungen, sodass auch die schwachen Schüler Erfolge erleben können. Aber eine subtile Kommunikation kann die Hilfeleistungen oder das Mitleid begleiten: „Du kannst das nicht, deshalb werde ich dein Versagen übersehen" bemerkt Graham dazu, „Die quälende Frage für Schwarze besteht darin, ob ihre eigene Geschichte von Benachteiligungen sie nicht zu bevorzugten Zielscheiben von Hilfeleistungen und Mitgefühl vonseiten der Lehrer werden lassen und somit zu Empfängern von Hinweisen, dass sie weniger begabt sind " (1991, S. 28). Diese Art von wohlmeinender Rückmeldung kann eine subtile Form des Rassismus sein.

> ### Verknüpfen und erweitern Sie Ihre Forschungskenntnisse
>
> Graham, S. (1991). A Review of Attribution Theory in Achievement Contexts. *Educational Psychology Review, 3*, 5–39. Dieser Artikel sammelt die einzelnen Grundprinzipien der Attributionstheorie, soweit sie sich auf das Leistungsstreben beziehen, dazu gehören weiterhin: die Antezedenzien der Selbstbeschreibungen und die emotionalen Konsequenzen der kausalen Attribuierungen für Erfolg und Misserfolg, Hilfe ersuchen und Hilfe erteilen, Peerakzeptanz und Ablehnung durch Peers, Leistungsbewertung und Attributionsprozess in der afroamerikanischen Bevölkerung.

10.5.3 Selbstwirksamkeitsüberzeugungen und erlernte Hilflosigkeit

Die Selbstwirksamkeit wurde bereits als wichtiger Teil des Selbstkonzeptes eingeführt, der sich auf die

Motivation auswirkt. **Selbstwirksamkeit** ist die Überzeugung von der eigenen Fähigkeit und persönlichen Effektivität in einem bestimmten Bereich. Bandura (1977) definiert Selbstwirksamkeit als „das Vertrauen in die eigenen Fähigkeiten, die für einzelne Leistungen notwendigen Handlungsabläufe zu organisieren und auszuführen" (S. 3). Unter Lehrern herrscht ein lebhaftes Interesse an Selbstwirksamkeit, weil sie als vermittelnde Variable für das Lernen von Mathematik, Schreiben, Geschichte, Naturwissenschaften, Sport und anderen Fächern sowie weiterer Aufgabenbereichen in der Schule wirksam wird. Selbstwirksamkeit wurde bereits in Kapitel 9 abgehandelt, da es sich um einen Schlüsselbegriff der sozial-kognitiven Theorien handelt.

Selbstwirksamkeit und Attributionen wirken aufeinander ein. Wenn der Erfolg auf interne und kontrollierbare Ursachen attribuiert wird wie etwa Fähigkeit oder Anstrengung, dann wird die Selbstwirksamkeit gefördert. Aber wenn der Erfolg durch Glück oder Intervention durch andere zustande gekommen ist, dann wird die Selbstwirksamkeit nicht verstärkt. Die Selbstwirksamkeit beeinflusst aber auch die Attributionen. Leute mit einem starken Gefühl der Selbstwirksamkeit für eine bestimmte Aufgabe („Ich kann gut Mathe") neigen dazu, ihr Versagen ihrem Mangel an Anstrengung zuzuschreiben („Ich hätte meine Lösungen noch einmal nachrechnen sollen"). Aber Menschen mit einer geringen Selbstwirksamkeit („Ich kann Mathe nicht") schreiben ihr Versagen ihren fehlenden Fähigkeiten zu („Ich bin halt dumm"). Eine stark ausgeprägte Selbstwirksamkeit für eine bestimmte Aufgabe regt die Attribution der Kontrollierbarkeit an, und diese wiederum erhöht die Selbstwirksamkeit. Sie können daraus ersehen, dass eine Kombination aus der Attribution geringer Kontrollierbarkeit (meine Fähigkeit kann nicht verändert werden) und niedriger Selbstwirksamkeit dann fatal für die Motivation wird, wenn die Fähigkeit gering ausgeprägt ist (ich kann das nicht und ich werde es auch nie lernen) (Bandura, 1997; Pintrich & Schunk, 2002).

Wie auch immer Theoretiker das Konzept bezeichnen, Selbstwirksamkeitserleben, Kontrolle oder Selbstbestimmung spielen eine zentrale Rolle bei intrinsisch motivierten Menschen. Wenn Menschen der

Selbstwirksamkeit ist ein Faktor in der Motivation. Diese Hochschul-Absolventen attribuieren wahrscheinlich viele ihrer Erfolge auf interne Faktoren wie ihre Fähigkeiten und ihre Anstrengungen.

Überzeugung sind, dass Ereignisse und Folgen von Handlungen meist unkontrollierbar sind, haben Sie *Hilflosigkeit erlernt* (Seligman, 1975). Um die Auswirkungen der **erlernten Hilflosigkeit** zu verstehen, sollte das grundlegende Experiment bekannt sein (Hiroto & Seligman, 1975): Eine Gruppe von Versuchsteilnehmern erhielt ein lösbares, eine zweite ein unlösbares Puzzle. In einer zweiten Phase erhielten alle Teilnehmer ein lösbares Puzzle. Die Personen, die sich in der ersten Versuchsphase mit einer unlösbaren Aufgabe beschäftigen mussten, setzten signifikant weniger Puzzle-

---

Verknüpfen und erweitern Sie Ihre Forschungskenntnisse

Eine erst kürzlich veröffentlichte Untersuchung fand, dass Angst eine zentrale Rolle bei der Einschätzung ihrer Selbstwirksamkeit durch Realschulschüler spielt. Lesen Sie Klassen, R.M. (2002). *Motivational Beliefs for Indo-Canadian and Anglo-Canadian Early Adolescents. A Cross-Cultural Investigation of Self and Collective Efficacy.* Dissertation Simon Fraser, University of Burnaby, B.C. Canada.

Selbstwirksamkeit Das subjektive Erleben einer Person, eine bestimmte Aufgabe effektiv meistern zu können.

Erlernte Hilflosigkeit Die auf vorausgehende Erfahrung von fehlender Kontrolle gründende Erwartung, dass alle Anstrengungen mit Misserfolg enden.

Verknüpfen und erweitern Sie mit anderen Kapiteln

Das Konzept der erlernten Hilflosigkeit wurde zuerst in Kapitel 4 in der Diskussion über Lernstörungen vorgestellt. Erlernte Hilflosigkeit ist auch ein Thema für Schüler, deren Versetzung gefährdet ist, wie in Kapitel 5 beschrieben. Im Unterricht gibt es viele Faktoren, die zu erlernter Hilflosigkeit führen; dazu gehören auch körperliche und kognitive Störungen, rassische Vorurteile, Geschlechterstereotype, Armut und vieles mehr.

stücke zusammen als Personen, die vorher ein lösbares Puzzle hatten. Die Versuchspersonen der zweiten Gruppe hatten gelernt, dass die Ergebnisse nicht kontrollierbar waren, warum sollten sie sich bei der folgenden Aufgabe anstrengen?

Erlernte Hilflosigkeit zieht drei Arten von Defiziten nach sich: motivationale, kognitive und affektive. Schülern ohne Hoffnung fehlt die Motivation, und sie gehen nur widerwillig an die Arbeit. Wie der beschrie-

bene Fall des Jungen Gerald zeigt, sind diese Schüler sicher, sich Misserfolge einzuhandeln, warum sollten sie also versuchen, eine Arbeit zu beginnen? Diese Misserfolgserwartung beeinträchtigt die Motivation erheblich. Der Pessimismus führt dazu, dass sie Gelegenheiten, etwas zu lernen und ihre Fertigkeiten zu verbessern, aus dem Wege gehen, was wiederum dazu führt, dass sie sich kognitiv langsamer weiterentwickeln als andere Menschen. Hinzu kommen emotionale Störungen wie depressive Verstimmungen, Ängstlichkeit und Lustlosigkeit (Alloy & Seligman, 1979). Die Symptome der erlernten Hilflosigkeit sind nur mit großen Schwierigkeiten rückgängig zu machen.

10.5.4 Erleben des eigenen Selbstwertes

Was sind die Beziehungen zwischen Attributionen und Überzeugungen von den eigenen Fähigkeiten, von der Selbstwirksamkeit und dem Selbstwert? Covington und seine Kollegen schlagen vor, dass diese Faktoren sich in drei Motivationsausrichtungen niederschlagen: auf Können ausgerichtete Motivation, misserfolgsmei-

Tabelle 10.4

Auf Können ausgerichtete, Misserfolg meidende und Misserfolg akzeptierende Schüler

	Einstellung gegenüber Versagen	Zielsetzungen	Attributionen	Subjektive Theorie der Fähigkeiten	Strategien
Könnens-orientiert	Geringe Furcht vor Misserfolg	Lernziele; mittelmäßig schwierig und fordernd	Anstrengung, Gebrauch der richtigen Strategie, ausreichendes Wissen als Ursache des Erfolges	Veränderbare Größe	Adaptive Strategien; z. B. einen anderen Weg einschlagen, um Hilfe bitten, mehr Üben oder Lernen
Versagens-orientiert	Hohe Furcht vor Misserfolg	Leistungsziele, auf äußere Wirkung bedacht; zu hoch oder zu niedrig	Mangel an Fähigkeiten ist die Ursache des Versagens	Unveränderliche Größe	Selbstbeeinträchtigende Strategien, z. B. sich nur wenig anstrengen, vorgeben, sich nichts aus dem Versagen zu machen
Versagen akzeptierend	Erwartung von Misserfolg; depressive Verstimmungen	Leistungsziele oder keine Ziele	Mangel an Fähigkeiten ist die Ursache des Versagens	Unveränderliche Größe	Erlernte Hilflosigkeit, leicht aufgeben

dende Motivation und misserfolgsakzeptierende Motivation; sie sind in ▶ Tabelle 10.4 näher erläutert (Covington, 1992; Covington & Mueller, 2001).

Auf Können ausgerichtete Schüler messen der Leistung einen hohen Wert bei und sind motiviert durch Hoffnung auf Erfolg (Heckhausen, 1989). Sie sehen die Fähigkeiten als verbesserbar an (Fähigkeit als veränderbare Größe), sie bevorzugen Lernziele, um ihre Fertigkeiten und Fähigkeiten zu verbessern. Sie fürchten sich nicht vor Misserfolgen, denn Misserfolge stellen ihre Kompetenz und ihren Selbstwert nicht infrage. Das erlaubt ihnen, mittelschwere Ziele zu setzen, Risiken auf sich zu nehmen und mit Misserfolgen konstruktiv umzugehen. Sie attribuieren ihre Erfolge auf ihre eigenen Bemühungen, sie steuern ihr eigenes Lernen und haben ein ausgeprägtes Erleben eigener Wirksamkeit. Sie leisten am meisten in Wettbewerbssituationen, lernen schnell, haben großes Selbstvertrauen und viel Energie, sie haben ein relativ hohes Aktivierungsniveau, bevorzugen konkrete Rückmeldungen (sie fühlen sich davon nicht bedroht), und sie wollen „nach den Spielregeln" vorgehen, um Erfolg zu haben. Alle diese Faktoren sorgen für ausdauerndes, erfolgreiches Lernen (Covington & Mueller, 2001; McClelland, 1985).

Misserfolg meidende Schüler neigen zu der Auffassung, Fähigkeiten seien unveränderbare Größen, sie setzen sich deshalb Leistungsziele. Mit anderen Worten, diese Schüler fühlen sich nur so klug, wie die letzte Note es ihnen nahelegt. Sie entwickeln kein stabiles Gefühl der Selbstwirksamkeit. Um sich kompetent zu fühlen, müssen sie sich (und ihr Selbstkonzept) vor Misserfolg schützen. Wenn sie im Allgemeinen erfolgreich sind, suchen sie ein Versagen zu vermeiden, so wie die sicherheitsorientierte Susie, indem sie einfach Risiken umgehen und „bei dem bleiben, was sie können und wissen". Wenn sie aber bereits ziemlich viele Misserfolge haben, dann übernehmen sie vielleicht, wie die defensive Diana, selbst beeinträchtigende Strategien wie etwa diejenige, wenig Anstrengung einzusetzen, zu niedrige oder zu hohe Ziele aufzustellen oder vorzugeben, sich nichts aus dem schlechten Abschneiden zu machen. Kurz vor einem Test mag so ein

Schüler etwa äußern: „Ich habe gar nicht gelernt" oder „Mir reicht es, wenn ich bestehe". Dann ist jede Leistung, die über dem reinen Bestehen liegt, als Erfolg zu werten. Hinauszögern und Trödeln ist eine andere, das Selbst schützende Strategie. Schlechte Noten bedeuten nicht notwendigerweise niedrige Fähigkeiten, wenn der Schüler etwa verkünden kann: „Dafür, dass ich die Hausarbeit erst letzte Nacht angefangen habe, ist sie nicht schlecht ausgefallen". Einige Untersuchungsbefunde legen auch nahe, dass schlechte Testleistungen mit Angst zu rechtfertigen ebenfalls als eine Strategie des Selbstschutzes zu werten ist (Covington & Omelich, 1987). Dabei wird wenig gelernt.

Oft führt die Versagen vermeidende Strategie zu eben dem Versagen, das sie vermeiden will. Wenn das Versagen weiter anhält und fadenscheinige Entschuldigungen vorgebracht werden, müssen die Schüler erkennen, dass sie nicht über die notwendige Kompetenz verfügen. Ihr Selbstwertgefühl und ihre Selbstwirksamkeit schwinden dahin. Sie geben auf und werden zu **Misserfolg akzeptierenden Schülern**. Sie sind überzeugt, dass ihre Probleme auf ihren Mangel an Fähigkeiten zurückzuführen sind. Wie früher bereits dargestellt, werden Schüler, die ihr Versagen auf ihre geringen Fähigkeiten zurückführen und die der Überzeugung sind, Fähigkeiten seien nicht veränderbar, mit höherer Wahrscheinlichkeit depressiv, apathisch und hilflos. Wie der hoffnungslose Gerald erwarten sie wenig positive Änderungen.

Lehrer können einige versagensvermeidende Schüler davon abbringen, ihr Versagen zu akzeptieren, indem sie ihnen zu neuen, realistischeren Zielen verhelfen. Einige Schüler sollten auch in ihren Zielsetzungen unterstützt werden, falls sie durch ihre ethnische oder Geschlechtszugehörigkeit Opfer von Stereotypenbildungen werden und vorgeschrieben bekommen, was sie anstreben sollten und was nicht, in was sie gut sein dürfen und in was nicht. Mit dieser Art von Unterstützung könnte man viel erreichen. Anstelle von Mitleid oder Rechtfertigungen können Lehrer ihnen vermitteln, wie sie am besten lernen und ihnen damit Eigenverantwortung einräumen. Dieses hilft den Schülern,

---

Auf Können ausgerichtete Schüler Schüler, für die Lernziele im Vordergrund stehen, weil sie Leistung bejahen und Fähigkeiten als positiv veränderbar ansehen.

Misserfolg meidende Schüler Schüler, die Misserfolg vermeiden wollen, indem sie bei dem bleiben, was sie können und wissen, kein Risiko eingehen wollen oder angeben, sich nichts aus dem Ausgang ihrer Leistungsproben zu machen.

Misserfolg akzeptierende Schüler Schüler mit der Überzeugung, Misserfolge seien die Folge von niedriger Fähigkeit und dass sie nichts tun können, um mehr Erfolge zu erreichen.

Selbstwirksamkeit und Selbstwert unterstützen

Betonen Sie den Fortschritt von Schülern auf bestimmten Gebieten

Beispiele

1 Halten Sie einen Rückblick und zeigen Sie, wie viel leichter jetzt der Lernstoff erscheint.

2 Regen Sie Schüler an, bereits fertiggestellte Projekte zu verbessern.

3 Heben Sie besonders gelungene Projektbeispiele auf.

Setzen Sie Lernziele für Ihre Schüler und zeigen Sie ihnen, wie positiv eine auf Können ausgerichtete Motivation für das Lernen ist.

Beispiele

1 Erkennen Sie Fortschritte und Verbesserungen an.

2 Teilen Sie Beispiele mit, wie Sie selbst in bestimmten Bereichen ihre eigenen Fähigkeiten ausgebildet haben und stellen sie andere Vorbilder vor, die eher auf dem Niveau ihrer Schüler angesiedelt sind – keine Supermänner oder -frauen, deren Leistungen unerreichbar scheinen.

3 Lesen Sie Geschichten über Schüler vor, die körperliche, geistige und ökonomische Schwierigkeiten überwunden haben.

4 Entschuldigen Sie Misserfolge nicht damit, dass Schüler außerhalb der Schule in ungünstigen Umständen leben. Helfen Sie dem Schüler zu Erfolgen innerhalb der Schule.

Schlagen Sie spezifische Maßnahmen für die Verbesserung der Schüler vor und revidieren Sie die Note, wenn Verbesserungen sichtbar werden.

Beispiele

1 Geben Sie Arbeiten mit Kommentaren über ihre guten und schlechten Beiträge zurück, und übermitteln Sie auch Ihre Erkenntnisse darüber, wie es zu einzelnen Fehlern kam.

2 Experimentieren Sie mit der Durchsicht von Berichten durch Gleichaltrige.

3 Zeigen Sie, wie die verbesserten Noten die gewachsene Kompetenz der Schüler widerspiegeln und den Klassendurchschnitt heben.

Betonen Sie die Verbindung zwischen zurückliegenden Anstrengungen und Leistungen.

Beispiele

1 Führen Sie mit Schülern eine Besprechung über Zielsetzungen und einen Rückblick auf die erreichten Ziele durch. Die Schüler sollten angeregt werden, darüber nachzudenken, wie sie schwierige Probleme gelöst haben.

2 Begegnen Sie direkt selbstbeeinträchtigenden, Misserfolg meidenden Strategien.

Wenn Sie mehr über Selbstwirksamkeit erfahren wollen, schauen Sie nach unter:

http://www.emory.edu/EDUCATION/mfp/self-efficacy.html

---

einen Sinn für Selbstwirksamkeit beim Lernen zu entwickeln und erlernte Hilflosigkeit zu vermeiden.

10.5.5 Überzeugungen und Selbstschemata: Lektionen für Lehrer

Wenn Schüler glauben, dass sie keine mathematische Begabung haben, dann werden sie dementsprechend handeln und wahrscheinlich keine guten Leistungen hervorbringen. Die Schüler haben wahrscheinlich wenig Motivation, Trigonometrie oder Rechnen zu erlernen, weil sie in diesen Bereichen keine Erfolge erwarten. Wenn Schüler glauben, Misserfolge deuten auf Dummheit hin, greifen sie auf selbstschützende, aber auch auf selbstbeeinträchtigende Strategien zurück. Es reicht nicht aus, Schüler nur zu ermahnen, sich anzustrengen. Schüler wollen klare Belege dafür, dass sich Anstrengungen lohnen, dass ein anspruchvolleres Ziel nicht notwendigerweise fehlschlagen muss, dass sie sich verbessern können und dass Fähigkeiten veränderbar sind. Die *Richtlinien* geben einige Vorschläge, wie man Selbstwirksamkeit und Selbstwert fördern kann.

Wie lassen sich alle diese Informationen über Motivation integrieren? Wie können Lehrer für passende Umgebungen, Situationen und Beziehungen sorgen, um die Motivation ihrer Schüler anzuregen? In den nächsten Abschnitten wird versucht, auf diese Fragen Antworten zu finden.

Lernmotivation in der Schule: über TARGET 10.6

Lehrer streben die Entwicklung einer bestimmten Motivation bei ihren Schülern an: die Lernmotivation. Jere Brophy (1988) beschreibt die **Lernmotivation** von Schülern als eine „Tendenz der Schüler, intellektuelle Betätigung als sinnvoll und lohnend zu erleben und daraus eine intellektuelle Bereicherung abzuleiten. Die Lernmotivation kann ebenfalls als ein Zustand oder als eine überdauernde Disposition aufgefasst werden" (S. 205–206). Motivation zu lernen, ist mehr als nur lernen wollen oder die Absicht haben zu lernen. Sie schließt die Qualität der Anstrengung vonseiten der Schüler ein. Zum Beispiel kann das zehnmalige Durchlesen eines Textes zwar für Ausdauer sprechen, aber die Lernmotivation erfordert gründlichere und aktivere Verarbeitungsstrategien, wie etwa Zusammenfassungen anfertigen, die Kernideen elaborieren, in eigenen Worten wiedergeben, ein Diagramm über die inhaltlichen Hauptbeziehungen anfertigen und vieles mehr (Brophy, 1985).

Auf welche Schwierigkeiten stoßen Lehrer, wenn sie die Lernmotivation der Schüler beeinflussen wollen? In einem Interview nennt Jere Brophy fünf Hindernisse:

Das erste Hindernis ist der Umstand, dass es Schulpflicht gibt und einen staatlichen Lehrplan, der den Rahmen für alles Lernen darstellt, so wie er von der Gesellschaft festgelegt wird. Lernen erfolgt also nicht nach den Vorstellungen der Lerner ... Das zweite (Hindernis) besteht in der Klassengröße: Lehrer unterrichten gewöhnlich 20 und mehr Schüler in einer Klasse, und deshalb können sie auf individuelle Bedürfnisse der Schüler nicht eingehen. Manche Schüler langweilen sich aus diesem Grund oder sind desorientiert und frustriert. Das dritte (Hindernis) weist auf

Klassen als soziale Aktionsräume hin, in denen das meiste Geschehen sichtbar wird; Misserfolge sind deshalb nicht nur persönlich enttäuschend, sondern bringen die Schüler auch in Verlegenheit, weil alle davon erfahren. Das vierte Hindernis besteht in der Notengebung und im Zeugnis, das die Eltern unterschreiben müssen. Das letzte Hindernis stellt die Routine des Schulalltags dar. Die Schule reduziert sich damit auf das Abdecken der Inhalte des Lehrplans (für Lehrer) und Erledigen der Aufgaben (für Schüler) (Gaedke & Shaughnessy, 2003, S. 206–207).

In diesem schwierigen Kontext wäre es schön, wenn Schüler voller Lernmotivation in die Schule gingen, aber das tun sie natürlich keineswegs. Lehrer haben drei Grundziele: Das erste ist, Schüler zu produktiver Teilnahme am Unterricht anzuregen; mit anderen Worten, einen günstigen *Motivationszustand* für das Lernen zu erreichen. Das zweite und längerfristige Ziel ist es aber, in den Schülern die überdauernde Disposition einer guten Lernmotivation zu entwickeln, sodass „sie sich selbst über ihr ganzes Leben hinweg erziehen" (Bandura, 1993, S. 136). Das dritte Ziel besteht in der kognitiven Anregung der Schüler – sie anzuleiten, sich gründlich mit dem Lernstoff auseinanderzusetzen. Mit anderen Worten, sie sollen nachdenken (Blumenfeld, Puro & Mergendoller, 1992).

In diesem Kapitel wurde die Rolle der intrinsischen und extrinsischen Motivation, der Attributionen, Ziele, Interessen, Emotionen und Selbstschemata in der Motivation analysiert. ▶ Tabelle 10.5 (siehe S. 482) zeigt, wie jeder dieser Faktoren zur Lernmotivation beiträgt.

Die zentralen Fragen für den Rest des Kapitels sind: Was können Lehrer unternehmen, um die Lernmotivation anzuregen und aufrechtzuerhalten? Wie können Lehrer ihr Wissen über Attributionen, Zielsetzungen, Überzeugungen und Selbstschemata nutzen, um die Lernmotivation zu erhöhen? Um die folgende Abhandlung des Themas zu strukturieren, wird nach TARGET vorgegangen. Carol Ames (1990) hat sechs Bereiche identifiziert, in denen die Lernmotivation der Schüler beeinflusst werden kann: die Art der Aufgabe (**T**ask), die Schüler erledigen sollen, die Selbstständigkeit (**A**utonomy), mit der sie dies tun können, wie Schüler für ihre Leistung Anerkennung (**R**ecognition) er-

---

Lernmotivation Die Tendenz, intellektuelle Betätigungen als sinnvoll und lohnend anzusehen und daraus eine intellektuelle Bereicherung abzuleiten.

Tabelle 10.5

Komponenten eines Konzepts der Lernmotivation

Quelle der Motivation	Optimale Bedingungen der Lernmotivation	Die Lernmotivation mindernde Bedingungen
Art der Zielsetzung	INTRINSISCH: Persönliche Faktoren wie Bedürfnisse, Interessen, Neugierde, Spaß LERNZIEL: Persönliche Befriedigung bei der Bewältigung von Herausforderungen und Verbesserungen; Wahl von mittelschweren und herausfordernden Zielen	EXTRINSISCH: Umwelteinflüsse wie Belohnungen, sozialer Druck, Bestrafung LEISTUNGSZIEL: Streben nach Anerkennung durch andere; Tendenz zu leichten oder zu schwierigen Aufgaben
Art des Engagements	ENGAGIERT BEI AUFGABEN: Streben nach Meistern von Aufgaben	ICH-ZENTRIERT: Um das eigene Ansehen bei anderen besorgt
Leistungsmotivation	Motivation, etwas zu LEISTEN: Ausrichtung auf Können	Motivation zur VERMEIDUNG VON VERSAGEN: Neigung zu Angst
Wahrscheinliche Attributionen	Erfolge und Misserfolge auf STEUERBARE Anstrengungen und Fähigkeiten attribuieren	Erfolge und Misserfolge auf unkontrollierbare Ursachen attribuiert
Überzeugung über die Natur der Fähigkeiten	AUFFASSUNG VON DER VERÄNDERBARKEIT: Die Überzeugung, dass Fähigkeiten durch harte Arbeit und zunehmendes Wissen und Fertigkeiten verbessert werden kann	AUFFASSUNG VON UNVERÄNDERBARKEIT: Fähigkeiten sind stabile, nicht steuerbare Merkmale

fahren, wie Arbeitsgruppen (Grouping) zusammengestellt werden, Bewertungsverfahren (Evaluation) und der Zeitplan des Unterrichtsablaufs (Time). Epstein (1989) prägte das Akronym TARGET, um diese Bereiche des möglichen Lehrereinflusses zu strukturieren. Die ▶ Tabelle 10.6 gibt einen Überblick.

10.6.1 Geeignete Lernaufgaben

Um zu verstehen, wie **Schulaufgaben** die Lernmotivation der Schüler fördern können, müssen die Aufgaben näher betrachtet werden. Aufgaben können für Schüler langweilig oder interessant sein. Und Aufgaben sind für Schüler von unterschiedlichem Wert.

Wert von Aufgaben

Wie Sie sich vielleicht erinnern, schlagen verschiedene Theorien vor, dass die Motivationsstärke in einer gegebenen Situation durch Erwartungen bestimmt

wird, dass wir erfolgreich abschneiden werden, und dem Wert des Erfolges für uns. Die Überzeugungen der Schüler über den Wert einer Aufgabe sagt die Auswahl der Aufgaben voraus, wie etwa einem naturwissenschaftlichen Kurs für Fortgeschrittene oder einem Sportteam beitreten. Selbstwirksamkeitserwartungen sagen die Leistungen bei der Erledigung von Aufgaben voraus – wie sie tatsächlich in dem naturwissenschaftlichen Kurs oder im Sportteam abschneiden (Wigfield & Eccles, 2002b).

Der Wert einer Aufgabe setzt sich aus vier Komponenten zusammen: Wichtigkeit, Interesse, Nützlichkeit und Kosten (Eccles & Wigfield, 2001). Die **Wichtigkeit der Aufgabenerledigung** entspricht der persönlichen Bedeutsamkeit, sie gut zu Ende zu bringen; sie ist eng mit den persönlichen Bedürfnissen verknüpft (z. B. dem Bedürfnis, beliebt zu sein oder sportlich). Wenn z. B. jemand das starke Bedürfnis hat, klug zu erscheinen, und meint, eine gute Note in einem Test zeigt, wie klug er ist, dann hat der Test einen hohen

---

Schulaufgaben Die Arbeit, die ein Schüler/Student erledigen muss, einschließlich des Inhaltes und der erforderlichen mentalen Operationen.

Wichtigkeit der Aufgabenerledigung Der Wert, der auf eine gute Erledigung einer Aufgabe gelegt wird; wie der Erfolg mit einer Aufgabe den persönlichen Bedürfnissen entspricht.

Tabelle 10.6

Das TARGET-Modell zur Unterstützung von Lernmotivation von Schülern

Lehrer können Entscheidungen in vielen Bereichen treffen, welche die Lernmotivation beeinflussen. Das TARGET-Akronym sagt aus, dass es dabei auf Aufgaben (Task), Selbstständigkeit (Autonomy), Anerkennung (Recognition), Arbeitsgruppen (Grouping), Bewertung (Evaluation) und Zeit (Time) ankommt.

TARGET-Komponente	Zentrierung	Ziele	Beispiele von möglichen Strategien
Aufgabe	Struktur von Lernaufgaben	Förderung der intrinsischen Attraktivität von Lernaufgaben Lernen als sinnvoll darstellen	Regen Sie Unterricht an, der auf dem sozialen Hintergrund und den Erfahrungen der Schüler aufbaut Umgehen Sie möglichst, Belohnungen auszuteilen (geldliche oder andere) für Teilnahme, Benotung oder Leistung Unterstützen Sie Zielsetzungen und Selbstregulation
Selbständigkeit/ Verantwortung	Mitbestimmung der Schüler über Lernen/Schulentscheidungen	Optimale Entscheidungsfreiheit für und Übernahme von Verantwortung durch Schüler	Halten Sie Alternativen für Schularbeiten bereit Bitten Sie Schüler um Kommentare über das Leben in der Schule und nehmen Sie diese ernst Ermutigen Sie Schüler, Initiativen zu ergreifen und ihr eigenes Lernen zu bewerten Alle Schüler sollten gleichmäßig die Gelegenheit erhalten, eine führende Rolle einzunehmen
Anerkennung	Die Art und der Einsatz von Anerkennung und Belohnung im Schulkontext	Gelegenheit für *alle* Schüler, durch Lernerfolge Anerkennung zu finden *Fortschritte* in Richtung auf Lernziele anerkennen Suchen von Herausforderungen und Neuerungen anerkennen	Vergeben Sie Anerkennungen für die persönliche Bestleistung Vermeiden Sie einen starken Einsatz von Ehrenurkunden Erkennen Sie an und verbreiten Sie ein breites Spektrum an schulrelevanten Schüleraktivitäten
Arbeitsgruppen	Die Organisation des Lernens und der Erfahrungen in der Schule	Eine akzeptierende und anerkennende Umgebung für alle Schüler herstellen Die Gelegenheit zu sozialen Interaktionen aller Schüler, besonders aus Risikogruppen, erweitern Förderung der Entwicklung sozialer Fertigkeiten	Bieten Sie Gelegenheit zu kooperativem Lernen, Problemlösen und Entscheiden Ermutigen Sie multiple Gruppenmitgliedschaften, um die Peerinteraktionen zu fördern Lösen Sie leistungsbasierte Klassen auf
Bewertung	Die Art und der Einsatz von Bewertungs- und Erfassungsverfahren	Benoten und Berichterstattung von Lernprozessen Vorgehensweisen im Zusammenhang mit standardisierten Tests Definition von Zielen und Standards	Reduzieren Sie die Gelegenheiten zu sozialen Leistungsvergleichen in der Klasse Geben Sie die Gelegenheit zu Leistungsverbesserung (Erwerb besserer Lernstrategien, Förderklassen) Führen Sie Verfahren für Benotungen und Zeugnisse ein, die auf den Lernfortschritten der Schüler zentrieren Erlauben Sie Schülermitbestimmung im Bewertungsprozess
Zeit	Die zeitliche Planung eines Schultages	Bereitstellen von Gelegenheiten für ausgedehntes und bedeutsames Engagement in Lernaufgaben Räumen Sie den Lernaufgaben und Bedürfnissen der Schüler die Möglichkeit ein, den Zeitplan zu bestimmen	Gestehen Sie den Schülern, wann immer möglich, zu, nach ihrem eigenen Tempo zu lernen Lassen Sie Flexibilität im Lernzeitplan zu Lehrer sollten über ihre Zeit mehr verfügen können, z. B. durch Unterrichtsblöcke

Quelle: Aus Retrieving Schools for Early Adolecents: Emphasizing Task Goals, von M. L. Maehr und E. M. Anderman. *The Elementary School Journal*, *93.5*, S. 604–605. Copyright © 1993 University of Chicago Press.

Stellenwert für ihn. Die zweite Komponente ist das **Interesse** oder der **intrinsische Wert**. Dies ist nichts anderes als das Vergnügen, dass er aus der Tätigkeit bezieht. Manche Menschen lernen gern. Andere genießen mehr, wenn sie sich körperlich richtig abarbeiten oder ein Puzzle zusammensetzen können. Aufgaben können unterschiedliche **Nützlichkeitswerte** annehmen, d. h. sie helfen uns, z. B. einen kurzfristigen oder langfristigen Schul- oder akademischen Abschluss zu erreichen. Schließlich verursachen Aufgaben auch *Kosten*, das sind negative Folgen von Aufgaben, wie etwa, dass man in der Zeit nichts anderes tun kann oder man ungeschickt erscheint.

Aus der Diskussion des Aufgabenwertes kann man ersehen, dass persönliche und Umgebungseinflüsse auf die Motivation in ständiger Wechselwirkung zueinander stehen. Die Aufgaben für die Schüler kommen extern aus seiner Umgebung, aber der Wert der Aufgabe für den Schüler ist ein inneres Produkt aus seinen Bedürfnissen, Überzeugungen und Zielen.

Alltagsnahe Aufgaben

Gegenwärtig wird viel über die Alltagnähe von Aufgaben geschrieben. Eine **alltagsnahe Aufgabe** ist eine Anforderung, die auch im Alltagsleben der Schüler vorkommen kann, gegenwärtig oder in Zukunft. Wenn Schüler Definitionen lernen sollen, die sie niemals anwenden können, sich Lernstoff aneignen müssen, bloß weil er in einer Klassenarbeit vorkommt, oder Sachen wiederholen sollen, die sie schon kennen, dann wird die Lernmotivation gering ausfallen. Aber wenn die Aufgaben aus dem Leben gegriffen sind, sehen die Schüler deren Nutzen und finden die Aufgaben auch sinnvoll und interessant. **Problembasiertes Lernen** ist

> ### Verknüpfen und erweitern Sie Ihre Forschungskenntnisse
>
> Lesen Sie die Sonderausgabe über alltagsnahe Aufgaben im Aprilheft des Jahrgangs 2003 der Zeitschrift *Educational Leadership*.

> ### Verknüpfen und erweitern Sie mit anderen Kapiteln
>
> Lesen Sie in Kapitel 9 die vollständige Diskussion von problembasiertem Lernen.

ein Beispiel für den Einsatz von alltagsnahen Aufgaben im Unterricht.

Eine Beispielaufgabe, die einer Gruppe von Siebt- und Achtklässlern vorgelegt wurde, war: „Was soll mit einem Entsorgungslager für nuklearen Abfall in unserer Gegend geschehen?" Die Schüler mussten bald entdecken, dass diese reale Aufgabe nicht einfach war. Die Wissenschaftler waren sich nicht einig über die Gefahren. Ökologische Aktivisten forderten, das Material zu entfernen, auch wenn das zum Ruin der Firma führte, die das Entsorgungslager unterhielt und die viele Leute aus der Gegend beschäftigte. Einige Mitglieder der Bezirksregierung wollten das Material außer Landes bringen, auch wenn am neuen Ort keine Genehmigung für die Lagerung des gefährlichen Materials vorlag. Die Firma meinte, die sicherste Lösung wäre, das Material unter der Erde zu belassen. Die Schüler mussten die Situation erkunden, die beteiligten Streitparteien interviewen, und für eine staatliche Expertenkommission und zuständige Gemeindevertreter Empfehlungen ausarbeiten. „Beim problembasierten Lernen übernehmen die Schüler die Rolle von Wissenschaftlern, Historikern, Medizinern oder anderen Experten, die von dem Problem betroffen sind. Die Motivation steigt an, weil die Schüler darin „ihr" Problem erkennen" (Stepien & Gallagher, 1993, S. 26).

10.6.2 Selbstständigkeit unterstützen und Leistungen anerkennen

Die zweite Komponente des TARGET-Modells bezieht sich auf die Selbstständigkeit oder Autonomie und die Entscheidungsfreiheit, die Schülern eingeräumt wird. Entscheidungsfreiheit in der Schule ist nicht die Norm. Kinder und Jugendliche verbringen Tausende

---

Interesse/intrinsischer Wert Das Vergnügen oder die Befriedigung, die eine Person beim Erledigen einer Aufgabe empfindet.

Nützlichkeitswert Der Beitrag einer Aufgabe für die Erfüllung von Bedürfnissen.

Alltagsnahe Aufgabe Aufgaben, die aus dem Leben gegriffen sind, auf die der Schüler außerhalb der Schule stoßen kann.

Problembasiertes Lernen Wird durch eine Lehrmethode gefördert, die eine alltagsnahe Aufgabe als Einstieg nimmt; die Aufgabe muss aber nicht notwendigerweise eine eindeutige Lösung haben.

An einem bitterkalten Dezembermorgen machte sich Hans auf, um eine ausgezeichnete Tasse Kaffee zu trinken. Er hatte nichts im Haus außer Instantkaffee, den ihm seine Mutter gebracht hatte,

Abbildung 10.1: **Selbstständigkeit für Schüler: entscheiden und ankreuzen.** Die Anwendung dieser Maßnahme zur Unterstützung der Selbstständigkeit von Schülern sieht vor, dass der Lehrer die in der Unterrichtseinheit zu lernenden Fertigkeiten auflistet, und der Schüler kann entscheiden, welche Fertigkeit er wann bewertet haben möchte. Im Laufe der Einheit muss jede Fertigkeit einmal angekreuzt sein. Dieser Schüler gibt an, dass er die Rückmeldung der Lehrerin in Kreativität und im Verbtempus haben möchte.

Quelle: Aus *150 Ways to Increase Motivation in the Classroom* von James P. Raffini. Veröffentlicht bei Allyn und Bacon. Boston, MA. Copyright © 1996 Pearson Education.

von Stunden in der Schule, wo andere für sie entscheiden. Aber es ist bekannt, dass Selbstbestimmung und das Erleben eigener Kontrolle über Ursachen oder Folgen von Handlungen wichtig für die Aufrechterhaltung der intrinsischen Motivation sind (Reeve, Nix & Hamm, 2003). Was können Lehrer tun, damit Entscheidungsfreiheit möglich ist, Chaos aber vermieden wird?

Wahlfreiheit unterstützen

Ebenso wie die völlig unbeaufsichtigte Erkundung oder ziellose Diskussion kann unstrukturierte Wahlfreiheit ohne Anleitung unproduktiv für das Lernen sein (Garner, 1998). Zum Beispiel fand Dyson (1997), dass Kinder ängstlich und verunsichert wurden, wenn ihnen die Entscheidung überlassen bleibt, welches Thema die Schüler etwa bei einer Zeichnung oder dem Verfassen eines Aufsatzes bearbeiten dürfen. Dyson sagt, dass Schüler diese Freiheit als „bedrohliche Leere" erleben. Auch unter Studenten ist diese Erscheinung festzustellen, wenn sie z. B. für einen Seminarschein ein Referat „über jedes beliebige Thema abliefern dürfen".

Die Alternative ist die eingeschränkte *Wahlfreiheit* – d. h. eine Auswahl von gleichwertigen Aufgaben vorgeben, aus denen nach eigenem Interesse ausgesucht werden kann. Es muss ein Gleichgewicht zwischen zu viel und zu wenig Selbstständigkeit hergestellt werden, „zu viel ist verwirrend und zu wenig ist langweilig" (Guthrie, Cox, Anderson, Harris, Mazzoni & Rach, 1998, S. 185) Guthrie beschreibt, wie eine Schülerin in der fünften Klasse ihre Auswahl zwischen Forschungsprojekt und Schreiben traf. Die Klasse nahm gerade den Lebenszyklus des Monarch-Schmetterlings durch. Jedes Kind arbeitete in einer heterogenen Gruppe und beobachtete das Wachstum einer Schmetterlingspuppe.

Die Klasse hatte sich eine kleine Bibliothek mit Sachbüchern verschiedenen Schwierigkeitsgrades, literarischen Werken, Nachschlagewerken, Landkarten, elektronischen Datenbanken und anderen Ressourcen zusammengestellt. Die Lehrerin hatte die notwendigen Fertigkeiten, wie im Index und im Inhaltsverzeichnis nachschauen, sich Ziele setzen und Zusammenfassungen schreiben, vermittelt – und die Schüler konnten sich ein Thema auswählen und einen Entwurf für ein eigenes Kapitel schreiben.

Schüler sollten sich auch selbst aussuchen können, wie sie ihre Rückmeldungen erhalten wollen, vom Lehrer oder von ihren Mitschülern. Die ▶ Abbildung 10.1 beschreibt eine Strategie mit der Bezeichnung „Entscheiden und ankreuzen" („Check It Out"), die den Schülern erlaubt, Rückmeldungen für bestimmte Fertigkeiten bei Schularbeiten auszuwählen. Über die ganze Unterrichtseinheit müssen alle Fertigkeiten einmal angekreuzt werden, aber die Schüler können im Laufe der Unterrichtseinheit bestimmen, wann sie welche Rückmeldung erhalten möchten.

Verknüpfen und erweitern Sie Ihre Forschungskenntnisse

In der Juniausgabe des Jahrgangs 1998 der *Educational Psychology Review*, herausgegeben von Karen Harris und Pat Alexander, sind eine Reihe von Artikeln zusammengestellt, die Modelle des integrierten Unterrichts beschreiben, die den Schülern Wahlfreiheit bieten. Ein Artikel von Ruth Garner (S. 227–238) beschreibt die Wirksamkeit von bedingter Wahlfreiheit.

Calvin und Hobbes

von Bill Watterson

Quelle: Calvin & Hobbes. Copyright © 1991 Bill Watterson. Vertrieb bei Universal Press Syndicat.

Anerkennung von Leistungen

Die dritte Komponente des TARGET-Modells ist die *Anerkennung* von Leistungen. Schüler sollten für ihre persönliche Bestleistung Anerkennung finden, für den Versuch, schwierige Aufgaben zu lösen, für Ausdauer und für Kreativität – nicht nur für Leistungen, die besser sind als die der anderen. In Kapitel 6 wurde schon aufgeführt, dass Schüler nicht für Aktivitäten belohnt werden sollten, die ihnen bereits Vergnügen bereiten, denn das kann die intrinsische Motivation untergraben. Aber nichts ist einfach beim Unterrichten. Lob kann z. B. paradoxe Effekte haben: Wenn von zwei Schülern für die gleiche Leistung nur einer gelobt wird, kann das so verstanden werden, dass der Gelobte nicht über so gute Leistungsfähigkeit verfügt, deshalb härter für den Erfolg arbeiten musste; dies verdient dann natürlich Lob. So können die Schüler das Lob oder die Kritik des Lehrers als Hinweis auf vorhandene Fähigkeiten deuten – Lob heißt, ich bin nicht sehr klug, wenn ich etwas gut mache, erhalte ich Anerkennung. Kritik heißt, ich bin klug und mein Lehrer meint, ich könnte das besser machen (Stipek, 2002).

Welche Art der Anerkennung führt zu Anstrengungsbereitschaft? Eine Antwort kommt aus einer Untersuchung von Ruth Butler (1987). Schüler aus 5. und 6. Klassen erhielten interessante Aufgaben im divergenten Denken; nach deren Erledigung folgte entweder ein auf das Kind zugeschnittenes Lob oder eine standardisierte Formulierung („sehr gut"), eine Note oder keine Rückmeldung. Das Interesse an den Aufgaben, die Attributionen auf Anstrengung und Engagement bei der Aufgabenerledigung waren höher nach persönlichen Kommentaren. Ich-zentrierte Motivation (Streben nach Ansehen oder genauso gut oder besser als andere zu erscheinen) waren größer nach den Noten und dem Standardlob.

10.6.3 Arbeitsgruppen zusammenstellen, Bewerten und Zeitpläne

Sie können sich vielleicht an einen Lehrer erinnern, der harte Arbeit von Ihnen forderte – aber, der auch ein Fach lebendig vermitteln konnte. Oder Sie erinnern sich an die vielen Stunden, die Sie mit Üben zubrachten als Mitglied einer Mannschaft, eines Orchesters, eines Chores oder einer Theatergruppe. Wenn ja, dann kennen Sie sicher die motivierende Wirkung, die von sozialen Beziehungen mit anderen Menschen ausgeht.

Arbeitsgruppen und Zielstruktur

Die Motivation kann stark beeinflusst sein durch die Menschen, mit denen wir zusammen ein gemeinsames Ziel anstreben. Johnson und Johnson (1999) bezeichnen diesen interpersonalen Faktor als die **Zielstruktur** einer Aufgabe. Es gibt drei solcher Strukturen: die kooperative, kompetitive und die individualistische, wie aus ► Tabelle 10.7 zu entnehmen ist.

Wenn die Aufgabe komplexes Lernen und Problemlösefertigkeiten beinhaltet, führt Kooperation zu besseren Leistungen als Wettbewerb, besonders bei Schülern mit geringeren Fähigkeiten. Schüler lernen, erreichbare Ziele zu setzen und zu verhandeln. Sie werden

---

Zielstruktur Beziehungen, die Schüler mit anderen pflegen, die auch auf ein bestimmtes Ziel hinarbeiten.

Tabelle 10.7

Unterschiedliche Zielstrukturen

Jede Zielstruktur hängt mit einer unterschiedlichen Beziehung zwischen Individuum und Gruppe zusammen. Diese Beziehung bestimmt die Motivation, ein Ziel anzustreben.

	Kooperation	Wettbewerb	Individuelles Vorgehen
Definition	Schüler sind nur dann von der Erreichbarkeit eines Zieles überzeugt, wenn andere auch das Ziel erreichen.	Schüler sind überzeugt, sie können ein Ziel nur erreichen, wenn andere es nicht schaffen.	Schüler sind überzeugt, dass ihr eigener Erfolg im Erreichen eines Zieles mit den Bemühungen der anderen, das Ziel zu erreichen, nichts zu tun hat.
Beispiele	Mannschaftssiege – jeder Spieler gewinnt nur dann, wenn die Mannschaft gewinnt: ein Staffellauf, eine Symphonie oder ein Theaterstück spielen.	Tischtennis, 100-Meter-Lauf.	Joggen, eine neue Fremdsprache lernen, ein Museumsbesuch, Gewichtsab- oder zunahme, mit dem Rauchen aufhören.

Quelle: Aus *Learning Together or Alone: Cooperation, Competition and Individualization* (5. Aufl.) von D. Johnson & R. Johnson. Veröffentlicht bei Allyn & Bacon. Boston, MA. Copyright © 1999 Pearson Education.

altruistisch. Die Interaktion mit Mitschülern, die Kindern so viel Vergnügen bereitet, wird Teil des Lernprozesses. Das Ergebnis? Das maslowsche Bedürfnis nach Zugehörigkeit wird dadurch eher befriedigt, und die Motivation wird gesteigert (Stipek, 2002; Webb & Palincsar, 1996). Es gibt viele Ansätze im Lernen mit und durch Gleichaltrige oder im Lernen in Gruppen. In Kapitel 11 werden diese Ansätze ausführlicher vorgestellt.

Bewertung

Je mehr Wert auf Bewertung im Wettbewerbsverfahren und Benotung gelegt wird, desto mehr werden die Schüler sich um ihr Auftreten in Leistungssituationen und nicht um wirkliches Können Gedanken machen. Schüler mit geringeren Fähigkeiten und wenig Hoffnung, gut abzuschneiden oder wirklich etwas zu können, sind einfach froh, wenn die Anforderungen vorbei sind. Eine Untersuchung in der ersten Klasse ergab, dass Schüler mit schlechten Leistungen entweder gar keine Antworten gaben, Muster malten oder von anderen abschrieben, nur damit sie ihre Arbeit erledigt hatten. Wie eine Schülerin anlässlich einer Aufgabe von Wort/Definition-Zuordnungen bemerkte: „Ich wusste nicht, was es sollte, aber ich habe es gemacht" (Anderson, Brubaker, Alleman-Brooks & Duffy, 1985, S. 132). Nach genauer Prüfung fanden die Forscher heraus, dass

die Aufgabe zu schwer für diese Schüler war; sie ordneten Worte den Definitionen nach dem Zufall zu.

Wie können Lehrer Schülern abgewöhnen, sich nur auf die Noten zu konzentrieren oder nur darauf, so schnell wie möglich fertig zu werden? Ein sehr naheliegendes Vorgehen besteht darin, die Benotung nicht in den Vordergrund zu setzen, sondern wie was gelernt werden sollte. Schüler müssen den Wert der Arbeit und des Lernens erkennen. Anstelle der Ankündigung „Das müsst Ihr für die Klassenarbeit wissen" sollten Lehrer klären, wie das Gelernte für spätere Problemlösungen genutzt werden kann. Der Lehrer sollte verkünden, dass es interessante Probleme und Antworten geben wird. Die Lehrer sollten auch zugestehen, dass eine Sache zu verstehen wichtiger ist, als sie einfach ohne viel Überlegung zu Ende zu führen. Viele Lehrer folgen diesen Ratschlägen nicht. Jere Brophy (1988) berich-

Verknüpfen und erweitern Sie Ihre Forschungskenntnisse

Eine gründliche Übersicht über die Forschung über verschiedene Formen des kooperativen Lernens gibt O'Donnell, A. M. & O'Kelly, J. (1994). Learning from Peers: Beyond the Rhetoric of Positive Results. *Educational Psychology Review*, 6, 321–350.

Name _____ Klassenlehrer _____

Fach _____ Schulhalbjahr _____

1. Selbstbewertung:

  a. Wie gut bin ich in diesem Kurs? _____

  b. Welche Schwierigkeiten habe ich gehabt? _____

  c. Wie viel Zeit und Anstrengung habe ich auf diesen Kurs verwendet?

  _____

  d. Benötige ich weitere Hilfen in diesem Kurs? _____

    Wenn ja, wie habe ich versucht, Hilfe zu bekommen?

2. Ziele für schulische Leistungen:

  a. Noch vor dem Ende des Halbjahres möchte ich folgendes Ziel erreichen _____

  b. Ich möchte für dieses Ziel arbeiten, weil _____

  c. Ich werde dieses Ziel bis _____ erreichen.

3. Verhalten oder soziale Ziele:

  a. Noch vor dem Ende des Halbjahres möchte ich folgendes Ziel erreichen _____

  b. Ich möchte für dieses Ziel arbeiten, weil _____

  c. Ich werde dieses Ziel bis _____ erreichen.

Variationen

Klassenlehrer können diesen Fragebogen zu Beginn jeden Halbjahres einsetzen, sollten ihn aber vorher der jeweiligen Klassenstufe anpassen. Nachfolgende Besprechungen sind sehr nützlich, denn die Ziele der Schüler können noch bewertet werden.

Abbildung 10.2: Selbstbewertung und Zielplanung. Dieser Fragebogen zur Selbstbewertung gibt Schülern die Möglichkeit, ihre eigenen Leistungen mit ihren Zielen zu vergleichen und neue Ziele für die Zukunft aufzustellen.

Quelle: Aus *150 Ways to Increase Motivation in the Classroom* von James P. Raffini. Allyn und Bacon, Boston, MA. Copyright © 1996 Pearson Education.

Verknüpfen und erweitern Sie Ihre Forschungskenntnisse

Brophy (1988) berichtet die folgenden negativen Beispiele für die Einführung in Unterrichtseinheiten, die lediglich auf Vorgehensweisen eingehen und Drohungen enthalten:

„Ihr erwartet wohl nicht, dass ihr jeden Tag Arbeiten für Kleinkinder bekommt, oder?"

„Die Schwätzer erhalten für die Mittagspause noch eine dritte zusätzliche Seite zur Bearbeitung."

„Wenn ihr schon um 10 Uhr fertig seid, könnt ihr nach draußen gehen" (S. 204).

tet, dass bei ihren hundertstündigen Beobachtungen von sechs Lehrern und deren Einführung in eine neue Unterrichtseinheit diese routinemäßig entschuldigend oder wenig begeisternd vorgingen. Die Einführung beschrieb Vorgehenweisen, enthielt Drohungen, betonte den Abschluss oder stellte Tests über den Unterrichtsstoff in Aussicht.

Eine Möglichkeit, das Lernen mehr als die Benotung zu betonen, besteht in der Selbstbewertung. Diese Möglichkeit unterstützt auch die Selbstständigkeit. Die Selbstbewertung und die Zielplanung (siehe ▶ Abbildung 10.2) könnte in jeder Klasse eingesetzt werden.

Zeitpläne

Die meisten erfahrenen Lehrer wissen, dass es zu viel Arbeit und zu wenig Zeit im Schulalltag gibt. Selbst wenn Schüler an einem Projekt stark interessiert sind, müssen sie es liegen lassen, wenn es klingelt oder wenn der Unterrichtsplan ein neues Thema vorsieht. Schüler müssen als Gruppe vorankommen. Auch wenn einzelne Schüler schneller arbeiten und andere deutlich langsamer als die ganze Klasse, müssen sie sich nach dem durchschnittlichen Klassentempo richten. Der Unterrichtsplan stört also das natürliche Lerntempo einzelner Schüler und damit auch deren Engagement. Es ist schwierig, Ausdauer und Selbstwirksamkeit zu entwickeln, wenn Schüler nicht bei Aufgaben bleiben können, an denen sie Interesse gefunden haben. Lehrer sollten Zeit für engagierte und ausdauernde Beschäfti-

Verknüpfen und erweitern Sie mit anderen Kapiteln

Kapitel 12 diskutiert, wie mehr Lernzeit gewonnen werden kann, wenn Unterbrechungen unterbleiben, Einführungen leichter gemacht werden und Disziplinarmaßnahmen vermieden werden können.

gung finden. Einige Grundschulen haben LALUL – Zeiten (**L**ass **A**lles **L**iegen **U**nd **L**ese; englisch: DEAR für **D**rop **E**verything **A**nd **R**ead), um freie Zeiten für alle, auch den Lehrer, zum Lesen zu erhalten. Einige Realschulen und höhere Schulen haben Blockunterricht, in dem die Lehrer eine längere zusammenhängende Unterrichtszeit für ein Thema reservieren können.

Alle diese motivationalen Elemente kommen in der Klassensituation zusammen. Sara Dolezal und ihre Kollegen beobachteten und befragten Drittklässler in acht katholischen Schulen, um die Motivationsstärke der Schüler (gering, mittel, hoch) zu ermitteln (Dolezal, Welsh, Pressley & Vincent, 2003). ► Tabelle 10.8 (siehe S. 490f.) fasst die Befunde über beobachteten Strategiengebrauch in diesen Klassen zusammen; sie unterteilen die Strategien in die Motivation steigernde und vermindernde. Schüler in Klassen mit niedriger Durchschnittsmotivation waren unruhig und schwätzten, sie erschienen unterfordert. Die Klassenräume hatten wenige Einrichtungsgegenstände, waren ungemütlich, der Schultag lief mit vielen Managementproblemen ab. Die Anweisungen und der Unterricht insgesamt waren nicht gut durchdacht. Die Klassenatmosphäre war negativ. Die Klassen mit mittlerer Durchschnittsmotivation hatten für die Schüler günstigere räumliche Bedingungen mit Leseecken, Ecken für Arbeitsgruppen, Postern und Kunstwerken von Schülern. Die Lehrer waren warmherzig und freundlich, und sie verknüpften den Lehrstoff mit dem Hintergrundwissen der Schüler. Die Verwaltungsroutinen verliefen ohne Zwischenfälle, und das Klassenklima war positiv. Die Lehrer schafften es, die Aufmerksamkeit der Schüler auf den Lehrstoff zu lenken und die Schüler zu größerer Selbstregulation anzuleiten. Sie hatten jedoch Schwierigkeiten, die Aufmerksamkeit der Schüler über den Schultag aufrecht zu erhalten, vielleicht weil die Anforderungen zu niedrig waren. Stark engagierte Lehrer unternahmen alles, um eine schülerfreundliche Klassenumgebung zu schaffen, sie sorgten für eine positive Atmosphäre, Klassenroutinen ohne Zwischenfälle, Förderung der Selbstregulation der Schüler und effektive Anweisungen und Unterricht mit fordernden Aufgaben mit einem Hilfeangebot, die Aufgaben erfolgreich zu erledigen. Die Lehrer waren gute „Motivatoren", verfügten über ein großes Repertoire an Strategien und setzten es auch ein (siehe Tabelle 10.8, S. 490f.).

Unterschiede und Gemeinsamkeiten in der Lernmotivation 10.7

Aus den bisherigen Inhalten dieses Kapitels geht hervor, dass die Lernmotivation mit der gestellten Aufgabe entsteht und von weiteren Kontextbedingungen wie Gruppenstruktur, Bewertungsverfahren und dem eingeräumten Zeitrahmen abhängt.

10.7.1 Unterschiede in der Motivation

Schüler unterscheiden sich in ihrer Muttersprache, Sprachbeherrschung, Kultur, ökonomischen Situation, Persönlichkeit, Erfahrung und ihrem Wissen. Individuelle Unterschiede gibt es aber auch in Bedürfnissen, Zielen, Interessen und Überzeugungen. Zum Beispiel ist Selbstwirksamkeit in der Motivationspsychologie ein zentrales Konzept, denn es sagt mit hoher Wahrscheinlichkeit die Leistungen, vor allem schulische, voraus. Aber es gibt auch kulturelle Unterschiede. Männliche und afro-amerikanische Schüler sind sehr von ihren schulischen Fähigkeiten überzeugt. Ihre eigenen Vorhersagen für ihre zukünftigen schulischen Leistungen sind deshalb weniger zutreffend als diejenigen asiatisch-amerikanischer und weiblicher Schüler, die ihre Fähigkeiten weniger überschätzen. Hochbegabte männliche Schüler überschätzen sich selten und noch weniger neigen hochbegabte Schülerinnen dazu, im Gegenteil: Sie unterschätzen sich eher. Schüler mit Behinderungen haben ebenfalls ein überhöhtes Selbstwirksamkeitserleben (Pajares, 2000).

Berücksichtigt man die motivationalen Unterschiede beim Entwerfen von Aufgaben, beim Unterstützen von Selbstständigkeit, bei der Anerkennung von Leistungen, Zusammenstellung von Arbeitsgruppen, bei den Bewertungen und dem Zeitmanagement kann man die Lernmotivation erheblich verbessern. Lehrer sollten Interesse zeigen. Die Themen für die Schüleraufsätze sollten auf deren kulturellen Hintergrund eingehen, so lässt sich das situationale Interesse

Tabelle 10.8

Strategien, die Motivation fördern oder beeinträchtigen

Einige Strategien zur Förderung der Motivation

Strategien	Beispiele
Verantwortung und hohe Erwartung vermitteln	Der Lehrer bittet die Schüler, einige der Schul- und Hausarbeiten zu Hause vorzuzeigen und unterschreiben zu lassen.
Lehrer macht die Wichtigkeit der Arbeit klar	Der Lehre muss die Arbeit mindestens eine Minute lang kontrollieren, d. h. sorgfältig durchsehen.
Klare Ziele/Anweisungen	Der Lehrer gibt genau vor, wie sich die Klasse in Gruppen aufteilen soll und wann die Schüler mit der Ausleihe ihres Lieblingsbuches an der Reihe sind.
Verknüpfungen zwischen Fächern herstellen	Der Lehrer kontrastiert die Bruchrechnung in Mathematik mit Leseleistungen.
Gelegenheit zu Theater-AGs	Nachdem historische Persönlichkeiten durchgenommen wurden, schreiben Schüler ein eigenes Theaterstück und führen es auf.
Attributionen auf Anstrengung	Während eines Wortspieles fragt der Lehrer einen Schüler: „Hast du letzte Nacht gelernt?"; der Schüler nickt. „Siehst du, wie das hilft?"
Risikoverhalten anregen	„Jetzt sollte mal ein anderer etwas sagen, jemand, der noch nicht dran war, jemand, der auch einmal eine falsche Aufgabe riskieren will."
Freies Spielen und Spiele mit festen Regeln, um Begriffsbildung zu stärken oder Lernstoff zu überblicken	In der Mathematikstunde wird eine Waage eingesetzt, um den Begriff der gleichen Größe anhand des Gleichgewichtes spielend zu verstehen. Die Schüler spielen fünf Minuten mit der Waage und wiegen ihre Spielsachen, die sie von zu Hause mitgebracht haben.
Elternhaus-Schule-Verbindungen pflegen	Als Teil des naturwissenschaftlich-mathematischen Unterrichtes wird eine Wiederverwertungsaktion mit der Familie zusammen durchgeführt; sie soll alles notieren, was wiederverwertet wurde.
Multiple Darstellungen einer Aufgabe	Der Lehrer vermittelt auf vier verschiedenen Wegen die Multiplikation: magische Vervielfältigung, das kleine und große Einmaleins im Singsang hersagen, Karteikarten mit der ganzen Klasse durchgehen.
Positives Management der Klasse, Lob, nicht-öffentliche Ermahnungen und Tadel	„Aufzeigen, wenn ihr bereit seid, mit der Arbeit anzufangen. Tisch 7 hat schon die Hände gehoben, sie warten aber geduldig, das finde ich gut."
Kreative Gedanken anregen	„Heute setzen wir unsere Fantasie ein. Wir gehen in ein vorgestelltes Theater, das ihr im Kopf habt."
Entscheidungsfreiheit einräumen	Schüler können für einen Artikel für die Schülerzeitung Hinweise aufgreifen oder ein eigenes Thema wählen.
Lehrer teilt Schülern mit, sie könnten schwierige Aufgaben meistern	„Das ist ein schwieriger Stoff. Ihr macht das großartig. Sogar Erwachsene haben damit Schwierigkeiten."
Schüler bewerten – Lehrer lässt erkennen, dass er sich Gedanken um den Schüler macht	Ein neuer Schüler darf neben einem „Kumpel" sitzen, der sich um ihn kümmert.

anregen und aufrechterhalten (Alderman, 2004; Bergin, 1999). Wenn Schüler mit Migrantenhintergrund von den Standardmethoden wie Arbeitsbögen und den üblichen Schulaufsätzen Aufsatzthemen wählen dürfen über Themen wie Einwanderung, Bilingualismus und Jugendlichenbanden – Themen, die für sie selbst und ihre Familien wichtig waren, schrieben sie längere Texte und die Schreibqualität wurde besser (Rueda & Moll, 1994).

Die Sprache der Schüler ist von zentraler Bedeutung im Hinblick auf alles, was mit der Schule zusammenhängt. Die Motivation und die Unterrichtsbeteiligung bilingualer Schüler könnten sich z. B. verbessern, wenn in der Schule beide Sprachen, die Herkunftssprache und Deutsch eingesetzt werden könnten. Robert Jiminez (2000) zeigte in seiner Untersuchung von bilingualen lateinamerikanischen Schülern, dass sie Lesen als einen Vorgang der Sinnfindung verstehen, sie nutzen beide Sprachen, um den Lesestoff zu verstehen. Sie suchten z. B. nach spanischen Wortstämmen in dem englischen Text, damit sie Anhaltspunkte für die Übersetzung erhielten. Weniger erfolgreiche Kinder hatten

Strategien, die Motivation fördern oder beeinträchtigen (Fortsetzung)

Einige Strategien, die Motivation untergraben

Strategien	Beispiele
Attribution auf Intelligenz, weniger auf Anstrengung	Wenn Schüler im Unterricht Bemerkungen machen wie: „Ich bin dumm" oder „Ich bin blöd" und der Lehrer nichts sagt, aber dann meint: „Dann nehmen wir jetzt einmal einen Klugen!"
Lehrer legen mehr Wert auf Wettbewerb als auf Zusammenarbeit	Der Lehrer führt einen Gedichtswettbewerb durch, in dem die Schüler Gedichte vorlesen und die anderen Schüler sie dann jeweils durch Aufzeigen eines Punktwertes auf einem Schild benoten.
Wenige Ausstellungen von Schülerarbeiten	Noten werden an Anschlagebrettern öffentlich gemacht.
Keine abgestufte Unterstützung für das Lernen neuer Fertigkeiten	Der Lehrer wird laut und kritisiert, wenn Schüler in Schwierigkeiten stecken: „Sei nicht so faul, schau im Glossar nach und unterlasse es nicht aus Faulheit."
Ineffektive/negative Rückmeldung	„Verstehen das alle?" Einige bejahen die Frage und der Lehrer geht im Stoff weiter.
Keine Verknüpfung der Themen untereinander	Am Gedenktag für den Mauerfall spricht der Lehrer kurz über das historische Ereignis, geht aber dann weiter auf Adolf Hitler ein.
Leichte Aufgaben	Der Lehrer sieht nur leichte und vergnügliche Aufgaben vor, aus denen man wenig lernen kann.
Negative Klassenatmosphäre	„Entschuldigung, aber ich habe die Seitenzahl gesagt. Wenn ihr zugehört hättet, würdet ihr das jetzt wissen."
Klassenmanagement mit Strafen	Der Lehrer droht mit schlechten Noten, wenn die Schüler die Begriffe nicht im Glossar nachschlagen.
Zu schwierige Arbeit	Der Lehrer gibt Matheaufgaben zum selbstständigen Lösen, die nur wenige Schüler lösen können.
Langsames Vorangehen im Unterricht	Das Tempo richtet sich nach den langsamsten Schülern, die anderen sind früher fertig und haben nichts zu tun.
Betonung auf „die Arbeit hinter sich bringen", nicht auf gründliches Lernen	Der Lehrer drängt zum Beenden der Arbeit und nicht darauf, etwas gründlich zu lernen oder die gelernten Vokabeln zu gebrauchen.
Kahle, wenig gemütliche Klassenräume	Es gibt keine geschmückten Anschlagbretter mit Neuigkeiten, Landkarten, Grafiken oder Abbildungen von Schülerarbeiten.
Schlechtes Planen	Fehlende Unterlagen zum Austeilen zwingen den Lehrer, große Arbeitsgruppen zu bilden anstelle von effektiven kleinen.
Strafen im Beisein anderer	Alle Schüler stehen auf, und der Lehrer liest eine Namensliste der Schüler vor, welche die Hausarbeiten erledigt haben, und dann setzen sich alle, die aufgerufen worden waren. Den Stehenden hält der Lehrer eine Standpauke über Verantwortlichkeit für das eigene Lernen.

Quelle: Aus How do Nine Third-Grade Techers Motivate Their Students? von S. E. Dolezal & L. M. Welsh, M. Pressley & M. Vincent (2003). *Elementary School Journal*, 103, S. 247–248.

ein anderes Ziel. Sie meinten, dass Lesen nur die richtige englische Aussprache erfordere. Wahrscheinlich waren auch ihr Interesse und ihr Erleben von Selbstwirksamkeit für Lesen von englischen Texten ziemlich gering.

Schüler sollten ermuntert werden, ihren kulturellen Hintergrund in allen Schularbeiten einzubeziehen, dies erhöht die Motivation, die schulischen Anforderungen zu erfüllen. Dies geschieht jedoch nicht häufig genug. „Die mangelnde Übereinstimmung mit den Lebenserfahrungen der Schüler und dem Schulunterricht ist für die meisten Schüler gut belegt; dies gilt besonders für Schüler aus wirtschaftlich unterprivilegierten Familien, für Familien mit bestimmten rassischen Herkünften, z. B. Farbige und Lerner von z. B. Deutsch als Zweitsprache (*Committee on Increasing High School Students' Engagement and Motivation to Learn*, 2004, S. 66)

Die Berücksichtigung kultureller Vielfalt beim Entwerfen von Aufgaben nutzt das kulturelle Wissen der Schüler, kann die Lernmotivation erhöhen und die Bedeutung von Informationen im schulischen Kontext klarer herausarbeiten.

10.7.2 Gemeinsamkeiten: Strategien zur Förderung der Motivation

Motivationsfördernde Strategien können nur dann erfolgreich eingesetzt werden, wenn vier Voraussetzungen erfüllt sind: Erste Voraussetzung ist, dass die Klasse gut organisiert sein muss und die Schüler nicht ständig stören und unterbrechen dürfen (in Kapitel 12 werden die Kriterien besprochen, anhand derer man beurteilen kann, ob diese Voraussetzungen erfüllt sind). Die zweite Voraussetzung ist, dass der Lehrer sehr viel Geduld hat, sehr viel unterstützt und Schüler wegen Fehlern nicht beschämt. Fehler sollten als Lernchancen begriffen werden (Clifford, 1990, 1991). Die dritte Bedingung betrifft die Aufgaben; sie sollten eine Herausforderung darstellen, aber nicht zu schwierig sein. Wenn die Aufgaben zu leicht oder zu schwierig sind, fehlt es an Lernmotivation. Die Schüler sind darauf aus, sie irgendwie zu Ende zu bringen, und nicht bemüht, etwas dazuzulernen. Die vierte und letzte Voraussetzung besteht in der Lebensnähe der Aufgaben: Wie bereits besprochen, sollten sie dem kulturellen Hintergrund der Kinder entsprechen (Bergin, 1999; Brophy & Kher, 1986; Stipek, 1993).

Sind diese vier Grundvoraussetzungen erfüllt, können die Einflüsse auf die Lernmotivation der Schüler in einer Anforderungssituation mit vier Fragen zusammengefasst werden: Kann ich diese Aufgabe bewältigen? Möchte ich sie erfolgreich lösen? Was muss ich tun, um sie zu lösen? Gehöre ich dazu? (*Committee on Increasing High School Students' Engagement and Motivation to Learn*, 2004; Eccles & Wig-

field, 1985). Schüler sollten an ihre eigenen Fähigkeiten glauben, sodass sie gern und anstrengungsbereit an die Aufgaben herangehen. Die Schüler sollen den Wert des gründlichen Lernens erkennen und nicht nur auf die Noten bedacht sein oder die Aufgaben zu beenden. Sie sollen erkennen, dass sich der Erfolg einstellt, wenn sie gute Lernstrategien anstelle von selbstbeeinträchtigenden, Misserfolg meidenden und das Gesicht wahrenden Strategien anwenden. Angesichts von Schwierigkeiten sollen Schüler bei der Sache bleiben und wegen Fehlern nicht blockiert werden. Schüler sollen das Gefühl haben, dass sie zur Schule gehören, dass sie den Lehrern und Klassenkameraden nicht gleichgültig sind und dass man ihnen vertrauen kann.

Kann ich das? Vertrauen und positive Erwartungen aufbauen

Auch noch so viel Ermutigung oder Beifall können wahre Leistungen nicht ersetzen. Wirklicher Fortschritt muss sichergestellt sein:

1 *Die Arbeit sollte auf dem Niveau der Schüler ansetzen und in kleinen Schritten vorangehen.* Das Tempo sollte zügig sein, aber nicht so schnell, dass die Schüler noch nicht alles verstanden haben, bevor der nächste Schritt kommt. Das kann unter Umständen mit sich bringen, dass verschiedene Schüler unterschiedliche Aufgaben lösen. In jedem Test sollten deshalb leichte und schwere Aufgaben sein, sodass die Schüler unterschiedlich gefordert werden und Erfolg haben können. Wenn der Test benotet wird, sollte der Lehrer ihn so gestalten, dass alle Schüler mindestens eine Vier erreichen können.

2 *Stellen Sie sicher, dass alle Lernziele klar, spezifisch und in naher Zukunft erreichbar sind.* Wenn Langzeitprogramme geplant sind, unterteilen sie die Arbeit, in dem sie Unterziele bilden, damit die Schüler zwischendurch schon das Gefühl erhalten, Fortschritte in Richtung auf das langfristige Ziel zu machen. Wenn möglich, sollten mehrere Ziele von unterschiedlichem Schwierigkeitsgrad vorgegeben und zur Auswahl gestellt werden.

3 *Vergleiche sollten ipsativ und nicht mit anderen sein.* Schüler sollten ihre eigenen Fortschritte erkennen können; dazu benötigen sie Strategien des Selbstmanagement, wie sie in Kapitel 6 beschrieben werden. Schüler sollten spezifische Rückmeldungen und Korrekturen erhalten. Schüler müssen wissen, was richtig und falsch ist und *warum* etwas falsch ist. In Abständen sollten die Schüler eine alte

Aufgabe noch einmal lösen, damit sie erkennen, wie einfach sie geworden ist. Das kann ihnen einen Eindruck von ihrem Fortschritt vermitteln.

4 *Es sollte deutlich werden, dass Fähigkeiten verbesserbar und aufgabenspezifisch sind.* Wenn ein Schüler schwach in Algebra ist, muss er nicht notwendigerweise auch schlecht in Geometrie oder Deutsch sein. Es ist ungünstig, nur die Einserarbeiten vorzuzeigen, wenn den Schülern die Erfahrung vermittelt werden soll, dass Fähigkeiten verbesserbar sind.

5 *Gutes Problemlösen durch Vorführen vermitteln.* Schüler sollen sehen, wie der Lehrer verschiedene Lösungsmöglichkeiten ausprobiert, um zu erfahren, dass Lernen nicht immer glatt und ohne Fehler vonstatten geht, auch nicht für den Lehrer.

Möchte ich das machen? Den Wert des Lernens erkennen

Lehrer können intrinsische und extrinsische Motivationsstrategien einsetzen, um Schülern zu helfen, den Wert der Lernaufgaben zu erkennen.

Der Wert, sein Können unter Beweis zu stellen, und intrinsischer Wert

Um den intrinsischen Wert einer Aufgabe zu erkennen, muss die Lernaufgabe auf die Bedürfnisse des Schülers bezogen werden. Zunächst muss es möglich sein, dem Sicherheitsbedürfnis, Zugehörigkeitsbedürfnis und den Leistungsmöglichkeiten der Schüler in der Klasse Rechnung zu tragen. In der Klasse sollte kein Platz für Ängste oder Einsamkeitsgefühle sein. Dann sollte sichergestellt sein, dass Geschlechter- oder ethnische Stereotype die Motivation nicht beeinträchtigen. Es muss z. B. klar herausgestellt werden, dass kein Fach oder Thema geschlechtsspezifisch ist und Jungen und Mädchen die gleichen Chancen haben. Es ist nicht „unweiblich", gut in Mathematik, Naturwissenschaften, Technik oder Sport zu sein, wie es auch nicht „unmännlich" ist, gut in Literatur, Kunst, Musik oder Französisch zu sein. Es gibt viele Strategien, intrinsische Motivation (Interesse) zu fördern, einige davon beschreibt Brophy (1988):

1 *Verknüpfen des Lernstoffes und der Klassenaktivitäten mit den Interessen der Schüler* für Sport, Musik, laufende Veranstaltungen, gemeinsame Konflikte mit Familie und Freunden, modische Trends, Fernsehsendungen, Filmschauspielern und ande-

ren für Schüler zentralen Lebensinhalten (Schiefele, 1991). Aber Lehrer sollten etwas von den betreffenden Lebensinhalten verstehen. Wenn z. B. ein Zitat aus einem Raplied eingeflochten wird, dann sollte der Lehrer etwas über den Rapper wissen und sich in der Rapkultur auskennen. Wenn möglich sollten die Schüler die Wahl haben, etwa zwischen einem Forschungsbericht und dem Lesen von entsprechenden Sachbüchern, sodass sie ihren Interessen nachgehen können.

2 *Erregen von Neugierde.* Verwirrende Abweichungen zwischen den Tatsachen und den Überzeugungen sollten aufgezeigt werden. Stipek (1993) berichtet über einen Lehrer, der z. B. die Frage stellte, ob es Menschen auf anderen Planeten gäbe. Wenn der Schüler die Frage bejahte, fragte der Lehrer weiter, ob Menschen Sauerstoff zum Atmen benötigten. Da die Schüler diesen Zusammenhang gerade gelernt hatten, beantworteten sie diese Frage auch mit „ja". Dann führte der Lehrer weiter aus, dass in der Atmosphäre der anderen Planeten kein Sauerstoff enthalten sei. Diese Diskrepanz zwischen dem, was die Schüler gerade gelernt hatten, und ihren Annahmen über das Leben auf anderen Planeten, führte zu einer lebhaften Diskussion über die Lebensbedingungen auf anderen Planeten, die Art von Lebewesen, die dort überleben könnte und so weiter. Bei einem Vortrag über die Atmosphäre anderer Planeten wären die Schüler sicherlich eingeschlafen, die Diskussion regte jedoch ihr Interesse an.

3 *Spaß beim Lernen haben.* Mancher Unterrichtsstoff kann durch Simulationen oder Spiele angereichert werden, wie dem Kasten *Pro & Contra* (siehe S. 468) über vergnügliches Lernen zu entnehmen ist. Spaß sollte aber so eingesetzt werden, dass dabei das Lernen nicht zu kurz kommt. Ein Lernprozess kann produktiv sein und trotzdem Vergnügen bereiten.

4 *Neuheit und Vertrautheit beim Lernen.* Lernstrategien und motivierende Strategien sollte man nicht überstrapazieren. Jeder Mensch braucht Abwechslung. Die Zielstruktur einer Aufgabe (Kooperation, Wettbewerb, allein) zu variieren, kann das Lernen fördern, ebenso wie verschiedene Medien einzusetzen. Wenn der Unterrichtsstoff zu abstrakt oder zu fremd ist, sollte er mit irgendeiner Erfahrung der Kinder verknüpft werden. Zum Beispiel kann man eine große Fläche, wie die von der Akropolis von Athen, dadurch veranschaulichen, dass man an die Ausmaße eines Fußballfeldes erinnert. Brophy (1988) erwähnt einen Lehrer, der einen Abschnitt aus *Spartacus* vorlas, um die Sklaverei in der Antike lebendig darzustellen.

Instrumenteller Wert

Es ist manchmal sehr schwierig, intrinsische Motivation anzuregen, deshalb müssen Lehrer sich auf die Nützlichkeit des „instrumentellen" Wertes einer Aufgabe verlassen. Es ist wichtig, viele Fertigkeiten zu lernen, denn sie werden in den vielfältigen Aufgaben im Schulumfeld und im Leben außerhalb der Schule benötigt.

1 Wenn *Verknüpfungen* nicht anschaulich hervortreten, sollte *der Lehrer sie erklären.* Jeanette Abi-Nader (1991) beschreibt ein Projekt, das PLAN-Programm, das mögliche Verknüpfungen für mexikanische Einwandererkinder zusammenstellt. Die drei Hauptstrategien dieses Programms zur Erreichung einer Zukunftsorientierung der Schüler sind: (1) Mentoren und Vorbilder einsetzen – meist PLAN-Studenten mit Studienabschluss – die Ratschläge geben für die Auswahl von Kursen, Zeiteinteilung, das Anfertigen von Notizen und für den Umgang mit kulturellen Unterschieden zu Beginn des Studiums; (2) Schilderungen von den Leistungen früherer Schüler werden ans Anschlagbrett geheftet; und (3) in der Klasse viel über die Zukunft sprechen, wie z.B.: „Wenn du einmal zur Universität gehen wirst, kann es dir genauso gehen" oder „Ihr seid in einem Elternabend; ihr wollt natürlich eine gute Ausbildung für eure Kinder, und deshalb müsst ihr euch äußern; deshalb ist es wichtig zu lernen, wie man in der Öffentlichkeit seine Meinung sagt" (S. 548).

2 In einigen Situationen können Lehrer *Anreize und Belohnungen zum Lernen* (siehe auch Kapitel 6) schaffen. Aber Vorsicht bei Belohnungen: Wenn Schüler sowieso Interesse an einer Tätigkeit haben,

> ### Verknüpfen und erweitern Sie Ihre Forschungskenntnisse
>
> Abi-Nader, J. (1991). Creating a Vision of the Future: Strategies for Motivating Minority Students. *Phi Delta Kappan*, *72*, 546–549. *Focus Fragen:* Warum finden Schüler aus Minoritätengruppen die Schule manchmal langweilig? Wie kann man das ändern?

können Belohnungen die intrinsische Motivation untergraben.

3 Flechten Sie unstrukturierte Probleme und alltagsnahe Aufgaben in den Unterricht ein. Verbinden Sie Probleme in der Schule mit realen Problemen aus der Lebensumwelt der Schüler.

Was kann ich tun, um Erfolg zu haben? Bei der Sache bleiben

Wenn Schüler auf Schwierigkeiten stoßen und das tun sie in der Regel, wenn sie komplexe Aufgaben erhalten, müssen sie aufmerksam bei der Sache bleiben. Wenn dann Sorgen über ihre Leistungen im Mittelpunkt der Aufmerksamkeit stehen, Angst vor Misserfolg oder Bedenken, ob sie auch einen klugen Eindruck hinterlassen, dann ist die Motivation zu lernen schon verloren.

1 *Geben Sie Schülern häufig Gelegenheit zu antworten* durch Frage- und Antwort-Phasen im Unterricht, kurze Aufgabenblätter oder Demonstrationen ihrer Fertigkeiten. Sehen Sie bald die Aufgabenblätter durch, damit Fehler bald verbessert werden können, sonst üben die Schüler Fehler ein. Computer-Lernprogramme geben Schülern die unmittelbare Rückmeldung, die sie benötigen, um Fehler einzusehen und nicht zur Gewohnheit werden zu lassen.

2 *Wenn möglich, sollen Schüler Aufgabenresultate erarbeiten.* Schüler sind stärker eingebunden, konzentriert und ausdauernd, wenn ein Ende in Sicht ist. Fast jedem ist bekannt, welchen Einfluss das Bedürfnis nach Abschluss hat, zum Beispiel beginnt manch einer mit Malerarbeiten im Haushalt und denkt, es sei nur für eine Stunde; nach Stunden streicht er immer noch, nur weil er die Arbeit zu Ende bringen will.

3 *Vermeiden Sie, die Benotung und den Wettbewerb in den Vordergrund zu stellen.* Eine Betonung der Noten zwingt die Schüler ich-zentriert zu reagieren und nicht aufgaben-zentriert. Ängstliche Schüler werden besonders hart getroffen durch hochwettbewerbs-orientierte Bewertungsverfahren.

4 *Reduzieren Sie das Aufgabenrisiko, ohne all zu sehr zu vereinfachen.* Wenn Aufgaben ein hohes Risiko beinhalten (Misserfolge sind wahrscheinlich und die Folgen von Misserfolgen sind ernst), leidet natürlich die Schülermotivation. Räumen Sie viel Zeit für schwierige, komplexe und mehrdeutige Aufgaben ein, geben Sie Unterstützung, stellen Sie Ressourcen zur Verfügung, sowie konkrete Hil-

Partnerschaft mit Familie und Gemeinde: Lernmotivation

Familienziele für ihre Kinder verstehen.

Beispiele

1 Setzen Sie sich informell mit einzelnen Familien zu Kaffee und Kuchen zusammen, um herauszufinden, was sie für ihre Kinder anstreben.

2 Schicken Sie Fragebögen mit der Post zu oder geben Sie welche den Kindern mit, um zu erfragen, welche Fertigkeiten die Kinder nach Meinung der Familie am dringendsten lernen sollen. Greifen Sie ein Ziel für jedes Kind heraus und arbeiten Sie einen Plan aus, wie man das Ziel am günstigsten erreichen kann. Tauschen Sie den Plan mit den Familien aus und bitten Sie um Rückmeldung.

Finden Sie die Familien- und Schülerinteressen heraus, die im Zusammenhang mit dem Ziel stehen könnten.

Beispiele

1 Stellen Sie einfache Diagramme oder Zielkarten auf, welche die Fortschritte wiedergeben. Vielleicht gibt es auch eine Ausfertigung, die man an den Kühlschrank heften kann.

2 Fragen Sie ehrlich bemüht nach der Rückmeldung der Eltern, wie sie Ihre Effektivität in der Unterstützung der Kinder beurteilen.

Arbeiten Sie mit Familien zusammen, um eine Vertrauensbasis und positive Erwartungen aufzubauen.

Beispiele

1 Vermeiden Sie es, zwei Kinder aus der gleichen Familie in der Elternsprechstunde und am Elternabend miteinander zu vergleichen.

2 Fragen Sie Familienmitglieder, was sie gut an den Hausarbeiten finden. Sie könnten einen Kommentar an die Hausaufgabe heften, in denen die Eltern drei vorteilhafte Aspekte und einen nachteiligen erwähnen, der noch verbesserungsbedürftig ist.

Arbeiten Sie partnerschaftlich mit den Eltern zusammen und demonstrieren Sie den Wert des Lernens.

Beispiele

1 Laden Sie die Eltern in die Klasse ein, damit sie den Kindern erklären können, wie sie bei ihrer Arbeit Mathematik und Schreiben einsetzen müssen.

2 Laden Sie die Eltern ein, Ihnen Fertigkeiten zu nennen, die gerade jetzt hilfreich für die Familie sein könnten, wie z. B. Internetsuche, ein Adressbuch anlegen, einen Beschwerdebrief an ein Kaufhaus oder den Vermieter schreiben oder Ferienziele aus dem Internet heraussuchen.

Entwickeln Sie Ressourcen, die Fertigkeiten und Willenskraft für die Familie aufbauen.

Beispiele

1 Vermitteln Sie den Eltern einfache Strategien, wie sie ihren Kindern bei der Entwicklung von deren Fertigkeiten helfen können.

2 Bauen Sie eine Hausaufgaben-Hotline auf mit älteren Schülern, die jüngeren Ratschläge geben könnten.

Feiern Sie so oft wie möglich Lernerfolge.

Beispiele

1 Laden Sie Eltern mit ein zu einem Besuch eines Naturkunde-Museums mit Dinosaurierskeletten am Ende einer Unterrichtseinheit über Dinosaurier. Schüler können ein Museum in der Aula, der Bibliothek oder der Cafeteria der Schule erbauen. Nach dem Museumsbesuch gehen Familien in das Klassenzimmer, um die Schulunterlagen des Kindes über diese Einheit in Augenschein zu nehmen.

2 Platzieren Sie Mini-Ausstellungen von Schülerarbeiten beim Lebensmittelladen, in der Stadtteilbibliothek oder den Gemeindezentren.

Mehr Informationen über Familien-Schule-Partnerschaften und Motivation finden Sie unter
http://www.naesp.org/ContentLoad.do?contentId=896

fen und die Chance, die Arbeit neu zu machen oder zu verbessern.

5 *Führen Sie vor, wie Lernmotivation funktioniert.* Sprechen Sie über ihre eigenen Interessen am Thema und wie Sie mit schwierigen Lernaufgaben umgehen.

6 *Vermitteln Sie die spezifischen Lerntaktiken,* die Schüler benötigen, um das zu lernende Material zu meistern. Zeigen Sie den Schülern, wie man lernt und erinnert, sodass sie nicht gezwungen sind, auf selbst-beeinträchtigende Strategien zurückzugreifen.

Bin ich der richtige Lehrer für diese Klasse?

Die Beantwortung der letzten Frage nimmt mehr als eine Seite in Anspruch, deshalb wird ein großer Teil des nächsten Kapitels (Kapitel 11) dem Thema Engagement und Zugehörigkeit gewidmet sein. Kooperatives Lernen und Schaffen neuer Lernumgebungen werden ebenfalls behandelt werden. Die Unterstützung von Familien kann auch für die Vermittlung von Strategien an die Schüler hilfreich sein. Der Kasten über *Partnerschaft mit Familie und Gemeinde* (siehe S. 495) stellt einige Ideen zusammen, wie man mit Familien zusammenarbeiten kann.

Z U S A M M E N F A S S U N G

Was ist Motivation? (S. 451–458)

Definieren Sie Motivation. Motivation ist ein interner Zustand, der aktiviert, eine Richtung gibt und Verhalten aufrechterhält. Die Forschung über Motivation befasst sich damit, wie und warum Menschen Handlungen in Richtung auf bestimmte Ziele einleiten, wie lange Menschen dazu benötigen, wie intensiv sie sich mit einzelnen Tätigkeiten beschäftigen, wie ausdauernd Menschen in ihren Bemühungen sind, ein Ziel zu erreichen und wie sie auf dem Weg zum Ziel denken.

Was ist der Unterschied zwischen intrinsischer und extrinsischer Motivation? Intrinsische Motivation ist die natürliche Tendenz, Herausforderungen zu suchen und zu meistern und Fähigkeiten auszuüben – es handelt sich um die Motivation zu handeln, wenn keine Notwendigkeit besteht. Extrinsische Motivation hingegen beruht auf Faktoren, die nicht Teil der Handlungen selbst sind. Extrinsisch Motivierte sind nicht an der Tätigkeit selbst interessiert; sie denken nur daran, was sie dafür erhalten.

Wie wirken sich Kausalitätsattribuierungen auf die Motivation aus? Der Hauptunterschied zwischen intrinsischer und extrinsischer Motivation ist in den Beweggründen für die Handlungen einer Person zu sehen, d. h. ob die Ursachenattribuierung bei Handlungen intern oder extern ausfällt. Wenn die Kausalität internal attribuiert wird, ist die Motivation intrinsisch; wenn die Attribuierung external ist, ist

die Motivation extrinsisch. Die tatsächliche Motivation ist meist eine Mischung aus beiden. Wenn auch intrinsische und extrinsische Motivation zwei getrennte Tendenzen sind, so können sie doch zur gleichen Zeit in der gleichen Situation aktiviert werden.

Was sind die Schlüsselfaktoren in der Motivation nach behavioristischer Ansicht? Nach humanistischer Ansicht? Nach kognitiver Ansicht? Nach soziokultureller Ansicht? Die Behavioristen heben eher extrinsische Motivation – erzeugt durch Anreize, Belohnungen und Bestrafungen – hervor. Die humanistischen Motivationspsychologen betonen die intrinsische Motivation, die aus dem Bedürfnis nach eigenem Weiterkommen, nach persönlicher Erfüllung und Selbstbestimmung hervorgeht. Für die Kognitionspsychologen steht die aktive Suche nach Sinn, Verstehen und Kompetenz, aber auch die Wirksamkeit individueller Attributionen und Interpretationen im Vordergrund. Soziokulturell orientierte Psychologen befassen sich mit engagierter Teilhabe am Gemeindeleben und die daraus abgeleitete Identität.

Unterscheiden Sie zwischen Mangelbedürfnissen und Daseinsbedürfnissen in Maslows Theorie. Maslow nannte vier Grundbedürfnisse: Überleben, Sicherheit, Zugehörigkeit/Geselligkeit und Selbstwert; diese zählen zu den Mangelbedürfnissen. Wenn diese Bedürfnisse befriedigt werden, klingt das Bedürfnis ab. Er bezeichnete die drei höheren Bedürfnisse mit Bedürfnis nach intellektueller Leistung,

Ästhetik und Selbstverwirklichung; diese gehören zu den Daseinsbedürfnissen. Wenn diese Bedürfnisse befriedigt werden, steigt die Motivation und verlangt nach weiterer Befriedigung.

Was sind Erwartung-x-Wert-Theorien? Erwartung-x-Wert-Theorien besagen, dass die Motivation, ein Ziel zu erreichen, das Produkt unserer Erfolgserwartungen und des Wertes ist, der dem Ziel zugeschrieben wird. Wenn eine Größe einen Nullwert annimmt, ist auch das ganze Produkt gleich Null.

Was ist berechtigte marginale Teilhabe? Berechtigte Teilhabe am Rande bedeutet, das Anfänger in der Gruppe an deren Unternehmungen teilnehmen können, auch wenn sie noch nicht genug können und ihre Beiträge gering sind. Die Identität der Neueinsteiger und der Experten werden beide in die Gemeindeaktivität eingebunden. Sie sind motiviert, den Wert und die Praktiken der Gemeinde zu lernen, um ihre Identität als Gemeindemitglieder zu festigen.

Bedürfnisse: Kompetenz, Autonomie und Zugehörigkeit (S. 458–461)

Wie wirkt sich die Selbstbestimmung auf die Motivation aus? Die Selbstbestimmungstheorie besagt, dass die Motivation bestimmt wird durch das Streben nach Kompetenz, Selbstständigkeit, Kontrolle und Zugehörigkeit. Wenn Schüler Selbstbestimmung erleben, sind sie intrinsisch motiviert, sie interessieren sich mehr für ihre Arbeit, haben aber einen höheren Selbstwert und lernen besser. Ob Schüler Selbstbestimmung erleben, hängt zum Teil von den Äußerungen des Lehrers den Schülern gegenüber ab, sie sollten Sachinformationen und keine Kontrollversuche übermitteln. Weiterhin müssen die Lehrer die Schülerperspektiven anerkennen, eine Auswahl anbieten, Begründungen für Einschränkungen der Selbstbestimmungen geben; sie müssen eine schwache Leistung als zu lösendes Problem definieren und Kritik zurückhalten.

Zielorientierungen und Motivation (S. 461–466)

Welche Ziele sind die motivierendsten? Ziele erhöhen die Motivation, wenn sie spezifisch, nicht zu schwierig und in der nahen Zukunft erreichbar sind.

Beschreiben Sie Könnens-, Auftretens-, Meidungs- und soziale Ziele. Ein Lernziel ist die Absicht, Wissen und Fertigkeiten zu erwerben, die Schüler anzuleiten, Herausforderungen zu suchen und Ausdauer bei Schwierigkeiten an den Tag zu legen. Ein Leistungsziel ist die Absicht, gute Noten anzustreben, oder klüger und kompetenter als andere zu erscheinen, es führt dazu, dass die Schüler mit sich selbst beschäftigt sind und wie sie vor anderen dastehen (ich-zentrierte Lerner). Schüler können diese beiden Arten von Zielen anstreben oder sie meiden. Das Vermeiden schafft die größten Probleme. Ein anderes Meidensproblem ergibt sich bei Arbeit vermeidenden Lernern, die einfach ohne Aufwand und Anstrengung aus einer Anforderungssituation herauskommen wollen. Schüler mit sozialen Zielen können im Verfolgen ihrer Ziele unterstützt oder behindert werden, je nachdem, welches spezifische Ziel ansteht (d. h. sie haben Spaß mit ihren Freunden oder sie gereichen der Familie zur Ehre).

Was macht Zielsetzungen in der Klasse effektiv? Damit Zielsetzungen in der Klasse ihre Wirkung entfalten, benötigen Schüler eine zutreffende Rückmeldung über ihre Fortschritte beim Arbeiten auf ein Ziel hin, und sie müssen die Ziele akzeptieren. Schüler akzeptieren eher realistische, nicht zu schwierige und sinnvolle Ziele, aber es müssen auch gute Begründungen für den Wert eines Zieles angeführt werden.

Interessen und Emotionen (S. 466–473)

Wie wirken sich Interessen und Emotionen auf das Lernen aus? Lernen und Informationsverarbeitung werden durch Emotionen beeinflusst. Schüler beachten, lernen und erinnern eher Ereignisse, Bilder und Lesestoff, die emotionale Reaktionen hervorrufen oder die mit ihren persönlichen Interessen verbunden sind. Man muss jedoch Vorsicht walten lassen in der Berücksichtigung der Schülerinteressen. „Verführerische Einzelheiten", interessante einzelne nebensächliche Informationen können das Lernen behindern.

Welche Rolle spielt die Aktivierung beim Lernen? Für die meisten Tätigkeiten gibt es ein optimales Aktivierungsniveau. Allgemein formuliert ist ein hohes

Aktivierungsniveau gut für einfache Tätigkeiten und ein mittleres bis schwaches für komplexe Aufgaben. Wenn die Aktivierung zu niedrig ist, können Lehrer die Neugierde wecken durch Aufzeigen von Wissenslücken oder durch Abwechslung in den Tätigkeiten. Starke Angst ist ein Beispiel für zu hohe Aktivierung für optimales Lernen.

Wie stört Angst beim Lernen? Angst kann der Grund und die Folge von schlechten Leistungen sein; sie kann die Aufmerksamkeit für das Lernen und Abrufen von Informationen beeinträchtigen. Viele ängstliche Schüler benötigen Hilfe, um die Testangst abzubauen und Tests ohne Beeinträchtigung durchzuführen, sowie effektive Lernstrategien.

Subjektive Theorien und Selbstschemata (S. 473–481)

Wie wirken sich subjektive Theorien über Fähigkeiten auf die Motivation aus? Wenn Personen überzeugt sind, Fähigkeiten seien unveränderbare Größen, d. h. sie sehen die Fähigkeit als festgelegt an, setzen sie sich eher Selbstdarstellungsziele und streben danach, Misserfolge zu vermeiden. Sind sie jedoch der Meinung, Fähigkeiten können verbessert werden (eine Vorstellung von Fähigkeit als veränderbare Größe), neigen sie zu Lernzielen und gehen konstruktiv mit Misserfolgen um.

Was sind die drei Dimensionen der Attributionen nach Weiner? Nach Weiner können die meisten Attributionen von Erfolg und Misserfolg mit Hilfe von drei Dimensionen in Kategorien eingeteilt werden: nach dem *Ort* (Lokalisation der Ursachen intern oder extern in Bezug auf die Person), *Stabilität* (ob die Ursache die gleiche bleibt oder wechselt) und Kontrolle (ob die Person die Ursache kontrollieren kann). Die ernsthaftesten Motivationsprobleme entstehen bei Attribuierung von Misserfolgen auf stabile, unkontrollierbare Ursachen. Diese Schüler resignieren angesichts von Misserfolgen, sie werden apathisch oder depressiv verstimmt – was allgemein als „unmotiviert" bezeichnet wird.

Was ist Selbstwirksamkeit und in welchem Zusammenhang steht sie mit der erlernten Hilflosigkeit? Selbstwirksamkeit ist das Erleben der eigenen Kompetenz in einer bestimmten Situation wie dem Lernen oder auch dem Unterrichten, z. B. von Bruch-

rechnung. Das Erleben von Selbstwirksamkeit, Kontrolle oder Selbstbestimmung ist wichtig für die intrinsische Motivation von Menschen. Wenn Menschen glauben, Ereignisse und die Folgen eigener Handlungen seien unkontrollierbar, entwickeln sie erlernte Hilflosigkeit. Erlernte Hilflosigkeit ist mit drei Bereichen von Störungen verbunden: motivationalen, kognitiven und affektiven. Schüler verlieren ihre Hoffnung und damit ihre Motivation, Arbeiten anzufangen. Sie lassen sich Möglichkeiten zur Übung und zur Vervollkommnung ihrer Fertigkeiten entgehen, deshalb entwickeln sie kognitive Störungen, außerdem leiden sie oft unter affektiven Störungen wie depressiven Verstimmungen, Ängsten und Lustlosigkeit.

Wie wirkt sich der Selbstwert auf die Motivation aus? Schüler, die nach Können streben, schätzen Leistung und sehen Fähigkeiten als veränderbar an; sie streben nach Lernzielen, nehmen Risiken auf sich und bewältigen Misserfolge in konstruktiver Weise. Ein niedriger Selbstwert scheint mit Misserfolg meidenden und Misserfolg akzeptierenden Strategien einherzugehen, die darauf ausgerichtet sind, die Person vor den Folgen von Misserfolgen zu schützen. Diese Strategien mögen kurzfristig helfen, aber beeinträchtigen die Motivation und den Selbstwert langfristig.

Lernmotivation in der Schule: über TARGET (S. 481–489)

Definieren Sie Lernmotivation. Lehrer sind vor allem an einer bestimmten Art von Motivation interessiert, nämlich der Motivation zum Lernen. Die Lernmotivation der Schüler ist sowohl eine Eigenschaft als auch ein Zustand. Zur Lernmotivation gehört, dass Schularbeiten ernst genommen werden, dass man möglichst viel davon hat und dass angemessene Strategien im Lernprozess eingesetzt werden.

Was bedeutet TARGET? TARGET ist ein Akronym für die sechs Gebiete, in denen Lehrer Entscheidungen treffen müssen, welche die Lernmotivation der Schüler beeinflussen können: die *Art der Aufgabe* (**T**ask), die Schüler erledigen müssen, die *Selbstständigkeit* (**A**utonomy), die den Schülern bei der Arbeit eingeräumt wird, die *Anerkennung* (**R**ecognition) für Leistungen der Schüler, das Zusammenstellen von *Arbeitsgruppen* (Grouping), Bewertungsverfahren (Evaluation) und die Zeitplanung (Time) im Laufe des Schultages in der Klasse.

Wie beeinflussen Aufgaben die Motivation? Die von den Lehrern gestellten Aufgaben beeinflussen die Motivation. Wenn Schüler ihre Aufgaben in Beziehung zu ihren Interessen setzen können und ihre Neugierde geweckt wird und wenn es sich um alltagsnahe Aufgaben handelt, sind Schüler in der Regel motiviert zu lernen. Aufgaben können einen intrinsischen Wert haben, einen Nutzen oder den Wert haben, das eigene Können unter Beweis zu stellen. Der intrinsische Wert bemisst sich an dem Vergnügen, das die Aufgabe dem Lerner bereitet. Der Nutzen wird bestimmt durch den Beitrag der Aufgabe zur Erreichung kurz- und langfristiger Ziele. Der Wert, das Können unter Beweis zu stellen, geht einher mit dem Streben nach Erfolg.

Unterscheiden Sie zwischen eingeschränkten und uneingeschränkten Wahlen. Ähnlich wie entdeckendes Lernen ohne Anleitung oder ziellose Diskussionen kann unstrukturierte oder uneingeschränkte Wahlfreiheit beim Lernen unproduktiv sein. Die Alternative sind eingeschränkte Wahlen; die Schüler erhalten eine Auswahl von Aufgaben, bei denen sie etwas lernen, aber die auch in gewissem Umfang erlauben, ihren Interessen zu folgen. Das Gleichgewicht muss stimmen, sodass die Schüler nicht verwirrt werden durch zu viel Auswahl oder gelangweilt, weil sie keinen Freiraum zur Erkundung haben.

Wie kann die Anerkennung von Leistungen die Motivation und die Selbstwirksamkeit beeinträchtigen? Anerkennung und Belohnung in der Klasse unterstützen die Lernmotivation, wenn sie für persönliche Fortschritte vergeben werden und nicht für Siege in Wettbewerben. Lob und Belohnung sollte sich auf die wachsende Kompetenz der Schüler beziehen. Manchmal kann Lob paradoxe Effekte haben, wenn Schüler das Lob des Lehrers oder seine Kritik als Hinweise auf Fähigkeiten nehmen.

Nennen und differenzieren Sie drei Zielstrukturen. In welcher Beziehung Schüler zu ihren Mitschülern stehen, wird durch Zielstrukturen mitbestimmt. Zielstrukturen können kompetitiv, individualistisch oder kooperativ sein. Kooperative Zielstrukturen können die Motivation anregen und das Lernen verbessern, besonders bei schwachen Schülern.

Wie kann die Art der Bewertung die Zielsetzungen beeinflussen? Je kompetitiver die Benotung, desto mehr neigen die Schüler zu Selbstdarstellungszielen und legen es darauf an, „kompetent auszusehen", d. h. sie sind umso ich-zentrierter. Wenn Selbstdarstellung und nicht das Lernen im Vordergrund stehen, sehen Schüler oft nur zu, dass sie die Schularbeiten erledigen, besonders, wenn sie schwierig sind.

Wie wirkt sich die Zeiteinteilung im Schulalltag auf die Motivation aus? Um Motivation zu fördern, sollten Lehrer eine flexible Zeiteinteilung für den Ablauf des Unterrichts vorsehen. Schüler, die schneller oder langsamer vorgehen müssen als vorgesehen oder die unterbrochen werden im Laufe eines Projektes, entwickeln wahrscheinlich keine Ausdauer beim Lernen.

SCHLÜSSELBEGRIFFE

Folgeorientierte Lerner (S. 463)

Humanistischer Motivationsansatz (S. 454)

Ichzentrierte Lerner (S. 463)

Interesse/intrinsischer Wert (S. 484)

Intrinsische Motivation (S. 452)

Kognitive Bewertungstheorie (S. 459)

Lernmotivation (S. 481)

Lernziel (S. 463)

Mangelbedürfnisse (S. 455)

Misserfolg akzeptierende Schüler (S. 479)

Misserfolg meidende Schüler (S. 479)

Motivation (S. 452)

Nützlichkeitswert (S. 484)

Problembasiertes Lernen (S. 484)

Schulaufgaben (S. 482)

Selbstdarstellungsziel (S. 463)

Selbstverwirklichung (S. 455)

Selbstwirksamkeit (S. 477)

Soziale Ziele (S. 464)

Soziokulturelle Auffassung von Motivation (S. 456)

Ursachen„ort" für eine Handlung (S. 453)

Wichtigkeit der Aufgabenerledigung (S. 482)

Ziel (S. 461)

Zielorientierung (S. 462)

Zielstruktur (S. 486)

Z U S A M M E N F A S S U N G

Aus dem Lehrernotizbuch

Die folgenden Fragen sollen als Denkanstöße für die weiteren Überlegungen zum Fall vom Anfang dieses Kapitels dienen: Wie viel *Selbstbestimmung* hatten Sie bei der Wahl des Schulbezirks, in dem Sie arbeiten wollten, und der Stelle, die Ihnen dort angeboten wurde? Welche Erwartungen werden Ihnen vermittelt, wenn Sie Ressourcen anfordern? Bringen Sie der Lehrplan und die Leistungskontrollen der Bezirke dazu, *Ziele* für sich und die Schüler zu setzen?

Was würden Lehrer tun?

Hier lesen Sie Lehrerstimmen, die zu dem Problem Stellung nehmen, wie man Schüler mit sparsam genehmigten Mitteln motiviert.

■ A. F., Lehrerin der 2. Klasse

Am besten fange ich die Aufmerksamkeit und die Neugierde der Schüler ein, wenn ich zu Beginn einer Unterrichtsstunde eine Frage stelle. Das gibt der Stunde eine Leitlinie. Im Laufe des Schuljahres bringen die Kinder dann ihre eigenen Fragen ein. Ein anderer Weg, das Interesse und die Neugierde der Schüler zu wecken, ist die Aktivierung mit den drei Säulen: ein Brainstorming von Lehrern und Schülern zusammen. Die Schüler rufen aus ihrem Gedächtnis alles ab, was sie über das Thema wissen. Der Lehrer hält *alle* Beiträge fest und schreibt sie auf ein Blatt, das er für alle sichtbar aufhängt. Dann tragen alle Schüler zusammen, was sie über das Thema wissen wollen. Der Lehrer schreibt wieder alle Vorschläge auf. Die dritte Säule steht dafür, was wir gelernt haben, sie kommt dann im Laufe des Unterrichts dazu. Die ersten beiden Säulen stützen den Einstieg in das Thema und die Lernphase.

■ D. H., Lehrerin der 2. Klasse

Zunächst lassen Sie sich nicht entmutigen. Sie benötigen kein Textbuch, um ein erfolgreicher Lehrer zu sein. Sehen Sie sich den Lehrplan ihrer Schulbehörde an und lernen Sie die Unterrichtsziele für jede Einheit kennen. Wenn die Ziele einmal bekannt sind, können Sie sich kreativ entfalten. Die Schüler zu motivieren und motiviert zu erhalten, ist besonders wichtig. Dies kann man erreichen durch Auswahl und durch Abwechslung in den Unterrichtsmethoden, damit erreichen Sie aktive Beteiligung der Schüler am Unterricht. Es ist erstaunlich, was Schüler alles zum Unterricht beitragen, wenn man ihnen in bestimmten Grenzen die Wahl lässt.

■ M. Y., Lehrer in der Grundschule

Am besten wird gelernt durch aktives Lernen und Beteiligung am Unterricht. Steht im Vordergrund des Unterrichts ein Arbeitsheft, das nur Routineübungen enthält, langweilen sich die Schüler wahrscheinlich. Ich würde in dieser Situation erst einmal herausfinden, was die Schüler schon wissen. Ich würde dann ihr Verständnis der Phänomene und Konzepte herausfordern und sie zum Entdecken neuer Aspekte anleiten, ähnlich wie in den Beispielen des Arbeitsbuches. Dann können Sie die Beispiele im Arbeitsbuch selbstständig bearbeiten, was ihr Selbstvertrauen und ihren Selbstwert stärkt.

■ K. Mc. B., Schulberater

Das Interesse und die Begeisterung für die Unterrichtsinhalte der dritten Klasse übertragen sich vom Lehrer auf die dritte Klasse und regen diese zum Lernen an. Wie viele Male habe ich schon gehört: „Frau X ist die beste Lehrerin, die ich je hatte. Sie konnte das langweiligste Thema spannend und unterhaltsam machen." Ich habe das schon so oft gehört als Schüler und später als Lehrer und es belegt meine Meinung. Wenn der Lehrer den Unterrichtsstoff interessant findet, entnehmen die Schüler daraus, dass er für sie wichtig ist, und wenn sie den Lehrer respektieren, sehen sie den einzelnen Themen gespannt entgegen. Wenn die Arbeitsbücher zu schwierig sind, würde ich den Lernstoff in kleine Einheiten unterteilen und langsamer vorangehen; ich würde verschiedene Vorgehensweisen – Diskussion, noch einmal Durchnehmen, Gruppenprojekte usw. – wählen, um den Schülern ein reicheres Angebot zu bieten und den Unterricht ihren Lernvoraussetzungen anzupassen. Wenn Schüler motiviert sind, können sie viel erreichen; dann macht das Material selbst auch nichts aus, auch nicht die Schwierigkeit eines Arbeitsbuches usw. Die Kinder werden motiviert, wenn sie ihrem Lehrer wirklich etwas bedeuten, er das Material selbst motivierend findet und die Schule positiv darstellt.

■ P. G., Lehrer in der 2. Klasse

Unterrichten ist an sich kreativ. Verwenden Sie Ihre Zeit und Kreativität darauf, sich mit den geforderten Lernzielen vertraut zu machen und über ihre Vorgehensweisen klarzuwerden, die den Schülern das Material als sinnvoll und relevant nahebringen. Machen Sie andere, einschlägige Ressourcen in der Gemeinde ausfindig, wie z. B. Büchereien und Büros von Gemeindevertretern. Es sollten ein Spektrum an Aktivitäten wie Video, Gruppenarbeit, Ausflügen, Projekten und Sprechern einbezogen werden, die den Unterricht für die Schüler interessanter machen und die sie bei guter Motivation halten. Nützen Sie Materialien, das die Schüler auch zu Hause zur Verfügung haben, wie Bücher, Videos, Gegenstände, Internetausdrucke. Es ist erstaunlich, wie kooperativ Eltern sein können, wenn sie bei ganz bestimmten Sachen um Hilfe gebeten werden. Sie können sogar die alten Seiten des Arbeitsbuches nutzen, aber nicht wie vorgesehen, sondern für kooperatives Arbeiten. Sie können Erfolge der Schüler leichter herbeiführen, wenn sie schwache Leser mit guten zusammen Arbeitsblätter besprechen und ausfüllen lassen. Betonen Sie, dass jeder zusammenarbeiten muss, um den Unterrichtsstoff zu lernen. Aktive Beteiligung und Engagement mit dem Material hilft den Schülern, dem Lernstoff konstruierend Sinn abzugewinnen.

Lernen und soziales Engagement: Zusammenarbeit und Gemeinschaft

11

ÜBERBLICK

Was würden Sie tun?

Wenn eine Katastrophe eintritt, wie etwa die Ereignisse vom 11. September oder ein Amoklauf in einer Schule, wie würden Sie sich in dieser außergewöhnlichen Situation verhalten? Stellen Sie sich vor, Sie sind Lehrer und haben gerade die zweite große Pause in der Schule. Eine Kollegin berichtet aufgeregt, dass in einer Schule im benachbarten Schulbezirk einige Lehrer und Schüler als Geiseln genommen wurden. Wilde Gerüchte sind im Umlauf über die Bewaffnung und die Personen der Geiselnehmer, über ihre Absichten und Pläne, wie viele Geiseln es sind und wie und wo die Katastrophe ihren Ausgang genommen hat. Manche der Lehrer und Schüler an Ihrer Schule kennen Lehrer und Schüler in der betroffenen Schule, sind mit ihnen befreundet oder verwandt. Einige Schüler sind sehr aufgewühlt und brechen in Tränen aus.

Kritisch denken

- Was ist Ihre unmittelbare Reaktion?
- Wie würden Sie mit einem Schüler umgehen, der aufgewühlt und in Tränen aufgelöst ist?
- Was werden Sie in den nachfolgenden Wochen und Monaten unternehmen, um die Sorgen und Befürchtungen der Schüler zu beruhigen?

Zusammenarbeit

Führen Sie mit zwei Schülern aus Ihrer Klasse Vorgespräche darüber, wie Sie mit Ihrer Klasse über die Ereignisse sprechen können?

Die einleitenden Sätze zum Bericht „Schule mit Engagement", der vom Committee on Increasing High School Students' Engagement and Motivation to Learn (Kommission zur Verbesserung des Engagements und der Lernmotivation von Schülern in der Höheren Schule) (2004) herausgegeben wurde, lauten: „Lernen und Erfolge in der Schule erfordern aktives Engagement – für alle Schüler: arme, reiche, schwarze, braune, gelbe und weiße" (S. 1). Engagement betrifft mehr als nur den Einsatz von kognitiven Prozessen und von Motivation. Engagement bedeutet darüber hinaus – nach Meinung der Kommission – „die Eingebundenheit in ein Netzwerk sozialer Beziehungen" (2004, S. 17).

In diesem Kapitel werden verschiedene Aspekte des Engagements, die wichtig für den schulischen und außerschulischen Erfolg sind, behandelt. Zunächst widmet sich das Kapitel dem Thema Zusammenarbeit – mit anderen zusammen lernen. Dann wird auf die Klassengemeinschaft eingegangen werden. Weiterhin geht es um Engagement beim Lernen außerhalb der Klassengemeinschaft. Immer wieder erfolgen Hinweise auf die möglichen Beiträge der Lehrer beim Lernen in verschiedenen sozialen Kontexten.

Wenn Sie dieses Kapitel durchgearbeitet haben, werden Sie die folgenden Fragen beantworten können:

- *Wie wirken sich soziale Beziehungen auf das Lernen in der Schule aus?*
- *Wie wirken sich kooperative Lernstrategien auf die kognitive und die soziale Entwicklung aus?*
- *Welche Probleme ergeben sich aus dem kooperativen Lernen und wie kann man sie vermeiden?*
- *Wie kann ich aus einer Klasse eine Lerngemeinschaft formen?*
- *Was kann gegen Gewalt in der Schule unternommen werden?*
- *Welche Chancen und möglichen Probleme ergeben sich aus einem umfassenden Lernkonzept?*

Im Mittelpunkt dieses Kapitels steht das Lernen mit Engagement. In gewisser Weise gehen die Inhalte der vorherigen Kapitel alle in dieses ein: die individuellen Unterschiede, der Lernprozess und die Motivation. Engagement schließt Verhalten ein wie Aufmerksamkeitszuwendung, Anstrengung, Ausdauer und Widerstand gegen Störung, aber auch Emotionen wie Begeisterung, Stolz, Interesse und Vergnügen. Schüler können mit ihrer Schule durch freundschaftliche Beziehungen mit Mitschülern und Lehrern, durch Mitgliedschaft in Sportmannschaften und Teilnahme in Arbeitsgemeinschaften verbunden sein, und damit wird klar, dass Lernen in eine Gemeinschaft eingebunden sein kann. Lernen ist aber auch kognitiv, denn engagierte Schüler setzen ihre geistigen Fähigkeiten beim Lernen ein. Sie verwenden kognitive und metakognitive Strategien, verarbeiten Informationen und festigen Überzeugungen von sich selbst als Lerner.

Engagiertes Lernen ist für alle Schüler und Schulen äußerst wichtig, denn engagierte Schüler weisen bessere Leistungen auf; wenig engagierte Schüler schwänzen Unterrichtsstunden oder brechen sogar die Schule ab (Fredricks, Blumenfeld & Paris, 2004). Die Folgen mangelnden Engagements sind gravierend, besonders wenn Schüler aus unterprivilegierten Verhältnissen stammen, wie etwa arm zu sein oder einer diskriminierten Minderheit anzugehören. Kinder aus privilegierten Familien können einen Schulabbruch aus psychologischen oder objektiven Gründen eher verkraften und kompensieren als Schüler aus unterprivilegierten

Familien. Diese Schüler büßen Lebenschancen ein, wenn sie sich nicht anstrengen. Ohne vorweisbare Bildungsabschlüsse und Fertigkeiten sind diese Schüler ihrerseits wieder einem erhöhten Risiko von Armut, Arbeitslosigkeit, schlechter Gesundheit und Straffälligkeit ausgesetzt. Aber viele Schulen werden ihrer Aufgabe nicht gerecht, solche Schüler kognitiv, emotional und in ihrem Verhalten in den Schulkontext einzubinden (Committee on Increasing High School Students' Engagement and Motivation to Learn, 2004). Was ist hier vonnöten? Wichtig ist, die sozialen Prozesse in eine Betrachtung einzubeziehen.

Soziale Prozesse beim Lernen 11.1

Denken Sie bei Engagement in der Schule an soziale und kulturelle Einflüsse auf das Lernen der Schüler? Haben z. B. Lesen und Bücher für einzelne Schüler in Ihrer Klasse unterschiedliche Bedeutungen? Haben Schüler unterschiedliche Erfahrungen mit Vorbildern für Lesen außerhalb der Schule gesammelt? Auf den folgenden Seiten wird dargestellt, wie Menschen durch Interaktionen mit anderen lernen und wie soziale Interaktionen, Dialoge und Kultur das Lernen beeinflussen. Alle diese Themen stehen im Zentrum der Pädagogischen Psychologie. Vor zwei Jahrzehnten sagte der Pionier der Forschung über individuellen Begriffserwerb Jerome Bruner: „Ich komme immer mehr zu der Erkenntnis, dass Lernen in den meisten Kontexten ein Vorgang ist, der sich in einer Gemeinschaft vollzieht, in der eine gemeinschaftliche Grundlage für Kultur vollzogen wird" (1986, S. 27).

Es sollen drei soziale Einflussquellen auf Schüler analysiert werden: Gleichaltrige, Eltern und Lehrer.

Dieses Mädchen ist sichtlich engagiert beim Lernen. Welche sozialen Einflussquellen könnten dieses Engagement stützen?

Verknüpfen und erweitern Sie Ihre Forschungskenntnisse

Die Ausgaben von Mai 1999 und Mai 2000 des *Elementary School Journals* sind ganz Fragen der sozial-emotionalen Entwicklung, der Selbstregulation, der körperlichen Betätigung und einem unterstützenden Lehrangebot gewidmet.

11.1.1 Gleichaltrige

Halt! Denken Sie nach! Schreiben Sie!

Denken Sie einmal an Ihre höhere Schule zurück: Hatten Sie Freunde in der Schule von der folgenden Sorte: normale, beliebte, kluge, Partygänger, Drogenabhängige und noch andere Gruppierungen? Welcher Art waren die maßgebenden Cliquen an Ihrer Schule? Wie beeinflussten Sie Ihre Freunde?

Laurence Steinberg und seine Kollegen haben die Rolle der Eltern, Gleichaltrigen und des Gemeindekontextes bei den Schulleistungen untersucht (Durbin, Darling, Steinberg & Brown, 1993; Steinberg, 1996, 1998). Aus einer dreijährigen Untersuchung mit 20 000 Schülern in neun High Schools in Wisconsin und Kalifornien zog Steinberg die Schlussfolgerung, dass 40 % der Schüler während des Lernens im Unterricht innerlich abschalten und sich nicht bemühten, etwas zu lernen. Etwa 90 % hatten die Hausaufgaben von jemandem abgeschrieben, und 66 % hatten im letzten Jahr bei einer Klassenarbeit schon einmal gemogelt. Steinberg meint, dass dieses mangelnde Interesse am Lernen meist durch Druck durch Gleichaltrige entstehe. „Für die meisten Heranwachsenden sind die Peers die maßgebende Quelle für (mangelnde) Motivation und (mangelnde) Anstrengungsbereitschaft in Schule und Ausbildung" (1998, S. 331). Die Ergebnisse dieser Forschungsarbeiten weisen darauf hin, dass die Gleichaltrigen Anreize für bestimmte Tätigkeiten bereitstellen und dass sie jeden lächerlich machen, der ihren Normen nicht folgt; dadurch entsteht eine bestimmte Schulkultur, der auch Lehrer ausgesetzt sind. Jeder fünfte Schüler sagte aus, dass seine Freunde sich über andere lustig machten, die in der Schule etwas leisten wollten. Gefragt, welcher Art von Clique sie gern angehören wollten, meinten sie, sie wollten am liebsten:

Verknüpfen und erweitern Sie Ihre Forschungskenntnisse

Lesen Sie die gesamte Ausgabe des *Educational Leadership* vom September 2002 (*60 (1)*) mit 14 Artikeln über „Machen sich Schüler etwas aus Lernen?" Diese Artikel diskutieren, wie man Begeisterung wecken und Investitionen in das Lernen erreichen kann.

... zu den Beliebten oder Partygängern gehören als zu den Klugen. Dreimal so viele wollten eher zu den Drogenkonsumenten als zu den Klugen gehen. Von allen Cliquen gaben die Klugen die niedrigsten Zufriedenheitswerte ab – die Hälfte wollte lieber einer anderen Clique angehören (Steinberg, 1998, S. 332).

Kinder gehen nicht zufällig in bestimmte Cliquen oder Freundschaftsgrüppchen. In der Grundschule bevorzugen Kinder Freunde, welche die gleiche Einstellung zur Schule haben (Wenzel, 1999). Eine Untersuchung von Jill Hamm (2000) verglich Freundschaften unter afroamerikanischen, asiatisch-amerikanischen und europäisch-amerikanischen Jugendlichen; in allen Gruppen wiesen die Freunde jeweils ähnliche Einstellungen zur Schule und ähnliches (aber nicht gleiches) Verhalten im Drogengebrauch auf. Afroamerikaner tendierten jedoch noch zusätzlich zu Freunden aus der eigenen Ethnie.

Es gibt Hinweise darauf, dass unter afroamerikanischen Jugendlichen eine geringere Leistungsorientierung herrscht als unter den anderen beiden Gruppen (Steinberg, Dornbusch & Brown, 1992; Wentzel & Battle, 2001). Aber bei der Diskussion von Forschungsarbeiten, die mögliche individuelle und Gruppenunterschiede vernachlässigen, sollte man Vorsicht walten lassen. Graham, Taylor und Hudley (1998) fanden z. B. bei afroamerikanischen, hispanischen und europäisch-amerikanischen Schülerinnen, dass sie Freundinnen am meisten bewunderten, respektierten und ähnlich sein wollten, die eine positive Leistungsorientierung hatten; die gleichen Wahlen trafen europäisch-amerikanische Jungen. Die afroamerikanischen und hispanischen männlichen Jugendlichen dagegen bewunderten am meisten Jungen mit schwacher Leistungsorientierung.

11.1.2 Eltern und Lehrer

Eltern und Lehrer spielen auch eine Rolle als Vorbilder und von ihnen geht ein beträchtlicher Einfluss aus. Durbin, Darling, Steinberg und Brown (1993) befragten 3407 Neunt- bis Zwölftklässler europäisch-amerikanischer Herkunft nach dem Erziehungsstil ihrer Eltern und ihrer Peergruppenorientierung. Jugendliche, die den Erziehungsstil ihrer Eltern als autoritativ (fordernd, aber auch verständnisvoll und demokratisch) bezeichneten, bevorzugten ausgeglichene Gruppen, in denen Normen der Erwachsenen und der Gleichaltrigen gleichermaßen respektiert werden, wie

**Verknüpfen und erweitern Sie
mit anderen Kapiteln**

Aus Kapitel 3 ging schon hervor, wie wichtig die
Fürsorge von Lehrern für Kinder aus Risikogruppen sein kann.

z. B. die „Normalen" und die „Klugen". Schüler, besonders Schülerinnen, deren Eltern sich distanziert verhielten, hatten eine Vorliebe für Partygänger und Drogenabhängige, die Erwachsenenwerte ablehnten. Jungen, deren Eltern allzu nachgiebig waren, zeigten eine Vorliebe für Partygänger. Adoleszente mit autoritativen Eltern reagieren eher auf Druck von Gleichaltrigen, gut in der Schule zu sein und lassen sich nicht zu Drogenkonsum (Alkohol, Nikotin und anderen Drogen) überreden; dies trifft vor allem dann zu, wenn ihre Freunde auch autoritative Eltern haben (Collins, Maccoby, Steinberg, Hetherington & Bornstein, 2000).

Wenn Kinder keine oder nur wenige Freunde haben, können Eltern und Lehrer wichtige Unterstützung für die Leistungen in der Schule geben. Karthryn Wentzel und ihr Kollege fanden in einer Untersuchung heraus, dass wahrgenommene Unterstützung durch den Lehrer mit guter Lernmotivation und Anpassung an die Schule zusammenhängt (Wentzel & Battle, 2001). Von Lehrern gemocht zu werden, kann die negativen Folgen der Ablehnung durch Mitschüler in der Realschule wettmachen. Schüler mit wenigen Freunden, die jedoch nicht abgelehnt, sondern einfach nicht wahrgenommen werden, können leistungsbereite und soziale Schüler werden, wenn sie von ihren Lehrern unterstützt werden.

Die wichtigen sozialen Prozesse beim engagierten Lernen lassen sich laut Bericht des Committee on Increasing High School Students' Engagement and Motivation to Learn (2004) folgendermaßen zusammenfassen:

Natürlich baut Lernen auf kognitiven Prozessen auf, die im Individuum stattfinden, aber die Lernmotivation hängt auch von der Einbettung von Schülern in soziale Netzwerke ab, die das Lernen fördern. Die Wahrscheinlichkeit für die Motivation und das Engagement steigt mit der effektiven Unterstützung durch Lehrer, Freunde und Familie beim schulischen Lernen. Durch die Beachtung des Engagements tritt die Verbindung zwischen dem Lerner und dem sozialen Kontext des Lernens hervor. Schulen regen Engagement und Zugehörigkeitsgefühl an, indem sie den Unterricht persönlicher gestalten, Interesse am Leben der Schüler an den Tag legen und eine hilfreiche und fürsorgliche soziale Umgebung schaffen (S. 3).

Es gilt, für die Schüler eine fürsorgliche und unterstützende soziale Umgebung einzurichten; Zusammenarbeit und gegenseitige Unterstützung sind zwei wichtige Wege zu diesem Ziel.

Kooperation und Zusammenarbeit 11.2

Die Schule ist mehr als nur ein Ort des Lernens und der Leistungen in verschiedenen Tests und in internationalen Vergleichen. Natürlich sind Lernen und Leistung die Hauptziele, aber die Schule „trägt noch Verantwortung für andere Entwicklungsaspekte der Schüler, wie z. B. Persönlichkeitsentwicklung, soziale Orientierungen und allgemeine Fertigkeiten, die zur Entwicklung zum mündigen Bürger einer demokratischen Gesellschaft notwendig sind" (Battistich, Watson, Solomon, Lewis & Schaps, 1999). Diese Art der Erziehung wird auf dem Arbeitsmarkt sehr geschätzt:

Die meisten Unternehmen möchten Angestellte haben, die nicht nur bestimmte Arbeitsanforderungen gut bewältigen können, sondern die auch harmonisch in einem Arbeitsteam mit verschiedenartigen Mitarbeitern zusammenarbeiten und dabei Initiative und Verantwortung übernehmen und erfolgreich kommunizieren können (Aronson, 2000, S. 91).

In den letzten drei Jahrzehnten haben Forscher die Zusammenarbeit und die gegenseitige Unterstützung in Schulen untersucht. Obwohl die Untersuchungen inkonsistente Ergebnisse erbracht haben, zeigt doch die Mehrzahl der Untersuchungen, dass Gruppenar-

**Verknüpfen und erweitern Sie Ihre
Forschungskenntnisse**

Die Winterausgabe 2002 der Zeitschrift *Theory into Practice* ist dem Thema gewidmet „Promoting Thinking Through Peer Learning". Die Herausgeberin dieses Bandes ist Angela McDonnell, eine der führenden Forscherinnen auf dem Gebiet des kooperativen Lernens. Der Band enthält Artikel von Noreen Webb, Alison King, Annemarie Palincsar und vielen mehr.

Effektiv eingesetzte kooperative Lernstrategien fördern die Fähigkeit zur Zusammenarbeit, die Selbstständigkeit und die persönliche Zuverlässigkeit.

beit positive Auswirkungen auf das Einfühlungsvermögen, die Toleranz für Abweichungen, das Gefühl, akzeptiert zu sein, Freundschaften, Selbstvertrauen und sogar die Regelmäßigkeit des Schulbesuches hat (Solomon, Watson & Battistich, 2001). Es werden sogar Argumente für die Unentbehrlichkeit von Erfahrungen mit Zusammenarbeit vorgebracht: Sie helfen manche sozialen Probleme im Kindes- und Jugendalter abzuwenden (Gillies, 2003, 2004).

Verknüpfen und erweitern Sie mit anderen Kapiteln

Das Bedürfnis nach Zugehörigkeit ist die dritte Ebene in Maslows Bedürfnishierarchie; sie wurde in Kapitel 10 behandelt. Das Bedürfnis, Beziehungen zu anderen Menschen aufrechtzuerhalten, ist im Allgemeinen bei Menschen sehr stark. Wenn sich z. B. Schüler in der Unterrichtsstunde Briefchen schreiben, um einen Streit aus der vorausgegangenen Pause zu klären, so offenbart sich hier das Bedürfnis nach freundschaftlichen Beziehungen.

11.2.1 Zusammenarbeit, Gruppenarbeit und kooperatives Lernen

Die Begriffe Zusammenarbeit, Gruppenarbeit und kooperatives Lernen werden oft synonym verwendet. Natürlich haben sie eine überlappende Bedeutung, aber sie unterscheiden sich auch in einzelnen Aspekten. Die Unterscheidung zwischen Zusammenarbeit und Kooperation ist besonders unscharf. Ted Panitz (1996) schlägt die folgende Begriffstrennung vor: **Kooperation** bezieht sich auf die „Philosophie" der Beziehung zu anderen, wie man voneinander lernt und wie man gemeinsam Arbeit gestaltet; die Art, wie man bei der Arbeit miteinander umgeht, gegenseitig die Autorität anerkennt, Wissen teilt und darauf aufbaut. **Zusammenarbeit** heißt, mit anderen Menschen auf ein gemeinsames Ziel hin zu arbeiten (Gillies, 2003). **Kooperatives Lernen** wurde zuerst von britischen Lehrern praktiziert, weil sie von ihren Schülern eine aktivere Teilnahme bei der Durcharbeitung von Literatur wünschten. Die amerikanischen Wurzeln des kooperativen Lernens sind in den Psychologien von John Dewey und Kurt Lewin zu suchen. Kooperatives Lernen ist von ihnen als eine Form von Kooperation gedacht.

Gruppenarbeit bezeichnet lediglich die Tatsache, dass Schüler zu einer bestimmten Zeit etwas zusammen erledigen, sie können dabei kooperieren, müssen es aber nicht. Viele Tätigkeiten können in der Gruppe zusammen erledigt werden. Schüler können zum Beispiel in einer Gruppe zusammen eine Erhebung in ihrem Schulbezirk durchführen: Wie sehen die Leute in ihrem Viertel den Bau einer neuen Einkaufsstraße mit mehr Geschäften, aber auch mehr Verkehr? Würde die Gemeinde den Bau eines neuen Kernkraftwerkes unterstützen oder dagegen protestieren? Wenn Schüler zehn Begriffe aus der Biologie lernen müssen, warum sollten sie die Begriffe nicht untereinander aufteilen und sich dann gegenseitig die jeweils anderen Begriffe erklären? Es sollte jedoch sichergestellt sein, dass jeder in der Gruppe in der Lage ist, die Begriffsdefinitionen richtig zu erarbeiten. Hin und wieder endet eine solche

---

Kooperation Eine Philosophie über den Umgang bei der Arbeit mit anderen Menschen, die individuelle Differenzen respektiert, Autorität gegenseitig anerkennt und das Wissen anderer einbezieht.

Zusammenarbeit Mit anderen zusammen auf ein gemeinsames Ziel hinarbeiten.

Kooperatives Lernen Organisationsform, in der Schüler mit unterschiedlichen Fähigkeiten in einer Gruppe zusammen lernen und aufgrund des Erfolges der Gruppe belohnt werden.

Gruppenarbeit Bezeichnet die gemeinsame Erledigung einer Aufgabe mit oder ohne Kooperation.

Gruppenarbeit so, dass ein oder zwei Schüler die ganze Arbeit erledigen.

Gruppenarbeit ist nützlich, aber richtiges kooperatives Lernen erfordert mehr, als nur einfach Schüler in einer Gruppe zusammenzutun. Angela O'Donnell und Jim O'Kelly von der Rutgers-Universität beschreiben einen Lehrer, der meinte, Gruppenarbeit durchzuführen, wenn er jeweils zwei Schüler an einem Aufsatz schreiben ließ und dann die Teile zusammenfügte. Zeit für einen Austausch während der Teilarbeiten blieb nicht, es wurde auch vorher nicht besprochen, wie eine gute Zusammenarbeit aussehen könnte, welche sozialen Fertigkeiten man für eine gute Zusammenarbeit braucht. Die Schüler erhielten eine Note für ihre Einzelleistung und für die Gesamtleistung der Gruppe. Es kann dann vorkommen, dass ein Schüler eine Eins für seine Teilleistung erhält, aber für das gesamte Projekt nur eine Drei, weil der Partner seine Arbeit nicht abgegeben hat und deshalb eine Sechs erhielt. Der eine Schüler wurde also mit einer Drei bestraft, obwohl er gut gearbeitet hat, und der andere mit einer Drei belohnt für sein Nichtstun. Das war keine Gruppenarbeit und erst recht kein kooperatives Lernen (O'Donnell & O'Kelly, 1994).

Jenseits von Gruppenarbeit und Kooperation

Kooperatives Lernen wird in der Geschichte des amerikanischen Bildungssystems schon lange gepflegt. In den frühen 1900er-Jahren kritisierte John Dewey den Einsatz von Wettbewerb und ermutigte die Erzieher, die Institution Schule als eine demokratische Lerngemeinschaft zu strukturieren. In den 1940er- und 1950er-Jahren fielen diese Ideen jedoch in Ungnade, und es herrschte wieder eine Wettbewerbsatmosphäre vor. In den 1960er-Jahren schwang das Pendel erneut zurück und individuelles und kooperatives Lernen wurden wieder eingeführt, denn die Bürgerrechtsbewegung und der Zeitgeist gegen Rassendiskriminierung legten diese Lernstrukturen nahe (Wenn & Palincsar, 1996). Gegenwärtig werden die Bemühungen um kooperatives Lernen, Zusammenarbeit und Kooperation genährt durch die wachsende konstruktivistische Sichtweise auf das Lernen, es gibt „ein steigendes Interesse an Situationen, in denen Elaboration, Interpretation, Erklärung und Argumentation ein integrierter Bestandteil der Gruppenaktivität sind, in der auch Lernen durch andere Personen unterstützt wird" (Webb & Palincsar, 1996, S. 844).

Unterschiedliche lerntheoretische Ansätze sprechen für das kooperative Lernen, aber aus jeweils anderen Gründen (O'Donnell, 2002; O'Donnell & Kelly, 1994). Informationsverarbeitungstheoretiker weisen auf den Wert von Gruppendiskussionen hin, um Wiederholungen, Elaborationen und Erweiterungen beim Wissenserwerb zu unterstützen. Durch das Erklären und Fragenstellen im Laufe der Diskussion bietet sich die Gelegenheit, Wissen neu zu strukturieren, es neu zu vernetzen und zu überprüfen – alles Prozesse, die die Verarbeitung von Informationen und das Gedächtnis unterstützen. Vertreter des piagetschen Ansatzes sind der Meinung, dass die Interaktionen in der Gruppendiskussion kognitive Konflikte und Disäquilibration hervorrufen, die wiederum dazu führen können, das Wissen der Beteiligten infrage zu stellen und neue Ideen auszuprobieren – oder, wie Piaget sagte: „über seinen augenblicklichen Stand hinauszuwachsen und neue Richtungen einzuschlagen" (S. 10). Die Befürworter der wygotskischen Theorie schlagen vor, dass soziale Interaktionen für das Lernen allgemein wichtig sind, denn die höheren geistigen Funktionen wie Schlussfolgern, Verstehen und kritisches Denken haben ihre Wurzeln in sozialen Interaktionen und werden dann erst internalisiert. Kinder können mentale Aufgaben mit sozialer Unterstützung bereits lösen, bevor sie diese allein meistern können. Kooperatives Lernen bietet auch soziale, wohl dosierte Unterstützung, die Schüler benötigen, wenn sie Fortschritte machen sollen. (Siehe die ausführliche Darstellung und Analyse des kooperativen Lernens in Renkls (1997) Lernen durch Lehren. Er geht hier den zentralen Wirkmechanismen beim kooperativen Lernen nach.)

▶ Tabelle 11.1 (siehe S. 510) fasst die Funktionen des kooperativen Lernens aus unterschiedlichen theoretischen Perspektiven zusammen und beschreibt einige Merkmale von verschiedenen Gruppen. Um vom kooperativen Lernen zu profitieren, müssen Gruppen auch *kooperativ* vorgehen – alle Mitglieder müssen teilnehmen. Aber die Erfahrung zeigt, dass Kooperation sich nicht automatisch einstellt, wenn Schüler in einer Gruppe zusammengefasst werden.

Was schiefgehen kann: Gruppenlernen falsch genutzt

Ohne sorgfältige Planung und Beaufsichtigung durch den Lehrer können Gruppendiskussionen auch das Lernen verhindern und die sozialen Interaktionen in

Tabelle 11.1

Verschiedene Formen des kooperativen Lernens zu verschiedenen Zwecken

Verschiedene Formen kooperativen Lernens (Konkretisierung, Piaget, Wygotski) erfüllen verschiedene Zwecke, benötigen verschiedene Strukturen und haben ihre eigenen potenziellen Probleme und Lösungen.

Merkmale	Konkretisierung	Piaget	Wygotski
Gruppengröße	Klein (2–4)	Klein	Dyade
Gruppenzusammensetzung	Heterogen/homogen	Homogen	Heterogen
Aufgaben	Wiederholen/integrierend	Exploratorisch	Fertigkeiten
Lehrerrolle	Förderer	Förderer	Vorbild, Führer
Mögliche Probleme	Wenig Hilfen; ungleiche Teilnahme	Inaktiv; kein kognitiver Konflikt	Wenig Hilfen; ausreichend Zeit/Dialoge
Abwenden von Problemen	Direkte Instruktion beim Helfen; Helfen vormachen; Skripte für Interaktionen bereitstellen	Strukturierung der Kontroverse	Direkte Unterweisung im Helfen; Helfen vorführen

Quelle: Aus Learning from Peers: Beyond the Rhetoric of Positive Results, von A. M. O'Donnell und J. O'Kelly. *Educational Psychology Review*, 6, S. 327. Copyright © 1994 Plenum Publishing Corporation.

der Klasse reduzieren, statt sie zu fördern. Wenn in einer Gruppe z. B. ein Druck zur Konformität entsteht – vielleicht, weil ein Anführer die Klasse dominiert oder weil Belohnungen ausgenützt werden –, dann sind Interaktionen unproduktiv und unreflektiert. Falsche Vorstellungen könnten verstärkt werden oder – noch schlimmer – nicht die besten Ideen werden konstruiert, um ein oberflächliches Interesse zu erreichen (Battistich, Solomon & Delucci, 1993). Schüler können in Gruppenarbeit auch die falschen Lösungen finden, und es kann sich bei den Beteiligten eine (falsche) Gewissheit einstellen, dass die Lösung zutreffend ist. Dies ist dann ein Beispiel für das Sprichwort: „Viele Köche verderben den Brei" (Puncochar & Fox, 2004).

Meist werden die Beiträge von Gruppenmitgliedern mit niedrigem sozialem Rang eher ignoriert oder lächerlich gemacht und diejenigen der statushohen Schüler eher überbewertet und akzeptiert, unabhängig davon, was die Beiträge tatsächlich für einen Wert haben (Anderson, Holland & Palincsar, 1997; Cohen, 1998).

Mary McCaslin und Tom Good (1996) führen verschiedene andere Nachteile des Lernens in Gruppen an:

- Schüler schätzen die Vorgehensweisen oder den Prozess mehr als das Lernen. Geschwindigkeit und Erledigen werden höher bewertet als gründliches Durchdenken und Lernen.
- Missverständnisse werden nicht angefochten und korrigiert, stattdessen werden sie verstärkt und unterstützt.
- Soziales Beisammensein und soziale Beziehungen werden dem Lernen vorgezogen.
- Schüler tauschen unter Umständen ihr Abhängigkeitsverhältnis von ihrem Lehrer gegen eines vom „Experten" in der Gruppe aus. Auch in dieser Situation kann das Lernen passiv sein und es kann Falsches gelernt werden.
- Rangunterschiede werden vergrößert statt nivelliert. Einige Schüler lernen das „Trödeln", denn die Gruppe geht auch mit oder ohne ihre Beiträge voran. Andere gelangen zu der Überzeugung, dass sie ohne die Gruppe nicht verstehen könnten, worum es eigentlich geht.

Die nächsten Abschnitte überprüfen, wie Lehrer diese Probleme vermeiden und wirkliche Zusammenarbeit erreichen können.

11.2.2 Geeignete Aufgaben für kooperatives Lernen

Die meisten Pläne kooperatives Lernen einzusetzen fangen mit einem Ziel an. Was sollen die Schüler erreichen? Wie sind die Aufgaben beschaffen? Geeignete Aufgaben für kooperatives Lernen können mehr oder weniger strukturiert sein. Hoch strukturierte Aufgaben sind solche mit richtigen Antworten: mechanische Übungen, Routine erlangen, Fragen nach dem Lesestoff beantworten, Rechnen usw. Wenig strukturierte Aufgaben haben mehrere Antwortmöglichkeiten und unklare Vorgehensweisen, manchmal müssen die Probleme erst definiert und höhere Denkprozesse eingesetzt werden. Diese wenig strukturierten Probleme sind besonders für Gruppenarbeit geeignet, sie erfordern den Einsatz von Ressourcen (Wissen, Fertigkeiten, Problemlösestrategien, Kreativität) von allen Gruppenmitgliedern, um zu einer Lösung zu gelangen, strukturierte Aufgaben dagegen können genauso gut von Schülern allein gelöst werden. Diese Unterscheidung ist wichtig, denn wenig strukturierte, komplexe Gruppenaufgaben erfordern mehr und anspruchsvollere Interaktionen als Routineaufgaben, wenn Lernen und Problemlösen wirklich stattfinden soll (Cohen, 1994; Gillies, 2004).

Strukturierte Aufgaben zum Überprüfen und zum Erwerb von Fertigkeiten

Eine relativ strukturierte Aufgabe wie etwa das Überprüfen von vorher gelerntem Material für eine Prüfung kann durch ein strukturiertes Verfahren wie STAD (Student Teams Achievement Division) gut erledigt werden: Es wird ermittelt, welche Mannschaft mit jeweils vier Schülern die größte Verbesserung in den Leistungen zustande gebracht hat (Slavin, 1995). Lob, Anerkennung und intrinsische Verstärkung können die Motivation, die Ausdauer und die Anstrengungen unter diesen Bedingungen erhöhen und so zum effektiven Lernen beisteuern. Bei Routine- und Überprüfungsaufgaben kann es hilfreich sein, jedem Schüler in der Gruppe eine eng umschriebene Funktion zuzuweisen, damit die Anstrengungsbereitschaft erhalten bleibt.

Unstrukturierte Aufgaben zum Problemlösen und Erfassen von Konzepten

Wenn die Aufgabe wenig strukturiert und kognitiv ist, helfen ein offener Austausch und eine breite Diskussion (Cohen, 1994; Ross & Raphael, 1990). Wenn das Ziel in der Entwicklung von höheren Denkprozessen oder Problemlösevorgängen besteht, sind Strategien angebracht, die ausgedehnte und produktive Interaktionen ermöglichen. In diesen Situationen behindern fest gefügte Funktionszuschreibungen, stark strukturierte Vorgehensweisen, Wettbewerb zwischen den Gruppenmitgliedern fruchtbare und breite Diskussionen, die die Gruppe ihrem Aufgabenziel näherbringen. Offene Antwortformate wie gegenseitiges Befragen (King, 1994), gegenseitige Wissensvermittlung (Palincsar & Brown, 1984; Rosenshine & Meister, 1994), teilen in Paaren (Kagan, 1994) oder Zusammensetzen von Elementen wie beim Puzzle sind produktiver in der Gruppe, denn sie fordern komplexeres und elaborierteres Denken in Situationen heraus, in denen komplexe Aufgaben komplizierte Lösungen erfordern. In diesen Situationen lenken einfache Verstärkungen von den komplexen und gründlich zu verarbeitenden Problemen ab. Wenn Belohnungen angeboten werden, kann das Ziel unter Umständen zum effektiven Ergattern von Belohnungen umfunktioniert werden (Webb & Palincsar, 1996).

Soziale Fertigkeiten und Kommunikationsaufgaben

Wenn das Ziel des Peerlernens darin besteht, soziale Kompetenz zu vergrößern, das Verständnis füreinander zu erhöhen oder die Vielfalt in der Zusammensetzung der Gruppe zu nutzen, dann ist es oft förderlich, den Gruppenmitgliedern Rollen oder Funktionen zuzuweisen, um die Kommunikation zu intensivieren (Cohen, 1994; Kagan, 1994). In diesen Situationen kann es hilfreich sein, die Funktion des Gruppenleiters abzuwechseln, sodass auch Schüler aus Minderheiten oder Schülerinnen die Gelegenheit erhalten, ihre Führungsqualitäten unter Beweis zu stellen; außerdem können die anderen Mitglieder die Führungsqualitäten aller anderen auf diese Art und Weise erfahren (Miller & Harrington, 1993). Belohnungen sind wahrscheinlich nicht notwendig und sie sind wahrscheinlich eher hinderlich, wenn es darum geht, die Kommunikation in der Gruppe zu erhöhen sowie Respekt und Verantwortung füreinander zu entwickeln.

11.2.3 Schüler auf kooperatives Lernen vorbereiten

> **Was würden Sie dazu sagen?**
>
> In einem Vorstellungsgespräch für eine Lehrerstelle in einer Grundschule wird Ihnen die folgende Frage gestellt: „Setzen Sie in Ihrem Unterricht Gruppenarbeit ein? Warum oder warum nicht? Wie würden Sie in dieser Schule davon Gebrauch machen?"

David und Roger Johnson (1999) stellen fünf Elemente kooperativen Lernens als wichtig heraus:

- Direkte Interaktion von Person zu Person
- Positive Abhängigkeit
- Individuelle Verantwortung
- Für die Zusammenarbeit günstige Fertigkeiten
- Vorgehensweise in Gruppen

Schüler *interagieren direkt* und räumlich nah miteinander, räumliche Entfernungen wie von einem Ende des Klassenraums zum anderen werden dabei vermieden. Gruppenmitglieder erfahren *positive gegenseitige Abhängigkeit* miteinander – sie benötigen die anderen zur Unterstützung, zu Erklärungen und zur Anleitung. Obwohl sie zusammen arbeiten und sich gegenseitig unterstützen, müssen sie doch *individuelle Verantwortung* für ihre Lernfortschritte aufweisen. Sie müssen persönlich ihre Lernfortschritte bei individuellen Tests oder anderen Formen von Leistungsprüfungen vorweisen. Für die Zusammenarbeit günstige Fertigkeiten sind für das Funktionieren der Gruppe erforderlich. Meist müssen diese Fertigkeiten, wie etwa konstruktive Rückmeldung, zu einer gemeinsamen Entscheidung kommen und jedes Mitglied einbeziehen, noch vor der eigentlichen Lernaufgabe in der Gruppe vermittelt werden. Die Mitglieder müssen auch die Gruppenprozesse und Beziehungen zwischen einzelnen Mitgliedern beaufsichtigen, um die Effektivität der Gruppenarbeit sicherzustellen und die Gruppendynamik kennenzulernen. Sie sollten sich Zeit nehmen, der Frage nachzugehen: „Wie kommt unsere Gruppe zurecht? Arbeiten alle zusammen?"

Forschungsstudien in 8. bis 12. Klassen in Australien beobachteten Lernvorteile der Schüler, die in Gruppen mit positiver Abhängigkeit und gegenseitiger Unterstützung gelernt hatten, in den naturwissenschaftlichen Fächern, Mathematik und Englisch gegenüber Schülern, die in unstrukturierten Gruppen gelernt hatten (Gillies, 2003). Verglichen mit den Schülern in den unstrukturierten Gruppen fanden die Schüler in strukturierten Lerngruppen, dass Lernen mehr Spaß macht.

Kooperative Gruppen zusammenstellen

Wie groß sollte eine Gruppe sein, die zusammenarbeitet? Die Antwort hängt von den Lernzielen ab. Wenn das Gruppenziel im Überprüfen und Wiederholen von Informationen oder im Üben besteht, reichen vier bis sechs Schüler in einer Gruppe. Wenn sich aber die Schüler an Gruppendiskussionen, Problemlösungen oder Computerlernen beteiligen sollen, sind nicht mehr als zwei bis vier Mitglieder empfehlenswert. Bei der Zusammenstellung von kooperativen Lerngruppen ist ein ausgeglichenes Geschlechterverhältnis förderlich. Es hat sich in einzelnen Untersuchungen gezeigt, dass Mädchen in der Minderzahl gewöhnlich aus einer Diskussion herausgehalten werden, es sei denn, sie erweisen sich als die Mitglieder mit der höchsten Kompetenz oder Selbstsicherheit. Umgekehrt, wenn die Jungen in der Minderzahl sind, neigen die Mädchen dazu, sie anzusprechen und ihre Meinung einzuholen, es sei denn die Jungen sind schüchtern oder erweisen sich als inkompetent. Allgemein lernen schüchterne Kinder besser allein (O'Donnell & O'Kelly, 1994; Webb, 1985; Webb & Palincsar, 1996).

Erklärungen geben und erhalten

In der konkreten Gruppenarbeit variieren die Lerneffekte stark, je nachdem, wie die Gruppenarbeit abläuft und wer Mitglied der Gruppe ist. Wenn sich nur wenige Mitglieder für das Gruppenergebnis verantwortlich fühlen, werden nur diese etwas lernen, die passiven Teilnehmer nicht. Schüler, die Fragen stellen oder Erklärungen versuchen, erhalten Antworten und Rückmeldungen und lernen dadurch mehr als Schüler, die weder Fragen stellen noch Antworten versuchen. Es hat sich auch gezeigt, dass ein Schüler, der selbst viel *erklärt*, mehr lernt als ein Schüler, der nicht versucht, einen Sachverhalt zu ergründen. Selbst Erklärungen abzugeben ist anscheinend für das Lernen fruchtbarer als Erklärungen zu bekommen (Webb, Farivar & Mastergeorge, 2002; Webb & Palincsar, 1996). Für eine Erklärung muss die Information geordnet werden, sie muss in eigene Worte gefasst werden, Beispiele oder Analogien müssen herhalten (welche die Information mit anderen, bereits bekannten, verknüpft), sie sorgt dafür, dass das Wissen des Erklärers auf die Probe gestellt

Tabelle 11.2

Hilfen auf verschiedenen Niveaus in kooperativen Gruppen

Schüler lernen besser, wenn sie Hilfestellung auf hohem Niveau erhalten und geben können.

Niveau der Hilfestellung	Beschreibung und Beispiel
Hoch	
6	Verbale Erklärung, wie das Problem ganz oder teilweise angegangen werden kann („Multipliziere die 13 Cents mit 29, denn 29 Minuten bleiben noch übrig nach der ersten Minute").
5	Numerische Regel ohne verbale Erklärung und Bezeichnung der Zahlen („Du hast also 30 und musst davon 1 abziehen").
4	Numerischer Ausdruck („13 mal 29").
3	Zahlen schreiben oder kopieren („Schreibe die 13 oben hin, die 29 unten; dann die beiden malnehmen").
2	Antwort oder Teilantwort vorgeben („Ich habe 3,77 Euro heraus").
1	Inhaltsunabhängige oder nicht-informative Antwort („Mach es so, wie sie es gesagt hat").
0 **Niedrig**	Keine Antwort

Quelle: Aus Productive Helping in Cooperative Groups von N. M. Webb, Farivar & A. M. Mastergeorge (2002). *Theory into Practice, 41(1)*, S. 14. Copyright © 2002 College of Education. The Ohio State University.

wird, da zudem die Zuhörer auch noch Nachfragen stellen. Das sind hervorragende Lernstrategien (King, 1990, 2002; O'Donnell & O'Kelly, 1994).

Gute Erklärungen sind inhaltsrelevant, kommen zur rechten Zeit und ausführlich genug, um die Missverständnisse des Zuhörers zu korrigieren; die besten Erklärungen können das Warum, die Ursache eines Sachverhaltes, aufklären (Webb et al., 2002, Webb & Mastergeorge, 2003). In der Mathematikstunde in einer Realschule zum Beispiel arbeiteten die Schüler an der folgenden Aufgabe:

Errechne die Kosten eines 30-minütigen Telefongespräches mit der Vorwahl 717, mit der die erste Minute 22 Cents und jede weitere Minute 13 Cents kostet.

Je mehr Erklärungen und Unterstützung die Schüler erhielten, desto mehr lernten sie; je anspruchsvoller die Erklärung war, umso mehr lernten sie dazu. ► Tabelle 11.2 zeigt die unterschiedlichen Ebenen, auf denen Hilfestellung gegeben werden kann. Natürlich müssen die Schüler Acht geben und die angebotenen Hinweise auch aufgreifen. Wenn, zum Beispiel, ein Helfer sagt „13 mal 29", dann sollte der Empfänger fragen: „Warum 29?" Gute Fragen zu stellen und klare Er-

klärungen abzugeben sind wichtig; diese Fertigkeiten müssen erst noch vermittelt werden.

Funktions- und Rollenzuweisungen

Manche Lehrer weisen Schülern Rollen zu, um die Zusammenarbeit und engagierte Teilnahme an der Gruppenarbeit zu fördern. Einige dieser Rollen oder Funktionen sind in ► Tabelle 11.3 (siehe S. 514) zusammengestellt. Wenn Sie Rollen zuteilen, stellen Sie sicher, dass die Rollen für das Lernen förderlich sind. In Gruppen mit dem Lernziel, soziale Kompetenzen zu erarbeiten, sollten die Rollen Verhaltensweisen wie Zuhören, Ermutigen und Achtung vor individuellen Unterschieden umfassen. In Gruppen, in denen etwas geübt, überprüft oder grundlegende Fertigkeiten erworben werden sollen, sollten die Rollen Ausdauer, Ermutigung und Beteiligung unterstützen. In Gruppen, in denen komplexe Problemlösungen und höhere Formen des Denkens und Lernens erworben werden sollen, sollten die Rollen Diskussionen mit guten Überlegungen, den Austausch von Erklärungen und Erkenntnissen, gründliches Erkunden, Ideen produzieren und Kreativität fördern. Stellen Sie sicher, dass Sie nicht

Tabelle 11.3

Mögliche Rollen von Schülern in kooperativen Lerngruppen

Je nach dem Zweck, den die Gruppenarbeit verfolgt, und dem Alter der Teilnehmer können Rollenzuweisungen die Zusammenarbeit erleichtern und zum Lernen führen. Natürlich müssen Schüler lernen, ihre Rollen auszufüllen, und die Rollen sollten rotieren, sodass die Schüler die Gruppenarbeit aus verschiedenen Perspektiven erleben können.

Rolle	Beschreibung
Anreger, Ermutiger	Ermutigt zögernde oder schüchterne Schüler zur Teilnahme
Lober/Beifallspender	Schätzt die Beiträge anderer und erkennt ihre Leistungen an
Türhüter	Achtet auf ausgeglichene Beteiligung und lässt kein dominantes Verhalten zu
Trainer	Hilft, die schulischen Anforderungen zu verstehen und ihnen nachzukommen, erklärt Begriffe
Kontrolleur für Fragen	Achtet darauf, dass alle Fragen gestellt und beantwortet werden können
Überprüfer	Überprüft, ob alles verstanden wurde
Aufgabenverteiler	Gibt die Aufgaben aus und achtet darauf, dass sie erledigt werden
Protokollant	Schreibt Ideen, Entscheidungen und Pläne auf
Beaufsichtiger von Fortschritten	Informiert die Gruppe über ihre Fortschritte (oder deren Ausbleiben)
Aufseher über Ruhestörungen	Sorgt dafür, dass der Lärmpegel nicht zu hoch wird
Materialversorger	Holt und gibt Material zurück

Quelle: Aus *Cooperative Learning* von S. Kagan (1994). San Clemente, CA: Kagan Publishing. Copyright © 1994 Kagan Publishing.

mitteilen, das Ziel der Gruppe bestehe lediglich aus der Ausübung der einzelnen Rollen. Rollen sollen das Lernen unterstützen, sie sind also Mittel und nicht Ziel des Lernens (Woolfolk Hoy & Tschannen-Moran, 1999). Renkl (1997, 2006) betont, dass Rollenfertigkeiten hinsichtlich der Lehrrolle ebenso gelernt werden müssen, wie gewisse Vorkenntnisse im Lernstoff erworben sein müssen, um die Lehrfunktion gut wahrnehmen zu können.

Oft beinhaltet der Erwerb der kooperativen Lernstrategien Gruppenberichte an die ganze Klasse. Diese Berichte sind meist sehr langweilig. Um diesen Vorgang für die Zuhörer und Berichterstatter angenehmer zu gestalten, veranlassten Annemarie Palincsar und Leslie Herrenkohl (2002), dass die Klassenmitglieder beim Anhören intellektuelle Rollen übernehmen. Diese Rollen gründen in den wissenschaftlichen Strategien des Vorhersagens und Theoretisierens, des Zusammenfassens von Ergebnissen und des Verknüpfens von Vorhersagen und Theorien mit den Ergebnissen. Einigen Zuhörern wurde die Funktion zugeteilt, den Bericht auf Klarheit der Verbindung von Vorhersage und Theorien zu überprüfen. Andere Schüler sollten die Klarheit der Ergebnisse überprüfen. Die übrigen Schüler waren dafür zuständig, die Verbindungen zwischen Vorhersage, Theorie und Ergebnisse einzuschätzen. Die Forschung zeigt, dass die Rollen helfen, den Dialog in der Klasse, das Denken, das Problemlösen und das begriffliche Verständnis zu fördern (Palincsar & Herrenkohl, 2002). ▶ Tabelle 11.4 fasst die Überlegungen zusammen, die zur Einführung des kooperativen Lernens notwendig sind; dabei ist das Gruppenziel maßgebend.

Tabelle 11.4

Was sollten Sie bei Planung und Ausführung von kooperativem Lernen beachten?

Überlegungen	Aufgaben für den Erwerb sozialer Fertigkeiten: Teamgründung, kooperative Fertigkeiten	Strukturierte Aufgaben: überprüfen, Fakten einüben, Fertigkeiten	Unstrukturierte Aufgaben: konzeptuelle Problemlösungen, Denken und Schlussfolgerungen
Gruppengröße und -zusammensetzung	Gruppen von 2–5 Mitgliedern, gemeinsame Interessen, gemischte Gruppen, Zufallsgruppe	Gruppen von 2–4 Mitgliedern, gemischte Fähigkeiten: hoch und mittel/mittel und gering oder hoch und gering/mittel und mittel	Gruppen von 2–4 Mitgliedern, Teilnehmer aussuchen, um Interaktionen zu ermutigen
Warum verteilte Rollen?	Um die Beteiligung und Konflikte zu beaufsichtigen, rotierende Leistungsfunktion	Das Engagement der Schüler kontrollieren und sicherstellen, dass die Schüler mit niedrigem Status auch Ressourcen beisteuern können, z. B. bei puzzleartigen Aufgaben	Nur um Interaktionen zu ermutigen, divergentes Denken und ausgedehnter verknüpfter Diskurs, d. h. alle Seiten der Debatte verstehen und vertreten können, Gruppendynamik erleichtern
Extrinsische Belohnung/Anreize	Nicht unbedingt notwendig, kann hilfreich sein	Um Motivation, Anstrengung und Ausdauer zu fördern	Nicht notwendig
Rolle des Lehrers	Vorbild, Ermutiger	Vorbild, Leiter, Trainer	Vorbildsein erleichtern
Benötigte Fertigkeiten der Schüler	Zuhören, Abwechseln, Ermutigung, Konflikte bewältigen	Fragen, Erklären, Ermutigen, Inhaltswissen, Lernstrategien	Fragen, Erklären, Elaborieren, gründlich prüfen, divergentes Denken, Argumente suchen, integrieren
Was fördert Lernen? Zuschauen und Zuhören …	Vorbild sein und Übung	Vielfältige, ausführliche Erklärungen, Aufmerksamkeit und Übung	Quantität und Qualität der Interaktionen, Verwenden und Verbinden von Wissensressourcen, gründliches Prüfen und Elaborieren
Mögliche Probleme	Unproduktiver Konflikt, mangelnde Beteiligung	Geringes Geschick zum Helfen, ohne Engagement oder Ausschluss von Schülern	Unmotivierte und ausgegrenzte Schüler, kognitives „Trödeln", oberflächliches Denken, eine Kontroverse vermeiden
Abwenden von Problemen	Einfachere Aufgabe, direktes Vermitteln von sozialen Fertigkeiten, Mannschaften bilden, Konfliktlösungsstrategien, Diskussion von Gruppendynamik	Positive Abhängigkeiten ausbauen und individuelle Verantwortlichkeit einrichten, vermitteln, wie man hilft und erklärt	Kontroversen strukturieren, bestimmte Standpunkte vertreten lassen, ausreichend Zeit einräumen
Klein anfangen	Eine oder zwei Fertigkeiten, z. B. Zuhören, Umformulieren	Paare von Schülern befragen sich gegenseitig	Jeweils die Besseren und die Schlechteren zusammenarbeiten lassen

Quelle: Aus Implications of Cognitive Approaches to Peer Learning for Teacher Education von A. Woolfolk Hoy & M. Tschannen-Moran (1999) in A. O'Donnell & A. King (Hrsg.), *Cognitive Perspectives on Peer Learning* (S. 278).

Tabelle 11.5

Anfänge von Fragen, die das gegenseitige Befragen im Dialog anregen

Nach einem ersten Lerndurchgang oder einer Beteiligung am Unterricht können die Schüler die folgenden Frageanfänge nutzen, um Fragen zu entwerfen und Antworten zu geben.

Ein weiteres Beispiel von … ?	Warum ist … so wichtig?
Wie würdest du … verwenden, um … ?	Inwieweit sind sich … und … ähnlich? Inwieweit unterscheiden sich … und … ?
Was sind die Stärken und Schwächen von … ?	Was ist das beste … und warum … ?
Wie passt … zu dem, was wir vorher schon gelernt haben?	Vergleiche … und … im Hinblick auf … ?
Erkläre, warum … Erkläre, wie …	Was glaubst du, ist die Ursache für … ?
Wie wirkt sich … auf … aus?	Was können wir aus … folgern?
Was bedeutet … ?	Bist du für oder gegen die Aussage … ? Begründe die Antwort!

Quelle: Aus Structuring Peer Interaction to Promote High-Level Cognitive Processing von A. King (2002). *Theory in Practice, 41(1)*, S. 34–35. Copyright © 1994 College of Education. The Ohio State University.

11.2.4 Kooperative Lernsituationen

In den folgenden Abschnitten werden verschiedene Vorgehensweisen vorgestellt, die soziales und kognitives Lernen fördern können.

Gegenseitiges Befragen

Gegenseitiges Befragen erfordert kein besonderes Material oder besondere Testverfahren und kann mit einer breiten Altersspanne durchgeführt werden. Nach einer Einführungsstunde durch den Lehrer arbeiten die Schüler in Dyaden oder Triaden, indem sie sich gegenseitig über den Unterrichtsstoff Frage stellen und beantworten (King, 1990, 1994, 2002). Der Lehrer berei-

---

Verknüpfen und erweitern Sie Ihre Forschungskenntnisse

King, A. (1990). Enhancing Peer-Interaction and Learning in the Classroom Through Reciprocal Questioning. *American Educational Research Journal*, 27, 664–687.

---

tet Anfänge von Fragen vor (▶ Tabelle 11.5), dann wird den Schülern erklärt, wie sie sich selbst Fragen zum Unterrichtsstoff ausdenken können; sie können sich dabei an den vorgegebenen Fragemustern orientieren. Die Schüler denken sich zuerst abwechselnd Fragen aus, dann werden diese beantwortet. Dieses Verfahren hat sich als effektiver erwiesen als die übliche Gruppendiskussion, weil es gründlicheres Denken über den zu lernenden Stoff anregt. Fragen wie in Tabelle 11.5, die Schüler zu Vernetzungen zwischen dem Lernstoff und ihrem Hintergrundwissen oder ihren Erfahrungen anregen, können hilfreich sein. Durch die Fragen aus Tabelle 11.5 erarbeitete eine neunte Klasse in einer Diskussion über „Weltkultur" folgenden Kulturbegriff:

Sandra: Sag es mal in deinen eigenen Worten! Was bedeutet Kultur?

Jan: Nun, im Unterricht hat Herr Lehmann gesagt, dass Kultur heißt, Wissen und Verständnis von der Welt mit anderen Mitgliedern der Gesellschaft zu teilen. Ich meine, es sind alle Gegenstände, Überzeugungen und Aktivitäten, die Menschen in einer Gesellschaft teilen. Dazu gehören Religion, Gesetze, Musik, Heilverfahren und alles so was.

Gegenseitiges Befragen Ein Verfahren, in dem nach einer Unterrichtseinheit oder einem Referat zwei oder drei Schüler sich gegenseitig Fragen stellen und sie beantworten.

Sandra: Und auch noch Tanz, Kunst, Familienrollen.

Boris: Wissen umfasst auch Sprache. Deshalb meine ich, die Sprache gehört auch zur Kultur.

Jan: Ja, wahrscheinlich. Dazu habe ich noch eine Frage: Wie beeinflusst die Kultur die Sprache einer Gesellschaft?

Boris: Nun, erst einmal die Sprache besteht aus Wörtern, diese sind für die Menschen in einer Kultur wichtig. Denn die Wörter bezeichnen Dinge, die für die Menschen wichtig sind, die sie benötigen oder verwenden. So kommt es, dass unterschiedliche Kulturen einen unterschiedlichen Wortschatz haben. In manchen Kulturen gibt es kein Wort für Telefon, weil sie keines haben. Aber Telefone sind natürlich in unserer Kultur wichtig, deshalb haben wir nicht nur ein Wort für Telefon, wie z. B. Handy, digitales Telefon, Wandtelefon, schnurloses Telefon, mobiles Telefon, Telefonapparat usw.

Jan (lacht): Ich wette, Wüstenkulturen haben kein Wort für Schnee oder Skifahren.

Sandra (zu Boris): Wie lautet deine Frage?

Boris: Ich habe eine gute Frage! Die kannst du bestimmt nicht beantworten. Was wäre, wenn es irgendwo eine Gruppe von Menschen gäbe, die keine gesprochene Sprache hätten? Wenn sie z. B. alle ohne Sprache geboren wären oder so. Wie würde sich das auf ihre Kultur auswirken – oder hätten sie dann überhaupt eine Kultur?

Sandra: Nun, dann könnten sie eben nicht miteinander kommunizieren.

Jan: Und was wäre, wenn sie auch keine Musik hätten, denn sie könnten dann ja auch nicht singen?

Boris: Mal langsam, warum könnten sie nicht kommunizieren? Sie könnten doch eine andere Form von Sprache entwickeln – ohne Worte, vielleicht mit Gebärden, wie etwa in der Gebärdensprache der Taubstummen (King, 2002, S. 34–35).

Skript-Kooperation

Donald Dansereau und seine Kollegen haben eine Methode für das Lernen in Dyaden entwickelt, die sie **Skript-Kooperation** nannten. Schüler erledigen gern alle möglichen Aufgaben zusammen, auch das Lesen von ausgewählten Texten, Mathematikaufgaben oder Entwürfe für Aufsätze durchsehen. Beim Lesen, zum

Beispiel, lesen die Partner abwechselnd jeweils einen Abschnitt, dann gibt einer eine mündliche Zusammenfassung davon. Der andere Partner kommentiert die Zusammenfassung, bemerkt, wenn etwas fehlt oder falsch wiedergegeben wird. Als Nächstes arbeiten die Partner zusammen, um Informationen auszuarbeiten – um Verknüpfungen herzustellen, Vorstellungsbilder zu erzeugen, mnemotechnische Verfahren einzusetzen, Verbindung zu vorherigen Informationen herzustellen oder Beispiele, Analogien usw. heranzuziehen. Die Partner wechseln ihre Rollen als Zusammenfasser und Zuhörer für den nächsten Abschnitt und arbeiten so weiter, bis die Aufgabe erledigt ist (Dansereau, 1985; O'Donnell & O'Kelly, 1994).

Spencer Kagan (1994) hat noch weitere Formen kooperativen Lernens entwickelt, die sich für unterschiedliche soziale und kognitive Anforderungen eignen. In den *Richtlinien* (siehe S. 518) sind einige Ideen zusammengestellt, wie kooperatives Lernen in den Unterricht einbezogen werden kann.

11.2.5 Jeden Schüler erreichen: kooperatives Lernen mit Bedacht einsetzen

Kooperatives Lernen profitiert von sorgfältigen Planungen, aber wenn Schüler mit Lernstörungen beteiligt sind, muss die Planung und Vorbereitung noch sorgfältiger sein. Kooperative Lernstrukturen wie das Vermitteln von Skripten für das gegenseitige Befragen und Bereitstellen von Peertutoren hängen von einer ausgeglichenen Interaktion zwischen den Schülern ab, welche die Rollen von Frager oder Erklärer und Zuhörer oder Antworter übernehmen. Neber (1999, 2006) hat dazu ein Fragetraining für den Wissenserwerb im Geschichtsunterricht ausgearbeitet. In diesen Interaktionen ist es wichtig, Erklärungen und Unterweisungen zu hören, nicht nur, dass jemandem etwas gesagt wird oder eine richtige Antwort gegeben wird. Aber viele Schüler mit Lernschwierigkeiten tun sich schwer damit, neue Begriffe zu verstehen, sodass der Erklärer und der empfangene Schüler frustriert werden und soziale Ablehnung von lernschwierigen Schülern die Folge sein könnte. Weil lernschwierige Schüler oft Schwierigkeiten in ihren sozialen Beziehungen haben, ist es nicht gut, wenn sie sich auf soziale Be-

---

Skript-Kooperation Eine Lernstrategie, die zwei Schülern abwechselnd die Funktionen des Zusammenfassens des Lernstoffes und des kritischen Zuhörens überträgt.

Kooperatives Lernen einsetzen

Passen Sie die Gruppengröße und -zusammensetzung an Ihre Lernziele an.

Beispiele

1 Wenn das Ziel der Gruppenarbeit im Erwerb sozialer Kompetenz und Aufbau eines Teams besteht, stellen Sie eine Gruppe zwischen zwei und fünf Mitgliedern zusammen. Es können Gruppen mit gemeinsamen Interessen, gemischte Gruppen oder zufällig zusammengewürfelte Gruppen sein.

2 Bestehen die Aufgaben der Gruppe aus auf strukturierten Daten und auf Fertigkeiten gründenden Übungs- oder Überprüfungsaufgaben, setzen Sie Gruppen zwischen zwei und vier Mitgliedern mit unterschiedlichen Fähigkeiten zusammen, etwa hohen bis mittleren und mittleren bis geringen.

3 Für begriffliche und Denkaufgaben ist eine Gruppengröße zwischen zwei und vier angebracht; wählen Sie die Mitglieder aus, damit Interaktionen angeregt werden.

Übertragen Sie Schülern passende Rollen.

Beispiele

1 Wenn das Ziel der Gruppenarbeit im Erwerb sozialer Kompetenz und Aufbau eines Teams besteht, übertragen Sie einzelnen Schülern die Aufsicht über die Beteiligung an der Gruppenarbeit und – wenn nötig – die Konfliktschlichtung; lassen Sie die Leitungsfunktion rotieren.

2 Bestehen die Aufgaben der Gruppe aus auf strukturierten Daten und auf Fertigkeiten gründenden Übungs- oder Überprüfungsaufgaben, verteilen Sie die Funktion der Beaufsichtigung des Engagements und Einsatzes und sorgen Sie dafür, dass Schüler mit geringem Ansehen auch ihre möglichen Ressourcen einbringen können, wie das eine Verzahnung in der Kooperation vorsieht.

3 Für begriffliche und Denkaufgaben sollte jemand in der Gruppe die Interaktionen, das divergente Denken und einen ausführlichen, kohärenten Diskurs anregen, wie in Mannschaften, die eine Debatte austragen; er sollte auch die Gruppendynamik im Auge behalten. Rollen sollten das Lernen nicht behindern.

Als Lehrer sollten Sie darauf achten, eine unterstützende Rolle einzunehmen.

Beispiele

1 Wenn das Ziel der Gruppenarbeit im Erwerb sozialer Kompetenz und Aufbau eines Teams besteht, seien Sie ein Vorbild und ermutigen Sie.

2 Bestehen die Aufgaben der Gruppe aus auf strukturierten Daten und auf Fertigkeiten gründenden Übungs- oder Überprüfungsaufgaben, seien Sie ein Vorbild, Leiter oder Trainer.

3 Für begriffliche und Denkaufgaben sollten Sie ein Vorbild und Förderer sein.

Bewegen Sie sich im Raum und beaufsichtigen Sie die Gruppen.

Beispiele

1 Wenn das Ziel der Gruppenarbeit im Erwerb sozialer Kompetenz und Aufbau eines Teams besteht, beaufsichtigen Sie das Zuhören, Abwechseln, das Ermutigen und die Konfliktbewältigung.

2 Bestehen die Aufgaben der Gruppe aus auf strukturierten Daten und auf Fertigkeiten gründenden Übungs- oder Überprüfungsaufgaben, achten Sie auf die Fragen, auf alternative Erklärungen, Aufmerksamkeit und Übung.

3 Für begriffliche und Denkaufgaben achten Sie auf Fragen, Erklärungen, das Ausarbeiten, das gründliche Überprüfen, divergentes Denken, Begründungen vorbringen, Integrieren und das Aufsuchen und Verknüpfen von Wissensquellen.

Fangen Sie klein und einfach an, bis Sie und die Schüler wissen, wie das kooperative Lernen funktioniert.

Beispiele

1 Wenn das Ziel der Gruppenarbeit im Erwerb sozialer Kompetenz und Aufbau eines Teams besteht, versuchen Sie erst nur den Erwerb einer oder zweier Fertigkeiten, wie etwa Zuhören und Umformulieren.

2 Bestehen die Aufgaben der Gruppe aus auf strukturierten Daten und auf Fertigkeiten gründenden Übungs- oder Überprüfungsaufgaben, lassen Sie die Schüler ein Quiz untereinander durchführen.

3 Für begriffliche und Denkaufgaben versuchen Sie es mit gegenseitigem Fragenstellen in Dyaden und den vorgegebenen Frageanfängen.

Wenn Sie mehr über kooperatives Lernen erfahren wollen, gehen Sie zu:

http://www.co-operation.org/ oder

http://edtech.kennesaw.edu/intech/cooperativelearning.htm

Quelle: Aus Implications of Cognitive Approaches to Peer Learning for Teacher Education von A. Woolfolk Hoy und M. Tschannen-Moran, 1999. In A. O'Donnell und A. King (Hrsg.), *Cognitive Perspectives on Learning* (S. 257–284). Mahwah, NJ: Lawrence Erlbaum.

ziehungen einlassen müssen, in denen sie mit einiger Wahrscheinlichkeit noch mehr abgelehnt werden. Wenn also Schüler schwierig zu verstehende Begriffe lernen müssen, ist das kooperative Lernen nicht die geeignete Vorgehensweise für Schüler mit Lernschwierigkeiten (Smith, 2006).

Hochbegabte Schüler profitieren auch nicht vom kooperativen Lernen, wenn sie in Gruppen mit unterschiedlichen Fähigkeiten eingebunden sind. Der Unterricht geht zu langsam voran, die Aufgaben sind zu einfach und es wird zu viel wiederholt. Hochbegabte Schüler geraten sehr leicht in die Rolle eines Lehrers oder übernehmen bald die Erledigung der Aufgabe für die ganze Gruppe. Der Lehrer sollte für solche Gruppen ein komplexes Problem vorgeben, bei dem Teilaufgaben auf verschiedenen Schwierigkeitsniveaus anfallen. So können die Hochbegabten ausreichend gefordert werden, und der Rest der Klasse ist nicht ausgegrenzt (Smith, 2006).

Kooperatives Lernen führt sicher zu ausgezeichneten Ergebnissen, wenn Schüler ausländischer Herkunft in eine deutsche Regelklasse integriert werden sollen. In den gegenwärtigen großstädtischen Schulen sind Schüler mit verschiedenen Muttersprachen vertreten. Die Lehrer können diese vielen Sprachen nicht beherrschen. In diesen Klassen ist kooperatives Lernen von großem Vorteil für das schulische Lernen. Zweisprachige Schüler können übersetzen und Schülern mit der gleichen Erst- oder Zweitsprache Sachverhalte erklären. Schüler, die ihre Zweitsprache erst erlernen, haben vielleicht in kleinen Gruppen weniger Angst, sich in einer Fremdsprache zu äußern; diese Schüler können in kleinen Gruppen mehr üben und sie erhalten unmittelbar Rückmeldung (Smith, 2006).

Eine Verzahnung in der kooperativen Organisation ist besonders förderlich für Schüler, die Deutsch erst noch lernen müssen, denn diese Schüler verfügen unter Umständen über Informationen, die die Gruppe benötigt; dies zwingt die Deutschlerner Deutsch zu sprechen, zu erklären und zu interagieren. Elliott Aronson von der Universität von Texas in Austin und seine Studenten entwickelten die „Verzahnte Klasse" aus dem Blickwinkel der Sozialpsychologie. Aronson arbeitete den Ansatz aus, um „eine explosive Situation aufzulösen" (Aronson, 2000, S. 137). In Austin war die Segregation in den Schulen durch Gerichtsbeschluss erst kürzlich aufgehoben. Weiße, Afroamerikaner und hispanische Schüler waren zum ersten Mal in einer Klasse zusammengefasst. Feindseligkeiten und Tumulte mit Faustkämpfen in den Korridoren und Klassenzimmern waren an der Tagesordnung. Aronsons Lösungsvorschlag war die „Verzahnung" in der Klassenorganisation.

Die **Verzahnung der Gruppenmitglieder** (Verzahnung, englisch *Jigsaw*) in der kooperativen Organisation des Unterrichts sieht vor, dass jedes Mitglied einer Gruppe einen Teil des von der ganzen Gruppe zu lernenden Materials erhält und sich sachkundig in diesem Teil macht. Die Schüler sollen sich dann gegenseitig unterrichten, sodass alle Beiträge gleich wichtig sind. Eine neue Version dieses Verfahrens (Jigsaw II) fügt noch Expertengruppen hinzu, in denen Schüler mit dem gleichen Material wie die Lernergruppe die Aufgaben erst selbst verstehen lernen und sich Gedanken darüber machen, wie sie diese Aufgaben der Lernergruppe erklären können. Dann gehen diese geschulten Experten in die Lernergruppen und vermitteln ihr Expertenwissen weiter. Zum Schluss führen alle Schüler einen individuellen Test durch, der den gesamten Lernstoff abfragt; sie können so individuelle und Gruppenpunkte sammeln. Die Gruppen können für Belohnung oder für Anerkennung arbeiten (Aronson, 2000; Slavin, 1995). Aronson ist der Ansicht, dass zusätzlich noch etwas Wesentliches gelernt wurde: Achtung voreinan-

Verzahnung der Gruppenmitglieder Jedes Mitglied einer Gruppe erhält einen Teil des zu lernenden Materials und macht sich sachkundig. Die Schüler informieren sich dann gegenseitig über ihren Teil.

Lerngeschichten — Das verdanke ich meinem Lehrer

Jahre, nachdem Elliott Aronson die Verzahnung im Unterricht entwickelt hatte, erhielt er folgenden Brief:

Sehr geehrter Herr Professor Aronson,
ich stehe kurz vor meiner Zwischenprüfung. Heute erhielt ich die Zulassung zum Hauptstudium von der Rechtswissenschaftlichen Fakultät der Harvard-Universität. Ihnen mag das nicht besonders bemerkenswert vorkommen, aber ich bin das sechste von sieben Kindern meiner Eltern und der Einzige, der es geschafft hat, zur Universität zugelassen zu werden, und dann auch noch zum Studium der Rechtswissenschaften an der Harvard-Universität.

Sollten Sie sich jetzt wundern, warum Ihnen ein Fremder schreibt und mit seinen Verdiensten prahlt, dann kann ich Ihnen mitteilen, dass wir uns zwar nicht persönlich kennen, ich aber im letzten Jahr Ihr Buch „Der Mensch – das soziale Tier" gelesen habe. Darin schreiben Sie von Vorurteilen und Verzahnung – mir wohl vertraute Sachverhalte, und dann erkannte ich plötzlich, dass ich wohl in Ihrer ersten Klasse in Austin war, in der Sie die neue Methode einführten. Beim Lesen hatte ich den Eindruck, ich war der Schüler CARLOS. Dann kamen noch alle anderen Erinnerungen hoch: Wie Sie zum ersten Mal in unsere Klasse kamen, dass ich Angst
hatte und welchen Hass ich auf die Schule hatte und wie dumm ich war und wie wenig ich wusste. Sie kamen dann in die Klasse – hochgewachsen, mit einem schwarzen Bart und immer witzig, sodass wir lachen mussten.

Als wir dann nach Ihrer Verzahnungsmethode lernten, merkte ich plötzlich, dass ich gar nicht dumm war. Und die aggressiven Mitschüler wurden plötzlich meine Freunde und auch der Lehrer war viel freundlicher zu mir. Die Schule machte wieder Spaß und auch das Lernen – und jetzt gehe ich zur Harvard-Universität!

Sicher bekommen Sie viele solcher Anerkennungsschreiben, aber ich möchte Ihnen noch etwas mehr sagen: Meine Mutter hat mir erzählt, dass ich bei meiner Geburt fast gestorben wäre, denn die Nabelschnur hatte sich um meinen Hals gewickelt. Die Hebamme hat mit Mund-zu-Mund-Beatmung mein Leben gerettet. Wenn sie noch leben würde, würde ich ihr auch schreiben, dass ich ohne Geburtsschäden als intelligentes Kind aufwuchs und dass ich jetzt Jura an der Harvard-Universität studieren kann. Aber sie starb vor einigen Jahren. So wie sie haben Sie auch mein Leben gerettet.

Quelle: Aus *Nobody Left to Hate: Teaching Compassion after Columbne* von E. Aronson. Copyright © 2001 Worth Publisher.

---

der und Mitfühlen. Die *Lerngeschichten* berichten über einen Englisch lernenden Schüler mit anderer Muttersprache in einer Schule mit verzahntem kooperativen Lernen in Austin, Texas.

Judy Pitts (1992) beschreibt eine Unterrichtsstunde über Literaturrecherchen in Bibliotheken, die nach dem Prinzip der Verzahnung vorging. Das übergeordnete Ziel jeder Gruppe in der Klasse bestand im Aufbau eines Wissensfundus über verschiedene Länder. Die Gruppen sollten entscheiden, welche Informationen sie für wichtig hielten und wie sie das Material für die gesamte Klasse interessant machen wollten. Jeder Schüler war für das Durchsehen einer bestimmten Informationsquelle verantwortlich (Anweisungen für Bibliotheksbenutzer, Datenbanken, Kataloge usw.), damit er anderen Schülern deren Benutzung bei Bedarf

erklären konnte. Die Auskundschafter trafen sich dann in Expertengruppen und tauschten ihre Erkenntnisse aus; sie stellten damit sicher, dass sie als Lehrer gut vorbereitet waren, den anderen Schülern ihr Wissen zu vermitteln.

In dieser Art von Unterricht treffen die Schüler auf komplexe, lebensnahe Probleme und nicht nur auf einfache Aufgabenblätter. Sie lernen durch Handeln und durch Weitergabe ihres Wissens. Die Schüler müssen Position beziehen und diese verteidigen: Wie soll zum Beispiel unsere Gruppe der gesamten Klasse die Türkei nahebringen und dabei offen die Ideen anderer Mitschüler aufgreifen? Die Schüler müssen dazu Informationen in verschiedener Form verarbeiten und integrieren: Grafiken, Datenbanken, Karten, Interviews oder Enzyklopädieartikel. Diese Art von Unterricht er-

Tabelle 11.6

Akademische und interpersonale Konflikte und Lernen

Wenn Konflikte gut bewältigt werden, können sie für das Lernen sehr förderlich sein. Konflikte bei den schulischen Leistungsanforderungen können das kritische Denken anregen und zu Änderungen auf der konzeptuellen Ebene führen. Interessenskonflikte sind unvermeidbar, aber sie können so gelöst werden, dass niemand auf der Verliererseite steht.

Schulische Leistungskonflikte	Interessenskonflikte
Die Vorstellungen, Informationen, Theorien, Schlussfolgerungen und Meinungen sind unvereinbar mit denjenigen anderer und die beiden Parteien suchen eine Einigung	Die Aktionen einer Person zur Erreichung größtmöglicher Vorteile verhindern, blockieren oder stören eine andere Person, die das Gleiche zu erreichen versucht.

Kontroverse Vorgehensweisen	Integrative (problemlösende) Verhandlungen
Forschung und Vorbereiten von Positionen	Wünsche äußern
Positionen darlegen und verteidigen	Gefühle äußern
Gegenpositionen und Angriffe auf die eigene Position zurückweisen	Begründungen für Wünsche und Gefühle geben
Andere Perspektiven einnehmen	Die Perspektive anderer einnehmen
Synthese und Integration bester Belege und Begründungen von allen Seiten	Drei Einigungen ausdenken, die für alle von Vorteil sind. Eine Übereinkunft ausdenken und formalisieren

Quelle: Aus The Three Cs of School and Classroom Management von D. Johnson und R. Johnson (1999). In H. J. Freiberg (Hrsg.), *Beyond Behaviorism: Changing the Classroom Management Paradigm*. Boston: Ally & Bacon. Copyright © 1999 Allyn & Bacon.

innert an den konstruktivistischen Ansatz aus Kapitel 9. Die Schüler haben durch die Durchführung eine gute Chance, Bibliotheksrecherchen zu erlernen.

Die Klassengemeinschaft 11.3

David and Rogers Johnson (1999) beschreiben drei unabdingbare Komponenten für sichere und produktiv arbeitende Schulen: kooperative Gemeinschaft, konstruktive Konfliktlösung und gutbürgerliche Werte. Der Kern der Klassengemeinschaft besteht aus der Idee der positiven gegenseitigen Abhängigkeit – Individuen in Zusammenarbeit, um ein gemeinsames Ziel zu erreichen. Die letzten Seiten waren bereits dem Thema Zusammenarbeit beim Lernen gewidmet, nun sollen die beiden anderen Komponenten konstruktive Konfliktlösung und gutbürgerliche Werte behandelt werden.

11.3.1 Konstruktive Konfliktlösung

Konstruktive Konfliktlösung ist unabdingbar für eine Gemeinschaft, denn Konflikte sind unvermeidbar und sogar für das Lernen notwendig. Piagets Entwicklungstheorie und die Forschung über Unterrichten mit Herbeiführen von kognitiven Konflikten sagt aus, dass Diskrepanzen zwischen den gewohnten und den neuen Konzepten für das Lernen sehr produktiv sein können. Und Individuen, die in Gruppen leben, haben interpersonale Konflikte, die natürlich auch in Lernen münden können. ▶ Tabelle 11.6 zeigt, wie schulische Leistungskonflikte und interpersonale Auseinandersetzungen positive Kräfte in einer Lerngemeinschaft freisetzen. Eine Untersuchung mit Zehntklässlern zeigte, dass sich Schüler mit Missverständnissen verschiedener Herkunft manchmal korrigieren konnten, wenn sie sich mit anderen wegen ihrer Missverständnisse auseinandersetzten (Schwarz, Neuman & Biezuner, 2000).

Gegenseitiges Ärgern unter Gleichaltrigen

Eine übliche Form von Konflikt in Schulen besteht im Ärgern und gegenseitigen Stören, das manchmal die Form des Anrempelns annimmt. Die Lehrer nehmen diese Anrempelungen oft nicht wahr und unterschätzen sie. Zum Beispiel konnte in einer Untersuchung an Achtklässlern festgestellt werden, dass 60 % der Schüler angaben, bereits Opfer von solchen Anrempeleien

Für junge Menschen ist es manchmal schwierig, mit Konflikten umzugehen. Untersuchungen zeigen, dass viele Konflikte unter Schülern der Mittel- und Oberstufe eher destruktiv oder überhaupt nicht gelöst werden.

gewesen zu sein; die Lehrer der betreffenden Schulen nahmen eine Prozentzahl von 16 % an (Barone, 1997). Eine nationale Erhebung fand, dass ungefähr 33 % der Sechst- bis Zehntklässler häufig bis sehr häufig an Rempeleien beteiligt waren (Nansel et al., 2001).

Die Grenze zwischen gutmütigen Balgereien und feindseligem Ärgern ist unscharf, aber eine Faustregel ist, dass Ärgern von Schwächeren oder weniger Angesehenen sowie ein rassistischer, ethnischer oder religiöser Hintergrund niemals toleriert werden sollten.

Was können Lehrer unternehmen?

In jeder Gemeinschaft gibt es Konflikte. Schon im Vorschulalter sollten Kindern lernen, sie zu lösen. Eine Längsschnittuntersuchung folgte einer repräsentativen Stichprobe von Schülern aus den ersten sechs Klassen zwei Jahre lang. Wenn die Lehrer ihren Schülern Strategien des Konfliktmanagements beigebracht hatten, konnten die aggressiven Schüler einen Entwicklungspfad beschreiten, der weg von Aggression und Gewalt führte (Aber Brown, Brown & Jones, 2003). Aber wenn Lehrer aggressive Handlungen und Ärger einfach übersehen, können die Schüler der Auffassung sein, die Lehrer seien mit den Beleidigungen heimlich einverstanden (Weinstein, 2003). ▶ Tabelle 11.7 gibt eine

---

Tabelle 11.7

Was bei Neckereien erlaubt ist und was man besser vermeiden sollte

Was als Neckerei anfing, endete schon manchmal tragisch. Sprechen Sie mit Ihrer Klasse darüber, was erlaubt ist und was man vermeiden sollte.

Erlaubt	Nicht erlaubt
1 Gehe einfühlsam mit den Gefühlen anderer Leute um.	1 Man sollte jemanden nicht necken, der sich nicht gut auskennt.
2 Bei humorvollen Bemerkungen solltest du vorsichtig und zartfühlend vorgehen.	2 (Als Junge) sollte man Mädchen gegenüber keinen Spaß über sexuelle Dinge machen.
3 Nachfragen, ob es jemandes Gefühle verletzt, wenn man sich über ein bestimmtes Thema lustig macht.	3 Man sollte keine Scherze über körperliche Dinge machen.
4 Wenn man sich über andere lustig macht, muss man es auch hinnehmen, dass sich andere über einen lustig machen.	4 Man sollte keine Späße über Familienmitglieder einer Person machen.
5 Teile anderen mit, wenn du es nicht vertragen kannst, dass über ein bestimmtes Thema Scherze gemacht werden.	5 Man sollte sich über ein bestimmtes Thema nicht lustig machen, wenn man ausdrücklich darum gebeten wurde.
6 Unterscheide zwischen einem freundlichen und netten Necken und einem Lächerlichmachen oder „Anmachen".	6 Man sollte keine Scherze treiben mit jemandem, der aufgeregt oder gerade schlecht aufgelegt ist.
7 Lerne die „Körpersprache" verstehen, um zu erkennen, ob der andere verletzt ist – auch wenn er nicht darüber spricht.	7 Sei dünnhäutig, wenn es um Späße geht, die gut gemeint sind.
8 Stehe einem schwachen Schüler bei, der lächerlich gemacht wurde.	8 Schlucke deinen Ärger über Späße herunter und sage ruhig und direkt, was dich stört.

Quelle: Aus *Secondary Classroom Management Lessons from Research and Practice* (3. Aufl.) von C. Weinstein (1999). Guilford, CT: McGraw-Hill. Copyright © 2003 McGraw-Hill.

Liste von Handlungsanweisungen wieder, die vorgibt, was man beim gegenseitigen Necken in Schulen darf und was man besser lassen sollte.

Konflikte zu schlichten ist meist schwierig und für junge Menschen kann dies noch schwieriger sein. Angesichts des öffentlichen Interesses an Gewaltvorkommnissen in Schulen ist es schon verwunderlich, wie wenig wir über die Entstehung und den Verlauf von Konflikten unter Schülern wissen (Johnson, Johnson, Dudley & Magnuson, 1995; Rose & Gallup, 2001). Einige Beobachtungen deuten darauf hin, dass die meisten Streitigkeiten wegen Materialien entstehen (von der Schule gestellte Materialien, Computer, Sportausrüstung oder Spielzeuge) und über Präferenzen (was zuerst erledigt oder was gespielt werden soll). Vor über 30 Jahren ergab eine groß angelegte Untersuchung mit über 8000 Oberschülern und 500 Lehrkräften aus drei Großstädten, dass 90 % der Konflikte unter Schülern destruktiv „bewältigt" werden oder keine Lösung gefunden wird (DeCecco & Richard, 1974). Die wenigen nachfolgenden Untersuchungen kommen zu ähnlichen Schlussfolgerungen. Aus-dem-Weg-Gehen, Zwang und Drohungen scheinen die Hauptstrategien der Konflikt„bewältigung" zu sein (Johnson et al., 1995). Aber es gibt bessere Wege – Schlichtungsversuche durch Gleichaltrige und Verhandlungsstrategien, die lebenslang eingesetzt werden können.

Schlichtung durch Gleichaltrige und Verhandlungen

David Johnson und seine Kollegen (1995) boten 227 Schülern aus zweiten bis fünften Klassen ein Training in Konfliktlösung an. Die Schüler lernten ein 5-Schritte-Verhandlungsprogramm:

1 *Den Konflikt zusammen definieren.* Die Person und das Problem sowie die vorgekommenen Handlungen müssen auseinandergehalten werden. Denken in Gewonnen- und Verloren-Kategorien muss vermieden werden, und die Ziele beider Konfliktparteien müssen offengelegt werden.

2 *Die Standpunkte und Interessen beider Konfliktparteien müssen ausgetauscht werden.* Bieten Sie einen vorläufigen Lösungsvorschlag und treten Sie dafür ein; nehmen Sie aber auch den Vorschlag und die Gefühle der anderen Partei zur Kenntnis; bleiben Sie flexibel und kooperativ.

3 *Stellen Sie sich einmal auf den Standpunkt des anderen.* Betrachten Sie den Konflikt aus der Sicht der anderen Person und vertauschen Sie die Rollen; lassen Sie Argumente für die Gegenposition ausdenken.

4 *Denken Sie sich mindestens drei Übereinkünfte aus, die allen Gewinn bringen.* Führen Sie eine Brainstormingsitzung durch, konzentrieren Sie sich auf die Ziele, denken Sie kreativ und stellen Sie sicher, dass alle kreative Einfälle für Lösungen produzieren können.

5 *Kommen Sie zu einer integrativen Übereinkunft.* Versuchen Sie den Zielen beider Seiten gerecht zu werden. Wenn alles schiefgeht, kann man eine Münze hochwerfen und den Zufall entscheiden lassen, abwechseln oder einen Schlichter herbeirufen.

In der Untersuchung von Johnson und Johnson wurden alle Schüler zusätzlich in Schlichtungsstrategien trainiert. Die Rolle des Schlichters wurde abwechselnd jedem Schüler einmal übertragen. Jeden Tag bestimmte der Lehrer zwei neue Schlichter für die Klasse; sie erhielten dann den Schlichter-Pulli. Johnson und seine Kollegen fanden, dass Schüler Wege der Konfliktlösung und Strategien des Schlichtens gut lernten und sie in der Schule und zu Hause richtig für produktive Konfliktlösung einsetzten.

Schlichtung durch Gleichaltrige wurde auch erfolgreich bei älteren Schülern angewendet und auch, wenn sehr ernste Konflikte anstanden (Sanchez & Anderson, 1990). In einem Trainingsprogramm wurden ausgewählte Mitglieder einer Jugendbande für ein Trainingsprogramm in Konfliktmanagement ausgewählt. Danach konnten alle Mitglieder der Bande freiwillig am Schlichtungstraining teilnehmen. Ein Schulberater beaufsichtigte das Training. Strenge Regeln wurden eingeführt und in einer schriftlichen Übereinkunft von den Bandenmitgliedern festgehalten. Sanchez und Anderson fanden, dass diese Vorgehensweise die durch die Bande verursachten Gewaltvorkommnisse in der Schule auf ein Minimum reduzierte: „Der Zauber des Schlichtungsprozesses besteht in der Kommunikation" (S. 56).

Auch wenn es nicht in jeder Schule ein Schlichtungstraining gibt, können Sie trotzdem Ihren Schülern vermitteln, wie man Konflikte produktiv schlichten kann. Die ausgezeichnete Lehrerin aus Kapitel 1 vermittelte ihrer fünften Klasse ein einfaches Schlichtungsverfahren in vier Schritten und heftete es an das Anschlagbrett der Klasse: „1. Sage deinem Konfliktpartner, was dir nicht gefällt; 2. Sage offen, wie du dich in dem Konflikt gefühlt hast; 3. Sage offen, was du dir für die Zukunft vorstellst; 4. Der Konfliktpartner soll antworten, was von jetzt ab geschehen soll. Glückwunsch, du bist ein erfolgreicher Konfliktbewältiger!" (Codell, 2001, S. 23)

11.3.2 Gesellschaftliche Wertorientierung

Die gesellschaftliche Wertorientierung ist die letzte Komponente für sicher und produktiv arbeitende Schulen – die selbstverständlichen Überzeugungen, die eine Gemeinschaft verbinden. Werte werden durch direktes Lernen, Vorbildgeben, Lesen entsprechender Lektüre, Beteiligung an Gruppendiskussionen und gemeinsame Anliegen gelernt. Einige Lehrer haben einen Kummerkasten eingerichtet, in den die Schüler ihre Anliegen und Kommentare schriftlich formuliert einwerfen können. Der Kummerkasten wird einmal in der Woche geöffnet, und die eingereichten Anliegen werden besprochen. Johnson und Johnson (1999) bringen das Beispiel einer Klassendiskussion über gegenseitige Achtung. Eine Schülerin erzählt ihrer Mitschülerin, dass sie am Tag zuvor in der Pause tief betroffen war von der Missachtung ihrer Klassenkameradinnen, als sie ihnen die Spielregeln eines neuen Spiels erklären wollte. Die Schüler diskutierten, was es heißt, sich gegenseitig zu achten, und warum Respekt vor anderen wichtig ist. Anschließend erzählten sich die Schüler ihre persönlichen Erfahrungen bei Ereignissen, in denen sie respektiert oder nicht respektiert worden waren.

> ### Halt! Denken Sie nach! Schreiben Sie!
> Versetzen Sie sich einmal in eine Situation, die von Aronson (2000, S. 171) beschrieben worden war. Sie sind ein Lehrer für Sozialkunde an einer höheren Schule. Gerade als Sie ein neues Thema für eine Diskussion anschneiden, kommt David, ein schwacher Schüler, und sagt: „Ich habe eines für mich entschieden. Ich möchte kein Deutscher sein. Sobald ich kann, verlasse ich Deutschland!" Was würden Sie dazu sagen?

Respekt beginnt beim Lernen. Als Antwort auf Davids Aussage über seine Ablehnung einer deutschen Identität führte seine Lehrerin vor, wie man sich respektvoll verhält:

„In welches andere Land möchtest du denn gehen, David?"

David nennt zwei, drei andere Länder, aber seine Mitschüler können auf einige Probleme in den genannten Ländern hinweisen. Es folgt eine lebhafte Debatte. David hält zunächst an seiner Position fest, aber allmählich beginnt er zuzuhören, was die anderen Schüler gegen die Länder vorzubringen haben. Während der ganzen Diskussion bleibt die Lehrerin ruhig und hört nur aufmerksam zu.

Nach einer Weile fragt die Lehrerin: „Möchtest du in einem Land leben, das keine Probleme hat?" Sie stellt diese Frage ruhig, aber sie war durchaus provokativ gemeint. Sie hat diese Frage im Laufe der Diskussion an David gestellt, aber sie war an alle Schüler gerichtet. Die Lehrerin leitet die Schüler dann an, sich in ein Entwicklungsland hineinzudenken, das sich noch im Aufbau befindet, d. h. in dem noch wichtige Institutionen und Wirtschaftszweige aufgebaut werden müssen. Die Schüler werden durch diesen Gedanken angeregt. Sie liefern Beispiele von Personen, welche die Herausforderung angenommen haben, ihr Heimatland in ein Fleckchen Erde zu verwandeln, in dem es sich lohnt zu leben. Albert Schweitzer, Mutter Teresa, die Heilige Elisabeth von Thüringen, Claus Graf Schenk von Stauffenberg und viele andere mehr. Nach einer Weile bringt David selbst ein Beispiel an, jetzt spricht er mit aufgeregter Stimme. Er wirkt jetzt weniger ängstlich, weniger desillusioniert, als habe er Hoffnung geschöpft.

Persönlichkeitsbildung

Einige Pädagogen glauben, dass bürgerliche Werte am besten durch Persönlichkeitsbildung internalisiert werden. Nicht jeder möchte, dass Persönlichkeitsbildung zum Erziehungsprogramm der Schulen gehört wie aus *Pro & Contra* zu entnehmen ist.

> ### Verknüpfen und erweitern Sie Ihre Forschungskenntnisse
> Für einen vollständigen Überblick über die Debatten über Persönlichkeitserziehung lesen Sie Abbeduto, I. (Hrsg.) (2002). *Taking Sides: Clashing on Controversal Issues in Educational Psychology* (S. 128–155). Guilford, CT: McGraw-Hill/Duskin.

Sollten Schulen Charakter und Mitgefühl entwickeln?

Nicht alle Pädagogen glauben, Schulen sollten Schülern zu Mitgefühl, Toleranz oder anderen Aspekte der Charakterbildung und Moral erziehen. Hier finden Sie zwei gegensätzliche Standpunkte zu dieser Frage.

Pro: Die Schule sollte zur Charakterbildung der Schüler beitragen.

Vertreter der Persönlichkeitsbildung weisen auf die Gewalt in Schulen hin, auf zu frühe Schwangerschaften bei Schülerinnen, auf Drogengebrauch bei Jugendlichen als Belege dafür, dass Moralerziehung und Tugendlehre vermittelt werden sollen. Die Schulen vertreten die Auffassung, dass die Eltern diesen Erziehungsaufgaben nicht gerecht werden, sodass die Schule für sie eintreten muss. Thomas Lickona (2002) beschreibt Charakterbildung als absichtliche Bemühungen, positive Charaktereigenschaften wie Klugheit oder Weisheit, Ehrlichkeit, Freundlichkeit oder Selbstdisziplin zu entwickeln. Das Ziel der Charakterbildung ist, „gute" Menschen heranzuziehen (die arbeiten und lieben können), gute Schulen (die in fürsorglicher Weise bemüht sind, das Lernen zu fördern) und eine gute Gesellschaft (die effektiv die Probleme der Gewalt und der Armut beseitigen hilft). Um diese Ziele zu erreichen, müssen die Schüler nach Lickona die Fähigkeiten aufweisen, Wissen zu erwerben und zu strukturieren und moralische Urteile zu fällen, emotionale Qualitäten wie Selbstachtung und Einfühlungsvermögen sowie Geschick für Zusammenarbeit und Kommunikation zu entfalten. Strategien der Charakterbildung umfassen die Entwicklung von Freundlichkeit und Zusammenarbeit, eine demokratische und freundschaftlich miteinander umgehende Klassengemeinschaft, die kooperative Lernstrategien einsetzt und dabei auch Fragen der Moral im Lehrplan berücksichtigt; zusätzlich werden die Schüler in Konfliktmanagement unterwiesen.

Contra: Charakterbildung ist ineffektiv und sogar gefährlich.

Alfie Kohn (2002) weist auf die doppelte Bedeutung des Begriffs Charakterbildung hin. Die erste Bedeutung besteht in dem allgemeinen Anliegen der meisten Eltern und Erzieher, dass aus Schülern gute, fürsorgliche und ehrliche Menschen werden. Die zweite Bedeutung bezieht sich auf eng umschriebene Programme, die darauf abzielen, Strategien zur Weitergabe von bestimmten Wertorientierungen zu vermitteln. Wenige Menschen haben gegen das allgemeine Anliegen etwas einzuwenden, wohl aber gegen die eng umschriebenen Programme. Zum Beispiel ist Kohn (2002) der Meinung:

> Was heutzutage Charakterbildung genannt wird, ist nichts weiter als eine Ansammlung von Ermahnungen und extrinsischen Beeinflussungen, die keinem anderen Zweck dienen als Kinder zum härteren Arbeiten und zum Gehorsam anzuhalten. Auch wenn andere Werte wie etwa Fürsorge und Gerechtigkeit zusätzlich gefördert werden, besteht die Hauptmethode der Vermittlung doch in einer Art von Indoktrination. Im Kern werden die Schüler nur gedrillt, spezifische Verhaltensweisen an den Tag zu legen und nicht, bestimmte Lebensstile kritisch zu durchdenken (S. 138).

Kohn schlägt vor, den Charakter der Schüler nicht zu formen, sondern stattdessen die Struktur der Schulen, sodass sie sich in gerechter und fürsorglicher Weise um die Entwicklung der Schüler bemühen können.

Welchen Standpunkt haben Sie?

Bürgerliche Wertorientierungen im Unterricht vermitteln

Esme Codell (2001, S. 34) beschreibt, wie sie Literaturausschnitte benutzt, um den Schülern klarzumachen, wie es sich anfühlt, wenn man geärgert wird. Die fünfte Klasse von Esme Codell hatte *Die hundert Kleider* gelesen, eine Geschichte von einem Migrantenmädchen, das von ihren Mitschülerinnen mitleidlos geärgert wurde. Nach der Lektüre flüsterte ein Junge der Versuchsleiterin ins Ohr, dass er ihr etwas zu sagen habe:

Ich stellte ihn mit dem Gesicht zur Klasse und legte meine Hände auf seine Schulter. Er zitterte sehr. „Andy möchte euch etwas mitteilen. Ich hoffe, ihr vergesst dabei nicht die Geschichte Die hundert Kleider*."*

„Ich habe an der linken Hand nur einen halben Finger", stotterte er, „aber bitte macht euch darüber nicht

lustig!" Er hielt die eine Hand hoch, sodass alle den Finger sehen konnten.

In der Klasse ging ein Gemurmel los, die Schüler waren beeindruckt und schwiegen schließlich, als sie sahen, wie Andy von einem Fuß auf den anderen trat. Dann rief Boris: „Wenn jemand sich über dich lustig macht, kriegt er einen Tritt in den Hintern". „Ja, von mir auch", ruft Klaus. „Sag uns, wenn dich jemand anmacht, dann kriegt er es mit uns zu tun!" Die Klasse war sich im Hintern-Treten einig. Andy seufzte erleichtert und lächelte. Das ist die Macht der Literatur!

11.3.3 Mit der Gemeinschaft anfangen

Sie mögen sich fragen, was die ersten Schritte beim Aufbau einer Klassengemeinschaft sind. Eine Lehrerin einer siebten Klasse beschreibt ihre Erfahrungen, wie sie in ihrer Klasse Regeln und Vorgehensweisen festlegen (Freiberg, 1999, S. 171):

Zunächst teilte ich vorsichtig mit, was die Klasse für sich selbst zu arbeiten hat. Dann setzte ich das Gespräch fort und sagte ihnen, was sie für mich zu tun hätten. Das waren weitgehend die gleichen Sachen. Die Schüler wollten sofort wissen, welche und wie viele Tests ich verlange, die Qualität und Quantität der erwarteten Arbeit, kurzfristige Schularbeiten, wann in der Klasse etwas gesagt werden darf, wie oft

> ### Verknüpfen und erweitern Sie Ihre Forschungskenntnisse
>
> Lesen Sie die Märzaufgabe 2003 der Zeitschrift *Educational Leadership* mit einigen Artikeln über „Fürsorgliche Schulen aufbauen". Es gibt noch weitere Artikel über Schikanieren, vertrauensbildende Maßnahmen in Schulen, schulisches Lernen verbunden mit Persönlichkeitsbildung und sozialer Entwicklung, Förderung eines Gemeinschaftsgefühls und vieles mehr.
>
> In der Septemberausgabe 2003 der gleichen Zeitschrift gibt es einige Artikel über „Beziehungen in der Klasse entwickeln". Es gibt Artikel über Schülern zuhören, Einfühlungsvermögen und Motivation.
>
> Vergleichen Sie Johnson, D. W. & Johnson, R. (2005). Sonderheft über „Peace Education". *Theory into Practice, 44(4).*

Hausaufgaben aufgegeben werden, welchen Platz sie sich aussuchen dürfen, Notengebung und wie viel mündliche Beteiligung am Unterricht zählt. Wir sprachen über die besten und die schlechtesten Klassen. Dann kam das Gespräch auch auf das Thema Respekt voreinander und die Notwendigkeit, Ideen anderer und sich gegenseitig zu achten, sich zuzuhören und die Bereitschaft, sich aktiv in der Klasse zu beteiligen, ohne anderen über den Mund zu fahren oder selbst mundtot gemacht zu werden. Ich erwähnte meine „Lehrerzeit" und ihre „Schülerzeit". Das ist jetzt fünf Monate her und ich staune über das Ausmaß an Kooperation. Gegenüber dem letzten Jahr bin ich viel weiter im Lehrplan. Jede Woche haben wir eine Organisationsstunde, in der wir Probleme besprechen und unsere Vorgehensweisen an neue Gegebenheiten anpassen. Wir haben eine Klassenverfassung und wir veranstalteten eine verfassungsgebende Versammlung, um Änderungen herbeizuführen. Zunächst glaubte ich nicht, dass alle diese Regelungen einen Unterschied machen würden, aber die Schüler überraschten mich mit ihrer Reife und ihrem Verantwortungsgefühl, und ich war von meiner Bereitschaft zu Änderungen überrascht. Das war ein produktives und erfreuliches Jahr und ich bin traurig, dass es zu Ende geht und die Schüler in die nächst höhere Klasse kommen. Ich überlege, ob ich den Rektor nicht frage, ob ich die achte Klasse mit meinen ehemaligen Schülern aus der siebten Klasse übernehmen könnte. Es war das beste Schuljahr in den 14 Jahren, die ich schon unterrichte. Ich fühle mich von den Schülern unterstützt und ich unterstütze die Schüler.

Ein anderes Beispiel für Respekt vor den Schülern und ihrer Lebensbewältigung stammt von Esme Codell. Frau Esme (so wollte sie genannt werden) hatte ein Morgenritual eingeführt:

Am Morgen werden zunächst drei „heilige" Rituale erledigt. Ich sage jedem Kind einzeln „Guten Morgen" und achte darauf, dass das Kind zurück grüßt. Dann sammele ich „Kümmernisse" in einem „Kummerkorb", einem großen grünen Korb, in dem die Kinder in einem „Als-ob-Spiel" ihren Kummer versenken, sodass die Köpfe frei werden für den Lernstoff. Es gibt einzelne Kinder, die haben anscheinend keine Kümmernisse. Andere wiederum häufen sie auf, und ich gebe vor, sie auf meine Schulter zu laden. Auf diese Art und Weise kann ich schon am Morgen erkennen, in welcher Stimmung sich das Kind befindet. Weiterhin müssen sie mir ein Wort geben, das ich auf-

schreibe und in einen Umschlag stecke. Es kann jedes Wort sein, aber doch möglichst eines, das sie schon gehört haben, von dem sie aber nicht wissen, was es bedeutet, oder eines, das persönliche Bedeutung hat. Bei unserer kleinen Lesestunde gehen wir dann die Wörter durch (Codell, 2001, S. 30).

11.3.4 Dazugehören

Wenn Schüler ihre Schule als Wettbewerbs orientiert erleben, wo sie wegen ihrer ethnischen Herkunft, ihres Geschlechts oder ihrer Rassenzugehörigkeit diskriminiert werden, benehmen sie sich in der Regel schlechter oder ziehen sich völlig zurück. Aber wenn sie das Gefühl haben, sie haben eine gewisse Entscheidungsfreiheit, dass es auf die persönliche Verbesserung ankommt und nicht darauf, bei einem Vergleich gut abzuschneiden, und wenn sie sich von den Lehrern respektiert und unterstützt fühlen, entwickeln Schüler eher Bindungen an ihre Schule (Osterman, 2000). In anderen Kapiteln war schon davon die Rede, die Schüler zu Engagement zu ermuntern und positive Einstellungen zur Schulbildung zu erzeugen. Wir sahen, dass Unterrichten unter Einbezug des kulturellen Hintergrundes einige Schüler den Zugang zum Lernen finden lässt. Es wurden auch lebensnahe Aufgaben und problembasiertes Lernen behandelt, die den Interessen der Schüler nahe kommen. Weiterhin wurde das TARGET-Modell vorgestellt, das die Lernmotivation aufbauen kann. Dieser Abschnitt beschäftigt sich mit der Frage, wie das Zugehörigkeitsgefühl der Schüler, besonders in der Adoleszenz, erhöht werden kann. Schüler fühlen sich einer Schule umso mehr zugehörig, je mehr sie das Gefühl haben, die Lehrer bemühen sich um sie. Die Fürsorge des Lehrers kann im persönlichen und im schulischen Bereich stattfinden (siehe Kapitel 3). Als Karthryn Wentzel (1998, 2002) ihre Schüler fragte, wie sie erkennen, dass ein Lehrer sich um sie Gedanken macht, erzählten sie von Lehrern, die den Unterricht interessant gestalten, die fair und ehrlich sind, sich rückversichern, dass der Lernstoff auch verstanden wurde, und die fragten, was denn los sei, wenn die Schüler in aufgeregtem Zustand waren. In anderen Untersuchungen berichten Schüler, dass es ihnen angenehm auffiel, wenn Lehrer sie bei Abwesenheit aus Krankheitsgründen vermissten und nach dem Grund fragten. Die Schüler waren der Auffassung, dass ein Lehrer dann fair ist, wenn er faire disziplinarische Maßnahmen ergreift und wenn der Lehrer seine Schüler humorvoll behandelt.

Schüler entwickeln eher ein Zugehörigkeitsgefühl zur Schule, wenn sie überzeugt sind, ihre Lehrer kümmern sich um ihre schulischen Belange und um sie persönlich.

Mit anderen Worten, wenn der Lehrer seinen Schülern vertraut und sie respektiert und sich um sie als Lerner und als Menschen kümmert (Committee on Increasing High School Students' Engagement and Motivation to Learn, 2004).

Gewalt in Schulen **11.4**

> **Halt! Denken Sie nach! Schreiben Sie!**
> Wie hat Ihre Schule auf die Serie von Attentaten in Schulen in den späten 1990er- und 2000er-Jahren reagiert? Können Sie sich noch an Überlegungen und Gefühle erinnern?

In den Wochen und Monaten nach dem Amoklauf an einer höheren Schule in Erfurt, Thüringen (vgl. Becker, 2005. *Kurzschluss. Der Amoklauf von Erfurt und die Zeit danach*), kämpften Erzieher, Eltern, Psychologen, Politiker und Journalisten um eine Aufklärung, um

> **Verknüpfen und erweitern Sie Ihre Forschungskenntnisse**
>
> Lesen Sie, wie Interventionen in der Schule die Gewaltkarrieren von Schülern unterbrechen können: Aber, J. L., Brown, J. L. & Jones, S. M. (2003). Developmental Trajectories Toward Violence in Middle Childhood: Course, Demographic Differences, and Response to School-based Intervention. *Developmental Psychology*, *39*, 324–348.

Verknüpfen und erweitern Sie Ihre Forschungskenntnisse

Parks, C. (1995). Gang Behavior in the School: Myth or Reality? *Educational Psychology Review*, *7*, 41–68.

Zusammenfassung

Das Ziel dieses Überblickartikels ist die Erkundung von Bandenverhalten in Schulen in den USA und in welchem Ausmaß solches Verhalten die Gewalt in Schulen verschlimmert. Ein unerwartetes Ergebnis war, dass Bandenverhalten in Schulen nicht die Gewalt verstärkt. Allerdings, wenn Drogengebrauch und Waffenbesitz zu verzeichnen sind, stieg das Ausmaß der Gewalt an. Ein Versäumnis der Schule trug dazu vor allem bei: Die Schule wurde nicht zur neutralen Zone erklärt, in der Banden nicht das Sagen hatten. So wurden die Konflikte von der Straße in die Schule getragen. Der Überblicksartikel geht der Literatur, den Fragestellungen und den Definitionen zum Thema Gewalt nach, den Gründen für Bandenmitgliedschaft, jugendlichen Risikogruppen und macht Vorschläge, wie man einige Probleme vielleicht beheben könnte.

eine Wiederholung zu vermeiden. Ein 19-jähriger Gymnasiast war wegen häufigen Fehlens und Leistungsverweigerung von der Schule gewiesen worden. Er erhielt eine alternative Schule zugewiesen, in der er nicht bleiben wollte, weil ein Grundkurs Physik nicht angeboten wurde. Ein weiteres alternatives Angebot nahm der Schüler nicht mehr wahr. Weitere Vorkommnisse dieser Art sind in Deutschland wie auch in anderen Ländern, insbesondere den USA zu verzeichnen. In Deutschland gibt es einige Bemühungen von wissenschaftlicher Seite (vgl. Herbert Scheithauer 2006: *Das Leaking-Projekt*, Freie Universität Berlin) solche Vorfälle zu analysieren. In den USA stellt das Buch von Elliott Aronson (2000) *No One Left to Hate: Teaching Compassion After Columbine* die zurzeit beste Erklärung für die Ereignisse dar und wie man unter Umständen ähnliche Vorfälle vielleicht verhindern kann. Im Buch und in der Forschung werden einige Lektionen für Lehrer und Erzieher vorgestellt.

Wie Aronson vorbringt, werden die tragischen Ereignisse in Columbine auf emotionale pathologische Zustände der Amokläufer, auf den leichten Zugang zu Waffen, die Abwesenheit von Sicherheitsmaßnahmen und guter Aufsicht in der Schule und der Anregung von Gewalt durch Videospiele und andere Medien zurückgeführt. Die vorgeschlagenen Maßnahmen reichen von früher Identifikation potenzieller Gewalttäter durch Informanten aus Schülerkreisen bis zur Durchsuchung des Eigentums von Schülern nach Waffen mit Metalldetektoren, offene Waffenkontrollen und Durchsuchung von den Schülern zugänglichen Internetadressen und Medienprogrammen mit Gewaltinhalten. Alle diese Maßnahmen dürfen nicht vernachlässigt werden.

Jede der Maßnahmen kann zu Verbesserungen in einigen Schulen führen, aber jede hat ihre eigenen Probleme. Die beiden Amokläufer in Columbine waren zwar auffallende Erscheinungen in ihrer Schule, aber doch verhielten sie sich einigermaßen gut, sie fertigten ihre Hausaufgaben an und hatten keine schlechten Noten. Solche Schüler gibt es überall im Land. Metalldetektoren sind zwar nützlich, aber der Aufbau einer konstruktiven Lerngemeinschaft wird dadurch stark gefährdet. Bei einigen Schießereien warten die Schützen auch außerhalb der Schule, um auf Lehrer und Mitschüler zu zielen. Waffenkontrollen in Schulen sind politisch umstritten, außerdem gehen sie das Problem nicht an der Wurzel an, nämlich den allzu leichten Zugriff auf Waffen in manchen Elternhäusern. Jede Art von Zensur bringt eine Beschränkung individueller Rechte mit sich. Keine dieser Maßnahmen kann das Übel wirklich bei der Wurzel packen. Aronson (2000, S. 88) weist darauf hin:

Oberflächlich betrachtet erscheint es vernünftig, nach den pathologischen Wurzeln zu forschen, aber man kann sie so nicht erkennen. Was am Schulklima lässt die Schüler so verzweifeln, macht sie so teuflisch und gefühllos? Warum wollen sie sich rächen? Oder haben sie einen so verqueren Ehrbegriff, dass sie ihre Mitschüler mit der Waffe angreifen? Wie kommt es zu ihren Gefühlen, abgelehnt zu werden, ignoriert, gedemütigt oder unfair in der Schule behandelt zu werden? Tun die Schulen wirklich alles, um die Persönlichkeit und den Intellekt der Schüler auszubilden? Können Schulen nicht noch mehr unternehmen, um eine fürsorgliche Gemeinschaft aufzubauen, in der sich die Schüler aufgehoben fühlen und positive Rollenvorbilder vor sich haben?

Die Gewalt an höheren Schulen geht zurück, aber die Gewalt unter Mitschülern und gegenüber Lehrern besorgt die Eltern und Lehrer immer noch (Lowry, Sleet, Duncan, Powell & Kolbe, 1995). In den USA werden täglich acht Kinder und Jugendliche unter 20 Jahren durch Feuerwaffen getötet (Children's Defense Fund, 2005). Dafür gibt es mehrere Ursachen; es ist eine Herausforderung für jeden in der Gesellschaft.

11.4.1 Prävention

Prävention ist die beste Reaktionsform auf Gewalt in Schulen. Als Lehrer hat man keine Kontrolle über Gewalt in Medien, Metalldetektoren oder Durchsuchungen nach Waffen – aber Lehrer haben Einfluss auf den Umgang der Schüler untereinander und mit dem Lehrer und auf den Gemeinschaftsgeist, der in einer Klasse herrscht. Akzeptanz und Mitgefühl können direkt und indirekt gelehrt werden. Und sie können ein Klima des Sich- Zugehörig-Fühlens für alle Schüler erzeugen.

Einige Bandenmitglieder in Chicago berichteten, dass sie sich erst dann einer Gang anschlossen, als ihre Lehrer sie beleidigten, beschimpften, öffentlich demütigten, ihre Herkunftskultur herabsetzten, sie in der Klasse ignorierten oder zum Sündenbock der Klasse stempelten. Die Schüler sagten aus, dass sie Banden beitraten aus Sicherheitsgründen, um ihren Lehrern zu entgehen, die sie entweder schlecht behandelten

> **Verknüpfen und erweitern Sie Ihre Forschungskenntnisse**
>
> Lesen Sie Petit, G. S. & Dodge, K. A. (2003). Violent Children: Special Issue. *Developmental Psychology*, 39 (2).

oder aber keine Anforderungen an sie stellten, weil sie lateinamerikanischer Herkunft waren (Padilla, 1992; Parks, 1995). Eine zwei Jahre dauernde Untersuchung in Ohio zeigte, dass Bandenmitglieder ihren Lehrer dann respektierten, wenn dieser sich um sie kümmerte und die Schulleistung im Vordergrund stand (Huff, 1989). Zwei Kategorien von Lehrern weisen im Umgang mit hartgesottenen Schülern die größten Erfolge aus: diejenigen, die sich nicht einschüchtern oder an der Nase herumführen lassen und von den Schülern erwarten, dass sie lernen, und diejenigen, die besonders fürsorglich sind. Die besten Lehrer sind diejenigen, die beides vereinigen können: fürsorglich und (vernünftig) fordernd.

Lehrer und Schüler müssen die Warnzeichen und möglichen Gefahren kennen. ▶ Tabelle 11.8 beschreibt

Tabelle 11.8

Die Warnsignale für Gewalt erkennen

Die folgende Liste von Warnzeichen wurde von der American Psychological Association zusammengestellt. Weitere Informationen können unter http://helping.apa.org.warningsigns/ gefunden werden.

Ernsthafte Anzeichen für drohende Gewalt	Anzeichen für mögliche Gewalt
▪ Tägliche Vorkommnisse von schlechter Laune	▪ Eine Biografie mit Gewalt- und Aggressionsvorkommnissen
▪ Häufige körperliche Auseinandersetzungen	▪ Heftiger Alkohol- und Drogengebrauch
▪ Vandalismus und Sachbeschädigung	▪ Bandenmitgliedschaft oder starker Wunsch, einer Bande anzugehören
▪ Anstieg von Drogen- und Alkoholkonsum	▪ Zugang zu Waffen und von Waffen fasziniert sein
▪ Anstieg von Risikoverhalten	▪ Andere regelmäßig bedrohen
▪ Genaue Pläne, wie Gewalt ausgeübt wird	▪ Mangelnde Emotionsregulation wie z. B. Ärgerkontrolle
▪ Androhung von Gewalt	▪ Sich aus Freundschaften und von üblichen Aktivitäten zurückziehen
▪ Neigung zu Tierquälereien	▪ Sich abgelehnt oder einsam fühlen
▪ Waffenbesitz	▪ Opfer von Schikanen gewesen zu sein
	▪ Schlechte Leistungen in der Schule
	▪ Biografie von Disziplinproblemen oder häufigen Zusammenstößen mit Autoritätspersonen
	▪ Sich ständig missachtet fühlen
	▪ Die Rechte und Gefühle anderer ständig missachten

Quelle: Aus *Warning Signals*. Copyright © 1999 American Psychological Association. Mehr Informationen finden Sie auf der Webseite: http://apa.helpcenter.org/featuredtopics/feature.php?id=38

Situationen mit Gewaltpotenzial richtig angehen

Nähern Sie sich der Problemsituation langsam und mit Überlegung.

Beispiele

1 Gehen Sie langsam und bleiben Sie so ruhig wie möglich.

2 Platzieren Sie sich auf gleicher Augenhöhe.

Zollen Sie Ihrem Gegenüber Respekt.

Beispiele

1 Halten Sie die übliche persönliche Distanz ein.

2 Umzingeln Sie den Schüler nicht. Tragen Sie Sorge, dass kein Gesichtsverlust droht.

3 Sprechen Sie den Schüler mit Respekt an. Reden Sie den Schüler mit seinem Namen an.

4 Zeigen Sie nicht auf ihn und gestikulieren Sie nicht.

Fassen Sie sich kurz.

Beispiele

1 Halten Sie keine langen Reden und „nerven" Sie den Schüler nicht.

2 Bleiben Sie bei dem, was vorgesehen war. Bleiben Sie bei dem Problem. Begeben Sie sich nicht auf Abwege.

3 Verschieben Sie weniger ernste Probleme auf später.

Vermeiden Sie Machtkämpfe.

Beispiele

1 Sprechen Sie möglichst privat mit dem Schüler.

2 Lassen Sie sich nicht auf fruchtlose Diskussionen ein.

3 Sprechen Sie keine Drohungen aus und erheben Sie nicht Ihre Stimme.

Klären Sie den Schüler über das erwartete Verhalten und die negativen Konsequenzen auf und darüber, welche Wahl oder Entscheidungsfreiheit er hat. Lassen Sie den Schüler dann allein und geben Sie ihm Zeit, seine Entscheidung zu treffen.

Beispiele

1 „Michael, du musst jetzt an deinen Platz zurück oder ich muss dich zum Direktor schicken. Du kannst dir das in den nächsten paar Sekunden überlegen." Der Lehrer beschäftigt sich inzwischen mit anderen Schülern.

2 Wenn Michael sich gegen das erwartete Verhalten entscheidet, sollten Sie die negativen Konsequenzen auch eintreten lassen („Du hast dich dafür entschieden, zum Direktor zu gehen"). Setzen Sie die angekündigte Konsequenz in die Tat um.

Wenn Sie mehr Informationen haben wollen, gehen Sie zu: **http://www.njcap.org/templated/Programs.html**

Quelle: Aus *Secondary Classroom Management: Lessons from Research and Practice* (3. Aufl.) von C. S. Weinstein. Copyright © 2003 McGraw-Hill.

zwei Arten von Warnzeichen für drohende Gefahren. Was können Schulen unternehmen? Die *Richtlinien* für den Umgang mit möglichen „Zeitbomben" stammen von Weinstein (2003).

11.4.2 Respektieren und schützen

Ein Programm zur Bekämpfung der Gewalt an Schulen heißt „*Respektieren und schützen*" (*Respect and Protect*) und stammt vom Johnson Institute Minneapolis, Minnesota. Das Programm beruht auf fünf Ideen: (1) Jeder sollte die Rechte anderer achten und schützen. (2) Gewalt kann nicht akzeptiert werden. (3) Das Pro-

gramm hilft, Gewalt förderndes Verhalten von Lehrern, Schülern und Eltern zu erkennen, wie beispielsweise leugnen, rationalisieren, rechtfertigen oder anderen die Schuld zuschieben. (4) Es werden zwei Arten von Gewalt unterschieden: Opfer aussuchen und Anrempeln und Gewalt, die aus alltäglichen Konflikten entsteht. (5) Das Programm sieht sowohl Prävention für Erwachsene vor, die das Schulklima verbessern kann, als auch Interventionen für Schüler, die den Schülern eine gewisse Entscheidungsfreiheit einräumen und ihnen klare Konsequenzen vor Augen halten (Rembolt, 1998). ▶ Tabelle 11.9 gibt einen Überblick über verschiedene Wahlmöglichkeiten und deren Konsequenzen.

Tabelle 11.9

Respektieren und schützen

Diese Tabelle gibt einen Überblick über eine Auswahl von angemessenen Reaktionen und deren Konsequenzen auf verschiedene Abstufungen von Gewalt.

Gewaltab-stufung*	Stufe I	Stufe II	Stufe III	Stufe IV	Stufe V
Regelverletzung	Regelverletzung (geringfügig)	Machtmissbrauch (gelegentlich)	Machtmissbrauch (ernst)	Fortdauernder Machtmissbrauch (schwer)	Pathologischer Machtmissbrauch (unkorrigierbar)
Aktionen der Lehrerschaft	Verhalten vor Augen führen Gewalt beenden Mit Problem um-gehen Dokumentation der Interventionen Gewaltlosigkeit hervorheben Ärgerregulation, Konfliktlösungen, Vermittlung durch Peer, Klassenkon-ferenz	Verhalten vor Augen führen Gewalt beenden Ins Rektorzimmer bestellen Dokumentation der Interventionen Diagnose des Kon-flikttyps Vorbereitung für Elterngespräch	Verhalten vor Augen führen Gewalt beenden Ins Rektorzimmer bestellen Dokumentation der Interventionen Diagnose des Kon-flikttyps Elternabend Elternprogramm vorschlagen	Verhalten vor Augen führen Gewalt beenden Ins Rektorzimmer bestellen Dokumentation der Interventionen Diagnose des Konflikttyps Psychosoziale Eva-luation Elternabend Durchführung von Elternprogrammen Familienberatung vorschlagen	Verhalten vor Augen führen Gewalt beenden Ins Rektorzimmer bestellen Dokumentation der Interventionen Psychosozialen Empfehlungen folgen Elternabend abhalten Elterntraining emp-fehlen Tiefergehende psy-chotherapeutische Behandlung vor-sehen
Konsequenzen für die Schüler	Gewaltvorkommnisse durchsprechen Eltern-benachrichtigung Wiedergutmachung Juristische Schritte	Ins Rektorzimmer bestellen Eltern-benachrichtigung Forderung zur Fertigstellung von Arbeitsblättern Wiedergutmachung Juristische Schritte	Ins Rektorzimmer bestellen Eltern-benachrichtigung Kurze Auszeit Anti-Gewalt-Gruppe Ärgerregulation Vernetzung her-stellen Möglichkeiten für Gewaltbewältigung Wiedergutmachung Juristische Schritte	Ins Rektorzimmer bestellen Eltern-benachrichtigung Maximale Auszeit Anti-Gewalt-Gruppe Soziale Einglie-derung Wiedergutmachung Juristische Schritte	Ins Rektorzimmer bestellen Eltern-benachrichtigung Maximale Auszeit In alternative soziale Kontexte verpflanzen Wiedergutmachung Juristische Schritte
Verträge**	Mündliches Ver-sprechen	Einfacher Vertrag	Vertrag mit ver-schiedenen Klau-seln I	Vertrag mit ver-schiedenen Klau-seln II	Vertrag über Min-destanforderungen

* Schüler werden einer der Abstufungen zugeordnet, je nach Häufigkeit und Schwere ihres Gewaltverhaltens. Jede Gewalthand-lung, die rassisch, sexuell, körperlich gewaltsam oder gegen die Lehrerschaft gerichtet ist, wird auf jeden Fall in Stufe III oder höher eingeordnet. Das Handbuch des Programms enthält eine Liste von Gewalthandlungen und deren Folgen für jede der Stufen.

** Lesen Sie in der angegebenen Literatur nach, um welche Art von Verträgen es sich handelt.

Projekte, in denen Dienste in der Gemeinde gelernt werden sollen, fördern die Moralentwicklung von Jugendlichen, erzeugen ein Gefühl der Kompetenz und des Handeln-Könnens, Toleranz gegenüber Andersartigen und Anregung zum kritischen Reflektieren ihrer eigenen Rolle in der Gesellschaft.

Ein weiteres Programm setzt außerhalb des Klassenzimmers an: der Dienst in der Gemeinde.

Dienste in der Gemeinde lernen   11.5

Der Dienst in der Gemeinde kombiniert in der Sekundarstufe und in der Universität das schulische Lernen mit Persönlichkeits- und sozialer Entwicklung (Fredricks, 2003; Woolfolk Hoy, Demerath & Pape, 2002). Die Alliance for Service Learning in Education Reform (Allianz für eine Erziehungsreform zum Dienst in der Gemeinde) (1993) nennt einige Besonderheiten des Lernprogramms für den Dienst in der Gemeinde:

- Es ist organisiert und geht auf Bedürfnisse der Gemeinde ein.
- Es ist in den Lehrplan der Schüler integriert.
- Es sieht Zeit für einen Erfahrungsbericht vor.
- Es bietet Gelegenheit, neuen Lernstoff in der Praxis anzuwenden.
- Es fördert schulisches Lernen und die Belange anderer zu beachten.

In der Gemeinde lernen bedeutet, sich für viele praktische Tätigkeiten ausbilden (Essen holen für Mittagstische für Bedürftige, Spenden sammeln) oder bestimmte Rechte vertreten (Anschläge entwerfen, wo es welches freie Essen gibt, Zeitungsartikel schreiben) (Johnson & Notah, 1999). Lernen durch Dienst in der Gemeinde könnte eine Art von problemorientiertem Lernen sein, wie schon in Kapitel 9 beschrieben, wo-

bei das Problem darin besteht, Bedürfnisse in der Gemeinde zu erkennen und zu sehen, wie man ihnen gerecht werden kann.

Die Beteiligung am Dienst in der Gemeinde kann die politische und moralische Entwicklung der Jugendlichen fördern. Jugendlichen wird durch den Dienst an Bedürftigen das Gefühl der Handlungskompetenz vermittelt. Die Jugendlichen sehen sich als politisch und moralisch Handelnde und nicht nur als brave Bürger (Youniss & Yates, 1997). Der Dienst in der Gemeinde verhilft Jugendlichen zu einer neuen Einstellung in ihren sozialen Beziehungen zu Menschen, mit denen sie gewöhnlich nichts verbindet; sie werden so toleranter gegenüber andersgearteten Menschen (Tierney, 1993). Im Dienst in der Gemeinde wird eine allgemeine „Ethik der Fürsorge" erzeugt, die in zunehmendem Engagement für die Lösung brennender sozialer Fragen münden kann (Rhodes, 1997). Die Mitarbeit der Schüler in Gemeindetätigkeiten regt die Jugendlichen an, ihre Rolle in der Gesellschaft kritisch zu reflektieren (Woolfolk Hoy, Demerath & Pape, 2002; Claus & Ogden, 1999).

Eine Reihe von Schulen nimmt nun den Dienst in der Gemeinde in ihren Lehrplan auf und macht dessen Erfüllung zur Voraussetzung für das Abschlusszeugnis, aber manche Erzieher stellen den Zwang zum Dienst an der Gemeinde als unfair oder unangemessen in Frage. Wenigstens drei der Schulanforderungen wurden bereits gerichtlich belangt, aber bisher wurden sie nicht abgeschafft (Johnson & Notah, 1999).

Untersuchungen des Dienstes von Schülern in der Gemeinde haben keine einheitlichen Befunde erbracht. Einige Untersuchungen fanden einen geringen Anstieg in der sozialen Verantwortung, in der Toleranz für andere, der Empathie, der Einstellung gegenüber Erwachsenen und dem Selbstwert (Solomon et al., 2001). In einer Fallstudie in einer großstädtischen kirchlichen Oberschule wird ein erfolgreich verlaufender Dienst in der Gemeinde beschrieben (Youniss & Yates, 1997). Dieses Programm war in der Mittelstufe Pflichtteil eines Jahreskurses zur sozialen Gerechtigkeit. In der Klasse überprüften Schüler die moralischen Implikationen gegenwärtiger Erscheinungen wie Obdachlosigkeit, Armut, Ausbeutung von Wanderarbeitern und großstädtischer Gewalt. Die Schüler sollten auch viermal in der Woche (für etwa 20 Minuten) in einer Suppenküche in der Innenstadt Essen austeilen. Die Untersucher meinten aufgrund ihrer Ergebnisse, dass die Schüler nach diesem Programm „ein tieferes Verständnis von sozialer Gerechtigkeit, ein stärkeres Engagement für die Beseitigung dieser Ungerechtigkeit

Den Dienst in der Gemeinde lernen

Der Dienst sollte kontinuierlich sein und nicht nur kurzfristig.

Beispiele

1 Anstelle von Esseneinsammeln für zwei Wochen und einer anschließenden Party für diejenige Klasse, die am meisten eingefahren hat, schlagen Sie den Schülern vor, selbst zu kochen und das Essen selbst an obdachlose Familien auszuteilen.

2 Nehmen Sie Kontakt mit lokalen Organisationen auf, um die wirklich Bedürftigen kennenzulernen, deren Bedarf die Schüler herausfinden können.

Freiwilliger Dienst in der Gemeinde kann auch ohne direkte Hilfe ablaufen.

Beispiele

1 Für Minderheitengruppen Dokumente übersetzen.

2 Sorgen Sie dafür, dass Multimediaexpertise erworben wird, wie z. B. eine PowerPoint-Vorführung, ein kleiner Videofilm oder eine Tonschau.

3 Entwurf für eine Zeitung oder Broschüre einer Organisation oder einfach Teile aus deren Publikationen kopieren und neu zusammenstellen.

4 Fahnenkorrekturen von Aufsätzen und Internetveröffentlichungen.

5 Recherchen Anstellen und Schreiben von Aufsätzen für Broschüren, Zeitungen oder Webseiten.

6 Entwurf eines Logos für eine Organisation oder ein Programm oder für anderen Bedarf an Illustrationen.

Stellen Sie sicher, dass Lernen im Mittelpunkt des Dienstes in der Gemeinde steht.

Beispiele

1 Jedes Projekt in der Gemeinde muss klar definierte Lernziele haben.

2 Überprüfen Sie die Anforderungen einzelner Klassenstufen in den naturwissenschaftlichen Fächern, Geschichte, Gesundheit, Literatur usw. und schauen Sie, inwieweit einzelne Projekte in der Gemeinde diesen Anforderungen entsprechen könnten. Wie könnten zum Beispiel Begriffe aus der Biologie in einem Projekt zur Ernährungserziehung für Senioren oder Schülern der Vorschule entworfen werden?

3 Lassen Sie Schüler ihre Erfahrungen überdenken, Protokollbücher anlegen, beschreiben oder zeichnen, was sie gelernt haben, und ihre Überlegungen in die Klassendiskussion einbringen.

Stellen Sie sicher, dass beim Dienst in der Gemeinde die Stärken und Fertigkeiten der Schüler berücksichtigt werden, sodass die Empfänger der Dienstleistungen davon auch etwas haben; nur so können die Schüler ihr Kompetenzerleben erweitern, indem sie sehen, wie nützlich ihre Leistungen für andere sind.

Beispiele

1 Schüler mit künstlerischer Begabung könnten bei der Neugestaltung eines Spielzimmers oder eines Gemeinschaftsraumes für Senioren helfen.

2 Gute Geschichtenerzähler könnten in einer Kindertagesstätte mit Kindern oder in einer Kinderklinik vorlesen.

3 Bilinguale Schüler können Lehrern helfen, Übersetzungen von Schulzeitungen für Eltern mit anderer Muttersprache zu erstellen, oder als Übersetzer in einer Klinik tätig sein.

Wenn Sie mehr wissen wollen, schauen Sie nach:

http://www.fiu.edu/~time4chg/Library/bigdummy.html

und ein größeres Zutrauen zu ihren eigenen Fähigkeiten" hätten (Yates & Youniss, 1999, S. 64).

Wenn Sie sich für Dienste in der Gemeinde in Ihrem Lehrplan entscheiden, lesen Sie die *Richtlinien* aufmerksam durch; viele Anregungen stammen von Richard Sagor (2003) und Elias und Schwab (2006).

Tabelle 11.10

Abfragen von Kulturwissen in Ihrer Klasse

Richard Sagor schlägt eine Abfrage von Kulturwissen vor, um herauszufinden, ob in Ihrer Klasse die Schüler verschiedener kultureller Herkunft ein Gefühl der Zusammengehörigkeit entwickelt haben. Sie können diese Vorgehensweise in vier Schritten selbst oder zusammen mit anderen Lehrerkollegen einschlagen.

_____ **Schritt 1. Berichten und sammeln**
Fertigen Sie ein Tonband einer Ihrer Stunden an einem typischen Schultag an und sammeln Sie alles Material, was Sie im Unterricht eingesetzt haben.

_____ **Schritt 2. Systematisch ordnen**
Ordnen Sie alle Ihre Unterrichtseinheiten, Erklärungen und Diskussionen sowie die Materialien und ausgeteilten Kopien, die als Beispiele oder Illustrationen aus Minderheitenkulturen dienten.

_____ **Schritt 3. Tauschen Sie Ihre Ergebnisse mit Kollegen aus (optional)**
Teilen Sie Kollegen Ihre Ergebnisse mit, um zu sehen, ob es ein Muster an multikulturellen oder monokulturellen Perspektiven in der Schule oder in Klassen gibt.

_____ **Schritt 4. Suchen Sie Beurteilung und Zusammenarbeit von außen**
Wenn Sie mit der Vollständigkeit Ihres Unterrichts und Ihres Materials nicht zufrieden sind, laden Sie einige Eltern oder Schulberater verschiedener kultureller Herkunft ein, um Ihre Unterrichtsergebnisse anzuschauen und Ihnen Ratschläge zu geben, um eine Vielfalt an Perspektiven in Ihrem Unterrichtsprogramm zu gewinnen.

Quelle: Aus _Motivating Students and Teachers in an Era of Standards_ von R. Sagor, S. 78–79. Copyright © 2003 Association for Supervision and Curriculum Development. Die Association for Supervision and Curriculum Development ist eine internationale Gemeinschaft von Lehrern und Erziehern, die für gut begründete Maßnahmen und Methoden eintreten, die den Lernerfolg jedes Schülers sicherstellen sollen. Um mehr darüber zu erfahren, besuchen Sie die Website von ASCD unter **www.ascd.org**.

Unterschiede und Gemeinsamkeiten im sozialen Engagement **11.6**

11.6.1 Unterschiede

Das Verständnis und die Wertschätzung von individuellen Unterschieden stellen zentrale Überlegungen in der Unterstützung des Lernengagements dar. Wenn Gruppen für die Zusammenarbeit aufgestellt werden, sollte dies nicht nach Kategorien wie ethnischer Herkunft oder sprachlicher Hintergrund erfolgen; dies könnte bei den Schülern die Tendenz bestärken, in solchen sozialen Kategorien übereinander zu denken und sich nicht gegenseitig als Individuen zu verstehen. In der Zusammenarbeit von Gruppen sollte jedes Mitglied etwas beizutragen haben. Dies hat Implikationen für die Gruppenaufgabe, die Gruppenmitgliedschaft und die Rollenverteilung in der Gruppe. Es können Aufgaben ausgearbeitet werden, die das kulturelle Wissen der Schüler beanspruchen. Wer weiß, wie man Tiere großzieht oder Maschinen repariert? Wer hat Erfahrung in der Versorgung kleiner Kinder? Wer spricht noch eine zweite Sprache? Wer kann gut zeichnen, organisieren oder singen? Dieses Wissen kann in der Aufgabe eingeplant werden und Gruppenmitglieder mit diesen Expertisen können auf die einzelnen Arbeitsgruppen verteilt werden.

Um das Engagement und das Zugehörigkeitsgefühl zur Herkunftskultur für jeden Schüler zu erhöhen, empfiehlt Richard Sagor (2003), dass eine Art von Abfragen von Kulturwissen in der Klasse durchgeführt wird. ▶ Tabelle 11.10 zeigt Ihnen, wie zu verfahren ist.

11.6.2 Gemeinsamkeiten

Was sind die Gemeinsamkeiten der drei Formen von Engagement (verhaltensmäßigem, emotionalem und kognitivem) in den Schulen? Die Forschung über schulische Jugendentwicklungs- und Präventionsprogramme weist auf drei Faktoren hin, die einen Erfolg garantieren: (a) Förderung der sozialen und emotionalen Kompetenz der Schüler, (b) Beziehungen zu anderen und (c) Dienste in der Gemeinde (Greenberg et al., 2003). Diese drei Faktoren entsprechen den drei Abschnitten dieses Kapitels, der Zusammenarbeit in Arbeitsgruppen in der Klasse, der Bildung einer Klassengemeinschaft und Verbindungen zu Gemeinden außerhalb der Schule.

Tabelle 11.11

Die Wingspread-Erklärung über Schulbindung

Eine vor kurzem abgehaltene Konferenz brachte Forscher, Erzieher und Politiker zusammen, um die Rolle der Bindung an die Schule beim Lernen zu diskutieren. Die Konferenzteilnehmer erarbeiteten diese Erklärung.

Schüler lernen erfolgreicher, wenn sie sich mit ihrer Schule verbunden fühlen. Die Bindung an die Schule beinhaltet das Gefühl, dass ihr Lernerfolg und sie selbst als Person den Erwachsenen in der Schule nicht gleichgültig sind. Wichtige Erfordernisse für das Bindungsgefühl sind:

- Hohes Anspruchsniveau bei den Schulleistungen und Strenge, gepaart mit Unterstützung beim Lernen
- Positive Erwachsenen/Schülerbeziehung
- Körperliche und emotionale Sicherheit

Die Anzahl der Schüler zu erhöhen, die sich mit der Schule verbunden fühlen, verbessert zugleich den Durchschnitt in wichtigen Indikatoren wie

- Schulleistungen
- Vorkommnisse von Kämpfen, Schikanen oder Vandalismus
- Schulschwänzen
- Schulabschlüsse

Wissenschaftliche Belege zeigen: Verstärkte Bindung an die Schule verbessert

- die Motivation
- das Engagement in der Klasse
- den regelmäßigen Schulbesuch

Diese Faktoren wiederum führen zu erhöhten Schulleistungen. Die Befunde beziehen sich auf rassische, ethnische und Einkommensgruppen.

Ebenso gibt es starke Belege dafür, dass ein Schüler, der sich eng mit der Schule verbunden fühlt, weniger Neigung zeigen wird zu

- Störverhalten
- Gewalt in der Schule
- Drogen und Nikotingebrauch
- emotionalem Stress
- frühem ersten Geschlechtsverkehr

Die effektivsten Strategien für die Intensivierung der Bindung an die Schule sind

- Hohe Leistungsstandards und -erwartungen und Unterstützung bei den Schulleistungen aller Schüler
- Gerechte und konsistente Disziplinarmaßnahmen, über die alle übereinstimmen und die alle anstreben
- Vertrauensvolles Verhältnis der Schüler, Lehrer, Schulpersonal und Familien unter- und miteinander
- Fähige Lehrer einstellen und unterstützen, die geschickt die Inhalte, die Didaktik und das Klassenmanagement vertreten können, um auf jeden der Schüler einzugehen.
- Hohe Eltern-/Familienerwartungen für die Schulleistungen und den Schulabschluss.
- Sicherstellen, dass jeder Schüler mindestens einem Erwachsenen in der Schule nahesteht.

Quelle: Aus A Case for School Connectedness von R.W. Blum, *Educational Leaderhip, 62(7)*, S. 20. Copyright © 2005 Association for Supervision and Curriculum Development. Die Association for Supervision and Curriculum Development ist eine internationale Gemeinschaft von Lehrern und Erziehern, die für gut begründete Maßnahmen und Methoden eintreten, die den Lernerfolg jedes Schülers sicherstellen sollen. Um mehr darüber zu erfahren, besuchen Sie die Website von ASCD unter **www.ascd.org**.

Eine vor Kurzem abgehaltene Konferenz brachte Forscher, Erzieher und Politiker zusammen, um die Rolle der Bindung an die Schule beim Lernen zu diskutieren. Die Konferenzteilnehmer erarbeiteten die *Wingspread-Erklärung über Schulbindung* (Blum, 2005), die aus ▶ Tabelle 11.11 zu ersehen ist. Diese Erklärung ist eine gute Zusammenfassung dessen, was allen Formen engagierten Lernens gemeinsam ist.

ZUSAMMENFASSUNG

Soziale Prozesse beim Lernen (S. 505–507)

Was sind einige der sozialen Faktoren, die das Lernen beeinflussen? Gleichaltrige, Eltern und Lehrer beeinflussen Normen und Werte für Schulleistungen. Kinder bevorzugen Freunde, welche die gleichen Einstellungen, Werte und Interesse haben wie sie, und diese Gleichaltrigengruppen wiederum beeinflussen die Leistungsmotivation der Schüler. Aber Eltern und Lehrer spielen auch eine Rolle. Schüler mit autoritativen Eltern wählen eher eine positive Gleichaltrigengruppe und widerstehen auch eher Druck zu antisozialem Verhalten wie etwa Drogengebrauch. Wenn Schüler wenige oder keine Freunde haben, ist es besonders wichtig, wenn sie das Gefühl haben, dass der Lehrer sie mag.

Kooperation und Zusammenarbeit (S. 507–521)

Was sind die Unterschiede zwischen Kooperation und Zusammenarbeit? Eine Ansicht ist, dass Kooperation eine Philosophie darüber ist, wie Personen zueinander beim Lernen und Arbeiten stehen oder stehen sollten. Kooperation ist eine Art, mit Menschen umzugehen, in der Unterschiede zwischen den Menschen respektiert werden, Autorität geteilt wird und Wissen genutzt wird, das bei unterschiedlichen Menschen vorhanden ist. Zusammenarbeit ist eine Interaktionsform, in der mit anderen Menschen eine oder viele Aufgaben zusammen bearbeitet werden, um ein gemeinsames Ziel zu erreichen.

Welche Lerntheorien liegen dem kooperativen Lernen zugrunde? Lernen kann in kooperativen Gruppen durch Wiederholung und Elaboration (Informationsverarbeitungstheorien), Neuschöpfung und Aufheben von Disäquilibrium (Piagets Theorie) oder abgestufte Unterstützung von höheren mentalen Prozessen (Wygotskis Theorie) erfolgen.

Beschreiben Sie die fünf Elemente, die zur Definition des kooperativen Lernens gehören. Schüler interagieren direkt und in körperlicher Nähe miteinander, nicht über Raumdistanz. Gruppenmitglieder erfahren positive gegenseitige Abhängigkeit – sie sind auf ihre gegenseitigen Hilfestellungen, Erklärungen und Anleitungen angewiesen. Obwohl sie zusammenarbeiten, müssen die Schüler schließlich doch allein zeigen, dass sie etwas gelernt haben – sie müssen individuell über ihr Lernen Rechenschaft ablegen, oft durch individuelle Testleistungen oder andere Formen der Leistungsmessung. Wenn es nötig sein sollte, müssen die für die Gruppenarbeit notwendigen Fertigkeiten und Strategien vermittelt und eingeübt werden, damit die Gruppe effektiv funktioniert, wie z. B. konstruktive Rückmeldungen geben, einen Konsens erreichen und jedes Gruppenmitglied mit in die Lernaufgabe einbeziehen. Schließlich beaufsichtigen Mitglieder, was in der Gruppe abläuft, um sicherzugehen, dass die Gruppe effektiv arbeitet und über Gruppendynamik lernt.

Wie sollten Aufgaben zu den Organisationsformen kooperativer Lerngruppen passen? Eine relativ strukturierte Aufgabe wird gut in einer strukturierten kooperativen Organisation bearbeitet; extrinsische Belohnung kann die Motivation, die Anstrengung und die Ausdauer unter diesen Bedingungen erhöhen. Die Rollenverteilung in der Gruppe, besonders solche, welche die Aufmerksamkeit auf die zu erledigende Arbeit ausrichten, kann auch produktiv sein. Andererseits, Strategien, die ausgedehnte und produktive Interaktionen anregen, sind dann angebracht, wenn das Ziel darin besteht, höhere Denkprozesse und komplexes Problemlösen zu entwickeln. Der Einsatz von Belohnungen kann die Gruppe von gründlichen kognitiven Verarbeitungen abhalten. Wenn das Ziel der Gleichaltrigeninteraktionen darin besteht, soziale Fertigkeiten zu lernen oder das Verständnis für gruppendynamische Prozesse zu erhöhen und Unterschiede in der Gruppe schätzen zu lernen, dann kann die Zuweisung von verschiedenen Rollen und Funktionen in der Gruppe die Kommunikation erhöhen. Belohnungen sind vielleicht nicht notwendig und können im Wege stehen, wenn es darauf ankommt, eine Gemeinschaft aufzubauen, ein Klima des Respekts und der Verantwortung füreinander zu erzeugen.

Was sind mögliche Strategien für kooperatives Lernen? Kooperative Lernstrategien umfassen gegenseitiges Fragen und Antworten, Zusammenarbeit mit Skripten, Verzahnung und viele andere von Spencer Kagan beschriebene Strategien.

Die Klassengemeinschaft (S. 521–527)

Wie lauten die Bestandteile, die zur Entwicklung einer Klassengemeinschaft gehören (Johnson und Johnson)? Die drei Bestimmungsstücke sind kooperative Gemeinschaft, konstruktive Konfliktlösung und bürgerliche Werte. Klassenmanagement beginnt mit der Einrichtung einer Klassengemeinschaft, die auf kooperativem Lernen beruht. Im Kern der Gemeinschaft ist die Idee der positiven gegenseitigen Abhängigkeit – Individuen, die zusammenarbeiten, um gemeinsame Ziele zu erreichen. Konstruktive Konfliktlösung ist wichtig in der Gemeinschaft, denn Konflikte sind unvermeidbar, ja sogar notwendig für das Lernen. Aber Lehrer unterschätzen oft das Ausmaß der Peerkonflikte und des sich gegenseitig Ärgerns in der Schule. Schlichtung von Streitigkeiten unter Gleichaltrigen ist eine gute Möglichkeit, Belästigungen durch Gleichaltrige abzuwiegeln. Die Schritte für die Peerschlichtung sind: (1) Zusammen den Konflikt definieren; (2) Einstellungen und Interessen austauschen; (3) die Perspektiven der anderen einnehmen; (4) erfinden Sie zumindest drei Übereinkünfte, die allen Gewinn bringen; (5) erreichen Sie eine alle Beteiligten berücksichtigende Übereinkunft. Das letzte Bestimmungsstück sind die gesellschaftlichen Werte – das moralische Verständnis und die Überzeugungen, welche die Gesellschaft zusammenhalten. Werte werden direkt vermittelt, durch Vorbilder gelernt, in der Literatur gelesen, in Gruppendiskussionen internalisiert und durch gemeinsame Anliegen ausgetauscht.

Wie können Lehrer eine Klassengemeinschaft auf Fürsorge gründen? Eine Klassengemeinschaft zu entwickeln, erfordert, dass der Lehrer die Erwartungen an die Schulleistungen und an das Verhalten der Schüler klarstellt. Respekt vor den Bedürfnissen und Rechten der Schüler sollte allen Interaktionen zugrundegelegt werden. Schüler erkennen, dass die Lehrer sich um sie kümmern, indem sie den Lernstoff interessant anbieten, ihnen gegenüber fair und ehrlich sind, sich rückversichern, dass der Unterrichtstoff verstanden ist, und Mittel und Wege finden, auf die Anliegen und Sorgen der Schüler einzugehen.

Gewalt in Schulen (S. 527–532)

Was kann gegen Gewalt in Schulen unternommen werden? Die Gewalt an den Schulen geht zurück, aber so auffallende Ereignisse wie Amokläufe mit Waffen in Schulen ziehen viel Aufmerksamkeit der Medien auf sich. Junge Menschen zwischen 12 und 24 sind die wahrscheinlichsten Opfer von Gewalt ohne Tötungsabsichten auf dem Schulgelände. Möglichkeiten mit Gewalt umzugehen schließen die Gewaltprävention durch eine mitempfindende und sich achtende Klassengemeinschaft ein. Besonders sollte man auf die kulturelle Herkunft der Schüler achten, dabei aber ein hohes Anspruchsniveau für Leistungen nicht aufgeben. Schulübergreifende Programme wie *Respektieren und schützen* können die Hilfestellung leisten, die Lehrer benötigen, um der Gewalt effektiv begegnen zu können.

Was ist Dienst in der Gemeinde? Dienstleistungen in der Gemeinde sind organisiert und kommen den Bedürfnissen der Gemeindemitglieder entgegen. Sie sind im schulischen Lehrplan integriert und räumen den Schülern die Gelegenheit ein, über ihre Erfahrungen beim Dienst in der Gemeinde nachzudenken und die neu erworbenen schulischen Fertigkeiten und das neue Wissen anzuwenden. Es ist wichtig, dass beide Aspekte des Dienstes in der Gemeinde zum Tragen kommen – beide stellen einen wertvollen Bestandteil der Dienstleistung dar und fördern das Lernen der Schüler.

SCHLÜSSELBEGRIFFE

Gegenseitiges Befragen (S. 516)
Gruppenarbeit (S. 508)
Kooperation (S. 508)
Kooperatives Lernen (S. 508)

Skript-Kooperation (S. 517)
Verzahnung der Gruppenmitglieder (S. 519)
Zusammenarbeit (S. 508)

ZUSAMMENFASSUNG

Aus dem Lehrernotizbuch

Ihre Generation von Lehrern kann mehr als andere Generationen den Lehrerberuf gestalten. Die volkstümlichen Weisheiten, das Gedächtnis von Institutionen und die Geschichte des Unterrichtens stellen wenig Anleitung bereit, mit Millionen von Schülern zu arbeiten, die an der gemeinsamen virtuellen oder tatsächlichen Erfahrung tragen, die ihnen Amokläufer mit Waffen in ihren Schulen, Sprengungen durch Terroristen und Heckenschützen beschert haben. Früher führten Lehrer Rettungsübungen für den Fall von Luftangriffen durch ausländische Feinde durch, um möglicherweise Leben retten zu können. Jetzt kommen die tödlichen Angriffe aus dem eigenen Land, und die Übungen bestehen im Verstecken vor möglichen tödlichen Angriffen aus unmittelbarer Nähe.

Diese Vorkommnisse beeinflussen die Emotionen der Schüler und die Art ihres Umgangs mit Ihnen und untereinander; die Art, wie Lehrer die Schule und die Klasse managen, und die Werte, die Lehrer in ihrer Klasse und im Lehrplan betonen. Sie und Ihre Lehrerkollegen übernehmen wichtige Rollen im Gestalten der Reaktionen, die Schulen auf die modernen Lebensstile definieren müssen.

Was würden Lehrer tun?

Hier lesen Sie Lehrerstimmen, die den eingangs dieses Kapitels geschilderten Fall einer traumatisierten Schülerschaft in einer Schule kommentieren

■ W. R. A., Oberstufenlehrer, Klassen 11–12

Am 11. September hatte ich am Morgen eine Klasse und ich hatte mich entschieden, die Schüler in unserem größeren Auditorium zu versammeln, damit wir einen Film über die Ereignisse am 11. 9. sehen konnten, wie die zwei Türme vom World Trade Center in sich zusammenfielen. An den Tagen vorher sprachen wir über den Terrorismus und wie wir auf ihn reagieren. Einige Schüler erschienen tief besorgt, andere aber weniger. Ich fand, dass die Schüler beeindruckter durch die nationalen Tragödien in der Vergangenheit wie etwa Sklavenhandel, Erster Weltkrieg, Zweiter Weltkrieg, die Pandemie AIDS waren als andere Schülergenerationen, die den 11. September nicht durchlebt hatten.

Ich würde die Schüler in der Klasse und während meiner Sprechstunde anregen, über die Gedanken, die sie sich über die tragischen Ereignisse machen, auch zu reden. In unserer Schule gibt es auch drei Berater,

die mit den Schüler deren emotionale Probleme durchsprechen und versuchen, sie einer Lösung zuzuführen. Als Vater von zwei Töchtern weiß ich, dass sie manchmal so tun, als ginge sie alles nichts an, obwohl das gar nicht stimmt. Es hilft den Teenagern oft schon viel, wenn ein Erwachsener ihnen einfach zuhört.

■ S. E. Y., Lehrerin einer 5. Klasse

Wenn sich in unserer Schule eine solche Tragödie ereignen würde und Schüler als Geisel gefangen genommen würden, würde unsere Direktorin sicher eine Erklärung über die Vorkommnisse vorbereiten. Ich müsste auf ihre Anweisungen warten, um zu erfahren, was ich sagen darf und was nicht.

Nach der ersten Reaktion der Schule würde ich alle Fakten über das Ereignis sammeln. Wenn mich dann meine Fünftklässler mit Fragen überfallen oder über die Vorkommnisse diskutieren wollen, würde ich dafür sorgen, dass sie diese richtig verstehen. Bis jetzt brauchten meine Fünftklässler immer noch zusätzliche Erklärungen, denn sie verstehen meist nicht, was vorgefallen ist. Ich berichte ihnen dann alles, was ich weiß und was einfach Meinungen sind. Das kann ich dann gleich verwerten, um ihnen allgemein den Unterschied zwischen einer Meinung und einer Tatsache klarzumachen. Ich sage ihnen auch meine Meinung, wenn sie diese hören wollen. Fünftklässler wollen die Wahrheit wissen, sie wollen Ehrlichkeit und sie wollen vorankommen. Wenn ich meine Angst mit ihnen teile, zeigen sie sich dankbar, denn meist fühlen sie ähnlich oder haben von ihren Eltern schon einmal Ähnliches gehört. Sie haben vielleicht nicht so viel Angst, wenn sie empfinden können, dass andere die gleichen Gefühle haben.

Schüler wollen nicht so lange bei einer Situation bleiben, auch wenn sie sehr tragisch ist. Sie bevorzugen Normalität. Man kann über jede Situation reden, wenn Schüler dies wollen und so lange sie dies wollen, dann wollen sie das Thema wechseln.

■ K. J. B., Deutschlehrer in den Klassen 9–12

Die unstrukturierte Klassensituation hat diesen Schülern einen Freiraum gegeben, in dem sie nach ihren eigenen Regeln verfahren können. Als neuer Lehrer in dieser Klasse könnte ich ganz von vorne anfangen. Um eine Organisation einzurichten, die dem Lernen zuträglich ist, würde ich mich zuerst vorstellen und dann meine Lernziele und meine Erwartungen an die Klasse vortragen. Die Erwartungen müssen einfach und verständlich formuliert sein. Die Erwartung „jeden in der Klasse mit Respekt behandeln" ist sozusagen das

Dachkonzept, unter dem alle Regeln subsumiert werden können. Man könnte dann noch hypothetische Problemsituationen durchdiskutieren und dabei entscheiden, welches Verhalten akzeptabel ist und welches nicht. Weil die Schüler an der Aufstellung der Klassenregeln beteiligt sind, werden sie diese auch eher befolgen. Sobald die Erwartungen an ihr Verhalten verstanden sind, ist eine Lernumgebung entstanden, die für das Lernen förderlich ist.

Solch eine Situation erfordert eine feste Stimme der Vernunft in einer sonst sehr angespannten Atmosphäre. Ich würde versuchen, die Gerüchte im Keim zu ersticken und schnell die Fakten zu klären. Nach einem solchen Vorkommnis ist die Kommunikation nicht aufzuhalten. Die beste Art, den Schülern bei der psychologischen und emotionalen Bewältigung solcher Erlebnisse zu helfen, ist über alles zu sprechen. Auch sollte man die Ausdruckform für die Kommunikation der Schüler möglichst nicht einschränken, gleichgültig, ob es sich um einen schriftlichen Aufsatz oder ein vorübergehendes „Dampf ablassen" handelt. Jeder braucht die Möglichkeit, sich auszusprechen; erlauben Sie dem Schüler einen Freiraum, um seinen Gefühlen und Überlegungen Ausdruck zu verleihen.

K. B., Lehrerin einer 5. Klasse

Ein Weg zur Beruhigung der Schüler könnte sein, mit ihnen zu besprechen, dass wir uns Sorgen machen und Angst haben vor kontrollierbaren und unkontrollierbaren Ereignissen. Zuerst lasse ich die Schüler alle Ereignisse aufzählen, wegen denen sie sich Sorgen machen: ihr Zimmer aufräumen, gute Noten oder Terroristen-Angriffe. Dann diskutiere ich, was man davon kontrollieren kann und was nicht. Zum Beispiel, wenn sich ein Schüler über die Erledigung seiner Hausaufgaben Sorgen macht, dann hat er die Erledigung unter Kontrolle. Die Angst, man könnte einen Verkehrsunfall erleiden, bedeutet Angst wegen eines unkontrollierbaren Ereignisses. Diese lässt sich nicht rational beruhigen. Deshalb sollte man die Aufmerksamkeit auf die Ängste und Besorgnisse über Ereignisse lenken, welche die Schüler kontrollieren können und nicht auf die unkontrollierbaren.

K. D. B., Vorschullehrerin

Schreckliche Tragödien bleiben dauerhaft in Erinnerung. Jeder erinnert sich, wo er am 11. September war und was er getan hat. Die Kinder, die man unterrichtet, werden solche Tage immer im Gedächtnis behalten, aber die Inhalte werden natürlich durch die Art, wie die Ereignisse bewältigt wurden, stark geprägt. Wenn tragische Vorkommnisse oder Katastrophen gemeldet werden, schalte ich den Fernseher oder das Radio an und lasse das Programm im Hintergrund leise laufen, gehe aber weiter meinem Schulalltag nach. So bleiben die Schüler auf dem Laufenden und erleben, dass sie Teil von historischen Geschehnissen sind, aber die traumatischen Ereignisse überwältigen sie nicht. In der Zeit danach sollte man aufmerksam verfolgen, ob die Kinder über die Ereignisse sprechen wollen. Wenn sie dies wollen, sollte man es so lange tun, wie sie Interesse zeigen. Man sollte die Fragen so gut wie möglich beantworten und sie ermuntern, alle ihre Gedanken und Gefühle zu äußern.

TEIL III

Unterrichten und Leistungsmessung

Lernumgebungen schaffen

12

ÜBERBLICK

Was würden Sie tun?

Aus der Praxis des Lehrers

Zwei Jungen terrorisieren einen Schüler aus Ihrer Klasse. Die beiden Jungen sind größer, stärker und älter als Ihr Schüler; dieser ist klein für sein Alter und schüchtern. Leider sind die aggressiven Jungen ziemlich beliebt, weil sie gute Sportler sind. Es häufen sich die Vorfälle im Bus vor und nach der Schule, in der Turnhalle, auf den Schulfluren und beim Mittagessen; sie versuchen es mit Einschüchterung, erzwungener Herausgabe von Essensgeld, Beinstellen, Schubsen und verbalen Angriffen. Die zwei Schüler sind in keiner Ihrer Klassen. Das Opfer schwänzt neuerdings die Schule und seine Schulleistungen haben nachgelassen.

Kritisch denken

- Wie gehen Sie mit der Situation um?
- Wen sollten Sie zu Rate ziehen?
- Was würden Sie unternehmen, wenn die aggressiven Jungen in Ihrer Klasse wären?
- Was würden Sie unternehmen, wenn die Beteiligten Mädchen wären?

Zusammenarbeit

Führen Sie mit zwei oder drei Schülern aus der Klasse und den beteiligten Jungen, ihren Lehrern, ihren Eltern oder dem Rektor (oder wer sonst noch angesprochen werden sollte) eine Gruppendiskussion durch. Welche Schritte könnten Sie unternehmen, um das Problemverhalten der Jungen abzustellen?

Dieses Kapitel beschäftigt sich mit dem zentralen Anliegen von Lehrern, eine günstige soziale und physikalische Lernumgebung zu schaffen. Die Klassenzusammensetzung, der Unterricht und die Schüler fordern eine gute Klassenleitung. Es soll in den folgenden Abschnitten der Frage nachgegangen werden, warum das so ist. Erfolgreiche Klassenleiter verschaffen den Schülern mehr Zeit zum Lernen, achten auf die Beteiligung möglichst aller Schüler und unterstützen die Schüler in ihren Bemühungen um selbstständiges Lernen.

Eine positive Lernumgebung muss während des ganzen Jahres hindurch eingeführt und aufrechterhalten werden. Der beste Weg, dies umzusetzen, ist, erst gar keine Probleme aufkommen zu lassen. Sind die Probleme aber einmal entstanden, muss der Lehrer angemessen reagieren. Was würden Sie tun, wenn ein Schüler Sie vor der ganzen Klasse herausfordert, wenn ein anderer Sie in einer schwierigen persönlichen Situation um Rat fragt oder wenn wiederum ein anderer alle Beteiligung in der Schule verweigert? Dieses Ka-

pitel macht Vorschläge, wie Lehrer wirksam mit ihren Schülern in den verschiedensten Situationen kommunizieren können.

Nach Durcharbeiten dieses Kapitels werden Sie auf folgende Fragen antworten können:

- Was sind die besonderen Anforderungen der Klasse an die Lehrer und was sind die besonderen Bedürfnisse der Schüler in den verschiedenen Altersstufen?
- Wie lassen sich am besten Klassenregeln und erwünschte Verhaltensweisen festlegen?
- Wie nutzen Sie am besten die Arbeit am Computer für Ihre Unterrichtsziele und -methoden?
- Welche Vorschläge macht der Pädagogische Psychologe Kounin, um Probleme in der Klassenleitung zu vermeiden?
- Wie gehen Sie mit einem Schüler um, der fast nie seine Schularbeiten erledigt?
- Welche zwei Wege gibt es, Konflikte zwischen Schülern und Lehrer anzugehen?

Die Notwendigkeit von Organisation 12.1

In zahlreichen Untersuchungen zeigt sich, dass von allen Schulleistungsfaktoren die Klassenleitung oder das Klassenmanagement die einflussreichste Variable darstellt (Marzano & Marzano, 2003). Expertenwissen über Klassenmanagement sollte Teil des Erfahrungsschatzes guter Lehrer sein, denn Stress und Erschöpfung durch Schwierigkeiten bei der Klassenleitung gehen dem Lehrerburnout voraus (Emmer & Stough, 2001). Wie entstehen Schwierigkeiten beim Klassenmanagement?

Klassen stellen eine besondere Art von Lernumgebung dar. Sie haben ihre Eigenarten, dabei spielt es keine Rolle, wie die Schultische im Klassenraum aufgestellt sind oder welche Erziehungsideologie der Lehrer hat (Doyle, 1986, 2006). Unterricht ist *mehrdimensional*: Er besteht aus Personen, Aufgaben und auch zeitlichen Festlegungen. Viele Individuen mit verschiedenen Zielen, Vorlieben und Fähigkeiten müssen sich Ressourcen teilen, verschiedene Aufgaben erledigen, Material wiederholt verwenden, ohne es zu verlieren, sie müssen den Klassenraum betreten und ihn verlassen usw. Die einzelnen Handlungen können noch vielfältige Folgen haben. Die Konzentration des Lehrers auf die schwachen Schüler kann zwar deren Teilnahme am Unterricht und ihre Denkfähigkeit verbessern, kann aber gleichzeitig zu Managementproblemen führen, wenn die Schüler keine Antworten geben können. Verschiedene Ereignisse können *gleichzeitig auftreten* und *schnell ablaufen*. Lehrer interagieren mit einem Schüler mindestens hundert Mal am Tag.

Bei dieser Interaktionsgeschwindigkeit sind die Ereignisse unvorhersagbar. Auch wenn der Unterricht gut vorgeplant und der Projektor aufgebaut ist und der Vortrag steht, kann es Unterbrechungen durch eine ausgebrannte Elektrobirne oder wegen einer lautstarken Diskussion direkt vor der Klassentür geben. Was in der Klasse vor sich geht, ist öffentlich und kann von allen beurteilt werden. Schüler bemerken sehr wohl, wenn ihr Lehrer sie ungerecht behandelt. Hat er Lieblingsschüler? Wie reagiert er, wenn eine Klassenregel verletzt wird? Jede Klasse hat ihre eigene *Geschichte*. Die Bedeutung der Handlung eines bestimmten Lehrers oder Schülers hängt teilweise von den vorausgehenden Ereignissen ab. Das fünfzehnte Zuspätkommen eines Schülers erfordert eine andere Reaktion als das erste. Weiterhin lässt sich feststellen, dass die ersten Wochen

Verknüpfen und erweitern Sie mit anderen Kapiteln

Motivation und Klassenleitung sind eng miteinander verknüpft. Die Motivationsstrategien aus Kapitel 10 sind nützliche erste Schritte für ein reibungsloses Klassenmanagement.

im neuen Schuljahr maßgebend für das ganze Schuljahr sind.

12.1.1 Die erste Aufgabe: Zusammenarbeit

In einer Gruppe kann keine Produktivität ohne die Zusammenarbeit aller Beteiligter erreicht werden. Das bezieht sich anscheinend auf alle Klassen. Auch wenn nicht alle Schüler mitmachen wollen, müssen sie die Beteiligung der anderen zulassen (jeder hat sicher schon einmal erlebt, wie ein oder zwei Schüler eine ganze Klasse aufhalten können). Die erste Leitungsaufgabe des Lehrers besteht also darin, Ordnung und Harmonie in der Klasse durch Zusammenarbeit zwischen Schülern und Lehrern und Schülern untereinander herzustellen (Doyle, 2006). Teilt man die Ansicht, dass der Unterricht in der Klassengemeinschaft mehrdimensional, mit gleichzeitigen Abläufen, schnell, unvorhersagbar und öffentlich ist, aber auch seine eigene Geschichte hat, so liegt hier eine große Herausforderung für den Lehrer.

Die Kooperationsbereitschaft der Schüler zu sichern, heißt mehr, als nur auf effektive Weise mit Problemverhalten umzugehen. Es bedeutet, Aktivitäten zu planen, die Schüler angemessen im Verhaltens- und Leistungsbereich zu fordern, klare Signale zu setzen, Übergänge reibungslos zu gestalten, Probleme vorauszusehen und sie abzustellen, bevor sie überhaupt angefangen haben, Aktivitäten auszuwählen und in der richtigen Reihenfolge darzubieten, sodass keine Unterbrechungen auftreten und das Interesse der Schüler wachgehalten wird – und noch vieles mehr. Verschiedene Aktivitäten erfordern auch unterschiedliches Geschick in der Klassenleitung. Zum Beispiel kann ein neuer und komplizierter Teil des Unterrichts das Klassenmanagement stärker beeinträchtigen als eine vertraute, einfache Aufgabe. Und die Schülerbeteiligung pflegt je nach erforderlicher Aktivität unterschiedlich zu sein. Zum Beispiel können laute Zwischenrufe beim

Während in der Wunschvorstellung mancher Erwachsener die Schüler in der Klasse ruhig in Reihen an ihren Tischen sitzen, muss im realen Schulalltag der Lehrer die vielen Aktivitäten in der Klasse koordinieren.

Lesen einer lustigen Geschichte in einer Klasse mit Großstadtschülern Hinweise auf Engagement und Kooperation sein und nicht etwa Anzeichen von beginnendem Chaos (Doyle, 2006).

Natürlich gewinnt man die Aufmerksamkeit und Beteiligung von Vorschulkindern nicht auf die gleiche Weise wie die von Oberschülern. Jere Brophy und Carolyn Evertson (1978) definierten vier Stufen beim Klassenmanagement, die sich aus den altersgemäßen Bedürfnissen der Schüler ergeben: Im Vorschulalter und in den ersten Klassen der Grundschule müssen Klassenregeln und bestimmte Routinen direkt vermittelt werden. In den darauffolgenden Grundschuljahren sind die Routinen schon eingeübt und automatisiert, aber neue Vorgehensweisen bei einer bestimmten Aktivität können dann auch noch direkt vermittelt werden. Alles das muss beaufsichtigt und aufrechterhalten werden.

Gegen Ende der Grundschule stellen manche Schüler den Lehrer auf die Probe und widersetzen sich dessen Autorität. Die Herausforderung für ein Klassenmanagement besteht darin, diese Provokationen produktiv zu nutzen, damit die Motivation der Schüler erhalten bleibt, denn die Schüler orientieren sich zunehmend an ihren Altersgenossen und weniger an den Ansichten der Lehrer. Gegen Ende der höheren Schule muss der Lehrplan stärker beachtet werden, dabei aber auch das Material auf die Interessen und Fähigkeiten der Schüler abgestimmt und die Schüler zu einer größeren Selbststeuerung hingeführt werden. Die ersten

Unterrichtsstunden in jedem Schuljahr müssen unter Umständen für eine Einführung in bestimmte Vorgehensweisen und technische Hilfsmittel für den Unterricht oder für die Begleitung und das Einsammeln von Hausarbeiten aufgewendet werden. Die meisten Schüler wissen jedoch, was von ihnen erwartet wird.

12.1.2   Ziele für Klassenmanagement

> **Halt! Denken Sie nach! Schreiben Sie!**
> Sie haben ein Vorstellungsgespräch für eine Lehrerstelle in einem großen Bezirk – er gilt als offen für Neuerungen. Der stellvertretende Rektor schaut Sie einen Augenblick an und sagt dann: „Was heißt eigentlich ‚Klassenmanagement‘?" Was würden Sie antworten?

Das Hauptziel jedes **Klassenmanagements** ist, eine positive und produktive Lernumgebung zu schaffen und aufrechtzuerhalten. Aber Ordnung um ihrer selbst willen ist sinnlos. Wie bereits in Kapitel 6 angesprochen, sollte man Klassenmanagement nicht nutzen, nur um eine Klasse ruhigzustellen. Warum sollte sich der Lehrer also bemühen, eine Klasse gut zu managen? Mindestens drei Gründe können dafür angeführt werden.

Mehr Zeit zum Lernen

Wenn man die Zeiten für Werbung während einer Quizsendung in manchen Fernsehsendern mit der Stoppuhr verfolgt, kann man feststellen, dass die halbe Sendezeit für Werbung verwendet wird. Die Quizfragen nehmen wesentlich weniger Zeit in Anspruch. Misst man die Zeit im Unterricht, in der gelernt wird und sonst keine anderen Aktivitäten ablaufen, dann ist erstaunlich, wie kurz diese produktive Lernzeit ist. Viele Minuten verstreichen ungenutzt wegen Störungen, Unterbrechungen, hinausgeschobenen Anfängen und misslungenen Überleitungen (Karweit, 1989; Karweit & Slavin, 1981).

In der Regel können Schüler das, was ihnen angeboten wird, lernen. Fast alle Untersuchungen, die das Verhältnis von Zeit und Lernerfolg erforschten, fanden eine signifikante Beziehung zwischen der einem Thema gewidmeten Zeit und dem Lernerfolg der Schüler (Berliner, 1988). Die Korrelation zwischen den Inhalten des Unterrichtes und den Lernfortschritten

---

Klassenmanagement   Maßnahmen zur Einrichtung einer förderlichen Lernumgebung ohne große Lernprobleme.

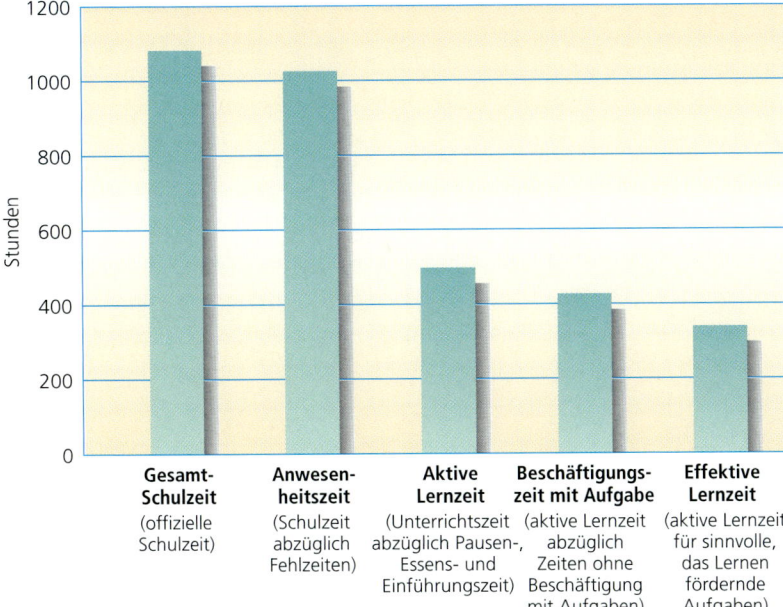

Abbildung 12.1: Wer weiß, wie die Zeit in der Schule verbracht wird? Von den mehr als 1000 Stunden im Jahr, die von staatlicher Seite aus als Schulzeit festgelegt wurden, bleiben lediglich 300 bis 400 Stunden effektive Lernzeit übrig.

Quelle: Aus *Elementary Classroom Management* (3. Aufl.) von C. S. Weinstein & A. J. Mignano, Jr., 2003. New York: McGraw-Hill. Copyright © 2003 McGraw-Hill Companies.

der Schüler sind gewöhnlich größer als die zwischen bestimmten Verhaltensweisen des Lehrers und den Lernfortschritten (Rosenshine, 1979). Das Hauptziel des Klassenmanagements sollte es deshalb sein, mehr Zeit für das Lernen des Unterrichtsstoffes zu gewinnen. Manchmal wird deshalb von **Lernzeit** im engeren Sinne gesprochen.

Nur die eigentliche Lernzeit zu verlängern, führt allein noch nicht zu Lernfortschritten. Die Zeit muss effektiv genutzt werden. Wie aus dem Kapitel über die am Lernen beteiligten kognitiven Prozesse zu entnehmen war, ist die Verarbeitung von Informationen der zentrale Vorgang beim Lernen und Erinnern. Die Schüler lernen im Allgemeinen, was sie eingeübt und worüber sie nachgedacht haben (Doyle, 1983). Die **aktive Lernzeit**, die mit der Bearbeitung bestimmter Aufgaben verbracht wird, ist maßgebend für das Lernen.

Aber auch hier wiederum garantiert die aktive Lernzeit nicht den Lernfortschritt. Das Material mag für manche Schüler zu schwierig sein oder sie verwenden die falschen Lernstrategien. Wenn Schüler erfolgreich arbeiten – wirklich etwas lernen und den Lernstoff verstehen –, wird diese Zeit **effektive Lernzeit** genannt. Ein weiteres Ziel des Klassenmanagements ist, diese ef-

fektive Lernzeit auszudehnen, indem den Schülern das Lernen fördernde Aufgaben angeboten und ihre Motivation für den Aufgabenerfolg in günstiger Weise beeinflusst werden. ▶ Abbildung 12.1 zeigt deutlich, wie die durchschnittlich 1000 Stunden Schulzeit eines typischen Schülers auf 333 effektive Lernstunden zusammenschrumpfen.

Es kann für einen Schüler sehr wichtig sein, wenn er schon in seinen ersten Grundschuljahren längere effektive Lernzeiten erlebt. Mehrere Untersuchungen zeigen, dass die Lehrereinschätzung von Schülerengagement bei den Aufgaben in der ersten Grundschulklasse die Verbesserung der Testergebnisse und die Noten bis zur vierten Klasse vorhersagt, aber darüber hinaus auch die Wahrscheinlichkeit eines Schulabbruchs in der höheren Schule (Fredricks, Blumenfeld & Paris, 2004).

Gelegenheit zum Lernen

Jede Klassenaktivität erfordert eine besondere Form der Beteiligung. Manchmal werden die Regeln für die Beteiligung vom Lehrer klar definiert, aber oft sind sie auch nur implizit und unausgesprochen. Lehrer und Schüler sind sich nicht einmal bewusst, dass sie nach

---

Lernzeit Zeit für das Lernen des Unterrichtsstoffes.

Aktive Lernzeit Zeit, in der ein Schüler sich mit den gestellten Aufgaben beschäftigt.

Effektive Lernzeit Zeit, in der ein Schüler die im Unterricht gestellten Aufgaben erfolgreich erledigt.

unterschiedlichen Regeln bei verschiedenen Aufgaben vorgehen (Berliner, 1983). Zum Beispiel muss man unter Umständen in einer Lesegruppe seine Hand erheben, wenn man etwas sagen will, aber in einer ungezwungenen Begrüßungsgruppe am Montagmorgen muss man vielleicht nur versuchen, den Blick des Lehrers zu erhaschen.

Wie bereits in Kapitel 5 dargestellt, sollte durch Regeln festgelegt sein, wer wann über was, mit wem und für wie lange sprechen darf. Diese Festlegungen werden **Teilnahmeregeln** genannt. Wenn ein Beitrag gelingen soll, müssen die Schüler die Beteiligungsregeln verstehen. Manche Schüler erscheinen jedoch weniger gut auf die Einhaltung solcher Regeln vorbereitet zu sein als andere. Die Regeln, die sie zu Hause im Umgang mit den Eltern, Geschwistern und anderen Erwachsenen gelernt haben, entsprechen nicht den Regeln in der Schule (Tharp, 1989). Aber Lehrer bemerken diesen Konflikt oft nicht. Sie spüren sehr wohl, dass ein Kind sich nicht an die Abmachungen hält und immer das Falsche zur falschen Zeit sagt, sich überhaupt wenig beteiligt, sie wissen aber nicht warum.

Was lässt sich daraus schließen? Um den zweiten Zweck guten Klassenmanagements zu erreichen, nämlich allen Schülern die Möglichkeit zu bieten, viel zu lernen, muss sichergestellt sein, dass alle Schüler wissen, *wie die Beteiligung* an Unterrichts- und anderen Aktivitäten *zu gestalten* ist. Wichtig ist, dass die Schüler sich über die Regeln im Klaren sind. Welche Regeln wurden festgelegt? Mit welchen Erwartungen kommen sie in die Schule? Verstehen die Schüler die Regeln, wenn sie verschiedener kultureller Herkunft sind und andere Erfahrungen von zu Hause mitbringen? Welche unausgesprochenen Regeln oder Wertorientierungen spielen eine Rolle? Vermittelt der Lehrer die einzelnen Regeln für die Beteiligung an Klassenaktivitäten klar genug? Einigen Schülern mit emotionalen und Verhaltensstörungen müssen meist die Regeln direkt vermittelt und sie sollten mit ihnen eingeübt werden (Emmer & Stough, 2001).

Adrienne Alton-Lee und ihre Kollegen (2001) berichten ein Beispiel für einen sensiblen Umgang mit Beteiligungsregeln aus Neuseeland. In einer Unterrichtseinheit über Kinder in Krankenhäusern sollte eine Maori-Schülerin über einen Besuch im Krankenhaus berichten. Zunächst hatte sie zugestimmt, aber als sie an die Reihe kam, schüttelte sie den Kopf. Die Lehre-

rin reagierte ruhig auf die Absage und meinte: „Wenn wir nachher im Kreis sitzen, kann uns Huhana vielleicht besser erzählen, was sie im Krankenhaus erlebt hat." Als alle dann im Kreis saßen, sagte die Lehrerin: „Nun, Huhana, als ich deine Mutter anrief und sie in die Schule kam, wo seid ihr dann hingegangen?" Als Huhana ihr Erlebnis berichtete, half ihre Lehrerin, ihr durch gezielte Fragen einen vollständigen Bericht zu geben. Sie wartete dabei geduldig die Antworten der Schülerin ab. Die Lehrerin machte eher die Situation für den unangemessenen Bericht verantwortlich als dass sie dem Kind mangelnde Ausdrucksfähigkeiten zuschrieb.

Management für Selbstmanagement

Das dritte Ziel aller Managementbemühungen für Schüler ist der Erwerb von Fähigkeiten, sich selbst zu managen. Wenn Lehrer lediglich verlangen, dass die Schüler ausführen, was sie sagen, brauchen die Schüler länger, bis sie Selbstmanagementstrategien erworben haben. Sie verbringen wesentlich mehr Zeit mit Beaufsichtigen und Verbessern. Schüler sehen dann den Zweck des Lernens lediglich darin, Regeln zu befolgen und nicht darin, ein tieferes Verständnis für das in der Schule zu lernende Wissen zu erwerben. Komplexe Lernstrukturen wie kooperatives oder problemorientiertes Lernen erfordern Selbstmanagement von Seiten des Schülers. Das Einhalten von Regeln reicht nicht aus, um mit diesen Lernformen effektive Lernergebnisse zu erzielen (McCaslin & Good, 1998).

Die veränderte Sichtweise in der Erziehung von Gehorsamsforderungen zur Vermittlung von Selbstregulation ist ein grundlegender Umschwung in der gegenwärtigen Diskussion um Klassenmanagement (Weinstein, 1999). Tom Savage (1999) behauptet: „Das Hauptanliegen von Disziplin ist die Entwicklung von Selbstkontrolle. In der Schule vermitteltes Wissen und technische Fähigkeiten wirken sich wenig positiv aus, wenn sie nicht selbstständig kontrolliert eingesetzt werden." (S. 11). Durch Selbstkontrolle üben Schüler, *Verantwortung* zu übernehmen – die Fähigkeit, ihre eigenen Bedürfnisse zu erfüllen, ohne die Bedürfnisbefriedigung und die Rechte anderer einzuschränken (Glasser, 1990). Schüler lernen Selbstkontrolle durch Entscheidungen, die sie treffen können, und durch die Erfahrung der Entscheidungsfolgen, durch Ziel- und

---

Teilnahmeregeln Regeln für die Form der Beteiligung an verschiedenen Aktivitäten in der Klasse.

Prioritätensetzen, durch Zeit für Management, durch Zusammenarbeit beim Lernen, Schlichten von Auseinandersetzungen und Frieden schließen sowie der Entwicklung von vertrauensvollen Beziehungen zu vertrauenswürdigen Lehrern und Klassenkameraden (Bear, 2005; Rogers & Frieberg, 1994).

Die Entwicklung von **Selbstmanagement** bedeutet Zeitaufwand, aber das Vermitteln von Verantwortungsübernahme ist eine Investition, die der Mühe wert ist. Wenn Grundschul- und Sekundarschullehrer ein sehr effektives Klassenmanagement aufgebaut, aber dabei den Aufbau von Selbstmanagement vernachlässigt haben, können die Schüler oft nicht selbstständig arbeiten, wenn sie diese straff geleiteten Klassen verlassen.

Eine positive Lernumgebung schaffen 12.2

Bei der Planung des Schuljahres einer Klasse sollten die vorherigen Kapitel hilfreich sein. Die Kapitel 2, 3, 4 und 5 können z. B. dadurch Probleme verhindern helfen, dass individuelle Unterschiede bei der Unterrichtsvorbereitung berücksichtigt werden. Manchmal stören Schüler, weil an sie gestellte Anforderungen zu hoch sind. Aber auch unterforderte Schüler können sich gelangweilt anderen Aktivitäten zuwenden, um sich die Zeit zu vertreiben.

Lehrer können Disziplinprobleme verhindern, wenn sie sich bemühen, Schüler zu motivieren. Ein Schüler, der mit Lernen beschäftigt ist, legt sich kaum mit dem Lehrer oder seinen Mitschülern an. Alle Vornahmen zur Motivierung von Schülern sind Schritte zur Verhinderung von Problemverhalten.

12.2.1 Einige Forschungsergebnisse

Was können Lehrer sonst noch tun? Pädagogische Psychologen an der Universität von Texas in Austin untersuchten einige Jahre lang gründlich verschiedene Aspekte des Klassenmanagements (Emmer & Stough, 2001; Emmer, Evertson & Anderson, 1980; Emmer & Gerwels, 2006). Sie beobachteten zu Beginn des Schuljahres häufig, später im Schuljahr dann weniger häufig, viele verschiedene Klassen. Nach einigen Monaten

> **Verknüpfen und erweitern Sie mit anderen Kapiteln**
>
> In Kapitel 13 lernen Sie, wie wichtig sorgfältiges Planen und klar definierte Ziele sind. Gute Planung ist ein wichtiger Bestandteil von Klassenmanagement.

stellten sich schon große Unterschiede zwischen den einzelnen Klassen heraus. Einige wiesen wenige Managementprobleme auf, andere dafür aber umso mehr. Nach Prüfung der Qualität des Klassenmanagements und der Schülerleistungen im Laufe des Jahres wurden die erfolgreichsten und schwächsten Lehrer ermittelt.

Als Nächstes schaute sich die Forschergruppe die Beobachtungsprotokolle der erfolgreichen Lehrer an, um herauszufinden, wie sie ihr Schuljahr begonnen hatten. Sie stellte noch weitere Vergleiche zwischen Lehrern ohne und mit Problemen in der Klassenleitung und solchen mit leistungsstarken und leistungsschwachen Klassen an. Auf der Grundlage dieser Vergleiche stellte die Forschergruppe eine Liste mit Prinzipien des guten Klassenmanagements zusammen. Diese Prinzipien vermittelten sie einer neuen Lehrergruppe. Deren Ergebnisse fielen recht positiv aus. Diejenigen Lehrer, die diese Prinzipien umsetzen konnten, hatten weniger Probleme ein gutes Leistungsniveau in ihren Klassen zu erreichen; ihre Schüler genossen längere aktive Lernzeiten und wiesen weniger Probleme auf, außerdem waren ihre Leistungen besser. Die gesamten Ergeb-

> **Verknüpfen und erweitern Sie Ihre Forschungskenntnisse**
>
> Für eine Beschreibung der Untersuchung, welche die Emmer/Evertson-Prinzipien des Klassenmanagements und noch weitere Ansätze überprüft hat, wie z. B. Verstärkungsstrategien bei Jugendlichen in verschiedenen Schultypen, lesen Sie Gottfredson, D. C., Gottfredson, G. D. & Hybl, I. G. (1993). Managing Adolescent Behavior: A Multiyear, Multischool Study. *American Educational Research Journal, 30*, 179–217. Allgemein sagen die Befunde aus, dass die Anwendung der Prinzipien des Klassenmanagements das Schülerverhalten in der Klasse verbessert hat.

Selbstmanagement Steuerung des eigenen Verhaltens und Übernahme von Verantwortung für die eigenen Handlungen mit Hilfe von behavioristischen Lernprinzipien.

nisse dieser Untersuchungsreihe sind in zwei Büchern über Klassenmanagement zusammengefasst (Emmer, Evertson & Worsham, 2006; Evertson, Emmer & Worsham, 2006). Viele der Ideen, die im Folgenden vorgestellt werden, sind diesen Büchern entnommen.

12.2.2 Notwendige Regeln und festgelegte Vorgehensweisen

> **Halt! Denken Sie nach! Schreiben Sie!**
> Welche drei oder vier Regeln würden Sie in Ihrer Klasse einführen wollen?

Grundschullehrer müssen täglich 20 bis 30 Schüler mit unterschiedlichen Fähigkeiten bei vielen Aktivitäten anleiten. Ohne Regeln und festgelegte Vorgehensweisen wird viel Zeit verschwendet, immer wieder die gleichen Fragen zu beantworten. „Mein Bleistift ist abgebrochen. Wie kann ich jetzt schreiben?" „Ich bin mit meiner Geschichte schon fertig. Was soll ich jetzt machen?" „Karl hat mir ein Bein gestellt!" „Ich habe meine Hausaufgaben zu Hause vergessen."

Auf der Sekundarstufe müssen Lehrer täglich mit über 100 Schülern umgehen, diese verwenden Dutzende von unterschiedlichen Unterrichtsmaterialien und wechseln oft den Unterrichtsraum. Schüler der Sekundarstufe fordern oft die Autorität des Lehrers heraus. Die effektiven Manager hatten für diese und andere Situationen vorsorglich Regeln und Vorgehensweisen festgelegt, damit diese Situationen bewältigt werden konnten.

Vorgehensweisen

Wie kann man Unterrichtsmaterialien und Aufgabenblätter verteilen und einsammeln? Wann dürfen Schüler den Raum verlassen? Nach welchen Kriterien werden die Noten vergeben? Was sind die besonderen Maßnahmen für den Einsatz von Mitteln und Apparaturen im naturwissenschaftlichen Unterricht, im Kunstunterricht oder in berufskundlichen Stunden? Vorgehensweisen für solche Situationen werden oft nur mündlich festgelegt; sie werden meist einfach ausgeführt. Carol Weinstein und Andy Mignano (Weinstein, 2003; Weinstein & Mignano, 2003) schlagen vor, die Vorgehensweisen für die folgenden Bereiche festzulegen:

1 *Verwaltungsmaßnahmen*, wie etwa Anwesenheitskontrollen.

2 *Bewegungsfreiheit der Schüler*, wie etwa das Verlassen des Klassenraumes während des Unterrichtes.

3 *Klassenzimmerordnung*, wie etwa Pflanzen gießen oder Verstauen von Schulsachen unter den Tischen oder Schränken.

4 *Maßnahmen zur Erledigung von Unterrichtsanforderungen*, wie etwa Aufgaben einsammeln oder Hausarbeiten einreichen.

5 *Umgang zwischen Lehrer und Schüler*, wie etwa die Aufmerksamkeit des Lehrers auf sich lenken, wenn der Schüler Hilfe benötigt.

6 *Gespräche unter Schülern*, wie etwa Aushelfen oder sich unterhalten.

Diese sechs Bereiche können als Anhaltspunkte dienen, wenn Lehrer ihre Regeln und Vorgehensweisen in der Klasse festlegen. Die *Richtlinien* geben noch weitere Hilfestellungen.

Regeln

Verhaltensregeln legen erwartete und unerwünschte Handlungen im Klassenkontext fest. Sie beinhalten die Verhaltensgebote und -verbote in der Klassengemeinschaft. Während die Vorgehensweisen meist nicht schriftlich festgelegt werden, geschieht dies mit den Regeln sehr wohl, sie werden auch ausgehängt. So werden Regeln verbindlicher. Bei der Festlegung der Regeln sollte jedoch darauf geachtet werden, dass sie keine Zwangsatmosphäre erzeugen. Wie sollen sich Schüler verhalten, damit Sie effektiv unterrichten können? Welche Grenzen müssen den Schülern gesetzt werden? Die von Ihnen festgelegten Regeln sollten mit denjenigen der Schule übereinstimmen und den Lernregeln entsprechen. Zum Beispiel ist aus Untersuchungen über das Lernen in kleinen Gruppen bekannt, dass Schüler davon profitieren, wenn sie Mitschülern etwas erklären können. Sie lernen durch Lehren. Eine Regel, die den Schülern untersagt, sich gegenseitig zu helfen, steht dem Lernen also entgegen. Oder eine Regel, die die Verwendung von Radiergummis beim Schreiben untersagt, kann das Augenmerk der Schüler auf das Vermeiden von Fehlern richten, anstatt auf die klare Ausdrucksweise (Burden, 1995; Emmer & Stough, 2001; Weinstein & Mignano, 2003).

Verhaltensregeln Aussagen über erwünschtes oder unerwünschtes Verhalten; Gebote oder Verbote.

Klassenregeln festlegen

Legen Sie Vorgehensweisen und Maßnahmen fest für die Ordnung auf und unter den Schultischen, die Ausstattung des Klassenraums und andere Einrichtungsgegenstände.

Beispiele

1 Legen Sie eine Zeit fest, in der im Klassenzimmer täglich oder wöchentlich aufgeräumt wird.

2 Führen Sie den Schülern vor, wie man einen Stuhl unter den Tisch schiebt, Material aus dem Regal nimmt und wieder zurücklegt, Bleistifte spitzt, das Waschbecken und den Wasserhahn benutzt, Laboreinrichtungen aufbaut usw.

3 Legen Sie eine Reihenfolge fest, in der diese Vorgänge verantwortlich betreut werden.

Legen Sie fest, wie Schüler das Klassenzimmer betreten und verlassen sollen.

Beispiele

1 Wenn die Schüler das Klassenzimmer betreten, sollen sie bestimmte Dinge erledigen (Hefte mit den Hausarbeiten herausholen, sodass sie durchgesehen werden können).

2 Teilen Sie den Schülern mit, wann sie den Klassenraum verlassen können, und machen Sie ihnen klar, wann sie um Erlaubnis fragen müssen.

3 Besprechen Sie mit den Schülern, was sie tun müssen, wenn sie zu spät kommen.

4 Vereinbaren Sie mit den Schülern, wann sie nach dem Unterricht den Raum verlassen dürfen. Sie sollten so lange ruhig auf ihren Plätzen sitzen bleiben, bis der Lehrer sie entlässt. Die Anweisung des Lehrers ist maßgebend, nicht die Klingel.

Vereinbaren Sie Zeichen mit den Schülern.

Beispiele

1 Schalten Sie im Klassenzimmer das Licht aus und an, spielen Sie auf dem Klavier oder der Blockflöte einen Akkord, lassen Sie eine Glocke erklingen, wie auf der Theke eines Ladens, stellen Sie sich auf das Podium und schauen Sie eindringlich in die Klasse, ohne ein Wort zu sagen; benutzen Sie Phrasen wie: „Herschauen, bitte", greifen Sie zu Ihrem Notenbuch oder begeben Sie sich vor die Klasse.

2 Auf den Fluren können Sie durch Handheben oder In-die-Hände-Klatschen oder einem anderen Zeichen ein Stopp-Signal anzeigen.

3 Heben Sie auf dem Spielplatz eine Hand oder signalisieren Sie durch Pfeifen, dass sich alle in einer Reihe aufstellen sollen.

Legen Sie die Regeln für die Beteiligung der Schüler am Unterricht fest.

Beispiele

1 Entscheiden Sie, ob die Schüler im Unterricht vor dem Sprechen die Hand heben sollen oder ob sie einfach abwarten sollen, bis der vorherige Sprecher seinen Redebeitrag beendet hat.

2 Vereinbaren Sie ein Zeichen, dass alle zusammen sprechen sollen. Einige legen die hohle Hand an die Ohrmuschel, andere sagen: „An alle" und stellen dann eine Frage.

3 Die Signale sollten klar zwischen Situationen unterscheiden: für die Lesegruppe, das Lernzentrum, die Diskussion, die Lehrerdarstellung, die Arbeit, die im Sitzen erledigt werden muss, den Film, die Lerngruppe, die Bibliothek usw.

4 Legen Sie fest, wie viele Schüler gleichzeitig sich am Bleistiftspitzer aufhalten sollten, am Lehrerpult, in der Lernzentrum, am Waschbecken, an den Bücherregalen, in der Leseecke oder auf der Toilette.

Legen Sie fest, wie Sie die Schularbeiten ankündigen, einsammeln und zurückgeben werden.

Beispiele

1 Vereinbaren Sie einen Platz, an dem die Schularbeiten angeschlagen werden sollen. Manche Lehrer legen eine Ecke auf dem Anschlagbrett fest. Andere schreiben sie mit farbiger Kreide an die Tafel. Jüngeren Schülern gibt man am besten ein Arbeitsblatt in die Hand oder verschieden farbige Mappen für einzelne Fächer.

2 Stellen Sie klar, wie und wo Schularbeiten eingesammelt werden sollen. Einige Lehrer verwenden zum Einsammeln eine Schachtel oder einen Korb, in die die Schüler die Arbeiten ablegen; andere lassen einen Schüler die Arbeiten einsammeln, während sie schon die nächste Unterrichtseinheit einleiten.

Wenn Sie mehr über die Festlegung von Regeln und Vorgehensweisen wissen wollen, lesen Sie unter
http://web.utk.edu/~mccay/apdm/classmgt/classmgt_d.htm

Regeln sollten klar und ausführbar sein (hebe die Hand, damit alle erkennen, dass du etwas sagen willst). Wenige allgemeine Regeln, die viele spezifische Anweisungen umfassen, sind besser als lange Listen von „Tue dies"- und „Lasse das"-Ge- und -Verboten. Aber wenn einzelne Handlungsweisen verboten sind, wie z. B. Rauchen auf der Toilette oder Verlassen des Schulgeländes, sollten diese ausdrücklich und unmissverständlich ausgeführt werden (Emmer & Gerwels, 2006).

Regeln für die Grundschule

Evertson und ihre Kollegen (2006) geben vier Beispiele für allgemeine Regeln in den Grundschulklassen:

1 *Behandeln Sie alle Menschen höflich und respektvoll.* Erklären Sie den Schülern, was Sie unter „höflich" verstehen, dass damit auch gemeint ist, Mitschüler nicht zu schlagen, nicht mit ihnen zu kämpfen oder sie zu ärgern. Beispiele für höfliches Verhalten sind Warten, bis man an der Reihe ist, „Bitte" und „Danke" zu sagen und jemanden nicht mit Schimpfnamen zu belegen. Diese Regeln beziehen sich auf Erwachsene (auch Lehrervertretungen) und Kinder.

2 *Beginnen Sie unverzüglich und seien Sie vorbereitet.* Diese Regel rückt die Wichtigkeit der schulischen Arbeit in den Mittelpunkt. Unverzüglich zu beginnen heißt, gleich nach Schulbeginn anzufangen und die Übergänge zwischen den einzelnen Aktivitäten nicht unnötig auszudehnen.

3 *Hören Sie still zu, wenn andere reden.* Diese Regel gilt gleichermaßen für Lehrer und Schüler in großen Klassen und kleinen Diskussionsgruppen.

4 *Befolgen Sie alle Schulregeln.* Das wird die Schüler daran erinnern, alle Schulregeln auch in der Klasse einzuhalten. Dann können sich Schüler nicht mehr rechtfertigen, sie hätten nicht gewusst, dass man keinen Kaugummi in der Schule kauen darf oder dass man in der Schule nicht Radio hören sollte bzw. sie hätten geglaubt, dass die Schulregeln in der Klasse nicht unbedingt befolgt werden müssten.

Gleichgültig welche Regel angesprochen ist, die Schüler müssen das in der Regel festgelegte Verhalten an den Tag legen oder das ausgeschlossene Verhalten vermeiden. Beispiele, Übung und Besprechungen müssen erfolgt sein, sonst ist das Lernen nicht abgeschlossen.

Wie aus dem Vorherigen hervorgeht, bedürfen verschiedene Aktivitäten unterschiedlicher Regeln. Dies kann für Grundschüler zunächst verwirrend sein, bis sie alle Regeln überschauen. Um diese Verwirrung zu mindern, könnten zuerst alle Regeln für eine bestimmte Aktivität aufgeführt werden. Dann, bevor diese Aktivität ausgeführt wird, könnte ein bestimmtes Signal zur Erinnerung an die Regeln erfolgen. Dies schafft klare und in sich stimmige Hinweisreize für bestimmte Beteiligungsformen, sodass alle Schüler – nicht nur diejenigen, die sich gut benehmen – wissen, was von ihnen erwartet wird. Natürlich müssen alle Regeln zuerst erklärt und besprochen werden, bevor sie voll akzeptiert werden können.

Regeln für die Sekundarstufe

Emmer und Kollegen (2006) schlagen sechs Beispiele für Regeln in der Sekundarstufe vor:

1 *Bringe alle benötigten Materialien in die Klasse mit.* Die Lehrer sollten die Art des Füllers, Bleistifts, Papiers, Notizbuchs, Texts usw. spezifizieren, damit die Regel ausgeführt werden kann.

2 *Sei auf deinem Platz und bereit, den Unterricht zu beginnen, wenn die Klingel läutet.* Manche Lehrer haben diese Regel so umgesetzt, dass sie ein Beginnritual eingeführt haben: Sie führen eine kleine Übung zum Einstieg an der Tafel durch oder sie lassen die Schüler ihr Heft auf den Tisch legen und eine Überschrift mit dem Thema der ersten Stunde eintragen.

3 *Begegne anderen Menschen mit Respekt und sei höflich.* Das heißt, Kämpfe, Beschimpfungen und allgemein Ärgermachen sollten vermieden werden. Lehrer gehören auch zu den „anderen Menschen"!

4 *Respektiere das Eigentum anderer.* Dies umfasst das Eigentum der Schule, des Lehrers oder von Mitschülern.

5 *Höre zu und bleibe sitzen, solange ein anderer spricht.* Dies gilt für die Situation, in der Lehrer oder Mitschüler etwas zu sagen haben.

6 *Befolge alle Schulregeln.* Wie bei den Regeln der Grundschüler auch werden hierunter eine Reihe von Geboten und Verboten in verschiedenen Situationen gefasst, es müssen nicht alle Schulregeln in der Klasse wiederholt werden. Wenn der Lehrer alle Schulregeln befolgt, werden die Schüler daran erinnert, dass sie innerhalb und außerhalb der Klasse beaufsichtigt werden. Der Lehrer sollte alle Schulregeln genau kennen. Manche Sekundarschüler versuchen, den Lehrer beredt zu überzeugen, dass ihr Verhalten eigentlich nicht gegen die Schulregeln verstößt.

Konsequenzen

Sobald Lehrer Entscheidungen über Regeln und Vorgehensweisen treffen, müssen sie zugleich die Konsequenzen bei Nicht-Einhalten der Regeln oder Vorgehensweisen festlegen. Wenn eine Regel nicht befolgt wurde, ist es zu spät dafür. Die logische Folge von Regelverletzungen wäre, das Gewünschte noch einmal richtig zu wiederholen. Wenn ein Schüler auf dem Flur gerannt ist, sollte er zurückgehen und noch einmal in angemessener Ganggeschwindigkeit durch den Flur gehen. Unvollständige Hausarbeiten können ergänzt werden. Nicht zurückgegebenes Material kann zurückgelegt werden (Charles, 2002b). Sie können **natürliche** oder **logische Konsequenzen** einsetzen, um die soziale/emotionale Entwicklung durch die folgenden Maßnahmen zu fördern (Elias & Schwab, 2006):

■ Ihre Reaktion sollte das Geschehene vom Handelnden trennen – das Problem liegt in der Handlung, nicht in der Person des Handelnden.

■ Betonen Sie gegenüber dem Schüler dessen Handlungsfreiheit und dass er Kontrolle über die Folgen seiner Handlungen hat.

■ Regen Sie die Schüler zu eigenen Überlegungen, Selbstbewertungen und Problemlösungen an – vermeiden Sie es, den Schülern Vorträge zu halten.

■ Verhelfen Sie Schülern zur Einsicht darüber, was und warum sie das nächste Mal in einer ähnlichen Situation etwas besser machen könnten.

Der entscheidende Punkt ist, dass die Entscheidungen über negative und positive Folgen von Regelverletzungen und -einhaltungen bekannt sein müssen, bevor eine Regel oder eine Vorgehensweise nicht befolgt oder eingehalten wird. Lehrer sollten sich die Schulregeln für Lehrer und Schüler besorgen und sie dann im Rahmen ihrer Klassenleitung konkretisieren und ergänzen. Die Konsequenzen können unter Umständen kompliziert sein, wie eine Fallstudie mit vier erfahrenen Grundschullehrern zeigt. Weinstein und Mignano (2003) wiesen sieben Kategorien von negativen Konsequenzen nach; diese sind in ▶ Tabelle 12.1 (siehe S. 554) zusammengefasst.

Wer legt die Regeln und Konsequenzen fest?

Im ersten Kapitel wird ein erfahrener Lehrer beschrieben, der mit seinen Schülern zusammen eine Art „Grundrecht" ausarbeitete, statt einzelne Regeln auszuzählen. Die einzelnen im Grundrecht verankerten Rechte umfassen die meisten Situationen, die eine Regel erfordern, und sie ebnen den Weg zum Selbst-Management der Schüler. Einige „Grundrechte" einer Klasse sind in ▶ Tabelle 12.2 (siehe S. 554) zusammengestellt. Rechte und Verantwortlichkeiten zu definieren und nicht nur Regeln festzulegen „vermitteln den Schülern, dass etwas nicht nur deshalb falsch ist, weil es eine Regel gibt, die es verbietet, sondern, im Gegenteil, es soll ihnen klargemacht werden, dass es eine Verbotsregel gibt, weil etwas falsch ist. Lehrer müssen den Schülern erklären, warum dies so ist." (Weinstein, S. 154) Den Schülern sollte verständlich gemacht werden, dass die Regeln entwickelt wurden, um die Zusammenarbeit und das gemeinsame Lernen zwischen Schülern und Lehrern zu fördern.

Wenn Schüler an der Zusammenstellung der Regeln beteiligt sind oder eine Verfassung schreiben, muss sich erst ein Gemeinschaftsgefühl in der Klasse entwickeln. Schüler müssen aber zunächst Vertrauen zum Lehrer und zur Situation fassen (Elias & Schwab, 2006).

Eine andere Art, eine gute Lernumgebung zu erzeugen, ist die physikalische Umgebung des Klassen-

---

Natürliche/logische Konsequenzen Anstelle von Strafen erfolgen Wiedergutmachung, Wiederholen oder die natürlichen Folgen von Handlungen in Kauf nehmen.

Tabelle 12.1

Die sieben Kategorien der negativen Konsequenzen von Regelverletzungen für Schüler

1 *Ausdruck der Enttäuschung.* Wenn Schüler ihren Lehrer respektieren, dann kann sein ernster, sorgenvoller Ausdruck von Enttäuschung Schüler dazu veranlassen, über ihr unerwünschtes Verhalten nachzudenken und es einzustellen.

2 *Verlust von Privilegien.* Schüler können einem Teil ihrer Freizeit verlustig gehen, wenn sie ihre Hausaufgaben nicht erledigen. Zum Beispiel müssen sie sie dann unter Umständen in einer Freistunde fertigschreiben.

3 *Ausschluss aus der Gruppe.* Schüler, die ihre Gleichaltrigen ablenken oder nicht zusammenarbeiten wollen, können von der Gruppe getrennt werden, bis sie ihr Verhalten geändert haben. Manche Lehrer schicken solche Schüler für 10 bis 15 Minuten aus der Klasse in eine andere oder in die Schulbibliothek, wo die dort Anwesenden den Schüler ignorieren.

4 *Überlegungen niederschreiben über das problematische Verhalten.* Schüler können in der Schülerzeitung einen Artikel oder im Unterricht einen Aufsatz darüber schreiben, was sie getan haben und welche Folgen es für sie selbst und andere haben kann; sie können einen Entschuldigungsbrief schreiben – wenn er angebracht ist.

5 *Nachsitzen.* Nachsitzen kann ganz kurz nach der Schule erfolgen, während der Freistunde, in der Mittagspause. Der Zweck sollte in der Besprechung der Vorkommnisse liegen, die Anlass für das Nachsitzen waren. (In manchen höheren Schulen wird Nachsitzen als Strafe eingesetzt; Schulsuspendierung und -entlassung sind extremere Maßnahmen.)

6 *Vorladung zum Rektor.* Erfahrene Lehrer verwenden diese Strafe selten, nur wenn die Situation es erfordert. In einigen Schulen erfolgt die Einbestellung nur bei bestimmtem Verhalten wie körperlichen Auseinandersetzungen. Manche Schüler verweigern den Weg zum Rektor. In diesem Fall sollte der Lehrer den Rektor verständigen und den Schüler ankündigen. Drückt sich der Schüler dann unterwegs, erfolgt die Strafe des Rektors für das „Verschwinden".

7 *Verständigung der Eltern.* Wenn Problemverhalten immer wieder auftaucht, verständigen die meisten Lehrer die Eltern des Schülers. Dadurch kann unter Umständen Unterstützung von zu Hause eingeholt werden, um dem Schüler zu helfen und nicht, um die Eltern zur Verantwortung zu ziehen oder den Schüler zu bestrafen.

Tabelle 12.2

Grundrechte für Schüler und Lehrer

Die Grundrechte der Schüler

Schüler in dieser Klasse haben die folgenden Rechte:
- Zu flüstern, wenn der Lehrer gerade nicht spricht oder um Ruhe bittet.
- Zu feiern, wenn ein guter Aufsatz oder eine andere gute Arbeit geschrieben wurde – mindestens einmal im Monat.
- Draußen Sport zu treiben, wenn an einem Wochentag kein Sportunterricht ist.
- Kurze Zwei-Minuten-Pausen einzulegen.
- Gesunde kleine Pausenmahlzeiten in den dafür vorgesehenen Pausen einzunehmen.
- Bei der Auswahl eines Tisches mitbestimmen zu können.
- Die Privatsphäre zu wahren. Es muss gegenseitig um Erlaubnis gebeten werden, wenn das Eigentum anderer angefasst werden soll.
- Sich wohlzufühlen.
- Kaugummi zu kauen, aber ohne Aufblasen und Kleben der Kaugummis an Gegenständen.
- Eine Entscheidung über Abfolgen im Unterricht und andere Tätigkeiten zu treffen.
- Freie Zeit zum eigenständigen Arbeiten zu haben.
- Mit anderen zusammenzuarbeiten.
- Vor der Klasse etwas zu sagen, ohne dass jemand dazwischenspricht.
- Ungestört zu arbeiten.

raums zu gestalten sowie die Unterrichtsmaterialien und Lernmittel.

12.2.3 Lernräume planen

Räume zum Lernen sollten den geplanten Unterricht in der Klasse attraktiv machen und unterstützen und sollten die Nutzer der Räume mit Respekt aufnehmen. Dieser Respekt beginnt bereits an der Klassentür für die Erstklässler, sie sollten ihre Klasse leicht erkennen können. Eine Schule erhielt den Architekturpreis für die Gestaltung mit Farbe: Jede Klassentür und jeder Klassenraum war in einer anderen leuchtenden Farbe gestrichen, sodass die Erstklässler ihr „zu Hause" finden (Herbert, 1998). Im Klassenraum selbst können Nischen geschaffen werden für ruhiges Lesen, Gruppenarbeit oder selbstständiges Forschen. Wenn die Schüler für ihre Tätigkeiten Material benötigen, sollte es für sie zugänglich aufbewahrt werden. In einem Interview mit Marge Scherer (1999) beschreibt Herb Kohl, wie er in seinen Klassen eine anregende und anheimelnde Atmosphäre schafft.

Ich stelle die schönsten Gegenstände aus – Spiele, Puzzles, Poster und Geschicklichkeitsaufgaben – und stelle sie den Kindern als Provokation vor. Sie sollen ihren Verstand benutzen. Man muss Räume so gestalten, dass Kinder sie betreten und ausrufen: „Ich möchte mal sehen, was es hier alles gibt. Ich möchte mir das mal genauer ansehen." (S. 9)

Bei der Raumaufteilung im Klassenzimmer bieten sich zwei Möglichkeiten an: nach persönlichen und nach Interessensbereichen.

Persönliche Bereiche

Kann die physikalische Umgebung das Lehren und Lernen in der Klasse beeinflussen, wenn der Klassenraum in persönliche Bereiche aufgeteilt wurde? Ein Platz in der ersten Reihe hat meist eine erhöhte Beteiligung bei sonst schwatzhaften Schülern zur Folge. Ein Platz in den hinteren Reihen dagegen fördert die Tagträumereien und regt wenig zur Beteiligung am Unterricht an (Woolfolk & Brooks, 1983). Der Bereich mit der größten Beteiligung, die **Aktionszone**, liegt meist eher an einer Seite oder in der Nähe einer Lernecke (Good, 1983a; Lambert, 1994). Um die lebhafte Beteiligung auch auf andere Schüler überspringen zu lassen, schlagen Weinstein und Mignano (2003) vor, dass Lehrer im Raum umherwandern, Blickkontakt mit weiter weg sitzenden Schülern aufnehmen und Fragen direkt an sie richten; außerdem sollte die Sitzordnung verändert werden, sodass jeder einmal vorne oder hinten sitzt.

Horizontale Reihen zeigen viele der Vorteile der traditionellen Bankanordnungen. Sie sind nützlich, wenn allein an einem Arbeitsblatt gearbeitet oder eine Klassenarbeit geschrieben werden soll, wenn ein Lehrer oder ein Schüler etwas vortragen oder etwas über Mediendarbietung vermittelt werden soll; so wird die Aufmerksamkeit auf den Vortragenden gelenkt und er benötigt nur ein Vorführgerät. Die horizontalen Reihen erleichtern auch die Zusammenarbeit in Paaren. Für Gruppendiskussionen ist diese Anordnung jedoch sehr ungünstig.

Anordnungen in kleinen Gruppen zu viert oder Sitzen im Kreis sind am besten für die Schülerinteraktionen. Die Kreisanordnungen sind sehr günstig für eine Diskussion, aber lassen auch selbstständiges Arbeiten zu. Kleingruppen erlauben den Schülern miteinander zu sprechen, sich gegenseitig zu helfen, Materialien gemeinsam zu benutzen und an Gruppenaufgaben zu arbeiten. Beide räumlichen Anordnungen sind ungünstig, wenn ein Beitrag für die ganze Gruppe vorgetragen werden soll; außerdem machen beide das Klassenmanagement schwieriger, weil der Lehrer nicht alle Schüler gleichzeitig überblicken kann.

In einer Stapelanordnung rücken Schüler enger um den Gegenstand zusammen, der im Mittelpunkt der Aufmerksamkeit steht (die letzte Reihe kann dabei

---

Aktionszone Bereich im Klassenraum, in dem die lebhafteste Beteiligung an den Klassenaktivitäten stattfindet.

Verknüpfen und erweitern Sie Ihre Forschungskenntnisse

Sie können drei Fallstudien nachlesen, in denen beschrieben wird, wie Lehrer die physikalische Umgebung in ihren Klassenräumen gestalten: Pointon, P. & Kershner, R. (2000). Making Decisions About Organizing the Primary Classroom as a Context for Learning. The Views of Three Experienced Teachers and Their Pupils. *Teaching and Teacher Education, 16*, 117–127.

durchaus stehen, wenn es erforderlich ist). Sie eignet sich nicht für lange Aufmerksamkeitszeiten, denn sie ist ungemütlich und kann disziplinarische Probleme mit sich bringen (aneinanderstoßen, Sicht verdecken usw.). Auf der anderen Seite kann die Enge ein Gefühl des Zusammenhaltes (Kohäsion) vermitteln und bei Vorführungen allen Schülern eine gute Sicht ermöglichen; sie kann hilfreich sein bei einer Brainstorming-Sitzung über ein Klassenproblem oder wenn man eine kleine grafische Darstellung/ein Foto zur Illustration heranziehen muss.

Interessensecken

Je nachdem, wie einzelne Ecken für bestimmte Interessensgebiete entworfen werden, können diese von Schülern genutzt werden. Zum Beispiel verhalf Carol Weinstein (1977) einer Klassenlehrerin zu einer besseren Beteiligung von Mädchen am naturwissenschaftlichen Unterricht dadurch, dass sie eine neue Anordnung der Interessensecken mit ihr plante und in die Tat umsetzte. Das Interesse am Experimentieren stieg allgemein mit der neuen Anordnung. In einer anderen Untersuchung stieg die Freude am Lesen und an Literatur durch eine Umordnung der Leseecke (Morrow & Weinstein, 1986). Bei der Neuordnung von Interessensbereichen sollten die *Richtlinien* beachtet werden.

Persönliche Arbeitsplätze und Interessensecken schließen sich nicht gegenseitig aus; Lehrer versuchen möglichst, beides zu vereinen, wenn sie ihre Klassenräume planen. Die einzelnen Arbeitsplätze der Schüler werden in der Mitte des Raumes platziert, die Interessensecken werden hinten oder am Rand des Klassenraumes eingerichtet. Dies erlaubt jederzeit von Klassenaktivitäten auf Kleingruppenarbeit überzugehen. ▶ Abbildung 12.2 zeigt einen Grundschulraum, der Interessensecken und persönliche Arbeitsplätze vereint.

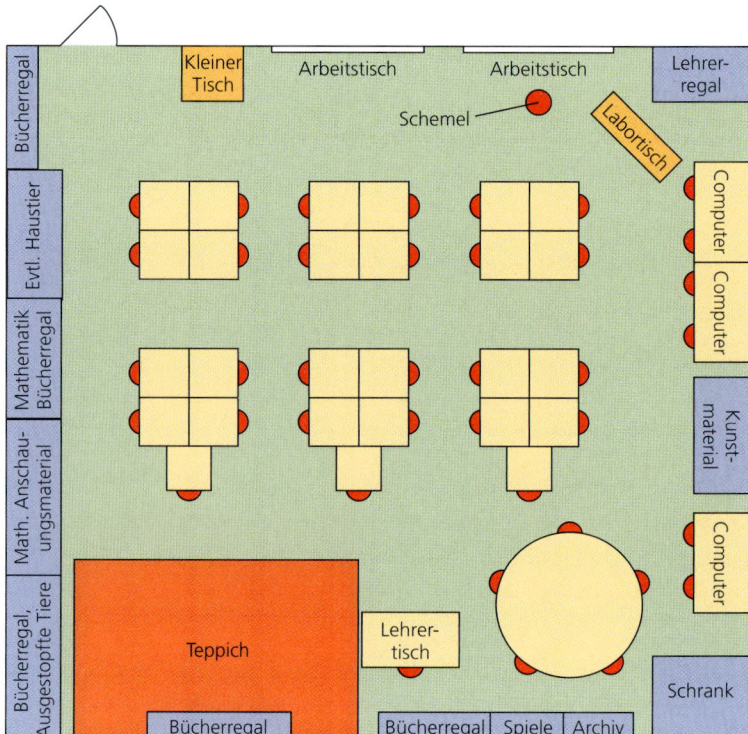

Abbildung 12.2: **Eine Anordnung für eine Grundschulklasse.** Ein Klassenlehrer einer vierten Grundschulklasse hat eine Anordnung entworfen, die dem Lehrer Vorführungen erlaubt, Arbeit in Kleingruppen, Computerarbeit, Mathematikveranschaulichungen, informelles Lesen, Kunst- und andere Projekte zulässt, ohne ständig umräumen zu müssen.
Quelle: Aus *Elementary Classroom Management* (3. Aufl.) von C. S. Weinstein & A. J. Mignano, Jr. New York: McGraw-Hill. Copyright © 2003 McGraw-Hill Companies.

Lernräume entwerfen

Stellen Sie die Erfordernisse fest und beziehen Sie diese in Ihre Entwürfe ein.
Beispiele
1 Vergessen Sie nicht, dass audiovisuelle Hilfsmittel und Computer den Zugang zu einer Steckdose benötigen.
2 Das Material für den Kunstunterricht sollte in der Nähe einer Wasserleitung untergebracht werden.

Das Unterrichtsmaterial sollte leicht zugänglich und übersichtlich an einem Platz verstaut sein, der leicht in Ordnung zu halten ist.
Beispiele
1 Achten Sie darauf, dass das Material leicht erreichbar und gut überschaubar verstaut ist.
2 Stellen Sie ausreichend Regale im Klassenraum auf, sodass die Materialien nicht gestapelt werden müssen.

Die Schüler sollten saubere und bequeme Arbeitsflächen zum Lernen erhalten.
Beispiele
1 Stellen Sie die Bücherregale in der Nähe der Leseecke auf, legen Sie die Spiele auf den Spieltisch.
2 Manche Auseinandersetzungen lassen sich vermeiden, wenn die Arbeitsplätze ausreichend Platz für alle Schüler bieten.

Vermeiden Sie leere Flächen und „Rennbahnen".
Beispiele
1 Gruppieren Sie nicht alle Interessensbereiche an den Wänden des Klassenraumes entlang, sodass in der Raummitte eine leere Fläche entsteht.
2 Es sollten keine Möbelstücke in der Raummitte stehen, um die herum Rennen veranstaltet werden können.

Ordnen Sie die Gegenstände im Raum so an, dass Sie Ihre Schüler und dass die Schüler Ihre Vorführungen gut sehen können.
Beispiele
1 Stellen Sie sicher, dass Sie über die Raumteiler hinwegblicken können.
2 Arrangieren Sie die Sitzplätze der Schüler so, dass diese nicht die Tische und Stühle verschieben müssen, um etwas sehen zu können.

Die Arbeitsbereiche sollten ruhig und ungestört sein.
Beispiele
1 Arbeitstische sollten nicht in Verkehrswegen aufgestellt werden; ein Schüler sollte nicht durch einen anderen Arbeitsbereich gehen müssen, um an seinen Platz zu gelangen.
2 Trennen Sie ruhige und laute Arbeitsbereiche so weit wie möglich voneinander. Erzeugen Sie das Gefühl von Ungestörtheit durch das Aufstellen von Raumteilern wie Bücherregalen oder Stellwänden zwischen den einzelnen Bereichen oder innerhalb von großen freien Flächen.

Lassen Sie eine gewisse Entscheidungsfreiheit und Flexibilität zu.
Beispiele
1 Für individuelles Arbeiten sollten kleine „Kabinen" aufgestellt werden, für die Gruppenarbeit offene Tische und für die Versammlung der ganzen Klasse können Sitzkissen auf den Boden gelegt werden.
2 Die Schüler sollten einen Platz für ihre eigenen Sachen haben, besonders dann, wenn kein persönlicher Arbeitsplatz vorhanden ist.

Experimentieren Sie mit neuen Anordnungen, überprüfen Sie deren Auswirkungen und korrigieren Sie gegebenenfalls.
Beispiele
1 Probieren Sie eine neue Anordnung etwa zwei Wochen lang aus und überprüfen Sie dann, ob sich dadurch ein verbesserter Unterrichtsablauf gestalten lässt.
2 Achten Sie darauf, dass Sie Ihre Schüler einbeziehen, denn sie müssen in dem Raum auch arbeiten. Die gemeinsame Raumplanung mit den Schülern kann zu einer erzieherischen Aufgabe gemacht werden.

Wenn Sie mehr über die Gestaltung von Schulräumen wissen wollen, lesen Sie unter
http://www.edfacilities.org/

Tabelle 12.3

Tipps für die Verwaltung eines Computerlabors

Die folgenden Ideen stammen von Cheryl Bolick und James Cooper (2006).

- Unterrichtsstunden mit technischem Aufwand sollten *vorher* immer einen Probelauf haben und es sollte eine Ersatzstunde vorbereitet sein, falls die Technik nicht funktioniert.

- Verfassen Sie schriftliche Instruktionen für die am häufigsten verwendeten Computeroperationen – Programme eröffnen, Grafiken einfügen, Dokumente ausdrucken usw.; schreiben Sie sie auf Karteikarten und verbinden Sie diese mit einem Metallring. Eine Instruktionssammlung sollte an jedem Computer stehen.

- Die Computer sollten ausgeschaltet oder auf Bildschirmschoner eingestellt sein, wenn der Lehrer Anweisungen gibt.

- Vergeben Sie Ämter, die Ihnen das Management erleichtern: ein Wartungsmanager, der die Wartung der Computer übernimmt und den Benutzern falls nötig zur Seite steht; ein Materialmanager, der Material ausgibt und Botengänge macht; ein technischer Manager, der technische Drucker- und Computerprobleme behebt, und ein Aufräummanager, der am Ende des Schultages nachschaut, dass die Arbeitsplätze sauber verlassen werden, dass die Programme geschlossen und die Computer sachgemäß ausgeschaltet sowie die Tastaturen abgedeckt an ihrem Platz sind, bevor die Schüler nach Hause gehen.

- Wenn Sie zwischen den einzelnen Stunden mit Computereinsatz keine Zeit haben, die Computer ordnungsgemäß vorzubereiten, dann fordern Sie ältere Schüler an, die Ihnen dabei helfen. Hören Sie mit der vorhergehenden Stunde fünf Minuten früher auf und gewinnen Sie so Zeit für die älteren Schüler, die Computer für die nächste Stunde vorzubereiten.

- Wenn Sie gerade ein längeres Projekt mit viel Technikeinsatz bearbeiten, drucken Sie schrittweise die Instruktionen aus und fügen sie zwischendurch ein, dass erst weitergegangen werden kann, wenn alle Schüler diesen Stand erreicht haben. Es sollte die Arbeit zwischendurch abgespeichert werden. Dies verhindert, dass schwächere Schüler allzu sehr hinterher hinken, die Klasse schreitet auf etwa gleichem Stand fort und das kooperative Lernen wird gefördert.

- Stellen Sie eine Regel auf, dass sich die Schüler zwar gegenseitig helfen können, aber dass sie nur ihre eigenen Computer bedienen können. So lässt sich sicherstellen, dass jeder Schüler lernt, auch wenn er Hilfestellung erhält.

- Stellen Sie neben die Computer rote Plastiktassen. Wenn ein Schüler Hilfe braucht, stellt er die Tasse auf den Computer als Zeichen für ein Hilfegesuch.

- Bevor die Schüler die Klassen verlassen, sollten die Computermäuse mit der Unterseite nach oben gedreht sein; so werden die Rollen weniger beschädigt.

- Kleben Sie Farbetikette in die linke und rechte Ecke, das erleichtert die Verständigung darüber, von welcher Seite des Computers gerade die Rede ist. Es hilft auch, wenn zwei Nutzer sich einen Computer teilen müssen.

- Alle Computer sollten Strom aus einer zentralen Steckerleiste erhalten. Wenn der Lehrer spricht, kann er den zentralen Schalter ausschalten und wieder anschalten, wenn die Arbeit am Computer beginnt. Wenn die Schüler zu laut werden, kann man den Strom einfach für kurze Zeit abschalten, aber erst nachdem vorher alle ihre Dateien gespeichert haben.

- Gegebenenfalls sollten Sie für Erklärungen einen Bildschirm an den Computer anschließen, damit alle die Computeroberfläche sehen können.

- Heften Sie bei jüngeren Schülern an *jeden* Computer mit Klebeband ein DIN-A4-Blatt mit der Aufschrift: „ERST AUF ANWEISUNGEN WARTEN!" Sind die Anweisungen erfolgt, können die Blätter hinter den Bildschirm geschoben werden.

- Schaffen Sie auf jedem Bildschirm eine neue Ablage für die Programme und Ergebnisse der Schülerprojekte.

- Jeder Schüler sollte möglichst einen eigenen Computer haben. Die Sitzordnung ist so klar, und der Unterricht kann geordnet anfangen.

- In der Ablage für Schüler sollten auch direkte Zugänge zum Internet in Form bestimmter Internetadressen gespeichert sein. So müssen die Adressen nicht ständig neu eingetippt werden. Das schließt einige Fehlerquellen aus und bewahrt Lehrer und Schüler vor Stress.

Quelle: Aus *Tips for Managing a Computer Lab* von C. M. Bolick & J. M. Cooper (2006). Classroom Management and Technology: Research, Practice and Contemporary Issues in: C. Evertson & C. Weinstein (Hrsg.), *Handbook for Classroom Management: Research Practice and Contemporary Issues*.

12.2.4 Arbeitsplätze für Computer einplanen

Heute verfügen viele Klassen über Computer. Einige Klassen haben nur einen, andere habe mehrere, und einige sind richtige Computerlabore mit einem Computer für jeden Schüler. Will man Computer produktiv einsetzen, muss man sie sinnvoll einplanen: Ein Computer verbindet mit dem Wissensfundus in der ganzen Welt; er ist Hilfsmittel beim Schreiben, Zeichnen, Rechnen und Entwerfen; er kann wissenschaftliche Experimente simulieren oder das Leben in anderen geschichtlichen Epochen oder anderen Teilen des Erdballs darstellen; er ermöglicht Kommunikation und Zusammenarbeit mit Personen in anderen Räumen oder jenseits des Atlantiks; er hilft beim Veröffentlichen von Arbeiten oder Vorträge aufzubereiten; er erlaubt, Termine, Arbeiten oder Noten im Auge zu behalten. Um den Computer produktiv einsetzen zu können, müssen Lehrer ein gutes Klassenmanagement ausgearbeitet haben. ▶ Tabelle 12.3 fasst Strategien zum sinnvollen Einsatz von Computern für den Unterricht zusammen.

In den meisten Klassen gibt es nicht für jeden Schüler einen Computer. Manche Klassen haben nur einen oder gar keinen Computer. Die *Richtlinien* (siehe S. 560) beschäftigen sich mit dem Computereinsatz im Unterricht von Regelklassen.

12.2.5 Schuljahresbeginn: die ersten Wochen in der Klasse

Die ersten Schritte im neuen Schuljahr sollten darin bestehen, den Klassenraum zu gestalten, Regeln auszuarbeiten und Vorgehensweisen und Maßnahmen festzulegen. So kann das Klassenmanagement gelingen, wenn die Schüler in den ersten Wochen bereit für eine Zusammenarbeit sind. In einer Untersuchung wurden die ersten Wochen von guten und schwachen Lehrern unter die Lupe genommen; dabei stellten sich entscheidende Unterschiede heraus (Emmer, Evertson & Anderson, 1980). Schon in der zweiten und dritten Schulwoche zeigten die Schüler bei ineffektiven Lehrern zunehmend störendes Verhalten und weniger Interesse an den Aufgaben.

Effektive Manager für die Grundschulklassen

In den Klassen der tüchtigen Lehrer verlief der erste Tag gut organisiert. Die Namensschilder lagen schon bereit. Für jedes Kind gab es gleich etwas Interessantes zu tun.

Unterrichtsmaterialien wurden ausgeteilt. Die Lehrer hatten sich alle eiligen Anforderungen vor dem ersten Schultag ferngehalten. Die tüchtigen Lehrer widmeten sich zuerst den dringenden Bedürfnissen ihrer Schüler. „Wo soll ich meine Sachen hinlegen?" „Wie spreche ich in den Namen meines Lehrers aus?" „Kann ich leise mit meinem Tischnachbarn sprechen?" „Wo ist die Toilette?" Die effektiven Lehrer sprechen ihre Erwartungen explizit aus. Sie stellen eine Liste von durchführbaren Regeln auf und erläutern sie den Schülern sofort. Sie vermitteln die Regeln wie jedes andere Wissen auch mit Erklärungen, Beispielen und Übungen.

Im Laufe der gesamten ersten Wochen legten die effektiven Klassenleiter Wert auf die Regeln und Vorgehensweisen. Einige setzten Übungen mit Anleitung ein, andere Verstärkungen zur Formung des richtigen Verhaltens. Einige Lehrer konditionierten die Schüler, auf eine Glocke oder ein anderes Zeichen zu reagieren, damit sie dem Lehrer ihre Aufmerksamkeit zuwandten. Die Lehrer arbeiteten zunächst mit der ganzen Klasse an unterhaltsamen Aufgaben. Sie ließen sich Zeit mit der Bildung kleiner Arbeitsgruppen und mit dem Lesenlernen. Diese Beschränkung auf den Unterricht in der gesamten Klasse erlaubte den Lehrern, das Lernen der Regeln und festgelegten Vorgehensweisen zu beaufsichtigen. Fehlverhalten wurde sofort aber geduldig Einhalt geboten.

Bei den schlechten Klassenleitern verliefen die ersten Wochen des Schuljahres ganz anders. Die Regeln waren entweder zu unbestimmt oder zu kompliziert und so schlecht durchführbar. Zum Beispiel lautete eine Regel, „die Schüler sollten zur rechten Zeit am rechten Platz sein". Die Schüler wussten aber nicht, was die rechte Zeit und der rechte Platz waren. Sie konnten also die Regeln nicht umsetzen. Es gab keine klaren und konsistenten Festlegungen der Konsequenzen von positivem oder negativem Verhalten. Nach der Verletzung einer Regel kritisierten ineffektive Klassenleiter sehr unbestimmt: „Einige der Schüler sind zu laut" oder sprachen eine Warnung an die Klasse aus, aber sie stellten keine klaren negativen Folgen in Aussicht.

In schlecht geleiteten Klassen gab es keine Festlegungen für die täglichen Verrichtungen im Ablauf eines Schultages. Sie wurden niemals vermittelt und eingeübt. Stattdessen beschäftigten sich ineffektive Lehrer mit Vorgängen, die noch hätten warten können. Zum Beispiel führte eine Lehrerin eine Feueralarmübung durch und die Erklärungen von für den Schulalltag notwendigen Verrichtungen verschob sie. Die Schüler lie-

Managementfragen bei Computereinsatz

Wenn Sie nur einen Computer in der Klasse haben:

Wenn Sie nur einen Computer in der Klasse haben, stellen Sie ihn leicht zugänglich auf.

Beispiele

1 Suchen Sie einen Platz, wo alle ihn leicht sehen können, wenn Sie Material mit Hilfe des Computers demonstrieren wollen.

2 Wenn er für den Gebrauch von Arbeitsgruppen oder einzelnen Schülern benötigt wird, sollte er so stehen, dass die Gruppe ihn im Sitzen gut einsehen kann, ohne dass die übrigen Schüler gestört werden.

Bereiten Sie sich vor.

Beispiele

1 Überprüfen Sie vor der Stunde die Programme, die Sie benötigen.

2 Die Anweisungen sollten an einem gut sichtbaren Platz liegen und klar formuliert sein.

3 Stellen Sie eine Abhakliste für die Schulaufgaben zusammen.

Trainieren Sie „Experten", die anderen bei ihrer Computerarbeit helfen können.

Beispiele

1 Trainieren Sie Schüler als Experten und lassen Sie diese Funktion abwechselnd verschiedene Schüler ausüben.

2 Beziehen Sie erwachsene Freiwillige als Tutoren ein – Eltern, Großeltern oder ältere Geschwister.

Stellen Sie einen Nutzungsplan für jeden Computer auf.

Beispiele

1 Lassen Sie die verschiedenen Nutzer auf einem Stundenplan ihre gewünschten Zeiten eintragen, sodass nicht einzelne Schüler bevorzugt werden.

2 Versuchen Sie Schülerarbeiten durch standardisierte Vorgehensweisen zu sichern.

Wenn Sie mehr als einen Computer in der Klasse haben:

Stellen Sie die Computer so zusammen, dass ihre Unterrichtsziele gut erreichbar sind.

Beispiele

1 Für kooperative Gruppen sollten die Computer so angeordnet werden, dass sich die Schüler vor den Computer gut gruppieren können.

2 Für unterschiedliche Projekte an verschiedenen Computern sollten die Gruppen leicht von Computer zu Computer wechseln können.

Experimentieren Sie mit anderen Nutzungsmodellen.

Beispiele

1 *Navigatormodell:* vier Schüler pro Computer. Ein Schüler ist der „Fahrer", er betätigt die Maus und die Tastatur, ein zweiter ist der „Steuermann". Der Steuermann erhält eine zehn- bis zwanzigminütige Einführung in das benötigte Programm, in der ihm die Grundlagen des Programms vermittelt werden. Ein Steuermann betätigt nicht die Maus. Die Fahrerrolle wird abgewechselt. Ein „Erster Fahrer auf dem Hintersitz" sorgt dafür, dass die Gruppe Fortschritte macht und ein „Zweiter Fahrer auf dem Hintersitz" behält die Zeit im Auge.

2 *Tutormodell:* sechs Schüler pro Computer. Der Tutor hat mehr Erfahrung, Expertise oder Training; er dient als Leiter oder Lehrer.

3 *Zusammenarbeitsmodell:* sieben Schüler pro Computer. Jede Kleingruppe ist für eine Teilarbeit im Rahmen eines Gesamtproduktes der ganzen Klasse verantwortlich. Zum Beispiel schreibt eine Arbeitsgruppe einen Bericht, eine andere stellt eine Arbeitsmappe her und eine dritte benutzt den Computer, um Daten aus einer Volksbefragung zu sammeln und grafisch darzustellen.

Wenn Sie mehr über Fragen des Computergebrauchs im Unterricht wissen wollen, lesen Sie unter
http://www.internet4classroom.com/one_computer.htm

Verknüpfen und erweitern Sie Ihre Forschungskenntnisse

Es gibt fünf gute und praktische Aufsätze, die sich allesamt mit Klassenmanagement beschäftigen:

Evertson, C. M., Emmer, E. T. & Worsham, M. E. (2006). *Classroom Management for Elementary Teachers*. Boston: Allyn & Bacon. 7. Aufl.

Emmer, E. T., Evertson, C. M. & Worsham, M. E. (2006). *Classroom Management for Secondary Teachers*. Boston: Allyn & Bacon. 7. Aufl.

Freiberg, H. J. (1999). *Beyond Behaviorism: Changing the Classroom Management Paradigm*. Boston: Allyn & Bacon.

Weinstein, C. S. & Mignano, A. J. Jr. (2003). *Elementary Classroom Management: Lessons From Research and Practice*. New York: McGraw Hill. 2. Aufl.

Weinstein, C. S. (2003). *Secondary Classroom Management: Lessons From Research and Practice*. New York: McGraw Hill.

fen im Klassenraum ziellos umher und mussten die Mitschüler fragen, was jetzt zu tun sei. Die Schüler schwätzten oft untereinander, weil sie nichts Produktives zu erledigen hatten. Schwache Lehrer verließen öfters den Klassenraum als effektive. Sie halfen oft nur einem Schüler oder widmeten sich schriftlichen Arbeiten. Sie hatten sich noch keine Maßnahmen für zu spät Kommende oder Störer ausgedacht. Ein ineffektiver Lehrer hatte zunächst die Schüler auf eine Glocke konditioniert, um ihre Aufmerksamkeit zu erhalten, aber selbst das Ausbleiben der Reaktion nicht beachtet. Insgesamt verliefen die ersten Wochen in den Klassen der ineffektiven Lehrer schlecht organisiert, gefüllt mit unerwarteten Vorkommnissen für Lehrer und Schüler.

Effektives Management in den Klassen der Sekundarstufe

Wie sollte das Schuljahr in der Sekundarstufe beginnen? Die für die Grundschulklassen gefundenen Unterschiede im Klassenmanagement gelten auch für die Klassen der Sekundarstufe. Auch hier ist der erste Tag schon symptomatisch für gute oder schlechte Klassenleitung. Die guten Klassenleiter führen Regeln ein und legen Vorgehensweisen und Erwartungen fest. Diese Standards für das Lernen in der Schule und das Verhalten in der Klasse werden den Schülern unmiss-

verständlich mitgeteilt und in den ersten Wochen des Schuljahres mit Nachdruck vermittelt. Die Schüler werden beaufsichtigt und Regelverletzungen werden schnell bemerkt. In Klassen mit minderbegabten Schülern sind die Arbeitszyklen kürzer, von den Schülern wird weniger Ausdauer erwartet. Sie erhalten mehrere Aufgaben in den Unterrichtsstunden. Allgemein verfolgen effektive Klassenleiter die Fortschritte ihrer Schüler, sodass die Schüler keine Anforderungen umgehen können, ohne dass sie gleich die Konsequenzen spüren (Emmer & Evertson, 1982).

Die Beaufsichtigung und die konsequente Verstärkung der Regeleinhaltung legen den Verdacht nahe, dass Sekundarlehrer streng und humorlos sind. Dies ist aber nicht notwendigerweise der Fall. Die effektiven Klassenleiter in der Studie von Moskowitz und Hayman (1976) lächelten auch häufiger und witzelten mit ihren Schülern herum. Wie jeder erfahrene Lehrer versichern kann, gibt es in einer kooperativen Klasse auch mehr zu lachen als in einer chaotischen.

Eine gute Lernumgebung pflegen 12.3

Ein guter Start ist eben ein guter Anfang. Effektive Lehrer bauen auf diesem guten Anfang auf. Sie können ihre Klassen leiten und verhindern dadurch die Entstehung von Problemen; sie schaffen es, die Schüler in produktive Lernvorgänge einzubinden. Es wurden bereits verschiedene Möglichkeiten vorgestellt, wie man das Interesse der Schüler wachhalten kann. Das Kapitel über Motivation, z. B., behandelte die das Lernen anregende Neugier, wie der Unterrichtsstoff die Schülerinteressen aufzugreifen vermag, die Vornahme von Könnenszielen im Unterschied zu Zielen der Selbstdarstellung und die Wirkung positiver Erwartungen. Was können Lehrer noch unternehmen?

12.3.1 Engagement fördern

Halt! Denken Sie nach! Schreiben Sie!
Welche Aktivitäten beanspruchen Ihre gesamte Zeit, sodass die Zeit förmlich dahinfliegt? Was sorgt dafür, dass Sie sich auf diese Tätigkeiten konzentrieren?

RICHTLINIEN

Die Beteiligung der Schüler erhalten

Die Grundanforderungen für den Unterricht und die Hausaufgaben müssen klar sein.
Beispiele

1 Legen Sie die Formatierungsanweisungen für alle Schularbeiten fest: Überschriften, Papiergröße, Füller oder Bleistift und Ordentlichkeit.

2 Legen Sie die Regeln für verspätete und unvollständige Abgaben und fürs Fehlen fest. Wenn sich das Abgeben unvollständiger Hausarbeiten allmählich einschleicht, wehren Sie den Anfängen. Sprechen Sie im Bedarfsfall die Eltern an.

3 Bestimmen Sie vernünftige Abgabetermine und geben Sie nicht nach, es sei denn der Schüler hat einen akzeptablen Grund für seine verspätete Abgabe.

Teilen Sie die Einzelheiten von Schulaufgaben mit.
Beispiele

1 Bei jüngeren Schülern sollten Sie Ihre Vorgehensweisen für Schularbeiten zur Routine werden lassen, etwa sie täglich an der gleichen Stelle vom Anschlagbrett in der Klasse anbringen. Bei älteren Schülern kann man die Schularbeiten diktieren, einfach anschlagen oder ein Aufgabenblatt austeilen.

2 Erinnern Sie die Schüler daran, dass noch weitere Aufgaben zu erwarten sind.

3 Bei komplizierten Hausaufgaben sollte der Lehrer den Schülern ein Aufgabenblatt mitgeben, in dem angegeben ist, was zu erledigen ist, welche Materialien dafür zur Verfügung stehen, die Abgabetermine usw. Die älteren Schüler sollten auch über ihre Benotungskriterien informiert werden.

4 Zeigen Sie, wie die Schulaufgaben zu erledigen sind, und lösen Sie die ersten Aufgaben mit den Schülern zusammen; Sie können auch ein Blatt mit Beispielen zum Aufgabenblatt dazulegen.

Beaufsichtigen Sie die Erledigung der Schularbeiten in der Klasse.
Beispiele

1 Wenn Sie Aufgaben in der Klasse erledigen lassen, sorgen Sie dafür, dass alle Schüler den richtigen Anfang finden. Wenn Sie nur bei Schülern nachschauen, die sich melden, vernachlässigen Sie schüchterne Schüler oder solche, die glauben, sie wüssten, wie die Aufgaben gehen, und solche, die keine Lust zu den Aufgaben haben.

2 Überprüfen Sie hin und wieder die Fortschritte. In Diskussionen sollten alle zu Wort kommen.

Geben Sie häufige Leistungsrückmeldungen.
Beispiele

1 Grundschüler sollten die Schularbeiten bereits am folgenden Tag nach der Abgabe zurückerhalten.

2 Gute Arbeiten können in der Klasse und benotete Arbeiten können den Eltern zu Hause wöchentlich gezeigt werden.

3 Schüler aller Altersstufen können ihre Noten, ihre durchgeführten Projekte und Extrapunkte selbst in ihr Notizbuch eintragen.

4 Auch für ältere Schüler ist es ratsam, langfristige Hausarbeiten in Teilabschnitte aufzuteilen und jeweils am Ende eines Abschnittes Rückmeldung zu geben.

Wenn Sie weitere Anregungen haben möchten, lesen Sie unter
http://trc.virginia.edu/Publications/

Diese Informationen sind für Studenten, beinhalten aber auch gute Ideen für Lehrer.

Der Aufbau einer Unterrichtsstunde wirkt sich auf das Engagement der Schüler aus. Allgemein lässt sich sagen, dass mit der intensiveren Beaufsichtigung durch den Lehrer auch die Konzentration der Schüler auf den Unterricht ansteigt (Emmer & Evertson, 1981). Eine Untersuchung von Frick (1990) zeigte z. B., dass Schüler, die direkt mit einem Lehrer zusammenarbeiteten, zu 97 % der Zeit mit der Aufgabe beschäftigt waren. Das bedeutet nicht, dass Lehrer Schüler nicht selbstständig arbeiten lassen sollten. Es heißt lediglich, dass diese Interaktionszeit sorgfältig geplant und beaufsichtigt werden sollte.

Wenn die Aufgabe selbst Hinweise enthält, was als Nächstes erledigt werden sollte, ist das Engagement der Schüler höher. Aktivitäten mit klaren Schritten beanspruchen eher die Aufmerksamkeit der Schüler, denn ein Schritt ergibt den anderen. Wenn die Schüler das notwendige Material für die Erledigung einer Aufgabe bereits haben, bleiben sie eher bei der Sache. Wenn ihre Neugier angeregt ist, sind die Schüler eher motiviert nach einer Antwort oder Aufgabenlösung zu suchen. Und, das ist ja bereits bekannt, Schüler engagieren sich mehr bei lebensnahen Aufgaben. Auch sind solche Aufgaben spannender, wenn sie eine gewisse Herausforderung darstellen und wenn sie auf die Interessen der Schüler eingehen (Emmer & Gerwels, 2006).

Natürlich können Lehrer Schüler nicht jederzeit beaufsichtigen oder mit deren Neugierde rechnen. Das selbstständige Arbeiten von Schülern muss noch aus weiteren Motivationsquellen gespeist werden. In einer Untersuchung von Evertson, Emmer und ihren Kollegen an Grundschul- und Sekundarschullehrern hatten effektive Klassenlehrer eine gute Organisation, die aber auch das Selbstmanagement der Schüler anstrebte (Emmer, Evertson & Worsham, 2006; Evertson, Emmer & Worsham, 2006). Die *Richtlinien* verwerten ihre Ergebnisse.

12.3.2 Prävention ist die beste Medizin

Die ideale Art, Probleme zu bewältigen, ist, sie gar nicht erst auftreten zu lassen. In einer inzwischen klassisch gewordenen Untersuchung überprüfte Jacob Kounin (1970) das Klassenmanagement von effektiven Lehrern mit relativ problemfreien Klassen mit nicht-effektiven Lehrern von Klassen, in denen gestört wurde und teilweise chaotische Zustände herrschten. Kounin fand, dass beide Gruppen sich nicht deutlich unterschieden in ihrer Art, mit Problemen umzugehen, wenn sie einmal aufgetreten sind. Der Unterschied bestand vielmehr in der Prävention. Kounin schloss aus seinen Beobachtungen, dass effektive Klassenleitung großes Geschick in vier Bereichen benötigt: *„Allgegenwärtigsein"*, *Mehrfachtätigkeiten*, *Zentrierung auf die Gruppe* und *Unterrichtstempo* (Doyle,

1977). Neuere Forschung bestätigt die Bedeutsamkeit dieser Faktoren (Emmer & Stough, 2001; Evertson, 1988).

Allgegenwärtigsein

Allgegenwärtigsein bedeutet, bei Schülern die Gewissheit zu erzeugen, dass Lehrer alles sehen, was in der Klasse vor sich geht, dass ihnen nichts entgeht. „Allgegenwärtige" Lehrer scheinen am Hinterkopf auch Augen zu haben. Sie vermeiden es möglichst, sich von einzelnen Schülern oder kleinen Gruppen vereinnahmen zu lassen, weil sie dadurch den Rest der Klasse unbeaufsichtigt lassen. „Allgegenwärtige" Lehrer überblicken den ganzen Klassenraum, nehmen Blickkontakt mit einzelnen Schülern auf, alle Schüler haben jeweils das Gefühl, beaufsichtigt zu sein (Charles, 2002a; Brooks, 1985).

Diese Lehrer verhindern, dass aus kleinen Problemen große werden. Sie kennen auch den Verursacher der Probleme und sie stellen sicher, dass sie es mit den beteiligten Schülern zu tun haben. Mit Kounins Worten begehen sie nicht den Fehler, zu lange mit der Beseitigung des Problems zu warten, oder den Fehler, den Falschen zur Rechenschaft zu ziehen, während der Verursacher sich seiner Verantwortung entzieht.

Wenn zwei Probleme zur gleichen Zeit auftauchen, gehen die effektiven Klassenleiter das Wichtigste zuerst an. Ein Lehrer, der z. B. zwei Schülern erklärt, sie sollten mit Flüstern aufhören, der aber eine kleine Schubserei beim Bleistiftspitzer ignoriert, offenbart damit einen Mangel an wacher Beobachtung. Die Schüler könnten daraufhin glauben, sie könnten sich alles Mögliche erlauben, wenn sie es nur schlau genug anstellen (Charles, 2002b).

Mehrfachtätigkeit und Gruppenzentrierung

Mehrfachtätigkeit beinhaltet das Verfolgen und Beaufsichtigen mehrerer Aktivitäten zur gleichen Zeit. Zum Beispiel geschieht es häufig, dass ein Lehrer die Arbeit eines Schülers nachschauen muss und gleichzeitig einer kleinen Arbeitsgruppe helfen muss, voranzukommen, indem er sagt: „Richtig so, macht weiter!" und bei einer anderen Gruppe eine Panne behebt, indem er kurz auf die richtige Information deutet oder an etwas erinnert (Burden, 1995; Charles, 2002b).

Allgegenwärtigsein Alles im Klassenzimmer zur Kenntnis nehmen.

Mehrfachtätigkeit Mehrere Tätigkeiten gleichzeitig ausführen, auch Beaufsichtigen mehrerer Tätigkeiten zur gleichen Zeit.

Eine **Gruppenzentrierung** einnehmen bedeutet, so viele Schüler wie möglich am Unterricht zu beteiligen und tunlichst zu vermeiden, nur einen oder zwei Schüler einzubeziehen. Alle Schüler sollten während des Unterrichts beschäftigt werden. Zum Beispiel kann der Lehrer alle Schüler auffordern, ihre Antworten aufzuschreiben, und dann einen Schüler aufrufen, um seine Antwort vorzulesen, während die anderen jeweils mit ihrem Nachbarn ihre Antworten vergleichen. Antworten im Chor könnten auch einmal erforderlich sein, während der Lehrer sich im Raum bewegt, um festzustellen, ob sich alle beteiligen (Charles, 2002b). Während einer Grammatikstunde kann der Lehrer z. B. ankündigen, dass jeder, der glaubt, „ich habe gerannt" sei richtig, die rote Seite seiner Karteikarte aufzeigen soll, wenn jemand meint, es hieße „ich bin gerannt", sollte er die grüne Seite hochhalten (Hunter, 1982). Das ist eine Möglichkeit sicherzustellen, dass sich alle Schüler beteiligen und dass alle den Unterrichtsstoff verstehen.

Zeitmanagement

Zeitmanagement heißt, mit dem Unterrichtsstoff in einer angemessenen (und angepassten) Geschwindigkeit voranzugehen, und zwar mit problemlosen Übergängen und abwechslungsreich. Der gute Lehrer vermeidet abrupte Übergänge zwischen den Unterrichtsabschnitten, wie etwa einen neuen Unterrichtsabschnitt anzukündigen, wenn die Schüler noch nicht aufmerksam

Zeitmanagement heißt, Unterrichtsstoff und Schüler in einem bestimmten Tempo voranbringen und Übergänge zwischen den im Laufe des Schultages wechselnden Unterrichtseinheiten, Aktivitäten und Räumlichkeiten reibungslos gestalten.

zuhören, oder einen neuen anfangen, wenn der alte noch nicht vollständig erledigt ist. In solchen Situationen arbeitet etwa ein Drittel an dem neuen Abschnitt, viele werden noch an dem alten sitzen, einige werden andere Schüler fragen, was denn jetzt zu tun sei, wiederum einige werden sich ein kleines Zwischenvergnügen gönnen, und die meisten werden verwirrt sein. Ein anderes Übergangsproblem, das Kounin bemerkte, ist die *Verzögerung*, d. h. bis zu Beginn des neuen Abschnittes zu viel Zeit verstreichen lassen. Manchmal geben die Lehrer zu viele Anweisungen. Probleme entstehen auch, wenn Lehrer die Schüler nacheinander arbeiten lassen oder zu Antworten aufrufen, dann wartet der Rest der Klasse, schaut (hört) einfach zu und langweilt sich unter Umständen.

Ein Verhältnis geprägt von Fürsorge: Bindung an die Schule

Wenn Schüler und Lehrer positive, vertrauensvolle Beziehungen zueinander haben, treten manche Probleme erst gar nicht auf. Schüler respektieren dann ihre Lehrer, die ihre Autorität aufrechterhalten können, ohne rigide, streng oder unfair zu sein, und die kreative Unterrichtspraxis ausüben, damit „Lernen Spaß macht". Schüler schätzen auch Lehrer mit einer fürsorglichen Haltung gegenüber den Leistungen und der Person von Schülern; Schüler reagieren positiv auf vernünftige Lehrer, die Verantwortung teilen, wenig äußere Kontrolle ausüben, alle Schüler einbeziehen, auf die Stärken der Schüler achten, wirksam kommunizieren und ein Interesse am persönlichen Leben der Schüler und ihrer Ziele haben (Elias & Schwab, 2006; Woolfolk Hoy & Weinstein, 2006). Alle Bemühungen um den Aufbau positiver Beziehungen und einer Klassengemeinschaft sind Schritte auf dem Weg zur Vermeidung von Managementproblemen. Schüler mit einer Bindung an ihre Schule fühlen sich wohler, sind disziplinierter im Verhalten und lassen sich weniger leicht auf Risikoverhalten ein wie etwa Drogengebrauch, Gewalt und verfrühtes sexuelles Verhalten (Freiberg, 2006; McNeely, Nonnemaker & Blum, 2002).

Prävention durch soziale Kompetenz der Schüler

Aber wie steht es mit den Schülern? Was können sie beitragen? Wenn es Schülern an sozialen und emotiona-

---

Gruppenzentrierung Die Fähigkeit, möglichst alle Schüler einzubeziehen.

Zeitmanagement Einen Unterrichtsplan einhalten und damit die Lern- und Arbeitsfortschritte der Schüler zeitlich sichern.

len Fertigkeiten fehlt, wie etwa Unterrichtsmaterial zusammen zu benutzen, die Absichten anderer zu erkennen oder Frustrationen zu bewältigen, folgen oft Probleme für das Klassenmanagement. Deshalb sind alle Schritte auf dem Weg zur sozialen und emotionalen Selbstregulation Schritte zur Prävention von Managementproblemen. Kurzfristig können Pädagogen diese Fertigkeiten lehren und vorführen, Schülern Rückmeldung geben und mit ihnen einüben, wie sie in verschiedenen Kontexten einzusetzen sind. Langfristig können Lehrer dazu beitragen, die Einstellungen der Schüler zu ändern, damit sie nicht mehr Aggression höher einschätzen als Zusammenarbeit und Kompromisse (Elias & Schwab, 2006). Kapitel 3 und 11 versuchen, Ansätze zu entwickeln, um soziale und emotionale Fertigkeiten und Kompetenzen zu vermitteln.

12.3.3 Umgang mit Disziplinproblemen

> **Was würden Sie dazu sagen?**
>
> Sie haben Ihr erstes Vorstellungsgespräch für eine Lehrerstelle, die mitten im Schuljahr frei geworden ist. Der Schulrektor sagt: „Wenn Sie auf Ihre Erfahrung mit Schülern verschiedener Begabungsstufen zurückblicken, welches war bisher Ihr schwierigstes Disziplinproblem und wie sind Sie damit umgegangen?"

Phi Delta Kappa veröffentlichte 2005 die 37. Gallup-Erhebung zur Frage der Einstellung der Bevölkerung zu staatlichen Schulen. Von 1969 bis 1999 wurde jährlich „Mangel an Disziplin" als das wichtigste Problem von staatlichen Schulen genannt (Rose & Gallup, 1999). Vom Jahre 2000 an wurde „Mangel an finanziellen Mitteln" als häufigster Nachteil genannt, aber „Mangel an Disziplin" hielt sich auf dem zweiten oder dritten Platz. Offensichtlich sieht die Öffentlichkeit die Disziplin als zentrale Herausforderung der Lehrer an.

Ein effektiver Lehrer ahndet nicht öffentlich jede kleine Regelverletzung und verbessert das entsprechende Verhalten. Dadurch bekämen die betreffenden Schüler zu viel Aufmerksamkeit und ihr Fehlverhalten könnte verstärkt werden, wie bereits in Kapitel 6 dargestellt ist. Lehrer, die ihre Schüler ständig korrigieren, haben nicht unbedingt eine Klasse mit vorbildlichem Verhalten (Irving & Martin, 1982). Wichtig ist, alles aufmerksam zu verfolgen und zu erkennen, wo die Ursa-

> **Verknüpfen und erweitern Sie Ihre Forschungskenntnisse**
>
> In der Septemberausgabe jeden Jahres der Zeitschrift *Phi Delta Kappan* werden in einem Beitrag „Annual Phi Delta Kappa/Gallup Poll of the Public Attitudes Toward the Public Schools" Schulen von Lesern eingestuft. Neben der Benotung sollen auch spezifische Probleme der Schule und Möglichkeiten für deren Beseitigung genannt werden. Es werden aber auch Meinungen über die Auswahl von Schulen, Beschulung zu Hause und Bildungswerte eingeholt und veröffentlicht.

chen liegen, sodass Probleme später vermieden werden können.

Die meisten Schüler reagieren prompt, wenn der Lehrer ihnen unmissverständliche Anweisungen gibt („Hör damit auf!"), um bestimmtes Verhalten abzustellen. Aber einige Schüler ziehen besonders viele Ermahnungen auf sich. In einer Untersuchung wurde ermittelt, dass diese Schüler selten auf die erste Ermahnung reagieren. Oft reagieren sie auch zunächst negativ und es muss vier- bis fünfmal ermahnt werden, ehe die Schüler entsprechend reagieren (Nelson & Roberts, 2000). Emmer und Kollegen (2006) und auch Levin und Nolan (2000) schlagen sieben einfache Wege vor, Fehlverhalten schnell Einhalt zu gebieten; die Vorschläge sind von zurückhaltender bis starker Intervention nacheinander geordnet:

- Der Lehrer sollte *Blickkontakt* mit dem Störenfried aufnehmen oder sich vor ihn hinstellen. Andere nicht-verbale Signale, wie etwa auf die zu erledigenden Aufgaben zu zeigen, können auch hilfreich sein. Er sollte erst wieder weggehen, wenn der Schüler sein Verhalten abgestellt hat und weiterarbeitet. Wenn er dies nicht so handhabt, wird der Schüler sehr schnell seine Signale ignorieren.
- Der Lehrer sollte *verbale Andeutungen* anbringen, wie etwa die Nennung des Namens eines Störenfriedes während einer Sachdarstellung im Unterricht, oder den betreffenden Schüler etwas zur Sache fragen oder eine humorvolle Anmerkung machen (nicht sarkastisch): „Ich träume wohl. Ich könnte schwören, jemand hat schon eine Antwort gerufen, obwohl ich noch keinen von euch aufgerufen habe!"

- Der Lehrer sollte die Schüler fragen, ob sie sich *im Klaren darüber sind*, was für negative Folgen ihr Verhalten haben kann. Er sollte eine „Ich-Botschaft" äußern (siehe später in diesem Kapitel).

- Wenn nicht die ganze Klasse zusammen etwas durchführt, *erinnert* der Lehrer daran, wie vorzugehen ist und dass sie sich an die Vorgaben halten sollen. Spielzeuge, Kämme, Zeitschriften oder Notizen können stillschweigend eingesammelt werden, wenn sie die Schüler vom Lernen abhalten. Der Lehrer kann den Schülern dann unauffällig mitteilen, dass sie ihre Sachen nach Beendigung des Schultages wieder erhalten.

- Der Lehrer sollte die Schüler ruhig und freundlich auffordern, die *richtige Regel oder Vorgehensweise aufzusagen* und sie dann zu beachten. Glasser (1969) schlägt drei Fragen vor: „Was machst du? Verstößt es gegen eine Regel? Was sollten Sie tun?"

- Der Lehrer sollte den Schüler klar, bestimmt und freundlich auffordern, *sein Fehlverhalten einzustellen*. (Später im Kapitel wird die Bestimmtheit von Anweisungen und Aussagen noch diskutiert.) Wenn Schüler widersprechen, wiederholen Lehrer ihre Anweisung.

- Lehrer sollten *eine Auswahl anbieten*, sodass Schüler Entscheidungsfreiheit erleben. Wenn z. B. ein Schüler immer in die Klasse ruft, obwohl der Lehrer schon mehrmals darauf hingewiesen hat, dass nur der sprechen sollte, der aufgerufen ist, kann der Lehrer sagen: „Jonas, du hast die Wahl: Höre auf, einfach in die Klasse zu rufen, und melde dich vorher oder du setzt dich in die letzte Reihe und wir unterhalten uns nach dem Unterricht. Du kannst das jetzt entscheiden." (Levin & Nolan, 2000, S. 177).

Viele Lehrer möchten gern logische Konsequenzen von Fehlverhalten herausstreichen (wie bereits früher besprochen) und keine Strafen anwenden. Der Lehrer kann z. B., wenn ein Schüler den anderen verletzt hat, den Angreifer auffordern, sich zu entschuldigen und den Schaden wieder gut zu machen. Die Schuldigen können so Mitgefühl, Einfühlungsvermögen und Perspektivenübernahme entwickeln, wenn sie sich Formen der Wiedergutmachung überlegen (Elias & Schwab, 2006).

Wenn Strafen ausgeteilt werden müssen, holen Sie sich vorher Rat durch Lesen der *Richtlinien* (aus Weinstein, 2003; Weinstein & Mignano, 2003). Die Beispiele stammen aus den Notizbüchern von erfahrenen Lehrern, die Weinstein et al. veröffentlichten.

Verknüpfen und erweitern Sie Ihre Forschungskenntnisse

Die Beschreibung eines groß angelegten Forschungsprojektes, das überprüft, wie Lehrer mit den Verhaltensproblemen ihrer Schüler umgehen, finden Sie in Brophy, J. & McCaslin, M. (1992). Teachers' Reports of How They Perceive and Cope with Problem Students. *Elementary School Journal, 93*, 3–68.

Vorsicht bei Strafen

Niemals sollte eine Strafe für Regelverletzungen irgendwie herabsetzend sein, wie etwa Zuordnung zu einer schlechteren Lesegruppe, eine schlechtere Note oder Strafarbeiten geben. Manchmal kann jedoch der Vorteil einer solchen Maßnahme deren möglichen Schaden überwiegen. Wie Carolyn Orange (2000) bemerkt: „Gute Lehrer nutzen nicht den niedrigen Leistungsstand, die Noten oder Ähnliches zur Disziplinierung ihrer Schüler aus. Das wäre eine unfaire und auch ineffiziente Erziehungsstrategie. Solche Maßnahmen führen zur Entfremdung zwischen Schüler und Lehrer" (S. 76).

12.3.4 Besondere Probleme mit Sekundarschülern

Was würden Sie dazu sagen?

Sie haben ein Vorstellungsgespräch für eine Lehrerstelle an einer höheren Schule, die kürzlich in der Zeitung mit ihrer „Nulltoleranz-Politik" erwähnt worden war. Der Rektor fragt: „Wie stehen Sie zu einer Nulltoleranz-Haltung?" Welchen Standpunkt haben Sie?

Viele Sekundarschüler führen ihre Schularbeiten nicht bis zum Ende durch. Was können Lehrer sonst noch tun, um dieses frustrierende Problem zu beheben – außer an die Verantwortung der Schüler zu appellieren? Weil Schüler in diesem Alter viele Aufgaben zu erledigen und die Lehrer sehr viele Schüler haben, kann es sein, dass Lehrer und/oder Schüler die Übersicht über die Schularbeiten verlieren und nicht mehr wissen, welche bereits vollständig erledigt sind und welche nicht. Ein Hausaufgabenbuch mit Kalender oder

Strafen anwenden

Verschieben Sie die Diskussion über das Fehlverhalten, bis Sie und der Schüler ruhiger und objektiver urteilen können.

Beispiele

1 Sprechen Sie den betroffenen Schüler ruhig an: „Setz dich hierher und denke darüber nach, was hier vorgefallen ist. Ich werde in ein paar Minuten mit dir sprechen." oder „Was ich gerade gesehen habe, gefällt mir gar nicht. In deiner Freistunde sollten wir miteinander reden."

2 Sagen Sie „Ich ärgere mich sehr über den Vorfall. Nehmt eure Hefte heraus, wir schreiben jetzt einen Aufsatz darüber." Nach einigen Minuten des Schreibens kann dann die Diskussion über den Vorfall beginnen.

Strafen sollten möglichst privat ausgesprochen werden.

Beispiele

1 Treffen Sie Vereinbarungen mit den betreffenden Schülern möglichst ohne Zuhörer oder Zuschauer. Bleiben Sie dabei aber fest bei der Durchsetzung der Maßnahmen.

2 Widerstehen Sie der Versuchung, die Schüler vor der Klasse daran zu „erinnern", dass sie sich nicht an die Abmachungen halten.

3 Begeben Sie sich zu einem Schüler, der zur Ordnung gerufen werden muss, und sprechen Sie möglichst leise mit ihm.

Versuchen Sie sofort nach der Erteilung einer Strafe wieder eine gute Beziehung zum Schüler herzustellen.

Beispiele

1 Schicken Sie den bestraften Schüler, etwas zu besorgen, oder bitten Sie ihn um Hilfe.

2 Loben Sie bei der nächsten passenden Gelegenheit die Arbeit des Schülers oder schlagen Sie ihm symbolisch oder wirklich auf die Schulter.

Stellen Sie eine Liste mit nach ihrer Härte abgestuften Strafen zusammen.

Beispiele

1 Für eine nicht abgegebene Hausarbeit gibt es (1) eine Mahnung; (2) eine Warnung; (3) einen Termin, die Arbeit vor Ende des Schultages einzureichen; (4) Nachsitzen nach der Schule, um die Arbeit zu beenden; (5) Teilnahme an einer Besprechung von Eltern, Lehrern und Schülern, um zu klären, welche Maßnahmen noch zu ergreifen sind.

Zusammen mit der Strafe sollte immer eine Problemlösestrategie mitgeteilt werden, damit der Schüler weiß, was er das nächste Mal tun sollte (Elias & Schwab, 2006).

Beispiele

1 Führen Sie ein *Problem-Tagebuch* ein, in das die Schüler eintragen können, was sie fühlen, wie sie das Problem sehen und welche Ziele sie sich setzen, welche Alternativen sie sehen, das Problem zu lösen und ihr Ziel zu erreichen.

2 Die Schüler sollten versuchen, *ruhig zu bleiben* und *5–2–5 zu zählen*: Beim ersten Anzeichen von Ärger sollten die Schüler sich selbst zur Ruhe ermahnen, tief durchatmen, bis 5 zählen und einatmen, dann bis 2 zählen und dabei die Luft anhalten und ausatmend wieder bis 5 zählen.

Wenn Sie weitere Anregungen haben möchten, lesen Sie unter
http://www.stopbullyingnow.com oder **http://www.cfchildren.org**

ein entsprechendes Computerprogramm können hier sehr hilfreich sein. Der Lehrer muss sorgfältig Buch führen über alle Schularbeiten mit deren Abgabeterminen. Wichtig ist vor allem, die negativen Folgen für nicht abgegebene Arbeitsblätter auch durchzusetzen.

Schüler sollten nicht ohne negative Konsequenzen davonkommen, nur weil Lehrer überzeugt sind, sie seien gescheit genug, die Aufgaben zu schaffen. Diese Schüler sollten vor die Wahl gestellt werden: entweder die Aufgaben erledigen und dafür eine Note zu bekommen

Ist Nulltoleranz ein gutes Erziehungsprinzip?

Mit der heutzutage sehr auffälligen Gewalt an Schulen haben manche Schulen das Nulltoleranz-Prinzip als Erziehungskonzept bei Regelverletzungen eingeführt. Zwei Jungen wurden von einer Schule verwiesen wegen terroristischer Drohungen. Sie hatten während des Spielens mit Papiergewehren auf ihre Mitschüler gezielt. Macht die Erziehung mit Nulltoleranz Sinn?

Pro: Nulltoleranz ist notwendig bei den derzeitigen Vorkommnissen in Schulen.

Die Argumente für Nulltoleranz werden aus der Notwendigkeit abgeleitet, die Sicherheit in der Schule für Schüler und Lehrer zu garantieren. Viele Zeitungsmeldungen übertreiben kindliche Ausbrüche oder sie wollen gnadenlos das Nulltoleranz-Prinzip durchgesetzt sehen, auch bei eher harmlosen Vergehen oder Vergesslichkeiten von Schulkindern. Aber wie kann man von schulischer Seite aus jeweils unterscheiden, ob es sich um ein harmloses oder um ein gefährliches Vergehen handelt? Ein Schüler, der nach einem der Schießvorfälle in einer amerikanischen Schule spaßhaft äußerte, er werde eine „Columbine-Show abziehen", hat später zwei Mitschüler erschossen.

In einem anderen Fall wurde im Auto einer Schülerin, die gerade zur Abschlussfeier ihrer Schule wollte, ein Messer gefunden. Die Schulregel war ein strenges Waffenverbot, Messer eingeschlossen. Bei der üblichen Sicherheitsdurchsuchung wurde das Messer gefunden und sie durfte nicht zu ihrer Abschlussfeier. Ein bekannter Journalist, der für eine weitverbreitete Zeitschrift arbeitete, schrieb:

> Ich verstehe den Grund für die Proteste gegen diese strenge Anwendung der Waffenverbotsregel. Viele meinen, die Schule ging zu weit. Es war wirklich schade, dass diese sehr nette und gute Schülerin nicht zu ihrer Abschlussfeier konnte. Ich habe in meinem Artikel geschrieben, dass Regeln eben Regeln sind und dass die Nulltoleranz-Regel für Waffen von den Eltern selbst gefordert worden ist, weil sie sichere Schulen haben wollen.

Der Journalist schilderte dann einen Vorfall in Japan, wo ein Schüler acht Mitschüler mit einem Messer tötete, das nur zwei Zentimeter länger war als das der Schülerin in den USA.

In den letzten Jahren häufen sich die Berichte, dass Gewalttaten von immer jüngeren Schülern verübt werden. In den Berichten werden die Eltern dafür verantwortlich gemacht, aber auch die pränatale Gesundheitsfürsorge und eine immer brutaler werdende Gesellschaft. Es wird auch berichtet über Gewalttaten von Kindern, die eine schwangere Erzieherin im Kindergarten in den Bauch treten, ein Zweitklässler zieht seine Schuhe aus und schlägt damit auf seine Lehrerin ein, ein 8-jähriger Schüler kündigt an, er werde Benzin verschütten und die Schule in Brand stecken. In einer bekannten Zeitschrift stand zu lesen: „Grundschulrektoren und Sicherheitsfachleute bemerken immer mehr Gewalt und Aggression bei den jungen Schülern; sie weisen auf die steigenden Ziffern für Übergriffe und Bedrohungen von Klassenkameraden und Lehrern hin." Der Artikel enthielt auch Statistiken, die aussagen, dass zwar insgesamt die Jugendgewalt zurückgegangen ist, aber dass Angriffe auf Grundschullehrer von Kindern zunehmen (Toppo in *USA Today* vom 13.1.2003).

Contra: Nulltoleranz bedeutet Null-Gesunden-Menschenverstand.

Gibt man ins Internet den Begriff „Nulltoleranz" ein, erhalten Sie Einträge zu der amerikanischen Schulsituation, aber auch in Deutschland zur Situation von Rechtsradikalen. Manche wenden sich gegen dieses Prinzip. In der amerikanischen Zeitschrift *Salon Magazine* (vom 29.8.2001) schrieb eine Journalistin über „Das Fehlschlagen von Nulltoleranz" über zwei Beispiele:

> Ein 18-jähriger guter Schüler einer höheren Schule beginnt sein letztes Schuljahr mit einer schweren Bürde. Sein Stipendium für sein Studium steht auf dem Spiel, weil er einen zeitweiligen Schulverweis erhielt. In seinem Auto wurden ein Taschenmesser und ein Schaber gefunden, die sein Vater am Abend vorher im Auto liegen ließ, als er den Rückspiegel des Wagens reparierte. Sonst wurde nichts Auffälliges, etwa Drogen, gefunden. Trotz verzweifelter Eingaben des Vaters wurde der Junge bestraft.

Die (oben erwähnte) Schülerin, die ihre Abschlussfeier nicht miterleben durfte, sagte aus: „Sie haben mir meine Erinnerungen genommen." Alle offiziellen Vertreter dieses Nulltoleranz-Prinzips vergessen, dass die unschuldig bestraften Schüler einer Generation angehören werden, denen unter Umständen schöne Erinnerungen, Träume und ein Stück Zukunft gestohlen werden.

In einer Pressemitteilung von 2001 hat die American Bar Association (Amerikanische Vereinigung von Rechtsanwälten) auf Aufhebung des Nulltoleranz-Prinzips in den Schulen gedrängt. Sie brachte vor, dass „Nulltoleranz als Patentlösung für die verschiedensten Vergehen um Schulkontext angewendet wird" (Associated Press vom 21.2.2001, **http://www.cnn.com/2001/fyi/teachers.ednews/02/21/zero.tolerance.ap/**). Auf dieser Webseite kann man auch seine eigene Meinung kundtun. Was bemerkenswert erscheint ist, dass die Interventionen mit Nulltoleranz wie z. B. Sicherheitsangestellte, Kameras auf Fluren und Metalldetektoren keine Auswirkungen auf die Häufigkeit der Gewaltvorkommnisse in Schulen zu haben scheinen (Hyman et al., 2006; NCES, 2003).

Welchen Standpunkt haben Sie?

oder dies verweigern und die Folgen auf sich nehmen. In einem persönlichen Gespräch sollte man auch fragen, ob etwas den Schüler an der Fertigstellung der Arbeit hindert.

Es gibt auch die problematischen Schüler, die ständig ihre Sachen vergessen oder sich mit Mitschülern körperlich auseinandersetzen. Was kann man in solchen Fällen tun? Solche Schüler sitzen am besten neben Mitschülern, die sie nicht negativ beeinflussen. Die anfälligen Schüler sollten angesprochen werden, bevor es zu einer Regelverletzung kommt. Wird doch eine Regel nicht beachtet, müssen die vereinbarten Konsequenzen eingehalten werden. Der Lehrer sollte sich nicht mit dem Versprechen eines Schülers zufriedengeben, dass sein Fehlverhalten nicht wieder vorkommt (Levin & Nolan, 2000). Die Schüler sollten ihr eigenes Verhalten kontrollieren; einige der Selbst-Management-Theorien aus Kapitel 6 sind hier zu beachten. Vor allem sollte der Lehrer den Schülern gegenüber stets freundlich bleiben. Er sollte sie in einem günstigen Augenblick erwischen, in dem er mit ihnen auch über andere Themen als die Regelverletzung sprechen kann.

Ein aggressiver Schüler voller Feindseligkeit stellt alle in der Klasse vor große Probleme. Wenn er einen aggressiven Ausbruch produziert, sollte die Situation so schnell es geht abgewiegelt werden, denn jeder verliert in einem öffentlichen Machtkampf. Eine Möglichkeit des Abwiegelns besteht darin, dem aggressiven Schüler eine Chance zu geben, sein Gesicht zu wahren und sein hitziges Temperament zu kühlen, indem der Lehrer sagt: „Du hast die Wahl, dich jetzt kooperativ zu verhalten oder dies zu verweigern. Denk kurz darüber nach!" Wenn der Schüler positiv reagiert, kann der Lehrer später mit ihm ausführlicher darüber sprechen, wie er seine Ausbrüche kontrollieren kann. Wenn der betreffende Schüler sich weigert, sein ausfälliges Verhalten einzustellen, fordert der Lehrer ihn auf, draußen im Gang zu warten, bis die Klasse in die Aufgaben eingeführt wurde; dann geht der Lehrer auch nach draußen und führt mit ihm ein Gespräch unter vier Augen. Weigert sich der Schüler allerdings, auf den Gang zu treten, sollte der Lehrer einen anderen Schüler schicken, den Rektor zu holen. Der Lehrer sollte ihn nicht aus den Augen lassen. Wenn er sich mit dem Vorschlag einverstanden erklärt, sollte er nicht einfach so davonkommen. Wenn die Ausbrüche häufig auftreten, sollte ein Schulpsychologe eingeschaltet werden, der Eltern und andere Lehrer berät. Wenn es sich in diesen Beratungen herausstellt, dass Lehrer und Schüler unvereinbare Persönlichkeiten haben, sollte der Schüler in eine andere Klasse versetzt werden. Derzeit gibt es eine lebhafte Diskussion über das Prinzip der Nulltoleranz bei Regelverletzungen in der Schule. Ist das ein gutes pädagogisches Konzept? Die *Pro & Contra*-Debatte stellt zwei verschiedene Standpunkte dar.

Manchmal ist es sehr nützlich, eine Art Protokoll über die Vorfälle anzufertigen mit Angaben wie Namen, wörtlichen Aussagen und Handlungen, Datum, Uhrzeit, Ort und Reaktionen des Lehrers. Diese Protokolle helfen unter Umständen, gewisse Regelmäßigkeiten bei den Vorkommnissen zu entdecken; sie sind als Unterlagen für Verwaltung, Eltern oder besondere Beratungen wichtig (Burden, 1995). Manche Lehrer zeigen

Lerngeschichten

Das verdanke ich meinem Lehrer

Sascha Krupinski, eine Chemielehrerin, erzählt, wie sie einmal mit einer gefährlichen Situation umging. Eines Tages kam der Schüler Robert in die Klasse und ging geradewegs auf den Tisch seines Mitschülers Daniel zu:

Wie gewöhnlich stand ich auf der Türschwelle, während die Kinder in die Klasse strömten. Ich bemerkte, dass Robert ohne seine Schultasche und irgendwelche Bücher ankam. Irgendwie kam mir das komisch vor und ich schaute zu, wie er zu Daniels Tisch ging; dieser saß schon da. Robert kippte den Tisch und Daniels Stuhl um, schimpfte dabei und schrie die ganze Zeit. Ich rannte zu den beiden und ermahnte als Erstes Daniel, sich gegen Robert zur Wehr zu setzen. Er lag auf dem Boden und Robert stand über ihm, ihn anschreiend. Ich redete auf Robert ein, mich anzusehen. Endlich nahm er Blickkontakt zu mir auf. Ich sagte zu ihm: „Komm jetzt mit mir!" Wir gingen auf die Tür zu, doch er drehte sich um und schimpfte schon wieder heftig. Ich wiederholte meine Aufforderung noch einmal, ruhig und bestimmt. Er folgte mir schließlich bis zur Tür, von wo aus ich schließlich den Rektor anrufen konnte. Robert war nun auch verärgert über mein Verhalten, aber er beantwortete schließlich doch meine Frage, was denn der Grund für seine Wut sei.

Ich hielt mich sehr zurück, obwohl ich ihn gern gefragt hätte, warum er sich so unmöglich benommen hatte. Daniel und Robert waren Freunde, aber Robert fand heraus, dass Daniel ihm seine Freundin ausgespannt hatte. Er erzählte mir Einzelheiten, die ich eigentlich nicht wissen wollte, aber es hielt ihn am Ort, bis schließlich der Rektor kam.

Nachdem der Rektor Robert mitgenommen hatte, konnte ich mit Daniel reden und schauen, ob ihm etwas zugestoßen war. Er war unverletzt. Die Klasse umringte Daniel, um zu fragen, was passiert sei. Ich aber sagte bestimmt, Daniel ist nichts geschehen, Robert ist beim Rektor, jetzt wollen wir endlich mit Chemie anfangen. Am Ende der Stunde wurde Daniel zur Konfliktmediation des Schülerrates gerufen, um den Streit zu klären und aus der Welt zu räumen.

Robert wurde drei Tage von der Schule suspendiert, aber bevor er ging, entschuldigte er sich bei mir. Ich besprach mit ihm, wie er sonst noch hätte den Konflikt beseitigen können. Nach Roberts Rückkehr setzte ich die beiden Streithähne weit auseinander, sodass ich sie besser im Auge behalten konnte.

Quelle: *Secondary Classroom Management: Lessons from Research and Practice* (3. Aufl.) von C. S. Weinstein. Veröffentlicht bei McGraw-Hill. Copyright © 2003 McGraw-Hill.

den Schülern diese Protokolle, um sie von ihnen bestätigen zu lassen.

Gewalt oder Zerstörung von Eigentum ist ein schwieriges und potenziell gefährliches Problem. Ein

notwendiger erster Schritt ist, Hilfe herbeizuholen und die Namen der Beteiligten und Zeugen festzuhalten. Dann sollten sie die Zuschauer wegschicken, denn diese machen den Vorfall nur noch schlimmer.

Lehrer sollten nicht versuchen, Schüler bei einer körperlichen Auseinandersetzung ohne fremde Hilfe zu trennen. Das Büro des Rektors sollte auf alle Fälle verständigt werden. Die Schule hat für solche Vorkommnisse bestimmte Vorgehensweisen festgelegt. Die *Lerngeschichten: Das verdanke ich meinem Lehrer* stellen dar, wie in einer gespannten Situation den betroffenen Schülern durch besonnenes Verhalten der Lehrerin geholfen werden konnte.

Verknüpfen und erweitern Sie mit anderen Kapiteln

Im ersten Kapitel wurde eine Liste von warnenden Anzeichen für drohende Gewalt in Schulen zusammengestellt.

12.3.5 Jeden Schüler erreichen: Fördern von positivem Verhalten durch die Schule

Bereits in Kapitel 6 wurde auf die funktionale Verhaltensanalyse und die Förderung positiven Verhaltens eingegangen. Positive Verhaltensförderung wird vor allem für behinderte Schüler (IDEIA) und allgemein Sonderschüler gefordert. Positive Verhaltensförderung kann Teil eines Schulprogramms sein. Auf der Schulebene sollen Lehrer und Schulverwalter

- einem gemeinsamen Programm zur Förderung positiven Verhaltens und zur Korrektur von Fehlverhalten zustimmen.
- einige positiv formulierte, spezifische Verhaltenserwartungen und Vorgehensweisen im Unterricht entwickeln und diese dann allen Schülern vermitteln.
- ein Spektrum an Verhaltensweisen definieren (von geringfügig bis stark), um positives Verhalten anerkennen und Fehlverhalten korrigieren zu können.
- Maßnahmen zur Förderung eines positiven Verhaltens in die Disziplinarordnung der Schule integrieren.

Auf der Klassenebene werden die Lehrer ermutigt, solche präventiven Strategien wie die der **Präventiven Korrektur** einzusetzen. Präventive Korrektur besteht aus Maßnahmen wie: den Kontext des Fehlverhaltens zu ermitteln, klar die erwartete bessere Verhaltensweise herauszustellen, die Situation, die zum Fehlverhalten führte, möglichst zu ändern, um die Wahrscheinlichkeit des negativen Verhaltens herabzusetzen; zum Beispiel sollte man einen Schüler möglichst von ablenkenden Situationen fernhalten, das neue, positive Verhalten sollte im neuen Kontext eingeübt werden und – wenn es erscheint – nachdrücklich verstärkt werden. Die Schüler sollten in Aktivitäten eingebunden sein, Schul- und Klassenregeln sollten durchgesetzt, Fehlverhalten sollte möglichst früh, wenn möglich präventiv, angegangen werden, und Übergänge sollten reibungslos verlaufen (Freiberg, 2006; **www.pbis.org/schoolwide.htm**).

Die Forschung über schulübergreifende Förderung positiven Verhaltens ist begrenzt, aber es gibt einige gute Ergebnisse. Eine Untersuchung vergleicht Schülerinnen von Mittelschulen mit einem Programm zur Förderung positiven Verhaltens mit Schülerinnen aus Mittelschulen ohne ein solches Programm; die Schülerinnen aus der Programmgruppe berichteten mehr positive Verstärkungen für angemessenes Verhalten. Disziplinarmaßnahmen sowie verbale und körperliche Aggressionen sanken signifikant. Gleichzeitig fühlten sich die Schüler der Programmgruppe deutlich sicherer als die Vergleichsgruppe (Metzler, Biglan, Rusby & Sprague, 2001). Allgemein können Schüler von diesem Programm profitieren, da weniger Disziplinarmaßnahmen notwendig werden (Lewis, Sugai & Colvin, 1998; Taylor-Green et al., 1977). Darüber hinaus fanden Lewis und Sugai (1996), dass das Förderungsprogramm positiven Verhaltens einem Schüler mit Verhaltensstörungen zugute kam (Soodak & McCarthy, 2006).

Die Notwendigkeit von Kommunikation 12.4

> **Halt! Denken Sie nach! Schreiben Sie!**
> Ein Schüler sagt zu Ihnen: „Das Buch, das wir lesen sollen, ist wirklich blöd. Das lese ich nicht!" Was würden Sie in einem solchen Fall sagen?

Die Kommunikation zwischen Lehrer und Schüler ist wichtig, besonders wenn es Probleme gibt. Kommunikation ist aber mehr als das Muster „Lehrer spricht – Schüler hört zu". Sie sollte auch mehr sein als nur der Austausch von Worten. Unsere Handlungen, Bewegungen, Stimmlage, Gesichtsausdruck und viele andere nicht-verbale Ausdrucksmittel senden Botschaften an die Schüler aus. Manchmal entsprechen die Botschaften, die wir aussenden, nicht denjenigen, die diese Schüler empfangen.

12.4.1 Gesendete und empfangene Botschaften

Lehrer: Carl, wo sind deine Hausaufgaben?

Carl: Ich hab sie im Auto von meinem Papa vergessen.

Präventive Korrektur Ernste Verhaltensprobleme von Risikoschülern werden frühzeitig erkannt und in die richtigen Bahnen gelenkt, indem sie auf angemessene Verhaltensweisen hingewiesen werden.

Lehrer: Schon wieder? Morgen musst du mir eine Entschuldigung von deinem Vater bringen, dass du die Hausaufgaben tatsächlich gemacht hast. Ohne diese Erklärung kann ich dir keine Note geben. (Die von Carl empfangene Botschaft: Ich kann dir nicht vertrauen, ich brauche Beweise.)

Lehrer: Setz dich woanders hin. Verstaue alle deine Sachen unter dem Tisch. Jana und Laura, ihr sitzt zu eng zusammen. Eine von euch beiden muss abrücken! (Die von Jana und Laura empfangene Botschaft: Ich sehe voraus, dass ihr beiden in diesem Test mogeln werdet.)

Ein neues Kind kommt in den Kindergarten. Das Kind ist unordentlich und schmuddelig angezogen. Die Kindergärtnerin legt dem Kind leicht die Hand auf die Schulter und begrüßt es: „Schön, dass du da bist." Sie wirkt etwas gespannt und lässt das Kind bald wieder stehen. (Die vom Kind empfangene Botschaft: Du gefällst mir nicht. Dein Äußeres ist abstoßend.)

In allen Interaktionen wird eine Botschaft ausgesendet und empfangen. Manchmal glauben Lehrer, sie senden eine bestimmte Nachricht, aber ihre Stimme, Körperhaltung, Wortwahl und Gesten können eine andere Nachricht aussenden.

Die Schüler können diese andere Botschaft durchaus verstehen und auf diese reagieren. Ein Schüler kann eine feindselige Haltung gegenüber dem Lehrer einnehmen, wenn er sich von ihm (oder von einem Mitschüler) durch die nicht verbal vermittelte Nachricht abgelehnt fühlt. Der betroffene Schüler kann oft nicht erklären, wie er diesen Eindruck gewinnt. Vielleicht lag es in der Ausdrucksqualität der Stimme, nicht den gesprochenen Worten. Der Schüler kann auf diesen gewonnenen Eindruck seinerseits mit einer aggressiven Antwort reagieren. Das die Kommunikation beherrschende Prinzip ist, dass Empfänger auf die Wahrnehmung einer Botschaft reagieren, was nicht notwendigerweise mit der tatsächlich gesprochenen oder inhaltlich gemeinten Nachricht übereinstimmt.

Wenn sich solche Abweichungen häufen, kann man die **Paraphrasierungsregel** versuchen: Bevor der Empfänger einer Mitteilung antwortet, fasst er die empfangene Botschaft mit anderen Worten zusammen (paraphrasieren). Stimmt die Zusammenfassung nicht mit den vom Sender angesprochenen Inhalten und der Intentionen überein, wird die Mitteilung erneut ausgesendet und der Empfänger fasst sie noch einmal mit eigenen Worten zusammen. Dieses Wechselspiel muss so lange weiter gehen, bis der Sender den Eindruck gewinnt, seine Mitteilung stimmt mit der empfangenen in Inhalt und Absicht überein.

Paraphrasieren ist mehr als nur eine Übung in gelungener Kommunikation. Es sollte der erste Schritt in Kommunikationssituationen mit neuen Schülern sein. Es hilft, in Konflikt- und anderen Problemfällen das wirkliche Problem herauszufinden. Äußert ein Schüler: „Das Buch ist wirklich blöd! Warum müssen wir das eigentlich lesen?" kann das heißen: „Das Buch ist zu schwierig für mich. Ich konnte es nicht lesen und verstehen, und ich komme mir richtig dumm vor."

12.4.2 Diagnose: Wessen Problem ist es?

Lehrer finden manches Verhalten der Schüler nicht akzeptabel, unerfreulich oder problematisch. Manchmal ist es schwierig, Distanz zu Problemverhalten von Schülern in der Klasse zu gewinnen, um eine angemessene Reaktion zu finden. Nach Thomas Gordon (1981) liegt der Schlüssel für ein gutes Lehrer-Schüler-Verhältnis darin herauszufinden, warum den Lehrer etwas stört und auf wen die problematische Situation zurückzuführen ist. Die Antwort auf diese Frage ist wichtig. Wenn Probleme von Schülern ausgehen, muss der Lehrer eine beratende und unterstützende Rolle einnehmen, damit der Schüler seine eigene Lösung findet. Aber wenn der Lehrer die Verantwortung für manches Problem trägt, muss er auch – zusammen mit den betroffenen Schülern – eine Lösung versuchen.

Eine Diagnose zu treffen, auf wen bestimmte Probleme zurückzuführen sind, kann kompliziert sein. An Hand von drei Problemsituationen soll dies vorgeführt werden:

1. Ein Schüler schreibt obszöne Wörter und zeichnet sexuell eindeutige Szenen in ein Schulbuch.
2. Ein Schüler erzählt ihnen, dass sich seine Eltern gestritten haben und dass er seinen Vater hasst.
3. Ein Schüler liest während des Unterrichts in der letzten Reihe leise eine Zeitschrift.

Paraphrasierungsregel Vorgehensweise, in der der Empfänger einer Nachricht diese erst mit eigenen Worten zusammenfassen muss, bevor er antworten darf.

Was ist problematisch an diesen Situationen? Wenn der Lehrer sie als störend für seine Tätigkeit empfindet, weil sie ihn bei seiner Lehrtätigkeit behindern, hat er ein Problem. Die Verantwortlichkeit für eine Lösung liegt dann beim Lehrer; er sollte dann zusammen mit dem Schüler nach einer Lösung suchen. Ein Lehrerproblem scheint die erste Situation zu beinhalten, denn der junge Pornographieliebhaber beschädigt Unterrichtsmaterial.

Wenn die Situation den Unterricht nicht stört, dann hat der Schüler ein Problem, auch wenn der Lehrer sich ärgert oder er sich vom Kind unangenehm berührt führt. Der Schüler, der seinen Vater hasst, stört den Lehrer nicht beim Unterrichten, auch wenn der Lehrer sich wünscht, der Schüler hätte andere Gefühle seinem Vater gegenüber. Auf der anderen Seite kann sich ein Lehrer durch einen Zeitung lesenden Schüler schon gestört fühlen. Es ist also das Problem des Lehrers und des Schülers und sollte deshalb zwischen beiden geklärt werden. In einer Grauzone wie der als dritte Situation beschriebenen hängt es vom Verständnis der Situation durch den Lehrer ab, wie sie angegangen wird. Wenn die Diagnose über die Zuschreibung des Problems und die Verantwortlichkeiten erstellt ist, sollte die Lösung angegangen werden.

12.4.3 Beratung: Probleme des Schülers

Es soll noch einmal auf den Fall eingegangen werden, in dem ein Schüler seine Pflichtlektüre „blöd" findet. Wie kann ein Lehrer damit positiv umgehen?

Schüler: Das Buch ist wirklich blöd! Warum müssen wir so etwas lesen?

Lehrer: Du scheinst aufgebracht zu sein. Die Hausaufgabe macht für dich keinen Sinn. (Der Lehrer versucht, sowohl die Emotionen als auch die Worte des Schülers herauszuhören, und paraphrasiert die Aussage.)

Schüler: Ja, ich glaube, dass war wirklich sinnlos. Ja, eigentlich . . . , weiß ich nicht genau, ob es das war. Ich konnte es gar nicht richtig lesen.

Lehrer: Es war zu schwierig für dich, und das macht dir zu schaffen.

Schüler: Ja. Ich habe mich richtig blöd gefühlt. Ich weiß, dass ich einen guten Aufsatz hinkriegen kann, aber nicht mit einem so schwierigen Buch.

Lehrer: Ich kann dir ein paar Sachen erklären, die das Buch leichter verständlich machen. Hast du nach der Schule noch kurz Zeit?

Schüler: Okay.

Der Lehrer beschränkt sich auf **einfühlsames Zuhören**, um dem Schüler die Gelegenheit zu geben, eine eigene Lösung zu finden (hier spielt das Paraphrasieren eine große Rolle). Wenn der Lehrer dem Schüler zuhört und ihn nicht vorschnell mit Ratschlägen, Lösungen, Kritik, Ermahnungen und Verhören konfrontiert, bleibt die Kommunikation offen. Es folgen einige schlechte Beispiele, wie offene Kommunikation unterbunden wird:

- Ich habe das Buch ausgewählt, weil es das beste Beispiel für den Stil des Schriftstellers ist, das wir in unserer Bücherei haben. Ihr müsst es bis nach den Sommerferien gelesen haben als Vorbereitung auf den Deutschunterricht im nächsten Schuljahr. (Der Lehrer nimmt die Auswahl der Lektüre vor; dies führt dazu, dass die Schüler nicht eingestehen, dass diese „wichtige" Lektüre zu schwierig ist.)

- Hast du das wirklich gelesen? Ich wette, du hast deine Hausaufgaben nicht gemacht und nun möchtest du die Verpflichtung los sein. (Der Lehrer beschuldigt den Schüler; der Schüler vernimmt: „Der Lehrer traut mir nicht!" und muss sich entweder selbst verteidigen oder die Meinung des Lehrers akzeptieren.)

- Deine Arbeit für die Schule besteht in der Lektüre dieses Buches und nicht darin, herauszufinden, warum. Ich weiß, was gut für euch ist. (Der Lehrer zieht sich auf sein höhere Rangposition zurück; der Schüler vernimmt: „ Du kannst nicht entscheiden, was gut für dich ist!" Der Schüler kann dagegen angehen oder passiv die Entscheidung des Lehrers akzeptieren.)

Einfühlsames, aufmerksames Zuhören ist mehr, als nur die Worte des Schülers zu wiederholen; es sollte in die Lage versetzen, die Emotionen, Absichten und Bedeutungen der Worte zu erfassen. Sokolove, Garrett, Sadker und Sadker (1986, S. 2412) haben die Komponenten des aufmerksamen Zuhörens zusammengefasst: (1) äußere ablenkende Reize ausblenden; (2) auf die verbalen und nicht-verbalen Mitteilungen achten; (3) zwischen dem kognitiven und dem emotionalen Inhalt unterscheiden lernen; (4) Schlussfolgerungen auf

---

Einfühlsames Zuhören Die Emotionen und Absichten hinter den Mitteilungen eines Kommunikationspartners erkennen und sie durch Paraphrasieren angemessen wiedergeben.

den inneren Zustand des Sprechers, insbesondere auf seine Gefühle ziehen.

Wenn die Schüler erkennen, dass ihnen wirklich zugehört und dabei auch das Ausgesprochene nicht gleich negativ geurteilt wird, fassen sie Vertrauen zum Lehrer und sprechen vielleicht offener mit ihm. Manchmal wird das wahre Problem erst im Laufe eines Gesprächs zutage gefördert.

12.4.4 Konfrontation und bestimmtes Erziehungsverhalten

Angenommen ein Schüler stört den Unterricht. Der Lehrer kommt zu dem Schluss, der Schüler muss sein störendes Verhalten einstellen. Der Lehrer hat das Problem, deshalb ist Konfrontation und nicht Beratung gefordert.

„Ich"-Botschaften

Gordon (1981) empfiehlt in solchen Situationen eine **„Ich"-Botschaft** auszusenden, um das Verhalten des Schülers zu ändern. Das bedeutet im Grunde, dass der Lehrer dem Schüler ohne Umschweife, in bestimmtem Ton und ohne Bewertung sagt, was er falsch macht, wie es ihn, den Lehrer, irritiert und wie er sich als Lehrer fühlt. Der Schüler kann sich dann freiwillig ändern und tut dies auch meistens. Hier sind zwei „Ich"-Botschaften:

Wenn du deine Bücher einfach im Mittelgang ablegst, kann ich darüber stolpern und mir wehtun.

Wenn ihr alle zugleich dazwischenruft, kann ich mich nicht auf jede Antwort konzentrieren, und ich bin frustriert.

Bestimmtes Erziehungsverhalten

Lee und Marlene Canter (1992; Canter, 1996) schlagen ein anderes Vorgehen vor, um mit Lehrerproblemen umzugehen. Sie nennen ihre Methode **bestimmtes Erziehungsverhalten** (assertive discipline). Viele Lehrer sind deshalb ineffektiv, weil sie sich entweder ziemlich unbestimmt und passiv oder feindselig und aggressiv verhalten (Charles, 2002a).

Passive oder hilflose Lehrer bitten Schüler oft, die richtige Vorgehensweise zu *versuchen* oder darüber *nachzudenken*. Sie kommentieren auch die Verhaltensweisen der Kinder, ohne konkret die richtige zu erklären: „Warum machst du das? Kennst du die Abmachung nicht?" oder „Leon, störst du die Klasse?" Es ist auch häufig zu beobachten, dass Lehrer sehr wohl die richtige Verhaltensweise erwähnen, aber bei Verletzung der Abmachung die notwendigen Konsequenzen nicht durchsetzen; sie geben dem Schüler immer noch eine weitere Chance. Oft ignorieren sie auch Verhalten, auf dass eigentlich reagiert werden sollte oder auf dass sie zu spät reagieren.

Ein feindseliger Reaktionsstil umfasst eine Reihe von Fehlern. Lehrer äußern z. B. „Du"-Mitteilungen, die den Schüler verurteilen, ohne dass die richtige Verhaltensweise geäußert wird: „Du solltest dich schämen!" oder „Du hörst ja nie zu!" oder „Du benimmst dich wie ein Baby!" Die Lehrer können Kindern auch Strafen androhen, diese aber niemals wirklich anwenden. Die Lehrer sind auch oft zu vage: „Das wirst du noch bereuen, warte nur, bis ich hiermit fertig bin!" oder zu streng. Zum Beispiel ist eine Strafe wie die folgende unangemessen: „Du musst jetzt drei Wochen

---

> ### Verknüpfen und erweitern Sie Ihre Forschungskenntnisse
>
> Wenn Sie zwei Untersuchungen kennenlernen wollen, in denen die Reaktionen von Kindern auf mehrdeutige Kommunikation von Lehrern ohne Autorität beschrieben sind, lesen Sie Bugenthal, D. B., Lyon, J. E., Lin, E. K., McGrath, E. P. & Bimbela, A. (1999). Children „Tune Out" in Response to the Ambiguous Communication Style of Powerless Adults. *Child Development*, *70*, 214–230 und Bugenthal, D. B., Lewis, J. C., Lin, E., Lyon, J. & Kopeikin, H. (1999). In Charge but not in Control: The Management of Teaching Relationhips by Adults with Low Perceived Power. *Developmental Psychology*, *35*, 1367–1378. Die Verarbeitung mehrdeutiger Botschaften durch Kinder untersuchte die deutsche Entwicklungspsychologin B. Sodian (1990) in Understanding verbal communication: Children's ability to deliberately manipulate ambiguity in referential messages. *Cognitive Development*, *52(2)*, 209–222.

„Ich"-Botschaft Klare Aussage, aber ohne Beschuldigung, wie sehr einen etwas trifft.

Bestimmtes Erziehungsverhalten Klarer, fester Reaktionsstil ohne Feindseligkeit in Erziehungssituationen.

zuschauen." wenn das Kind ein anderes angerempelt hat. Wenn dann nach einer Woche der Mannschaft ein Spieler fehlt, wird das Kind wieder ins Spiel geholt und die Strafe von drei Wochen wird nie vollständig „abgesessen". Oft reagiert auch ein geduldiger Lehrer unerwartet feindselig mit einem Ärgerausbruch, wenn ein Kind sein Störverhalten nicht einstellt.

Im Gegensatz zum passiven und zum feindseligen Reaktionsstil lässt die durchgreifende Disziplinierung erkennen, dass dem Lehrer etwas an dem Kind liegt und auch daran, dass das Kind das angemessene Verhalten lernt. Lehrer mit einem bestimmten Reaktionsstil sagen klar, was sie erwarten und was zu tun ist. Um das Kind zu beeindrucken, schaut er ihm beim Sprechen direkt in die Augen und spricht es mit seinem Vornamen an. Bestimmt auftretende Lehrer sprechen mit einer ruhigen, festen und Vertrauen erweckenden Stimme. Sie lassen keine ablenkenden Bemerkungen fallen wie: „Du verstehst das einfach nicht!" oder „Ich bin dir wohl unsympathisch?" Bestimmt auftretende Lehrer stellen die einmal aufgestellten Regeln nicht zur Diskussion. Sie erwarten Veränderungen im Verhalten, nicht Versprechungen oder Entschuldigungen.

Nicht alle Erzieher glauben an eine bestimmten Reaktionsstil bei der Disziplinierung. Frühe Kritiker bezogen sich auf die Strafen, die angewendet werden, und betonten, dass bestimmtes Erziehungsverhalten die Bestrebungen nach Selbstmanagement beim Kind eindämmen könnte (Render, Padilla & Krank, 1989). John Covalskie (1992) beobachtet „Was den Kindern hilft, moralisch zu werden, ist nicht die Kenntnis der Regeln, auch nicht die Einhaltung der Regeln, sondern die Diskussion über die Beweggründe von bestimmten Handlungen" (S. 56). Diese Kritikpunkte übten einen gewissen Einfluss aus. Neue Definitionen des bestimmten Erziehungsstils lauten deshalb: „Schülern verantwortliches Handeln vermitteln in einer Atmosphäre des Respekts, Vertrauens und der Unterstützung" (Charles, 2002a, S. 47).

Konfrontationen und Verhandlungen

Wenn „Ich"-Mitteilungen und bestimmtes Erziehungsverhalten fehlschlagen und ein Schüler sein Fehlverhalten nicht aufgibt, geraten Lehrer und Schüler in Konflikt. In dieser Situation lauern verschiedene Fallen. Die beiden Betroffenen können ihr Verhalten nicht mehr unvoreingenommen wahrnehmen. Forschungen haben ergeben, dass, je ärgerlicher man auf eine andere Person ist, desto eher man sie als böse wahrnimmt

und sich selbst als das unschuldige Opfer. Weil man selbst sich im Recht fühlt und die andere Person im Unrecht und diese Person dies genauso, nur umgekehrt, erlebt, ist wenig Annäherung möglich. Eine gemeinsame Lösung erscheint aussichtslos. Meist mündet eine Diskussion in Vorhaltungen und Gegendarstellungen oder Selbstverteidigungen (Baron & Byrne, 2003).

Es gibt drei Ansätze zur Lösung eines Konfliktes zwischen Lehrer und Schüler. Ein Ansatz besteht darin, dass der Lehrer eine Lösung einbringt. Das ist vielleicht in dringenden Fällen notwendig, wenn sich z. B. gerade eine Gruppe von Schülern auf dem Flur angesammelt hat und ein trotziger Schüler sich weigert, sich dazuzustellen, aber es ist für die meisten Konflikte keine gute Lösung. Der zweite Ansatz besteht darin, dass der Lehrer nachgibt. Ein Schüler konnte gute Argumente für sein Verhalten vorbringen. Dies kann akzeptiert werden, sollte aber nicht zu häufig vorkommen. Es ist nicht gut, wenn man sich von seinem Standpunkt abbringen lässt, es sei denn, der Standpunkt wäre von vornehrein falsch. Es entstehen neue Probleme, wenn der Lehrer, aber auch der Schüler eine vollständig neue Haltung einnehmen (Keller, 2001).

Gordon empfiehlt noch eine dritte Methode: den „Keiner-verliert"-Ansatz. Dabei werden die Bedürfnisse beider Beteiligten, des Lehrers und des Schülers, berücksichtigt. Keiner muss vollständig nachgeben; alle Beteiligten können den Respekt vor sich selbst und vor dem anderen bewahren. Der „Keiner-verliert"-Ansatz beinhaltet sechs Schritte:

1 *Das Problem definieren.* Um welche Verhaltensweisen geht es? Was möchte jeder Beteiligte? (Aufmerksames Zuhören hilft den Schülern dabei, auf den Kern des Problems hinzuweisen.)

2 *Mehrere Lösungsvorschläge vorbringen.* Eine Brainstormingsitzung durchführen, aber — Vorsicht — nichts, was vorgebracht wird, bewerten.

3 *Jede Lösungsmöglichkeit bewerten.* Jeder Beteiligte kann gegen jede Lösungsmöglichkeit Einspruch erheben. Wenn keine Lösung allgemein akzeptiert wird, muss noch ein neues Brainstorming stattfinden.

4 *Eine Entscheidung treffen.* Eine Entscheidung übereinstimmend treffen — nicht durch Mehrheitsbeschluss. Es müssen alle Beteiligten mit der Lösung zufrieden sein.

5 *Bestimmen, wie die Entscheidung durchgesetzt wird.* Was wird benötigt? Wer ist für jeden Aufgabenteil verantwortlich? Wie ist der Zeitplan?

6 *Den Erfolg der Lösung bewerten.* Nachdem die Lösung für eine kurze Zeit ausprobiert worden ist, sollte die Frage gestellt werden: „Sind wir mit unserer Entscheidung zufrieden?" „Wie effektiv wirkt sie sich aus?" „Sollten wir noch eine Änderung einführen?"

Viele Konflikte in der Klasse können für alle Beteiligten zu wertvollen Lernerfahrungen werden.

Unterschiede und Gemeinsamkeiten im Lernumfeld   **12.5**

Bisher wurden einige Perspektiven im Klassenmanagement betrachtet. Sicher gibt es keine Strategie, die für alle Situationen passt, um soziale und physikalische Räume zum Lernen zu schaffen. Zunächst soll nun auf die Rolle der Kultur für ein produktives Klassenmanagement hingewiesen werden.

12.5.1   Unterschiede: kulturell verantwortliches Management

Forschungsergebnisse über disziplinarische Erziehungsmaßnahmen zeigen, dass Afroamerikaner und Lateinamerikaner in USA, besonders männlichen Geschlechts, häufiger und härter bestraft werden als andere Schüler. Diese Schüler verpassen manche Unterrichtsstunden durch zeitweiliges Ausschließen aus dem Unterricht und Zwangsbeurlaubung (Gay, 2006; Monroe & Obidah, 2002; Skiba, Michael, Nardo & Peterson, 2000). Warum?

Die Überlegung, dass Afroamerikaner und Latinos deshalb häufiger und härter bestraft werden, weil sie schlimmere Vergehen begehen, ist NICHT durch Beobachtungen belegt. Sie werden vielmehr härter für geringere Vergehen bestraft, wie z. B. unhöflich oder widerspenstig sein – Worte oder Handlungen, die nach Meinung der Lehrer härtere Strafen verdienen. Eine Erklärung für die Strenge der Lehrer ist ein Mangel an kultureller Übereinstimmung zwischen Lehrer und Schü-

ler. „Die Sprache, die Gangart, Blicke und Kleidung von schwarzen Kindern, besonders Jungen, erzeugen so etwas wie Furcht, Unbehagen und eine Überreaktion bei Lehrern und Verwaltungsangestellten in der Schule" (Irvine, 1990, S. 27). Afroamerikanische Schüler werden oft für Verhaltensweisen bestraft, die nicht störend oder respektlos gemeint waren. Lehrer erweisen sich selbst oder anderen einen Gefallen, wenn sie sich bikulturell orientieren und damit ihren Schülern helfen, sich in der Majoritäten- und in der Minoritätenkultur zurechtzufinden, aber auch, um die tiefere Bedeutung der Handlungen und verbalen Äußerungen ihrer Schüler zu verstehen, sodass sie diese nicht falsch interpretieren und die Schüler für ihre unbeabsichtigten Respektlosigkeiten bestrafen (Gay, 2006).

Das **kulturspezifische Klassenmanagement** ist nur Teil des umfassenden Konzeptes des Kultur orientierten Unterrichtens. Geneva Gay (2006) fasst das Konzept so zusammen:

Wenn die Klassengemeinschaft ein behaglicher, fürsorglicher, einnehmender, bestätigender, engagierter und fördernder Ort für Schüler ist, dann gibt es praktisch keine Disziplinschwierigkeiten. Folglich können unter diesen günstigen Bedingungen sowohl das Klassenmanagement als auch die Schülerleistungen für Schüler mit unterschiedlichem ethnischem, rassischem und sprachlichem Hintergrund verbessert werden, indem sich der Lehrplan und der Unterricht an den verschiedenen in der Klasse vertretenen Kulturen orientieren und persönliche Verbindungen zum kulturellen Hintergrund herstellen.

Die effektivsten Lehrer praktizieren bereits das am kulturellen Hintergrund von Schülern orientierte Klassenmanagement; sie können als **warmherzige Forderer** bezeichnet werden (Irvine & Armento, 2001; Irvine & Fraser, 1998). Manchmal erscheinen diese warmherzigen Forderer Außenstehenden als ziemlich streng (Burke-Spero, 1999; Burke-Spero & Woolfolk Hoy, 2002). Eine der Untersuchungen ergab:

Einem mit der afroamerikanischen Kultur nicht vertrauten Beobachter könnten die Erziehungsmaßnahmen von anerkannten Lehrern wie Einschüchterung

---

Kulturspezifisches Klassenmanagement Kulturspezifische Bedeutungen und Reaktionsstile in die Planung von Klassenmanagement und den Umgang mit Schülern einbeziehen.

Warmherzige Forderer Wirksame Lehrer für afroamerikanische Schüler, die ein hohes Anspruchsniveau haben, sich aber auch um die Schüler intensiv kümmern.

vorkommen und als zu streng erscheinen, aber für die afroamerikanischen Informanten bedeutet Disziplin auch gleichzeitig Fürsorge. Ein Lehrer, der keinen Wert auf Disziplin legt, wird als jemand eingeschätzt, der sich nicht um die Kinder kümmert und nachlässig ist (Gordon, 1998, S. 427).

Carla Monroe und Jennifer Obidah (2002) untersuchten eine afroamerikanische Lehrerin für naturwissenschaftliche Fächer in einer 8. Klasse. Sie beschrieb sich selbst als jemand, der ein sehr hohes Anspruchsniveau für Leistungen und für gutes Benehmen hatte, sie glaubte, ihre Schüler hielten sie für „gemein". Aber sie brachte ihre Anliegen oft mit Humor vor und verwendete dabei den afroamerikanischen Dialekt, wie der folgende Ausschnitt aus einer Lehrer-Schüler Kommunikation zeigt:

Die Lehrerin: Wenn ihr beim Schulfest den dummen August spielen wollt, dann kommt vorher zu mir und sagt: „ich will beim Schulfest den dummen August spielen", dann kann ich euch dahin schicken, wo ihr hingehört! [Klasse lacht].

Lehrerin: Ich erwarte von euch gutes Benehmen, denn ihr seid die ältesten Schüler im Schulgebäude – gebt mir keinen Anlass, die Achtklässler aufzufordern, das Fest zu verlassen.

Schüler: Wir sollen kein Wort sagen, was? [Klasse lacht].

Viele afroamerikanische Schüler sind an einen direktiveren Umgang außerhalb der Schule gewöhnt. In ihren Familien hören sie etwa: „Leg den Lutscher weg!" oder „Geh jetzt ins Bett", während in weißen Familien zu hören ist: „Was gilt für Lutscher nach dem Zähneputzen?" oder „Ist es nicht Zeit, ins Bett zu gehen?". Wie H. Richard Milner (2006) feststellt: „Die Frage sollte nicht sein, welcher Umgang mit dem Kind richtig oder falsch ist, sondern welche Art der Erziehung das Wissen und die Erfahrung des Kindes einbezieht."

Verknüpfen und erweitern Sie Ihre Forschungskenntnisse

Um Ihre Kenntnisse über „warmherzige Forderer" zu erweitern, lesen Sie Irvine, J. J. & Armento, B. J. (2001). *Culturally Responsive Teaching: Lesson Planning for Elementary and Middle Grades.* New York: McGraw-Hill und Irvine, J. J. & Fraser, J. W. Warm. Demanders. *Education Week* (1998, May).

Verknüpfen und erweitern Sie Ihre Forschungskenntnisse

Um ausgezeichnete Analysen von Managementvorgängen in städtischen Schulen kennenzulernen, lesen Sie H. Richard Milner (2006). Classroom Management in Urban Classrooms. In C. Everston & C. S. Weinstein (Hrsg.), *Handbook for Classroom Management: Research, Practice and Contemporary Issues.* Mahwah, NJ: Lawrence Erlbaum.

12.5.2 Gemeinsamkeiten: Forschung über Klassenmanagement

Bisher wurden einige Ansätze im Klassenmanagement und bei Disziplinproblemen mit Schüler vorgestellt. Sind einige besser als andere? Die Forschung stellt Kriterien zur Beurteilung der Ansätze bereit. Emmer und Aussiker (1990) führten eine Metaanalyse von drei allgemeinen Sichtweisen auf das Klassenmanagement durch: (1) auf Schüler durch aufmerksames Zuhören und Problemlösen einwirken, wie von Gordon (1981) beschrieben; (2) Gruppenmanagement durch Klassenbesprechungen und Diskussionen mit Schülern, vertreten von Glasser (1969, 1990) und (3) Kontrolle durch Belohnung und Bestrafung, wie Canter und Canter (1992) vorführen. Die Ergebnisse erlauben keine klaren Schlussfolgerungen über die Auswirkungen dieser Ansätze auf das Verhalten von Schülern. Für das Konsistente Management Programm von Freiberg (1999) ergaben sich jedoch positive Auswirkungen, wie auch für den Einsatz von Belohnung und Bestrafung (Lewis, 2001).

Ideen integrieren

Eine in Australien durchgeführte Untersuchung von Ramon Lewis (2001) fand heraus, dass die Anerkennung und die Belohnung von angemessenem Schülerverhalten, die Aussprache mit Schülern darüber, wie deren Verhalten auf andere wirkt, das Einbeziehen der Schüler in Entscheidungen über Disziplinierungsmaßnahmen in der Klasse und unauffällige Hinweise auf und Beschreibungen von unangemessenem Verhalten geben in Beziehung stand zu größerer Eigenverantwortlichkeit beim Lernen. Es ist bemerkenswert, dass diese Vorgehensweisen von Emmer und Aussiker den drei allgemeinen Ansätzen entsprechen, die bereits vor-

Partnerschaft mit Familie und Gemeinde: Klassenmanagement

Stellen Sie sicher, dass die Familien Ihrer Schüler Ihre Erwartungen und Regeln für Leistungen und Verhalten in der Schule kennen.

Beispiele

1 Lassen Sie am Elterntag Ihre Schüler kleine Sketche aufführen, die die Schulregeln vorführen – wie man sie befolgt und wie Regelverletzungen aussehen oder sich anhören.

2 Fertigen Sie ein Poster für den Kühlschrank an, das in leicht fasslicher Form die wichtigsten Schulregeln und -erwartungen erläutert.

3 Bei älteren Schülern sollten die Familien alle Hausaufgabenblätter und alle Abgabendaten erhalten. Zusätzlich sollten die Familien noch Hinweise darauf erhalten, dass man nur bei guter Zeitaufteilung qualitativ gute Arbeit leisten kann. Panikarbeit in letzter Minute wird nicht qualitativ hochwertig ausfallen.

4 Die Kommunikation sollte in der richtigen Sprache erfolgen, möglichst in der Erstsprache der Eltern. Die Mitteilungsblätter sollten der Lesefertigkeit in der Familie angemessen sein.

Machen Sie Familien zu gleichwertigen Partnern, indem Sie deren gute Erfüllung ihrer Bürgerverantwortlichkeiten anerkennen.

Beispiele

1 Schicken Sie auch gute Nachrichten nach Hause, wenn Problemschüler gut gearbeitet oder sich angemessen verhalten haben.

2 Zeigen Sie Familien, dass sie auch bei knappen Geldmitteln die Leistungen ihrer Kinder würdigen können – zum Beispiel durch Auswahl des Lieblingsessens; durch Ausleihen eines beliebten Videos; durch eine Bemerkung zu einer beliebten Person wie Tante, Großeltern oder Pfarrer; die Möglichkeit, einem jüngeren Kind etwas vorzulesen.

Halten Sie Ausschau nach Talenten in der Gemeinde, um eine anregende Lernumgebung für die Klasse zu schaffen.

Beispiele

1 Regen Sie Schüler an, Briefe an Teppich- und Möbelgeschäfte zu schreiben, um eine Ausstattung für die Leseecke zu erhalten.

2 Finden Sie Familienmitglieder, die Raumteiler oder Bücherregale bauen, malen, Laminatfußböden legen, Geschichten schreiben, Pflanzen umtopfen oder Computer vernetzen können.

3 Nehmen Sie Kontakt zu Geschäften auf, die Computer, Drucker oder andere Ausstattungsteile spenden können.

Wenden Sie sich an die Familie, wenn Verhaltensprobleme bei einem Kind zu beobachten sind.

Beispiele

1 Sprechen Sie telefonisch oder zu Hause mit den Eltern. Führen Sie Protokoll über das Fehlverhalten.

2 Hören Sie sich an, was die Familie dazu zu sagen hat, und lösen Sie die Probleme möglichst gemeinsam.

Mehr über Klassenmanagement unter **http://www.educationworld.com**

gestellt wurden: Beeinflussung, Gruppenmanagement und Kontrolle. Lewis fügte noch hinzu, dass Lehrer diese Ansätze nur mit Schwierigkeit bei aggressiven Schülern durchsetzen können, diese benötigen diese Art von Management aber am notwendigsten. Wenn sich Lehrer bedroht fühlen, mangelt es ihnen an erzieherischer Durchsetzungskraft und sie können nicht auf die Bedürfnisse der betroffen Schüler eingehen – gerade dann, wenn diese Schüler es am meisten benötigen.

Wenn Eltern und Lehrer das gleiche Anspruchsniveau haben und sich gegenseitig unterstützen, können sie mehr für die Schüler erreichen und das Verhalten der Schüler positiv beeinflussen.

Mit Familien über Klassenmanagement kommunizieren

Wie aus den bisherigen Kapiteln ersichtlich, sind die Familien die wichtigsten Erziehungspartner der Schulen. Das gilt auch für das Klassenmanagement. Wenn Eltern und Lehrer die gleichen Erwartungen hegen und sich gegenseitig unterstützen, können sie eine positivere Klassenatmosphäre schaffen und mehr Zeit zum Lernen erwirken. Die *Richtlinien für die Partnerschaft mit Familie und Gemeinde* vermitteln einige Ideen, wie die Schule mit den Familien der Schüler und der Gemeinde zusammenarbeiten kann.

Z U S A M M E N F A S S U N G

Das Notwendigkeit von Organisation (S. 545–549)

Welche Aufgaben muss das Klassenmanagement erfüllen? Klassengemeinschaften sind ihrer Natur nach multidimensional, vieles läuft gleichzeitig ab, schnell und unmittelbar, unvorhersagbar, öffentlich und durch die vergangenen Handlungen der Schüler und Lehrer bestimmt. Mit all diesem muss sich ein Lehrer täglich auseinandersetzen. Produktive Aktivitäten in der Klasse erfordern die Kooperation der Schüler. In jedem Alter der Schüler werden andere Anforderungen an eine Kooperation gestellt. In den ersten beiden Klassen müssen sich die Schüler erst an die Schule und deren Regeln gewöhnen. Ältere Schüler müssen die Anforderungen in den verschiedenen Fächern kennen und koordinieren lernen. In der Adoleszenz muss der Lehrer erkennen, dass die Peergruppe einen starken Einfluss auf den einzelnen Jugendlichen hat und sich entsprechend einstellen.

Welche Ziele verfolgt ein gutes Klassenmanagement? Das erste Ziel einer guten Klassenleitung sollte es sein, viel Zeit zum Lernen durch reibungslose Abläufe zu schaffen; die Zeit gut zu nutzen durch produktive Beschäftigung der Schüler; die Beteili-gung jedes Schülers klar festzulegen, gerade heraus und unmittelbar anzuleiten und eindeutige Signale zu setzen; das Selbstmanagement der Schüler, ihre Selbstkontrolle und Verantwortungsbereitschaft zu fördern.

Eine positive Lernumgebung schaffen (S. 549–561)

Die Unterscheidung zwischen Regeln und Vorgehensweisen. Regeln legen die Gebote und Verbote für das Leben in der Klassengemeinschaft fest. Sie werden gewöhnlich schriftlich festgehalten und ausgehängt. Vorgehensweisen umfassen Verwaltungsaufgaben, die Anliegen der Schüler, Ordnung in den Schulräumen, Routinen zur Vorbereitung und Begleitung des Unterrichts, Umgangsformen zwischen Schüler und Lehrer und den Umgang der Schüler untereinander. Regeln lassen sich in der Form von Rechten aufschreiben, und die Schüler können an der Formulierung dieser Rechte mitwirken, dadurch haben sie die Chance, ihre eigenen Vorstellungen einzubringen. Die Folgen sowohl von Regeleinhaltung als auch Regelverletzung sollten vereinbart werden, sodass alle Beteiligten wissen, was die Konsequenzen sein werden.

Unterscheiden Sie zwischen persönlichen Bereichen und Interessensbereichen im Klassenraum. Es bestehen zwei Möglichkeiten der Raumgliederung im Klassenraum, die nach räumlichen Bereichen (die traditionelle Klassengliederung) und die nach funktionalen Abteilungen (den Raum aufteilen in Interessens- oder Arbeitsbereiche). Flexibilität ist das Schlüsselkonzept. Die Entscheidung des Lehrers für eines der beiden Konzepte sollte sicherstellen, dass das Material leicht erreichbar ist, dass die Nischen bequem zu erreichen sind, dass eine gewisse Privatheit möglich ist und dass alle Bereiche leicht zu beaufsichtigen sind. Die Pläne für die Raumgliederung müssen oft neu durchdacht werden, um neuen Anforderungen gerecht zu werden.

Welche besonderen Anforderungen an das Klassenmanagement stellen Computer? Der Einsatz von Computern erfordert besonders klare Vorgehensanweisungen. Dies gilt gleichermaßen für einen, mehrere oder einen Raum voller Computer. Lehrer müssen überlegen, was die Schüler wissen sollten, sie müssen die Computerfunktionen vermitteln und leicht zu verstehende, schriftliche Handanweisungen liefern. Schüler oder Eltern können als Fachleute trainiert und als freiwillige Berater eingesetzt werden. Die unterschiedliche Rollenverteilung erleichtert das Management von Computeraufgaben.

Geben Sie die Unterschiede in der ersten Schulwoche zwischen effektiven und nicht-effektiven Lehrern an. Effektive Klassenleiter verbringen die erste Schulwoche damit, Regeln und Vorgehensweisen mit den Schülern abzusprechen und dabei viele Erklärungen, Beispiele und Übungen anzubieten. Schüler sind mit gut organisierten, vergnüglichen Tätigkeiten beschäftigt und lernen, produktiv in Gruppen zusammenzuarbeiten. Schnelle, feste, klare und konsistente Reaktionen auf Regelverletzungen sind typisch für effektive Lehrer. Diese Lehrer weisen jede Ablenkung durch Aufgaben in letzter Minute von sich, um sich auf ihre Schüler und deren dringende Anliegen konzentrieren zu können.

Eine gute Lernumgebung pflegen (S. 561–571)

Wie können Lehrer Engagement anregen? Im Allgemeinen steigt die beschäftigte Zeit der Schüler mit der Beaufsichtigung durch den Lehrer. Wenn die Aufgabe erkennen lässt, was als Nächstes zu erledigen ist, sind die Schüler stärker bei der Sache. Aufgaben, die man schrittweise hintereinander abarbeiten kann, nehmen die Schüler stärker in Anspruch. Klare und ins Einzelne gehende Angaben der Arbeitsanforderungen, die Bereitstellung von Unterrichtsmaterial und die Beaufsichtigung aller Tätigkeiten sorgen zusammen für ein starkes Engagement der Schüler.

Erklären Sie Kounins Faktoren, die Probleme in der Klasse verhindern können. Um ein positives Umfeld zu schaffen und Probleme abzuwenden, müssen Lehrer individuelle Unterschiede berücksichtigen, die Motivation der Schüler bewahren und positives Verhalten bestärken. Erfolgreiche Problemverhüter weisen nach Kounin Fertigkeiten in vier Bereichen auf: Allgegenwärtigsein, Mehrfachtätigkeit, Gruppenzentrierung und für Fortschritte sorgen. Wenn Strafen ausgeteilt werden müssen, sollte dies unauffällig geschehen. Abgesehen von den kouninschen Vorschlägen können Lehrer auch noch andere präventive Maßnahmen ergreifen; sie können eine Klassengemeinschaft schaffen, geprägt von gegenseitiger Fürsorge und Rücksichtsnahme, und den Schülern soziale Kompetenzen und emotionale Selbststeuerung vermitteln.

Beschreiben Sie sieben Interventionsebenen für Fehlverhalten. Zunächst können Lehrer Blickkontakt zum störenden Schüler aufnehmen oder andere nicht-verbale Signale verwenden, dann können Sie den Namen des Störers während des Unterrichtens erwähnen. Als Nächstes wird der Schüler angesprochen, ob er sich über die negativen Folgen seines Verhaltens im Klaren ist. Danach erinnert ihn der Lehrer an die richtige Art, etwas zu erledigen, und trägt ihm auf, die Aufgabe richtig auszuführen. Wenn das nicht greift, sollte der Schüler selbst die richtige Vorgehensweise in Worte kleiden und sie dann ausführen. Als Nächstes sollte der Lehrer klar und unmissverständlich ausdrücken, dass das Fehlverhalten einzustellen ist. Als Letztes kann der Lehrer dem Schüler die Wahl anbieten zwischen Aufhören oder einer Unterredung unter vier Augen, in der die festgelegten Konsequenzen eingeleitet werden.

Die Notwendigkeit von Kommunikation (S. 571–576)

Was bedeutet „mitfühlendes Zuhören"? Die Kommunikation zwischen Lehrer und Schüler ist unentbehrlich, wenn Probleme zwischen ihnen auftauchen. Alle Interaktionen zwischen Menschen, auch in der Form des Schweigens oder der Vernachlässigung, kommunizieren etwas an Bedeutung. Mitfühlendes, teilnehmendes Zuhören kann eine hilfreiche Reaktion sein, wenn Schüler mit ihren Problemen ankommen. Lehrer müssen paraphrasieren, was sie gehört haben. Diese Paraphrasierungen sind mehr als nur reine Wiederholungen, sie sollten erkennen lassen, dass der emotionale Gehalt, die Absicht und die dahinter liegenden Bedeutungen richtig verstanden wurden.

Unterscheiden Sie zwischen passivem, feindseligem und bestimmtem Reaktionsstil. Der *passive Reaktionsstil* kann verschiedene Formen annehmen. Statt dem Schüler direkt zu sagen, was zu tun ist, kommentiert der Lehrer einfach sein Verhalten, fordert den Schüler lediglich auf, über das korrekte Verhalten nachzudenken oder er droht Strafen an, die er aber nie wirklich folgen lässt. Bei einem *feindseligen Reaktionsstil*, können Lehrer „Du"-Mitteilungen äußern, in denen der Schüler verurteilt wird, ohne dass das richtige Verhalten angegeben wird. Beim *bestimmten Reaktionsstil* wird klar, dass dem Lehrer am richtigen Verhalten und am effektiven Lernen etwas liegt, und dass er deshalb Fehlverhalten nicht zulassen kann. Bestimmt reagierende Lehrer äußern klar, was sie von den Schülern erwarten.

SCHLÜSSELBEGRIFFE

Aktionszone (S. 555)

Aktive Lernzeit (S. 547)

Allgegenwärtigsein (S. 563)

Bestimmtes Erziehungsverhalten (S. 574)

Effektive Lernzeit (S. 547)

Einfühlsames Zuhören (S. 573)

Gruppenzentrierung (S. 564)

„Ich"-Botschaft (S. 574)

Klassenmanagement (S. 546)

Kulturspezifisches Klassenmanagement (S. 576)

Lernzeit (S. 547)

Mehrfachtätigkeit (S. 563)

Natürliche/logische Konsequenzen (S. 553)

Paraphrasierungsregel (S. 572)

Präventive Korrektur (S. 571)

Selbstmanagement (S. 549)

Teilnahmeregeln (S. 548)

Verhaltensregeln (S. 550)

Warmherzige Forderer (S. 576)

Zeitmanagement (S. 564)

Z U S A M M E N F A S S U N G

Aus dem Lehrernotizbuch

Lehrer arbeiten, um Schulen und Lernumgebungen zu schaffen, in denen sich die Schüler sicher, akzeptiert und respektiert fühlen. In dem zu Beginn des Kapitels berichteten Fall ist diese Lernumgebung in Gefahr – zumindest für einen Schüler. Als Klassenleiter müssen Sie sich nicht nur fragen, wie Sie das Problem Ihres Schülers lösen können, sondern auch welche Strategien und Praktiken das Problem beheben und weitere, ähnliche verhindern können.

Was würden Lehrer tun?

Lehrer äußern sich zu der zu Beginn des Kapitels geschilderten Situation, die durch aggressives Verhalten von Schülern entstanden ist.

■ J. H., Lehrerin einer 3. Klasse

Alle am Lernen Beteiligten müssen dafür sorgen, dass Einschüchterungen und Bedrohungen unter Schülern gar nicht erst vorkommen; dies erreicht man am besten durch unmissverständliche Kommunikation zwischen den Beteiligten. Es sollte ebenso darauf geachtet werden, dass alle Kollegen die Situation aufmerksam verfolgen und dem Klassenlehrer berichten. Der Klassenlehrer kann daraufhin mehr Präsenz auf den Fluren und auf dem Schulhof zeigen. Man sollte aber auch die Anliegen des betreffenden Schülers sorgfältig anhören, bevor man Maßnahmen zur Verbesserung der Situation ergreift. In dem konkreten geschilderten Fall der beiden Angreifer würde ich beide nachdrücklich auf die Folgen ihres Verhaltens für das Opfer hinweisen in der Hoffnung, ihr Mitgefühl wecken zu können, damit sie verstehen, dass ihre Aggressionen dem Mitschüler großen Schaden zufügen und sie ihr Verhalten ändern.

■ K. B., Deutschlehrer an einer höheren Schule, 9.–12. Klasse

Störendes Verhalten in der Mittelstufe kann auf zukünftige Verhaltensprobleme hinweisen, und je länger es ignoriert wird, desto mehr wird es gefestigt. Wenn also solche Situationen beobachtet werden, sollte man als Lehrer eingreifen. Ich würde sowohl die beiden Angreifer als auch das Opfer befragen, natürlich getrennt, um möglichst viel über die Entstehung der Übergriffe zu erfahren. Wenn dieses Verhalten so vorher noch nicht vorgekommen ist, würde ich mich mit einem Gespräch mit den betreffenden Eltern begnügen. Aber wenn dies schon häufig vorgekommen ist, muss der Vorfall gemeldet werden. Jeder zuständige Schulverwalter sollte wissen, dass in seinem Verantwortungsbereich solche Vorfälle geschehen. Der zuständige Schulpsychologe sollte auch einbezogen werden. Den aggressiven Schülern sollte nachdrücklich klargemacht werden, wie ernst ihre Verfehlungen genommen werden. Die Strafen sollten spürbar ausfallen, damit auch die Umgebung den Eindruck gewinnt, dass die Schule ein sicherer Ort ist, an dem Lernfreiheit herrscht.

■ K. D., Lehrer an einer höheren Schule, 11. Klasse

Als Lehrer an einer höheren Schule würde mir die Aggression bei den älteren Schülern schon Kopfzerbrechen bereiten. In der Grundschule sind körperliche Übergriffe zwar auch schmerzhaft und können dem Opfer Verletzungen zufügen, aber bei älteren (und größeren) Schülern können sie gefährlich sein. Ich wäre auch bestürzt, wenn ich erführe, dass entsprechendes Verhalten der Schüler in der Grundschule nicht ernst genommen worden würde; in dieser Zeit hätten die Eltern und die Lehrer nämlich noch nachhaltigen Einfluss auf die Schüler nehmen können. Meine erste Maßnahme wäre, die Aufsichtskräfte auf den Fluren, in der Cafeteria und dem Schulhof zu verständigen, auf aggressives Verhalten besonders zu achten. Die verantwortlichen Kräfte sollten ihre Beobachtungen dem schulpsychologischen Dienst und dem Schulverwalter melden; diese sollten dann prüfen, ob die Eltern benachrichtigt werden sollten. Die Ereignisse der letzten Jahre zeigen ganz deutlich, dass man solche Vorfälle nicht auf die leichte Schulter nehmen sollte.

■ K. C., Lehrer an einer Grundschule

Körperliche Angriffe können nicht geduldet werden. Keine Schule, kein Lehrer, kein Schulverwalter kann zulassen, dass ein Klima der Gewalt in Schulen um sich greift. Jeder Vorfall sollte festgehalten und dem Schulrektor gemeldet werden. Noch am gleichen Tag würde ich auch eine Besprechung des Disziplinarausschusses beantragen, um sicherzustellen, dass noch ein anderes Gremium den Vorfall dokumentiert und dass rigorose Maßnahmen ergriffen werden können.

Wie der nächste Schritt aussieht, hängt von der Verwaltung ab, aber – es gibt einen nächsten Schritt. Der Lehrer muss den Schüler im Auge behalten. Innerhalb der nächsten 48 Stunden würde ich den Schüler unter vier Augen ansprechen, ob er noch weitere Übergriffe begangen hat. Seine Antworten und meine Fragen halte ich dann schriftlich fest und gebe sie an den Rektor weiter.

Als Lehrer stehen wir im Rampenlicht. Wir prägen die ersten Beziehungen zu Autorität und bürgerlicher Gesellschaft. Wir können nicht umhin, hinter denen zu stehen, die unsere Welt lebenswert machen wollen.

Unterrichten zum Lernen

13

ÜBERBLICK

Was würden Sie tun?

Sie versuchen sich in Ihrer zukünftigen Stelle einzuarbeiten; Sie erhalten eine lange Liste mit Lerninhalten und Themen, die in einem zentralen Test die Lernfortschritte aller Schüler im derzeitigen Schuljahr überprüfen sollen. Sie erfahren, dass Ihre neue Schule auf der Liste des Bezirksschulamtes steht, in denen Schulen vermerkt sind, die in den letzten beiden Jahren wenige Lernfortschritte zu verzeichnen haben. Viele der Themen auf der Liste erscheinen Ihnen auch wichtig, aber Ihre Schule vertritt die Auffassung, dass spezifisch für den Test gelernt und geübt werden müsse.

Kritisch denken

- Wie sollen die Neugierde und das Interesse der Schüler für die Themen und die Fertigkeiten geweckt werden, wenn nur für den Test gelernt wird?
- Wie machen Sie den Kindern klar, dass es sich lohnt, dieses Material zu lernen?
- Wie können Sie die Motivation der Schüler für gründliches Lernen des Unterrichtsstoffs wachhalten?
- Was müssen Sie sonst noch wissen, um die Schüler auf diesen wichtigen Test vorzubereiten?

Zusammenarbeit

Wählen Sie mit zwei oder drei Schülern aus der Klasse einen Schlüsselbegriff aus, der wahrscheinlich in einem der zentralisierten Tests vorkommen wird. Entwerfen Sie eine Stunde, die Ihre Schüler beim Verstehen und Erinnern dieses Schlüsselbegriffes unterstützt.

Fast das ganze Buch handelt vom Lernen und von Lernern. Dieses Kapitel konzentriert sich auf die Lehre und das Lehren. Zunächst wird geprüft, wie Lehrer ihre Lehre planen; dabei sollen Kategorien von Lernzielen oder -themen als Grundlage für die Pläne berücksichtigt werden.

Was sollte man noch über Lehre wissen? Gibt es charakteristische Unterschiede zwischen effektiven und nicht effektiven Lehrern? Die Forschung über Unterrichten in der ganzen Klasse weist auf einzelne wichtige Faktoren hin, mit denen sich die folgenden Abschnitte beschäftigen.

Erst werden grundlegende Kenntnisse darüber vermittelt, wie Ziele festzulegen und Entwürfe anzufertigen sind, und darüber, was die Besonderheiten eines guten Lehrers sind; daran schließen sich Überlegungen über allgemeine Lehrer zentrierte Strategien an: Unterrichten im Vortragsstil, Arbeiten am Tisch, Hausarbeiten, richtiges Fragen, Vorlesen und Gruppendiskussion.

Der Schlussteil dieses Kapitels konzentriert sich auf schülerzentrierte Ansätze für verschiedene Fächer – Lesen, Schreiben, Mathematik und Naturwis-

senschaften –, aber auch auf Aspekte effektiven Unterrichtes in Klassen mit lernbehinderten Schülern.

Pädagogische Psychologen haben untersucht, wie Menschen den Lernstoff einzelner Fächer lernen und daraus Schlussfolgerungen für den Unterricht gezogen.

Nach Durcharbeiten dieses Kapitels werden Sie auf folgende Fragen antworten können:

- *Wann und wie sollten Lehrer die Unterrichtsziele und -themen für den Lehrplan nutzen?*
- *Was macht den guten Lehrer aus?*
- *In welchen Situationen wäre eine der folgenden Unterrichtsformen angebracht: Vortragsstil, Arbeiten am Platz, Hausarbeiten, Fragenstellen und Gruppendiskussion?*
- *Wie wirken sich die Erwartungen des Lehrers auf das Lernen des Schülers aus?*
- *Wie variiert die Rolle des Lehrers in direkten und konstruktivistischen Unterrichtsansätzen?*
- *Welche Verdienste haben sich einzelne Methoden für den Unterricht im Lesen, in Mathematik und in den Naturwissenschaften erworben?*

Der erste Schritt: Planen   13.1

Halt! Denken Sie nach! Schreiben Sie!

Greta Morine-Dershimer (2006) fragt, welche der Redensarten auf das Planen der Lehrer zutrifft:

- Zeit ist wesentlich.
- Ein bisschen Planen zur rechten Zeit hilft langfristig.
- Pläne sind dazu da, umgestoßen zu werden.
- Sie können es selbst erledigen.
- Nicht zurückschauen, nur nach vorne.
- Eine Größe für alles.

Wenn Sie darüber nachgedacht haben, was Sie in der eingangs geschilderten Situation tun würden, dann haben Sie bereits *geplant*. In den letzten Jahren hat sich die Pädagogische Psychologie stark für Planungen von Lehrern interessiert. Pädagogische Psychologen haben Lehrer direkt gefragt, wie und wann sie planen; sie sollten beim Planen „laut denken" oder ein Art Tagebuch führen über ihre Planungen. Diese Befragungen wurden sogar über mehrere Monate ausgedehnt. Was waren ihre Ergebnisse?

Hier sind die Forschungsergebnisse:

1 Die Planungen beeinflussen den Lernstoff der Schüler, denn die Pläne setzen die verfügbare Zeit und den Lehrstoff in Tätigkeiten und Aufgaben um – *Zeit ist das Wesentliche beim Planen*. Wenn ein Lehrer beschließt, 7 Stunden für Sprachfächer und 15 Minuten für naturwissenschaftlichen Unterricht in der Woche einzuplanen, werden natürlich die Schüler mehr Sprachliches lernen als Naturwissenschaftliches. Es gibt drastische Unterschiede bei den Planungen für manche Unterrichtsfächer, manche werden doppelt so oft in der Woche eingeplant als andere (Clark & Yinger, 1988; Karweitt, 1989). Es ist besonders wichtig, die Planungen zu Beginn des Schuljahres vorzunehmen, denn viele Routinen und Muster, etwa Zeitzuschreibungen, etablieren sich früh im Schuljahr. *So hilft ein bisschen Planung zur rechten Zeit langfristig* bei dem, was unterrichtet und was gelernt werden soll.

2 Lehrer planen auf verschiedenen Ebenen – für das ganze Jahr, das Schulhalbjahr, die Unterrichtseinheit, eine Woche und einen Tag. Diese unterschiedlichen Ebenen müssen koordiniert werden. Will man ein ganzes Jahr im Voraus planen, muss es in zwei Schulhalbjahre, diese wiederum in Unterrichtseinheiten und diese in Wochen und Tage ge-

teilt werden. Erfahrene Lehrer planen meist auf der Ebene der Unterrichtseinheit, dann wöchentlich und schließlich täglich. Mit der wachsenden Erfahrung im Unterrichten lassen sich die verschiedenen Ebenen besser koordinieren und dabei auch noch die festgeschriebenen Anforderungen des Schulbezirks und der Länder einbeziehen (Morine-Dershimer, 2006).

3 Pläne reduzieren aber verhindern die Unsicherheit nicht völlig. Die Planungen müssen Flexibilität zulassen. Es deuten einige Ergebnisse darauf hin, dass Lehrer, die jede Minute verplanen und an ihren Plänen festhalten, nicht so große Lernerfolge erzielen wie Lehrer, die ihre Pläne flexibler handhaben (Shavelson, 1987). *Pläne werden nicht aufgestellt, um von ihnen abzuweichen*, aber manchmal müssen sie ein bisschen angepasst werden.

Um Freiraum für Kreativität und Flexibilität einzuplanen, müssen Lehrer ihre Schüler, deren Interessen und deren Fähigkeiten gut kennen, aber auch die Fächer gut beherrschen; sie müssen um alternative Zugänge zum Verständnis des Schüler wissen; wie man mit Gruppen arbeitet; die Erwartungen, aber auch die begrenzten Möglichkeiten der Schule und der Gesellschaft für die Schüler kennen; wie man Texte und Materialien einsetzt und adaptiert; und wie man alle diese Kenntnisse in sinnvolle und effektive Unterrichtstätigkeit integriert. Die Planungen von Lehreranfängern gehen manchmal nicht auf, weil sie wenig über die Schüler oder die Fächer wissen – sie können schwer abschätzen, wie viel Zeit Schüler für einzelne Aufgaben benötigen, zum Beispiel, oder sie stolpern über eine Erklärung oder ein Beispiel, das sie nicht vorbereitet haben (Calderhead, 1996).

Planen *können* Sie *allein*, aber Zusammenarbeit bewährt sich. Mit anderen Lehrern zusammenzuarbeiten und Ideen auszutauschen, gehört zu den besten Erfahrungen beim Unterrichten. Einige Pädagogen meinen, dass eine Zusammenarbeit beim Planen, wie sie etwa dem japanischen „kenshu" (Meisterschaft durch Lernen) entspricht, mit ein Grund ist für das gute Abschneiden der japanischen Schüler in internationalen Tests. Ein grundlegender Bestandteil des kollaborativen Planens von Unterrichtseinheiten bezieht eine kleine Gruppe von anderen Lehrern ein, einer von ihnen wird beim Unterrichten mit einer Videokamera aufgenommen. Dann schauen sich alle aus der Gruppe das Video an, analysieren die Schülerantworten und verbessern die Unterrichtsstunde weiter. Andere Leh-

Beim Planen können Sie allein vorgehen, aber Zusammenarbeit ist hierbei von Vorteil. Die eigenen Pläne mit Kollegen zu teilen kann eine gute Erfahrung während der Lehrtätigkeit darstellen.

tiver Problemlösevorgang für erfahrene Lehrer. Erfahrene Lehrer wissen, wie man viele gute Unterrichtsstunden erarbeitet und wie man auch Teilunterrichtseinheiten gut unterrichtet. Sie wissen, was sie erwartet und wie sie vorgehen müssen, deshalb folgen sie nicht ganz genau den ins Einzelne gehenden Unterrichtsplanungen, die sie selbst gelernt haben. Planen ist weniger formal gebunden und spielt sich „in ihrem Kopf" ab. Sie sind jedoch der Meinung, dass sie dies ohne die gelernten Grundlagen nicht beherrschen könnten (Clark & Peterson, 1986).

Unabhängig davon, wie geplant wird, es muss ein Lernziel vorgegeben werden. Der nächste Abschnitt beschäftigt sich mit einer Reihe von Lernzielen, die Lehrer für Schüler festsetzen.

rer erproben dann die verbesserte Unterrichtsstunde und nehmen weitere Verbesserungen vor. Am Ende des Schuljahres können alle Gruppen die Ergebnisse ihrer Unterrichtsplanungen veröffentlichen. In den USA heißt der Verbesserungsprozess **lesson study** (Morine-Dershimer, 2006). Um mehr über diesen methodischen Ansatz zu erfahren, können Sie im Internet unter dem Suchwort „lesson study" nachforschen. Wenn Sie schon im Internet sind, können Sie auch gleichzeitig das Stichwort „*Unterrichtsplan*" oder englisch „lesson plan" eingeben. Sie können auch noch ein Schulfach davorsetzen, etwa „Mathematik Unterrichtspläne" („math lesson plan") oder auch die Klasse, etwa „4. Klasse Unterrichtspläne".

Auch gut ausgetüftelte Unterrichtspläne von naturwissenschaftlichen Webseiten müssen an die Situation in der Schule angepasst werden. Einige Anpassungen erfolgen vor dem Unterricht, andere aber auch erst danach. Vieles, was erfahrene Lehrer über Planen wissen, kommt durch einen Rückblick zustande – und durch Nachdenken darüber, was geklappt hat und was nicht. Deshalb sollte jeder Lehrer *zurückblicken* auf die ursprünglichen Pläne und sich so ständig verbessern. Überlegungen und Verbesserungen zusammen mit Kollegen sind die wichtigsten Bestandteile der *Untersuchung des Unterrichtsplanungsprozesses*.

Es gibt nicht nur ein Modell für effektives Planen. *Eine Größe passt nicht auf alles*. Planen ist ein krea-

13.1.1 Lernziele

In den Medien wird viel über Visionen, Ziele, Ergebnisse und Standards gesprochen. Auf einem sehr abstrakten Niveau sind die gesellschaftlichen Ziele für die Schulbildung angesiedelt: Alle Kinder sollen eine Schulbildung erhalten, sobald sie schulreif sind, ist eine der in den Landesverfassungen der Bundesrepublik festgelegten Staatsaufgaben. Im Grundgesetz der Bundesrepublik ist lediglich die Schulaufsicht festgehalten.

Solche allgemeinen Richtlinien sind relativ bedeutungslos, wenn nicht spezifiziert wird, was die Lernziele sein sollten. In manchen Ländern können diese allgemeinen Richtlinien auch in Standards gefasst sein: „die Schüler werden in der Grundschule mathematische Begriffe wie Brüche, Dezimalzahlen, deren Beziehung zueinander und äquivalente Brüche lernen" (Lernziele für die Sekundarstufe I, festgehalten in den Rahmenplänen für den Mathematikunterricht der einzelnen Länder). Manchmal werden die Standards in Form von Indikatoren formuliert: „ein Lernziel ist, Brüche mit äquivalentem Wert zu finden" (Anderson & Krathwohl, 2001, S. 18). Auf diesem Genauigkeitsniveau, sind die Indikatoren bereits Unterrichtsziele.

Norman Gronlund (2004) definiert **Unterrichtsziele** als beabsichtigtes Lernergebnis. Ziele sind der von den Schülern erwartete Leistungsstand, nachdem sie un-

---

Lesson study (Untersuchung von Unterrichtsplänen) Lehrer entwickeln, testen, verbessern und testen erneut Entwürfe für Unterrichtseinheiten in Zusammenarbeit mit anderen Lehrern, bis sie mit der endgültigen Version zufrieden sind.

Unterrichtsziele Klare Aussagen über das, was Schüler im Unterricht lernen sollen.

Tabelle 13.1

Gronlunds kombinierte Methode zur Festlegung von Unterrichtszielen

Allgemeine Zielsetzung

Ein Forschungsprojekt einer Gruppe vorstellen und es verteidigen.

Spezifische Beispiele

Beschreibt das Projekt in klar organisierter Form.
Fasst die bisherigen Ergebnisse zusammen und stellt ihre Implikationen heraus.
Verwendet Anschauungsmaterial, um Ideen und Verknüpfungen zu veranschaulichen.
Beantwortet die Fragen der Gruppe direkt und vollständig.
Stellt einen Bericht vor, der sorgfältig geplant ist.
Offenbart durch seine Darstellung und durch Antworten auf Fragen gute Schlussfolgerungsfähigkeit.

Quelle: Aus Gronlund's Combined Method for Creating Objectives in Norman Gronlund *How to Write and Use Instructional Objectives* (6. Aufl.) Copyright © 2000 Pearson Education.

terrichtet wurden; der Leistungsstand zeigt an, dass die Schüler gelernt haben, was von ihnen erwartet wurde. Wenn behavioristisch ausgerichtete Pädagogen Ziele definieren, so tun sie dies an Hand von beobachtbaren oder messbaren Veränderungen beim Lerner. Verhaltensziele gehen von Begriffen aus wie „auflisten", „definieren", „addieren" oder „rechnen". Kognitive Ziele dagegen betonen Denken und Verstehen, sie sind mit Worten wie „verstehen", „erkennen", „schaffen" oder „anwenden" formuliert. Im nächsten Abschnitt soll eine gut ausgearbeitete Methode der Formulierung spezifischer Lernziele vorgestellt werden.

Mager: mit dem Spezifischen anfangen

Robert Mager entwickelte einen Ansatz zur Formulierung von Unterrichtszielen (Mager, 1975). Seine Vorstellung von Lernzielen ist, dass sie beschreiben sollen, was Schüler tun müssen, um bestimmte Ziele zu erreichen, und was sie tun, wenn das Ziel erreicht ist. Es handelt sich also um **Verhaltensziele**. Nach Mager besteht ein gutes Ziel aus drei Teilen: Der erste Teil gibt genau das erwartete *Schülerverhalten* an. Was muss der Schüler tun? Der zweite Teil nennt die Bedingungen, unter denen das Verhalten auftreten soll. Wie soll das Verhalten erkannt oder getestet werden? Der dritte Teil spezifiziert die Bewertungskriterien für das Verhalten. Was ist akzeptabel und wie kann man es überprüfen?

Zum Beispiel, ein Ziel im Fach Gesellschaftskunde könnte sein: „Einen neuen Artikel in einer Lokalzeitung [Bedingung] nachlesen, jede Tatsache mit einem *T* und jede Meinungsäußerung mit einem *M* markieren [beobachtbares Verhalten] und 75 % der Aussagen richtig anstreichen [Kriterium]." Die Betonung des beobachtbaren Kriteriums erfordert sehr explizite Kriterien. Mager geht davon aus, dass sich Schüler bei objektiven Kriterien auch selbst instruieren können.

Gronlund: mit dem Allgemeinen anfangen

Norman Gronlund (2004) äußert andere Vorstellungen; sie werden oft zitiert, wenn es darum geht, **kognitive Ziele** zu formulieren. Er meint, ein Ziel müsse erst allgemein festgelegt werden (*etwas verstehen, lösen, anerkennen* usw.). Dann sollte der Lehrer anhand einiger Beispiele klarmachen, wann das gesetzte Ziel erreicht ist. Das Beispiel in ▶ Tabelle 13.1 beinhaltet als Ziel, ein Forschungsprojekt darzustellen und zu verteidigen. Als Lehrer kann man nicht alle einzelnen Verhaltensweisen, die dazugehören, explizit angeben, aber ein allgemeines erstes Ziel lässt sich sehr wohl formulieren.

Die neueste Untersuchung über Unterrichtsziele geht ähnlich vor wie Gronlund. James Popham (2005a), ein ehemaliger Vertreter sehr ins Einzelne gehender Zielsetzungen, macht folgenden Vorschlag:

Verhaltensziele Unterrichtsziele, die erwartetes Verhalten spezifizieren.

Kognitive Ziele Unterrichtsziele, die höhere kognitive Operationen beinhalten.

Bemühen Sie sich, ein halbes Dutzend im Vordergrund stehender, breiter und messbarer Zielsetzungen für Ihre Klasse zu erarbeiten. Zu viele, zu enge Ziele werden Ihnen nichts nützen, denn Sie werden sie bald ignorieren. Dagegen werden Sie mit ein paar gut ausgewählten, eher allgemeinen kognitiven Unterrichtszielen, die sich auch objektiv erfassen lassen, guten Unterricht leisten und auch die Frage beantworten können, welche Leistungen zu bewerten sind (S. 104–105).

13.1.2 Flexible und kreative Pläne: der Einsatz von Taxonomien

Halt! Denken Sie nach! Schreiben Sie!

Denken Sie über die Aufgaben nach, die Sie Ihrer Klasse geben möchten. Welche Denkvorgänge werden die Aufgaben erfordern?

- Fakten und Termini erinnern?
- Eine Situation, Aufgabe oder Problem lösen?
- Die Kernideen verstehen?
- Eine Bewertung oder eine Meinung äußern?
- Informationen anwenden, um Probleme zu lösen?
- Etwas Neues schaffen oder entwerfen?

Vor 50 Jahren versuchte eine Gruppe von Experten in Bildungsfragen, angeführt von Benjamin Bloom, die Prüfungen in der Universität zu verbessern. Ihre Arbeiten beeinflussten das Bildungswesen auf allen Ebenen und in der ganzen Welt (Anderson & Sosniak, 1994). Bloom und seine Kollegen entwickelten eine **Taxonomie** oder ein Klassifikationssystem von Unterrichtszielen. Die Ziele wurden drei Kategorien zugeordnet: kognitive, emotionale und psychomotorische. Ein Handbuch wurde schließlich veröffentlicht, das die drei Kategorien von Unterrichtszielen in verschiedenen Bereichen beschreibt. Die Verhaltensweisen aus den drei Kategorien treten in der Realität gleichzeitig auf. Während die Schüler schreiben (psychomotorisch), erinnern sie sich oder ziehen Schlussfolgerungen (kognitiv), und sie entwickeln auch Stimmungen oder Gefühle gegenüber der Aufgabe (emotional).

Der kognitive Bereich

Aus dem **kognitiven (Denk-) Bereich** nennt Blooms Taxonomie sechs grundlegende Unterrichtsziele (Bloom, Engelhart, Frost, Hill & Krathwohl, 1956):

1. *Wissen*: Etwas erinnern oder wiedererkennen, ohne dass es notwendigerweise bis ins Letzte verstanden worden ist und ohne dass es angewendet oder verändert wird.
2. *Verstehen*: Das Material verstehen, das möglicherweise vermittelt wird, ohne es zu verknüpfen.
3. *Anwendung*: Ein allgemeines Konzept anwenden, um ein bestimmtes Problem zu lösen.
4. *Analyse*: Etwas in Einzelteile zerlegen.
5. *Synthese*: Etwas Neues schaffen durch Zusammenstellen neuer Ideen.
6. *Evaluation*: Den Wert von Materialien oder Methoden danach beurteilen, ob sie in einer bestimmten Situation angewendet werden können.

Es ist in der Pädagogik üblich, diese Objekte als eine Hierarchie zu betrachten, bei der jede Fertigkeit auf der anderen aufbaut, aber dies trifft nicht ganz zu. Einige Fächer, wie etwa die Mathematik, entsprechen nicht ganz dieser Struktur (Kreitzer & Madaus, 1994). Trotzdem wird immer wieder auf Ziele niederer oder oberer Ordnung verwiesen, wobei Wissen, Verstehen und Anwendung Ziele niederer Ordnung sind und Analyse, Synthese und Evaluation Ziele höherer Ordnung. Als eine Denkannäherung an eine Zielstruktur kann diese Vorstellung sehr hilfreich sein (Gronlund, 2004). Die Taxonomie der Ziele kann auch hilfreich bei der Planung von Leistungsprüfungen sein, denn verschiedene Vorgehensweisen sind für die Ziele auf den verschiedenen Ebenen angemessen, wie Kapitel 15 zeigen wird.

Bloom 2001

Blooms Taxonomie beherrschte die Pädagogik 50 Jahre lang. Sie wird als die bedeutendste pädagogische Schrift des 20. Jahrhunderts bezeichnet (Anderson & Sosniak, 1994). Im Jahre 2001 veröffentlichte eine Gruppe von pädagogischen Forschern die erste wichtige Überarbeitung der Taxonomie (Anderson & Krathwohl, 2001). Die neue Version behält die sechs Ebenen,

---

Taxonomie   Klassifikationssystem.

Kognitive Bereiche   In Blooms Taxonomie Gedächtnis- und Schlussfolgerungsziele.

Tabelle 13.2

Eine überarbeitete Taxonomie im kognitiven Bereich

Die Dimension der kognitiven Prozesse

Wissensdimension	1. Erinnern	2. Verstehen	3. Anwenden	4. Analyse	5. Bewerten	6. Erschaffen
A. Faktenwissen						
B. Begriffswissen						
C. Prozedurales Wissen						
D. Metakognitives Wissen						

Quelle: Aus *A Taxonomy for Learning. Teaching and Assessing* von Lorin W. Anderson & David R. Krathwohl (2001). Allyn & Bacon, Boston, MA. Copyright © 2001 Pearson Education.

---

aber in einer leicht veränderten Reihenfolge, die Bezeichnungen dreier Ebenen wurden jedoch verändert, um auf die beteiligten kognitiven Prozesse hinzuweisen. Die sechs kognitiven Prozesse sind Erinnern (Wissen), Verstehen (Ergründen), Anwenden, Analysieren, Bewerten und Erschaffen (Synthese). Dann wurde noch ein Bereich hinzugefügt, um anzudeuten, dass Prozesse sich auf einen Inhalt beziehen, man muss sich erinnern, verstehen oder anwenden – eine Form des Wissens. ▶ Tabelle 13.2 zeigt das Ergebnis der Revision. Es gibt nun sechs Prozesse – die kognitiven Prozesse des Erinnerns, Verstehens, Anwendens, Analysierens, Bewertens und Herstellens. Diese Prozesse laufen bei vier Wissensarten ab – dem Tatsachenwissen, dem begrifflichen, prozeduralen und metakognitiven Wissen.

Man kann sich nun überlegen, welche Unterrichtsziele diese überarbeitete Taxonomie etwa für Sozialkunde oder Literaturklassen nahelegt. Ein Unterrichtsziel, das auf die Analyse von *begrifflichem Wissen* abzielt, ist:

Nach der Lektüre eines historischen Berichts über die Schlacht um Moskau können die Schüler die Ansicht des Autors oder seine Voreingenommenheit erkennen.

Ein Ziel für die *Bewertung metakognitiven Wissens* könnte sein:

Schüler reflektieren ihre Strategien, mit denen sie Voreingenommenheiten anderer erkennen.

Der affektive Bereich

Die Zielsetzungen des **affektiven** oder **emotionalen Bereichs** der Taxonomie sind noch nicht überarbeitet. Sie reichen von wenig bis stark angestrebten Zielsetzungen (Krathwohl, Bloom & Masia, 1964). Bei den wenig angestrebten Zielen nimmt ein Schüler eine Idee lediglich zur Kenntnis. Bei den am stärksten angestrebten Zielen übernimmt der Schüler die Idee oder die Wertvorstellung und die damit verbundene Handlung. Es gibt fünf Grundzielsetzungen im affektiven Bereich:

1. *Empfangen*: Auf etwas in der Umgebung achten, ist die unterste Ebene. Dies ist die Einstellung, die sich in der folgenden Umschreibung äußert: „Ich höre das Konzert zwar, aber ich kann nicht versprechen, dass es mir gefällt."

2. *Reagieren*: Neue Verhaltensweisen als Ergebnis von Erfahrung an den Tag legen. Auf dieser Ebene kann der Zuhörer nach dem Konzert Beifall klatschen oder die Melodien am nächsten Tag nachsummen.

3. *Bewerten*: Es wird ein gewisses Engagement und eine Verpflichtung übernommen. Aus der Bewertung kann sich eine Entscheidung ergeben, in ein Konzert statt in einen Film zu gehen.

4. *Organisation*: Einen neuen Wert in ein bestehendes Werteinventar zu integrieren, ihm einen Rangplatz innerhalb der eigenen Prioritäten zuordnen. Auf dieser Ebene legt sich die Person langfristig auf Konzertbesuche fest, etwa durch ein Konzertabonnement.

Affektiver (emotionaler) Bereich Zielsetzungen für Einstellungen und Gefühle.

Zielsetzungen für die Lehre

Vermeiden Sie geschliffene Formulierungen, die edel und wichtig klingen, aber wenig sagen, wie z. B. „Schüler werden einmal Denker und Gelehrte".

Beispiele

1 Achten Sie auf die einzelnen Veränderungen der Kenntnisse und Fertigkeiten Ihrer Schüler.

2 Fragen Sie Ihre Schüler nach Erklärungen der Bedeutung von Zielsetzungen. Wenn Sie keine Beispiele angeben können, haben Sie Ihre Absichten nicht gut vermittelt.

3 Legen Sie eine Reihenfolge fest, in der diese Vorgänge verantwortlich betreut werden.

Passen Sie Ihre Aktivitäten und die der Schüler an die Zielsetzungen an.

Beispiele

1 Wenn das Ziel im Lernen von Vokabeln besteht, geben Sie den Schülern Erinnerungshilfen und Übungen vor.

2 Wenn das Ziel in der Begründung von Positionen besteht, beziehen Sie Positionspapiere, Debatten, Projekte oder Übungen mit ein.

3 Wenn Sie Ihre Schüler zu guten Schreibern ausbilden wollen, bieten Sie viel Gelegenheit zum Schreiben und Überarbeiten.

Entwerfen Sie Tests, die Ihre Zielsetzungen umsetzen.

Beispiele

1 Schreiben Sie Zielsetzungen und Entwürfe für Tests im gleichen Zeitraum – überarbeiten Sie die Testentwürfe im Laufe der Unterrichtseinheiten und sich ändernden Zielsetzungen.

2 Gewichten Sie die Testergebnisse nach der Wichtigkeit der Zielsetzungen und der dafür erforderlichen Zeit.

3 Heben Sie auf dem Spielplatz eine Hand oder signalisieren Sie durch Pfeifen, dass sich alle in einer Reihe aufstellen sollen.

Mehr Ideen finden Sie unter **http://www.personal.psu.edu/staff/b/x/bxb11/Objectives/** oder **http://edtech.tennessee.edu/~bobannon/objectives.html**

---

5 *Charakterisierung durch einen Wert oder Werteprofil*: Beständig in Übereinstimmung mit dem(n) neuen Wert(en) handeln. Auf dieser höchsten Ebene zeigt eine Person eine tiefe Liebe zur Musik und bekennt sich offen und ständig dazu.

Wie die grundlegenden Zielsetzungen im kognitiven Bereich, sind diese fünf Ziele auch sehr allgemein. Um spezifische Lernziele zusammenzuschreiben, muss man feststellen, was die Schüler tatsächlich tun, wenn sie empfangen, reagieren, bewerten usw. Zum Beispiel kann das Ziel für eine Unterrichtseinheit in gesunder Ernährung auf der Bewertungsebene (Engagement und Verpflichtung übernehmen) so gefasst sein: Nachdem die Unterrichtseinheit über gesunde Lebensmittel und deren Nennung absolviert wurde, meldet sich etwa die Hälfte der Klasse an einem Projekt zur Boykottierung von ungesundem Imbissessen, indem sie erst einmal einen Monat lang auf Süßigkeiten verzichten.

Der psychomotorische Bereich

Bis vor Kurzem ist der **psychomotorische Bereich**, bei dem es um körperliche Befähigung geht, von Pädagogen, die sich nicht mit Sporterziehung befassen, übersehen worden. In diesem Bereich wurden verschiedene Taxonomien erstellt (vgl. Harrow, 1972, Simpson, 1972), die sich von einfachen Wahrnehmungen und Reflexreaktionen bis hin zu geschickten, neuartigen Bewegungen erstrecken. James Cangelosi (1990) umschreibt einen nützlichen Denkansatz zu den Zielsetzungen im psychomotorischen Bereich, wie etwa (1) willkürliche Muskeltätigkeiten, die Ausdauer, Kraft, Flexibilität, Bereitschaft oder Geschwindigkeit erfordern oder (2) die Fähigkeit, eine bestimmte spezifische Fertigkeit ausüben zu können.

Zielsetzungen im psychomotorischen Bereich sollten für viele Pädagogen von Interesse sein, auch die in den schönen Künsten, der berufskundlichen Aus-

---

Psychomotorischer Bereich Körperliche Fähigkeits- und Koordinationszielsetzungen.

bildung und der Sonderpädagogik. Viele andere Fächer wie Chemie, Physik und Biologie erfordern auch spezifische Bewegungen und gut entwickelte Augen-Hand-Koordination. Der Gebrauch einer Laboreinrichtung oder einer Computermaus oder von Kunstmaterial verlangt neue Bewegungsfertigkeiten. In diesem Zusammenhang sind zwei psychomotorische Zielsetzungen zu berücksichtigen:

Vier Minuten nach Beendigung eines Tausendmeterlaufs in acht Minuten oder weniger sollte der Puls unter 120 liegen.

Eine Computermaus feinmotorisch so führen, dass ein „Herüberziehen und Platzieren an den richtigen Ort" möglich ist.

Terry TenBrink (2006, S. 57) schlägt folgende Zielsetzungen für die Lehre vor:

1 Schülerorientiertheit (klar vermitteln, was der Schüler tun sollte)

2 Beschreibung eines angemessenen Lernergebnisses (entwicklungsgemäß und gut dosiert, zuerst sollen die einfacheren und dann die komplexen Ziele in Angriff genommen werden)

3 Klare und verständliche Formulierung (nicht zu allgemein oder spezifisch)

4 Beobachtbare Ergebnisse (Ergebnisse vermeiden, die man nicht sehen kann, wie „Anerkennen" oder „Erkennen")

Die *Richtlinien* sollen Ihnen dabei helfen, Zielsetzungen für jede Unterrichtsstunde oder für bestimmte Aufgaben aufzustellen.

13.1.3 Eine andere Sichtweise: aus der konstruktivistischen Perspektive planen

Halt! Denken Sie nach! Schreiben Sie!

Denken Sie über die gleichen Aufgaben nach, die bereits im vorherigen *Halt! Denken Sie nach! Schreiben Sie!* vorgestellt wurden? Was ist der rote Faden, der sich durch alle Aufgaben zieht? Wie kann man noch die Grundideen kennenlernen, außer über Übungsaufgaben?

Üblicherweise liegt es in der Verantwortung des Lehrers, den Unterricht zu planen, aber zurzeit entstehen neue Planungswege. In **konstruktivistischen Ansätzen** findet die Planung interaktiv statt, sie wird ausgehandelt. Lehrer und Schüler treffen zusammen Entscheidungen über Unterrichtsinhalte, Aktivitäten und Ansätze. Die Zielsetzungen bestehen nicht darin, spezifische Verhaltensweisen und Fertigkeiten der Schüler zu trainieren, der Lehrer entwickelt vielmehr übergreifende Ziele – „große Ideen" –, die den Plänen zugrunde liegen. Diese Zielsetzungen bestehen in Verstehensweisen oder Fähigkeiten, auf die der Lehrer immer wieder zurückgreift.

Ein Beispiel für konstruktivistisches Planen. Vito Perrone (1994) stellt die folgenden Ziele für den Geschichtsunterricht seiner Sekundarschüler vor. Er wünscht sich, dass seine Schüler:

- Originalquellen benutzen, Hypothesen formulieren und systematisch lernen;
- multiple Standpunkte verarbeiten können;
- gründlich lesen und aktiv schreiben; und
- sich selbst Anforderungen stellen und Probleme lösen.

Der nächste Schritt im Planungsprozess ist, eine Lernumgebung zu schaffen, die den Schülern erlaubt, die Zielsetzungen anzustreben, auf eine Art und Weise, die ihre individuellen Interessen und Fähigkeiten aufgreift. Perrone (1994) schlägt vor, „diejenigen Ideen, Themen und Fragestellungen aufzugreifen, die Hintergründe und Grundlagen einer Perspektive" erkennen helfen, „die zu einem bedeutsamen Verständnis des Unterrichtsstoffes beitragen" (S. 12). Für Geschichtsunterricht in der Sekundarstufe könnte ein Thema etwa „Demokratie und Revolution", „Fairness" oder „Sklaverei" sein. In Mathematik oder Musik könnte es gehen um: „logisch-mathematische Denkfiguren" oder „Thema"; im Literaturunterricht wäre ein Thema wie „persönliche Identität" möglich. Perrone weist drauf hin, das Thema so zu strukturieren, dass es Lernen und Verstehen erzeugen kann. Als ein Beispielthema für die Strukturierung mit Hilfe eines Diagramms ist „Zuwanderer in Deutschland" in ▶ Abbildung 13.1 (siehe S. 592) dargestellt.

Mit diesem Themendiagramm als Leitlinie können Lehrer und Schüler zusammenarbeiten, um Aktivitäten, Materialien, Projekte und Übungen zu finden, die

---

Konstruktivistischer Ansatz Sichtweise, die eine aktive Rolle des Lerners beim Verstehen und bei der Deutung von Informationen betont.

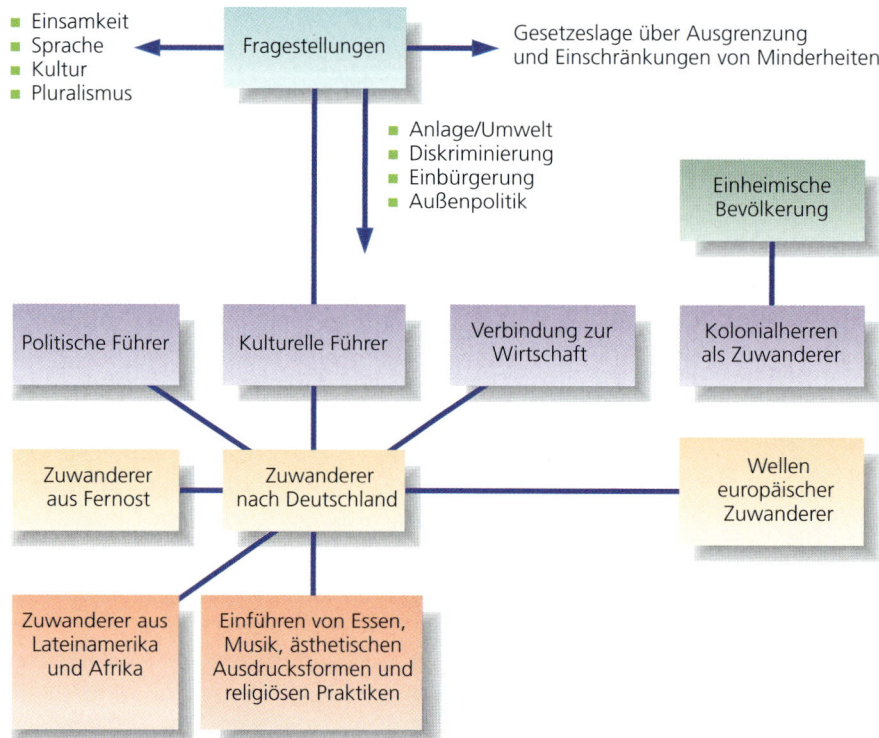

Abbildung 13.1: Planen mit einem Strukturdiagramm. Mit diesem Strukturdiagramm des Themas „Zuwanderer in Deutschland" kann ein Geschichtslehrer Themen, Fragestellungen und Ideen fürs Lernen identifizieren. Es werden nicht alle möglichen Einzelheiten des Themas berücksichtigt, sondern es werden einige Bereiche gründlich ausgelotet.

Quelle: Aus How to Engage Students in Learning von V. Perrone. *Educational Leadership, 51(5)*, S. 13. Copyright © 1994 Association for Supervision and Curriculum Development. Die Association for Supervision and Curriculum Development ist eine internationale Gemeinschaft von Lehrern und Erziehern, die für gut begründete Maßnahmen und Methoden eintreten, die den Lernerfolg jedes Schülers sicherstellen sollen. Um mehr darüber zu erfahren, besuchen Sie die Website von ASCD unter **www.ascd.org**.

das wachsende Verständnis der Schüler und deren sich entwickelnde Fähigkeiten – die übergeordneten Zielsetzungen für den Unterricht – weiterfördern. Der Lehrer befasst sich weniger mit der Planung spezifischer Darstellungen oder Aufgabenstellungen, sondern eher mit der Zusammenstellung verschiedenartiger Materialien und damit, wie den Schülern das Lernen leichter gemacht wird. Es steht der Lernprozess und nicht das Lernergebnis im Vordergrund; weiterhin werden die den Lernergebnissen zugrunde liegenden Denkprozesse beleuchtet.

Integriertes und thematisches Planen

Perrones Strukturdiagramm für die Planung eines Unterrichtsthemas zeigt, wie man das Thema „Zuwanderung nach Deutschland" für eine Geschichtsstunde aufbereiten kann. In der gegenwärtigen Pädagogik wird das themenorientierte Planen von Unterrichtseinhei-

ten vom Kindergarten (Roskos & Neuman, 1998) bis zur höheren Schule (Clarke & Agne, 1997) ausgeübt. Zum Beispiel entwarfen Elaine Homestead und Karen McGinnis (Realschullehrer) und Elizabeth Pate (Universitätsprofessorin) (Pate, McGinnis & Homestead, 1995) eine Unterrichtseinheit über „Zwischenmenschliche Interaktionen", die Rassismus, Welthungerhilfe, Luftverschmutzung und Wasserqualität beinhaltete. Die Schüler suchten Fragestellungen und Informationen aus Textbüchern und anderen Quellen zusammen, lernten, wie man Datenbanken nutzte, interviewten Vertreter der Öffentlichkeit und luden Gastredner in die Klasse ein. Die Schüler sollten ihr Wissen in den Bereichen Naturwissenschaften, Mathematik und Sozialwissenschaften vermehren. Sie lernten, wie man überzeugend schreibt und redet, und sammelten dabei Spenden für die Welthungerhilfe in Afrika.

Schüler in der Grundschule können auch von solchen integrierten Unterrichtsplänen profitieren. Es

Tabelle 13.3

Einige Themen für integriertes Planen des Unterrichts für ältere Schüler

Mut/Zivilcourage	Zeit und Raum
Rätselhafte Geschehnisse	Gruppen und Institutionen
Überleben	Arbeit
Zwischenmenschliche Interaktion	Bewegung
Gemeinden in der Zukunft	Ursache und Wirkung
Kommunikation/Sprache	Wahrscheinlichkeit und Vorhersage
Menschenrechte und Verpflichtungen	Verändern und Beibehalten
Identität/Älter werden	Unterschiedlichkeit und Variation
Gegenseitige Abhängigkeit	Autobiographie

Quelle: Aus *Toward a Coherent Curriculum* von J. A. Beane (Hrsg.) (1995). Alexandria, VA: Association for Supervision and Curriculum Development; *Interdisciplinary High School Teaching* von J. H. Clarke und R. M. Agne (1997). Boston: Allyn & Bacon; und *Teaching through Themes* von G. Thompson (1991). New York: Scholastic. Vgl. Thompson wegen Materialien und Strategien zum Ausarbeiten einiger Themen für die Grundschule und Clarke und Agne für einige Vorschläge auf dem höheren Schulniveau.

gibt keinen zwingenden Grund, zuerst nur die Rechtschreibung, dann das verstehende Zuhören, dann das Schreiben und danach erst die sozialwissenschaftlichen Inhalte zu lernen. Alle diese Fähigkeiten können zusammen entwickelt werden, wenn die Schüler lebensnahe Fragestellungen bearbeiten. Einige mögliche integrative Themen für kleinere Kinder könnten sein: Leute, Freundschaft, Kommunikation, Lebensräume, Gemeinden und Verhaltensmuster. Möglichkeiten für ältere Kinder enthält ▶ Tabelle 13.3.

Angenommen, es sind Vorstellungen darüber ausgearbeitet worden, was die Schüler verstehen sollen, dann ergibt sich sofort die Folgefrage, wie sollen die Inhalte am geschicktesten vermittelt werden, sodass die Schüler sie verstehen? Es muss auf jeden Fall entschieden werden, was konkret am Montag unterrichtet werden soll. Es müssen Pläne für Unterrichtseinheiten aufgestellt werden, die den Lernzielsetzungen entsprechen.

Lehre für Lehrer **13.2**

Wie kann man den Schlüssel zum guten Unterricht finden? Man kann Schüler, Rektoren, Pädagogikprofessoren oder erfahrene Lehrer bitten, die Merkmale guter Lehrer aufzuzählen. Oder man könnte wenige intensive Fallstudien in wenigen Klassen über eine längere Zeit durchführen. Man kann Klassen beobachten, verschiedene Lehrer nach verschiedenen Merkmalen einstufen und dann schauen, in welcher Klasse die Schüler leistungsmäßig am besten waren oder am stärksten motiviert zu lernen. (Dazu muss man natürlich festlegen, wie die Leistung und die Motivation erfasst werden sollen.) Man kann Jahr für Jahr verfolgen, welche Lehrer die leistungsstärksten Schüler haben; dann kann man diese Lehrer beobachten und deren Unterrichtsmethoden festhalten. Man kann auch Lehrer in verschiedenen Unterrichtsmethoden trainieren und dann erfassen, mit welcher Strategie die Schüler am meisten lernten. Die Lehrer könnten auch auf Video aufgenommen werden, das Videoband könnte ihnen dann vorgespielt werden und sie könnten aussagen, was sie während des Unterrichtens gedacht haben und was die Gründe für verschiedene Entscheidungen während des Unterrichtens waren. Man könnte auch Transkripte von Dialogen in der Klasse anfertigen und diese analysieren, um herauszufinden, was zur Verbesserung des Verständnisses der Schüler beiträgt.

All diese Ansätze und noch mehr wurden in der Unterrichtsforschung eingesetzt (Floden, 2001). Meist nutzen die Forscher die erkannten Beziehungen zwischen Lehren und Lernen als Grundlage zur Entwicklung von Unterrichtsmethoden und zur Überprüfung dieser Methoden in Experimenten (Brown, 1992; Greeno, Collins & Resnick, 1996). Einige spezifische Erkenntnisse über Unterrichten aus diesen Projekten sollen nun überprüft werden.

> **Verknüpfen und erweitern Sie mit anderen Kapiteln**
>
> In Kapitel 1 wurde bereits eine ausführliche Diskussion von Darling-Hammonds Untersuchung über die Qualität von Lehrern wiedergegeben.

13.2.1 Merkmale guter Lehrer

> **Halt! Denken Sie nach! Schreiben Sie!**
>
> Denken Sie an den besten Lehrer, den Sie je hatten – von dem Sie am meisten gelernt haben. Welche Merkmale fielen Ihnen an diesem Lehrer auf? Warum war der Lehrer so effektiv?

Die ersten Untersuchungen über gute Lehrer setzten an der Persönlichkeit des Lehrers an. Die Ergebnisse wiesen auf drei günstige Merkmale der Lehrerpersönlichkeit hin: Wissensumfang, Klarheit und Warmherzigkeit.

Gute Lehrer wissen, wie man Wissen in Beispiele, Erklärungen, Veranschaulichungen und Aktivitäten umsetzt.

Wissen des Lehrers

Haben Lehrer mit umfangreichem Fachwissen eine größere Wirkung auf ihre Schüler? Das hängt vom Fach ab. Schüler an höheren Schulen lernen besser Mathematik von Lehrern mit Doktortitel oder mit bedeutsamen Beiträgen zur Mathematikdidaktik (Wayne & Young, 2003). Wenn wir das Fakten- und begriffliche Wissen von Lehrern in anderen Fächern betrachten (erfasst durch Testscores und Universitätsnoten), ist die Beziehung zu den Lernleistungen der Schüler weni-

ger klar – vielleicht ist sie indirekt. Lehrer mit gutem Faktenwissen in ihrem Fach haben nicht notwendigerweise Schüler, die mehr lernen. Aber Lehrer, die mehr wissen, stellen ihren Stoff vielleicht klarer dar und erkennen schneller die Schwierigkeiten der Schüler. Sie gehen bereitwillig auf alle Schülerfragen ein und müssen Fragen nicht ausweichen oder sie nur ungenau beantworten. Demnach ist Wissen zwar notwendig, aber nicht hinreichend für effizientes Unterrichten, Wissen hilft aber, klare und gut strukturierte Erklärungen abzugeben.

Klarheit und Strukturierung

In die Literaturübersicht von Barak Rosenshine und Norma Furst (1973) wurden 50 Untersuchungen einbezogen; sie schlossen aus den Ergebnissen, dass die Klarheit des Unterrichts am meisten zur Lernleistung der Schüler beitrug und deshalb in zukünftige Forschung einbezogen werden sollte. Die Lehrer mit klaren Darstellungen des Unterrichtsstoffes und Erklärungen haben leistungsstärkere Schüler und sie werden von Schülern günstiger beurteilt (Hines, Cruickshank & Kennedy, 1985; Land, 1987). Lehrer mit großem Wissen geben weniger ungenaue Erklärungen ab und je klarer der Lehrer erklärt, umso besser lernen die Schüler (Berliner, 1987; Evertson et al., 2003, Land, 1987).

> **Verknüpfen und erweitern Sie Ihre Forschungskenntnisse**
>
> Von Linda Darling-Hammonds (2000) in Kapitel 1 beschriebener Arbeit her ist bekannt, dass Lehrer mit hoher Berufsqualifikation und Unterricht in ihrem Hauptfach die leistungsmäßig besseren Schüler hatten.

Warmherzigkeit und Begeisterungsfähigkeit

Manche Lehrer sind begeisterungsfähiger als andere. Bei einigen Untersuchungen stellte sich heraus, dass die begeisterungsfähigen Lehrer Schüler mit höheren Leistungszuwächsen hatten (Rosenshine & Furst, 1973). Warmherzigkeit, Freundlichkeit und Verständnis scheinen am stärksten mit positiven Einstellungen von Schülern zusammenzuhängen (Murray, 1983; Ryans, 1960; Soar & Soar, 1979). Mit anderen Worten, warmherzige und freundliche Lehrer werden von ihren Schülern gemocht, und ihre Schüler mögen sich auch untereinander. Aber es darf nicht vergessen werden, dass es sich um Korrelationsstudien handelt. Die Ergebnisse erlauben keine Aussagen über Ursache-Wirkungszusammenhänge, wie etwa, dass die Begeisterung des Lehrers die Ursache für das Lernen der Schüler ist oder dass die Warmherzigkeit eine positive Einstellung herbeiführt; sie sagen lediglich aus, dass ein Zusammenhang zwischen zwei Variablen besteht. Wenn Lehrer trainiert werden, ihrer Begeisterung Ausdruck zu verleihen, haben sie vielleicht aufmerksamere oder engagiertere Schüler, aber nicht unbedingt erfolgreichere Testabsolvierer (Gillett & Gall, 1982).

Abgesehen von diesen allgemeinen Gegebenheiten, wie können Lehrer ihren Unterricht entwerfen? Die folgenden Abschnitte beschreiben Formate oder Strategien – Bausteine für den Aufbau des Unterrichts und für einzelne Einheiten. Der erste Abschnitt beschäftigt sich mit dem, was für viele Leute Unterricht ausmacht: Erklärungen und direkte Vermittlung.

13.2.2 Erklärungen und direkte Unterweisung

Einige Untersuchungen stellten fest, dass die Darstellung des Unterrichtsstoffes etwa ein Sechstel bis ein Viertel der Unterrichtszeit ausmacht. Die Erklärungen des Lehrers vermögen vielen Schülern gleichzeitig in kurzer Zeit eine Menge Stoff zu vermitteln, ein neues Thema einzuführen, Hintergrundinformationen zu geben oder Schülern mehr Motivation zum eigenständigen Lernen zu geben. Lehrerdarstellungen sind deshalb sehr geeignet für kognitive und affektive Zielsetzungen am unteren Ende der vorher schon beschriebenen Taxonomie: für das Erinnern, Verstehen, Anwenden, Empfangen, Reagieren und Bewerten (Arends, 2001; Kindsvatter, Wilen & Ishler, 1992).

Direkte Unterweisung

In den 1970er- und 1980er-Jahren explodierte die Forschung über effektives Unterrichten. Alle Ergebnisse bezogen sich auf die Verbesserung des Lernens von Schülern. Barak Rosenshine und Robert Stevens (1986) nennen diesen Ansatz **direkte Unterweisung** oder **explizites Unterrichten**. Tom Good (1983a) führt die Be-

zeichnung **aktives Unterrichten** für den gleichen Ansatz ein.

Das Modell der direkten Unterweisung passt zu einer spezifischen Konstellation von Bedingungen, denn es war von einem bestimmten Forschungsansatz hergeleitet. Die Forscher fanden die Elemente der direkten Unterweisung heraus, indem sie Lehrer miteinander verglichen, deren Schüler mehr als üblich lernten (gemessen am Wissensumfang), und solche, deren Schüler mittelmäßige Lernerfolge zeigten. Die Forscher wählten dabei konventionell unterrichtende Lehrer ohne innovatives Vorgehen aus. Die Effektivität der Lehrer wird gewöhnlich erfasst durch die durchschnittliche Verbesserung der Ergebnisse in standardisierten Tests für die ganze Klasse oder Schule. Die Ergebnisse gründen also auf großen Gruppen, treffen aber nicht für jeden einzelnen Schüler zu. Auch wenn die Durchschnittsleistung einer Gruppe ansteigt, einzelne Schüler können sich verschlechtern (Brophy & Good, 1986; Good, 1996; Shuell, 1996).

Unter diesen Bedingungen kann man erkennen, dass direkte Unterweisung am besten geeignet ist für die Vermittlung von **Grundfertigkeiten** – klar strukturiertem Wissen und wesentlichen Fertigkeiten, wie naturwissenschaftliche Fakten lernen, Programmieren auf dem Computer, Wörter lesen und Grammatikregeln erwerben (Rosenshine & Stevens, 1986). Diese Fertigkeiten sind für Aufgaben mit eindeutigen Lösungen und Lösungswegen geeignet, sie können Schritt für Schritt vermittelt und durch standardisierte Tests überprüft werden. Die im Folgenden beschriebenen Unterrichtsmethoden sind nicht dafür vorgesehen, Zielsetzungen zu erreichen wie „einem Schüler helfen, kreativ zu schreiben", „komplexe Probleme zu lösen" oder „emotional zu reifen". Franz Weinert und Andreas Helmke (1995) beschreiben die direkte Unterweisung mit folgenden charakteristischen Merkmalen:

(a) das Klassenmanagement des Lehrers ist besonders effektiv und das Störverhalten der Schüler stark reduziert; (b) der Lehrer achtet stark auf den Lernaspekt und nutzt alle Unterrichtszeit möglichst vollständig für die Förderung des Lernens; (c) der Lehrer stellt sicher, dass so viele Schüler wie möglich

---

Direkte Unterweisung/explizites Unterrichten Systematisches Unterrichten, damit grundlegende Fertigkeiten, Tatsachen oder Informationen beherrscht werden.

Aktives Unterrichten Lehre mit hohem Anteil an Erklärungen durch den Lehrer, mit Veranschaulichungen und Interaktionen mit Schülern.

Grundfertigkeiten Klar strukturiertes Wissen, das für späteres Lernen benötigt wird und das Schritt für Schritt unterrichtet werden kann.

gute Lernfortschritte machen, indem er gute Aufgaben aussucht, klare Sachinformationen und Lösungsstrategien vermittelt und ständig die Lernfortschritte und Lernschwierigkeiten der Schüler diagnostiziert; dabei versucht er im Bedarfsfall noch weitere nachhelfende Information zu geben. (S. 138)

Wie kann ein Lehrer diese Themen in die Tat umsetzen?

Die sechs Unterrichtsfunktionen nach Rosenshine

Rosenshine und sein Kollege (Rosenshine, 1988; Rosenshine & Stevens, 1986) haben aufgrund der Forschung sechs effektive Unterrichtsfunktionen zusammengestellt. Diese lassen sich als Abhakliste oder Rahmenkonzept für das Unterrichten von Grundfertigkeiten ansehen:

1. *Die Arbeit des vergangenen Tages überprüfen.* Den Unterrichtsstoff noch einmal durchnehmen, wenn Schüler Missverständnisse oder Fehler zeigen.
2. *Neues Material vorstellen.* Es muss klar sein, was das neue Material bezwecken soll, im Unterricht in kleinen Schritten vorangehen, viele Beispiele und Nichtbeispiele vorgeben.
3. *Übungen mit Anleitungen.* Den Schülern Fragen stellen, Übungsaufgaben geben und auf Missverständnisse und falsche Schlussfolgerungen achten. Wenn nötig, noch einmal durchnehmen. Mit den Übungen unter Anleitung nicht aufhören, bis die Schüler 80 % der Fragen richtig beantworten können.
4. *Rückmeldungen geben und korrigieren.* Die Antworten der Schüler sollten kommentiert werden, damit eine Rückmeldung erfolgt. Wenn nötig, die betreffenden Teile des Unterrichts noch einmal durchnehmen.
5. *Selbstständige Übungen einbauen.* Die Schüler sollten das neu Gelernte in Hausaufgaben, koopera-

tiven Gruppen und in der Klasse selbstständig anwenden können. Die Erfolgsquote bei selbstständigem Arbeiten sollte bei 95 % liegen. Die Schüler müssen also für das selbstständige Arbeiten durch die Darbietung des Lehrstoffes und die Übungen unter Anleitung gut vorbereitet sein; außerdem dürfen die Aufgaben nicht zu schwierig sein. Die Schüler sollten so lange üben, bis der Stoff überlernt und automatisiert ist – bis die Schüler Zutrauen zu ihrem Können gewonnen haben. Die Schüler müssen für ihre Aufgaben gerade stehen, sie sollten also überprüft werden.

6. *Wöchentlich oder monatlich die Aufgaben durchschauen,* um das Lernen konzentrierter und bewusster zu machen. Einige der falschen Aufgaben sollten noch einmal als Hausaufgabe wiederholt werden. Es sollten häufig Tests mit vorher nicht gelösten Aufgaben gegeben werden.

Diese sechs Funktionen sind keine Schritte, deren Folge festliegt, aber alle sind Bestandteile erfolgreichen Unterrichtens. Zum Beispiel sollte – wann immer notwendig – eine Rückmeldung, eine Überprüfung oder ein erneutes Durchnehmen vorgenommen werden und den Fähigkeiten der Schüler angemessen sein. Dabei sollte deren Alter und Wissensstand nicht vergessen werden. Je jünger und unvorbereiteter die Schüler, desto kürzer sollten die Erklärungen sein. Die Darstellung des Stoffes im Unterricht sollte in kurzen Einheiten erfolgen; dies gilt auch für die Übungen unter Anleitung sowie die Rückmeldung und Korrekturen. Die *Richtlinien* geben Hinweise, wie die guten Aspekte der direkten Unterweisung eingesetzt werden können.

Warum funktioniert die direkte Unterweisung?

Welche Aspekte der direkten Unterweisung sind für den Erfolg im Unterrichten verantwortlich? Linda An-

Erfolgreich unterrichten

Organisieren Sie Ihren Unterricht mit Sorgfalt.
Beispiele
1. Arbeiten Sie mit Zielsetzungen, die den Schülern helfen, sich auf den Unterricht zu konzentrieren.
2. Fangen Sie jede Stunde mit einer Gliederung an, die Sie an die Tafel schreiben. Sie können mit den Schülern auch eine Gliederung ausarbeiten als Teil des Unterrichts.
3. Wenn möglich, unterteilen Sie die Darstellung des Stoffes im Unterricht in klare Schritte oder Stufen.
4. In Abständen sollte der Erfolg des Unterrichts überprüft werden.

Sehen Sie voraus, was den Schülern Schwierigkeiten machen könnte, und planen Sie diese Unterrichtsteile sorgfältig.

Beispiele

1. Sehen Sie eine klare Einleitung in die Unterrichtsstunde vor, die alle Schüler darüber informiert, was und wie sie lernen werden.
2. Lassen Sie die Übungen ausführen und sehen Sie Probleme voraus – ziehen Sie die Arbeitsanweisungen für Lehrer zu Rate, um sich neue Ideen zu holen.
3. Bereiten Sie Definitionen für neue Fachtermini vor und halten Sie einige Beispiele für den Begriff bereit.
4. Suchen Sie sich Analogien aus, die den Schülern bestimmte Sachverhalte näherbringen.
5. Geben Sie dem Unterricht einen logischen Aufbau; bauen Sie Prüfungsfragen ein, die mündliche oder schriftliche Fragen und Probleme beinhalten, damit Sie sichergehen können, dass Schüler die Erklärungen verstehen.

Bemühen Sie sich um klare Erklärungen.

Beispiele

1. Vermeiden Sie vage Formulierungen und mehrdeutige Sätze: Lassen Sie alle „irgend-" Wörter weg – *irgendwie, irgendjemand, irgendwas, irgendwann*; ebenso die „nicht sehr" –Wörter – *nicht sehr viel, nicht sehr gut, nicht sehr streng, nicht sehr häufig* und andere bedeutungsleere Füllwörter wie *meistens, nicht alle, eine Art von, und so weiter, eher* oder *weniger*.
2. Verwenden Sie spezifische (und wenn möglich, auffallende) Bezeichnungen statt *es, sie* oder *Dinge*.
3. Halten Sie sich zurück bei Phrasen wie „na, du weißt schon", „oder so ähnlich" und „Okay?". Ein anderer Vorschlag ist, eine Unterrichtsstunde auf Band aufzunehmen, damit Sie sich selbst auf Klarheit überprüfen können.
4. Erklärungen sollten auf verschiedenen Niveaus gegeben werden, sodass alle Schüler, nicht nur die intelligentesten, sie verstehen können.
5. Beschränken Sie sich zu einer Zeit auf nur eine Idee und vermeiden Sie Ablenkungen.

Erklären Sie Verbindungen zwischen Sachverhalten, indem Sie Begründungen durch „weil", „wenn-dann" oder „deshalb" einführen.

Beispiele

1. „Der Osten Deutschlands war nach der Wende sehr benachteiligt, weil seine Wirtschaft zerstört war."
2. Solche Verbindungen sind auch nützlich bei der Etikettierung von visuellem Unterrichtsmaterial wie Grafiken, Begriffsdiagrammen oder Illustrationen.

Kündigen Sie die Überleitung von einem Hauptthema zum anderen durch entsprechende Sätze an.

Beispiele

1. „Das nächste Gebiet." „Jetzt wenden wir uns dem … zu." oder „Der zweite Schritt ist".
2. Legen Sie den Aufbau eines Themas dar durch Auflisten von Kernideen, Aufzeichnungen von Begriffsdiagrammen an die Tafel oder mit Hilfe eines Overheadprojektors.

Kündigen Sie die Überleitung von einem Hauptthema zum anderen durch entsprechende Sätze an.

Beispiele

1. Informieren Sie die Schüler, warum eine bestimmte Unterrichtseinheit wichtig ist. Nennen Sie einen besseren Grund als „Das kommt auch im Test vor" oder „Im nächsten Jahr werdet ihr das gebrauchen". Betonen Sie den Wert des Lernens an und für sich.
2. Gehen Sie mit dem Schüler auf Blickkontakt.
3. Verändern Sie die Sprechgeschwindigkeit und das Volumen beim Unterrichten. Setzen Sie Schweigepausen als Unterstreichungsmittel ein.

Wenn Sie mehr Ideen über wirksames Unterrichten haben wollen, schauen Sie unter
http://education.qld.gov.au/curriculum/learning/teaching/technology/principl/principl.html oder
http://curry.edschool.virginia.edu/sped/projects/ose/information/interventions.html

Tabelle 13.4

Aktives Lernen und Vorträge von Lehrern

Die Tabelle enthält einige Ideen, wie Schüler kognitiv aktiv im Unterricht mitarbeiten können. Die Ideen können der jeweils erforderlichen Altersstufe angepasst werden.

Fragen, alle schreiben: Eine Frage wird gestellt, jeder Schüler soll kurz eine Antwort notieren, dann an die Klasse die Frage stellen: „Wie viele Schüler wollen ihre Überlegungen der Klasse mitteilen?"

Satzergänzungen: Nach einem Abschnitt in der Darstellung des Stoffes bittet der Lehrer die Schüler, einen Satz zu vervollständigen: „Ich habe gelernt, dass" „Ich wundere mich, dass" „Ich war überrascht, dass". Die Schüler sollen ihre Ergänzungen laut vorlesen. Die Schüler sollen ihre Antworten in einer Mappe ablegen.

Knappe Erklärungen für Lerndyaden: Geben Sie zunächst nur eine kurze Erklärung. Lassen Sie dann die Schüler selbst etwas über den Vorgang oder die zentrale Idee herausfinden.

Auswählen: Stellen Sie „Wie viele unter euch"-Fragen und zählen Sie die Meldungen. „Wie viele unter euch sind der gleichen Meinung wie Rolf?" „Wie viele unter euch möchten jetzt zum nächsten Abschnitt übergehen?" „Wie viele haben 48 bei dieser Rechenaufgabe herausbekommen?"

Antworten im Chor: Lassen Sie die ganze Klasse zusammen wichtige Fakten laut hersagen, wie etwa: „Die Umgebung ist ein zusammenhängendes System" oder „Ein zehneckiges Polygon heißt Dekagon".

Sprechen-Schreiben: Sagen Sie den Schülern, Sie werden 3 oder 4 Minuten lang sprechen. Sie sollen zuhören, sich aber keine Notizen machen. Am Ende der kurzen Zeitspanne bitten Sie die Schüler, die Kernideen, eine Zusammenfassung oder Fragen niederzuschreiben zu dem, was Sie gesagt haben.

Quelle: Aus *Inspiring Active Learning. A Handbook for Teachers* von M. Harmin. Copyright © 1994 Association for Supervision and Curriculum Development.

derson (1989b) meint, dass ein Unterricht, der den Schülern hilft, die Kernideen zu vernetzen, ihnen zugleich auch hilft, das richtige Verständnis herzustellen. Gut organisierte Darstellungen, klare Erklärungen, Verknüpfungen von Erklärungen und Analysen, wie sie in den *Richtlinien* (siehe S. 596) beschrieben werden, tragen alle dazu bei, dass Schüler besser Ideen vernetzen können. Wenn dies gut gemacht ist, ist eine direkt vermittelnde Unterrichtsstunde eine gute Grundlage, um Verständnis für einen Sachverhalt aufzubauen. Zum Beispiel aktiviert ein Überblick bereits gespeichertes Hintergrundwissen, sodass der Schüler auf den Verstehensprozess gut vorbereitet ist. Kurze, klare Darstellungen und Übungen unter Anleitung sorgen dafür, dass das Informationsverarbeitungssystem und das Arbeitsgedächtnis des Schülers nicht überladen werden. Zahlreiche Beispiele und Erklärungen geben viele Pfade und Assoziationen vor für den Aufbau eines Begriffsnetzwerkes. Übung unter Anleitung kann auch dem Lehrer einen schnappschussartigen Eindruck vom Denken eines Schülers vermitteln, aber auch Einblicke in Missverständnisse gewähren; diese können dann direkt als Missverständnisse ausgeräumt werden und nicht als „Fehler".

Jedes Thema, auch Universitätsdeutsch oder Chemie, erfordern direkte Unterweisung. Noddings (1990) erinnert Lehrer daran, dass Schülern direkt gezeigt werden muss, wie sie mit bestimmten Materialien umgehen müssen, sodass sie etwas davon haben. Wenn Schüler in Gruppen zusammenarbeiten, können sie Anleitung, Vorbilder und Übung darin benötigen, wie sie sich gegenseitig Fragen stellen oder Erklärungen abgeben müssen. Auch beim Lösen schwieriger Probleme können Schüler direkte Unterweisung in möglichen Problemlösestrategien benötigen.

Bewertung der direkten Unterweisung

Wenn in der direkten Unterweisung besonders ausführliche Darstellungen oder Vorträge durch den Lehrer notwendig werden, dann ergeben sich Nachteile. Es kann sich herausstellen, dass Schüler nicht mehr als ein paar Minuten zuhören können und dann einfach abschalten. Darstellungen durch den Lehrer können den Schüler in eine passive Position versetzen, denn ein guter Vortrag nimmt dem Schüler die kognitive Arbeit ab und hält ihn von guten Fragen ab oder sich überhaupt Fragen zu überlegen (Freiberg & Driscoll, 2005). **Skript-Kooperation** ist eine Strategie, den

---

Skript-Kooperation Eine Lernstrategie, die zwei Schülern abwechselnd die Funktionen des Zusammenfassens des Lernstoffes und des kritischen Zuhörens überträgt.

Schüler am Thema eines Vortrages aktiv mitarbeiten zu lassen: Mehrere Male während der Darbietung bittet der Lehrer die Schüler paarweise zu arbeiten. Ein Schüler fasst den Stoff zusammen und der andere kritisiert die Zusammenfassung. Das gibt Schülern die Gelegenheit zu überprüfen, ob sie alles verstanden haben, sie können ihr Wissen organisieren und das Gehörte in eigene Worte kleiden. Weitere Möglichkeiten werden in ▶ Tabelle 13.4 aufgeführt.

Kritiker sind der Auffassung, dass die Methode der direkten Unterweisung auf einer *falschen* Lerntheorie beruht. Die Lehrer gliedern den Stoff in kleine Abschnitte, stellen jedes Segment klar dar und verstärken oder korrigieren die Rückmeldungen der Schüler. Sie übermitteln oder transmittieren so das richtige Verständnis von Lehrer zu Schüler. Der Schüler wird als leeres Gefäß betrachtet, das nur darauf wartet, mit Wissen angefüllt zu werden und nicht als Konstrukteur seines Wissens (Berg & Clough, 1991; Driscoll, 2005). Diese Kritik der direkten Unterweisung spiegelt die Kritik an den behavioristischen Lerntheorien wider.

Es gibt jedoch viele Hinweise, dass die direkte Unterweisung und Erklärung zum aktiven Lernen der Schüler beitragen kann und nicht das passive Aufnehmen fördert (Leinhardt, 2001). Bei Schülern in den ersten Klassen der Grundschule kann vom Schüler kontrolliertes Lernen ohne direkte Unterweisung und Anleitung des Lehrers zu systematischen Wissensmängeln führen. Ohne Anleitung kann das vom Schüler konstruierte Wissen unvollständig und irreführend bleiben (Weinert & Helmke, 1995). Zum Beispiel beschreiben Harris und Graham (1996) die Erfahrungen ihrer Tochter Lea in einer Schule mit progressiver Erziehung, in der die Lehrer erfolgreich die Kreativität, das Denken und das Verständnis ihrer Tochter fördern.

Einfache Fertigkeiten sind dagegen ein Problem für unsere Tochter und für die anderen Kinder. Am Ende der Kindergartenzeit, als sie noch keinen Fortschritt im Lesen gemacht hatte, meinte ihre Lehrerin, dass Lea vielleicht eine Sehschwäche hätte oder eine Lernstörung. Lea fragte sich selbst, ob irgendetwas mit ihr nicht in Ordnung sei, weil andere Kinder schon lesen konnten und sie nicht. Schließlich wurde sie untersucht. (S. 26)

Beim Testen ergaben sich keine Anzeichen für eine Lernstörung, dafür aber eine sehr gute Auffassungsgabe und schwach ausgebildete Fertigkeiten im Entziffern von Worten. Leas Eltern konnten dem Kind helfen, diese Fertigkeit zu lernen, und das Kind las nach sechs Wochen fließend. Ein gründliches Verständnis und flüssiges Ausüben – beim Lesen, Tanzen oder mathematischen Problemen – erfordern Vorbilder in der fachmännischen Ausführung und ausführliche Praxis mit Rückmeldungen (Anderson, Reder & Simon, 1995). Übung unter Anleitung oder unabhängiges Üben mit Rückmeldung bilden den Kern des Modells der direkten Unterweisung.

13.2.3 Arbeit in der Klasse und Hausarbeiten

> **Halt! Denken Sie nach! Schreiben Sie!**
> Erinnern Sie sich an Ihre Grund- und spätere Schulzeit? Erinnern Sie sich an irgendwelche Hausarbeiten? Was blieb davon haften?

Arbeit in der Klasse

Es gibt wenig Forschung über die Auswirkungen von **individueller Arbeit in der Klasse**, das ist unabhängiges Arbeiten am Platz, es ist jedoch offensichtlich, dass diese Form des Arbeitens allzu oft eingesetzt wird. Eine Untersuchung ergab, dass amerikanische Grundschüler etwa 51 % ihrer für Rechnen vorgesehenen Zeit einzeln in der Schule arbeiten, während japanische Schüler dies nur 26 % und taiwanesische Schüler nur 9 % ihrer Rechenzeit tun. Einige Pädagogen sehen darin den Grund für die Überlegenheit der asiatischen Schüler in verschiedenen Rechenleistungen.

Individuelles Arbeiten in der Klasse am eigenen Platz sollte dem Rechenunterricht folgen und für beaufsichtigte Übungen dienen. Es sollte nicht die vorherrschende Methode im Rechenunterricht sein. Unglücklicherweise tragen die meisten Arbeitsbuchseiten und Arbeitsblätter nicht so viel zum Erreichen der Lernziele bei. Bevor ein Lehrer eine Reihe von Aufgaben auf einem Arbeitsblatt zusammenstellt, sollte er sich fragen: „Lernen die Schüler mit diesen Aufgaben etwas Wichtiges?" Den Schülern sollte die Verbindung zwischen ihren Arbeitsblättern und dem Unterrichtsstoff einleuchten. Der Lehrer sollte auch entsprechende

---

Individuelle Arbeit in der Klasse Einzelarbeit in der Klasse am Platz.

AGNES

Agnes hat ihre eigene Art, die Hausaufgaben aufzuwerten.
Quelle: Agnes, 29. April 2000. Copyright © Tony Cochran.

Erklärungen abgeben. Die Zielsetzungen sollten offensichtlich sein und alles Material sollte bereitgestellt werden. Die Aufgaben sollten leicht genug sein, sodass die Schüler ohne Hilfe zurechtkommen. Die Anzahl der richtigen Lösungen sollte bei fast 100 % liegen. Wenn diese Aufgaben für das individuelle Arbeiten zu schwierig sind, neigen die Schüler zum Raten oder Abschreiben, einfach nur, um fertig zu werden (Anderson, 1985).

Carol Weinstein und Andy Mignano (2003) beschreiben einige Alternativen zu Arbeitsbüchern und -blättern, wie z. B. still lesen oder einem Mitschüler laut vorlesen; für eine „wirkliche" Leserschaft schreiben; Briefe oder Zeitungsartikel schreiben; Diskussionen transkribieren und die Zeichensetzung richtig einfügen; sich Aufgaben ausdenken; an langfristigen Projekten und Berichten arbeiten; Aufgaben zum Knobeln und Puzzles und Computeraufgaben. Paare von Schülern vervollständigen die Geschichte mit jeweils einem neuen Abschnitt, sodass die Geschichte anwächst. Die Schüler lesen und schreiben, bringen das Geschriebene in die richtige Form und verbessern es.

Hausarbeiten

Im Gegensatz zu der geringen Forschung über Einzelarbeit in der Klasse haben Pädagogen die Auswirkungen von **Hausarbeiten** seit 75 Jahre untersucht (Cooper, 2004; Cooper & Valentine, 2001a; Corno, 2000; Trautwein & Koller, 2003). Wie aus *Pro & Contra* zu ersehen ist, dauert die Debatte über die Vor- und Nachteile der Hausarbeiten noch an.

Um von Hausarbeiten, aber auch von Einzelarbeit in der Klasse zu profitieren, müssen Schüler engagiert bleiben und die Arbeit auch erledigen. Der erste Schritt zum Engagement ist, den Schülern einen guten Start zu sichern und dafür zu sorgen, dass sie die Aufgaben verstehen. Die ersten Aufgaben oder Fragen können auch mit der gesamten Klasse gelöst werden, um Missverständnissen vorzubeugen. Dies ist besonders wichtig bei Hausarbeiten, denn nicht alle Schüler haben zu Hause jemanden, der ihnen helfen kann. In einem zweiten Schritt sollte dafür gesorgt werden, dass die Schüler die Aufgaben möglichst fehlerlos erledigen und nicht einfach Seiten abarbeiten. Das bedeutet, dass die Aufgaben durchgesehen werden müssen; die Schüler sollten ihre Fehler verbessern oder ihre Texte überarbeiten können; dann sollten die Punktwerte auch auf die Zeugnisnote angerechnet werden. Erfahrene Lehrer

Verknüpfen und erweitern Sie Ihre Forschungskenntnisse

Die Sommerausgabe 2004 der Zeitschrift *Theory into Practice*, *43 (3)* erlaubt einen Einblick über die Forschung zu Hausaufgaben. Gastherausgeber: Harris Cooper. Eine deutschsprachige Zusammenfassung der Hausaufgabenforschung stellen C. Mischa und L. Haag in dem Kapitel über Hausaufgaben im *Handwörterbuch Pädagogische Psychologie*, herausgegeben von D. Rost (2006), S. 226–233, bereit.

Hausarbeiten Arbeiten zur Erledigung außerhalb der Schule, meist zu Hause.

Sind die Hausarbeiten gut genutzte Zeit?

Wie so viele pädagogische Methoden sind die Hausarbeiten wechselnden Bewertungen ausgesetzt gewesen. In den ersten Jahrzehnten des 20. Jahrhunderts wurden die Hausarbeiten als ein wichtiger Weg zur geistigen Disziplin angesehen, aber um 1940 herum wurden Hausaufgaben als Drill und einfaches Lernen angesehen. In den 1950er-Jahren wurden die Hausaufgaben neu entdeckt, weil sie angeblich eine Möglichkeit boten, in den Naturwissenschaften und Mathematik mit der Sowjetunion gleichrangig eingestuft zu werden. In den 1960er-Jahren wurde diese Sichtweise verworfen, weil sich das allgemeine Erziehungsklima entspannter darstellte. In den 1980er-Jahren wurden die Hausaufgaben wieder als notwendig angesehen, um den USA in der internationalen Rangplatzvergabe (etwa durch die PISA-Untersuchungen) einen guten Rangplatz zu sichern (Cooper & Valentine, 2001a). Jeder hat einmal Hausaufgaben gemacht – war das eine nutzlos oder nutzbringend verbrachte Zeit?

Pro: Gut geplante Hausaufgaben sind ein wichtiger Bestandteil des Lernens.

Harris Cooper und Jeffrey Valentine sahen eine Reihe von Untersuchungen über Hausaufgaben durch und zogen daraus den Schluss, dass es für jüngere Schüler keine Beziehung zwischen Hausaufgaben und Lernen gibt, jedoch wächst die Beziehung zwischen Hausaufgaben und Leistungsniveau bei älteren Schülern ständig an. Es gibt neue Hinweise, dass Schüler in höheren Schulen, die mehr Hausaufgaben machen (und nach der Schule weniger fernsehen), bessere Noten haben, auch wenn andere Faktoren wie Geschlecht, Klassenstufe, ethnische Herkunft, sozioökonomischer Status und Ausmaß von Anleitung durch Erwachsene berücksichtigt werden (Cooper & Valentine, 2001a; Cooper, Valentine, Nye & Kindsey, 1999, Haag, 1991). Damit übereinstimmend empfiehlt die nationale Parent-Teacher-Association (PTA) in den USA:

> *Für Kinder in den zweiten Klassen sind die Hausaufgaben sehr nützlich, wenn sie 10–20 Minuten täglich nicht übersteigen; ältere Schüler in den Klassen 3 bis 6 können von 30 bis 60 Minuten Hausaufgaben bewältigen; in der Mittel- und Oberstufe der Oberschulen hängt die Länge der Hausaufgaben von den einzelnen Fächern ab (Henderson, 1996, S. 1).*

Contra: Hausarbeiten helfen Schülern nicht beim Lernen.

Unabhängig davon, wie interessant eine Arbeit am Anfang erscheint, Schüler finden sie nach einer Weile langweilig – also, warum sollte man ihnen in und außerhalb der Schule Arbeiten geben? Sie haben das Lernen einfach satt. Und wichtige Gelegenheiten zur Freizeitgestaltung oder zu praktischem Lernen in der Gemeinde werden verpasst und damit auch die Chance zu einem mündigen und aktiven Mitglied der Gemeinde zu werden. Wenn Eltern bei den Hausarbeiten helfen, können sie mehr verderben als Gutes ausrichten – sie verwirren die Kinder oder sie bringen ihnen etwas Falsches bei. Schüler aus armen Familien müssen oft arbeiten, sie kommen also nicht dazu, Hausaufgaben zu machen; so wächst die Kluft zwischen Arm und Reich weiter an. Die Forschung gibt keine eindeutige Auskunft über die Auswirkungen der Hausaufgaben. Eine Untersuchung in Grundschulen fand sogar heraus, dass die Arbeit in der Schule zu besseren Leistungen führt als die Hausarbeiten (Cooper & Valentine, 2001a).

Welchen Standpunkt haben Sie?

lassen die Hausaufgaben schnell durch die Schüler am Anfang der Stunde gegenseitig korrigieren.

Haag und Mischo (2002, 2006) sehen den Vorteil von Hausaufgaben in der Gelegenheit, selbst gesteuertes Lernen zu praktizieren. Damit haben sie einen theoretischen Rahmen für die Hausaufgabenforschung festgelegt. Trautwein und Köller (2003) erarbeiteten ein spezifisches theoretisches Modell, das als vorausgehende motivationale Bedingungen für Selbststeuerungsprozesse des Hausaufgabenverhaltens zum einen Erwartung und zum anderen Wertorientierungen (Nützlichkeit der Hausaufgaben) enthält. Auf die Selbststeuerungsprozesse wirken wiederum die elterliche Betreuung und Aufsicht und die Kontrolle der Hausaufgaben durch den Lehrer ein. Der Lernerfolg von Hausaufgaben hängt somit unmittelbar von selbst-

Partnerschaft mit Familie und Gemeinde: Hausaufgaben

Stellen Sie sicher, dass die Familien Ihrer Schüler wissen, was die Lernziele für die Klasse sind.
Beispiele

1 Zu Beginn einer Unterrichtseinheit sollte die Familie eine Liste mit Hauptzielsetzungen erhalten, mit Beispielen für wichtige Arbeitsblätter, und den Abgabeterminen, ein Hausaufgabenheft mit Kalender und eine Liste mit kostenlosem Quellenmaterial aus Bibliotheken und dem Internet.

2 Fertigen Sie eine klare und knappe Beschreibung Ihrer Auffassung zu Hausaufgaben an – etwa welchen Stellenwert sie für die Note in einem Fach einnehmen; welche Konsequenzen bei verspätet abgegebenen, vergessenen oder fehlenden Hausaufgaben drohen.

Helfen Sie den Familien, sich hilfreich bei den Hausaufgaben des Kindes einzubringen, ohne dass sich die Beteiligten dabei unwohl fühlen.
Beispiele

1 Die Familien sollten darüber aufgeklärt werden, dass Hilfe bei den Hausaufgaben bedeutet, das Kind zu ermutigen, ihm zuzuhören, es zu beaufsichtigen, es zu loben, mit ihm zu diskutieren, Ideen zu entwickeln – nicht unbedingt, ihm etwas beizubringen und niemals die Hausaufgaben für es zu erledigen.

2 Den Familien sollte nahegelegt werden, für eine gewisse Zeit einen ruhigen Platz für jeden in der Familie einzurichten. Diese ruhige Zeit sollte zur täglichen Routine werden.

3 Einige Hausarbeiten sollten dem Schüler Spaß bereiten und für die gesamte Familie vergnüglich sein, wie etwa Puzzles, Familienalbum, ein bestimmtes Fernsehprogramm zusammen ansehen und eine „Übersicht" anfertigen.

4 An Elternabenden sollten Sie die Eltern fragen, was eine größere Rolle bei den Hausaufgaben der Kinder spielen sollte; Abhakliste? Hintergrundlektüre? Internetseiten? Erklären von Lernstrategien?

Lassen Sie Familien Vorschläge zu den Hausaufgaben machen und diese auch umsetzen.
Beispiele

1 Finden Sie heraus, welche Verpflichtungen das Kind zu Hause hat – wie viel Zeit das Kind für Hausaufgaben zur Verfügung hat.

2 Richten Sie von Zeit zu Zeit einen Notruf ein, um Fragen zu Hausaufgaben zu klären, aber auch um Vorschläge entgegen zu nehmen.

Wenn niemand zu Hause ist, der bei den Hausaufgaben helfen kann, sollten andere Hilfestellungen organisiert werden.
Beispiele

1 Ernennen Sie einige Mitschüler zu „Lernkumpels", die per Telefon Ratschläge geben.

2 Wenn Schüler Zugang zu einem Computer mit Internetverbindung haben, geben Sie einige hilfreiche Internetadressen weiter.

3 Machen Sie kostenlose Auskunftstellen in öffentlichen Bibliotheken ausfindig und empfehlen Sie diese weiter.

Nutzen Sie den Wissensfundus von Familien und Gemeinde, um die Hausaufgaben mit dem realen Leben in der Gemeinde zu verbinden und das Leben in der Gemeinde mit den Arbeiten in der Schule (Moll et al., 1992).
Beispiele

1 Entwerfen Sie eine Unterrichtsstunde darüber, wie Familienmitglieder Rechnen und Lesen anwenden können beim Nähen oder bei der Bauplanung für ein Haus (Epstein & Van Voorhis, 2001).

2 Entwerfen Sie interaktive Hausaufgaben-Projekte, die Familien zusammen erledigen können, z. B. welche Produkte für den Haushalt am notwendigsten und günstigsten sind: das preisgünstigste Shampoo oder Papiertaschentücher.

Mehr über das Thema Hausaufgaben unter **http://www.ncpie.org/DevelopingPartnerships/** oder
http://www.pathwaystocollege.net/collegereadiness/toolbox/imp_integrate.htm

regulativen Prozessen bei der Hausaufgabenbearbeitung und mittelbar von der Hausaufgaben bezogenen Motivation und vom Hausaufgaben bezogenen Verhalten des sozialen Umfeldes ab.

Arbeit in der Klasse und Hausarbeiten aufwerten

Individuelles Arbeiten in der Klasse erfordert sorgfältiges Beaufsichtigen. Der Lehrer sollte den Schülern einfach zur Verfügung stehen und nur helfen, wenn er darum gebeten wird. Um sich zur Verfügung zu halten, sollte der Lehrer in der Klasse umhergehen und bei keinem Schüler allzu lange stehen bleiben. Häufige Kontakte sind am günstigsten (Brophy & Good, 1986). Unter Umständen geben Sie einer Gruppe Hinweise, während die anderen einzeln arbeiten. In diesen Situationen ist es für die Schüler besonders wichtig, wenn sie wissen, was zu tun ist, falls sie Hilfe benötigen. Ein von Weinstein und Mignano (2003) beschriebener erfahrener Lehrer gab folgende Regel an die Schüler weiter: „Frage erst drei andere und dann mich". Schüler sollten also zuerst drei Mitschüler fragen, bevor sie sich Hilfe vom Lehrer holen. Dieser Lehrer verbringt zu Beginn des Schuljahres Zeit damit, den Schülern zu zeigen, wie sie sich gegenseitig helfen können – wie man Fragen stellt und wie man erklärt.

Wie steht es mit der Beaufsichtigung von Hausaufgaben? Wenn Schüler bei den Hausaufgaben nicht mehr weiter wissen, benötigen Sie zu Hause Hilfe, jemand, der ihnen die jeweils richtig dosierte Unterstützung gibt und nicht einfach die „richtige Antwort" (Pressley, 1995). Aber vielen Eltern fehlt es an Kenntnissen, wie man richtig hilft (Hoover-Dempsey et al., 2001). Die *Richtlinien zur Partnerschaft mit Familie und Gemeinde* geben Ratschläge, wie Eltern bei den Hausaufgaben helfen können.

13.2.4 Fragen stellen und Abfragen

Der Lehrer stellt Fragen und Schüler antworten. Diese Form des Unterrichts gibt es schon lange und wird manchmal mit Abfragen bezeichnet (Stodolsky, 1988). Die Fragen des Lehrers stecken einen Rahmen ab für ein Unterrichtsthema. Die Vorgehensweise des Lehrers besteht aus der *Einleitung* (der Lehrer stellt Fragen), der *Antwort* (den Antworten der Schüler) und der *Reaktion* des Lehrers (Loben, Verbessern, Bestätigen oder Erweitern) (Burbules & Bruce, 2001). Diese Schritte werden immer wieder wiederholt.

Der Kern des Abfragens stellt die Einleitungs- oder Fragephase dar. Effektive Fragetechniken gehören zu den wirksamsten Unterrichtsmitteln. Eine wichtige Funktion dieser Einleitungen (kognitive Lehrzeit, Peerlernen, spontane Lernaktivitäten und fast alle anderen modernen Lerntechniken) ist, das Interesse der Schüler wachzuhalten – und hier sind geschickte Fragen besonders effektiv. Fragen erfüllen in der kognitiven Verarbeitung verschiedene Funktionen. Sie können dem Schüler helfen, Informationen zu wiederholen und damit gut im Gedächtnis zu behalten. Sie weisen auf Wissenslücken hin, erwecken die Neugierde und langfristiges Interesse. Sie können kognitive Konflikte und ein Ungleichgewicht erzeugen, beide drängen zur Beseitigung und schaffen so neue Wissensstrukturen. Schüler wie auch Lehrer sollten lernen, gute Fragen zu stellen. Auch Schülern hilft die Erkenntnis, dass der erste Schritt in einem Forschungsprojekt daraus besteht, eine gute Frage zu stellen.

Dieser Abschnitt beschränkt sich auf die Fragen des Lehrers, wie sie möglichst gut von Schülern verwertet werden können. Viele der Anfänger unter den Lehrern sind überrascht, wie nützlich gute Fragen sein können und wie schwierig es ist, sie sich auszudenken.

> ### Halt! Denken Sie nach! Schreiben Sie!
> Denken Sie an Ihre letzten Seminare zurück. Welche Fragen stellte Ihr Professor? Welche kognitiven Prozesse erfordern die Antworten auf diese Fragen? Erinnern, Verstehen, Anwenden, Analysieren, Bewerten oder Erschaffen? Wie lange wartete der Professor auf eine Antwort?

Typen von Fragen

Einige Pädagogen schätzen, dass der typische Lehrer zwischen 30 und 120 Fragen in einer Stunde stellt oder insgesamt 1 500 000 Fragen im Laufe seines Berufslebens (Sadker & Sadker, 2006). Was sind das für Fragen? Viele lassen sich der bloomschen Taxonomie der Zielsetzungen im kognitiven Bereich zuordnen. In der ▶ Tabelle 13.5 (siehe S. 604) sind einige Beispielfragen auf den verschiedenen Ebenen der Taxonomie zusammengestellt.

Tabelle 13.5

Fragen an die Klasse gemäß den Zielsetzungen im kognitiven Bereich

Manche Fragen regen das Denken auf jedem Niveau der bloomschen Taxonomie im kognitiven Bereich an. Natürlich hängt das erforderliche Denken von dem ab, was vorher in der Diskussion thematisiert wurde.

Kategorie (Prozess)	Art des Denkens	Beispiele
Wissen (Verstehen)	Erinnern oder Wiedererkennen von Gelerntem	Definiere … Wie heißt die Hauptstadt von …? Was steht im Text über …?
Verständnis (Verstehen)	Verständnis zeigen für den Unterrichtsstoff; umstrukturieren, reorganisieren oder interpretieren	Erkläre mit eigenen Worten … Vergleiche … Beschreibe, was du gesehen hast …
Anwendung (Anwenden)	Information verwenden, um ein Problem mit einer einzigen richtigen Antwort zu lösen	Welches Prinzip wird in … demonstriert? Berechne die Fläche von … Wende die Regel … an, um die Lösung zu finden.
Analyse (Analysieren)	Kritisches Denken; Gründe und Motive erkennen; Schlussfolgerungen ziehen aus bestimmten Daten; Schlussfolgerungen analysieren, um zu sehen, ob sie von den Fakten gestützt werden	Was beeinflusste die Schriftstellerei von …? Warum wurde Berlin zur … gewählt? Welche der folgenden Aussagen sind Fakten und welche sind Meinungen? Nach dem vorliegenden Experiment, wie ist die chemische Zusammensetzung von …?
Synthese (Erschaffen)	Divergentes, originelles Denken; neuartiger Plan, Vorschlag, Entwurf oder Geschichte	Was ist eine gute Bezeichnung für …? Wie könnten wir Geld einwerben für …? Wie würde Europa jetzt aussehen, wenn Deutschland nicht den Krieg verloren hätte?
Bewertung (Bewerten)	Den Wert einer Idee oder eines Vorschlages einschätzen, Meinungen äußern, Standards anwenden	Welche Partei hat das beste Programm? Welches Gemälde ist besser? Warum? Warum bevorzugst du …?

Quelle: Aus Questioning Skills von M. Sadker & D. Sadker in J. Cooper (Hrsg.) *Classroom Teaching Skills: A Handbook* (3. Aufl.) (S. 143–160). 1986. Boston: D. C. Heath. Copyright © 1986 D.C. Heath.

Ein anderes Kategoriensystem für Fragen unterscheidet zwischen **konvergenten** und **divergenten Fragen**. Bei konvergenten Fragen gibt es nur eine richtige Antwort, bei divergenten mehrere. Fragen nach konkreten Fakten sind konvergent: „Wer regierte in Sachsen um 1540?" „Wer schrieb den Struwwelpeter?" Fragen nach Einstellungen oder Vermutungen sind divergent: „Welche der Figuren in diesem Roman ist dir ähnlich? Und warum?" „Welcher der letzten fünf Bundeskanzler wird in 100 Jahren noch bekannt sein?"

In Lehrbüchern über Pädagogik wird einer Forderung an die Lehrer viel Raum zugestanden, sie sollten doch viele Fragen auf höherem Niveau (analytische, bewertende, kreative) stellen und außerdem noch divergente Fragen bevorzugen. Führt das wirklich zu besseren Fragen? Die Forschung hat einige Überraschungen ergeben.

Die Fragen auf die Schüler abstimmen

Fragen auf niedrigem und hohem Niveau können gleichermaßen nützlich für das Lernen sein (Barden, 1995; Redflied & Rousseau, 1981). Aber nicht alle Schüler sprechen günstig auf jede Art von Fragen an. Für jün-

---

Konvergente Fragen Fragen mit nur einer richtigen Antwort.

Divergente Fragen Fragen, die mehrere Antwortmöglichkeiten bieten.

gere und für schwächere Schüler aller Altersstufen sind einfache Fragen besser, weil sie Gelegenheit zu vielen richtigen Antworten geben, damit auch die Schüler ermutigen und direkte und klare Korrekturen oder Lob ermöglichen. Begabten Schülern sollten schwierigere Fragen auf höherem, aber auch niedrigerem Niveau gestellt und kritische Rückmeldungen gegeben werden (Berliner, 1987; Good, 1988).

Unabhängig von Alter und Fähigkeit sollten alle Schüler einige Erfahrung mit Denkanstößen durch Fragen haben, aber auch mit Unterstützung beim Lernen, wie man sie beantwortet. Wie aus Kapitel 8 zu ersehen war, müssen die Schüler Gelegenheit zur Übung erhalten, wenn sie kritisches Denken und Problemlösefertigkeiten erwerben sollen. Sie benötigen auch Zeit, über ihre Antworten nachzudenken. Forschungsergebnisse zeigen, dass Lehrer meist nicht mehr als eine Sekunde auf die Antwort eines Schülers warten (Rowe, 1974). Der folgende Ausschnitt aus einer Unterrichtsstunde zeigt eine Frage-Antwort-Interaktion zwischen einer Lehrerin und einigen Schülern (Sadker & Sadker, 2006, S. 130–131):

Lehrerin: Wer schrieb das Gedicht „Der Erlkönig"? Thomas?

Thomas: Goethe.

Lehrerin: Gut. Was passiert in diesem Gedicht?

Sandra: Ein Mann reitet mit einem Kind auf einem Pferd durch den Nebel. Das Kind hat Angst.

Lehrerin: Ja, Emma, welche Gedanken gehen dem Mann durch den Kopf?

Emma: Er denkt, dass er bald ankommen muss.

Lehrerin: An was denkt er noch? Jan?

Jan: Er denkt daran, dass er das Kind retten will (macht eine kleine Pause).

Lehrerin: Ja – und an was denkt er noch? Rita? (wartet eine halb Sekunde). Rita, das weißt du doch sicher. (Wartet eine halbe Sekunde). Warum muss er so schnell reiten?

Sarah: Na, vielleicht, weil... (1 Sekunde Pause).

Lehrerin: Denke nach, Sarah! (Lehrerin wartet eine halbe Sekunde). Na dann – Michael? (Wartet wieder ein halbe Sekunde) Jan? (Wartet wieder eine halbe Sekunde.) Was ist denn heute mit euch los? Habt ihr das Gedicht nicht gelesen?

In dieser Unterrichtssituation kann wenig nachgedacht werden. Wenn Lehrer darauf achten, etwa vier bis fünf Sekunden lang zu warten, bis die Schüler antworten, dann fallen die Antworten länger aus, mehr Schüler beteiligen sich, stellen Fragen und melden sich von sich aus mit passenden Antworten; die Schüler kommentieren vermehrt auf dem analytischen, synthetischen, schlussfolgernden und spekulativen Niveau; außerdem gewinnen die Schüler mehr Selbstvertrauen beim Antworten (Berliner, 1987; Rowe, 1974; Sadker & Sadker, 2006).

Das erweckt den Eindruck, als handele es sich um eine verbesserte Unterrichtsmethode, aber 5 Sekunden Schweigen sind nicht immer leicht durchzuhalten. Es erfordert Übung. Man kann auch den Schülern nahelegen, Ideen kurz zu notieren oder mit einem anderen Schüler kurz zu sprechen, damit eine gemeinsame Antwort gegeben werden kann. So wird die Wartezeit weniger ungemütlich, und die Schüler können länger überlegen. Natürlich, wenn die Schüler nicht informiert sind oder die Frage nicht verstanden haben, dann hilft kein Warten. Wenn die Frage nur auf hilflose Blicke stößt, sollte sie anders formuliert werden oder es sollte die Klasse gefragt werden, wer die Frage erläutern kann. Es hat sich jedoch herausgestellt, dass verlängerte Wartezeiten auf eine Antwort bei Universitätsstudenten keine besseren Antworten nach sich zieht (Duell, 1994), deshalb sollte für Schüler der Oberstufe die Wartezeit von Fall zu Fall neu eingeschätzt werden.

Ein Wort zur Auswahl von Schülern für Antworten. Wenn sich der Lehrer nur auf die freiwilligen Wortmeldungen stützt, gewinnt er unter Umständen den Eindruck, dass die Schüler alles verstanden haben. Es melden sich auch immer die gleichen Schüler freiwillig. Viele erfahrene Lehrer haben ihr eigenes System, mit dem sie sicherstellen, dass alle einmal aufgerufen wurden. Sie ziehen einen Namen aus einem Topf oder wählen Namen aus einer Liste aus, während ein Schüler noch spricht (Weinstein, 2003; Weinstein & Mignano, 2003). Eine andere Möglichkeit ergibt sich, wenn jeder Schülername auf einer Indexkarte vermerkt wird, die Karten dann gemischt werden und die Schüler dann nach den Karten aufgerufen werden; der Lehrer sollte jeweils auf den genannten Schüler zugehen. Die Karten können auch dazu dienen, Beurteilungen der Antworten des jeweiligen Schülers auf der Rückseite oder erhaltene Hilfestellungen zu vermerken.

Reaktionen auf Antworten des Schülers. Was unternimmt der Lehrer nach den Schülerantworten? Die häufigste Reaktion, die etwa 50 % der Zeit in jeder Klasse auftritt, ist einfache Akzeptanz: „O.K." oder „Ja" (Sadker & Sadker, 2006). Aber es gibt bessere Reaktionen, das hängt davon ab, ob der Schüler eine richtige, eine halb richtige oder eine falsche Antwort gegeben hat. Wenn die Antwort schnell, bestimmt und richtig ist, sollte sie einfach akzeptiert werden oder eine weitere Frage gestellt werden. Wenn die Antwort zögerlich kommt, aber richtig ist, kann noch begründet werden, warum sie richtig ist: „Das ist richtig, Chris, das Parlament ist die gesetzgebende Institution in unserer Regierung, denn das Parlament …" Das gibt dem Lehrer die Möglichkeit, noch einmal das Material zu erklären. Wenn ein Schüler unsicher ist, können es auch die anderen sein. Wenn die Antworten teilweise oder völlig falsch sind, der Schüler aber ehrlich bemüht ist, können einige Hinweise erfolgen, die Fragen etwas vereinfacht, die vorherigen Schritte rekapituliert oder der Lernstoff in einigen Punkten noch einmal wiederholt werden. Wenn die falschen Antworten einfach unüberlegt oder nachlässig sind, ist es besser, einfach die richtige Antwort vorzugeben und weiterzumachen (Good, 1988; Rosenshine & Stevens, 1986).

Die Gruppendiskussion hilft den Schülern zu lernen, sich klar auszudrücken, ihren Standpunkt zu begründen und andersartige Meinungen zu tolerieren.

13.2.5 Gruppendiskussion

Gruppendiskussion weist eine gewisse Ähnlichkeit mit dem Abfragen auf, aber es sollte eigentlich eher den lehrreichen Unterhaltungen aus Kapitel 9 ähneln (Tharp & Gallimore, 1991). Ein Lehrer kann Fragen stellen, auf die Schülerantworten hören, reagieren und Hinweise geben, um mehr Information zu erhalten, aber in einem wirklichen Gruppendialog sollte der Lehrer nicht dominieren. Schüler stellen Fragen, beantworten sich gegenseitig Fragen und reagieren auf die Antworten (Beck, McKeown, Worthy, Sandora & Ku-

can, 1996; Burbules & Bruce, 2001; Parker & Hess, 2001).

Gruppendiskussionen haben viele Vorteile. Die Schüler werden direkt angesprochen und sie können sich beteiligen. Gruppendiskussionen helfen den Schülern, sich klar auszudrücken, ihre Meinung zu begründen und die Ansichten anderer zu dulden. In Gruppendiskussionen bietet sich Schülern die Gelegenheit, um weitere Erklärungen zu bitten, ihr eigenes Denken zu überprüfen, persönliche Interessen zu verfolgen und durch Einnehmen einer Führungsrolle in der Gruppe Verantwortung zu übernehmen. Gruppendiskussionen tragen dazu bei, die eigene Meinung einzuschätzen und persönliche Standpunkte zu integrieren.

Diskussionen können helfen, das Verständnis von schwierigen und komplexen Konzepten zu verstehen, etwa wenn sie dem gesunden Menschenverstand widersprechen. Wie aus den Kapiteln 8 und 9 zu ersehen war, sind viele wissenschaftliche Phänomene, wie etwa die Funktion des Lichtes beim Sehen oder das newtonsche Gesetz der Bewegung, schwer zu verstehen, weil sie den Alltagstheorien widersprechen. Durch gemeinschaftliches Durchdenken und gegenseitiges Herausfordern, durch Vorschläge und Bewerten von möglichen Erklärungen kommen Schüler eher zu einem angemessenen Verständnis des Stoffes.

Natürlich gibt es auch Nachteile. Klassendiskussionen lassen sich schwer vorplanen und können einfach zum Austausch von Unwissenheiten werden. Einige Gruppenmitglieder tun sich schwer mit der Beteiligung und entwickeln Ängste, wenn sie etwas sagen müssen. Zusätzlich fallen noch Vorbereitungen an, um sicherzustellen, dass die Gruppenmitglieder genug Hintergrundwissen für die Diskussion haben. Große Gruppen sind oft schwer zu führen. In vielen Fällen bestreiten

> **Verknüpfen und erweitern Sie Ihre Forschungskenntnisse**
>
> Babad. E. (1995). The „Teacher's Pet" Phenomena, Students' Perceptions of Differential Behavior, and Students' Morale. *Journal of Educational Psychology, 87,* 361–374.

Gruppendiskussion Unterhaltungen, in denen der Lehrer keine dominante Rolle einnimmt; Schüler stellen und beantworten sich ihre Fragen gegenseitig.

ein paar Schüler die Diskussion, während die anderen vor sich hinträumen (Arends, 2004; Freiberg & Driscoll, 2005). Die *Richtlinien* geben Hinweise, wie Gruppendiskussionen produktiv gefördert werden können.

Bei der Konzentration auf die Rolle des Lehrers sollte ein weiterer Aspekt nicht vernachlässigt bleiben, der sich auf das Lernen der Schüler auswirkt – die Meinung des Lehrers vom Schüler.

RICHTLINIEN

Produktive Gruppendiskussionen

Beziehen Sie schüchterne Kinder in die Diskussion ein.

Beispiele

1 „Wie denkst du darüber, Daniel?" oder „ Vertritt jemand noch eine andere Meinung?"

2 Warten Sie nicht, bis ein peinliches Schweigen eingetreten ist, wenn Sie einen schüchternen Schüler aufrufen. Viele Menschen, auch wenn sie nicht schüchtern sind, unterbrechen ungern Schweigen.

Leiten Sie die Kommentare und Fragen von Schülern an andere Schüler weiter.

Beispiele

1 „Das ist eine ungewöhnliche Idee, Stefan. Klaus, was hältst du von Stefans Idee?"

2 „Das ist eine wichtige Frage, Helge. Laura, was würdest du darauf erwidern?"

3 Ermuntern Sie die Schüler, gegenseitig auf sich zu achten und miteinander zu sprechen, statt auf die Meinung des Lehrers zu warten.

Stellen Sie sicher, dass Sie alles verstanden haben, was der Schüler gesagt hat. Wenn Sie selbst unsicher sind, werden es auch die Schüler.

Beispiele

1 Bitten Sie einen zweiten Schüler zusammenzufassen, was der erste gesagt hat; dann kann der erste die Zusammenfassung – wenn nötig – korrigieren.

2 „Karin, was du vielleicht sagen willst … Ist das so oder habe ich dich missverstanden?"

Geben Sie Hinweise, damit die Schüler inhaltsreichere Antworten geben.

Beispiele

1 „Das ist eine sehr starke Aussage. Hast du auch eine gute Begründung dafür?"

2 „Hast du auch Alternativen bedacht?"

3 „Wie kommst du zu dieser Schlussfolgerung? Was hast du dir dabei gedacht?"

Bringen Sie die Diskussion wieder auf das Kernthema zurück.

Beispiele

1 „Also, wo waren wir gerade in unserer Diskussion? Sarah machte einen Vorschlag. Hat jemand eine andere Idee?"

2 „Bevor wir fortfahren, möchte ich noch einmal kurz das bisher Gesagte zusammenfassen."

Räumen Sie etwas Zeit für Überlegungen ein, bevor Sie um Antworten bitten.

Beispiele

1 „Was wäre jetzt anders in deinem Leben, wenn es kein Fernsehen gäbe? Macht schnell ein paar Notizen und in einer Minute tauschen wir unsere Vorstellungen aus." Nach einer Minute: „Hugo, was hast du geschrieben?"

Wenn ein Schüler seinen Redebeitrag beendet hat, schauen Sie sich im Kreis um, wie die anderen Schüler reagieren.

Beispiele

1 Wenn andere Schüler verwirrt schauen, fragen Sie, warum.

2 Wenn Schüler zustimmend nicken, bitten Sie einen um ein Beispiel für das, was gerade gesagt wurde.

Wenn Sie mehr Ideen zu diesem Thema kennenlernen wollen, schauen Sie nach unter

http://instruct1.cit.cornell.edu/courses/taresources/leadisc.html

Lehrererwartungen 13.3

Vor etwa 40 Jahren erregte die Untersuchung von Robert Rosenthal und Lenore Jacobson (1968) die Aufmerksamkeit der nationalen Medien in den USA, wie selten eine Studie in diesem Themenbereich das seither getan hat. Die Untersuchung wurde kontrovers diskutiert in akademischen und Praktikerkreisen. Die Debatte über die Interpretation der Ergebnisse dauert bis heute an (Babad, 1995; Rosenthal, 1995; Snow, 1995).

Was sind denn die Aufsehen erregenden Forschungsaussagen von Rosenthal und Jacobson? Sie wählten zufällig einige Schüler aus verschiedenen Grundschulklassen aus und erzählten den Lehrern, dass diese Schüler im Laufe des Schuljahres beachtliche Lernfortschritte machen würden. Diese Vorhersage trat tatsächlich ein, die Schüler zeigten mehr als die üblichen Lernfortschritte in dem betreffenden Jahr. Die Untersucher bezeichneten dies als „**Pygmalion-Effekt**" oder „**sich selbst erfüllende Prophezeiung**". Die sich selbst erfüllende Prophezeiung ist eine unbegründete Erwartung, die zu einem bestimmten Verhalten führt, das wiederum die Erfüllung der Erwartung wahrscheinlicher macht (Merton, 1948). Ein Beispiel ist die (falsche) Überzeugung, dass eine Bank sich in einer Krise befindet, alle wollen ihr Geld von der Bank abheben und als Folge geht die Bank Bankrott.

13.3.1 Zwei Arten von Erwartungseffekten

> **Halt! Denken Sie nach! Schreiben Sie!**
> Wenn Sie an den besten Lehrer denken, den Sie je hatten, glaubte er an Sie oder hat er das Beste aus Ihnen herausgeholt? Wie hat der Lehrer seine Meinung über Sie geäußert?

Es können zwei Erwartungseffekte in der Klasse auftreten. In der oben beschriebenen selbst erfüllenden Prophezeiung entbehrt der Glaube des Lehrers an die Fähigkeiten des Schülers zwar jeglicher Grundlage,

trotzdem nähert sich das Verhalten des Schülers den falschen Erwartungen an. Die zweite Art von Erwartungseffekt tritt auf, wenn die Lehrer eine annähernd richtige Diagnose stellen und sich dementsprechend verhalten. Es ist nicht falsch, sich der eigenen – richtigen – Erwartung gemäß zu verhalten. Es entsteht jedoch ein Problem, wenn ein Schüler einen gewissen Fortschritt zeigt, der Lehrer aber an seiner ersten Diagnose festhält und sein Verhalten dem Schüler gegenüber nicht ändert. Dieser Sachverhalt wird **rigider Erwartungseffekt** genannt, weil der Lehrer seine Erwartungen nicht ändert und die Verbesserungen des Schülers ignoriert; infolgedessen kehrt dann das Leistungsniveau des Schülers auf das erwartete Niveau zurück. Damit ist die Chance vergeben, die Erwartungen zu steigern, entsprechend auch zu unterrichten, um bessere Leistungen zu erzeugen. In der Praxis sind die Auswirkungen der sich selbst erfüllenden Prophezeiung eher in den unteren Grundschulklassen zu finden, und der rigide Erwartungseffekt ist eher in den höheren Klassen zu beobachten (Kuklinski & Weinstein, 2001). Und einige Schüler sind bevorzugt dem rigiden Erwartungseffekt ausgesetzt. Zum Beispiel teilen schüchterne Kinder wenige Informationen über sich und ihre Fähigkeiten dem Lehrer mit, deshalb wird der rigide Erwartungseffekt einfach durch Mangel an neuen Informationen in Gang gesetzt und gehalten (Jones & Gerig, 1994).

13.3.2 Grundlagen für Erwartungen

Es gibt viele mögliche Grundlagen für die Lehrererwartungen (Van Matre, Valentine & Cooper, 2000). Eine offensichtliche Grundlage ist der Intelligenzwert. Besonders dann, wenn ein Lehrer ihn nicht angemessen interpretiert. Das Geschlecht des Kindes veranlasst Erwachsene ebenfalls zu bestimmten Erwartungen: Lehrer erwarten von Jungen mehr Verhaltensprobleme als von Mädchen und meinen, Mädchen würden bessere Leistungen bringen. Die Notizen früherer Lehrer und medizinische oder psychologische Gutachten in der Schülerkartei einer Schule lösen auch Erwartungen aus, ebenso wie das Wissen um die ethnische Herkunft

---

Pygmalion-Effekt Ungewöhnlicher Leistungszuwachs bei einem Schüler als Folge von hohen Erwartungen des Lehrers für diesen Schüler; genannt nach einem König aus der antiken griechischen Mythologie, der eine Statue schuf und sie dann zum Leben erwecken ließ.

Sich selbst erfüllende Prophezeiung Eine unbegründete Erwartung, die bestätigt wird, weil sie erwartet wurde.

Rigider Erwartungseffekt Die Leistung von Schülern wird auf gleichem Niveau gehalten, weil Lehrer keine Verbesserungen erkennen.

Die Arbeitsgemeinschaften nach der Schule können die Grundlage bilden für Lehrererwartungen. Lehrer entwickeln höhere Erwartungen an Schüler, die an Arbeitsgemeinschaften außerhalb der Schulzeit teilnehmen als an Schüler, die nach der Schule einfach „rumhängen".

und das Kennen von älteren Geschwistern. Lehrer erwarten von gut aussehenden Schülern mehr als von weniger attraktiv wirkenden. Vorherige Leistungen, sozioökonomischer Status und das tatsächliche Verhalten der Schüler dienen ebenfalls oft als Informationsquelle. Sogar die Teilnahme an freiwilligen Arbeitsgemeinschaften von Schülern ist Anlass für Erwartungen. Lehrer erwarten mehr von Schülern, die an Arbeitsgemeinschaften teilnehmen, als von Schülern, die nach der Schule nichts dergleichen vorhaben.

Erwartungen und Überzeugungen fokussieren die Aufmerksamkeit und organisieren das Gedächtnis, sodass die Lehrer selektiv ihre Aufmerksamkeit auf bestimmte Informationen richten, die ihren Erwartungen entsprechen (Fiske, 1993; Hewstone. 1989). Auch wenn der Leistungsstand der Schüler nicht den Erwartungen entspricht, Lehrer werden die Leistungen der Schüler zu begründen versuchen und sie externen Ursachen zuschreiben, für die die Schüler nicht verantwortlich sind. Zum Beispiel könnten die Lehrer im Falle eines schwachen Schülers, der eine gute Note geschrieben hat, überzeugt sein, dass er gemogelt hat und im Falle eines guten Schülers, der eine schlechte Note geschrieben hat, dass er einen schlechten Tag hatte. In beiden Fällen wird Verhalten, das nicht dem Charakter des Schülers entspricht, verworfen. Es müssen schon viele Gegenbelege auftreten, um die Überzeugungen des Lehrers von den Fähigkeiten eines Schülers zu ändern. Erwartungen werden deshalb trotz Gegenbelegen aufrechterhalten (Brophy, 1982, 1998).

13.3.3 Haben Lehrererwartungen Auswirkungen auf die Schülerleistungen?

Die Antwort auf diese Fragen ist komplizierter als es scheint. Es gibt zwei Wege, diese Frage anzugehen. Einer ist, den Lehrern einen subjektiven Eindruck von den Kindern weiterzugeben und dann zu überprüfen, ob dieser Eindruck irgendeine Auswirkung auf die Schülerleistung hat. Der zweite Weg ist, die natürlich entstandenen Erwartungen der Lehrer festzustellen und den Effekt dieser Erwartungen zu erfassen. Die Antwort auf die Frage in der Überschrift hängt zum großen Teil davon ab, welcher der beiden Wege eingeschlagen wird.

Das ursprüngliche Experiment von Rosenthal und Jacobson schlug den ersten Weg ein – den Lehrern unbegründete Meinungen zu übermitteln und zu überprüfen, welche Effekte dies auf das Lernen der Schüler hat. Das Experiment wurde heftig wegen seiner experimentellen und statistischen Methoden kritisiert (Elashoff & Snow, 1971; Snow, 1995; Weinberg, 1989). Eine sorgfältige Analyse der Ergebnisse zeigte jedoch, dass das Experiment zwar in ersten bis sechsten Klassen durchgeführt worden war, dass aber nur fünf Schüler aus den ersten beiden Klassen einen deutlichen Effekt zeigten. Andere Forscher wiederholten das Experiment, konnten aber keine Auswirkungen feststellen, auch nicht in den ersten beiden Schuljahren (Claiborn, 1969; Wilkins & Glock, 1973). Nach einem Überblick über die Untersuchungen von Folgen der Lehrererwartungen schloss Raudenbush (1984), dass die Erwartungen nur

---

Verknüpfen und erweitern Sie Ihre Forschungskenntnisse

Eine Diskussion des Problems der Lehrererwartungen und deren Auswirkungen auf das Lernen der Schüler kann man nachlesen unter Good, T. & Brophy, J. (2003). *Looking in Classrooms* (9. Aufl.). Boston: Allyn & Baker. Im deutschen Sprachraum fasst P. Ludwig das Pygmalionphänomen im Alltag (1991) und im Notenbuch (1995) des Lehrers zusammen: *Sich selbst erfüllende Prophezeiungen im Alltagsleben*. Stuttgart: Verlag für angewandte Psychologie; Pygmalion im Notenbuch. *Pädagogische Welt*, *49*, 114–119.

Lerngeschichten

Das verdanke ich meinem Lehrer

In der höheren Schule war ich ein unaufmerksamer, uninteressierter Schüler, der Leistungen verweigerte. Zu Beginn der Oberstufe wurde ich einem Kurs in Geschichte zugeordnet, den eine Lehrerin, Frau Feld, abhielt. Das Gebäude war alt und der Kurs überfüllt, aber sie hatte trotzdem hohe Erwartungen an jeden Schüler. Wenn Schüler Hausarbeiten nicht abgaben, war dies nie eine Frage von Verweigerung, sondern eine Frage des Abgabezeitpunktes. Es wurde immer abgegeben, wenn nicht heute, dann morgen. Frau Feld hatte eine hohe Meinung von uns, also verhielten wir uns entsprechend.

Eines Tages nahm sie mich zur Seite, sah mich fest an und sagte: „Knut Kauer, du kannst ein guter Schüler werden. Ich weiß, dass du das kannst." Ich gab eine flüchtige Antwort und ging schnell weg, aber ihre Worte blieben haften. Nach und nach investierte ich einige Anstrengungen in den Geschichtsunterricht. Weil sie so eine hohe Meinung von mir hatte, ging ich dem Lernen nun nicht mehr *aus dem Weg. Vielleicht schrieb sie sich diesen kleinen Erfolg zu, aber es war eine Wende in meinem Leben. Ein Dutzend Jahre später schaffte ich meine Promotion. Anschließend fuhr ich zu meiner ehemaligen Schule, um Frau Feld zu sagen, dass sie eine Wende in meinem Leben herbeigeführt hatte. Als ich ankam, erfuhr ich, dass sie vor einigen Monaten durch einen Autounfall ums Leben gekommen war. Wenn heute Lehrer zu mir kommen, um zu erklären, sie könnten wenig ausrichten, sage ich ihnen, was ich meiner Lehrerin hatte sagen wollen: „Wenn man mit Menschen arbeitet, macht alles einen Unterschied, und jede Leistung ist eine große Errungenschaft." Es gibt keine kleinen Siege, Frau Feld!*

Knut Kauer, Professor für Pädagogik, Universität Greifswald

Quelle: Aus *Mentors, Masters and Mrs. McGregor* von J. Bluestein. Health Communications. Copyright © 1995 Health Communications

kleine Auswirkungen auf den IQ nach sich ziehen (die abhängige Variable in Rosenthal und Jacobsons Experiment) und nur in den ersten Jahren einer neuen Schulumgebung und dann noch einmal nach dem Übergang in die höhere Schule.

Aber was ist mit dem zweiten Weg – den natürlich sich entwickelnden Meinungen von Lehrern über Schüler? Die Forschung ergab, dass sich Lehrer spontan eine Meinung über die Fähigkeiten von Schülern bilden. Meist ist die Meinung gut begründet und fundiert durch Testergebnisse, außerdem wird sie ständig neuen Informationen von Seiten des Schülers angepasst. Trotzdem begünstigen Lehrer manchmal einige Schüler (Babad, 1995; Rosenthal, 1987). Zum Beispiel fanden Jennifer Alvidrez und Rhona Weinstein (1999) in einer Längsschnittuntersuchung 110 Kindern von 4 bis 18 Jahren, dass Lehrer die Fähigkeiten von selbstständigen und interessant wirkenden Vorschülern überschätzten und die von ängstlichen und etwas langsamer sich entwickelnden Kindern unterschätzten. Die Einschätzung der Fähigkeiten von Vierjähri-gen durch den Lehrer sagte den Notendurchschnitt mit 18 Jahren vorher. Die Vorhersagen waren am zuverlässigsten für unterschätzte Kinder. Wenn Lehrer Kinder als leistungsschwach eingestuft haben und wenn ihnen zusätzlich noch der geschickte Einsatz von Lehrstrategien für leistungsschwache Schüler fehlt, dann sehen sich die betroffenen Schüler einer doppelten Bedrohung ausgesetzt: niedrigen Erwartungen und schlechtem Unterricht (Good & Brophy, 2003). Die Macht des Erwartungseffektes hängt vom Alter der Schüler ab (allgemein: jüngere Schüler sind empfänglicher für Beeinflussungen) und wie unterschiedlich der Lehrer hoch und niedrig eingeschätzte Schüler behandelt, einem Thema, auf das im folgenden Abschnitt eingegangen wird (Kuklinski & Weinstein, 2001).

Die *Lerngeschichten: Das verdanke ich meinem Lehrer* erzählen ein Beispiel von der Veränderung einer Lehrererwartung und deren Auswirkung auf die Einschätzung der eigenen Fähigkeit durch den betroffenen Schüler.

Instruktions- oder Lehrstrategien

Wie bereits dargestellt, haben unterschiedliche Gruppenzusammenstellungen einen merklichen Effekt auf die Schüler. Manche Lehrer lassen an Klarheit nichts zu wünschen übrig, was sie von den einzelnen Gruppen erwarten. Zum Beispiel sammelte Alloway (1984) Bemerkungen wie die folgenden zu leistungsschwachen Gruppen:

„Ich komme in einer Minute zu euch langsamer Truppe."
    „Der Trödelgruppe wird das schwerfallen."

In diesen Bemerkungen sagt der Lehrer nicht nur, dass es sich um leistungsschwache Schüler handelt, sondern auch, dass die Erledigung der Arbeit und nicht das Verstehen im Vordergrund steht.

Wenn Gruppen mit unterschiedlichem Leistungsniveau gebildet werden, teilt der Lehrer auch den einzelnen Gruppen unterschiedliche Aufgaben zu. Da der Lehrer die Schüler herausfordern will, damit sie dazulernen, sind diese unterschiedlichen Aufgaben auch erforderlich. Problematisch wird die Zuteilung von unterschiedlichen Aufgaben erst dann, wenn Schüler schwierigere Aufgaben bearbeiten könnten, der Lehrer sie aber nicht vergibt, weil er eine vorgefasste Meinung über die Leistungsmöglichkeiten der Schüler hat. Das ist ein Beispiel für einen *rigiden Erwartungseffekt*.

Lehrer-Schüler-Interaktionen

Die Klasse ist zwar in Gruppen aufgeteilt, aber unabhängig davon wirken sich die Quantität und Qualität der einzelnen Lehrer-Schüler-Interaktionen stark auf einen Schüler aus. Schüler, von denen der Lehrer hohe Leistungen erwartet, erhalten häufigere und schwierigere Fragen, sie erhalten häufiger Gelegenheit und längere Zeit zur Antwort, außerdem werden sie weniger oft unterbrochen als Schüler, von denen nur schwache Leistungen erwartet werden. Lehrer geben den mit hohen Erwartungen konfrontierten Schülern mehr Hinweise und teilen ihnen ihre Überzeugung mit, dass der Schüler die Frage beantworten kann (Allington, 1980; Good & Brophy, 2003; Rosenthal, 1995). Wenn eine Antwort auf eine Testfrage „fast richtig" ist, ist der Lehrer bei diesen Schülern eher geneigt, sie als richtig zu werten (und ihnen so die bessere Note zu geben) als bei Schülern, von denen er nicht viel erwartet (Finn, 1972). Lehrer lächeln öfters die Schüler an, von denen sie mehr erwarten, begegnen ihnen mit Wärme, teilen ihnen dies auch auf nicht-verbale Art mit und nicken, wenn der Schüler etwas sagt (Woolfolk & Brooks, 1983, 1985).

Im Gegensatz dazu stellen Lehrer Schülern, von denen sie wenig erwarten, leichtere Fragen, räumen weniger Zeit für eine Antwort ein und geben weniger Hinweise. Lehrer pflegen bei diesen Schülern mit leicht mitleidiger Akzeptanz oder Lob für nicht ganz richtige Antworten zu reagieren, sind die Antworten aber falsch, kritisieren die Lehrer die ihnen schwach erscheinenden Schüler heftig. Etwas sonderbar ist auch, dass die Lehrer die von ihnen als schwach eingeschätzten Schüler für richtige Antworten weniger loben als sie dies bei gut eingeschätzten Kindern tun. Diese inkonsistenten Rückmeldungen können für die schwach erscheinenden Schüler sehr verwirrend sein. Man stelle sich vor, wie unangenehm es ist, für die gleiche Antwort einmal gelobt oder ignoriert und dann auch wieder kritisiert zu werden, die richtigen Antworten dagegen werden nicht anerkannt (Good, 1983a, 1983b).

Natürlich bauen nicht alle Lehrer unangemessene Erwartungen auf oder handeln nach ihren wenig konstruktiven Erwartungen (Babad, Inbar & Rosenthal, 1982). Aber diesem Problem aus dem Weg zu gehen ist schwieriger, als es scheint. Im Allgemeinen sind die Schüler, an die niedrige Erwartungen gerichtet sind, auch Schüler, die störendes Verhalten an den Tag legen (natürlich ist nicht auszuschließen, dass sie auf die niedrigen Erwartungen mit störendem Verhalten reagieren). Lehrer rufen sie vielleicht weniger oft auf, warten kürzer auf die Antwort und loben sie weniger für richtige Antworten, teilweise um die falschen, nachlässigen und dummen Antworten zu vermeiden, die zu Störungen, Verzögerungen und Abweichungen führen können (Cooper, 1979). Die Herausforderung besteht in der Bewältigung dieser für das Klassenmanagement bedrohlichen Situationen, ohne die geringen Erwartungen den betroffenen Schülern mitzuteilen oder diese weiterhin zu verstärken. Und manchmal werden geringe Erwartungen Teil der Schulkultur – Überzeugungen, die von Lehrern und Verwaltungsangestellten gleichermaßen geteilt werden (Weinstein, Madison & Kuklinski, 1995). Die *Richtlinien* (siehe S. 612) können einige der angesprochenen Probleme vermeiden helfen.

611

Die negativen Folgen von Lehrererwartungen vermeiden

Berücksichtigen Sie Informationen über Schüler aus Tests, Schülerkarteien und Informationen von anderen Lehrern mit Sorgfalt.

Beispiele

1 Lesen Sie die Schülerkartei nicht gleich zu Beginn des Schuljahres.

2 Bleiben Sie kritisch und objektiv bei Berichten von anderen Lehrern.

Seien Sie flexibel, wenn Sie die Schüler Gruppen zuteilen.

Beispiele

1 Schauen Sie die Arbeiten der Schüler häufig durch und experimentieren Sie mit neuen Gruppierungen.

2 Für jedes Fach sollte eine neue Gruppenaufteilung erfolgen.

3 Setzen Sie gemischte Leistungsgruppen beim kooperativen Lernen ein.

Stellen Sie sicher, dass alle Schüler optimal gefordert werden.

Beispiele

1 Sagen Sie nie: „Das ist leicht, das kannst du bestimmt!"

2 Bieten Sie ein Spektrum an Aufgaben an und weisen Sie alle Schüler auf die schwierigen Aufgaben hin, für die es Extrapunkte gibt. Bewerten Sie auch Versuche positiv.

Achten Sie besonders auf Ihre Formulierungen, wenn Sie sich an schwache Schüler in Gruppendiskussionen wenden.

Beispiele

1 Geben Sie Hinweise, Hilfen und Zeit für die Antwort.

2 Loben Sie ausgiebig für gute Antworten.

3 Nehmen Sie schwache Schüler genauso oft dran wie gute Schüler.

Verwenden Sie Lernstoff, in dem verschiedene ethnische Gruppen vorkommen.

Beispiele

1 In den Lesebüchern und Büchern aus der Bibliothek sollten möglichst multikulturelle Inhalte vertreten sein.

2 Bitten Sie Schüler darum, ihr eigenes Lernmaterial herzustellen und dafür Informationen und Material aus der Gemeinde und der Familie herzustellen.

Achten Sie darauf, dass Ihr Unterricht keine rassischen, ethnischen oder sexuellen Anspielungen oder Vorurteile enthält.

Beispiele

1 Führen Sie eine Liste aller Schüler, sodass Sie jeden aufrufen und einbeziehen können.

2 Achten Sie bei dieser Kontrolle auch darauf, dass z. B. nicht nur die Jungen die „schweren" Mathematikaufgaben an der Tafel rechnen müssen? Vermeiden Sie es, die schlecht Deutsch sprechenden Kinder etwas vortragen zu lassen?

Seien Sie immer fair in Erziehungs- und Disziplinfragen.

Beispiele

1 Die gleichen Vergehen sollten mit gleichen Strafen belegt werden. Lassen Sie anonym einen Fragebogen ausfüllen, in dem Sie nachfragen, ob die Schüler meinen, Sie selbst würden einzelne Schüler bevorzugen.

2 Versuchen Sie, Schülerarbeiten zu beurteilen, ohne dass Sie wissen, von wem sie stammen. Bitten Sie hin und wieder einen Kollegen, zu Ihrer Überprüfung einen Blick in eine Klassenarbeit zu werfen.

Die Kommunikation mit Ihren Schülern sollte die Botschaft enthalten, dass Sie überzeugt sind, sie könnten lernen.

Beispiele

1 Geben Sie schlechte Hausarbeiten, die nicht den Lernstandards entsprechen, wieder mit entsprechenden Anmerkungen zur Verbesserung zurück.

2 Wenn Schüler nicht gleich antworten, warten Sie, geben Sie Hinweise und unterstützen Sie den Schüler beim Nachdenken über eine Antwort.

Möglichst alle Schüler sollten in Lernaufgaben einbezogen werden und die Möglichkeit erhalten, Privilegien zu erwerben.

Beispiele

1 Stellen Sie sicher, dass jeder Schüler gleichermaßen Lesen, Sprechen und Fragen beantworten üben kann.

2 Halten Sie fest, wer was macht. Erscheinen die Namen von manchen Schülern häufiger als andere in der Liste?

Achten Sie auf Ihr nicht-verbales Verhalten.

Beispiele

1 Wenden Sie sich manchmal von einem Schüler ab oder halten Sie Distanz zu ihm? Begegnen Sie manchen Schülern mit einem Lächeln und anderen mit einem Stirnrunzeln?

2 Verändern Sie Ihre Stimme, wenn Sie mit bestimmten Schülern kommunizieren?

Wenn Sie mehr Ideen zu diesem Thema kennenlernen wollen, schauen Sie nach unter

http://chiron.valdosta.edu/whuitt/files/teacherexpect.html

Schülerzentriertes Unterrichten: Beispiele aus dem Lese-, Mathematik- und naturwissenschaftlichen Unterricht 13.4

Weder hohe Erwartungen noch der angemessene Einsatz von bestimmten Unterrichtsmethoden können sicherstellen, dass ein Schüler einen Sachverhalt verstehen wird. Um dieses Ziel zu erreichen, so meint Eleanor Duckworth, müssen Lehrer sehr genau den kognitiven Verarbeitungsprozess ihrer Schüler verstehen (Meek, 1991). Was ist eigentlich über gutes Unterrichten mit schülerzentrierten Anweisungen bekannt? ▶ Tabelle 13.6 (siehe S. 614) enthält einige schülerzentrierte konstruktivistische Unterrichtspraktiken, die von Jacqueline Grennon Brooks und M. G. Brooks (1995) beschrieben wurden.

Es ist klar, dass das Wissen des Lehrers ausschlaggebend ist für guten Unterricht (Ball, Lubienski & Mewborn, 2001; Borko & Putnam, 1996). Ein Teil des Wissens besteht aus pädagogisch-didaktischem Wissen oder Wissen, wie man eine bestimmte Zielgruppe von Schülern unterrichtet (Shulman, 1987). Im letzten Jahrzehnt haben Psychologen große Fortschritte in der Untersuchung von Lernprozessen in verschiedenen Fächern gemacht (Mayer, 1992, 1999b). Auf der Grundlage dieser Befunde wurden einige didaktische

Ansätze für den Lese-, Schreib-, Mathematik-, naturwissenschaftlichen und sozialwissenschaftlichen Unterricht, aber auch für alle übrigen Fächer erarbeitet. Oft wurden diese Ansätze aus einer konstruktivistischen Sichtweise heraus entwickelt, die in Kapitel 9 bereits vorgestellt worden ist.

13.4.1 Lesen und Schreiben lernen und unterrichten

Seit Jahren debattieren Pädagogen, ob Schüler über das analytisch-synthetische (auf phonologischen Einheiten gründend) oder über das ganzheitliche, logographische Verfahren (auf Wort- oder Satzeinheiten und deren Bedeutung gründend) Lesen und Schreiben lernen sollten (Barr, 2001; Carlisle, Stahl & Birdyshaw, 2004; Goodman & Goodman, 1990; Smith, 1994; Stahl & Miller, 1989; Symons, Woloshyn & Pressley, 1994).

Lesen und Schreiben gleich gewichten

Vertreter der **ganzheitlichen Methode** sind überzeugt, dass **Lesenlernen** ein natürlicher Prozess ist, ähnlich wie das Sprechenlernen in der Muttersprache. Lesen ist zu Beginn eine Art Ratespiel, in dem die Schüler Wörter „sammeln" und die Bedeutung von Wörtern vorhersagen oder raten; sie nutzen dabei den Kontext der anderen Wörter im Textabschnitt oder ihr Hinter-

Ganzheitliche Methode des Lesenlernens Ein philosophischer Ansatz für Unterricht und Lernen, der von lebensnahen Situationen ausgeht. Sprache und sprachliche Fähigkeiten von Schülern und Lehrern spielen in diesem Ansatz eine zentrale Rolle für die Integration von Lernen über alle Fertigkeiten und Fächer hinweg.

Tabelle 13.6

Konstruktivistische didaktische Methoden

Viele der konstruktivistischen Ansätze können in den Unterrichtsablauf integriert werden.

1. Konstruktivistische Lehrer ermutigen und akzeptieren die Autonomie und Initiativen der Schüler.

2. Konstruktivistische Lehrer nutzen Rohdaten und Originalquellen zusammen mit interaktivem und gegenständlichen Material, das man manipulieren kann.

3. Wenn Aufgaben umschrieben werden, verwenden Konstruktivisten Begriffe aus der kognitiven Psychologie wie „klassifizieren", „analysieren", „vorhersagen" und „herstellen".

4. Für konstruktivistische Lehrer nehmen die Schülerbeiträge eine wichtige Rolle ein, sie lassen sich im Unterricht davon leiten, sie wechseln unter Umständen die Lehrstrategie und ändern den Inhalt.

5. Konstruktivistische Lehrer fragen nach dem Begriffsverständnis von Schülern, bevor sie ihr eigenes Verständnis der Begriffe mitteilen.

6. Konstruktivistische Lehrer ermutigen Schüler, sich an Dialogen mit dem Lehrer oder untereinander zu beteiligen.

7. Konstruktivistische Lehrer ermutigen Schülerfragen durch gut durchdachte offene Fragen ihrerseits und regen Schüler an, sich gegenseitig Fragen zu stellen.

8. Konstruktivistische Lehrer bitten um Ausarbeitungen von Antworten.

9. Konstruktivistische Lehrer verwickeln Schüler in widersprüchliche Aussagen und regen damit eine Diskussion an.

10. Konstruktivistische Lehrer warten ab, bis eine Antwort erfolgt.

11. Konstruktivistische Lehrer sehen Zeit vor, in der Schüler selbst Verknüpfungen erkennen und Metaphern finden können.

Quelle: Aus Becoming a Constructivist Teacher von J. G. Brooks & M. G. Brooks (Hrsg.) in *In Search of Understanding: The Case for Constructivist Classrooms* (S. 101–118) 1995. Association for Supervision and Curriculum Development. Copyright © 1995 Association for Supervision and Curriculum Development. Die Association for Supervision and Curriculum Development ist eine internationale Gemeinschaft von Lehrern und Erziehern, die für gut begründete Maßnahmen und Methoden eintreten, die den Lernerfolg jedes Schülers sicherstellen sollen. Um mehr darüber zu erfahren, besuchen Sie die Website von ASCD unter **www.ascd.org**.

grundwissen. Kinder sollten mit guten Büchern und Texten aufwachsen und mit Erwachsenen, die ihnen vorlesen und auch für sich selbst lesen. Wenn Kinder schreiben, schreiben sie für eine Leserschaft, sie wollen wirkungsvoll kommunizieren. Wygotski (1978) erkannte, wie wichtig Schreiben ist: Schreiben sollte in lebensnahe Aufgaben eingebettet werden. „Nur dann können wir sichergehen, dass es nicht nur eine motorische Fingerfertigkeit wird, sondern eine neue und komplexe Form des Mitteilens" (S. 118).

Aber deckt die ganzheitliche Methode wirklich alles Lesen und Schreiben ab? Drei Jahrzehnte Forschung zeigen, dass die Lesefertigkeit von der Fähigkeit abhängt, Laute und Worte wiederzuerkennen. Die Vertreter der analytisch-synthetischen (phonologischen) Methode führen Forschungsergebnisse ins Feld, die aussagen, dass das Erkennen von Worten nicht davon abhängt, ob aus dem Kontext Bedeutungen erschlossen werden. Es ist wahrscheinlich eher umgekehrt – Wörter zu kennen, hilft, dem Kontext Bedeutung zu verleihen. Worterkennen beim Lesen ist ein hochautomatisierter Prozess (Byrne, Fielding-Barnsley & Ashley, 2000; Vellution, 1991). Vor allem die schwachen Leser greifen auf den Kontext zu, um die Bedeutung des Gele-

senen zu verstehen (Pressley, 1996). Alphabetisches Dekodieren und Bewusstheit von Buchstaben-Laut-Zuordnungen sind wichtige Fertigkeiten, um Wörter zu erkennen. Es ist deshalb nützlich für das Lesenlernen, Buchstaben-Laut-Kombination direkt zu vermitteln.

Die beste Methode besteht vielleicht aus einer Mischung beider Lehrmethoden, der analytisch-synthetischen und der ganzheitlichen. Schüler sollen doch flüssige und begeisterte Leser und Schreiber werden (National Center for Family Literacy, 2004; Pressley, 1998; Stahl und Yaden, 2004). Wenn Schüler beim „Knacken" des phonetischen Codes Hilfestellung benötigen, soll man helfen! Ideologisch sollte man in dieser Situation nicht handeln, andernfalls schicken die Familien, die es sich leisten können, ihre Kinder zum Nachhilfelehrer. Man sollte nie vergessen, das Lesen und Schreiben ja einen bestimmten Zweck erfüllt. In der Umgebung der Schüler sollten sich gute Literatur befinden und Mitschüler, die gern lesen und schreiben. ▶ Tabelle 13.7 enthält zehn Prinzipien, die ein ausgewogenes Verhältnis von Lesen und Schreiben im Unterricht zum Programm haben. Das Center for the Improvement of Early Reading Achievement hat diese Prinzipien ausgearbeitet.

Tabelle 13.7

Die Leseleistung von Kindern verbessern

Die zehn Prinzipien der CIERA (Center for the Improvement of Early Reading Achievement) geben einen Überblick über ihre Forschung zum Lesenlernen und fassen die Kernergebnisse zusammen.

1. Die Sprache zu Hause und Erfahrungen mit Lesen und Schreiben schaffen gute Voraussetzungen für die Kinder, in der Schule zu lernen. Wenn die Sprache zu Hause von der Schulsprache abweicht, sind die Erstklässler mit fremder Muttersprache weniger gut vorbereitet.

Beispiele: Gemeinsames Lesen in der Familie, Elternvorbilder für unabhängiges Lesen, Hausarbeiten und Fernsehen beaufsichtigen.

2. Vorschulprogramme als Kompensation für Kinder, die wenig nützliche Erfahrungen für die Schule zu Hause sammeln, um die Leseleistung bis zur 3. Klasse verbessern zu können.

Beispiele: Beim Vorlesen zuhören und Bücher aussuchen, Kinderreime hersagen, Mitteilungen schreiben, Gedrucktes anschauen und darüber sprechen.

3. Fertigkeiten, die gutes Lesen begründen, können schon in der Vorschule und natürlich in der ersten Klasse aufgebaut werden.

Beispiele: Durch Zuhören Laute diskriminieren und zuordnen, indem Reime, Gedichte und Lieder mündlich vorgetragen werden, aber auch durch Schreiben von Mitteilungen und in Schülerzeitschriften.

4. Der Unterricht in den ersten beiden Klassen sollte besonders gut geplant und didaktisch aufgebaut sein, denn er legt den Grundstein für Lesen und Schreiben.

Beispiele: Systematisches Worterkennen bei bekannten Buchstaben-Lautzuordnungen und die Kenntnis von häufigen Wörtern sollen Kindern ermöglichen, selbst zu kontrollieren, wie gut sie lesen und die Texte verstehen können. Die Kinder sollen lernen, Strategien wie Vorausschauen, Schlussfolgern, Missverständnisse aufklären und zusammenfassen zur Förderung des Worterkennens und -verstehens einzusetzen, diese Leistungen können auch durch wiederholtes Lesen eines Textes, durch Lesen und Schreiben unter Anleitung, durch direkte Vermittlung von Strategien, durch lautes Lesen mit Rückmeldungen und Unterhaltungen über gelesene Texte unterstützt werden

5. Die Lernumgebung in den ersten beiden Klassen in erfolgreichen Schulen gibt den Schülern die Gelegenheit, das, was sie im Unterricht durch den Lehrer gelernt haben, beim alltäglichem Lesen und Schreiben anzuwenden.

Beispiele: Der Lehrer liest Bücher laut vor und lässt anschließend über das Gelesene diskutieren; die Kinder lesen unabhängig jeden Tag, schreiben Geschichten und führen Tagebuch. Diese Aktivitäten werden häufig durch den Lehrer gesteuert, um sicherzustellen, dass die Zeit sinnvoll eingesetzt wird und dass die Kinder Rückmeldung auf ihre Anstrengungen erhalten. Der Lehrer plant und steuert diese Aktivitäten

auf der Grundlage der durch Tests ermittelten Stärken und Schwächen der Kinder.

6. Kulturelle und sprachliche Vielfalt in den Klassen spiegelt die multikulturelle Vielfalt der Gemeinden und Familien wider. Diese Vielfalt wird reflektiert in der Bevorzugung von bestimmtem kulturellem Wissen oder Wissen über bestimmte Themen, einer bestimmten Sprache und Lese- und Rechtschreibkenntnissen.

Beispiele: Guter Unterricht umfasst auch die Erfassung, Integration und Erweiterung des relevanten Hintergrundwissens und die Auswahl von Texten, die verschiedene kulturelle Hintergründe einbeziehen.

7. Kinder mit Leseschwierigkeiten profitieren von dem gleichen Programm wie Kinder ohne Schwierigkeiten, die Lesen und Schreiben systematisch und sinnvoll lernen.

Beispiele: Intensive Unterweisung in kleinen Gruppen, sowohl dem Verstehen und den Prozessen der Worterkennung Aufmerksamkeit schenken, individuelles Erfassen der Leseleistung, sorgfältiges Planen des Unterrichts und extensive Erfahrungen mit vielen Typen von Texten.

8. Gutes Lesen ab der 3. Klasse wird durch Programme erreicht, die drei Bedingungen erfüllen:

Bedingungen: (1) viel gründliches Lesen; (2) neues Wissen und Termini erwerben durch Vermitteln von Begriffsnetzwerken, (3) verschiedene Textsorten (Sachtext vs. Geschichte) fördern verschiedene Verstehensaspekte und das Erkennen verschiedener Textaufbauten.

9. Ausbildungsprogramme zur Verbesserung der Leseleistung gibt es in allen guten Schulen.

Beispiele: Möglichkeiten für Lehrer und Verwaltungsangestellte, den Unterricht und die Erfassung der Leseleistung selbst zu analysieren, neue Vorgehensweisen kennenzulernen und sich mit Kollegen auszutauschen.

10. Die gesamte Lehrerschaft, nicht nur die Lehrer der unteren Klassen, sollten sich an der Verbesserung von Leistungen beteiligen.

Beispiele: In erfolgreichen Schulen sind die Lernziele für Lesen klar, die Erwartungen sind hoch und die didaktischen Mittel zur Erreichung des Lehrzieles sind bekannt; die Kinder werden gemeinsam bei ihren Lernfortschritten beaufsichtigt. In erfolgreichen Schulen stehen Lesen und Schreiben im Mittelpunkt der ersten Schuljahre, auch wenn unter Umständen unterschiedliche didaktische Ansätze gewählt wurden. Eltern und Gemeinde helfen als Partner, den Nachwuchs ans Lesen und Schreiben heranzuführen.

Verknüpfen und erweitern Sie Ihre Forschungskenntnisse

Einige Sonderausgaben von wissenschaftlichen Zeitschriften sind dem Thema Lesen lernen gewidmet: Die gesamte Ausgabe der *Educational Leaderhip*, November 2002, *60(3)*, mit 15 Artikeln über „Reading and Writing in the Content Areas" für alle Klassenstufen, der besonderen Teilausgabe über Lesen in *Phi Delta Kappan*, 2002, *83(10)*, 740–757 mit drei Sichtweisen des Leseunterrichts und Carlisle, J. F., Stahl, S. A. & Birdyshaw, D. (Hrsg.) (2004, November). Schließlich noch: Lessons from Research at the Center for Early Reading Achievement (Sonderausgabe). *The Elementary School Journal*, *105(2)*. Die Pädagogische Psychologin G. Scheerer-Neumann fasst ihre und andere Forschungsarbeiten über Lesen und Worterkennen in dem Kapitel „Lesen und Leseschwierigkeiten" in F. F. Weinert (Hrsg) (1997), *Psychologie des Unterrichts in der Schule* (siehe 327–363), Göttingen: Hogrefe, zusammen.

Scheerer-Neumann (1997) folgert aus ihren und anderen Forschungsergebnissen, dass die analytisch-synthetische Methode, das Lesen zu erlernen, zu Beginn vorteilhaft sei, damit lautorientierte Lesestrategien geübt werden können. Eine Kombination mit der ganzheitlichen Methode ist dabei durchaus nicht von Nachteil. Das Lesenlernen wird jedoch schon durch entsprechende Vorläuferkompetenzen, die in der Vorschulzeit erworben werden und trainierbar sind, vorbereitet (Schneider, 2004). Lautorientierte Lesestrategien bauen auf der *phonologischen Bewusstheit* auf, d. h. die Silbenstruktur wird erkannt, Reimwörter oder -silben können gefunden werden, und Buchstabenfolgen können als Wörter erkannt werden. Diese phonologische Bewusstheit ist trainierbar und führt zu lang anhaltender Lesekompetenz (Schneider, Visé, Reimers & Blasser, 1994).

Die Befunde zur Entwicklung der Lesekompetenz, insbesondere die Alterszuordnungen, sind sprachabhängig. Wie Klicpera und Gasteiger-Klicpera (1993) erkannten, lernen deutschsprachige Kinder früher fehlerfrei lesen als englischsprachige Kinder, da die Laut-Graphem-Zuordnungen im Deutschen einfacher sind als im Englischen (Wimmer, Hartl & Moser, 1990).

Lesen und der Verstehensprozess: reziprokes Lehren

Das **reziproke Lehren** soll das Verstehen des Gelesenen erhöhen, die Schüler sollen gründlich über das nachdenken, was sie lesen (Palincsar, 1986; Palincsar & Brown, 1984, 1989). Um dieses Ziel zu erreichen, lernen die Schüler in kleinen Arbeitsgruppe folgende Strategien einzusetzen: Den Inhalt eines Abschnittes zusammenfassen, eine zentrale Frage stellen, die schwierigen Punkte klären und vorhersagen, was als Nächstes im Text vorkommt. Dieses sind Strategien, die fortgeschrittene Leser automatisch anwenden, aber schwache Leser tun das nicht oder sie wissen vielleicht nicht, wie. Um die Strategien effektiv einsetzen zu können, müssten die schwachen Leser diese direkt vermittelt bekommen. Sie benötigten ein Vorbild und Übung im Lesen in verschiedenen Situationen und mit verschiedenen Texten.

Der Lehrer führt zunächst die Strategien vor, zuerst nur eine pro Tag. Der Lehrer erklärt sie genau und ermutigt die Schüler, sie auszuprobieren und zu üben. Danach lesen der Lehrer und der Schüler einen Abschnitt still für sich. Anschließend führt der Lehrer vor, wie man den Lesestoff zusammenfasst, Fragen stellt, klärt oder vorhersagt. Jeder liest einen eigenen Abschnitt und der Schüler übernimmt langsam die Rolle des Lehrers. Am Anfang unterlaufen dem Schüler dabei noch Fehler, aber der Lehrer korrigiert ihn und gibt ihm Hilfen (Anfänge von Fragen vorgeben). Der Lehrer nimmt sich zurück und ist zum Schluss nur noch Gruppenmitglied, wenn der Schüler schließlich die Strategien beherrscht. Das Ziel besteht für die Schüler im Anwenden dieser Strategien beim Lesen, sodass sie den Text sinnvoll lesen.

Reziprokes Lehren anwenden

Das gegenseitige Unterrichten klappt eigentlich auf jeder Altersstufe, aber die Forschung stützt sich weitgehend auf junge Adoleszente, die schon ziemlich genau lesen können, die aber nicht selten Verständnisschwierigkeiten haben. Nach 20 Übungsstunden mit diesem Ansatz konnten sich schwache Leser im Leseverständ-

---

Reziprokes Lehren Eine didaktische Methode, die auf Vorbildern beruht und Leseverständnis vermitteln soll.

nis von den unteren Rangplätzen zu den mittleren bis oberen verbessern. Palincsar erkannte drei Richtlinien für effektives reziprokes Lehren („When Student Becomes Teacher", 1986):

1. *Langsamer Wechsel* von der Schüler- zur Lehrerrolle und umgekehrt.
2. *Anforderungen an die Fähigkeiten anpassen.* Die Schwierigkeit der Aufgabe und die Verantwortung müssen der Fähigkeit jedes Schülers angeglichen sein und sich steigern, wenn die Fähigkeiten sich entwickeln sollen.
3. *Denkvorgänge analysieren.* Lehrer sollten sorgfältig das Unterrichten des Schülers analysieren, damit sie erkennen, wie er denkt und welche Unterweisung er benötigt.

Im Gegensatz zu einigen Ansätzen, in denen der Verstehensprozess überwacht wird und die 40 oder mehr Strategien vermittelt werden, besteht der Vorteil des gegenseitigen Belehrens in der geringen Zahl von sehr wirksamen Strategien. Aber diese Strategien müssen unterrichtet werden – nicht alle Schüler entwickeln sie spontan. In einer Studie stellte sich das Fragenstellen als die häufigste angewendete Strategie heraus. Aber auch das Fragenstellen musste gelernt werden, denn spontan stellten Schüler eher oberflächliche Fragen nach wörtlichen Formulierungen (Hacker & Tenent, 2002). Ein anderer Vorteil des gegenseitigen Unterrichtens ist, dass es die Übung der vier Strategien während des Lesens fordert – Lesen von Literatur und Lesen von Texten. Schließlich nutzt das gegenseitige Unterrichten die Idee der abgestuften Unterstützung; sie leitet den Schüler zum selbstständigen und flüssigen Leseverständnis, einer zentralen Zielstellung dieses Ansatzes; unter diesen Bedingungen entwickelt sich auch der selbstregulierte Lerner (Rosenshine & Meister, 1994).

13.4.2 Mathematik lernen und unterrichten

> **Halt! Denken Sie nach! Schreiben Sie!**
> Erinnern Sie sich einmal an den Mathematikunterricht in Ihrer Jugend. Wie verliefen Ihre Rechenstunden in der Grundschule und wie in der höheren Schule?

Die Mathematikdidaktik lieferte die überzeugendste Unterstützung für einen konstruktivistischen Ansatz in der Lehre. Kritiker der direkten Unterweisung weisen darauf hin, dass der konventionelle Mathematikunterricht den Schüler unbeabsichtigt vermittelt, sie „könnten Mathematik nicht verstehen" oder schlimmer noch, dass Mathematik sinnlos sei und man deshalb nur Formeln auswendig lernen müsste. Arthur Baroody und Herbert Ginsburg (1990, S. 62) geben das folgende Beispiel:

> **Verknüpfen und erweitern Sie Ihre Forschungskenntnisse**
> Lesen Sie den Sonderteil über „The Math Wars" in *Phi Delta Kappan* (2001), *53(3)*, S. 255–272 für einen Einblick in die Kontroverse zum Mathematikunterricht.

Die Schülerin Sarah aus der Sekundarstufe I erklärte, dass sie in Mathematik gerade lernten, wie man eine Maßeinheit in eine andere umwandeln kann. Der Versuchsleiter gab Sarah diese Aufgabe:

> *Um Daten in einen Computer eingeben zu können, dürfen sie in nur einer Maßeinheit angegeben sein, in unserem Fall: Hektar oder Quadratkilometer. Es liegen jedoch Angaben vor wie 1 Hektar und 5 km^2 Landfläche. Welche Zahlenangabe wird in den Computer eingegeben?*
>
> *Sarah erkannte, dass hier von Hektar in Quadratkilometer oder umgekehrt umgewandelt werden muss. Aber sie hatte die einzelnen Schritte der Umwandlung nicht mehr im Kopf. Sie gab eine falsche Antwort mit einem zu niedrigen Ergebnis in Hektar an. Sarah wurde nervös, und der Versuchsleiter gab ihr Hilfestellungen. „Gibt es vielleicht noch einen anderen Lösungsweg?" Sie antwortete kurz: „Nein, so muss man das machen!" „Schau dir doch einmal die Angaben an, kann man das nicht leichter lösen?" Sie wurde ungeduldig: „So habe ich das gelernt und so muss man es machen!"*

Sarah kannte nur einen Lösungsweg. Obwohl Sarah wusste, dass 1 Hektar 10 000 m^2 beinhaltet und dass 5000 m^2 die Hälfte davon sind sowie die Hälfte dem Wert 0,5 entspricht, konnte sie die Angabe nicht richtig in Hektar umwandeln. Sie setzte ihr Wissen nicht an der richtigen Stelle ein, um das Ergebnis zu erhalten (1,5 Hektar). Ihre rigide Art, sich Lösungswege zu merken, verhinderte die Anwendung ihres Wissens, Sarah war vielleicht angehalten worden, sich die Lösungsschritte in einer festgelegten Art und Weise zu merken. Wie geht ein konstruktivistisch orientierter Lehrer diese Art von Problem an, um es seinen Schülern zu vermitteln?

Ein Lehrer in einer dritten Klasse unterrichtet negative Zahlen, es ist bemerkenswert, wie er in einem Dialog die Schüler durch Fragen anhält, ihre Denkschritte zu begründen und zu erklären. Die Klasse hatte eine Aufgabe: −10 + 10 =? Maria erklärte an einer Zahlenlinie, dass das Ergebnis 0 ist.

Lehrer: Maria sagt, dass minus 10 plus 10 gleich Null ist; man muss von −10 10 Ziffern nach rechts gehen. Ist das richtig Harald?

Harald: Ja, aber ich weiß nicht, ob sie es richtig erklärt hat.

Lehrer: OK. Hat jemand noch einen Vorschlag? Tessa?

Im Laufe der Diskussion fordert der Lehrer die Schüler auf, untereinander zu kommunizieren:

Lehrer: Du kannst ihre Erklärung nicht verstehen?

Harald: Nein.

Lehrer: Willst du sie selbst fragen?

Harald: Was meinst du mit nach rechts zählen? (Peterson, 1992, S. 165)

Dieser Dialog zeigt drei Aspekte des Lernens und Lehrens im konstruktivistischen Ansatz: Das zentrale Anliegen sind die Denkprozesse des Schülers; ein Thema wird gründlich durchdacht und nicht viele Themen oberflächlich behandelt; die Analyse der Denkprozesse erfolgt interaktiv zwischen Lehrer und Schüler. Es ist nicht leicht, diese Art von produktivem Dialog über

mathematische Begriffe zu führen. Man muss den Dialog ständig unter Kontrolle behalten, sich klarmachen, wohin die Diskussion führt und ob sie produktiv ist, und ausfindig machen, wann und wo in die Diskussion ein- und auszusteigen ist (Nathan & Knuth, 2003).

Jere Confrey (1990b) analysierte das didaktische Vorgehen eines erfahrenen Mathematiklehrers in einer Klasse für Mädchen, die schwache Leistungen in Mathematik aufwiesen. Confrey erkannte fünf Komponenten in der Vorgehensweise dieses Lehrers. Diese fünf Komponenten sind in ▶ Tabelle 13.8 aufgelistet.

Die Tabelle ist jedoch mit Vorbehalten zu lesen. Einige Untersuchungen haben ergeben, dass Schüler mit Lernschwierigkeiten und Leistungsschwächen mehr von direkten Unterweisungen von Lösungsstrategien in Mathematik haben (der Lehrer erklärt und führt vor, übt mit den Schülern und gibt Rückmeldungen) als von einem konstruktivistischen Didaktikansatz, der von Diskussionen und Entdecken von Lösungsmöglichkeiten ausgeht. In wenigstens einer Studie (Kroesbergen, Van Luit & Maas, 2004) sind sowohl die direkte als auch die konstruktivistische Methode besser als der übliche Unterricht.

13.4.3 Naturwissenschaftliche Fächer lernen und unterrichten

Wir haben eine Reihe von Beispielen kennengelernt, in denen viele Schüler bis zur höheren Schule schon einige unglücklich verlaufene Schulstunden durchhalten mussten. Wie Sarah im vorigen Beispiel haben sie vielleicht erfahren, dass Mathematik nicht zu verstehen ist und dass man Formeln anwenden muss, um die richtige Antwort zu finden. Oder sie haben bereits falsche Vorstellungen über die Ursachen des Klimas erworben, z. B. dass die Erde im Sommer wärmer ist, führen sie darauf zurück, dass sie der Sonne zu dieser Jahreszeit näher ist.

Viele Erzieher bemerken, dass Schüler dann gut lernen, wenn sie ihre eigenen subjektiven Theorien überprüfen können und dann feststellen, dass sie nicht stimmen können (Hewson, Beeth & Thorley, 1998). Begriffliche Änderungen bei Schülern finden in sechs Schritten statt: (1) Unbehagen bei ihren Überzeugungen und subjektiven Theorien; (2) Versuche, die Unstimmigkeiten zwischen subjektiver Theorie und Beobachtung oder Beweis wegzudiskutieren; (3) Versuche, die Messung oder Beobachtung von Abweichungen ihrer subjektiven Theorie anzupassen; (4) Zweifel;

Tabelle 13.8

Ein konstruktivistischer Ansatz in der Mathematikdidaktik: 5 Komponenten

1 Fördern Sie die Selbstständigkeit und das Engagement der Schüler bei ihren Antworten.

Beispiele

- Fragen Sie sowohl bei richtigen als auch bei falschen Antworten nach.
- Bestehen Sie darauf, dass Schüler wenigstens ein Problem in Angriff nehmen und erklären können, was sie versucht haben.

2 Entwickeln Sie die Denkfähigkeit Ihrer Schüler.

Beispiele

- Fragen Sie Schüler, um sie auf andere Lösungswege zu bringen.
- Lassen Sie die Schüler die Aufgabe noch einmal anders, mit eigenen Worten formulieren; lassen Sie die Kinder erklären, was sie gerade überlegen und warum sie so vorgehen und lassen Sie die Schüler ihre Begriffe definieren..

3 Notieren Sie eine Fallgeschichte jedes Schülers.

Beispiele

- Erkennen Sie bestimmte Tendenzen in der Vorgehensweise eines Schülers, zu welchen Missverständnissen er neigt und welche Stärken er aufweist.

4 Wenn ein Schüler keine richtige Lösung findet, diskutieren Sie mit ihm über mögliche Lösungen und Lösungswege.

Beispiele

- Auf der Grundlage Ihrer Fallbeschreibung und Ihres Verständnisses, wie der Schüler überlegt, leiten Sie ihn an, die richtige Lösung zu finden.
- Stellen Sie Fragen wie: „Wie bist du bei der letzten Aufgabe vorgegangen? Hilft dir das hier bei dieser?" oder „Kannst du dein Diagramm erklären?"
- Wenn der Schüler frustriert ist, fragen Sie mehr ergebnisorientiert.

5 Wenn die Aufgabe gelöst ist, gehen Sie die Lösung noch einmal durch.

Beispiele

- Halten Sie die Schüler an, noch einmal rückblickend die Aufgabe zu überprüfen und sich klarzumachen, warum sie einen bestimmten Lösungsweg eingeschlagen haben.
- Erkennen Sie an, was die Schüler gut gemacht haben und bauen Sie deren Selbstvertrauen auf.

Quelle: Aus What Constructivism Implies for Teaching. Von J. Contrey, 1990 in *Constructivist Views on the Teaching and Learning of Mathematics* von R. Davis, C. Maher & N. Noddings (Hrsg.), Monograph 4 des National Council of Teachers of Mathematics. Reston, VA. Copyright © 1990 National Council of Teachers of Mathematics.

(5) unsicher werden und schließlich (6) Änderung des Begriffs (Nissani & Hoefler-Nissani, 1992). Offensichtlich standen hier die Prozesse der Assimilation, Disäquilibrium und Akkomodation von Piaget Pate. Schüler passen neue Beobachtungen an ihre bestehenden Begriffe oder Schemata an (Assimilation), wenn dies aber nicht zu vertreten ist, tritt eine Diskrepanz oder ein Ungleichgewicht auf (Disäquilibrium), schließlich wird der Begriff oder die kognitive Struktur verändert (Akkomodation).

Begriffsänderung durch Unterricht in den naturwissenschaftlichen Fächern bedeutet, den Schülern Hilfestellung beim Durchlaufen der sechs Schritte zu geben, um dieses Ziel zu erreichen. Die zwei zentralen Merkmale des Unterrichtens zur Herbeiführung begrifflicher Veränderungen sind:

- Lehrer fühlen sich verpflichtet, nicht nur den Lehrplan zu erfüllen, sondern auch zu erreichen, dass die Schüler den Lehrstoff verstehen.

Begriffsänderung durch Unterricht in den naturwissenschaftlichen Fächern Ein didaktischer Ansatz, der Schülern hilft, naturwissenschaftliche Begriffe zu verstehen (nicht auswendig zu lernen) und subjektive Theorien der Schüler auf den Prüfstand zu stellen.

■ Schüler werden aufgefordert, von ihren subjektiven naturwissenschaftlichen Begriffen und Theorien auszugehen, sie zuerst zu beschreiben, Vorhersagen abzuleiten, zu erklären, zu rechtfertigen und zu verteidigen. Dies geschieht in Dialogform. Nur wenn sich subjektive Theorien als unangemessen erweisen, werden sie verändert und es findet Lernen statt (Anderson & Roth, 1989).

Begriffsänderungen durch Unterricht ähneln der kognitiven Lehrzeit aus Kapitel 9 – mit abgestufter Unterstützung und lehrreichen Unterhaltungen (Shuell, 1996). Die *Richtlinien* (verändert übernommen von Hewson, Beeth & Thorley (1998)) vermitteln einige Ideen zum Unterricht mit dem Ziel, Begriffsänderungen herbeizuführen.

RICHTLINIEN

Unterricht zur Herbeiführung von Begriffsänderungen

Regen Sie Ihre Schüler an, ihre Ideen auszusprechen.
Beispiele
1 Bitten Sie Ihre Schüler, Vorhersagen zu treffen, die ihren subjektiven Theorien widersprechen.
2 Bitten Sie Ihre Schüler, ihre Vorstellungen in eigene Worte zu kleiden und dabei die Vorzüge und die Grenzen dieser Vorstellungen aufzuzeigen.
3 Die Schüler können ihre Vorstellungen durch physikalische Modelle oder durch Illustrationen verdeutlichen.

Helfen Sie Schülern, die Diskrepanzen zwischen den subjektiven Theorien und den naturwissenschaftlichen Begriffen zu erkennen.
Beispiele
1 Lassen Sie die Schüler gegenseitig ihre Vorstellungen zusammenfassen.
2 Regen Sie den Vergleich von Vorstellungen an, indem Sie Belege sammeln und diese dann vergleichen lassen.

Regen Sie den Erwerb von Metakognitionen an.
Beispiele
1 Lassen Sie einen Probetest schreiben, bevor Sie eine Unterrichtseinheit beginnen; anschließend werden die Antworten der Schüler gemeinsam durchgesprochen. Bilden Sie eine Kategorie von ähnlichen Aufgaben und lassen Sie die Schüler entdecken, was den Antworten gemein ist oder wie die Kategorie bezeichnet werden kann.
2 Fragen Sie Schüler am Ende der Stunden: „Was habt ihr jetzt gelernt?" „Was versteht ihr jetzt besser?" „Was haltet ihr von dieser Unterrichtsstunde?" „Was hat sich an euren Vorstellungen geändert?"

Finden Sie heraus, welche Informationen die subjektiven Theorien und Begriffe der Schüler enthalten. Diese Bestandsaufnahme zeigt Ihnen, was die Schüler wissen und welche Informationen sie akzeptieren und nützlich finden.
Beispiele
1 Fragen Sie direkt, wie verständlich, plausibel und produktiv eine Vorstellung nach Meinung der Schüler ist. Fragen wie: Weißt du, was diese Vorstellung alles einschließt, glaubst du das wirklich und kannst du damit etwas Brauchbares erreichen?
2 Planen Sie Aktivitäten und Experimente, die Vorstellungen der Schüler unterstützen oder infrage stellen. Weisen Sie die Schüler auf erfolgreiche Anwendungen hin oder auf Kritikpunkte?

Fordern Sie die Schüler auf, ihre Vorstellungen zu begründen.
Beispiele
1 Vermitteln Sie den Schülern Begriffe wie *logisch, konsistent, inkonsistent* und *kohärent*.
2 Fordern Sie Schüler auf, ihre Begründungen auszutauschen und sie gegenseitig zu analysieren.

Wenn Sie mehr Ideen kennenlernen wollen, schauen Sie nach unter
http://www.physics.ohio-state.edu/~jossem/ICPE/C5.html

Tabelle 13.9

Die Lehrziele einer Lehrerin für Begriffsänderungen durch Unterricht

Eine Lehrerin einer 5. Klasse stellt die folgenden Fragen, um das naturwissenschaftliche Denken der Schüler zu fördern:

1. Kannst du deine Vorstellungen wiedergeben?
2. Könnt ihr etwas dazu sagen, warum euch diese Vorstellung so gefällt?
3. Sind deine Ideen konsistent, d. h. widersprechen sie sich nicht?
4. Erkennst du, dass deine Vorstellungen nicht alles gut erklären können, was du beobachtet hast? Musst du sie vielleicht ändern?
5. Kannst du deine Vorstellungen durch einen Modellbau veranschaulichen?
6. Kannst du den Unterschied zwischen dem Verstehen einer Idee und dem Glauben an eine Idee erklären?
7. Sind deine Ideen „verständlich" und „plausibel"?

Quelle: Aus Teaching Science in 5th Grade: Instructional Goals that Support Conceptual Change von M. E. Beeth, 1998. *Journal of Research in Science Teaching, 35*, S. 1093.

Wie sehen diese Richtlinien in der Praxis aus? Eine Antwort ergibt sich aus der Untersuchung von Michael Bleeth (1998) in einer 5. Klasse. ▶ Tabelle 13.9 zeigt eine Liste von Lernzielen, die die Lehrerin den Schülern vorlegte. In dieser Klasse begann die Lehrerin den Unterricht üblicherweise mit einer Frage wie: „Fällt euch dazu etwas ein?" „Könnt ihr eure Vorstellungen erläutern?" „Wollt ihr sie uns vorstellen?" „Was gefällt dir an deiner Idee?" „Warum bevorzugst du sie vor anderen?" (S. 1095). Sie stellte ständig Fragen, die Erklärungen und Begründungen herausfordern. Sie lehrte die Schüler, diese Erklärungen nach Kriterien wie „verständlich" oder „plausibel" zu begutachten. Sie fasste die Ausführungen der Schüler zusammen

Diese Schüler testen die Haltbarkeit eines Strohhalmturms in einem naturwissenschaftlichen Projekt im Freien. Der Lehrer hofft, dass diese interaktive Methode bei der Vermittlung von naturwissenschaftlichen Begriffen mehr Sinn für die Schüler macht, als einfach nur darüber im Unterricht zu sprechen.

und forderte sie manchmal heraus: „Glaubst du das wirklich, was du da sagst?" Die Schüler dieser Lehrerin entwickelten in ihren Schuljahren ein differenziertes Verständnis für naturwissenschaftliche Begriffe.

13.4.4 Jeden Schüler erreichen: wirksames Unterrichten in Inklusionsklassen

Halt! Denken Sie nach! Schreiben Sie!

Was sind Ihre Bedenken bei der Einrichtung von Inklusionsklassen? Sind Sie dafür gut ausgebildet? Werden Sie von Ihrer Schulverwaltung oder Fachkräften ausreichend unterstützt? Beansprucht das Unterrichten von Schülern mit Sonderbedürfnissen Zeit, die Ihnen dann bei Ihren anderen Verpflichtungen fehlt?

Diese Fragen stellen sich häufig, und manchmal sind auch die Besorgnisse begründet. Aber effektives Unterrichten von Sonderschülern erfordert keine außergewöhnlichen Fähigkeiten. Es ist eine Kombination von guten Unterrichtstechniken und aufmerksamem Achten auf alle Schüler. Schüler mit besonderen Schwierigkeiten müssen sich das *Lernmaterial* auch aneignen und sie müssen sich am Leben im Schulalltag voll und ganz beteiligen.

Um das Hauptziel des schulischen Lernens zu erreichen, unternehmen Lehrer nach Larrivee (1985) in einer Inklusionsklasse das Folgende:

Tabelle 13.10

Anpassungen des Unterrichts an Schüler mit Lern- und Verhaltensstörungen. Die Schritte der INCLUDE-Strategie einsetzen

Identifizieren von Anforderungen der Klasse	Erkennen von Stärken und Bedürfnissen der Schüler	Kontrolle der möglichen Erfolge/Erkennen möglicher Probleme	Entscheidung über Anpassungen
Tische in Viergruppen anordnen	*Stärken* Guter Wortschatz *Schwächen* Schwierigkeit, Aufmerksamkeit bei der Aufgabe zu halten	*Erfolge* Schüler versteht Instruktionen, wenn aufmerksam *Probleme* Schüler unaufmerksam, sieht Lehrer nicht an	Platz wechseln, sodass Schüler unmittelbar vor dem Lehrer sitzt
Kleingruppenarbeit mit Mitschülern	*Stärken* Ordentliche Handschrift *Schwächen* Mündliche Ausdrucksweise und Wortfindungsstörungen	*Erfolge* Schüler übernimmt Funktion des Sekretärs in einer Arbeitsgruppe *Probleme* Schüler kann sich in Arbeitsgruppe kein Gehör verschaffen	Rolle des Sekretärs der Arbeitsgruppe zuweisen Passender kleiner Gruppe zuordnen Unterweisung in sozialen Fertigkeiten für alle Schüler
Regelmäßigen Schulbesuch und Pünktlichkeit erwarten	*Stärken* Gute Zeichenbegabung *Schwächen* Schlechte Zeitorganisation	*Erfolge* Schüler setzt sein künstlerisches Talent in der Klasse ein *Probleme* Schüler kommt oft zu spät und schwänzt Stunden	Individuelle Verträge mit Schülern für Teilnahme am Unterricht und Pünktlichkeit; wenn Ziel erreicht, Schülern Verantwortung für bestimmte Funktionen übergeben
Schwieriges Lehrbuch lesen	*Stärken* Gute mündliche Ausdrucksweise *Schwächen* Ungenaues lesen Keine systematische Lesestrategie für Texte	*Erfolge* Schüler beteiligt sich gut am Unterricht Guter Kandidat für Theater AG *Probleme* Schüler kann Sachtext nicht lesen	Hörbücher zur Verfügung stellen Schülertexte besonders hervorheben
Vortrag über die Frauenemanzipation vor der ganzen Klasse	*Stärken* Zeigt Motivation und Interesse im Unterricht *Schwächen* Wenig Hintergrundwissen	*Erfolge* Schüler verdient sich Punkte für Erscheinen zum Unterricht und Bemühen *Probleme* Dem Schüler fehlt es an Hintergrundinformationen, um dem Unterricht folgen zu können	Schülern ein Video vor dem Sachunterricht vorspielen Akkumulation von Punkten für Erscheinen zum Unterricht und Anstrengungen, eine akzeptable Note zu erhalten
Vermittlung der Uhrzeiten bis zur Viertelstunde	*Stärken* Sinn für Farbzusammenstellungen *Schwächen* Kann Ziffern 7–12 nicht erkennen Kann nicht bis 5 zählen	*Erfolge* Kann Ziffernblatt von Uhr ausmalen für den Unterricht *Probleme* Schüler kann Zeit nicht von der Uhr ablesen	Förderkurs zum Erkennen von Ziffern und bis 5 zählen

1 Sie nutzen die Zeit, indem sie reibungslose Managementroutinen einführen, sie vermeiden Disziplinprobleme und planen sorgfältig.

2 Sie stellen Fragen mit optimalem Schwierigkeitsgrad.

3 Sie geben unterstützende und positive Rückmeldungen, sodass Schüler die richtige Antwort finden können.

Weiterhin profitieren Schüler mit Lernschwierigkeiten von ausgedehnten Übungen an mehreren Schultagen und mehrere Wochen lang und von *einleitenden Strukturierungen* eines Themas, sodass klar ist, auf welchen Kenntnissen die neue Lektion aufbaut und welche Ziele damit verfolgt werden sollen (Swanson, 2001).

Um das zweite Ziel, die Integration von Schülern mit Lernschwierigkeiten in den Schulalltag, zu erreichen, empfehlen Marilyn Friend und William Bursuck (2002) eine Folge von Strategien, die zusammen das englische Akronym INCLUDE ergeben:

(**I**dentify) Identifizieren der Anforderungen aus der Lernumgebung, dem Lehrplan und den Lehranforderungen der Klasse.

(**N**ote) Erkennen der Stärken und Schwächen des Lerners.

(**C**heck) Kontrolle der möglichen Bereiche, in den die Stärken eines Schülers liegen.

(**L**ook) Ausschau halten nach möglichen Problembereichen.

(**U**se) Setzen Sie Informationen ein, die in Brainstormingsitzungen zusammengetragen und an den Unterricht angepasst wurden.

(**D**ecide) Entscheiden, welche Änderungen sein müssen.

(**E**valuate) Einschätzen des Fortschritts der Schüler.

▶ Tabelle 13.10 zeigt, wie die INCLUDE-Strategie bei Schülern mit Lern- und Verhaltensstörungen angewendet werden kann.

Ausstattung für Schüler mit besonderen Bedürfnissen, gegenseitige Konsultationen und kooperativer Unterricht

Viele Schulen stellen zusätzliche Hilfsmittel für Lehrer zur Verfügung, die mit Schülern mit Lernstörungen arbeiten. Eine Ausstattung für Schüler mit besonderen Bedürfnissen umfasst besonderes Lernmaterial und technische Einrichtungen, aber auch einen Lehrer mit Sonderschulausbildung. Schüler können täglich in diesen Raum mit Sonderausstattung gehen und

Dieser Schüler hat eine starke Sehschwäche und liest mit Hilfe eines Gerätes, das Braille-Blindenschrift und gesprochene Sprache verarbeiten kann. Er lernt gerade Mathematik in einer Regelklasse.

für eine kurze Zeit oder mehrere Stunden individuell oder in kleinen Gruppen besondere Fördermaßnahmen wahrnehmen. Für die übrige Zeit des Tages lernen sie in Regelklassen. Der Lehrer mit Sonderpädagogikausbildung kann direkt mit den Schülern arbeiten oder auch indirekt, indem er dem regulären Lehrer Hinweise und Material gibt oder ihm auch zeigt, wie bestimmte Fertigkeiten unterrichtet werden können. Zunehmend arbeiten Sonder- und reguläre Pädagogen zusammen; sie übernehmen damit auch gemeinsam Verantwortung für Schüler mit besonderen Bedürfnissen. Die Zusammenarbeit kann in Konsultationen, gemeinsamem Planen und Problemlösen bestehen, welche Didaktik bei Schülern mit speziellen Bedürfnissen erfolgreich ist. Der Sonderpädagoge kann auch Seite an Seite mit dem regulären Lehrer eine Inklusionsklasse mit regulären Schülern und solchen mit besonderen Bedürfnissen unterrichten. Diese letztgenannte Form heißt kooperatives Unterrichten. Die Lehrer nehmen verschiedene Rollen ein, je nach Alter und Störungen der Kinder. Zum Beispiel können in einer Klasse der Sekundarstufe der reguläre Lehrer für die Lerninhalte und der Sonderlehrer für die Lerntechniken und -strategien zuständig sein. In einer anderen Klasse kann der reguläre Lehrer den Lernstoff darbieten, und der Sonderpädagoge elaboriert, hilft nach oder wiederholt den Stoff, wenn nötig. Die kooperierenden Lehrer können auch Teamunterricht anbieten, indem jeder der beiden Lehrer für einen Teil des Unterrichts verantwortlich ist.

Die beschriebenen Vorgehensweisen bergen einige Gefahren, Es ist wichtig, sicherzustellen, dass der reguläre Lehrer nicht immer nur die regulären Schüler unterrichtet und der Sonderpädagoge die Schüler mit

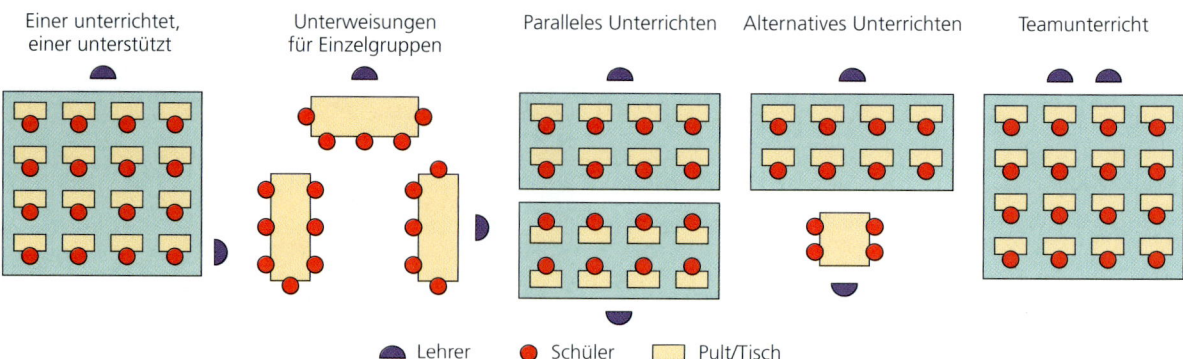

Einer unterrichtet,
einer unterstützt

Unterweisungen
für Einzelgruppen

Paralleles Unterrichten

Alternatives Unterrichten

Teamunterricht

◗ Lehrer ● Schüler ☐ Pult/Tisch

Abbildung 13.2: Ansätze für kooperatives und paralleles Unterrichten. Es gibt viele Formen der Kooperation von zwei Lehrern im Unterricht in Inklusionsklassen.
Quelle: Aus *Including Students with Special Needs. A Practical Guide for Classroom Teachers* (3. Aufl.) von M. Friend & W. D. Bursuck (2002). Boston, MA: Allyn & Bacon. Copyright © 2002 Pearson Education.

Lernschwierigkeiten; das würde die Schüler wieder segregieren. Manche Schüler mit Schwierigkeiten würden lieber dem regulären Unterricht folgen, dürfen das aber nicht. Hier wird also paradoxerweise die Trennung der beiden Schülergruppen in der Inklusionsklasse akzentuiert. Die ▶ Abbildung 13.2 zeigt unterschiedliche Anordnungen für kooperatives Unterrichten auf.

Mit einzelnen Schülern arbeiten

Schüler mit besonderen Bedürfnissen können besonders trainierten Lernteams, Schulpsychologen oder Sonderschulpädagogen zur Begutachtung übergeben werden (Tabelle 4.15 auf S. 189 gibt Richtlinien, wann eine Überweisung erfolgen sollte). Das Ergebnis dieses Vorgangs schließt manchmal die Vorbereitung auf ein individuelles Ausbildungsprogramm (IEP Individual Education Program, siehe Kapitel 4) ein. Die ▶ Abbildung 13.3 ist ein Auszug aus solch einem individuellen Ausbildungsprogramm; es ist für einen Jungen entworfen, der seinen Ärger nicht steuern konnte und stets mit Widerspruch auf die Anordnungen des Lehrers reagierte. Lehrer sollten sich an der Planung dieser Programme beteiligen. Gut geplante Programme können eine Stütze für den Unterricht sein.

13.4.5 Technologie und Schüler mit besonderen Bedürfnissen

IDEIA sagt aus, dass alle Schüler mit einem Anrecht auf sonderpädagogische Maßnahmen technische Hilfsmittel erhalten müssen. **Technische Hilfsmittel** sind jene Produkte oder Einrichtungen, die genutzt werden können zur Aufrechterhaltung oder Verbesserung der funktionalen Fähigkeiten eines Individuums mit Störungen oder Schwierigkeiten (Goldman, Lawless, Pellegrino & Plants, 2006). Zum Beispiel haben Computer die Situation von Kindern mit besonderen Bedürfnissen in vielfacher Weise verbessert. Abgesehen davon, dass Protokolle und Notizen sowie Programmentwürfe für die Landesbehörde angefertigt werden müssen, können Lehrer mit Computern auch den Unterricht vorbereiten. Für Schüler, die viele kleine Schritte und viele Wiederholungen benötigen, um einen neuen Begriff zu lernen, ist der Computer der perfekte und geduldige Tutor. Er erlaubt so viele Wiederholungen wie nötig. Ein gut ausgedachtes Computerprogramm ist motivierend und interaktiv – zwei wichtige Qualitäten für Schüler, die Probleme mit der Aufmerksamkeit haben oder auf eine lange Geschichte von Misserfolgen mit Motivationsverlust blicken. Zum Beispiel kann ein Mathematik- oder Rechtschreibprogramm Bilder, Klänge oder Spielformen benutzen, um die Aufmerksamkeit von Schülern mit Aufmerksamkeitsstörungen zu fesseln. Interaktive DVDs werden jetzt entwickelt, die die Zeichensprache

Technische Hilfsmittel Einrichtung, Ausstattung, aber auch Dienstleistungen, die die vielen Fähigkeiten von Kindern mit sonderpädagogischen Maßnahmen ausbilden.

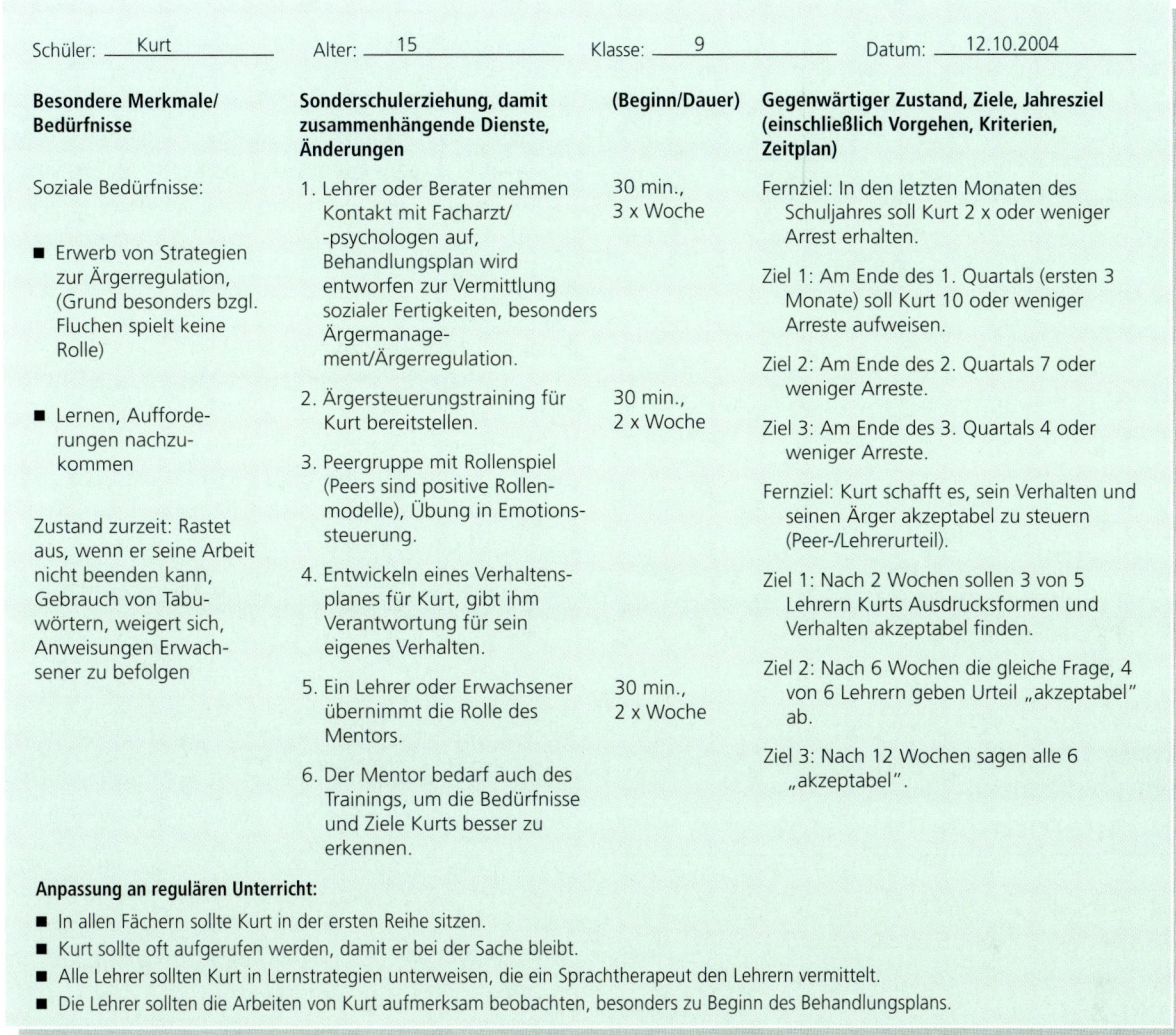

Schüler: __Kurt__   Alter: __15__   Klasse: __9__   Datum: __12.10.2004__

Besondere Merkmale/ Bedürfnisse	Sonderschulerziehung, damit zusammenhängende Dienste, Änderungen	(Beginn/Dauer)	Gegenwärtiger Zustand, Ziele, Jahresziel (einschließlich Vorgehen, Kriterien, Zeitplan)
Soziale Bedürfnisse:	1. Lehrer oder Berater nehmen Kontakt mit Facharzt/ -psychologen auf, Behandlungsplan wird entworfen zur Vermittlung sozialer Fertigkeiten, besonders Ärgermanage-ment/Ärgerregulation.	30 min., 3 x Woche	Fernziel: In den letzten Monaten des Schuljahres soll Kurt 2 x oder weniger Arrest erhalten.
■ Erwerb von Strategien zur Ärgerregulation, (Grund besonders bzgl. Fluchen spielt keine Rolle)			Ziel 1: Am Ende des 1. Quartals (ersten 3 Monate) soll Kurt 10 oder weniger Arreste aufweisen.
			Ziel 2: Am Ende des 2. Quartals 7 oder weniger Arreste.
■ Lernen, Auffor-derungen nachzu-kommen	2. Ärgersteuerungstraining für Kurt bereitstellen. 3. Peergruppe mit Rollenspiel (Peers sind positive Rollen-modelle), Übung in Emotions-steuerung.	30 min., 2 x Woche	Ziel 3: Am Ende des 3. Quartals 4 oder weniger Arreste.
Zustand zurzeit: Rastet aus, wenn er seine Arbeit nicht beenden kann, Gebrauch von Tabu-wörtern, weigert sich, Anweisungen Erwach-sener zu befolgen	4. Entwickeln eines Verhaltens-planes für Kurt, gibt ihm Verantwortung für sein eigenes Verhalten.		Fernziel: Kurt schafft es, sein Verhalten und seinen Ärger akzeptabel zu steuern (Peer-/Lehrerurteil). Ziel 1: Nach 2 Wochen sollen 3 von 5 Lehrern Kurts Ausdrucksformen und Verhalten akzeptabel finden.
	5. Ein Lehrer oder Erwachsener übernimmt die Rolle des Mentors.	30 min., 2 x Woche	Ziel 2: Nach 6 Wochen die gleiche Frage, 4 von 6 Lehrern geben Urteil „akzeptabel" ab.
	6. Der Mentor bedarf auch des Trainings, um die Bedürfnisse und Ziele Kurts besser zu erkennen.		Ziel 3: Nach 12 Wochen sagen alle 6 „akzeptabel".

Anpassung an regulären Unterricht:

■ In allen Fächern sollte Kurt in der ersten Reihe sitzen.

■ Kurt sollte oft aufgerufen werden, damit er bei der Sache bleibt.

■ Alle Lehrer sollten Kurt in Lernstrategien unterweisen, die ein Sprachtherapeut den Lehrern vermittelt.

■ Die Lehrer sollten die Arbeiten von Kurt aufmerksam beobachten, besonders zu Beginn des Behandlungsplans.

Abbildung 13.3: **Ein Auszug aus einem Einzelfallprogramm als Teil des Schulangebots.** Dieses Behandlungsprogramm wurde für einen 15-jährigen Schüler entworfen; es sollte ihm helfen, seinen Ärger zu steuern und sich nicht ständig den Anordnungen des Lehrers zu widersetzen. Quelle: Aus *Better IEPs*, 4. Aufl. (S. 127) von B. D. Baterman. Copyright © 1996, 2006 bei B. D. Bateman.

an Hörende vermitteln sollen. Viele Programme bein-halten keine Klänge, sodass Schüler mit Hörschäden alles mitbekommen können. Schüler mit Leseschwie-rigkeiten können auf Programme zurückgreifen, die ihnen Wörter vorsprechen, wenn sie ein Wort auf dem Bildschirm berühren oder anklicken. Mit diesem di-rekten Zugang zu Hilfen werden die Übungsmöglich-keiten im Lesen verstärkt, so wird vermieden, dass sie mehr und mehr hinter den anderen zurückfallen. An-dere Einrichtungen konvertieren gedruckte Seiten in gesprochene Wörter für blinde Schüler oder für solche, die besser gehörte Informationen verarbeiten.

Schüler mit Lernschwierigkeiten, deren Schrift nicht lesbar ist, können ein Textverarbeitungsprogramm be-nutzen und einen gut geschriebenen Text produzieren, mit dem sie ihre Ideen mitteilen können. Bestehende Abhandlungen können durch diese Programme verbes-sert oder revidiert werden, ohne dass alles noch ein-mal abgeschrieben werden muss (Hallahan, & Kauff-man, 2006; Hardman, Drew & Egan, 2005).

Mit diesen enormen technischen Entwicklun-gen wurden jedoch neue Beschränkungen erzeugt. Viele Computer haben ein Grafikprogramm. Die Pro-gramme erfordern eine gut ausgebildete Feinmotorik in der Handhabung der Maus. Diese Bewegungen sind schwierig für Schüler mit gestörter Feinmotorik oder visuellen Beeinträchtigungen. Internetinformationen sind für Schüler mit Sehstörungen schwer lesbar. Manche Forscher arbeiten schon an einer Möglichkeit, das Internet ohne Sehen nutzen zu können, aber das Ergebnis ist noch nicht voll nutzbar (Hallahan & Kauffman, 2006). Ein gegenwärtiger Trend ist das **universale Design** – das allen Nutzerbedürfnissen gerecht werden kann (Pisha & Coyne, 2001).

Für hochbegabte Schüler können Computer eine Verbindung zu Datenbanken in Universitäten, Museen oder Bibliotheken und sogar Forschungslabors sein. Computernetzwerke erlauben dem Schüler Verbindungen über die ganze Welt zu knüpfen und aufrechtzuerhalten. Es ist auch möglich, dass hochbegabte Schüler Programme für Mitschüler und Lehrer schreiben. Oft arbeitet ein Schüler für den Rektor ein Verwaltungsprogramm aus. Dies sind nur ein paar Beispiele von der Möglichkeit der Technik.

Unterschiede und Gemeinsamkeiten im Unterrichten

13.5

Was würden Sie dazu sagen?

Das letzte Mitglied der Auswahlkommission für eine neue Lehrerstelle ist der Koordinator für die sonderpädagogischen Maßnahmen in der Schule. Seine Frage lautet: „Wie beziehen Sie die verschiedenen Lernanforderungen und Fähigkeiten der Schüler in Ihren Unterricht ein? Greifen Sie dabei auf die Gemeinderessourcen und technische Hilfsmittel zurück? Wie?"

Wie in diesem Buch bisher schon zu erfahren war, sind die Klassen in den Schulen heterogen. Die Schüler sprechen unterschiedliche Sprachen, haben unterschiedlichen sozioökonomischen Status, stammen aus verschiedenen Kulturen und gehören verschiedenen Rassen sowie Ethnien an. Sie bringen unterschiedliche

Lernstärken, Fähigkeiten und Schwächen in den Unterricht mit. Viele Pädagogen meinen, dass Klassen Schüler mit verschiedenen Bedürfnissen, Leistungsniveaus, Interessen und Lernstilen aufnehmen sollten, und der Unterricht sollte differenziert auf die Unterschiede eingehen und sie nicht ignorieren" (Jackson & Davis, 2000, S. 23). Differenzierter Unterricht (Tomlinson, 2005b) ist ein Weg, die unterschiedliche Zusammensetzung der Klasse positiv zu nutzen.

13.5.1 Unterschiede: differenzierender Unterricht

Die Kernidee des **differenzierenden Unterrichts** besteht in der gleichgewichtigen Berücksichtigung des Lerners und des Lernstoffes. Im differenzierten Unterricht arbeiten Schüler in unterschiedlichem Tempo und an verschiedenen Aufgaben, und sie werden auch mit unterschiedlichen Tests geprüft (George, 2005). Ohne differenzierten Unterricht werden die Schüler in manchen Schulen nach ihren Fähigkeiten in Gruppen aufgeteilt, und alle Probleme von Schulzweigen sind damit vorprogrammiert (siehe Kapitel 4). Schüler aus Familien mit eher niedrigem sozioökonomischen Status landen meist in den Schulzweigen mit weniger anspruchsvollem Bildungsprogramm. Nach Paul George:

In den drei Jahrzehnten Erfahrung mit diesen Problemen stellte sich immer wieder heraus, dass homogene Leistungsgruppen in Schulen mit Schülern aus verschiedenen Rassen und Ethnien dazu führen, dass Schulzweige die Rassen- und ethnische Trennung vertiefen (S. 187). (Denn erfahrungsgemäß landen Schüler bestimmter rassischer und ethnischer Herkunft meist in einem bestimmten Schulzweig.)

Der differenzierende Unterricht dagegen begreift alle Schüler als Kinder, die auf der Suche nach Sinn, Herausforderung, Bestätigung, Macht und Teilhabe sind. Der Lehrer bietet den Schüler dafür sein Engagement, seine Ausdauer, Möglichkeiten und Überlegungen an. Er arbeitet einen Lehrplan und konkreten Unterricht aus für jeden einzelnen Schülern; sie sorgen dafür, dass der Schüler bei der Sache, engagiert und gefordert bleiben kann, sich ernst genommen und abgestuft unterstützt fühlt. Carol Ann Tomlinson (2003) be-

---

Universales Design   Die Bedürfnisse aller Nutzer beim Entwerfen von Werkzeugen, Lernprogrammen oder Webseiten berücksichtigen.

Differenzierender Unterricht   Ein flexibler Unterrichtsansatz, der dem Lernstoff, Lernprozess und Lernergebnis angemessen ist und auf der Bereitschaft, den Interessen und Lernbedürfnissen der Schüler aufbaut.

Tabelle 13.11

Mögliche Reaktionen auf die Bedürfnisse von Schülern

Schülerbedürfnis	Unterrichtsänderungen als Reaktion auf Schülerbedürfnisse
Ein Rechtschreibtest zeigt an, dass Schüler der 6. Klasse einen Leistungsstand haben, der von der zweiten Klasse bis zur Oberstufe der höheren Schule reicht.	Der Lehrer benutzt eine Methode zum Rechtschreiblernen, bei der alle Schüler gleichzeitig lernen können, aber auf verschiedenem Komplexitätsniveau der Wörter. (Inhalte können auch angepasst werden, je nach der Bereitschaft der Schüler.)
Schüler bringen unterschiedliche Interessen in den Mathematikunterricht mit; sie verstehen oft nicht, worum es geht und warum sie etwas lernen müssen.	Der Lehrer verwendet Beispiele aus Sport, Handel, Medizin, Technologie und anderen Bereichen, um zu erläutern, wie die Formeln angewendet werden können. Der Lehrer lässt Schüler Personen aus verschiedenen Berufssparten interviewen, damit die Schüler erfahren, wie die Formeln in der Praxis gebraucht werden. Die Schüler berichten darüber in der Klasse, sodass alle das Wissen erwerben können. (Änderungen des Lerninhaltes und des -ergebnisses je nach Schülerinteresse).
Einige Schüler sind schon in einem fortgeschrittenen Kurs in Geschichte, aber sie fühlen sich verloren und entmutigt durch die hohen Anforderungen.	Der Lehrer richtet eine Arbeitsgruppe ein, um den Schülern bei der Vorbereitung für mündliche und schriftliche Prüfungen zu helfen. Obwohl die Arbeitsgruppen meist außerhalb des Unterrichts lernen, hält der Lehrer sowohl Kontakt zu der ganzen Klasse als auch zu den kleinen Arbeitsgruppen und bespricht mit ihnen, wie man am besten vorgeht, wie effektiv die verschiedenen Vorgehensweisen sind und wie Schüler ihre Fortschritte wahrnehmen. Er stellt auch Tutoren zur Verfügung, die auf wichtige Punkte des Lernstoffs hinweisen. (Anpassung der Lernumgebung und des Lernprozesses an die Bereitschaft und die Gefühle der Schüler.)
Schüler der 3. Klasse lernen über Biografien. Die Leseleistung der Schüler variiert stark, ebenso das Interesse.	Der Lehrer entwickelt Biografiekästen von Personen beiderlei Geschlechts aus einem breiten Spektrum von Kulturen und vielen Berufssparten und Freizeitbereichen. In jedem Kasten werden Bücher verschiedener Schwierigkeitsgrade (Fünfjahresspanne) aufgelistet. Jeder Schüler wählt zunächst ein Thema seines Interesses aus, und der Lehrer empfiehlt dann ein im Schwierigkeitsgrad angemessenes Buch (Anpassung des Inhaltes je nach Interesse und Bereitschaft des Schülers.)
Zwei Schüler in der Klasse neigen zu impulsivem Verhalten.	Der Lehrer und die Schüler entwickeln zusammen Verhaltensziele und -pläne zur Reduktion der Impulsivität. Beides, positive und negative Konsequenzen des Verhaltens, wird in den Zielsetzungen festgehalten. Schüler und Lehrer benutzen täglich eine Abhakliste, um Erfolge und Schwierigkeiten und die Konsequenzen der Schülerentscheidungen festzuhalten. (Anpassung der Lernumgebung an die Gefühle der Schüler.)

Quelle: Aus *Fulfilling the Promise of the Differentiated Classroom* von C. A. Tomlinson (2003). Alexandria, VA: Association for Supervision and Curriculum Development.

Verknüpfen und erweitern Sie Ihre Forschungskenntnisse

Sehen Sie sich die Sommerausgabe 2005, *44(3)* der Zeitschrift *Theory Into Practice* über „Differentiated Instruction" an. Gastherausgeber ist Carol Tomlinson.

schreibt diese Eigenheiten als „Zahnrad der Differenzierung". ▶ Tabelle 13.11 stellt einige mögliche Reaktionen auf die Bedürfnisse der Schüler vor (nach Tomlinson, 2003).

13.5.2 Gemeinsamkeiten: jenseits der Debatten über hervorragenden Unterricht

Wie die kontroversen Diskussionen zeigen, gibt es keine optimale Methode des Unterrichtens. Unterschiedliche Lehrziele und Schülerbedürfnisse erfordern verschiedene Lehrmethoden. Direkte Unterweisung führt oft zu besseren Leistungen in entsprechenden Tests; die offenen, informellen Methoden, wie etwa das Lernen durch Entdecken und Lernen durch Fragen, führen zu besseren Leistungen in Kreativitätstests, abstraktem Denken und Problemlösen. Zusätzlich vermögen die offeneren Unterrichtsmethoden auch die Einstellungen gegenüber Schule und Leistung zu verbessern, die Neugierde und die Kooperation unter Mitschülern anzuregen und die Schulschwänzrate zu senken (Walberg, 1990). Nimmt man diese Schlussfolgerungen ernst, dann sollten viele verschiedene Lehrmethoden neben der direkten Unterweisung angebracht sein, wenn Lehrziele wie Kreativität, Problemlösen, Verstehensprozesse und das Meistern können wichtig sind. Diese Richtlinien entsprechen den Schlussfolgerungen von Tom Good, dass mit zunehmender Reife und kognitiver Entwicklung des Kindes die Lehrmethoden immer indirekter werden sollten, wenn Lehrziele in der affektiven Entwicklung und der Verbesserung von Problemlösefähigkeit und kritischem Denken bestehen (Good, 1983a). Jeder Schüler benötigt manchmal direkte und explizite Unterweisung für manche Lernziele, aber jeder Schüler sollte auch eine offene, konstruktivistische, Schüler zentrierte Unterrichtsmethode erfahren.

Z U S A M M E N F A S S U N G

Der erste Schritt: Planen (S. 585–593)

Was sind die Planungsebenen, und wie wirken sie auf den Unterricht? Lehrer planen auf verschiedenen Ebenen – jährlich, pro Semester, wöchentlich und täglich. Alle Ebenen müssen koordiniert werden. Das Erreichen eines Jahresplans erfordert eine Unterteilung in Semesterabschnitte und weiterhin in Unterrichtseinheiten und diese wiederum in Wochen- und Tagesabschnitte. Der Plan bestimmt, wie viel Zeit und Material in die Unterrichtsaktivitäten eingehen. Es gibt nicht nur ein Planungsmodell, vielmehr sollten alle Pläne eine gewisse Flexibilität zulassen. Planen ist ein Vorgang des kreativen Problemlösens für erfahrene Lehrer. Es findet „in ihren Köpfen" statt.

Was ist ein Unterrichtsziel? Ein Unterrichtsziel ist eine klare und unzweideutige Beschreibung eines Erziehungsziels für Schüler. Magers bekanntes System von drei Zielen sagt aus, dass ein gutes Ziel drei Teile hat: das intendierte Schülerverhalten, die Bedingungen, unter denen ein bestimmtes Verhalten erscheinen wird, und die Kriterien für eine akzeptable Leistung. Gronlunds alternativer Ansatz weist darauf hin, dass zuerst ein allgemeines Ziel definiert sein muss, dann sammelt der Lehrer Verhaltensbeobachtungen, die darauf hindeuten, dass der Schüler das Ziel erreicht hat. Der neueste Ansatz im Bereich der Unterrichtsziele ist dem gronlundschen ähnlich.

Beschreiben Sie die drei Taxonomien der Erziehungsziele. Bloom und andere haben Taxonomien entwickelt, in denen grundlegende Ziele im kognitiven, affektiven und psychomotorischen Bereich festgelegt werden. In Wirklichkeit erscheinen die Verhaltensweisen aus allen drei Bereichen gleichzeitig. Eine Taxonomie regt zum systematischen Denken in und Bewerten von relevanten Zielbereichen an. Im kognitiven Bereich gibt es sechs Ziele: Wissen, Verstehen, Anwenden, Analysieren, Bewerten und Erschaffen. Eine kürzlich erschienene Revision dieser Taxonomie fügt noch hinzu, dass diese Prozesse in vier Wissensbereichen ablaufen können, dem Tatsachen-, begrifflichen, prozeduralen und metakognitiven Wissen. Ziele im affektiven Bereich reichen von „mit wenig Engagement verfolgt" bis zu „mit starkem Engagement verfolgt". Ziele im psychomotorischen Bereich erstrecken sich von grundlegenden Wahrnehmungen und Reflexhandlungen zu geschickten, neuartigen Bewegungen.

Beschreiben Sie lehrerzentriertes und schülerzentriertes Planen. Bei lehrerzentrierten Lehransätzen und Plänen wählen Lehrer Lernziele aus, damit die Schüler die für sie gesetzten Standards erreichen. Lehrer kontrollieren das „Was" und „Wie" des Lernens. Im Gegensatz dazu nehmen am schülerzentrierten, konstruktivistischen Planen sowohl Lehrer als auch Schüler teil. Der Lehrer setzt keine konkreten Verhaltensziele, sondern gibt allgemeine Oberziele, „große Linien" für das Planen vor. Integrierter Inhalt und Unterrichten an Themen entlang sind häufig Teil des Planens. Die Erfassung der Lernfortschritte findet laufend statt und wird von Lehrern und Schülern zusammen vorgenommen.

Lehre für Lehrer (S. 593–607)

Welche Methoden wurden angewendet, um Lehre zu untersuchen? Viele Jahre lang versuchten Forscher, das Geheimnis guten Unterrichtens zu entdecken durch Beobachtungen in Klassen, Fallstudien, Interviews, Experimentieren mit verschiedenen Methoden, Abrufen aus dem Gedächtnis durch Auslöser (die Lehrer schauen ein Video und erklären ihr Vorgehen beim Unterrichten), Analysieren des Unterrichtstranskripts und anderen Vorgehensweisen, die realen Unterricht in Klassen einbeziehen.

Was sind die allgemeinen Merkmale guten Unterrichts? Der Lehrer sollte viel Wissen im Unterrichtsfach aufweisen, aber das allein reicht noch nicht aus für gute Lehre. Kenntnisreich zu sein, hilft dem Lehrer, klar zu strukturieren und zu erklären. Klar erklärende und den Lehrstoff gut organisierende Lehrer haben Schüler, die mehr lernen und ihren Lehrer positiv bewerten. Ein warmherziger, freundlicher und verständnisvoller Lehrer findet in der Regel ein positives Echo bei seinen Schülern.

Was ist direkte Unterweisung? Direkte Unterweisung oder Unterricht ist dann angemessen, wenn grundlegende Fertigkeiten und explizites Wissen erlernt werden sollen. Es umfasst die Funktionen des Überblickgebens und Überprüfens, der Darstellung, der Übung mit Anleitung, Rückmeldung, Korrekturen, Wiederholungen und unabhängiges Üben. Je jünger und leistungsschwächer die Schüler sind, umso kürzer sollte die Darstellung des Lehrers sein, zyklisch unterbrochen von Übungen und Rückmeldungen.

Unterscheiden Sie zwischen konvergenten und divergenten Fragen und solchen auf hohem vs. niedrigem Niveau. Konvergente Fragen haben nur eine richtige Antwort, divergente mehrere. Fragen auf höherem Niveau erfordern Analyse, Synthese und Bewertung – die Schüler müssen selbst nachdenken. Für jüngere und leistungsschwache Schüler sind einfache und direkte Fragen am besten; sie erlauben eine hohe Rate richtiger Antworten und geben viel Gelegenheit zu Lob oder – wenn nötig – Hilfestellungen. Begabte Schüler sollten schwierige Fragen erhalten auf hohem und niedrigem Niveau und viele kritische Rückmeldungen. Unabhängig vom Alter und der Begabung sollten alle Schüler Erfahrung mit Fragen zum Nachdenken haben, aber auch Hilfestellungen erhalten, wenn die Antworten nicht gleich gelingen.

Wie kann Wartezeit das Lernen von Schülern beeinflussen? Wenn Lehrer lernen, richtig zu fragen, dann warten sie drei bis fünf Sekunden, bevor sie einen Schüler aufrufen, die Frage zu beantworten. Die Schüler geben dann längere Antworten; mehr Schüler melden sich, fragen selbst nach und antworten freiwillig, es zeigt sich eine steigende Tendenz in den Bemerkungen der Schüler zu Analyse, Synthese, Inferenzen und Spekulationen; die Schüler erscheinen auch zuversichtlicher in den Antworten.

Was sind die Vor- und Nachteile von Gruppendiskussionen? Gruppendiskussionen tragen dazu bei, dass Schüler sich mehr beteiligen, sich klar ausdrücken, ihre Meinungen begründen und die Meinung anderer tolerieren lernen. In Gruppendiskussionen erhalten Schüler auch die Chance, nach weiteren Erklärungen zu fragen, ihr eigenes Denken zu überprüfen, persönlichen Vorlieben zu folgen und Verantwortung zu übernehmen durch Einnehmen einer führenden Position. So helfen Gruppendiskussionen dabei, die Ideen von Schülern zu bewerten und persönliche Sichtweisen zu integrieren. Der Verlauf von Diskussionen ist jedoch nicht vorhersagbar und kann einfach im Austausch von Unwissenheiten bestehen.

Lehrererwartungen (S. 608–613)

Worauf gründen sich Lehrererwartungen? Lehrererwartungen leiten sich ab aus Kenntnis der Intelligenztestwerte eines Schülers, aus seinem Geschlecht, aus Notizen des Vorgängerlehrers und den Gesundheitsuntersuchungen durch Ärzte und Psychologen, die in der Schülerkartei aufbewahrt sind, der ethnischen Herkunft, der Kenntnis älterer Geschwister, der äußeren Erscheinung, vorherigen Leistungen, des sozioökonomischen Status und des beobachtbaren Verhaltens.

Welche zwei Erwartungswirkungen lassen sich feststellen und wie entstehen sie? Der erste Erwartungseffekt ist die sich selbst erfüllende Prophezeiung; das ist die Überzeugung des Lehrers, dass ein Schüler intelligent sei, wenn dieses Urteil jeder

Grundlage entbehrt. Das Verhalten und die Leistung des für intelligent gehaltenen Schülers steigen dann gemäß den Erwartungen an. Der zweite Erwartungseffekt ist ein Rigiditätseffekt, er verweist auf das Beibehalten einer Erwartung, auch wenn Gegenbelege vorliegen. Ein Lehrer mag einen Schüler am Anfang in seinen Leistungen richtig einschätzen, wenn sich der Schüler dann verbessert oder verschlechtert, übersieht der Lehrer diese seinen Erwartungen nicht entsprechenden Leistungsänderungen. Als Reaktion auf die rigiden Erwartungen des Lehrers können z. B. die Verbesserungen des Schülers dann wieder zurückgehen. Rigide Erwartungen sind häufiger als sich selbst erfüllende Prophezeiungen zu beobachten.

Durch welche unterschiedlichen Kanäle werden Informationen über Lehrererwartungen mitgeteilt? Einige Lehrer verhalten sich Schülern gegenüber unterschiedlich, je nachdem welche Leistungen sie von einem Schüler erwarten. Bei niedrigen Erwartungen können sie dem Schüler leichtere Aufgaben geben, einfachere Lernvorgänge abverlangen, weniger Entscheidungsfreiheit einräumen, inkonsistente Rückmeldungen geben und weniger Respekt und Vertrauen in die Kommunikation einfließen lassen. Die Schüler verhalten sich entsprechend und erfüllen damit die Vorhersagen des Lehrers in dem erwarteten Leistungsrahmen.

Schülerzentriertes Unterrichten: Beispiele aus dem Lese-, Mathematik- und naturwissenschaftlichen Unterricht (S. 613–626)

Beschreiben Sie kurz die Debatte um das Lesenlernen. Gegenwärtig gibt es eine Debatte zwischen Vertretern der ganzheitlichen Methode des Lesen- und Schreibenlernen und ausgeglichenen Methoden, wie die direkte Unterweisung von Fertigkeiten und der phonemische Ansatz. Vertreter der ganzheitlichen Methode meinen, Kinder lernen am besten, wenn sie von guter Literatur umgeben aufwachsen und wenn sie zweck- und sinnvoll lesen und schreiben können. Vertreter eines ausgeglichenen Ansatzes zitieren Forschungen, die darauf hinweisen, dass die Fertigkeit, Laute und Wörter zu erkennen – die phonemische

Bewusstheit –, dem Lesen zugrunde liegt. Hervorragende Grundschullehrer verwenden einen ausgeglichenen kombinierten Ansatz mit zweckgebundenem Lesen und Unterweisung in speziellen Lesefertigkeiten, falls notwendig.

Beschreiben Sie die Verwendung von Dialogen im gegenseitigen Belehren. Das Ziel des gegenseitigen Belehrens ist, Schülern zu helfen, Gelesenes gründlich zu verstehen und darüber nachzudenken. Dieses Ziel erreichen Schüler in kleinen Lesegruppen, indem sie vier Strategien lernen: Einen Abschnitt oder Text *Zusammenfassen*, *Fragen* zur Kernidee *stellen*, schwierige Teile des Materials *Klären* und *Vorhersage* dessen, was kommt. Diese Strategien werden in einem Klassendialog über den Lesestoff geübt. Lehrer nehmen zunächst eine zentrale Rolle ein, aber mit dem Fortschritt der Diskussion übernehmen die Schüler mehr und mehr Funktionen und Kontrolle.

Beschreiben Sie schülerzentrierte konstruktivistische Ansätze für den Mathematik- und naturwissenschaftlichen Unterricht. Konstruktivistische Ansätze zum Mathematik- und naturwissenschaftlichen Unterricht betonen das gründliche Verstehen der Konzepte (im Vergleich zum reinen Auswendiglernen), Diskutieren und Erklären und Explorieren des impliziten Verständnisses der Schüler. Viele Pädagogen erkannten, dass der Schlüssel zum Verständnis der Naturwissenschaften im Testen der eigenen subjektiven Theorien über naturwissenschaftliche Erscheinungen besteht; die Feststellung der Diskrepanz zwischen Theorie und Beobachtung führt zu einer Korrektur der subjektiven Theorie und damit zu einem Erkenntnisgewinn. Sechs Schritte führen zu diesem Erkenntnisgewinn: Entdecken der Unstimmigkeiten zwischen Theorie und Beobachtung, Versuche, Messungen oder Beobachtungen der eigenen subjektiven Theorie anzupassen, Versuche, Zweifel, Schwanken und schließlich Änderung des Begriffes.

Wie lässt sich effektives Unterrichten von Sonderschülern kennzeichnen? Wenn Schüler besondere didaktische Anforderungen haben, können sie an Spezialisten überwiesen werden: Lehrer mit Sonderschulausbildung, Schulpsychologen und Erziehungsberater. Das Ergebnis dieser Bemühungen ist oft ein individuelles Ausbildungsprogramm (siehe Kapitel 4) mit besonderen Maßnahmen. Viele Schulen stellen Lehrern von Inklusionsklassen mit regulären Schülern und Kindern mit Lernschwierigkeiten noch Lehrer mit Sonderpädagogikausbildung zur Seite und zusätzlich noch didaktische Materialien und Ausstattung. Zunehmend arbeiten diese Lehrer mit besonderen Aufgaben und reguläre Lehrer zusammen, um den Schülern mit besonderen Bedürfnissen Rechnung zu tragen. Sie können auch parallel in einer Inklusionsklasse unterrichten. Differenzierendes Unterrichten wirkt sich günstig auf alle Schüler aus.

SCHLÜSSELBEGRIFFE

Affektiver (emotionaler) Bereich (S. 589)

Aktives Unterrichten (S. 595)

Begriffsänderung durch Unterricht in den naturwissenschaftlichen Fächern (S. 619)

Differenzierender Unterricht (S. 626)

Direkte Unterweisung/explizites Unterrichten (S. 595)

Divergente Fragen (S. 604)

Ganzheitliche Methode des Lesenlernens (S. 613)

Grundfertigkeiten (S. 595)

Gruppendiskussion (S. 606)

Hausarbeiten (S. 600)

Individuelle Arbeit in der Klasse (S. 599)

Kognitive Bereiche (S. 588)

Kognitive Ziele (S. 587)

Konstruktivistischer Ansatz (S. 591)

Konvergente Fragen (S. 604)

Lesson study (S. 586)

Psychomotorischer Bereich (S. 590)

Pygmalion-Effekt (S. 608)

Reziprokes Lehren (S. 616)

Rigider Erwartungseffekt (S. 608)

Sich selbst erfüllende Prophezeiung (S. 608)

Skript-Kooperation (S. 598)

Taxonomie (S. 588)

Technische Hilfsmittel (S. 624)

Universales Design (S. 626)

Unterrichtsziele (S. 586)

Verhaltensziele (S. 587)

Z U S A M M E N F A S S U N G

Aus dem Lehrernotizbuch

Neue politische Maßnahmen wie die Zentralisierung von Leistungsstandards durch entsprechende zentrale Prüfungen und die Richtlinien zur Förderung von Kindern bestimmen sehr stark das professionelle Leben von Lehrern. Die Testergebnisse von Schülern werden sehr stark von Schulbehörden beachtet. Junge Lehrer sind darauf besser vorbereitet als Lehrer, die schon lange im Schuldienst sind. Viele neue testbezogene Fertigkeiten müssen erworben werden durch schülerzentrierte Unterrichtsformen, die hier im Lehrbuch und vielleicht auch in einem Seminar über Pädagogische Psychologie vorgestellt wurden.

Was würden Lehrer tun?

Lehrer äußern sich zu den Anforderungen, die durch die notwendige Vorbereitung der Schüler auf die zentralisierten Tests auf sie zukommen.

◼ S. G., Lehrerin einer 6. Klasse

Alle möglichen Testthemen nehme ich in meinen Lehrplan auf, denn sie sind wichtig. Der Lehrplan sieht dann Schularbeiten vor, die Schüler fordern und denen sie durch gemeinsame außerschulische Projekte begegnen können. Diese Anforderungen gipfeln in einem schriftlichen Bericht und in einem Gruppenreferat vor der Klasse (und vielleicht auch vor anderen Personen) mit grafischen Veranschaulichungen und gut durchdachten Formulierungen. Ich würde die Mitglieder für jede Gruppe aufgrund ihrer Persönlichkeit und ihrer Lernstile zusammensetzen. Die Kompetenzen und Themen des Leistungstests werden in den Lehrplan aufgenommen, damit die Schüler auf den Test vorbereitet werden können. Dies wird jeweils für verschiedene Gruppen gemacht.

◼ J. M., Grundschullehrerin

Zunächst würde ich versuchen, die Situation zu verstehen. Vielleicht, indem ich mit anderen Lehrern darüber spreche und frühere Vorgehensweisen nachlese. Ich würde versuchen herauszufinden, wie es zu den derzeitigen niedrigen Testwerten kommt. Weiterhin würde ich versuchen zu erfahren, warum die Schule wieder zu Drillmethoden und Auswendiglernen von Fakten zurückgekehrt ist. Das ist so eine Art Situationsanalyse. In den ersten Wochen des Schuljahres würde ich meine Erkenntnisse im Rahmen des Lehrplans umsetzen, ohne die Schulverwaltung in Frage zu stellen.

Ich würde weiterhin planen und unterrichten nach dem Grundsatz, dass Lernen und die Entwicklung von Fertigkeiten für die Anwendung im täglichen Leben erfolgt und nicht für das Bestehen eines Tests. Der Lehrplan könnte Experimente, Simulationen, Rollenspiele, Video anschauen über ein bestimmtes Thema usw. enthalten. Diese Aktivitäten motivieren die Schüler wahrscheinlich und wecken ihre Neugier und ihr Interesse am Lernen. Drill und Üben von Schlüsselbegriffen und Fertigkeiten können vergnüglichen Abschnitten folgen. Im Laufe des Schuljahres würde ich die Schulverwaltung über mein Lehrprogramm informieren. Vielleicht kann ich sogar vorschlagen, dass sie eine Zwischenprüfung in der Schule ablegen lassen, um herauszufinden, ob mein Unterricht bei den Schülern etwas bewirkt für ihr Abschneiden bei dem entscheidenden Test.

◼ M. D., Lehrer in einer 3. Klasse

Was für eine Herausforderung!
Die ersten Wochen des neuen Schuljahres würde ich meine Schüler und ihre Leistungsstandards kennenlernen wollen. Ich würde dann eine Hilfslehrerin beantragen und viele Eltern ansprechen, die mir mit einzelnen Schülern oder kleinen Gruppen helfen können.

Im Laufe des Jahres würden wir alle Testthemen kennenlernen und uns Informationen über sie besorgen: Bücher, Büchereibesuche, Exkursionen, Gastvorträge, Zeitungen, Computer und Ausstellungen. Wir würden lesen, schreiben, darüber sprechen, Gedichte schreiben, Illustrationen anfertigen und mit dem vorhandenen Wissen in Mathematik, Naturwissenschaften und Kunst so weit wie möglich integrieren. Ich würde die Themen wie normale Bestandteile des Lehrplans behandeln, ohne ständig von Test zu sprechen. Schließlich, im Stadium der eigentlichen Testvorbereitung, würde ich früheres Testmaterial besorgen und danach üben. Um etwas Begeisterung zu erzeugen, würde ich Klassenergebnisse (keine individuellen) darstellen und jedes Mal eine höhere Erfolgsquote zu erreichen versuchen.

◼ J. T., Lehrer an einer höheren Schule

Man kann nicht übersehen, dass der Leistungstest in der vierten Klasse sehr wichtig ist – für die Schüler und für die Schule. Aber dies sollte nicht dazu führen, dass der Unterricht nur auf das Testen zugeschnitten ist. Es sollte auch gründliches Verstehen von Sachverhalten angestrebt werden. Man sollte vor allem darauf achten, dass die Schüler ihre Lernmotivation nicht verlieren. Man kann den Schülern eine Liste mit Pflichtthemen vorgeben und sie die Reihenfolge der Themen selbst bestimmen lassen. Dadurch machen sich die Schüler den

Unterrichtsstoff zu eigen. Weiteres Engagement beim Planen des Unterrichts und bei der Erzielung eines bestimmten Lernergebnisses wird auch die Lernmotivation erhöhen. Die Verknüpfung jedes Themas mit einer Alltagssituation hilft auch, das Interesse der Schüler an den Pflichtinhalten wachzuhalten. Als Lehrer muss ich darauf achten, dass alle geforderten Kompetenzen und Fertigkeiten so weit wie möglich im Unterricht zum Zuge kommen. So können sich die Kompetenzen und Fertigkeiten ausbilden und gehören bis zum Test zu den gut gelernten Verhaltensformen, die bald automatisiert werden. Mit einem solchen Lernhintergrund sollten meine Schüler bald in der Lage sein, ihre Fertigkeiten auf andere Situationen zu übertragen, und den Leistungstest im Frühjahr mit Selbstvertrauen angehen.

Standardisierte Tests

14

ÜBERBLICK

Was würden Sie tun?

Das Ende des Schuljahres nähert sich, und die Ergebnisse der Klassenarbeiten der 9. Klasse liegen endlich vor. Die Zeugnisse sind schon geschrieben und an die Eltern gegangen. Sofort danach ruft der Rektor Sie an und bittet Sie zu sich, weil die Eltern eines Schülers Sie wegen der Mathematiknote sprechen möchten. Der Vater ist ein bekannter Geschäftsmann und die Mutter eine Rechtsanwältin. Ihre Tochter hat in einem standardisierten Mathematiktest einen Perzentilrang von 98 erhalten, aber ihre Noten in Mathematik lagen zwischen 2 und 3. Sie hatte oft die Hausaufgaben nicht gemacht oder ein Arbeitsblatt nicht bis zum Ende erledigt, außerdem kam sie mit Ihrem Konzept für den Mathematikunterricht nicht zurecht. Sie wollte einfach nur die Lösungsschritte wissen, sodass sie die Aufgaben schnell erledigen konnte. Die Lehrer hatten schon mehrmals versucht, die Eltern der Schülerin zu einem Gespräch zu bewegen, doch diese hatten nie Zeit gefunden – bis heute.

Sie lächeln die Eltern an, als Sie in das Büro des Rektors treten, doch die Eltern machen ein ernstes Gesicht. Kaum sitzen Sie, da sagt der Vater: „Nun können Sie einmal sehen, wie falsch Sie meine Tochter in diesem Schuljahr in Mathematik beurteilt haben. Wir dachten, sie kann halt Mathematik nicht gut, doch jetzt ist klar, Sie haben etwas gegen meine Tochter. Oder vielleicht wissen Sie auch einfach nicht, wie man intelligenten Mädchen Mathematik vermittelt."

Die Mutter schaltet sich ein: „Ich meine, Sie sollten Ihre Notenvergabe angesichts des hervorragenden Testergebnisses noch einmal überdenken. Außerdem kennt sie offensichtlich schon einiges vom Mathematikstoff der 10. Klasse. Das sollten Sie bei der Benotung ihrer Leistungen im nächsten Jahr berücksichtigen."

Kritisch denken

- Was würden Sie den Eltern antworten?
- Was müssen Sie über Tests wissen, um dieser Situation zu begegnen?
- Wie werden Sie sich in Zukunft dieser Schülerin gegenüber verhalten?
- Welchen Einfluss haben diese kritischen Punkte auf die Klassenstufen, die Sie fortan unterrichten sollen?

Zusammenarbeit

Spielen Sie diese Besprechung mit drei Schülern durch.

Vielleicht ist das noch nicht bekannt, aber die Aufnahmetests für die Universität in einzelnen Fächern sind erst im 20. Jahrhunderts eingeführt worden. Im Allgemeinen wurde die Aufnahme in die Universität in den mit Aufnahmebeschränkung versehenen Fächern durch die Abiturnote geregelt. Seitdem wurden verschiedene fachspezifische Aufnahmetests entwickelt, auch Interviews wurden eingeführt. Aber sofort stießen diese Tests auch auf Kritik. Die Kritiker wollten die Tests neu konzipieren und die Ausbildung reformieren.

Trotz der Kritik werden standardisierte Tests entwickelt, die dem Bedürfnis nach vergleichbarer Be-urteilung in den verschiedenen Bundesländern gerecht werden sollen. Die Lehrer müssen sich also in der Entwicklung und im Einsatz standardisierter Tests auskennen, damit sie die Ergebnisse angemessen interpretieren können. Diesem Thema ist dieses 14. Kapitel gewidmet. Lehrer sollen verstehen, wie standardisierte Testscores errechnet werden und die Ergebnisse zu interpretieren sind. Damit soll einem Missbrauch von Testergebnissen vorgebeugt werden.

Zunächst geht dieses Kapitel aufs Testen allgemein ein und auf die verschiedenen Möglichkeiten, Testscores zu interpretieren. Dann werden verschiedene standardisierte Schultests vorgestellt. Dann überprüft das Kapitel verschiedene standardisierte Tests, die in Schulen eingesetzt werden. Schließlich befasst es sich mit den kritischen Punkten des Testens und Vorschlägen für Alternativen.

Nach Durcharbeiten dieses Kapitels werden Sie auf folgende Fragen antworten können:

- Wie werden Mittelwert, Median, Modalwert und Standardabweichung berechnet?
- Was sind Perzentilränge, Standardabweichung, z-Werte, T-Werte und Kategorialwerte?
- Wie kann man die Reliabilität und Validität von Tests erhöhen?
- Was sagen die Ergebnisse von Leistungs-, Fähigkeits- und diagnostischen Tests aus?
- Wie können Sie die Schüler und sich selbst auf standardisierte Tests vorbereiten?
- Wo liegen die Stärken und Schwächen alternativer Formen der Leistungserfassung?

Messen und Erfassen 14.1

Halt! Denken Sie nach! Schreiben Sie!

Eine Schülerin Ihrer 7. Klasse schneidet in einem Subtest in schlussfolgerndem Denken eines standardisierten Intelligenztests schlecht ab. Wie würden sich die Interpretationen der Ergebnisse unterscheiden, wenn Sie wüssten, dass es sich um einen Kriterium bezogenen im Vergleich zu einem normbezogenen Test handelt? Erklären Sie den Unterschied!

Unterrichten heißt, verschiedenerlei Urteile zu fällen – Entscheidungen zu treffen, die eigentlich Werteentscheidungen sind: „Sollten wir dieses Jahr einen unterschiedlichen Text verwenden?" „Ist dieser Film für meine Schüler gut?" „Wäre es für Jakob besser, die erste Klasse noch einmal zu wiederholen?" „Sollte Gerd eine 2– oder eine 3+ in seiner Projektarbeit erhalten?"

Messen heißt quantitativ Erfassen – eine Beschreibung eines Sachverhaltes oder Merkmals durch einen Zahlenwert. Messen stellt Informationen darüber be-

reit, wie viel, wie oft, wie gut eine Leistung erfolgt ist, indem es einen Wert, einen Rangplatz, eine Einschätzung ergibt. Statt zu sagen, „Sarah scheint Additionen nicht zu verstehen." könnte ein Lehrer aussagen, „Sarah hat nur 2 von 15 Aufgaben in ihren Hausaufgaben richtig gelöst." Messungen erlauben auch einem Lehrer, die Leistung eines Schülers in einer bestimmten Aufgabe entweder mit einem Standard oder mit anderen Schülerleistungen zu vergleichen.

Nicht alle Urteile von Lehrern beinhalten Messungen. Manche Beurteilungen gründen auch auf Informationen, die nur schwerlich quantitativ zu fassen sind: Bevorzugungen von Schülern, Informationen von Eltern, Erfahrungen, Intuitionen. Messen spielt jedoch in vielen Urteilen eine große Rolle und, wenn es richtig ausgeführt wird, liefert es unverfälschte Daten, auf denen Beurteilungen gründen können.

Zunehmend benutzen Spezialisten den Terminus (quantitatives) Erfassen von Lernleistungen, um den Vorgang des Informationssammelns über die Fortschritte in den Leistungen der Schüler zu beschreiben. Erfassen ist ein allgemeinerer Ausdruck als Testen oder Messen, denn es umfasst alle Formen des Erhebens und Beobachtens von Fertigkeiten, Wissen und Fähigkeiten der Schüler. **Erfassen** kann eine von vielen Maßnahmen sein, um Informationen über Schülerleistungen zu gewinnen (Linn & Miller, 2005). In sozialen Kontexten kann dafür auch der Terminus **Erhebung** oder **Ermittlung** stehen. Das Erfassen kann nach formalen Regeln erfolgen wie in einem standardisierten Test oder informell sein, wie zu beobachten, wer als Führer aus einer Gruppe hervorgeht. Die Ermittlung von Leistungs- oder Verhaltensdaten kann durch den Lehrer oder durch die Bezirksverwaltung oder nationale Einrichtungen erfolgen. In den USA gibt es einen nationalen Educational Testing Service, den es in Deutschland noch nicht gibt. Die Erhebung kann weit über Papier-und-Bleistift-Tests hinausgehen, sie kann die Beobachtung von Darbietungen, das Zusammenstellen von Mappen oder das Schaffen von Kunstwerken beinhalten (Popham, 2005a). In diesem Kapitel wird das formale Erfassen von Schülerleistungen durch Einrichtungen außerhalb der Schule besprochen. Dieses Erfassen beinhaltet gewöhnlich einen Testvorgang und das Berichten von Testergebnissen in Form von Testwerten.

Messen Eine (quantitative) Beurteilung in Form von Zahlenwerten.

Erfassen/Erhebung/Ermittlung Maßnahmen zum Sammeln von Informationen über die Leistungen eines Schülers.

Die Antworten in jeder Art von Test haben keinen Wert an und für sich; es muss eine Art von Vergleich vorgenommen werden, um diese Art von Testergebnis interpretieren zu können. Es gibt zwei Typen von Vergleichen: Im ersten wird ein Testwert mit demjenigen anderer Personen verglichen, die sich dem gleichen Test unterzogen haben. (Man spricht dann von einem normbezogenen Vergleich.) Der zweite Typ ist ein kriteriumbezogener Vergleich. Hier wird ein Vergleich mit einem festgelegten Standard oder einem Minimalwert gezogen. Der gleiche Test kann einmal als Norm bezogen und einmal als Kriterium bezogen interpretiert werden.

14.1.1 Interpretation normbezogener Testergebnisse

Beim **normbezogenen Testen** gehen alle Personen, die sich dem Test unterzogen haben, in die Norm ein; sie bildet den Bezugsrahmen für die Interpretation des Testwertes einer einzelnen Person. Eine Norm stellt die typische Leistung einer bestimmten Gruppe oder Population dar. Der individuelle *Rohwert* einer bestimmten Person (die Anzahl der richtig beantworteten Aufgaben) wird mit der Norm verglichen, und es wird festgestellt, ob er über, gleich oder unter dem Durchschnittswert dieser Gruppe liegt. Es gibt drei Arten von **Normgruppen** (Vergleichsgruppen) in der Pädagogik und Psychologie – die Klasse oder Schule des getesteten Probanden, der Schulbezirk oder Stichproben aus

Normbezogene Tests sind nützlich, um ein allgemeines Leistungsniveau zu erfassen, sie können aber nicht unbedingt vorhersagen, ob ein Schüler in einem Fach Lernfortschritte zeigen wird.

dem ganzen Land. Nationale Normgruppen werden zur Entwicklung breiter Testprogramme ein Jahr lang herangezogen, und dann dienen die erhaltenen Werte mehrere Jahre lang als Vergleichsbasis oder Norm für Einzelwerte. Da der soziale Status sich auf die Leistungen in standardisierten Tests auswirkt, haben Schüler in Mittel- und Oberschichtgegenden natürlich Testvorteile, ihre Werte liegen deshalb meist über dem Durchschnitt.

Normbezogene Tests erfüllen verschiedene Bedingungen. Sie dienen vor allem der Erfassung allgemeiner Leistungsfähigkeit der Schüler, die auf verschiedenen Wegen zu ihrer Fähigkeit, mit komplexem Material umzugehen, gelangt sind. Normbezogene Tests sind vor allem für die Auswahl von Spitzengruppen nützlich, z. B., wenn nur die besten 10 % der Schüler zu einem Programm zugelassen werden sollen.

Normbezogene Testergebnisse haben auch ihre Grenzen. Sie lassen keine Aussage darüber zu, ob ein Schüler so weit vorbereitet ist, dass er fortgeschrittenes, komplexeres Material verarbeiten kann. Zum Beispiel kann der Lehrer aufgrund des Befundes eines Algebratests, in dem ein Schüler in den oberen 3 % der gleichaltrigen Schüler platziert ist, nicht vorhersehen, ob er die höhere Mathematik auch gut lernen können wird, denn alle Kinder der Vergleichsstichprobe können nur ein mäßiges Verständnis gehabt haben und die Leistung der oberen 3 % wäre dann eben nur weniger mäßig.

Normbezogene Tests erfassen auch keine affektiven oder psychomotorischen Fähigkeiten. Um das psychomotorische Lernen zu erfassen, müssen genaue Beschreibungen der Standards vorliegen. (Auch der beste Turner in der Schule beherrscht nicht alle Übungen besser als andere und bedarf eines Trainers, um sich noch zu verbessern.) Im affektiven Bereich stellen Einstellungen und Werte persönliche Gegebenheiten dar; Vergleiche sind deshalb nicht angebracht. Wie könnte man z. B. eine mittlere Ausprägung einer politischen Wertorientierung oder Einstellung definieren? Normbezogene Tests verleiten zu Wettbewerb und Vergleich der Testwerte. Manche Schüler wollen unbedingt unter den Besten sein. Andere erkennen, dass es ihnen nicht möglich ist, zu den Besten zu gehören, und schalten um, sie erklären, sie wollen der Schlechteste sein. Beide Zielsetzungen haben ihre Nachteile.

Normbezogenes Testen Der Einsatz von Tests, in denen ein Einzelergebnis mit dem Durchschnitt anderer Testergebnisse verglichen wird.

Normgruppe Eine Gruppe, deren Durchschnittswert als Standard für die Bewertung von Einzelergebnissen dient.

Tabelle 14.1

Zwei Arten von Tests

Normbezogene Tests sind geeignet für

- das Erfassen allgemeiner Fähigkeiten (Stärken und Schwächen) in bestimmten Fächern wie Englisch oder Algebra, Naturwissenschaften oder deutsche Geschichte;
- einen Überblick über die Streubreite von Fähigkeiten in einer großen Gruppe;
- die Auswahl der besten, wenn nur begrenzte Plätze zur Verfügung stehen.

Kriteriumsbezogene Tests sind geeignet für

- die Überprüfung, ob grundlegende Voraussetzungen vorhanden sind;
- die Überprüfung, ob im Unterricht vorangegangen werden kann;
- die Ermittlung affektiver und psychomotorischer Voraussetzungen;
- das Zusammentragen von Belegen, ob Schüler die Lernstandards erreicht haben;
- die Gruppierung von Schülern im Unterricht.

14.1.2 Interpretation kriteriumsbezogener Testergebnisse

Wenn Testergebnisse nicht mit denjenigen anderer verglichen werden, sondern mit einem Kriterium oder einem Leistungsstandard, so heißt das **kriteriumsbezogenes Testen**. Wenn entschieden werden muss, ob jemand den Führerschein erhalten kann, muss festgelegt sein, was er alles können sollte, welchen Standards er genügen muss, um ein sicherer Fahrer zu sein. Es spielt also keine Rolle, ob man zu den besten 10 % der Fahrer gehört, wer ständig durch Rotlicht an Ampeln fährt, wäre kein guter Kandidat für einen Führerschein, auch wenn er das Fahrzeug gut beherrscht.

Kriteriumsbezogene Tests erfassen das Können in bestimmten Bereichen. Die Ergebnisse eines kriteriumsbezogenen Tests sagen dem Lehrer genau, was ein Schüler kann oder nicht kann, jedenfalls unter bestimmten Bedingungen. Zum Beispiel eignet sich ein Kriterium bezogener Test zur Erfassung der Fähigkeit zum Addieren von Drei-Ziffern-Kombinationen. Ein Test kann z. B. aus 20 verschiedenen Aufgaben bestehen, und der Standard für die Beherrschung der Aufgabe könnte die richtige Erledigung von 17 der 20 Aufgaben sein. (Der Standard ist oft willkürlich gesetzt, aber die Erfahrung des Lehrers fließt gewöhnlich ein.) Wenn zwei Schüler nur 7 oder 11 Aufgaben richtig gelöst haben, spielt es keine Rolle, ob ein Schüler besser als der andere abgeschnitten hat, beide haben das Kriterium von 17 nicht erreicht. Beide müssen noch Förderunterricht erhalten.

Bei grundlegenden Fertigkeiten sind festgelegte Kriterien wichtiger als besser oder schlechter als andere zu sein. Für Eltern ist es wenig tröstlich zu wissen, dass ihr Kind zwar besser als die meisten anderen Schüler in der Klasse liest, aber keiner das Klassenziel erreicht. Manchmal muss das Kriterium 100 % richtige Leistung sein. Wer lässt sich schon gern von einem Chirurgen den Blinddarm herausnehmen, der in nur 10 % aller Operationen ein Instrument im Körper des Patienten vergisst?

Kriteriumsbezogene Tests sind jedoch nicht für alle Situationen geeignet. Viele Fächer können nicht in verschiedene Zielsetzungen gefasst werden. Oft sind die Standards willkürlich gesetzt, wie schon aus der vorherigen Darstellung zu ersehen war. Wenn z. B. bei den Additionsaufgaben zu entscheiden ist, ob 16 oder 17 richtige Aufgaben erreicht werden sollen, lässt sich kaum entscheiden, welches Kriterium das bessere ist. Manchmal ist es auch gut zu wissen, wie ein Schüler mit seiner Leistung im Vergleich zu anderen in der gleichen Klassenstufe, auch in anderen Schulen, oder zu allen Schülern im Land einzuordnen ist. ▶ Tabelle 14.1 enthält einen Vergleich von norm- und kriteriumsbezo-

---

Kriteriumsbezogenes Testen Der Einsatz von Tests, in denen ein Einzelergebnis mit Leistungsstandards verglichen wird.

genen Testverfahren. Sie können daraus ersehen, dass jeder Testtyp für bestimmte Situationen geeignet ist, für andere aber nur von begrenztem Wert.

Was bedeuten Testergebnisse? 14.2

Standardisierte Tests sind jene offiziell erscheinenden gedruckten Bögen und Formulare, die die Schulen in großen Stapeln erwerben und bei den Schülern anwenden. Die Tests werden als standardisiert bezeichnet, weil sie in standardisierter Weise angewendet, ausgewertet und interpretiert werden – die gleichen Instruktionen, Zeitbegrenzungen und Punktevergaben gelten für alle (Popham, 2005a). Für die Entwicklung der einzelnen Aufgaben, der Testanwendung und -auswertung und der Berichtsform gelten Standardmethoden.

14.2.1 Grundbegriffe

> **Halt! Denken Sie nach! Schreiben Sie!**
>
> Schätzen Sie den Mittelwert, Median und Modalwert für diese zwei Wertereihen:
>
> 50, 45, 55, 55, 45, 50, 50
> Mittelwert____ Median____ Modalwert____
> 100, 0, 50, 90, 10, 50, 50
> Mittelwert____ Median____ Modalwert____
> Welche Zahlenreihe hat die größere Standardabweichung?

Beim standardisierten Testen wurden die Aufgaben und Instruktionen vorher überprüft, damit sie auch verständlich und eindeutig sind; dafür können mehrere Durchgänge notwendig werden. Wird eine normbezogene Interpretation bevorzugt, wird die endgültige Version auf eine **Normierungsstichprobe** angewendet,

eine große Stichprobe von Personen, die möglichst der Schülerpopulation ähnlich sein sollten, die sich später diesem Test unterziehen muss. Diese Normierungsstichprobe dient dann als Vergleichsstichprobe für alle Schüler, deren Testergebnisse interpretiert werden müssen. Die Testherausgeber sehen einen oder mehrere Wege vor, wie der Rohwert (Anzahl richtiger Aufgaben) eines einzelnen Schülers mit der Normstichprobe verglichen werden kann. Im Folgenden sollen einige Grundbegriffe erläutert werden, auf die Vergleiche und Interpretationen aufbauen.

Häufigkeitsverteilungen

Eine **Häufigkeitsverteilung** ist einfach die Anzahl von Personen, die einen bestimmten Testwert erreicht oder in eine bestimmte Kategorie von Testwerten fällt. Zum Beispiel ergab ein Rechtschreibtest folgende Werte für 19 Schüler: 100, 95, 90, 85, 85, 85, 80, 75, 75, 75, 70, 65, 60, 60, 55, 50, 50, 45, 40. Eine Grafik, in diesem Fall ein **Histogramm** (Säulendiagramm) der Rechtschreibtestwerte, ist in ▶ Abbildung 14.1 zu sehen. Die eine Achse (die x-Achse oder horizontale Achse) zeigt die möglichen Werte an und die andere Achse (die y-Achse oder vertikale Achse) zeigt die Anzahl der Personen, die jeden der möglichen Werte erreicht haben.

Messung der Zentraltendenzen und Standardabweichungen

Mittelwerte begegnen jedem auch im Alltag. Ein Mittelwert ist einfach der arithmetische Durchschnitt einer Reihe von Werten. Um den Mittelwert zu erhalten, addiert man die Einzelwerte auf und teilt sie durch die Anzahl der Werte in der Verteilung. Die 19 Werte ergeben aufaddiert den Summenwert 1340, der Mittelwert liegt entsprechend bei $1340/19 = 70,53$. Der Mittelwert ist nur eine Möglichkeit, die **Zentraltendenz** zu messen, also den Wert zu ermitteln, der typisch oder repräsentativ für eine Werteverteilung ist. Sehr hohe und sehr niedrige Einzelwerte erhöhen oder senken den Mittelwert.

Standardisierte Tests Tests werden unter einheitlichen (standardisierten) Bedingungen angewendet und ausgewertet.

Normierungsstichprobe Eine große Schülerstichprobe, die als Vergleichsgruppe für die Auswertung standardisierter Tests dient.

Häufigkeitsverteilung Die Reihe der in einem Test vorkommenden Werte und die Anzahl der Personen, die jeden dieser Werte erreicht hat.

Histogramm Säulendiagramm einer Häufigkeitsverteilung.

Mittelwert Arithmetisches Mittel oder Durchschnittswert.

Zentraltendenz Repräsentativer Wert einer Verteilung.

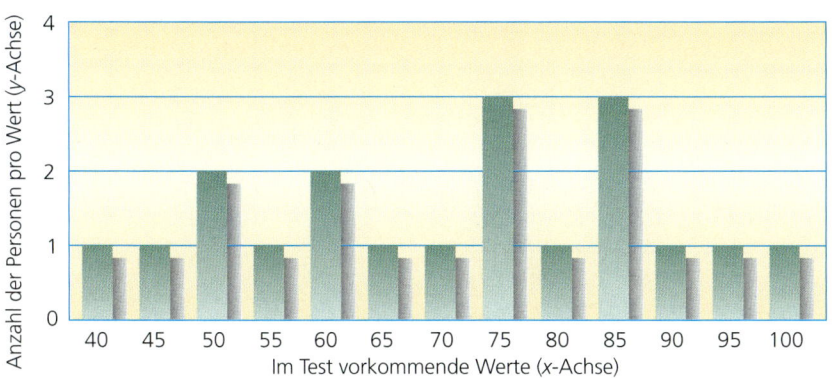

Abbildung 14.1: **Histogramm einer Häufigkeitsverteilung.** Dieses Säulendiagramm oder Histogramm zeigt die Anzahl der Personen, die auf die Einzelwerte in einem Test entfallen. Es ist leicht zu erkennen, dass jeweils drei Personen den Wert 75 und drei Personen den Wert 85 erreicht haben.

Zwei andere Maße für die Zentraltendenz sind der Median oder der Modalwert. Der **Median** ist der Wert, unterhalb oder oberhalb dessen jeweils 50 % der Personen liegen. Der Median der 19 Werte liegt bei 75: 9 Werte sind größer oder gleich 75 und 9 Werte kleiner. Wenn es ein paar sehr hohe oder sehr niedrige Werte gibt, ist der Modalwert der aussagenkräftigste Wert. Der **Modalwert** ist jener Wert, der am häufigsten in der Verteilung vorkommt. Die Verteilung in Abbildung 14.1 hat zwei Modalwerte, 75 und 85, denn beide Werte tauchen jeweils dreimal auf. Dies ist eine bimodale Verteilung.

Das Maß der zentralen Tendenz stellt den Wert dar, der für die ganze Verteilung repräsentativ ist, aber über die Verteilung der Werte sagt sie nichts aus. Zwei Verteilungen können jeweils einen Mittelwert von 50 haben, aber sonst ähneln sie sich nicht. Eine Verteilung enthält die Werte 50, 45, 55, 55, 45, 50, 50; die andere Verteilung enthält die Werte 100, 0, 50, 90, 10, 50, 50 (siehe *Halt! Denken Sie nach! Schreiben Sie!*). In beiden Reihen beträgt der Mittelwert 50, aber die Verteilungen sind unterschiedlich.

Die **Standardabweichung** ist ein Maß für die Breite der Streuung von Einzelwerten um den Mittelwert herum. Je größer die Standardabweichung ist, desto breiter streuen die Werte. Je kleiner die Standardabweichung, umso enger gruppieren sich die Einzelwerte um den Mittelwert herum. In der Verteilung 50, 45, 55, 55, 45, 50, 50 ist die Standardabweichung kleiner als in der Verteilung 100, 0, 50, 90, 10, 50, 50. Anders formuliert kann man sagen, dass Verteilungen mit kleiner Standardabweichung eine geringe **Variabilität/Varianz** der Einzelwerte haben.

Die Standardabweichung ist relativ leicht zu errechnen, wenn man Grundkenntnisse der Mathematik aus der höheren Schule behalten hat. Die Rechnung geht allerdings nicht ganz schnell. Der Rechenvorgang ist ähnlich dem bei einer Mittelwertsermittlung, aber man muss noch die Quadratwurzel ziehen. Die folgenden Schritte führen zur Errechnung der Standardabweichung:

1 Errechnen Sie den Mittelwert ($\overline{X}$) der Verteilung.

2 Ziehen Sie den Mittelwert von jedem Einzelwert ab: $(X - \overline{X})$.

3 Quadrieren Sie jede Differenz (mit sich selbst multiplizieren): $(X - \overline{X})^2$.

4 Alle quadrierten Differenzen werden aufaddiert: $\sum(X - \overline{X})^2$.

5 Die Summe wird durch die Anzahl der Einzelwerte geteilt: $\sum \dfrac{(X - \overline{X})^2}{N}$.

6 Ziehen Sie die Quadratwurzel $\sqrt{\dfrac{\sum(X - \overline{X})^2}{N}}$, damit erhalten Sie die Formel zur Errechnung der *Standardabweichung*.

Wenn man den Mittelwert und die Standardabweichung kennt, kann man über die Verteilung etwas aus-

---

Median Mittlerer Wert einer Verteilung, 50 % der Werte liegen darüber und 50 % darunter.

Modalwert Der am häufigsten erscheinende Wert.

Standardabweichung Ein Maß dafür, wie weit die Einzelwerte vom Mittelwert abweichen.

Varianz/Variabilität Ein Maß dafür, wie stark die Einzelwerte um den Mittelwert herum streuen.

Abbildung 14.2: **Die Normalverteilung.** Die Normalverteilung oder Glockenkurve hat voraussagbare Merkmale: 68 % der Einzelwerte liegen innerhalb der Grenze von einer Standardabweichung ober- und unterhalb des Mittelwertes.

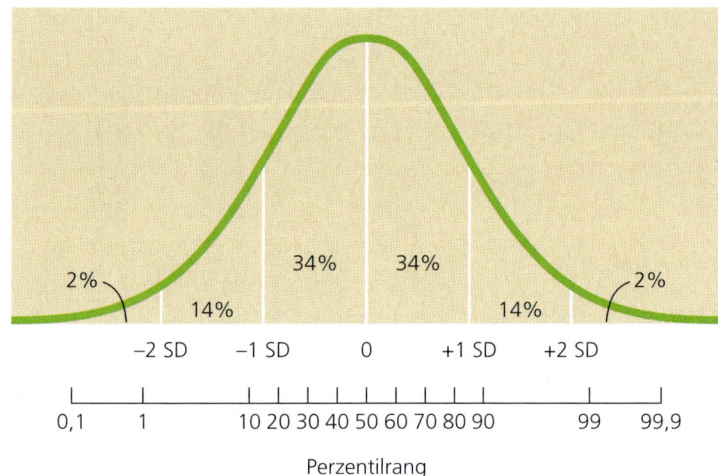

Perzentilrang

Verknüpfen und erweitern Sie Ihren Unterricht

Welcher Mathematikkurs ist leichter zu unterrichten, A oder B? Urteilen Sie auf der Grundlage der folgenden Angaben über die Standardabweichungen (der nationale Durchschnitt beträgt 50):

Kurs A hat einen Durchschnittswert M von 55 und eine Standardabweichung SD von 13;

Kurs B hat $M = 53$ und $SD = 4$.

(*Antwort:* Wahrscheinlich Kurs B, denn die Teilnehmer zeigen ähnlichere Leistungen).

---

sagen, aber auch einen Einzelwert besser interpretieren. Zum Beispiel bei einem Einzelwert von 78 in einem Test kann sich der Getestete dann freuen, wenn der Mittelwert 70 und die Standardabweichung 4 betragen. In diesem Fall wäre der Einzelwert 2 Standardabweichungen über dem Mittelwert, das ist weit überdurchschnittlich.

Im Gegensatz dazu ist bei einem Mittelwert von 70 und einer Standardabweichung von 20 der Einzelwert 78 durchschnittlich hoch, also am Mittelwert der Gruppe. Die Kenntnis der Standardabweichung erlaubt also weitergehende Aussagen als nur über die **Streuung** der Einzelwerte. Gleichgültig wie die Mehrheit im Test abschnitt, ein paar Schüler erhielten her-

vorragende Werte und andere sehr schlechte, so wird die Streubreite sehr groß.

Die Normalverteilung

Standardabweichungen sind sehr nützlich beim Verstehen von Testergebnissen. Sie sind besonders hilfreich, wenn die im Test erreichten Einzelwerte eine **Normalverteilung** bilden. Die Normalverteilung ist eine glockenförmige Verteilungskurve, die am häufigsten vorkommt, denn sie beschreibt viele natürlich auftretende Verteilungen von physikalischen und sozialen Ereignissen. Viele Einzelwerte fallen in den mittleren Wertebereich, sodass die Verteilung gestaucht aussieht. In Richtung der Endpunkte gibt es immer geringer werdende Häufigkeiten. Statistiker haben die Normalverteilung sehr gründlich analysiert. Der Mittelwert einer Normalverteilung ist auch der Mittelpunkt des Wertebereiches. Die Hälfte der Werte liegt unterhalb, die andere Hälfte oberhalb des Mittelpunktes. In einer Normalverteilung liegen der Mittelwert, der Median und der Modalwert auf demselben Einzelwert.

Ein weiterer Vorteil der Normalverteilung ist, dass der Prozentanteil der Einzelwerte, die in jedem Bereich der Normalverteilung liegen, bekannt ist (▶ Abbildung 14.2). Eine Person mit einem Einzelwert, der innerhalb einer Standardabweichung von 1 oberhalb des Mittelwertes liegt, ist offensichtlich dort in zahlreicher Gesellschaft. In dem Bereich Standardabweichung gleich 1 ober- und unterhalb des Mittelwertes

---

Streuung Distanz des höchsten und des niedrigsten Wertes voneinander.

Normalverteilung Die am häufigsten vorkommende Verteilung, in der die Einzelwerte gleichmäßig um den Mittelwert herum gruppiert sind.

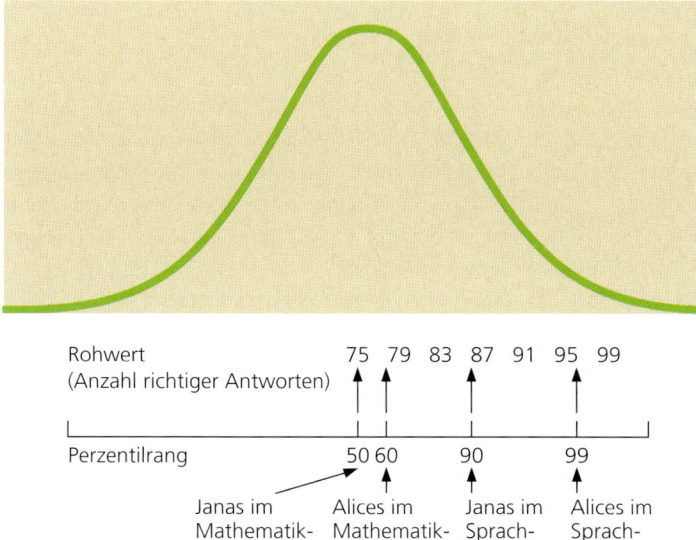

Abbildung 14.3: Perzentilrangplätze auf einer Normalverteilungskurve. Perzentilrangplätze haben in unterschiedlichen Skalenbereichen unterschiedliche Bedeutung. Zum Beispiel bedeutet ein Perzentilrangunterschied von 10 % im mittleren Skalenbereich nur einen Unterschied von ganz wenigen Rohpunktwerten, an den Enden der Verteilung jedoch müssen schon 6 oder 7 Rohwertpunkte Unterschied vorhanden sein, um einen Perzentilrangunterschied von 10 % zu erreichen.

liegen 68 % aller Einzelwerte. Etwa 16 % der Fälle liegen oberhalb der Standardabweichungsgrenze von 1 und 16 % unterhalb. Von diesem Anteil liegen wiederum 2 % der Gesamtverteilung ober- und unterhalb von 2 Standardabweichungen. Dieser kleine Anteil ist demnach deutlich besser bzw. deutlich schlechter als die anderen Personen, deren Werte in der Verteilung repräsentiert sind.

14.2.2 Typen von Werten

> **Halt! Denken Sie nach! Schreiben Sie!**
>
> Bei Ihrem ersten Elternabend äußern sich eine Mutter und ein Vater besorgt über den Perzentilrang von 86 ihres Kindes. Sie sagten, dass sie erwartet hätten, dass ihr Kind näher an den Perzentilrang von 100 % herankomme. Sie seien überzeugt, dass es das leisten könne, denn sein Leistungsstand sei um ein halbes Jahr vorsprüngig. Was würden Sie ihnen antworten?

Diese Hintergrundinformationen sollten genügen, um die verschiedenen Testergebnisse von standardisierten Tests, die dann in Zeugnisnoten ihren Niederschlag finden, richtig bewerten zu können. Die Eltern des Kindes aus dem Beispiel oben sollten über die Verteilung von Testwerten aufgeklärt werden, um Missverständnisse auszuräumen.

Perzentilrangplätze

Das Konzept der Rangplätze ist die Grundlage eines sehr nützlichen Testwertes, dem des Perzentilrangplatzes in einem standardisierten Test. Beim **Perzentilrangplatz** wird der Rohwert eines Schülers verglichen mit den Rohwerten der anderen Schüler in der Normierungsstichprobe. Der Perzentilrangplatz zeigt den Prozentanteil der Schüler in der Normierungsstichprobe, die den *gleichen* oder einen *niedrigeren* Rohwert erreichten. Wenn ein Schüler besser oder gleich Dreiviertel aller Schüler wäre, hätte er einen Perzentilrangplatz von 75. Das heißt nicht, dass er einen Rohwert von 75 richtigen Antworten hat oder dass er 75 % der Antworten richtig hat. Die 75 % beziehen sich auf den Prozentanteil der Schüler in der Normierungsstichprobe, die den gleichen oder einen niedrigeren Rohwert erhalten haben. Ein Perzentilrang von 50 bedeutet, dass ein Schüler gleich oder besser als 50 % der Schüler in der Normierungsstichprobe abschnitt, also einen Durchschnittswert erreicht hat.

▶ Abbildung 14.3 macht darauf aufmerksam, dass man bei der Interpretation der Perzentilrangplätze Vorsicht walten lassen muss. Unterschiede in den Perzentilrängen im mittleren Bereich und in den Randbe-

---

Perzentilrangplatz Prozentsatz der Personen in der Normierungsstichprobe, die genauso gut oder schlechter abschnitten.

reichen der Werteskala entsprechen nicht den gleichen Unterschieden in den Rohwerten. Die Grafik zeigt Janas und Alices Perzentilrangplätze in imaginären Sprach- und Mathematiktests. Beide Schülerinnen erreichten durchschnittliche Leistungen in Mathematik. Die eine erhielt einen Perzentilrangplatz von 50 %, die andere von 60 %. Da ihre Rangplätze im mittleren Bereich der Werteskala liegen, bedeutet dies nur eine geringe absolute Differenz der Rohwerte; die Rohwerte waren 75 und 77. In dem Sprachtest fiel der Unterschied zwischen beiden Rangplätzen ähnlich aus, denn die eine erhielt einen Rangplatz von 90 % und die andere einen von 99 %. Aber der Unterschied zwischen den Rohwerten ist weitaus größer: Die Rohwerte müssen am Ende der Skala weiter auseinander liegen, um einen bedeutsamen Unterschied in den Perzentilrangplätzen zu erreichen. Im Sprachtest betrug der Unterschied in den Rohwerten etwa 10 Punkte.

Notenähnliche Wertpunkte

Notenähnliche Wertpunkte werden im Allgemeinen mittels eigener Normierungsstichproben für jede Klassenstufe gewonnen. Der Durchschnittswert aller Zehntklässler in der Normierungsstichprobe ist der Normwert für diese Klassenstufe. Angenommen der durchschnittliche Rohwert in der 10. Klasse in einem Test sei 38. Dies ist der Normwert für die 10. Klasse. Jeder Schüler, der 38 richtige Antworten gegeben hat, hat also den Normwert der 10. Klasse erreicht. Normwerte für die Klassenstufen werden meist in der Form 8,3; 4,5; 7,6 oder 11,5 angegeben. Die erste ganze Zahl gibt die Klassenstufe an, die Dezimalstelle den Anteil am Jahr in Zehntel, der noch hinzuaddiert wird. Also entspricht der Wert 4,5 eines Schülers dem Durchschnittwert der Klasse 4 plus einem halben (0,5) Jahr oder 6 Monaten. In der Praxis werden die Zehntelangaben annäherungsweise wie Monate interpretiert.

Angenommen ein Schüler der 7. Klasse entspricht in seinen Testleistungen dem Normwert der 10. Klasse. Sollte er dann Klassen überspringen? Das sollte erst – wenn überhaupt – nach längerer Prüfung geschehen. Zehntklässler erhalten andere Aufgaben als Siebtklässler, in diesen Aufgaben kann der Siebtklässler weniger gut abschneiden, denn in der 7. Klasse vorsprüngig

zu sein, heißt nicht, dass man den Stoff der 10. Klasse genauso gut kann wie die Zehntklässler. Auch wenn der Zehntklässler den Normwert seiner Klassenstufe erreicht und der Siebtklässler in seinem Testergebnis dem Normwert der 10. Klasse entspricht, so weiß der Schüler der 10. Klasse doch viel mehr als der vorsprüngige Schüler der 7. Klasse. Der hohe Wert des Siebtklässlers deutet auf ein hervorragendes Beherrschen des Materials der 7. Klasse hin, aber nicht auf das Beherrschen des Materials der 10. Klasse. Die Normwerte für Klassenstufen bedeuten auf den einzelnen Klassenstufen nicht dasselbe. Wenn ein Zweitklässler wie ein Erstklässler liest, so ist dieser Unterschied nicht gleichwertig einem Elftklässler, der wie ein Zehntklässler liest. Da Normwerte für Klassenstufen irreführend sind und oft falsch von Eltern interpretiert werden, vertreten Erzieher und Psychologen die Meinung, man sollte sie nicht nutzen. Es stehen verschiedene andere angemessene Formen von Testwerten zur Verfügung.

Standardwerte

Bei der Analyse der Perzentilrangplätze taucht das Problem der Vergleichbarkeit von Rangplätzen auf. Eine bestimmte Diskrepanz zwischen Rohwertpunkten hat in verschiedenen Bereichen der Werteskala unterschiedliche Bedeutung. Wenn Standardwerte verwendet werden, hat ein Werteunterschied von 10 Punkten überall auf der Skala die gleiche Bedeutung.

Standardwerte gründen auf der Standardabweichung. Ein häufig verwendeter Standardwert ist der z-Wert. Ein **z-Wert** sagt aus, wie viele Standardabweichungen über oder unter dem Durchschnitt ein Rohwert liegt. In dem vorher bereits beschriebenen Beispiel, in dem ein Schüler einen Testwert von 78 erhielt und der Testdurchschnitt bei 70 lag (bei einer Standardabweichung von 4), würde der z-Wert +2 oder 2 Standardabweichungen über dem Mittelwert liegen. Wenn eine andere Person einen Testwert von 64 in demselben Test hat, wäre der Einzelwert 1,5 Standardabweichungen unterhalb des Mittelwertes und der z-Wert wäre entsprechend −1,5. Ein z-Wert von 0 heißt, der Wert liegt genau auf dem Mittelwert mit einer Standardabweichung von 0.

Notenähnliche Wertpunkte Ein für eine Klassenstufe repräsentatives Leistungsmaß auf der Grundlage einer Normierungsstichprobe für jede Klassenstufe.

z-Wert Standardwert, der die Anzahl der Standardabweichungen über oder unter dem Mittelwert angibt.

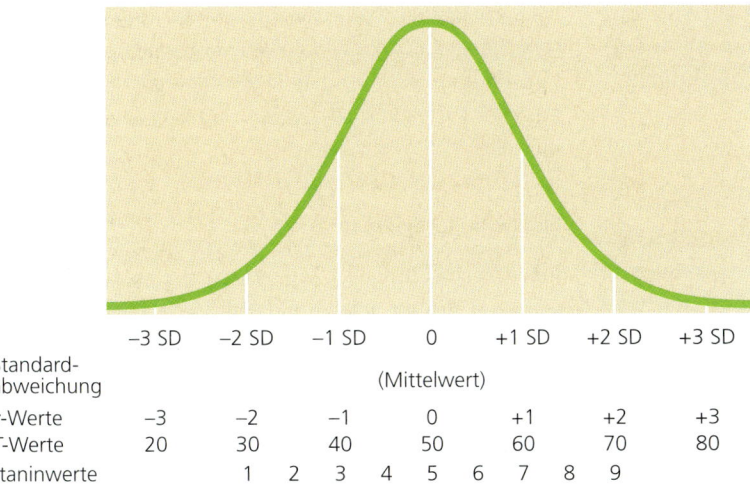

	–3 SD	–2 SD	–1 SD	0	+1 SD	+2 SD	+3 SD
Standard-abweichung				(Mittelwert)			
z-Werte	–3	–2	–1	0	+1	+2	+3
T-Werte	20	30	40	50	60	70	80
Staninwerte		1 2	3	4 5 6	7	8 9	

Um den z-Wert aus einem gegebenen Rohwert zu errechnen, muss man den Mittelwert vom Rohwert abziehen und durch die Standardabweichung teilen. Die Formel ist:

$$z = \frac{\text{Rohwert} - \text{Mittelwert}}{\text{Standardabweichung}}$$

Manchmal sind negative Werte unbequem zu rechnen, deshalb wurden andere Standardwerte erdacht. Der **T-Wert** hat einen Mittelwert von 50 und eine Standardabweichung von 10. Ein T-Wert von 50 weist auf eine durchschnittliche Leistung hin. Wenn man den entsprechenden z-Wert mit 10 multipliziert (wodurch die Dezimalzahl verschwindet) und 50 dazuaddiert (wodurch man die negativen Zahlen loswird), erhält man den entsprechenden T-Wert. Die Person mit dem z-Wert −1,5 würde einen T-Wert von 35 erhalten:

Erst den z-Wert mit 10 multiplizieren: −1,5 × 10 = −15, dann 50 addieren: −15 + 50 = 35.

Ein anderer Standardwert ist der Stanin(Kategorial-)wert. **Staninwerte** (der Name kommt von „Standard Nine") sind ebenfalls Standardwerte. Es gibt nur neun mögliche Werte auf der Staninskala, nämlich die ganzen Zahlen von 1 bis 9. Der Mittelwert ist 5 und die Standardabweichung ist 2. Jede Einheit von 2 bis 8 entspricht einer halben Standardabweichung.

Staninwerte legen auch den Rangplatz eines Schülers fest, denn jeder der neun Werte umfasst eine Reihe von Perzentilrangplätzen in der Normalverteilung. Ein Staninwert von 1 schließt die unteren 4 % einer Verteilung ein. Ein Staninwert von 2 wird den folgenden 7 % zugeordnet. Natürlich sind nicht alle Rohwerte gleich, aber sie erhalten trotzdem in diesem Bereich den Staninwert von 2.

Jeder Staninwert stellt ein breites Spektrum an Rohwerten dar. Das hat den Vorteil, dass Eltern und Lehrer die Leistung des Schülers eher allgemein interpretieren und nicht die feinen Unterschiede in den Rohwerten überinterpretieren. Die ▶ Abbildung 14.4 vergleicht die vier hier vorgestellten Typen von Standardwerten und ihre Lokalisierungen innerhalb einer Normalverteilung.

14.2.3 Testwerte interpretieren

Was würden Sie dazu sagen?

Als Teil eines Vorstellungsgesprächs für eine Lehrerstelle an einer höheren Schule werden Sie gefragt: „Wie würden Sie die Testergebnisse von Schülern aus Minderheiten interpretieren?"

Eines der häufigsten Probleme beim Einsatz von Tests ist die Missdeutung von Testwerten. Dieses Problem kommt so häufig vor, weil Zahlenwerte suggerieren, dass eine Fähigkeit oder Fähigkeiten genau erfasst wurde. Kein Test liefert ein perfektes Bild der Fähigkeiten einer Person, ein Test liefert nur eine kleine Verhal-

---

T-Wert Standardwert mit einem Mittelwert von 50 und einer Standardabweichung von 10.

Staninwert Kategoriale Werte in ganzen Zahlen von 1–9, von denen jeder eine gewisse Spannbreite von Rohwerten einschließt.

tensstichprobe. Drei Faktoren sind für die Entwicklung guter Tests und für die Interpretation der Testergebnisse wichtig: Reliabilität, Validität und Objektivität.

Reliabilität der Testwerte

Ein Testergebnis, das zweimal mit einer Woche Abstand auf die gleiche Weise erhoben wurde und den gleichen Wert aufwies, wird als reliabel (zuverlässig) bezeichnet. Wenn 100 Leute sich wiederholt dem Test unterziehen und die beiden Testwerte etwa gleich ausfallen, dann wäre die Reliabilität noch besser erwiesen. Die Reliabilität kann nur dann erfasst werden, wenn in der Zeit zwischen den beiden Wiederholungen kein neues Lernen stattgefunden hat. Die Testwerte sind reliabel, wenn ein Test die Fähigkeiten eines Probanden bei verschiedenen Gelegenheiten misst und zum gleichen Ergebnis kommt und damit die Aussage zulässt, die Fähigkeit des Probanden ist die gleiche. Ein reliabler Test arbeitet wie ein Thermometer; jedes Mal, wenn es in kochendes Wasser getaucht wird, zeigt es 100 Celsius Grad an. Die **Reliabilität** durch Messwiederholung zu erfassen, lässt eine Aussage über *Stabilität* oder *Wiederholungsreliabilität* (*Retest-Reliabilität*) zu. Wenn eine Gruppe von Personen mit zwei äquivalenten Testversionen getestet wird und in beiden etwa gleiche Testergebnisse aufweist, dann wird dies mit *Paralleltestreliabilität* bezeichnet. Reliabilität kann sich auch auf die *interne Konsistenz* oder die *Genauigkeit* eines Tests beziehen. Diese Art der Reliabilität, die Split-Half-Reliabilität, wird errechnet durch einen Vergleich des Testergebnisses in der einen Hälfte mit dem in der anderen. Wenn, zum Beispiel, ein Proband in den Fragen mit geraden Ordnungszahlen gut abschneidet und in den Aufgaben mit ungeraden Zahlen weniger gut, dann lässt sich schlussfolgern, dass die Testfragen in sich nicht konsistent oder genau sind und deshalb das, was sie messen sollen, nicht gut erfassen.

Es gibt verschiedene Methoden zur Erfassung der Reliabilität, aber alle Vorgehensweisen ergeben Zahlen zwischen 0,0 und 1,0, wie Korrelationskoeffizienten. Ein Wert über 0,90 wird als sehr reliabel eingestuft, Werte zwischen 0,80 und 0,90 sind auch noch gut, und Werte geringer als 0,80 gelten als wenig reliabel,

bei standardisierten Tests (Haladyna, 2002). Der effektivste Weg, die Reliabilität zu erhöhen, ist dem Test weitere Fragen oder Aufgaben hinzuzufügen. Allgemein gilt die Aussage, dass längere Tests reliabler sind als kürzere.

Fehler in Testwerten

Jedes Testergebnis ist mit einem Fehler behaftet, sie schätzen die zu erfassende Fähigkeit mehr oder weniger ungenau. In jeder Testsituation gibt es Fehler. Manchmal liegen die Fehlerquellen beim Probanden, wie etwa Stimmung, Motivation, Testerfahrung oder sogar Täuschungsmanöver. Manchmal sind die Fehler günstig für das Testergebnis, die Fähigkeit erscheint höher (z. B. wenn man zufällig vorher den Stoff der Testfragen gelesen hat). Manchmal sind die Fehler auch zuungunsten des Probanden – der Proband fühlt sich nicht gut, ist müde oder hat sich auf andere Aspekte des Testmaterials eingestellt. Manchmal liegen die Fehlerquellen auch beim Test selbst: Die Instruktionen sind unklar, die Aufgaben sind schwieriger Lesestoff, die Aufgaben sind mehrdeutig oder die Zeitbegrenzungen sind falsch geschätzt.

Der Testwert jedes Schülers schließt *Fehler* ein. Wie können Fehler reduziert werden? Die Antwort führt zurück zum Reliabilitätsproblem. Je reliabler ein Test, mit umso geringerem Fehler ist das Testergebnis behaftet. Testentwickler beziehen dies in ihre Überlegungen ein und versuchen zu schätzen, wie stark der Testwert eines Probanden variieren würde, wenn er wiederholt getestet würde. Diese Schätzung wird als **Standardmessfehler** bezeichnet. Ein reliabler Test ist ein Test mit nur einem kleinen Standardmessfehler. Bei der Interpretation von Testergebnissen müssen Lehrer auch die Größe des Standardmessfehlers berücksichtigen.

Konfidenzintervalle

Eine Einschätzung der Fähigkeit eines Schülers sollte sich nicht nur auf den genauen Testwert stützen. Viele Testhersteller schlagen vor, ein **Konfidenzintervall** oder einen Bereich des Standardfehlers anzugeben, in dem der Wert des Schülers liegt. Hierbei wird der Standardfehler berücksichtigt, der dem Lehrer sagt,

---

Reliabilität (Zuverlässigkeit) Konsistenz der Testergebnisse.

Standardmessfehler Gibt an, wie stark der Wert eines Probanden variieren kann, wenn er wiederholt getestet wird.

Konfidenzintervall Bereich innerhalb des Standardmessfehlers, in dem der wahre Wert eines Probanden liegt.

Die Validität und die Reliabilität von Tests können davon abhängen, ob sie intelligenz-, wissens-, motivations- oder erfahrungsabhängig sind.

Verknüpfen und erweitern Sie Ihre Forschungskenntnisse

Messick, S. (1995). Standards of Validity und Validity of Standards in Performance Assessment. *Educational Measurement: Issues and Practice*, *14(4)*, 5–8.

in welchem Bereich der **wahre Testwert** des Schülers liegt – der Wert, den ein Schüler erhalten würde, wenn die Messung nicht mit einem Fehler behaftet, sondern genau wäre.

Angenommen zwei Schüler in einer Klasse haben beide einen standardisierten Mathematiktest. Der Standardmessfehler für diesen Test sei 5. Der eine Schüler erhält einen Testwert von 79 und der andere einen Wert von 85. Zunächst erscheinen beide Werte unterschiedlich, aber wenn die Bereiche der jeweiligen Standardmessfehler abgesteckt werden, überlappen diese Bereiche. Der wahre Wert des ersten Schülers kann zwischen 74 und 84 liegen (das ist der eigentliche Wert von 79 plus und minus der Standardabweichung von 5). Der wahre Wert des zweiten Schülers liegt zwischen 80 und 90. Wenn Schüler für Sonderprogramme ausgewählt werden, ist es wichtig, diese Bandbreiten zu kennen. Kein Kind sollte zurückgewiesen werden, nur weil es 2 Punktwerte unter dem festgelegten Kriteriumswert liegt. Der wahre Wert des Schülers kann über dem Kriteriumswert liegen.

Validität

Wenn ein Testwert ausreichend zuverlässig ist, ist die nächste Frage, ob der Test misst, was er messen sollte, oder mit anderen Worten, ob der Test **Validität** besitzt, d. h. genauer, ob die Beurteilungen und Entscheidungen aufgrund der Testergebnisse Gültigkeit haben. Um die Gültigkeit eines Tests zu belegen, muss der Test-

anwender Entscheidungen und Inferenzen, die er aufgrund der Testergebnisse vollzieht, durch andere Belege stützen. Das heißt, die Validität wird immer im Hinblick auf eine Anwendung oder einen Zweck beurteilt, also im Hinblick auf eine gerade anstehende Entscheidung (Linn & Gronlund, 2000; Popham, 2005a). Ein besonderer Test kann für einen Verwendungszweck valide sein, aber nicht für einen anderen.

Es gibt verschiedene Formen von Belegen für eine bestimmte Interpretation des Testergebnisses. Wenn es sich um einen Test handelt, der die Fertigkeiten erfassen soll, die in einer Unterrichtseinheit oder in einem ganzen Kurs erworben werden, dann sollten die Testfragen aus den wichtigen Themen des Unterrichtsbereichs stammen und nicht außerhalb desselben gesammelt werden. Ist diese Bedingung erfüllt, ergibt sich daraus die *Inhaltsvalidität*. Entwickelt man z. B. einen Test über einige Seiten aus einem Lehrbuch und soll dieses Testergebnis die Grundlage für die Note eines ganzen Kurses bilden, dann fehlt es sicherlich an inhaltsorientierter Evidenz für Testvalidität.

Einige Tests werden entwickelt, um ein bestimmtes Ergebnis vorherzusagen. Die Ergebnisse des Aufnahmetests für das Medizinstudium sollen vorhersagen, ob das Studium der Medizin erfolgreich abgeschlossen wird. Die Noten im Physikum oder in der Abschlussprüfung müssen dann mit den Testergebnissen signifikant korrelieren, damit eine Kriteriumsvalidität erfüllt ist.

Die meisten standardisierten Tests werden entwickelt, um psychologische Merkmale oder „*Konstrukte*" zu erfassen, wie etwa Fähigkeit zum Schlussfolgern, Leseverständnis, Leistungsmotivation, Intelligenz, Kreativität und vieles mehr. Es ist etwas schwieriger, Konstruktvalidität zu etablieren, diese ist jedoch sehr wichtig, vielleicht die wichtigste Art der Validierung. *Konstruktvalidierung* benötigt mehrere Jahre.

Wahrer Testwert Wert, den ein Proband erhalten würde, wenn die Messung nicht mit einem Fehler behaftet wäre.

Validität (Gültigkeit) Die Eigenschaft eines Tests, das zu messen, was er vorgibt zu erfassen.

Meist muss ein Ergebnismuster in Erscheinung treten. Zum Beispiel können ältere Kinder mehr Intelligenzaufgaben lösen als jüngere. Das entspricht unserer Auffassung von Intelligenz. Wenn ein Fünfjähriger genauso viele Fragen beantworten könnte wie ein durchschnittlicher Dreizehnjähriger, würde wohl jedermann bezweifeln, ob der Test wirklich Intelligenz erfassen könnte. Konstruktvalidität ist auch daran zu erkennen, dass das entsprechende Testergebnis mit einem anderen validen Maß für dasselbe Konstrukt korreliert.

Gegenwärtig betrachten viele Psychologen die Konstruktvalidität als das übergeordnete Konstrukt, dem Inhalts- und Kriteriumsvalidität untergeordnet sind, alle Validierungskategorien versuchen festzustellen, ob der Test wirklich das Konstrukt misst, was er vorgibt zu messen. Vor über 30 Jahren stellte Sam Messick (1975) zwei wichtige Fragen, die bei der Auswahl von geeigneten Tests gestellt werden müssen: Ist der Test ein geeignetes Messinstrument für das Merkmal, das er erfassen soll? Ist der Test für den beabsichtigten Zweck geeignet? Die erste Frage betrifft die Konstruktvalidität, die zweite zielt auf ethische Prinzipien und Werte (Moss, 1992).

Nur wenn ein Test reliabel ist, kann er auch valide sein. Zum Beispiel, wenn ein Intelligenztest bei Wiederholung im Abstand von einigen Monaten unterschiedliche Ergebnisse anzeigt, dann ist er definitionsgemäß nicht reliabel. Intelligenz wird als stabil angesehen, jedenfalls innerhalb eines so relativ kurzen Zeitraumes. Aber Reliabilität führt nicht zwingend zur Validität. Ein Intelligenztest, der zuverlässig den gleichen Testwert für ein Kind liefert, muss deshalb noch nicht die Intelligenz, Schulleistungen, Lerngeschwindigkeit oder andere Intelligenzleistungen eines Kindes vorhersagen; das Abschneiden im Intelligenztest wäre dann kein Indikator für wahre Intelligenz. Der Test wäre zuverlässig, aber nicht gültig. Reliabilitäts- und Validitätsfragen tauchen bei allen möglichen Tests, nicht nur bei standardisierten auf. Auch Klassenarbeiten sollten zuverlässig und valide messen, was sie erfassen sollen. Die *Richtlinien* sollen helfen, die Reliabilität und Validität der verfügbaren standardisierten Tests zu erhöhen.

Unvoreingenommenes Testen – Testobjektivität

Das dritte wichtige Kriterium zur Einschätzung von Testergebnissen ist die Objektivität oder Unvoreingenommenheit der Messungen. **Testobjektivität** oder **Unvoreingenommenheit** „bezieht sich auf die Qualität des Messinstruments, das Probanden benachteiligt wegen ihres Geschlechts, ihrer Ethnizität, ihrem sozioökonomischem Status, ihrer Religion oder anderer gruppendefinierender Merkmale" (Popham, 2005a, S. 77). **Voreingenommenheit** oder **Testbias** ergeben sich aus Testaspekten wie Inhalt, Sprache oder Beispielen, die Leistungen einer Gruppe beeinträchtigen oder falsch angeben können. Wenn ein Lesetest z. B. Abschnitte hat, die von Fußball oder Boxen handeln, lesen männliche Probanden besser als weibliche.

Zwei Formen der mangelnden Objektivität sind unfaire Benachteiligungen und Kränkungen. Der Lesetest mit einem Schwerpunkt auf Sportinhalten ist ein Beispiel für eine unfaire Benachteiligung der Mädchen, wenn es um Wissen über Boxen und Fußball geht. Kränkungen ergeben sich aus Herabsetzungen bestimmter Gruppen durch die im Test dargestellten Sachverhalte oder verwendeten Formulierungen. Gekränkte und verärgerte Schüler geben nicht ihr Bestes im Test.

Erfassen Einzeltestwerte eines Intelligenztests oder eines Zulassungstests für ein Studium die Intelligenz oder den Studienerfolg auf faire Weise? Das ist eine komplexe Frage. Forschungen über Testbias zeigen, dass die meisten standardisierten Tests den Schulerfolg für alle Schülergruppen gleichermaßen gut vorhersagen. Manche Fragen scheinen für bestimmte Schülergruppen schwieriger zu sein als für andere, aber dies ist in der Regel für Minderheitengruppen nicht der Fall (Sattler, 2001). Auch wenn in der Regel standardisierte Intelligenz- und Leistungstests die Vorhersage von Schülerleistungen unvoreingenommen oder objektiv ermöglichen, beharren manche Nutzer auf dem Vorurteil, einige Minderheiten würden benachteiligt. Tests mögen manchmal keine Durchführungsobjektivität aufweisen, das heißt Schüler aus bestimmten Gruppen können im Test nicht zeigen, was sie wissen. Hier einige Beispiele:

Testobjektivität (Unvoreingenommenheit eines Tests) Ein Test führt dann objektive Messungen durch, wenn das Messergebnis nicht von der Person des Messenden (z. B. dessen Einstellungen oder Verhalten) abhängt.

Testbias (Voreingenommenheit eines Tests) Eigenheiten eines Tests, die bestimmte Gruppen (Mädchen, niedriger Sozialstatus, Rasse, Ethnie usw.) benachteiligen.

Reliabilität und Validität erhöhen

Stellen Sie sicher, dass der Test alle Inhalte einer Unterrichtseinheit abdeckt.
Beispiele
1. Vergleichen Sie Testfragen mit den Zielen der Unterrichtseinheit. Beide sollten möglichst vollständig in Deckung gebracht werden.
2. Nutzen Sie möglichst lokale Leistungstests und lokale Normen.
3. Überprüfen Sie die Inhalte des Tests, alle wichtigen Inhalte der Unterrichtseinheit sollten vertreten sein.
4. Finden Sie heraus, ob es für Ihre Schüler Schwierigkeiten im Test gibt, wie etwa Zeitdruck, zu schwierige Textstellen zu lesen usw. Besprechen Sie diese Schwierigkeit mit dem Schulpersonal.

Stellen Sie sicher, dass Ihre Schüler wissen, was sie mit dem Testmaterial anfangen sollen.
Beispiele
1. Einige Tage vor dem Testen sollten einige Probefragen in ähnlichem Format vorgestellt werden.
2. Zeigen Sie, wie man das Antwortblatt benutzt, besonders nötig bei Antwortblättern aus dem Computer.
3. Schauen Sie bei neuen, schüchternen, langsamen Schülern und schwachen Lesern beim Beantworten der Testfragen vorbei, damit Sie Fragen gleich klären können.
4. Schüler sollten erkennen können, ob und wann Raten hilft.

Folgen Sie den Instruktionen zur Testanwendung genau.
Beispiele
1. Üben Sie die Durchführung des Tests, bevor Sie ihn ernsthaft einsetzen.
2. Halten Sie die Zeitbegrenzungen genau ein.

Sorgen Sie dafür, dass Ihre Schüler sich in der Testsituation wohlfühlen.
Beispiele
1. Erzeugen Sie keine Angst, indem Sie den Test zum wichtigsten des Jahres erklären.
2. Helfen Sie der Klasse, sich vor dem Test zu entspannen; erzählen Sie Witze oder lassen Sie die Schüler dreimal tief durchatmen. Seien Sie selbst auch entspannt.
3. Sorgen Sie für Ruhe im Testraum.
4. Machen Sie den Schülern klar, dass Täuschungsmanöver zwecklos sind, da Sie die Klasse überblicken. Arbeiten Sie selbst nicht während des Testens.

Beachten Sie, dass alle Testwerte fehlerbehaftet sind.
Beispiele
1. Geben Sie die Testwerte in Bereichen an und nicht nur in einem einzigen Endwert.
2. Beachten Sie die kleinen Unterschiede zwischen den Testwerten nicht.

Mehr Informationen über Voreingenommenheit beim Testen unter: **http://www.fairtest.org/**

1. Die Sprache des Tests und der Testleiter ist nicht die gleiche wie die dominante Sprache der Getesteten.
2. Antworten in Übereinstimmung mit Mittelklassestandards erhalten oft mehr Punkte.
3. Bei individuell durchgeführten Intelligenztests wird flüssiges und gewandtes Sprechen belohnt. Das verschafft denjenigen Schülern einen Vorteil, die sich in der Testsituation wohl fühlen.

Tests können auch deshalb voreingenommen sein, weil unterschiedliche Minderheitengruppen nicht im gleichen Ausmaß die *Gelegenheit* hatten, das Material *zu lernen*. Die gestellten Fragen zentrieren meist auf Erfahrungen und Tatsachen, die den Schülern der dominanten Kultur vertrauter sind als den Schülern aus Minderheiten. Das folgende Testitem soll das Problem veranschaulichen (Popham, 2005a):

Mein Onkel arbeitet im Bereich Computerprogrammierung.

In welchem der folgenden Sätze wird das Wort Bereich *in der gleichen Bedeutung wie in dem eingerahmten Satz gebraucht?*
A. Die Polizei sperrte den gesamten Bereich *an der Grenze ab.*
B. Ich weiß schon, in welchem Dienstleistungsbereich ich nach Beendigung des Studiums einmal tätig sein werde.
C. Der Machtbereich des osmanischen Reiches schien sich über die halbe Erdkugel erstreckt zu haben.

Fragen dieser Art gibt es in den meisten standardisierten Tests. Aber nicht alle beschreiben ihre Erwerbstätigkeit als Tätigkeitsbereich. Wenn Menschen in beruflichen Bereichen wie Informatik, Medizin, Jura oder Bildung arbeiten, macht der eingerahmte Satz Sinn, aber was, wenn sie in einem Lebensmittelgeschäft oder einer Autoreparaturwerkstatt arbeiten? Sind das Bereiche in der oben angesprochenen Bedeutung? Das Leben außerhalb der Schule hat einige, aber nicht alle Schüler auf die richtige Beantwortung der Testfrage vorbereitet.

Die Sorge, ein Test könne kulturelle Voreingenommenheit aufweisen, führte zur Entwicklung „**kulturfreier**" oder „**kulturfairer**" **Tests**. Diesen Bemühungen war kein Erfolg beschieden. In vielen der sogenannten kulturfairen Tests war das Ergebnis von Schülern aus Familien mit geringem Sozialstatus und ethnischen Gruppen gleich hoch oder schlechter als die Testwerte im Hamburg-Wechsler-Intelligenztest oder den Stanford-Binet-Intelligenzskalen (Sattler, 2001). Wie kann man überhaupt Kultur und kognitive Leistungen trennen? Jeder Schüler lernt in einem kulturellen Rahmen, und jede Testfrage entsteht aus kulturell geprägtem Wissen.

Die jetzt benutzten und entwickelten standardisierten Tests werden sorgfältig auf Voreingenommenheiten überprüft, aber die von den Lehrern entworfenen Tests und Klassenarbeiten können natürlich auch voreingenommen sein. Besonders zu Beginn der Lehrerlaufbahn sollten Lehrer die Tests von Kollegen durchschauen lassen, ob alle Aufgaben das Wissen der Kinder objektiv erfassen können (Popham, 2005a). Die

Richtlinien geben Hinweise, wie Schüler sich ohne Schwierigkeiten Tests unterziehen können.

Arten von standardisierten Tests 14.3

Es gibt verschiedenen Arten standardisierter Tests, die in Schulen eingesetzt werden können. Sie können in drei wesentliche Kategorien eingeteilt werden: Leistungs-, diagnostische und Fähigkeits- (einschließlich Interessens-) Tests. Als Lehrer werden Sie wahrscheinlich am häufigsten Leistungs- und Fähigkeitstests verwenden.

Standardisierte Tests in Erziehung und Ausbildung gehören einer von drei Kategorien an: Leistung, Diagnostik und Fähigkeit (einschließlich Interessen).

14.3.1 Leistungstests: Was hat der Schüler gelernt?

Die üblichen standardisierten Tests für Schüler sind **Leistungstests**. Diese Tests sollen erfassen, wie viel ein Schüler in einzelnen Wissensbereichen wie Leseverständnis, Sprachgebrauch, Rechnen, Naturwissenschaften, Mathematik und logischem Denken gelernt hat. Es gibt individuelle und Gruppenleistungstests.

Kulturfreier/Kulturfairer Test Test ohne kulturelle Voreingenommenheit, objektiver Test.

Leistungstest Standardisierter Test zur Erfassung des Lernerfolges in einem bestimmten Inhaltsbereich.

Testteilnehmer mit Testerfahrung werden

Den Abend vor dem Test gut ausnutzen.

Beispiele

1 Am Abend vor dem Test noch einmal die Zusammenfassung der Kernideen, -begriffe und -zusammenhänge durchschauen.

2 In der Nacht vorher gut schlafen. Solltest du in der Nacht vor einem Test nie gut schlafen, versuche, die Nächte davor auszuschlafen.

Bereite die Begleitumstände für den Test gut vor, sodass du dich auf ihn konzentrieren kannst.

Beispiele

1 Gut frühstücken und ohne Hektik zum Testraum gehen.

2 Nicht neben einen Freund setzen, das könnte die Konzentration beeinträchtigen. Wenn der Freund früh Schluss macht, könntest du auch dazu verleitet werden.

Du solltest dafür sorgen, dass du die Fragen des Tests richtig verstehst.

Beispiele

1 Lese die Instruktionen sorgfältig durch. Wenn du unsicher bist, bitte den Testleiter um eine Erklärung.

2 Lese alle Instruktionen genau durch, um schwierige Wörter wie *nicht, ausgenommen, alle folgenden, nur nicht* zu erkennen.

3 In einem Test mit offenen Fragen solltest du dir erst alle Fragen durchlesen, bevor du antwortest. Dann kann man besser den Gesamtumfang des Tests einschätzen und sich ausrechnen, wie viel Zeit für jede Frage zur Verfügung steht.

4 In einem Test mit Auswahlantworten sollte jede Alternative erst gelesen werden, bevor die richtige angekreuzt wird.

Nutze die zur Verfügung stehende Zeit.

Beispiele

1 Fange gleich an und arbeite zügig, solange du noch frisch bist.

2 Fange mit den leichten Fragen an.

3 Bleibe nicht bei einer Frage hängen. Wenn du blockiert bist, mache dir ein Zeichen an die Aufgabe, sodass du später wieder zu dieser Aufgabe zurückkommst. Bearbeite erst Aufgaben, die schnell zu erledigen sind.

4 Kreuze bei einem Test mit Mehrfachantworten, bei denen die richtigen Antworten für dich nicht erkenntlich sind, einfach nach dem Zufallsprinzip Antworten an, wenn Raten nicht bestraft wird.

5 Wenn dir die Zeit davonläuft bei einem Test mit offenen Fragen, lass keine Frage unbeantwortet. Beantworte die Fragen stichwortartig, um dem Testleiter zu zeigen, du hättest die Antwort gewusst, aber er hat zu wenig Zeit dafür vorgesehen.

Es ist wichtig zu wissen, wann Raten in Tests mit Auswahlantworten oder Richtig-Falsch-Antworten etwas bringen kann.

Beispiele

1 Raten ist immer dann empfehlenswert, wenn nur die richtigen Antworten zählen.

2 Raten ist immer dann empfehlenswert, wenn manche Alternativen leicht auszuschließen sind.

3 Vermeide das Raten, wenn Raten bestraft wird, es sei denn, du kannst eine Alternative mit Sicherheit ausschließen.

4 Sind richtige Antworten immer länger? Kürzer? Von mittlerer Länge? Ein bestimmter Buchstabe? Eher die richtige als die falsche Alternative?

5 Ist die grammatische Form der Aufgabe irreführend oder schließt sie eine bestimmte Alternative aus?

Überprüfe deine Antworten.

Beispiele

1 Auch wenn du den Test schon satt hast, lese noch einmal alles durch, um sicherzugehen, dass die von dir beabsichtigte Antwort dasteht.

2 Wenn ein maschinen-lesbares Antwortformular vorliegt, überprüfe, ob die Nummer deiner Antwort und die Nummer des Aufgabenblattes identisch sind.

Bei einem Test mit offenen Fragen antworte so direkt wie möglich.

Beispiele

1 Blumige Einleitungen sind zu vermeiden. Gib die Antwort bereits im ersten Satz, und in den folgenden Sätzen sollten nur nähere Ausführungen kommen.

2 Die besten Ideen sollten nicht bis zum Schluss aufgehoben werden, sie sollten an erster Stelle kommen.

3 Versuche wichtige Punkte, Argumente usw. aufzuzählen, es sei denn, der Testleiter fordert ganze Sätze. Das hilft, die Gedanken zu ordnen und sich auf die wichtigen Punkte in der Antwort zu konzentrieren.

Lerne aus den Testerfahrungen.

Beispiele

1 Sei aufmerksam bei der Sache, wenn der Lehrer die Antworten durchspricht. Man kann aus Fehlern lernen und es ist nicht auszuschließen, dass dieselben Fragen noch einmal auftauchen.

2 Wenn eine bestimmte Frage Schwierigkeiten bereitet, so sollte bei der nächsten Testvorbereitung diese Art von Fragen stärker berücksichtigt werden.

Mehr Strategien für die bessere Erledigung von Tests können Sie nachlesen unter **http://eop.mu.edu/study/** oder unter **http://www.testtakingtips.com/**

Diese Tests sind von unterschiedlicher Reliabilität und Validität. Gruppentests können für einen ersten Leistungsüberblick eingesetzt werden, so z. B. für Kinder, die eingehende Testuntersuchungen haben sollten oder als Grundlage für eine Einteilung der Kinder in Leistungsgruppen. Einzelleistungstests dienen dazu, das Niveau der Schulleistungen eines Kindes genauer festzustellen oder Lernprobleme zu diagnostizieren.

Halt! Denken Sie nach! Schreiben Sie!

Schauen Sie auf das Testformular in Abbildung 14.5. Was sind die Stärken und Schwächen des Schülers? Woher wissen Sie das?

Informationen aus einem normorientierten Leistungstest gewinnen

Welche Informationen können Lehrer aus den Ergebnissen von Leistungstests gewinnen? Testherausgeber sehen meist die Darstellung individueller Profile für jeden Schüler vor, diese zeigen die Wertpunkte in jedem Untertest. Der in Abbildung 14.5 abgebildete Protokollbogen eines fiktiven Schülers hat zwei Seiten. Die erste Seite berichtet den Leistungsstand, den der Schüler im Hinblick auf die Lernziele der vierten Klasse erreicht hat in den Fächern Lesen, Sprachen, Mathematik, Naturwissenschaften und Sozialwissenschaften. Zum Beispiel werden unter Lesen die Lernziele „Verstehen der Kernideen", „Textanalyse", „Bewerten des Textes/über den Text Hinausgehen" und „Erkennen der Lesestrategien" aufgeführt. Zu jedem Lernziel werden verschiedene Rohwerte aufgeführt. Die zweite Seite berichtet normenbezogene Wertpunkte. Es folgen nun die Erläuterungen zu den einzelnen Angaben im Protokollbogen.

Rohwert: *In der ersten Rubrik unter „Schüler" wird die Anzahl der richtig gelösten Aufgaben aufgeführt, bezogen auf die Maximalanzahl der Aufgaben (Proportion). Manchmal ist die maximale Anzahl gering, dies führt zu Reliabilitätsproblemen.*

Nationaler Durchschnittswert: *Anzahl der Aufgaben, die eine Normstichprobe aus ganz Deutschland im Jahre 2000 richtig gelöst hatte.*

Differenzwert: *Unterschied zwischen dem Rohwert eines Schülers und dem nationalen Durchschnitt – liegt der Rohwert des Schülers unter oder über dem* *nationalen Durchschnitt, und wie groß ist die Differenz? Das Protokoll zeigt, dass der Schüler 15 Punkte unter dem nationalen Durchschnitt in Schreibstrategien liegt, aber 15 Punkte darüber in Textbearbeiten.*

Leistungsbereich: *Zeigt, ob ein Wert in der unteren/ mittleren/oberen Bandbreite der Leistungswerte liegt.*

Grafische Darstellung der Rohwerte: *die nicht gefüllten/halb gefüllten/ganz gefüllten Kreise geben an, in welchem Leistungsbereich sich die Werte eines Schülers befinden: leerer Kreis unterer Leistungsbereich, halb gefüllter Kreis mittlerer Leistungsbereich und gefüllter Kreis hoher Leistungsbereich.*

Auf der zweiten Seite des Protokollbogens stehen die Normen bezogenen Wertpunkte. Die Werte des Schülers werden mit den Durchschnittswerten der nationalen Normstichprobe aus dem Jahre 2000 verglichen.

Skalenwerte: *Basiswert, der in Lernkurven eingeht. Wenn er Jahr für Jahr in einer Kurve aufgetragen wird, zeigt sich in der Regel ein Anstieg („Wachstumskurve"). Wird in Schulen zunehmend genutzt, weil er über Alter, Klassen und Schulen hinweg einheitlich ist und verglichen werden kann.*

Notenäquivalenter Score: *Dieser Wert zeigt, dass der Skalenwert des Schülers so hoch ist wie der Durchschnittswert eines Schülers in der vierten Klasse. Die Probleme von Skalenwerten beachten, die bereits vorgestellt wurden!*

Nationaler Staninwert: *Der Staninwert des Schülers bezogen auf die Werte der nationalen Normierungsstichprobe als Vergleichsgruppe.*

Nationaler Perzentilwert: *Dieser Wert sagt aus, wo der Schüler in Bezug auf Schüler der gleichen Klasse im ganzen Land steht.*

Nationaler Perzentilrangplatz: *Der Streubereich des nationalen Perzentilwerts, in den der wahre Wert des Schülers fällt. Wie bereits ausgeführt, heißt dieser Bereich Konfidenzintervall und errechnet sich aus der Addition und der Subtraktion des Standardfehlers vom Rohwert des Schülers. Mit 95%iger Wahrscheinlichkeit liegt der wahre Wert im Konfidenzintervall.*

Neben den Wertpunkten ist eine Grafik, die den Perzentil- und den Staninwert des Schülers, zusam-

> **Verknüpfen und erweitern Sie Ihre Forschungskenntnisse**
>
> Turner, M. D., Baldwin, L., Kleinert, H. L. & Kearns, J. F. (2000). The Relation of a Statewide Alternate Assessment for Students With Severe Disabilities to Other Measures of Instructional Effectiveness. *Journal of Special Education*, *34*, 69–74.

men mit dem Streubereich des Standardfehlers, anzeigt.

Informationen aus einem normorientierten Leistungstest gewinnen

Welche Informationen können Lehrer aus den Ergebnissen von Leistungstests gewinnen? Testherausgeber sehen meist die Darstellung individueller Profile für jeden Schüler vor, diese zeigen die Wertpunkte in jedem Untertest. ▶ Abbildung 14.5 (siehe S. 654) gibt ein Beispiel für eine Ergebnisdarstellung eines Viertklässlers wieder.

▶ Abbildung 14.6 (siehe S. 655) zeigt den Ergebnisprotokollbogen des SBL II, der Schulbatterie zur Erfassung des Lernstandes in Mathematik, Lesen und Schreiben (Ingenkamp, 2002). Die Prozentrangbänder beziehen sich auf eine Normstichprobe.

Diagnostische Tests: Stärken und Schwächen des Schülers

Standardisierte und nicht standardisierte Leistungstests können Schwächen in einzelnen Wissensbereichen wie Mathematik, Rechnen oder Lesen aufdecken. Einzeltests vermögen auch Schwächen in den Lernprozessen zu erkennen. Wenn Lehrer Lernschwächen entdecken wollen, greifen Sie auf verschiedene **diagnostische Tests** zurück, deren Ziel es ist, Lernprozesse und deren Verläufe zu erfassen. Die meisten diagnostischen Tests werden einzeln von einem ausgebildeten Testleiter durchgeführt. Das Ziel besteht darin, die Schwierigkeiten eines Schülers beim Lernen zu erkennen. Es gibt diagnostische Tests für die Bestimmung der Unterschiedsschwelle von Tönen, gesprochene Wörter oder Sätze zu erinnern, eine Reihenfolge von Symbolen auswendig wiederzugeben, Figur-Grund-Trennungen

---

Diagnostischer Leistungstest Formativer Test, um die vorhandenen Schwächen der Schüler festzustellen; kann spezielle Lernprobleme aufdecken.

zu vollziehen, Beziehungen herzustellen, Auge-Hand-Koordinationen, Objekte mündlich zu beschreiben, Laute zu Worten zusammenzusetzen, Einzelheiten in einem Bild zu erkennen, Bewegungskoordination und noch viele weitere für das Lernen, Behalten und das

Kommunizieren des Gelernten notwendige Fähigkeiten. Grundschullehrer benötigen die Ergebnisse diagnostischer Tests noch mehr als Sekundarschullehrer. Schüler der höheren Schule erhalten eher Fähigkeitstests.

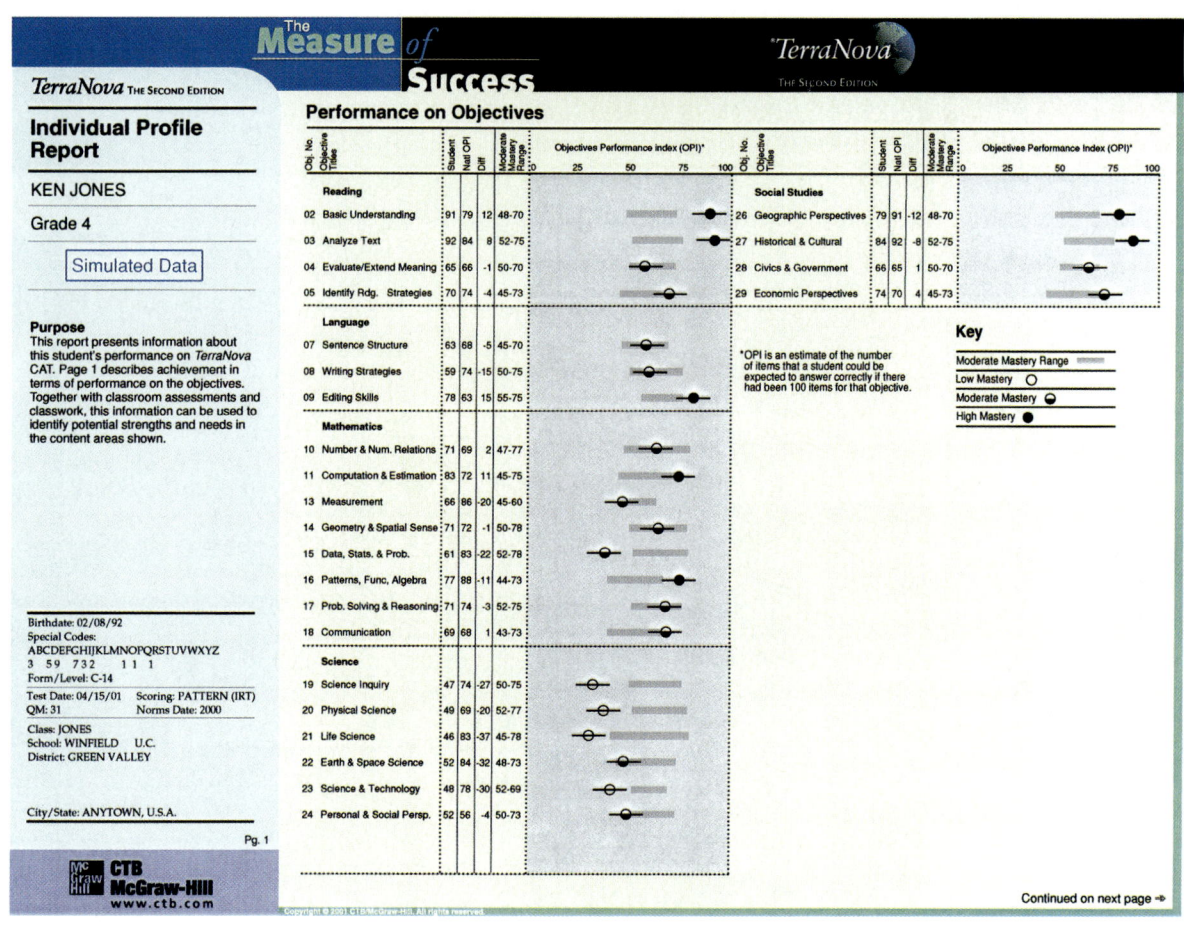

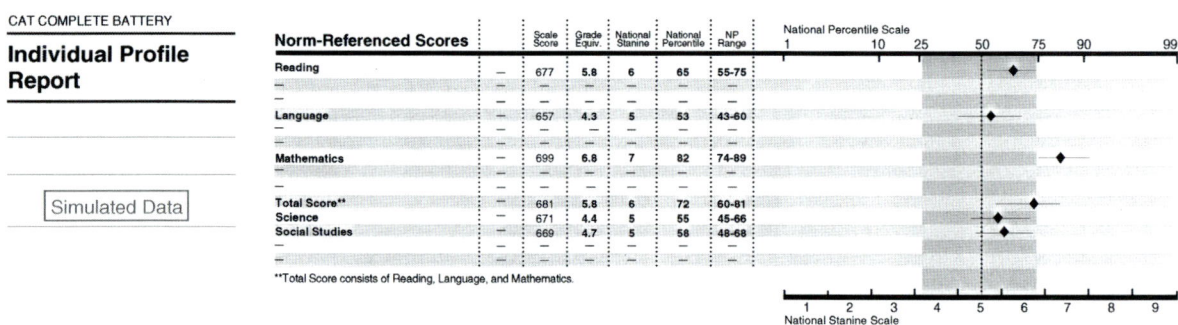

Abbildung 14.5: **Protokollbogen für einen amerikanischen Schulleistungstest (Terra Nova CAT).** Eine typische Ergebnisdarstellung in einem Leistungstest eines Viertklässlers.

SBL II

DEUTSCHE SCHULTESTS BELTZ

Schultestbatterie zur Erfassung des Lernstandes in Mathematik, Lesen und Schreiben

Form A
Mathematik

2. Klasse

Vor- und Zuname: _____   Geburtstag: _____   Junge ☐   Mädchen ☐

Schule: _____   Wohnort: _____

Durchführung am: _____ (Tag/Monat/Jahr)   von: _____ (z.B. Klassenlehrer)

Schullaufbahn:

Zurückgestellt [0] [1] [2] Jahre

1. Klasse ☐ [1] [2] Jahre

2. Klasse ☐ [1] [2] Jahre

Geburtsort:

In Deutschland ☐

Im Ausland ☐

Seit wann in Deutschland?

_____

Muttersprache:

Deutsch ☐   Italienisch ☐

Russisch ☐   Serbokroatisch ☐

Türkisch ☐   Andere:

_____

Ergebnisse			Leistungsprofil: Prozentrangbänder														
Untertest	Rohpunkte	Prozentrangband	1	2	3	4	5	10	15	20	25	30	40	50	60	70	75
Kardinal- und Ordinalzahlen (KO)																	
Längen messen (LM)																	
Rechnen mit Geld (GE)																	
Sachrechnen und Textaufgaben (ST)																	
Addieren (AD)																	
Subtrahieren (SU)																	
Rechnen mit Platzhaltern: Zerlegen (PLZ)																	
Rechnen mit Platzhaltern: Ergänzen (PLE)																	
Multiplizieren (MU)																	
Dividieren (DI)																	
Geometrie (GEO)																	
Rechnen mit Zeitmaßen (ZM)																	
Gesamttest																	
Angewandtes Rechnen (GE + ST)																	
Zahlenrechnen (AD+SU+PLZ+PLE+MU+DI)																	

Abbildung 14.6: Protokollbogen eines deutschen Schulleistungstests. (Schultestbatterie zur Erfassung des Lernstandes in Mathematik, Lesen und Schreiben für die zweite Klasse, abgebildet ist der Teil Mathematik).
Quelle: H. Kautter, L. Storz und W. Munz, *SBL II, Teil: Mathematik (Form A)*. Herausgegeben von Karlheinz Ingenkamp in der Reihe *Deutsche Schultests*. Copyright © Beltz Test GmbH, Göttingen 2002. Best.-Nr.: 04 240 03. Nachdruck und Vervielfältigung – auch auszugsweise – sind verboten; Zitierung ist nur von Übungsaufgaben gestattet. Auf die bei Bestellung anerkannten Bezugsbedingungen, insbesondere die Verpflichtung, den Test oder Fragebogen vor unbefugter Einsichtnahme zu schützen, wird ausdrücklich hingewiesen.

14.3.2 Fähigkeitstests: Voraussagen von Leistungen

Sowohl der Leistungstest als auch der **Fähigkeitstest** messen bereits entwickelte Fähigkeiten. Leistungstests messen über kürzere Zeit entwickelte Fähigkeiten, wie z. B. das in einem Wochenendkurs erworbene Lesen von Karten oder in einem Semester erworbene Wissen über die Durchführung eines Experimentes. Fähigkeitstests testen über Jahre entwickelte Fähigkeiten. Das Ergebnis soll vorhersagen können, wie schnell ein Proband entsprechendes neues Material lernen kann. Beide Arten von Tests werden für verschiedene Zwecke eingesetzt. Leistungstests messen die vollzogene Leistung (manchmal sogar mit Benotung), während Fähigkeitstests vorhersagen, wie gut ein Proband eine Ausbildung oder ein bestimmtes Programm absolvieren wird (Anastasi, 1988).

IQ und Fähigkeit zum Studium

In Kapitel 4 wurde der einflussreichste Fähigkeitstest von allen vorgestellt, der Intelligenztest, der den IQ misst. Ein IQ-Test könnte auch als Fähigkeitstest für das Studium betrachtet werden. Da inzwischen der Begriff der Standardabweichung bekannt ist, sind die statistischen Merkmale des Tests nun verständlicher. Zum Beispiel ist der IQ ein Standardwert mit einem Mittelwert von 100 und einer Standardabweichung von 15. Etwa 68 % der Bevölkerung haben einen IQ im Bereich von −1 und +1 Standardabweichung vom Mittelwert oder zwischen 85 und 115. Ein Unterschied zwischen den IQ-Werten zweier Schüler, der in diesen Bereich fällt, sollte nicht interpretiert werden. Werte zwischen 90 und 109 liegen im durchschnittlichen Bereich. IQ-Punkte zwischen 80 und 119 gelten als niedriger bis hoher Durchschnitt. Die Probleme, die dadurch entstehen, können der folgenden Unterhaltung entnommen werden:

Eltern: Wir kommen heute zu Ihnen, weil wir schockiert sind über den IQ-Wert unseres Sohnes. Wir können nicht glauben, dass er nur einen IQ von 99 hat, weil seine Schwester in diesem Test viel besser abschnitt. Wir wissen doch, dass sie etwa Gleiches leisten. Sam hat sogar bessere Noten als Laura in der 5. Klasse hatte.

Lehrer: Welchen IQ-Wert hatte Laura?

Elternteil: Sie hatte einen IQ von 103.

Es ist offensichtlich, dass beide Kinder im Durchschnittsbereich liegen. Der Standardfehler des Mittelwertes des verwendeten IQ-Tests, des Hamburg-Wechsler-Intelligenztest für Kinder (HAWIK-IV) (Petermann & Petermann, 2007) variiert zwar leicht in verschiedenen Altersstufen, durchschnittlich liegt er jedoch bei 3. Die Bandbreiten der möglichen wahren IQ-Werte überlappen also: von 96 bis 102 und 100 bis 106. Jedes Kind könnte auch die Werte 100, 101 und 102 erzielt haben.

Die Testergebnisse mit Familienmitgliedern besprechen

Sicher kommt es öfters vor, dass die Eltern die Testergebnisse ihrer Kinder mit dem Lehrer besprechen möchten. Die *Richtlinien für die Partnerschaft mit Familie und Gemeinde* geben Tipps, worauf man bei einem solchen Gespräch achten sollte.

Probleme beim standardisierten Testen 14.4

Seit standardisierte Tests in den Schulen eingeführt wurden, sind Lehrer und Mitglieder der Schulverwaltung wegen der Testergebnisse besorgt. Die internationale PISA-(Program for Standardized Achievement Testing der OECD-Länder)Leistungserhebung in

---

Fähigkeitstest Test, der zukünftige Leistungen vorhersagen soll.

Partnerschaft mit Familie und Gemeinde: Erklären und Verwenden von Testergebnissen

Sie sollten ohne Fachausdrücke verständlich erklären, was die einzelnen Wertpunkte bedeuten.

Beispiele

1 Wenn es sich um einen normorientierten Test handelt, sollten Sie darauf achten, ob die Normierungsgruppe national oder lokal ist. Erklären Sie, dass die Wertpunkte des Kindes zeigen, wie es im Verhältnis zu anderen Kindern in der Vergleichsgruppe abgeschnitten hat.

2 Wenn der Test kriteriumsorientiert ist, erklären Sie, dass die Werte zeigen, wie gut ein Kind sich in einem bestimmten Bereich auskennt.

Wenn der Test normorientiert ist, sollten Sie die Perzentilrangplätze beachten. Sie werden am leichtesten verstanden.

Beispiele

1 Erklären Sie, dass Perzentilrangplätze aussagen, wie viel Prozent der Schüler in der Vergleichsgruppe den gleichen Wert oder weniger erreichen. Höhere Perzentilangaben zeigen ein besseres Abschneiden an, ein Perzentilrangplatz von 99 ist der höchstmögliche, einer von 50 entspricht dem Durchschnitt.

2 Erklären Sie den Eltern, dass der Perzentilrangplatz nicht die Prozentzahl der richtig beantworteten Fragen angibt; schlechte Prozentpunktwerte in einer Klassenarbeit (z. B. nur 65 % bis 75 % richtige Antworten) sind über dem Durchschnitt – sogar gut – für einen Perzentilrangplatz.

Vermeiden Sie notenähnliche Punktwerte.

Beispiele

1 Wenn Eltern sich über den Notenstand ihres Kindes informieren wollen, erklären Sie ihnen, dass notenäquivalente Punktwerte in Tests nur etwas über den gegenwärtigen (u. U. hervorragenden) Leistungsstand eines Kindes aussagen, aber nicht, ob es jetzt schon in der Lage ist, die komplexeren und schwierigeren Aufgaben höherer Klassenstufen zu erledigen.

2 Sagen Sie den Eltern, dass der gleiche notenäquivalente Wertpunkt unterschiedliche Bedeutung in verschiedenen Themenbereichen haben kann – im Lesen im Vergleich zu Mathematik, z. B.

Vergessen Sie nicht, dass Testergebnisse immer fehlerbehaftet sind.

Beispiele

1 Machen Sie den Eltern klar, dass ein Wertpunkt immer einer von möglichen innerhalb einer Bandbreite von Wertpunkten ist.

2 Kleine Unterschiede zwischen Wertpunkten sollten nicht interpretiert werden.

3 Beachten Sie, dass ein kriteriumsorientierter Test manchmal nur zwei oder drei Aufgaben enthält. Vergleichen Sie das Ergebnis dieses Tests mit dem Abschneiden in anderen Arbeiten in demselben Themenbereich.

Nutzen Sie die Elternsprechstunde, um einen Plan für Lernziele zu erstellen, bei dem die Familie unterstützend mitwirken kann.

Beispiele

1 Zeigen Sie den Eltern Beispielfragen, ähnlich denen im Test, um ihnen zu zeigen, dass ihr Kind manche Aufgaben leicht erledigen kann, mit anderen aber Schwierigkeiten hat.

2 Schlagen Sie den Eltern eine bestimmte Fertigkeit oder Strategie vor, die sie mit dem Kind noch dringend üben sollten.

Mehr über das Thema Tests unter **http://pareonline.net/getvn.asp?v=1&n=1**

56 Ländern im Auftrag der OECD-Länder und die internationale TIMSS-Studie (Third International Mathematics and Science Study, Baumert, Lehmann & Lehrke, 2001) zeigten, dass im Jahre 2000 die Testwerte für Deutschland lediglich im Mittelfeld lagen (Baumert et al. 2002). Die erste Reaktion auf diese Ergebnisse war eine Zunahme an Tests in den Schulen. In der dritten Erhebung im Jahre 2006 zeigten sich leichte Verbesserungen (PISA 2006). Die internationale PISA-Studie wird mit 15-jährigen Teilnehmern (in der Regel in der 9. Klasse) durchgeführt. PISA untersucht, „wie gut Schüler in den teilnehmenden Staaten auf

Herausforderungen der Wissensgesellschaft vorbereitet sind. Das Programm konzentriert die Erhebungen auf zentrale und grundlegende Kompetenzen, die für die individuellen Lern- und Lebenschancen ebenso bedeutsam sind wie für die gesellschaftliche, politische und wirtschaftliche Weiterentwicklung" (PISA 2006). Seit Einführung von PISA im Jahre 2000 wird alle drei Jahre eine weitere Erhebung mit einem wechselnden Schwerpunkt durchgeführt. Im Jahre 2000 (Baumert, 2001, Baumert et al. 2002) war es Lesen, im Jahre 2003 Mathematik und im Jahre 2006 waren es die Naturwissenschaften. Die Datenerhebung erfolgt aus vier Perspektiven: Schülerfragebogen, Schulfragebogen, Elternfragebogen und Lehrerfragebogen. TIMSS wurde seit 1996 (TIMSS Monograph, 1996ff.) durchgeführt (Baumert, Lehmann & Lehrke, 2001). Es wurden damit die Schulen auf den Prüfstand gestellt, um festzustellen, inwieweit der mathematische und naturwissenschaftliche Unterricht im internationalen Vergleich abschneidet (Moser, U., Ramseier, F. & Keller, C., 1999; Ramseier, F., Keller, C. & Moser, U., 1999).

In den USA war das „Kein Kind bleibt zurück"-Gesetz eine Reaktion der Regierung auf das ebenfalls mittelmäßige Abschneiden der amerikanischen Schüler. Jedes Land sollte Leistungs- und Wissensstandards erstellen, die auf die Testanforderungen abgestimmt sind. Die Festlegungen des Standardwissens in den Naturwissenschaften und ein angemessener Leistungstest sind das nächste amerikanische Projekt (Linn, Baker & Betebenner, 2002). Diese Tests werden jährlich in der 3. und 8. Klasse und einmal in der Oberstufe der High School eingesetzt. Um die Entwicklung der Maßnahmen zum „Kein Kind bleibt zurück"-Gesetz zu verfolgen, schauen Sie nach unter **http://www.ed.gov/offices/OESE/esea/summary.html**.

Wie werden die Ergebnisse all dieser Tests genutzt?

14.4.1 Verantwortung und entscheidende Tests

> **Halt! Denken Sie nach! Schreiben Sie!**
> Inwieweit hat das standardisierte Testen in Ihr bisheriges Leben eingegriffen? Welche Möglichkeiten wurden Ihnen aufgrund der Testergebnisse eröffnet oder blieben Ihnen verschlossen? Haben Sie den Testvorgang und die Nutzung der Testergebnisse als fair empfunden?

Tests sind nicht einfach Forschungsinstrumente. Jedes Jahr werden Entscheidungen getroffen, die auf individuellen Testergebnissen beruhen. Soll Anna ihren Führerschein bekommen? Wie viele und welche Schüler in der 8. Klasse würden von einem schnelleren Vorgehen in den Naturwissenschaften profitieren? Wer benötigt Förderunterricht? Wer wird zum Bachelorstudiengang oder zur Fachhochschule zugelassen? Testwerte können die Einschulung befürworten oder die Zurückstellung des Kindes anraten, sie können die Grundlage für die Versetzung in die nächste Klasse, für die mittlere Reife und das Abitur bilden, den Zugang zu Sonderprogrammen ermöglichen, die Versetzung in die Sonderschule herbeiführen, sie können zur Einstellung und Verbeamtung von Lehrern führen und zu Sonderzuwendungen für die Schule.

Bei all diesen Entscheidungen ist es wichtig, zwischen der Qualität des Tests und dessen Nutzung zu unterscheiden. Auch gute Tests können falsch eingesetzt oder sogar wissentlich missbraucht werden. Früher wurden Schüler öfter fälschlicherweise aufgrund von Intelligenztestwerten als geistig zurückgeblieben diagnostiziert; die Tests waren reliabel und valide (Snapp & Woolfolk, 1973). Das Problem lag nicht beim Test, sondern in dem Umstand, dass sich das Urteil allein auf den Testwert stützte. Um zu einem diagnostischen Urteil zu kommen, muss eine breitere Grundlage an Erkenntnissen vorliegen.

Hinter all der Statistik und den ganzen Fachbegriffen stehen Fragen der Werteorientierung und Ethik. Wer soll getestet werden? Was hat die Auswahl eines bestimmten Tests unter mehreren möglichen für Konsequenzen? Was sind die Auswirkungen des Testens auf den einzelnen Schüler? Wie lässt sich das Testergebnis eines Schülers aus einer Minderheitengruppe interpretieren? Was bedeuten eigentlich „Intelligenz", „Kompetenz" und „Fähigkeit"? Stimmt unser Wissen mit den im Test erfassten Konstrukten überein? Wie gehen die Testergebnisse und andere Erkenntnisse über den Schüler in das diagnostische Urteil ein? Die Antworten auf alle diese Fragen erfordern Entscheidungen über Werteorientierungen und genaue Kenntnisse darüber, was Tests zu leisten vermögen und was nicht. Diese Wertefragen spielen bei der folgenden Besprechung der unterschiedlichen Testnutzung und der Entscheidungen aufgrund von Testergebnissen eine Rolle.

Wenn die diagnostischen Urteile aufgrund der Testergebnisse für den Schüler weitreichende Folgen haben, dann spricht man von **entscheidendem Test**. Ein zentraler Aspekt der Nutzung von Testergebnissen ist, die **Verantwortlichkeit** für die Testergebnisse auf Lehrer, Schule und Schulverwaltung zu übertragen. Zum Beispiel könnten Lehrervergünstigungen mit den Testergebnissen von deren Schülern gekoppelt werden. In den USA sieht das „Kein Kind bleibt zurück"-Gesetz vor, dass die Länder jährliche Lernzielsetzungen festlegen, die dann auch im Unterricht eingehalten werden müssen; die Erreichung der Ziele wird durch Tests überprüft. Die Ziele sind allgemeine Lernziele, aber auch solche für besondere Schülergruppen wie Schüler aus ethnischen und rassischen Minderheiten, Schüler mit Lernstörungen, aus Familien mit niedrigem sozioökonomischem Status und Schüler mit einer anderen Erstsprache. Die Lernziele reichen bis zum Schuljahr 2013–2014. Schulen, die ihre Lernziele zwei Jahre hintereinander nicht erreichen, werden als „verbesserungsbedürftig" eingestuft (Linn, Baker & Betebenner, 2002). Die Schüler dieser „verbesserungsbedürftigen" Schulen können die Schule wechseln. Wenn eine Schule drei Jahre hintereinander ihre Ziele nicht erreicht, kann der Lehrplan der Schule und/oder die Lehrerschaft ersetzt werden.

Kann man Lehrer und Schulen für die Leistungen von Schülern verantwortlich machen? Die *Pro & Contra*-Diskussion (siehe S. 660) zeigt die gegensätzlichen Standpunkte.

14.4.2 Die Gefahren und Chancen von entscheidenden Tests

Lehrer sind oft frustriert, weil die Testergebnisse zu spät für die Lehrplanung und für möglicherweise notwendige Wiederholungen kommen. Außerdem sind sie besorgt über den Zeitaufwand für das Testen – für dessen Vorbereitung und Durchführung. Sie beklagen sich, dass der Test Material abfragt, das die Lehrpläne nicht abdecken. Haben sie recht?

Protokolle über Probleme mit entscheidenden Tests

Wenn von einem Testergebnis so viel abhängt, sollte man meinen, dass der Test auf den durchgenommenen Lernstoff eingeht. Das war aber in der Vergangen-

---

Verknüpfen und erweitern Sie Ihre Forschungskenntnisse

Lesen Sie zwei Artikel in der Märzausgabe 2002 von *Phi Delta Kappan* über entscheidende Tests in einem Land mit unterschiedlicher einheimischer Bevölkerung wie Alaska. In einem Land mit unterschiedlicher einheimischer und zugezogener Bevölkerung allgemeingültige entscheidende Tests einzuführen, birgt eine Reihe von Problemen, ebenso wie das allgemeine Testen von Schülern mit Behinderungen. Zwei Aufsätze sind besonders lesenswert:

„Equity for Alaska Natives. Can High-Stakes Testing Bridge the Chasm Between Ideals and Realities?" von Ken Jones und Paul Ongtooguk.
„High-Stakes Testing for Students with Special Needs" von Toni K. McDermott und Donald F. McDermott.

---

heit nicht der Fall. Eine Gruppe von Lehrern stellte fest, dass Inhalt eines standardisierten Tests und Unterrichtsstoff nur zu 10 % überlappten (Fiske, 1988). In den neuen Tests hat sich dieses Verhältnis zwar gebessert, aber auf alle Fälle muss darauf geachtet werden.

Wie steht es mit der Zeit? Untersuchungen haben ergeben, dass in 80 % der Länder in den USA die Grundschüler etwa 20 % ihrer Schulzeit auf die Vorbereitung für die entscheidenden Tests verwenden (Abrams & Madaus, 2003). Weitere beunruhigende Konsequenzen haben sich in Untersuchungen über alles entscheidende Tests ergeben: Die Einführung von Tests schmälert den Lehrplan erheblich. Nach Jahren des Testens schlossen Lisa Abrams und George Madaus (2003), dass „in jeder Umgebung, in der alles entscheidende Tests eingeführt wurden, diese letztlich den Lehrplan auf den für den Test notwendigen Stoff einengen." (S. 32). Hinzu kommt noch, dass Mathematiktests meist auch Lesetests sind. Schlecht lesende Schüler schneiden deshalb in Mathematiktests auch schlechter ab als gute Leser. Schüler mit anderen Muttersprachen gehören oft zu den schlechten Lesern und zeigen deshalb auch schlechte Leistungen in den Mathematiktests.

Entscheidender Test Standardisierte Einzeltests, deren Ergebnisse wichtige Entscheidungen der Schulbehörden für den Schüler nach sich ziehen.

Verantwortlichkeit Lehrer und Schule für das Lernergebnis der Schüler zur Verantwortung ziehen. Dies geschieht gewöhnlich durch Überprüfung des Lernergebnisses mit entscheidenden Tests.

Sollten Tests eingesetzt werden, um Lehrer zur Verantwortung zu ziehen?

Die Verantwortung des Lehrers kann man auf zweierlei Weise verstehen: Die erste Bedeutung bezieht sich darauf, dass die Entscheidungen des Lehrers über Lehrplanerfüllung, Sonderprogramme, Verwaltungsmaßnahmen und Ressourcen auf gut begründeten Informationen beruhen sollten. Die zweite Bedeutung ist, ihn oder die Schule für die Lernfortschritte der Schüler verantwortlich zu machen (Haladyna, 2002).

Pro: Die Öffentlichkeit benötigt Informationen.

Die Begründung für die Informationspflicht der Schulen gegenüber der Öffentlichkeit ist gewöhnlich, dass die Öffentlichkeit ein Recht hat zu wissen, was in den Schulen geschieht, da sie von den Steuergeldern der Bürger finanziert werden. Allgemeine Tests können helfen, die Leistungserwartungen an Schulen mit niedrigem Leistungsstand anzuheben, den Pädagogen die notwendigen Informationen zur Verbesserung der Lehrpläne und der Unterrichtsdidaktik zu geben oder in ihren Schulen bereitzustellen (Doherty, 2002). Personen, die Entscheidungen über Leseprogramme und Ressourcenverteilung treffen, benötigen Informationen über den Leistungsstand der Schüler. Die jährlichen Erhebungen des Leistungsstandes in den Klassen 3 bis 8 im Rahmen des „Kein Kind bleibt zurück"-Gesetzes von 2002 in den USA liefern diese Informationen. Ein Ziel ist „Eltern, Bürger, Pädagogen, die Schulverwaltung mit diesen Informationen zu versehen. Die Ergebnisse werden in jährlichen Schulberichten festgehalten. Aus ihnen kann man die Qualität einer Schule ablesen, aber auch den Fortschritt des eigenen Kindes in den Kernfächern" (U.S. Department of Education *No Child left Behind* Fact Sheet, 2002). In Deutschland erfüllt die internationale PISA-Studie die gleiche Funktion. Außerdem gibt sie durch ihren Mehrländervergleich Aufschluss darüber, wie deutsche Schulen, auch Schulen in den verschiedenen Bundesländern der Bundesrepublik Deutschland, im internationalen Vergleich abschneiden.

Contra: Testergebnisse nutzen, um Schulen und Lehrer zur Verantwortung zu ziehen.

Geben die Ergebnisse von standardisierten Tests Auskunft über die „Qualität der Schulen" oder die „Qualifikation der Lehrer"? Wenn nach einem Lehrplan unterrichteten Schülern ein Test gegeben wird, der wichtige Ziele des Lehrplans abdeckt und objektiv und unvoreingenommen Inhalte erfasst, der Sprachkompetenz der Schüler angemessen ist und ordnungsgemäß angewendet wurde, dann geben die Testergebnisse gültige Informationen über die Leistungsfähigkeit der Schule. Aber wie James Popham (1005b) bemerkt: „Bedauerlicherweise spiegeln die Ergebnisse der zurzeit eingesetzten landesweiten Tests mehr den sozioökonomischen Status des Kindes als das didaktische Geschick der Lehrer wider". (S. 80). Dieser Vorwurf wird in Deutschland dem gesamten Schulsystem gemacht (UNICEF-Bericht Bertram, 2006). Wenn alle Schulen in einem Land in eine Rangreihe nach den in Tests erzielten Leistungspunkten gebracht werden sollten, würde die Rangfolge ähnlich aussehen wie die durch Rangplatzierung entstehende Reihenfolge der Schulen nach dem sozioökonomischen Status der Familien, die ihre Kinder jeweils in eine bestimmte lokale Schule schicken (Noguera, 2005).

Es gibt noch weitere Probleme damit, die Lehrer und Schulen für das Anheben des Leistungsstands aller Schüler bis zu einem bestimmten Zeitpunkt (etwa das Jahr 2014) verantwortlich zu machen. Ist das eine vernünftige Vornahme? Robert Linn (2003), ein Experte für Testverfahren, mahnt zur Vorsicht:

> *Wir sollten für die Schulen keine Ziele setzen, die so hoch sind, dass sie bisher von keiner Schule erreicht wurden. Zum Beispiel, wenn keine Schule bisher erreicht hat, dass 100 % der Schüler die Leistungskriterien erreichen, kann man auch nicht erwarten, dass dieses Ziel in sieben Jahren erreicht wird. Wenn gegenwärtig 90 % der Schulen das 100 %-Kriterium nicht erreichen, dann handelt es sich um eine unrealistische Erwartung für alle Schulen, auch für die nächsten sieben Jahre. (S. 4)*

Man sollte auch bedenken, ob es sinnvoll ist, alle Schüler das Gleiche lernen zu lassen und sie nach den gleichen Maßstäben zu beurteilen, wenn sie nicht die gleichen Chancen hatten, sich die Inhalte anzueignen. „Die entscheidenden Verantwortungsträger für den Lernfortschritt in den Schulen werden ihr Programm nicht deshalb verbessern, weil sie öffentlich gerügt werden. Es gibt keine Hinweise darauf, dass so etwas klappen könnte." (Noguera, 2005, S. 15)

Welchen Standpunkt haben Sie?

Tabelle 14.2

Unangemessene Anwendungen von entscheidenden Testergebnissen

Bestanden-/ Nicht-Bestanden-Entscheidungen	Für ein Wiederholen einer Klassenstufe muss es unumstößliche Argumente geben und der Test muss valide, reliabel und unvoreingenommen messen. Dies muss unter Umständen auch gerichtlichen Klagen von Eltern standhalten, die die Entscheidung aufgrund der Testergebnisse infrage stellen.
Ländervergleich	Ein Ländervergleich ist immer fragwürdig. Die Länder haben nicht die gleichen Lehrpläne, Tests, Geldmittel oder Anforderungen. Die Ergebnisse von Ländervergleichen erbringen meist nur das, was schon bekannt ist: Manche Länder verfügen über eine bessere Finanzierung der Schulen oder/und über Einwohner mit höherem Einkommen sowie besserer Schulbildung.
Bewertung der Lehrer oder Schulen	Viele Einflüsse auf Testwerte – etwa Familien und Gemeinderessourcen – liegen außerhalb der Kontrollmöglichkeiten von Lehrern und Schulen. Oft wechseln die Schüler die Schule und sind dann zur Testzeit erst wenige Wochen in der neuen Schule.
Erkennen, wo ein Haus gekauft werden soll	Im Allgemeinen stimmt die Aussage: Die Schulen mit den höchsten Testwerten sind in Bezirken, in denen Eltern mit höherem Einkommen und Bildungsgrad leben. Sie müssen nicht unbedingt die Schulen mit den besten Lehrern oder Lehrplänen sein, aber sie haben Glück mit der richtigen Zusammensetzung der Schülerschaft.

Quelle: Aus *Essentials of Standardized Achievement Testing: Validity and Accountability* von T. H. Haladyna (2002). Boston, MA: Allyn & Bacon. Copyright © 2002 Pearson Education.

Eine andere unbeabsichtigte Folge von Probetests für das entscheidende Testen am Ende der Grundschulzeit ist, schwache Schüler in andere Schulen „abzuschieben", wenn es so aussieht, als ob sie die Aufnahme in die höhere Schule nicht erreichen würden. Da lohnt es sich nicht, in bestimmten Schulen zu bleiben, die allein auf die Aufnahme und den Abschluss der höheren Schule ausgerichtet sind (McNeil & Valenzuela, 2000). Zum Beispiel verließen im Jahre 2000–2001 in USA ein Drittel der Schüler mit Englisch als Zweitsprache die höhere Schule, weil sie einen entscheidenden Test nicht bestehen konnten (Medina, 2002). In Deutschland findet seit einem oder zwei Jahren (je nach Bundesland) nach Ende der Primarstufe oder am Ende der Sekundarstufe I jeweils ein entscheidender Test für die Empfehlung eines Übergangs in die weiterführenden Schulzweige statt. Gleichgültig, wie gut ein entscheidender Test ist, einige Anwendungen von entscheidenden Tests sind nicht angemessen. ▶ Tabelle 14.2 beschreibt einige unangebrachte Anwendungen.

Entscheidende Tests richtig einsetzen

Testprogramme müssen eine Reihe von Merkmalen aufweisen, um nutzbringend eingesetzt zu werden. Natürlich müssen die Tests reliabel, für den Zweck valide

Verknüpfen und erweitern Sie Ihre Forschungskenntnisse

Die Winterausgabe der Zeitschrift *Theory into Practice* über *The Impact of High-Stakes Testing* wird herausgegeben von Marguerita Clarke und Kelvin Gregory und enthält die folgenden Artikel:

„High-Stakes Testing and the Curriculum" by Marguerita Clarke

„High-Stakes Testing and Teachers" von George Madaus, Lisa Abrams und Joseph Pedulla

„High-Stakes Testing and Schüler" von Catherine Horn

„Preparing for High-Stakes Testing" von Cengiz Gulek

„Lessons from Abroad: International Practices in High-Stakes Testing" von Kelvin Gregory

„Where to From Here?" von Naomi Chudowsky und James Pellegrino

und objektiv sein. Zusätzlich sollte das Testprogramm folgende Bedingungen erfüllen:

1 Die *Lehrziele der Schulbehörde* müssen im Test ihren Niederschlag finden.

Verknüpfen und erweitern Sie Ihre Forschungskenntnisse:

Linn, R. (2003). Accountability: Responsibility and Reasonable Expectations. *Educational Researcher, 32(7)*, 3–15.

2 Die *Entscheidungsgrundlage darf nicht nur auf einem Test beruhen.* Planen Sie, was alles in eine Entscheidung über „bestanden/nicht bestanden" einbezogen werden sollte.

3 *Komplexes Denken* sollte getestet werden, nicht nur Tatsachenwissen und Fertigkeiten.

4 *Alternative Zugänge zur Erfassung von Leistungen der Schüler mit Behinderungen* sollten herausgefunden werden.

5 Wenn *viel auf dem Spiel steht,* sollte eine Möglichkeit zur Testwiederholung bestehen.

6 *Alle Schüler sollten beim Testen einbezogen werden,* aber es sollten auch informative Ergebnisberichte geliefert werden, die die Situation des Schülers klarstellen, ob sie nun besondere Erschwernisse haben oder Behinderungen mitbringen.

7 Für den Fall des Scheiterns im Test sollten *entsprechende Fördermaßnahmen* eingeleitet werden.

8 Es muss sichergestellt sein, dass alle Schüler *ausreichend Gelegenheit* hatten, das Material für den Test zu lernen.

9 Die *Muttersprache der Schüler muss berücksichtigt werden.* Schüler mit anderer Muttersprache haben Schwierigkeiten beim Lesen und Schreiben in ihrer Zweitsprache.

10 *Nutzen Sie Testergebnisse zugunsten von Kindern, nicht gegen sie* (Haladyna, 2002).

WICHTIG: Entscheidende standardisierte Leistungstests müssen so ausgewählt sein, dass die Aufgaben tatsächlich auch das im Unterricht erworbene Wissen erfassen. Die Schüler müssen die für den Test notwendigen Fertigkeiten besitzen. Wenn ein Schüler schlecht lesen und schreiben kann, wird er auch in einem Test über Wissen in den naturwissenschaftlichen Fächern nicht gut abschneiden können, aber nicht, weil er in diesen Fächern nichts weiß, sondern weil er lange braucht, um die Fragen zu lesen und die Antworten zu schreiben und weil die Unterrichtssprache nicht seine Muttersprache ist. Für diesen Schüler ist der Test keine valide Messung seiner naturwissenschaftlichen Kenntnisse.

14.4.3 Auf Tests vorbereiten

Zwei Arten von Vorbereitungen können die Testergebnisse verbessern: Die eine hilft den Schülern, mit dem standardisierten Testvorgang vertraut zu werden. Schüler mit Erfahrungen in standardisierten Tests schneiden in der Regel besser ab als Schüler ohne entsprechende Erfahrung. Ein Teil dieses Erfahrungsvorteils mag darauf zurückzuführen sein, dass diese Schüler das größere Selbstvertrauen haben, weniger stark zu Panik neigen, Erfahrung mit bestimmten Frageformen (etwa Analogieaufgaben wie Haus : Garage wie _ : Auto) und Übung im Umgang mit verschiedenen Antwortformaten auf Formblättern haben (Anastasi, 1988). Sogar kurze Einführungen in die Testteilnahme können Schülern helfen, sich mit Tests vorher vertraut zu machen und sicherer zu werden.

Eine zweite Art, sich auf Tests vorzubereiten, ist es, allgemein kognitive Problemlösefertigkeiten oder analytisches Herangehen, das Berücksichtigen von Alternativen sowie das Erkennen von relevanten Einzelheiten, das Vermeiden impulsiver Antworten und deren Überprüfung zu üben. Dies sind die metakognitiven Lernfertigkeiten, die bereits aus anderen Kapiteln bekannt sind. Ein Üben dieser Fertigkeiten überträgt sich auf viele andere Aufgaben (Anastasi, 1988; Popham, 2005a). Die *Lerngeschichten: Das verdanke ich meinem Lehrer* beschreiben, wie ein Lehrer seine Schüler auf Tests vorbereitete und wie sie Herausforderungen während des Tests und damit auch im Leben bewältigen können.

Die Testwerte sollten getrennt für die verschiedenen Schülergruppen berichtet werden, auch für Schüler mit unterschiedlichen Behinderungen. Alle Übungsmaßnahmen kommen diesen Schülern auch zugute, wenn sie auch für diese ausführlicher sein müssen, wie aus dem Folgenden zu ersehen ist.

14.4.4 Jeden Schüler erreichen: Schüler mit Behinderungen bei der Vorbereitung auf entscheidende Tests unterstützen

Erik Carter und seine Kollegen (2005) entwickelten verschiedene Vorgehensweisen, wie sie Schüler mit Lernstörungen, leichteren geistigen Behinderungen und Sprachstörungen für entscheidende Tests vorbereiten können. Die Schüler waren im Alter zwischen 15 und 19 Jahren, über die Hälfte waren männliche Afroameri-

Lerngeschichten — Das verdanke ich meinem Lehrer

Eine sechste Klasse nutzte den landesweiten Leistungstest als eine Gelegenheit, problemorientiert zu lernen (Ewy, mit Schülerautoren, 1997). Die Klasse las in der Zeitung, dass der landesweite Leistungstest bevorstehe und dass ihre Schule in den letzten Jahren nicht gerade glänzend abgeschnitten hatte. Für sie stellte sich das Problem: Wie können sie ihre Testergebnisse in dem kommenden Test verbessern? Die Schüler fanden das wichtig und machten sich Gedanken, wie sie ihre Testleistungen anheben könnten. Sie stellten dabei das unten aufgeführte Problemdiagramm auf.

Dann teilten sich die Schüler in verschiedene Gruppen auf, um verschiedene vorbereitende Aufgaben zu übernehmen: Festsetzen von Übungsstunden, nach Material Ausschau halten, Fragen ausdenken, Experten interviewen und ein Tutorenprogramm zusammenstellen. Das Ergebnis? Die Schüler erreichten oder übertrafen den vom Land gesetzten Standard im Lesen, Schreiben und in Mathematik. Später im Jahr, als sie für die Gymnasialempfehlung getestet wurden, überprüften die Schüler den Test genau: Wo liegt das Entscheidungskriterium für oder gegen eine Aufnahme in das Gymnasium, welchen Standardfehler hat der Wert und welche anderen Bewertungskriterien gibt es außerdem noch?

Die *Richtlinien: Testteilnehmer mit Testerfahrung werden* (siehe S. 651) geben noch weitere Hinweise.

Diagramm der Problemanalyse

Problem: Wie lassen sich Testergebnisse verbessern, sodass (1) jedes Jahr Fortschritte zu verzeichnen sind; (2) der Schule mit gutem Beispiel vorangegangen werden kann; (3) die Vorbereitungen auf den Test leichterfallen?

Ideen:
- Im Unterricht aufpassen
- Von Sponsoren Bücher und Computerprogramme erbitten
- Testformate kennenlernen
- Üben durch Einsatz von Computerspielen
- Einen Experten für den Test einladen zum Üben (Lehrer, Elternteil, Freunde, Geschwister)
- Nur ein Fach zu einer Zeit angehen
- Interessierte ansprechen

Bekannte Tatsachen:
- Lese-, Schreib- und Mathematiktests
- Durch Übung wird man besser
- Fragen kann man falsch verstehen
- Kreise markieren
- Schreiben wird beurteilt nach benötigter Zeit, Rechtschreibung und Satzsyntax

Die Fragen:
- Wie kann man den Test definieren?
- Wie lang ist der Test?
- Wie lange sollte geübt werden?
- Was sollte geübt werden (Mathematik, Lesen, Schreiben)?
- Wie viel Zeit steht für Mathematik, Lesen und Schreiben zur Verfügung?
- Wie war der letzte Testwert?

Unser Handlungsplan:
- Den Rektor, Lehrer, Tutor fragen
- Den Testentwickler fragen
- Zusammen mit Lehrer einen Zeitplan aufstellen
- Ressourcen für Übungsmaterial auftun
- Eltern und Rektor um Hilfe bitten

Quelle: Aus Kids Take on the ‚Test' von C. Ewy & Schülerautoren. *Educational Leadership, 54(4),* S. 77. Copyright © 1997 Christine Ewy.

kaner, und alle nahmen an individuellen Lernprogrammen teil (siehe Kapitel 4). Keiner hatte den landesweit eingesetzten Leistungstest bestanden. Ein spezieller Übungsleiter übte mit ihnen sechs Unterrichtseinheiten lang die Strategien aus ▶ Tabelle 14.3 (siehe S. 664).

Das positive Ergebnis ist, dass sich die Schüler nach Vollendung des Vorbereitungskurses im Test verbesser-

ten. Aber die Schüler verbesserten sich nicht genug, um den Test zu bestehen. Die Autoren empfehlen, diese Art von Vorbereitungskurs für Schüler mit Störungen und Behinderungen viel früher durchzuführen. Mit 16 Jahren scheint es für die an Misserfolge gewöhnten Schüler schon zu spät zu sein. Die Strategien sollten möglichst inhaltsnah vermittelt werden und die Inhalte

Tabelle 14.3

Hilfen für Schüler mit Lernbehinderungen, leichten intellektuellen Behinderungen und Sprachstörungen

Strategie	Zielsetzung
Arbeitsblatt mit Sprechblasen ausfüllen und auf Zeit achten	Alle Sprechblasen ausfüllen Zeitbegrenzung beachten Selbst das Arbeitstempo danach bestimmen Alle Aufgaben gelöst haben bis zum Ende der Arbeitszeit
Aufgaben aufteilen	Aufgaben aufteilen in leichte und schwierige Erst die leichten und dann die schwierigen Aufgaben lösen Aufgaben gruppieren nach ähnlichem Inhalt
Aufrunden/Abrunden	Aufgabenlösungen in Mathematik aufrunden oder abrunden
Ersetzen und Umkehren	Die Mehrfachantworten in die Aufgabenfrage einflechten, um die richtige Antwort zu finden
Umschreiben von Aufgaben	Die Aufgabe in ein bekanntes Format bringen, um sie leichter lösbar zu machen
Unterstreichen und Lesen aller Antworten	Die Aufgabe genau durchlesen, um richtig zu erkennen, was gefordert ist Alle Fragen aufmerksam durchlesen, um die richtige Antwort herausuchen zu können Schlüsselbegriffe und Sätze in der Frage unterstreichen
Ausstreichen	Unmögliche Antworten ausstreichen Antworten mit ähnlichem oder überflüssigem Inhalt ausstreichen Antworten mit extremen Adjektiven oder Adverbien ausstreichen

Quelle: Aus Preparing Adolescents With High-Incidence Disabilities for High-Stakes Testing with Strategy Instruction von E.W. Carter, J. Wehby, C. Hughes, S. M. Johnson, D. R. Plank, S. M. Barton-Arwood & L. B. Lunsford. *Preventing School Failure, 49(2)*, S. 58. Copyright © 2005 Heldref Publications, Washington, DC.

vorher gut vorbereitet sein. Die Schüler fürchten oft schon Misserfolge und deren negative Konsequenzen, wie keinen Schulabschluss, keinen Zugang zur Universität oder einer Handelsschule. Der beste Ausweg aus diesen Ängsten ist, die Schüler mit den notwendigen Fertigkeiten zu versehen, die sie für den Erfolg in ihrer weiteren Ausbildung dringend benötigen (Carter et al., 2005).

Verknüpfen und erweitern Sie Ihre Forschungskenntnisse

Lesen Sie den Artikel „Assessment Crisis: The Absence of Assessment FOR Learning" in der Juniausgabe von *Phi Delta Kappan* (2002) von Richard J. Stiggins.

Wenn die Leistungen von Schülern in den USA verbessert werden sollen, muss der Leistungsmessung im Unterricht mehr Aufmerksamkeit geschenkt werden, warnt Stiggins. Um das Lernen selbst zu verbessern, sind beide notwendig, das Messen der Lernfortschritte und die Leistungserfassung. Das Erste wird zurzeit praktiziert, das Zweite muss unbedingt stärker eingeführt werden. Weitere Informationen unter

http://www.pdkintl.org/kappan/k0206sti.htm

Neue Ansätze in der Leistungserfassung 14.5

Standardisierte Tests sind noch immer kontroversen Beurteilungen ausgesetzt. In Reaktion auf die Unzufriedenheit mit der traditionellen Testform sind neue Formen entwickelt worden, die manche der Testprobleme beseitigen können. In den 1980er- und 1990er-Jahren forderten Öffentlichkeit und Regierung eine größere Verantwortungsübernahme im Bildungssektor. Es wurden die standardisierten Testverfahren eingeführt, die entscheidend für die Schulkarrieren der Schüler wurden. Dadurch stieg der Druck auf Lehrer und Schüler, in diesen Tests gut abzuschneiden. Viele Lehrer gaben diesem Druck nach und unterrichteten auf die Anforderungen dieser Tests hin. Das führte dazu, dass großer Wert auf grundlegende Fertigkeiten und Faktenwissen gelegt wurde. Noch unbefriedigender war, dass diese Fertigkeiten im täglichen Leben nicht gebraucht wurden. Den Schülern werden also Fragen gestellt und Kenntnisse abverlangt, die sie später nicht mehr benötigen. Es wird von ihnen erwartet, dass sie das allein tun, ohne Hilfsmittel und unter großem Zeitdruck. So sind die Leistungsanforderungen im Alltag nicht beschaffen. Das tägliche Leben sieht anders aus. Wichtige Probleme erfordern Zeit und zu ihrer Lösung werden Hilfsmittel benötigt; man muss andere Personen um Rat fragen und Grundfertigkeiten zusammen mit Kreativität und komplexen Denkvorgängen einsetzen (Kirst, 1991a; Popham, 2005a; Wolf, Bixby, Glenn & Gardner, 1991).

Als Reaktion auf diese Kritik wurde das **alltagsnahe Testen** entwickelt. Das Ziel war es, standardisierte Tests mit komplexen, wichtigen und lebensnahen Aufgaben zu erstellen. Dieser Ansatz wird auch manchmal als *direktes* oder *alternatives Testen* bezeichnet. Diese Bezeichnungen für andere Verfahren als Auswahl unter Mehrfachantworten erfassen direkter die Leistung in lebensnahen Anforderungssituationen und erlauben deshalb auch genauere Vorhersagen für Alltagsanforderungen (Hambleton, 1996; Popham, 2005a). Das Center for Technology in Learning of SRI (Science Research Institute), ein gemeinnütziges Forschungsinstitut für naturwissenschaftliche Fächer, stellt auf seiner Webseite Testaufgaben vor, die den nationalen Standards für naturwissenschaftliche Fächer der amerikanischen Schulbehörden entsprechen. Das bereitgestellte Material ist unter der Bezeichnung PALS (Performance Assessment Links in Science) zu finden. Die Webseite hat die Adresse: **http://butterfly.ctl.sri.com/pals/index.htm**. Die Aufgaben reichen von der Vorschule bis zur 12. Klasse. Die Aufgaben sind nach Standards und nach Klassenstufe gruppiert. Jede Aufgabe ist begleitet von Anweisungen für Schüler, Hinweise für Testanwender und eine Anleitung für die Auswertung. Vielen ist auch eine Beispielaufgabe eines Schülers hinzugefügt.

In vielen Fächern ist die zuverlässigste Form, eine Fähigkeit zu erfassen, ein Produkt zu erstellen.

Viele der Vorschläge zur Verbesserung des standardisierten Testens erfordern neue Testformate, überlegtes und zeitaufwendigeres Auswerten und unter Umständen auch neue Wege, die Qualität des Tests einzuschätzen. Standardisierte Tests der Zukunft könnten einfach einen schriftlichen Aufsatz beinhalten und keine Mehrfachwahlantworten. Neuere Tests könnten verstärkt **offene Antwortformate** enthalten. Das bedeutet, dass Schüler ihre Antworten selbst formulieren (als Aufsatz, Problemlöseansatz, Grafik, Diagramm) und nicht die einzig richtige Antwort aus mehreren vorgegebenen ankreuzen. Auf diese Weise kann ein Test

Alltagsnahes Testen Erfassen wichtiger Fähigkeiten mit Simulation lebensnaher Anforderungen.

Offenes Antwortformat Testformat, in dem der Testnehmer eine Antwort selbst konstruiert, anstatt eine Auswahl aus mehreren Antworten zu treffen.

komplexere Denkprozesse und divergentes Denken erfassen.

Inmitten all der Aufregung über die Lebensnähe von Testsituationen muss man vorsichtig bleiben. Nur sich einfach von der Tradition abheben garantiert nicht, dass die Alternativen besser sind. Viele Fragen müssen noch beantwortet werden. Angenommen, eine neue Form der Leistungserfassung erfordert von den Schülern, Versuche selbst durchzuführen. Wenn ein Schüler hierbei gut abschneidet, heißt das, dass er gute Kenntnisse in dem betreffenden naturwissenschaftlichen Fach hat oder dass er andere Versuche ebenso gut durchführen wird? Eine Untersuchung stellte fest, dass Schüler in einem Experiment über Aufsaugen von Flüssigkeiten eine gute Leistung zeigten, in einem anderen aber, einem Versuch mit elektrischer Leistung, eine schwache. Eine Verallgemeinerung auf naturwissenschaftliches Wissen erscheint also nicht möglich. Dafür benötigte man noch mehr Leistungsproben mit den unterschiedlichsten Aufgaben; das wäre aber sehr zeitaufwendig und teuer (Shavelson, Gao & Baxter, 1993).

Noch ein paar letzte Überlegungen: Wenn alles entscheidende Tests auf Leistungsproben gründen, fangen Lehrer an, diese Leistungsproben zu üben. Wenn ein Testauswerter selbst ein guter Schreiber ist, wird er die Antworten der Schüler anders bewerten als jemand, der sich in dieser Hinsicht als nicht so gut einschätzt? Werden so bestimmte Gruppen diskriminiert? Wie wird das ganze Projekt bewertet? Werden unterschiedliche Beurteiler ein einheitliches Urteil über die Qualität fällen können? In einer Untersuchung aus dem Jahre 1992 wurde ermittelt, dass die Jurymitglieder zu unterschiedlichen Urteilen kamen (Kotrez, Stecher & Diebert, 1993). Mit anderen Worten, sind die Bewertungen der Testergebnisse aus alternativen Tests reliabel, valide und objektiv? Erlauben die Testwerte eine Vorhersage auf anderen Aufgaben? Wirken sich die Tests günstig auf den Lernfortschritt aus (Hambleton, 1996; Moss, 1992)? Da es sich um neue Ansätze handelt, benötigt die Entwicklung von den Qualitätsmaßstäben entsprechenden Tests noch Zeit; sie können deshalb auch noch nicht in breiterem Umfang eingesetzt werden. Bis zum Zeitpunkt einer befriedigenden Testentwicklung können lebensnahe Aufgaben im Unterricht helfen, der unbefriedigenden Situation mit traditionellen Tests zu begegnen.

Unterschiede und Gemeinsamkeiten bei standardisierten Tests **14.6**

In den 1970er-Jahren begann eine Kommission mit der nationalen Leistungserfassung der Altersstufen 9, 13 und 17 Jahre (NAEP National Assessment of Education Progress). Unter dem Druck des „Kein Kind bleibt zurück"-Gesetzes war bereits besonderer Wert auf Tests in Lesen und Mathematik in den 4. und 8. Klassen gelegt worden (Linn, Baker & Betebenner, 2002). Deutschland schloss sich u. a. PISA (Programm for International Student Assessment seit 2000), TIMSS (Third International Mathematics and Science Study, seit 1996ff.) und IGLU (Internationale Grundschul-Lese-Untersuchung, Bos, Lankes & Prenzel, 2003, Bos et al. 2007) an.

14.6.1 Unterschiede

In den frühen Jahren des Testens der Kommission NAEP stellte sich ein Unterschied zwischen den Testergebnissen schwarzer und weißer Schüler in allen drei Altersstufen heraus. In den nächsten zwanzig Jahren verkleinerte sich die „Leistungskluft" jedoch. Als Gründe wurden genannt: die Bekämpfung der Armut, erweiterte Vorschulerziehung und integrierte Schulen. Aber nach 1988 vergrößerte sich die Kluft, vielleicht durch wachsende Kinderarmut und eine einseitige Ausbildung in Schulen mit ökonomisch benachteiligten Kindern, die sich auf Grundfertigkeiten beschränkt (McClure, 2005).

Mit alles entscheidenden Testverfahren rücken besonders die Testprobleme von Schülern mit Behinderungen in den Blickpunkt. IDEIA (Individuals with Disabilities Education Improvement Act) verfolgt die Politik, dass Schüler mit Behinderungen am allgemeinen Testen teilnehmen sollen, wenn nötig mit Anpassungen für bestimmte Schülergruppen (Spinelli, 2002). Üblicherweise übernimmt das IEP-Team (Individual Education Program) die Anpassungen der Tests an einzelne Schüler mit besonderen Bedürfnissen, der Lehrer sollte bei diesen Entscheidungen mitwirken. ▶ Tabelle 14.4 enthält einige mögliche Ideen.

Die Gesamtergebnisse von sechs internationalen Leistungserhebungen im Lesen, in Mathematik, in naturwissenschaftlichen Fächern und Sozialkunde auf dem Grundschul-, Mittelschul- und höherem Schulniveau von 1991–2001 ließen erkennen, dass die USA im internationalen Industrieländervergleich etwas

Tabelle 14.4

Anpassungen von Tests

Testanpassungen können in der Testsituation, in den Zeitbegrenzungen, in der Testdurchführung und in den Antwortformaten vorgenommen werden. Die Änderungen müssen in den Testprotokollen dokumentiert werden. Die Tabelle enthält einige mögliche Anpassungen in den Tests (aus Spinelli, 2002, S. 151–152).

Beispiele für räumliche Bedingungen der Testsituation:

Testumfeld

- Keine Ablenkungen (Bücher, Kunst, Fensteraussicht)
- Besondere Lichtverhältnisse
- Kein Lärm
- Angepasste Spezialmöbel
- Einzelne Schüler oder kleine Gruppen

Ortsanpassung

- Lernnische
- Getrennter Raum (Förderraum)
- Sitz beim Testleiter
- Zu Hause
- Krankenhaus
- Therapieinstitut

Beispiele für Anpassung der Testformate:

Formatänderungen

- Vorlagen in Brailleschrift
- Großgedruckte Vorlagen
- Große Sprechblasen auf Antwortblatt
- Ein ganzer Satz pro Zeile im Lesesubtest
- Bei Auswahlantworten Kreis zum Ankreuzen gleich neben der Antwort
- Schlüsselwörter oder Phrasen hervorheben
- Vergrößerte Abstände zwischen den Zeilen
- Weniger Angaben pro Zeile

Anpassungen der Durchführung

- Zeichensprache, wenn nötig
- Instruktionen zweimal
- Wichtige Verben noch einmal an die Tafel schreiben oder auf ein getrenntes Blatt
- Sprache vereinfachen, Anweisungen noch einmal erläutern
- Mehr Beispiele vorgeben
- Ermahnen, bei der Sache zu bleiben, weiterzugehen, die ganze Aufgabe erst zu Ende zu lesen
- Instruktionen während des Tests wiederholen

Hilfsmittel

- Band für Instruktionen
- Instruktionen/Aufgaben auf dem Computer
- Vergrößerungsmöglichkeit der Vorlagen
- Lautstärkenregelung
- Lärmfilter
- Schablonen, um Teile der Schrift abzudecken
- Markierungen oder Schablonen, um die Stelle zu kennzeichnen, an der gerade gearbeitet wird.

- Dunkle oder hervorgehobene Linien
- Bleistifthalter

Beispiele für Zeitanpassungen:

Dauer

- Veränderungen der Zeitbegrenzungen können bei einzelnen Subtests oder beim ganzen Test erfolgen
- Zeitverlängerung
- Unbegrenzte Zeit

Zeitaufteilung

- Häufige Unterbrechungen in Testteilen (z. B. während Subtests)
- Ausgedehnte Pausen zwischen Testteilen oder Subtests, evtl. auch auf verschiedene Sitzungen aufteilen

Beispiele für Anpassungen des Antwortformats:

Formatanpassungen

- Antworten in ein Heft eintragen und nicht auf getrenntem Blatt
- Seiten sollten Grafikpapier, große Linienabstände, breite Seitenränder enthalten

Anpassungen der Durchführung

- Nachschlagewerke erlauben (Wörterbuch, Logarithmustabellen)
- Antwort in unterschiedlicher Modalität erlauben (Zeichensprache, mündlich)

Hilfsmittelanpassung

- Textverarbeitungsprogramm oder Computer für die Antworten
- Spezielles Schreibgerät für Schüler mit Behinderungen
- Hefttafel
- Rechner oder Abakus
- Brailleschreiber oder Symboltafel
- Rechtschreibprüfprogramm

Beispiele für Anpassungen des Testtermins:

Testzeitpunkt

- Bestimmte Tageszeit (morgens, mittags, nachmittags, nach der Medikation)
- Bestimmte Wochentage
- Auf Tage verteilt

Organisation

- In anderer Reihenfolge (längere Subtests zuerst, kürzere später; Mathematiktests zuerst, Deutsch später)
- Fragen auslassen, die nicht angepasst werden können (z. B. Grafik erklären für Braille-Schüler) und Auslassungen kompensieren

Verknüpfen und erweitern Sie Ihre Forschungskenntnisse

Boe, E. E. & Shin, S. (2005). Is the United States Really Loosing the International Horse Race in Academic Achievement? *Phi Delta Kappan, 86,* 688–695.

über dem Durchschnitt lagen. Leistungen im Lesen und in sozialkundlichen Fächern lagen etwas unter dem Durchschnitt. Das Leistungsniveau der amerikanischen Schüler sank von der Grundschule bis zur Sekundarstufe II ab. Die weißen Schüler lagen über dem internationalen Durchschnitt, die schwarzen und hispanischen lagen jedoch darunter.

In Deutschland gibt der Bericht des Bundesministeriums für Familie (Hrsg.) (2005) *Zwölfter Kinder- und Jugendbericht. Bildung, Betreuung und Erziehung vor und neben der Schule – Bericht über die Lebenssituation junger Menschen und die Leistungen der Kinder und Jugendlichen in Deutschland.* Auskunft über verschiedene Aspekte der Leistungen von Kindern und Jugendlichen.

14.6.2   Gemeinsamkeiten

Drei Jahre nach Einführung des „Kein Kind bleibt zurück"-Gesetzes in den USA berichteten die Schulbehörden einen Anstieg der Testwerte in den landesweiten Leistungsüberprüfungen. Die Kluft zwischen den afroamerikanischen und weißen Schülern einerseits und Schülern mit Englisch als Zweit- und als Erstsprache andererseits wurde geringer oder blieb vergleichbar (Center on Education Policy, 2005), wie aus ▶ Tabelle 14.5 zu ersehen ist.

Oberflächlich gesehen schlossen sich die Leistungsklüfte. Diese Ergebnisse müssen jedoch mit Vorsicht aufgenommen werden: Die Verbesserungen können durch Unterricht herbeigeführt worden sein, der sich nach den Testanforderungen richtet. Manche Länder zeigen auch weniger Fortschritte als die übrigen. Die Festlegungen der Leistungskriterien sind auch uneinheitlich im Ländervergleich. Erst die nächsten Jahre werden zeigen, was wirklich Verbesserungen bringt.

Tabelle 14.5

Prozentanteil an Schuldistrikten in den USA mit Angaben über Leistungsunterschiede zwischen verschiedenen Schülergruppen

Der Anteil der Schuldistrikte mit auffallenden Leistungsunterschieden und Leistungsklüften hat sich im letzten Jahr verringert.

Schülergruppe	Verringerung	Gleichheit	Vergrößerung	Keine Kluft
Weiße – schwarze	18 %	12 %	1 %	2 %
Weiße – asiatische	5 %	11 %	1 %	4 %
Weiße – hispanische	17 %	15 %	5 %	4 %
Weiße – indianische	6 %	7 %	0 %	2 %
EFL – ESL	18 %	14 %	5 %	2 %
Mit – ohne Behinderung	25 %	40 %	14 %	1 %
Aus Familien mit geringem – nicht geringem Einkommen	32 %	36 %	7 %	5 %

Die Tabelle sollte so gelesen werden: Unter den Schulbezirken, die Finanzierung aus Titel I erhalten, berichten etwa 18 %, dass sich die Leistungskluft zwischen weißen und schwarzen Schülern im Schuljahr 2004–2005 verringert hat.
EFL = Erstsprache Englisch – ESL = Zweitsprache Englisch

Quelle: Aus *Center on Education Policy, December 2004.* Bericht vom Herbst 2004, Punkt 11, Tabelle 10.

ZUSAMMENFASSUNG

Messen und Erfassen (S. 637–640)

Unterscheiden Sie zwischen Messen und Erfassen. Beim Messen werden Beobachtungen mit Zahlen beschrieben. Erfassen ist der allgemeine Vorgang, der Messen einschließt, aber darüber hinaus auch Beobachtungen und Erhebungen von Verhaltensweisen, Fertigkeiten, Wissen und Fähigkeiten.

Unterscheiden Sie zwischen normorientiertem und kriteriumsorientiertem Testen. Beim normorientierten Testen wird die Leistung eines Schülers verglichen mit der durchschnittlichen Leistung von anderen Schülern aus einer Normierungsstichprobe. Im kriteriumsorientierten Testen werden Testergebnisse an vorher festgelegten Standards gemessen. Normorientierte Tests dienen einer Reihe von Zielen. Die Ergebnisse von normorientierten Tests sagen jedoch nichts darüber aus, ob ein Schüler komplexeren Lernstoff aus höheren Klassen schon bewältigen kann. Sie eignen sich auch nicht für die Interpretation von Beobachtungen im affektiven und psychomotorischen Bereich. Kriteriumsorientierte Tests messen die Beherrschung spezifischen Könnens.

Was bedeuten Testergebnisse? (S. 640–650)

Beschreiben Sie die grundlegenden Merkmale eines standardisierten Tests. Standardisierte Tests sind oft normorientiert. Sie erfordern ausführliche Pilotstudien, Revisionen und Erproben und Normieren in einer Normierungsstichprobe, die für jedes einzelne Testergebnis als Vergleichsgruppe dient.

Was sind Mittelwerte, Mediane und Standardabweichungen? Der Mittelwert (arithmetisches Mittel, Durchschnitt), der Median (Wert unterhalb und oberhalb dessen jeweils 50 % der Probanden liegen) und der Modalwert (häufigster Wert) sind alle Maße der zentralen Tendenz. Die Standardabweichung zeigt, wie die Einzelwerte um den Mittelwert streuen. Eine Normalverteilung ist eine glockenförmige Häufigkeitsverteilung von Einzeltestwerten. Viele Werte liegen im mittleren Bereich, je weiter die Einzelwerte in den Extrembereich fallen, umso seltener kommen sie vor.

Beschreiben Sie unterschiedliche Testwerte. Es gibt verschiedene Arten von standardisierten Testwerten: Perzentilrangplatz, der den Prozentanteil derer angibt, die diesen oder einen geringeren Wert erreichten; notenäquivalente Werte, die angeben, inwieweit ein Einzelwert in den Punktebereich für eine bestimmte Note fällt, und Standardwerte, die auf der Standardabweichung aufbauen. T- und z-Werte sind beide standardisierte Werte. Ein Stanin-(Kategorial-)Wert ist ein Standardwert, der ähnlich dem des Perzentilrangplatzes ist.

Was ist Testreliabilität? Tests haben unterschiedliche Reliabilitäten. Manche liefern stabile und konsistente Leistungsschätzungen, andere weniger. Die Testergebnisse müssen mit Vorsicht interpretiert werden. Jeder Test ist nur eine Stichprobe der Leistungen eines Schülers zu einem bestimmten Zeitpunkt. Jeder Testwert ist nur eine Schätzung des wahren Leistungswertes eines Schülers. Der Standardfehler des Mittelwertes berücksichtigt, dass der gemessene Wert mit Fehlern behaftet ist und der wahre Wert innerhalb des Bereiches des Standardfehlers liegt. Dies ist auch ein Aspekt der Reliabilität.

Was ist Testvalidität? Die wichtigste Überlegung bei der Entwicklung und Anwendung eines Tests ist, ob er valide erfasst, was er erfassen sollte. Dies ist ausschlaggebend für die Interpretation der Testwerte. Die Validität eines Tests kann sich auf den Inhalt, das Kriterium oder das Konstrukt beziehen. Konstruktbezogene Gültigkeit ist die breiteste Validitätskategorie und umfasst die beiden anderen Kategorien Inhalt und Kriterium. Um valide zu sein, müssen Tests auch reliabel sein, aber gute Reliabilität garantiert keine gute Validität.

Was ist die Objektivität oder Unvoreingenommenheit eines Tests? Tests müssen objektiv, d. h. unverfälscht messen. Voreingenommenheit kann sich in unfairer Inhaltsauswahl (für bestimmte Gruppen unvertraute oder diskriminierende Inhalte) für eine Geschlechtsgruppe, einen sozioökonomischen Status, eine Rasse oder Ethnie zeigen. „Kulturfreie" oder „-faire" Tests haben das Problem nicht zufrieden stellend gelöst.

Arten von standardisierten Tests
(S. 650–656)

Was sind die drei Arten von standardisierten Tests?
In der Schule werden drei Arten von standardisierten
Tests eingesetzt: Leistungstests, diagnostische Tests
und Fähigkeitstests. Leistungsprofile aus normorientierten Tests können auch in kriteriumsorientierten
Tests verwendet werden. Diagnostische Tests werden im Schulbereich in der Regel in der Grundschule
eingesetzt, vor allem wenn der Verdacht auf Lernschwierigkeiten besteht. Fähigkeitstests werden zur
Vorhersage von Leistungen herangezogen, z. B. gegen Ende der Primarstufe soll die Fähigkeit zur Erlangung des höheren Schulabschlusses vorhergesagt
werden.

Probleme beim standardisierten Testen
(S. 656–664)

**Was sind gegenwärtig drängende Probleme beim
standardisierten Testen?** Kontroversen über stan-
dardisiertes Testen konzentrieren sich auf die Rolle
und Interpretation von Tests, den weitverbreiteten
Einsatz von Tests in Schulen, das Problem, ob man
Lehrer und Schulen für die Testergebnisse ihrer
Schüler zur Verantwortung ziehen soll und ob Lehrer die Tests selbst durchführen sollen. Wenn der
Test auf die Lehrplaninhalte zugeschnitten ist (und
nicht umgekehrt!), wenn er Schülern gegeben wird,
die den Lernstoff auch über längere Zeit lernen
konnten, wenn er objektiv misst, keine Sprachbar-
rieren beinhaltet und vorschriftsmäßig durchgeführt
wurde, dann können die Testergebnisse Auskunft geben über die Qualität von Schulunterricht. Aber Untersuchungen über die Testpraxis zeigen, dass Tests
unter Umständen negative Folgen für Schüler haben können wie etwa die Einengung des Lernstoffs
auf Testanforderungen oder die Absage an Schüler

für eine Ausbildung an einer erwünschten Schule.
Lehrer sollten Ergebnisse aus Tests zur Verbesserung
der Instruktionen nutzen, nicht um Stereotype über
Schüler zu verfestigen oder Erwartungen an Schüler
senken.

**Können sich Schüler in der Durchführung von
Tests verbessern?** Die Leistung in standardisierten
Tests kann verbessert werden, wenn Schüler mehr
Erfahrungen in diesen Tests sammeln können und
wenn sie Testfertigkeiten und Problemlösestrategien
erlernen. Viele Schüler profitieren von direkten Anweisungen, wie man sich auf Tests am besten vorbereitet und wie man in Tests am besten vorgeht.
Die Beteiligung der Schüler an der Planung der Vorbereitungen kann sehr nützlich sein. Schüler mit
Lernschwierigkeiten können am meisten von diesen
direkten Vorbereitungen auf die Testsituation profitieren, besonders wenn die Vorbereitung auf die
spezifischen Testanforderungen abgestimmt ist.

Neue Ansätze in der Leistungserfassung
(S. 664–666)

Was sind alltagsnahe Tests? Alltagsnahes Testen ist
ein Testvorgang, der die Fähigkeiten des Probanden
zum Problemlösen in wichtigen lebensnahen Anforderungen testet sowie seine Kreativität und sein
verantwortungsvolles Handeln erfasst. Solche neuen
Ansätze gehen davon aus, dass der Test vorhersagen
soll, wie der Proband in zukünftigen Anforderungssituationen Probleme löst. Der Test soll auch auf mögliche Interventionen hinweisen, die das erkannte Potenzial des Schülers aktivieren. Standardisierte Tests
werden in Zukunft vielfältiger sein und mehr offene
Antwortformate enthalten, sie fordern vom Schüler
die Konstruktion von Antworten und nicht einfach
die Auswahl der richtigen.

SCHLÜSSELBEGRIFFE

Alltagsnahes Testen (S. 665)

Diagnostischer Leistungstest (S. 653)

Entscheidender Test (S. 659)

Erfassen/Erhebung/Ermittlung (S. 637)

Fähigkeitstest (S. 656)

Häufigkeitsverteilung (S. 640)

Histogramm (S. 640)

Konfidenzintervall (S. 646)

Kriteriumsbezogenes Testen (S. 639)

Kulturfreier/Kulturfairer Test (S. 650)

Leistungstest (S. 650)

Median (S. 641)

Messen (S. 637)

Mittelwert (S. 640)

Modalwert (S. 641)

Normalverteilung (S. 642)

Normbezogenes Testen (S. 638)

Normgruppe (S. 638)

Normierungsstichprobe (S. 640)

Notenähnliche Wertpunkte (S. 644)

Offenes Antwortformat (S. 665)

Perzentilrangplatz (S. 643)

Reliabilität (Zuverlässigkeit) (S. 646)

Standardabweichung (S. 641)

Standardisierte Tests (S. 640)

Standardmessfehler (S. 646)

Staninwert (S. 645)

Streuung (S. 642)

T-Wert (S. 645)

Testbias (Voreingenommenheit eines Tests) (S. 648)

Testobjektivität (Unvoreingenommenheit eines Tests) (S. 648)

Validität (Gültigkeit) (S. 647)

Varianz/Variabilität (S. 641)

Verantwortlichkeit (S. 659)

Wahrer Testwert (S. 647)

z-Wert (S. 644)

Zentraltendenz (S. 640)

ZUSAMMENFASSUNG

Aus dem Lehrernotizbuch

Wie nötig es für den Lehrer ist, über Tests ausreichend Bescheid zu wissen, hat der Anfangsfall dieses Kapitels deutlich gezeigt. Eltern und Schüler missverstehen häufig die Testergebnisse. Sie verbinden mit den einzelnen Testwerten falsche Vorstellungen. Lehrer, die gut Bescheid wissen, sind in der glücklichen Lage, ihren Schülern klarmachen zu können, was die Testwerte für sie bedeuten, und sie setzen die Testergebnisse nutzbringend für die Lernfortschritte des Schülers ein. Gut informierte Lehrer erkennen die Stärken und Schwächen des Schülers und die Grenzen der Tests. Auf der Grundlage dieses Wissens können Lehrer, Eltern und Schüler gut fundierte Entscheidungen über den Bildungsweg des Schülers fällen.

Was würden Lehrer tun?

Lehrer äußern sich zu der Anfrage von Eltern, ob ihre Tochter in Mathematik eine Klasse überspringen sollte.

■ M. S., Lehrer, 9. – 12. Klasse

Eltern pflegen sich eher auf die Seite ihres Kindes als auf die des Lehrers zu schlagen. Das ist in diesem Fall so geschehen. Eltern sprechen nicht mit dem Lehrer, wenn sie keinen Anlass haben, sich gegenüber den Lehrern für ihr Kind einzusetzen. Als Lehrer kann man nichts anderes tun, als seine Benotungskriterien offenzulegen, den Lehrplan zu erläutern und darzulegen, was von den Schülern erwartet wird. Wenn der Lehrer klare und vernünftige Erwartungen für alle Schüler äußert, dann liegt es am Schüler, nun Leistungen zu zeigen.

■ T. W. N., Lehrer, 8. Klasse

Die Noten der Schüler sind eher Ausdruck von momentanen Leistungen und weniger ein Hinweis auf ihre Intelligenz. Intelligente, aber unordentliche Schüler bringen ihre Hausarbeiten zu spät. Wenn sie abgelenkt wurden, bringen sie diese überhaupt nicht. Wenn sie mehrere Tage gefehlt haben, können sie von der nachzuholenden Arbeit überwältigt sein.

Die Noten der Schüler bedürfen oft noch näherer Erläuterungen, damit die Schüler und die Eltern sie verstehen. Der Lehrer sollte solche Erläuterungen bereithalten. Damit er sie den Eltern und bei Bedarf auch anderen Lehrern zur Überprüfung mitteilen kann.

Es kann durchaus vorkommen, dass ein Schüler in einem Leistungstest einen sehr hohen Punktwert erhält, aber im Unterricht keine Leistungen zeigt, die eine

Eins rechtfertigen. Auch wenn sich die beiden Informationen widersprechen, es wäre unfair, nur den einen von beiden Punktwerten in die Zeugnisnote einfließen zu lassen.

■ T. O. D., Seminarleiter für Sozialkunde, 7.–12. Klasse

Der Mathematik-Leistungstest, den das Mädchen im eingangs beschriebenen Fall absolvierte, mag nicht unbedingt ein Test zur Erfassung der Fähigkeiten sein, die in der weiterführenden Ausbildung benötigt werden, wie z. B. Abstraktionsvermögen. Dies müssen Eltern wissen, wenn sie die hervorragende Testleistung ihrer Tochter richtig einordnen wollen. Das Notensystem erfordert eine Kombination aus Anstrengung und Leistung, um eine gute Note zu erhalten.

Wenn Eltern sich beschweren und den Lehrer infrage stellen, dann sollte der Lehrer klarstellen, dass er Respekt erwartet, aber dass sich die Auseinandersetzung nicht negativ auf die Beurteilung des Kindes auswirken wird. Lehrer sollten in Fragen der Benotung und der Anrechnung von Punkten den Eltern nicht nachgeben.

■ S. L. B., Kunstlehrerin, 6.–8. Klasse

Die Kommunikation des Lehrers mit den Eltern stellt oft schwierige Anforderungen an den Lehrer. Leider verlieren die Eltern das Interesse an einem Kontakt mit der Schule, wenn der Schüler in die Mittelstufe und Oberstufe eintritt. Die Eltern meinen vielleicht, ihr begleitendes Interesse an der Schule ihres Kindes sei jetzt überflüssig, oder sie haben den Eindruck, ihren Kindern ist es nicht recht, wenn sie sich für ihre Schule interessieren, weil sie eine Einmischung befürchten. Aber der Schulbesuch unterliegt auch weiterhin der gemeinsamen Verantwortung von Eltern und Schule.

Die Eltern sind zu den Elterabenden nicht erschienen, an denen kleine aufklärende Vorträge abgehalten wurden. Sie kommen trotzdem, um dem Lehrer einmal richtig die Meinung zu sagen. Der Lehrer benötigt ein ziemliches Ausmaß an Diplomatie, um das Gespräch positiv und produktiv ausgehen zu lassen. Wir Lehrer müssen täglich mit unwilligen Schülern umgehen, das Elterngespräch ist im Grunde auch nichts anderes.

Wenn erst einmal das Gespräch in gemäßigte Bahnen gelenkt wurde und die Eltern zuhören, kann der Lehrer die Testauswertung und die Bewertung der Testergebnisse erklären. Wichtig ist, den Eltern klarzumachen, dass manche Schüler zwar grundsätzlich fähig sind, zu lernen und gute Leistungen zu zeigen, dass sie aber dieses Potenzial nicht nutzen. Deshalb kann es sein, dass sie das Klassenziel in einem bestimmten Fach nicht erreichen.

■ M. Y., Grundschullehrer

Bevor ich mich mit den Eltern auseinandersetzen würde, würde ich mich zuerst nach den Leistungen der Schülerin in den anderen Fächern erkundigen. Wenn sie dort auch Hausaufgaben einfach nicht abgegeben hat, dann müsste man ihr zunächst einmal beibringen, wie man seinen Schulalltag und die damit verbundenen Anforderungen organisiert. Wenn dies aber nur in meinem Mathematikunterricht vorgekommen ist, würde ich versuchen, sie mehr in den Unterricht einzubeziehen. Sie hat ja offensichtlich ein Potenzial für gute Noten in Mathematik, ich würde sehr darauf achten, dass ihr Interesse an Mathematik oder ihr Selbstvertrauen nicht verloren geht. Ich würde versuchen, ihren Lernstil näher kennenzulernen und ihr darzulegen, dass es unter Umständen vielerlei Lösungsmöglichkeiten für Mathematikaufgaben geben kann. Ich würde ihre Schularbeiten auf ihren Lernstil abstimmen, sie aber auch herausfordern, sich andere Lösungswege anzueignen.

Erfassen von Leistungen und Notengebung

15

ÜBERBLICK

Was würden Sie tun?

Ihre Schulleitung macht Sie darauf aufmerksam, dass Sie die üblichen Noten vergeben sollen: 1 bis 6. Diese Ziffern sollen unter allen Tests, Klassenarbeiten und natürlich auf den Zeugnissen stehen. Manche Lehrer ziehen es vor, bei Hausarbeiten, Quiz, Arbeitsblättern und Tests Punkte zu vergeben. Manche Lehrer führen eher eine individuelle Bewertung von Schülern durch, indem sie die Fortschritte des Schülers oder seine sichtbaren Anstrengungen benoten. Manche Lehrer verlassen sich bei ihrer Bewertung lieber auf langfristigere Projekte, die eine längere Beobachtung erlauben, andere benoten nach den täglichen Schul- und Hausarbeiten sowie der Mitarbeit im Unterricht. Manche Lehrer wollen Punkte für gute Mitarbeit in Gruppen vergeben, die dann auf die Note angerechnet werden, wiederum andere geben der Gruppe mit den besten Leistungen Extrapunkte, die die Note verbessern können. Manche Lehrer würden am liebsten nur schriftliche verbale Beurteilungen der Leistungen abgeben. Alle wollen ein Bewertungssystem, das fair und handhabbar ist, aber auch Lernen befürwortet und nicht nur die Erledigung bestimmter Aufgaben. Die Schüler sollten Rückmeldungen erhalten, die ihnen helfen, bei den wichtigen Klassenarbeiten gut abzuschneiden.

Kritisch denken

- Welche Aufgaben würden Sie vergeben, die Ihnen möglichst gut begründeten Aufschluss über das Können der Schüler geben?
- Würden Sie auch Verhalten und Beteiligung an Gruppenarbeiten beurteilen?
- Wie würden Sie Ihre verschiedenen Beurteilungsgrundlagen zur Benotung eines Schülers für ein Zeugnis integrieren?
- Wie würden Sie Ihr Benotungssystem vor dem Schulleiter und den Eltern rechtfertigen?
- Werden die hier angesprochenen Fragen Ihre Benotung beeinflussen?

Zusammenarbeit

Entwickeln Sie mit zwei oder drei Schülern aus der Klasse eine Art Handbuch für Ihr Benotungssystem. Sie sollten sich darauf vorbereiten, Ihr Benotungssystem zu verteidigen.

In diesem Kapitel werden sowohl Tests als auch Noten durchleuchtet, im Mittelpunkt stehen dabei nicht nur deren Auswirkungen auf die Schüler, sondern auch praktische Hinweise darauf, wie effizientere Test- und Benotungsverfahren entwickelt werden können.

Zu Beginn des Kapitels sollen verschiedene Testformen vorgestellt werden, die Lehrer üblicherweise einsetzen, und Arten der Leistungserfassung, die Lehrer jenseits des Üblichen versuchen. Dann ist ein Abschnitt den Auswirkungen der Noten auf die Schüler gewidmet. Weil es so viele Benotungssysteme gibt, müssen die Vorteile und Nachteile des einen oder anderen Systems erst erkundet werden. Schließlich geht dieses Kapitel noch auf das wichtige Thema der Kommunikation mit Schülern und Eltern ein. Wie kann der Lehrer sein eigenes Benotungssystem rechtfertigen?

Nach Durcharbeiten dieses Kapitels werden Sie auf folgende Fragen antworten können:

- *Wie werden Sie einen Schüler nach einer erledigten Arbeit prüfen?*
- *Wie können Sie Tests evaluieren, die als Begleitmaterial eines Lehrbuchs oder Lehrerhandbuchs angeboten werden?*
- *Wie sollen Fragen mit Auswahlantworten oder offenen Antworten für Ihr Fach entworfen werden?*
- *Welche positiven und negativen Auswirkungen der Noten auf Schüler lassen sich feststellen?*
- *Welche Beispiele für Kriterium oder Norm bezogene Benotung lassen sich anführen?*
- *Wie kann der Lehrer sein Benotungssystem den Eltern verständlich machen?*

Formative und summative Leistungserfassung

15.1

Lehrer können beim Notensystem wenig mitwirken. Die Kriterien für die Noten sind festgelegt. Es gibt jedoch für den Lehrer noch einige Freiheitsgrade, vor allem was die Form der Leistungserhebung betrifft. Es gibt die Möglichkeit, Klassenarbeiten zu schreiben und zwischendurch noch Zwischentests zu geben. Die Anzahl und die Art der Zwischentests, in kleinem Umfang auch die Anzahl der Klassenarbeiten sind dem Lehrer überlassen. Der Lehrer kann auch entscheiden, ob Schüler mit Projekten auch zu ihrer Zeugnisnote beitragen können. Weiterhin gibt es die Möglichkeit, auch die Hausarbeiten auf die Note anzurechnen. Es kann auch ein tägliches Berichtsheft eingeführt werden, das unter Umständen auch in die Note einfließen kann.

Leistungserfassung kann zweierlei Funktionen annehmen: formative und summative Leistungserfassung. Die **formative Leistungserfassung** wird vor oder während des Unterrichts eingesetzt. Der Zweck der formativen Erfassung ist, dem Lehrer Hinweise für die Planung des Unterrichts zu geben und die Schüler auf die Wissenslücken hinzuweisen. Formative Tests können also die Planung des Unterrichts entscheidend mitgestalten. Oft werden formative Tests als **Vortests** vor dem Unterricht gegeben, damit festgestellt werden kann, was die Schüler schon wissen. Wird ein formativer Test im Laufe der Unterrichtseinheit gegeben, kann der Lehrer daraus noch vorhandene Wissenslücken erkennen und entsprechend im weiteren Verlauf der Unterrichtseinheit berücksichtigen. Dies wird manchmal auch als **diagnostischer Leistungstest** bezeichnet, aber sollte nicht mit den standardisierten diagnostischen Tests allgemeiner Lernfähigkeiten verwechselt werden, die im vorigen Kapitel besprochen wurden. Ein diagnostischer Test im Rahmen des Schulunterrichts beschränkt sich auf ein bestimmtes Leistungsgebiet und stellt hierin die Stärken und Schwächen eines Schülers fest. Ältere Schüler können selbst Rückschlüsse aus diesen diagnostischen Leistungstests ziehen und sich verstärkt ihren schwachen Leistungsbereichen zuwenden. Vortests und diagnostische Leistungstests werden nicht benotet. Formative Tests werden nicht auf die Gesamtnote angerechnet. Schüler mit Testangst können von diesen formativen Tests profitieren, bieten sie ihnen doch eine gute Möglichkeit, Testerfahrungen zu sammeln.

Summative Leistungserfassung wird am Ende einer Unterrichtseinheit vorgenommen. Ihr Zweck besteht in der Messung des erreichten Leistungsniveaus. Summatives Testen vermittelt die Erkenntnis über die *Summe der Kenntnisse*. Die Abschlussarbeit ist ein klassisches Beispiel.

Die Unterscheidung zwischen formativem und summativem Erfassen leitet sich von der Art der Verwendung der Testergebnisse her. Jede Art der Leistungserfassung – traditionell, über gezeigte Leistung, Projekte, mündlich, Sammelmappen usw. – kann sowohl für formative als auch für summative Leistungserfassung verwendet werden. Wenn ein Test durchgeführt wird, um den Unterricht besser zu planen, wird er formativ eingesetzt; wenn er überprüfen soll, ob der Lernstoff richtig und vollständig aufgenommen wurde, wird er summativ eingesetzt. Der gleiche Test kann zu Beginn der Unterrichtseinheit formativ genutzt werden und am Ende der Einheit summativ.

Die Prüfung zum Abschluss eines Kurses ist ein Beispiel einer summativen Leistungserfassung. Dieser Typ von Leistungsmessung wird zum Ende eines Kurses oder einer Unterrichtseinheit vorgenommen und erlaubt, die Kenntnisse des gesamten Themas zu prüfen.

Formative Leistungserfassung Testen ohne Benotung vor oder während des Unterrichts, um beim Planen und einer Diagnose zu helfen.

Vortest Formativer Test zur Erfassung von Wissen, Vorbereitungsgrad und Fähigkeiten der Schüler.

Diagnostischer Leistungstest Formativer Test, um die vorhandenen Schwächen der Schüler festzustellen; kann spezielle Lernprobleme aufdecken.

Summative Leistungserfassung Testen nach Beendigung der Unterrichtseinheit zur Erfassung des erreichten Leistungsstandes.

Tabelle 15.1

Tests einsetzen zur Gestaltung des Unterrichts

Die beste Nutzung von Leistungserfassung ist, sie für die Planung und Steuerung des Unterrichts einzusetzen. Hier sind einige aus Testergebnissen herzuleitende Gestaltungsmöglichkeiten.

Gestaltungsmöglichkeit	Strategien der Leistungserfassung	Gestaltungsoption
Was sollte überhaupt unterrichtet werden?	Vortest vor dem Beginn der Unterrichtseinheit	Soll der Unterricht auf bestimmte Teilziele hin ausgerichtet sein?
Wie lange sollte eine Unterrichtseinheit dauern?	Zwischentests während der Unterrichtseinheit	Sollte der Unterricht auf ein bestimmtes Teilziel hin abgebrochen oder fortgeführt werden für einen Schüler oder für die ganze Klasse?
Wie effektiv war eine Serie von Unterrichtsstunden?	Vergleich der Vortest- mit den Abschlusstestergebnissen	Soll eine bestimmte Serie von Unterrichtsstunden beibehalten, verworfen oder verändert werden, bevor sie das nächste Mal eingesetzt wird?

Quelle: Aus *Classroom Assessment: What Teachers Need to Know* (4. Aufl.) von J. W. Popham. Boston, MA: Allyn & Bacon. Copyright © 2000 Pearson Education.

Die formativen Tests sind für den Unterricht wichtiger als die summativen. James Popham (2005a) meint, dass „Bedauerlicherweise viele Lehrer immer noch meinen, die Benotung sei die wichtigste Funktion der Tests. Aber jeder Lehrer, der Tests nur für die Benotung einsetzt, sollte selbst eine 6 in Leistungserfassung erhalten." (S. 262) Tests und alle anderen Erfassungsformen sollten für besseren Unterricht genutzt werden. ▶ Tabelle 15.1 gibt dafür Beispiele.

Möglichkeiten traditioneller Leistungserfassung

15.2

Halt! Denken Sie nach! Schreiben Sie!

Denken Sie an Ihren letzten Test. Welche Form wurde gewählt? Waren Sie der Meinung, dass die Testergebnisse Ihren Wissensstand genau widerspiegelten? Mussten Sie jemals selbst einen Test entwerfen? Was macht einen guten, fairen Test aus?

Die meisten Menschen denken bei der Leistungserfassung ans Testen. Auch wenn Lehrer noch andere Formen der Leistungserfassung zur Auswahl haben, greifen sie am häufigsten auf Tests zurück. In den folgenden Abschnitten sollen die Möglichkeiten traditionellen Testens ausgelotet werden: die Planung guter Tests, die Bewertung von vorgegebenen Tests in den Arbeitsbüchern und das Entwickeln eigener Testfragen.

15.2.1 Planen von Tests

Ein Ergebnis von Testprogrammen in verschiedenen Schulbezirken ist, das Lehrer sich nun mehr um eigene die standardisierten Tests begleitende Tests bemühen müssen, um die entscheidenden Tests entsprechend vorzubereiten. Diese begleitenden Tests müssen gut geplant und organisiert werden. Wenn ein Lehrer einen solchen Plan hat, kann er auch eher die in Lehrerhandbuchern und Arbeitsbüchern vorgegebenen Tests beurteilen und eigenes Testmaterial vorlegen.

Wann soll getestet werden?

Frank Dempster (1991) prüfte die Forschung über Tests und Wissensprüfungen und zog folgende Schlussfolgerungen:

1. Häufiges Testen regt dazu an, Informationen zu behalten und scheint effektiver zu sein als eine vergleichbar lange Zeit mit Lernen und Wiederholen des Lernstoffs zu verbringen.
2. Tests fördern das Lernen besonders gut, wenn die Wissensüberprüfung gleich nach dem Lernen stattfindet und dann noch einmal später. Die Testwiederholung sollte zunehmend weiter auseinanderliegen.

Tabelle 15.2

Wichtige Hinweise für die Beurteilung von Tests aus Schulbüchern

1 Die Entscheidung für einen Test aus einem Schul- oder Lehrbuch oder bereits entwickelte standardisierte Verfahren muss nach der Festlegung der Lernziele und des Unterrichtsstoffes erfolgen, den der Lehrer unterrichtet hat.

2 Schulbücher und standardisierte Tests werden für den typischen Unterricht entwickelt, aber da es keinen typischen Unterricht gibt, weichen die meisten Lehrer vom Schulbuch ab, um auf die besonderen Erfordernisse ihrer Schüler einzugehen.

3 Je mehr Unterricht vom Schulbuch abweicht, je weniger valide ist der begleitende Test im Hinblick auf den Unterricht.

4 Die Hauptüberlegung bei der Beurteilung eines Schulbuches oder eines standardisierten Leistungstests ist, inwieweit Schulbuch- oder Testinhalte mit dem Unterrichtsstoff übereinstimmen.

   a Entsprechen die Testfragen den Lernzielen des Lehrers und dem, auf was er im Unterricht besonderen Wert gelegt hat?

   b Müssen Schüler Aufgaben genauso lösen, wie sie es gelernt haben?

   c Gehen die Fragen auf alle unterrichteten Inhalte oder nur auf einen Teil ein?

   d Ist das Sprachniveau dem der Schüler angemessen?

   e Ist die Anzahl der Fragen groß genug, um alle Lerninhalte abzudecken und eine ausreichende Grundlage für die Kenntnisse der Schüler abzugeben?

Quelle: Aus *Classroom Assessment: Concepts and Applications* (5. Aufl.) von P. W. Airasian (2005). New York: McGrawHill, S. 161.

---

3 Der Gebrauch von kumulativen Fragen in einem Test ist der Schlüssel zum effektiven Lernen. Kumulative Fragen fordern von Schülern, ihr in den Unterrichtsstunden erworbenes Wissen in einem neuen Problemlösevorgang anzuwenden.

Dempster argumentiert, Schüler lernten mehr, wenn der Lehrplan nicht zu viele Themen beinhaltet, sondern die Themen stattdessen gründlicher auslotet und mehr Zeit für Wiederholungen, Übungen, Testen und Rückmeldung einräumt (Dempster, 1993).

Verknüpfen und erweitern Sie Ihre Forschungskenntnisse

Dempster, F. N. (1991). Synthesis of Research on Reviews and Tests. *Educational Leadership, 48(7),* 71–76. Dempster, F. N. (1993). Exposing Our Students to Less Should Help Them Learn More. *Phi Delta Kappan, 74,* 432–437.

Tests aus Schul-/Lehrbüchern beurteilen

Die meisten Schulbücher der Primar- und Sekundarstufe haben Begleitmaterial wie Lehrerhandbuch, Arbeitsblätter zum Austeilen und vorbereitete Tests. Dies alles spart Zeit, aber ist es auch gut für den Unterricht? Die Antwort hängt von der Zielsetzung, von der Art des Unterrichtens und von der Qualität des Materials ab. Wenn der Test aus dem Schulbuch hohen Standards entspricht, den Unterrichtsstoff berücksichtigt und gut aufgreift, dann kann der Test ohne Bedenken eingesetzt werden. Der Grad der Leseschwierigkeit der Instruktionen und Aufgaben muss noch überprüft und möglicherweise geändert werden (Airasian, 2005; McMillan, 2004). ▶ Tabelle 15.2 gibt wichtige Hinweise, auf was bei der Beurteilung von Tests aus Schul- oder Lehrbüchern geachtet werden soll.

Wenn es keine vorbereiteten Tests für das Unterrichtsmaterial gibt oder die vorbereiteten Tests nicht passend sind, müssen Lehrer eigene Tests entwerfen. Im Folgenden sollen zwei traditionelle Testformen besprochen werden: objektive Tests und Aufsätze.

15.2.2 Objektives Testen

Mehrfachwahlantworten, Zuordnen, Richtig/Falsch-Antworten und Ergänzungstests sind Formen des **objektiven Testens**. Das Wort „objektiv" bedeutet im

---

Objektives Testen Mehrfachwahlantworten, Zuordnen, Richtig/Falsch-Antworten und Ergänzungstest; die Auswertung erfordert keine Interpretation.

„Ich mag keine Tests, in denen ich keinen Radiergummi benutzen kann."
Quelle: Copyright © Martha Campbell

Zusammenhang mit Testen „nicht offen für mehrere Interpretationen" oder „nicht subjektiv". Die Auswertung ist relativ geradlinig verglichen mit Aufsätzen, denn sie sind eindeutiger.

Wie kann man feststellen, welches das beste Antwortformat für einen bestimmten Test ist? Nehmen Sie dasjenige, das unmittelbar die Lernfortschritte der Schüler erfasst (Gronlund, 2003). Mit anderen Worten, wenn man wissen will, wie gut Schüler Briefe schreiben können, sollte man sie Briefe schreiben lassen und nicht Mehrfachantworten vorgeben, aus denen sie die richtige Antwort heraussuchen sollen. Wenn aber mehrere Antwortformate möglich sind, sollte man Mehrfachantworten einsetzen, da sie leicht auszuwerten sind und viele Themen abdecken können. Aber wenn ähnliche Begriffe wie Fachtermini oder Definitionen erkannt werden sollen, dann sind Zuordnungsaufgaben angebrachter als Mehrfachantworten. Wenn es schwierig ist, viele falsche Antworten zu finden, dann sollte das Richtig/Falsch-Format gewählt werden. Als Alternative bietet sich der Satzergänzungstest an, in dem Satzanfänge vorgegeben werden und das Satzende ergänzt werden muss. Ein Abwechseln der Antwortformate kann die Besorgnis von solchen Schülern zerstreuen, die mit einem Format Schwierigkeiten haben. Als Nächstes wird das Mehrfachantwortenformat vor-

gestellt, weil es am flexibelsten aber auch am schwierigsten ist.

Der Einsatz von Tests mit Mehrfachwahlantworten

Ungefähr drei Viertel aller Pädagogikprofessoren sprechen sich gegen Fragen oder Aufgaben mit Mehrfachwahlantworten für die Festsetzung von Noten aus, etwa die Hälfte der Oberschullehrer sind dafür (Banks, 2005). Angesichts dieser gespaltenen Meinungen sollte man sich über dieses Format gut informieren. Lehrer bereiten Schüler auf entscheidende Tests mit Mehrfachwahlantworten vor, indem sie selbst dieses Format in ihre eigenen Tests einführen (McMillan, 2004). Natürlich können solche Tests Fakten überprüfen, aber sie können noch mehr als nur gespeichertes Wissen abrufen oder zum Wiedererkennen vorgeben. Es ist auch möglich, dass Schüler in den Auswahlantworten neues Material vorgelegt erhalten, auf das sie Wissen anwenden sollen oder wo sie Begriffe analysieren oder Prinzipien überprüfen sollen (Gronlund, 2003; McMillan, 2004). Zum Beispiel soll die folgende Frage die Fähigkeit des Schülers erfassen, implizite Annahmen zu erkennen, eine der Fertigkeiten, die für das Analysieren von Ideen wichtig ist:

Ein Professor für Pädagogische Psychologie sagt, „Ein z-Wert von +1 in einem Test ist gleich einem Perzentilrangplatz von ungefähr 84." Welche der folgenden Annahmen macht der Professor implizit?

1. Die Werte reichen von 0 bis 100.

2. Die Standardabweichung des Tests ist gleich 3,4.

3. Die Häufigkeitsverteilung der Einzelwerte ist eine Normalverteilung (richtige Antwort).

4. Der Test ist valide und reliabel.

Mehrfachwahlantworten schreiben

Alle Arten von Testaufgaben oder -fragen müssen geschickt formuliert sein, aber gute Antwortmöglichkeiten sind schwierig zu finden. Manche Schüler bezeichnen die Mehrfachwahlantworten-Tests als Mehrfachrateantworten-Tests, um auszudrücken, dass sie schlecht entworfen wurden. Beim Schreiben von Testfragen oder -aufgaben muss im Vordergrund stehen, dass sie die Leistung der Schüler erfassen können und nicht deren Geschicklichkeit beim Raten oder deren Testerfahrung. Der **Aufgaben-** bzw. **Fragenstamm**

Aufgaben-/Fragenstamm Der Kerninhalt einer Frage oder Aufgabe in einem Test mit Mehrfachwahlantworten.

ist der Kern einer Frage oder Aufgabe in einem Test, auf den reagiert werden soll. Die Wahlantworten werden *Wahlalternativen* genannt. Die falschen Alternativen sind sogenannte **Distraktoren**, die Schüler mit Halbwissen verwirren sollen. Wenn es diese Distraktoren nicht gäbe, würden Schüler auch dann richtige Antworten wählen können, wenn sie nur ungenau Bescheid wüssten.

Die *Richtlinien* (siehe S. 682), adaptiert nach Gronlund (2003), Popham (2005a) und Smith, Smith und De Lisi (2001), sollen das Schreiben von Mehrfachantworten und andere objektive Antwortformen auf Testfragen erleichtern.

15.2.3 Offene Fragen

Manche Leistungsaspekte lassen sich besser durch freie Antworten, die die Schüler selbst konstruieren müssen, testen. Eine offene Frage ist in diesen Fällen angemessen. Der schwierigste Teil ist jedoch, wenn die Qualität der Antworten beurteilt werden soll. Gute, klare Fragen sind auch schwierig. Die nächsten Abschnitte beschäftigen sich mit dem Schreiben, Anwenden und Punktwerte vergeben in Tests; die Vorschläge stammen von Gronlund (2003). Es sollen auch die Gefahren der subjektiven Punktevergabe und die Möglichkeiten, sie zu vermeiden, behandelt werden.

> ### Halt! Denken Sie nach! Schreiben Sie!
> Bewerten Sie die zwei Fragen und die offenen Antworten dazu nach Popham (2005a) (S. 172–173):
>
> **1** (Höhere-Schule-Niveau) Sie haben gerade ein Video mit drei weit verbreiteten Werbefilmen gesehen. Welche eine klassische Werbetaktik ist in allen drei Filmen zu sehen?
>
> **2** (Mittelschul-Niveau) Denken Sie an die Mathematikstunden und an die Hausaufgaben in den letzten drei Monaten zurück; was kann man daraus für Schlussfolgerungen ziehen? Die Antwort sollte nicht länger als eine Seite sein.

Aufsatztests konstruieren

Aufsatztests können nur wenig Material abdecken, da die Antworten viel Zeit beanspruchen. Die Tests mit offenen Fragen sollten zur Erfassung komplexer Leistungen herangezogen werden. Eine Frage, auf die eine offene Antwort erwartet wird, sollte eine klare und präzise Aufgabe stellen und die in der Antwort erwünschten Aspekte ansprechen. (Sind die Fragen in *Halt! Denken Sie nach! Schreiben Sie!* klar und präzise?) Die Schüler sollten wissen, wie breit sie antworten können und wie viel Zeit sie auf eine Antwort verwenden können. Frage 2 im Kasten gibt zwar eine Seitenangabe, aber es ist unklar, was gefragt ist.

Schüler sollten für die Antworten ausreichend Zeit zur Verfügung haben. Zeitbegrenzungen sollten für jede Frage einzeln angegeben werden. Zeitdruck erhöht die Testangst und verhindert dadurch eine objektive Erfassung von Leistungen. Es sollten nicht viele offene Fragen gestellt werden, nur weil sonst zu wenige Inhalte abgefragt werden. In diesem Fall ist es besser, öfters zu testen. Um das Problem der inhaltlichen Beschränkung zu umgehen, kann man sowohl offene Fragen als auch objektivere Aufgabenformate in einem Test kombinieren (Gronlund, 2003).

Gefahren der Testbewertung

Im Jahre 1912 begannen Starch und Elliott eine klassische Serie von Experimenten, die Pädagogen schockierte, weil sie offenlegte, wie subjektiv Tests bewertet werden. Die Autoren wollten herausfinden, in welchem Ausmaß die Bewertung von Aufsätzen von den Einstellungen, Standards und Erwartungen des Lehrers abhängt. In ihrer ersten Untersuchung schickten sie zwei Prüfungsaufsätze in Englisch von zwei höheren Schülern an Englischlehrer in 200 höheren Schulen. Jeder sollte die beiden Aufsätze wie gewohnt durchsehen und bewerten. Die Bewertung bestand in Perzentilrangplätzen, das Kriterium für „bestanden" war ein Perzentilwert von 75 %.

Das Ergebnis zeigte, dass Ordentlichkeit, Rechtschreibung und gute Kommunikationsfähigkeit von den Lehrern unterschiedlich bewertet wurden. Die Bewertung des einen Aufsatzes schwankte zwischen 64 % und 98 %, mit einem durchschnittlichen Perzentilwert von 88,2 %. Der Durchschnittwert für den anderen Aufsatz betrug 80.2, die vorkommenden Werte lagen zwischen 50 % und 97 %. Im folgenden Jahr veröffentlichten Starch und Elliott (1913a, 1913b) ähnliche Ergebnisse mit Aufsätzen in Geschichte und Ab-

---

Distraktoren Falsche Antwortalternativen in einem Test mit Mehrfachwahlantworten.

Fragen und Antworten in Tests mit Mehrfachwahlantworten

Der Frage- oder Aufgabenstamm sollte klar und einfach sein und nur ein einziges Problem beinhalten. Unwichtige Einzelheiten sollten weggelassen werden.

Schlechtes Beispiel
Es gibt viele unterschiedliche Standard- oder abgeleitete Werte. Der IQ ist besonders nützlich, weil ...

Gutes Beispiel
Welches der folgenden Merkmale ist ein Vorteil des IQ-Wertes?

Der Frage- oder Aufgabenstamm sollte positiv formuliert sein. Negationen verwirren. Wenn Wörter wie „nicht", „kein" oder „außer" vorkommen müssen, sollten sie unterstrichen oder in Großbuchstaben geschrieben werden.

Schlechtes Beispiel
Welcher der folgenden Werte ist kein Standardwert?

Gutes Beispiel
Welche der folgenden Werte ist KEIN Standardwert?

Erwarten Sie nicht, dass Schüler sehr fein zwischen Antwortalternativen unterscheiden.

Frage: Wie groß ist der Prozentanteil der Fläche in einer Normalverteilung, die zwischen einer Standardabweichung von +1 und −1 liegt?

Schlechtes Beispiel
a. 66 %   b. 67 %   c. 68 %   d. 69 %

Gutes Beispiel
a. 14 %   b. 34 % | c. 68 % | d. 95 %

Im Frage- oder Aufgabenstamm sollte so viel Information wie möglich enthalten sein, sodass in den Antwortalternativen einzelne Satzteile nicht wiederholt werden müssen.

Schlechtes Beispiel
Ein Perzentilwert
a. zeigt den Prozentanteil richtig beantworteter Fragen an.
b. zeigt den Prozentanteil richtig beantworteter Fragen geteilt durch die falsch beantworteten an.
c. zeigt den Prozentanteil der Personen an, die diese Anzahl richtiger Aufgaben oder mehr im Test erreichten.
d. zeigt den Prozentanteil der Personen an, die diese Anzahl richtiger Aufgaben oder weniger im Test erreichten.

Gutes Beispiel
Ein Perzentilwert zeigt den Prozentanteil
a. richtig beantworteter Fragen an.
b. richtig beantworteter Fragen geteilt durch die falsch beantworteten an.
c. der Personen an, die diese Anzahl richtiger Aufgaben oder mehr im Test erreichten.
| d. der Personen an, die diese Anzahl richtiger Aufgaben oder weniger im Test erreichten. |

Jede Alternative sollte eine passende Syntax haben, die zum Fragestamm passt, sodass keine Alternative sofort als falsch erkannt wird.

Schlechtes Beispiel
Der Stanford-Binet sagt etwas aus über
a. einen IQ-Wert   c. einen Berufswunsch
b. einen Wert für das Leseniveau   d. eine Befähigung zum Mechaniker

Gutes Beispiel
Was erfasst der Stanford-Binet?
| a. Intelligenz | c. Berufswunsch
b. Lesefertigkeit   d. Befähigung zum Mechaniker

Kategorische Ausdrucksweisen wie *immer, alle, nur, niemals* sollten vermieden werden, es sei denn, sie sind in allen Antwortalternativen gleichermaßen zu finden. Die meisten informierten Testnehmer wissen, dass solche Alternativen gewöhnlich falsch sind.

Schlechtes Beispiel

Der wahre Testwert eines Schülers in einem standardisierten Test ist

a. niemals gleich dem beobachteten Wert.

b. immer sehr nahe dem beobachteten.

c. wird immer durch den Standardfehler des Mittelwertes bestimmt.

d. liegt gewöhnlich in dem Bereich zwischen einer Standardabweichung von +1 bis −1 um den gemessenen Wert herum.

Gutes Beispiel

Welche der unten aufgeführten Aussagen über den wahren Wert eines Schülers in einem standardisierten Test ist meist richtig?

a. Er ist gleich dem beobachteten Wert.

b. Er liegt nahe beim beobachteten Wert.

c. Er wird bestimmt vom Standardfehler des Mittelwertes.

d. Er kann über oder unter dem beobachteten Wert liegen.

Es sollten keine Distraktoren mit ähnlicher Bedeutung eingeführt werden. Wenn nur eine Antwort richtig sein kann und zwei Antworten sind sehr ähnlich, dann müssen beide falsch sein. Das engt die Auswahl erheblich ein.

Wie heißt der am häufigsten vorkommende Wert in einer Häufigkeitsverteilung?

Schlechtes Beispiel

a. Modalwert   c. arithmetisches Mittel

b. Median   d. Mittelwert

Gutes Beispiel

a. Modalwert   c. Standardabweichung

b. Median   d. Mittelwert

Fragen sollten nicht wörtlich den Text des Schulbuches wiederholen.

Schwache Schüler könnten einfach die wörtliche Formulierung wiedererkennen, ohne die genaue Bedeutung zu kennen.

Vermeiden Sie Formulierungen wie „alles oben beschriebene"oder „nichts von dem, was oben aufgeführt ist".

Solche Wortwahl ist nur hilfreich für Schüler, die raten. Sie verführt Schüler, nicht alles zu lesen.

Schnell erkennbare Muster verleiten auch zum Raten.

Die Stelle der richtigen Antwort sollte so oft wie möglich variiert werden.

Falsche Alternativen sollten die weitverbreiteten falschen Vorstellungen der Schüler enthalten.

Seien Sie vorsichtig, dass die falschen Alternativen nicht so offensichtlich falsch sind, dass sie gleich ausgeschieden werden.

Mehr Hinweise finden Sie unter **http://www.msu.edu/dept/soweb/writitem.html**

handlungen über Geometrie. Das wichtigste Ergebnis ist jedoch, dass die Subjektivität der Bewertungen nicht vom Fach abhängig ist. Die Schwierigkeiten entstanden durch die Subjektivität der Beurteiler und die mangelnde Objektivität des Bewertungssystems.

Bewertung von Aufsätzen: Methoden

Gronlund (2003) bietet mehrere Strategien an, wie bei der Bewertung von Aufsätzen Subjektivität und Ungenauigkeit vermieden werden können. Ein guter erster Schritt sollte in der Konstruktion von Bewertungskriterien für Punktwerte oder von Bewertungsbereichen (Rubriken) bestehen und diese sollten den Schülern klar sein. Auch wenn Schüler bis zu einem gewissen Grade über die Tests mitentscheiden können, nur Lehrer treffen die Auswahl für die Art der Information, die in einer Testantwort vorkommen sollte. Es folgt ein Beispiel von TenBrink (2003, S. 326).

Frage: Verteidige oder verwerfe die folgende Aussage: Bürgerkriege sind für Entwicklungsländer wichtig für ihr Wachstum. Führen Sie Argumente an und belegen Sie sie mit Beispielen aus der Geschichte, um ihre Entscheidung zu begründen.

Bewertungsbereiche (Rubriken): Alle Antworten, unabhängig von der Position, sollten enthalten (1) eine klare Formulierung der Position, (2) mindesten zwei logische Begründungen, (3) mindesten vier Beispiele aus der Geschichte, die deutlich ihre Argumente untermauern.

Wenn einmal ihre Erwartungen für Antworten festgelegt wurden, können den einzelnen Aufsatzteilen Punkte zugeschrieben werden. Es können auch Punkte vergeben werden für die Gliederung des Aufsatzes oder dessen Kohärenz bzw. interne Konsistenz. Dann können Noten von 1 bis 6 vergeben werden und die Aufsätze den Noten nach in verschiedene Stapel sortiert werden. Die Aufsätze in jedem Stapel sollten dann noch einmal durchgesehen werden, um die Vergleichbarkeit zu prüfen. Diese Vorgehensweise schafft eine gewisse Sicherheit, dass fair und genau benotet wurde.

Wenn verschiedene offene Fragen im Test vorkommen, sollte man erst eine Frage bei allen Schülern durchsehen und dann zur nächsten übergehen. So vermeidet der Lehrer, dass die Antwort eines Schülers auf eine Frage die Beurteilung der nächsten Frage desselben Schülers beeinflusst. Die ersten Antworten sollten dann nach deren Bewertung auf die Notenstapel

---

Tabelle 15.3

Vor- und Nachteile verschiedener Formen von Testaufgaben

Typ	Vorteile	Nachteile
Ergänzungen	Kann viele Tatsachen in einer kurzen Zeit abfragen; leicht zu bewerten; gut für Mathematik; testet Erinnern	Schwierig für komplexes Lernen, oft mehrdeutig
Aufsatz	Kann komplexes Lernen, Denkprozesse und Kreativität testen	Objektivität schwierig, hoher Zeitbedarf, subjektiv
Richtig/Falsch	Viele Fakten werden in kurzer Zeit getestet. Leicht zu bewerten, testet Wiedererkennen, ist objektiv	Komplexes Lernen ist schwierig zu erfassen. Schwierig, reliable Aufgaben zu finden, Ratewahrscheinlichkeit erhöht
Zuordnen	Testet hervorragend Assoziationen und Wiedererkennen von Fakten. Obwohl kurz, kann auch komplexes Lernen (mit Begriffen) getestet werden; objektiv	Schwierig, effektive Aufgaben zu finden; werden oft aussortiert
Mehrfachwahlantworten	Kann Lernen auf allen Komplexitätsebenen testen, ist reliabel, objektiv. Großer Wissensumfang kann in kurzer Zeit abgefragt werden. Leicht zu bewerten	Schwierig zu verfassen. Leicht erhöhte Ratewahrscheinlichkeit

Quelle: Aus *Classroom Teaching Skills* (7. Aufl.) von James Cooper 2003. Copyright © 2003 Houghton Mifflin Company.

verteilt und überprüft werden. Danach erfolgt die gleiche Prozedur mit der nächsten Antwort, aber nicht ohne dass vorher die Antwortblätter durcheinander gemischt werden. (So ist sichergestellt, dass nicht alle Antworten eines Schülers zusammen beurteilt werden und, wenn er unter den ersten ist, seine Antworten noch mehr Aufmerksamkeit und längere Beurteilungszeit bekommen. Am Anfang der Beurteilungen ist der Urteilende weniger nachlässig als gegen Ende.) Lehrer sind auch objektiver, wenn der Name des Schülers am Ende des Testheftes steht und nicht am Anfang; so ist die Beurteilung anonym. Ein hoher Grad an Objektivität ist erreicht, wenn ein zweiter Lehrer die Tests ohne Kenntnis der Noten des ersten durchsieht, vorausgesetzt er kennt die Lernziele und die Benotungskriterien. Das kann wertvolle Einsichten in Bereiche vermitteln, in denen voreingenommen beurteilt wird.

▶ Tabelle 15.3 enthält die Vor- und Nachteile der beiden Testformen.

Alternativen zu traditioneller Leistungserfassung 15.3

Im vorherigen Abschnitt wurde dargestellt, wie traditionelles Testen effektiv eingesetzt werden kann. Jetzt sollen einige alternative Formen der Leistungserfassung im Unterricht vorgestellt werden. Die Hauptkritikpunkte an standardisierten Tests – dass sie den Lehrplan bestimmen, das Behalten von Tatsachen prüfen und nicht Problemlösen und Denken – gelten auch für vom Lehrer entworfene Klassentests. Wenige Lehrer würden hier widersprechen. Selbst wenn alle Vorschläge dieses Kapitels beachtet würden, wären die Möglichkeiten vom traditionellen Testen begrenzt. Was kann hier unternommen werden? Wird das traditionelle Testen überflüssig mit dem Einsatz neuer Alternativen? Die *Pro & Contra*-Diskussion beschäftigt sich mit diesen Fragen.

PRO & CONTRA

Was ist besser – traditionelles Testen oder Testen mit lebensnahen Aufgaben

Die Vorteile und Nachteile des standardisierten Testens wurden ausführlich besprochen, die Kontroverse beschäftigt sich nun mit Klassenarbeiten und Tests, die der Lehrer zusammengestellt. Sind traditionelle Mehrfachwahlantworten und Aufsätze für die Leistungserfassung in der Klasse geeignet?

Pro: Traditionelle Tests sind eine ungeeignete Grundlage für Leistungserfassung in der Klasse.
In dem Artikel „Standards, not Standardization: Evoking Quality Student Work" von Grant Wiggins (1991) spricht der Autor sich entschieden für Exzellenzstandards aus, die als Maßstäbe für die Leistungen der Schüler dienen können. Aber diese Standards sollten nicht einfach höhere Werte in Tests mit Mehrfachwahlantworten fordern. Bei traditionellen Tests zählen nur die richtigen Antworten, Denken wird nicht erfasst. Wiggins bemerkt:

Wir beurteilen nicht die Automarke BMW, die Berliner Symphoniker, den 1. FC Bayern München oder MM Sekt, indem wir auf leicht zu erhebende und allgemein verbreitete Indikatoren zurückgreifen. Die Angestellten in diesen Unternehmen würden bestimmt keine Qualitätsprodukte liefern, wenn diese Indikatoren allein die Maßstäbe für ihre Arbeit wären. Die Forderung und den Erhalt von Qualität von Schülern oder von Angestellten bedeutet, Maßstäbe an der Art der Arbeit ausrichten, die wir verrichten und die wir auch schätzen. Die Erwartungen an die Arbeit müssen hoch sein, das Erreichen der Maßstäbe muss als notwendig, nicht als wünschenswert verstanden werden. Angenommen, Lehrer würden so vorgehen:
Der Deutschlehrer instruiert Schüler, die Stelle im Aufsatz eines Mitschülers anzustreichen, an der er das Interesse an der Darstellung verlor oder erwartete, dass es revidiert wird.
Der Professor verlangt, dass alle Mathematikhausaufgaben zusammen mit einem Mitschüler eingereicht werden, der die Arbeit abgezeichnet hat; Noten gibt es je nach Qualität der Arbeit, aber nur, wenn sie gegengezeichnet ist. (S. 22)

Diese Vorgehensweisen sind so sinnlos, wie manche andere, die tatsächlich vorkommen, meint Wiggins. Tests sollen Wissen erfassen, das im Alltag benötigt wird. Verstehen kann nicht durch Tests erfasst werden, die kontextloses Wissen und Fertigkeiten erfragen. „Mit anderen Worten, wir können nicht behaupten, wir wüssten etwas, wenn wir unser Wissen nicht klug, flexibel und zügig und in unterschiedlichen Kontexten kompetent anwenden." (Wiggins, 1993, S. 200)

Contra: Traditionelle Tests können eine wichtige Funktion erfüllen.

Die meisten Psychologen und Pädagogen stimmen mit Wiggins überein, dass ein klares, hohes Anspruchsniveau mit Anwendungen auf den Alltag wichtig ist, aber sie möchten die traditionellen Tests nicht aufgeben, da sie für den Lernprozess sehr nützlich sein können. Lernen sollte mehr sein als nur die richtige Antwort zu wissen, aber natürlich ist es wichtig, die richtige Antwort zu kennen. Eine Schule besuchen, heißt, neben Wissen auch Denken und Problemlösen zu lernen. Schüler sollten über Sachverhalte nachdenken – über Tatsachen, Ideen, Meinungen. Gut entwickelte traditionelle Tests können den Wissensstand eines Schülers sehr effektiv feststellen (Airasian, 2005; Kirst, 1991b). Einige Pädagogen meinen, dass traditionelles Testen einen noch breiteren Raum im Schulalltag einnehmen sollte. Die Analyse von Bildungspolitikern des Bildungssystems in den USA verglich amerikanische Schüler mit Schülern aus anderen entwickelten Industrieländern. Sie kamen zu dem Schluss, dass es amerikanischen Schülern vor allem an einem soliden Wissensfundus mangelt, weil amerikanische Schüler mehr prozessorientiert unterrichtet werden: kritisches Denken, Selbstwert entwickeln, Problemlösen überwiegen gegenüber Inhalten. Wenn die Inhalte verstärkt vermittelt werden sollen, müssen die Lehrer erst herausfinden, wie viel die Schüler in bestimmten Bereichen wissen, und dabei helfen ihnen besonders traditionelle Tests.

Tests helfen, Schüler zu motivieren und dienen als Leitlinien für das Lernen der Schüler. Es liegen Hinweise aus der Forschung vor, dass Tests Lernen und Behalten anregen. Schüler in Klassen, in denen relativ häufig getestet werden, weisen bessere Leistungen auf (Dempster, 1991).

Welchen Standpunkt haben Sie?

Quelle: Aus Standards not Standardization von G. Wiggins, *Educational Leadership, 48(5)*, S. 18–25. Copyright © 1991 Association for Supervision and Curriculum Development. Die Association for Supervision and Curriculum Development ist eine internationale Gemeinschaft von Lehrern und Erziehern, die für gut begründete Maßnahmen und Methoden eintreten, die den Lernerfolg jedes Schülers sicherstellen sollen. Um mehr darüber zu erfahren, besuchen Sie die Website von ASCD unter **www.ascd.org**.

Ein Vorschlag zur Lösung der Testkontroverse besteht darin, lebensnahe Testaufgaben auch im Unterricht einzuführen.

15.3.1 Leistungserfassung mit alltagsnahen Aufgaben im Unterricht

Was würden Sie dazu sagen?

In einem Vorstellungsgespräch mit der Vorauswahlkommission für die neuen Lehrer in einer Grundschule, die als innovativ bekannt ist, fragt ein Lehrer: „Was wissen Sie über verschiedene Formen von Leistungserfassung, Projekten und Rubriken, um Lernfortschritte festzustellen?"

Leistungserfassung mit alltagsnahen Aufgaben fordert von Schülern, Fertigkeiten und Fähigkeiten wie im Alltag einzusetzen. Zum Beispiel sind Brüche bei der Vervielfachung oder Teilung von Rezepten sehr nützlich. Dies hat Grant Wiggins schon vor über 15 Jahren vorgebracht:

Wenn Tests erfassen, was Lehrer tatsächlich unterrichten und was Schüler dann auch lernen, dann verläuft die Reformstraße geradlinig nach vorne, ist aber steil: als notwendig erkannte Fähigkeiten und Fertigkeiten sollen im Kontext getestet werden. In den Tests soll das abgeprüft werden, was den Kern der jeweiligen wissenschaftlichen Disziplin ausmacht. In diesem Sinne sollen Tests auch lebensnah sein. (S. 1989, S. 41)

Wiggins setzt diese Überlegung fort und sagt, wenn das Lehrziel darin besteht, dass die Schüler schreiben,

---

Leistungserfassung mit alltagsnahen Aufgaben Testen von Fertigkeiten und Fähigkeiten, die auch im täglichen Leben gefordert sein könnten.

Tabelle 15.4

Merkmale von Aufführungstests

A. Struktur und Logistik

1. Sind öffentlich, mit Zuschauern, einer öffentliche Diskussion usw.
2. Haben keine unrealistischen und willkürlichen Zeitbegrenzungen
3. Bieten bekannte, nicht geheime Fragen oder Aufgaben an
4. Sind mehr wie eine Sammelmappe oder eine Spielsaison, nicht auf einen einzigen Zeitpunkt eingeschränkt
5. Erfordern ein gewisses Ausmaß an Zusammenarbeit
6. Werden wiederholt, sind es Wert, Übungs- oder Probezeit zu investieren und wieder aufgenommen zu werden
7. Die Beurteilung der Aufführungen und das Feedback sind für die Schüler so wichtig, dass der Stundenplan u. U. auf die Vorbereitungen zugeschnitten wird

B. Intellektuell förderliche Merkmale

1. Sind wichtig, sind nicht notwendigerweise penetrant, willkürlich oder darauf ausgerichtet, eine Benotung zu erzielen
2. Sie versetzen den Schüler in die Lage, seine Fertigkeiten und sein Wissen besser einzusetzen
3. Sind kontextuelle, komplexe, intellektuelle Herausforderungen, keine Detailaufgaben, die lediglich speziellen Ergebnissen entsprechen
4. Die eigene Forschung der Schüler einbeziehen oder die Anwendung von Wissen mittels verschiedener Inhalte
5. Die Gewohnheiten und das Verhaltensrepertoire von Schülern erfassen, nicht nur das einfach auswendig Gelernte oder mechanische einfache Handhabungen
6. Sind repräsentative Herausforderungen – dienen dazu, sich etwas gründlich, dafür nicht so breit anzueignen

7. Sie ziehen die Aufmerksamkeit auf sich und sind erzieherisch
8. Schließen auch mehrdeutige, ungenau definierte Aufgaben und Probleme ein

C. Standards für Benotung und Vergabe von Wertpunkten

1. Es werden wesentliche Bestandteile der Lösung erfasst, nicht nur (relativ unwichtige) Fehler gezählt
2. Werden benotet mittels kriteriumsorientiertem, aber nicht normorientiertem Standard
3. Keine undurchsichtigen Kriterien für eine erfolgreich gelöste Aufgabe, sondern aufgabenimmanente Kriterien
4. Schüler sollen ihre eigenen Leistungen auch erfassen
5. Verwenden eines differenzierten Bewertungssystems anstelle einer globalen Note
6. Übereinstimmung mit Schulstandards demonstrieren

D. Fairness und Gleichberechtigung

1. (Vielleicht versteckte) Stärken erkennen und hervorholen
2. Gleichgewicht halten zwischen Anerkennung von Leistung und angeborenen Fertigkeiten oder gutem vorangegangenem Training
3. Vermeiden von unnötigen, unfairen und demoralisierenden Vergleichen
4. Freiraum für Lernstile. Fähigkeiten und Interessen einräumen
5. Alle Schüler können und sollten sich – abgestuft unterstützt – beteiligen

Quelle: Aus Teaching to the Authentic Test von G. W. Wiggins 1989, *Educational Leadership, 45(7)*, S. 44. Copyright © 1989 Association of Supervision and Curriculum Development.

---

sprechen, zuhören, erschaffen, kritisch denken, Forschung durchführen, Probleme lösen oder Wissen anwenden sollen, dann sollten die Tests eben diese Leistungen abfordern. Wie kann das umgesetzt werden?

Viele Pädagogen verweisen auf die Künste und den Sport, weil sie dort Analogien vorfinden, um das Problem zu lösen. Wenn ein Test einer Dichterlesung, einer Ausstellung, einem Spiel, einer gespielten Gerichtsverhandlung oder anderen Aufführungen gleichkommt, dann ist der Unterricht mit Blick auf diese Testformen gut. Alle Trainer, Künstler und Musiker unterrichten gern auf diese Art von Test hin, denn so verstehen sie ihre Lehre ohnehin. Alltagsnahes Testen fordert von Schülern, bestimmte Leistungen auszuführen. Die Ausführungen können in Denkvorgängen, Körperbewegungen, kreativen Aufführungen oder anderen Ausführungsformen bestehen. **Leistungserfassung durch Aufführungen oder Erstellen** ist eine Form des Testens, die von Schülern die Ausführung einer Handlung oder die Herstellung eines Produktes verlangt, damit der Nachweis von Lernen möglich ist (Airasian, 2005).

Leistungserfassung durch Aufführungen oder Erstellen Jede Art von Leistungserfassung, die von Schülern eine Art von Aufführung, Ausführung einer Handlung oder die Herstellung eines Produktes erfordert.

Es mag auf den ersten Blick merkwürdig erscheinen, von Denken als einer auszuführenden Handlung zu sprechen, doch gibt es viele Parallelen. Ernsthaftes Denken ist mit Risiko behaftet, denn lebensnahe Probleme sind in der Regel ungenau definiert. Oft sind die Ergebnisse unseres Denkens öffentlich – andere bewerten unsere Ideen. Wie das Vortanzen eines Tänzers für ein Musical werden auch unsere „Aufführungen" bewertet. Ein Bildhauer vor einem Klumpen Ton genauso wie ein Schüler vor einer neuen Aufgaben müssen beide experimentieren, beobachten, erneut ausführen, sich vorstellen und Lösungen testen, Grundfertigkeiten und Erfindungsgeist einsetzen, Deutungen treffen, sich überlegen, wie Ergebnisse am besten der Zielgruppe mitgeteilt werden können, Kritik akzeptieren und erste Lösungen verbessern (Eisner, 1999; Herman, 1997). ▶ Tabelle 15.4 (siehe S. 687) stellt einige Merkmale alltagsnaher Tests zusammen.

15.3.2 Sammelmappen und Ausstellungen

Das Bestreben, Leistungen lebensnäher zu erfassen, führte zur Entwicklung verschiedener neuer Ansätze, die alle darauf ausgerichtet sind, *Aufführungen im Kontext* zu beurteilen. Anstatt Antworten auf Fragen nach Tatsachen aus nicht existierenden Situationen anzukreuzen, wird von Schülern die Lösung lebensnaher Probleme gefordert. Die Tatsachen werden im zugehörigen Kontext erfragt, z. B. Schüler schreiben einen Bittbrief mit entsprechenden syntaktischen Formen (die zu lernenden Tatsachen) an eine Softwarefirma, um eine Spende für den Computerraum zu erbitten. Das folgende Beispiel eines Tests durch Ausführen bestimmter Handlungen entstammt einer Aufgabensammlung des Connecticut Core of Common Learning:

Viele Supermärkte behaupten, sie hätten die niedrigsten Preise. Aber was bedeutet das? Sind alle oder nur einige Waren billiger? Wie kann man herausfinden, welcher Supermarkt einem wirklich beim Sparen hilft? Deine Aufgabe besteht darin, eine Untersuchung zu entwerfen, die diese Fragen beantworten kann. Welche Waren und Preise wirst du vergleichen und warum? Wie wirst du deine Auswahl begründen? Wie verlässlich ist deine Stichprobe usw.? (Wolf, Bixby, Glenn & Gardner, 1991, S. 61)

Schüler werden für die Lösung dieser Aufgabe Mathematikkenntnisse einsetzen müssen, Regeln und mathematische Tatsachen im Kontext einer Alltagssituation. Darüber hinaus müssen sie kritisch denken und überzeugend schreiben. Die *Lerngeschichten: Das verdanke ich meinem Lehrer* gibt ein Beispiel aus dem Leben einer Studentin, die später Professorin für Pädagogik wurde.

Sammelmappen und Ausstellungen sind zwei Ansätze, die das Ausführen bestimmter Handlungen im Kontext erfordern. Mit diesen Ansätzen wird es schwierig zu sagen, wo der Unterricht aufhört und die Leistungserfassung beginnt, weil beide Vorgänge miteinander verflochten sind (Smith, Smith & De Lisi, 2001).

Sammelmappen

Seit mehr als 100 Jahren sammeln Künstler, Fotografen, Journalisten und Architekten in Mappen ihre Produkte, um ihre Fertigkeiten und Fähigkeiten zeigen zu können, wenn sie Aufträge einholen möchten. Eine

> Heute habe ich mir meine ganzen Geschichten in meiner Schreibmappe angeschaut. Ich habe mir einiges angeschaut, das ich seit September geschrieben habe. Ich bemerke, dass ich mich in einigem verbessert habe. Jetzt überarbeite ich meine Geschichten. Jetzt setze ich Punkte, Anführungszeichen, Manche meiner Geschichten sind etwas länger. Ich habe früher viel falsch geschrieben, aber jetzt schaue ich ins Wörterbuch oder frage meinen Freund und jetzt schreibe ich aufregende Geschichten, die Angst machen sollen und jetzt fällt mir meist ein gutes Ende ein. Jetzt kenne ich auch die Groß- und Kleinschreibung. Ich habe immer Wörter ausgelassen und habe nur kurze einfache Geschichten geschrieben.

Abbildung 15.1: **Ein Schüler denkt über sein Lernfortschritte nach: Selbstanalyse eigener Arbeiten in einer Sammelmappe.** Der Schüler beherrscht nicht nur die Rechtschreibung besser, er ist auch ein selbstbewusster und selbstkritischer Schreiber.
Quelle: Aus What Makes a Portfolio a Portfolio? von F. L. Paulsen, P. Paulsen und C. Meyers (1991), *Educational Leadership, 48(5)*, S. 63. Copyright © 1991 Association for Supervision and Curriculum Development.

Lerngeschichten ## Das verdanke ich meinem Lehrer

Nach meinem Hauptstudium in Texas bestand das Doktorexamen aus einer dreitägigen Prüfung, bei der man keine Hilfsmittel benutzen durfte. Handschriftlich musste man die Antworten in ein blau eingebundenes Heft schreiben. Die Kandidaten wurden in drei Bereichen der Pädagogischen Psychologie geprüft: Sozial-/Entwicklungspsychologie; Lernen/Kognitive Psychologie und Statistik/Forschungsmethodik. Diese dreitägige Wissensprüfung entschied darüber, ob ein Student mit dem Magister abgehen musste oder weiter zur Dissertation übergehen konnte. Zum Zeitpunkt des Examens hatten die Studenten schon alle Scheine erworben und alle Praktika absolviert. Es blieb nur noch eine eigenständige Forschungsarbeit, die Dissertation, durchzuführen, in der neben der Planung der Forschung auch die Auswertung und das Beschreiben der Ergebnisse geleistet werden musste. Das ist ein komplexes Unterfangen, das für Studenten in manchen Fächern mehrere Jahre beanspruchen kann.

Das war in den 1970er-Jahren – eine Zeit der Studentenproteste. Die Studenten kämpften für ihre Rechte. Ich gehörte auch dieser Studentenbewegung an. Ich war mir sicher, dass die dreitägige Prüfung keine gute Leistungserfassung ermöglichte. Ich richtete die Frage an die Fakultät: „Wann wird schon von uns gefordert, drei Tage Mehrfachwahlantworten, Aufsätze ohne Hilfsmittel oder Statistikaufgaben zu lösen, die mit unserer Forschung nichts zu tun haben?" Ich wollte eine Prüfung mit Aufgaben aus dem Leben – etwas, das mit dem zusammenhing, was wir gelernt hatten und was wir einmal beruflich werden tun müssen. Ich sprach mit anderen Studenten, schrieb Positionspapiere und versuchte Professoren zu überzeugen. Schließlich wurde ich zu einem Professorium eingeladen, um dort mein Anliegen vorzutragen.

Zu meinem größten Erstaunen und mit Dankbarkeit vernahm ich dann, dass die Fakultät eine Alternative zu der dreitägigen Prüfung zulassen wollte. Die Kandidaten konnten einen Forschungsvorschlag ausarbeiten, der bedeutsame Forschungsfragen aus den Bereichen Sozial-/Entwicklungspsychologie und Lernen/Kognitive Psychologie innerhalb der Pädagogischen Psychologie betraf. Zusätzlich mussten wir noch eine Untersuchung entwerfen, in der methodische Fragen und Statistik im Vordergrund standen. Ich wählte diese Option (Ich musste ja, nach all den Vorlagen, die ich gemacht hatte). Einige meiner Freunde hielten mich für verrückt, denn ich brauchte Monate, um mich darauf vorzubereiten, während sie für ihr traditionelles Examen nur einige Wochen Vorbereitungszeit benötigten. Aber dann habe ich mein Forschungsprojekt als Dissertation mit einigen Verbesserungen in die Tat umgesetzt und wurde deshalb früher als sie mit der Dissertation fertig. Ich bekam dafür sogar ein Forschungsstipendium, denn es war gut durchdacht und nach strengen Kriterien beurteilt worden. In meiner Alma Mater ist diese lebensnahe Leistungsprüfung immer noch üblich. Als Professorin führte ich es auch in meiner derzeitigen Universität ein – dank der Bereitschaft der guten Professoren in meinem Fach, vor über 35 Jahren auf die Vorschläge einer Studentin zu hören.

Sammelmappe oder ein **Portfolio** ist eine systematische Sammlung von Werken, die oft auch noch unfertige enthält, aber auch Selbstdarstellungen des eigenen Stils und des eigenen Werdegangs (Popham, 2005a). Die Selbstdarstellung eines Schülers ist in der ▶ Abbildung 15.1 zu sehen.

Artikel oder Kunstwerke sind der übliche Inhalt von Portfolios, aber Schüler legen auch Grafiken, Diagramme, Schnappschüsse von ausgestellten Gegenständen, Kommentare von Mitschülern, Audio- oder Videobänder, Laboratoriumsberichte und Computerprogramme hinein – kurz alles, was etwas über den

---

Sammelmappe/Portfolio Eine Sammlung von Werken eines Schülers, die seine Lernfortschritte, seine Selbstreflektion und seinen Leistungsstand zeigt.

Tabelle 15.5

Arbeitsmappen mit Bestleistungen von Einzelpersonen und Gruppen

Hier sind einige Beispiele, wie man Sammelmappen in einzelnen Fächern nutzen kann.

Die Arbeitsmappe

Fach	Einzelschüler	Kooperative Gruppe
Naturwissenschaften Mathematik Sprachen	Dokumentation (Protokoll führen) Dokumentation mathematischen Denkens Entwicklung eines Aufsatzes von den ersten Notizen, Nachforschungen, Reaktionen auf Kommentare anderer, Endversion	Dokumentation (Liste der Beobachtungen nebst Fragestellungen) aus dem Experimentierraum Dokumentation von komplexem Problemlösen mit fortgeschrittenen Strategien Rubriken und Maßnahmen, um eine gute Qualität des Überprüfens durch Mitschüler zu erreichen

Sammelmappe mit Bestleistungen

Fach	Einzelschüler	Kooperative Gruppe
Sprachen Sozialkunde Kunst	Bester Aufsatz in verschiedenen Stilen – Sachtext, Humor/Satire, kreatives Schreiben (Gedichte, Theaterstücke, Kurzgeschichten), journalistisch (Reportage, Kolumne, Kritik) und Werbung Die beste Forschungsarbeit in Geschichte, Meinungsaufsatz, Kommentare über Gegenwartsereignisse, Besprechung einer historischen Biografie, Bericht einer Schuldebatte, in die der Schüler verwickelt war Bestes kreatives Produkt wie Zeichnung, Gemälde, Skulptur, Töpferarbeit, Gedicht, Theateraufführung	Beste Theateraufführung, Videoprojekt, TV-Sendung, Zeitung, Werbung Bester Überblick über die Gemeinde, Manuskript über eine Schulkontroverse, mündliche Geschichtensammlung, multidimensionale Analyse von historischen Ereignissen, simuliertes Interview mit einer historischen Persönlichkeit Bestes kreatives Produkt wie eine Wandmalerei, geschriebenes Theaterstück, entworfene oder gebaute Erfindungen

Quelle: Aus *Meaningful Assessment: A Meaningful and Cooperative Process* von D. W. Johnson & R. T. Johnson 2002. Boston, MA: Allyn & Bacon. Copyright © 2002 Pearson Education.

Lernstoff in einem bestimmten Fach aussagt (Belanoff & Dickson, 1991; Camp, 1990; Wolf, Bixby, Glenn & Gardner, 1991). Es wird unterschieden zwischen einem Arbeitsportfolio und einem Portfolio mit gelungenen Endprodukten. Die Unterscheidung erinnert an die von formativer und summativer Bewertung. Arbeitsmappen dokumentieren Lernfortschritte. Sammelmappen mit Bestleistungen dokumentieren den neuen Leistungsstand (Johnson & Johnson, 2002). ▶ Tabelle 15.5 zeigt einige Beispiele von Einzelpersonen und Gruppen.

Ausstellungen

Eine **Ausstellung** ist auch ein Test, der Ausführungen verlangt, aber mit zwei zusätzlichen Merkmalen. Das erste Merkmal ist, dass sie für die Öffentlichkeit bestimmt ist. Schüler, die Ausstellungen vorbereiten, müssen die Öffentlichkeit berücksichtigen. Kommunikation und Verstehen sind dabei wesentliche Bestandteile. Die zweite Eigenheit ist, dass viele Stunden Vorbereitungszeit benötigt werden, weil darin viel Lernzeit und ein ganzes Lernprogramm stecken. Thomas Guskey und Jane Bailey (2001) meinen, dass Ausstellungen den Sinn für Qualität schärfen und diese Qualität wird dann auch bei den eigenen Werken oder Aufführungen erkannt oder vermisst. Für Schüler ist es auch gut, wenn sie aus ihren eigenen Produkten die besten auswählen und dies auch begründen müssen. So entwickeln Schüler Qualitätskriterien und wenden sie dann bei ihren eigenen zukünftigen Werken an.

Die *Richtlinien* geben einige Ideen für die Anwendung von Sammelmappen oder Ausstellungen im Rahmen des Unterrichts.

Ausstellung Ein Leistungstest, bei dem etwas ausgeführt werden muss. Sie soll Lernfortschritte einer Öffentlichkeit vorstellen und benötigt viel Zeit für Vorbereitungen.

Sammelmappen anlegen

Die Schüler sollten ihre Arbeiten für die Sammelmappe selbst aussuchen können.

Beispiele

1 Während einer Unterrichtseinheit sollten Sie die Schüler bitten, eigene Arbeiten nach bestimmten Kriterien auszuwählen, wie etwa „meine schwierigste Aufgabe", „meine beste Arbeit", „meine Arbeit mit dem größten Lernfortschritt" oder „drei Ansätze zu".

2 Für die endgültige Ablieferung von Arbeiten sollten Schüler solche heraussuchen, die am besten ihre Lernfortschritte zeigten.

Eine Sammelmappe sollte zeigen, dass Schüler über sich selbst nachdenken und Selbstkritik üben.

Beispiele

1 Schüler sollten ihre Auswahl rechtfertigen.

2 Jeder Schüler sollte eine Leseranweisung für seine Sammelmappe schreiben, in der erklärt wird, welche Arbeiten Stärken oder Schwächen des Schülers widerspiegeln.

3 Schließen Sie Selbst- oder Peerkritiken mit ein, die besonders angeben, was gut und was verbessert werden sollte.

4 Kritisieren Sie sich auch selbst, damit Schüler von Ihnen lernen können.

Die Sammelmappe sollte die Lernbemühungen des Schülers beinhalten.

Beispiele

1 Legen Sie eine repräsentative Auswahl an Projekten, schriftlichen Arbeiten, Zeichnungen usw. dazu.

2 Schüler sollten die ihnen bekannten Lernziele mit dem Inhalt ihrer Mappe in Beziehung setzen.

Die Sammelmappe kann unterschiedliche Funktionen zu verschiedenen Zeiten im Jahr erfüllen.

Beispiele

1 Früh im Schuljahr sind eher nur unfertige oder problematische Arbeiten in der Sammelmappe zu finden.

2 Am Ende vom Jahr enthält sie eher fertige Bestleistungen, die der Schüler vorzeigen möchte.

Sammelmappen sollten eine Entwicklung zeigen.

Beispiele

1 Schüler können eine Geschichte ihrer Fortschritte herstellen und auf entsprechende Fortschritte in bestimmte Richtungen hinweisen.

2 Fragen Sie Schüler auch nach Beschreibungen von ihren Aktivitäten außerhalb der Schule, die Fortschritte anzeigen.

Vermitteln Sie Schülern, wie sie Sammelmappen anlegen und benutzen können.

Beispiele

1 Behalten Sie vorbildliche Arbeiten zurück als Beispiele, aber betonen Sie, dass jede Sammelmappe eine individuelle Darbietung darstellt.

2 Schauen Sie die Sammelmappen ihrer Schüler häufig durch, besonders zu Beginn des Schuljahres, wenn sich Schüler noch daran gewöhnen müssen. Geben Sie konstruktive Rückmeldungen.

Wenn Sie mehr Ideen kennenlernen wollen, schauen Sie nach unter **http://www.elon.edu/students/portfolio/**

15.3.3 Bewertung von Sammelmappen und Ausstellungen

Abhaklisten und Urteilsskalen sind für die Erfassung von Aufführungen und Anfertigen von Produkten sehr hilfreich, denn Aufführungen, Sammelmappen oder Ausstellungen zu beurteilen ist ein kriteriumsorientierter Vorgang, kein normorientierter. Die Beurteilung von Schülererzeugnissen und Aufführungen werden mit einem etablierten öffentlichen Standard verglichen

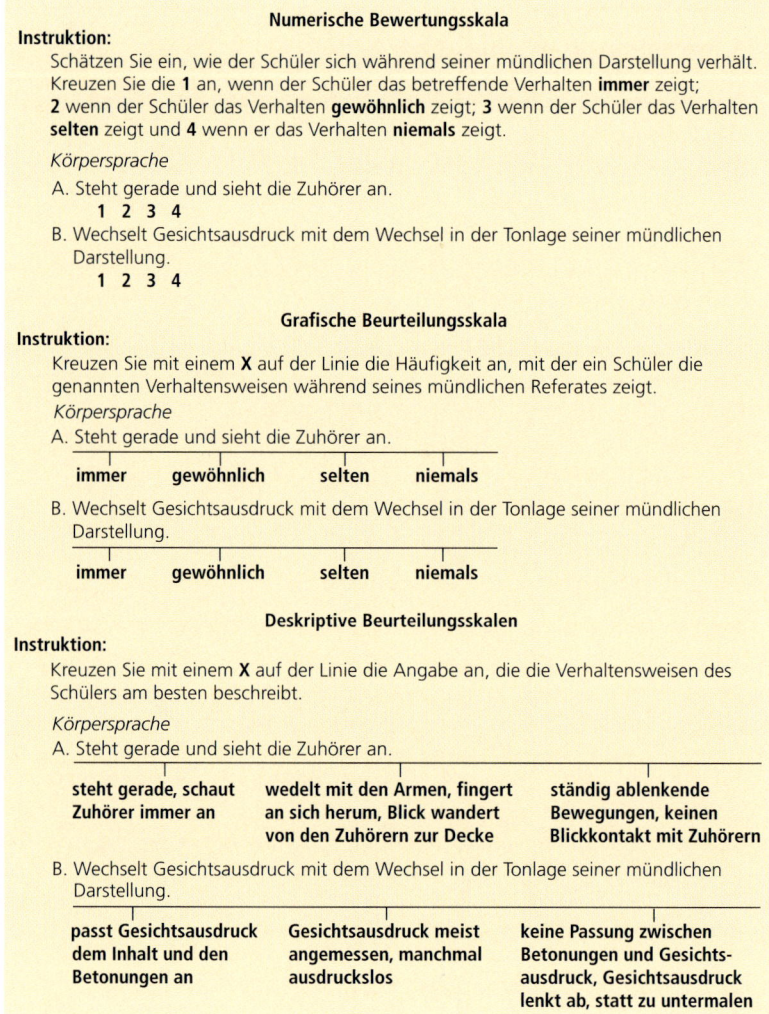

Numerische Bewertungsskala

Instruktion:

Schätzen Sie ein, wie der Schüler sich während seiner mündlichen Darstellung verhält. Kreuzen Sie die **1** an, wenn der Schüler das betreffende Verhalten **immer** zeigt; **2** wenn der Schüler das Verhalten **gewöhnlich** zeigt; **3** wenn der Schüler das Verhalten **selten** zeigt und **4** wenn er das Verhalten **niemals** zeigt.

Körpersprache

A. Steht gerade und sieht die Zuhörer an.
    1 2 3 4

B. Wechselt Gesichtsausdruck mit dem Wechsel in der Tonlage seiner mündlichen Darstellung.
    1 2 3 4

Grafische Beurteilungsskala

Instruktion:

Kreuzen Sie mit einem **X** auf der Linie die Häufigkeit an, mit der ein Schüler die genannten Verhaltensweisen während seines mündlichen Referates zeigt.

Körpersprache

A. Steht gerade und sieht die Zuhörer an.

| immer | gewöhnlich | selten | niemals |

B. Wechselt Gesichtsausdruck mit dem Wechsel in der Tonlage seiner mündlichen Darstellung.

| immer | gewöhnlich | selten | niemals |

Deskriptive Beurteilungsskalen

Instruktion:

Kreuzen Sie mit einem **X** auf der Linie die Angabe an, die die Verhaltensweisen des Schülers am besten beschreibt.

Körpersprache

A. Steht gerade und sieht die Zuhörer an.

| steht gerade, schaut Zuhörer immer an | wedelt mit den Armen, fingert an sich herum, Blick wandert von den Zuhörern zur Decke | ständig ablenkende Bewegungen, keinen Blickkontakt mit Zuhörern |

B. Wechselt Gesichtsausdruck mit dem Wechsel in der Tonlage seiner mündlichen Darstellung.

| passt Gesichtsausdruck dem Inhalt und den Betonungen an | Gesichtsausdruck meist angemessen, manchmal ausdruckslos | keine Passung zwischen Betonungen und Gesichtsausdruck, Gesichtsausdruck lenkt ab, statt zu untermalen |

Abbildung 15.2: Drei Methoden der Bewertung eines mündlichen Referates
Quelle: Aus *Classroom Assessment. Concepts and Applications* (5. Aufl.) von P. W. Airasian (2005). New York: McGraw-Hill, S. 251

und nicht in Beziehung zu anderen Schülerarbeiten gebracht (Cambourne & Turbill, 1990; Wiggins, 1991). ▶ Abbildung 15.2 zum Beispiel stellt drei Alternativen vor – eine numerische, grafische und beschreibende – für die Beurteilung eines mündlichen Referates.

Wertpunkte bei Beurteilungsskalen

Eine Urteilsskala erlaubt Angaben über bestimmte Einzelheiten einer Darbietung. **Wertpunkte bei Beurteilungsskalen** sind Regeln, die zur Beurteilung der Qualität einer Darbietung dienen (Mabry, 1999). Zum Beispiel beschreibt die folgende Beurteilungsskala eine hervorragende mündliche Darbietung:

Der Schüler schaut ständig seine Zuschauer an, steht gerade und hält Augenkontakt; die Stimme trägt und ist klar; das Sprechtempo und die Stimmmodulation sind angemessen; gut organisierte Darstellung; alle Punkte schlüssig und vollständig vorgebracht; kurze Zusammenfassung zum Abschluss. (Airasian, 1996, S. 155)

Die Beurteilung von Darbietungen erfordert sorgfältige Überlegungen auf seiten der Lehrer und klare Kommunikation mit den Schülern, was gut gefunden wird und was es noch zu verbessern gilt. In mancherlei Hinsicht ist die Methodik ähnlich aufgebaut, wie die Beurteilung der Intelligenz nach Binet: Schüler werden bei

---

Wertpunkte bei Beurteilungsskalen Wertzuordnungen zur Bestimmung der Qualität von Darbietungen von Schülern.

SELBST- UND PEER-BEWERTUNGSBLATT

Dieses Formblatt dient dazu, die Mitglieder deiner Arbeitsgruppe zu beurteilen. Fülle ein Antwortblatt für dich selbst aus und dann für jedes Gruppenmitglied ein neues. Dann folgt eine Gruppendiskussion, in der deine Urteile den betreffenden Gruppenmitgliedern vorgelegt werden. Vergleiche deine Selbstbeurteilung mit den Beurteilungen, die die anderen über dich abgegeben haben. Wenn deine und die Beurteilung der anderen in einigen Punkten abweichen, frage den Betreffenden nach den Gründen. Jedes Gruppenmitglied sollte die Selbst- und Fremdbeurteilungen nutzen, um bei allen Mitgliedern der Gruppe Lernfortschritte zu erzielen.

Beurteilter Schüler: _____ (Name)

Bewerte den Schüler nach den folgenden Gesichtspunkten; vergebe jeweils einen Punktwert von:
(4 = sehr gut, 3 = gut, 2 = schwach, 1 = mangelhaft)

_____ Erscheint immer pünktlich.

_____ Erscheint immer vorbereitet.

_____ Erledigt zuverlässig alle aufgetragenen Arbeiten.

_____ Seine Arbeiten sind qualitativ hochwertig.

_____ Trägt dazu bei, dass Mitschüler etwas lernen.

_____ Bittet um Hilfe bei Aufgaben, wenn er sie benötigt.

_____ Gibt Erklärungen in kleinen Schritten (gibt Antworten nicht vor).

_____ Verlässt sich darauf, was andere sich überlegt haben.

_____ Bezieht sich auf bereits vorhandenes Wissen.

_____ Gibt Hilfestellung bei der Erstellung einer Grafik des Lernstoffes.

_____ Setzt ein Projekt freiwillig fort.

Abbildung 15.3: Selbst- und Peerbewertung von Lernen in Gruppen
Quelle: Aus The Role of Cooperative Learning in Assessing and Communicating Student Learning von D. W. Johnson & R. T. Johnson in *ASCD 1996 Yearbook Communication Student Learning* (S. 41). T. Guskey (Hrsg.), Copyright © 1996 Association for Supervision and Curriculum Development.

der Erledigung unterschiedlicher Aufgaben beobachtet und die Ergebnisse werden mit einem Standard verglichen. Genau wie Binet, der niemals nur einen einzigen Wert als Indikator für Intelligenz gelten lassen wollte, möchten die beurteilenden Lehrer der Darbietung von Schülern auch nicht nur einen Wert zuordnen. Auch wenn Rangplätze, Skalenpunkte und Noten vergeben werden müssen, diese Beurteilungen sind nicht das Hauptziel, sondern die Lernfortschritte. Einige der *Richtlinien* (siehe S. 694) zur Entwicklung von Beurteilungsskalen stammen von Goodrich (1997) und Johnson und Johnson (2002).

Manchmal ist es hilfreich, Schüler bei der Entwicklung von Beurteilungsskalen und Rubriken zu beteiligen. Wenn Schüler teilnehmen, dann müssen sie entscheiden, wie qualitätsvolle Darbietungen in bestimmten Fächern aussehen oder sich anhören. Sie wissen schon vorher, was von ihnen erwartet wird. Mit der Zeit werden Schüler geübter in der Entwicklung

Verknüpfen und erweitern Sie mit anderen Kapiteln

Lesen Sie in Kapitel 6 die Diskussion über die effektive Verwendung von Lob nach. Diese Richtlinien lassen sich auch auf schriftliche Rückmeldungen anwenden.

und Vergabe von Wertpunkten auf Beurteilungsskalen und ihre Arbeiten und ihr Lernen verbessert sich deutlich. ▶ Abbildung 15.3 stellt ein Bewertungsformblatt dar für Selbst- und Peerbewertung von Beiträgen zu kooperativen Lerngruppen.

Reliabilität, Validität, Generalisierbarkeit

Urteile spielen im Bewertungsprozess eine zentrale Rolle und deshalb müssen Fragen der Reliabilität, Validität und Generalisierbarkeit kritisch erörtert werden. Wenn zwei Beurteiler nicht übereinstimmen, ist keine Reliabilität gegeben. Wenn erfahrene Beurteiler beteiligt und die Beurteilungsskalen gut entwickelt und differenziert sind, kann sich die Reliabilität jedoch erhöhen (Herman & Winters, 1994; LeMahieu, Gitomer & Eresh, 1993). Einige dieser Reliabilitätsverbesserungen treten auf, weil eine Rubrik die Aufmerksamkeit des Beurteilers auf einzelne Dimensionen der zu beurteilenden Arbeit einengt und nur einen eingeschränkten Wertebereich zur Beurteilung einräumt. Wenn Urteiler nur die Werte 1 bis 4 zur Verfügung haben, werden sie natürlich mehr Übereinstimmungen aufweisen, als wenn sie einen Bereich von 0 bis 100 heranziehen können. So können kleinere Rubriken Reliabilität erlangen, nicht weil die Urteiler so gut übereinstimmen, sondern weil die Beurteilungsskala wenig Wertepunkte vorsieht und damit die mögliche Streubreite (Varianz) der Werte beschränkt wird (Mabry, 1999).

Mit Schülern eine Beurteilungsskala entwickeln

1 *Schauen Sie sich vorbildliche Arbeiten an:* Zeigen Sie Schülern gute und nicht so gute Arbeiten. Lassen Sie die Schüler herausfinden, was die Qualität einer Arbeit ausmacht.

2 *Nennen Sie die Kriterien:* Nutzen Sie die Diskussion von vorbildhaften Arbeiten, um Kriterien für gute Arbeiten zusammenzustellen.

3 *Beschreiben Sie Qualitätsabstufungen:* Beschreiben Sie gute und schlechte Arbeiten und danach auch die mittleren Qualitätsabstufungen. Gehen Sie dabei auf allgemeine Probleme und auch auf Mängel an nicht so guten Arbeiten ein.

4 *Üben Sie mit den Schülern die Bewertungen an den vorbildlichen Arbeiten:* Die Schüler sollten Beurteilungsskalen bei der Bewertung der Arbeiten aus Schritt 1 benutzen.

5 *Selbst- und Peerbewertung:* Geben Sie Schülern ihre Aufgaben. Während der Arbeit sollten Sie gelegentlich anhalten, um sich selbst oder Mitschüler zu bewerten.

6 *Überarbeiten:* Schüler sollten immer Zeit erhalten, um Überarbeitungen vorzunehmen, nachdem Sie Rückmeldungen in Schritt 5 erhalten haben.

7 *Lehrer sollten ebenfalls Beurteilungsskalen für Schülerarbeiten anwenden:* Nehmen Sie die gleiche Beurteilungsskala, um Schülerarbeiten zu bewerten.

Achtung: Schritt 1 ist wahrscheinlich nur notwendig, wenn Sie Schüler mit neuen Aufgaben beschäftigen. Die Schritte 3 und 4 sind nützlich, aber zeitaufwendig; Sie können diese allein erledigen, besonders, wenn Beurteilungsskalen schon bekannt sind. Eine Klasse mit Erfahrung in Beurteilungsskalen kann den Vorgang vereinfachen und bei Schritt 2 anfangen, danach schlägt der Lehrer die Qualitätsabstufungen vor, bespricht sie mit den Schülern, revidiert sie, setzt die Skala selbst ein und verwendet sie dann für Selbst-, Peer- und Lehrerbeurteilungen.

Eine gute Erklärung zum Thema Beurteilungsskala (rubric) ist unter **http://pareonline.net/getvnasp?v=7&n=25** zu finden.

Die Validität ist ein schwierigeres Problem, es gibt einige Hinweise aus der Forschung, dass sehr gute Schreiber unter den Schülern nach der Beurteilung ihrer Sammelmappen weniger gut bei traditionellen Beurteilungen ihrer Schreibleistung abschnitten. Welche Art der Leistungsbeurteilung vermag am besten die Leistung eines Schülers zu erfassen? Es gibt darüber wenig vergleichende Forschung, sodass diese Frage zum gegenwärtigen Zeitpunkt nicht beantwortet werden kann (Herman & Winters, 1994). Weiterhin, wenn Beurteilungsskalen für bestimmte Aufgaben entwickelt werden, können sie unter Umständen nur für die entworfenen oder ähnliche Aufgaben gelten und nicht verallgemeinert werden (Haertel, 1999; McMillan, 2004).

Unterschiede und Chancengleichheit bei der Leistungserfassung bei Darbietungen

Chancengleichheit oder Gleichbehandlung spielt bei allen Arten von Leistungserfassung eine Rolle, auch bei Leistungen in Form von Darbietungen oder Sammelmappen. Bei einer öffentlichen Darbietung könnten die Urteiler dadurch voreingenommen werden, dass der Schüler gut angezogen ist, gutes Hochdeutsch spricht und mit teuren Grafiken oder einer teuren Audio- bzw. Videoausstattung daherkommt. Die Leistungserfassung durch Darbietungen unterliegt der gleichen Gefahr, nämlich Diskriminierungen gegen Schüler aus weniger wohlhabendem Elternhaus oder aus Familien mit anderem ethnischen Hintergrund (McDonald, 1993). Auch bei Sammelmappen spielen die Ressourcen des Elternhauses eine gewisse Rolle, aber auch die Beziehungen zu anderen Schülern in der kooperative arbeitenden Gruppe, je nachdem wie gründlich sie ihrer Aufgabe, die Arbeiten anderer zu korrigieren, nachkommen. Viele Schüler kommen aus Elternhäusern mit gut ausgestatteten Computern und professionellen Programmen. Andere erfahren zu Hause wenig Unterstützung. Diese Unterschiede können zu mangelnder Objektivität und mangelnder Chancengleichheit in der Leistungserfassung führen.

15.3.4 Informelle Leistungserfassung

Informelle Leistungserfassungen sind unbenotete (formative) Erhebungen von Leistungen, um Informationen verschiedener Herkunft zu sammeln, um einen Schüler zu beurteilen (Banks, 2005). Zu Beginn der Unterrichtseinheit sollten die Tests formativ sein (mit Rückmeldung, ohne Berücksichtigung bei der Notengebung), die Notengebung sollte erst später erfolgen, wenn alle Schüler sich den Lernstoff aneignen konnten (Tomlinson, 2005a). Einige Beispiele informeller Leistungserhebung sind Beobachtungen von Schülern und Protokollen, Befragungen, Tagebücher und Selbstbeurteilungen der Schüler.

Logbücher sind eine flexible und weitverbreitete informelle Form der Leistungserfassung. Die Schüler haben meist individuelle, aber auch Gruppentagebücher und schreiben regelmäßig Einträge. Pressley und seine Kollegen (2001) stellten in ihrer Untersuchung fest, dass diejenigen Schüler, die in der 1. Klasse ein Logbuch führten, sehr gute Schreibleistungen mit dreierlei Absichten zeigten:

- Sie wollten mit Hilfe der Logbücher ihre eigenen Gedanken und Vorstellungen mitteilen.
- Sie wollten mit Logbüchern etwas anwenden, was sie gelernt hatten.
- Sie nutzten die Logbücher, um sich flüssiger und kreativer ausdrücken zu können.

Lehrer nutzen die Logbücher, um etwas über die Schüler zu erfahren, von ihren Nöten, Ängsten und Interessen.

Aber meist konzentrieren sich Logbücher auf schulische Belange, meist sogar erst auf Aufforderung. Zum Beispiel beschreibt Banks (2005) einen Physiklehrer in der höheren Schule, der den Schülern drei Fragen vorlegte, die sie in ihren Logbüchern beantworten sollten:

1 Wie kann man den Koeffizienten eines Bruches ermitteln, wenn man den Neigungswinkel einer schiefen Ebene kennt?

2 Vergleiche einige Ähnlichkeiten und Unterschiede zwischen magnetischen, elektronischen und Gravitationsfeldern.

> **Verknüpfen und erweitern Sie Ihre Forschungskenntnisse**
>
> Boudett, K. P., Murnane, R. J., City, E. & Moody, L. (2005). Teaching Education How to Use Student Assessment Data to Improve Instruction. *Phi Delta Kappan*, *86*, 700–706.

3 Wenn du den physikalischen Begriff des Klangs deinem besten Freund erklären solltest, welche Musik würdest du heranziehen, um den Begriff „Klang" zu demonstrieren?

Als der Physiklehrer die Antworten der Schüler durchsah, wurde ihm klar, dass viele Schüler lediglich ihre persönlichen Erfahrungen mit Brüchen, Beschleunigung, Geschwindigkeit äußerten, aber keine wissenschaftlichen Aussagen machten. Der Lehrer hätte dies niemals im Unterricht berücksichtigt, wenn er die Logbücher nicht gelesen hätte (Banks, 2005).

Es gibt noch weitere Formen informeller Leistungserfassung – Notizen und Beobachtungen von Schülerdarbietungen, Beurteilungsskalen und Arbeitslisten. Jedes Mal, wenn Lehrer Fragen stellen oder wenn sie beobachten, wie Schüler Fertigkeiten einsetzen, führen sie eine informelle Leistungserfassung durch. ▶ Tabelle 15.6 (siehe S. 696) fasst die Möglichkeiten und Grenzen der Zuordnung von einzelnen Erfassungsformen und den Inhalten, die sie erfassen sollten, zusammen. Diese Zuordnungsmöglichkeiten und -notwendigkeiten sind auch Thema dieses Kapitels.

15.3.5 Schüler für die Leistungserfassung motivieren

Eine Möglichkeit, Unterrichten und Leistungserfassung zu verknüpfen und dabei die Selbstwirksamkeit der Schüler nicht negativ zu beeinflussen, ist vielleicht, sie in den Prozess der Leistungserfassung mit einzubeziehen. Schüler wissen über ihre eigenen Fortschritte sehr gut Bescheid und beteiligen sich an der Leistungserfassung (▶ Tabelle 15.7, siehe S. 697).

Informelle Leistungserfassung Formative Leistungserfassung ohne Benotung, die aus verschiedenen Quellen Informationen gewinnen soll und die sich für Entscheidungen des Lehrers als sehr nützlich erweisen kann.

Tabelle 15.6

Instrumente zur Erfassung unterschiedlicher Leistungen

Hier sind einige Beispiele, wie man Sammelmappen in einzelnen Fächern nutzen kann.

Methode der Leistungserfassung

Leistung	Ausgewähltes Antwortformat	Aufsatz	Erfassung durch Darbietungen/ Werke	Persönliche Kommunikation
Wissen beherrschen	Mehrfachwahlantworten, Richtig/Falsch, Ergänzungen erfassen Wissen stichprobenartig	Aufsatzübungen können Verstehen von Verknüpfungen zwischen Wissenselementen erfassen	Kein guter Zugang – die anderen drei Optionen sind besser	Es können Fragen gestellt, Antworten bewertet werden, Wissen kann erschlossen werden, zeitraubendes Verfahren
Fähigkeit zu logischem Denken	Grundstrukturen logischen Denkens werden erfasst	Schriftliche Beschreibungen komplexer Lösungen von Problemen können Hinweise auf Beherrschen von Schlussfolgerungen geben	Beobachtung von Schülern beim Problemlösen und Rückschlüsse auf Fähigkeit zu logischem Denken	Lautes Denken, nachträgliche Inferenzfragen
Fertigkeiten	Nur Voraussetzungen für Fertigkeiten können erfasst werden, nicht Fertigkeit selbst	Nur Voraussetzungen für Fertigkeiten können erfasst werden, nicht Fertigkeit selbst	Fertigkeiten beobachten und bewerten, wenn sie dargeboten werden	Methode sehr geeignet, wenn es um Erfassen von mündlichen Kommunikationsfertigkeiten geht; kann auch Beherrschen von Wissensvoraussetzungen für gelungene Darbietungen/Werke erfassen
Fähigkeit zur Herstellung von Werken	Nur Wissensvoraussetzungen für die Herstellung von Werten können erfasst werden, nicht die Fähigkeit selbst	Nur Wissensvoraussetzungen für die Herstellung von Werken können erfasst werden, nicht die Fähigkeit selbst	Erfassen von: (a) Beherrschen der einzelnen Schritte zur Entwicklung eines Werkes (b) Merkmale des Werkes selbst	Prozedurales Wissen und Kenntnisse von Qualitätsmerkmalen von Werken – jedoch nicht Produktqualität selbst

Quelle: Aus Where is Our Assessment Future and How can we get there von R. J. Stiggins. In R. W. Lissitz, W. D. Schäfer (Hrsg.), *Meaningful Assessment: A Meaningful and Cooperative Process.* Boston, MA: Allyn & Bacon. Copyright © 2002 Pearson Education.

Tabelle 15.7

Schüler an der Leistungserfassung im Unterricht beteiligen

Hier sind ein Dutzend Möglichkeiten für den Einsatz von Leistungserfassung im Unterricht zur Förderung des Lernens.

1 Schüler sollten gute und schlechte Stichproben ihrer Leistungen heraussuchen, um zu erkennen, was ein gutes Werk oder eine gute Darbietung ist.

2 Vor einer Besprechung mit dem Lehrer oder einem Mitschüler sollten sich Schüler über ihre eigenen Stärken und Schwächen bei Einzelheiten ihres Werkes oder ihrer Darbietung im Klaren sein.

3 Schüler sollten die Kriterien kennenlernen durch Beurteilung schlechter oder guter anonymer Werke oder Darbietungen.

4 Schüler bilden Dyaden, um eine gerade als schlecht beurteilte Arbeit zu verbessern.

5 Schüler schreiben einen Arbeitsbericht über eine Aufführung, die sie vorbereitet haben. Darin sollten Überlegungen enthalten sein über Probleme, die zwischendurch auftauchten und wie sie gelöst wurden.

6 Die Schüler üben, Tests zu entwerfen mit den beabsichtigten Lernzielen und den Schlüsselbegriffen des Lernstoffs im Hinterkopf.

7 Schüler stellen und beantworten Fragen, von denen sie erwarten, dass sie im Test vorkommen; sie gehen dabei von ihrem Verständnis der Inhalte/Prozesse/Fertigkeiten aus, die sie lernen sollten.

8 Einige Tage vor dem Test diskutieren oder schreiben die Schüler die Antworten zu folgenden Fragen: „Warum schreibe ich diesen Test?" „Wer wird die Ergebnisse erfahren?" „Wie werden die Ergebnisse genutzt werden?" „Was ist Testen?" „Wie werde ich abschneiden?" „Was benötige ich, um mich darauf vorzubereiten?" „Mit wem könnte ich zusammenarbeiten?"

9 Der Lehrer gruppiert die Testaufgaben nach bestimmten Bereichen des Lernstoffes, dann bereitet er ein „Testanalyse-Diagramm" mit drei Kategorien vor: „Meine starken Seiten" „Einfache Fehler/Schnell Wiederholen" „Noch zu lernen". Nach Rückgabe des korrigierten Tests, können Schüler anhand der richtigen Antworten ihre Stärken erkennen und sie in die entsprechende Kategorie einordnen. Die falschen Antworten werden entweder in die „Einfache Fehler"- oder in die „Noch zu lernen"-Kategorie eingeordnet.

10 Schüler überprüfen ihre Sammlung von Werken über eine bestimmte Zeit hinweg und überlegen sich, was sie dazu gelernt haben. „Ich bin im Lesen besser geworden; ich habe immer . . . , aber jetzt . . . "

11 Schüler nehmen eine Sammlung von Selbstbeurteilungen vor, um ihre Lernergebnisse zusammenzufassen und Lernziele für die Zukunft festzulegen.

12 Schüler wählen aus und vermerken an ihren Werken, ob sie der Sammelmappe hinzugefügt werden sollten.

Quelle: Aus „Using Student-Involved Classroom Assessment to Close Achievement Gaps" von R. Stiggins & J. Chappuis (2005). *Theory into Practice, 44*, S. 16.

Verknüpfen und erweitern Sie Ihre Forschungskenntnisse

Leistungserhebungen im Unterricht können Sie verbessern, wenn Sie folgenden Artikel nachlesen:

Black, P., Harrison, C., Lee, C., Marshall, B. & William, D. (2004). Working Inside the Black Box: Assessment for Learning in the Classroom. *Phi Delta Kappan, 86*, 8–21.

Stiggins, R. (2004). New Assessment Beliefs for a New School Mission. *Phi Delta Kappan, 86*, 22–37.

Auswirkungen der Benotung auf die Schüler

Halt! Denken Sie nach! Schreiben Sie!

Denken Sie einmal an die Noten Ihrer Zeugnisse über die Jahre. Haben Sie mal eine Note erhalten, die schlechter als erwartet war? Was haben Sie bei dieser Gelegenheit empfunden, wie haben Sie sich selbst, den Lehrer, das Fach und die Schule allgemein beurteilt? Was hätte Ihrer Meinung nach der Lehrer tun können, damit Sie aus der schmerzlichen Erfahrung etwas lernen und die Notenentscheidung verstehen?

Wer an Noten denkt, denkt meist an Wettbewerb. Klassen mit Wettbewerbsklima sind für ängstliche Schüler, solche mit mangelndem Selbstvertrauen oder mangelnder Vorbereitung sehr nachteilig. Zwar hängen hohes Anspruchsniveau und bessere Leistungen zusammen, aber es muss ein Gleichgewicht hergestellt werden zwischen den hohen Standards und einer vernünftigen Erfolgschance. Rick Stiggins und Jan Chappuis (2005) beobachten:

Von ihren ersten Schulerfahrungen an ziehen Schüler zukunftsweisende Rückschlüsse auf sich selbst als Lerner auf der Grundlage von Informationen, die sie aus den Leistungstests im Unterricht erhalten haben. Mit zunehmenden Rückmeldungen verfestigt sich dann das Selbstbild als erfolgreicher oder nicht erfolgreicher Schüler. Sie entscheiden auch, ob der Erfolg die Mühen lohnt, die er kostet. Die Schüler entscheiden ... ob es sich lohnt, in die Schule zu investieren. Diese Entscheidungen sind wichtig, wenn der Schüler sich in der Schule wohlfühlen soll (S. 11).

15.4.1 Auswirkungen von Misserfolg

Das klingt nun so, als ob schlechte Noten und Misserfolg in der Schule vermieden werden sollten. So einfach ist die pädagogische Situation jedoch nicht.

Hat Misserfolg einen Wert?

Nachdem Margaret Clifford (1990, 1991) die Forschung einiger Jahre über die Auswirkungen von Misserfolg aus verschiedenen Perspektiven zusammengefasst hat, schließt sie:

Für die Pädagogik wird es Zeit, leichte Erfolge gegen Herausforderungen einzutauschen. Schüler müssen über ihre eigenen Möglichkeiten hinaus gefordert werden; wenn sie Fehler machen dürfen, ist das schon ein Schritt auf diesem Weg. Im Unterricht muss Fehlern mit Toleranz begegnet werden. Allmählich wachsende Erfolgsquoten sind günstiger für den Lernprozess als eine Serie von Erfolgen. (1990, S. 2)

Einige Misserfolge können für Schüler jedoch sehr heilsam sein, besonders wenn daraus folgt, dass sich der Schüler durch harte Arbeit verbessern kann. Deshalb sollten Misserfolge von Schülern nicht ferngehalten werden, denn Erfolgsserien sind kontraproduktiv. Je fähiger die Schüler sind, desto wichtiger ist es, sie „erfolgreich" Misserfolgen auszusetzen (Foster, 1981). Carol Tomlinson, ein Experte für differenzierten Unterricht, formuliert das so: „Schüler mit einer Lernbiografie, in der alles Lernen mühelos erscheint, strengen sich, wenn es notwendig wird, nicht an; sie meinen, gute Noten sind für sie reserviert" (2005b, S. 266).

Wiederholen einer Klasse

Bisher war nur von Misserfolgen beim Testen die Rede. Aber was sind die Auswirkungen des Wiederholens einer Klasse? Etwa 20 % der Schüler in High Schools in den USA sind einmal in der Zeit von der Vorschule bis zur Oberstufe sitzen geblieben, meist in den ersten Schuljahren (Kelly, 1999). In Deutschland beträgt der Anteil 2,9 % der Schüler in allen allgemeinbildenden Schulen (Angaben: Statistisches Bundesamt, Fachserie 11, Reihe 1, 2003/2004). Diese Angaben sind nicht vergleichbar, da andere Kriterien für das Wiederholen einer Klasse gelten. Laut PISA (Britz, 2007) berichtet ein knappes Viertel (24 %) aller 15-Jährigen eine Klassenwiederholung in ihrer Schullaufbahn. Mehr Jungen als Mädchen, mehr Schüler aus Minderheiten und Schüler aus unterprivilegierten Familien bleiben in den USA sitzen (Beebe-Frankenberger, Bocian, MacMillan & Gresham, 2004). In Deutschland wiederholen in den Realschulen 5,5 % der Schüler eine Klasse. Auch hier bleiben etwas mehr Jungen als Mädchen sitzen (2,9 % vs. 2,5 %) (Angaben: Statistisches Bundesamt, Fachserie 11, Reihe 1, 2003/2004) und in der Grundschule mehr ausländische als deutsche Schüler (4,6 % vs. 1,4 %) (Krohne, Meier & Tillmann, 2004).

Die meisten Untersuchungen sagen aus, dass Wiederholen langfristig nachteilige Konsequenzen hat, wie z. B. Schulabbruch, höhere Anzahl von Arreststrafen, zunehmend weniger gute Arbeitsangebote und geringerer Selbstwert (Grissom & Shepard, 1989; Jimerson, Anderson & Whipple, 2002). Ihrer Ansicht nach leisten Schüler mehr, wenn sie gefördert werden. Zum Beispiel fand Shane Jimerson (1999) in einer Längsschnittstudie mit 29 sitzen gebliebenen und 50 schwachen, aber geförderten Schülern, dass Jahre später die sitzen gebliebenen Schüler schlechtere Schulabschlüsse und Arbeitssituationen hatten als nicht sitzen gebliebene Schüler. Die sitzen gebliebenen Schüler schlossen auch nach dieser Studie ihre Schulausbildung weniger häufig ab, hatten schlechter bezahlte Arbeit und wurden von ihren Arbeitgebern als weniger kompetent beurteilt. Weiterhin fand sich die Gruppe der schwachen, aber nicht sitzen gebliebenen Schüler mit 20 Jahren in allen Berufsgruppen wieder.

Die pädagogische Begründung für das Wiederholen einer Klasse ist, dass manche Schüler mehr Zeit benötigen und dass sie die Fähigkeiten haben aufzuholen. Eine Untersuchung aus Kalifornien zeigte allerdings, dass die nach der zweiten Klasse sitzen gebliebenen einen ebenso durchschnittlichen IQ hatten wie die Schüler mit besonderem Förderbedarf. Etwa 20 % der sitzen gebliebenen Schüler hatten IQ-Werte im Bereich, der mit „geistig zurückgeblieben" bezeichnet wird (Beebe-Frankenberger et al., 2004), es erschien deshalb als unwahrscheinlich, dass diese Schüler vom Regelunterricht profitieren könnten. Es profitieren den Ergebnissen nach in erster Linie emotional unreife Grundschüler mit durchschnittlichen oder überdurchschnittlichen kognitiven Fähigkeiten vom Wiederholen (Kelly, 1999; Pierson & Connell, 1992). Sogar bei dieser Gruppe hält der Vorteil nicht lange an. In einer Folgeuntersuchung über mehrere Jahre zeigten diejenigen Schüler, die hätten sitzen bleiben können und die dennoch versetzt wurden, ähnliche Leistungen wie sitzen gebliebene, manchmal auch etwas bessere (Reynolds, 1992).

Schüler mit Schwierigkeiten haben Anspruch auf Förderung und Hilfe, ob sie nun versetzt werden (sogenannte soziale Versetzung) oder ob sie wiederholen. Den gleichen Lehrstoff einfach noch einmal durchnehmen löst die schulischen und sozialen Probleme der meisten Schüler nicht. Wie Joannie Oakes (1999) sagte, „Kein vernünftiger Mensch befürwortet eine soziale Versetzung, wie sie zur Zeit gehandhabt wird – schwache Schüler einfach in die nächsthöhere Klasse schieben" (S. 8). Besser wäre es, wenn der Schüler versetzt würde, aber in den Ferien und im neuen Schuljahr Sonderförderkurse mitmachen könnte (Mantzicopoulos & Morrison, 1992; Shepard & Smith, 1989). Ein noch bes-

> ## Verknüpfen und erweitern Sie Ihre Forschungskenntnisse
>
> Studien zum Wiederholen einer Klasse:
>
> Beebe-Frankenberger, M., Bocian, K. L., MacMillan, D. L. & Gresham, F. M. (2004). Sorting Second Grade Students with Academic Deficiencies: Characteristics Differentiating Those Retained in Grade From Those Promoted to Third Grade. *Journal of Educational Psychology, 96*, 204–215.
>
> Shepard, L. A. & Smith, M. L. (1990). Synthesis of Research on Grade Retention. *Educational Leadership, 47(8)*, 84–88.
>
> McCoy, A. R. & Reynolds, A. J. (1999). Grade Retention and School Performance: An Extended Investigation. *Journal of School Psychology, 37*, 273–298.
>
> Vitaro, F., Brendgen, M. & Tremblay, R. E. (1999). Prevention of School Dropout Through the Reduction of Disruptive Behaviors and School Failure in Elementary School. *Journal of School Psychology, 37*, 205–226.
>
> In deutscher Sprache:
>
> Krohne, J. A., Meier, U. & Tillmann, K. J. (2004). Sitzenbleiben, Geschlecht und Migration. – Klassenwiederholungen im Spiegel der PISA-Daten. *Zeitschrift für Pädagogik, 50(3)*, 373–391.

serer Ansatz wäre es, wenn die aufgetretenen Probleme schon vorher durch differenzierten Unterricht vermieden würden (siehe Kapitel 13).

Schüler benötigen oft nähere Erklärungen, um herauszufinden, warum ihre Antworten falsch sind; ohne diese Rückmeldung begehen sie unter Umständen wieder die gleichen Fehler.

Verknüpfen und erweitern Sie mit anderen Kapiteln

Lesen Sie in Kapitel 6 die Diskussion über die effektive Verwendung von Lob nach. Diese Richtlinien lassen sich auch auf schriftliche Rückmeldungen anwenden.

15.4.2 Auswirkungen von Rückmeldungen

Die Ergebnisse über Auswirkungen von Rückmeldungen passen gut zu den Befunden über „erfolgreiche" oder konstruktive Nutzung von Versagen. Die entsprechenden Untersuchungen sagen aus, dass die Bewältigung von Misserfolg durch Begründungen für Versagen dazu führen kann, dass die Schüler nach neue Strategien suchen, die ihnen helfen, in Zukunft erfolgreich zu bestehen (Bangert-Drowns, Kulik, Kulik & Morgan, 1991). Schüler benötigen Hilfe bei der Fehleranalyse, sonst begehen sie die gleichen Fehler immer wieder. Diese Art von Rückmeldung bleibt aber meistens aus. In einer weiteren Untersuchung bemerkten nur 8 % der Lehrer einen immer wieder auftauchenden Rechenfehler bei den Schülern und gaben dann Rückmeldungen (Bloom & Bourdon, 1980).

Woran erkennt man die effektive schriftliche Rückmeldung. Bei älteren Schülern (Sekundarstufe I und II) sind schriftliche Rückmeldungen am wirkungsvollsten, wenn sie persönlich auf den Schüler zugeschnitten sind und wenn sie konstruktive Kritik enthalten. Das bedeutet, dass Lehrer sehr spezifische Kommentare zu Fehlern oder falschen Strategien geben sollten, aber diese zusammen mit konstruktiven Vorschlägen zur Verbesserung und positiven Kommentaren über gelungene Aspekte der Arbeit an die Schüler weitergeben müssen (Butler & Nisan, 1986; Guskey & Bailey, 2001). In ihrer Zusammenarbeit mit Lehrern der 6. Klasse fanden Maria Elawar und Lyn Corno (1985) heraus, dass Rückmeldungen bei Lehrern verstärkt eingesetzt wurden, wenn Lehrer die folgenden vier Fragen als Leitlinien vor Augen hatten: „Was ist der Kernfehler? Was ist wahrscheinlich der Grund für den Fehler des Schülers? Wie kann ich den Schüler beraten, dass er diesen Fehler nicht wieder begeht? Was hat der Schüler für positive Leistungsaspekte geliefert, die entsprechend gewürdigt werden können?" (s. 166) Es folgen einige Beispiele für schriftliche Lehrerkommentare, die sich als hilfreich erwiesen haben (Elawar & Corno, 1985, S. 164):

Hendrik, du weißt schon, wie man den Prozentwert ausrechnet, aber hier hat es nicht geklappt. Siehst du, wo genau die Rechnung nicht stimmt? (Der Lehrer hat die falsch gerechneten Stellen markiert.)

Du weißt, wie die Aufgabe zu lösen geht – die Formel ist richtig –, aber du hast nicht gezeigt, dass dir klar ist, warum die Multiplikation zweier Brüche zu einem Ergebnis führt, das kleiner ist als jeder der Brüche ($1/2 \times 1/2 = 1/4$).

Kommentare wie diese sollten den Schülern beim Verbessern der Fehler helfen und ihnen klarmachen, was gute Arbeit, Fortschritt und sich entwickelnde Fertigkeiten sind.

15.4.3 Notengebung und Motivation

Wenn sich Lehrer darauf verlassen, dass Schüler mit Noten motiviert werden können, sollten sie noch einmal darüber nachdenken (Smith, Smith & De Lisi, 2001). Jede Leistungserfassung sollte möglichst die Lernmotivation der Schüler heben, sie nicht nur zur Arbeit für bessere Noten veranlassen. Aber gibt es wirklich einen Unterschied zwischen Arbeiten für eine Note und Arbeiten, damit etwas gelernt wird? Die Antwort hängt davon ab, wie die Notengebung erfolgt. Lehrer können durch Noten durchaus genau das Lernen fördern, was sie von den Schülern erwarten. Wenn Lehrer nur einfaches, detailreiches Wissen testen, müssen Schüler sich zwischen einer komplexeren Lernebene (um den Stoff zu vertiefen) und einer guten Note entscheiden. Aber wenn Noten für sinnvolles Lernen gegeben werden, dann sind Arbeiten für eine gute Note und Arbeiten für gründliches Lernen ein und derselbe Vorgang. Gute Noten haben einen Wert als Belohnung oder Anreiz für sinnvolle Lernanstrengungen, während schlechte Noten keine Anregung zu größeren Bemühungen um Aneignung des Lernstoffes sind. Schüler mit schlechten Noten ziehen sich schnell zurück, machen andere für ihre schlechten Noten verantwortlich, beurteilen, dass die Arbeit „stumpfsinnig" ist oder sie fühlen sich für ihre schlechten Noten verantwortlich, aber auch hilflos, wenn es um Verbesserungen geht. Sie geben sich selbst auf oder die Schule (Tomlinson, 2005b). Ehe der Lehrer ein mangelhaft gibt, sollte er überlegen, ob er die Arbeit nicht als unvollständig zurückgibt und um Vervollständigung und Verbesse-

Die Nachteile von Noten verringern

Vermeiden Sie es, nur solche Ideen gut zu benoten oder zu loben, die mit den Ihrigen übereinstimmen oder denen im Schulbuch ähneln.

Beispiele

1 Vergeben Sie Extrapunkte für kreative und richtige Antworten.

2 Halten Sie mit Ihrer Meinung zurück, bis Ihnen alle Aspekte klar sind.

3 Verstärken Sie die Ihnen auf rationale und produktive Art widersprechenden Schülerbeiträge.

4 Geben Sie Teilpunkte für teilweise richtige Antworten.

Stellen Sie sicher, dass jeder Schüler eine vernünftige Chance hat, Erfolg in der Schule zu haben, besonders zu Beginn einer neuen Aufgabe.

Beispiele

1 Führen Sie eine Voruntersuchung durch, um herauszufinden, dass die Schüler die nötigen Voraussetzungen mit sich bringen.

2 Wenn es angebracht erscheint, sollten Schüler die Gelegenheit erhalten, ihre Note zu verbessern. Der Wiederholungstest sollte aber genauso schwierig sein wie der erste.

3 Wenn es offensichtlich ist, dass Schüler sich bemüht haben, sollten diejenigen, die den Test nicht bestanden haben, ihn zurückerhalten mit dem Vermerk „unvollständig". Die Schüler können dann den Test vervollständigen und verbessern.

4 Noten in Tests sollten eher am Ende einer Unterrichtseinheit gegeben und unbenotete Tests sollten am Anfang geschrieben werden.

Mündliche und schriftliche Rückmeldungen sollten sich die Waage halten.

Beispiele

1 Bei jüngeren Schülern sollte der Lehrer eher kurze frische schriftliche Kommentare geben und bei älteren Schülern ausführlichere.

2 Wenn der Schüler von seiner Note enttäuscht ist, sollte der Kommentar eine Begründung enthalten.

3 Die Kommentare sollten auf die Arbeit oder das Werk individuell zugeschnitten sein, sie sollen sich nicht wiederholen.

4 Merken Sie spezifische Fehler an, mögliche Begründungen für Fehler, Ideen zur Verbesserung und ob die Arbeit gut gelungen ist.

Noten sollten so sinnvoll wie möglich sein.

Beispiele

1 Noten sollten in Verbindung mit wichtigen Lernzielen gebracht werden.

2 Unbenotete Hausarbeiten sollten Erkundungen von Sachverhalten oder Formen anregen.

3 Experimentieren Sie mit Sammelmappen und Darbietungen/Aufführungen/Ausstellungen.

Gründen Sie die Noten auf mehr als nur einem Kriterium.

Beispiele

1 Aufsatzthemen und Mehrfachwahlaufgaben sollten beide eingesetzt werden.

2 Benoten Sie auch Referate und Beteiligung am Unterricht.

Mehr Informationen über Noten und ihre Folgen bei **http://www.alfiekohn.org/teaching/fdtd-g.htm**

rung bittet. Ein hohes Anspruchsniveau sollte nicht gesenkt werden, damit die Schüler auch die Chance bekommen, die hohen Standards zu erreichen (Guskey, 1994; Guskey & Bailey, 2001).

Eine andere Wirkung auf die Motivation tritt in höheren Schulen auf, wenn es darum geht, die Abschiedsrede beim Abitur halten zu dürfen. Manchmal setzen

Schüler (und Eltern) Strategien ein, die nichts mit Lernen zu tun haben. Wie Tom Guskey und Jane Bailey (2001) bemerken: Wenn ein Schüler den Wettbewerb mit einem Punkt Vorsprung gewinnt, was hat das noch zu tun mit einem Qualitätsunterschied zwischen Gewinner und den anderen? Viele höhere Schulen vertreten die Meinung, „es sei nicht die Aufgabe der Schule,

Talente auszusuchen, sondern sie zu entwickeln" (Guskey & Bailey, 2001, S. 39).

Die *Richtlinien* (siehe S. 701) fassen die Auswirkungen der Noten auf die Schüler zusammen.

Noten und Zeugnisse   15.5

> **Halt! Denken Sie nach! Schreiben Sie!**
>
> Denken Sie an die Noten, die Sie in Ihrem Abschlusszeugnis erhalten. Wie wird Ihre Gesamtnote berechnet?

Wenn eine Endnote festgelegt werden soll, muss der Lehrer wichtige Fragen entscheiden. Sollte die Note eines Schülers widerspiegeln, wie viel er gelernt und wie gut er gelernt hat, oder sollte die Note seinen relativen Leistungsstand in Bezug auf die ganze Klasse repräsentieren? Mit anderen Worten, sollten die Noten kriteriumsorientiert oder normorientiert sein?

15.5.1   Kriteriums- oder normorientiertes Notensystem?

Im **normorientierten Notensystem** wird die Note nach dem Platz vergeben, den ein Schüler im Vergleich zu anderen hat, die auch am Unterricht/Seminar/Ausbildung teilgenommen haben. Ein sehr hart arbeitender Schüler kann unter Umständen nur eine 3 oder eine 4 erhalten, wenn alle anderen auch gut gelernt haben. Eine durch das deutsche Notensystem nicht zugelassene Form ist **Benotung nach dem vorkommenden Leistungsspektrum** (grading on the curve). Die Einstellung zu dieser Benotungsform hängt sicher davon ab, wie gut der Schüler dabei wegkommt. Diese Art der Benotung schadet den Beziehungen der Schüler untereinander und mindert die Motivation (Krumboltz & Yeh, 1996). Genau genommen schränkt diese Vorgehensweise die Anzahl der möglichen guten Noten ein, deshalb sind viele Schüler auf der Verliererseite (Gus-

key & Bailey, 2001; Haladyna, 2002; Kohn, 1996). Vor über 25 Jahren wiesen Benjamin Bloom (Bloom Taxonomie!) und seine Kollegen (1981) auf die Täuschung hin, die durch die Benotung nach dem vorkommenden Leistungsspektrum entsteht:

Die Normalverteilungskurve ist kein Heiligtum. Die Kurve gibt lediglich die Zufallsverteilungen am besten wieder. Erziehung und Ausbildung sind jedoch Zweck gerichtete Prozesse: Lehrer wollen, dass Schüler lernen, was sie zu unterrichten haben. Wenn der Unterricht effektiv ist, ist das vorhandene Leistungsspektrum nicht normal verteilt. Im Gegenteil, je mehr sich die vorhandenen Einzelleistungen normal verteilen, umso weniger erfolgreich ist der Unterricht (S. 52–53).

Im **kriteriumsorientierten Notensystem** entspricht die Note einer Reihe von Leistungen. Wenn für die Unterrichtseinheit klare Ziele festgelegt wurden, sagt die Note etwas über die Erreichung dieser Ziele aus. Bei kriteriumsorientiertem Benotungssystem werden die Kriterien in der Regel vorher festgelegt. Der Schüler kann dann selbst entscheiden, ob er diese Kriterien erreichen will oder nicht. Theoretisch können also alle Schüler eine Eins erreichen. Kriteriumsorientierte Noten haben den Vorteil, dass die Leistung eines Schülers klar in Beziehung zu den Unterrichtszielen gesetzt werden kann. Manche Schulen handhaben dies so auf dem Zeugnis. Das Zeugnis aus einer amerikanischen Grundschule in ▶ Abbildung 15.4 zeigt, wie diese Absicht umgesetzt wird.

> **Verknüpfen und erweitern Sie Ihre Forschungskenntnisse**
>
> Eine Zusammenfassung der Überlegungen, die einem Benotungssystem zugrunde liegen, liefern Frisbie, D.A. & Waltmen, K. K. (1992). Developing a Personal Grading Plan. In: *Educational Measurement: Issues and Practices* (S. 35–42). Washington, DC: National Council on Measurement in Education.

Normorientiertes Notensystem   Einzelleistungen von Schülern werden zueinander in Beziehung gesetzt.

Benotung nach dem vorkommenden Leistungsspektrum   Normorientiertes Benoten, das die Einzelleistung in Beziehung zu dem Durchschnitt der beobachteten anderen Einzelleistungen setzt.

Kriteriumsorientiertes Notensystem   Es wird erfasst, inwieweit die einzelne Leistung eines Schülers den Unterrichtszielen entspricht.

N.N. GRUNDSCHULE
5. KLASSE

Schüler _____ Lehrer _____ Rektor _____ Halbjahr 1. 2.

A = Ausgezeichnet B = Befriedigend F = Fortschritte zu erkennen V = Verbesserungen notwendig

LESEN

Lesestoff: _____
_____
_____

____ Liest mit Verständnis
____ Kann über das Gelesene berichten/schreiben
____ Erledigt Arbeit in Lesegruppe genau und pünktlich
____ Zeigt Interesse am Lesen

Lesefertigkeiten
____ Dekodiert neue Wörter
____ Versteht neue Wörter

Alleinlesen
Schlechter/gleich/besser als Klassendurchschnitt

SPRACHEN

____ Gute mündliche Sprachbeherrschung
____ Hört genau zu
____ Beherrscht durchgenommene Rechtschreibung

Schreibfertigkeiten
____ Versteht Schreiben als Ablauf
____ Fertigt einen Entwurf an
____ Überarbeitet sinnvoll
____ Schafft korrigierte und gut lesbare Endfassung

Textbearbeitungsfertigkeiten
____ Groß/Kleinschreibung
____ Zeichensetzung
____ Schreibt vollständige Sätze
____ Setzt Abschnitte
____ Nutzt Wörterbücher

Schreibfertigkeiten
Schlechter/gleich/besser als Klassendurchschnitt

MATHEMATIK

Problemlösen
____ Löst vom Lehrer gestellte Aufgaben
____ Löst selbst-/von Schülern gestellte Aufgaben
____ Kann Textaufgaben selbst erfinden

Probleme verstehen
____ Setzt angemessene Strategien ein
____ Kann mehrere Strategien verwenden
____ Kann Strategien schriftlich erklären
____ Kann Strategien mündlich erklären

Mathematische Begriffe
Versteht die 10 Grundbegriffe
Erst Anfänge/weiter entwickelt/differenziert
Multiplikation, Basiswissen
Erst Anfänge/weiter entwickelt/differenziert
Zweistellige Multiplikation
Erst Anfänge/weiter entwickelt/differenziert
Division
Erst Anfänge/weiter entwickelt/differenziert
Geometrie
Erst Anfänge/weiter entwickelt/differenziert

Mathematikfertigkeiten (gesamt)
Erst Anfänge/weiter entwickelt/differenziert

Einstellung/Arbeitshaltung
____ Reagiert positiv auf Herausforderungen
____ Ausdauernd
____ Lernt von anderen
____ Hört anderen zu
____ Beteiligt sich an Diskussion

Derzeitige Arbeit
Arbeitet zur Zeit an _____

Ziele: _____
_____
Arbeitet auf Ziel:
_____ hin

SOZIALKUNDE

____ Versteht Fachinhalte
____ Zeigt Neugierde und Enthusiasmus
____ Beteiligt sich an Klassendiskussion
____ Kann Karten/Tabellen lesen
____ Zeigt Leseverständnis durch Textinterpretation

Themen: verschiedene Kulturen, Kolonien

SACHKUNDLICHE/NATURWIS-
SENSCHAFTLICHE FÄCHER
____ Zeigt Neugierde bei naturwissenschaftlichen Themen
____ Stellt gute wissenschaftliche Fragen
____ Hat Kenntnisse in naturwissenschaftlichen Methoden
____ Nutzt naturwissenschaftliche Kenntnisse, um Experimente durchzuführen
____ Beobachtet genau
____ Hat schon kleine Forschungen durchgeführt;
Thema

Derzeitige Arbeit
Arbeitet zur Zeit an _____

ARBEITSHALTUNG
____ Hört genau zu
____ Folgt Anweisungen
____ Arbeitet sauber und genau
____ Kontrolliert seine Arbeit
____ Schließt Arbeit pünktlich ab
____ Nutzt Zeit gut aus
____ Arbeitet gut allein
____ Arbeitet gut in Gruppe
____ Geht beim Lernen Risiken ein
____ Reagiert positiv auf Herausforderungen

HAUSARBEITEN

____ Sucht sich Hausarbeiten selbst aus
____ Erledigt Hausarbeiten vollständig
____ Liefert Arbeiten vollständig ab

REFERATE/PROJEKTE
_____
_____

SOZIALVERHALTEN

____ Ist höflich
____ Achtet Rechte anderer
____ Zeigt Selbstbeherrschung
____ Gute Interaktionen mit Gleichaltrigen
____ Kooperative und positive Einstellung in der Klassengemeinschaft
____ Kooperativ, wenn um Zusammenarbeit gebeten
____ Hilft anderen Schülern
____ Arbeitet gut mit Erwachsenen zusammen (Hilfslehrer, Vertrauenslehrer, Eltern usw.)

Anwesenheit (vierteljährlich)

	1.	2.	3.	4.	Quartal
Anwesend					
Abwesend					Verset-zung:
Verspätungen					

Abbildung 15.4: Beispiel für ein kriteriumsorientiertes Zeugnis. Andere Formen sind möglich, aber alle Formate zeigen an, wie sehr sich ein Schüler einzelnen Lernzielen angenähert hat.
Quelle: Aus Zeugnisformate in der 8. Klasse von K. Lake & K. Kafka. In *ASCD 1996 Jahrbuch: Communicating Student Learning* (S. 104). T. Guskey (Hrsg.). Copyright © 1996 Association for Supervision and Curriculum Development. Die Association for Supervision and Curriculum Development ist eine internationale Gemeinschaft von Lehrern und Erziehern, die für gut begründete Maßnahmen und Methoden eintreten, die den Lernerfolg jedes Schülers sicherstellen sollen. Um mehr darüber zu erfahren, besuchen Sie die Website von ASCD unter **www.ascd.org**.

Eine andere Benotungsform ist die Zuweisung eines Prozentwertes, also das **Benoten mit Prozentangaben**: der Lehrer kann Noten danach vergeben, wie viel Wissen ein Schüler erworben hat – welchen Prozentanteil der Lerninhalte ein Schüler beherrscht. Der Lehrer kann in diesem Fall die Tests mit Prozentangaben bewerten (50 % oder 85 % richtig) und dann die Angaben mitteln, um den Durchschnitt für eine Unterrichtseinheit zu erhalten. Diese Werte können dann in die üblichen Noten umgewandelt werden, vorher müssen al-

Benoten mit Prozentangaben Die Leistungen im Unterricht in Prozentanteilen bewerten und den Prozentwerten dann Noten zuordnen. Dafür müssen vorher Grenzprozentwerte für jede Note festgelegt werden.

lerdings die Bereichsgrenzen für jeden Wert festgelegt werden: für eine Eins, Zwei usw. Jede Note kann von beliebig vielen Schülern erreicht werden. Die Grenzwerte können von Bundesland zu Bundesland, ja sogar von Schulbezirk zu Schulbezirk variieren: In einem Bezirk ist eine Eins definiert durch Prozentwerte von 90 bis 100, im anderen von 94 bis 100.

Dies ist zwar das übliche Vorgehen, aber es ist nicht ganz ohne Probleme. Kann man wirklich sagen, wie viel Prozent des Lernstoffes der 8. Klasse beherrscht wird? Kann man diese Prozentangaben wirklich so einfach festlegen? Um die Prozentbewertung richtig anwenden zu können, müsste die Gesamtmenge des zu lernenden Wissens in einer bestimmten Klasse oder Unterrichtseinheit eindeutig festgelegt werden können und ebenso auch das, was ein Schüler gelernt hat (Popham, 2005a). Diese Bedingungen werden selten erfüllt, trotzdem verwenden die Lehrer sie so, als ob eine genaue Erfassung in Prozentanteilen möglich wäre und die Grenzwerte etwas aussagten, auch wenn manchmal nur ein Prozent über die Zuordnung zu einer Note entscheidet.

Lehrer sollten sich also nicht in falscher Sicherheit wiegen, nur weil sie mit absoluten Prozentwerten bewerten. Gegenwärtig werden mehr die Festlegung von Lernzielen und kriteriumsorientierte Leistungserfassung betont, besonders auf der Primarstufe. Es wurden einige alternative Methoden zur Beurteilung der Lernfortschritte von Schülern mit Bezug auf vorher festgelegte Kriterien entwickelt.

15.5.2 Das Punktesystem und das Benoten mit Prozenträngen

Ein weitverbreitetes System ist das Punktesystem. In jedem Test oder jeder Arbeit erhält der Schüler eine Punktzahl, je nach Wichtigkeit des Tests für die Zeugnisnote. Ein Test, der 40 % zur Zeugnisnote beiträgt, hat z. B. als Höchstpunktzahl 40. Eine längere Hausarbeit trägt vielleicht 20 % bei und erhält deshalb eine Höchstpunktzahl von 20. Eine Eins plus erhält dann derjenige Schüler, der jeweils die Höchstpunktzahl erreicht hat, eine Drei die Schüler, die die Hälfte der möglichen Punkte erreichen konnten. Das System ist praktisch und fair, wenn Tests mit gleicher Höchstpunktzahl vergleichbar schwierig sind und vergleich-

bar viel Inhalt abfragen. In den meisten Schulen müssen die Punkte aber noch in Endnoten umgerechnet werden. So müssen die Lehrer noch die Standards entwickeln für die Übertragung der Punktwerte in Noten.

Im Folgenden sollen noch einige weitverbreitete Notenberechnungen vorgestellt werden.

15.5.3 Vertragssystem und Beurteilungsskalen

Das **Vertragssystem** wird auf die ganze Klasse angewandt; es definiert Art, Quantität und Qualität der Arbeit für jede Notenstufe. Schüler stimmen den Bedingungen zu (wie in einem Vertrag), die sie für eine bestimmte Note erfüllen müssen. Zum Beispiel könnten folgende Standards festgelegt werden:

Note 6: fehlt häufig und gibt Arbeiten nicht ab.
Note 5: fehlt manchmal und gibt unvollständige oder fehlerhafte Arbeiten verspätet ab.
Note 4: ist regelmäßig anwesend und gibt Hausarbeiten pünktlich ab.
Note 3: ist regelmäßig anwesend, gibt Arbeiten pünktlich ab, Arbeit wird als befriedigend akzeptiert.
Note 2: ist regelmäßig anwesend, gibt Arbeiten pünktlich ab, Arbeit wird als befriedigend, mindestens drei der Aufgaben aber als sehr gut akzeptiert.
Note 1: ist regelmäßig anwesend, gibt Arbeiten pünktlich ab, Arbeit wird als befriedigend, mindestens drei der Aufgaben aber als sehr gut akzeptiert; zusätzlich wird eine Buchbesprechung aus der ergänzenden Lektüre abgeliefert.

Dieses Beispiel zeigt noch sehr viel Spielraum für subjektive Beurteilungen. Das Vertragssystem nimmt den Schülern jedoch die Angst vor Noten. Es kann auf einzelne Schüler eingesetzt werden, in diesem Fall übernimmt es die Funktion eines individuellen Lernplans.

Dieses System kann zu einer Überbetonung der Menge der Arbeit gegenüber deren Qualität führen. Lehrer äußern sich vielleicht zu vage über die Standards für akzeptable und nicht akzeptable Leistungen. Festlegungen der Beurteilungskriterien oder Beurteilungsskalen schaffen hier Abhilfe. Wenn die Schüler diese Beurteilungsskalen auch selbst anwenden lernen, dann kann der Qualität bei Beurteilungen mehr Beachtung geschenkt werden. Dem Vertragssystem

---

Vertragssystem System, in dem jeder Schüler für eine bestimmte Note nach den festgelegten Standards arbeitet.

kann zusätzlich noch eine **Überarbeitungschance** zugefügt werden. Zum Beispiel kann das Akzeptiert-werden einer Arbeit allein schon 75 Punkte bringen, und wenn zusätzlich ein Plus vergeben wird, gibt es 90 Punkte; ein Plus nach einer Überarbeitung gibt aber nur 85 Punkte. Dieses Verfahren belohnt den Schüler für Überarbeitungen, aber noch mehr einen Schüler, der seine Arbeit sofort richtig abgibt. Dies könnte sich so auswirken, dass Lehrer weniger die Akzeptanz von Arbeit verweigern, denn die Schüler sollten die Chance zur Verbesserung erhalten (King, 1979). Wenn dadurch aber alle Schüler sehr gute Noten erreichen, dann wäre ein anderes Benotungssystem wohl günstiger. Die *Richtlinien* (siehe S. 706) geben Hinweise, wie verschiedene Notensysteme fair und vernünftig angewendet werden können.

Ich hoffe nicht, dass das wieder so ein Spielchen ist, um deine Note aufzubessern.
Quelle: Copyright © Art Bouthillier.

> **Verknüpfen und erweitern Sie mit anderen Kapiteln**
>
> Lesen Sie in Kapitel 6 die Diskussion zu Verträgen über Verhaltensregeln.

15.5.4 Weitere Probleme bei der Benotung

Noten für Bemühen und Fortschritte

Die Benotung von sichtlichem Bemühen der Schüler, sich zu verbessern, ist ein Thema, das sich durch die Methoden der Notengebung zieht. Wenn Lehrer Schüler lediglich nach dem beurteilen, was sie leisten oder können, taucht das Problem auf, dass die besten Schüler sich am wenigsten verbessern, weil sie schon beachtliche Kompetenz erworben haben. Sollte man diese Schüler etwa dafür bestrafen, dass sie schon so gut sind und dass der Test größere Fortschritte für diese Schüler nicht zulässt? Diese Schüler sollten Extraaufgaben erhalten (Airasian, 2005; Guskey & Bailey, 2001).

Eine Möglichkeit ist, **individuelle Lernerwartungen (ILE)** zu entwickeln. Mit diesem System können sich Schüler Punkte für Verbesserungen verdienen, wenn sie Leistungen über ihrem eigenen Durchschnittswert zeigen oder die Höchstpunktzahl erreichen. Die Lehrer können die Verbesserungspunkte auf die Gesamtnote anrechnen oder für Verstärkungen einsetzen. Der Lehrer kann auch lobende Kommentare oder Anerkennungen an die Eltern schicken.

Vorsicht beim Fairsein

Die Attributionen eines Lehrers bezüglich Erfolgen und Misserfolgen von Schülern können die Notengebung beeinflussen. Lehrer neigen dazu, bei sichtbarem Bemühen eine bessere Note zu geben, weil der Schüler das selbst kontrollieren kann, während Fähigkeiten naturgegeben sind. Ein Lehrer gibt in der Regel schlechtere Noten, wenn er den Eindruck hat, der Schüler hat sich keine Mühe gegeben, obwohl er seinem Eindruck nach durchaus die Fähigkeit zur Leistung besitzt (Weiner, 1979). Noten können auch einem **Halo-Effekt** unterliegen, das ist eine Urteilsverzerrung, die auf der Wahrnehmung einer Eigenschaft beruht, die dann Zuschreibungen von anderen Eigenschaften nach sich zieht. Für Lehrer ist es schwierig, einen positiven und negativen Halo-Effekt zu vermeiden. Einem netten Schüler, der viel lernt, gibt man im Zweifelsfall eher eine bessere Note (2 minus statt 3 plus), einem schwierigen Schüler

---

Überarbeitungschance In einem Vertragssystem wird die Chance zur Überarbeitung und damit Verbesserung der Arbeit geboten.

Individuelle Lernerwartungen (ILE) Persönlicher Durchschnitt als Maßgabe.

Halo-Effekt Eine Urteilsverzerrung, die auf der Wahrnehmung einer Eigenschaft beruht, die dann Zuschreibungen von anderen Eigenschaften nach sich zieht.

Verschiedene Notensysteme einsetzen

Erklären Sie zu Beginn des Schuljahres, welche Kriterien Sie für die Notengebung festgelegt haben, und erinnern Sie die Schüler später immer wieder daran.

Beispiele

1 Ältere Schüler können ein Merkblatt erhalten, in dem die Hausarbeiten, Tests, Notenkriterien und Termine zusammengestellt sind.

2 Erklären Sie jüngeren Schülern ohne Nachdruck, wie ihre Arbeiten bewertet werden.

Noten sollten auf klar definierten, vernünftigen Standards beruhen.

Beispiele

1 Die Standards/Kriterien sollten durch Beurteilungsskalen zusammen mit den Schülern entwickelt werden. Anonyme Beispiele von schwachen, mittelmäßigen und hervorragenden Arbeiten aus früheren Klassen sollten vorgeführt werden.

2 Besprechen Sie die Kriterien für die Notengebung gegebenenfalls mit erfahrenen Kollegen.

3 Geben Sie erst ein paar formative Tests aus, um sich einen Eindruck von den Fähigkeiten Ihrer Schüler zu verschaffen, bevor Sie eine benotete Klassenarbeit ausgeben.

4 Führen Sie den Test zuerst an sich selbst durch, um einen Eindruck von der Schwierigkeit zu erhalten und um die Dauer des Tests abschätzen zu können.

Gründen Sie Ihre Noten auf so viele objektive Belege wie möglich.

Beispiele

1 Planen Sie den Zeitpunkt und den Inhalt eines Tests rechtzeitig.

2 Die Sammelmappen der Schüler sollten laufend durchgesehen und ergänzt werden. Dies kann bei Besprechungen mit Schülern und Eltern sehr nützlich sein.

Stellen Sie sicher, dass Schüler die Testanweisungen verstehen.

Beispiele

1 Schreiben Sie Kurzfassungen der Testanweisungen an die Tafel.

2 Bitten Sie verschiedene Schüler, die Testanweisungen zu erklären.

3 Besprechen Sie zuerst eine Beispielfrage.

Korrigieren Sie, geben Sie zurück und diskutieren Sie Testfragen so schnell wie möglich.

Beispiele

1 Lassen Sie Schüler, die gute Antworten geschrieben haben, ihre Antworten vorlesen; es sollten allerdings nicht immer dieselben Schüler vorlesen.

2 Besprechen Sie, warum manche Antworten falsch sind, besonders solche, die häufig vorkommen.

3 Sobald Schüler ihren Test beendet haben, geben Sie ihnen die richtigen Lösungen und nennen Sie die Stellen, wo die Antworten im Text nachzulesen sind.

In der Regel sollte eine Note nicht geändert werden.

Beispiele

1 Gehen Sie bei der Benotung so vor, dass Sie die Note jederzeit rechtfertigen können.

2 Sollten Sie sich bei der Berechnung der Punktwerte verrechnet haben, so sollten solche Rechenfehler sofort verbessert werden.

Halten Sie die Schüler auf dem Laufenden über ihren Rangplatz im Test.

Beispiele

1 Schreiben Sie nach dem Test die Häufigkeitsverteilung der Noten an die Tafel.

2 Setzen Sie in Abständen Besprechungen an über vorangegangene Arbeiten.

In Zweifelsfällen sollten Sie *für* einen Schüler entscheiden.

Beispiele

1 Im Zweifelsfall sollte die bessere Note gegeben werden, es sei denn erzieherische Gründe sprechen dagegen.

2 Wenn viele Schüler falsche Antworten auf eine bestimmte Frage gegeben haben, überarbeiten Sie die Frage für das nächste Mal, für diesen Test sollte die Frage nicht bewertet werden.

Mehr Informationen über Noten und ihre Folgen bei **http://teaching.berkeley.edu/bgd/grading.html**

Quelle: Aus *Problems in Middle and High School Teaching: A Handbook for Student Teachers and Beginning Teachers* (S. 182–187) von A. M. Drayer (1979). Boston, MA: Allyn & Bacon. Copyright © 1979 Allyn und Bacon.

dagegen, der sich verweigert, gibt man bei Spielraum eher eine schlechtere Note (4 statt 3–).

Fairness hat noch einen anderen Aspekt. Wenn Schülernoten durch unklare Instruktionen, schwierige Aufgabentexte oder Fragen, schlechte Noten für nicht abgegebene Hausarbeiten, einen wenig validen Test, der nicht misst, was er messen sollte, Zeitdruck oder andere Faktoren als die zu erfassenden Fertigkeiten beeinflusst werden, dann tritt eine Konfundierung der Noten mit anderen Einflussfaktoren auf. Wenn eine blumenreiche Sprache oder eine künstlerische Verpackung zu besseren Noten führen, so ist das auch eine Art von Konfundierung. Noten sollten allein verkünden, was ein Schüler weiß, versteht oder tun kann, um im Hinblick auf festgelegte Ziele zu lernen (Tomlinson, 2005b).

Jenseits von Noten: Kommunikation mit Familien

15.6

> **Halt! Denken Sie nach! Schreiben Sie!**
> Während Ihres Vorstellungsgespräches für eine Lehrerstelle in einem sehr heterogenen Wohnbezirk fragt der Rektor Sie: „Wie werden Sie die Kommunikation mit Familien über Hausarbeiten und die Notengebung gestalten?"

Keine Note vermag alle Erfahrungen eines Schülers im Unterricht wiederzugeben. Schüler, Eltern und Lehrer konzentrieren sich manchmal zu sehr auf den Abschluss einer Leistung, die Note. Aber die Kommunikation mit der Familie sollte mehr beinhalten, als nur die Note mitzuteilen. Die Kommunikation mit der Familie kann sehr vielfältig sein: Viele Lehrer schreiben zu Be-

ginn des Jahres einen Bericht oder ein Jahrbuch über die wichtigen Ereignisse des kommenden Schuljahres, in denen für die Familie Hausaufgaben, Verhalten und Notengebung erläutert werden. Andere Optionen werden bei Guskey und Bailey (2001) genannt:

- Anmerkungen an Zeugnisse anhängen
- Telefonanrufe, besonders solche mit guten Nachrichten
- Tag der offenen Tür in der Schule
- Besprechungen, einschließlich solcher, in denen Schüler den Vorsitz führen
- Sammelmappen oder Ausstellungen von Schülerarbeiten
- Telefonbereitschaftsdienst für Hausaufgaben
- Schul- oder Klassen-Webseiten
- Besuche im Elternhaus

Die Rektorin einer Grundschule pflegte eine Art von „Gute-Nachricht-Anruf" zu starten, was den Besitz eines Handys voraussetzt (Guskey & Bailey, 2001). Während sie durch die Flure, Klassen und den Hof ging, pflegte sie auf positive Aktionen der Kinder zu achten. Wenn sie solche beobachtete, rief sie deren Eltern an und meldete: „Gerade habe ich gesehen, wie …". Wenn sich die Gelegenheit bot, konnte das Kind auch mit den Eltern sprechen. Die Situation endete mit einem herzlichen Lachen aller Beteiligten. Aber Vorsicht: Wenn die Eltern nicht antworten, sollte man keine Nachricht hinterlassen, denn die Eltern würden sich wahrscheinlich Sorgen machen, dass etwas passiert sein könnte.

Die Rektorin sagte auch: „Wenn wirklich Probleme auftreten, dann rufe ich nach der Schule an, denn ich muss darüber nachdenken, wie ich den Eltern gewisse Dinge mitteile und welche Strategie ich vorschlage. Wenn ich allerdings etwas sehr Erfreuliches beobachte, möchte ich das den Eltern sofort mitteilen. Ich muss meine Worte dann nicht auf die Goldwaage legen. Auch

RICHTLINIEN

Partnerschaft mit Familie und Gemeinde: Besprechungen

Planen Sie voraus – was sind unsere Ziele?
Beispiele
Problemlösen?
Testergebnisse mitteilen?
Stellen Sie Fragen, die Sie beantwortet haben möchten?
Stellen Sie Informationen bereit, die Sie mitteilen möchten?
Beschreiben Sie Ihren nächsten Schritt im Unterricht?
Weisen Sie darauf hin, was die Schüler zu Hause verwenden können?

Beginnen Sie und enden Sie mit einer positiven Aussage.
Beispiele
„Jakob hat einen guten Sinn für Humor."
„Gisela hat besonders gern Material mit Tieren."
„Jonas ist mitfühlend, wenn jemand ein Problem hat."
„Sascha wird bei der Aufführung in Sozialkunde in ihrer Gruppe eine wichtige Rolle spielen."

Hören Sie aufmerksam zu.
Beispiele
Denken Sie sich in die Eltern hinein, akzeptieren Sie deren Gefühle.
„Sie scheinen sich frustriert zu fühlen, wenn Louis nicht zuhört."

Machen Sie sich die Eltern zu Partnern.
Beispiele
Bitten Sie Eltern, die Lernziele auch zu Hause im Auge zu behalten: „Wenn Sie die Hausaufgaben zu Hause mit Ihrer Tochter besprechen und diese sie dann erledigt, schaue ich sie durch und verkünde ihre Lernfortschritte an unserem Anschlagbrett."

Planen Sie auch nach den Besprechungen Kontakte.
Beispiele
Schreiben Sie Notizen oder telefonieren Sie mit den Eltern, wenn Sie Erfolge des Kindes mitteilen können.
Informieren Sie die Eltern, damit erst gar keine Probleme entstehen können.

Mehr über das Thema Besprechungen unter **http://www.nysut.org/newmember/survival_conferences.html**

Quelle: Aus *The Successful Classroom: Management Strategies for regular and Special Education Teachers* (S. 181) von D. P. Fromberg & M. Driscoll. Veröffentlicht bei Teachers College, Columbia University.

weiß ich, dass es dem Kind einiges bedeutet, so herausgehoben zu werden."

Die Anrufe der Rektorin haben das Schulklima völlig verändert. Das Engagement von Eltern und deren Teilnahme an Schulereignissen ist immer hoch. Die Eltern schätzen die Rektorin und die Lehrerschaft sehr. Ihre Vorgehensweise war nicht sehr aufwendig, hat aber viel bewirkt.

Besprechungen mit Eltern werden mehr in der Primarstufe erwartet, aber in der Mittel- und Oberstufe sind sie auch wichtig. Je geschickter die Lehrer kommunizieren, desto effektiver werden die Besprechungen verlaufen. Zuhören können und Problemlösefähigkeit, ähnlich wie die in Kapitel 12 angesprochenen, kön-

nen dabei sehr wichtig sein. Wenn Lehrer mit Eltern oder Schülern umgehen, die verärgert oder aufgebracht sind, sollten sie wirklich versuchen zu verstehen, worum es geht, nicht nur die Worte hören. Die Atmosphäre sollte freundlich und nicht gehetzt sein. Jede Beobachtung über den Schüler sollte den Tatsachen entsprechen, auf den Beobachtungen oder Informationen aus den Schulaufgaben beruhen. Informationen von Schülern oder Eltern sollten vertraulich behandelt werden. Die *Richtlinien für Partnerschaft mit Familie und Gemeinde* bieten einige hilfreiche Hinweise und Ideen für die Planung und Durchführung von Besprechungen.

15.6.1 Jeden Schüler erreichen: Anpassungen in der Notengebung

Wie kann sich die Schule bei der Benotung von Schülern mit Förderbedarf an deren besondere Bedürfnisse anpassen? ▶ Tabelle 15.8 nennt einige Optionen.

Es bleibt dem Lehrer überlassen zu entscheiden, wie er die Noten von Schülern mit besonderem Förderbedarf berechnet; dasselbe gilt für Schüler mit anderen Muttersprachen, aber manche Schulbezirke haben dafür Anweisungen, die man nicht ignorieren darf. Manche Schulen bieten sogar den Eltern Zeugnisse in de-

ren Muttersprache an. Die Form des Zeugnisses ist dasselbe, es ist nur in eine andere Sprache übersetzt (Guskey & Bailey, 2001).

Verknüpfen und erweitern Sie Ihre Forschungskenntnisse

Munk, D. D. & Bursuck, W. D. (2001). Preliminary Findings on Personalized Grading Plans for Middle School Students with Learning Disabilities. *Exceptional Children*, *67*, 211–234.

Tabelle 15.8

Mögliche Anpassung der Notengebung an Schüler mit besonderem Förderbedarf

Anpassung	Beispiele
Änderung der Kriterien für die Benotung Die Gewichtung bestimmter Leistungen bei der Notengebung sollte geändert werden. Lernfortschritte sollten Extrapunkte erhalten. Erwartungen an die Erfüllung der Lernziele ändern oder an den einzelnen Schüler anpassen. Setzen Sie Verträge und veränderte Anforderungen an Qualität, Quantität und Pünktlichkeit ein.	Erhöhen Sie die Gewichtung für die Beteiligung an Gruppenaktivitäten in der Klasse und senken Sie die Gewichtung von Klassenarbeiten in Aufsatzform. Erhöhen Sie eine 3 auf eine 2, wenn die Gesamtpunktzahl eines Schülers sich gegenüber der letzten Benotung verbessert hat. Die Schüler mit Förderbedarf können einen anderen Lehrstoff durchnehmen (Subtraktion statt Division). Führen Sie im Vertrag ein, dass Schüler eine 2 erhalten, wenn sie einen Anteil von 80 % in ihren Arbeiten pünktlich und richtig erledigt, nicht geschwänzt und noch eine Extraarbeit eingereicht haben.
Stellen Sie noch zusätzlich ergänzende Informationen bereit Fügen Sie noch Einzelheiten zu den Notenkriterien hinzu, um größere Klarheit zu erreichen. Fügen Sie noch Informationen aus dem Aktivitätskalender des Schülers zu den Informationen hinzu, aus denen sich die Noten zusammensetzen. Fügen Sie noch Informationen über vermehrte Anstrengungen sowie Werke aus der Sammelmappe oder aus anderen Darbietungen hinzu.	Vermerken Sie auf dem Zeugnis, dass die Note eines Schülers an seinen individuellen Unterrichtszielen gemessen wird. Vermerken Sie, dass die Note eines Schülers in diesem Halbjahr zwar die gleiche ist wie im letzten, aber der Schüler hat sie selbstständiger erledigt. Vermerken Sie, dass die schriftliche Ausdrucksweise eines Schülers einen größeren Wortreichtum, längere Sätze und bessere Überlegungen aufweist.
Verwenden Sie noch andere Methoden der Notengebung Verwenden Sie eine Liste der Fertigkeiten und zeigen Sie die Anzahl oder die Prozentzahl der erreichten Unterrichtsziele. Verwenden Sie eine Bestanden-/Nicht bestanden-Benotung.	Fügen Sie dem Zeugnis eine Liste der Kenntnisse bei, die der Schüler im Halbjahr erwerben konnte: Addition, Subtraktion, Addition zweistelliger Zahlen und Wechselgeld ausrechnen auf einen Euro. Schüler haben bestanden, wenn sie 80 % der täglichen Arbeiten mit mindestens 70 % richtigen Antworten abliefern und 90 % aller Stunden anwesend waren.

Quelle: Aus *Developing Grading and Reporting Systems for Student Learning* (S. 118) von T. R. Guskey & J. M. Bailey. Copyright © 2001 Corwin Press, Inc.

Unterschiede und Gemeinsamkeiten in der Leistungserfassung im Unterricht

15.7

Unterricht sollte zuerst und vor allem die Schüler zu Lernfortschritten führen. Aber Stereotype und Voreingenommenheiten können das Erfassen der Lernfortschritte stark beeinträchtigen.

15.7.1 Unterschiede

Verschiedene Untersuchungen fanden, dass Lehrer geringe Erwartungen für Schüler mit Herkunft aus ethnischen Minderheiten hatten und diese Voreingenommenheit kann den Unterricht und die Leistungserfassung beeinträchtigen (Banks, 2003). Zum Beispiel ergab die Untersuchung von Lipman (1997), dass Lehrer von Klassen mit multikultureller Zusammensetzung einen eher traditionellen Unterrichtsstil hatten und weniger kreativ arbeiteten als Lehrer in Regelklassen. Die niedrigeren Erwartungen können sich so zeigen, dass die Lehrer bessere Noten für schwache Leistungen geben. Eine landesweite Untersuchung der Schüler aus der 1., 3. und 7. Klasse verglich Schülernoten mit ihren Wertpunkten aus standardisierten Tests. Die Note 1 in einer Schule aus einem Arbeiterbezirk entsprach der 3 in einem Schulbezirk mit Mittelklassefamilien (Puma et al., 1997). Die beiden Schulen unterschieden sich sowohl in Leistungsstandards als auch im Lehrplan und den Leistungserwartungen (McClure, 2005).

Voreingenommenheit kann sehr subtil sein. Zum Beispiel muss sich ein Lehrer stets fragen, ob die Tests, die er entwirft, in Sprache und gefordertem Hintergrundwissen gleichermaßen allen Schülern vertraut sind. James Popham (2005a), ein Experte in Leistungserfassung, beschrieb seine erste Lehrerstelle an einer höheren Schule auf dem Lande in einer Kleinstadt mit nur 1500 Einwohnern:

RICHTLINIEN

Standards für pädagogische und psychologische Tests

Die Leistungserfassung sollte so fair wie möglich sein für Schüler beiderlei Geschlechts, verschiedener rassischer und ethnischer Herkunft.

Beispiele

1 Benutzen Sie keine Dialektausdrücke, die andere beleidigen könnten.

2 Entfernen Sie alle Stereotype aus den Aufgabentexten, wie etwa ein Eurozentrismus in Geschichte, der besagt, dass Columbus Amerika entdeckt hat – es gab vor ihm schon viele andere Entdecker und außerdem lebten schon Menschen dort, die viel früher auch auf den amerikanischen Kontinent eingewandert waren.

Leistungserfassung sollte sich nur auf den Unterricht beziehen und nicht auf Hintergrundwissen; das könnte zum Nachteil der Schüler mit unterschiedlicher Herkunft sein.

Beispiele

1 Überprüfen Sie die standardisierten und die vom Lehrer geschriebenen Tests daraufhin, ob einige Fragen Kultur, Geschlecht oder sonst wie Gruppen zentriertes Wissen abverlangen, wie etwa Fragen über Sport (zum Nachteil von Mädchen/Frauen), Reisen (zum Nachteil von Kindern aus bedürftigen Familien) oder Ferien mit dem Auto (zum Nachteil von Kindern aus Familien ohne Auto).

2 Einzelne Aufgaben sollten nicht bestimmte politische und soziale Ideen favorisieren.

Leistungserfassung sollte so wenig wie möglich sprachabhängig sein, es sei denn, es soll sprachliche Kompetenz getestet werden.

Beispiele

1 Für Schüler mit einer anderen Muttersprache sollte mehr Testzeit eingeräumt werden, auch der Gebrauch eines Wörterbuches sollte erlaubt sein.

2 Mathematiktests sollten nicht gleichzeitig auch Lesetests sein!

Quelle: Aus *Classroom Assessment: Issues and Practice* von S. R. Banks (2005). Boston: Ally & Bacon, S. 82.

Ich war in einer ziemlich großen Stadt aufgewachsen und wusste nichts über Ackerbau und Viehzucht. ... Wenn ich jetzt zurückschaue, wird mir klar, dass viele meiner Testfragen einen großstädtischen Wissenshintergrund voraussetzten, durch den meine Schüler wohl verwirrt gewesen sein mochten. Ich möchte wetten, dass meine Fragen all jene Schüler bestraften, die noch nie vom Lande in eine Großstadt reisen konnten (S. 86).

Lehrer sollten an das Spektrum unterschiedlicher Erfahrungen ihrer Schüler denken, wenn sie aus anderen Ländern kommen oder eine andere Sprache sprechen. Die *Richtlinien* wurden von einigen Berufsorganisationen zusammengestellt und könnten ihre Überlegungen über eine angemessene Leistungsmessung anregen und ordnen (Banks, 2005, S. 82).

15.7.2 Gemeinsamkeiten

Guter Unterricht und gute Leistungserfassung haben eine gemeinsame Grundlage an Prinzipien und diese Prinzipien gelten für alle Schüler. Carol Tomlinson (2005b, S. 265–266) fasst zusammen, dass guter Unterricht und gute Noten einen Lehrer voraussetzen, der:

- Sich der Unterschiede bei seinen Schülern bewusst ist und sie berücksichtigt.
- Klare Lernergebnisse festsetzt.

- Vortests und formative Leistungserfassung einsetzt, um den Lernfortschritt der Schüler im Hinblick auf die Lernziele zu begleiten.
- Den Unterricht auf vielfältige Weise anpasst, um so weit wie möglich sicherzustellen, dass jeder Schüler weiterhin Fortschritte macht.
- Sich vergewissert, dass die Schüler die Kriterien für ein erfolgreiches Abschneiden in der summativen Leistungserfassung kennen. Diese Kriterien stimmen mit den erklärten Lernzielen überein.
- Verschiedene Formen der Leistungserfassung vorbereitet, um sicherzugehen, dass jeder Schüler eine Form des Testens angeboten erhält, die ihm liegt und die ihm erlaubt zu zeigen, was er gelernt hat.

Ein wichtiges Bundesgesetz der USA aus dem Jahre 1974 besagt, dass Bildungsinstitutionen Testergebnisse und andere in die Schülerkartei eingehende Informationen dem Schüler und dessen Eltern zugänglich machen müssen. Wenn die Eltern oder der Schüler Fehler entdecken, können sie den Antrag stellen, die Angabe zu entfernen oder zu korrigieren. Der Antrag muss aber erst geprüft werden. Alle Testergebnisse müssen also überprüfbar und vertretbar sein. Tests müssen außerdem reliabel und valide konstruiert werden. Noten sollten nur durch sorgfältige Leistungsmessung und Beobachtungen zustande kommen. Kommentare und Anekdoten über Schüler sollten fair und zutreffend sein.

ZUSAMMENFASSUNG

Formative und summative Leistungserfassung (S. 677–678)

Welche zwei Funktionen erfüllen Tests zur Leistungserfassung? Im Unterricht können Tests mit formativer Funktion eingesetzt werden (ohne Noten, diagnostisch) oder summativ (benotet). Die formative Leistungserfassung gibt den Leistungsstand eines Schülers in einem bestimmten Fach an.

Möglichkeiten traditioneller Leistungserfassung (S. 678–685)

Wie sollten Lehrer Leistungserfassung planen? Lernen wird durch häufiges Testen gefördert, wenn Fragen nach dem angesammelten Wissen gestellt werden und nach dessen Integration und Anwendung. Lehrer haben die Lernziele stets vor Augen und können deshalb besser Tests entwickeln oder die Tests aus Schul- und Lehrbüchern beurteilen.

Beschreiben Sie zwei Formen traditionellen Testens. Zwei Formen traditionellen Testens sind der objektive und der Test mit offenen Fragen. Objektive Tests haben Mehrfachwahlantworten, Richtig/Falsch-Antwortkategorien, geforderte Ergänzungen oder Zuordnungsaufgaben; die Anweisungen müssen bei objektiven Tests streng beachtet werden. Offene, aufsatzartige Antworten auf Testfragen erfordern sorgfältige Vorüberlegungen und müssen

Alternativen zu traditioneller Leistungserfassung (S. 685–697)

Was ist lebensnahes Testen? Die Kritiker fordern, dass traditionelles Testen durch lebensnahes Testen ersetzt werden sollte. Lebensnahe Leistungserfassung beinhaltet Anforderungen und Aufgaben, die dem Schüler auch ähnlich im Alltag begegnen können. In den Tests wird entsprechend geprüft, ob sie diese Anforderungen auch bewältigen können.

Beschreiben Sie die Aufgabe von Sammelmappen/ Portfolios und Ausstellungen in der Leistungserfassung? Sammelmappen oder Portfolios und Ausstellungen sind zwei Beispiele der lebensnahen Leistungserfassung. Eine Sammelmappe ist eine Sammlung von studentischen Arbeiten, die entweder den Lernfortschritt oder die beste Leistung eines Schülers beinhaltet. Ausstellungen sind öffentliche Darbietungen, die die Sichtweise des Schülers offenbaren. Durch Sammelmappen und Ausstellungen werden lebensnahe Aufgaben in sinnvollen Kontexten erfüllt.

Wie steht es um die Reliabilität, Validität und die Chancengleichheit bei Leistungserfassung durch Sammelmappen und andere Darbietungsformen? Die Lebensnähe von Tests allein garantiert noch keine Reliabilität, Validität und Chancengleichheit (Objektivität, Unvoreingenommenheit). Der Einsatz von Beurteilungsskalen ist ein Weg, die Leistungserfassung reliabler und valider zu machen. Die mit Beurteilungsskalen gewonnenen Resultate haben aber keine gute Vorhersagewahrscheinlichkeit auf die Resultate anderer Aufgaben zur Folge. Es besteht die Gefahr von Urteilsverzerrungen durch die äußere Erscheinung des Schülers, seine Sprechweise oder sein Verhalten (z. B. wenn er aus einer ethnischen Minderheit stammt). Schüler aus mittellosen Familien könnten benachteiligt sein, weil sie zur Finanzierung attraktiver Darstellungsformen wie Ausstellungen und Projekte nichts beitragen können.

gegen Voreingenommenheit bei der Auswertung geschützt sein.

Auswirkungen der Benotung auf die Schüler (S. 698–702)

Wie können Misserfolge zum Lernen beitragen? Schüler benötigen Erfahrungen, um mit Misserfolgen umgehen zu können, die Leistungsstandards müssen so hoch sein, dass die Schüler motiviert werden, sich anzustrengen. Gelegentliche Misserfolge können eine positive Wirkung haben, wenn eine entsprechende Rückmeldung gegeben wird. Schüler, die nicht gelernt haben, Misserfolge zu verkraften, geben bei Misserfolgen schnell auf.

Was ist besser – „soziale Förderung" oder „soziale Zurückhaltung"? Einen Schüler mit Lernschwierigkeiten sozial zu fördern, bedeutet nicht, dass er dann besser lernt. Sehr junge und unreife Schüler in einer Klasse profitieren von sozialer Förderung, aber eine kognitive Förderung muss unbedingt parallel laufen (Förderstunden, Nachhilfe in den Ferien). Differenzierender Unterricht ist für diese Schüler ein hilfreicher didaktischer Ansatz.

Können Rückmeldungen, Noten eingeschlossen, Lernfortschritte erzielen und die Motivation erhöhen? Schriftliche oder mündliche Rückmeldung mit detaillierten Kommentaren zu Fehlern oder falschen Strategien, mit gleichzeitigen Vorschlägen zur Verbesserung und der Hervorhebung der positiven Aspekte, führt zu deutlichen Lernfortschritten. Noten können die Lernmotivation eines Schülers anheben, wenn er überzeugt ist, dass er Sinnvolles lernt.

Noten und Zeugnisse (S. 702–707)

Beschreiben Sie zwei Arten der Benotung. Noten können kriteriums- oder normorientiert vergeben werden. Kriteriumsorientierte Noten geben an, inwieweit ein Schüler die Lernziele erreicht. Ein weitverbreitetes Verfahren der Notengebung ist die „Benotung nach dem vorkommenden Leistungsspektrum" (grading on the curve), in dem jeder Schüler an der durchschnittlichen Leistung in seiner Klasse oder einer anderen Norm gebenden Gruppe gemessen wird. Dies wird von Pädagogischen Psychologen und Pädagogen nicht empfohlen.

Was ist ein Punktesystem? Tests und Aufsätze werden meist nach einem Punktsystem bewertet. Viele Schulen benutzen Perzentilränge, aber die Schwierigkeiten der Punktevergabe und der Bewertungskriterien wirken sich auf die Ergebnisse aus. Der Unterschied zwischen einer 2 und einer 3 beträgt unter Umständen nur einen oder zwei Punkte, aber er kann dem Schüler sehr groß vorkommen.

Beschreiben Sie einige Alternativen zum traditionellen Benotungsverfahren. Alternativen zur herkömmlichen Benotung sind der Vertrag und die individuelle Lernerwartung (ILE). Unabhängig vom Benotungssystem müssen Lehrer entscheiden, ob sie Anstrengungen, Fortschritte oder beides zusammen benoten und ob sie die Anzahl der guten Noten in einer Klassenarbeit klein halten wollen.

Welche Faktoren beeinträchtigen die Objektivität einer Note? Außer der Qualität der Arbeit wirken sich noch auf die Notengebung aus: Erwartungen des Lehrers von den Fähigkeiten, der Anstrengungsbereitschaft oder allgemein dem Verhalten des Schülers in der Klasse. Der Lehrer verfügt über einen Maßnahmenkatalog, der dafür sorgt, dass Leistungserfassung fair ist.

Jenseits von Noten: Kommunikation mit Familien (S. 707–709)

Wie kann die Kommunikation mit Familien das Lernen fördern? Nicht jede Kommunikation des Lehrers muss irgendwie mit der Notengebung zu tun haben. Die Kommunikation mit Schülern und deren Eltern kann allgemein hilfreich sein, wenn der Lehrer seine Schüler besser verstehen und auch seinen Unterricht durch Einrichtung einer wirksamen Lernumgebung noch effektiver gestalten möchte. Die Schüler selbst und ihre Eltern haben ein gesetzlich verankertes Anrecht, alle Informationen über den betreffenden Schüler einzusehen, deshalb muss die Schülerkartei deutliche, genaue und gut begründete Informationen enthalten.

SCHLÜSSELBEGRIFFE

Aufgaben-/Fragenstamm (S. 680)

Ausstellung (S. 690)

Benoten mit Prozentangaben (S. 703)

Benotung nach dem vorkommenden Leistungsspektrum (S. 702)

Diagnostischer Leistungstest (S. 677)

Distraktoren (S. 681)

Formative Leistungserfassung (S. 677)

Halo-Effekt (S. 705)

Individuelle Lernerwartungen (ILE) (S. 705)

Informelle Leistungserfassung (S. 695)

Kriteriumsorientiertes Notensystem (S. 702)

Leistungserfassung durch Aufführungen oder Erstellen (S. 687)

Leistungserfassung mit alltagsnahen Aufgaben (S. 686)

Normorientiertes Notensystem (S. 702)

Objektives Testen (S. 679)

Sammelmappe/Portfolio (S. 689)

Summative Leistungserfassung (S. 677)

Überarbeitungschance (S. 705)

Vertragssystem (S. 704)

Vortest (S. 677)

Wertpunkte bei Beurteilungsskalen (S. 692)

ZUSAMMENFASSUNG

Aus dem Lehrernotizbuch

Die Kapitel dieses Lehrbuches zeigen deutlich, dass es zahlreiche Forschungsarbeiten über den richtigen Unterricht und Neuerungen zur Leistungserfassung gibt. Diese neuen Ansätze geben neue Einblicke, was und wie Schüler lernen.

Was würden Lehrer tun?

Praktizierende Lehrer äußern sich zu der eingangs in diesem Kapitel geschilderten Situation, in der Zahlen als Endnoten für Leistungsbeurteilungen gewünscht werden.

■ K. C., Lehrerin einer 3. Klasse

Ich würde eine Kombination von Instrumenten zur Leistungserfassung einsetzen, um meine Schüler zu bewerten. Eine Beurteilungsskala zu verwenden, die klar definiert und allen vertraut ist, ist am leichtesten nachzuvollziehen. Die Beurteilungsskala sollte in der Klasse an deutlich sichtbarer Stelle angeschlagen werden, damit alle sehen können, was erwartet wird.

Der Unterricht sollte differenziert erfolgen, damit auf alle Lernstile und -modalitäten eingegangen werden kann. So kann man hoffen, dass sich Schüler mehr engagieren und sich verstärkt beim Lernen anstrengen, dies kann zu qualitativ besseren Leistungen führen und vielleicht können die Schüler ja die bestehenden Erwartungen schließlich übertreffen.

Verschiedene Faktoren würden dann eine Rolle bei der Benotung mit Ziffern spielen: (Gruppen-)Arbeit, Erfüllen der gesteckten Ziele und die Art der Beurteilungsskalen.

■ M. A., Lehrerin an einer höheren Schule

Man muss schon einen Querschnitt durch die Leistungen der Schüler erfassen. Eine Sammelmappe kann verschiedene Arbeitsproben vom ganzen Schuljahr beinhalten. Aufgrund dieses Portfolios kann der Lehrer sich ein Bild über die Leistungen und die Lernfortschritte des Schülers verschaffen und entsprechend eine einzige Notenzahl geben. Aber es sollte nicht nur der Lernfortschritt, sondern auch das Verständnis des Materials bewertet werden.

Zur Überprüfung der Behaltensleistung und des Verständnisses des vermittelten Wissens würde ich schriftliche Tests ausarbeiten. Ich würde auch verschiedene Projekte und Experimente in die Bewertung einbeziehen, um auch den Schülern gerecht zu werden, die so etwas besser können. Mir gefällt auch die Methode der Beurteilungsskalen, mit deren Hilfe ich die schriftlichen Ausarbeitungen oder die Projekte der Schüler bewerten kann. Bei der Benutzung einer Beurteilungsskala werden Punktwerte einem bestimmten Inhaltsbereich zugeordnet. Es ist dann relativ leicht, einem bestimmten Bereich von Punktwerten eine Note in Zahlen zuzuordnen.

■ K. P., Lehrer, Vorschule bis 6. Klasse

Schüler sollten diverse Möglichkeiten erhalten, ihre Leistungen zu zeigen: in Gruppenprojekten, tägliche Arbeiten im Unterricht, Tests und individuelle Projekte. Alle Schüler müssen selbst darauf achten, wie sie ihre Lernfortschritte zeigen. Da jeder Lehrer einen unterschiedlichen Benotungsstandard benutzt, müssen Lehrer auch mit ihren Kollegen zusammenarbeiten. Lehrer können sich untereinander über einen Schüler austauschen, welche Stärken und Schwächen ein Schüler hat und was von ihm erwartet werden kann.

■ A. F., Lehrer einer 2. Klasse

Meines Erachtens sind nicht alle Schüler gleichermaßen intelligent. Deshalb gebe ich ganz unterschiedliche Aufgaben, damit sie – jeder auf seine Art – zeigen können, was sie gelernt haben. Ich lege auch großen Wert darauf, dass die Schüler ihr Wissen in anderen Fächern anwenden und integrieren.

Ich habe Sammelmappen für jedes Kind eingeführt, Arbeiten aus dem ganzen Schuljahr sind darin enthalten; sie sollen die Fortschritte und die Entwicklung des Kindes zeigen. Jedes Mal, wenn ich Klassenarbeiten korrigiere, suche ich einige der Arbeiten aus und stecke sie in die Sammelmappen. Ich versuche, verschiedenartige Arbeiten auszusuchen, nicht notwendigerweise die Bestleistungen. Am Ende des Schuljahres erhält das Kind die Sammelmappe zum Aufheben mit nach Hause.

■ A. O., stellvertretender Direktor, Gesamtschule

Jedes Benotungssystem sollte die Lernfortschritte von Schülern und seine Bemühungen einbeziehen. Notensysteme sollten auch individuelle Maßstäbe enthalten, die Stärken und Schwächen des Schülers berücksichtigen können. Ein Sonderschüler in einer integrierten Klasse sollte sich nicht mit den gleichen hohen Erwartungen auseinandersetzen müssen wie ein hochbegabter Schüler.

Der wichtigste Aspekt bei jedem erfolgreichen Benotungssystem ist, dass es Chancengleichheit garantiert. Die Fairness erfordert, dass Eltern und Schüler im Voraus über Klassenarbeiten und Leistungserwartungen informiert werden, ebenso wie über Beschreibungen der Notenkriterien. Ein faires System lässt sich immer rechtfertigen. Die Lernfortschritte der Schüler müssen sorgfältig dokumentiert sein. Es müssen Noten, Test-, Quiz- und Projektergebnisse festgehalten werden, aber auch einige Anmerkungen über Verhaltensweisen des Schülers. Diese Informationen können wichtig sein, wenn einmal ein Zeugnis durch Eltern infrage gestellt wird.

Gruppenprojekte können zum Lernen beitragen, aber ich würde nicht so großen Wert darauf legen, danach Noten zu vergeben. Wie wir alle wissen, beteiligt sich nicht jedes Mitglied gleichermaßen an der Gruppenarbeit, und deshalb kann eine Gruppennote nicht über alle Mitglieder Aussagen machen.

Lernen mit Medien und lebenslanges Lernen

16

ÜBERBLICK

Was würden Sie tun?

In Ihrem Gymnasium wird ein neues Lernprogramm zur Verbesserung der Zusammenfassung von Sachtexten eingeführt. Es wird über das Internet von einer Universität bereitgestellt. Die Benutzer rufen einen Sachtext auf, lesen ihn aufmerksam durch und geben ihn anschließend schriftlich in einem dafür vorgesehenen Menü wieder. Wenn er dann abgeschickt wird, erfolgt automatisch eine Auswertung nach Vollständigkeit der wichtigen Inhaltspunkte. Sind alle Kerninhalte wiedergegeben, erhält der Benutzer einen hohen Punktwert, fehlen einzelne wichtige Inhalte, erhält der Nutzer eine Rückmeldung und wird aufgefordert, den Text noch einmal durchzulesen, um eine verbesserte Zusammenfassung zu schreiben. Die Schüler werden durch den Fachlehrer, aus dessen Gebiet der Text stammt, in das Programm eingeführt, und sollen dann selbstständig daran arbeiten. Sie reagieren sehr unterschiedlich auf diese Anforderung. Einige Schüler führen das Programm ordnungsgemäß durch, andere zeigen Fehlreaktionen beim Anklicken der Optionen und bringen den Ablauf des Programms durcheinander, sodass es sich schließlich „aufhängt". Wiederum andere, computergewohnte Schüler versuchen nach zwei Durchgängen das Programm „auszutricksen", um gute Punktwerte zu erzielen. Einige Schüler meutern sogar, sie wollen nicht am Computer lernen. Sie sind so ungeübt, dass sie noch mühsam die Buchstaben auf der Tastatur suchen müssen. Das Lernprogramm scheint nur für wenige Schüler ein Erfolg zu sein.

Kritisch denken

- Was ist Ihre unmittelbare Reaktion auf die unterschiedlichen Fertigkeiten im Umgang mit Computern?
- Wie würden Sie mit einem Schüler umgehen, der versucht, das Programm „auszutricksen"?
- Wie würden Sie mit einem Schüler umgehen, der sich weigert, mit einem Lernprogramm zu lernen?
- Was werden Sie in den nachfolgenden Wochen und Monaten unternehmen, um die Schüler an einen sachlich angemessenen Umgang mit Computern zu gewöhnen, damit sie von dem Lernprogramm profitieren?

Zusammenarbeit

Suchen Sie sich aus jeder Gruppe von geübten und ungeübten Schülern einen Nutzer aus und entwerfen Sie einen Nachholplan für diejenigen Schüler, die Schwierigkeiten im Umgang mit Computern haben.

Lernen mit Computern oder rechnerunterstützter Unterricht – sollen im ersten Abschnitt dieses Kapitels ausführlicher behandelt werden. Die Vor- und Nachteile des Einsatzes von Computern im Unterricht oder anstelle des Unterrichts werden zusammengestellt und diskutiert. Es wird auf die besonderen Fertigkeiten eingegangen, die bei dieser Form der Unterweisung vorausgesetzt werden müssen, aber auch auf die Optimierung des rechnergestützten Unterrichtsablaufes.

In diesem ersten Teil des Kapitels werden verschiedene Aspekte des Lernens durch unterschiedliche Medien vorgestellt. Die geschriebenen Texte als traditionelles Medium werden analysiert und neue Forschungsbefunde werden beschrieben. Weiterhin geht dieses Kapitel auf Informations-, Lehr-/Lernsysteme (Tutorensysteme) und Simulationsprogramme sowie auf Lernen mit dem Internet ein.

Wenn Sie dieses Kapitel durchgearbeitet haben, werden Sie die folgenden Fragen beantworten können:

- Ist es noch zeitgemäß, Lernen weitgehend über Schulbücher und andere Textsorten zu gestalten?
- Wie wirkt sich der Einsatz von Computerprogrammen auf das Lernen in der Schule aus?
- Müssen für rechnerunterstütztes Lernen neue Lern- und Lehrstrategien erworben werden?
- Welche Probleme ergeben sich aus dem rechnerunterstützten Lernen und wie kann man sie vermeiden?

- *Können Lehrprogramme den üblichen Unterricht mit Anwesenheit eines oder mehrerer Lehrer ersetzen?*
- *Ist multimediales Lernen effektiv?*
- *Welche Chancen und möglichen Probleme ergeben sich aus dem Konzept des lebenslangen Lernens?*
- *Wer lernt ein Leben lang?*

Im Mittelpunkt des Kapitels steht das Lernen durch und mit Medien. Das Medium Buch ist auch in modern ausgestatteten Schulen immer noch das am häufigsten eingesetzte Medium. Dieses traditionelle Medium stellt viele verschiedene Textsorten bereit, über die gelernt wird. Im Folgenden sollen nur solche neuen Medien besprochen werden, die derzeit in der Schule eingesetzt werden: Computer mit Lernprogrammen, die Schülern als Informationsquelle dienen, oder als „Projektoren" zur Veranschaulichung von Lern- und Lehrmaterial, mit Lehrern als Nutzern. Multimediales Lernen erscheint vielen als Möglichkeit, die Lernvorteile verschiedener Medien zu nutzen und deren Nachteile auszugleichen. Es werden multimediale Lehrprogramme vorgestellt, die spezielle Lernvorteile durch ihre multimediale Konzeption bieten. Anschließend wird Internetlernen analysiert.

Im zweiten Teil dieses Kapitels wird auf lebenslanges Lernen eingegangen. Es soll die Frage geklärt werden, ob lebenslange Lerner besonders veranlagte Menschen sind, oder ob nur bestimmte Sozialisationseinflüsse dazu führen, dass sich ein Mensch zum lebenslangen Lerner entwickelt. Weiterhin wird der Frage nachgegangen, ob lebenslange Lerner von verschiedenen Medien profitieren.

Lernen mit Texten oder Lernen von Texten?

16.1

Seit Einführung der formellen Beschulung durch Kinder werden im Unterricht auch Texte zur Unterstützung der Vermittlung von Lehr- bzw. Lerninhalten ein-

gesetzt. Der Unterricht in der Primarstufe konzentriert sich sehr stark darauf, die Kulturtechnik des Lesens zu vermitteln, damit Lernen durch Texte stattfinden kann. Durch Texte werden alle Sachgebiete in den einzelnen Fächern vermittelt. Es kann aber auch der Text selbst das Lernziel sein, wie etwa bei einem Gedicht, dessen Form und Sprache erarbeitet wird.

16.1.1 Lernen durch Texte

Halt! Denken Sie nach! Schreiben Sie!
Denken Sie einmal an Ihre höhere Schule zurück: Welcher Lehrstoff blieb Ihnen bis heute am stärksten im Gedächtnis? Diejenigen Inhalte, die ein Lehrer mündlich vorgetragen hat, oder diejenigen, die Sie über schriftliche Sachtexte kennengelernt haben?

Was ist ein Text?

Die in der Schule verwendeten **Texte** sind (schriftliche) sprachliche Darstellungen eines (Lern- oder Lehr-)Sachverhaltes. Der Text ist nach Schnotz (2006) „ein Kommunikationsinstrument, mit dem ein Autor einem Leser eine Mitteilung über einen Sachverhalt macht" (S. 769). Der Autor versucht dabei, beim Leser die Konstruktion einer mentalen Repräsentation so zu steuern, dass der Leser versteht, was der Autor meint, indem der Leser eine mentale Repräsentation konstruiert, die der des Autors entspricht (Groeben & Hurrelmann, 2004). Dies ist neben der mündlichen Unterweisung durch den Lehrer oder einen anderen Experten eine traditionelle Form des Wissenserwerbs.

Der Leser eines Textes konstruiert demnach eine mentale Repräsentation der **Textbasis** bestehend aus der *sprachlichen Oberflächenstruktur* eines Textes; er bildet daraus eine *propositionale deskriptionale Repräsentation*, und auf der Basis dieser Repräsentation schemageleitet ein **mentales Modell** oder **Situationsmodell** (Kintsch, 1998). Für bestimmte Textsor-

---

Text Mehrere Sätze, die im Ganzen oder abschnittweise einen zusammenhängenden Sinn ergeben, kohärent sind, eine zugrunde liegende Kommunikationsabsicht verwirklichen und eine bestimmte Kategorie von Texten (Textsorte) repräsentieren.

Textbasis Die sprachliche Oberflächenstruktur (Lexikon und Syntax) und die Inhaltselemente (Propositionen) bilden die Grundlage eines Textes.

Mentales Modell Aus der propositionalen Textbasis wird eine Repräsentation gebildet. Sie ist oft räumlich-topographisch, kann aber auch eine zeitliche Anordnung enthalten.

Situationsmodell Aus der propositionalen Textbasis werden eine oder mehrere mögliche mentale Repräsentationen der Hauptidee eines Textes gebildet.

Verknüpfen und erweitern Sie mit anderen Kapiteln

In Kapitel 7 wurde bereits die Geschichtengrammatik vorgestellt.

ten haben sich konventionalisierte, für die Umsetzung bestimmter Mitteilungsabsichten besonders effektive Darstellungsformen herausgebildet. Dies lässt sich z. B. bei Märchen und Forschungsberichten sehr gut erkennen, denn deren formaler Aufbau ist stark konventionalisiert. Der formale Textaufbau besteht noch aus zwei weiteren Textebenen, deren Verständnis ebenso notwendig ist wie das Verständnis der bereits genannten drei Ebenen. Es handelt sich um die *Kommunikationsebene* und die Ebene der **Textsorte** (*Genreebene*).

Ein Text zeigt gegenüber einer beliebigen Ansammlung von Sätzen einen inneren Zusammenhang. Dieser Zusammenhang oder die **Textkohärenz** muss durch den Leser konstruiert werden. Unter bestimmten Bedingungen gelingt es dem Leser nur unter Schwierigkeiten, den ganzen Text in einen umfassenden Zusammenhang zu bringen und so *globale Kohärenz* zu erzeugen. Oft erreicht er nur eine *lokale Kohärenz*, in der wenige benachbarte Sätze in einen Zusammenhang gebracht werden. Die Kohärenzbildung ist aber nicht alleine eine Leistung des Lesers, sondern der Verfasser eines Textes sollte Regeln beim Schreiben beachten, die eine Konstruktion der globalen Kohärenz ermöglichen. Wie Albrecht und O'Brien (1993) erkennen konnten, neigen unmotivierte Leser zur lokalen Kohärenzkonstruktion.

Alle Textebenen spielen beim **Textverstehen** eine eigenständige Rolle. Wer nur die Textoberfläche verarbeitet, kann einen Text auswendig lernen, ohne einen zusammenhängenden Sinn auszumachen. Kleinere Kinder im Kindergartenalter vollbringen oftmals eine solche Leistung. Bei älteren Kindern und Erwachsenen erscheint die Bildung von Situationsmodellen oder mentalen Modellen anscheinend automatisch (Schönpflug, 2008c). Wer darüber hinaus auch die propositionale Textbasis versteht, aber noch nicht das Situationsmodell gebildet hat, neigt zu lokaler Kohärenz und partiellen Sinneinheiten. Erst die Verarbei-

tung der Textbasis zu einem ganzheitlichen Situations- oder mentalen Modell erschließt den Sinn des ganzen Textes. Dies erfordert die Konstruktion globaler Kohärenz. Dazu wird das vorhandene Weltwissen aktiviert und einbezogen (Rawson & Kintsch, 2004). Damit erfolgt zugleich eine Einbettung des Sinngehaltes des Textes in die Wissensbasis des Textverarbeiters. Die vierte Textebene ist eine pragmatische; sie gibt die *Kommunikationsabsicht* des Verfassers zu erkennen; dazu gehört dessen Identifikation aus den Textinformationen. Oft wird auch ein „Ich-Erzähler" explizit eingeführt. Die *Textsortenebene* gibt Auskunft über die Textkategorie: Märchen, Sachtext, Bericht, Gedicht, Todesanzeige usw.

Grundsätzlich ermöglicht ein Text die Konstruktion einer Vielzahl von mentalen Modellen, die dem Sinngehalt eines Textes gleichermaßen Rechnung tragen. Der Leser konstruiert im Regelfall nur ein Modell, ein *typisches* mentales Modell, das seinen Schemata oder Skripten entspricht. Der Literaturexperte vermag oft mehrere Situationsmodelle aus literarischen Texten zu erschließen (*Texte mit diskontinuierlichem Inhalt*). Gute Sachtexte (expositorische Texte) hingegen erlauben oft nur ein Situationsmodell (*Texte mit kontinuierlichem Inhalt*), das dem wissenschaftlichen Kenntnisstand entspricht. Dem Schüler wird hier keine Deutungsfreiheit eingeräumt.

Förderung des Verstehensprozesses

Textverstehen zu schulen, gehört nicht nur zu den Aufgaben des Deutschlehrers. Der Deutschunterricht leistet dies aber mit den derzeitigen Rahmenlehrplänen vornehmlich. Einen Text gründlich zu verarbeiten, erfordert eine Reihe von unterschiedlichen Verarbeitungsstrategien, die den Schülern vermittelt werden müssen. Sie zielen auf die Verbesserung der einzelnen Verarbeitungsstrategien ab. *Mikrostrategien* richten sich auf das Verstehen der einzelnen Textaussagen und deren Integration zu lokalen Sinneinheiten (z. B. wenn der Streit der Protagonisten in einer Geschichte schon lange zurückliegt). *Makrostrategien* richten sich dagegen auf die Herausarbeitung der Hauptideen eines Textes (z. B. das Aufsuchen und Erkennen der Hauptfigur, des Haupthandlungsstranges und der Pointe oder

---

Textsorte Unterschiedliche Arten von Texten wie z. B. Märchen oder Gedicht.

Textkohärenz Sinnvoller Teil- oder globaler Zusammenhang zwischen Sätzen eines Textes, auch mit lokaler oder globaler Kohärenz bezeichnet.

Textverstehen Erfassen des Sinngehaltes eines Textes durch Bilden von mentalen Modellen oder Situationsmodellen.

Moral einer Geschichte). Sie werden gründlich erst in der Sekundarstufe vermittelt. Schlussfolgerungen (Inferenzen) führen zur Erschließung des Situationsmodells.

In Kapitel 8 wurde bereits in einer Randbemerkung die PQ4R-Methode von Thomas und Robinson (1972) vorgestellt. Sie hält den Textleser zu einer Sequenz von Verarbeitungsschritten an. Zunächst sollte sich der Leser einen Überblick über die Themen oder das Thema des Textes verschaffen (PREVIEW) und Fragen (QUESTIONS) zum Inhalt stellen, noch bevor der Text abschnittweise gelesen und die Fragen beantwortet werden (READ). Noch während des Lesens sollen Beispiele für die Aussagen des Textes gesucht werden und die jeweils neuen Inhaltselemente auf das bereits vorhandene Wissen bezogen werden (REFLECT). Nach Beendigung des Lesens sollte die angegebene Information wiedergegeben werden (RECITE) und schließlich sollten die zuvor gestellten Fragen vollständig beantwortet werden (REVIEW). So kann der Leser von den lokalen zu den globalen Sinnzusammenhängen vordringen. Im deutschen Sprachraum haben Friedrich, Fischer, Mandl und Weis (1987) ein ähnliches Leseprogramm entwickelt, das darauf abzielt, den formalen Textaufbau, die Verknüpfungen von Textinhalten untereinander und mit dem Vorwissen durch das Erstellen von Zusammenfassungen zu erreichen. Das Programm arbeitet auch mit visuellen Hilfen zur Darstellung des Kerninhaltes eines Textes. Ein neuer Ansatz stammt aus der Arbeitsgruppe um Walter Kintsch und Thomas Landauer (Latent Semantic Analysis) am Institute of Cognitive Science an der Universität von Colorado in den USA, auf das oben im Problemfall und später bei den programmierten Lernprogrammen noch eingegangen wird (siehe Abschnitt 16.2.1 und die Bilder auf S. 725ff. sowie Abbildung 16.2)

Weitere Förderung des Textverstehens wird durch die Gestaltung von Texten erreicht. Gute *Verständlichkeit* von Texten entsteht durch eine globale Kohärenz und durch Satzformulierungen, die von der Wortwahl und der Syntax her dem konventionellen Sprachgebrauch nahe kommt. Genau so wie der Leser oder Hörer eines Textes dazu neigt, ein typisches mentales Modell zu bilden, ist er auch mit typischen Formulierungen am vertrautesten und kann sie am schnellsten und fehlerlosesten verarbeiten (Keysar, Shen, Gluckberg & Horton, 2000).

Multimediale Textgestaltung fördert die Verständlichkeit sehr. Darauf wird weiter unten in Abschnitt 16.3.1 noch näher eingegangen werden.

> ### Verknüpfen und erweitern Sie mit anderen Kapiteln
>
> In Kapitel 8 wurde bereits auf verschiedene Lesestrategien eingegangen, die zugleich auch Verstehensstrategien sind.

Textinhalte behalten

Nicht nur im schulischen Kontext kommt es auf das Verstehen und das Behalten von Textinhalten an. Die allgemeine Auffassung, dass man das, was man gut verstanden hat, auch gut behalten kann, gilt nicht uneingeschränkt. Schnotz (1994, 2006) konnte im Rahmen einer Untersuchung zur Kohärenzbildung in thematisch kontinuierlichen und diskontinuierlichen Texten zeigen, dass ein kontinuierlicher Textaufbau besser verstanden wird als ein diskontinuierlicher. Betrachtet man jedoch die Behaltensleistung, so fällt das Ergebnis genau umgekehrt aus. Diskontinuierliche Texte werden besser behalten als kontinuierliche und zwar vor allem Einzelheiten. Der Versuch wurde mit Studierenden durchgeführt. Eine Gruppe erhielt einen kontinuierlich aufgebauten, die andere einen diskontinuierlich aufgebauten Text. Beide Texte bestanden aus den gleichen Sätzen. Im diskontinuierlichen Text wurde jeweils ein Schlüsselbegriff aus dem vorherigen Satz verwendet, aber es gab im ganzen Text nur lokale Kohärenz. Die einzelnen Unterthemen zum Hauptthema „Ökologie" wechselten, z. B. von Energieaustausch über Nahrungsketten zur Zerstörung des ökologischen Gleichgewichts. Im kontinuierlichen Text wurde das Hauptthema lange durchgehalten. Da in diskontinuierlichen Texten die Bildung eines einheitlichen mentalen Modells erschwert ist, bleibt die propositionale Textbasis besser präsent, und es werden mehr Einzelheiten behalten als beim kontinuierlichen Text.

Wie Schönpflug (2005b) in einem Experiment feststellte, behalten Kinder im Grundschulalter weniger als die Hälfte der Propositionen in einer freien Wiedergabe in Form einer Nacherzählung direkt nach Anhören der Geschichte: Achtjährige behalten etwa 30 % einer 120 Wörter langen Geschichte, die 39 Propositionen enthält. Zehnjährige behalten etwa 35 Prozent. Die wörtliche Behaltensleistung liegt wesentlich niedriger: 15 % bei den Achtjährigen und 21 % bei den Zehnjährigen. Nach einer Woche hatten die jüngeren und die älteren Schüler 5–10 % der sprachlichen Oberflächenstruktur und der Propositionen vergessen. Es gab

Verknüpfen und erweitern Sie Ihre Forschungskenntnisse

Lesen Sie die Fachzeitschrift Discourse Processes, um mehr über die zurzeit vorherrschenden Forschungsrichtungen im Bereich Textverarbeitung kennenzulernen.

hier keinen Altersunterschied. Wiedererkennen von Informationen führte zu besseren Behaltensleistungen als freie Wiedergabe. Hier erkannten die Achtjährigen 65 % der Wörter richtig wieder, während die Zehnjährigen fast 70 % wiedererkannten. Weiterhin zogen die Zehnjährigen auch mehr Schlussfolgerungen (Inferenzen) aus den Texten als die jüngeren Schüler.

Die Behaltensleistungen von Texten lassen sich durch geschickte Aufbereitung des Textes verstärken. Knüpft der Text an bestehendes Wissen an, vernetzen sich neue und alte Wissenselemente. Jede Vernetzung ist eine Stütze für das Gedächtnis (vgl. Muir Broaddus, 2002).

16.1.2 Besseres und schnelleres Verstehen durch Textergänzungen

Die Verständlichkeit von Texten lässt sich durch Einfügen von Bildrepräsentationen deutlich verbessern. Die Informationen aus beiden Quellen sollen sich ergänzen und gegenseitig stützen. Sowohl der Textaufbau als auch der Aufbau von bildlichen Informationen gliedert sich in mehrere Ebenen. Schnotz und Dutke (2004) weisen darauf hin, dass die Ebenenhierarchie beider Repräsentationsformen parallel gegliedert ist, wie ▶ Abbildung 16.1 zeigt.

Das Modell zeigt den parallelen Aufbau der Ebenen im Text- und Bildverstehen. Die Textbasis mit Textoberfläche und propositionaler Repräsentation findet beim Bilddiagramm ihr Äquivalent in der Repräsentation des Wahrnehmungsbildes und des mentalen Modells mit räumlich/zeitlichen Anordnungen. Auch für die Textkommunikation und die Textsorte gibt es die parallele Bild-/Diagrammkommunikation und Bild-/Diagrammsorte. Damit wird deutlich, dass eine Bilddiagrammausgestaltung alle fünf Ebenen des Textverstehens nach Schnotz und Dutke unterstützt und somit für das Lernen durch Texte vorteilhaft ist.

Verknüpfen und erweitern Sie Ihre Forschungskenntnisse

Lesen Sie in der Fachzeitschrift *Psychologische Rundschau* das Themenheft „Textverstehen: Neue Beiträge zur Theorie mentaler Modelle" (1999, *46*), um mehr über die verständnisfördernde Wirkung von Bildeinlagen in Texten zu erfahren.

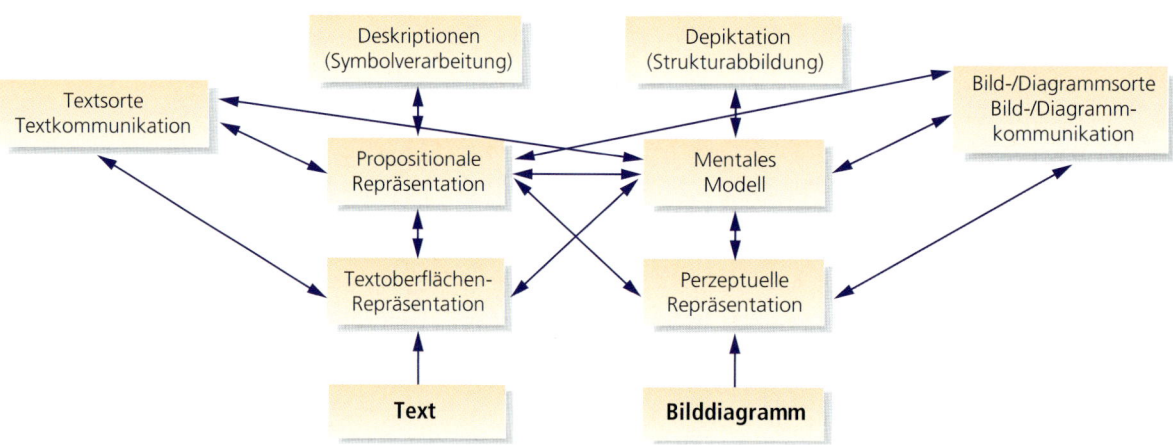

Abbildung 16.1: Modell des Text- und Bildverstehens nach Schnotz und Dutke
Quelle: Aus Schnotz, W. & Dutke, S. (2004). Kognitionspsychologische Grundlagen der Lesekompetenz. Mehrebenverarbeitung anhand multipler Informationsquellen. In U. Schiefele, C. Artelt, W. Schneider & P. Stanat (Hrsg.), *Struktur, Entwicklung und Förderung von Lesekompetenz* (S. 61–99). Wiesbaden: VS Verlag für Sozialwissenschaften.

Rechner-unterstütztes Lernen 16.2

16.2.1 Verschiedene Programmsorten

Etwa seit 1970 werden Computer zunehmend im Unterricht zur Unterstützung oder als Ersatz für den Lehrer verwendet. Dafür hat sich die Bezeichnung **rechner-(computer-)unterstützter Unterricht** eingebürgert. Zuweilen spricht man auch von **Lernen mit neuen Medien** oder **Lernen mit Multi-Media** (Leutner, 2006). Rechnerunterstützter Unterricht soll den Lernenden beim Lernen in einer Weise unterstützen, die bei traditionellem Frontalunterricht nicht möglich ist. Jeder Lernende kann mit dem „Lehrerersatz" in Form eines Lernprogramms direkt interagieren, wobei das Lerngeschehen möglichst gut an den Unterstützungsbedarf des Lernenden angepasst wird. Hat nun jeder Nutzer eines Lernprogramms einen „Privatlehrer"? Die Austauschmöglichkeiten mit einem Lernprogramm sind rigide kanalisiert, damit kann das Lernprogramm einen Lehrer nicht ersetzen. Das nützliche Hilfsmittel Computer kann jedoch bestimmte Aufgaben übernehmen und somit den Lehrer entlasten.

Einsatzmöglichkeiten des Computers für Unterrichts-, Ausbildungs- und Trainingszwecke können unter anderem sein:

1. als *Lehrinhalt* im Unterricht. Ein Informatikexperte vermittelt Kenntnisse der Computernutzung.
2. als *technisches Hilfsmittel* für den Unterricht (z. B. als Datenbanksystem mit einer Landkartensammlung für den Erdkundeunterricht, für Simulationen bei der Ausbreitung von Epidemien).
3. als *Medium* des Unterrichts für Trainingsprogramme, z. B. für Rechtschreibung.

Rechnerunterstützter Unterricht dient allgemein dem *effizienten Erwerb von Wissen*. Die Effizienz hängt weitgehend davon ab, inwieweit günstige Lehr- und Lernbedingungen gegeben sind.

Der Lernende muss motiviert sein, was bei abwesendem Lehrer, also ohne menschlichen Interaktionspartner, bei jüngeren Kindern ein Problem sein kann.

Darüber hinaus muss er das mit Hilfe eines Computerprogramms Gelernte auf andere Situationen anwenden können.

Dies kann in verschiedener Weise geschehen durch:

- Informationssysteme
- Lehrsysteme
- Simulationssysteme

Informationssysteme

Reine **Informationssysteme** stellen die für den Wissenserwerb erforderliche Wissensbasis bereit, sie enthalten aber keine Lehrsystemanteile. Im Unterricht bieten diese Informationssysteme in Form von Datenbanken dem Lehrer eine Datenquelle an, auf die er schnell zurückgreifen kann. Diese Hilfestellung reicht von alphabetischen und zeitlich geordneten Anwesenheitslisten über Schülerkarteien, Notenlisten und Lexika bis hin zu Graphik- und Simulationsprogrammen zur Veranschaulichung mathematischer, natur- und sozialwissenschaftlicher Fakten. Computerbasierte Informationssysteme können Buch, Film und andere Informationsträger ergänzen und in manchen Bereichen auch ersetzen. Es können auch Experimente und ihre Ergebnisse simuliert werden. Die Informationen werden lediglich zur Verfügung gestellt. Die Lehrfunktion muss durch einen Lehrer, Trainer oder Ausbilder noch zusätzlich erfüllt werden. Vollständigkeit und – soweit möglich – wissenschaftliche Grundlage der Informationen sind Voraussetzung für alle Informationssysteme. Deren Effizienz für den Unterricht hängt außerdem von der Transparenz und Systematik ihres inhaltlichen Aufbaus und der Möglichkeit eines schnellen und unkomplizierten Zugriffs ab. Lehrer müssen dann die Bewertung der Informationen für die Aufgabenziele vornehmen.

Auf Internetverbindung gründende Informationssysteme werden in Abschnitt 16.3.2 gesondert behandelt.

Rechner(computer-)unterstützter Unterricht Wissenserwerb mit Computereinsatz als tragendes Medium für Lehr- und Lernprogramme, aber auch einfach als Informationssystem.

Lernen mit neuen Medien Wissenserwerb mit Einsatz von neuen Medien wie Computer, Film, Fotografie, Videos.

Lernen mit Multi-Media Wissenserwerb mit gleichzeitigem Einsatz mehrerer Medien wie Ton, Bild oder Grafik.

Informationssystem In der Regel eine Datenbank, in der Wissensinhalte systematisch abgelegt sind.

Schüler lernen Texte verstehen und zusammenfassen mit Hilfe eines neuen Übungsprogramms.

Lehrsysteme

Bei einem **Lehrsystem** stellt ein Computerprogramm die Lehrfunktion bereit. Der Lernende selbst kann unter Umständen diese Funktion in Form der **Selbstinstruktion** (siehe auch Kapitel 6.6.5) ebenfalls übernehmen. Lehrsysteme streben nach Perfektion, d. h. sie streben einen Lehrerersatz an. Dies erscheint aber auf absehbare Zeit in der nötigen Perfektion nicht erreichbar zu sein. Im Unterricht sollten deshalb Informations- und Lehrsysteme, rechnerunterstütztes Lehren und Lernen sowie Selbstinstruktion zusammen eingesetzt werden (Astleitner & Leutner, 1994).

Lehrsysteme können die Form von *Übungen*, d. h. Verfestigung durch Wiederholung und Elaboration und durch Ausführen einer zu lernenden Tätigkeit, annehmen. Bereits erworbenes Wissen wird gefestigt und in die Praxis umgesetzt. Dabei werden die Speicherung und das Abrufen von Informationen praktiziert. Der Ablauf des Lehr-/Lernprogramms folgt meist dem einfachen Schema: Frage – Option für Antwort auswählen (bei Mehrfachwahlantworten) – Eingabe der Antwort – Rückmeldung, manchmal mit Erklärungen/Erläuterungen – nächste Frage usw. (Niegemann, 1995).

An der Universität Würzburg wurde das amerikanische Übungsprogramm Summary Street zum Erlernen verständnisvoller Zusammenfassungen auf deutsche Verhältnisse übertragen (Projektleitung: W. Schneider, J. Hoffmann und W. Lenhard; nach dem Prinzip der Latent Semantic Analysis von Landauer, McNamara, Dennis & Kintsch, 2007).

▶ Abbildung 16.2 gibt den Übungszyklus wieder. Der Text wird auf dem Bildschirm (▶ Abbildung 16.3) dargeboten und das Verständnis des Lesers wird durch Hinweise und Fragen vertieft. Danach erfolgt die erste Zusammenfassung (▶ Abbildung 16.4, siehe S. 726). Das Programm mahnt zunächst falsche Orthographie und wörtlich übernommene Sätze an. Nach deren Korrektur durch den Nutzer nimmt es Satzanalysen vor und gibt anschließend eine Rückmeldung über die Vollständigkeit der wichtigen Inhaltselemente (▶ Abbildung 16.5, siehe S. 726). Fällt diese Rückmeldung hinreichend positiv aus, kann das Programm beendet werden. Ist das Ergebnis noch nicht befriedigend, wird der Zyklus erneut begonnen.

Tutorprogramme dienen dem Erwerb neuen Wissens und zielen damit primär auf die Lehrfunktion der Aufnahme und des Verstehens von Informationen ab. *Lineare Programme* gehen in möglichst kleinen Schritten vor, wie es die behavioristische Lerntheorie Skinners (1954) und sein Prinzip des operanten Konditionierens vorsieht. Es erfolgt dann eine Rückmeldung, die als Verstärker wirken soll. Auf Crowder (1961) und dessen Ansatz des Lernens durch informative Rückmeldung geht der Typ des *verzweigten Programms* zurück: Der Lehrstoff wird in große Einheiten gegliedert. Diese Einheiten werden mit einer Verständnisfrage mit mehreren Antwortmöglichkeiten präsentiert. Je nach Antwort wird der Lernende zu einer anderen Stelle auf dem Bildschirm geleitet: Ist die Antwort richtig, wird er zur nächsten Einheit weitergeführt, ist sie falsch, soll

> ### Verknüpfen und erweitern Sie mit anderen Kapiteln
>
> In Kapitel 6.3 werden ausführlich das operante Konditionieren und andere Lernmechanismen vorgestellt.

Lehrsystem Ein Programm zur Vermittlung von neuen Wissensinhalten mit Lehrfunktion (Korrekturen, Erklärungen).

Selbstinstruktion Sich selbst mittels eigener Anweisungen durch einzelne Aufgabenschritte leiten.

Tutorprogramm Lehrprogramm zum Erwerb neuen Wissens, in dem der Lernende bestimmte Sachverhalte oder Abläufe unter Anleitung des Programms kennenlernen und üben kann.

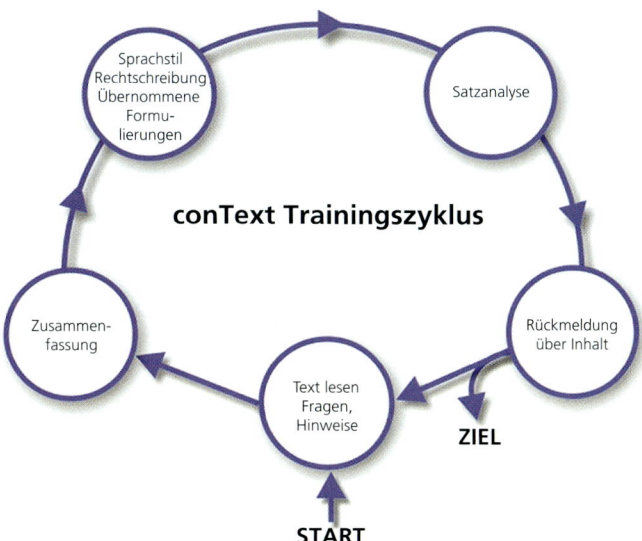

Abbildung 16.2: Übungszyklus eines Lehrprogramms. Das Übungsprogramm Summary Street zum Erlernen verständnisvoller Zusammenfassungen wurde an der Universität Würzburg auf deutsche Verhältnisse übertragen.
Quelle: Dr. Wolfgang Lenhard, Universität Würzburg.

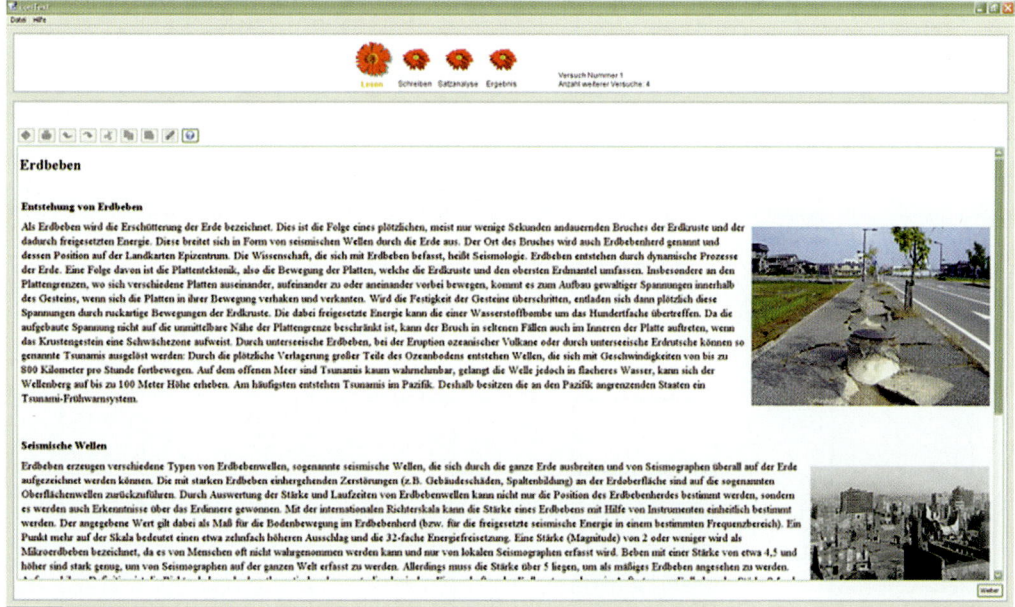

Abbildung 16.3: Ein Sachtext über Erdbeben. Vorlage zur Erlernung guter Zusammenfassungen.
Quelle: Dr. Wolfgang Lenhard, Universität Würzburg.

er zu einer erklärenden oder wiederholenden anderen Einheit übergehen. Die ▶ Abbildung 16.6 (siehe S. 727) stellt eine Beispielaufgabe eines Tutorprogrammes dar.

Eine neue Entwicklung stellen die *Intelligenten Tutoriellen Systeme* dar (Kunz & Schott, 1987). Die Ausarbeitung von sich selbst erklärenden Lehrstoffeinhei-

ten ist so aufwendig, dass diese Systeme zurzeit noch nicht zum Alltag in der Schule gehören können. Stattdessen werden Lehr-/Lernprogramme entwickelt, die einfache Lehr- und Lernregeln anwenden; sie gehören zu den *adaptiven* oder adaptierbaren *Lehr- und Informationssystemen* (Leutner, 2002).

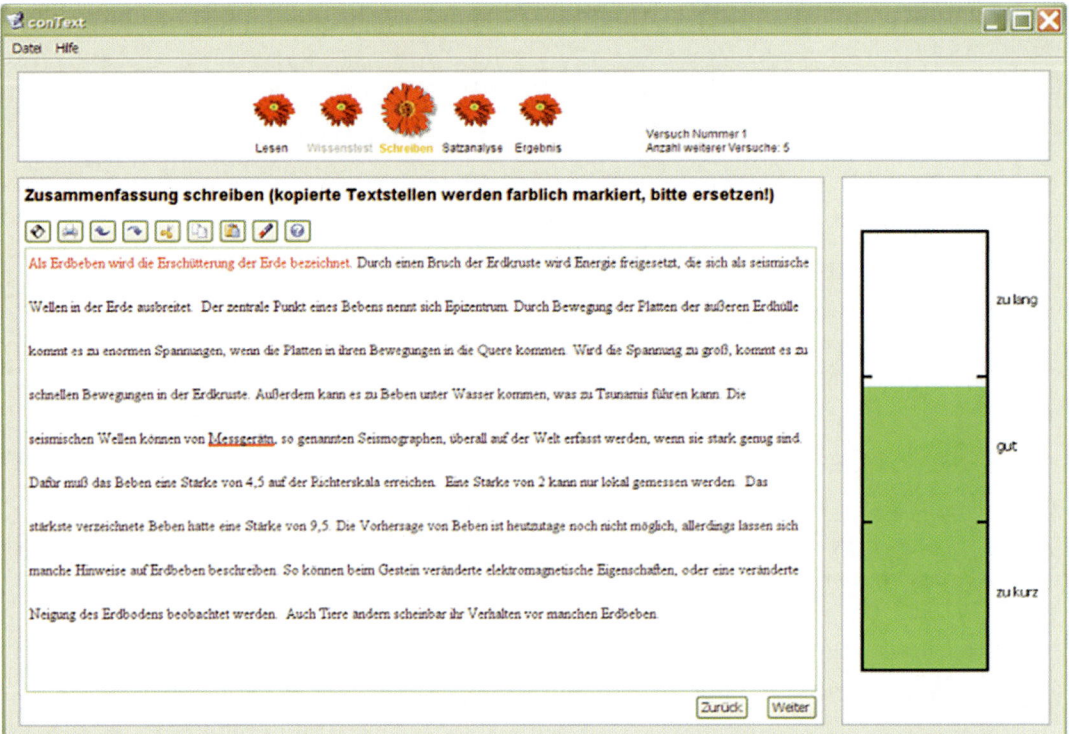

Abbildung 16.4: Zusammenfassung. Wiedergabe des Sachtextes durch den Nutzer.
Quelle: Dr. Wolfgang Lenhard, Universität Würzburg.

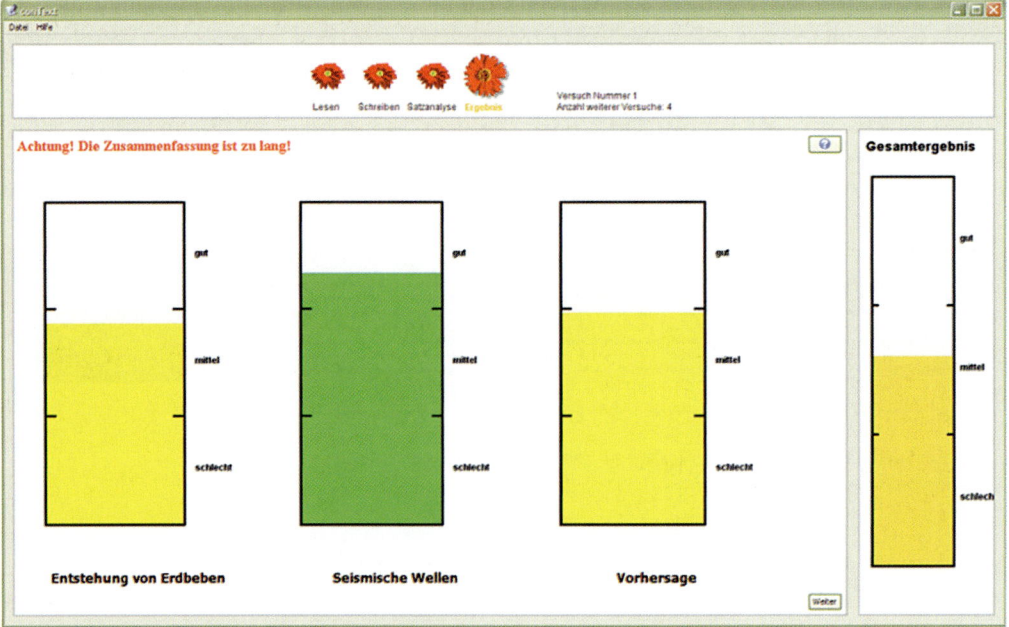

Abbildung 16.5: Inhaltliche Rückmeldung über die Zusammenfassung. Fällt diese Rückmeldung positiv aus, kann das Programm beendet werden. Ist das Ergebnis nicht ausreichend, wird der Zyklus erneut begonnen.
Quelle: Dr. Wolfgang Lenhard, Universität Würzburg.

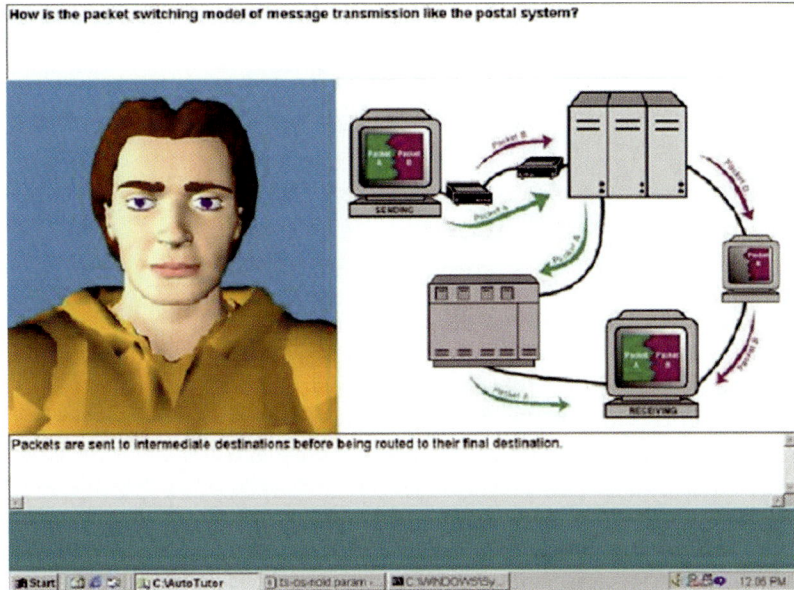

Abbildung 16.6: Beispielaufgabe eines Autotutors. Die erklärende oder wiederholende Einheit bei unkorrekter Beantwortung der Frage.
Quelle: **http://www.autotutor.org**. Copyright © 2008 The University of Memphis.

Simulationsprogramme sind multifunktional und wirksam, denn sie dienen der Festigung bestehenden Wissens, dem Erwerb neuen Wissens und der Anwendung des Wissens auf neue Situationen. Simulationen bieten dem Lernenden ein Modell eines Ausschnittes aus der Realität, anhand dessen er Veränderungen in diesem Ausschnitt beobachten kann. Oft handelt es sich nur um eine *Prozesssimulation*, bei der ein Prozess zum Zwecke der Beobachtung ein- und ausgeschaltet wird. Solche Programme finden sich auch häufig in naturwissenschaftlichen oder Technik-Museen zur Erläuterung der Exponate. Im naturwissenschaftlichen Unterricht können Experimente oder Phänomene sehr gut simuliert werden. In *simulierten Planspielen* wird der Lernende in die simulierte Realität miteinbezogen, er kann handelnd eingreifen (Wirth, 2004). (Dies macht sicher einen Teil der Attraktivität von neuen Video- oder Computerspielen aus). Sinnvoller eingesetzt werden simulierte Planspiele aber in Trainingsprogrammen aller Art wie z. B. bei Fahrsimulatoren. Der Lernende kann sich eine simulierte Realität schaffen, indem er deren Komponenten mittels einer Programmiersprache selbst erschafft oder zusammenstellt.

Hypertext- und Hypermediaprogramme

Eingangsportale, z. B. zu einer Bibliothek im Internet, stellen **Hypertexte** dar. Der Hypertext stellt das Programm vor und enthält kritische Wörter, durch deren Auswahl (Anklicken) sich eine neue Option (link) auftut. Das Portal einer Universitätsbibliothek z. B. beschreibt die Struktur der Fachbereichsbibliotheken. Beim Anklicken jedes Fachbereichs gerät man auf die Webseite der Fachbereichsbibliothek und kann dort weiter nach Literatur suchen. Taucht unter der ausgewählten Option ein Text mit Video, Grafiken oder Fotografien auf, so wird die Bezeichnung **Hypermedia** verwendet. Hypertext- und Hypermediaprogramme sind zunächst nur Informationssysteme, können aber mit Lehr-/Lernpotential ausgestattet werden, wenn sie Rückmelde-, Korrektur oder Erklärungsfunktionen haben.

Lernumgebungen

Die Integration aller Möglichkeiten des rechnergestützten Unterrichts schafft eine **multimediale Lernumgebung**. Sie aktiviert spezifisches, kontextgebundenes

---

Simulationsprogramm Dient dem Erwerb neuen Wissens, vermag aber auch vorhandenes zu festigen und Transfer zu veranlassen.

Hypertext Text mit Schlüsselwörtern, bei deren Anklicken sich eine neue Programmoption mit neuem Text eröffnet.

Hypermedia Text mit Schlüsselwörtern, bei deren Anklicken sich eine neue Programmoption mit neuem Medium oder neuen Medien eröffnet.

Multimediale Lernumgebung Einsatz verschiedener Medien, die im Lehr-/Lerneinsatz zusammenwirken.

Lernen, bei dem der Lerntransfer sich nicht durchsetzt. Hierfür hat sich der Terminus **situiertes Lernen** durchgesetzt (Mandl, Gruber & Renkl, 2002; Klauer, 2006). Überprüfungen, ob der Aufwand durch den Lernerfolg gerechtfertigt ist, stehen noch aus.

16.2.2 Effizienz rechnerunterstützten Lernens

Einige Untersuchungsergebnisse lassen die Schlussfolgerung zu, dass die Motivation zum und das Interesse am Lernen durch Rechnerunterstützung verstärkt werden (Clark, 1994). Aber es gibt kaum Hinweise darauf, dass Lernen mit Computern auch effizienter ist als herkömmliches Lernen aus Büchern. Bei all dem technischen Aufwand erscheint es aber unerlässlich, den Nachweis zu versuchen, dass rechnerunterstütztes Lernen besser für das Verständnis und das Behalten z. B. von Texten ist (Kulik & Kulik, 1991). In einer Untersuchung ließen Kerr und Symons (2006) eine Gruppe von Fünftklässlern einen Sachtext aus einem Buch lesen, eine andere Gruppe las den Text vom Bildschirm ab. Nachdem beide Gruppen den Text gelesen hatten, sollten sie alles, was sie behalten hatten, wiedergeben und anschließend Fragen zum Text beantworten. Die Antworten erlaubten, das Verstehen und Behalten des Textes zu überprüfen. Die Schülergruppe am Computer nahm sich 20–30 % mehr Zeit zum Lesen (Wilkinson & Robinshaw, 1987) und erinnerte auch mehr vom Inhalt des Textes. Diese Überlegenheit schwand jedoch, wenn Effizienzkriterien kontrolliert wurden, die Leistung in einer bestimmten Zeiteinheit beinhalteten. Lesen und Verstehen sind also effizienter mit dem herkömmlichen Medium Buch. Das gleiche gilt für Korrekturlesen von Texten auf dem Bildschirm und auf Papier. Etwa Dreiviertel der Versuchsteilnehmer zog es übrigens vor, Text auf Papier zu lesen. Allerdings sollte auf die Qualität der Textdarbietung am Computer geachtet werden. Diese mag Schuld an der Unbeliebtheit der Computertexte sein (Muter & Maurutto, 1991).

16.2.3 Schüler auf rechnergestütztes Lernen vorbereiten

Die Vorbereitung auf rechnergestützten Unterricht erfolgt in der Regel durch den Gebrauch von Computern zu Hause. Die Grund- und höheren Schüler im derzeitigen Schulsystem in Deutschland und Europa, aber auch in den USA nutzen den Computer viel öfter zu Hause als in der Schule (Kuhlemeier & Hemker, 2005; van Braak & Karavadias, 2005). Da die Computer im Elternhaus der Schüler meist moderner sind als diejenigen in der Schule, können die Schüler durch die Übung zu Hause vorteilhaft lernen, sind aber auch enttäuscht, dass sie die gelernten Fertigkeiten in der Schule nicht voll einsetzen können. Schüler ziehen es deshalb vor, den Computer zu Hause zu nutzen (Downes, 2002). Der Unterschied zwischen Rechnernutzung in der Schule und zu Hause besteht nicht nur in der Nutzung von Textverarbeitungsprogrammen, sondern auch in Datenverarbeitungs- und Grafikprogrammen und von Spielen. Die schulische Unterweisung bietet jedoch den Vorteil der systematischen Wissensvermittlung. Die eigengesteuerte Suche nach Informationen im Internet zur Erweiterung des Wissenserwerbs wird auch meist zu Hause durchgeführt. Darüber hinaus wird die Gelegenheit zu elektronischem Briefverkehr, „chatten" und Herunterladen von Spielen und Musik genutzt (Downes, 2002).

Werden die Schüler durch die häusliche Nutzung wirklich auf die Nutzung von Computern in der Schule vorbereitet? Cox, Webb, Abbott und Blakeley (2000) sichteten die Literatur zu diesem Thema und stellten nur begrenzte Effekte fest. Die Nutzung von Videospielen wirkt sich fördernd auf visuell-räumliche Fähigkeiten aus, hat aber kaum positive Wirkung auf den täglichen Gebrauch von Computern in der Schule bei Schülern der Sekundarstufe I (Lauman, 2000). In Deutschland untersuchte Schnotz (2001), inwieweit Kinder aus eigenem Antrieb durch Computerspiele oder Internetnutzung zu Hause multimediales Wissen erwerben. Die Befunde von Schnotz lassen darauf schließen, dass Kinder spontan ihre Kenntnisse erweitern und damit sich selbst für die Computernutzung vorbereiten.

Situiertes Lernen Erwerb kontext- und situationsspezifischen Wissens mit wenig Wissenstransfer.

Multimediales Lernen und Lehren 16.3

16.3.1 Multimediale Lehr-/Lernsysteme

Multimediale Lehr-/Lernsysteme arbeiten mit Informationsverarbeitung über mehrere Sinnesmodalitäten gleichzeitig. Da jede Sinnesmodalität ihr eigenes Medium benötigt, müssen mehrere Medien im Programm eingesetzt werden. Rechner mit Graphik- und Soundkarten, Ton- und speziell Spracherkennung sowie Lautsprechern bieten die verschiedensten Möglichkeiten der Gestaltung von Lehrinhalten (Mayer, 2001).

Ein Beispiel für ein multimediales Lehrsystem ist das Programm REMO-2 (Walter, 2006) zum Rechtschreibtraining, das nach der Morphemmethode vorgeht. Ein Morphem ist die kleinste bedeutungstragende Einheit in einem Wort: Die Silbe „ent" vor „kräften" in dem Wort „entkräften" bedeutet einen Verlust von Kräften wie „entschärfen" ein Verlust von Schärfe bedeutet. Da es sich um das gleiche Morphem handelt, wird es auch gleich geschrieben. Mit diesem Ansatz wird vermieden, unkategorisierte Einzelinformationen behalten zu müssen. Das Trainingsprogramm REMO-2 trainiert mit den Medien Fotografie, Grafik, gesprochener und geschriebener Sprache Rechtschreibung. Es wird in Lückentestform ein Wortstamm schriftlich vorgegeben; in die Lücke soll dann das Wort in einer syntaktisch angemessenen Form schriftlich ergänzt werden. Fällt dem Lerner keine Ergänzung ein, kann er auf die Lücke klicken und eine Stimme spricht das ganze erforderliche Wort laut aus, das er dann in die Lücke schreiben kann. Rückmeldungen folgen durch Darbietung von Wortstämmen sowie Vor- und Nachsilben. Bei nicht korrigierten Fehlern kann das Programm an dieser Stelle nicht weiter bearbeitet werden. Die Themen sind auch für den Sachkundeunterricht relevant: Jahreszeiten, Wohnen, Ernährung, Natur und Umwelt, der menschliche Körper usw. Dazu werden entsprechende Grafiken und Fotografien dargeboten. Darüber hinaus wird noch die Lesekompetenz gefördert, indem die Morphemstrukturen der Wörter auch laut gelesen werden können. Bei Fehlern erfolgt sofort Rückmeldung mit Korrektur. Es kann auch auf frühere Lernversuche zurückgegangen werden.

Effizienz multimedialer Lehr-/Lernprogramme

Die meisten Untersuchungen über die Lerneffizienz bei computer-dargebotenen Texten haben den Einfluss von visueller und auditiver Darbietung von Texten für das Lernen und Behalten neuer Informationen überprüft. Es stellt sich insbesondere die Frage, inwieweit die Darbietung in mehreren Medien die Aufmerksamkeit und das Arbeitsgedächtnis belasten. Mayer und Moreno (1998) fanden, dass Studenten mehr Informationen über Mechanik aus einem Text behielten, der eine visuell dargebotene Animation und eine dazu gesprochene Erläuterung enthielt als aus einem Text mit Animation und geschriebenem Inhalt. In der zweiten Bedingung war das visuelle System stark belastet, in der ersten verteilte sich die Beanspruchung von Aufmerksamkeitsressourcen auf zwei Sinnesmodalitäten. Moreno und Meyer (1999) fanden zusätzlich heraus, dass ein multimedialer Text über Mechanik dann gut verarbeitet wurde, wenn der begleitende Text zeitlich getrennt von der Animation war. Aber Animation mit gesprochenen Erläuterungen war auch dieser Bedingung überlegen; sie wurde besondern gut behalten, wenn beides gleichzeitig dargeboten wurde.

Dieser Vorteil verschwand, wenn die parallele Information redundant war, dann wurde sie sehr schlecht behalten (Kalyuga, Chandler & Sweller, 1999). Kalyuga et al. fanden weiterhin heraus, dass die kognitive Belastung geringer wurde und das Lernen leichter war, wenn die einzelnen Komponenten eines Diagramms und die entsprechenden geschriebenen Textstellen die gleiche Farbe hatten. Diese und zahlreiche andere Befunde helfen, die Wirkung von multimedialen pädagogischen Programmen zu verstehen.

16.3.2 Lernen mit Internet

Bücher und andere traditionelle Medien bieten Informationen linear und sequenziell dar, die Webseiten und Portale im Internet im *Hypertext*format haben keinen schematischen Aufbau, es werden lediglich Informationsknoten, ähnlich denen eines semantischen Netzwerkes (siehe Kapitel 7.3.2) dargeboten. Die Informationen sind also nicht-linear und müssen durch den Nutzer strukturiert werden. Das **W**orld **W**ide **W**eb kann eine wertvolle Informationsquelle und ein päda-

---

Multimediales Lehr-/Lernsystem Informationen werden über mehrere zusammenwirkende Medien angeboten und gelernt; siehe auch Multimediale Lernumgebung.

gogisches Instrument sein, wenn die Lerner es schaffen, sich selbst beim Lernen zu organisieren und ihre eigenen Lernziele umzusetzen (Duffy & Bednar, 1991). So gesehen ist die Nutzung des WWW günstig, wenn der Lerner seine eigenen Interessen verfolgen kann. Dies ist mit einer Hypertextanordnung möglich, denn der Nutzer hat Kontrolle über die Reihenfolge, mit der er die angebotenen Optionen wahrnimmt (Wenger & Payne, 1996).

Der Lerner kann so in Hypertext- und Hypermediaangeboten seinen eigenen Lernstil umsetzen. Aus der Sicht der konstruktivistischen Lerntheorie kann man die Lernsituation so interpretieren, dass beim Lernen mit Internet keine speziellen Lernerwartungen bestehen, sondern eher der Informationserwerb sinnvoll für die Synthese des vorhandenen individuellen Wissensfundus eingesetzt wird. Beim Lernen mit Internet gibt es keine vorher festgelegten Inhalte und auch keine Garantie dafür, dass alle Lerner mit dem gleichen Lernergebnis abschließen.

> **Verknüpfen und erweitern Sie mit anderen Kapiteln**
>
> Das Kapitel 9 beschäftigt sich mit der konstruktivistischen Perspektive, Abschnitt 9.3.1 eingehend mit verschiedenen konstruktivistischen Lernansätzen.

Effizienz des Lernens mit Internet

Die offensichtlichen Vorteile des Internetlernens schwinden bei einer herkömmlichen Überprüfung der Lerneffizienz. Sie geht nämlich linear-sequenziell vor und stellt spezifische Fragen. Es ist deshalb eine anspruchsvolle Aufgabe, das Wissen für die herkömmliche Prüfung aus den nicht-linearen Hypertexten zu lernen. Die unstrukturierte Anordnung des WWW schafft immer dann Probleme, wenn die Informationen später zielgerichtet eingesetzt oder abgefragt werden sollen. Die unendlich erscheinenden Suchoptionen mit konkreten und spezifischen Standards abzugleichen ist sehr problematisch. Jonassen (1993) gibt zu Bedenken, dass Verstehen und Behaltensmaße keine Gültigkeit (Validität) für in Hypertexten erworbenes Wissen haben. Es ergibt sich aus diesen Erkenntnissen die noch ungeklärte Frage, wie mit Hypertexten erworbenes Wissen angemessen überprüft werden kann.

> **Verknüpfen und erweitern Sie mit anderen Kapiteln**
>
> In Kapitel 14.2.3 werden die einzelnen Testparameter, darunter auch die Gültigkeit oder Validität definiert.

16.3.3 Fernsehen: Informations-, Lehr-/ Lern- und Simulationssystem

Das Fernsehen ist in allen Altersstufen das am weitesten verbreitete unter den Multi-Medien, wenn es darum geht, neue Informationen zu erwerben. Das Fernsehen kann Informations-, Lehr- und Simulationssystem sein. Die großen Vorteile des Mediums liegen auf der Hand: Alle Informationen sind konservierbar und damit beliebig wiederholbar. Im Rahmen der Bildungsprogramme des öffentlich-rechtlichen Fernsehens werden ganze Serien von Unterrichtseinheiten produziert und gesendet. Ein Beispiel stellt das *Telekolleg* in verschiedenen Fächern dar. Eine ähnliche Einrichtung ist die Open University in England. Sie erlaubt berufstätigen Erwachsenen, verschiedene Studiengänge am heimischen Fernseher zu absolvieren. Es werden Begleitbücher, Hausaufgaben und Prüfungen angeboten, sodass ein formeller Studienabschluss erreicht werden kann.

> **Verknüpfen und erweitern Sie Ihre Forschungskenntnisse**
>
> Ein sehr umfassend informierendes Buch über Kinder und Fernsehen ist 2007 erschienen: Pecora, N., Murray, J. P., Wartella, E. A. (Hrsg.), *Children and Television. Fifty Years of Research.* Mahwah, NJ: Lawrence Erlbaum Associates. Darin ist das Kapitel von Huston, A. C., Bickham, D. S., Lee, J. H. & Wright, J. C. *From Attention to Comprehension: How Children Watch Television* (S. 41–63) über Lernen durch Fernsehen zu empfehlen, das Forschungsinformationen auf dem neuesten Stand anbietet.

16.3.4 Jeden Schüler erreichen: rechnergestütztes Lernen nutzen

Selbsteinschätzungen von Schülern

Schüler berichten nach Bradlow, Hoch und Hutchinson (2002) mit allzu großem Optimismus über ihre Fähigkeiten, das Internet sinnvoll und kritisch zu nutzen. Aber sie unterschätzen ihre technischen Fertigkeiten im Umgang mit Computern und die Handhabung von Computerdatenbanken. Den Ergebnissen von Harrison et al., (2003) zufolge, überschätzen hochbegabte und schwache Schüler gleichermaßen ihre Fertigkeiten zur Nutzung von Computern. Schwache Schüler neigen besonders zur Überschätzung. De Haan und Huysmans (zitiert nach van Braak & van Braak, 2005) berichten, dass Mädchen ihre Fähigkeiten zur Handhabung von Computern meist realistischer beurteilen als Jungen. Die *Richtlinen* (siehe S. 732) weisen auf einige Punkte hin, die beim richtigen Einsatz von Rechnern beim Lernen beachtet werden sollten.

Objektive Erfassung der Computer„fähigkeit"

Neben diesen Selbsteinschätzungen sollten aber noch objektive Erfassungen der Computerfertigkeiten unternommen werden. Reaktionszeiten, Fehler, Anzahl des Anklickens könnten hierbei hilfreiche Indikatoren für Lernfortschritte sein. Tests zu entwerfen, ist aber ein mühsames und langwieriges Geschäft, auch oder gerade mit und für Computer. Außerdem sind Schulen im Allgemeinen nicht so ausgestattet, dass sie allgemeine Tests mit Hilfe von Computern durchführen können. Gelänge dies aber, wäre das eine ökonomische Möglichkeit, Tests durchzuführen und auszuwerten.

Der holländische Test „Internetfertigkeiten für Schulen" (Internet Skills for Schools – ISFS, van Braak & Kuhlemeier, 2005) für etwa 13-Jährige erlaubt deren Computerkenntnisse zu testen beim Übergang von der Sekundarstufe I zu II, aber nur in Schulen, die rechnergestützte Kurse eingerichtet haben. Van Braak und Kuhlemeier fanden einen bedeutsamen Anstieg der Computerkenntnisse von der ersten zur dritten Klasse, eine leichte Überlegenheit der Jungen über die Mädchen, der einheimischen Kinder über Kinder mit Migrationshintergrund und des allgemein-bildenden Schulzweiges über einen mehr praktisch-beruflich orientierten. Der Besitz eines Computers zu Hause spielt eine relativ zu den anderen Faktoren bedeutsame Rolle für den effektiven Internetgebrauch. Dabei stellt sich heraus, dass die Häufigkeit der Nutzung entscheidend zu sein scheint: Täglicher Gebrauch war dem wöchentlichen und der wiederum dem monatlichen deutlich überlegen. Bei Betrachtung dieser Ergebnisse wird klar, dass das häusliche Lernen explorativer oder experimenteller und nicht systematisch instruierter Natur ist.

Die Förderung von Schülern im Bereich Computerkenntnisse sollte sich deshalb in erster Linie auf Schüler konzentrieren, die zu Hause keine oder wenig Gelegenheit zur Computernutzung haben.

Rechnerunterstützter Unterricht für Schüler mit besonderen Bedürfnissen

Die moderne Technik hat Computer entwickelt, die behinderten Schülern so weit Hilfen bieten, dass sie am Unterricht teilnehmen können. Körperliche Behinderungen – wie etwa diejenigen durch das Schmerzmittel Contergan verursachten, meist im Hand-/Armbereich auftretenden Verkümmerungen der Gliedmaßen können so etwas kompensiert werden. Diese Form der Behinderung kann durch einen Computerbildschirm, der auf Berührung reagiert (Touchscreen), gegebenenfalls ausgeglichen werden, sodass auch Schreiben mit Textverarbeitungsprogrammen möglich ist. Im Übrigen gibt es schon eine Reihe von Programmen, die gesprochene Sprache in Text umsetzen können und umgekehrt. So können eingelesene geschriebene Texte in gesprochene Sprache umgesetzt werden, um Kindern mit Sehbeeinträchtigungen das Lernen zu erleichtern.

Lebenslanges Lernen 16.4

Paul B. Baltes vom Max-Planck-Institut für Humanentwicklung und Bildungsforschung in Berlin, ein international führender Alterspsychologe, sprach 2002 von der Gegenwart als dem Zeitalter des unfertigen Menschen. Er fasste seine Auffassung in dem Satz zusammen, dass lebenslanges Lernen unabdingbar sei, besonders mit Blick auf die lange Lebenserwartung des modernen Menschen. Das lebenslange Lernen erforderte aber einen Wechsel in den Bildungsverläufen: Es müsse ein Wechsel von der sequenziellen zur parallelisierten Bildungsbiografie erfolgen.

Rechnerunterstütztes Lernen richtig einsetzen

Passen Sie den Einsatz von Computern an Ihre Lernziele an.
Beispiele

1 Rechnerunterstütztes Lernen kann in jedem schulischen Fach erfolgen.

2 Beide Funktionen der Rechnerunterstützung als Informations- und Lehrsystem sollten im schulischen Kontext eingesetzt werden, damit Schüler lernen, damit umzugehen.

Lassen Sie Schüler in Zweiergruppen am Computer arbeiten.
Beispiele

1 So lange der Umgang mit Lehr-/Lern- oder Tutorenprogrammen noch gelernt werden muss, empfiehlt es sich, zwei Schüler zusammen an einem Computer lernen zu lassen. Es sollten möglichst ein geübter und ein ungeübter Computernutzer zusammenarbeiten.

2 Ist der Lernvorgang für die Nutzung eines Lehr-/Lernprogramms weit genug fortgeschritten, sollte das gesamte Programm individuell abgeschlossen werden, wenn persönliche Rückmeldungen vorgesehen sind.

Als Lehrer sollten Sie darauf achten, eine unterstützende Rolle einzunehmen.
Beispiele

1 Rechnergestütztes Lernen sollte selbstreguliertes Lernen sein. Greifen Sie deshalb bei einem Lehrprogramm nur in den Lernvorgang ein, wenn mangels Kenntnissen der Lernfortschritt blockiert wird.

2 Bestehen die Aufgaben der Gruppe am Computer aus strukturierten Daten und aus auf Fertigkeiten gründenden Informationssystemen, sollten Bewertungen der Informationen durch den Lehrer erfolgen.

3 Lehrer sollten den Unterschied zwischen zuverlässigen und wissenschaftlich belegten Informationen und subjektiven Auffassungen und unüberprüften Daten erklären. Die Unterscheidung sollte anschließend an unterschiedlichem Material gelernt werden.

Bewegen Sie sich im Raum und beaufsichtigen Sie die Gruppen.
Beispiele

1 Wenn ein Nebenziel der Gruppenarbeit im Erwerb sozialer Kompetenz und Aufbau eines Teams besteht, beaufsichtigen Sie das Zuhören, Abwechseln, das gegenseitige Ermutigen und die Konfliktbewältigung.

2 Bestehen die Aufgaben der Gruppe aus Such- oder Überprüfungsaufgaben, die auf strukturierten Daten und Informationssuche gründen, so achten Sie auf die Fragen, auf alternative Vorschläge für die Suche sowie Aufmerksamkeit und Übung.

3 Für begriffliche und Denkaufgaben achten Sie auf Fragen, Erklärungen, das Ausarbeiten, das gründliche Überprüfen, divergentes Denken, Begründungen vorbringen, Integrieren und das Aufsuchen und Verknüpfen von Wissensquellen im Internet.

Fangen Sie mit einfachen Vorgehensweisen an, bis Sie und die Schüler wissen, wie Lernen am Computer optimal gestaltet werden kann.
Beispiele

1 Wenn das Ziel der Computerarbeit im Erwerb von neuem Wissen besteht, beschränken Sie sich zunächst auf ein eingegrenztes Thema und lassen Sie die mit dem Schlüsselbegriff verknüpften verzweigten Quellen nicht alle aufsuchen. Führen Sie vor, wie Auswahlkriterien die Selektion von Informationen bestimmen sollten.

2 Bei Lernprogrammen sollte zunächst ein Tutorprogramm vorgeschaltet werden, welches das folgende Lernprogramm erklärt.

3 Die Übungen sollten nicht mit zu großen zeitlichen Abständen erfolgen, da die Handhabung des Programms auch dem Vergessen unterliegt.

Wenn Sie mehr über Lernen mit Computern erfahren wollen, gehen Sie zu:

http://www.learn-line.nrw.de/angebote/neuemedien/grundschule/lernwerk/

Unter den Adresse http://www.agprim.uni-siegen.de finden Sie Berichte zu *Selbständigem und individualisiertem Lernen. Alte und neue Medien als Herausforderung und Hilfe in der Grundschule. Primarstufe/Sekundarstufe.* Fb. 2 der Universität Siegen

Sollten Schulen rechnerunterstütztes Lernen einsetzen?

Nicht alle Pädagogen glauben, Computer sollten in Schulen zum Lernen der Lehrinhalte eingesetzt werden. Sie geben zu bedenken, dass dadurch die Übung der Fertigkeiten zum Wissenserwerb wie Lesen von Büchern, Schreiben mit der Hand ohne automatische Rechtschreibkorrektur eines Textverarbeitungsprogrammes und auch die Speicherung im Langzeitgedächtnis vernachlässigt werde. Vertreter und Gegner des Computereinsatzes im Unterricht diskutieren heftig, ob einem Computer eine eigenständige Lehr-/Lernwirksamkeit zugeschrieben werden kann.

Pro: Die Schule sollte Computer beim Lernen einsetzen.

Die Forschung der Lehr-/Lernwirksamkeit von Computern hat im Vergleich zum herkömmlichen Unterricht ohne Computereinsatz Vorteile des rechnergestützten Unterrichts festgestellt: Die Computernutzung fördert bei den meisten Schülern die Lernmotivation, sie verkürzt die Lernzeiten und führt zu erhöhtem Lernerfolg in der Aneignung des Lehrstoffes (Fricke, 1991). Die Lernzeitreduktion beträgt bis zu 30 %, Lernerfolg und die Einstellung zum Lernen sind ebenfalls deutlich verbessert. Auf der Basis der Untersuchungen lässt sich damit schlussfolgern, dass rechnergestützter Unterricht zwar nicht zu deutlich verbessertem Lernerfolg führt, aber auf keinen Fall die von den Gegnern befürchtete Verschlechterungen mit sich bringt. Die Lernaufgaben werden auf alle Fälle in kürzerer Zeit erledigt. Weiterhin konnte in einer Metaanalyse von Kulik und Kulik (1989) herausgearbeitet werden, dass Lerner am Computer meist Könnensziele verfolgen und damit eine positive Lernmotivation entwickeln. Diese wiederum liegt wahrscheinlich dem erhöhten Lernerfolg zugrunde.

Contra: Computernutzung im Unterricht führt zur Belastung des Lerners und zur mangelhaften Beherrschung von Kulturfertigkeiten.

Die Nutzung des Computers ist bei Schülern meist wenig routinisiert. Jeder Handgriff und jeder kognitive Schritt in einem Lehrprogramm oder Informationssystem erfordert Aufmerksamkeit. Die Lehrprogramme sind oft so wenig ausgetestet, dass sie nicht lerngerecht vorgehen. Brünken, Plass & Leutner (2003 zitiert nach Leutner, 2006, S. 600) bemerken zur Anwendung von Lehrprogrammen in der Medizin:

> *Die Belastung ist so zu gestalten, dass die kognitive Kapazität nicht zu sehr gebunden wird durch die Bewältigung eines unzulänglichen instruktionalen Designs (kontextuelle Belastung), sondern möglichst viel Kapazität erhalten bleibt, um den Lehrstoff kognitiv verarbeiten zu können (Aufgabenbelastung).*

Diese Forderung wird jedoch von den meist nicht gründlich evaluierten Programmen nicht erfüllt und führt so – besonders bei schwachen Schülern – zur Überforderung.

Oft wird die mangelhafte Beherrschung von Kulturtechniken wie Lesen, Schreiben mit der Hand, Rechtschreibung und Kopfrechnen bei ausgedehnter Computernutzung beklagt. Es wird vorgebracht, dass die Computernutzung in der Schule diese Fertigkeiten verkümmern lässt. Die Kritiker bestehen darauf, diese Fertigkeiten erst voll auszubilden, bevor rechnerunterstützter Unterricht eingeführt wird.

Welchen Standpunkt haben Sie?

In der gegenwärtigen Diskussion wird auf eine Unterscheidung von lebenslangem Lernen und lebenslanger Bildung hingewiesen. **Lebenslanges Lernen** ist ein informeller und unstrukturierter Wissenserwerb, der aber auch geplante Interaktionen beinhalten kann, wie z. B. lehrreiche Unterhaltungen (siehe Kapitel 9.4.2). Durch lebenslanges Lernen wird Lebensweisheit aufgebaut. **Lebenslange Bildung** gründet auf der Entwicklung über die Lebensspanne und betrachtet Bildungsprogramme als Intervention, um alle lebensbewältigenden Funktionen des Menschen zu optimieren. Auch hier wird aktiv geplant, um Bildung bis ins

---

Lebenslanges Lernen Erwerb von informellem und unstrukturiertem Wissen über die gesamte Lebensspanne.

Lebenslange Bildung Nutzt Bildungsprogramme als Intervention zur Optimierung aller Funktionen der Lebensbewältigung des Menschen.

Verknüpfen und erweitern Sie Ihre Forschungskenntnisse

Die Fachzeitschrift *Generations: Journal of the American Society on Aging* gab in der Winterausgabe 1987/1988, *12*, ein Sonderheft über *Late-life Learning* heraus.

hohe Alter zu erwerben. Solche Aktivitäten können eine berufliche Aus- und Weiterbildung, Freizeitgestaltung, aber auch Erwerb von Bewältigungsstrategien anregen, um eine positive Haltung gegenüber dem Altern zu erreichen. Als Synonym für lebenslanges Lernen hat sich auch die Bezeichnung **kontinuierliches Lernen** eingebürgert.

16.4.1 Gibt es den lebenslangen Lerner?

Stephan Gorard und Neil Selwyn (2005) suchten eine Antwort auf die Frage, welche soziodemografischen Merkmale lebenslangen Lernern gemeinsam sind. Sie führten 1001 Interviews in Haushalten und betreuten Wohnanlagen in England durch, um Antwort auf die Frage zu erhalten, was die Befragten unternommen haben und noch unternehmen, um lebenslang zu lernen. Die Befragten waren zwischen 21 und über 60 Jahre alt. Etwa 37 % der Befragten hatten nach den Pflichtschuljahren überhaupt keine weiteren Bildungs- oder Ausbildungsmaßnahmen ergriffen. Dies ist ganz sicher ein Kohortenphänomen, da alte Befragte (61 Jahre und älter) in einer Epoche heranwuchsen, in der der Prozentsatz der Schüler mit höherer Schulbildung noch deutlich geringer war als gegenwärtig. Ob lebenslang gelernt wird, hängt nach dieser Untersuchung von der Kohorte, von der mentalen und körperlichen Verfassung im Alter, der ethnischen Zugehörigkeit, dem familialen Umfeld und der Schulbildung ab. Dies sind zum Teil Einflussfaktoren, die bereits früh im Leben festgelegt sind. Gorards und Selwyns Interpretation der Befunde deutet an, dass jeder Lerner durch seine Erfahrungen eine „Lernidentität" entwickelt, über ein Drittel stehen einer lebenslangen Bildung ablehnend gegenüber. Ergibt sich dann die Notwendigkeit weiteren Lernens oder einer Aus- und Fortbildung wird dies als Belastung und nicht als Investition für die Verbesserung der

eigenen Chancen angesehen. Wird der Erwerb neuer Technologien notwendig, etwa beim Lernen mit rechnergestützten Lehr-/Lernprogrammen oder mit dem Internet, so wird dies als hemmende Barriere erlebt und auf weiteres Lernen oder die weitere Ausbildung eher verzichtet. Auf der anderen Seite schafft die neue Technologie einen leichten Zugang zu Wissen außerhalb der üblichen Bildungsinstitutionen. Lebenslanges Lernen funktioniert weitgehend über den Zugang zur Informations- und Kommunikationstechnologie (ICT). Verschafft man breiten Bevölkerungsschichten leichten Zugang zur Informations- und Kommunikationstechnologie (Computer, Internet, Fernsehen), wachsen auch das Bestreben und die Aktivität im Bereich des lebenslangen Lernens.

Wie unterscheidet sich der lebenslange Lerner vom Nicht-Lerner?

Gorard und Selwyn untersuchten einzelne lebenslange Lernergruppen. ▶ Tabelle 16.1 gibt deren Prozentzahl nach Altersstufen, Geschlecht und Ethnie gegliedert an. Die Altersangaben zeigen, dass die älteren Personen eher zu den Nichtlernern gehören, obwohl sie so viel Zeit zum Lernen haben. Weiße Nicht-Briten gehören eher zu den Nichtlernern als nicht-weiße Personen aus anderen Ethnien. Die Geschlechtsunterschiede sind nicht ausgeprägt. Weiterhin stellten die Autoren fest, dass lebenslange Lerner und zeitweise Lerner eher Eltern haben, die länger zur Schule gingen als Nichtlerner und verspätete Lerner. Je höher der Berufsstatus des Vaters, umso wahrscheinlicher gehörten die Befragten der zeitweisen oder lebenslangen Lernergruppe an. Die Nichtlerner sind eher unverheiratet als lebenslange Lerner, zu den späten Lernern gehören vor allem Personen mit Kindern. Lebenslange Lerner sind nach ihren eigenen Auskünften die stärksten ICT-Nutzer (Internet, Computer, TV).

Erfassen der Fähigkeit zum lebenslangen Lernen

Bislang wurde der Frage, inwieweit Menschen überhaupt fähig sind, lebenslang zu lernen, in der Pädagogik wenig Aufmerksamkeit gewidmet. Das Angebot der lebenslangen Bildung wird eher als soziale und moralische Verpflichtung der Gesellschaft verstanden. Die psychologische und medizinische Entwicklungsforschung hingegen untersucht seit drei Jahrzehnten

---

Kontinuierliches Lernen Wird gleichbedeutend mit lebenslangem Lernen verwendet.

Tabelle 16.1

Lebenslange Lernergruppen nach Alter aufgeschlüsselt (in Prozent)

Gruppe	Alter			Geschlecht		Weiße		Nicht-Weiße
	21–40	41–60	61+	M	W	Briten	Andere Ethnien	Andere Ethnien
Nichtlerner	26	27	54	34	39	37	45	23
Vorübergehende Lerner	22	17	12	18	17	16	28	35
Verspätete Lerner	23	29	25	27	23	26	7	15
Lebenslange Lerner	28	27	9	20	21	21	21	27
Gesamt	100	100	100	100	100	100	100	100

Quelle: Aus What Makes a Lifelong Learner? von Gorard, S. & Selwyn, N. (2005). *Teachers College Record, 107*, S. 1193–1216.

ganz intensiv die Leistungsmöglichkeiten des alternden Menschen. Die steigende Lebenserwartung des Menschen, sie liegt jetzt bei etwa 80 Jahren (Männer 76,6, Frauen 82,1 nach der Errechnung der Lebenserwartung 2004/2006 des Statistisches Bundesamtes Deutschland, **http://www.destatis.de**, Suchwort Lebenserwartung), bringt Anforderungen an die Gesellschaft mit sich, die es so vor 50 Jahren noch nicht gegeben hat. Hier gilt es Lösungen auszuarbeiten, die für die Betroffenen eine sinnvolle Lebensführung mit sich bringen und für die Gesellschaft einigermaßen rentabel sind.

Die *körperlichen Veränderungen* im Alter betreffen vor allem die Sinnesleistungen. In den Wahrnehmungsleistungen Sehen, Hören, Schmecken, Riechen, Tasten steigt die Wahrnehmungsschwelle auch bei gesundem Altern erheblich an. Das die Sinnesreize verarbeitende Gehirn verliert an Nervenzellen und die Ventrikel (Zwischenräume) vergrößern sich (vgl. Berk, 2005). Der Abbau im Gehirn kann durch körperliche Bewegung und mentales Training verlangsamt werden, denn auch beim alten Menschen werden neue Zellen gebildet. Alte Neuronen können neue Synapsen (Schaltstellen zwischen Nervenzellen) bilden. Aber auch neue Neuronen können sich noch entwickeln. Bildgebende Diagnoseverfahren zeigen an, dass bei alten Menschen mit gutem Gedächtnis und Problemlösefähigkeiten größere Hirnareale als bei jungen aktiviert werden, um diese Leistungen zu vollbringen. Es erfolgt also eine *kompensatorische Reaktion des Zentralner-*

Verknüpfen und erweitern Sie Ihre Forschungskenntnisse

Über die körperliche und kognitive Entwicklung im Erwachsenenalter und hohen Alter informieren Kapitel 15 und 17 des Lehrbuches *Entwicklungspsychologie* von Laura Berk (München: Pearson Studium, 2005).

vensystems auf den Neuronenverlust im Alter (Grady & Craik, 2000). Mentale Störungen durch krankhaften Hirnabbau oder Hirnveränderungen treten im Alter zunehmend auf, sodass bei den Betroffenen lebenslanges Lernen in nur ganz eingeschränktem Maße möglich bleibt.

Wichtig für lebenslanges Lernen ist vor allem die *kognitive Entwicklung*. Über die Lebensspanne findet ein Abbau mentaler Leistungsfähigkeit statt, der aber nicht in allen Intelligenzbereichen gleichermaßen vonstatten geht. Folgt man der Zwei-Faktorentheorie der Intelligenz Horns (1982), die einen kristallinen und einen fluiden Faktor der Intelligenz vorsieht (siehe Kapitel 4 und ▶ Abbildung 16.7, siehe S. 736), so zeigen Untersuchungen, dass der fluide Teil der Intelligenz deutlicher mit dem Alter absinkt, der kristalline jedoch langfristig gute Leistungen erlaubt. Für das lebenslange Lernen bedeuten diese Befunde, dass angesammeltes Wissen in Form von Sprache, Expertise in verschiedenen Lebensbereichen und Weisheit bis ins hohe Alter

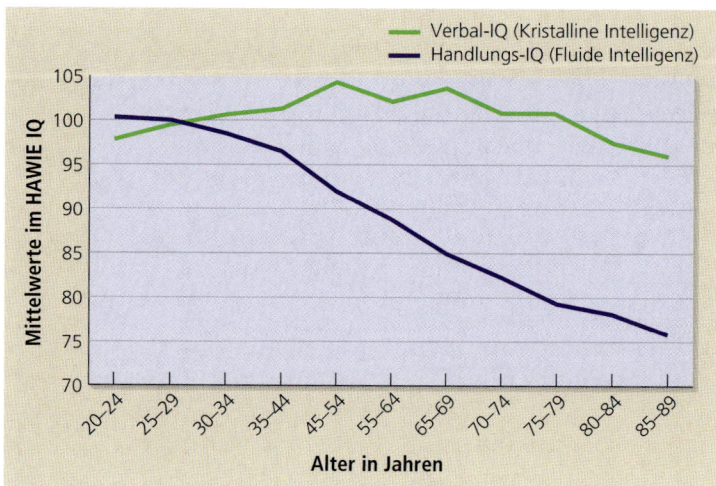

Abbildung 16.7: **Querschnittstrends im verbalen und Handlungsteil des IQ, mit dem Wechsler Intelligenztest für Erwachsene erfasst.** Es wurde der Bildungsstand kontrolliert, um den Kohorteneffekt zu mindern.
Quelle: Aus Kaufman, A. S. (2001). WAIS III IQs, Horn's theory, and generational changes from young adulthood to old age. *Intelligence, 29*, 131–167.

aktiviert werden kann. Lernvorgänge, die auf der Funktion der fluiden Intelligenz beruhen, sind jedoch beeinträchtigt. Dazu gehören vor allem Anforderungen, schnell zu reagieren und mehrere Tätigkeiten gleichzeitig zu erledigen, aber auch komplexe abstrakte Probleme zu lösen.

Ruth Deakin Crick, Patrici Broadfoot und Guy Claxton (2004) entwickelten ein Instrument zur Erfassung des individuellen Potentials zum lebenslangen Lernen (ELLI – Effective Lifelong Learning Inventory). Ihre Skalen erfassen sieben Dimensionen des Lernpotenzials Erwachsener:

1 *Entwicklungsorientierung:* Lernen und immer mehr zu wissen und zu können, macht Spaß;
2 *Bedeutungszusammenhänge erkennen*: Altes und neues Wissen gut verknüpfen können;
3 *Kritische Neugier*: Streben nach neuen Informationen, aber nicht ohne kritisches Auswählen;
4 *Abhängigkeit und Verletzlichkeit*: Entmutigt werden durch Fehler oder nicht weiter zu wissen, geringe Frustrationstoleranz;
5 *Kreativität*: Sachverhalte in anderem Licht sehen durch neu erworbenes Wissen;
6 *Lernbeziehungen*: Gut Gleichgewicht halten zwischen sozialen Beziehungen und Lernanforderungen;
7 *Strategische Selbstaufmerksamkeit*: Sich selbst gut beobachten und bewerten können; das Gegenteil ist, rein mechanisch zu handeln.

Die Autoren und Entwickler der Skalen entdeckten zwei Lernertypen: Der eine wies hohe Werte in allen

Skalen außer der Abhängigkeitsskala auf, während die andere Lernergruppe gerade in dieser Dimension hohe Werte erreichte. Zu dieser letzten Lernergruppe gehören mehr weibliche Personen als zu der ersten Gruppe. Die Skala kann Lernpotential in verschiedenen Altersstufen vorhersagen. Es fehlen noch Ergebnisse, die den Zusammenhang mit Lernleistungen klarstellen.

16.4.2 Lebenslanges Lernen und Erwerb von Wissen und Weisheit

Im Bereich lebenslanges Lernen und lebenslange Bildung stellt sich die zentrale Frage, inwieweit alternde und alte Menschen an den technischen Errungenschaften der modernen Gesellschaft teilhaben sollen. Dies ist zugleich die Frage danach, inwieweit Menschen marginalisiert werden, die eine Teilnahme an der Kommunikations- und Informationsrevolution unserer Epoche nicht mehr leisten können oder wollen. Es geht also nicht um die Frage, ob dies die Kapazität alter Menschen ermöglicht, sondern ob Bildungsprogramme erarbeitet werden sollen, die ihnen die Gelegenheit dazu bieten.

Lebenslanges Lernen und Erwerb von Fachwissen

Kein Bildungspolitiker oder gesellschaftlich Engagierter möchte sich dem Vorwurf aussetzen, er möchte alten Menschen den Erwerb von Wissen und Fertigkeiten vorenthalten, die ihnen erlauben, ihr Leben besser zu meistern. Dazu gehören z. B. Kenntnisse über Gesundheit, zu zahlende Steuern und soziale Beziehungen (Glendenning, 1995). **Praktisches Problemlösen** bedarf dieser Art von Kenntnissen, denn es erfordert, sich Situationen der realen Welt zu stellen und zu analysieren, wie am besten Ziele erreicht werden können. Alltagsprobleme sind in der Regel komplex und unterbestimmt, es gibt deshalb meist nicht nur eine Lösung.

Zugewinne im *Fachwissen* – eine sehr hoch organisierte und integrierte Wissensgrundlage – kann dazu genutzt werden, das praktische Problemlösen voran zu bringen. Blanchard-Fields, Chen und Norris (1997) fanden in ihrer Untersuchung, dass Erwachsene mittleren Alters versuchen, Problemanforderungen zu verstehen, indem sie diese von verschiedenen Seiten aus betrachten; sie suchen einen logischen Zugang zu einer Lösung. Aus diesem Grunde wenden Erwachsene mittleren und höheren Alters eher ein breites Spektrum an Strategien zur Lösung täglicher Probleme an und integrieren sie, um sie an die Problemsituation anzupassen.

Die Entwicklung des Fachwissens beginnt im frühen Erwachsenenalter, und es erreicht seinen Höhepunkt im mittleren Erwachsenenalter. *Fachwissen* oder *Expertenwissen* bietet eine äußerst effiziente Grundlage für Problemlösungen, besonders wenn es kontinuierlich erweitert wird. Es liefert abstrakte Lösungsprinzipien und intuitives, implizites Wissen, wann und wie Übertragungen auf Alltagsanforderungen möglich sind. Diese schnelle implizite Anwendung des Fachwissens ist das Ergebnis von Jahren des Lernens und der Erfahrung. Es kann nur bedingt durch Leistungs- und Wissensabfragen erfasst werden, weil es sich nicht nur auf in dieser Form abrufbares Wissen bezieht (Wagner, 2000).

Fachwissen oder Expertenwissen ist nicht nur von Hochgebildeten zu erwarten. Es kann in jedem Leistungsbereich auftreten. Perlmutter, Kaplan und Nyquist (1990) zeigten in einer Untersuchung an Gastronomen unterschiedliche Leistungskomponenten bei Experten dieses Gewerbes: *körperliche Fertigkeiten* (Stärke und Geschicklichkeit), *technisches Wissen* (Zutaten für Gerichte, Bestellen und Präsentation von Nahrungsmitteln), *organisatorische Fertigkeiten* (ein Gefühl für Prioritäten, Antizipation der Kundenwünsche) und *soziale Fertigkeiten* (vertrauenswürdiges Auftreten und gute Manieren). Nach diesen Leistungsmerkmalen wurden 20- bis 60-Jährige mit weni-

---

Verknüpfen und erweitern Sie mit anderen Kapiteln

In Kapitel 7.5.2 wurden die Besonderheiten des Fach- oder Expertenwissens bereits im Rahmen der kognitiven Lerntheorien erörtert.

---

ger als zwei und mehr als zehn Jahren Berufserfahrung eingestuft. Erwartungsgemäß nahmen körperliche Kraft und auch Geschicklichkeit im Laufe der Jahre ab und berufliches Wissen und praktische Fertigkeiten nahmen zu. Im Vergleich zu jüngeren Kollegen mit der gleichen Anzahl von Jahren Berufserfahrung wiesen Beschäftigte im mittleren Lebensalter mehr Kompetenzen auf und waren besser in der Lage, mit Kunden umzugehen.

Lebenslanges Lernen und Erwerb von Weisheit

Weisheit umfasst informell erworbenes, meist implizites, und intuitives Wissen. Baltes und Staudinger (1995) umschreiben Weisheit als „Fachwissen in der Führung und Bedeutung des Lebens" (S. 124). Ob auf persönliche Probleme angewendet oder auf Gemeinde, nationale oder internationale Belange – Weisheit ermöglicht „tiefe Einsicht in den Sinn menschlicher Existenz und in die Lebensführung" (S. 124). Es überrascht nicht, dass in vielen Kulturen die Ansicht verbreitet ist, nur im Alter könne der Mensch weise sein. Viele alte Menschen, auch in modernen Industrienationen, werden deshalb für hochrangige Führungspositionen auserwählt. Die populäre Theorie des Alters rechtfertigt diese Auswahl durch die für die Führungsentscheidungen notwendige Weisheit, die den Mangel an körperlicher Fitness ausgleicht. Körperliche Kraft und Gesundheit ist wiederum der jungen Generation eigen und so kommt es zu einer gerechten Verteilung der Anforderungen und Vorteile zwischen den Generationen.

Die Untersuchungen zu Weisheit mehren sich, bahnbrechend waren jedoch die Studien unter der Leitung von Paul B. Baltes. Staudinger (1999) erhob zahlreiche Lösungsvorschläge von Personen zwischen 20 und 89 Jahren auf unbestimmte Anforderungssituationen aus dem alltäglichen Leben. Eine Situation ist

---

Praktisches Problemlösen Die Fähigkeit, sich Anforderungssituationen der realen Welt zu stellen und zu analysieren, wie am besten bestimmte Ziele erreicht werden können.

Weisheit Fachwissen in der Führung und Bedeutung des Lebens.

Ältere Menschen suchen nach ihrer beruflich aktiven Zeit sich wissenschaftlich in Bereichen weiterzubilden, für die sie vorher keine Zeit erübrigen konnten. Einige Universitäten bieten eine „Universität des dritten Lebensalters" an.

etwa, dass ein Mensch sein Leben überdenkt und zu dem Schluss kommt, er habe seine Lebensziele nicht erreicht. Die Antworten waren in fünf Kategorien klassifizierbar:

- *Wissen* über fundamentale Belange des Lebens einschließlich der menschlichen Natur, sozialer Beziehungen und Emotionen.
- *Wirksame Strategien*, mit deren Hilfe dieses Wissen angewendet werden kann, um Entscheidungen im Leben zu treffen, mit Konflikten umzugehen und Rat zu geben.
- Ein *Menschenbild*, das die vielfältigen Anforderungen ihrer Lebenssituation berücksichtigen.
- Ein *Interesse an höchsten menschlichen Werten* wie dem Gemeinwohl und Respekt vor individuellen Wertunterschieden.

- *Bewusstsein dafür, dass es für viele Probleme keine endgültige Lösung gibt*, und Kompetenz im Umgang mit dieser Ungewissheit.

Weisheit ist also vielschichtiges implizites Wissen, das sich über die Lebensspanne ansammelt. Allerdings zeigt Staudinger, dass Alter keine Garantie für Weisheit bietet. Lediglich eine kleine Gruppe von Erwachsenen verschiedenen Alters konnte in ihrer Untersuchung als weise eingestuft werden. Menschen in Sozialberufen, die Erfahrung im Umgang mit menschlichen Problemen hatten, erhielten hohe Werte auf der Weisheitsskala (Smith, Staudinger & Baltes, 1994). Aber wenn Alter und relevante Lebenserfahrung zusammentrafen, erreichten diese Personen die höchsten Weisheitswerte. Weiterhin zeigte eine Studie von Ardelt (1998), dass überwundenes eigenes Leid eher weise macht (auch noch nach 40 Jahren) als ein weniger leidgeprüfter Lebenslauf. Personen mit einem leidvollen Lebensweg zeigten mehr Selbsterkenntnis, Wärme und Mitgefühl. Ardelt zeigt in einer nachfolgenden Analyse (2000), dass weise Personen körperlich gesünder und sozialer waren. Sie zeigten mehr Lebenszufriedenheit und verstanden, ihre Lebenssituation günstiger zu gestalten als nicht weise Personen. Wege zu finden, die Weisheit zu fördern, könnte also zu positivem Altern führen.

Lebenslange Bildung: die Universität des dritten Lebensalters

Angesichts des Erwerbs altersgemäßen Wissens in Form der Weisheit erscheint ein Angebot, intellektuelles und wissenschaftlich fundiertes Wissen zu erwerben, wie es die **Universität des dritten Lebensalters** bietet, verfehlt. Die Popularität dieses Bildungsangebotes widerspricht diesem Einwand jedoch. Das Zentrum für allgemeine wissenschaftliche Weiterbildung an der Universität Ulm (**http://www.uni-ulm.de/LLL**) bietet Lehrveranstaltungen für Senioren mit bis zu 1000 Zuhörern an (im Vergleich dazu: die Universität Ulm hat 7200 reguläre Studenten), die an ausgesuchten wissenschaftlichen Veranstaltungen teilnehmen können. Bevorzugt werden Lehrveranstaltungen mit eher allgemein bildenden Inhalten – also Grundvorlesungen in Geschichte, Philosophie, Psychologie, Kunst und Theologie. Die Anforderungen an Breite und Tiefe des

Universität des dritten Lebensalters Studiengänge für Weiterbildung nach der beruflich aktiven Zeit an den bestehenden Universitäten und Hochschulen in Deutschland.

Soll ein Bildungssystem lebenslanges Lernen ermöglichen?

Nicht alle Pädagogen glauben, Computer sollten in Schulen zum Lernen der Lehrinhalte eingesetzt werden. Sie geben zu bedenken, dass dadurch die Übung der Fertigkeiten zum Wissenserwerb wie Lesen von Büchern, Schreiben mit der Hand ohne automatische Rechtschreibkorrektur eines Textverarbeitungsprogramms und auch die Speicherung im Langzeitgedächtnis vernachlässigt werde. Vertreter und Gegner des Computereinsatzes im Unterricht diskutieren heftig, ob einem Computer eine eigenständige Lehr-/Lernwirksamkeit zugeschrieben werden kann.

Pro: Vorteile einer lebenslangen Bildung.

Die Bildungsbedürfnisse älterer Menschen müssen in den kommenden Jahren stärker beachtet werden, da ihre Zahl wächst und sie ihr Recht auf ein lebenslanges Lernen in Anspruch nehmen werden. Wenn dieser Wandel einmal vollzogen ist, werden Altersstereotype und Altersdiskriminierung sich abschwächen. „Was Hänschen nicht lernt, lernt Hans nimmermehr" oder „Bildung ist für die Jungen" werden dann unzutreffende sprichwörtliche Redensarten sein.

Ältere Menschen profitieren vom lebenslangen Bildungsangebot. Sie werden aus der Marginalisierung herausgeholt und in neue gesellschaftliche, wissenschaftliche und technologische Entwicklungen einbezogen. Ihr Wissens- und damit auch ihr Urteilshorizont erweitert sich (Long & Zoller-Hodges, 1995). Besonders weniger Gebildete profitieren von Bildungskursen (Brady, 1984). Im Bereich Gesundheit ist der Nutzen solcher Kurse offensichtlich (Ardelt, 2000). Ältere Menschen leben nach Aufklärung gesünder und helfen so die Krankenkosten zu senken. Das erworbene Wissen kann wiederum gesellschaftlich genutzt werden, wenn es an die nächsten Generationen weitergegeben und von diesen produktiv verarbeitet werden kann.

Contra: Bildungsprogramme für Senioren sind teuer und lohnen sich nicht für die Gesellschaft.

Die Investition von öffentlichen Geldern muss gerechtfertigt werden. Die Bildungsprogramme für Senioren kosten viel und sind volkswirtschaftlich in der Regel ohne Nutzen. Senioren sollten sich Bücher kaufen, vielleicht auch in öffentlichen Bibliotheken ausleihen, aber gesonderte Bildungsprogramme mit speziellen Lehrkräften sind überflüssig, da noch nicht klar ist, wie ältere Menschen ihr neu erworbenes Wissen für das Gemeinwohl einsetzen können.

Die nachfolgenden Generationen lehnen die Nutzung dieses Wissensfundus eher ab, da sie neue Wege gehen wollen. Sie fürchten, gegenüber der älteren Generation benachteiligt zu werden, wenn sie auf deren Wissensbestände zurückgreifen müssen. Junge Menschen streben die Unabhängigkeit von der älteren Generation an, um ihre eigenen Ideen verwirklichen zu können. Die in jeder Gesellschaft vorhandene Generationenkluft würde durch verstärkte Weiterbildung der älteren Generation nicht überbrückt.

Welchen Standpunkt haben Sie?

notwendigen Fachwissens in der beruflich aktiven Zeit lässt den Menschen wenig Ressourcen zur Vertiefung ihrer Allgemeinbildung und außerberuflichen Interessen. Alte Menschen möchten dies nachholen. Diese Wissenserweiterungen haben einen positiven Effekt auf den Lerner, sie erhöhen sein Selbstbewusstsein und stellen einen Lebensinhalt dar. Gleichzeitig wird das Wissen auch instrumentell eingesetzt, z. B. um sich an Gesprächen beteiligen zu können oder um an Ansehen zu gewinnen (Ardelt, 2000). Ältere Personen wählen aber Veranstaltungen nicht nur kompensatorisch oder komplementär zum eigenen Fachwissen aus. Im Bewusstsein, dass ihr Fachwissen auch

veraltet, bilden sie sich im Bereich eigenen Fachwissens fort. Dies geschieht vor allem bei intrinsisch, d. h. aus Sachinteresse, motivierten Fachexperten. Universitätsprogramme setzen bereits eine Universitätsbildung, mindestens aber das Abitur voraus und sind somit nur für eine elitäre Gruppe geeignet. Die *Pro & Contra*-Diskussion trägt noch einmal verschiedene Gesichtspunkte der Nützlichkeit von lebenslanger Bildung zusammen.

Volkshochschule und Bildungsseminare

Die Einrichtung der Volkshochschulen bietet in Deutschland allen Lernbereiten eine Möglichkeit, sich

Ältere Menschen unterrichten

Schaffen Sie eine positive Lernumgebung.

Beispiele

1 Oft kommen ältere Menschen mit geringem Selbstwertgefühl und negativen Stereotypen über alte Menschen in die Lernumgebung. Dies sollte zunächst abgebaut werden.

2 Schaffen Sie eine unterstützende Gruppenatmosphäre und verhalten Sie sich kollegial.

3 Vermitteln Sie die Überzeugung, dass man in jedem Alter lernen kann.

Geben Sie genügend Zeit zum Lernen neuer Informationen.

Beispiele

1 Unter den älteren Lernern gibt es große individuelle Unterschiede, aber in der Regel verlangsamt sich die Informationsverarbeitung deutlich.

2 Die Vermittlung des Lehrstoffs sollte sich über mehrere Sitzungen erstrecken.

3 Es sollte selbstgesteuertes Lernen möglich sein, damit jeder nach seinem Tempo lernen kann.

Bieten Sie gut strukturierte Informationen an.

Beispiele

1 Ältere Menschen vermögen Material nicht so effektiv zu strukturieren. Gute Zusammenfassungen müssen mit mehr Aufwand erstellt werden.

2 Älteren Menschen muss bei der Strukturierung geholfen werden. Erst gut zusammengefasstes Material kann gut verstanden und effektiv im Gedächtnis bleiben.

3 Abschweifungen sollten vermieden werden.

Vermitteln Sie Informationen, die einen Bezug zum Leben der älteren Menschen haben.

Beispiele

1 Neues Material sollte in Bezug gesetzt werden zu dem vorhandenen Wissen, damit sie sich auf ihre Erfahrungen stützen können.

2 Es sollten viele Beispiele aus dem persönlichen Lebensumfeld älterer Menschen herangezogen werden, so wird die Behaltensleistung erhöht.

3 Wiederholen Sie den Lehrstoff.

Wenn Sie mehr über das Unterrichten älterer Menschen wissen wollen:

http://www.emagister.de/kurse_altersgerechte_didaktik_ec2365136.htm

Quelle: Thompson, D. N. (1992). Applications of Psychological Research for the Instruction of Elderly Adults. In R. I. West & J. D. Sinnott (Hrsg.), *Everyday Memory and Aging* (S. 173–181). New York: Springer.

weiterzubilden. Durch staatliche Finanzierung können die Beiträge gering gehalten werden, sodass der Anspruch aller Bildungsschichten auf Weiterbildung erfüllt werden kann. Dem Konzept nach sollten junge und alte Menschen zusammen lernen, sodass sich für die Dozenten Probleme ergeben, die in anderer Form in Schulklassen auftreten. Die Schüler bringen sehr unterschiedliche Voraussetzungen mit und entsprechend variiert auch das Lerntempo. Die *Richtlinien* weisen auf die Besonderheiten des Unterrichtens älterer Menschen hin.

Unterschiede und Gemeinsamkeiten im medienunterstützten Unterricht und im lebenslangen Lernen 16.5

Individuelle und Gruppenunterschiede gehen auf unterschiedliche Sozialisationserfahrungen zurück. Kohortenunterschiede machen sich in der unterschiedlichen Vertrautheit im Umgang mit den verschiedensten Medien, aber auch in den Einstellungen gegenüber lebenslangem Lernen und lebenslanger Bildung stark bemerkbar. Die verschiedenen Formen medienunterstützten Unterrichts haben eines gemeinsam, nämlich das Ziel, Lernen zu erleichtern und effizienter zu gestalten. Allen lebenslangen Lernern ist vor allem eine Offenheit für neue Erfahrungen eigen.

16.5.1 Unterschiede

Unterschiede in der Vertrautheit mit Medien

Beim Lernen entstehen bereits in der häuslichen Umgebung Unterschiede in der Vertrautheit mit Medien. Über die Auswirkungen dieser häuslichen Vorteile berichten Kuhlemeier und Hemker (2007). Da eher ökonomisch privilegierte und bildungsnahe Familien Computer und Internetanschluss zu Hause haben, profitieren Kinder aus solchen Familien am meisten. Sie bringen Grundwissen über Computer- und Internetnutzung in den Unterricht ein und haben durch die bereits gewonnene Routine freie Ressourcen für die Aneignung des Lernstoffes. Dieser Lernvorteil ist nicht zu unterschätzen. Er ist ein Faktor von vielen im Ungleichgewicht der Bildungschancen zwischen armen und nicht-armen Kindern. Die Gestaltung der Hausaufgaben durch Recherchen im Internet, also ein Informationsvorteil, kommt als weiterer Faktor hinzu, der Chancenungleichheit bereits im Schulalter herbeiführt.

Den Umgang mit Computern und anderen Medien müssen ältere Lerner sich erst mühsam aneignen. Oft unterweisen ihre eigenen Kinder sie oder sie müssen einen Computerkurs besuchen. Auf alle Fälle lernen ältere Menschen nicht auf die gleiche Weise spielerisch mit Computern umzugehen. Dies hat motivationale Nachteile und ist zeitaufwendiger.

Unterschiedliche lebenslange Lerner

Geschlechtsunterschiede und unterschiedliche Lernertypen wurden bereits vorgestellt. Quellen der individuellen Unterschiede wie Bildung der Eltern, eigene Schulbildung und Zugang zu den Medien sind bereits im häuslichen Umfeld des Kindes gegeben. Die Schulen selbst tragen auch zur Verfestigung individueller Unterschiede unter den lebenslangen Lernern bei.

Im mittleren Alter übernehmen die Rolle des lebenslangen Lerners vor allem Personen, denen die Großelternrolle entweder versagt bleibt oder die sie nicht annehmen wollen (Ardelt, 2000). Lebenslanges Lernen, vor allem in Form der lebenslangen Bildung, erscheint im Lichte dieses Befundes nicht nur als Erscheinung einer bestimmten Lernhaltung, sondern auch als Ausdruck eines bestimmten Lebensstils. Lebenslange Lerner sind eher unabhängige und aktive Menschen, offen für neue Erfahrungen.

16.5.2 Gemeinsamkeiten

Jennifer Bryce rief im Jahr 2004 in Australien ein Projekt für den Australian Council of Educational Research (Australische Kommission für Pädagogische Forschung) ins Leben, indem sie ein Programm entwickelte, das die Motivation zu lebenslangem Lernen bereits in der Sekundarstufe anregen sollte. Lebenslanges Lernen ist weitgehend selbstreguliertes Lernen, das bereits in der Grundstufe entwickelt werden kann. Bryce geht von Fertigkeiten und Einstellungsänderungen aus, um dieses Ziel zu erreichen. Die Einstellung ist wichtig, dass sich die Anforderungen, besonders die technischen, in den meisten Berufszweigen schnell ändern. Für diese Änderungen muss der Lerner offen sein und ihnen mit dem Erwerb neuer Fertigkeiten gerecht werden. Mehr noch als die ständige Bereitschaft, spezifische erforderliche Fertigkeiten zu erwerben, sollte eine allgemeine Lernbereitschaft erworben werden, nicht zuletzt durch Einsicht in deren Notwendigkeit (Bryce, 2004). Bryce stellt heraus, dass

- Schüler das *Bedürfnis zu lernen* entwickeln sollten.
- sie lernen sollten, *wie* und nicht *was* man denkt.
- Lehrer *Mentoren und Vorbilder* für lebenslanges Lernen und nicht Wissensvermittler sind.
- Schüler aufgefordert werden sollten zu *erkunden*, anstatt mit fertigen Schemata und „Normen" an die Informationsverarbeitung heranzugehen.

- Lernen *Vergnügen* bereiten und Vergnügen selbstverständlicher Bestandteil des Lernerlebens sein sollte.

Wichtig für die intrinsische Motivation zu lernen ist zu wissen, wie man lernt, wie man Informationen strukturiert und ökonomisch verarbeitet. Dazu gehört auch die Anleitung durch den Lehrer, schulische Möglichkeiten kennenzulernen, die unterschiedlichsten Informationen zu erreichen und effektiv zu nutzen. In dem sich allmählich entwickelnden Jargon wird von „information literacy" (Informationslese- und -schreibfähigkeit) gesprochen. Darunter versteht Bryce nicht nur das technologische Wissen, sondern auch die Erkenntnis, wann, wie viel und welche Art von Information aufzusuchen ist. Die Vor- und Nachteile multipler Quellen müssen erkannt werden. Schüler aus solchen Schulen wird die Nutzung von Informationsquellen zur Selbstverständlichkeit. Gleichzeitig müssen sie aber auch in die Lage versetzt werden, Informationen kritisch zu filtern.

Ebenso wichtig wie die beschriebenen Kenntnisse ist die Vermittlung entsprechender Wertorientierungen. *Anpassungsbereitschaft* an eine ständig sich verändernde Welt ist der Kerninhalt der Wertorientierungen. *Agent seiner eigenen Informiertheit* zu sein ist eine wichtige Einstellung, die sich durch die Art der Nutzung in der Schule einstellen muss. Sie sollte bei Lehrern und Schülern gleichermaßen zu finden sein. Kommunikationsbereitschaft ist günstig für das schnelle Lernen und das ständige Erneuern des Wissensbestandes. Alle diese Lernereigenschaften müssen in der Lernumgebung positiv bewertet werden, sodass sie sich verstärkt festigen können. Lehrer müssen selbst demonstrieren, dass sie ständig dazulernen, sodass sie ihrer Vorbildfunktion gerecht werden.

Zur Lernfähigkeit älterer Menschen gehört die Fähigkeit zur Aneignung der neuen Technologien. Ältere Menschen sollten erkennen, dass sie an den Rand der Gesellschaft gedrängt werden, wenn sie sich von der neuen Informations- und Kommunikationstechnologie ausschließen. Diese Erkenntnis bildet die Grundlage für die Motivation, vor allem Internet- und Computernutzung zu lernen. Wird dieser Prozess in Gang gesetzt, eröffnen sich dadurch weitere Lernmöglichkeiten und Zugänge zu neuen Informationen.

Die Familienrolle älterer Menschen als Großeltern wird in verschiedenen Kulturen unterschiedlich gesehen (Strom, 1999). Eine australische Untersuchung mit 3286 Teilnehmern verschiedener Ethnien aus drei Generationen zeigt die unterschiedliche Wahrnehmung der großelterlichen Rolle auf. In allen Migrantenkulturen in Australien werden aber lebenslanges Lernen der Großeltern und Programme dafür befürwortet. Dies mag mit dem starken Erleben schnellen technologischen und sozialen Wandels im Aufenthaltsland zusammenzuhängen, aber auch mit einem allgemeinen Menschenbild, das ältere Menschen als lernfähig ansieht.

Z U S A M M E N F A S S U N G

Lernen mit Texten oder Lernen von Texten (S. 719–722)

Lernen mit Texten. Texte sind ein Kommunikationsmedium, mit dessen Hilfe Sachverhalte sprachlich vermittelt werden. Der Verfasser versucht beim Zuhörer oder Leser eine mentale Repräsentation des Sachverhaltes zu erzeugen, die seiner eigenen entspricht. Gelingt dies, hat der Empfänger den berichteten Sachverhalt verstanden. Ein Text besteht aus der Textbasis, das ist die sprachliche Oberfläche, und den Inhaltselementen, den Propositionen. Aus der Textbasis wird ein mentales Modell oder ein Situationsmodell konstruiert. Es gibt verschiedene Textsorten (z. B. Märchen, Sachtexte, Todesanzeigen). Texte sind kohärente Strukturen mit innerem Sinnzusammenhang.

Förderung des Verstehensprozesses. Textverständnis entsteht auf allen Textebenen, aber das Textverständnis wird am mentalen Modell oder Situationsmodell gemessen. Das Verständnis erschließt sich erst über Schlussfolgerungen (Inferenzen), die der Leser oder Zuhörer aus der Textbasis zieht. Mikrostrategien richten sich auf das Verstehen der Elemente der Textbasis und Makrostrategien auf die

Herausarbeitung des Situations- oder mentalen Modells. Die PQ4R-Methode stellt Regeln für das Vorgehen beim Textverstehen bereit.

Textinhalte behalten. Nicht jeder verstandene Text wird auch gut behalten. Diskontinuierliche Texte erschweren das Verständnis des Inhaltes, erleichtern aber dessen Behalten. Die Inhaltselemente der propositionalen Textbasis sind dann bevorzugt im Gedächtnis repräsentiert, wenn die Bildung eines Situationsmodells erschwert wird.

Besser verstehen durch Textergänzungen. Bild-/Grafikergänzungen in Texten sollten nicht nur weitere Informationen ermöglichen, sondern die im Text dargestellte Information stützen. Dies wird möglich, wenn die Ergänzungen textanalog aufgebaut sind und verarbeitet werden können. Text wie Bilddiagramm sollten eine Oberflächenrepräsentation (sprachlich bzw. bildlich) und eine inhaltliche Repräsentation (propositional bzw. räumlich-mental) besitzen. Darüber hinaus sollten sie als oberste Verarbeitungsebene die Symbolverarbeitung oder Deskription bzw. Strukturabbildung oder Depiktation vorsehen.

Rechnerunterstütztes Lernen (S. 723–728)

Informationssysteme. Informationssysteme stellen die für den Wissenserwerb notwendige Wissensbasis bereit. Computerbasierte Informationssysteme können das Buch, den Film und andere Informationsträger ergänzen oder ersetzen. Das Informationssystem erfüllt keine Lehrfunktion; ein Lehrer oder Ausbilder muss den Aufbau und den Zugriff sowie die Bewertung der Informationen vermitteln.

Lehrsysteme. Ein Lehrsystem liefert Informationen und erfüllt Lehrfunktion. Es kann in der Form von Übungen und Tutorenprogrammen mit linearer oder verzweigter Vorgehensweise entworfen sein. Übungen verfestigen den vorhandenen Wissensstoff, Tutorenprogramme sollen helfen, neues Wissen zu erwerben.

Simulationssysteme. Simulationen am Computer sind multifunktional und wirksam, denn sie dienen der Festigung bestehenden Wissens, dem Erwerb neuen Wissens und der Anwendung des Wissens auf neue Situationen. Simulationen sind meist Prozess- oder Ablaufsimulationen; sie können aber auch in Form von Planspielen zur Darstellung und zum Training eingesetzt werden.

Hypertext- und Hypermediaprogramme. Der Hypertext stellt ein Programm vor und enthält kritische Wörter, bei deren Auswahl sich eine neue Option (link) auftut. Taucht unter der ausgewählten Option ein Text mit Video, Grafiken oder Fotografien auf, so wird die Bezeichnung Hypermedia verwendet. Das Lernen an Hypertexten und -media ist selbstreguliert und unsystematisch; es kann deshalb nicht mit den üblichen Tests überprüft werden.

Effizienz rechnergestützten Lernens. Texte am Bildschirm werden von Schülern langsamer gelesen als auf Papier gedruckte Texte. Die Behaltensleistung liegt aber höher als bei auf Papier gedruckten Texten.

Schüler auf rechnergestütztes Lernen vorbereiten. Die Vorbereitung auf den rechnergestützten Unterricht erfolgt in der Regel zu Hause. Kinder nutzen spontan den Rechner für Spiele und eignen sich so begrenzte Grundfertigkeiten an. Die Schule muss dann die systematische Einführung nachholen. Die Internetnutzung wird ebenfalls im häuslichen Milieu vorbereitet.

Multimediales Lernen und Lehren (S. 729–731)

Multimediale Lern-/Lehrsysteme. Multimediale Lern-/Lehrprogramme arbeiten mit Informationsverarbeitung über mehrere Sinnesmodalitäten gleichzeitig. In der Regel werden visuelle und optische Programmanteile kombiniert. Diese Vielseitigkeit wird durch die neuen technischen Entwicklungen bei Computern ermöglicht. Rechtschreibprogramme eignen sich besonders gut für diese Art der Wissensvermittlung und Übung.

Lernen mit Internet. Internetnutzung heißt Umgang mit Informationen im Hypertextformat. Internetnutzer sollten selbstregulierte Lerner sein. Sie haben durch die parallele und nicht-lineare Verarbeitungsanforderung die Freiheit, ihre Lernziele zu setzen und zu verfolgen. Für die Verwendung in der Schulklasse muss beachtet werden, dass diese Art des Wissenserwerbs einen gleichmäßigen Wissensstand der ganzen Klasse nicht garantieren kann. Ein zielgerichtetes Abrufen oder Abfragen von Wissensbeständen ist so erschwert.

Computernutzung und individuelle Unterschiede. Schüler, auch hochbegabte, neigen zur Überschätzung ihrer Kenntnisse in der Nutzung von Rechnern, unterschätzen aber ihr technisches Wissen. Die Häufigkeit der Rechnernutzung und der häusliche Computer sind bedeutsame Faktoren für den Stand der Kenntnisse.

Für Schüler mit besonderen Bedürfnissen stellen Computer wichtige Hilfsmittel bereit. Vor allem körperliche Behinderungen können durch entsprechende Ausrüstung von Computern kompensiert werden.

Fernsehen als Informations-, Lehr-/Lern- und Simulationsprogramm. Das Fernsehen ist multimedial und multifunktional. Dokumentationsfilme als Informationsquelle und Telekollegs im Bildungsprogramm als systematische Lehrprogramme bieten ein breites Spektrum an Einsatzmöglichkeiten in der Schule und für den lebenslangen Lerner zu Hause.

Lebenslanges Lernen (S. 731–740)

Gibt es den lebenslangen Lerner? Die soziodemografischen Merkmale des lebenslangen Lerners sind nach einer großangelegten englischen Untersuchung junges bis mittleres Erwachsenenalter und Zugehörigkeit zur Gruppe der nicht-weißen Lerner aus anderen Ethnien. Die letzte Gruppe stellt die meisten vorübergehenden Lerner. Weiße aus anderen Ethnien bilden den größten Anteil unter den Nicht-Lernern.

Fähigkeit zum lebenslangen Lernen. Über die gesamte Lebensspanne findet ab dem Erwachsenenalter ein Abbau körperlicher und intellektueller Leistungsfähigkeit statt. Im Bereich der kognitiven Entwicklung bleibt die kristalline Intelligenz jedoch weitgehend erhalten, während die fluide Intelligenz früher und schneller ihre Leistungsfähigkeit verliert. Diese Entwicklung ist beim lebenslangen Lernen zu berücksichtigen. ELLI (Effective Lifelong Learning Inventory, Wirksames Messinstrument des lebenslangen Lernens) stellt einen Versuch dar, die lebenslange Lernfähigkeit zu erfassen.

Lebenslanger Erwerb von Wissen. Theoretisches und praktisches Fachwissen ständig zu erweitern ist das Geheimnis für beruflichen Erfolg. Fachwissen bietet die Grundlage für praktisches Problemlösen. Systematisches Fachwissen und praktische Problemlösefähigkeit machen den erfahrenen Experten aus.

Lebenslanger Erwerb von Weisheit. Weisheit ist Wissen über grundlegende Belange des menschlichen Lebens und seiner Natur, über soziale Beziehungen und Emotionen. Der Weise verfügt über Strategien, sein Wissen anzuwenden, mit Konflikten umzugehen und Rat zu erteilen. Weiterhin setzt er sich mit menschlichen Werten auseinander, hat das Gemeinwohl im Auge und respektiert die Wertorientierung anderer. Er ist sich bewusst, dass es für viele Probleme keine (einzige) Lösung gibt, und kann mit dieser Situation umgehen.

Lebenslange Bildung. Auch ältere Menschen möchten noch Wissen erwerben, vor allem Gebildete streben weiter nach wissenschaftlich begründetem Wissen, das sie vorher nicht erwerben konnten, weil sie zeitlich durch den Erwerb des beruflich erforderlichen Fachwissens und im Familienleben beansprucht waren. Die „Universität des dritten Lebensalters" versucht diesem Anspruch gerecht zu werden. Sie bietet allgemeine Vorlesungen für Senioren zur Weiterbildung an. Weniger Bildungsvoraussetzungen benötigt der Hörer der Volkshochschule, die seit langem auf die Bedürfnisse nach Bildung von Menschen aus allen gesellschaftlichen Schichten eingeht.

SCHLÜSSELBEGRIFFE

Hypermedia (S. 727)

Hypertext (S. 727)

Informationssystem (S. 723)

Kontinuierliches Lernen (S. 734)

Lebenslange Bildung (S. 733)

Lebenslanges Lernen (S. 733)

Lehrsystem (S. 724)

Lernen mit Multi-Media (S. 723)

Lernen mit neuen Medien (S. 723)

Mentales Modell (S. 719)

Multimediale Lernumgebung (S. 727)

Multimediales Lehr-/Lernsystem (S. 729)

Praktisches Problemlösen (S. 737)

Rechner(computer-)unterstützter Unterricht (S. 723)

Selbstinstruktion (S. 724)

Simulationsprogramm (S. 727)

Situationsmodell (S. 719)

Situiertes Lernen (S. 728)

Text (S. 719)

Textbasis (S. 719)

Textkohärenz (S. 720)

Textsorte (S. 720)

Textverstehen (S. 720)

Tutorprogramm (S. 724)

Universität des dritten Lebensalters (S. 738)

Weisheit (S. 737)

Z U S A M M E N F A S S U N G

Anhang

ÜBERBLICK

Abgestufte Unterstützung/Anleitung (scaffolding) Helfende, nach Entwicklungsstand des Kindes abgestufte Begleitung von Erwachsenen oder Programmen beim Lernen und Problemlösen. Die Hilfe kann bestehen aus Hinweisen, Erinnern, Ermutigen, Unterteilen des Problems in Teilprobleme, Beispiele Anführen oder sonstige Maßnahmen, die dem Schüler erlauben, zunehmend selbstständiger zu werden.

Abruf Suchprozess nach und finden von Informationen im Langzeitgedächtnis.

Absence Anfall, der nur einen kleinen Teil des Gehirns betrifft und mit einer kurzen Zeit der völligen Geistesabwesenheit einhergeht.

Abweichungs-IQ Ein Leistungswert, der auf einem statistischen Vergleich zwischen einer individuellen Leistung mit der Durchschnittsleistung der entsprechenden Altersgruppe beruht.

Adaptation Prozess des Anpassens an die Umwelt.

Adoleszenter Egozentrismus Die Annahme, dass alle die eigenen Überzeugungen, Gedanken, Gefühle und Bedenken teilen.

Affektiver (emotionaler) Bereich Zielsetzungen für Einstellungen und Gefühle.

Akkomodation Die Veränderung bestehender kognitiver Schemata oder die Bildung neuer als Reaktion auf neue Informationen.

Akronym Gedächtnistechnik zum Merken von Namen, Sätzen oder Schritten durch Benutzung des ersten Buchstabens jedes Wortes, um ein neues, besser zu behaltendes Wort zu bilden.

Aktionszone Bereich im Klassenraum, in dem die lebhafteste Beteiligung an den Klassenaktivitäten stattfindet.

Aktive Lernzeit Zeit, in der ein Schüler sich mit den gestellten Aufgaben beschäftigt.

Aktives Unterrichten Lehre mit hohem Anteil an Erklärungen durch den Lehrer, mit Veranschaulichungen und Interaktionen mit Schülern.

Aktivierung Die körperlichen und psychologischen Reaktionen, die bei Personen zu hellwachen, aufmerksamen und angespannten psychischen Zuständen führen.

Algorithmus Schritt-für-Schritt-Verfahren beim Problemlösen; Vorschriften für Lösungswege.

Allgegenwärtigsein Alles im Klassenzimmer zur Kenntnis nehmen.

Allgemeiner Krampfanfall Krampfanfall, der weite Teile des Gehirns betrifft.

Allgemeines Wissen Informationen, die für viele verschiedene Aufgaben interessant sind oder sich auf viele verschiedene Situationen anwenden lassen.

Alltagsnahe Aufgabe Aufgaben, die aus dem Leben gegriffen sind, auf die der Schüler außerhalb der Schule stoßen kann.

Alltagsnahes Testen Erfassen wichtiger Fähigkeiten mit Simulation lebensnaher Anforderungen.

Analogie-Denken Heuristik, in der die Suche nach Lösungen für Problemsituationen auf ähnliche Situationen beschränkt bleibt.

Angewandte Verhaltensanalyse Die Anwendung von behavioristischen Lernprinzipien, um Verhalten zu verstehen und zu ändern.

Angst/Ängstlichkeit Zustand (Angst) oder Eigenschaft (Ängstlichkeit), die mit einem Gefühl der inneren Unruhe und Spannung einhergeht.

Anreiz Ein Gegenstand oder Ereignis, das Verhalten anregt oder entmutigt.

Antezedente Bedingungen Ereignisse, die einem Verhalten vorausgehen.

Äquilibration Das Bestreben, ein mentales Gleichgewicht zwischen kognitiven Schemata und Informationen aus der Umwelt herzustellen.

Arbeitsgedächtnis Hält die Informationen, die gerade bearbeitet werden und im Mittelpunkt der Aufmerksamkeit stehen; arbeitet mit dem Langzeitgedächtnis zusammen.

Arbeitsmeidende Lerner Schüler, die nicht lernen wollen und auch nicht intelligent erscheinen möchten, sie wollen einfach so wenig wie möglich arbeiten.

Artikulationsstörung Verschiedene Ausspracheschwierigkeiten wie Ersetzen oder Auslassen von Vokalen oder Konsonanten und Entstellen von Lauten.

Assimilation Neue Informationen vorhandenen Schemata/Kategorien anpassen.

Attributionstheorie Theoretischer Ansatz, der aufklärt, wie individuelle Erklärungen, Rechtfertigungen und Entschuldigungen die Motivation und das Verhalten beeinflussen.

Auf Können ausgerichtete Schüler Schüler, für die Lernziele im Vordergrund stehen, weil sie Leistung bejahen und Fähigkeiten als positiv veränderbar ansehen.

Aufforderung Eine Vorgabe, auf einen Hinweisreiz mit dem erwünschten Verhalten zu reagieren.

Aufgaben-/Fragenstamm Der Kerninhalt einer Frage oder Aufgabe in einem Test mit Mehrfachwahlantworten.

Aufgabenanalyse Eine systematische Untergliederung einer Aufgabe in grundlegende und untergeordnete Fertigkeiten.

Aufgabenzentrierte Lerner Lerner, deren Ziel in der Beherrschung von Anforderung und in der Verbesserung ihres Könnens besteht.

Aufmerksamkeitsdefizit-Hyperaktivitätsstörung (ADHS) Bezeichnung für eine Störung der Aufmerksamkeitszuwendung, gekennzeichnet durch Überaktivität, auffallende Schwierigkeiten beim Aufrechterhalten der Aufmerksamkeit oder Impulsivität.

Ausnahmeschüler Schüler mit außergewöhnlichen Fähigkeiten oder Problemen, sodass besonders Bildungs- und unterstützende Maßnahmen notwendig werden, damit ihr Potenzial besser genutzt wird.

Ausstellung Ein Leistungstest, bei dem etwas ausgeführt werden muss. Sie soll Lernfortschritte einer Öffentlichkeit vorstellen und benötigt viel Zeit für Vorbereitungen.

Auszeit Die Entfernung aller Verstärkungen. Die soziale Isolation eines Schülers aus dem Klassenverband für eine kurze Zeit.

Autismus Entwicklungsstörung mit bedeutsamen Auswirkungen auf die affektiv-sprachliche und nichtverbale Kommunikation sowie die soziale Interaktion, tritt im Allgemeinen bereits vor dem 3. Lebensjahr in schwacher bis starker Form auf.

Automatische Reaktion Meist unwillkürliche oder automatische Antworten auf spezifische Reize.

Automatisierung Die Fähigkeit, gründlich gelernte Aufgaben ohne große geistige Anstrengung zu erledigen.

Automatizität Das Ergebnis eines Lernprozesses, in dem ein bestimmtes Verhalten oder ein Denkvorgang so gründlich erworben wird, dass eine Ausführung automatisch und ohne Anstrengung erfolgt.

Autonomie Selbstständigkeit, Unabhängigkeit.

Aversiv Unangenehm oder irritierend.

Bahnen/Priming Einen Begriff im Gedächtnis aktivieren oder die Ausbreitung von Aktivierung von einem Begriff zum anderen.

Bedeutungshaltiges verbales Lernen Fokussierte und organisierte Beziehungen zwischen Ideen und verbalen Informationen.

Bedürfnis nach Selbstbestimmung Das Streben, sein Verhalten nach den eigenen Wünschen und unabhängig von externen Belohnungen oder Druck auszurichten.

Bedürfnishierarchie Maslows Modell der sieben Ebenen der menschlichen Bedürfnisse, von den physiologischen Grundbedürfnissen bis zum Bedürfnis nach Selbstverwirklichung.

Begriff Eine allgemeine Kategorie von Vorstellungen, Gegenständen, Menschen oder Sachverhalten und Ereignissen, deren Vertreter bestimmte Merkmale gemeinsam haben.

Begriffsänderung durch Unterricht in den naturwissenschaftlichen Fächern Ein didaktischer Ansatz, der Schülern hilft, naturwissenschaftliche Begriffe zu verstehen (nicht auswendig zu lernen) und subjektive Theorien der Schüler auf den Prüfstand zu stellen.

Begriffsvermittlung durch Analogien Lehren von Begriffen mittels Verknüpfung mit vorher erworbenem und bereits verstandenem Wissen.

Behavioristische Lerntheorien Erklärungen des Lernens durch Einwirkung äußerer Ereignisse als Ursache für Veränderungen im Verhalten.

Behinderung Die Unfähigkeit, bestimmte Funktionsleistungen zu erbringen, wie z. B. Sehen oder Hören.

Belohnung Ein attraktiver Gegenstand oder Ereignis, das als Konsequenz eines Verhaltens auftritt.

Benachteiligung/Handicap Ein Nachteil in einer speziellen Situation, manchmal verursacht durch Behinderungen.

Benoten mit Prozentangaben Die Leistungen im Unterricht in Prozentanteilen bewerten und den Prozentwerten dann Noten zuordnen. Dafür müssen vorher Grenzprozentwerte für jede Note festgelegt werden.

Benotung nach dem vorkommenden Leistungsspektrum Normorientiertes Benoten, das die Einzelleistung in Beziehung zu dem Durchschnitt der beobachteten anderen Einzelleistungen setzt.

Beobachtungslernen Lernen durch Beobachtung und Nachahmung anderer.

Berechtigte marginale Teilhabe Periphere Beteiligung an der Gruppenarbeit, auch wenn die Fähigkeiten unterentwickelt sind und die Beiträge gering ausfallen.

Bereichsspezifische Strategien Bewusst eingesetzte Fertigkeiten, die Überlegungen und Ziele organisieren.

Bereichsspezifisches Wissen Informationen, die nur für eine bestimmte Situation interessant sind oder sich nur auf ein bestimmtes Fachgebiet beziehen.

Bestimmtes Erziehungsverhalten Klarer, fester Reaktionsstil ohne Feindseligkeit in Erziehungssituationen.

Bestrafung durch Entzug Durch Entzug eines angenehmen Folgereizes wird die Auftretenswahrscheinlichkeit eines Verhaltens reduziert; wird auch Typ-II-Bestrafung genannt.

Bestrafung durch Reizdarbietung Durch Darbietung eines aversiven Reizes nach einem Verhalten wird die Auftretenswahrscheinlichkeit dieses Verhaltens reduziert; wird auch Typ-I-Bestrafung genannt.

Bestrafung Prozess, der zur Schwächung oder Unterdrückung von Verhalten führt.

Beziehungsaggression Eine Form feindseliger Aggression, verbunden mit verbalen Angriffen und anderen, dem Kontrahenten Schaden zufügenden Handlungen.

Bilingualismus Zwei Sprachen mehr oder weniger ausgeglichen beherrschen.

Binnendifferenzierung nach Fähigkeiten Innerhalb einer Klasse werden die Schüler nach Fähigkeitsniveau gruppiert, um den Leistungsunterschieden gerecht zu werden.

Bio-ökologisches Modell der Entwicklung Bronfenbrenners Modell der kontextuell bestimmten Entwicklung, in der verschiedene einflussreiche, nahe und ferne soziale Kontexte die Entwicklung formen: Jede Person entwickelt sich in einem Mikrosystem und einem Mesosystem, die beide in einem Exosystem eingebettet sind und Teil eines Makrosystems einer Kultur sind.

Blitzartige Erinnerungen Klare, lebhafte, scheinbar unvorbereitet auftauchende Erinnerungen an emotional wichtige Ereignisse im Leben.

Brainstorming Einfälle produzieren, ohne sie zu bewerten.

Bulimie Essstörung, bei der auf übermäßiges Essen Erbrechen oder Einnehmen von starken Abführmitteln folgt, um die überflüssigen Kalorien wieder loszuwerden.

CAPS Eine Strategie, die beim Lesen von Literatur eingesetzt werden kann: **C** *Charaktere*; **A** *Hautpziel* (*Aim*); **P** *Problem*; **S** *Lösung* (*Solved*).

Cmaps Hilfsmittel zur Herstellung von proportionalen Netzwerkkarten (Mind Maps) von Begriffen, entwickelt durch das Institut für Human Machine Cognition, die mit vielen semantischen Wissensrepräsentationen und anderen Internetressourcen verknüpft sind.

Code-switching Wechseln zwischen Kulturen durch Sprach-, Dialekt- oder Körpersprachenwechsel, um sich in einer Kommunikationssituation anzupassen.

Daseinsbedürfnisse Maslows drei höhere Bedürfnisse, manchmal auch Selbstverwirklichungsbedürfnisse genannt.

Deduktives Schlussfolgern Schlussfolgerungen ziehen nach logischen Denkregeln; aus Vorraussetzungen werden Folgerungen abgeleitet.

Definierende Eigenschaften Unterscheidbare Merkmale, die Vertreter einer Kategorie gemeinsam haben.

Deklaratives Wissen Verbal gefasstes Wissen; „wissen, dass" etwas der Fall ist.

Deskriptive Studien Untersuchungen, die detaillierte Informationen über spezifische Situationen sammeln; sie verwenden oft die Beobachtungsmethode, Erhebungen, Aufzeichnungen oder eine Kombination dieser Methoden.

Dezentrierung Sich auf mehr als einen Aspekt zur gleichen Zeit konzentrieren.

Diagnostischer Leistungstest Formativer Test, um die vorhandenen Schwächen der Schüler festzustellen; kann spezielle Lernprobleme aufdecken.

Dialekt Regelhafte Sprachvariante, die von einer bestimmten, meist regionalen Gruppe gesprochen wird.

Differenzierender Unterricht Ein flexibler Unterrichtsansatz, der dem Lernstoff, Lernprozess und Lernergebnis angemessen ist und auf der Bereitschaft, den Interessen und Lernbedürfnissen der Schüler aufbaut.

Digitale Technologiekluft Die Chancenungleichheit zwischen den armen und wohlhabenden Schülern, sich mit digitaler Technologie vertraut zu machen.

Direkte Unterweisung/explizites Unterrichten Systematisches Unterrichten, damit grundlegende Fertigkeiten, Tatsachen oder Informationen beherrscht werden.

Disäquilibrium In Piagets Theorie der Zustand des Ungleichgewichtes, der entsteht, wenn eine Person erkennt, dass sie mit ihrem Problemlöseansatz nicht zu einer Lösung oder zum Verständnis einer Situation kommen kann.

Diskriminierung Menschen einer bestimmten Kategorie im Vergleich zu Menschen einer anderen Kategorie unfair behandeln.

Distraktoren Falsche Antwortalternativen in einem Test mit Mehrfachwahlantworten.

Divergente Fragen Fragen, die mehrere Antwortmöglichkeiten bieten.

Divergentes Denken Viele verschiedene mögliche Lösungen finden.

Dominoeffekt Sich ausbreitenden Wellen gleich wird Verhalten weitergegeben – es ist „ansteckend".

Doppelte Halbsprachigkeit (Semilingualität) Keine der beiden Sprachen eines Bilingualen wird angemessen beherrscht.

Effektive Lernzeit Zeit, in der ein Schüler die im Unterricht gestellten Aufgaben erfolgreich erledigt.

Egozentrismus Die Annahme, dass andere Menschen die Welt genauso wahrnehmen wie man selbst.

Einfacher Transfer Spontaner und automatischer Transfer von hochgeübten Fertigkeiten.

Einfühlsames Zuhören Die Emotionen und Absichten hinter den Mitteilungen eines Kommunikationspartners erkennen und sie durch Paraphrasieren angemessen wiedergeben.

Einsicht Plötzliches Erkennen einer Lösung, die Fähigkeit, produktiv mit neuen Situationen umzugehen.

Elaboration Hinzufügen und Erweitern von Informationen durch Verknüpfen neuer Informationen mit bereits gespeicherten.

Elaborierendes Wiederholen Informationen im Arbeitsgedächtnis halten durch Verknüpfung mit bekannten Wissensbeständen aus dem Langzeitgedächtnis.

Emotionale Intelligenz Die Fähigkeit, emotionale Informationen richtig und effizient zu verarbeiten.

Emotionale und Verhaltensstörungen Verhaltensweisen oder Emotionen, die so stark von der Norm abweichen, dass sie mit dem Wachstum und der Entwicklung des Kindes und/oder dem Leben anderer interferieren; es sind unangemessene Verhaltensweisen, Sich-Unglücklichfühlen, Depression, Befürchtungen und Ängste und Probleme mit sozialen Beziehungen.

Enkulturation Situationsspezifisches Lernen in Form von Übernahme von Normen, Verhaltensweisen, Fertigkeiten, Überzeugungen, Sprache und Einstellungen einer bestimmten Gemeinde oder Kulturgruppe.

Entdecken unter Anleitung Eine Anpassung des Lernens durch Entdecken, in welcher der Lehrer bis zu einem gewissen Ausmaß die Richtung vorgibt.

Entscheidender Test Standardisierte Einzeltests, deren Ergebnisse wichtige Entscheidungen der Schulbehörden für den Schüler nach sich ziehen.

Entwicklung Altersgraduierte Veränderungen aller psychischen und biologischen Funktionen in Form von Anpassungen an die Umwelt und Entfaltung genetischer Programme von der Empfängnis bis zum Tod.

Entwicklungskrise Ein spezifischer psychischer Konflikt, dessen Bewältigung die nächste Entwicklungsstufe vorbereitet.

Epilepsie Störung mit Krampfanfällen, hervorgerufen durch abnorme elektrische Aktivität im Gehirn.

Episodisches Gedächtnis Information des Langzeitgedächtnisses, gebunden an eine bestimmte Zeit und einen bestimmten Ort; Erinnerungen über Ereignisse aus dem Leben der sich erinnernden oder einer anderen Person.

Epistemologische Überzeugungen Auffassungen über die Struktur, Stabilität und Sicherheit des Wissens und darüber, wie man Wissen am besten erwirbt.

Erarbeitete Identität Erleben starker Verbindlichkeit von Lebensentscheidungen nach freier Prüfung der Alternativen.

Erfassen/Erhebung/Ermittlung Maßnahmen zum Sammeln von Informationen über die Leistungen eines Schülers.

Erlernte Hilflosigkeit Die auf vorausgehende Erfahrung von fehlender Kontrolle gründende Erwartung, dass alle Anstrengungen mit Misserfolg enden.

Erwartungs-x-Wert-Theorien Erklärungen der Motivation, in die das Produkt aus individueller Erfolgserwartung und Wertschätzung des Zieles eingeht.

Erziehungsstil Art und Weise, wie Kinder erzogen werden.

Ethnie Ein kulturelles und in begrenztem Umfang genetisches Erbe, geteilt von einer Gruppe von Menschen.

Ethnografie Ein deskriptiver Forschungsansatz, in dessen Mittelpunkt das Leben innerhalb einer Gruppe steht, und der versucht, die Bedeutung von Ereignissen für die betroffenen Menschen zu erkunden.

Exekutive Kontrollprozesse Prozesse wie selektive Wahrnehmung, Wiederholung, Elaboration und Organisation, die das Enkodieren, Speichern und Abrufen von Informationen im Gedächtnis beeinflussen.

Exemplar Ein bestimmtes Beispiel für eine Kategorie, das zur Kategorisierung von Vorstellungen, Gegenständen, Menschen oder Sachverhalten und Ereignissen verwendet wird.

Experiment Forschungsmethode, in der Variablen oder Bedingungen manipuliert und die Auswirkungen der Manipulationen erfasst werden.

Experimentelle Fallstudie Systematische Interventionen werden eingeführt, um deren Auswirkungen auf eine Person zu beobachten; meist wird die Intervention erst eingeführt und dann wieder eingestellt.

Expertenlehrer Erfahrener, effektiver Lehrer, der Lösungen für die üblichen Probleme in den Klassen entwickelt hat. Sein Wissen über den Unterrichtsprozess und dessen Inhalte ist umfassend und gut organisiert.

Explizites Gedächtnis Beinhaltet Langzeiterinnerungen, die absichtlich und bewusst abgerufen werden.

Expositorisches Lehren Ausubels Methode – Lehrer präsentieren Material in vollständiger, organisierter Form, sie beginnen mit allgemeinen und schreiten fort zu spezifischen Begriffen.

Extrinsische Motivation Eine Person wird durch Aktivitäten zu Handlungen veranlasst, die nicht Teil der Aktivitäten sind und außerhalb ihrer Person liegen, wie etwa Belohnung und Bestrafung durch andere.

Fähigkeit als angeborene Disposition Die Überzeugung, dass Fähigkeit eine unveränderliche Eigenheit einer Person ist.

Fähigkeit als veränderbare Größe Die Überzeugung, dass Fähigkeit ein Bündel von Fertigkeiten umfasst, die sich verbessern, aber auch verschlechtern können.

Fähigkeit zur Perspektivenübernahme Das Verständnis, dass andere Menschen andere Gefühle und Erfahrungen haben.

Fähigkeitstest Test, der zukünftige Leistungen vorhersagen soll.

Fallstudie Intensive Untersuchung einer Person oder einer Situation.

Feindselige Aggression Dreiste, direkte Aktion, ohne vorherige Provokation, mit der Absicht jemanden zu verletzen.

Fleiß Mit Eifer produktiv arbeiten.

Flexible Gruppierungen Schüler werden nach ihren jeweiligen Lernbedürfnissen Lerngruppen zugeordnet; ändern sich die Bedürfnisse, werden Neuzuordnungen vorgenommen.

Fluide Intelligenz Mentale Grundmechanismen der Informationsverarbeitung, wie z. B. Reaktionsgeschwindigkeit oder andere nicht-verbale Fähigkeiten, die von der Gehirnentwicklung abhängen.

Flynn-Effekt Beschreibt die Auswirkungen von besserer Gesundheit, kleineren Familien, steigender Komplexität der Umgebung sowie längerer und besserer schulischer Ausbildung auf die steigenden IQ-Werte in Intelligenztests (mentale Akzeleration).

Folgeorientierte Lerner Lerner, die von Erwartungen der Folgen des Lernens beeinflusst sind.

Formale Operationen Mentale Vorgehensweisen, die abstraktes Denken und Koordination mehrerer Variablen erfordern.

Formative Leistungserfassung Testen ohne Benotung vor oder während des Unterrichts, um beim Planen und einer Diagnose zu helfen.

Fragmentiertes Lernen Aufteilen einer Liste in mehrere Teillisten.

Früher Konstruktivismus Die individuellen und psychologischen Quellen des Wissens, wie in Piagets Theorie.

Funktionale Gebundenheit Unfähigkeit, Werkzeuge und Gegenstände auf neue Art und Weise einzusetzen.

Funktionale Verhaltensanalyse Verfahren zur Erlangung von Informationen über antezedente Bedingungen, das Verhalten selbst und dessen Konsequenzen, um die Ursache und die Funktion des Verhaltens zu ergründen.

Furcht vor Stereotypen Die besondere emotionale und kognitive Belastung, dass die in einer Leistungssituation erbrachten Leistungen ein Stereotyp über die eigene Gruppe bestätigen könnte.

Ganzheitliche Methode des Lesenlernens Ein philosophischer Ansatz für Unterricht und Lernen, der von lebensnahen Situationen ausgeht. Sprache und sprachliche Fähigkeiten von Schülern und Lehrern spielen in diesem Ansatz eine zentrale Rolle für die Integration von Lernen über alle Fertigkeiten und Fächer hinweg.

Gegenseitiges Befragen Ein Verfahren, in dem nach einer Unterrichtseinheit oder einem Referat zwei oder drei Schüler sich gegenseitig Fragen stellen und sie beantworten.

Generativität Sorge um die Zukunft der nachfolgenden Generationen.

Geringe Sehschärfe Nur nahe Gegenstände können scharf gesehen werden.

Gesamtschulsystem Ersetzen bestehender Schultypen, Schulverzweigungen und Leistungskurse durch ein Schulsystem mit integrierten leistungsheterogenen Klassen.

Geschichtengrammatik Typische Struktur oder Organisation für eine Kategorie von Geschichten.

Geschlechtsidentität Eine komplexe Verbindung von Überzeugungen über Geschlechtsrollen und Geschlechtsorientierung.

Geschlechtsrollenidentität Einstellungen zu geschlechtsgebundenen Merkmalen und Verhaltensweisen.

Geschlechtsrollenschemata Strukturiertes vernetztes Wissen über die Bedeutung, männlich oder weiblich zu sein.

Geschlechtsvorurteile Positive oder negative Voreingenommenheit einem Geschlecht gegenüber.

Gestalt Muster oder ganzheitliches Ergebnis des Wahrnehmungsprozesses. Gestalttheoretiker vertreten die Auffassung, dass beim Menschen die Wahrnehmung so organisiert wird, dass kohärente ganzheitliche Repräsentationen entstehen.

Grammatik Regeln des Zusammenfügens von Wörtern zu Sätzen unter Berücksichtigung des Bedeutungsgehaltes (Semantik).

Grundfertigkeiten Klar strukturiertes Wissen, das für späteres Lernen benötigt wird und das Schritt für Schritt unterrichtet werden kann.

Gruppenarbeit Bezeichnet die gemeinsame Erledigung einer Aufgabe mit oder ohne Kooperation.

Gruppendiskussion Unterhaltungen, in denen der Lehrer keine dominante Rolle einnimmt; Schüler stellen und beantworten sich ihre Fragen gegenseitig.

Gruppenkonsequenzen Belohnungen oder Bestrafungen einer Klasse als ganze für die Beachtung oder Missachtung von Verhaltensregeln.

Gruppenzentrierung Die Fähigkeit, möglichst alle Schüler einzubeziehen.

Gruppieren/chunking Unverbundene Informationseinheiten/Bits in größere, übergeordnete (bedeutungshaltigere) Einheiten überführen.

Gutes-Benehmen-Spiel Die Klasse wird in zwei Teams aufgeteilt, und jede Gruppe erhält Strafpunkte für Verletzungen von Regeln des guten Benehmens, auf die man sich vorher geeinigt hatte.

Halo-Effekt Eine Urteilsverzerrung, die auf der Wahrnehmung einer Eigenschaft beruht, die dann Zuschreibungen von anderen Eigenschaften nach sich zieht.

Handlungs- oder Aktionsforschung Systematisches Beobachten oder Testen von Methoden durch Lehrer oder Schulen, um Unterricht und Lernen zu verbessern.

Handlungsvollzugsregeln Die Inhalte des prozeduralen Gedächtnisses; Regeln über die Auswahl von Aktionen unter bestimmten Bedingungen.

Häufigkeitsverteilung Die Reihe der in einem Test vorkommenden Werte und die Anzahl der Personen, die jeden dieser Werte erreicht hat.

Hausarbeiten Arbeiten zur Erledigung außerhalb der Schule, meist zu Hause.

Herkunftssprache Die Sprache der Kultur, aus der Migranten stammen, die noch in den Familien und von älteren Mitgliedern einer Ethnie in der Migration gesprochen wird.

Heuristik Allgemeine Strategie zur Lösung von Problemen.

Hinweisreiz Einen Reiz bereitstellen, der auf ein gewünschtes Verhalten hindeutet.

Histogramm Säulendiagramm einer Häufigkeitsverteilung.

Hochbegabte Schüler Sehr intelligente, kreative und talentierte Schüler.

Höherer Transfer Anwendung von in einer Situation gelerntem abstraktem Wissen auf eine von der Lernsituation unterschiedliche Situation.

Humanistischer Motivationsansatz Theoretischer Ansatz in der Motivationsforschung, der die persönliche Freiheit, die Entscheidungsfreiheit, die Selbstbestimmung und das Streben nach persönlicher Entfaltung betont.

Hypermedia Text mit Schlüsselwörtern, bei deren Anklicken sich eine neue Programmoption mit neuem Medium oder neuen Medien eröffnet.

Hypertext Text mit Schlüsselwörtern, bei deren Anklicken sich eine neue Programmoption mit neuem Text eröffnet.

Hypothetisch-deduktives Denken Eine formallogische Problemlösestrategie, an deren Beginn die Identifikation aller für den Problemlösevorgang relevanten Faktoren steht, auf welche die Ableitung (Deduktion) und die systematische Bewertung spezifischer Lösungen folgen.

„Ich"-Botschaft Klare Aussage, aber ohne Beschuldigung, wie sehr einen etwas trifft.

Ichzentrierte Lerner Lerner, deren Anliegen es ist, eine gute Selbstdarstellung bei der Aufgabenlösung sicherzustellen und von den anderen als gut wahrgenommen zu werden.

Identität Das Prinzip, dass ein Objekt oder Mensch über die Zeit das/derselbe bleibt.

Identität (personale) Die komplexe Antwort auf die Frage „Wer bin ich?"; Aufbau eines Selbstbildes und Zuordnung zu einer sozialen Gruppe.

Identitätsdiffusion Verwirrung darüber, wer man ist und was man will.

Implizites Gedächtnis Wissen, das wir nicht bewusst abrufen, das aber unser Verhalten und unsere Gedanken beeinflusst, ohne dass es bemerkbar ist.

Implizites Wissen „Wissen, wie" und nicht „Wissen, dass"; dieses Wissen wird im Alltag und nicht durch schulischen Unterricht erworben.

Individuelle Arbeit in der Klasse Einzelarbeit in der Klasse am Platz.

Individuelle Lernerwartungen (ILE) Persönlicher Durchschnitt als Maßgabe.

Induktives Schlussfolgern Formulieren allgemeiner Prinzipien aufgrund der Kenntnis von Beispielen und Einzelheiten.

Informationssystem In der Regel eine Datenbank, in der Wissensinhalte systematisch abgelegt sind.

Informationsverarbeitung Die Aktivität des menschlichen Geistes bestehend aus Aufnahme, Speichern, Abrufen und Anwenden von Informationen.

Informelle Leistungserfassung Formative Leistungserfassung ohne Benotung, die aus verschiedenen Quellen Informationen gewinnen soll und die sich für Entscheidungen des Lehrers als sehr nützlich erweisen kann.

Initiative Bereitschaft, neue Aktivitäten anzufangen und neue Richtungen zu explorieren.

Inklusion Alle Schüler, auch die mit schweren Behinderungen, in einer Regelklasse unterrichten.

Instrumentelle Aggression Heftige Aktionen, um einen Gegenstand, einen Platz oder ein Privileg zu fordern. Es liegt keine Absicht vor, Schaden zuzufügen. Dies kann jedoch als Folge eintreten.

Integration in Klassen Kinder mit besonderen Bedürfnissen in eine Klassenstruktur einpassen.

Integrität Selbstakzeptanz und Selbsterfüllung einer Person.

Intellektuelle Behinderung/Geistiges Zurückgebliebensein Bedeutsam unter dem Durchschnitt liegende intellektuelle Funktion und Anpassungsfähigkeit im Sozialverhalten, die vor dem 18. Lebensjahr in Erscheinung tritt.

Intelligenz Fähigkeit oder Fähigkeiten, Wissen zu erwerben und einzusetzen, um Probleme zu lösen und sein Leben zu bewältigen.

Intelligenzquotient (IQ) Ein Leistungswert, der das mentale Entwicklungsalter im Verhältnis zum chronologischen Alter widerspiegelt.

Interesse/intrinsischer Wert Das Vergnügen oder die Befriedigung, die eine Person beim Erledigen einer Aufgabe empfindet.

Interferenz Ein Störprozess, der auftritt, wenn die Gegenwart einer Information eine andere behindert.

Intermittierender Verstärkungsplan Ein Verstärker wird nach einigen, aber nicht allen angemessenen Verhaltensweisen eingesetzt.

Internalisieren Prozess, durch den sich Kinder an sie herangetragene Handlungsstandards aneignen.

Intersubjektive Haltung Die Einstellung, dass mit anderen geteilte Bedeutungen aufzubauen sind, indem nach einer gemeinsamen Grundlage gesucht wird und Interpretationen ausgetauscht werden.

Intervallverstärkung Ein regelmäßiger Zeitabstand zwischen den Verstärkern.

Intimität Bei Erikson die Bereitschaft, mit anderen Personen enge Bindungen einzugehen.

Intrinsische Motivation Eine Person wird durch Aktivitäten zu Handlungen veranlasst; sie möchte die Handlungen ausführen, weil sie an den Aktivitäten selbst interessiert ist.

Intuitives Denken Phantasiereiches sprunghaftes Denken, um Wahrnehmungen zu korrigieren oder funktionierende Lösungen zu finden.

Joplin-Plan/Grundschule ohne Altersklassen Schulform, in der Schüler nach Fähigkeiten in verschiedenen Fächern zusammengestellt werden, unabhängig von ihrem Alter und ihrer Klassenstufe.

Kettenmnemonik Gedächtnisstrategie, die ein Element mit einer Serie von folgenden Elementen verbindet.

Klassenmanagement Maßnahmen zur Einrichtung einer förderlichen Lernumgebung ohne große Lernprobleme.

Klassifikation Objekte in eine Kategorie einordnen.

Klassisches Konditionieren Verknüpfung von unwillkürlichen Reaktionen mit neuen Reizen.

Kognitive Bereiche In Blooms Taxonomie Gedächtnis- und Schlussfolgerungsziele.

Kognitive Bewertungstheorie Theorie, die besagt, dass Ereignisse die intrinsische Motivation durch die Wahrnehmung dieser Ereignisse als Kontrollverhalten oder Informationsvermittlung beeinflussen.

Kognitive Entwicklung Allmähliche altersgraduierte Veränderungen der Denk-, Wahrnehmungs-, Gedächtnis-, Lern- und Sprachverarbeitungs-Prozesse in Richtung auf höhere Komplexität und Differenziertheit.

Kognitive Lehrzeit Ein Lehrling oder weniger erfahrener und sachkundiger Lerner erwirbt Wissen unter der Anleitung eines Meisters oder Experten.

Kognitive Sicht des Lernens Ein allgemeiner theoretischer Ansatz, der Lernen als einen aktiven geistigen Prozess des Erwerbs, Behaltens, Abrufens und Anwendens von Wissen betrachtet.

Kognitive Verhaltensmodifikation Maßnahmen, die auf Verhaltens- und kognitive Lernprinzipien zurückgreifen, um Verhalten zu ändern; dabei werden Selbstgespräche und Selbstinstruktionen eingesetzt.

Kognitive Ziele Unterrichtsziele, die höhere kognitive Operationen beinhalten.

Ko-Konstruktion Ein sozialer Prozess, in dem Menschen interagieren und aushandeln (meist mit sprachlichen Mitteln), um eine gemeinsame Verständigungsbasis zu finden oder ein Problem zu lösen. Das Endprodukt wird durch alle Teilnehmer mitbestimmt.

Kollektiver Monolog Form des Selbstgespräches bei Kindern in der Gruppe, ohne dass eine Interaktion oder Kommunikation stattfindet.

Kompensation Das Prinzip, dass eine Veränderung in einer Dimension durch Veränderungen in einer anderen Dimension ausgeglichen werden kann.

Kompetenzerleben Unser eigenes Erleben, etwas zu meistern, etwas zu können; die unmittelbare Grundlage für Informationen über Selbstwirksamkeit.

Komplexe Lernumgebung Aufgaben und Lernsituationen, die den ungenau strukturierten Alltagsproblemen entsprechen.

Konditionierte Reaktion Gelernte Antwort auf einen vorher neutralen Reiz.

Konditionierter Reiz Ein Reiz, der eine emotionale oder physiologische Reaktion nach einem Konditionierungsvorgang hervorruft.

Konfidenzintervall Bereich innerhalb des Standardmessfehlers, in dem der wahre Wert eines Probanden liegt.

Konkrete Operationen Mentale Vorgehensweisen, die an konkrete Aufgaben und Situationen gebunden sind.

Konsequente Bedingungen/Konsequenzen Ereignisse, die einem Verhalten folgen.

Konservierung Das Prinzip des Gleichbleibens von Eigenschaften eines Objektes bei wechselnder äußerer Form.

Konstruktivismus Die theoretische Sichtweise, welche die aktive Rolle des Lerners beim Aufbau des Verstehens und der Erschließung der Bedeutungen von Informationen hervorhebt.

Konstruktivistischer Ansatz Sichtweise, die eine aktive Rolle des Lerners beim Verstehen und bei der Deutung von Informationen betont.

Kontext Der physikalische und emotionale Hintergrund eines Ereignisses.

Kontiguität Assoziation zweier Ereignisse durch wiederholte räumlich-zeitliche Paarung.

Kontingenzvertrag Ein Vertrag zwischen Lehrer und Schüler, der genau festhält, was ein Schüler tun muss, um bestimmte Belohnungen oder Privilegien zu erhalten.

Kontinuierlicher Verstärkungsplan Ein Verstärker wird nach jedem angemessenen Verhalten verabreicht.

Kontinuierliches Lernen Wird gleichbedeutend mit lebenslangem Lernen verwendet.

Konvergente Fragen Fragen mit nur einer richtigen Antwort.

Konvergentes Denken Die möglichen Lösungen auf die am besten passende beschränken.

Kooperation Eine Philosophie über den Umgang bei der Arbeit mit anderen Menschen, die individuelle Differenzen respektiert, Autorität gegenseitig anerkennt und das Wissen anderer einbezieht.

Kooperative Moral Stufe der Moralentwicklung, in der Kinder erkennen, dass Regeln von Menschen gemacht sind und sie deshalb geändert werden können.

Kooperatives Lernen Organisationsform, in der Schüler mit unterschiedlichen Fähigkeiten in einer Gruppe zusammen lernen und aufgrund des Erfolges der Gruppe belohnt werden.

Körperliche Entwicklung Veränderungen in Körperformen und -Funktionen über die Zeit.

Korrelation Statistischer Kennwert von der Enge des Zusammenhanges zweier Variablen.

Kosten einer Reaktion Bestrafung durch Verlust einer positiven Verstärkung.

Kreativität Schöpferisches, originelles Denken oder Problemlösen.

Kristalline Intelligenz Fähigkeit, Wissensbestände zu speichern und zu organisieren und für aktuelle Leistungssituationen abzurufen sowie kulturell erwünschte Methoden des Problemlösens einzusetzen.

Kriteriumsbezogenes Testen Der Einsatz von Tests, in denen ein Einzelergebnis mit Leistungsstandards verglichen wird.

Kriteriumsorientiertes Notensystem Es wird erfasst, inwieweit die einzelne Leistung eines Schülers den Unterrichtszielen entspricht.

Kritisches Denken Schlussfolgerungen durch logische und systematische Überprüfung des Problems und Bewertung der Belege und der Lösung.

Kultur Das Wissen, die Wertorientierungen, Einstellungen, Normen und Traditionen, die das Verhalten einer Gemeinschaft leiten und ihr erlauben, ihr Leben in ihrer Umwelt zu bewältigen.

Kulturbezogene Pädagogik Hervorragender Unterricht für Schüler aus verschiedenen Ethnien, in der alle erfolgreich lernen und ihre kulturelle Kompetenz bewahren können; gleichzeitig soll der Unterricht zu kritischem Überdenken der bestehenden sozialen Verhältnisse anregen.

Kulturdefizit-Modell Ein Modell, das die Schulprobleme der Schüler aus ethnischen Minderheiten durch die Annahme erklärt, dass ihr kultureller Hintergrund sie nicht ausreichend auf die schulischen Anforderungen der durch die Mehrheitskultur geprägten Schulen vorbereitet.

Kulturelle Inklusionsklasse Kulturell heterogene Klasse, in der jeder Schüler die gleichen Bildungschancen erhält.

Kultureller Schmelztiegel Eine Metapher für das vollständige Aufgehen und die Assimilation der Immigranten an die Mehrheitsgesellschaft, sodass die ethnischen Unterschiede verschwinden.

Kulturfreier/Kulturfairer Test Test ohne kulturelle Voreingenommenheit, objektiver Test.

Kulturspezifisches Klassenmanagement Kulturspezifische Bedeutungen und Reaktionsstile in die Planung von Klassenmanagement und den Umgang mit Schülern einbeziehen.

Kulturtechniken Die technischen Hilfsmittel (Computer, Skalen usw.) und psychologischen Symbolsysteme (Zahlsystem, Sprache, Piktogramme), die den Menschen einer Gesellschaft erlauben zu kommunizieren, gemeinsam zu denken und Probleme zu lösen sowie Wissensbestände auszubauen.

Kulturwissen Wissen über alle Inhalte, die unter dem Begriff Kultur zusammengefasst werden: z.B. soziale Lebensformen, kognitive Orientierungen, Lebensraum.

Kurzzeitgedächtnis Hält die Informationen kurzfristig ungefähr 20 Sekunden lang.

KWL Eine Strategie zur Begleitung des Lesens und der Nachfragen: Vorher – was *weiß* (*k*now) ich schon? Was *will* ich wissen? Nachher – Was habe ich *gelernt* (*l*earned)?

Langzeitarbeitsgedächtnis Funktionseinheit mit Strategien, um die Informationen aus dem Langzeitgedächtnis in das Arbeitsgedächtnis abzurufen.

Langzeitgedächtnis Dauerhafte Speicherung von Informationen/Wissen.

Lateralisierung Die Spezialisierung der beiden Hirnhälften (Hemisphären) des Gehirnmantels (zerebraler Kortex).

Lebenslange Bildung Nutzt Bildungsprogramme als Intervention zur Optimierung aller Funktionen der Lebensbewältigung des Menschen.

Lebenslanges Lernen Erwerb von informellem und unstrukturiertem Wissen über die gesamte Lebensspanne.

Lehrreiche Unterhaltung Eine Kommunikationssituation, in der Schüler durch verbale Interaktionen mit dem Lehrer und/oder anderen Schülern lernen.

Lehrsystem Ein Programm zur Vermittlung von neuen Wissensinhalten mit Lehrfunktion (Korrekturen, Erklärungen).

Leistungserfassung durch Aufführungen oder Erstellen Jede Art von Leistungserfassung, die von Schülern eine Art von Aufführung, Ausführung einer Handlung oder die Herstellung eines Produktes erfordert.

Leistungserfassung mit alltagsnahen Aufgaben Testen von Fertigkeiten und Fähigkeiten, die auch im täglichen Leben gefordert sein könnten.

Leistungskurse, -gruppen System von Klassen-/Gruppenvergleich, in dem Schüler Kursen/Gruppen zugewiesen werden, die ihren gemessenen Fähigkeiten oder Leistungen entsprechen.

Leistungstest Standardisierter Test zur Erfassung des Lernerfolges in einem bestimmten Inhaltsbereich.

Lernbehinderung Probleme beim Erwerb und Gebrauch von Sprache; sie kann sich beim Lesen, Schreiben, Schlussfolgern oder in Mathematik zeigen.

Lernen durch Entdecken Der Ansatz Bruners, Schüler selbstständig Begriffe erarbeiten zu lassen durch Entdecken der wesentlichen Eigenschaften.

Lernen durch Fragen Lehrmethode, in der ein Lehrer eine verwirrende Situation vorstellt, und die Schüler Hypothesen vorschlagen, dann Belege sammeln und anschließend ihre Schlussfolgerungen überprüfen.

Lernen mit Multi-Media Wissenserwerb mit gleichzeitigem Einsatz mehrerer Medien wie Ton, Bild oder Grafik.

Lernen mit neuen Medien Wissenserwerb mit Einsatz von neuen Medien wie Computer, Film, Fotografie, Videos.

Lernen Ein Prozess, der Erfahrungen verarbeitet und mehr oder weniger dauerhafte Veränderungen im Wissen und Verhalten hervorbringt.

Lernmotivation Die Tendenz, intellektuelle Betätigungen als sinnvoll und lohnend anzusehen und daraus eine intellektuelle Bereicherung abzuleiten.

Lernpräferenzen Die vom Lerner bevorzugte Art zu lernen oder zu studieren durch Veranschaulichung mit Bildern anstelle von reinem Text, einzeln oder in Gruppen, in strukturierten oder unstrukturierten Situationen usw.

Lernstile Individuell unterschiedliche Art, Lernaufgaben anzugehen.

Lernstrategien Generalpläne für Lernaufgaben.

Lerntechniken Spezifische Vorgehensweisen beim Lernen wie etwa Mnemotechniken oder eine Gliederung für einen Abschnitt anfertigen.

Lernzeit Zeit für das Lernen des Unterrichtsstoffes.

Lernziel Die persönliche Absicht, die eigenen Fähigkeiten auszubilden (Kompetenzzuwachs) und zu lernen, ohne Rücksicht darauf, wie man vor anderen dasteht.

Lesson study (Untersuchung von Unterrichtsplänen) Lehrer entwickeln, testen, verbessern und testen erneut Entwürfe für Unterrichtseinheiten in Zusammenarbeit mit anderen Lehrern, bis sie mit der endgültigen Version zufrieden sind.

Lexikon Wortschatz einer Sprache.

Loci-Methode (Ortsmethode) Gedächtnistechnik, bei der zu erinnernde Einzelheiten mit vertrauten Orten verbunden werden.

Löschung/Extinktion Das Verschwinden einer gelernten Reaktion durch Entzug von Verstärkern.

Magersucht (Anorexia nervosa) Essstörung, die durch geringe Nahrungsaufnahme gekennzeichnet ist.

Mangelbedürfnisse Maslows vier Grundbedürfnisse, die einen (physiologischen) Mangelzustand darstellen (z. B. Überlebensdrang, Sicherheit, Zugehörigkeit). Diese Grundbedürfnisse müssen zuerst befriedigt werden.

Massiertes Lernen Strategie zum Auswendiglernen in einem einzigen Zeitabschnitt.

Median Mittlerer Wert einer Verteilung, 50 % der Werte liegen darüber und 50 % darunter.

Mehrfachtätigkeit Mehrere Tätigkeiten gleichzeitig ausführen, auch Beaufsichtigen mehrerer Tätigkeiten zur gleichen Zeit.

Mentales Entwicklungsalter Eine Leistung in einem Intelligenztest, die der Durchschnittsleistung in einem bestimmten Alter entspricht.

Mentales Modell Aus der propositionalen Textbasis wird eine Repräsentation gebildet. Sie ist oft räumlich-topographisch, kann aber auch eine zeitliche Anordnung enthalten.

Messen Eine (quantitative) Beurteilung in Form von Zahlenwerten.

Metakognition Wissen über unsere eigenen kognitiven Funktionen (Denken, Gedächtnis, Lernen, Wahrnehmen).

Metalinguistische Kognitionen Wissen über Sprache(n), Verstehen der eigenen und fremden Sprachverarbeitung.

Methode der Schlüsselwörter System von assoziierten neuen Wörtern oder Konzepten mit ähnlich lautenden Hinweiswörtern und/oder -bildern.

Mikrogenetische Untersuchung Genaue Beobachtung und Analyse von Veränderungen eines ablaufenden kognitiven Prozesses über mehrere Tage oder Wochen.

Minderheit Eine Gruppe von Menschen mit sozialer Benachteiligung – nicht nur eine Minderheit der Anzahl der Mitglieder nach.

Minimal restriktive Umgebung Jedes Kind möglichst vollständig mit Gleichaltrigen in Regelklassen erziehen.

Misserfolg akzeptierende Schüler Schüler mit der Überzeugung, Misserfolge seien die Folge von niedriger Fähigkeit und dass sie nichts tun können, um mehr Erfolge zu erreichen.

Misserfolg meidende Schüler Schüler, die Misserfolg vermeiden wollen, indem sie bei dem bleiben, was sie können und wissen, kein Risiko eingehen wollen oder angeben, sich nichts aus dem Ausgang ihrer Leistungsproben zu machen.

Mittelwert Arithmetisches Mittel oder Durchschnittswert.

Mnemotechnik Systematischer Ansatz zur Verbesserung der Behaltensleistungen.

Modalwert Der am häufigsten erscheinende Wert.

Modelllernen Veränderungen im Verhalten, Denken oder in Emotionen, die sich durch das Beobachten eines anderen Menschen, des Modells, einstellen.

Moralischer Realismus Entwicklungsstufe, in der Kinder Regeln als absolut annehmen.

Moralisches Dilemma Situation, in der keine Entscheidung unanfechtbar richtig ist.

Moralisches Urteilen Der Denkprozess beim Urteilen darüber, ob eine Handlung richtig oder falsch ist.

Moratorium Identitätskrise; Verschieben von Entscheidungen wegen einer inneren Unsicherheit.

Motivation Ein innerer Zustand, der Verhalten aktiviert, ihm die Richtung weist und es aufrechterhält.

Multikulturelle Erziehung Erziehung, die Gleichberechtigung im Schulsystem für alle Schüler fordert.

Multimediale Lernumgebung Einsatz verschiedener Medien, die im Lehr-/Lerneinsatz zusammenwirken.

Multimediales Lehr-/Lernsystem Informationen werden über mehrere zusammenwirkende Medien angeboten und gelernt; siehe auch multimediale Lernumgebung.

Münzwirtschaft Ein System, bei dem die Münzen durch schulische Arbeit und positives Verhalten in der Klasse verdient werden und gegen erwünschte Belohnungen ausgetauscht werden können.

Myelinisierung Vorgang der Ummantelung von Nervenfasern mit einer fetthaltigen Eiweißschicht, dem Myelin. Das Myelin macht die Weiterleitung von Informationen in den Nervenfasern effizienter.

Natürliche/logische Konsequenzen Anstelle von Strafen erfolgen Wiedergutmachung, Wiederholen oder die natürlichen Folgen von Handlungen in Kauf nehmen.

Negative Korrelation Ein Zusammenhang zwischen zwei Variablen, in dem der hohe Wert einer Variablen mit niedrigen Werten einer anderen Variablen einhergeht. (Beispiel: Bewegung und Gewichtszunahme).

Negative Verstärkung Verhalten stärken durch Entfernen eines aversiven Stimulus, wenn das Verhalten auftritt.

Neo-piagetsche Theorien Neuere Theorien, die Befunde über Aufmerksamkeit, Gedächtnis und Strategiengebrauch mit Piagets Erkenntnissen über das Denken und die Konstruktion des Wissens beim Kinde verbinden.

Neuronen Nervenzellen, die Informationen speichern und weiterleiten.

Neutraler Reiz Reiz ohne feste Verbindung mit einer bestimmten Reaktion.

Normalverteilung Die am häufigsten vorkommende Verteilung, in der die Einzelwerte gleichmäßig um den Mittelwert herum gruppiert sind.

Normbezogenes Testen Der Einsatz von Tests, in denen ein Einzelergebnis mit dem Durchschnitt anderer Testergebnisse verglichen wird.

Normgruppe Eine Gruppe, deren Durchschnittswert als Standard für die Bewertung von Einzelergebnissen dient.

Normierungsstichprobe Eine große Schülerstichprobe, die als Vergleichsgruppe für die Auswertung standardisierter Tests dient.

Normorientiertes Notensystem Einzelleistungen von Schülern werden zueinander in Beziehung gesetzt.

Notenähnliche Wertpunkte Ein für eine Klassenstufe repräsentatives Leistungsmaß auf der Grundlage einer Normierungsstichprobe für jede Klassenstufe.

Nützlichkeitswert Der Beitrag einer Aufgabe für die Erfüllung von Bedürfnissen.

Objektives Testen Mehrfachwahlantworten, Zuordnen, Richtig/Falsch-Antworten und Ergänzungstest; die Auswertung erfordert keine Interpretation.

Objektpermanenz Das Verständnis von Objekten als beständig und unabhängig von der Wahrnehmung existierend.

Offene Aggression Eine Form feindseliger Aggression, verbunden mit körperlichen Angriffen.

Offenes Antwortformat Testformat, in dem der Testnehmer eine Antwort selbst konstruiert, anstatt eine Auswahl aus mehreren Antworten zu treffen.

Operante Willkürliches (und allgemein Ziel gerichtetes) Verhalten einer Person oder eines Konfliktes.

Operantes Konditionieren Lernen, bei dem willkürliches Verhalten durch Konsequenzen oder Antezedenzien gestärkt oder geschwächt wird.

Operationen Handlungen, die eine Person durchdenkt, statt sie sichtbar auszuführen.

Organisation Prozess des Ordnens von Informationen und Erfahrungen zu mentalen Systemen oder Kategorien.

Organisation von Begriffen Geordnetes und logisches Netzwerk von Verbindungen zwischen Begriffen.

Pädagogische Psychologie Die Fachdisziplin, die sich mit Lehren und Lernen beschäftigt, Methoden und Theorien der Psychologie anwendet, aber diese auch eigenständig weiterentwickelt.

Paraphrasierungsregel Vorgehensweise, in der der Empfänger einer Nachricht diese erst mit eigenen Worten zusammenfassen muss, bevor er antworten darf.

Patchwork-Familien Eltern, Kinder und Stiefkinder bilden nach Wiederheirat eines Elternteils eine neue Familie.

Persönlichkeitsentwicklung Veränderungen in allen dem Verhalten zugrunde liegenden Verhaltensdispositionen oder Eigenschaften im Laufe der Entwicklung.

Perzentilrangplatz Prozentsatz der Personen in der Normierungsstichprobe, die genauso gut oder schlechter abschnitten.

Phonologische Schleife Teilsystem des Arbeitsgedächtnisses. Ein Übungssystem des Gedächtnisses für Worte und Laute, die man in 1,5 bis 2 Sekunden wiederholen kann.

Plastizität Die Tendenz der biologischen Grundausstattung des Menschen, insbesondere des Gehirns, sich flexibel (aber nicht unbegrenzt) an Umwelten anzupassen.

Positionseffekt Tendenz, den Anfang und das Ende einer Liste besser zu behalten als die Mitte.

Positive Korrelation Ein Zusammenhang zwischen zwei Variablen, in dem die beiden Variablen zusammen ansteigen oder vermindert werden. (Beispiel: Kalorieneinnahme und Gewichtszunahme).

Positive Übung Die richtigen Antworten direkt nach dem Auftreten von Fehlern einüben.

Positive Verstärkung Verhalten stärken durch Darbietung eines erwünschten Reizes nach dem Verhalten.

Positiver Verstärker (Belohnung) Jedes Ereignis, das einem bestimmten Verhalten folgt und das die Auftretenswahrscheinlichkeit des Verhaltens erhöht.

Pragmatik Regeln für das „Wann", „Wie" und „Wo" des Gebrauchs sprachlicher Äußerungen, unerlässlich für die effektive Kommunikation in einer bestimmten Kultur.

Pragmatisches (konditionales) Wissen „Wissen, wann und warum" deklaratives und prozedurales Wissen eingesetzt werden soll.

Praktisches Problemlösen Die Fähigkeit, sich Anforderungssituationen der realen Welt zu stellen und zu analysieren, wie am besten bestimmte Ziele erreicht werden können.

Präoperational Die kognitive Entwicklungsstufe vor der Entwicklung von formalen Operationen.

Präventive Korrektur Ernste Verhaltensprobleme von Risikoschülern werden frühzeitig erkannt und in die richtigen Bahnen gelenkt, indem sie auf angemessene Verhaltensweisen hingewiesen werden.

Premack-Prinzip Der Grundsatz, dass eine stärker bevorzugte Tätigkeit als Verstärker für eine weniger bevorzugte Tätigkeit dienen kann.

Prinzip Zuverlässig bestätigte Beziehung zwischen Faktoren oder Variablen.

Problem Jede Situation, in der man versucht, ein Ziel zu erreichen, und dafür Hindernisse überwinden muss.

Problembasiertes Lernen Wird durch eine Lehrmethode gefördert, die eine lebensnahe Aufgabe als Einstieg nimmt; die Aufgabe muss aber nicht notwendigerweise eine eindeutige Lösung haben.

Problemlösen Das Finden einer guten Antwort oder Lösung jenseits der gelernten Lösungsmuster und -regeln.

Problemorientiertes Lernen Methode, die Schülern flexibles, in vielen Situationen anwendbares Wissen vermittelt.

Propositionales Netzwerk Untereinander verbundene Begriffe und Beziehungen, die das Wissen im Langzeitgedächtnis darstellen.

Prototyp Typischer (bester) Vertreter einer Kategorie.

Prozedurales Gedächtnis Langzeitgedächtnis für das Wissen, wie Handlungen ausgeführt werden müssen.

Prozedurales Wissen Wissen, das vorgeführt wird, wenn wir eine Aufgabe ausführen; „wissen, wie".

Psychomotorischer Bereich Körperliche Fähigkeits- und Koordinationszielsetzungen.

Psychosozial Beschreibt die Beziehung zwischen individuellen emotionalen Bedürfnissen und der sozialen Umwelt.

Pubertät Körperliche Veränderungen in der Adoleszenz, die zur Geschlechtsreife führen.

Pygmalion-Effekt Ungewöhnlicher Leistungszuwachs bei einem Schüler als Folge von hohen Erwartungen des Lehrers für diesen Schüler; genannt nach einem König aus der antiken griechischen Mythologie, der eine Statue schuf und sie dann zum Leben erwecken ließ.

Radikaler Konstruktivismus Wissen wird als individuelle Konstruktion gesetzt; es gibt kein „richtig" oder „falsch".

Rasse Eine Gruppe von Leuten, die eine gemeinsame genetische Ausstattung bei bestimmten Merkmalen haben, und die Personen zur Selbstdefinition und zur Definition anderer heranziehen.

Rassische Identifizierung Prozess der eigenen Zuordnung zu einer Rasse.

Rassischer und ethnischer Stolz Ein positives Selbstkonzept, verbunden mit der eigenen rassischen und ethnischen Herkunft.

Ratioverstärkung Verstärkung nach einer regelmäßigen Anzahl von Verhaltensweisen.

READS Ein 5-Schritte-Programm fürs Lesen: **R** (*Review*) Überblicke Titel und Untertitel, **E** (*Examine*) Überprüfe fett gedruckte Wörter, **A** (*Ask*) Frage „Was erwarte ich zu lernen?", **D** (*Do*) Tue es – lese! **S** (*Summarize*) Fasse mit eigenen Worten zusammen.

Reaktion Beobachtbare Antwort auf einen Reiz.

Rechner(computer-)unterstützter Unterricht Wissenserwerb mit Computereinsatz als tragendes Medium für Lehr- und Lernprogramme, aber auch einfach als Informationssystem.

Reflektiert Gedankenreich und erfinderisch. Reflektierte Lehrer denken im Voraus und nachträglich über Situationen nach, um zu analysieren, was sie gemacht haben und warum und wie sie den Lernprozess ihrer Schüler optimieren können.

Reifung Genetisch programmierte, natürlich auftretende Entwicklungsveränderungen.

Reiz/Stimulus Ereignis, das Verhalten aktiviert.

Reizkontrolle Fähigkeit der Anwesenheit oder Abwesenheit von antezedenten Ereignissen, Verhalten zu verursachen.

Rekonstruktion Informationen wiederherstellen durch Erinnerungen, Erwartungen, Logik und existierendes Wissen.

Reliabilität (Zuverlässigkeit) Konsistenz der Testergebnisse.

Repräsentativitätsheuristik Die Auftretenswahrscheinlichkeit eines Ereignisses wird danach eingeschätzt, wie stark es einem Prototyp ähnelt – was repräsentativ für eine Kategorie erscheint.

Reversibilität Ein Merkmal der piagetschen logischen Operationen – die Fähigkeit, eine Folge von Schritten zu durchdenken, dann im Geiste die Schrittfolge umzudrehen und an den Ausgangspunkt zurückzukehren. Heißt auch reversibles Denken.

Reversibles Denken Eine Reihe von Schritten durchdenken und dann im Geiste die Schrittfolge umdrehen und an den Ausgangspunkt zurückkehren (siehe Reversibilität).

Reziproker Determinismus Eine Verhaltenserklärung, die von den gegenseitigen Auswirkungen auf das Individuum und seine Umgebung ausgeht.

Reziprokes Lehren Eine didaktische Methode, die auf Vorbildern beruht und Leseverständnis vermitteln soll.

Rigider Erwartungseffekt Die Leistung von Schülern wird auf gleichem Niveau gehalten, weil Lehrer keine Verbesserungen erkennen.

Rigidität (response set) Die Tendenz, auf die übliche Weise zu reagieren.

Sammelmappe/Portfolio Eine Sammlung von Werken eines Schülers, die seine Lernfortschritte, seine Selbstreflektion und seinen Leistungsstand zeigt.

Sättigung Eine Person muss ein störendes Verhalten so lange wiederholen, bis sie das Interesse und die Motivation zum Verhalten verloren hat.

Schema Innere Repräsentation in grundlegender, allgemeiner Form, um Informationen zu strukturieren.

Schemagebundenes Problemlösen Ein Problem als ein altes Problem „in neuem Gewand" erkennen und damit auch schon eine Lösung bereithaben.

Schulaufgaben Die Arbeit, die ein Schüler/Student erledigen muss, einschließlich des Inhaltes und der erforderlichen mentalen Operationen.

Schulzweig/Schultyp Nach Leistungsfähigkeit der Schüler differenziertes Schulsystem (Hauptschule, Mittelschule, Gymnasium).

Selbstbestimmtes Handeln Die Fähigkeit, Lernfertigkeiten, Motivation und Emotionen zu koordinieren, um das Lernziel zu erreichen.

Selbstdarstellungsziel Die Absicht, als kompetenter und guter Arbeiter in den Augen der anderen zu erscheinen.

Selbstgespräche/inneres Sprechen Kinder sprechen laut mit sich selbst, während sie sich gedanklich mit Sachverhalten beschäftigen oder während sie Handlungen ausführen. Im Laufe des Vorschulalters werden diese Selbstgespräche dann verinnerlicht (internalisiert) zu lautlosem innerem Sprechen.

Selbstinstruktion Sich selbst mittels eigener Anweisungen durch einzelne Aufgabenschritte leiten.

Selbstkonzept Wissen und Überzeugungen eines Individuums über sich selbst – bestehend aus Ideen, Gefühlen, Einstellungen und Erwartungen.

Selbstmanagement Steuerung des eigenen Verhaltens und Übernahme von Verantwortung für die eigenen Handlungen mit Hilfe von behavioristischen Lernprinzipien.

Selbstverstärkung Die eigenen Verstärkungen einsetzen.

Selbstverwirklichung Sein eigenes Potenzial in die Tat umsetzen.

Selbstwert Die Wertschätzung, die jeder für seine Eigenschaften, Fähigkeiten und Verhaltensweisen hegt.

Selbstwirksamkeit Das subjektive Erleben einer Person, eine bestimmte Aufgabe effektiv meistern zu können.

Selbstwirksamkeit des Lehrers Das Bewusstsein des Lehrers, dass er auch mit dem schwierigsten Schüler umgehen und ihn beim Lernen unterstützen kann.

Semantik Bedeutungsgehalt von sprachlichen Einheiten (Lauten, Silben, Worten, Sätzen).

Semantisches Gedächtnis Gedächtnis für Bedeutungen.

Semantisches Netzwerk Individuelles Diagramm eines Schülers, das sein Verständnis eines Begriffes wiedergibt.

Semiotische Funktion Die Fähigkeit, Symbole zu verwenden – Sprache, Bilder, Zeichen oder Gesten –, um Handlungen oder Objekte mental zu repräsentieren.

Sensomotorisch Sinnestätigkeiten und Motorik sind an Handlungen beteiligt.

Sensorisches Gedächtnis Funktionale Speichereinheit, die Informationen nur sehr kurzfristig behält.

Serienbildung/Seriation Objekte in einer Reihe nach der Ausprägung eines Merkmals (z. B. Größe, Gewicht, Volumen) anordnen.

Sich ausbreitende Aktivierung Abrufen von Informationseinheiten über ihre Verbindungen untereinander. Das Erinnern einer Informationseinheit aktiviert (stimuliert) das Erinnern einer anderen Informationseinheit.

Sich selbst erfüllende Prophezeiung Eine unbegründete Erwartung, die bestätigt wird, weil sie erwartet wurde.

Simulationsprogramm Dient dem Erwerb neuen Wissens, vermag aber auch vorhandenes zu festigen und Transfer zu veranlassen.

Situationsmodell Aus der propositionalen Textbasis werden eine oder mehrere mögliche mentale Repräsentationen der Hauptidee eines Textes gebildet.

Situiertes Lernen Erwerb kontext- und situationsspezifischen Wissens mit wenig Wissenstransfer.

Skript Schema oder erwarteter Geschehensablauf in einem häufig vorkommenden Ereignis, wie z. B. Lebensmitteleinkauf oder eine heiße Pizza zum Mitnehmen bestellen.

Skript-Kooperation Eine Lernstrategie, die zwei Schülern abwechselnd die Funktionen des Zusammenfassens des Lernstoffes und des kritischen Zuhörens überträgt.

Soziale Entwicklung Individuelle Veränderungen in den Beziehungen zu anderen Menschen über die Zeit.

Soziale Isolierung Entfernung eines störenden Schülers für fünf bis zehn Minuten aus der Klasse.

Soziale Konventionen Soziale Übereinkunft über Regeln und Verhaltensmuster in bestimmten Situationen.

Soziale Lerntheorie Eine Theorie, die Lernen durch Beobachten anderer postuliert.

Soziale Persuasion Andere Menschen überreden oder eine bestimmte Rückmeldung geben – eine Ursache für Selbstwirksamkeit.

Soziale Verhandlungen Ein Aspekt eines Lernprozesses, der auf der Zusammenarbeit mit anderen und Respekt vor anderen Standpunkten beruht.

Soziale Ziele Eine große Auswahl an Bedürfnissen und Motiven, die mit den Beziehungen zu anderen zu tun haben oder mit der Mitgliedschaft in einer Gruppe.

Sozial-kognitive Theorie Eine Theorie, die kognitive Faktoren wie Überzeugungen, Selbstwahrnehmungen und Erwartungen in sozialen Lernprozessen berücksichtigt.

Soziokulturelle Auffassung von Motivation Perspektiven, die Teilhabe, Identität und interpersonale Beziehungen in einer Gemeinschaft mit gemeinsamer Praxis hervorheben.

Soziokulturelle Theorie Betont die Rolle von kooperativen Dialogen zwischen Kind und erfahreneren Erwachsenen in der Gesellschaft. Kinder lernen die Kultur ihrer Gesellschaft (u. a. Lebensformen und kognitive Orientierungen) durch diese Interaktionen.

Soziolinguistik Die Lehre von den formellen und informellen Regeln in Unterhaltung in einer Gruppe in einem bestimmten kulturellen Kontext für den Gebrauch der Sprache.

Sozio-ökonomischer Status (SÖS) Relative Position in der Gesellschaft nach Einkommen, gesellschaftlichem Einfluss, Bildungsgrad und Prestige.

Spastik Überangespannte Muskeln, charakteristisch für einige Formen der zerebralen Lähmung.

Späterer Konstruktivismus Im Mittelpunkt steht die soziale und kulturelle Herkunft des Wissens, ähnlich wie in Wygotskis Theorie der Entwicklung des Menschen.

Spiral-Lehrplan Bruners Entwurf für den Lehrplan, der vorsieht, die Grundlagen für alle Schulfächer bereits in den frühen Grundschuljahren einzuführen; dann werden die einzelnen Themen in späteren Schuljahren immer wieder aufgegriffen, aber in zunehmend komplexerer Form durchgenommen.

Sprechstörung Unfähigkeit, Laute deutlich und richtig zu produzieren.

Spurenverfall Das Verblassen und Schwächerwerden von Erinnerungen mit der Zeit.

Standardabweichung Ein Maß dafür, wie weit die Einzelwerte vom Mittelwert abweichen.

Standardisierte Tests Tests werden unter einheitlichen (standardisierten) Bedingungen angewendet und ausgewertet.

Standardmessfehler Gibt an, wie stark der Wert eines Probanden variieren kann, wenn er wiederholt getestet wird.

Staninwert Kategoriale Werte in ganzen Zahlen von 1–9, von denen jeder eine gewisse Spannbreite von Rohwerten einschließt.

Statistisch signifikant Mit definierter Wahrscheinlichkeit kein Zufallsereignis.

Stellvertretende Erfahrungen Die durch einen anderen Menschen (Vorbild) erlebten, lediglich durch Beobachtung gewonnenen Erfahrungen.

Stellvertretendes Lernen Es wird gelernt, ohne dass das beobachtete Verhalten selbst ausgeführt wird.

Stereotyp Vereinfachendes Schema, das Wissen oder Wahrnehmungen einer bestimmten Kategorie strukturiert.

Stimmführungsstörungen Unangemessene Tonlage, Stimmqualität, Lautstärke oder Betonung.

Störung (Lern-, körperliche) Ein breiter Begriff, der alle körperlichen und psychischen Störungen umfasst.

Strategie des Rückwärtsarbeitens Heuristik, in der mit dem Ziel begonnen und rückwärts gearbeitet wird, um das Problem zu lösen.

Streuung Distanz des höchsten und des niedrigsten Wertes voneinander.

Sukzessive Annäherung Kleine Komponenten, aus denen sich ein komplexes Verhalten zusammensetzt, werden nacheinander verstärkt, um sich dem erwünschten Verhalten anzunähern.

Summative Leistungserfassung Testen nach Beendigung der Unterrichtseinheit zur Erfassung des erreichten Leistungsstandes.

Synapsen Die winzigen Zwischenräume zwischen Zellen, in denen chemische Botenstoffe Informationen übertragen.

Syntax Regeln des Zusammenfügens von Wörtern zu Sätzen.

Taxonomie Klassifikationssystem.

Technische Hilfsmittel Einrichtung, Ausstattung, aber auch Dienstleistungen, die die vielen Fähigkeiten von Kindern mit sonderpädagogischen Maßnahmen ausbilden.

Teilnahmeregeln Regeln für die Form der Beteiligung an verschiedenen Aktivitäten in der Klasse.

Teilnahmestrukturen Die formellen und informellen Regeln für die Teilnahme an einer Aktivität.

Teilnehmende Beobachtung Eine Methode zur Durchführung einer deskriptiven Untersuchung, in der ein Forscher Teilnehmer der Situation ist, die er untersuchen will; so kann er besser das Gruppengeschehen verstehen.

Teilweise Teilnahme an Regelklassen Schüler werden teilweise oder so lange wie möglich in Regelklassen unterrichtet.

Tendenz zur Bestätigung Suche nach Informationen, die unsere Entscheidungen und Überzeugungen bestätigen, während widersprechende Informationen ignoriert werden.

Testbias (Voreingenommenheit eines Tests) Eigenheiten eines Tests, die bestimmte Gruppen (Mädchen, niedriger Sozialstatus, Rasse, Ethnie usw.) benachteiligen.

Testobjektivität (Unvoreingenommenheit eines Tests) Ein Test führt dann objektive Messungen durch, wenn das Messergebnis nicht von der Person des Messenden (z. B. dessen Einstellungen oder Verhalten) abhängt.

Text Mehrere Sätze, die im Ganzen oder abschnittweise einen zusammenhängenden Sinn ergeben, kohärent sind, eine zugrunde liegende Kommunikationsabsicht verwirklichen und eine bestimmte Kategorie von Texten (Textsorte) repräsentieren.

Textbasis Die sprachliche Oberflächenstruktur (Lexikon und Syntax) und die Inhaltselemente (Propositionen) bilden die Grundlage eines Textes.

Textkohärenz Sinnvoller Teil- oder globaler Zusammenhang zwischen Sätzen eines Textes, auch mit lokaler oder globaler Kohärenz bezeichnet.

Textsorte Unterschiedliche Arten von Texten wie z. B. Märchen oder Gedicht.

Textverstehen Erfassen des Sinngehaltes eines Textes durch Bilden von mentalen Modellen oder Situationsmodellen.

Theorie der multiplen Intelligenzen In der Intelligenztheorie Gardners acht unabhängige Fähigkeiten: Logisch-mathematische, linguistische, musikalische, räumliche, körperlich-kinästhetische, interpersonale, intrapersonale und ökologische.

Theorie der Mehrebenenverarbeitung Theorie, die besagt, dass das Behalten von Informationen davon abhängt, wie tief (gründlich) sie verarbeitet wurden.

Theorie des Geistes (Theory of Mind) Das Verständnis dafür, dass andere Menschen auf gleiche Weise wahrnehmen, denken, fühlen und handeln wie man selbst.

Theorie Integrierte Aussagen über Prinzipien, die ein Phänomen erklären können und Vorhersagen erlauben.

Transfer Einfluss von früher Gelerntem auf neues Material oder neue Situationen.

Triarchische Theorie der Intelligenz Eine Dreikomponententheorie der mentalen Fähigkeiten (Denkprozesse, Verarbeitung neuer Erfahrungen und Anpassung an den Kontext), die mehr oder weniger intelligentes Verhalten ermöglichen.

Tutorisiertes/unterstütztes Lernen Während des Lernens leistet der Lehrer strategische Hilfe und nimmt sie mit der wachsenden Kompetenz der Schüler zunehmend zurück.

Tutorprogramm Lehrprogramm zum Erwerb neuen Wissens, in dem der Lernende bestimmte Sachverhalte oder Abläufe unter Anleitung des Programms kennenlernen und üben kann.

T-Wert Standardwert mit einem Mittelwert von 50 und einer Standardabweichung von 10.

Überarbeitungschance In einem Vertragssystem wird die Chance zur Überarbeitung und damit Verbesserung der Arbeit geboten.

Übergeneralisierung Einschließen eines Nicht-Vertreters in eine Kategorie; Ausweitung eines Begriffs.

Überlernen Eine Fertigkeit über die vollständige Beherrschung hinaus noch üben.

Übernommene Identität Übernehmen der elterlichen oder einer anderen Identität ohne Prüfung von Alternativen.

Überzeugungsperseveranz Die Tendenz, an Überzeugungen auch bei widersprechenden Informationen festzuhalten.

Universales Design Die Bedürfnisse aller Nutzer beim Entwerfen von Werkzeugen, Lernprogrammen oder Webseiten berücksichtigen.

Universität des dritten Lebensalters Studiengänge für Weiterbildung nach der beruflich aktiven Zeit an den bestehenden Universitäten und Hochschulen in Deutschland.

Unkonditionierte Reaktion Natürlich vorkommende emotionale oder physiologische Reaktion.

Unkonditionierter Reiz Reiz löst automatisch eine bestimmte emotionale oder physiologische Reaktion aus.

Untergeneralisierung Ausschließen eines einer Kategorie zugehörigen Vertreters; Einengung eines Begriffs.

Unterricht in der Zweitsprache Bezeichnung für ein Erziehungsprogramm mit Unterricht aller Fächer in der Zweitsprache für Schüler mit anderer Sprachherkunft.

Unterrichtsziele Klare Aussagen über das, was Schüler im Unterricht lernen sollen.

Unterstützung für positives Verhalten Interventionen mit dem Ziel, Problemverhalten durch neue Verhaltensweisen zu ersetzen, die für den Schüler den gleichen Zweck erfüllen.

Ursachen„ort" für eine Handlung Die Lokalisierung einer Ursache des Verhaltens – in oder außerhalb einer Person.

Validität (Gültigkeit) Die Eigenschaft eines Tests, das zu messen, was er vorgibt zu erfassen.

Varianz/Variabilität Ein Maß dafür, wie stark die Einzelwerte um den Mittelwert herum streuen.

Verankerung im Unterricht (anchored instruction) Eine problemorientierte Lehrmethode, die eine komplexe interessante Situation als Anker für das Lernen einsetzt.

Verantwortlichkeit Lehrer und Schule für das Lernergebnis der Schüler zur Verantwortung ziehen. Dies geschieht gewöhnlich durch Überprüfung des Lernergebnisses mit entscheidenden Tests.

Verarbeitung von oben nach unten/Top-down-Verarbeitung Funktionale Speichereinheit, die Informationen nur sehr kurzfristig behält.

Verarbeitung von unten nach oben/Bottom-up-Verarbeitung Die Wahrnehmung geht von einzelnen bestimmenden Merkmalen aus; sie setzt die Merkmale zu einem erkennbaren Muster zusammen.

Verbalisierung Den Problemlöseplan und seine Logik in Worte fassen.

Verfügbarkeitsheuristik Beurteilung der Wahrscheinlichkeit eines Ereignisses nach der Verfügbarkeit der betreffenden Informationen im Gedächtnis unter der Voraussetzung, dass die leicht erinnerbaren Ereignisse auch die häufigsten sind.

Verhaltensformung Jeder kleine Schritt oder Fortschritt in Richtung auf ein erwünschtes Verhalten wird verstärkt.

Verhaltensmodifikation Systematische Anwendung von antezedenten und nachfolgenden Bedingungen, um Verhaltensänderungen herbeizuführen.

Verhaltensregeln Aussagen über erwünschtes oder unerwünschtes Verhalten; Gebote oder Verbote.

Verhaltensziele Unterrichtsziele, die erwartetes Verhalten spezifizieren.

Verstärkung Konsequenzen, die ein bestimmtes Verhalten stärken.

Verstärkung durch Beobachtung/stellvertretende Verstärkung Die Wahrscheinlichkeit erhöhen, dass ein Verhalten wiederholt wird, weil der Lerner beobachtet, wie ein Modell für dieses Verhalten verstärkt wird.

Verstärkungsplan Festlegung der Reihenfolge und der zeitlichen Abstände von Verstärkungen.

Versuchsteilnehmer/Versuchsperson Menschen oder Tiere, die in Forschungsstudien untersucht werden.

Verteiltes Lernen Strategie zum Auswendiglernen einer größeren Auswahl in einzelnen Einheiten.

Verteilungsgerechtigkeit, distributive Überzeugung, wie eine gerechte Verteilung von Ressourcen oder Privilegien in einer Gruppe auszusehen hat; folgt einer Entwicklungsfolge vom Prinzip der Gleichheit über das des Verdienstes zum Billigkeitsprinzip.

Vertragssystem System, in dem jeder Schüler für eine bestimmte Note nach den festgelegten Standards arbeitet.

Verzahnung der Gruppenmitglieder Jedes Mitglied einer Gruppe erhält einen Teil des zu lernenden Materials und macht sich sachkundig. Die Schüler informieren sich dann gegenseitig über ihren Teil.

Vielseitige Darstellung des Inhaltes Auf Problemlösungen sinnen durch Heranziehen von Analogien, Beispielen und Metaphern.

Visuell-räumlicher Notizblock Teilsystem des Arbeitsgedächtnisses, dessen Funktion es ist, visuelle und räumliche Informationen zu halten und zu bearbeiten.

Vorbereitungsprogramm für den Übergang ins Berufsleben und selbstständige Erwachsenenleben Allmähliches Vorbereiten von Schülern mit besonderen Bedürfnissen auf den Übergang von der Oberschule zu weiterführender Ausbildung oder Trainingsmaßnahmen, ins Berufsleben oder Teilhabe am Gemeindeleben.

Vorstellungsbilder/Images Repräsentationen, die auf physischen Attributen von Informationen, ihrer äußeren Erscheinung beruhen.

Vorstrukturierende Lernhilfe Aussagen über Begriffe, um das folgende Material einzuführen und zusammenzufassen.

Vortest Formativer Test zur Erfassung von Wissen, Vorbereitungsgrad und Fähigkeiten der Schüler.

Vorurteil Urteilen vor Kenntnis der genauen Informationen, auch irrationale Verallgemeinerung über ein Mitglied oder alle Mitglieder einer sozialen Kategorie.

Wahrer Testwert Wert, den ein Proband erhalten würde, wenn die Messung nicht mit einem Fehler behaftet wäre.

Wahrnehmung Organisation und Deutung von Sinnesempfindungen.

Warmherzige Forderer Wirksame Lehrer für afroamerikanische Schüler, die ein hohes Anspruchsniveau haben, sich aber auch um die Schüler intensiv kümmern.

Weisheit Fachwissen in der Führung und Bedeutung des Lebens.

Wertpunkte bei Beurteilungsskalen Wertzuordnungen zur Bestimmung der Qualität von Darbietungen von Schülern.

Wichtigkeit der Aufgabenerledigung Der Wert, der auf eine gute Erledigung einer Aufgabe gelegt wird; wie der Erfolg mit einer Aufgabe den persönlichen Bedürfnissen entspricht.

Widerstandskraft (Resilienz) Die Fähigkeit, sich erfolgreich anzupassen, trotz schwieriger Verhältnisse und Bedrohungen für die eigene Entwicklung.

Widerstandskultur Wertorientierungen und Überzeugungen in einer Minderheitengruppe, die Einstellungen und Verhaltensweisen der Mehrheitskultur ablehnt.

Wiederholen/Übung Informationen erneut aktivieren zu ihrer Erhaltung.

Willenskraft/Volition Willensstärke; Selbstdisziplin; Arbeitsstil, der Möglichkeiten zur Zielerreichung bietet, indem er selbstgesteuertes Lernen einsetzt.

Wissensfundus Wissensbestände in verschiedenen Bereichen wie Arbeit, Wohnen und Religion, die Familien und Gemeindemitglieder gemeinsam haben; kann als Voraussetzung für den Unterricht dienen.

z-Wert Standardwert, der die Anzahl der Standardabweichungen über oder unter dem Mittelwert angibt.

Zeitmanagement Einen Unterrichtsplan einhalten und damit die Lern- und Arbeitsfortschritte der Schüler zeitlich sichern.

Zentrale Exekutive Teilsystem des Arbeitsgedächtnisses, dessen Funktion es ist, Aufmerksamkeit und andere mentale Ressourcen zu überwachen und zu lenken.

Zentraltendenz Repräsentativer Wert einer Verteilung.

Zerebrale Lähmung Zustände mit einem Spektrum an motorischen oder Koordinationsschwierigkeiten, die auf Lähmungserscheinungen im Gehirn zurückgeführt werden müssen.

Ziel Was sich ein Individuum zu erreichen vorgenommen hat.

Zielgerichtete Handlungen Absichtliche, auf ein Ziel ausgerichtete Handlungen.

Ziel-Mittel-Analyse Heuristik, die das Ziel in Unterziele und Wege, diese zu erreichen, aufteilt.

Zielorientierung Sich einstellen auf Leistungsziele in der Schule.

Zielstruktur Beziehungen, die Schüler mit anderen pflegen, die auch auf ein bestimmtes Ziel hinarbeiten.

Zone der proximalen Entwicklung Entwicklungsphase eines Kindes, in der es mit Unterstützung anderer aus seiner Umgebung eine Aufgabe lösen kann.

Zufall Regelloses Muster von Ereignissen oder Verhalten, ohne erkennbare Ursachen.

Zurechtweisung/Tadel Kritik an Fehlverhalten, auch formal festgehalten, z. B. durch Eintrag ins Klassenbuch.

Zusammenarbeit Mit anderen zusammen auf ein gemeinsames Ziel hinarbeiten.

Zweitsprachenlerner Schüler, deren Erstsprache nicht Deutsch ist und die in der Schule zusätzlich gesonderten Deutschunterricht erhalten.

Anhang B
Literaturverzeichnis

AAMD Ad Hoc Committee on Terminology and Classification. (1992). *Mental retardation: Definition, classification, and systems of support* (9th ed.). Washington, DC: American Association on Mental Retardation.

Aber, J. L., Brown, J. L., & Jones, S. M. (2003). Developmental trajectories toward violence in middle childhood: Course, demographic differences, and response to school-based intervention. *Developmental Psychology, 39*, 324–348.

Abi-Nader, J. (1991). Creating a vision of the future: Strategies for motivating minority students. *Phi Delta Kappan, 72*, 546–549.

Aboud, F. E. (2003). The formation of in-group favoritism and out-group prejudice in young children: Are they distinct attitudes? *Developmental Psychology, 39*, 48–60.

Abrams, I. M., & Madaus, G. F. (2003). The lessons of high stakes testing. *Educational Leadership, 61*(32), 31–35.

Ackerman, B. P., Brown, E. D., & Izard, C. E. (2004). The relations between contextual risk, earned income, and the school adjustment of children from economically disadvantaged families. *Developmental Psychology, 40*, 204–216.

Ackerman, P. L., Beier, M. E., & Boyle, M. O. (2005). Working memory and intelligence: The same or different constructs? *Psychological Bulletin, 131*, 30–60.

Ainley, M., Hidi, S., & Berndorf, D. (2002). Interest, learning, and the psychological processes that mediate their relationship. *Journal of Educational Psychology, 94*, 545–561.

Airasian, P. W. (1996). *Assessment in the classroom.* New York: McGraw-Hill.

Airasian, P. W. (2005). *Classroom assessment: Concepts and applications* (5th ed.). New York: McGraw-Hill.

Airasian, P. W., & Walsh, M. E. (1997). Constructivist cautions. *Phi Delta Kappan, 78,* 444–449.

Albanese, M. A., & Mitchell, S. A. (1993). Problem-based learning: A review of literature on its outcomes and implementation issues. *Academic Medicine, 68,* 52–81.

Alber, S. R., & Heward, W. L. (1997). Recruit it or lose it! Training students to recruit positive teacher attention. *Intervention in School and Clinic, 32,* 275–282.

Alber, S. R., & Heward, W. L. (2000). Teaching students to recruit positive attention: A review and recommendations. *Journal of Behavioral Education, 10,* 177–204.

Alberto, P., & Troutman, A. C. (2003). *Applied behavior analysis for teachers: Influencing student performance* (6th ed.). Saddle River, NJ: Prentice-Hall/Merrill.

Alberto, P., & Troutman, A. C. (2006). *Applied behavior analysis for teachers: Influencing student performance* (7th ed.). Saddle River, NJ: Prentice-Hall/Merrill.

Albrecht, J. E. & O'Brien, E. J. (1993). Updating a mental model maintaining both local and global coherence. *Journal of Experimental Psychology: Learning, Memory and Cognition, 19*, 1061–1070.

Alderman, M. K. (2004). *Motivation for achievement: Possibilities for teaching and learning.* Mahwah, NJ: Lawrence Erlbaum.

Alexander, P. A. (1992). Domain knowledge: Evolving themes and emerging concerns. *Educational Psychologist, 27*, 33–51.

Alexander, P. A. (1996). The past, present, and future of knowledge research: A reexamination of the role of knowledge in learning and instruction. *Educational Psychologist, 31*, 89–92.

Alexander, P. A. (1997). Mapping the multidimensional nature of domain learning: The interplay of cognitive, motivational, and strategic forces. *Advances in Motivation and Achievement, 10*, 213–250.

Alexander, P. A. (2006). *Psychology in learning and instruction.* Upper Saddle River, NJ: Merrill/Prentice-Hall.

Alexander, P. A., Kulikowich, J. M., & Schulze, S. K. (1994). How subject-matter knowledge affects recall and interest. *American Educational Research Journal, 31*, 313–337.

Alexander, P. A., & Murphy, P. K. (1998). The research base for APA's Learner-Centered Psychological Principles. In N. Lambert & B. McCombs (Eds.), *How students learn: Reforming schools through learner-centered education* (pp. 33–60). Washington, DC: American Psychological Association.

Alliance for Service Learning in Education Reform. (1993). Standards of quality for school based service learning. *Equity and Excellence in Education, 26*(2), 71–77.

Allington, R. (1980). Teacher interruption behaviors during primary-grade oral reading. *Journal of Educational Psychology, 71*, 371–377.

Alloway, N. (1984). *Teacher expectations.* Paper presented at the meetings of the Australian Association for Research in Education, Perth, Australia.

Alloy, L. B., & Seligman, M. E. P. (1979). On the cognitive component of learned helplessness and depression. *The Journal of Learning and Motivation, 13*, 219–276.

Altermatt, E. R., Pomerantz, E. M., Ruble, D. N., Frey, K. S., & Greulich, F. K. (2002). Predicting changes in children's self-perceptions of academic competence: A naturalistic examination of evaluative discourse among classmates. *Developmental Psychology, 38*, 903–917.

Alton-Lee, A., Diggins, C., Klenner, L., Vine, E., & Dalton, N. (2001). Teacher management of the learning environment during a social studies discussion in a new-entrant classroom in New Zealand. *The Elementary School Journal, 101*, 549–566.

Alvidrez, J., & Weinstein, R. S. (1999). Early teacher perceptions and later student academic achievement. *Journal of Educational Psychology*, *91*, 731–746.

Amabile, T. M. (1996). *Creativity in context.* Boulder, CO: Westview Press.

Amabile, T. M. (2001). Beyond talent: John Irving and the passionate craft of creativity. *American Psychologist*, *56*, 333–336.

Amato, L. F., Loomis, L. S., & Booth, A. (1995). Parental divorce, marital conflict, and offspring well-being during early adulthood. *Social Forces*, *73*, 895–915.

Amato, P. R. (2001). Children of divorce in the 1990s: An update of the Amato and Keith (1991) meta-analysis. *Journal of Family Psychology*, *15*, 355–370.

American Association on Mental Retardation (AAMR). (2002). *Mental retardation: Definitions, classifications, and systems of support* (10th ed.). Washington DC: Author.

American Psychological Association. (2002). Warning signs. Retrieved April 16, 2002, from http://helping.apa.org/warningsigns.

Ames, C. (1990). Motivation: What teachers need to know. *Teachers College Record*, *91*, 409–421.

Ames, C. (1992). Classrooms: Goals, structures, and student motivation. *Journal of Educational Psychology*, *84*, 261–271.

Ames, R., & Lau, S. (1982). An attributional analysis of student help-seeking in academic settings. *Journal of Educational Psychology*, *74*, 414–423.

Anastasi, A. (1988). *Psychological testing* (6th ed.). New York: Macmillan.

Anderman, E. M., & Maehr, M. L. (1994). Motivation and schooling in the middle grades. *Review of Educational Research*, *64*, 287–310.

Anderman, E. M., & Midgley, C. (2004). Changes in self-reported academic cheating across the transition from middle school to high school. *Contemporary Educational Psychology*, *29*, 499–517.

Anderson, C. W., Holland, J. D., & Palincsar, A. S. (1997). Canonical and sociocultural approaches to research and reform in science education: The story of Juan and his group. *The Elementary School Journal, 97*, 359–384.

Anderson, C. W., & Roth, K. J. (1989). Teaching for meaningful and self-regulated learning of science. In J. Brophy (Ed.), *Advances in research on teaching* (Vol. 1, pp. 265–306). Greenwich, CT: JAI Press.

Anderson, C. W., & Smith, E. L. (1983, April). *Children's conceptions of light and color: Developing the concept of unseen rays.* Paper presented at the annual meeting of the American Educational Research Association, Montreal.

Anderson, C. W., & Smith, E. L. (1987). Teaching science. In V. Richardson-Koehler (Ed.), *Educators' handbook: A research perspective* (pp. 84–111). New York: Longman.

Anderson, J. R. (1993). Problem solving and learning. *American Psychologist*, *48*, 35–44.

Anderson, J. R. (1995a). *Cognitive psychology and its implications* (4th ed.). New York: Freeman.

Anderson, J. R. (1995b). *Learning and memory.* New York: John Wiley & Sons.

Anderson, J. R. (2005). *Cognitive psychology and its implications* (6th ed.). New York: Worth.

Anderson, J. R., Reder, L. M., & Simon, H. A. (1995). *Applications and misapplication of cognitive psychology to mathematics education.* Unpublished manuscript. Available online at http://www.psy.cmu.edu/~mm4b/misapplied.html.

Anderson, J. R., Reder, L. M., & Simon, H. A. (1996). Situated learning and education. *Educational Researcher*, *25*, 5–11.

Anderson, L. M. (1985). What are students doing when they do all that seatwork? In C. Fisher & D. Berliner (Eds.), *Perspectives on instructional time* (pp. 189–202). New York: Longman.

Anderson, L. M., Brubaker, N. L., Alleman-Brooks, J., & Duffy, G. G. (1985). A qualitative study of seatwork in first-grade classrooms. *Elementary School Journal*, *86*, 123–140.

Anderson, L. W. (1995). Introduction. Theories and models of teaching. In L. W. Anderson (Hrsg.). *International encyclopedia of teaching and teacher education* (2. Aufl., S. 89–91). Oxford: Pergamon

Anderson, L. W., & Krathwohl, D. R. (Eds.). (2001). *A taxonomy for learning, teaching, and assessing: A revision of Bloom's taxonomy of educational objectives.* New York: Longman.

Anderson, L. W., & Sosniak, L. A. (Eds.). (1994). *Bloom's taxonomy: A forty-year retrospective.* Ninety-third yearbook for the National Society for the Study of Education: Part II. Chicago: University of Chicago Press.

Anderson, P. J., & Graham, S. M. (1994). Issues in second-language phonological acquisition among children and adults. *Topics in Language Disorders*, *14*, 84–100.

Anderson, R. C., Nguyen-Jahiel, K., McNurlen, B., Archodidou, A., Kim, S-Y., Reznitskaya, A., et al. (2001). The snowball phenomenon: Spread of ways of talking and ways of thinking across groups of children. *Cognition and Instruction*, *19*, 1–46.

Anderson, S. M., Klatzky, R. L., & Murray, J. (1990). Traits and social stereotypes: Efficiency differences in social information processing. *Journal of Personality and Social Psychology*, *59*, 192–201.

Angier, N., & Chang, K. (2005, January 24). Gray matter and the sexes: Still a scientific gray area. *The New York Times*, A1+.

Anyon, J. (1980). Social class and the hidden curriculum of work. *Journal of Education, 162,* 67–92.

APA Board of Educational Affairs. (1995). *Learner-centered psychological principles: A framework for school redesign and reform.* Washington, DC: American Psychological Association.

Archer, S. L., & Waterman, A. S. (1990). Varieties of identity diffusions and foreclosures: An exploration of the subcategories of the identity statuses. *Journal of Adolescent Research, 5,* 96–111.

Ardelt, M. (1998). Social crisis and individual growth: The long-term effects of the Great Depression. *Journal of Aging Studies, 12,* 291–314.

Ardelt, M. (2000). Intellectual versus wisdom-related knowledge. The case for a different kind of learning in the later years of life. *Educational Gerontology, 26,* 771–789.

Arends, R. I. (2001). *Learning to teach* (5th ed.). New York: McGraw-Hill.

Arends, R. I. (2004). *Learning to teach* (6th ed.). New York: McGraw-Hill.

Armstrong, T. (1999). *ADD/ADHD alternatives in the classroom.* Alexandria, VA: Association for Supervision and Curriculum Development.

Arnold, M. L. (2000). Stage, sequence, and sequels: Changing conceptions of morality, post-Kohlberg. *Educational Psychology Review, 12,* 365–383.

Aronson, E. (2000). *Nobody left to hate: Teaching compassion after Columbine.* New York: Worth.

Aronson, J. (2002). Stereotype threat: Contending and coping with unnerving expectations. In J. Aronson & D. Cordova (Eds.), *Improving education: Classic and contemporary lessons from psychology* (pp. 279–301). New York: Academic Press.

Aronson, J., Fried, C. B., & Good, C. (2002). Reducing the effects of stereotype threat on African American college students: The role of theories of intelligence. *Journal of Experimental Social Psychology, 33,* 113–125.

Aronson, J., & Inzlicht, M. (2004) The ups and downs of attributional ambiguity: Stereotype vulnerability and the academic self-knowledge of African American college students. *Psychological Science, 15,* 829-836.

Aronson, J., Lustina, M. J., Good, C., Keough, K., Steele, C. M., & Brown, J. (1999). When White men can't do math: Necessary and sufficient factors in stereotype threat. *Journal of Experimental Social Psychology, 35,* 29–46.

Aronson, J., & Salinas, M. F. (1998). *Stereotype threat, attributional ambiguity, and Latino underperformance.* Unpublished manuscript, University of Texas at Austin.

Aronson, J., & Steele, C. M. (2005). Stereotypes and the fragility of human competence, motivation, and self-concept. In C. Dweck & E. Elliot (Eds.), *Handbook of competence and motivation.* New York: Guilford.

Aronson, J., Steele, C. M., Salinas, M. F., & Lustina, M. J. (1999). The effect of stereotype threat on the standardized test performance of college students. In E. Aronson (Ed.), *Readings about the social animal* (8th ed.). New York: Freeman.

Arsenio, W. F., & Lemerise, A. (2004). Aggression and moral development: Integrating social information processing and moral domain models. *Child Development, 75*(4), 987.

Artman, L., & Cahan, S. (1993). Schooling and the development of transitive inference. *Developmental Psychology, 29,* 753–759.

Ashcraft, M. H. (2002). *Cognition* (3rd ed.). Upper Saddle River, NJ: Prentice-Hall.

Ashcraft, M. H. (2006). *Cognition* (4th ed.). Upper Saddle River, NJ: Prentice-Hall.

Associated Press. (2001, February 21). *ABA recommends dropping zero-tolerance in schools.* Available online at http://www.cnn.com/2001/fyi/teachers.ednews/02/21/zero.tolerance.ap. Downloaded on January 23, 2003.

Association for the Gifted. (2001). *Diversity and developing gifts and talents: A national action plan.* Arlington, VA: Author.

Astleitner, H. & Leutner, D. (1994). Computer im Unterricht und Ausbildung. *Zeitschrift für Pädagogik, 44,* 105–123.

Atkinson, R. C., & Shiffrin, R. M. (1968). Human memory: A proposed system and its control processes. In K. Spence & J. Spence (Eds.), *The psychology of learning and motivation* (Vol. 2, pp. 89–195). New York: Academic Press.

Atkinson, R. K., Levin, J. R., Kiewra, K. A., Meyers, T., Atkinson, L. A., Renandya, W. A., & Hwang, Y. (1999). Matrix and mnemonic text-processing adjuncts: Comparing and combining their components. *Journal of Educational Psychology, 91,* 242–257.

Atkinson, R. K., Renkl, A., & Merrill, M. M. (2003). Transitioning from studying examples to solving problems: Combining fading with prompting fosters learning. *Journal of Educational Psychology, 95,* 774–783.

Au, K. H. (1980). Participation structures in a reading lesson with Hawaiian children: Analysis of a culturally appropriate instructional event. *Anthropology and Education Quarterly, 11,* 91–115.

Ausubel, D. P. (1963). *The psychology of meaningful verbal learning.* New York: Grune and Stratton.

Ausubel, D. P. (1977). The facilitation of meaningful verbal learning in the classroom. *Educational Psychologist, 12,* 162–178.

Ausubel, D. P. (1982). Schemata, advance organizers, and anchoring ideas: A reply to Anderson, Spiro, and Anderson. *Journal of Structural Learning, 7,* 63–73.

Avramidis, E., Bayliss, P., & Burden, R. (2000). Student teachers' attitudes toward the inclusion of children with special education needs in the ordinary school. *Teaching and Teacher Education, 16,* 277–293.

Ayres, N. (2002). Calculators in the classroom. Retrieved on August 16, 2002, from http://www.math.twsu.edu/history/topics/calculators.html#calc.

Babad, E. Y. (1995). The "Teachers' Pet" phenomenon, students' perceptions of differential behavior, and students' morale. *Journal of Educational Psychology, 87,* 361–374.

Babad, E. Y., Inbar, J., & Rosenthal, R. (1982). Pygmalion, Galatea, and the Golem: Investigations of biased and unbiased teachers. *Journal of Educational Psychology, 74,* 459–474.

Baddeley, A. D. (1986). *Working memory.* Oxford, UK: Clarendon Books.

Baddeley, A. D. (2001). Is working memory still working? *American Psychologist, 56,* 851–864.

Baer, J. (1997). *Creative teachers, creative students.* Boston: Allyn and Bacon.

Bailey, S. M. (1993). The current status of gender equity research in American Schools. *Educational Psychologist, 28,* 321–339.

Baillargeon, R, (1999). Yong infants' expectations about hidden objects: A reply to three challenges. *Developmental Psychology, 2,* 115–132.

Baker, C. (1993). *Foundations of bilingual education and bilingualism.* Clevedon, England: Multilingual Matters.

Baker, D. (1986). Sex differences in classroom interaction in secondary science. *Journal of Classroom Interaction, 22,* 212–218.

Bakerman, R., Adamson, L. B., Koner, M., & Barr, R. G. (1990). !Kung infancy: The social context of object exploration. *Child Development, 61,* 794–809.

Ball, D. L. (1997). What do students know? Facing challenges of distance, context, and desire in trying to hear children. In B. J. Biddle, T. L. Good, & I. F. Goodson (Eds.), *The international handbook of teachers and teaching* (pp. 769–818). Dordrecht, The Netherlands: Kluwer.

Ball, D. L., Lubienski, S. T., & Mewborn, D. S. (2001). Research on teaching mathematics: The unsolved problem of teachers' mathematical knowledge. In V. Richardson (Ed.), *Handbook of research on teaching* (4th ed., pp. 433–456). Washington, DC: American Educational Research Association.

Baltes, P. B. (2002). Das Zeitalter des permanent unfertigen Menschen. Lebenslanges Lernen verlangt einen Wechsel von sequentiellen zu parallelisierten Bildungsverläufen. *Personalführung, 35,* 24–33.

Baltes, P. B., Staudinger. U. M., Maercker, A. & Smith, J. (1995). People nominated as wise: A comparative study of wisdom-related knowledge. *Psychology and Aging, 10,* 155–166.

Bandura, A. (1965). Influence of models' reinforcement contingencies on the acquisition of imitative responses. *Journal of Personality and Social Psychology, 1,* 589–595.

Bandura, A. (1977). *Social learning theory.* Englewood Cliffs, NJ: Prentice-Hall.

Bandura, A. (1982). Self-efficacy mechanisms in human agency. *American Psychologist, 37,* 122–147.

Bandura, A. (1986). *Social foundations of thought and action.* Englewood Cliffs, NJ: Prentice-Hall.

Bandura, A. (1993). Perceived self-efficacy in cognitive development and functioning. *Educational Psychologist, 28,* 117–148.

Bandura, A. (1997). *Self-efficacy: The exercise of control.* New York: Freeman.

Bandura, A., Ross, D., & Ross, S. A. (1963). Vicarious reinforcement and imitative learning. *Journal of Abnormal and Social Psychology, 67,* 601–607.

Bangert-Drowns, R. L., Kulik, C. C., Kulik, J. A., & Morgan, M. (1991). The instructional effect of feedback in test-like events. *Review of Educational Research, 61,* 213–238.

Banks, J. A. (1993). Multicultural education: Development, dimensions, and challenges. *Phi Delta Kappan, 75,* 22–28.

Banks, J. A. (1994). *Multiethnic education: Theory and practice.* Boston: Allyn and Bacon.

Banks, J. A. (1997). *Teaching strategies for ethnic studies* (6th ed.). Boston: Allyn and Bacon.

Banks, J. A. (2002). *An introduction to multicultural education* (3rd ed.). Boston: Allyn and Bacon.

Banks, J. A. (2006). *Cultural diversity and education: Foundations, curriculum, and teaching* (5th ed.). Boston: Allyn and Bacon.

Banks, J. A., & Banks, C. A. M. (Eds.). (1995). *Handbook of research on multicultural education.* New York: Macmillan.

Banks, S. R. (2005). *Classroom assessment: Issues and practice.* Boston: Allyn and Bacon.

Barden, L. M. (1995). Effective questioning and the ever-elusive higher-order question. *American Biology Teacher, 57,* 423–426.

Bargh, J. A., & Chartrand, T. L. (1999). The unbearable automaticity of being. *American Psychologist, 54,* 462–479.

Barnhill, G. P. (2005). Functional behavioral assessment in schools. *Intervention in School and Clinic, 40,* 131–143.

Baron, R. A. (1998). *Psychology* (4th ed.). Boston: Allyn and Bacon.

Baron, R. A., & Byrne, D. (2003). *Social psychology* (10th ed.). Boston: Allyn and Bacon.

Barone, F. J. (1997). Bullying in school: It doesn't have to happen. *Phi Delta Kappan, 79,* 80–82.

Baroody, A. R., & Ginsburg, H. P. (1990). Children's learning: A cognitive view. In R. Davis, C. Maher, & N. Noddings (Eds.), *Constructivist views on the teaching and learning of mathematics* (pp. 51–64). Monograph 4 of the National Council of Teachers of Mathematics, Reston, VA.

Barr, R. (2001). Research on the teaching of reading. In V. Richardson (Ed.), *Handbook of research on teaching* (4th ed., pp. 390–415). Washington, DC: American Educational Research Association.

Bartlett, F. C. (1932). *Remembering: A study in experimental and social psychology.* New York: Macmillan.

Basow, S. A., & Rubin, L. R. (1999). Gender influences on adolescent development. In N. G. Johnson, M. C. Roberts, & J. Worell (Eds.), *Beyond appearance: A new look at adolescent girls* (pp. 25–52). Washington, DC: American Psychological Association.

Battistich, V., Solomon, D., & Delucci, K. (1993). Interaction processes and student outcomes in cooperative groups. *Elementary School Journal, 94*, 19–32.

Battistich, V., Watson, M., Solomon, D., Lewis, C., & Schaps, E. (1999). Beyond the three R's: A broad agenda for school reform. *The Elementary School Journal, 99*, 415–432.

Baumeister, R. F., & Leary, M. R. (1995). The need to belong: Desire for interpersonal attachments as a fundamental human motivation. *Psychological Bulletin, 117*, 497–529.

Baumert, J. (2001). *Basis-Kompetenzen von Schülerinnen und Schülern im internationalen Vergleich.* Wiesbaden: VS Verlag.

Baumert, J. (2002). *PISA 2000. – Die Länder der Bundesrepublik Deutschland im Vergleich.* Wiesbaden: VS Verlag.

Baumert, J. et al. (1997). *TIMSS – mathematisch-naturwissenschaftlicher Unterricht im internationalen Vergleich. Deskriptive Befunde.* Opladen: Leske und Budrich.

Baumert, J., Bos, W. & Waterman, R. (1998). TIMSS/III – *Schülerleistungen in Mathematik und Naturwissenschaften am Ende der Sekundarstufe II. Zusammenfassung und deskriptive Befunde.* Berlin: Max-Planck-Institut. Berlin: Max-Planck Institut.

Baumert, J., Lehmann, R. & Lehrke, M. (2001). *TIMSS – Mathematisch-naturwissenschaftlicher Unterricht im internationalen Vergleich. Deskriptive Befunde.* Wiesbaden: VS Verlag.

Baumrind, D. (1991), Effective parenting during early adolescent transitions. In P. A. Cowan & M. Hetherington (Eds.), *Family transitions* (pp. 111–165). Hillsdale, NJ: Lawrence Erlbaum.

Baumrind, D. (1996). The discipline controversy revisited. *Family Relations, 45*, 405–414.

Beane, J. A. (1991). Sorting out the self-esteem controversy. *Educational Leadership, 49*(1), 25–30.

Bear, G. G. (with Cavalier, A. R., & Manning, M. A.). (2005). *Developing self-discipline and preventing and correcting misbehavior.* Boston: Allyn and Bacon.

Beautrais, A. L. (2005). National strategies for the reduction and prevention of suicide, *Crisis, 26*(1), 1–3.

Beck, I. L., McKeown, M. G., Worthy, J., Sandora, C. A., & Kucan, L. (1996). Questioning the author: A yearlong classroom implementation to engage students with text. *The Elementary School Journal, 96*, 385–414.

Becker, J. (2005), Kurzschluss. *Der Amoklauf von Erfurt und die Zeit danach.* Berlin: Schwarzkopff Buchwerke.

Bee, H. (1981). *The developing child* (3rd ed.). New York: Harper & Row.

Bee, H. (1992). *The developing child* (6th ed.). New York: Harper & Row.

Beebe-Frankenberger, M., Bocian, K. L., MacMillan, D. L., & Gresham, F. M. (2004). Sorting second grade students with academic deficiencies: Characteristics differentiating those retained in grade from those promoted to third grade. *Journal of Educational Psychology, 96*, 204–215.

Beeth, M. E. (1998). Teaching science in fifth grade: Instructional goals that support conceptual change. *Journal of Research in Science Teaching, 35*, 1091–1101.

Beezer, B. (1985). Reporting child abuse and neglect: Your responsibilities and your protections. *Phi Delta Kappan, 66*, 434–436.

Belanoff, P., & Dickson, M. (1991). *Portfolios: Process and product.* Portsmouth, NH: Heinemann, Boynton/Cook.

Belfiore, P. J., & Hornyak, R. S. (1998). Operant theory and the application of self-monitoring to adolescents. In D. Schunk & B. Zimmerman (Eds.), *Self-regulated learning: From theory to self-reflective practice* (pp. 184–202). New York: Guilford.

Benenson, J. F. (1993). Greater preference among females than males for dyadic interaction in early childhood. *Child Development, 64*, 544–555.

Benjafield, J. G. (1992). *Cognition.* Englewood Cliffs, NJ: Prentice-Hall.

Bennett, C. I. (1995). *Comprehensive multicultural education: Theory and practice* (3rd ed.). Boston: Allyn and Bacon.

Bennett, C. I. (1999). *Comprehensive multicultural education: Theory and practice* (4th ed.). Boston: Allyn and Bacon.

Bereiter, C. (1995). A dispositional view of transfer. In A. McKeough, J. Lupart, & A. Marini (Eds.), *Teaching for mastery: Fostering generalization in learning* (pp. 21–34). Mahwah, NJ: Lawrence Erlbaum.

Bereiter, C. (1997). Situated cognition and how I overcome it. In D. Kirshner & J. A. Whitson (Eds.), *Situated cognition: Social, semiotic, and psychological perspectives* (pp. 281–300). Mahwah, NJ: Lawrence Erlbaum.

Berg, C. A., & Clough, M. (1991). Hunter lesson design: The wrong one for science teaching. *Educational Leadership, 48*(4), 73–78.

Berg, D. & Tisdale, T. (2004) *Verhaltensauffälligkeiten bei Grundschulkindern.* http://elib.ini-bamberg.de/volltexte/2004/8/bergtisg.pdf.

Bergen, T. J., Jr. (2001). The development of prejudice in children, *Education, 122*, 154–162.

Berger, K. S. (2003). *The developing person through childhood and adolescence* (6th ed.). New York: Worth Publishers.

Berger, K. S. (2004). *Development through the lifespan.* New York: Worth.

Berger, K. S., & Thompson, R. A. (1995). *The developing person through childhood and adolescence.* New York: Worth.

Bergin, D. (1999). Influences on classroom interest. *Educational Psychologist, 34,* 87–98.

Berk, L. E. (1997). *Child development* (4th ed.). Boston: Allyn and Bacon.

Berk, L. E. (2001). *Awakening children's minds: How parents and teachers can make a difference.* New York: Oxford University Press.

Berk, L. E. (2002). *Infants, children, and adolescents* (4th ed.). Boston: Allyn and Bacon.

Berk, L. E. (2005). *Infants, children, and adolescents* (5th ed.). Boston: Allyn and Bacon.

Berk, L. E. (2005). Entwicklungspsychologie. München: Pearson.

Berk, L. E., & Spuhl, S. T. (1995). Maternal interaction, private speech, and task performance in preschool children. *Early Childhood Research Quarterly, 10,* 145–169.

Berliner, D. C. (1983). Developing concepts of classroom environments: Some light on the T in studies of ATI. *Educational Psychologist, 18,* 1–13.

Berliner, D. C. (1987). But do they understand? In V. Richardson-Koehler (Ed.), *Educators' handbook: A research perspective* (pp. 259–293). New York: Longman.

Berliner, D. C. (1988). Simple views of effective teaching and a simple theory of classroom instruction. In D. Berliner & B. Rosenshine (Eds.), *Talks to teachers* (pp. 93–110). New York: Random House.

Berliner, D. C. (1992). Telling the stories of educational psychology. *Educational Psychologist, 27,* 143–152.

Berliner, D. C. (1993). The 100-year journey of educational psychology: From interest to disdain to respect for practice. In T. K. Faigin & G. R. VandenBos (Eds.), *Exploring applied psychology: Origins and critical analyses* (pp. 39–78). Washington DC: American Psychological Association.

Berliner, D. C. (2002). Educational research: The hardest science of all. *Educational Researcher, 31*(8), 18–20.

Berliner, D. C., & Biddle, B. (1997). *The manufactured crisis: Myths, frauds, and the attack on America's public schools.* White Plains: Longman.

Berlyne, D. (1966). Curiosity and exploration. *Science, 153,* 25–33.

Berndt, T. J., & Keefe, K. (1995). Friends' influence on adolescents' adjustment to school. *Child Development, 66,* 1312–1329.

Bertram, H. (2006). *Zur Lage der Kinder in Deutschland: Politik für Kinder als Zukunftsgestaltung.* Innocenti Working Paper 2006-02 des UN Children Fund (UNICEF). Florenz.

Betancourt, H., & Lopez, S. R. (1993). The study of culture, ethnicity, and race in American psychology. *American Psychologist, 48,* 629–637.

Bhatia, T. K., & Richie, W. C. (1999). The bilingual child: Some issues and perspectives. In W. C. Richie & T. K. Bhatia (Eds.), *Handbook of child language acquisition.* San Diego: Academic Press.

Bialystok, E. (1999). Cognitive complexity and attentional control in the bilingual child. *Child Development, 70,* 636–644.

Bialystok, E. (2004). *Bilingualism in Development. Language, Literacy and Cognition.* New York: Cambridge.

Biggs, J. (2001). Enhancing learning: A matter of style of approach. In R. Sternberg & L. Zhang (Eds.), *Perspectives on cognitive, learning, and thinking styles* (pp. 73–102). Mahwah, NJ: Lawrence Erlbaum.

Binet, A. & Simon, T. (1905). Application des méthodes nouvelles au diagnostique du niveau intellectuel chez des enfants normaux et anormaux d'hospice et d'école primaire. *Année Psychologique, 11,* 245–336.

Bjorklund, D. F. (1989). *Children's thinking: Developmental function and individual differences.* Pacific Grove, CA: Brooks/Cole.

Blanchard-Fields, F., Chen, Y. & Norris, L. (1997). Everyday problem solving across the adult lifespan: Influence of domain specificity and cognitive appraisal. *Psychology and Aging, 12,* 684–693.

Bleeker, M. M., & Jacobs, J. E. (2004). Achievement in math and science: Do mothers' beliefs matter twelve years later? *Journal of Educational Psychology, 96*(1), 97–109.

Bloom, B. S. (1981). *All our children learning: A primer for parents, teachers, and other educators.* New York: McGraw-Hill.

Bloom, B. S. (1982). The role of gifts and markers in the development of talent. *Exceptional Children, 48,* 510–522.

Bloom, B. S., Engelhart, M. D., Frost, E. J., Hill, W. H., & Krathwohl, D. R. (1956). *Taxonomy of educational objectives. Handbook I: Cognitive domain.* New York: David McKay.

Bloom, R., & Bourdon, L. (1980). Types and frequencies of teachers' written instructional feedback. *Journal of Educational Research, 74,* 13–15.

Bluestein, J. (1995). *Mentors, masters, and Mrs. MacGregor.* Deerfield Beach, FL: Health Communications.

Blum, R. W. (2005). A case for school connectedness. *Educational Leadership, 62*(7), 16–20.

Blumenfeld, P. C., Puro, P., & Mergendoller, J. R. (1992). Translating motivation into thoughtfulness. In H. Marshall (Ed.), *Redefining student learning: Roots of educational change* (pp. 207–240). Norwood, NJ: Ablex.

Bolick, C. M., & Cooper, J. M. (2006). Classroom management and technology. In C. Evertson & C. S. Weinstein (Eds.), *Handbook for classroom management: Research, practice, and contemporary issues*. Mahwah, NJ: Lawrence Erlbaum.

Boom, J., Brugman, D., & van der Heijden, P. G. (2001). Hierarchical structure of moral stages assessed by a sorting task. *Child Development, 72*, 535–548.

Borko, H., & Livingston, C. (1989). Cognition and improvisation: Differences in mathematics instruction by expert and novice teachers. *American Educational Research Journal, 26*, 473–498.

Borko, H., & Putnam, R. (1996). Learning to teach. In D. Berliner & R. Calfee (Eds.), *Handbook of educational psychology* (pp. 673–708). New York: Macmillan.

Borman, G. D., & Overman, L. T. (2004). Academic resilience in mathematics among poor and minority students. *The Elementary School Journal, 104*, 177–195.

Bos, C. S., & Reyes, E. I. (1996). Conversations with a Latina teacher about education for language-minority students with special needs. *The Elementary School Journal, 96*, 344–351.

Bos, W., Lankes, E.-M. & Prenzel, M. (2003). *Erste Ergebnisse aus IGLU*. Münster: Waxmann.

Bos, W. et al. (2007) (Hrsg.), *IGLU 2006. Lesekompetenzen von Kindern im internationalen Vergleich*. Münster: Waxmann.

Bosworth, K. (1995). Caring for others and being cared for. *Phi Delta Kappan, 76*(9), 686–693.

Boutte, G. S. (Ed.). (2002). *Resounding voices: School experiences of people from diverse ethnic backgrounds*. Boston: Allyn and Bacon.

Braddock, J., II, & Slavin, R. E. (1993). Why ability grouping must end: Achieving excellence and equity in American education. *Journal of Intergroup Relations, 20*(2), 51–64.

Bradley, R., Danielson, L., & Hallahan, D. P. (2002). *Identification of learning disabilities: Research to practice*. Mahwah, NJ: Lawrence Erlbaum.

Bradlow, E. T., Hoch, S. J. & Hutchinson, J. B. (2002). An assessment of basic computer proficiency among active internet users test construction, calibration, antecedents, and consequences. *Journal of Educational and Behavioral Statistics, 27*, 237–254.

Brady, E. M. (1984). Demographic and educational correlates of self-reported learning among older students. *Educational Gerontology, 10*, 27–38.

Brannon, L. (2002). *Gender: Psychological perspectives* (3rd ed.). Boston: Allyn and Bacon.

Bransford, J. D., Brown, A. L., & Cocking, R. R. (2000). *How people learn: Brain, mind, experience, and school*. Washington, DC: National Academy Press.

Bransford, J. D., & Schwartz, D. (1999). Rethinking transfer: A simple proposal with multiple implications. In A. Iran-Nejad & P. D. Pearson (Eds.), *Review of research in education* (Vol. 24, pp. 61–100). Washington, DC: American Educational Research Association.

Bransford, J. D., & Stein, B. S. (1993). *The IDEAL problem solver: A guide for improving thinking, learning, and creativity* (2nd ed.). New York: Freeman.

Bredderman, T. (1983). Effects of activity-based elementary science on student outcomes: A qualitative synthesis. *Review of Educational Research, 53*, 499–518.

Bredekamp, S., & Copple, C. (1997). *Developmentally appropriate practice in early childhood programs*. Washington, DC: National Association for the Education of Young Children.

Brice, A. E. (2002). *The Hispanic child: Speech, language, culture, and education*. Boston: Allyn and Bacon.

Britz, L. (1997). *Bildungssituation von Kindern und Jugendlichen aus Zuwandererfamilien*. Bericht der Bildungszentrale für politische Bildung unter http://www.bpb.de/themen/2J4RTG,1,0,Bildungssituation_von_Kindern_und_Jugendlichen_aus_Zuwandererfamilien.

Brody, L. (1999). *Gender, emotion, and the family*. Cambridge, MA: Harvard University Press.

Broidy, L. M., Nagin, D. S., Tremblay, R. E., Bates, J. E., Brame, B., Dodge, K., Ferguson, D., Horwood, J., Loeber, R., Laird, R., Lynam, D., Moffitt, T., Pettit, G. S., & Vitaro, F. (2003). Developmental trajectories of childhood disruptive behaviors and adolescent delinquency: A six site, cross-national study. *Developmental Psychology, 39*, 222–245.

Bronfenbrenner, U. (1989). Ecological systems theory. In R. Vasta (Ed.), *Annals of child development* (Vol. 6, pp. 187–249). Boston: JAI Press, Inc.

Bronfenbrenner, U., & Evans, G. W. (2000): Developmental science in the 21st century: Emerging theoretical models, research designs, and empirical findings. *Social Development, 9*, 115–125.

Bronfenbrenner, U., McClelland, P., Wethington, E., Moen, P., & Ceci, S. (1996). *The state of Americans: This generation and the next*. New York: Free Press.

Brooks, D. (1985). Beginning the year in junior high: The first day of school. *Educational Leadership, 42*, 76–78.

Brooks, J. G., & Brooks, M. G. (1993). *In search of understanding: The case for constructivist classrooms*. Alexandria, VA: Association for Supervision and Curriculum Development.

Brooks-Gunn, J. (1988). Antecedents and consequences of variations in girls' maturational timing. In M. D. Levin & E. R. McAnarney (Eds.), *Early adolescent transitions* (pp. 101–121). Lexington, MA: Lexington Books.

Brophy, J. E. (1981). Teacher praise: A functional analysis. *Review of Educational Research, 51*, 5–21.

Brophy, J. E. (1982, March). *Research on the self-fulfilling prophecy and teacher expectations.* Paper presented at the annual meeting of the American Educational Research Association, New York.

Brophy, J. E. (1983). Conceptualizing student motivation to learn. *Educational Psychologist, 18,* 200–215.

Brophy, J. E. (1985). Teacher–student interaction. In J. Dusek (Ed.), *Teacher expectancies* (pp. 303–328). Hillsdale, NJ: Lawrence Erlbaum.

Brophy, J. E. (1988). On motivating students. In D. Berliner & B. Rosenshine (Eds.), *Talks to teachers* (pp. 201–245). New York: Random House.

Brophy, J. E. (1998). *Motivating students to learn.* New York: McGraw-Hill.

Brophy, J. E. (2003). An interview with Jere Brophy by B. Gaedke, & M. Shaughnessy. *Educational Psychology Review, 15,* 199–211.

Brophy, J. E., & Evertson, C. (1978). Context variables in teaching. *Educational Psychologist, 12,* 310–316.

Brophy, J. E., & Good, T. (1986). Teacher behavior and student achievement. In M. Wittrock (Ed.), *Handbook of research on teaching* (3rd ed., pp. 328–375). New York: Macmillan.

Brophy, J. E., & Kher, N. (1986). Teacher socialization as a mechanism for developing student motivation to learn. In R. Feldman (Ed.), *Social psychology applied to education* (pp. 256–288). New York: Cambridge University Press.

Brown, A. (1987). Metacognition, executive control, self-regulation, and other more mysterious mechanisms. In F. Weinert & R. Kluwe (Eds.), *Metacognition, motivation, and understanding* (pp. 65–116). Hillside, NJ: Lawrence Erlbaum.

Brown, A. (1997). Transforming schools into communities of thinking and learning about serious matters. *American Psychologist, 52,* 399–413.

Brown, A. L. (1992). Design experiments: Theoretical and methodological challenges in creating complex interventions in classroom settings. *Journal of the Learning Sciences, 2,* 141–178.

Brown, A. L., Bransford, J., Ferrara, R., & Campione, J. (1983). Learning, remembering, and understanding. In P. Mussen (Ed.), *Handbook of child psychology* (Vol. 3, pp. 515–629). New York: Wiley.

Brown, A. L., & Campione, J. C. (1996). Psychological theory and the design of innovative learning environments: On procedures, principles, and systems. In L. Schauble & R. Glaser (Eds.), *Innovations in learning: New environments for education* (pp. 289–325). Mahwah, NJ: Lawrence Erlbaum.

Brown, M. (2000). Access, instruction, and barriers. *Remedial and Special Education, 21,* 182–192.

Bruer, J. T. (1999). In search of … brain-based education. *Phi Delta Kappan, 80,* 648–657.

Bruner, J. S. (1960). *The process of education.* New York: Vintage Books.

Bruner, J. S. (1966). *Toward a theory of instruction.* New York: Norton.

Bruner, J. S. (1973). *Beyond the information given: Studies in the psychology of knowing.* New York: Norton.

Bruner, J. S. (1986). *Actual minds, possible worlds.* Cambridge, MA: Harvard University Press.

Bruner, J. S., Goodnow, J. J., & Austin, G. A. (1956). *A study of thinking.* New York: Wiley.

Bruning, R. H., Schraw, G. J., Norby, M. M., & Ronning, R. R. (2004). *Cognitive psychology and instruction* (4th ed.). Columbus, OH: Merrill.

Bruning, R. H., Schraw, G. J., & Ronning, R. R. (1999). *Cognitive psychology and instruction* (3rd ed.). Columbus, OH: Merrill.

Bryce, J. (2004). Different ways that secondary schools orient to lifelong learning. *Educational Studies, 30,* 53–64.

Buehler, R., Griffin, D., & Ross, M. (1994). Exploring the "planning fallacy": Why people underestimate their task completion times. *Journal of Personality and Social Psychology, 67,* 366–381.

Bulgren, J. A., Deshler, D. D., Schumaker, J. B., & Lenz, B. K. (2000). The use and effectiveness of analogical instruction in diverse secondary content classrooms. *Journal of Educational Psychology, 92,* 426–441.

Burbules, N. C., & Bruce, B. C. (2001). Theory and research on teaching as dialogue. In V. Richardson (Ed.), *Handbook of research on teaching* (4th ed., pp. 1102–1121). Washington, DC: American Educational Research Association.

Burden, P. R. (1995). *Classroom management and discipline: Methods to facilitate cooperation and instruction.* White Plains, NY: Longman.

Burke-Spero, R. (1999). Toward a model of "civitas" through an ethic of care: A qualitative study of preservice teachers' perceptions about learning to teach diverse populations (Doctoral dissertation, The Ohio State University, 1999). *Dissertation Abstracts International, 60,* 11A, 3967.

Burke-Spero, R., & Woolfolk Hoy, A. (2002). *The need for thick description: A qualitative investigation of developing teacher efficacy.* Unpublished manuscript, University of Miami.

Burton, R. V. (1963). The generality of honesty reconsidered. *Psychological Review, 70,* 481–499.

Bus, A. G., & van Ijzendoorn, M. H. (1999). Phonological awareness and early reading: a meta-analysis of experimental training studies. *Journal of Educational Psychology, 91,* 403–414.

Buss, D. M. (1995). Psychological sex differences: Origin through sexual selection. *American Psychologist, 50*, 164–168.

Butler, D. L. (2002). Individualized instruction in self-regulated learning. *Theory Into Practice, 41*, 81–92.

Butler, R. (1987). Task-involving and ego-involving properties of evaluation: Effects of different feedback conditions on motivational perceptions, interest, and performance. *Journal of Educational Psychology, 79*, 474–482.

Butler, R., & Neuman, O. (1995). Effects of task and ego achievement goals on help-seeking behaviors and attitudes. *Journal of Educational Psychology, 87*, 261–271.

Butler, R., & Nisan, M. (1986). Effects of no feedback, task-related comments, and grades on intrinsic motivation and performance. *Journal of Educational Psychology, 78*, 210–224.

Byrne, B., Fielding-Barnsley, R., & Ashley, L. (2000). Effects of preschool phoneme identity training after six years: Outcome level distinguished from rate of response. *Journal of Educational Psychology, 92*, 659–667.

Byrne, B. M. (2002). Validating the measurement and structure of self-concept: Snapshots of past, present, and future research. *American Psychologist, 57*, 897–909.

Byrne, B. M., & Shavelson, R. J. (1996). On the structure of social self-concept for pre-, early, and late adolescents: A test of the Shavelson model. *Journal of Personality and Social Psychology, 70*, 599–613.

Byrne, B. M., & Worth Gavin, D. A. (1996). The Shavelson model revisited: Testing for structure of academic self concept across pre-, early, and late adolescents. *Journal of Educational Psychology, 88*, 215–229.

Byrnes, J. P. (1996). *Cognitive development and learning in instructional contexts.* Boston: Allyn and Bacon.

Byrnes, J. P. (2003). Factors predictive of mathematics achievement in White, Black, and Hispanic 12th graders. *Journal of Educational Psychology, 95*, 316–326.

Byrnes, J. P., & Fox, N. A. (1998). The educational relevance of research in cognitive neuroscience. *Educational Psychology Review, 10*, 297–342.

Caine, R. N., & Caine, G. (1991). *Making connections: Teaching and the human brain.* Alexandria, VA: Association for Supervision and Curriculum Development.

Calderhead, J. (1996). Teacher: Beliefs and knowledge. In D. Berliner & R. Calfee (Eds.), *Handbook of educational psychology* (pp. 709–725). New York: Macmillan.

Callahan, C. M., Tomlinson, C. A., & Plucker, J. (1997). *Project STATR using a multiple intelligences model in identifying and promoting talent in high-risk students.* Storrs, CT: National Research Center for Gifted and Talented. University of Connecticut Technical Report.

Cambourne, B., & Turbill, J. (1990). Assessment in whole-language classrooms: Theory into practice. *Elementary School Journal, 90*, 337–349.

Cameron, J., & Pierce, W. D. (1994). Reinforcement, reward, and intrinsic motivation: A meta-analysis. *Review of Educational Research, 64*, 363–423.

Cameron, J., & Pierce, W. D. (1996). The debate about rewards and intrinsic motivation: Protests and accusations do not alter the results. *Review of Educational Research, 66*, 39–52.

Camp, R. (1990, Spring). Thinking together about portfolios. *The Quarterly of the National Writing Project, 27*, 8–14.

Cangelosi, J. S. (1990). *Designing tests for evaluating student achievement.* New York: Longman.

Canter, L. (1996). First the rapport—then the rules. *Learning, 24*(5), 12+.

Canter, L., & Canter, M. (1992). *Lee Canter's Assertive Discipline: Positive behavior management for today's classroom.* Santa Monica: Lee Canter and Associates.

Capa, Y. (2005). *Novice teachers' sense of efficacy.* Doctoral dissertation, The Ohio State University, Columbus, OH.

Capon, N., & Kuhn, D. (2004). What's so good about problem-based learning? *Cognition and Instruction, 22*, 61–79.

Cariglia-Bull, T., & Pressley, M. (1990). Short-term memory differences between children predict imagery effects when sentences are read. *Journal of Experimental Child Psychology, 49*, 384–398.

Carlisle, J. F., Stahl, S. A., & Birdyshaw, D. (Eds.). (2004, November). Lessons from research at the Center for the Improvement of Early Reading Achievement [Special Issue]. *The Elementary School Journal, 105*(2).

Carnegie Council on Adolescent Development. (1995). *Great transitions: Preparing adolescents for a new century.* New York: Carnegie Corporation of New York.

Carney, R. N., & Levin, J. R. (2000). Mnemonic instruction, with a focus on transfer. *Journal of Educational Psychology, 92*, 783–790.

Carney, R. N., & Levin, J. R. (2002). Pictorial illustrations *still* improve students' learning from text. *Educational Psychology Review, 14*, 5–26.

Carpendale, J. I. M. (2000). Kohlberg and Piaget on stages and moral reasoning. *Developmental Review, 20*, 181–205.

Carroll, J. B. (1993). *Human cognitive abilities: A survey of factor analytic studies.* Cambridge, England: Cambridge University Press.

Carroll, J. B. (1997). The three-stratum theory of cognitive abilities. In D. P. Flanagan, J. L. Genshaft, & P. L. Harrison (Eds.), *Contemporary intellectual assessment: Theories, tests, and issues* (pp. 122–130). New York: Guilford.

Carter, E. W., Wehby, J., Hughes, C., Johnson, S. M., Plank, D. R., Barton-Arwood, S. M., & Lunsford, L. B. (2005). Preparing adolescents with high-incidence disabilities for high-stakes testing with strategy instruction. *Preventing School Failure, 49*(2), 55–62.

Casanova, U. (1987). Ethnic and cultural differences. In V. Richardson-Koehler (Ed.), *Educators' handbook: A research perspective* (pp. 370–393). New York: Longman.

Case, R. (1985a). *Intellectual development: Birth to adulthood.* New York: Academic Press.

Case, R. (1985b). A developmentally-based approach to the problem of instructional design. In R. Glaser, S. Chipman, & J. Segal (Eds.), *Teaching thinking skills* (Vol. 2, pp. 545–562). Hillsdale, NJ: Lawrence Erlbaum.

Case, R. (1992). *The mind's staircase: Exploring the conceptual underpinnings of children's thought and knowledge.* Mahwah, NJ: Lawrence Erlbaum.

Case, R. (1998). The development of conceptual structures. In D. Kuhn & R. S. Siegler (Eds.), *Handbook of child psychology: Vol. 2: Cognition, perception, and language* (pp. 745–800). New York: Wiley.

Cassady, J. C., & Johnson, R. E. (2002). Cognitive anxiety and academic performance. *Contemporary Educational Psychology 27*, 270–295.

Castellano, J. A., & Diaz, E. I. (Eds.). (2002). *Reaching new horizons. Gifted and talented education for culturally and linguistically diverse students.* Boston: Allyn and Bacon.

Castle, S., Deniz, C. B., & Tortora, M. (2005). Flexible grouping and student learning in a high-needs school. *Education and Urban Society, 37*, 139–150.

Cattell, R. B. (1963). Theory of fluid and crystallized intelligence: A critical experiment. *Journal of Educational Psychology, 54*, 1–22.

Caughy, M. O., O'Campo, P. J., Randolph, S. M., & Nickerson, K. (2002). The influence of racial socialization practices on the cognitive and behavioral competence of African American preschoolers. *Child Development, 73*, 1611–1625.

Cavanagh, S. (2002, July 10). Overhauled SAT could shake up school curricula. *Education Week on the Web.* Retrieved August 5, 2002 from http://edweek.org/ew/newstory.cfm?slug=42sat.h21

Cazden, C. B. (1988). *Classroom discourse: The language of teaching and learning.* Portsmouth, NH: Heinemann.

Ceci, S. J. (1991). How much does schooling influence intelligence and its cognitive components? A reassessment of the evidence. *Developmental Psychology, 27*, 703–720.

Ceci, S. J., & Roazzi, A. (1994). The effects of context on cognition: Postcards from Brazil. In R. J. Sternberg (Ed.), *Mind in context* (pp. 74–101). New York: Cambridge University Press.

Center on Education Policy. (2005). *From the capital to the classroom: Year 3 of the No Child Left Behind Act.* Washington, DC: Author.

Chamot, A. U., & O'Malley, J. M. (1996). The Cognitive Academic Language Learning Approach: A model for linguistically diverse classrooms. *The Elementary School Journal, 96*, 259–274.

Chan, C. K., & Sachs, J. (2001). Beliefs about learning in children's understanding of science texts. *Contemporary Educational Psychology, 26*, 192–210.

Chance, P. (1991). Backtalk: a gross injustice. *Phi Delta Kappan, 72*, 803.

Chance, P. (1992). The rewards of learning. *Phi Delta Kappan, 73*, 200–207.

Chance, P. (1993). Sticking up for rewards. *Phi Delta Kappan, 74*, 787–790.

Chapman, J. W., Tunmer, W. E., & Prochnow, J. E. (2000). Early reading-related skills and performance, reading self-concept, and the development of academic self-concept: A longitudinal study. *Journal of Educational Psychology, 92*, 703–708.

Charles, C. M. (2002a). *Essential elements of effective discipline.* Boston: Allyn and Bacon.

Charles, C. M. (2002b). *Building classroom discipline* (7th ed.). Boston: Allyn and Bacon.

Chen, Z., & Mo, L. (2004). Schema induction in problem solving: A multidimensional analysis. *Journal of Experimental Psychology: Learning, Memory, and Cognition, 30*, 583–600.

Chen, Z., Mo, L., & Honomichl, R. (2004). Having the memory of an elephant: long-term retrieval and the use of analogues in problem solving. *Journal of Experimental Psychology: General, 133*, 415–433.

Chi, M. T. H. (1978). Knowledge structures and memory development. In R. Siegler (Ed.), *Children's thinking: What develops?* (pp. 73–96). Hillsdale, NJ: Lawrence Erlbaum.

Chi, M. T. H., Glaser, R., & Farr, M. (Eds.). (1988). *The nature of expertise.* Hillsdale, NJ: Lawrence Erlbaum.

Chi, M. T. H., & Koeske, R. D. (1983). Network representation of a child's dinosaur knowledge. *Developmental Psychology, 19*, 29–39.

Children's Defense Fund. (2002). *The state of America's children: Yearbook 2002.* Washington, DC: Author.

Children's Defense Fund. (2005). Child poverty. Available online at http://www.childrensdefense.org/family-income/childpoverty/default.aspx. Accessed May 19, 2005.

Chumlea, W. C., Schubert, C. M., Roche, A. F., Kulin, H. E. Lee, P. A., Himes, J. H., & Sun, S. S. (2003). Age at menarche and racial comparisons in US girls. *Pediatrics, 111*(1) 110–113.

Claiborn, W. L. (1969). Expectancy effects in the classroom: A failure to replicate. *Journal of Education Psychology, 60*, 377–383.

Clark, C. M. (1983). Personal communication.

Clark, C. M., & Peterson, P. L. (1986). Teachers' thought processes. In M. Wittrock (Ed.), *Handbook of research on teaching* (3rd ed., pp. 255–296). New York: Macmillan.

Clark, C. M., & Yinger, R. (1988). Teacher planning. In D. Berliner & B. Rosenshine (Eds.), *Talks to teachers* (pp. 342–365). New York: Random House.

Clark, J. M., & Paivio, A. (1991). Dual coding theory and education. *Educational Psychology Review, 3*, 149–210.

Clark, K., & Clark, M. (1939). The development of consciousness of self and the emergence of racial identification in Negro preschool children. *Journal of Social Psychology, 10*, 591–599.

Clark, R., Anderson, N. B., Clark, V. R., & Williams, D. R. (1999). Racism as a stressor for African Americans. *American Psychologist, 54*, 805–816.

Clark, R. E. (1994). Media will never influence learning. *Educational Technology Research and Development, 42*, 21–29.

Clarke, J. H., & Agne, R. M. (1997). *Interdisciplinary high school teaching*. Boston: Allyn and Bacon.

Claus, J., & Ogden, C. (1999). Service learning for youth empowerment and social change: An introduction. In J. Claus & C. Ogden (Eds.), *Service learning for youth empowerment and social change*. New York: Peter Lang.

Clifford, M. M. (1990). Students need challenge, not easy success. *Educational Leadership, 48*(1), 22–26.

Clifford, M. M. (1991). Risk taking: Empirical and educational considerations. *Educational Psychologist, 26*, 263–298.

Cobb, P., & Bowers, J. (1999). Cognitive and situated learning: Perspectives in theory and practice. *Educational Researcher, 28*(2), 4–15.

Cockley, K. O. (2002). Ethnicity, gender, and academic self-concept: A preliminary examination of academic disidentification and implications for psychologists. *Cultural Diversity and Ethnic Minority Psychology, 8*, 387–388.

Codell, E. R. (2001). *Educating Esme: Diary of a teacher's first year*. Chapel Hill, NC: Algonquin Books.

Coffield, F. J., Moseley, D. V., Hall, E., & Ecclestone, K. (2004). *Learning styles and pedagogy in post-16 learning: A systematic and critical review*. London: Learning and Skills Research Centre/University of Newcastle upon Tyne.

Cognition and Technology Group at Vanderbilt. (1990). Anchored instruction and its relations to situated cognition. *Educational Researcher, 19*(6), 2–10.

Cognition and Technology Group at Vanderbilt. (1993). Anchored instruction and situated learning revisited. *Educational Technology, 33*(3), 52–70.

Cognition and Technology Group at Vanderbilt. (1996). Looking at technology in context: A framework for understanding technology and educational research. In D. Berliner & R. Calfee (Eds.), *Handbook of educational psychology* (pp. 807–840). New York: Macmillan.

Cohen, E. G. (1986). *Designing group work: Strategies for the heterogeneous classroom*. New York: Teachers College Press.

Cohen, E. G. (1994). *Designing group work* (2nd ed.). New York: Teachers College Press.

Cohen, J. (Ed.). (1999). *Educating minds and hearts: Social emotional learning and the passage into adolescence*. New York: Teachers College Press.

Coie, J. D., & Dodge, K. A. (1998). Aggression and antisocial behavior. In N. Eisenberg (Ed.), *Handbook of child psychology: Vol. 3. Social, emotional, and personality development* (5th ed., pp. 779–862). New York: Wiley.

Coie, J. D., Terry, R., Lenox, K., Lochman, J., & Hyman, C. (1995). Childhood peer rejection and aggression as predictors of stable patterns of adolescent disorder. *Development and Psychopathology, 7*, 697–714.

Cokley, K. O. (2002). Ethnicity, gender, and academic self-concept: A preliminary examination of academic disidentification and implications for psychologists. *Cultural Diversity and Ethnic Minority Psychology, 8*, 378–388.

Cole, D. A., Martin, J. M., Peeke, L. A., Seroczynski, A. D., & Fier, J. (1999). Children's over- and underestimation of academic competence: A longitudinal study of gender differences, depression, and anxiety. *Child Development, 70*, 459–473.

Cole, M. (1985). The zone of proximal development: Where culture and cognition create each other. In J. V. Wertsch (Ed.), *Culture, communication, and cognition: Vygotskian perspectives* (pp. 146–161). Cambridge: Cambridge University Press.

Coleman, J. S. (1966). *Equality of educational opportunity*. Washington, DC: U.S. Government Printing Office.

Collins, A., Brown, J. S., & Holum, A. (1991). Cognitive apprenticeship: Making thinking visible. *American Educator, 15*(3), 38–39.

Collins, A., Brown, J. S., & Newman, S. E. (1989). Cognitive apprenticeship: Teaching the crafts of reading, writing, and mathematics. In L. B. Resnick (Ed.), *Knowing, learning, and instruction: Essays in honor of Robert Galser* (pp. 453–494). Hillsdale, NJ: Lawrence Erlbaum.

Collins, W. A., Maccoby, E. E., Steinberg, L., Hetherington, E. M., & Bornstein, M. H. (2000). Contemporary research on parenting: The case for nature and nurture. *American Psychologist, 55*, 218–232.

Comer, J. P., Haynes, N. M., & Joyner, E. T. (1996). The School Development Program. In J. P. Comer, N. M. Haynes, E. T. Joyner, & M. Ben-Avie (Eds.), *Rallying the whole village: The Comer process for reforming education* (pp. 1–26). New York: Teachers College Press.

Committee on Assessment in Support of Learning. (2004). *Assessment in support of instruction and learning: Bridging the gap between large-scale and classroom assessment*. Washington, DC: The National Academies Press.

Committee on Increasing High School Students' Engagement and Motivation to Learn. (2004). *Engaging schools: Fostering high school students' motivation to learn*. Washington, DC: The National Academies Press.

Confrey, J. (1990a). A review of the research on students' conceptions in mathematics, science, and programming. *Review of Research in Education, 16*, 3–56.

Confrey, J. (1990b). What constructivism implies for teaching. In R. Davis, C. Maher, & N. Noddings (Eds.), *Constructivist views on the teaching and learning of mathematics* (pp. 107–122). Monograph 4 of the National Council of Teachers of Mathematics, Reston, VA.

Conger, R. D., Conger, K. J., & Elder, G. (1997). Family economic hardship and adolescent academic performance: Mediating and moderating processes. In G. Duncan & J. Brooks-Gunn (Eds.), *Consequences of growing up poor* (pp. 288–310). New York: Russell Sage Foundation.

Connell, R. W. (1996). Teaching the boys: New research on masculinity, and gender strategies for schools. *Teachers College Record, 98*, 206–235.

Conway, P. F., & Clark, C. M. (2003). The journey inward and outward: A re-examination of Fuller's concerns-based model of teacher development. *Teaching and Teacher Education, 19*, 465–482.

Cook, J. L., & Cook, G. (2005). *Child development: Principles and perspectives*. Boston: Allyn and Bacon.

Cooke, B. L., & Pang, K. C. (1991). Recent research on beginning teachers: Studies of trained and untrained novices. *Teaching and Teacher Education, 7*, 93–110.

Cooper, C. R. (1998). *The weaving of maturity: Cultural perspectives on adolescent development*. New York: Oxford University Press.

Cooper, C. R., & Denner, J. (1998). Theories linking culture and psychology: Universal and community-specific processes. In J. T. Spence, J. M. Darley, & D. J. Foss (Eds.), *Annual review of psychology* (pp. 559–584). Palo Alto, CA: Annual Reviews.

Cooper, G., & Sweller, J. (1987). Effects of schema acquisition and rule automation on mathematical problem-solving transfer. *Journal of Educational Psychology, 79*, 347–362.

Cooper, H. M. (1979). Pygmalion grows up: A model for teacher expectation communication and performance influence. *Review of Educational Research, 49*, 389–410.

Cooper, H. M. (2004). Special Issue: Homework. *Theory Into Practice, 43*(3).

Cooper, H. M., & Valentine, J. C. (Eds.). (2001a). Special Issue: Homework. *Educational Psychologist, 36*(3), Summer.

Cooper, H. M., & Valentine, J. C. (2001b). Using research to answer practical questions about homework. *Educational Psychologist, 36*, 143–153.

Cooper, H. M., Valentine, J. C., Nye, B., & Kindsay, J. J. (1999). Relationships between five after-school activities and academic achievement. *Journal of Educational Psychology, 91*, 369–378.

Copi, I. M. (1961). *Introduction to logic*. New York: Macmillan.

Coplan, R. J., Prakash, K., O'Neil, K., & Armer, M. (2004). Do you "want" to play? Distinguishing between conflicted shyness and social disinterest in early childhood. *Developmental Psychology, 40*, 244–258.

Cordova, D. I., & Lepper, M. R. (1996). Intrinsic motivation and the process of learning: Beneficial effects of contextualization, personalization, and choice. *Journal of Educational Psychology, 88*, 715–730.

Corkill, A. J. (1992). Advance organizers: Facilitators of recall. *Educational Psychology Review, 4*, 33–67.

Corno, L. (1992). Encouraging students to take responsibility for learning and performance. *The Elementary School Journal, 93*, 69–84.

Corno, L. (1995). The principles of adaptive teaching. In A. Ornstein (Ed.), *Teaching: Theory into practice.* (pp. 98–115). Boston: Allyn and Bacon.

Corno, L. (2000). Looking at homework differently. *Elementary School Journal, 100*, 529–548.

Corno, L., & Snow, R. E. (1986). Adapting teaching to individual differences in learners. In M. Wittrock (Ed.), *Handbook of research on teaching* (3rd ed., pp. 605–629). New York: Macmillan.

Cota-Robles, S., Neiss, M., & Rowe, D. C. (2002). The role of puberty in violent and nonviolent delinquency among Anglo American, Mexican American and African American boys. *Journal of Adolescent Research, 17*, 364–376.

Cothran, D. J., & Ennis, C. D. (2000). Building bridges to student engagement: Communicating respect and care for students in urban high school. *Journal of Research and Development in Education, 33*(2), 106–117.

Covaleskie, J. F. (1992). Discipline and morality: Beyond rules and consequences. *The Educational Forum, 56*(2), 56–60.

Covington, M. V. (1992). *Making the grade: A self-worth perspective on motivation and school reform*. New York: Holt, Rinehart, & Winston.

Covington, M. V., & Mueller, K. J. (2001). Intrinsic versus extrinsic motivation: An approach/avoidance reformulation. *Education Psychology Review, 13*, 157–176.

Covington, M. V., & Omelich, C. (1987). "I knew it cold before the exam": A test of the anxiety-blockage hypothesis. *Journal of Educational Psychology, 79*, 393–400.

Cowley, G., & Underwood, A. (1998, June 15). Memory. *Newsweek, 131*(24), 48–54.

Cox, M., Webb, M., Abbott, C. & Blakeley, B., Beauchamp, T. & Rhodes, V. (2004). *A review of research literature relating to ICT and attainment*. London: Becta.

Craik, F. I. M., & Lockhart, R. S. (1972). Levels of processing: A framework for memory research. *Journal of Verbal Learning and Verbal Behavior, 11*, 671–684.

Crawford, J. (1997). *Best evidence: Research foundations of the Bilingual Education Act.* Washington, DC: National Clearinghouse for Bilingual Education.

Cremin, L. (1961). *The transformation of the school: Progressivism in American education, 1876–1957.* New York: Vintage.

Crick, N. R., Casas, J. F., & Mosher M. (1997). Relational and overt aggression in preschool. *Developmental Psychology, 33*, 579–588.

Crick, R. D., Broadfoot, P. & Claxton, G. (2004). Developing an Effective Lifelong Learning Inventory: the ELLI Project. *Assessment in Education, 11*, 244–270.

Crisci, P. E. (1986). The Quest National Center: A focus on prevention of alienation. *Phi Delta Kappan, 67*, 440–442.

Crocker, J., & Park, L. E. (2004). Reaping the benefits of pursuing self-esteem without the costs. *Psychological Bulletin, 130*, 392–414.

Crone, D. A., & Horner, R. H. (2003) *Building positive behavior support systems in schools: Functional behavioral assessment.* New York: The Guilford Press.

Cronin, J. F. (1993). Four misconceptions about authentic learning. *Educational Leadership, 50*(7), 78–80.

Cross, W. E. (1991). *Shades of black: Diversity in African-American identity.* Philadelphia: Temple University Press.

Crosson-Tower, C. (2002). *When children are abused: An educator's guide to intervention.* Boston: Allyn and Bacon.

Crowder, N. A. (1961). Characteristics of branching programs. In O. M. Haugh (Hrsg.), *The University of Kansas conference on programmed learning* (Bd. 2, S. 22–27). Lawrence, KS: University of Kansas Publications.

Cubberly, E. P. (1919). *Public education in the United States; A study and interpretation of American educational history.* Boston: Houghton Mifflin Company.

Cummins, D. D. (1991). Children's interpretation of arithmetic word problems. *Cognition and Instruction, 8*, 261–289.

Cummins, J. (1984). *Bilingualism and special education.* San Diego: College Hill Press.

Cummins, J. (1994). The acquisition of English as a second language. In K. Spangenberg-Urbschat & R. Prichard (Eds.), *Kids come in all languages: Reading instruction for ESL students* (pp. 36–62). Newark, DE: International Reading Association.

Cunningham, D. J. (1992). Beyond educational psychology: Steps toward an educational semiotic. *Educational Psychology Review, 4*, 165–194.

Current Directions in Psychological Science. (1993). Special Section: Controversies, 2, 1–12.

Cuskelly, M. (2004). The evolving construct of intellectual disability: Is everything old new again? *International Journal of Disability, Development and Education, 51*, 117–122.

Daley, T. C., Whaley, S. E., Sigman, M. D., Espinosa, M. P., & Neumann, C. (2003). IQ on the rise: The Flynn Effect in rural Kenyan children. *Psychological Science, 14*(3), 215–219.

Damon, W. (1994). Fair distribution and sharing: The development of positive justice. In B. Puka (Ed.), *Moral development: A compendium, Vol. 2: Fundamental research in moral development* (pp. 189–254). New York: Garland Publishing.

Dansereau, D. F. (1985). Learning strategy research. In J. Segal, S. Chipman, & R. Glaser (Eds.), *Thinking and learning skills. Vol. I: Relating instruction to research* (pp. 209–239). Hillsdale, NJ: Lawrence Erlbaum.

Darcey, J. S., & Travers, J. F. (2006). *Human development across the lifespan* (6th ed.). New York: McGraw-Hill.

Dark, V. J., & Benbow, C. P. (1991). Differential enhancement of working memory with mathematical versus verbal precocity. *Journal of Educational Psychology, 83*, 48–60.

Darling-Hammond, L. (2000). Teacher quality and student achievement: A review of state policy evidence. *Educational Policy Analysis Archives, 8*, 1–48. Retrieved January 20, 2002 from http://epaa.asu.edu/epaa/v8n1/

Darling-Hammond, L., & Youngs, P. (2002). Defining "Highly Qualified Teachers": What does "Scientifically-Based Research" actually tell us? *Educational Researcher*, 13–25.

Das, J. P. (1995). Some thoughts on two aspects of Vygotsky's work. *Educational Psychologist, 30*, 93–97.

Davis, G. A., & Rimm, S. B. (1985). *Education of the gifted and talented.* Englewood Cliffs, NJ: Prentice-Hall.

Davis, H. A. (2003). Conceptualizing the role and influence of student–teacher relationships on children's social and cognitive development, *Educational Psychologist, 38*, 207–234.

Davis-Kean, P. E., & Sandler, H. M. (2001). A meta-analysis of measures of self-esteem for young children: A framework for future measurers. *Child Development, 72*, 887–906.

De Corte, E. (2003). Transfer as the productive use of acquired knowledge, skills, and motivations. *Current Directions in Psychological Research, 12*, 142–146.

De Corte, E., Greer, B., & Verschaffel, L. (1996). Mathematics learning and teaching. In D. Berliner & R. Calfee (Eds.), *Handbook of educational psychology* (pp. 491–549). New York: Macmillan.

De Corte, E., & Verschaffel, L. (1985). Beginning first graders' initial representation of arithmetic word problems. *Journal of Mathematical Behavior, 4*, 3021.

De Kock, A., Sleegers, P., & Voeten, J. M. (2004). New learning and the classification of learning environments in secondary education. *Review of Educational Research, 74*, 141–170.

Deaux, K. (1993). Commentary: Sorry, wrong number: A reply to Gentile's call. *Psychological Science, 4*, 125–126.

Dececco, J., & Richards, A. (1974). *Growing pains: Uses of school conflicts.* New York: Aberdeen.

DeCharms, R. (1976). *Enhancing motivation.* New York: Irvington.

DeCharms, R. (1983). Intrinsic motivation, peer tutoring, and cooperative learning: Practical maxims. In J. Levine & M. Wang (Eds.), *Teacher and student perceptions: Implications for learning* (pp. 391–398). Hillsdale, NJ: Lawrence Erlbaum.

Deci, E. L. (1975). *Intrinsic motivation.* New York: Plenum.

Deci, E. L., Koestner, R., & Ryan, R. M. (1999). A meta-analytic review of experiments examining the effects of extrinsic rewards on intrinsic motivation. *Psychological Bulletin, 125*, 627–668.

Deci, E. L., & Ryan, R. M. (1985). *Intrinsic motivation and self-determination in human behavior.* New York: Plenum.

Deci, E. L., & Ryan, R. M. (2000). The "what" and "why" of goal pursuits: Human needs and the self-determination of behavior. *Psychological Inquiry, 11*, 227–268.

Deci, E. L., & Ryan, R. M. (Eds.). (2002). *Handbook of self-determination research.* Rochester: University of Rochester Press.

Deci, E. L., Vallerand, R. J., Pelletier, L. G., & Ryan, R. M. (1991). Motivation and education: The self-determination perspective. *Educational Psychologist, 26*, 325–346.

Dee, J. R., & Henkin, A. B. (2002). Assessing dispositions toward cultural diversity among preservice teachers. *Urban Education, 37*(1), 22–40.

Dee, T. (2001). *Teachers, race, and student achievement in a randomized experiment.* New York: NBER Working Paper No. W8432.

Delpit, L. (1995). *Other people's children: Cultural conflict in the classroom.* New York: The New York Press.

Delpit, L. (2003). Educators as "Seed People": Growing a new future. *Educational Researcher, 7*(32), 14–21.

Dempster, F. N. (1991). Synthesis of research on reviews and tests. *Educational Leadership, 48*(7), 71–76.

Dempster, F. N. (1993). Exposing our students to less should help them learn more. *Phi Delta Kappan, 74*, 432–437.

Derry, S. J. (1989). Putting learning strategies to work. *Educational Leadership, 47*(5), 4–10.

Derry, S. J. (1991). Strategy and expertise in solving word problems. In C. McCormick, G. Miller, & M. Pressley (Eds.), *Cognitive strategies research: From basic research to educational applications.* New York: Springer-Verlag.

Derry, S. J. (1992). Beyond symbolic processing: Expanding horizons for educational psychology. *Journal of Educational Psychology, 84*, 413–419.

Deshler, D., Ellis, E. S., & Lenz, B. K. (1996). *Teaching adolescents with learning disabilities: Strategies and methods* (2nd ed.). Denver: Love Publishing.

Dewey, J. (1910). *How we think.* Boston: D.C. Heath.

Dewey, J. (1913). *Interest and effort in education.* Cambridge, MA: Houghton-Mifflin.

Diamond, M., & Hobson, J. (1998). *Magic trees of the mind.* New York: Dutton.

Diaz, R. M., & Berk, L. E. (Eds.). (1992). *Private speech: From social interaction to self-regulation.* Hillsdale, NJ: Lawrence Erlbaum.

Diaz-Rico, L. T., & Weed, K. Z. (2002). *The crosscultural, language, and academic development handbook* (2nd ed.). Boston: Allyn and Bacon.

Dickinson, D. K., McCabe, A., Anastasopoulos, L., Peisner-Feinberg, E. S., & Poe, M. D. (2003). The comprehensive language approach to early literacy: The interrelationships among vocabulary, phonological sensitivity, and print knowledge among preschool-aged children. *Journal of Educational Psychology, 95*, 465–481.

Diller, L. (1998). *Running on ritalin.* New York: Bantam Books.

Dingfelder, S. F. (2005). Closing the gap for Latino patients. *Monitor on Psychology, 36*(1), 58–61.

Dinnel, D., & Glover, J. A. (1985). Advance organizers: Encoding manipulations. *Journal of Educational Psychology, 77*, 514–522.

DiVesta, F. J., & Di Cintio, M. J. (1997). Interactive effects of working memory span and text comprehension on reading comprehension and retrieval. *Learning and Individual Differences, 9*, 215–231.

Doctorow, M., Wittrock, M. C., & Marks, C. (1978). Generative processes in reading comprehension. *Journal of Educational Psychology, 70*, 109–118.

Dodge, K. A., & Pettit, G. S. (2003). A biopsychosocial model of the development of chronic conduct problems in adolescence. *Developmental Psychology, 39*, 349–371.

Doggett, A. M. (2004). ADHD and drug therapy: Is it still a valid treatment? *Child Health Care, 8*, 69–81.

Doherty, K. M. (2002, July 12). Assessment. *Education Week on the Web.* Retrieved August 5, 2002 from http://edweek.org/context/topics/issuespage.cmf?id=41

Dolezal, S. E., Welsh, L. M., Pressley, M., & Vincent, M. (2003). How do nine third-grade teachers motivate their students? *Elementary School Journal, 103*, 239–267.

Doll, B., Zucker, S., & Brehm, K. (2005). *Resilient classrooms: Creating healthy environments for learning.* New York: Guilford.

Domke, H. (1997). Gar nicht erzogen – und doch ausgezeichnet erzogen. Überlegungen zur Gestaltung familialer Beziehungen des Aufwachsens. In H. Macha & L. Mauermann (Hrsg.), *Brennpunke der Familienerziehung* (S. 74–97). Weinheim: Deutscher Studienverlag.

Döpfner, M. (1995). Hyperkinetische Störungen. In F. Petermann (Hrsg.), *Lehrbuch der klinischen Kinderpsychologie. Modelle psychischer Störungen im Kindes- und Jugendalter* (S. 65–218). Göttingen: Hogrefe.

Döpfner, M., Fröhlich, J. & Lehmkuhl, G. (2000). *Ratgeber hyperkinetische Störungen.* Informationen für Betroffene, Eltern, Lehrer und Erzieher. Göttingen: Hogrefe.

Downes, T. (2002). Children's and families' use of computers in Australian homes. *Contemporaray Issues in Early Childhood, 3,* 182–196.

Doyle, W. (1977). The uses of nonverbal behaviors: Toward an ecological model of classrooms. *Merrill-Palmer Quarterly, 23,* 179–192.

Doyle, W. (1983). Academic work. *Review of Educational Research, 53,* 159–200.

Doyle, W. (1986). Classroom organization and management. In M. C. Wittrock (Ed.), *Handbook of research on teaching* (3rd ed., pp. 392–431). New York: Macmillan.

Doyle, W. (2006). Ecological approaches to classroom management. In C. Evertson & C. S. Weinstein (Eds.), *Handbook for classroom management: Research, practice, and contemporary issues.* Mahwah, NJ: Lawrence Erlbaum.

Driscoll, M. P. (2005). *Psychology of learning for instruction* (3rd ed.). Boston: Allyn and Bacon.

DuBois, D. L., Burk-Braxton, C., Swenson, L. P., Tevendale, H. D., & Hardesty, J. L. (2002). Race and gender influences on adjustment in early adolescence: Investigation of an integrative model. *Child Development, 73,* 1573–1592.

Dubois, W. E. B. (1903). *The souls of Black folk: Essays and sketches.* Chicago: McClurg.

Duell, O. K. (1994). Extended wait time and university student achievement. *American Educational Research Journal, 31,* 397–414.

Duffy, T. D. & Bednar, A. K. (1991). Attempting to come to grips with alternative perspectives. *Educational Technology, 31,* 12–15.

Duncan, G. J., & Brooks-Gunn, J. (2000). Family poverty, welfare reform, and child development. *Child Development, 71,* 188–196.

Duncan, R. M., & Cheyne, J. A. (1999). Incidence and functions of self-reported private speech in young adults: A self-verbalization questionnaire. *Canadian Journal of Behavioural Sciences, 31,* 133–136.

Duncker, K. (1945). On solving problems. *Psychological Monographs, 58*(5, Whole No. 270).

Dunn, K., & Dunn, R. (1978). *Teaching students through their individual learning styles.* Reston, VA: National Council of Principals.

Dunn, K., & Dunn, R. (1987). Dispelling outmoded beliefs about student learning. *Educational Leadership, 44*(6), 55–63.

Dunn, R. (1987). Research on instructional environments: Implications for student achievement and attitudes. *Professional School Psychology, 2,* 43–52.

Dunn, R., Beaudry, J. S., & Klavas, A. (1989). Survey of research on learning styles. *Educational Leadership, 47*(7), 50–58.

Dunn, R., Dunn, K., & Price, G. E. (1984). *Learning Style Inventory.* Lawrence, KS: Price Systems.

Dunn, R., Dunn, K., & Price, G. E. (2000). *Learning Style Inventory.* Lawrence, KS: Price Systems.

Dunn, R., & Griggs, S. (2003). *Synthesis of the Dunn and Dunn Learning-Style Model Research: Who, what, when, where, and so what?* New York: St. John's University.

Durbin, D. L., Darling, N., Steinberg, L., & Brown, B. B. (1993). Parenting style and peer group membership among European-American adolescents. *Journal of Research on Adolescence, 3,* 87–100.

Dusenbury, L., & Falco, M. (1995). Eleven components of effective drug abuse prevention curricula. *Journal of School Health, 65,* 420–425.

Dweck, C. S. (1999). *Self-theories: Their role in motivation, personality, and development.* Philadelphia: Psychology Press.

Dweck, C. S. (2000). *Self-theories: Their role in motivation, personality, and development.* Philadelphia: Routledge Press.

Dweck, C. S. (2002). The development of ability conceptions. In A. Wigfield & J. Eccles (Eds.), *The development of achievement motivation.* San Diego, CA: Academic Press.

Dweck, C. S., & Bempechat, J. (1983). Children's theories on intelligence: Consequences for learning. In S. Paris, G. Olson, & W. Stevenson (Eds.), *Learning and motivation in the classroom* (pp. 239–256). Hillsdale, NJ: Lawrence Erlbaum.

Dyson, A. H. (1997). *Writing superheroes: Contemporary childhood, popular culture, and classroom literacy.* New York: Teachers College Press.

Eaton, J. F., Anderson, C. W., & Smith, E. L. (1984). Students' misconceptions interfere with science learning: Case studies of fifth-graders. *Elementary School Journal, 84,* 365–379.

Eccles, J., & Wigfield, A. (1985). Teacher expectations and student motivation. In J. Dusek (Ed.), *Teacher expectancies* (pp. 185–226). Hillsdale, NJ: Lawrence Erlbaum.

Eccles, J., Wigfield, A., & Schiefele, U. (1998). Motivation to succeed. In W. Damon (Series Ed.) & N. Eisenberg (Volume Ed.), *Handbook of child psychology. Vol. 3: Social, emotional, and personality development* (5th ed., pp. 1017–1095). New York: Wiley.

Echevarria, M. (2003). Anomalies as a catalyst for middle school students' knowledge construction and scientific reasoning during science inquiry. *Journal of Educational Psychology, 95*, 357–374.

Edelman, G. M. (1992). *Bright air, brilliant fire: On the matter of the mind.* New York: Basic Books.

Egan, S. K., Monson, T. C., & Perry, D. G. (1998). Social-cognitive influences on change in aggression over time. *Developmental Psychology, 34*, 996–1006.

Eggen, P. D., & Kauchak, D. P. (2001). *Strategies for teachers: Teaching content and thinking skills* (4th ed.). Boston: Allyn and Bacon.

Eggen, P. D., & Kauchak, D. P. (2006). *Strategies for teachers: Teaching content and thinking skills* (5th ed.). Boston: Allyn and Bacon.

Eggert, D. & Schuck, K. D. (1999). *Gruppenintelligenztest für lernbehinderte Sonderschüler* (CMM-LB). Göttingen: Hogrefe.

Eisenberg, N., & Fabes, R. A. (1998). Prosocial development. In W. Damon (Series Ed.) & N. Eisenberg (Vol. Ed.), *Handbook of child psychology. Vol. 3: Social, emotional, and personality development* (5th ed., pp. 701–778). New York: Wiley.

Eisenberg, N., Martin, C. L., & Fabes, R. A. (1996). Gender development and gender effects. In D. Berliner & R. Calfee (Eds.), *Handbook of educational psychology* (pp. 358–396). New York: Macmillan.

Eisenberg, N., Shell, R., Pasernack, J., Lennon, R., Beller, R., & Mathy, R. M. (1987). Prosocial development in middle childhood: A longitudinal study. *Developmental Psychology, 23*, 712–718.

Eisenberg, R., Pierce, W. D., & Cameron, J. (1999). Effects of rewards on intrinsic motivation—Negative, neutral, and positive: Comment on Deci, Koestner, and Ryan (1999). *Psychological Bulletin, 125*, 677–691.

Eisner, E. W. (1999). The uses and limits of performance assessments. *Phi Delta Kappan, 80*, 658–660.

Elashoff, J. D., & Snow, R. E. (1971). *Pygmalion reconsidered.* Worthington, OH: Charles A. Jones.

Elawar, M. C., & Corno, L. (1985). A factorial experiment in teachers' written feedback on student homework: Changing teacher behavior a little rather than a lot. *Journal of Educational Psychology, 77*, 162–173.

Elias, M. J., & Schwab, Y. (2006). From compliance to responsibility: Social and emotional learning and classroom management. In C. Evertson & C. S. Weinstein (Eds.), *Handbook for classroom management: Research, practice, and contemporary issues.* Mahwah, NJ: Lawrence Erlbaum.

Elkind, D. (1981). Obituary—Jean Piaget (1896–1980). *American Psychologist, 36*, 911–913.

Elrich, M. (1994). The stereotype within. *Educational Leadership, 51*(8), 12–15.

Embry, D. D. (2002). The Good Behavior Game: A best practice candidate as a universal behavior vaccine. *Clinical Child and Family Psychology Review, 5*, 273–297.

Emerson, M. J., & Miyake, A. (2003). The role of inner speech in task switching: A dual-task investigation. *Journal of Memory and Language, 48*, 148–168.

Emmer, E. T., & Aussiker, A. (1990). School and classroom discipline problems: How well do they work? In O. Moles (Ed.), *Student discipline strategies: Research and practice.* Albany, NY: SUNY Press.

Emmer, E. T., & Evertson, C. M. (1981). Synthesis of research on classroom management. *Educational Leadership, 38*, 342–345.

Emmer, E. T., & Evertson, C. M. (1982). Effective classroom management at the beginning of the school year in junior high school classes. *Journal of Educational Psychology, 74*, 485–498.

Emmer, E. T., Evertson, C. M., & Anderson, L. M. (1980). Effective classroom management at the beginning of the school year. *Elementary School Journal, 80*, 219–231.

Emmer, E. T., Evertson, C. M., & Worsham, M. E. (2006). *Classroom management for secondary teachers* (7th ed.). Boston: Allyn and Bacon.

Emmer, E. T., & Gerwels, M. C. (2006). Classroom management in middle school and high school classrooms. In C. Evertson & C. S. Weinstein (Eds.), *Handbook for classroom management: Research, practice, and contemporary issues.* Mahwah, NJ: Lawrence Erlbaum.

Emmer, E. T., & Stough, L. M. (2001). Classroom management: A critical part of educational psychology with implications for teacher education. *Educational Psychologist, 36*, 103–112.

Engle, R. W. (2001). What is working memory capacity? In H. Roediger, J. Nairne, I. Neath, & A. Suprenant (Eds.), *The nature of remembering: Essays in honor of Robert G. Crowder* (pp. 297–314) Washington, DC: American Psychological Association.

Engle, R. W. (2002). Working memory capacity as executive attention. *Current Directions in Psychological Science, 11*, 19–33.

Entwisle, D. R., & Alexander, K. L. (1998). Facilitating the transition to first grade: The nature of transition and research on factors affecting it. *The Elementary School Journal, 98*, 351–364.

Entwisle, D. R., Alexander, K. L., & Olson, L. (1997). *Children, schools, and inequality.* Boulder, CO: Westview Press.

Epanchin, B. C., Townsend, B., & Stoddard, K. (1994). *Constructive classroom management: Strategies for creating positive learning environments.* Pacific Grove, CA: Brooks/Cole.

Epstein, H. (1980). EEG developmental stages. *Developmental Psychobiology, 13*, 629–631.

Epstein, J. L. (1989). Family structure and student motivation. In R. E. Ames & C. Ames (Eds.), *Research on motivation in education. Vol. 3: Goals and cognitions* (pp. 259–295). New York: Academic Press.

Epstein, J. L. (1995). School/Family/Community partnerships: Caring for the children we share. *Phi Delta Kappan, 76*, 701–712.

Epstein, J. L., & MacIver, D. J. (1992). *Opportunities to learn: Effects on eighth graders of curriculum offerings and instructional approaches.* (Report No. 34). Baltimore: Center for Research on Elementary and Middle Schools, Johns Hopkins University.

Epstein, J. L., & Van Voorhis, F. L. (2001). More than minutes: Teachers' roles in designing homework. *Educational Psychologist, 36*, 181–193.

Ericsson, K. A. (1999). Expertise. In R. Wilson & F. Keil (Eds.), *The MIT encyclopedia of the cognitive sciences* (pp. 298–300). Cambridge, MA: MIT Press.

Ericsson, K. A., & Charness, N. (1999). Expert performance: Its structure and acquisition. In S. Ceci & W. Williams (Eds.), The nature-nurture debate: The essential readings. *Essential readings in developmental psychology.* Malden, MA: Blackwell.

Erikson, E. H. (1957). *Kindheit und Gesellschaft.* Stuttgart: Klett-Cotta.

Erikson, E. H. (1959/1966). *Identität und Lebenszyklus.* Frankfurt/M: Suhrkamp.

Erikson, E. H. (1963). *Childhood and society* (2nd ed.). New York: Norton.

Erikson, E. H. (1968). *Identity, youth, and crisis.* New York: Norton.

Erikson, E. H. (1980). *Identity and the life cycle* (2nd ed.). New York: Norton.

Espe, C., Worner, C., & Hotkevich, M. (1990). Whole language—What a bargain. *Educational Leadership, 47*(6), 45.

Esser, G. (1995). Umschriebene Entwicklungsstörungen. In F. Petermann (Hrsg.), *Lehrbuch der klinischen Kinderpsychologie. Modelle psychischer Störungen im Kindes- und Jugendalter* (S. 267–285). Göttingen: Hogrefe.

Evans, E. D., & Craig, D. (1990). Adolescent cognitions for academic cheating as a function of grade level and achievement status. *Journal of Adolescent Research, 5*, 325–345.

Evans, G. W. (2004). The environment of childhood poverty. *American Psychologist, 59*, 77–92.

Evans, L., & Davies, K. (2000). No sissy boys here: A content analysis of the representation of masculinity in elementary school reading texts. *Sex Roles, 42*, 255–270.

Evensen, D. H., Salisbury-Glennon, J. D., & Glenn, J. (2001). A qualitative study of six medical students in a problem-based curriculum: Toward a situated model of self-regulation. *Journal of Educational Psychology, 93*, 659–676.

Evertson, C. M. (1988). Managing classrooms: A framework for teachers. In D. Berliner & B. Rosenshine (Eds.), *Talks to teachers* (pp. 54–74). New York: Random House.

Evertson, C. M., Emmer, E. T., & Worsham, M. E. (2003). *Classroom management for elementary teachers* (6th ed.). Boston: Allyn and Bacon.

Evertson, C. M., Emmer, E. T., & Worsham, M. E. (2006). *Classroom management for secondary teachers* (7th ed.). Boston: Allyn and Bacon.

Ewy, C., & student authors. (1997). Kids take on "the test." *Educational Leadership, 54*(4), 76–78.

Fagot, B. I., & Hagan, R. (1991). Observations of parent reactions to sex-stereotyped behaviors: Age and sex effects. *Child Development, 62*, 617–628.

Fagot, B. I., Hagan, R., Leinbach, M. D., & Kronsberg, S. (1985). Differential reactions to assertive and communicative acts of toddler boys and girls. *Child Development, 56*, 1499–1505.

Fantuzzo, J., Davis, G., & Ginsburg, M. (1995). Effects of parent involvement in isolation or in combination with peer tutoring on student self-concept and mathematics achievement. *Journal of Educational Psychology, 87*, 272–281.

Farnaham-Diggory, S. (1994). Paradigms of knowledge and instruction. *Review of Educational Research, 64*, 463–477.

Feather, N. T. (1982). *Expectations and actions: Expectancy-value models in psychology.* Hillsdale, NJ: Lawrence Erlbaum.

Feldman, J. (2003). The simplicity principle in human concept learning. *Current Directions in Psychological Science, 12*, 227–232.

Feldman, R. S. (2004). *Child development* (3rd ed.). Upper Saddle River, NJ: Prentice-Hall.

Fennema, E., & Peterson, P. (1988). Effective teaching for boys and girls: The same or different? In D. Berliner & B. Rosenshine (Eds.), *Talks to teachers* (pp. 111–127). New York: Random House.

Ferguson, A. A. (2000). *Bad boys: Public schools and the making of Black masculinity.* Ann Arbor, MI: University of Michigan Press.

Feshbach, N. (1997). Empathy: The formative years—Implications for clinical practice. In A. Bohart & L. Greenberg (Eds.), *Empathy reconsidered: New directions in psychotherapy* (pp. 33–59). Washington, DC: American Psychological Association.

Feshbach, N. (1998). Aggression in the schools: Toward reducing ethnic conflict and enhancing ethnic understanding. In P. Trickett & C. Schellenbach (Eds.), *Violence against children in the family and the community* (pp. 269–286). Washington, DC: American Psychological Association.

Fillmore, L. W., & Snow, C. (2000). What teachers need to know about language. [On-line]. Available: http://www.cal.org/ericcll/teachers.pdf

Finkel, D., Reynolds, C. A., McArdle, J. J., Gatz, M., & Pedersen, N. L. (2003). Latent growth curve analyses of accelerating decline in cognitive abilities in adulthood. *Developmental Psychology, 39*, 535–550.

Finlan, M. (1994). *Learning disabilities: The imaginary disease.* Westport, CT: Gergin & Garvey.

Finn, J. (1972). Expectations and the educational environment. *Review of Educational Research, 42*, 387–410.

Fischer, K. W., & Pare-Blagoev, J. (2000). From individual differences to dynamic pathways of development. *Child Development, 71*, 850–853.

Fiske, E. B. (1988, April 10). America's test mania. *New York Times* (Education Life Section), pp. 16–20.

Fiske, S. T. (1993). Social cognition and social perception. *Annual Review of Psychology, 44*, 155–194.

Fitts, P. M., & Posner, M. I. (1967). *Human performance.* Belmont, CA: Brooks Cole.

Fitzgerald, J. (1995). English-as-a-second-language learners' cognitive reading process: A review of the research in the United States. *Review of Educational Research, 62*, 145–190.

Fives, H. R., Hamman, D., & Olivarez, A. (2005, April). *Does burnout begin with student teaching? Analyzing efficacy, burnout, and support during the student-teaching semester.* Paper presented at the Annual Meeting of the America Educational Research Association, Montreal, CA.

Flammer, A. (1995). Developmental analysis of control beliefs. In A. Bandura (Ed.), *Self-efficacy in changing societies* (pp. 69–113). New York: Cambridge University Press.

Flavell, J. H. (1985). *Cognitive development* (2nd ed.). Englewood Cliffs, NJ: Prentice-Hall.

Flavell, J. H., Friedrichs, A. G., & Hoyt, J. D. (1970). Developmental changes in memorization processes. *Cognitive Psychology, 1*, 324–340.

Flavell, J. H., Green, F. L., & Flavell, E. R. (1995). Young children's knowledge about thinking. *Monographs of the Society for Research in Child Development, 60*(1) (Serial No. 243).

Flavell, J. H., Miller, P. H., & Miller, S. A. (2002). *Cognitive development* (4th ed.). Upper Saddle River, NJ: Prentice-Hall.

Fleith, D. (2000). Teacher and student perceptions of creativity in the classroom environment. *Roeper Review, 22*, 148–153.

Flink, C. F., Boggiano, A. K., & Barrett, M. (1990). Controlling teaching strategies: Undermining children's self-determination and performance. *Journal of Personality and Social Psychology, 59*, 916–924.

Floden, R. E. (2001). Research on effects of teaching: A continuing model for research on teaching. In V. Richardson (Ed.), *Handbook of research on teaching* (4th ed., pp. 3–16). Washington, DC: American Educational Research Association.

Floden, R. E., & Klinzing, H. G. (1990). What can research on teacher thinking contribute to teacher preparation? A second opinion. *Educational Researcher, 19*(4), 15–20.

Ford, D. Y. (2000). *Infusing multicultural content into the curriculum for gifted students.* (ERIC EC Digest #E601). Arlington, VA: The ERIC Clearinghouse on Disabilities and Gifted Education.

Forness, S. R., & Knitzer, J. (1992). A new proposed definition and terminology to replace "Serious Emotional Disturbance" in Individuals with Disabilities Education Act. *School Psychology Review, 21*, 12–20.

Foster, W. (1981, August). *Social and emotional development in gifted individuals.* Paper presented at the Fourth World Conference on Gifted and Talented, Montreal.

Fox, L. H. (1981). Identification of the academically gifted. *American Psychologist, 36*, 1103–1111.

Frank, S. J., Pirsch, L. A., & Wright, V. C. (1990). Late adolescents' perceptions of their parents: Relationships among deidealization, autonomy, relatedness, and insecurity and implications for adolescent adjustment and ego identity status. *Journal of Youth and Adolescence, 19*, 571–588.

Fredricks, J. A., Blumenfeld, P. C., & Paris, A. H. (2004). School engagement: Potential of the concept, state of the evidence. *Review of Educational Research, 74*, 59–109.

Fredericks, L. (2003). *Making the case for social and emotional learning and service-learning.* Denver, CO: Education Commission of the States.

Freiberg, H. J. (1999). Sustaining the paradigm. In H. J. Freiberg (Ed.), *Beyond behaviorism: Changing the classroom management paradigm* (pp. 164–173). Boston: Allyn and Bacon.

Freiberg, H. J. (Ed.). (1999). *Beyond behaviorism: Changing the classroom management.* Boston: Allyn and Bacon.

Freiberg, H. J., & Driscoll, A. (1996). *Universal teaching strategies* (2nd ed.). Boston: Allyn and Bacon.

Freiberg, H. J., & Driscoll, A. (2005). *Universal teaching strategies* (4th ed.). Boston: Allyn and Bacon.

Freiberg, J. (2006). Research-based programs for preventing and solving discipline problems. In C. Evertson & C. S. Weinstein (Eds.), *Handbook for classroom management: Research, practice, and contemporary issues.* Mahwah, NJ: Lawrence Erlbaum.

Freud, S. (1959). Creative writers and daydreaming. In J. Strachey (Ed.), *The standard edition of the complete psychological works of Sigmund Freud* (Vol. 9). London: Hogarth Press.

Frick, T. W. (1990). Analysis of patterns in time: A method of recording and quantifying temporal relations in education. *American Educational Research Journal, 27,* 180–204.

Fricke, R. (1991). Zur Effektivität computer- und videounterstützter Lernprogramme. *Empirische Pädagogik, Beiheft 2,* 167–204.

Friedrich, H. F., Fischer, P. M., Mandl, H. & Weis, T. (1987). *Vom Umgang mit Lehrtexten.* Tübingen: Deutsches Institut für Fernstudien an der Universität Tübingen.

Friend, M. (2006). *Special education: Contemporary perspectives for school professionals.* Boston: Allyn and Bacon.

Friend, M., & Bursuck, W. (1996). *Including students with special needs: A practical guide for classroom teachers.* Boston: Allyn and Bacon.

Friend, M., & Bursuck, W. D. (2002). *Including students with special needs* (3rd ed.). Boston: Allyn and Bacon.

Fuchs, L. S., Fuchs, D., Hamlett, C. L., & Karns, K. (1998). High-achieving students' interactions and performance on complex mathematical tasks as a function of homogeneous and heterogeneous pairings. *American Educational Research Journal, 35,* 227–268.

Fuchs, L. S., Fuchs, D., Prentice, K., Burch, M., Hamlett, C. L., Owen, R., & Schroeter, K. (2003). Enhancing third-grade students' mathematical problem solving with self-regulated learning strategies. *Journal of Educational Psychology, 95*(2), 306–315.

Fulk, C. L., & Smith, P. J. (1995). Students' perceptions of teachers' instructional and management adaptations for students with learning or behavior problems. *The Elementary School Journal, 95,* 409–419.

Fuller, F. G. (1969). Concerns of teachers: A developmental conceptualization. *American Educational Research Journal, 6,* 207–226.

Furrer, C., & Skinner, E. (2003). Sense of relatedness as a factor in children's academic engagement and performance. *Journal of Educational Psychology, 95*(11), 148–161.

Gaedke, B., & Shaughnessy, M. F. (2003). An interview with Jere Brophy. *Educational Psychology Review, 15,* 199–211.

Gage, N. L. (1991). The obviousness of social and educational research results. *Educational Researcher, 20*(A), 10–16.

Gage, N. L., & Berliner, D. C. (1998). *Educational psychology* (6th ed.). New York: Houghton Mifflin.

Gagné, E. D. (1985). *The cognitive psychology of school learning.* Boston: Little, Brown.

Gagné, E. D., Yekovich, C. W., & Yekovich, F. R. (1993). *The cognitive psychology of school learning* (2nd ed.). New York: HarperCollins.

Galambos, S. J., & Goldin-Meadow, S. (1990). The effects of learning two languages on metalinguistic development. *Cognition, 34,* 1–56.

Gallagher, M. (2001, June 11). More on zero-tolerance in schools. *NewsMax.com.* Available online at http://www.newsmax.com/archives/articles/2001/6/11/123253.shtml. Downloaded on January 23, 2003.

Gallimore, R., & Goldenberg, C. (2001). Analyzing cultural models and settings to connect minority achievement and school improvement research. *Educational Psychologist, 36,* 45–56.

Gallini, J. K. (1991). Schema-based strategies and implications for instructional design in strategy training. In C. McCormick, G. Miller, & M. Pressley (Eds.), *Cognitive strategies research: From basic research to educational applications.* New York: Springer-Verlag.

Gamoran, A. (1987). The stratification of high school learning opportunities. *Sociology of Education, 60,* 135–155.

Gamoran, A., & Mare, R. D. (1989). Secondary school tracking and educational inequality: Compensation, reinforcement, or neutrality. *American Journal of Sociology, 94,* 146–183.

Garbarino, J., & deLara, E. (2002). *And words can hurt forever: How to protect adolescents from bullying, harassment, and emotional violence.* New York: Free Press.

Garcia, E. E. (1992). "Hispanic" children: Theoretical, empirical, and related policy issues. *Educational Psychology Review, 4,* 69–94.

Garcia, E. E. (2002). *Student cultural diversity: Understanding the meaning and meeting the challenge.* Boston: Houghton Mifflin.

Garcia, R. L. (1991). *Teaching in a pluralistic society: Concepts, models, and strategies.* New York: HarperCollins.

Garcia, T., & Pintrich, P. (1994). Regulating motivation and cognition in the classroom: The role of self-schemas and self-regulatory strategies. In B. J. Zimmerman & D. Schunk (Eds.), *Self-regulation of learning and performance: Issues and educational applications* (pp. 127–153). Hillsdale, NJ: Lawrence Erlbaum.

Gardner, H. (1982). *Developmental psychology* (2nd ed.). Boston: Little, Brown.

Gardner, H. (1983). *Frames of mind: The theory of multiple intelligences.* New York: Basic Books.

Gardner, H. (1993). *Creating minds: An anatomy of creativity seen through the lives of Freud, Einstein, Picasso, Stravinsky, Elliot, Graham, and Gandhi.* New York: Basic Books.

Gardner, H. (1998). Reflections on multiple intelligences: Myths and messages. In A. Woolfolk (Ed.), *Readings in educational psychology* (2nd ed., pp. 61–67). Boston: Allyn and Bacon.

Gardner, H. (1999). Are there additional intelligences? In J. Kane (Ed.), *Education, information, and transformation: Essays on learning and thinking* (pp. 111–131). Upper Saddle River, NJ: Prentice-Hall.

Gardner, H. (2003, April 21). *Multiple intelligence after twenty years.* Paper presented at the American Educational Research Association, Chicago, Illinois.

Gardner, H., & Hatch, T. (1989). Multiple intelligences go to school. *Educational Researcher, 18*(8), 4–10.

Gardner, R., Brown, R., Sanders, S., & Menke, D. J. (1992). "Seductive details" in learning from text. In K. A. Renninger, S. Hidi, & A. Krapp (Eds.), *The role of interest in learning and development* (pp. 239–254). Hillsdale, NJ: Lawrence Erlbaum.

Garmon, A., Nystrand, M., Berends, M., & LePore, P. C. (1995). An organizational analysis of the effects of ability grouping. *American Educational Research Journal, 32,* 687–715.

Garmoran, A. (1987). The stratification of high school learning opportunities. *Sociology of Education, 60,* 135–155.

Garner, P. W., & Spears, F. M. (2000). Emotion regulation in low-income preschool children. *Social Development, 9,* 246–264.

Garner, R. (1990). When children and adults do not use learning strategies: Toward a theory of settings. *Review of Educational Psychology, 60,* 517–530.

Garner, R. (1998). Choosing to learn and not-learn in school. *Educational Psychology Review, 10,* 227–238.

Garnets, L. (2002). Sexual orientations in perspective. *Cultural Diversity and Ethnic Minority Psychology, 8,* 115–129.

Garrison, J. (1995). Deweyan pragmatism and the epistemology of contemporary social constructivism. *American Educational Research Journal, 32,* 716–741.

Garrod, A., Beal, C., & Shin, P. (1990). The development of moral orientation in elementary school children. *Sex Roles, 22,* 13–27.

Gathercole, S. E., Pickering, S. J., Ambridge, B., & Wearing, H., (2004). The structure of working memory from 4 to 15 years of age. *Developmental Psychology, 40,* 177–190.

Gay, G. (2000). *Culturally responsive teaching: Theory, research, and practice.* New York: Teachers College Press.

Gay, G. (2006). Connections between classroom management and culturally responsive teaching. In C. Evertson & C. S. Weinstein (Eds.), *Handbook for classroom management: Research, practice, and contemporary issues.* Mahwah, NJ: Lawrence Erlbaum.

Geary, D. C. (1995). Sexual selection and sex differences in spatial cognition. *Learning and Individual Differences, 7,* 289–303.

Geary, D. C. (1998). What is the function of mind and brain? *Educational Psychologist, 10,* 377–388.

Geary, D. C. (1999). Evolution and developmental sex differences. *Current Directions in Psychological Science, 8,* 115–120.

Geary, D. C., & Bjorklund, D. F. (2000). Evolutionary developmental psychology. *Child Development, 7,* 57–65.

Gehlbach, H. (2004). A new perspective on perspective taking: A multidimensional approach to conceptualizing an aptitude. *Educational Psychology Review, 16,* 207–234.

Gelman, R. (2000). The epigenesis of mathematical thinking. *Journal of Applied Developmental Psychology, 21,* 27–37.

Gelman, R., & Cordes, S. A. (2001). Counting in animals and humans. In E. Dupoux (Ed.), *Essay in honor of Jacques Mehler.* Cambridge, MA: MIT Press.

Gentner, D. (1975). Evidence for the psychological reality of semantic components: The verbs of possession. In D. Norman & D. Rumelhart (Eds.), *Explorations in cognition* (pp. 211–246). San Francisco: Freeman.

Gentner, D., Loewenstein, J., & Thompson, L. (2003). Learning and transfer: A general role for analogical encoding. *Journal of Educational Psychology, 95,* 393–408.

George, P. S. (2005). A rationale for differentiated instruction in the regular classroom. *Theory Into Practice, 44,* 185–193.

Gergen, K. J. (1997). Constructing constructivism: Pedagogical potentials. *Issues in Education: Contributions from Educational Psychology, 3,* 195–202.

Gersten, R. (1996a). The language-minority students in transition: Contemporary instructional research. *The Elementary School Journal, 96,* 217–220.

Gersten, R. (1996b). Literacy instruction for language-minority students: The transition years. *The Elementary School Journal, 96,* 217–220.

Gibbs, J. W., & Luyben, P. D. (1985). Treatment of self-injurious behavior: Contingent versus noncontingent positive practice overcorrection. *Behavior Modification, 9,* 3–21.

Gick, M. L. (1986). Problem-solving strategies. *Educational Psychologist, 21,* 99–120.

Gick, M. L., & Holyoak, K. L. (1983). Schema induction and analogical transfer. *Cognitive Psychology, 15,* 1–38.

Gillett, M., & Gall, M. (1982, March). *The effects of teacher enthusiasm on the at-task behavior of students in the elementary grades.* Paper presented at the annual meeting of the American Educational Research Association, New York.

Gillies, R. (2003). The behaviors, interactions, and perceptions of junior high school students during small-group learning. *Journal of Educational Psychology, 96,* 15–22.

Gillies, R. (2004). The effects of cooperative learning on junior high school students during small group learning. *Learning and Instruction, 14,* 197–213

Gilligan, C. (1982). *In a different voice: Psychological theory and women's development.* Cambridge, MA: Harvard University Press.

Gilligan, C., & Attanucci, J. (1988). Two moral orientations: Gender differences and similarities. *Merrill-Palmer Quarterly, 34,* 223–237.

Ginsburg, H., & Opper, S. (1988). *Piaget's theory of intellectual development* (3rd ed.). Englewood Cliffs, NJ: Prentice-Hall.

Girls' math achievement: What we do and don't know. (1986, January). *Harvard Education Letter, 2*(1), 1–5.

Glasgow, K. L., Dornbusch, S. M., Troyer, L., Steinberg, L., & Ritter, P. L. (1997). Parenting styles, adolescents' attributions, and educational outcomes in nine heterogeneous high schools. *Child Development, 68,* 507–523.

Glasser, W. (1969). *Schools without failure.* New York: Harper & Row.

Glasser, W. (1990). *The quality school: Managing students without coercion.* New York: Harper & Row.

Glassman, M. (2001). Dewey and Vygotsky: Society, experience, and inquiry in educational practice. *Educational Researcher, 30*(4), 3–14.

Gleitman, H., Fridlund, A. J., & Reisberg, D. (1999). *Psychology* (5th ed.). New York: Norton.

Glendenning, F. (1995). Education for older adults: Lifelong learning, empowerment, and social change. In J. F. Nussbaum & J. Coupland (Hrsg.), *The handbook of communication and aging research* (S. 467–498). Mahwah, NJ: Lawrence Erlbaum.

Goldenberg, C. (1996). The education of language-minority students: Where are we, and where do we need to go? *The Elementary School Journal, 96,* 353–361.

Goldman, S. R., Lawless, K., Pellegrino, J. W., & Plants, R. (2006). Technology for teaching and learning with understanding. In J. Cooper (Ed.), *Classroom teaching skills* (8th ed., pp. 104–150). Boston: Houghton-Mifflin.

Goleman, D. (1988, April 10). An emerging theory on blacks' I.Q. scores. *New York Times* (Education Life Section), pp. 22–24.

Goleman, D. (1995). *Emotional intelligence.* New York: Bantam.

Gollnick, D. A., & Chinn, P. C. (1994). *Multicultural education in a pluralistic society* (4th ed.). New York: Merrill.

Gonzalez, V., Brusca-Vega, R., & Yawkey, T. (1997). *Assessment and instruction of culturally diverse students with or at-risk of learning problems: From research to practice.* Boston: Allyn and Bacon.

Good, T. L. (1983a). Classroom research: A decade of progress. *Educational Psychologist, 18,* 127–144.

Good, T. L. (1983b). Research on classroom teaching. In L. Shulman & G. Sykes (Eds.), *Handbook of teaching and policy* (pp. 42–80). New York: Longman.

Good, T. L. (1988). Teacher expectations. In D. Berliner & B. Rosenshine (Eds.), *Talks to teachers* (pp. 159–200). New York: Random House.

Good, T. L. (1996). Teaching effects and teacher evaluation. In J. Sikula (Ed.), *Handbook of research on teacher education* (pp. 617–665). New York: Macmillan.

Good, T. L., & Brophy, J. (2003). *Looking in classrooms* (9th ed.). Boston: Allyn and Bacon.

Goodman, Y. M., & Goodman, K. S. (1990). Vygotsky in a whole-language perspective. In L. Moll (Ed.), *Vygotsky and education: Instructional implications and applications of sociohistorical psychology* (pp. 223–250). New York: Cambridge University Press.

Goodrich, H. (1997). Understanding rubrics. *Educational Leadership, 54*(4), 14–17.

Gorard, S. & Selwyn, N. (2005). What makes a lifelong learner? *Teachers College Record, 107,* 1193–1216.

Gordon, D. (2001, June, 18). The dominator. *Newsweek,* 42–47.

Gordon, E. W. (1991). Human diversity and pluralism. *Educational Psychologist, 26,* 99–108.

Gordon, J. A. (1998). Caring through control: Reaching urban African American youth. *Journal for a Just and Caring Education, 4,* 418–440.

Gordon, T. (1981). Crippling our children with discipline. *Journal of Education, 163,* 228–243.

Graber, J. A., & Brooks-Gunn, J. (1996). Transitions and turning points: Navigating the passage from childhood through adolescence. *Developmental Psychology, 32,* 768–776.

Graber, J. A., Levinson, P. M., Seeley, J. R. & Brooks, Gunn, J. (1997). Is psychopathology associated with timing of pubertal development? *Journal of the American Academy of Child and Adolescent Psychiatry, 36,* 1768–1776.

Grady, C. L. & Craik, F. I. M. (2000). Changes in memory processing with age. *Current Opinion in Neurobiology, 10,* 224–231.

Graham, S. (1991). A review of attribution theory in achievement contexts. *Educational Psychology Review, 3,* 5–39.

Graham, S. (1994). Motivation in African Americans. *Review of Educational Research, 64,* 55–117.

Graham, S. (1995). Narrative versus meta-analytic reviews of race differences in motivation. *Review of Educational Research, 65,* 509–514.

Graham, S. (1996). How causal beliefs influence the academic and social motivation of African-American children. In G. G. Brannigan (Ed.), *The enlightened educator: Research adventures in the schools* (pp. 111–126). New York: McGraw-Hill.

Graham, S. (1998). Self-blame and peer victimization in middle school: An attributional analysis. *Developmental Psychology, 34,* 587–599.

Graham, S., & Barker, G. (1990). The downside of help: An attributional developmental analysis of helping behavior as a low ability cue. *Journal of Educational Psychology, 82,* 7–14.

Graham, S., Taylor, A., & Hudley, C. (1998). Exploring achievement values among ethnic minority early adolescents. *Journal of Educational Psychology, 90,* 606–620.

Graham, S., & Weiner, B. (1996). Theories and principles of motivation. In D. Berliner & R. C. Calfee (Eds.), *Handbook of educational psychology* (pp. 63–84). New York: Macmillan.

Grant, C. A., & Sleeter, C. E. (1989). Race, class, gender, exceptionality, and educational reform. In J. Banks & C. McGee Banks (Eds.), *Multicultural education: Issues and perspectives* (pp. 49–66). Boston: Allyn and Bacon.

Gray, P. (2002). *Psychology* (4th ed.). New York: Worth.

Gredler, M. E. (2005). *Learning and instruction: Theory into practice* (5th ed.). Boston: Allyn and Bacon.

Greenberg, M. T., Weissberg, R. P., O'Brien, M. U., Zins, J. E., Fredericks, L., Resnik, H., & Elias, M. J. (2003). *American Psychologist, 58*(6/7), 466–474.

Greeno, J. G., Collins, A. M., & Resnick, L. B. (1996). Cognition and learning. In D. Berliner & R. Calfee (Eds.), *Handbook of educational psychology* (pp. 15–46). New York: Macmillan.

Greenwald, A. G., Oakes, M. A., & Hoffman, H. G. (2003). Targets of discrimination: Effects of race on responses to weapons holders. *Journal of Experimental Social Psychology, 39,* 399–405.

Gregorc, A. F. (1982). *Gregorc Style Delineator: Development, technical, and administrative manual.* Maynard, MA: Gabriel Systems.

Grigorenko, E. L., & Sternberg, R. J. (1998). Dynamic testing. *Psychological Bulletin, 124,* 75–111.

Grigorenko, E. L., & Sternberg, R. J. (2001). Analytical, creative, and practical intelligence as predictors of self-reported adaptive functioning: A case study in Russia. *Intelligence, 29,* 57–73.

Grissom, J. B., & Shepard, L. A. (1989). Repeating and dropping out of school. In L. A. Shepard & M. L. Smith (Eds.), *Flunking grades: Research and policies on retention* (pp. 34–63). New York: Falmer.

Groeben, N. & Hurrelmann, B. (Hrsg.) (2004). *Lesekompetenz: Bedingungen, Dimensionen, Funktionen.* Wiesbaden: Juventa.

Grolnick, W. S., Gurland, S. T., Jacob, K. F., & DeCourcey, W. (2002). The development of self-determination in middle childhood and adolescence. In A. Wigfield & J. Eccles (Eds.), *Development of achievement motivation* (pp. 147–171). New York: Academic Press.

Grolnick, W. S., Ryan, R. M., & Deci, E. L. (1991). Inner resources for school achievement: Motivational mediators of children's perceptions of their parents. *Journal of Educational Psychology, 83,* 508–517.

Gronlund, N. E. (2003). *Assessment of student achievement* (7th ed.). Boston: Allyn and Bacon.

Gronlund, N. E. (2004). *Writing instructional objectives for teaching and assessment* (7th ed.). Upper Saddle River, NJ: Prentice-Hall.

Grossman, H., & Grossman, S. H. (1994). *Gender issues in education.* Boston: Allyn and Bacon.

Grotevant, H. D. (1998). Adolescent development in family contexts. In N. Eisenberg (Ed.), *Handbook of child psychology. Vol 3: Social, emotional, and personality development* (5th ed., pp. 1097–1149). New York: Wiley.

Guay, F., Larose, S., & Boivin, M. (2004). Academic self-concept and educational attainment level: A ten-year longitudinal study. *Self and Identity, 3,* 53–68.

Guilford, J. P. (1988). Some changes in the Structure-of-Intellect model. *Educational and Psychological Measurement, 48,* 1–4.

Gunn Morris, V., & Morris, C. L. (2002). No more cotton picking: African American voices from a small southern town. In G. S. Boutte (Ed.), *Resounding voices: School experiences of people from diverse ethnic backgrounds* (pp. 17–42). Boston: Allyn and Bacon.

Gurian, M., & Henley, P. (2001). *Boys and girls learn differently: A guide for teachers and parents.* San Francisco: Jossey-Bass.

Guskey, T. R. (1994). Making the grade: What benefits students? *Educational Leadership, 52*(2), 14–21.

Guskey, T. R., & Bailey, J. M. (2001). *Developing grading and reporting systems for student learning.* Thousand Oaks, CA: Corwin Press.

Gustafsson, J-E., & Undheim, J. O. (1996). Individual differences in cognitive functioning. In D. Berliner & R. Calfee (Eds.), *Handbook of educational psychology* (pp. 186–242). New York: Macmillan.

Guthrie, J. T., & Alao, S. (1997). Designing contexts to increase motivations of reading. *Educational Psychologist, 32,* 95–105.

Guthrie, J. T., Cox, K. E., Anderson, E., Harris, K., Mazzoni, S., & Rach, L. (1998). Principles of integrated instruction for engagement in reading. *Educational Psychology Review, 10,* 227–238.

Gutman, L. M., Sameroff, A., & Cole, R. (2003). Academic growth curve trajectories from 1st grade to 12th grade: effects of multiple social risk factors and preschool child factors. *Developmental Psychology, 39,* 777–790.

Haag, L. (1991). *Hausaufgaben an Gymnasien.* Weinheim: Deutscher Studienverlag.

Haag, L. & Mischo, C. (2002). Hausaufgabenverhalten: Bedingungen und Effekte. *Empirische Pädagogik, 16,* 311–327.

Haager, D., & Klingner, J. K. (2005). *Differentiating instruction in inclusive classrooms: The special educators' guide.* Boston, MA: Allyn and Bacon.

Hacker, D. J., & Tenent, A. (2002). Implementing reciprocal teaching in the classroom: Overcoming obstacles and making modifications. *Journal of Educational Psychology*, *94*, 699–718.

Haertel, E. H. (1999). Performance assessment and educational reform. *Phi Delta Kappan, 80*, 662–666.

Hagborg, W. J. (1993). Rosenberg Self-Esteem Scale and Harter's Self-Perception Profile for Adolescents: A concurrent validity study. *Psychology in Schools, 30*, 132–136.

Hakuta, K. (1986). *Mirror of language: The debate on bilingualism*. New York: Basic Books.

Hakuta, K., & Garcia, E. E. (1989). Bilingualism and education. *American Psychologist, 44*, 374–379.

Hakuta, K., & Gould, L. J. (1987). Synthesis of research on bilingual education. *Educational Leadership, 44*(6), 38–45.

Haladyna, T. H. (2002). *Essentials of standardized achievement testing: Validity and accountability*. Boston: Allyn and Bacon.

Halford, J. M. (1999). A different mirror: A conversation with Ronald Takaki. *Educational Leadership, 56*(7), 8–13.

Hall, J. W. (1991). More on the utility of the keyword method. *Journal of Educational Psychology, 83*, 171–172.

Hallahan, D. P., & Kauffman, J. M. (2006). *Exceptional learners: Introduction to special education* (10th ed.). Boston: Allyn and Bacon.

Hallahan, D. P., Lloyd, J. W., Kauffman, J. M., Weiss, M. P., & Martinez, E. A. (2005). *Introduction to learning disabilities* (5th ed.). Boston: Allyn and Bacon.

Hallowell, E. M., & Ratey, J. J. (1994). *Driven to distraction*. New York: Pantheon Books.

Halpern, D. F. (2000). *Sex differences in cognitive abilities*. Mahwah, NJ: Lawrence Erlbaum.

Halpern, D. F. (2004). A cognitive-process taxonomy for sex differences in cognitive abilities. *Current Directions in Psychological Science, 13*, 135–139.

Halpern, D. F., & LaMay, M. L. (2000). The smarter sex: A critical review of sex differences in intelligence. *Educational Psychology Review, 12*, 229–246.

Hambleton, R. K. (1996). Advances in assessment models, methods, and practices. In D. C. Berliner & R. C. Calfee (Eds.), *Handbook of educational psychology* (pp. 899–925). New York: Macmillan.

Hambrick, D. Z., Kane, M. J., & Engle, R. W. (2005). The role of working memory in higher-level cognition. In R. Sternberg & J. E. Pretz (Eds.), *Cognition and intelligence: Identifying the mechanisms of the mind* (pp. 104–121). New York: Cambridge University Press.

Hamilton, R. J. (1985). A framework for the evaluation of the effectiveness of adjunct questions and objectives. *Review of Educational Research, 55*, 47–86.

Hamm, J. (2000). Do birds of a feather flock together? The variable bases for African American, Asian American, and European American adolescents' selection of similar friends. *Developmental Psychology, 36*, 209–219.

Hamman, D., Berthelot, J., Saia, J., & Crowley, E. (2000). Teachers' coaching of learning and its relation to students' strategic learning. *Journal of Educational Psychology, 92*, 342–348.

Hamre, B. K., & Pianta, R. C. (2001). Early teacher–child relationships and the trajectory of children's school outcomes through eighth grade. *Child Development, 72*, 625–638.

Hanna, G. (2000). Declining gender differences from FIMS to TIMSS. *Zentralblatt für Didaktik und Mathematik, 32*, 11–17.

Harackiewicz, J. M., Barron, K. E., Pintrich, P. R., Elliot, A. J., & Thrash, T. M. (2002). Revision of achievement goal theory: Necessary and illuminating. *Journal of Educational Psychology, 94*, 562–575.

Hardiman, P. T., Dufresne, R., & Mestre, J. P. (1989). The relation between problem categorization and problem solving among experts and novices. *Memory & Cognition, 17*, 627–638.

Hardman, M. L., Drew, C. J., & Egan, M. W. (1999). *Human exceptionality: Society, school, and family* (6th ed.). Boston: Allyn and Bacon.

Hardman, M. L., Drew, C. J., & Egan, M. W. (2005). *Human exceptionality: Society, school, and family* (8th ed.). Boston: Allyn and Bacon.

Harp, S. F., & Mayer, R. E. (1998). How seductive details do their damage: A theory of cognitive interest in science learning. *Journal of Educational Psychology, 90*, 414–434.

Harris, J. R. (1998). *The nurture assumption: Why children turn out the way they do; parents matter less than you think and peers matter more*. New York: Free Press.

Harris, K. R. (1990). Developing self-regulated learners: The role of private speech and self-instruction. *Educational Psychologist, 25*, 35–50.

Harris, K. R., & Graham, S. (1996). Memo to constructivist: Skills count too. *Educational Leadership, 53*(5), 26–29.

Harris, K. R., Graham, S., & Pressley, M. (1991). Cognitive-behavioral approaches in reading and written language: Developing self-regulated learners. In N. N. Singh & I. L. Beale (Eds.), *Learning disabilities: Nature, theory, and treatment* (pp. 415–451). New York: Springer-Verlag.

Harris, K. R., & Pressley, M. (1991). The nature of cognitive strategy instruction: Interactive strategy construction. *Exceptional Children, 57*, 392–404.

Harrison, C., Comber, C., Fisher, T., Haw, K., Lewin, C. & Lunzer, E. (2003). *The impact of information and communication technologies on pupil learning and attainment*. ICT in Schools Research and Education Series, No. 7, Coventry, GB: Becta.

Harrow, A. J. (1972). *A taxonomy of the psychomotor domain: A guide for developing behavior objectives*. New York: David McKay.

Harter, S. (1990). Issues in the assessment of self-concept of children and adolescents. In A. LaGreca (Ed.), *Through the eyes of a child* (pp. 292–325). Boston: Allyn and Bacon.

Harter, S. (1998). The development of self-representations. In N. Eisenberg (Ed.), *Handbook of child psychology. Vol 3.: Social, emotional, and personality development* (5th ed., pp. 553–618). New York: Wiley.

Harter, S. (2003). The development of self-representation during childhood and adolescence. In M. R. Leary & J. P. Tangney (Eds.), *Handbook of self and identity* (pp. 610–642). New York: Guilford.

Hartup, W. W., & Stevens, N. (1999). Friendships and adaptation across the lifespan. *Current Directions in Psychological Science, 8,* 76–79.

Hawkins, M. R. (2004). Researching English language and literacy development in schools. *Educational Researcher, 33*(3), 14–25.

Hayes, S. C., Rosenfarb, I., Wulfert, E., Munt, E. D., Korn, Z., & Zettle, R. D. (1985). Self-reinforcement effects: An artifact of social standard setting? *Journal of Applied Behavior Analysis, 18,* 201–214.

Heath, S. B. (1989). Oral and literate traditions among black Americans living in poverty. *American Psychologist, 44,* 367–373.

Heckhausen, H. (1989). *Motivation und Handeln.* 2. Aufl. Berlin: Springer.

Hedegaard, M. (2003). Institutional practice, cultural positions, and personal motives: Immigrant Turkish parents' conceptions about their children's school life. In S. Chaiklin, M. Hedegaard & U. J. Jensen (Hrsg.), *Activity theory and social practice* (S. 276–301). Aarhus: Aarhus Universitetsverlag.

Heidbrink, H. (2002). *Stufen der Moral. Zur Gültigkeit der kognitiven Entwicklungstheorie Lawrence Kohlbergs.* Lengerich: Pabst Science Publisher.

Helmke, A. (2004). *Unterrichtsqualität: Erfassen, Bewerten, Verbessern* (3. Aufl.). Seelze: Kallmeyer'sche Verlagsbuchhandlung.

Helmke, A. (2006). Unterrichtsqualität. In D. H. Rost (Hrsg.), *Handwörterbuch der Pädagogischen Psychologie* (S. 812–820). Weinheim: Beltz.

Helms, J. E. (1995). An update of Helms's White and People of Color racial identity models. In J. G. Ponterotto, J. M. Casas, L. A. Suzuki & C. M. Alexander (Eds.), *Handbook of multicultural counseling* (pp. 181–198). Thousand Oaks, CA: Sage.

Helwig, C. C., Arnold, M. L., Tan, D., & Boyd, D. (2003). Chinese adolescents' reasoning about democratic and authority-based decision making in peer, family, and school contexts. *Child Development, 74,* 783–800.

Henderson, M. (1996). *Helping your students get the most of homework* [Brochure]. Chicago: National Parent–Teacher Association.

Herbert, E. A. (1998). Design matters: How school environment affects children. *Educational Leadership, 56*(1), 69–71.

Herman, J. (1997). Assessing new assessments: How do they measure up? *Theory Into Practice, 36,* 197–204.

Herman, J., & Winters. L. (1994). Portfolio research: A slim collection. *Educational Leadership, 52*(2), 48–55.

Herman, M. (2004). Forced to choose: Some determinants of racial identification in multi-racial adolescents, *Child Development, 75,* 730–748.

Hernshaw, L. S. (1987). *The shaping of modern psychology: A historical introduction from dawn to present day.* London: Routledge & Kegan Paul.

Herzig, A. H. (2004). Becoming mathematicians: Women and students of color choosing and leaving doctoral mathematics. *Review of Educational Research, 74,* 171–214.

Hess, R., Chih-Mei, C., & McDevitt, T. M. (1987). Cultural variation in family beliefs about children's performance in mathematics: Comparisons among People's Republic of China, Chinese-American, and Caucasian-American families. *Journal of Educational Psychology, 79,* 179–188.

Hetherington, E. M. (1999). Should we stay together for the sake of the children? In E. Hetherington (Ed.), *Coping with divorce, single-parenting, and remarriage: A risk and resilience perspective* (pp. 93–116). Hillsdale, NJ: Lawrence Erlbaum.

Hetherington, E. M., & Kelly, J. (2002). *For better or for worse: Divorce reconsidered.* New York: W. W. Norton.

Heward, W. L., & Orlansky, M. D. (1992). *Exceptional children* (4th ed.). Columbus, OH: Charles E. Merrill.

Hewson, P. W., Beeth, M. E., & Thorley, N. R. (1998). Teaching for conceptual change. In B. J. Fraserr & K. G. Tobin (Eds.), *International handbook of science education* (pp. 199–218). New York: Kluwer.

Hewstone, M. (1989). Changing stereotypes with disconfirming information. In D. Bar-Tal, C. Graumann, A. Kruglanski, & W. Stroebe (Eds.), *Stereotyping and prejudice: Changing conceptions* (pp. 207–223). New York: Springer-Verlag.

Hickey, D. T. (2003). Engaged participation vs. marginal non-participation: A stridently sociocultural model of achievement motivation. *Elementary School Journal, 103*(4), 401–429

Hilgard, E. R. (1996). History of educational psychology. In R. Calfee & D. Berliner (Eds.), *Handbook of educational psychology* (pp. 990–1004). New York: Macmillan.

Hill, W. F. (2002). *Learning: A survey of psychological interpretations* (7th ed.). Boston: Allyn and Bacon.

Hines, C. V., Cruickshank, D. R., & Kennedy, J. J. (1985). Teacher clarity and its relation to student achievement and satisfaction. *American Educational Research Journal, 22,* 87–99.

Hiroto, D. S., & Seligman, M. E. P. (1975). Generality of learned helplessness in man. *Journal of Personality and Social Psychology, 31,* 311–327.

Hirsch, E. D., Jr. *The schools we need: Why we don't have them.* New York: Doubleday, 1996.

Hmelo-Silver, C. E. (2004). Problem-based learning: What and how do students learn? *Educational Psychology Review, 16,* 235–266.

Hodges, E. V. E., & Perry, D. G. (1999). Personal and interpersonal antecedents and consequences of victimization by peers. *Journal of Personality and Social Psychology, 76,* 677–685.

Hofer, B. K., & Pintrich, P. R. (1997). The development of epistemological theories: Beliefs about knowledge and knowing and their relation to learning. *Review of Educational Research, 67,* 88–140.

Hoffman, M. L. (2000). *Empathy and moral development.* New York: Cambridge University Press.

Hoffman, M. L. (2001). A comprehensive theory of prosocial moral development. In A. Bohart & D. Stipek & (Eds.), *Constructive and destructive behavior* (pp. 61–86). Washington, DC: American Psychological Association.

Hogan, T., Rabinowitz, M., & Craven, J. A. III. (2003). Representation in teaching: Inferences from research of expert and novice teachers. *Educational Psychologist, 38,* 235–247.

Hoge, D. R., Smit, E. K., & Hanson, S. L. (1990). School experiences predicting changes in self-esteem of sixth- and seventh-grade students. *Journal of Educational Psychology, 82,* 117–126.

Holahan, C., & Sears, R. (1995). *The gifted group in later maturity.* Stanford, CA: Stanford University Press.

Hoover-Dempsey, K. V., Battiato, A. C., Walker, J. M. T., Reed, R. P., DeJong, J. M., & Jones, K. P. (2001). Parental involvement in homework. *Educational Psychologist, 36,* 195–209.

Horgan, D. D. (1995). *Achieving gender equity: Strategies for the classroom.* Boston: Allyn and Bacon.

Horn, J. L. (1982). The theory of fluid and crystallized intelligence in relation to concepts of cognitive psychology and aging in adulthood. In F. I. M. Craik & G. E. Trehub (Hrsg.), *Aging and cognitive processes: Advances in the study of communication and affect* (Bd. 8, S. 237–278) New York: Plenum Press.

Horn, J. L. (1998). A basis for research on age differences in cognitive capabilities. In J. J. McArdle & R. W. Woodcock (Eds.), *Human cognitive theories in theory and practice* (pp. 57–87). Mahwah, NJ: Lawrence Erlbaum.

Horowitz, B. (2002, April 22). Gen Y: A tough crowd to sell. *USA Today,* pp. B1–2.

Howe, M. J. A., Davidson, J. W., & Sloboda, J. A. (1998). Innate talents: Reality or myth? *Behavioral and Brain Sciences, 21,* 399–406.

Hoy, W. K., & Woolfolk, A. E. (1990). Organizational socialization of student teachers. *American Educational Research Journal, 27,* 279–300.

Hoy, W. K., & Woolfolk, A. E. (1993). Teachers' sense of efficacy and the organizational health of schools. *Elementary School Journal, 93,* 355–372.

Huesmann, L. R., Moise-Titus, J., Podolski, C. P., & Eron, L. D. (2003). Longitudinal relations between children's exposure to TV violence and their aggressive and violent behavior in young adulthood: 1977–1992. *Developmental Psychology, 39,* 201–221.

Huff, C. R. (1989). Youth gangs and public policy. *Crime & Delinquency, 35,* 524–537.

Hughes, D. R. (1998). *Kids online: Protecting your children in cyberspace.* Grand Rapids, MI: Fleming H. Revell.

Hulbert, A. (2005, April 3). Boy problems: The real gender crisis in education starts with the Y chromosome. *New York Times Magazine,* pp. 13–14.

Hung, D. W. L. (1999). Activity, apprenticeship, and epistemological appropriation: Implications from the writings of Michael Polanyi. *Educational Psychologist, 34,* 193–205.

Hunt, E. (2000). Let's hear it for crystallized intelligence. *Learning and Individual Differences, 12,* 123–129.

Hunt, J. McV. (1961). *Intelligence and experience.* New York: Ronald.

Hunt, N., & Marshall, K. (2002). *Exceptional children and youth: An introduction to special education* (3rd ed.). Boston: Houghton Mifflin.

Hunt, R. R., & Ellis, H. C. (1999). *Fundamentals of cognitive psychology* (6th ed.). New York: McGraw-Hill College.

Hunter, M. (1982). *Mastery teaching.* El Segundo, CA: TIP Publications.

Hyman, I., Kay, B., Tabori, A, Weber, M., Mahon, M., & Cohen, I. (2006). Bullying: Theory, research and interventions about student victimization. In C. Evertson & C. S. Weinstein (Eds.), *Handbook for classroom management: Research, practice, and contemporary issues.* Mahwah, NJ: Lawrence Erlbaum.

Hymowitz, K. S. (2001, April 18). "Zero Tolerance" is schools' first line of defense. *Newsday.*

IDEA. (1997). Available online at: http://www.ed.gov/policy/speced/guid/idea/idea2004.html

Ingenkamp, K.-H. (2002). *Deutsche Schultests* (SBL II bearbeitet von H. Kauffer, L. Storz & W. Munz). Göttingen: Beltz Test GmbH.

International Comparisons in Fourth-Grade Reading Literacy: Findings from the Progress in International Reading Literacy Study (2001). Available on line at http://nces.ed.gov/surveys/pirls/. Retrieved 5/17/05.

Iran-Nejad, A. (1990). Active and dynamic self-regulation of learning processes. *Review of Educational Research, 60,* 573–602.

Irvine, J. J. (1990). *Black students and school failure: Policies, practices, and prescriptions.* New York: Praeger.

Irvine, J. J., & Armento, B. J. (2001). *Culturally responsive teaching: Lesson planning for elementary and middle grades.* New York: McGraw-Hill.

Irvine, J. J. & Fraser, J. W. (1998, May). Warm demanders. *Education Week.* Available online at http://www.edweek.org/ew/ewstory.cfm?slug=35irvine. h17&keywords=Irvine

Irving, O., & Martin, J. (1982). Withitness: The confusing variable. *American Educational Research Journal, 19,* 313–319.

Irwin, J. W. (1991). *Teaching reading comprehension* (2nd ed.). Boston: Allyn and Bacon.

Isabella, R., & Belsky, J. (1991). Interactional synchrony and the origins of infant–mother attachment: A replication study. *Child Development, 62,* 373–384.

Izard, C. E. (2001). Emotional intelligence or adaptive emotions? *Emotion, 1,* 249–257.

Jackson, A., & Davis, G. (2000). *Turning points 2000: Educating adolescents in the 21st century.* New York: Teachers College Press.

Jacobs, J. E., Lanza, S., Osgood, D. W., Eccles, J. S., & Wigfield, A. (2002). Changes in children's self-competence and values: Gender and domain differences across grades one through twelve. *Child Development, 73,* 509–527.

James, W. (1890). *The principles of psychology* (Vol. 2). New York: Holt.

James, W. (1912). *Talks to teachers on psychology: And to students on some of life's ideals.* New York: Holt.

Jarrett, R. (1995). Growing up poor: The family experiences of socially mobile youth in low-income African American neighborhoods. *Journal of Adolescent Research, 10,* 111–135.

Jehng, J. C., Johnson, S., & Anderson, R. C. (1993). Schooling and students' epistemological beliefs about learning. *Contemporary Educational Psychology, 18,* 23–35.

Jensen, L. A., Arnett, J. J., Feldman, S. S., & Cauffman, E. (2002). It's wrong but everybody does it: Academic dishonesty among high school and college students. *Contemporary Educational Psychology, 27,* 209–228.

Jimenez, R. (2000). Literacy and identity development of Latina/o students who are successful English readers: Opportunities and obstacles. *American Educational Research Journal, 37,* 971–1000.

Jimerson, S. R. (1999). On the failure of failure: Examining the association between early grade retention and education and employment outcomes during late adolescence. *Journal of School Psychology, 37,* 243–272.

Jimerson, S. R., Anderson, G. E., & Whipple, A. D. (2002). Winning the battle and losing the war: Examining the relation between grade retention and dropping out of high school. *Psychology in the Schools, 39,* 441–457.

Johnson, A. M., & Notah, D. J. (1999). Service learning: History, literature, review, and a pilot study of eighth graders. *The Elementary School Journal, 99,* 453–467.

Johnson, D. W., & Johnson, R. T. (1999). *Learning together and alone: Cooperation, competition, and individualization* (5th ed.). Boston: Allyn and Bacon.

Johnson, D. W., & Johnson, R. T. (1999). The three Cs of school and classroom management. In H. J. Freiberg (Ed.), *Beyond behaviorism: Changing the classroom management paradigm* (pp. 119–144). Boston: Allyn and Bacon.

Johnson, D. W., & Johnson, R. T. (2002). *Meaningful assessment: A meaningful and cooperative process.* Boston: Allyn and Bacon.

Johnson, D. W., & Johnson, R. T. (2004). Special Issue: Conflict Resolution and Peer Mediation. *Theory Into Practice, 43*(1).

Johnson, D. W., & Johnson, R. T. (2005). Special Issue: Peace education. *Theory Into Practice, 44*(4).

Johnson, D. W., Johnson, R. T., Dudley, B., Ward, M., & Magnuson, D. (1995). The impact of peer mediation training on the management of school and home conflicts. *American Educational Research Journal, 32,* 829–844.

Johnson, J., Duffett, A., Farkas, S., & Wilson, L. (2002). *When it's your own child: A report on special education from the families who use it.* Baltimore, MD: Annie E. Casey Foundation.

John-Steiner, V., & Mahn, H. (1996). Sociocultural approaches to learning and development: A Vygotskian framework. *Educational Psychologist, 31,* 191–206.

Johnston, L. D., O'Malley, P. M., Bachman, J. G., & Schulenberg, J. E. (December 21, 2004). *Overall teen drug use continues gradual decline; but use of inhalants rises.* University of Michigan News and Information Services: Ann Arbor, MI. [On-line]. Available: www.monitoringthefuture.org; accessed 03/22/05.

Jonassen, D. H. (1993). Effects of semantically structured hypertext knowledge bases on users' knowledge structures. In C. McKnight, A. Dillon & J. Richardson (Eds.), *Hypertext: A psychological perspective.* Chichester. UK: Ellis Horwood.

Jonassen, D. H. (2003). Designing research-based instruction for story problems. *Educational Psychology Review, 15,* 267–296.

Jones, D. C. (2004). Body image among adolescent girls and boys: A longitudinal study. *Developmental Psychology, 40,* 823–835.

Jones, E. D., & Southern, W. T. (1991). Conclusions about acceleration: Echoes of a debate. In W. Southern & E. Jones (Eds.), *The academic acceleration of gifted children* (pp. 223–228). New York: Teachers College Press.

Jones, M. G., & Gerig, T. M. (1994). Silent sixth-grade students: Characteristics, achievement, and teacher expectations. *Elementary School Journal, 95,* 169–182.

Jones, M. S., Levin, M. E., Levin, J. R., & Beitzel, B. D. (2000). Can vocabulary-learning strategies and pair-learning formats be profitably combined? *Journal of Educational Psychology, 92,* 256–262.

Jones, S. M., & Dindia, K. (2004). A meta-analytic perspective on sex equity in the classroom. *Review of Educational Research, 74,* 443–471.

Joyce, B. R., Weil, M., & Calhoun, E. (2000). *Models of teaching* (6th ed.). Boston: Allyn and Bacon.

Joyce, B. R., Weil, M., & Calhoun, E. (2006). *Models of teaching* (7th ed.). Boston: Allyn and Bacon.

Jurden, F. H. (1995). Individual differences in working memory and complex cognition. *Journal of Educational Psychology, 87,* 93–102.

Kagan, S. (1983). Social orientation among Mexican-American children: A challenge to traditional classroom structures. In E. Garcia (Ed.), *The Mexican-American child: Language, cognition, and social development.* Tempe, AZ: Center for Bilingual Education.

Kagan, S. (1994). *Cooperative learning.* San Juan Capistrano, CA: Kagan Cooperative Learning.

Kail, R., & Hall, L. K. (1999). Sources of developmental change in children's word-problem performance. *Journal of Educational Psychology, 91,* 600–668.

Kaisar, B. U., Shen, Y., Gluckberg, S. & Horton, W. S. (2000). Conventional language: How metaphorical is it? *Journal of Memory and Language, 43,* 576–593.

Kalyuga, S., Chandler, P. & Sweller, J. (1999). Managing split attention and redundancy in multimedia instruction. *Applied Cognitive Psychology, 13,* 351–371.

Kalyuga, S., Chandler, P., Tuovinen, J., & Sweller, J. (2001). When problem solving is superior to studying worked examples. *Journal of Educational Psychology, 93,* 579–588.

Kanaya, T., Scullin, M. H., & Ceci, S. J. (2003). The Flynn effect and U.S. policies: The impact of rising IQ scores on American society via mental retardation diagnoses. *American Psychologist, 58,* 1–13.

Kantor, H., & Lowe, R. (1995). Class, race, and the emergence of federal education policy: From the New Deal to the Great Society. *Educational Researcher, 24*(3), 4–11.

Kaplan, J. S. (1991). *Beyond behavior modification* (2nd ed.). Austin, TX: Pro-Ed.

Kardash, C. M., & Howell, K. L. (2000). Effects of epistemological beliefs and topic-specific beliefs on undergraduates' cognitive and strategic processing of dual-positional text. *Journal of Educational Psychology, 92,* 524–535.

Kardash, C. M., & Scholes, R. J. (1996). Effects of preexisting beliefs, epistemological beliefs, and need for cognition on interpretation of controversial issues. *Journal of Educational Psychology, 88,* 260–271.

Karpov, Y. V., & Bransford, J. D. (1995). L. S. Vygotsky and the doctrine of empirical and theoretical learning. *Educational Psychologist, 30,* 61–66.

Karpov, Y. V., & Haywood, H. C. (1998). Two ways to elaborate Vygotsky's concept of mediation implications for instruction. *American Psychologist, 53,* 27–36.

Karweit, N. (1989). Time and learning: A review. In R. E. Slavin (Ed.), *School and classroom organization* (pp. 69–95). Hillsdale, NJ: Lawrence Erlbaum.

Karweit, N., & Slavin, R. (1981). Measurement and modeling choices in studies of time and learning. *American Educational Research Journal, 18,* 157–171.

Katz, P. A. (2003). Racists or tolerant multiculturalists? How do they begin? *American Psychologist, 58,* 897–909.

Katz, S. R. (1999). Teaching in tensions: Latino immigrant youth, their teachers, and the structures of schooling. *Teachers College Record, 100*(4), 809–840.

Kazdin, A. E. (1984). *Behavior modification in applied settings.* Homewood, IL: Dorsey Press.

Kazdin, A. E. (2001). *Behavior modification in applied settings* (6th ed.). Belmont, CA: Wadsworth.

Keefe, J. W. (1982). Assessing student learning styles: An overview. In *Student learning styles and brain behavior.* Reston, VA: National Association of Secondary School Principals.

Keefe, J. W., & Monk, J. S. (1986). *Learning style profile examiner's manual.* Reston, VA: National Association of Secondary School Principals.

Keller, G. (2001). *Konfliktmanagement in der Schule. Moderieren, Lösen, Vorbeugen.* Seelze: Kallmeyer.

Kelly, K. (1999). Retention vs. social promotion: Schools search for alternatives. *Harvard Education Letter, 15*(1), 1–3.

Keogh, B. K., & MacMillan, D. L. (1996). Exceptionality. In D. Berliner & R. Calfee (Eds.), *Handbook of educational psychology* (pp. 311–330). New York: Macmillan.

Kerckhoff, A. C. (1986). Effects of ability grouping in British secondary schools. *American Sociological Review, 51,* 842–858.

Kerr, M. A. & Symons, S. E. (2006). Computerized presentation of text: Effects on children's reading of informational material. *Reading and Writing, 19,* 1–19.

Keyser, V., & Barling, J. (1981). Determinants of children's self-efficacy beliefs in an academic environment. *Cognitive Therapy and Research, 5,* 29–40.

Kiewra, K. A. (1985). Investigating notetaking and review: A depth of processing alternative. *Educational Psychologist, 20,* 23–32.

Kiewra, K. A. (1988). Cognitive aspects of autonomous note taking: Control processes, learning strategies, and prior knowledge. *Educational Psychologist, 23,* 39–56.

Kiewra, K. A. (1989). A review of note-taking: The encoding storage paradigm and beyond. *Educational Psychology Review, 1,* 147–172.

Kiewra, K. A. (2002). How classroom teachers can help students learn and teach them how to learn. *Theory Into Practice, 41*, 71–80.

Kim, K. M. (1998). Korean children's perceptions of adult and peer authority and moral reasoning. *Developmental Psychology, 5*, 310–329.

Kindsvatter, R., Wilen, W., & Ishler, M. (1992). *Dynamics of effective teaching* (2nd ed.). New York: Longman.

King, A. (1990). Enhancing peer interaction and learning in the classroom through reciprocal questioning. *American Educational Research Journal, 27*, 664–687.

King, A. (1994). Guiding knowledge construction in the classroom: Effects of teaching children how to question and how to explain. *American Educational Research Journal, 31*, 338–368.

King, A. (2002). Structuring peer interactions to promote high-level cognitive processing. *Theory Into Practice, 41*, 31–39.

King, G. (1979, June). Personal communication. University of Texas at Austin.

Kintsch, W. (1998). *Comprehension: A paradigm for cognition.* New York: Cambridge University Press.

Kintsch, W. (1998). *Text comprehension: A paradigm for cognition.* Cambrige, UK: Cambridge University Press.

Kirk, S., Gallagher, J. J., & Anastasiow, N. J. (1993). *Educating exceptional children* (7th ed.). Boston: Houghton Mifflin.

Kirk, S. A., Gallagher, J. J., Anastasiow, N. J., & Coleman, M. R. (2006). *Educating exceptional children* (11th ed.). Boston: Houghton Mifflin.

Kirst, M. (1991a). Interview on assessment issues with Lorrie Shepard. *Educational Researcher, 20*(2), 21–23.

Kirst, M. (1991b). Interview on assessment issues with James Popham. *Educational Researcher, 20*(2), 24–27.

Klauer, K. J. (2006). Situiertes Lernen. In D. H. Rost (Hrsg.), *Handwörterbuch Pädagogische Psychologie* (S. 699–705). Göttingen: Hogrefe.

Klausmeier, H. J. (1976). Instructional design and the teaching of concepts. In J. Levin & V. Allen (Eds.), *Cognitive learning in children: Theories and strategies* (pp. 191–218). New York: Academic Press.

Klausmeier, H. J. (1992). Concept learning and concept teaching. *Educational Psychologist, 27*, 267–286.

Klein, P. (2002). Multiplying the problem of intelligence by eight. In L. Abbeduto (Ed.), *Taking sides: Clashing on controversial issues in educational psychology* (pp. 219–232). Guilford, CT: McGraw-Hill/Duskin.

Klicpera, C. & Gasteiger-Klicpera, B. (1993). *Lesen und Schreiben – Entwicklung und Schwierigkeiten.* Bern: Huber.

Kling, K. C., Hyde, J. S., Showers, C. J., & Buswell, B. N. (1999). Gender differences in self-esteem: A meta-analysis. *Psychological Bulletin, 125*, 470–500.

Klocke, H. & Hurrelmann, K. (Hrsg.) (2001). *Kinder und Jugendliche in Armut. Umfang, Auswirkungen und Konsequenzen* (2. Überarb. Aufl.). Opladen: Westdeutscher Verlag.

Knapp, M., Turnbull, B. J., & Shields, P. M. (1990). New directions for educating children of poverty. *Educational Leadership, 48*(1), 4–9.

Kohlberg, L. (1963). The development of children's orientations toward moral order: Sequence in the development of moral thought. *Vita Humana, 6*, 11–33.

Kohlberg, L. (1975). The cognitive-developmental approach to moral education. *Phi Delta Kappan, 56*, 670–677.

Kohlberg, L. (1981). *The philosophy of moral development.* New York: Harper & Row.

Kohlberg, L. (1985). *Psychologie der Moralentwicklung.* Frankfurt/Main: Suhrkamp.

Kohn, A. (1993). Rewards versus learning: A response to Paul Chance. *Phi Delta Kappan, 74*, 783–787.

Kohn, A. (1996). By all available means: Cameron and Pierce's defense of extrinsic motivators. *Review of Educational Research, 66*, 1–4.

Kohn, A. (2002). How not to teach values. In L. Abbeduto (Ed.), *Taking sides: Clashing on controversial issues in educational psychology* (pp. 138–153). Guilford, CT: McGraw-Hill/Duskin.

Kokko, K., & Pulkkinen, L. (2000). Aggression in childhood and long-term unemployment in adulthood: A cycle of maladaptation and some protective factors. *Developmental Psychology, 36*, 463–472.

Kolb, G., & Whishaw, I. Q. (1998). Brain plasticity and behavior. In J. T. Spence, J. M. Darley, & D. J. Foss (Eds.), *Annual review of psychology* (pp. 43–64). Palo Alto, CA: Annual Reviews.

Korenman, S., Miller, J., & Sjaastad, J. (1995). Long-term poverty and child development in the United States: Results from the NLSY. *Children and Youth Services Review, 17*, 127–155.

Korf, R. (1999). Heuristic search. In R. Wilson & F. Keil (Eds.), *The MIT encyclopedia of the cognitive sciences* (pp. 372–373). Cambridge, MA: MIT Press.

Koriat, A., Goldsmith, M., & Pansky, A. (2000). Toward a psychology of memory accuracy. In S. Fiske (Ed.), *Annual review of psychology* (pp. 481–537). Palo Alto, CA: Annual Reviews.

Kosslyn, S. M., & Koenig, O. (1992). *Wet mind: The new cognitive neuroscience.* New York: Free Press.

Kotrez, D., Stecher, B., & Diebert, E. (1993). *The reliability of scores from the 1992 Vermont Portfolio Assessment Program.* CSE Technical Report 355. Los Angeles: UCLA Center for the Study of Evaluation.

Kounin, J. S. (1970). *Discipline and group management in classrooms.* New York: Holt, Rinehart & Winston.

Kozma, R. B. (1991). Learning with media. *Review of Educational Research, 61*, 179–211.

Kozulin, A. (1990). *Vygotsky's psychology: A biography of ideas.* Cambridge, MA: Harvard University Press.

Kozulin, A. (Ed.). (2003). *Vygotsky's educational theory in cultural context.* Cambridge, U.K.: Cambridge University Press.

Kozulin, A., & Presseisen, B. Z. (1995). Mediated learning experience and psychological tools: Vygotsky's and Feuerstein's perspectives in a study of student learning. *Educational Psychologist, 30*, 67–75.

Krathwohl, D. R., Bloom, B. S., & Masia, B. B. (1964). *Taxonomy of educational objectives. Handbook II: Affective domain.* New York: David McKay.

Kratzmeier, H. (1993). *Heidelberger Intelligenztest für 3. und 4. Klassen (HIT)* (2. unveränderte Aufl.). Göttingen: Hogrefe.

Krauss, M. (1992). Statement of Michael Krauss, representing the Linguistic Society of America. In U.S. Senate, *Native American Languages Act of 1991: Hearing before the Select Committee on Indian Affairs* (pp. 18–22). Washington, DC: U.S. Government Printing Office.

Kreitzer, A. E., & Madaus, G. F. (1994). Empirical investigations of the hierarchical structure of the taxonomy. In L. W. Anderson & L. A. Sosniak (Eds.), *Bloom's taxonomy: A forty-year retrospective.* Ninety-third yearbook for the National Society for the Study of Education: Part II (pp. 64–81). Chicago: University of Chicago Press.

Kroesbergen, E. H., Van Luit, J. E. H., & Maas, C. J. M. (2004). Effectiveness of explicit and constructivist mathematics for low-achieving students in the Netherlands. *The Elementary School Journal, 104*, 233–251.

Kroger, J. (2000). *Identity development: Adolescence through adulthood.* Thousand Oaks, CA: Sage.

Krohne, J. A., Meier, U. & Tillmann, K. J. (2004). Sitzenbleiben, Geschlecht und Migration. – Klassenwiederholungen im Spiegel der PISA-Daten. *Zeitschrift für Pädagogik, 50*(3), 373–391.

Krumboltz, J. D., & Krumboltz, H. B. (1972). *Changing children's behavior.* Englewood Cliffs, NJ: Prentice-Hall.

Krumboltz, J. D., & Yeh, C. J. (1996). Competitive grading sabotages good teaching. *Phi Delta Kappan, 78*, 324–326.

Kuhlemeier, H. & Hemker, B. (2007). The impact of computer use at home on students' internet skills. *Computers & Education, 49*, 460–480.

Kuhn, D. (1991). *The skills of argument.* New York: Cambridge University Press.

Kuklinski, M. R., & Weinstein, R. S. (2001). Classroom and developmental differences in a path model of teacher expectancy effects. *Child Development, 72*, 1554–1578.

Kulik, J. A. & Kulik, C.-L. C. (1989). The concept of meta-analysis. *International Journal of Educational Research, 13*(3), 227–340.

Kulik, C. C., & Kulik, J. A. (1982). Effects of ability grouping on secondary school students: A meta-analysis of evaluation findings. *American Educational Research Journal, 19*, 415–428.

Kulik, C.-L. C. & Kulik, J. A. (1991). Effectiveness of computer-based instruction: An updated analysis. *Computers in Human Behavior, 7*, 75–94.

Kulik, J. A., & Kulik, C. C. (1984). Effects of accelerated instruction on students. *Review of Educational Research, 54*, 409–425.

Kulik, J. A., & Kulik, C. L. (1997). Ability grouping. In N. Colangelo & G. Davis (Eds.), *Handbook of gifted education* (2nd ed., pp. 230–242). Boston: Allyn and Bacon.

Kunz, G. C. & Schott, F. (1987). *Intelligente tutorielle Systeme.* Göttingen: Hogrefe.

Lachter, J., Forster, K. I., & Ruthruff, K. I. (2004). Forty-five years after Broadbent (1958): Still no identification without attention *Psychological Review, 111*, 880–913.

Ladson-Billings, G. (1990). Like lightning in a bottle: Attempting to capture the pedagogical excellence of successful teachers of Black students. *Qualitative Studies in Education, 3*, 335–344.

Ladson-Billings, G. (1992). Culturally relevant teaching: The key to making multicultural education work. In C. A. Grant (Ed.), *Research and multicultural education* (pp. 106–121). London: Falmer Press.

Ladson-Billings, G. (1994). *The dream keepers.* San Francisco: Jossey-Bass.

Ladson-Billings, G. (1995). But that is just good teaching! The case for culturally relevant pedagogy. *Theory Into Practice, 34*, 161–165.

Ladson-Billings, G. (2004). Landing on the wrong note: The price we paid for Brown. *Educational Researcher, 33*(7), 3–13.

Lambert, A. J. (1995). Stereotypes and social judgment: The consequences of group variability. *Journal of Personality and Social Psychology, 68*, 388–403.

Lambert, N. M. (1994). Seating arrangement in classrooms. *The International Encyclopedia of Education* (2nd ed.) *9*, 5355–5359.

Land, M. L. (1987). Vagueness and clarity. In M. Dunkin (Ed.), *The international encyclopedia of teaching and teacher education* (pp. 392–397). New York: Pergamon.

Landauer, T. K., McNamara, D. S., Dennis, S., & Kintsch, W. (Hrsg.) (2007), *Handbook of Latent Semantic Analysis.* New York: Cambridge.

Landrum, T. J., & Kauffman, J. M. (2006). Behavioral approaches to classroom management. In C. M. Evertson & C. S. Weinstein (Eds.), *Handbook of classroom management: Research, practice, and contemporary issues.* Mahwah, NJ: Erlbaum.

Lane, K., Falk, K., & Wehby, J. (2006). Classroom management in special education classrooms and resource rooms. In C. M. Evertson & C. S. Weinstein (Eds.), *Handbook of classroom management: Research, practice, and contemporary issues*. Mahwah, NJ: Erlbaum.

Langan-Fox, J., Waycott, J. L., & Albert, K. (2000). Linear and graphic organizers: Properties and processing. *International Journal of Cognitive Ergonomics, 4*(1), 19–34.

Language Development and Hypermedia Group. (1992). "Open" software design: A case study. *Educational Technology, 32*, 43–55.

Larrivee, B. (1985). *Effective teaching behaviors for successful mainstreaming*. New York: Longman.

Lashley, T. J., II, Matczynski, T. J., & Rowley, J. B. (2002). *Instructional models: Strategies for teaching in a diverse society* (2nd ed.). Belmont, CA: Wadsworth/Thomson Learning.

Lather, P. (2004). Scientific research in education: A critical perspective. *Journal of Curriculum and Supervision, 20*, 14–30.

Lauman, D. J. (2000). Student home computer use. A review of the literature. *Journal of Research on Technology in Education, 33*, 196–203.

Lave, J. (1988). *Cognition in practice: Mind, mathematics, and culture in everyday life*. New York: Cambridge University Press.

Lave, J. (1997). The culture of acquisition and the practice of understanding. In D. Kirshner & J. A. Whitson (Eds.), *Situated cognition: Social, semiotic, and psychological perspectives* (pp. 17–35). Mahwah, NJ: Lawrence Erlbaum.

Lave, J., & Wenger, E. (1991). *Situated learning: Legitimate peripheral participation*. Cambridge, MA: Cambridge University Press.

Leaper, C. (2002). Parenting girls and boys. In M. H. Bornstein (Ed.), *Handbook of parenting. Vol. 1: Children and parenting* (2nd ed., pp. 127–152). Mahwah, NJ: Lawrence Erlbaum.

LeCapitane, J. (2001). Promoting personal and psychological development in children: Of what good is it to graduate the mind but to lose the person? *Education, 121*, 459–469.

Lee, A. Y., & Hutchinson, L. (1998). Improving learning from examples through reflection. *Journal of Experimental Psychology: Applied, 4*, 187–210.

Lee, R. M. (2005). Resilience against discrimination: Ethnic identity and other-group orientation as protective factors for Korean Americans. *Journal of Counseling Psychology, 52*, 36–44.

Lehman, D. R., & Nisbett, R. E. (1990). A longitudinal study of the effects of undergraduate training on reasoning. *Developmental Psychology, 26*, 952–960.

Leinhardt, G. (2001). Instructional explanations: A commonplace for teaching and location for contrasts. In V. Richardson (Ed.), *Handbook of research on teaching* (4th ed., pp. 333–357). Washington, DC: American Educational Research Association.

LeMahieu, P., Gitomer, D. H., & Eresh, J. T. (1993). *Portfolios in large-scale assessment: Difficult but not impossible*. Unpublished manuscript, University of Delaware.

Leming, J. S. (1981). Curriculum effectiveness in value/moral education. *Journal of Moral Education, 10*, 147–164.

Lepper, M. R. (1988). Motivational considerations in the study of instruction. *Cognition and Instruction, 5*, 289–309.

Lepper, M. R., & Greene, D. (1978). *The hidden costs of rewards: New perspectives on the psychology of human motivation*. Hillsdale, NJ: Lawrence Erlbaum.

Lepper, M. R., Keavney, M., & Drake, M. (1996). Intrinsic motivation and extrinsic reward: A commentary on Cameron and Pierce's meta-analysis. *Review of Educational Research, 66*, 5–32.

Lerner, R. M., & Galambos, N. L. (1998). Adolescent development: Challenges and opportunities for research, programs, and policies. In J. T. Spence, J. M. Darley, & D. J. Foss (Eds.), *Annual review of psychology* (pp. 413–446). Palo Alto, CA: Annual Reviews.

Leutner, D. (2002). Adaptivität und Adaptierbarkeit multimedialer Lehr- und Informationssysteme. In L. J. Issing & P. Klimsa (Hrsg.), *Information und Lernen mit Multimedia und Internet* (S. 115–125). Weinheim: Beltz PVU.

Leutner, D. (2006). Programmierter und rechnerunterstützer Unterricht. In D. H. Rost (Hrsg.), *Handwörterbuch Pädagogische Psychologie* (S. 595–602). Göttingen: Hogrefe.

Levin, J. R. (1994). Mnemonic strategies and classroom learning: A twenty-year report card. *Elementary School Journal, 94*, 235–254.

Levin, J. R., & Nolan, J. F. (2000). *Principles of classroom management: A professional decision-making model*. Boston: Allyn and Bacon.

Lewinsohn, P. M., Rohde, P., & Seeley, J. R. (1994). Psychological risk factors for future attempts. *Journal of Consulting and Clinical Psychology, 62*, 297–305.

Lewis, R. (2001). Classroom discipline and student responsibility: The students' view. *Teaching and Teacher Education, 17*, 307–319.

Lewis, T. J., & Sugai, G. (1996). Functional assessment of problem behavior: A pilot investigation of the comparative and interactive effects of teacher and peer social attention on students in general education settings. *School Psychology Quarterly, 11*, 1–19.

Lewis, T. J., Sugai, G., & Colvin, G. (1998). Reducing problem behavior through a school-wide system of effective behavioral support: Investigation of a school-wide social skills training program and contextual interventions. *School Psychology Review, 27*, 446–459.

Liben, L. S., & Signorella, M. L. (1993). Gender-schematic processing in children: The role of initial interpretations of stimuli. *Developmental Psychology, 29*, 141–149.

Lickona, T. (2002). Character education: Seven crucial issues. In L. Abbeduto (Ed.), *Taking sides: Clashing on controversial issues in educational psychology* (pp. 130–137). Guilford, CT: McGraw-Hill/Duskin.

Lindsay, P. H., & Norman, D. A. (1977). *Human information processing: An introduction to psychology* (2nd ed.). New York: Academic Press.

Linn, M. C., & Hyde, J. S. (1989). Gender, mathematics, and science. *Educational Researcher, 18*, 17–27.

Linn, R. L. (2000). Assessments and accountability. *Educational Researcher, 29*(2), 4–16.

Linn, R. L. (2003). Accountability: Responsibility and reasonable expectations. *Educational Researcher, 32*(7), 3–13.

Linn, R. L., Baker, E. L., & Betebenner, D. W. (2002). Accountability systems: Implications of requirements of the No Child Left Behind Act of 2001. *Educational Researcher 31*(6), 3–16.

Linn, R. L., & Gronlund, N. E. (2000). *Measurement and assessment in education* (8th ed.). Columbus, OH: Merrill.

Linn, R. L., & Miller , M. D. (2005). *Measurement and assessment in teaching* (9th ed.). Upper Saddle River, NJ: Prentice-Hall/Merrill.

Lipman, P. (1997). Restructuring in context: A case study of teacher participation and the dynamics of ideology, race, and power. *American Educational Research Journal, 34*, 3–37.

Liu, W. M., Ali, S. R., Soleck, G., Hopps, J., Dunston, K., & Pickett, T., Jr. (2004). Using social class in counseling psychology research. *Journal of Counseling Psychology, 51*, 3–18.

Locke, E. A., & Latham, G. P. (1990). *A theory of goal setting and task performance.* Englewood Cliffs, NJ: Prentice-Hall.

Locke, E. A., & Latham, G. P. (2002). Building a practically useful theory of goal setting and task motivation: A 35-year odyssey. *American Psychologist, 57*, 705–717.

Loftus, E., & Palmer, J. C. (1974). Reconstruction of automobile destruction: An example of the interaction between language and memory. *Journal of Verbal Learning and Verbal Behavior, 13*, 585–589.

Lohse, D. (2001). *PC-Ausstattung und Internetzugang. Eine Erhebung zur häuslichen Ausstattung der Schulen im Mai 2001.* http://www.stadtelternrat-hannover.de/comphaus.html.

Lorch, R. F., Lorch, E. P., Ritchey, K., McGovern, L., & Coleman, D. (2001). Effects of headings on text summarization. *Contemporary Educational Psychology, 26*, 171–191.

Louis, B., Subotnik, R. F., Breland, P. S., & Lewis, M. (2000). Establishing criteria for high ability versus selective admission to gifted programs: Implications for policy and practice. *Educational Psychology Review, 12*, 295–314.

Lovelace, M. K. (2005). Meta-analysis of experimental research based on the Dunn and Dunn Model. *The Journal of Educational Research, 98*, 176–183.

Loveless, T. (1998). The tracking and ability grouping debate. *Fordham Report, 2*(88), 1–27.

Loveless, T. (1999). Will tracking reform promote social equity? *Educational Leadership, 56*(7), 28–32.

Lovett, M. W., et al. (2000). Components of effective remediation for developmental disabilities: Combining phonological and strategy-based instruction to improve outcomes. *Journal of Educational Psychology, 92*, 263–283.

Lowenstein, G. (1994). The psychology of curiosity: A review and reinterpretation. *Psychological Bulletin, 117*, 75–98.

Lowry, R., Sleet, D., Duncan, C., Powell, K., & Kolbe, L. (1995). Adolescents at risk for violence. *Educational Psychology Review, 7*, 7–40.

Luiten, J., Ames, W., & Ackerson, G. (1980). A meta-analysis of the effects of advance organizers on learning and retention. *American Educational Research Journal, 17*, 211–218.

Ma, X., & Kishor, N. (1997). Attitude toward self, social factors, and achievement in mathematics: A meta-analytic review. *Educational Psychology Review, 9*, 89–120.

Maag, J. W., & Kemp, S. E. (2003). Behavioral intent of power and affiliation: Implications for functional analysis. *Remedial and Special Education, 24*, 57–64.

Mabry, L. (1999). Writing to the rubrics: Lingering effects of traditional standardized testing on direct writing assessment. *Phi Delta Kappan, 80*, 673–679.

Maccoby, E. E. (1998). *The two sexes: Growing up apart, coming together.* Cambridge, MA: Belknap/Harvard University Press.

Maccoby, E. E., & Jacklin, C. N. (1974). *The psychology of sex differences.* Stanford, CA: Stanford University Press.

Mace, F. C., Belfiore, P. J., & Hutchinson, J. M. (2001). Operant theory and research on self-regulation. In B. Zimmerman & D. Schunk (Eds.), *Self-regulated learning and academic achievement: Theoretical perspectives* (2nd ed.). Mahwah, NJ: Lawrence Erlbaum.

Macionis, J. J. (2003). *Sociology* (9th ed.). Upper Saddle River, NJ: Prentice-Hall.

Macrae, C. N., Milne, A. B., & Bodenhausen, C. V. (1994). Stereotypes as energy-saving devices: A peek inside the cognitive toolbox. *Journal of Personality and Social Psychology, 66*, 37–47.

Madsen, C. H., Becker, W. C., Thomas, D. R., Koser, L., & Plager, E. (1968). An analysis of the reinforcing function of "sit down" commands. In R. K. Parker (Ed.), *Readings in educational psychology.* Boston: Allyn and Bacon.

Maehr, M. L., & Anderman, E. M. (1993). Reinventing schools for early adolescents: Emphasizing task goals. *The Elementary School Journal, 93,* 593–610.

Mager, R. (1975). *Preparing instructional objectives* (2nd ed.). Palo Alto, CA: Fearon.

Magnusson, S. J., & Palincsar, A. S. (1995). The learning environment as a site of science reform. *Theory Into Practice, 34,* 43–50.

Maier, N. R. F. (1933). An aspect of human reasoning. *British Journal of Psychology, 24,* 144–155.

Major, B., & Schmader, T. (1998). Coping with stigma through psychological disengagement. In J. Swim & C. Stangor (Eds.), *Stigma: The target's perspective* (pp. 219–241). New York: Academic Press.

Maker, C. J. (1987). Gifted and talented. In V. Richardson-Koehler (Ed.), *Educators' handbook: A research perspective* (pp. 420–455). New York: Longman.

Malone, T. W., & Lepper, M. (1987). Making learning fun: A taxonomy of intrinsic motivations for learning. In R. E. Snow and M. J. Farr (Eds.), *Aptitude, learning and instruction. Vol. 3: Cognitive and affective process analysis* (pp. 223–253). Hillsdale, NJ: Lawrence Erlbaum.

Mandl, H., Gruber, H. & Renkl, A. (2002). Situiertes Lernen in multimedialer Lernumgebungen. In L. J. Issing & P. Klimsa (Hrsg.), *Information und Lernen mit Multimedia und Internet* (S. 167–178). Weinheim: Beltz PVU.

Mangione, P. L., & Speth, T. (1998). The transition to elementary school: A framework for creating early childhood continuity through home, school, and community partnerships. *The Elementary School Journal, 98,* 381–397.

Manning, B. H., & Payne, B. D. (1996). *Self-talk for teachers and students: Metacognitive strategies for personal and classroom use.* Boston: Allyn and Bacon.

Manning, M. L., & Baruth, L. G. (1996). *Multicultural education of children and adolescents* (2nd ed.). Boston: Allyn and Bacon.

Mantzicopolos, P., & Morrison, D. (1992). Kindergarten retention: Academic and behavioral outcomes through the end of second grade. *American Educational Research Journal, 29,* 182–198.

Marcia, J. E. (1987). The identity status approach to the study of ego identity development. In T. Honess & K. Yardley (Eds.), *Self and identity: Perspectives across the life span* (pp. 161–171). London: Routledge & Kegan Paul.

Marcia, J. E. (1991). Identity and self development. In R. Lerner, A. Peterson, & J. Brooks-Gunn (Eds.), *Encyclopedia of adolescence* (Vol. 1). New York: Garland.

Marcia, J. E. (1994). The empirical study of ego identity. In H. Bosma, T. Graafsma, H. Grotebanc, & D. DeLivita (Eds.), *The identity and development.* Newbury Park, CA: Sage.

Marcia, J. E. (1999). Representational thought in ego identity, psychotherapy, and psychosocial development. In I. E. Sigel (Ed.), *Development of mental representation:*

Theories and applications. Mahwah, NJ: Lawrence Erlbaum.

Marcus, N., Cooper, M., & Sweller, J. (1996). Understanding instructions. *Journal of Educational Psychology, 88,* 49–63.

Marinova-Todd, S., Marshall, D., & Snow, C. (2000). Three misconceptions about age and L2 learning. *TESOL Quarterly, 34*(1), 9–34.

Markman, E. M. (1977). Realizing that you don't understand: A preliminary investigation. *Child Development, 48,* 986–992.

Markman, E. M. (1979). Realizing that you don't understand: Elementary school children's awareness of inconsistencies. *Child Development, 50,* 643–655.

Markman, E. M. (1992). Constraints on word learning: Speculations about their nature, origins, and domain specificity. In M. Gunnar & M. Maratsos (Eds.), *Minnesota symposium on child psychology* (Vol. 25, pp. 59–101). Hillsdale, NJ: Lawrence Erlbaum.

Markstrom-Adams, C. (1992). A consideration of intervening factors in adolescent identity formation. In G. R. Adams, R. Montemayor, & T. Gullotta (Eds.), *Advances in adolescent development. Vol. 4: Adolescent identity formation* (pp. 173–192). Newbury Park, CA: Sage.

Marsh, H. W. (1990). Influences of internal and external frames of reference on the formation of math and English self-concepts. *Journal of Educational Psychology, 82,* 107–116.

Marsh, H. W., & Ayotte, V. (2003). Do multiple dimensions of self-concept become more differentiated with age? The differential distinctiveness hypothesis. *Journal of Educational Psychology, 95,* 687–706.

Marsh, H. W., & Craven, R. (2002). The pivotal role of frames of reference in academic self-concept formation: The Big Fish Little Pond Effect. In F. Pajares & T. Urdan (Eds.), *Adolescence and Education* (Vol. II, pp. 83–123). Greenwich, CT: Information Age.

Marsh, H. W., & Hau, K.-T. (2003). Big-Fish-Little-Pond effect on academic self-concept. *American Psychologist, 58,* 364–376.

Marsh, H. W., & Holmes, I. W. M. (1990). Multidimensional self-concepts: Construct validation of responses by children. *American Educational Research Journal, 27,* 89–118.

Marsh, H. W., Parada, R. H., Yeung, A. S., & Healey, J. (2001). Aggressive school troublemakers and victims: A longitudinal model examining the pivotal role of self-concept. *Journal of Educational Psychology, 93,* 411–419.

Marsh, H. W., & Yeung, A. S. (1997). Coursework selection: Relation to academic self-concept and achievement. *American Educational Research Journal, 34,* 691–720.

Marshall, H. H. (Ed.). (1992). *Redefining student learning: Roots of educational change.* Norwood, NJ: Ablex.

Marshall, H. H. (1996). Implications of differentiating and understanding constructivist approaches. *Journal of Educational Psychology, 31*, 235–240.

Martinez-Pons, M. (2002). A social cognitive view of parental influence on student academic self-regulation. *Theory Into Practice, 61*, 126–131.

Marzano, R. J., & Marzano, J. S. (2003, September). The key to classroom management. *Educational Leadership, 61*(1), 6–13.

Maslow, A. H. (1968). *Toward a psychology of being* (2nd ed.). New York: Van Nostrand.

Maslow, A. H. (1970). *Motivation and personality* (2nd ed.). New York: Harper and Row.

Mason, D. A., & Good, T. L. (1993). Effects of two-group and whole-class teaching on regrouped elementary students' mathematics achievement. *American Educational Research Journal, 30*, 328–360.

Matlin, M. W., & Foley, H. J. (1997). *Sensation and perception* (4th ed.). Boston: Allyn and Bacon.

Mautone, P. D., & Mayer, R. E. (2001). Signaling as a cognitive guide in multimedia learning. *Journal of Educational Psychology, 93*, 377–389.

Mayer, H. & Haverkamp, F. (2001). Entwicklungspsychologische Aspekte kindlicher Epilepsien. *Zeitschrift für Neuropsychologie, 12*, 232–238.

Mayer, J. D., & Cobb, C. D. (2000). Educational policy on emotional intelligence: Does it make sense? *Educational Psychology Review, 12*, 163–183.

Mayer, J. D., & Salovey, P. (1997). What is emotional intelligence? In P. Salovey & D. Sluyter (Eds.), *Emotional development, emotional literacy, and emotional intelligence.* New York: Basic Books.

Mayer, J. D., Salovey, P., & Caruso, D. R. (2000). Competing models of emotional intelligence. In R. J. Sternberg (Ed.), *Handbook of human intelligence* (2nd ed., pp. 396–420). New York: Cambridge University Press.

Mayer, R. E. (1983). *Thinking, problem solving, cognition.* San Francisco: Freeman.

Mayer, R. E. (1984). Twenty-five years of research on advance organizers. *Instructional Science, 8*, 133–169.

Mayer, R. E. (1992). *Thinking, problem solving, cognition* (2nd ed.). New York: Freeman.

Mayer, R. E. (1996). Learners as information processors: Legacies and limitations of educational psychology's second metaphor. *Journal of Educational Psychology, 31*, 151–161.

Mayer, R. E. (1999a). Multimedia aids to problem-solving transfer. *International Journal of Educational Research, 31*, 611–623.

Mayer, R. E. (1999b). *The promise of educational psychology: Learning in the content areas.* Upper Saddle River, NJ: Prentice-Hall.

Mayer, R. E. (2001). *Multimedia learning.* New York: Cambridge University Press.

Mayer, R. E. (2004). Should there be a three-strikes rule against discovery learning? A case for guided methods of instruction. *American Psychologist, 59*, 14–19.

Mayer, R. E., & Gallini, J. K. (1990). When is an illustration worth ten thousand words? *Journal of Educational Psychology, 82*, 715–726.

Mayer, R. E., & Massa, L. J. (2003). Three facets of visual and verbal learners: Cognitive ability, cognitive style and learning preference. *Journal of Educational Psychology, 95*(4), 833–846.

Mayer, R. E. & Moreno, R. (1998). A split-attention effect in multimedia learning: Evidence for dual processing systems in working memory. *Journal of Eucational Psychology, 90*, 312–320.

Mayer, R. E., & Sims, V. K. (1994). For whom is a picture worth a thousand words? Extensions of a dual-coding theory of multimedia learning. *Journal of Educational Psychology, 86*, 389–401.

Mayer, R. E., & Wittrock, M. C. (1996). Problem-solving transfer. In D. Berliner & R. Calfee (Eds.), *Handbook of educational psychology* (pp. 47–62). New York: Macmillan.

McCafferty, S. G. (2004). Introduction. *International Journal of Applied Linguistics, 14*(1), 1–6.

McCaslin, M., & Good, T. (1992). Compliant cognition: The misalliance of management and instructional goals in current school reform. *Educational Researcher, 21*, 4–17.

McCaslin, M., & Good, T. (1996). The informal curriculum. In D. Berliner & R. Calfee (Eds.), *Handbook of educational psychology* (pp. 622–670). New York: Macmillan.

McCaslin, M., & Good, T. L. (1998). Moving beyond management as sheer compliance: Helping students to develop goal coordination strategies. *Educational Horizons, 76*, 169–176.

McCaslin, M., & Hickey, D. T. (2001). Self-regulated learning and academic achievement: A Vygotskian view. In B. Zimmerman & D. Schunk (Eds.), *Self-regulated learning and academic achievement: Theoretical perspectives* (2nd ed., pp. 227–252). Mahwah, NJ: Lawrence Erlbaum.

McClelland, D. (1985). *Human motivation.* Glenview, IL: Scott, Foresman.

McClelland, D. C. (1993). Intelligence is not the best predictor of job performance. *Current Directions in Psychological Science, 2*, 5–6.

McClure, P. (2005). Where standards come from. *Theory Into Practice, 44*, 4–10.

McCoach, D. B., Kehle, T. J., Bray, M. L., & Siegle, D. (2001). Best practices in the identification of gifted students with learning disabilities. *Psychology in the Schools, 38*, 403–411.

McCombs, B. L., & Marzano, R. J. (1990). Putting the self in self-regulated learning: The self as agent in integrating skill and will. *Educational Psychologist, 25*, 51–70.

McCoy, A. R., & Reynolds, A. J. (1999). Grade retention and school performance: An extended investigation. *Journal of School Psychology, 37*, 273–298.

McDevitt, T. M., & Ormrod, J. E. (2002). *Child development and education.* Upper Saddle River, NJ: Merrill/Prentice-Hall.

McDonald, A. S. (2001). The prevalence and effects of test anxiety in school children. *Educational Psychology, 21*, 89–101.

McDonald, J. P. (1993). Three pictures of an exhibition: Warm, cool, and hard. *Phi Delta Kappan, 6*, 480–485.

McGoey, K. E., & DuPaul, G. J. (2000). Token reinforcement and response cost procedures: Reducing disruptive behavior of children with attention-deficit/hyperactivity disorder. *School Psychology Quarterly, 15*, 330–343.

McKenzie, T. L., & Rushall, B. S. (1974). Effects of self-recording on attendance and performance in a competitive swimming training environment. *Journal of Applied Behavior Analysis, 7*, 199–206.

McLoyd, V. C. (1998). Economic disadvantage and child development. *American Psychologist, 53*, 185–204.

McMillan, J. H. (2004). *Classroom assessment: Principles and practice for effective instruction* (3rd ed.). Boston: Allyn and Bacon.

McNeely, C. A., Nonnemaker, J. M., & Blum, R. W. (2002). Promoting school connectedness: Evidence from the National Longitudinal Study of Adolescent Health. *Journal of School Health, 72*(4), 138–146.

McNeil, L. M., & Valenzuela, A. (2000). *The harmful impact of the TAAS system of testing in Texas: Beneath the accountability rhetoric.* Cambridge, MA: Harvard University Civil Rights Project. Available online at www.law.harvard.edu/groups/civilrights/testing.html

McNemar, Q. (1964). Lost: Our intelligence? Why? *American Psychologist, 19*, 871–882.

Mears, T. (1998). Saying 'Si' to Spanish. *Boston Globe,* April 12.

Mediascope. (1996). *National television violence study: Executive summary 1994–1995.* Studio City, CA: Author.

Medina, J. (2002, June 23). Groups say Regents Exam push immigrants to drop out. *The New York Times,* p. A28.

Meece, J. L. (1997). *Child and adolescent development for educators.* New York: McGraw-Hill.

Meece, J. L. (2002). *Child and adolescent development for educators* (2nd ed.). New York: McGraw-Hill.

Meece, J. L., & Kurtz-Costes, B. (2001). Introduction: The schooling of ethnic minority children and youth. *Educational Psychologist, 36*, 1–7.

Meek, A. (1991). On thinking about teaching: A conversation with Eleanor Duckworth. *Educational Leadership, 50*, 30–34.

Meichenbaum, D. (1977). *Cognitive behavior modification: An integrative approach.* New York: Plenum.

Meichenbaum, D. (1986). Cognitive behavior modification. In F. Kanfer & A. Goldstein (Eds.), *Helping people change: A textbook of methods* (3rd ed., pp. 346–380). New York: Pergamon.

Meichenbaum, D., Burland, S., Gruson, L., & Cameron, R. (1985). Metacognitive assessment. In S. Yussen (Ed.), *The growth of reflection in children* (pp. 1–30). Orlando, FL: Academic Press.

Meijer, A. M., & Wittenboer, G. L. H. van den. (2004). The joint contribution of sleep, intelligence and motivation to school performance, *Personality and Individual Differences, 37*, 95–106.

Melchers, P. & Preuß, U. (2001). *K-ABC (Kaufman Assessment Battery for Children)* (Deutsche Bearbeitung, 6. u. teilweise ergänzte Aufl.). Göttingen: Hogrefe.

Mendell, P. R. (1971). Retrieval and representation in long-term memory. *Psychonomic Science, 23*, 295–296.

Merton, R. K. (1948). The self-fulfilling prophecy. *Antioch Review, 8*, 193–210.

Messick, S. (1975). The standard problem: Meaning and values in measurement and evaluation. *American Psychologist, 35*, 1012–1027.

Metcalfe, J., & Shimamura, A. P. (Eds.). (1994). *Metacognition: Knowledge about knowing.* Cambridge, MA: MIT Press.

Metzler, C. W., Biglan, A., Rusby, J. C., & Sprague, J. R. (2001). Evaluation of a comprehensive behavior management program to improve school-wide positive behavior support. *Education and Treatment of Children, 24*(4), 448–470.

Midgley, C. (2001). A goal theory perspective on the current status of middle level schools. In T. Urdan & F. Pajares (Eds.), *Adolescence and education* (Vol. I, pp. 33–59). Greenwich, CT: Information Age Publishing.

Midgley, C., Kaplan, A., & Middleton, M. (2001). Performance-approach goals: Good for what, for whom, under what circumstances, and at what cost? *Journal of Educational Psychology, 93*, 77–86.

Mifflin, M. (1999, December 13). Singing the pink blues. Mothers who think. Retrieved March 16, 2002, from http://www.salon.com/mwt/feature/1999/12/13/toys/

Miller, G. A. (1956). The magical number seven, plus or minus two: Some limits on our capacity for processing information. *Psychological Review, 63*, 81–97.

Miller, G. A., Galanter, E., & Pribram, K. H. (1960). *Plans and the structure of behavior.* New York: Holt, Rinehart & Winston.

Miller, K., & Gelman, R. (1983). The child's representation of number: A multidimensional scaling analysis. *Child Development, 54*, 1470–1479.

Miller, N., & Harrington, H. J. (1993). Social categorization and intergroup acceptance: Principles for the development an design of cooperative learning teams. In R. Hertz-Lasarowitz & N. Miller (Eds.), *Interaction in cooperative groups: The theoretical anatomy of group learning* (pp. 203–227). New York: Cambridge University Press.

Miller, P. H. (2002). *Theories of developmental psychology* (4th ed.). New York: Worth.

Miller, R. B. (1962). Analysis and specification of behavior for training. In R. Glaser (Ed.), *Training research and education: Science edition*. New York: Wiley.

Miller, S. A. (2005). Tips for getting children's attention. *Early Childhood Today, 19*.

Mills, J. R., & Jackson, N. E. (1990). Predictive significance of early giftedness: The case of precocious reading. *Journal of Educational Psychology, 82*, 410–419.

Milner, H. R. (2003). Teacher reflection and race in cultural contexts: History, meaning, and methods in teaching. *Theory into Practice 42*(3), 173–180.

Mischa, C. & Haag, L. (2006). Hausaufgaben. In D. Rost (Hrsg.), *Handwörterbuch Pädagogische Psychologie* (S. 226–233). Weinheim: BeltzPVU.

Mitchell, B. M. (1984). An update on gifted and talented education in the U.S. *Roeper Review, 6*, 161–163.

Mitchell, M. (1993). Situational interest: Its multifaceted structure in the secondary school mathematics classroom. *Journal of Educational Psychology. 85*, 424–436.

Moerk, E. L. (1992). *A first language taught and learned.* Baltimore: Paul H. Brookes.

Moll, L. C., Amanti, C., Neff, D., & Gonzalez, N. (1992). Funds of knowledge for teaching: Using a qualitative approach to connect homes and classrooms. *Theory into Practice, 31*, 132–141.

Moll, L. C., & Whitmore, K. F. (1993). Vygotsky in classroom practice: Moving from individual transmission to social transaction. In E. Forman, N. Minick, & C. A. Stone (Eds.), *Contexts for learning: Sociocultural dynamics in children's development* (pp. 19–42). New York: Oxford University Press.

Monroe, C. R., & Obidah, J. E. (2002, April). *The impact of cultural synchronization on a teacher's perceptions of disruption: A case study of an African American middle school classroom.* Paper presented at the American Educational Research Association, New Orleans, LA.

Moore, M. K., & Meltzoff, A. N. (2004). Object permanence after a 24-hr delay and leaving the locale of disappearance: the role of memory, space, and identity. *Developmental Psychology, 40*, 606–620.

Moreno, R. & Mayer, R. E. (1999). Cognitive principles of multimedia learning: The role of modality and contiguity. *Journal of Educational Psychology, 91*, 358–368.

Morin, V. A., & Miller, S. P. (1998). Teaching multiplication to middle school students with mental retardation. *Education & Treatment of Children, 21*, 22–36.

Morine-Dershimer, G. (2006). Instructional planning. In J. Cooper (Ed.), *Classroom teaching skills* (7th ed., pp. 20–54). Boston: Houghton-Mifflin.

Morris, P. F. (1990). Metacognition. In M. W. Eysenck, (Ed.), *The Blackwell dictionary of cognitive psychology* (pp. 225–229). Oxford, UK: Basil Blackwell.

Morrow, L. M. (1983). Home and school correlates of early interest in literature. *Journal of Educational Research, 76*, 221–230.

Morrow, L. M., & Weinstein, C. (1986). Encouraging voluntary reading: The impact of a literature program on children's use of library centers. *Reading Research Quarterly, 21*, 330–346.

Moshman, D. (1982). Exogenous, endogenous, and dialectical constructivism. *Developmental Review, 2*, 371–384.

Moshman, D. (1997). Pluralist rational constructivism. *Issues in Education: Contributions from Educational Psychology, 3*, 229–234.

Moskowitz, G., & Hayman, M. L. (1976). Successful strategies of inner-city teachers: A year-long study. *Journal of Educational Research, 69*, 283–289.

Moss, P. A. (1992). Shifting conceptions of validity in educational measurement: Implications for performance assessment. *Review of Educational Research, 62,* 229–258.

Mueller, C. M., & Dweck, C. S. (1998). Praise for intelligence can undermine children's motivation and performance. *Journal of Personality and Social Psychology, 75*, 33–52.

Muir Broaddus, J. E. (2007). Name seven words. Demonstrating the effects of knowledge on retrieval. In R. E. Griggs (Hrsg.), *Handbook for teaching introductory psychology* (S. 223–224). Mahwah, NJ: Lawrence Erlbaum.

Mullis, I. V. S., Martin, M. O., Gonzalez, E., & Kennedy, A. M. (2003). *PIRLS 2001 International report: IEA's study of reading literacy achievement in primary schools.* Chestnut Hill, MA: Boston College. Available online at http://timss.bc.edu/pirls2001i/PIRLS2001_Pubs_IR.html

Mumford, M. D., Costanza, D. P., Baughman, W. A., Threlfall, V., & Fleishman, E. A. (1994). Influence of abilities on performance during practice: Effects of massed and distributed practice. *Journal of Educational Psychology, 86*, 134–144.

Münsterberg, H. (1914). *Grundzüge der Psychotechnik.* Leipzig: Barth.

Murdock, S. G., O'Neill, R. E., & Cunningham, E. (2005). A comparison of results and acceptability of functional behavioral assessment procedures with a group of middle school students with emotional/behavioral disorders (E/BD). *Journal of Behavioral Education, 14*, 5–18.

Murdock, T. B., Hale, N. M., & Weber, M. J. (2001). Predictors of cheating among early adolescents: Academic and social motivations. *Contemporary Educational Psychology, 26,* 96–115.

Murdock, T. B., & Miller, A. (2003). Teachers as sources of middle school students' motivational identity: Variable-centered and person-centered analytic approaches. *Elementary School Journal, 103,* 383–399.

Murphy, P. K., & Alexander, P. A. (2000). A motivated exploration of motivation terminology. *Contemporary Educational Psychology, 25,* 3–53.

Murray, H. G. (1983). Low inference classroom teaching behavior and student ratings of college teaching effectiveness. *Journal of Educational Psychology, 75,* 138–149.

Mussen, P., Conger, J. J., & Kagan, J. (1984). *Child development and personality* (6th ed.). New York: Harper & Row.

Muter, P. & Maurotto, P. (1991). Reading and skimming from computer screens and books: The paperless office revisited. *Behaviour and Information Technology, 10,* 257–266.

Muth, K. D., & Alverman, D. E. (1999). *Teaching and learning in the middle grades.* Boston: Allyn and Bacon.

Myers, D. G. (2005). *Exploring psychology* (6th ed. in modules). New York: Worth.

Nakamura, J., & Csikszentmihalyi, M. (2001). Catalytic creativity: The case of Linus Pauling. *American Psychologist, 56,* 337–341.

Nansel, T. R., Overbeck, M., Pilla, R. S., Ruan, W. J., Simons-Morton, B., & Schiedt, P. (2001). Bullying behavior among US youth: Prevalence and association with psychosocial adjustment. *Journal of the American Medical Association, 285*(16), 2094–2100.

Nathan, M. J., & Knuth, E. J. (2003). A study of whole class mathematical discourse and teacher change. *Cognition and Instruction, 21,* 175–207.

National Alliance of Black School Educators. (2002). *Addressing over-representations of African American students in special education: The prereferral intervention process.* Arlington, VA: Council for Exceptional Education.

National Assessment of Educational Progress. (1997). Washington, DC: National Center for Educational Statistics. Available online at http://www.nces.ed.gov/nationsreportcard/about/National Center for Educational Statistics. (2002). Reports available online at http://nces.ed.gov/pubsearch/majorpub.asp

National Center for Educational Statistics. (2003). Indicators of school crime and safety 2002. Retrieved January 22, 2004 from http://nces.ed.gov/pubs2003/schoolcrime/6.asp?nav=1.

National Center for Family Literacy. (2004). *Report of the National Early Literacy Panel.* Washington, DC: National Institute for Literacy.

National Clearinghouse on Child Abuse and Neglect (2005). http://nccanch.acf.hhs.gov/pubs/factsheets/fatality.cfm

National Science Foundation. (1996, December 31). *Women and underrepresented minority scientists and engineers have lower levels of employment in business and industry, 1996* (14). Available at http://www.nsf.gov/sbe/srs/databrf/sdb96331.htm

National Telecommunications and Information Administration (2004, September). *A nation online: Entering the broadband age.* Washington, DC: United States Department of Commerce. Available online at http://www.ntia.doc.gov/reports/anol/NationOnlineBroadband04.htm#_Toc78020933

Naveh-Benjamin, M. (1991). A comparison of training programs intended for different types of test-anxious students: Further support for an information-processing model. *Journal of Educational Psychology, 83,* 134–139.

Naveh-Benjamin, M., McKeachie, W. J., & Lin, Y. (1987). Two types of test-anxious students: Support for an information processing model. *Journal of Educational Psychology, 79,* 131–136.

Nazzi, T., Juczyk, P. W. & Johnson, E. K. (2000). Language Discrimination by English-learning 5-months-olds: Effects of rhythm and familiarity. *Journal of Memory and Language, 43,* 1–19.

Neber, H. (1999). Fragetraining und Wissenserwerb im Geschichtsunterricht: Trainingsformen, Testformate und geschlechtsspezifische Differenzen. In B. Hannover, U. Kittler & H. Metz-Göckel (Hrsg.), *Sozial-kognitive Aspekte der Pädagogischen Psychologie* (S. 98–113). Essen: Die Blaue Eule.

Neber, H. (2006). Kooperatives Lernen. In D. H. Rost (Hrsg.), *Handwörterbuch Pädagogische Psychologie* (S. 355–362). Weinheim: BeltzPVU.

Needles, M., & Knapp, M. (1994). Teaching writing to children who are undeserved. *Journal of Educational Psychology, 86,* 339–349.

Neisser, U. (1976). *Cognition and reality.* San Francisco: Freeman.

Neisser, U., Boodoo, G., Bouchard, A., Boykin, W., Brody, N., Ceci, S. J., Halpern, D. F., Loehlin, J. C., Perloff, R., Sternberg, R. J., & Urbina, S. (1996). Intelligence: Knowns and unknowns. *American Psychologist, 51,* 77–101.

Nelson, C. A. (2001). The development and neural bases of face recognition. *Infant and Child Development, 10,* 3–18.

Nelson, G. (1993). Risk, resistance, and self-esteem: A longitudinal study of elementary school-aged children from mother-custody and two-parent families. *Journal of Divorce and Remarriage, 19,* 99–119.

Nelson, J. R., & Roberts, M. L. (2000). Ongoing reciprocal teacher-student interactions involving disruptive behaviors in general education classrooms. *Journal of Emotional and Behavioral Disorders, 4,* 147–161.

Nelson, K. (1986). *Event knowledge.* Hillsdale, NJ: Lawrence Erlbaum.

Nelson, T. O. (1996). Consciousness and metacognition. *American Psychologist, 51*, 102–116.

Nestor-Baker, N. S. (1999). *Tacit knowledge in the superintendency: An exploratory analysis*. Unpublished doctoral dissertation, The Ohio State University, Columbus, OH.

Neuman, S. B., & Roskos, K. A. (1997). Literacy knowledge in practice: Contexts of participation for young writers and readers. *Reading Research Quarterly, 32*, 10–32.

Neumeister, K. L. S., & Cramond, B. (2004). E. Paul Torrance (1915–2003). *American Psychologist, 59*, 179.

Newcombe, N., & Baenninger, M. (1990). The role of expectations in spatial test performance: A meta-analysis. *Sex Roles, 16*, 25–37.

Nicholls, J., Cobb, P., Wood, T., Yackel, E., & Patashnick, M. (1990). Assessing student's theories of success in mathematics: Individual and classroom differences. *Journal for Research in Mathematics Education, 21*, 109–122.

Nicholls, J. G., & Miller, A. (1984). Conceptions of ability and achievement motivation. In R. Ames & C. Ames (Eds.), *Research on motivation in education. Vol. 1: Student Motivation* (pp. 39–73). New York: Academic Press.

Niegemann, H. M. (1995). *Computergestützte Instruktion in Schule, Aus- und Weiterbildung*. Frankfurt/M: Lang.

Nieto, S. (2004). *Affirming diversity: The sociopolitical context of multicultural education* (4th ed.). Boston: Allyn and Bacon.

Nissani, M., & Hoefler-Nissani, D. M. (1992). Experimental studies of belief dependence of observations and of resistance to conceptual change. *Cognition and Instruction, 9*, 97–111.

No Child Left Behind Act of 2001. Public Law. No. 107–110 (8 January 2002). Washington, DC: U.S. Government Printing Office.

Noddings, N. (1990). Constructivism in mathematics education. In R. Davis, C. Maher, & N. Noddings (Eds.), *Constructivist views on the teaching and learning of mathematics* (pp. 7–18). Monograph 4 of the National Council of Teachers of Mathematics, Reston, VA.

Noddings, N. (1995). Teaching themes of care. *Phi Delta Kappan, 76*, 675–679.

Noguera, P. (2005). The racial achievement gap: How can we assume an equity of outcomes. In L. Johnson, M. E. Finn, & R. Lewis (Eds.), *Urban education with an attitude*. Albany, NY: SUNY Press.

Norton, P., & Sprague, D. (2001). *Technology for teaching*. Boston: Allyn and Bacon.

Novak, J. D., & Musonda, D. (1991). A twelve-year longitudinal study of science concept learning. *American Educational Research Journal, 28*, 117–154.

Nucci, L. P. (2001). *Education in the moral domain*. New York: Cambridge Press.

Nurmi, J. (2004). Socialization and self-development: Channeling, selection, adjustment, and reflection. In R. Lerner & L. Steinberg (Eds.), *Handbook of adolescent psychology*. New York: Wiley.

Nylund, D. (2000). *Treating Huckleberry Finn: A new narrative approach to working with kids diagnosed ADD/ADHD*. San Francisco: Jossey-Bass.

O'Boyle, M. W., & Gill, H. S. (1998). On the relevance of research findings in cognitive neuroscience to educational practice. *Educational Psychology Review, 10*, 397–410.

O'Connor, C. (1997). Dispositions toward (collective) struggle and educational resilience in the inner city: A case analysis of six African American high school students. *American Educational Research Journal, 34*, 593–629.

O'Donnell, A. M. (Ed.). (2002, Winter). Promoting thinking through peer learning. Special issue of *Theory Into Practice, 61*(1).

O'Donnell, A. M., & O'Kelly, J. (1994). Learning from peers: Beyond the rhetoric of positive results. *Educational Psychology Review, 6*, 321–350.

O'Leary, K. D., & O'Leary, S. (Eds.). (1977). *Classroom management: The successful use of behavior modification* (2nd ed.). Elmsford, NY: Pergamon.

O'Leary, S. (1995). Parental discipline mistakes. *Current Directions in Psychological Science, 4*, 11–13.

Oakes, J. (1985). *Keeping track*. New Haven: Yale University Press.

Oakes, J. (1990a). Opportunities, achievement, and choice: Women and minority students in science and math. *Review of Research in Education, 16*, 153–222.

Oakes, J. (1990b). *Multiplying inequities: The effects of race, social class, and tracking on opportunities to learn mathematics and science*. Santa Monica, CA: Rand.

Oakes, J. (1999). Promotion or retention: Which one is social? *Harvard Education Letter, 15*(1), 8.

Oakes, J., & Wells, A. S. (1998). Detracking for high student achievement. *Educational Leadership, 55*(6), 38–41.

Oakes, J., & Wells, A. S. (2002). Detracking for high student achievement. In L. Abbeduto (Ed.), *Taking sides: Clashing views and controversial issues in educational psychology* (2nd ed., pp. 26–30). Guilford, CT: McGraw-Hill Duskin.

Ogbu, J. U. (1987). Variability in minority school performance: A problem in search of an explanation. *Anthropology and Education Quarterly, 18*, 312–334.

Ogbu, J. U. (1997). Understanding the school performance of urban blacks: Some essential background knowledge. In H. Walberg, O. Reyes, & R. P. Weissberg (Eds.), *Children and youth: Interdisciplinary perspectives* (pp. 190–140). Norwood, NJ: Ablex.

Ogden, J. E., Brophy, J. E., & Evertson, C. M. (1977, April). *An experimental investigation of organization and management techniques in first-grade reading groups*. Paper presented at the annual meeting of the American Educational Research Association, New York.

Okagaki, L. (2001). Triarchic model of minority children's school achievement. *Educational Psychologist, 36,* 9–20.

Ollendick, T. H., Dailey, D., & Shapiro, E. S. (1983). Vicarious reinforcement: Expected and unexpected effects. *Journal of Applied Behavior Analysis, 16,* 485–491.

Olsen, L. (1988). *Crossing the schoolhouse border: Immigrant students and the California public schools.* San Francisco: California Tomorrow.

Olson, D. R. (2004). The triumph of hope over experience in the search for "what works": A response to Slavin. *Educational Researcher, 33,*(1), 24–26.

Omi, M., & Winant, H. (1994). *Racial formation in the United States: From the 1960s to the 1990s* (2nd ed.). New York: Routledge.

Orange, C. (2000). *25 biggest mistakes teachers make and how to avoid them.* Thousand Oaks, CA: Corwin.

Orange, C. (2005). *44 smart strategies for avoiding classroom mistakes.* Thousand Oaks, CA: Corwin Press.

Orfield, G., & Frankenberg, E. (2005). Where are we now? In F. Shultz (Ed.), *Annual editions: Multicultural education* (pp. 10–12). Dubuque, IA: McGraw-Hill/Dushkin.

Orlando L., & Machado, A. (1996). In defense of Piaget's theory: A reply to 10 common criticisms. *Psychological Review, 103,* 143–164.

Ormrod, J. E. (2004). *Human learning* (4th ed.). Columbus, OH: Merrill/Prentice-Hall.

Ormrod, J. E. (1999). *Human learning* (3rd ed.). Upper Saddle River: NJ: Merrill/Prentice-Hall.

Ortony, A., Clore, G. L., & Collins, A. (1988). *The cognitive structure of emotions.* Cambridge: Cambridge University Press.

Osborn, A. F. (1963). *Applied imagination* (3rd ed.). New York: Scribner's.

Osborne, J. W. (2001). Testing stereotype threat: Does anxiety explain race and sex differences in achievement? *Contemporary Educational Psychology, 26,* 291–310.

Osterman, K. F. (2000). Students' need for belonging in the school community. *Review of Educational Research, 70,* 323–367.

Ovando, C. J. (1989). Language diversity and education. In J. Banks & C. McGee Banks (Eds.), *Multicultural education: Issues and perspectives* (pp. 208–228). Boston: Allyn and Bacon.

Ovando, C. J., & Collier, V. P. (1998). *Bilingual and ESL classrooms: Teaching in multicultural contexts* (2nd ed.). Boston: McGraw-Hill.

Owens, R. (1999). *Language disorders: A functional approach to assessment and intervention* (3rd ed.). Boston: Allyn and Bacon.

Padilla, F. M. (1992). *The gang as an American enterprise.* New Brunswick, NJ: Rutgers University Press.

Pai, Y., & Adler, S. A. (2001). *Cultural foundations of education* (3rd ed.). Upper Saddle River, NJ: Merrill.

Paivio, A. (1971). *Imagery and verbal processes.* New York: Holt, Rinehart & Winston.

Paivio, A. (1986). *Mental representations: A dual-coding approach.* New York: Oxford University Press.

Pajares, F. (1997). Current directions in self-efficacy research. In M. L. Maehr & P. R. Pintrich (Eds.), *Advances in motivation and achievement* (Vol. 10, pp. 1–49). Greenwich, CT: JAI Press.

Pajares, F. (2000, April). *Seeking a culturally attentive educational psychology.* Paper presented at the annual meeting of the American Educational Research Association, New Orleans, LA. Available online at http://www.emory.edu/EDUCATION/mfp/AERA2000 Discussant.html. Downloaded 5-23-05

Pajares, F., & Schunk, D. H. (2001). Self-beliefs and school success: Self-efficacy, self-concept, and school achievement. In R. Riding & S. Rayner (Eds.), *Perception* (pp. 239–266). London: Ablex Publishing.

Pajares, F., & Schunk, D. H. (2002). Self and self-belief in psychology and education: An historical perspective. In J. Aronson & D. Cordova (Eds.), *Psychology of education: Personal and inter personal forces* (pp. 1–19). New York: Academic Press.

Palincsar, A. S. (1998). Social constructivist perspectives on teaching and learning. In J. T. Spence, J. M. Darley, & D. J. Foss (Eds.), *Annual Review of Psychology* (pp. 345–375). Palo Alto, CA: Annual Reviews.

Palincsar, A. S., & Brown, A. L. (1984). Reciprocal teaching of comprehension-fostering and monitoring activities. *Cognition and Instruction, 1,* 117–175.

Palincsar, A. S., & Brown, A. L. (1989). Classroom dialogues to promote self-regulated comprehension. In J. Brophy (Ed.), *Advances in research on teaching* (Vol. 1, pp. 35–67). Greenwich, CT: JAI Press.

Palincsar, A. S., & Herrenkohl, L. R. (2002). Designing collaborative learning contexts. *Theory Into Practice, 61,* 26–32.

Palincsar, A. S., Magnuson, S. J., Marano, N., Ford, D., & Brown, N. (1998). Designing a community of practice: Principles and practices of the GIsML community. *Teaching and Teacher Education, 14,* 5–19.

Panitz, T. (1996). *A definition of collaborative vs cooperative learning.* Available online at http://www.city.londonmet.ac.uk/deliberations/collab.learning/panitz2.html (downloaded April 1, 2005).

Panksepp, J. (1998). Attention deficit hyperactivity disorders, psychostimulants, and intolerance of playfulness: A tragedy in the making? *Current Directions in Psychological Science, 7,* 91–98.

Pape, S. J., & Smith, C. (2002). Self-regulating mathematics skills. *Theory Into Practice, 41,* 93–101.

Papert, S. (1980). *Mindstorms; Children, computers, and powerful ideas.* New York: Basic Books.

Papoušek, M. (2008). *Vom ersten Schrei zum ersten Wort. Anfänge der Sprachentwicklung in der vorsprachlichen Kommunikation.* Bern: Huber.

Paris, S. (1988, April). *Fusing skill and will: The integration of cognitive and motivational psychology.* Paper presented at the annual meeting of the American Educational Research Association, New Orleans.

Paris, S. G. & Ayres, L. R. (1994). *Becoming reflective students and teachers: With portfolios and authentic assessment.* Washington, DC: American Psychological Association.

Paris, S. G., Byrnes, J. P., & Paris, A. H. (2001). Constructing theories, identities, and actions of self-regulated learners. In B. J. Zimmerman & D. H. Schunk (Eds.), *Self-regulated learning and academic achievement: Theoretical perspectives* (2nd ed., pp. 253–287). Mahwah, NJ: Lawrence Erlbaum.

Paris, S. G., & Cunningham, A. E. (1996). Children becoming students. In D. Berliner & R. Calfee, (Eds.), *Handbook of educational psychology* (pp. 117–146). New York: Macmillan.

Paris, S. G., Lipson, M. Y., & Wixson, K. K. (1983). Becoming a strategic reader. *Contemporary Educational Psychology, 8,* 293–316.

Parker, W. C., & Hess, D. (2001). Teaching with and for discussion. *Teaching and Teacher Education, 17,* 273–289.

Parks, C. P. (1995). Gang behavior in the schools: Myth or reality? *Educational Psychology Review, 7,* 41–68.

Pasch, M., Sparks-Langer, G., Gardner, T. G., Starko, A. J., & Moody, C. D. (1991). *Teaching as decision making: Instructional practices for the successful teacher.* New York: Longman.

Pate, P. E., Homestead, E. R., & McGinnis, K. L. (1997). *Making integrated curriculum work: Teachers, students, and the quest for coherent curriculum.* New York: Teachers College Press.

Pate, P. E., McGinnis, K., & Homestead, E. (1995). Creating coherence through curriculum integration. In M. Harmin (1994), *Inspiring active learning: A handbook for teachers* (pp. 62–70). Alexandria, VA: Association for Supervision and Curriculum Development.

Patterson, C. (1995). http://www.apa.org/pi/parent.html downloaded 2/7/2005.

Patterson, G. R. (1997). Performance models for parenting: A social interactional perspective. In J. Grusec & L. Kuczynski (Eds.), *Parenting and the socialization of values: A handbook of contemporary theory* (pp. 193–235). New York: Wiley.

Paulman, R. G., & Kennelly, K. J. (1984). Test anxiety and ineffective test taking: Different names, same construct? *Journal of Educational Psychology, 76,* 279–288.

Pavri, S. (2003). Loneliness in children with disabilities: How teachers can help. In K. Freiberg (Ed.), *Annual Editions: Educating exceptional children 03/04* (pp. 154–160). Guilford, CT: McGraw-Hill/Duskin.

Pavri, S., & Luftig, R. L. (2000). The social face of inclusive education: Are students with disabilities really included? *Preventing School Failure, 45,* 8–14.

Payne, K. J., & Biddle, B. J. (1999). Poor school funding, child poverty, and mathematics achievement. *Educational Researcher, 28*(6), 4–12.

Pekrun, R., Goetz, T., Titz, W., & Perry, R. P. (2002). Academic emotions in students' self-regulated learning and achievement. A program of qualitative and quantitative research. *Educational Psychologist, 37,* 91–105.

Pelham, W. E. (1981). Attention deficits in hyperactive and learning-disabled children. *Exceptional Education Quarterly, 2,* 13–23.

Pellegrini, A. D., Bartini, M., & Brooks, F. (1999). School bullies, victims, and aggressive victims: Factors relating to group affiliation and victimization in early adolescence. *Journal of Educational Psychology, 91,* 216–224.

Peng, S., & Lee, R. (1992, April). *Home variables, parent–child activities, and academic achievement: A study of 1988 eighth graders.* Paper presented at the annual meeting of the American Educational Research Association, San Francisco.

Penuel, W. R., & Wertsch, J. V. (1995). Vygotsky and identity formation: A sociocultural approach. *Educational Psychologist, 30,* 83–92.

Perkins, D. N., Jay, E., & Tishman, S. (1993). New conceptions of thinking: From ontology to education. *Educational Psychologist, 28,* 67–85.

Perkins, D. N., & Salomon, G. (1989). Are cognitive skills context-bound? *Educational Researcher, 18,* 16–25.

Perlmutter, M., Kaplan, M. & Nyquist, L. (1990). Development of adaptive competence in adulthood. *Human Development, 33,* 185–197.

Perner, J. (2000). Memory and theory of mind. In E. Tulving & F. I. M. Craik (Eds.), *The Oxford handbook of memory* (pp. 297–312). New York: Oxford.

Perrone, V. (1994). How to engage students in learning. *Educational Leadership, 51*(5), 11–13.

Perry, N. E. (1998). Young children's self-regulated learning and contexts that support it. *Journal of Educational Psychology, 90,* 715–729.

Perry, N. E., & Drummond, L. (2003). Helping young students become self-regulated researchers and writers. *The Reading Teacher, 56,* 298–310.

Perry, N. E., Phillips, L., & Dowler, J. (2004). Examining features of tasks and their potential to promote self-regulated learning. *Teachers College Record, 106,* 1854–1878.

Perry, N. E., VandeKamp, K. O., & Mercer, L. K. (2000, April). *Investigating teacher-student interactions that foster self-regulated learning.* In N. E. Perry (Chair), Symposium conducted at the meeting of the American Educational Research Association, New Orleans.

Perry, N. E., VandeKamp, K. O., Mercer, L. K., & Nordby, C. J. (2002). Investigating teacher-student interactions that foster self-regulated learning. *Educational Psychologist, 37,* 5–15.

Petermann, F. & Petermann, U. (2007). *Hamburg-Wechsler Intelligenztest für Kinder (HAWIK) IV* (A. Aufl.). Göttingen: Hogrefe.

Peterson, J. L., & Newman, R. (2000). Helping to curb youth violence: The APA-MTV "Warning Signs" initiative. *Professional Psychology: Research & Practice, 31,* 509–514.

Peterson, P. L. (1992). Revising their thinking: Keisha Coleman and her third-grade mathematics class. In H. Marshall (Ed.), *Redefining student learning: Roots of educational change* (pp. 151–176). Norwood, NJ: Ablex.

Peterson, P. L., Fennema, E., & Carpenter, T. (1989). Using knowledge of how students think about mathematics. *Educational Leadership, 46*(4), 42–46.

Petrill, S. A., & Wilkerson, B. (2000). Intelligence and achievement: A behavioral genetic perspective. *Educational Psychology Review, 12,* 185–199.

Pettigrew, T. (1998). Intergroup contact theory. In J. T. Spence, J. M. Darley, & D. J. Foss (Eds.), *Annual review of psychology* (pp. 65–85). Palo Alto, CA: Annual Reviews.

Peverly, S., Brobst, K., Graham, M., & Shaw, R. (2003). College adults are not good at self-regulation: A study on the relationship of self-regulation, note-taking, and test-taking. *Journal of Educational Psychology, 95,* 335–346.

Pfiffner, L. J., & O'Leary, S. G. (1987). The efficacy of all positive management as a function of the prior use of negative consequences. *Journal of Applied Behavior Analysis, 20,* 265–271.

Phelan, P., Davidson, A. L., & Cao, H. T. (1992). Speaking up: Students' perspectives on school. *Phi Delta Kappan, 73*(9), 695–704.

Phillips, D. (1997). How, why, what, when, and where: Perspectives on constructivism and education. *Issues in Education: Contributions from Educational Psychology, 3,* 151–194.

Phillips, D., & Zimmerman, M. (1990). The developmental course of perceived competence and incompetence among competent children. In R. Sternberg & J. Kolligian (Eds.), *Competence considered* (pp. 41–66). New Haven, CT: Yale University Press.

Phinney, J. (2003). Ethnic identity and acculturation. In K. Chun, P. Ball, & Marin, G. (Eds.), *Acculturation: Advances in theory, measurement, and applied research* (pp. 63–81). Washington, DC: American Psychological Association.

Phinney, J. S. (1990). Ethnic identity in adolescents and adults: Review of research. *Psychological Bulletin, 108*(3), 499–514.

Phinney, J. S., & Devich-Navarro, M. (1997). Variations in bicultural identification among African American and Mexican American adolescents. *Journal of Research on Adolescence, 7,* 3–32.

Phye, G. D. (1992). Strategic transfer: A tool for academic problem solving. *Educational Psychology Review, 4,* 393–421.

Phye, G. D. (2001). Problem-solving instruction and problem-solving transfer: The correspondence issue. *Journal of Educational Psychology, 93,* 571–578.

Phye, G. D., & Sanders, C. E. (1994). Advice and feedback: Elements of practice for problem solving. *Contemporary Educational Psychology, 17,* 211–223.

Piaget, J. (1954). *The construction of reality in the child* (M. Cook, Trans.). New York: Basic Books.

Piaget, J. (1962). *Comments on Vygotsky's critical remarks concerning "The language and thought of the child" and "Judgment and reasoning in the child."* Cambridge, MA: MIT Press.

Piaget, J. (1963). *Origins of intelligence in children.* New York: Norton.

Piaget, J. (1964). Development and learning. In R. Ripple & V. Rockcastle (Eds.), *Piaget rediscovered* (pp. 7–20). Ithaca, NY: Cornell University Press.

Piaget, J. (1965). *The moral judgment of the child.* New York: Free Press.

Piaget, J. (1965/1995). *Sociological studies.* New York: Routledge. (Original work published in 1965.)

Piaget, J. (1969). *Science of education and the psychology of the child.* New York: Viking.

Piaget, J. (1970a). Piaget's theory. In P. Mussen (Ed.), *Handbook of child psychology* (3rd ed., Vol. 1, pp. 703–732). New York: Wiley.

Piaget, J. (1970b). *The science of education and the psychology of the child.* New York: Orion Press.

Piaget, J. (1971). *Biology and knowledge.* Edinburgh, UK: Edinburgh Press.

Piaget, J. (1974). *Understanding causality* (D. Miles and M. Miles, Trans.). New York: Norton.

Piaget, J. (1983/1932). *Meine Theorie der geistigen Entwicklung.* Frankfurt/Main: Fischer.

Piaget, J. (1985). *The equilibrium of cognitive structures: The central problem of intellectual development* (T. Brown & K. L. Thampy, Trans.). Chicago: University of Chicago Press.

Pierson, L. H., & Connell, J. P. (1992). Effect of grade retention on self-system processes, school engagement, and academic performance. *Journal of Educational Psychology*, *84*, 300–307.

Pintrich, P. R. (2000). Educational psychology at the millennium: A look back and a look forward. *Educational Psychologist*, *35*, 221–226.

Pintrich, P. R. (2003). A motivational science perspective on the role of student motivation in learning and teaching. *Journal of Educational Psychology*, *95*, 667–686.

Pintrich, P. R., Marx, R. W., & Boyle, R. A. (1993). Beyond cold conceptual change: The role of motivational beliefs and classroom contextual factors in the process of conceptual change. *Review of Educational Research*, *63*, 167–199.

Pintrich, P. R., & Schrauben, B. (1992). Students' motivational beliefs and their cognitive engagement in academic tasks. In D. Schunk & J. Meece (Eds.), *Students' perceptions in the classroom: Causes and consequences* (pp. 149–183). Hillsdale, NJ: Lawrence Erlbaum.

Pintrich, P. R., & Schunk, D. H. (2002). *Motivation in education: Theory, research, and applications* (2nd ed.). Upper Saddle River, NJ: Merrill/Prentice-Hall.

Pintrich, P. R., & Zusho, A. (2002). The development of academic self-regulation: The role of cognitive and motivational factors. In A. Wigfield & J. Eccles (Eds.), *Development of achievement motivation* (pp. 249–284). San Diego: Academic Press.

PISA 2006. http://pisa.ipn.uni-kiel.de/pisa2006/pisa_menue.html.

Pisha, B., & Coyne, P. (2001). Smart for the start: The promise of universal design for learning. *Remedial and Special Education*, *22*, 197–203.

Pitts, J. M. (1992). Constructivism: Learning rethought. In J. B. Smith & J. C. Coleman, Jr. (Eds.), *School Library Media Annual* (Vol. 10, pp. 14–25). Englewood, CO: Libraries Unlimited.

Plant, E. A., & Peruche, B. M. (2005). The consequences of race for police officers' responses to criminal suspects. *Psychological Science*, *16*, 180–183.

Plucker, J. A., Beghetto, R. A., & Dow, G. T. (2004). Why isn't creativity more important to educational psychologists? Potential pitfalls and future directions in creativity research. *Educational Psychology*, *39*(2), 83–96.

Pointon, P., & Kershner, R. (2000). Making decisions about organising the primary classroom as a context for learning: The views of three experienced teachers and their pupils. *Teaching and Teacher Education*, *16*, 117–127.

Polson, P. G., & Jeffries, R. (1985). Instruction in general problem-solving skills: An analysis of four approaches. In J. Segal, S. Chipman, & R. Glaser (Eds.), *Thinking and learning skills* (Vol. 1, pp. 417–455). Mahwah, NJ: Lawrence Erlbaum.

Popham, W. J. (1999). *Classroom assessment: What teachers need to know.* Boston: Allyn and Bacon.

Popham, W. J. (2005a). *Classroom assessment: What teachers need to know* (4th ed.). Boston, MA: Allyn and Bacon.

Popham, W. J. (2005b). Instructional quality: Collecting credible evidence. *Educational Leadership*, *62*(6), 80–81.

Portes, A., & Hao, L. (1998). E pluribus unum: Bilingualism and loss of language in the second generation. *Sociology of Education*, *71*, 269–294.

Posada, G., Jacobs, A., Richmond, M., Carbonell, O. A., Alzate, G., Bustamante, M. R., & Quiceno, J. (2002). Maternal care giving and infant security in two cultures. *Developmental Psychology*, *38*, 67–78.

Posner, M. I. (1973). *Cognition: An introduction.* Glenview, IL: Scott, Foresman.

Prawat, R. S. (1991). The value of ideas: The immersion approach to the development of thinking. *Educational Researcher*, *20*, 3–10.

Prawat, R. S. (1992). Teachers beliefs about teaching and learning: A constructivist perspective. *American Journal of Education*, *100*, 354–395.

Prawat, R. S. (1996). Constructivism, modern and postmodern. *Issues in Education: Contributions from Educational Psychology*, *3*, 215–226.

Premack, D. (1965). Reinforcement theory. In D. Levine (Ed.), *Nebraska symposium on motivation* (Vol. 13, pp. 123–180). Lincoln, NE: University of Nebraska Press.

Pressley, M. (1991). Comparing Hall (1988) with related research on elaborative mnemonics. *Journal of Educational Psychology*, *83*, 165–170.

Pressley, M. (1995). More about the development of self-regulation: complex, long-term, and thoroughly social. *Educational Psychologist*, *30*, 207–212.

Pressley, M. (1996, August). *Getting beyond whole language: Elementary reading instruction that makes sense in light of recent psychological research.* Paper presented at the annual meeting of the American Psychological Association, Toronto.

Pressley, M. (1998). *Reading instruction that works: The case for balanced teaching.* New York: The Guilford Press.

Pressley, M., Barkowski, J. G., & Schneider, W. (1987). Cognitive strategies: Good strategy users coordinate metacognition and knowledge. In R. Vasta & G. Whitehurst (Eds.), *Annals of Child Development* (Vol. 5, pp. 89–129). Greenwich, CT: JAI Press.

Pressley, M., Levin, J., & Delaney, H. D. (1982). The mnemonic keyword method. *Review of Research in Education*, *52*, 61–91.

Pressley, M., & Woloshyn, V. (1995). *Cognitive strategy instruction that really improves children's academic performance.* Cambridge, MA: Brookline Books.

Price, L. F. (2005). The biology of risk taking. *Educational Leadership*, *62*(7), 22–27.

Price, W. F., & Crapo, R. H. (2002). *Cross-cultural perspectives in introductory psychology* (4th ed.). Pacific Grove, CA: Wadsworth.

Public Agenda Foundation. (1994). *First things first: What Americans expect from public schools.* New York: Author.

Puma, M. J., Karweit, N., Porce, C., Ricciuti, A., Thompson, W., & Vadeau-Kierman, M. (1997). *Prospects: Final report on student outcomes.* Washington, DC: Abt Associates, Inc. for the Planning and Evaluation Service, U.S. Department of Education.

Puncochar, J., & Fox, P. W. (2004). Confidence in individual and group decision-making: When "Two Heads" are worse than one. *Journal of Educational Psychology, 96,* 582–591.

Purdie, N., Hattie, J., & Carroll, A. (2002). A review of the research on interventions for Attention Deficit Hyperactivity Disorder: What works best? *Review of Educational Research, 72,* 61–99.

Putnam, J. (1998). The movement towards teaching and learning in inclusive classrooms. In J. Putnam (Ed.), *Cooperative learning and strategies for inclusion* (2nd ed., pp. 1–16). Baltimore, MD: Paul H. Brooks.

Putnam, R. T., & Borko, H. (1997). Teacher learning: Implications of new views of cognition. In B. J. Biddle, T. L. Good, & I. F. Goodson (Eds.), *The international handbook of teachers and teaching* (Vol. 2, pp. 1223–1296). Dordrecht, The Netherlands: Kluwer.

Puustinen, M., & Pulkkinen, L. (2001). Models of self-regulated learning: A review. *Scandinavian Journal of Educational Research, 45,* 269–286.

Qian, G., & Alvermann, D. E. (2000). Relationship between epistemological beliefs and conceptual change learning. *Reading & Writing Quarterly: Overcoming Learning Difficulties, 16,* 59–74.

Rachlin, H. (1991). *Introduction to modern behaviorism* (3rd ed.). New York: W. H. Freeman.

Rachlin, H. (2000). *The science of self-control.* Cambridge, MA: Harvard University Press.

Raffini, J. P. (1996). *150 ways to increase intrinsic motivation in the classroom.* Boston: Allyn and Bacon.

Range, L. M. (1993). Suicide prevention: Guidelines for schools. *Educational Psychology Review, 5,* 135–154.

Rathus, S. A. (1988). *Understanding child development.* New York: Holt, Rinehart & Winston.

Raudenbush, S. (1984). Magnitude of teacher expectancy effects on pupil IQ as a function of the credibility of expectancy induction: A synthesis of findings from 18 experiments. *Journal of Educational Psychology, 76,* 85–97.

Raudsepp, E., & Haugh, G. P. (1977). *Creative growth games.* New York: Harcourt Brace Jovanovich.

Rauscher, F. H., & Shaw, G. L. (1998). Key components of the Mozart effect. *Perceptual and Motor Skills, 86,* 835–841.

Ravens-Sieberer, U. & Thomas, C. (2003). *Gesundheitsverhalten von Schülern in Berlin.* Ergebnisse der HBSC-Jugendgesundheitsstudie 2002 im Auftrag der WHO. Berlin: Robert-Koch-Institut.

Ravitch, D. (1995). *National standards in American education: A citizen's guide.* Washington, DC: Brookings Institution.

Rawson, K. A. & Kintsch, W. (2004). Exploring encoding and retrieval effects of background information on text memory. *Discourse Processes, 38,* 323–344.

Recht, D. R., & Leslie, L. (1988). Effect of prior knowledge on good and poor readers' memory of text. *Journal of Educational Psychology, 80,* 16–20.

Reder, L. M. (1996). Different research programs on metacognition: Are the boundaries imaginary? *Learning and Individual Differences, 8,* 383–390.

Redfield, D. L., & Rousseau, E. W. (1981). A meta-analysis of experimental research on teacher questioning behavior. *Review of Educational Research, 51,* 181–193.

Reed, S., & Sautter, R. C. (1990). Children of poverty: The status of 12 million Americans. *Phi Delta Kappan, 71*(10), K1–K12.

Reeve, J. (1996). *Motivating others: Nurturing inner motivational resources.* Boston: Allyn and Bacon.

Reeve, J., Bolt, E., & Cai, Y. (1999). Autonomy-supportive teachers: How they teach and motivate students. *Journal of Educational Psychology, 91,* 537–548.

Reeve, J., Deci, E. L., & Ryan, R. M. (2004). *Self-determination theory: A dialectical framework for understanding the sociocultural influences on motivation and learning: Big theories revisited* (Vol. 4, pp. 31–59). Greenwich, CT: Information Age Press.

Reeve, J., Nix, G., & Hamm, D. (2003). The experience of self-determination in intrinsic motivation and the conundrum of choice. *Journal of Educational Psychology, 95,* 347–392.

Reich, P. A. (1986). *Language development.* Englewood Cliffs, NJ: Prentice-Hall.

Reid, M. K., & Borkowski, J. G. (1987). Causal attributions of hyperactive children: Implications for teaching strategies and self control. *Journal of Educational Psychology, 79,* 296–307.

Reimann, P., & Chi, M. T. H. (1989). Human expertise. In K. J. Gilhooly (Ed.), *Human and machine problem solving* (pp. 161–191). New York: Plenum Press.

Reinke, W. M., & Herman, K. C. (2002a). A research agenda for school violence prevention. *American Psychologist, 57,* 796–797.

Reinke, W. M., & Herman, K. C. (2002b). Creating school environments that deter antisocial behaviors in youth. *Psychology in the Schools, 39,* 549–560.

Reis, S. M., Kaplan, S. N., Tomlinson, C. A., Westberg, K. L., Callahan, C. M., & Cooper, C. R. (2002). Equal does not mean identical. In L. Abbeduto (Ed.), *Taking sides: Clashing on controversial issues in educational psychology* (pp. 31–35). Guilford, CT: McGraw-Hill/Duskin.

Reis, S. M., & Renzulli, J. S. (2004). Current research on the social and emotional development of gifted and talented students: Good news and future possibilities. *Psychology in the Schools, 41*, published online in Wiley InterScience (www.interscience.wiley.com).

Reisberg, D., & Heuer, F. (1992). Remembering the details of emotional events. In E. Winograd & U. Neisser (Eds.), *Affect and accuracy in recall: Studies of "flashbulb" memories*. Cambridge, England: Cambridge University Press.

Rembolt, C. (1998). Making violence unacceptable. *Educational Leadership, 56*(1), 32–38.

Render, G. F., Padilla, J. N. M., & Krank, H. M. (1989). What research really shows about assertive discipline. *Educational Leadership, 46*(6), 72–75.

Renkl, A. (1997). *Lernen durch Lehren. Zentrale Wirkmechanismen beim kooperativen Lernen*. Wiesbaden: Deutscher Universitäts-Verlag.

Renkl, A. (2006). Lernen durch Lehren. In D. H. Rost (Hrsg.), *Handwörterbuch Pädagogische Psychologie* (S. 416–420). Weinheim: BeltzPVU.

Rennie, L. J., & Parker, L. H. (1987). Detecting and accounting for gender differences in mixed-sex and single-sex groupings in science lessons. *Educational Review, 39*(1), 65–73.

Renninger, K. A., Hidi, S., & Krapp, A. (Eds.). (1992). *The role of interest in learning and development*. Hillsdale, NJ: Lawrence Erlbaum.

Renzulli, J. S., & Reis, S. M. (2003). The schoolwide enrichment model: Developing creative and productive giftedness. In N. Colangelo & G. A. Davis (Eds.). *Handbook of gifted education* (pp. 184–203). Boston: Allyn and Bacon.

Resnick, L. B. (1981). Instructional psychology. *Annual Review of Psychology, 32*, 659–704.

Reynolds, A. (1992). Grade retention and school adjustment: An explanatory analysis. *Educational Evaluation and Policy Analysis, 14*(2), 101–121.

Rhodes, R. A. (1997). *Community service and higher learning: Explorations of the caring self*. Albany: State University of New York Press.

Ricciardelli, L. A. (1992). Bilingualism and cognitive development: Relation to threshold theory. *Journal of Psycholinguistic Research, 21*, 301–316.

Rice, F. P., & Dolgin, K. G. (2002). *The adolescent: Development, relationships, and culture* (10th ed.). Boston: Allyn and Bacon.

Richardson, T. M., & Benbow, C. P. (1990). Long-term effects of acceleration on the social-emotional adjustment of mathematically precocious youths. *Journal of Educational Psychology, 82*, 464–470.

Rivkin, S. G., Hanushek, E. A., & Kain, J. F. (2001). *Teachers, schools, and academic achievement*. Amherst, MA: Amherst College.

Robbins, S. B., Lauver, K., Davis, H. L., Davis, D., Langley, R., & Carlstrom, A. (2004). Psychosocial and study skill factors predict college outcomes? A meta-analysis. *Psychological Bulletin, 130*, 261–288.

Robbins, S. B., Le, L., & Lauver, K. (2005). Promoting successful college outcomes for all students: Reply to Weissberg and Owen (2005). *Psychological Bulletin, 131*, 410–411.

Roberts, R. D., Zeidner, M., & Matthews, G. (2001). Does emotional intelligence meet traditional standards for an intelligence? Some new data and conclusions. *Emotion, 1*, 196–231.

Robinson, A., & Clinkenbeard, P. R. (1998). Giftedness: An exceptionality examined. In J. T. Spence, J. M. Darley, & D. J. Foss (Eds.), *Annual review of psychology* (pp. 117–139). Palo Alto, CA: Annual Reviews.

Robinson, D. H. (1998). Graphic organizers as aids to test learning. *Reading Research and Instruction, 37*, 85–105.

Robinson, D. H., & Kiewra, K. A. (1995). Visual argument: Graphic outlines are superior to outlines in improving learning from text. *Journal of Educational Psychology, 87*, 455–467.

Roeser, R. W., Eccles, J. S., & Sameroff, A. J. (2000). School as a context of early adolescents' academic and social-emotional development: A summary of research findings. *Elementary School Journal, 100*, 443–471.

Rogers, C. R., & Freiberg, H. J. (1994). *Freedom to learn* (3rd ed.). Columbus, OH: Charles E. Merrill.

Rogoff, B. (1990). *Apprenticeship in thinking: Cognitive development in social context*. New York: Oxford University Press.

Rogoff, B. (1995). Observing sociocultural activity on three planes: Participatory appropriation, guided participation, and apprenticeship. In J. Wertsch, P. del Rio, & A. Alverez (Eds.), *Sociocultural studies of mind* (pp. 139–164). Cambridge, England: Cambridge University Press.

Rogoff, B. (1998). Cognition as a collaborative process. In W. Damon (Series Ed.) and D. Kuhn & R. S. Siegler (Vol. Eds.), *Handbook of child psychology* (Vol. 2, 5th ed., pp. 679–744). New York: Wiley.

Rogoff, B. (2003). *The cultural nature of human development*. New York: Oxford University Press.

Rogoff, B., & Chavajay, P. (1995). What's become of the research on the cultural basis of cognitive development? *American Psychologist, 50*, 859–877.

Rogoff, B., & Morelii, G. (1989). Perspectives on children's development from cultural psychology. *American Psychologist, 44*, 343–348.

Rogoff, B., Turkanis, C. G., & Bartlett, L. (2001). *Learning together: Children and adults in a school community*. New York: Oxford.

Rohrkemper, M., & Corno, L. (1988). Success and failure on classroom tasks: Adaptive learning and classroom teaching. *Elementary School Journal, 88*, 297–312.

Roid, G. H. (2003). *Stanford-Binet Intelligence Scales* (5th ed.) Itasca, IL: Riverside Publishing.

Rop, C. (1997/1998). Breaking the gender barrier in the physical sciences. *Educational Leadership, 55*(4), 58–60.

Rosch, E. H. (1973). On the internal structure of perceptual and semantic categories. In T. Moore (Ed.), *Cognitive development and the acquisition of language* (pp. 111–144). New York: Academic Press.

Rose, L. C., & Gallup, A. M. (1999). The 31st annual Phi Delta Kappa/Gallup Poll of the public's attitude toward the public schools. *Phi Delta Kappan, 81*(1), 41–58.

Rose, L. C., & Gallup, A. M. (2001). The 33rd annual Phi Delta Kappa/Gallup Poll of the public's attitude toward the public schools. *Phi Delta Kappan, 83*(1), 41–58.

Rosenberg, M. (1979). *Conceiving the self.* New York: Basic Books.

Rosenfeld, M., & Rosenfeld, S. (2004). Developing teacher sensitivities to individual learning differences. *Educational Psychology, 24*, 465–486.

Rosenshine, B. (1979). Content, time, and direct instruction. In P. Peterson & H. Walberg (Eds.), *Research on teaching: Concepts, findings, and implications* (pp. 28–56). Berkeley, CA: McCutchan.

Rosenshine, B. (1988). Explicit teaching. In D. Berliner & B. Rosenshine (Eds.), *Talks to teachers* (pp. 75–92). New York: Random House.

Rosenshine, B., & Furst, N. (1973). The use of direct observation to study teaching. In R. Travers (Ed.), *Second handbook of research on teaching.* Chicago: Rand McNally.

Rosenshine, B., & Meister, C. (1992, April). *The uses of scaffolds for teaching less structured academic tasks.* Paper presented at the annual meeting of the American Educational Research Association, San Francisco.

Rosenshine, B., & Meister, C. (1994). Reciprocal teaching: A review of the research. *Review of Educational Research, 64*, 479–530.

Rosenshine, B., & Stevens, R. (1986). Teaching functions. In M. Wittrock (Ed.), *Handbook of research on teaching* (3rd ed., pp. 376–391). New York: Macmillan.

Rosenthal, R. (1987). Pygmalion effects: Existence, magnitude and social importance. A reply to Wineburg. *Educational Researcher, 16*, 37–41.

Rosenthal, R. (1995). Critiquing Pygmalion: A 25-year perspective. *Current Directions in Psychological Science, 4*, 171–172.

Rosenthal, R., & Jacobson, L. (1968). *Pygmalion in the classroom.* New York: Holt, Rinehart, Winston.

Roskos, K., & Neuman, S. B. (1993). Descriptive observation of adults' facilitation of literacy in young children's play. *Early Childhood Research Quarterly, 8*, 77–98.

Roskos, K., & Neuman, S. B. (1998). Play as an opportunity for literacy. In O. N. Saracho & B. Spodek (Eds.), *Multiple perspectives on play in early childhood education* (pp. 100–115). Albany: State University of New York Press.

Ross, J. A., & Raphael, D. (1990). Communication and problem solving achievement in cooperative learning groups. *Journal of Curriculum Studies, 22*, 149–164.

Roth, W.-M., & Bowen, G. M. (1995). Knowing and interacting: A study of culture, practices, and resources in a grade 8 open-inquiry science guided by an apprenticeship metaphor. *Cognition and Instruction, 13*, 73–128.

Rotherham-Borus, M. J. (1994). Bicultural reference group orientations and adjustment. In M. Bernal & G. Knight (Eds.), *Ethnic identity.* Albany, NY: State University of New York Press.

Rowe, M. B. (1974). Wait-time and rewards as instructional variables: Their influence on language, logic, and fate control. Part 1: Wait-time. *Journal of Research in Science Teaching, 11*, 81–94.

Rudolph, K. D., Lambert, S. F., Clark, A. G., & Kurlakowsky, K. D. (2001). Negotiating the transition to middle school: The role of self-regulatory processes. *Child Development, 72*, 926–946.

Rueda, R., & Moll, L. C. (1994) A sociocultural perspective on motivation. In F. O'Neil Jr. & M. Drillings (Eds.), *Motivation: Theory and research* (pp. 117–137). Hillsdale, NJ: Lawrence Erlbaum.

Rumelhart, D., & Ortony, A. (1977). The representation of knowledge in memory. In R. Anderson, R. Spiro, & W. Montague (Eds.), *Schooling and the acquisition of knowledge* (pp. 99–135). Hillsdale, NJ: Lawrence Erlbaum.

Rummel, N., Levin, J. R., & Woodward, M. M. (2003). Do pictorial mnemonic text-learning aids give students something worth writing about? *Journal of Educational Psychology, 95*, 327–334.

Ryan, A. (2001). The peer group as a context for development of young adolescents' motivation and achievement. *Child Development, 72*, 1135–1150.

Ryan, R. M., & Deci, E. L. (1996). When paradigms clash: Comments on Cameron and Pierce's claim that rewards do not undermine intrinsic motivation. *Review of Educational Research, 66*, 33–38.

Ryan, R. M., & Deci, E. L. (2000). Intrinsic and extrinsic motivation: Classic definitions and new directions. *Contemporary Educational Psychology, 25*, 54–67.

Ryans, D. G. (1960). *Characteristics of effective teachers, their descriptions, comparisons and appraisal: A research study.* Washington, DC: American Council on Education.

Saarni, C. (2002). *The development of emotional competence.* New York: Guilford.

Sadker, M., & Sadker, D. (1994). *Failing at fairness: How America's schools cheat girls.* New York: Scribner.

Sadker, M., & Sadker, D. (1995). *Failing at fairness: How America's schools cheat girls.* New York: Touchstone Press.

Sadker, M., & Sadker, D. (2006). Questioning skills. In J. Cooper (Ed.), *Classroom teaching skills* (8th ed., pp. 104–150). Boston: Houghton-Mifflin.

Sadker, M., Sadker, D., & Klein, S. (1991). The issue of gender in elementary and secondary education. *Review of Research in Education, 17,* 269–334.

Sagor, R. (2003). *Motivating students and teachers in an era of standards.* Alexandria, VA: Association for Supervision and Curriculum Development.

Sagvolden, T. (1999). Attention deficit/hyperactive disorder. *European Psychologist, 4,* 109–114.

Salomon, G., & Perkins, D. N. (1989). Rocky roads to transfer: Rethinking mechanisms of a neglected phenomenon. *Educational Psychologist, 24,* 113–142.

Sanchez, F., & Anderson, M. L. (1990, May). Gang mediation: A process that works. *Principal,* 54–56.

Sanders, W. L., & Rivers, J. C. (1996). *Cumulative and residual effects of teachers on student academic achievement.* Knoxville, TN: University of Tennessee Value-Added Research and Assessment Center.

Saß, H., Wittchen, H.-U. & Zaudig, M. (2003). *Diagnostisches und Statistisches Manual psychischer Störungen (DSM-IV-TR)* (4. Aufl.). Göttingen: Hogrefe.

Sattler, J. M. (1992). *Assessment of children* (3rd ed. rev.). San Diego: Jerome M. Sattler.

Sattler, J. M. (2001). *Assessment of children: Cognitive applications* (4th ed.). San Diego, CA: Jerome M. Sattler, Inc.

Savage, T. V. (1999). *Teaching self-control through management and discipline.* Boston: Allyn and Bacon.

Savin-Williams, R. C., & Diamond, L. M. (2004). Sex. In R. M. Lerner & L. Steinberg (Eds.), *Handbook of adolescent psychology* (2nd ed., pp. 189–231). New York: John Wiley & Sons.

Sawyer, R. J., Graham, S., & Harris, K. R. (1992). Direct teaching, strategy instruction, and strategy instruction with explicit self-regulation: Effects on the composition skills and self-efficacy of learning disabled students. *Journal of Educational Psychology, 84,* 340–352.

Sax, L. (2002). Maybe men and women are different. *American Psychologist,* 444.

Scardamalia, M., & Bereiter, C. (1996). Adaptation and understanding: A case for new cultures of schooling. In S. Vosniado, E. De Corte, R. Glasse, & H. Mandl (Eds.), *International perspectives on the design of technology-supported learning environments* (pp. 149–163). Hillsdale, NJ: Lawrence Erlbaum.

Scheerer-Neumann, G. (1997). Lesen und Leseschwierigkeiten. In F. E. Weinert (Hrsg.), *Enzyklopädie der Psychologie, Serie 1, Bd. 3. D., Psychologie des Unterrichts und der Schule* (S. 279–325). Göttingen: Hogrefe.

Scherer, M. (1993). On savage inequalities: A conversation with Jonathan Kozol. *Educational Leadership, 50*(4), 4–9.

Scherer, M. (1999). The discipline of hope: A conversation with Herb Kohl. *Educational Leadership, 56*(1), 8–13.

Schiefele, U. (1991). Interest, learning, and motivation. *Educational Psychologist, 26,* 299–324.

Schmidt-Denter, U. (2001). Differentielle Entwicklungsverläufe von Scheidungskindern. In S. Walper & R. Pekrun (Hrsg.), *Familie und Entwicklung. Perspektiven der Familienpsychologie* (S. 212–313). Göttingen: Hogrefe.

Schneider, W. (2004). Frühe Entwicklung von Lesekompetenz: Zur Relevanz vorschulischer Sprachkompetenzen. In U. Schiefele, C. Artelt, W. Schneider & P. Staat (Hrsg.), *Struktur, Entwicklung und Förderung von Lesekompetenz: Vertiefende Analysen im Rahmen von PISA 2000* (S. 13–36). Wiesbaden: VS Verlag für Sozialwissenschaften.

Schneider, W., & Bjorklund, D. F. (1992). Expertise, aptitude, and strategic remembering. *Child Development, 63,* 416–473.

Schneider, W., Visé, M., Reimers, P. & Blaesser, B. (1994). Auswirkungen eines Trainings der sprachlichen Bewusstheit auf den Schriftspracherwerb in der Schule. *Zeitschrift für Pädagogische Psychologie, 8,* 177–188.

Schnotz, W. (1994). *Aufbau von Wissensstrukturen.* Weinheim: Beltz PVU.

Schnotz, W. (2001), Spontaner Erwerb multimedialen Wissens durch Kinder anhand von Computerspielen und Internet. In G. F. Müller (Hrsg.), *Festschrift für Franz Fippinger* (S. 229–240). Landau: Knecht.

Schnotz, W. (2006). Textverständnis. In D. H. Rost (Hrsg.), *Handwörterbuch Pädagogische Psychologie* (S. 765–778). Göttingen: Hogrefe.

Schnotz, W. & Dutke, S. (2004). Kognitionspsychologische Grundlagen der Lesekompetenz. Mehrebenverarbeitung anhand multipler Informationsquellen. In U. Schiefele, C. Artelt, W. Schneider & P. Stanat (Hrsg.), *Struktur, Entwicklung und Förderung von Lesekompetenz* (S. 61–99). Wiesbaden: VS Verlag für Sozialwissenschaften.

Schoenfeld, A. H. (1979). Explicit heuristic training as a variable in problem solving performance. *Journal for Research in Mathematics Education, 10,* 173–187.

Schoenfeld, A. H. (1989). Teaching mathematical thinking and problem solving. In L. B. Resnick & L. E. Klopfer (Eds.), *Toward the thinking curriculum: Current cognitive research* (pp. 83–103). Alexandria, VA: ASCD.

Schoenfeld, A. H. (1994). *Mathematics thinking and problem solving.* Hillsdale, NJ: Lawrence Erlbaum.

Schofield, J. W. (1991). School desegregation and intergroup relations. *Review of Research in Education, 17,* 235–412.

Schommer, M. (1997). The development of epistemological beliefs among secondary students: A longitudinal study. *Journal of Educational Psychology, 89,* 37–40.

Schommer-Aikins, M. (2002). An evolving theoretical framework for an epistemological belief system. In B. K. Hofer & P. R. Pintrich (Eds.), *Personal epistemology: The psychology of beliefs about knowledge and knowing* (pp. 103–118). Mahwah, NJ: Lawrence Erlbaum.

Schon, D. (1983). *The reflective practitioner.* New York: Basic Books.

Schönpflug, U. (1990). *Psychologie des Erst- und Zweitspracherwerbs.* Stuttgart: Kohlhammer.

Schönpflug, U. (2001a). Bilingualism, cognitive aspects. In N. J. Smelser & P. B. Baltes (Hrsg.) *International Encyclopedia of Behavioral and Social Sciences* (Bd. 2, S. 1171–1175). Oxford: Elsevier.

Schönpflug, U. (2001b). Zweisprachigkeit. Biologische und neurophysiologische Aspekte. In L. Götze, Helbig, G., Henrici, G. & H.-J. Krumm (Hrsg.), *Handbuch Deutsch als Fremdsprache* (Bd. 1, S. 701–706). Berlin: de Gruyter.

Schönpflug. U. (2005a). Ethnische Identität und Integration. In U. Fuhrer & H. H. Uslucan (Hrsg.), *Familie, Akkulturation und Erziehung* (S. 206–225). Stuttgart: Kohlhammer.

Schönpflug, U. (2005b). Wörtliches und inhaltliches Erinnern gehörter Erzählungen bei Kindern. In: K.-P. Dahle & R. Volbert (Hrsg.), *Entwicklungspsychologische Aspekte der Rechtspsychologie* (S. 271–278). Göttingen: Hogrefe.

Schönpflug, U. (2007). Migration und Akkulturation. In G. Trommsdorff & H.-J. Kornadt (Hrsg.), *Kulturvergleichende Psychologie. Enzyklopädie der Psychologie, Bd. 3: Anwendungsfelder der Kulturvergleichenden Psychologie* (S. 1–48). Göttingen: Hogrefe

Schönpflug, U. (2008a). Sozialisation in der Migrationssituation. In K. Hurrelmann, M. Grundmann & S. Walper (Hrsg.), *Handbuch der Sozialisationsforschung* (S. 218–229). Göttingen: Hogrefe.

Schönpflug, U. (2008b). *Cultural Transmission. Developmental, social and psychological aspects.* New York: Cambridge.

Schönpflug, U. (2008c). The influence of instruction on verbatim and content text recall. *Educational Psychology, 28,* 97–108

Schraw, G., & Lehman, S. (2001). Situational interest: A review of the literature and directions for future research. *Educational Psychology Review,* 13, 23–52.

Schraw, G., & Olafson, L. (2002). Teachers epistemological world views and educational practices. *Issues in Education, 8,* 99–148.

Schubert, I., Horch, K., von Kahl, H., Köster, I., Meyer, C. & Reiter, S. (2004). *Schwerpunktbericht der Gesundheits-*

berichterstattung des Bundes. Gesundheit von Kindern und Jugendlichen. Berlin: Robert-Koch-Institut.

Schunk, D. H. (2000). *Learning theories: An educational perspective* (3rd ed.). Columbus, OH: Merrill/Prentice-Hall.

Schunk, D. H. (2004). *Learning theories: An educational perspective* (4th ed.). Columbus, OH: Merrill/Prentice-Hall.

Schunk, D. H., & Hanson, A. R. (1985). Peer models: Influence on children's self-efficacy and achievement. *Journal of Educational Psychology, 77,* 313–322.

Schutz, P. A., & Davis, H. A. (2000). Emotions and self-regulations during test-taking. *Educational Psychologist, 35,* 243–256.

Schwartz, B., & Reisberg, D. (1991). *Learning and memory.* New York: Norton.

Schwartz, B., & Robbins, S. J. (1995). *Psychology of learning and behavior* (4th ed.). New York, Norton.

Schwartz, B., Wasserman, E. A., & Robbins, S. J. (2002). *Psychology of learning and behavior* (5th ed.). New York: W. W. Norton.

Schwarz, B. B., Neuman, Y., & Biezuner, S. (2000). Two wrongs may make a right … if they argue together! *Cognition and Instruction, 18,* 461–494.

Scott, C. L. (1999). Teachers' biases toward creative children. *Creativity Research Journal, 12,* 321–337.

Seligman, M. E. P. (1975). *Helplessness: On depression, development, and death.* San Francisco: Freeman.

Selman, R. L. (1980). *The growth of interpersonal understanding.* New York: Academic Press.

Semb, G. B., & Ellis, J. A. (1994). Knowledge taught in school: What is remembered? *Review of Educational Research, 64,* 253–286.

Serpell, R. (1993). Interface between sociocultural and psychological aspects of cognition. In E. Forman, N. Minick, & C. A. Stone (Eds.), *Contexts for learning: Sociocultural dynamics in children's development* (pp. 357–368). New York: Oxford University Press.

Shanker, A. (1995, May 15). Restoring the connection between behavior and consequences. *Vital speeches of the day.* Washington, DC: America Federation of Teachers.

Shavelson, R. J. (1987). Planning. In M. Dunkin (Ed.), *The international encyclopedia of teaching and teacher education* (pp. 483–486). New York: Pergamon Press.

Shavelson, R. J., Gao, X., & Baxter, G. (1993). *Sampling variability of performance assessments.* CSE Technical Report 361. Los Angeles: UCLA Center for the Study of Evaluation.

Shaywitz, B. A., et al. (2004). Development of left occipito-temporal systems for skilled reading in children after a phonologically-based intervention. *Biological Psychiatry, 55,* 926–933.

Sheets, R. H. (2005). *Diversity pedagogy: Examining the role of culture in the teaching-learning process.* Boston: Allyn and Bacon.

Shepard, L. A., & Smith, M. L. (1989). Academic and emotional effects of kindergarten retention. In L. Shepard & M. Smith (Eds.), *Flunking grades: Research and policies on retention* (pp. 79–107). Philadelphia: Falmer Press.

Sherman, A. (1994). *Wasting America's future: The Children's Defense Fund report on the costs of child poverty.* Boston: Beacon Press.

Sherman, J. W., & Bessenoff, G. R. (1999). Stereotypes as source-monitoring cues: On the interaction between episodic and semantic memory. *Psychological Science, 10,* 106–110.

Shields, P., Gordon, J., & Dupree, D. (1983). Influence of parent practices upon the reading achievement of good and poor readers. *Journal of Negro Education, 52,* 436–445.

Shimahara, N. K., & Sakai, A. (1995). *Learning to teach in two cultures.* New York: Garland.

Shoda, Y., Mischel, W., & Peake, P. K. (1990). Predicting adolescent cognitive and self-regulatory competencies from preschool delay of gratification. *Developmental Psychology, 26,* 978–986.

Shriver, T. P., Schwab-Stone, M., & DeFalco, K. (1999). Why SEL is the better way: The New Haven Social Development Program. In J. Cohen (Ed.), *Education minds and hearts: Social emotional learning and the passage into adolescence* (pp. 43–60). New York: Teachers College Press.

Shuell, T. J. (1986). Cognitive conceptions of learning. *Review of Educational Research, 56,* 411–436.

Shuell, T. J. (1990). Phases of meaningful learning. *Review of Educational Psychology, 60,* 531–548.

Shuell, T. J. (1996). Teaching and learning in a classroom context. In D. Berliner & R. Calfee (Eds.), *Handbook of educational psychology* (pp. 726–764). New York: Macmillan.

Shulman, L. S. (1987). Knowledge and teaching: Foundations of the new reform. *Harvard Educational Review, 19*(2), 4–14.

Shultz, J., & Florio, S. (1979). Stop and freeze: The negotiation of social and physical space in a kindergarten/first grade classroom. *Anthropology and Education Quarterly, 10,* 166–181.

Siddle Walker, V. (2001). African American teaching in the South: 1940–1960. *Review of Educational Research, 38,* 751–779.

Siegel, J., & Shaughnessy, M. F. (1994). Educating for understanding: An interview with Howard Gardner. *Phi Delta Kappan, 75,* 536–566.

Siegler, R. S. (1993). Adaptive and non-adaptive characteristics of low-income children's mathematical strategy use. In B. Penner (Ed.), *The challenge in mathematics and science education: Psychology's response* (pp. 341–366). Washington, DC: American Psychological Association.

Siegler, R. S. (1998). *Children's thinking* (3rd ed.). Upper Saddle River, NJ: Prentice-Hall.

Siegler, R. S. (2000). The rebirth of children's learning. *Child Development, 71,* 26–35.

Siegler, R. S., & Crowley, K. (1991). The microgenetic method: A direct means for studying cognitive development. *American Psychologist, 56,* 606–620.

Silbereisen, R. K. S. & Schmitt-Rodermund, E. (1999). Prognostische Bedeutung von Unterschieden im Entwicklungstempo während der Pubertät. In R. Oerter, C. von Hagen, G. Röper & G. Noam (Hrsg.), *Klinische Entwicklungspsychologie* (S. 218–239). Weinheim: Beltz/PVU.

Simon, D. P., & Chase, W. G. (1973). Skill in chess. *American Scientist, 61,* 394–403.

Simon, H. A. (1995). The information-processing view of mind. *American Psychologist, 50,* 507–508.

Simonton, D. K. (1999). Creativity from a historiometric perspective. In R. J. Sternberg (Ed.), *Handbook of creativity* (pp. 116–133). New York: Cambridge University Press.

Simonton, D. K. (2000). Creativity: Cognitive, personal, developmental, and social aspects. *American Psychologist, 55,* 151–158.

Simpson, E. J. (1972). The classification of educational objectives in the psychomotor domain. *The Psychomotor Domain.* (Vol. 3.) Washington: Gryphon House.

Singley, K., & Anderson, J. R. (1989). *The transfer of cognitive skill.* Cambridge, MA: Harvard University Press.

Sisk, D. A. (1988). Children at risk: The identification of the gifted among the minority. *Gifted Education International, 5,* 138–141.

Skiba, R. J., Michael, R. S., Nardo, A. C., & Peterson, R. (2000). *The color of discipline: Sources of racial and gender disproportionality in school punishment* (Report #SRS1). Bloomington, IN: Indiana Education Policy Center.

Skinner, B. F. (1950). Are theories of learning necessary? *Psychological Review, 57,* 193–216.

Skinner, B. F. (1953). *Science and human behavior.* New York: Macmillan.

Skinner, B. F. (1954). The science of learning and the art of teaching. *Harvard Educational Review, 24,* 86–97.

Skinner, B. F. (1989). The origins of cognitive thought. *American Psychologist, 44,* 13–18.

Skoe, E. E. A. (1998). The ethic of care: Issues in moral development. In E. E. A. Skoe & A. L. von der Lippe (Eds.), *Personality development in adolescence* (pp. 143–171). London: Routledge.

Slaby, R. G., Roedell, W. C., Arezzo, D., & Hendrix, K. (1995). *Early violence prevention.* Washington, DC: National Association for the Education of Young Children.

Slater, L. (2002, February 3). The trouble with self-esteem. *The New York Times Magazine,* pp. 44–47.

Slavin, R. E. (1990). Achievement effects of ability grouping in secondary schools: A best-evidence synthesis. *Review of Educational Research, 60*, 471–500.

Slavin, R. E. (1995). *Cooperative learning* (2nd ed.). Boston: Allyn and Bacon.

Slavin, R. E. (2002). Evidence-based education policies: Transforming education practice and research. *Educational Researcher, 31*(7), 15–21.

Sleeter, C. E. (1995). Curriculum controversies in multicultural education. In E. Flaxman & H. Passow (Eds.), *94th yearbook of the national society for the study of education. Part II: Changing populations, changing schools* (pp. 162–185). Chicago: University of Chicago Press.

Smetana, J. G. (2000). Middle-class African American adolescents' and parents' conceptions of parental authority and parenting practices: A longitudinal investigation. *Child Development, 71*, 1672–1686.

Smith, C. B. (Moderator). (1994). *Whole language: The debate.* Bloomington, IN: EDINFO Press.

Smith, D. D. (1998). *Introduction to special education: Teaching in an age of challenge* (3rd ed.). Boston: Allyn and Bacon.

Smith, D. D., (2006). *Introduction to special education: Teaching in an age of opportunity* (5th ed.). Boston: Allyn and Bacon.

Smith, F. (1975). *Comprehension and learning: A conceptual framework for teachers.* New York: Holt, Rinehart & Winston.

Smith, J., Staudinger, U. M. & Baltes, P. B. (1994). Occupational settings facilitating wisdom-related knowledge: The sample case of clinical psychologists. *Journal of Consulting and Clinical Psychology, 62*, 989–999.

Smith, J. D., & Caplan, J. (1988). Cultural differences in cognitive style development. *Developmental Psychology, 24*, 46–52.

Smith, J. K., Smith, L. F., & De Lisi, R. (2001). *Natural classroom assessment: Designing seamless instruction and assessment.* Thousand Oaks, CA: Corwin Press.

Smith, S. M., Glenberg, A., & Bjork, R. A. (1978). Environmental context and human memory. *Memory and Cognition, 6*, 342–353.

Snapp, M., & Woolfolk, A. E. (1973, March). *An examination of children in special education over a thirteen-year period.* Paper presented at the National Association of School Psychologists, 5th Annual Meeting, New York.

Snider, V. E. (1990). What we know about learning styles from research in special education. *Educational Leadership, 48*(2), 53.

Snow, C. E. (1993). Families as social contexts for literacy development. In C. Daiute (Ed.), *New directions for child development* (No. 61, pp. 11–24). San Francisco: Jossey-Bass.

Snow, R. E. (1995). Pygmalion and intelligence. *Current Directions in Psychological Science, 4*, 169–171.

Snow, R. E., Corno, L., & Jackson, D. (1996). Individual differences in affective and cognitive functions. In D. Berliner & R. Calfee (Eds.), *Handbook of educational psychology* (pp. 243–310). New York: Macmillan.

Snowman, J. (1984). Learning tactics and strategies. In G. Phye & T. Andre (Eds.), *Cognitive instructional psychology* (pp. 243–275). Orlando, FL: Academic Press.

Soar, R. S., & Soar, R. M. (1979). Emotional climate and management. In P. Peterson & H. Walberg (Eds.), *Research on teaching: Concepts, findings, and implications* (pp. 97–119). Berkeley, CA: McCutchan.

Sobesky, W. E. (1983). The effects of situational factors on moral judgment. *Child Development, 54*, 575–584.

Sodian, B. (2007). Entwicklung der Theory of Mind in der Kindheit. In H. Foerstl (Hrsg.), *Theory of Mind. Neurobiologie und Psychologie des Verhaltens* (S. 43–56). Berlin: Springer.

Sokolove, S., Garrett, J., Sadker, D., & Sadker, M. (1986). Interpersonal communications skills. In J. Cooper (Ed.), *Classroom teaching skills: A handbook* (pp. 233–278). Lexington, MA: D. C. Heath.

Solomon, D., Battistich, V., Watson, M., Schaps, E., & Lewis, C. (2000). A six-district study of educational change: Direct and mediated effects of the Child Development Project. *Social Psychology of Education, 4*, 3–51.

Solomon, D., Watson, M. S., & Battistich, V. A. (2001). Teaching and schooling effects on moral/prosocial development. In V. Richardson (Ed.), *Handbook of research on teaching* (4th ed., pp. 566–603). Washington, DC: American Educational Research Association.

Soodak, L. C., & McCarthy, M. R. (2006). Classroom management in inclusive settings. In C. M. Evertson & C. S. Weinstein (Eds.), *Handbook of classroom management: Research, practice, and contemporary issues.* Mahwah, NJ: Erlbaum.

Sotillo, S. M. (2002). Finding our voices, finding ourselves: Becoming bilingual and bicultural. In G. S. Boutte (Ed.), *Resounding voices: School experiences of people from diverse ethnic backgrounds* (pp. 275–307). Boston: Allyn and Bacon.

Spearman, C. (1927). *The abilities of man: Their nature and measurement.* New York: Macmillan.

Spector, J. E. (1992). Predicting progress in beginning reading: Dynamic assessment of phonemic awareness. *Journal of Educational Psychology, 84*, 353–363.

Speirs Neumeister, K. L., & Cramond, B. (2004). E. Paul Torrance (1915–2003): Obituary. *American Psychologist, 59*, 179.

Spence, J. T., & Buckner, C. E. (2000). Instrumental and expressive traits, trait stereotypes, and sexist attitudes: What do they signify? *Psychology of Women Quarterly, 24*, 44–62.

Spencer, M. B., & Markstrom-Adams, C. (1990). Identity processes among racial and ethnic-minority children in America. *Child Development, 61*, 290–310.

Spencer, M. B., Noll, E., Stoltzfus, J., & Harpalani, V. (2001). Identity and school adjustment: Questioning the "Acting White" assumption. *Educational Psychologist, 36*(1), 21–30.

Spencer, S. J., Steele, C. M., & Quinn, D. M. (1999). Stereotype threat and women's math performance. *Journal of Experimental Social Psychology, 35*, 4–28.

Sperling, G. (1960). The information available in brief visual presentations. *Psychological Monographs, 74* (11, Whole No. 498).

Spinelli, C. G. (2002). *Classroom assessment for students with special needs in inclusive classrooms.* Upper Saddle River, NJ: Merrill/Prentice-Hall.

Spiro, R. J., Feltovich, P. J., Jacobson, M. L., & Coulson, R. L. (1991). Cognitive flexibility, constructivism, and hypertext: Random access instruction for advanced knowledge acquisition in ill-structured domains. *Educational Technology, 31*(5), 24–33.

Sprenger, M. (2005). In side Amy's brain. *Educational Leadership, 62*(7), 28–32.

Stahl, S. A. (2002). Different strokes for different folks? In L. Abbeduto (Ed.), *Taking sides: Clashing on controversial issues in educational psychology* (pp. 98–107). Guilford, CT: McGraw-Hill/Duskin.

Stahl, S. A., & Miller, P. D. (1989). Whole language and language experience approaches for beginning reading: A quantitative research synthesis. *Review of Educational Research, 59*, 87–116.

Stahl, S. A., & Yaden, D. B. Jr. (2004). The development of literacy in preschool and primary grades: Work by the Center for the Improvement of Early Reading Achievement. *The Elementary School Journal, 82*, 141–166.

Stainback, S., & Stainback, W. (1992). Schools as inclusive communities. In W. Stainback & S. Stainback (Eds.), *Controversial issues confronting special education: Divergent perspectives* (pp. 29–43). Boston: Allyn and Bacon.

Stanovich, K. E. (1992). *How to think straight about psychology* (3rd ed.). Glenview, IL: Scott, Foresman.

Stanovich, K. E. (1994). Constructivism in reading. *Journal of Special Education, 28*, 259–274.

Stanovich, K. E. (1998). Cognitive neuroscience and educational psychology: What season is it? *Educational Psychology Review, 10*, 419–426.

Starch, D., & Elliot, E. C. (1912). Reliability of grading high school work in English. *Scholastic Review, 20*, 442–457.

Starch, D., & Elliot, E. C. (1913a). Reliability of grading work in history. *Scholastic Review, 21*, 676–681.

Starch, D., & Elliot, E. C. (1913b). Reliability of grading work in mathematics. *Scholastic Review, 21*, 254–259.

Stattin, H. & Magnusson, D. (1991). Stability and change in criminal behavior up to age 30. *British Journal of Criminology, 31*, 327–346.

Staudinger, U. M. (1999). Older and wiser? Integrating results on the relationship between age and wisdom-related performance. *International Journal of Behavioral Development, 23*, 641–664.

Steele, C. (1992). Race and the schooling of African-Americans. *Atlantic Monthly, 269*(4), 68–78.

Steele, K. M., Bass, K. E., & Crook, M. D. (1999). The mystery of the Mozart effect: Failure to replicate. *Psychological Science, 10*, 366–368.

Steinberg, L. (1996). *Beyond the classroom: Why schools are failing and what parents need to do.* New York: Simon & Schuster.

Steinberg, L. (1998). Standards outside the classroom. In D. Ravitch (Ed.), *Brookings papers on educational policy* (pp. 319–358). Washington, DC: Brookings Institute.

Steinberg, L. (2005). *Adolescence* (7th ed.). New York: McGraw-Hill.

Steinberg, L., Dornbusch, S. M., & Brown, B. B. (1992). Ethnic differences in adolescent achievement: An ecological perspective. *American Psychologist, 47*, 723–729.

Stepien, W., & Gallagher, S. (1993). Problem-based learning: As authentic as it gets. *Educational Leadership, 50*(7), 25–28.

Sternberg, R. J. (1985). *Beyond IQ: A triarchic theory of human intelligence.* New York: Cambridge University Press.

Sternberg, R. J. (1997). *Successful intelligence.* New York: Plume.

Sternberg, R. J. (1999). A propulsion model of types of creative contribution. *Review of General Psychology, 3*, 83–100.

Sternberg, R. J. (2000). *Handbook of human intelligence.* New York: Cambridge University Press.

Sternberg, R. J. (2002). Raising the achievement of all students: Teaching for successful intelligence. *Educational Psychology Review, 14*, 383–393.

Sternberg, R. J. (2004). Culture and intelligence. *American Psychologist, 59*, 325–338.

Sternberg, R. J., & Davidson, J. (1982, June). The mind of the puzzler. *Psychology Today*, 37–44.

Sternberg, R. J., & Detterman, D. L. (Eds.). (1986). *What is intelligence? Contemporary viewpoints on its nature and definition.* Norwood, NJ: Ablex.

Sternberg, R. J., & Kaufman, J. C. (1998). Human abilities. In J. T. Spence, J. M. Darley, & D. J. Foss (Eds.), *Annual Review of Psychology* (pp. 479–502). Palo Alto, CA: Annual Reviews.

Sternberg, R. J., & Wagner, R. K. (1993). The geocentric view of intelligence and job performance is wrong. *Current Directions in Psychological Science, 2*, 1–5.

Sternberg, R. J., Wagner, R. K., Williams, W. M., & Horvath, J. A. (1995). Testing common sense. *American Psychologist, 50*, 912–927.

Stevenson, H. W., & Stigler, J. (1992). *The learning gap.* New York: Summit Books.

Stice, E., & Shaw, H. (2004). Eating disorder prevention programs: A meta-analytic review. *Psychological Bulletin, 130*, 206–227.

Stiggins, R. J. (2002). Where is our assessment future and how can we get there? In R. W. Lissitz & W. D. Schafer (Eds.), *Assessment in educational reform: Both means and ends* (pp. 18–48). Boston: Allyn and Bacon.

Stiggins, R. J., & Chappuis, J. (2005). Using student-involved classroom assessment to close achievement gaps. *Theory Into Practice, 44*, 11–18.

Stigler, J. W., Lee, S., & Stevenson, H. W. (1987). Mathematics classrooms in Japan, Taiwan, and the United States. *Child Development, 58*, 1272–1285.

Stinson, S. W. (1993). Meaning and value: Reflections on what students say about school. *Journal of Curriculum and Supervision, 8*(3), 216–238.

Stipek, D. J. (1981). Children's perceptions of their own and their peers' academic competence. *Journal of Educational Psychology, 73*, 404–410.

Stipek, D. J. (1993). *Motivation to learn* (2nd ed.). Boston: Allyn and Bacon.

Stipek, D. J. (1998). *Motivation to learn* (3rd ed.). Boston: Allyn and Bacon.

Stipek, D. J. (2002). *Motivation to learn: Integrating theory and practice* (4th ed.). Boston: Allyn and Bacon.

Stipek, D., de la Sota, A., & Weishaupt, L. (1999). Life lessons: An embedded classroom approach to preventing high-risk behaviors among preadolescents. *The Elementary School Journal, 99*, 433–451.

Stodolsky, S. S. (1988). *The subject matters: Classroom activity in math and social studies.* Chicago: University of Chicago Press.

Stormont, M., Stebbins, M. S., & Holliday, G. (2001). Characteristics and educational support needs of underrepresented gifted adolescents. *Psychology in the Schools, 38*, 413–423.

Stormshak, E. A., Bierman, K. L., Bruschi, C., Dodge, K. A., Coie, J. D., et al. (1999). The relation between behavior problems and peer preference in different classrooms. *Child Development, 70*, 169–182.

Strom, R. D. (1999). Lifelong learning für grandparents: Cultural considerations in Taiwan and the United States. *Australian Journal of Family Studies, 5*, 157–179.

Stumpf, H. (1995). Gender differences on test of cognitive abilities: Experimental design issues and empirical results. *Learning and Individual Differences, 7*, 275–288.

Sullivan, M. A., & O'Leary, S. G. (1990). Maintenance following reward and cost token programs. *Behavior Therapy, 21*, 139–149.

Sulzby, E., & Teale, W. (1991). Emergent literacy. In R. Barr, M. L. Kamil, P. B. Mosenthal, & P. D. Pearson (Eds.), *Handbook of reading research* (Vol. II, pp. 727–758). New York: Longman.

Sulzer-Azaroff, B., & Mayer, G. R. (1986). *Achieving educational excellence using behavioral strategies.* New York: Holt, Rinehart & Winston.

Sunburst Software. (1999). *A Field Trip to the Sea.*

Suzuki, B. H. (1983). The education of Asian and Pacific Americans: An introductory overview. In D. Nakanishi & M. Hirano-Nakanishi (Eds.), *The education of Asian and Pacific Americans: Historical perspectives and prescriptions for the future* (pp. 1–14). Phoenix, AZ: Oryx Press.

Svoboda, J. S. (2001). Review of *Boys and girls learn differently.* The Men's Resource Network. Retrieved May 18, 2002 from http://www.themenscenter.com/mensight/reviews/Svoboda/boysandgirls.htm

Swanson, H. L. (1990). The influence of metacognitive knowledge and aptitude on problem solving. *Journal of Educational Psychology, 82*, 306–314.

Swanson, H. L. (2001). Research on interventions for adolescents with learning disabilities: A meta-analysis of outcomes related to higher-order processing. *The Elementary School Journal, 101*, 332–348.

Swanson, T. C. (2005). Providing structure for children with learning and behavior problems. *Intervention in School and Clinic, 40*, 182–187.

Sweeney, W. J., Salva, E., Cooper, J. O., & Talbert-Johnson, C. (1998). Using self-evaluation to improve difficult to read handwriting for secondary students. *Journal of Behavioral Education, 3*, 427–443.

Sweller, J., van Merrienboer, J. J. G., & Paas, F. G. W. C. (1998). Cognitive architecture and instructional design. *Educational Psychology Review, 10*, 251–296.

Sylvester, R. (2003). *A biological brain in a cultural classroom* (2nd ed.). Thousand Oaks, CA: Sage.

Symons, S., Woloshyn, V., & Pressley, M. (1994). The scientific evaluation of the whole language approach to literacy development [Special issue]. *Educational Psychologist, 29*(4).

Tait, H., & Enwistle, N. J. (1998). Identifying students at risk through ineffective study strategies. *Higher Education, 31*, 97–116.

Talbot, M. (2002, February 24). Girls just want to be mean. *The New York Times Magazine*, pp. 24–29+.

Taylor, E. (1998). Clinical foundation of hyperactivity research. *Behavioural Brain Research, 94*, 11–24.

Taylor, R. L., Richards, S. B., & Brady, M. P. (2005). *Mental retardation: Historical perspectives, current practices, and future directions.* Boston: Allyn and Bacon.

Taylor-Green, S., Brown, D., Nelson, L., Longton, J., Gassman, T., Cohen, J., Swatrz, J., Horner, R. H., Sugai, G., & Hall, S. (1997). School-wide behavioral support: Starting the year off right. *Journal of Behavioral Education, 7,* 99–112.

TenBrink, T. D. (2003). Assessment. In J. Cooper (Ed.), *Classroom teaching skills* (7th ed., pp. 311–353). Boston: Houghton- Mifflin.

TenBrink, T. D. (2006). Assessment. In J. Cooper (Ed.), *Classroom teaching skills* (8th ed., pp. 55–78). Boston: Houghton-Mifflin.

Tennyson, R. D. (1981, April). *Concept learning effectiveness using prototype and skill development presentation forms.* Paper presented at the annual meeting of the American Educational Research Association, Los Angeles.

Terman, L. M., Baldwin, B. T., & Bronson, E. (1925). Mental and physical traits of a thousand gifted children. In L. M. Terman (Ed.), *Genetic studies of genius* (Vol. 1). Stanford, CA: Stanford University Press.

Terman, L. M., & Oden, M. H. (1947). The gifted child grows up. In L. M. Terman (Ed.), *Genetic studies of genius* (Vol. 4). Stanford, CA: Stanford University Press.

Terman, L. M., & Oden, M. H. (1959). The gifted group in mid-life. In L. M. Terman (Ed.), *Genetic studies of genius* (Vol. 5). Stanford, CA: Stanford University Press.

Tesser, A., Stapel, D. A., & Wood, J. V. (2002). *Self and motivation: Emerging psychological perspectives.* Washington, DC: American Psychological Association.

Tharp, R. G. (1989). Psychocultural variables and constants: Effects on teaching and learning in schools. *American Psychologist, 44,* 349–359.

Tharp, R. G., & Gallimore, R. (1988). *Rousing minds to life: Teaching, learning, and schooling in social context.* New York: Cambridge University Press.

Tharp, R. G., & Gallimore, R. (1991). *The instructional conversation: Teaching and learning in social activity.* Washington, DC: National Center for Research on Cultural Diversity and Second Language Learning.

Theodore, L. A., Bray, M. A., Kehle, T. J., & Jenson, W. R. (2001). Randomization of group contingencies and reinforcers for reduce classroom disruptive behavior. *Journal of School Psychology, 39,* 267–277.

Third International Mathematics and Science Study. (1998). Washington, DC: National Center for Educational Statistics. Available online at http://nces.ed.gov/timss/

Thomas, E. L., & Robinson, H. A. (1972). *Improving reading in every class: A sourcebook for teachers.* Boston: Allyn and Bacon.

Thorndike, E. L. (1913). *Educational psychology. Vol. 2: The psychology of learning.* New York: Teachers College, Columbia University.

Tierney, R. J., Readence, J. E., & Dishner, E. K. (1990). *Reading strategies and practices: A compendium* (3rd ed.). Boston: Allyn and Bacon.

Tierney, W. G. (1993). *Building communities of difference: Higher education in the twenty-first century.* Westport, CT: Bergin and Garvey.

Timmer, S. G., Eccles, J., & O'Brien, K. (1988). How children use time. In F. Juster & F. Stafford (Eds.), *Time, goods, and well-being.* Ann Arbor, MI: Institute for Social Research, University of Michigan.

Tishman, S., Perkins, D., & Jay, E. (1995). *The thinking classroom: Creating a culture of thinking.* Boston: Allyn and Bacon.

Tobin, K. (1987). The role of wait time in higher cognitive learning. *Review of Educational Research, 56,* 69–95.

Tobler, N., & Stratton, H. (1997). Effectiveness of school-based drug prevention programs: A metaanalysis of the research. *Journal of Primary Prevention, 18,* 71–128.

Tollefson, N. (2000). Classroom applications of cognitive theories of motivation. *Education Psychology Review, 12,* 63–83.

Tomasello, M., Kruger, A. C., & Ratner, H. H. (1993). Cultural learning. *Behavioral and Brain Sciences, 16,* 495–552.

Tomlinson, C. A. (2003). *Fulfilling the promise of the differentiated classroom.* Alexandria, VA: Association for Supervision and Curriculum Development.

Tomlinson, C. A. (2005a). Grading and differentiation: Paradox or good practice? *Theory Into Practice, 44,* 262–269.

Tomlinson, C. A. (2005b, Summer). Differentiating instruction. *Theory Into Practice, 44*(3).

Tomlinson-Keasey, C. (1990). Developing our intellectual resources for the 21st century: Educating the gifted. *Journal of Educational Psychology, 82,* 399–403.

Tomlinson-Keasey, C., & Little, T. D. (1990). Predicting educational attainment, occupational achievement intellectual skill, and personal adjustment among gifted men and women. *Journal of Educational Psychology, 82,* 442–455.

Toppo, G. (2003, January 13). School violence hits lower grades: Experts who see violent behavior in younger kids blame parents, prenatal medical problems and an angry society; educators search for ways to cope. *USAToday.* Available at http://www.usatoday.com/educate/college/education/articles/20030119.htm. Downloaded on January 23, 2003.

Torrance, E. P. (1972). Predictive validity of the Torrance tests of creative thinking. *Journal of Creative Behavior, 6,* 236–262.

Torrance, E. P. (1986). Teaching creative and gifted learners. In M. Wittrock (Ed.), *Handbook of research on teaching* (3rd ed., pp. 630–647). New York: Macmillan.

Torrance, E. P., & Hall, L. K. (1980). Assessing the future reaches of creative potential. *Journal of Creative Behavior, 14,* 1–19.

Toth, E., Klahr, D., & Chen, Z. (2000). Bridging research and practice: A cognitively based classroom intervention for teaching experimentation to elementary school children. *Cognition and Instruction, 18,* 423–459.

Trautwein, U., & Koller, O. (2003). The relationship between homework and achievement— Still a mystery. *Educational Psychology Review, 15,* 115–145.

Trautwein, U., & Köller, O. (2003). Was lange währt, wird nicht immer gut. Zur Rolle selbstregulativer Strategien bei der Hausaufgabenerledigung. *Zeitschrift für Pädagogische Psychologie, 17,* 199–209.

Tschannen-Moran, M., & Woolfolk Hoy, A. (2001). Teacher efficacy: Capturing an elusive construct. *Teaching and Teacher Education, 17,* 783–805.

Tschannen-Moran, M., Woolfolk Hoy, A., & Hoy, W. K. (1998). Teacher efficacy: Its meaning and measure. *Review of Educational Research, 68,* 202–248.

Turiel, E. (1986). Soziales Wissen und Handeln. Die Koordination von Bereichen. In F. Oser, G. Garz & W. Althof (Hrsg.), *Moralische Zugänge zum Menschen* (S. 108–136). München: Kindt.

Turiel, E. (1998). The development of morality. In W. Damon (Series Ed.) & N. Eisenberg (Vol. Ed.), *Handbook of child psychology. Vol. 3: Social, emotional, and personality development* (5th ed., pp. 863–932). New York: Wiley.

Turner, J. C. (1997). Starting right: Strategies for engaging young literacy learners. In J. T. Guthrie & A. Wigfield (Eds.), *Reading engagement: Motivating readers through integrated instruction* (pp. 183–204). Newark, DE: International Reading Association.

Turner, J. C., & Paris, S. G. (1995). How literacy tasks influence students' motivation for literacy. *The Reading Teacher, 48,* 662–673.

Twenge, J. M., & Campbell, W. K. (2001). Age and birth cohort differences in self-esteem: A cross temporal meta-analysis. *Journal of Personality and Social Psychology Review, 5,* 321–344.

U.S. Census Bureau. www.census.gov/Press-Release/www/2001/cb01-158.html

U.S. Department of Education (2002). *No Child Left Behind* Fact Sheet. Retrieved August 5, 2002 from http://www.ed.gov/offices/OESE/esea/factsheet.html

U.S. Department of Education. (1993). *National excellence: A case for developing America's talent.* Washington DC: Author.

U.S. Department of Health and Human Services. (1997). *Youth risk behavior surveillance—U.S., 1995.* MMWR, 45 (No. SS-4).

Uline, C. L., & Johnson, J. F. (2005). Closing the achievement gap: What will it take? Special Issue of *Theory Into Practice, 44*(1), Winter.

Umbreit, J. (1995). Functional analysis of disruptive behavior in an inclusive classroom. *Journal of Early Intervention, 20*(1), 18–29.

Unicef (2005). *Child Poverty in Rich Countries 2005.* Innocenti Report Card No. 6. Florenz: Innocenti Research Center. Teilstudie für Deutschland: Rheinisch-Westfälisches Institut für Wirtschaftforschung (RW) Essen.

Unsworth, N., & Engle, R. W. (2005). Working memory capacity and fluid abilities: Examining the correlation between Operation Span and Raven. *Intelligence, 33,* 67–81.

Urdan, T. C., & Maehr, M. L. (1995). Beyond a two-goal theory of motivation and achievement: A case for social goals. *Review of Educational Research, 65,* 213–243.

Valentine, J. C., DuBois, D. L., & Cooper, H. (2004). The relations between self-beliefs and academic achievement: A systematic review. *Educational Psychologist, 39,* 111–133.

Valenzuela, A. (1999). *Subtractive schooling: U.S.-Mexican youth and the politics of caring.* Albany: SUNY Press.

Van Braak, J. P. & Kavadias, D. (2005). The influence on sociodemographic determinants on secondary school children's computer use, experience, beliefs and competence. *Technology, Pedagogy, and Education, 14,* 43–60.

Van Houten, R., & Doleys, D. M. (1983). Are social reprimands effective? In S. Axelrod & J. Apsche (Eds.), *The effects of punishment on human behavior.* San Diego: Academic Press.

van Kraayenoord, C. E., Rice, D., Carroll, A., Fritz, E., Dillon, L., & Hill, A. (2001). *Attention Deficit Hyperactivity Disorder: Impact and implications for Queensland.* Queensland, Australia: Queensland Disability Services (available online at www.families.qld.gov.au).

van Laar, C. (2000). The paradox of low academic achievement but high self-esteem in African American students: An attributional account. *Educational Psychology Review, 12,* 33–61.

Van Matre, J. C., Valentine, J. C., & Cooper, H. (2000). Effect of students' after-school activities on teachers' academic expectations. *Contemporary Educational Psychology, 25,* 167–183.

Van Meter, P. (2001). Drawing construction as a strategy for learning from text. *Journal of Educational Psychology, 93,* 129–140.

Van Meter, P., Yokoi, L., & Pressley, M. (1994). College students' theory of note-taking derived from their perceptions of note-taking. *Journal of Educational Psychology, 86,* 323–338.

Vasquez, J. A. (1990). Teaching to the distinctive traits of minority students. *The Clearing House, 63,* 299–304.

Veenman, S. (1984). Perceived problems of beginning teachers. *Review of Educational Research, 54,* 143–178.

Veenman, S. (1997). Combination classes revisited. *Educational Research and Evaluation, 65*(4), 319–381.

Vellutino, F. R. (1991). Introduction to three studies on reading acquisition: Convergent findings on theoretical foundations of code-oriented versus whole-language approaches to reading instruction. *Journal of Educational Psychology, 83,* 437–443.

Vera, A. H., & Simon, H. A. (1993). Situated action: A symbolic interpretation. *Cognitive Science, 17,* 7–48.

Vispoel, W. P. (1995). Self-concept in artistic domains: An extension of the Shavelson, Hubmner, and Stanton (1976) model. *Journal of Educational Psychology, 87,* 134–153.

Vispoel, W. P., & Austin, J. R. (1995). Success and failure in junior high school: A critical incident approach to understanding students' attributional beliefs. *American Educational Research Journal, 32,* 377–412.

Volet, S. (1999). Learning across cultures: Appropriateness of knowledge transfer. *International Journal of Educational Research, 31,* 625–643.

vom Scheidt, J. (2004). *Das Drama der Hochbegabten – zwischen Genie und Leistungsverweigerung.* München: Kösel.

von Glaserfeld, E. (1997). Amplification of a constructivist perspective. *Issues in Education: Contributions from Educational Psychology, 3,* 203–210.

Vosniadou, S., & Schommer, M. (1988). Explanatory analogies can help children acquire information from expository text. *Journal of Educational Psychology, 80,* 524–536.

Vroom, V. (1964). *Work and motivation.* New York: Wiley.

Vygotsky, L. S. (1978). *Mind in society: The development of higher mental process.* Cambridge, MA: Harvard University Press.

Vygotsky, L. S. (1986). *Thought and language.* Cambridge, MA: MIT Press.

Vygotsky, L. S. (1987). The genetic roots of thinking and speech. In R. W. Rieber & A. S. Carton (Eds.), *Problems of general psychology. Vol. 1: Collected works* (pp. 101–120). New York: Plenum. (Work originally published in 1934.)

Vygotsky, L. S. (1987). *Problems of general psychology.* New York: Plenum.

Vygotsky, L. S. (1993). *The collected works of L. S. Vygotsky* (Vol. 2, J. Knox & C. Stevens, Trans.). New York: Plenum.

Vygotsky, L. S. (1997). *Educational psychology* (R. Silverman, Trans.). Boca Raton, FL: St. Lucie.

Wade, S. E., Schraw, G., Buxton, W. M., & Hayes, M. T. (1993). Seduction of the strategic reader: Effects of interest on strategies and recall. *Reading Research Quarterly, 28,* 3–24.

Wagner, R. K. (2000). Practical intelligence. In R. J. Sternberg (Hrsg.), *Handbook of intelligence* (S. 380–395). New York: Cambridge University Press.

Waits, B. K., & Demana, F. (2000). Calculators in mathematics teaching and learning: Past, present, future. In M. J. Burke & F. R. Curcio (Eds.), *Learning mathematics for a new century: NCTM 2000 Yearbook* (pp. 51–66). Reston, VA: National Council of Teachers of Mathematics.

Walberg, H. J. (1984). Improving the productivity of America's schools. *Educational Leadership, 41,* 19–27.

Walberg, H. J. (1990). Productive teaching and instruction: Assessing the knowledge base. *Phi Delta Kappan, 72,* 470–478.

Wald, J. (2001, August 29). The failure of zero tolerance. *Salon Magazine.* Available online at http://www.salon.com/mwt/feature/2001/08/29/zero_tolerance/index.html?sid=1046257.

Walker, J. E., Shea, T. M., & Bauer, A. M. (2004). *Behavior management: A practical approach for educators.* Upper Saddle River, NJ: Merrill/Prentice Hall.

Walker, L. J. (1991). Sex differences in moral reasoning. In W. M. Kurtines & J. L. Gewirtz (Eds.), *Handbook of moral behavior and development* (Vol. 2, pp. 333–362). Hillsdale, NJ: Lawrence Erlbaum.

Walker, L. J., & Pitts, R. C. (1998). Naturalistic conceptions of moral maturity. *Developmental Psychology, 34,* 403–419.

Walker, L. J., Pitts, R. C., Hennig, K. H., & Matsuba, M. K. (1995). Reasoning about morality and real-life moral problems. In M. Killen & D. Hart (Eds.), *Morality in everyday life: Developmental perspectives* (pp. 371–407). Cambridge, England: Cambridge University Press.

Walker, V. S. (1996). *Their highest potential.* Chapel Hill: University of North Carolina Press.

Walter, J. (2006). REMO-2. *Multimediales Rechtschreibprogramm auf Morphembasis.* Göttingen: Hogrefe TestSystem

Wang, A. Y., & Thomas, M. H. (1995). Effects of keywords on long-term retention: Help or hindrance? *Journal of Educational Psychology, 87,* 468–475.

Wang, A. Y., Thomas, M. H., & Ouellette, J. A. (1992). Keyword mnemonic and retention of second-language vocabulary words. *Journal of Educational Psychology, 84,* 520–528.

Wang, M. C., & Palincsar, A. S. (1989). Teaching students to assume an active role in their learning. In M. Reynolds (Ed.), *Knowledge base for the beginning teacher* (pp. 71–84). New York: Pergamon.

Ward, L. M. (2004). Wading through the stereotypes: Positive and negative associations between media use and Black adolescents' conception of self. *Developmental Psychology, 40,* 284–294.

Wasserman, E. A., & Miller, R. R. (1997). What's elementary about associative learning. In J. T. Spence, J. M. Darley, & D. J. Foss (Eds.), *Annual review of psychology* (pp. 573–607). Palo Alto, CA: Annual Reviews.

Waters, H. F. (1993, July 12). Networks under the gun. *Newsweek,* 64–66.

Wayne, A. J., & Youngs, P. (2003). Teacher characteristics and student achievement gains: A review. *Review of Educational Research, 73,* 89–122.

Webb, N. M. (1985). Verbal interaction and learning in peer-directed groups. *Theory Into Practice, 24,* 32–39.

Webb, N. M., Farivar, S. H., & Mastergeorge, A. M. (2002). Productive helping in cooperative groups. *Theory Into Practice, 41,* 13–20.

Webb, N. M., & Mastergeorge, A. M. (2003). The development of students' helping behavior and learning in peer-directed small groups. *Cognition and Instruction, 21,* 361–428.

Webb, N. M., & Palincsar, A. (1996). Group processes in the classroom. In D. C. Berliner & R. C. Calfee (Eds.), *Handbook of educational psychology* (pp. 841–876). New York: Macmillan.

Weinberg, R. A. (1989). Intelligence and IQ. *American Psychologist, 44,* 98–104.

Weinberger, D. (2001, March 10). A brain too young for good judgment. *The New York Times,* p. A13.

Weiner, B. (1979). A theory of motivation for some classroom experiences. *Journal of Educational Psychology, 71,* 3–25.

Weiner, B. (1986). *An attributional theory of motivation and emotion.* New York: Springer.

Weiner, B. (1990). History of motivational research in education. *Journal of Educational Psychology, 82,* 616–622.

Weiner, B. (1992). *Human motivation: Metaphors, theories, and research.* Newbury Park, CA: Sage.

Weiner, B. (1994a). Ability versus effort revisited: The moral determinants of achievement evaluation an achievement as a moral system. *Educational Psychologist, 29,* 163–172.

Weiner, B. (1994b). Integrating social and persons theories of achievement striving. *Review of Educational Research, 64,* 557–575.

Weiner, B. (2000). Interpersonal and intrapersonal theories of motivation from an attributional perspective. *Educational Psychology Review, 12,* 1–14.

Weiner, B., & Graham, S. (1989). Understanding the motivational role of affect: Lifespan research from an attributional perspective. *Cognition and Emotion, 4,* 401–419.

Weinert, F. E., & Helmke, A. (1995). Learning from wise mother nature or big brother instructor: The wrong choice as seen from an educational perspective. *Educational Psychologist, 30,* 135–143.

Weinstein, C. E. (1994). Learning strategies and learning to learn. *Encyclopedia of Education.*

Weinstein, C. S. (1977). Modifying student behavior in an open classroom through changes in the physical design. *American Educational Research Journal, 14,* 249–262.

Weinstein, C. S. (1999). Reflections on best practices and promising programs: Beyond assertive classroom discipline. In H. J. Freiberg (Ed.), *Beyond behaviorism: Changing the classroom management paradigm* (pp. 147–163). Boston: Allyn and Bacon.

Weinstein, C. S. (2003). *Secondary classroom management: Lessons from research and practice* (2nd ed.). New York: McGraw-Hill.

Weinstein, C. S., & Mignano, A. (2003). *Elementary classroom management: Lessons from research and practice* (3rd ed.). New York: McGraw-Hill.

Weinstein, C., Ridley, D. S., Dahl, T., & Weber, E. S. (1988/1989). Helping students develop strategies for effective learning. *Educational Leadership, 46*(4), 17–19.

Weinstein, R. S., Madison, S. M., & Kuklinski, M. R. (1995). Raising expectations in schools: Obstacles and opportunities for change. *American Educational Research Journal, 32,* 121–159.

Weisberg, R. W. (1993). *Creativity: Beyond the myth of genius.* New York: W. H. Freeman.

Wenger, E. (1998). *Communities of practice: learning, meaning, and identity.* New York: Cambridge University Press.

Wenger, M. J. & Payne, D. G. (1996). Comprehension and retention of non-linear text: Considerations of working memory and material-appropriate processing. *The American Journal of Psychology, 109,* 93–130.

Wentzel, K. R. (1997). Student motivation in middle school: The role of perceived pedagogical caring. *Journal of Educational Psychology, 89*(3), 411–419.

Wentzel, K. R. (1998). Social relationships and motivation in middle school: The role of parents, teachers, and peers. *Journal of Educational Psychology, 90*(2), 202–209.

Wentzel, K. R. (1999). Social-motivational processes and interpersonal relations: Implications for understanding motivation in school. *Journal of Educational Psychology, 91,* 76–97.

Wentzel, K. R. (2002). Are effective teachers like good parents? Teaching styles and student adjustment in early adolescence. *Child Development, 73,* 287–301.

Wentzel, K. R., Barry, C. M., & Caldwell, K. A. (2004). Friendships in middle school: Influences on motivation and school adjustment. *Journal of Educational Psychology, 96,* 195–203.

Wentzel, K. R., & Battle, A. A. (2001). Social relationships and school adjustment. In T. Urdan & F. Pajares (Eds.), *Adolescence education: General issues in the education of adolescents* (Vol. 1, pp. 93–118). Greenwich, CT: Information Age.

Wertsch, J. V. (1991). *Voices of the mind: A sociocultural approach to mediated action.* Cambridge, MA: Harvard University Press.

Wertsch, J. V., & Tulviste, P. (1992). L. S. Vygotsky and contemporary developmental psychology. *Developmental Psychology, 28*, 548–557.

Westberg, K. L., Archambault, F. X., Dodyns, S. M., & Slavin, T. J. (1993). The classroom practices observation study. *Journal of the Education of the Gifted, 16*(2), 120–146.

Wharton-McDonald, R., Pressley, M., Rankin, J., Mistretta, J., Yokoi, L., & Ettenberger, S. (1997). Effective primary-grades literacy instruction = Balanced literacy instruction. *The Reading Teacher, 50*, 518–521.

Wheatley, K. F. (2002). The potential benefits of teacher efficacy doubts for educational reform. *Teaching and Teacher Education, 18*, 5–22.

Wheelock, A. (1992). *Crossing the tracks: How untracking can save America's schools.* New York: The New Press.

When the student becomes the teacher. (1986, March). *Harvard Education Letter, 2*(3), 5–6.

White, S., & Tharp, R. G. (1988, April). *Questioning and wait-time: A cross cultural analysis.* Paper presented at the annual meeting of the American Educational Research Association, New Orleans.

Whitehead, A. N. (1929). *The aims of education.* New York: Macmillan.

Whitehurst, G. J., Epstein, J. N., Angell, A. L., Payne, A. C., Crone, D. A., & Fischel, J. E. (1994). Outcomes of an emergent literacy program in headstart. *Journal of Educational Psychology, 86*, 542–555.

Wigfield, A., & Eccles, J. (1989). Test anxiety in elementary and secondary school students. *Educational Psychologist, 24*, 159–183.

Wigfield, A., & Eccles, J. S. (2002a). Students' motivation during the middle school years. In J. Aronson (Ed.), *Improving academic development: Impact of psychological factors in education.* New York: Academic Press.

Wigfield, A., & Eccles, J. (2002b). The development of competence beliefs, expectancies of success, and achievement values from childhood through adolescence. In A. Wigfield & J. Eccles (Eds.), *Development of achievement motivation* (pp. 91–120). San Diego: Academic Press.

Wigfield, A., Eccles, J., MacIver, D., Rueman, D., & Midgley, C. (1991). Transitions at early adolescence: Changes in children's domain-specific self-perceptions and general self-esteem across the transition to junior high school. *Developmental Psychology, 27*, 552–565.

Wigfield, A., Eccles, J. S., & Pintrich, P. R. (1996). Development between the ages of 11 and 25. In D. Berliner & R. Calfee (Eds.), *Handbook of educational psychology* (pp. 148–185). New York: Macmillan.

Wiggins, G. (1989). Teaching to the authentic test. *Educational Leadership, 46*(7), 41–47.

Wiggins, G. (1991). Standards, not standardization: Evoking quality student work. *Educational Leadership, 48*(5), 18–25.

Wiggins, G. (1993). Assessment, authenticity, context, and validity. *Phi Delta Kappan, 75*, 200–214.

Wilder, A. A., & Williams, J. P. (2001). Students with severe learning disabilities can learn higher order comprehension skills. *Journal of Educational Psychology, 93*, 268–278.

Wilgenbusch, T., & Merrell, K. W. (1999). Gender differences in self-concept among children and adolescents: A meta-analysis of multidimensional studies. *School Psychology Quarterly, 14*, 101–120.

Wilkins, W. E., & Glock, M. D. (1973). *Teacher expectations and student achievement: A replication and extension.* Ithaca, NY: Cornell University Press.

Wilkinson, R. T. & Robinshaw, H. M. (1987). Proof reading: VDU and paper text compared for speed, accuracy and fatigue. *Behaviour and Information Technology, 6*, 125–133.

Willcutt, E. G., Pennington, B. F., Boada, R., Ogline, J. S., Tunick, R. A., Chhabidas, N. A., & Olson, R. K. (2001). A comparison of the cognitive deficits in reading disability and attention-deficit/hyperactivity disorder. *Journal of Abnormal Psychology, 110*, 157–172.

Williams, C., & Bybee J. (1994). What do children feel guilty about? Developmental and gender differences. *Developmental Psychology, 30*, 617–623.

Williams, G. C., Wiener, M. W., Markakis, K. M., Reeve, J., & Deci, E. L. (1993). Medical students' motivation for internal medicine. *Annals of Internal Medicine, 9*, 327–333.

Williams, J. P. (2002). Using the Theme Scheme to improve story comprehension. In C. C. Block & M. Pressley (Eds.), *Comprehension instruction: Research-based best practices* (pp. 126–139). New York: Guilford.

Williams, W., Blythe, T., White, N., Li, J., Sternberg, R., & Gardner, H. (1996). *Practical intelligence in school.* New York: HarperCollins.

Willingham, W. W., & Cole, N. S. (1997). *Gender and fair assessment.* Mahwah, NJ: Lawrence Erlbaum.

Willis, P. (1977). *Learning to labor.* Lexington, MA: D.C. Heath.

Willoughby, T., Porter, L., Belsito, L., & Yearsley, T. (1999). Use of elaboration strategies by grades two, four, and six. *Elementary School Journal, 99*, 221–231.

Wilson, C. W., & Hopkins, B. L. (1973). The effects of contingent music on the intensity of noise in junior high home economics classes. *Journal of Applied Behavior Analysis, 6*, 269–275.

Wilson, M. (2001). The case for sensorimotor coding in working memory. *Psychonomic Bulletin and Review, 8*, 44–57.

Wimmer, H., Hartl, M. & Moser, E. (1990). Passen ,englische' Modelle des Schriftspracherwerbs auf ,deutsche' Kinder? Zweifel an der Bedeutsamkeit der logographischen Stufe. *Zeitschrift für Entwicklungspsychologie und Pädagogische Psychologie, 22*, 136–154.

Windschitl, M. (2002). Framing constructivism in practice as the negotiation of dilemmas; An analysis of the conceptual, pedagogical, cultural, and political challenges facing teachers. *Review of Educational Research*, *72*, 131–175.

Winett, R. A., & Winkler, R. C. (1972). Current behavior modification in the classroom: Be still, be quiet, be docile. *Journal of Applied Behavior Analysis*, *15*, 499–504.

Wink, J., & Putney, L. (2002). *A vision of Vygotsky*. Boston: Allyn and Bacon.

Winne, P. H. (1995). Inherent details in self-regulated learning. *Educational Psychologist*, *30*, 173–188.

Winne, P. H. (2001). Self-regulated learning viewed from models of information processing. In B. J. Zimmerman & D. H. Schunk (Eds.), *Self-regulated learning and academic achievement: Theoretical perspectives* (2nd ed., pp. 153–189). Mahwah, NJ: Lawrence Erlbaum.

Winne, P. H., & Hadwin, A. F. (1998). Studying as self-regulated learning. In D. J. Hacker, J. Dunlosky, & A. C. Graesser (Eds.), *Metacognition in educational theory and practice* (pp. 277–304). Mahwah, NJ: Lawrence Erlbaum.

Winne, P. H., & Perry, N. E. (2000). Measuring self-regulated learning. In P. Pintrich, M. Boekaerts, & M. Zeidner (Eds.), *Handbook of self-regulation* (pp. 531–566). Orlando, FL: Academic Press.

Winner, E. (2000). The origins and ends of giftedness. *American Psychologist*, *55*, 159–169.

Winner, E. (2003). Musical giftedness. *Bulletin of Psychology and the Arts*, *4*, 1, 2–5.

Winsler, A., Carlton, M. P., & Barry, M. J. (2000). Age-related changes in preschool children's systematic use of private speech in a natural setting. *Journal of Child Language*, *27*, 665–687.

Winsler, A., Diaz, R. M., Espinosa, L., & Rodriquez, J. L. (1999). When learning an second language does not mean losing the first: Bilingual language development in low-income, Spanish-speaking children attending bilingual preschool. *Child Development*, *70*, 349–362.

Winsler, A., & Naglieri, J. A. (2003). Overt and covert verbal problem-solving strategies: Developmental trends in use, awareness, and relations with task performance in children age 5 to 17. *Child Development*, *74*, 659–678.

Wintergerst, A. C., DeCapua, A., & Itzen, R. C. (2001). The construct validity of one learning styles instrument. *System*, *29*(3) 385–403.

Wirth, L. (2004). *Selbstregulation in Lernprozessen*. Münster: Waxmann.

Wittrock, M. C. (1982, March). *Educational implications of recent research on learning and memory*. Paper presented at the annual meeting of the American Educational Research Association, New York.

Wittrock, M. C. (Ed.). (1986). *Handbook of research on teaching* (3rd ed.). New York: Macmillan.

Wittrock, M. C. (1992). An empowering conception of educational psychology. *Educational Psychologist*, *27*, 129–142.

Wolf, D., Bixby, J., Glenn, J., III, & Gardner, H. (1991). To use their minds well: New forms of student assessment. *Review of Research in Education*, *17*, 31–74.

Wolters, C. A., Yu, S. L., & Pintrich, P. R. (1996). The relation between goal orientation and students' motivational beliefs and self-regulated learning. *Learning and Individual Differences*, *8*, 211–238.

Wong, L. (1987). Reaction to research findings: Is the feeling of obviousness warranted? *Dissertation Abstracts International*, 48/12, 3709B (University Microfilms #DA 8801059).

Wood, D., Bruner, J., & Ross, S. (1976). The role of tutoring in problem solving. *British Journal of Psychology*, *66*, 181–191.

Wood, S. E., & Wood, E. G. (1999). *The world of psychology* (3rd ed.). Boston: Allyn and Bacon.

Wood, S. E., Wood, E. G., & Boyd, D. (2005). *The world of psychology* (5th ed.). Boston: Allyn and Bacon.

Woods, B. S., & Murphy, P. K. (2002). Thickening the discussion: What can William James tell us about constructivism? *Educational Theory*, *52*, 443–449.

Woolfolk, A. E., & Brooks, D. (1983). Nonverbal communication in teaching. In E. Gordon (Ed.), *Review of research in education* (Vol. 10, pp. 103–150). Washington, DC: American Educational Research Association.

Woolfolk, A. E., & Brooks, D. (1985). The influence of teachers' nonverbal behaviors on students' perceptions and performance. *Elementary School Journal*, *85*, 514–528.

Woolfolk, A. E., Perry, N., & Winne, P. (2006). *Educational psychology: Third Canadian edition* (3rd ed.). Toronto, CA: Pearson.

Woolfolk, A. E., Rosoff, B., & Hoy, W. K. (1990). Teachers' sense of efficacy and their beliefs about managing students. *Teaching and Teacher Education*, *6*, 137–148.

Woolfolk Hoy, A., & Burke-Spero, R. (2005). Changes in teacher efficacy during the early years of teaching: A comparison of four measures. *Teaching and Teacher Education*, *21*, 343–356.

Woolfolk Hoy, A., Demerath, P., & Pape, S. (2002). Teaching adolescents: Engaging developing selves. In T. Urdan & F. Pajares (Eds.), *Adolescence and education* (Vol. I, pp. 119–169). Greenwich, CT: Information Age Publishing.

Woolfolk Hoy, A., & Murphy, P. K. (2001). Teaching educational psychology to the implicit mind. In R. Sternberg & B. Torff (Eds.), *Understanding and teaching the implicit mind* (pp. 145–185). Mahwah, NJ: Lawrence Erlbaum.

Woolfolk Hoy, A., Pape, S., & Davis, H. (2006). Teachers' knowledge, beliefs, and thinking. In P. A. Alexander & P. H, Winne (Eds.), *Handbook of educational psychology* (2nd ed.). Mahwah, NJ: Lawrence Erlbaum.

Woolfolk Hoy, A., & Tschannen-Moran, M. (1999). Implications of cognitive approaches to peer learning for teacher education. In A. O'Donnell & A. King (Eds.), *Cognitive perspectives on peer learning* (pp. 257–284). Mahwah, NJ: Lawrence Erlbaum.

Woolfolk Hoy, A., & Weinstein, C. S. (2006). Students' and teachers' perspectives about classroom management. In C. Evertson & C. S. Weinstein (Eds.), *Handbook for classroom management: Research, practice, and contemporary issues.* Mahwah, NJ: Lawrence Erlbaum.

Wright, S. C., & Taylor, D. M. (1995). Identity and the language of the classroom: Investigating the impact of heritage versus second language instruction on personal and collective self-esteem. *Journal of Educational Psychology, 87,* 241–252.

Wygotski, L. S. (1985). *Die psychischen Systeme. Ausgewählte Schriften* (S. 319–352), Köln: Pahl-Rugenstein.

Wygotski, L. S. (1986). *Denken und Sprechen.* Cambridge, MA: MIT Press.

Wyler, R. S. (1988). Social memory and social judgment. In P. Solomon, G. Goethals, C. Kelly, & B. Stephans (Eds.), *Perspectives on memory research.* New York: Springer-Verlag.

Yarhouse, M. A. (2001). Sexual identity development: The influence of valuative frameworks on identity synthesis. *Psychotherapy, 38*(3), 331–341

Yates, M., & Youniss, J. (1999). Promoting identity development: Ten ideas for school-based service-learning programs. In J. Claus & C. Ogden (Eds.), *Service learning for youth empowerment and social change* (pp. 43–67). New York: Peter Lang.

Yee, A. H. (1992). Asians as stereotypes and students: Misperceptions that persist. *Educational Psychology Review, 4,* 95–132.

Yell, M. L. (1990). The use of corporal punishment, suspension, expulsion, and timeout with behaviorally disordered students in public schools: Legal considerations. *Behavioral Disorders, 15,* 100–109.

Yerkes, R. M., & Dodson, J. D. (1908). The relation of strength of stimulus to rapidity of habit formation. *Journal of Comparative Neurology, 18,* 459–482.

Yetman, N. R. (1999). *Majority and minority: The dynamics of race and ethnicity in American life* (6th ed.). Boston: Allyn and Bacon.

Yeung, A. S., McInerney, D. M., Russell-Bowie, D., Suliman, R., Chui, H., & Lau, I. C. (2000). Where is the hierarchy of academic self-concept? *Journal of Educational Psychology, 92,* 556–567.

You and the system. (1991, April). *Teacher Magazine,* 32H.

Young, A. J. (1997). I think, therefore I'm motivated: The relations among cognitive strategy use, motivational orientation, and classroom perceptions over time. *Learning and Individual Differences, 9,* 249–283.

Youniss, J., & Yates, M. (1997). *Community service and social responsibility in youth.* Chicago: University of Chicago Press.

Zeidner, M. (1995). Adaptive coping with test situations. *Educational Psychologist, 30,* 123–134.

Zeidner, M. (1998). *Test anxiety: The state of the art.* New York: Plenum.

Zelli, A., Dodge, K. A., Lochman, J. E., & Laird, R. D. (1999). The distinction between beliefs legitimizing aggression and deviant processing of social cues: Testing measurement validity and the hypothesis that biased processing mediates the effects of beliefs on aggression. *Journal of Personality and Social Psychology, 77,* 150–166.

Zhou, Z., Peverly, S. T., Beohm, A. E., & Chongde, L. (2001). American and Chinese children's understanding of distance, time, and speed interrelations. *Cognitive Development, 15,* 215–240.

Zigmond, N., Jenkins, J., Fuchs, D., Deno, S., & Fuchs, L. S. (1995). When students fail to achieve satisfactorily: A reply to Leskey and Waldron. *Phi Delta Kappan, 77,* 303–306.

Zimmerman, B. J. (1995). Self-efficacy and educational development. In A. Bandura (Ed.), *Self-efficacy in changing societies* (pp. 202–231). New York: Cambridge University Press.

Zimmerman, B. J. (2002). Becoming a self-regulated learner: An overview. *Theory Into Practice, 41,* 64–70.

Zimmerman, B. J., & Schunk, D. H. (Eds.). (2001). *Self-regulated learning and academic achievement: Theoretical perspectives* (2nd ed.). Mahwah, NJ: Lawrence Erlbaum.

Zimmerman, B. J., & Schunk, D. H. (Eds). (2003). *Educational psychology: A century of contributions* [A Project of Division 15 (Educational Psychology) of the American Psychological Association]. Mahwah, NJ: Erlbaum.

Anhang D
Bildnachweis

S. 9, © Mike Witschel/MEV; S. 10, © Bob Daemmrich/The Image Works; S. 46, © Brian Smith; S. 52, © Elena Rooraid/PhotoEdit; S. 56, © Bonnie Kamin/PhotoEdit; S. 62, © Bill Bachman/PhotoEdit; S. 48, © Eckart Seidl/MEV; S. 52, © Billy E. Barnes/PhotoEdit; S. 55, © Mike Witschel/MEV; S. 85, Corbis/Bettmann; S. 88, © Christian Albert/MEV; S. 90, © Marc Dolphin/Getty Images, Inc.-Stone Allstock; S. 97, © Ellen Senisi/The Image Works; S. 99, © Jonathan Nourok/PhotoEdit; S. 109, © Jeff Greenberg/PhotoEdit; S. 114, © Frank Siteman; S. 137, © Lisa F. Young/fotolia; S. 166, © Richard Hutchings/PhotoEdit; S. 171, © Jeff Greenberg/OmniPhoto Communications; S. 179, © Ellen Senisi/The Image Works; S. 207, © Jeff Greenberg/PhotoEdit; S. 211, © Franz Pfluegl/fotolia; S. 220, „BEND IT LIKE BECKHAM" © Twentieth Century Fox.; S. 225, AP Wide World Photos; S. 233, © Billy E. Barnes/PhotoEdit; S. 235, Comstock Royalty Free Division; S. 257, © Frank Siteman; S. 266, AP Wide World Photos; S. 275, © David Young-Wolff/PhotoEdit; S. 284 Stanford University News Service Library; S. 286, © Tony Freeman/PhotoEdit; S. 308, © Li-Hua Lan/Syracuse Newspapers/The Image Works; S. 340, © Monika Adamczyk/fotolia; S. 351, © Ellen Senisi; S. 359, © Syracuse Newspapers/Michelle Gabeel/The Image Works; S. 366, © Frank Siteman; S. 371, © John M. Creim/Creative Eye MIRA.com; S. 374, AP Wide World Photos; S. 383, © Lindfors Photography; S. 391, AP Wide World Photos; S. 406, © Dimitri Lundt/Corbis/Bettmann; S. 408, © Frank Siteman; S. 409, © Frank Siteman; S. 416, © Marty Heitner/The ImageWorks; S. 419, © Michael Newman/PhotoEdit; S. 424, © Mike Witschel/MEV; S. 455, © Mike Witschel/MEV; S. 466, © Robert Harbison; S. 477, © Andrey Kiselev/fotolia; S. 492, © Richard Hutchings/PhotoEdit; S. 505, © David Roth/Stone/Getty Images; S. 508, © Yuri Arcurs/fotolia; S. 522, © Bill Aron/PhotoEdit; S. 527, © Tatiana Mironenko/fotolia; S. 532, © Jeff Greenberg/PhotoEdit; S. 546, © Michelle Bridwell/PhotoEdit; S. 564, © Eckart Seidl/MEV; S. 579, © Mary Kate Denny/PhotoEdit; S. 586, © Robert Finken/Photo Researchers; S. 594, © Mike Witschel/MEV; S. 606, Will Hart/PhotoEdit; S. 609, © Mike Witschel/MEV; S. 621, © Robert Harbison; S. 623, © Robin Sachs/PhotoEdit; S. 638, © Rados & Brzozowski/fotolia; S. 647, © Frank Siteman; S. 650, Michael Chamberlin/fotolia; S. 665, © David Young-Wolff/PhotoEdit; S. 677, © pst/fotolia; S. 699, © Mary Kate Denny/PhotoEdit; S. 724, © Wolfgang Lenhard; S. 738, © Jürgen Loesel/Fotofinder.